EXPOSITION OF THE GOSPEL OF JOHN

아더 핑크

요한복음 강해

지상우 옮김

아더 핑크
클래식

1

EXPOSITION OF THE GOSPEL OF JOHN

아더 핑크

요한복음 강해

지상우 옮김

크리스찬
다이제스트

contents

요한복음 강해 차례

제1장

서론

이 책에서 넷째 복음서의 말씀을 한 구절 한 구절 해석해 나가는 것이 우리의 목적이다. 그러나 제1장의 첫머리에 들어가기에 앞서 먼저 요한복음을 전체적으로 살펴보는 것이 순서일 것이다. 이렇게 함으로써 요한복음의 관점과 그 중심 되는 주제, 그리고 다른 세 복음서들과의 연관관계에 대해 알 수 있을 것이다. 이 복음서를 쓴 요한은 어떠한 사람인가, 그는 어디에서 이것을 썼는가, 혹은 이것이 어느 시기에 쓰여졌는지와 같은 문제에 대한 토론에 들어감으로써 독자들의 귀중한 시간을 낭비하고 싶지는 않다. 이러한 문제들은 학문적인 연구의 관심 대상일 것이며, 영혼에 양식을 제공하는 것도, 또한 성경의 이 부분을 이해하는 데 어떠한 도움을 주는 것도 아니다. 오히려 영혼에 양식을 제공하고, 성경을 이해하는 일이야말로 바로 우리가 바라는 두 가지 중요한 것이다. 하나님께서 우리로 가르침 받을 수 있도록 그의 거룩한 말씀 중 이 부분에 기록하신 뜻을 알게 하는 방법으로 성경 말씀을 펼쳐 보이는 것, 그리고 믿음의 권속들을 교화하는 것이 이 강해서의 목적이다.

사복음서들은 구세주의 지상 생활에 대하여 기록하고 있다. 그러나 각 복음서는 완전히 다른 성격으로 주님을 묘사하고 있다. **마태**는 주 예수를 다윗의 자손, 이스라엘의 왕위의 계승자, 유대인의 왕으로 그리고 있다. 그리고 그가 쓴 복음서의 모든 내용은 이것을 중심 주제로 삼고 있다. **마가복음**에서 그리스도는 여호와의 종, 하나님의 온전한 일꾼으로 묘사된다. 그리고 이 복음서의 모든 내용은 그의 사역의 성격, 그의 일한 방식을 보여주고 있다. **누가**는 구세주의 인성을 다루고 있으며 그를 죄 많은 인간과 대조되는 온전한 인간으로 제시하고 있다. **네 번째 복음서**는 그를 지상에 내려오신 거룩한 분, 육신을 입으시고 사람들 사이에 잠시 거하시는 아버지의 영원한 아들로 보고 있다. 그리고 이것이 시종일관 변함없이 전개되는 주된 진리이다.

이 네 번째 복음서를 읽을 때 우리는 다른 세 복음서에 기록된 것과는 완전히 다른 배경에 접하게 된다. 이 복음서가 마태복음이나 마가복음, 그리고 누가복음과 같은 시기에 기록되었다는 것, 그리고 '공관복음서'에 나와 있는 사건들이 여기에도 기록되어 있다는 것은 사실이다. 또한 앞의 세 복음서의 구심점이 되는 바로 그분이, 요한이 쓴 복음서에서도 핵심적인 위치에 있음도 사실이다. 그러나 다른 한편으로 모든 것이 완전히 새롭다. 이 네 번째 복음서는 다른 복음서들보다도 좀 더 높은 관점을 취하고 있다. 그 내용은 인간적인 맥락보다는 영적인 관계를 고려하고 있다. 그리고 한층 높은 영광들이 구세주의 비길 바 없는 인격에 상응하는 것으로 표현되고 있다. 앞의 세 복음서에서 그리스도는 **인간적인** 관계에서 고려되었다. 그러나 요한복음서에서는 그렇지 않다. 이 네 번째 복음서의 취지는 말구유에서 태어나 후에 십자가 위에서 죽으신 분이 왕보다도 더 높은 영광을 가지셨다는 것, 스스로를 낮추사 종의 자리를 취하신 그분이 전에는 '하나님과 동등한' 분이셨다는 것, 그리고 사람의 아들이 된 그분이 다름 아닌 아버지의 독생자이셨으며, 지금도 여전히 그러하다는 것을 증거하는 것이다.

성경의 각 권은 나름대로 특별하게 강조되는 주제를 가지고 있다. 인간의 신체를 이루는 지체들이 각각 특유한 기능을 갖는 것과 마찬가지로 성경의 각 권들도 그 나름대로 특별한 목적과 임무를 지니는 것이다. 요한복음의 주제는 **구세주의 신성**이다. 성경의 다른 어느 곳에서도 그리스도의 신격이 그처럼 온전하게 제시되는 곳은 없다. 넷째 복음서에서 두드러지게 강조되는 점은 주 예수가 하나님의 아들이시라는 점이다. 천사들이 베들레헴의 목자들에게 탄생을 알린 그분, 이 땅에서 33년 동안 지내셨던 그분, 골고다 언덕에서 십자가에 못 박혀 죽으시고 부활하셨던 그분, 40일 후에 이 지상에서 떠나셨던 그분이 바로 영광의 주이셨음을 이 복음서를 통해 보게 된다. 이에 대한 증거가 전편의 주된 내용을 이루고 있다. 그에 대해 깊이 묵상해 볼 때 우리의 마음은 "우리의 크신 하나님 구주 예수 그리스도"(딛 2:13)께 경배 드리지 않을 수 없을 것이다.

여기에 우리가 열심히 기도하는 자세로 관심을 가질 만한 주제가 있다. 만일 성령께서 주님의 인성의 완전성을 지키기 위해 그토록 각별한 주의를 기울였다면 — 가령 천사가 마리아에게 한 말씀에서 보여진다. "나실 바 **거룩한 자**"가 "죄 있는 육신의 모양을 입으셨다" 등 — 마찬가지로 성경을 기록하도록 영감받은 자들도 또한 우리 구주가 하나님의 아들임에 틀림없음을 보여주어야 할 것이다. 구약시대의 예언자들이 앞으로 올 그분이 완벽한 인간임을 알렸던 것처럼, 구세주에 대한 예언은 그 분이 인간 **이상**의 존재라는 명백한 암시를 주었다. 하나님은 이사야를 통하여 이렇게 예언하셨다. "이는 한 아기가 우리에게 났고 한 아들을 우리에게 주신 바 되었는데 그의 어깨에는 정사를 메었고 그의 이름은 기묘자라, 모사라, 전능하신 하나님이라, 영존하시는 아버지라, 평강의 왕이라 할 것임이라"(사 9:6). 그리고 미가를 통하여 다음과 같이 선포하셨다. "베들레헴 에브라다야 너는 유다 족속 중에 작을지라도 이스라엘을 다스릴 자가 네게서 내게로 나올 것이라 그의 근본은 상고에, 영원에 있느니라"(미 5:2). 스가랴를 통해서는 다음과 같이 말씀하셨다. "만군의 여호와가 말하노라 칼아 깨어서 내 목자, **내 짝 된 자**를 치라 목자를 치면 양이 흩어지려니와"(슥 13:7). 또한 시편 기자를 통하여 이같이 선포하신 바 있다. "여호와께서 **내 주에게** 말씀하시기를 내가 네 원수들로 네 발판이 되게 하기까지 너는 내 오른쪽에 앉아 있으라 하셨도다"(시 110:1). 그리고 재림에 대해 앙망할 때 이렇게 말씀하셨다. "너는 **내 아들**이라 오늘 내가 너를 낳았도다"(시 2:7). 신앙의 형태가 여러 유형으로 나뉘어져 있는 오늘날에는 주 예수께서 곧 삼위일체의 제2위이시며, 성부와 성령과 마찬가지로 영원하시고 동등하시다는 사실을 아주 강하게 그리고 빈번히 강조할 수가 없게 되었다.

이 넷째 복음서의 특별한 주제와 관련해서 우리는 여기서 그리스도의 거룩한 영광이 완전히 드러난 것을 보게 된다. 이 말씀에서 우리는 태초부터, 만물이 지은 바 되기 전부터(1:1,2를 보라) 그가 하나님과 함께 계셨음을 보게 된다. 이 말씀을 통하여 "아버지의 독생자요 은혜와 진리가 충만"(1:14)하도록 예정되었음을 알게 된다. 이 말씀을 통하여 세례 요한이 "그가 하나님의 아들이심"(1:34)을 증언하였다는 것을 읽게 된다. "예수께서 이 첫 표적을 갈릴리 가나에서 행하여 **그의 영광을 나타내셨음**"(2:11)을 읽을 수 있는 것도 이 말씀(요한복음서)에서이다. 구주께서 "이 성전을 헐라 내가 사흘 동안에 일으키리라"(2:19)라고 말씀하셨음을 읽게 되는 것도 여기에서이다. "아버지께서 아들을 사랑하사 만물을 다 그의 손에 주셨으니"(3:35)도 이 말씀을 통해서 안다. 그리스도께서 "아버지께서 죽은 자들을 일으켜 살리심 같이 아들도 자기가 원하는 자들을 살리느니라 아버지께서 아무도 심판하지 아니하시고 심판을 다 아들에게 맡기셨으니 이는 모든 사람으로 아버지를 공경하는 것 같이 아들을 공경하게 하려 하심이라"(5:21-23)고 말씀하심을 보게 되는 것도 이 복음서에서이다. 또한 여기에서 우리는 그가 "아브라함이 나기 전부터 내가 있느니라"(8:58)고 단언하고 계심을 보게 된다. 이 복음서를 통하여 그가 "나와 아버지는 하나이니라"(10:30)라고 확언하셨음을 알 수 있다. 이 말씀에서 그가 "나를 본 자는 아버지를 보았다"(14:9)고 증언하셨음을 알 수 있다.

요한복음을 상세히 살펴보기에 앞서 이 복음서의 관점에 관해 몇 마디 말해 둘 것이 있다. 먼저 이 복음서가 다른 세 복음서들과 완전히 다르다는 사실을 분명하게 해두어야겠다. 다른 복음서에서 그리스도는 인간적인 관계에서 그려져서 세상 사람들과 연관되는 것으로 보인다. 그러나 요한복음서에서 그는 하나님과의 관계에서, 하늘의 백성들과 연관되고 있다. '몸'의 신비가 이 복음서에 나타나 있지 않음은 사실이다(그것에 대하여는 단지 사도 바울이 성령의 감동하심을 받았을 때 쓴 말씀에서 찾아볼 수 있을 뿐이다). 이 복음서에서 고려된 것은 오히려 가족적인 유대관계이다. 즉 하나님의 자녀와 함께 계시는 하나님의 아들에 대해서이다. 또한 '하늘의 부르심' 역시 여기에 충분히 표명되어 있지 않음이 사실이다. 그렇지만 그것에 대해 명백히 암시하고 있다. 이 말씀(요한복음)에 대해 주의 깊게 연구해 볼 때 그 사실이 분명하게 드러난다. 앞의 세 복음서에서 그리스도는 유대인들과 관련 있는 것으로 보여진다. 메시야의 왕국을 선언하고 있으나, 그 선언은 그 백성이 그를 거부하였음이 자명해지자 곧 중지되었다. 그러나 요한복음에서 그는 처음부터 거부당하고 있다. 맨 첫 장에서 우리는 "자기 땅에 오매 **자기 백성이 영접하지 아니하였다**"라는 말씀을 읽게 된다. 그러므로 다른 세 복음서에서 보여지는 바 많은 것들과 관련되어 갖는 제한점들을 요한복음은 갖지 않는다. 또한 요한복음에서 구세주는 하나님의 아들로서 표명되고 있으며, 그러한 존재로서는 오직 믿는 자들에 의해서만 받아들여질 수 있었다. 그러므로 이 점에 있어 유대인은 아무런 특혜도 갖지 못하는 것이다. 그리스도에 관해 유대인이 주장하는 바에 의하면(그가 '다윗의 자손'이었다는 사실에서 시작되는) 순전히 **육적인** 존재였다. 반면에 믿는 자들은 **영적인** 결합에 의하여 하나님의 아들과 관련되는 것이다.

독자들 중에는 아마도 **극단적인** 세대주의적 가르침에 영향을 받은 사람들이 있을 것이기 때문에, 이 복음서의 범위와 진정한 세대주의적인 의미를 정의하는 데 도움이 되는 다른 관점에 주의를 기울여 보는 것이 좋으리라 생각한다. 요한복음과 공관복음 사이에 아무런 구분도 두지 않는 사람들, 이 네 번째 복음서가 전적으로 유대인적인 것이고 현 세대의 신자들에게 적용하기에는 다소 거리감이 있다고 주장하는 사람들이 있다. 그러나 분명코 확신하건대, 이러한 주장은 심각한 오류이다. 요한이 쓴 복음서는 그의 서신서들과 마찬가지로 **하나님의 가족**에 관한 것이다. 이에 대한 증거로서 독자들은 다음 사항들에 대해 주의 깊게 고려해 볼 수 있다.

첫째로, 1:11-13에서 우리는 다음과 같은 말씀을 읽는다. "자기 땅에 오매 자기 백성이 영접하지 아니하였으나 영접하는 자 곧 그 이름을 믿는 자들에게는 하나님의 자녀가 되는 권세를 주셨으니 이는 혈통으로나 육정으로나 사람의 뜻으로 나지 아니하고 오직 하나님께로부터 난 자들이니라." 이 말씀에서 우리는 세 가지 사항을 알 수 있다. 첫째로, 민족으로서 유대인들은 아버지께서 보내신 자를 거부하였다. 그들은 그를 '영접하지 않았다.' 둘째로, 어떤 자들은 그를 '영접하였다', 곧 '그 이름을 믿었다.' 셋째로, 이 말씀으로 보아 이 사람들은 '하나님의 자녀'가 되기로 정해졌다. 곧 '하나님께로서 난 자들'이다. 어떤 방법으로든 다른 복음서에서는 이와 비슷한 것을 찾아볼 수 없다. 이 복음서에 있는 바로 이 사항만이 우리 앞에 제시된 신생(new birth)의 진리이다. 그리고 그 신생에 의해서 우리는 하나님의 가족이 된다. 그러므로 믿는 유대인들을 넘어서서 이방인들도 하나님의 가족으로 취함받게 되었으므로 우리는 요한복음이 열 두 지파 사람들에게만 국한될 수 없음을 승인하게 된다.

둘째로, 이 말씀이 육신이 되어 우리 가운데 거하셨다고 기술한 후에 이렇게 쓰고 있다. "우리가 그 영광을 보니 아버지의 독생자의 영광이요(오직 믿는 자들만이 보는 영광이다!) 은혜와 진리가 충만하더라." 그리고 이어서 그리스도의 인격에 대한 세례 요한의 증언을 요약한 다음, 성령께서는 복음서 기자를 통하여 다음과 같이 계속하여 말씀하신다. "우리가 다 그의 충만한 데서 받으니 은혜 위에 은혜러라." 분명코 이 한 절은 이 복음서를 기록한 사람의 요지를 확실히 하고 있다. 유대 민족은 결코 '그의 충만한 데서' 받지 않았다. 이 같은 말씀은 오직 믿는 자들의 속성을 단언한다. 16절의 '우리가 다'는 그를 받은 **자마다 모두**이다. 그들에게 12절의 **하나님의 자녀**가 되는 권세를 주신 것이다.

셋째로, 요한복음 10장에서 구주께서 다음과 같이 말씀하신 것을 읽을 수 있다. "나는 선한 목자라 나는 내 양을 알고 양도 나를 아는 것이 아버지께서 나를 아시고 내가 아버지를 아는 것 같으니 나는 양을 위하여 목숨을 버리노라"(14, 15절). 바로 다음 절에서 그는 계속하여 말씀하신다. "또 이 우리에 들지 아니한 **다른 양들**이 내게 있어 내가 인도하여야 할 터이니 저희도 내 음성을 듣고 한 무리가 되어 한 목자에게 있으리라"(16절). 이 '다른 양들'이란 누구인가? 이에 답할 수 있으려면 먼저 그리스도께서 이 장 15절에서 말씀하신 '양'은 누구인지 알아야만 한다. 이에 대해 오직 한 대답만이 가능하다. 즉 그들은 이스라엘 민족 전체를 말하지 않는다. 왜냐하면 그들은 그를 '영접하지 않았기' 때문이다. 그렇다. 그 '양'이란 그를 '영접한' 적은 무리들이었다. 곧 '그 이름을 믿는 자들' 이었다. 그러나 그리스도께서는 미래의 믿는 자들의 무리에 대해 계속하여 말씀하신다. "**다른** 양들이 **내게 있어**(없는 것을 있는 것으로 부르시는 이시니라고 말해지고 있다, 롬 4:17) 내가 인도하여야 할 터이니." 분명코, 구주께서 거기에서 말씀하신 바 그 때에 우리에 들지 아니한 '다른 양들' 이란 이방인들 가운데 믿는 자들이었다. 그리고 이들은 유대인 가운데 믿는 자들과 함께 '한 무리' 가 되어야만 한다. 즉, 똑같이 한 가족, 하나님의 가족이 되어야만 한다.

넷째로, 요한복음 11:49-52에서 이러한 말씀을 읽게 된다. "그 중의 한 사람 그 해 대제사장인 가야바가 그들에게 말하되 너희가 아무 것도 알지 못하는도다 한 사람이 백성을 위하여 죽어서 온 민족이 망하지 않게 되는 것이 너희에게 유익한 줄을 생각지 아니하는도다 하였으니 이 말은 스스로 함이 아니요 그 해의 대제사장이므로 예수께서 그 민족을 위하시고 또 그 민족만 위할 뿐 아니라 흩어진 하나님의 자녀를 **모아 하나가 되게 하기** 위하여 죽으실 것을 미리 말함이러라." 이것은 탁월한 예언이었으며 가야바 자신이 의식한 것보다 훨씬 많은 의미를 담고 있었다. 그것은 구주의 죽음에 담긴 하나님의 의도를 알린 것이었으며, 위대한 희생의 결과를 계시한 것이었다. 그것은 유대교의 범위를 너머서서 내다본 것이었으며, 그 영역 안에 이방인 가운데서 믿지 않는 죄인들을 포함시킨 것이었다. '흩어진 하나님의 자녀' 는 모든 민족들 가운데 있는 택함받은 자들이었다. 그들이 여전히 '흩어져' 있는 동안 여기에서 '하나님의 자녀' 로 불려진 것은 "다른 양들이 **내게 있어**"라는 말씀과 나란히 우리에게 **하나님의** 관점을 제시해 준다. 그러나 우리가 특별히 관심을 기울여야 할 것은 이 이방인들 가운데 있는 믿는 자들이 '모여 하나가 되었다' 는 선언이다. 한 '몸' 이 되는 것이 아니라 (앞에서 이미 말하였던 것처럼, 몸은 요한이 기술한 말씀의 범위에 포함되지 않았다) 한 가족, 하나님의 가족이 되는 것이다.

다섯째로, 요한복음 14:2, 3에서 그리스도는 제자들에게 이같이 말씀하셨다. "내 아버지 집에 거할 곳이 많도다 그렇지 않으면 너희에게 일렀으리라 내가 너희를 위하여 거처를 예비하러 가노니 가서 너희를 위하여 거처를 예비하면 내가 다시 와서 너희를 내게로 영접하여 나 있는 곳에 너희도 있게 하리라." 이것은 거의 지적할 필요도 없거니와 다른 세 복음서에서 보여지는 것과 완전히 다르다. 다른 복음서에서는 '인자' 의 다시 오심에 대해 별로 언급하고 있지 않다. 그러나 이 복음서에서 그것은, 하늘나라에 대한 성도들의 환희이며, 그리스도께서 여기에서 분명하게 언급하신

곳으로 그들을 데려가는 것이다. 그리고 명백히 이 일은 어떠한 방법으로든 결코 유
대인 가운데 믿는 자들에게만 제한될 수가 없다.

여섯째로, 이 점에 대해 길게 언급하지 않더라도, 이 복음서에서 성령이 믿는 자들
과 지속하시는 관계는 앞의 세 복음서에서 제시된 것과는 완전히 다름을 인식해야만
한다. 오직 이 복음서에서만 "성령으로 나는"(3:5)것에 대하여 읽을 수 있다. 오직 이
곳에서만 성령께서 그들의 "보혜사요 대언자"(14:16)로 칭해지셨음을 볼 수 있다. 그
리고 오직 여기에서만 믿는 자들과 "영원토록 함께"(14:16) 계신 그분에 대해 읽을
수 있다.

일곱째로, 다른 복음서에서는 전혀 찾아 볼 수 없는, 요한복음 17장에 기록되어 있
는 구주의 제사장적 기도는 분명히 믿는 유대인들 이상을 생각하고 있다는 사실을
보여주고 있으며, 이 복음서가 갖는 한층 넓은 범위를 증거해 준다. 여기에서 구주는
이렇게 말씀하신다. "아버지여 때가 이르렀사오니 아들을 영화롭게 하사 아들로 아
버지를 영화롭게 하옵소서 아버지께서 아들에게 주신 모든 사람에게 영생을 주
게 하시려고 **만민**을 다스리는 권세를 아들에게 주셨음이로소이다." "아들에게 주신
모든 사람" 이란 곧 하나님의 전 가족 안에서 택해진다. 또한 20절에서 주 예수는 말
씀하신다. "내가 비옵는 것은 이 사람들만 위함이 아니요 또 그들의 말로 말미암아
나를 믿는 사람들도 위함이니." 이 말씀에서 '이 사람들' 이란 곧 유대인 가운데 믿는
자들을 가리킴이 분명하다. 그리고 '믿는 사람들도' 란 이방인 가운데 믿는 자들을
지칭하는 것이다. 끝으로, 22절에 있는 "내게 주신 영광을 내가 그들에게 주었사오니
이는 우리가 하나가 된 것 같이 **그들도 하나가 되게 하려 함이니이다**"라는 그의 말씀
은 다시 한 번 하나님의 전 가족이 그의 대상이었음을 보여주고 있다.

필자는 이 장을 시종일관 독자들이 앞으로 계속 될 강해에 대해 준비되기 바라는
마음으로 써왔다. 다음 장에서 우리는 요한복음 첫 장의 도입 부분을 다루게 될 것이
다. 그리고 많은 독자들이 이 말씀을 주제로 열심히 기도하며 공부하고 묵상했으면
하는 것이 필자의 간절한 바람이다. 말씀을 듣는 사람의 편에서 부지런히 연구해야
할 것을 대신 하는 성경 교사는 방해자이지 조력자가 아니다. 교사가 마땅히 해야 할
일은 사람들로 하여금 **그들 스스로** 성경을 탐구하게 만드는 것이다. 그들의 관심을
거룩한 말씀 안에서 고무시키고, 그 길로 나아가는 **방법**을 그들에게 가르쳐 주는 것
이다. 이러한 목적을 고려해 볼 때, 다음 장에서 다룰 구절들에 관해 각 장의 맨 끝에
일련의 질문들을 만들어 보는 것이 도움이 될 듯싶다. 그렇게 하면 독자들이 스스로

공부할 수 있을 것이다. 아래에 우리가 다음 장에서 다룰 구절에 대한 일곱 개의 문제가 있다. 독자들은 요한복음의 처음 열세 절을 공부하기 바란다. 그리고 다음 질문에 관심을 집중하는 것이 유익할 것이다.

1. 요한복음 1:1에 언급된 '태초' 란 무엇인가?

2. 어떻게 하면 하나님에 대한 좀 더 나은, 좀 더 깊고 온전한 지식에 이를 수 있을까? 자연을 연구함으로써인가? 기도에 의해서? 성경을 공부함으로써? 아니면 어떠한 다른 방법으로써인가?

3. 왜 주 예수는 여기에서 '말씀' 으로 불려지고 있는가? 이 명칭의 정확한 뜻과 의미는 무엇인가?

4. 요한복음 1:4이 의미하는 바는 무엇인가? — 이 "생명은 사람들의 빛이라."

5. 구주께서 1:7에서 '빛' 으로 일컬어지고 있는 사실은 우리에게 무엇을 가르쳐 주는가?

6. 요한복음 1:12은 죄인이 구원받기 위하여 해야 할 바에 대하여 무엇을 가르치고 있는가?

7. 요한복음 1:13에 있는 각각의 말들이 의미하는 바는 정확히 무엇인가?

이 각각의 질문에 대하여 거듭 기도하고 **묵상하라**. 특히 하나님의 응답을 알기 위하여 "성경을 샅샅이 탐색하라." 이 질문에 대한 답은 요한복음 1:1-13에 대한 강해인 다음 장에 있다.

제 2 장

그리스도, 영원한 말씀

¹태초에 말씀이 계시니라 이 말씀이 하나님과 함께 계셨으니 이 말씀
은 곧 하나님이시니라 ²그가 태초에 하나님과 함께 계셨고 ³만물이 그
로 말미암아 지은 바 되었으니 지은 것이 하나도 그가 없이는 된 것이
없느니라 ⁴그 안에 생명이 있었으니 이 생명은 사람들의 빛이라 ⁵빛이
어둠에 비치되 어둠이 깨닫지 못하더라 ⁶하나님께로부터 보내심을 받
은 사람이 있으니 그의 이름은 요한이라 ⁷그가 증언하러 왔으니 곧 빛
에 대하여 증언하고 모든 사람이 자기로 말미암아 믿게 하려 함이라 ⁸
그는 이 빛이 아니요 이 빛에 대하여 증언하러 온 자라 ⁹참 빛 곧 세상
에 와서 각 사람에게 비추는 빛이 있었나니 ¹⁰그가 세상에 계셨으며 세
상은 그로 말미암아 지은 바 되었으되 세상이 그를 알지 못하였고 ¹¹자
기 땅에 오매 자기 백성이 영접하지 아니하였으나 ¹²영접하는 자 곧 그
이름을 믿는 자들에게는 하나님의 자녀가 되는 권세를 주셨으니 ¹³이는
혈통으로나 육정으로나 사람의 뜻으로 나지 아니하고 오직 하나님께
로부터 난 자들이니라(요 1:1-13)

앞장에서 다음과 같은 말을 하였었다. "성경의 각 권은 나름대로 특별하게 강
조되는 주제를 가지고 있다. 인간의 신체를 이루는 지체들이 각각 특유한 기능을 갖
는 것과 마찬가지로 성경의 각 권들도 그 나름대로 특별한 목적과 임무를 지니는 것
이다. 요한복음의 주제는 **구세주의 신성**이다. 성경의 다른 어느 곳에서도 그리스도
의 신격이 그처럼 온전하게 제시되는 곳은 없다. 넷째 복음서에서 두드러지게 강조
되는 점은 주 예수가 하나님의 아들이시라는 점이다. 천사들이 베들레헴의 목자들에
게 탄생을 알린 그분, 이 땅에서 33년 동안 지내셨던 그분, 골고다 언덕에서 십자가
에 못 박혀 죽으시고 부활하셨던 그분, 40일 후에 이 지상에서 떠나셨던 그분이 바로

영광의 주이셨음을 이 복음서를 통해 보게 된다. 이에 대한 증거가 전편의 주된 내용을 이루고 있다. 그에 대해 깊이 묵상해 볼 때 우리의 마음은 우리의 크신 하나님 구주 예수 그리스도(딛 2:13)께 경배 드리지 않을 수 없을 것이다."

요한복음이 구세주의 신성을 제시하고 있음은 이 복음서 제1장, 첫 머리의 말씀에서 명백하게 드러난다. 성령은 말하자면 출입구로 들어가는 올바른 열쇠라고 할 수 있다. 이 네 번째 복음서의 도입 구절들은 하나님과의 관계 안에서 주 예수 그리스도를 소개하는 동시에 그의 본래적인 영광을 계시하고 있기 때문이다. 이 의미 깊은 구절들에 대한 해설을 시작하기에 앞서 먼저 그 내용에 대해 분석해 보고자 한다. 요한복음 1장의 처음 열세 절을 다음과 같이 정리해 볼 수 있다.

1. 그리스도와 시간의 관계   — "태초에", 곧 영원 전부터(1:1)
2. 그리스도와 하나님의 관계   — "하나님과 함께", 곧 거룩한 삼위 중의
                                   한 분(1:1)
3. 그리스도와 삼위의 관계   — "이 말씀은 곧 하나님이시니라",
                                 곧 계시자(1:1)
4. 그리스도와 우주의 관계   — "만물이 그로 말미암아 지은 바 되었으니",
                                 곧 창조자(1:3)
5. 그리스도와 사람들의 관계   — 그들의 "빛"(1:4, 5)
6. 세례 요한과 그리스도의 관계   — 그의 신성에 대한 "증언자"(1:6-9)
7. 그리스도께서 이 땅에서 받으신 대우(1:10-13)
   (1) 세상이 그를 알지 못하였다(1:10)
   (2) 자기 백성(이스라엘)이 영접하지 아니하였다(1:11)
   (3) 하나님께로서 난 자들이 그를 영접하였다(1:12, 13)

"태초에 말씀이 계시니라 이 말씀이 하나님과 함께 계셨으니 이 말씀은 곧 하나님이시니라 그가 태초에 하나님과 함께 계셨고 만물이 그로 말미암아 지은 바 되었으니 지은 것이 하나도 그가 없이는 된 것이 없느니라"(요 1:1-3). 이 말씀은 다른 세 복음서의 도입 구절과 참으로 다르다. 요한은 다윗의 자손이나 사람의 아들로서가 아니라 하나님의 아들로서 직접적으로 그리스도를 제시함으로써 서두를 시작하고 있다. 요한은 우리로 하여금 태초로 되돌아가게 하며 주 예수는 시작이 없으신 분임을

보여주고 있다. 요한은 창조의 이면을 캐며, 구주께서 곧 창조주 그분이심을 보여준다. 이 말씀의 구절 구절이 우리의 깊은 주의와 경건한 관심을 요한다.

"태초에 말씀이 계시니라 이 말씀이 하나님과 함께 계셨으니 이 말씀은 곧 하나님이시니라." 이 구절에서 우리는 유한한 사고를 뛰어넘는 영역에 들어서게 된다. 여기에서 사색 내지 추측은 신성 모독이다. '**태초에**'는 우리가 이해할 수 없는 어떤 것이다. 다시 말해서, 그것은 인간의 사고 수준에서 나오는 영감을 완전히 압도하는 것이다. "태초에 **말씀이 계시니라.**" 마찬가지로 우리는 '말씀'이란 표현 역시 파악할 수가 없다. 곧 말에 의해서 우리는 우리의 생각을 명확히 표현한다. 그렇다면 하나님의 말씀이란 들을 수 있는 말로 자신을 표현하는 신성 그 자체이다. 그렇지만 이와 같이 말할 때, 진정 우리는 제대로 표현하지 못하는 것이다. "이 말씀이 하나님과 **함께** 계셨으니." 이 구절은 그의 독자적인 인격성을 암시하며 복되신 삼위의 다른 위격들에 대한 그의 관계를 보여준다. 그러나 서글프게도 우리는 신격의 세 위격들 사이의 관계에 대해 묵상하기에는 너무도 무능력한 존재들이다. "**이 말씀은 곧 하나님이시니라.**" 그리스도는 하나님의 계시자이셨을 뿐만, 아니라 또한 항상 하나님 그분 자신이셨고, 영원히 그러하시다. 우리 구주께서는 알아들을 수 있는 말로 그 자신을 표현하셨던 신성, 그를 통하여, 그에 의하여 오신 분이셨을 뿐만 아니라, 또한 성부와 성령과 동등하신 신성 그 자체이셨다. 이제 우리는 은혜의 보좌로 나아가야 한다. 그리고 이 절들을 좀 더 자세히 고찰해 보고자 할 때 참으로 간절히 그의 자비와 은혜를 구해야 한다.

"하나님 우리 아버지, 당신의 사랑하는 아들의 이름으로 기도드립니다. 당신의 성령으로 그리스도의 것들을 취하사 우리에게 보여주시옵소서. 그리하여 당신의 은혜의 영광을 찬미하게 하옵소서. 아멘."

"**태초에**", 곧 '시작에'이다 '태초'란 무엇을 말하는가? 신약 성경에서는 '시작'이라는 의미의 말이 다양하게 나타나고 있다. 세상의 '시작' 곧 '창세'가 있으며(마 24:21), '예수 그리스도 복음'의 '시작'이 있다(막 1:1). '재난'의 '시작'이 있으며(막 13:8), '첫 표적', 곧 표적(혹은 이적)의 '시작'이 있다(요 2:11). 그렇지만 요한복음 1:1에서 언급된 '시작', 즉 '태초'는 명백히 모든 다른 '시작들'보다 앞선 것이다. 요한복음 1:1에서 언급된 '시작'은 1:3의 '만물'을 지음에 **선행한다.** 그렇다면 그것은 **창조의 시작**이요, **시간의 시작**이다. 우리가 사는 지구는 오래 전에 만들어졌다. 얼마나 오래 되었는지 우리는 알지 못한다. 아마도 수백만 년은 족히 되었을 것이다.

그러나 '말씀'은 그 모든 것, 만물보다 먼저 계셨다. 그는 태초**부터** 계셨을 뿐만 아니라 '태초에' 계셨다.

'태초에.' 이 말씀은 우리로 하여금 상상할 수 있는 한 가장 멀리까지 나아가게 한다. 만일 그렇다면 그는 모든 창조 이전에 계셨을 것이다. 그리고 그것은 사실이다. 왜냐하면 "**만물**이 **그로 말미암아** 지은 바 되었기" 때문이다. 만일 그가 '태초에' 계셨다면, 그 자신은 **시작됨이 없이** 스스로 계셨다. 이렇게 말하는 것은 "그는 영원히 계신 분이다"라는 말을 소극적으로 표현하는 것이다. 이에 대한 완벽한 일치를 요한복음 17장에 기록된 그분의 기도에서 본다. 그는 이렇게 말씀하셨다. "아버지여 **창세 전에** 내가 아버지와 함께 가졌던 영화로써 지금도 아버지와 함께 나를 영화롭게 하옵소서." 그러므로 말씀은 '태초에' 계셨다. 그리고 만일 태초에 계셨다면 그는 **영원한** 존재이시다. 그리고 오직 하나님 그분만이 영원하시므로 주 예수의 절대적인 신성은 확고하게 세워지게 된다.

"말씀이 **계시니라**." 이 구절에서 '계시니라'라고 쓰여진 원래의 헬라어는 두 가지 의미를 지니고 있다. 즉 하나는 **존재하는 것**이고, 또 하나는 **존재하게 되는 것**이다. 1:3에서 사용된 것은 이 후자의 의미(에게네토, egeneto)이다. 문자 그대로 다음과 같이 말할 수 있다. 곧 "만물이 그로 말미암아 **존재하게 되었으며**, 그리고 **존재하게 된 것**이 하나도 그가 없이는 된 것이 없느니라." 그리고 또다시 1:6에서 우리는 이 'egeneto'라는 단어를 보게 된다. "하나님께로부터 보내심을 받은 사람이 **있으니**(있게 되었으니) 그의 이름은 요한이라." 이 같은 말은 1:14에서도 보인다. "말씀이 육신이 **되었다**"(육신으로 있게 되었다). 그러나 1:1, 2에서는 "말씀이 하나님과 함께 계셨다"[이토(ito)]의 의미로 쓰여졌다. 이는 말씀이신 그분은 존재하게 된 것이 아니라, 즉 존재하기 시작한 것이 아니라 영원으로부터 '하나님과 함께' 계셨기 때문이다. 성령께서 여기에서 원래의 헬라어 'ito'라는 말을 사용하게 하셨음은 주목할 만한 사실이다. 요한복음 1장의 처음 두절에서 네 번씩이나 사용된 이 말은 아들이 **개인적으로 존재하셨다**는 것을 암시한다. 사람으로 난(egeneto) 세례 요한과는 달리 '말씀'은 시간이 시작되기 전부터 하나님과 함께 **계셨다**(ito), 즉 **존재하셨다**.

"**말씀**이 계시니라." 이 언급은 삼위의 제2위격, 즉 성자에 대한 것이다. 그러나 **왜** 주 예수 그리스도가 '말씀'으로 일컬어지고 있는가? 이 명칭의 정확한 의미는 무엇인가? 이 물음에 조명을 던져 주며 우리의 마음 가운데 떠오르는 첫 구절은 히브리인들에게 보낸 서신의 도입 부분이다. "옛적에 선지자들을 통하여 여러 부분과 여러 모양으로 우리 조상들에게 말씀하신 하나님이 이 모든 날 마지막에는 아들을 통하여 우리에게 말씀하셨으니." 여기에서 우리는 그리스도께서 하나님의 마지막 **대언자**이심을 알 수 있다. 이와 밀접하게 연관되는 구주에 대한 칭호가 요한계시록 1:8에서 나온다 — "나는 알파와 오메가라." 이는, 곧 그가 **하나님의 알파벳**, 신성을 설명하시는 분, 하나님께서 말씀하시려는 모든 것에 대하여 알리시는 분임을 암시한다. 아마도 요한복음 1:18의 증언을 보면 좀 더 분명해질 것이다. "본래 하나님을 본 사람이 없으되 아버지 품속에 있는 독생하신 하나님이 **나타내셨느니라**." '나타내셨다'는 말은 사도행전 15:14; 21:19에 쓰여진 바와 같이 **고하였다**는 의미이다. 누가복음 24:35에서는 '말하다'로 기록되어 있다. 이 세 구절을 고려해 볼 때 우리는 그리스도께서 하나님의 대언자시라는 것, 신성을 말씀하신 분이며 아버지를 선포하고 알리신 분이라는 것을 알 수 있다.

그러므로 그리스도는 이해할 수 없는 하나님을 이해할 수 있게 만드는 분이다. 요한복음 1:1에서 보여지는 바 그에 대한 이 명칭의 의미는 성경에 대해 주어진 '하나님의 말씀'이라는 이름과 비교해 봄으로써 명확해질 수 있다. 성경이란 무엇인가? 그것은 하나님의 말씀이다. 그러면 그것이 의미하는 바는 무엇인가? 다음과 같다. 즉 성경은 하나님의 생각을 계시하는 것이며, 그의 뜻을 표현하는 것이고, 그의 속성을 알리는 것인 동시에 그의 마음을 나타내는 것이다. 이것이 바로 주 예수께서 아버지를 위하여 하신 일이다. 그렇지만 좀 더 상세히 살펴보기로 하자.

1. '말씀'은 **표명의 수단**이다. 우리가 마음에 어떤 생각을 품을지라도 다른 사람들은 그것을 알지 못한다. 그러나 우리가 그 생각을 말로 표현하는 순간, 그것은 알려지게 된다. 그렇다면 말이란 보이지 않는 생각을 객관화시키는 것이다. 이것이 바로 주 예수께서 하신 일이다. 말씀으로써 그리스도는 보이지 않는 하나님을 명백하게 나타내셨다.

2. '말씀'은 **전달의 수단**이다. 말을 수단으로 하여 우리는 다른 사람들에게 알릴 바를 전한다. 말로써 우리는 자기 자신을 표현하며 뜻을 알리고 지식을 전한다. 마찬가지로 말씀으로써 그리스도는 하나님의 생명과 사랑을 우리에게 전해 주는 하나님의 전달자이시다.

3. '말씀'은 **계시의 방법**이다. 이야기하는 사람은 말을 통하여 자신의 지적인 능력과 도덕적 성품을 드러내게 된다. 말에 의해서 우리는 옳다고 여김받을 수 있으며, 말로 인해서 비난받을 수 있다. 그리고 말씀으로써 그리스도는 하나님의 속성과 완

전성을 드러내 보이신 것이다. 그리스도께서는 하나님을 참으로 온전히 계시하셨다. 그는 하나님의 능력을 나타내 보이셨고 그의 지혜를 표명하셨다. 그의 거룩함을 드러내셨고, 그의 은혜를 알리셨으며, 그의 마음을 보여주셨다. 다른 어떠한 곳에서가 아니라 그리스도 안에서 하나님은 온전히, 종국적으로 알려지신 바 되었다.

　　"이 말씀이 **하나님과 함께** 계셨으니." 이 '함께' 라는 전치사는 두 가지 뜻을 나타내는 것으로 보인다. 첫째로, 말씀이 하나님의 **면전에** 계셨다는 것이다. "에녹이 하나님과 [**함께**] 동행하더니", 즉 그가 하나님의 친구로서 살았다고 읽는 대로이다. 요한복음 1:1의 '함께' 라는 의미에 조명을 던져 주며, 영원부터 말씀과 하나님 사이에 있는 복되신 관계에 대해 계시해 주는 아름다운 구절이 잠언 8장에 있다. 이 구절은 '지혜' 가 인격화되고 있는 8:22부터 시작된다. 그 구절은 세상에 존재하기 전부터 말씀과 하나님 사이에 있는 복된 관계에 대해 말해 주고 있다. 8:30에서 이 같은 말씀을 읽을 수 있다. "내가 **그 곁에 있어서** 창조자가 되어 날마다 그 기뻐하신 바가 되었으며 항상 그 앞에서 즐거워하였으며." 이와 같은 뜻에 덧붙여 우리가 설명할 수 있거니와 여기에서 '함께' 로 번역된 헬라어 전치사 '프로스' (pros)는 때때로 '향하여' 라는 의미로 쓰여졌으며, 대개의 경우에는 '~에게' 라는 뜻으로 사용된 것이었다. 말씀이 하나님께 가까이 향하여, 혹은 하나님께 있었다. 어떤 사람이 의미 있는 말을 한 적이 있다. "'**함께**' 라고 쓰여진 말은 다시 말해 본질적인 연합 안에서의 아버지에 대한 아들의 영속적인 경향을 나타내고 있다."

　　여기에서 "말씀이 하나님과 함께 계셨으니"라고 한 것은 그의 **독자적인 인격성**을 말한 것이다. 즉 그는 하나님 '안에' 계셨던 것이 아니라 하나님과 '함께' 계셨다. 이 점에 있어 성경의 놀랄 만한 정확성에 주목해야 한다. 우리가 혹 그렇게 생각할 수 있거니와 "말씀이 아버지와 함께 계셨다"고 말해진 것이 아니라 "말씀이 **하나님과 함께 계셨다**"고 말하고 있다. '하나님' 이라는 호칭은 삼위의 세 위격에 있어 공통적인 것이다. 반면에 '아버지' 는 오직 첫 번째 위격에만 해당되는 특별한 칭호이다. 만일 "말씀이 아버지와 함께 계셨다"라고 하였으면 성령은 제외되는 것이다. 그러나 성부와 성령과 함께 영원한 교제 안에 거하고 있으므로 '하나님과 함께' 라고 쓰이게 되었다. 또한 이 구절이 "하나님이 하나님과 함께 계셨으니"라고 표현되지 않았음에 주목해야 한다. 왜냐하면 그렇게 되면 신격 안에 복수의 위격이 있게 되거니와, 오직 '한 분 하나님' 만이 계시기 때문이다. 그러므로 "**말씀**이 하나님과 함께 계셨으니"라고 말한 것이 엄밀하게 정확하다.

"이 말씀은 곧 **하나님이시니라**." 혹은 문자 그대로 "하나님께서 곧 말씀이시니라" 이다. '말씀'이라는 비유적인 표현으로 말미암아 우리가 그리스도의 거룩한 영광에 대해 부정확한 개념을 갖게 되지 않도록 성령은 계속하여 말씀하고 계신다. "이 말씀 이 **하나님과 함께** 계셨으니." 이는 그의 독자적인 인격성을 나타내 주며, 신격에 대한 그의 본질적인 관계를 암시해 준다. 그리고 비록 충분히 강한 표현으로는 아니지만 성령께서는 분명하게 덧붙이고 계신다. "이 말씀은 곧 **하나님이시니라**." 누가 하나 님께서 곧 하나님 자신이신 그분을 구원하셨다고 말할 수 있는가! 말씀은 하나님께 로부터 나온 것이 아니었다. 하나님 그분 자신이 표명하셨다. 하나님의 계시자이실 뿐만 아니라 하나님께서 친히 계시하셨던 것이다. 주 예수 그리스도의 절대적인 신 성에 대해 이보다 더 단호한 표현은 생각할 수 없다.

"그가 태초에 하나님과 함께 계셨고." '그가', 즉 말씀이다. '태초에', 곧 시간이 시 작되기 전에 이다. '하나님과 함께', 곧 '구별되는 인격성을 지니고'이다. '계셨다', 곧 존재하기 시작한 것이 아니라 이미 존재하셨다. 여기에서 그리스도가 '하나님과 함께' 계셨다고 반복한 것은, 그리스도는 단지 영원부터 하나님의 마음 **안에** 있었던 개념 내지 가공적인 관념이었다는 초기 영지주의 이단을 부인하기 위한 것으로 보인 다. 이 무서운 이단은 오늘날에도 다시 울려 퍼지고 있다. 하나님 안에 계셨다고 말 해지지 않았다. 그는 영원히 '하나님과 **함께**' 계셨다.

다음으로 넘어가기 전에, 우리 앞에 제시된 사항을 실제적으로 적용해 보고 아울 러서 앞 장 끝부분에서 제기하였던 일곱 문항 중 두 번째 질문에 대답하고자 한다. 어떻게 하면 하나님에 대한 좀 더 나은, 좀 더 깊고 온전한 지식에 이를 수 있는가? 자 연을 연구함으로써인가? 기도에 의해서? 성경을 공부함으로써? 아니면 어떠한 다른 방법으로써인가? 이보다 더 중요한 물음은 없을 것이다. 사랑하는 독자들에게 묻건 대, 당신은 하나님의 존재에 대하여, 그의 인격과 성품에 대하여 어떠한 개념을 갖고 있는가? 주 예수께서 이 땅에 오시기 전에는 살아 계신 참된 하나님에 대한 지식이 세상에 없었다. 하나님이 자연 안에 계시되고 있다고 말하는 것은 참되다. 그렇지만 그것은 제한을 요하는 진술이다. 자연은 하나님이 존재하심을 계시한다. 그러나 그 의 성품에 대해서는 거의 아무것도 알려 주지 않는다. 자연은 하나님의 **본질적인** 속 성들, 곧 그의 능력, 지혜, 불변성 등을 나타내 준다. 그러나 그의 **도덕적인** 속성들, 다시 말해서, 그의 공의, 거룩함, 은혜, 사랑에 대해서는 무엇을 말해 주고 있는가? 자 연은 그 자체로서 아무런 자비도 알지 못하며, 아무런 사랑도 보여주지 않는다. 만일 눈먼 성도가 알지 못하면서 벼랑 끝을 걷고 있다면, 그는 마치 악한 살인자가 공격해 오는 것과 마찬가지의 운명에 처한 것이다. 만일 우리가 자연의 법칙을 파괴한다면, 이내 아무리 후회한다 해도 그 징벌을 피할 수가 없다. 자연은 하나님을 계시하는 것과 마찬가지로 또한 그를 숨기고 있다. 옛 사람들은 자기들 앞에 '자연'을 두었다. 그러니 그들이 하나님에 대해 무엇을 알았겠는가? 사도 바울이 고대의 학문과 문화의 중심 지역에서 보았던 저 제단이 답해 주는 바이다. 그는 **"알지 못하는 신에게"** 라고 쓰여진 제단을 보았던 것이다.

하나님께서 온전히 알려지는 것은 오직 그리스도 안에서 뿐이다. 자연은 창조자의 손으로 지음받은 대로 남아 있지 않다. 그것은 재해 아래 놓여 있다. 그러니 불완전한 그것이 어떻게 하나님을 계시하는 완벽한 수단이 될 수 있겠는가? 그러나 주 예수 그리스도는 거룩하신 분이시다. 그는 하나님이시며 아들로서 육신을 입고 나타나셨다. 그는 참으로 완벽하게 하나님을 계시하셨다. 그는 "나를 본 자는 아버지를 보았다"(요 14:9)고 말씀하실 수 있었다. 그렇다면 여기에 우리의 대답이 있으며 실제적인 가치가 있다. 만일 믿는 자가 하나님에 대한 더 나은, 더 깊고 온전한 지식에 이르고자 한다면 그는 **성경에 계시된 주 예수 그리스도의 인격과 사역**에 대해 기도하는 자세로 공부해야만 한다. 이 일을 우리의 중요한 업무, 커다란 기쁨으로 삼아야 한다. 성경의 장마다 나타나 있는 거룩한 구주의 탁월함에 대해 상세히 살펴보고 묵상해야 한다. 그렇게 할 때, 오직 그렇게 할 때에만 우리는 "하나님을 아는 것에 자라게"(골 1:10) 될 것이다. "하나님의 영광을 아는 빛"은 **오직** "예수 그리스도의 얼굴에서" 만 보여진다(고후 4:6).

"만물이 그로 말미암아 지은 바 되었으니 지은 것이 하나도 그가 없이는 된 것이 없느니라"(1:3). 이 말씀은 또다시 그리스도의 절대적인 신성을 제시하고 있다! 여기에서 창조는 그에게서 기인한다. 그리고 오직 하나님께서만이 창조하실 수 있다. 사람은 모든 자랑을 다하여도, 풀 한 포기 만들어 낼 수 없다. 이 구절에서 창조 전체가 말씀에서 기인되었다고 쓰고 있음에 주목해야 한다. "**만물**이 그로 말미암아 지은 바 되었으니." 만일 그가 자기 자신을 창조하였다면 비록 그것이 가장 귀한 창조라 해도 이 말씀은 참되지 않다. 그러나 어떠한 것도 제외되지 않는다. 즉, "**만물**이 **그로 말미암아** 지은 바 되었다." 그가 만물 이전에 계셨던 그대로 그는 **영원하시다.** 마찬가지로 그는 만물의 창조자이셨다. 그럼으로써 그는 **전능하시다.**

"**그 안에 생명이 있었으니 이 생명은 사람들의 빛이라**"(1:4). 이 구절은 논리적으로 앞 절에서 말한 것과 이어진다. 만일 그리스도께서 만물을 지으셨다면 그는 **생명**의 근원이심에 틀림없다. 그는 생명을 주시는 자이다. 우리는 가장 넓은 의미로 여기에서 사용된 '생명' 이란 말을 이해한다. 피조물의 생명은 하나님 안에 있다. 왜냐하면 우리는 "그를 힘입어 살며 기동하며 있기" 때문이다. 영적인 생명내지 영원한 생명, 그리고 부활의 생명 역시 '그 안에' 있다. 만일 여기에 쓰여진 '생명' 이 헬라어로 '조에' (zoe)이며, zoe는 **영적인** 생명만을 뜻하는 것이라고 반론을 제기한다면 우리는 이렇게 대답할 수 있다. 항상 그런 것은 아니다. 누가복음 12:15; 16:25(사람의 '생명' 내지 '살았을 때' 로 번역된); 사도행전 17:25 등을 보라. 거기에서 각각의 경우에 있어 'zoe' 는 인간의 (자연적인) 생명을 의미하고 있다. 따라서 'zoe' 는 **모든** '생명'을 그 범위에 포함한다 하겠다.

"이 생명은 사람들의 **빛**이라." 이 말씀에서 우리가 알아야 할 것은 무엇인가? 두 가지 사항에 주목해야 한다. 4절에 있는 이 말씀은 그리스도로 말미암아 "만물이 지은 바 되었다"는 선언과 직접적으로 이어지는 것이다. 그리하여 여기에서 고려되어진 것은 **피조물**이다. 둘째로, 여기에서 언급하고 있는 것은 단지 믿는 자들뿐만이 아닌, '사람들' 이다. 이 말씀에서 '생명' 은 주 예수를 칭하는 거룩한 명칭 가운데 하나이다. 따라서 그것은 "**하나님**은 사람들의 **빛**이라"고 말하는 것과 같다. 그것은 그리스도께서 모든 사람들과 지속하신 관계에 대하여 말하고 있다. 그는 그들의 '빛' 이시다. 9절에서 읽을 수 있는 말씀으로 말미암아 이것은 확실해진다. "참 빛 곧 세상에 와서 **각 사람에게 비추는 빛**이 있었나니." 그렇다면 어떠한 의미에서 그리스도는 '사람들의 **빛**' 이요 '생명' 이신가? 이렇게 대답할 수 있다. 여기에서 사람들은 책임이 있는 피조물로서 간주되고 있다. 모든 이성적인 인간들은 도덕으로 깨우쳐졌다. 모든 이성적인 인간들은 "그 양심이 증거가 되어 그 생각들이 서로 혹은 고발하며 혹은 변명하여 그 마음에 새긴 율법의 행위를 나타낸다"(롬 2:15). 이 세상 모든 사람들을 비추어 주는 것, 그들로 하여금 책임 있는 인간 존재가 되게 하는 것이 바로 이 '빛' 이다. 요한복음 1:4에 있는 '빛' 의 헬라어는 '포스' (phos)이다. 이 말의 의미가 단지 영적인 조명에만 한정되지 않음은 마태복음 6:23에서 사용된 것으로 분명하게 알 수 있다. "그러므로 네게 있는 빛이 어두우면 그 어둠이 얼마나 더 하겠느냐." 그리고 또한 누가복음 11:35; 사도행전 16:29 등에서 같은 예를 찾아볼 수 있다.

이상에서 말한 것으로 인해 독자 가운데 누구라도 혹 모든 사람 안에는 단지 바람만 불어 주면 곧 화염으로 변할 하나님의 생명의 불꽃이 있다고 하는 비성경적인 이론을 믿는 무리의 하나로 우리를 추측해서는 안 된다. 그렇지 않다. 우리는 그러한 악마적인 거짓말을 명백히 부인한다. 본래부터 영적으로 인간은 "허물과 죄로 죽었던" 자이다. 그렇지만 비록 그러할지라도 자연인은 하나님 앞에서 책임이 있는 존재이다. 그는 스스로에 대해 하나님께 셈해야 할 것이다. 그는 책임이 있다. 하나님의 율법의 행위가 그 마음에 새겨진 바 되었기 때문에 그 양심이 증거가 되기 때문이다. 그리고 바로 이것이 요한복음 1:4에서 말하는 '빛' 이며 1:9의 '비추는 빛' 이다.

　"**빛이 어둠에 비치되 어둠이 깨닫지 못하더라**"(1:5). 이 말씀에서도 여전히 그리스도에 대한 또 다른 거룩한 명칭이 사용되고 있다. 1절에서 그는 '말씀' 으로 일컬어졌다. 3절에서는 만물을 지은 자로 불려졌다. 4절에서는 '생명' 으로, 그리고 이제 5절에서는 '빛' 으로 일컬어지고 있다. 이는 "**하나님은 빛이시라**" 고 말하고 있는 요한일서 1:5과 비교된다. 그렇다면 거부할 이유가 없다. 증거는 완벽하며 결정적이다. 주 예수는 다름 아닌 하나님이시며, 삼위 가운데 제2위격이시다.

　「헬라어 성경」(*Englishman's Greek New Testament*)은 다음과 같이 1:5을 쓰고 있다. "어둠 가운데 빛이 나타났으나 어둠은 그것을 감지하지 못하였다." 이 말씀은 우리에게 타락의 결과에 대해 알려 준다. 이 세상에서 난 모든 사람은 그의 창조자에 의해서 빛이 비추어졌다. 그러나 자연인은 이 빛을 무시하며 거부한다. 그리하여 결과적으로 어둠 가운데 빠지게 되었다. 자연인은 그가 가진 빛으로 살아가는 대신에 (아무도 그렇게 하지 않는다), "빛보다 어둠을 더 사랑한다"(요 3:19). 그러므로 타락한 인간은 눈먼 자와 같다. 즉 그는 어두운 흑암 가운데 있다. 이에 대한 증거가 "빛이 어둠에 비치되 어둠이 깨닫지 못하더라" 라고 하는 사실에 나타난다. 모든 다른 어둠은 빛 앞에서 굴복하며 사라져 버린다. 그러나 이 말씀에 있는 이 '**어둠**' 은 꿰뚫어지지 않는 너무도 캄캄하고 가망 없는 것이다. 그 어둠은 깨닫지도 감지하지도 못한다. 타락한 인간 본성에 대한 기소장은 참으로 두렵고도 엄숙한 것이리라! 그리고 "어두운 데서 불러 내어 하나님의 기이한 빛으로" 이끄시는 저 구원하는 은혜의 기적에서 너무도 멀리 떨어져 있음이 자명하다.

　"**하나님께로부터 보내심을 받은 사람이 났으니 이름은 요한이라**"(1:6). 여기서 내용이 갑자기 바뀐다. 하나님이신 '말씀' 으로부터, 이제 성령은 그리스도보다 앞서 온 선구자에 대해 말하기 시작한다. 그는 '사람' 으로 표현되고 있다. 대조의 방법에 의해서, 그(선구자)가 증거하는 그분은 사람 **이상**의 존재임을 우리에게 보여주기 위해서이다. 이 사람은 "하나님께로부터 보내심을 받았다." 그리스도에 대하여 충실히 증언하는 모든 사람이 다 그렇다. 이 사람의 이름은 '요한'이었다. 어원학자들이 말하는 바에 따르면 '하나님의 선물'이라는 뜻이다.

"**그가 증언하러 왔으니 곧 빛에 대하여 증언하고 모든 사람이 자기로 말미암아 믿게 하려 함이라**"(1:7). 요한은 '빛'에 대하여 증언하기 위해 왔다. 이 말씀에 대해 신중히 생각해 보아야 한다. 그것은 심각하며 슬프고도 비극적이다. 아마도 그 의미는 우리가 다음과 같이 물어볼 때 좀 더 명백해질 것이다. 즉 태양이 한껏 아름답게 비치고 있을 때 그 사실에 대해 의식하지 못하는 사람들은 누구인가? 누구에게 태양이 비치고 있음을 말해 줄 필요가 있는가? 눈먼 자들인 것이다. 그렇다면 하나님께서 '빛에 대하여 증언'하도록 요한을 보내셨다는 것은 참으로 비극이다. 이렇게 할 필요가 있었다는 것은 참으로 슬픈 일이다. '빛'이 지금 그들 가운데 있다고 사람들에게 알려야만 했다는 것은 너무도 심각한 진술이다. 바로 인간의 타락한 상황 조건을 드러내는 것이다. 빛이 어둠 가운데 비추었다. 그러나 어둠은 그것을 깨닫지 못하였다. 그러므로 하나님께서는 빛에 대하여 증언하도록 요한을 보내셔야만 했다. 하나님께서는 그의 사랑하시는 아들이 인지되어지지 않은 채, 알려지지 않은 채, 이 땅에 오는 것을 허락지 아니하셨던 것이다. 그가 이 세상에 태어나자마자 하나님은 천사들을 베들레헴의 목자들에게 보내사 그에 대해 선포하셨다. 그리고 또다시 그가 공적인 사역을 시작하시기 직전 요한이 나타나 그를 영접하도록 이스라엘 백성에게 명하였다.

"그가 **증언하러** 왔으니." 이는 선포자의 임무를 명확히 해준다. 그는 '증언자'이다. 그리고 증언자는 자신이 말하는 것을 알고 있는 사람인 동시에 그가 알고 있는 것을 말하는 사람이다. 그는 사색한 바를 말하는 것이 아니다. 그는 자신의 의견을 말하지 않는다. 오직 그는 자신이 진리라고 알고 있는 것에 대하여 증언 할 뿐이다.

"빛에 대하여 증언하고." 이는 선포자의 목적을 말하는 것이다. 즉 그의 청중으로 하여금 그 자신이 아니라 다른 것을 보게 하는 것이다. 그는 스스로 증언하는 것이 아니다. 자기 자신에 대해 증언하는 것도 아니며, 오직 그는 "그리스도를 전하는"(고전 1:23) 것이다. 이것은 하나님의 영이 승인하실 메시지이다. 왜냐하면 그리스도께서 그에 대하여 "그가 **내** 영광을 나타내리라"(요 16:14)고 말씀하셨기 때문이다.

"모든 사람이 자기로 말미암아 믿게 하려 함이라." '증언하러'라는 말은 선포자의 **임무**를 명확히 해주고 있다. '빛에 대하여 증언하러'라는 말은 선포자의 주목적, **말하는 주된 내용**을 알려 주고 있다. "모든 사람이 자기로 말미암아 믿게 하려 함이라"

라는 말은 그의 사역의 **의도**를 말해 준다. 사람들은 하나님의 증언의 증거를 받아들임으로 말미암아 믿는 자가 된다. 여기에서 '모든 사람' 이란 6:45에 있는 "그들이 다"와 같은 의미이다.

"**그는 이 빛이 아니요 이 빛에 대하여 증언하러 온 자라**"(1:8). 그렇다. 요한 자신이 '이 빛' 이 아니었다. 왜냐하면 '생명' 과 마찬가지로 '빛' 은 오직 하나님 안에만 있는 것이기 때문이다. 하나님으로부터 멀리 있는 사람은 심원하고 구원받지 못하는 어둠 가운데 있다. 믿는 자들조차도 **그 자신 안에** 빛을 가지고 있지 못하다. 성경은 무엇이라 말하고 있는가? "너희가 전에는 어둠이더니 이제는 **주 안에서** 빛이라"(엡 5:8). 흠정역 성경(A.V.)에서 볼 수 있거니와 여기 1:8에서 말한 것과 상반되는 진술이 요한복음 5:35에 있다. 그리스도께서는 "요한은 켜서 비추이는 **빛이라**"고 말씀하셨다. 그러나 이 말씀에서 사용된 헬라어는 1:8에서 '빛' 이라고 번역된 것과 완전히 다르다. 그리고 개역성경에서는 "요한은 켜서 비추이는 **등불이라**"고 옳게 번역되었다. '등불' 이라고 옳게 번역된, 요한에 대해 사용된 이 단어는, '빛' 으로 말해진 그리스도와 그에 앞서 온 자 사이에 있는 날카로운 대조를 제시하고 있다. 등불은 그 자신의 본래적인, 타고난 빛을 지니고 있지 않다. 그것은 공급되어진다. '등불' 은 다른 사람에 의해 들려져야만 한다. '등불' 은 이내 다 타고 몇 시간 있으면 빛이 사그라들게 된다.

"**참 빛 곧 세상에 와서 각 사람에게 비추는 빛이 있었나니**"(1:9). 라일(Ryle) 주교는 그의 「요한복음 강해」에서 '참' 은 적어도 네 가지를 말하고 있다고 지적한 바 있다. 첫째로, 미혹하지 않는 빛으로서 '**참 빛**' 인 그리스도이다. 우리가 읽어 볼 수 있거니와 사탄은 스스로 "광명의 천사로 가장한다"(고후 11:14). 그러나 그는 오직 미혹하기 위하여 그렇게 나타나는 것이다. 하지만 그리스도는 세상에 있는 모든 그릇된 빛들과 대조되는 참 빛이시다. 둘째로, '**참 빛**' 으로서 그리스도는 **확실한** 빛이다. 구약 시대에 제사 의식의 상징과 그림자를 통하여 알려졌던 희미하고 엷은 빛과 대조되는 **확실한** 빛이다. 셋째로, '**참 빛**' 으로서 그리스도는 파생된 빛이 아니다. 태양으로부터 달이 빛을 얻듯이 그렇게 나누어진, 좀 덜 밝은 빛으로 반사되는 빛들이 있다. 그렇지만 그리스도의 '빛' 은 파생되지 않은 그 자신의 본질적인 광휘이다. 넷째로, '**참 빛**' 으로서 그리스도는 탁월한 빛이다. 그 빛은 늘 보이는 일반적인 빛들과 대조된다. 태양의 광휘가 있고 달의 광휘가 있으며 또한 별의 광휘가 있다. 그렇지만 모든 다른 빛들은 '빛' 이신 그분 앞에서 흐릿해진다. 9절 하반부에 대하여는 더 이상 언급하지 않아도 될 것이다. 4절에 대한 해설에서 이미 다루었었다. 본성적으로 '모든 사람'이 가지고 있는 빛이 곧 그 빛이요, 이성이요, 양심이다.

"그가 세상에 계셨으며 세상은 그로 말미암아 지은 바 되었으되 세상이 그를 알지 못하였고"(1:10). "그가 세상에 계셨으며"는 우리가 믿는 바 그의 성육신과 사람들 사이에 거하신 33년을 말한다. 그리고 "세상은 그로 말미암아 지은 바 되었으되"라고 말하고 있다. 이는 성육신하신 분의 거룩한 영광을 나타내는 것이며, "세상이 그를 알지 못하였고"라는 다음 말의 비극을 강조하는 것이다.

"그가 세상에 계셨으며." 누구이셨겠는가? 세상을 지으신 바로 그분이시다. 그런데 그는 어떠한 응대를 받았는가? 위대한 창조주께서 나타나시려는 것이었으니 세상을 휩싸는 가슴 설레는 기쁜 기대로 나타나실 것이 아닌가? 그는 심판하러 오신 것이 아니었다. 그는 구원하러 오신 것이다. 그는 오만한 전제 군주로서가 아니라 "거룩하고 악이 없고 더러움이 없는" 인간으로서 나타나시는 것이다. 그러한 분이므로 마음에서 우러나오는 환영을 받으실 것이 아니겠는가? 슬프게도, "세상이 그를 알지 못하였다." 자신이 설계한 계획과 추구하는 바에 열중하여 그들은 그에 대해서는 전혀 생각지 아니하였다. 이것은 참으로 말로 형용할 수 없는 비극이다. 그렇지만 더 서글픈 일이 계속되고 있다.

"자기 땅에 오매 자기 백성이 영접하지 아니하였으나"(1:11). 여기에서 사용된 말은 참으로 적절하다. 그 정확한 표현에 주목해 보자. "그가 세상에 계셨다." 그러므로 조회해 볼 수 있는 범위 내에 있었다. 그렇지만 그는 아브라함의 자손들에게 "오셨다." 말 그대로 들어가려고 문을 두드리셨다. 하지만 그들은 **영접하지 아니하였다.** 세상은 알지 못하였음에 대해 책임이 있다. 그러나 이스라엘 백성은 믿지 아니하였음에 대해 책임이 있다. 그렇다. 하늘의 방문자를 환영하는 대신에 그들은 그를 문 밖으로 몰아내었으며, 심지어 지상에서 없애 버렸다. 오랜 세월 동안 메시야가 나타나기를 간절히 기다려 온 믿는 선조들을 가진 백성이 그 메시야가 왔을 때 거부했으리라고 상상이나 하였겠는가? 그러나 실제로 그러하였다. 혹자는 물을 수 있겠다. 이러한 일이 어떻게 가능할 수 있었는가? 다음과 같이 대답할 수 있다. 바로 이 일이 그들의 선지자들에 의해 분명히 예언되었다고. 그는 그들의 눈에 고운 모양도 없고 풍채도 없으며, 그들이 보기에 흠모할 만한 아름다운 것이 없으리라고 예언되었던 것이다. 만일 그가 은혜를 모르는 자들로부터 돌아서셨다면 놀라운 일이었겠는가? 그가 후에 십자가 위에서 죽으시기 위하여 지상에 남아 계셨다는 것은 아버지의 뜻에 대한 복종이며, 죄인들에 대한 놀라운 사랑이 아닐 수 없다!

그러나 만일 세상이 "그를 알지 못하였고," 이스라엘 백성이 그를 "영접하지 아니하였다"면, 하나님의 목적은 실패한 것이 아닌가? 아니다. 진정 그러한 일을 **있을 수 없다.** 하나님의 뜻은 "완전히 설 것이다"(잠 19:21). 아들의 놀라우신 겸손은 헛될 수가 없다. 그리하여 우리는 이 같은 말씀을 읽게 된다. **"영접하는 자 곧 그 이름을 믿는 자들에게는 하나님의 자녀가 되는 권세를 주셨으니"**(12절). 이 말씀은 우리에게 구원에 대한 인간의 측면, 곧 죄인들에게 요구되는 바에 대해 말해 준다. 구원은 그리스도를 '영접함'을 통하여, 즉 '그 이름을 믿음'으로 말미암아 죄인에게 이른다. 이 두 가지 일, '영접함'과 '그 이름을 믿음'은 본질적으로는 하나이지만 그 사이에는 미묘한 차이가 있다. 믿음은 복음의 증거에 나타난 대로 그리스도를 보는 것이다. 다시 말해서, 그것은 하나님께서 그 아들에 관해 말씀하신 바를 진리로서 개인적으로 인정하는 것이다. 영접함은 하나님의 선물로서 우리에게 주어진 대로, 우리의 승인을 위하여 우리에게 주어진 대로 그리스도를 보는 것이다. 그리고 그들이 유대인이건 이방인이건, 부자이건, 가난한 자이건, 문맹자이건 지식인이건 관계없이 그들의 개인적인 구주로서 그리스도를 받아들이면 그러한 자들에게는 하나님의 자녀가 되는 권세가 주어진다.

그러나 **누가** 이와 같이 하여 그리스도를 받아들이는가? 어떠한 수단으로도 모두가 다는 아니다. 단지 소수의 사람에 지나지 않는다. 그런데 이 일은 운에 맡겨지는가? 그것과는 거리가 멀다. 그 다음 절이 그 사실을 진술하고 있다. **"이는 혈통으로나 육정으로나 사람의 뜻으로 나지 아니하고 오직 하나님께로부터 난 자들이니라"**(1:13). 이 말씀은 왜 소수의 사람들만이 그리스도를 '영접'하는지 설명해 준다. 그것은 그들이 하나님께로부터 나기 때문이다. 12절이 우리에게 인간의 측면을 제시해 준다면, 13절은 하나님의 측면을 제시해준다. 하나님의 측면은 신생이다. 신생이 일어나는 것은 '혈통으로'가 아니다. 말하자면 그것은 유전의 문제가 아니다. 왜냐하면 중생은 핏줄로 이어지지 않기 때문이다. '육정으로'도 아니다. 자연인의 의지는 하나님과 반대가 된다. 그리고 그는 거듭나기 이전에는 하나님께로 향한 **어떠한 의지도** 가지지 않는다. '사람의 뜻으로'도 아니다. 즉 신생은 동료의 호의적인 노력에 의해서나 설교자의 설득력에 의해서 이루어지지 않는다. '오직 하나님께로부터' 나는 것이다. 신생은 하나님의 작업이다. 그것은 마음에 생명력 있게 말씀을 적용시키시는 성령에 의해서 이루어진다. 지상에 계셨던 동안에 그리스도께서 받으셨던 대접은 지금도 여전히 마찬가지이다. 세상은 '그를 알지 못하고' 이스라엘 백성은 그를 '영접하지 아니한다.' 오직 소수의 사람들이 그를 영접하는데 이들은 사도행전 13:48이 말하는 바로 그 사람들이다. "영생을 주시기로 작정된 자는 다 믿더라." 여기에서 이 장을 마치기로 한다.

다음 장으로 넘어가기 전에 독자는 아래의 질문을 공부해 보자.

1. 요한복음 1:14에서 '거하신다' (dwelt)라는 말씀은 '임시로 거하신다' (tabernacled)라는 뜻이다. 즉 말씀이 우리 가운데 임시로 거하셨다. 이는 우리에게 광야에서 이스라엘 백성이 임시로 세운 성막(Tabernacle)을 상기시킨다. 구약의 성막이 그리스도의 상징이요 전조가 되는 것은 어떤 점에서인가?

2. "우리가 그의 영광을 보니" (1:14), 이 말씀이 의미하는 바는 무엇인가? '영광' 이란 무엇인가? 적어도 세 가지 의미가 있다.

3. 그리스도가 세례 요한보다 '앞선다' 함은 어떤 의미에서인가?(1:15)

4. 1:16의 의미는 무엇인가?

5. 왜 우리는, 율법은 모세로 말미암아 **주어졌고**, 은혜와 진리는 예수 그리스도로 말미암아 **왔다**고 말하는가?(1:17)

6. 예수 그리스도께서 오시기 **이전에** '은혜와 진리' 가 있었는가? 만일 있었다면 예수 그리스도로 말미암아 왔다는 것들이 의미하는 바는 무엇인가?

7. 율법과 은혜 사이에서 얼마나 많은 대조점을 찾아볼 수 있는가?

제3장

그리스도, 성육신하신 말씀

[14]말씀이 육신이 되어 우리 가운데 거하시매 우리가 그의 영광을 보니 아버지의 독생자의 영광이요 은혜와 진리가 충만하더라 [15]요한이 그에 대하여 증언하여 외쳐 이르되 내가 전에 말하기를 내 뒤에 오시는 이가 나보다 앞선 것은 나보다 먼저 계심이라 한 것이 이 사람을 가리킴이라 하니라 [16]우리가 다 그의 충만한 데서 받으니 은혜 위에 은혜러라 [17]율법은 모세로 말미암아 주어진 것이요 은혜와 진리는 예수 그리스도로 말미암아 온 것이라 [18]본래 하나님을 본 사람이 없으되 아버지 품 속에 있는 독생하신 하나님이 나타내셨느니라(요 1:14-18)

우선 이 장에서 제시될 요한복음 1:14-18의 구절에 대해 간략히 분석해 보면 다음과 같다.

1. 그리스도의 성육신 — "말씀이 육신이 되어"(1:14)
2. 그리스도께서 지상에 머무르심 — "우리 가운데 거하시매"(1:14)
3. 그리스도의 본질적인 영광 — "독생자의 영광이요"(1:14)
4. 그리스도의 최상의 탁월성 — "앞선 것"(1:15)
5. 그리스도의 신적 충만 — "그의 충만함"(1:16)
6. 그리스도의 도덕적 완전성 — "은혜와 진리"(1:17)
7. 그리스도의 놀라운 계시 — "아버지"를 나타내심(1:18)

"말씀이 육신이 되어 우리 가운데 거하시매"(1:14). 무한한 존재가 유한하게 되었다. 볼 수 없는 존재가 형상을 지니게 되었다. 초월자가 임하신 것이다. 멀리 떨어져 있던 존재가 가까이 있게 되었다. 인간의 정신 영역을 넘어선 존재를 인간의 생활 범위 내에서 볼 수 있게 되었다. 그 참 모습이 드러나면 눈이 부셔 우리의 눈을 멀게 할 존재가 이제는 베일을 통하여 바라볼 수 있도록 허용되었다. "말씀이 육신이 되었다." 그는 이전의 그가 아닌 존재로 되었다. 그는 하나님이시기를 그만두고 인간이 되셨다.

"말씀이 육신이 되어." 이 말씀의 명백한 의미는 거룩한 구주께서 인간의 모습을 입으셨다는 것이다. 그는 죄 없는 참 사람, 완벽한 사람이 되셨다. 인간으로서 그는 "거룩하고 악이 없고 더러움이 없고 죄인에게서 떠나 계셨다"(히 7:26). 그리스도의 인격 안에 있는 이 같은 두 가지 본질의 연합은 우리의 믿음의 신비 가운데 하나이다 — "크도다 경건의 비밀이여, 그렇지 않다 하는 이 없도다 그는 육신으로 나타난 바 되시고"(딤전 3:16). 이 사항은 조심스럽게 진술할 필요가 있다. '말씀'은 그의 신적인 명칭이었다. '육신이 되어'는 그의 거룩한 인성을 말한다. 그는 그 때에 신인(神人)이었으며 지금도 그러하다. 그렇지만 그에게 있는 신성과 인성은 결코 혼동되지 않았다. 그의 신성은 감추어져 있기는 하나 결코 제쳐 두어지지는 않았다. 그의 인성은 죄는 없었으나 진정한 인성이었다. 성육신하시므로 그는 "지혜와 키가 **자라가며** 하나님과 사람에게 더욱 사랑스러워 갔다"(눅 2:52). 그러므로 '말씀'으로서 그는 하나님의 아들이며, '육신'으로서 그는 사람의 아들이다.

그리스도의 인격 안에 있는 두 가지 본성의 연합은 그를 중보자의 임무에 적절하게 하기 위한 필수불가결한 것이었다. 하나님께서 성육신하심으로 말미암아, 말씀이 육신이 되심으로 인하여 세 가지 위대한 목적이 수행되었다. 첫째로, 그렇게 함으로써 그가 **죽는** 것이 가능하게 되었다. 둘째로, 그는 **우리의** 연약함을 체휼하실 수 있게 되었다. 셋째로, 우리로 그의 발자취를 따르도록 **모범**을 남기시게 되었다.

이러한 이중적인 본질은 구약의 예언에 명백히 암시되었다. 예언은 앞으로 올 메시야를 인간으로 때로는 신으로 묘사하였다. 그는 여자의 '후손'이라고 하였다(창 3:15). 그는 모세와 같은 '선지자'이며(신 18:18), 다윗의 자손이라고 하였다(삼하 7:12). 여호와의 '종'(사 42:1)이며 '질고를 아는 자'라고 했다(사 53:3). 그렇지만 다른 한편으로 그는 아름답고 영화로운 여호와의 싹이었다(사 4:2). 그는 기묘자요, 모사요, 전능하신 하나님이요, 영존하시는 아버지요, 평강의 왕이었다(사 9:6). 여호와로서 그는 갑자기 그의 성전에 임하신다 하였다(말 3:1). 베들레헴에서 태어나 이스라엘을 다스릴 자는 그 근본이 '상고에, 영원'인 분이었다(미 5:2). 이들 두 종류의 서로 다른 예언자들이 어떻게 조화를 이루게 되었는가? 요한복음 1:14가 그 대답이다. 베들레헴에서 나신 분은 하나님이시요 영원한 말씀이셨다. 성육신은 하나님께서 인간 안에 거하셨음을 의미하는 것이 아니라 하나님께서 인간이 되셨음을 뜻한다. 그는 비록 이전에 가졌던 자신의 속성을 모두 버리지는 않으셨을지라도 이전의 그가 아닌 존재가 되었다. 베들레헴의 어린 아기는 임마누엘(Immanuel) ― 하나님께서 우리와 함께 계신다 ― 이었다.

"말씀이 육신이 되어." 특별한 방법으로 이를 제시하는 것이 요한복음의 의도이다. 이 복음서에 기록된 **기적들이** 독특한 방식으로 이를 증명하고 있다. 예를 들어, 그는 물로 포도주를 만드신다. 그렇지만 어떻게 해서인가? 그 자신이 **말씀을 하셨을** 뿐이었다. 그가 하인들에게 명하자 물은 포도주로 변하였다. 또한 왕의 신하의 아들이 병들었을 때 그 아버지는 예수께로 와서 자기 집에 함께 가서 아이의 병을 고쳐 주시기를 청하였다. 그때 우리 주님의 대답은 무엇이었는가? "예수께서 이르시되 가라 네 아들이 살아 있다"(요 4:50). 그리고 기적은 이루어졌다. 또한 움직이지 못하는 병자가 베데스다 못 가에 누워 있었다. 그는 누군가가 자기를 못에 넣어주기 바랐으나 그가 기다리는 동안에 으레 다른 사람이 그보다 앞서 들어가 고침받곤 하였다. 그 때 주 예수께서 그 길을 지나다 그를 보셨다. 어떤 일이 일어났는가? "예수께서 가라사대 일어나 네 자리를 들고 걸어가라." 능력의 말씀이 있자 병자는 온전하게 되었다. 그리고 또한 (오직 요한만이 기록한) 나사로의 경우를 생각해 보자. 회당장 야이로의 딸을 살리실 때 그리스도는 그 아이의 손을 잡으셨다. 나인 성의 과부의 아들을 살리실 때에도 그 관에 손을 대셨다. 그러나 나사로를 살리심에 있어서 그는 단지 말씀만 하셨을 뿐이었다. "나사로야 나오라." 이 모든 기적들에 있어 우리는 말씀이 역사하시는 것을 본다. 육신이 되어 우리 가운데 잠시 거하신 분은 영원하시고 전능하신 분이셨다 ― "우리의 크신 하나님(말씀), 구주(육신이 되셨음) 예수 그리스도"(딛 2:13).

"우리 가운데 거하시매"(임시로 거하시매). 그는 33년 동안 지상에 그의 장막을 세우셨다. 여기에서는 광야에서의 이스라엘 백성의 성막을 보이지 않게 언급하고 있다. 그 성막은 상징적인 의미를 가진 것이다. 그것은 성육신하시는 성자 하나님을 예시하였다. 성막에 관한 거의 모든 사항이 말씀이 육신이 되심을 예고하였다. 그 상징(모형)과 원형 사이에는 상응하는 다양한 것들이 있다. 이에 대해 좀 더 자세히 알아보기로 한다.

1. '성막' 은 **일시적인 설치물**이었다. 그것은 솔로몬의 성전과 같은 영구적인 건축물과 다르다. 성막은 단지 천막에 지나지 않았으며 일시적인 편의를 위한 설비였다.

그것은 이스라엘 자녀들의 여정 동안에 이리저리로 옮기기에 알맞은 것이었다. 우리 주님이 사람들 가운데 잠시 거하셨을 때에도 그와 같았다. 그의 머무르심은 단지 짧은 기간, 40년도 채 못되는 기간에 불과했다. 그리고 그 상징이 의미하는 바와 같이 어느 한 곳에 오래 머무르신 것이 아니라 그의 사랑의 행위에 있어 지치실 줄 모르며 계속하여 옮겨 다니셨다.

2. '성막' 은 **광야에서 사용하기 위한 것**이었다. 이스라엘 백성이 가나안에 정착한 후 성막은 성전으로 교체되었다. 출애굽하여 약속된 땅에 이르기까지의 긴 여정 동안에 성막은 하나님께서 그들을 위해 지정하신 설비였다. **광야**는 영원한 말씀이 처음 이 땅에 강림하셨을 때 사람들 가운데 거하시던 그 상황을 명백히 예시하였다. 광야의 성막은 의심할 여지 없이 말구유 요람, 나사렛 목수의 의자, 곧 사람의 아들이 그의 머리를 누이는 '어느 곳', 그의 무덤으로 쓰기 위해 빌려진 묘 자리를 예시하였다. 모세 오경에 대한 주의 깊은 연대기적 연구는 이스라엘 백성이 광야에서 35년에 조금 미치지 못하는 기간 동안 성막을 사용했을 것으로 보여진다고 지적한 바 있다!

3. **외견상으로 '성막' 은 그 모습에 있어 초라하고 남루하며 시선을 끌 만한 것이 못되었다.** 호사스럽고 웅대한 솔로몬의 성전과는 다르게 성막의 외면에는 세속적인 눈을 만족시킬 만한 어떠한 것도 없었다. 단순히 널판과 가죽에 불과했다. 성육신도 역시 그러했다. 주님의 거룩한 위엄은 육신의 베일 속에 감추어졌다. 그는 천사들을 위압적인 수행원들로 대동하지 않으셨다. 믿지 않는 이스라엘 백성들의 눈에 그는 아무 아름다움도 갖지 못한 자였다. 그들이 그를 보았을 때, 그 기름 부음받지 못한 눈들은 그들이 바라던 바 어떠한 아름다움도 볼 수 없었다.

4. '성막' 은 **하나님께서 거하시는 곳**이었다. 그는 이스라엘 백성의 장막 한가운데 거처를 정하셨다. 속죄소 위의 그룹들(the cherubim) 사이에 그는 보좌를 정하셨다. 성소에서 그는 여호와의 영광으로 자신의 모습을 나타내셨다. 그리고 말씀이 사람들 가운데 거하신 33년 동안 하나님께서는 팔레스타인에 처소를 정하셨다. 지성소는 하나님의 거룩한 분의 인격 안에서 이루어진 그 원형의 성취를 받아들였다. 여호와의 영광이 두 그룹들 사이에 나타나셨던 것처럼 신인(神人)의 영광이 변화산 위에서 모세와 엘리야 두 사람 사이에서 빛났다. "우리가 그의 영광을 보니"는 전형적인 성막의 **용어**이다.

5. '성막' 은 그러므로 **하나님께서 사람들과 만나신 장소**였다. 그것은 '만남의 장소' 라 불려졌다. 만일 이스라엘 사람이 여호와께 가까이 나아가기를 원하면, 그는 성

막 입구로 나아와야만 했다. 장막과 기구의 식양에 관해 모세에게 이르실 때 하나님께서는 이렇게 말씀하셨다. "속죄소를 궤 위에 얹고 내가 네게 줄 증거판을 궤 속에 넣으라 거기서 내가 너와 만나고 속죄소 위 곧 증거궤 위에 있는 두 그룹 사이에서 내가 이스라엘 자손을 위하여 네게 명령할 모든 일을 네게 이르리라"(출 25:21, 22). 이 아름다운 상징은 참으로 완벽하다! 그리스도는 하나님과 사람이 **만나는 곳**이다. 그로 말미암지 않고는 아버지께로 나아갈 자가 없다(요 14:6). 하나님과 사람 사이에 중보자도 한분이시니 곧 사람이신 그리스도 예수시다(딤전 2:5). 그는 신성과 인성 사이의 깊이 갈라진 틈 위에 다리를 놓으신 분이다. 그 자신이 하나님인 동시에 사람이시기 때문이다.

6. '성막'은 **이스라엘 백성들의 장막의 중심부**였다. 성막의 가장 가까운 곳에 제사의 직분을 맡은 레위 지파 사람들이 거하였다. "그들에게 증거의 성막과 그 모든 기구와 그 모든 부속품을 관리하게 하라 그들은 그 성막과 그 모든 기구를 운반하며 거기서 봉사하며 **성막**(tabernacle) **주위에 진을 칠지며**"(민 1:50). 그리고 레위인들 주변 각 면에 세 지파씩 열두 지파가 진을 치고 머물렀다(민 2장 참조). 또한 우리는 장막이 이동할 때에 대하여 다음과 같은 말씀을 읽을 수 있다. "회막(tabernacle)이 레위인의 진영과 함께 모든 진영의 중앙에 있어 행진하되"(민 2:17). 그리고 또한 이같은 말씀도 읽게 된다. "모세가 나가서 여호와의 말씀을 백성에게 알리고 백성의 장로 칠십 인을 모아 **장막에 둘러 세우매** 여호와께서 구름 가운데 강림하사 모세에게 말씀하시고"(민 11:24, 25). 이는 참으로 놀라운 광경이다. 성막은 거룩한 **모임의 중심**이었다. 바로 그것은 주 예수에 대한 아름다운 예시였다. 그는 우리의 **모임의 중심**이시다. 그리고 "두세 사람이 내 이름으로 모인 곳에는 나도 **그들 중에** 있느니라"(마 18:20)라는 말씀은 그의 귀중한 약속이다.

7. '성막'은 **율법을 보관했던 장소**였다. 여호와께서 십계명을 새기셨던 첫 번 두 개의 돌판은 깨어졌다(출 32:19 참조). 그러나 두 번째 판은 안전하게 보관하기 위하여 궤에 넣었다(신 10:2-5). 율법을 새긴 돌판은 성소 안에서, 오로지 거기에서 손대지 않은 채 완전하게 보존되었다. 이것 역시 구세주에 대해 말해준 것이 아닌가! 그는 다음과 같이 언급된다. "내가 왔나이다 나를 가리켜 기록한 것이 두루마리 책에 있나이다 나의 하나님이여 내가 주의 뜻 행하기를 즐기오니 **주의 법이 나의 심중에 있나이다**"(시 40:7, 8). 그의 전 생애를 통하여 그는 생각과 말과 행위에 있어서 하나님의 율법을 존중하고 찬미함으로써 거룩한 십계명을 고수하였다.

8. '성막'은 **희생이 이루어진 장소**였다. 그 바깥뜰에는 놋 제단이 있었다. 그곳에서 동물을 죽였다. 피를 뿌려서 속죄를 한 곳이었다. 주 예수도 그러하였다. 그는 성막 기구의 부분으로서 놋 제단의 상징적인 의미를 그 자신의 인격 안에서 성취하셨다. 지상에서 그가 거하신 육신은 잔혹한 나무에 못 박혔다. 십자가는 하나님의 양이 죽임당한 제단이었다. 그곳에 그의 귀중한 피가 뿌려졌고, 그곳에서 죄에 대한 온전한 속죄가 이루어졌다.

9. '성막'은 **제사 직분을 맡은 집안이 양식을 공급받는 장소**였다. "그 나머지는 아론과 그의 자손이 먹되 누룩을 넣지 말고 **거룩한 곳** 회막 뜰에서 먹을지니라 … 죄를 위하여 제사 드리는 제사장이 그것을 먹되 곧 회막 뜰 **거룩한 곳에서** 먹을 것이며"(레 6:16, 26). 그 상징적인 의미에 있어 이 말씀은 참으로 깊은 뜻을 담고 있다. 그리고 이 말씀은 오늘날 하나님께 제사를 드릴 제사장들, 즉 모든 믿는 사람들(벧전 2:5)의 양식으로서의 그리스도를 말해 주고 있다. 그는 생명의 떡이시다. 그는 우리의 영혼이 즐거워하며 먹고자 하는 분이다.

10. '성막'은 **경배의 장소**였다. 그곳으로 경건한 이스라엘 사람은 제물을 가져왔다. 여호와를 경배하고자 하였을 때 그는 그곳으로 왔다. 그 문으로부터 주의 음성이 들렸다. 그 뜰 안에서 제사장들은 성스러운 직분을 수행하였다. 그리고 이것은 그 원형에 있어서도 마찬가지였다. 우리가 찬미의 제사를 하나님께 드리는 것은 "예수로 말미암아"서이다(히 13:15). 오로지 그 안에서 그로 말미암아 우리는 아버지를 경배할 수 있다. 우리가 은혜의 보좌로 나아가는 것은 그를 통해서이다.

이렇게 하여 우리는 구약 시대의 성막이 우리 주님의 인격을 얼마나 충분하고 완벽하게 예시하였는지 알아보았다. 그리고 성육신하심을 선포하심에 있어 왜 성령께서 "말씀이 육신이 되어 우리 가운데 **잠시 거하시매**"라고 하셨는지 알게 되었다. 요한복음 1:14의 다음 절로 넘어가기 전에, 광야의 성막과 솔로몬의 성전이 각각 그리스도를 예시함에 있어 얼마나 현저한 대조를 보여주고 있는가를 지적해 보기로 한다.

(1) 성막은 그의 첫 번째 강림에 있어서의 그리스도를 예시하였고, 성전은 재림에 있어서의 그리스도를 예시하였다.

(2) 성막은 역사적으로 먼저 있었고, 성전은 오랜 후에야 세워졌다.

(3) 성막은 단지 일시적인 시설이었으나 성전은 항구적인 건축물이었다.

(4) 성막은 **선지자** 모세에 의해 세워졌으며(이것은 첫 번째 강림에서 그리스도께서 수행하신 직분이었다), 성전은 **왕** 솔로몬에 의해 세워졌다(이것은 그의 재림에서 그리스도께서 수행하실 직분이다).

(5) 성막은 광야에서 사용되어졌다 – 그리스도의 낮아지심을 말한다. 성전은 '큰 임금의 성'(마 5:35)인 **예루살렘에** 세워졌다 – 그리스도의 장차의 영화를 말한다.

(6) 성막에서 가장 두드러지게 나타났던 숫자는 다섯이었다. 이는 **은혜**를 말하며, 은혜는 그 첫 번째 강림에서 그의 사역의 특징적 성격이었다. 그러나 성전에서의 주도적인 숫자는 **통치**를 나타내는 열둘이었다. 왜냐하면 그리스도는 만왕의 **왕**이요 만주의 **주**로 다스리시고 통치하실 것이기 때문이다.

(7) 성막은 그 외형적인 모습에 있어 시선을 끌 만한 아름다운 것이 되지 못하였다. 그래서 그리스도께서 이전에 오셨을 때, 그는 '마른 땅에서 나온 뿌리'로서였다. 그러나 성전은 그 외적인 웅장함으로 널리 알려졌다. 그리하여 그리스도께서 다시 오실 때, 그는 능력과 큰 영광으로 오실 것이다.

"우리가 그의 영광을 보니." '우리가 보니'(beheld)는 직접적으로 처음 제자들에게 해당되는 말이다. 그렇지만 오늘날에 있어서 그것은 모든 믿는 사람들의 복된 경험이다. "우리가 다 … 거울을 보는 것 같이 **주의 영광을 보매**(beholding)"(고후 3:18). 이 두 구절에서 사용된 용어는 대조를 이루는 것같이 보인다. 요한복음 12:41에서 우리는 "이사야가 이렇게 말한 것은 주의 영광을 **보고**(saw) 주를 가리켜 말한 것이라"라는 말씀을 읽게 된다. 곧 이사야 6장에 대한 언급이다. 구약 시대에는 이름 있는 몇몇 사람들만이 하나님의 영광을 이따금 우연한 기회에 볼 수 있었다. 그러나 단지 얼핏 보았을 뿐인 이들과는 달리, 우리들 – 이 세대의 믿는 사람들 – 은 그의 영광을 바라보았다. 그러나 여기에는 좀 더 엄밀하게 하나님의 영광을 바라본 것과 바라보지 못한 것 사이의 대조가 있다. 즉 여호와의 영광은 성소에 머물렀었다. 그러므로 **가려져 있었다**. 그러나 이제 우리들은 하나님의 영광을 '바라본다.'

"우리가 그의 영광을 보니." **이 말씀이** 의미하는 바는 무엇인가? 어느 누가 대답할 수 있을까? 영원 그 자체도 이 주제를 철저히 탐구하기에는 너무 짧을 것이다. 주님의 영광은 무한하다. 왜냐하면 그 안에는 하나님의 모든 온전함이 거하고 있기 때문이다. 믿는 자의 마음에 이보다 더 귀중한 것은 없다. 간략하게 말하여 "우리가 그 영광을 보니"는 그의 최상의 탁월성, 그의 인격적인 완전성을 뜻한다. 일반적인 구분의 목적에 있어서, 우리는 구주의 '영광'을 네 가지로 말할 수 있으며 그 각각은 무한하게 세분된다. 첫째로, 하나님의 아들로서의 **근본적인** '영광'이 있다. 이러한 것들은 그의 거룩한 완전성, 예를 들면 그의 전능하심과 같은 것이다. 둘째로, 그의 **도덕적** '영광'이 있다. 이러한 것들은 그의 인간적인 완전성, 예를 들어서 그의 온유함 등과 같은 것이다. 셋째로는, 그의 **직분**의 '영광'이 있다. 이러한 것들은 그의 중보적인 완전성으로, 예를 들어 그의 제사장의 직분과 같은 것이다. 넷째로, 그의 **획득되어진** '영광'이 있다. 이러한 것들은 그가 행하신 일에 대한 보상이다. 아마도 우리는 이 가운데 처음 세 가지를 다루게 될 것이다.

첫째로, "우리가 그의 영광을 보니"는 그의 **근본적인** '영광' 내지 거룩한 완전성을 가리킨다. 이것은 다음 말씀으로 보아 분명하다. "아버지의 독생자의 영광이요." 그의 지상에서의 생애와 사역의 처음부터 끝까지 주 예수의 신성은 분명하게 입증되었다. 그의 초자연적인 탄생, 그의 인격적인 탁월함, 그의 비할 데 없는 가르침, 그의 놀라운 기적들, 그의 죽으심과 부활, 이것들이 그를 하나님의 아들로 선포하였다. 그러나 "우리가 그의 영광을 보니"라는 이 말씀이 사람들 가운데 잠시 '거하시매'라는 말 바로 뒤에 오고 있음에 주목하여야 한다. 우리는 여기에 또한 성막에 대한 언급이 있음을 믿지 않을 수 없다. 성막에서, 성소에서 여호와는 속죄소 위에 그의 보좌를 정하셨으며, 그의 현시의 증거로 번번이 '구름'으로 불려진 **여호와의 영광**이 나타났다. 성막이 완성되어 여호와께서 그것을 취하셨을 때, 우리가 읽을 수 있거니와 **'구름'**이 회막에 덮이고 여호와의 **영광**이 성막에 충만하였다(출 40:34). 그것은 솔로몬의 성전이 완성되었을 때에도 마찬가지였다. "제사장이 성소에서 나올 때에 **구름**이 여호와의 성전에 가득하매 제사장이 그 구름으로 말미암아 능히 서서 섬기지 못하였으니 이는 여호와의 **영광**이 여호와의 성전에 가득함이었더라"(왕상 8:10, 11). 여기에서 '구름'과 '영광'은 분명히 동일한 것으로 간주된다. 그때 여호와의 영광은 이스라엘 백성들 가운데 있는 하나님의 임재의 뚜렷한 징표였다. 그리고 여호와께서 그들에게서 떠나셨을 때에는 다음과 같이 기록되었다. "여호와의 **영광**이 성읍 가운데에서부터 올라가"(겔 11:23). 그러므로 우리가 "말씀이 … 우리 가운데 거하시매 우리가 그의 **영광**을 보니"라는 말씀을 읽을 때, 그것은 다름 아닌 여호와께서 이스라엘 백성 가운데 다시 나타나셨다는 증거였다. 이것은 놀라운 사실이다. 그에 대해 우리는 관심을 가져 본 적이 없지만, 말씀이 사람들 가운데 거하신 기간 처음과 끝에 **여호와의 영광이 분명히 나타났었다**. 그가 태어나신 직후의 일이 다음과 같이 기록되었다. "그 지역에 목자들이 밤에 밖에서 자기 양 떼를 지키더니 주의 사자가 곁에 서고 **주의 영광이 그들을 두루 비추매** 크게 무서워하는지라"(눅 2:8, 9). 그리고 그가 이 세상을 떠나실 때의 일도 이렇게 기록되고 있다. "이 말씀을 마치시고 그들이 보는데 올려져 가시니 **구름**이 그를 가리어 보이지 않게 하더라"(행 1:9). '구름떼' (clouds)가 아니라 '한 구름'(a cloud)이다. 그러므로 "우리가 그 영광을 보니"는 첫째로, 그의 거룩한 영광을 가리킨다.

둘째로, 이 말씀에는 또한 그의 **직분의** '영광'이 언급되고 있는 것으로 보인다. 이 것은 거룩한 산 위에서 나타났던 바이다. 베드로후서 1:16에서 이 같은 말씀을 읽을 수 있다. "우리 주 예수 그리스도의 능력과 강림하심을 너희에게 알게 한 것이 교묘히 만든 이야기를 따른 것이 아니요 우리는 그의 **크신 위엄**을 친히 본 자라." 이 말씀은 산 위에서의 변형된 모습을 언급하는 것이다. 다음 절에 이렇게 계속하여 말하고 있다. "지극히 큰 영광 중에서 이러한 소리가 그에게 나기를 이는 내 사랑하는 아들이요 내 기뻐하는 자라 하실 때에 그가 하나님 아버지께 존귀와 **영광**을 받으셨느니라." 여기에서 변형된 광경과 요한복음 1:14이 연관되게 보이는 것은 '영광'이란 말의 사용에 있다. 이는 산 위에서의 사실로 말미암아 확증된다. "말할 때에 홀연히 **빛난 구름**이 그들을 덮으며"(마 17:5).

셋째로, 요한복음 1:14에는 또한 신인(神人)의 **도덕적** '영광,' 혹은 완전성에 대한 명백한 언급이 있다. 왜냐하면 "우리가 그의 영광을 보니"라고 말한 후에 요한은 바로 뒤에 (괄호를 생략하고) **"은혜와 진리가 충만하더라"**고 덧붙이고 있기 때문이다. 하늘의 보좌로부터 베들레헴의 말구유로 내려오신 것에서 우리는 참으로 믿기 어려운 은혜를 보게 된다. 만일 천사들의 경배를 받으셨던 분이 이 땅에 내려오셔서 왕으로서 지상을 다스리도록 예정되었다 해도 그것은 무한히 겸손한 행위였을 것이다. 그러나 그가 연약한 존재로 나타나셨다면, 기꺼이 곤궁을 택하시고 무력한 어린이가 되셨다면, 그 은혜는 모두 우리의 이해의 범위를 넘어서는 것들이며, 그 사랑은 우리의 지식을 초월하는 것이다. 진정 우리는 하나님의 아들의 무한한 겸손에 대한 경이감을 결코 잊을 수 없다.

그의 놀라운 낮추심에서 우리는 **그의 영광**을 본다. 위대함이 낮은 자리를 취하였을 때처럼 영광스러운 것은 없다. 권세가 다른 사람의 뜻에 자신을 맡기는 자리에 있을 때처럼 아름다운 것은 없다. 힘이 자신의 특권을 제쳐 두었을 때처럼 승리를 거두는 것은 없다. 통치권이 타인을 섬기는 자리에 있을 때처럼 매력 있는 것은 없다. 그리고 경건한 말이 아닐지 모르나, 신성이 처녀의 품에 매달려 있을 때만큼 그렇게 영광스럽게 나타난 적은 없다! 그렇다. 우리는 그의 영광 ─ 무한한 겸손의 영광, 비할데 없는 은혜의 영광, 이루 헤아릴 수 없는 사랑의 영광을 본다.

주님의 **획득된** '영광'에 관해서 여기에서 길게 다룰 수는 없다. 이 영광은 그에게 위임된 일들을 성공적으로 완수한 후에 아버지께서 주신 갖가지 보상들을 포함한다. 이사야는 구주의 자원적인 낮추심과 죽으심에 대해 언급한 후에, 아버지께서 그리스도에 관해 말씀하시는 바를 들려주면서 이 획득된 영광에 대해 말하고 있다. "그러므로 내가 그에게 존귀한 자와 함께 몫을 받게 하며 강한 자와 함께 탈취한 것을 나누게 하리니 이는 그가 자기 영혼을 버려 사망에 이르게 하며"(사 53:12). 이 획득된 영광에 대해 성경은 빌립보서 2장에서 주님이 십자가에 죽기까지 복종하셨음을 말한 후에 단언하고 있다. "**이러므로** 하나님이 그를 지극히 높여 모든 이름 위에 뛰어난 이름을 주사"(빌 2:9). 우리는 이에 대해 계속하여 살펴볼 수 있다. 그러나 요한복음 17장에 기록된, 지극히 높으신 제사장의 기도의 끝맺음 말을 아는 것은 참으로 복되다. 그는 이렇게 말씀하고 계신다. "아버지여 내게 주신 자도 나 있는 곳에 나와 함께 있어 아버지께서 창세 전부터 나를 사랑하시므로 내게 주신 나의 영광을 그들로 보게 하시기를 원하옵나이다"(24절).

다음 절로 넘어가기 전에 우리가 이제까지 살펴본 절(14절)과 이 장의 첫머리 절 사이에는 직접적인 연관이 있음을 지적하고자 한다. 14절은 실상 1절에 대한 해설이자 부연이다. 그 절들에는 각각 정확하게 상응하는 세 가지 진술이 있으며 뒤의 절은 앞 절에 조명을 던져 준다. 첫째로, "태초에 말씀이 계시니라." 이것은 우리의 이해의 범위를 넘어서는 것이다. 그러나 "말씀이 육신이 되어"는 그를 우리의 지각의 영역 내로 데려온다. 둘째로, "이 말씀이 하나님과 함께 계셨으니." 또다시 우리는 이해할 수 없게 된다. 그러나 말씀이 "우리 가운데 거하시매", 우리는 가까이 나아가 바라볼 수 있게 되었다. 셋째로, "이 말씀은 곧 하나님이시니라." 여기에서 또다시 우리는 무한의 영역에 있게 된다. 하지만 "은혜와 진리가 충만하더라." 여기에는 우리의 시야의 범위 내로 들어오신 하나님에 관한 두 가지의 본질적인 사실이 있다. 이와 같이 1절과 14절을 짝지음으로써 (사이에 있는 절들을 괄호로 묶어) 우리는 아마도 그 범위에 있어 가장 포괄적이고, 그 깊이에 있어 가장 심오한, 그러면서도 그 용어에 있어 성경의 각 권들 사이에서 찾아볼 수 있는 가장 단순한 진술을 가지게 된다. 이 절들을 하나씩 나열해 보자.

(1) "**태초에** 말씀이 계시니라."

　① "말씀이 육신이 되어"는 그의 인간 생활의 시작을 말한다.

(2) "이 말씀이 **하나님과 함께** 계셨으니."

　② "우리 가운데 거하시매"는 **사람들과 함께** 계신 그를 말한다.

(3) "이 말씀은 곧 **하나님이시니라.**"

　③ "은혜와 진리가 충만하더라." 이는 **하나님이 어떤 분이신가**를 말해 준다.

"요한이 그에 대하여 증언하여 외쳐 이르되 내가 전에 말하기를 내 뒤에 오시는 이가 나보다 앞선 것은 나보다 먼저 계심이라 한 것이 이 사람을 가리킴이라 하니라" (1:15). 세례 요한의 사역과 증언에 관하여 우리는 다음 장에서 좀 더 말할 것이다. 그래서 이 절에 대해서는 단지 두 가지 아주 간략한 언급만을 하기로 한다. 첫째로, 우리는 여기에서 주님보다 앞서 온 자가 그리스도의 최상의 탁월성을 증언하는 것을 본다. 즉 그 '뒤에 오시는 그리스도'가 요한보다 '앞서' 존재하였다는 뜻이다. 둘째로, "나보다 먼저 **계심이니라.**" 그렇지만 시기적으로 세례 요한은 구주보다 여섯 달 먼저 세상에 태어났다. 그러므로 요한이 그리스도께서 자기보다 "**먼저 계셨다**"고 말했을 때 그는 그분의 신성에 대하여 증언하고 있는 것이다.

"**우리가 다 그의 충만한 데서 받으니 은혜 위에 은혜러라**" (1:16). 이 중요한 구절에서 '충만'이라는 말은 구주의 지고한 신성을 제시하는 또 다른 용어이다. 그것은 골로새서 1:19와 2:9에서 보여지는 것과 같은 말이다. "아버지께서는 모든 충만으로 예수 안에 거하게 하시고." "그 안에는 신성의 모든 충만이 육체로 거하시고." 헬라어 전치사 '에크' (ek)는 '~으로부터' (out of)라는 의미이다. 하나님의 충만함으로부터 우리(믿는 자들) 모두가 '받았다.' 우리가 그리스도로부터 '받은' 그것은 **무엇**인가? 우리가 '받지' **않은** 것은 무엇인가? 그의 고갈되지 않는 '**충만함**'으로부터 우리는 '받았다.' 그로부터 우리는 영생을 '받았고' (요 10:28), 평안(14:27)과 기쁨(15:11)과 아버지의 말씀(17:14), 그리고 성령(20:22)을 '받았다.' 시간에서나 영원에서나 신자가 필요로 하는 **모든 것**이 커다란 창고에서처럼 그리스도에게 쌓여 있다.

"은혜 위에 은혜러라." 라일(Ryle) 주교는 여기에서 쓰여진 헬라어 전치사가 두 가지로 달리 번역될 수 있다고 말하며, 다음과 같은 생각을 제시하고 있다. 첫째로, 우리는 '은혜 **위에** 은혜'를 받았다. 즉 하나님이 은혜들이 하나씩 하나씩 베풀어졌다. 둘째로, '은혜에 대하여 은혜'를 받았다. 즉 옛 은혜를 보충하기 위한 새로운 은혜, 모든 필요에 상응하는 충분한 은혜를 받았다.

"율법은 모세로 말미암아 주신 것이요 은혜와 진리는 예수 그리스도로 말미암아 온 것이라"(1:17). 모세로 말미암아 '주신' 것과 예수 그리스도로 말미암아 '온' 것이 서로 대조되고 있다. 이는 '은혜와 진리'는 단순히 '주어진' 것이 아니라 '예수 그리스도로 말미암아 온' 것이기 때문이다. 그것은 그 모든 충만한 데서 왔으며 그 영광스러운 완전성 안에서 왔다. 율법은 모세에게 '주어졌다.' 그것은 그 자신의 것이 아니었기 때문이다. 그러나 '은혜와 진리'는 그리스도에게 '주어진' 것이 아니었다. **이러한 것**은 그 자신이 **본질적인** 완전성이었기 때문이다. 이 대조를 눈여겨봄에 있어 우리는 여기에서 중요한 요점은 하나님의 **현현**임을 염두에 두어야 한다. 곧 율법을 통하여 나타나신 하나님, 그리고 독생자로 말미암아 알려진 하나님이다.

율법은 '진리'가 아니었는가? 그 범위에 한해서 그것은 진리였다. 그것은 하나님께서 인간에게 마땅히 요구하시는 바, 그러므로 곧 인간이 하나님의 마음에 부응해야만 하는 바에 대하여 선포하였다. 율법은 하나님의 마음의 사본이라고 종종 일컬어져 왔다. 그러나 그 같은 말은 참으로 부적절하다! 율법은 하나님이 어떤 분이라고 계시하였는가? 율법은 그의 모든 속성들을 드러내었는가? 만일 그렇다면 율법이 명시한 것보다도 더 하나님에 대하여 알 바는 없을 것이다.

율법은 하나님의 **은혜**를 말하였는가? 진정 그렇지 않다. 율법은 거룩하다. 그리고 계명도 거룩하며 의로우며 선하다. 그것은 복종을 요구하였다. 그것은 가장 엄격한 행위를 요구하였으며, 거기에 쓰여진 **모든** 사항을 고수할 것을 명하였다. 그리고 대신할 수 있는 유일한 것은 죽음이었다. 그 요구 사항은 완고하고 불변하였으며, 그 벌칙의 어느 부분도 면제되거나 완화되지 않았다. 그것을 경시한 자는 "**불쌍히 여김을 받지 못하고** 죽었다." 그리고 "모든 범죄함과 순종하지 아니함이 공정한 보응을 받았다"(히 10:28; 2:2). 그와 같은 율법은 결코 죄인을 의롭다 여김 받게 할 수 없다. 율법에는 그러한 것이 결코 주어지지 않았기 때문이다.

구원받지 못한 자가 율법을 받았을 때의 피할 수 없는 결과는 바로 시내 산에서 사람들에게 율법이 처음 제시되었을 때의 상황과 같다. "모세에게 이르되 **당신이** 우리에게 말씀하소서 우리가 들으리이다 **하나님이** 우리에게 말씀하시지 말게 하소서 우리가 죽을까 하나이다"(출 20:19). "이제 우리가 죽을 까닭이 무엇이니이까 이 큰 불이 우리를 삼킬 것이요 만일 우리가 우리 하나님 여호와의 음성을 다시 들으면 죽을 것이라"(신 5:25). 왜 그렇게 두려워하였는가? "명령을 그들이 견디지 못함"이었다(히 12:20). 이러한 두려움은 율법이 모든 죄인들에게 억지로 강요되었다는 증거이며, 사람들에게 그것이 **하나님의** 율법으로서 납득되었다는 증거이다. 그것은 "정죄의 직분이요 죽게 하는 율법 조문의 직분"(고후 3:7, 9)이다. 율법은 '영광'을 가지고 있다. 참으로 그러하다. 그러나 그것은 천둥과 번개의 영광이요, 불의 영광이며 어둠과 흑암의 영광, 나팔소리의 영광, 말씀하는 소리의 영광이다. 그것은 죄지은 양심에 단지 두려움만을 가져다준다. 그러나 하나님은 은혜로우시니 '더 큰 영광'이 있다 (고후 3:10).

"**은혜와 진리**는 예수 그리스도로 말미암아 온 것이라." '더 큰 영광'은 "말씀이 육신이 되어 … 우리가 그 영광을 보니 아버지의 독생자의 영광이요 은혜와 진리가 충만한" 바로 그 영광이다. 율법은 하나님의 공의를 계시하였다. 그러나 그의 자비를 알리는 것은 아니었다. 율법은 하나님의 '진리' **였다**. 그러나 하나님 자신에 대한 온전한 진리는 아니었다. "율법으로는 죄를 깨달음이니라." 우리는 결코 "율법으로 하나님을 깨달음이니라"라고 기록된 것을 읽을 수 없다. 그렇다. "율법이 가입한 것은 범죄를 더하게 하려 함이다." "계명으로 말미암아 죄로 심히 죄 되게 하려 함이다." 율법은 죄의 극악함을 깨닫게 하였다. 그것은 죄인을 정죄하기는 했지만 하나님을 온전히 드러내지는 않았다. 그것은 하나님의 의가 죄를 미워하신다는 것, 그리고 죄를 응징하시기로 한 그의 거룩한 결정을 나타내었다. 그것은 죄인의 죄과와 그 부패를 밝히 드러냈다. 그리고 그것을 죄인에게 말할 수는 있었으나, 그를 선고받은 파멸에 내맡겨 두었다. "율법이 육신으로 말미암아 연약하여 할 수 없는 그것을 하나님은 하시나니 곧 죄로 말미암아 자기 아들을 죄 있는 육신의 모양으로 보내어 육신에 죄를 정하사 육신을 따르지 않고 그 영을 따라 행하는 우리에게 율법의 요구가 이루어지게 하려 하심이니라"(롬 8:3, 4).

'은혜와 진리.' 이것은 서로 적당하게, 그리고 불가분하게 결합되어 있다. 우리는 그 중 어느 하나를 가지지 않은 채 다른 하나를 가질 수 없다. 은혜로 말미암은 구원을 좋아하지 않는 많은 사람들이 있다. 그리고 만약 **진리** 없이 은혜를 가질 수 있다면 은혜를 관대히 묵인하겠다는 태도의 사람들이 있다. 나사렛 사람들은 그의 입에서 나온 **은혜로운** 말씀을 "기이히 여길" 수는 있었다. 그렇지만 그리스도께서 그들에게 **진리**를 선언하시자 '분이 가득하게' 되어 그를 "동네 밖으로 쫓아내어 그 동네가 건설된 산 낭떠러지까지 끌고 가서 밀쳐 떨어뜨리고자" 하였다(눅 4장 참조). '썩는 양식'을 위해 그를 찾는 자들의 상황도 역시 마찬가지였다. 그들은 그의 **은혜**로부터 유익을 구하고자 하였다. 그러나 그리스도께서 **진리**를 말씀하셨을 때 어떤 이들은 그에 대하여 '수군거렸고' 다른 이들에게는 '걸림이 되었다.' 그리하여 "제자 중에 많은 사람이 떠나가고 다시 그와 함께 다니지 아니하였다"(요 6장 참조). 오늘날에 있어서는 예수 그리스도로 말미암아 온 은혜를 사모하는, 그리고 그 은혜로 인해 구원되는 것에 동의하는 많은 사람들이 있다. 그리고 그들은 진리 없이도 이것이 가능하다고 제안하였다. 그렇지만 그것은 불가능하다. 진리를 거부하는 자는 은혜를 거부한다.

로마서 5:21에 '은혜와 진리' 라는 말과 상당히 유사한, 그리고 실제로 이 말에 대한 부연이라 할 수 있는 다른 구절이 있다. "은혜도 또한 **의로 말미암아** 왕 노릇 하여 우리 주 예수 그리스도로 말미암아 영생에 이르게 하려 함이니라." 죄인들을 구원하는 은혜는 인간이 통치하는 세상에서 종종 발견되는 단순한 도덕적 미약함이 아니다. 또한 '하나님의 의' 도 아니다. 그 의로 말미암아 은혜가 왕 노릇 하는 단지 공의의 형태를 취한 어떤 것이다. 십자가 위에 그리스도를 "하나님이 그의 피로써 믿음으로 말미암는 **화목제물**(파기된 율법에 대한 완전한 속죄)로 세우셨으니 이는 하나님께서 길이 참으시는 중에 전에 지은 죄를 간과하심으로 자기의 **의로우심을** 나타내려 하심이니"(롬 3:25). 은혜는 율법을 무시하지 않으며 그 요구하는 바를 제쳐 두지도 않는다. 참으로 그것은 "도리어 율법을 굳게 세운다"(롬 3:31). '진리' 와 불가분하게 연관되었기 때문에 율법을 굳게 세운다. 은혜는 의를 희생함으로써가 아니라 '의로 말미암아' 다스리기 때문에 율법을 굳게 세운다. 은혜는, 자신들의 주와 구세주로서 그를 영접하는 모든 사람들을 대신하여 율법을 지키고 죽음의 형벌을 견딘 대속자에 대해 말하는 것이기 때문에 율법을 굳게 세운다. 그리고 율법 안에서 '기뻐하는' 구속된 상태에 이르게 함으로써 율법을 굳게 세운다.

그러나 예수 그리스도가 오시기 전에는 '은혜와 진리' 가 **없었는가**? 틀림없이 있었다. 하나님께서는 우리의 첫 조상들이 범죄한 직후에 '은혜와 진리' 를 따라 그들에게 행하셨다. 그들을 찾으시고, 그들에게 입을 것을 주신 것은 은혜였다. 마찬가지로 그들에게 형벌을 선고하시고, 그들을 에덴동산에서 내쫓으신 것은 진리였다. 하나님께서는 애굽에서 유월절 밤에 이스라엘 백성들에게 '은혜와 진리' 로써 행하셨다. 피를 바르게 하심으로써 그들을 보호하신 것은 은혜였다. 그리고 그들 대신에 죄 없는 대속물의 죽음을 공의롭게 요구하신 것은 진리였다. 그러나 '은혜와 진리' 는 구세주 자신이 나타나실 때까지는 결코 **온전하게** 계시되지 않았었다. 그로 말미암아 은혜와 진리가 '온' 것이다. 그 안에서 은혜와 진리가 인격화되고, 크게 드러나게 되며, 영화롭게 되었다.

그러면 이제 율법과 은혜 사이에 있는 몇 가지 대조점을 알아보기로 하자.

1. 율법은 사람들을 옛 창조의 피조물로서 대한다. 은혜는 사람들을 새로운 창조의 피조물로 만든다.

2. 율법은 사람 안에 있던 죄를 드러내었다. 은혜는 하나님 안에 있던 사랑을 나타낸다.

3. 율법은 사람들에게 의를 요구하였다. 은혜는 사람들에게 의를 가져다준다.

4. 율법은 산 자에게 죽음을 선고한다. 은혜는 죽은 자에게 생명을 준다.

5. 율법은 사람들이 하나님을 위하여 해야 할 일을 말한다. 은혜는 그리스도께서 사람들을 위하여 행하신 일을 말한다.

6. 율법은 죄를 깨닫게 한다. 은혜는 죄를 물리친다.

7. 율법은 사람들에게 하나님을 제시하였다. 은혜는 하나님께로 사람들을 데려온다.

"본래 하나님을 본 사람이 없으되 아버지 품속에 있는 독생하신 하나님이 나타내셨느니라"(요 1:18). 이 절은 요한복음의 도입 부분을 종결짓는 동시에 요한복음 제1장의 처음 18절 전체를 **요약한다**. 그리스도께서 '나타내셨다.' 곧 그리스도께서 아버지를 고하셨다, 계시하셨다, 밝히셨다, 드러내셨다. 그리고 이 일을 행하신 이는 '아버지 품속에 있는 독생하신 하나님(아들)이었다.' '아버지 품'은 아버지의 사랑 가까이 있다는 것, 그 사랑과 개인적으로 친밀하다는 것, 그리고 그 사랑을 향유한다는 것을 말한다. 그리고 육신이 되심에 있어서 아들은 이 떨어질 수 없는 연합의 자리를 떠나지 않았다. '아버지 품속에 있었던'이라고 말해진 것이 아니다. '아버지 품속에 있는'이라고 말해졌다. 그는 성육신하심으로 인하여 전혀 손상되지 않는, 아버지와 똑같은 밀접한 관계를 유지하셨다. 그 자신의 영광이 조금도 실추되지 않았으며, 또한 그가 영원부터 아버지와 향유했던 그 친밀함과 일체감이 전혀 손상되지 않았다. 그러므로 우리는 주 예수께 참으로 경의를 표하고 영광을 돌리며 경배해야만 할 것이다!

그러나 이 절에 대해 한 마디 더 말해 둘 것이 있다. 뚜렷한 대조가 지적된다. 과거에 하나님은 그 영광의 충만함으로 나타나시지 않았다. 그를 '본 사람이 없었다.' 그러나 이제 하나님은 온전히 드러나신 바 되었다. 즉 아들이 그를 '나타내셨다.' 만일 우리가 구약 성경에 있는 두 구절을 언급하고, 그것을 신약의 두 구절과 비교한다면 아마도 이 대조는 더욱 분명해질 것이다.

열왕기상 8:12에 이 같은 말씀이 기록되어 있다. "그 때에 솔로몬이 이르되 여호와께서 **캄캄한 데** 계시겠다 말씀하셨사오나." 또한 다음과 같은 말씀을 읽어볼 수 있다. "**구름과 흑암**이 그를 둘렀고"(시 97:2). 이 절들은 하나님께서는 그 자신 안에 계시다고 말하지 않는다. 하지만 율법 아래서 하나님은 나타나시지 않는다는 것을 단언해 준다. '캄캄한 데' 있는 이에 대해 무엇을 알 수 있었겠는가? 그러나 베드로전서 2:9을 읽어보자. "그러나 너희는 택하신 족속이요 왕 같은 제사장들이요 거룩한 나라요 그의 소유가 된 백성이니 이는 너희를 어두운 데서 불러 내어 그의 기이한 빛에 들어가게 하신 이의 아름다운 덕을 선포하게 하려 하심이라." 이는 참으로 복된 말씀이다. 또한 요한일서 1:5,7을 보자. "하나님은 빛이시라 그에게는 어둠이 조금도 없으시다 … 그가 **빛 가운데** 계신 것 같이 우리도 빛 가운데 행하면 우리가 서로 사귐이 있고." 그리고 이는 아버지께서 우리의 경배를 받으실 구세주에 의해 온전히 '나타내셨기' 때문이다.

출애굽기 33:18로 돌아가 보자. "모세가 이르되 원하건대 주의 영광을 내게 보이소서." 이것은 모세의 간절한 요청이었다. 그런데 이 요청은 수락되었는가? 계속 읽어 보자. "여호와께서 또 이르시되 보라 내 곁에 한 장소가 있으니 너는 그 반석 위에 서라 내 영광이 지나갈 때에 내가 너를 반석 틈에 두고 내가 지나도록 내 손으로 너를 덮었다가 손을 거두리니 네가 내 등을 볼 것이요 **얼굴은 보지 못하리라.**" 성품은 사람의 '등'에 나타나는 것이 아니라 얼굴에 나타난다. 모세가 여호와의 얼굴을 보지 못하고 단지 그 등을 본 것은 그가 살았던 율법의 세대 자체와 완벽하게 일치된다. 우리는 율법의 세대가 지나가고 은혜의 세대의 충만한 빛 가운데 살고 있는 것에 참으로 깊이 감사해야만 한다. 우리는 여호와의 등을 보고 있지 않음에 지극히 감사해야만 한다. 왜냐하면 "어두운 데에 빛이 비치라 말씀하셨던 그 하나님께서 예수 그리스도의 얼굴에 있는 하나님의 영광을 아는 빛을 우리 마음에 비추셨기" 때문이다(고후 4:6). 우리를 어두운 데서 불러내어 그의 기이한 빛에 들어가게 하신 저 비할 바 없는 은혜를 찬미하고 흠모하도록 우리에게 은혜가 주어졌을 것이다. 본래 본 사람이 없는 하나님께서 아들로 말미암아 온전히 '나타내셨기' 때문이다.

다시 한 번, 다음 장에서 다루어질 구절(요 1:19-34)에 대한 몇 개의 질문을 제시함으로써 이 장을 마치고자 한다. '성경을 샅샅이 탐색하기' 원하는 독자는 이 문항들에 대해 주의 깊게 연구해 볼 수 있을 것이다.

1. 왜 유대인들은 요한에게 그가 엘리야인지를 물었는가?(1:21)

2. 유대인들이 1:21에서 말한 그 '선지자' 는 누구인가?

3. 1:23의 '소리' 에 의해 제시된 생각들은 무엇인가?

4. 왜 요한은 성전에서가 아니라 '광야에서' 외쳤는가?(1:23)

5. "너희가 알지 못하는 한 사람" (1:26) ― 이 말씀이 증언하는 바는 무엇이었는가?

6. 구주의 "하나님의 어린 양" 이라는 칭호에 암시된 바는 무엇인가?(1:29)

7. 왜 성령은 '비둘기' 같이 그리스도 위로 내려왔는가?(1:32)

제4장

그리스도의 선구자

[19]유대인들이 예루살렘에서 제사장들과 레위인들을 요한에게 보내어 네가 누구냐 물을 때에 요한의 증언이 이러하니라 [20]요한이 드러내어 말하고 숨기지 아니하니 드러내어 하는 말이 나는 그리스도가 아니라 한대 [21]또 묻되 그러면 누구냐 네가 엘리야냐 이르되 나는 아니라 또 묻되 네가 그 선지자냐 대답하되 아니라 [22]또 말하되 누구냐 우리를 보낸 이들에게 대답하게 하라 너는 네게 대하여 무엇이라 하느냐 [23]이르되 나는 선지자 이사야의 말과 같이 주의 길을 곧게 하라고 광야에서 외치는 자의 소리로라 하니라 [24]그들은 바리새인들이 보낸 자라 [25]또 물어 이르되 네가 만일 그리스도도 아니요 엘리야도 아니요 그 선지자도 아닐진대 어찌하여 세례를 베푸느냐 [26]요한이 대답하되 나는 물로 세례를 베풀거니와 너희 가운데 너희가 알지 못하는 한 사람이 섰으니 [27]곧 내 뒤에 오시는 그이라 나는 그의 신발끈을 풀기도 감당하지 못하겠노라 하더라 [28]이 일은 요한이 세례 베풀던 곳 요단 강 건너편 베다니에서 일어난 일이니라 [29]이튿날 요한이 예수께서 자기에게 나아오심을 보고 이르되 보라 세상 죄를 지고 가는 하나님의 어린 양이로다 [30]내가 전에 말하기를 내 뒤에 오는 사람이 있는데 나보다 앞선 것은 그가 나보다 먼저 계심이라 한 것이 이 사람을 가리킴이라 [31]나도 그를 알지 못하였으나 내가 와서 물로 세례를 베푸는 것은 그를 이스라엘에 나타내려 함이라 하니라 [32]요한이 또 증언하여 이르되 내가 보매 성령이 비둘기 같이 하늘로부터 내려와서 그의 위에 머물렀더라 [33]나도 그를 알지 못하였으나 나를 보내어 물로 세례를 베풀라 하신 그이가 나에게 말씀하시되 성령이 내려서 누구 위에든지 머무는 것을 보거든 그가 곧 성령으로 세례를 베푸는 이인 줄 알라 하셨기에 [34]내가 보고 그가 하나님의 아들이심을 증언하였노라 하니라(요 1:19-34)

이제까지 해 온 방식대로 먼저 이 장에서 다룰 구절에 대한 분석을 제시해 보기로 한다.

1. 유대인들의 요한에 대한 물음과 그의 대답(1:19-26)

    (1) 네가 누구냐? 그리스도가 아니라(19, 20절)

    (2) 네가 엘리야냐? 아니라(21절)

    (3) 네가 그 선지자냐? 아니라(21절)

    (4) 너는 네게 대하여 무엇이라 하느냐? 한 소리로라(22, 23절)

    (5) 어찌하여 세례를 베푸느냐? 그리스도의 길을 예비하기 위하여(24-26절)

2. 그리스도에 관한 요한의 증언(1:27)

3. 대화 장소(1:28)

4. 요한이 그리스도를 하나님의 '양'으로 선포함(1:29)

5. 요한이 세례를 베푼 목적(1:30, 31)

6. 요한이 그리스도께서 세례 받을 때 내려온 성령에 대하여 말하고, 그리스도는 성령으로 세례를 베푸는 이라고 예고함(1:32, 33)

7. 요한이 그리스도의 신성을 증언함(1:34)

본문 말씀을 대략 훑어본다 할지라도 여기서 가장 두드러진 인물이 세례 요한이라는 것은 명백하다. 이 말씀에서 제시된 주님의 선구자의 인간됨과 그 증거가 다른 세 복음서에서 보여지는 바와 그 방식에 있어 완전히 다르다는 것을 밝혀내기 위하여 우리가 아주 면밀하게 이 구절을 고찰해 볼 필요는 없다. 그가 '약대 털 옷'을 입었다거나 '허리에 가죽 띠를 띠고' 음식으로 '메뚜기와 석청'을 먹었다거나 하는 어떠한 암시도 여기에는 없다. 회개하라는 그의 준엄한 외침도 기록되어 있지 않으며 '천국이 가까웠느니라'라고 하는 그의 선포도 전혀 찾아볼 수 없다. 이러한 것들은 이 넷째 복음서에서의 성령의 의도와 거리가 먼 것이었다. 그는 또한 주 예수를 '손에 키를 든' 자, 그리고 "자기의 타작마당을 정하게 하사 알곡은 모아 곳간에 들이고 쭉정이는 꺼지지 않는 불에 태우실"(마 3:12) 자로서 말하는 대신에, "세상 죄를 지고 가는 하나님의 어린 양"으로 소개하고 있다. 그리고 이것은 진리의 말씀을 올바르게 분간하도록 하나님으로부터 가르침 받아 온 사람들에게 있어 참으로 뜻 깊고 복된 것이다.

세례 요한은 의심할 여지 없이 여러 가지 측면에 있어 성경에서 제시된 가장 주목할 만한 인물 중의 하나이다. 그는 구약의 예언의 한 주제였다(사 40장). 곧 그의 탄생은 하나님의 직접적이고도 기적적인 관여하심의 결과였다(눅 1:7, 13). 그는 "모태로부터 성령의 충만함을 받은" 자였다(눅 1:15). 그는 "하나님께로부터 보내심을 받은" 사람이었다(요 1:6). 그는 주의 길을 준비하도록 보내심을 받은 자였다(마 3:3). 그에 대하여 주님은 이같이 말씀하신 바 있다. "여자가 낳은 자 중에 세례 요한보다 큰 이가 일어남이 없도다"(마 11:11). 즉 메시야의 선구자로서 그의 **위치적인** 탁월함을 지적한 말씀이다. 주 예수에게 세례를 베푸는 큰 영예가 그에게 부여되었다. 요한에 대한 그리스도의 언급이 그의 **위치적인** 탁월함에 대한 것이었음은 그분의 다음 말씀으로 보아 분명하다. "그러나 천국에서는 극히 작은 자라도 그보다 크니라." 천국에서 자리를 얻는 것이 요한이 그러했던 것처럼 천국 밖에서 왕을 포고하는 것보다 더 높은 위치일 것이다. 이것이 바로 요한복음 14:28에 있는 말씀에 대한 열쇠이다. 그 말씀에서 주 예수는 이렇게 말씀하셨다. "아버지는 나보다 **크심이라**." 즉 그의 인격에 있어 크신 것이 아니라 그의 위치에 있어 크시다. 왜냐하면 그때에 구주는 자신이 하나님의 '종'으로서 복종의 자리에 있다고 말씀하셨기 때문이다.

본문 말씀은 요한에게 그가 누구인가를 물어보도록 예루살렘으로부터 보냄을 받은 제사장들과 레위인들의 말로써 시작된다. **"유대인들이 예루살렘에서 제사장들과 레위인들을 요한에게 보내어 네가 누구냐 물을 때에 요한의 증언이 이러하니라"** (1:19). 이와 비슷한 구절도 다른 복음서들에서는 발견되지 않는다. 그러나 이 말씀은 (경륜의 관계보다는 영적인 관계를 다루고 있는) 넷째 복음서의 성격, 그리고 관점과 놀랄 만큼 일치하고 있다. 이 사건은 유대인 종교 지도자들의 **영적 무지**를 보여준다. 이사야의 예언의 성취로, 주님의 선구자가 광야에 나타났다. 그러나 영적 분별력의 결여로 예루살렘에 있는 지도자들은 그가 누구인지 알지 못하였다. 그리하여 그들이 보낸 자들은 와서 요한에게 물었다. "네가 누구냐?" 많은 무리들이 광야에 있는 이 기묘한 선포자에게 몰려들고 있었으며, 많은 사람들이 그에게 세례를 받았다. 큰 소동이 일어났으며, 그리하여 '사람들이 요한을 그리스도신가 심중에 생각' 할 정도가 되었다(눅 3:15). 그래서 예루살렘에 있는 종교 지도자들은 그에 대해 알아보지 않을 수 없게 되었다. 그들은 요한을 만나보도록, 그가 진정 누구인지 알아보도록, 그리고 그의 자격을 조회해 보도록 대표들을 보냈다.

"요한이 드러내어 말하고 숨기지 아니하니 드러내어 하는 말이 나는 그리스도가

아니라 한대"(1:20). 이 말씀은 제사장들과 레위인들이 '유대인들' 이 그들을 보낸 의도대로 요한에게 접근했음에 틀림없다는 성령의 명백한 암시를 담고 있다. 그들에게 있어 그 세례 주는 이는 침해자였다. 그는 그 시대의 종교적 체제 밖에 있었다. 랍비 학교에서 훈련을 받지도 않았으며, 어떠한 명예로운 성전의 직무를 맡고 있지도 않았다. 그는 바리새인도, 사두개인도, 혹은 헤롯당원도 아니었다. 그렇다면 그는 누구에게 권위를 부여받았는가? 누가 **그로 하여금** 사람들에게 '회개' 하라고 명하도록 위임하였는가? 어떠한 권위로 **그는** 사람들에게 세례를 주었는가? 우리는 그들이 요한에게 말한 어조를 짐작할 수가 있다. "**네가** 누구냐?' 의심할 여지 없이 그들은 그에게 위협을 가하고자 하였다. 이 말씀에서 보이는 사실로 보아 분명하다. "요한이 드러내어 말하고 **숨기지 아니하니.**" 그는 담대하게 자신의 입장을 고수하였다. 요한에게 사절단을 보낸 자들의 위엄이나 그들의 위협적인 찡그린 표정도 그를 동요시키지 못하였다. "그는 드러내어 말하고 숨기지 아니하였다." '네가 누구냐' 고 도전받았을 때와 같은 용기를 우리에게서 찾아볼 수 있을까?

"드러내어 하는 말이 나는 그리스도가 아니라." 그가 확고한 태도를 취하였기 때문에 사탄은 이제 그를 정반대의 극단으로 몰아가 유혹하였는가? 그를 위협하는 데 실패하자 적들은 이제 그로 하여금 과장되이 말하게 하려 했는가? 그리스도는 그때 공개적으로 나타나지 않으셨다. 요한은 우리가 마가복음 1:5에서 볼 수 있거니와 공중의 눈앞에 나타난 자였다. "온 유대 지방과 예루살렘 사람이 다 나아가 자기 죄를 자복하고 요단 강에서 그에게 세례를 받더라"(막 1:5). 많은 무리가 그에게 몰려와 그의 제자가 되었다(요 1:35참조). 왜 그는 자신이 메시야라고 선포하지 않았었는지! 오히려 그는 어쩌면 대부분 이 같은 생각들이 그러하거니와, 사탄이 그의 마음에 제시한 것이었을지도 모르는 사악하고 주제넘은 생각을 즉각 물리쳤다. 그렇지 않으면 왜 그가 "나는 그리스도가 아니라"고 말했다고 기록되었겠는가? 하나님께서는 자랑하는 악한 마음으로부터 우리를 구해 주시며, 우리로 실제의 모습보다 더 나은 존재가 되고자 주장하지 않도록 지켜주신다 ─ 죄인들은 은혜로 말미암아 구원되었다.

"**또 묻되 그러면 누구냐 네가 엘리야냐 이르되 나는 아니라 또 묻되 네가 그 선지자냐 대답하되 아니라**"(1:21). **왜** 그들은 요한에게 엘리야인지 물어야 했는가? 그 대답은 이렇다. 즉 그 시대 유대인들에게는 엘리야가 다시 이 땅에 나타나리라는 기대가 있었기 때문이었다. 이는 복음서에 있는 많은 구절로부터 명백히 알 수 있는 바다. 예를 들어, 주님이 제자들에게 "사람들이 인자를 누구라 하느냐" 라고 물으셨을 때 그들은 다음과 같이 대답하였다. "더러는 세례 요한(그 사이에 죽임을 당했던), 더러는 **엘리야**, 어떤 이는 예레미야나 선지자 중의 하나라 하나이다"(마 16:13, 14). 또한 주 예수와 그의 제자들이 변화산에서 내려왔을 때 주님은 말씀하셨다. "인자가 죽은 자 가운데서 살아나기 전에는 본 것을 아무에게도 이르지 말라." 그 다음 이렇게 기록되어 있다. "제자들이 물어 이르되 그러면 어찌하여 서기관들이 **엘리야가 먼저 와야 하리라** 하나이까"(마 17:9, 10). 유대인들의 기대는 성경에 근거를 둔 것이었다. 왜냐하면 구약의 마지막 구절에 다음과 같은 말씀이 있기 때문이다. "보라 여호와의 크고 두려운 날이 이르기 전에 내가 선지자 엘리야를 너희에게 보내리니 그가 아버지의 마음을 자녀에게로 돌이키게 하고 자녀들의 마음을 그들의 아버지에게로 돌이키게 하리라 돌이키지 아니하면 두렵건대 내가 와서 저주로 그 땅을 칠까 하노라 하시니라"(말 4:5, 6). 이 예언은 엘리야가 (그리스도의 재림 바로 직전에 사역을 완수하기 위하여) 지상에 다시 나타날 것을 말한다. 이는 그리스도께서 처음 공적으로 나타나시기 직전에 세례 요한이 왔던 것과 성격상 흡사하다.

"네가 엘리야냐?"라고 물었을 때 요한은 단호하게 답하였다. "나는 아니라." 요한은 디셉 사람 엘리야와 많은 공통점을 가지고 있다. 그리고 그의 임무는 엘리야의 임무와 성격상 아주 흡사하였다. 그는 엘리야 자신이 아니었다. 그는 "엘리야의 심령과 능력으로"(눅 1:17) 그리스도 앞에 온 자였다. 그는 '주를 위하여 세운 백성을 예비하기' 위하여 왔기 때문이다.

그 다음에 그들은 요한에게 이렇게 물었다. "네가 그 선지자냐"(1:21). 우리가 곧잘 의문을 가질 수 있거니와 어떤 '선지자'인가? 다음과 같이 대답할 수 있다. 그 '선지자'는 모세를 통하여 예언되었다. 그 예언이 신명기 18:15, 18에 기록되어 있다. "네 하나님 여호와께서 너희 가운데 네 형제 중에서 너를 위하여 나와 같은 선지자 하나를 일으키시리니 너희는 그의 말을 들을지니라 … 내가 그들의 형제 중에서 너와 같은 선지자 하나를 그들을 위하여 일으키고 내 말을 그 입에 두리니 내가 그에게 명령하는 것을 그가 무리에게 다 말하리라." 이것은 구약 시대에 주어진 많은 메시야에 대한 예언들 가운데 하나이다. 이 예언은 주 예수 그리스도의 인격 안에서 성취되었다. "네가 그 선지자냐?"라고 묻는 말에 또다시 요한은 대답하였다. "아니라."

"또 말하되 누구냐 우리를 보낸 이들에게 대답하게 하라 너는 네게 대하여 무엇이라 하느냐"(1:22). 그들의 엄중한 물음은 이와 같았다 ─ "네가 **누구냐?**" "너는 **네게 대하여** 무엇이라 하느냐?" 요한은 마땅히 다음과 같이 대답해야 했다. "나는 제사장사가랴의 아들이다. 나는 출생 시부터 성령의 충만함을 받은 자이다." 그렇지 않으면 이렇게 대답해야 했다. "나는 일찍이 하나님으로부터 세우심을 받고 이스라엘에게 보내심을 받은 가장 탁월한 자이다." '너는 네게 대하여 무엇이라 하느냐? 실로 이것은 마음을 탐색하게 하는 엄중한 물음이었다. 필자나 독자나 요한의 대답으로부터 한 교훈을 배울 수 있으며, 그의 아름다운 겸양을 닮기 위하여 은혜를 구해야 할 것이다. 특히 라오디게아 교인들과 같이 자랑하기를 좋아하는 오늘날에 절실히 요구되는 교훈이다.

"가로되 나는 선지자 이사야의 말과 같이 주의 길을 곧게 하라고 광야에서 외치는 자의 소리로라 하니라"(1:23). 이것이 요한의 대답이었다. "너는 네게 대하여 무엇이라 하느냐?" "나는 광야에서 외치는 자의 소리로라"라고 그는 대답하였다. 겸손해진다는 것은 바로 이와 같은 것이다. 겸손은 하나님 보시기에 크게 상 받을 만한 것이다. 그리고 그것은 그가 겸손히 대하는 사람들 가운데서 탁월한 위치를 갖게 한다. 사도 가운데 가장 큰 자인 바울은 스스로에 대해 "모든 성도 중에 지극히 작은 자보다 더 작은 나"라고 고백하였다(엡 3:8). 요한도 여기에서 유사한 고백을 하고 있다. 그는 스스로에 대하여 "광야에서 외치는 자의 소리"라고 말하였다. 독자들이라면 그러한 물음에 무엇이라고 대답하겠는가? "너는 **네게 대하여** 무엇이라 하느냐?" 확실히 당신은 이렇게 답하지는 않을 것이다. "나는 하나님의 탁월한 성도이다. 나는 영성이 높은 사람이다. 나는 하나님께 크게 쓰임받아 온 자이다." 이 같은 자기 높임은 당신이 "마음이 온유하고 겸손한" 분에게 거의 배운 바가 없음을 보여준다. 그리고 또한 당신은 결국에 자기 자신은 단지 "무익한 종"(눅 17:10)일 뿐이라고 자인하는 정신과 너무도 거리가 먼 자임을 증거한다.

요한이 자기 자신을 '소리'라고 말했을 때, 그는 성령께서 이미 700년 전에 쓰셨던 바로 그 말을 사용한 것이었다. 선지자 이사야를 통하여 성령은 이렇게 말씀하셨다. "외치는 자의 소리여 이르되 너희는 광야에서 여호와의 길을 예비하라 사막에서 우리 하나님의 대로를 평탄하게 하라"(사 40:3). 그리고 우리는 이 호칭이 하나님의 안목에서 선택되었음을 믿지 않을 수 없다. 앞 장에서 요한복음 1:7에서 볼 수 있는 주 예수의 호칭 ― 빛 ― 에 대하여 언급하였을 때, 우리는 그리스도께서 자신보다 앞서 온 자('빛'인 자기와 명백히 대조되는)를 "켜서 비추이는 **등불**"(요 5:35)로 말씀하신 사실에 주의를 기울였다. 그리고 여기에서도 마찬가지이다. 우리는 다른 대조가 지적되는 것에 이의가 없다. 그리스도는 '말씀'이시다. 요한은 단지 '소리'였다. 그렇다면 이 비유적인 호칭이 제시되는 견해는 무엇인가?

첫째로, 말씀은 소리 이전에 (마음에) 존재한다. 이것이 바로 그리스도와 선구자의 관계였다. 요한이 먼저 공중 앞에 나타났던 것은 사실이다. 그렇지만 그리스도는 영원으로부터 '말씀'으로서 존재하셨다. 둘째로, 소리는 그것으로써 말씀이 표현되는 혹은 **알려지는** 단순한 도구에 불과하다. 요한이 바로 그러하다. 그의 선포의 목적, 그리고 사역의 목적은 '말씀'을 증언하는 것이었다. 또한 소리는 단지 들릴 뿐이며 보이지 않는다. 요한은 그 자신을 드러내고자 한 것이 아니었다. 그의 사역은 하나님께서 주신 메시지를 사람들에게 들려주어, 그들로 하여금 '양'을 **보게** 하는 것이었다. 오늘날에도 주님께서 요한과 같은 그의 종들을 좀 더 많이 사용하시기를, 곧 **들리는 그러나 보이지 않는** '소리'를! 끝으로, 덧붙일 수 있는 것은 말씀은 소리가 **잠잠해진 후에도** 계속 계셨다는 것이다. 요한의 소리는 죽음으로 인하여 침묵할 때까지 지속되었다. 그러나 '말씀'은 영원히 계신다. 그러므로 메시야를 이스라엘 백성에게 소개한 사람이 '소리'로 불려진 것은 적절한 것이었다. 성경은 참으로 놀랄 만한 깊이를 지니고 있다! 단순한 말 한 마디가 지극히 많은 것을 담고 있다! 그리고 그 말씀은 참으로 오랜 **묵상**과 겸손한 기도를 요한다!

"**광야에서** 외치는 자의 소리." 메시야의 선구자가 이러한 자리에 있었다니! 확실히 그의 처소는 예루살렘에 있었다. 그런데 왜 요한은 성전에서 외치지 않았는가? 왜냐하면 여호와께서 더 이상 성전에 계시지 않았기 때문이다. 유대교는 속 빈 껍질에 지나지 않았다. 외적인 형식은 있었지만 그 안에 생명은 없었다. 요한이 온 것은, 아브라함의 믿음을 보여주지도 그의 행위를 나타내지도 않는 율법주의자들, 바리새인들이 지배하는 나라에 대해서였다. 하나님께서는 스스로 의롭다 하는 유대인들의 형식주의를 인정하지 않으셨을 것이다. 그러므로 '하나님의 보내심을 받은' 자가 그 시대의 종교적 체제와 영역 **밖에서** 나타났다. 하지만 왜 요한은 '광야에서' 선포하였는가? 이는 '광야'가 유대 민족의 영적 **메마름**을 상징하였기 때문이었다. 요한은 단지 하나님이 계시지 않음을 애통해할 수 있을 뿐이었다. 그리고 요한에 대한 모든 것은 바로 이 점과 연관된다. 즉 그의 음식은 광야에서 찾아낸 것이었다. 그리고 그의 **선지자** 복장은 사방, 모든 면에서 자명한 실패를 증언하였다.

"**그들은 바리새인들이 보낸 자라 또 물어 이르되 네가 만일 그리스도도 아니요 엘리야도 아니요 그 선지자도 아닐진대 어찌하여 세례를 베푸느냐**"(1:24, 25). 예루살렘으로부터 보내심을 받은 자들이 요한에게 던진 이 마지막 질문은 우리가 이미 20

절에 대해 말한 것을 확증시켜 준다. 유대인들의 종교적 지도자들은 요한의 설교할 권리에 대하여 논박하였으며, 그의 세례 베푸는 권위에 도전하였다. 그는 산헤드린으로부터 아무런 위임도 받지 않은 자였다. 그러므로 '어찌하여 세례를 베푸느냐?' 라고 물은 것이다. 요한은 이 마지막 질문에 직접적인 대답을 한 것으로 보이지 않는다. 대신에 그는 그들에게 그리스도에 대하여 말하고 있다.

"요한이 대답하되 나는 물로 세례를 주거니와 너희 가운데 너희가 알지 못하는 한 사람이 섰으니" (1:26). 요한은 계속하여 자신의 입장을 고수하였다. 그는 자신이 물로 세례를 베풀었음을, 아니 좀 더 정확하게 말하여 **물에서** 세례를 베풀었음을 부인하지 않았다. 그러나 그는 상징적인 의식보다도 더 중요한 것을 그들에게 알려주고자 하였다. 여기 요한의 대답에서 배울 점이 많다. 이 사람들은 아직 그들이 그리스도를 전혀 알지 못하고 있는 동안에 세례에 대한 의문을 제기하고 있었다. 오늘날 많은 사람들이 그런 것과 너무도 같다! 이들 바리새인들이 보낸 '제사장들과 레위인들' 과 더불어 세례의 '이유' 에 대해서 아직 그들이 죄 가운데 있을 때에 논쟁하는 것이 무슨 소용이 있겠는가? 주님의 종들, 그리고 그리스도를 위해 개인적으로 일하고 있는 사람들은 여기에 제시된 것이 무엇인지 조심스럽게 살펴보는 것이 좋으리라 생각된다. 사람들은 흔히 가장 핵심적인 문제가 아직 미결정 상태로 남아 있는 동안에, 제기된 문제에 대해 논쟁하려고 한다. 그리고 너무도 종종 그리스도의 사역자는 오직 그들을 곁길로 몰고 가는 경향이 있다. 우리는 모든 상관없는 말장난들을 무시해야 할 필요가 있으며, 그 길 잃은 자에게 **그리스도**의 요구를, 아울러서 그분을 그들의 주, 구주로서 받아들일 **필요성**에 대해 강력히 권고해야 한다.

"너희 가운데 너희가 **알지 못하는** 한 사람이 섰으니." 이 말씀은 이스라엘 백성들의 상황을 참으로 밝히 드러낸다. 이 말씀은 그들의 영적 무지를 너무도 잘 나타내 준다. 그리고 이것은 오늘날에도 비참하지만 사실이다. 기독교 국가라고 불려지는 여기에서조차 참으로 많은 모임들에서 그렇다. 종교적인 모임들도 역시 마찬가지이거니와 참으로 많은 사람들이 그리스도에 대해 듣고 있는 이곳에서조차 우리는 이렇게 말할 수 있다. "너희 가운데 너희가 알지 못하는 한 사람이 섰으니!" 바로 자연인의 영적으로 눈 먼 상태이다. 그리스도는 많은 집회 한가운데 보이지 않게, 알려지지 못한 채 서 계신다.

"곧 내 뒤에 오시는 그이라 나는 그의 신발끈을 풀기도 감당하지 못하겠노라 하더라" (1:27). 이것은 참으로 귀한 증언이다! 요한의 이 말은 그가 선포한 분이 가진 하나님의 영광을 너무도 잘 제시해 준다. 그가 **누구**인지 기억해 보자. 세례 요한은 평범한 사람이 아니었다. 구약의 예언의 대상이었고, 제사장의 아들이었으며, 하나님의 능력이 관여하신 결과로 태어난 자였다. 모태에서부터 성령의 충만함을 입은 자였고, 많은 무리로 그에게 몰려들게 한 자였다. 그렇지만 그는 그리스도를 그의 자리보다 무한히 더 높은 곳에 서 계신 분, 다른 세계에서 온 존재, 그가 감히 앞에 꿇어 앉아 신발끈 풀기도 감당하지 못할 분으로 우러러 보았다. 그는 자기 자신과 자기보다 '앞선' 분을 구분하는 그 차이를 정의할 만한 표현을 발견할 수 없었다. 다시 한 번 말하거니와, 요한의 이 말은 그분의 거룩한 영광을 참으로 잘 제시하고 있다.

 "**이 일은 요한이 세례 주던 곳 요단 강 건너편 베다니에서 된 일이니라**"(1:28). 우리가 알든지 모르든지 간에, **왜** 성령께서 이 대화가 어디에서 이루어졌는지를 우리에게 말씀하시기를 기뻐하셨는지에 물론 합당한 이유가 있다. 의심할 여지 없이 그 뜻을 해석하는 열쇠는 여기에 기록된 고유 명사의 의미에서 발견된다. 불행하게도 헬라어 성경에는 '베다니'(Bethabara)라는 같은 명칭이 여러 개 나타난다. 그러나 유명한 히브리 학자 게제니우스(Gesenius)의 견해에 따라 우리는 그 장소가 사사기 7:24에 언급된 바 있는 '벧 바라'(Bethbarah)와 동일하다고 믿고 싶다. 이것은 '통과의 집'(House of Passage)이라는 뜻이며, 여호수아 때에 요단 강을 건넌 것을 기념하기 위하여 그렇게 이름지어졌다. 그러므로 요한이 그리스도의 선구자로서 세례를 베푼 것은 (명백하게) **죽음**의 상징, 요단 강 건너편, '**통과**의 집'이라는 뜻을 가진 장소에서였다. 이 의미를 아는 것은 그리 어려운 일이 아니다. 이 이름의 의미는 요한 그 자신이 가진 바 종교적인 위치, 그리고 그의 사역의 성격과 면밀하게 상응한다. 그는 유대교로부터 **분리된** 자였기 때문에, 회개하라는 그의 외침에 응한 사람들, "그들의 죄를 자복하며" 그에게 세례를 받은 사람들은 변절한 유대의 체제로부터 **벗어나서** "주를 위하여 세운"(눅 1:17) 소수의 남은 자들과 더불어 그들의 있을 곳을 정하였다. 그러므로 요한이 세례를 베푼 장소가 '베다니'(통과의 집)라고 불리는 곳이었던 것이다.

 "**이튿날 요한이 예수께서 자기에게 나아오심을 보고 이르되 보라 세상 죄를 지고 가는 하나님의 어린 양이로다**"(1:29). "보라 … 하나님의 어린 양이로다." 이 말씀에서 보이는 **연관 관계**를 조심스럽게 주목해야 한다. 그것은 요한과, 예루살렘에서 보낸 자들의 만남, 분명히 그 외에 또한 다른 사람들도 함께 있었던 자리에서 가졌던 만남 바로 그 다음 날이었다. 왜냐하면 그는 계속하여 "내가 전에 말하기를 내 뒤에 오는 사람이 있는데 나보다 앞선 것은 그가 나보다 먼저 계심이라 한 것이 이 사람을 가리킴이라"라고 말하고 있기 때문이다. 이것은 그 전 날에 그에게 질문했던 사람들에게 그가 말했던 바를 가리키는 것이다(27절 참조). 곧, 그가 "바리새인들에게서 보냄받은"(24절) 제사장들과 레위인들에게 "너희 가운데 너희가 알지 못하는 한 사람이 섰으니"라고 확언했던 것이다.

"보라 … 하나님의 어린 양이로다." 이 외침의 뜻은 그 당시 상황에 비추어 볼 때 의미 깊은 것이었다. 바리새인들은 '선지자'를 기다리고 있었다. 그리고 그들은 로마의 속박에서 그들을 구해줄 '왕'을 갈망하였다. 그러나 그들은 **제사장으로서의 구세주**에 대해서는 아무런 열망도 갖지 않았다. 요한에게 물어본 질문들은 그들이 가진 마음을 무심결에 드러내 주었다. 그들은 그 세례 베푸는 이가 오랫동안 약속되어 온 메시야인지 아닌지에 대해 의심하고 있는 것으로 보인다. 그래서 그들은 그에게 물었다. "네가 **엘리야**냐? 네가 **그 선지자**냐?" 그러나 주목해야 할 점은 그가 "임박한 진노로부터" 그들을 구원해 줄 자인지에 대해서는 아무것도 묻지 않았다는 점이다! 이 제사장들과 레위인들이 **희생**에 대해 물어볼 것을 당연히 기대할 수 있었다. 그러나 예상은 빗나가고 만다. 분명코 그들은 아무런 **죄의식**도 없었다! 그리스도의 선구자가 그를 '하나님의 어린 양'으로 선포한 것은 이러한 상황에서였다. '하나님의 **말씀**'으로서가 아니라, '하나님의 **그리스도**'로서가 아니라, '어린 양'으로서였다. 그것이 주 예수를 이스라엘 백성에게 소개한 하나님의 정신이었다. 즉 그들에게 있어 그가 절실히 필요되는 바로 그 임무와 성격으로이다. 그들은 **보좌**에 앉으신 그를 맞이하고자 하였다. 그러나 먼저 그들은 **제단**에 서신 그를 받아들여야만 했다. 그리고 오늘날이라고 해서 달라진 것이 있는가? 엘리야로서의 그리스도, 즉 사회 개혁자로서의 그리스도는 너그러이 받아들여질 것이다. 그리고 선지자로서의 그리스도, 윤리 교사로서의 그리스도도 존중될 것이다. 그러나 세상이 무엇보다도 가장 먼저 필요로 하는 것은 십자가의 그리스도이다. 거기에서 하나님의 어린 양은 스스로를 속죄를 위한 희생 제물로 드렸다.

"보라 … 하나님의 **어린 양**이로다." 요한 앞에는 구약 시대의 모든 희생 제물들이 예시하였던 바로 그분이 서 계셨다. '양'에 관한 성경의 가르침에서, 하나님께서 제시하신 그 점진적인 순서를 주목해 볼 때 참으로 놀라지 않을 수 없다. 첫째로, 창세기 4장에서 우리는 희생 제물로 아벨이 제사 드린 첫 새끼에서 **상징화된** 양을 볼 수 있다. 둘째로, 창세기 22:8에서 예시된 양을 볼 수 있다. 거기에서 아브라함은 이삭에게 "번제할 어린 양은 하나님이 자기를 위하여 친히 준비하시리라"라고 말했다. 셋째로, 출애굽기 12장에서 양이 죽임당하고 그 피가 **사용된** 것을 보게 된다. 넷째로, 이사야 53:7에서 **인격화된** 양을 보게 된다. 여기에서 처음으로 우리는 양이 사람이라는 것을 알 수 있다. 다섯째로, 요한복음 1:29에서 우리는 **동일시되어진, 신분이 확인된** 양을 볼 수 있다. 그리고 그가 **누구인지를** 알게 된다. 여섯째로, 요한계시록 5장에서 하늘의 무리들에 의해 **찬미되는** 양을 보게 된다. 일곱째로, 성경의 맨 마지막장에서 우리는 **영화롭게 되신** 양을 보게 된다. 그는 요한계시록 22:1에서 하나님의 영원한 보좌에 앉아 계신다. 다시 한 번 희생의 **범위**가 순서적으로 진전됨을 주목해보자. 창세기 4장에서 희생 제물인 **개인**, 즉 아벨을 위하여 드려졌다. 출애굽기 12장에서 희생은 모든 **권속**에게 유용하였다. 레위기 16장에서 속죄제 날에 드려진 희생제물은 전 **백성**에게 효력이 미쳤다. 그러나 여기 요한복음 1:29에서는 "보라 **세상** 죄를 지고 가는 하나님의 어린 양이로다"이다. 유대인들과 더불어 이방인들도 포함된 것이다!

"보라 … **하나님의 어린 양**이로다." 이 호칭에 의해 제시된 생각은 무엇인가? 그것은 그의 도덕적 완전성, 그의 **죄 없음**을 가리킨다. 왜냐하면 그는 "흠 없고 점 없는 어린 양"이었기 때문이다(벧전 1:19). 그것은 그의 자비, 곧 우리를 위하여 자신을 하나님께 기꺼이 드린 것을 말한다. 그는 "도살자에게로 가는 양과 같이 끌려갔다"(억지로 끌려간 것이 아니었다, 행 8:32). 그러나 특히 좀 더 각별하게 주님의 이 호칭은 **희생**을 말한다. 즉 그는 "세상 **죄를 지고 가는** 하나님의 어린 양"이었다. 그리고 이일은 오직 죽음을 통해서만 가능하다. "피 흘림이 없은즉 사함이 없기" 때문이다. 죄를 없앨 수 있는 오직 한 방법은 죽음에 의해서였다. 여기에서 '죄'는 히브리서 9:26에서와 마찬가지로 죄책(정죄)을 뜻한다. 그리고 '세상'은 **믿는 사람들**의 세상을 말한다. 왜냐하면 오로지 그들만이 이제 그리스도 안에서 "결코 정죄함이 없기"(롬 8:1) 때문이다. 다시 말해서, 그것은 '"경건하지 아니한 자들의 세상"(벧후 2:5)과 대조되는, 믿는 자들의 세상이다.

"내가 전에 말하기를 내 뒤에 오는 사람이 있는데 나보다 앞선 것은 그가 나보다 먼저 계심이라 한 것이 이 사람을 가리킴이라 나도 그를 알지 못하였으나 내가 와서 물로 세례를 베푸는 것은 그를 이스라엘에 나타내려 함이라 하니라"(1:30, 31). 여기에서 요한은 세 번째로 그리스도가 자기보다 '앞선' 분이라고 확언한다(15, 27, 30절 참조). 그것은 그의 선재(先在)하심을 확언하는 것이었으며, 그의 영원성에 대한 증언이었다. 그때 요한은 그의 세례의 목적을 말한다. 즉 그것은 그리스도를 이스라엘에게 '나타내려' 함이었다. 그것은 그를 위하여 사람들을 준비시키기 위함이었다. 이 사람들은 하나님 앞에서 죄인의 자리에 섬으로써 준비되었다(막 1:5). 그리고 그것이 바로 요한이 죽음의 강 요단에서 세례를 준 이유이다. 왜냐하면 요단 강에서 세례를 받음으로써 그들은 **죽음이야말로 그들의 마땅한 몫**임을 깨닫게 되었기 때문이다. 여기에서 요한의 세례는 그리스도의 세례와 다르다. 그리스도의 세례에서 믿는 자들은 죽음이 그의 마땅한 몫이라고 고백하지 않는다. 그것은 그가 **이미 죽은 바 되었다는** 사실, 죄에 대하여 그리스도와 함께 죽었다는 사실을 보여준다(롬 6:3, 4).

"요한이 또 증언하여 이르되 내가 보매 성령이 비둘기 같이 하늘로부터 내려와서 그의 위에 머물렀더라"(1:32). 이것은 물론 그리스도께서 친히 요단 강에서 세례를 받으셨을 때, 아버지께서 아들에 대한 그의 기뻐하심을 증언하셨을 때, 그리고 성령이 비둘기 같이 그의 위로 내려왔을 때에 대한 언급이다. 그것은 성령이 내리신 그분의 성품을 나타내 주었다. '비둘기'는 사랑과 슬픔의 새이다. 그러므로 그리스도께 적절한 상징이다. 사랑은 슬픔을 표현했고, 슬픔은 그의 사랑의 깊이를 알려 주었다. 하늘의 비둘기는 그리스도를 이와 같이 증언하였다. 성령이 오순절 날 제자들에게 내려왔을 때, 우리가 읽거니와 **"불의 혀처럼 갈라지는 것들이 그들에게 보여 각 사람 위에 하나씩 임하여 있더니"**(행 2:3). '불'은 한결같이 하나님의 **심판**을 의미한다. 제자들 안에는 심판을 필요로 하는 것들이 있었다. 다시 말해서, 그들 안에는 악한 본성들이 여전히 남아 있었다. 그러나 하나님의 거룩한 분 안에는 심판을 필요로 하는 어떠한 것도 없다. 이렇게 하여 성령은 비둘기같이 그에게로 내려오셨다.

"나도 그를 알지 못하였으나 나를 보내어 물로 세례를 배풀라 하신 그이가 나에게 말씀하시되 성령이 내려서 누구 위에든지 머무는 것을 보거든 그가 곧 성령으로 세례를 베푸는 이인 줄 알라 하셨기에"(1:33). 여기에 있는 '머무르다'(abiding, R.V.) 라는 말은 네 번째 복음서의 특징적인 단어의 하나이다. 다른 세 복음서들은 모두 성령으로 기름부음을 받으신 주 예수에 대해 언급하고 있다. 그러나 요한만은 성령이 그의 위에 '머물렀다'고 말한다. 성령은, 그에게로 나아오시고 그런 다음에 다시 떠나가신 것이 아니었다. 옛 선지자들에게 그러하였듯이 그는 그리스도 위에 '머물렀다.' 이 용어는 사건의 **하나님** 측면에 관련되는 것이며, 교제에 대해 말하는 것이다. 요한복음 14:10에서 같은 단어를 볼 수 있다. "나는 아버지 안에 있고 아버지는 내 안에 계신 것을 네가 믿지 아니하느냐 내가 너희에게 이르는 말이 스스로 하는 것이 아니라 아버지께서 내 안에 계셔(**머무르셔서**, abiding, R. V.) 그의 일을 하시는 것이라." 요한복음 15장에서도 마찬가지이다. 거기에서 주 예수는 영적인 열매를 맺음에 있어 근본적으로 요구되는 것에 대하여 말씀하신다. 즉 그와의 **교제**이다. "그가 내 안에, 내가 그 안에 거하면(**머무르면**, abideth) 사람이 열매를 많이 맺나니"(요 15:5). 그리스도께서 "성령으로 세례를 베푸는" 것은 그의 신성에 대한 또 다른 증거였다.

"**내가 보고 그가 하나님의 아들이심을 증언하였노라 하니라**"(1:34). 여기에서 그리스도의 인격에 대한 세례 요한의 증언이 끝난다. 선구자는 그가 선포한 분의 탁월성에 대하여 일곱 가지를 증언하였음에 주목해야 한다. 첫째로, 그는 그리스도의 **선재하심**에 대하여 증언하였다. 그가 '나보다 앞섰다'(15절). 둘째로, 그리스도의 **주권**에 대하여 증언하였다(23절). 셋째로, 그의 **측량할 수 없는 우월성**에 대해 증언하였다. "나는 그의 신발끈을 풀기도 감당하지 못하겠노라"(27절). 넷째로, 그의 **희생적인 사역**에 대하여 증언하였다. "어린 양을 보라"(29절). 다섯째로, 그의 **도덕적 완전성**에 대하여 증언하였다. "내가 보매 성령이 비둘기 같이 하늘로서 내려와서 그의 위에 **머물렀더라**"(32절). 여섯째로, 성령으로 세례를 베푸는 그의 **신성한 권리**에 대하여 증언하였다.(33절). 일곱째로, 그가 **하나님의 아들**이심을 증언하였다(34절).

아래 질문들은 우리가 다음 장에서 해석할 구절들, 즉 요한복음 1:35-51에 관한 것이다. 이 질문들을 기도하는 자세로 주의 깊게 공부해 보도록 권하는 것은 독자들을 준비시키기 위해서이다.

1. 왜 그리스도께서는 요한의 두 제자들에게 "무엇을 구하느냐"라고 물었는가?(1:38)
2. "랍비여 어디 계시오니이까"라는 그들의 대답이 의미하는 바는 무엇인가?(1:38)
3. 1:40, 41에 담겨진 중요한 실제적인 진리는 무엇인가?
4. 1:43에 있는 '만나'(발견하여)라는 말이 예증하는 복된 진리는 무엇인가?
5. "그 속에 간사한 것이 없도다"라는 말이 의미하는 바는 무엇인가?(1:47)
6. 1:48에서 예증되고 있는 것은 그리스도의 어떤 속성인가?
7. 그리스도께서는 1:51에서 누구에 대하여 말씀하고 계신가?

제5장

그리스도와 그의 첫 제자들

³⁵또 이튿날 요한이 자기 제자 중 두 사람과 함께 섰다가 ³⁶예수께서 거니심을 보고 말하되 보라 하나님의 어린 양이로다 ³⁷두 제자가 그의 말을 듣고 예수를 따르거늘 ³⁸예수께서 돌이켜 그 따르는 것을 보시고 물어 이르시되 무엇을 구하느냐 이르되 랍비여 어디 계시오니이까 하니 (랍비는 번역하면 선생이라) ³⁹예수께서 이르시되 와서 보라 그러므로 그들이 가서 계신 데를 보고 그 날 함께 거하니 때가 열 시쯤 되었더라 ⁴⁰요한의 말을 듣고 예수를 따르는 두 사람 중의 하나는 시몬 베드로의 형제 안드레라 ⁴¹그가 먼저 자기의 형제 시몬을 찾아 말하되 우리가 메시야를 만났다 하고 (메시야는 번역하면 그리스도라) ⁴²데리고 예수께로 오니 예수께서 보시고 이르시되 네가 요한의 아들 시몬이니 장차 게바라 하리라 하시니라 (게바는 번역하면 베드로라) ⁴³이튿날 예수께서 갈릴리로 나가려 하시다가 빌립을 만나 이르시되 나를 따르라 하시니 ⁴⁴빌립은 안드레와 베드로와 한 동네 벳새다 사람이라 ⁴⁵빌립이 나다나엘을 찾아 이르되 모세가 율법에 기록하였고 여러 선지자가 기록한 그이를 우리가 만났으니 요셉의 아들 나사렛 예수니라 ⁴⁶나다나엘이 이르되 나사렛에서 무슨 선한 것이 날 수 있느냐 빌립이 이르되 와서 보라 하니라 ⁴⁷예수께서 나다나엘이 자기에게 오는 것을 보시고 그를 가리켜 이르시되 보라 이는 참으로 이스라엘 사람이라 그 속에 간사한 것이 없도다 ⁴⁸나다나엘이 이르되 어떻게 나를 아시나이까 예수께서 대답하여 이르시되 빌립이 너를 부르기 전에 네가 무화과나무 아래에 있을 때에 보았노라 ⁴⁹나다나엘이 대답하되 랍비여 당신은 하나님의 아들이시요 당신은 이스라엘의 임금이로소이다 ⁵⁰예수께서 대답하여 이르시되 내가 너를 무화과나무 아래에서 보았다 하므로 믿느냐 이보다 더 큰 일을 보리라 ⁵¹또 이르시되 진실로 진실로 너희에게 이르노니

하늘이 열리고 하나님의 사자들이 인자 위에 오르락 내리락 하는 것을
보리라 하시니라(요 1:35-51)

먼저 우리가 살펴보게 될 구절을 간단히 분석해 보자. 본문은 다음과 같이 구분해
볼 수 있을 것이다.

1. 요한이 그리스도를 가리켜 하나님의 어린 양이라고 말함(1:35, 36)
2. 이것이 그의 두 제자에게 끼친 효과(1:37)
3. 그리스도의 마음을 살피게 하는 질문, 제자들의 대답, 그리고 그리스도와의 친
   교(1:38, 39)
4. 이것이 안드레에게 끼친 효과(1:40-42)
5. 그리스도가 빌립을 보고 자기를 따르라고 요구하심(1:43, 44)
6. 이것이 빌립에게 끼친 효과(1:45, 46)
7. 그리스도와 나다나엘의 만남(1:47-51)

우리가 연구해 보려고 하는 본문의 중심 진리는, 그리스도의 첫 제자들이 어떻게
하여 그와 구원에 이르는 접촉을 하게 되었는가 하는 것이다. 어떤 독자들은 요한복
음 1장을 종결짓는 이 구절을 연구하면서 마가복음 1:16-20에 나와 있는 내용과 비교
해 보고 곤란을 느꼈을지도 모른다. 그곳에는 다음과 같이 기록되어 있다. "갈릴리
해변으로 지나가시다가 시몬과 그 형제 안드레가 바다에 그물 던지는 것을 보시니
그들은 어부라 예수께서 이르시되 나를 따라오라 내가 너희로 사람을 낚는 어부가
되게 하리라 하시니 곧 그물을 버려 두고 따르니라 조금 더 가시다가 세베대의 아들
야고보와 그 형제 요한을 보시니 그들도 배에 있어 그물을 깁는데 곧 부르시니 그 아
버지 세베대를 품꾼들과 함께 배에 버려 두고 예수를 따라가니라"(마 4:18-22; 눅
5:1-11 참조). 많은 사람들은 요한복음 1:35-42이 마가복음 1:16-20과 어떻게 조화될
수 있을 것인가 생각해 왔다. 그러나 이 둘 사이에는 아무런 모순이 **없기** 때문에 서
로 조화시킬 것도 없다. 실상은, 마가와 요한은 같은 주제를 다루고 있지 않다. 마가
는 요한이 기록하고 있는 사건보다 뒷날에 일어났던 것을 다루고 있다. 요한은 우리
에게 이 제자들의 **회심**에 대하여 말하고 있는 반면에, 마가는(마태와 누가 또한) 그
들의 어떤 직무, 즉 이스라엘 집의 잃은 양과 관련된 **직무로의 부르심**을 받은 일을

다루고 있다. 요한은 (다른 세 복음서 기자들이 모두 기록하고 있는) 이 직무에로의 부르심을 생략하고 있다는 사실은 다시 한 번 그의 복음서의 특징을 드러내 준다. 왜냐하면 그는 경륜의 관계가 아니라 **영적인** 관계를 다루고 있으므로 그리스도의 첫 제자들의 **회심**을 기술하는 일은 그의 할 일이었기 때문이다.

그리스도의 이 첫 제자들이 구세주를 발견하게 된 방식에 대하여 주의 깊게 주목해 보는 것은 매우 흥미 있고 교훈적인 일이다. 그들은 모두 똑같은 방법으로 그리스도께 나온 것이 아니었다. 왜냐하면 하나님은 어떤 특별한 방법만을 제한하여 사용하지 않으시기 때문이다. 하나님은 다른 모든 일에 있어서처럼 이 일에 있어서도 **주권자**가 되신다. 우리는 이것을 깊이 명심하는 것이 좋을 것이다. 왜냐하면 이렇게 함으로써 많은 의심이 사라지고 많은 번민이 없어질 것이기 때문이다. 몇 사람의 주목할 만한 회심에 대한 간증을 듣고서 **자신의** 체험은 그들의 것과 다르기 때문에 자신을 질책하고 비참하게 만드는 사람들이 아주 많다. 해마다 2주일 동안의 '지루한' 집회를 갖고 나서는 나머지 50주 동안에는 구원이 필요한 영혼들이 더 이상 없다는 듯이 행동하는 교회가 참으로 많다. 또 '참회석'에 앉은 죄인만이 구원될 수 있다고 상상하는 사람도 아주 많다. 그러나 이 모든 것은 하나님을 제한시키는, 즉 하나님에 대하여 제한된 개념을 소유하게 하는 방법들이다.

본문에 기술되어 있는 회심에 관한 네 경우에 있어서, **닮은 것은 하나도 없다**(우리가 여기에서 네 가지 경우라고 말한 까닭은, 35절에서 언급하고 있는 두 사람의 경우는 서로 결합되어 있기 때문이다). 처음 두 사람은 한 설교자가 그리스도를 '하나님의 어린 양'이라고 선포하는 것을 듣고, 그 때문에 즉시 구세주를 찾아 나섰다. 그 다음 사람인 시몬 베드로는, 그 전날 구세주를 발견하였던 그의 형제에 의해 그리스도께 '인도되었다.' 세 번째 사람인 빌립에게는 그를 도와줄 신자나, 그의 영혼을 염려해 주는 친구가 없었던 것으로 보인다. 그에 대하여는 "예수께서 갈릴리로 나가려 하시다가 빌립을 만나 이르시되 나를 따르라 하시니"라고 기록되어 있다. 한편, 마지막 사람인 나다나엘에게는, 그의 형제 빌립이 찾아와서 그리스도를 보라는 따뜻한 권유를 하였다. 빌립이 그렇게 하고 있는 동안 구세주께서 그에게로 나오셔서 그를 만나셨다. 이 네 가지 겨우를 종합해 볼 때, 우리는 첫 번째의 경우는 **설교자의 메시지**를 듣고 그리스도를 만난 경우를 볼 수 있다. 두 번째와 네 번째는 한 신자의 **개인적인 활동**에 의하여 그리스도를 만난 경우이고, 세 번째는 하나님이 **인간적인 도구**를 사용하지 **않으신** 경우이다. 첫 번째의 경우, 세례 요한의 사역의 결과로써 그들이 그리스도께 왔다는 사실은 하나님께서 죄인을 구원하는 일에 말씀 **전파**를 가장 중요하게 여기신다는 것을 보여준다. 또 하나님께서 일찍 회심한 두 사람의 개인적인 노력을 존중하셨다는 사실은 하나님께서 영혼을 구원하는 수단으로 **개인적인 활동**을 두드러지게 사용하신다는 것을 보여준다. 또 빌립이 인간적인 도움 없이 구원받았다는 사실은, 설교자들이 그들의 소명에 충실하지 못하고 신자들이 냉담해져서 죄인들에게 그리스도께로 오라고 권유하지 않는다 할지라도, 하나님의 자원(資源)에는 한계가 없음을 가르쳐 준다.

이처럼 먼저 회심한 자들은 구세주를 여러 방법으로 찾았을 뿐만 아니라, 그리스도께서 각 사람을 달리 **다루셨다**는 것 또한 주목해야 한다. 35절에 언급된 두 사람에게는 그리스도를 따르는 그들의 동기를 시험하시는 "무엇을 구하느냐" 라는 엄중한 질문이 던져졌다. 시몬 베드로에게는 그리스도께서 그에 관하여 모든 것을 알고 계심을 확인시켜 주는 놀라운 선포가 있었고, 그 후에는 재확신시켜 주는 은혜로운 약속이 따랐다. 빌립의 경우에 있어서는, "나를 따르라" 는 단호한 명령만이 있었다. 반면에, 나다나엘의 경우에는, 그에게서 모든 편견을 제거해 주고, 구세주께서 그를 받으실 마음이 되어 있음을 확인시켜 주는 은혜로운 말씀이 있었다. 이처럼 위대한 의사께서는 각 사람을 개인적인 특성과 필요에 따라 다루신다.

마지막으로, 그리스도께서 모든 인간에게 **알맞다**는 것을 이 본문이 어떻게 나타내 주는가에 주목해 보자. 여기에서 구세주께서 각기 다른 유형의 사람들을 자기에게로 어떻게 이끄시는가를 볼 수 있는 것은 참으로 고마운 일이다. 몇몇 회의론자들은 기독교가 특별한 유형의 사람들, 즉 나약하거나 감상적인 자, 혹은 지적으로 열등한 자들만을 이끌어 모은다고 조롱하며 말한다. 그러나 이러한 반대는 몇몇 사실들에 의해 쉽게 반박된다. 그리스도는 다양한 사람들로부터 섬김을 받아 오셨다. 해 아래 있는 모든 국가와 종족뿐만 아니라 모든 계층의 사람들이 그리스도를 "모든 이름 위에 뛰어난" 이름이라고 기뻐 고백하여 왔다. "어린 양이 … 찬송을 받으시기에 합당하도다" 라고 부르짖는 사람들 가운데는 군주들이나 정치가, 군인들, 과학자나 철학자들, 시인과 음악가들, 법률가와 의사들, 그 외에 농부와 어부들이 있었다. 그리고 우리는 이 원리가 초기에 제자들의 경우에도 두드러지게 예시되어 있음을 발견한다.

35절에서 이름이 밝혀지지 않은 제자는 흔히 이 네 번째 복음서의 저자인 요한으로 여겨진다. 주님의 품에 의지하였던 제자 요한은 헌신적이고 사랑이 넘친 자였다. 그는 '예수께서 사랑하셨던 제자' 였고, 구세주께서 죽어 가실 때 십자가 곁에 서 있었던 유일한 제자였음이 분명하다. 안드레는 타산적인 사람, 즉 요새 말로 하자면 실용적인 사람이었던 것 같다. 그는 그리스도께 오자마자 즉시로 형제 시몬을 찾아가서 메시야를 찾았다는 좋은 소식을 말하고, 그를 예수께로 데려갔다. 또 그는 많은 무리를 먹이신 기적이 있었을 때, 보리떡 다섯 개와 물고기 두 마리를 가지고 있는 아이를 찾아낸 사람이었다(요 6:8, 9). 시몬 베드로는 격하기 쉽고 충동적이며, 열정적인 사람이었다. 빌립은 회의적이고 유물주의적이었다. 즉 그는 주님께서 "우리가 어디서 떡을 사서 이 사람들을 먹이겠느냐"라고 시험하는 질문을 하셨을 때, "각 사람으로 **조금씩** 받게 할지라도 이백 데나리온의 떡이 부족하리이다"라고 대답한 사람이었다(요 6:5, 7). 그리고 또 빌립은 그리스도께 "아버지를 우리에게 보여 주옵소서 그리하면 족하겠나이다"(요 14:8)라고 말한 사람이었다. 나다나엘에 대하여는 알려진 바가 거의 없는데, 그는 명상적이고 내향적인 사람이었음이 분명하며, 표면에 나서지는 않았지만 대범하고 솔직한, "그 속에 간사한 것이 없는" 사람이었다. 이 사람들은 그 유형과 기질에 있어서 철저하게 다른 사람들이었다. 그러나 이들 각자는 그리스도 안에서 자기의 필요를 채워 주는 것을 발견하였다. 우리는 이 첫 번째 회심자들을 대표적인 경우로 생각한다. 그러므로 이들 각자에 대하여 상세히 살펴볼 필요가 있다고 본다.

"**또 이튿날 요한이 자기 제자 중 두 사람과 함께 섰다가**"(1:35). 여기에서 요한의 전도의 성과는 **무엇**이었는가? 그의 봉사로 어떤 결과가 생겼는가? 라는 질문을 해볼 만하다. 요한이 수고한 결과는 하나님의 종의 수고에 수반되리라고 기대되는 것과 매우 비슷하였다. 요한은 그리스도를 충실히 증언하였다. 그런데 그의 봉사는 어떻게 받아들여졌는가? 첫째로, 그 당시 신앙의 지도자들은 하나님의 증언을 **거부**하였다(눅 7:30). 둘째로, 온갖 계층의 사람들이 그의 말씀을 들었다(눅 3:7-15). 셋째로, 극히 소수의 사람만이 그의 메시지에 **진실로** 영향을 받고 메시야를 맞을 준비가 되어 있었다. 이것은 어느 시대나 마찬가지 현상이다. 하나님께서 어떤 사람을 보내셔서 그를 두드러진 인물로 사용하시면 몇몇 지도자들은 그를 의심스럽게 쳐다보면서, 자기들이 그보다 더 우월하다는 공상을 하며 그에게서 멀리 떨어져 있다. 다른 한편으로 신기하고도 감각적인 것만을 찾아다니는 호기심 많은 무리들이 모여들지만, 상대적으로 마음에 진실한 감동을 받은 자는 거의 없다.

"**또 이튿날 요한이 자기 제자 중 두 사람과 함께 섰다가 예수의 거니심을 보고 말하되 보라 하나님의 어린 양이로다**"(1:35, 36). 주님의 선구자는 한 번 더 그를 "하나님의 어린 양" 이라고 알린다(29절 참조). 이것은 하나님이 종이 똑같은 메시지를 **반복**할 필요가 있음을 가르쳐 준다. 또한 하나님의 사자(使者)가 끊임없이 강조해야 하는 중심 진리가 그리스도의 **희생적인** 사역임을 알려 준다. 동역자들이여, 우리의 주요 관심사가 우리의 주인을 '하나님의 **어린 양**'으로 드러내는 것임을 결코 잊지 말자. 또한 "요한이 자기 제자 중 두 사람과 함께 **섰다가** 예수께서 거니심을 **보고** 말하되 **보라** 하나님의 어린 양이로다" 라고 기록되어 있음에 주목하라. 고딕체로 쓰여진 말씀은 지극히 중요한 도덕적 원리에 대해 주의를 돌리게 한다. 즉 우리가 '예수를 바라보려면', 또 우리가 '어린 양을 보려면' 우리는 **가만히 멈춰 서** 있어야 한다. 다시 말하면, 모든 육신적인 활동을 그쳐야 한다. 즉, 이전의 행동을 중지해야 한다. 이것은 이스라엘이 애굽에서 구원받은 후에 하나님께서 가르쳐 주셨던 첫 번째 진리였다. 즉 그들이 애굽 사람들의 추격을 받으면서 홍해에 이르렀을 때, 하나님의 종은 "너희는 두려워하지 말고 **가만히 서서** 여호와께서 오늘 너희를 위하여 행하시는 구원을 보라" (출 14:13)고 부르짖었다.

    "두 제자가 그의 말을 듣고 예수를 따르거늘" (1:37). 이 두 사람은 요한과 안드레로 직업은 어부였다. 그들은 이미 요한을 따라다니면서 세례를 받았을 뿐만 아니라 약속된 메시야를 기다리고 있었다. 마침내 그 날이 왔다. 하나님의 선지자로 그들이 신뢰하던 선생이 갑자기 그들의 발걸음을 막고, 숨죽이듯 그들의 머리 위에 손을 얹고서, 지나가는 한 인물을 가리키며 "보라 하나님의 어린 양이로다" 라고 부르짖었다. 그곳에 실제로 인간의 형상을 하고서, 온 세대가 기다려 왔던 분이 계셨다. 그곳에, 그들이 직접 볼 수 있는 거리에 하나님의 아들, 곧 죄를 위한 제물로서 자신을 드려야 하는 분이 계셨다. 그곳에, 바로 그들 중의 하나가 후에 그에 대하여 "태초부터 있는 생명의 말씀에 관하여는 우리가 들은 바요 눈으로 본 바요 자세히 보고 우리의 손으로 만진 바라" (요일 1:1)고 기록하였던 분이 계셨다.

    이 체험은 자주 되풀이되어 왔다. 즉 그 **원리**가 되풀이된다는 의미이다. 우리들 가운데에는 그리스도에 대해 자주 듣기는 하나 아직까지 그를 개인적으로 알지 못하는 사람들이 많이 있다. 또 우리는 그리스도의 탁월함을 찬미하는 설교를 들으며 사람들이 "내 모든 소원은 그리스도, 그 안에는 넘치는 풍성함이 있네" 라고 찬송하는 것을 듣고, 또 성도들이 형제보다 친한 친구에 대하여 증언할 때, 그 증언에 감동하기도 한다. 이런 것을 들을 때, 마음은 그들과 똑같은 체험을 갈망하지만, 아직까지 우리는 그리스도를 개인적으로 알지 못한다. 그러다가 어느 날, 그때 우리는 하나님의 사역을 돕고 있었거나, 혹은 방에서 홀로 성경을 읽고 있었거나, 혹은 무릎을 꿇고 하나님께 그의 아들을 계시해 달라고 기도하고 있었거나, 혹은 직장에서 일을 하고 있었거나 간에, 그때 갑자기 그전까지는 단지 한 이름에 지나지 않으셨던 분이 하나의 **살아 있는 실체**로서 계시된다. 그때 우리는 구약 시대의 성도처럼 "내가 주께 대하여 귀로 듣기만 하였사오나 이제는 눈으로 주를 뵈옵나이다"(욥 42:5)라고 말할 수 있다.

그러면 이러한 경험의 결과는 무엇인가? 이제 영혼이 깨우침을 받았으므로, 영혼은 자기가 어떤 행동인가를 해야만 한다고 느낀다. 그런 사람은 더 이상 가만히 앉아서 그리스도에 대해 **듣고**만 있을 수 없다. 그는 일어나서 자신을 위하여 그리스도를 찾아야 한다. 이제는 이 독특하고 거룩하신 분과의 개인적인 안면을 다른 무엇보다도 원하게 된다. 이처럼 깨우침을 받은 자는 이제 온 마음을 다하여 주님을 찾아다닌다. 요한의 두 제자가 그러하였다. 그들은 그들의 선생이 "보라 하나님의 어린 양이로다"라고 말하는 것을 듣고 "예수를 **따랐다**"(37절).

"예수께서 돌이켜 그 따르는 것을 보시고 물어 이르시되 무엇을 구하느냐"(1:38). 진지한 영혼이 그리스도를 따를 때, 그들은 결코 헛수고하지 않는다. "찾으라 그러면 찾을 것이요"라는 말씀은 바로 그분 자신의 복된 약속이다. 따라서 우리는 구세주께서 자기를 찾는 영혼들에게로 돌아서서 말씀하심을 본다. 그는 그들에게 "무엇을 구하느냐"라고 말씀하신다. 언뜻 보기에 이 질문은 이상하게 여겨진다. 어떤 사람들은 이 질문이 거의 냉정한 거절이라고 생각하였다. 그러나 그렇게 될 수 없다. 개인적으로 필자는 주님이 이 두 사람의 **동기**를 시험하고, 자신의 **목적**을 이해하는 일을 돕기 위하여 이 말씀을 하셨다고 생각한다. 사람들은 참으로 다양한 동기와 영향에 의해 외적으로 그리스도의 제자라고 고백한다. 본문이 다루고 있는 시대에도, 큰 무리가 흐르는 물결처럼 그리스도를 따랐고, 그리하여 많은 사람들이 함께 휩쓸려서 그를 '따랐다.' 또 많은 사람들은 그들이 얻을 수 있는 것, 즉 떡과 물고기를 얻기 위하여, 또는 고통을 치료받기 위해 그리스도를 '따랐다.' 또한 그리스도를 따르는 일이 인기 있고 존경할 만한 일이었기 때문에 한동안 그를 '따랐다.' 그러나 그를 깊이 필요로 하여, 또 그의 완전한 인품에 매혹되어서 그를 '따른' 자는 극히 소수였다.

그때도 그러하였고, 지금도 그러하다. 그리스도는 사람들이 그를 알고 따르거나, 아니면 전혀 따르지 않기를 원하신다. 즉 그는 형식적이거나 미신적인 예배는 원치 않으신다. 그는 그리스도를 위하여 그리스도를 찾는 마음을 원하신다. 그러므로 이 두 사람에게 '무엇을 구하느냐?'라는 마음을 살피게 하는 질문을 하신 것이었다. 사랑하는 독자여, 이 질문에 대한 **당신의** 대답은 어떠한가? 당신은 무엇을 구하는가? 이 질문에 대한 당신의 진실한 대답이 당신의 영적 상태를 드러내 준다. 어느 누구도 자신은 아무것도 구하고 있지 않다고 말할 수 없다. 그런 일은 있을 수 없다. 누구나 다 목적을 가지고 있다. 당신의 마음이 그리스도 바로 그분 위에 놓여져 있지 않다면 그 마음은 그리스도가 아닌 다른 무엇 위에 놓여져 있다. '무엇을 구하느냐.' 금, 명성, 안락과 평안함, 쾌락인가? 아니면 무엇인가? 어떤 것 위에 당신의 **마음이 놓여져** 있는가? 그리스도에 대하여 더 많이 알고자 함인가, 그와 더욱 친해지고자 함인가, 그와 더욱 가까이 동행하고자 함인가? 최소한 "하나님이여 사슴이 시냇물을 찾기에 갈급함 같이 내 영혼이 주를 찾기에 갈급하니이다"(시 42:1)라고 말할 수 있어야 하지 않겠는가!

갈급했던 두 영혼이 어떤 대답을 하였는지 살펴보는 것은 즐거운 일이다. 그들은 "랍비여 어디 계시오니이까"라고 말하였다(1:38). 이상하게도 그들의 대답은 이에 대해 깊이 숙고해 온 수많은 사람들을 어리둥절하게 만들어 왔다. 대부분의 주석가들은 이 말씀의 요점을 놓치고서 구세주의 질문과 그에 대한 대답 사이에는 직접적인 관련이 없다고 생각하였다. "랍비여 (당신은) 어디 계시오니이까." 이 말씀의 각 단어를 살펴보기로 하자.

"(당신은) **어디** 계시오니이까." 참으로 슬프고 비통한 일이다. 하나님의 아들에게 어찌 이런 질문을 할 수 있단 말인가? 그의 낮아지심을 참으로 잘 나타내 주고 있지 않은가! 가야바나 빌라도가 어디에 살고 있는가를 물을 필요는 없었다. 왜냐하면 누구나 다 알고 있었기 때문이다. 그러나 어느 누가 **그리스도께서** 어디에 살고 계시는가를 알고 싶어 했으며, 이런 질문을 받았을 때 어느 누가 이 두 사람에게 말해 줄 수 있었단 말인가?

"(당신은) 어디 **계시오니이까**." 이것은 단순히 헛된 호기심에서 나온 질문이 아니었다. 이 질문은 그들이 **그와 함께** 있고 싶어함을 보여준다. 그들이 원한 것은 바로 교제였다. 그리고 이것은 번역자가 '어디 **거하시오니이까**'라고 번역하였더라면 더욱 분명하게 나타났을 것이다. 왜냐하면 '거한다'라는 말은 언제나 교제와 관계가 있기 때문이다.

"(당신은) 어디 계시오니이까." 그들은 "**무엇을** 구하느냐"라는 질문에 이렇게 대답하였다. 그들의 마음이 향하고 있는 것은 '무엇'이 아니라 '사람'이었다. 그들의 영이 구하였던 것은 어떤 축복이 아니라 축복을 베푸시는 바로 그분이었다.

이 두 영혼의 요구에 대한 구세주의 응답을 듣는 것은 이루 말할 수 없이 복된 일이다. "**예수께서 이르시되 와서 보라**" (1:39). 아, 주님은 그들의 소망을 알고 계셨다. 그는 그들의 마음을 이미 읽으셨다. 그는 그들이 그의 임재, 그의 인격, 그와의 친교를 구한다는 것을 분별하셨다. 그리고 그는 그와 같은 갈망을 결코 좌절시키지 않으신다. '오라' 고 그는 은혜로이 초대하신다. '오라' 는 말은 그들에게, 그가 환영한다는 것을 확인시켜 주신 말이었다. 그는 수고하고 무거운 짐 진 자에게 '오라' 고 지금도 말씀하신다.

'보라' 또는 '바라보라' 라는 말은 그들을 **시험**해 보기 위한 한층 차원 높은 말이라고 할 수가 있다. 그리스도께서 이들을 그가 계신 곳으로 안내하셨을 때, 그들은 짧은 방문으로 만족하였을까? 절대로 아니다. 이 절 후반부에 "그러므로 그들이 가서 계신 데를 보고 그날 함께 거하니 때가 열 시쯤 되었더라"고 되어 있음에 주목해 보라. 주님께서는 그들에게 완전한 신뢰를 얻고 그들의 마음을 완전히 이끄셨으므로 그들은 그와 처음 만난 날이었음에도 불구하고 그와 함께 거했다. 그렇다. 그들은 그와 함께 '**거했다.**' 이것은 언제나 **영적인 교제**를 말해 주는 단어이다. 그들은 그날 그와 함께 거했고, 그때는 열 시쯤이었다. 즉 오후 4시였다. 우리는 그들이 그날 밤 그와 함께 머물렀음을 의심하지는 않지만, 이것은 분명하게 진술되어 있지 않다. 그러면 그 이유는 무엇인가? 성령께서는 그들이 '그날 밤' **그**와 함께 거했다는 것을 말씀하지 않으려 하셨다. 왜냐하면 그가 계신 곳에는 밤이 없기 때문이다. 한편 그가 계셨던 곳의 이름 또한 말하고 있지 않음에 주목해 보라. 그들은 "그와 함께 거했다." 그리고 그곳이 어디였는지는 말하고 있지 않다. 그는 이 세상에서 **나그네**에 지나지 않으셨으며, 그를 따르는 사람들도 나그네가 되어야 하기 때문이다. "그들은 그와 **함께** 거했다." 참으로 복된 일이다. 그가 거하시는 곳은 **그들이 거하는 곳**이기도 하다. 그리고 이것은 모든 신자들에게도 영원히 그러할 것이다. 주님께서는 "내가 다시 와서 너희를 내게로 영접하여 나 있는 곳에 너희도 있게 하리라" (요 14:3)고 말씀하지 않으셨는가?

"**요한의 말을 듣고 예수를 따르는 두 사람 중의 하나는 시몬 베드로의 형제 안드레라 그가 먼저 자기의 형제 시몬을 찾아 말하되 우리가 메시야를 만났다고 하고 (메시야는 번역하면 그리스도라)**" (1:40, 41). 이 말씀은 이 두 제자들이 그리스도 안에서 참으로 큰 **만족**을 얻었음을 말해 준다. 그들은 이 새로운 기쁨을 다른 사람들과 나누고 싶어했다. 안드레는 그의 형제 시몬을 찾아 "우리가 메시야를 만났다"라고 말하였다. 여기에 "**그가** 먼저 자기의 형제 시몬을 찾아 말하되"라고 기록된 것으로 보아 (언제나 자신을 숨기려고만 하고 결코 한 번도 자신의 이름을 언급하지 않은) 요한도 얼마 후에 **자기의** 형제 야고보에게 이와 똑같이 하였음을 알 수 있다. 이것은, 즉 다른 사람들에게 자기가 찾은 구세주에 대해 말하는 것은 이제 새로이 믿게 된 모든 신자들의 행복한 특권이다. 이것은 대학 교육을 필요로 하지도 않으며, 교회의 권위도 전혀 필요로 하지 않는 일이다. 이렇게 말하는 것은 이 둘을 경시하기 때문이어서가 아니라, 멸망해 가는 죄인에게 구세주를 소개할 때 필요한 것은 오직 주님 자신을 마음으로 알게 해주는 것이기 때문이다. 바로 그 일을 위해 안드레에게 필요하였던 훈련은 그리스도 자신에 의한 훈련이었기 때문에 그는 설교자로 간 것이 아니었다. 그러나 그는 그가 찾은 구세주를 단순하나 진지하게 증언하기 시작하였다. 그가 먼저 찾은 사람은 그의 형제였다. 그리고 이것은 가장 가까운 사람부터 우리가 이 일을 시작해야 할 개인적인 책임이 있음을 예시해 준다. 우리는 먼저 우리 가족에게 증언해야 한다.

"데리고 예수께로 오니 예수께서 보시고 이르시되 네가 요한의 아들 시몬이니 장차 게바라 하리라 하시니라 (게바는 번역하면 베드로라)"(1:42). 여기에서 우리는 주님이 시몬에게 한 가지 복된 약속을 해주심을 본다. 그리고 이 약속이 지니는 뜻은 그가 본래 어떤 사람이었는지를 살펴봄으로써 파악해 보아야 한다. 시몬은 본래 격하기 쉽고 충동적이며, 경솔하고 불안정한 사람이었다. **이런** 사람이 처음에 안드레의 말을 들었을 때 어떤 생각을 하였을 것인가? 그리스도께서 이 땅에 계신다는 것을 알게 되고 그에게로 가자는 권유를 받았을 때, 그리고 구세주께서 충성스럽고 헌신적인 종들을 찾고 계시다는 것을 알았을 때, 그는 "그 일이 착실하고 믿을 만한 안드레에게는 적합한 일이지만 나 같은 자에게는 맞지 않는 일입니다"라고 말하지 않았을까? 그는 또 "나는 그리스도의 대의(大義)에 걸림돌이나 될 것입니다. 나의 충동적인 기질과 성급한 혀가 도움은커녕 방해가 될 것입니다"라고 말하지 않았겠는가? 이 같은 생각들이 그에게 스쳐갔다면(우리는 그러했으리라 생각한다), 그의 귀에 들리는 주님의 이 말씀이 그의 마음을 안심시켜 주었음이 분명하다. "예수께서 보시고 이르시되 네가 요한의 아들 시몬이니." 이와 같이 주님은 이미 시몬을 완전히 알고 계심을 보여주셨다. 그러나 그는 "장차 게바, 즉 베드로라 하리라"고 덧붙이셨다. '게바' 란 말은 아람어로 '바위' 라는 뜻이다. '페트로스' (Petros)는 헬라어로서 '돌' 이라는 뜻이다. 베드로는 게바와 페트로스의 뜻을 지닌 영어이다. 그러므로 주님의 이 약속은 참으로 복된 것이다. "너는 시몬(본래의 이름)이다." 즉 우유부단하고 불안정한 자이다. 그렇다. 나는 너에 관하여 모든 것을 안다. "그러나 장차 게바(새 이름)라 하리라." 즉 '반석', 안정된 자이다. 그리스도는 이처럼 그에게 책임지고 약속해 주셨다. 이 약속은 구세주의 부활 후에 참으로 복되게 성취되었다.

그러나 우리는 이 절에는 더욱 깊은 의미가 담겨 있으며, 모든 신자들에게 적용된다고 생각한다. 셋째 '날'을 다루고 있는 이 구절에는 엄격히 기독교 시대에 속하는 내용이 담겨 있다. 베드로는 **'대표적인 인물'**이라는 관점에서 살펴보아야 한다. 이렇게 한다면, 모든 것은 고유 명사의 **의미**에 달려 있다. 시몬은 '듣는다'는 뜻이다. '요한의 아들'에서 요한은 '하나님의 선물'이란 뜻이다. 우리는 하나님의 말씀을 들음으로 그리스도인이 된다(롬 10:17). 그리고 이 영적인 들음은 **하나님의 선물**이며, 모든 신자는 **반석**이 된다. "너희도 산 돌 같이 신령한 집으로 세워지고"(벧전 2:5)라는 말씀을 참고해 보라.

"이튿날 예수께서 갈릴리로 나가려 하시다가 빌립을 만나 이르시되 나를 따르라 하시니"(1:43). 참으로 보배로운 말씀이 아닌가! "인자가 온 것은 잃어버린 자를 찾아 구원하려 함이니라"(눅 19:10)는 주님 자신의 선포가 참으로 아름답게 예시되어 있지 않은가! 이것은 자기의 잃어버린 한 마리 양을 찾아 헤매는 선한 목자를 우리에게 잘 나타내 주고 있지 않은가! 여기에 기록된 내용은 참된 회심이 일어나는 모든 경우에 똑같이 적용된다. 주님께서 인간적인 도구를 사용하시든 그렇지 않든, 그의 제자가 되는 각 사람을 찾아내시는 분은 바로 그리스도 자신이다. 그가 **먼저** 우리를 사랑하셨기 때문에 우리가 그를 사랑하는 것처럼, 우리가 그를 찾는 것은 단지 그가 먼저 우리를 찾으셨음에 대한 반사된 행동일 뿐이다.

"빌립은 안드레와 베드로와 한 동네 벳새다 사람이라 빌립이 나다나엘을 찾아 이르되 모세가 율법에 기록하였고 여러 선지자가 기록한 그이를 우리가 만났으니 요셉의 아들 나사렛 예수니라"(1:44, 45). 여기에서 우리는 그리스도께서 자신을 계시하셔서 새로운 영혼에게 끼친 효과를 다시 한 번 보게 된다. 새로이 태어난 신자는 그가 믿는 분과 같은 마음을 소유한다. 잃어버린 자에 대한 구세주의 동정이 이제 그의 마음을 가득 채운다. 그는 멸망하고 있는 자를 향하여 사랑을 내뿜는다. 그는 침묵하거나 무관심할 수가 없다. 그는 다른 사람들에게 그가 찾은 구세주, 아니 그를 찾으신 구세주에 대하여 이야기하지 않을 수 없다.

"나다나엘이 이르되 나사렛에서 무슨 선한 것이 날 수 있느냐"(1:46). 영혼을 얻으려고 하는 자는 반대에 부딪치게 될 것을 예기해야 한다. 많은 죄인들은 여러 질문이나 구차스런 변명을 내세우면서 그 뒤에 숨어버린다. 그러면 우리는 어떻게 그들을 만날 수 있겠는가? 빌립에게서 배우자. 그가 나다나엘의 질문에 대답한 것은 단지 "와서 보라"는 것이었다. 그는 그의 형제에게 와서 스스로 **그리스도를 시험해 보라고** 권유하였다. 이것이 지혜로운 방법이다. 즉 사람들의 반대에 부딪쳐서 중단하지 말고, 그에게 계속 **그리스도의 요구**를 강조하라. 그리고 나서 하나님께서 좋다고 생각하시는 때에, 그 자신의 말씀을 이루실 것을 믿으라.

"예수께서 나다나엘이 자기에게 오는 것을 보시고 그를 가리켜 이르시되 보라 이는 참으로 이스라엘 사람이라 그 속에 간사한 것이 없도다"(1:47). 나다나엘은 정직하고 대범한 사람이었다. 그가 빌립에게 한 질문은 단순한 핑계나 위선적인 변명이 아니었다. 그보다는 진실로 곤란을 느껴 말한 것이었다. 우리는 서로 다른 영혼들을 다룰 때에 이것을 잊어서는 안 된다. 우리는 우리에게 던져진 **모든** 질문들이 흠을 잡기 위한 것이라는 결론을 내려서는 안 된다. **실제로** 곤란을 느껴서 질문을 하는 사람들이, 아니 많은 사람들이 있다. 그들이 필요로 하는 것은 빛이다. 그리고 이 빛을 얻기 위하여 그들은 그리스도께 나올 필요가 있다. 그러므로 모든 경우에 있어서, 우리가 만나는 각 영혼에게 그리스도와 그에 대한 그리스도의 요구를 제시해 주기만 한다면 우리는 잘못을 범할 수 없다. 나다나엘은 "참 이스라엘 사람이요 그 속에 간사한 것이 없었다." 여기에서, 그는 말씀을 듣는 옥토를 가진 청중이 되기 위한 자격, 즉 말씀을 '정직하고 선한 마음'에 받아들이기 위한 자격 가운데 하나가 무엇인지를 그의 인격 안에 나타내 주고 있다.

"나다나엘이 이르되 어떻게 나를 아시나이까 예수께서 대답하여 이르시되 빌립이 너를 부르기 전에 네가 무화과나무 아래에 있을 때에 보았노라"(1:48). 이 사건은 그리스도의 신성(神性)을 잘 증언해 준다. 이 사건은 그리스도의 전지하심을 보여주었다. 그리스도는 나다나엘이 그에게로 오기 전에 그를 보았고 그의 마음을 읽으셨다. 사랑하는 독자여, 그는 또한 우리 각자를 보시고 읽으신다. 모든 것을 보시는 그의 눈을 피할 수 있는 것은 아무 것도 없다. 어떤 위선의 모습도 그를 속일 수 없다.

"나다나엘이 대답하되 랍비여 당신은 하나님의 아들이시요 당신은 이스라엘의 임금이로소이다"(1:49). 이 말씀은 나다나엘의 영혼 안에 하나님의 사역이 이루어졌음을 보여주는 확실한 증거였다. 그의 눈이 활짝 열려 그는 구세주의 거룩한 영광을 볼 수 있게 되었다. 그러자 그는 즉시 그리스도를 '하나님의 아들'이라고 고백한다. 이 네 번째 복음서에 그리스도의 신성을 증언하는 사람이 **일곱** 있다는 사실은 중요하다. 첫째로 세례 요한(1:34), 둘째로 나다나엘(1:49), 셋째로 베드로(6:69), 넷째로 주님 자신(10:36), 다섯째로 마르다(11:27), 여섯째로 도마(20:28), 일곱째로 이 복음서의 저자(20:31)가 있다.

"예수께서 대답하여 이르시되 내가 너를 무화과나무 아래에서 보았다 하므로 믿느냐 이보다 더 큰 일을 보리라 또 이르시되 진실로 진실로 너희에게 이르노니 하늘이 열리고 하나님의 사자들이 인자 위에 오르락 내리락 하는 것을 보리라 하시니라" (1:50, 51). 나다나엘은 그가 방금 목격하였던 것, 즉 그리스도의 전지하심이 이처럼 드러난 것에 의하여 깊은 감동을 받았다. 그러나 주님은 그가 이보다 더 큰 것들을 보리라고 말씀하신다. 정말로 그가 하늘이 열린 것과 땅이 그 하늘과 직접 연결된 것을 볼 때가 올 것이다. 그는 먼 옛날 야곱의 꿈과 환상이 가리켜 주는 것, 즉 땅과 하늘을 연결시켜 주었던 사다리의 원형(原型)이신 그리스도 바로 그분을 볼 것이다. 나다나엘도 모든 신자들과 함께 "하나님의 사자들이 인자 위에 오르락 내리락 하는" 것을 보게 될 것이다.

마지막으로 한 가지 더 살펴보기로 하자. 여기, 요한복음 1장의 후반부에는 매우 주목할 만한 세 가지 **상징적인 그림**이 나와 있는데, 이것들은 각기 세 가지의 다른 시대를 다루고 있다. 첫 번째 그림은 1:19-28에서 찾아볼 수 있으며, 두 번째 그림은 '이튿날'로 시작되는 1:29에서 시작하여 34절에서 끝나고 있다. 그리고 세 번째 그림은 '또 이튿날'로 시작되는 1:35에서 시작하여 42절에서 끝나고 있다.

Ⅰ. 요한복음 1:19-28에는 **구약 시대**를 나타내는 상징적 그림이 나와 있다.

1. 전체 레위적 체제를 나타내는 것으로서 '제사장들과 레위인들'(19절)이 언급되고 있음에 주목하라.

2. 여기 이 부분에는 '예루살렘'이 언급되어 있지만(19절) 다른 부분에는 전혀 언급되어 있지 않음에 주목하라.

3. 구약 시대 이스라엘 백성의 영적 상태가 어떠했는가는 유대인들의 무지와 통찰력의 부족으로 나타나 있음에 주목하라(19절).

4. 여기에 '엘리야'와 모세와 같은 '그 선지자'가 언급되어 있음에 주목하라(21절).

5. 여기에서 요한은 **광야**, 즉 그리스도께서 나타나실 때까지 이스라엘 민족이 느끼는 영적인 메마름을 상징하는 곳에 나와 있음에 주목하라(23절).

6. "너희 가운데 너희가 알지 못하는 한 사람이 섰으니"(26절)라는 요한의 말이, 구약 시대 내내 그들 가운데 여호와께서 임재해 계셨음을 모른 이스라엘의 무지를 정확히 묘사하고 있음에 주목하라.

7. 요한이 그의 '뒤'에 오실 분을 증언함에 주목하라(27절). 그러한 증언은 구약 시대 내내 있어 왔던 그리스도에 대한 증언이었다.

II. 요한복음 1:29-34에는 (그리스도의 지상에서의 공생애 기간을 포함하는) **메시야의 시대**에 대한 상징적 그림이 나와 있다. 여기에서는 '이튿날'(29절)이란 말이 이것을 시사해 준다.

1. "요한이 예수께서 자기에게 나아오심을 보고"(29절)라는 말씀에 주목해 보라. "율법과 선지자는 요한의 때까지"(눅 16:16)이기 때문에, 이 말씀은 그 시대가 역사적으로 시작되었음을 알려 준다.

2. 요한은 그리스도를 "하나님의 어린 양"이라고 선포한다(29절). 이 말은 지상에 오신 그의 목적이 바로 자기를 제물로 드리기 위해서였음을 말해 준다.

3. "내 뒤에"(30절). 즉 세례 요한의 뒤에. 그는 스스로 구약 시대의 종식을 나타내고 있다.

4. "나도 그를 알지 못하였으나"(31절). 이것은 그리스도께서 나타나셨을 때 유대인들의 무지를 의미한다.

5. "그를 이스라엘에게 나타내려 함이라"(31절). "나는 이스라엘 집의 잃어버린 양 외에는 다른 데로 보내심을 받지 아니하였노라"라는 마태복음 15:24과 비교해 보라.

6. "성령이 … 그의 위에 머물렀더라"(32절). 성령은 이 시대 동안에는 다른 누구 위에도 머무르지 아니하였다.

7. "그가 하나님의 아들이심을"(34절). 이스라엘이 그를 거부한 것은 바로 이 때문이었다.

III. 요한복음 1:35-43에는 **기독교 시대**를 나타내는 상징적 그림이 나와 있는데, 이 것을 "또 **이튿날**"(35절)이란 말이 시사해 준다.

1. "또 이튿날 요한이 … **섰다가**"(35절). 즉 이제 요한의 활동이 끝나게 되었다(39절과 비교). "열 시", 즉 이스라엘의 책임의 한계(십계명 참조)가 도래하였다.

2. 여기에서는 요한이 대표하였던 유대교로부터의 돌아섬과 주 예수를 따름이 나와 있다(35-37절). 예수께서 '거니셨다' 는 것에 주목해 보라. 이것은 요한이 '섰던 것' 과는 대조를 이룬다.

3. 그리스도인은 무엇보다도 먼저 '하나님의 어린 양' 으로서의 그리스도를 알게 된다.(36절)

4. "예수를 따르거늘"(37절). 그리스도인은 이와 같이 생활해야 한다. "그리스도도 … 너희에게 본을 끼쳐 그 자취를 따라오게 하려 하셨느니라"(벧전 2:21).

5. 신자들은 이제 그리스도와 함께 **거한다**(39절). 즉 그들은 이 세상에서 물러나와 그리스도와의 **친교**를 즐긴다.

6. 기독교는 각 신자들의 개인적인 노력에 의해서 전파된다(40, 41절).

7. 시몬에게 그리스도는 "장차 **게바**라 하리라"고 말씀하셨다(42절). 즉 이 시대의 신자들은 '산 돌' 같이 "신령한 집으로 세워진다"(벧전 2:5). 그리고 이것은 "성령 안에서 하나님이 거하실 처소"(엡 2:22)가 된다.

요한복음 2:1-11까지를 다루고 있는 다음 장을 예비하기 위하여 다음의 질문들을 생각해 보자.

1. "사흘째 되던 날에"(2:1). 그 전날에 무슨 일이 있었는가? 그리고 **몇째** '날' 이라는 것을 왜 언급하고 있는가?

2. 이때 혼인 잔치 장면이 소개된 이유는 무엇인가?

3. 예수의 '어머니' 가 두드러지게 나타나 있는 이유는 무엇인가?

4. 주님께서 2:4에서 그의 어머니에게 하신 두 진술은 무엇을 의미하는가?

5. "**돌항아리 여섯**"(2:6)은 상징적으로 어떤 의미를 지니는가?

6. "포도주"(2:10)는 무엇에 대한 상징인가?

7. 그리스도의 이 첫 번째 기적으로부터 배워야 하는 중심 교훈은 무엇인가?

제6장

그리스도의 첫 번째 기적

[1]사흘째 되던 날 갈릴리 가나에 혼례가 있어 예수의 어머니도 거기 계시고 [2]예수와 그 제자들도 혼례에 청함을 받았더니 [3]포도주가 떨어진지라 예수의 어머니가 예수에게 이르되 저들에게 포도주가 없다 하니 [4]예수께서 이르시되 여자여 나와 무슨 상관이 있나이까 내 때가 아직 이르지 아니하였나이다 [5]그의 어머니가 하인들에게 이르되 너희에게 무슨 말씀을 하시든지 그대로 하라 하니라 [6]거기에 유대인의 정결 예식을 따라 두세 통 드는 돌항아리 여섯이 놓였는지라 [7]예수께서 그들에게 이르시되 항아리에 물을 채우라 하신즉 아귀까지 채우니 [8]이제는 떠서 연회장에게 갖다 주라 하시매 갖다 주었더니 [9]연회장은 물로 된 포도주를 맛보고도 어디서 났는지 알지 못하되 물 떠온 하인들은 알더라 연회장이 신랑을 불러 [10]말하되 사람마다 먼저 좋은 포도주를 내고 취한 후에 낮은 것을 내거늘 그대는 지금까지 좋은 포도주를 두었도다 하니라 [11]예수께서 이 첫 표적을 갈릴리 가나에서 행하여 그의 영광을 나타내시매 제자들이 그를 믿으니라(요 2:1-11)

먼저, 본문을 간단하게 분석해 보자.

1. 기적이 일어난 때, 즉 가나안에서의 혼인(1절)
2. 예수의 어머니께서 그곳에 계심(1절)
3. 구세주와 그의 제자들이 초대됨(2절)
4. 마리아의 간섭과 그리스도의 질책(3, 4절)
5. 마리아의 순종(5절)
6. 기적 그 자체(6-8절)
7. 기적이 끼친 효과(9-11절)

우리는 본문을 세 가지 관점, 즉 첫째로 본문의 **상징적** 의미, 둘째로 본문의 **예언적** 적용, 셋째로 본문의 **실제적** 가르침이란 면에서 해설해 보려고 한다. 성령께서는 여기에서 세 가지 그림을 하나로 결합시켜 놓으신 듯하다. 그러므로 우리는 그림에 색을 칠할 때 사용되는 방법으로써 이 그림을 설명해 보려고 한다. 먼저, 검은 테를 두른 그림 자체가 있다. 그 다음, 그림의 표면에 빨간색이든 노란색이든 처음 색칠을 하여 채운다. 그리고 마지막으로는, 그 위에 파란색이든 갈색이든 마무리 색칠을 한다. 그리하여 얼룩덜룩한 그림 한 점이 완성된다. 그림을 그릴 때의 용어를 사용한다면, 우리의 목적은 요한복음 2장의 전반부에 제시되어 있는 하나님의 그림 안에 나타난 여러 가지 서로 다른 색조들과 농담(濃淡)들을 따로 조사해 보려는 것이다.

1. 상징적 의미

요한복음 2장은 '그리고' 라는 말로 시작되고 있음에 주목해야 한다. 이것은 이 장이 앞 장의 내용과 밀접하게 관련되어 있음을 말해준다. 요한복음 1장에(도입 구절에서부터 18절까지) 두드러지게 나타난 것들 중의 하나는 **유대교의 실패**, 그리고 유대교로부터 그리스도께로 돌아서는 것이다 (산헤드린의 무지함을 통해 알 수 있는) 유대교의 실패는 유대인들이 예루살렘에서 제사장들과 레위인들을 요한에게 보내어 그가 누구인지를 물은 일로서도 명백하게 나타난다(1:19). 또한 이것은 "너희 가운데 너희가 알지 못하는 한 사람이 섰으니" (1:26)라는 세례 요한의 비통한 말로써도 더욱 분명하게 나타난다. 그러나 이 모든 것은 "자기 땅에 오매 자기 백성이 영접하지 아니하였다" (1:11)는 슬픈 말씀을 부연한 것에 지나지 않는다. 이스라엘의 지도자들이 이처럼 눈이 멀었으므로 그들은 그리스도가 그들 가운데 계심을 알지 못하였고, 또 구약 성경이 명백히 증언해 주었던 그리스도의 선구자도 알아보지 못하였다.

유대교는 그 심장과 생명이 사라져 버려 죽은 껍질에 지나지 않게 되었다. 오직 한 가지 남은 일은, 그것을 버리고 '더 좋은 소망' 을 들여오는 것이다. 따라서 갈라디아서 4:4에는 "때가 차매 하나님이 그 아들을 보내사" 라고 기록되어 있다. 그렇다. 하나님의 예정하신 때가 **이미** 왔다. 그리스도께서 나타나실 때가 익었다. 이제 그가 필요함이 완전히 드러났다. 유대교는 버려져야 한다. 이것을 나타내 주는 상징적인 그림이 요한복음 1장에 제시되었다. 세례 요한은 구약의 제도에 결말을 지었다("율법과 선지자는 **요한의 때까지**요", 눅 16:16). 그리고 요한복음 1:35-37에서는 그의 두 제자가(어떤 것을 증언하기에는 충분한 숫자) 그를 떠나서 주 예수를 따르고 있음이 나타나 있다.

똑같은 원리가 이 장에도 예시되어 있다. 혼인 잔치가 있고, 여기서 가장 중심적인 일은 바로 **포도주가 다 떨어졌다**는 것이다. 이 비유는 해석하기 어렵지 않다. 즉 성경에서 '포도'는 다음 구절이 보여주는 바와 같이 **기쁨**의 상징이다. "사람의 마음을 **기쁘게 하는 포도주**"(시 104:15). "포도나무가 그들에게 이르되 **하나님과 사람을 기쁘게 하는** 내 포도주를 내가 어찌 버리고 가서"(삿 9:13). 그렇다면 이 요한복음 2장에 나타난 내용은 참으로 놀랍지 않은가! 참으로 정확한 그림이 아닐 수 없다. 유대교는 아직 신앙의 제도로서 존재하고 있었으나 그것은 사람들의 마음에 더 이상 위로를 줄 수 없었다. 그것은 차갑고 기계적인 일상사로 타락해 버렸고, 하나님 안에서의 기쁨을 전혀 누리지 못하였다. 이스라엘은 그들의 결혼의 기쁨을 상실해 버렸다.

"거기에 유대인의 정결예식을 따라 두세 통 드는 돌항아리 여섯이 놓였는지라"(6절). 이것은 유대교를 참으로 잘 묘사해 준다. 여섯은 인간을 나타내는 숫자이다. 왜냐하면, 여섯째 날에 인간이 만들어졌으며, 초인(the Superman)에 대하여 "총명한 자는 그 짐승의 수를 세어 보라 그것은 사람의 수니 그의 수는 육백육십육이니라"(계 13:18)라고 기록되어 있기 때문이다. 그렇다. 그곳에는 완전한 숫자인 일곱이 아닌 여섯 개의 항아리가 놓여져 있었다. 유대교에 남겨진 것은 모두 육에 속한 것이었다. 하나님은 그 안에 계시지 아니하셨다. 우리가 잠시 후에 이 복음서에서 읽게 되는 바와 같이, '여호와의 절기'(레 23:2)는 이제 '유대인의 절기'(2:13)가 되었을 뿐이었다.

또한 이 항아리 여섯은 구속을 나타내는 은(銀)이나, 하나님의 영광을 나타내는 금(金)이 아닌 '돌'로 만든 것이었음에 주목하라.

우리는 이사야 1:22에서 "네 은은 찌꺼기가 되었고"라는 말씀과 예레미야애가 4:1에서 "어찌 그리 금이 빛을 잃게 되었는가"라는 말씀을 읽게 된다. 그러므로 여기서 '돌' 항아리는 깊은 의미를 지니고 있다. 그리고 우리가 더욱 주목해야 할 것은 **그 항아리가 비어 있었다**는 것이다. 또다시 이것은 그 당시 이스라엘의 상태에 대하여 참으로 생생한 묘사를 해준다. 포도주가 다 떨어진 것도 이상한 일이 아니다. **그것을** 제공해 주기 위하여 그리스도가 필요하였다. 그러므로 이 장은 곧바로 하나님 안에서의 기쁨을 제공해 주실 수 있는 유일한 분으로서의 그리스도께 주의를 기울이게 한다. 이와 같이 요한복음 2장은 유대교의 실패, 즉 이것으로부터 구세주께로의 돌아섬을 다시 한 번 나타내 준다. 그러므로 이 장은 '그리고'라는 말로써 시작하고 있는 것이다. 이 말은 앞 장에서 제시되었던 것과 똑같은 주제가 계속됨을 지시해 준다.

또 한 가지 주목해 볼 만한 사실은 가나의 혼인 잔치가 표현된 이 장면에서 예수의 어머니가 아주 두드러진 위치에 있다는 것인데, 이것은 놀랍게도 우리가 방금 앞에서 지적하였던 내용과 일치한다. 그녀는 사도행전 1:14에서처럼 여기에서 그녀의 개인적인 이름이 불려지는 것이 아니라 "예수의 어머니"(2:1)라고 언급됨에 주목해야 한다. 그러므로 그녀는 여기서 **대표적인** 한 인물로서 생각되어야 한다. 이 장에서 마리아는 요한복음 1장에 묘사된 세례 요한과 같은 위치에 있다. 즉 그녀는 **이스라엘 민족**을 대표한다. 오래 전에 약속된 '씨'가 그녀를 통해 왔기 때문에, 마리아는 여기에서 아브라함의 온 집을 그녀 자신 안에 담고 있는 것으로 여겨져야 한다.

그렇다면 성령은 여기에서 마리아에 대해 무엇을 기록하고 있는가? 그렇다. 이 경우 그녀의 행동은 그녀가 대표하고 있는 인물의 행동과 일치하고 있는가? 그렇다. 여기에는 지극히 간단히 기록되어 있지만 우리의 해석이 옳음을 증명하기에는 충분한 내용이다. 예수의 어머니는 슬프게도 영적 통찰력이 부족함을 드러내었다. 그녀는 마치 주님께 **명령**을 내릴 수 있다고 생각하였던 듯하다. 분명히 그녀는 구주께 감히 명령하려고 하였고 그의 행할 일을 말하려 하였다. 주님께서 이 경우에 그녀에게 하신 "여자여 나와 무슨 상관이 있나이까"라는 대답을 달리 설명할 수 없다. 이것은 날카로운 질책이었고, 그 자체로서 주님의 말씀은, 영광의 주님으로서 그가 마땅히 받으셔야 할 존경과 경의를 그녀가 표하지 못하였음을 깨우쳐 주셨다.

마리아가 이처럼 평소에 하지 않던 간섭을 하였던 것은 바로 주님의 믿지 않는 '형제들'(즉 마리아와 요셉에게서 난 다른 아들들)을 자극하였던 것과 똑같은 세속적인 동기 때문이었다고 생각한다. 요한복음 7:2-5에는 다음과 같이 기록되어 있다. "유대인의 명절인 초막절이 가까운지라 그 형제들이 예수께 이르되 당신의 행하는 일을 제자들도 보게 여기를 떠나 유대로 가소서. 스스로 나타나기를 구하면서 묻혀서 일하는 사람이 없나니 이 일을 행하려 하거든 자신을 세상에 나타내소서 하니 이는 그 형제들이라도 예수를 믿지 아니함이러라."

마리아는 구세주께서 그의 능력과 영광을 밝히 드러내기를 원하였다. 그러므로 그녀는 유대 민족을 실제로 대표한 것이다. 이스라엘은 고통 받는 메시야를 생각해 보지도 않았고 원하지도 않았다. 그들이 원했던 것은 바로 지상에 그의 왕국을 세우실 분이었다. 그러므로 마리아가 (당시) 그리스도의 사명의 참 성격에 대하여 무지하였던 것과, 그녀가 때가 아직 이르지 아니하였음에도 불구하고 주님의 능력과 영광을 밝히 드러내기를 바랐던 것과, "여자여 나와 무슨 상관이 있나이까"라고 주님이 그녀에게 질책하신 것을 통하여, 우리는 가나의 혼인 잔치에서 상징적 의미, 즉 육을 따라 난 이스라엘이 배척받는다는 증거를 얻게 된다.

2. 예언적 적용

요한복음 2장의 전반부에 기록된 내용은 당시 이스라엘에서 통용되던 상태를 넘어서는 것처럼 보인다. 그리스도께서 가나에서 행하신 기적은 **예언적** 의미를 지닌다. 성경에서 흔히 발견하는 바와 같이 본문도 두 가지 관점, 즉 시간적으로 **가까운** 적용과 먼 적용이라는 관점에서 연구해 볼 필요가 있다. 앞으로 우리는 이 사건의 직접적인 의미로 생각되던 것, 즉 이 사건이 시사해 주는 상징적이고 대표적인 의미를 제시하였었다. 이제는 이 사건을 시간적으로 멀리, 즉 이 사건이 지닌 예언적 의미에 대해 살펴보기로 하자.

"사흘째 되던 날", 이 장은 이렇게 시작된다. 성령께서는 우리 앞에 **사흘째 되는 날** 이 광경을 펼쳐 주신다. 사흘째 되는 날은 **부활**의 날이다. 천하의 물이 한 곳으로 모이고 뭍이 드러난 날이 바로 사흘째 되는 날이었으며, 메마른 땅이 채소로 덮인 날도 사흘째가 되는 날이었다(창 1:9, 11). 호세아 6:2에는 요한복음 2:1과 나란히 놓고 살펴보아야 할 중요한 말씀이 담겨 있다. "여호와께서 **이틀 후에** 우리를 살리시며 **셋째 날**에 우리를 일으키시리니 우리가 그의 앞에서 살리라." 거의 이천 년 동안(하나님께는 이틀에 불과함, 벧후 3:8을 보라) 이스라엘에게는 왕도 제사장도 집도 없었다. 그러나 둘째 '날'이 거의 끝나고 셋째 날이 열릴 때, 그들의 부활이 올 것이다.

요한복음의 이 장은 우리에게 미래에 대한 예언적 전조를 제시해 준다. 이것은 그리스도의 상징적 그림, 즉 이스라엘이 흩어져 있던 이틀(이천 년)이 지난 후의 사흘째 되는 날의 상징적 그림을 제시해 준다. 그때, 이스라엘은 예수께서 그들에게 오시라고 **청할** 것이다. 왜냐하면 그들이 "찬송하리로다 주의 이름으로 오시는 이여"라고 말할 때에야 비로소 그가 지상에 오실 것이기 때문이다. 그때 주님은 새 이스라엘과 혼인하실 것이다(이사야 54장과 호세아 2장을 보라). 그때 그리스도는 물을 포도주로 변화시키실 것이다. 즉 이스라엘의 마음을 기쁨으로 가득 채우실 것이다. 그때 이스라엘은 이방인들(그들의 하인들)에게 "너희에게 무슨 말씀을 하시든지 그대로 하라"고 말할 것이다. 그때 이스라엘은 여호와께 무조건적인 순종을 드릴 것이다. 왜냐하면 그가 그의 법을 그들의 마음에 기록하실 것이기 때문이다(렘 31:33). 그때 그리스도는 "그 영광을 나타내실" 것이다(요 2:11; 마 25:31 참조). 그러므로 끝까지 가장 좋은 포도주가 이스라엘을 위해 남겨질 것이다.

이 기적의 상징적 의미와 예언적 의미에 대해 간략히 살펴보았으므로 이제 다음 순서로 넘어가자.

3. 실제적인 가르침

"사흘째 되던 날 갈릴리 가나에 혼례가 있어 예수의 어머니도 거기 계시고 예수와 그 제자들도 혼례에 청함을 받았더니"(2:1, 2). 그리스도는 여기에서 혼인 관계를 시인하신다. 혼인은 하나님께서 에덴동산에서 정하신 것으로, 우리에게 교훈을 주기 위해 구세주는 언제나 이 혼인에 승낙의 인을 찍으신다. 이 혼인식에 참석하심으로써 그리스도는 사역이 시작된 이후 처음으로 공중 앞에 모습을 드러내셨다. 이 즐거운 모임을 아름답게 꾸며 주심으로써 주님은 이 거룩한 제도를 구별하셨고 하늘의 영광을 더해 주셨다. 그리스도께서 이곳에 **초대받으셨음**에 주목해 보라. 행복한 혼인식에 그리스도는 없어서는 안 될 분이시다. 주님, 곧 구세주를 위한 자리가 없는 혼인은 하나님의 축복을 받을 수 없다. "너희가 … **무엇을 하든지** 다 하나님의 영광을 위하여 하라"(고전 10:31).

"포도주가 떨어진지라 예수의 어머니가 예수에게 이르되 저들에게 포도주가 없다 하니"(2:3). 마리아의 말은 두 가지를 지시해 주는 것 같다. 첫째로, 그녀는 그의 신성을 알지 못하였다. 그녀는 그가 인간 이상의 존재임을 깨닫지 못하지 않았는가? 그녀는 그가 인간의 몸을 입고 나타나신 하나님이시라는 것, 그러므로 그가 전지하신 분임을 알지 못하지 않는가 **그는** 그들에게 포도주가 없음을 아셨다. 둘째로, 마리아는 부모로서의 권위를 발휘하여, 그가 그 상황에서 행해야 할 일을 그에게 제안하고 있는 것으로 보인다.

"예수께서 이르시되 여자여 나와 무슨 상관이 있나이까"(2:4). 이것은 생략된 표현이며, 헬라어 문자 그대로의 뜻은 '나와 당신에게 무슨 상관이 있는가'가 된다. 주님이 이 질문을 하신 의미는, '나와 당신에게 무슨 공통적인 것이 있는가' 였다(비슷한 문법 구조를 이루고 있는 마 8:29 참조). 구세주께서는 마리아가 도움을 청한 데 대해 분개한 것이 아니라, 그녀는, 그가 자기 방식대로 행동할 수 있도록 허용해야 한다는 것을 뜻하신 것임을 이 질문은 강력하게 시사해 준다. 그리스도는 여기에서 그가 마리아와 요셉에게 순종할 때(눅 2:51)가 끝났다는 것과, 그의 공생애가 이제 시작되었으므로 그녀는 그에게 더 이상 명령하려고 해서는 안 된다는 것을 보여주셨다.

독자들 가운데 많은 사람들은 그리스도께서 왜 여기에서 그의 어머니를 '여자여' 라고 부르는지 의아스럽게 생각하였을 것이다. 학자들은 주님께서 이 말을 사용하였을 때, 그것이 거칠거나 무례한 말로 들리지 않았을 것이라고 말한다. 이 말은 어떤 계층이든지, 어떤 관계에 있든지 간에 여성을 지칭하는 데 사용되던 명칭이었고, 때로는 큰 존경과 사랑을 담은 말로도 사용되었다. 이 사실은 그리스도께서 십자가상에 매달려 있었을 때 "보소서 아들이니이다"라고 말하면서 마리아를 '여자여' 라고 부르셨다는 사실로써 증명된다.(요 19:26; 20:13, 15 참조)

그러나 우리는 주님이 신적인 식별력을 가지고 적어도 다음의 두 가지 이유에서 이 말을 선택하셨다고 생각한다. 첫째로, 여기에서 주님은 그가 단순한 인간 이상의 존재라는 사실, 즉 그는 바로 하나님의 아들이라는 사실에 주목하게 하셨기 때문이다. 그녀를 '어머니' 라고 부르는 것은 **인간적인** 관계에 주목하게 했을 것이다. 그러나 그녀를 '여자여' 라고 부른 것은 **하나님**께서 그녀에게 말씀하고 계심을 나타내 준다. 한 가지 덧붙여 말해 둘 것은, 그리스도께서 그의 어머니를 '여자여' 라고 부르신 두 번의 경우가 다 그의 신성을 설명해 주는 **요한복음**에 기록되었다는 사실은 중요한 의미를 갖는다는 것이다.

또 '여자여' 라는 말이 사용된 것은 그리스도의 전지하심을 나타내 준다. 예언적인 선견으로써, 주님은 그녀를 신의 높이까지 올려 존경하는 우상 숭배를 예기하셨다. 그는 몇 세기가 지난 후에, 사람들이 그녀를 천사들의 여왕이자 하나님의 어머니라고 부를 것을 아셨다. 그러므로 주님은 성모 마리아 숭배 제도를 조금이라도 지지해 주는 듯한 용어를 사용하기를 거절하셨다. 그리스도는 여기에서, 마리아가 단지 한 **여자**, 즉 "여자들 중에 복을 받은"(눅 1:28) 여자이나 "여자들**보다 더** 복을 받은" 여자는 아님을 가르쳐 주신다.

"내 때가 아직 이르지 아니하였나이다"(2:4). 이 말은 주님의 삶을 나타내 주는 가장 엄숙한 표어가 되었다. 이 말은 주님이 죽으실 때까지의 각 단계를 표시해 준다. 이 요한복음에는 그 두려운 '때' 가 **일곱** 번 언급되어 있다. 첫 번째는 요한복음 2:4

에, 두 번째는 7:30에 나와 있다. "그들이 예수를 잡고자 하나 손을 대는 자가 없으니 이는 **그의 때**가 아직 이르지 아니하였음이러라." 세 번째는 8:20에 나와 있다. "잡는 사람이 없으니 이는 **그의 때**가 아직 이르지 아니하였음이러라." 네 번째는 12:23에 나와 있다. "예수께서 대답하여 이르시되 인자가 영광을 얻을 **때**가 왔도다." 다섯 번째는 12:27에 나와 있다. "지금 내 마음이 괴로우니 무슨 말을 하리요 아버지여 나를 구원하여 **이 때**를 면하게 하여 주옵소서 그러나 내가 이를 위하여 **이 때**에 왔나이다." 여섯 번째는 16:32에 나와 있다. "보라 너희가 다 각각 제 곳으로 흩어지고 나를 혼자 둘 **때**가 오나니 벌써 왔도다 그러나 내가 혼자 있는 것이 아니라 아버지께서 나와 함께 계시느니라." 일곱 번째는 17:1에 나와 있다. "예수께서 이 말씀을 하시고 눈을 들어 하늘을 우러러 이르시되 아버지여 **때**가 이르렀사오니 아들을 영화롭게 하사 아들로 아버지를 영화롭게 하게 하옵소서." 이 '때'는 그의 낮아지심의 때였다. 그것은 그의 고난의 '때'였다. 그러나 마리아가 그에게 명령하고 있었을 때, 그리스도께서 이 '때'를 언급하셔야 했던 **이유**는 무엇인가? 이에 대한 답을 찾지는 어렵지 않다. 그가 기대하고 있는 그 두려운 '때'는 그가 **인간의 의지에 복종해야 할 때**였다. 왜냐하면 그때 그는 죄인들의 손에 넘겨질 것이기 때문이다. 그러나 그때가 오기 전까지 그는 인간들에게 복종해서는 안 되었다. 그 대신에 그는 오직 **그의 아버지**의 뜻을 행하면서 **그의 아버지**의 일을 하였다.

"그의 어머니가 하인들에게 이르되 너희에게 무슨 말씀을 하시든지 그대로 하라 하니라"(2:5). 참으로 아름다운 말씀이다. 마리아는 주님의 질책을 온유하게 받아들였고, 그에게는 자기가 기뻐하는 대로 행할 권리가 있음을 깨닫고, 그 문제를 전적으로 그의 손에 맡겼다. 여기에는 중요하나 사람들이 소홀히 여기기 쉬운 교훈이 담겨 있다. **우리는** 참으로 쉽게 하나님께 무엇을 명한다. 또 우리는 흔히 그에게 **무엇을** 행하여 주십사고 말한다. 이것은 하나님이 은혜로써 정복해 주시지 않는다면, 혐오스러운 자기 의지가 여전히 신자 안에서 작용한다는 사실을 증거해 줄 뿐이다. 우리가 행해야 할 분명한 의무는 주님께 우리의 인생의 행로를 맡기고, 그로 그의 선하신 때에 그의 방법으로 우리의 필요를 채워 주시도록 하는 것이다.

이제 그리스도께서 가나에서 행하신 기적을 살펴보기로 하자.

첫째로, 기적을 행하신 **때**에 대해 말해 보자. 주 예수께서는 마리아의 이 요구로부터 그의 아버지의 부르심을 인식하였다. 그는 혼인 잔치에 참여한 손님들에게 포도주를 제공해 주는 이 간단한 행위 안에서 그의 어머니가 본 것과는 매우 다른 것을 식별하였다. 이 기적을 행하는 일을 그의 일생에 있어서 중요한 갈림길이 되었다. 그가 물을 포도주로 변화시키는 행위는 그의 인생의 전 행로를 변화시킬 것이다. 지금까지 그는 나사렛에서 조용히 은둔하여 살아 왔지만, 이제부터 그는 사람들의 주목을 받는 인물이 될 것이다. 이제부터 그에게는 무엇을 먹을 만한 시간도 거의 없을 것이고, 그가 아버지와 조용히 친교를 나눌 기회는 오직 다른 사람들이 잠들 때만이 될 것이다. 그가 기적을 행하고 그리하여 그의 영광이 나타난다면, 그는 모든 사람의 시선을 받은 자, 모든 사람들의 화제의 대상이 될 것이다. 저속한 무리들이 이리저리 떠밀리며 그의 가는 대로 따라다닐 것이다. 이것은 종교 지도자들의 질투를 불러일으킬 것이고, 그렇게 되면 그는 감시를 받으며, 공중의 위험인물로서 여겨지게 될 것이다. 결국 이 일은 그가 악명 높은 죄인으로 체포되어서 거짓 고소를 받고, 십자가에 못 박히는 선고를 받는 일로 끝나게 될 것이다. 주님께서 포도주를 공급하라는 요구를 받았을 때, 이 모든 일들이 떠올랐을 것이다. 그러나 주님은 움츠러들지 않으셨다. 그는 어떤 희생을 치르든지 간에, 하나님의 뜻을 행하려 오셨다. 우리는, **십자가**가 그에게 도전하였던 것은, 바로 그가 마리아 곁에 서서 그녀의 말을 들었을 때였다고 경건하게 말할 수 있지 않겠는가? 주님께서 이 모든 것을 예기하셨던 것은 분명히 여기에서였다. 그러므로 주님은 그의 '때'가 아직 이르지 아니하였다고 엄숙하게 말씀하셨다.

둘째로, 이 기적을 행하신 **방법**에 대해 주목해 볼 만한 가치가 있다. "**거기에 유대인의 정결 예식을 따라 두세 통 드는 돌항아리 여섯이 놓였는지라 예수께서 그들에게 이르시되 항아리에 물을 채우라 하신즉 아귀까지 채우니 이제는 떠서 연회장에게 갖다 주라 하시매 갖다 주었더니**"(2:6-8). 그런데 그리스도께서 기적을 일으키셨으나, '하인들'이 모든 일을 다 행한 것으로 보인다. **그들이** 항아리를 채웠고, **그들이** 포도주를 떴고, **그들이** 그것을 연회장에게 갖다 주었다. 하나님의 능력이 행사되었다는 것은 눈에 띄게 나타나 있지 않다. 그리스도는 마법의 주문을 외우지 않으셨다. 또 그는 물이 포도주로 변하라고 명령하지도 않으셨다. 손님들은 일하는 하인들만을 보았지, 무에서 유를 창조하시는 하나님을 바라보지 못하였다. 그리고 이 모든 것이 우리에게 웅변적으로 말해 주는 것이 있다. 그것은 행동으로 나타낸 비유로서, 수단은 인간이었지만 그 결과는 하나님이 하신 일로 생각해야 한다는 것이다.

이것은 그리스도의 첫 번째 기적이었고, 이것을 통하여 그는 하나님께서 은혜의 기적을 행하실 때에는 인간을 도구로 사용하시기를 기뻐하심을 보여주신다. 이 기적은 포도주를 공급한 일이었으며, 앞에서 지적한 바와 같이, 포도주는 하나님 안에서의 기쁨을 상징한다. 그러므로 주님께서는 인간들의 마음에 기쁨을 전해 주실 때에, 인간을 대리인으로 사용하기를 기뻐하신다는 것을 배우자. 그런데 그리스도는 포도주를 만드실 때 **어떤** 요소를 사용하셨는가? 그것은 **물**이었다. 그런데 '물'은 기록된 말씀을 나타내는 상징 가운데 하나이다(엡 5:26 참조). 그러면 그리스도의 종인 우리들은 오늘날 어떻게 기쁨의 포도주를 사람들의 마음에 넘쳐나게 할 수 있을까? 말씀을 공급함으로써 그렇게 할 수 있다(엡 5:26 참조). 빈 돌항아리 여섯을 물로 채우라는 그리스도의 명령은 어리석은 것은 아니라 할지라도, 무의미한 것처럼 보였을지도 모른다. 그러나 하인들은 순종함으로 그 기적을 행한 동역자가 되었다. 법률이나 사회적 개선을 신뢰하는 이 세상 사람들의 지혜로는, 사악한 자에게로 나아갈 때 거의 이천 년 전에 쓰여진 책 한 권만을 들고 간다는 것이 아무 쓸모 없는 일로 보일지도 모른다. 그럼에도 불구하고 하나님은 "전도의 미련한 것으로 믿는 자를 구원하시는" 것을 기뻐하신다. 여기에서 미련하다는 것은 세상의 지혜로 평가해 볼 때 미련하다는 것이다. 그러므로 여기에 오늘날 하나님의 종들에게 주는 복된 교훈이 있다. 주님의 명령에 절대적으로 순종하면서 생명수를 가지고 나아가라. 그러면 그는 우리를 사용하셔서 슬픈 사람들에게 하나님의 기쁨의 포도주를 가져다주실 것이다.

셋째로, 이 기적의 **가르침**에 대하여 살펴보자. 우리는 이 기적이 **한 죄인의 중생**을 훌륭하게 묘사하고 있음을 본다. 첫째, 우리는 자연인이 거듭나기 이전의 상태를 본다. 즉 그는 빈 돌 항아리처럼 차갑고, 생명력이 없으며, 쓸모가 없다. 둘째, 우리는 인간의 신앙이 죄인을 도울 만한 가치가 없음을 본다. 그 항아리들은 "유대인의 정결예식을 따라" 따로 놓여져 있었다. 그것들은 정결 예식을 위한 것이었다. 그러나 비어 있었다는 것은 그것들의 무가치함을 보여준다. 셋째, 주님의 명령에 따라 이 항아리에는 물이 채워졌고, 그 물은 기록된 말씀을 나타내는 상징 중의 하나이다. 즉 하나님께서 죽은 영혼들로 새 생명을 누릴 수 있도록 소생시키실 때 사용하시는 것이 바로 말씀이다. 이 항아리들의 '아귀까지' 물이 채워졌음도 주목해 보라. 즉 하나님은 언제나 넉넉히 주시며, 결코 인색하지 않으시다. 넷째, 물은 포도주, 그것도 '좋은 포도주'가 되었다(10절). 이 포도주는 '물로 난' 자들의 영혼을 채우시는 하나님의 기쁨을 상징한다. 다섯째, "예수께서 이 첫 표적을 행하셨다"고 기록되어 있음을 본다. 신생(新生)은 바로 이런 것이다. 즉 그것은 하나의 '기적'이다. 그럴 뿐만 아니라, 새로 태어난 자에게 신생은 언제나 '첫 표적'이 된다. 즉 중생은 언제나 하나님께서 은혜로써 **최초로** 이루어 주신 일이 된다. 여섯째, "예수께서 이 첫 표적을 갈릴리 가나에서 행하여 **그의 영광을 나타내시매**"라고 기록되어 있음에도 주목해 보라. 이와 같이 죽었던 죄인들의 중생을 통하여 우리 구세주, 곧 주님의 '영광'이 '나타난다.' 일곱째, "제자들이 그를 **믿으니라**"고 기록되어 있음에 주목해 보라. 죽은 사람은 믿을 수 없다. 그러나 새로 태어난 영혼의 첫 움직임은 그리스도께로 돌아서는 것이다. 우리는 이 둘 사이, 즉 중생과 믿음 사이의 시간 간격을 말하자는 것이 아니라 원인이 결과보다 앞서듯이, 중생의 사역이 그리스도를 믿는 행위보다 앞선다는 것을 말하는 것이다(살후 2:13 참조). 즉 먼저 '성령의 거룩하게 하심', 곧 신생이 있고, **그 다음에** '진리를 믿음'이 있다.

그러나 그리스도의 이 처음 표적 안에는 더욱 깊은 의미가 담겨 있지 않겠는가? 구세주께서 행하신 이 첫 기적 안에는 **그가 흘리신 피**의 상징인 '포도주'가 두드러지게 나타나야 한다는 것 또한 아주 깊은 의미를 던져 주고 있지 않은가! 혼인 잔치는 기쁨과 즐거움의 때였다. 그런데 하나님의 백성들이 기뻐하기 위해서는 그 아들의 보배로운 피가 먼저 쏟아져야 한다는 것을 강하게 시사해 주고 있지 않은가! 아, 이것은 우리가 즐기는 모든 축복의 근원, 우리의 모든 행복의 근원이다. 그러므로 그리스도께서는 그의 희생적인 죽음을 상징해 주는 포도주를 만드심으로써 그의 초자연적인 긍휼의 사역을 **시작**하셨다.

"연회장은 물로 된 포도주를 맛보고도 어디서 났는지 알지 못하되(물 떠온 하인들은 알더라) 연회장이 신랑을 불러"(2:9). 괄호 안에 있는 말씀은 참으로 복된 말씀이다. 이 말씀은 중요한 원리를 설명해 준다. 즉, 이때 주님에게 **가장 가까이** 있었고 그의 마음을 알았던 사람은 '제자들'도 마리아도 아닌 바로 **하인들**이었다. '연회장'을 어리둥절하게 했던 일도 이 '하인들'은 알고 있었다. 하나님의 길은 우리의 길과 참으로 다르지 않은가! 영광의 주님은 여기 이 지상에서 '종'으로 계셨다. 놀라운 은혜 안에서 그는 "섬김을 받으려 함이 아니라 섬기려고" 오셨다. 그러므로 겸손하게 봉사하고 가장 비천한 일을 맡고 있는 자가 **그와 가장 가까이 있는** 자이다. 이것이 바로 그들이 세상의 명예와 보수에 등을 돌린 상급이다. 아모스 3:7에서는 "주 여호와께서는 자기의 비밀을 (누구에게?) 그 종 선지자들에게 보이지 아니하시고는 결코 행하심이 없으시리라"고 기록되어 있다. 시편 103:7도 마찬가지로 기록되어 있다. "그의 행위를 모세에게 … **알리셨도다**." 그러면 모세는 어떤 사람인가? 성경에서 답을 찾아 보자. "이 사람 모세는 온유함이 지면의 **모든 사람보다 더하더라**"(민 12:3). 그렇다. "**온유한 자**를 정의로 지도하심이여 **온유한 자**에게 그의 도를 가르치시리로다"
(시 25:9).

(여기에서의 마리아처럼) 권위 있는 지위를 차지하고자 하는 사람들은 주님의 비
밀을 알지 못한다. '연회**장**' (ruler of the feast)과 같은 자리에 있기를 원하는 자는 주
님의 생각을 알지 못한다. 그러나 자신을 낮추어 **종**의 자리를 차지하는 자, 그리고
그리스도의 뜻에 따라 사용되기를 원하는 자는 그의 계획에 함께 하는 자이다. 그리
고 장차 그가 그의 왕국의 참 포도주를 공급하실 때, 그가 이 지상에 계시지 않은 동
안 그를 섬겨 왔던 자들은 그때, 그분 아래서 기쁨을 나누어 주는 자들이 될 것이다.
그가 "사람이 나를 섬기면 내 아버지께서 그를 귀히 여기시리라"고 약속해 주시지
않으셨는가?

"**말하되 사람마다 먼저 좋은 포도주를 내고 취한 후에 낮은 것을 내거늘 그대는 지
금까지 좋은 포도주를 두었도다 하니라**" (2:10). 이 말씀은 사람의 길과 하나님의 길
을 예시해 준다. 세상(사탄 또한)은 먼저 좋은 것을 주고, 마지막을 위해 가장 나쁜
것을 남겨 놓는다. 즉 먼저 잠시 동안의 죄의 **쾌락**이 있고, 그 다음에 죄의 삯이 있다.
그러나 하나님은 이와 정반대로 행하신다. 그는 그의 백성들을 약속된 기업으로 이
끄시기 전에 먼저 광야로 이끄신다. 먼저 십자가가 있고 그 다음에 면류관이 있다.
믿음의 형제들이여, 우리를 위해 가장 좋은 포도주가 아직 남아 있다. "의인의 길은
돋는 햇살 같아서 **크게** 빛나 한낮의 광명에 이른다" (잠 4:18)

본문에 대해 한 가지 더 살펴보고 마치도록 하자. 여기에는 구원받지 못한 자를 위
한 메시지가 담겨 있다. 자연인은 그 자신의 '포도주'를 소유하고 있다. '죄의 쾌락'
이 주는 것과 이 세상이 주는 즐거움을 누리는 세속적 행복이 있다. 그러나 이것은
재빨리 지나가 버린다. 또 깊은 만족을 주지 못한다. '땅의 포도송이' (계 14:18)에서
짜낸 이 '포도주'는 조만간 떨어진다. 불쌍한 죄인의 둘레에는 유쾌한 친구들이 있
을지도 모르며, 또 그는 재정적으로나 사회적으로 안락한 환경에 있을지도 모른다.
그러나 그에게 '포도주가 없음'을 발견하는 날이 온다. 이것을 깨닫고 있는 자는 행
복하다. 자신의 비참함을 깨닫는 것은 흔히 전환점이 된다. 이러한 깨달음은 우리로
하여금 "슬퍼하는 자에게 화관을 주어 그 재를 대신하며 기쁨의 기름으로 그 슬픔을
대신하며 찬송의 옷으로 그 근심을 대신하시는" (사 61:3) 분께 의지하게 만든다.

믿지 않는 친구여, 당신에게 참 '포도주' 곧 '좋은' 포도주를 공급해 주실 수 있는

분이 오직 한 분 계시다. 그분은 곧 주 예수 그리스도이시다. **그는** 영혼의 갈망을 만족시켜 주실 수 있다. **그는** 마음의 갈증을 풀어 주실 수 있다. **그는** 천사들도 부를 수 없는 찬송, 곧 구속의 찬송을 부를 수 있게 해주신다. 그렇다면 **당신이** 해야 할 일은 무엇인가? 당신은 어떤 대가를 치러야 하는가? 사랑하는 친구여, 은혜의 기쁜 소식을 들으라. 즉 "회개하고 복음을 믿으라"(막 1:15).

이제 다음 장에서 다룰 교훈에 관심이 있는 학생들을 위하여 여러 질문을 제시해 보기로 한다. 질문들을 연구해 보고 기도하는 마음으로 명상해 보라.

1. 성전을 깨끗하게 하신 일이 바로 여기에 기록되어 있는 이유는 무엇인가? 다른 복음서에는 어디에 기록되어 있는가 주목해 보라.
2. 그리스도께서 '비둘기들'을 내쫓지 않으신 이유는 무엇인가?(16절)
3. 유대인들이 '표적'을 구한 것은 무엇을 의미하는가?(18절)
4. 그리스도께서 그들에게 자기의 **부활**을 가르치신 이유는 무엇인가?(18-21절)
5. 주님의 제자들은 그의 부활의 약속을 믿었는가? 그렇지 않았다면 그 이유는 무엇인가?(22절)
6. 23절은 어떤 엄숙한 경고를 말해 주는가?
7. 25절은 그리스도에 관하여 무엇을 증언해 주는가?

제7장

성전을 깨끗하게 하신 그리스도

[12]그 후에 예수께서 그 어머니와 형제들과 제자들과 함께 가버나움으로 내려가셨으나 거기에 여러 날 계시지는 아니하시니라 [13]유대인의 유월절이 가까운지라 예수께서 예루살렘으로 올라가셨더니 [14]성전 안에서 소와 양과 비둘기 파는 사람들과 돈 바꾸는 사람들이 앉아 있는 것을 보시고 [15]노끈으로 채찍을 만드사 양이나 소를 다 성전에서 내쫓으시고 돈 바꾸는 사람들의 돈을 쏟으시며 상을 엎으시고 [16]비둘기 파는 사람들에게 이르시되 이것을 여기서 가져가라 내 아버지의 집으로 장사하는 집을 만들지 말라 하시니 [17]제자들이 성경 말씀에 주의 전을 사모하는 열심이 나를 삼키리라 한 것을 기억하더라 [18]이에 유대인들이 대답하여 예수께 말하기를 네가 이런 일을 행하니 무슨 표적을 우리에게 보이겠느냐 [19]예수께서 대답하여 이르시되 너희가 이 성전을 헐라 내가 사흘 동안에 일으키리라 [20]유대인들이 이르되 이 성전은 사십육 년 동안에 지었거늘 네가 삼 일 동안에 일으키겠느냐 하더라 [21]그러나 예수는 성전된 자기 육체를 가리켜 말씀하신 것이라 [22]죽은 자 가운데서 살아나신 후에야 제자들이 이 말씀하신 것을 기억하고 성경과 예수께서 하신 말씀을 믿었더라 [23]유월절에 예수께서 예루살렘에 계시니 많은 사람이 그의 행하시는 표적을 보고 그의 이름을 믿었으나 [24]예수는 그의 몸을 그들에게 의탁하지 아니하셨으니 이는 친히 모든 사람을 아심이요 [25]또 사람에 대하여 누구의 증언도 받으실 필요가 없었으니 이는 그가 친히 사람의 속에 있는 것을 아셨음이니라(요 2:12-25)

"**그 후에** 예수께서 그 어머니와 형제들과 제자들과 함께 가버나움으로 내려가셨으나 거기에 여러 날 계시지는 아니하시니라"(요 2:12). 이 구절은 가나의 혼인 잔치와 그리스도께서 성전을 정화하신 두 사건 사이에 삽입된 말씀이다. 이 장에 나와 있는 다른 모든 것과 마찬가지로 이 구절도 두 가지 관점, 즉 시간적으로 가까운 적용과 먼 적용이라는 관점에서 연구해 볼 수 있다. 이 두 가지로 적용해 보는 데 있어서 해결의 열쇠는 **가버나움**이란 말인데, 가버나움은 두 가지, 즉 하나님의 은혜와 하나님의 심판을 상징한다(마 11:23 참조).

먼저, 시간적으로 가까운 적용을 해 본다면, 이 구절은 이스라엘이 잠시 동안 하나님의 특별한 사랑을 받았음을 말해 준다 (우리가 앞장에서 본 바와 같이) 예수의 어머니는 이스라엘 민족, 특히 이스라엘의 **특권**을 상징한다. 왜냐하면 그녀는 여자 가운데서 가장 존귀케 된 자였기 때문이다. '그의 형제들' 은 **불신** 상태에 있는 이스라엘 민족을 대표한다. 이에 대한 증거는 요한복음 7:5에서 찾아볼 수 있다. '그의 제자들' 은 이스라엘에서 그를 믿은 극히 소수의 남은 자였다(2:11). 이들과 함께 주 예수께서는 가버나움으로 내려가셨으나 "거기에 여러 날 계시지는 아니하셨다." 이스라엘은 하나님의 이 특별한 은혜를 오랫동안 즐기지 못하였다. 그리스도께서 곧 그들을 떠나실 것이었기 때문이다.

그러나 이 12절은 예언적인 의미도 지니고 있다. 이처럼 두 가지로 적용해 볼 수 있는 것은 가버나움이 이중의 의미를 지니고 있기 때문이다. 하늘에까지 높아졌던 가버나움은 음부에까지 낮아져야 했다. 이 때문에 "그가 가버나움으로 **내려가셨다**"고 기록되어 있는 것이다. 이스라엘 민족도 이와 마찬가지였다. 그들은 하나님의 기적적인 사랑을 입어 왔으나 아주 모진 형벌을 받아야 했다. 그들은 가버나움이 상징하고 있는 장소, 곧 형벌의 장소에까지 **내려**가야 했다. 그리고 유대인들은 이 기독교 시대 내내 바로 이곳에서 지내 왔다. (각각 특권을 받은 이스라엘, 믿지 않고 있는 이스라엘, 그리고 믿는 소수의 남은 자를 상징하는) 어머니, 형제들, 제자들이 가버나움 곧 심판의 장소로 **내려**갔을 때, 주 예수께서 **그들과 함께** 계셨다는 것에 주목하는 것은 참으로 복된 일이다. 이와 같이 이 기독교 시대 동안에도 그리스도께서는 그리스도인들과 함께 계셨다. 유대인들은 하나님의 징벌 아래 모진 고통을 당하였으나 주님께서는 그들이 흩어져 있을 때에도 **그들과 함께** 계셨다. 그렇지 않았더라면 그들은 오래 전에, 벌써 오래 전에 다 없어져 버렸을 것이다. "거기에 여러 날 계시지는 아니하시니라"는 말씀 또한 12절의 예언적 의미와 완전히 일치한다. 이스라엘은 겨우 **이틀** 동안의 가버나움이 상징하는 곳에 머무를 것이며, 셋째 '날' 구원될 것이다.(호 6:2 참조).

우리가 이제 살펴보게 될 본문, 즉 그리스도께서 성전을 정화하신 내용을 간단하게 분석해 보도록 하자.

1. 깨끗하게 하신 때(13절)
2. 깨끗하게 하실 필요성(14절)
3. 깨끗하게 하신 방법(15, 16절)
4. 깨끗하게 하신 목적(17절)
5. 유대인들의 표적에 대한 요구와 그리스도의 대답(18-22절)
6. 그리스도의 예루살렘에서 행하신 기적들과 만족스럽지 못한 결과(23, 24절)
7. 인간의 마음에 대한 그리스도의 지식(25절)

우리는 본문을 연구할 때 앞에서 요한복음 2장의 전반부를 설명할 때 취했던 것과 비슷한 방법으로 할 것이다. 즉 첫째로, 그리스도께서 성전을 깨끗하게 하신 일의 **상징적** 의미를 살펴보고, 둘째로 이 일의 **실제적인** 교훈에 대하여 살펴보기로 하자.

1. 상징적 의미

우리가 앞 장의 끝 부분에 제시하였었고 또 독자들에게 묵상해 보라고 했던 질문 중에 첫 번째의 것은 "그리스도께서 성전을 깨끗하게 하신 일이 바로 이곳에 언급되어 있는 **이유**는 무엇인가"였었다. 주의 깊은 독자라면 나머지 세 복음서에는 이 성전을 정화하신 일이 주님의 공생애 끝 부분에, 그가 체포되기 전에 행하신 마지막 일들 가운데 하나로서 기록되었음을 알게 될 것이다. 그러나 여기에서 성령께서는 그리스도께서 성전을 깨끗하게 하신 일을 그의 공생애가 시작되는 부분에 기록하여 두셨다. 이로 인하여서 대부분의 주석가들은 이 일이 완전히 다른 두 사건이며, 이 둘 사이에는 삼 년이라는 시간 차이가 있다고 결론지었다. 이러한 결론을 지지해 주는 몇 가지 그럴듯한 논증이 제시되어 왔지만, 우리는 그것의 타당성을 전혀 확신할 수 없다. 개인적으로 필자는 마태복음 21:12, 13에 기록되어 있는 것과 여기 요한복음 2장에 기록되어 있는 것은 똑같은 사건이며(흔히 복음서에서 그러하듯이), 성령께서는 어떤 선한 이유들에서 연대기적인 순서를 무시하셨다고 믿고 싶은 마음 간절하다. 이러한 이유들에 어떤 것이 있는가에 관하여는 나중에 살펴보기로 하자. 이것들을 제시하기 전에 먼저, 우리가 여기 요한복음 2장에서 그리스도께서 성전을 정화하신 일을 마태복음 21:12, 13과 마가복음, 누가복음에 나온 병행구에 기록되어 있는 내용과 똑같은 것으로 여기는 이유를 진술해 보기로 하자.

이 둘의 내용은 아주 두드러질 정도로 비슷해서 이 둘이 각각 분리된 사건이라는 명백한 증거가 없다면, 이것들을 하나의 동일한 사건으로 생각하는 것이 가장 자연스럽고도 분명한 태도일 것이다. 이제 다음과 같은 일곱 가지 유사한 사항에 주의를 기울여 보자.

첫째로, 마태는 주님이 성전을 깨끗이 하신 일을 **유월절** 주간 처음에 기록하고 있고, 요한은 '유대인의' **유월절**이 가까웠다고 말하고 있다(2:13).

둘째로, 마태는 성전 안에서 '**매매**' 하는 자들이 있었다고 언급하고 있으며(21:12), 요한은 주님께서 성전 안에서 '소를 **파는** 자' 를 보셨다고 말하고 있다(2:14).

셋째로, 마태는 '**비둘기** 파는' 자들이 있었음을 언급하고(21:12), 요한 또한 '**비둘기**' 에 대하여 말하고 있다(2:16).

넷째로, 마태는 그리스도께서 "돈 바꾸는 사람들의 상을 **둘러 엎으셨다**" 고 말하고 있으며(21:12), 요한 또한 그리스도께서 "상을 **엎으셨다**" 고 말하고 있다(2:15).

다섯째로, 마태는 그리스도께서 "성전 안에서 매매하는 모든 사람들을 **내쫓으셨다**" 고 말하고 있으며(21:12), 요한은 그리스도께서 "다 성전에서 **내쫓으셨다**" 고 밝히고 있다(2:15). 여기에서 '내쫓다' 라고 번역된 헬라어 원어는 마태복음에서 '내쫓다' 라고 번역된 말과 같은 것임에 주목해 보라.

여섯째로, 마태는 그리스도께서 "내 집은 기도하는 집이라 일컬음을 받으리라 하였거늘 너희는 강도의 소굴을 만드는도다" 라고 말씀하셨다고 선언하며(21:13), 요한은 주님께서 "내 아버지의 집으로 장사하는 집을 만들지 말라" 고 말씀하셨다고 기록한다(2:16). 주님께서는 분명히 이 **두** 진술을 같은 문맥에서 말씀하셨으나 요한은 주님께서 하나님의 아들 되심을 명백히 단언해 주는 진술을 기록하고 있다. 각각의 경우에 있어서 그리스도는 성전이 하나님의 것임을 선포하셨다.

일곱째로, 마태는 그리스도께서 베다니에서 밤을 지내시고 다음날 아침 예루살렘으로 되돌아오셔서 성전에서 가르치고 계셨으며, 그때 대제사장들과 백성의 장로들이 그에게 나아와 "**네가** 무슨 권위로 **이런 일을 하느냐**" (21:23)라고 물었다고 기록하고 있다. 요한 또한 그리스도께서 성전을 깨끗하게 하신 후에, 유대인들이 그에게 **"네가 이런 일을 행하니** 무슨 표적을 우리에게 보이겠느냐" (2:18)라고 말하였다고 기록하고 있다.

만일 우리의 결론이 옳다면, 즉 그리스도께서 성전을 깨끗하게 하신 일이 주님의 공생애 말기에 일어났다면 처음의 질문, 즉 성령께서 이 사건을 연대기적인 순서에 어긋나게 주님께서 물을 포도주로 변화시킨 기적 곁에 기록하신 **이유**가 무엇인가란 질문이 다시 떠오르게 된다. 이 질문에 대한 대답은 그리 어렵지 않다고 생각한다. 이 사건이 가나의 혼인 잔치 장면과 나란히 기록된 데에는 두 가지 이유가 있다고 생각한다. 첫째로, 이것은 유대교의 비참한 실패를 다시 한 번 증언해 주는 것이고, 둘째로 요한복음 2장이 제시해 주고 있는 천년왕국에서의 그리스도에 대한 예언적 그림을 완성시켜 준다. 이 점들에 대하여는 곧 상세히 논해 보기로 하자.

우리는 앞의 여러 장을 통하여 요한복음이 시작하는 부분에 두 가지, 즉 유대교의 종말과 이것으로부터 그리스도께로의 돌아섬을 말해 주는 내용이 반복되어 나타나 있음을 지적하였었다. 바로 앞 장에서 우리는 이것을 어느 정도 자세히 강조하였다. 즉 그곳에서 우리는 가나의 혼인 잔치에서 포도주가 다 떨어졌다는 것과 여섯 개의 돌항아리가 비어 있었음을 보았다. 이것은 당시 이스라엘의 영적 상태를 상징해 준다. 즉 그들은 그들의 혼인의 기쁨을 상실하였고, 영적인 생명이 결핍된 상태에 있었다.

우리가 살펴보고 있는 본문에는 이보다 훨씬 더 어두운 그림이 제시되어 있다. 여기에서는 비유와 상징이 사용되지 않고 유대교의 비참한 상태가 예리하고도 명백한 말로써 드러나 있다. 이 장면에 이르기까지 이스라엘의 영적으로 비참한 상태는 **부정어**로써 표현되었었다. 즉 예루살렘에 파견된 선구자는 메시야가 그들 가운데 있으나 "너희는 알지 **못한다**"고 말하였다(1:26). 또 요한복음 2장의 첫 부분에는 "저들에게 포도주가 **없다**"고 기록되어 있다(2:3). 그러나 여기 요한복음 2장의 후반부에서는 이스라엘에 존재하는 **긍정적인** 악이 완전히 드러나 있다. 즉 그들은 성전을 더럽혔다.

"유대인의 유월절이 가까운지라 예수께서 예루살렘으로 올라가셨더니" (2:13). 이 말씀은 다음의 내용을 설명해 주는 첫 번째 열쇠가 된다. '여호와의 유월절' (출 12:11)은 '**유대인의 유월절**'로 타락해 왔다. 그러나 우리가 지금 살펴보고자 하는 것은 이것이 아니다. 우리가 이제 특별히 주목해 보려고 하는 것은 여기에 나타나 있는 시간 표시이다. 여기에는 두 가지, 즉 유월절과 그리스도께서 성전을 깨끗하게 하신 일이 함께 연결되어 있다. 이제 독자는, 유월절 준수와 관련하여 하나님께서 명백히 요구하신 것 중의 하나는 그의 백성의 모든 집에서 모든 누룩을 엄격히 제거해야 한다는 것이었음을 즉시 상기할 것이다. 유월절은 모든 유대 가족들에게 바쁠 때였다. 즉 모든 집은 누룩이 발견됨으로써 의식을 더럽히는 일이 없도록 엄중한 조사를 받아야 했다. "누룩을 너희 집에 있지 않게 하라"고 율법은 요구하였다.

그리고 이스라엘이 의식을 치를 때 정결히 해야 할 중심지는 성전, 곧 아버지의 집이었다. 이스라엘은 성전을 자랑으로 여겼다. 왜냐하면 성전은 하나님께서 사랑하시는 백성으로서의 그들을 다른 모든 민족과 구별시켜 주는 주요한 것의 하나였기 때문이다. 어떤 민족이 그들 가운데 거하시는 여호와에 대해 말할 수 있었겠는가? 그리고 여호와 바로 그분께서 지금 성육신하여 그곳에 계시지 않는가? 그런데 그는 어떤 광경을 보았는가! 기도의 집이 장사꾼의 집으로 되었고, 예배하는 거룩한 곳이 이제 '강도의 소굴'이 된 것이다. 어두운 가운데서 사물들의 침상을 드러내고 있는 빛을 보라. 성전 관리인은 틀림없이 하나님의 명예에 끼친 이 치욕을 변명하려 했을 것이다. 그들은, 돈 바꾸는 사람들과 성전 뜰에서 소 파는 사람들은 예배하려고 성전을 찾아오는 사람들에게 편리를 제공해 주기 위해 그곳에 있었다고 주장했을 것이다. 그러나 그리스도는 그들의 동기를 드러내신다. '강도의 소굴'이라는 말은 돈에 대한 사랑, 즉 **탐심**이 그 동기의 밑바닥에 놓여 있었음을 말해 준다.

그러면 무엇이 '탐심'인가? 하나님께서는 무엇으로 이것을 상징하시는가? 이 질문들에 대한 답을 성경에서 찾아보자. 고린도전서 5:6-8의 내용을 주의 깊게 살펴보라. 고린도의 신자들에게 편지를 쓰면서, 성령께서는 사도 바울을 통하여 다음과 같이 말씀하신다. "너희가 자랑하는 것이 옳지 아니하도다 적은 누룩이 온 덩어리에 퍼지는 것을 알지 못하느냐 너희는 누룩 없는 자인데 새 덩어리가 되기 위하여 묵은 누룩을 내버리라 우리의 유월절 양 곧 그리스도께서 희생되셨느니라 이러므로 우리가 명절을 지키되 묵은 누룩으로도 말고 악하고 악의에 찬 누룩으로도 말고 오직 순전함과 진실함의 떡으로 하자." 성령께서는 여기에서 '누룩'이라는 비유 아래 무엇을 언급하고 계신가? 다음의 말씀에 주목해 보라. "내가 너희에게 쓴 편지에 음행하는 자들을 사귀지 말라 하였거니와 이 말은 이 세상의 음행하는 자들이나 탐하는 자들이나 속여 빼앗는 자들이나 우상 숭배하는 자들을 도무지 사귀지 말라 하는 것이 아니니 만일 그리하려면 너희가 세상 밖으로 나가야 할 것이라"(고전 5:9-10). 그러므로 여기에서 **누룩**은 (다른 무엇보다도) **탐하는 것과 속여 빼앗는 것과 우상 숭배**를 말한다. 이제 다시 요한복음 2장으로 돌아가 보자. 유월절이 가까웠고 이때는 이스라엘이 거하는 곳에서 모든 누룩을 제거해야 했다. 그런데 성전에는 **탐심**을 품고 속여 빼앗는 것을 **行하**려고 하는 소 파는 자들과 돈 바꾸는 자들이 있었다. 이 얼마나 두려운 모독인가? 하나님의 성전에 누룩이 있다니, 이럴 수 있단 말인가!

다시 한 번 성경 말씀에 비추어 이 문제를 살펴보자. 골로새서 3:5에는 "탐심은 **우상 숭배**니라"고 기록되어 있다. 이 말씀은 이스라엘의 자랑이 공허함을 나타내 주지 않는가! 이스라엘 민족은 그들의 일신교를 자랑하였다. 즉 그들은 이방인의 많은 신들을 섬기지 아니하였다. 유대인들은 그들이 우상을 숭배하지 않는다고 자랑하였다. 그러나 하나님의 아들이 그의 아버지 집에서 발견했던 것은 바로 이 **우상 숭배**, 즉 '탐심' 이었다. 고린도전서 5:10의 의미를 다시 한 번 보라. 이 말씀에서는 '누룩' 이라는 상징 아래 세 가지의 것, 즉 탐하는 것과 속여 빼앗는 것과 우상 숭배를 언급하고 있다. 그러므로 이것으로부터 성령께서 왜 이 사건을 바로 여기에 기록하셨는가에 대한 첫 번째 이유를 알 수 있다. 이 사건은 앞서 있었던 일에 대한 놀라운 장점이 된다. 다음의 세 가지, 즉 첫째, **눈이 먼 제사장들**(요 1:19-26), 둘째, **기쁨이 없는 민족**('포도주' 가 없음, 요 2:3), 셋째, **더럽혀진 성전**(요 2:16)을 함께 연결해 보고 이것들이 유대교에 관하여 얼마나 명백한 그림을 제시해 주는지 보라.

2. 실제적인 교훈들

1. 우리는 여기에서 아버지의 집에 대한 그리스도의 거룩한 열심을 본다. "이 거룩한 땅에 오는 예배자들은 제사에 쓸 짐승을 현장에서 구입하는 편리함을 알았다. 장사꾼들은 이러한 요구를 재빨리 알아채고 경쟁하듯 거룩한 경내까지 될 수 있는 대로 가까이 숨어 들어와, 어떤 이들은 제사를 지내기 위해 짐승을 끌어오는 듯이 꾸며서 성전 바깥 뜰 안에서까지 매매하기에 이르렀다. 이 바깥뜰은 약 14에이커 정도의 넓이였는데, 안뜰과는 가슴 높이 정도의 벽으로써 구분되어 있었고, 여기에는 이방인들이 침입하면 사형에 처한다는 경고가 붙어 있었다. 이 바깥뜰 주위에는 대리석 주랑이 늘어서 있었는데 여기에는 많은 장식이 되어 있었고, 네 줄의 기둥들로써 지탱되어 있었는데 삼목으로 지붕을 하였기 때문에 장사꾼들에게 충분한 그늘을 제공해 주었다."

"그곳에는 소 파는 자들과 비둘기 파는 자들뿐만 아니라 돈 바꾸는 자들도 있었다. 왜냐하면 모든 유대인들은 해마다 반 세겔의 세금을 성전고(聖殿庫)에 바쳐야 했는데, 이 세금은 거룩한 화폐로만 내야 했기 때문이다. 외국의 동전은 이방의 왕에게 복종함을 상징하는 그림이 그려져 있기 때문에 성전을 더럽히는 것으로 생각되었다. 그러므로 유월절을 지내기 위해 먼 곳에서 올라온 유대인들을 위해서 뿐만 아니라, 로마의 화폐 제도가 세겔의 일반적인 사용을 금하였기 때문에 팔레스타인의 거주자들을 위해서도 돈 바꾸는 자들이 필요하게 되었다."

"소 파는 자들과 돈 바꾸는 자들은 언제나 이런 매매를 통하여 그들이 받아야 하는 것보다 훨씬 더 많이 받는 것으로 악명 높았었다. 그리고 주님께서 이 독특한 시장을 '강도의 소굴' 이라고 부르신 것을 정당화해 주기에 충분한 사실들이 기록되어 있다. 가난한 자들은 부끄럽게도 속임을 당했으며, 하나님에 대한 예배는 장려되고 번성하는 대신에 방해를 받고 볼품없게 되었다. 하나님과의 조용한 교제를 구하면서 성전에 온 예배자들은 상인들이 끈덕지게 졸라대는 것을 헤치고 나아가야 했고, 또 소 파는 자들의 말다툼과 외침 소리로 인하여 그의 경건한 마음은 산산이 흩어지기 일쑤였다. 그러나 많은 사람들이 이 일을 슬퍼하였음에도 불구하고, 이 명백한 신성모독을 질책하고 폐지시킬 만큼 대담한 자는 아무도 없었다" (Dods 박사).

그러나 예수 그리스도께서는 아버지의 집이 이렇게 모욕을 당하는 것을 참을 수가 없으셨다. 하나님에 대한 열심이 그의 마음에 불타올라 그는 주저하지 않고 성전을 더럽힌 자들을 내쫓아 성전을 깨끗이 하셨다.

2. **"노끈으로 채찍을 만드사 양이나 소를 다 성전에서 내쫓으시고 돈 바꾸는 사람들의 돈을 쏟으시며 상을 엎으시고"** (2:15). 이 말씀은 그리스도의 **신성**을 참으로 잘 나타내 준다. 먼저 주님은 자신을 성전과 동일시하시며 성전을 '내 아버지의 집' 이라고 부르시면서 자신이 하나님의 아들임을 확언하신다. 이것은 다른 어느 누구도 꿈꾸지 못했던 행위였다. 모세도 솔로몬도 에스라도 성막이나 성전을 **자신의** '아버지의 집' 이라고 부른 적이 없다. 그리스도만이 이렇게 하실 수 있었다. 또 그가 간섭하신 결과에 주목해 보라. 한 분이, 한 손으로 채찍을 잡자 온 무리가 그 앞에서 두려워하며 도망하였다. 이 분은 단순한 인간이 아니셨다. 그들은 바로 하나님에 대한 공포를 맛보았던 것이다.

3. 이 사건은 오늘날 거의 전 세계적으로 잊혀져 가고 있는 그리스도의 성격의 일면을 제시해 준다. 우리는 주 예수를 관대하고 동정적인 분이라고 생각한다. 그는 과

거에도 그러하셨고 지금도 그러하시다. 그러나 이것이 그의 전부는 아니다. 하나님은 사랑이실 뿐만 아니라 **빛**이시기도 하다. 하나님은 무한히 은혜로우실 뿐 아니라 **변함없이 의로우시기도** 하다. 하나님은 자비로우실 뿐만 아니라 **거룩하시기도** 하다. 우리는 이것을 기억하는 것이 좋을 것이다. 성경은, 하나님을 모독하는 자가 조만간 알게 되는 바와 같이, "살아 계신 하나님의 손에 빠져 들어가는 것은 무서운 일이다"라고 선포하고 있다. 또한 성경은 '어린 양의 **진노**'에 대해 말해 주고 있으며, 본문은 이에 대한 엄숙한 실례가 된다. 돈 바꾸는 자들과 소 파는 자들이 아무 저항 없이 그의 불타는 듯한 눈과 쳐든 손 앞에서 두려워 떨며 도망하고 있는 모습은 사악한 자들이 그의 심판 보좌 앞에 설 때 일어나게 될 일에 대한 경고가 된다.

4. 이 사건은 오늘날 기도의 집을 속되게 하고 있는 현상을 비난해 준다. 주 예수께서 '기도의 집'이 되어야 할 성전이 모독되었음을 보셨을 때 그의 거룩한 분노를 발하셨다면, 또 성전이 우상 숭배적으로 상업화된 것으로 인하여 그가 그와 같이 단호한 방법으로 성전을 깨끗이 하시게 되었다면 그는 그의 이름에 바쳐진 수많은 건축물에 대하여는 어떻게 생각하시겠는가! 참으로 슬프게도 역사는 되풀이되고 있다. 오늘날 수많은 교회에서 행해지는 일들, 즉 아이스크림 파티, 바자회, 영화 쇼, 그리고 다른 형태의 오락 등은 바로 이 '기도의 집'을 우상 숭배적으로 상업화시킨 것이 아니고 무엇이란 말인가! 이러한 곳들에는 영성이 결핍되어 있고, 하나님의 능력을 알지 못한다. 주님은 세상적인 것들을 영적인 것들과 혼합하는 거룩하지 못한 일을 참지 않으실 것이다.

5. 우리가 앞 장의 끝부분에서 제시하였던 질문들 가운데 하나는 "그리스도께서 비둘기들을 **내쫓지** 아니하신 이유는 무엇인가"였다. 이에 대한 대답은 이사야 52:13에서 찾아볼 수 있는데, 그곳에서 하나님은 선지자를 통하여 오실 메시야에 대하여 "보라 내 종이 형통[신중하게]하리니"라고 선포하셨다. 그리스도의 '신중함'은 성전을 정화하신 일로써 놀랍게 증명되었다. 주의 깊은 독자라면, 주님께서 그를 불쾌하게 했던 여러 가지 대상들을 주의 깊게 구별하였음을 알게 될 것이다. 그는 소와 양을 **내쫓으셨는데** 이렇게 한다 해도 이것들을 잃어버릴 위험은 없었다. 또 주님은 돈 바꾸는 자들의 돈을 **땅에 쏟으셨는데,** 이것은 쉽게 다시 주워서 가지고 갈 수가 있었다. 그리고 주님은 비둘기 파는 사람에게는 이것을 **가져가라**고만 명하셨다. 그가 만일 이보다 더한 일을 하셨더라면 비둘기들은 날아가 버리고 그 주인은 그것들을 잃어버리게 되었을 것이다. 이처럼 완전하신 분은 열심과 지혜를 함께 소유하고 계셨

다. 모세나 엘리야는 이와 비슷한 상황에서 참으로 다르게 행동하였을 것이다. 그러나 그리스도는 노를 발하면서도 **신중**하게 행동하셨다. 그리스도는 모든 이들을 **꾸짖으셨으나** 아무도 상처받지 않았고, 아무것도 잃지 않았다. 하나님이시여, 우리로 이처럼 완전한 모범을 남겨 주신 분으로부터 배우게 하소서.

6. "이에 유대인들이 대답하여 예수께 말하기를 네가 이런 일을 행하니 무슨 표적을 우리에게 보이겠느냐"(2:18). 이처럼 '표적'을 요구한 일은 그들의 무지를 증언해 주었고, 또 세례 요한이 "너희 가운데 너희가 알지 못하는 한 사람이 섰으니"(1:26)라고 말하였던 것을 증언하여 주었다. **그들에게** 어떤 표적을 보여주었다 하더라도 그것은 그들의 불신을 확인시켜 주는 결과만이 되었을 것이다. 그처럼 하나님의 집을 모독할 수 있었던 자들, 여호와께서 어떻게 하여야 마땅한지를 전혀 깨닫지 못하였던 자들은 지독히 무지하였으므로, 그리스도께서는 그들을 이에 마땅하게 대우하셨다. "예수께서 대답하여 이르시되 너희가 이 성전을 헐라 내가 사흘 동안에 일으키리라"(19절). 주님은 그들이 이해할 수 없는 말씀을 하셨다. "유대인들이 가로되 이 성전은 사십육 년 동안에 지었거늘 네가 삼일 동안에 일으키겠느냐 하더라 그러나 예수는 성전 된 자기 육체를 가리켜 말씀하신 것이라"(2:20, 21). 그러나 주님은 왜 그처럼 애매한 말로써 그의 생각을 표현하셔야 했는가? 그것은 그가 다른 곳에서 말씀하셨던 바와 같이 "그러므로 내가 그들에게 비유로 말하는 것은 그들이 보아도 보지 못하며 들어도 듣지 못하며 깨닫지 못함이니라"(마 13:13)이기 때문이다. 그러나 이 유대인들에 대한 우리 주님의 대답은 실상 핵심을 찌른 것이었다. 죽은 자 가운데서 살아나심으로써, 주님은 그가 육체를 입으신 하나님이라는 것과, 그의 이름을 지니고 있는 더럽혀진 성전을 깨끗하게 할 명백한 권리를 소유하신 분임을 나타내 주는 최종적인 증거를 제공하여 주실 것이다. 그리스도께서 여기에서 하신 말씀과, 우리가 똑같은 사건으로 믿고 있는 마태복음 21:24-27에서의 말씀을 비교해 보는 것은 매우 중요하다. 마태는, 주님께서 그의 권세에 대하여 도전받으셨을 때 그의 **선구자의** 증거에 호소하셨으며, 이 증거는 우선적으로 육을 따르는 유대인들을 대상으로 삼은 것이었다고 말해 주고 있다. 그러나 요한은 주님께서 자신의 **부활**에 호소하셨다고 말하고 있다. 왜냐하면 그리스도의 부활은 그의 신성을 설명해 주고, 믿음의 온 집에게 증거가 되는 가치를 지녔기 때문이다.

7. 우리가 앞 장에서 했던 질문들 가운데 다른 하나는 "주님의 제자들은 그의 부활의 약속을 믿었는가"였다. 이에 대한 대답은 절대로 그렇지 않았다는 것이다. 이에

대한 증거는 분명하다. 구세주의 죽음은 그들의 소망을 산산이 깨뜨렸다. 그리하여 그들은 그리스도의 부활을 열렬히 기다리면서 삼 일째 되는 날까지 예루살렘에 머물지 아니하고 고향으로 돌아갔다. 막달라 마리아가 제자들에게 와서 부활하신 그리스도를 보았다고 말하였을 때에도 그들은 "믿지 아니하였다"(막 16:11). 또 엠마오에서 돌아온 두 제자가 구세주께서 그들에게 어떻게 나타나셔서 그들과 함께 걸으셨는가에 관하여 이야기하였을 때에도 "그들이 역시 믿지 아니하였다"고 기록되어 있다(막 16:13). 이 목격자들의 증거도 그들에게는 하찮은 이야기로만 들렸다(눅 24:11). 그러나 이것을 어떻게 설명할 수 있단 말인가? 우리는 어떻게 이 제자들의 완고한 불신을 설명할 수 있단 말인가? 우리는 이에 대한 대답을 주님께서 씨 뿌리는 자의 비유에서 가르치신 것으로부터 찾을 수 있지 않을까? 주님께서는 거기에서 영혼들의 대적이 와서 뿌린 '씨'를 **빼앗아 간다**고 경고해 주시지 않았는가! 이 제자들에게 바로 이 일이 일어났었던 것이다. 그들은 구세주께서 성전 된 그의 육체를 사흘 만에 일으키리라고 말씀하시는 것을 들었음에도 불구하고, 이 귀중한 약속을 마음에 새기고 그것으로 인하여 위안을 얻는 대신에, 그들의 불신으로 말미암아 마귀가 그것을 빼앗아 가도록 허용하고 말았다. 그들이 불신하였다고 말한 까닭은 22절에 다음과 같이 기록되어 있기 때문이다. **"죽은 자 가운데에서 살아나신 후에야 제자들이 이 말씀하신 것을 기억하고 성경과 예수께서 하신 말씀을 믿었더라."** 주님께서 부활하신 후에야 비로소 그들은 예수께서 하신 말씀을 '기억하고' '믿었다.' 그러면 그때 그들로 하여금 이것을 '기억'할 수 있게 해준 것은 무엇인가? 우리는 그리스도께서 십자가에 못 박히시기 바로 전날 밤에 그들에게 하신 말씀을 기억하고 있다. "보혜사 곧 아버지께서 내 이름으로 보내실 성령 그가 너희에게 모든 것을 가르치고 내가 너희에게 **말한 모든 것을 생각나게 하리라**"(요 14:26). 이 말씀에 대한 참으로 놀랍고도 아름다운 실례가 바로 여기, 요한복음 2:22에 나와 있지 않은가!

8. **"유월절에 예수께서 예루살렘에 계시니 많은 사람이 그의 행하시는 표적을 보고 그의 이름을 믿었으나 예수는 그의 몸을 그들에게 의탁하지 아니하셨으니 이는 친히 모든 사람을 아심이요"**(2:23, 24). 참으로 놀라운 말씀이 아닌가! 인간의 부패함을 참으로 잘 증언해 주는 말씀이 아닌가! 타락한 인간은 하나님께서 신뢰하지 않으실 피조물이다. 에덴동산에서 아담은 육을 따른 인간은 신뢰를 받을 수 없음을 보여주었다. 율법은 그가 여전히 하나님의 신뢰를 받을 만한 가치가 없는 존재임을 증언하였다. 그리고 이제 주 예수 자신께서 다시 한 번 이 특성을 확인시켜 주셨다. 혹자

가 말한 바와 같이 "인간에게는 사랑이 불러일으켜질 수도 있고 지성이 깨우침을 받을 수도 있으며 양심이 가책을 받을 수도 있다. 그러나 하나님은 여전히 그를 신뢰할 수 없으시다"(J.E.B). 육체 안에 있는 인간은 정죄를 받는다. 오직 새로운 피조물만이 하나님 앞에서 쓸모가 있다. 인간은 '거듭나야' 한다.

9. "예수는 그의 몸을 그들에게 **의탁하지** 아니하셨으니"(24절). 여기에 나타난 주님의 모범은 우리에게 경고가 된다. 우리는 반짝이는 것이라고 해서 모두 금은 아니라는 것을 기억하는 것이 좋다. 안지 얼마 안 되는 자가 친절한 모습을 보인다고, 그것을 신뢰하는 것은 지혜로운 태도가 아니다. 신중한 사람은 모든 사람들에게 친절히 대할 것이지만 극히 적은 사람하고만 친밀한 교제를 나눈다. 고(故) 라일(Ryle) 주교는 이 점에 대하여 실질적인 충고를 해준다. 다른 무엇보다도 그는 "다른 사람들의 세력에 자신을 성급히 맡기지 않는 법을 배우라. 일반적인 의심과, 자신을 위선자들의 노리개와 먹이로 만들고 마는 태도 사이에서 지혜롭고 즐거운 중용을 취하는 법을 배우라"고 말하였다.

10. "**예수는 그의 몸을 그들에게 의탁하지 아니하셨으니 이는 친히 모든 사람을 아심이요 또 사람에 대하여 누구의 증언도 받으실 필요가 없었으니 이는 그가 친히 사람의 속에 있는 것을 아셨음이니라**"(2:24, 25). 여기에서 우리는 구세주께서 인간의 마음을 완전히 아시는 지식을 볼 수 있다. 이 사람들은 하나님의 아들을 속일 수 없었다. 주님은 그들이 '돌밭' 같은 청중일 뿐이므로 의지할 만한 자들이 아님을 아셨다. 그들은 지적으로만 가책을 받았을 뿐이다. 주님은 이것을 분명하게 간파하셨다. 그는 그들의 신앙고백이 마음으로부터 나온 것이 아님을 아셨다. 이처럼 그들의 마음을 읽으시면서 주님은 그의 **전지하심**을 드러내셨다. 요한복음 2장의 끝 부분이 되는 이 말씀의 의미를 더욱 분명하게 알려면 열왕기상 8:39의 말씀과 비교하는 것이 좋을 것이다. "주는 계신 곳 하늘에서 들으시고 사하시며 각 사람의 마음을 아시오니 그들의 모든 행위대로 행하사 갚으시옵소서 주만 홀로 사람의 마음을 다 아심이니이다."

이제 마지막으로 이 장의 전반부와 후반부에 기록된 두 사건들, 즉 그리스도께서 가나의 혼인 잔치에서 물을 포도주로 만드신 일과, 성전을 깨끗하게 하신 일 사이에 **지극히** 두드러지게 나타난 여러 가지 대조점들을 지적해 보기로 하자. (1) 전자는 **흥겨운** 모임인 데 반하여 후자는 하나님의 **심판**의 장면이다. (2) 전자에서 주 예수께서는 **초대를 받으셨**는데 반하여 후자에서는 **그가** 주도권을 잡으셨다. (3) 전자에서 그는 **인간을 도구로** 사용하신 데 반하여 후자에서는 그가 **홀로** 행동하셨다. (4) 전자에서 그는 포도주를 **제공**하여 주신 데 반하여 후자에서는 성전을 **비우셨다**. (5) 전자에서 그가 포도주를 만드신 일은 **권유를 받아** 행한 일인 데 반하여 성전을 깨끗이 하신 일은 **도전을 받아** 행하신 일이었다. (6) 전자에서 그리스도는 자신의 **죽음**을 가리키신 데 반하여(2:4) 후자에서는 자신의 **부활**을 가리키셨다(2:19, 21). (7) 전자에서 그는 "그의 **영광**을 나타내"신 데 반하여(2:11) 후자에서 그는 그의 아버지의 집에 대한 '열심'을 나타내셨다(2:17)

요한복음 3장의 첫 부분을 설명할 다음 장을 준비하기 위해 몇 가지 질문을 기도하는 마음으로 연구하고 묵상해 보도록 하자.

1. 니고데모가 이 문맥에서 언급된 이유는 무엇인가?(1절)
2. 그가 예수께 '밤'에 찾아온 이유는 무엇인가?(2절)
3. 니고데모의 생각은 타당하였는가?(2절)
4. 사람이 '거듭나지' 아니하면 하나님의 나라를 '볼' 수 없는 이유는 무엇인가?(3절)
5. 니고데모의 무지함은 무엇을 예시해 주었는가?(4절)
6. "물로 나는 것"은 무엇을 의미하는가?(5절)
7. 바람이 부는 것과 중생 때의 성령의 활동은 어떤 점에서 서로 비슷한가?(8절)

제 8 장

그리스도와 니고데모

❶

¹그런데 바리새인 중에 니고데모라 하는 사람이 있으니 유대인의 지도자라 ²그가 밤에 예수께 와서 이르되 랍비여 우리가 당신은 하나님께로부터 오신 선생인 줄 아나이다 하나님이 함께 하시지 아니하시면 당신이 행하시는 이 표적을 아무도 할 수 없음이니이다 ³예수께서 대답하여 이르시되 진실로 진실로 네게 이르노니 사람이 거듭나지 아니하면 하나님의 나라를 볼 수 없느니라 ⁴니고데모가 이르되 사람이 늙으면 어떻게 날 수 있사옵나이까 두 번째 모태에 들어갔다가 날 수 있사옵나이까 ⁵예수께서 대답하시되 진실로 진실로 네게 이르노니 사람이 물과 성령으로 나지 아니하면 하나님의 나라에 들어갈 수 없느니라 ⁶육으로 난 것은 육이요 영으로 난 것은 영이니 ⁷내가 네게 거듭나야 하겠다 하는 말을 놀랍게 여기지 말라 ⁸바람이 임의로 불매 네가 그 소리는 들어도 어디서 와서 어디로 가는지 알지 못하나니 성령으로 난 사람도 다 그러하니라(요 3:1-8)

먼저 우리가 살펴보게 될 본문을 분석해 보기로 하자.

1. 니고데모의 인격(1절)

2. 니고데모의 공식적인 지위(1절)

3. 니고데모의 소심함(2절)

4. 니고데모의 추론(2절)

5. 니고데모의 무지가 증언해 준 것(4절)

6. 니고데모의 어리석음(4절)

7. 예수께서 니고데모에게 가르쳐 주심(5-8절)

"바리새인 중에 니고데모라 하는 사람이 있으니 유대인의 지도자라 그가 밤에 예수께 와서 이르되 랍비여 우리가 당신은 하나님께로부터 오신 선생인 줄 아나이다 하나님이 함께 하시지 아니하시면 당신이 행하시는 이 표적을 아무도 할 수 없음이 니이다"(3:1, 2). 니고데모는 '유대인의 지도자'였다. 이것은 아마도 그가 산헤드린의 회원이었음을 의미할 것이다. 그러므로 여기서 우리는 그를 한 대표적인 인물로서 생각해야 한다. 그는 유대교의 영적인 상태의 또 다른 면을 보여준다. 첫째로, 그는 예수께 '밤에 왔다'(2절). 둘째로, 그에게는 영적인 분별력이 부족하였다(4, 10절). 셋째로, 그는 죄와 허무 가운데 죽어 있었다. 그러므로 '거듭나야' 할 필요가 있었다(7절). 또 그 자체로서 그는 이스라엘의 최고 종교의회였던 산헤드린을 대표하는 인물이었다. 이것은 다시 한 번 유대교를 참으로 잘 묘사해 주고 있다. 왜냐하면 산헤드린에 있어서 그때는 **밤**으로서 그들은 어둠 가운데 있었기 때문이다. 그들을 대표하고 있는 니고데모처럼 산헤드린은 모든 영적인 통찰력이 결핍된 상태에 있었고, 하나님의 일에 관하여는 전혀 이해할 수도 없는 상태에 있었다. 그리하여 니고데모처럼 그의 동료들도 영적인 이해력이 부족한 상태에 있었다. 다시 한 번 말하거니와 이것은 당시의 유대교가 어떠했는지를 밝히 드러내 주고 있다. 지금까지 우리는 첫째로, **눈이 먼** 제사장들(1:21, 26), 둘째로, 기쁨을 느끼지 못하는 민족(2:3), 셋째로, **더럽혀진** 성전(2:16)을 보아 왔는데 이제는 **영적으로** 죽어 있는 산헤드린을 보게 되었다.

"그가 밤에 예수께 와서." 니고데모는 **왜** 밤에 예수께 왔는가? 사람들의 눈에 띄는 것을 부끄럽게 여겼기 때문이지 않았을까? 그는 어둠의 도움을 받아 그리스도께로 은밀히 나아간 것이 아닐까? 이것은 일반적인 견해로서, 또 올바른 견해로서 생각된다. 그러나 이 밖에 그가 '밤에' 온 까닭을 설명해 주는 이유는 없겠는가? 후에 복음서에서 니고데모를 언급할 때마다 '밤에' 예수께 왔다는 사실이 **되풀이** 기록되어 있는 것으로 보아 사람들이 대체로 지지하는 이 견해가 올바르다는 것을 다시 한 번 확증해 볼 수 있을 듯하다. 그런데 요한복음 7:50, 51에 "그 중의 한 사람 곧 전에[밤에] 예수께 왔던 니고데모가 그들에게 말하되 우리 율법은 사람의 말을 듣고 그 행한 것을 알기 전에 심판하느냐"라고 기록되어 있다. 또 요한복음 19:39에는 "일찍이 예수께 밤에 찾아왔던 니고데모도 몰약과 침향 섞은 것을 백 리트라쯤 가지고 온지라"라고 기록되어 있다. 이처럼 좀 더 우리의 주의를 끄는 것은 니고데모에 대해 기록된 이 내용에는 어떤 **용기 있는** 태도가 나타나 있다는 것이다. 즉 앞의 두 말씀에는 그가 산헤드린을 꾸짖을 때 보인 담대함과, 모든 사도들이 도망하였을 때 그가 아리마대 요셉과 함께 한 용기가 나타나 있다. 성령께서는 우리에게 니고데모가 처음에는 소심하게 행동하였던 것을 상기시켜 주심으로써 그의 이러한 담대한 행동을 강조해 주신 것으로 생각된다. 니고데모가 처음에 구세주께 말할 때 "랍비여 **우리가** 당신은 하나님께로부터 오신 선생인 줄 아나이다"라고 말하면서 인칭대명사를 사용하고 있는 점은 우리의 이러한 결론을 확증해 주는 것으로 생각된다. 그가 **자신의** 견해를 표현함으로써 분명한 태도 표명을 주저하지 않았다면 왜 복수명사로써 말하였겠는가? 그는 다른 사람들의 견해 뒤에 숨기를 원했기 때문에 "우리가"라고 말하였다.

"그가 밤에 예수께 와서 이르되 랍비여 우리가 당신은 하나님께로부터 오신 선생인 줄 아나이다 하나님이 함께 하시지 아니하시면 당신이 행하시는 이 표적을 아무도 할 수 없음이니이다"(3:2). 이것은 옳은 말이었다. 왜냐하면 그리스도께서 행하신 이적들은 사람들이 행한 것과는 근본적으로 달랐기 때문이다. 그러나 바로 이 사실은 우리가 이적을 행하는 사람들을 신임하는 태도를 주의 깊게 조사해 볼 필요가 있다는 경고를 준다. 어떤 사람이 이적을 행한다는 사실이 그가 하나님께로부터 왔으며 하나님께서 그와 함께 하신다는 확실한 증거가 되는가? 어떤 사람들에게는 이 질문이 거의 불필요한 것으로 생각될 것이다. 또 이 질문에 대하여 즉시 긍정적으로 대답할 사람도 많이 있을 것이다. 그들은 '하나님께서 그와 함께 계시지 아니하면' 어느 누가 이적을 행할 수 있단 말인가?라고 말한다. 그러나 우리가 이 문제에 대하여 설명해 보아야 할 필요가 있다고 느끼게 된 것은 바로 이와 같은 피상적인 생각이 만연하여 있기 때문이며, 또 이 주제에 관하여 몇 마디 더 덧붙일 필요가 절박하다고 느끼는 것은 오늘날 (우리가 확신하는 바로는) '하나님의 보내심'을 받지 **아니하고도** 이적을 행하는 사람들이 많이 있기 때문이다.

오늘날에도 많은 사람들이 지극히 그릇된 교훈을 가르칠 수 있다. 그러나 그들이 병든 자를 고치는 기적을 행하기만 하면 사람들은 그들을 하나님의 종으로 환호하며 맞아들인다. 그러나 사람들은 사탄도 역시 이적을 행할 수 있으며, 또 영혼의 미혹자는 흔히 이 능력을 그의 사자에게 주어 불안정한 자들을 미혹시키고, 그들로 잘못된 길로 빠져들게 만든다는 사실을 간과하고 있다. 애굽의 술객들도 어느 정도까지는 모세의 기적을 흉내낼 수 있었음을 잊지 말도록 하자. 그들이 옛 뱀, 즉 마귀로부터 이 능력을 얻지 않았으면 다른 어디에서 얻었겠는가! 고린도후서 11:13, 14에 나와 있는 성령의 경고를 잊지 말도록 하자. "그런 사람들은 거짓 사도요 속이는 일꾼이니 자기를 그리스도의 사도로 가장하는 자들이니라 이것은 이상한 일이 아니니라 사탄도 자기를 광명의 천사로 가장하나니." 마지막으로, 적그리스도에 대해 기록된 성경 말씀도 잊지 말도록 하자. "악한 자의 나타남은 사탄의 활동을 따라 모든 능력과 표적과 거짓 기적과 불의의 모든 속임으로 멸망하는 자들에게 있으리니"(살후 2:9,10). 그렇다. 사탄은 기적을 행할 수 **있으며** 이 능력을 다른 자에게 전해 줄 수도 있다. 그러므로 어떤 선생이 기적을 행한다는 이 단순한 사실만으로는 그가 '하나님께로부터 왔다'는 증거가 되지 못한다.

우리가 "영을 다 믿지 말고 오직 영들이 하나님께 속하였나 분별하라 많은 거짓 선지자가 세상에 나왔음이라"(요일 4:1)라는 권고를 받게 되는 까닭은 바로 우리가 "자기를 그리스도의 사도로 가장하는 미혹하는 사자들"로부터 미혹을 받게 될 위험이 있기 때문이다. 에베소 교회가 이 권고에 주의를 기울이고 그 결과 "자칭 사도라 하되 아닌 자들을 시험하여 그의 거짓된 것을 드러내"었기 때문에(계 2:2) 그리스도로부터 칭찬받았음을 잊지 말아야 한다. "그렇지만 우리가 그리스도의 이름으로 우리에게 다가오는 자들을 **어떻게** 시험해야 하는가?"라는 질문이 있을 수 있다. 참으로 중요하고 시의적절한 질문이다. 이에 대한 우리의 대답은, 하나님께로부터 왔다고 주장하는 자들의 인격적인 **특성**으로 시험하지 말라는 것이다. 왜냐하면 고린도후서 11:14, 15의 말씀과 같이 "사탄도 자기를 광명의 천사로 가장하나니 그러므로 사탄의 일꾼들도 자기를 **의의 일꾼**으로 가장하는 것이 또한 대단한 일이 아니기" 때문이다. 또한 우리는 이적을 행하는 그들의 능력으로써 시험해서도 **안 된다.**

그러면 어떻게 시험해야 하는가? 여기에 성령의 영감을 받은 대답이 있다. "마땅히 율법과 증거의 말씀을 따를지니 그들이 말하는 바가 **이 말씀**에 맞지 아니하면 그들이 정녕 아침 빛을 보지 못하고"(사 8:20). 그들은 하나님의 기록되어진 말씀으로써만 시험을 받아야 한다. 자칭 하나님의 종이라 하는 자가 성경 말씀과 일치된 내용을 가르치는가? 그는 그가 단언하는 모든 말에 "하나님께서 이같이 말씀하셨다"는 말을 덧붙이는가? 그가 그렇게 하지 않는다면 아무리 그가 매력적인 인품을 소유하고 있다 해도, 또 그가 아무리 마음에 든다 하더라도, 또 그가 '얻은 결과들'이 아무리 놀라운 것이라 할지라도, 하나님은 "누구든지 **이 교훈**(이 가르침)을 가지지 않고 너희에게 나아가거든 그를 집에 들이지도 말고 인사도 하지 말라"(요이 10)고 명령하신다. 사도행전 17:11에 기록되어 있는 베뢰아 사람들을 본받도록 하자. "그들은 간절한 마음으로 말씀을 받고 이것이 그러한가 하여 날마다 성경을 상고"하였다.

그런데 주님께서는 니고데모를 어떻게 받아들이셨는가? 주님께서 그를 한 청중으로서 거절하지 아니하셨음을 주목해 보라. 그때는 밤이었고, 주님은 틀림없이 하루 종일 수고하셨으나 그를 피하기 위해 어떤 변명도 하지 않으셨다. 그의 이름을 찬송할지어다! 죄인이 구세주를 찾는 데에는 시간의 제약이 없다. 그는 어느 때에나 그렇게 할 수 있다. 그때는 밤이었지만 그리스도는 니고데모를 기꺼이 맞아들이셨다. 복음서를 읽을 때마다 필자를 감동시키는 것 중의 하나는 주 예수께 언제나 **접근할 수 있다**는 기쁜 사실이다. 그의 주위에는, 그의 사생활을 지켜 주고 귀찮은 자들로부터 그를 보호해 줄 경호인이 없었다. 그렇기는커녕 누구나 그에게 쉽게 접근할 수 있었고 기쁘게 나아갈 수 있었다. 이것은 우리가 알고 있는 '유명한' 몇 사람의 설교자와는 상당히 다른 점이다.

또한 니고데모의 말에 그리스도는 어떤 대답을 하셨는가? 이 '유대인의 지도자'는 그리스도를 '하나님께로부터 온 선생'으로 맞아들였는데, 그는 하나님께서 보내신 그리스도에 대해 이렇게밖에 생각지 못하였다. 그러나 죄인이 그리스도께 접근할 때에는 먼저 그를 선생으로 생각해서는 안 된다. 죄인이 필요로 하는 것은 바로 '거듭나는' 것이고, 이렇게 하기 위해서는 **구세주**가 있어야 한다. 그리고 주님께서 니고데모에게 말씀하시는 것도 바로 이것에 관해서였다(3절, 14절 참고). '죄와 허물 가운데 **죽어** 있는' 자와 지금 이 순간에도 거룩하신 하나님의 정죄 아래 있는 자에게 이 얼마나 보배로운 가르침인가! 구원받은 사람도 가르침을 받아야 하지만, 구원받지 않은 사람은 더욱 그렇다. 즉 그에게 먼저 그의 부패함을 드러내주고, 그 다음, 그가 구세주를 깊이 필요로 한다는 것을 알려 주고, 그 다음(그리고 이때야 비로소), 구원하실 능력이 있으신 분을 계시해 주는 가르침을 필요로 한다.

그리스도는 니고데모의 말을 무시하시고 "진실로 진실로 네게 이르노니 사람이 거듭나지 아니하면 하나님 나라를 볼 수 없느니라"는 깜짝 놀랄 말씀을 하셨다. 이것은 본문의 중심 진리, 즉 신생(新生)에 대한 가르침을 제시해 준다. 우리는 여기에서 주님께서, 첫째로, 신생의 최우선적 중요성(3절). 둘째로, 신생에 쓰이는 도구, 즉 물(5절), 셋째로, 신생을 만드시는 분, 즉 성령(5절), 넷째로, 신생의 절대적 필요성(5절), 다섯째로, 신생의 특성 － 본질, 곧 '영'(6절), 여섯째로, 신생의 명백한 필연성(7절), 일곱째로 신생의 과정(8절)에 대해 말씀하심을 알 수 있다. 이 점에 대하여 따로따로 살펴보기로 하자.

1. 신생의 최우선적 **중요성**. 이것은 여기에 여러 가지 방법으로 제시되어 있다. 첫

째, 이 복음서에 기록되어 있는 가르침의 첫 번째 주제가 바로 신생이라는 것은 지극히 의미 있는 사실이다. 앞의 두 장에서 우리는 그리스도께서 **행하신** 많은 일들에 대하여 배웠으나, 요한복음 3장에서는 그리스도의 첫 번째 설교가 기록되고 있다. 우리가 이 복음서에서 첫 번째로 받는 그리스도의 가르침은, 사람은 **어떻게** 살아야 하는가가 아니라 '사람은 어떻게 영적으로 **소생**할 수 있는가' 하는 것이다. 인간은 거듭나기 전에는 살 수가 없다. 또한 죽은 사람은 그의 생명을 조절할 수 없다. 어느 누구도 거듭나기 전에는 하나님을 향하여 살 수가 없다. 그리고 신생이 얼마나 중요한 것인가는 이것에 대한 구세주의 가르침이 이 복음서의 **첫 부분**에 나와 있다는 것을 보아 잘 알 수 있다. 이처럼 우리는 신생이 근본적으로 중요하다는 것을 배운다.

둘째로, 신생이 **중요하다**는 것은 그리스도께서 사용하신 엄숙한 용어와, 특히 이 것에 대한 가르침을 시작하실 때의 방법 등을 보면 잘 알 수 있다. 주님께서는 '진실로 진실로' 라는 말씀으로 시작하셨는데 이것은 '진리에 관하여 진리에 관하여' 라는 뜻이다. 그리스도께서는 어떤 중요한 내용을 말씀하려 하실 때에만 이 표현을 사용하셨다. '진실로' 라는 말이 두 번 쓰여져 있는 것은 그가 말씀하려는 내용이 매우 엄숙하고 중대한 것임을 시사해 준다. 독자는 구세주께서 요한복음에만 나와 있는 '진실로 진실로' 라는 표현을 하실 때에 그 뒤 내용에 특별한 주의를 기울이도록 해야 한다.

셋째로, 주님께서는 여기에서 "사람이 거듭나지 아니하면 하나님의 나라를 볼 수 없느니라"(3절)고 확언하심으로써 신생이 지극히 **중요함**을 분명히 시사하셨다. 사람이 거듭날 때에야 비로소 하나님의 나라를 볼 수 있다면 신생은 아담의 모든 자손들에게 생명이 걸린 중요한 문제가 됨을 알 수 있다.

"사람이 거듭나지 아니하면 하나님의 나라를 볼 수 없느니라"(3:3). 여기에서 '하나님의 나라' 가 정확히 무엇을 가리키고 있는가에 관하여 약간의 의심이 생길 수 있다. 첫째로, 이 표현은 요한복음 3:3,5를 제외하고는 어디에도 나와 있지 않다. 둘째로, 이 요한복음은 영적인 문제를 다루고 있다. 그러므로 우리는 본문에서의 '하나님의 나라' 라는 말에 도덕적 의미가 담겨 있다고 생각한다. 그런데 로마서 14:17은 우리가 여기에서 살펴보고 있는 용어의 의미를 이해하는 데 도움을 주는 것으로 생각된다. "하나님의 나라는 먹는 것과 마시는 것이 아니요 오직 성령 안에 있는 의와 평강과 희락이라." 셋째로, 니고데모는 신생하지 않고서는 하나님의 나라를 '볼' 수 없었다. 그러므로 우리는 여기 요한복음 3장에 나와 있는 '하나님의 나라' 는 하나님의

일들, 즉 영적인 것들을 가리키는 것으로서 오직 중생한 자만이 분별하고 즐길 수 있는 것이라고 생각한다(고전 2:10, 14 참조). '보다'에 해당하는 헬라어는 '에이돈'인데 이것은 '알다' 혹은 '알고 있다'는 뜻이다. 그러므로 니고데모에게 하신 그리스도의 첫 말씀의 완전한 의미는 "사람이 거듭나지 아니하면 하나님의 일들을 알 수 없게 된다"인 것으로 생각된다. 그러므로 신생은 지극히 중요한 일임을 알 수 있다.

"니고데모가 이르되 사람이 늙으면 어떻게 날 수 있사옵나이까 두 번째 모태에 들어갔다가 날 수 있사옵나이까" (3:4). 이 말씀은 방금 전에 주님께서 니고데모에게 하신 말씀이 참으로 올바른 것이었음을 증명해 준다. 이 말씀은 이 유대인의 지도자가 영적인 분별력이 부족할 뿐만 아니라 하나님의 일들에 대하여 전혀 알지 못함을 보여주는 긍정적인 증거가 된다. 구세주께서는 간단한 말로써 설명하셨으나 이 이스라엘의 선생은 그가 의미하신 것을 깨닫지 못하였다. "육에 속한 사람은 하나님의 성령의 일들을 받지 아니하나니 이는 그것들이 그에게는 어리석게 보임이요, 또 그는 그것들을 알 수도 없나니 그러한 일은 영적으로 분별되기 때문이라" (고전 2:14). 이 얼마나 참된 말씀인가! 영적인 분별력을 지니기 위해서 사람은 거듭나야 한다. 그가 눈이 멀었을 때에는 하나님의 일들을 볼 수가 없다.

2. 신생의 **도구**. "예수께서 대답하시되 진실로 진실로 네게 이르노니 사람이 물과 성령으로 나지 아니하면 하나님 나라에 들어갈 수 없느니라" (5절). 중생은 '물'로 나는 것이다. 여러 신학자들은 이 표현에 대하여 큰 의견 차이를 보여 왔다. 의식주의자들은 이 말씀이 세례로 인한 중생이라는 그들의 교리를 증언해 주는 것으로 이해하였으나, 그들이 이 교리를 증언해 주는 구절로서 이 말씀에 호소해야만 할 때에는 오히려 그들의 주장이 무력하다는 것만이 드러나게 되었다. 그러나 여기에서 잠깐 멈추어서 사람들 사이에 널리 퍼져 있는 이 이론(異論)에 대해 성경이 어떻게 반박해 주는지를 살펴보기로 하자.

세례가 구원의 필수불가결한 요소가 아니라는 것, 그리고 이것은 하나님께서 죄인들에게 요구하시는 조건 중의 하나가 아니라는 것은 다음의 여러 가지를 살펴봄으로써 명백히 알 수 있다.

첫째로, 세례가 구원에 있어서 필수적인 요소라면 세례 요한 이전의 사람들은 아무도 구원받지 못했을 것이다. 왜냐하면 구약 성경을 처음부터 끝까지 뒤져 보아도 '세례'에 대해 단 한 마디도 언급되고 있지 않기 때문이다. 불변하시는 하나님은 아담과 하와가 에덴 동산에서 죄인이 된 이래로 구원을 위한 단 한 가지 방법만을 제시하셨으므로, 세례가 만일 죄의 용서를 위한 필수적인 전제조건이라면 아벨로부터 그리스도 당시까지 죽었던 모든 사람들은 영원히 잃어버린 바 되었을 것이다. 그러나 이것은 부당한 생각이다. 구약 성경은 분명히 이와는 다른 내용을 가르치고 있다.

둘째로, 세례가 구원을 이루는 데 있어서 필수적인 것이라면, 이 기독교 시대 동안에 죽었던 모든 신자들도 세례를 받지 않고 죽었다면 모두 잃어버린 바 되었을 것이다. 그렇다면 대부분이 물세례를 받지 아니하였던 퀘이커 교도들과 구세군들뿐만 아니라 십자가상의 회개한 강도에게도 하늘 문이 닫혀졌을 것이다. 그러나 이것 또한 올바른 생각이 아니다.

셋째로, 세례가 구원의 필수적인 요소라면, 구원은 은혜로 말미암은 것이며 행함으로 인한 것이 아니고, 그것은 값없이 주시는 선물이지 죄인의 행하는 어떤 것으로써 살 수 있는 것이 아니라는 하나님의 말씀을 모두 무시해야만 할 것이다. 세례가 구원을 이루는데 없어서는 안 될 것이라면, "자기 백성을 그들의 죄로부터 구원하시려" 오신 그리스도께서 한 사람에게도 세례를 베풀지 아니하셨다는 것은 참으로 이상한 일이다(요 4:2). 또 세례가 구원을 얻기 위해 반드시 있어야 할 것이라면, 빌립보의 간수가 "내가 어떻게 하여야 구원을 얻으리이까"라고 단도직입적으로 물었을 때 사도 바울은 "주 예수를 믿으라 그리하면 네가 구원을 얻으리라"고 대답한 것은 참으로 이상한 일이다.

마지막으로, 세례가 구원의 필수적인 요소라면, 사도 바울이 고린도 사람들에게 "그리스보와 가이오 외에는 너희 중 아무에게도 내가 세례를 베풀지 아니한 것을 감사하노니"(고전 1:14)라고 말한 것이 이상하지 아니한가!

이와 같이 '물로 나야' 한다는 그리스도의 말씀이 세례의 물과 아무 관련이 없다면, 이것은 무엇을 의미하는가? 이 질문에 직접적인 대답을 하기 전에 우리는 먼저 '물' 이란 말이 요한복음의 다른 구절에서는 어떻게 쓰여지고 있는지 살펴보아야 한다. 우물가의 여자에게 그리스도는 "내가 주는 **물**을 마시는 자는 영원히 목마르지 아니하리니 내가 주는 **물**은 그 속에서 영생하도록 솟아나는 **샘물**이 되리라"(요 4:14)고 말씀하셨다. 이것은 문자 그대로의 '물' 을 가리키는가? 그것은 답이 명백한 질문이다. 분명히 여기에서의 '물' 은 **상징적으로** 사용되어 있다. 또 요한복음 7:37, 38에는 "명절 끝날 곧 큰 날에 예수께서 서서 외쳐 이르시되 누구든지 목마르거든 내게로 와서 마시라 나를 믿는 자는 성경에 이름과 같이 그 배에서 생수의 강이 흘러나오리라 하시니"라고 기록되어 있다. 여기에서도 역시 '물' 이란 말을 문자 그대로 이해해서는 **안 되며** 상징적으로 이해해야 한다. 요한복음에 나와 있는 이 구절들만으로도 요한복음 3:5에 나온 '물'이란 말을 상징적인 의미를 지닌 것으로 보는 것을 충분히 정당화할 수 있다.

이렇게 주 예수께서 요한복음 3:5에서 '물'이란 말을 상징적으로 사용하셨다면, 그는 **무엇을** 가리키고 계시는가? 우리는 그가 하나님의 **말씀을** 가리키셨다고 생각한다. **이것은** 하나님께서 인간을 중생시킬 때에 언제나 사용하시는 도구이다. 신생의 **도구를** 기술하고 있는 다른 구절에도 **항상** 하나님의 말씀이 언급되어 있다. 시편 119:50에는 "주의 **말씀이** 나를 **살리셨기 때문이니이다**"라고 기록되어 있고, 고린도전서 4:15에서 사도는 "내가 **복음으로써** 너희를 **낳았음이라**"라고 말하고 있다. 또 "그가 자기의 뜻을 따라(무엇으로? 세례로? 아니) 진리의 **말씀으로** 우리를 **낳으셨느니라**"(약 1:18)고 기록되어 있기도 하다. 베드로는 "너희가 **거듭난 것은** 썩어질 씨로 된 것이 아니요 썩지 아니할 씨로 된 것이니 살아 있고 항상 있는 **하나님의 말씀으로** 되었느니라"(벧전 1:23)고 선포한다.

그러므로 신생은 하나님의 말씀으로써 이루어지며, 말씀을 **상징하는 것들** 중의 하나는 '물'이다. 하나님께서는 그의 말씀의 여러 가지 특성과 특질을 묘사하기 위해 상당히 많은 상징을 사용하신다. 하나님의 말씀은 빛을 비추어 주기 때문에 '등'에 비유되고(시 119:105), 또 인간의 완악한 마음을 부수기 때문에 '방망이'에 비유되며(렘 23:29), 또 **깨끗이 하여 주기** 때문에 '물'에 비유된다(시 119:9; 요 15:3; 엡 5:26). '물로 나야' 한다는 말은 깨끗하게 하고 정결하게 해주는 하나님의 말씀으로 나야 한다는 뜻이다.

3. 신생을 **만드시는 분.** "물과 **성령으로** 나야 한다"(요 3:5). 하나님의 성령은 낳으시는 분이며, 말씀은 그가 사용하시는 '씨'이다(요일 3:9). "육으로 난 것은 육이요 성령으로 난 것은 영이다"(요 3:6). "**살리는 것은 영이니** 육은 무익하니라"(요 6:63). 이보다 명백한 말씀은 있을 수 없다. 어떠한 죄인도 말씀 없이는 살리심을 받지 못한다.

하나님께서 새로운 창조를 하실 때 취하시는 순서는 그가 옛 피조물들을 회복시키실 때 지키셨던 순서와 똑같다. 이에 대한 아름다운 실례는 창세기 1장에서 찾아볼 수 있다. 창세기 1:1은 하나님의 최초를 말하고 있다. 2절은 이것이 파괴된 후 이로 인한 상태를 말하고 있다. 창세기 1장의 이 두 절 사이에는 무서운 재난이 있었다. 아마도 그것은 사탄의 타락이었을 것이고, 이로 말미암아 하나님께서 아름답게 지으신 것들이 못쓰게 되었다. 창세기 1:2의 히브리어는 문자 그대로는 "땅이 황폐한 불모지가 **되었다**"라는 뜻이다. 그러나 아담을 지으시기 엿새 전부터 하나님께서는 이것을 회복시키는 일을 시작하셨고, 이때 그가 취하셨던 순서는 참으로 주목해 볼 만하다. 첫째로, 흑암이 '깊음' 위에 있었다(창 1:2). 둘째로, "하나님의 영은 수면 위에 운행하셨다"(히브리어로는, '덮여 있었다'). 셋째로, "하나님이 이르시되 빛이 있으라 하셨다"(창 1:3). 넷째로, "빛이 있었다." 이 순서는 신생이 있을 때와 똑같은 순서이다. 첫째로, 중생하지 않은 죄인은 어둠, 즉 영적인 죽음이라는 어둠 가운데 있다. 둘째로, 성령께서는 그가 살리시려고 하는 자의 양심과 마음 위에 움직이신다. 곧 그 위에 덮여 있다. 셋째로, 하나님의 **말씀**이 능력 안에 역사한다. 넷째로, 그 결과는 '빛'이다. 죄인은 어둠으로부터 벗어나 하나님의 놀라운 빛 가운데로 옮겨진다. 그러므로 신생을 만드시는 분은 성령이시다.

4. 신생의 절대적 **필요성**. "사람이 물과 성령으로 나지 **아니하면 하나님의 나라에 들어갈 수 없느니라**"(3:5). 인간은 첫 출생으로 인하여 이 세상에 죄 있는 피조물로 들어온다. 그리고 이 때문에 그는 거룩하신 삼위일체 하나님과 불화한 상태에 있다. 중생하지 못한 자에 대하여는 "그들의 총명이 어두워지고 그들 가운데 있는 무지함과 그들의 마음이 굳어짐으로 말미암아 하나님의 생명에서 떠나있도다"라고 기록되어 있다. 이루 말할 수 없이 엄숙한 말씀이다. 아담과 하와가 타락하였을 때 그들은 낙원에서 추방당하였고, 그들의 자녀는 모두 에덴 동산 바깥에서 출생하였다. 이스라엘은 인간이 죄로 말미암아 하나님의 거룩하신 임재 가운데 있지 못하게 되었음을 인상적으로 배웠다. 즉 여호와께서 모세(중보자)에게 율법을 주시기 위하여 시내 산에 내려오셨을 때, 백성들은 산기슭 정해진 지경(地境) 안에 있어야 했고, 그 지경을 범하면 죽임을 당하였다. 여호와께서 선택하신 백성들 가운데 거처를 정하였을 때 그는 지성소 안에 그의 거처를 두셨는데, 이곳은 휘장으로 가려졌고, 일 년에 단 한 번 속죄의 피를 지니고 들어가는 대제사장 외에 어느 누구도 이곳을 통과할 수 없었다. 그러므로 인간은 **하나님으로부터 떨어져 있다**. 인간은 그의 본래의 상태, 즉 탕자가 먼 나라에서 아버지의 집으로부터 멀리 떨어져 있는 상태에 있다. 그러므로 인간은 거듭나지 아니하면 하나님의 나라에 들어갈 수 없다.

"사람이 물과 성령으로 나지 아니하면 하나님의 나라에 들어갈 **수 없느니라**." 이것은 임의적인 선고가 아니라 영속적인 원리를 선언한 것이다. 하늘은 준비된 자들을 위해 준비된 처소이다. 그리고 이것이 천국의 본질이다. 영적인 일에는 조금도 흥미가 없어 신자들의 대화를 지루하게 여기고, 성경을 어리석고 무미건조한 것이라고 생각하며, 은혜의 보좌에 낯선 자인 중생하지 못한 사람은 하늘에서 비참하게 될 것이다. 이러한 사람은 하나님의 임재 가운데 영원을 지낼 수 없을 것이다. 어떤 물고기가 물에서 건져져 금으로 만든 쟁반 위에 놓여 있다고 생각해 보라. 또 그 물고기 주위에는 향기로운 꽃들과 향기로 가득 차 있다고 생각해 보라. 또 감미로운 선율이 그 물고기 귀를 울린다고 생각해 보라. 그 물고기는 행복하고 만족스러워 하겠는가? 물론 그렇지 않다. 그러면 어째서 그런가? 그것은 그 물고기가 그 주위의 환경과 조화를 이루지 못할 것이기 때문이며, 물고기가 주위 환경을 이해할 수 있는 능력이 부족할 것이기 때문이다. 중생하지 못한 영혼이 천국에서 **이렇게** 될 것이다.

한 가지 더 살펴보기로 하자. 자연인에게는 영적 생명 또한 결핍되어 있기 때문에 신생이 절대로 필요한 것이다. 그것은 그가 무지하고 가르침 받을 필요가 있어서도 아니며, 그가 연약하기 때문에 원기를 돋울 필요가 있어서도 아니며, 또 그가 허약하기 때문에 의사의 진료를 필요로 해서도 아니다. 그의 처지는 이보다 훨씬 더 악하다. 즉 그는 죄와 허물 가운데 **죽어** 있다. 이것은 시적인 비유의 표현이 아니다. 대부분의 사람들이 깨닫지 못하고 있는 바이지만, 이것은 엄숙한 현실이다. 죄인은 영적으로 무기력하고 살리심을 필요로 한다. 그는 영적인 시체에 지나지 않으며 죽음에서 생명으로 옮겨질 필요가 있다. 그는 하나님의 저주 아래 있는 옛 피조물의 지체이다. 그리고 그가 그리스도 안에서 새 피조물이 되지 아니하면 그는 영원토록 저주 아래 있게 될 것이다. 자연인이 무엇보다도 필요로 하는 것은 바로 생명, 하나님의 생명이다. 그리고 출생은 생명에 이르는 문이기 때문에 인간은 거듭나**야만 한다**. 그리고 거듭나지 아니하면 그는 하나님의 나라에 들어갈 **수 없다**. 하나님의 나라에 들어가는 것이 최후의 목적이다.

5. 신생의 **특성**. 그러나 신생은 무엇인가? 죄 가운데 죽어 있는 사람과 사망에서 생명으로 옮겨진 사람을 구별짓는 것은 정확히 무엇인가? 사람들은 이 점에 관하여 크게 오해하고 있으며 무지하다. 보통, 사람들에게 거듭나야 한다고 말하면, 그는 생활 방식을 개선하여 새로운 생활을 해야 한다는 뜻으로 받아들인다. 그러나 개선은 바깥 생활과만 관계될 뿐이다. 그런데 인간의 문제는 내부에 존재한다. 시계의 큰 태엽이 부서졌다고 생각해 보라. 거기에 새 유리를 끼우고 그것을 얼굴이 비칠 정도로 닦는다고 해서 무슨 소용이 되겠는가? 전혀 소용이 없다. 왜냐하면 문제의 근원이 시계 내부에 있기 때문이다. 죄인에게도 마찬가지이다. 그의 태도는 흠잡을 데 없고,

그의 도덕적 성품도 아무런 흠이 없으며, 그는 자신의 혀를 잘 통제할 수 있어서 결코 죄를 짓지 아니하였다고 생각해 보라. 그런데 그가 여전히 (하나님께서 말씀하시는 바와 같이) "만물보다 거짓되고 심히 부패한" 마음을 소유하고 있는 한, 이 모든 것이 무슨 소용이 있겠는가? 그러므로 신생은 개선 이상의 것이다.

거듭나는 것이 **종교적으로 되는 것**이라고 생각하는 사람이 많이 있다. 교회에 다니는 보통 사람에게 "사람이 거듭나지 아니하면 하나님의 나라를 볼 수 없다"고 말해 보라. 그는 이 엄숙한 말씀을 듣고도 조금도 불안해하지 않을 것이다. **그는** 단순히 자신이 **이미** 거듭났다는 상상을 하고 있기 때문에 대단히 편안한 상태에 있다. 그는 당신에게, 자신이 **언제나** 그리스도인이었으며, 아주 어렸을 때부터 기독교를 믿어 왔고 교회에 규칙적으로 다녔으며, 그뿐만 아니라 교회의 회원이고 복음의 전파를 돕기 위해 정규적으로 헌금해 왔다고 말할 것이다. 그는 매우 종교적이다. 주기적으로 그는 행복한 감정을 느낀다. 그는 규칙적으로 기도하고 또 일요일마다 성경을 읽는다. 그에게 더 무엇을 요구할 수 있겠는가! 이와 같이 많은 사람들이 사탄의 자장가에 속아 잠이 든다. 만일 이런 사람이 이 글을 읽는다면, 그로 하여금 잠깐 멈추어서 구세주께서 "사람이 물과 성령으로 나지 아니하면 하나님의 나라에 들어갈 수 없느니라"고 선포하셨을 때 그는 **종교적인** 사람에게 이 말씀을 하고 계셨음을 진지하게 숙고하게 하라. 니고데모는 종교적인 사람이었을 뿐만 아니라 **설교자**이기도 했다. 그러나 그리스도께서는 바로 이 사람에게 "내가 네게 거듭나야 하겠다 하는 말을 놀랍게 여기지 말라"고 말씀하셨다.

다른 한편으로 신생은 **마음의 변화**라고 믿는 사람들이 있는데 이들에게 그 반대의 내용을 납득시키기란 지극히 어려운 일이다. 그들은 수많은 설교자들, 그것도 정통파 설교자들이 마음의 변화에 대해 말하는 것을 많이 들었기 때문에 이 표현이 성서에 기초를 둔 것인가, 그렇지 않은가 의심을 품어 본 적이 전혀 없다. 그러나 이 표현은 비성서적**이다.** 창세기에서부터 요한계시록까지 성경을 샅샅이 살펴보아도 '마음의 변화' 란 표현은 그 어디에도 나와 있지 않다. 더구나 슬픈 것은 '마음의 변화' 는 비성서적일 뿐만 아니라 거짓되며 사람들을 현혹시키는 말이라는 것이다. 거듭난 자에게는 내적·외적 생명의 변화는 **있을**지라도 마음의 변화는 없다. 거듭난 자는 이제 그가 전에 미워하였던 것들을 사랑하고, 그가 전에 사랑하였던 것을 미워한다. 그결과, 그의 전 행동 방향이 근본적으로 영향을 받는다. 그러나 그럼에도 불구하고 "만물보다 거짓되고 심히 부패한" 그의 옛 마음은 변화되지 않은 채로 끝까지 남아 있다.

그렇다면 무엇이 신생인가? 그것은 죄인에게서 그 무엇이 제거되는 것도 아니고, 죄인 안에 있는 그 무엇이 변화되는 것도 아니다. 그것은 죄인에게 그 무엇이 전해지는 것이다. 신생은 새로운 본질이 전달되는 것이다. 내가 처음에 이 세상에 태어났을 때 나는 부모로부터 **그들의** 본질을 받았다. 마찬가지로, 내가 거듭날 때 나는 하나님으로부터 **그의** 본질을 받았다. 하나님의 성령은 우리 안에 영적인 본질을 낳으신다. 베드로후서 1:4에 기록되어 있는 바와 같이, "이로써 그 보배롭고 지극히 큰 약속을 우리에게 주사 이 약속으로 말미암아 … **신성한 성품에 참여하는 자**가 되게 하려 하셨다."

같은 종류는 같은 종류만을 낳을 수 있다는 것은 사물의 근본 법칙이다. 이 불변의 원리는 창세기 1장에서 되풀이 공표되어 있다. 그곳에는 "땅이 풀과 **각기 종류대로** 씨 맺는 채소와 **각기 종류대로** 씨 가진 열매 맺는 나무를 내니"(1:12), "하나님이 큰 바다 짐승들과 물에서 번성하여 움직이는 모든 생물을 **그 종류대로**, 날개 있는 모든 새를 **그 종류대로** 창조하시니"(1:21)라고 기록되어 있다. 한 종류의 피조물이 그것과는 근본적으로 다른 종류를 낼 수 있다는 주장은 무신론적 진화론자들의 무지로 빚어진 것이다. 그들의 주장은 옳지 않다. 채소에서 난 것은 채소이며, 동물에게서 난 것은 동물이다. 그리고 죄 있는 인간에게서 난 것은 죄 있는 아이이다. 또 병든 나무는 좋은 열매를 맺을 수 없다. 그러므로 **"육으로 난 것은 육이다"**(3:6). 그 밖의 다른 것이 될 수 없다. 우리가 아무리 육을 교육시키고 교화시킨다 할지라도 그것은 여전히 육이다. 물은 스스로 수면을 높일 수 없으며, 쓴 샘이 달콤한 물을 낼 수 없다. 육으로 난 것은 육이다. 그것은 세련된 육일 수도, 아름다운 육일 수도, 종교적인 육일 수도 있다. 그러나 그것도 여전히 '육'이다. 반대로 **"영(성령)으로 난 것은 영이다."** 어린 아이는 언제나 그의 부모와 성품을 같이 한다. 사람에게서 난 것은 인간적이며, 하나님에게서 난 것은 신적이다. 사람에게서 난 것은 죄가 있으며, 하나님에게서 난 것은 영적이다.

그러므로 여기에 신생의 특성, 또는 본질이 있다. 신생은 겉 사람의 개혁, 자연인의 교육, 옛 사람의 정화가 아니라 새 사람의 창조이다. 그것은 하나님의 낳으심이다(약 1:18). 그것은 성령의 출산이다(요 3:6). 그것은 새로운 피조물이 되는 것이다(고후 5:17). 그것은 하나님의 성품에 참여하는 자가 되는 것이다(벧후 1:4). 그것은 하나님의 가족으로 태어나는 것이다. 그러므로 거듭난 모든 사람 안에는 두 가지 성품이 존재한다. 즉 하나는 육적인 것이요, 다른 하나는 영적인 것이다. 이 두 성품은 서로 대적하며(갈 5:17), 그 결과 그리스도인 안에는 끊임없이 싸움이 진행된다. 그런데 옛 성품을 진압할 수 있는 것은 오직 하나님의 은혜뿐이며, 새로운 피조물을 먹일 수 있는 것은 오직 하나님의 말씀뿐이다.

6. 신생의 **명백한 필연성**. "내가 네게 거듭나야 하겠다 하는 말을 놀랍게 여기지 말라"(3:7). 니고데모는 깜짝 놀랐음이 분명하다. 그리스도의 명백한 말씀을 듣고 그는 동요하였다. 신생이 지극히 중요하며, 신생해야 할 절박한 필요가 있다는 것은 그의 양심을 괴롭혔거나 그가 진지한 관심을 기울여본 적이 없는 문제들이었다. 그는 구세주의 엄중한 선포에 깜짝 놀랐다. 그러나 그는 이렇게 놀라지 말았어야 했다. 실제로 그가 이곳에서 깜짝 놀라 멍하니 입을 벌리고 서 있을 이유가 전혀 없었다. "놀랍게 여기지 말라"고 그리스도께서 말씀하셨다. 주님은 다음과 같이 말씀하신 듯하다. "니고데모야 내가 네게 말한 것은 명백한 것이다. 사람이 죄인이라면, 그리고 죄 때문에 그가 하나님의 일들을 알지 못한다면, 또 신앙적인 교화로 인간의 본질적인 면을 변화시킬 수 없다면, 그가 깊이 필요로 하는 것은 거듭나는 것임이 **명백**하다. 그러니 놀랍게 여기지 말라. 이것은 자명한 진리이니라."

하나님 나라에 들어가는 것은 오직 신생, 즉 하나님의 성품을 받음으로써만 가능하다는 것은 다른 모든 영역에서도 통용되는 기본법을 따른 것이다. 음악의 경우에 있어서도 소질을 타고나야 한다. 내게 딸이 있는데 그 아이가 완벽한 음악가가 되기를 원한다고 생각해 보라. 그 아이가 화성학을 부지런히 공부하고, 날마다 몇 시간 동안 근면하게 연습한다. 이렇게 하면 결국 내 꿈은 이루어질까? 그녀는 완벽한 음악가가 될까? 이것은 오직 한 가지 일에 달려 있다. 즉 그녀가 음악적 소질을 타고 **태어났는가?** 하는 것이다. 음악가는 태어나는 것이지 만들어지는 것이 아니다. 또 내게 화가로 만들고 싶은 아들이 있다고 생각해 보라. 나는 그에게 유능한 선생의 가르침을 받게 해준다. 그는 그림 그리는 법을 배우고 색깔 섞는 법을 공부한다. 그리고 화랑에도 데려가서 거장들의 그림을 관람하게 한다. 그러면 그 결과는 어떻게 될까? 그는 마침내 재능 있는 화가가 될까? 또다시 이것은 오직 한 가지 일에 달려 있다. 즉 그는 화가로서의 소질과 기질을 **타고났는가?** 하는 것이다. 화가는 태어나는 것이지 만들어지는 것이 아니다. 이러한 실례들은 이 근본적인 원리를 충분히 설명해 줄 것이다. 음악의 세계에 들어가려는 사람은 음악적 소질을 **타고나야만 한다.** 정말로 예술의 세계로 들어가려는 사람은 예술적 소질을 **타고나야만 한다.** 수학자가 되기를 원하는 사람은 수학적 지성을 소유해야 한다. 이것에는 '놀라운' 점이 하나도 없다. 자명한 것이며 공리적(公理的)인 것이다. 이와 마찬가지로, 영적인 세계에 들어갈 수 있으려면 먼저 영적인 본질을 소유해**야만 한다**. 즉 하나님의 나라에 들어갈 수 있으려면 먼저 하나님의 성품을 소유해**야만 한다**. 그러므로 그리스도는 "내게 네게 거듭 **나야 하겠다** 하는 말을 놀랍게 여기지 말라"고 말씀하신 것이다.

7. 신생의 **과정**, "**바람이 임의로 불매 네가 그 소리는 들어도 어디서 와서 어디로 가는지 알지 못하나니 성령으로 난 사람도 다 그러하니라**"(3:8). 여기에서는 바람과 성령이 비교되고 있다. 이 비교는 **이중적으로** 되어 있다. 첫째로, 둘 다 **주권적인 활동**을 한다. 둘째로, 다 **신비하게 작용한다**. 바람과 성령이 서로 비교되어 있다는 것은 '그러하니라'는 말로 보아 알 수 있다. 이 둘 사이에 닮은 첫째 점은 '임의로 불매' 혹은 '마음대로 불매'라는 말에서 찾아볼 수 있으며, 둘째 점은 '알지 못하나니'라는 말에서 찾아볼 수 있다.

"바람이 임의로 불매 … 성령으로 난 사람도 다 그러하니라." 바람은 **무책임**하다. 즉 바람은 주권적으로 행동한다. 바람은 인간이 통제할 수 없는 것이다. 바람은 또한 인간의 기쁨을 고려하지 않으며, 인간의 장치로 규제할 수 없는 것이다. 성령도 마찬가지이다. 바람은 아무 데서나, 아무 때나, 아무렇게나 분다. 성령도 마찬가지이다.

또 바람은 **저항할 수 없는** 것이다. 바람이 아주 세게 불 때는 그 앞에 있는 모든 것을 휩쓸어 버린다. 폭풍이 지나간 직후 그것이 끼친 영향을 살펴본 사람은 그 바람이 얼마나 강력하였는지 조금은 짐작할 수 있다. 성령도 마찬가지이다. 성령께서 그의 온 능력을 행사하시면 그는 인간의 편견을 부수어 버리고, 그의 반항적인 의지를 꺾어 버리고, 모든 반대를 극복하신다.

또 바람은 **불규칙적**이다. 때로 바람은 나뭇잎이 거의 흔들리지 않을 정도로 부드럽게 불기도 하지만, 어떤 때에는 너무도 소란스럽게 불어 수마일 떨어진 곳에서도 그 소리가 들릴 정도이다. 성령께서는 어떤 사람에게는 아주 부드럽게 역사하셔서 다른 사람의 눈에 거의 띄지 않게 역사하지만, 어떤 사람에게는 아주 강력하고, 급진적이고, 혁명적인 일을 행하셔서 그의 활동이 많은 사람들에게 명백히 드러나기도 한다. 바람은 때로 어떤 지역에만 불기도 하고, 다른 때에는 광범위한 지역에 불기도 한다. 성령께서도 마찬가지이다. 오늘 그는 한두 사람의 영혼 위에 역사하시지만 내일에는 오순절 날처럼 온 무리의 '마음을 찌르실' 지도 모른다. 그러나 그가 소수의 사람에게 역사하시는가, 아니면 많은 사람들에게 역사하시는가 하는 것은 인간의 의

견에 좌우되는 문제가 아니다. 그는 그가 기뻐하시는 대로 행하신다.

또 바람은 **눈에 보이지 않는다**. 바람은 자연계에서 눈에 보이지 않는 극히 소수의 것들 중의 하나이다. 우리는 비와 눈과 번갯불을 **볼** 수 있다. 그러나 바람은 볼 수 없다. 이 유추는 성령께도 적용된다. 즉 우리는 그의 인격을 볼 수 없다.

또 바람은 **불가사의하다**. 바람에는 인간이 설명하려는 노력을 무시하는 그 무엇이 있다. 바람의 기원, 성질, 활동 등은 인간의 지식을 넘어선 문제들이다. 인간은 바람이 어디로 가는지 알 수 없다. 성령의 활동도 마찬가지이다. 그의 작용은 은밀히 이루어진다. 그는 지극히 신비롭게 일하신다.

또 바람은 **없어서는 안 되는** 것이다. 죽은 듯한 고요가 한없이 계속된다면 모든 식물은 죽을 것이다. 바람이 전혀 불지 않는다면 우리는 신속히 약해진다. 성령과 관계된 일에 있어서는 이보다 훨씬 더하다. 성령이 없이는 영적인 생명이 전혀 있을 수 없다.

마지막으로, 바람은 **기운을 돋우어** 준다. 바람이 생명을 주는 특성이 있다는 사실은 병자에게 산이나 바닷가로 가서 휴식을 취하라고 의사가 권고할 때마다 증명된다. 성령께서도 그러하다. 그는 속사람 안에 힘을 돋우어 주시는 분이시다. 그는 활기 있게 하고, 소생시키며, 힘을 불어넣어 주시는 분이시다.

그리스도께서 여기에서 사용하신 비유는 참으로 놀랍도록 완전하였다. '바람'이라는 이 단 한 마디 말이 참으로 많은 것을 시사해 주고 있지 않은가! 이것을 본보기로 삼아 성경의 모든 말씀을 오랫동안 명상하는 일이 아주 중요하고 가치 있는 일임을 잊지 말자.

하나님께서는 생명의 처음과 그 과정들에 대하여 우리가 꿰뚫어 볼 수 없는 베일을 드리워 놓으셨다. 우리는 우리가 살고 있다는 것을 알지만 우리가 **어떻게** 사는가(생명을 유지하는가)는 알 수 없다. 생명은 양심에 명백하게 나타나 있고 감각에도 드러나 있다. 그러나 그 작용은 지극히 신비롭다. 성령으로 난 새 생명도 그러하다. 이 구절의 가르침을 종합해 보면 다음과 같이 될 것이다. "바람이 분다" ─ 어떤 사실이 있다. "너는 그 소리를 듣는다" ─ 그 사실의 증거가 있다. "그러나 어디서 왔는지 모른다" ─ 그 사실 뒤에는 신비가 있다. 거듭난 사람은 그가 새 생명을 소유하고 있음을 알고, 증거를 가지고 있다. 그러나 성령께서 어떻게 영혼에 작용하시고, 그 의지를 꺾으시고 우리 안에 새 생명을 창조하시는가는 하나님의 심오한 일에 속한다.

이제 우리가 다음 장에서 다루게 될 말씀들과 관계가 있는 질문들을 살펴보기로 하자. 우선 '부끄러워할 필요가 없는 성경 교사'가 되려는 독자들은 다음의 질문들이 제기하는 문제점들에 특별히 주의를 기울이면서 본문 전체(요 3:9-21)를 부지런히 공부하도록 하자.

1. 9절은 무엇을 증언해 주는가?
2. 10절은 어떤 엄숙한 경고를 해주는가?
3. 12절에서의 땅의 일과 하늘 일 사이의 대조는 무엇을 의미하고 있는가?
4. 에녹과 엘리야의 체험에 비추어서 우리는 13절을 어떻게 이해해야 하는가?
5. 13절에는 그리스도의 신적 속성 중 어떤 것이 확언되었는가?
6. 14절과 그 전후 구절은 어떤 문맥 관계에 있는가?
7. 하나님께서 십자가상의 그리스도를 상징하기 위하여 '뱀'을 선택하신 이유는 무엇인가?(14절, 민수기 21장의 처음 아홉 절을 주의 깊게 공부하라)

제 9 장

그리스도와 니고데모

❷

[9]니고데모가 대답하여 이르되 어찌 그러한 일이 있을 수 있나이까 [10]예수께서 그에게 대답하여 이르시되 너는 이스라엘의 선생으로서 이러한 것들을 알지 못하느냐 [11]진실로 진실로 네게 이르노니 우리는 아는 것을 말하고 본 것을 증언하노라 그러나 너희가 우리의 증언을 받지 아니하는도다 [12]내가 땅의 일을 말하여도 너희가 믿지 아니하거든 하물며 하늘의 일을 말하면 어떻게 믿겠느냐 [13]하늘에서 내려온 자 곧 인자 외에는 하늘에 올라간 자가 없느니라 [14]모세가 광야에서 뱀을 든 것 같이 인자도 들려야 하리니 [15]이는 그를 믿는 자마다 영생을 얻게 하려 하심이니라 [16]하나님이 세상을 이처럼 사랑하사 독생자를 주셨으니 이는 그를 믿는 자마다 멸망하지 않고 영생을 얻게 하려 하심이라 [17]하나님이 그 아들을 세상에 보내신 것은 세상을 심판하려 하심이 아니요 그로 말미암아 세상이 구원을 받게 하려 하심이라 [18]그를 믿는 자는 심판을 받지 아니하는 것이요 믿지 아니하는 자는 하나님의 독생자의 이름을 믿지 아니하므로 벌써 심판을 받은 것이니라 [19]그 정죄는 이것이니 곧 빛이 세상에 왔으되 사람들이 자기 행위가 악하므로 빛보다 어둠을 더 사랑한 것이니라 [20]악을 행하는 자마다 빛을 미워하여 빛으로 오지 아니하나니 이는 그 행위가 드러날까 함이요 [21]진리를 따르는 자는 빛으로 오나니 이는 그 행위가 하나님 안에서 행한 것임을 나타내려 함이라 하시니라(요 3:9-21)

먼저 본문을 분석해 보도록 하자.

1. 니고데모의 어리석음(9, 10절)
2. 니고데모의 불신(11, 12절)
3. 그리스도의 편재하심(13절)
4. 그리스도의 죽음의 필요성(14, 15절)
5. 하나님의 이루 말로 표현할 수 없는 선물(16절)
6. 하나님이 그리스도를 보내신 목적(17절)
7. 정죄의 근거들(18-21절)

앞 장에서 우리는 니고데모와 그리스도의 만남을 상세히 논하였었고, 그때 주님께서 하신 말씀의 의미를 밝히려고 노력하였다. 우리는 구세주께서 신생을 절대로 필요한 일이라고 주장하신 것과, 또 니고데모가 바리새인이며 산헤드린 회원이라 할지라도 그가 거듭나지 아니하면 하나님의 나라를 볼 수 없다고, 즉 하나님의 일들을 알지 못하게 될 것이라고 주장하셨음을 보았다. 우리는 또한 주님께서 신생의 **특성**을 '물(말씀)과 성령으로 난' 것으로 설명하신 것과, 중생은 옛 사람의 개혁이나 개선의 과정이 아니라 전적으로 새로운 창조라고 설명하심도 보았다. 육으로 난 것은 육이며, 인간은 어떤 교묘한 솜씨로도 이것을 달리 만들 수가 없다. 죄인이 하나님의 나라에 들어가려면 그는 거듭나**야 한다.** 마지막으로 우리는 구세주께서 신생을 일으키시는 성령의 작용을 주권적이고 신비로운 활동에 비유하셨음도 보았다. 구세주께서는 지극히 명백한 용어를 사용하셨다. 그러므로 우리는 지적인 사람이라면 그가 의미하신 것을 이해하지 못하는 일은 결코 없을 것이라고 생각한다. 그러나 다음 구절을 살펴보라.

"니고데모가 대답하여 이르되 어찌 그러한 일이 있을 수 있나이까" (3:9). 이 말씀은 자연인이 어떠한 상태에 있는지를 참으로 잘 나타내 준다. 니고데모는 교육을 받은 사람이었고 모범적이고 양심적인 인물이었음이 분명하다. 그러나 하나님의 일들을 이해하기 위해서는 교육과 도덕성 이상의 것이 필요하다. 하나님은 명백하고도 간단한 말로써 말씀하셨다. 그럼에도 불구하고 자연인 혼자만으로는 하나님께서 성경에 기록하신 내용, 즉 그의 거룩한 말씀을 받아들일 수 없다. 하나님께서 성육신하시고 인간의 말로써 말씀하셨음에도 불구하고 인간은 그를 이해하지 못하였다. 요한복음은 이것을 되풀이하여 보여주고 있다. 그리스도는 성전 된 그의 몸을 일으킬 것에 대하여 말씀하셨으나 그들은 그가 예루살렘에 서 있는 성전을 가리키신 것으로 생각하였다. 주님은 사마리아 여인에게 '생수'에 대하여 말씀하셨으나 그녀는 그가 야곱의 샘물을 가리키고 계신 것으로 생각하였다. 또 주님은 제자들에게 "내게는 너희가 알지 못하는 먹을 양식이 있다"고 말씀하셨으나 그들은 물질적인 양식만을 생각하였다(4:32). 주님은 자신이 하늘로서 내려온 산 떡이며, 이 떡은 곧 "세상의 생명을 위한 내 살이니라"라고 말씀하셨으나 유대인들은 "이 사람이 어찌 능히 자기 살을 우리에게 주어 먹게 하겠느냐"라고 대답하였다(6:51, 52). 주께서 "내가 너희와 함께 조금 더 있다가 나를 보내신 이에게로 돌아가겠노라 너희가 나를 찾아도 만나지 못할 터이요 나 있는 곳에 오지도 못하리라"고 선포하셨을 때 그의 청중들은 "이 사람이 어디로 가기에 우리가 그를 만나지 못하리요 헬라인 중에 흩어져 사는 자들에게로 가서 헬라인을 가르칠 터인가" 하고 말하였다(7:33-35). 또 주님이 "내가 가리니 너희가 나를 찾다가 너희 죄 가운데서 죽겠고 나의 가는 곳에는 너희가 오지 못하리라"고 말씀하시자 유대인은 "그가 내가 가는 곳에는 너희가 오지 못하리라 하니 그가 자결하려는가"라고 대답했다(8:21, 22). 또 주님이 "너희가 내 말에 거하면 참 내 제자가 되고 진리를 알지니 진리가 너희를 자유롭게 하리라"고 말씀하셨을 때 그들은 "우리가 아브라함의 자손이라 남의 종 된 적이 없거늘 어찌하여 우리가 자유롭게 되리라 하느냐"라고 대답하였다(8:31-33). 우리는 이런 식으로 요한복음 전체를 훑어볼 수 있을 것이다. 이것은 인간의 지성에 대한 논평, 인간의 어리석음과 맹목성에 대한 증거가 아니고 무엇인가!

니고데모도 예외가 아니었다. 그는 이스라엘의 선생이었는지도 몰라도 영적인 일에 대하여는 **기초**도 모르는 자였다. 어째서 그러하였는가? 자연인의 어리석음의 원인은 무엇인가? 그것은 그가 어둠 가운데 있기 때문이 아닌가? "악인의 길은 어둠 같아서 그가 걸려 넘어져도 그것이 무엇인지 깨닫지 못하느니라"(잠 4:19). 신약성경 또한 이와 똑같이 증언해 준다. "그들의 총명이 어두워지고 그들 가운데 있는 무지함과 그들의 마음이 굳어짐으로 말미암아 하나님의 생명에서 떠나 있도다"(엡 4:18). 우리를 참으로 겸손하게 해주는 말씀이 아닌가! 지혜와 학식을 자랑하는 인간의 어리석음을 잘 드러내 주는 말씀이다. 자연인은 눈이 멀었기 때문에 어둠 속에 있다. 그러나 현대의 설교자들은 이것을 거의 강조하지 않고 있다. 또 오늘날 성경을 가르치는 대부분의 선생은 자연인의 눈먼 상태와 그가 하나님의 비추심을 절실히 필요로 한다는 것을 강조하는 일이 거의 없다. 이러한 것은 사람들의 구미에 맞는 것이 아니며, 이것을 충실히 폭로하는 자는 인기를 전혀 얻지 못할 것임을 우리는 알고 있다.

그러나 오늘날과 같은 냉담한 자기만족의 시대에 필요한 것은 오직 이것뿐이다. 구세주께서 우리에게 남겨 주신 모범을 따르고자 하는 자는 그가 인간의 부패함에 얼마나 큰 비중을 두고 설교하셨는지를 알려는 한 가지 목적 하에 사복음서를 한자리에서 읽어 보도록 하라. 그 결과는 참으로 놀라운 것이 될 것이다.

"어찌 그러한 일이 있을 수 있나이까." 그래도 니고데모는 정직하였다. 그는 자기의 무지를 고백하는 것을 부끄러워하지 않고 이런 질문을 하였다. 다른 많은 사람들도 이와 같이 하는 것이 좋을 것이다. 너무도 많은 사람들이 빛을 찾는 자들과 같이 되는 것을 수치로 여기는 어리석은 자존심으로 말미암아 무지 가운데 갇혀 있다. 그러나 니고데모의 이 태도는 배우기를 원하는 자 누구에게서나 요구되는 가장 중요한 태도이다. 이것은 불신자뿐만 아니라 신자에게도 필요한 태도이다. 만일 그리스도인이 자신을 낮추지 아니하고, "내가 깨닫지 못하는 것을 내게 가르치소서"(욥 34:32)라는 태도를 경멸한다면, 또 하나님의 가르침을 받은 자들의 교훈을 기꺼이 받지 않으려 하고, 무엇보다도 날마다 하나님께 "내 눈을 열어서 주의 율법에서 놀라운 것을 보게 하소서"(시 119:18)라고 부르짖지 아니한다면 그는 진리의 지식 안에서 자라지 못할 것이고, 자랄 수도 없다.

"**예수께서 그에게 대답하여 이르시되 너는 이스라엘의 선생으로서 이러한 것들을 알지 못하느냐**"(3:10). 여기에서 주님은 니고데모에게 질문을 하시면서 그가 유대인의 지도자로서 그리스도께 말하기를 시작하였을 때 사용하였던 것과 똑같은 말을 사용하셨음에 주목해야 한다. 왜냐하면 2절에서의 '선생'이란 말의 헬라어 원어는 10절에 '선생'으로 번역된 말과 똑같기 때문이다. 여기에는 주님과 니고데모 사이의 만남에 대하여 간단히 기록되어 있는데, 참으로 놀라운 것은 주님께서 니고데모가 사용하였던 것과 똑같은 표현을 일곱 번 사용하고 계시다는 것이다. 이것을 정리해 보면 다음과 같다.

1. 니고데모는 "우리가 **아나이다**"(2절)라고 말하였고, 그리스도는 "우리는 **아는 것을** 말하고"(11절)라고 말씀하셨다.
2. 니고데모는 "**당신은 선생인 줄**"(2절)이라고 말하였고, 그리스도는 "**너는 선생으로서**"(10절)라고 말씀하셨다.
3. 니고데모는 "하나님이 함께 **하시지 아니하시면**"(2절)이라고 말하였고, 그리스도는 "사람이 **거듭나지 아니하면**"(3절)이라고 말씀하셨다.
4. 니고데모는 "**사람이** 어떻게 날 수 있사옵나이까"(4절)라고 물었고, 그리스도는

"**사람이 … 나지 아니하면**"(5절)이라고 대답하셨다.

5. 니고데모는 "**들어갔다가 …** "(4절)라고 물었고, 그리스도는 "**들어갈 수 없느니라**"(5절)고 대답하셨다.

6. 니고데모는 "**어찌 … 있을 수 있나이까**"(9절)라고 물었고, 그리스도는 "**어떻게 믿겠느냐**"(12절)라고 물으셨다.

7. 니고데모는 "어찌 **그러한 일**이 있을 수 있나이까"(9절)라고 물었고, 그리스도는 "**이러한 것들을** 알지 못하느냐"(10절)라고 물으셨다.

니고데모의 말과 구세주의 말씀이 이처럼 주목할 만한 정도로 일치되고 있다는 것은 정말로 놀라운 일이다. 그리고 여기에는 우리가 배워야 할 어떤 중요한 교훈이 담겨 있을 것이다. 그리스도께서 니고데모가 먼저 사용한 말을 사용하신 것으로부터 우리는 무엇을 배울 수 있는가? 이것은 모든 그리스도인들에게 한 가지 원리를 설명하고, 또 한 가지 교훈을 가르쳐 주고 있지 않은가? 그 원리가 어떤 것인지 말해 보기로 하자. 그리스도는 이 사람을 만나셨으되 그가 선택한 문제를 가지고 이야기를 나누셨다. 또 그가 사용한 말을 그의 마음에 접근하기 위한 통로로 삼으셨다. 이것은 단순하나 참으로 중요하다. 우리는 때때로 우리가 관심을 품고 있는 사람들에게 어떻게 접근해야 하는가 고심한 적이 있지 않은가? 우리는 어디에서부터 시작해야 할지 알 수 없었던 때가 많았다. 이 문제에 대하여 빛을 던져 주는 실례가 바로 여기 있지 않은가! **그 사람의 말**을 출발점으로 당신의 이야기를 시작하라. 그 자신의 말이 되돌아와 그를 찌르게 하고, 가능한 한 그 말이 더욱 깊은 의미를 더욱 높은 차원에서 적용될 수 있게 하라.

"예수께서 이르시되 너는 이스라엘의 선생으로서 이러한 것들을 알지 못하느냐." 참으로 엄중한 꾸중의 말씀이 아닌가! 주님은 마치 "선생인 네가 네 자신은 가르치지 못하였느냐? 등불을 든 사람이어야 할 네가 어둠 가운데 있느냐! 이스라엘의 선생인 네가 지극히 초보적인 영적 진리에 대하여도 무지한 상태에 있느냐!"라고 말씀하시는 듯하다. 참으로 엄숙한 말씀이 아닌가! 필자와 독자는 어느 정도까지 우리의 본분을 다하고 있는가? 우리는 부끄러워 고개를 떨구어야만 하지 않겠는가? 우리는 우리가 마땅히 알아야 할 것에 대하여 얼마나 모르고 있는가? 우리는 진실로 눈먼 자들이다. 이처럼 눈이 멀었으므로 우리는 진리 가운데로 **인도**받아야 할 필요가 있는 것 아닌가(요 16:13). 우리가 절실히 필요로 하는 것은 위대한 의사께로 가서 그로 우리의 눈에 기름을 발라 볼 수 있도록 영적인 '안약'을 구하는 것이 아닌가(계 3:18). 하나님께서는 오만하고 냉담한 마음이 우리를 가로막지 않게 하라고 명하신다.

다음 절에 관하여 살펴보기 전에, 지금 살펴보았던 10절에서 배울 수 있는 교훈을 한 가지 더 지적해 보자. 이것은 우리가 어떤 사람에게도 신뢰를 두지 않도록 하라는 엄숙한 경고가 된다. 니고데모는 산헤드린의 회원이요, 그 당시 가장 훌륭한 신학교에서 훈련받은 자였으나 그럼에도 불구하고 영적인 일에 관하여는 분별력을 지니지 못했다. 불행히도 세상에는 그와 같은 사람이 많이 존재해 왔다. 어떤 설교자가 어떤 신학교를 우등으로 졸업하였다는 사실이 그가 성령의 가르침을 받은 사람이라는 것을 보장해 주지 못한다. 인간적인 가르침에는 의존하지 말아야 한다. 안전한 단 한 가지의 방법은 베뢰아 사람을 본받아서 우리가 설교나, 성직자들을 통하여 듣는 모든 것, 또 신앙 서적에서 읽는 모든 것을 하나님의 말씀으로 시험해 보는 것이고, 성경이 명백히 가르치고 있지 않은 내용은 모두 거부하는 것이다.

"**진실로 진실로 네게 이르노니 우리는 아는 것을 말하고 본 것을 증언하노라**" (3:11). 앞에서 지적한 바와 같이, 이것은 니고데모가 그의 말을 시작하며 한 말에 대한 그리스도의 대답이었다. 이 산헤드린의 대표자는 "우리가 당신은 하나님께로부터 오신 선생인 줄 아나이다"라고 말하였었다. 이에 대한 대답으로 주님은 이제 "**우리는 아는 것**을 말하고 본 것을 증언하노라"고 말씀하신다. 니고데모는 주님과의 대화가 어느 정도 진행된 후에 "어찌 그러한 일이 있을 수 있나이까"(9절)라고 물었다. 그리스도께서 신생에 대하여 말씀하신 내용은 이 유대인의 지도자에게는 믿을 수 없는 것으로 받아들여졌다. 그리하여 주님은 엄숙하고 명백한 선언을 하신다. "우리는 아는 것을 말하고 본 것을 증언하노라." 그리스도는 형이상학적인 추측이나 유대 박사들이 즐겨하는 신학적인 가정들을 다룬 것이 아니었다. 오히려 그는 그가 신적 실재라고 알고 있는 것을 단언하고 계셨고, 실제로 존재하고 있는 사람이 볼 수 있고 관찰할 수 있는 것을 증명하셨다. 주님께서는 그의 모든 종들에게 참으로 훌륭한 모범을 보여주시지 않는가! 하나님의 말씀을 가르치는 선생들은 그 자신이 확실히 알고 있지 않은 것을 설명하려고 해서는 안 되며, 더구나 하나님의 일들에 관하여 추측하거나, 그가 직접 체험하여 알지 못한 것에 관하여 말하려고 해서는 안 된다. 그보다 그는 그가 알고 있는 것에 관해 말하고 그가 이미 본 것을 증명해야 한다.

"**그러나 너희가 우리의 증언을 받지 아니하는도다.**" 이 말씀과 앞 절에 기록된 내용은 분명한 관계가 있다. 앞 절에서 그리스도는 하늘의 진리에 대한 니고데모의 무지를 꾸짖고 계시는데, 여기에서는 그러한 무지의 **원인**을 규명하신다. 어떤 사람이 하나님의 일을 **알지** 못하는 이유는 그가 그것에 관한 하나님의 증언을 **받지 않기** 때문이다. 이 순서에 주의를 기울여 보는 것은 참으로 중요한 일이다. 먼저 받음이 있고, 그 다음에 지식이 있다. 즉 먼저 하나님께서 말씀하신 것을 믿는 것이 있고, 그 다음에 그것에 대한 이해가 있다. 이 원리는 히브리서 11:3에 "믿음으로 우리가 아나니"라고 설명되어 있다. 이 말씀은 이 훌륭한 믿음 장(히 11장)에서 믿음에 관하여 진술된 **첫 번째** 말씀이다. 믿음은 이해의 뿌리이다. 우리가 하나님의 말씀을 믿을 때 하나님은 우리에게 우리가 믿었던 것에 대한 지식을 주심으로써 우리의 믿음을 존귀케 하신다. 그러나 우리가 그의 말씀을 믿지 않는다면 우리는 하늘의 일들에 관하여 조금도 이해할 수 없게 될 것이다.

　"**내가 땅의 일을 말하여도 너희가 믿지 아니하거든 하물며 하늘의 일을 말하면 어떻게 믿겠느냐**"(3:12). 이 말씀은 앞 절과 밀접히 관련되어 있다. 앞 절에서 주 예수께서는 인간들이 하나님의 일들에 관하여 무지한 원인을 드러내셨는데, 여기에서는 지식 안에서 **성장**할 수 있는 조건을 제시하신다. 영적인 세계에 있어서 하나님의 법은 자연계에서 작용하는 법(칙)과 일치한다. 즉 먼저 싹이 있고, 그 다음에 이삭이 있고, 마지막으로 이삭에 달린 알곡이 있다. 하나님은 우리가 먼저 단순한 것들을 완전히 이해했을 때에야 비로소 그보다 높은 진리를 계시해 주신다. 그리스도께서 여기에서 선포하신 것도 바로 이것과 유사한 원리였다고 생각한다. '땅의 일'은 명백하고, 어느 정도까지는 이해할 수 있다. 그러나 '하늘의 일'은 하나님께서 우리에게 계시해 주시기 전까지는 눈에 보이지 않으며, 또한 우리의 이해를 벗어난다. 이처럼 우리들은 땅에서 일어나는 신생을 '땅의 일'을 통하여 깨달을 수 있고, 또 신생을 일으키시는 데 있어서 성령의 사역을 바람을 통하여 이해할 수 있다. 이러한 것들은 니고데모가 에스겔 36:25-27의 말씀으로 보아 이미 알고 있어야 할 것들이었다. 니고데모가 그때 이 땅의 일에 관한 하나님의 말씀을 믿지 아니하였다면, 그리스도께서 그에게 하늘의 일을 말해 보아야 무슨 소용이 있었겠는가? 여기서 잠깐 멈추어 이 엄중한 원리를 우리 자신에게 적용시켜 보자.

　도대체 왜 우리는 하나님의 일들에 있어서는 더디 진보하는가? 또 진리의 지식에 대하여 우리의 성장을 지체시키는 것은 도대체 무엇이란 말인가? 이 질문들과 비슷한 모든 질문들에 대하여는 바로 주님의 말씀이 대답해 주고 있지 않은가? "내가 땅의 일을 말하여도 너희가 믿지 아니하거든 하물며 하늘의 일을 말하면 어떻게 믿겠느냐." 땅의 일은 지상의 세계에 속한 일들이다. 그것들은 여기 이 지상에서의 삶과 관계가 있는 것들이다. 그것들은 하나님께서 우리의 지상에서의 일상생활을 통제하시기 위한 명령들이다. 만일 우리가 이것들을 믿지 아니하면, 즉 우리가 그것들을 승인하고 순종하지 아니하면, 또 우리가 그것들을 받아들이고 지키려고 주의하지 아니하면, 하나님께서 우리들에게 그보다 높은 신비들, 즉 '하늘의 일'을 계시해 주시겠는가? 절대로 그렇지 않다. 왜냐하면 그런 태도는 우리의 불신을 더욱 조장하고 돼지 앞에 진주를 던지는 격이 될 것이기 때문이다.

도대체 왜 우리는 성경의 많은 예언적 내용들에 대하여 그처럼 알지 못하고 있는가? 또 우리는 왜 지금 '주님과 함께 있는' 자들의 상태에 대하여 아는 바가 거의 없는가? 도대체 왜 우리는 영원한 상태에서 우리가 무슨 일을 할 것인가에 관하여 무지한 상태에 있는가? 그것은 성경의 예언들이 모호하기 때문인가? 하나님께서 중간 상태와 영원 상태에 관하여 계시하여 주신 것이 거의 없기 때문인가? 절대로 그렇지 않다. 그것은 우리가 이러한 것들에 대한 조명을 받는 상태에 있지 않기 때문이다. 또 우리가 '땅의 일' (즉 우리의 지상생활에 관계된 것, 우리의 지상 생활을 규제하기 위한 하나님의 훈계들)에 진지한 관심을 거의 쏟지 않기 때문에 하나님께서는 우리에게 '하늘의 일', 즉 하늘나라에 속한 것들에 대하여 더 많은 지식을 주시는 일을 보류하신다. 우리 모두 하나님 앞에 겸손히 엎드려 우리의 비참한 실패를 깊이 뉘우치며, 그의 보시기에 기쁜 길을 가기 위해 필요한 은혜를 구하도록 하자. 우리의 첫 번째 소망을 하늘의 신비들에 관하여 더욱 명확히 이해하는 데 두지 말고, 하나님의 요구들에 더욱 절대적으로 순종하는 데에 두도록 하자. 우리가 하나님의 말씀을 다룰 때에는, 어려운 문제를 지혜롭게 풀기 위한 것이 아니라, 우리를 위한 하나님의 뜻을 배워서 그 뜻을 행할 수 있도록 하는 것을 주요 동기로 삼자. "단단한 음식은 장성한 자의 것이니 **그들은** 지각(영적인 감각들)을 **사용**함으로 **연단을 받아** 선악을 분별하는 자들이니라" (히 5:14)는 말씀을 기억하자.

"하늘에서 내려온 자 곧 인자 외에는 하늘에 올라간 자가 없느니라" (3:13). 이 절과 앞 절 사이의 문맥 관계는 다음과 같다고 생각한다. 즉 주님께서 언급하셨던 '하늘의 일'은 그때까지 사람들에게 분명하게 계시되지 않았었다. 타락한 인간에게는 승천하는 것과 하나님의 감추인 뜻을 꿰뚫는 것은 전적으로 불가능한 일이었다. 오직 본래 하늘에 거하셨던 이들만이 하늘 일을 계시할 **자격**이 있었다.

그러나 주님께서 "하늘에 올라간 **자가 없느니라**"고 말씀하셨을 때 그는 무엇을 의미하셨는가? 이 절은 '영혼 수면'과 '영혼 멸절설'을 믿는 많은 사람들이 좋아하는 구절이다. 그들은 이 구절을 근거로 이 말씀이 **어느 누구도**, 즉 아벨이나 다윗조차도 아직 하늘에 가지 **않았다**는 것을 가르쳐준다고 주장하고 있다. 그러나 그리스도께서는 "하늘에 **들어간** 자가 없느니라"가 아니라 "하늘에 **올라간** 자가 없느니라"고 말씀하셨음을 주목해 보아야 한다. 이 둘은 전적으로 다른 일이다. 아무도 '올라가지' 아니하였고 앞으로도 그러할 것이다. 그러므로 이 구절은 성경이 세밀하고도 놀랍도록 정확하게 기록되어 있음을 보여주는 수천 가지 실례들 중의 하나에 불과하며, 슬프게도 성경을 부주의하고 급하게 읽고 있는 수많은 사람들이 이 점을 깨닫지 못하고 있다. 에녹에 대하여는 "죽음을 보지 않고 **옮겨졌으니**"(히 11:5)라고 기록되어 있고, 엘리야에 대하여는 "회오리 바람으로 하늘로 **올라가더라**"고 말하고 있다(왕하 2:11). 그리스도께서 재림하실 때 하늘로 데려져 갈 성도들에 대하여는 그들이 '**끌어 올려**' 질 것이라고 말하고 있다(살전 4:17). 그리스도에 대해서만 그가 '**올라갔다**' 고 말하고 있다. 그러므로 이 표현은 그리스도의 유일성을 두드러지게 나타내 주고 그가 **만물**의 '으뜸' 이 **되심**을 나타내 준다(골 1:18)

그리고 주님께서 '곧 (하늘에 **계신**) 인자' 라고 말씀하셨음에 주목해 보라. 즉 그는 하늘에, 니고데모는 지상에서 말씀하고 계신 동안에도 하늘에 계신다. 이것은 그의 신성을 다시 한 번 증언해 준다. 이 표현은 그의 편재(遍在)하심을 확언해 주었다. 신생의 모든 본질적인 속성들이 이 요한복음 안에 그리스도에 대한 말로 진술되어 있다는 것과, 이 진술의 특별한 목적은 그리스도의 신적 완전함을 밝히 드러내기 위함이라는 것은 주목해 볼 만한 사실들이다. 그리스도의 **영원하심**은 1:1에 주장되어 있고, 그의 신적 **영광**은 1:14에 언급되어 있으며, 그의 **전지하심**은 1:48과 2:24, 25에 나타나 있다. 그의 비할 데 없는 **지혜**는 7:46에 증언되어 있으며, 그의 변함 없으신 사랑은 13:1에 단언되어 있다. 그리고 우리는 요한복음에서 계속 이러한 내용을 무한히 찾아낼 수 있을 것이다.

"모세가 광야에서 뱀을 든 것 같이 인자도 들려야 하리니"(3:14). 그리스도는 니고데모에게 신생의 절대적 필요성에 관하여 말씀해 오셨다. 본래 인간은 죄와 허물 가운데 죽어 있으며, 생명을 얻기 위해서는 거듭나야만 한다. 신생은 하늘의 생명, 곧 **영생**이 전달되는 것이고, 이 영생이 인간에게 주어지려면 인자가 들려**야만 한다**. 생명은 죽음으로부터만 올 수 있었다. 그리스도의 희생의 역사가 성령의 작용의 기초가 되며, 영생이라는 하나님의 선물의 근거가 된다. 하나님께서 여기에서 **인자**의 들림에 대하여 말씀하고 계심에 주목해 보라. 그가 이것에 관하여 말씀하신 까닭은 속죄는 죄인의 본질을 가진 분에 의해서만 이루어질 수 있었고, 오직 하나님의 아들만이 인간으로서 죄인에게 내린 형벌을 감당하실 수 있었기 때문이다. 그러므로 그리스도께서 이곳에서 그의 희생적 죽음을 '들림'으로 언급하셔야 했던 것에는 특별한 이유가 있다. 유대인들은 들려야 할 메시야를 고대하고 있었다. 그러나 그들은 주님께서 이곳에서 언급하시는 것과는 완전히 다른 방법으로 높여질 메시야를 기다렸다. 그들은 그가 다윗의 보좌로 높여질 것을 기대했지만, 이 일이 있기 전에 그는 먼저 수치의 십자가로 들려져서 그의 백성의 죄에 대한 하나님의 심판을 견디셔야 했다.

주님은 그의 죽음의 성격과 의미와 목적을 설명해 주시기 위하여 민수기 21장에 기록되어 있는 내용, 즉 이스라엘이 광야에서 방황하고 있을 때 있었던 유명한 사건을 언급하신다. 이스라엘이 그때 여호와께 불평하자 하나님은 백성들 가운데 무서운 뱀을 보내셨고, 그 뱀들은 그들을 물어 백성 중에 많은 자들이 죽고 또 심한 상처를 입었다. 이 결과 그들은 그들이 죄인이라는 것을 고백하고, 모세에게 구해 달라고 부르짖었다. 모세는 다시 하나님께 부르짖었고 하나님은 그에게 놋뱀을 만들어 장대 위에 달라고 명하셨으며, 뱀에게 물린 이스라엘 백성들로 하여금 믿음 안에서 그것을 바라보도록 하면 나을 것이라고 하셨다. 이 모든 것은 죄로 인하여 죽어 가고 있는 자들이 믿음의 바라봄을 통하여 구원받을 수 있도록 그리스도께서 십자가에 들리어져야 함을 훌륭하게 예시한 것이었다. 이 예표(모형)는 주목할 만한 것이며 우리가 자세히 연구해 볼 만한 가치가 있는 것이다.

'뱀'은 치명적이고 파괴적인 능력을 가장 적절하게 표현해 주는 상징이다. 성경은 이 뱀의 시조가 그 옛 뱀이라고 가르쳐 주며, 죄인들은 그것의 '씨'라고 선포하고 있다. 뱀의 독은 물린 자의 온 몸을 손상시키며, 오직 하나님께서 제공하여 주신 것 외에는 그 치명적인 결과로부터 구함받을 방법이 없는데, 이 독은 죄의 두려운 성격과 결과들을 두드러지게 나타내 준다. 하나님께서 제공하여 주신 치료법은 **이 파괴자가 파괴되었다**는 것을 보여주시는 것이었다. 어째서 모세는 백성들을 실지로 물었던 뱀 가운데 하나를 장대에 달지 아니하였는가? 만일 그렇게 하였더라면 그것은 예표(모형)를 손상시켰을 것이다. 즉 그것은 죄인 자신에게 집행된 심판을 묘사하는 것이 되었을 것이며, 더욱 나쁜 것은, 죄 없으신 우리의 대리인을 잘못 나타내게 되었을 것이다. 하나님께서 선택하여 주신 표상은 뱀과 유사하였으나, 실제 뱀이 아니었고 뱀과 닮은 놋 조각이었다. 마찬가지로 죄인의 구세주 되신 분은 "죄 있는 육신의 모양으로"(롬 8:3) 보내심을 받았고, 하나님이 "죄를 알지도 못하신 이를 우리를 대신하여 죄로 삼으신 것은 우리로 하여금 그 안에서 하나님의 의가 되게 하려 하심"이다(고후 5:21).

그러나 어떻게 **뱀**이 하나님의 거룩하신 분을 알맞게 예표할 수 있었는가? 이것은 우리가 그리스도를 나타내 주는 타당한 상징이 되리라고 전혀 생각지 못한 것이다. 사실 '뱀'은 그리스도의 본질적인 특성과 그의 완전하신 삶을 상징하지 못하였고, 그렇게 할 수도 없었다. 놋 뱀은 단지 '들리심'을 받은 그리스도만을 예표해 주었을 뿐이다. 들림이란 말은 분명히 십자가를 가리켜 주었다. 그러면 '뱀'은 무엇인가? 그것은 **저주**를 생각나게 해주는 것이었고, 그것의 상징이었다. 우리의 첫 부모가 유혹을 받고 거룩하신 하나님이 저주 아래 놓이게 된 것은 바로 옛 뱀, 곧 마귀의 사자를 통해서였다. 그리고 사랑하는 독자여, 십자가상에서, 성육신하신 하나님의 거룩한 분께서 우리를 위하여 저주가 되셨던 것이다. 성경이 이것을 명백하게 단언해 주고 있지 않다고 우리는 말할 수 없다. 갈라디아서 3:13에는 "그리스도께서 우리를 위하여 저주를 받은 바 되사 율법의 저주에서 우리를 속량하셨으니"라고 기록되어 있다. 그러므로 이 표상(모형)에는 아무 흠이 없다. 이것은 정확한 예표를 해주었다. '뱀'은 이 모든 면에서 생각해 볼 때, 우리를 위하여 저주가 되시어 십자가에 못 박히신 구세주를 정확하게 예표해 줄 수 있었던 유일한 것이었다.

그러나 **왜** 놋으로 만든 '뱀'이었는가? 이 질문에 대한 대답은 다시 한 번 이 표상(모형)이 정확하고 완전함을 나타내 준다. '놋'은 두 가지를 말해 준다. 성경에서 상징의 사용을 볼 때 놋은 '**하나님의 심판**'을 상징한다. **놋**제단이 이 사실을 증언해 준다. 왜냐하면 이 제단 위에서 희생 제물이 죽임을 당하고, 이 위에 하늘에서 불이 내려왔기 때문이다. 또 신명기 28장에서 여호와는 이스라엘에게, 그들이 그의 말씀을 순종하지 아니하고 그의 모든 명령과 규례를 지켜 행하지 아니하면(15절), 그의 저주가 그들에게 임할 것이며(16절), 그들에게 미칠 이 하나님의 심판의 일부로서 "네 머리 위의 하늘은 놋이 되리라"(23절)고 경고하셨다. 또 요한계시록 1장에서, 그리스도는 **심판관**으로서 일곱 교회들을 조사하고 계시는데 "그의 발은 풀무불에 단련한 빛난 **주석** 같고"(15절)라고 말하고 있다. '뱀'은 죄에 수반되는 **저주**를 나타내었고, '놋'은 우리를 위해 죄가 되신 분께 내린 하나님의 **심판**을 나타내었다. 그러나 놋이 시사해 주는 바가 하나 더 있다. 놋은 철이나 은이나 금보다 더 단단하다. 그러므로 이것은 그리스도 위에 떨어진 두려운 심판을 **견딜** 수 있는 그의 강력한 능력을 나타낸다. 단순한 피조물은 죄가 없다고 할지라도 이 심판을 받았더라면 완전히 소멸되었을 것이다.

지금까지 말한 내용으로 볼 때, 하나님께서 모세에게 놋뱀을 만들어 장대 위에 달고, 뱀에게 물린 이스라엘에게 그것을 보면 살리라고 말씀하셨을 때, 하나님은 그들에게 그의 은혜의 복음을 전하고 계셨음을 분명히 알 수 있을 것이다. 이제 이 이스라엘 사람들에게 **명령되지 않은 일곱 가지 내용**을 지적해 보기로 하자.

1. 그들은 상처를 치료해 줄 수단으로서 **연고 같은 것을 만들라**는 명령을 받지 아니하였다. 오히려 이렇게 하는 것이 그들에게 훨씬 타당한 일이었을 것이다. 그러나 이렇게 하면 모형을 파괴하게 될 것이다. 현대의 신앙적 의사들은 영적인 물약을 만들어 내기 위하여 분주하나 아무도 치료하지 못한다. 이와 같은 수단들로써 영적인 치료를 얻고자 하는 자들은 복음서에 언급되어 있는 가난한 여자와 같다. 그녀는 "많은 의사에게 많은 괴로움을 받았고 가진 것도 다 허비하였으되 아무 효험이 없고 도리어 더 중하여졌다"(막 5:26).

2. 그들은 자신의 고통을 덜기 위하여 상처 입은 **다른 사람들을 돌보라**는 명령을 받지 아니하였다. 이것 역시 장대를 바라보는 것보다 더욱 실제적이고 바람직한 일로 여겨졌을 것이다. 그러나 실상 이것은 실제로 행할 수 없는 일이었을 것이다. 수영을 전혀 못하는 사람이 물에 빠져가고 있는 사람을 구출하기 위하여 깊은 물속으로 뛰어든다면 그것이 무슨 소용이 되겠는가! 죽어 가고 있으면서, 또 스스로를 구할 수도 없는 사람이 비슷한 상황에 있는 다른 사람을 어떻게 구할 수 있단 말인가! 그럼에도 불구하고 오늘날 많은 사람들은 다른 사람들을 돕는 일이 자신의 영혼 안에서 활동하고 있는 죄와 치명적인 병균을 없애 줄 것이라는 헛된 기대를 하고 자선하는 일에 몰두하고 있다.

3. 그들은 **뱀과 싸우라**는 명령을 받지 아니하였다. 현대 사람들이라면 모세에게 뱀 멸절회를 조직하라고 촉구하였을 것이다. 그러나 **이미** 뱀에 물려 죽어 가고 있는 사람들에게 이것이 무슨 소용이 되었겠는가? 상처입어 괴로워하고 있는 각 사람이 뱀을 천 마리씩 죽인다 하더라도 그들은 죽음을 피할 수 없었을 것이다. 그리고 죄와 싸우는 이 모든 것도 마찬가지가 아닌가! 사실 이 싸움은 육적인 에너지의 배출구가 되기는 하지만, 무절제와 신성모독과 악덕을 몰아내려는 이 모든 개혁 운동은 사회를 조금도 개선시키지 못하였고, 또 단 한 사람의 죄인이라도 그리스도께로 한 발자국도 가까이 이끌지 못하였다.

4. 그들은 장대에 달린 **뱀에게 제물을 바치라**는 명령을 받지 아니하였다. 하나님

께서는 그들을 낮게 해주신 데 대한 보답을 요구하지 않으셨다. 절대로 그렇게 하지 않으셨다. 주어진 것에 대하여 어떤 값이 치러진다면 은혜는 더 이상 은혜가 아니다. 그러나 이 점에 대하여 복음을 왜곡하는 일이 참으로 많다. 앞에서 필자는 오로지 구원받지 못한 자에게 인간의 부패함에 대하여 말하였었다. 필자는 하나님의 도우심으로 불신자에게 그의 두려운 상태를 보여주고, 또 그에게는 진노에서 구해 주실 구세주가 얼마나 절실히 필요한지를 보여주고자 하였었다. 우리가 교회에 가 자리를 잡고 앉자마자 성직자는 일어나서 적절하지도 않은 찬송을 부르라고 말하고, 그 자리에 참석한 모든 이들에게 "자신을 하나님께 다시 바치라"고 촉구한다. 참으로 불쌍한 사람이다. 이것이 그가 알고 있는 최선의 방법이다. 그러나 이 얼마나 불쌍한 무지인가! 다른 설교자들은 청중들에게 "그들의 마음을 예수께 드리라"고 요구한다. 가련하게도 이 또한 복음을 왜곡한 것이다. 하나님은 죄인에게 어떤 것을 **달라**고 요구하시는 것이 아니라 그의 그리스도를 **받으라**고 요구하신다.

5. 그들은 **뱀에게 기도하라**는 명령을 받지 아니하였다. 많은 복음 전도자들이 청중들에게 '참회석'으로 가서 그곳에서 하나님의 용서하시는 자비를 구하라고 말한다. 그리고 만일 그들이 녹초가 될 정도로 열심히 기도하면, 하나님께서 그들이 한 많은 말을 들으셨으리라는 것을 믿게 될 것이라고 말한다. '좀 더 개선된 삶을 구하는' 이 사람들이 설교자가 그들에게 한 말을 믿는다면, 즉 그들의 '기도가 하나님께 닿았고' 그들은 이제 '용서함을 얻었다'고 믿는다면 그들은 기쁨을 느끼고 잠시 동안은 가벼운 마음으로 넓은 길을 계속하여 걷는다. 그러나 그 결과는 언제나 그들의 나중 상태가 처음보다 악하다는 것이다. 사랑하는 독자여, 그리스도를 믿는 믿음을 기도로 대체해 버리는 치명적인 잘못을 범하지 말라.

6. 그들은 **모세를 바라보라**는 명령을 받지 아니하였다. 그들은 **전부터 계속** 모세를 바라보았었고, 그때도 그들을 위하여 하나님께 기도하라고 요구하였다. 그러나 하나님은 이 기도에 응답하시면서 그들의 눈을 모세에게서 떼어 내시고, 그들에게 놋뱀을 바라보라고 명하셨다. 모세는 율법을 준 자였는데, 오늘날에도 수많은 사람들이 구원을 얻기 위하여 그를 바라보고 있다. 그들은 그들을 하늘로 데려가 줄 하나님의 계명들에 대한 그들 자신의 불완전한 순종을 신뢰하고 있다. 달리 말하면, 그들은 그들 자신의 행위에 의존하고 있다. 그러나 성경은 명백히 "우리를 구원하시되 우리가 행한 바 의로운 행위로 말미암지 아니하고 오직 그의 긍휼하심을 따라"(딛 3:5) 하셨다고 말한다. 율법은 모세에 의해 주어졌지만 **은혜와 진리**는 예수 그리스도로

말미암아 오며, 오직 그리스도만이 구원하실 수 있다.

7. 그들은 **그들의 상처**를 바라보라는 명령을 받지 아니하였다. 어떤 사람들은 그들이 구원을 얻는 데 필수적인 자격 조건이라고 생각하는 회개의 정도를 더욱 강화하기 위하여 그들 자신의 상처를 조사하는 일에 더욱 몰두해야 할 필요가 있다고 생각한다. 그러나 자신을 들여다봄으로써 구원을 얻고자 하는 것은 눈(雪)을 바라봄으로써 열을 발생케 하거나 어둠을 응시함으로써 빛을 얻어 내려고 하는 것과 같은 것이다. 자신에 몰두하는 것은 단지 하나님께서 이미 정죄하신 것, 그리고 이미 사형 선고를 내린 것에 흥미를 갖는 것일 뿐이다. 그러나 "그리스도를 신뢰하기 **전에** 내가 회개를 일으키는 경건한 슬픔을 느껴야 하지 않겠는가?"라는 질문이 있을 수 있다. 그러나 그렇지 않다. 당신이 경건한 사람이 되기 전까지 당신은 경건한 슬픔을 느낄 수 없으며, 당신이 하나님께 굴복하고 그리스도를 믿음으로써 그에게 순종할 때에야 비로소 당신은 경건한 사람이 될 수 있다. **믿음**은 모든 경건의 시작이다.

우리는 앞에서 마귀가 수많은 영혼들을 미혹시키려고 사용하는 간계들을 폭로하려는 목적으로 일곱 가지 사항들을 진술하여 보았다. 오늘날 우리 교회에도 진지하게 자신을 그리스도인이라고 생각하나 오해한 사람들이 많이 있다는 것은 참으로 두려운 일이다. 내가 백만장자라고 믿는다고 해서 백만장자가 되지는 않는다. 마찬가지로, 실상은 그렇지 않은데 내가 구원을 받았다고 믿는다고 해서 내가 구원되는 것은 아니다. 마귀는, 깨우침을 받은 죄인이 그리스도 아닌 다른 어떤 것, 즉 선한 행실, 감정들, 결단, 세례, 그리고 그리스도 그분이 아닌 다른 모든 것들을 바라보게 만들고 매우 기뻐한다.

이제 부정적인 측면에서 긍정적인 측면으로 눈을 돌려, 이 모형 자체에 대하여 한두 가지 사항을 간단하게나마 살펴보기로 하자. 첫째로, 하나님은 모세에게 놋뱀을 만들라고 명하셨다. 이 놋뱀은 **하나님께서 준비해 주신 것**이었다. 그리고 이것의 영적인 의미에 대하여는 이미 살펴보았었다. 둘째로, 모세는 이 놋뱀을 장대 위에 달라는 명령을 받았다. 이렇게 하여 온 이스라엘이 그것을 바라보고 고침을 받을 수 있도록 하는 하나님의 치료법이 **공적으로** 드러났다. 셋째로, 하나님은 "물린 자마다 그것을 보면 살리라"(민 21:8)고 약속해 주셨다. 이렇게 하여, 하나님은 여기에서 죄인들에게 구원을 일으켜 주는 **수단**에 대해서 뿐만 아니라 죄인이 그 구원에 참여하게 되는 **방법**에 대해서도 예시해 주셨다. 즉 그 방법은 죄인이 그 자신에게서 눈을 돌려 하나님이 정하여 주신 믿음의 대상, 곧 주 예수 그리스도를 바라보는 것이다. 너무

허약하여 장대에까지 기어갈 수 없었거나, 너무 쇠약하여 목소리를 높여 간구할 수 없었던 자들이 단순히 하나님의 약속을 믿고 그들의 눈을 들므로써 고침을 받을 수 있게 하기 위하여 놋뱀이 '들리어져' 있었다. 이 얼마나 복된 일이었는가!

뱀에 물린 이스라엘 사람들이 믿고 바라봄으로써 고침을 받았듯이 죄인은 믿음으로 그리스도를 바라봄으로써 구원받을 수 있다. 구원에 이르는 믿음은 사람이 하나님께 구원의 축복을 요구할 권리를 얻기 위하여 그가 수행해야 할 어렵고도 공로적인 행위가 아니다. 하나님께서 우리를 구원하시는 것은 우리의 믿음 때문이 아니라 우리의 믿음이라는 수단을 통해서이다. 우리가 구원**받는** 것은 믿음 안에서이다. 이것은 굶주린 사람에게 이 음식을 먹는 사람은 배고픔의 고통에서 구원될 것이며 기운이 나고 새 힘을 얻게 될 것이라고 말하는 것과 같다. 먹는 것 자체는 공로적 행위가 아니다. 그러나 먹는 것이 배고픔을 덜어주는 데 있어서 필수적인 **수단**이라는 것은 당연하다. 믿을 때 구원받을 것이라고 말하는 것은, 죄인 중의 죄인, 악인 중의 악인이라 할지라도 그가 당연히 구원받을 수 있는 단 한 가지 방법으로써만 구원받는다면 그는 **기꺼이** 구원받을 것이라고 말하는 것과 똑같다. 그 단 한 가지 방법이란 주 예수 그리스도에 대한 개인적인 믿음을 말하는데, 이것은 하나님께서 성경에 그의 아들에 관하여 기록해 놓으신 것을 믿는 것을 의미한다. 하나님께서 모세에게 "물린 자마다 그것을 보면 **살리라**"고 말씀하신 것처럼 죄인이 이렇게 하는 순간 그는 **구원받는다.**

"물린 **자마다.**" 그가 아무리 여러 번 물렸다 할지라도, 또 그 독이 치명적인 결과를 빚을 정도로 온 몸에 퍼져 있다 할지라도 그가 **바라보기**만 하면 그는 '살' 것이다. 복음의 선포도 마찬가지이다. "그를 **믿는 자마다** 멸망하지 않고 영생을 얻으리라." 예외가 없다. 지상에서 가장 악하고 비열한 자라 할지라도, 가장 비천하고 멸시를 받는 자라 할지라도, 모든 인류 가운데에서 가장 비참하고 불쌍한 자라 할지라도 그리스도를 믿는 자는 그에 의해서 구원될 것이다. 죄인이 구세주께로 나아가는 길을 막는 것은 죄가 아니라 바로 불신이다. 이스라엘 중에는 하나님께서 정하여 주신 치료법을 듣고도 그것을 무시한 사람도 있었을 것이다. 또 놋뱀을 바라본다고 해도 나을 가망이 없을 것이라는 악한 의심을 품은 자도 있었을 것이다. 또 일반적인 수단들을 사용함으로써 회복되기를 바랐던 자도 있었을 것이다. 그러나 이렇다 할지라도, 후에 병이 그들을 더욱 침식해 가고 있음을 보고 그때에야 거룩하게 세워진 푯대에 믿음의 눈을 들었을 때, **그들 역시** 고침을 받았다. 오랫동안 지체하며 완강히 불신하고 회개치 아니하는 길을 걸어 왔던 자들은 이 말씀을 읽어야 한다. 그들이 이 같은 행동을 하였음에도 불구하고 하나님의 놀라운 은혜는 "그를 **믿는 자마다** 멸망하지 않고 영생을 얻으리라"고 선포한다. 아직은 '받아들여지는 때'이다. 또 아직 '구원의 날'이다. 지금 믿으라. 그러면 **당신은** 구원될 것이다.

인간은 **바라봄**으로써 잃어버린 자 된 죄인이 되었다. 왜냐하면 우리의 첫 부모의 타락에 관련하여, 하와에 대하여 "여자가 그 나무를 본즉 먹음직도 하고"(창 3:6)라는 말이 맨 처음에 기록되어 있기 때문이다. 이와 마찬가지로 잃어버린 바 된 죄인은 바라봄으로써 구원된다. 그리스도인의 생명은 바라봄으로써 **시작된다.** "땅의 모든 끝이여 내게로 돌이켜 구원을 받으라 나는 하나님이라 다른 이가 없느니라"(사 45:22). 또 그리스도인의 생명은 바라봄으로써 **지속된다.** "인내로써 우리 앞에 당한 경주를 하며 믿음의 주요 또 온전하게 하시는 이인 예수를 바라보자"(히 12:1, 2). 또 그리스도인으로서의 생활이 **끝날** 때에도 우리는 여전히 그리스도를 바라보아야 한다. "우리의 시민권은 하늘에 있는지라 거기로부터 구원하는 자 곧 주 예수 그리스도를 **기다리노니**"(빌 3:20). 처음부터 나중까지 오직 하나님의 아들을 **바라보는 것**만이 요구된다.

그러나 바로 여기에서 괴로워하며 떠는 죄인이 "선생님, 나는 내가 올바른 방법으로 바라보고 있는지 모르겠습니다"라고 마지막으로 자신의 문제를 고백할지도 모르겠다. 그러나 사랑하는 친구여, 하나님께서는 당신이 어떻게 바라보는가를 살펴보려고 하시는 것이 아니라 당신이 그리스도를 바라보기를 요구하실 뿐이다. 구약 성경에 나온 뱀에게 물린 수많은 이스라엘 사람 가운데에서 뱀을 바라보았던 자 가운데에는 젊은이도 늙은이도 있었고, 또렷한 눈으로 바라본 자, 희미한 눈으로 바라본 자도 있었고, 또 그리스도를 상징하는 들린 표상에 가까이 있었기 때문에 그 뱀을 완전히 보았던 자도 있었고, 또 장대에서 멀리 떨어져 있었기 때문에 간신히 그것을 볼 수 있었던 사람도 있었다. 그러나 하나님은 "물린 자마다 그것을 **보면** 살리라"고 말씀하셨다. 오늘날에도 마찬가지이다. 주 예수께서는 "수고하고 무거운 짐 진 자들아 다 내게로 오라 내가 너희를 쉬게 하리라"고 말씀하신다. 그는 오는 **방법**이나 **방식**을 규정하지 않으신다. 그래서 불쌍한 죄인이 더듬어 찾으며, 비틀거리고 넘어지며 나올지라도, 그가 '오기'만 한다면 그는 따뜻한 환영을 받는다. 우리가 지금 살펴보고 있는 구절에서도 마찬가지이다. 즉 '믿는 자마다'라고 기록되어 있다. 믿음의 **강도** (强度)나 믿음에 관한 **지성**(知性)에 대하여는 아무 말도 하지 않으신다. 왜냐하면 우리를 구원하는 것은 믿음의 특성이나 정도(程度)가 아니라 바로 그리스도 자신이시기 때문이다. 믿음은 단지 다른 모든 것에서 눈을 떼어 오직 주 예수께로 가져가는 영혼의 눈이다. 그러므로 우리의 믿음에 의지하지 말고 그분께 의지하자.

"**하나님이 세상을 이처럼 사랑하사 독생자를 주셨으니 이는 그를 믿는 자마다 멸망하지 않고 영생을 얻게 하려 하심이라**" (3:16). 그리스도는 방금 그의 죽음에 대하여 언급하였고, 십자가가 절박하게 필요함을 단언하셨다. 즉 '인자가 들릴 것이다' 가 아니라 '인자가 들려**야 한다**' 이다. 이외의 다른 선택은 있을 수 없다. 하나님의 보좌의 요구가 이루어지려면, 정의의 요구가 만족되려면, 또 죄가 제거되려면, 구원받아야 할 자를 대신하여 형벌을 받으실 죄 없는 분이 계서야 한다. 하나님의 의는 이것을 요구하셨다. 즉 인자가 들려**야 한다.**

그러나 그리스도의 십자가에는 하나님의 의 이상의 것이 나타나 있다. 즉 그곳에는 하나님의 놀라운 **사랑**도 나타나 있다. 16절의 처음 몇 마디 말이 지시하여 주듯이 16절은 14절을 설명해 주고 있다. 16절은 우리를 모든 일의 근본에까지 이끌어 간다. 즉 위대한 희생은 사랑에 의해 준비된 것이다. 그리스도는 하나님의 사랑의 선물이었다. 이것은 즉시 어떤 사람들 사이에서 통용되고 있는 잘못된 생각, 즉 그리스도는 하나님으로부터 인간에 대한 동정과 구원을 이끌어 내기 위하여 죽으신 것이라는 잘못된 생각을 반박해 준다. 이와는 정반대의 진실이다. 즉 하나님께서 인간을 사랑하셨고 믿는 자들을 구원하려고 결심하셨기 때문에 그리스도께서 죽으셨다. 그리스도의 죽음은 하나님의 사랑이 최고로 나타난 것이었다. 인간의 구원의 문제에 관하여 신성의 세 위(位) 사이에 의견의 불일치가 있을 수 없었다. 신성의 뜻은 하나이며, 또 반드시 그래야 한다. 속죄는 하나님의 사랑의 원인이 아니라 결과이다. 즉 "하나님의 사랑이 우리에게 이렇게 나타난 바 되었으니 하나님이 자기의 독생자를 세상에 보내심은 그로 말미암아 우리를 살리려 하심이라 사랑은 여기 있으니 우리가 하나님을 사랑한 것이 아니요 하나님이 우리를 사랑하사 우리 죄를 속하기 위하여 화목 제물로 그 아들을 보내셨음이라" (요일 4:9, 10). 사랑, 순수한 주권적 인자하심 외에 다른 어떤 근원으로부터도 인간을 구원하기 위하여 그리스도를 주는 일이 생길 **수 없었다.**

하나님의 사랑! 신자들의 마음에 이 얼마나 복된 것인가! 왜냐하면 오직 신자들만이 그 사랑을 소유할 수 있기 때문이다. 그러나 그들은 이 사랑을 매우 불완전하게 소유한다. 여기 요한복음 3:16이 하나님의 사랑에 대하여 우리에게 말하는 일곱 가지를 주목해 보자. 첫째로, 하나님의 사랑의 **시제** ― "하나님이 이처럼 **사랑하셨다.**"

하나님이 사랑하시는 것이 아니라 '사랑하셨다.' 우리가 그의 자녀인 지금 그가 우리를 사랑하신다는 것은 어느 정도 이해할 수 있다. 그러나 그의 자녀가 되기 **전에** 그가 먼저 우리를 사랑하셨다는 것은 이해할 수 없는 것이다. 그렇지만 하나님께서는 그렇게 하셨다. "**우리가 아직 죄인 되었을 때에** 그리스도께서 우리를 위하여 죽으심으로 하나님께서 우리에 대한 자기의 사랑을 확증하셨느니라"(롬 5:8). 또 "내가 **영원한** 사랑으로 너를 사랑하기에 인자함으로 너를 이끌었다"(렘31:3). 둘째로, 하나님의 사랑의 **크기** ― "하나님이 **이처럼** 사랑하셨다." 아무도 '이처럼'이란 이 간단한 말을 규정하거나 측정할 수 없다. 하나님의 놀라우신 사랑에는 그 넓이, 길이, 깊이, 높이의 여러 차원이 있어서 어느 누구도 측정할 수 없다. 셋째로, 하나님의 사랑의 **범위** ― "하나님이 **세상을** 이처럼 사랑하셨다." 그 사랑은 팔레스타인이라는 좁은 영역에만 제한되지 아니하고 이방의 죄인들에게로 넘쳐흘렀다. 넷째로, 하나님의 사랑의 **성격** ― "하나님이 세상을 이처럼 사랑하사 … **주셨으니.**" 사랑, 참 사랑은 언제나 다른 사람의 최고의 유익을 구한다. 사랑은 비이기적이다. 그래서 준다. 다섯째로, 하나님의 사랑의 **희생적 특성** ― "**독생자**를 주셨으니." 하나님은 자기의 가장 좋은 것도 아끼지 아니하셨다. 그는 아낌없이 그리스도를 십자가의 죽음에까지 넘겨주셨다. 여섯째로, 그의 사랑의 **목적** ― "저를 믿는 자마다 **멸망하지 않고.**" 많은 사람들이 광야에서 뱀에 물려 죽었다. 그리고 아담의 후예 중 많은 사람이 불못에서 영원한 죽음을 당할 것이다. 그러나 하나님은 백성 한 사람이라도 '멸망하지 않게' 하려 하셨다. 멸망하지 아니할 사람이 누구인가는 그들이 하나님의 아들을 '믿음'으로써 드러난다. 일곱째로, 하나님의 사랑의 **혜택** ― "**영생을** 얻게 하려 하심이라." 이것은 하나님이 그에게 속한 모든 자에게 나누어 주시는 것이다. 우리는 사도처럼 "보라 아버지께서 **어떠한 사랑**을 우리에게 베푸사 하나님의 자녀라 일컬음을 받게 하셨는가"(요일 3:1)라고 외치지 않을 수 없다! 사랑하는 그리스도인 독자여, 당신이 만일 하나님의 사랑을 **의심하는** 시험을 받고 있다면 십자가로 돌아가서, 하나님이 어떻게 그의 '독생자'를 그 잔인한 죽음에 넘겨주셨는지를 보라.

　"**하나님이 그 아들을 세상에 보내신 것은 세상을 심판하려 하심이 아니요 그로 말미암아 세상이 구원을 받게 하려 하심이라**"(3:17). 이 구절은 하나님의 사랑의 시혜(施惠)적 성격과 그 목적을 상술하고 있다. 하나님의 사랑의 특성은 비이기적이라는 것이다. 왜냐하면 **사랑은** "자기의 유익을 구하지 아니하기" 때문이다. 사랑은 언제나 그 사랑이 흘러들어가는 자의 유익을 바란다. 하나님께서 그의 아들을 지상에 보내셨을 때, 그것은 우리가 예기(豫期)했던 바와 같이 "세상을 심판하기" 위한 것이 아니었다. 세상이 왜 심판을 받았어야 했는가에 대하여는 잘 알 수 있다. 이방인들은 유대인들보다 훨씬 더 악한 상태에 있었다. 팔레스타인이란 좁은 땅 바깥에서는 참되시고 살아 계신 하나님에 대한 지식은 지상에서 거의 완전히 사라져 있었다. 그리고 하나님을 알지 못하고 그를 사랑하지 않는 곳에서는 사람들 사이에 이웃을 향한 사랑도 전혀 없었다. 모든 이방 국가에는 우상 숭배와 부도덕이 만연해 있었다. 로마서 1장의 후반부를 읽어 보면 하나님께서 그때 이 땅을 파멸의 빗자루로써 쓸어버리시지 아니한 일에 놀라지 않을 수 없다.

그러나 하나님은 심판하지 않으셨다. 그에게는 다른 목적, 은혜로운 목적이 있었다. 즉 하나님은 그의 아들을 세상에 보내서서 그로 말미암아 세상이 '구원을 받게 하려' 하셨다. 여기에서 '받게 하려' 라는 말은 불확실한 것을 나타내지 아니함에 주목해 보아야 한다. 이 말은 하나님께서 그의 아들을 보내신 목적을 선포해 준다. 일반적으로 ' … 하려' 라는 말은 가능성을 의미한다. 이것은 인간들이 사용하는 사전과, 그들의 단어를 사용하는 방법을 무시하고, 성령께서 성경에서 각 단어를 어떻게 사용하시는지를 보기 위하여 용어 색인을 찾는 일이 참으로 중요함을 다시 한 번 알려 준다. ' … 하려' 라는 말은 동사의 일부로서 **목적**을 표현해 준다. 하나님께서 그 아들을 세상에 보내사 그로 말미암아 '세상이 구원을 받게 하려' 하신다고 기록되어 있는데, 이것은 "그로 말미암아 세상이 구원을 받아**야 하게**" 하신다는 뜻이다. 개역성경에는 이렇게 번역되어 있다. 또 다른 실례를 들자면 베드로전서 3:18에는 "우리를 하나님 앞으로 인도하려 하심이라"고 기록되어 있는데, 이것은 불확실한 의미를 담고 있는 것이 아니라 성취해야 할 목적에 대해 말해 준다 (갈 4:5; 딛 2:14; 벧후 1:4 참조).

"그를 믿는 자는 심판을 받지 아니하는 것이요 믿지 아니하는 자는 하나님의 독생자의 이름을 믿지 아니하므로 벌써 심판을 받은 것이니라" (3:18). 믿는 자에게는 "정죄함이 없다"(롬 8:1). 왜냐하면 그리스도께서 그를 대신하여 정죄를 받으셨고, "그가 징계를 받음으로 우리가 평화를 누리게 되었기" 때문이다. 그러나 믿지 아니하는 자는 "벌써 **심판을 받았다**." 본질상 그는 단순히 부패한 정도가 아니라 "**진노**의 자녀"(엡 2:3)이기 때문이다. 그는, 죄를 미워하시는 하나님이 그에게 내린 저주를 가지고 이 세상에 들어온다. 그가 만일 복음을 듣고 그리스도를 받지 아니하면, 그는 이 불신으로 말미암아 새롭고 더 큰 심판을 받는다. 죄인이 바로 그의 불신에 대하여 **책**

임이 있는 자임을 참으로 명백히 증언해 주는 말씀이 아닌가!

"그 정죄는 이것이니 곧 빛이 세상에 왔으되 사람들이 자기 행위가 악하므로 빛보다 어둠을 더 사랑한 것이니라"(3:19). 여기에 인간의 불신의 **원인**이 있다. 즉 그는 어둠을 사랑하므로 빛을 싫어한다. 이 말씀은 그의 부패함을 잘 증언해 준다. 인간은 어두운 **가운데** 있을 뿐만 아니라 그 어둠을 **사랑**하기까지 한다. 그들은 진리의 빛보다 무지와 잘못과 미신을 좋아한다. 그리고 그들이 어둠을 사랑하고 빛을 싫어하는 이유는 바로 그들의 행위가 악하기 때문이다.

"악을 행하는 자마다 빛을 미워하여 빛으로 오지 아니하나니 이는 그 행위가 드러날까 함이요 진리를 따르는 자는 빛으로 오나니 이는 그 행위가 하나님 안에서 행한 것임을 나타내려 함이라 하시니라"(3:20, 21). 여기에 최종적인 시험이 있다. "악을 행하는(실행하는) **자마다** 빛을 미워하여 빛으로 오지 아니한다." 그 이유는 무엇인가? "이는 그 행위가 드러날까 함"이기 때문이다. **바로 이 이유** 때문에 사람들은 성경을 읽지 않으려고 한다. 하나님의 말씀이 그들을 정죄할 것이기 때문이다. 다른 한편으로 '진리를 따르는 자' — 이것은 모든 신자들의 특성이다 — 는 '빛으로 온다'(완료시제로 써 있음을 주목해 보라). 즉 그는 하나님의 말씀의 빛으로 **되풀이하여** 나온다. 무슨 목적 때문인가? 하나님의 뜻을 배우기 위해서이다. 그래서 하나님을 불쾌하게 하는 일들을 더 이상 행하지 아니하고, 그가 보시기에 좋은 것들에 몰두하기 위해서이다. 이것은 그리스도께서 니고데모에게 그의 **양심**에 던져 주신 마지막 말씀이지 않은가? 이 유대인의 지도자는 그의 행위가 빛을 견디지 못한다는 듯이 '밤에' 예수께 왔다.

다음 장을 예습하는 자들에게 도움을 주기 위하여 다음 질문들을 제시해 본다.

1. "많은 물"은 무엇을 가르쳐 주는가?(23절)
2. 유대인들이 요한에게 26절에 기록되어 있는 것을 말한 실제 목적은 무엇인가?
3. 27절의 의미는 무엇인가?
4. 29절에서는 그리스도인에게 지극히 중요한 어떤 교훈을 가르쳐 주는가?
5. 33절의 의미는 무엇인가?
6. 34절의 하반절은 무엇을 의미하는가?
7. 35절은 그리스도의 신성을 어떻게 나타내 주는가?

제10장

그리스도에 대한 요한의 증언

²²그 후에 예수께서 제자들과 유대 땅으로 가서 거기 함께 유하시며 세례를 베푸시더라 ²³요한도 살렘 가까운 애논에서 세례를 베푸니 거기 물이 많음이라 그러므로 사람들이 와서 세례를 받더라 ²⁴요한이 아직 옥에 갇히지 아니하였더라 ²⁵이에 요한의 제자 중에서 한 유대인과 더불어 정결예식에 대하여 변론이 되었더니 ²⁶그들이 요한에게 가서 이르되 랍비여 선생님과 함께 요단 강 저편에 있던 이 곧 선생님이 증언하시던 이가 세례를 베풀매 사람이 다 그에게로 가더이다 ²⁷요한이 대답하여 이르되 만일 하늘에서 주신 바 아니면 사람이 아무 것도 받을 수 없느니라 ²⁸내가 말한 바 나는 그리스도가 아니요 그의 앞에 보내심을 받은 자라고 한 것을 증언할 자는 너희니라 ²⁹신부를 취하는 자는 신랑이나 서서 신랑의 음성을 듣는 친구가 크게 기뻐하나니 나는 이러한 기쁨으로 충만하였노라 ³⁰그는 흥하여야 하겠고 나는 쇠하여야 하리라 하니라 ³¹위로부터 오시는 이는 만물 위에 계시고 땅에서 난 이는 땅에 속하여 땅에 속한 것을 말하느니라 하늘로부터 오시는 이는 만물 위에 계시나니 ³²그가 친히 보고 들은 것을 증언하되 그의 증언을 받는 자가 없도다 ³³그의 증언을 받는 자는 하나님이 참되시다는 것을 인쳤느니라 ³⁴하나님이 보내신 이는 하나님의 말씀을 하나니 이는 하나님이 성령을 한량 없이 주심이니라 ³⁵아버지께서 아들을 사랑하사 만물을 다 그의 손에 주셨으니 ³⁶아들을 믿는 자에게는 영생이 있고 아들에게 순종하지 아니하는 자는 영생을 보지 못하고 도리어 하나님의 진노가 그 위에 머물러 있느니라(요 3:22-36)

우선 우리가 주의를 기울여 읽게 될 본 구절을 간략히 분석해 보자. 우리는 본문을 다음과 같이 요약해 볼 수 있다.

1. 유대에 머문 주 예수와 그의 제자들(22절)
2. 애논에서 세례를 준 요한(23, 24절)
3. 요한의 시기를 유발시키려는 시도(25, 26절)
4. 요한의 겸손(27, 28절)
5. 요한의 기쁨(29절)
6. 그리스도의 탁월하심(30-35절)
7. 회피할 수 없는 양자택일(36절)

본문에는 또 하나의 상징적인 그림이 제시되어 있다. 그런데 우리가 이미 보아 온 다른 몇몇 구절들과는 달리 여기에서는 그 그림의 윤곽을 쉽게 식별할 수가 없다.

주님께서 지상에 계셨을 때 유대교의 영적 상태는 다음과 같은 세 가지 슬픈 특징을 드러내고 있었다. 첫째로, 유대인들은 종교의 외형에 전념하고 있었다(25절). 둘째로, 그들은 그리스도의 사역에 수반된 결과를 시기하였다(26절). 셋째로, 그들은 구세주의 증언을 거부하였다(32절). 이 사실들은 이스라엘 민족의 상태를 명백하게 보여주고 있다! 그리스도를 찾는 마음이 없고, 그리스도의 선지자에 의해 명백하게 제시된 그리스도의 신분에 대해서도 깨닫지 못한 채(28절), 그들은 형식주의에 관한 문제에만 관심을 기울이고 있었다. 그들이 비록 종교적이었다고 할지라도, 그들은 그리스도의 필요성을 느끼지 못했다. 그들은 생명의 물을 찾아 주 예수께 가는 것보다 '정결예식'의 문제에 대해 논쟁하는 것을 더 좋아하였다. 그뿐만 아니라 그들은 주 예수의 공생애의 초기에 수반된 그의 외적 성공을 시기하였다. 이것은 그들의 마음을 참으로 잘 나타내 주는 사실이 아니겠는가! 그들의 마음 상태가 어떠했는지는 우리가 32절, 즉 그들이 그리스도의 증언을 '받지 아니하였다'는 구절을 읽을 때 더 분명해진다. 구세주는 그들에게 '무시당했을' 뿐만 아니라 '거부당하였다.' 이렇게 해서 유대교의 가공할 상태가 우리 앞에 다시 한 번 명백하게 드러난다.

"그 후에 예수께서 제자들과 유대 땅으로 가서 거기 함께 유하시며 세례를 베푸시더라"(3:22). 우리는 이 구절을 요한복음 4:2에 비추어 읽어야 한다. 이 두 구절이 서로 결합하여 하나의 중대한 원칙을 확립한다. 즉 **그리스도의 권위로써** 그의 종들이 행한 것은 그리스도께서 직접 행하신 것이나 마찬가지이다. 그것은 우리가 고린도후서 5:20에서 읽을 수 있는 것과 똑같은 사실이다. 즉 "그러므로 우리가 그리스도를 대신하여 사신이 되어 하나님이 우리를 통하여 너희를 권면하시는 것 같이 **그리스도를 대신하여** 간청하노니 너희는 하나님과 화목하라." 그것은 기도의 경우에도 마찬가지이다. 우리가 예수 그리스도의 이름으로 아버지께 진정으로 기도하면 그것은 그리스도께서 친히 간구하시는 것과 똑같은 것이다.

"**요한도 살렘 가까운 애논에서 세례를 베푸니 거기 물이 많음이라 그러므로 사람들이 와서 세례를 받더라**"(3:23). 이 지명의 의미는 (성경의 다른 모든 예들이 그렇듯이) 대단히 함축적이다. 애논은 '샘물이 있는 곳'을 의미하며, 살렘은 '평화'를 뜻한다. 그곳에 있을 수 있었던 요한에게는 얼마나 축복이었겠는가! 이 명칭들은 가뭄과 죽음을 암시하는 '유대 광야' 및 '요단 강 사방'(마 3:1, 5)과 현저한 대조를 이루고 있다. 여기에는 분명히 우리에게 가르칠 매우 중대한 교훈이 있는 것임에 틀림없다. 하나님께서 선지자를 부르셔서 수고하게 하신 곳은 바로 가뭄과 죽음의 장소였다. 그런데 그가 거기에서 주 예수를 신실하게 증언했을 때 그곳은 **그에게** '샘물'(새롭게 함)과 '평화'의 장소가 되었다. 하나님께 순종하는 종이 체험하게 되는 것은 바로 그러한 것이다.

"요한도 … 세례를 베푸니." 여기에는 하나님의 많은 종들을 위한 실제적인 교훈이 들어 있다. 주 예수께서 친히 유대에 계셨고 그의 제자들도 그와 더불어 세례를 주고 있었다. 처음에 요한의 설교에 몰려들었던 군중은 이제 그를 버리고 그리스도에게 몰려들었다(26절). 그때 주님의 선지자는 어떻게 하였는가? 이제 자기의 일은 완성되었고 하나님은 더 이상 자신을 필요로 하시지 않는다고 결정하였는가? 그는 자기의 회중이 아주 적어졌기 때문에 낙담하였는가? 그는 자신의 일을 그만두고 오랜 휴지기로 돌입해 버렸는가? 결코 그렇지 않았다. 그는 신실하게 자기 일을 계속해 나갔다. 즉 "그도 세례를 베풀었다." 이것은 우리를 위한 메시지가 아니겠는가? 아마 큰 군중을 섬겨 오던 어떤 사역자가 이 어구를 읽을지도 모른다. 그런데 더 이상 그에게 큰 군중이 오지 않는다. 다른 설교자가 나타나고 군중들이 그에게 몰려간다. 그렇다면 당신은 어떻게 하겠는가? 하나님께서 당신을 저버리셨다고 결론 내려야만 하겠는가? 당신은 당신을 낙담하게 하는 이 일로 인하여 괴로워하고 있는가? 혹은 설상가상으로 다른 설교자의 수고에 동반된 그 큰 성공을 **시기**하는가? 그렇다면, 그리스도의 다 같은 형제 종이여, 이 말을 마음에 깊이 새겨두라 — "요한**도** 세례를 베푸니." 그가 인기를 얻던 시기는 끝났는지도 모른다. **그의** 빛은 더 큰 빛에 의해 가려졌다. 그의 군중은 드문드문해졌다. 그럼에도 불구하고 그는 하나님께서 그에게 하라고 맡겨 주신 일을 끈기 있게 해 나가며 신실하게 견디었다! "우리가 선을 행하되 낙심하지 말지니 **포기하지 아니하면** 때가 이르매 거두리라"(갈 6:9). 요한은 그의 의무를 이행하였고, 수행해야 할 과정을 완료시켰다.

"요한도 살렘 가까운 애논에서 세례를 베푸니 거기 물이 **많음**이라." 이것은 세례 **양식**을 암시해 주는, 신약에 나타난 구절들 중의 하나이다. 세례가 물을 뿌리거나 붓는 형태였다면 '**많은 물**'이 필요하지 않았을 것이다. 요한이 '애논에 물이 많기 **때문에**' 거기에서 세례를 주었다는 사실은 세례의 성경적인 형태가 물에 잠그는 것임을 암시한다. 그러나 하나님의 의도를 알고 그것을 수행하고자 하는 사람은 어떤 추측이 제 아무리 강력한 것이라 할지라도 그것에만 의지해서는 안된다 (헬라어와 영어 둘 다에서) '세례를 주다'에 해당하는 말은 '담그다' 또는 '잠그다'라는 의미이다. '뿌리는 것과 붓는 것'에 해당하는 헬라어는 '세례를 주다'에 해당하는 말과는 전적으로 다르다. 그리고 복되신 우리 주님께서 친히 보여주신 예가 모든 논쟁을 해결지어 줄 것이다. 편견 없는 마음으로 마태복음 3:16을 읽는다면 우리는 주 예수께서 물에 잠기셨다는 것을 볼 수 있을 것이다. 끝으로, 로마서 6장의 증거는 확실하고 명료한 것이다. "우리는 그의 죽으심과 **합하여 세례를 받은 줄을**"(We are *buried* with Him *by baptism* into death, 3절)이라고 기록된 말씀을 보라.

"**이에 요한의 제자 중에서 한 유대인과 더불어 정결예식에 대하여 변론이 되었더니**"(3:25). 여기에 언급된 '유대인'이란, 1:19에서 세례 요한에게 그가 누구인지를 물으려고 대표단을 파견했던 바로 그 유대인들이다. 고대 헬라어 사본과 개역 성경(Revised Version) 사이에는 약간의 차이가 있다. 개역 성경에는 이렇게 기록되어 있다. "이에 요한의 제자 중에서 **한 유대인**(a Jew)과 더불어 정결예식에 대하여 변론이 되었더니." 그러나 우리는 다른 많은 예에서처럼 여기에서도 흠정역(Authorized Version) 성경이 개역 성경보다 더 바람직하다는 사실에 만족해야 한다. 1:19에서 언급된 유대인들이 여기 3:25에서 다시 언급된 바로 '그 유대인들'임에 틀림없다. 이 사실은 28절을 읽어 보면 분명히 알 수 있다. "**내가 말한 바** 나는 그리스도가 아니요 그의 앞에 보내심을 받은 자라고 한 것을 증언할 자는 너희니라." 세례 요한은 유대인들에게 그가 앞의 예에서 그들의 대표단에게 말했던 증언을 상기시켜 주고 있다. 왜냐하면 요한복음 3:28은 1:20 및 23절과 정확하게 일치하기 때문이다.

"**그들이 요한에게 가서 이르되 랍비여 선생님과 함께 요단 강 저편에 있던 이 곧 선생님이 증언하시던 이가 세례를 베풀매 사람이 다 그에게로 가더이다**"(3:26). 이 유대인들이 그런 말을 한 목적은 무엇이었을까? 그들의 동기는 악한 것이 아니었겠는가? 그들은 요한으로 하여금 시기하게 만들고자 한 것이 아니겠는가? 분명히 그런 것처럼 보인다. 그것이 그리스도의 선지자의 시기를 유발시키려고 한 것이 아니라면 그들은 무엇 때문에 그리스도의 외적 성공을 말하였겠는가? 우리는 이 말 뒤에 숨어 있는 영혼의 원수를 간파할 수 있지 않은가? 이것은 주님의 한 종으로 하여금 다른 종이 얻은 더 큰 성공을 시기하게 만들려고 사탄이 즐겨 사용하는 계략이다. 그리고 슬프게도 그 원수는 그렇게 하여 그의 사악한 목적을 참으로 빈번하게 달성한다. 그러한 공격에 견뎌낼 수 있는 사람은 인간의 영광을 구하는 자가 아니라 주님의 영광을 바라는 자뿐이다.

우리는 상기와 같은 주목할 만한 예를 모세와 관련해서 찾아볼 수 있다. 그런데 그는 "온유함이 지면의 모든 사람보다 더하더라"(민 12:3). 우리는 민수기 11:26, 27에서 다음과 같은 사실을 읽게 된다. "그 기명된 자 중 엘닷이라 하는 자와 메닷이라 하는 자 두 사람이 진영에 머물고 장막에 나아가지 아니하였으나 그들에게도 영이 임하였으므로 진영에서 예언한지라 한 소년이 달려와서 모세에게 전하여 이르되 엘닷과 메닷이 진중에서 예언하나이다 하매." 우리는 그 다음 사실에 주목해야 한다. "택한 자 중 한 사람 곧 모세를 섬기는 눈의 아들 여호수아가 말하여 가로되 내 주 모세여 금하소서." 여호수아조차도 그의 스승을 위하여 시기하였다. 그러나 참으로 복되게도 모세는 그를 책망한다. "모세가 그에게 이르되 네가 나를 위하여 시기하느냐 여호와께서 그 신을 그 **모든** 백성에게 주사 다 선지자 되게 하시기를 원하노라."

우리는 자기 자신을 가리켜 "모든 성도 중에 지극히 작은 자보다 더 작은 나"(엡 3:8)라고 일컫은 바울에게서 이와 동일한 비이기적인 정신을 발견할 수 있다. 주의 사랑하는 사도가 로마의 감옥에 갇혀 있을 동안, 형제 중 다수가 주 안에서 신뢰하게 되었고, 두려워하지 않고 하나님의 말씀을 담대히 전하게 되었다. 사실 어떤 사람은 투기와 분쟁으로, 또 어떤 사람은 착한 뜻으로 그리스도를 전파하였다. 그런데 그 사도는 어떻게 생각하였는가? 이들이 자기가 없는 틈을 이용하려 한다고 생각했는가? 그는 **그들의** 수고를 시기하였는가? 결코 그렇지 않았다. 그는 이렇게 말하였다. "이로써 나는 **기뻐하고** 또한 기뻐하리라"(빌 1:14-18). 그리고 성도들의 믿음을 새롭게 해주는 빌레몬의 사역에 관한 이야기를 듣고 이렇게 편지를 썼다. "형제여 성도들의 마음이 **너로 말미암아** 평안함을 얻었으니 내가 **너의 사랑으로 많은 기쁨**과 위로를 받았노라"(몬 7). 우리가 하나님께서 주의 종들을 어떻게 쓰시는지 안다면, 우리는 이 정신을 우리와 다른 주의 종들의 마음속에서 더욱 많이 발견하게 될 것이다.

"**요한이 대답하여 이르되 만일 하늘에서 주신 바 아니면 사람이 아무 것도 받을 수 없느니라**"(3:27). 이 때 요한이 어떻게 처신했는가 보라. 얼마나 아름다운가! 그의 대답은 지극히 적절하였다. 첫째로, 그는 하나님의 주권적인 뜻에 굴복하였다(27절). 둘째로, 그는 앞에서 자신은 주님에 '앞서 먼저 보내진 자' 일 뿐 그 외에 다른 어떤 신분도 아니라고 부인했었는데 여기에서 유혹자들에게 그 사실을 상기시킨다(1:28). 셋째로, 그는 이스라엘이 요한 자신에게가 아니라 예수께 속해 있음을 선포한다(29절). 넷째로, 그는 사람들이 주 예수께로 몰리는 것을 보고서 그의 기쁨이 충만해졌다고 단언한다(29절). 끝으로, 그는 그리스도는 '흥하여야' 하겠고 자신은 '쇠하여야' 하리라고 주장한다(30절). 이것이야말로 복된 자기희생이다.

"요한이 대답하여 이르되 만일 하늘에서 주신 바 아니면 사람이 아무 것도 받을 수 없느니라." 요한은 이 유대인들에게 영적인 지각력이 결여되어 있는 것을 보고 전혀 놀라지 않았다. 하나님의 일은 타고난 그대로의 인간성으로는 식별할 수 없다. 사람이 영적인 것들을 받기 전에 먼저 그것들이 '하늘에서 그에게 주어져야' 만 한다. 그리고 하나님은 그의 은사를 주시는 데 있어서 주권을 가지셨다. 우리는 이 27절의 말씀이 우리를 당황케 하는 일들에 대한 열쇠를 지닌다는 사실에 만족해야 한다. 믿는 자의 세례에 대한 진리를 알지 못하는 주님의 사랑하시는 형제들이 있다. 반면에 예정론의 문제로 주저하고 있는 다른 형제들도 있다. 우리에게는 대낮처럼 명백한 일들이 그들에게는 희미하다. 그러나 우리의 지식이 좀 더 낫다 해서 득의양양해서는 안 된다. 오히려 사도 바울의 다음과 같은 훈계를 기억해야 한다. "누가 너를 남달리 구별하였느냐 네게 있는 것 중에 받지 아니한 것이 무엇이냐 네가 받았은즉 어찌하여 받지 아니한 것 같이 자랑하느냐"(고전 4:7)

그러나 다른 한편 우리가 하나님의 일에 대하여 무지하다면 거기에는 변명의 여지가 없다. 우리는 그 점에 있어서 전혀 변명할 수 없을 것이다. 하나님께서는 그의 마음을 분명하게 알려 주셨다. 그의 복되신 말씀이 여기 우리 수중에 있다. 우리를 **모든** 진리에로 인도하도록 성경이 우리에게 주어졌다. 우리를 가르치기 위하여 기록된 모든 것을 믿고 이해하는 일은 우리의 책임이다. "만일 누구든지 무엇을 아는 줄로 생각하면 아직도 **마땅히** 알 것을 알지 못하는 것이요"(고전 8:2). 그럼에도 불구하고 또한 하나님 편에서 하셔야만 하는 일이 있다. 여기 요한복음 3:27의 내용이 곧 **그것**이다. 주 예수께서 권능을 가장 많이 베푸신 마을의 불신에 대해 책망하시면서 무엇이라 말씀하셨는가? "예수께서 대답하여 이르시되 천지의 주재이신 아버지여 이것을 지혜롭고 슬기 있는 자들에게는 숨기시고 어린 아이들에게는 **나타내심**을 감사하나이다 옳소이다 이렇게 된 것이 아버지의 뜻이니이다"(마 11:25, 26). 사도 베드로가 그리스도의 메시야이심과 신성에 대하여 지극히 복된 증언을 했을 때 그는 사도에게 무어라 말씀하셨는가? "예수께서 대답하여 이르시되 바요나 시몬아 네가 복이 있도다 이를 네게 알게 한 이는 혈육이 아니요 하늘에 계신 **내 아버지**시니라"(마 16:17). 그리고 루디아에 대해서는 무엇이라고 기록되어 있는가? "두아디라 시에 있는 자색 옷감 장사로서 하나님을 섬기는 루디아라 하는 한 여자가 말을 듣고 있을 때 **주께서 그 마음을 열어** 바울의 말을 따르게 하신지라"(행 16:14)

하나님은 변하기 쉬운 분이 아니시다. 그의 은사가 우리에게 '주어지지' 않는다면 잘못은 전적으로 우리 자신에게 있다. 우리가 '얻지 못함'은 '구하지 아니하기' 때문이다(약 4:2). 또는 우리가 너무나 게을러서 하나님의 귀중한 것들을 '찾지' 않기 때문에 '받지' 못하는 것이다. 여기 반드시 지키시는 하나님의 약속이 있다. 만일 우리가 거기에 부과된 조건들을 충족시키기만 하면 확실히 그 약속된 것을 받을 것이다. "내 아들아 네가 만일 나의 말을 받으며 나의 계명을 네게 간직하며 네 귀를 지혜에 기울이며 네 마음을 명철에 두며 지식을 불러 구하며 명철을 얻으려고 소리를 높이며 은을 구하는 것 같이 그것을 **구하며** 감추어진 보배를 찾는 것 같이 그것을 **찾으면** 여호와 경외하기를 깨달으며 **하나님을 알게 되리니**"(잠 2:1-5)

"**내가 말한 바 나는 그리스도가 아니요 그의 앞에 보내심을 받은 자라고 한 것을 증언할 자는 너희라**"(3:28). 요한은 여기서 그가 어떤 사람인지를 나타낸다. 그는 그리스도의 앞에 보내진 사자, 즉 그의 선구자일 뿐이다. 그러므로 그의 신분은 종속적인 것이다. 이것은 얼마나 복된 일인가. 유대인들은 요한의 자만심을 유발시키려 했다. 그러나 주님의 종은 그들 앞에서 적절한 자신의 위치를 취하였다. 그는 그들에게 자신은 그리스도의 '앞에 나타내심을 받은' 자일 뿐임을 상기시킨다.

"**신부를 취하는 자는 신랑이나 서서 신랑의 음성을 듣는 친구가 크게 기뻐하나니 나는 이러한 기쁨으로 충만하였노라**"(3:29). 우리는 우선 이 구절 서두에 관심을 기울여야 한다. 주 예수께서 '**취하신다**'고 한 그 '**신부**'는 누구를 의미하는가? 이 문제의 대답을 찾으려면 우리는 이 말이 있게 된 **전후관계**와 이 말을 하게 된 상황과, 그리고 그것을 말한 **사람**에게 특별한 관심을 기울여야 한다. 우리는 이 말이 나오게 된 **전후관계**를 요한복음 3:22, 23 말씀에서 발견할 수 있다. 예수의 제자들은 요한과 마

찬가지로 '세례를 주고 있었다.' 이것은 그리스도의 세례가 아니었다. 왜냐하면 그
것은 구세주께서 부활하신 후에야 제정되었기 때문이다. 그러므로 이 세례는 **왕국의**
세례이다. 그리고 천국으로 들어갈 수 있는 조건의 하나이다(마 3장 참고). 이 말이
나오게 된 **상황**은 요한복음 3:29에서 찾아볼 수 있는데, 그 구절은 군중이 그리스도
에게로 몰리고 있다는 사실을 고하여 요한의 투기심을 야기시키려 한 자들에게 준
요한의 답변이다. 이 말을 한 **사람**은 이방인의 사도 바울이 아니라 자기의 전도 사업
을 이스라엘에 **국한시켰고** 자신을 '신랑의 친구'라고 칭한 세례 요한이었다.

세례 요한이 '신부를 취하는 자는 신랑'이라고 말했을 때, 그는 그 말로써 그리스
도의 몸인 교회를 가리킨 것이 아니다. 왜냐하면 그것에 대해서 그는 아무것도 알지
못했고 또한 삼위일체이신 하나님 이외에는 아무도 그것을 알 수 없었기 때문이다.
그 당시 그리스도께서는 교회를 형성하고 있지 않았다. 그는 자신을 '할례 받은 자들
의 사역자'로 이스라엘에게 나타내셨다. 회개하고 믿은 소수의 사람들이 그의 주변
에 모여들었다. 12사도들이 **세상적인** 관계에 있어서 그리스도와 관련이 **있다**는 것은
(물론 그들은 믿음의 가족의 지체들로서, 그리고 하나님 가족의 지체들로서도 그와
관련이 있지만) 구세주의 말씀을 통해 확실해진다. "예수께서 이르시되 내가 진실로
너희에게 이르노니 세상이 새롭게 되어 인자가 자기 영광의 보좌에 앉을 때에 나를
따르는 **너희도** 열두 보좌에 앉아 **이스라엘** 열두 지파를 심판하리라"(마 19:28). 이것
은 이방인들의 사도요 하나님께서 그를 통해 한 몸에 대한 진리를 드러내 주신 자인
사도 바울로서는 결코 말하지 아니한 선포이다.

'신부를 **취하는** 자'라는 말은 믿음의 표현이다. '신부'를 형성하게 될 무리는 그
때 전혀 완비되어 있지 않았다. 단지 핵심적인 토대만이 갖추어져 있었다. 그러나 **믿
음**으로 말미암아 요한은 이스라엘에 관한 하나님의 계획이 **이미 성취된 것으로** 볼
수 있었다. 그러나 '신부를 **취하는** 자'는 아직 한 몸을 취하지 않고 있었다. 왜냐하
면 그 **한 몸**은 몇 년이 흐른 후에야 비로소 형성되기 시작했기 때문이다. 우리가 기
술한 것이 정확한 것인지 좀 더 확실한 증거를 찾고 싶다면 그 다음 구절을 보면 알
수 있다. "**신랑의** 음성을 듣는 **친구가** 크게 기뻐하나니 **나는** 이러한 기쁨이 충만하였
도다." 의심할 여지 없이 이것은 세례 요한 자신을 가리키는 말이다. 그러나 그는 어
느 의미에 있어서도 그리스도의 몸인 교회에 대한 진리를 예고하는 것과 관련이 없
다. 요한복음 1:31에 기록된 요한 자신의 말이 결정적인 단서이다. 즉 "**내가 와서 물
로 세례를 베푸는 것은 그를 이스라엘**에게 나타내려 함이라."

우리는 이 3장에서 그리스도의 **하늘**의 신부가 곧 그리스도의 몸일 것인지에 관해서는 부인할 수도 단언할 수도 없다는 것을 알아야 한다. **그 점에** 관해서는 본 구절들의 범위 내에서는 판단할 수 없다. 우리가 해야 할 일은 요한복음 3:29을 충실하게 설명하는 일이며, 거기에서의 '신부'는 분명히 새로 난 이스라엘 민족의 무리, 그러나 아직은 완성되지 않은 무리를 가리키는 것임을 설명하는 일이다. 그 무리를 모으는 일은 유대 민족 전체가 그리스도를 부인한 것으로 인하여 방해되었고, 이 **시대**에도 그리스도를 부인함으로써 그 일이 방해되고 있다. 그러나 그리스도의 몸이 "다 하나님의 아들을 믿는 것과 아는 일에 하나가 되어 온전한 사람을 이루어 그리스도의 장성한 분량이 충만한 데까지 이른 후"에는(엡 4:13) 하나님께서 이스라엘로 더불어 그 일을 **다시 시작하실** 것이며, 그들로부터 모아지게 될 그 무리가 **완전한 것이 될** 것이다.

"서서 신랑의 음성을 듣는 친구가 크게 기뻐하나니"(29절). 이 구절은 대단히 복된 말이다. 우선 우리는 우리가 요한복음 1:35-37을 고찰할 때 주의를 기울였던 내용이 여기에 반복되어 있다는 점에 주목해야 한다. 거기에서 요한의 두 제자는 그들의 스승이 "보라 하나님의 어린 양이로다"라고 '말하는' 것을 듣기 전에 '서 있었다.' 그 순서는 지금 우리가 고찰하고 있는 이 구절의 것과 똑같다. 여기서도 "서서 [그리고] 신랑의 음성을 듣는다." 서 있다는 것은 행위의 중지 상태를 뜻한다. 즉 그것은 주의가 집중되어 있는 행동을 의미한다. 방금 설명한 원칙은 대단히 중요한 것이다. 그것은 사람들이 이리저리로 부산하게 활동하고 다니는 오늘날에 있어서 강조될 필요가 있는 원칙이다. 왜냐하면 그런 행동은 단지 **육체적인 활동력**의 산물일 뿐이기 때문이다. 우리는 '그의 말을 듣기' 전에 '서 있어야'만 한다.

"나는 이러한 기쁨으로 충만하였노라"(29절). 이것은 지극히 귀중한 말이다! 마음의 기쁨이란 '그리스도에게 전념함으로써' 얻는 열매이다! 영혼을 기쁘게 하는 것은 바로 서서 **그의 목소리**를 듣는 것이다. 그러나 다시 한 번 말하는 바이지만 이를 위해 없어서는 안 될 선행조건은 육체의 활동을 중지하는 것이다. 우리가 우리 주변의 온갖 가공할 혼란스러운 상황에 휩쓸려 이리저리로 바삐 돌아다닌다면 우리는 그의 목소리를 들을 수 없다. '더 좋은 역'은 "**준비하는 일이 많아** 마음이 분주한" 마르다와 같은 사람 편에 있지 않고 마리아와 같이 주 예수의 발치에 '앉아' 그의 말씀을 **듣는** 사람 편에 있다(눅 10:38-42). 또한 우리는 요한복음 3:29의 시제에도 주목해야 한다. '서서 듣다'는 말은 **완료시제**로 되어있다. 완료시제는 **계속적인** 행위를 나타낸다. 우리의 기쁨이 충만하게 되려면 우리는 매일같이 이렇게 행동해야 한다. 우리의 생활에 기쁨이 없는 것은 우리가 바로 이 점에서 실패하기 때문이 아니겠는가?

"**그는 흥하여야 하겠고 나는 쇠하여야 하리라 하니라**"(3:30). 이것은 요한의 아름다운 겸손이 최고조에 이른 것을 드러내 주는 복된 말이며, 모든 파벌심을 분쇄하고 그의 제자들의 마음속에 조금이라도 들어 있을 시기심을 미연에 방지하는 말이었다. 원칙적으로 이 구절은 앞 구절에서 요한이 방금 했던 말과 밀접한 관계가 있다. 내가 '쇠하여' 지면 쇠해질수록 나는 사랑스러움 그 자체이신 저 복되신 이의 목소리를 서서 듣는 것이 더욱더 기쁠 것이다. 그리고 그 반대의 경우도 마찬가지이다. 내가 서서 그의 목소리를 더 많이 들으면 들을수록 그는 내 앞에서 더욱더 '흥하겠고' 나는 더욱더 '쇠할' 것이다. 우리는 동시에 두 가지 목표에 전념할 수 없다. 우리는 '쇠하는 것' 이란 우리 자신에게 더욱더 적게 마음을 쓰는 것임을 알아야 한다. 내가 그리스도에게 더 많이 전념하면 할수록 내 자신에게는 더욱더 적게 마음을 쓸 것이다. 겸손이란 직접적인 경작의 산물이 아니라 오히려 **부산물**이다. 내가 겸손하려고 노력하면 노력할수록 나는 더욱더 겸손에 이르지 못할 것이다. 그러나 내가 "마음이 온유하고 겸손하신" 그분께 진정으로 전념한다면, 즉 내가 하나님의 말씀의 거울에 비추인 주의 영광을 끊임없이 바라보고 있다면 나는 "**그와 같은 형상으로 변화하여 영광에서** 영광에 이르니 곧 주의 영으로 말미암음이니라"(고후 3:18)

우리가 지금 고찰하고 있는 구절 속에는 세례 요한의 주 예수 그리스도에 대한 최후의 증언이 들어 있다. 세례 요한은 그의 주님의 여러 가지 영광을 증언하면서 일곱 가지의 대조적인 사실을 제시하고 있다. 첫째로, 요한은 하늘에서 주신 바 아니면 **아무것도** 받을 수 없는 사람이다(27절). 반면에 그리스도는 아버지께서 "**만물**을 다 그 손에 주신" 자이다(35절). 둘째로, 예수는 그리스도이시다. 반면에 요한은 "그의 앞에 보내심을 받은" 자일 뿐이다(28절). 셋째로, 그리스도는 '신랑' 이시다. 반면에 요한은 신랑의 '친구' 일 뿐이다(29절). 넷째로, 그리스도는 '흥하여야' 하겠고 반면에 요한 자신은 '쇠하여야' 한다(30절). 다섯째로, 요한은 '땅에 속하고' 반면에 주 예수는 '하늘로 오시는' 이시며 '만물 위에 계시는' 이이다(31절). 여섯째로, 요한은 성령을 제한적으로 받았을 뿐이나 그리스도에게 있어서는 "하나님이 성령을 한량 없이 주신 자" 라고 증언되어 있다(34절). 일곱째로, 요한은 종이지만 반면에 구세주께서는 하나님의 아들이시다(35절). 이것은 영광스러운 주님의 탁월하심에 대한 참으로 완전한 증언이 아니겠는가!

"위로부터 오시는 이는 만물 위에 계시고 땅에서 난 이는 땅에 속하여 땅에 속한 것을 말하느니라 하늘로부터 오시는 이는 만물 위에 계시나니" (3:31). 요한은 여기서 그리스도의 인격과 영광, 그리고 그가 하시는 증언에 대하여 입증한다. 그는 이 증언을 통하여 그가 그리스도와 자기 자신 사이를 구별해 놓은 일곱 가지 대조적인 사실들 중의 하나를 지적하고 있는 듯하다. "땅과 땅에 속한"이라는 말은 "세상과 세상적인"이라는 의미로 이해되어서는 안 된다. 요한은 땅에서 난 자요 그러므로 땅에 속한 일들을 말했다. 그러나 주께서는 하늘로부터 오신 이요 그러므로 만물 위에 계신다. 하나님께서 보내신 다른 모든 사자들은 그들의 신변에 많은 땅의 속성을 지니고 있다. 그와 같이 지금 하나님의 종인 우리들도 땅의 속성을 지니고 있다. 우리는 우리의 지각력이 한정되어 제한적인 존재이다. 우리가 거하고 있는 육체가 가혹한 장애물이다. 우리의 시력은 주로 땅의 일에 제한되어 있다. 그러나 주 예수께는 아무런 제한이 없다. 그는 하늘로부터 오신 하나님의 아들이요, 순전하고 완전하시며 전지하시다.

"그가 친히 보고 들은 것을 증언하되" (3:32). 그리스도께서 하시는 증언은 완전한 것이다. 선지자들은 성경으로부터 그들의 메시지를 받았다. 그러므로 그들은 '보지' **아니한** 일들을 말한다(마 13:17). 천사들도 오히려 살펴보기를 원하는 것은 있으나 그 일들은 너무나 신비로워서 그것들을 이루 다 헤아릴 수가 없다(벧전 1:12). 그러나 우리 주 예수 그리스도께서는 자신의 완전한 지식으로 말미암아 '하늘의 일들'을 아신다. 왜냐하면 그는 줄곧 아버지의 품에 거하고 있었기 때문이다. **그는** 하나님의 마음을 아신다. 왜냐하면 그는 하나님이시기 때문이다.

"그의 증언을 받는 자가 없도다" (3:32). 요한의 이 말은 26절에서 "사람이 다 그에게로 가더라"라고 선언했던 유대인들에 대한 말과 크게 다르지 않은가! 영적인 결과를 도표로 작성하고자 할 때의 통계적인 숫자는 참으로 믿을 수 없음이 여기에서 배워야 할 귀한 교훈이다. 저 유대인들은 외양만을 보았다. 그러므로 그 관점에서 볼 때 그리스도의 대의(大義)는 비범하게 번창하는 듯하였다. 그러나 주님의 선구자는 참된 영적 결과에 있어서 그 이면에 숨어 있는 것을 보았다. 그리고 그가 판결했던 것은 "그의 증언을 받는 자가 없도다"라는 말이었다. 그러므로 통계적인 숫자를 조심하라. 그것들은 주로 모여든 숫자에만 의존한다. 낙관적인 사람들은 기쁘고 고무적인 모든 것을 말할 것이다. 그러나 좀 더 진지하고 엄격한 사람들은 낙담시키는 일들을 말할 것이다.

"그의 증언을 받는 자가 없도다" 이것은 문자 그대로 이해되어서는 안 된다. 왜냐하면 바로 다음 말씀을 보면 "그의 증언을 받는 자는 하나님이 참되시다는 것을 인쳤느니라"라고 되어 있기 때문이다. 그러므로 요한의 의도한 바는 그리스도의 증언을 받는 이가 **비교적** 없었다는 것이 분명하다. 그리스도께 몰려들었던 군중의 수와 비교해 볼 때, 그리고 이스라엘 민족 전체와 비교해 볼 때, 그리스도의 증언을 '받는' 자들이 너무나 적었다. 그래서 그 증언을 받는 이가 전혀 없는 것과 같았다. 그것은 오늘날에도 똑같은 상황이 아니겠는가? 이 혜택받은 땅에서 그리스도가 다수에게 전파되고 있다. 그리고 많은 사람들이 그에 관하여 듣고 있다. 그러나 슬프게도 그의 증언을 자신의 마음속에 진정으로 받아들였다고 증언하는 자는 참으로 적은 것이다!

그렇다면 저들이 하늘로부터 오신 이(31절), 그가 보고 들은 것을 증언하는 이(32절), 성령을 한량 없이 받으신 이(34절), 그리고 아버지의 사랑을 받는 다름 아닌 바로 그 아들이신 이(35절)의 증언을 받지 않는 **이유**는 무엇인가? 그것은 그들이 **땅에 속해** 있기 때문이다. 그 메시지는 너무나 천상적이어서 그들이 이해할 수가 없는 것이다. 그들은 천상의 일에는 맛을 느끼지 못한다. 그들은 아래의 일들에만 마음을 기울인다. 어떤 사람들은 너무나 학식이 높아서 그렇게 단순한 일들은 아무것도 믿을 수가 없다. 이 사실이 바로 유대인들에게는 여전히 걸림돌이며 그리스도인들에게는 어리석음의 원인이다. 그들은 하나님을 믿으려 하지 않는다. "그들이 인간으로부터 얻는 영예를 받는" 한 **어떻게 믿을 수 있겠는가**! 또 어떤 사람들에게 있어서 방해가 되는 것은 **교만**이다. 그들은 자기 자신이 착하다고 생각한다. 그들은 바리새인들과 같다. 그들은 출신이 너무 좋아서 자신들이 거듭날 필요가 있다는 것을 깨닫지 못한다. 그들은 너무나 교만하기 때문에 빈손의 거지가 되어 하나님의 **선물**을 받을 신분을 취할 수가 없다. 그러나 그리스도의 증언을 받아들이지 않는 좀 더 근본적인 원인은 "사람들이 자기 행위가 악하므로 빛보다 어둠을 더 사랑한 것이다"(3:19). 사람들은 너무 타락해서 마음이 완악하고 그들의 이해력은 흐릿해 있다. 그러므로 그들은 빛보다 어둠을 더 좋아한다.

"그의 증언을 받는 자는 하나님이 참되시다는 것을 인쳤느니라"(3:33). '인쳤다'는 말은 보증하며 확증한다는 뜻이다. 믿는 자는 주 예수를 믿음으로 말미암아 하나님이 실재시라는 것을 알게 되었다. 그가 이제까지는 알지 못하는 하나님에 대하여 듣고 말하였으나, 이제 그는 스스로 하나님을 알며, 하나님의 신실하심을 믿는 그의 믿음을 선포한다. 하나님께서는 "아들을 믿는 자는 영생을 얻었느니라"고 말씀하신다. 그리고 믿는 자는 하나님이 참되시다는 것을 알게 된다. 왜냐하면 그는 이제 새 생명 안에서 살고 있기 때문이다. 주님께서는 "나를 믿는 자는 정죄받지 아니하리라"고 말씀하신다. 그리고 믿는 자는 그것이 사실임을 **안다**. 왜냐하면 죄짐이 그의 양심으로부터 벗겨졌기 때문이다. 그리스도의 증언을 참되다고 받아들인 자는 스스로 그것을 따른다. 그들은 그들의 영혼을 그것에 의지한다. 그들은 그것을 그들 것으로 삼는다. 그들은 그들로 하여금 그리스도께서 말씀하신 것을 의심하게 하는 것은 아무것도 허용하지 않는다. 그들이 그것을 완전하게 이해할 수 있든지 없든지, 그것이 합리적으로 보이든 불합리한 것으로 보이든, 그들은 그것을 절대적으로 믿는다. 그들의 감정이 거기에 응하든 응하지 않든 다를 바가 없다. 하나님의 아들이 말씀하셨으니 그것으로 충분하다.

"하나님이 보내신 이는 하나님의 말씀을 하나니 이는 하나님이 성령을 한량 없이 주심이니라"(3:34). 주 예수 그리스도는 하나님에 의해 보내지셨으며 그러므로 그는 하나님의 말씀만을 말하신다. 변화산에서의 아버지께서 그에게 이 사실에 대한 증언을 주셨다. "이는 내 사랑하는 아들이요 내 기뻐하는 자니 너희는 그의 말을 들으라"(마 17:5). 그리고 그리스도께서는 하나님이 보내신 다른 모든 사자들과 다르시다. 그는 **모든** 점에서 '**탁월하시다**.' 다른 사람들은 성령을 '제한적으로' **받았다**. 그들은 하나님의 진리에 대해서 단편적인 것들만을 알고 있을 뿐이다. 그들에게 있어서 성령은 왔다가 다시 간다. 게다가 그들의 은사는 다양하다. 어떤 사람은 성령으로부터 이런 은사를 받고, 다른 사람은 전혀 다른 은사를 받았다. 그러나 하나님은 그리스도에게는 성령을 '제한적으로' 주시지 아니하였다. 주 예수께서는 하나님의 완전한 진리를 아셨다. 왜냐하면 그는 진리이시기 때문이다. 그리스도에게 있어서 성령은 왔다가 가는 것이 아니었다. 그와 반대로 성령이 "그의 위에 머물렀더라"(요 1:32)고 기록되어 있다. 더욱이 그리스도께서는 모든 신적 은사를 다 받으셨다. 하나님께서 선지자들에게 단편적으로 말씀하신 것과는 대조적으로(히 1:1) 그리스도께서는 하나님의 마음을 완전히, 궁극적으로 알고 계셨다. 우리는 그리스도께서 성령을 '한량 없이' 받으셨다는 말의 의미가 골로새서 2:9에 기록되어 있는 "그 안에는 신성의 **모든 충만**이 육체로 거하시고"라는 말과 같은 것을 믿는다.

"아버지께서 아들을 사랑하사 만물을 다 그의 손에 주셨으니"(3:35). 이것은 얼마나 영광스러운 증언인가! 그리스도께서는 하나님을 위한 사자나 증인 이상이셨다. 그는 아버지의 사랑하시는 '아들'이셨다. 그 뿐만 아니라 그는 아버지께서 그의 손에 "만물을 다 주신" 자이시다. 이것은 다시 한 번 그리스도의 절대적인 신성을 입증해 주는 말이 아니겠는가! 아버지께서는 그와 전적으로 동등하신 자에게만 '**만물**' 을 주실 수 있다.

　"아들을 믿는 자에게는 영생이 있고 아들에게 순종하지 아니하는 자는 영생을 보지 못하고 도리어 하나님의 진노가 그 위에 머물러 있느니라" (3:36). 여기에 피할 수 없는 양자택일이 있다. 구원은 믿음으로 말미암아, 아들을 믿는 믿음으로 말미암아 온다. 이 얼마나 거룩한 단순성인가! 아들을 믿는 자들은 현세의 소유물로서 '영생' 을 얻는다. 물론 그보다 더 확실한 사실은 그것이 장래에 가서는 더욱 완전하게 실현될 뿐만 아니라 우리가 그것을 완전하게 누리게 되리라는 것이다. 반면에 아들을 믿지 아니하는 자들은 '영생을 보지 못하고' 영생에 들어가지도 못하며 그것을 누리지 못할 것이다. 대신에 죄를 미워하시는 하나님의 진노가 그들 위에 머물 것이다. 지금도 하나님의 진노가 믿지 아니하는 자들 위에 머물러 있으며, 만일 그들이 믿지 아니한다면 그것은 영원히 그들 위에 머물게 될 것이다. 이것은 얼마나 형언할 수 없이 엄숙한 일인가! 이것은 모든 독자들로 하여금 다음과 같은 질문에 진지하고 정직하게 대면하도록 이끈다. 즉 나는 어떤 부류에 속하는가? 아들을 믿는 무리에 속하는가, 믿지 않는 무리에 속하는가?

우리는 다음 장에서 아래와 같은 질문에 관심을 기울여야 한다.

1. "예수께서 친히 세례를 베푸신 것이 아니요" 라는 진술을 통해 우리는 무엇을 배워야 하는가?(4:2)
2. 주께서 바리새인들이 시기하는 줄 아셨을 때 왜 유대를 떠나셨는가?(4:3)
3. 요한복음 4:3, 4에는 어떠한 예언적 전조가 내포되어 있는가?
4. 그리스도께서는 사마리아를 통과 "하셔야만" 했는데 그것은 왜인가?(4:4)
5. 그리스도께서 사마리아 여자를 만나신 곳이 '우물' 이었다는 사실을 통해 우리는 무엇을 배워야 하는가?(4:6)
6. 그 우물은 왜 '야곱의 우물' 이라 불려지는가?(4:6)
7. '여섯 시' 라는 말은 무엇을 암시하는가?(4:6)

수가 성 우물에서의 그리스도

❶

[1]예수께서 제자를 삼고 세례를 베푸시는 것이 요한보다 많다 하는 말을 바리새인들이 들은 줄을 주께서 아신지라 [2](예수께서 친히 세례를 베푸신 것이 아니요 제자들이 베푼 것이라) [3]유대를 떠나사 다시 갈릴리로 가실새 [4]사마리아를 통과하여야 하겠는지라 [5]사마리아에 있는 수가라 하는 동네에 이르시니 야곱이 그 아들 요셉에게 준 땅이 가깝고 [6]거기 또 야곱의 우물이 있더라 예수께서 길 가시다가 피곤하여 우물 곁에 그대로 앉으시니 때가 여섯 시쯤 되었더라(요 4:1-6)

우리는 우선 앞에서 해온 것처럼 앞으로 고찰하게 될 본문을 분석함으로써 시작하겠다. 본문은 다음과 같이 나누어 요약할 수 있다.

1. 시기하는 바리새인들의 마음을 아신 예수(1절)
2. 세례를 베푸는 주님의 제자들(2절)
3. 유대를 떠나 갈릴리로 가신 주님(3절)
4. 하나님의 은혜의 강제성(4절)
5. 수가로의 여행(5절)
6. 피곤하신 구세주(6절)
7. 쉬시는 구세주(6절)

앞에서 본 요한복음의 제3장까지와 같이 제4장도 주께서 지상에 계시던 당시, 이스라엘이 처해 있던 부패한 영적 상태를 또 다른 면에서 보여주고 있다. 우리에게 제시된 이 그림은 대단히 완벽한 것으로서 주목할 만하다. 각각의 장면들은 저마다 독특한 특징을 나타내고 있다. 우리는 지금까지 다음과 같은 사실을 고찰해 왔다. 첫째

로는 눈 먼 성직자들(1:19, 26), 둘째로는 기쁨이 없는 민족(2:3), 셋째로 더럽혀진 성
전(2:14), 넷째로 영적으로 죽어 있는 산헤드린 공회(3:7), 다섯째로 무시당한 그리스
도의 인격(3:26)과 거부당한 그의 증언(3:32). 이제 여기서 우리는 반(半)이교도인 이
웃에 대한 이스라엘의 무정한 무관심을 보게 된다.

이스라엘인들은 하나님으로부터 지극히 큰 특권을 받았다. 그들은 최소한도로 하
나님으로부터 온 기록된 계시라는 큰 축복을 누려 왔다. 그러나 많은 빛으로 더불어
혜택을 누려 왔음에도 불구하고 그들은 어둠 속에 있는 사람들에 대하여 이기적이고
무관심했다. 반(半) 이교도였던 사람들이 이스라엘 영토의 경계 내에 살고 있었으나
(왜냐하면 사마리아는 이스라엘 영토의 일부였기 때문이다) 유대인들은 반이교도인
그 이웃들의 영혼에 대한 사랑이나 그들의 영적 행복에 대해서는 관심이 없었다. 그
이웃에 살던 한 사람의 슬픈 탄식을 들어보라. "유대인이 사마리아인과 상종하지 아
니함이러라"(요 4:9). 하나님의 은혜를 받은 백성들의 사마리아인들에 대한 무관심
은, 음식을 사러 갔던 제자들이 돌아와 구세주께서 본문의 사마리아 여자와 이야기
를 나누시는 것을 보고 나타낸 놀라움을 통해서 좀 더 상세하게 드러난다(4:27). 구
세주께서 "너희는 넉 달이 지나야 추수할 때가 이르겠다 하지 아니하느냐 그러나 나
는 너희에게 이르노니 너희 **눈을** 들어 밭을 보라 희어져 추수하게 되었도다"(4:35)라
고 하신 것은 분명히 제자들을 책망하시고자 함이었다. 사마리아인들을 무정하게 방
치해 둔 것은 그 당시 이스라엘의 상태가 어떠했는지를 엿보게 해주는 또 하나의 증
거이다.

그러나 요한복음 4장은 유대인들이 빠져 있던 비참한 상태를 보여주는 또 하나의
그림을 제시해 줄 뿐만 아니라 장래에 대한 예언적인 전조를 내포하고 있다. 우리는
앞장의 종결 구절에서 그리스도의 인격이 무시당하고 그의 증언이 거부되는 것을 보
았다(3:26; 3:32). 그리고 이것은 유대 민족 전체가 그리스도를 최종적으로 거부하게
될 일을 예시(豫示)한 것이었다. 이것과 기적적인 조화를 이루어 다음 구절에서는 그
리스도께서 **이방인들에게 돌이키는 것**을 볼 수 있다. 다른 모든 곳에서처럼 여기에
서도 일이 발생한 순서는 완벽하다. 우리가 알고 있는 것처럼 이것은 하나님의 세상
에 대한 섭리적인 통치에 따라 발생한 일이다. 이스라엘의 그리스도에 대한 거부와
더불어 구약시대가 끝나자마자 자비로우신 하나님은 이방인들에게 돌이키신다(롬
11장). 이것은 첫째로, 본장의 3절 말씀, 즉 주 예수께서 "유대를 떠나사 다시 갈릴리
로 가실새"라는 말씀과 마태복음 4:15의 "**이방**의 갈릴리여"라는 말씀을 통해 상세하

게 드러난다. 또한 여기서 주 예수께서 유대인들이 아닌 사마리아인들에게 마음을 쓰신 사실을 볼 때, 그리고 "거기서 이틀을 유하시더라"고 한 40절 말씀을 통해 주께서 이방인에게 돌이키신 사실이 상세하게 드러난다. 이 얼마나 놀라운 사실인가! "거기서 **이틀**을 유하시더라." 우리는 이 말씀을 읽을 때 베드로후서 3:8 말씀을 상기해야 한다. 거기에는 "주께는 하루가 천 년 같고 천 년이 하루 같다"라고 선포되어 있다. 그러므로 그리스도께서 유대 땅의 유대인들을 떠나 있었던 기간은 2일이지만 그것은 곧 2,000년이나 같다. 이 그림은 얼마나 완벽하고 정확한가!

본서 제7장의 종결부에서 우리는 성경의 어떤 한 구절과 다른 구절 사이의 관계에 주목함이 중요하다는 사실을 지적했었다. 성경을 연구하는 사람들은 슬프게도 이 원칙을 무시해 왔다. 우리는 각각의 구절을 그 문맥에 비추어 조사해야 할 뿐만 아니라, 어떤 주제를 중심으로 하여 발췌한 각각의 구절들도 그 전후에 위치하는 전체의 구절들과의 **관계에 비추어** 연구해야 한다. 이 점에 주목함으로써 우리는 종종 성령께서 두 사건이 서로 어떤 대조를 이루기 때문에, 또는 대조를 지적해 주기 위하여 그 둘을(그런데 이 둘은 경우에 따라서 이적일 수도 있고 비유나 대화일 수도 있다) 나란히 배치해 두셨음을 발견하게 될 것이다. 우리가 고찰해 온 것 중 요한복음 2장의 전반부와 후반부에 들어 있는 내용은 분명히 이러한 예에 해당한다. 거기에서 우리는 일곱 가지의 대조사항을 지적할 수 있다. 또 다른 주목할 만한 예는 지금 우리가 고찰하려는 본문에 들어 있다. 요한복음 3장의 전반부와 4장의 전반부에 기록되어 있는 내용들은 서로 명백한 대조를 이루고 있다.

우리가 요한복음 3장과 4장을 나란히 놓고 연구하면 우리는 **주목할 만한 일련의 대조사항들**을 발견한다. 첫째로, 우리는 3장에서 "니고데모라는 **이름을 가진 한** 바리새인 **남자**"에 관해 읽을 수 있다. 여기 4장에서는 **이름을 알 수 없는 한 여자**에 관해 읽을 수 있다. 둘째로, 전자는 신분이 높은 남자, 즉 '이스라엘의 선생'이었으나 후자는 '물을 길러' 온 것으로 보아 비천한 신분의 여자였다. 셋째로, 전자는 은혜를 받은 유대인이었으나, 후자는 무시당하는 사마리아인이었다. 넷째로 니고데모는 명성이 높은 남자요 산헤드린 공회의 일원이었다. 그러나 그리스도께서 4장에서 상대하신 사람은 방탕한 습관을 가진 여자였다. 다섯째로, 니고데모는 그리스도를 찾아왔으나 여기 4장에서는 그리스도께서 그 여자를 찾으셨다. 여섯째로 니고데모는 '밤에' 그리스도에게 왔으나 그리스도께서는 한낮에 그 여자에게 말씀하셨다. 일곱째로, 독선적인 바리새인에게는 그리스도께서 '다시 나야 하리라'고 말씀하셨으나 이 이방인 죄인에게는 '하나님의 선물'에 관하여 말씀하신다. 우리는 하나님으로부터 온 놀라운 계시에 따라 성령께서 나란히 배치해 두신 것들을 대조해 보지 않기 때문에 많은 진리를 놓치고 있다! 주께서 그의 말씀을 좀 더 부지런히 **연구하도록** 우리 모두를 고무시키기를 기도한다.

　"예수께서 제자를 삼고 세례를 베푸시는 것이 요한보다 많다 하는 말을 바리새인들이 들은 줄을 주께서 아신지라(예수께서 친히 세례를 베푸신 것이 아니요 제자들이 베푼 것이라) 유대를 떠나사 다시 갈릴리로 가실새"(요 4:1-3). 그리스도의 공생애의 초기 무렵부터 바리새인들은 그리스도에 대한 적대감을 드러내기 시작했다. 그러나 이 사실은 이해하기 어려운 것은 아니다. 왜냐하면 주 예수의 가르침은 그들의 위선적인 행실을 공공연히 책망하는 것이었기 때문이다. 게다가 그리스도를 우두머리로 삼아 일어난 이 새로운 움직임 때문에 그들의 시기심이 야기되었다. 세례 요한은 성전에서 봉사해 온 제사장의 아들이었다. 그러므로 이것 때문에 요한은 존경을 받을 만한 자격이 있었다. 그러나 여기에서 그리스도는 단지 목수의 아들에 지나지 않는 자이다. 그가 제자를 이끌다니 있을 법이나 한 일인가! 그리고 또한 그는 나사렛 사람이며 지금도 유대에서 일하고 있는 자가 아닌가! 더구나 그들은 "갈릴리에서는 선지자가 나지 못하느니라"(요 7:52)고 배워왔다. 경쟁심이 작용하고 있었으며 그래서 "예수께서 제자를 삼고 세례를 베푸시는 것이 요한보다 많다"라는 식의 소문이 유포되고 있었다. 모든 사람들은 군중들이 광야에서 외치는 저 엘리야 같은 선지자가 가르치고 세례를 베푸는 곳으로 몰려들고 있다는 것을 알고 있었다. 이 비천한 출신의 사람이 명성이 높은 세례 요한을 무색케 하다니 얼마나 당혹스러운 일이었겠는가? 설마 그럴 리가 있을까. 어떤 희생을 치르더라도 그런 일이 허용될 수는 없다.

　"주께서 아신지라 … 유대를 떠나사." 이것은 얼마나 놀라운 말인가! 누군가 주님께 내용을 알려 주었다는 암시는 전혀 없다. 그렇게 할 필요가 없었다. 종의 신분을 취하실 정도로 무한히 겸손하게 스스로를 낮추신 이는 다름 아닌 바로 **주님**이셨다. 바리새인들이 경멸적으로 나사렛의 목수라 간주하였던 이는 다름 아닌 하나님의 그리스도이셨으며 "그 안에 신성의 모든 충만이 육체로 거하신" 자였다. '주께서 아셨다'는 말은 곧 그의 전지하심을 나타낸다. 그에게는 아무것도 감추어질 수가 없으며 또한 감추어질 리도 없다.

　"예수께서 제자를 삼고 세례를 베푸시는 것이 요한보다 많다 하는 말을 바리새인들이 듣고"(4:1). 두 동사의 순서에 주목함이 중요하다. 왜냐하면 그 동사들은 우리에게 어떤 사람들이 세례를 받기에 적합한가를 알려주기 때문이다. 두 동사가 나란히 연결되어 있을 때 첫째 동사는 행위를 나타내며, 둘째 동사는 그 행위가 **어떻게** 수행되는지를 표시한다. 예를 들어 "갑은 을에게 기름을 부어 발라 주었다"라는 말이 있다고 하자. 우리는 이 말의 순서를 "갑은 을에게 기름을 발라 부어 주었다"라고 바꿔 말할 수는 없을 것이다. 그것은 기름을 바르는 것과 붓는 것이 두 개의 서로 다른 독립된 행위가 아니기 때문이다. 그러므로 '세례를 베풀다'는 말이 '제자를 삼다'는 말보다 먼저 나오지 않고 나중에 나왔다는 사실은 사람들이 먼저 '제자'가 되고 그 다음으로 '세례를 받았다'는 것을 입증해 준다. 이것은, 이미 그리스도를 믿는 자만이 세례를 받을 자격이 있다는 것을 가르쳐 주는 신약의 많은 구절들 중의 하나이다.

  "예수께서 친히 세례를 베푸신 것이 아니요 제자들이 베푼 것이라"(4:2). 이것은 삽입적인 말이지만 그럼에도 불구하고 대단히 중요한 것이다. 고(故) 라일 주교(Bishop Ryle)는 이 말에 대하여 적절하게 논평하였다. "이 구절은 기독교에 있어서 세례가 최우선적인 것도, 주요한 것도 아니라는 것을 설명해 준다. 우리는 그리스도께서 설교하신 것과 기도하신 것에 대해서는 빈번하게 읽을 수 있다. 그리고 성찬식을 집행하신 것에 대해서도 한 번 읽을 수 있다. 그러나 그리스도께서 '세례를 주셨다'는 말은 없다. 그것은 마치 우리에게 세례는 구원과 아무런 관계도 없다는 것을 보여주는 듯하다."

  "유대를 떠나사 다시 갈릴리로 가실새"(4:3). 이것은 지극히 중대한 말이다. 시기심과 경쟁심을 품은 것이 주님을 떠나시도록 내몰은 것이다. 구세주께서 12제자들을 이스라엘의 성으로 복음을 전파하려고 파견하셨을 때 그는 그들에게 이렇게 명하셨다. "누구든지 너희를 영접하지 아니하거든 그 성에서 떠날 때에 너희 발에서 먼지를 떨어 버려 그들에게 증거를 삼으라"(눅 9:5). 그리고 다시 70인을 파견하실 때도 이렇게 말씀하셨다. "어느 동네에 들어가든지 너희를 영접하지 아니하거든 그 거리로 **나와서** 말하되 너희 동네에서 우리 발에 묻은 먼지도 너희에게 떨어버리노라 하라"(눅 10:10, 11). 그러나 구세주께서는 이렇게 말씀하시기 전에 그가 먼저 모범을 보이셨다. 유대에서 그리스도의 "증언을 받는 자가 **없으므로**"(3:32) 그는 다른 지방으로 **떠나신** 것이다. 그는 돼지에게 진주를 주지 아니하셨다.

  유대에서의 주 예수의 복음전파와, 특히 많은 사람들에게 세례를 준 것은(물론 이 세례는 제자들에 의해 수행되었지만) 분명히 유대인 지도자들을 크게 분개시켰다.

그리고 아마도 그들은 주님의 일이 진척되는 것을 방해하려는 조처를 이미 취하고 있었을 것이다. 왜냐하면 주 예수의 가르침은 그들의 가르침과 모순되었고, 그의 영향력이 그들의 권위를 약화시킬 정도로 위협적이었기 때문이다. 주님께서는 이것을 아셨다. 그리고 아직 그의 때가 이르지 않았고, 아버지께서 그에게 행하라 맡기신 일들이 완수될 때까지 아직 해야 할 일이 많이 있었기 때문에 그는 유대에서 추방당할 때까지 기다리지 않으시고 자발적으로 유대 지역을 떠나 갈릴리로 물러가셨다. 갈릴리는 예루살렘으로부터 멀리 떨어져 있고 헤롯의 통치를 받고 있었기 때문에 유대인들의 관할권으로부터 다소간 벗어나 있었으며, 산헤드린 공회의 세력이 덜 미치는 곳이었기 때문이다.

"우리 주님께서 유대에서 갈릴리로 가실 때 택하실 수 있는 가장 가까운 지름길은 팔레스타인의 일부 지역인 사마리아를 통과하는 길이었다. 사마리아는 남쪽으로 유대와, 북쪽으로는 갈릴리와, 서쪽으로는 지중해와, 그리고 동쪽으로는 요단 강과 접해 있었다. 유대에서 갈릴리로 갈 때 요단 강을 가로질러 베뢰아를 경유할 수도 있었다. 그러나 이 길은 매우 멀리 우회해야 하는 길이었는데 좀 더 엄격하게 율법을 지키는 일부 유대인들은 사마리아인들과는 상종하지 않으려고 습관적으로 이 길을 택했었다. 아무튼 지름길은 사마리아를 경유하는 것이었다"(존 브라운).

사마리아는 여호수아 시대에 에브라임과 므낫세 반지파에게 배당된 지역이었다(수 16, 17장 ; 특히 17:7 참고). 이스라엘 열 지파가 반란을 일으킨 후 이 지역의 주민들은 일반적으로 예루살렘에 있는 성전에서 제사를 드리지 아니하였고 느밧의 아들 여로보암이 세운 사악한 우상 숭배를 따르게 되었다(왕상 12:25-33; 그리고 25절의 '세겜'을 건축했다는 말에 주목하라). 그리고 그들은 여로보암의 후계자들이 도입한 이방인들의 타락상에 쉽게 빠져들고 말았다. 이스라엘 열 지파 중에 대단히 많은 사람들이 앗수르로 포로가 되어 잡혀 가고 그들이 살던 지역에 주민들이 거의 아무도 남아있지 않게 된 후 앗수르 왕은 여러 민족들로부터 사람을 데려다 이 지역에 두었다(왕하 17:24). 이렇게 옮겨진 여러 민족으로부터 온 사람들은 그 지역에 남아 있던 소수의 원주민들, 곧 이스라엘인들과 혼혈되었고, 유대교의 율례와 법도를 동방의 우상 숭배자들의 그것들과 결합시킴으로써 이상하게 혼합된 종교를 형성하였다. 영감 받은 역사서의 기자는 우리에게 이렇게 알려 주고 있다. 그들은 "여호와를 경외하여 자기 중에서 사람을 산당의 제사장으로 택하여 그 산당들에서 자기를 위하여 제사를 드리게 하니라 이와 같이 그들이 여호와도 경외하고 또한 어디서부터 옮겨왔든지 그 민족의 풍속대로 자기의 신들도 섬겼더라 … 이 여러 민족이 여호와를 경외하고 또 그 아로새긴 우상을 섬기니 그들의 자자 손손이 그들의 조상들이 행하던 대로 그들도 오늘까지 행하니라"(왕하 17:32, 33, 41). 그러므로 사마리아에 살던 원래의 주민들은 이교도화 되어 있었다.

이스라엘의 남은 자들이 바벨론 유수로부터 해방되어 돌아왔을 때 사마리아인들은 유대인들에게 동맹을 맺자고 제안해 왔다(스 4:1, 2). 그때 거절당한(스 4:3) 사마리아인들은 유대인들의 철천지원수가 되었고 유대인들이 성전과 수도를 재건할 때 적극적인 반대자들이 되었다(느 4장 및 6장 참고). 요세푸스에 따르면 [그의 저서, 「고대의 풍습」(Antiquities) XI:7, 2; XIII:9], 그 후에 대제사장 얏두아의 아들 므낫세가 율법을 거슬러 사마리아인들의 족장인 산발랏의 딸과 결혼하였다. 그러자 유대인들이 그에게 그의 아내와 절연든가, 아니면 그의 신성한 직분을 포기하든가 하라고 주장했는데, 그때 므낫세는 그의 장인에게 달아났고 그의 장인은 그를 환대하였다. 그리고 알렉산더 대왕의 허락으로 그리심 산에 여호와께 제사 드리는 전을 지었는데 므낫세와 그의 후손들은 신성하게 제정된 예루살렘의 의식에 대적하여 거기에서 대제사장 직분을 수행하였다 (마카베오전서 3:10 참고).

사마리아인들은 모세오경과 최소한 예언서 중 일부를 신성한 것으로 받아들였다. 그러나 그들은 유대인들에 의해 기록된 역사서의 신빙성은 인정하지 않았는데 그것은 그들이 유대인들을 가장 원한에 사무친 원수로 간주하였기 때문이다. 이 모든 상황의 당연한 결과로 유대인들과 사마리아인들은 그들 주위에 있는 우상 숭배하는 족속들을 혐오하는 것보다 훨씬 더 심하게 서로를 싫어하게 되었다. 그러므로 그리스도의 원수들이 그에게 "우리가 너를 사마리아 사람이라 … 하는 말이 옳지 아니하냐"(요 8:48)라고 말했을 때 우리는 그 말이 모욕일 뿐만 아니라 그 이면에 원한이 숨어 있음을 잘 이해할 수 있다. 그리고 또한 우리는 주께서 스스로를 "어떤 사마리아 사람"(눅 10:33)으로 나타내신 것을 보고 크게 놀라며 우리 마음을 조리지 않을 수 없다. 왜냐하면 우리는 우리의 구원을 확실하게 하기 위하여 주께서 지극히 치욕스러운 신분으로 자기를 낮추셨다는 것과, 무시당하고 증오받는 자가 되셨다는 것을 알 수 있기 때문이다.

"사마리아를 통과하여야 하겠는지라" (4:4). 이것은 도덕적인 필요에 의한 것일 뿐 지리적인 불가피성 때문이 아니었다. 유대에서 갈릴리로 가는 데는 두 개의 경로가 있었다. 좀 더 가까운 지름길은 사마리아를 통과하는 것이었다. 또 다른 길은 좀 더 멀리로 우회하는 길이었으나 베뢰아와 데가볼리를 거쳐 게네사렛 호수의 남쪽 해안으로 연결되어 있었다. 유대인들은 대개 이 우회로를 택하였다. 그러나 주께서 사마리아를 통과하여 가셔**야만** 했던 이유는 신성한 **불가피성** 때문이었다. 그가 사마리아를 통과하여 가**야만** 했던 것은 영원 전부터 정해진 일이었다. 하나님의 택하신 자 중의 일부가 거기에 있었고, 그러므로 이들을 찾아서 구해**야만** 했다. 요한복음 10:16에 있는 주님 자신이 하신 말씀과 비교해 보라. "또 이 우리에 들지 아니한 다른 양들이 내게 있어 내가 인도**하여야 할** 터이니라." 우리는 **예정설**이라는 근본적인 진리에 귀의할 때에야 비로소 복음을 제대로 이해할 수 있을 것이다. 그것은 하나님께서 최초로 정해 두신 것이며, 그 택하심이 우리에 의하여 먼저 이루어지는 것이 아니라 하나님에 의하여 이루어지는 것으로서 적절한 시기에 이르면 하나님의 은혜가 저항할 수 없이 강력하게 우리에게 발휘하게 하는 것이다.

택하심이란 **사람들**과 관련된 것이며, 예정하심이란 **일에** 관련된 것이다. 우주의 모든 움직임들은 하나님의 뜻에 의해 조정된다. 그러나 큰 움직임이라 할지라도 작은 움직임들에 의존하는데 이는 큰 것은 작은 것에 의지하기 때문이다. 우리 구세주께서 사마리아를 통과하셔야만 했던 것은 예정되어 있었다. 왜냐하면 거기에는 한 택함받은 죄인이 있었기 때문이다. 그녀는 택함받은 죄인**이었다**. 그렇지 않았더라면 그녀는 하나님을 택하지 못했을 것이며 또는 예수 그리스도를 알지 못했을 것이다. 그러므로 이 은혜의 전체적인 장치는 한 비참한 죄인을 중심으로 작동되었던 것이며, 그것은 그녀를 그녀의 구세주에게, 그리고 그녀의 하나님께 되찾게 하기 위함이었다. 이것은 우리가 우리 자신의 체험을 통해 깨닫게 되기를 바라는 바로 그것인바, 곧 천지창조 이전으로 돌아가서 그때부터 있었던 계약을 통하여 우리의 영생이 천지창조 이전부터 기록되어 있는 것임을 깨닫게 되는 바로 이것이다.

아버지여, 세상이 있기 전부터
당신 사랑으로 우리를 아셨고
그 사랑의 자비로우면서도 강권적인 능력으로
우리를 예수께로 이끄시니
그 사랑이 이제로부터 영원히
우리를 안전하게 지키실 것이니이다 (Dr. G. S. Bishop)

주님께서 **어째서** 사마리아를 통과하셔야**만 했는가**를 이해하기는 어렵지 않다. 사마리아에는 아버지께서 영원 전부터 주께 주신 사람들이 있었고, 그래서 주님께서는 이들을 구원하셔야만 '**했다**.' 사랑하는 독자들이여, 만일 여러분이 하나님의 택하신 자라면 당신은 주 예수 그리스도께서 당신을 구원하시도록 그분께 **반드시** 자신을 맡길 **필요**가 있다. 당신이 비록 아직은 죄 속에 빠져 있을지라도 항상 그렇지는 아니할 것이다. 당신은 여러 해 동안 그리스도를 피해 달아나 있었을 수도 있다. 그러나 때가 이르면 그는 당신을 덮쳐 사로잡을 것이다. 당신이 제아무리 저항하여 상처를 입고 그와 대적하여 싸운다 할지라도, 또는 당신이 사마리아 여자처럼 제아무리 깊은 죄에 빠져 있다 할지라도 주께서는 분명히 당신을 사로잡아 정복하실 것이다. 그렇다, 지금도 그는 당신께로 오고 계신다!

"사마리아에 있는 수가라 하는 동네에 이르시니 야곱이 그 아들 요셉에게 준 땅이 가깝고 거기 또 야곱의 우물이 있더라 예수께서 길 가시다가 피곤하여 우물 곁에 그대로 앉으시니 때가 여섯 시쯤 되었더라"(4:5, 6). 주 예수께서는 참 인성을 지니셨던 분이었다. 그는 모든 면에서 그의 동료들과 같으셨다. 그래서 그는 피곤함을 면하실 수가 없었다. 그러므로 그는 노고로 지친 오늘날의 노동자에게 참으로 완전하게 동감하실 수 있다. 구세주에게 있어서도 긴 도보 여행은 피곤함을 수반했다. 그리고 그 피곤함으로 인해 쉬실 필요가 있었고, 그래서 우물곁에 '그대로 앉으신' 것이다. 분명히 주께서는 제자들보다 더 지쳐 있었다. 왜냐하면 **그들은** 계속하여 마을로 음식을 사러 갈 수가 있었기 때문이다. 그러나 주께서는 정신적으로 제자들보다 더 크게 긴장하고 있었다. 그는 제자들이 전혀 알지 못하는 정신적인 피곤함을 느끼고 있었다.

"우리는 앞장에서 땅에 머무시면서도 하늘에 계시는 인자에 대하여 연구하였다(3:13). 이제 여기에서는, 하나님이시면서 땅에 계시는 참 사람이신 자에 관하여 배울 수 있다. 그의 인격에 대한 이 신비는 우리 중에 아무도 알 자가 없다(마 11:27). 우리는 그것을 알려고 해서도 안 된다. 우리는 그것을 믿어야만 한다. '완전한 하나님이며 동시에 완전한 인간이신 자, 곧 영원한 인간의 육체가 공존해 있는 자' — 이것은 기독교 국가에서 오랜 세월의 신앙을 통하여 고백해 온 말이다. 그러나 이제는 인간성 면에 있어서 부수되어야 할 조건이 있다. 게다가 **타락한** 인간성, 즉 병과 질환을 앓을 수 있으며 심지어 죽기까지 해야 하는 인간성과 관련된 또 다른 제약조건들이 있다. 물론 하나님의 거룩하신 아들께서는 인간이셨음에도 불구하고 후자와 같은 인간성에는 종속되지 **않으셨다.** 인간으로서 그는 죽으실 수 있었고 그의 백성들을 위하여 자기의 생명을 기꺼이 버리셨다. 그러나 죄 없으신 거룩하신 자로서 그는 병이나 육체적인 부패에 종속되지 않으셨으며, 또한 **종속되실 수가 없었다.** 다른 한편 그는 배고픔과 갈증, 그리고 피곤함에서 제외되지 아니하셨다. 광야에서 그는 배고파 하셨다. 십자가상에서 그는 목말라 하셨다. 여기 우물곁에서 그는 피곤해하셨다. 그러므로 그는 어떠한 상황이라도 자발적으로 받아들이셨으며, 그것도 그의 아버지에 대한 순종과 사랑으로, 자기의 양 떼에 대한 사랑으로 그렇게 하셨다! 세상을 만드신 그가 피곤한 사람이 되어 야곱의 우물 곁에 앉아 계셨으며 처음에는 홀로 계셨다. 왕좌에 계신 신분으로서 한 말씀만 하셨더라면 모든 천사가 그를 시중들었을 것이다. 그러나 그는 한 말씀도 하지 않으셨다. 왜냐하면 사마리아에 있는 영혼들에 대한 하나님의 은혜가 그의 의도대로 수가에서 이루어져야 했기 때문이다"(C.E. 스튜어트).

"예수께서 길 가시다가 **피곤하여.**" 이것은 그리스도의 인성이 **참되다**는 것을 입증해 주는 말이다. 그는 실제로 하나님이신 것 같이, 마찬가지로 참으로 인간이셨다. 우리는 그의 절대적인 신성을 강조할 때 자칫 그의 인성이 참된 것임을 간과할 위험이 있다. 주 예수는 완전한 인간이셨다. 그는 먹고 마셨으며, 일하고 주무셨으며, 기도하고 눈물을 흘리셨다. 여기 그리스도의 일꾼들이 기억해야 할 귀한 사실이 있다. 즉 구세주께서는 무엇이 '피곤한' 것인지를 아셨다. 즉 훌륭하게 일을 행하는 것에 **대하여** 싫증을 내신 것이 아니라 일을 훌륭하게 행할 **때** 피곤하다는 것을 아셨다. 그러나 성령께서 여기서 그리스도의 인격을 영광스럽게 지켜 주셨다는 사실을 깨닫는 것은 복된 일이다. 그리스도의 인성에 대한 이 말 곁에는 그의 신적 전지하심에 대한 말이 나온다. 즉 그가 우물가의 여자에 관해 완전하게 알고 계시다는 사실을 통해 그의 신적 전지하심이 드러나 있다. 우리는 복음서 곳곳에서 이 원칙을 발견할 수 있다. 그가 탄생하실 때 우리는 **구유**에 누워 계신 그의 겸손을 볼 수 있다. 그러나 우리는 또한 그의 신적 영광도 발견할 수 있다. 왜냐하면 천사들이 '그리스도'로 탄생하신 자를 공표하도록 보내어졌기 때문이다. 하루의 힘든 일로 인해 지치셔서 배 안에서 **잠드신** 그를 보라. 그러나 그 다음을 주목해 보자. 그는 일어나 폭풍을 잠잠케 하시지 않았는가! 나사로의 무덤 곁에서 진정으로 슬퍼하시며 눈물 흘리신 그를 보라. 그리고 그 앞에 경배하라. 그의 입에서 나온 한 말씀으로써 그는 죽은 자에게 생명을 주시지 않았는가. 그리고 여기에서도 그와 마찬가지의 일이 일어나고 있다. 그는

"길 가시다가 피곤하셨으나" 그 여자의 마음의 비밀을 읽으심으로써 그의 신성을 드러내신다.

"예수께서 길 가시다가 피곤하여 **우물 곁에** 그대로 앉으시니"(4:6). 이것은 또 하나의 중요한 원칙을 설명해 준다. 그리고 그 원칙을 적용하면 어떤 구절들을 이해하는데, 예를 들면 어떤 특별한 사건이 발생한 **장소**에 관하여 주의를 기울일 때 큰 도움이 된다. 성경에 들어 있는 **모든 일**에는, 비록 그것이 외견상으로는 대수로울 것 없는 사소한 일일지라도, 그 모든 일에 심오한 의미가 내포되어 있다. 어떤 장소의 특성은 종종 거기에서 발생한 일이 어떤 **의미**가 있는지를 해결하는데 열쇠 구실을 한다. 예를 들어 보자. 주께서 이스라엘 자손들을 해방시키셨을 때 그들은 **애굽**에 있었다. 그런데 애굽은 하나님께서 **우리의 처지**를 돌아보신 무자비한 주인 아래에서 신음했던 **그 세계**를 상징한다. 세례 요한은 **광야에서** 설교하셨다. 왜냐하면 그곳은 그 당시의 이스라엘인들의 영적인 불모성과 황폐함을 상징하기 때문이다. 주 예수께서 그의 하늘나라의 법을 선포하셨을 때 그는 **산으로** 올라가셨다. 그런데 그것은 고귀한 장소, 그가 그의 성명서를 전달하는 곳인 권세의 **보좌**를 상징하는 것이었다. 그가 비유를 들어 말씀하셨을 때 그는 "바닷가에 앉으셨다"(사 17:12, 13; 겔 26:3; 단 7:2; 계 17:5 참고. 왜냐하면 '바다' 는 상징적인 의미가 있기 때문이다). 마태복음 13장에 나타난 네 개의 비유는 기독교에 대한 **공공연한** 선언에 해당한다. 그러므로 그는 이것들을 '큰 군중' 이 듣는 데에서 말씀하셨다. 그러나 주님의 제자들에게만 해당하는 그 다음의 2개 비유는 "이에 예수께서 무리를 떠나사 **집에 들어가시니** 제자들이 나아와"(마 13:36)라고 기록되어 있다. 주께서는 그가(그 착한 '사마리아인' 이라는 상징을 취하시고) 도와주러 갔던 사람인 가엾은 죄인을 묘사하실 때, 그는 자기 자신을 "예루살렘[평화의 근원]에서 여리고[저주의 도시]로 내려가던" 어떤 사람으로 표현하셨다. 그리고 다시 누가복음 15장에는 방탕한 아들이 **먼 나라**(아버지로부터 멀리 떨어져 있는 곳)로 가서 거기에서 돼지가 먹는 쥐엄열매를 먹었다고 되어 있는데, 그것은 죄인이 위치해 있는 그 장소가 그의 도덕적인 상태를 나타내 주고 있는 또 하나의 그림이다.

위의 예들은 거의 되는 대로 선택한 것들인데, 우리가 개개의 사건이 일어난 **장소**와 그 주인공들이 차지하고 있는 **신분**에 대하여 주목하는 것이 중요하다는 것을 보여준다. 우리가 지금 고찰하고 있는 본문도 이 원칙이 적용되는 주목할 만한 예이다. 구세주와 이 사마리아 여자가 만난 곳은 수가였는데, 수가는 '구입했다' 는 의미이다. 그러므로 그것은 구세주께서 그녀에게 주신 '하나님의 선물'이었다. 그리고 그가 그녀의 영혼에 생명이 결핍되어 있음을 폭로하셨을 때 그는 '우물 곁에' 앉아 계셨다. 그 '우물'은 주님 **자신에 대한 상징**이었으며, 그 물은 주님 안에서 발견되어야할 구원의 상징이었다. 이 설명이 정당하다는 한 근거는 이사야 12:3에 제시되어 있다. "그러므로 너희가 기쁨으로 **구원의 우물들**(원어에는 단수로 기록됨)에서 물을 길으리로다." 이 얼마나 놀라운 말인가! 그것은 구약의 말씀에 내포된 상징적인 의미를 파악하는데 열쇠가 된다. 구약성경에 들어 있는 '우물'은 그리스도와 그 안에서 발견되어야 할 것에 대한 예시(豫示)이다. 우리는 이제 '우물'에 대하여 언급되어 있는 **구약의 구절**을 조사하고, 그것들이 사마리아 여자에게 생명의 물을 주신 그리스도의 전조였음을 발견해야만 한다.

1. 성경에 최초로 언급된 '우물'은 창세기 16:6,7,13,14의 말씀에 나타나 있다. "아브람이 사래에게 이르되 당신의 여종은 당신의 수중에 있으니 당신의 눈에 좋을 대로 그에게 행하라 하매 사래가 하갈을 학대하였더니 하갈이 사래 앞에서 도망하였더라 여호와의 사자가 광야의 샘물 곁 곧 술 길 샘 곁에서 그를 만나 … 하갈이 자기에게 이르신 여호와의 이름을 나를 살피시는 하나님이라 하였으니 이는 내가 어떻게 여기서 나를 살피시는 하나님을 뵈었는고 함이라 이러므로 그 샘을 브엘라해로이라 불렀더라." 이제 다음과 같은 요점에 주목해 보자. 첫째로, 그 '샘'은 여호와의 사자가 이 가엾은 추방당한 자를 **발견한** 장소였다. 그러므로 **그리스도**는 하나님께서 죄인을 만나시는 곳이다. 왜냐하면 그로 말미암지 않고는 "아버지께로 올 자가 아무도 없기" 때문이다. 둘째로, 이 샘은 광야에 위치해 있었는데 그것은 **이 세상**에 대한 상징이다. '광야'는 우리가 최초로 그리스도를 만나게 될 때의 마음 상태를 적절하게 나타내 주는 말이다. 셋째로, '샘'은 **하나님**이 **드러난** 장소이다. 그래서 하갈은 그것을 '나를 살피시는 생존자의 우물'이라 불렀다. 그러므로 그리스도는 하나님을 **드러내시는 자**이다. "나를 보는 자는 아버지를 본 자이니라"고 되어 있다.

2. 창세기 21:14-19에 이렇게 기록되어 있다. "아브라함이 아침에 일찍이 일어나 떡과 물 한 가죽부대를 가져다가 하갈의 어깨에 메워 주고 그 아이를 데리고 가게 하니 하갈이 나가서 브엘세바 광야에서 방황하더니 가죽부대의 물이 **떨어진지라** 그 자식을 관목덤불 아래에 두고 이르되 아이가 죽는 것을 차마 보지 못하겠다 하고 화살한 바탕 거리 떨어져 마주 앉아 바라보며 소리 내어 우니 하나님이 그 어린 아이의 소리를 들으셨으므로 하나님의 사자가 하늘에서부터 하갈을 불러 이르시되 하갈아

무슨 일이냐 두려워하지 말라 하나님이 저기 있는 아이의 소리를 들으셨나니 ··· 하나님이 하갈의 눈을 **밝히셨으므로 샘물**을 보더라" 이것은 상징적인 암시성에 있어서 형언할 수 없이 복된 구절이다. 우리는 다음과 같은 요점에 주목해야 한다. 첫째로, 우리는 여기에서 다시 한 번 추방당한 자에 대한 기록을 읽을 수 있는데 그녀는 물을 '한 가죽부대' 밖에 가지고 있지 않았기 때문에 그 물이 곧 떨어졌다. 그러자 방탕한 아들처럼 그녀는 "결핍을 느끼기 시작하였다." 둘째로, 그녀는 자기의 아이를 버려 그 아이가 죽게 되었고 그래서 거기에 앉아 **울고 있었다.** 이것은 얼마나 비참하고 절망에 빠진 죄인의 모습인가! 셋째로, **하나님께서** "하갈의 눈을 열어 주셨다." 그런데 왜 그러셨을까? 이는 그녀로 거기에 있었던 그 '샘' 을 보게 하기 위함이었다. 사랑하는 독자들이여, 그 샘이 당신에게도 그와 같이 줄곧 곁에 있지 아니하였는가? 여기에서 '샘' 이 의미하는 그분을 발견한 것은 당신 자신의 정신적인 통찰력이 아니었다. 당신의 절대적이고 깊이 감춰져 있는 필요를 홀로 채워 주실 수 있는 그를 **볼 수** 있도록 당신의 눈을 **열어 주신** 이는 바로 하나님이셨다. 우리는 잠언 20:12에서 "듣는 귀와 **보는 눈**은 다 여호와께서 지으신 것이니라" 라는 말씀을 읽을 수 있다. 그리고 요한일서 5:20에서도 "또 아는 것은 하나님의 아들이 이르러 **우리에게 지각을 주사** 우리로 참된 자를 알게 하셨느니라" 라는 말씀을 읽을 수 있다.

3. 창세기 21장에는 '우물' 에 대한 말이 또 다른 문맥과 관련되어 언급되어 있다. "아브라함이 양과 소를 취하여 아비멜렉에게 주고 두 사람이 서로 **언약**을 세우니라 아브라함이 일곱 암양 새끼를 따로 놓으니 아비멜렉이 아브라함에게 이르되 이 일곱 암양 새끼를 따로 놓음은 어찜이냐 아브라함이 이로되 너는 내 손에서 이 암양 새끼 일곱을 받아 내가 이 우물 판 증거를 삼으라 하고 두 사람이 거기서 서로 맹세하였으므로 그곳을 브엘세바라 이름하였더라"(창 21:27-31). 여기서 우리는 '우물' 이 '언약' 의 장소임을 알 수 있는데(27절) 그 언약은 '맹세' 에 의해 보증된 것이다(31절). 우리는 히브리서 7:20-22에서 그와 같은 내용을 읽을 수 있다. "또 예수께서 제사장이 되신 것은 맹세 없이 된 것이 아니니(그들은 맹세 없이 제사장이 되었으니 오직 예수는 자기에게 말씀하신 이로 말미암아 맹세로 되신 것이라 주께서 맹세하시고 뉘우치지 아니하시리니 네가 영원히 제사장이라 하셨도다) 이와 같이 예수는 더 좋은 **언약**의 보증이 되셨느니라."

4. 창세기 24:10-12에는 이렇게 기록되어 있다. "이에 종이 그 주인의 낙타 중 열 필을 끌고 떠났는데 곧 그의 주인의 모든 좋은 것을 가지고 떠나 메소보다미아로 가

서 나홀의 성에 이르러 그 낙타를 성 밖 우물 곁에 꿇렸으니 저녁 때라 여인들이 물을 길으러 나올 때였더라 그가 이르되 우리 주인 아브라함의 하나님 여호와여 원하건대 오늘 나에게 순조롭게 만나게 하사 내 주인 아브라함에게 은혜를 베푸시옵소서." 위에서 예시한 각각의 상징적인 그림들은 완벽한 것일 뿐 아니라 순서를 보더라도 그것들이 신적 계획에 의해 이루어진 것임을 분명하게 알 수 있다. 우리가 이미 살펴본 바 있는 첫 인용문에서의 '우물' 과 관련되어 있는 내용은 구세주와 **죄인**의 만남을 암시하고 있다. 그리고 위 3번 인용문에서의 언약과 맹세는 우리의 영원한 보존이 토대를 두고 있는 확실한 근거가 어디에 있는지를 말해 주고 있다. 그리고 그 인용문에서부터 등장하는 '우물' 에 관한 모든 언급은 **신자들**에게만 해당되는 내용들이다. 여기 4번에서 인용된 구절의 '우물' 은 **기도** 장소였다. 그러므로 믿는 자는 이 '우물' 이 의미하는 바, 곧 그리스도의 이름으로 아버지께 간청하는 것이다.

5. 창세기 29:1-3에는 이렇게 기록되어 있다. "야곱이 길을 떠나 동방 사람의 땅에 이르러 본즉 들에 **우물**이 있고 그 곁에 양 세 떼가 누워 있으니 이는 목자들이 그 우물에서 양 떼에게 물을 먹임이라." 이 구절들은 대단히 아름답다. 이 상징적인 장면과 우리가 창세기 16장에서 읽은 바 있는 그 최초의 우물에 관한 장면은 서로 현저한 대조를 이루고 있다. 16장의 장면에서 한 **죄인**과 그리스도가 있는 그 '우물' 은 **광야**에 위치해 있는데 그것은 그 죄인의 불모성과 황폐함에 대한 상징이다. 그러나 여기의 인용문에서는 우물 곁에 양이 보이는데 그 '우물' 은 들에서 발견된다. 그들은 착한 목자가 자기의 양 떼를 이끌고 들어가신 '잔디가 푸른 목장' 을 암시한다. 이 '우물' 곁에 '양 세 떼' 가 있고 그들은 **휴식**하고 있는데, 그 휴식은 그리스도께서 그의 양 떼에게 주신 것이다. '그 **곁에**' , 즉 우물 곁에 누워 있는 양 세 떼는 **들**에 있었다. 우리가 휴식을 발견하는 곳은 바로 **그리스도 안에서** 뿐이다.

6. 우리는 출애굽기 2:15-17에서 다음과 같은 내용을 읽을 수 있다. "바로가 이 일을 듣고 모세를 죽이고자 하여 찾는지라 모세가 바로의 낯을 피하여 미디안 땅에 머물며 하루는 우물 곁에 앉았더라 미디안 제사장에게 일곱 딸이 있었더니 그들이 와서 물을 길어 구유에 채우고 그들의 아버지의 양 떼에게 먹이려 하는데 목자들이 와서 그들을 쫓는지라 모세가 일어나 그들을 도와 그 양 떼에게 먹이니라." 이 상징은 대단히 놀라운 것이다. 첫째로, 애굽의 왕 바로는, 믿는 자를 멸망시키려고 애쓰는 사탄을 예시한다. 모세는 그로부터 '도망하였다.' 이 원수는 참으로 빈번하게 우리를 놀라게 하고 도망치게 만든다. 그러나 여기서 다음 구절에 주목하는 것은 매우 복

된 일이다. 모세가 바로에게서 현재 거주하고 있는 미디안으로 도망친 후 우리가 그에 대하여 읽을 수 있는 최초의 사실은 "그가 우물 곁에 앉아 있었다"는 내용이다. 우리가 은신처를 찾아 도망쳐 갈 수 있는 분, 곧 이 '우물'이 의미하고 있는 바 주 예수 그리스도가 있다는 사실에 대하여 하나님께 감사드리자. 이드로의 딸들도 이 우물로 물을 구하러 왔다. 그러나 목자들이 와서 **그 딸들을 쫓았다**. 오늘날 '참 목자라 할 수 없는' 아주 많은 '미흡한 목자들'이 그들의 믿음 없는 가르침으로 인해 많은 사람들을 실족하게 한다. 그럼에도 불구하고 하나님은 여전히 여기저기에 모세와 같은 사람을 가지고 계시며, 그들은 진정으로 생명의 물을 갈망하는 자들을 위해 **'일어나 도울'** 것이다. 그러나 이 사실에 주목하자. 즉 우리는 다른 사람을 '도울' 수 있기 전에, 모세처럼 우리가 먼저 우물 곁에서 쉬어야만 한다.

7. "거기서 브엘에 이르니 브엘은 여호와께서 모세에게 명령하시기를 백성을 모으라 내가 그들에게 물을 주리라 하시던 우물이라 그 때에 이스라엘이 노래하여 이르되 우물물아 솟아나라 **너희는 그것을 노래하라**"(민 21:16, 17). 이 얼마나 놀라운 구절인가! 이 우물은 의인화되어 있다. 그것은 노래의 대상이다. 그것은 찬미를 불러일으킨다. 여기에서는 어떤 해석도 필요치 않다. 사랑하는 독자여, 당신은 그 '샘물'을 '노래하고' 있는가?

8. "그 때에 요나단과 아히마아스가 사람이 볼까 두려워하여 감히 성에 들어가지 못하고 에느로겔 가에 머물고 어떤 여종은 그들에게 나와서 말하고 그들은 가서 다윗 왕에게 알리더니 한 청년이 그들을 보고 압살롬에게 알린지라 그 두 사람이 빨리 달려서 바후림 어떤 사람의 집으로 들어가서 그의 뜰에 있는 우물 속으로 내려가니 그 집 여인이 덮을 것을 가져다가 우물 아귀를 덮고 찧은 곡식을 그 위에 널매 전혀 알지 못하더라"(삼하 17:17-19). 여기서 우리는 '우물'이 하나님의 백성을 위한 **은신처**와 **보호**의 역할을 하고 있음을 알 수 있다. 그 우물의 입구에 '덮개'가 덮여져서 요나단과 아히마아스가 우물 안에 **숨었다**는 사실에 주목하라. 그러므로 믿는 자도 그와 같다. "너희 생명이 그리스도와 함께 하나님 안에 감추어졌음이라"(골 3:3). 위에 인용한 내용 중 마지막 절은 참으로 놀라운 말이다. "그러므로 전혀 알지 못하더라!" 세상은 신자들이 그리스도 안에 그들의 거처와 기업을 갖고 있다는 사실을 전혀 알지 못한다.

9. "다윗이 소원하여 이르되 베들레헴 성문 곁 **우물** 물을 누가 내게 마시게 할까 하매"(삼하 23:15). **베들레헴**의 우물에서 나는 물만이 다윗을 충족시킬 것이다.

10. "너는 네 우물에서 물을 마시며 **네 샘**에서 흐르는 물을 마시라"(잠 5:15). 그 '우물'은 **우리 것**이며, 우리는 그 우물의 '흐르는 물'을 '마시도록' 초대받았다.

필자는 이 모든 것을 가공적인 것이라고 생각하는 사람을 진정으로 애석하게 여긴다. 그러한 사람들은 분명히 그들의 눈이 하나님의 법으로부터 나온 '놀라운 일들'을 볼 수 있게 되기 위하여 '안약'을 찾으러 그리스도에게 가지 않으면 안 된다. 이 고찰은 우리에게 있어서 형언할 수 없이 복된 것이었다. 이 모든 것은 요한복음 4:6의 말씀, 즉 "예수께서 길 가시다가 피곤하여 **우물** 곁에 그대로 앉으시니"라는 말씀에 의미를 부여해 준다.

그러나 여기에는 우리가 간과해서는 안 될 또 다른 말이 있다. 그 말은 우리가 지금 고찰하고 있는 그림의 상징적인 특성에다 강력한 의미를 덧붙여 주고 있다. 왜냐하면 그것은 그리스도 **안에서** 발견되는 저 구원의 **특성**에 관해 언급하고 있는 말이기 때문이다. "거기 또 야곱의 우물이 있더라"(4:6). 이것이 곧 그 말이다. 우리는 이 특별한 우물과 관련되어 있는 세 가지 사실에 대해 고찰할 필요가 있다.

첫째로, 이 우물은 야곱에 의하여 **구입된** 것이다. 또는 좀 더 정확하게 말한다면 이 우물이 위치해 있는 '들'은 야곱이 구입한 것이다. "야곱이 밧단아람에서부터 평안히 가나안 땅 세겜 성읍에 이르러 그 성읍 앞에 장막을 치고 그가 장막을 친 밭을 세겜의 아버지 하몰의 아들들의 손에서 백 크시타에 샀으며"(창 33:18, 19). 요한복음 4:6의 '수가'라는 말은 **'구입한'**이라는 의미이다. 그리스도께서 그 여자에게 '하나님의 선물'에 관하여 말씀하신 곳은 참으로 정선된 적절한 장소이다. 그러나 이 '선물'은 우리에게 아무런 대가도 치르지 않게 하신 것으로, 이는 그리스도께서 모든 것을 지불하셨기 때문임을 결코 망각해서는 안 된다.

둘째로, 이 샘이 있는 '땅의 일부'는 후에 요셉이 **칼**과 활로 빼앗은 것이다. "이스라엘이 요셉에게 또 이르되 나는 죽으나 하나님이 너희와 함께 계시사 너희를 인도하여 너희 조상의 땅으로 돌아가게 하시려니와 내가 네게 네 형제보다 세겜 땅을 더 **주었나니** 이는 내가 **내 칼**과 활로 아모리 족속의 손에서 빼앗은 것이니라"(창 48:21, 22). 이것은 창세기 33장에 언급되어 있는 '땅'과 **똑같은** 것인데 그것은 요한복음 4:5을 통해 분명해진다. 창세기 48장에 언급되어 있는 땅은 창세기 33장에서 볼 수 있는 것보다 더 늦게 얻어진 것이다. 아모리족은 야곱에게서 이 우물을 강탈하려 하였다. 그래서 무력에의 호소가 필요했었다. 우리는 이것이 현재의 시기, 즉 성령께서

'검' (히 4:12)으로써 영혼들에게 구원을 가져다주고 있는 시기(또한 사탄이 아직도 '이 세상 임금' 이요 그래서 하나님의 야곱과 같은 사람들을 방해하고 그들을 우물로 부터 떼어 놓으려고 하는 시기)를 예시(豫示)하고 있다고 믿는다.

셋째로, 야곱이 사고, 나중에 '칼과 활' 로써 지킨 이 땅은 **요셉에게 주어졌다.** 이것은 요셉의 '장자권' 의 일부가 되었다. 왜냐하면 야곱이 "내가 네게 네 형제**보다** 일부분을 더 주었느니라"고 말했기 때문이다. 이 땅은 원래 야곱의 '장자' 인 르우벤에게 주어져야 했다. 그러나 르우벤이 중한 죄에 빠졌기 때문에 그것은 요셉에게 주어졌다(대상 5:1 참고). 이 상징은 참으로 놀랍도록 정확하다. 둘째 사람인 그리스도께서는 첫 사람이 죄로 인하여 몰수당하고 상실한 유산을 받았다. 이 세 사실을 나란히 배열해 보면 이렇게 된다. 즉 '우물' 을 구입한 것, '우물' 을 소유한 것, 그리고 '우물' 로 더불어 누린 것이 그것이다.

이제 여기서 끝마쳐야 하겠다. 다음 장에서 우리는 하나님께서 허락하시면 7-10절에 들어 있는 각 구절을 신중하게 고찰하게 될 것이다. 여러분은 다음과 같은 사항을 기도하는 마음으로 숙고해야 한다.

1. 구세주께서 먼저 말씀을 건네신 사실을 통해 우리는 무엇을 배워야 하는가?(7절)
2. 구세주께서는 왜 그녀에게 물을 좀 달라고 간청하심으로써 대화를 시작하셨는가?(7절)
3. 구세주께서 염두에 두신 것은 단순히 한 모금의 물이었는가? 그렇지 않다면 그 것은 무슨 의미를 내포하는가?
4. 8절의 삽입적인 말은 어떤 의미가 있으며 어떤 영향력을 가진 말인가?
5. 여자의 대답(9절)은 무엇을 입증하는가?
6. '하나님의 선물' 이란 무엇인가?(10절)
7. 그리스도께서는 어째서 구원을 '생수' 에 비유하셨는가? 이 상징이 암시하고 있는 여러 가지 의미를 열거해 보라.

제12장

수가 성 우물에서의 그리스도

❷

⁷사마리아 여자 한 사람이 물을 길으러 왔으매 예수께서 물을 좀 달라 하시니 ⁸이는 제자들이 먹을 것을 사러 그 동네에 들어갔음이러라 ⁹사마리아 여자가 이르되 당신은 유대인으로서 어찌하여 사마리아 여자인 나에게 물을 달라 하나이까 하니 이는 유대인이 사마리아인과 상종하지 아니함이러라 ¹⁰예수께서 대답하여 이르시되 네가 만일 하나님의 선물과 또 네게 물 좀 달라 하는 이가 누구인 줄 알았더라면 네가 그에게 구하였을 것이요 그가 생수를 네게 주었으리라(요 4:7-10)

우선 고찰하게 될 본문을 간략히 분석해 보자.

1. 사마리아 여자(7절)
2. 구세주의 질문(7절)
3. 구세주의 외로움(8절)
4. 여자의 놀람(9절)
5. 여자의 편견(9절)
6. 구세주의 책망(10절)
7. 구세주의 제안(10절)

우리는 11장에서 요한복음 4:4 말씀, 즉 "예수께서 사마리아를 통과**하여야 하겠는지라**"라는 말씀의 저변에 깔린 심오한 의미를 고찰하였다. 그것은 주권적 은혜의 강권적 사역이었다. 구세주께서 사마리아를 경유하셔야 했던 것은 영원 전부터 미리 정해져 있던 일이었다. 하나님의 영원하신 섭리가 수행되는데 있어서 그렇게 하는 것이 필요했다. 성육신하신 아들께서는 아버지의 뜻을 이루기 위해 거기에 가셨다. "하나님이여 보시옵소서 내가 하나님의 뜻을 행하려 왔나이다." 하나님의 뜻은, 이 미움받는 사마리아인들로 하여금 그의 사랑하는 아들로부터 은혜의 복음을 듣게 하는 것이었다. 그러므로 "예수께서 사마리아를 통과**하셔야** 했다." 거기에는 택함 받은 영혼들이 있었고, 그들은 아버지에 의하여 주께 주어진 자들이었다. 그러므로 예수께서는 이들도 또한 "인도**하셔야만**" 했다(요 10:16).

"거기 또 야곱의 우물이 있더라 예수께서 길 가시다가 피곤하여 우물 곁에 그대로 앉으시니"(4:6). 우리는 특히 주 예수께서 이 여자보다 먼저 거기에 계셨다는 사실에 주목해야 한다. **그가** 그 우물에 먼저 도착해 있었던 것이다. "나는 나를 구하지 아니 하던 자에게 물음을 받았으며 나를 찾지 아니하던 자에게 찾아냄이 되었으며"(사 65:1). 이것은 메시야께서 인간에게 그 모습을 나타내시기 수세기 전부터 예언을 통 해 그 자신에 관하여 알려 주신 사실이다. 그리고 이 예언은 빈번하게 입증되었다. 그의 구원은 그것을 얻은 자들이 전적으로 **공로 없이 얻은** 것일 뿐만 아니라, 그것을 받는 자 중 누구도 처음에는 찾지 아니하던 그런 것이다(롬 3:11). 사도들에 대하여 "너희가 나를 택한 것이 아니요 내가 너희를 택하여 세웠나니"(요 15:16)라고 기록되 어 있는데 하나님의 특별한 백성에 포함된 모든 사람들도 그와 동일한 입장이라고 말할 수 있다. 우리가 우리의 죄를 미친듯이 따르고 있을 때, 우리가 구세주의 요구 와 그의 지극히 탁월하심에 대하여 전적으로 무심한 상태에 있을 때, 그리고 우리가 우리의 영혼에 관하여 전혀 진지한 생각을 품고 있지 않을 때(바울 사도가 말한 바 있는 적절한 용어를 사용하자면), 구세주께서는 우리를 '사로잡으신다'(빌 3:12). 그 는 우리를 '붙잡으시고', 우리의 관심을 불러일으키시며, 우리의 어두운 지각에 빛 을 비추어 주시는 바 이는 우리로 그 진리를 받아들여 그로 말미암아 구원을 얻게 하 시고자 함이다. 우리가 지금 고찰하고 있는 요한복음 4장의 본 구절들도 그와 똑같 은 사실을 보여주는 아름다운 예이다.

주께서는 이 여자보다 먼저 우물에 계셨다. 그는 그를 찾지 아니하는 자에 의해 발 견되셨다. 그것은 갈대아 땅에서 우상을 숭배하던 아브라함(수 24장 참고)의 경우에 도 그랬고, 영광의 주께서 아브라함이 메소보다미아에 있을 때 그에게 나타나셨을 때도 그랬다(행 7:2). 그것은 야곱이 그의 형의 진노를 피하기 위해 달아났을 때 여호 와께서 그에게 나타나신 경우에도 그랬고(창 28:10, 13), 모세가 양을 치러 갔을 때 하나님께서 그에게 나타나신 예에서도 그랬다(출 3:1, 2). 각각의 예에서 주님께서는 그를 찾지 아니하는 자들을 주로 찾아가셨다. 그것은 나뭇가지 사이에 숨어 있던 삭개오의 경우에도 그랬다. "삭개오야 속히 내려오라" — 이것은 강제적인 명령이었다. 왜냐하면 주님께서 "내가 오늘 네 집에 유하여야 하겠다"라고 말씀하셨기 때문이다(눅 19:5). 그것은 제자들을 박해하러 가던 다소의 사울의 경우에도 그랬고, 루디아의 경우에도 마찬가지였다. "**주께서 그 마음을 열어** 바울의 말을 따르게 하신지라"(행 16:14). 하나님의 은혜의 영광에 찬미를 드리자. 그러나 우리 자신의 이루 말로 다할 수 없는 부끄러움도 덧붙이도록 하자. 그것은 그리스도께서 필자를 '사로잡으셨을' 때에도 그랬다. 필자가 깊이 감추어져 있는 결핍을 전혀 알고 있지 못했을 때, 그리고 구세주에 대한 소망을 조금도 가지고 있지 않을 때, 구세주께서 나를 사로잡으셨다. 주의 이름은 복될지어다. "그가 **먼저 우리를 사랑**하였기로 우리가 그를 **사랑하느니라.**"

그러나 죄인에게 책임이 없다는 그릇된 결론을 내려서는 안 된다. 그렇지 않다. 하나님께서는 인간의 마음 안에 옳은 것과 그른 것을 구별하는 도덕적인 능력을 부여해 주셨다. 우리들은 우리가 죄인임을 **알고 있다**. 그리고 우리가 죄인이라면 우리는 구세주가 필요하다. 하나님께서는 지금 모든 곳에 있는 **모든** 죄인들에게 '회개하라'고 명하고 있으며, 순종하지 아니하는 자에게 두려워하라고 말씀하신다. 우리는 "**그의 계명**은 이것이니 곧 그 아들 예수 그리스도의 이름을 믿고"(요일 3:23)라는 말씀을 읽을 수 있다. 그러므로 우리가 '믿지' 아니하면 우리의 사망은 우리의 책임이다. 그리스도께서는 그에게 오는 **모든** 사람을 받아들이신다. 복음은 '믿는 자마다 누구에게든지' 영생을 선포한다. 자비의 문이 활짝 열려 있다. 그럼에도 불구하고 우리 인간은 빛보다 어둠을 더 사랑하고 있으며 어둠에 대한 그들의 사랑이 너무 깊고 빛에 대한 그들의 반감이 너무나 뿌리 깊어서, 주께서 선포하신 것처럼 "나를 보내신 아버지께서 이끌지 아니하시면 아무도 내게 올 수 없다"(요 6:44). 이 점에서 다시 한 번 하나님 편에 주권이 있으며 우리가 지금 강조하고자 하는 것도 바로 이것이다.

"**때가 여섯 시쯤 되었더라 사마리아 여자 한 사람이 물을 길으러 왔으매**"(4:6, 7). 이것은 해가 뜬 후로부터 여섯 시를 가리키며 아마도 때는 한낮이었을 것이다. 그리고 바로 이때는 태양이 가장 높이 솟아 있어 열기가 가장 뜨거울 시간이다. 동방의 작열하는 태양 아래, 그 강렬한 햇빛에 노출된 사람들이 매우 지치고 갈증이 심할 바로 그 시간에 그 여자는 물을 길러 나왔다. 그 시각은 그녀의 영적 상태, 즉 지치고 메마른 그녀의 영혼의 상태와 일치한다. '**여섯 시**' — 이것은 이 그림에서 지극히 중대한 의미가 있는 윤곽이다. 6이란 분명히 육체를 가진 인간을 가리키는 숫자이다.

"사마리아 여자 한 사람이 물을 길으러 **왔으매**"(7절). 그녀는 우물에 사람이 없으리라 생각하고 그 시각을 택하였다. 그러나 **하나님**의 시계가 그녀가 구세주를 만나야 할 시각을 가리키고 있었기 때문에, 그 여자는 그날 그 시각에 우물로 간 것이다. 우리의 가장 미미한 움직임들조차도 진정으로 신의 섭리에 의해 인도되고 지배되는 것이다. 요셉의 형제들이 요셉을 죽이기로 결정했을 때 미디안 사람들이 그곳을 지나가고 있었던 것은 우연이 아니었다(창 37:28). 그리고 그 미디안 사람들이 애굽으로 가고 있었던 것도 우연하게 발생한 일이 아니었다. 바로의 딸이 목욕하려고 강으로 내려갔던 일도 우연이 아니었으며, 그녀가 아기 모세가 들어 있는 상자를 "갈대 사이에서 발견한" 것도 우연한 일이 아니었다(출 2:5). 모르드개와 유대인들이 살해되려는 급박한 순간에 아하수에로가 잠들지 못한 채, 그 이전에 모르드개가 어떻게 왕을 도와주었고 어떻게 백성을 구하게 되었는지에 관해 수록된 궁중 실록을 읽는데 몰두해 있었던 것은 우연이 아니었다. 살아 계신 하나님에 의해 움직이고 있는 이 세상에 우연이란 전혀 없다.

"사마리아 여자 한 사람이 **물을 길으러** 왔으매." 그 여자가 거기 온 목적은 '물을 긷기 위함'이었다. 그 여자는 자신이 사람들의 눈에 띄지 않으리라는 것 이외에 다른 생각은 아무것도 하지 않았다. 그녀와 같은 성품을 가진 여자는(다른 여자들은 그와 같은 여자를 피한다) 사람들과 마주치는 것을 좋아하지 않기 때문에 그녀는 한낮의 태양이 내리쬐는 이 시각에 남의 눈을 피해 나온 것이다. 그 여자는 구세주를 알지 못했다. 그녀는 **그를** 만나리라는 것을 예기치도 않았다. 그녀는 자신이 그날 회심하리라는 것을 생각지도 못했다. 그것은 **그녀가** 예상할 만한 일이 결코 아니었다. 아마도 그녀는 출발하면서 '이 시각에는 우물가에 아무도 없을 거야'라고 생각했을 것이다. 얼마나 외로운 영혼인가! 그러나 거기에는 한 사람이 **있었다.** "우물 곁에 **그대로** 앉아서" 그녀를 **기다리고** 있던 한 사람이 있었던 것이다. 그는 그녀에 관해 모든 것을 알고 있었다. 그는 그녀의 깊이 감추어져 있는 필요를 알고 있었고, 그것을 보살펴주려고 거기에 있었다. 그는 그녀의 편견을 정복하기 위해 거기에 있었으며, 그녀의 반항하는 고집을 꺾고 그녀의 마음에 **자신이 초청되게 하려고** 거기에 있었다.

"**예수께서 물을 좀 달라 하시니**"(4:7). "예수께서 길 가시다가 **피곤하여** 우물 곁에 그대로 앉으시니"라는 구절과 "예수께서 물을 좀 달라 **하시더라**"는 구절을 나란히 배치시켜 보자. 거기에 구세주를 '피곤하게' 만든 모든 것이 있었다. 여기, 하늘 영광의 한가운데 있었으나 이제는 죄와 고통이 만연한 세상에 거하고 계신 분이 있다.

여기, 아버지께서 기뻐하시는 자이나 죄인들의 반대를 견디고 계시는 이가 있다. 그는 비길 데 없는 은혜를 가지고 '그의 양 떼'에게 오셨으나 그들은 지독히도 무관심하게 그를 '받아들이지 않았다.' 그는 여기에서 거부당했다. 그가 겪으신 배은망덕한 배반, 바리새인들의 시기와 반대, 그의 제자들의 영적인 우둔함, 이 모든 것들이 그를 '곤하게' 만든 것이다. 그러나 그는 은혜 베푸시는 일에 지치지 아니하셨으니 그의 이름을 찬양하자. 그에게는 편안함을 사랑하는 마음이 결코 없었다. 또한 조금의 이기심도 없었다. 대신에 깨뜨릴 수 없는 사랑의 사역만이 있었다. 그가 비록 육신으로는 피곤하였을지라도, 그리고 마음으로 상심하신 것이 틀림없음에도 불구하고 그는 죄로 인하여 신음하는 영혼을 찾아 구하시는 일에는 전혀 지치지 아니하셨다.

"예수께서 **그녀에게** … 하시매." 이 구절과 우리가 3장에서 고찰한 구절은 서로 현저한 대조를 이루고 있다. 3장에서 우리는 니고데모가 **자신의 명예**를 지키려고 어둠을 틈타 '밤에' 왔음을 읽을 수 있다. 여기에서 우리는 주 예수께서 대낮의 밝은 빛 속에서, 즉 한낮에 이 창녀에게 이야기를 건네시는 것을 볼 수 있다. 진실로 **그는** 자기 자신의 **명성을 얻으려 하지 않으셨다.**

"예수께서 물을 좀 달라 하시니." 여기에 제시되어 있는 그림은 형언할 수 없이 아름답다. 그리스도께서 우물 곁에 앉아 계셨다. 그는 무엇을 하고 있는 것일까? 그녀와 더불어 영생에 대한 문제를 해결하려고 이 비참한 버림받은 영혼과 함께 홀로 앉아계셨던 것이다. 그는 그녀에게 **그녀 자신**의 모습을 보게 하셨으며, 또한 **자기 자신**도 드러내셨다. 이것은 모든 영혼들을 대하시는 바로 그의 태도이다. 그는 우리를 이 미친 듯한 세상으로 데려오셔서 우리로 우리의 절망적인 상태를 보게 하시고, 우리가 누구의 현존 안에 있는지를 알려 주시며, 우리로 하여금 그만이 주실 수 있는 귀중한 '선물'을 요청하도록 이끄신다. 그래서 그는 사마리아의 간음녀에게도 그렇게 대하셨다. 그리고 이 사건은 죄인들을 대하시는데 있어서 구세주의 놀라우신 은혜와 무한한 인내를 명백하게 보여준다. 온유하고 끈기 있게 그는 이 여자를 한 걸음씩 한 걸음씩 인도하셔서 그녀의 마음을 감동하게 하시고, 그녀의 양심을 살피게 하시며, 그녀의 영혼을 깨우쳐 그녀로 자신의 깊은 결핍을 깨닫게 하신다. 그리고 이 사건은 죄인의 부패함, 즉 그녀의 영적인 맹목과 완고함, 구세주의 이끄시는 걸음을 이해하고 따라갈 능력이 결여되어 있는 것, 그리고 믿는데 있어서 그녀의 마음이 얼마나 우둔한지를 보여준다.

"예수께서 물을 좀 달라 하시니." 구세주께서 행하신 최초의 일은(그가 명령법을 사용하신 점에 주목하라) 그녀에게 시원한 물을 한 모금 달라고 청하신 것이었다. 그런데 물은 이 세상에서 가장 값싸게 얻어지는 것이라고 간주된다는 점에 주목해야 한다. 하나님의 아들이 스스로를 얼마나 비천하게 낮추셨는가! 사마리아인들과 이야기를 나누는 것조차도 유대인들 사이에서는 가장 심한 타락으로 간주되는 것이었다. 또한 그들은 사마리아인들에게 신세를 지는 것도 전혀 참을 수 없었다. 그러나 여기서 우리는 영광의 주님께서 사마리아인들이 사는 그 동네에서 가장 악한 자 중의 한 사람에게 물을 좀 달라 청하는 것을 볼 수 있다. 그 여자를 놀라게 만든 것은 바로 그러한 그의 겸손이었다.

"물을 좀 달라" 그녀에게 이루어져야 할 은혜의 역사가 시작되는 지점이 바로 여기이다. 이 짧은 말씀 안에 들어 있는 개개의 단어는 지극히 중요하다. 여기에는 "너는 … 이어야만 한다"는 식의 말은 전혀 들어 있지 않다. 구세주께서 이 가엾은 영혼에게 맨 **처음으로** 하신 말씀은 **'달라'**는 것이었다. 그것은 그가 그녀의 생각을 **은혜**로 이끄신 말이었다. '내게 달라'고 그는 말씀하셨다. 그는 그녀로 하여금 곧장 자기 자신에게 주의를 기울이게 하셨다. 즉 **'내게** 달라.' 그러나 "내게 물을 좀 달라"고 하신 말씀은 무슨 의미일까? 구세주께서는 무엇을 가리켜 그렇게 말씀하신 것일까? 그의 말씀의 첫번째 의미는 문자 그대로 물을 가리키는 것임이 분명하다. 그러나 또한 그의 마음이 문자 그대로의 물 이상의 것을 의도하고 있었음에는 의심할 나위가 없다. 앞 절에서의 '피곤함'이 단순히 육체적인 피로 이상의 의미를 가진 것이었듯이, 이 절의 "물을 좀 달라"는 말씀도 단순히 갈증을 해소하려는 것 이상의 의미를 내포하고 있다. 이 세상은 구세주에게 있어서 메마르고 목마른 땅이었다. 그가 여기에서 발견하신 유일한 양식은, 비참하고 결핍된 죄인에게 그의 은혜를 사역하시고, 그들로부터 믿음과 감사를 돌려받는데 있었다. 이것은 그 다음 말씀을 통해 충분히 입증되고 있다. 제자들이 돌아와 주님께 음식을 드시라고 권했을 때 그는 이렇게 말씀하셨다. "내게는 너희가 알지 못하는 먹을 양식이 있느니라"(32절). 그러므로 구세주께서 이 여자에게 "물을 좀 달라"고 청하셨을 때도 그가 찾으신 것은 영혼의 양식이었다.

"내게 물을 좀 달라." 이 비참하고 무시당하며 눈먼 죄인인 그 여자가 어떻게 **그에게** 그것을 '줄' 수 있겠는가? 물론 그 여자는 줄 수 없었다. 그녀가 먼저 그에게 청해야 했다. 그녀는 그녀가 줄 수 있기 전에 자신이 먼저 받아야만 했다. 타고난 그대로의 상태로서의 그녀는 아무것도 가진 것이 없었다. 그녀는 영적으로 완전히 가난했다. 즉 영적으로 무일푼이었다. 구세주께서 그 여자로 하여금 그에게 **간청하도록** 이끌기 위하여 그녀에게 강조한 사실도 바로 이 점이었다. 그러므로 구세주께서 "내게 물을 좀 달라"고 말씀하셨을 때 그는 그 여자가 그 당시로서는 응**할 수 없**는 것을 요청한 것이었다. 바꿔 말하면, 그는 그 여자로 하여금 자신이 **속수무책**임을 대면하게 하신 것이었다. 우리는 하나님께서 우리에게 우리가 수행할 수 없는 것을 행하라고 요구하시지는 않는다는 말을 종종 들어 왔다. 그러나 그는 그런 일을 요구하시는데 그것은 두 가지 이유에서이다. 첫째로, 우리에게 우리의 무력감을 깨우쳐 주시기 위해서이다. 둘째로, 우리로 그의 보시기에 기쁘신 일을 행하기 위해 필요로 하는 은혜와 힘을 그에게 얻고자 하기 위해서이다. 율법, 곧 "거룩하고 의로우시며 선한" 율법이란 무엇 때문에 주어졌는가? 율법이 요구하는 것을 요약하면 "너는 네 마음을 다하여 주 너의 하나님을 사랑하라 그리고 네 이웃을 네 몸과 같이 사랑하라"는 두 가지이다. 그러나 어떤 사람이 이렇게 행했는가? 어떤 사람이 그것을 행할 수 있었는가? 오직 한 사람 곧 신인(神人)이신 그리스도뿐이었다. 그렇다면 율법은 어째서 주어졌는가? 그것은 인간의 **무력함**을 드러내 주기 위해 의도적으로 주어졌다. 그러면 어째서 인간의 무력함을 드러내야 했는가? 그것은 인간으로 하여금 하나님의 전능하심 앞에 자신을 맡기도록 하려 함이었다. "무릇 사람이 할 수 없는 것을 하나님은 하실 수 있느니라"(눅 18:27). 이것은 하나님의 학교에서 배우는 최초의 교훈이다. 이것은 그리스도께서 이 빈궁한 여자에게 최초로 가르쳐 주신 것이다. 그리고 10절 말씀은 이 사실을 의심할 여지 없이 확고하게 해준다. "예수께서 대답하여 이르시되 네가 만일 하나님의 선물과 또 네게 물 좀 달라 하는 이가 누구인 줄 알았더라면 네가 그에게 구하였을 것이요 그가 생수를 네게 주었으리라." 그 여자의 호기심을 야기시켰던 것은 바로 그리스도께서 이 여자 앞에 도덕적으로 불가능한 것을 제시하셨기 때문이다.

"이는 제자들이 먹을 것을 사러 그 동네에 들어갔음이러라"(4:8). 이것은 단순히 우연하게 일어난 일이 아니라 은혜롭게도 하나님의 섭리에 의해 정해진 일이었다. 그리스도께서는 이 가엾은 영혼과 **단 둘이** 있고 싶어하셨다. 요한복음은 우리가 숙고해 볼 수 있는 것 중 가장 고귀한 면의 그리스도를 나타내 주고 있다. 즉 육체를 입으신 하나님, 영원한 말씀, 만물의 창조자, 아버지를 계시하시는 자로서 묘사하고 있다. 그럼에도 불구하고 사복음서 중에서 요한복음이야말로 이 영광스러운 분께서 죄인들과 함께 홀로 계신 모습을 가장 많이 보여주고 있다. 분명히 여기에는 신적인 계획이 들어 있다. 우리는 그리스도께서 니고데모와 함께 혼자 있는 것을 읽을 수 있다. 또한 이 사마리아 여자와도, 요한복음 8장에서의 현장에서 붙잡힌 간음한 여자와도, 그리고 그가 눈을 뜨게 해주시고 나중에 회당에서 쫓겨난 맹인이었던 자와도(요 9:35) 그리스도께서는 각각 혼자 있었다. 구원받아야 할 죄인이 있는 곳에는 하나님만이 필요하고 그 사이를 중재해 줄 그 누군가가 있어야 할 필요는 전혀 없다. 이것은 필자가 4년간 목회를 하는 동안에 '고해실' 이나 '참회석' 을 사용하지 않는 이유이다. 또 다른 이유는 필자가 하나님의 말씀 안에 그것과 유사한 것이 아무것도 없음을 발견했기 때문이다. 그것들은 인간의 고안물이다. 사제나 중재자는 필요하지 않다. 죄인으로 하여금 하나님과 그의 말씀으로만 더불어 홀로 있게 하라.

"이는 제자들이 먹을 것을 **사러** 그 동네에 들어갔음이러라." 여기서 '사다' 는 말은 어떤 대조적인 사실을 가리키고 있다. 음식을 사야 했기 때문에 구세주께서 언급하신 하나님의 '선물' 이라는 말이 두드러지게 눈에 띈다(10, 14절 참고). 또한 필자가 생각하기에 여기에서의 제자들의 행동은 요한삼서 7절의 "이방인에게 아무 것도 받지 아니함이라" 는 말을 예증해 주는 놀라운 증거이다. 그리스도의 이 제자들은 음식을 거저 얻지 아니하고 값을 주고 샀다.

"**사마리아 여자가 이르되 당신은 유대인으로서 어찌하여 사마리아 여자인 나에게 물을 달라 하나이까 하니 이는 유대인이 사마리아인과 상종하지 아니함이러라**" (4:9). 구세주의 요청은 그녀를 깜짝 놀라게 했다. 그녀는 유대인들이 사마리아인들에 대해 품었던 극도의 혐오감을 알고 있었다. 유대인들이 사마리아인과 친밀하게 지내는 것도 죄라고 간주되었었다. 이 반감이 일반적인 경향이었다는 사실은 라이트 푸트 주교가 유대인 랍비들의 글 중에서 발췌한 다음과 같은 예문을 보면 확실히 알 수 있다. "사마리아인의 빵을 먹고 포도주를 마시는 것은 금지되어 있다." "어떤 사람이든지 사마리아인을 집으로 받아들이면 그 자녀들이 잡혀가게 될 것이다." "사마리아인의 빵을 먹는 자는 돼지고기를 먹는 것이나 마찬가지이다."

이 극도의 반감을 알고 있었기 때문에 사마리아 여자는 그의 옷차림이나 말씨로 보아 분명히 유대인으로 보이는 사람이 사마리아인에게 부탁을 하고, 더욱이 사마리아인의 친절을 받아들이는 것을 보고 놀라움을 나타낸 것이다. "당신은 유대인으로서 어찌하여 사마리아 여자인 나에게 물을 달라 하나이까?" 한 청교도의 말을 인용해 보자. "그 여자는 그녀의 앞에 앉아 계신 이의 영광을 조금도 알지 못했다. 우물 곁에 앉아 있던 분은 천사장보다 더 높은 곳에 있는 보좌를 차지하고 있다. 그리고 친히 그의 보좌에서 쉬시는 그는 평화의 성역이다. 그러므로 지친 영혼들은 거기에 머리를 기대고 근심을 털어 놓을 수 있으며, 그 근심을 기쁨으로 바꾸고 그들의 고통을 영광으로 변화시킬 수 있다. 그리고 갈증으로 뜨겁게 타는 듯한 그의 거룩한 허로부터 하늘의 원칙이 시냇물처럼 쏟아져 온 세상을 넘치게 하고 사막을 낙원으로 만들 수 있다"(제레미 테일러).

"사마리아 여자가 이르되 당신은 유대인으로서 어찌하여 나에게 물을 달라 하나이까." 우리는 앞의 11장에서 니고데모와 이 사마리아 여자가 서로 대조를 이루고 있는 일곱 가지 사항을 지적하였다. 여기에서는 그들의 놀라운 유사성에 주의를 기울여야 한다. 구세주의 최초의 말씀에 니고데모가 맨처음 대답한 말은 "어떻게 … 있습니까?"라는 말이었다(3:4). 그리고 구세주의 요청에 이 여자가 최초로 대답한 말도 '어찌하여 … '라는 말이었다. 이들 두 사람은 '어떻게'라는 회의적인 표현을 함으로써 구세주로 하여금 그의 이야기를 진전시키게 만든다. 그들 둘 사이에는 서로 다른 점이 많이 있으나 이 점에 있어서는 똑같은 태도를 취했다. 그리스도께서 니고데모를 대하실 때에 그는 자기 자신을 진리로 드러내셨다. 그러나 여기 요한복음 4장에서 우리는 예수 그리스도에 의해 주어진 '은혜'를 볼 수 있다. '진리'는 교만한 바리새인의 종교적인 편견을 깨뜨리기 위함이었으며, '은혜'는 이 간음한 사마리아 여자의 필요를 채우기 위함이었다.

"우리는 이 '어떻게'라는 말로 마음이 가득 차 있다. 하나님의 진리가 지극히 위엄 있고 권위 있게 우리에게 제시된다. 그러면 우리는 그것을 '**어떻게** 그럴 리가 있나?'라는 식으로 대처한다. 하나님의 은혜가 지극히 감미롭고 온유하게 우리 앞에 펼쳐진다. 그러면 우리는 '**어떻게** 이런 일이 일어날 수가 있는가?'라는 식으로 반응한다. 그것이 신학적인 '어떻게'이든, 합리적인 '어떻게'이든 그것은 중요치 않다. 가련한 마음이 진리를 믿고 하나님의 은혜를 받아들이는 대신 따지고 드는 것이다. 자기의 **의지**가 적극적으로 활동한다. 그러므로 양심이 제아무리 편치 않고 마음이 그 주위의 상태에 대해 불만스럽게 느낀다 할지라도 여전히 불신하는 '어떻게'가 이런저런 형태를 취하고 쏟아져 나온다. 니고데모는 '사람이 늙으면 어떻게 다시 날 수 있습니까?'라고 말했다. 이 사마리아 여자는 '당신이 어떻게 내게 물을 달라 하십니까?'라고 말했다"(C. H. M., 본서에서는 도움 되는 그의 여러 사상을 인용한 바 있음)

그것은 언제나 그렇다. 하나님의 말씀이 지극히 무가치한 본성을 가진 우리에게 선포될 때 우리의 마음은 그 거룩한 말씀에 경배하는 대신 불경하게 따지는 자세를 취한다. 하나님의 진리가 하나님의 은혜와 그리스도 예수 안에 있는 값없이 주시는 구원에 대해 설명해 올 때, 우리는 은혜를 받아들이고 기뻐하는 대신에 그것이 **어떻게** 그럴 수 있느냐고 따지기 시작한다. 사실 인간의 마음은 하나님과 그의 말씀과 그의 은혜에 대해 닫혀 있는 것이다. 마귀가 말을 걸면 우리의 마음은 쉽게 그것을 받아들인다. 인간이 말을 걸면 그 마음이 그가 말한 것을 게걸스럽게 삼켜 버린다. 사탄에게서 나온 거짓말과 사람들에게서 나온 무익한 것들 ― 이 모든 것들을 어리석은 죄인은 쉽사리 받아들인다. 그러나 **하나님**께서 말씀하시는 순간, 그것이 **진리**에 대한 권위 있는 말씀이든, **은혜**에 대한 놀라운 말씀이든, 우리의 마음이 되돌려 드리는 것은 불신하고 따지며 불경건하게 쏟아놓는 '어떻게?'라는 말이 전부이다. 타고난 그대로의 마음은 하나님의 진리와 은혜를 제외하고는 무엇이든 다 받아들인다. 이 모든 것은 얼마나 비천한 일인가! 그것은 우리로 하여금 부끄럽게 만든다. 그것은 우리로 하여금 저 경건한 에스겔 16:62, 63 말씀에 귀를 기울이게 한다. "내가 여호와인 줄 네가 알게 하리니 이는 내가 네 모든 행한 일을 용서한 후에 네가 기억하고 놀라고 부끄러워서 다시는 입을 열지 못하게 하려 함이니라."

"사마리아 여자가 이르되 당신은 유대인으로서 어찌하여 사마리아 여자인 나에게 물을 달라 하나이까 하니." 이것은 본성적인 마음의 맹목성을 대단히 철저하게 드러내 준다. "**당신은 유대인**으로서"라는 사실밖에는 볼 수 없었던 그녀를 보라. 그녀는 자기에게 말을 건네 오신 이의 탁월하심을 식별하지 못하였다. 그녀는 그가 영광의 주님이신 줄을 알지 못했다. 그녀는 그에게서 '유대인'이라는 것 외에 다른 아무것도 보지 못하였다. 우리는 종의 신분을 입으실 정도로 겸손을 취하신 그가 다름 아닌 하나님의 그리스도이신 사실에 전적으로 무지하다. 그러므로 그리스도인 독자들이여, 성령께서 우리를 살리시기 전에는 우리들도 모두 그와 같은 상태에 있었다. 우리가 어둠으로부터 하나님의 놀라운 빛 가운데로 데려와질 때까지 "우리가 보기에 흠모할 만한 아름다움을 그에게서 찾아볼 수 없다." 이 가련한 여자가 생각한 것이란 저 **해묵은 편견**이 전부였다. "당신은 유대인으로서 … 사마리아 여자인 나에게 …." 그리고 그것은 여러분과 필자의 경우에도 마찬가지이다. 죄인이 맨처음 하나님 앞으로 나오면 육체적인 마음속에 잠복해 있던 원수가 분기하게 된다. 그리고 하나님의 은혜가 우리를 꺾으실 때까지 우리가 행할 수 있는 것이란 발뺌하고 이의를 제기하는 것이 전부이다.

"예수께서 대답하여 이르시되 네가 만일 하나님의 선물과 또 네게 물 좀 달라 하는 이가 누구인 줄 알았더라면 네가 그에게 구하였을 것이요 그가 생수를 네게 주었으리라"(4:10). 우리 주님께서는 그녀가 제기한 '어떻게' 라는 말 때문에 하시고자 하는 일에 방해를 받지 아니하신다. 그는 니고데모가 제기한 '어떻게' 에 답변해 주셨다. 그리고 여기서도 수가의 여자가 제기한 '어떻게' 라는 말에 답변하신다. 우리 주님께서는 드디어 주님 자신을 놋뱀의 위대한 원형이라고 가리켜 주심으로써, 그리고 아들을 세상에 보내신 하나님의 사랑에 대해 이야기해 주심으로써 니고데모에게 답변해 주신다. 그와 마찬가지로 그는 '하나님의 **선물**' 에 대해 말씀하심으로써 그녀에게 답변해 주신다. 구세주께서 이 가련한 버림받은 자에게 대답해 주신 그 정신에 주목하는 것은 아름다운 일이다. 그는 그녀와 사마리아인들의 편견에 대하여 논쟁하지 않으셨으며, 또한 유대인들의 사마리아인들에 대한 무정한 처사를 변명하려 하지도 않으셨다. 그는 그녀를 함부로 대하지도 않으셨으며, 그녀의 무지와 어리석음에 대하여 책망하지도 아니하셨다. 그는 그녀에게 구원을 얻게 해주고자 하셨으며, 무한한 인내로 그녀가 믿을 때까지 그녀의 우둔함을 참으셨다.

"예수께서 대답하여 이르시되 네가 만일 하나님의 선물과 또 네게 물 좀 달라 하는 이가 **누구**인 줄 알았더라면." 여기에 어려움이 있다. 인간은 자신의 결핍을 알지 못할뿐더러 그것을 보살펴 주실 수 있는 이도 알지 못한다. 이 여자는 "하나님의 **선물**" 에 무지하였다. **은혜**에 대한 말은 그녀가 알지 못하는 언어였다. 타고난 그대로의 상태에 있는 다른 모든 죄인들처럼 이 사마리아 여자도 **자기가** 주어야 할 사람이라고 생각하였다. 그러나 구원은 **우리가** 주었기 때문에 대가로 되돌려 받는 것이 아니다. 하나님만이 주시는 자이다. 우리가 할 수 있는 일은 받는 것이다. "네가 만일 하나님의 선물을 알았다면." 이것은 무엇을 가리키는가? 그것은 바로 구원이며 영생이다. 그것은 이 절의 끝부분에서 그리스도가 말씀하신 바로 그 '생수' 이다.

"네가 만일 하나님의 선물과 또 네게 물 좀 달라 하는 이가 **누구인 줄** 알았더라면." 그러나 이 여자는 자기에게 말씀하시는 이가 누구인지 알지 못했으며 그녀에게 '물 좀' 달라고 청하신 이의 놀라운 겸손에 대하여도 알지 못하였다. 만일 그것을 알았더라면 그녀가 '그에게 구했을' 것이다. 그녀가 주는 자의 입장을 취하고 주님으로 하여금 받는 자가 되게 하려는 대신에, 그녀가 받는 자가 되고 **주님**으로 하여금 **주는 자**가 되게 한다면 그는 기꺼이 주실 것이다.

"네가 그에게 구하였을 것이요." 복되게도 죄인이 영생을 얻는 데 필요한 유일한 것은 단지 '구하는' 것뿐이다. 그러나 구하는 것 이전에 아는 것이 선행되어야 한다. "네가 만일 … **알았더라면** 네가 **구하였을** 것이요." 그러나 죄인은 이 태도를 취하는 것을 대단히 꺼려한다. 하나님께서는 죄인이 진정으로 '구하기' 까지 그를 위해서, 그리고 그 죄인의 속마음을 위해서 하서야 할 일이 많이 있다. 죄인은 자기의 가공할 상태와 그가 처해 있는 무서운 위험에 대해 자각하도록 이끌려져야 한다. 그는 자신이 잃어버린 바 되고 파멸해 있다는 것과 불못을 향해 가고 있다는 것을 깨달아야 한다. 그는 자기에게 구세주가 절대적으로 필요함을 깨달아야 한다. 다시 한 번 말하지만, 하나님께서 그에게 이 세상의 모든 것이 전적으로 헛되고 무가치하다는 것을 보여주셔야 하며, 그래서 그가 생명의 물에 대한 극심한 '갈증' 을 체험해야 한다. 그는, 하나님께서 자기와 같이 절대적으로 파멸한 자까지도 구하실 수 있을 것인지를 의아해하게 될 때까지 절망에 빠져 있어야 한다. 그는 자기의 독선이라는 더러운 넝마를 벗어 버리고, 신의 자비를 기꺼이 받아들이는 거지처럼 현재 모습 그대로 하나님께 기꺼이 나와야 한다. 그는 진정으로 그리스도의 임재 안으로 들어와야 하며, 개인적으로 그리스도와 교제해야 한다. 그가 스스로 분명한 요청을 해야 한다. 이것은 '구하기' 전에 죄인이 해야 할 일들이다. 우리가 **구하기** 전에 하나님께서 우리의 양심을 매만지시고, 지각을 밝혀 주시며, 저항하는 의지를 꺾으시고, 하나님을 향해 굳게 닫혀 있는 마음의 문을 열어 주셔야 한다. 이 모든 것은 그리스도께서 이 여자를 대우하신 것을 통해 우리에게 가르쳐 주신 교훈이다. 우리가 찾아 나섬으로 구원받는 것이 아니라 오히려 찾음을 받아야 한다. "그리고 네게 … 말하는 이가 **누구인 줄** … ." 여기에서 '**무엇**인 줄' 이 아니라 '**누구인** 줄' 이라고 되어 있는 점에 주목해야 한다. 필요한 것은 행위나 교리가 아니라 그리스도, 즉 '생명' 의 근원이요 '생명' 을 주는 자이신 그와의 개인적인 교제이다.

주님께서 니고데모와 이야기를 하신 방식과, 이 가련한 사마리아 간음녀를 다루신 방식은 서로 두드러진 대조를 이루어 우리의 주목을 받아 왔다. 주님께서는 영혼들을 기계적인, 판에 박힌 듯한 방식으로 다루지 아니하셨는데 그것은 오늘날 그렇게 행동하는 많은 그리스도인 사역자들이 두려워해야 할 일이다. 주님께서는 저마다 처해 있는 상황에 따라 각자에 맞게 대해 주셨다. 그리스도께서 니고데모를 다루실 때 그는 복음을 가지고 시작하지 않으셨다. 대신에 그는 "내가 네게 거듭나야 하겠다 하는 말을 놀랍게 여기지 말라"고 말씀하셨다. "네가 … 해야 하겠다" 는 말 안에는 기쁜 소식이란 들어 있지 않다. 사람이 다시 태어나야 한다면 **그렇게 되기 위하여 그는**

무엇을 해야 하는가? 그의 과거의 삶, 즉 아주 많은 자선과 친절한 행위, 그리고 종교적인 의무의 수행들은 결국 어떻게 되는가? 그것들은 아무것도 아니다. 다만 **새로운** 시작이 이루어져야만 한다. 그러나 삶의 전혀 다른 질서가 절대적으로 필요할 뿐만 아니라 사람이 '위로부터 나야' 만 하는 것이다. 그렇다면 가련한 죄인은 무엇을 할 수 있겠는가? 전혀 아무것도 없다. 온갖 육체적인 겉치레에 둘러싸여 있는 사람에게 "다시 나야 하겠다"고 말하는 것은 그야말로 닫혀 있는 문에 지나지 않는다. 그리스도께서 니고데모에게 알려 주고자 하셨던 것은 바로 이것이다.

그러나 그 문이 **어째서** 니고데모 앞에 닫혀져 있는가? 그것은 그가 바리새인이었기 때문이다. 그는 바리새인의 하나였으며, 그리스도께서 성전 앞에 서서 "하나님이여 나는 다른 사람들 곧 토색, 불의, 간음을 하는 자들과 같지 아니하고 이 세리와도 같지 아니함을 감사하나이다"(눅 18:11)라고 기도하는 자라고 묘사하신 무리들 중의 하나였다. 니고데모는 존경받는 도덕적인 사람이었을 뿐만 아니라 대단히 종교적이기도 했다. 그러므로 그에게 가장 절실하게 필요한 것은 바로 그가 들었던 것, 즉 다시 나는 것이었다. 왜냐하면 주 예수께서는 결코 잘못을 범하지 않으시기 때문이다. 니고데모는 그가 받는 존경과 종교적인 신분에 대하여 자부심이 강했다. 이것에 대한 증거는 그가 예수께 '밤에' 온 것을 보면 알 수 있다. 그는 그 행차를 하는 데 얼마나 큰 모험이 따르는지를 알고 있었다. 그는 이 나사렛 사람을 방문함으로 인해 자기의 명성이 위태로워지리라는 것을 두려워했다. 그러므로 그의 독선은 완전히 분쇄되어야 했고, 그의 종교적인 교만이 깨뜨려져야 했다. 그러므로 우리 주님께서 이 유대인 지도자에게 말씀하신 내용의 요지는 이런 것이다. "니고데모야, 네가 비록 교육이 높고 개심하였으며 도덕성과 신앙심이 뛰어나다 할지라도 너는 아직 하나님이 기뻐하시는 삶을 살기 시작한 것이 아니다. **그렇기 때문에** 너는 다시 나야 한다." 이것은 순전히 복음을 듣게 하기 위한 길을 예비한 것이었다. 즉 독선적인 사람으로 복음을 받아들이도록 예비한 것이었다.

그러나 예수께서 우물 곁에서 이 여자와 하신 이야기는 그와는 전적으로 다르다. 그는 그녀에게 새로 날 필요성에 대한 언급은 전혀 하지 않으셨다. 대신에 그는 그녀에게 즉시 '하나님의 선물'에 대해 말씀하신다. 이 여자의 경우는 제거되어야 할 율법적이고 종교적인 양식이 없었다. 그녀의 도덕적인 품성과 종교적인 신분은 이미 죽어 없어졌다. 그녀의 경우에는 니고데모와 전혀 달랐다. 니고데모는 그가 의지하고 자랑으로 여길 만한 무엇인가를 **가지고 있다**고 느낀 것이 매우 분명하다. 우리가 알아야 하는 것은 그가 자랑으로 여기는 그 모든 것이 하나님 앞에서는 무가치하다는 사실이다. 이스라엘의 선생이라 할지라도 그는 하나님의 **나라**에 들어가기에 전적으로 **부적합**했다. 그리고 우리 주님께서 그에게 "네가 다시 나야 하리라"고 말씀하신 것이야말로 그에게 이 사실을 가장 빨리 깨닫게 해 줄 수 있었다.

당신이 본성적으로 원하는 것을 마음껏 교육시키고, 신장시키며 고상하게 이끌라. 그리고 그것을 과학과 철학의 가장 높은 전당으로 들어 올려 숭배하라. 또는 모든 합법적인 제도 장치와 의식(儀式)들, 그리고 인간이 만든 모든 종교 기구들을 의지하라. 도덕적인 개심의 맹세와 결심을 하라. 일련의 단조로운 종교 의무들을 녹초가 되도록 이행하라. 철야기도와 금식, 자선, 그리고 모든 "**죽은 일들**"에 의지하라. 그러나 결국 저 간음한 사마리아 여자도 당신만큼이나 하나님의 나라에 가까이 있다. 그것은 그 여자뿐만 아니라 당신도 "다시 **나야 하는**" 것을 보면 알 수 있지 않은가! 당신도 그 여자도 천국에 들어갈 자격이나 천국을 누릴 수 있는 능력에 대하여 하나님께 제시할 만한 단 하나의 권리도 없다. 그것은 처음부터 끝까지 **모두가 은혜**에 의한 것이며, 또한 모두가 은혜에 의한 것이어야 한다.

그러면 무엇이 치유약일까? 결국 그리스도께서 니고데모에게 지적하여 말씀하신 것이 바로 그것이다. "모세가 광야에서 뱀을 든 것 같이 인자도 들려야 하리니 이는 그를 믿는 자마다 영생을 얻게 하려 하심이니라"(요 3:14, 15). 그러나 이 놋뱀은 누구에게 제시된 것일까? 그것은 물린 사람이면 누구든지 다 해당된다. 왜냐하면 그가 **물렸기** 때문이다. 그 상처가 자격이다. 무엇에 대한 자격인가? 뱀을 바라볼 수 있는 자격이다. 그러면 어떻게 되는가? 바라본 사람은 **살았다**. '바라보면 산다'는 것은 지극히 복된 복음이다. 그것은 니고데모에게도 효력이 있었고, 수가의 여자에게도 그랬다. 그리고 죄에게 물린 아담의 모든 아들딸들에게 다 효력이 있다. 거기에는 제한이 없다. 인자가 들어 올려졌으니 단순한 믿음으로 **그를 바라보는 자는 누구나**, 무죄한 아담이 결코 갖지 못했던 것을, 그리고 모세의 율법이 결코 제시하지 못했을 것을, 심지어 '영생'까지도 가지게 될 것이다.

복음은 모든 사람들을 공통된 지반 위에 위치시킨다. 니고데모는 도덕적인 품성과 사회적인 신분, 종교적인 명성을 가지고 있었다. 우물가의 여자는 아무것도 가지고 있지 않았다. 니고데모는 사회적으로 높은 위치에 있었다. 그녀는 맨 아래에 있었다. '이스라엘의 선생'보다 더 높은 신분은 없으며, 간음한 사마리아 여자보다 더 낮은 신분도 없다. 그러나 하나님 앞에서의 신분이나, 그의 거룩한 존전에 나설 만한 자격, 그리고 천국에 들어가는 자격에 관한 한 그들은 둘 다 공통된 지반 위에 있는 것이다. 그러나 이것을 이해하고 있는 사람이 실로 거의 없다. 하나님 앞에서의 신분에 관한 한 이 학식 있고 종교적인 니고데모와 저 수가의 가련한 여자 사이에는 '아무런 차이'가 없었다. 니고데모에게 그리스도께서는 "네가 다시 나야 하리라"고 말씀하셨다. 이 짧막한 말이 그가 믿고 서 있던 토대를 깡그리 휩쓸어가 버렸다. 그에게는 적어도 새로운 본성만이 필요했다. 그러나 그녀에게는 더 이상 필요한 것이 아무것도 없었다. 부정(不淨)한 자는 천국에 들어갈 수 없다. 또한 바리새인도 마찬가지이다. 두 사람은 다 각각 다시 나야 한다. 사실 니고데모와 이 여자 사이에는 도덕적으로, 그리고 사회적으로 큰 차이가 있었다. 그것은 두말할 필요도 없는 사실이다. 지각이 있는 사람이라면 누구나 도덕적인 것이 악한 것보다 더 좋고, 금주가 음주보다 더 좋으며, 명예로운 사람이 되는 것이 도둑이 되는 것보다 더 좋다는 것을 말하지 않아도 다 알고 있을 것이다. 그러나 이것들 중의 그 어떠한 것도 죄인을 구할 수 없으며, 죄인에게 구원이 되는 그 무엇도 주지 못할 것이다. 이것들 중의 아무것도 하나님 나라에 들어가는 허락을 보증해 주지 않을 것이다. 니고데모와 간음녀인 사마리아 여자는 둘 다 죽어 있었다. 전자에게나 후자에게나 다 영적 생명이 없었다.

"예수께서 대답하여 이르시되 네가 만일 하나님의 선물과 또 네게 물 좀 달라 하는 이가 누구인 줄 알았더라면 네가 그에게 구하였을 것이요 그가 생수를 네게 주었으리라." 어떤 사람은 여기에서의 '생수'를 성령이라고 간주하는데, 이 견해를 지지할 만한 약간의 근거는 있다. 또한 필자로서는 그 견해에 반대하는 것은 아니다. 그러나 우리 주님의 말씀에는 그 이상의 의도가 내포되어 있다고 생각한다. 우리는 '생수'가 구원, 즉 그것이 함축하고 있는 가장 광범위한 의미에 있어서의 **구원**을 뜻한다고 믿는다. '물'의 상징은 지극히 암시적이다. 그리고 성경에서 발견되는 모든 다른 말처럼 그것의 완전하고 아름다운 의미를 발견하기 위해서는 간절하고 오랜 숙고를 필요로 한다. '물'(생수), 즉 그리스도께서 주시는 구원의 상징인 물은 최소한 일곱 가지 개념을 암시하고 있다.

(1) 물은 **하나님으로부터 오는 선물**이다. 그것은 자기의 지혜를 자부하는 자라 하더라도 사람으로서는 만들 수 없는 것이다. 물에 관한 한 우리는 절대적으로 하나님께 의지해야 한다. 여기에서 물이 상징하고 있는 것인 구원에 있어서도 마찬가지이다. (2) 물은 **인간에게 필수불가결한** 것이다. 그것은 사치품이 아니라 필수품이다. 인간은 그것 없이 살 수 없다. 하나님의 구원에 있어서도 마찬가지이다. 인간이 그것

을 달리 취급하면 영원히 잃어버린 자가 된다. (3) 물은 **보편적인 필요**를 충족시켜 주는 것이다. 그것은 단순히 일부에게 해당하는 필수품이 아니라 일반적인 필수품이다. 모든 사람들은 물을 필요로 한다. 하나님의 구원에 있어서도 그와 마찬가지이다. 그것은 동료들보다 더 사악한 일부 특별한 계층의 사람들에게만 필요한 것이 아니다. 왜냐하면 그리스도로부터 벗어나 있는 사람들은 모두 다 잃어버린 자이기 때문이다. (4) 물은 우선적으로 **하늘로부터 내려오는** 것이다. 그것은 땅의 소출이 아니라 위로부터 오는 것이다. 구원에 있어서도 그와 마찬가지이다. 그것은 "주님에게 속해 있다." (5) 물은 **복된 은혜**이다. 그것은 열 오른 이마를 식혀 주고, 갈증을 해소시켜 주며, 기운을 새롭게 해주고, 만족을 주는 것이다. 그리스도 안에서 발견되어야 할 구원에 있어서도 그와 마찬가지이다. (6) 물은 우리를 **싫증나게 하는 것이 결코 아니다.** 다른 것들은 우리를 물리게 하지만 물에 있어서는 그렇지 않다. 하나님의 구원도 그것을 진정으로 받아들이는 모든 사람들의 마음에서 마찬가지이다. (7) 물은 하나님에 의해 **신기하고 불균등하게 분배된다.** 어떤 곳에서는 넘치도록 많고, 다른 곳에는 거의 없다. 그리고 또 어떤 곳에는 전혀 없다. 하나님의 구원에 있어서도 그와 마찬가지이다. 어떤 민족 중에는 높은 데로부터 오시는 자의 방문을 받는 사람이 많이 있고, 다른 민족 중에는 사망에서 생명으로 나오는 자가 거의 없다. 그리고 어떤 민족 중에는 그런 사람이 전혀 없다.

"그가 생수를 네게 주었으리라." 이것은 얼마나 복된 일인가! 생수는 돈도, 다른 보상도 필요로 하지 않는다. 그것은 '선물'이다. 이 선물은 그리스도로부터만 얻어질 수 있다. 이 선물은 우리가 그리스도에게 구함으로써, 그로부터만 얻을 수 있는 것이다. 이 선물은 얼마나 복된 것인가! 그 주시는 분은 얼마나 놀라우신 이인가! 그 말은 얼마나 단순한가! 여기, 가련한 여자에게 하나님의 은혜의 복음을 전해 주시는 그리스도가 있다. 여기 무시당하는 사마리아인을 자신에게로 이끄신 이스라엘의 메시야가 있다. 이것은 우리가 찾고 있던 일이 결코 아니다. 우리는 이 복음 안에서 참으로 **예기치 않았던** 일들을 거듭 만나게 된다. 그러한 일들은 우리가 상상해 왔던 것과는 크게 다르다. 여기 성육신하시어 이 세상에 태어나신 하나님의 아들이 있다. 우리는 그의 누우실 요람을 어디에서 발견하리라 기대해 왔는가? 물론 우리는 그것이 분명히 '위대한 왕의 도시'인 예루살렘에서라고 생각해 왔다. 그러나 그렇지 않았다. 그는 "유대 고을 중에서 작은" 곳인 베들레헴에서 태어났다. 그렇다. 그는 베들레헴에서 나셨고, **구유**에 누워 계셨다. 그곳은 우리가 구세주를 보게 되리라 기대해 왔던 곳이 결코 아니었다. 그는 무엇 때문에 이 땅에 오셨는가? 자기 자신을 죄에 대한 희생 제물로 바치고자 하심이었다. 우리는 이 일에 대하여 더 많이 배우기 위해서 누구에게 가야 하는가? 분명히 제사장들과 레위인들에게 가려 할 것이다. 하지만 우리는 복음을 통하여 그들에 대해서 무엇을 알게 되는가? **그들은** 그들 가운데 서 계신 이를 알지 못했던 바로 그 자들이었다(요 1:26). 우리가 위대한 희생제물이 되려 오신 그분에 대해 알고자 한다면 우리는 제사장들과 레위인에게서 돌이켜 저 '광야' 로 가서(그런데 그것은 우리가 기대해 왔던 그런 곳이 결코 아니다) 저 약대 털옷을 입고 허리에 가죽 띠를 띤 자의 말에 귀 기울여야 한다. 그러면 **그가** 세상 죄를 없애시는 하나님의 어린 양에 대해 알려 줄 것이다. 하나의 예를 들어 보자. 우리가 배우고자 원해 왔던 **예배**에 대해서 생각해 보자. 우리는 어디로 가야 했었는가? 물론 성전으로 가야 한다고 생각했었다. 왜냐하면 모든 장소 중에서도 **그곳은** 주 하나님께서 가장 참된 방식으로 예배를 받으시는 장소임에 틀림없기 때문이다. 그러나 우리는 다시 한 번 해답을 잘못 찾는 것이다. 왜냐하면 아버지의 집이 이제는 '장사하는 집' 일 뿐이기 때문이다. 우리가 하나님의 일에 대한 교훈을 찾고자 한다면 누구에게로 가야 하겠는가? 물론 우리를 가르치기에 자격을 갖춘 사람인 저 이스라엘의 선생, 니고데모에게 가고자 할 것이다. 그러나 우리는 다시 한 번 실망에 부딪치게 된다.

우리가 하나님의 일을 배우려고 니고데모에게 가고자 했다면, 바로 이 진리들이 사마리아 우물들 중의 하나인 수가의 우물 곁에서, 어느 피곤한 여행자에 의하여 드러나게 되리라고 누가 상상하였겠는가? 그렇게 큰 특권을 부여받은 사마리아인들은 누구였는가? 우리는 이 큰 은혜를 받은 여자와 그 백성이 오랫동안 하나님을 찾아온 민족의 후손으로 발견되기를 기대한 것이 아닌가? 우리는 그들이, 그들의 사고와 의식(儀式)을 모든 그릇되고 부정(不淨)한 혼합물로부터 깨끗하게 하려고 노력해 온 사람들의 자손임에 틀림없다고 결론 내리려는 것이 아닌가? 그러나 사마리아인들의 추한 혈통에 대해 기록되어 있는 열왕기하 17장을 읽어 보라. **그들은** 2/3 정도가 이교의 혈통이 섞인 자들이다. 그런데도 우리는 그 기록을 읽은 후에 예루살렘에서는 참 **예배**를, 사마리아에서는 **우상 숭배**를 발견하려고 생각하지 않는다. 그 대신 우리는 예루살렘에서는 우상 숭배를, 그리고 (우리가 요한복음 4장을 고찰하기 전에는) 사마리아에서는 참 예배를 발견하려 한다. 그러면 이 모든 일은 무엇을 입증하여 주는가? 그것은 이 세상 지혜가 하나님께는 어리석은 것임을 보여준다. 그것은 우리가 **영적인** 일에 대해 결론을 내리기에, 또한 따져 묻기에 전적으로 무능하다는 것을 드러내 준다. 그것은 오래 전에 성령께서 이사야를 통하여 말씀하신 것을 예증해 준다. "이는 내 생각이 너희의 생각과 다르며 내 길은 너희의 길과 다름이니라 여호와의 말씀이니라"(사 55:8). 인간이 따져 묻는 것은 얼마나 어리석은가! 하나님의 '어리석음' 은 얼마나 지혜로운가!

이제 여기서 본문에 대한 고찰을 끝마쳐야 하겠다.

다음 장에서 이 놀랍고 복된 내용을 계속 연구하기로 하자. 한편 우리는 다음 질문들을 기도하는 마음으로 숙고해야 한다.

1. 이 다음 구절(11절)에서 사마리아 여자는 죄인 된 마음의 어떤 특징을 드러내고 있는가? 우리는 여기서 그녀의 몰이해나 어리석음을 뜻하는 것이 아니다.

2. 그녀가 "이 우물은 깊은데"라고 말했을 때 그녀는 무의식적으로 어떤 영적 진리를 드러냈는가? (11절)

3. 그녀는 하나님을 모욕하는 어떤 원칙을 선언했는가?(12절)

4. 그리스도께서 '이 물' 이라고 말씀하셨을 때 그는 어떤 것을 가리키신 것일까?(13절)

5. 14절은 믿는 자에 대한 영원한 보증을 어떤 방식으로 제시하는가?

6. 그 여자는 15절의 말을 통해 무엇을 나타내고 있는가?

7. 그리스도께서는 왜 그녀에게 "가서 네 남편을 불러 오라"고 말했는가?(16절)

수가 성 우물에서의 그리스도
❸

[11]여자가 이르되 주여 물 길을 그릇도 없고 이 우물은 깊은데 어디서 당신이 그 생수를 얻겠사옵나이까 [12]우리 조상 야곱이 이 우물을 우리에게 주셨고 또 여기서 자기와 자기 아들들과 짐승이 다 마셨는데 당신이 야곱보다 더 크니이까 [13]예수께서 대답하여 이르시되 이 물을 마시는 자마다 다시 목마르려니와 [14]내가 주는 물을 마시는 자는 영원히 목마르지 아니하리니 내가 주는 물은 그 속에서 영생하도록 솟아나는 샘물이 되리라 [15]여자가 이르되 주여 그런 물을 내게 주사 목마르지도 않고 또 여기 물 길으러 오지도 않게 하옵소서 [16]이르시되 가서 네 남편을 불러 오라 [17]여자가 대답하여 이르되 나는 남편이 없나이다 예수께서 이르시되 네가 남편이 없다 하는 말이 옳도다 [18]너에게 남편 다섯이 있었고 지금 있는 자도 네 남편이 아니니 네 말이 참되도다 [19]여자가 이르되 주여 내가 보니 선지자로소이다(요 4:11-19)

구주와 사마리아 여인의 대화를 죄인에 대한 하나님의 은혜로우신 관계의 한 예로 볼 때, 우리는 다음과 같은 것을 더 생각해 볼 수 있다. 첫째로, 주님 편에서 자진하여 주도적으로 대화를 시작하셨다는 것, 다시 말해 먼저 말을 거셨다는 것이다. 둘째로, 사마리아 여인에게 하신 주님의 첫 말씀은 '달라' 였으며 이는 여인의 생각을 즉각적으로 **은혜**에로 이끄는 것이었다. 그리고 이 말씀에서 그는 "**[나에게]** 좀 달라"고 하심으로써 여인으로 **그분 자신**에게 집중하게 하셨다. 셋째로, 주님은 여인에게 마실 '물' 을 요구하심으로써 그녀로 하여금 자신이 아무런 도움도 주지 않았음을 직시하게 하셨다. 더 깊은 의미에서 이것은 주께서 그의 영을 상쾌하게 해줄 그녀의 믿음과 확신을 구한 것이었다. 넷째로, 이 대화는 여인의 편견이 나타남으로써 이루어졌다. 즉 원칙적으로 육적인 마음에 있는 하나님에 대한 적의가 드러난 것이다. 다섯째로, 그 다음에 그리스도는 그녀가 구원의 방법에 대해 무지하며 그가 가진 하나님의 영광을 알지 못하고 있다는 것을 단언하셨다. 여섯째로, 그는 '생수' 라는 의미 깊은 비유를 사용하심으로써 영생에 대해 말씀하셨다. 일곱째로, 그는 이 생수가 그녀에게 '선물' 로 주어짐을 보증하셨다. 그녀가 그것을 '구하였을' 때, 그리하여 받는 자의 위치에 있을 때라는 조건 아래서이다. 이 간략한 요약은 10절의 하반절까지에 나와 있다. 바로 그 요지로부터 이 장을 전개해 나갈 것이며, 우선 계속되는 절들에 대한 분석을 제시해 보기로 한다.

1. 여인의 무지(11절)
2. 여인의 무례함(12절)
3. 구주의 은혜로우신 약속(13, 14절)
4. 여인의 편견이 극복됨(15절)
5. 양심을 쏘는 구주의 화살(16절)
6. 구주의 전지하심이 드러남(17, 18절)
7. 여인의 밝아지는 지각(19절)

이 복된 이야기의 첫 부분을 읽을 때 우리는 사마리아의 타락한 여인과 대화하실 정도로 스스로를 낮추신 영광의 주, 그분의 놀라운 겸손에 부딪치게 된다. 그리고 이제 그 다음 부분을 살펴볼 때, 우리는 구주의 놀라운 인내하심에 감동받지 않을 수 없다. 그는 그 자신에게서 구하도록 이 불쌍한 피조물을 찾아오셨으며, 그녀에게 생수를 줄 것을 약속하셨다. 그러나 그의 은혜로우신 제안에 즉각적으로 응하는 대신에, 여인은 계속하여 따지고 물었다. 하지만 그리스도께서는 혐오하여 돌아서지 않으셨으며 그녀로 제멋대로 행함과 완고함의 마땅한 대가를 보응받도록 버려 두지 않으셨다. 그는 그녀의 어리석음을 견디셨으며, 신적인 인내로써 그녀의 저항을 극복하셨다. 그리하여 그녀를 그에게로 얻으셨다.

"여자가 이르되 주여 물 길을 그릇도 없고 이 우물은 깊은데 어디서 당신이 그 생수를 얻겠사옵나이까" (4:11). 이 말씀에서 네 가지 사항이 제시되고 있다. 첫째로, 여인은 자기에게 말을 건 그분의 영광을 여전히 알아보지 못하고 있다. 둘째로, 그녀는 물질적인 것들에 사로잡혀 있다. 셋째로, 그녀는 목적보다는 수단에 관심을 두고 있다. 넷째로, 그녀는 '생수' 의 원천에 대하여 무지하다. 그러면 이제 이 각각의 사항들에 대해 간략히 살펴보기로 하자.

9절에서 우리는 이 여인이 그리스도를 '유대인' 이라고 말한 것을 보았다. 그 대답에서 구세주는 다음과 같은 말씀으로 그녀의 무지를 질책하셨다. "네가 만일 하나님의 선물과 또 네게 물 좀 달라 하는 이가 누구인 줄 알았다면 네가 그에게 구하였을 것이요"(10절). 그녀가 이전에 주 예수를 만나본 적이 없었음은 사실이다. 그러나 그렇다고 해서 그녀가 죄를 면할 수 없었다. 그녀가 스스로 그를 **바랄** 만한 어떠한 아름다움도 그에게서 보지 못했던 것은 눈이 가려져 있었기 때문이었다. 그리고 오늘날 십자가 위에서 죽으신 분이 하나님의 아들이시라는 것, 그리고 그들을 그들의 죄로부터 구할 수 있는 유일한 분이시라는 것을 깨닫지 못하도록 죄인을 가로막는 것은 오로지 불신이다. 그리고 불신은 동정받을 만한 것이 아니라, 책망받을 사항이다. 그러나 이제 그리스도께서 하나님의 '선물' 을 베푸는 자로 자기 자신을 계시하셨는데도 사마리아 여인은 단지 이렇게 대답했을 뿐이었다. "주여 물 길을 그릇도 없고." 참으로 가련한 여인이다. 그녀는 잃어버린 바 된 자들을 찾고 구원하고자 오신 분이 지니신 신성한 존엄을 거의 알지 못하였다. 너무도 완벽하게 그녀는 무지하였다. 그녀는 본래적인 우리의 상태를 참으로 정확하게 드러내고 있다. 하나님께서 무한한 자비로 우리와의 관계를 시작하셨을 때, **우리의** 상태는 정확히 이러했었다. 즉 우리의 눈은 그의 사랑하시는 아들의 완전성에 대해 닫혀 있었으며, 그로부터 우리의 얼굴을 숨겼었다.

"주여 **물 길을** 그릇도 없고." 이 말은 그녀의 사고의 경향을 참으로 여실히 드러내준다. 그녀의 정신은 우물과 두레박에 집중되어 있었다. 그리고 이것 역시 일반적으로 적용되는 원리를 예증해 준다. 이 여인은 여전히 대표적인 성격으로 보인다. 우리는 그녀의 마음이 **물질적인 것들**에 집중되어 있음을 볼 때, 그녀에게서 죄인의 정확한 초상을 보게 된다. 그녀의 정신은 세상 ─ 그 의무와 해야 할 일에 ─ 에 전념하고 있었으며, 그렇기 때문에 그녀는 어떠한 더 높은 사고를 할 수 없었다. 그녀는 자신에게 말을 건 그 사람이 **누구**인지 분별할 수 없었다. 그가 **무엇**을 제안하였는지도 식별할 수 없었다. 그리고 이것은 세상의 모든 사람들 역시 마찬가지이다. 그들은 일시적이고 감각적인 사물들로 말미암아 그리스도의 것들에 가까이 나아가지 못하고 있다. 마귀는 영혼이 구세주에게로 나아가지 못하도록 하는 데 바로 그러한 것들을 사용한다. "그것이 무엇이건 상관치 않는다. 그것은 단지 물동이일 수도 있다. 그리스도에 대한 지식을 배제하도록 정신을 사로잡는 것이라면 그것이 무엇이든 그는 거리끼지 않는다. 그 자신의 목적을 이루고 정신이 영적인 것들에 사로잡히지 못하게 하는 것인 한 그는 도구를 가리지 않는다. 그것은 쾌락일 수도 있으며 유흥일 수도 있다. 돈벌이일 수도 있고 명성일 수도 있고 가족의 의무일 수도 있고 합법적인 직업일 수도 있다. 그것은 영혼이 그리스도에게 집중하는 것을 막는 모든 것이다. 이것은 바로 마귀가 원하는 모든 것이다. 왕궁과 마찬가지로 물동이도 그의 목적을 성취시켜 줄 것이다. 그리하여 그는 '하나님의 형상이신 그리스도의 영광스러운 복음의 빛이 그들에게 비추어지지 **않도록**' 그들을 눈멀게 할 수가 있다"(이 강해를 진행하는 데 여러 가지로 도움을 입은 J. N. Darby로부터)

사랑하는 벗이여, 당신이 그리스도께 나아가는 것, 그의 위대한 구원을 추구하는 것을 막는 것이 있는가? 그분에게서 '생수'를 얻는 것을 가로막는 그 무엇이 있는가? 그러한 것이 전혀 무죄하고 해 없는 것일 수 있다. 그렇다. 그것은 그 자체로서 찬양받을 만한 값어치가 있는 것일 수 있다. 합법적인 직업, 가족으로서의 의무조차도 영혼이 구세주께 가까이 있지 못하게 할 수가 있으며 돈으로는 살 수 없는 그분의 선물을 받지 못하도록 방해할 수가 있다. 사탄은 정신을 눈멀게 하기 위해 사용하는 수단들에 있어 아주 교묘하다. 당신은 씨 뿌리는 비유에서 주님이, "말씀을 막는" 것은 "세상의 염려와 재물의 유혹"이라고 하신 것(마 13:22)을 알지 못하는가?

우리가 지금까지 고찰해 온 이 여인의 경우에서, 당신 자신을 보도록 권한 이 문단을 어떤 구원받지 못한 영혼이 읽을 수 있겠다. 그 여인의 생각은 자신이 우물에 오게 된 그 목적에 집중되어 있었다. 곧 의심할 여지 없이 정당하고 필요한 목적, 그렇지만 그리스도의 것들을 배제하도록 그녀의 정신을 사로잡은 목적이었다. 그녀는 오로지 우물과 두레박만을 생각할 수 있을 뿐이었다. 그러므로 그녀는 자기의 구원을 모색한 저 복되신 분의 사랑과 은혜와 사람을 끄는 매력을 분별할 수가 없었다. 그리고 오늘날에도 자기 가족의 생활을 유지하는 일에 그처럼 바삐 전념하는 남자들이 너무도 많다! 가정의 의무에 그처럼 관심을 집중하는 여자들이 너무도 많다! 이 합법적이고 정당한, 필수적인 일들이 바로 그리스도와 그의 구원을 **몰아내는** 것들이다. 이 사마리아 여인도 그러했다. 그녀는 오로지 자신의 **육신적인** 필요만을 생각했다. 그녀의 정신은 일상적인 업무에 집중되어 있었다. 그리고 이것은 오늘날 많은 사람들의 경우와도 마찬가지이다. 그들은 너무도 바빠서 하나님의 것들을 고찰해 볼 시간이 없다. 그들은 **그들의** "물 긷는 그릇"에 너무도 전념해 있어서 하나님의 세미한 음성을 들을 수가 없다.

"주여 물 길을 그릇도 없고." 이 말은 많은 죄인들과 구원 사이에 외적으로 가로놓여 있는 또 다른 원리를 예증해 준다. 여인의 마음은 목적보다는 수단에 집중되어 있었다. 그녀는 그리스도에게보다 '물 길을' 도구에 관심을 두었다. 그리고 오늘날에 있어서도 참으로 많은 사람들이 구세주 그분보다는 자신의 노력과 행위에 훨씬 더 전념하고 있다. 그리고 그들이 자신의 일에 관심을 돌리지 않을 때에 흔히 그들은 복음전도자에게 문의하고 '상담실' 내지 '참회자석'을 찾는다. 그리고 그렇지 않을 때, 마귀는 그들로 하여금 그들 자신의 후회와 신념에 전념하게 할 것이다. 즉 마귀는 가련한 죄인이 오로지 그리스도만을 바라보지 못하게 하기 위해 그가 할 수 있는 모든 수단과 방법을 가리지 않는다.

그리고 또한 우리는 이 여인이 어떻게 수단들을 사용하는 방법에 그리스도를 **제한시켰는지** 주목해 볼 수 있다. 그녀는 그가 '물 길을' 도구 없이는 '생수'를 줄 수 없으리라고 생각했다. 그리고 얼마나 많은 사람들이 어떤 '부흥 집회' 내지 적어도 '교회' 외에는 자신들이 구원받을 수 없다고 생각하고 있는지 모른다. 그러나 하나님께서 그렇게 하시길 기뻐하실 때 그는 모든 수단을 자유로이 사용하여(말씀은 제외하고) 역사하신다. 그는 세상을 창조하시고자 하실 때, 그렇게 말씀하시며 그리하여 그 일은 이루어진다. 그는 하늘로부터 만나를 내려 주시며 바위에서 물이 솟아나게 하신다. 그는 사자의 시체에서 꿀을 얻게 하신다.

"여자가 이르되 주여 물 길을 그릇도 없고 이 우물은 깊은데 어디서 당신이 이 생수를 얻겠사옵나이까." 그녀는 계속 반박하였다. 그리고 연속하여 의문을 제기하였다. 주님이 한 가지 대답을 끝내기가 무섭게 또 다른 질문을 제기하였다. 주님은 그녀의 '어찌하여'라는 물음에, 하나님의 '선물', '생수'에 대해 말씀하심으로써 답변하셨다. 이제 그녀는 '어디서' 이것을 얻을 수가 있느냐고 묻고 있다. 그녀는 이 '생수'가 어디로부터 나오는지 그 원천을 알지 못하였다. 그녀가 아는 것이라고는 우물이 깊다는 것뿐이다.

"이 우물은 깊은데." 이 말씀에는 깊은 의미가 있다. 우물**은** 깊다. 다시 말하여, 우리의 손이 닿을 수 있는 것보다 훨씬 더 깊다. 그렇다면 어디서 사람들은 '생수'를 얻을 수 있는가? **어떻게** 그들은 '영생'을 획득할 수 있는가? 율법을 지킴으로써? 절대로 아니다. 왜냐하면 "율법의 행위로 그의 앞에 의롭다 하심을 얻을 육체가 없기"(롬 3:20) 때문이다. 본래부터 우리 안에 있는 선한 것을 잘 개발시킴으로써인가? 아니다. 왜냐하면 "육신에 선한 것이 거하지 아니하기"(롬 7:18) 때문이다. 우리가 가지고 있는 빛으로 살아감으로써, 어떻게 할지 우리가 알고 있는 선한 것을 행함으로 써인가? 아니다. 왜냐하면 우리는 "연약하기"(롬 5:6) 때문이다. 그렇다면 무엇으로 인가? 사랑하는 독자들에게 말하노니 귀를 기울여 보기 바란다. 이 '생수'는 얻어지는 보응이 아니요, 추구되어지는 상도 아니다. 또한 획득되어지는 영예도 아니다. 그렇다. 그것은 선물이다. "하나님의 은사[선물]는 그리스도 예수 우리 주 안에 있는 영생이니라"(롬 6:23). 그렇다. 그 우물은 깊다. 생명을 주는 물이 죄인들에게 제공될 수 있기 이전에 구세주께서 먼저 고통의 무서운 깊이에로 내려오셔야만 했다.

"우리 조상 야곱이 이 우물을 우리에게 주셨고 또 여기서 자기와 자기 아들들과 짐 승이 다 마셨는데 당신이 야곱보다 더 크니이까"(4:12). 또 다른 물음이 여기에 있다. 그녀는 여전히 자신에게 말을 걸어오신 분에 대해 너무도 알지 못하였다. 우물은 깊을 것이다. 그렇지만 더 깊은 어떤 것이 있다. 곧 그녀의 영혼의 절실하게 깊은 필요이다. 그리고 또한 그보다 더 깊은 어떤 것이 있다. 곧 그녀의 필요에 응하기 위하여 하늘로부터 그를 내려오시게 한 그 은혜이다. 그렇지만 그녀는 그에 대해 너무도 알지 못하였다. 그렇기에 그녀는 "우리 조상 야곱이 이 우물을 우리에게 주셨으니 … 당신이 야곱보다 더 크니이까"라고 물을 수 있었다. 그녀는 자신이 야곱의 하나님, 곧 야곱을 지으시고 그에게 일찍이 그가 소유했던 모든 것을 주신 분과 말하고 있다는 것을 알지 못하였다. 그녀의 눈은 여전히 닫혀져 있었고, 이것이 바로 '어찌하여', '어디서'라고 그녀가 묻게 된 참된 이유이다.

이 구절은 얼마나 많은 것을 설명해 주는가! 사람들이 하나님에 대하여 질문, 믿지 않는 질문들을 하는 것을 볼 때, 그것은 바로 그들이 자신들의 눈이 열려지기를 필요로 하고 있다는 확실한 징표이다. 합리주의자, 비판자, 비기독교인들은 눈이 멀어 있다. 그들로 하여금 질문하게끔 야기시키는 것, 난점을 제기하게 하고 의심을 불러일으키게 하는 것은 바로 그들의 눈멀음이다. 그들은 스스로 매우 똑똑하다고 생각하고 있지만 단지 자신들의 어리석음을 드러내고 있을 따름이다. 그렇지만 이 사마리아 여인의 경우에 있어 그녀의 물음은 노골적인 불신으로부터 나온 것이 아니라 본성의 눈멀음과 무지로부터 나온 것이었고, 그러기에 주님은 그녀를 인내로 대하셨다. 그는 합리주의자들을 입 다물게 하는 방법을 알고 계셨다. 그리고 종종 시끄럽게 흠잡는 비판자들을 간단한 방법으로 물리치셨다. 그러나 또한 무지한 질의자들이 어려워하는 점을 풀어 주고, 그들의 두려움을 사그라뜨려 주고자 하는 목적으로, 놀라운 겸손과 은혜로 기다리시는 경우도 있다. 바로 수가의 우물에서의 경우도 그러한 것이다. 그는 그녀의 항변을 잘라버리지 않으셨으며 그녀의 둔감함에 피곤해하지도 않으셨다. 그는 놀랍도록 오래 참으심으로써 그녀를 대하셨다(그는 우리들 각자를 이렇게 대하신다). 그리고 그 자신을 드러내심으로써 그녀의 영혼의 깊은 필요와 온전히 만나게 되기까지 그녀를 버려두지 않으셨다.

"우리 조상 야곱이 이 우물을 우리에게 주셨고 또 여기서 … 다 마셨는데 당신이 야곱보다 더 크니이까." 다시 한 번 우리는 여기에서 표면상 나타나는 것보다 더 깊은 의미를 찾아볼 수 있다. 관심은 이제 야곱과 그 자손이 마신 우물의 **오랜 옛 일**에 쏠려졌다. 이 사실에 내포되어 있는 기초적인 영적 교훈은 참으로 탁월하다. '우물'은 인간이 죄인된 것만큼이나 오래되었다. 이 '우물'의 '물'이 말하는 구원은 아벨과 에녹, 노아와 아브라함, 그리고 모든 구약의 성도들의 마음을 희생시켰었다. 하나님께서는 죄가 이 세상에 시작된 이래로 오직 한 가지 구원의 방법만을 고수하셨다. 구원은 항상 은혜로 말미암아, 믿음을 통하여 이루어졌으며, 이 두 가지 모두 인간의 수고와는 무관한 것이다. 복음은 어떤 새로운 것이 아니다. 그것은 먼저 아브라함에게 전하여졌다(갈 3:8). 그렇다. 그것은 에덴동산에서 우리의 타락한 첫 조상들이 가죽옷을 입게 되었을 때 아담과 하와에게 전해졌다(창 3:21). 하나님께서는 "피 흘림이 없은즉 사함이 없다"는 사실을 알게 하셨고, 죄 지은 더럽혀진 자가 거룩한 제3위의 임재하심 안에서 부끄럼 없이 서 있을 수 있도록 죄 없는 대속물의 죽음을 통하여 옷을 입히셨다. "그의 사랑하시는 자 안에서 우리에게 거저 주시는 바" 되었기 때문이다.

"**예수께서 대답하여 이르시되 이 물을 마시는 자마다 다시 목마르려니와**"(4:13). 주 예수는 단념하지 않으셨다. 그는 이 죄지은 병든 영혼에게 자기 자신을 드러내시기로 결정하셨다. "이 물을 마시는 자마다 다시 목마르려니와." 사람 안에 있는 이 '목마름'의 깊이는 이 지상의 물로 채우기에는 너무도 깊다. 사람의 영혼의 '목마름'은 영적인 것이다. 그것이 바로 물질적인 것들로는 그 갈증을 풀지 못하는 이유이다. 지상의 가장 깊은 우물이라 해도 밑바닥을 측정할 수 있으며 고갈될 수 있다. 그리고 갈급한 영혼은 여전히 목마른 채 남게 된다. 사람들이 쾌락으로 그들을 채울 수는 있다. 그렇지만 자신을 만족시킬 수는 없을 것이다. 그들은 부가 제공할 수 있는 모든 안락과 호사로 자신을 감쌀 수 있다. 그런데도 마음은 여전히 공허하다. 그들은 세상의 영예를 얻으며 인간적인 명성의 가장 높은 절정에까지 이를 수 있다. 그렇지만 사람들의 박수갈채는 그들에게 마음 아픈 공허감을 남겨줄 것이다. 그들은 솔로몬과 같이 지혜롭게 되기까지 철학과 과학의 전 영역을 탐색할 수도 있다. 하지만 옛 이스라엘의 왕과 마찬가지로 해 아래서 행하는 모든 일은 한갓 "헛되어 바람을 잡으려는 것"임을 알게 될 것이다. 이 세상이 주는 모든 우물은 그 "물을 마시는 자마다 다시 목마를 것이다"라고 말할 수밖에 없는 것이다.

이것은 물질적, 정신적, 그리고 사회적인 영역에서 사실일 뿐만 아니라 또한 종교적인 영역에서도 마찬가지이다. 사람들이 우리 안에 있는 어떤 갈망들을 불러일으킬 수는 있다. 그렇지만 그 갈망들을 만족시켜 줄 수는 없다. 사람들이 권면하고 설득하여 우리로 하여금 결심하게 하고, 우리의 생활을 개선하게 하며 아주 종교적으로 만들 수는 있다. 그렇지만 '다시 목마르게' 된다. 인간이 만들어 낸 종교적인 체제들은 생수를 지니고 있지 않다. 그것들은 단지 기대를 어그러지게 할 뿐이다. 오직 '생수'만이 우리의 목마름을 추겨 주고 우리의 마음을 만족시킬 수 있다. 그리고 오로지 그리스도만이 이것을 우리에게 주실 수 있다.

"이 물을 마시는 자마다 **다시 목마르려니와**." 이에 대한 참으로 무서운 예증이 누가복음 16장에 제시되고 있다. 거기에서 구주는 자색 옷과 고운 베옷을 입고 날마다 호화로이 연락하는 한 사람에 대해 말씀하신다. 그는 이 잠시 지나는 세상의 우물물을 깊숙이 마신 자이다. 그러나 그는 다시 목마르게 되었다. 하나님의 아들이 보이지 않게 가리어진 베일을 들어올리셨을 때, 그의 모습을 보라. 곧 음부의 고통 중에 눈을 들어 자신의 바싹 타는 혀를 서늘하게 해줄 한 방울의 물을 갈구하는, 헛되이 갈구하는 그의 모습을 보라. 음부에는 단 한 방울의 물도 없는 것이다! 거기에서 그는 목말라했다. 그리고 이루 말로 표현할 수 없을 만큼 무서운 사실은 그가 **영원토록** 목말라 하리라는 것이다. 이것은 그 무엇보다도 두려운 사실이다. 안락하고 호사스럽게 사는 사람들, 이 세상의 이 우물 저 우물을 찾아다니며 시간을 소일하고, 불못에서 영원히 불타는 것에 대해서는 추호도 심각하게 생각하지 않는 사람들에게 있어 이것은 참으로 섬뜩한 사실이다. 이 말씀에 대해 사려 깊게 고찰해 보고 그들의 관심을 집중하며 마시는 자마다, 영원히 목마르지 아니할 생수를 주시는 자, 곧 주 예수 그리스도께로 그들을 인도하는 어떤 생각을 불러일으키는 것은 하나님을 기쁘시게 할 것이다.

"**내가 주는 물을 마시는 자는 영원히 목마르지 아니하리니**"(4:14). 여기에 영혼의 만족이 있다. **구하고 받는** 자는 이제 만족하게 된다. 주님은 계속하여 다음과 같이 말씀하신다. "**내가 주는 물은 그 속에서 영생하도록 솟아나는 샘물이 되리라**." 믿는 자는 이제 자기 안에, 영원토록 새로우며 영원토록 넘쳐나는 그 본래의 원천을 향하여 영원토록 솟아오르는 생수의 우물을 갖게 되었다. 왜냐하면 물은 항상 마땅한 곳으로 흐르기 때문이다. 그렇지만 이 말씀의 표현들을 각각 살펴보기로 하자. **"마시는 자는."** 마신다는 것은 무엇인가? 그것은 절실한 필요를 채워주는 것이다. 그것은 충족의 개인적인 행위이다. 그것은 전에는 내 밖에 있었던 것을 내 안으로 들여오는 것이다. **"내가 주는 물을."** 이 '물' 은 '영생' 이다. 그리고 이것은 가져오거나 획득하는 것이 아니라 '선물' 로서 주어지는 것이다. 왜냐하면 "하나님의 은사[선물]는 그리스도 예수 우리 주 안에 있는 영생이기" 때문이다. **"영원히 목마르지 아니하리니."** 여기에서 주님은 부여된 선물의 **충만함**에 대해 말씀하신다. 즉 그에 대한 우리의 **즐거움**으로, 거기에는 믿음이 주신 자와의 교제를 유지시켜 주는 방법이라는 조건이 붙는다. "영원히 목마르지 아니하리라" 는 만족할 만한 충분한 몫을 의미한다. "영원히 목마르지 아니하리라" 는 받은 자의 영원한 안전을 보증해 준다. 믿는 자가 부적절한 행위를 함으로써 구원을 몰수당하게 된다면 이 말씀은 참되지 않을 것이다. 왜냐하면 모든 잃어버린 바 된 영혼은 음부에서 영원토록 '목마를' 것이기 때문이다. "내가 주는 물은 그 속에서 영생하도록 솟아나는 샘물이 되리라." 이 '선물' , 이 '생수' 는 은혜로 말미암아 전해져서 현재 소유하는 것이며 믿는 자 안에 있는 것이다.

"내가 주는 물을 마시는 자는 영원히 목마르지 아니하리니." 설득력 있는 청교도의 말을 다시 빌려보자: "이 일에 있어 우리는 애써 수고한다. 그렇지만 은혜 없이 받는다. 우리는 여러 번에 걸쳐 씨를 뿌린다. 그리고 나서 추수하지 않는다. 혹은 우리는 추수한다. 그리고 거두어들이지 않는다. 혹은 거두어들이되 자기 것으로 소유하지 않는다. 아니면 자기 소유로 하되 즐기지 않는다. 만일 우리가 즐긴다 해도 여전히 우리는 만족해하지 않는다. 그것은 영혼의 번민, 그리고 애타고 괴로워하는 상황과 더불어 있다. 거대하게 쌓아 놓은 부도 우리의 입은 것을 더 따뜻하게 해주지 못하며 우리의 먹는 것을 더 영양가 있게 만들지 못한다. 우리의 마실 것을 더 맛좋게 만들지도 못한다. 우리의 눈을 채우나 결코 만족시키지는 못한다. 수종에 걸려 괴로워하는 사람에게 마실 것을 줄 때처럼 그것은 목마름을 가중시키고 고통을 증가시킨다. 그러나 하나님의 은혜는 마음의 깊은 고랑을 채운다. 그리고 그 능력이 증가됨에 따라 그에 비례하여 마음 그 자체를 풍성해지게 만든다. 그리고 결코 어떤 공허감이나 불만족으로 고통 받게 하지 않는다. 오히려 내내 만족과 충만감을 지속시켜 준다. 그 증가되는 단계는 한 걸음씩 한 걸음씩 만족으로 접근해 나아가는 것이 아니라 받아들이는 능력이 증진되는 것이다. 영혼은 항상 만족으로 찬 상태이며 더욱더 받아들인다. 그것은 어떠한 부족함이 있어서가 아니라 좀 더 수용할 수 있기 때문이다. 더없는 행복을 깊이 받아들이게 되었으며 만족의 모든 순간에 있어 극도의 재난, 고통, 세상의 핍박을 행복으로 바꾸어 놓는 그렇게도 탁월한 기쁨의 상태가 있다. 커다란 포도주 통 속으로 떨어진 한 방울의 물과 같이, 좀 더 귀한 존재로 전환됨으로써 본래의 본성을 잊고 새로운 형상이 된다. 이러한 것들이 바로 하나님의 지팡이 내지 반석이신 그리스도 예수께 이끌려졌을 때 마시도록 우리에게 주어진 물이었다. 하나님의 영은 이 물에 대해 계속하여 역사하시며, 언약의 천사가 그 못을 동하게 하였을 때 여기에 들어가는 자는 누구든지 강건함과 평안, 영적인 기쁨, 그리고 영원함 만족함을 얻게 될 것이다"(제레미 테일러).

　"여자가 이르되 주여 그런 물을 내게 주사 목마르지도 않고 또 여기 물 길으러 오지도 않게 하옵소서"(4:15). 그녀는 여전히 다소간의 어둠 안에 있다. 본성적인 마음은 본성적인 것들에 사로잡혀 있다. 그리고 그 마음은 그러한 매개를 통하여 모든 것을 바라본다. 본성적인 마음은 그 자신이 지닌 감정과 사고의 적은 범주에 제한받는다. 그리고 그 이상의 것은 볼 수도 느낄 수도 없다. 그 마음은 그 자신의 좁고 답답한 영역 안에서 살고 있으며, 거기에서 즐거움과 할 일을 찾는다. 그리고 만일 그 같은 마음에 모든 것을 맡기고 내버려 둔다면 거기에서 살다가 죽을 것이다. 참으로 가련한 여인이다! 죄인들의 구세주께서 그녀 앞에 있었다. 그런데도 그녀는 그를 알아보지 못하였다. 그는 그녀에게 은혜로운 말씀을 해주셨다. 그러나 여전히 그녀는 충분히 깨닫지 못하였다. 그가 마실 물을 청하였는데, 그녀는 '어찌하여?' 라고 응답하였다. 그가 하나님의 선물에 대해 말씀해 주셨는데 그녀는 '어디에서?' 라고 대답하였다. 그가 영원히 솟아나는 우물에 대해 말씀하셨는데 그녀는 오로지 이곳으로 물 길러 오는 수고를 덜 것만 구하였다.

　이상에서 언급한 것이 모두 의심할 여지 없이 사실임이 분명한 데도 불구하고 여인의 이 마지막 말을 좀 더 세심하게 살펴볼 때 우리는 좀 더 희망적인 징표를 탐지할 수가 있다. 여인의 말은 그리스도께서 그녀를 인내심 있게 견디신 것이 헛되지 않았음을 증언해 준다. 그렇다. 빛이 그녀의 어두운 식별력을 밝히기 시작하고 있었다. 그녀가 그의 말을 인정하고 있는 것에 주목하라. 그녀는 "그런 물을 내게 **주소서**" 라고 말하고 있다. 매일의 수고로부터 벗어나는 것이, 의심할 여지 없이 그녀의 마음에 있는 지배적인 생각이었다. 그렇지만 그 말을 잘 새겨 보자. 그녀는 지금 그 일에 대하여 '유대인'의 신세를 지려 하고 있는 것이다! 물론 여전히 많은 무지가 사라지지 않고 있었다. 그러나 그녀의 편견은 극복되기 시작하였다. 그녀의 마음은 설득되고 있었다. 그렇다면 그 다음 단계는 무엇이겠는가? 그녀의 **양심**이 분명 불러일으켜질 것이다. 필요의식을 느끼게 될 것이다. 그러면 어떻게 이 일이 이루어졌는가? 죄를 깨닫게 됨으로써이다. 구원과 관련되는 첫 번째 관념, 구원이라는 말 자체의 가장 중요한 의미는 어떤 것으로부터 벗어나는 것이다. 구원은 위험을 내포한다. 그리고 죄인은 마땅히 있어야 할 (곤고함에 대한 의식뿐만 아니라 또한) 죄의식이 그에게 생기기 전에는 다가올 진노를 피할 피난처로서의 그리스도께 나아가지 않을 것이다. 죄에 대한 깨달음과 고백이 있기 전에는 어떠한 은총도 있을 수 없다. 우리가 그리스도께 자기 자신을 의지하게 되는 것은 철저하게 절망할 수밖에 없는 자신의 처지를 깨닫게 되고 나서이다. 그때까지 우리는 자기 자신을 위하여 여러 가지 방도를 모색한다. 이 점에서 구주의 다음 말씀의 뜻을 알 수 있다.

"**이르시되 가서 네 남편을 불러 오라**" (4:16). 이 말씀의 요지가 너무도 많이 간과되어 온 것은 이상한 일이다. 약간의 묵상만으로도, 그를 받아들이는 마음이 서서히 열리고 있던 여인에게 하신 구세주의 이 말씀이 갖는 엄중함, 그리고 아울러서 복됨까지도 확실하게 식별할 수가 있다. 이것은 주로 강조된 사항을 간파해 내는 문제이다. 주님은 여인에게 두 가지 일을 명하셨다. 첫 번째는 마음을 탐색하는 엄중한 것이었으며, 두 번째는 은혜롭고 귀중한 것이었다. "가라", 그리고 "네 남편을 불러오라"라고 예수님은 말씀하셨다. 이것은 그녀의 양심에 대고 말씀하신 것이었다. "[그리고 **이리로**] 오라." 이것은 그녀의 마음에 하신 말씀이었다. 그가 하신 말씀의 의미는 이와 같은 것이었다. 즉 네가 만일 진실로 내가 너에게 말한 이 생수를 원한다면 너는 오직 가련한 죄인, 자신의 죄를 깨닫고 회개하는 죄인으로서만 그것을 얻을 수가 있다. 그러나 그는 단지 '가라'고 말씀하셨을 뿐만 아니라 또한 '오라'고 덧붙이셨다. 그녀는 가서 그녀의 남편을 부를 뿐만 아니라 **그녀의 참된 성품으로** 그리스도께로 다시 오는 것이었다. 그것은 '은혜'와 '진리'가 놀랍게 섞여진 것이었다. 그녀의 양심에 대한 진리, 그녀의 마음에 대한 은혜. 즉 스스로를 죄인으로 고백하는 자로서 그녀 자신의 합당한 성품의 빛에로 나아오도록 그녀에게 요구한 진리, 그리고 구세주에게로 돌아오라고 그녀를 초대한 은혜이다. "그 안에 지혜와 지식의 모든 보화가 감추어진"(골 2:3) 그분의 놀라우신 길을 우리는 찬미할 수가 있다.

"**여자가 대답하여 이르되 나는 남편이 없나이다 예수께서 이르시되 네가 남편이**

없다 하는 말이 옳도다 너에게 남편 다섯이 있었고 지금 있는 자도 네 남편이 아니니 네 말이 참되도다"(4:17, 18). 이 말씀은 그리스도의 신성을 참으로 잘 드러내 준다! 그는 그의 전지하심을 나타내셨다. 그는 이 여인에 대해 모든 것을 알고 계셨다. 그녀의 마음, 그녀의 인생, 그리고 그녀가 지금 무슨 생각을 하고 있는가까지도, 아무 것도 그에게 숨길 수가 없었다. 그녀는 육신적으로 완전히 그와 처음 만난 사이였을 것이다. 그렇지만 그는 그녀에 대해 철저하게 알고 계셨다. 그것은 베드로와의 경우에도 마찬가지였다. 구세주는 그들을 처음 만났을 때에 그에 대해 전부 알고 계셨다. 1:42을 보고 그에 대한 우리의 해설을 살펴보라. 나다나엘에게 나아오시기 전에 무화과나무 아래 있는 그를 보셨을 때에도 역시 그러했다. 그리고 또한 사랑하는 독자들에게 말하노니, 그분은 당신에 대해서도 모든 것을 알고 계신다. 모든 것을 아시는 그분의 눈으로부터 그 어느 것도 감출 수가 없다. 그러나 모든 것이 빛 가운데로 가져와졌다면, 그리고 그분 앞에서 고백했다면 이것이 당신을 괴롭히지는 않을 것이다.

"**여자가 이르되 주여 내가 보니 선지자로소이다**"(4:19). '선지자'는 하나님의 대언자이다. 이 가련한 영혼은 이제야 하나님의 음성을 인지하였다. 그는 그녀의 영혼에 그 누구보다도 깊이 있게 말씀하셨다. 죄를 깨닫게 하는 하나님의 화살이 그녀의 양심을 관통하였다. 그리고 그 효과는 놀랄 만한 것이다. "내가 **보나이다**." 그녀의 눈이 비로소 열리기 시작하였다. 그녀는 그 무엇인가를 보고 있다. 그녀가 하나님의 대언자로 인정한 어떤 신비한 인물의 임재 안에서 그녀 자신이 어떠한 자인지를 깨닫고 있다. 빛이 들어오기 시작한 것은 그녀의 양심을 통해서였다. 그리고 이것은 언제나 변함이 없다. 사랑하는 독자들에게 묻고 싶다. 당신은 이 일을 경험하였는가? 당신의 양심은 모든 것을 명백하게 드러나게 하는 빛의 임재 안에 있어 본 일이 있는가? 당신은 자기 자신이 죄 많으며 타락했고 잃어버린 바 되었고, 그리스도 없이 지내는 자이고, 지옥에 가기에 마땅한 자라고 생각해 본 적이 있는가? 화살이 당신의 양심을 쏜 적이 있는가? 그리스도는 자신의 전통 안에 여러 가지 화살을 갖고 계신다. 그는 니고데모에게 쏜 화살을 갖고 계셨으며, 또한 이 간음한 여인에게 쏜 화살을 갖고 계셨다. 그것은 서로 다른 화살이었다. 그렇지만 각각 자신의 소임을 완수하였다. "진리를 따르는 자는 빛으로 오나니 이는 그 행위가 하나님 안에서 행한 것임을 나타내려 함이라"(3:21). 이것은 이스라엘 가운데 있는 선생에게 쏜 화살이었다. 죄와 의에 대한 문제는 하나님의 임재하심 안에서 해결된다. 그러면 이 지극히 중요한 문제가 **당신의 영혼**과 하나님 사이에서는 해결되었는가? 만일 그렇다면, 당신은 이 귀결, 이 놀랍고 복된 이야기의 결말에 감사할 수 있을 것이다.

여기에는 믿는 자에게 아주 중요한 원리가 있다. 연단받은 양심은 하나님의 일에 있어 지성에 앞선다. 영적인 깨달음은 정신을 통해서보다는 마음을 통해서 온다. 성경을 좀 더 잘 이해하기를 열망하는 사람들은 하나님께 그분의 무서움을 그들에게 보여주시기를 간절히 기도할 필요가 있다. 그럼으로써 그들은 그분이 기뻐하시지 않는 일을 피하는 데 있어 좀 더 조심할 수 있을 것이다. 우리에게 절실히 필요한 것 가운데 하나는 좀 더 예민한 양심이다. 히브리서 5:11-13에서 우리는 "듣는 것이 둔하고" 하나님의 심오한 것들을 받아들이지 못하는 사람들에 대해 읽는다. "듣는 것이 둔하다" 함은 그들이 어리석은 정신으로 말미암아 고생하였다는 것을 의미하지 않는다. 오히려 무감각한 양심 아래 있었다는 것을 뜻한다. 히브리서 5장의 마지막 구절은 심오한 진리를 받아들일 수 있는 사람들에 대해 말하고 있다. "단단한 음식은 장성한 자의 것이니 **그들은 지각을 사용하므로 연단을 받아** 선악을 분별하는 자들이니라." 이렇듯 하나님의 임재하심 안에서 활동하는 양심을 통하여, 그 양심의 결과로 사마리아 여인에게 영적인 것들에 대한 지각이 이르렀음을 우리가 본 것은 우리의 교훈을 위해서이다.

열심 있는 독자들에게 다음 장에 대한 준비로, 아래의 질문들을 깊이 고찰해 보도록 권한다.

1. "구원이 유대인에게서 남이니라"라는 말씀이 의미하는 바는 무엇인가?(22절)
2. "영과 진리로" 예배드린다는 것은 무슨 의미인가?(24절)
3. 신약과 구약 양쪽에 걸쳐 '예배'에 대해 말하고 있는 구절들을 주의 깊게 고찰해 보라.
4. 25절에 있는 여인의 말에 내포된 것은 무엇인가?
5. 제자들로 하여금 침묵하게 만든 것은 무엇이었는가?(27절)
6. 28절에 있는 "[그 때에]"라는 말의 의미는 무엇인가?
7. 여인이 물동이를 버려두고 간 것에는 어떤 원리가 예증되고 있는가?

제14장

수가 성 우물에서의 그리스도

❹

²⁰우리 조상들은 이 산에서 예배하였는데 당신들의 말은 예배할 곳이
예루살렘에 있다 하더이다 ²¹예수께서 이르시되 여자여 내 말을 믿으라
이 산에서도 말고 예루살렘에서도 말고 너희가 아버지께 예배할 때가
이르리라 ²²너희는 알지 못하는 것을 예배하고 우리는 아는 것을 예배
하노니 이는 구원이 유대인에게서 남이라 ²³아버지께 참되게 예배하는
자들은 영과 진리로 예배할 때가 오나니 곧 이 때라 아버지께서는 자
기에게 이렇게 예배하는 자들을 찾으시느니라 ²⁴하나님은 영이시니 예
배하는 자가 영과 진리로 예배할지니라 ²⁵여자가 이르되 메시야 곧 그
리스도라 하는 이가 오실 줄을 내가 아노니 그가 오시면 모든 것을 우
리에게 알려 주시리이다 ²⁶예수께서 이르시되 네게 말하는 내가 그라
하시니라 ²⁷이 때에 제자들이 돌아와서 예수께서 여자와 말씀하시는
것을 이상히 여겼으나 무엇을 구하시나이까 어찌하여 그와 말씀하시
나이까 묻는 자가 없더라 ²⁸여자가 물동이를 버려 두고 동네로 들어가
서 사람들에게 이르되 ²⁹내가 행한 모든 일을 내게 말한 사람을 와서 보
라 이는 그리스도가 아니냐 하니 ³⁰그들이 동네에서 나와 예수께로 오
더라(요 4:20-30)

앞 장에서 요한복음 4장에 대한 강해를 19절까지 마쳤다. 가련한 사마리아의 간음
한 여인과 구세주의 관계가 어떻게 진전되었는지 살펴보는 것은 대단히 흥미 있는
일이다. 하나님의 인내하심, 무한한 은혜, 한없는 온화하심, 그녀의 마음과 양심에
대한 진리의 신실한 적용이 거기에 있다. 우리는 또한 이 사례가 보여주는, 노출된
인간의 타락과 맞부딪치게 된다. 단지 여인의 방탕한 생활뿐만 아니라 그녀의 편견,

어리석음, 그리고 물질적인 것에만 사로잡혀 있는 그 마음, 그녀의 지지부진한 깨달음 등이 드러나고 있다. 이 모두는 본래부터 우리 안에 있는 것들이 들추어내진 것이다. "물에 비치면 얼굴이 서로 같은 것 같이 사람의 마음도 서로 비치느니라"(잠 27:19). 그리스도에 대한 이 죄인의 태도에서 우리는 우리 자신의 지난날을 정확하게 묘사한 초상을 본다. 그러면 앞 장의 계속되는 이야기를 다시 살펴보기로 한다.

이 장에서 다룰 구절들을 분석해 보면 다음과 같다.

1. 예배의 장소(20, 21절)
2. 아버지께서 찾으시는 예배하는 자들(22, 23절)
3. 받아들여질 수 있는 예배의 성격(24절)
4. 그리스도에 대한 여인의 열망(25절)
5. 그리스도께서 온전히 자신을 드러내심(26절)
6. 제자들의 놀람과 침묵(27절)
7. 구원받은 영혼의 감사와 열의(28-30절)

"**우리 조상들은 이 산에서 예배하였는데 당신들의 말은 예배할 곳이 예루살렘에 있다 하더이다**"(4:20). 이 여인은 아직 거듭나지 않았다. 비록 바로 그날 저녁에 거듭나게 되긴 했어도 그녀는 우리가 항상 누가 어느 측 노선에 서 있는지 결론짓기 아주 어려워하는(불가능하지 않다면) 바로 그러한 위치에 있었다. 중생은 순간적인 행위이며 체험적인 것이다. 그렇지만 그에 앞서서 때때로 간단하면서도 보통 다소 시간을 요하는 어떤 과정이 있기 마련이다. 이 과정 혹은 변화되는 단계에 있어 빛과 어둠 간에 어떤 갈등이 계속되게 되며, 그러는 동안에는 아무것도 아주 명확하게 규정되지 않는다. 거기에는 성령의 역사하심으로 말미암은 열매가 있는 반면에, 또한 육신의 행위에서 비롯되는 것들이 있다. 우리는 요한복음 4장의 이 부분에서 이 두 가지 모두를 찾아볼 수가 있다.

앞 절에서 여인은 "주여 내가 보니 선지자로소이다"라고 말했었다. 이 말은 빛이 그녀의 식별력을 조명하기 시작했다는 사실을 증언했었다. 영적인 자각이 밝혀지고 있었다. 그러나 그 바로 다음 절에서 우리는 육신의 활동을 보게 된다. "**우리** 조상들은 이 산에서 예배하였는데 **당신들의** 말은 예배할 곳이 예루살렘에 있다 하더이다." 여기에는 육신적인 마음이 또다시 드러내는 적의가 있었다. 그것은 대화가 시작될 때 보여졌던 예전의 편견으로 다시 돌아가는 것이었다(9절 참조). 예배하는 장소의 문제는 유대인들과 사마리아인들 사이의 주된 논쟁점 중의 하나였다. 주님은 아주 불안케 하는 주제를 제시하셨었다. 그는 그녀의 양심에 대고 직접 말씀하셨다. 그는 죄를 깨닫게 하셨다. 그리고 죄인의 양심은 불안해졌을 때, 본능적으로 그것을 떨쳐 버리려고 하고 있다. 죄인은 자신의 마음을 다른 것에 쏟음으로써 죄를 기소하는 화살의 날카로운 촉끝을 피하려 애쓰고 있다.

이 여인이 자신에게 동조적이 아닌, 자신을 신뢰하지 않는 이 대화의 주제를 피하고자 하는 목적으로 이때 예배의 문제를 제기하였다는 것은 거의 의심할 여지가 없다. "주여 내가 보니 선지자로소이다"라고 그녀는 말했다. 그리고 그렇게 고통스러운 주제로부터 대화를 바꿀 기회를 기뻐하면서 그녀는 유대인들과 사마리아인들 간의 커다란 논쟁점을 끄집어내었다. 그렇게 하면 그녀는 그 점에 대한 그의 의견을 들을 수 있을 것이었다. 그리고 또한 이 여인은 자신에게 매우 은혜롭게, 그렇지만 아주 엄중하게 말을 걸어온 신비스러운 낯선 인물의 친절한 접근에 진정으로 흥미를 갖고 있었다. 의심할 여지 없이 그녀는 오랫동안 지속되어온 논쟁거리에 대해 그가 어떤 판단을 내리는지 몹시 알고 싶어했을 것이었다. 죄 가운데 사는 사람들이 단순히 그러는 체하는 것이 아니라, 그들이 '종교'라고 일컫는 것에 대하여 참된 관심과 열의를 **갖는** 것은 으레 있는 일이다. 흔히 신학적으로 제기되어지는 여러 가지 문제점은 도덕적 의무에 대해 습관적으로 소홀히 함으로써 부자연스럽게 결합하려는 데서 발생한다. 죄인은 보통 정통과 비정통에 대해 토론함으로써 하나님의 율법을 명백히 위반한 것에 대한 죄의 자각을 피할 보호막을 찾는다. 저 미혹된, 철저하게 사악한 것, 곧 인간 마음의 잘못됨을 누가 알 수 있겠는가?

이 여인의 질문에서 우리는 일반적으로 적용되는 중요한 원리를 찾아볼 수가 있다. 그녀의 양심은 하나님의 임재하심 안에서 죄를 괴로워하게 되었다. 그리고 그녀에게 미친 효과는 대부분의 소생되어진 영혼들과 마찬가지로, 순전히 '예배'의 문제와 관련되는 것이었다. 이제 관심이 예배할 **곳**이라는 문제에 쏠려졌다. 실로 그것은 자아가 표현되는 여러 가지 형태 중의 하나일 따름이다. 우선 죄인은 자신의 편견을 깨닫게 된다. 그런 다음에 그는 자신의 죄에 대해 곰곰이 생각하며, 그런 후에 회개와 믿음에로 돌아선다. 그 다음에는 예배할 곳 — 오직 그리스도 그분 자신이다! 여기에 있는 이 여인의 경우도 마찬가지였다. 주님은 그녀가 '하나님의 선물'에 대해 묻지 못하도록 그녀를 가로막는 것이 무엇이었는지를 지적하셨다. 곧 **무지**이다. 참으로, 그녀는 어떤 점들에 대해서는 밝히 알고 있었다. 그녀는 유대인과 사마리아인간의 논쟁에 대해 정통하였다. 그녀는 예루살렘과 그리심 산(Gerizim) 사이의 차이를 알고 있었다. 그녀는 '조상 야곱'에 대한 모든 것을 알고 있었다. 그렇지만 그녀가 알지 못한 것이 두 가지 있었다. 즉 '하나님의 **선물**'과 그녀에게 말한 자가 **누구**인가 하는 것이다. 그녀는 아직 잃어버린 바 된 죄인들을 위한, 모든 능력이 충만하신 구세주로서의 그리스도를 알지 못하였다. 그녀의 정신은 예배할 곳에 대한 문제에 쏠려 있었다.

우리들 대다수도 이러하지 않았는가? 처음 일깨워진 후 곧이어 우리는 교회들과 종파들의 서로 상반되는 주장들로 말미암아 상당히 번민하지 않았던가? 내가 예배할 곳은 어디인가? 내가 몸담아야 할 교파는 어디인가? 나는 어느 교회의 교인이 되어야 할까? 서로 다른 교파들 가운데 어느 곳이 가장 성경적인가? 이와 같은 것들이 우리들 대부분이 직면했던 문제들이다. 그리고 아마도 많은 사람들이 그리스도께서 완수하신 사역 안에서 안식을 발견하기 상당히 이전에 이들 문제들에 대한 해답을 찾았을 것이다. 결국 그것은 우리들의 길 잃은 상황을 우리로 하여금 깨닫게 하는, 저 죄를 힐난하는 음성으로부터 피할 보호막을 찾는 또 다른 '도피처'일 뿐이었다.

"우리 조상들은 **이 산**에서 예배하였는데 당신들의 말은 예배할 곳이 **예루살렘**에 있다 하더이다." 어떤 예배는 이곳에서 드려지고, 또 어떤 예배는 저곳에서 드려진다. 우리가 예배**해야 할** 곳은 어디인가? 이 질문이 중요한 것은 그것이 죄를 깨달은 죄인이 논의할 만한 것이 아니라는 사실이다. 그러한 죄인에게 가장 중요한 것은 나타나신 바 된 구세주의 임재하심 안에서 자기 자신을 발견하는 것이다. 이 사실을 깊이 숙고하여야 하며 명확하게 이해하여야 하고, 그리고 마음에 주의 깊게 새겨야 한다. "죄를 깨달은 죄인은 나타나신 구세주의 발 아래서 자신의 행복한 처소를 발견하기까지 결코 헌신하는 성도가 될 수 없다"(C. H. M). 그들로 하여금 구주 하나님께가 아니라 교회들과 교파들에 종사케 함으로써 돌이킬 수 없는 손상이 영혼에 입혀졌다. 만일 죄인이 그리스도를 영접하기 전에 교회에 몸 담게 된다면, 그는 전에 있었던 것보다 더 큰 위험에 처하게 된다. 교회는 구원해 줄 수도, 구원받도록 도와줄 수도 없다. 많은 사람들이 교회를 그리스도**께로** 나아가는 돌계단으로 간주한다. 그리고 빈번히 그들은 교회가 단지 그리스도께로 나아가는 것을 방해하는 걸림돌에 지나지 않음을 알게 된다. 그리스도께로 나아가는데 있어 돌계단은 필요치 않다. 그분은 항상 하늘로부터 땅으로 내려오고 계시며, 우리에게 너무도 가까이 계시기에 돌계단은 필요치가 않은 것이다. 이 사실이 구약의 상징들 중의 하나에 참으로 놀랍게 예증되어 있음에 주목해 보자.

"내게 토단을 쌓고 그 위에 네 양과 소로 네 번제와 화목제를 드리라 내가 내 이름을 기념하게 하는 모든 곳에서 네게 임하여 복을 주리라 네가 내게 돌로 제단을 쌓거든 다듬은 돌로 쌓지 말라 네가 정으로 그것을 쪼면 부정하게 함이니라 너는 충계로 내 제단에 오르지 말라 네 하체가 그 위에서 드러날까 함이니라"(출 20:24-26). '제단'에 관한 이 가르침은 율법을 준 직후에 행해진 것임에 주목해야 한다. 왜냐하면 그것은 율법의 세대 후에 오게 될 것, 곧 위대한 희생이 그 위에서 드려진 그리스도의 십자가를 예시하였기 때문이다. 또한 돌단은 **다듬어진** 돌로 쌓아져서는 안 된다고 명백하게 금하고 있는 것에도 주목해야 한다. 돌은 인간의 도구인 정으로 쪼아져서는 안 된다. 어떠한 인간적인 수고를 들여서 그것을 만들어서는 안 된다. 또한 하나님의 단에 오르는 어떠한 충계도 없다. 하나님을 향해 올라가려는 어떠한 시도도 단지 우리의 부끄러움을 들추어 낼 뿐이다. 진정, **올라가는** 계단은 우리에게 필요치 않다. 왜냐하면 주 예수께서 죄와 어찌할 수 없는 무력함 가운데 있는 우리에게로 계속하여 **내려오는** 계단만을 밟아 나아오셨기 때문이다.

이 사마리아 여인에게 어떤 돌계단이 필요하였는가? 전혀 필요치 않았다. 왜냐하면 그리스도께서 그녀 편에 계셨기 때문이다. 비록 그녀가 그를 알지 못했을지라도, 그는 그녀가 보호막을 찾아 도피한 온갖 것들을 인내심 있게 제거하셨다. 그는 그녀로 하여금 자기 자신이 크나큰 죄인임을 깨닫게 하려 하셨다. 그리고 아울러 그가 그녀를 구원하기 위하여 놀라우신 은혜로 여기에 내려오신 위대한 구세주이심을, 단지 죄책과 죄에 대한 형벌로부터 뿐만 아니라 또한 죄의 지배와 죄의 힘으로부터 그녀를 구하러 오신 구세주이심을 깨우쳐 주려고 하셨다. '이 산', 혹은 저 '예루살렘'이 그녀에게 무엇을 해줄 수 있었겠는가? 훨씬 더 중요한, 더 우선적인 질문이 그녀의 진지한 관심을 요하고 있었다는 것이 명백하지 않은가? 즉, 그녀는 그녀의 죄에 대하여 어떻게 해야 할 것인가? 다시 말해서, 그녀는 어떻게 구원받을 수 있을까? 예배 장소가 그녀의 무겁게 짓눌려진 마음과 죄지은 양심에 무슨 안식을 제공해 줄 수가 있었는가? 그녀는 그리심 산에서 구원을 발견할 수 있었는가? 그녀는 예루살렘의 성전에서 평안을 얻을 수 있었는가? 그녀는 그리심 산에서, 혹은 예루살렘의 성전에서 영과 진리로 아버지께 예배할 수 있었는가? 그녀는 어느 곳에서 예배할 수 있는가에 앞서 먼저 구원을 필요로 하였다는 것이 자명하지 않은가?

"예수께서 이르시되 여자여 내 말을 믿으라 이 산에서도 말고 예루살렘에서도 말

고 너희가 아버지께 예배할 때가 이르리라"(4:21). 주님은 예배 장소(받아들여질 만한 성격의 예배일지라도) 문제보다도 비교할 수 없을 만큼 더 중요한 주제로 그녀의 관심을 돌리셨다. 그는 예배 장소에 관한 논쟁이 폐해질 때가 이르렀음을 그녀에게 확증하셨다. "이 산에서도 말고 예루살렘에서도 말고 너희가 아버지께 예배할 때가 이르리라." 이 말씀의 의미는 명백히 다음과 같은 것이다. "하나님 아버지께 드리는 공중예배가 어느 한 장소에 국한되지 않을 때, 그리고 예루살렘이나 그리심 산 둘 중의 어느 것이 명예를 얻을 만한 좀 더 나은 주장인가 하는 논쟁이 폐하여질 때가 이제 이르렀다."

"너희는 알지 못하는 것을 예배하고 우리는 아는 것을 예배하노니 이는 구원이 유대인에게서 남이라"(4:22). 여기에는 우리는 '진리'와 '은혜'가 함께 있는 것을 본다. 그는 오로지 신실함으로만 대하지 않으셨다. 그는 '충성되고 참된 증인'이셨으며, 지금도 그러하시다. 주님은 아주 간략한 말씀으로 논쟁점을 결말지으셨다. 즉 사마리아 사람은 틀렸고 유대인은 옳다. 사마리아인들은 무지하고, 유대인들은 잘 가르침받았다. 그런 다음에 그리스도께서는 그가 이렇게 단언하시는 이유에 대해 말씀하셨다. "**이는** 구원이 유대인에게서 남이니라." 우리는 여기에서의 '구원'이 '구세주', 즉 메시야와 동일함을 안다. 시므온이 한 찬송도 이러한 방식으로 말해졌었다. "주재여 이제는 말씀하신 대로 종을 평안히 놓아 주시는도다 내 눈이 주의 **구원**을 보았사오니"(눅 2:29, 30). 세례 요한의 말 역시 그러했다. "모든 육체가 하나님의 **구원**하심을 보리라"(눅 3:6). 그러므로 그리스도께서 단언하신 말씀의 의미는 이와 같다. 즉 구세주, 메시야가 유대인들 가운데서 난다. 그러므로 여호와에 대한 참된 예배가 그들 가운데서 보여지는 것이다.

왜 주 예수께서 자기 자신을 비의인화 된 말, '구원'으로 표현하셨는지, 그에 대해 의아해할 수 있겠다. 잠시만 생각해 봐도 그 말이 적절함을 알게 된다. 그리스도는 계속하여 이 여인에게, 그녀가 죄인이라는 사실, 그러므로 그녀의 마음이 경배할 곳에 대한 문제에 집중하는 것은 무익하다는 사실을 깨닫게 하고 계셨다 그녀에게 필요한 것은 구원이었다. 그리고 이 구원은 예수 그리스도를 만남으로써, 아버지로서 계시된 하나님에 대한 지식을 통하여 얻어질 수가 있었다. 그것이 참된 영적 예배의 토대, 유일한 토대이다. 아버지를 경배하기 위하여 우리는 그분을 알아야만 한다. 그리고 그를 아는 것이 구원이며, 구원은 영생이다.

여기에 모든 그리스도인 사역자들이 열망하는 영혼들을 대하는 방식에 관해 알아

두어야 할 교훈이 있다. 우리들이 말할 때, 분파와 종파들, 교회와 교파들, 교리와 신앙고백들에 그들이 집중하게 해서는 안 된다. 그렇게 하는 것은 대단히 무자비한 것이다. 그들이 필요로 하는 것은 구원, 즉 하나님을 아는 것이고 주 예수 그리스도를 믿는 것이다. 이러한 것들에 대해서는 입을 다물어야 한다. 그들이 구주를 영접할 때까지는 그들과 여타의 것들에 대해서 토론하기를 거절해야 한다. 교인 자격 문제, 의식, 특히 성찬식 문제 등은 관심을 가질 만한 것들이다. 그러나 분명코 그러한 문제들은 죄를 깨닫게 된 죄인을 위한 것은 아니다. 너무도 많은 사람들이 **자기들** 파의 숫자 늘리기를 참으로 어리석게 열망한다. 그들은 열망하는 영혼들을 오로지, 그리고 온전히 그리스도께로 인도하려 하기보다는 **자기들 편**에 끌어들이는 일을 한층 더 생각하는 심각한 위험에 처해진다. 수가의 여인을 그가 어떻게 대하셨는지, 완벽한 선생의 모범을 부지런히 살펴보자.

"아버지께 참되게 예배하는 자들은 영과 진리로 예배할 때가 오나니 곧 이 때라 아버지께서는 자기에게 이렇게 예배하는 자들을 찾으시느니라"(4:23). 여기에 주께서 이제 이 열망하는 영혼에게 강조하신 점이 있다. 새로운 질서가 세워지려 하고 있었다. 그리고 그 아래서 하나님께서 여호와(언약을 지키시는 하나님)로서가 아니라 '아버지'로서 나타나시려 하고 있었다. 그리고 이제 중요한 문제는 예배할 곳이 아니라, 예배하는 방법이다. 이제 예루살렘에서 예배하는 자가 그가 거기에서 예배했다는 이유로 참된 예배자로 여김받게 되지 않을 것이며, 또한 그리심 산에서 예배하는 자가 그곳에서 예배했다는 이유로 잘못된 예배자로 간주되지 않을 것이다. 예배드린 곳이 어디이든지 간에 영과 진리로 예배하는 사람, 오직 그 사람만이 진정한 예배자이다.

"영으로(in spirit) 예배하는" 것은 영적으로 예배하는 것이다. **"진리로(in truth) 예배하는"** 것은 진실로 예배하는 것이다. 그것은 서로 다른 두 가지 예배방식이 아니라, 동일한 예배의 양 측면이다. 영적으로 예배하는 것은 육신에 속하는 단순한 외적인 의식과 반대되는 것이다. 빛으로 밝혀진 정신과 애정이 가득한 마음의 경배를 하나님께 드리는 것이다. 진실로 하나님을 예배하는 것은 그분이 스스로 나타내신 계시에 적합한 방식으로, 진리에 따라 그를 예배하는 것이다. 그리고 또한 아울러서 그것은 그럴 듯하게 꾸며서가 아니라 충심으로 신실하게 예배드리는 것을 의미한다. 그러한, 오로지 그러한 예배자만이 받아들여질 수 있는 예배자이다.

"하나님은 영이시니 예배하는 자가 영과 진리로 예배할지니라"(4:24). 이것은 아주 중요한 절이다. 그리고 매우 중요하게 다루어지면서도 서글프게도 잘못 이해되고 있는 주제, 즉 예배의 주제이다. 오늘날 '예배' 라고 일컬어지고 있는 것들의 대다수는 영적이라기보다는 육적이며, 내적이고 경건한 마음이 가득 찬 것이라기보다는 외적이고 관찰자적인 태도의 것들이다. 교회 건물들을 꾸미고 있는 온갖 화려한 장식들은 무엇을 위한 것인가? 스테인드글라스로 꾸민 창문들, 사치스러운 벽장식들과 내부 시설물들, 값비싼 오르간들! 그러나 사람들은 곧바로 대답한다. '그렇지만 하나님의 전은 아름다워야만 한다. 그분은 틀림없이 그러한 것을 기뻐하신다.' 하지만 왜 그러한 반론자들은 정직하지 못한가? 그들은 왜 다음과 같이 말하지 못하는가? '우리는 그러한 것들을 좋아한다. 그러므로 하나님께서도 역시 그러하실 것임에 틀림없다' 라고. 모든 다른 것들에서와 마찬가지로, 여기에서도 하나님의 생각은 인간의 생각과 완전히 다르다. 여호와께서 친히 산에서 모세에게 보여주신 식양대로 지어진 성막을 보라! '그렇다' 고 사람들은 대답한다. '하지만 솔로몬의 성전을 보라!' 라고 그들은 말한다. 솔로몬의 성전, 사실이다. 그러나 보라. 우리는 무엇을 볼 수 있는가? 돌 하나도 돌 위에 남지 않았다. 사랑하는 독자들에게 말하노니 당신은 잠시 멈추어 이 세상과 그 모든 훌륭한 구조물들이 미래에도 지속될 것인가 생각해 본 일이 있는가? 이 세상, 그리고 거기에 있는 모든 것들은 불타게 될 것이다. 전 인류의 절반이 그리스도를 알지 못하고 불못(Lake of Fire)으로 쫓겨가는 동안에 술집과 영화관들만이 아니라 또한 막대한 경비를 들여세운 장엄한 성당들과 위엄 있는 교회들 역시 불탈 것이다. 하나님께서 그것들을 아주 귀히 여기시는데도 그 불타는 것을 보고 계시겠는가? 만일 그의 백성들이 이에 대해 곰곰이 생각해 보았다면, 그들이 그렇게 많은 돈을 그처럼 쉽게 거기에 쏟아 넣었겠는가? 결국에 그것은 그 모든 것 뒤에 자리잡고 있는 육신의 욕망, 눈의 욕망, 교파적인 자존심이 아니겠는가?

"하나님은 영이시니 예배하는 자가 영과 진리로 예배할지니라." 이 말씀이 얼마나 강조되고 있는지 주목하라. '**할지니라**' 라고 명하고 있다. 거기에는 선택의 여지가 없으며 다른 것으로 대체할 수도 없다. '할지니라' 는 확정적인 것이다. 복음에는 마땅히 해야 할 세 가지 것, 똑같이 중요하고 명확한 세 가지 사항이 있다. 요한복음 3:7에는 우리는 "네가 거듭나야 **하겠다**" 라는 말씀을 읽을 수 있다. 요한복음 3:14에는 "인자도 들려야 **한다**" 라는 말씀이 있다. 요한복음 4:24에는 "하나님께 영과 진리로 예배**할지니라**" 라고 기록되어 있다. 이 세 가지 중 처음 말씀이 성령 하나님의 사역을 언급하는 것임을 주목할 때 실로 놀라지 않을 수 없다. 왜냐하면 그분이 신생을 역사하는 분이시기 때문이다. 두 번째 '해야 할' 일은 성자 하나님의 사역이다. 이루어져야 할 대속을 위하여 죽으셔야 했던 분은 그분이셨기 때문이다. 세 번째 '해야 할' 일은 성부 하나님께 대한 것이다. 이는 그분이 경배의 대상이시며, 예배하는 자를 '찾으시는' 분이시기 때문이다. 그리고 이 순서는 바뀔 수 없다. 성령 하나님으로 거듭난 자들만이, 성자 하나님의 대속에 의해 의롭다 여김을 받으며, 그러한 자만이 성부 하나님을 예배할 수가 있는 것이다. "악인의 제사는 여호와께서 미워하시느니라"(잠 15:8).

예배란 무엇인가. 우리는 이렇게 대답한다. 첫째로, 그것은 불꽃이 원래 유래된 하늘의 원천, 하나님께로 돌아가기 위하여 위로 솟아오르는 대로, **새로운 성품이 추구하는 행동**이다. 예배는 새로운 성품이 존재함을 증언하는 세 가지 커다란 특징 가운데 하나이다. "하나님의 성령으로 봉사하며[영으로 하나님을 예배하며] 그리스도 예수로 자랑하고 육체를 신뢰하지 아니하는 우리가 곧 할례파라"(빌 3:3). 헬라어에는 '영' 혹은 '육체'란 말 앞에 관사가 없다. 여기에서 영은 성령으로 난 새로운 성품을 가리킨다.

둘째로, 예배는 **구속된 사람의 행위**이다. 이스라엘 백성은 애굽에서는 여호와께 예배하지 않았었다. 거기에서 그들은 단지 '탄식하고' '부르짖으며' '신음' 하였을 뿐이었다(출 2:23, 24 참조). 이스라엘 백성이 홍해를 건넌 후에야 비로소 예배를 드렸음을 우리는 다음과 같은 말씀에서 보게 된다. "이 때에 모세와 이스라엘 자손이 이 노래로 여호와께 노래하니 일렀으되 **내가 여호와를 찬송하리니**"(출 15:1). 그리고 주의해서 살펴보라. 이것은 구속의 찬송이다. '구속하신' 내지 '구속'이란 말은 출애굽기의 이 장 앞 부분의 성경에서는 찾아볼 수가 없다. 13절을 보라.

셋째로, 예배는 **마음으로부터 나오는 것**이다. "이 백성이 입술로는 나를 공경하되 **마음은** 내게서 멀도다 사람의 계명으로 교훈을 삼아 가르치니 나를 헛되이 경배하는도다"(마 15:8, 9). 예배는 경배와 감사로 표현되는 하나님께 **온전히 쏠려진** 구속된 마음이다. 출애굽기 15장에 있는 구속의 찬송, 이스라엘 백성의 예배의 표현을 세심하게 읽어보라. 그리고 2인칭 대명사(Thou, Thee)와 3인칭 대명사(He)가 자주 반복되고 있음에 주의하라. 그러므로 예배는 **알려진 하나님**으로 마음을 가득 채우는 것이다. 그리고 육신과 그 감각을 **사로잡는** 모든 것들은 참된 예배로부터 마음을 **떼어 놓는다.**

"하나님은 영이시니 예배하는 자가 영과 진리로 예배할지니라." 이 일에는 선택의 여지가 없다. 이 강조된 '할지니라' 라는 말은 육신에 속한 모든 것을 몰아낸다. 예배는 눈으로, 혹은 귀로 드리는 것이 아니라 영으로, 즉 **새로운 성품**으로 드리는 것이다. 더 영적인 우리의 예배는 덜 형식적이며, 육신적으로는 덜 매력적일 것이다. 참으로 우리는 얼마나 멀리까지 길을 잘못 들어섰는가! 현대의 '예배' (?)는 주로 육신을 즐겁게 하도록 고안되었다. 곧 아름다운 장소와 음악, 그리고 마음을 즐겁게 하는 이야기가 있는 '밝고 매력적인 예배' 이다. 이 얼마나 신을 모독하고 우롱하는 것인가! 우리 모두가 시편 89:7에 제시된 말씀에 주의하여야 할 것이다. "하나님은 거룩한 자의 모임 가운데에서 매우 무서워할 이시오며 둘러 있는 모든 자 위에 더욱 두려워할 이시니이다." 오늘날과 참으로 다른 것이다.

'성가대' 가 예배를 '인도' 하는 것이 필요한가? 저희가 찬미하고 감람산으로 나아갔을 때 어느 성가대가 구주와 사도들을 도와줄 필요가 있었는가?(마 26:30) 빌립보 감옥에서 등에 피를 흘리며 하나님을 찬미할 때 어떤 성가대가 사도들을 도와줄 필요가 있었는가? 하나님께 받아들여질 수 있는 찬송은 마음으로부터 나온 것**이어야만 한다**. 그리고 성가대는 **누구에게** 찬송하고 있는가? 하나님께인가? 아니면 사람에게인가? 노래의 매력이 '설교의 어리석음' 을 대체해 오고 있다. 오늘날 우리의 공중 예배의 많은 곳에서 음악이 차지하고 있는 자리는 보는 눈을 갖고 있는 사람들에게는 '시대의 표적' 이다. 그러나 음악이 그릇된 것인가? 하나님 그분이 주신 선물 아닌가? 확실히 그렇다. 우리가 여기에서 마땅치 않아 하는 것은 직업적인, 볼 만한 구경거리의 성가대, 사람의 귀를 즐겁게 하기 위해 있는, 육신의 성가대이다. 교회 지붕 위로 솟아오르는 음악은 오로지 거듭난 사람, "마음에 감사함으로 하나님을 찬양하는" 사람에게서 나오는 찬송이다.

"하나님은 영이시니 예배하는 자가 영과 진리로 예배할지니라." 우리는 '영으로' 예배해야만 한다. 그리고 단순히 육체의 감각들로 예배드려서는 안 된다. 우리는 장엄한 건축물을 감탄함으로써 예배드릴 수 없다. 값비싼 오르간의 울림을 들음으로써, 고도로 숙련된 성가대의 찬송소리로 예배드릴 수도 없다. 우리는 그림들을 바라봄으로써, 향기를 맡음으로써, 묵주 알을 셈으로써 예배드릴 수 없다. 우리는 우리의 눈이나 귀, 코나 손으로 예배드릴 수 없다. 이는 모두 '육신' 이며, '영' 이 아니기 때문이다. 더군다나 영적인 예배는 **혼적인(soulical)** 예배와 아주 다르게 구별되어야만 한다. 비록 오늘날에는 그 둘 사이를 분별하는 사람이 극히 적을지라도 그러하다. 우리 시대에 예배라고 불려지는 많은 것, 대단히 많은 것들이 혼적인, 즉 감정적인 것이다. 음악은 사람으로 하여금, 눈물을 흘리게 만드는 일화를 상기시킴으로써 선을 느끼게 한다. 듣는 사람을 전율케 만드는 설교자의 탁월한 웅변술, 전문적인 복음 전도자의 교묘한 쇼맨십, 예배(?) '분위기를 형성하는' 것을 도와주는 음악가들, 그리고 참석자들의 갖가지 감정을 불러일으키도록 의도된 것들, 이러한 것들이 바로 전혀 영적이지 않은, 혼적인 것들의 많은 예이다. 참된 예배, 영적인 예배는 단정하며, 조용하고, 경건하며, 예배자가 하나님 그분께 전념하는 것이다. 그리고 그 결과 그는 신경성 두통(혼적인 행동들로 야기된 고도의 긴장상태가 낳는 불가피한 반작용)을 느끼는 것이 아니라 평안한 마음과 기뻐하는 영으로 가득 차게 된다.

"여자가 이르되 메시야 곧 그리스도라 하는 이가 오실 줄을 내가 아노니 그가 오시면 모든 것을 우리에게 알려 주시리이다"(4:25). 여기에 구주께서 이 여인에 대해 은혜롭게 인내하신 보상이 있다. 천천히 그렇지만 확실하게, 말씀은 그 소임을 다하였다. 마침내 이 가련한 영혼은 모든 그릇된 도피처로부터 벗어났으며, 이제 그녀는 나타나신 구주를 맞아들일 준비가 되어 있다. 그녀는 발뺌하여 넘기고, 꾸물거리고 지체하였다. 그녀는 '어찌하여' 라고 물었다. 그리고 그리스도는 은혜롭게 대답해 주셨다. 그녀는 '어디서' 라고 질문하였다. 그리고 그리스도께 친절한 답변을 받았다. 그녀는 또다시 '어디에서' 예배드려야 할지를 물었다. 이 곤란한 질문 역시 해결되어졌다. 그리고 이제 그녀의 질문은 그쳤다. 그녀는 좀 더 큰 확신과 자신감으로 말하고 있다. "메시야가 오실 줄을 내가 안다." 이것은 "나는 그리스도를 원한다"는 말과 같은 것이었다.

"예수께서 이르시되 네게 말하는 내가 그라"(4:26). 일곱 번째로, 그리고 마지막으로 (이 대화에서) 주님은 그가 구원을 모색하고 확보한 이 영혼에게 말씀하셨다. 그 순간 사마리아 여인은 그리스도에 대한 자신의 열망을 표현하였다. 그는 이렇게 대답하고 계신다. "너는 그를 만났다. 지금 너에게 말하고 있는 내가 바로 그다." 더 이상 아무것도 필요치 않았다. 죄인들의 구세주께서 나타나신 바 되었다. 그것으로 충분하였다. 이제 모든 것은 해결되었다. "그것은 산도 성전도 아니었다. 사마리아도 예루살렘도 아니었다. 그녀는 예수를 발견하였다. 곧 구주 하나님을 찾아낸 죄인과 나타난 구세주는 얼굴을 맞대고 만났으며 모든 것이 해결되었다. 한 번에, 그리고 영원히 그녀는 자신에게 물을 달라고 청했던 분, 자신에 대해 모든 것을 알고 계셨던, 다시 말하여 일찍이 그녀가 행한 모든 일을 그녀에게 말할 수 있었던 분이, 그럼에도 그녀에게 구원에 대해 말씀하셨다는 그 놀라운 사실을 깨달았다. 그녀가 무엇을 더 바랐겠는가? 아무것도 없었다"(C. H. M).

　"이 때에 제자들이 돌아와서 예수께서 여자와 말씀하시는 것을 이상히 여겼으나 무엇을 구하시나이까 어찌하여 그와 말씀하시나이까 묻는 자가 없더라"(4:27). 다시 한 번 우리는 자신의 창조물의 아주 세밀한 상황까지도 통제하고 인도하시는 하나님의 섭리를 볼 수가 있다. 여기에서 그리스도의 제자들은 우물 곁에 앉으신 구주를 두고 먹을 것을 사러 동네에 들어갔었다(8절). 그들이 남아 있었더라면 방해가 될 뿐이었을 것이다. 주님은 이 여인과 홀로 대하기를 바라셨다. 여기서 그의 목적은 이제 성취되었다. 은혜는 영광스런 승리를 획득하였다. 다른 소인은 제거되었다. 가련한 사마리아의 간음한 여인은 이제 죄의 어둠에서 나와 하나님의 놀라우신 빛으로 들어갔다. 이 여인은 그리스도가 나타나기 바라는 자신의 열망을 명백하게 표현했다. 그리고 주님은 그녀에게 스스로를 나타내셨다. 그리고 "이 때에 제자들이 돌아왔다." 비록 그들은 그리스도와 이 여인 사이에 나눈 대화를 듣도록 허용되지 않았지만, 이 행복한 결말을 증언하기에 늦지 않은 시간에 돌아왔다. 그들은 가르침을 받을 필요가 있었다. 그들은 하나님의 구원하시는 은혜가 이스라엘 민족에게만 제한되지 않음을, 이방인의 죄인들에게도 마찬가지로 해당됨을 알아야만 했다. 그들은 자신들의 스승이 이 멸시받는 사마리아인에게 이야기하고 계신 것을 보고 '이상히 여겼다.' 그러나 잠잠히 있었다. 하나님의 제어하심이 그들을 사로잡았다. 그들 중 아무도 감히 그 순간에 주님께 묻지 아니하였다.

　"여자가 물동이를 버려 두고 동네로 들어가서"(4:28). 여기에 복된 절정이 있다. 겸손하신 구세주의 인내심 있는 사역은 이제 보상을 받았다. 어둠은 물러쳐졌다. "예수 그리스도의 얼굴에 있는 하나님의 영광을 아는 빛"(고후 4:6)이 이제 이 믿는 죄인의 마음에 비추어졌다. 이 여인은 네 번에 걸쳐 자기 자신에게 주의를 돌렸다. 그녀가 한 말, 각각의 순서와 내용을 주목하는 것은 놀랄 만한 일이다. 첫째로, 그녀는 **자신의 목마름을** 인지하였다. "그런 물을 내게 주사 **목마르지 않게 하소서**"(15절). 둘째로, 그녀는 **자신의 죄를 고백하였다.** "나는 남편이 없나이다"(17절). 셋째로, 그녀는 **깨우쳐지는 지각을** 증언하였다. "내가 보니"(19절). 넷째로, 그녀는 **자신의 믿음을 드러내었다.** "메시야 곧 그리스도라 하는 이가 오실 줄을 내가 아나이다"(25절). 그리하여 마침내 그녀는 물동이를 버려두고 그리스도를 증언하기 위하여 나아갔다.

　"[그 때에] 여자가 물동이를 버려 두고 동네에 들어가서." "[그 때에]"라는 말을 주

의 깊게 주목해 보자. 이것은 바로 앞 절의 '이때에' 와 같은 말이다. 26절에 기록된
말씀으로 다시 되돌아가 보자. "예수께서 이르시되 네게 말하는 내가 **그로라** 하시니
라." 영어 성경에서 이 절의 '그' 라는 말이 이탤릭체로 쓰여졌음에 주목해야 한다.
이것은 헬라어로 쓰여진 원본에는 그에 상응하는 말이 없다는 것을 의미한다. 흠정
영역성경(A. V.)에서 "그로라"라는 말을 뺀다면 무슨 뜻인지 이해할 수가 없다. 만일
"예수께서 그녀에게 말씀하시되 너에게 말하는 바로 나다"(I am that speaketh unto
thee)라고 읽는다면 우리는 만족할 수 있겠다. 그것은 "나는 스스로 있는 자니라"(I
am)라는 여호와의 신성한 칭호(출 3:14 참조)를 공표하는 것이었다. 그것은 하나님
께서 그녀의 영혼에 말을 거셨다는 엄숙한 확언이다. 그것은 요한복음 8:58과 같은
말씀이다. 이 이루 말로 표현할 수 없는 칭호의 발음은 경외심을 솟구치게 하는 효과
를 수반하였었다(요 18:6 참조). 이것이 여기에서 자신들의 스승이 이 여인과 이야기
하고 있는 것을 보았을 때 이상히 여겼던, 그렇지만 그에게 아무것도 묻지 않았던 제
자들의 침묵을 설명한다. 그것이 하나님의 제어하심이 그들 위에 있었다는 것을 설
명한다. 게다가 그것은 우리가 28절에서 읽는 말씀의 의미와 그 중요성을 아울러 설
명해 준다. "[그 **때에**] 여자가 물동이를 버려 두고." 우물 곁에 있던 지친 나그네가 육
신으로 나타나신 하나님으로서 자신을 계시하셨던 것이다.

"[그 때에] 여자가 물동이를 버려 두고." 참으로 아름다운 귀결이 아닌가! 그녀는
"물동이를 버려 두었다." 이제 '생수' 의 우물을 새로 발견했기 때문이었다. 그녀는
문자 그대로의 물을 길러 우물에 왔었다. **그것이** 그녀가 바라던 것이었다. 그리고 그
녀의 마음은 그것에 집중되어 있었다. 그러나 이제 그녀가 구원을 얻자 그녀는 더 이
상 '물동이' 를 생각지 아니하였다. 항상 그러하다. 일단 영혼에 그리스도에 대한 확
실한 **지각**이 생겨나면, 일단 그를 **알고** 개인적인 구주로서 받아들이면, 거기에는 이
전의 육적인 마음이 몰두했던 것들로부터의 돌아섬이 있기 마련이다. 그녀의 마음은
이제 그리스도에게 머물러 있었다. 그리고 그녀는 전혀 우물을 생각하지 않았다. 물,
혹은 물동이를 생각하지 않았다. 메시야의 영광이 이제는 그녀의 목적이었다. 여기
에서 "내게 사는 것이 **그리스도**"가 그녀의 목표가 되었다. 그녀는 이제 메시야를 알
았다. 들음으로써가 아니라 그의 개인적인 계시를 통하여서이다. 그리고 즉각 그녀
는 다른 사람에게 그를 알리기 시작하였다.

"**동네로 들어가서 사람들에게 이르되 내가 행한 모든 일을 내게 말한 사람을 와서
보라 이는 그리스도가 아니냐 하니**" (4:28, 29). 참으로 아름답다! 깨달은 죄인이 헌신

적인 성도로 변화되었다. 소임이 완전하게 이루어졌다. 더 할 수도 없고 덜 할 수도 없었다. 하나님이 그것을 행하셨기 때문이다(전 3:14). 이 여인이 수습기간을 거칠 자리 같은 것은 없었다. 만일 그녀가 구원되려면 끝까지 충성을 지켜야만 한다고 그녀에게 말하는 것(인간의 비참한 곡해!)도 없었다. 그러한 것들은 없었다. 그녀는 **구원되었다**. 영원토록 구원되었다. 그녀 자신의 어떠한 수고도 없이 은혜로 말미암아 믿음으로 구원되었다. 그리고 그녀가 구원된 지금, 그녀는 자신이 만난 구세주에 대해서 다른 사람들에게 말하고 싶어한다. 그리스도의 사랑이 그녀를 붙들었다. 그녀는 이제 그녀 안에 그의 성품을 가지고 있다. 그러므로 잃어버린 바 된 자에 대한 연민의 마음을 가지는 것이다.

"그리스도인 독자들이여, 이것이 우리의 일이어야 한다. 우리의 크나큰 목적이 예수께 나아오게 하기 위하여 죄인들을 방문하는 것이 되어야 한다. 이 여인은 즉시 시작했다. 그녀가 그리스도를 발견하자마자 그녀는 그의 발 아래로 다른 사람들을 인도하는 복된 일을 즉각 시작하였다. 우리도 나아가서 이와 같이 행하자. 말과 행위로, 사도들이 말한 대로 '모든 수단으로' 하나님의 아들 주변에 가능한 한 많은 사람을 모으고자 힘쓰자. 우리 가운데 어떤 이들은 이 복된 일에 있어 미온적이고 냉담했다고 스스로에 대해 판단해야만 한다. 우리는 영원한 파멸로 인도하는 넓고 잘 닦여진 고속도로를 따라 질주하고 있는 영혼들을 본다. 그렇지만 그러한 광경을 보고도 우리는 너무도 움직이려 하지 않는다! 우리는 그들의 귀에 저 참된, 저 적절한 복된 말씀, '오라'는 말을 너무도 느릿하게 들려준다. 한층 더한 열의, 한층 더한 힘, 한층 더한 열정으로 주님이 우리에게 불멸의 영혼의 가치, 그리스도의 귀중함, 그리고 영원이 지니는 무서운 엄중함에 대한 깊은 느낌을 허락해 주시기를, 그래서 우리가 인간의 영혼들을 좀 더 절박하게 그리고 좀 더 충실하게 대하지 않을 수 없게 되기를!"(C. H. M.).

"사람들에게 이르되 내가 행한 모든 일을 내게 말한 사람을 와서 보라 이는 그리스도가 아니냐 하니." **'오라'**는 이 새로 태어난 영혼이 사람들에게 하는 초청의 말이었다. 그것은 그녀가 그리스도에게서 직접 배운 말이었다(16절). 그것은 복음의 위대한 말이다. 그것은 이루 셀 수 없을 정도로 많은 마음들에 평안을 가져다주는 말이다. 마지막으로 기록된 이 여인의 말은 그리스도를 위한 능동적인 종으로서의 그녀를 보여준다. 여인의 이 마지막 말이 그녀의 일곱 번째(**완전 수**) 말이었음을 알게 될 때 놀라지 않을 수 없다. 더도 아니고 덜도 아니고 일곱 번 그리스도께서 그녀에게 말씀하셨다. 이것은 그녀와의 관계에 있어서 그의 사역의 완전성을 말해 준다. 그녀가 완전히 구원되기 이전에 그녀는 여섯 차례(육신에 있는 인간의 수) 그에게 말하였다. 그러고 나서 그녀가 자기를 구원해 준 분에 대해 다른 사람들에게 나아가 말했을 때 여기에 마지막으로 기록된 말이 추가되었다. 모두 합하여 일곱을 이룬 이 마지막 말, 일곱 번째의 말은 그리스도께서 그녀 안에 이루신 **완전한 사역**을 증언해 준다.

다음 장에서 요한복음 4:31-42를 다루게 될 것이다. 관심 있는 독자는 아래 질문들에 대해 고찰해 보기 바란다.

1. 31-42절의 중심 주제는 무엇인가?
2. 31절 말씀은 제자들에 대하여 우리에게 무엇을 계시해 주는가?
3. 하나님의 뜻을 행하는 것을 그에게 "먹을 양식"이 제공된 것으로 말씀하셨을 때, 그리스도께서 의미하신 것은 무엇인가?
4. 아버지의 어떠한 '일'을 그리스도는 '이루셨는'가?(34절)
5. 38절의 말씀을 우리 스스로에게 적용함에 있어, 우리에게 미치는 참된 효과는 무엇이어야 하는가?
6. "세상의 구주"는 무엇을 의미하는가?(42절)

제15장

사마리아에서의 그리스도

³¹그 사이에 제자들이 청하여 이르되 랍비여 잡수소서 ³²이르시되 내게는 너희가 알지 못하는 먹을 양식이 있느니라 ³³제자들이 서로 말하되 누가 잡수실 것을 갖다 드렸는가 하니 ³⁴예수께서 이르시되 나의 양식은 나를 보내신 이의 뜻을 행하며 그의 일을 온전히 이루는 이것이니라 ³⁵너희는 넉 달이 지나야 추수할 때가 이르겠다 하지 아니하느냐 그러나 나는 너희에게 이르노니 너희 눈을 들어 밭을 보라 희어져 추수하게 되었도다 ³⁶거두는 자가 이미 삯도 받고 영생에 이르는 열매를 모으나니 이는 뿌리는 자와 거두는 자가 함께 즐거워하게 하려 함이라 ³⁷그런즉 한 사람이 심고 다른 사람이 거둔다 하는 말이 옳도다 ³⁸내가 너희로 노력하지 아니한 것을 거두러 보내었노니 다른 사람들은 노력하였고 너희는 그들이 노력한 것에 참여하였느니라 ³⁹여자의 말이 내가 행한 모든 것을 그가 내게 말하였다 증언하므로 그 동네 중에 많은 사마리아인이 예수를 믿는지라 ⁴⁰사마리아인들이 예수께 와서 자기들과 함께 유하시기를 청하니 거기서 이틀을 유하시매 ⁴¹예수의 말씀으로 말미암아 믿는 자가 더욱 많아 ⁴²그 여자에게 말하되 이제 우리가 믿는 것은 네 말로 인함이 아니니 이는 우리가 친히 듣고 그가 참으로 세상의 구주신 줄 앎이라 하였더라(요 4:31-42)

이제까지 해온 방식대로 먼저 이 장에서 다룰 구절들을 분석해 보기로 한다.

1. 제자들의 염려(31절)
2. 제자들의 무지(32절)
3. 가르침 받는 제자들(34-38절)
4. 사마리아인 회심자들(39절)

5. 사마리아인들의 요청(40절)

6. 사마리아인들의 회심자들이 더욱 많아짐(41절)

7. 사마리아인들의 고백(42절)

본문 말씀에서 31-38절까지는 삽입구 형식을 취하고 있다. 이 구절들은 이 사마리아 여인이 우물을 떠나 동네로 들어가서 그리스도를 증언함으로써, 많은 사마리아인들을 그리스도께로 나아오게 한 그 사이에 일어났던 일을 말해 준다. 여기에는 주님과 그의 제자들 사이에 오고 간 대화 내용이 기록되어 있다.

우리가 아는 대로 제자들은 "먹을 것을 사러 동네에 들어갔었다." 그리고 구한 것을 가지고 돌아왔을 때 그들은 자신들의 선생이 사마리아의 한 여인과 이야기하고 있는 것을 보게 되었다. 그들은 이 일을 이상히 여겼으나 아무도 이에 대해서 묻지 아니하였다. 구주께서 저희가 감히 입에 담을 수도 없는 "나는 스스로 있는 자니라"(I am)라는 칭호를 말씀하시는 것을 들었을 때(26절), 범접할 수 없는 신적 위엄이 그들을 사로잡았다.

그러나 이제 주 예수와 그 사마리아의 간음녀와의 대화는 끝났다. 은혜가 영광스러운 승리를 거둔 것이다. 한 죄인이 어두운 데서 나와 하나님의 기이한 빛 가운데로 들어가게 되었다. 그리고 그 결과, 그녀 자신의 마음에 그렇게도 많은 의미를 던져 준 복음을 다른 사람들에게도 전해 주기 위해 나아가게 되었다.

또다시 구주께서는 그의 제자들하고만 남게 되었다. 그들은 구주와 여인의 대화의 결말을 듣기에 꼭 적합한 시간에 돌아왔다. 그리고 그 마지막 말씀이 그녀에게서 거둔 즉각적인 효과를 보게 되었다. 그 말씀은 그들의 편협한 생각이 수정되고 좀 더 확대될 필요가 있다는 것을 보여주었다. 그들은 자기들만이 옳다는 생각으로 과거에 "사마리아인과 상종하지 아니하고" 지냈던 일이 이제는 더 이상 의미가 없다는 것을 알게 되었다.

"은혜와 진리가 충만" 하신 하나님의 아들이 이 땅에 오셨다. 그리고 그에 관한 기쁜 소식은 모든 민족에게 선포되어져야만 했다. 이것은 이 유대인 제자들이 이해하기 어려운 교훈이었다. 그러나 주님께서는 무한한 인내로 제자들의 영적 우둔을 참으셨다. 다음 구절은 실천적인 면에서 대단히 중요한 구절로서 봉사에 대한 큰 진리를 가르쳐 준다.

"그 사이에 제자들이 청하여 이르되 랍비여 잡수소서"(4:31). 조금 전에 제자들은 오랜 여행으로 인하여 지치신 그들의 선생을 우물 곁에 앉혀둔 채 동네로 떠났었다. 잠시 후 그들은 먹을 것을 구하여 그에게로 되돌아왔다. 그러나 그는 전혀 그것을 필요로 하는 기색을 보이지 않으셨다. 피로하고 기운이 없는 그리스도가 아니라, 그들은 새로운 힘이 넘치는 그를 보게 되었다. 그는 그들이 알지 못하는 활력소를 이미 받으셨다. 이것을 그들은 이해할 수 없었다. 그래서 그에게 자신들이 가져온 것을 잡수시기를 청하였다. 그들의 요청은 호의적인 행위였다. 그에 대한 그들의 간청은 진심에서 우러나온 것이었다. 그렇지만 그것은 단지 육신의 친절에 지나지 않았다. 인간적으로 친절한 행위를 성령의 열매로 오해해서는 아니된다. 감상은 영적인 것이 아니다.

"**이르시되 내게는 너희가 알지 못하는 먹을 양식이 있느니라**"(4:32). 이 말씀을 책망이라고 할 수는 없을 것이다. 오히려 이것은 제자들을 깨우쳐 주기 위한 교훈의 말씀이라 할 수가 있다. 그들의 마음은 물질적인 것들에 쏠려 있다. 그런데 주님은 영적인 것에 대해 말하고 계신다. '양식'은 충족되어진 것에 대한 비유적인 표현으로서 사용되었다. 그리스도의 마음은 이미 채워졌다. 그의 영은 활력을 얻었다. 그를 회복시켜준 것이 무엇인지를 우리는 그의 다음과 같은 말씀에서 알 수 있다. 즉 그것은 제자들이 '알지 못하는' 어떤 것이었다. 그들은 아직 하나님의 것들을 나누어 주는 자가 또한 마찬가지로 받는 자임을 깨닫지 못하였다. 영적인 축복을 다른 사람에게 베풀어 주는 사람은 또한 그 자신이 축복을 받는다. 평안과 기쁨은 하나님의 뜻을 행하는 사람에게 오는 보상이다. 순종하는 종은 섬기지 않는 자가 전혀 알지 못하는 '먹을 양식'을 가지고 있다. 바로 이것과 섬김에 대한 다른 원리들을 주님은 여기에서 제자들에게 가르쳐 주시려고 하셨다.

"**제자들이 서로 말하되 누가 잡수실 것을 갖다 드렸는가 하니**"(4:33). 이 구절은 그리스도께서 방금 전에 하신 말씀을 확증해 준다. 즉 그들은 그의 제자임에 틀림없었으나 아직도 영적인 것들에 대해 대단히 무지한 상태에 있었다. 그들의 마음은 분명코 하나님의 것들보다는 물질적인 것들에 더 쏠려 있었다. 그들은 아버지와 그리스도의 관계에 대해서 거의 알지 못하였다. 그리하여 그들의 생각은 곧장 어느 "**누가 잡수실 것을 갖다 드렸는가**"라는 의문으로 변하였다. 훌륭한 성품의 소유자라 할지라도 때때로 대단히 무지하다. 그렇다. 아주 탁월한 사람이라 할지라도 하나님의 가르침을 받기 전까지는 그러하다. "가장 탁월한 사람들도 참으로 우둔하고 미련하다. 하나님께서 베일을 걷으실 때까지는, 그리하여 그 기관과 조직에 빛을 비추어 주실 때까지는"(John Trapp, 1650년). 우리는 저 제자들의 우둔함을 비웃지 말아야 한다. 그 대신에 그들에게서 우리 자신의 영적 우둔함을 보고, 우리는 하나님의 가르침을 받을 필요가 있다는 것을 깨달아야 한다.

"예수께서 이르시되 나의 양식은 나를 보내신 이의 뜻을 행하며 그의 일을 온전히 이루는 이것이니라"(4:34). 이 말씀에서 그리스도께서 의미하신 것은 무엇이었는가? 어떤 의미에서, 하나님의 뜻을 행하는 일이 그것을 수행하는 사람에게 있어 '양식' 인가? **아버지**의 '일' 이란 무엇인가? 그리고 그리스도께서는 그 일을 어떻게 '온전히 이루셨는가?' 이러한 질문들의 대답은 이 절의 앞, 혹은 뒷부분과의 연관 관계에서 가 아니라 바로 이 말씀이 나오게 된 배경에서 찾아져야만 한다. 그러므로 우리는 먼 저 이 절이 포함되어 있는 전체 구절의 주제가 무엇인가를 확인해야만 하겠다.

우리가 이 구절을 검토해 볼수록 그 주된 주제가 **섬김**이라는 것이 더 자명해진다. 주님은 제자들에게 필요한 교훈을 가르쳐 주고 계셨으며 그들의 장래의 사역에 그들 을 준비시키고 계셨다. 그는 하나님께서 받으실 만한 모든 봉사의 기초가 되는 근본 적인 원리에 대한 간결하고도 완벽한 개요를 제시하고 계셨다. 가장 중요한 기본적 인 원리는 하나님의 뜻에 전적으로 순종하는 것이다. 종은 그 주인의 뜻을 따라야만 한다. 그 완전한 종이신 주님 자신께서 이 일에 모범을 보이셨다. 그가 어떻게 하나 님에 대해 언급하고 있는가를 주목해 보라. 그는 "나의 양식은 아버지의 뜻을 행하는 것이라"고 말씀하지 않으셨다. **"나를 보내신 이**의 뜻을 행하는 것이라"고 말씀하셨 다. 이것이 바로 그러한 섬김이 기대되고 있음을 보여준다.

그러면 그리스도를 세상에 보내신 이의 '뜻' 은 무엇이었는가? 그것은 마귀의 손에 사로잡힌 어떤 자들을 구해 내고 그들을 죽음으로부터 생명에로 인도하는 것이 아니 었는가? 만일 그 점에 대해 약간의 의심이라도 있다면 요한복음 6:38, 39의 말씀이 즉 각 그것을 제거해 줄 것이다. "내가 하늘에서 내려온 것은 내 뜻을 행하려 함이 아니 요 나를 보내신 이의 뜻을 행하려 함이니라 나를 보내신 이의 뜻은 내게 주신 자 중 에 내가 하나도 잃어버리지 아니하고 마지막 날에 다시 살리는 이것이니라."

이 말씀은 우리가 **아버지**의 '일' 이 무엇인지 정의하는 데 있어 도움이 된다. 아울 러서 '그의 일을 온전히 이루는' 것이 무엇인지도 알 수가 있다. 그것은 특별히 **아들** 의 소임이었던 일에만 제한되지 않음에 틀림없다. 비록 아주 밀접하게 관련되어 있 기는 할지라도 거기에는 아주 분명한 차이가 있다. 아버지의 '뜻' 은 그가 아들에게 '주신' 모든 자들이 구원되어야 한다는 것이었다. 그리고 아버지의 '일' 은 그들에게 주어진 구원에 대한 **약속**에 있었다. "하나님이 우리를 세우심은 노하심에 이르게 하심이 아니요 오직 우리 주 예수 그리스도로 말미암아 구원을 받게 하심이라"(살전 5:9). 구원에 대한 약속(살후 2:13 참조)은 특별히 아버지께 속한 일이다. 그리고 그 약속된 자를 실제로 구원하는 것은 아들의 일이며, 하나님께서 택하신 자들을 구원함으로써 아들은 아버지의 '일'을 **온전히 이루게** 된다. 이에 대한 개인적인 예증이 그 직전에 사마리아 여인의 경우에서 보여졌다. 그리고 그녀의 증거로 말미암아 그를 믿게 된 '많은' 사람들, 그분 자신의 말씀으로 인하여 믿게 된 '더욱 많은' 사람들에게서 또 다른 예증들이 보여질 것이다(39, 41절).

이 사실은 이 요한복음 4:4의 말씀을 밝히 조명해 준다. 그리고 거기에서 '하여야 하겠다'고 기록된 말씀의 의미를 우리에게 설명해 준다. 주님은 그 자신이 바라는 바를 만족시키기 위해 사마리아로 통행하신 것이 아니었다. 왜냐하면 그는 스스로를 기쁘시게 하지 않으시기 때문이다. 무한한 은혜로 하나님의 아들이 자신을 낮추사 그의 영광을 (잠시) 버리고 종의 자리에 서셨다. 그리고 모든 다른 일들에 있어서와 마찬가지로 섬기는 일에 있어서도 그는 훌륭한 모범을 보여주셨다. 그는 어떻게 섬겨야 하는지 그 **방법**을 우리에게 보여주신다. 그리고 여기에서 제시된 가장 중요한 원리는 마음의 기쁨, 영혼의 만족, 그리고 우리의 생명력을 유지시켜 주는 것, 다시 말하여 '양식'은 우리를 보내신 분의 뜻을 행하고 그분이 기뻐하시는 일을 수행하는 데서 발견된다는 것이다. 그러므로 하나님의 완전한 종이신 주님은 여기에서 **참된** 섬김이란 무엇인가를 우리에게 말씀하시는 것이다. 즉 그것은 하나님께서 우리에게 예정하신 일을 순전하고 충실하게 수행하는 것이다. 우리의 '양식' ― 수고한 자의 마음에 활력을 지속시켜 주는 것, 즉 그 영혼의 기쁨은 결과(얻어진 열매)에서 찾아지는 것이 아니라 우리를 보내신 분의 뜻을 행하는 데서 발견된다. 그것이 바로 그리스도의 양식이었으며, 또한 우리의 양식임에 틀림없다. 이것이 주님께서 섬김에 대해 그의 제자들에게 가르치신 첫 번째 교훈이었다. 그리고 이제 그분의 종이 된 우리들 각자가 마음에 새겨둘 필요가 있는 사항이다.

"너희는 넉 달이 지나야 추수할 때가 이르겠다 하지 아니하느냐 그러나 나는 너희에게 이르노니 너희 눈을 들어 밭을 보라 희어져 추수하게 되었도다"(4:35). 우리 앞에 제시되어진 말씀이 여전히 섬김을 주제로 하고 있다는 것은 아주 자명한 사실이며, 이 절에 나타나 있는 원리를 쉽게 파악할 수가 있다. 그렇지만 이 원리를 우리 자신들에게 적용시켜 보기에 앞서 먼저 이 말씀의 지엽적인 의미, 그리고 제자들에게 해당되는 특별한 의미가 무엇인지를 살펴보기로 한다.

"너희는 넉 달이 지나야 추수할 때가 이르겠다 하지 아니하느냐 그러나 나는 너희에게 이르노니 너희 눈을 들어 밭을 보라 희어져 추수하게 되었도다." 제자들이 먹을 것을 사러 동네에 들어가고 오는 도중에 밭을 보며 언제 추수해야 할 것인지에 대해 서로 이야기했었으리라. 결론지을 필요는 없다. 비록 그들이 실제로 그러했을지라도 그것은 무관한 일이다. 오히려 이것은 주께서 계속하여 비유적인 표현으로 제자들을 가르치신 것으로 보인다. 의심할 여지 없이 구주께서는 사마리아인들의 영적 상태, 그리고 제자들의 그들에 대한 평가를 염두에 두셨으리라 생각된다. 아마도 구원받은 저 여인의 놀라운 증거를 들은 사마리아인들이 아직은 조금 멀리 떨어져 있기는 할지라도 우물을 향해 다가오고 있었을 것이다. 그리고 그들을 가리키시면서 구주는 제자들에게 말씀하셨다. "너희의 눈을 들어라." 그리고 그들이 현재 어떠한 상태에 있는지를 보아라.

"눈을 들어 밭을 보라 희어져 추수하게 되었도다." 이것은 명백한 책망이다. 제자들은 사마리아를, 일하기에 알맞지 않는 밭으로 보고 있었다. 아무래도 많은 씨를 뿌려야만 할 것이다. 그리고 익은 알곡을 기대할 수 있으려면 오랫동안 기다려야만 할 것이다. 그들은 메시야가 바로 그들의 문 밖에 계시다고 이야기해 줄 생각조차 하지 않았다. 이 여인이 자기들보다도 얼마나 더 열의 있고 충성스러운지 깨닫게 되었을 때, 그들은 부끄러움에 고개를 숙여야만 하지 않았겠는가? 그러므로 여기에 왜 그리스도께서 '사마리아를 통과하여야' 하셨는지 또 다른 이유가 있다. 즉 제자들에게 좀 더 필요한 **전도**의 교훈을 가르치기 위해서이다.

이제 이 절에 담겨진 원리를 어떻게 우리에게 적용해야 할 것인가? 분명히 다음과 같은 것이다. 우리는 외양으로만 판단해서는 안 된다. 종종 우리는 어떠한 자들을 가망이 없는 사람들로 생각하곤 한다. 그리고 **그들에게** 그리스도에 대해 말하는 것은 소용없는 일이라고 단정지으려 한다. 그렇지만 우리는 진리의 씨앗들이 다른 씨 뿌리는 자들의 수고로 그들의 마음에 심어져 있을 수 있다는 것을 결코 알지 못한다. 우리는 어떤 영향력이 끼쳐질 수 있음을 알지 못한다. 때때로 우리에게는 전혀 가능하지 않게 보였던 자들이, 실제로 시험되었을 때에 구주에 대해 가장 잘 귀 기울이곤 한다. 우리는 추수하려면 몇 달이 있어야 한다고 감히 말할 수가 없다.

"거두는 자가 이미 삯도 받고 영생에 이르는 열매를 모으나니 이는 뿌리는 자와 거두는 자가 함께 즐거워하게 하려 함이라" (4:36). 앞 절이 책망하는 말씀이었다면, 이

절은 기운을 북돋아 주는 말씀이다. "거두는 자가 이미 삯도 받고"라는 말씀은 다음과 같은 의미로 보여진다. 즉 이것은 여기에 종사하는 것이 참으로 특권이라고 할 수 있는 것이다. 왜냐하면 수고하는 자가 영광스러운 보상을 받기 때문이다. 즉 그는 "영생에 이르는 열매를 모은다." 그 보상은 영원한 것이다. 왜냐하면 추수하여 거두는 자의 수고로 인하여 구원받은 자가 영생을 얻으며, 또한 이로 말미암아 양 측의 기쁨 역시 영원하기 때문이다. "뿌리는 자와 거두는 자가 함께 즐거워하게 하려 함이라." 씨를 뿌리는 자는 영혼의 구원을 위하여 열심히 노력할 수 있다. 그렇지만 하나님께서 그의 노력에 대해 주신 결실을 그 생명 안에서 보는 일은 허용되지 않는다. 하지만 거두는 자는 거두어 모아들인 수확을 본다. 그럼에도 불구하고 뿌리는 자나 거두는 자 모두 그들이 합력하여 얻은 영원한 구원을 함께 즐거워할 것이다.

"그런즉 한 사람이 심고 다른 사람이 거둔다 하는 말이 옳도다"(4:37). 여기에 때에 알맞은 경고가 있다. '거두는' 것은 복된 일이긴 해도 그것이 전부는 아니다. '심는 것' 역시 마찬가지로 중요한 일이다. 수가에서 거두어들였던 많은 수확은 하나님께 순종하여 일찍이 씨를 뿌렸던 자들의 수고의 결실이었다. 이 사마리아인들은 이미 메시야의 나타나심에 대해 알고 있었다. 그리고 이 지식은 일찍이 있었던 하나님의 종들의 충성스러운 사역의 덕분이었다. 한 사람이 심고 다른 사람이 거둔다 함이 이 회심한 간음녀의 사례에서 예증된 것이었다. 그리스도는 선지자들의 증언이 일찍이 그녀 안에 일깨워 놓은 필요와 만나셨다.

주님은 참으로 은혜로우시게도 일찍이 씨 뿌린 자들의 수고를 인지하시고 인정하셨다. 그들의 사역은 대수롭지 않은 것으로 간주되었었음이 분명하다. 그들은 씨를 뿌렸었다. 그렇지만 명백히 그 씨앗이 떨어진 곳은 가망 없는 땅이었다. 그러나 이제 의의 태양의 은혜로운 감화하심으로 추수할 때가 이르렀다. 그리고 주님은 그 일이 전에 왔었던 자들의 수고 덕분이라고 제자들에게 아무렇게나 말씀하신 것이 아니었다. 의심할 여지 없이 빌립은 훗날 그리스도의 이 말씀을 상기했었다(행 8장 참조). 이 말씀은 오늘날의 씨 뿌리는 자들에게도 참으로 큰 위안이다. 그의 수고가 아무것도 거두지 못한 것처럼 보일 수도 있다. 그렇지만 만일 그가 부지런히 적절한 '씨'를 뿌린다면 그는 이내 모든 충성스러운 사역이 보상받음을 알게 될 것이다. 그 자신이 '거두지' 않을 수도 있다. 그렇지만 '다른 사람'이 거둘 것이다. "그러므로 내 사랑하는 형제들아 견실하며 흔들리지 말고 항상 주의 일에 더욱 힘쓰는 자들이 되라 이는 너희 수고가 주 안에서 헛되지 않은 줄 앎이라"(고전 15:58).

"**내가 너희로 노력하지 아니한 것을 거두러 보내었노니 다른 사람들은 노력하였고 너희는 그들이 노력한 것에 참여하였느니라**"(4:38). 우리로 하여금 마태복음 10장에 기록된 것을 되돌아보게 하는 역사적인 언급이 여기에 있음은 의심할 여지가 없다. 주님이 가서 "전파하며", "병든 자를 고치라"고 열두 제자들을 보내셨다는 것을 우리는 안다(7, 8절). 그것은 유대에서의 일이었으며, 그들의 수고의 결실을 요한복음 4:1, 2에서 볼 수 있다. 그들은 많은 사람들을 제자로 삼았으며 세례를 베풀었다. 우리는 제자들이 자신들의 성공에 대해 의기양양해했으리라고 상상해 볼 수가 있다. 그리고 그리스도께서 여기에서 그들에게 말씀하신 것은 아마도 그들의 자랑에 일침을 가하기 위한 것이었다고 생각된다. "내가 너희로 노력하지 아니한 것을 거두러 보내었노니 다른 사람들은 노력하였고 너희는 그들이 노력한 것에 참여하였느니라." 주님은 제자들에게 다른 사람들이 그들보다 앞서 수고한 까닭에 성공을 거둔 것임을 상기시켜 주고 계신다. 그것은 씨 뿌리는 자의 용기를 북돋아 주는 동시에 거두는 자를 근신케 하는 말씀이었다. 그러므로 우리는 주님이 우리로 하여금 '거두어' 들이도록 하셨을 때, 그것은 이미 씨가 뿌려진 밭으로 우리를 보내시는 것임을 알아야 한다. 또한 씨 뿌리는 자가 거두는 자보다 더 열심히 수고하였다는 사실도 주목되어야 한다. 다시 말하여 그리스도께서 "다른 사람들은 **노력하였고**(laboured) 너희 (거두는 자)는 그들(뿌리는 자)의 노력한 것에 참여하였느니라"라고 말씀하셨을 때, 그는 여기에서 "기운이 다하도록 수고하였다"는 뜻으로 말씀하신 것이었다. 그것은 요한복음 4장의 도입 부분에서 구세주에 대하여 사용한 말과 같은 것이다. 즉 우리는 거기에서 "예수께서 길 가시다가 **피곤하여**(wearied)"라고 쓰여진 말씀을 읽는다. 루터는 "전도는 게으른 자의 소임이 아니다"고 말한 바 있다. 그렇지만 서글프게도 그 일은 너무도 자주 그러한 성격으로 변질되곤 한다.

뿌리는 것과 거두는 것은 복음사역에 있어서 두 개의 서로 다른 영역이다. 그리고 자신에게 맡겨진 지역에 좀 더 필요한 것이 무엇인지를 알기 위해서는 영적 분별력(하나님으로부터 온 지혜)이 반드시 필요하다. "수가 성에서 씨가 뿌려지기 시작했다고 해석하는 것은 그 성에 살았던 사람들의 영적 상태에 대한 분별력이 결여되었다는 것을 나타낸다. 수가 성에서 그들이 성공한 것을 보고, 온 사마리아가 주님을 영접할 준비가 되어 있었다고 결론짓는 것은 명백한 잘못일 것이다. 주님의 생애의 마지막 시기에 사마리아의 한 동네에서 그가 받으셨던 대우가 분명하게 이를 예증해 준다. 확실히, 이렇게 말할 수 있다. 씨 뿌리는 곳과 거두는 곳이 거의 동시에 진행될 수도 있다. 그러나 한 지역에서의 사역을 기준으로 하여 다른 곳에서도 그와 같이 성공하리라고 예측할 수는 없으며, 또 반드시 그렇게 되는 것도 아니다. 한 지역에서 크게 성공한 수고자는 그의 추수하는 낫이 아주 잘 들 만한 밭을 발견하기 위해 다른 밭으로 옮겨가야 하는 것뿐이다"(C. E. Stuart).

"여자의 말이 내가 행한 모든 것을 그가 내게 말하였다 증언하므로 그 동네 중에 많은 사마리아인이 예수를 믿는지라"(4:39). 얼핏 보았을 때, 이 절에서부터 주제가 바뀌는 것으로 생각되지만, 사실은 그렇지 않다. 계속되는 두 절과 함께 이 절은 **섬김**의 다른 원리를 선언 내지 예증해 주고 있다.

첫째로, 하나님께서 위대한 목적을 수행하시는데 있어 연약한 사자들을 사용하심을 얼마나 기뻐하시는가를 보여준다. 그는 흔히 자신의 강한 능력들을 보이시기 위하여 연약한 도구를 사용하시곤 한다. 다른 모든 일에서와 마찬가지로 이 일에 있어서도 주님의 사고와 방법은 우리들과 참으로 다르다. 그는 힘센 골리앗을 물리치는데 있어 나이 어린 양치기 소년을 쓰셨다. 그는 바벨론에 사로잡힌 모든 술사들보다도 더한 지혜를 한 히브리 포로에게 허락하셨다. 그는 나아만 장군의 종들이 하는 말이 명성 있는 엘리사의 말보다도 그 존귀한 신분의 주인에게 훨씬 큰 효과를 미치게 했다. 구세주의 어머니를 선택함에 있어서도, 그는 공주를 택하신 것이 아니라 한 시골 여인을 택하셨다. 십자가에 대해 전파할 자들을 정하심에 있어서도, 부르심을 받은 자는 어부들이었다. 그리고 수가 성에서의 저 놀라운 은혜의 역사도 한 회심한 간음녀로 말미암아 시작되었다. "그의 판단은 측량하지 못할 것이며 그의 길은 찾지 못할 것이로다."

"여자의 말이 내가 행한 모든 것을 그가 내게 말하였다 증언하므로 그 동네 중에 많은 사마리아인이 예수를 믿는지라." 이 말씀의 온전한 의미를 파악하기 위해서 우리는 28, 29절로 되돌아가야만 한다. 그 여인은 "그리스도를 위하여 내가 어떻게 사용될 수 있을까? 나는 사람들로부터 나쁜 평판을 얻고 있지 않은가? 나는 더 이상 내려갈 수 없을 정도로 깊이 타락한 자가 아닌가!' 라고 말하지 않았다. 그렇다. 그녀는 이치를 따져 보고자 머뭇거리지 않았다. 오로지 그녀는 빛의 임재 안에서 샅샅이 탐색되어지고 그 무거운 죄책으로부터 벗어난 양심, 그리고 자신을 구원해 준 분에 대한 경이와 감사가 가득 찬 마음으로 곧바로 나아가 그분을 위해 일하고, 그분께 영광 돌리고자 하였다. 그녀는 자신이 알고 있는 것을 말하였다. 그녀는 자신이 찾은 것에 대해, 오로지 한 인격에 관해서 증언하였다. 그녀가 말한 것은 **그에 대해서**였다. 그녀가 가리킨 것은 **그**였다. "그 사람이 내게 말했다"고 그녀는 단언하였다.

이것은 자신에게 그렇게도 은혜롭게 대해 주신 분에게로 다른 사람들을 인도하는 것이었다. 그러나 그녀는 거기에서 멈추지 않았다. 그녀는 이웃 사람들에게 자신이 들은 것, 혹은 자신이 만난 사람에 대해 단순히 말하는 것만으로 만족하지 않았다. 그녀는 다른 사람들도 그들 스스로가 그분을 만나보기를 원했다. "오라", 다시 말하여 너희 스스로 그에게 와 보라고 그녀는 말했다. 그리고 하나님께서는 이 단순하면서도 열심 있는 말을 영예롭게 하셨다. "여자의 말이 내가 행한 모든 것을 그가 내게 말하였다 증언하므로 그 동네 중에 많은 사마리아인이 예수를 믿는지라."

여기에서 우리는 섬김에 있어서의 커다란 **목적**을 볼 수 있다. 즉 영혼들을 그리스도 그분 자신의 존전으로 인도하는 것이다.

"**사마리아인들이 예수께 와서 자기들과 함께 유하시기를 청하니 거기서 이틀을 유하시매 예수의 말씀으로 말미암아 믿는 자가 더욱 많아 그 여자에게 말하되 이제 우리가 믿는 것은 네 말로 인함이 아니니 이는 우리가 친히 듣고 그가 참으로 세상의 구주신 줄 앎이라 하였더라**" (4:40-42). 흠정역 성경(A. V.)은 42절 말씀의 하반절 부분에, "그가 참으로 세상의 구주, 그리스도신 줄 앎이니라"라고 기록되어 있다. 그러나 개역성경(A.R.V.)에는 '그리스도'라는 말이 나와 있지 않다. 이 새로운 번역이 더 옳다고 생각된다. 왜냐하면 헬라어 사본의 대부분에서도 이 '그리스도'라는 말을 찾아볼 수 없기 때문이다. 이 사마리아인들은 여인의 말로 인해 그가 '그리스도'이심을 알게 되었다. 이제 그들은 스스로 그가 어떤 분이신가를 깨닫게 되었다. 즉 그들의 참으로 간절한 필요와 만나신 분, '구주'이셨다.

본문 말씀은 예루살렘 사람들과 유대 사람들의 불신과 거부에 대한 놀라운 대조로 사마리아를 제시하고 있다. 유대와 예루살렘에서는 주님의 권능 있는 사역들이 참으로 많이 행해졌고 또한 많은 무리들이 그를 영접하리라고 기대되었으나, 여기 사마리아에는 거의 약속을 받지 못한 것처럼 보이는 사람들이 살고 있었다. 그리스도께서 거기에서 한 가지라도 이적을 수행하셨다고 적고 있는 어떠한 기록도 없다. 그렇지만 이 경시된 사마리아인들의 많은 무리가 그를 영접하였다. 그리고 이것은 오늘날에 있어서도 다를 바가 없지 않은가? 하나님의 것들에 관심을 보이리라고 생각하는 사람들은 흔히 가장 무관심한 자들임이 드러나게 된다. 반면에 우리가 아예 하나님의 은혜의 영역 저 멀리에 있다고 간주해 버리고 싶어하는, 혹은 그 영역 내에 들지 않는다고 쉽게 생각해 버리는 사람들이 바로 그들의 절실한 필요를 깨닫도록 이

끌려진 자들이다. 그리고 그들이야말로 궁극적으로 어린 양을 따르는 무리들 가운데서 가장 헌신적인 종이 된다.

그러면 이제 앞에 제시된 말씀에 나타나 있는 주된 교훈을 요약해 보기로 하자. 전체 구절은 **섬김**에 관해 말하고 있으며, 섬김의 근본적인 원리가 선포 내지 예증되어 있다. 첫째로, 우리는 사마리아 여인의 예를 통하여 섬김에 있어서의 **기본적인 필요조건**이 무엇인지 알게 되었다. 즉 그것은 구세주와의 개인적인 만남, 그리고 그를 위한 뜨거운 마음이다. 둘째로, 우리는 모든 섬김에 반드시 따라야 하는 **정신**에 대해 배울 수 있었다. 곧 우리에게 맡겨진 임무에 대한 충실한 수행이다. 우리의 만족은 결과에서 찾아지는 것이 아니라 하나님의 뜻이 우리에 의해 행해지는 것을 아는 그 지식에서 발견된다. 셋째로, 우리는 섬김의 일의 **긴급성**을 깨닫게 되었다. 즉 밭은 이미 희어져 추수하게 되었다. 넷째로, 우리는 섬기는 일에 있어 **용기**를 갖게 되었다. 우리가 '영생에 이르는 열매'를 모은다는 사실을 알게 된 것이다. 다섯째로, 우리는 종들의 **상호 의존성**을 알게 되었다. "한 사람이 심고 다른 사람이 거둔다." 즉 이 일은 상호간에 서로 돕고 의존하게 되어 있는 것이다. 영적인 농업의 서로 다른 분야에서 일하는 자들 간의 거룩한 공동 협력이다. 여섯째로, 우리는 종들에게 주어진 **경고**가 무엇인지 알게 되었다. 거두는 일을 해온 자들은 자신들의 성공을 자만하지 말아야 한다. 그것은 자신들보다 일찍 행한 자들의 수고에 힘입은 것임을 기억해야만 한다. 끝으로, 우리는 여기에서 항상 기억해 두어야 할 **목적**이 무엇인지를 배웠다. 그것은 영혼을 그리스도에게 인도하는 것이다. 즉 우리로부터 독립되어 직접 주님에게 배우게끔 하는 것이다.

우리는 이 말씀에 제시되어 있는 다음 사항들에 주의를 기울여야 한다. 첫째로, **범세계적인 선교의 필요성**이 35절에 있는 주님의 말씀에 암시되어 있다. 둘째로, 어떤 공적인 기적이 **나타나지 않았다는 점**에서 우리는 오늘날의 **독특한 시대적 특징**을 볼 수 있다. 이 말씀에는 그리스도께서 사마리아에게 어떤 기적을 행하셨다는 아무런 암시도 없거니와 그는 오늘날 이 세계에서 그렇게 공공연하게 행하시지도 않는다. 셋째로, 39, 41절에 제시되어 있는 **사용된 수단**이다. 거기에서 우리는 많은 사마리아인들이 '믿게' 된 것은 여자의 증언, 그리고 말씀이었음을 볼 수 있다. 이것은 이 시대를 통해서도 마찬가지이다. 기독교의 선교를 위해 하나님께서 정하신 수단은 신자의 개인적인 증언이며 말씀의 선포이다. 넷째로, 우리는 이 상징적인 이야기에서 **이방인들의 두드러진 탁월성**을 볼 수가 있다. "많은 **사마리아인이 예수를 믿는지라.**"

물론 "은혜로 택하심을 따라 남은 자", 곧 이스라엘의 '남은 자' (그리스도와 함께 있었던 소수의 제자들로 상징되는)가 있다. 그럼에도 불구하고 오늘날 구원받는 자들은 주로 이방인들이다. 다섯째로, 그리스도께서 여기에서 '사람의 아들' 로도 아니요, '다윗의 자손' 으로도 아니요, **'세상의** 구주' 로 칭해졌음을 주목해야 한다. 이 호칭은 그리스도가 인류의 구주라는 것을 의미하지 않는다. 그것은 이스라엘 민족과 대조, 구별하여 사용된 것으로, 지구상에 흩어져 있는 모든 믿는 이방인들을 포함하는 일반적인 용어이다.

이렇게 하여, 다시 한 번 우리는 사마리아에서의 구주의 행동을 묘사한, 그리고 거기에서 그가 제자들에게 주신 교훈들을 기록한 이 역사적 이야기에 성령께서 놀라운 방법으로 다음과 같은 사항이 내포되도록 역사하셨음을 깨달을 수 있다. 즉 하나님께서 자기 이름을 위하여 이방인들을 백성으로 삼으시는 이 은혜의 주된 특징을 묘사하는 완벽한 윤곽이다. 이 사실은 우리로 하여금 성경의 감추어진 미와 조화를 좀 더 부지런히 탐색하게 한다.

아래 질문들은 다음 장을 준비하기 위한 것이다.

1. 43절 말씀은 어떻게 그리스도의 완전성을 제시하고 있는가?
2. "갈릴리인들이 그를 영접하니"(45절)라는 말씀이 어떻게 44절의 "고향(갈릴리)에서는 높임을 받지 못한다"는 말씀을 확증해 주는가?
3. 그리스도께서 왕의 신하의 아들의 병을 고쳐주셨을 때 그가 가나에 계셨다고 기록되어 있는 것은 어떠한 이유에서인가?(46절)
4. 그 신하가 가버나움에 살았다고 기록되어 있는 것은 어떠한 이유에서인가?(46절)
5. 어떠한 방법으로, 48절 말씀은 오늘날 우리에게 적용되는가?
6. 52절의 '어제' 라는 말씀은 그 왕의 신하에 대해 무엇을 말해주는가?

제16장

갈릴리에서의 그리스도

⁴³이들이 지나매 예수께서 거기를 떠나 갈릴리로 가시며 ⁴⁴친히 증언하시기를 선지자가 고향에서는 높임을 받지 못한다 하시고 ⁴⁵갈릴리에 이르시매 갈릴리인들이 그를 영접하니 이는 자기들도 명절에 갔다가 예수께서 명절중 예루살렘에서 하신 모든 일을 보았음이더라 ⁴⁶예수께서 다시 갈릴리 가나에 이르시니 전에 물로 포도주를 만드신 곳이라 왕의 신하가 있어 그의 아들이 가버나움에서 병들었더니 ⁴⁷그가 예수께서 유대로부터 갈릴리로 오셨다는 것을 듣고 가서 청하되 내려오셔서 내 아들의 병을 고쳐 주소서 하니 그가 거의 죽게 되었음이라 ⁴⁸예수께서 이르시되 너희는 표적과 기사를 보지 못하면 도무지 믿지 아니하리라 ⁴⁹신하가 이르되 주여 내 아이가 죽기 전에 내려오소서 ⁵⁰예수께서 이르시되 가라 네 아들이 살아 있다 하시니 그 사람이 예수께서 하신 말씀을 믿고 가더니 ⁵¹내려가는 길에서 그 종들이 오다가 만나서 아이가 살아 있다 하거늘 ⁵²그 낫기 시작한 때를 물은즉 어제 일곱 시에 열기가 떨어졌나이다 하는지라 ⁵³그의 아버지가 예수께서 네 아들이 살아 있다 말씀하신 그 때인 줄 알고 자기와 그 온 집안이 다 믿으니라 ⁵⁴이것은 예수께서 유대에서 갈릴리로 오신 후에 행하신 두 번째 표적이니라(요 4:43-54)

요한복음 4장에서 이제까지 살펴본 바 있는 4-42절까지는 삽입 구절이었다. 이 절들에 기록된 내용은 사마리아에서 일어났던 일이므로, 유대와 갈릴리에서의 그리스도의 정규적인 사역의 범위를 벗어난 것이었다. 이 장의 계속되는 열두 절의 말씀에서 우리는 다시 친숙한 배경으로 되돌아가게 된다. 여기서 우리는 요한복음의 처음 세 장에서 제시되었던 것, 즉 주 예수의 신적인 영광과 도덕적 영광, 두 가지 모두가 드러나는 역사적 사건들과 실제적인 가르침을 보게 되리라고 기대할 수 있겠다. 그리고 그 이야기 속에 숨겨진, 그러면서도 명백하게 제시되어 있는 상징적이고 예언적인 내용들을 분별할 수 있으리라 생각된다.

우리는 이제까지의 강해를 통하여 이 복음서의 서장들에는 두 가지 사항이 매우 두드러지게 나타나 있음을 알게 되었다. 첫째로, 유대교의 실패와 이스라엘의 비참한 상황이다. 이미 앞에서 이에 대한 몇 가지 사실이 엄중하게 묘사된 바 있다. 둘째로, 성령께서 우리의 주의를 이스라엘로부터 그리스도께로 돌리신다는 사실을 알게되었다. 그리하여 이 4장 말씀의 도입 부분에서 세 번째 원리가 예증되었다. 즉 유대교로부터 이방인들에로의 전환이다. 더군다나 우리는 다음과 같은 사실을 주목한 바있다. 즉 이 복음서의 도입부분에서 우리는 주님이 이 땅에 오셨을 당시의 이스라엘의 서글픈 영적 상태에 대한 묘사를 볼 뿐만 아니라, 또한 그 묘사된 내용은 미래에 대한 놀라운 예고를 제시해 준다는 것이다. 그러한 것이 바로 요한복음 4장 끝부분을 이루고 있는 주된 내용이다.

여기에서 다시 한 번 우리는 그리스도의 공생애 시기 당시의 유대교의 가련한 상황을 돌아보게 된다. 이 상황은 몇 가지 항목으로 제시될 수 있는데, 우리가 상세하게 그에 대해 고찰해 볼 때보다 자명해진다. 첫째로, 여기에는 '고향에서는' 높임을 받지 못한다고 하신 주님 자신의 명백한 증언이 나타나 있다. 이것은 사마리아에서의 그의 경험과 생생하게 대조된다. 둘째로, 우리는 "갈릴리인들이 그를 영접하니"라는 말씀을 읽을 수 있는데 이것은 그들이 그의 인격이 지닌 영광 내지 그의 말씀의 권위, 혹은 말씀이 지니는 생명을 주는 가치를 인식하였기 때문이 아니었다. 그것은 그가 예루살렘에서 하신 모든 일을 그들이 보았고, 거기에서 감명 받았기 때문이었다. 셋째로, 여기에는 그리스도께서 왕의 신하에게 단언하신 말씀이 기록되어 있다. 그리고 의심할 여지 없이 이것은 또한 갈릴리인들 전체에게도 해당되는 말씀이었다. "너희는 표적과 기사를 보지 못하면 도무지 믿지 아니하리라." 이 모든 사항들이 그 당시의 유대인들의 상황을 강조해 주고 있다. 즉 하나님의 주 예수 그리스도를 인지하지 못하는 그들의 무능력, 그리고 그가 말씀하신 것이 진리였음을 인증하지 못한 그들의 실패가 나타나 있다.

이 장의 본문 말씀에서 우리의 관심을 끄는 것은 이 구절이 가르쳐 주는 실천적인 교훈이다. 이에 대해 깊이 고찰해 보기에 앞서 먼저 요한복음 4장의 종결 부분에 대한 분석을 제시해 보기로 한다.

1. 그리스도께서 갈릴리로 가심(43절)

2. 그리스도의 비통한 탄식(44절)

3. 그리스도께서 갈릴리인들의 영접을 받으심(45절)

4. 그리스도에 대한 왕의 신하의 요청(46, 47절)

5. 그리스도의 응답(48-50절)

6. 왕의 신하가 집으로 돌아감(50-53절)

7. 이것은 그리스도께서 갈릴리에서 행하신 두 번째 표적임(54절)

"**이틀이 지나매 예수께서 거기를 떠나 갈릴리로 가시며**"(4:43). 하나님의 방법은 우리의 방법과 참으로 다르다. 사마리아에서 머무르신 기간 동안 많은 사람이 그리스도를 믿었고, 그들의 영혼이 구원을 받았다. 그리고 이제 구세주께서는 저 행복한 정경을 떠나서, 그가 높임을 받지 못한 고향으로 가신다. 그가 그렇게 하는 것을 기뻐하지 않으셨음은 너무도 자명한 일이다. 그는 아버지의 뜻을 행하시기 위하여 이곳에 오셨다. 그리고 이제 우리는 자신에게 정해진 길을 따라 나아가시는 그분을 본다. 이 말씀에는 오늘날의 하나님의 모든 종들에게 중요한 교훈이 있음이 분명하다. 우리가 한 장소에서 아무리 성공적이고 인기 있는 사역을 했을지라도, 하나님께서 우리를 다른 곳에서 일하게 하신다면 우리는 옮겨가야만 한다. 우리를 위임하신 분의 뜻이 우리의 모든 행동을 결정해야만 한다. 실패가 우리를 뒤로 처지게 만들지 않으며 성공이 우리를 앞으로 지나치게 나아가게 하지도 않는다. 실패가 우리를 초조하고 흥분하게 하여 다른 분야를 찾아보게 만들지도 않으며, 또한 성공이 하나님께서 우리에게 옮겨갈 것을 명하셨는데도 제자리에 지체하게 만들지도 않는다. 아마도 머무르는 것은 나아가는 것만큼이나 커다란 유혹일 것이다. 그렇지만 만일 우리가 계속하여 주님을 알아간다면, 머무를 때와 떠날 때가 언제인지도 알 수 있을 것이다.

"이틀이 지나매 예수께서 거기를 떠나 갈릴리로 가시며." 이 구절은 3, 4절 말씀으로 다시 되돌아가서, 그 구절들을 완결짓는다. 주님은 바리새인들의 시기와 적의 때문에 그의 제자들을 동반하시고 유대를 떠나셨다. 그는 "다시 갈릴리로 가셨다"(3절). 그렇지만 거기로 가시기 전에, "사마리아를 통과하여야 했다"(4절). 우리는 저 '하여야 했다'는 의미가 무엇인지 이미 살펴본 바 있다. 그러나 그 필요는 이제 응해졌으며, 그리하여 주 예수께서는 사마리아를 떠나셔서 갈릴리에 이르셨다. 예루살렘에 있는 종교지도자들은 갈릴리를 경시하였다(7:41, 52 참조). 거기에서는 가난한 무리들이나 찾아볼 수 있을 따름이었다. 다른 세 복음서들은 구주의 갈릴리에서의 사역을 어느 정도 기록하고 있다. 하지만 요한복음은 본문 말씀을 통하여 그에 대해 단지 간략하게 언급할 뿐이다.

"친히 증언하시기를 선지자가 고향에서는 높임을 받지 못한다 하시고"(4:44). 이 말씀에 대해서는 누가복음 4장에 자세히 기록되어 있다. '그 자라나신 곳' 나사렛에서, 그는 회당에 들어가 이사야 61장 말씀을 읽었다. 그리고 "이 글이 오늘 너희 귀에 응하였느니라"라고 선언하셨다. 그의 말씀을 들은 자들은 '놀랍게 여겨', '이 사람이 요셉의 아들이 아니냐? 고 반문하였다. 그들은 그의 신적인 영광을 전혀 알아보지 못하였다. 주님은 다음과 같은 말씀으로 응답하셨다. "너희가 반드시 의사야 너자신을 고치라 하는 속담을 인용하여 내게 말하기를 우리가 들은 바 가버나움에서 행한 일을 네 고향 여기서도 행하라 하리라 또 이르시되 내가 진실로 너희에게 이르노니 선지자가 고향에서는 환영을 받는 자가 없느니라"(눅 4:23, 24). 이에 대한 증거가 바로 이어서 제시되고 있다. 왜냐하면 그리스도께서 엘리야와 엘리사가 관련되는 저 옛날의 하나님의 주권적 역사에 대해 언급하셨을 때 다음과 같은 일이 일어났음을 읽을 수 있기 때문이다. "회당에 있는 자들이 이것을 듣고 다 크게 화가 나서 일어나 동네 밖으로 쫓아내어 그 동네가 건설된 산 낭떠러지까지 끌고 가서 밀쳐 떨어뜨리고자 하되"(28, 29절). 이와 같이 주님은 공생애 기간 이전에 더불어 살았던 사람들에게 굴욕을 당하시고 모욕을 받으셨다.

그는 자신의 '고향에서', 곧 갈릴리에서 높임을 받지 못하셨다. 그러나 우리는 그곳으로 되돌아오신 구주를 본다. 그러면, 왜 그는 되돌아와야 했는가? 이에 대한 대답을 마태복음 4장에서 찾아볼 수 있다. "예수께서 요한이 잡혔음을 들으시고 갈릴리로 물러가셨다가 나사렛을 떠나 스불론과 납달리 지경 해변에 있는 가버나움에 가서 사시니 이는 선지자 이사야를 통하여 하신 **말씀을 이루려 하심이라** 일렀으되 스불론 땅과 납달리 땅과 요단 강 저편 해변 길과 **이방의 갈릴리여** 흑암에 앉은 백성이 큰 빛을 보았고 사망의 땅과 그늘에 앉은 자들에게 빛이 비치었도다 하였느니라"(12-16절). 이 말씀은 완전한 종이신 주님의 순종에 대한 또 다른 예증을 제시해 준다. 예언서가 그에 관해서 기록하고 있다. 예언은 이루어질 일에 대한 암시일 뿐만 아니라 또한 이루어져야 할 일에 대한 선언이다. 예언은 하나님의 선포를 알려 준다. 그러므로 그리스도께서는 하나님의 뜻을 행하시기 위해 이 땅에 오셨으며, 하나님의 뜻(예언에 계시된)은 흑암에 행하는 갈릴리 사람들이 큰 빛을 보는 것이었기 때문에 (사 9:1, 2) 주 예수 그리스도께서 그곳으로 가신 것이었다.

"친히 증언하시기를 선지자가 고향에서는 높임을 받지 못한다 하시고." 이 말씀은 구주의 심정을 참으로 잘 드러내 주고 있다. 그는 자신이 직면한 상황을 전혀 감정 없이 지나쳐 버리는 금욕주의자가 아니었다. 그는 자신이 받은 대우에 대해 무감각한 사람이 아니었다. 그는 "죄인들이 이같이 자기에게 거역한 일을 **참으신**"(히 12:3) 분이었다. 이스라엘의 무관심과 불신, 그리고 적대 행위가 그가 받으신 대우였고, 이것은 그의 얼굴을 타인보다 상하게 만들었다(사 52:14). 예언의 영으로 말해진 그분의 말씀을 들어보자. 그는 이렇게 외치셨다. "내가 헛되이 수고하였으며 무익하게 공연히 내 힘을 다하였다 하였도다 참으로 나에 대한 판단이 여호와께 있고 나의 보응이 나의 하나님께 있느니라"(사 49:4). 여기에서도 마찬가지이다. 그가 "선지자가 고향에서는 높임을 받지 못한다"고 친히 증언하셨을 때, 우리는 그의 음조에서 그가 목메어 흐느끼시는 기색은 거의 느낄 수 없다. 이틀 동안 그는 추수하는 기쁨을 누리셨다. 그의 영은 새롭게 회복되었다. 그의 영혼에 공급되어진 '양식'은 그가 자기를 보내신 분의 뜻을 이루었다는 의식에서 나온 것이었을 뿐만 아니라, 또한 그를 믿은 여인의 신앙과 감사로 이루어진 것이었다. 이 양식은 그에게 자기들과 함께 유하기를 청한 사마리아인들, 그리고 그들 가운데 많은 사람이 그의 말씀을 인하여 믿게 된 그 결과로 말미암아 더해졌다. 그러나 그와 같은 기쁨이 넘치는 수확은 단지 아주 짧은 기간 동안에만 유지되었다. 그는 사마리아에 겨우 이틀 동안 머무르셨다. 이제 그는 다시 갈릴리로 가시며, 서글픈 예감을 가지고 가신다.

"친히 증언하시기를 선지자가 고향에서는 높임을 받지 못한다 하시고." 여기에서 그가 사용하신 '선지자'라는 말은 매우 암시적이다. 그것은 여인의 지각이 밝혀지기 시작했을 때 그녀가 사용했던 말이었다(19절). 그곳, 사마리아에서 그는 높임을 **받으셨었다.** 사마리아인들은 아무런 기적도 행해지지 않은 상태에서 그의 말씀을 곧이곧대로 믿었다. 그러나 이제 갈릴리에서 그는 매우 열등한 종류의 신앙형태와 맞부딪치셨다. 갈릴리인들은 "예수께서 명절중 예루살렘에서 하신 모든 일"을 보았기 **때문에** 그를 영접한 것이었다(45절). 자기 눈으로 기적이 이루어지는 것을 보기 전에는 믿지 아니하였던 왕의 신하의 집안 역시 마찬가지이다(53절). 이와 같이 엄중한 대조가 제시되고 있다. 갈릴리에서 그는 그 자신의 인격이나 말씀으로 인해 높임을 받지 아니하였다. 하지만 사마리아에서는 그러했다. 선지자로서 그는 갈릴리에서 높임을 받지 못하였다. 기적을 행하는 자로서 그는 '영접 받으셨다.' 이 원리는 흔히 오늘날에도 예증된다. 하나님의 많은 종들이 자기 집안에서보다는 밖에서 더 존경받곤 한다. "지나치게 허물 없이 굴면 체모를 잃는다"는 말은 사실이다. 종종 설교자들은 그 자신의 양무리들에게서보다는 다른 지방을 방문했을 때 더 존경받고 환대받게 된다.

"갈릴리에 이르시매 갈릴리인들이 그를 영접하니 이는 자기들도 명절에 갔다가 예수께서 명절중 예루살렘에서 하신 모든 일을 보았음이더라"(4:45). 이 말씀은 인간 본성의 변덕스러움과 천박함을 참으로 잘 드러내 준다. 20년 가까운 세월 동안 인간 그리스도 예수는 갈릴리에서 사셨다. 그의 공생애 시기 이전의 생활에 대해서 우리는 거의, 아니 전혀 아는 바가 없다. 그렇지만 우리는 그가 모든 것을 잘 해내셨음을 안다. 그의 생활방식, 그의 습관, 그의 품행, 그의 모든 행동이 그 주변 사람들과 뚜렷한 대조를 이루었음에 틀림없다. 그 이웃 사람들이 만일 조금이라도 영적 분별력을 가지고 있었다면, 그들은 나사렛 예수가 진정 하나님의 거룩한 분임을 즉각 알아차릴 수 있어야 했다. 그렇지만 그들은 그의 영광을 알아보지 못하였다. 그들은 조용하게 살아가신 그의 저 완전한 생활을 깨닫지 못하였다. 하나님의 아들이 성육신하셨지만, 그는 알려지지 못하였고 인지되지도 못하였다.

그러나 이제 모든 것이 변하였다. 미천한 목수는 잠시 동안 그들을 떠났다. 그는 그의 공생애를 시작하였다. 그는 예루살렘으로 갔다. 거기에서 그는 성전의 잘못을 단호하게 질책하고 바로잡으셨다. 거기에서 그는 "많은 사람이 그 이름을 믿은"(2:23) 표적들을 행하셨다. 명절에 그곳에 있었던 많은 갈릴리 사람들도 역시 그의 놀라운 역사를 목격하였다. 그리고 그들은 당연히 감동받았다. 그들의 고향으로 돌아와서 의심할 여지 없이 자기들이 본 것을 다른 사람들에게 말했을 것이었다. 그리고 이제 주 예수께서 갈릴리로 돌아오시자, 그는 이내 '영접 받았다.' 이제 그의 명성이 그를 둘러싼 무리들 사이에 널리 퍼져 있었다. 그러한 것이 바로 인간의 본성이다. 비교적 궁벽한 곳에 살고 있던 어떤 사람이 고향을 떠났다 하자. 그리고 어떤 고장, 혹은 지방에서 명성을 얻고 자기 고향으로 되돌아왔다고 하자. 친족이 아닌 참으로 많은 사람들이 그에게 우애를 외쳐대는 것에 놀라게 될 것이다. 인간 본성은 대단히 변덕스럽고 피상적이다. 이 모든 교훈은, 어떠한 인간에 대해서도 확신하지 말도록 경고해 주며, 아울러 그와 대조되는, 변하지 않는 그분의 신실함을 더 귀히 여기도록 가르쳐 준다.

"예수께서 다시 갈릴리 가나에 이르시니 전에 물로 포도주를 만드신 곳이라 왕의 신하가 있어 그의 아들이 가버나움에서 **병들었더니**"(4:46). 주님께서 왕의 신하의 병을 고쳐 주는 표적을 행하셨을 때 **어디에** 계셨었는가를 성경이 우리에게 말해 주는 것은 **어떠한 이유**에서인가? 가나라고 언급한 후에 왜 "전에 물로 포도주를 만드신 곳"이라고 덧붙이고 있는가? 그리고 왜 이 장의 마지막 절은 "이것은 예수께서 유대에서 갈릴리로 오신 후 행하신 두 번째 표적이니라"라고 말하고 있는가? 확실히 그 이유는 우리가 가나에서 행해진 두 가지 표적을 나란히 놓고 생각해 볼 때 이내 자명해진다. 성령은 그 두 가지 표적 사이에는 어떤 연관성, 공통적인 그 무엇이 있음을 가르쳐 준다. 이 암시를 따라 두 가지 표적에 대해 상세히 고찰해 보면 그 둘 사이에 일련의 유사성이 있음이 드러난다. 명확하게 일곱 가지 유사성이다.

첫째로, 두 표적 모두 **사흘째** 되던 날에 일어난 사건으로 기록되어 있다. 2:1에서 우리는 "사흘째 되던 날 갈릴리 가나에 혼례가 있어"라는 말씀을 읽으며, 또한 4:43에서 "이틀이 지나매 예수께서 거기를 떠나 갈릴리로 가시며"라는 말씀을 읽을 수 있다. 둘째로, 마리아가 그리스도에게 와서 포도주가 없다고 말했을 때 그는 **그녀를 책망하였다**(2:4). 또한 왕의 신하가 그리스도께 자기의 병든 아들을 고쳐 달라고 청하였을 때에도 주님은 그를 **책망하였다**(4:48). 셋째로, 각각의 경우에서 우리는 주님의 명을 받은 사람들이 **순종으로 응하였음**을 본다(2:7과 4:50). 넷째로, 두 표적에서 우리는 **말씀이 역사하였음**을 본다. 그 두 가지 표적에 있어 주님은 단지 말씀만 하셨을 뿐이었다. 다섯째로, 두 이야기에는 **종의 인식**에 대한 언급이 있다(2:9과 4:51). 여섯째로, 각각의 경우에서 그 결과는 표적을 목도한 자들이 **믿게 된 것**이었다. 전자의 경우에서 우리는 "제자들이 그를 믿으니라"(2:11)라는 말씀을 읽으며, 후자의 경우에는 "자기와 그 온 집안이 다 믿으니라"(4:53)라는 말씀을 읽을 수 있다. 일곱째로, **두 이야기의 끝맺음** 방법에는 어떤 의도적인 유사성이 있다. 2:11에는 "예수께서 이 처음 표적을 갈릴리 가나에서 행하여"라고 기록되어 있으며, 4:54에는 "이것은 예수께서 유대에서 갈릴리로 오신 후에 행하신 두 번째 표적이니라"라고 기록되어 있다. 여기에서 성경 말씀에 나란히 나와 있는 두 가지 사건을 비교해 보는 일(때때로 유사성을 비교해 보는 목적으로, 그렇지 않으면 대조점을 지적하는 목적으로)이 중요함을 예증해 주는 또 다른 예를 볼 수 있다. 여기에서 우리는 비록 시기상으로나 이야기상으로는 동떨어질지라도 같은 장소에서 일어난 두 표적 간의 유사성을 비교해 보는 예를 갖게 된다. 이 둘은 가나에서 행해진 것으로서 신약성경에 기록되어 있는 유일한 표적들이었다.

"왕의 신하가 있어 그의 아들이 가버나움에서 병들었더니." 여기에서 '왕의 신하'라는 말은 왕실의 관료를 뜻한다. 아마도 그는 헤롯의 왕궁에 속한 자였을 것이다. 그가 신분과 재산을 가진 자였다는 것은 종을 소유하고 있었다는 사실로 보아 자명하다(51절). 그러나 어떠한 신분이나 부도 인류의 공통적인 슬픔을 면하게 해주지는 못한다. 나아만 장군은 크고 존귀한 자였으나 문둥병자였다(왕하 5:1). 여기에 있는 이 왕의 신하도 역시 존귀한 자였다. 그렇지만 그의 아들은 병들어 죽음의 목전에 있었다. 부자 역시 가난한 자와 마찬가지로 고통을 갖는다. 왕궁에 거하는 자들이 오두막집에 살고 있는 자들보다 조금도 나을 게 없다. 그리스도인들은 그들의 마음을 세상적인 부에 두지 않도록 조심해야 한다. 라일 주교가 잘 지적한 바 있다. "세상적인 부는 불확실한 위안이요, 확실한 근심이다." 이 왕의 신하가 돈으로 할 수 있는 모든 치료 방법을 다 시도해 보았으리라는 것은 의심할 여지가 없다. 하지만 돈은 만능이 아니다. 많은 사람들이 실제보다 너무도 과대평가된 상상적인 가치를 돈에 부여하고 있다. 돈으로는 행복을 살 수도 없으며, 건강을 보장할 수도 없다. 평범한 직공들 사이에 있는 것과 똑같은 정도의 질병이 귀족들 가운데도 있다.

"그가 예수께서 유대로부터 갈릴리로 오셨다는 것을 듣고 가서"(4:47). 이 집안의 시련은 하나의 위장된 축복이었다. 왜냐하면 그 시련이 아버지로 하여금 그리스도를 찾게 하였고, 또한 이로 말미암아 그가 믿게 되었으며, 결국에는 온 집안이 믿게 되었기 때문이다. 하나님께서는 사람들이 그의 말씀을 받아들이고 믿는 일을 수월하게 하기 위하여 갖가지 동인(動因)을 사용하신다. 의심할 여지 없이 이러한 경우는 사랑하는 자의 죽음이 임박했다는 것을 깨닫기 시작하는 자 외에도 많은 사람들이 체험하게 될 것이다. 즉, 바로 그때야말로 그가 하나님을 만나기 위한 준비에 대해 심각하게 생각해 보고 그 필요성을 알게 되는 때이다. 시련이 사람으로 하여금 하나님으로부터 멀리 떨어지게 하는 대신에, 오히려 하나님께로 인도할 때 그 시련은 복된 것이다. 고난은 하나님의 치료약 중의 하나이다. 그러므로 우리는 고난 중에 불평하지 않도록 주의해야 한다.

"청하되 내려오셔서 내 아들의 병을 고쳐 주소서 하니 그가 거의 죽게 되었음이라"(4:47). 이 왕의 신하는 분명히 위대한 의사의 능력에 대해 어느 정도 믿음을 가지고 있었다. 그렇지 않았다면 그는 그분을 전혀 찾지 않았을 것이다. 그렇지만 그의 믿음은 연약하였다. 그는 아마도 주님이 예루살렘에서 행하신 기적에 대해 알고 있었을 것이다. 그리고 그분이 이제 갈릴리에 오셨다는 것을, 그리하여 불과 얼마 떨어지지 않은 곳에 계시다는 것을 들었을 것이다. 그래서 그는 그분에게로 갔다. 그의 믿음이 연약하다는 것은 주님께 '내려오셔서' 자기와 함께 가버나움으로 가 달라고 요청한 사실에서 드러난다. 그는 그리스도께서 병자 곁에서 고치실 수 있으리라 믿었다. 그러나 멀리에서도 고치실 수 있으리라고는 믿지 않았다. 가까운 거리에서 고치실 수 있으리라고 믿었으나 멀리 떨어진 곳에서도 낫게 하실 수 있으리라고는 믿지 않았다. 이 같은 방식으로 그분을 제한하는 사람들이 참으로 많다.

회당장 야이로는 그리스도께 와서 이렇게 말하고 있다. "내 어린 딸이 죽게 되었사오니 **오셔서 그 위에 손을 얹으사** 그로 구원을 받아 살게 하소서"(막 5:23). 혈루증을 앓았던 여자는 다음과 같이 말했다. "내가 그의 옷에만 **손을 대어도** 구원을 받으리라"(막 5:28). 마르다도 역시 이렇게 외쳤다. "주께서 **여기 계셨더라면** 내 오라버니가 죽지 아니하였겠나이다"(요 11:21). 우리는 그들을 비난하기보다는 오히려 우리 자신의 믿음 없음을 질책해야 할 것이다.

그러나 자신의 병든 하인을 위하여 주님을 찾았던 저 백부장의 믿음은 이 '왕의 신하'와는 참으로 달랐다. 그는 이렇게 말했다. "주여 내 집에 들어오심을 나는 감당하지 못하겠사오니 다만 말씀으로만 하옵소서 그러면 내 하인이 낫겠사옵나이다"(마 8:8). 바로 이것이 우리가 요한복음 4장의 이 부분에서 가버나움에서 온 왕의 신하에 대해 읽게 되는 이유(혹은 적어도 한 이유)라고 생각한다. 그러므로 우리는 이 두 사람을 함께 놓고 그 사이에 있는 유사점과 대조점을 살펴보고자 한다. 두 사람 다 이방인들이었다. 그리고 둘 다 지위를 가진 사람이었다. 그리고 두 사람 다 자기 집안의 한 병든 권속을 위하여 그리스도께로 왔다. 그러나 마태복음 8장에서 백부장은 그리스도 앞에서 단순히 자신의 필요를 고했으며 삼가 그분에게 지시하지 않았다. 반면에 이 왕의 신하는 구세주께 가버나움으로 '내려오라'고 말하고 있다. 마태복음 8장에서 우리는 주님께서 백부장에게 동행을 제안하셨음을 본다. "이르시되 내가 가서 고쳐 주리라"(7절). 반면에 그는 요한복음 4장에서는 정반대로 행하셨다. 마태복음 8장에서 백부장은 주님의 제안을 사양하고 이와 같이 말한다. "말씀으로만 하옵소서." 그러나 이 왕의 신하는 자신의 본래의 요청을 되풀이함으로써 그리스도께 책망받는다. "주여 내 아이가 죽기 전에 내려오소서"(49절). 여기에서 우리는 유사점과 대조점을 비교해 보는 것이 유익함을 다시 한 번 알게 된다.

"예수께서 이르시되 너희는 표적과 기사를 보지 못하면 도무지 믿지 아니하리라"

(4:48). 이것은 견책이라고 할 수 있다. 이 왕의 신하의 믿음은 단지 연약한 것만이 아니었다. 그는 또한 주 예수께서 지시하고 무엇을 해야 하는지를 그에게 말함에 있어서 너무도 자기 자신의 분수를 잊었다. 그리스도께서 답변하신 말씀의 의미는 이와 같은 것으로 생각된다. '너희는 너희 아이의 문제를 **완전히** 내 손에 맡기기 전에 표적을 요구하고 있다.' 이것은 자기 영혼을 찾고자 하는 많은 사람들이 범해 온 심각한 실수이다. 우리는 하나님께 **어떻게** 행해야 하는지, 그리고 **무엇을** 하여야 하는지에 대해 요구할 정도로 그렇게 주제넘은 자가 되어서는 안 된다. 우리는 지극히 높으신 주님께 아무런 요구 조건도 제시하지 말아야 한다. 그가 그 자신의 방법으로 일하시도록 맡겨야 한다. "너희는 표적과 기사를 보지 못하면 도무지 믿지 아니하리라." 이 말씀은 그리스도의 **전지하심**을 참으로 잘 드러내 준다. 그는 이 사람의 마음을 아셨다. 그 사람은 어느 정도 믿음을 가지고 있었지만 자신을 완전히 내맡기기를 두려워하고 있었다. 주님은 이것을 아셨다. 그래서 그 청원자에게 그렇게 말씀하신 것이다.

"너희는 표적과 기사를 보지 못하면 도무지 믿지 아니하리라." 이것은 참으로 마음을 살피게 하는 말씀이다. 이것은 우리들에게 필요한 말씀이 아닌가? 이것은 우리들 대부분이 흔히 범하는 바로 그 잘못이 아닌? 우리는 하나님께 어떠한 것을 구한다. 그리고 우리는 그것이 우리에게 주어질 것이라는 어느 정도의 믿음을 가지고 있다. 그러나 기다리는 중에 우리는 하나님의 말씀의 응답으로 충분해하지 않고 어떤 '표적'을 열망한다. 다시 생각해 보자. 우리는 주님을 위해 어떤 일에 종사한다. 그리고 우리의 수고가 그를 위한 어떤 결실로 맺어질 것이라는 믿음이 없지 않아 있다. 그러나 열매가 맺어지기 전에 우리는 참지 못해 한다. 그리고 어떤 '표적'을 구한다. 그렇지 아니한가? 사랑하는 독자들에게 묻고 싶다. "너희는 표적과 기사를 보지 못하면 도무지 믿지 아니하리라"라는 주님의 말씀은 **당신에게는** 해당되지 않는가? 참으로 우리들 전부가 이렇게 부르짖어야 하지 않는가? "내가 믿나이다 나의 믿음 없는 것을 도와 주소서"(막 9:24). 하나님께서는 그의 말씀이 헛되이 그에게로 돌아오지 **않을 것**이라고 단언하셨다(사 55:11). 이것으로 충분치 않은가? 왜 '표적'을 구하는가? 동료 그리스도인들에게 말하고 싶다. 하나님께서는 우리가 그의 뜻대로 무엇을 구하면 들으실 것이라고 단언하셨다(요일 5:14). 그의 약속으로 충분치 않은가? 그렇다면 왜 '표적'을 열망하는가?

"신하가 이르되 주여 내 아이가 죽기 전에 내려오소서" (4:49). 이 왕의 신하가 아직도 그리스도의 손에 자기 자신을 전적으로 내맡기지 못하고 있음이 자명하다. 그럼에도 불구하고 그가 주님의 책망을 받아들이는 그 마음의 자세를 살펴보는 것은 유쾌한 일이다. 그가 비록 왕의 신하였을지라도 견책받았을 때 그는 화내지 않았다. 그 대신 그는 '권면의 말을 용납하였다.' 그리고 칭찬할 만큼 끈덕지게 계속하여 간청하였다.

"신하가 이르되 주여 내 아이가 죽기 전에 내려오소서." 라일 주교는 이 구절을 읽는 데 있어 도움이 되는 말을 주고 있다. "여기에 젊은이들에게 유익한 교훈이 있다. 질병과 죽음은 나이 든 사람에게와 마찬가지로 젊은 사람들에게도 찾아온다. 그러나 젊은 사람들은 좀처럼 이 교훈을 배우려 하지 않는다. 부모와 자녀들은 명백한 사실에 대해 자기의 눈을 감으려 한다. 그리고 젊은이들은 마치 결코 젊음이 사라지지 않는 양 행동한다. 묘지의 비석들은 얼마나 많은 사람들이 성년에게 이르지도 못한 채 죽어갔는지를 보여주고 있다. 이 지상에 파였던 최초의 무덤은 한 젊은이를 위한 것이었다. 이 지상에서 죽었던 최초의 사람은 아버지가 아니라 아들이었다. 그러므로 현명한 사람은 결코 확신 있게 오래 살 것이라고 장담하지 않을 것이다. 준비하는 것이 지혜이다."

이 말씀은 이 장을 읽는 그리스도인 부모들의 마음에 큰 감명을 주리라 믿는다. 아들을 위하여 그리스도께로 온 이 아버지의 행동은 본받을 만한 것이다. 만일 당신이 자녀들의 영혼이 잘 되는 것에 대해 깊은 관심을 갖지 않는다면 누가 그렇게 하겠는가? 그들에게 하나님의 말씀을 가르치는 것은 당신의 피할 수 없는 의무이며, 기도로써 그들을 하나님께로 인도하는 것은 당신의 거룩한 특권이다. 당신에게 의무로써 지워진 것을 주일학교 교사에게 떠맡겨서는 안 된다. 당신의 어린아이들에게 아주 어린 유아 때부터 성경을 가르쳐야 한다. 시편 9:17, 예레미야 17:9, 로마서 6:23 등과 같은 구절을 암송하도록 그들을 훈련시켜야 한다. 그리고 하나님께서는 자기를 영화롭게 하는 자들을 영화롭게 하신다고 약속하셨음을 기억하게 해야 한다. 만일 어떠한 반응도 볼 수 없다 해도 실망해서는 안 된다. "너는 네 떡을 물 위에 던져라 여러 날 후에 도로 찾으리라"라는 약속의 말씀을 믿어야 할 것이다.

"신하가 이르되 주여 내 아이가 죽기 전에 내려오소서." 이 요청에 대한 그리스도의 응답은 여호와의 종의 완전성을 참으로 여실히 드러내 보여준다. 이 '왕의 신하'가 높은 사회적 지위를 가진 자였음을 기억해야 할 것이다. 거의 확실히 그는 헤롯의 왕궁에 속한 사람이었다. 육신적인 여러 고려 사항이나 원리들의 지배를 받는 사람에게는 이것이 사회에서 호감을 얻는 솔깃해 할 만한 기회였을 것이다. 그것은 높은 자리에 발붙일 확고한 터전을 마련할 기회를 제공하였다. 세상 사람이라면 재빨리 움켜잡았을 기회였다. 그러나 주 예수께서는 결코 대중적인 인기에 영합하고자 하지 않으셨으며, 또한 영향력 있고 재력 있는 사람들에게 빌붙지 않으셨다. 그는 언제나 세상의 방법을 쓰기를 거부하셨다. 그는 "도리어 낮은 데 처하셨다." 그리고 왕자와 귀족들의 친구가 아니라 '세리와 죄인들'의 친구가 되셨다. 하나님의 종들은 각자 이 사실을 명심해야 할 것이다.

"예수께서 이르시되 가라 네 아들이 살아 있다 하시니"(4:50). 결코 주님은 자신을 진실로 찾는 영혼을 외면하지 않으신다. 많은 무지가 거기에 있을 수 있다 (진정 우리들 모두에게 있어서도 그러하듯이) 우리의 호소와 뒤섞여져서 육신의 많은 것들이 거기에 있을 수 있다. 그러나 만일 마음이 진실로 그에게 향하였다면, 그는 항상 응답하신다. 그리고 그렇게 하실 뿐만 아니라 또한 항상 그는 우리가 구하거나 생각한 것을 훨씬 넘어서 그 이상의 것을 허락하신다. 여기에서도 역시 마찬가지였다. 그는 이 신하의 아들의 병을 고쳐 주셨을 뿐 아니라 권능의 말씀으로, 즉각적으로 그 일을 수행하셨다.

"예수께서 이르시되 가라 네 아들이 살아 있다 하시니." 이 신하는 이방인이었다. 왜냐하면 유대인들 가운데는 '왕의 신하'가 없었기 때문이다. 그와 유사한 경우들과 마찬가지로, 주님은 먼 곳에서 그의 아들을 고쳐 주셨다. 그리스도께서 이방인의 병을 고쳐 주신, 그리고 각각의 사례에 있어 먼 곳에서 병을 고쳐 주신 경우가 복음서에 세 번, 혹은 네 번 기록되어 있다. 이에 대한 어떤 이유가 있었다. 유대인들은 하나님과 언약의 관계에 있었다. 그리고 그런 만큼 그에게 '가까이' 있었다. 하지만 이방인들은 "이스라엘 나라 밖의 사람이라 약속의 언약들에 대하여는 외인이요", "멀리 있던"자들이었다(엡 2:12, 13). 그리고 이 사실을 구주께서는 익히 인지하고 계셨던 것이었다.

"그 사람이 예수께서 하신 말씀을 믿고 가더니"(4:50). 다시 한 번 여기에서 우리는 말씀(요 1:1, 14)이 역사하신 것을 보게 된다. 이것은 복음서에 기록된 기적들 가운데서 두드러지게 나타난다. 주님은 가버나움에 내려가서서 병든 소년을 직접 손으로 다루지 않으셨다. 그 대신에 그는 권능의 말씀을 발하셨고, 소년은 그 즉시 낫게 되었다. 그가 하신 '말씀'은 '영이요 생명'이었다(요 6:36). 그리고 말씀을 수단으로 하여 멀리에서부터 전해지는 이 생명이 바로 오늘날의 **우리를 위한** 메시지이다. 만일 그리스도께서 그의 입에서 나온 말씀으로 상당한 거리에 떨어져 있는 이 죽어가는 소년을 낫게 하실 수 있었다면, 오늘날 비록 하늘에 계실지라도 그의 말씀으로 영생을 주실 수 있을 것이다. **거리는 그에게 있어 장벽이 되지 못한다.**

"그 사람이 예수께서 하신 말씀을 믿고 가더니." 이것은 대단히 복된 말씀이다. 이 구절은 병이 나은 소년에게 뿐만 아니라 마찬가지로 그의 아버지에게도 미친 말씀의 능력을 보여준다. "믿음은 들음에서 나며 들음은 그리스도의 말씀으로 말미암았느니라"(롬 10:17). 왕의 신하는 하나님의 아들의 입으로부터 하나님의 말씀을 들었다. 그리고 참된 믿음, 구원에 이르는 믿음이 이제 그 안에 심어지게 되었다. 그는 아무런 이의도 제기하지 않았으며 어떠한 의문도 제기하지 않았고 항변도 하지 않았다. 그는 자신이 들은 것에 대해 절대적인 확신을 가지고 있었으며, 집을 향해 떠났다. 어떠한 '표적'도 필요치 않았다. 확증을 주는 어떤 느낌도 필요치 않았다. 그는 '믿고 갔다.' 이것이 구원이 죄인에게 이르는 방법이다. 그것은 단순히 그의 말씀대로 하나님을 받아들이고 그분의 참되심을 인증하는 것이다. 그것이 하나님의 말씀이라는 바로 그 사실이 그 신실함을 보증한다. 이것은 귀족이 그리스도를 믿은 것으로 신약성경에 기록되어 있는 유일한 예증임을 안다. "문벌 좋은 자가 많지 아니하도다" (고전 1:26)

"내려가는 길에서 그 종들이 오다가 만나서 아이가 살아 있다 하거늘 그 낫기 시작한 때를 물은즉 어제 일곱 시에 열기가 떨어졌나이다 하는지라"(4:51, 52). '어제'라는 말이 놀랄 만한 사항을 제시해 준다. 가나와 가버나움은 비교적 가까운 거리에 있었다. 그것은 서로 네 시간이면 닿을 수 있는 거리였다. 구주께서 병든 아이가 나았다고 말씀하셨던 것은 정오가 지난 지 겨우 한 시각 후였다. 그리스도의 말씀을 그토록 절대적으로 확신한 왕의 신하가 **그날** 즉시로 집에 돌아가지 않았다니!

저자는 행복에 겨워서 기뻐하며 집으로 돌아가고 있는 아버지를 상상해 볼 수 있다. 만일 누군가가 그의 기뻐하는 까닭을 물었다면 그는 그것이 죽음의 목전에 있다가 다시 살아난 자기 아들 때문이라고 대답했을 것이다. 그 사람은 아버지에게 **어떻게** 그의 아이가 지금은 나았다는 것을 **아는지** 물어볼 것이다. 그의 대답은 이러할 것이다. "그에 대한 그리스도의 말씀을 받았기 때문이다. 그 외에 무엇을 더 필요로 하겠는가!" 그리고 사랑하는 독자들이여, 우리도 역시 하나님의 확실한 말씀을 의지하기만 하면 기쁨과 평강으로 가득 차게 될 것이다(롬 15:13). 아이의 아버지가 그의 종들에게 물어본 것은 불신 때문이 아니었다. 하나님께서 행하신 일에 대해 다시 열거하며 듣기를 그가 기뻐하였기 때문이었다. 존 웨슬리는 이 절에 대해 이와 같이 언급한 바 있다. "하나님의 일에 대해 더 정확하게 고찰해 볼수록 더 많이 믿음이 증가된다."

"**그의 아버지가 예수께서 네 아들이 살아 있다 말씀하신 그 때인 줄 알고 자기와 그 온 집안이 다 믿으니라**"(4:53). 여기에 나타난 신하의 믿음은 50절에서 그에 대해 기록한 것과 다른 것으로 여겨지지 않는다. 그의 온 집이 믿은 것과 연관되어 여기에 반복하여 제시되었을 뿐이다. 집안의 가장인 아버지가 불신자인 경우에 아내와 자식들이 믿는 것을 보기란 매우 힘든 일이다. 이 이야기는 하나님의 신비스러운 역사하심에 대한 한 예증을 제시해 주고 있다. 즉 온 집안이 **영생**을 얻도록 한 소년이 **죽음**의 순간에까지 이르게 되었다는 것이다.

다음 장에 대한 준비로서 독자들은 아래의 질문을 주의 깊게 고찰해 보기 바란다.
1. '베데스다'의 의미는 무엇인가? '행각 다섯'은 무엇을 뜻하는가?(2절)
2. 서른여덟 해 된 병자에 대해 말해진 것은 어떠한 이유에서인가?(5절)
3. 그리스도께서는 왜 병자에게 6절에 기록된 것과 같은 질문을 하셨는가?
4. 그 병자의 대답은 무엇을 의미하는가?(7절)
5. 어떤 중요한 원리가 11절 말씀에 예증되어 있는가?
6. 그리스도의 어떠한 도덕적 완전성이 13절 말씀에 나타나 있는가?

제17장

베데스다 못가의 그리스도

¹그 후에 유대인의 명절이 되어 예수께서 예루살렘에 올라가시니라 ²예루살렘에 있는 양문 곁에 히브리 말로 베데스다 하는 못이 있는데 거기 행각 다섯이 있고 ³그 안에 많은 병자, 맹인, 다리 저는 사람, 혈기 마른 사람들이 누워 [물의 움직임을 기다리니 ⁴이는 천사가 가끔 못에 내려와 물을 움직이게 하는데 움직인 후에 먼저 들어가는 자는 어떤 병에 걸렸든지 낫게 됨이러라] ⁵거기 서른여덟 해 된 병자가 있더라 ⁶예수께서 그 누운 것을 보시고 병이 벌써 오래된 줄 아시고 이르시되 네가 낫고자 하느냐 ⁷병자가 대답하되 주여 물이 움직일 때에 나를 못에 넣어 주는 사람이 없어 내가 가는 동안에 다른 사람이 먼저 내려가나이다 ⁸예수께서 이르시되 일어나 네 자리를 들고 걸어가라 하시니 ⁹그 사람이 곧 나아서 자리를 들고 걸어가니라 이 날은 안식일이니 ¹⁰유대인들이 병 나은 사람에게 이르되 안식일인데 네가 자리를 들고 가는 것이 옳지 아니하니라 ¹¹대답하되 나를 낫게 한 그가 자리를 들고 걸어가라 하더라 하니 ¹²그들이 묻되 너에게 자리를 들고 걸어가라 한 사람이 누구냐 하되 ¹³고침을 받은 사람은 그가 누구인지 알지 못하니 이는 거기 사람이 많으므로 예수께서 이미 피하셨음이라 ¹⁴그 후에 예수께서 성전에서 그 사람을 만나 이르시되 보라 네가 나았으니 더 심한 것이 생기지 않게 다시는 죄를 범하지 말라 하시니 ¹⁵그 사람이 유대인들에게 가서 자기를 고친 이는 예수라 하니라(요 5:1-15)

우선 평상시대로 본문을 분석함으로써 시작해 보자.

1. 명절에 예루살렘으로 가신 예수 (1절)
2. 베데스다 연못과 그 주변에 모여 있는 병자들(2-4절)

3. 움직이지 못하는 무력한 병자와 그리스도의 치유(5-9절)

4. 고침받은 자와 그를 비난하는 자들(10-12절)

5. 고침받은 자의 무지(13절)

6. 그리스도께서 그와 마지막으로 나누신 이야기(14절)

7. 고침받은 자가 자기를 고친 사람이 예수라고 밝힘(15절)

본문을 통해 보게 되는 광경은 실로 애처로운 장면이다. 그 배경은 베데스다 연못 가이다. 아주 많은 환자들이 그 주위에 누워 있다. 병이 들어 도와주는 이가 없는 이 병자들에게 위대한 의사께서 다가오신다. 그러나 연못의 물이 움직이지 않는 것처럼 그들 가운데에는 아무런 움직임이 없다. 그들은 **위대한 의사**를 원하지도, 알아보지도 못했다. 주님께서는 그 병자 중에서 가장 의지할 데 없는 한 사람에게 말씀을 건네시며 낫고자 하느냐고 물으셨다. 그 가련한 병자는, 그를 가엾이 여겨 이렇게 물으신 연민이 넘치는 질문자에게 대답하는 대신 연못에 대한 것과 자기를 도와 그 못 속에 넣어 줄 사람에 대해서만 생각했다. 주권적인 은혜를 가지신 구세주께서 생명 주시는 말씀을 하시자 그 병자는 즉시로, 완전하게 치유되었다. 그러나 그때까지도 그는 자기의 은인의 신적 영광을 깨닫지 못하였다. 그 치유는 안식일에 이루어졌는데 이것 때문에 유대인들의 비난을 사게 되었다. 유대인들이 그 기적을 행하신 이가 예수라는 사실을 알았을 때 "그들은 예수를 죽이고자 하였다." 이 모든 것들은 유대교의 상태가 어떠한지를 명백하게 보여주며 그리스도가 거부당한 것을 알려 준다.

"그 후에 유대인의 명절이 되어"(5:1). '그 후에'라는 말은 여기에서 꼭 필요한 말이다. 마태복음에서는 '그때에'가, 마가복음에서 '곧'이라는 말이, 누가복음에서는 '때가 차매'가 각각 특징적인 표현인데, 여기의 '그 후에'라는 말은 요한복음의 특징적인 표현이다. '이후에'라는 말은 요한복음에서 일곱 번 나타나고(3:22; 5:1; 5:14; 6:1; 7:1; 11:11; 21:1) 요한계시록에는 아홉 번 나타난다. "그 말은 예수의 생각이 '두루마리 책에'(시 40:7) 설계되어 있는 계획과 시기에 따라 실행되어 갔음을 알려준다. 그리고 요한복음 17장에 그 사실에 대한 근거가 나타나 있다"(M. Taylor).

"그 후에 유대인의 명절이 되어 예수께서 예루살렘에 올라가시니라"(5:1). 이 명절이 무슨 명절인지를 알려줄 만 한 점은 전혀 언급되어 있지 않다. 어떤 사람들은 유월절이라고 생각하는데 필자로서는 타당하지 않은 견해라고 믿는다. 왜냐하면 요한복음에 유월절이라는 명절이 언급되어 있는 예를 보면 그때마다 분명하게 그 이름이

명기되어 있기 때문이다(2:13; 6:4; 11:55 참조). 또 다른 사람들은 그것이 부림절이라고 생각하는데 부림절이 신적 제도가 아니라 인간이 제정한 제도인 점을 감안해 볼때 우리는 주 예수께서 그 명절을 지키러 예루살렘으로 올라가셨다고 믿기는 어렵다. 거의 모든 역대의 작가들은 그것이 오순절이라고 생각하는데 필자로서는 그 견해가 훨씬 더 타당하다고 믿는다. 오순절은 유월절로부터 50일 후이다. 그런데 요한복음 5:1에 언급된 명절은 2:13에 언급된 유월절 다음에 온 명절이다. 오순절은 3대연중 명절의 하나인데 모든 이스라엘 남자들은 율법에 명해진 대로 그 명절을 지키러 예루살렘으로 올라가야만 했다(신 16장). 그리고 우리는 여기에서 주 예수께서 그명절에 예루살렘에 올라가심으로써 하나님의 법을 존중하신 것을 볼 수 있다. 의심할 여지 없이 여기에서 그 명절의 이름이 언급되지 않은 데에는 상징적인 이유가 있다. 그 이유란 주님의 공생애 초기 무렵에는 오순절의 의미가 전혀 성취되지 않았기때문이다(행 2:1과 비교)

"예루살렘에 있는 양문 곁에 히브리 말로 베데스다라 하는 못이 있는데 거기 행각 다섯이 있고"(5:2). 우리는 여기 언급되어 있는 양문이란 느헤미야 3:1에 언급된 '양문'을 가리킨다고 믿을 수 있다. 얼핏 볼 때 느헤미야 3장은 별로 흥미 있는 읽을거리 같지 않다. 그러나 거기에는 많은 귀중한 내용이 들어 있다. 그것은 이스라엘의남은 자들이 바벨론 유수로부터 돌아와서 예루살렘 성벽을 재건하는 것을 기술하고있다. 그것을 재건하는 일은 여러 사람들에게 분담되어 맡겨졌다. 각각에서 분담한 부분, 또는 그 구간은 문과 문 사이를 단위로 구성되었다. 첫째 문은 양문(1절)이고 마지막 문은 '함밉갓 문'이었다. 그것은 '심판'의 의미로 아마도 그리스도의 심판대를 가리키는 듯하다. 그리고 이 느헤미야 3장은 "성 모퉁이 성루에서 **양문까지는** 금장색과 상인들이 중수하였느니라"라는 말로 종결지어져 있다. 그렇게 해서 원형(圓形)궤도가 완성지어지며 마지막에 가서 첫 출발지였던 '양문'으로 되돌아온다. 이것은 희생제물이 될 동물들, 그 중에서도 주로 '양'이 성전 안으로 데려와질때 통과하게 되는 문인데, 그 문의 명칭은 바로 그 동물의 이름을 딴 것이다. 그러므로 양문은 우리에게 그리스도를 가르쳐 주며, 십자가에 대해 말해 준다.

방금 고찰한 내용에 비추어 볼 때, 자비를 뜻하는 베데스다 못이 '양문' 곁에 있다는 점은 대단히 중요하다. 가련한 죄인이 자비를 발견할 수 있는 곳은 오직 그리스도안에서이다. 자비를 얻을 수 있는 길은 단지 십자가상의 그분의 희생을 통해서만 가능하다. 이것은 성경에 있는 모든 사소한 말에 주의 깊게 주목함이 대단히 중요함을 보여주는 좋은 예이다. 하나님의 말씀 안에 사소한 것이란 아무것도 없다. 가장 미세한 내용조차도 깊은 의미와 가치를 지니고 있다. 모든 이름, 모든 지리적이고 지형학적인 언급은 저마다 메시지를 내포하고 있다. 이 점에 대한 좀 더 분명한 예로서 이 구절 끝 부분의 '행각 다섯' 이라는 말에 주목해 보라. 행각의 숫자도 역시 의미심장하다. 성경에서의 숫자들은 신적 계획과 정확성 아래 사용된 것이다. 5라는 수는 **은혜**, 또는 **은총**을 나타낸다. 요셉이 그의 동생 베냐민에게 특별한 호의를 보이려 했을 때, "요셉이 자기 음식을 그들에게 주되 베냐민에게는 다른 사람보다 **다섯 배**나 주더라"(창 43:34)라고 기록되어 있다. 또한 이런 기록도 읽을 수 있다. "또 그들에게 다 각기 옷 한 벌씩을 주되 베냐민에게는 은 삼백과 옷 **다섯** 벌을 주고"(45:22). 5와 그 배수는 회막의 모든 부분에도 적용된다. 예수께서 배고픈 군중을 먹이셨을 때도 떡 **다섯** 개를 가지고 시작하셨다. 주기도문의 다섯 째 구절은 "오늘날 우리에게 일용할 양식을 **주옵소서**" 이다. 제5계명은 **약속**이 첨부되어 있는 유일한 계명이다. 우리는 이런 예를 계속 들 수 있다. 그러므로 우리는 **자비**의 못 주변에, 그리고 '**양문 곁에**' 위치해 있는 행각 다섯이라는 말에는 완전한 적절성이 있다는 것을 알 수 있다.

"그 안에 많은 병자, 맹인, 다리 저는 사람, 혈기 마른 사람들이 누워 [물의 움직임을 기다리니]"(5:3). 그 당시 유대 민족이 어떤 모습이었는지 보라! 이 병자들의 모습은 그 당시 유대교의 영적 상태를 묘사하고 있다. 하나님께서는 그들의 조상을 주권적인 자비와 놀라운 은혜로써 대해 주셨다. 그러나 배은망덕한 민족은 그것을 감사하지 않았다. 여기저기에서 잃어버린 바 된 죄인들을 대표하여 구원받은 사람은 소수에 불과했고, '수많은 사람들' 이 계속 비참한 상태 속에 머물러 있었다. 그와 같이 이스라엘은 **병들어 있는** 것이다. 그들은 율법을 가졌고 그것을 자랑으로 여겼다. 그러나 그것을 지키지는 못했다. 그들은 병들었을 뿐 아니라 '눈멀어' 있었다. 즉 그들의 병든 상태에 대하여, 비참한 모습에 대하여, 그들의 절대적인 결핍에 대하여 눈멀어 있었으며, 그들 가운데 서 계신 이의 신적이고 도덕적인 영광에 대하여 지독히 눈멀어 있었다. 그래서 '그들은' 그들이 흠모해야 할 아름다운 것을 그에게서 **보지 못하였다.** '다리 저는 사람' 이라는 말은 유대인들의 상태를 묘사해 주는 또 다른 단어이다. 이 말은 곧 다리를 저는 사람이나 앉은뱅이를 의미한다. 이스라엘은 율법을 가졌으나 하나님의 계명에 따라 걸을 수가 없었다. 눈먼 사람은 길을 더듬어 찾아갈 수 있다. 그러나 앉은뱅이는 전혀 걸을 수가 없다. 우리는 '수많은 사람들이' '혈기 마른 사람' 들이라고 기록된 것을 읽을 수 있다. 이것은 분명히 손이 마비된 자들을 가리킨다(마 12:10; 눅 6:6 참고). 그것은 이스라엘의 상태를 묘사하는 말로서, 그들이 하나님을 위해 전혀 일할 수 없었다는 것을 알려준다. 이 얼마나 가련한 일인가! 첫째로, 그들에 대해 요약해 놓은 표현은 '병자' 라는 말이다. 둘째로, 세 개의 용어로 기술해 놓은 그들의 상세한 특징을 살펴보라. 그들은 '맹인' (이해력과 마음이 눈멀어 있는)과 '다리 저는 사람' (다리를 절기 때문에 걸을 수 없는)과 '혈기 마른 사람들' (그들의 손이 마비되어 있기 때문에 일할 수 없는)로 이루어져 있다. 셋째로, 그들이 예언에 대하여 어떤 반응을 보이고 있었는지를 나타내 주는 '기다리다' 라는 말을 보라. 그들은 약속된 메시야를 기다리고 있었다. 그러나 그들은 그들 가운데 계시는 그분을 깨닫지 못하였다. 오직 성령께서만이 몇 안되는 그렇게 짧은 선들로써 놀랍도록 정확한 그림을 그리실 수 있다.

그러나 우리는 이 그림을 이스라엘에게만 제한시켜서는 안 된다. 왜냐하면 그것은 이방인에게도 동등하게 적용되기 때문이다. 육체를 가진 이스라엘은 육체를 가진 타락한 인간에 대한 본보기일 뿐이다. 우리에게 제시된 이 그림은 인간의 타락에 대하여 육체적인 용어로 그려진 적절한 묘사이다. 그것은 아담의 모든 타락한 종족에게 도덕적으로 적용되는 그림이다. 모든 독자들은 여기에서 자신의 본성적인 모습을 보여야 한다. 우리는 그 그림이 우리를 기분 좋게 해주는 것이 아님을 알고 있다. 정말 그것은 우리의 마음에 드는 것이 아니다. 그러나 그것은 우리 마음의 가장 구석진 곳까지 세밀히 알고 계시는 분께서 그리신 것이며, 우리를 겸손하게 하시려고 제시해 주신 것이다. 본성적인 인간은 **무력하다**. 즉 그는 '연약하다' (롬 5:6). 이것은 하나님 앞에서의 그의 상태를 한 마디로 요약해 놓은 말이다. 그들은 스스로는 단 한 가지 일도 할 수가 없다. 그 다음에 세 개(그런데 3이란 '충만한 나타나심' 을 상징하는 숫자이다)의 기술적인 용어로 이 무력함에 대한 설명이 덧붙여져 있다. 첫째로 그는 **눈멀어** 있다. 이것은 오늘날의 수많은 사람들의 혼미한 무관심을 설명해 주는 말이다. 즉 그들은 지옥의 가장자리에서 즐기고 있다. 왜냐하면 그들은 그들을 위협하고 있는 가공할 위험을 **볼 수 없기** 때문이다. 그들은 넓은 길로 서둘러 내려가면서 즐거워하고 있다. 왜냐하면 그들은 그 길의 막다른 곳에서 그들을 기다리고 있는 영원한 멸망을 식별할 능력이 없기 때문이다. 그렇다. 본성적인 인간은 실로 눈멀어 있다. "악인의 길은 어둠 같아서 그가 걸려 넘어져도 그것이 무엇인지 깨닫지 못하느니라" (잠 4:19).

'다리 저는 사람' , 곧 절름발이요 앉은뱅이인 자는 걸을 수 없다. 이것은 눈먼 자에게 수반되는 상황이다. 영적으로 눈이 먼 자가 어떻게 생명으로 인도하는 협착한 길을 걸을 수 있겠는가? "내 눈으로 보니 내 심령이 상하는도다"(애 3:51). 또 마음의 눈으로부터 생명의 근원이 나온다(잠 4:23). 그러므로 눈이 나쁘면 몸도 또한 어두울 것이다(눅 11:34). 절름발이, 앉은뱅이 ─ 그러한 자들이 그리스도에게 나오려 한다면 그들은 참으로 '이끌어져야' **만 한다**(요 6:44).

'혈기 마른 사람들' ─ 눈이 먼 자, 다리가 불구인 자, 손이 굳어버린 자들은 볼 수 없고, 걸을 수 없고, 일할 수 없다. 여기에 배치되어 있는 그 순서는 얼마나 놀라운가! 그것들을 역순으로 생각해 보라. 하나님과 함께 걷지 않는 자는 착한 일을 행할 수 없다. 그리고 그의 마음의 눈이 그리스도를 필요로 하도록 열려지지 않는다면 그는 하나님과 함께 걷기 시작할 수 없다. 이것은 신적인 순서로서 그 순서는 결코 변하지 않는다. 우선적으로 눈이 열려야 하며, 그래야 지각력이 생겨서 우리로 하여금 소위 소명이라 일컫는 길을 따라 걸을 수 있도록 준비시켜 주며, 하나님을 위해서 그에게 받아들여질 수 있는 봉사를 하도록 준비시켜 준다. 그러나 눈이 '멀어' 있는 한 발은 '절뚝거릴' 것이며, 손은 '혈기가 말라' 있을 것이다.

"물의 움직임을 기다리니." 이것은 이해하기 어려운 것이 아니다. 이 못은 많은 사람들의 희망이다. 그들은 그 물이 '움직여서' 그들을 낫게 해주기를 기다리고 있었다. 그러나 그들의 기다림은 헛수고였다. 거기에서 '오랫동안' 기다려 온 수많은 병자들 중에서 단 한 사람의 병자만이 나을 수 있을 뿐이었는데, 그것은 그에게 거의 쓸모가 없었다. 종교계의 **의식들**에 있어서도 그와 마찬가지가 아니겠는가? 세례나 '미사', 그리고 '종부성사' 등에다 믿음을 두고 있는 사람들이 실로 아주 많이 있다. 그들은 그들의 **영혼**의 심한 결핍이 충족될 때까지는 **오랫동안** 기다려야만 할 것이다.

"이는 천사가 가끔 못에 내려와 물을 움직이게 하는데 움직인 후에 먼저 들어가는 자는 어떤 병에 걸렸든지 낫게 됨이러라"(5:4). 본 구절은 다시 한 번 유대인에게 적용된다. 이 못의 물은 시내 산의 율법을 나타내고 있는데 그것은 '천사들에 의해' 전해졌다. 그리고 그 법은 그것이 명하고 있는 모든 것을 행한 자에게 '생명'이 있다고 약속하고 있다. 그러나 그 법을 지킨 사람이 누가 있었는가? 그 법의 요구를 이행함으로써 생명을 얻은 자가 누가 있는가? 아담의 타락한 자손 중에는 아무도 없다. 율법은 "육신으로 말미암아 연약하기 때문이다." 완전한 인간은 그것을 지킬 수 있다. 그러나 죄인은 시킬 수가 없다. 그렇다면 율법은 왜 주어졌는가? 그것은 범죄가 가득 차게 하기 위하여 주어졌다. 그것은 죄인으로 하여금 자신의 죄스러움을 발견하게 하기 위하여 주어졌다. 율법을 지키려는 노력들, 그런데도 지키지 못하는 거듭된 실패들, 그것들은 그의 극도의 무력함을 드러내 줄 뿐이다. 그와 같이, 천사가 베데스다의 물을 저어서 거기에 처음 들어 간 병자를 낫게 하였다고 기록되어 있는데 그것은 그 못 주위에 누워 있는 자들의 고통을 증대시킬 뿐이었다. '무력한' 병자들이 어떻게 거기 **들어갈** 수 있겠는가! 슬프게도 그들은 거기에 들어갈 수가 없다. 그렇다면 하나님께서는 이 비참한 사람들을 우롱하고 있는 것일까? 진실로 그렇지 않다. 그는 '더 좋은' (히 11:40) 길을 예비하고 계신 것이다. 그리고 이 사실은 다음 구절에서 입증되고 있다.

"거기 서른여덟 해 된 병자가 있더라"(5:5). 이것은 앞 구절에 대한 우리의 해석이 올바르다는 것을 확고히 해주며, 성경의 모든 단어들이 지극히 심오한 의미를 내포하고 있음을 다시 한 번 알려 주는 좋은 예이다. 성령께서는 어째서 이 환자의 병을 앓아 온 기간을 우리에게 알려 주셨어야만 했을까? 이 '서른여덟 해' 라는 수가 내포하고 있는 의미는 무엇일까? 우리는 그 답을 추측해야만 할까? 그렇지 않다. 우리가 참을성 있고 성실하게 성경을 조사하고 영적인 일을 영적인 일과 비교해 본다면(고전 2:13) 모든 문제에 대해 성경이 스스로 해답을 제공하고 있음을 알게 될 것이다. 서른여덟 해란 이스라엘 민족이 시내 산에서 율법을 받은 이후로 광야에서 보냈던 기간과 똑같다(시 2:14 참조). 옛 이스라엘 민족의 율법 아래에서의 '무력함', 즉 눈 멀고 절뚝거리고 혈기가 마른 그들의 상태가 명백하게 드러난 곳은 바로 그 죄의 광야에서였다.

"예수께서 그 누운 것을 보시고 병이 벌써 오래된 줄 아시고 이르시되 네가 낫고자 하느냐 [하시더라]"(5:6). 여기에 어둠 속에서 빛나는 빛이 있다. 그러나 어둠은 그 빛을 알아보지 못하였다. 그 빛이 빛나는 것은 어둠이 얼마나 심한지를 보여줄 따름이다. 저 연못 주위에 누워 있는 수많은 병자를 보라. 그리고 거기에 계신 위대하신 의사를 보라. 베데스다는 사람들로 들끓고 있었다. 그런데 그리스도에게 주의를 기울이는 자가 없으므로 그는 지나쳐 가고 계신다. 진실로 "어둠이 그 빛을 알아보지 못한 것이다." 그리고 오늘날에도 그것은 별다를 바가 없다. 모든 성가신 종교 의식을 **섬기면서도**, 하나님의 은혜는 경시해 버리는 인간이 만든 종교가 있다. 수없이 많은 사원과 성스러운 갠지스 강을 가지고 있는 저 인도로 가보라. 염주를 굴리는 국가 티벳으로 가보라. 그리고 마호메트에 빠진 광신자들과 그들의 경건한 순례 여행을 돌아보고 숙고해 보라. 이제 우리와 좀 더 긴밀한 관계에 있는 예들을 찾아보자. 철야 기도와 금식, 묵주와 성수를 사용하는 미혹된 수많은 천주교도들을 보라. 또한 수많은 개신교회에서 행하는 종교적인 행위들을 보라. 그리고 그들을 움직이게 하는 근본적인 원칙들 사이에 어떤 차이점이 있는지 살펴보라. 그것들은 모두 다 영혼의 심한 결핍을 전혀 충족시켜 주지 못한다. 그것들은 모두 다 죄를 없애 줄 수 없다. 그리고 슬픈 일이지만 그들은 그리스도를 밀어내고 그 자리를 차지하고 있다. **그를** 원하는 자가 없고, **그는** 사람들이 주의를 기울이지 않음으로 인해 지나쳐 가신다.

그것이 바로 타락한 인간의 본성이다. 온 세상은 악한 자 안에 있는데(요일 5:19), 아담의 모든 후손이 멸망하는 것은 주권적인 은혜의 탓이 아니다. 은혜는 죄인의 유일한 소망이다. 죄인에게는 상 받을 만한 공로라곤 아무것도 없다. 영성도 전혀 없다. 그는 힘도 없다. 구원이 그에게 와야 하다면 그것은 은혜로 말미암아 값없이 주어지는 혜택이다. 은혜가 이러한 것이기 때문에 하나님께서는 그의 기뻐하시는 자에게 은혜를 주시는 데 있어서 그의 주권적인 특권을 행사하신다. "모세에게 이르시되 내가 긍휼히 여길 자를 긍휼히 여기리라"(롬 9:15). 이 사실에 대해 누구도 불평해서는 안 된다. 그리고 누구든지 그것으로 인하여 부당한 대우를 받았다고 생각해서는 안 된다. 사람들은 하나님이 불공평하시다고 함부로 말한다. 그러나 정의, 참된 정의, 순수한 정의가 주장되어진다면, 소망은 우리 모두에게서 전적으로 끊어져 버릴 것이다. 정의는 개개인이 그가 행한 대로 그 정확한 대가를 받아야 한다고 주장한다. 그러면 친애하는 독자들이여, 필자나 독자가 받아야 할 몫은 심판뿐이다! 영생은 선물이다. 그것이 선물이라면 그것은 공로에 의하여 얻어지는 것도, 당연한 권리로서 요구되어지는 것도 아니다. 구원이 하나님의 선물이라면 누가 감히 하나님께 그가 그 선물을 받아야 할 사람이라고 주장할 수 있겠는가? 구원은 타락한 천사들을 위하여 예비된 것인가? 하나님께서 그들로 하여금 그들의 불법에 대한 정당한 대가를 거두게 하셨다면, 그가 빛보다 어둠을 더 사랑하는 인간들을 내버려 두셨다 해서 그를 불의하다고 비난할 이유가 있겠는가? 하나님은 진실로 구원을 찾는 자에게는 구원을 **거절하지** 않으신다. 결코 그렇지 않다. 회개하고 믿는 모든 죄인들을 위해서 구세주가 오셨다. 그러나 하나님께서 회개하지 아니하고 믿지 아니하는 수많은 사람들 중에서 그의 불가항력적인 능력과 특별한 사랑을 받을 소수를 택하여 그의 주권적인 은혜를 베푸시기로 결정하신다면, 그것으로 인해 부당한 대우를 받은 자가 누가 있겠는가? 하나님은 가장 그의 마음에 드시는 자에게 그의 자비를 베푸실 권리를 가지고 계시지 않은가?(마 20:15) 그는 분명히 그러한 권리를 갖고 계시다.

우리가 지금 고찰하고 있는 이 구절들에는 하나님의 주권이 현저하게 예증되어 있다. 병자들의 '큰 무리' 가 누워 있었다. 그들 모두는 한결같이 무력하여 스스로를 도울 수가 없었다. 그런데 능력이 무한하시며, 그의 명령으로 말미암는 자원이 다함이 없으신 위대하신 의사, 곧 성육신하신 하나님 자신이 여기 있다. 그가 모든 병자들을 고치시는 것은 그 중 한 사람만 고치시는 것과 마찬가지로 쉬운 일이었다. **그러나 그는 모든 병자를 고쳐 주시지 않았다.** 우리에게는 알려지지 않은 어떤 이유로 인하여 그는 병자들의 '무리' 를 지나치고 그 중 한 사람만 택하여 고쳐 주셨다. 이 '어떤 병자' 가 다른 병자들과 조금이라도 다른 점이 있었는지를 시사해 주는 말은 전혀 없다. 우리는 **그 병자**가 구세주를 향하여 **"저에게** 자비를 베푸소서" 라고 외쳤다는 말을 들을 수 없다. 그는 그 앞에 계신 분의 신적 영광에 대하여 다른 병자들과 마찬가지로 눈멀어 있었다. "네가 낫고자 하느냐?" 라는 질문을 받았을 때조차도 그는 전혀 믿음을 나타내 보이지 않았다. 그리고 고침받은 후에도 그는 그를 고쳐 주신 이가 "누구신지 알지 못하였다." 그리스도께서 그를 택하여 특별한 은혜를 베풀어 주신 이유가 될 만한 근거를 그 사람 안에서 **조금이라도** 찾아보기란 불가능하다. 우리는 그것이 그리스도 자신의 주권적인 기쁨이었을 **뿐이라고밖에** 달리 설명할 길이 없다. 이것은 다음에 나오는 구절에서 그리스도 자신의 선포에 의해 분명하게 입증되어 있다. "아버지께서 죽은 자들을 일으켜 살리심같이 아들도 자기가 원하는 자들을 살리느니라"(21절).

이 병 고치는 기적은 행동으로 보여주신 비유이다. 그것은 우리에게 영적인 영역에 있어서 하나님의 은혜의 역사에 대한 생생한 예증을 제시해 준다. 저 무력한 병자의 상태가 아담의 타락한 후손들의 부패성을 묘사하고 있는 것처럼, 그리스도께서 한 사람을 택하셔서 그를 고쳐주신 것은, 자기의 택함받은 자들을 손수 선발하시고 구원하시는 이의 주권적인 은혜를 나타내고 있다. 이 사건의 모든 세부 사항들은 이 사실을 입증해 주고 있다.

"예수께서 그 누운 것을 보시고 병이 벌써 오래된 줄 아시고." 여기에서 개체성을 주목하라. 우리는 그리스도께서 **그들을**, 즉 그 '큰 무리' 를 보신 것이 아니라 그를 보셨다고 기록된 것을 알 수 있다. 구세주의 눈은 모든 병자들 중에서 세상이 있기 전부터 아버지에 의해 그에게 주어졌던 그 한 사람에게 고정되었다. 우리는 그리스도께서 "**그를** 보셨을" 뿐만 아니라 "[그의] 병이 오래된 줄 아셨다"고 기록된 것을 읽을 수 있다. 그렇다. 그리스도께서는 그에 대한 모든 것을 알고 계셨다. 또한 영원 전부터 그를 알고 계셨다. "나는 선한 목자라 나는 내 양을 **알고**"(요 10:14). 그리고 그리스도께서 그를 보신 후에 '[그에게] **이르셨다.**' 처음 말을 건넨 사람은 그가 아니라 바로 그리스도이셨다. 주님이 항상 선수를 치시며 친히 먼저 청하신다. 그리스도인 독자여, 주권적인 은혜가 당신을 찾을 때, 당신의 경우에도 그와 마찬가지이다. 또한 당신도 '병자들의 큰 무리' 가운데 누워 있다. 왜냐하면 당신은 본성상 "다른 이들과 같이"(엡 2:3) 진노의 자녀이기 때문이다. 그렇다. 당신은 **타락한** 피조물의 차마 볼 수 없을 정도의 비참한 상태 속에, 즉 눈멀고, 절뚝거리며, 혈기가 마른 상태 속에 누워 있으며, 혼자 힘으로는 한 가지 일도 할 수 없다. 주권적 은혜를 가지신 주님께서 당신에게 가까이 오실 때 당신은 그처럼 가공한 상태에 있는 것이다. 주님께서 당신을 당신이 받아 마땅한 파멸의 운명 속에 버려두지 않으셨으니, 이를 주님께 감사드리라. **당신을** 주님의 주권적 자비의 대상이 되도록 택하여 주신 그의 놀라운 은혜에 대하여 큰 소리로 찬양하라. 그러나 이제 우리는 여기에서 구세주의 질문의 참뜻이 무엇인지 숙고해 보아야 한다.

"[주께서] 이르시되 네가 낫고자 하느냐"(5:6). 그 병자에게 이런 질문을 하셨다는 것이 이상하게 여겨지는가? 서른여덟 해나 앓아 온 사람이 다른 무엇보다 원하는 유일한 것은 바로 낫는 것이 아니겠는가? 그가 못가에 누워 있었다는 바로 그 사실은 그가 무엇을 바라고 있었는지 암시해 주는 것이 아니겠는가? 그렇다면 구세주께서는 어째서 그에게 "네가 낫고자 하느냐?"고 물으셨을까? 그 질문은 어떤 사람들이 생각하는 것처럼 그렇게 무의미한 것은 아니다. 비참한 상태에 있는 자들이 구원되기를 항상 바라는 것은 아니다. 병자들은 때때로 친구들의 동정과 관대한 대우를 받으려 한다. 또 어떤 병자들은 너무나 깊이 가라앉아서 의기소침해지고 희망을 버린다. 그리고 죽음이 와서 자기들을 구해 주기를 열망한다. 그러나 여기의 이 질문에는 이보다 더 심오한 의미가 들어 있다.

구세주께서는 그 병자에게 그가 전적으로 무력한 상태에 있음을 강조하시려고 이 질문을 하신 것이다. 우리가 다음에는 더 잘 할 수 있다고 스스로를 위로하는 한, 그것은 우리 자신에 대해 거는 기대가 끝나지 않았다는 확실한 표시이다. 자기의 태도를 고쳐서 새로운 사람이 되겠다고 스스로 다짐하는 자는 자기에게 '힘이 없다'는 것을 배우지 못한 것이다. 우리는 우리가 무력하다는 것을 발견할 때에야 비로소 스스로 의의 옷을 짜려는 비참한 노력을 포기하게 될 것이다. 우리가 무력하다는 것을 알게 될 때에야 비로소 우리는 제풀에 자기의 **상태**를 다른 분께 의지하려 할 것이다.

그리스도께서 아주 많은 불치병의 예들을 택하셔서 그의 능력을 보여주신 한 가지 이유는 분명히 죄가 낳은 돌이킬 수 없는 파멸과 인간의 본성적 상태의 전적인 무력함을 알려 주려 한 것이었다. 그래서 구세주께서는 그 사람에게 낫게 될 필요가 있음을 강조하고 있는 것이다. 그러나 그 이상의 이유가 있다. 구세주께서 "네가 **낫고자** 하느냐?" 라고 물으셨을 때 그것은 다음과 같이 물은 것과 똑같은 것이다. 즉 '네가 지금 있는 그대로의 너를 내 손에 맡기고자 하느냐?' '너는 너를 위해 너 스스로는 할 수 없는 것을 내가 행하게 하고자 하느냐?' '너는 기꺼이 내게 빚진 자가 되고자 하느냐?'

"**병자가 대답하되 주여 물이 움직일 때에 나를 못에 넣어 주는 사람이 없어 내가 가는 동안에 다른 사람이 먼저 내려가나이다**" (5:7). 참으로 슬프게도 이것은 우리의 상태를 보여주는 말이다. 위대한 의사께서 "네가 낫고자 하느냐?" 라고 말씀하셨을 때 그 가련한 병자는 즉시로 "예, 주님 저를 돌보소서"라고 대답하지 않았다. 그리고 죄인이 그리스도와 최초로 대면하도록 이끌려졌을 때 그는 그렇게 행동하지 않는다. 그 병자는 그리스도께서 단 한 말씀으로 그를 고치실 수 있다는 것을 깨닫지 못하였다. 그는 자기가 못 속으로 들어가야 한다고 생각했다. 이 점에 대해서 여러 가지 의견들이 제시되고 있으나 그것들을 규명할 필요는 없다. 그 가련한 사람은 주님을 믿는 믿음보다 수단을 믿는 믿음이 더 컸다. 그리고 또한 그의 눈은 하나님이 아니라 '인간' 에게 고정되어 있었다. 그는 도와 줄 사람을 찾고 있었다. 우리는 이것이 참으로 우리의 모습이라고 다시 한 번 외치지 않을 수 없다. 게다가 '내가 가는 동안' 이라는 말을 고려해 볼 때 그는 자기가 무엇인가를 해야 한다고 생각하고 있었음을 알 수 있다. 이것은 본성적인 인간의 마음을 참으로 여실히 드러내 주고 있다. 이 구절의 마지막 말은 얼마나 애처로운가! 우리는 그토록 무정한 세상에 살고 있다. 인간의 본성은 이기심으로 가득 차 있다. 그리스도만이 친구가 없는 자들의 유일한 신뢰할 만한 친구이시다.

"**예수께서 이르시되 일어나 네 자리를 들고 걸어가라 하시니**" (5:8). 구세주께서 죄인의 마음속에 그의 인격에 대한 합당한 인식이 생길 때까지 기다리신다면 아무도 구원받을 수 없을 것이다. 병자가 자비를 청하며 부르짖은 적은 없었다. 그리스도께서 병자가 낫고자 하는지를 일일이 세심하게 조사하신다면 믿음은 전혀 나타나지 않을 것이다. 그러나 주권적 은혜를 가지신 하나님의 아들께서는 생명을 주시는 말씀을 선언하신다. 그런데 그것은 그 문제에 대한 인간의 책임을 묻는 말씀이다. 그리스도의 명령을 신중하게 분석해 보면 세 가지 사항이 드러난다. 첫째로, **그의 말씀 속에는 절대적인 확신**이 들어있다. '일어나라'는 말은 강제적인 말씀이다. 그러므로 그의 권위에 대한 참된 인식과 그의 명령에 대한 즉각적인 응답이 수반되어야 한다. "주 예수 그리스도를 믿으라 그리하면 네가 구원을 받으리라"는 말씀은 고마우신 초대 이상의 어떤 것을 내포하고 있는데 그것은 곧 명령이다(요일 3:23). 둘째로, '네 자리를 들고'에서의 자리는 면직물 침상으로 쉽게 말아지는 것이다. 우리는 이 말씀을 들을 때 실패하거나 병이 재발하리라는 생각을 해서는 안 된다. 미약한 몇 걸음을 걷고는 자기의 병상으로 되돌아오는 사람이 아주 많다. 그러한 경우 나중 상태는 처음 상태보다 더욱 나쁘다. 그리스도의 인격에 대한 믿음이 있다면, 그리고 그의 권위에 대한 복종이 있다면 안에 있는 새 생명이 밖을 향한 출구를 찾게 될 것이다. 그리고 우리는 더 이상 타인에 대한 짐이 아닐 것이며 우리 자신의 짐을 질 수 있게 될 것이다. 셋째로, '걸어가라.' 필자는 여기에 나오는 이 말을 좋아한다. 구세주께서는 이렇게 말씀하시는 듯하다. 즉 "너는 물 **속으로** 들어갈 수 없다. 너는 낫기 **위하여** 물 속으로 걸어갈 수 없다. 그러나 이제 네가 나았으므로 '걸어가라!'" 우리는 전에는 경험한 적이 없는 것에 대면해야 할 의무가 있다. 그리고 우리는 나아가 그것들을 믿음으로 이행해야 한다. 구세주께서는 우리에게 믿음으로 그 의무들을 이행하라 명하셨는데, 그 믿음 안에서 그 의무들을 수행하는 데 필요한 힘이 발견될 것이다.

　"그 사람이 곧 나아서 자리를 들고 걸어 가니라"(5:9). 이 얼마나 복된 일인가! 치유는 즉시 일어났고 완전했다. 그리스도께서는 믿는 죄인을 구원받을 수 있는 상태에 놓아 두신 것이 아니다. 그는 우리가 믿는 그 순간 완전하고 영원한 구원으로 우리를 **구원하신다**. "하나님께서 행하시는 모든 것은 영원히 있을 것이라 그 위에 더할 수도 없고 그것에서 덜 할 수도 없나니 하나님이 이같이 행하심은 사람들이 그의 앞에서 경외하게 하려 하심인 줄을 내가 알았도다"(전 3:14). 우리는 여기에서 다시 한 번 말씀이 역사하시는 것을 볼 수 있는데 그 점은 지적할 필요도 없다. 구세주께서는 단지 말씀하셨을 뿐이다. 그런데 기적이 이루어졌다. 하나님의 아들께서는 사복음서를 통하여 우리에게 거듭 그렇게 드러나신다.

　"유대인들이 병 나은 사람에게 이르되 안식일인데 네가 자리를 들고 가는 것이 옳지 아니하니라"(5:10). 이것은 다시 한 번 실제의 모습을 보여주는 말이다. 주님께 굴복한 사람은 비난받을 예상을 해야만 한다. 하나님의 말씀에 의지하여 자기를 통제하는 사람은 반대에 부딪치게 될 것이다. 가장 맹렬하게 반대하는 것은 바로 **종교계**이다. 우리가 **그들의** 신조에 동의하지 아니하고, 그들의 규칙을 준수하지 아니한다면 우리가 차지하게 될 몫은 박해와 추방이다. 우리가 장로들의 유전에 의하여 속박당하려 하지 아니한다면 우리는 그들의 찌푸린 얼굴을 보게 될 각오를 해야 한다. 그리스도께서는 안식일에 대한 그 당시에 널리 행해지고 있던 가르침을 모르신 것이 아니었다. 그리고 그는 이 병 고침을 받은 자가 안식일에 그의 침상을 들고 간다면 무슨 일이 생기게 될지를 잘 아셨다. 그러나 그는 종교적인 광신자들이 꾸며낸 속박으로부터 자기의 백성을 해방시켜 주시러 여기에 오신 것이다. 그리스도께서 그가 사시던 시대의 여론에 결코 개의치 아니하셨던 것처럼 우리도 그렇게 하지 않아야 한다. 우리는 여기에서 갈라디아서 5:1 말씀을 상고할 필요가 있다. "그리스도께서 우리를 자유롭게 하려고 자유를 주셨으니 그러므로 굳건하게 서서 다시는 종의 멍에를 메지 말라." 하나님의 자녀가 성경에 의해 다스려지고, 또 그가 주님을 기쁘시게 한다는 것을 스스로 알고 있다면 그의 동료들(또는 그의 동료 그리스도인들)이 그에 대하여 어떻게 생각하든, 무어라 말하든 그것은 거의 또는 전혀 중요치 않다. 다시 멍에를 메게 되고, 그래서 "하나님의 은혜를 **폐하게**" 되는(갈 2:21) 것보다는 그들을 화나게 하는 편이 훨씬 더 낫다.

"**대답하되 나를 낫게 한 그가 자리를 들고 걸어가라 하더라 하니**"(5:11). 이 구절은 우리에게 좋은 본보기를 제시해 준다. 그는 그의 비평자들을 매우 단순하게 대한다. 그는 안식일에 대한 그들의 타락한 견해에 대하여 논쟁을 벌이지 않았다. 그는 병자들에 대한 동정심이 없다고 그들을 비난하지도 않았다. 그는 논쟁할 수도, 비난할 수도 있었을 것이다. 그러나 그 대신 그는 그리스도의 뒤로 숨었다. 그는 하나님의 말씀에 의지하였다. 우리도 비평가들에게 "주께서 그렇게 하라 이르셨다"고 한다면 우리를 위해 바람직할 것이다.

"**그들이 묻되 너에게 자리를 들고 걸어가라 한 사람이 누구냐 하되 고침을 받은 사람은 그가 누구인지 알지 못하니**"(5:12, 13). 이 구절은 신자들에게 있어서조차도 많은 무지가 있음을 보여준다. 우리는 그리스도 안에 있는 어린 아기에게 너무나 많은 것을 기대해서는 안 된다. 이 사람은 고침을 받았다. 그리고 그는 그의 은인의 명령에 순종했다. 그러나 그는 아직 은인의 신적 영광을 깨닫지 못하였다. 그리스도의 인격에 대한 지식은 그의 역사의 효력을 경험적으로 알게 됨에 따라 오는 것으로 그보다 앞서 오지는 아니한다.

"이는 거기 사람이 많으므로 예수께서 이미 피하셨음이라"(5:13). 이것은 구세주의 도덕적임 완벽성을 제시해 준다. 그것은 하나님의 종의 온유함을 입증해 준다. 그는 여보라는 듯이 법석을 떨지 않고 일하셨다. 그는 순간적인 숭배를 바치는 대중의 우상이나 찬양하는 군중의 중심이 되고자 하지 않으셨다. 그는 인기를 얻고자 하는 대신 그것을 피하셨다. 그는 자기 자신을 선전하는 대신 "사람의 영광을 받지 아니하셨다." 그리스도의 이러한 아름다운 탁월성은 마가복음에 두드러지게 나타나 있다 (1:37, 38, 44; 7:17, 36; 8:26 참조).

"그 후에 예수께서 성전에서 그 사람을 만나 이르시되 보라 네가 나았으니 더 심한 것이 생기지 않게 다시는 죄를 범하지 말라 하시니"(5:14). 주님께서는 그 사람을 피하셨다. 그리스도께서는 그 병자를 시험하시려고 물러나셨다. 새 힘이 그에게 주어졌다. 그 고침받은 병자는 망설이지 않았다. 그는 그를 구해 주신 분을 주님으로 여겨 순종하였다. 은혜의 역사가 그의 육신에 뿐만 아니라 영혼에도 일어났다는 사실은 그가 기도와 찬양의 집에 갔다는 사실을 통해 여실히 입증된다. 그리고 우리는 여기에서 그리스도께서 그를 보셨다는 말을 읽을 수 있다. 이것은 지극히 복된 일이다. 우리는 그리스도를 군중들 속에서 만날 수 있는 것이 아니라 성전에서 찾을 수 있다.

그리스도께서는 그 가련한 병자를 '은혜'로써 대하신 후에 이제 '진리'를 사용하신다. "다시는 죄를 범하지 말라"는 것은 그의 양심을 위해 하신 말씀이다. 은혜는 하나님의 거룩함을 요구하는 것을 무시하지 않는다. "깨어 의를 행하고 죄를 짓지 말라"(고전 15:34)는 말씀은 여전히 우리에게 제시되고 있는 표준이다. "더 심한 것이 생기지 않게"라는 말씀은, 믿는 자는 항상 하나님의 통치 아래 종속되어 있음을 상기시켜 준다. "사람이 무엇으로 심든지 그대로 거두리라"(갈 6:7)는 말씀은 신자들에게 주어진 것이다. 우리가 죄를 짓는다면 우리는 응징으로 고통받을 것이다. 라일 주교는 여기에 병상에서 일어난 자들을 위한 중요한 메시지가 들어있다고 지적한다. "다시는 죄를 범하지 말라." 건강을 회복하면 우리는 죄에 대한 더 큰 증오와, 우리의 태도에 대한 좀 더 철저한 경계와, 하나님의 영광을 위해 살려 하는 더 위대한 결심을 갖고 세상으로 되돌아가야 한다.

"그 사람이 유대인들에게 가서 자기를 고친 이는 예수라 하니라"(5:15). 이것은 전체의 사건에 아름다운 완전성을 부여해 준다. 여기에서 우리는 고침을 받은 자가 자기의 입으로 그를 구원해 주신 이가 누구신지를 고백하는 것을 볼 수 있다. 주 예수께서 이 새로 난 영혼에게 자신을 계시해 주시자마자, 그는 그에게 묻고 그를 비난하던 자들을 찾아가 그를 낫게 해주신 이는 바로 예수라고 말했던 것으로 보인다.

다음의 5:16-30 말씀을 고찰할 때 우리는 다음과 같은 질문을 연구해 보아야 한다.

1. 17절의 그리스도의 답변의 참 뜻은 무엇인가?

2. 19절의 그리스도의 말씀의 의미는 무엇인가?

3. 20절은 그리스도의 신성을 어떻게 제시하고 있는가?

4. 23절은 그리스도에 대하여 무엇을 입증하고 있는가?

5. 24절은 신자들에 대한 영원한 보증을 어떻게 확립하고 있는가?

6. '인자' 가 어째서 심판자가 되셔야 하는가?(28절)

7. 30절은 그리스도의 인성에 관하여 말하고 있는가, 아니면 그의 신성에 관하여 말하고 있는가?

제18장

그리스도의 신성
(일곱 가지 증거)

[16]그러므로 안식일에 이러한 일을 행하신다 하여 유대인들이 예수를 박해하게 된지라 [17]예수께서 그들에게 이르시되 내 아버지께서 이제까지 일하시니 나도 일한다 하시매 [18]유대인들이 이로 말미암아 더욱 예수를 죽이고자 하니 이는 안식일을 범할 뿐만 아니라 하나님을 자기의 친 아버지라 하여 자기를 하나님과 동등으로 삼으심이러라 [19]그러므로 예수께서 그들에게 이르시되 내가 진실로 진실로 너희에게 이르노니 아들이 아버지께서 하시는 일을 보지 않고는 아무 것도 스스로 할 수 없나니 아버지께서 행하시는 그것을 아들도 그와 같이 행하느니라 [20]아버지께서 아들을 사랑하사 자기가 행하시는 것을 다 아들에게 보이시고 또 그보다 더 큰 일을 보이사 너희로 놀랍게 여기게 하시리라 [21]아버지께서 죽은 자들을 일으켜 살리심 같이 아들도 자기가 원하는 자들을 살리느니라 [22]아버지께서 아무도 심판하지 아니하시고 심판을 다 아들에게 맡기셨으니 [23]이는 모든 사람으로 아버지를 공경하는 것 같이 아들을 공경하게 하려 하심이라 아들을 공경하지 아니하는 자는 그를 보내신 아버지도 공경하지 아니하느니라 [24]내가 진실로 진실로 너희에게 이르노니 내 말을 듣고 또 나 보내신 이를 믿는 자는 영생을 얻었고 심판에 이르지 아니하나니 사망에서 생명으로 옮겼느니라 [25]진실로 진실로 너희에게 이르노니 죽은 자들이 하나님의 아들의 음성을 들을 때가 오나니 곧 이 때라 듣는 자는 살아나리라 [26]아버지께서 자기 속에 생명이 있음 같이 아들에게도 생명을 주어 그 속에 있게 하셨고 [27]또 인자됨으로 말미암아 심판하는 권한을 주셨느니라 [28]이를 놀랍게 여기지 말라 무덤 속에 있는 자가 다 그의 음성을 들을 때가 오나니 [29]선한 일을 행한 자는 생명의 부활로, 악한 일을 행한 자는 심판의 부활로 나오리

라 ^{30}내가 아무 것도 스스로 할 수 없노라 듣는 대로 심판하노니 나는 나의 뜻대로 하려 하지 않고 나를 보내신 이의 뜻대로 하려 하므로 내 심판은 의로우니라(요 5:16-30)

우선 우리는 평상시대로 여기에서 고찰하게 될 본문을 분석함으로써 시작하겠다. 본문은 아들과 아버지의 **절대적인 동등성**을 설명하고 있다.

1. 피조물을 돌보시는데 있어서의 동등성(16-18절)
2. 뜻에 있어서의 동등성(19절)
3. 지식에 있어서의 동등성(20절)
4. 주권적 권리에 있어서의 동등성(21절)
5. 신적 영광에 있어서의 동등성(22, 23절)
6. 생명을 주시는데 있어서의 동등성(24-26절)
7. 심판관의 권능과 권위에 있어서의 동등성(27-30절)

본문과 요한복음 5:15까지는 서로 밀접한 관계가 있다. 처음 15절까지는 그 다음의 대화가 나오도록 이끄는 계기를 제공해 준다. 그러므로 요한복음 5장은 당연히 두 부분으로 나뉜다. 전반부에서 우리는 안식일에 무력한 병자를 고치신 주 예수의 주권적 은혜와 권능 및 유대인들의 비난과 반대에 대해 읽을 수 있다. 후반부에서는 주님의 자기 자신에 대한 증언을 읽을 수 있다. 요한복음 5장의 후반부는 사복음서에서 가장 심오한 구절의 하나이다. 그것은 하나님의 성육신하신 아들의 신적 영광을 설명하고 있다. 그것은 우리에게 하나님의 아들 되심에 대한 주님 자신의 가르침을 제시해 준다. 이 후반부는 다시 두 부분으로 나뉜다. 그 전반부에는 주님의 신성에 대한 주님 자신의 일곱 가지 선포가 담겨 있다. 31절에서부터 시작되는 그 후반부에서 주님은 그의 신성에 대한 또 다른 증언들을 언급하신다. 우리는 여기에서 요한복음 5장의 후반부를 둘로 나눈 것 중 그 전반부만을 고찰하겠다. 지금 이 땅에 계시지 아니하는 분을 '영광스럽게 하는' 것이 복된 임무이신 진리의 성령께서 우리의 지각을 비추어 우리로 하나님의 영감 받은 말씀인 본문을 올바르게 나눌 수 있게 해주시기를 기원한다.

지난 17장에서 우리가 주목하여 고찰한 바 있는 병자를 고치신 이적 속에는 일곱 가지 특징이 내포되어 있다. 그 병자의 차마 볼 수 없는 비참함과 전적인 무력함, 베데스다 못가에 누워 있는 수많은 병자들 중에서 그를 택하신 위대하신 의사의 주권적인 행위, 그가 고침받기 전에 그리스도에게 조금이라도 어떤 호소를 했다거나 그리스도를 믿는 믿음을 나타내 보였다는 표시가 전적으로 제시되어 있지 않음, 기적이 깜짝 놀랄 정도로 갑자기 그리고 즉시로 일어났다는 점, 우리 주님께서 안식일에 그 사람에게 "네 자리를 들고 걸어가라" 하신 명령, 이 모든 특징들은 그 항목이 아주 많아서 즉시 우리의 관심을 사로잡는다. 고침받은 자가 발걸음을 돌려 성전을 향해 갔다는 사실은 은혜의 역사가 그의 육신에 뿐만 아니라 그의 영혼에도 일어났다는 것을 입증해 준다. 주님의 은혜가 성전에서 그를 찾으시고, 거기서 그의 양심을 위해 해주신 신실한 말씀은 이 장면 전체에 아름다운 완전성을 부여해 준다. 그러나 이 모든 것은 다음에 나오는 내용의 극악무도성을 강조해주는 데 이바지할 따름이다.

고침받은 자는 자기를 낫게 해주신 이가 누구인지 알게 되자마자 '유대인들에게' 가서 "자기를 고친 이는 예수라고 말하였다"(15절). 그때 유대인들은 어떤 반응을 보였는가? 그들은 오랫동안 기다려 온 다름 아닌 약속된 메시야이신 이 복된 이를 즉시로 찾았는가? 그들은 여선지자 안나처럼 주님께 감사하고, "예루살렘의 속량을 바라는 모든 사람에게 그에 대하여" 말하였는가? (눅 2:38) 슬프게도 전혀 그렇지 않았다. 그들은 찬양으로 충만한 대신 증오로 충만하였다. 그들은 하나님의 보내신 이를 예배하는 대신 그를 박해하였다. 그들은 생명을 얻기 위해 그에게로 나오는 대신 그를 죽이려고 하였다. 이것은 이 앞에서부터 진행되어 온 모든 일들의 가공할 클라이맥스이다. 우리는 요한복음 1장에서 '유대인들이' 주님의 선구자의 신분에 대하여 무지하며(1:19), 그들 가운데 계시는 하나님의 임재를 알아보지 못하는 것을 보았다(1:26). 2장에서 우리는 '유대인들' 이 아버지의 집을 영광스럽게 하기를 원하는 주님께 표적을 요구함을 볼 수 있다(2:18). 3장에서 우리는 허물과 죄 속에 죽어 있는 '유대인의 지도자' 가 거듭나야 할 필요가 있다고 기록된 것을 읽을 수 있다(3:7). 그 다음에는 '유대인들이' 정결예식에 대하여 요한의 제자들과 변론하고 있음을 읽을 수 있다(3:25). 4장에서 우리는 유대인들의 이방인 이웃들에 대한 냉담한 무관심을 알 수 있다. "유대인이 사마리아인과 상종하지 아니함이러라"(4:9). 그리고 5장 전반부에서 '유대인의 명절' 에 대해 읽을 수 있으나 그 바로 다음 장면, 즉 '명절' 인데도 "많은 병자, 맹인, 다리 저는 사람, 혈기 마른 사람들이" 누워 있는 장면에 의하여 그 명절이 공허한 조롱거리가 되어 버린 것을 알 수 있다. 그리고 우리가 "그러므로 안식일에 이러한 일을 행하신다 하여 유대인들이 예수를 박해하게 된지라" (5:16)라는 구절을 읽을 때 사태는 가공할 정점에 이르게 된다. 하나님의 때가 왔을 때를 제외하고는 그들이 그들의 극악무도한 뜻을 실현시키는데 있어서 이보다 더 악랄할 수가 없었다.

"그러므로 안식일에 이러한 일을 행하신다 하여 유대인들이 예수를 박해하게 된지라" (5:16). 이것은 이루 말할 수 없는 경건한 구절이다. 왜냐하면 이는 지극히 가증스럽게도 하나님에 대해 반대하는 저 육체적인 마음을 드러내 주기 때문이다. 여기서른여덟 해 동안 병으로 고통받아 온 사람이 있다. 오랫동안 그는 베데스다 못가에 무력하게 누워 있었으며 그 못 속으로 들어갈 수 없었다. 그런데 이제 그가 갑자기 하나님의 아들의 살리시는 말씀에 응답하여 병상에서 일어났다. 그 뿐만 아니라 그는 자기의 침상을 들고 걸어갔다. 치유가 분명했다. 놀라운 기적이 일어났음은 부정할 수 없는 사실이었다. 유대인들은 그것을 반박할 수 없었기 때문에 그를 죽이려 함으로써 그들의 악의를 드러냈다. 그들은 그리스도께서 안식일에 병을 고쳐주셨기 때문에 그를 죽이려 했다. 이 얼마나 가증스런 상황인가? 그들은 감히 안식일의 주인을 반대하였다. 치유의 기적을 행하신 이는 다름 아닌 하나님의 아들이셨다. 그들이 그를 비난한 것은 하나님께 반대하여 불평한 것이 된다. 그러므로 우리는 여기에서 **하나님께** 적의를 품은 저 육체적인 마음이 철저하게 드러난 것을 볼 수 있다.그러나 독자여, 그 육체적인 마음은 우리들 각자 속에도 들어 있다. 이것은 타락한 피조물의 가공할 부패를 여실히 드러내 준다. 그것은 우리에게 구세주가 절실히 필요함을 보여준다. 그것은 그토록 완악한 반역자들에게 구세주를 주신 하나님의 저 놀라우신 은혜를 명백하게 나타내 준다.

"예수께서 그들에게 이르시되 내 아버지께서 이제까지 일하시니 나도 일한다 하시매" (5:17). 주 예수께서 안식일에 허다한 병자들을 고쳐 주신 것에 대하여 비난받은 예가 이것만이 아니다. 그리고 사복음서 기자들이 저마다 기록한 바, 주께서 그의 반대자들에게 이르신 다양한 답변들을 유심히 관찰하는 것은(우리가 앞에서 고찰해온 다른 예들이 입증해 주고 있듯이) 지극히 교훈적이다. 그들은 저마다 복음서의 특별한 의도에 가장 적절한 특정한 사건을(그리고 그 사건에 관련된 주님의 말씀을) 이야기하고 있다. 마태복음 12:2, 3에서 우리는 그리스도께서 다윗의 예와 율법의 가르침에 호소하시는 것을 볼 수 있는데, 그것은 이 마태복음의 기록과 적절하게 어울린다. 마가복음 2:24, 27에서 우리는 그리스도께서 "안식일은 사람을 위하여 있는 것이요"라고 말씀하심을 읽을 수 있다. 다시 말하면, 안식일은 인간의 최선의 유익에 봉사하기 위해 제정된 것이라는 의미이며, 이것은 마가복음 중에서 인간을 돌보는 것에 대하여 가장 완전하게 다루어 놓은 구절이다. 누가복음 13:15에서 우리는 주 예수께서 "너희가 각각 안식일에 자기의 소나 나귀를 외양간에서 풀어내어 이끌고 가서 물을 먹이지 아니하느냐?"라고 말씀하신 것을 볼 수 있다. 여기 그리스도의 인간성을 다룬 이 복음서에서 우리는 그가 인간의 동정심에 호소하시는 것을 발견할 수 있다. 그러나 요한복음 5장에서 그리스도께서는 전적으로 좀 더 고차원적인 근거를 제시하시며, 그의 신적 영광에 어울리는 답변을 하신다.

"예수께서 그들에게 이르시되 내 아버지께서 이제까지 일하시니 나도 일한다 하시매." 이것은 그리스도께서 여기에서 자신의 절대적인 신성에 대하여 제공해 주신 일곱 증거들 가운데 **첫 번째 증거**이다. 다윗의 예를 지적하시거나 인간의 동정심에 호소하는 대신에 그리스도께서는 자기 자신을 '아버지와' 직접적으로 동일시한다. **"내 아버지**께서 이제까지 일**하시니 나도 일한다**"라는 말씀에서 그는 자신의 아버지와의 절대적인 동등성을 단언하신다. 단순히 피조물인 자가 (그의 신분이 제아무리 높다 할지라도, 그의 나이가 제아무리 많다 할지라도) 자기 자신을 아버지와 그렇게 결부시켜 생각한다면 그것은 분명코 신성모독일 것이다. 그리스도께서 "내 아버지께서 … 나도 … "라고 말씀하실 때 그가 주장하신 것에는 잘못이 없다. 그러나 우리는 무엇보다도 이 단언의 **적절성**에 대해 숙고해야 한다.

"내 아버지께서 이제까지 일하시니." 하나님께서 제칠일에 그의 모든 창조의 일로부터 쉬셨다는 것은 사실이다. 우리가 창세기 2:3을 읽어보면 이렇게 되어 있다. "하나님이 그 일곱째 날을 복되게 하사 거룩하게 하셨으니 이는 하나님이 그 창조하시며 만드시던 모든 일을 마치시고 그 날에 안식하셨음이니라." 하나님께서는 육일 간의 노동의 수고로부터 기운을 회복하시기 위해 제칠일의 안식을 필요로 하셨던 것이 아니다. 왜냐하면 "영원하신 하나님 여호와, 땅 끝까지 창조하신 이는 피곤하지 않으시며 곤비하지 않으시기"(사 40:28) 때문이다. 그러나 피조물의 경우에는 그렇지 않다. 노동은 우리를 피곤하게 한다. 그러므로 휴식은 육체적 · 도덕적인 필수품이다. '인간을 위해 마련된' 자비로운 규정을 무시하는 남녀에게 화 있을진저! 우리가 매주일 중 하루를 온전히 쉬지 아니한다면 하나님께서는 우리로 하여금 최소한 그에 상당하는 만큼 병석에 누워 있게 하실 것이다. "스스로 속이지 말라 하나님은 업신여김을 받지 아니하시나니." 태초에 하나님께서는 그의 피조물들에게 신적 본보기를 보여주셨으며 안식의 날을 '복된' 날로 선언하셨다. 그리고 그 날의 안식을 지키고 보전한 자들에게 항상 복이 따랐었다. 그와 반대로 일주일 중 하루를 쉬지 아니하는 자들에게는 저주가 내려졌으며, 또한 지금도 저주가 내리고 있다. 하나님은 제칠일을 축복하셨을 뿐만 아니라 그 날을 '신성하게 하셨다.' '신성하게 하다'는 말은 거룩하게 사용되도록 떼어 두었다는 의미이다.

하나님께서 태초의 제칠일에 그의 모든 창조의 일로부터 쉬셨다는 것은 사실이지만, 한편 그는 그의 통치하시는 일, 섭리하시는 일, 그리고 그의 피조물의 필요를 채우시는 일은 결코 쉬지 아니하셨다. 다른 날과 마찬가지로 안식일에도 해는 뜨고 졌으며, 조수가 밀려가고 밀려왔으며, 비가 내렸고 바람이 불고 잔디가 자라났다. 하나님께서는 우리가 필수적인 일과 자비를 베푸는 일이라고 일컫는 것, 다시 말해서 전체적인 피조물의 세계를 떠받치고 유지시키는 일 및 그의 피조물들의 매일의 반복되는 필요를 채우시는 일로부터는 결코 쉬지 아니하셨다.

그리스도께서는 여기에서 "내 아버지께서 이제까지 일하시니 나도 일한다"고 말씀하신다. 아버지께서는 오랜 세월 동안 계속하여 일하고 계신다. 그의 일은 물질계에만 국한되는 것이 아니다. 인간의 지각을 밝혀 주시는 일, 그들의 양심을 깨우쳐 주시는 일, 그리고 그들의 뜻을 움직이시는 일에 있어서도 그는 '이제까지' 일해 오셨다. 아버지 하나님께서는 끊임없는 인내와 자비로써 일하시는 것이 합당하다면, 그리고 아버지께서 안식일에 그의 피조물들이 필요로 하는 것을 돌보아 주셨다면 그와 동등한 이유에 의거하여 아들이신 하나님, 안식일의 주님께서도 매주의 안식일에 필수적인 일과 자비를 베푸는 일에 종사하실 권리가 분명히 있다. 그러므로 주 예수께서는 피조물을 돌보는데 있어서 자신의 아버지와의 절대적인 동등성을 명백하게 주장하신다.

"유대인들이 이로 말미암아 더욱 예수를 죽이고자 하니 이는 안식일을 범할 뿐만 아니라 하나님을 자기의 친 아버지라 하여 자기를 하나님과 동등으로 삼으심이러라" (5:18). 그리스도의 선포가 참된 것이라는 데에는 틀림이 없다. 이것은 그리스도의 신성에 대한 **두 번째 증거**이다. "내 아버지께서 … 나도 … "라고 말씀하심으로써 그는 지극히 적절하게도 단순한 피조물에 지나지 않는 자로서는 결코 말할 수 없는 것을 선포하신 것이다. 그는 아브라함, 모세, 다윗, 그리고 다니엘이 말하려고 상상조차 하지 못한 것을 말씀하셨다. 그는 자기 자신을 아버지와 동등한 지위에 위치시켰다. 그리스도를 힘남하는 사들은 그가 "자기를 하나님과 동등으로 삼으신다"는 것을 재빨리 알아차렸는데 그것은 그들이 옳았다. 그의 말씀을 올바르게 알아듣는다면 그 외에 다른 추론이 나올 수는 없을 것이다. 그리고 그 말씀을 주의 깊게 주목해 보면, 주 예수께서는 그들이 그의 말을 왜곡했고 그의 의미하는 바를 잘못 설명하고 있다는 비난을 하지 않으셨다. 그 대신 그는 계속하여 그들에게 자신의 신적 주장을 강조하셨고, 그의 독특한 인격에 대하여 설명하시며 그의 주장이 의거하고 있는 바, 그 증거를 제시하신다. 그리고 그는 안식일에 그의 신적인 말씀으로써 가련한 병자를 고치셨기 때문에 안식일을 범했다는 비난뿐만 아니라, 명백한 암시에 의하여 자신이 하나님과 동등하다는 주장을 단언하셨기 때문에 신성모독을 했다는 비난에 대해서 자기 자신을 옹호하셨다.

그리스도께서 하나님과의 절대적인 동등성을 주장하신 것은 저 유대인 광신자들의 마음속에서 가공할 적대감의 불꽃이 더 거세게 타오르게 만들었으며, 그래서 그들은 "더욱 예수를 죽이고자 하였다." 요한복음 8장의 끝 부분에도 이와 비슷한 장면이 제시되어 있다. 주 예수께서 "아브라함이 나기 전부터 내가 있느니라"(이것은 그리스도의 절대적인 신성에 대한 또 다른 공식적인 공언이다)고 말씀하시자 그 말을 듣고 "[그 때] 그들이 돌을 들어 치려 하였다"(58, 59절) 우리는 10장에서 다시 한 번 그와 같은 장면을 볼 수 있다. 즉 예수께서 "나와 아버지는 하나이니라"고 선언하시자 "[그 때] 유대인들이 다시 돌을 들어 치려 하였다"(30, 31절). 인간의 육체적인 마음은 그와 같이 하나님에 대한 상습적인 적대감을 계속하여 드러내고 있다.

"그러므로 예수께서 그들에게 이르시되 내가 진실로 진실로 너희에게 이르노니 아들이 아버지께서 하시는 일을 보지 않고는 아무 것도 스스로 할 수 없나니 아버지께서 행하시는 그것을 아들도 그와 같이 행하느니라"(5:19). 이것은 많은 주석가들에게 곤혹스런 문제를 안겨준 구절이며, 그리스도의 신성을 부인하는 그리스도의 원수들이 종종 인용해 온 구절이다. 최고의 정통파라고 간주되는 자들 중 그 일부에서조차도 이 구절에 대한 참뜻을 찾는 데 심하게 더듬거려 왔다. 그들은 "아들이 아무것도 스스로 할 수 없다"는 말씀이 아들의 인격 속에 어떤 흠이 있음을 가리킨다고 여긴다. 그들은 그리스도의 인격에 어떤 한계가 있다고 단언하는데 그와 다른 의견이 제시되면 그에 대한 해명을 요구하는 것 같다. 그들이 기록된 말씀이요 성육신하신 말씀을 그렇게 모독하게 된 유일한 원인은 이 말씀이 그리스도의 인성에 대하여 언급하는 것이라고 생각한 데에 있음이 분명하다. 그러나 잠시만 숙고해 본다면 그러한 결론은 이 말씀의 참뜻과 아주 동떨어진 것임이 드러날 것이다. 이 19절 후반부는 전반부에 비추어서 연구되고 해석되어야 한다.

이 구절이 "그러므로 예수께서 그들에게 [**대답하여**] 이르시되 내가 진실로 진실로 너희에게 이르노니 아들이 아버지께서 하시는 일을 보지 않고는 아무 것도 스스로 할 수 없나니"라는 말씀으로 시작되고 있는 점에 주목해야 한다. 예수께서는 **무슨 질문**에 대답하신 것일까? 그는 **누구에게** '대답하신' 것일까? 앞 구절을 보면 쉽게 그 답을 결정할 수 있다. 그는 그를 죽이려 한 자들에게 대답하신 것이다. 그는 그가 "자기를 하나님과 동등으로 삼으신다" 하여 크게 화를 낸 그의 원수들에게 대답하신 것이다. 그리고 그 다음 구절을 보면 주께서는 신성모독을 범했다는 그들의 함축적인 비난에 대해 답변하신 것을 알 수 있다. 19절에서 우리는 그와 하나님이 하나이시라는 그리스도의 주장에 대한 두 번째 옹호를 들을 수 있다. 그러므로 "아들이 스스로 아무것도 할 수 없다"는 말을 따로 분리시켜서 숙고해 보면 그것은 그의 인성에 대한 것이 아니라 그의 신성에 대한 언급임을 알 수 있을 것이다. 또는 좀 더 정확하게 말하자면 그 말씀들은 성육신하신 하나님의 아들의 신적 영광과 관련되어 있다.

"아들이 아버지께서 하시는 일을 보지 않고는 아무 것도 스스로 할 수 없나니." 이 말은 그의 능력에 제한이 있다는 뜻일까? 또는 그의 권능에 한계가 있다는 의미일까? 그의 이 말씀은 그가 "자기를 비워 종의 형체를 가지셨다"고 말씀하셨으므로(빌 2:7) 그는 인간의 본성에 속하는 모든 한계를 입게 되었다는 의미일까? 이 모든 질문에 대한 답변으로서 절대적으로, 그리고 교리적으로 그렇지 않다고 말할 수 있다. 그 말씀을 올바르게 파악해 보면, 그것들은 그리스도의 인성이나 권능에 있어서의 불완전함을 지적한 것이 아니라 그의 비할 데 없는 탁월성을 제시해 주는 데 이바지하는 것일 따름이다. 그러나 다른 모든 곳에서와 같이 여기에서도 성경은 성경에 의하여 해석되어야 하며, 우리가 일단 이 규칙에 유의하기만 하면 어려움은 해결될 것이다.

우리는 30절에서 이 말씀과 정확히 일치하는 병행구를 찾아볼 수 있는데 거기에 다시 한 번 반복된 말씀에 주목해 보면 19절 말씀을 좀 더 쉽게 이해할 수 있다. 19절의 "아들이 스스로 아무 것도 할 수 없다"는 말씀은 30절의 "내가 아무 것도 스스로 할 수 없노라"는 말씀에서 반복된 것이며, 30절 끝 부분을 보면 주님께서 그 이유를 제시하심으로써 그의 말씀의 의미를 설명하고 계심을 알 수 있다. 즉 "나는 나의 뜻대로 하려 하지 않고 나를 보내신 이의 뜻대로 하려는도다." 그 한계는 그의 인성에 있어서의 어떤 결함(성육신하심으로써 생기게 된) 때문이 아니며 그의 능력에 있어서의 제한(자진하여 취하신 것이든 부과된 것이든) 때문도 아니다. 그것은 전혀으로 의지의 문제이다. "아들이 **스스로 아무 것도** 할 수 없나니"라는 말은 다시 말해서 그리스도로부터 시작되거나 발생하게 되는 일은 아무 것도 할 수 없다는 의미이다. 바꿔 말하면 그가 말씀하신 내용의 참뜻은 이런 것이다. '나는 아버지와 독립적으로 행동할 수 없느니라.' 그러나 그것이 결함이 되는 한계일까? 참으로 그렇지 않다. 오히려 그와 정반대이다. "거짓이 없으신 하나님"(딛 1:2)이라는 말씀과 "악에게 시험을 받지 아니하시는 하나님"(약 1:13)이라는 말은 신적 본성 내지는 신적 특성 속에 있는 흠을 가리키는 것이겠는가? 결코 그렇지 않다. 그 말씀들은 신적 완전성을 단언하고 있다. 여기에서의 그리스도의 말씀도 그와 마찬가지이다.

그리스도께서는 여기에서 아버지의 종으로서의 중보적인 신분에 관하여 말씀하고 있는 것이 아닐까? 그렇지 않음이 분명한데 거기에는 세 가지 이유가 있다. 첫째로, 요한복음의 특징은 그리스도의 종의 신분을 강조하는 것이 아니다. 이 복음서에서는 그리스도의 신성, 그의 신적 영광을 특징적으로 강조하고 있으며, 그 내용이 전반에 걸쳐 두드러지게 나타나 있다. 그러므로 이 구절에 대한 설명도 그 사실과 서로 조화를 이루는 것이 되어야 한다. 둘째로, 우리 주님께서는 여기에서 자신의 중보자의 직무, 즉 신적으로 **지정된** 그의 임무를 옹호하신 것이 아니다. 오히려 그는 그가 자기를 하나님과 동등으로 삼으셨다 하여 그가 신성모독의 죄를 범했다고 비난하는 자들에게 답변하신 것이다. 세 번째 이유는 아래와 같다.

"아들이 스스로 아무 것도 할 수 없음이니라." 필자는 이 말의 의미가 "아들이 아버지와 독립적으로 행동할 수 없다"라는 것이라고 생각한다. 그러면 어째서 그럴까? 왜냐하면 아들은 **의지에 있어서** 아버지와 절대적으로 하나이시기 때문이다. 그가 아들이신 **하나님**이라면 그의 뜻은 아버지이신 하나님의 뜻과 완전하게 일치함이 분명하다. 그렇지 않다면 절대적이나 투쟁하는 두 의지가 있을 것이다. 그리고 그것은 하나가 다른 하나에 반대하는 두 하나님이 있다는 뜻이 된다. 좀 더 분명하게 말하자면, 그것은 두 **최고**의 존재가 있다는 뜻인데, 그 말은 물론 용어상으로도 서로 명백하게 모순되고 있다. 그러므로 아들이 스스로 아무 것도 할 수 없는 것은 주 예수가 **하나님**의 아들이시기 때문이며, 그래서 그의 뜻이 아버지의 뜻과 완전히 일치하기 때문이다. 인간은 하나님과 독립적으로 뜻을 품을 수 있으며 현재 있는 그대로도 하나님과 소원한 상태에 있다. 자기의 최고의 지위를 지키지 않는 천사들조차도, 게다가 천사들 중 그 신분이 가장 높은 "기름부음 받은 그룹"조차도 "내가 … 하리라"고 말할 수 있었고, 또 그렇게 말하였다(사 14:13, 14 참고. 그 말은 다섯 번 반복되어 있다). 그러나 하나님의 아들께서는 그렇게 말할 수 없었다. 왜냐하면 그는 사람 중에 참 사람이셨고, 다름 아닌 바로 하나님 자신이셨기 때문이다.

그리스도가 다른 모든 사람들과 다른 점은 바로 그가 신인(神人)이라는 데에 있다. 그는 아버지로부터 유리되어 독자적으로 행동하신 적이 결코 없었다. 그는 항상 아버지의 뜻에 완전히 복종하셨다. 그는 자기의 의지를 꺾어야 할 필요가 없었다. 처음부터 끝까지 그는 그를 보내신 이의 뜻에 완전하게 일치하셨다. 그가 어린 시절에 하셨던 말은 그의 지상생활의 핵심을 찌른 것이었다. "내가 **내 아버지** 집에 있어야 될 줄을 알지 못하셨나이까"(눅 2:49). 마귀에게 공격받으시던 저 광야의 시험에서도 그는 하나님과 독립적으로 행동하기를 거부하셨다. "나를 보내신 이의 뜻을 행하는 것이 내 양식이니라"는 말씀은 그의 사랑이 넘치는 봉사를 특징지어주고 있다. 그리고 그의 최후의 순간에 이르렀을 때 그가 행하신 것을 살펴보자. 동산에서의 피땀에 젖은 그의 얼굴을 바라볼 때, 그리고 그 두려운 잔이 지나가게 해달라고 같은 기도를 세 번 드리시면서, 그러나 "나의 원대로 마시옵고 아버지의 원대로 하옵소서"라고 말씀하셨을 때, 우리는 위에서 본 바와 똑같은 그의 복된 탁월성을 알 수 있다.

"아버지의 하시는 일을 보지 않고는 아무 것도 스스로 할 수 없나니." '보다'는 말은 심사숙고하다, 이해하다, 안다는 것을 의미한다. 그것은 로마서 7:23; 11:8; 고린도전서 13:12; 히브리서 10:25 등에 사용되어 있다. 그러므로 아들이 그의 신적 권능을 행하실 때 그것은 그렇게 행사되어야만 할 아버지의 뜻이라는 것을 항상 의지적으로 알고 계셨다.

"아버지의 하시는 일을 보지 않고는 아무 것도 스스로 할 수 없나니 아버지께서 행하시는 그것을 아들도 그와 같이 행하느니라." 이것은 (그 용어의 가장 절대적인 의미에 있어서) 신적 존재만이 진실하게 말할 수 있는 단언이다. 왜냐하면 아들은 아버지께서 행하시는 것만을 행할 수 있으며, 그리고 다른 한편으로 "아버지께서 행하시는 그것을 아들도 그와 같이 행하시기" 때문이다. '그와 같이'라는 말에 신중하게 주목해야 한다. 아들은 아버지가 행하시는 것을 행하실 뿐만 아니라 아버지가 그것을 행하시는 것**처럼**, 다시 말해서 그들에게 공통된 신적 본성의 절대적인 완전성에 일치하는 방식으로 행하시는 것이다. 그러나 훨씬 더 놀라운 것은 저 포괄적인 '무엇이든지'라는 말이다. 아들은 아버지께서 아버지의 일을 행하시는 것과 똑같은 신적 권능과 탁월성을 가지고 그의 일을 수행하실 뿐만 아니라, 그도 또한 "아버지가 행하시는 것을 무엇이나" **다** 행하신다. 이것은 그리스도께서 종으로서의 중보적인 능력에 대하여 말씀하시는 것이 아니라 하나님과 절대적으로 동등하신 분으로서의 특성에 대해 말씀하고 계심을 입증해 주는 명백한 증거이다.

필자는 여기에서 고(故) 존 브라운 박사의 이 구절에 대한 지극히 탁월한 주석을 인용하지 않을 수 없다. "모든 것은 아버지**로부터** 나오며 모든 것은 아들에 **의하여** 행해진다. 아버지께서 세상을 만드셨는가? 그렇다면 아들이 그렇게 하신 것이다. 아버지께서 우주를 떠받치고 계시는가? 그러면 아들이 그렇게 하시는 것이다. 아버지는 세상의 구세주이신가? 그러면 아들이 그런 것이다. 유대인들은 우리 주님께서 자신을 '하나님과 동등으로' 삼으신다고 결론을 내렸는데 그때 그들은 잘못 판단하지 않았다. 하나님이 행하시는 것을 행하시는, 하나님과 밀접한 관계가 있으신 이는 하나님이 행하시는 모든 것을 행하시며, 하나님이 그것을 행하시는 것과 똑같은 방식으로 모든 것을 행하신다. 그러한 분이시니 그는 하나님과 동등하지 않을 리 없다." 필자는 이 말에다 한 마디만 덧붙이겠다.

성경은 미래에도 또한 아버지와 아들의 뜻이 완전히 일치하는 가운데 행해지리라는 것을 드러내 주고 있다. 왜냐하면 성경의 마지막 장에, 새 땅의 하나님의 보좌는 "하나님과 및 **어린 양의** 보좌이리라"(계 22:1)고 기록되어 있기 때문이다. 우리가 본고(本考)의 다음 구절로 넘어가기 전에 이 구절을 우리 자신에게 적용시키기 위하여 잠시만 생각해 보자. "아들이 아무 것도 스스로 할 수 없다"는 말씀은 우리 모두의 제 뜻대로만 행하는 것을 크게 비난하고 있다. 성도 중에, "나는 내 자신의 뜻으로는 아무 것도 행할 수 없다. 내 생명은 전적으로 하나님의 처분에 맡겨져 있다"라고 진실로 말할 수 있는 자가 누가 있는가?

"아버지께서 아들을 사랑하사 자기의 행하시는 것을 다 아들에게 보이시고 또 그보다 더 큰 일을 보이사 너희로 놀랍게 여기게 하시리라"(5:20). 육체적인 마음을 가진 우리는 이 구절을 읽을 때 다시 한 번 혼란에 빠진다. 그리스도가 하나님의 아들이시라면 어째서 그는 '보여주심을' 받을 필요가 있단 말인가? 우리가 어린이에게 무엇인가를 '보여줄' 때 그것은 어린이가 무지하기 때문에 그렇게 하는 것이다. 우리는 여행자에게 바른 길을 '보여줄' 때 그것은 여행자가 그것을 모르기 때문에 그렇게 하는 것이다. 그러므로 어떤 이는 이 구절이 그리스도의 중보자의 직무를 가리키고 있다고 말한다. 그러나 그렇게 보는 것은 이 구절의 아름다움을 해치며 이 부분의 문맥의 통일성을 훼손시킨다. 이 구절은 그리스도의 지식에 있어서의 불완전성과 한계성을 가리키는 듯하나 바로 그 점이 그의 비길 데 없는 탁월성을 다시 한 번 보여주는 것이다.

"아버지께서 아들을 사랑하사 자기의 행하시는 것을 다 아들에게 보이시고." 이 구절 서두의 ' … 하사' 라는 말은 이 구절이 전체적인 문맥과 관계가 있을 뿐만 아니라 바로 앞 구절과도 밀접한 관계가 있음을 암시하고 있다. 그것은 우리 주님께서 그가 '하나님과 동등' 하시다는 것을 계속 제시하고 있다는 것을 암시해 준다. 이 구절의 논지는 간략히 말해 이런 것이다. 즉 아버지는 아들에게 아무런 비밀이 없으시다. 그는 하나님의 아들이시기 때문에 아버지는 그를 사랑하신다. 다시 말해서, 그들은 똑같이 무한한 완전성을 공통으로 소유하고 있기 때문에 아버지의 아들에 대한 사랑은 형언할 수 없을 만큼 크고, 그 사랑은 아버지께서 "아들에게 모든 일을 보여주심으로써 **명백하게 밝혀진다.**" 그들 사이에는 강제나 억지가 전혀 없다. 그들의 상호 동등성 때문에 그들 사이에는 지극히 완전한 친밀성이 있다. 이 심오한 진리를 단순한 수준의 예를 들어 설명해 보기로 하자.

어떤 이방인이 당신의 집을 방문해 왔다면 당신이 그에게 '보여주지' 않을 것들이 많이 있을 것이다. 예를 들면, 가족사진 등이 그것이다. 그러나 친한 친구나 사랑하는 친척에게는 그렇지 않을 것이다. 필자는 이 예증이 대단히 불충분한 것임을 안다. 그러나 아마도 이것은 필자가 제시하고자 하는 사상의 윤곽을 좀 더 잘 이해하게 하는데 도움이 될 것이다.

"아버지께서 아들을 사랑하신다" 는 말은 그들 사이에 존재하는 완전한 친밀성을 명시해 줄 뿐만 아니라 "아버지의 행하시는 것을 아들에게 다 보이신다" 고 덧붙여진 말은 그리스도의 신적 영광에 대한 또 하나의 예, 다시 말해서 아버지와 아들 사이에 존재하는 **지식에 있어서의** 절대적인 **동등성**을 입증해 준다(그리스도의 신성에 대한 **세 번째 증거**). 이 사상을 다시 한 번 인간적인 수준의 예를 들어 설명해 보자. 문맹자와 4차원의 수학을 토론해 봐야 무슨 소용이 있겠는가? 일학년 어린이에게 대수학 문제를 푸는 것을 '보여주어' 봐야 무슨 소용이 있겠는가? 그와 마찬가지로 하나님의 모든 방법과 그의 모든 일을 이해할 수 있는 사람이 누가 있겠는가? 단순히 피조물에 지나지 않는 사람으로서는 그럴만한 자가 없다. 타락한 인간은 하나님을 알 수 없다. 믿는 자는 점진적으로, 그리고 서서히 배울 수 있을 뿐이다. 그렇게 해서만 비로소 그는 성령에 의하여 가르침을 받게 된다. 타락하지 않은 천사들조차도 하나님의 마음을 부분적으로밖에 알지 못했다. 천사들도 '살펴 보기'를 원하는 것이 있다(벧전 1:12). 그렇다면 하나님은 그의 마음의 완전한 계획을 누구에게 보여줄 수 있겠는가?

우리는 단순히 피조물에 지나지 않는 사람 중에는 그럴 만한 자가 아무도 없다고 다시 한 번 대답해야 한다. 왜냐하면 신분이 제아무리 높은 자라 할지라도 그것을 이해할 능력이 없기 때문이다. 유한한 것은 무한한 것을 이해할 수 없다. 그렇다면 아버지께서 아들에게 "그가 행하시는 **것을 다**" 보이시니, 아들은 아버지와 **똑같은** 마음을 가지셨으며 그들은 지식에 있어서도 하나이고 절대적으로 **동등하다**는 것이 자명하지 않겠는가? 그리스도는 "아버지가 행하시는 모든 것"을 파악하고 이해하실 능력이 **있으시다**. 그러므로 그는 "하나님과 동등"하심이 틀림없다. 왜냐하면 오직 하나님만이 **아버지의** 마음을 완전하게 헤아릴 수 있기 때문이다.

이 구절의 의미는 이런 것 같다. 즉 아버지와 아들의 사랑, 곧 그들이 서로에 대해 품고 있는 완전한 만족감은 그들이 동등하게 소유하고 있는 신적 능력이 발휘되어야 할 **시기**와 **목적**과 **방법**에 대하여 아들이 가지고 있는 완전한 지식에 의해 명백하게 드러난다. 그들이 서로에 대해 완전하게 만족해하는 것은 우리 주님께서 말씀하셨던 것처럼 이 지식의 결과이다. 우리 주님께서는 이렇게 말씀하셨다. "이 경우에(병자를 고치신 일) 나는 내 아버지께서 신적 능력을 행사하시고 있는 한에서만 그것을 행사한 것이다."

"그리고 우리 주님께서는 이렇게 덧붙이신다. '아버지와 아들의 지식과 뜻과 활동에 있어서 이러한 일치가 훨씬 더 명백하게 드러날 것이다.' '아버지께서 아들에게 그보다 더 큰 일을 보이사 너희로 놀랍게 여기게 하시리라.' 또는 '너희가 기이히 여기게 될 것이다.' 필자는 그 말의 뜻을 이렇게 생각한다. 즉 '아들은 그의 거룩하신 아버지의 마음과 뜻과 활동을 완전하게 아시기 때문에, 아버지와 **자기 자신에게** 동등하게 속하는 신적 능력에 대하여 훨씬 더 놀랄 만한 표시를 보여주실 것이다.' 그러한 표시는 그것을 보는 모든 사람들을 놀라게 할 것이다. 이 표시가 주어졌다는 것은 다음과 같은 사실을 통해 나타난다. 즉 그리스도께서는 병자를 고치셨다. 그리고 그는 죽은 사람에게 곧 생명을 주실 수 있었다. 그렇지만 미래에 그는 모든 죽은 자들에게 생명을 주실 수 있으며, 온 인류의 통치자요 심판자로 활동하실 것이다"(존 브라운).

"아버지께서 죽은 자들을 일으켜 살리심 같이 아들도 자기가 원하는 자들을 살리느니라"(5:21). 이 구절은 그리스도의 신성에 대한 **네 번째 증거**를 제시하고 있다. 여기에서 그는 **주권적 권리**에 있어서의 아버지와의 절대적인 동등성을 단언하신다. 이것은 주 예수께서 여기에서 종속적인 종으로서가 아니라 하나님의 아들로서 말씀하고 계심을 입증해 주는 좀 더 확실한 증거를 제시하고 있다. 그는 신적 주권에 대해 주장하고 있다. 병자를 고치신 것이 그 좋은 실례이다. 그 예는 주님의 능력을 입증해 줄 뿐만 아니라 그의 절대적인 주권을 드러내 주고 있다. 그는 못가에 누워 있는 병자의 무리 전체를 고치신 것이 아니었다. 그 대신 그는 그 중 한 사람을 택하여 그를 낫게 하셨다. 그는 영적 영역에서 그렇게 일하시며 그렇게 행동하신다. 그는 (영적으로) 모든 사람을 살리시는 것이 아니라 '그가 원하는' 자들을 살리신다. 그는 그럴 가치가 있는 자들을 살리신 것이 아니다. 왜냐하면 그럴 만한 자는 아무도 없기 때문이다. 그는 살고자 하는 자들을 살리시는 것이 아니다. 왜냐하면 그들은 죄 속에 죽어 있기 때문에 다시 살아나게 될 때까지는 결코 살고자 하지 않기 때문이다. 아들께서는 그가 원하시는 자들을 살리신다. 그가 그렇게 말씀하셨으므로 문제는 종결되어진 것이다. 그것은 따져야 될 일이 아니라 믿어야 할 일이다. 살린다는 것은 생명을 부여하는 것이며, 생명을 부여하는 것은 신적 특권이다. 이 사실은 앞 구절에 대한 필자의 해석이 옳다는 것을 증명해 준다. 여기에서 단언된 것은 바로 그리스도의 **신적 권리들**이다.

"아버지께서 죽은 자들을 일으켜 살리심 같이 아들도 자기가 원하는 자들을 살리느니라." 이 구절은 '그러므로' 라는 말로 시작된다. 그런데 그것은 이 구절이 앞에서 말한 내용과 관련이 있다는 증거를 제시해 준다. 필자가 판단하기에 이 구절은 19절과 관계가 있으며, 그 중 "아버지께서 행하시는 그것을 아들도 그와 같이 행하느니라" 는 말씀의 예증을 제시해 주는 것이라고 생각된다. 즉 아버지께서 살리시니 아들도 그렇게 하신다는 의미이다. 그러나 이 구절은 바로 앞 구절과도 직접적인 관련이 있다. 거기에서 주님께서는 병자를 고치신 것보다 '더 큰 일' 에 대해 언급하셨다. 그리고 여기에 그 실례로서 죽은 자를 살리는 일, 즉 죄 속에 죽어 있는 자들을 영적으로 살리는 일이 제시된 것이다. 이것은 그의 아버지와의 절대적인 동등성에 대한 훨씬 더 결정적인 논증이다.

"**아버지께서 아무도 심판하지 아니하시고 심판을 다 아들에게 맡기셨으니 이는 모든 사람으로 아버지를 공경하는 것 같이 아들을 공경하게 하려 하심이라 아들을 공경하지 아니하는 자는 그를 보내신 아버지를 공경하지 아니하느니라**" (5:22, 23). 아버지께서 사람을 심판하지 아니하신다는 것, 더 나아가 '아무도 심판하지 아니하신다' 는 이 선포는 특히 주목할 가치가 있다. 우리는 지극히 당연하게 아버지가 바로 심판자이시라고 예상한다. 아버지는 부당한 대우를 받으신 첫째의 위격이시다. 그의 권리들(전적으로 그의 것은 아니라 할지라도)은 부인당하였다. 그의 통치적인 권리는 무시당하였다. 그는, 무시당하고 거부당한 주 예수를 보내신 분이시다. 그러나 아버지께서 심판자가 되시는 대신에, 그는 "심판을 다 아들에게 맡기셨다." 그리고 그렇게 하신 이유는 "모든 사람으로 아버지를 공경하는 것 같이 아들을 공경하게 하시려는" 것이다. 이것은 그리스도의 신성에 대한 **다섯째 증거**이다. 그러므로 **신적 영광에 있어서** 아버지와 아들 사이에는 절대적인 동등성이 있으며, 좀 더 정확히 말해서, 있게 될 것이다.

"내가 진실로 진실로 너희에게 이르노니 내 말을 듣고 또 나 보내신 이를 믿는 자는 영생을 얻었고 심판에 이르지 아니하나니 사망에서 생명으로 옮겼느니라" (5:24). 17절에서와 같이 여기에서 우리는 주님이 아버지와 지극히 밀접한 일치 속에 연합되어 있다는 것을 다시 한 번 발견한다. 즉 "**내** 말을 듣고 나 **보내신 이를** 믿으라." 이것은 우리가 고찰해 온 구절들을 통해 면면히 흐르고 있는 지배적인 사상으로서, 필자가 이미 충분히 강조한 바 있기 때문에, 이제 부차적인 것이기는 하지만 다른 진리들을 고찰해 보자. 이것은 주의 백성들이 대단히 좋아하는 구절이다. 그것은 걱정에 잠긴 많은 영혼들에게 평화와 확신을 주시기 위하여 하나님이 사용하시는 구절이다. 그것은 영생을 현재적인 소유물로서, 즉 '영생을 **얻었고**'라고 말하며, 우리가 죽었을 때나 부활의 아침이 올 때에야 얻게 되는 미래적인 것으로 말하고 있지 않다. 영생을 얻었다는 증거와 그 결과가 되는 두 가지 사실이 여기에 언급되어 있는데, 그것들은 대체로 두 개의 조건이라고 간주되는 경우가 있다. 그러나 듣는 귀와 믿는 마음은 영생을 얻은 결과이지 영생을 얻기 위한 조건은 아니다. 그렇기 때문에 "심판에 이르지 아니한다"는 말씀이 덧붙여져 있다. 이 말씀은 미래를 보장해 준다. "그러므로 이제 그리스도 예수 안에 있는 자에게는 결코 정죄함이 없나니" (롬 8:1). 믿는 자에게는 정죄함이 없는데 그것은 대속자께서 정죄함을 받으셨기 때문이다. 믿는 자가 정죄에 이르지 아니하는 또 하나의 이유는 그가 정죄의 영역인 '사망에서' '생명으로 옮겨졌기' 때문이다.

"진실로 진실로 너희에게 이르노니 죽은 자들이 하나님의 아들의 음성을 들을 때가 오나니 곧 이 때라 듣는 자는 살아나리라" (5:25). 이것은 좀 더 상세한 내용이 첨부되어 있긴 하지만 앞 구절에서 말씀하신 것과 똑같은 진리를 담고 있다. "죽은 자들이 들으리라." 이것은 육적인 마음을 가진 인간에게는 대단히 역설적으로 들린다. 그러나 죽은 자들이 하나님의 아들의 음성을 듣는다는 것을 기억할 때 모든 일은 명료해진다. **아들**의 목소리만이 죽음의 장소를 꿰뚫을 수 있다. 왜냐하면 그의 목소리는 생명을 주시는 목소리이며, 그 목소리를 듣는 죽은 자들이 살아날 것이기 때문이다. 듣는 능력은 말씀하시는 목소리의 능력에 수반되는 것이다. 왜냐하면 그 목소리는 생명을 주는 목소리라서 **죽은 자들**조차도 그것을 듣고, 그리고는 살아나게 되기 때문이다. 그러므로 이것은 그리스도의 신성에 대한 **여섯째 증거**이다. 즉 아들은 **생명을 주시는 능력에 있어서** 아버지와의 절대적인 동등성을 주장하신다.

"아버지께서 자기 속에 생명이 있음 같이 아들에게도 생명을 주어 그 속에 있게 하셨고"(5:26). 이것은 필자가 바로 위에서 주장한 견해가 옳다는 것을 입증해 준다. 다만 좀 더 상세한 내용이 하나 더 부연되어 있을 뿐이다. 아버지께서는 '자기 속에 생명'이 있으시다. "그것은 그의 본성에 속한다. 그는 그것을 아무에게서도 받지 아니하셨다. 그것은 필연적으로 존재하는 하나님의 본질의 필수적인 속성이다. 그는 생명을 가지셨기 때문에 그것을 주실 수 있고, 거두어 가실 수 있으며, 기뻐하시는 자에게는 누구든지 그것을 회복해 주실 수 있다. 그는 모든 생명의 원천이시다. 하늘과 땅의 생명을 가진 모든 것들은 그에게서 그것을 받았다. 그들은 자기 속에 생명이 없다"(존 브라운). 그와 마찬가지로 그리스도의 생명도 파생된 생명이 아니다. "그 안에 생명이 **있었으니**"(요 1:4). 그는 다른 사람에게 생명을 주실 수 있다. 왜냐하면 아버지께서 "아들에게도 생명을 주어 그 속에 있게 하셨기 때문이다." '주다' 는 말은 문자 그대로, 즉 부여되었다는 의미가 아니라 상징적으로 지정되어 있다는 의미로 이해되어야 한다. 그런 의미로 사용되어 있는 예는 이사야 42:6, 49:8, 55:4에서 찾아볼 수 있다. "아들에게도 주어 **있게 하시다**"는 말도 계속 유지하게 하다는 의미이다. 그러므로 모든 피조물은 하나님 안에서 살고 움직이며 그들의 존재가 하나님 안에 있으나, 그리스도께서는 그들과 대조적으로 "자기 속에 생명"이 있으시다. 그는 단순한 피조물이 아니라 '하나님과 동등' 하심이 틀림없다.

"또 인자됨으로 말미암아 심판하는 권한을 주셨느니라 이를 놀랍게 여기지 말라 무덤 속에 있는 자가 다 그의 음성을 들을 때가 오나니 선한 일을 행한 자는 생명의 부활로, 악한 일을 행한 자는 심판의 부활로 나오리라"(5:27-29). 이것은 우리에게 그리스도의 신성에 대한 **일곱째 증거**를 제시해 준다. 즉 그는 **심판의 권세와 권능에 있어서** 아버지와 상호 동등하시다.

"또 인자됨으로 말미암아 심판하는 권한을 주셨느니라." '또' 라는 말은 22절의 말씀을 다시 지적함을 내포하고 있다. 거기에는 "아버지께서 아무도 심판하지 아니하시고 심판을 다 아들에게 맡기셨다"고 기록되어 있다. 심판은 아들에게 맡겨졌는데 이는 모든 사람으로 아버지를 공경하는 것같이 아들을 공경하게 하려 함이다. 그러나 여기 27절에서 그리스도께서는 또 다른 이유를 부가하신다. 즉 아버지께서 주 예수로 하여금 심판을 집행하시도록 정하신 것은 "그가 인자이기 때문이다." 그것은 하나님의 아들이 육체를 입고 인간으로서 이 땅을 걸으셨기 때문이며, 그리하여 그가 무시당하고 거부되었으며 또 그의 신적 영광이 부인되었기 때문이다. 이것은 인자가 장엄한 최후의 날에 심판자가 되시는 것이 합당한 일이 되는 이유이다. 무시당한 분께서 최고의 영광과 권세의 지위에 있으실 것이다. 모든 사람이 그 앞에 무릎 꿇고 경배하지 않을 수 없을 것이다. 그리하여 그들 앞에서 그가 영광을 받으실 것이며, 그의 모욕당한 권리들의 정당함이 입증될 것이다.

그 다음으로 무덤 속에 있는 모든 사람들의 부활에 대한 언급이 나온다. 이들은 두 부류로 나뉜다. 첫째로, 선한 일을 행한 자들은 생명의 부활로 나온다. 이것은 성도들의 부활을 가리킨다. '선을 행한' 자들이란 성도들에 대한 특징적인 기술이다. 그것은 그들의 처신에 대하여 언급하고 있는 말로서 그들 안에 새 본성이 들어 있다는 것을 나타내주고 있다. 앞 구절에서(24, 25절) 우리는 하나님의 아들의 주권적인 능력에 의하여 영적으로 죽은 자들에게 주어진 생명, 영원한 생명을 얻었었다. 이것은 그들에게 주어진 하나님의 아들의 생명이다. 안에 들어 있는 그리스도의 생명은 그리스도와 같은 행동을 함으로써 밖으로 드러나게 된다. 이것은 주 예수께서 자기의 백성들을 언급하실 때 여기에서 사용하신 말씀을 통해 강력하고 아름답게 제시되어 있다. 사도행전 10:38에서 사도가 그리스도께서 "다니시며 **선한 일을 행하셨다**"고 말함으로써 그의 지상생활을 요약하였듯이, 여기에서 주 예수께서는 자기의 백성들을 '**선을 행한** 자들', 즉 자기의 생명을 드러낸 자들이라고 언급하신다. 이들은 그리스도께서 강림하실 때에 나오게 될 것이다(고전 15:23; 살전 4:16). 그것도 '생명의 부활로' 나오게 될 것이다. 왜냐하면 그때에 그들이 참된 생명의 활동과 기쁨을 아무런 방해를 받지 않고 충만하고 완전하게 누리게 될 것이기 때문이다.

'악을 행한 자들'이란 구원받지 아니한 많은 사람들을 가리킨다. 이들도 또한 '나오게' 될 것이다. 불경건하게 죽은 모든 사람들도 그리스도의 목소리를 듣고 순종하게 될 것이다. 그들은 그리스도께서 은혜와 진리를 말씀하실 때 그에게 귀 기울이지 아니하였다. 그러나 그가, 위대한 저 흰 보좌 앞에 나타나도록 그들에게 두려운 소환장을 보내실 그때에는 그들이 그의 말을 듣지 않을 수 없을 것이다. 그들은 그리스도를 **죄인들의 구세주**로 믿지 아니하였다. 그러나 그들은 그를 '죽은 자의 주' 로 고백해야만 할 것이다(롬 14:9). 이것은 형언할 수 없이 엄숙한 진리이다. 그들에게는 단하나의 희망도 남아 있지 않다. 그것은 현대에 와서 하나님의 진리를 왜곡하여 가르치고 있는 자들의 견해가 옳다고 입증해 주는 부활이 아니다. 그것은 '심판에 이르는' 부활이다. 공정한 심판만이, 즉 그들의 운명에 대한 공식적이고 공공연한 선고만이 그들을 기다리고 있는 것이다. 그 후에 그들은 불과 유황이 타는 못 속에서 영원히 괴로워하며 지내게 될 것이다. 그들은 육체적인 몸으로 죄를 지은 것처럼 그들은 육체적인 몸으로 고통을 받을 것이다. 그들은 영광스러운 육체를 갖게 되는 대신에 죄로 더럽혀지고 악으로 인하여 끔찍하게 된 육체로 부활하게 될 것이다. "수치를 당하여서 영원히 부끄러워하게 될 것이다"는 말은 그들을 기술하고 있는 말이다(단 12:2). 그들이 "환난과 곤고"(롬 2:9)를 견딜 수 있다 할지라도(바벨론의 불타는 용광로 속에 들어 있던 세 명의 히브리인들의 육체적인 몸이 그랬던 것처럼) 그들은 불꽃에 의해서 타 없어지지 아니하고 "불로써 소금 치듯"(막 9:49) 계속 불타고 있을 것이다. '소금' 은 부패를 방지하는 **방부제**이다.

"**내가 아무 것도 스스로 할 수 없노라 듣는 대로 심판하노니 나는 나의 뜻대로 하려 하지 않고 나를 보내신 이의 뜻대로 하려 하므로 내 심판은 의로우니라**"(5:30). 우리는 이 구절의 전반부에 대해서 이미 고찰한 바 있으므로 더 설명할 필요가 없다. 이 구절의 후반부에는 심판에 대하여 또 다른 말씀이 부가되어 있다. "내 심판은 의로우니라." 이것은 지극히 엄숙하다. 그리스도께서는 은혜가 아니라 확고한 의(義)로써 심판을 다루실 것이다. 그는 자비가 아니라 **공의**를 행하실 것이다. 이것은 '심판에 이르는' 부활을 하는 모든 사람에게서 다시 한 번 전적으로 희망의 빛을 몰아내는 말씀이다.

이 마지막 구절들에는 그리스도의 신성에 관련된 사상이 두 가지 부가되어 있다. 첫째로, "무덤 속에 있는 자가 다" 그리스도의 음성을 듣고 "나오게" 되리라는 사실은 그리스도가 가장 고귀한 피조물보다도 훨씬 더 높으신 분임을 입증해 준다. 오직 **하나님**만이 부패해 버린 흩어진 육신의 조각들을 다시 모으실 수 있다. 둘째로, 오직 **하나님**만이 대심판일에 심판자로서 행동하실 수 있다. 오직 하나님만이 마음을 읽으실 수 있으며, 오직 그만이 저 위대한 흰 보좌 앞에 서 있는 많은 사람들에게 합당한 형을 선고하는 참으로 엄청난 일을 하시기에 필요한 지혜를 가지고 있다. 그래서 우리는 이 구절들이 처음부터 마지막까지 구세주의 신성에 대하여 제시하고 있다는 사실을 알 수 있다. 그러므로 우리가 아버지를 공경하는 것같이 그를 공경하자. 그리고 흠모하는 예배로 그 앞에 엎드리자.

다음 장에서 다룰 요한복음 5:31-47 말씀을 위해 예비한 다음과 같은 질문을 독자는 신중하게 연구하기 바란다.

1. 여기에는 그리스도의 신성에 대한 증거가 얼마나 많이 있는가?

2. 31절의 의미는 무엇인가?

3. 그리스도께서는 이미 '요한'에게서 사람의 증거를 취하셨는데도 34절 전반부와 같은 말씀을 하신 의미는 무엇일까?

4. 35절 후반부에는 어떤 경고가 들어있는가?

5. 39절의 "너희가 ⋯ 생각하고"라는 말씀의 참뜻은 무엇인가?

6. 43절의 후반부에서는 누구를 가리키고 있는가?

7. 사람의 영광을 취하는 것과 그리스도를 믿지 아니하는 것 사이에는 어떤 관련이 있는가?(44절)

제19장

그리스도의 신성
(세 가지 증언)

[31]내가 만일 나를 위하여 증언하면 내 증언은 참되지 아니하되 [32]나를 위하여 증언하시는 이가 따로 있으니 나를 위하여 증언하시는 그 증언이 참인 줄 아노라 [33]너희가 요한에게 사람을 보내매 요한이 진리에 대하여 증언하였느니라 [34]그러나 나는 사람에게서 증언을 취하지 아니하노라 다만 이 말을 하는 것은 너희로 구원을 받게 하려 함이니라 [35]요한은 켜서 비추이는 등불이라 너희가 한때 그 빛에 즐거이 있기를 원하였거니와 [36]내게는 요한의 증거보다 더 큰 증거가 있으니 아버지께서 내게 주사 이루게 하시는 역사 곧 내가 하는 그 역사가 아버지께서 나를 보내신 것을 나를 위하여 증언하는 것이요 [37]또한 나를 보내신 아버지께서 친히 나를 위하여 증언하셨느니라 너희는 아무 때에도 그 음성을 듣지 못하였고 그 형상을 보지 못하였으며 [38]그 말씀이 너희 속에 거하지 아니하니 이는 그가 보내신 이를 믿지 아니함이라 [39]너희가 성경에서 영생을 얻는 줄 생각하고 성경을 연구하거니와 이 성경이 곧 내게 대하여 증언하는 것이니라 [40]그러나 너희가 영생을 얻기 위하여 내게 오기를 원하지 아니하는도다 [41]나는 사람에게서 영광을 취하지 아니하노라 [42]다만 하나님을 사랑하는 것이 너희 속에 없음을 알았노라 [43]나는 내 아버지의 이름으로 왔으매 너희가 영접하지 아니하나 만일 다른 사람이 자기 이름으로 오면 영접하리라 [44]너희가 서로 영광을 취하고 유일하신 하나님께로부터 오는 영광은 구하지 아니하니 어찌 나를 믿을 수 있느냐 [45]내가 너희를 아버지께 고발할까 생각하지 말라 너희를 고발하는 이가 있으니 곧 너희가 바라는 자 모세니라 [46]모세를 믿었더라면 또 나를 믿었으리니 이는 그가 내게 대하여 기록하였음이라 [47]그러나 그의 글도 믿지 아니하거든 어찌 내 말을 믿겠느냐 하시니라 (요 5:31-47)

우선 이 19장에서 고찰하게 될 내용을 분석해 보자.

1. 아들은 아버지와 독자적으로 행동하지 않는다는 그리스도의 증거(31, 32절)

2. 요한의 증거(33, 34절)

3. 그리스도의 요한에 대한 증거(35절)

4. 그리스도의 역사(役事)에 대한 증거(36절)

5. 아버지의 증거(37, 38절)

6. 성경의 증거(39절)

7. 유대인들을 책망하시는 그리스도의 증거(40-47절)

우리가 각 장을 고찰해 나갈 때 이 넷째 복음서의 특징과 의도를 염두에 둘 필요가 있다. 이 복음서의 주된 의도는 그리스도의 신적 영광을 제시하는 것이다. 이 복음서가 씌어진 가장 우선적인 이유를 들자면 그것은 1세기 말 무렵에 팽배해 있던 주 예수의 인격에 대한 이단들을 반박하기 위한 것이다. 주님께서 이 땅을 떠나 하늘의 아버지께로 돌아가신 후 최소 50여 년 동안, 구세주의 본질적인 신성을 부인하는 영지주의(Gnosticism)의 가공할 체계가 복음이 전파된 모든 지역에 두루 퍼져 있었다. 그리스도의 독특한 인격에 대해서는 일반적으로 인정하고 있었으나 그가 '하나님과 동등' 하시다는 점은 많은 사람들에 의해 부인되었다. 본성적인 인간에게 걸림돌이 되는 것이 참으로 많이 있다는 것을 생각해 볼 때 그것은 별로 놀라운 일이 아니다.

외면적으로 볼 때, 즉 우리 인간의 눈으로 보기에 그리스도는 한 평범한 사람인 것 같다. 그는 시골에서 태어났고, 지극히 초라한 환경에서 자라셨다. 헤롯의 잔인한 칙령을 피해 애굽으로 달아나야 했으며, 나중에 돌아와서는 세상에 알려지지 않은 가운데 자라나셨다. 그리고 거의 확실한 추측인 바 그는 목수의 작업대에서 수년 동안 일하셨다. 이런 사실 속에 그가 영광의 주님이라는 것을 찾아볼 수 있는 것이 무엇이 있는가? 그리고 그가 공생애를 시작하셨을 때도 이 세상의 위대한 자들이 화려하고 요란한 허식을 차리며 나타나는 것과는 달리 온유하고 겸손한 모습으로 나타나셨다. 그는 위풍당당한 천사들의 무리의 수행을 받지 아니하시고 가난하고 무식한 소수의 어부들을 동반하셨다. 그의 요구들은 그 당시의 종교지도자들에 의해 거부당하였으며, 여론의 흐름도 그를 거역하였다. 처음에는 호산나라는 벅찬 함성으로 그를 찬양하던 바로 그 사람들이 나중에는 "그를 죽이시오, 그를 십자가에 못 박으시오"라고 외치게 되었다. 그리고는 마침내 수치를 받으며 잔인한 십자가에 못 박히셨다. 그리고 거기에서 숨을 거두셨다. **그것이** 바로 세상이 그를 본 최후의 모습이었다.

기원 후 90년 무렵까지 그의 제자들은 거의 모두 죽었다. 그의 공생애 기간 동안 그를 수행했던 열두 사도들 중에서 오직 요한만이 살아 있었다. 그리고 그리스도의 신성을 부인하는 교사들이 도처에 있었다. 그래서 그의 신적 위격의 영광을 드러내 주는 증거들을 영감에 의하여, 그리고 권위적이고 체계적으로 제시해 주는 것이 진정으로 필요하였다. 그러므로 성령께서 요한을 움직이셔서(그는 초기의 제자들 중에서 그리스도를 가장 잘 아는 제자이며 영적 분별이 있는 제자이고 주님의 품에 안겨 헤아릴 수 없을 만큼 특권을 누린 제자였다) 이 넷째 복음서를 쓰게 하셨다. 이 복음서 속에는 주 예수의 신성에 대한 그릇된 가르침에 가장 속기 쉬운 사람들을 충족시켜 줄 증거가 풍부하게 들어 있다. 그것은 하나님께서 그의 사랑하는 아들에 대한 진리를 알고 싶어하는 모든 사람에게 제시해 주신 기록의 말씀이다. 그래서 거기에는 복된 우리 구속자의 신성에 대한 '의심할 수 없는 많은 증거들'이 제시되어 있다. 그리스도의 신성에 대한 가장 중요한 증거들이 이 복음서에서 발견될 수 있다. 우리가 지금 고찰하고 있는 요한복음 5장에서 우리는 주 예수의 신적 능력을 두드러지게 드러내 주는 기적의 기록을 읽을 수 있다. 그는 가장 가망성이 없어 보이는 한 병자, 38년이나 앓아온 한 병자를 택하셔서 단 한 마디로, 그리고 즉시로 낫게 하셨다. 이 기적이 안식일에 행해졌기 때문에 유대인들은 주 예수를 박해하였다. 주님께서는 고마우신 겸손을 취하셔서 그들에게 자신의 아버지와의 동등성에 대한 일곱 증언을 선포해 주심으로써 그들의 비난에 답하셨다. 필자는 그것을 꽤 상세하게 조사하여 그 진실성을 단언하였다. 그것이 받아들여지면 그 축복은 헤아릴 길 없이 클 것이며, 그것을 받아들이지 아니하면 그 상실에 의한 손해도 엄청나게 클 것이다. 하나님께서는 우리에게 지극히 많고 지극히 명료하며 지극히 충분한 증거를 제시해 주셨다.

"내가 만일 나를 위하여 증언하면 내 증언은 참되지 아니하되"(5:31). 필자가 참고로 한 모든 주석가들은 이 구절을 다음과 같이 설명하고 있다: 내가 방금 내 자신에 대하여 제시한 증언은 다른 사람들의 증언에 의하여 뒷받침되지 아니한다면 효력이 없을 것이다. 하나님의 율법으로는 진실이 인정되는 데 두셋의 증언을 필요로 한다. 그러므로 그리스도께서는 이렇게 말씀하신다. 만일 내가 내 자신을 증언하고 거기에다 그것이 옳다고 증명해 주는 사람이 아무도 없으면 그것은 '참되지 않다' 또는 그것은 다른 사람을 확신하게 할 수 없다. 그러나 필자는 그러한 해석에는 동의할 수 없음을 지극히 겸손한 마음으로 밝히는 바이다. 사람의 말은 옳다고 증명해 주는 것이 꼭 필요하다. 그러나 아들이신 하나님께서는 그런 것이 필요치 않다. 그의 증언이 타당하다고 결정하기 위해서 다른 사람의 증언으로 확증되어야만 한다고 주장한다면 그것은 그를 크게 모욕하는 것이다. 그리고 필자는 많은 탁월한 사람들이 그러한 견해를 제시하고 있다는 사실에 대해 놀라움과 슬픔을 느끼는 바이다.

"내가 만일 나를 위하여 증언하면 내 증언은 참되지 아니하되." 이 구절을 설명해 주는 열쇠는 이미 앞에서 제시된 바 있다. 이 구절을 해석할 때 문맥을 떠난다면 그 의미를 파악하기가 어렵다는 것을 알아야 한다. 그러나 앞 장에서 고찰한 내용에 비추어 조사해 보라. 그러면 지금 이 구절들을 통하여 우리 주님께서 그의 주장이 사실임을 입증해 주는 여러 증거를 제시하고 있음을 알 수 있을 것이다. 우리는 여기에서 발견한 관점에 비추어 본다면, 이제 우리가 이 지극히 중요한 주제에 대하여 무지하거나 또는 이것을 믿지 아니할 때 거기에는 변명할 여지가 전혀 없을 것이다. 그리스도의 영광이 아주 밝게 빛나고 있으며 그 배경의 빛 속에 하나님이 깊이 관련되어 있다. 그러므로 모든 것이 명료해진다. 이 구절은 구세주께서 이 앞 구절의 서두에서 말씀하신 내용을 형태만 바꾸어 다시 반복한 것이다. "내가 아무 것도 스스로 할 수 없노라"는 말은 내가 아버지와 독자적으로 행동할 수 없다는 것을 뜻한다. 즉 나는 아버지와 절대적으로 하나이기 때문에 아버지의 뜻은 나의 뜻이며, 또한 나의 뜻도 아버지의 뜻이라는 의미이다. 그리고 이제 여기에서 그는 이렇게 선포하신다. "내가 만일 나를 위하여 증언하면 내 증언은 참되지 아니하되." 주님께서는 가정적으로 '만일'이라고 말씀하신다. "내가 나를 위하여 증언하다"는 말은 만일 내가 아버지와 **독자적으로** 증언한다면 이라는 뜻이다. 그러할 경우에 "내 증언은 참되지 아니하다." 그렇다면 왜 그럴까? 왜냐하면 그렇게 증언하는 것은 불순종이기 때문이다. 아들은 아버지와 독자적으로는 아무 일도 할 수 없는 것처럼 아버지에게서 독립하여 스스로는 아무 것도 증언할 수 없다.

"나를 위하여 증언하시는 이가 따로 있으니 나를 위하여 증언하시는 그 증언이 참인 줄 아노라"(5:32). 이것은 앞 구절을 설명해 주며 앞 구절에 대한 우리의 해석이 옳다는 것을 증명해 준다. 여기에서 그를 위해 '증언해 준다'고 언급되어 있는 '다른 이'란 누구를 가리키는가? 어떤 사람들은 이상하게도 세례 요한이라고 생각하는데, 그 다른 이란 바로 아버지 자신을 가리킨다. 요한에 대해서는 33, 34절에 언급되어 있는데 그것은 언급일 뿐 동의를 구하는 **호소는 아니다.** 우리 주님께서 여기에서 "나를 위하여 증언하시는 **분**이 하나 있으며", **그의** 증언은 참되다고 말씀하시지 않고

"나를 위하여 증언하시는 [**다른 한 분**]이 있다"고 말씀하신 점에 주목하라. 주님께서는 아버지와 독자적으로 자기를 위해 증언하지 아니하시는 것처럼 아버지와 아버지의 뜻으로부터 분리되어 있지 않다. 이 견해가 옳다는 것은 요한복음 8장을 읽어보면 아주 확실해진다. "바리새인들이 이르되 네가 너를 위하여 증언하니 네 증언은 참되지 아니하도다 예수께서 대답하여 이르시되 내가 나를 위하여 증언하여도 내 증언이 참되니 … 너희는 육체를 따라 판단하나 나는 아무도 판단하지 아니하노라 만일 내가 판단하여도 내 판단이 참되니 **이는 내가 혼자 있는 것이 아니요 나를 보내신 이가 나와 함께 계심이라**"(13-16절).

"**너희가 요한에게 사람을 보내매 요한이 진리에 대하여 증언하였느니라**"(5:33). 여기에서 우리 주님께서는 '유대인들이' 주님의 선구자에게 대표단을 보냈을 때(19절), 그가 진리에 대하여 증언하였던 것을 '유대인들'(16절)에게 상기시키신다. 이 구절이 추상적인 형태로 표현되어 있는 점에 주목하라. 그리스도께서는 "요한이 **나에 대하여** 증언하였느니라"고 말씀하시지 않고 "진리에 대하여" 증언하였다고 말씀하셨다. 이 증언은 요한복음 1:20-27에 기록되어 있다. 우선 요한은 자기가 그리스도가 아니요 단지 "주의 길을 곧게 하라고 광야에서 외치는 자의 소리"일 뿐이라고 고백하였다. 그 다음에 그는 유대인들에게, 그들 가운데 그들이 알지 못하는 한 사람이 서 있다고 증언하며 그에 대하여 이렇게 말했다. "[그는] 곧 내 뒤에 오시는 그이라 나는 그의 신발끈을 풀기도 감당하지 못하겠노라." 세례 요한이 이 구절에서 가리키고 있는 것과 같이 유대인들의 대표단에게 말한 증언도 그러한 것이었다.

"**그러나 나는 사람에게서 증언을 취하지 아니하노라 다만 이 말을 하는 것은 너희로 구원을 받게 하려 함이니라**"(5:34). 하나님의 아들께서는 그가 이 대화 전체를 통하여 이미 말씀하신 바 있는 내용으로부터 계속하여 그의 신성에 대한 고차적인 증언을 확보하신 것이다. "나는 사람에게서 증언을 취하지 아니하노라"는 이 말씀은 그가 자신의 선포가 옳다는 것을 증명하기 위하여 요한의 증언에 **호소하지 아니하셨다**는 것을 보여준다. 그가 의도하는 바는 그와는 아주 다른 것이다. "내가 이 말을 하는 것은 너희로 구원을 얻게 하려 함이니라." 요한이 '진리'에 대하여 입증한 증언은 그의 말을 들은 사람들에게 유익한 영향을 끼쳤다. 요한의 증언은 하나님께서 이스라엘의 필요를 채워 주시기 위해 부여하신 자비로운 양보였다. 그리스도께서는 그런 것을 필요로 하지 않으셨다. 그러나 **그들은** 필요로 했다. 하나님께서는 그리스도 앞에 그의 사자를 보내서 그리스도를 위한 길을 예비하셨다. 그 사자의 임무는 사람들의 관심을 불러일으키고, 그들의 마음속에 곧 나타나게 되실 분에 대한 절실한 필요를 느끼게 하는 것이었다.

"그러나 나는 사람에게서 증언을 취하지 아니하노라." '취하다'(receive)는 말은 44절을 읽어보면 무슨 뜻인지 알 수 있다. 거기에서는 '추구하다'(seek)라는 말로 바꾸어 표현되어 있다. 그것은 '붙잡다' 또는 '굳게 붙들다' 라는 의미이다. 그리스도께서는 인간의 증언을 소환함으로써 자기 자신에 대한 증언으로 삼지 아니하셨다. 그가 하나님과 동등하다는 주장은 인간의 증언보다 훨씬 더 확고한 근거에 기초를 두고 있다. 그러나 그는 이 유대인들에게, 이보다 앞서 그들이 보낸 대표단에게 요한이 말해 주었던 것을 **상기시켜** 주셨는데 이는 그들로 '구원을 얻게 하기 위해서' 였다. 왜냐하면 구원은 '진리에 대한' 하나님의 '증언' 을 믿음으로써 오기 때문이다.

"요한은 켜서 비추이는 등불이라 너희가 한때 그 빛에 즐거이 있기를 원하였거니와"(5:35). 이 말씀을 하신 그리스도는 지극히 고마우시다. 요한은 자기보다 뒤에 오시는 이에 대하여 증언하였다. 이제 하나님의 아들께서 **그에 대하여** 증언하신다. 이것은 우리가 사람들 앞에서 그리스도에 대하여 증언하면 그도 하나님 앞에서 우리를 위하여 증언해 주시리라는 약속에 대한 아름다운 예증이다. 주님께서는 요한을 '켜서 비추이는 등불(light)' (개역성경에는 좀 더 정확한 말인 lamp라고 표현되어 있다)이라 부르셨다. 안으로 타오르면 밖으로 빛이 비추게 된다. 요한의 등불은 등경 아래에 감추어져 있지 않고 '사람들 앞에서' 타올랐다. 친애하는 독자여, 구세주께서 장차 올 날에 **당신을** 위해서도 "그대는 켜서 비추는 등불이었도다"고 말씀해 주실 수 있겠는가? 그대 속에 있는 빛은 켜서 '타오르고' 있는가? 아니면 단지 **'깜박이고'** 있을 뿐인가? 당신의 등불은 '환하게 타올라서' 잘 '비추고' 있는가? 아니면 **희미하고 창백한** 불빛으로 비추고 있는가? 오늘날 이 세상에는 켜서 비추는 '등불' 이 절실하게 필요하다. 그림자가 길어지고 어둠이 증가해 가고 있으며, 그리하여 '한밤중' 의 어둠이 급히 다가오고 있다. "또한 너희가 이 시기를 알거니와 자다가 깰 때가 벌써 되었으니 이는 이제 우리의 구원이 처음 믿을 때보다 가까웠음이라 밤이 깊고 낮이 가까웠으니 그러므로 우리가 어둠의 일을 벗고 빛의 갑옷을 입자" (롬 13:11, 12)

"너희가 한때 그 빛에 즐거이 있기를 원하였거니와" (5:35). 이것은 씨 뿌리는 비유의 돌밭에 뿌려진 씨와 같은 청중을 생각나게 한다. 그리스도께서는 이 부류에 대하여 이렇게 말씀하신다. "돌밭에 뿌려졌다는 것은 말씀을 듣고 즉시 **기쁨으로 받되** 그 속에 뿌리가 없어 잠시 견디다가 말씀으로 말미암아 환난이나 박해가 일어날 때에는 곧 넘어지는 자요"(마 13:20, 21). 이 유대인들도 그런 사람과 같다. 그들은 요한의 빛속에 '잠시 동안'만 즐거이 있었다. 참된 신자와 단순히 신앙고백만을 하는 자 사이의 차이는 그들이 어떻게 시작하느냐에 있지 않고 어떻게 끝마치느냐에 있다. "끝까지 견디는 자만이 구원될 것이다." 끝까지 견디는 것은 구원이 아니라 구원되었다는 것에 대한 증언이다. 그러므로 그리스도께서는 "너희가 계속하여 내 말을 듣는다면 너희는 내 참 제자가 될 것이다"고 말씀하셨다. 그 때에 그리스도가 말씀하신 계속한다는 것은 우리가 그의 제자라는 증언이다. 필자는 유대인들로 하여금 요한의 빛 속에 잠시 동안만 즐거이 있게 했던 것은 요한이 메시야에 대하여 말한 증언, 그것도 메시야가 곧 오시리라고 말한 증언 때문이라고 생각한다. 이것은 실로 기쁜 소식이었다. 왜냐하면 유대인들에게 이 소식은 그들이 로마의 압제로부터 벗어난다는 것과 그들의 원수들이 모두 멸망하리라는 것을 의미하기 때문이다. 그러나 메시야가 실제로 도래하셨을 때, 그는 그렇게 하는 대신 잃어버린 바 된 자를 구하려 오셨다고 말씀하셨다. 그리고 그가 회개와 믿음을 요구하였을 때 그들의 기쁨은 즉시 사라졌다.

　"**내게는 요한의 증거보다 더 큰 증거가 있으니 아버지께서 내게 주사 이루게 하시는 역사 곧 내가 하는 그 역사가 아버지께서 나를 보내신 것을 나를 위하여 증언하는 것이요**"(5:36). 여기에 그리스도께서 자신의 신성을 입증하시기 위해 의지하신 그 첫 증거가 있다. 그의 '역사들'은 그의 신성에 대한 절대 명백한 증거이다. 그는 귀먹은 자를 듣게 하셨고, 말 못 하는 벙어리를 말하게 하셨으며, 눈 먼 자를 보게 하셨고, 나병환자를 깨끗이 낫게 하셨고, 귀신들린 자들을 구하셨으며, 죽은 자에게 생명을 주셨다. 그는 파도 위를 걸으셨고, 바람을 잠잠하게 하셨으며, 바다를 고요하게 하셨다. 또한 그는 물로 포도주를 만드셨으며, 홀로 성전을 정화하셨고, 적은 양의 떡과 물고기로 수천 명을 먹이셨다. 그리고 이 이적들은 그리스도 자신의 고유한 능력에 의하여 행해진 것들이다. 이제 그는 그의 신성을 입증하는 증거를 제시하기 위해 이 역사들에 주의를 환기시킨다. 그는 그의 신적 증거를 제시하실 때 아주 빈번하게 그의 '역사들'에 호소하신다(요 10:25, 38; 14:11; 15:24 참조).

　고(故) 라일 주교는 우리 주님의 이적에 관해 다섯 가지 사항에 주의를 환기시킨다. "첫째로 그 **수**이다. 그 이적들은 적은 수가 아니라 아주 많았다. 둘째로 그 **위대성**이다. 그것들은 사소한 일이 아니라 자연의 일상적인 추이에 대한 위대한 개입이었다. 셋째로 그 **공공성**이다. 그것들은 구석에서 행해진 것이 아니라 일반적으로 밝은 낮에 많은 증인들 앞에서, 그리고 종종 원수들 앞에서 행해졌다. 넷째로 그 **특성**

이다. 그것들은 단순히 쓸데없는 능력의 과시가 아니라 사랑과 자비와 긍휼의 역사
이며, 언제나 사람에게 도움이 되고 유익을 주는 것이었다. 다섯째로 그것들은 **인간
의 감각에 직접 호소**하는 것들이었다. 그것들은 눈으로 볼 수 있었으며 어떤 실험을
통해서도 증명될 수 있었다. 이 모든 점에 있어서 주님의 역사와 거만한 로마의 이적
사이에 존재하는 차이점은 실로 두드러지며 결정적인 것이다." 여기에다 필자는 두
가지 다른 특징을 덧붙이려 한다. 여섯째로 그 **꾸밈없음**이다. 그것들은 기계적으로
상연된 것이 아니다. 그것들은 우리 주님의 공생애의 자연적인 추이에 따라 발생하
였다. 일곱째로 그 **효력**이다. 그리스도에 의하여 행해진 병 고치는 이적과 오늘날 광
범위하게 알려지고 있는 가련한 모방자들이 행하는 이적 사이에는 큰 차이가 있다.
그것은 그리스도의 **가르침**과, 그리스도의 이름으로 병을 고친다고 주장하는 저 사기
꾼들의 가르침 사이에 큰 차이가 있는 것과 마찬가지이다. 그리스도의 치유는 점진
적인 것이 아니라 즉시적이다. 그리고 흠이 있거나 실망시키는 것이 아니라 완전하
고 완벽한 것이다.

　"내가 하는 그 역사가 나를 위하여 증언하는 것이요." 다음 구절로 넘어가기 전에
우선 잠시 멈추어 이 구절을 우리 자신에게 적용시켜 보자. **우리가 행한** 역사들도 또
한 우리를 위하여 증언할 것이다. 우리들의 역사가 '죽은 역사'라면, 즉 장차 올 날
에 불에 타버리게 될 나무요 마른 풀이며 쓰다 남은 조각이라면, 그것은 우리가 육체
적이요 육체를 따라 행하였다는 것을 입증할 것이다. 그러한 증언은 우리가 증언한
이름의 주인을 모욕하는 것이며 그를 슬프게 할 것이다. 그러나 우리가 '선한 일' 속
에 머무른다면 이것은 우리가 영을 따라 걸었다는 것을 보여줄 것이며, 사람들(동료
신자들)이 우리의 선행을 보고 하늘에 계신 우리 아버지를 공경하게 될 것이다. 그러
면 독자여, **당신의** '역사들'이 입증하고 있는 '증언'은 무엇을 위한 증언인가? 필자
의 역사가 입증하고 있는 증언은 또 무엇을 위한 것인가? "조심하여 선한 일을 힘쓰
도록" 하자 (딛 3:8).

　**"또한 나를 보내신 아버지께서 친히 나를 위하여 증언하셨느니라 너희는 아무 때
에도 그 음성을 듣지 못하였고 그 형상을 보지 못하였으며"** (5:37). 우리 주님에 의해
행해진 이적은 우리 주님의 신성을 입증해 주는 유일한 증거도 아니요 가장 직접적
인 증거도 아니다. 아버지께서 친히 하신 증언이 있다. 대다수의 주석가들은 이 구절
이 그리스도께서 세례를 받으시던 상황, 즉 하나님의 목소리가 "이는 내 사랑하는 아
들이요 내 기뻐하는 자라"고 선포하셨을 때를 가리킨다고 생각한다. 그러나 필자는

이것이 옳다고 생각할 수 없다. 바로 다음 구절에서 우리 주님은 계속하여 이렇게 말씀하신다. 즉 "너희는 아무 때에도 그 음성을 듣지 못하였고 그 형상을 보지 못하였다." 그리스도를 비방하는 자들이 요단 강가에서의 그 목소리를 듣지 못하였다면 그리스도께서는 무엇 때문에 이 구절에서 그곳에서의 아버지의 증언에 호소하셨겠는가? 필자의 개인적인 생각으로는 그리스도께서 여기에서 말씀하신 것은 아버지께서 구약시대 동안의 선지자들을 통하여 아들에 대해 입증해 주신 증언을 가리키시는 것으로 보인다. 이 구절은 다음과 같은 사실에 대해서 더 명백한 의미를 부여해 주는 듯하다. 즉 구약시대에는 보이지 아니하는 하나님, 목소리도 들리지 아니하고 그 형상도 보이지 아니하는 하나님으로 특징지어지는데 이 구절은 그 사실에 대하여 확충하여 설명해 주는 듯하다.

"그 말씀이 너희 속에 거하지 아니하니 이는 그가 보내신 이를 믿지 아니함이라" (5:38). 여기에서 우리 주님께서는 그가 지금까지 말씀하신 것을 들은 유대인들의 양심과 마음에 그 내용을 적용시키기 시작한다. 그가 그들에게 말씀하신 두려운 책망에 주목하라. "그 말씀이 너희 속에 거하지 **아니하니라**" (38절); "너희가 내게 오기를 **원하지 아니하는도다**" (40절); "하나님을 사랑하는 것이 **너희 속에 없음**을 알았노라" (42절); "**너희가 나를 영접하지 아니하는도다**" (43절); "너희가 하나님께로부터 오는 영광은 **구하지 아니하는도다**" (44절); "**너희가 믿지 아니하는도다**" (47절). 이 중에서도 가장 근본적인 책망에 유의하라. 즉 "그 말씀이 너희 속에 거하지 아니하는도다." **이것은** 다른 모든 책망을 설명해 주고 있다. 이것으로 인하여 다른 일들이 필연적으로 발생하게 된 것이다. 하나님의 말씀이 인간의 마음속에 거하지 아니한다면, 그들은 그리스도에게 나오지 아니하며, 그를 영접하지 아니하고, 하나님을 사랑하지 아니하며, 유일하신 하나님으로부터 나오는 영광을 구하지 아니하게 된다. 우리가 하나님을 거슬러 죄를 짓지 않을 수 있는 것은 다만 말씀이 우리 마음속에 감추어져 있기 때문이다.

"너희가 성경에서 영생을 얻는 줄 생각하고 성경을 연구하거니와 이 성경이 곧 내게 대하여 증언하는 것이니라" (5:39). 이것은 우리 주님께서 제시하신 마지막 증언이며, 또한 우리에게 지극히 중요한 증언이다. 요한은 오래 전에 죽었다. 그리스도의 말씀도 더 이상 사람의 눈앞에는 없다. 아버지의 목소리도 더 이상 들리지 않는다. 다만 성경의 증언만이 남아 있다. 성경은 그리스도를 위하여 증언하고 있으며, 그의 신성을 단언하고 있다. 성경의 증언이 모든 증언의 절정이다. 하나님의 영감에 의하여 기록된 거룩한 말씀은 우리에게 호소해 오는 그의 신성에 대한 최후의 보루이다. 주님께서 의지하신 그것은 얼마나 중요하고 권위 있는 것인가! 그것들보다 더 나은 호소는 없다. 그것들보다 더 높은 권위는 없다. 그것들을 능가할 증언은 없다. 그리스도께서 하나님과의 동등성을 입증하시는 데 있어서, 그가 의지하신 세 증언의 제시된 **순서**에 주목하는 것은 실로 복된 일이다. 첫째로, 그의 신적 역사라는 증언을 제시하셨다. 둘째로, 아버지께서 선지자들을 통하여 그에 대해 입증해 주신 증언을 제시하셨다. 셋째로, 성령에 감동받은 사람이 기록한 성경이라는 증언을 제시하셨다. 그리고 이 세 증언 속에는 성 삼위 안의 세 위격을 각각 가리키고 있는 놀라운 연관성이 내포되어 있다.

'성경을 연구하다' 는 말은 호소임과 동시에 명령이다. 우리가 흠정역 성경에서 읽을 수 있는 것처럼 그것은 명령법으로 되어 있다. 그것이 명령법으로 해석되어야 한다는 증거는 다음과 같다. 첫째로 그 말이 **사용**된 것을 보면 알 수 있다. 성경은 그 자신이 해석자이다. 성경은 성경에 비교해 볼 때 그 의미가 명백해진다. 요한복음 7:52에서 우리는 '찾아 보라(연구)' 라고 영역된 말에 해당하는 것과 똑같은 헬라어가 나타나 있는 예를 찾아 볼 수 있다. "그들이 대답하여 이르되 너도 갈릴리에서 왔느냐 **찾아 보라** 갈릴리에서는 선지자가 나지 못하느니라 하였더라." 바리새인들이 니고데모에게 '찾아 보라(연구)' 고 말했을 때 그들은 그에게 성경을 상고해 보라고 **명령한** 것이다. 그러므로 이 두 예에서 그 말은 명령법이지 직설법이 아니다. 다시 한 번 생각해 보자. 여기 요한복음 5:39에 사용된 동사를 직설법이라고 생각하면 이 구절 전반부의 의미는 핵심이 모호해진다. 그러나 명령법이라고 생각하면 그것은 이 구절의 앞뒤에 수반되어 있는 내용과 완전한 조화를 이루는 의미를 띤다. "너희가 성경에서 영생을 얻는 줄 생각하고." 여기에서의 대명사 '너희' 는 강조적인 의미가 들어 있다. '생각하다' 는 말은 그것이 의심스러운 점이 있으므로 그렇게 한다든가, 그것이 인간의 의견의 문제일 뿐이라는 의미는 아니다. 그리스도께서는 이런 의미로 말씀하신 것 같다. 즉 '이것은 **너희의** 신앙의 조항들 중의 하나이다. 너희는 그렇게 생각한다(믿는다). 그리고 그것이 옳다. 그렇다면 그대로 행동하라. 성경을 연구하라(너희는 거기에 영생이 있다고 확신한다). 그러면 너희는 그것들이 나를 위하여 증언하고 있다는 것도 알게 될 것이다.' '생각하다' 는 말은 의심을 가리키는 것이 아니라 확신을 가리키는 말이다(마 22:42 참고).

"성경을 연구하거니와." 이것은 주님에게서 나온 명령이다. 그의 신성에 대한 권위가 그 이면에 숨어 있다. 그는 단순히 '읽으라'가 아니라 '연구하라'고 말씀하신다. 이 말에 해당하는 헬라어는 사냥에 관련하여 사용되는 말이다. 그것은 사냥꾼이 사냥감을 몰래 추적하는 것을 가리킨다. 사냥꾼이 동물의 발자국을 발견했을 때 그는 관심을 집중하면서 그를 사냥물에게로 접근하게 해줄 다른 표시를 열심히 찾는다. 그와 비슷한 방식으로, **우리는** 하나님의 말씀을 연구할 때 개개의 표현을 상세하게 조사하고, 그 표현이 나타난 곳을 모두 찾아보고 그 의미를 구별해 보아야 한다. 그렇게 성실하게 연구해야 하는 주된 이유는 성경이 그리스도를 '증언하고 있기' 때문이다. 필자와 독자가 다 성경을 **'연구하라'**는 이 신적 권고에 매일같이 주의를 기울이게 되기를 바란다.

"**그러나 너희가 영생을 얻기 위하여 내게 오기를 원하지 아니하는도다**"(5:40). 유대인들로 그리스도에게 오지 못하게 하는 것은 증거가 부족해서가 아니라 그들의 의지가 완고하기 때문이다. 그리고 그것은 지금도 마찬가지이다. 주 예수께서는 그에게 나오는 모든 사람을 받아들일 채비를 하고 계신다. 그러나 인간은 본성적으로 '생명을 얻으려' 그에게 나오려 하지 않는다. 왜 그럴까? 그것은 그들이 자기들의 끔찍한 위험을 깨닫지 못하기 때문이다. 그들이 지옥의 언저리에 서 있다는 것을 알기만 한다면 그들은 다가올 진노를 피해 달아날 것이다. 그들은 어째서 주 예수께로 나오려 하지 않는가? 그것은 그들이 자기들의 극심하고도 절대적인 결핍을 깨닫지 못하기 때문이다. 그들이 자기들의 상태, 즉 그들의 사악함과 맹목성과 마음의 완악함과 부패를 깨닫기만 한다면 그들은 위대한 의사에 의해 치유받으려고 서둘러 그에게 갈 것이다. 그들은 어째서 주 예수께로 나오지 않는가? 그것은 그들의 육체적인 마음이 하나님을 **반대하는** 원수이기 때문이다. 그리스도는 하나님이시다.

"**나는 사람에게서 영광을 취하지 아니하노라**"(5:41). 주님께서는 여기에서 다시 한 번 자신의 위엄과 신적 자부심을 주장하신다. 나는 '취하지 아니하노라'라는 말은 34절 및 44절에서처럼 '나는' 사람에게서 영광을 '구하지 아니하노라'는 의미이다. "내가 나의 권리를 주장하고, 너희가 그것들을 무시하는 것을 나무랄 때, 그것은 내가 너희의 비위를 맞추려 하기 때문이 아니며 너희의 칭찬을 탐내기 때문이 아니다. 우리 주님은 사람의 칭찬을 필요로 하지 아니하셨다. 그는 사람의 칭찬으로부터 영광을 취하실 수 없었다. 그의 목적은 아버지께서 그에게 맡겨 주신 임무를 신실하게 수행함으로써 그의 거룩하신 아버지의 칭찬을 확실하게 얻으려는 것이었다. 그리고 그런 일에 관한 한 그의 소망은 그들의 칭찬을 받으려는 것이 아니라 그들로 구원받게 하려는 것이다. 주 예수께서 그들의 완고한 불신과 회개하지 아니하는 마음을 애석해하신 것은 주님 자신을 위해서가 아니라 그들을 위해서였다. 그러한 것은 우리 주님의 비세속적이고 비야심적인 정신을 나타내 준다. 그리고 그것은 우리 주님의 사역자들의 정신이어야 한다"(존 브라운).

"**다만 하나님을 사랑하는 것이 너희 속에 없음을 알았노라**"(5:42). 이것은 그리스도의 **전지하심**을 매우 분명하게 드러내 준다. 마음을 간파하시는 그는 유대인들의 상태를 아셨다. 그들은 참되시고 살아 계신 하나님을 예배하는 자들인 양 처세하였다. 그들은 하나님의 영광을 위해 크게 시기한 것같이 보였다. 그들은 하나님의 안식일을 지키는데 있어서 지극히 엄격해야 한다고 주장하였다. 그러나 그리스도께서는 속지 아니하셨다. 그는 그들의 마음속에 하나님에 대한 사랑이 없음을 아셨다. 그리고 이것이 바로 그들이 생명을 구하려 그리스도에게로 오지 아니하는 이유였다. 사람들이 그리스도의 요구를 무시하는 이유는 그 요구 측에 증거가 조금이라도 부족하기 때문이 아니라 죄스럽게도 그들 편에서 그 요구에 참여하려는 마음이 없기 때문이다. 그들의 마음속에는 하나님에 대한 사랑이 없었다. 만일 그들에게 하나님에 대한 사랑이 있었다면 그들은 하나님의 아들을 영접하고 예배하였을 것이다.

"**나는 내 아버지의 이름으로 왔으매 너희가 영접하지 아니하나 만일 다른 사람이 자기 이름으로 오면 영접하리라**"(5:43). 이것은 형언할 수 없이 엄숙한 말씀이다. 이스라엘의 그리스도에 대한 거부는 그들이 적그리스도(Antichrist)를 받아들이게 될 길을 예비하는 것일 따름이다. 왜냐하면 그것은 우리 주님께서 이 구절의 후반부에서 그에 대해 언급하셨기 때문이다. 하와가 하나님의 진리를 거부한 것이 마귀의 거짓말을 받아들이려고 자기를 열어놓은 것인 것처럼, 이스라엘이 참 메시야를 거부한 것은 도덕적으로 볼 때 그들이 거짓 메시야를 받아들일 준비를 한 것이 된다. 그 거짓 메시야는 자기의 이름으로 오며, 자기의 즐거움을 구하여 행동하고 인간으로부터 오는 영광을 구하는 자이다. 그러므로 그는 본성적인 인간의 부패한 마음을 철저하게 드러낼 것이다. 이것은 타락한 피조물 속에 무엇이 들어 있는지를 참으로 분명하게 보여주며, 그의 부패성을 여실히 입증해 주고 있다.

"**너희가 서로 영광을 취하고 유일하신 하나님께로부터 오는 영광은 구하지 아니하니 어찌 나를 믿을 수 있느냐**"(5:44). '영광' 이란 칭찬 또는 칭송을 뜻한다. 이 유대인들이 서로에게서 좋은 평판을 얻는 것을 주된 목표로 삼고, 하나님의 인정과 칭찬에는 다소간이나마 무관심하게 구는 한, 그들은 생명을 구하러 그리스도에게 나오지 않을 것이다. 그들이 그리스도에게 나오려면 그들은 그리스도 앞에서 잃어버린 바 된 죄인의 신분을 취함으로써 먼지 속에 있는 듯 겸손해져야만 한다. 그리고 그리스도를 그들의 주님이요 구세주로서 영접한다면, 그리하여 사람들에게 무시당하고 거부당하신 이의 영광을 위하여 산다면, 그들은 즉시 세상으로부터 떨어져 나올 것이며 그들에게 경멸과 핍박이 닥쳐오게 될 것이다. 그러나 거기에는 중간적 태도란 있을 수 없다. "세상의 친구는 하나님과 원수이다." 우리가 우리의 동료에게서 영광과 환영을 받고자 한다면 우리는 하나님으로부터는 소원한 상태에 있게 될 것이다.

"오늘날 사람들은, 인간을 훈련시키고 인류를 개선시키며 성격을 형성시키고, 인간에게 필요한 것은 방향을 전환하는 것이 전부인 것처럼 주장하는 사고에 의해 기만당하고 있다. 인간은 본래 악하며 죄인이다. 그래서 하나님의 생명과 전적으로 소원한 상태에 있다. 그는 생명, 그것도 새 생명이 필요하다. 그리스도께서 그 생명을 주시기 위함이 아니면 무엇 때문에 오셨겠는가? 그는 인간이 고관에게 바치는 것과 같은 그러한 영광을 얻으려고 오신 것이 아니다. 왜냐하면 그 고관들은 그것을 바치는 사람들과 같은 자들이기 때문이다. 그는 위로부터 오셨으며 만물 위에 계시고 우리에게 주실 영생을 갖고 계신다. 그는 그의 충만하심을 채우기 위하여 비워진 것을 필요로 하시며, 그의 거룩하심을 위해 죄스러움을, 그의 구원을 위해 죄인을, 그리고 생명을 주시기 위해 죽음을 필요로 하신다. 자신의 처지가 잃어버린 바 된 자이고, 무력하다는 것을 깨달을 수 있는 사람은 이 모든 것을 얻는다. 그들이 악행을 그만두고 개심함으로써 자기의 최선을 다하고, 예수의 이름과 종교적인 의식에 대해 열렬한 경의를 표하며, 여기에다 하나님께서 받아주실 만한 선행을 덧붙인 것 때문에 그 모든 것을 얻는 것은 아니다. 그들이 이 모든 것을 얻으려면 그들은 요한복음 5장의 서두에 나오는 저 가련한 사람처럼 그리스도께 빚진 자가 되어야만 한다. 그들은 주는 자가 아니라 받는 자가 되어야 한다. 그들이 서로에게 영광을 취하는 것은 하나님과 그리스도에 대한 전체적인 인식을 훼손시키는 것이다. 우리는 그리스도에 의하여 구원받았을 때 그만을 유일하게 영광스럽게 해드려야 한다. 그리고 그리스도에 의해 구원받았기 때문에 주 그리스도 예수 안에서 예배하고 즐거워해야 한다"(Malachi Taylor).

"내가 너희를 아버지께 고발할까 생각하지 말라 너희를 고발하는 이가 있으니 곧 너희가 바라는 자 모세니라 모세를 믿었더라면 또 나를 믿었으리니 이는 그가 내게 대하여 기록하였음이라"(5:45, 46). 우리 주님께서는 이 유대인들에게 그들이 주를 거부한 것에 대하여 하나님과 심판석 앞에서 설명해야만 한다는 것과, 거기에서 그들은 그들이 자랑으로 삼으면서도 그의 증언을 거부하였던 그들의 위대한 입법자가 그들을 고소하는 자로 서 있음을 보게 될 것이라는 사실을 가리켜 주심으로써 그의 말씀을 끝마치신다. 그리고 여기에는 그들이 생명을 구하려 그리스도에게 나오지 아니하는 최종적인 이유가 나와 있다. 그것은 그들이 하나님의 기록된 말씀을 믿지 아니하기 때문이다. "너희를 고발하는 이가 있으니 곧 너희가 바라는 자 모세니라 모세를 믿었더라면 또 나를 믿었으리니 이는 그가 내게 대하여 기록하였음이라." 이것은 참으로 엄숙하고 폐부를 찌르는 말씀이다. 저 유대인들이 믿는다고 **생각하는** 것이 한 가지 있다면 그것은 바로 모세와 그의 기록이다. 그들은 율법을 위해서는 열렬히 투쟁한다. 그들은 국가적인 영웅들보다도 모세의 이름을 더 높이 받든다. 그들은 모세가 가르쳐 준 것을 위해서라면 죽을 각오도 되어 있었을 것이다. 그런데 여기 하나님의 아들께서 이 유대인들이 모세를 **믿지 아니한다고** 엄숙하게 선포하시며, 그들이 진정으로 모세를 믿었더라면 그는 그리스도를 위하여 기록하였기 때문에 그들이 그리스도를 믿었을 것이라고 말씀하심으로써 그들의 불신을 입증하는 증거를 제시하고 계신다. 인간의 마음은 끔찍하게도 지극히 기만적이다. "어떤 길은 사람이 보기에 바르나 필경은 사망의 길이니라"(잠 14:12). 그러므로 친애하는 독자여, **당신이** 믿는지, **진정으로** 구원에 이르도록 하나님의 아들을 믿고 있는지 확인해 보라.

"**그러나 그의 글도 믿지 아니하거든 어찌 내 말을 믿겠느냐 하시니라**"(5:47). 이것은 '훨씬 더 고차원적인 비난자들'을 가리켜 하신 말씀이다. 그들이 모세의 기록을 믿지 아니한다면, 그들의 교회와의 관계가 어떠한 것이든, 또는 그들이 무어라고 신앙고백을 하든, 그것은 그들이 구원받지 못한 사람, 즉 그리스도를 믿지 아니하는 사람이라는 것을 입증해 주는 증거이다. 구약성경은 그리스도의 가르침과 동등한 권위가 있다. 그것들은 하나님의 말씀과 동일한 것이다.

다음 장에서는 아래와 같은 문제를 연구해 보자.

1. 1절의 서두에 나오는 말씀은 어떤 의미를 함축하고 있는가?
2. 2절은 오늘날에 와서 어떤 양상으로 반복되고 있는가?
3. 수천 군중을 먹이시기 전에 나타나 있는 4절의 의미하는 바는 무엇인가?
4. 우리는 5절의 그리스도의 질문을 어떻게 우리 자신에게 적용시킬 수 있겠는가?
5. 빌립과 안드레는 어떤 점에서 우리를 상징하고 있는가?(7-9절)
6. 11절에 제시된 영적 교훈은 무엇인가?

제20장

오천 명을 먹이신 그리스도

¹그 후에 예수께서 디베랴의 갈릴리 바다 건너편으로 가시매 ²큰 무리가 따르니 이는 병자들에게 행하시는 표적을 보았음이러라 ³예수께서 산에 오르사 제자들과 함께 거기 앉으시니 ⁴마침 유대인의 명절인 유월절이 가까운지라 ⁵예수께서 눈을 들어 큰 무리가 자기에게로 오는 것을 보시고 빌립에게 이르시되 우리가 어디서 떡을 사서 이 사람들을 먹이겠느냐 하시니 ⁶이렇게 말씀하심은 친히 어떻게 하실지를 아시고 빌립을 시험하고자 하심이라 ⁷빌립이 대답하되 각 사람으로 조금씩 받게 할지라도 이백 데나리온의 떡이 부족하리이다 ⁸제자 중 하나 곧 시몬 베드로의 형제 안드레가 예수께 여짜오되 ⁹여기 한 아이가 있어 보리떡 다섯 개와 물고기 두 마리를 가지고 있나이다 그러나 그것이 이 많은 사람에게 얼마나 되겠사옵나이까 ¹⁰예수께서 이르시되 이 사람들로 앉게 하라 하시니 그 곳에 잔디가 많은지라 사람들이 앉으니 수가 오천 명쯤 되더라 ¹¹예수께서 떡을 가져 축사하신 후에 앉아 있는 자들에게 나눠 주시고 물고기도 그렇게 그들의 원대로 주시니라 ¹²그들이 배부른 후에 예수께서 제자들에게 이르시되 남은 조각을 거두고 버리는 것이 없게 하라 하시므로 ¹³이에 거두니 보리떡 다섯 개로 먹고 남은 조각이 열두 바구니에 찼더라(요 6:1-13)

주 예수께서 행하신 이적들 중에서 오천 명을 먹이신 이적은 사복음서 기자들이 모두 제각기 특성을 가지고 기록한 유일한 사건이다. 이는 곧 여기에 어떤 특별한 중요성이 들어 있으며, 그러므로 우리가 이 사건을 성실하게 고찰해야 할 필요가 있음을 암시한다 (우리가 그런 언어를 경건하게 사용해도 괜찮다면) 성령께서는 지극히 사실적인 용어를 택하여 이 이적을 기술하였다. 이 이적의 경이감을 강조하기 위해 노력한 흔적은 없다. 영감에 의해 쓰여지지 아니한 글을, 효과를 증대시키려고 사용하는 것과 같은 언어는 들어 있지 않다. 그런데 이 이야기의 극도의 간결성에도 불구하고 배고픈 군중을 먹인 이 사건은 그리스도의 전능하신 능력에 대한 주목할 만한 예임이 분명하다. 라일 주교가 지적했듯이 우리 구세주께서 행하신 놀라운 모든 역사들 중에서 이 사건이야말로 가장 공공연하게 행해진 것이며, 가장 많은 증인들 앞에서 행해진 이적이다. 우리는 여기에서 우리 주님이 떡 다섯 개와 작은 물고기 두 마리로 아주 많은 사람들의 육체적인 필요를 충족시키셨음을 볼 수 있다. 전에는 없었던 음식이 생기게 되었다. 라일 주교가 지적한 다른 말을 인용해 보자. 즉 병자를 고칠 때와 죽은 자를 살릴 때에는 **이미** 있었던 어떤 것이 수정되었거나 회복된 것이다. 그러나 여기에서는 절대적인 창조가 이루어졌다. 다른 또 하나의 이적이 이 사건과 어느 정도 유사하다. 그것은 그의 첫 이적, 즉 그가 물로 포도주를 만드셨을 때의 사건이다. 이 두 이적은 같은 부류에 속하며 대단히 중요한 것이다. 후자는 우리에게 그의 보혈을 상기시켜 준다. 반면에 전자는 우리에게 떼어주신 그의 거룩하신 몸을 가리킨다. 필자는 사복음서 기자들이 모두 다 이 이적을 기록하게 된 이유가 바로 여기에 있다고 믿는다. 즉 그것은 **그리스도 자신이라는 선물**을 예시(豫示)하고 있다. 그의 다른 이적들은 그의 능력을 드러내었고 그의 사역(事役)을 예증해 준 것이었다. 그러나 이 이적은 독특한 방식으로 그리스도의 인격, 즉 생명의 떡을 가리키고 있다.

그러면 이 특별한 이적은 어째서 눈에 띄게 선택되었는가? 위에서 그에 대한 세 가지 답변을 제시하였으나 여기서 다시 요약해 보면 다음과 같다. 첫째로, 이 이적에는 다른 모든 이적의 가치를 능가하는 **증거적 가치**가 있기 때문이다. 주님의 이적의 일부는 개인에게, 또는 단지 소수가 보는 앞에서 행해졌다. 그리고 또 다른 이적들은 회의주의자들이 그것들을 조사하기가 어렵게, 어떤 경우에는 아주 불가능하도록 이루어졌다. 그러나 이 사건은 그 수가 수천에 달하는 무리 앞에서 공공연하게 행해진 이적이다. 둘째로, 이 이적의 **고유한 특성** 때문이다. 그것은 음식을 창조한 사건이다. 전에는 없었던 것이 있게 된 이적이다. 셋째로, 이 이적의 **상징적인 중요성** 때문이다. 이 이적은 그리스도의 **인격**을 직접적으로 가리키는 것이다. 여기에 네 번째 답변을 부가할 수 있다. 배고픈 군중을 먹인 이 이적이 사복음서 기자 모두에 의해 기록되었다는 사실은 그것이 **보편적인 적용성**을 가졌음을 가리킨다. 이 이적에 대한 **마태**의 기록은 그것이 장차 이스라엘의 가련한 자들을 먹이실 그리스도를 예시(豫示)하는 것임을 암시한다(시 132:15 참고). 이 이적에 대한 **마가**의 언급은 우리에게 하나님의 종의 임무가 무엇인지를, 즉 굶주린 자에게 생명의 빵을 떼어 주는 것이 종의 임무임을 가르쳐 준다. **누가**의 기록을 보면 그것은 모든 사람의 필요를 충족시키기에 족한 그리스도의 능력을 전해 준다. 이 이적에 대한 **요한**의 언급은 그리스도는 하나님의 백성의 양식임을 알려준다.

우리가 이 이적을 고찰하기 전에 그 배경에 대해, 즉 그 이적이 소개되는 방식에 대해 주목할 필요가 있다. 그리고 이 고찰에 착수하기 전에 우리는 평상시대로 본문을 요약해 봄으로써 시작하려 한다.

1. 많은 사람들이 따르는 가운데 갈릴리로 가신 그리스도(1, 2절)
2. 제자들과 더불어 산으로 물러가신 그리스도(3절)
3. 이 사건이 일어난 시기, 즉 유월절 직전(4절)
4. 빌립을 시험하심(5-7절)
5. 안드레의 불신(8, 9절)
6. 군중을 먹이심(10, 11절)
7. 먹고 남은 조각들을 거두어들임(12, 13절)

"그 후에 예수께서 디베랴의 갈릴리 바다 건너편으로 가시매"(6:1). '그 후에.' 이 말은 5장에 기록된 내용을 가리킨다. 즉 병자를 고친 일, 안식일에 이 일을 행했다 하여 가해 온 유대인의 박해, 우리 주님께서 자신을 하나님과 동등으로 삼으신다 하여 주님을 죽이려 한 그들의 의도, 그리고 주님께서 말씀하신 긴 답변 등이 바로 그 일들이다. 이런 일이 있은 후에 주님께서는 예루살렘과 유대를 떠나 "갈릴리 바다 건너편으로 가셨다." 그것은 요한복음 4:1-3에 나타나 있는 상황과 비슷하다. 하나님의 아들께서는 돼지에게 귀중한 진주를 던져 주려 남아 있지 않으셨다. 그는, 그를 무시하고 거부한 자들을 떠나셨다. 이것은 참으로 엄숙한 구절이다.

"큰 무리가 따르니 이는 병자들에게 행하시는 표적을 보았음이러라"(6:2). 이 사람들은 그리스도의 인격을 조금도 알아보지 못하였고 이해하지도 못하였다. 그들은 그를, 이적을 행할 수 있는 마술사요 병자를 고칠 수 있는 훌륭한 의사로만 알았을 뿐이다. 그들은 그가 죄인들의 구세주요 이스라엘의 메시야임을 인식하지 못하였다. 그들은 그의 신적 영광을 보지 못하였다. 그리고 오늘날의 대다수의 군중들도 그들과 조금도 다르지 않다. 슬프게도 그들은 그리스도를 다만 놀라운 교사요 아름다운 본보기일 뿐이라고 생각한다.

"큰 무리가 따르니 이는 병자들에게 행하시는 표적을 보았음이러라." 이것은 슬프게도 우리의 모습 그대로이다. 일반적으로 군중이 모여드는 것은 쓸모없는 호기심과 자극적인 일을 좋아하는 마음 때문이다. 우리가 여기에서 읽고 있는 내용은 오늘날도 도처에서 반복되고 있는 모습이다. 어떤 복음전도자가 '믿음으로 병을 고치는 자'라고 알려질 때, 아주 많은 병자의 무리가 그 모임에 모여든다! 그들은 육체적인 구원을 대단히 열망한다. 그러나 그들의 **영혼**이 낫는 일에는 거의 관심이 없다!

"**예수께서 산에 오르사 제자들과 함께 거기 앉으시니**"(6:3). 이 구절은 우리가 2절에서 읽은 내용의 결과라 간주될 수도 있고, 또는 1절과 관련 있는 것일 수도 있다. 후자의 경우가 옳다면 그 때의 2절은 삽입적인 것이 된다. 아마 두 견해가 다 타당성이 있을 것이다. 우리가 2절을 우리 주님이 제자들과 더불어 산으로 올라가신 이유라고 생각한다면 이 구절이 뜻하는 바는 그리스도께서 믿지 아니하는 세상을 떠나 물러가셨다는 의미가 된다. 이적으로 말미암아 많은 사람들이 그를 **따랐으나** 그에게 온 자는 소수에 불과했다. 그는 이 큰 무리가 '그를 따르는' 이유를 알고 있었다. 그러므로 그가 제자들과 함께 산으로 물러가신 것은 엄숙한 일이다. 그는 믿지 아니하는 세상과 사귀지 않으셨다. 그의 처소는 그의 제자들 가운데 있었다. 3절을 1절 바로 다음에 오는 것으로 읽는다면 우리는 구세주께서 예루살렘의 유대인들의 불신과 자만에 지치셔서(막 6:31 참고) 유대를 떠나가신 것으로 이해할 수 있다. "그는 다른 분위기를 찾아 산에 오르신 것이다. 그는 기운을 회복하시기 위해, 군중에게서 물러나 아버지와의 숭고한 교제를 위해 떠나신 것이다"(말라기 테일러). 요한복음 6:15 및 7:53과 8:2을 비교해 보면 이와 같은 상황이 기록된 예를 볼 수 있을 것이다.

"**마침 유대인의 명절인 유월절이 가까운지라**"(6:4). 이것은 그 당시 유대교가 공허한 상태에 처해 있었음을 다시 한 번 지적해 주기 위해 도입된 구절인 듯하다. 유월절이 가까웠다. 그러나 그들 가운데 계신 하나님의 어린 양을 형식적인 신앙인들은 원하지 아니하였다. 오히려 그들이 "주 예수를 죽이려" 하였기 때문에(5:18) 그는 갈릴리로 떠나가신 것이다. 그런데 성령께서는 적절하게도 유월절이 '유대인의 명절'로 타락해 버린 것을 다시 한 번 상기시켜 주시려는 듯하다. 이것은 도입적인 말씀으로 대단히 중요한 말이다! 유월절은 이스라엘의 자손들이 양고기로 축연을 베풀던 날 밤을 회고하는 날이다. 그러나 우리는 여기에서 그 후손들이 굶주려 있는 것을 볼 수 있다! 그들의 육체적인 상태는 그들의 영혼의 공허함을 나타내 주는 외적 표지이다. 우리는 나중에 이 구절이 우리가 본장에서 다루게 될 내용을 위해 섭리적인 중요성을 띤 해결의 열쇠를 제공해 주는 것을 발견하게 될 것이다.

"예수께서 눈을 들어 큰 무리가 자기에게로 오는 것을 보시고 빌립에게 이르시되 우리가 어디서 떡을 사서 이 사람들을 먹이겠느냐 하시니"(6:5). 군중들이 그리스도를 알아보지 못했음에도 불구하고 그리스도의 마음은 그들을 향해 온유한 연민으로 넘치셨다. 이 군중들이 무가치한 동기 때문에 그리스도를 따라왔을지라도 그는 그들의 필요에 무관심하지 않으셨다. 이에 대한 기록에서 마태는 이렇게 말한다. "예수께서 나오사 큰 무리를 보시고 **불쌍히 여기사**"(14:14). 마가도 또한 그렇게 말하고 있다(6:34). 그런데 여기 요한복음에는 이와 같은 구절이 없는데 그것은 성경의 신적 권위를 입증해 주는 수많은 증거들 가운데 하나이다. 성경의 모든 단어는 영감에 의해 기록된 것일 뿐만 아니라 각각 적절한 장소에 위치해 있다. 그리스도의 '긍휼'은 다른 복음서 기자들에 의해서 빈번히 기록되었지만 요한에 의해서는 **전혀** 언급되지 않는다. 반면에 요한은 그리스도의 신적 인격의 위엄과 영광을 강조하고 있다. 긍휼은 연민보다 더 깊은 감정이다. 긍휼은 다른 사람과 함께 고통을 겪는 것을 의미한다. 마태가 그리스도의 긍휼을 이야기한 것을 보면 우리는 메시야께서 그의 백성들과 얼마나 가까이 하셨는가를 알 수 있다. 반면에 마가가 언급한 것을 보면, 여호와의 종께서 그가 돌보시는 자들의 고통에 매우 깊이 공감하셨음을 알 수 있다. 그러나 요한복음에 그리스도의 긍휼이 언급되지 않은 것은 이 복음서가 그리스도의 고귀하심을 다루고 있음을 암시한다. 그러므로 우리는 모든 것이 지극히 아름답게 배치되어 있음을 볼 수 있다. 우리가 신적 예술가의 이 사랑에 넘치는 필치를 이해하지 못한다면 우리는 불경건한 성급함과 부주의함으로 인해 아주 귀한 것을 상실하게 될 것이다! 독자와 필자가 성경을 더욱 경건하게 다루고, 그 다함없는 풍요함을 잘 알려고 노력하도록 하시는 거룩한 은혜가 우리를 강권하시기를 원한다. 우리가 이 부분에 더 관심을 기울이면서, 요한의 이야기에는 없으나 다른 복음서에 언급된 미세한 사항들에 주목해 본다면 크게 즐거울 것이다. 예를 들면, 마태는 (그 이적이 행해지기 **전에**) "때는 밤이었다." 그래서 제자들이 주님께 "군중을 내려 보내자"고 말씀드렸다고 알려 주는데, 이것은 요한복음에는 없는 말이다. 독자가 스스로 그와 같은 예를 찾아본다면 더 많은 사실들이 발견될 것이다.

"예수께서 눈을 들어 큰 무리가 자기에게로 오는 것을 보시고 빌립에게 이르시되 우리가 어디서 떡을 사서 이 사람들을 먹이겠느냐 하시니 **이렇게 말씀하심은 친히 어떻게 하실지를 아시고 빌립을 시험하고자 하심이라**"(6:5, 6). 우리가 성경을 읽을 때 그 말씀을 생활에 적용시키지 않는다면 꼭 필요한 축복을 얻을 수 없을 것이다. 성경은 다른 책과는 달리 **살아 있는** 책이다. 그것은 과거의 역사를 기록한 그 이상의 책이다. 공간적인 지역에 관련된 사항이나 기타 부수적인 사항들을 떼어내면 성경의 신성한 이야기들은 **오늘날에도** 일어나는 사건을 기술하고 있음을 알 수 있다. 하나님은 변치 아니하시며 그의 활동의 동기와 원칙도 변치 않으신다. 인간의 본성도 또한 일세기 때나 20세기 때나 똑같은 것이다. 세상도 똑같고 마귀도 똑같으며 믿음의 시험도 똑같은 것이다. 그러므로 그리스도인 독자여, 여기서 빌립은 어떤 점에서 우리 자신을 상징하고 있는지 숙고해 보자. 빌립은 시험당하는 상황에 직면하였다. 그로 하여금 그러한 상황에 처하도록 만드신 것은 바로 **주님**이셨다. 여기서 주님의 의도는 빌립을 '시험하고자' 하신 것이었다. 이것을 우리 자신에게도 적용시키도록 하자.

빌립에게 일어난 일은 원칙적으로, 본질적으로 매일 **우리의 생활**에서도 발생하고 있다. 어려운 것은 아니라 할지라도 시험적인 상황이 우리에게 닥쳐오고 있다. 그것들은 우연히 다가온 일이 아니다. 반대로 그것들은 저마다 주님의 손에 의해 배치된 일들이다. 그것들은 하나님께서 우리의 믿음을 시험하시는 일이다. 우리는 매우 단순하고 실천적이 되어야 한다. 어떤 청구서가 예기치 않게 제시된다. 우리는 그것에 어떻게 대처해야 하겠는가? 조간 신문이 예상치 않은 소식을 전해 온다. 어떻게 그것을 벗어나야 하겠는가? 가사도구의 톱니가 빠져서 매일 생활이 위험에 처한다. 어떻게 하겠는가? 돈이 필요한 일이 예기치 않게 발생한다. 그것을 어떻게 해결할 것인가? 사랑하는 친구들이여, 그러한 경험들이 어떻게 닥쳐오는가? 빌립과 안드레처럼 우리는 우리가 가진 자원에 의지하는가? 우리는 어떤 해결책을 찾으려고 우리의 마음을 괴롭히는가? 아니면 과거에 우리를 자주 도와주셨던 주 예수께 제일 먼저 우리의 생각을 향하게 하는가? 바로 **여기에** 우리의 믿음에 대한 시험이 있다.

사랑하는 독자여, 어려움이 닥쳐올 때 모든 어려움을 하나님 앞에 고하는 것을 배웠는가? 우리에게 본능적으로 그에게 의지하는 습관이 형성되어 있는가? 그의 능력에 비하여 당신의 연약함은 얼마나 큰가! 그의 대양 같은 충만하심에 비해 당신의 공허함은 얼마나 큰가? 당신은 아무 것도 아니다! 그러므로 그의 확실한 약속, 즉 "나의 하나님이 … 너희 **모든 쓸 것을 채우시리라**"(빌 4:19)고 하신 약속에 근거를 두고 단순한 믿음으로 매일 그에게 의지하자. 슬프게도 당신은 이렇게 대답할지 모른다. "그런 충고를 하기는 쉽소. 그러나 그 약속대로 **행하기**는 결코 쉽지 않소"라고. 그렇다. 그것은 사실이다. 그것은 당신이 스스로 할 수 없는 일이다. 당신과 내게 필요한 일은 신앙을 **구하는** 것이요, 은혜를 간구하는 것이며, 유일하신 그리스도만을 의지해야 할 만큼 우리가 지극히 무력하다는 것을 **부르짖는** 것이다. 그러므로 구하고 **기다리라**. 그러면 당신은 그가 그의 말씀과 똑같은 분이심을 알게 될 것이다. "내 영혼아 네가 어찌하여 낙심하며 어찌하여 내 속에서 불안해 하는가 너는 하나님께 소망을 두라 그가 나타나 도우심으로 말미암아 내 하나님을 여전히 찬송하리로다"(시 43:5).

> 곳간이나 창고가 없는
> 새들도 먹이시니
> 우리를 먹이시는 줄을
> 이를 인하여 믿네.
> '주께서 채우시리라' 고
> 기록되어 있는 한
> 그것이 참된 말씀이심을
> 성도들에게 어기지 아니하시네.
> 사탄이 나타나
> 우리의 길을 가로막고
> 두려움에 떨게 하나
> 우리, 믿음으로 승리하네.
> 그가 비록 우리를 빈번히 시험하여도
> 우리를 격려하는 그 약속
> '주께서 채우시리라' 는 그 언약을
> 우리에게서 앗아갈 수 없네.

"빌립이 대답하되 각 사람으로 조금씩 받게 할지라도 이백 데나리온의 떡이 부족하리이다"(6:7). 우리는 빌립에게서 다시 한 번 우리의 모습을 볼 수 있다. 첫째로, 빌립의 대답은 무엇을 드러내는가? 그것은 그가 주위환경에만 전념하고 있음을 보여 준다. 그는 보이는 것, 즉 군중의 수에만 정신이 팔려 있었다. 그러한 외양은 항상 믿음의 장애물이다. 그는 군중에게 음식을 주자면 얼마나 많은 돈이 있어야 하는지를 재빠르게 계산하였다. 그는 그리스도를 염두에 두지 않고 계산한 것이다! 그의 답변은 불신앙을 나타내는 말이었다. "각 사람으로 **조금씩 받게** 할지라도 이백 데나리온의 떡이 부족하리이다." 무한한 능력이시요 은혜이신 분의 면전에서 '조금씩' 이라고 말함은 불신이 아니고 무엇이겠는가! 그의 불신은 그가 상술한 그 숫자, 즉 '이백 데나리온 어치' 라는 말에서도 드러난다.

성경에서의 숫자는 되는 대로 사용된 것이 아니다. 이백이란 20의 배수이다. 그런데 성경에서의 20은 **헛된 기대**, 즉 하나님의 지정된 때나 지정된 구원에 약간 못 미치는 기간을 의미한다. 예를 들면 창세기 31:41에서 우리는 야곱이 그의 아내와 재산을 얻으려고 20년 동안 기다렸음을 읽을 수 있다. 그러나 21년이 되었을 때에야 비로소 하나님의 정하신 구원이 왔다. 사사기 4:3에서도 우리는 이스라엘이 야빈 왕의 압제로부터 해방되려고 20년 동안 기다렸음을 알 수 있다. 그러나 21년이 되었을 때에야 비로소 하나님의 정하신 구원이 왔다. 사무엘상 7:2을 보면 여호와의 궤가 기럇여아림에서 20년 동안 머물렀으나 하나님께서는 21년이 되었을 때에야 그것을 구해내셨음을 알 수 있다. 그러므로 20년이 **불충분함**, 즉 하나님의 지정된 구원에 조금 못 미치는 것을 가리키는 것처럼, 200년도 형태만 **강화**되었을 뿐 똑같은 의미이다. 성경에서의 200년은 항상 **악한** 관계 속에서 발견된다. 독자는 여호수아 7:21; 사사기 17:4; 사무엘상 30:10; 사무엘하 14:26; 요한계시록 9:16을 찾아보고 확인하기 바란다. 그러므로 여기 요한복음 6:7에서의 그 숫자는 빌립의 **불신**을 적절하게 나타내 주고 있다.

빌립이 믿음을 보이지 않았다는 것은 얼마나 놀라운 사실인가! 독자는 제자들이 모두 주님의 놀라운 능력을 목격한 후이므로, 주님 안에 모든 충만함이 깃들어 있음을 알았을 것이라고 생각했을 것이다. 또한 우리는, 그들은 믿음이 강하고 그들의 마음은 침착하며 확신에 차 있을 것이라고 생각했을 것이다. 그렇다면 우리는 왜 **그렇게 생각하고 있었는가?** 하나님을 모독하는 우리의 불신이 우리로 하여금 그렇게 기대하지 못하도록 방해한 것은 아닌가? 우리는 **우리의** 믿음이 참으로 연약하다는 것을 발견한 것은 아닌가? 우리의 지각은 얼마나 우둔한가! 우리의 생각과 마음은 얼마나 세속적인가! 주님께서는 종종 우리 안에서 그를 영광스럽게 해드리는 믿음의 빛을 찾으려 하나 그것은 헛된 일이다. 우리는 주님을 의지하는 대신에 빌립처럼 자연의 자원(수단)에 전념한다. 그러므로 빌립의 불신을 비난하지 않도록 조심하라. 그것은 당신 자신을 비난하는 일이 될지도 모르기 때문이다.

필자는 주님께서 필자를 위해 고마우신 손길을 분명하게 보여주신 후로, 미래에는 주님을 **믿을 수 있을** 것이라는 생각을 종종 해왔다. 그리고 구름이 필자의 하늘을 뒤덮을 때 과거에 보여주신 주님의 선하심과 자비하심을 기억하고서 침착하고 확신에 찬 마음을 가질 수 있을 것이라고 생각해 왔다. 그러나 슬프게도 그러한 일이 일어났을 때 필자는 전혀 그렇게 하지 못했다. 본인은 나의 배반하는 마음을 거의 알지 못했다. 그리고 지금도 여전히 그것을 잘 **모르고** 있다. 사랑하는 독자여, 우리는 저마다 사악한 자가 있는 이 세상을 여행할 때 그 걸음 걸음**마다** 주님이 지탱해 주시는 손을 필요로 한다. 그리고 만일 주님의 그 손이 잠시라도 우리를 받쳐 주지 아니하면 우리는 납처럼 저 큰 바다 속으로 가라앉아 버릴 것이다. 그러므로 오직 **은혜**만이 우리를 구해 준다. 오직 **은혜**만이 우리를 지탱해 준다. 오직 **은혜**만이 우리로 하여금 이 세상을 안전하게 통과하게 한다. 그 모든 일은 주권을 가지신 하나님의 저 탁월하고 전능하신 은혜만이 이루실 수 있으며, 그 외에는 **아무 것도** 그 일을 할 수 없다.

"**제자 중 하나 곧 시몬 베드로의 형제 안드레가 예수께 여짜오되 여기 한 아이가 있어 보리떡 다섯 개와 물고기 두 마리를 가지고 있나이다 그러나 그것이 이 많은 사람에게 얼마나 되겠사옵나이까**"(6:8, 9). 불신은 **옮기 쉬운** 것이다. 빌립처럼 안드레도 그리스도의 영광을 보지 못한 듯하다. "그것이 이 많은 사람에게 얼마나 되겠사옵나이까"라는 말은 오래 전의 "하나님이 광야에서 식탁을 베푸실 수 있으랴"(시 78:19)고 말한 옛날의 악한 마음이 보인 불신과 똑같은 것이다. 여기에서도 어찌 할 도리 없는 불신이 표출되어 있다! 빌립은 "각 사람으로 **조금씩** 받게 할지라도"라고 말했다. 안드레는 "그것이 이 많은 사람에게 **얼마나 되겠사옵나이까**"라고 물었다. 하나님의 아들이 거기에 계시는데 '많은 사람'이 무슨 의미가 있단 말인가! 빌립처럼 안드레도 그리스도를 염두에 두지 않고 계산하였다. 그렇기 때문에 그는 희망 없는 상황만을 보았을 뿐이다. 우리는 어려움을 겪을 때 참으로 자주 하나님을 바라본다. 또는 그와 반대로 그 곤경 때문에 하나님을 **은폐시키고자** 한다. 하나님께 시선을 고정시키라. 그리하면 곤경은 보이지 않게 될 것이다. 그러나 우리는 기껏해야 자기 중심적이고 회의적이며 죄스런 피조물에 지나지 않는다! 하나님께서는 그의 은혜의 풍족함을 우리에게 넘치도록 주실 수 있다. 그는 환난의 바다 속에 빠진 우리에게 수많은 마른 길을 열어 주셨었다. 그는 여섯 번의 환난에서 그의 펼치신 팔로 우리를 구해 주셨다. 그런데 **일곱 번째** 환난이 올 때 우리는 욥기 5:19의 말씀에 의지하는 대신, 전에 결코 그를 알았던 적이 없는 것처럼 의심스러워하고 의혹과 두려움에 가득 차게 된다. 우리는 너무나 연약하고 타락한 피조물이라서 이 순간에 가지고 있던 믿음이 다음 순간에는 지극히 모독스러운 불신으로 바뀌어 버린다. 제자들의 불신을 그려 놓은 이 예는 우리를 가르치기 위해서, 즉 우리를 겸손하게 하고 더욱더 주의 깊게 경계하게 하려고 기록된 것이다. 인간의 마음은 모든 시대를 통하여 똑같은 고로 우리는 광야 이스라엘 민족에게서 그와 똑같은 불신을 찾아볼 수 있다. 광야에서 시련이 왔을 때 애굽과 홍해에서 보여주셨던 하나님의 경이로운 역사는 아무 소용이 없었다. 여기에서의 시험이 빌립과 안드레의 몰이해와 불신을 드러내었듯이 "신[죄라는 의미] 광야"(출 16:1)에서의 시험은 이스라엘 민족의 불신을 드러내었다. 그리고 그와 비슷한 시험이 우리의 몰이해와 불신도 드러내 주고 있다. 인간의 마음은 불신과 몰이해 외에 아무 것도 만들어 낼 수 없다. 거기에는 그 밖의 아무 것도 없기 때문이다. 그러므로 우리는 우리 아버지께 매우 간절히 기도해야 한다. "우리를 시험에 들게 마옵소서"라고!

   "**예수께서 이르시되 이 사람들로 앉게 하라 하시니**"(6:10). 우리는 하나님의 축복이 우리의 믿음의 빈약함에 따라서가 아니라 그의 은혜의 풍족하심에 따라 부여된다는 사실에 감사드려야 한다. 그리스도께서 제자들의 믿음에 따라 행동하셨더라면 그 군중에게 무슨 일이 벌어졌겠는가? 그 군중들은 먹지 못하고 떠나가지 않았겠는가! 그러므로 사랑하는 독자여, 하나님의 축복은 우리가 마땅히 받을 자격이 전혀 없음에도 불구하고 **온다.** 우리 속에 결핍 외에는 아무 것도 없을지라도 그리스도께서는 결코 부족하지 않으시리라. 우리의 회의와 배은망덕에도 불구하고 그는 그의 팔을 잠시도 거두어가지 아니하시며, 그의 사랑 또한 식지 아니하신다. 단순히 그리스도인이라는 신앙고백을 하는 것에 지나지 않는 자가 이 글을 듣거나 읽을 때 이것은 그의 부주의와 하나님을 모독하는 행동이 **계속되도록** 조장하는지도 모른다. 그러나 하나님의 자녀에게는 전혀 다른 일이 생길 것이다. 주님의 변함없으신 선함과 (우리의 배반에도 불구하고) 다함없이 부어 주시는 그의 자비하심을 깨닫고 경건한 슬픔의 눈물이 흘러내릴 것이다.

   "예수께서 이르시되 이 사람들로 앉게 하라 하시니." 우리 주님께서는 제자들을 참으셨다. 빌립이나 안드레에 대한 책망은 나타나 있지 않다. 주님께서는 우리의 구조(뼈대)를 알고 계시며, 우리가 먼지라는 것을 기억하신다. "이 사람들로 앉게 하라"는 말씀은 더 고차원적인 시험이었다. 바로 여기가 제자들의 **순종이** 이행된 시점이다. 그리고 그것은 엄중한 시험이었다. 배고픈 군중을 먹일 것이 아무 것도 없는데 그들을 앉혀 봐야 무슨 소용이 있겠는가? 그런데 **하나님께서** 그렇게 하라 말씀하셨다. **그리스도께서** 명령하신 것이다. 그것으로 충분하다. 그가 명령하실 때 우리는 따지거나 논쟁할 것이 아니라 순종해야 한다. 아담과 하와는 어째서 선악과를 따먹어서는 안되었을까? 그 이유는 단순하다. 하나님께서 따먹지 말라고 그들에게 금지시키셨기 때문이다. 노아는 홍수가 닥쳐온다는 징표가 없는데도 어째서 방주를 만드느라 온갖 고생을 해야만 했는가? 그 이유도 단순하다. 하나님께서 그에게 그렇게 하라고 명하셨기 때문이다. 오늘날에도 마찬가지이다. 그리스도인은 어째서 세례를 받아야 하는가? 여자들은 어째서 교회에서 침묵해야 하는가? 그 이유는 간단하다. 하나님께서 그 일들을 **명하셨기** 때문이다(행 10:48; 고전 14:34 참고).

주님의 이 명령에 대한 제자들의 반응을 주목하는 것은 실로 복된 일이다. 그들의 믿음은 부족하였다. 그러나 그들의 순종은 부족하지 않았다. 두 가지가 다 부족했다면 그 영혼 속에 영적인 생명이 살고 있는지에 대해 의심해 볼 만한 이유가 있다. 그들의 순종은 그들의 믿음이 참됨을 입증해 준다. 믿음이 연약하면 순종이 믿음을 강화시켜 주는 최상의 방법이다. "**너희가** 주를 알기를 **계속 힘쓰면 알게** 되리라"고 선지자가 말했다. 당신에게 빛이 많지 않다면 당신이 가지고 있는 만큼의 표준에 따라 걸으라. 그리하면 틀림없이 더 많은 빛을 갖게 될 것이다. 바로 이것이 당신이 하나님의 참된 종이라는 것을 입증해 줄 것이다. 그리고 제자들이 여기에서 행한 것도 바로 이것인 듯하다. 그들의 믿음의 등불은 희미했다. 그러나 그들은 "이 사람들로 앉게 하라" 하신 예수의 말씀을 들었다. 그들은 볼 수 없었지만 행할 수는 있었다. 그들은 모든 어려움을 해결할 수 있는 모든 충만이 그 안에 깃들어 있다는 것을 볼 수 없었으나 그의 말씀에 순종할 수는 있었다. 그래서 그들은 그의 명령대로 했다. 사람들은 앉았고, 예수께서 그 축복을 나누어 주기 시작하셨다. 그들의 순종으로 말미암아 그들의 믿음은 밝아지게 되었고, 모든 결핍은 충족되었다. 이것은 우리가 가진 빛을 따라 걸을 때 오는 변함없는 결과이다. "가진 자에게 더 주실 것이요." 그 빛이 희미할는지도 모른다. 그리고 그것이 마음의 어둠을 밝히는 유일한 빛일 수도 있다. 그렇다 할지라도 그것은 하나님께서 당신에게 주신 것이다. 그것을 무시하지 말라. 그것을 은폐시키지 말라. 그 빛을 따라 걸으라. 그리하면 더 많은 빛을 얻게 될 것이다.

"우리는 여기에서 모든 축복이 순종이라는 통로를 통해 온다는 것을 알았을 것이다. 모든 결핍을 채우시리라는 것은 구세주의 마음속에서 미리 정해져 있었다. 왜냐하면 '예수께서 친히 어떻게 하실 것을 알고 있었기' 때문이다(6절). 그러나 그렇다 할지라도 그것은 이 매개물, 즉 순종을 통해서 흘러들어올 수 있었다. 하나님의 우리를 향한 은혜의 모든 목적이 실현되는 것은 그의 명령에 대한 순종과 불가분리적으로, 그리고 대단히 밀접하게 연관되어 있다. 이것은 하나님의 모든 백성에게 속하는 탁월한 특징이다. '**순종하는 자녀**'라는 말은 하나님의 백성을 세상에 속한 자들과 구별지어 주는 말이다. '그가 순종하게 되었다'는 것은 거룩하신 주님의 특성 속에 들어 있는 두드러진 특징이다. 그리고 그것은 성령께서 그의 모든 종들을 하게 하셨다는 표시이다. 순종과 축복은 하나님의 말씀과 불가분의 관계에 있다. '사람이 하나님의 뜻을 **행하려** 하면 이 교훈이 하나님께로 왔는지 내가 스스로 말함인지 알리라.' '나의 계명을 가지고 **지키는** 자라야 나를 사랑하는 자니 나를 사랑하는 자는 내 아버지께 사랑을 받을 것이요 **나도 그를 사랑하여 그에게 나를 나타내리라**'"(F. Whitfield).

"예수께서 이르시되 이 사람들로 앉게 하라 하시니." 어째서 '앉으라'고 하셨을까? 두 개의 답변을 할 수 있다. 첫째로, 하나님은 질서의 하나님이시기 때문이다. 하나님의 역사(役事)를 연구하는 사람은 누구든지 그것을 알고 있다. 그리고 그것은 하나님의 말씀에 있어서도 마찬가지이다. 그의 백성들이 애굽을 떠날 때 그들은 무질서한 오합지졸처럼 나오지 아니하고 항오를 지어 나왔다(출 13:18의 난외주를 참고). 그들이 요단 강을 건너 가나안으로 들어갈 때도 마찬가지였다. 여호수아 1:14의 난외주를 보라. 그것은 여기에서도 마찬가지이다. 마가는 "떼로 백 명씩 또는 오십 명씩 앉은지라"(6:40)라고 기록하였다. "모든 것을 품위 있게 하고 질서 있게 하라"(고전 14:40)는 말씀에서도 그것이 나타나 있다. 어떤 종교적인 모임에 혼란이 있다면(예를 들어 두 개 이상의 기도가 동시에 드려지는 것), 그것은 성령께서 그 모임을 지배하지 아니한다는 확실한 표시이다. "하나님은 무질서의 하나님이 아니시다"(고전 14:33)

"이 사람들로 앉게 하라." 어째서 그리하라 하셨을까? 그 둘째 이유로서 우리는 영적인 생명에 관계있는 원칙이 이 말 속에 들어 있음을 발견할 수 있지 않겠는가? 다시 말하여 우리는 먹으려면 앉아야만 한다. 그것은 죄인에게나 성도에게나 다 해당된다. 우리가 생명의 빵을 받으려면 육체의 활동은 모두 멈추어야 한다. 우리는 모두 하나님께서 우리에게 침묵하고 조용히 앉아 있는 것을 가르쳐 주시기를 절실히 구할 필요가 있다. 시편 107:30; 이사야 30:15; 데살로니가전서 4:11; 베드로전서 3:4 말씀을 숙고해 보라. 오늘날과 같이 소란한 시대에 있어서, 즉 모든 사람들이 이리저리로 바삐 움직이며 몰려다니고, 어떤 일을 얼마나 훌륭히 해냈느냐가 아니라 얼마나 빨리 해냈느냐가 탁월성의 표준인 이 시대에, 그리고 주님의 백성들도 이와 같은 성급한 기질에 철저히 감염되어 있는 이 시대에 있어서 위의 말씀은 참으로 적절한 말씀이다. 독자는 스스로 말씀에 응할 능력이 있다고 생각해서는 안 된다. 우리는 종종 병으로 인하여 '앉아 있도록' **강제되어야** 만 한다. 시편 23:2에 있는 말씀에 귀를 기울이라. "여호와께서 **나를** 푸른 풀밭에 **누이시리로다.**"

"**그 곳에 잔디가 많은지라**"(6:10). 성령께서 이것을 기록해 주신 것은 지극히 고마우신 일이다. 제아무리 사소한 것일지라도 하나님께서 모르시는 것은 아무 것도 없다. 그는 니느웨에 있는 "많은 가축"(욘 4:11)을 잊지 아니하셨다. 하나님의 말씀은 주의 제자 중의 한 사람과 집과 그 집의 위치, 그리고 그의 이름과 직업까지도 상세하게 기록하셨다(행 10:5, 6). 그 앞에 있는 모든 것은 하늘에 기록되어 있다. 그의 사랑하는 자녀와 관계되는 것이라면 그에게 사소한 것이라곤 아무 것도 없다. 하나님께서는 자연에게 명하여 이 배고픈 군중이 앉을 만한 자리를 마련해 주셨다! 마가는 그 잔디가 '푸르다' 는 말을 덧붙이고 있다(6:39). 그리고 그 말은 우리 영혼이 먹으려면 우리가 하나님의 말씀의 '푸른 풀밭' 에서 쉬어야만 한다는 것을 상기시켜 준다.

"**사람들이 앉으니 수가 오천 명쯤 되더라**"(6:10). 이것은 이 그림을 구성하고 있는 또 하나의 아름다운 선이다(9절에서의 떡 **다섯** 개라는 말을 상기하라). 왜냐하면 5라는 수는 **은혜**를 가리키는 수이기 때문이다. 그래서 하나님이 이스라엘 가운데 그의 은혜를 드러내 주신 회막에 사용된 것도 5라는 수가 압도적이다. 5는 4(피조물을 가리키는 수)에다 1(하나님을 가리키는 수)을 더한 것이다. 그것은 하나님께서 그의 손으로 만드신 작품에 그의 축복과 은혜를 부가해 주신다는 의미이다.

"**예수께서 떡을 가져**"(6:11). 그는 떡이 적다거나 물고기가 적다하여 비웃지 아니하셨다. 이것은, 하나님께서는 작고 연약한 것들을 사용하시기를 기뻐하심을 알려준다! 그는 갓난 아기의 눈물을 사용하여 바로의 딸의 마음을 움직이셨다. 그는 모세의 지팡이를 사용하여 애굽에서 위대한 이적을 행하셨다. 그는 다윗의 물맷돌을 사용하여 블레셋의 거인을 물리치셨다. 그는 '비천한 여종' 을 사용하여 '위대한' 나아만을 엘리사에게 데려가셨다. 그는 '작은 어린이' 를 사용하여 그의 제자들에게 겸손에 대한 필요한 교훈을 가르쳐 주셨다. 그리고 여기에서도 그는 떡 다섯 개와 작은 물고기 두 마리를 사용하여 이렇게 많은 군중을 먹이셨다. 그러므로 사랑하는 독자여, 아마도 그는 당신을 (당신이 비록 연약하고 무가치하고 무지하다 하여도) 사용하시려고 준비하고 계실 것이다. 그래서 당신을 "하나님 앞에서 견고한 진도 무너뜨리는 능력"으로 만드실 것이다(고후 10:4). 그러나 이 점에 주목하라. 이 떡과 물고기가 유효하고 충분한 것이 되었던 것은 그것들이 **그리스도의 손** 안에 있었기 때문이었다!

"예수께서 떡을 가져." 그는 그것들을 무시하지 아니하셨다. 그리고 그것들에 의지하여 역사를 이루셨다. 그는 하늘에서 만나를 내려 주신 것이 아니라 손으로 나누어 줄 수 있는 수단을 사용하셨다. 이것은 분명히 현대의 많은 하나님의 백성들이 마음속에 새겨두어야 할 또 하나의 교훈이다. 하나님께서는 수단에 구애를 받지 않으시고 종종 그것들을 사용하시는 것이 사실이다. 마라의 쓴 물을 달게 변화시키셨을 때 그는 나무를 사용하셨다(출 15:23-25). 히스기야의 종기를 낫게 하셨을 때도 하나님은 무화과 열매를 사용하셨다(왕하 20:4-7). 디모데는 "위장과 자주 나는 병을 위하여는 포도주를 조금씩 쓰라"고 권고받았다(딤전 5:23). 그러므로 이제 성경의 이러한 이야기를 보았으니 병들었을 때 약과 약초를 사용하는 것을 극단적으로 비난하는 자들에게 가담하지 않도록 주의하라.

"축사하신 후에"(6:11). 그리스도께서는 모든 점에 있어서 우리에게 완전한 본보기를 보여주셨다. 그는 여기에서 우리에게 하나님은 모든 좋은 것을 주시는 분이심을 인정하도록, 그리고 그는 그의 모든 피조물의 필요를 채우시는 분이심을 인정하도록 가르쳐 주신다. 이것은 우리가 할 수 있는 가장 미약한 신앙고백이다. 이 점을 인정하지 않는 것은 가장 근본적인 배은망덕이다.

"[제자들에게 주시니 그들이] 앉아 있는 자들에게 나누어 주더라"(6:11). 우리는 여기에서 첫 이적에서 배웠던 것과 똑같은 교훈을 다시 한 번 배울 수 있다. 즉 하나님은 그의 은혜스런 계획을 성취하시기 위해 인간이라는 도구를 사용하기를 기뻐하신다. 그리고 "하나님의 동역자들"(고전 3:9)에게 이루 다 헤아릴 수 없는 영광과 특권을 주신다. 그리스도께서는 **그의 제자들을 통하여** 배고픈 군중을 먹이셨다. 그것은 주님의 역사인 것과 마찬가지로 그들의 역사이기도 했다. 하나님께서는 오늘날에도 똑같은 원칙에 따라 행동하신다. 그리스도의 신비스러운 풍족하심과 이 배고픈 군중 사이에는 봉사를 바침으로써 메워져야 할 간격이 있다. 이것은 전적으로 목사나 복음전도자만 해야 할 일이라고 간주되어서는 안 된다. 은혜의 주님께서 우리에게 먼저 주신 것을 다른 사람들에게 건네주어야 하는 것은 하나님의 모든 자녀가 수행해야 할 즐거운 의무이다. 그렇다. 이것은 우리가 더 많이 받기 위한 **조건들** 중의 하나이다. 이것은 바울이 히브리인들에게 상기시켜 준 것들 중의 하나이다. 그는 그들에게 말해야 할 것이 많이 있으며, 그러나 그들이 말씀을 듣는데 우둔하고(이 말은 **나태하다**는 뜻) 말씀을 사용하는 데 능숙하지 못하기 때문에 그것들을 해석하기가 어렵다고 선포하셨다. 결과적으로 그들은 다른 사람들을 가르쳐야 했음에도 불구하고 그렇지 못하고 그들이 다시 가르침을 받을 필요가 있었다(히 5:11-13). 누가복음 8:18에 제시되어 있는 것도 이와 똑같은 진리이다. "누구든지 있는 자는 받겠고 없는 자는 그 있는 줄로 아는 것까지도 빼앗기리라 하시니라." '있는' 자란 그가 받은 것을 **잘 사용한** 신자를 가리키며, 그 결과로 그에게는 더 많은 것이 주어질 것이다. '있는 줄로 아는' 자란 등불을 등경 아래 둔 자이며, 그가 받은 것을 잘 사용하지 못한 자이다. 그래서 그는 있는 줄 아는 것을 '빼앗기게' 될 것이다. 그러므로 사랑하는 독자여, 주의 깊게 경계하라. 우리가 하나님께서 우리에게 주신 그의 영광을 사용하지 아니하면 그는 우리에게 축복을 보류하실 것이며 우리가 잘 사용하지 못한 것을 빼앗아 가실 것이다.

"[제자들에게 주시니 그들이] 앉아 있는 자들에게 나누어 주더라" 우리는 제자들이 적은 음식을 담은 바구니를 들고 배고픈 군중에게로 갈 때 의심과 회의가 뒤섞인 감정이었으리라는 것을 충분히 상상할 수 있다. 그들이 음식을 나누어 주고서 새 음식을 받으러 주님께 돌아왔을 때 그들의 의심은 놀라움으로, 두려움은 찬양으로 바뀌었을 것임에 틀림없다. 그리하여 그들은 계속하여 음식을 나누어 주었을 것이며, 모든 사람이 충분히 먹을 때까지 떡과 고기를 나누어 주고도 종국에 가서는 시작할 때보다 더 많은 음식이 남은 것을 보았을 때 그들이 어떤 감정이었을지는 충분히 짐작할 수 있다! 예수 그리스도는 "어제도 오늘도 그리고 영원히 똑같으시며" 모든 충만이 그 안에 거하신다는 사실을 기억하자. 마가복음 6:41을 비교해 봄으로써 우리는 거기에서 성령께서 이적의 **절차를** 기술하셨음을 알 수 있을 것이다. "예수께서 하늘을 우러러 축사하시고 떡을 **떼어** 제자들에게 **주시며**." '떼다'는 말은 부정(不定) 과거시제이며 즉시적인 행동을 의미한다. '주다'는 말은 미완료시제이며 주는 동작을 계속한다는 것을 내포하고 있다. "이것은 기적의 능력이 떼는 것과 주는 것 사이에 그리스도의 손 안에서 일어났다는 것을 보여준다"(*Companion Bible*).

"[예수께서 제자들에게 주시니 그들이] 앉아 있는 자들에게 나누어 주더라." 여기에는 그리스도의 종들을 위한 또 하나의 교훈이 있다. 사도들은 우선 주님의 손에서 떡을 받고, 그 다음 군중에게 "나누어 주었다." 떡이 불어난 것은 **사도들의** 손에서가 아니라 **주님의** 손에서였다! 그는 넘치도록 공급하셨다. 제자들의 할 일은 겸손하게 받아서 신실하게 나누어 주는 것이었다. 그와 마찬가지로 사람들로 하여금 생명의 빵을 인식하거나 받아들이게 만드는 것은 설교자의 할 일이 아니다. **그는** 생명의 빵으로 하여금 그 누구의 영혼도 구원에 이르도록 만들 수 없다. 이것은 그의 일이 아니다. 그는 이것에는 책임이 없다. '불어나게' 하시는 이는 바로 **하나님이시다**. 새로운 어떤 것을 **창조하는** 것은 설교자의 일이 아니다. 그의 임무는 주님의 손에서 '빵'을 **구하는** 것이며, **그것을** 사람들에게 **나누어 주는** 것이다. **그들이** 빵을 가지고 어떻게 하느냐 하는 것이 바로 **그들의 책임이다!** 그러나 우리는 먼저 받은 것 이외에는 다른 사람에게 무엇을 줄 수 없다는 것을 기억하라. 넘치는 것은 오직 충만한 그릇뿐이시다!

"**물고기도 그렇게 그들의 원대로 주시니라**"(6:11). 이 얼마나 귀하고 귀한 말씀인가! 공급은 수요가 멈추게 되었을 때에야 비로소 그쳤다. 아브라함이 소돔에 있는 의로운 자들을 위하여 하나님께 중재하러 올라갔을 때 주님께서는 아브라함의 요청이 끝날 때까지 그의 승낙을 그치지 아니하셨다. 엘리사의 기름의 경우에도 마찬가지였다. 땅에 텅 빈 그릇이 있는 한 그것을 위해 넘치는 공급은 멈추지 아니하셨다(왕하 4:6). 여기에서도 그와 마찬가지이다. 음식을 공급해 주셔야 할 사람이 단 한 사람이라도 있는 한 주 예수의 보고(寶庫)로부터 그 공급은 계속되었다. 그 공급의 물줄기는 모든 사람을 채울 때까지 풍성하게 넘치며 흘렀다. 이것은 은혜이다. 이것은 예수께서 그의 모든 백성에게 행하시는 바로 그것이다. 그는 보잘것없는 무일푼의 신자에게 오셔서 하늘의 자원 위에 놓여 있는 지불청구서를 그의 손에 드시고 이렇게 말씀하신다. "네 원대로 그 위에 쓰라." 귀하신 우리 주님은 지금도 여전히 그렇게 하신다. 우리가 궁핍하다면 그것은 하나님 때문이 아니라 우리 자신 때문에 그런 것이다. 우리가 가난하고 연약하다면, 또는 시험받고 있다면 우리가 스스로를 도울 수 없기 때문이 아니라 우리가 스스로를 돕지 않기 때문이다(그리스도 안에서 "모든 것이 너희 것이니라" — 고전 3:22). 우리는 보이지 않는 영원한 일에 대한 믿음이 거의 없다. 우리는 그리스도의 자원(부)에 거의 의지하지 않는다. 우리는 영적인 필요를 가지고 (텅 빈 그릇을 가지고) 그에게 나와, 그의 대양같이 넘치는 은혜로부터 채우는 일이 거의 없다.

"'그들의 원대로.' 이 얼마나 귀하고 귀한 말씀인가. 의심하고 망설이는 자여, 은혜의 보좌 앞에서 믿음으로 모든 간청을 드릴 때 이 말을 기억하라. '그들의 원대로.' 시험받고 있는 자여, 광야의 길을 가고 있는 당신을 떠받쳐 줄 힘을 구하는 모든 간청에서 이 말을 기억하라. '그들의 원대로.' 가족을 여읜 외로운 자여, 당신의 세상적인 모든 희망이 그 아래 잠들어 있는 푸른 잔디 앞에 엎드려 눈물 흘리느라 붉어진 눈을 가진 자여, 부활의 아침이 올 때까지는 결코 메워질 수 없는 쪼개진 틈을 가슴에 간직한 자여, 이 말을 기억하라. 당신의 상처입고 외로운 영혼이 도움과 힘을 구하여 구세주께 애통한 부르짖음을 올릴 때 이 말을 기억하라. 죄 있는 자여, 멸망에 이르는 넓은 길을 향해 구부러진 오솔길을 거닐며 평생에 지은 죄로 허리가 굽은 자여, 당신의 하나님에게서 떠난 고집스런 방황자여, 뉘우침의 화살이 당신의 영혼을 관통할 때, 당신의 고뇌하는 음성이 자비를 구하여 부르짖고 있는 소리가 당신의 귀에 들려올 때, 이 귀중하고 귀중한 말씀을 기억하라. '그들의 원대로 주시니라.' '내게 오는 자는 내가 결코 그를 버리지 아니하리라'" (F. Whitfield).

 "그들이 배부른 후에" (6:12). 하나님께서는 인색하게 주지 아니하신다. "그들이 **배부른 후에**." 이 말은 빌립이 "각 사람으로 **조금씩** 받게 할지라도"라고 한 말과 대조를 이룬다! 전자는 신적 은혜가 넘치게 내린 것이며, 후자는 불신으로부터 나온 한계이다. 그리스도께서는 자기 자신의 다함없는 자원으로부터 그들을 먹이셨다. 그리고 **그가** 그의 백성을 먹이셨을 때 그는 부족함이 없게 하셨다. 그리스도, 오직 그만이 **충족시킬** 수 있다. 그의 약속을 들어보라. "내게 오는 자는 결코 주리지 아니할 터이요 나를 믿는 자는 영원히 목마르지 아니하리라"(요 6:35). 사랑하는 독자여, 그리스도께서 그의 복된 손으로부터 우리에게 채워 주시는 것이 무엇인지 알고 있는가? 그가 우리에게 평화를, 기쁨을, 그리고 성령을 가득 채워 주신다는 것을 알고 있는가?

 "남은 조각을 거두고 버리는 것이 없게 하라" (6:12). 모든 사람이 배가 부르게 먹고도 아직 많은 음식이 남아 있었다! 이것은 얼마나 놀랍고 복된 일인가! 모든 충만이 그리스도 안에 거한다. 그리고 그 충만은 다함이 없다. 헤아릴 수 없이 많은 죄인들이 구원받았으며 그들의 영혼이 충족되었다. 그런데도 은혜의 부요함은 조금도 줄지 아니하였다. 이 구절은 다른 각도에서 숙고해 볼 수 있다. "남은 조각을 거두라." 모든 사람이 충분히 먹었다. 그러나 주님께서는 조금도 낭비하지 아니하셨다. 이것은 오늘날 우리가 도처에서 볼 수 있는 사악한 낭비를 책망하고 있다! 여기에서 거룩하신 분께서는 다시 한 번 우리에게 완벽한 본보기를 남겨 주셨다. "남은 조각을 거두라"는 말은 우리 모두에게 주어진 말씀이다. 우리가 가장 주의 깊게 경계해야 할 필요가 있는 '조각'은 바로 시간에 대한 조각이다. 우리는 시간을 참으로 자주 낭비하고 있다! "버리는 것이 **없게** 하라!" "남은 조각을 거두라." 당신의 낭비된 시간들, 마지못해 한 봉사들, 활발치 못한 동작들, 냉담한 사랑, 소홀히 한 의무들 — 그 조각들을 거두라. 그것들을 거두어 주의 영광을 위해 사용하라.

"이에 거두니 보리떡 다섯 개로 먹고 남은 조각이 열두 바구니에 찼더라"(6:13). 이것은 다른 사람에게 주는 것에 대하여 필자가 위에서 말했던 것이 옳다는 것을 증명해 준다. 떡은 나누어 줌으로써 증가되었고 감수됨으로써 배가되었다! 우리는 다른 사람에게 줌으로써 결코 곤궁해지지 아니하고 오히려 풍족해진다. **인색하지 않은** 영혼이 윤택해진다(잠 11:25). 우리는 우리 자신의 필요를 위해 남은 것이 넉넉지 않을까 조금도 염려할 필요가 없다. 하나님께서는 관대히 주는 자로 하여금 남은 것이 없는 자로 두지 아니하신다. 곤궁해지는 것은 바로 인색하게 구는 자에게 닥쳐온다. 제자들은 시작할 때보다 끝날 때 훨씬 더 많은 양을 가졌다! 그들 열두 사도들은 "열두 바구니로 가득 찬" 음식을 가졌다. 그러므로 그들은 그들 자신의 필요를 위해서도 풍족한 양을 공급받은 것이다! **그들은** 배고픈 군중을 돌봄으로써 풍족해진 자들이었다! 이것은 오늘날의 하나님의 종에게 얼마나 복된 격려인가!

끝으로, 이 복음서에 풍부하게 깃들어 있는 놀라운 또 다른 그림에 주목해 보자. 우리가 앞에서 고찰해 온 구절들은 그 배치에 있어서 하나님의 활동에 대한 아름다운 관점을 제공해 준다. 요한복음 6장이 '그 후에'라는 말로 시작된다는 사실에 주의 깊게 주목하라. 이 표현은 항상 **새로운** 일이 시작되는 것을 가리킨다(요 5:1; 7:1; 21:1; 계 4:1 참고). 요한복음 4장에서 우리는 **이방인들**과 관계있는 두 개의 상징적인 사건을 읽을 수 있다. 본서의 15장, 16장의 끝부분을 참고하라. 요한복음 5장은 '그 후에'라는 말로 **시작된다.** 그것은 **이스라엘**에 대한 상징적인 그림을 제공해 준다. 본서 17장을 보라. 요한복음 6장은 '그 후에'라는 말로 시작되기 때문에 우리는 그 말이 맨 먼저 제공해 주는 경륜적인 관점은 유대인에 대한 것이 아니라 다시 **이방인**에 대한 것임을 기대하게 된다. 그 구절의 남은 부분이 그리스도께서 유대를 떠나 다시 한 번 이방인의 갈릴리로 들어가셨다고 기록되어 있는 것을 볼 때 우리의 예상이 옳다는 것이 증명된다. 다음에 일어나는 사건에서 빌립과 안드레가 보인 두드러진 특징을 통해 이에 대한 좀 더 확고한 증거를 찾아볼 수 있다. **그들이** 특별히 **이방인들**과 관련되어 있는 요한복음 12:20-22을 참고하라. 그 구절들의 나머지 부분에서, 우리는 현세의 그리스도와 그의 백성들에 대한 아름다운 관점을 찾아 볼 수 있다. 그 그림에 나타나 있는 다음과 같은 점들에 주목하라.

첫째로, 우리는 **높은 데** 계신 그리스도와 **그와 함께** '앉아 있는' 그의 백성들을 볼 수 있다(3절). 물론 이것은 우리의 **신분을** 상징하고 있다. 둘째로, 우리는 우리의 축복의 근원을 볼 수 있다. "유대인의 명절인 유월절이 가까운지라"(4절). 유월절에 대하여 "우리의 유월절 양 곧 그리스도께서 희생되셨느니라"(고전 5:7)라고 설명되어 있다. 그러나 여기에 언급된 것은 단순한 '유월절' 일 뿐 아니라 그 다음에 나오는 내용, 즉 신자들이 상징적으로 그리스도를 **먹는** 내용과 아름답게 조화를 이루는 '**명절인** 유월절'(요 2:13에는 명절이라는 말이 없다)인 점에 주목하라. 우리는 또한 여기에서 이 '유월절' 이 '**유대인의 명절**' 이라 기록된 것을 읽는다. 이것은 요한복음 4:22의 "구원이 유대인**에게서** 남이라" 는 말씀과 병행구이다. 그것은 우리를 겸손하게 해 주는 말씀으로서 우리가 이스라엘에게 빚지고 있음을 알려 준다 ─ 롬 11:18 참고: "네가 뿌리를 보전하는 것이 아니요 뿌리가 너를 보전하는 것이니라." 셋째로, 음식을 나누어 준 이곳에서 먹은 사람들인 하나님의 백성은 "그에게, 즉 그리스도에게 온" 자들이다(5절). 넷째로, 그리스도의 성도들은 믿음이 거의 없는 사람들이었고(마 8:26 참고) 그들은 시험의 순간에 실패하였다(5-9절). 다섯째로, 그의 백성들은 먹기 위하여 '앉아야' 만 했다. 여섯째로, 그리스도께서는 주권적 **은혜**(떡 '다섯 개' 와 '오' 천 명 ─ 10, 11절) 안에서 그의 백성들을 돌보셨다. 그리고 그들에게 충분한 양을 주셨다. 그래서 "그들은 **배부르게** 먹었다"(12절).

많은 군중이 먹은 **후에** '남은' 조각이 **열두** 바구니로 가득 찼는데 그것은 **이스라엘**을 위해 남은 은혜가 풍족하다는 것을 보여주는 것으로서 이 사실에 주목하는 것은 아름다운 일이다. 이것은 또한 "유대인의 명절인 유월절이 **가까운지라**"(4절)라는 말에 의미를 부여해 준다.

다음 장에서는 아래와 같은 질문을 연구해 보자.

1. 그리스도께서는 어째서 '떠나셨는가?'(15절)
2. 제자들은 어째서 '두려워' 하였는가?(19절)
3. 17-21절 말씀 속에서 우리는 어떤 영적 교훈을 이끌어 낼 수 있는가?
4. 27절의 전반부와 에베소서 2:8, 9 말씀은 어떻게 조화를 이루는가?
5. 그리스도가 하나님의 '인치신' 자라는 것은 무슨 뜻인가?(27절)

제21장

바다 위를 걸으신 그리스도

¹⁴그 사람들이 예수께서 행하신 이 표적을 보고 말하되 이는 참으로 세상에 오실 그 선지자라 하더라 ¹⁵그러므로 예수께서 그들이 와서 자기를 억지로 붙들어 임금으로 삼으려는 줄 아시고 다시 혼자 산으로 떠나 가시니라 ¹⁶저물매 제자들이 바다에 내려가서 ¹⁷배를 타고 바다를 건너 가버나움으로 가는데 이미 어두웠고 예수는 아직 그들에게 오시지 아니하셨더니 ¹⁸큰 바람이 불어 파도가 일어나더라 ¹⁹제자들이 노를 저어 십여 리쯤 가다가 예수께서 바다 위로 걸어 배에 가까이 오심을 보고 두려워하거늘 ²⁰이르시되 내니 두려워하지 말라 하신대 ²¹이에 기뻐서 배로 영접하니 배는 곧 그들이 가려던 땅에 이르렀더라 ²²이튿날 바다 건너편에 서 있던 무리가 배 한 척 외에 다른 배가 거기 없는 것과 또 어제 예수께서 제자들과 함께 그 배에 오르지 아니하시고 제자들만 가는 것을 보았더니 ²³(그러나 디베랴에서 배들이 주께서 축사하신 후 여럿이 떡 먹던 그 곳에 가까이 왔더라) ²⁴무리가 거기에 예수도 안 계시고 제자들도 없음을 보고 곧 배들을 타고 예수를 찾으러 가버나움으로 가서 ²⁵바다 건너편에서 만나 랍비여 언제 여기 오셨나이까 하니 ²⁶예수께서 대답하여 이르시되 내가 진실로 진실로 너희에게 이르노니 너희가 나를 찾는 것은 표적을 본 까닭이 아니요 떡을 먹고 배부른 까닭이로다 ²⁷썩을 양식을 위하여 일하지 말고 영생하도록 있는 양식을 위하여 하라 이 양식은 인자가 너희에게 주리니 인자는 아버지 하나님께서 인치신 자니라(요 6:14-27)

우선 우리가 고찰하게 될 구절들을 평상시대로 분석함으로써 시작하자.

1. 떡의 이적에 대한 사람들의 반응(14, 15절)

2. 그리스도께서 산으로 떠나가심(15절)

3. 폭풍을 만난 제자들(16-19절)

4. 제자들에게 오신 그리스도(20, 21절)

5. 사람들이 그리스도를 따라 가버나움으로 감(22-25절)

6. 그리스도께서 그들이 그렇게 한 동기를 밝히심(26절)

7. 그리스도께서 그들의 영적 결핍 상태를 알려 주심(27절)

우리가 고찰하려는 14절은 요한복음 6장의 열세 구절을 통해 기술된 일의 결과를 나타내고 있다. 우리는 거기에서 주님께서 놀라우신 은혜로 배고픈 무리를 돌보시는 것을 읽는다. 그들은 그의 복되신 인격을 진정으로 인식한 것이 아니라 무익한 호기심과 "병자들에게 행하시는 표적을 보았기 때문에"(2절) 일어난 선풍적인 인기를 좋아하는 마음에서 주님을 따랐던 것이다. 그럼에도 불구하고 하나님의 아들께서는 지극히 온유하신 연민에 넘쳐서 떡과 물고기로 그들의 필요를 충족시켜 주셨다. 그러니 이 일이 그들에게 어떤 영향을 끼쳤겠는가?

그리스도께서는 그의 신적 능력을 드러내셨다. 그것은 반박할 수 없었다. 군중은 감명을 받았다. 그래서 **"그 사람들이 예수께서 행하신 이 표적을 보고 말하되 이는 참으로 세상에 오실 그 선지자라 하더라"**(6:14). '그 선지자' 라는 명칭은 1:21에서 이미 우리에게 제시되었었다. 우리는 신명기 18:15에 그것이 언급된 것을 볼 수 있다. 거기에서 우리는 하나님께서 모세를 통해 이렇게 선포하신 것을 읽을 수 있다. "네 하나님 여호와께서 너희 가운데 네 형제 중에서 너를 위하여 나와 같은 선지자 하나를 일으키시리니 너희는 그의 말을 들을지니라." 그러므로 이 유대인들은 주님을 그들의 메시야로 받아들일 준비가 되어 있었던 듯하다. 그러나 그들은 '그 선지자' 로서의 그에게, 즉 성육신하신 하나님의 아들로서의 그에게 마땅히 드려야 할 것이 무엇인지를 전혀 깨닫지도 인식하지도 못하였다. 파멸한 죄인으로서 그 앞에 엎드려 자비를 구하는 대신, 경건한 예배를 드리며 그의 발 아래 엎드리는 대신, 그가 찬양을 받으실 만한 거룩하신 분이라고 고백하는 대신, 그들은 "예수를 억지로 붙들어 임금 삼으려 하였다"(6:15). 그리고 이것은 분명히 **그들 자신의 목적을 위해서**였다. 그들은 그가 저 증오스러운 로마인들에 반대하는 저항운동에서 그들을 아주 성공적으로 인도해 주리라고 생각하였다. 그러므로 그들이 한 말은 얼마나 공허한 것인가! 그들은 그들의 양심을 거의 살피지 아니하며 그들의 마음은 거의 활동하지 않는다! 그들은 참으로 눈멀어 빛을 보지 못한다! 그들의 마음이 열려 있었더라면 빛이 비쳐서 그들의 비참한 상태를 드러내 주었을 것이다. 그랬더라면 그들은 자기들의 처지가 잃어버린 바 되고 결핍된 죄인이라는 것을 받아들였을 것이다. 그것은 오늘날에도 마찬가지이다.

우리 주님을 선지자로(놀라운 교사로) 간주하는 사람이 많이 있다. 그러나 그들은 다가올 진노, 즉 그들이 전적으로 받아 마땅한 심판을 피해 달아날 은신처로서 그들에게 그가 필요하다는 것을 결코 깨닫지 못하고 있다. 그러므로 그의 가르침은 칭송하면서 그의 십자가를 무시하는 자들의 그리스도께 드리는 외견상의 영광에 현혹되지 않도록 하자. 오래 전 사람에게 "이는 참으로 세상에 오실 그 선지자라"고 선포한 말이 그들이 "사망에서 생명으로 옮겨졌다"는 증거가 되지 못하였듯이, 오늘날에도 그리스도를 부처나 마호메트처럼 위대한 선각자라고 말하는 것은 그들이 구원되었다는 증거가 되지 못한다.

"그러므로 예수께서 그들이 와서 자기를 억지로 붙들어 임금으로 삼으려는 줄 아시고"(6:15). 이것은 지극히 엄숙하다. 그리스도께서는 그들의 그럴 듯한 말에 속지 아니하셨다. 그들의 말은 분명히 매우 기특하고 칭찬할 만하게 들렸다. 그러나 그리스도께서는 마음을 읽으시는 분이었다. 그는 그들의 이면에 무엇이 감추어 있는지를 아셨다. 그는 그들을 부추긴 것이 어떤 마음이었는지 분별하셨다. "그러므로 예수께서 **아시고**"라는 말은 요한복음 2:24, 25과 병행구이다. "예수는 그의 몸을 그들에게 의탁하지 아니하셨으니 이는 친히 모든 사람을 **아심이요** 또 친히 사람의 속에 있는 것을 **아시므로** 사람에 대하여 아무 증언도 받으실 필요가 없음이니라." "그러므로 예수께서 아시고"라는 말은 우리에게 그의 신성을 알려 주고 있다. 15절의 그 나머지 부분은 대단히 의미심장하며 암시적이다.

"그러므로 예수께서 그들이 와서 자기를 억지로 붙들어 임금으로 삼으려는 줄 아시고 **다시 혼자 산으로 떠나 가시니라**"(6:15). 유대인들은 예수를 (그들의 입으로) **선지자**라고 인정하였다. 그리고 그를 그들의 **왕**으로 삼으려 하였다. 그러나 이 일이 이루기까지는 완수되어야 할 또 하나의 임무가 있었다. 그리스도께서는 자신을 죄를 위한 희생 제물로 바치심으로써 우선적으로 **제사장**의 직무를 수행하신 후에야 비로소 왕이 되실 수 있었다! 그러므로 "그가 다시 혼자 산으로 떠나가셨다"는 말에는 교리적인 의미심장함이 내포되어 있다. 왜냐하면 그가 제사장의 임무를 수행하는 데는 수행원이 없기 때문이다 (레 16:17 참고).

그러나 또한 유대인들이 그리스도를 억지로 왕으로 삼으려 했을 때 그가 '떠나가신' 데에는 도덕적이고 섭리적인 이유가 있었다. 그는 '왕'으로 **삼아지실** 필요가 없었다. 왜냐하면 그는 왕으로 **태어나셨기** 때문이다(마 2:2). 또한 **그들의** 손에 의해 왕국을 받으실 필요도 없으셨다. 이것은 J. B. 벨렛(J.B.Bellet)의 요한복음 강해에서 아름답게 설명되고 있다: "주님께서는 이와 같은 열성에서 나온 왕국을 취하고자 하지 않으셨다. 이것은 인자의 왕국의 출처가 아니었다. '짐승들'은 큰 바다에서 불어오는 바람으로부터 그들의 왕국을 취할 것이다. 그러나 예수께서는 그러실 수 없다(단 7:2, 25). 그가 들으시기에 이것은 모퉁이의 머릿돌을 내어 놓을 때 외치는 사람들의 함성이 아니었다(슥 4:7). 그것은 또한 주의 권능의 날에 나타나게 될 주의 백성의 표지도 아니었다(시 110:3). 사울이 임금으로 임명되는 것이 원칙에 따르는 일이 아니었던 것처럼 예수께서 이에 따라 이스라엘의 보좌에 앉으셨더라면 그것은 원칙에 따르는 일이 아니었을 것이다. 그렇게 됐더라면 그의 왕국은 그들의 반란을 일으킨 마음의 결과로 생긴 왕국이 되었을 것이다. 그러나 그런 것이 그의 왕국이 될 수는 없었다. 게다가 이 사실 이외에도 주님께서 시온 산 위의 그의 보좌에 앉으실 수 있기 전에 그는 외로운 산에 오르셔야만 했다. 또한 백성들이 그 왕국에 들어올 수 있기 전에 그들은 폭풍의 바다로 내려가야만 했다. 우리는 여기에서 이 사실들을 거울을 보듯 명약관화하게 볼 수 있다."

마태가 그리스도께서 "**기도하러** 따로 산에 올라가셨다"(14:23)고 말한 사실에 주목해야 한다. 마가도 또한 그렇게 말하였다(막 6:46). 요한복음에 이 말이 없는 것은 이 제4복음서의 특성과 주제에 아름답게 조화되는 것이다. 그리고 그것은 성경이 신적 영감에 의하여 기록되었으며, 그 용어들도 영감에 의해 택해진 것이라는 사실을 입증해 주는 수많은 증거 중 하나이다. 이 복음서에서 우리는 그리스도께서 **기도하시는 것**을 읽을 수 없다. 왜냐하면 요한의 특별한 목적은 이 복음서에서 구세주의 **신적** 영광을 드러내는 것이기 때문이다(물론 요한복음 17장의 기도는 **중보**이다. 그것은 우리에게 하늘에서의 우리를 위한 그의 제사장적인 직무의 본보기를 제시해 주는 것이다. 특히 4절, 5절에 주목하라. 왜냐하면 그것들은 그 다음에 나오는 구절들에 기록되어 있는 중보가 그리스도의 아버지에게로의 귀환을 **전조**하고 있다는 것을 가리키기 때문이다).

"**저물매 제자들이 바다에 내려가서 배를 타고**"(6:16, 17). 마태는 이에 대한 이유를 이렇게 설명하고 있다. "예수께서 즉시 제자들을 재촉하사 자기가 무리를 보내는 동안에 배를 타고 앞서 건너편으로 가게 하시고"(14:22). 주님께서는 혼자 있고 싶으셨다. 그래서 그는 제자들을 그에 앞서 가게 하신 것이다. 또한 그는 그들에게 믿음에 대한 또 하나의 교훈을 가르치시고자 하신 듯하다. 이것은 이 사건의 결과를 통해 드러날 것이다.

"배를 타고 바다를 건너 가버나움으로 가는데 이미 어두웠고 예수는 아직 그들에게 오시지 아니하셨더니"(6:17). 여기와 다음에 나오는 구절이 **우리에게** 전하고자 하는 의도가 무엇인지 명백하다. 그것은 우리가 하늘의 본향을 향해 갈 때 통과해야 하는 상태를 기술하고 있다. 우리는 세상에 속해 있지 않다 할지라도 필연적으로 세상 안에 있다. 그 세상은 사악한 자들로 이루어져 있는데, 그들은 "큰 바람이 이는 바다"와 같다. 사랑하는 독자여, 우리가 사는 세상은 그리스도를 거부했고, 또한 지금도 여전히 거부하고 있는 곳이다. 세상은 "악한 자 안에 처한 것"이며(요일 5:19), 그와 벗된 것은 하나님의 원수이다(약 4:4). 세상은 영적인 빛이 결여되어 있는 곳이다. 그 곳은 죽음의 그림자가 드리워져 있는 곳이다. 베드로는 세상을 "어두운 데"(벧후 1:19)라고 선포하셨다. 세상엔 '빛'이 없으므로 어둡다.

"이미 어두웠고 예수는 그들에게 오시지 아니하셨더니." 때때로 그리스도께서는 그의 제자들에게 그의 얼굴의 광명을 거두어 가셨다. 욥은 "내가 광명을 기다렸더니 흑암이 왔구나"(30:26)라고 부르짖었다. 그러나 "정직한 자들에게는 흑암 중에 빛이 일어나나니"(시 112:4)라고 기록되어 있으니 하나님께 감사드리자. 어둠은 하나님에 의해서가 아니라 사탄에 의해 만들어졌다는(사 45:7) 것을 기억하자. 그리고 하나님은 그렇게 하신 데 대한 지혜롭고 선한 이유를 가지고 계시다. 때때로 그는 그의 백성들로 하여금 "흑암 중의 **보화**"(사 45:3)를 발견하게 하시려고 그들에게서 광명을 거두어 가신다.

"예수는 아직 그들에게 오시지 아니하셨더니 큰 바람이 불어 파도가 일어나더라"(6:17, 18). 이것은 제자들의 믿음과 인내의 시험이었다. 그들이 오래 기다리면 기다릴수록 상황은 더욱더 나빠졌다. 그것은 마치 그리스도께서 그들을 소홀히 하시는 것 **같았다**. 그것은 그가 은혜를 베푸시기를 잊으신 **것같이 보였다**. 아마 그들은 "주님께서 여기에 계셨더라면 이 폭풍은 일어나지 않았을 거야"라고 말하고 있었을 것이다. 그가 그들과 함께 계셨더라면, 비록 베개를 베고 잠들어 계실지라도 그들과 함께 계시기만 했더라면, 그의 임재는 그들에게 격려가 되었을 것이다. 그러나 주님은 거기에 없었다. 그리고 그들 주위는 어두웠으며 사방에서 성난 파도가 일고 있었다. 그것은 믿는 자의 행로를 방해하는 세상의 반대에 대한 적절한 상징이다. 그것들은 그들의 믿음과 인내를 확인하는 참된 시험이었다.

하나님께서는 오늘날에도 그와 비슷하게 우리를 시험하신다. 우리의 상황은 자주 어두우며 그 조건들이 모두 우리를 거스른다. 우리는 주님께 부르짖는다. 그러나 그는 "오시지 않는다." 하지만 하나님은 결코 서두르지 않으신다는 사실을 우리 자신에게 상기시키자. 불신의 성급함이 그의 손길이 서둘러 주시기를 제아무리 재촉하더라도 그는 그의 적절한 때를 기다리신다. **전능하심**은 기다릴 여유가 있으시다. 왜냐하면 그것은 항상 성공을 확신하기 때문이다. 그리고 전능하심은 무한한 지혜 및 사랑과 결합되어 있기 때문에 우리는 하나님이 올바른 방법으로 행하실 뿐만 아니라 가장 적절한 시기에 행하신다는 것을 확신해도 좋다. "그러나 여호와께서 **기다리시나니** 이는 너희에게 은혜를 베풀려 하심이요 일어나시리니 이는 너희를 긍휼히 여기려 하심이라 대저 여호와는 정의의 하나님이심이라 그를 **기다리는** 자마다 복이 있도다"(사 30:18)

때때로 주님께서는 그의 구원하시는 은혜와 능력 가운데 나타나시기 전에 적절한 때까지 "기다리신다." 암흑이 더 어둡게 닥쳐와도 그는 여전히 **기다리신다.** 정말 그렇다. 그러나 그는 "은혜를 주시기 위하여" **기다리신다.** 그렇지만 어째서 기다리시는 것일까? 그는 이러한 기다림 없이는, 그리고 그러한 기다림이 일반적으로 우리에게 가져오는 고통스러운 긴장을 겪게 하시지 않고는 '은혜로우실' 수 없단 말인가? 분명히 그렇게 하셔야만 한다. 그러나 그렇게 지연시키는 데는 한 가지 이유가 있다. 그것은 그가 개입하셨을 때 **그의** 손길을 좀 더 확실한 것이 되게 하기 위함이며, 또 하나의 이유는 그랬을 때 **그의** 손길을 더욱 고맙게 여기게 하기 위함이다. 때때로 암흑은 점점 더 짙게 닥쳐와서 거의 참을 수 없을 정도가 된다. 그래도 그는 여전히 **기다리신다.** 우리는 다시 한 번 의아함에 차서 어째서 그러시느냐고 묻는다. 하지만 그것은 **우리의** 모든 소망을 낙망시키고자 하심이 아니요, **우리의** 계획을 좌절시키고자 하심이 아니며, 우리의 지각으로 **혼돈** 속에 빠지게 하려 하심이 아니다(시 107:27)! 우리가 소망을 포기할 때 바로 그 때 주님은 예기치 않게 나타나셔서, 폭풍우 이는 바다에서 제자들을 놀라게 하신 것처럼 우리를 놀라게 하신다.

"**제자들이 노를 저어 십여 리쯤 가다가 예수께서 바다 위로 걸어**"(6:19). 의심할 여지 없이 이것은 곤란한 처지에 있는 성도 외에도 많은 사람들이 읽어야 할 구절이다.

당신에게도 또한 밤이 두려울 정도로 어두울 것이다. 그리고 역경의 파도가 당신을 완전히 삼킬 것처럼 보일 것이다. 오, 시험받고 역경에 처한 자여, 요한복음 6:17, 18의 복된 결과를 읽어 보라. 당신의 **믿음이** 그것을 단단히 붙잡기만 한다면 그것은 **당신을** 위한 격려의 말씀이 될 것이다. 제자들이 낙망하여 자포자기하지 않는 점에 주목하라. 그들은 계속하여 "노를 저었다!"(19절) 그리고 마침내 주님이 오셔서 그들을 성난 폭풍우로부터 구해 주셨다. 그러므로 사랑하는 성도여, 주님께서 정해 주신 길이 어떠한 것이라 할지라도, 그것이 제아무리 험난하고 싫은 것이라 할지라도 **계속 그 안에 머물자.** 그러면 주의 적절한 때가 올 때 주께서 당신을 **구하실 것이다.** 필자가 다시 한 번 말하거니와 제자들이 계속 '노를 저은 것'에 주목하라. 그것이 그들이 할 수 있는 전부였다. 그리고 그것은 그들에게 요구된 전부였다. 잠시 후에 주께서 나타나셨고, 그래서 그들은 육지에 있게 되었다. 오, 하나님께서 필자와 독자에게 임무의 길을 갈 때 인내를 주시기를 … . 시험받고 낙담한 자여, 이사야 30:18의 말씀을 기억하라. (그 말씀을 상고하고 마음에 새겨 두라) 그리고 **계속 노를 저으라!**

구원이 오기 **전,** 어려운 상황 속에는 우리를 떠받쳐 주려고 적절하게 계획된 또 하나의 복된 진리가 들어 있다. 그리고 우리의 마음이 그 축복을 얻는다면 그것은 우리 것이 **될 것이다.** 폭풍에 시달리는 제자들이 노를 저으면서도 거의, 또는 전혀 앞으로 나아가지 못할 동안에 주님께선 위에 계셨으며(제자들의 아래가 아니라 위에 계셨다) 상황을 다 알고 계셨다. 그리고 마태가 우리에게 알려 주고 있는 것처럼 그는 '기도하고' 계셨다. 또한 높은 데 계신 그는 지금도 **우리를** 위하여 그 일에 전념하고 계신다. 환난에 처한 자여, 이것을 기억하라. "당신의 연약함을 동정하시는" 당신의 위대하신 대제사장께서 위에 계시며 계속하여 중재하고 계시다는 사실을 기억하라. **그의** 기도가 당신을 단단하게 묶고 있다. 그러므로 당신은 가라앉지 않을 것이다. 마가는 여기에다 훨씬 더 귀한 말씀을 덧붙이고 있다. "예수께서 제자들이 힘겹게 노 젓는 것을 보시고"(6:48). 그리스도께서는 그들의 위험에 무심하지 않으셨다. 그의 눈길이 그들 위에 있었다. 그리고 "어두웠음에도" 불구하고(6:17) 그는 **그들을 보셨다.** 어둠이라 할지라도 제자들을 주님에게서 감출 수 없었다. 그리고 이것은 또한 **우리에게** 들려주는 말씀이기도 하다. 우리는 "**힘겹게** 노를 젓고 있을" 지도 모른다(그것은 헬라어로 '피곤하다'는 뜻이다). 그래서 매정한 바람과 파도와 싸우느라 지쳤는지도 모른다. 그러나 우리에게 무심하지 않으신 분, 우리의 고통스러운 운명을 감찰하시는 분이 위에 계신다. 그리고 그는 바로 지금 우리 곁에 오려 하신다. 당신의 연약한 배로부터, 당신을 둘러싸고 있는 폭풍으로부터 당신의 눈길을 돌려 "믿음의 주요 또 온전하게 하시는 이인 예수를 바라보자" (히 12:2)

"**제자들이 노를 저어 십여 리쯤 가다가 예수께서 바다 위로 걸어 배에 가까이 오심을 보고 두려워하거늘**" (6:19). 이것은 믿음이 실천되지 않았다는 것을 보여준다. 마태는 우리에게 이렇게 알려 준다. "제자들이 그가 바다 위로 걸어오심을 보고 놀라 유령이라 하며 무서워하여 소리 지르거늘" (14:26). 예수를 '무서워하고' '두려워하다' 니 그 말을 생각해 보라! 어떤 사람은 때가 밤이라 어두웠고 파도가 몹시 사나왔기 때문에 구세주를 유령으로 오인하기 쉬운 상황이었다고 말할 것이다. 게다가 그들이 본 광경은 전혀 선례가 없는 일이었다. 그들은 물 위를 걷는 사람을 본 적이 없었다고 말할 수도 있다. 그러나 우리가 마가의 기록에 의지한다면, 우리는 제자들로 하여금 주님을 유령으로 오인하게 한 것이 육체의 시각이 흐려서가 아니라 영적 시각이 우둔했기 때문임을 발견할 것이다. "이는 그들이 그 떡 떼시던 일을 깨닫지 못하고 **도리어 그 마음이 둔하여졌음이라**." 두려움이 그들을 지배하였다. 그들은 구원을 기대하지 않았다. 그들은 불과 몇 시간 전에 그들의 목전에서 신적 은혜와 능력이 발휘되었던 것을 잊고 있었다. 그들은 참으로 정확하게 (그리고 슬프게도) 우리를 상징하고 있다. 우리는 과거에 보여주신 주님의 자비와 구원을 참으로 빨리 잊어버린다. 그리고 그가 현재 우리의 기도에 응답해 주실 것을 기대하지 않고 있다.

"**이르시되 내니 두려워하지 말라 하신대**" (6:20). 이것은 10절에 제시된 것과 똑같은 의미를 내포하고 있다. 빌립의 회의와 안드레의 불신에도 불구하고 신적 자비가 흐르는 것을 막지 못했다. 여기에서도 그와 마찬가지이다. 이 제자들의 마음의 둔함에도 불구하고 주님의 그들에 대한 사랑은 저지되지 아니하였다. 우리는 "우리의 죄를 따라 우리를 처벌하지는 아니하시며 우리의 죄악을 따라 우리에게 그대로 갚지는 아니하시는 하나님" (시 103:10)께 지극히 큰 감사를 드려야 한다. 그는 처음부터 끝까지 놀랍고 측량할 길 없는 주권적 은혜로 우리를 대하신다. '나다' 라고 그는 말씀하신다. 그는 우선 그들의 시선을 이끌어 자기를 향하게 하신다. '두려워 말라' 는 그들의 마음을 평정케 하는 말씀이었다. 그리고 이것은 그의 변함없으신 순서이다. 우리의 두려움은 믿음에 의지함으로써, 또 우리의 마음을 그분께 전념케 함으로써만 사라질 수 있다. 주위를 돌아보라. 그러면 우리는 낙담하게 될 것이다. 안을 들여다 보라. 그러면 우리는 용기를 잃게 될 것이다. 그러나 주를 보라. 그러면 우리의 두려움은 사라질 것이다.

"이에 기뻐서 배로 영접하니 배는 곧 그들이 가려던 땅에 이르렀더라"(6:21). 이제 그는 자기 자신을 그들에게 드러내셨다. 이제 그는 고맙게도 마음을 진정시켜 주는 "두려워 말라"는 말씀을 해 주셨다. 이제 그는 (마태와 마가가 우리에게 알려주고 있듯이) 그 유명한 말씀, '용기를 내라'는 말씀을 하셨다. 그리하여 제자들은 "기뻐서 그를 배로 영접하였다." 그리스도께서는 자기 자신을 우리에게 강요하지 않으신다. 그는 '영접되기'를 기다리신다. 그가 바라시는 것은 우리의 마음에서 우러나온 환영이다. 그는 우리의 구원을 향해 아주 서서히 다가오신다. 즉 우리에게 '그를' 아주 서서히 "나타내신다"(요 14:21). 그가 배에 오르자마자 그들이 향해 가던 항해의 목적지에 도착했다는 사실을 주목하는 것은 매우 복된 일이다. 이 21절의 후반부를 우리 자신에게 적용할 때, 우리는 그리스도께서 자기를 '나타내셨을' 때 그것은 바람이 부는 것을 멈추게 하려고, 또는 역행하는 '바다'가 이제 우리에게 순조롭게 되게 하려고 그렇게 하신 것이라고 이해해서는 안 된다. 결코 그렇지 않다. 그것은 우리의 **마음**이 안식처를 발견하게 하려 한 것이었다. 우리의 두려움으로 평정케 하려 한 것이었다. 그것은 우리로 폭풍이 아니라 그것을 다스리시는 주님께 전념하도록 하려 한 것이었다. 바로 그것이 우리가 이 구절들을 통해 배워야 할 귀중한 영적 교훈의 일부이다.

"이튿날 바다 건너편에 서 있던 무리가 배 한 척 외에 다른 배가 거기 없는 것과 또 어제 예수께서 제자들과 함께 그 배에 오르지 아니하시고 제자들만 가는 것을 보았더니 (그러나 디베랴에서 배들이 주께서 축사하신 후 여럿이 떡 먹던 그 곳에 가까이 왔더라) 무리가 거기에 예수도 안 계시고 제자들도 없음을 보고 곧 배들을 타고 예수를 찾으러 가버나움으로 가서"(6:22-24). 이적을 행하는 이를 자기들의 '임금'으로 삼으려고 마음먹은 군중들은 분명히 그들의 목적을 실현시키려고 아침에 일찍 모였던 듯하다. 그러나 그들이 예수를 찾았을 때 그는 어디에도 없었다. 이것이 그들을 당황하게 했음에 틀림없다. 그들은 그 전날 밤 그 바닷가에 배가 한 척뿐이었다는 것을 알고 있었다. 그리고 그들은 제자들만 그 배를 타고 떠나는 것을 보았었다. 그렇다면 주님은 어디에 계셨을까? 그는 분명히 오천 명이 넘는 사람들에게 넉넉한 식사를 제공하려고 떡 다섯 개와 물고기 두 마리를 기적으로 증대시켰었다. 그러므로 또한 그는 기적적인 방법으로 바다를 건너가셨음에 틀림없다. 이렇게 생각한 그들은 방금 디베랴에서 떠나올 때 타고 온 배를 사용하여 주 예수를 발견하게 되리라는 기대를 갖고 바다를 건너 가버나움으로 갔다. 왜냐하면 그들은 가버나움이 어느 시기 동안에 주님의 주된 주거지였다는 것을 알고 있었기 때문이다. 그들의 기대는 어긋나지 않았다.

"**바다 건너편에서 만나 랍비여 언제 여기 오셨나이까 하니 예수께서 대답하여 이르시되 내가 진실로 진실로 너희에게 이르노니 너희가 나를 찾는 것은 표적을 본 까닭이 아니요 떡을 먹고 배부른 까닭이로다**" (6:25, 26). 아마도 그들의 질문에는 아무 잘못이 없을 것이다. "랍비여 언제 여기 오셨나이까?" 그러나 그 질문에 대답하는 것은 유익하지 않은 일이었다. 그리고 그것은 주님께서 뜻하신 것이 아니었다. 그러므로 그는 대답 대신 그가 그들의 동기를 알고 있음을 그들에게 즉시 보여주셨다. 그는 그들이 무엇 때문에 이곳에 왔는지를 아주 잘 알고 계셨다. 적어도 겉으로 볼 때 그들은 주님께 영광을 드릴 준비가 되어 있는 듯했다. 그들은 갈릴리 바다를 건너 주님을 따라왔고, 그리고 그를 다시 찾았다. 그러나 주님께서는 그들의 마음을 읽으셨다. 그는 그들의 내적 동기를 아셨으며, 그래서 속지 않으셨다. 그것은 하나님의 아들로서 다시 한 번 그의 신성을 입증하신 일이다. 그는 그들이 찾는 것이 영적 축복이 아니라 육체적인 것임을 알고 계셨다. 그가 그들에게 "너희가 나를 찾는 것은 표적(또는 '이적')을 본 까닭이 아니요 떡을 먹고 배부른 까닭이로다"라고 말씀하셨을 때, 그것은 그들이 그 '표적'의 영적 중요성을 깨닫지 못했음을 뜻하는 말씀이다. 그들이 그 중요성을 깨달았더라면 그들은 그 앞에 엎드려 예배를 드렸을 것이다. "예수 그리스도께서는 어제도 오늘도 그리고 영원토록 동일하시다"는 사실을 기억하자. 그리스도께서는 여전히 인간의 마음을 읽으신다. 그에게 감추어 둘 수 있는 비밀이란 없다. 그는 믿지 아니하는 자들이, 종교가 그들의 목적에 부합할 때 어째서 종교적인 외투를 입는지를 알고 계신다. 즉 그들이 때로로 어째서 그들의 종교적인 주장을 큰 소리로 말하는지, 어째서 자기들이 그리스도인이라고 고백하는지를 알고 계신다. 위선은 큰 죄악이다. 위선의 어리석음은 대단히 크며 그 무익함 또한 매우 크다.

"**썩을 양식을 위하여 일하지 말고 영생하도록 있는 양식을 위하여 하라 이 양식은 인자가 너희에게 주리니**" (6:27). 여기에서 그리스도께서 사용하신 표현은 비교적이고 상대적인 것이다. 그는 썩는 양식을 위해서보다는 차라리 영생하도록 있는 양식을 위해서 일하라는 뜻으로 말씀하신다. '일하다'라는 말은 매우 의미심장하다. 그것은 영적인 일을 열렬히 구해야 한다는 것을, 다시 말해서 그들의 영혼이 절대 불가피하게 필요로 하는 것을 얻기 위해서 수고를 아끼지 말아야 함을 뜻한다. 그것은 **상징적으로** 사용된 말이며, 구원이 곧 강렬한 소망의 목적이 되어야 한다는 뜻이다. 사람들이 자기들에게 절대 불가피하게 필요한 것을 확실히 얻기 위하여, 세상적이고 감각적인 것을 얻기 위해 수고를 쏟는 것처럼, 그와 똑같은 수고를 쏟게 되기를 기원한다. 그리스도께서는 사람들에게 "영생하도록 있는 양식" ('**언제까지나 변치 않을 양식**' 이라고 했더라면 더 좋은 표현이었을 것이다)을 위해서 마음과 힘을 경주하라고 명령하신다. 그것이 요한복음의 특징적인 말씀의 하나이다.

우리 주님께서 "영생하도록 있는 양식을 위하여 **일하라**"고 말씀하셨을 때 그는 공로에 의한 구원을 염두에 두신 것이 아니다. 이것은 그 다음에 나오는 말씀을 보면 분명해진다. "이 양식은 인자가 너희에게 **주리니**." 그러나 그는 영적인 일에 열의가 없는 사람들과 물질적인 일에만 전념하는 자들에게 강조되어야 할 필요가 있는 것을 단언하고 계신다. 진리의 균형을 유지한다는 것은 어려운 일이다. 한편으로 우리는 구원이란 오직 은혜에 의해서만 얻어지는 것이라고 아주 열렬히 주장한다. 그래서 자칫 전심으로 주님을 **찾아야 할** 책임이 있다고 주장하는 것을 소홀히 할 위험이 있다. 다른 한편으로 본성적인 인간의 전적인 부패성과, 인간은 허물과 죄 속에 **죽어 있음**을 강조할 때, 우리는 자칫 죄인에게 회개하고 복음을 믿으라고 권해야 할 우리의 의무를 소홀히 하기 쉽다. 그리스도께서 "영생하도록 있는 양식을 위하여 일하라"고 하신 말씀은 "좁은 문으로 들어가기를 **힘쓰라**"(눅 13:24)와 "사람마다 하나님의 나라로 **침입하느니라**"(눅 16:16)는 말씀과 (본질적으로) 병행구이다.

"**인자는 아버지 하나님께서 인치신 자니라**"(6:27). 그리스도께서 하나님 아버지의 인치신 자라고 하신 말씀은 무슨 의미일까? 첫째로, '인쳐' 졌다고 인정된 사람이 바로 '**인자**' 로서 인정된 점에 주목하라. 다시 말해서, 그것은 하나님의 아들로서이며, **성육신하신** 하나님의 아들로서이다. '인치는 것' 과 관련된 두 가지 주요한 사상이 있다. 즉 신원의 확인과, 인증 또는 재가가 그것이다. 요한계시록 7장에서 우리는 하나님의 사자가 이스라엘의 각 지파에서 뽑힌 12만 명에게 '인치는 것' 을 읽을 수 있다. 거기에서의 인치는 것은 그들의 이마에 표시를 하는 것이다. 그리고 그것은 신원 확인을 위한 것이다. 즉 그들을 배교한 이스라엘인들과 구별하여 분리시키기 위한 것이다. 우리는 에스더 8:8에 "너희는 왕의 명의로 유다인에게 조서를 뜻대로 쓰고 왕의 반지로 인을 칠지어다 왕의 이름을 쓰고 왕의 반지로 **인친** 조서는 **누구든지 철회할 수 없음이니라**"고 기록되어 있음을 볼 수 있다. 여기에서의 '인치다' 는 의미는 전혀 다르다. 여기에서의 **왕**의 '**인**' 은 권위를 뜻한다. 왕의 인은 확인과 재가를 위해 덧붙여진 것이다. 이것은 그리스도의 '인침' 과 관련시킬 필요가 있는 주요한 사상이다.

이 '인치다' 는 말은 역사적으로 볼 때 그리스도께서 세례를 받으신 때를 가리킨다 (행 10:38 참고). 주 예수께서 놀라운 겸손을 취하셔서 이스라엘의 남은 자들과 한 무리가 되어 죽어 있는 자들 속에 계셨을 때, 아버지께서는 성령으로써 그들 중에서 그를 택하셨다. 하나님의 목소리가 들려왔는데 그것은 "이는 내 사랑하는 아들이요 내 기뻐하는 자라" 는 말씀이었다. 그래서 그리스도께서는 이제 하나님에 의해 **확증되고 보증된** 그의 중보의 임무를 이제 막 착수하시려는 것이다. 하나님께서는 성육신 하신 그의 아들의 완전성과 서로 교통하는 직무상의 권위를 성령으로 그에게 '인치심' 으로써 **보증하여** 주셨다. 여기 27절에서의 그리스도의 이 선포는 52절에 나오는 "**이 사람이** 어찌 능히 자기 살을 우리에게 주어 먹게 하겠느냐" 라는 질문을 예상케 한다. 그에 대한 답은 이미 충분히 주어졌다. "하나님 아버지께서 **그에게** 인치셨기" 때문이다. 그것은 또한 30절과 같은 질문을 예상케 하며 그에 대한 답변도 제공한다. "그러면 우리가 보고 **당신을** 믿도록 행하시는 표적이 무엇이니이까?" 지상의 왕자가 때때로 왕을 대신하여서 통치할 수 있고 외교적인 일을 행할 자격을 갖게 되는 것처럼 그리스도께서는 그의 이적으로써 그의 천상의 권위에 대한 증거를 제시하신다. "하나님이 나사렛 예수에게 성령과 **능력**을 기름 붓듯 하셨으매" (행 10:38)

우리가 또한 우리 자신이 '인쳐진' 바 되었음을 아는 것은 복된 일이다. 신자들은 하나님을 **인정하는** 자들로 '인쳐졌다.' 그러나 바로 '**그리스도 안에서**' 라는 사실에 주목하라. "너희가 믿는 **이 안에서** 너희는 약속의 성령으로 **인쳐졌느니라**." 그리스도께서는 자신의 내적 완전성 때문에 '인쳐' 지셨다. 우리는 그리스도와 동일시되고 하나 되었기 때문에 인쳐졌다! "그의 사랑하시는 자 안에서 아들들이 되게 하셨다" (엡 1:6)는 말씀도 똑같은 의미이다. 마가는 성령께서 **우리를 인치셨다**고 말하지 않고(그러나 일반적으로 그렇다고 오인하고 있다), 성령께서 친히 우리 위에 하나님의 '인' 이 **되셨다**고 말했다. 그것은 신원 확인을 위한 구별의 표시이다. 왜냐하면 죄인들은 성령을 갖지 않았기 때문이다 (유 19).

다음 장에서는 다음과 같은 질문을 중심으로 숙고하기 바란다.

1. 28절의 질문은 무엇을 뜻하는 것인가?
2. 29절의 의미는 무엇인가?
3. 30절과 31절은 그 말을 한 사람들과 관련하여 어떤 사실을 나타내고 있는가?

4. '떡(빵)'은 어떤 면에서 그리스도에 대한 적절한 상징인가? 그 다양한 국면을 제시해 보라.

5. 35절의 의미는 무엇인가? 믿는 자들은 '주리거나' '목마른' 적이 있는가?

6. 아버지께서 그리스도에게 **누구**를 주셨는가? (37절)

7. 39절에서는 우리를 위로하는 어떤 진리를 발견할 수 있는가?

제22장

생명의 떡이신 그리스도

²⁸그들이 묻되 우리가 어떻게 하여야 하나님의 일을 하오리이까 ²⁹예수께서 대답하여 이르시되 하나님께서 보내신 이를 믿는 것이 하나님의 일이니라 하시니 ³⁰그들이 묻되 그러면 우리가 보고 당신을 믿도록 행하시는 표적이 무엇이니이까, 하시는 일이 무엇이니이까 ³¹기록된 바 하늘에서 그들에게 떡을 주어 먹게 하였다 함과 같이 우리 조상들은 광야에서 만나를 먹었나이다 ³²예수께서 이르시되 내가 진실로 진실로 너희에게 이르노니 모세가 너희에게 하늘로부터 떡을 준 것이 아니라 내 아버지께서 너희에게 하늘로부터 참 떡을 주시나니 ³³하나님의 떡은 하늘에서 내려 세상에 생명을 주는 것이니라 ³⁴그들이 이르되 주여 이 떡을 항상 우리에게 주소서 ³⁵예수께서 이르시되 나는 생명의 떡이니 내게 오는 자는 결코 주리지 아니할 터이요 나를 믿는 자는 영원히 목마르지 아니하리라 ³⁶그러나 내가 너희에게 이르기를 너희는 나를 보고도 믿지 아니하는도다 하였느니라 ³⁷아버지께서 내게 주시는 자는 다 내게로 올 것이요 내게 오는 자는 내가 결코 내쫓지 아니하리라 ³⁸내가 하늘에서 내려온 것은 내 뜻을 행하려 함이 아니요 나를 보내신 이의 뜻을 행하려 함이니라 ³⁹나를 보내신 이의 뜻은 내게 주신 자 중에 내가 하나도 잃어버리지 아니하고 마지막 날에 다시 살리는 이것이니라 ⁴⁰내 아버지의 뜻은 아들을 보고 믿는 자마다 영생을 얻는 이것이니 마지막 날에 내가 이를 다시 살리리라 하시니라(요 6:28-40)

본장에서 우리가 고찰하게 될 구절들을 아래와 같이 분석해 보았다.

1. 합법적으로 하나님의 일을 하는 것이란 어떤 것인가 하는 질문(28절)
2. 그에 대한 신적 답변(29절)

3. 본성적인 마음이 품은 회의(30, 31절)

4. 참된 떡이신 그리스도(32-34절)

5. 인간의 마음을 충족시켜 주시는 그리스도(35절)

6. 그리스도를 보고도 믿지 아니하는 자들의 불신(36절)

7. 그리스도의 아버지의 뜻에의 순종(37-40절)

요한복음 5장과 6장 사이의 연관성을 관찰해 보는 일은 중요하고도 교훈적이다. 6장은 교리적으로 5장의 결과이다. 이 두 장에서 그리스도가 제시되고 있는 방법은 서로 유사하면서도 대조적이다. 두 장에서 우리는 그가 생명의 근원, 신적 생명, 영적 생명, 그리고 영원한 생명이신 것을 본다. 그러나 5장의 특징적인 요소에 관하여 말하자면 그리스도에 의하여 **주어진** 생명이라고 할 수 있다. 반면에 6장의 특징적인 요소는 우리가 **받는** 구원이다. 이것을 좀 더 부연해 보자.

요한복음 5장은 그리스도께서 병자에게 생명을 주시는 상징적인 예화로써 시작된다. 38년 동안이나 앓아 온 병 때문에 무력해진 사람이 낫게 되었다. 그리스도께서는 이 이적을 자신의 신적 영광을 제시하시는 대화의 기초로 삼으신다. 21절에서 우리는 "아버지께서 죽은 자들을 일으켜 살리심같이 아들도 **자기가 원하는 자들을 살리느니라**"고 기록된 말씀을 읽는다. 그와 똑같은 사상이 26절의 끝부분까지 계속되고 있다. 거기에서 그리스도께서는 자기의 원하시는 자들에게 자신의 생명의 근원이요 생명의 분배자로서 제시하신다. 이 신적 생명이 부여된 자는, 병자의 경우처럼, 전적으로 **수동적인** 모습이라고 할 수 있다. 즉 그는 하나님의 아들의 전능하시고 창조하시는 목소리에 의해 생명이 있게 된다(25절). 살리시는 자의 신적인 말씀에 의하여 깊은 침묵이 깨어지게 될 때까지는 죄인 편에는 죽음의 무력함 이외에 아무 것도 없다. **그의** 목소리가 그 때까지 죽어 있던 영혼에게 들려오면 그 영혼은 그의 목소리를 듣자마자 더 이상 죽어 있지 않게 된다. 그러나 이 요한복음 5장에서는 마음을 구석구석까지 살피는 것, 양심을 성찰하는 것, 결핍감을 느끼는 것, 그리고 그리스도에 대한 갈망을 느끼는 것 등에 대해서는 전혀 언급되어 있지 않다. 거기에서는 다만 신적인 충족성을 가지신 그리스도만이, 즉 영적으로 죽어 있는 영혼에게 말씀을 건네시고(주권적인 '살리심'으로써) 그들에게 들을 능력을 부여해 주시는 그리스도에 대해서만 언급되어 있다.

요한복음 6장에서의 그리스도는 아주 다른 특성을 통해 제시되며 죄인의 모습도 그와 조화를 이루어 5장과는 다른 형태로 제시되고 있다. 여기에서 우리는 본질적인 영광 속에 계신 자로서의 주님이 아니라 성육신하신 자로서의 주님을 본다. 여기에서 그는 '인자' (27, 53절)의 모습으로 나타나며, 비하의 신분을 취하심으로써 '하늘로부터 내려오신 자' 로 표현된다(33, 38, 51절 등). 그와 같이 그리스도는 소망의 대상으로서, 그리고 죄인의 필요를 충족시킬 분으로서 알려져 있다. 요한복음 5장에서 병자의 '큰 무리' 를 찾으신 것은(3, 6절) 바로 그리스도이셨다. 그리고 그리스도께서 38년 동안 앓아 온 자에게 자기 자신을 드러내셨을 때 **그 병자는** 구세주에 대한 소망을 표하지 아니하였다. 그는 하나님이 아들을 바라는 마음이 전혀 없는 자로 행동했다. 이와 같이 그는, 그리스도에 의해 처음 살림받았을 때의 죽은 영혼을 상징하고 있다. 그러나 요한복음 6장에서는 그와 아주 현저한 대조를 이루는 상황이 나온다. 여기에서는 '큰 군중' 이 **그리스도를 따랐다**(2, 24, 25절). 그것도 그에 대한 확실한 소망을 품고 그를 따른 것이다. 필자는 그 소망을 유발시킨 무가치한 동기에 대해 말하는 것이 아니라 어떤 사실에 대한 **예중**이 되는 것으로서의 소망에 대해 말하고 있는 것이다. 요한복음 5장과 6장 사이의 관계를 주목하는 것이 중요함을 제시해 주는 것은 바로 이 대조적인 사실이다. 필자가 본장의 서두에서 이미 말했듯이 6장은 5장의 결과이다. 필자는 두 장의 내용이 상징적이고 예중적이라는 점에 관련하여 내용의 **순서**가 바로 진리에 대한 **교리적인 순서**를 제시하고 있음을 말하는 것이다. 그것들은 우리에게 **두** 측면을 제공한다. 즉 신성과 인성이 그것이다. 그리고 다른 곳에서처럼 여기에서도 신성이 먼저 나온다. 요한복음 5장에서 우리는 자기의 주권적인 특권에 따라 행사된 그리스도의 **살리시는** 능력을 보았다. 요한복음 6장에서는 이미 살린 바 된 영혼에게 그 일이 어떤 **영향**을 끼쳤는지를 설명하고 있다. 5장에서는, 그리스도께서 죽은 영혼에게 다가가신다. 6장에서는, 살아난 영혼이 그리스도를 **찾는다**!

　요한복음 6장에서의 그 진리를 설명하고 전개시킬 때 성령께서는 요한복음 5장과 같은 순서를 따르신다. 여기 6장에서도 그리스도께서는 6장이 목표로 하고 있는 교리적인 특성을 상징적으로 나타내고 있는 사람들에게 이적을 베푸신다. 그러나 그들은 아직 구원받지 못한 자들이다. 왜냐하면 구원에 있어서는 살리는 일과는 달리 신적 측면이 있을 뿐만 아니라 인간이 행해야 할 **인간적** 측면이 있기 때문이다. 요한복음 6장의 첫 부분에서 제시되고 있는 사실은 바로 **배고픈 군중이다**. 그들이 방금 살림받은 영혼의 상태를 아주 강력하고 정확하게 설명하고 있음이 분명하다. 신적 생명이 부여되자마자 내부에 큰 소동이 일어났다. 결핍감이 깨어난 것이다. 그것은 물이 낮은 데로 흐르는 것처럼 그 근원을 향해 돌아선 생명이다. 이 예화는 신적인 적절성이 있다. 왜냐하면 굶주림의 고통이 엄습하는 것이야말로 우리가 가장 생생하게 **의식할 수** 있는 일이기 때문이다. 그러나 **죽은** 자의 경우는 그와 다르다. 왜냐하면 그는 의식이 없기 때문이다. **마비된** 자의 경우도 마찬가지이다. 왜냐하면 그는 느낄 수가 없기 때문이다. 그러므로 이 예화는 영적이다. 허물과 죄 속에 죽어 있는 자와, 부패로 인하여 마비된 자는 하나님에 대한 갈망을 갖고 있지 않다. 그러나 신적으로 '살림받은' 자는 그와 다르다! 살아났다는 최초의 결과는 그 사람의 의식이 깨어나는 것이다. 내부의 신적 생명이 자기의 죄스러움과 그리스도에 대한 결핍감을 느낄 능력을 부여해주는 것이다.

요한복음 6장의 후반부에 나오는 예에도 주목해 보라. 똑같은 진리가 훨씬 더 깊이 있게 전개되어 있다. 여기에서 우리는 제자들이 어둠 속, 폭풍우 한가운데서 위안의 장소를 찾아 노를 저어가고 있음을 본다. 이것은 방금 살아난, **깨어난** 영혼이 겪는 경험을 제공하고 있다. 그것은 그가 안식의 항구에 도착하기 전에 통과해야만 하는 고통스러운 경험에 대해 말하고 있다. 그는 아직 진정으로 구원된 것이 아니다. 그는 아직 그의 내부에 일어난 신적 은혜의 역사(役事)를 이해하지 못한다. 그가 의식할 수 있는 것은 절실한 갈급함뿐이다. 그리고 사탄의 극악한 공격이 일반적으로 가장 격심해지는 것도 바로 이때이다. 그는 이제 격심한 폭풍에 휩싸이게 되었다! 그러나 마귀가 그 영혼을 전적으로 압도하도록 허용되어 있지 않다. 하지만 그는 이 예에서 아직 제자가 된 것도 아니다. 하나님의 정하신 때가 올 때 그리스도께서 가까이 오셔서 이렇게 말씀하신다. "내니 두려워 말라." **그가** 자기를 찾는 자에게 자신을 드러내며 서 계신다. 그리고 **그때** 그는 기쁘게 "**기꺼이** 배 안으로 영접되신다." **그 때** 폭풍이 끝나고 바라던 항구에 도착한다. 왜냐하면 우리가 볼 수 있는 그 다음 일은 그리스도와 제자들이 '가버나움' (위안의 장소)**에** 있는 것이기 때문이다. 그러므로 **배고픈** 군중을 먹이신 것과 **폭풍이 몰아치는 바다**에서 제자들을 구해 주신 일에서, 우리는 영혼의 필요를 충족시키시는 그리스도의 복되고 놀라운 예증을 발견할 수 있다.

이 모든 일이 요한복음 6장의 중반부에서 전개될 위대한 주제에 대한 서문에 불과함을 알게 될 것이다. 요한복음 5장의 서두에 나온 병자를 고치신 일이 그 다음에 나올 대화를 위해 도입되고 예비된 길이었던 것처럼, 요한복음 6장의 전개방식도 그와 같다. 여기에서의 주요한 진리는 비하의 신분을 취하신 그리스도인데, 그는 비하의 신분을 취하시어 자발적으로 인간이 되심으로써 하늘로부터 내려오신 것이다. 그러므로 그는 영혼의 깊은 필요를 채우실 수 있는 유일한 대상으로서 자신을 '생명의 떡'으로 제시하신다.

"그들이 묻되 우리가 어떻게 하여야 하나님의 일을 하오리이까"(6:28). 이 질문은 일시적으로 깊은 인상을 받고 자극된 자들, 그러나 하늘에 이르는 길에 대해서는 여전히 어둠 속에 있는 자들이 물은 말인 듯하다. 그들은 적어도 자기들이 잘못된 길 위에 있고 자기들에게 무엇인가가 필요하다고 느끼지만 그것이 무엇인지는 잘 모르고 있다. 그들은 그들이 어떤 일인가를 **행해야만** 한다고 생각하였다. 그러나 그것이 **무슨** 일인지는 알지 못했다. 그것은 자기 자신의 행위에만 전념해 온 본성적인 인간의 독선이다. 육신의 마음이 하나님을 위해 의식적으로 어떤 일을 **행할** 때 그 마음은 의기양양해진다. 왜냐하면 인간은 자기의 행위로 인하여 자신이 보상받을 자격이 있다고 생각하기 때문이다. 그는 그가 행한 행위로써 구원을 **획득했**으므로 자기가 구원을 받아 마땅하다고 생각한다. 그러므로 그는 "은혜로서가 아니라 빚에 대한 대가로서" 그 보상이 주어진다고 생각한다. 인간은 하나님이 **자기에게** 빚진 자인 듯이 하나님을 비하시키려 한다. 불신과 교만은 전능하신 분을 얼마나 비하시키고 있는가! 그들은 그에게서 그의 영광을 강탈하고 있다!

"우리가 어떻게 하여야 하나님의 일을 하오리이까." 이 사람들이 이런 질문을 했으리라고는 믿어지지 않는다. 불과 얼마 전에 그리스도께서 그들에게 이렇게 말씀하셨었다. "썩을 양식을 위하여 일하지 말고 영생하도록 있는 양식을 위하여 하라 이 양식은 인자가 너희에게 **주리니**"(27절). 그러나 하나님과 원수인 육체적인 마음은 선물이란 생각에 미칠 수 없다. 또한 육체적인 마음은, 거지와 빈궁한 자의 신분으로 **내려와** 아무 것도 없는 처지에 모든 것을 받으려 하지 아니한다. 죄인은 선물을 얻기 위해 무엇인가를 행하고 싶어한다. 그것은 우물가의 사마리아 여자의 경우에도 그랬다. 신적 은혜가 그녀 속에서 그의 일을 완성하실 때까지 그녀는 "하나님의 선물"(요 4:10)을 알지 못했다. 그것은 젊은 부자 관원의 경우에도 마찬가지였다. "선한 선생님이여 내가 무엇을 하여야 영생을 얻으리이까"(눅 18:18). 오순절에 놀란 유대인들의 경우도 그와 마찬가지였다. "형제들아 우리가 어찌**할꼬**"(행 2:37). 그것은 빌립보 간수의 경우에도 똑같았다. "선생들이여 내가 어떻게 **하여야** 구원을 받으리이까"(행 16:30). 그것은 방탕한 아들의 경우에도 마찬가지였다. "나를 **품꾼**(자기가 받는 것을 위해 **일하는** 자)의 하나로 보소서"(눅 15:19). 이것이 바로 그의 생각이었다. 친애하는 친구들이여, 하나님은 어디에 계시든 똑같으신 분이며 사람 또한 똑같다.

"**예수께서 대답하여 이르시되 하나님께서 보내신 이를 믿는 것이 하나님의 일이니라**"(6:29). 주님께서는 지극히 사랑이 넘치는 인내로운 은혜로 대답하셨다! 그는 복되게도 단순한 말씀을 사용하여 하나님께서 죄인에게 요구하시는 유일한 것이, 그들이 그들의 절실한 필요를 채우게 하기 위해 하나님께서 세상에 보내신 자를 **믿는** 것이라고 설명하셨다. "이것이 하나님의 일이니라"는 말씀은 '이것이 곧 하나님께서 요구하시는 일이라'는 의미이다. 그것은 법적인 일이 아니요 또한 성전의 제단에 제물을 드리는 것도 아니다. 그것은 바로 그리스도를 믿는 일이다. 그리스도는 하나님에 의하여 지정된 구세주이시다. 그리고 **그를 믿는 것**은 하나님께서 승인하신 일이며, 그에 대한 믿음이 없이는 하나님이 보시기에 받아들이실 수 있는 것이 아무 것도 없다. 바울은 빌립보 간수의 질문에 이렇게 대답하였다. "내가 어떻게 **하여야** 구원을 받으리이까?" "주 예수를 **믿으라** 그리하면 너와 네 집이 구원을 받으리라." 이것이 그의 답변이었다(행 16:31). 그러나 다시 한 번 말하는 바이지만, 우리 인간은 믿기보다는 오히려 **행하여** 왔다. 그러면 왜 그렇게 할까? 그것은 행위가 인간의 교만심을 부추기기 때문이다. 행위는 그가 '연약하다'(롬 5:6)는 것을 부인해 주는 것이므로 행위를 함으로써 자기의 전적인 파멸을 거부할 수 있기 때문이다. 또한 행위가 인간으로 하여금 긍지와 영광을 갖게 하는 지반을 제공해 주기 때문이다. 그럼에도 불구하고 하나님께서 받으시는 유일한 한 가지 '일'은 그의 아들을 믿는 것이다.

어떤 사람은 아마 이런 질문을 제기할 것이다. "내가 선행을 하지 않고 어떻게 천국에 들어갈 수 있단 말인가?" 대답은 분명하다. 물론 선행을 하지 않는다면 그것은 불가능하다. 우리가 선한 품성을 가지지 않는다면 우리는 천국에 들어갈 수 없다. 그러나 당신의 선행과 선한 품성은 **흠이 없는** 것이어야 한다. 그것들은 하나님처럼 거룩해야만 한다. 그렇지 않으면 우리는 **하나님의** 임재하시는 곳에 들어갈 수 없다. 그렇다면 나는 그와 같은 거룩한 특성을 어떻게 확보할 수 있단 말인가? 분명히 전혀 불가능한 것이다! 하지만 이 대답은 잘못 되었다. 그렇다면 어떻게 가능할까? 경건하려는 **노력들**로 말미암는 것일까? 그렇지 않다. 그것 역시 **행위**이기 때문이다. 아무 것도 행하지 말라. 다만 믿기만 하라. 이미 행해진 일을 받아들이라. 주 예수께서 우리를 대신하여 이루신 그 일을 받아들이라. 이것이 바로 하나님께서 당신에게 요구하시는 것이다. 즉 당신 자신의 행위를 포기하고 그의 사랑하시는 아들의 일을 받아들이는 것 ─ 그것이 곧 하나님께서 요구하시는 전부이다. 그러나 당신은 이렇게 할 준비가 되어 있는가? 당신은 당신 자신의 행위와 당신 자신의 의를 버리고 그의 행위와 그의 의를 기꺼이 받아들이려는가? 당신은 당신의 **모든** 행위가 흠이 있고, 당신의 **모든** 노력이 하나님의 요구를 충족시키기에 부족한 것이며, 당신의 **모든** 의가 죄로 더럽혀져 있고, 마치 '해어진 누더기'와 같음을 전적으로 인정할 때에 비로소 하나님의 의와 행위를 받아들일 것이다. 사람이 우선 자기 자신의 일이 무가치하다는 것을 깨닫지 않는다면, 다른 사람의 일을 신뢰하기 위하여 자기의 일을 부인하는 것이 어떻게 가능하겠는가? 사람이 자기 자신에게 의지하는 것이 전혀 안전하지 **않음을 확신하지 않는다면** 안전을 위해 **다른 사람에게 의지하는 것**이 어떻게 가능하겠는가? 그것은 불가능하다. 사람은 이것을 스스로 행할 수 없다. 그것은 '하나님의 일'이다. 죄인으로 하여금 자기 자신의 일을 **부인하고,** 구원을 위해 주 예수를 견고하게 **붙잡게** 하는 것은 바로 성령의 깨닫게 하시는 능력으로, 오직 그 힘만이 그것을 가능하게 한다.

사랑하는 독자여, 필자는 이 점을 여러분에게 엄숙하게 강조하고 싶다. 당신은 그리스도의 이루신 일이 당신이 영생을 위해 의지하고 있는 **유일한** 바위라고 믿는가? 아니면 당신은 아직도 구원을 위해 당신 자신의 행위를 은밀히 의지하고 있는가? 만일 당신이 행위를 은밀히 믿고 있다면, 당신은 영원히 잃어버린 바 될 것이다. 왜냐하면 주님께서 친히 그것을 말씀하셨기 때문이다. "믿는 자는 심판받지 아니할 것이다." 당신 자신의 행위들은, 당신이 그것들을 구원을 줄 만한 것들이라고 생각한다 할지라도 당신을 구원해 줄 수 없다. 당신의 기도, 눈물, 애통해함, 자선, 교회에의 참석, 생활을 거룩하게 하려는 노력, 그 모든 것들을 당신 자신의 **행위**일 뿐 그 외에 무엇이란 말인가? 그것들이 모두 완전한 것일지라도 그것들은 당신을 구원해 줄 수 없다. 왜 그럴까? 성경에 이렇게 기록되어 있기 때문이다. "율법의 행위로 그의 앞에 의롭다 하심을 얻을 육체가 없느니라." 구원은 종교적인 생활에 의하여 **얻어지는 것**이 아니라 믿음으로 말미암아 주어지는 값 없는 은사이다 (롬 6:23).

"그들이 묻되 그러면 우리가 보고 당신을 믿도록 행하시는 표적이 무엇이니이까, 하시는 일이 무엇이니이까" (6:30). 이것은 불신을 노출시키는 말이다! 본성적인 인간이 스스로 그리스도와 그의 완수된 일을 '단순한' 믿음으로 받아들이기란 얼마나 어려운가! 그것은 실로 불가능하다! 진실로 성령만이 사람으로 하여금 그것을 가능하게 하실 수 있다. 주님께서 '믿으라'고 말씀하셨다. 그들은 "우리에게 **표적**을 보이라"고 요구하였다. 인간은 믿기 **전에** 보거나 또는 만져야만 한다.

"우리는 구원이 그리스도를 믿음으로써 얻어지는 것이 아니라고 말하려는 것이 아니라 다만 우선 어떤 **증거**를 갖고 싶은 것이다. 우리가 믿을 만한 어떤 증거를 가질 수만 있다면 우리는 믿을 것이다. 오, 이것이야말로 본성적인 마음을 드러내 주는 완벽한 그림이다! 내가 어떤 사람(아마 여러 해 동안 신앙 고백을 해 온 사람)에게 가서 이렇게 말했다 하자. '당신은 영생을 얻었습니까? 당신은 당신이 구원받은 사람이며 사망에서 생명으로 옮겨진 자임을 알고 있습니까?' 그러면 이렇게 대답한다. '아니오. 확신하지 못합니다.' 그러면 당신은 주 예수를 믿고 있지 않다. 당신은 그리스도가 완수하신 일을 자신의 것으로서 받아들이지 않았다. 그 때 당신은 이렇게 대답한다. '물론 나는 그리스도를 믿고 있소.' 그렇다면 그리스도께서 이렇게 말씀하신 것을 상기하라. 즉 '믿는 자는 영생을 **얻었나니.**' 당신이 영생을 갖지 않았다면 그것은 당신이 그것에 대한 **소망**을 갖고 있지 않기 때문이다. 당신의 영생은 **불확실하지 않다.** 하나님의 아들께서 '믿는 자는 그것을 **가졌다**'라고 말씀하신다. 당신은 이렇게 대답할 것이다. '자 내가 좀 더 확실하게 느낄 수 있다면 그것을 믿겠소. 내가 내 속에서 변화된 **증거들**을 볼 수만 있다면 나도 당신이 확신하는 것처럼 확신할 수 있겠소.' 사람들은 주님께 이렇게 말한다. '보고 믿을 수 있도록 우리에게 증거를 주소서'라고. '당신은 당신을 **위한** 주 예수의 완수하신 일이 아니라 당신 **안에서** 활동하시는 성령의 사역의 증거에 근거하여 구원이 이루어지고 있음을 알지 못하는가?' 라고 물으면 당신은 이렇게 말한다. '좀 더 확실하게 느낄 수만 있다면, 변화를 볼 수만 있다면 믿을 수 있을텐데'라고. 하나님께서는 이렇게 말씀하신다. '**우선** 믿으라. 그리하면 네가 느낄 것이다. 그리하면 네가 볼 것이다.' 하나님께서 당신이 구하고 있는 순서를 바꾸셨으니 당신도 또한 하나님과 더불어 평안을 얻으려면 지금까지 당신이 취해온 순서를 바꾸어야만 한다. 믿으라, 그리하면 그 때 비로소 당신의 마음속에 경건한 생활에 대한 **동기**가 생길 것이다. 그뿐만 아니라 자유와 평화와 기쁨 속에 걷게 될 것이다"(F. Whitfield).

"그들이 묻되 그러면 우리가 보고 당신을 믿도록 행하시는 표적이 무엇이니이까, 하시는 일이 무엇이니이까." 이 말의 참 뜻은 이런 것이다. 당신은 우리에게 당신을 하나님께서 보내신 자로 받아들이라고 요구한다. 그러면 당신은 무슨 표적을 보여주겠는가? 당신이 하나님께서 보내신 자라는 것을 보증해 주는 신임장이 어디에 있는가? 우리는 이 질문이 오천 명을 먹이신 다음 날 아침에 제기된 사실을 기억해야만 한다! 그것은 터무니없는 일같이 보인다. 불과 몇 시간 전에 그들은 우리 주님께서 행하신, 여러 가지 면에서 지극히 놀라운 이적을 목격했으며, 그 이적으로부터 그들이 유익을 얻었었다. 그러나 우리들 자신도 그와 같이 행동하는 것을 생각해 볼 때 이 상황은 현실 그대로가 아니겠는가? 사람들 주위에는 하나님의 존재를 입증해 주는 수많은 증거로 둘러싸여 있다. 그들은 그들 자신의 인격 속에서 하나님의 존재에 대한 수많은 증거를 찾아본다. 그런데도 그들은 참으로 자주 이렇게 묻는다. 우리는 하나님이 어디 **계시다**는 어떤 **증거**를 가지고 있는가? 라고. 신자들의 경우도 그와 마찬가지이다. 우리는 헤아릴 수 없는 하나님의 사랑과 신실하심을 누리고 있다. 우리는 그의 구원하시는 손길을 거듭 목격하였다. 그러나 우리에게 어떤 새로운 시험이 닥쳐오면, 즉 **우리의** 계획을 전적으로 망쳐 버리는 어떤 일이나, 관심을 기울이고 있던 어떤 세속적인 목표가 망가지는 일이 생기게 되면 우리는 이렇게 묻는다. '하나님께서는 진정으로 우리를 돌보시는가?' 그리고 아마도 우리는 그가 우리를 돌보시는 것을 증명해 주는 또 다른 '표적'을 요구할 정도로 냉담한 마음을 가지게 될 것이다.

  "기록된 바 하늘에서 그들에게 떡을 주어 먹게 하였다 함과 같이 우리 조상들은 광야에서 만나를 먹었나이다"(6:31). 여기에서 그들은 그리스도를 깔보는 듯이 모세와 대조시킨다. 그것은 그들의 불신을 보여주는 훨씬 더 심한 일이다. 그들이 이의를 제기한 말의 참뜻은 이런 것이다. 당신은 모세보다 더 위대하다는 어떤 증거를 가지고 있습니까? 그들은 모세와 만나에 비교하면서 그들이 전날 목격했던 이적을 업신여기려 하였다. 그들은 이렇게 말하는 듯하다. "당신이 우리로 하여금 당신을 하나님께서 보내신 자로 믿게 하려면 당신은 우리에게 더 큰 일을 보여야만 합니다. 당신은 오천 명을 먹였지만 그것은 **불과 한 번**뿐이었습니다. 반면에 모세의 시대에 우리 조상들은 40년 동안이나 하늘에서 내려준 떡을 먹었습니다!' 그들이 그들의 '조상들'에게 의지하는 것에 주목하는 것은 놀라운 일이다. 우물가의 여자도 똑같은 행동을 했다(4:12을 보라). 그리고 그것은 지금도 마찬가지가 아니겠는가? '조상들'과 **그들이** 믿고 가르친 것에 대한 경험은 여전히 많은 사람에게 호소의 마지막 보루가 되고 있다.

  "기록된 바 하늘에서 그들에게 떡을 주어 먹게 하였다 함과 같이 우리 조상들은 광야에서 만나를 먹었나이다" 그들이 사용한 말은 그들 자신의 상태를 드러내고 있다. 그것은 그들이 '만나'라는 말을 사용한 것을 통해 분명해진다. 고(故) 말라기 테일러는 이렇게 지적하였다. 즉 만나라는 말은 '떡'이라는 여호와의 말을 무시하는 고집스러운 그들의 조상들이 항상 사용했던 이름이며 지금도 그렇게 불리고 있는 이름이다. 왜냐하면 그것이 그렇게 기록되었기 때문이다. 그들의 조상들이 그것을 무시했을 때 그것을 '만나' ('이것이 무엇이냐?'가 바로 그 말의 의미이다)라는 이름 외에는 다른 어떤 이름으로도 부르지 않았다는 사실은 주목할 만하다(민 21:5). 그리고 그때 그들은 그것을 '하찮은 음식'이라 불렀었다. 그리고 뒤섞인 이스라엘 군중이 애굽의 고기 굽는 냄비를 열렬히 그리워하게 되었을 때 여호와께서는 그것을 '만나'라 부르셨다(민 11:7). 이것은 하나님의 떡이신 그리스도에 대한 우리의 생각에 큰 교훈을 제시해 준다! 시편 78:24에서 하나님께서 광야를 통해 여행한 이스라엘의 **악한 행실**을 회고하실 때 그는 그것을 '만나'라 부르셨다. 그러나 시편 105:40에서는 **하나님의** 모든 **자비**를 되돌아보면서 찬송을 요구하며, 그것을 '하늘의 양식'이라 불렀다. 다시 한 번 말하거니와 이것은 우리를 위한 교훈이다!

"예수께서 이르시되 내가 진실로 진실로 너희에게 이르노니 모세가 너희에게 하늘로부터 떡을 준 것이 아니라 내 아버지께서 너희에게 하늘로부터 참 떡을 주시나니"(6:32). 어떤 이유에서인지 복되신 우리 주님께서는 자기를 모욕하는 도전자들의 말을 못 들은 체하신다. 그는 지당하게도 그들을 그들 자신에게 맡기신 것일 수도 있다. 그러나 어떤 사람이 말했던 것처럼, "그 안에 있는 은혜가 활동하였다. 그는 그들의 영혼에 진심으로 관심을 가지고 계셨다"(C. E. S.). 그래서 그는 놀라운 겸손을 취하시어 그들의 절실한 필요를 채우실 수 있고 그들의 영혼을 충족시키실 수 있는 유일하신 아버지의 '선물'에 대해 말씀해 주신다. 친애하는 독자여, 그는 때때로 우리를 그와 같은 방법으로 다루지 않으셨는가? 당신은 다윗처럼 이렇게 말할 수 있지 않은가? "우리의 죄를 따라 우리를 처벌하지는 아니하시며 우리의 죄악을 따라 우리에게 그대로 갚지는 아니하셨으니"(시 103:10). 그는 우리의 배은망덕과 불신의 혐오스러운 모습을 못 본 체하시고 계속하여 우리를 보살펴 주신다. 그러므로 우리는 저 귀한 약속에 지극히 감사해야 하며, 또한 우리의 생활 속에서 매일 그 약속이 실현되는 것에 대해 깊이 감사드려야 한다. "내가 너를 **결코** 떠나지 **아니하며** 너를 버리지 아니하리라."

"예수께서 이르시되 내가 진실로 진실로 너희에게 이르노니 하늘에서 내린 떡은 모세가 준 것이 아니라 오직 내 아버지가 하늘에서 내린 참 떡을 너희에게 주시나니." 여기에서 유대인이 범한 잘못은 우리에게 하나의 경고가 된다. 그들은 모세가 그들에게 만나를 주었다고 생각하였다. 그러나 그것은 모세가 아니라 하나님이었다. 그는 단지 보잘것없는 도구에 지나지 않았다. 그들은 그 도구를 통하여 하나님을 보아야만 했었다. 인간의 눈은(언제나 그렇게 되기 쉬운 것처럼) 인간적 매개체에 의지한다. 그러나 여기에서 주님께서는 인간의 도구를 넘어서서 하나님을 보도록 그들을 이끄신다. "너희에게 떡을 준 것은 모세가 아니라 … 하나님이 주신 것이니라." 우리는 참으로 감각적인 피조물이다. 우리는 외면적이고 볼 수 있는 것 속에서 살며, 그 이면에 무엇인가가 있음을 거의 잊고 있는 듯하다. 여기에서 우리가 바라보고 있는 모든 광경은 우리의 눈이 결코 본 적이 없고 우리의 귀가 결코 들은 적이 없는 그러한 것들이다. 우리가 받는 현세적인 모든 선물과 축복은 하나님께서 친히 그 거룩한 곳에서 우리에게 부여해 주신 것이다. 그는 우리에게 이렇게 말씀해 주신다. '나의 작품들이 그토록 아름답다면, 나의 선물이 그토록 귀하다면, 그리고 내 발자취가 그토록 영광스럽다면 하물며 **나는** 어떻겠느냐? 그러므로 우리는 자연을 통하여 항상 자연의 하나님을 보아야만 한다. 하나님의 선물이 우리를 점차로 하나님께 이끌어 갈 때 우리는 그의 선물을 즐기게 될 것이다. 그러면 우리는 그것들을 우상으로 삼지 않게 될 것이며, 또한 그 우상들을 제거해 버리는 모험도 감행하게 될 것이다. 자연과 섭리 안에 있는 모든 것은 우리와 하나님 사이에 끼어 있는 '모세'일 뿐이다. 우리는, 그들 모두의 근원이신 "모세보다 더 큰 이"를 잊고 모세를 들어올렸던 저 옛 유대인들처럼 되어서는 안 된다.

　　"하나님의 떡은 하늘에서 내려 세상에 생명을 주는 것이니라"(6:33). 죽어가는 세상을 위해 아버지께서 준비하신 것은 하늘로부터 그의 독생자를 보내시는 것이었다. 여기에는 또 하나의 암시적인 대조가 있다. 그것은 이중적인 대조를 이루고 있다. 만나는 죽음을 피하게 할 능력이 없었다. 광야에서 만나를 먹은 이스라엘인들은 모두 죽었다! 그러므로 그것이 '참된 떡'일 리가 있겠는가? 결코 그렇지 않다. **그리스도**가 바로 참된 떡이시다. 왜냐하면 그는 '생명'을 주시기 때문이다. 그리고 또 하나의 사실이 있다. 만나는 이스라엘만을 위한 것이었다. 광야에 있는 다른 사람들은(예를 들면 아모리 족들) 아무도 만나를 먹지 못했다. 왜냐하면 이스라엘 진영에만 만나가 내렸기 때문이다. 그러나 참된 떡은 "세상에게 생명을 준다." 여기에서의 '세상'은 모든 인류를 포함하지 않는다. 왜냐하면 그리스도께서는 아담의 모든 후손들에게 '생명'을 **주신** 것이 아니기 때문이다. 여기에서는 참된 떡이 "세상에게 생명을 **제공했다**"고 언급된 것이 아니라 그가 "생명을 **주었다**"고 기록되어 있다. 여기에서 염두에 둔 것은 신자들의 '세상'이다. 그러므로 주님께서는 이스라엘인이라는 한계를 벗어나 택한 이방인들에게도 적용되는 말을 의도적으로 사용하신 것이다!

"하나님의 떡은 하늘에서 내려 세상에 생명을 주는 것이니라." 우리 주님께서는 요한복음 6장의 이 부분에서 자신에 대해 세 가지 다른 표현을 사용하고 계신다. 그런데 그것들은 그 의미가 약간씩 다르다. 그러나 그 세 표현은 모두 다 이 명칭을 가지신 자의 충만하심과 복되심을 제시하는 데 이바지하고 있다. 32절에서 그는 자기 자신에 대하여 **하늘에서 내린 참 떡**이라 말씀하신다. '참'이란 진정한 것, 순전한 것, 충족시켜 주는 것을 뜻한다. "하늘에서 내린"이란 그 떡의 천상적이고 영적인 특성을 나타내고 있다. 33절에서 그는 자기 자신에 대하여 **하나님의 떡**이라 말한다. 그런데 그것은 그가 신이시고 영원하심을 함축하고 있다. 그리고 35절에서 그는 "나는 **생명의 떡**이다"고 말씀하신다. 그것은 생명을 주시는 자, 생명을 먹이시고 유지시키는 자라는 의미이다.

"그들이 이르되 주여 이 떡을 항상 우리에게 주소서"(6:34). 이것은 주님의 말씀이 끼친 인상의 헛된 결과일 뿐이다. 이 말은 우물가의 여인이 했던 말을 상기시킨다. "주여 그런 물을 내게 주사 목마르지도 않고 또 여기 물 길으러 오지도 않게 하옵소서"(4:15). 그리고 그 구절에 대한 필자의 주석을 상기하는 사람들은 그 여자를 부추겨 그런 말을 하게 한 동기가 무엇인지를 기억할 것이다. 이 사람들의 말은, 그들이 주님의 말씀하시는 바의 의미를 완전히 파악했을 때 그들이 그를 거부한 것을 더욱 명백하고 결정적이게 하는 데 이바지할 따름이다. 36절은 이 사실을 결정적으로 입증해 준다. "그러나 내가 너희더러 이르기를 너희는 나를 보고도 믿지 아니하는도다 하였느니라."

"예수께서 이르시되 나는 생명의 떡이니"(6:35). 주님께서는 떡(빵)이라는 형상을 입으시고 자신을 제시하신다. 이것은 아름다울 정도로 의미심장한 상징이며 성경에 사용된 다른 모든 상징들처럼 신중한 숙고를 요한다.

첫째로, 떡(빵)은 **필수적인** 음식이다. 사치품이라 할 수 있는 물건과는 달리, 이것은 우리의 생존에 필수적인 것이다. 떡(빵)은 우리가 그것 없이는 살 수 없는 음식이다. 우리의 식탁에 놓여야 할, 우리에게 없어서는 안 되는 것들이 있다. 그러나 떡(빵)과 같은 필수품은 없다. 우리는 그 교훈을 잘 배우도록 하자. 그리스도가 없으면 우리는 멸망할 것이다. 하나님의 떡으로부터 분리되면 영적인 생명이나 영적 건강이 있을 수 없다.

둘째로, 떡(빵)은 **모든 사람**의 구미에 **맞는** 음식이다. 단 것을 먹을 수 없는 사람이 있다. 또 어떤 사람은 고기를 먹지 못할 수 있다. 그러나 떡(빵)은 **모든 사람**이 먹는

다. 육체적인 몸은 떡(빵) 없이도 잠시 동안은 유지할 수 있다. 그러나 오랫동안 먹지 않는다면 병들게 될 것이며, 곧 무덤에 묻히게 될 것이다. 그러므로 떡(빵)은 모든 사람에게 적합한 것이다. 그것은 왕이나 기술공이나 다 한가지로 먹는 음식이다. 그것은 그리스도의 경우에도 마찬가지이다. 떡(빵)은 모든 사람의 필요를 다같이 충족시킨다. 그리스도도 모든 신분의 죄인들 — 곧 부자든 가난하든, 교양이 있든 없든 — 을 충족시킬 수 있다.

셋째로, 떡(빵)은 **매일** 먹는 음식이다. 우리가 때때로 먹는 음식이 있다. 또 계절에 따라서만 먹는 음식도 있다. 그러나 떡(빵)은 우리의 생명을 위해 매일 필요로 하는 음식이다. 그것은 영적인 일에 있어서도 마찬가지이다. 그리스도인이 매일 그리스도를 먹지 않는다면, 또는 그리스도인이 껍질과 같은 종교적인 형식과 의식들, 종교서적들, 종교적인 자극, 그리고 현대적인 기독교의 온갖 현란한 장식들로써 그리스도를 대치(代置)한다면, 그는 연약해지고 병들게 될 것이다. 아주 많은 주의 백성들의 연약함은 주로 이 점에서의 실패 때문에 온 것이다.

넷째로, 떡(빵)은 **충족시켜 주는** 음식이다. 우리는 다른 음식에는 금방 질리게 된다. 그러나 이 음식에는 질리지 아니한다. 떡(빵)은 주식이며 중심이 되는 음식이다. 그래서 우리는 그 음식을 사용하여 우리 모두의 생명을 유지한다. 영적인 일에 있어서도 그 유추가 다시 한 번 적용되지 않겠는가? 우리는 매우 빈번하게 그리스도를 제쳐두고 다른 음식을 찾지만 그러나 그것들은 껍질과 같을 뿐임을 발견할 것이다! 생명의 떡 이외에는 아무 것도 우리를 충족시킬 수 없다.

다섯째로, 떡(빵)이 음식이 되기 전에 거치게 되는 **과정**에 주목해 보자. 싹이 돋고 입사귀가 나서 이삭이 베인다. 그리고 그 이삭 속에서 익은 곡식이 된다. 이제 그것이 **베어지고** 키질해지고 가루로 **빻아진다**. 그리고 최종적으로 오븐의 **뜨거운** 불에 구워지는 과정을 거쳐야만 한다. 그러한 과정을 통해서만이 그것은 생명을 유지시키기에 적합한 것이 된다. 그리스도 안에 있는 신자여, 하나님의 떡이 경험하신 것도 바로 그와 같은 것이다. 그는 "우리의 죄악 때문에 **상하셨다**." 그는 우리를 대신하여 심판을 받으셨기 때문에 하나님의 거룩한 진노의 맹렬한 불길을 견디셔야만 했다. 오, 얼마나 놀라운 일인가! 하나님께서는 우리로 하여금 그 사실로부터 경이감을 느끼는 것을 금지하지 않으셨다! 하나님의 거룩하신 자는 "우리를 위해 저주가 되셨다." "여호와께서 그로 상함을 받게 하시기를 원하셨다." 이것이 바로 그가 우리에게 생명의 **떡**이 되기 위해 겪으신 과정이다. 그러므로 그를 먹자. 그의 무한하신 풍족하심으로부터 우리의 양식을 얻자. 그와 훨씬 더 친밀한 교제를 굳게 유지하자.

"예수께서 이르시되 나는 생명의 떡이니 내게 오는 자는 결코 주리지 아니할 터이요 나를 믿는 자는 영원히 목마르지 아니하리라"(6:35). 33절에서 그리스도께서는 '세상'에게, 즉 신자들의 세상, 구원된 모든 사람들에게 생명을 주시는 것에 대하여 말씀하셨다. 이제 그는 개인에 대하여 말씀하신다. "내게 오는 **자** … 나를 믿는 **자**"라는 개인에 대하여 말씀하신다. 37절에서도 그와 비슷한 순서가 발견된다. '모든 사람'에 대한 것이 언급된 후에 '개인'이 나오는 점에 주목하라. 거기에는 그리스도를 '믿는 것'과 '그에게 오는 것' 사이에 분명히 차이가 있다는 암시가 들어 있다. 그리스도를 '믿는 것'은 하나님의 아들에 대한 하나님의 증거를 받아들이고, 구원을 위해 유일하신 아들만을 의지하는 것이다. '그에게 오는 것'은(그것은 참으로 믿은 것의 결과이다) 마음에 사랑이 넘치는 확신을 가지고 그에게 나오는 것이다. 두 행위는 히브리서 11:6에서 신중하게 구별되어 있다. "믿음이 없이는 하나님을 기쁘시게 하지 못하나니 하나님께 나아가는 자는 반드시 그가 계신 것과 또한 그가 자기를 찾는 자들에게 상 주시는 이심을 믿어야 할지니라." 우리는 의사에게 고침을 받으러 가기 전에 그 의사가 누구인지를 알아야 하며 또 그의 능력을 믿어야만 한다.

우리는 "주리지 아니 할 터이요", "목마르지 아니하리라"는 말씀을 어떻게 이해해야 할까? 그리스도인은 **결코** '주리지 **아니하고**' 또 '목마르지 **아니하는가?**' 분명히 그렇다. 그렇다면 우리는 구세주의 이 절대적인 선포와 우리의 체험 사이를 어떻게 조화시킬 수 있겠는가? 주님께서는 여기에서 주님에 대한 우리의 불완전한 인식과 이해력에 따라서가 아니라 **주님 안에** 있는 충만하심과 만족하심에 따라서 말씀하신다. 우리가 고생을 겪고 있다면 그것은 우리 자신 때문이지 주님 때문이 아니다. 우리가 '주리고' '목말라' **있다면** 그것은 그가 우리의 주림을 채우시고 우리의 갈증을 해소시킬 수 없기 때문이 아니라, 또한 그가 충족시켜 주시고자 하지 않기 때문이 아니라, 우리에게 "믿음이 거의 없기" 때문이며, 주님의 풍족하심으로부터 매일 식량과 물을 얻지 않기 때문이다.

"그러나 내가 너희에게 이르기를 너희는 나를 보고도 믿지 아니하는도다 하였느니라"(6:36). 육체를 입으신 그리스도의 모습, 그의 놀라운 이적들을 본 것 — 그것들조차도 사람들로 하여금 그리스도를 믿게 하지 못하였다. 인간의 마음은 얼마나 부패해 있는가! "너희는 나를 보고도 믿지 아니하는도다." 이것은 그들의 "주여 이 떡을 항상 우리에게 주소서"라는 요청이 얼마나 공허한 것인지를 보여준다(34절). 그것은 형언할 수 없이 엄숙하다. 그들은 모세를 믿었다(9:28). 그들은 세례 요한의 빛 속에 한때 즐거이 거하였다(5:35). 그들은 성경을 인용하였다(6:31). 그런데도 그들은 그리스도를 믿지 아니하였다! 인간은 훨씬 더 나아가야 하나, 그래도 필요한 유일한 것에 미치지 못한다. 이 사람들이 다른 많은 사람들보다 더 나쁘지는 않았다. 그러나 그들의 불신이 명백하게 드러났으며 선언되었다. 결과적으로 그리스도께서는 그들의 상태에 따라 그들에게 말씀하신다. 실로 이것은 모든 예에 적용되는 결과이다. 우리도 그리스도에 대한 우리의 생각에 따라 대우를 받을 것이다. 그러므로 친애하는 독자여, 이 사실을 통해 경고를 받으라. 그리고 **당신의 믿음**이 **구원에 이르는** 믿음인지 확인해 보라.

"그러나 내가 너희에게 이르기를 너희는 나를 보고도 믿지 아니하는도다 하였느니라." 그렇다면 성육신하신 것은 잘못이란 말인가? 하나님께서 그를 보내신 것은 무익한 것인가? 그럴 리가 없다. 우리가 하나님의 의도를 이해하는 데 많은 잘못이 있을지언정 하나님이 하시는 일에 실패란 있을 수 없다. 그리스도께서는 외견상 하나님께서 그를 보내신 것이 실패인 듯 보였을지라도 조금도 낙담하거나 실망하지 아니하셨다. 그의 다음 말씀이 그것을 결정적으로 입증해 주는데 그 말씀을 고찰해 보자.

"아버지께서 내게 주시는 자는 다 내게로 올 것이요"(6:37). 주님께서는 여기에서 아버지에 의하여 그에게 주어진 한정된 무리에 대하여 말씀하신다. 그가 이 사람들에 대하여 언급하신 것은 여기가 유일한 곳이 아니다. 요한복음 17장에서 그는 그들에 대하여 일곱 번 언급하신다. 2절에서 그는 **"아버지께서 아들에게 주신 모든 사람에게** 영생을 주게 하시려고 만민을 다스리는 권세를 아들에게 주셨음이로소이다"고 말씀하신다. 6절에서 주님은 다시 한 번 이렇게 말씀하신다. "세상 중에서 **내게 주신** 사람들에게 내가 아버지의 이름을 나타내었나이다 그들은 아버지의 것이었는데 내게 주셨나이다." 그리고 9절에서 그는 다시 이렇게 선포하신다. "내가 비옵는 것은 세상을 위함이 아니요 **내게 주신 자들을 위함이니이다** 그들은 아버지의 것이로소이다." 또한 11, 12, 14절도 살펴보라. 아버지께서 그리스도에게 주신 자들이 누구인지 우리는 에베소서 1:4에서 들을 수 있다. "곧 창세 전에 그리스도 안에서 우리를 **택하셨나이다.**" 그리스도에게 주어진 자들은 창세 전부터 이 놀라운 영광을 위하여 하나님의 **택하심을 받은 자들**이다. "하나님이 처음부터 너희를 택하사 구원을 받게 하셨느니라"(살후 2:13). 그러나 우리가 지금 고찰하고 있는 구절들이 그리스도께서 택하심받은 자들에 대하여 언급하신 것과 어떤 점에서 관계가 있는지를 정확히 살펴보자.

36절에서 우리는 우리 주님께서 그를 찾는 마음이 없는 자들에게 "너희는 나를 보고도 믿지 아니하는도다"라고 말씀하시는 것을 발견한다. 그렇다면 그는 낙담하셨는가? 결코 그렇지 않다. 그러면 어째서 낙담하지 아니하셨는가? 여기에서, 여호와의 겸손한 종이신 하나님의 아들이 스스로 **용기를 내신다는** 점에 주목하라. 그는 곧이어 이렇게 말씀하신다. "아버지께서 내게 주시는 자는 다 내게로 올 것이요." 이것은 목자 아래 있는 모든 양에게 교훈이 되는 말씀이다. 여기에 그리스도를 위해 일하는 모든 사람의 마음을 위한 안식처가 있다. 당신의 메시지는 군중에 의해 경시당할는지도 모른다. 그리고 '믿지 아니하는' 자가 많은 것을 볼 때 당신의 수고가 공연한 것 같이 보일지도 모른다. 그러나 "하나님의 **견고한 터는 섰으니** 인침이 있어 일렀으되 주께서 **자기 백성을 아신다** 하며"(딤후 2:19). 전능하신 자의 영원한 계획은 실패할 리가 없다. 지극히 높으신 주님의 주권적 뜻은 좌절될 리가 없다. 창세 전부터 아버지께서 아들에게 주신 자는 누구든지 **모두** 다 "그에게 **올 것이다.**" 마귀라 할지라도 그들 중에 단 한 사람도 떼어놓을 수 없다. 그러므로 동역자들이여, 용기를 얻으라. 당신은 아무 데나 씨를 뿌리고 있는 듯 보일 것이다. 그러나 하나님께서는 그 씨의 일부가 하나님께서 예비하신 땅 위로 떨어지도록 살피실 것이다. 하나님의 영원한 계획이 무적 무패라는 것을 깨닫는다면 그것은 당신에게 평온함과 평정함, 그리고 용기와 그밖에 어떤 것도 줄 수 없는 인내력을 줄 것이다. "그러므로 내 사랑하는 형제들아 견실하며 흔들리지 말고 항상 주의 일에 더욱 힘쓰는 자들이 되라 이는 **너희** 수고가 주 안에서 **헛되지 않은 줄 앎이라**"(고전 15:58).

"아버지께서 내게 주시는 자는 다 내게로 올 것이요." 이것은 매우 복된 말씀이지만 반면에 대단히 슬프고도 우리를 겸손하게 하는 말씀이기도 하다. 아버지에 의해 아들에게 주어진 자가 아무도 없었더라면 영광의 주님의 인격 안에 깃든 성육신하신 생명과 사랑의 임재에도 불구하고 그에게 올 자가 아무도 없었을 것이며, 하나님이 보내신 자로 말미암아 유익을 얻을 자가 아무도 없었을 것이고, 그래서 그리스도께서 그에게 올 자를 아무도 헤아리실 수 없었을 것임을 생각할 때, 그것은 우리를 참으로 면목 없게 만든다. 인간의 부패성은 참으로 완전한 것이고 그의 하나님과의 원수 됨은 지극히 큰 것이다. 그러므로 아버지께서 그의 아들로 하여금 그의 승리와 그가 하늘로부터 내려온 것에 대한 보상의 표시로서 어떤 사람들을 **얻게 하기로** 결정하지 아니하셨더라면 인간의 의지는 **모든** 일에 있어서 그리스도에 저항하고 그를 부인하였을 것이다. 그토록 지극하신 그의 사랑에 대한 우리의 무감각함으로 인하여 그리스도의 이 말씀 속에 숨어 있는 듯한 한숨이 그리스도의 입에서 새어 나오게 된 것이다!

"내게 오는 자는 내가 결코 내쫓지 아니하리라"(6:37). 이 구절과 앞 구절 사이의 관계를 놓쳐서는 안 된다(그런데 일반적으로 사람들은 그 관련성을 보지 못한다). "내게 오는 자"는 "아버지께서 내게 주시는 자"라는 말씀에 의해 설명된다. 아버지께서 그들이 그리스도에게 오도록 우선 예정하지 아니하셨더라면 **아무도** 그에게 오지 아니하였을 것이다. 왜냐하면 믿는 자는 "영생을 주시기로 작정**된 자들**"뿐이기 때문이다(행 13:48). 아버지께서 영원 전부터 그리스도께 주신 자는 누구든지 때가 되면 그에게 '올' 것이다. 잃어버린 바 된 죄인으로서 구원받으러 올 것이며, 아무 것도 가지지 않은 채 모든 것을 받고자 올 것이다.

"내가 결코 내쫓지 아니하리라"는 이 마지막 말씀은 진정으로 그리스도에게 온 모든 사람들에 대한 영원한 보전을 단언하고 있다. 구세주의 이 말씀은 그에게 온 자는 진정으로 **그것이 참된 것이기만 하면 아무도 거부하지 않겠다**고 약속하는 것을 뜻하는 것이 아니다(그런데 일반적으로 그렇게 생각하고 있다). 그게 아니라 구세주의 이 말씀은 그에게 **온** 자는 누구든지 어떤 상황 하에서도 내쫓기지 아니하리라는 것을 선포하고 있다. 베드로는 그에게 와서 구원되었다. 그런데 나중에 그는 맹세를 하면서 주님을 부인하였다. 그러나 그리스도께서 "그를 내쫓으셨는가?" 결코 그렇지 않았다. 그리고 우리는 좀 더 극단적인 예를 발견할 수 있지 않겠는가? 베드로가 '내쫓기지' **아니하였다면** 그리스도인은 아무도 내쫓기지 아니하며 앞으로도 영원히 그럴 것이다. 주를 찬미하자!

"내가 하늘에서 내려온 것은 내 뜻을 행하려 함이 아니요"(6:38). 이것은 지극히 교훈적이다. 그 말씀의 참뜻은 이런 것이다. 아버지께서 아들에게 주신 자는 **모두 다** 그에게 **올 것이다**. 그것은 5:21에서처럼, **그는** 원하시는 자를 살리시는 본질적인 영광을 가지신 아들이 더 이상 아니다. 이제는 성육신하신 아들이요 아버지께서 그에게로 '이끄시는' 자들을 **받으시는**(6:44) '인자'(6:27)이시다. "그러므로 그게 누구이든 그는 전혀 그를 내쫓지 않으실 것이다. 원수든, 조소자이든, 유대인이든, 이방인이든 아버지께서 그들을 보내시지 아니하셨더라면 그들은 그에게 오지 않았을 것이다"(J. N. D.). 그리스도께서는 **아버지의** 뜻을 행하셔야만 했다. 그래서 그는 그의 제자들에게, 아버지께서 그에게 주신 자를 **모두** 다 마침내 그가 구원하실 것이라고 확언하신다.

"내가 하늘로서 내려온 것은 내 뜻을 행하려 함이 아니요 **나를 보내신 이의 뜻을 행하려 함이니라.**" 우리가 그리스도께로 오는 것은 인간의 뜻에 의해서가 아니라 창세 전부터 아버지의 사랑의 계획 안에서 구세주께 주신 자를 아버지께서 그에게로 이끄신 결과라는 것을 알 때, 위 구절은 그 앞 구절의 말씀의 가치를 더욱 크게 높여 준다! 또한 그들을 **받아들이시는 것**도 그리스도의 잃어버린 바 된 자들에 대한 단순한 연민 때문이 아니다. 그가, 아버지의 사랑의 보이지 않는 이끄심에 의하여 그에게 온 자들을 환영하시는 것은 그가 아버지의 뜻에 순종하는 종이기 때문이다. 그러므로 우리의 구원을 확실히 보장해 주는 것은 **우리 안에 있는 어떤 것이나 우리에게서 나온 어떤 것**에 달려 있는 것이 아니라 아버지의 택하심과 아들의 순종하는 사랑에 의존한다!

"**나를 보내신 이의 뜻은 내게 주신 자 중에 내가 하나도 잃어버리지 아니하고 마지막 날에 다시 살리는 이것이니라**" (6:39). 이것은 지극히 복되게도 37절 끝부분의 말씀을 설명해 준다! 영원한 예정이 영원한 보존을 보증한다. "마지막 날"이란 물론 기독교 시대의 마지막 날을 가리킨다. **그 때에** 아버지께서 그에게 주신 자를 그가 하나도 잃어버리지 **않았음이 입증될** 것이다. 그 때에 그는 이렇게 말씀하실 것이다. "볼지어다 나와 및 하나님께서 내게 주신 자녀라" (히 2:13)

"**내 아버지의 뜻은 아들을 보고 믿는 자마다 영생을 얻는 이것이니 마지막 날에 내가 이를 다시 살리리라 하시니라**" (6:40). 그리스도께서는 방금 아버지의 계획에 대하여 말씀하셨다. 그는 하나님께서 보내신 자로서의 그의 직무의 성공이 인간의 뜻에 달려 있는 것이 아니라(왜냐하면 모든 예를 통하여 인간의 뜻은 너무나 완악하여서 구세주를 **거부하리라고** 알려져 있기 때문이다) 아버지의 이끄시는 능력에 달려 있음을 알려 주신다. 그러나 그는 여기에서, 말하자면 어디에서든, 들어오고자 하는 누구에게든지 그 문을 활짝 열어 두신다. "아들을 보고 믿는 **자마다** 영생을 얻으리라." 여기에서 두 동사의 배열된 순서에 주목하는 것은 교훈적이다. 그리스도를 '믿는' 것은 그를 '본' 결과이다. 그는 죄인으로 받아들여지기 **전에** 먼저 성령에 의하여 **드러나져야** 한다. 그래서 우리 주님께서는 그 사람들에게 이스라엘의 가련한 자들을 물질적인 빵으로 충족시켜 주는 일보다 훨씬 더 심오하고 무한히 중대한 일이 그에게 맡겨졌다는 것, 그것은 바로 아버지께서 그에게 주신 자를 단 한 사람도 잃어버리지 않고 마지막 날에 다시 살리는 바로 그 일이라는 것을 알려 주신다.

다음 장에서는 요한복음 6:41-59 말씀을 고찰하겠다. 독자들을 돕기 위하여 다음
의 질문들을 제시하는 바이다.

1. 44절은 그들의 '수군거림'을 어떤 점에서 책망하고 있는가?
2. 44절에 대한 그들의 반응은 어떤 것이었어야 했는가?
3. "하나님의 가르치심을 받은" "모든 사람"이란 누구인가?(45절)
4. "죽지 아니하리라"는 말은 무슨 뜻인가?(50절)
5. "먹다"는 말에 의해 제시될 수 있는 다양한 의미는 무엇인가?(51절)
6. 53절과 56절 사이에 존재하는 의미상의 차이점은 무엇인가?
7. "내가 아버지로 인하여 산다"는 말은 무슨 뜻인가?(57절)

제23장

가버나움 회당에서 가르치신 그리스도

[41]자기가 하늘에서 내려온 떡이라 하시므로 유대인들이 예수에 대하여 수군거려 [42]이르되 이는 요셉의 아들 예수가 아니냐 그 부모를 우리가 아는데 자기가 지금 어찌하여 하늘에서 내려왔다 하느냐 [43]예수께서 대답하여 이르시되 너희는 서로 수군거리지 말라 [44]나를 보내신 아버지께서 이끌지 아니하시면 아무도 내게 올 수 없으니 오는 그를 내가 마지막 날에 다시 살리리라 [45]선지자의 글에 그들이 다 하나님의 가르치심을 받으리라 기록되었은즉 아버지께 듣고 배운 사람마다 내게로 오느니라 [46]이는 아버지를 본 자가 있다는 것이 아니니라 오직 하나님에게서 온 자만 아버지를 보았느니라 [47]진실로 진실로 너희에게 이르노니 믿는 자는 영생을 가졌나니 [48]내가 곧 생명의 떡이니라 [49]너희 조상들은 광야에서 만나를 먹었어도 죽었거니와 [50]이는 하늘에서 내려오는 떡이니 사람으로 하여금 먹고 죽지 아니하게 하는 것이니라 [51]나는 하늘에서 내려온 살아 있는 떡이니 사람이 이 떡을 먹으면 영생하리라 내가 줄 떡은 곧 세상의 생명을 위한 내 살이니라 하시니라 [52]그러므로 유대인들이 서로 다투어 이르되 이 사람이 어찌 능히 자기 살을 우리에게 주어 먹게 하겠느냐 [53]예수께서 이르시되 내가 진실로 진실로 너희에게 이르노니 인자의 살을 먹지 아니하고 인자의 피를 마시지 아니하면 너희 속에 생명이 없느니라 [54]내 살을 먹고 내 피를 마시는 자는 영생을 가졌고 마지막 날에 내가 그를 다시 살리리니 [55]내 살은 참된 양식이요 내 피는 참된 음료로다 [56]내 살을 먹고 내 피를 마시는 자는 내 안에 거하고 나도 그의 안에 거하나니 [57]살아 계신 아버지께서 나를 보내시매 내가 아버지로 말미암아 사는 것 같이 나를 먹는 그 사람도 나

로 말미암아 살리라 [58]이것은 하늘에서 내려온 떡이니 조상들이 먹고
도 죽은 그것과 같지 아니하여 이 떡을 먹는 자는 영원히 살리라 [59]이
말씀은 예수께서 가버나움 회당에서 가르치실 때에 하셨느니라(요
6:41-59)

우리가 고찰하게 된 구절들을 다음과 같이 분석해 보자.

1. 유대인들의 수군거림(41, 42절)

2. 그리스도의 책망(43-45절)

3. 그리스도의 영광(46절)

4. 생명을 주시는 자, 그리스도(47-51절)

5. 유대인들의 비난(52절)

6. 그리스도의 엄숙한 답변(53절)

7. 그리스도를 먹음으로써 오는 결과(54-59절)

요한복음 6장의 첫 열세 구절은 군중을 먹이시는 일을 기술하고 있으며, 14, 15절
은 그 이적이 군중에게 어떤 영향을 끼쳤는지를 보여주고 있다. 16-21절 끝부분까지
에서 우리는 제자들이 폭풍을 만난 유명한 사건과 주님께서 바다 위로 걸어오셔서
그들을 구해 주시는 사건을 읽을 수 있다. 22-25절까지는 사람들이 그리스도를 따라
가버나움으로 간 것을 기술하고 있으며, 26-40절까지에서는 그들과 주님이 함께 나
눈 대화(야외에서 일어났을 가능성이 매우 크다)를 볼 수 있다. 41절은 6장의 분기점
이 되고 있는데 여기에서 새로운 사람들, 즉 '유대인들' 이 끼어들게 된다. 우리는 59
절을 통해서 **그들이** 회당에 있었음을 분명히 알게 된다. 이 요한복음에서 '유대인
들' 은 언제나 구세주에 대한 반대자로 나타난다. 5:15에 대한 필자의 주해를 보라.
여기에서 그들은 주님께서 "나는 하늘로서 내려온 떡이다"라고 말씀하셨기 때문에
'수군거리는' 자들로 나타낸다. 이것은 **그들이** 33절에 기록된 주의 말씀을 듣지 않
았다는 것을 입증한다. 41절에는 주님께서 **그들에게 이것을** 말씀하셨다는 언급이 전
혀 없음에 주목하라. 그리고 29, 32, 35절과도 대조해 보라! 24절에서의 주님께서 사
람들에게 하신 말씀(그것은 그 구절로부터 40절 끝부분까지의 기록되어 있는 말씀이
다)이 아마도 이 구절의 '유대인들' 에게 **전해진** 것으로 보인다. 그러므로 41-59절까

지는 가버나움 회당에서의 그리스도와 유대인들 사이의 대화를 기술한 것이다. 그런데 그 앞 구절들은 구세주와 갈릴리인들 사이에 오고 간 대화이다. 성령께서는 주제의 유사성 때문에 이 두 대화를 나란히 위치시키셨다.

"자기가 하늘에서 내려온 떡이라 하시므로 유대인들이 예수에 대하여 수군거려" (6:41). "요한복음의 '유대인들'은 항상 군중들과 구별되어 있다. 그들은 예루살렘과 유대의 거주자들이다. 만일 그 말이 '유대 사람들'이라고 표현되었더라면 이 복음을 이해하기가 좀 더 쉬웠을 것이다. 그리고 사실 유대 사람들이라는 말은 유대인이라는 말이 뜻하는 참된 의미이다"(J. N. D.). 이 유대인들은 '수군거리고' 있었다. 그리고 그 말은 이스라엘 백성들이 광야에서 수군거린 것에 대하여 70인역 성경(히브리 구약성경을 최초로 이방인 언어로 번역한 것임)이 사용한 표현과 똑같은 것인데 그 점은 중요한 사실이다. 하나님에 대항하여 **수군거리는** 것은 인간의 마음의 부패성을 가장 분명하게 드러내 준 일인데, 한편 그것은 가장 빈번하게 발생한 일이었다. 그것은 죄이며 그 죄로부터 보전되는 자는 거의 없다.

유대인들은 그리스도에 대하여 수군거리고 있었다. 그들은 그가 "나는 하늘로서 내려온 떡이라"라고 하시므로 그에 대하여 수군거리고 있었다. 이것은 그들의 감정을 상하게 한 말이었다. 그러면 어째서 **그 말은** 그들로 하여금 수군거리게 만들었을까? 그들은 물론 그리스도의 신적 영광을 전적으로 보지 못하였다. 그래서 그들은, 그들 중 일부가 나사렛의 요셉과 마리아의 가난한 집에서 자라는 것을 직접 본 바 있는 바로 그가, 그리고 아마 그들 중 일부가 목수의 작업대에서 일하고 있는 것을 본 바 있는 바로 그가 자기의 신성을 공언하였기 때문에(그들은 그것을 금방 알아차렸다) 그 주장을 무시하였다. 자기의 영광을 제쳐두고 스스로 종의 신분을 취하신 자에게 빚진 바 되기를 부끄럽게 생각하는 것은 바로 인간의 마음의 교만 때문이다. 그들은 매우 비천한 그에게 신세지기를 거절하였다. 게다가 그들은 너무 자만심이 강하고 독선적이어서 하늘로부터 **그들에게** 내려오신 분에 대한 필요성을 조금도 느낄 수 없었으며, 그가 그들의 필요를 충족시키려고 그들의 구세주가 되시기 위하여 십자가 상에서 죽으셨다는 것은 더더욱 깨달을 수가 없었다. **그들의** 상태는 그들이 그렇게 생각하고 있던 것처럼, 그 정도로 절망적인 것은 결코 아니었다. 사태의 진상은 그들에게 "하늘에서 내려온 떡"에 대한 **주림이 없다**는 것이었다. 이것은 오늘날 세상의 상태를 비춰 주는 아주 밝은 빛이다! 그것은 영광의 주님께서 여전히 인간의 손에서 일반적으로 받으시고 있는 대우가 어떤 것인지를 보여주는 데 도움이 된다! 교만, 독선적이고 사악한 교만이 바로 불신에 대한 책임이 있다. 인간은 구세주에 대한 절실한 필요를 느끼지 못하기 때문에 그를 무시하고 거부한다. 그들은 돼지에게나 주어 마땅한 껍질을 먹으면서도 참된 떡에 대한 욕구를 느끼지 못한다. 그리스도의 주장이 진정으로 그들의 마음을 무겁게 내리누르자 그들은 한결같이 '수군거렸다' !

"이르되 이는 요셉의 아들 예수가 아니냐 그 부모를 우리가 아는데 자기가 지금 어찌하여 하늘에서 내려왔다 하느냐"(6:42). 이것은 이 유대인들이 "나는 하늘로서 내려온 떡이다"라고 하신 주님의 말씀이, 그의 신적 출생을 뜻한다고 이해했음을 보여준다. 그리고 그 점에 있어서 그들은 옳았다. 오직 주님만이 진실하게 그 주장을 하실 수 있었다. 그리스도의 이 선포는 그가 사람들에게 나타나시기 전에 개인적으로 하늘에 계셨음을 의미한다. 그리고 그의 선구자가 증언하였듯이 "위로부터 오시는 이는 만물 위에 계시나니"(요 3:31). 그가 만물 위에 계시는 이유는 첫 사람과 그의 모든 후손은 땅에서 났으니 흙에 속한 자들이나 "둘째 사람은 하늘에서 나신 주님이기" 때문이다(고전 15:47). 그리고 주님께서 인간이 되시는 일은 동정녀 탄생이라는 이적을 필요로 하였다. 왜냐하면 초자연적인 존재는 초자연적인 방법으로만 이 세상에 들어올 수 있었기 때문이다. 그러나 이 유대인들은 그리스도의 초인적인 출생에 대하여 전적으로 무지하였다. 그들은 그를 요셉과 마리아의 육적인 아들로 생각하였다. 그들을 그의 '아버지와 어머니'를 '우리가 **안다**'고 말하였다. 그러나 그들은 알지 못했다. 아버지께서 그들에게 자신을 나타내 주시지 아니하면 그들은 그의 아버지를 알지 못하며, 또한 알 수도 없다. 그리고 그것은 지금도 마찬가지이다. 예수 그리스도가 하나님의 아들이라는 사실을 종교적인 교리로서 지적으로 받아들이는 것과, 그가 그러한 분이시라는 것을 나 스스로 **아는** 것은 아주 다른 일이다. 살과 피는 나에게 이 진리를 계시해 줄 수 없다(마 16:17).

"예수께서 대답하여 이르시되 너희는 서로 수군거리지 말라 나를 보내신 아버지께서 이끌지 아니하시면 아무도 내게 올 수 없으니 오는 그를 내가 마지막 날에 다시 살리리라"(6:43, 44). 이 말씀이 바로 여기에 나오는 것은 매우 엄숙하다. 그리고 이 말씀의 정확한 관계를 신중히 주목할 필요가 있다. 그것은 이 유대인들의 도덕적인 상태를 즉시 노출시켜 주며, 또한 그들이 '수군거린' 이유를 설명해 주는 말씀이다. 우리는 그가 말씀하시지 않는 것이 무엇이며, 그가 말씀하신 것은 정확히 무엇인지를 알아내기 위해 큰 관심을 기울여야 한다. "아버지께서 이끌지 아니하시면 아무도 내게 올 수 없다"는 말씀이 확실히 사실이라 할지라도 주님은 그 사실을 알려 주려고 이 말씀을 하신 것이 아니라, 그들의 인간적 책임을 알려 주시기 위하여 그 말씀을 하신 것이다. 그것은 그들을 내쫓기 위해서가 아니라 그들을 겸손하게 하시려고 하신 말씀이다. 그것은 그들의 면전에서 문을 닫아버리는 말씀이 아니라, 어떻게 해야만 그 문으로 들어올 수 있는지를 보여주는 말씀이다. 그것은 그들에게 희망이 전혀 없다는 것을 암시하려는 의도로 보다는 어디에 희망이 있는지를 가르쳐 주려는 말씀이다. 그때 다소의 사울이 그리스도의 엄중한 이 말씀을 들었더라면 그 말씀은 전적으로 유효하게 그의 처지에 적용되었을 것이다. 그러나 그 다음에 **사울은** 창세 전부터 아버지에 의하여 아들에게 주어진 자비의 그릇이었음이 명백하게 드러났다. 그리고 그 때 수군거렸던 바로 그 유대인들 중 일부가 오순절에 아들을 믿도록 아버지에 의하여 이끌려진 자들이 되었을 가능성도 없지 않다. 주님의 말씀은 신중하게 택해진 것이다. 그러므로 그럴 여지가 있다. 요한복음 7:5은 주님 자신의 형제들(육체에 따른 형제들)이 처음에는 그를 믿지 않았으나 나중에 제자들의 무리가 되었음을 알려 준다. 그리고 그것은 사도행전 1:14을 통해 분명히 알 수 있다. 그러므로 44절을 읽을 때 거기에 내포되어 있지 않은 **뜻으로** 읽지 않도록 조심하자.

"나를 보내신 아버지께서 이끌지 아니하시면 아무도 내게 올 수 없으니"(6:44). 그리스도의 이 말씀은 인간의 부패성이 얼마나 심한지를 명백하게 드러낸다. 그것들은 인간 의지의 뿌리 깊은 완악함을 드러낸다. 그것들은 이 유대인들이 '수군거린' 이유를 설명해준다. 그러므로 구세주께서 그들에게 대답하신 말씀의 명백한 의미는 이런 것이다. 너희는 너희 수군거림을 통해서 **너희가** 내게 오지 않았다는 것과, 너희는 내게 오도록 정해지지 않았다는 것, 그리고 지금과 같은 독선에 가득 찬 마음으로는 너희가 결코 내게 오려 하지 않으리라는 것을 입증하고 있다. 너희는 내게 오기 전에 먼저 회심해야만 하며 어린 아이들처럼 되어야 한다. 그리고 그러한 일이 발생할 수 있기 전에 너희는 신적 활동에 순종하는 자가 되어야 한다. 우리는 이 말씀의 명백한 진리를 깨닫기 위하여 본성적인 인간의 상태를 고찰해야만 한다. 구원은 죄인의 필요를 충족시키기에 지극히 적절한 것이다. 그러나 죄인의 본성적인 경향에는 전혀 적합한 것이 아니다. 복음은 인간의 육적인 마음이 받아들이기에는 너무나 영적이며, 그의 교만을 꺾기에는 너무 겸손한 것이고, 그의 반역하는 의지가 굴복하기에는 너무 엄격한 것이며, 그의 어두운 지각이 이해하기에는 너무 숭고하고, 그의 땅에 속한 욕망이 좋아하기에는 너무 거룩한 것이다.

"나를 보내신 아버지께서 이끌지 아니하면 아무도 내게 올 수 없으니." 자기 자신과 종교적인 의무 수행에 대하여 높은 자부심을 품고 있는 자가 자기의 모든 의는 해어진 누더기 같다는 사실을 어떻게 인정할 수 있겠는가? 자기의 도덕성과 의에 대하여 긍지를 품고 있는 자가 자기 자신에 대해, 잃어버리고 파멸된 자이며 심판받아 마땅하다는 사실을 어떻게 자인할 수 있겠는가? 자기 자신 속에서 조금도 나쁜 점을 보지 못하고, 발바닥에서 머리까지 성한 곳이 없다(사 1:6)는 사실을 **보지 못하는** 자가 어떻게 위대한 의사를 열렬하게 찾을 수 있겠는가? 그러므로 여기에서의 무능함은 도덕적인 것이다. 그리스도께서 "너희는 악하니 **어떻게** 선한 말을 할 수 있느냐"(마 12:34)라고 말씀하셨을 때도 그와 마찬가지이다. "너희가 서로 영광을 취하고 … **어찌** 나를 **믿을 수 있느냐**"(요 5:44)고 하신 말씀과 "그는 진리의 영이라 세상은 **능히** 그를 받지 **못하나니**"(요 14:17)라고 하신 말씀도 그와 같은 경우이다. 물은 높은 데로 흐를 수 없고, 본성적인 인간은 그의 부패한 본성에 역행하여 행동하지 아니한다. 나쁜 나무는 좋은 열매를 맺지 못하듯이, 어둠을 사랑하는 마음이 또한 빛을 사랑하는 일도 마찬가지로 불가능하다.

인간 편에 있는 부패성은 사람들이 복음을 일반적으로 거부하는 이유를 설명해 주는 유일한 사실이다. 그리스도가 제시되었을 때 이를 본 자들이 모두 다 어째서 그리스도를 충심으로 받아들이지 않았을까? 대다수의 사람들이 어째서 그를 무시하고 거부했을까? 라는 질문에 대한 만족스러운 답은 유일하다. 그것은 인간이 타락한 피조물이요 죄를 사랑하고 거룩함을 증오하는 부패한 존재이기 때문이다. 복음이 어째서 어떤 사람에 의해서는 충심으로 받아들여졌는가? 그것은 어째서 어떤 사람에 의하여 완고하게 거부되지 아니하였는가? 라는 질문에 대한 만족스러운 답도 유일하다. 믿는 자들의 경우에 있어서는 하나님께서 그의 초자연적인 영향력으로써 인간의 부패성을 없애 주셨기 때문이다. 다시 말하면, 아버지께서 그들을 아들에게로 '이끄셨기' 때문이다.

본성적인 인간의 상태는 인간의 힘으로는 전혀 고칠 수 없다. 의지력을 발휘함으로써 가능하다고 말하는 것은 그 의지력의 이면에 있는 인간성의 상태를 알지 못하는 소치이다. 인간의 의지는 그의 본성이 일반적으로 파멸하는 것을 막을 수 없다. 인간이 타락할 때 그의 존재의 **모든** 부분이 영향을 받는다. 죄인의 마음이 하나님에게서 멀어지면 그의 지각이 어두워지는 것이 사실인 것처럼, 그렇게 될 때 그의 의지 또한 죄의 노예가 된다. 의지의 자유를 주장하는 것은 인간이 전적으로 타락해 있음을 **부인하는** 것이다. 인간이 스스로 그리스도를 거부하거나 받아들일 능력을 **가지고**

있다고 말하는 것은 그가 마귀의 노예라는 사실을 **부인하는** 것이다. 그것은 육체 속에 적어도 선한 것이 하나쯤 있다고 말하는 것과 같다. 그것은 "나를 보내신 아버지께서 이끌지 **아니하면** 아무라도 내게 올 **수 없다**"는 하나님의 말씀을 노골적으로 반대하는 것이다.

인간의 유일한 소망은 자기 **밖의** 신적 도움에 있다. 그리고 이것은 필자가 위에서 말했던 바의 의미이다. 즉 그리스도께서 이 말씀을 하신 것은 소망의 문을 닫고자 하셨음이 아니라 소망이 어디에 있는지를 가르쳐 주시기 위함이었다고 말했을 때의 의미이다. 내가 나 자신으로부터 피해 달아날 수 없는 것이 사실이라면, 내 전 존재는 부패해 있고 그러므로 하나님과 원수라는 것이 사실이라면, 그리고 나에게 내 본성의 경향을 바꿀 능력이 없는 것이 사실이라면, 그렇다면 나는 무엇을 할 수 있을까? 우리는 자기의 무력함을 **인정하고** 도움을 청해 **부르짖어야** 한다. 넘어져서 엉덩방아를 찧은 사람은 어떻게 하겠는가? 그는 일어날 수가 없다. 그러면 그는 자기의 비참함 속에 머물러 멸망하고 말겠는가? 그가 **구조를 조금도 바라지 아니한다면** 그렇게 할 것이다. 그러나 그가 구조를 바란다면 그는 목청을 돋우어 도와 달라고 소리칠 것이다. 그와 같이 이 수군거리는 유대인들이, 그리스도께서 그의 무력함에 대하여 말씀해 주셨을 때 그것을 **믿었더라면 그들은** 그렇게 했을 것이다. 지금은 구원받지 아니한 사람이더라도 하나님께서 그가 **잃어버린 바 된** 죄인이라고 말씀하실 때 그것을 믿기만 한다면 그도 또한 구원자를 찾을 것이다. 아버지께서 나를 '이끄시지' 아니하여 내가 그리스도에게 갈 수 없다면 그 때 내가 해야 할 일은 아버지께 나를 "이끌어 주시도록" **간청하는** 것이다.

필자는 이 '이끄시는 것'이 어디에 있는지 묻고 싶다. 그것은 분명히 복음이 하는 초대 이상의 어떤 것을 가리키고 있다. 여기에 사용된 말은 강력하고 의미심장한 것이다. 그리고 어떤 능력을 함축하고 있음을 보여주며, 대상을 사로잡아 그로 하여금 **반응하지 않을 수 없게 만드는** 의미가 내포된 말이다. 요한복음 18:10; 21:6, 11에도 그와 똑같은 말이 사용된다. 독자가 이 구절들을 고찰한다면 그것은 단순히 '관심을 끄는 것' 이상의 의미를 담고 있음을 알게 될 것이다. 그것은 요한복음 6:44에 사용된 말의 참뜻을 파악하게 해 준다. 즉 여기에서의 이 말은 **강제적으로 … 하게 하는 힘**을 가지고 있다는 것이다.

위에서 말한 바 있듯이 중생하지 않은 죄인은 너무 부패하므로 변화하지 않은 마음과 생각을 가진 채로는 그리스도에게 결코 오려 하지 않는다. 전적으로 본질적인 변화를 일으키실 수 있는 것은 오직 하나님뿐이시다. 그러므로 누구든지 그리스도에게 오는 것은 바로 신적 '이끄심'으로 말미암는다. 이 '이끄심'이란 **무엇**일까? 필자는 이렇게 대답하겠다. 즉 그것은 죄인의 독선을 꺾으시고 그로 하여금 자기의 잃어버린 바 된 상태를 깨닫게 하시는 성령의 능력이다. 그것은 그 안에서 결핍감을 일깨워 주시는 성령이시다. 그분은 본성적으로 인간의 교만을 꺾고, 그래서 그가 빈 손의 거지처럼 그리스도께로 오게 만드는 성령의 능력이시다. 그것은 그 죄인에게 생명의 떡에 대한 **굶주림(갈망)**을 주는 성령이시다.

"선지자의 글에 그들이 다 하나님의 가르치심을 받으리라 기록되었은즉"(6:45). 우리 주님께서는 그가 방금까지 말씀하신 것이 옳다는 것을 성경에 호소하심으로써 증명하신다. 그것은 이사야 54:13의 말씀을 가리키고 있다. "네 모든 자녀는 여호와의 교훈을 받을 것이니." 이 구절은 '이끌다'는 말의 의미를 최소한 부분적으로 설명해 주고 있다. 이끄심을 받는 자들이란 "하나님의 가르침을 받은" 자들이다. 그러면 누가 이 사람에 해당하며 또 그렇게 큰 은혜를 받은 자는 누구인가? 이사야 54장을 인용해 보면, 우리는 그들이 하나님의 '자녀'요 그의 제자들이며 그의 택함받은 자들임을 알 수 있다. 우리 주님께서 이사야 54:13을 **어떻게** 이용하셨는지 신중하게 주목해 보라. 그는 단순 명료하게 이렇게 말씀하셨다. "그들이 다 하나님의 가르침을 받으리라." 이것은 요한복음 12:32 등에 들어 있는 '모든 사람'이 누구인지를 규정짓는 데 도움을 준다. "내가 땅에서 들리면 **모든 사람**을 내게로 이끌겠노라 하시니." 여기의 '모든 사람'은 모든 인간을 **뜻하는 것이 아니라** 하나님의 모든 자녀, 그의 모든 택함받은 자들을 의미한다.

"아버지께 듣고 배운 사람마다 내게로 오느니라"(6:45). 이 구절 또한 앞 구절의 '이끌다'는 말에 해결의 빛을 비춰 준다. 이끄심을 받은 자들이란 '아버지께 듣고' '배운' 사람들이다. 말하자면, 하나님께서 그들에게 들을 귀와 깨닫는 마음을 주신 것이다. 그것은 우리가 고린도전서 1:23, 24에서 읽을 수 있는 것과 병행구이다. "우리는 십자가에 못 박힌 그리스도를 전하니 유대인에게는 거리끼는 것이요 이방인에게는 미련한 것으로되 오직 **부르심을 받은** 자들에게는 유대인이나 헬라인이나 그리스도는 하나님의 능력이요 하나님의 지혜니라." 여기의 "부르심을 받은"이란 말은 하나님의 효과적이고 저항할 수 없는 부르심을 가리킨다. 그것은 내적인 귀로 들을 수 있는 부르심이다. 그것은 신적 능력으로 가득 찬 부르심이며, 그 대상을 그리스도 자신에게로 이끄시는 부르심이다.

"이는 아버지를 본 자가 있다는 것이 아니니라 오직 하나님에게서 온 자만 아버지를 보았느니라"(6:46). 이것은 매우 중요한 말씀이다. 그것은 그릇된 추측을 경계하게 한다. 그것은 그의 청중들(그리고 오늘날의 우리들)로 하여금 죄인이 구원받기 전에 아버지로부터 어떤 직접적인 말씀을 들을 필요가 있다는 식으로 생각지 못하게 하기 위하여 언급된 구절이다. 그리스도께서는 아버지께 보고 들은 자들만이 그에게 온다는 것을 방금 언명하셨다. 그러나 이것은 그러한 사람들이 반드시 **귀로** 하나님의 목소리를 듣는다거나, 하나님이 **직접적으로** 말씀하시는 것을 듣는다는 의미가 아니다. 구세주만이 아버지와 **직접적인** 교통을 하셨으며[지금도 하고 있으시다] 우리는 기록된 말씀을 **통해서만** 아버지로부터 듣고 배운다! 이 구절을 부분적으로 적용하면 그 주된 의미는 위와 같은 것이다. 그러나 이 구절 안에는 필자가 방금 제시한 것보다 훨씬 더 많은 의미가 들어 있다.

"이는 아버지를 본 자가 있다는 것이 아니라 오직 하나님에게서 온 자만 아버지를 보았느니라." 이것은 그리스도의 **영광**을 드러내고 있다. 그리고 그와 마찬가지로 성육신하신 아들과 땅 위의 모든 인간들 사이에는 무한한 차이가 있음을 제시하고 있다. 아무도 아버지를 본 자가 없다. 그러나 이 말씀을 하고 있는 이는 아버지를 **보았다**. 그리고 **그는** 그가 ('아버지'가 아니라) "하나님에게서 난" 자이기 때문에 아버지를 본 것이다. 그는 신의 한 위격이시며 또한 그는 다름 아닌 하나님 자체이시다. 그는 "아버지를 보았기" 때문에 그에 관하여 말씀하시고 그를 드러내실 충분한 자격이 있다(요 1:18을 보라). 그리고 그리스도 외에 누가 아버지를 '선포할' **수 있겠는가?** 아버지의 아들이신 그리스도를 통해서가 아니라면, 그리고 그로 말미암아서가 아니라면 아버지의 사랑과 은혜의 빛을 어떻게 우리 마음에 비추어 줄 수 있겠는가?

"**진실로 진실로 너희에게 이르노니 믿는 자는 영생을 가졌나니**"(6:47). 그리스도께서는 44절에서 시작된 진리의 흐름을 계속하여 따라가신다. 이 47절은 죄인들에게 주어진 초대가 아니라 성도들에 대한 교리적 선포이다. 44절에서 그는 죄인이 그리스도에게 오려면 본질적으로 필요한 것이 무엇인지를 신적 측면에서부터 설명해 주셨다. 즉 그는 아버지에 의하여 "이끄심 받아야"만 한다. 45절에서 그는 이 '이끄심'이 무엇인지에 대하여 부분적으로 말씀하셨다. 그것은 곧 아버지께 듣고 배우는 것이다. 그리고 45절의 그의 말씀을 근거로 그릇된 추측을 하지 않게 하시려고 구세주께서는 이제 이렇게 말씀하신다. "나를 믿는 자는 영생을 가졌나니." 믿는 것은 죄인이 신적 생명을 얻게 된 원인이 아니라 신적 생명을 얻은 **결과**이다. 사람이 믿는다는 사실은 그가 그 안에 **이미** 신적 생명을 가졌다는 증거이다. 죄인이 믿어야**만 하는** 것은 사실이다. 그것은 그의 피할 수 없는 의무이다. 인간의 책임이라는 관점에서 죄인에게 들려주어야 할 말은 '그리스도를 믿는 자마다 누구든지 멸망**하지 않고** 영생을 얻으리라고 선포하는 것이다. 그럼에도 불구하고 중생하지 않은 죄인은 아무도 믿지 아니하였거나 또는 믿으며 하지 아니한다는 말도 여전히 사실이다. 중생하지 않은 죄인은 하나님을 **사랑해야**만 하며, 그것도 전심으로 그를 사랑해야 한다. 그러나 그는 신적 은혜가 그에게 새로운 마음을 주실 때에야 비로소 **사랑하게 되며** 또한 **사랑하고자** 한다. 그리고 그는 믿어야만 하는데, 그러나 새로운 생명을 받을 때에야 비로소 믿게 된다. 그러므로 우리는 이렇게 말할 수 있다. 즉 어떤 사람이든지 **믿으면**, 그리고 믿는다는 것이 발견되면 그것은 그가 **이미** 영생을 가지고 있다는 절대적인 증거이다. "나를 믿는 자는 (이미) 영생을 가졌느니라"(요 3:36; 5:24; 요일 5:1 등 참고).

"**내가 곧 생명의 떡이니라**"(6:48). 이것은 요한복음에서만 발견되는 그리스도에 대한 명칭으로서, 이 복음서에 일곱 번 등장하는 '내가 …' 라는 말 중 그 첫 번째 것이다. 그 다른 예를 찾아보자. "나는 세상의 빛이니"(8:12), "내가 문이니"(10:9), "나는 선한 목자라"(10:11), "나는 부활이요 생명이라"(11:25), "내가 길이요 진리요 생명이라"(14:6), "나는 참 포도나무요"(15:1). 이것들은 모두 저 기념할 만한 사건, 즉 하나님께서 불타는 떨기나무 숲에서 모세에게 나타나셔서 애굽으로 내려가 그의 백성들과 교제하고, 바로 왕에게 하나님의 백성들로 하여금 여호와를 예배하기 위해 광야로 나가는 것을 허락하도록 명령하라고 말씀하셨던 사건을 회고하게 한다. 그때 모세는 백성들이 '나를 보내신 이가 누구냐고 물으면 무엇이라 말하리이까?' 라고 여쭈었다. 하나님께서는 이렇게 대답하셨다. "너는 이스라엘 자손에게 이같이 이르기를 **스스로 있는 자**가 나를 너희에게 보내셨다 하라"(출 3:14). 여기 요한복음에서 우리는 '나는 … 이다' 는 명칭을(예를 들면 내가 곧 생명의 떡이라 등과 같은 말) 일곱 번 읽을 수 있다. 그리스도께서 사용하신 이 명칭은 그를 구약의 여호와와 즉시 동일시하게 한다. 그리고 그것은 그의 절대적인 신성을 명료하게 증명해 준다.

"내가 곧 생명의 떡이니라." 이것은 복되고 귀한 말씀이다. '나는 모든 죄인이 필요로 하는 것이요, 이것이 없으면 그는 틀림없이 멸망하리라. 나는 홀로 영혼을 충족시킬 수 있는 자이며, 중생하지 않은 마음의 고통스러운 공허함을 채울 수 있는 유일한 자이다. 밀이 가루로 빻아져서 인간에게 유효한 형태가 되기 위하여 뜨거운 불에 구워져야 하듯이 나도 또한 그와 마찬가지로 하늘로부터 땅으로 내려와 죽음의 고통을 통과해야만 했다. 그리하여 이제 나는 주린 모든 자에게 생명의 떡이 되기 위해 복음을 통해 제시되고 있는 것이다.'

"너희 조상들은 광야에서 만나를 먹었어도 죽었거니와 이는 하늘에서 내려오는 떡이니 사람으로 하여금 먹고 죽지 아니하게 하는 것이니라"(6:49, 50). 이것은 48절에 대한 부연이다. 48절에서 그는 "내가 곧 생명의 떡이니라"고 말씀하셨다. 여기에서는 이 '떡'의 특성을 기술하고 있다. 주님께서는 생명의 떡이신 자기 자신과 이스라엘인들이 광야에서 먹었던 만나를 대조시키신다. 또한 생명의 떡을 먹은 자와 만나를 먹은 자에게 온 각각의 **결과**를 대조시키신다. 그들의 조상들은 광야에서 만나를 먹었다. 그러나 그들은 죽었다. 만나는 단순히 육체적인 필요에만 도움이 되었다. 그것은 그들의 육체를 먹였으나 그들을 죽지 않게 할 수는 없었다. 그러나 참된 떡을 먹는 자들은 결코 죽지 않는다. 그리스도를 자기 자신으로 삼는 자들, 그를 먹음으로써 자기 마음을 충족시키는 자들은 영원히 살 것이다. 땅 위에서는 물론 하늘에서 그와 더불어 영원히 살게 될 것이다.

"이는 하늘에서 내려오는 떡이니 사람으로 하여금 먹고 죽지 아니하게 하는 것이니라"(6:50). 그리스도께서 여기에서 사용하신 '죽다'는 말은 앞 구절에 사용된 그 말과 다른 의미를 가진 것임이 분명하다. 거기에서 그는 광야에서 만나를 먹은 조상들이 '죽었다'고 말씀하셨는데, 그것은 자연적인 죽음이며 육체적인 해체를 뜻하는 것이다. 그러나 여기에서 그는 사람이 하늘로서 내려오는 떡을 먹으면 '죽지 아니하리라'고 말씀하신다. 다시 말해서, 그것은 영적으로, 그리고 영원히 죽지 아니하며 '두 번째 죽음'을 겪지 아니하리라는 의미이다. 두 연속적인 구절에 나타난 '죽음'이라는 말에 서로 다른 의미를 부여하여 해석하는 데에 반대를 제기하는 사람이 있다면, 필자는 그에게 한 구절에 그 말이 두 번 들어 있으면서도 서로 다른 의미를 가진 예를 상기시켜 주고자 한다. "죽은 자들로 자기의 죽은 자들을 장사하게 하라"(눅 9:60)

이것은 믿는 자의 영원한 안전을 단언해 주는 성경의 많은 구절 중 하나이다. 하나님께서 그의 주권적 은혜로 가련한 죄인에게 부여해 주신 생명은 몰수되는 생명이 아니다. 왜냐하면 "하나님의 은사와 부르심에는 후회하심이 없기" 때문이다(롬 11:29). 그것은 멸망할 가능성이 있는 생명이 아니다. 왜냐하면 그것은 "그리스도와 함께 하나님 안에 감추어졌기" 때문이다(골 3:3). 그것은 우리의 지상에의 순례가 끝날 때 더불어 끝나는 생명이 아니다. 왜냐하면 그것은 '영원한 생명'이기 때문이다.

아, 그러나 이와 비교해 볼 때 세상이 제공하는 것은 어떤 것인가? 속인들이 가장 좋아하는 행복에 대한 꿈들은 끝나지 아니하는 계속성의 요소를 내포하고 있는가? 결코 그렇지 않다. 거기에는 바로 **그 계속성**이 결여되어 있기 때문에 모든 안식을 망쳐 놓는다!

"**나는 하늘에서 내려온 살아 있는 떡이니**"(6:51). 여기에서 그리스도께서는 이 유대인들에게 하나님의 은밀한 계획이 아니라 인간의 책임을 근거로 말씀하고 계신 것이 분명하다. 그들이 아버지에 의하여 '이끌어지지' 아니하면 아무라도 그에게 오지 못하는 것이 사실이다. 그러나 이것은 아버지께서 그리스도를 진정으로 **바라는** 어떤 가련한 죄인을 '이끄시기'를 거부하신다는 뜻이 아니다. 그렇다. 그리스도에 **대한** 그 바람이 아버지께서 '이끄시기' 시작하셨다는 증거이다. 그리스도를 영접하는 방법은 지극히 신적으로 단순하다. "**사람이 [그가 누구이든지 간에] 이 떡을 먹으면 영생하리라.**" '먹는다'는 것의 상징은 매우 함축적이며 신중하게 숙고할 가치가 있다.

첫째로, 내가 떡으로부터 그 떡이 제공하려는 유익, 다시 말하면 육체적인 자양분을 얻어 내려면 먹는 것이 **필수적인 행위**이다. 나는 떡을 바라보고 찬탄할 수도 있다. 나는 그 떡에 대해 사색하며 분석할 수도 있다. 나는 그 떡에 대해 이야기하며 떡의 속성을 찬미할 수도 있다. 나는 떡에 손을 댈 수도 있고, 그 탁월성을 확신할 수도 있다. 그러나 내가 떡을 **먹지** 않는다면 떡으로부터 그 자양분을 얻을 수 없다. 이 모든 것은 영적인 떡이신 그리스도에게 있어서도 마찬가지이다. 우리가 진리를 알고 진리에 대해 사색하며 진리에 대해 말하고 진리를 위해 싸운다 할지라도 그것은 내게 아무 유익도 주지 아니한다. 그것을 내 마음으로 **영접해야** 한다.

둘째로, 먹는 것은 절실한 필요에 **반응하는** 것이다. 굶주림이라는 결핍은 아주 뚜렷하며 격심하게 느껴지는 것이다. 그리고 사람이 **참으로** 배가 고프면 그는 아무 질문도 이의도 제기하지 않고, 아무런 쓸데없는 말도 하지 않고 다만 자기 앞에 제공되는 음식을 기꺼이 그리고 신속하게 먹어 버린다. 그것은 영적인 일에 있어서도 마찬가지이다. 죄인이 일단 자기의 잃어버린 바 된 상태를 자각하면, 그가 일단 자기의 지극히 절실한 결핍을 진정으로 의식하면, 그리고 그리스도가 없이는 그가 영원히 멸망하리라는 사실을 일단 깨닫기만 하면, 그 전에 어떠한 지적 어려움이 그를 괴롭혀 왔다 할지라도, 또한 그가 과거에는 얼마나 많이 지체하였다 할지라도, **이제** 그는 아무런 권고도 필요로 하지 않고 즉시로, 그리고 기꺼이 그리스도를 영접할 것이다.

셋째로, 먹는 것이란 **자기 것으로 삼아야 하는 행위**를 암시한다. 식탁이 펼쳐지고 진수성찬이 차려졌다 하자. 그리고 내 접시에 푸짐한 음식이 놓여졌다 하자. 그러나 내가 그 음식을 **먹기** 시작할 때에야 비로소 그 음식은 내 것이 되는 것이다. 그러면 그 전에는 나의 밖에 있었던 음식이 내 안으로 들어와서 소화되어 일부가 된다. 그리고 내게 건강과 힘을 제공한다. 영적인 일에 있어서도 그와 마찬가지이다. 그리스도께서 온갖 그의 매력을 가진 채 나에게 제시된다 하자. 나는 그의 놀라운 인격을 존경할 수도 있다. 나는 그의 완벽한 삶을 찬양할 수도 있다. 나는 그의 비이기심과 온유함에 감동될 수도 있다. 나는 잔악한 십자가에 달려 죽으시는 그를 보고 눈물을 흘릴 수도 있다. 그러나 내가 그를 **나의 것으로 삼을 때까지는,** 내가 그를 나의 것으로 **영접할 때까지는** 나는 구원되지 않은 것이다. 그렇게 할 때에야 비로소 그 전에는 나의 밖에 계셨던 그가 내 안에 거하시게 된다. 그때 나는 진정으로 그가 나의 영적 건강과 힘을 매일 주시는 생명의 떡이신 것을 알게 된다.

넷째로, 먹는 것은 지극히 **개인적인 행위**이다. 그것은 나 이외에 다른 아무도 나를 대신해서 해줄 수 없는 일이다. 그것은 대리인이 먹어 줄 수 있는 일이 아니다. 내가 자양분을 얻으려 한다면 나는 몸소 먹지 않으면 안된다. 다른 사람들이 먹는 것을 곁에 서서 바라보는 것은 **나의** 필요를 충족시켜 주지 않는다. 그와 마찬가지로, 친애하는 독자여, 아무도 당신을 대신해서 그리스도를 믿어 줄 수 없다. 설교자도 그렇게 해줄 수 없고, 당신을 사랑하는 사람들도 그렇게 해줄 수 없다. 그리고 당신은 다른 사람들이 그리스도를 그들의 것으로 영접하는 것을 목격할 수 있을 것이다. 당신은 나중에 그들이 증언하는 것을 들을 수도 있다. 당신은 그들의 생활에 일어난 분명한 변화를 보고 놀랄 수도 있다. 그러나 **당신이** 생명의 떡을 '먹지' 않는다면, 당신이 개인적으로 그리스도를 영접하지 아니한다면, 그 모든 것은 당신에게 아무 소용이 없다. "사람이 [누구든지] 이 떡을 먹으면 영생하리라." 먹는다는 이 상징은 신적으로 단순하면서도 놀랍도록 완전하다.

"내가 줄 떡은 곧[세상의 생명을 위한] 내 살이니라 하시니라"(6:51). 이것은 지극히 엄숙하고 지극히 귀한 말씀이다. 자기의 '살'을 '주는' 것은 자기 자신을 희생 제물로 바치는 것이며, 자발적으로 자기 생명을 내어 놓는 것이다. 그러므로 그리스도께서는 여기에서 자기 자신을 하늘로부터 내려오신 자일 뿐 아니라 여기에 죽으러 오신 자로서 제시하신다. 그러므로 우리가 이 점을 파악하지 못했다면 우리는 복음의 핵심에 이르지 못한 것이다. 깨어난 죄인이 그리스도의 인격을 바라볼 때, 또한 그가 여기에 기술된 그의 완벽한 생애의 기록을 읽을 때, 그는 이렇게 외칠 것이다.

"아아 슬프도다, 나는 파멸된 자로다." 성령께서 사복음서에서 우리에게 제공해 주신 아름다운 그림에 들어 있는 개개의 선은 우리를 심판할 따름이다. 왜냐하면 그것은 나에게 내가 하나님의 거룩하신 자와 전혀 **같지 않음**을 보여주기 때문이다. 나는 그의 사신 길을 찬양한다. 나는 그의 완벽하심에 놀란다. 나는 내가 그와 같을 수 있다면 하고 바란다. 그러나 슬프게도 나는 전혀 그와 **같지 않다**. 그리스도가 바로 아버지께서 기뻐하시는 이시라면 아버지는 분명히 나를 결코 기뻐하실 수 없을 것이다. 왜냐하면 그리스도의 방법과 나의 방법은 동과 서로 다르듯이 그렇게 전혀 다르기 때문이다. 나는 그처럼 파멸한 인간이니 나는 어떻게 될 것인가! 아, 친애하는 독자여, 그리스도께서 완전하신 인자로서 이 세상에서 지극히 짧은 기간 동안 체류하심으로써 아버지를 **영광스럽게만** 해드렸더라면 우리는 어떻게 되었을 것인가? 그가 희고 빛나는 옷을 입고, 한낮의 태양빛을 능가하는 영광으로 빛나는 얼굴을 하고서 변화산으로 올라가신 뒤 우리를 영원히 떠나버리셨더라면 우리에게 무슨 소망이 있었을 것인가? 그에 대한 답변은 유일하다. 아담의 타락하고 죄 있는 후손들 모두에게 소망의 문이 즉시로 닫혀 버렸을 것이다. 그러나 그의 이름이 복될지어다. 그가 하늘로부터 내려오신 것이 놀랍기 때문이며, 그가 베들레헴의 비천한 마구간에서 보잘것없이 태어나신 것이 놀랍기 때문이며, 그가 인간 속에 거하시며 33년 동안 이 땅 위에서 사신 그의 삶이 흠 없음이 놀랍기 때문이다. 그러나 그것이 전부가 아니며 가장 놀라운 일도 아니다. 이 요한복음 6:51 말씀을 다시 한 번 읽어 보라. "나는 하늘에서 내려온 살아 있는 떡이니 사람이 이 떡을 먹으면 영생하리라 내가 줄 떡은 곧 세상의 생명을 위한 내 살이니라 하시니라." 비참한 죄인들이 자기의 극심하고 엄숙한 필요를 채워주는 것을 발견할 수 있는 곳은 바로 **죽임을 당하신** 그리스도 안에서일 뿐이다. 그리고 그는 '세상의 생명을 위하여' 자발적으로 대신하는 속죄제물로서 자기의 '살'을 주셨다. 그것도 유대인만을 위해서 뿐만 아니라 택함받은 이방인 죄인들을 위해서 주신 것이다. 그의 공로 있는 생명이 우리의 몰수당한 생명을 대신하셨다. 분명히 이것은 우리의 마음을 감동시켜 우리로 찬미를 드리게 한다. 분명히 이것은 우리로 하여금 그 앞에 숭배의 예배를 드리게 한다.

"그러므로 유대인들이 서로 다투어 이르되 이 사람이 어찌 능히 자기 살을 우리에게 주어 먹게 하겠느냐"(6:52). "이 질문을 제기한 사람들이 이 질문을 통해 드러내고 있는 마음 상태가 어떤 것인지 말하기는 어려우며 또는 거의 불가능하다. 그것은 각 개인의 서로 다른 감정을 표현한 말이라고 생각해도 타당성이 없지 않을 것이다. 어떤 사람에게 있어서 그 말은 극도로 믿을 수 없는 감정을 경멸적으로 표현한 것일 수 있다. 그런데 그 불신은 이 말이 내포하고 있는 명명백백한 터무니없음 때문에 생긴 것이다. 그들은 이런 뜻으로 말했을 것이다. '이 사람은 미쳤다. 이보다 더 터무니없는 말이 어디 있겠는가? 우리가 산 사람의 살을 먹음으로써 영원히 살게 된다니!' 또 다른 사람들은 주님의 말이나 그의 일이 미친 사람의 것 같지는 않다고 생각했을 터인데 그들에게 있어서 이 질문은 아마 이런 말일 것이다. '이 말은 글자 그대로의 의미가 아닌 다른 의미를 가지고 있음에 틀림없다. 그러나 그것은 무슨 뜻일까?'"

"우리 주님의 말씀의 의미에 대하여 유대인들이 '다툰 것'은 '그들 사이에서' 일어난 일이다. 그들 중 아무도 그들의 감정을 우리 주님께 말한 것 같지는 않다. 그러나 주님께서는 그들 사이에 무슨 일이 일어나고 있는지를 완전하게 알고 계셨다. 그러나 그는 자신이 앞에서 하신 말씀의 의미를 설명해 주지 않으신다. 그들은 그러한 설명을 들을 준비가 되지 않았다. 그런 상태는 설명해서 효과가 없는 것보다 더 나쁜 것이었다. 주님께서는 그 말의 의미를 설명하는 대신 그 말을 반복하신다. 그는 이상하고 터무니없으며 믿을 수 없고, 또한 이해할 수 없는 듯 보이는 그 말을 조금도 변명하지 않으신다. 반대로 그는 가능한 한 전보다 더욱 역설적이고 불가해하게 말씀하신다. 그것은 그의 말씀을 그들의 기억 속에 좀 더 확고하게 뿌리박게 만들고자 하셨기 때문이며, 또한 그들이 좀 더 진지하게 '이 이상한 말은 무슨 뜻일까? 하고 묻게 만들려고 하셨기 때문이다. 그의 말이 제아무리 이상하고 이해할 수 없으며 믿을 수 없고 터무니없게 들릴지라도, 그는 다만 의심할 여지 없이 진실하고 헤아릴 수 없이 중요한 것을 말씀하셨다는 것을 그들에게 알려 주신다"(존 브라운).

"예수께서 이르시되 내가 진실로 진실로 너희에게 이르노니 인자의 살을 먹지 아니하고 인자의 피를 마시지 아니하면 너희 속에 생명이 없느니라"(6:53). 이 구절과 이 다음의 두 구절은 51절에서 말씀하신 것에 대한 부연이다. 그는 유대인들과 이방인들을 대신하여, 그리고 그들의 구원을 확실하게 하기 위하여 자기 자신을 대리적인 희생제물로서, 그리고 속죄의 희생제물로서 바치실 것이다. 그리고 사람이 그로 말미암아 구원받고자 한다면, 그들은 이 희생적인 죽으심을 믿음으로써 자기 것으로 삼아야 하며, 믿음으로써 마음에 영접해야 한다. 사람이 그리스도의 '살을 먹고' 그의 피를 '마시지' 아니하면 그들 안에는 '생명이 없다.' '생명이 없다'는 것은 영적으로 죽어 있음을 의미한다. 정죄와, 도덕적인 타락과, 희망이 없는 비참함의 상태 속에서 죄가 그에게로 들어온다.

그리스도께서 여기에서 자기 자신을 인자라고 말씀하신 점에 주목하라. 그가 성육신되시지 않았더라면 어떻게 죽음을 겪으실 수 있었겠는가? 그리고 그 성육신은 바로 그 죽음을 위한 것이었다. 이것은 참으로 베들레헴과 골고다의 신비, 곧 성육신과 십자가 사이의 신비와 결합되어 있다! 그리고 필자가 방금 말했듯이 전자는 후자를 위한 것이었다. 그는 죽으시기 위하여 땅으로 오셨다. "이제 자기를 단번에 제물로 드려 죄를 없이 하시려고 세상 끝에 나타나셨느니라"(히 9:26). "우리가 천사들보다 잠시 동안 못하게 하심을 입은 자 곧 죽음의 고난받으심으로 말미암아 영광과 존귀로 관을 쓰신 예수를 보니"(히 2:9).

"인자의 살을 먹지 아니하고 인자의 피를 마시지 아니하면 너희 속에 생명이 없느니라." 이 말은 언뜻 보기에 어려운 듯하나 사실은 복되게도 단순한 말이다. 죄인이 먹어야 하는 것은 죽은 그리스도가 아니라 이제 영원히 살아 계신 자의 **죽음**을 먹는 것이다. 그의 **죽으심**을 믿음으로 인하여 내 것으로 삼을 때 나의 것이 된다. '먹는 것'의 상징은 아마 창세기 3장을 회고하게 할 것이다. 인간은 (금지된 과일을) '먹음'으로써 (영적으로) **죽었다**. 그리고 이제 그는 먹는 행위로써 (영적으로) **살아나게 된다**!

"**내 살을 먹고 내 피를 마시는 자는 영생을 가졌고 마지막 날에 내가 그를 다시 살리리니**"(6:54). 동사의 시제가 변화한 점에 주목하라. 앞 구절에서는 "너희가 **먹지** 아니하면(eat)"이라 되어 있는데 여기에서는 "**먹는**(eateth) 자"이라 되어 있다. 전자에서의 동사는 부정 과거시제로서 단 한 번의 행동, 곧 오직 한 번만 행해진 행동을 뜻한다. 후자에서의 그 동사는 완료시제로서 계속적이고 특징적인 의미가 있는 동작을 가리킨다. 53절은 잃어버린 바 된 자와 구원된 자의 차이를 규정하고 있다. 나는 구원받기 위하여 인자의 살을 '먹고' 피를 '마셔야' 한다. 다시 말해서, 나는 그를 나의 것으로 삼아야 하며, 믿음의 행위로써 그를 나의 것으로 만들어야 한다. 그리스도를 영접하는 이 행위는 한 번만 행해진다. 나는 그를 두 번 **영접할** 수 없다. 왜냐하면 그는 결코 나를 떠나시지 않기 때문이다! 그러나 내 영혼이 구원에 이르도록 그를 영접한 후에 나는 이제 그를 내 영혼의 양식으로서 끊임없이, 매일 먹어야 한다. 출애굽기 12장은 우리에게 한 예화를 제공해 준다. 이스라엘인은 우선 죽은 양의 피를 사용해야 했다. 그 다음, 피에 의하여 보호되었으므로 이제 그 양 자체를 **먹어야** 했다.

"내 살을 먹고 내 피를 마시는 자는 영생을 가졌고 마지막 날에 내가 그를 다시 살리리니." 이것은 앞 구절에 대한 필자의 해석이 옳음을 증명해 준다. 우리가 그것을 47절과 비교해 보면 '먹는 것' 은 '믿는 것' 과 동일시되어 있음을 알게 될 것이다. 또한 동사의 시제도 그 둘이 같다는 점에 주목하라. 47절은 '믿는다' (believeth)로 되어 있고 54절도 '먹는다' (eateth)로 되어 있다. 그리고 그 동사들은 각각 그렇게 약속된 대로, 먹고 믿는 자가 이미 소유하고 있는 영생에 대한 **증거들**이다. "믿는 자는 영생을 **가졌나니.**" "내 살을 먹고 내 피를 마시는 자는 영생을 **가졌고.**"

요한복음 6장의 이 구절들은 의식(儀式)주의자들이 좋아하는 것들로서 그들은 이 구절들이 성찬식을 가리키는 것이라고 생각한다. 그러나 이것은 분명히 잘못된 생각인데, 그 이유는 다음과 같다. 첫째로, 성찬식은 그리스도께서 이 말씀을 하실 때 아직 제정되지 아니하였었다. 둘째로, 성찬식은 중생하지 않은 죄인들을 위한 것이 아니라 성도들을 위한 것이다. 그런데 그리스도께서는 여기에서 믿지 아니하는 자들에게 말씀하고 계신다. 셋째로, 여기에 언급된 먹고 마시는 것은 구원을 위한 것이다. 그러나 성찬식에서 먹고 마시는 것은 이미 구원된 자들을 위한 것이다.

"내 살은 참된 양식이요 내 피는 참된 음료로다" (6:55). 이 구절과 앞 구절 사이의 관계는 명백하다. 이 구절은 분명히 앞 구절의 말씀으로부터 그릇된 추론을 이끌어 내지 못하게 하려고 제시된 것이다. 그리스도께서는 '먹는 것' 을 크게 강조하셨다. 사람이 그의 살을 먹지 아니하면 그에게는 생명이 없다. 그러나 이제 우리 주님께서는 먹는 행위 속에 **공적이 되는** 것은 아무 것도 없다는 진리를 제시하신다. 다시 말하면, 믿음 그 자체에는 신비적인 능력이 들어 있지 않다. 자양분을 공급하는 능력은 먹은 **음식** 안에 들어 있다. 그리고 믿음의 효능은 믿음의 **대상** 안에 있다.

"내 살은 참된 양식이요 내 피는 참된 음료로다." 여기에서 그리스도께서는 '먹어야' 하는 것이 **어떤 것인지**를 강조하신다. 그것은 자연계에도 해당되는 진리이다. 아무것이나 먹는다고 해서 그것이 우리에게 자양분을 공급하는 것은 아니다. 사람이 독이 있는 물질을 먹는다면 그는 죽을 것이다. 그가 자양분이 적은 것을 먹는다면 그는 곧 굶어 죽게 될 것이다. 영적인 일에서도 마찬가지이다. "지옥에도 많은 굳건한 신자들이 있으며, 지옥으로 가는 도상에 있는 신자들도 많다. 그러나 그들은 그리스도 예수 안에 있는 것과 같은 진리가 아니라 거짓을 믿는 자들이다" (존 브라운). 구원하실 수 있는 이는 오직 그리스도뿐이시다. 곧 십자가에 못 박혀 죽으셨으나 이제 영원히 살아 계신 그리스도만이 구원하실 수 있다.

"내 살을 먹고 내 피를 마시는 자는 내 안에 거하고 나도 그의 안에 거하나니"

(6:56). 이 구절과 다음 구절에서 그리스도께서는 먹는 것의 복된 **결과**의 일부를 말씀하신다. 첫째 결과는 구원받은 죄인이 그리스도와 생생한 일치를 이루게 되어 그와 지극하게 밀접한 **교제**를 누리는 것이다. '거하다' 는 말은 일반적으로 '살다' 는 동사로 영역된다. 그리스도와의 완전한 친교 속에 사는 자는 항구적으로 그를 '먹고' '마시는' 자뿐이다.

"내 살을 먹고 내 피를 마시는 자는 내 안에 거하고 나도 그의 안에 거하나니." 이 구절이 특별히 그리스도가 죽은 자들 가운데서 다시 살아나리라는 사실을 언급하는 것은 아니라 할지라도 분명히 그 사실을 암시하고 있다. 왜냐하면 그가 다시 살아나야만 신자 안에 거하실 수 있고, 신자는 그 안에 거할 수 있기 때문이다. 죽임을 당한 그리스도를 먹는 자들은 바로 이 다시 살아나신 그리스도와 동일시되는 것이며, 그것도 매우 기적적으로 동일시되는 것이다. 그래서 성경은 여기에서 처음으로 복되신 우리 주님과의 **일치**에 대해 말하고 있다.

"**살아 계신 아버지께서 나를 보내시매 내가 아버지로 말미암아 사는 것 같이 나를 먹는 그 사람도 나로 말미암아 살리라**"(6:57). 그리스도께서는 여기에서 그의 본질적인 존재에 따라서가 아니라 중보자로서의 자기 자신에 대하여 말씀하고 계심이 분명하다. 중보자로서의 그는 신적 영광 속에 있는 그리스도가 아니라 성육신하신 아들로서 하늘로부터 내려오신 그리스도이다. "내가 아버지로 말미암아 산다" 는 말은 그가 아버지에게 **의지하여** 산다는 것을 뜻한다. 이것은 광야의 유혹에서 그가 사탄의 첫 번째 공격에 답변하실 때 강조하신 사항이다. 마귀가 "네가 하나님의 아들이라면 명령하라" 고 말했을 때, 그는 그리스도의 신성에 대하여 의심을 제기한 것이 아니라 (그런데 사람들은 일반적으로 그렇게 생각한다) 그에게 그의 신성을 오용하라고 요구한 것이다. '만일 ~라면' 이라는 말은 요한복음 14:2과 골로새서 3:1에서처럼 '~인고로' 의 의미로 이해되어야 한다. 그러므로 유혹자가 한 말의 참뜻은 이런 것이다. '네가 하나님의 아들**인고로**, 네 신적 특권을 **행사하고** 네 신적 능력을 **사용해서** 네 육체의 필요를 충족시키라.' 그러나 이것은 아들이 '종의 형상' 을 입고서 (자발적으로) 복종하는 신분을 취하신 사실을 모르고 한 말이다. 그러므로 구세주께서 마귀에게 상기시킨 것은 바로 **그 점**이다. 즉 "**사람이** 떡으로만 살 것이 아니요 **하나님의 입**으로 나오는 모든 말씀으로 **살 것이라**." 이것은 57절에서 그리스도께서 "내가 아버지로 말미암아 산다" 고 하신 말씀에 대한 지극히 아름다운 예증이다. 그러므로 이 구절의 끝부분에 주의를 기울이도록 은혜를 구하자. "나를 먹는 그 사람도 나로 말미암아 살리라." 성육신하신 아들께서 지상에 계실 때, 아버지께 겸손하게 의지하여 사셨던 것처럼 이제 신자도 매일 겸손하게 그리스도께 **의지하여** 살아야 한다.

"이것은 하늘에서 내려온 떡이니 조상들이 먹고도 죽은 그것과 같지 아니하여 이 떡을 먹는 자는 영원히 살리라"(6:58). 이 구절에는 영국인 독자로서는 알 수 없는 중요한 사항이 들어 있다. 먹는다는 것에 해당하는 두 개의 서로 다른 단어가 그리스도에 의해 사용되었다. "너희 조상들이 만나를 먹었다(eat—ephazon)" "이 떡을 먹는(eateth—trogon) 자는 영원히 살리라." 'trogo' 라는 헬라어는 먹는 행위라기보다는 '~을 먹고 산다' 는 의미이다. 전자는 그리스도께서 이스라엘 민족이 광야에서 만나를 먹은 것을 가리킬 때 사용하신 용어이며, 후자는 신자들이 그리스도를 먹고 사는 것을 가리킬 때 사용하신 용어이다. 전자는 육체적으로 먹는 것이요, 후자는 영적으로 먹는 것이다. 전자는 죽음으로 끝나고, 후자는 생명을 보전하는 것이다. 광야의 이스라엘인들은 음식이라는 물질적인 사물만을 보았을 뿐이다. 그리고 오늘날에도 그와 같은 사람들이 있다. 그들은 기독교에서 물질적인 측면 이외에는 그 이상의 아무 것도 보지 못하며, 영적이고 체험적인 것에 대해서는 아무 것도 알지 못한다! 종교의 외형(예를 들면 외형적인 의무 수행 등)에만 전념하는 자들이 아주 많이 있다. 그리고 진정으로 그리스도를 **먹고** 사는 자는 거의 없다. 그들은 그를 객관적으로 찬양한다. 그러나 그를 마음으로 영접하지는 않는다.

"이 말씀은 예수께서 가버나움 회당에서 가르치실 때에 하셨느니라"(6:59). 그리스도의 이 말이 그것을 들은 자들에게 어떤 영향을 끼쳤는지에 대해서는 다음 장에서 고찰하겠다.

한편, 관심 있는 독자는 다음과 같은 질문을 숙고하기 바란다.

1. 제자들은 특히 어떤 점에 "기분을 상하였는가?"(60, 61절)

2. 63절의 의미는 무엇인가?

3. 65절의 "그러므로"라는 말의 참뜻은 무엇인가?

4. 제자들이 많이 "떠나간 것"은 무엇을 입증하는가?(66절)

5. 그리스도께서는 어째서 열두 제자들을 의심하였는가?(67절)

6. 베드로의 확신은 어디에 근거를 둔 것이었는가?(68절)

7. 유다는 어째서 사도의 지위에 있었는가?(71절) 당신은 그에 대한 이유를 제시할 수 있는가?

제24장

그리스도와 그의 제자들

⁶⁰제자 중 여럿이 듣고 말하되 이 말씀은 어렵도다 누가 들을 수 있느냐 한대 ⁶¹예수께서 스스로 제자들이 이 말씀에 대하여 수군거리는 줄 아시고 이르시되 이 말이 너희에게 걸림이 되느냐 ⁶²그러면 너희는 인자가 이전에 있던 곳으로 올라가는 것을 본다면 어떻게 하겠느냐 ⁶³살리는 것은 영이니 육은 무익하니라 내가 너희에게 이른 말은 영이요 생명이라 ⁶⁴그러나 너희 중에 믿지 아니하는 자들이 있느니라 하시니 이는 예수께서 믿지 아니하는 자들이 누구며 자기를 팔 자가 누구인지 처음부터 아심이러라 ⁶⁵또 이르시되 그러므로 전에 너희에게 말하기를 내 아버지께서 오게 하여 주지 아니하시면 누구든지 내게 올 수 없다 하였노라 하시니라 ⁶⁶그 때부터 그의 제자 중에서 많은 사람이 떠나가고 다시 그와 함께 다니지 아니하더라 ⁶⁷예수께서 열두 제자에게 이르시되 너희도 가려느냐 ⁶⁸시몬 베드로가 대답하되 주여 영생의 말씀이 주께 있사오니 우리가 누구에게로 가오리이까 ⁶⁹우리가 주는 하나님의 거룩하신 자이신 줄 믿고 알았사옵나이다 ⁷⁰예수께서 대답하시되 내가 너희 열둘을 택하지 아니하였느냐 그러나 너희 중의 한 사람은 마귀니라 하시니 ⁷¹이 말씀은 가룻 시몬의 아들 유다를 가리키심이라 그는 열둘 중의 하나로 예수를 팔 자러라(요 6:60-71)

우리가 고찰하게 될 구절들을 다음과 같이 분석해 보았다.

1. 많은 제자들이 그리스도의 말씀에 화를 냄(60절)
2. 그리스도의 훈계(61-65절)
3. 많은 제자들이 그리스도를 떠나감(66절)
4. 그리스도께서 열두 제자에게 도전하심(67절)

5. 시몬 베드로의 신앙고백(68, 69절)
6. 그리스도께서 베드로의 말을 정정하심(70절)
7. 배반자(71절)

우리는 이 구절들을 고찰하면서 슬퍼하지 않을 수 없다. 이것은 주님께서 갈릴리에서의 직무를 끝마치시는 장면이다. 그리고 이것은 주님께서 하신 일의 결과를 보여주고 있다. 여기에서 주님은 많은 놀라운 이적을 행하셨으며, 고마우신 교훈들을 가르쳐 주셨다. 그가 물을 포도주로 변화시킨 것도 바로 여기에서였으며, 왕의 신하의 병든 아들을 보시지도 않고 고쳐주신 것도 여기에서였다. 또한 배고픈 군중들을 먹이신 곳도 바로 여기였다. 이 이적들은 한결같이 그가 하나님이 보내신 자임을 명백하게 입증해 주며, 또한 그의 신성을 증명해 주었다. 그 외에 다른 아무도 이와 같은 일을 행한 적이 없었다. 그러한 일들은 불신이 변명할 여지가 없는 것임을 입증한다. 게다가 그는 야외에서는 수많은 군중에게, 그리고 회당 안에서는 유대인들에게 자신을 생명의 떡으로 제시하셨다. 그는 그들에게 영생을 값없이 제공하셨으며 다음과 같이 엄숙하게 경고하셨다. "인자의 살을 먹지 아니하고 인자의 피를 마시지 아니하면 너희 속에 생명이 없느니라"(53절). 그렇다면 이 모든 일에 대하여 그들은 어떻게 반응하였는가?

그리스도께서는 유대에서 환영받지 못하셨던 것처럼 갈릴리에서도 환영받지 못하셨다. 그 사실을 발견하게 되는 것은 실로 슬픈 일이다. 그리고 전자의 예와 후자의 예가 서로 아주 똑같이 닮았음에 놀라지 않을 수 없다. 주님께서는 유대에서 공생애를 시작하셨다. 그리고 그는 거기에서 인간의 표준으로 판단해서 한때 성공을 거두셨는데, 그것은 아주 굉장한 것이어서 더 이상 바랄 나위가 없는 듯해보였다. 군중들이 그를 따라다니며 몰려들었고 많은 사람들이 그의 제자 되기를 열망하는 듯했다. 그러나 반짝인다 해서 모두 다 금은 아니다. 그 군중들이 세상적이고 육체적인 동기로 행동했다는 사실이 곧 명백해졌다. 그들 중 **영적** 필요를 드러낸 자는 거의 없었다. 설사 있었다 하더라도 그리스도께서 하시는 일의 참된 목적을 인식한 것으로 보이는 자는 거의 없었다. 당파심이 널리 성행하였다. 그래서 우리는 다음과 같은 구절을 읽을 수 있다. "예수께서 제자를 삼고 세례를 베푸시는 것이 요한보다 많다 하는 말을 바리새인들이 들은 줄을 주께서 아신지라 … 유대를 떠나사 다시 갈릴리로 가시더라"(요 4:1, 3).

그러면 갈릴리에서는 어떠했는가? 거기에서도 유대에서 일어났던 일이 그대로 반복되었을 뿐이었다. 인간의 본성은 어디에서나 똑같다. 이것은 역사가 어째서 끊임없이 되풀이되는가의 해답이다. 갈릴리에서도 많은 군중이 그리스도를 따랐다. 아주 잠시 동안 그는 그들의 인기 높은 우상이 되었다. 그러나 그들 중에서 양심이 움직였거나 마음이 달라진 표시를 나타낸 사람은 거의 없었다. 그리스도의 하시는 일의 참된 목적을 이해하는 사람은 더구나 없었다. 그리고 그리스도께서 그들이 영적으로 결핍되어 있음을 선포하시자, 그들은 화를 내었다. 그의 제자로 자처했던 많은 사람들이 등을 돌리고 더 이상 그와 다니지 않았다.

주님의 종들도 그와 똑같은 경험을 아주 많이 했을 것이다. 그들은 어떤 봉사의 일에 착수한다. 그러면 한때 군중들이 몰려든다. 그들은 그들이 위하여 수고하는 자들 사이에서 한때 인기가 높아진다. 그러나 주님의 그 종이 자기의 주님께 신실하면, 그가 그리스도의 주장을 강조하면, 그리고 그가 하나님의 **모든** 계획을 주저하지 않고 선포하면, 그러면 그 군중들 사이에 일어나는 변화는 얼마나 현저한 것인가! 그들 사이에 '수군거림'이 일어난다(6:41). 그의 말을 들은 자들 사이에 '다툼'이 발생한다(6:52). 그들 사이에 불평이 일어난다. "이 말씀은 **어렵도다**"(6:60). '제자' 중에서 '많은' 사람이 떠나가고 "다시 그와 함께" 다니지 "아니한다"(6:66). 그러나 주님께 족함이 있었듯이 주님의 종을 위해서도 족함이 있다. '영생의 말씀'을 깨닫고 이해하는 적은 무리가 **있다**는 사실에 대해 하나님께 감사드리자(64절). 왜냐하면 바로 **그들은** 하나님께서 보시기에 '떠나간 많은 자들'보다 훨씬 더 귀하기 때문이다. 친애하는 독자여, 이것은 실로 살아 있는 말씀이다. 그래서 그것은 2000년 전의 변덕스럽고 사악한 자들을 비추어 주었듯이 오늘날에도 그와 같은 자들을 충실하게 비추고 있다.

"제자 중 여럿이 듣고 말하되 이 말씀은 어렵도다 누가 들을 수 있느냐 한대" (6:60). 야외에서 군중에게 말씀하신 후 회당에서 가르치신 주님이 놀라운 이야기가 여기에서 끝난다. 우리는 여기에서 그 말씀이 제자들에게 어떤 영향을 끼쳤는지를 본다. '제자'란 가르침을 받은 자를 뜻한다. 이 '제자들'은 '열두 제자'와 구별된다. 그들은 다소간 그리스도의 인격에 이끌린 사람들과, 좀 더 특별하게는 그의 이적에 깊은 인상을 받은 자들의 부류로 이루어져 있었다. 그런 이 이끌림이 얼마나 **참된** 것이며 그 인상이 얼마나 **깊은** 것이었는지는 이제 곧 알게 될 것이다. 그리스도께서 자기 자신을 이적을 행하는 자로서가 아니라 생명의 떡으로서 제시하셨을 때, 그가 세상의 생명을 위해 자기 살을 주신 것과 사람들이 그의 피를 마셔야 한다고 말씀하셨을 때(그런데 이 말씀은 그가 죽으셔야 한다는 것, 그것도 폭력에 의해 죽어야 한다는 것을 뜻하고 있다), 그들이 그의 살을 먹고 그의 피를 마시지 아니하면 그들 안에 '생명이 없다'고 주장하셨을 때, 그리고 무엇보다도 그가 사람은 너무나 부패해 있고 하나님에게서 너무나 멀리 떨어져 있기 때문에 아버지께서 이끌지 아니하시면 사람이 구원을 위해 그리스도께 오지 않는다고 알려 주셨을 때, 그들은 모두 한결같이 화를 냈다. 그리고 우리는 그리스도께서 가버나움 회당에서 방금 가르치신 그 대화를 전부 듣고 그들이 "이 말씀은 어렵도다 누가 들을 수 있느냐?"라고 말한 것을 볼 수 있다.

"제자 중 여럿이 듣고 말하되 이 말씀은 어렵도다 누가 들을 수 있느냐 한대." 이 말은 제자들의 감정이 상했음을 뜻하는 단순한 표현이다. 그것은 그들이 그리스도의 말씀이 이해할 수 없을 정도로 모호한 것임을 발견했기 때문이 아니라, 그들이 들은 것이 **그들 자신의 관점**과 너무나 어긋나는 것이라서 그것을 받아들이려 하지 않았기 때문이다. 그들의 관점이 어떤 것이었는지는 요한복음 12장에 명백하게 나타난다. 그리스도께서 자기가 어떠한 죽음으로 죽을 것을 보여주셨을 때 "무리가 대답하되 우리는 율법에서 그리스도가 **영원히 계신다** 함을 들었거늘 너는 어찌하여 인자가 들려야 하리라 하느냐 이 인자는 누구냐"(요 12:34)

위 구절을 우리에게 적용시킬 때, 두 가지 사실에 주목해야 한다. 첫째로, 오늘날 신앙고백을 하는 그리스도인들이 신적 진리를 선포하는 하나님의 종을 비난하고 그 종의 가르침이 '어렵다고 말할' 때, 우리는 그것이 이 구절에 적용하고 있는 원인과 똑같은 원인에 기인한다는 것을 알 수 있다. 많은 제자들은 성령의 권능으로 하나님 말씀이 전도될 때일지라도 여전히 그것을 거부할 것이다. 그 말씀이 자기들의 관점과 **일치하지 않고** 그들의 조상들의 전통에 위반되기 때문에 그렇게 할 것이다! 둘째로, 이 사람들이 자기들끼리 불평했다는 점에 주목하라. 이것은 다음 구절을 통해 분명히 알 수 있다. "예수께서 **스스로** 제자들이 이 말씀에 대하여 수군거리는 줄 **아시고**." 그들은 그리스도께 직접 가서 그들의 문제들을 솔직하게 말씀드리지 않았다. 그들은 그리스도께 그의 말씀의 의미를 설명해 주시기를 청하지 않았다. 왜 그랬을까? 그들은 **빛을** 진정으로 바라지 않았기 때문이다. 그들이 빛을 찾았더라면 그들은 그것을 그리스도에게서 구했을 것이다. 다시 한 번 말하거니와 인간의 본성은 오늘날에도 마찬가지이다! 주의 사자가 그의 청중들이 싫어하는 말씀을 전할 때 그들은 그에게 와서 그 불평을 말할 만큼 그렇게 담대하지 않다. 그들이 그에게 도움을 구하러 오는 일은 더군다나 없다. 그들은 비참한 비겁자들과 같이 뒤에 숨어서 들은 말씀을 비난함으로써 분쟁의 씨앗을 심으려 한다. 하나님의 종이 그러한 사람들을 판가름하기란 어렵지 않을 것이다. 그들이 제자라는 이름표를 붙이고 있을지라도 그는 그들의 말과 행동을 통하여 그들이 신자가 아님을 알 수 있을 것이다.

"예수께서 스스로 제자들이 이 말씀에 대하여 수군거리는 줄 아시고 이르시되 이 말이 너희에게 걸림이 되느냐"(6:61). 이것은 얼마나 엄숙한 말인가? 이 사람들은 그리스도를 속일 수 없었다. 그들은 한때 그와 함께 다녔다(66절). 그들은 그리스도의 제자들로 처신하였다(60절). 그들은 회당에 앉아 있었다(59절). 그리고 그가 그들에게 가르치고 계실 동안 외견상 주의 깊고 경건하게 귀를 기울였다. 그렇다 할지라도 그리스도께서는 그들의 마음을 아셨다. 그들은 그리스도께 그들의 마음을 감출 수 없었다. 오늘날에도 사람들은 그에게 마음을 숨길 수 없다. **그는** 그 시대의 모든 광신에 현혹되지 아니하신다. 그의 불 같은 눈은 위선의 모든 탈을 꿰뚫으신다. 그러므로 경건의 능력이 없는 '경건의 모양' 이 전적으로 어리석고 전혀 무가치하다는 것을 알라(딤후 3:5).

"예수께서 **스스로** 제자들이 이 말씀에 대하여 수군거리는 줄 **아시고** 이르시되 이 말이 너희에게 걸림이 되느냐." 이것은 그의 신성을 다시 한 번 입증해 준다! 요한복음 6장의 서두에서 그는 '선지자' 로 간주되었다. 그러나 그는 선지자보다 더 큰 자이다. 나중에 그들은 그리스도와 모세를 모욕적으로 대조시켰었다. 그러나 그들 앞에 계신 그는 모세보다 더 큰 자이다. 모세나 선지자들 중 그 어떤 사람도 인간의 마음을 읽을 수 없었다. 그러나 여기 제자들이 수군거렸을 때 그것을 **스스로** 아신 이가 있다. 그는 또한 그들이 **왜** 수군거렸는지를 아셨다. 그는 그들의 감정이 상했다는 것을 아셨다. 그러므로 그는 성육신하신 하나님이심이 틀림없다. 왜냐하면 다름 아닌 바로 주님만이 마음을 읽으실 수 있기 때문이다.

"그러면 너희는 인자가 이전에 있던 곳으로 올라가는 것을 본다면 어떻게 하겠느냐"(6:62). 우리는 여기에서 요한복음 6장이 그리스도에 관한 것이라는 세 번째 사실을 알 수 있다. 첫째로, 그는 신적 성육신하심에 대하여 언급하셨다. 그는 "하늘에서 내려온"(41절) 떡이셨다. 둘째로, 그는 죽을 것이며 그것도 난폭한 죽음으로 죽을 것이다. 그의 '피' 에 대하여 거듭 언급하신 것이 바로 그 사실을 보여준다(52, 55절 등). 셋째로, 그는 하늘에 올라가실 것이다. 그것은 그가 계셨던 곳으로 돌아가시는 것이다. 그의 승천은 필연적으로 그의 부활과 관련되어 있다. 그러므로 이 요한복음 6장은 그리스도의 역사(歷史)에 있어서 가장 중요한 사건들을 언급하고 있다.

"그러면 너희는 인자가 이전에 있던 곳으로 올라가는 것을 본다면 어떻게 하겠느냐" 하나님의 아들께서는 (골고다의 십자가에 죽으시기 위해) 베들레헴의 마구간으로 오시기 전에 있던 순수한 지복과 지극히 높은 영광의 하늘로 곧 올라가실 것이다. 그러나 그는 인자로서 그곳으로 돌아가시는 것이다. 이것은 실로 놀라운 일이다. 한 **인간**이 지금 아버지의 보좌에 앉아 계신다. 그는 신인(神人)이신 것이다. 그가 내려오셨다가 올라가심으로 인하여, 하늘은 그의 살을 먹고 그의 피를 마심으로써 그의 생명에 참여하게 된 모든 사람의 본향이 되었다. 그리고 그것으로 인하여서 땅은 우리 믿음의 자녀들이 이방인이요 순례자로서 통과해야만 할 광야요 추방의 장소가 되었다. 그의 기도가 곧 응답되어질 것이니, 하나님께 감사드리라. "아버지여 내게 주신 자도 나 있는 곳에 **나와 함께** 있어 … 원하옵나이다"(요 17:24).

"그러면 너희는 인자가 이전에 있던 곳으로 올라가는 것을 본다면 어떻게 하겠느냐." 이것은 주 예수께서 그의 지상에서의 공생애 동안 십자가 너머에 있는 것, 즉 그 끔찍한 공포 너머에 있는 기쁨과 안식과 영광을 내다보셨다는 것을 암시해 주는 구절들 중의 하나이다. 사도가 히브리서 12:2에서 우리에게 말한 것처럼 "믿음의 주요 또 온전하게 하시는 이인 예수를 바라보자 그는 **그 앞에 있는 기쁨을 위하여** 십자가를 참으사 부끄러움을 개의치 아니하시더니." 그 **올라가심**이 요한복음 6장의 서두에 상징적으로 드러나 있음에 주목하는 것은 놀라운 일이다. 3절과 15절을 보라. "예수께서 **산**에 오르사."

그리스도께서 이 수군거리는 자들이 그가 하늘로 올라가시는 것을 '보게' **될 것이라**고 절대적으로 선언하신 것이 아니라 다만 그들이 그런 광경을 봐도 화를 내겠느냐고만 물으신 점에 주목해야 한다. 그리스도께서는 우리에게 의도적으로 문을 열어 두신 듯하다. 그가 죽은 자들 가운데서 다시 살아나신 **후**에 그들 중 많은 사람이 최초로 참된 신자들이 되었으리라는 데에는 의심의 여지가 없다. 고린도전서 15:6 말씀이 우리에게 알려 주기를, 예수께서 "오백여 **형제**에게" 보이셨다고 했는데 그 사실이 그것을 입증해 준다. 가버나움 회당에서 그의 복된 교훈을 들었던 바로 이 사람들 중의 일부가 그 숫자 안에 포함되어 있을 가능성이 크다. 그러나 우리가 고찰하고 있는 이 구절을 말씀하셨을 당시에 그들은 불신자였다. 그래서 그는 계속하여 그들에게 그들의 상태에 맞추어 말씀하신 것이다.

"**살리는 것은 영이니**" (6:63). 주님께서는 여기에서 그의 비난자들에게 그가 44절에서 이미 말씀하셨던 것을 강조하신다. 그를 믿는 것, 그의 죽음의 구원에 이르게 해주는 공로를 자기 것으로 삼는 것 — 그것은 육체의 행위가 아니다. 그렇게 되기 위해서 그는 우선 "아버지에 의하여 이끄심을 받아야"만 한다. 다시 말해서, "성령에 의하여 살려져야" 한다. 생명의 활동이 있기 위해서는 전에 생명이 먼저 있어야**만 한다**. 그리스도를 믿는 것은 믿는 자 안에 이미 들어 있던 신적 생명이 드러나는 것이다. 필자는 "살리는 것은 영이다"는 이 말씀이 성령의 중생하게 하시는 능력을 가리키는 것이라는 데에 전혀 의심을 품지 않는다. 요한복음 6:63은 5:21 말씀에 대한 보충이다. 5:21에서 '살리는 것'은 아버지이신 하나님과 아들이신 하나님의 일로서 언급되어 있다. 여기에서는 성령이신 하나님의 일로서 언급되어 있다. 우리는 이 두 구절을 결합시킴으로써 중생이 거룩하신 삼위 안의 세 위격의 공동 작업이라는 것을 알게 된다. 그와 마찬가지로 에베소서 1:20과 요한복음 10:18 및 로마서 8:11 말씀을 결합시킴으로써 우리는 삼위 안의 각 위격 모두가 주 예수의 부활에서 활동하셨음을 알게 된다.

"**살리는 것은 영이니 육은 무익하니라**" (6:63). 이것은 실로 엄중한 말씀이며 오늘날 크게 강조되어야 할 말씀이다. 육체는 **무익**하다. 육체는 하나님의 일과 **관계가 없다**. 모든 육체의 활동은 죽은 죄인들의 중생과 아무런 관련이 없다. 지성에 의하여 전개된 논리적인 논거들도, 의지에 영향을 미치는 최면적인 능력도, 감정을 일으키는 감동적인 호소도, 귀를 사로잡는 아름다운 음악과 기운찬 노랫소리도, 눈길을 끄는 감각적인 옷차림도, 이 모든 것 중 아무 것도 **죽은** 죄인들을 일으키는 일에는 아무 소용이 없다. '살리는' 것은 합창단도 아니요 설교자도 아니요 '성령'이시다. 이것은 자연인에게 매우 힘든 것이다. 왜냐하면 그것은 너무나 겸허한 것이기 때문이다. 현대의 대다수의 복음 전도 집회에서 이것이 전적으로 무시되고 있는 이유도 바로 그 때문이다. 오늘날 절박하게 필요한 것은 종교적인 '분위기'를 조성하는 방법을 연구해 온 최면술의 전문가도 아니요, 한순간에는 청중을 웃겼다가 다음 순간에는 울리는 종교적인 흥행사도 아니다. 오히려, 하나님 앞에 엎드린 성도들에게 하나님의 말씀을 신실하게 전도하는 일이요, 하나님께서 즐거이 그들에게 살리는 성령을 보내 주시기를 겸손하게 기도하는 일이다.

"**내가 너희에게 이른 말은 영이요 생명이라**" (6:63). 이것은 이 구절의 전반부에 대한 필자의 해석이 옳음을 증명해 준다. 그리스도께서는 그의 말씀을 듣고 화를 낸 사람들에게 유일하고 절실하게 필요한 중생에 관하여 말씀하고 계신다. 그들이 영적 생명을 갖게 될 때에야 비로소 그들은 영적인 일을 분별할 수 있다. 그리고 바로 **그 것** 때문에 그들은 하나님의 성령에 의하여 '살려져야' 만 한다. 우선 그는 그들에게 **누가** 살리는 일을 행하시는지, 곧 성령께서 그 일을 하신다는 것을 말씀하셨다. 이제 그는 성령께서 그 살리는 일을 하시기 위하여 **무엇**을 사용하시는지, 곧 하나님의 '말 씀'으로써 그 일을 하심을 알려 주신다. 성령은 신적 사자이다. 말씀은 신적 도구이 다. 하나님께서는 "진리의 말씀으로" 우리를 낳으셨다(약 1:18). 우리는 "하나님의 말씀으로써" 썩지 아니할 씨로 거듭난 것이다(벧전 1:23). 우리는 하나님의 "그 보배 롭고 지극히 큰 약속"으로 인하여 신성한 성품에 참여하는 자가 되었다(벧후 1:4). 그리고 여기 요한복음 6:63 말씀에서 그리스도께서는 이것에 대하여 설명하신다. 하 나님의 말씀은 "영이시요 생명"이다. 다시 말해서, 하나님의 말씀은 영적이며, 생명 을 주기 위하여 성령에 의하여 사용되는 것이다. 그러므로 필자는 다시 한 번 말하거 니와 모든 시대에 그런 것처럼 오늘날에 있어서 가장 절실히 필요한 것은 **하나님의** 말씀을 신실하게 전도하는 일이다. 그것도 "[인간의] 지혜의 말로 하지 아니하고 다 만 성령의 나타나심과 능력으로" 해야 한다(고전 2:4). 필요한 것은 일화가 덜 섞인 전도요, 수사(修辭)적인 말을 덜 사용하고, 논리에 덜 의존하는 전도이다. 그리고 하 나님의 말씀 그 자체를 좀 더 직접적이고 명백하며 핵심적이고 **단순하게** 선포하고 해설하는 전도가 필요하다. 이것, 즉 말씀이 없이는 죄인들은 결코 구원받지 못할 것 이다. "육은 무익하니라!"

"내가 너희에게 이른 말은 영이요 생명이라." 그리스도께서 여기에서 진리의 **균형** 을 유지시키신다! "살리는 것은 영이다"는 말씀은 **신적** 측면에 대한 언급이다. **그 점** 에 관한 한 인간은 아무 관련이 없다. 거기에서 '육체'는 전적으로 배제된다. 그렇다 면 우리는 팔짱을 끼고서 우리에게는 아무런 의무도 없다는 듯이 행동해야 하겠는 가? 결코 그렇지 않다. 그리스도께서는 이 점을 우려하여 이렇게 말씀하신다. "내가 **너희에게** 이른 말, 그 말이 곧 영이요 생명이다." 이것은 **인간 편의 책임**에 대하여 언 급하고 있다. 이 '말씀'은 **믿으라**고 주어진 것이다. 그러므로 우리는 참되시다고 인 쳐야 할 명백한 의무가 있다. 그러므로 죄인은 하나님의 말씀을 읽어야 한다. 그는 말씀 속에 비춰진 자기 자신을 보아야 한다. 그로 하여금 그 엄중한 메시지를 자기에 게 적용하게 하자. 말씀의 빛이 그를 어디로 이끌든지 그 빛을 따라가게 하자. 그리 고 그가 진실하다면, 그가 참으로 하나님을 찾고 있다면, 그가 구원받기를 바란다면 성령께서 생명의 말씀으로써 **그를** 살리실 것이다.

"그러나 너희 중에 믿지 아니하는 자들이 있느니라"(6:64). 이것은 필자가 위에서 말한 것이 옳다는 것을 한층 더 확고하게 증명해 준다. 그리스도께서는 인간 편의 책임에 대해 말씀하신 것이다. 그의 청중들에게 그들이 그를 **믿을** 필요가 있음을 강조하신 것이다. 그는 외양에 속지 아니하신다. 그들은 그의 제자로서 처신하였다. 그들은 그에게 매우 전념하는 듯 보였다. 그러나 그는 그들이 '믿지' **아니한다**는 것을 아셨다. 이 구절의 나머지 부분은 요한이 복음을 기록할 때 (하나님의 계시에 의하여) 시사한 삽입적인 진술이다. "**이는 예수께서 믿지 아니하는 자들이 누구며 자기를 팔 자가 누군지 처음부터 아심이러라.**" 이것은 매우 놀라운 말씀이다. 그것은 그리스도가 다름 아닌 바로 하나님의 아들이시라는 데 대하여 이 네 번째 복음서에 제공되어 있는 많은 증언들 중의 하나이다.

"**또 이르시되 그러므로 전에 너희에게 말하기를 내 아버지께서 오게 하여 주지 아니하시면 누구든지 내게 올 수 없다 하였노라 하시니라**"(6:65). 그리스도께서는 여기에서 그가 44절에서 말씀하신 것을 반복하신다. 그는 여전히 인간 편의 책임에 대하여 말씀하고 계신다. 그는 그들에게 그들의 도덕적 무능함을 강조하신다. 그는 그들 안에 신적 능력을 작용하시는 것이 필요하다고 단언하신다. 물론 그것은 매우 겸허한 것이다. 그것은 '육체는 무익하다' 는 증거를 제시하고 있다. 그것은 그들로 하여금 하나님 앞에서 침묵하게 한다. 그들은 아버지께 의지해야만 한다. 그들은 아버지께로부터 이끄시는 능력을 구해야만 한다. 왜냐하면 그 이끄심이 없이는 그들은 결코 그리스도께 오려 하지 않으며, 그래서 구원받으려 하지 않기 때문이다. 그들은 그 능력이 아니시면 '오려 하지' 않을 뿐 아니라 **올 수도 없다**. 그리스도의 말씀은 명료하다. "내 아버지께서 오게 하여 주시지 아니하면 누구든지 내게 오지 않을 것이다"라고 되어 있지 않고, "누구든지 내게 **올 수 없다**"고 되어 있다. 본성적인 인간의 의지는 그것과 아무 관련이 없다. 요한복음 1:13은 거듭남은 "육정으로 난 것이 **아니라**"고 분명하게 선포한다. 그것은 **인간의** 생각에 반대되며 **인간의** 마음이 싫어하는 것이다! 그러나 그럼에도 불구하고 그것은 **하나님의** 진리이다. 그러므로 인간이 제아무리 부정하여도 그것을 한 치도 바꿀 수 없을 것이다.

"**그 때부터 그의 제자 중에서 많은 사람이 떠나가고 다시 그와 함께 다니지 아니하더라**"(6:66). 앞 구절들이 인간 편의 책임에 대하여 언급한 그리스도의 말씀을 담고 있는 반면, 또한 우리는 그것들이 신적 측면의 일들도 나타내고 있음을 간과해서는 안 된다. 아버지의 '이끄심' 은 그의 **주권적** 뜻에 따라 행사된다. 그는 진실로 찾는 자에게는 그것을 거부하지 아니하신다. 그러나 실상 찾는다는 것 자체, 그리스도에 **대한** 소망 그 자체는 이 '이끄심' 의 첫 **결과**이다. 모든 사람이 다 그리스도를 찾는 것은 아니라는 말은 두 관점으로 설명될 수 있다. 인간적 관점으로 볼 때 그 이유는 이런 것이다. 즉 인간은 너무나 타락해서 어둠을 사랑하고 빛을 싫어하기 때문이다. 신적 측면으로 볼 때, 그리스도를 찾는 사람은 누구든지 하나님께서 그의 주권적 은혜로 그 안에 부패한 반항을 이겨낼 힘을 주셨기 때문에 믿는 것이다. 그러나 하나님께서는 모든 사람 안에 그러한 힘을 주시지 않는다. 그에게 그렇게 하셔야 할 도덕적 의무가 없다. 그가 무엇 때문에 원수로 하여금 그를 사랑하게 **하셔야** 하겠는가? 그가 어째서 떨어져 있고 싶어하는 자를 그에게로 '이끄셔야' 하겠는가? 그가 특정한 개인들에게만 그러한 역사(役事)를 **하시는** 것은 그의 영원하신 계획과 주권적 즐거움에 따르는 일이다. 그러나 이것이 본성적인 인간에게 일단 강조되어 마음을 짓누르면 그는 화를 낸다. 여기에 그러한 일이 일어났다. "그러므로 제자 중에서 많은 사람이 떠나가고 다시 그와 함께 다니지 아니하더라." 이것은 그 무렵 초기에 발생했던 일과 아주 현저한 대조를 이룬다! 그때에는 많은 군중이 바다를 건너와 그를 찾았다. 그런데 이제는 많은 사람이 그에게 등을 돌렸다. 인간의 본성은 참으로 믿을 수 없고 변덕스럽다.

"그 때부터 그의 제자 중에서 많은 사람이 떠나가고 다시 그와 함께 다니지 아니하더라." 이 구절은 우리가 누가복음 4장에서 읽을 수 있는 것과 병행구이다. "내가 참으로 너희에게 이르노니 엘리야 시대에 하늘이 삼 년 육 개월 간 닫히어 온 땅에 큰 흉년이 들었을 때에 이스라엘에 많은 과부가 있었으되 엘리야가 **그 중 한 사람에게도 보내심을 받지 않고** 오직 시돈 땅에 있는 사렙다의 한 과부에게 **뿐이었으며** 또 선지자 엘리사 때에 이스라엘에 많은 나병환자가 있었으되 **그 중의 한 사람도** 깨끗함을 **얻지 못하고** 오직 수리아 사람 **나아만뿐이었느니라**"(25-27절). 나사렛 회당에서의 그리스도께서는 그의 청중들에게 과거에 하나님께서 그의 순전한 주권적 즐거움에 따라 행동하셨다는 것을 강조하셨다. 그러면 이것은 그 말을 들은 청중에게 어떤 영향을 끼쳤는가? 바로 그 다음 구절이 그 답을 알려 준다. "회당에 있는 자들이 **이것을** 듣고 다 크게 **화가** 나서"(눅 4:28). 인간의 본성은 조금도 변하지 아니하였다. 오늘날에도 하나님의 주권적 권리들이 강조되면 사람들은 '분에 가득 차게' 될 것이다. 세속적인 사람들뿐만 아니라 현대의 회당에 참여하는 존경할 만한 회중들도 그렇게 된다. 그것은 여기 우리가 지금 고찰하고 있는 구절의 예에서도 그랬다. "그러므로 [**그때부터**] 제자 중에서 많은 사람이 떠나가더라." 어느 때부터 떠나갔는가? 그것은 그리스도께서 "내 아버지께서 오게 하여 주지 아니하시면 누구든지 내게 올 수 없다 하였노라"(65절)고 선포하셨을 때부터이다. **이것은** 그들에게 견딜 수 없는 일이었다. 그들은 남아서 더 이상 듣고 있지 아니하였다. 떠난 자들이 "**제자** 중에 많은 사람"이었다는 점에 신중하게 주목하라. 그러므로 오늘날 하나님의 주권에 대하여 신실하게 전도하는 자는 이와 똑같은 경험을 하게 된다 해도 놀라서는 안 된다.

"**예수께서 열두 제자에게 이르시되 너희도 가려느냐**"(6:67). 그리스도께서는 내키지 않아 하는 제자들을 바라지 아니하셨다. 그래서 많은 제자들이 떠나가자마자 그는 열두 제자를 향하여 떠나가고자 하느냐고 물으셨다. 그의 질문은 시험이요 의심이었다. 그들은 군중들과 함께 하기를 더 좋아했을까? 또는 외견상 실패한 것처럼 보이는 분과 남아 있기를 바랐을까? 그들의 대답은 은혜의 신적 역사가 **그들 안에** 작용되었는지 아닌지를 입증해 준다.

"**너희도** 가려느냐." 이와 똑같은 질문이, 오늘날에도 여전히 그리스도의 제자라고 고백하는 사람들에게 제기되고 있다. 그가 지금 사방에서 불고 있는 그릇된 교리의 바람에 따라 불려가고 있는 사람들을 보실 때, 그가 하나님을 사랑하는 것보다 쾌락을 더 사랑하는 자들이 세상으로 돌아가고 있는 것을 보실 때, 그가 그의 종들의 신실하고 엄중한 전도사업을 듣고 화를 내는 다른 사람들을 보실 때, 그는 당신과 나를 향하여 이렇게 물으신다. "**너희도** 가려느냐?" 오, 하나님의 은혜가 우리로 하여금 서서 잘 견딜 수 있게 해주시기를 기원한다. 오, 우리가 그의 사랑에 강력하게 이끌려서 "그의 치욕을 짊어지고 영문(기독교화 된 유대교의 영문) 밖으로"(히 13:13) 즐거이 나아가게 되기를 바란다.

"**시몬 베드로가 대답하되 주여 영생의 말씀이 주께 있사오니 우리가 누구에게로 가오리이까**"(6:68). 이것은 복된 답변이다. 놀라운 이적들은 다른 사람들을 매혹시켰으나 그리스도의 **가르침은** 그들에게 거슬렸다. 그것은 사도들과 아주 반대되었다. 그런데 베드로가 그 사도들을 평상시처럼 대변하였다. 그들을 붙잡아 둔 것은 초자연적 역사들이 아니라 주 예수의 신적 **말씀**이었다. "내가 너희에게 이른 말은 영이요 생명이라"(63절)고 말씀하셨다. 그래서 베드로는 이 말을 믿었고 이것을 확신하였다. 그는 "주님이 영생의 **말씀**을 **가지셨다**"고 신앙고백을 하였다. "그리스도의 말씀은 베드로의 영혼 깊숙이 가라앉았다. 그는 그 말씀의 능력을 느꼈다. 그는 그 말씀이 주는 축복을 깨달았다"(C. E. S). 참된 그리스도인과 형식적인 신앙 고백자를 구별하는 것은 바로 이것이다.

"우리가 주는 하나님의 거룩하신 자이신 줄 믿고 알았사옵나이다"(6:69). 여기에서 동사의 **순서**를 신중하게 주목하라. "우리가 믿고 알았사옵나이다." 그것은 영적인 일과 관련된, 신적으로 지정되고 변하지 아니하는 순서이다. 그것은 하나님의 생각과 방법은 우리의 것과 **다르다**는 것, 전적으로 다르다는 것, 언제나 다르다는 것을 입증해 주는 예 중 하나이다. 누가 알기 위하여 믿는다는 말을 들어 보았는가? 사람은 믿기 전에 우선 알게 되기를 원한다. 그러나 하나님은 일에 있어서 인간의 순서와 반대되신다. 우리가 하나님의 진리를 **믿게** 되기까지는 그것을 **알기**란, 또는 부분적으로라도 알기란 불가능하다. 그것도 전적으로 불가능하다. 이와 같은 원칙의 다른 예들을 성경에서 이끌어 낼 수 있다. 예를 들면, 다윗은 이렇게 말하였다. "내가 산 자들의 땅에서 여호와의 선하심을 보게 될 줄 확실히 믿었도다"(시 27:13). 이것은 또한 인간의 생각과 아주 반대된다. 본성적인 인간은 이렇게 말한다. '보는 것이 믿는 것이다'라고. 그러나 영적인 사람은 보기 위하여 믿는다. 다시 히브리서 11:3 말씀을 읽어 보자. "믿음으로 우리가 아나니." 아주 많은 사람들은 대부분 믿으려 하기 **전에** 삼위의 신비나 또는 택하심에 대한 교리를 **이해하고** 싶어한다. 그들이 므두셀라만큼 나이가 들었다 할지라도 하나님께서 계시해 주신 것을 **믿을** 때까지 그들은 어느 것도 이해하지 못할 것이다. 우리가 신적 진리를 조금이라도 이해하는 것은 믿음**으로 말미암아서**이다. "우리가 믿고 [**그래서**] 알았사옵나이다" 요약해 보자. 확신하는 것, 보는 것, 아는 것은 '믿음'의 **열매들**이다. 하나님께서는 우리에게 확신과 분별력과 이해력을 주심으로써 우리의 믿음에 상을 주신다. 그러나 불신하는 자들은 영적인 일들에 관한 한 무지의 어둠에 갇혀 있을 것이다.

"우리가 주는 하나님의 거룩하신 자이신 줄 믿고 알았사옵나이다." 그리스도가 "살아 계신 하나님의 아들"이시라는 것은 신학교 교수들의 정교한 논리를 들음으로써가 아니라, 또는 기독교의 증거들에 대한 서적들을 연구함으로써가 아니라 하나님께서 성경에서 그의 아들에 대하여 **말씀하신** 것을 **믿음으로써** 온다. 베드로는 그리스도의 입에서 나온 '영생의 **말씀**'을 믿었기 때문에 그리스도가 하나님의 아들이신 것을 확신하였다. 마태복음을 보면, 사도들이 그리스도께서 바다 위로 걸어오시는 것을 **보고** 그를 배 안으로 영접한 사건 직후에 베드로의 이 신앙고백이 나와 있는데, 그 사실을 주목하는 것은 실로 놀라운 일이다(마 14:33). 왜냐하면 장차 올 날에 이스라엘이 그를 믿게 되는 것도 그와 같기 때문이다(슥 12:10 참고). 그러나 여기 요한복음에서의(이 복음서는 하나님의 **가족**에 대하여 다루고 있다) 베드로의 신앙고백은 그의 **말씀**을 믿어서 생긴 확신에 의하여 불러일으켜진 것이다. 이것은 요한복음의 첫 구절을 참으로 아름답게 설명해 주고 있다. 그리고 그것은 하나님께서 친히 이 복음서의 모든 것을 **배치하셨다**는 것을 확실하게 입증해 준다.

　"예수께서 대답하시되 내가 너희 열둘을 택하지 아니하였느냐 그러나 너희 중의 한 사람은 마귀니라 하시니 이 말씀은 가룟 시몬의 아들 유다를 가리키심이라 그는 열둘 중의 하나로 예수를 팔 자러라"(6:70, 71). "예수께서 그들에게 **대답하셨다**." 이 것은 베드로가 "**우리가** 믿고 알았사옵나이다"라고 말한 공언에 대한 답변이다. 그리 스도께서는 그가 그의 제자보다도 잘 아신다는 것을 보여주셨다. 그것은 주 예수의 진지하심을 다시 한 번 보여주고 있다. 유다가 모든 사도들을 속였다는 것이 분명하지만 주님은 속지 아니하셨다. 이에 대한 증거는 그가 "열둘 중의 하나로 나를 팔 자러라"고 말씀하셨을 때, 그들은 주님께 분명히 유다를 가리켜 하시는 말씀이냐고 묻지 아니하고 "주여 누구니이까?"라고 물었던 사실을 통해 알 수 있다. 그러나 그리스도께서는 처음부터 그의 원수들에게 그를 팔 자의 성품을 알고 계셨다. 그러나 그리스도께서는 아직은 그가 누구인지 밝히지 아니하신다. 우리가 71절에서 읽는 내용은 요한 사도가 나중에 기록한, 영감에 의한 시사이다.

　유다가 **결코** 구원받지 못했다는 것은 여러 가지 이유를 통해 분명해진다. 우리가 지금 고찰하고 있는 본문에서 그리스도께서는 "우리가 믿나이다"라고 신앙고백을 한 베드로의 말을 듣고 신중하게 유다를 **제외**시키신다. 요한복음 13장에서도 그와 마찬가지이다. 그리스도께서는 그와의 교제를 방해하는 모든 더러움을 제거한다는 것을 상징하는 뜻으로 제자들의 발을 씻기신 후에 이렇게 말씀하셨다. "너희는 깨끗하니라." 그리고 신중하게 이렇게 덧붙이셨다. "그러나 **다는 아니니라**"(요 13:10). 그때에 요한은 또 다른 설명적인 시사를 제공했다. "이는 자기를 팔 자가 누구인지 아심이라 **그러므로** 다는 깨끗하지 아니하다 하시니라"(11절). 그리스도께서 여기에서 유다를 '마귀'라고 부르신 사실은(그런데 이것은 유다가 그를 배반하기 6개월 전이었다) 유다가 하나님의 자녀가 **아니었음을** 절대적으로 입증한다. 사도행전 1:25의 "유다는 이 직무를 버리고"라는 말은 그가 은혜를 버렸다는 것을 입증할 때 종종 사용되는 증거이다. 그러나 이 구절의 첫 부분을 보면 유다가 **무엇을** 버렸는지 확실해진다. 그것은 '봉사와 사도의 직무'였다. 이것은 다음과 같은 의문을 야기한다. 그러

면 유다가 어째서 사도직에 있었는가? 그에 대한 신적 답변을 우리는 요한복음 17:12
에서 찾아 볼 수 있다. 거기에서 그리스도께서는 우리에게 분명히 이렇게 말씀하신
다. "멸망의 자식"이 잃어진 것은 "성경을 응하게 함이니이다." 그것은 시편 41:9 및
그와 유사한 구절들과 관련이 있다. 그 예언이 말해졌을 때는 죄인들의 친구가 그와
친밀한 자에 의하여 팔리리라는 사실이 거의 믿을 수 없는 일같이 보였다. 그러나 하
나님의 말씀은 한 마디도 실패로 끝나지 아니한다. "내가 신뢰하여 내 떡을 나눠 먹
던 나의 가까운 친구도 나를 대적하여 그의 발꿈치를 들었나이다"라고 기록되어 있
다. 그리고 멸망의 자식은 성경의 이 말씀이 성취되게 하려고 잃어버린 바 되었다.
그러나 하나님께서는 어째서 이렇게 정하셨을까? 어째서 사도직에 유다를 있게 하
셨을까? 이 문제가 신비적인 것이라 할지라도 그러나 많은 일들이 명백한 듯하다. 최
소한 다음과 같은 목적들이 성취되었다.

1. **그것은 그리스도로 하여금 그의 완전성을 드러내실 기회를 제공하였다.** 아들이
성육신되었을 때 그는 "하나님이여 보시옵소서 … **하나님의 뜻**을 행하러 왔나이다"
라고 선포하셨다(히 10:7). 그를 위한 하나님의 이 뜻은 '두루마리 책에' 기록되어 있
었다. 이제 그 책에 그의 가까운 친구가 그를 대적하여 발꿈치를 들었다고 기록되어
있다. 이것은 실로 쓰라린 시험이었다. 그러나 그것은 하나님의 종을 위한 하나님의
뜻의 일부였다. 그렇다면 그는 어떻게 행동하셨는가? 요한복음 6:70이 그에 답변해
준다. 그는 그 때에 그가 '마귀'인 것을 아시고 의도적으로 사도로 **택하셨다!** 이것은
그리스도의 완전성을 여실히 드러내 준다! 그가 그렇게 행동하신 것은 "두루마리 책
에 기록된" 하나님의 뜻에 **완전히 복종하신** 때문이었다. 그렇게 되면 유다로 하여금
그와 삼 년 동안 가장 친밀한 교제를 하게 하는 것인 데도 불구하고, 그렇게 되면 그
가 시끄럽게 구는 비난자들로부터 물러나서 열두 제자들 하고만 있게 되실 때조차도
그의 곁에 **마귀**를 두는 것이 됨에도 불구하고, 그는 주저하지 않으시고 유다를 사도
로 택하셨다. 그는 하나님의 뜻에 순종하셔서 그를 '뽑으신' 것이다!

2. **그것은 그리스도의 도덕적인 완전성에 대한 편견 없는 증거를 제공해 주었다.**
그의 아버지, 그의 선구자, 그리고 그의 구원받은 사도들은 그의 완전성을 증언하였
다. 그러나 하나님께서는 그것이 편벽된 증거가 되지 않게 하시려고 **원수**도 또한 증
언하게 하셨다. 여기 '마귀'인 자가 하나 있다. 그는 공적으로나 사적으로나 그리스
도의 생애와 가장 밀접한 교제를 한 자였다. 그는 지극히 사소한 흠이 하나라도 발견
되기만 하면 그것을 열렬하게 붙잡으려 드는 자였다. 그러나 그런 것은 하나도 발견

되지 않았다. "내가 **무죄한** 피를 팔고"(마 27:4)라는 말은 바라지 않았는데도 주어진 편견 없는 증언이다.

3. **그것은 죄의 흉악함을 드러낼 기회를 제공하였다.** 구속의 충족성은 그로 인하여 속죄가 치러져야 했던 극도의 사악함에 빛을 비추어 주어야 한다. 그렇게 해야만 우리는 우리가 얼마나 끔찍한 것으로부터 구원되었는지를 명백하게 볼 수 있기 때문이다. 어떤 사람(유다)으로 하여금 구세주와의 교제를 허용해 주고, 그로 하여금 세상적인 최고의 특권의 영역 안에 머물게 하며, 마침내 그가 희생제물이 되셔야만 했던 이의 무죄함을 확실하게 함으로써 죄의 가중함이 훨씬 더 적절하게 드러날 수 있었다. 그러나 그럼에도 불구하고 **그가** 그분을 비열하게 배반하고 그를 그의 원수들의 손에 팔았다는 사실을 생각해 보라! 죄의 사악함이 이보다 더 철저하게 드러날 수는 결코 없었다.

4. **그것은 죄인들에게 엄숙한 경고를 제공하였다.** 유다의 예는 한 인간이 그리스도께로 지극히 가까이 있었다 할지라도 잃어버릴 수 있음을 보여준다. 그것은 그리스도에게 외적으로 가까이 가는 것과 하나님의 일에 외적으로 접촉하는 것만으로는 불충분하다는 것을 보여준다. 그것은 어떤 사람이 지극히 엄청난 이적들을 목격하고, 지극히 영적인 가르침을 듣고, 지극히 경건한 사람들과 교제한다 할지라도 그가 결코 거듭나지 못했다는 사실을 드러내 준다.

5. **그것은 우리에게, 우리가 그리스도의 제자들 중에서 위선자를 발견하게 될 수도 있음을 알려 준다.** 유다는 분명히 위선자였다. 그는 미혹된 영혼이 아니라 명백한 사기꾼이었다. 그는 신자로 처세하였다. 그는 세상을 버리고 그리스도를 따랐다. 그는 전도자로서 나가 복음을 전파하였다(마 10:4). 그는 그리스도의 가르침에 어떤 반대도 드러내지 아니하였고, 등을 돌린 자들과 함께 떠나가서 다시는 주와 더불어 다니지 않은 것도 아니었다. 그와 반대로 그는 최후의 날까지 구세주 곁에 남아 있었다. 그는 유월절 만찬에조차 참여하였다. 그럼에도 불구하고 그는 줄곧 위선자였다. 그리고 그의 위선은 열한 제자에게 간파되지 못하였다. 오늘도 역사는 되풀이된다. 양의 옷을 입은 늑대들이 여전히 존재한다.

6. **그것은 우리에게, 하나님의 종 중에 마귀가 있을 것을 예상해야만 함을 알려 준다.** 그것은 그리스도께서 여기 땅 위에 계실 때도 그랬다. 그리고 그것은 지금도 여전히 마찬가지이다. 성경은 우리에게 '사탄의 사역자들'인 '거짓 선지자들'과 '거짓 사도들'에 대하여 분명하게 경고하고 있다. 유다의 경우는 이 경고에 어울리는 예

이다. 열두 제자 중에 '마귀'가 있으리라는 것을 누가 예상하였겠는가! 그리스도께서 친히 뽑으신 사도들 중에 유다 같은 자가 있으리라는 것을 누가 꿈엔들 상상하였겠는가! 그러나 거기에 그런 자가 있었다. 그리고 이것은 **아무에게도** 신뢰를 두지 **말라**는 엄숙한 경고이다.

7. **그것은 하나님의 생각과 방법이 우리의 것과 얼마나 다른지를 보여주는 또 하나의 예증을 제공하고 있다.** 하나님께서 '마귀'를 구세주와 가장 가까운 동료들 중의 하나로 정하셨다는 것, 그가 '멸망할 아들'을 특별히 사랑받는 열두 제자 중의 하나로 뽑으셨다는 것 ─ 그것은 믿을 수 없는 일같이 보인다. 그러나 그것이 사실이었다. 그리고 우리가 위에서 보았던 것처럼 하나님께서는 이 택하심에 대한 **훌륭한** 이유를 가지고 계셨다. 그는 이 정하심에 대한 **현명한** 이유를 가지고 계셨다. 그러므로 이것은 하나님의 방법이 얼마나 신비한지를 보여주는데 이바지한다. 그것들은 전지하심에 의하여 지시되었다!

다음 질문들은 독자들이 다음 장인 요한복음 7:1-13에 대한 연구를 준비하는데 도움이 될 것이다.

1. 1절과 이 교훈의 나머지 부분과는 어떤 관계가 있는가?
2. 당신은 초막절에 대하여 무엇을 알고 있는가? (2절) 구약성경에서 관련사항을 찾아보라.
3. "그 형제들은" 누구인가?(3절)
4. 그 형제들은 어째서 4절과 같은 요청을 하였는가?
5. 그리스도께서는 6-8절에서 무엇에 대해 언급하셨는가?
6. 1절과 8절을 고려해 볼 때 그리스도께서는 어째서 명절을 지키러 가셨는가?(10절)
7. 10절의 끝부분은 어떤 의미인가?

제25장

그리스도와 초막절

¹그 후에 예수께서 갈릴리에서 다니시고 유대에서 다니려 아니하심은 유대인들이 죽이려 함이러라 ²유대인의 명절인 초막절이 가까운지라 ³그 형제들이 예수께 이르되 당신이 행하는 일을 제자들도 보게 여기를 떠나 유대로 가소서 ⁴스스로 나타나기를 구하면서 묻혀서 일하는 사람이 없나니 이 일을 행하려 하거든 자신을 세상에 나타내소서 하니 ⁵이는 그 형제들까지도 예수를 믿지 아니함이러라 ⁶예수께서 이르시되 내 때는 아직 이르지 아니하였거니와 너희 때는 늘 준비되어 있느니라 ⁷세상이 너희를 미워하지 아니하되 나를 미워하나니 이는 내가 세상의 일들을 악하다고 증언함이라 ⁸너희는 명절에 올라가라 내 때가 아직 차지 못하였으니 나는 이 명절에 아직 올라가지 아니하노라 ⁹이 말씀을 하시고 갈릴리에 머물러 계시니라 ¹⁰그 형제들이 명절에 올라간 후에 자기도 올라가시되 나타내지 않고 은밀히 가시니라 ¹¹명절중에 유대인들이 예수를 찾으면서 그가 어디 있느냐 하고 ¹²예수에 대하여 무리중에서 수군거림이 많아 어떤 사람은 좋은 사람이라 하며 어떤 사람은 아니라 무리를 미혹한다 하나 ¹³그러나 유대인들을 두려워하므로 드러나게 그에 대하여 말하는 자가 없더라(요 7:1-13)

우리가 여기에서 고찰하게 될 구절들을 아래와 같이 대략적으로 분석해 본다.

1. 갈릴리에서 다니신 예수(1절)
2. 그 시기는 초막절 직후임(2절)
3. 그리스도의 형제들의 요구(3-5절)
4. 그리스도의 답변(6-8절)
5. 갈릴리에서 유하신 그리스도(9절)

6. 명절에 성전으로 올라가신 그리스도(10절)

7. 그리스도에 대한 사람들의 태도(11-13절)

이 넷째 복음서의 새로운 내용이 요한복음 7장에서 시작된다. 유대인들이 주님을 죽이고자 했기 때문에, 그는 갈릴리에 유하고 계시기는 했어도 갈릴리에서의 복음전도는 이제 종결지어졌다.

연중 명절인 초막절이 가까웠다. 그래서 그의 형제들은 그리스도께서 예루살렘으로 올라가셔서 거기에서 그의 기적의 능력을 공공연하게 드러내시기를 갈망하였다. 구세주께서는 이 요구에 대하여 얼른 보기에 불가해하게 여겨지는 답변을 하셨다. 그는 그의 형제들에게 명절을 지내러 예루살렘으로 올라가라고 말씀하셨다. 그러나 **자기의** 때가 아직 완전히 이르지 아니하였다는 이유로 자신은 올라가지 않겠다고 말씀하셨다. 그들이 떠난 후에도 우리 주님께서는 계속 갈릴리에 남아 계셨다. 그러나 오래지 않아 그도 또한 명절을 지내러 올라가셨다. 그리고 그것은 은밀히 행해졌다. 우리 주님을 죽이고자 하는 유대인들이 그를 찾았으나 발견할 수가 없었다. 그는 사람들 사이에서 주요한 화제가 되었다. 그들 중 어떤 사람들은 그를 좋은 사람이라 생각하였고, 어떤 사람들은 미혹자라고 생각하였다. 그러는 중에 우리는 다음과 같은 기록을 읽을 수 있다. "이미 명절의 중간이 되어 예수께서 성전에 올라가사 가르치시니"(14절). 이것은 우리가 여기에서 고찰하게 될 내용을 간결하게 요약한 것이다.

우리가 고찰하려는 구절이, 익숙하지 못한 독자에게 많은 어려움을 주리라는 것은 부인할 수 없는 사실이다. 그리고 그 어려움들은 아마 좀 더 주도면밀한 학생에게조차도 모두 다 해결될 수는 없을 것이다. 하나님의 말씀을 연구하는데 있어서 가장 단순하고도 효과적인 방법이, 종종 그렇듯이, 그에 대한 질문의 목록을 작성하는 것이다. 이 방법을 통하여 우리는 좀 더 명확한 접근을 할 수 있다. 그리고 단순한 일반화에 이르는 것을 피할 수 있다. 또한 질문의 목록을 작성하면 우리는 하나님의 도우심을 구할 필요가 있는 개별적인 사항을 명백하게 알게 될 것이다.

"그 형제들"(3절), "예수를 믿지 아니한"(5절) 형제들이란 누구를 가리키는 것일까? 그리스도께서 "내 때는 아직 이르지 아니하였다"(6절)고 하셨을 때 그는 무엇을 가리켜 그렇게 말씀하신 것일까? 그리스도께서는 그의 형제들과 함께 명절을 지내러 예루살렘으로 올라가시기를 왜 거절하셨을까?(8절) 자기의 때가 아직 이르지 아니하였다고 말씀하신 후에 그는 어째서 명절을 지내러 예루살렘으로 올라가셨을까?

(10절) "[그리스도께서도 명절에 올라가시되] 나타내지 않고 은밀히 하셨다"(10절)는 말씀은 무엇을 뜻하는가? 그리스도께서는 명절에 "은밀히 올라가셨다" 면서 어째서 명절의 중간이 되었을 때는 성전에 올라가 공공연히 가르치셨는가?(14절) 이것들은 탐구하는 마음을 가진 사람들에게 당연히 일어나게 되는 아주 타당하고 중대한 질문의 일부이다.

여기에서 고찰하려는 구절들에 대한 중심적인 항목은 명절 그 자체(이 '명절'에 대해서는 요한복음에 7회 언급되었다)이며 (우리가 여기에서 부닥치는 난점들의 대부분이) 초막절의 성경적인 중요성을 통하여 분명히 해결될 것이다. 그러므로 이 명절을 다루고 있는 주요한 성경 구절을 신중하게 비교하는 일이 필요하며, 그렇게 하면 우리는 본문에 대하여 더 잘 이해할 수 있게 될 것이다. 이 예비적인 문제들을 제시했으니 이제 우리가 고찰하려는 본문으로 돌아가자. 그리고 하나님께서 즐거이 우리에게 부여해 주시는 빛의 척도에 따라 본 구절들에 대한 해설을 상술해 보자.

"그 후에 예수께서 갈릴리에서 다니시고"(7:1). 이 구절의 첫 네 마디는 여기에서 부터 이 복음의 새로운 부분이 시작됨을 암시해 준다. 요한복음 6:1과 그에 대한 필자의 해설을 참고하라. **"그 후에"**라는 말은 아마도 그 의미가 둘인 듯하다. 좀 더 일반적인 의미로 볼 때 그것은 방금 끝마치신 갈릴리에서의 복음전도 전체를 가리킨다. 요한복음의 첫 일곱 장은 그 내용이 특별하고 의미심장하게 배열되어 있다. 다시 말해서, 유대와 갈릴리가 기묘한 수서로 선택되어 배치되어 있다. 요한복음 1장의 장면은 유대이다(28절). 그러나 2:1-12까지에서 우리는 그리스도께서 갈릴리에서 계신 것을 본다. 2:13에서 우리는 "예수께서 예루살렘으로 올라가셨다"는 말씀을 읽을 수 있다. 그리고 그는 4:3에 이를 때까지 예루살렘 근처에서 유하신다. 4:3에서 우리는 "예수께서 유대를 떠나사 다시 갈릴리로 가신 것"을 알 수 있다. 5:1에서 우리는 다시 한 번 "예수께서 그 예루살렘으로 올라가신 것"을 읽을 수 있는데 5장 끝부분에 이르기까지 그가 거기에 계신 것을 볼 수 있다. 그러나 6:1에서 우리는 "그 후에 예수께서 갈릴리 바다 건너편으로 가신 것"을 읽는다. 그리고 이제 요한복음 7장에서 우리는 그가 예루살렘에 올라가신 것을 다시 한 번 볼 수 있다.

그러면 이 기묘한 선택이 반복된 **이유**는 무엇일까? 우리는 마태복음 4:15의 말씀, 즉 **"이방의** 갈릴리"라는 말씀을 통하여 그에 대한 두 개의 답변을 얻을 수 있다. 첫째로, 이 넷째 복음서는 특별한 방식으로 하나님의 **가족**에 대해 다루고 있다. 그런데 그것은 유대인과 이방인으로 이루어져 있다. 그러므로 여기에서는 우리가 유대와 갈릴리 **둘 다**에 대하여 주의를 기울이도록 강조하고 있는 것이다. 그러나 항상 유대가 갈릴리에 앞서 나오는 점을 주목하라. "유대인들이 먼저" 가르침을 듣는다. 그리고 갈릴리와 거기에서 발생한 일들을 다루고 있는 구절들은 **삽입적으로** 유대에서의 장면 다음에 나오는데, 필자가 위에서 제시한 언급을 신중하게 숙고한 독자라면 그 사실을 알 수 있을 것이다. 그것은 예루살렘이 복음의 지리적이고도 도덕적인 중심지이기 때문이다.

그러므로 "**그 후에**"라는 말은 주님의 갈릴리에서의 전도사업이 총괄적으로 종결된 것을 가리킨다. 즉 2:1-11; 4:43-54; 6:1-71 말씀의 사건들을 가리킨다. 그러나 우리는 이 말이 6장 끝부분, 특히 66절에 기록된 것을 가리킨다고 볼 수 있는데, 이때의 이 말은 좀 더 제한적이고 특별한 의미가 된다. 그 때의 "**그 후에**"라는 말은 좀 더 직접적으로, 자기들이 목격한 이적들과 그들이 들은 가르침을 좇아 따라온 갈릴리인 제자 중 많은 사람들이 그리스도를 버린 것을 가리킨다.

"그 후에 예수께서 갈릴리에서 **다니시고**." 주님께서는 갈릴리를 떠나기를 원치 않으신 듯 보인다. 그후로 그가 다시는 거기에 돌아오시지 않으셨던 것으로 보아 그렇게 생각된다. 더 이상 어떤 이적을 행하는 것도 쓸모가 없었으며 그의 가르침도 무시당하였다. 그럼에도 불구하고 그는 갈릴리인들에게 조금 더 자기의 **모습**을 나타내 보이셨다. 예수께서는 은밀하게 거하지 아니하시고 갈릴리를 다니셨는데 그것은 그가 자신을 계속 공공연하게 드러내 보이시고자 하셨음을 암시한다. 독자는 요한복음 1:36; 6:19; 10:23 그리고 11:54을 보라. 그것들은 예수님이 "다니신" 다른 예들이다. 그것들은 방금 필자가 말했던 견해가 옳다는 것을 증명해 줄 것이다. 또한 요한복음 7:1을 6:66과 결합시켜 읽으면 ("**그 後에**"라는 말이 암시하고 있는 것처럼) 구세주의 놀라우신 은혜가 드러나게 될 것이다. 그의 많은 제자들이 물러가고 **더 이상** "그와 함께" **다니지 아니하였다**. 그럼에도 불구하고 **그는** 계속하여 "**다니셨으며**" 그것도 "**갈릴리에서**" 그렇게 하셨다.

"그 후에 예수께서 갈릴리에서 다니시고 유대에서 다니려 아니하심은 유대인들이 죽이려 함이러라"(7:1). 독자는 앞 장으로 돌아가서 '유대인들'에 관한 5:15에서의 필자의 주해를 참고하기 바란다. 이 넷째 복음서에서 유대인들에 대해 언급되어 있는 것을 정확하게 추적해 보는 것은 실로 엄숙하다. '유대인들'은 유대 사람이라는 이유로 갈릴리인들과 다를 뿐만 아니라 유대의 평범한 사람들과도 달랐다. 요한복음 7장에서 우리가 고찰하고 있는 구절에 있는 '무리'라는 말이 '유대인들'과 어떻게 구별되는지 주목해 보라 (11, 12, 13절 참고). 이 '유대인들'은 분명히 종교 지도자들이었다. 8:48에서 그리스도께 "너는 사마리아 사람이요 귀신들린 자이다"라고 말한 사람들은 바로 이 '유대인들'이었던 사실에 주목하라. 그리스도로 인해 눈을 뜨게 된 소경을 회당에서 쫓아낸 것도 바로 이 '유대인들'이었다(9:22, 34). 그리스도를 돌을 들어 치려 했던 자들도 그 '유대인들'이었다(10:31). "예수를 잡아 결박했던" 것도 "유대인의 아랫사람들"이었다(18:12). 아리마대 요셉이 은밀하게 빌라도에게 가서 구세주의 시체를 가져가기를 구했던 것도 바로 "유대인을 두려워"한 때문이었다(19:38). 그리고 여기에서도 그와 마찬가지이다. 예수께서 유대로 가지 않고 갈릴리에 남아 계셨던 것은 그를 죽이려는 **유대인들** 때문이었다. 여기에서 그리스도께서는 우리에게 완벽한 본보기를 남겨 주셨다. 그는 그의 행동으로써 우리에게 위험을 자초하지 말 것과 불필요하게 원수에게 자신을 노출시키지 말 것을 가르쳐 주신다. 우리가 이 구절을 11:53, 54과 연결시켜 읽는다면 그 사실이 좀 더 명백해질 것이다. "이 날부터는 그들이 예수를 죽이려고 모의하니라 **그러므로** 예수께서 다시 유대인 가운데 드러나게 다니지 아니하시고 거기를 떠나 빈 들 가까운 곳인 에브라임이라는 동네에 가시더라." 우리 주님께서는 그의 때가 완전하게 올 때까지는 박해와 위험을 피하시기 위하여 신중하고 주의 깊게 처신하셨던 것으로 보인다. 그러므로 우리는 자신을 보전하여 더 나은 봉사의 기회를 위해 되도록 모든 수단을 다하고 경계해야 하는데 그것은 곧 우리의 의무이다.

"유대인의 명절인 초막절이 가까운지라"(7:2). 이 구절과 요한복음 6:4을 비교해 보면 우리는 요한복음 7:1은 요한복음 6장의 사건 이래로 약 6개월이 경과한 후임을 알 수 있다. 요한복음 6:4에서 우리는 유월절이 가까웠다는 기록을 읽는다. 그리고 레위기 23:5을 보면 유월절은 유대의 달력으로 정월에 지키는 명절임을 알 수 있다. 그리고 레위기 23:34에서 우리는 초막절은 7월 중에 지키는 명절임을 알 수 있다. 그러므로 요한은 단순한 역사가 이상의 어떤 사람인 것이 아주 확실해진다. 틀림없이 성령께서는 (다른 복음서에서와 마찬가지로) 이 넷째 복음서에서도 선택의 원리에 맞게, 그리고 그 명확한 의도에 조화를 이루어 그가 알고 계신 것을 기록하신 것이 분명하다.

"유대인의 명절인 초막절이 가까운지라." 이미 언급했듯이 초막절에 대하여 언급한 구약성경의 주요한 부분에 신중한 주의를 기울일 필요가 있다. 그럼으로써 우리는 초막적의 역사적이고 상징적인 중요성을 깨달을 수 있으며, 또한 우리가 고찰하려는 이 구절들의 세부사항을 좀 더 잘 이해할 수 있을 것이다.

레위기 23장을 읽어 보면 이스라엘의 연중 종교행사로서 일곱 명절이 지켜지고 있음을 알 수 있는데 그 중 세 명절은 특별히 중요한 의미를 갖는다. 우리는 신명기 16:16에서 이 사실에 대해 읽을 수 있다. 거기에는 여호와께서 이스라엘에게 말씀하신 것이 이렇게 기록되어 있다. "모든 남자는 일 년에 세 번 곧 무교절과 칠칠절과 초막절에 네 하나님 여호와께서 택하신 곳에서 여호와를 뵈옵되." 필자는 이 중 셋째 명절을 고찰하려 하며, 그 앞 두 명절에 대한 설명은 일단 보류해 두겠다.

초막절의 명칭이 최초로 언급된 곳은 레위기 23장인데, 좀 더 상세히 말해서 34-36절과 39-44절에 나타나 있다. 우리가 여기에서 그 구절을 완전하게 인용하기에는 너무 길기 때문에 독자가 본문을 더 읽기 전에 성경의 그 부분을 신중하게 읽어 주시기를 바란다. 그리고 이제 필자는 그 명절의 주된 특징들에 대하여 간략히 요약해 보겠다. 첫째로, 그 명절은 7월 15일에 시작된다(34절). 둘째로, 그 명절은 "거룩한 대회"인데 그때 이스라엘인들은 "여호와께 화제를 드려야" 한다(36절). 셋째로, 그 명절은 8일간 계속된다(39절). 넷째로, 이 명절에 참석하는 사람들은 "무성한 나무 가지"를 가지고 와야 한다(40절). 다섯째로, 그들은 "여호와 하나님 앞에서 칠 일 동안 즐거워해야" 한다(40절). 여섯째로, 그들은 "초막에 거하여야" 한다(42절). 일곱째로, 이렇게 하는 목적은 "여호와께서 이스라엘 자손을 애굽 땅에서 인도하여 내던 때에 초막에 거주하게 한 줄을 너희 대대로 알게 함"이다(43절). 민수기 29:12-40의 말씀에서 우리는 이 명절에 관련된 의식(儀式)적인 필요물이나 희생제물에 대한 기록을 읽을 수 있다.

초막절이 그 명칭으로 최초로 언급된 곳이 레위기 23장이라고는 하지만 우리는 그보다 먼저 언급되어 있는 기록을 출애굽기 23:16에서 찾아볼 수 있다. 거기에서 그것은 수장절(이 수장절이 초막절과 같은 명절임은 신 16:16과 출 23:14-17을 비교하면 알 수 있다)이라고 명칭되어 있다. "수장절을 지키라 이는 네가 수고하여 이룬 것을 연말(신성한 절기에 따라)에 밭에서부터 거두어 저장함이니라." 그러므로 초막절은 웅대한 추수감사절이었다. 그 때 이스라엘 민족은 하나님께서 모든 물질적인 자비를 베풀어 주셨음에 대하여 주님을 찬양했다. 이것은 연중 명절 중 가장 즐거운 명절이었다. 우리는 이스라엘 백성이 가나안에 들어가 정착한 후에야 비로소 이 명절을 지킨 것을 발견할 수 있다. 그들이 이 명절 동안 초막에 거하는 것은 광야를 헤매던 것을 대대로 기억하게 하려는 것이다.

구약성경에는 이스라엘 백성들이 과거에 이 명절을 지켰던 두 예만 기록되어 있다. 그리고 그것들은 지극히 의미심장하다. 이 중 첫째 예는 열왕기상 8장에 나타나 있다(2, 11, 13, 62-66절). 그리고 2절의 "일곱째 달"과 66절의 "여덟째 날"이라는 말에 특히 주목하라. 이때는 솔로몬이 여호와의 전을 완성하고 그것을 봉헌하던 시기였다. 그와 마찬가지로 초막절의 원형은 하나님께서 지금 짓고 계신(엡 2:22; 벧전 2:5) 영적 '전'이 완성될 때에야 비로소 도래할 것이다. 이스라엘인들이 초막절을 지킨 두 번째 예는 느헤미야 8:13-18에 기록되어 있다. 그것은 유대인들이 바벨론 유수에서 풀려난 후 그 중에 남은 자들이 팔레스타인에 정착했을 때였다.

필자는 신명기 16:16에 대하여 여기에서 간략하게 설명할 수밖에 없다. 하나님께서 이스라엘 모든 남자들에게 해마다 예루살렘에 올라가 지키라고 명하신 3대 명절은 무교절(이것은 유월절과 불가분의 관계에 있다), 칠칠절(또는 오순절), 그리고 초막절이다. 이 중 첫째 명절은 십자가에서 이미 그 원형이 완성되었다. 둘째 명절은 오순절에 성취되기 시작하였다(행2장). 그러나 유대 민족이 회개하지 않음으로써 그 완전한 성취는 방해되었다(행 3:19-21 참고). 그리고 셋째 명절은 장래에 성취될 것으로 기대된다.

"유대인의 명절인 초막절이 가까운지라." 어떤 사람은 요한복음 5, 6, 7장 사이에 놀라운 순서가 있다고 지적하는데 그 순서가 이 장들의 내용의 함축하고 있는 상징적인 의미에 따라 배열되었다는 것이다. 요한복음 5장에서 우리는 이스라엘이 상징적으로 **애굽**의 속박으로부터 해방된 것을 볼 수 있다. 무력한 병자가 평생 동안 앓아 온 병으로부터 해방된 것이 바로 이것을 암시해 준다. 요한복음 6장에서는 **광야에서** 만나를 먹은 이스라엘인들이 반복적으로 제시되어 있다. 반면에 여기 요한복음 7장에서는 자기네 **영토에서** 초막절을 지키는 이스라엘인들을 볼 수 있다.

"그 형제들이 예수께 이르되 당신이 행하는 일을 제자들도 보게 여기를 떠나 유대로 가소서"(7:3). 그 "형제들"은 그리스도의 육정에 따르는 형제들이다. 다시 말해서, 그들도 또한 마리아의 아들들이다. 그들이 그리스도의 신적 영광을 전혀 알아보지 못했다는 것은 그들이 **주님께** 행하라고 말한 내용을 통하여 명백해진다. 그들은 주님의 영광을 알아보지 못하였다. 그러므로 그들은 영적 분별력이 전혀 결여되어 있었으며, 그들이 내세운 주장도 육체적인 마음에서 나온 것이었다. 그러나 그들이 "당신이 행하는 일을 **제자들도** 보게 유대로 가소서"라고 말했을 때 그 말은 무엇을 뜻하는 것일까? 우리는 이 구절 첫 부분의 '~도'와 '그러므로'라는 말을 통하여 그 답변을 찾을 수 있다. "[그러므로] 그 형제들이 예수께 이르되." "그러므로"라는 말은 물론 앞에서 있었던 어떤 일을 가리킨다. 그것이 무엇인지는 요한복음 6장의 종결 구절들에서 찾아볼 수 있다. 6장의 첫 부분에는 주님께서 행하신 놀라운 '일'이 기록되어 있다. 그러나 우리는 66절에서 이렇게 기록된 내용을 읽을 수 있다. "그 때부터 그의 **제자** 중에서 많은 사람이 떠나가고 다시 그와 함께 다니지 아니하더라." 그리고 이제 육정에 따른 이 형제들은 여기서 더 이상 노력과 시간을 낭비하지 말고 유대로 가라고 권한다. 그들은 그리스도께서 갈릴리에서 받은 대우에 대하여 분명히 화가 났다. 거기에서의 그의 일은 거의 허사가 되어버린 듯했다. 그렇다면 어째서 그는 유대교의 본부인 예루살렘으로 가지 아니하시는 것일까? 게다가 지금은 적절한 시기이다. 초막절이 가까운 때라 예루살렘은 사람으로 가득 차 있을 것이기 때문이다.

"**스스로 나타나기를 구하면서 묻혀서 일하는 사람이 없나니 이 일을 행하려 하거든 자신을 세상에 나타내소서 하니**"(7:4). 여기의 '~하려 하거든'이라는 말에 주목하라. 이 말 속에는 분명히 조롱이 감추어져 있다. 필자는 이 형제들이 실은 그리스도께 도전하고 있으며 그 도전의 내용은 이런 것이라고 생각한다. '당신의 이 일들이 참된 이적이라면 어째서 무식하고 질박한 사람들이 살고 있는 갈릴리에만 틀어박혀 있는 것입니까? 좀 더 잘 판단할 수 있는 자질을 가진 사람들이 사는 수도로 올라가소서. 명절에 올라가서 거기에서 당신의 능력을 보이소서. 그리고 지도자들의 공공연한 정밀조사의 시험을 견뎌 내면 당신의 제자들이 당신 주위로 모여들 것이며 당신의 주장도 또한 즉시 받아들여질 것입니다.' 의심할 여지 없이 이 '형제들'은 주님께서 그의 주장하신 것을 확증해 주시기를 진정으로 바랐다. 그리고 그럴 경우에 주님의 가까운 친족으로서 주님께서 받으실 엄청난 영광을 **그들도** 공유하고자 했다. 그러나 이 모든 것은 복되신 우리 주님을 심히 모욕하는 것이었다! 그가 그의 영광을 알아보지 못하는 자들로부터 그러한 모욕을 받으셔야 했다니 참으로 슬픈 일이 아닐 수 없다!

"이 일을 행하려 하거든 자신을 세상에 나타내소서." 이 말은 그들의 마음을 무심 중에 폭로하고 있다! 그들은 세상에 속한 자들이다. 결과적으로 그들은 세상의 방식을 채택하였고 세상의 말로 말했으며 세상의 논리를 사용하였다. "자신을 세상에 나타내소서"라는 말은 이런 뜻이다. '우리를 예루살렘으로 데리고 가소서. 그리고 거기에 모여 있을 많은 사람들 앞에서 놀라운 이적을 행하소서. 그래서 당신 자신을 주요 인물로 만드실 뿐 아니라 모든 사람으로 당신이 메시야**이심**을 깨닫게 하소서.' 그

러나 슬프게도 그들은 하나님의 마음과 목적에 대하여 참으로 무지하였다. 그것은
'이생의 자랑' 이 드러난 것이다(요일 2:16). 그리고 우리는 오늘날에도, 세상이 십자
가에 못 박아 죽인 분의 제자라고 고백하는 자들 중에서 이와 똑같은 "이생의 자랑"
을 참으로 많이 볼 수 있다! 복음 전도 집회와 성경 연구회 등과 같은 현대의 방법들,
즉 군중을 끌어 모으기 위한 방책들, 설교자의 사진을 내걸어 놓는 것, 연사들의 자기
선전 — 이것들은 **"자기를** 세상에 **나타내는"** 현대적인 표현이 아니고 무엇이겠는가!

"이 일을 행하려 하거든 자신을 **세상에** 나타내소서." 다음 구절로 넘어가기 전에
이 구절에 대한 해석상의 또 다른 설명을 해야 하겠다. 이것은 '세상' 이 언제나 모든
인간을 뜻하는 것은 아니라는 관점에 입각해서 해석되어야 할 예이다. 그리스도의
형제들이 "자신을 **세상에** 나타내소서"라고 말했을 때 그들은 '자신을 모든 사람들
앞에 나타내소서' 라는 의미로 말한 것이 아님은 분명하다. 그것이 아니라 이 요한복
음에서 종종 그렇듯이 여기에서의 '세상' 은 **모든 계층의** 사람들을 의미하는 **일반적
인** 의미의 용어로 사용된 것일 뿐이다.

"이는 그 형제들까지도 예수를 믿지 아니함이러라" (7:5). 이것은 인간 본성의 절망
적인 강퍅함과 부패성을 예증하고 있다. 그리스도께서 거룩하시고 완전하심에도 불
구하고, 그의 성품과 행동이 흠도 없고 점도 없음에도 불구하고 그와 같은 집에서 자
란 자들조차도 그를 믿지 아니하였다! 유대 민족이 대체로 그를 믿지 않았다는 것은
대단히 나쁜 일이었다. 그러나 이 '친족들' 이 믿지 않는다는 것은 훨씬 더 변명할 여
지 없이 나쁜 것이다(막 3:21). 이것은 하나님의 전능하신 살리시는 은혜가 절대적으
로 필요함을 입증해 준다! 그리고 이것은 "아버지께서 내게로 이끌지 아니하시면 아
무라도 올 수 없나니라"고 말씀하신 그리스도 자신의 가르침을 예증해 준다! 그의 형
제들의 불신이 구약의 예언을 성취시킨 것에 주목하는 것은 무척이나 놀라운 일이
다. "내가 나의 형제에게는 객이 되고 **나의 어머니의 자녀**에게는 낯선 사람이 되었나
이다" (시 69:8)

**"예수께서 이르시되 내 때는 아직 이르지 아니하였거니와 너희 때는 늘 준비되어
있느니라"** (7:6). 그리스도의 이 말씀은 바로 앞 구절과의 관계에 의거하여 해석되어
야 한다. 그의 형제들은 "가서 자신을 **세상에 나타내소서"** 라고 말하였다. 그러나 이
렇게 해야 할 그의 때는 그 당시로서는 이르지 아니하였으며, 또한 아직도 그 시기가
되지 아니한 것이다. 그는 그 때 자기의 영광을 공공연하게 드러냄으로써 자신을 변
호하고자 하지 아니하셨다. 그 때는 그가 겸손을 취하셔야 할 시기였다. 그러나 그의

말씀은 그가 자기의 위엄과 영광을 공공연하게 드러내시게 될 때가 **오리라**는 것을 아주 분명하게 암시해 준다. 그가 "그들이 인자가 구름을 타고 능력과 큰 영광으로 오는 것을 **보리라**"(마 24:30)고 말씀하셨을 때도 그는 이것을 가리키신 것이었다. 그러면 '세상'은 이 말씀을 통하여 어떤 영향을 받았는가? 요한계시록 1:7 말씀은 우리에게 이렇게 말하고 있다. "볼지어다 그가 구름을 타고 오시리라 각 사람의 눈이 그를 **보겠고** 그를 찌른 자들도 볼 것이요 땅에 있는 모든 족속이 그로 말미암아 **애곡하리니**." 그가 세상에 자신을 나타내실 때 수반되는 상황들은 실로 엄숙할 것이다. 그때 그는 이렇게 말씀하실 것이다. "그리고 내가 왕 됨을 원하지 아니하던 저 원수들을 이리로 끌어다가 내 앞에서 죽이라 하였느니라"(눅 19:27). 요한계시록 19장의 후반부도 또한 읽어 보라. 그러므로 이 형제들은 자기들의 요청의 중요성을 실로 거의 깨닫지 못했던 것이다! 그리스도께서 그 때(즉 십자가의 시기가 오기 전에) 자신을 공공연하게 나타내셨더라면 그것은 필연적으로 모든 인간의 파멸을 초래했을 것이다. 왜냐하면 그렇게 하셨더라면 죄인들이 피난할 수 있는 속죄의 피가 없어졌을 것이기 때문이다! 우리는 그가 형제들이 요구한 대로 하시지 않은 것에 대하여 무한히 감사해야만 한다. 그런데 우리는 그에게, 그의 신적 지혜와 은혜를 거부하는 것들을 참으로 자주 **요구한다!** "우리는 마땅히 기도할 바를 알지 못하나"(롬 8:26)라는 말씀은 참으로 사실이다.

"예수께서 이르시되 내 때는 아직 이르지 아니하였거니와 너희 때는 늘 준비되어 있느니라." 그리스도께서는 "이생의 자랑"이 없었다. 그는 이것을 저 큰 유혹에서도 입증하셨다. 세상의 모든 왕국과 그 영광조차도 그를 유혹할 수 없었다. 그는 세상에 **자기를 나타내고자** 하시는 대신, 자기를 선전하고자 하시는 대신, 그리고 관심을 끌려고 노력하는 대신, 종종 자기의 하신 일을 감추셨으며 자신을 숨기고자 하셨다(막 1:36-38; 7:17; 7:36; 8:26 등 참고). 그가 변화산에서 변용하시고 그의 영광이 세 사도들 앞에 드러나게 된 후에 그는 그들에게 이렇게 명령하셨다. "본 것을 아무에게도 이르지 말라"(막 9:9). 그는 참으로 자기 자신에게 '명예를' 삼고자 하지 '아니하셨다!' 그러나 이 형제들은 그와 얼마나 다른가. 그는 "너희 때는 늘 준비되어 있느니라"고 말씀하셨다. **그들은** 항상 인간의 칭찬을 얻고자 하였으며, 또 그것을 바랐다. 그리고 세상의 인기를 얻고자 하였다.

"**세상이 너희를 미워하지 아니하되 나를 미워하나니 이는 내가 세상의 일들을 악하다고 증언함이라**"(7:7). 이것은 앞 구절의 후반부의 의미를 확고하게 파악하는 데 도움을 준다. "너희 때는 늘 준비되어 있다"는 말은 필자가 말했듯이, 세상의 칭찬을 받기 위하여 너희를 세상 앞에 드러낼 너희의 때는 늘 가까이 있다는 의미이다. 그러나 그리스도께서 여기에서 제시한 그에 대한 **이유**는 참으로 엄숙하다. 그들이 세상의 칭찬을 받는 이유는 그들이 "사람들에게 저버림당하고 거부당한" 이와 함께 그들의 운명을 함께하지 않았기 때문이다. 바로 이 이유 때문에 세상은 **그들을** 증오하지 않았다. 그리고 세상이 그들을 증오하지 않은 것은 그들이 세상에 **속해 있기** 때문이다. 그와 반대로 세상은 그리스도를 **증오하였다**. 세상이 그리스도를 증오한 것은 그가 세상의 행사가 악함을 증언하셨기 때문이다. **그의** 삶의 거룩하심은 곧 그들의 삶의 세속성을 책망하는 것이었다. 바로 여기에 오늘날 그리스도의 제자들이라고 고백하는 자들을 위한 엄중한 시험이 있다. 친애하는 독자여, 당신이 세상에게 인기가 있다면 그것은 참으로 중대한 표시이며 악한 증표이다. 세상은 변하지 아니하였다. 세상은 그들의 삶을 책망하는 삶을 사는 자들을 여전히 **증오한다**. 그리스도께서 그의 사도들에게 하신 말씀에 귀 기울이라. "너희가 세상에 속하였으면 세상이 자기의 것을 사랑할 것이나 너희는 세상에 속한 자가 아니요 도리어 내가 너희를 세상에서 택하였기 때문에 세상이 너희를 미워하느니라"(요 15:19). 우리 주님께서는 여기에서 진정으로 그의 제자들을 세상이 증오한다고 명백하게 알려 주신다. 그러므로 이것은 엄중한 시험이다. 세상이 **당신을** '미워하는가?'

　"너희는 명절에 올라가라 내 때가 아직 차지 못하였으니 나는 이 명절에 아직 올라가지 아니하노라 이 말씀을 하시고 갈릴리에 머물러 계시니라"(7:8, 9). 이 구절의 의미는 참으로 명백하다. 그리스도께서는 분명히 스스로를 제한하셨다. 그는 그가 명절에 올라가지 **아니하시겠다**고 말씀하신 것이 아니라 그 때 올라가지 않겠다고, 즉 올라가실 때가 "아직 이르지" 아니하였다고 말씀하신 것이다. 여기의 "내 때"를 그의 다가오는 죽음을 가리켜 말씀하실 때 사용하셨던 "내 때"와 혼동해서는 안 된다. 그러므로 이 구절들의 명백한 참뜻은 그리스도께서 **그의 형제들과 함께** 명절에 올라가시기를 거부했다는 것이다.

　"그 형제들이 명절에 올라간 후에 자기도 올라가시되"(7:10). 이것은 참으로 슬픈 상황이다. 이것은 이 '형제들'의 마음을 여실히 폭로하고 있다. 그들은 그리스도를 **떠나** 명절을 지내러 갔다! 그들은 그리스도와 함께 하는 것보다 종교적인 축제를 더 좋아하였다. 그리고 우리는 오늘날에도 그와 똑같은 일을 목격한다. 종교적인 의무 수행과 형식과 의식에 대한 열심이 있는 곳에는 그리스도에 대한 열심은 거의 없다.

"그 형제들이 명절에 올라간 후에 자기도 올라가시되 나타내지 않고 은밀히 가시니라"(7:10). 이 구절의 첫 부분은 다소간 모호한 점이 있는 '은밀히 가시다' 는 말을 설명해 줄 뿐 아니라, 주님께서 명절에 그의 형제들과 동행하지 아니하신 또 다른 이유를 제공해 준다. 그 당시에 있어서, 특히 축제 기간 무렵의 일반적인 여행 방법은 대열을 지어 여행하는 것이었으며, 그래서 꽤 많은 사람들이 동행하는 형태를 이루었다(눅 2:44 참고). 그리고 그러한 무리가 예루살렘에 도착하면 당연히 그 무리는 일반적으로 알려지게 된다. 그러므로 우리 주님께서 그의 형제들이 가고 난 후까지 기다리셨다가 "나타내지 않고 은밀히", 다시 말해서 개인적으로 "올라가신 것"은 바로 그러한 공공연한 알려짐을 피하시기 위해서였다. "그 형제들이 명절에 올라갔을 **때 그 후** 자기도 올라가시더라." 필자가 여기서 고딕체로 쓴 말은 시간을 표시하는 말이라기보다는 설명하는 말이다. 여기의 '때' 라는 말은 요한복음 4:1; 6:12: 6:16에서처럼 **이유**를 설명하는 말이다.

"[그 후 **자기도** 명절에 올라가시더라." 이 간단한 문장은 우리 주님의 완벽성을 놀랍게 드러내 준다. 이 구절이 뜻하는 바를 올바르게 파악하기 위하여 우리는 요한복음 7장의 첫 구절로 돌아갈 필요가 있다. 거기에는 이렇게 기록되어 있다. "예수께서 갈릴리에서 다니시고 유대에서 다니려 아니하심은 유대인들이 [예수를] 죽이려 함이러라." 성령께서는 어째서 7장 말씀을 이와 같은 구절로써 시작하신 것일까? 이 7장의 중심 사건은 초막절에 예루살렘에 계신 그리스도이다. 그렇다면 어째서 이 사건이 이와 같은 독특한 방식으로 **도입된** 것일까? 성령께서는 그리스도의 영광을 줄곧 염두에 두신 것이다. 유대인들이 "예수를 죽이려 하였기" 때문에 그는 "갈릴리에서 다니신 것이다." 그리고 이미 지적한 것처럼 그는 거기에서 우리에게 쓸모없이 우리 자신을 위험에 노출시켜서는 안 된다는 본보기를 남겨 주셨다. 그러나 이제 여기 10절에서 우리는 그가 유대로, 곧 예루살렘으로 **가신 것**을 알 수 있다. 어째서 그렇게 하셨을까? 우리는 신명기 16:16로 돌아가서 이 문제의 답변을 찾아야 한다. 거기에서 우리는 이렇게 기록된 것을 읽을 수 있다. "**너의** 가운데 **모든** 남자는 일 년에 세 번 곧 무교절과 칠칠절과 **초막절**에 네 하나님 여호와께서 택하신 곳에서 여호와를 뵈옵되." 그리스도는 육정에 따르자면 이스라엘인이요 "율법 아래 나셨다"(갈 4:4). 그러므로 그는 그의 아버지의 뜻에 전적으로 순종하셔서 명절을 지키러 예루살렘으로 올라가신 것이다. 두루마리 책에 "그에 대하여 기록되어 있다." 그래서 유대인들이 "그를 죽이려 하였을지라도 그는 기록된 말씀대로 **순종하신** 것이다! 여기에서도 또한 그는 우리에게 본보기를 남겨 주셨다. 우리는 위험을 자초해서는 안 된다. 그러나 다른 한편으로 하나님의 말씀이 우리에게 어떤 일련의 행동을 하라고 분명하게 명하실 때 그 결과가 어떤 것이 된다 할지라도 우리는 그렇게 행해야만 한다.

"**명절 중에 유대인들이 예수를 찾으면서 그가 어디 있느냐 하고 예수에 대하여 무리 중에서 수군거림이 많아 어떤 사람은 좋은 사람이라 하며 어떤 사람은 아니라 무리를 미혹한다 하나 그러나 유대인들을 두려워하므로 드러나게 그에 대하여 말하는 자가 없더라**"(7:11-13). 그리스도의 공생애의 초기부터 그에 대한 의견이 참으로 분분했다는 점에 주목하라. 이 구절들을 빛으로 삼을 때 오늘날의 종교적인 믿음의 상이성과 그 분파된 현상을 보고 우리는 놀라서는 안 된다. 고(故) 라일 주교가 지적했던 것처럼 "그것들은 고대의 질병이 현대에 와서 드러난 현대적인 징후일 뿐이다." 그리스도께서는 친히 "내가 평화를 주러 온 줄 생각지 말라"고 분명하게 단언하셨다. 하나님의 진리가 충실하게 선언될 때마다 반대에 부닥치게 되고 투쟁이 야기될 것이다. 그 잘못은 하나님의 진리 편에 있는 것이 아니라 인간의 본성에 있는 것이다. 태양이 습지 위에 비치면 말라리아가 발생한다. 그 때의 잘못은 태양에 있는 것이 아니라 땅에 있다. 습지 위에 비친 것과 똑같은 바로 그 햇빛이 곡식밭 위에 비칠 때는 풍요로움을 낳는다. 그와 마찬가지로 하나님의 진리가 믿는 자의 마음 위에 떨어지면 영적인 열매를 거둘 것이나, 육체적인 마음 위에 떨어지면 끝없는 흠잡기와 신성모독을 불러일으키게 될 것이다. 어떤 사람들은 그리스도를 좋은 사람이라 생각했다. 다른 사람들은 그를 미혹자라 간주했다. 그러나 그의 제자는 그가 주님이신 것을 알고도 남음이 있었다.

"**어떤 사람은 좋은 사람이라 하며 어떤 사람은 아니라 무리를 미혹한다 하나**"(7:12). 주님께서는 가르침을 통하여 축복을 가져다 주셨으나 사람들은 **따지고 논쟁**하였다. 그는 제자들에게 다른 곳에서 '사람들이 인자를 누구라 하느냐?'고 물으셨었다. 그들은 이렇게 대답했다. "더러는 세례 요한, 더러는 엘리야, 어떤 이는 예레미야나 선지자 중의 하나라 하나이다." 그것은 모두 **쟁론**이었다. 그러나 베드로가 "주는 그리스도시요 살아 계신 하나님의 아들이시니이다"고 대답했을 때 주님께서는 그에게 이렇게 말씀하셨다. "바요나 시몬아 네가 복이 있도다 이를 네게 알게 한 이는 혈육이 아니요 하늘에 계신 내 아버지시니라." 그 대답 속에는 **그리스도에 대한 인격적인 인식**이 들어 있었다. 그리고 그러한 인식이 있는 곳에는 **쟁론**의 여지가 없다. 그들은 그를 중심적인 문제로 삼아 쟁론하였으면서도 하나님의 의에 순종하지는 아니하였다. "사람들이 선악에 대하여 활발히 논쟁하고 있는 곳에는 거듭난 자로서의 마음이란 없다. 그들은 받아들이는 것이 아니라 따지고 있는 것이다"(J. N. D.).

"그러나 유대인들을 두려워하므로 드러나게 그에 대하여 말하는 자가 없더라" (7:13). 이것은 우리에게 주는 엄숙한 경고이다! 인간의 두려움은 끔찍한 것이다! 우리는 두려움으로 인하여 종종 그리스도에 대한 신실한 증거를 하지 못하고 입이 얼어붙게 된다! "사람을 두려워하면 올무에 걸리게 되거니와"(잠 29:25)라고 기록되어 있다. 이것은 변함없는 사실이다. 그러므로 구세주를 저버린 세상을 향하여 여기에는 계시지 아니하는 구세주를 신실하게 증언할 수 있도록 거룩한 담대함을 구하자.

우리가 다음 장에서 고찰하게 될 구절들에 대하여 아래와 같은 질문을 제시하는 바 그것들은 독자들에게 도움이 될 것이다.

1. 15절 말씀은 오늘날 어떤 점에서 반복되고 있는 현상인가?
2. 그리스도께서는 어째서 교훈들이 아니라 '교훈'이라고 말씀하셨는가?(16절)
3. 17절은 문맥과 어떠한 관계가 있는가?
4. 18절은 우리가 요한일서 4:1을 실행하는 데 어떤 점에서 도움이 되는가?
5. "모세의 율법"(23절)과 "하나님의 법"(롬 7:22, 25) 사이의 차이점은 무엇인가?
6. 27절의 후반부는 그 말을 한 사람들이 무엇을 가리켜 한 말인가?(42절 참고)
7. 30절은 우리를 위로하는 어떤 진리를 설명해 주고 있는가?

제26장

성전에서 가르치신 그리스도

❶

¹⁴이미 명절의 중간이 되어 예수께서 성전에 올라가사 가르치시니 ¹⁵유대인들이 놀랍게 여겨 이르되 이 사람은 배우지 아니하였거늘 어떻게 글을 아느냐 하니 ¹⁶예수께서 대답하여 이르시되 내 교훈은 내 것이 아니요 나를 보내신 이의 것이니라 ¹⁷사람이 하나님의 뜻을 행하려 하면 이 교훈이 하나님께로부터 왔는지 내가 스스로 말함인지 알리라 ¹⁸스스로 말하는 자는 자기 영광만 구하되 보내신 이의 영광을 구하는 자는 참되니 그 속에 불의가 없느니라 ¹⁹모세가 너희에게 율법을 주지 아니하였느냐 너희 중에 율법을 지키는 자가 없도다 너희가 어찌하여 나를 죽이려 하느냐 ²⁰무리가 대답하되 당신은 귀신이 들렸도다 누가 당신을 죽이려 하나이까 ²¹예수께서 대답하여 이르시되 내가 한 가지 일을 행하매 너희가 다 이로 말미암아 이상히 여기는도다 ²²모세가 너희에게 할례를 행했으니 (그러나 할례는 모세에게서 난 것이 아니요 조상들에게서 난 것이라) 그러므로 너희가 안식일에도 사람에게 할례를 행하느니라 ²³모세의 율법을 범하지 아니하려고 사람이 안식일에도 할례를 받는 일이 있거든 내가 안식일에 사람의 전신을 건전하게 한 것으로 너희가 내게 노여워하느냐 ²⁴외모로 판단하지 말고 공의롭게 판단하라 하시니라 ²⁵예루살렘 사람 중에서 어떤 사람이 말하되 이는 그들이 죽이고자 하는 그 사람이 아니냐 ²⁶보라 드러나게 말하되 그들이 아무 말도 아니하는도다 당국자들은 이 사람을 참으로 그리스도인 줄 알았는가 ²⁷그러나 우리는 이 사람이 어디서 왔는지 아노라 그리스도께서 오실 때에는 어디서 오시는지 아는 자가 없으리라 하는지라 ²⁸예수께서 성전에서 가르치시며 외쳐 이르시되 너희가 나를 알고 내가 어디서 온 것도 알거니와 내가 스스로 온 것이 아니니라 나를 보내신 이는

참되시니 너희는 그를 알지 못하나 [29]나는 아노니 이는 내가 그에게서 났고 그가 나를 보내셨음이라 하시니 [30]그들이 예수를 잡고자 하나 손을 대는 자가 없으니 이는 그의 때가 아직 이르지 아니하였음이러라 [31] 무리 중의 많은 사람이 예수를 믿고 말하되 그리스도께서 오실지라도 그 행하실 표적이 이 사람이 행한 것보다 더 많으랴 하니(요 7:14-31)

우리가 여기에서 고찰하게 될 구절들을 아래와 같이 대략적으로 분석해 본다.

1. 성전에서 가르치신 그리스도(14절)
2. 놀랍게 여기는 유대인들 및 그리스도의 답변(15-19절)
3. 사람들의 질문과 그리스도의 대답(20-24절)
4. 예루살렘 사람들의 질문(25-27절)
5. 그리스도의 답변(28, 29절)
6. 그리스도를 잡으려는 공연한 시도(30절)
7. 일반 사람들의 태도(31절)

앞 장에서 우리는 요한복음 7장의 첫 13개 구절들을 고찰하였다. 우리는 거기에서 '유대인들'(유대의 지도자들)이 그리스도를 죽이려 한 것(1절)과 그럼에도 불구하고 그가 초막절에 예루살렘으로 올라가신 것(10절)을 읽었다. 필자는 그것이 아버지의 뜻과 말씀에 대한 주 예수의 순종을 증명해 주기 때문에 그 사실은 곧 그의 완전성을 드러내 주고 있음을 지적한 바 있다. 우리가 여기에서 다루고 있는 내용은 명절 중간에 일어났던 중대한 사건이다. 구세주께서는 성전에 입성하셔서 그의 생명을 노리는 자들의 위협에 굴하지 아니하시고 거기에 모여 있는 사람들을 담대하게 가르치셨다.

"이미 명절의 중간이 되어 예수께서 성전에 올라가사 가르치시니"(7:14). '성전'에 대해서는 이 복음서의 앞부분에서 이미 두 번 언급되었었다. 요한복음 2장에서 우리는 성전을 정화하시는, 아버지 집의 변호자이신 그리스도를 보았다. 5:14에서는 그리스도께서 자신이 고쳐주셨던 무력한 병자를 성전에서 만나신 것을 읽을 수 있다. 그러나 여기 요한복음 7장에서 우리는 우리 주님께서 최초로 성전에서 **가르치신** 것을 발견할 수 있다.

성령께서는 우리 주님께서 이 중대한 시기에 '가르치신' 것이 **무엇인지** 그 상세한 내용을 기록하는 것은 좋다고 생각지 아니하셨다. 그와 반대로 성령께서는 구세주께서 여느 때와 다른 중대한 이야기를 해주셨음에 틀림없다는 점을 암시하신다. 왜냐하면 우리는 그 다음 구절에서 주님의 원수인 '유대인들' 조차도 그것을 **놀랍게 여겼음을** 알 수 있기 때문이다. 우리 주님의 평소의 습관에 따르면, 우리는 그가 이 명절의 특성과, 그것과 백성들의 관련성에 대하여 충분히 말씀해 주시기 위해 이 기회를 이용하셨음을 의심할 수 없다. 그는 아마도 그 명절에 대해 다룬 구약성경의 여러 예들을 연결시키셨을 것이며, 그리고 그의 청중들이 그 구약성경 속에 들어 있으리라고는 전혀 생각지 못했던 사실을 그들에게 제시해 주셨을 것이다. 그러므로 그의 말을 들은 청중들의 양심과 마음에 그 말씀이 엄중하게 적용되었을 것이다.

"**유대인들이 놀랍게 여겨 이르되 이 사람은 배우지 아니하였거늘 어떻게 글을 아느냐 하니**"(7:15). 이 말은 분명히 우리 주님의 성경에 대한 놀라운 지식과, 성경을 인용하며 백성들을 가르치신 명민하고 당당한 그의 태도, 즉 학문적인 교육을 받음으로써 서기관들이 습득할 수 있었던 것보다 훨씬 더 위엄 있고 고상한 웅변으로 가르치신 그 태도를 가리키는 말이다 "(Philip Doddridge). 그러나 유대인들이 한 바로 이 말이야말로 그들의 마음을 폭로한 것이다! 그들의 이 외침은 그들의 마음 상태를 드러낸 것이다! 그것은 그들의 양심이 찔려서 한 말이 아니라 호기심이 발동해서 한 말이다. 그들이 전념한 것은 하나님의 주장에 대해서가 아니라 인간의 학문에 대해서였다. 그들이 숙고한 것은 그 이야기 자체가 아니라 그들의 관심을 집중케 한 그 이야기를 전달한 방식에 대해서였다.

"이 사람은 배우지 아니하였거늘 어떻게 글을 아느냐." 이것은 오늘날에 만연해 있는 정신과도 아주 똑같은 것이다! 대학이나 신학교에서 훈련받지 않으면 성경을 은혜롭게 해설하여 청중들을 교화시키기는 불가능하다고 생각하는 사람들이 참으로 많이 있다! 교육이란 수많은 맹목적인 예배자들이 몰려들고 있는 한 제단이다. 그것은 분명히 학문의 거의 모든 영역에, 어째서 하나님의 저주가 내리고 있는지를 설명해 주는 이유이다. 그는 그의 영광을 지키시는 데 빈틈이 없으시며 그와 경쟁하려드는 것은 무엇이든지 꺾어 시들게 하신다. 성령께 겸손하게 의지하는 대신에 인간의 학문을 지나치게 높이 평가하기 때문에 대다수의 기독교 교육의 중심지로부터 하나님의 임재와 축복이 오래 전부터 떠나버린 것이다. 그리고 필자가 판단하기에, 성서 대학에 관련해서도 우리가 그와 똑같은 슬픈 일을 머지않아 곧 목격하게 될 절박하고 심각한 위험성이 있다.

　간접적으로 그리고 암시에 의해서라도, 성서 대학을 통하여 필요한 과정을 이수하지 않는 한 젊은이들은 하나님의 말씀의 유능한 사역자가 되리라고 기대**할 수도** 또한 기대해서도 안 된다고 가르친다면, 그러한 모든 제도들은 머지않아 그들을 위해서나 하나님의 대의를 위해서 더 좋은 것을 받지 못하도록 폐쇄되어 버릴 것이다. 그러한 사고를 퍼뜨린다면, 다시 말해서 어떤 성경학교에서 과정을 이수하는 것이 하나님을 개인적으로 섬기며 또한 **개인적으로** 성경을 매일 숙고하는 것보다 더 좋다고 옹호한다면, 그 때 하나님께서는 신학교와 대학교에 행하셨던 것과 마찬가지로 그러한 학교들을 분쇄해 버리실 것이다. 그리고 어떤 사람들은 '그럴 가능성도 있겠지'라고만 생각하겠지만, 사실은 그런 일이 일어날 가능성이 아주 크다. 그러한 학교들 중의 일부에 '이가봇'('영광은 사라졌구나'라는 탄식을 뜻함)이라고 써 붙여진 예는 이미 없지 않다. 영국의 주요한 성경학교들 중의 하나는 이미 수년 전에 문이 닫혔다. 그리고 영국의 주요한 한 성서대학이 재정적인 지원을 급박하게 호소해 오는 일이 끊임없이 계속되고 있음은 인간의 힘이 이제는 다 끝나가고 있음을 보여주는 결정적인 증거이다.

　"예수께서 대답하여 이르시되 내 교훈은 내 것이 아니요 나를 보내신 이의 것이니라"(7:16). 이 구절을 읽는 모든 젊은이들은 그리스도께서 말씀하신 이것을 신중하게 숙고해야 한다. 그가 그의 삶을 주님께 봉사하는 데 바치도록 하나님으로부터 부르심받은 것을 완전히 확신한다면, 그리고 이제 그러한 봉사를 위해 **어떻게** 준비해야 할 것인지에 대해 생각하고 있다면, 그는 기도하는 마음으로 구세주의 이 말씀을 숙고해야 한다. 그는 그리스도께서 여기에서 그의 본질적인 영광의 관점에서가 아니라, 즉 신성의 한 위격으로서 이 말씀을 하신 것이 아니라 **성육신하신** 하나님의 아들로서, 다시 말해서 여호와의 **종**으로서 이 말씀을 하셨다는 것을 기억해야 한다. 그는 요한복음 8:28에 의거하여 그 종결 구절을 비교해 보아야 한다. **"내 아버지께서 가르치신** 대로 내가 이런 것을 말하노라." 사람들이 놀랍게 여길 정도로 놀라운 방식으로 가르치는 방법을 가르쳐 줄 수 있는 인간의 학교란 없다. 그리스도께서 여기에서 하신 이야기는 그의 마음에서 나온 것이 아니었다. 그의 교훈은 그를 보내신 분으로부터 온 것이었다.

　그것은 사도 바울의 경우에도 마찬가지였다. 그가 갈라디아 교인들에게 말한 것에 귀를 기울여 보라. "형제들아 내가 너희에게 알게 하노니 내가 전한 복음은 사람의 뜻을 따라 된 것이 아니니라 이는 내가 사람에게서 받은 것도 아니요 배운 것도 아니요 오직 예수 그리스도의 계시로 말미암은 것이라"(갈 1:11, 12). 사랑하는 형제들이여, 이 말씀은 우리를 가르치기 위하여 기록된 것이다. 사람이 성경에 대한 지식과 통찰력을 얻기 위하여 필수적으로 어떤 성서 대학에서 과정을 이수**해야만 하는** 것은 아니다. 19세기에 하나님께서 가장 많이 사용하신 사람인 C. H. 스펄전은 성서 대학을 전혀 다니지 않았다! 필자는 하나님께서 오늘날 그러한 제도를 사용하지 아니하신다는 뜻으로 말하는 것은 아니다. 필자가 **의미하는 바는** 그러한 학교가 **절대적인** 필요물은 아니라는 뜻이다. 당신은 그들이 가지고 있는 것과 똑같은 성경을 다루고 있다. 그리고 동일한 성령께서 당신을 모든 진리에로 이끌어 주신다. 하나님께서는 당신을 가르치시고 교화시키는데 있어서 즐거이 인간을 도구로 사용하신다. 또는 당신에게 훨씬 더 큰 영예와 특권을 부여하셔서 당신을 **직접** 가르치시기도 한다. 그것은 **당신이** 확인해야 할 일이다. 당신의 최우선적인 의무는 겸손하고 부지런히 **그를** 의지하고, 인도해 주시기를 바라며 그를 **섬기고** 그의 뜻을 **찾는** 일이다. 그러면 확실한 약속이 당신에게 주어질 것이다. "온유한 자를 정의로 **지도하심**이여 온유한 자에게 **그의 도를 가르치시리로다**"(시 25:9).

"내 교훈은 내 것이 아니요 나를 보내신 이의 것이니라." 그리스도께서는 그의 입에서 나온 놀라운 말씀들을 어떻게 이해해야 할지 알지 못하는 유대인들을 **바르게 이해시키려고** 이 말씀을 하셨다. 그는 그들에게 그가 아무 사람에게도 그의 '교훈'을 배운 것이 아니요 또한 그가 그것을 만들어 낸 것도 아니라고 확증하시고자 하셨다. "내 교훈은 내 것이 아니요 **나를 보내신 이의 것이니라.**" 그는 아버지의 영예를 지키기에 참으로 빈틈이 없으셨다! 그는 아버지의 영광을 참으로 치밀하게 수호하셨다! 하나님의 모든 종들은 "마음이 온유하시고 겸손하신" 이 복되신 이로부터 배워야 한다. 사람들이 당신이 전해 준 도움이 되는 메시지 때문에 **당신을** 칭송할 때마다 그 **모든** 영예를 거부해야 함을 당신은 잊지 말기 바란다. 그리고 하나님을 모욕하고 당신을 찬양하는 자들에게 그 '교훈'이 당신의 것이 아니라 당신을 보내신 분의 것임을 상기시키라.

"내 교훈은 내 것이 아니요." 그리스도께서 "내 교훈들은 내 것이 아니요"라고 말씀하시지 않고 "내 교훈"은 내 것이 아니라고 말씀하신 점에 주목하라. '교훈'이라는 말은 '가르치는 것'을 뜻한다. 그리고 하나님의 '가르침'(진리)은 서로 관련이 있고, 완전한 하나의 전체이다. 바울이 디모데에게 서신을 보낼 때 그는 "네가 따르는 좋은 **교훈**으로 양육을 받으리라"(딤전 4:6)고 말하였다(교훈들이라고 하지 않은 점에 주목하라). 그리고 그는 또 이렇게 서신에 적었다. "모든 성경은 하나님의 감동으로 된 것으로 **교훈**과 책망과 바르게 함과 의로 교육하기에 유익하니"(딤후 3:16). 그러나 이와는 다르게 성경에 "사람의 가르침들"(골 2:22)이라고 기록되어 있다. 또한 "[여러 가지] 다른 교훈들"(히 13:9)과 "귀신의 가르침들"(딤전 4:1)이라는 말에 주목하라. 여기의 그 말은 복수로 되어 있다. 왜냐하면 인간의 가르침이나 마귀의 가르침에는 통일성, 또는 조화가 없기 때문이다. **그것들은** 각양각색으로 다르며 서로 모순된다. 그러나 하나님의 진리는 서로 갈라질 수 있는 것이 아니며 서로 조화를 이룬다.

"사람이 하나님의 뜻을 행하려 하면 이 교훈이 하나님께로부터 왔는지 내가 스스로 말함인지 알리라"(7:17). 흠정역 성경에 기록된 이 구절의 단어는 고려할 여지가 있다. 그래서 필자는 백스터의 번역문을 제시해 보겠다. "누구든지 하나님의 뜻을 실행하기를 바라는 자는 그 교훈이 하나님께로부터 왔는지 내 스스로 말하는 것인지 알게 될 것이다." 여기서 '바라다' 라고 표현된 말에 해당하는 헬라어는 곧 사라지게 될 어떤 인상이나 충동을 뜻하는 것이 아니라 뿌리 깊은 결심을 뜻한다. 이 구절과 그 앞 구절 사이의 관계는 다음과 같다. "너희가 방금 들은 내 입에서 나온 말은 나의 생각이 아니라 나를 보내신 이로부터 나온 것이다. 이제 너희가 이 말을 시험하고 스스로 그것을 입증하기를 진정으로 바란다면 너희는 정직한 마음을 지키고, 의심 없이 하나님의 진리에 굴복하는 마음을 연마하기 위하여 주의를 기울여야만 한다."

"사람이 하나님의 뜻을 행하려 하면 이 교훈이 하나님께로서 왔는지 내가 스스로 말함인지 알리라." 우리 주님께서는 이 선포를 통하여 실제적으로 가장 중요한 원칙을 주장하셨다. 그는 하나님의 일에 관련하여 우리가 어떻게 **확실성**에 도달할 수 있는지를 알려 주신다. 그는 우리가 어떻게 영적인 분별력과 확신을 얻을 수 있는지를 말씀하신다. 우리의 생활에서 하나님의 계시된 뜻을 실행하고자 순전한 마음으로 소망하는 것이야말로 영적인 **지식**을 구하는데 있어서 기본적인 조건이다. 마음이 올바르기만 하면 하나님께서는 그의 진리를 이해할 수 있는 능력을 주신다. 마음이 올바르지 않다면 하나님의 진리를 안다 해도 무슨 소용이 있겠는가? 하나님께서는 우리가 그의 말씀의 빛에 따라 걷기를 진실로 열망하지 아니하면 우리에게 그 빛을 주시지 아니하신다. 탐구자의 동기가 순수하기만 하다면 그는 성경의 가르침이 '하나님께로서' **왔다**는 것을, 수없이 많은 논리적인 근거들보다도 훨씬 더 확고하고 결정적으로 확신할 수 있을 것이다.

"사람이 하나님의 뜻을 행하려 하면 이 교훈이 하나님께로부터 왔는지 내가 스스로 말함인지 알리라." 이 말씀은 세속적인 마음을 가진 유대인들을 **책망하고** 있다. 그리고 그것은 많은 현대인들의 판단을 뒤엎는 말씀이다! 우리는 성경이 영감을 받아 기록되었음을 확신하기 위하여, 또는 성경을 해석하는 방법을 배우기 위하여 신학 대학에 들어가 성경 해석학 과정을 밟을 필요가 없다. 영적 지식은 지성을 통해서가 아니라 마음을 통해서 온다. 그것은 이론을 따짐으로써 얻어지는 것이 아니라 믿음을 실천함으로써 얻어진다. 히브리서 11:3에서 우리는 "우리가 믿음으로 **아나니**"라는 말씀을 듣는다. 믿음은 학교에서 연마함으로써가 아니라 **들음으로써**, 그것도 하나님의 말씀을 들음으로써 온다. 수천 년 전 성령께서는 이스라엘의 선지자 하나를 감동시켜 이렇게 기록하게 하셨다. "그러므로 우리가 **여호와를 알자 힘써** 여호와를 알자"(호 6:3)

"스스로 말하는 자는 자기 영광만 구하되 보내신 이의 영광을 구하는 자는 참되니 그 속에 불의가 없느니라"(7:18). 그리스도께서는 여기에서 그가 사기꾼이 아님을 보여주시기 위하여 그의 가르침의 방법과 목적에 의지하신다. 사람이 스스로 말하거나 또는 스스로의 **생각으로** 말한다는 것은 그의 메시지가 하나님께로부터 나왔다기보다는 자기에게서 나왔다는 것을 뜻한다. 그러한 사람은 **자기 자신의** 영광을 구한다. 다시 말해서, 그는 스스로에게 관심을 집중시킨다. 그는 자기 자신의 영광과 자기 확대를 목표로 삼는다. 다른 한편, 그를 보내신 이의 영광을 구하는 자는 '참되고' 또는 순전하다(6:32과 15:1의 '참되다'는 말을 참고하라). 다시 말해서, 그는 하나님의 참된 종이다. 그리고 그리스도께서는 그러한 사람에 대하여 이렇게 덧붙여 말씀하신다. "그 속에 불의가 없느니라." 이 구절을 문맥과 관련시켜(예를 들면 12절과 15절) 해석하자면 그 의미는 이런 것이다. '하나님의 영광을 구하는 자는 사기꾼이 아니다.'

"스스로 말하는 자는 자기 영광만 구하되 보내신 이의 영광을 구하는 자는 참되니 그 속에 불의가 없느니라." 이것은 오늘날 하나님의 종들에게 주어진 엄중한 말씀이다! 그것은 우리 모두에게서 종종 발견되는 자기 숭배 정신을 책망하는 말씀이다(우리는 그 점을 두려워해야 한다). 바리새인들은 '인간의 칭찬'을 구했다. 그리고 그들은 많은 제자를 두었다. 그러나 그것은 사도 바울의 경우와는 현저하게 다르다. 그는 이렇게 서신에 적었다. "나는 사도 중에 가장 작은 자라 나는 하나님의 교회를 박해하였으므로 사도라 칭함 받기를 감당하지 못할 자니라"(고전 15:9). 그리고 그는 또 이렇게 말했다. "모든 성도 중에 지극히 작은 자보다 더 작은 나에게 … "(엡 3:8). 이 요한복음 7:18은 하나님의 종이라 고백하고 그 직무를 수행하는 자들에게 적용되는 중대한 말씀을 내포하고 있다. 여기에 하나의 시금석이 있다. 우리는 이 시금석에 의거하여, 어떤 복음전도자가 그 직무를 수행하도록 하나님의 부르심을 받은 자인지, 또는 그를 보내신 분과는 상관없이 그 일을 수행해 나가는 자인지를 판단할 수 있다. 그는 자신을 드러내는가, 또는 주님을 드러내는가? 그는 자기의 영광을 구하는가, 또는 하나님의 영광을 구하는가? 그는 자신에 대하여 말하는가, 또는 그리스도에 대하여 말하는가? 그는 사도 바울과 같이 진심으로 이렇게 말할 수 있는가? 즉 "우리는 우리를 전파하는 것이 아니라 오직 그리스도 예수의 주 되신 것과 또 예수를 위하여 우리가 너희의 종 된 것을 전파함이라"(고후 4:5). 그의 복음전도의 일반적인 경향은 어떤 것인가? 나를 보라, 또는 교회를 보라라고 말하는가, 아니면 하나님의 어린 양을 보라고 말하는가?

"**모세가 너희에게 율법을 주지 아니하였느냐 너희 중에 율법을 지키는 자가 없도다 너희가 어찌하여 나를 죽이려 하느냐**"(7:19). 그리스도께서는 여기에서 이 유대인들을 완벽하게 역습하신다. 그들은 그가 무식하다고 말했다. 그러자 그리스도께서는 문자로 된 율법을 가지고 있으면서도 그것을 지키지 아니하는 **그들을** 책망하신다. 그들은 모세의 제자라고 고백했다. 그럼에도 불구하고 그들은 그리스도께서는 안식일에 병자를 고치셨다는 이유로 마음속에 살의를 품었다. 그는 자기 속에 불의가 없음을 선포하셨었다. 그리고 이제 **그들 속에** 있는 불의를 폭로하신다. 왜냐하면 그들은 십계명 중 제육계명을 범하려 하기 때문이다. "너희가 어찌하여 나를 죽이려 하느냐"는 그의 질문은 대단히 엄숙하다. 그것은 논리적으로 적용될 수 있는 그 이상의 의미를 가진 말씀이다. 진리를 **찾는** 마음이 없는 곳에는 항상 진리에 **반대하는** 마음이 있다. 진리 자체에 반대하는 적의가 있는 곳에는 진리를 신실하게 선포하는 사람들에 대한 증오가 있다. 구약 말기의 이천여 년 간의 역사를 조금이라도 알고 있는 사람은 그 사실을 의심할 수 없을 것이다. 오늘날 하나님의 종들이, 스데반과 바울, 그리고 중세기를 통하여 "죽기까지 충성했던" 수많은 그의 종들이 당했던 경험을 겪지 아니하는 것은 오로지 하나님의 은혜와 그의 능력 덕택이다. 그러나 사탄을 속박하고 계시며 하나님 원수들의 정욕을 지배하고 계시는 하나님의 강제력이 사라지게 될 때가 머지않았다. 요한계시록의 예언들을 읽고 경건한 유대인들이 견뎌야 할 끔찍한 고통이 어떠한지에 주목하라. 게다가 지금(1930년대) 러시아에서 일어나고 있는 일이 이제 곧 일반적이고 보편적이 되리라는 것을 누가 부인할 수 있겠는가!

"무리가 대답하되 당신은 귀신이 들렸도다 누가 당신을 죽이려 하나이까"(7:20). 여기의 '무리'는 분명히 성전 뜰에 모여 있던 잡다한 신분의 이스라엘인들을 가리킨다. 그 무렵에 그들은 팔레스타인 각처로부터 명절을 지키러 예루살렘에 올라왔다. 그들 중 많은 사람들은 유대인의 지도자들이 그리스도의 생명을 노리고 있다는 사실을 알지 못했다. 그래서 그리스도께서 "너희가 어찌하여 나를 죽이려 하느냐"(19절, 그리고 1절 참고)라고 말씀하셨을 때, 이 '사람들'은 우리 주님이 미쳤다고 여겼으며 "당신은 귀신이 들렸다"고 말했다. 왜냐하면 귀신들린 표시 중의 하나는 종종 광기로 나타나기 때문이었다. 이 가공할 신성모독은 그들이 그리스도의 영광을 전혀 알아보지 못했음을 드러내 주었을 뿐 아니라 그들의 마음이 절망적으로 악함을 증명해 주었다. 복되신 우리 주님께서는 성육신하셔서 이와 같은 끔찍한 경멸과 모욕을 받으신 것이다! "당신은 귀신이 들렸도다." 동료 그리스도인들이여, 당신은 이러한 비방을 받은 적이 있는가? 있었다면 당신보다 앞서서 주님이 그러한 욕설을 들으셨다는 것을 기억하라. 우리는 그 주님의 제자인 것으로 족하다.

"예수께서 대답하여 이르시되 내가 한 가지 일을 행하매 너희가 다 이로 말미암아 이상히 여기는도다"(7:21). 그리스도께서는 '무리'의 끔찍한 모욕을 못 들은 척하시며 계속하여 '유대인들'에게 말씀하신다. 그리고 이 점에 있어서 그는 우리에게 또 하나의 복되신 본보기를 남겨 주셨다. 성령께서 우리에게 "그리스도도 너희를 위하여 고난을 받으사 너희에게 본을 끼쳐 그 자취를 따라오게 하려 하셨느니라"고 말씀하신 후 바로 그 다음 구절에서 "그는 죄를 범하지 아니하시고 그 입에 거짓도 없으시며 욕을 당하시되 맞대어 욕하지 아니하시고 … "(벧전 2:21-23)라고 기록하신 사실에 주목해야 한다. 요한복음 7장은 이 구절을 입증해 주는 참으로 아름다운 증거를 제공하고 있다. 그는 욕을 받으셨을 때 "욕을 되돌려 주지 아니하셨다." 그는 그들의 신성모독적인 발언에 대꾸하지 아니하셨다. 하나님의 은혜로 우리도 "그 자취를 따를 수" 있게 되기를 기원한다. 그리스도께서 "내가 한 가지 일을 행하매 너희가 다 이로 말미암아 이상히 여기는도다"라고 말씀하셨을 때, 그는 요한복음 5:1-16에 기록된 사건을 가리키신 것이다.

"모세가 너희에게 할례를 행했으니 (그러나 할례는 모세에게서 난 것이 아니요 조상들에게서 난 것이라) 그러므로 너희가 안식일에도 사람에게 할례를 행하느니라 모세의 율법을 범하지 아니하려고 사람이 안식일에도 할례를 받는 일이 있거든 내가

안식일에 사람의 전신을 건전하게 한 것으로 너희가 내게 노여워하느냐" (7:22, 23).
우리 주님께서는 그가 안식일에 병자를 고쳐 주셨다 하여 유대인들이 그를 비난한
것이 참으로 불합리하다는 것을 계속하여 지적하신다. 그는 그들에게 안식일에도 할
례를 행하는 것을 상기시키신다. 그렇다면 그가 그 날에 가련한 병자를 건전하게 하
였다 해서 그들이 화를 낼 이유가 무엇이란 말인가! 이 논거를 통하여 그리스도께서
는 안식일에도 필수적인 일과 자비를 베푸는 일을 수행하는 것이 합법적이라는 것을
가르쳐 주신다. 모세의 율법을 지켜야 한다면 할례란 필수적인 일이다. 왜냐하면 갓
태어난 아기의 8일째 되는 날이 안식일이라도 그때에는 그 아기가 할례를 받아야만
하기 때문이다. 병자를 고치는 일은 자비를 베푸는 일이다. 그러므로 거룩한 안식일
에 필수적인 일과 자비를 베푸는 일에 종사하는 것은 허용되어 있다.

　그리스도께서 여기에서 할례를 가리켜 **모세의 율법**에 속한다고 말씀하신 점에
주목해야 한다. 율법에 관한 성경의 가르침을 올바르게 이해하는 데 있어서 '하나님
의 법'과 '모세의 율법'을 예리하게 구별하는 일이 무엇보다 중요하다. 우리는 여호
와께서 친히 두 개의 돌판에 새겨 주신 십계명에서 하나님의 법을 발견할 수 있다.
그리고 그것들은 영구적으로 지속되는 효력을 가진 것임을 알 수 있다. 이것은 정확
히 도덕적 율법이라 일컬어져 온 바로 그것인 바, 그 십계명(모세의 십계)이 행위의
규범을 선언하는 것이기 때문에 그렇게 불리는 것이다. 그 도덕적인 율법은 시대적
인 제한을 받지 아니한다. 오히려 모든 인간에게 영구적으로 강제력이 있는 것이다.
그것은 구원의 도구로서 주어진 것이 아니라 모든 피조물이 위대하신 창조주께 순종
을 표시하는 것으로서 주어진 것이다. '모세의 율법'은 하나님께서 모세에게 십계명
을 주신 **후**에 부여해 주신 도덕적, 사회적, 의식(儀式)적인 율법들로 구성되어 있다.
모세의 율법은 우리가 신명기 5장에서 볼 수 있는 십계명을 **포함하고** 있다.

　어떤 의미로 볼 때 모세의 율법은 '하나님의 법'보다 더 광범위하다. 왜냐하면 그
것은 십계명보다 더 많은 것을 포함하고 있기 때문이다. 또 다른 의미로 볼 때 모세
의 율법은 하나님의 법보다 더 협소하다. 왜냐하면 '모세의 율법'은 이스라엘인과
이방인 개종자들만을 강제하는 것이기 때문이다. 반면에 '하나님의 법'은 유대인과
이방인을 동등하게 강제한다(이 주제에 대한 좀 더 상세한 내용을 알고 싶은 사람은
「율법과 성도」라는 필자의 소책자를 보기 바란다). 그리스도께서는 할례가 '하나님
의 법'에 속하는 것이 아니라 이스라엘에게만 관계가 있는 '모세의 율법'의 필수적
인 부분이라고 언급하심으로써 그 차이를 분명하게 지적하신다.

"외모로 판단하지 말고 공의롭게 판단하라 하시니라"(7:24). 이 구절과 앞 구절 사이의 관계는 명백하다. 그리스도께서는 안식일에 병자를 고쳐 주신 자신의 행위를 변호하신 것이다. 그것은 주님을 비난하는 피상적인 비평자들이 볼 때 안식일을 위반하는 것으로 보였을 것이다. 그러나 사실은 그렇지 않았다. 그들의 판단은 성급하고 편파적인 것이었다. 그들은 비난할 만한 어떤 꼬투리를 찾고 있었다. 그리고 바로 이 점을 포착한 것이다. 그러나 성급하고 편협하게 판단할 때 대개 그렇듯이 그들의 판단은 전적으로 잘못된 것이었다. 그러므로 우리 주님께서는 그들에게 이렇게 명하신 것이다. "외모로 판단하지 말고 공의롭게 판단하라." 그는 그들에게 공정하게 판단하고 모든 상황을 고려하라고 권고하셨다. 그리고 안식일에 대하여 하나님의 말씀이 계시해 주신 **모든** 것을 숙고해 보라고 타이르신다. "안식일에 너희는 **어떤** 일도 하지 말라"는 말씀을 절대적으로 해석해서는 안 된다. 성경의 다른 구절이 그것을 분명하게 제한해 준다. 안식일에 제사장들이 성전에서 직무를 수행하는 것, 율법이 요구하는 경우에 안식일에도 갓난아기에게 할례를 주는 것 ─ 이것들은 그에 적합한 예들이다. 그러나 유대인들은 이것들을 간과했거나 알지 못했다. 그들은 외모로 판단하였다. 그들은 그 공과(功過)에 따라 그 사건을 판단하지 아니하였다. 또한 성경의 일반적인 취지의 빛도 따르지 아니하였다. 그들의 판단은 불공정하고 잘못된 것이기 때문에 **불**의하였다.

"외모로 판단하지 말고 공의롭게 판단하라." 이것은 우리들 각자가 반드시 마음에 새겨야 할 말씀이다. 우리 중 대부분은 바로 이 점에서 잘못을 범한다. 우리는 이 두 가지 면 중 각각의 경우에 해당하는 잘못을 범한다. 어떤 사람들은 사람들에 대하여 너무나 좋게 생각하는 경향이 있다. 그들은 경건한 태도에 쉽사리 속는다. 자기를 그리스도인이라고 고백하는 그 사실 하나만으로는 그가 그리스도인임을 증명하지 못한다. 어떤 사람이 도덕성이 건전하고 종교적인 예배에 규칙적으로 참석한다고 해도 그것이 그의 마음 상태를 나타내 주는 확실한 증표가 되지 못한다. 반짝인다고 해서 모두가 금은 아니라는 점을 기억하라. 다른 한편, 어떤 사람은 그들의 판단에 있어서 지나치게 비판적이고 가혹하다. 우리는 어떤 사람을 그의 말 한 마디 때문에 범죄자라 간주해서도 안 된다. 우리는 **모두** 많은 일에 있어서 죄를 범한다. "선을 행하고 전혀 죄를 범하지 아니하는 의인은 세상에 없기 때문이로다"(전 7:20). 아담으로부터 이어받은 악한 본성은 모든 그리스도인 속에 들어 있고, 또한 그것은 그의 지상의 여로의 마지막 순간까지 그 속에 계속 남아 있다. 그리고 하나님께서 어떤 사람에게는 다른 사람들보다 더 많은 은혜를 주신다는 것도 사실이다. 우리는 동료들의 연약함과 허약함을 망각하고서 참된 그리스도인인 그들을 불신자로 간주하게 될 위험이 있다. 황금덩어리조차도 흙에 묻혀 가려진다는 것을 우리는 알고 있다. 우리가 천국에 이르렀을 때 아마 우리는 거기에서 놀라게 될 것이 분명하다. 우리가 거기에서 만나리라 기대했던 사람은 없고 만나리라고는 기대하지 아니했던 사람이 거기에 있을 것이다. 그러므로 우리 주님의 적절하신 말씀에 귀를 기울이게 해 달라고 은혜를 구하자. "외모로 판단하지 말고 공의롭게 판단하라."

"예루살렘 사람 중에서 어떤 사람이 말하되 이는 그들이 죽이고자 하는 그 사람이 아니냐 보라 드러나게 말하되 그들이 아무 말도 아니하는도다 당국자들은 이 사람을 참으로 그리스도인 줄 알았는가" (7:25, 26). 요한복음 7장에서는 각기 다른 부류의 사람들이 차례로 드러난다. 빛이 비치고 있고 그 빛이 감추어진 어둠의 일들을 드러내신다. 첫째로, 그리스도의 '형제들'(3-5절)이 세상에 속한 자들, 즉 불신자들로 드러난다. 다음으로 '유대인들' (유대의 지도자들)이 그들의 세속성을 드러낸다(15절). 그 다음으로 뒤섞인 군중, 즉 '무리'(20절)가 그들의 마음을 드러낸다. 그리고 이제 예루살렘의 상주자들이 우리 앞에 나타난다. 그들도 또한 그들의 영적 상태를 적나라하게 드러낸다. 그들은 '당국자들' 뒤에 숨어서, 그리스도께서 하나님의 진리를 전파하고 있는지 아닌지를 그들 스스로 알아볼 생각은 거의 하지 않고 있었다. 사실은 "그들은 서로 다를 바가 없는 사람들이다. 왜냐하면 그들 **모두**는 죄를 지었으며 하나님의 영광에 미치지 못하기 때문이다." 보통 사람들도 당국자들보다 나을 것이 조금도 없다. 유대인들이 그리스도를 믿지 않았던 것처럼 주님의 형제들도 그를 믿지 아니하였다. 지방의 거주자들이 그리스도를 찾는 마음이 없었던 것처럼 예루살렘의 상주자들도 그를 찾는 마음이 없었다. 그러므로 아버지께서 그리스도에게로 이끄신 자들이 아니고는 **아무도** 그에게 오지 않았다는 것은 진정 명백한 일이었다! 그것은 지금도 마찬가지이다. 어떤 부류는 다른 부류의 사람들처럼 복음을 반대한다. 인간의 본성은 세계 어느 곳에서나 똑같다. 어떤 사람을 다른 사람과 다르게 해주는 것은 오직 하나님의 구별하시는 은혜뿐이다.

"그러나 우리는 이 사람이 어디서 왔는지 아노라 그리스도께서 오실 때에는 어디서 오시는지 아는 자가 없으리라 하는지라" (7:27). 이 말은 참으로 큰 교만한 마음을 드러내 준다! 예루살렘의 이 사람들은 자기들이, 쉽게 믿는 당국자들보다 더 현명하다고 생각했다. 종교 지도자들은 어떤 의혹에 빠져 있었다. 그러나 **그들은** 그리스도가 어디에서 왔는지 알고 있었다. 그들은 분명히 나사렛에 살던 어린 예수를 잘 알고 있었다. 요셉이 그의 부친이기 때문에 그들은 그가 단지 한 인간에 지나지 않음을 확신할 수 있었던 것이다. "우리가 **이 사람**을 안다"는 말은 그들이 어떻게 생각하고 있는지를 분명하게 드러내 준다.

"그리스도께서 오실 때에는 어디서 오시는지 아는 자가 없으리라." 이 말은 42절 말씀과 결합시켜 숙고할 필요가 있다. 마태복음 2:4, 5 말씀을 읽어 볼 때 메시야가 베들레헴에서 나타나시리라는 사실은 그 당시에 잘 알려져 있었음이 분명하다. 그렇다면 이 사람들이 "그리스도께서 오실 때에는 **어디서** 오시는지 아는 자가 없으리라"고 말했을 때 그것은 무엇을 뜻하는 것일까? 도드리지(Doddridge)가 말한 대로 필자는 이 말이 유대인들의 믿음의 표현, 즉 이사야 7:14에 선포되어 있는 것처럼 메시야는 동정녀에게서 **초자연적으로** 태어나시리라는 믿음을 표현한 것이라고 생각한다.

"예수께서 성전에서 가르치시며 외쳐 이르시되 너희가 나를 알고 내가 어디서 온 것도 알거니와 내가 스스로 온 것이 아니니라 나를 보내신 이는 참되시니 너희는 그를 알지 못하나"(7:28). 필자가 생각하기에 이 구절의 첫 부분에서 주님께서는 반어(反語)적으로 말씀하시는 것 같다. 예루살렘에 사는 자들 중의 일부는 "우리는 이 사람이 어디서 왔는지 아노라"라고 말했다. 그리스도께서는 그들의 말을 가로막고 논박하신다. "너희가 나를 알고 내가 어디서 온 것도 알거니와." 이것은 그들의 쓸모없는 자만심을 낳게 했다. 그러나 구세주께서는 계속하여 이렇게 말씀하신다. "내가 스스로 온 것이 아니로라 나를 보내신 이는 참이시니 너희는 그를 알지 **못한다**." 그러므로 그들은 그가 어디에서 왔는지 알지 못했다. 그리스도께서 여기에서 아버지에 대하여 "나를 보내신 이는 참되시다"고 선포하셨을 때 그는 분명히 구약성경을 상기하신 것이다. 하나님께서는 그의 약속과 예언에 대해 '진실'하셨다. 그것들 중 많은 것이 이미 성취되었으며, 다른 것들도 지금 성취되고 있다. 그렇다. **그들이** 하나님의 아들을 거부한 바로 **그** 사실이야말로 아버지의 진실성을 입증해 준다.

"나는 아노니 이는 내가 그에게서 났고 그가 나를 보내셨음이라 하시니"(7:29). 그리스도께서 아버지를 드러내실 수 있었던 것은 그가 아버지를 알고 계셨고 또한 아버지에게서 났기 때문이었다. 왜냐하면 아버지는 아들에 의해서, 오직 아들에 의해서만 알려지기 때문이다. "아버지 외에는 아들을 아는 자가 없고 아들과 또 아들의 소원대로 계시를 받는 자 외에는 아버지를 아는 자가 없느니라"(마 11:27). 그리스도로 말미암지 않고는 아무도 아버지에게로 오지 못한다. 그리고 아들로 말미암지 않고서는 아무도 아버지를 알지 못한다.

"**그들이 예수를 잡고자 하나 손을 대는 자가 없으니 이는 그의 때가 아직 이르지 아니하였음이러라**"(7:30). 이 구절은 하나님의 백성에게 큰 위로가 되는 진리를 제시하고 있다. 그리고 의심하지 아니하는 믿음으로 그것을 받아들일 때 그것은 실로 큰 위로가 된다. 우리는 여기에서 하나님께서 그의 원수들을 저지하시는 손길을 발견한다. **그들은** 그리스도를 붙잡으려는 마음을 품었다. 그러나 그를 붙잡**고자 하였으나** 손을 대지 못하였다. 그들은 그의 피를 흘리고자 혈안이 되었고 그래서 그를 죽이기로 결정했다. 그러나 위로부터 오는 보이지 아니하는 저지로 인하여 그들은 그렇게 할 수 없었다. 그러므로 모든 일이 하나님의 직접적인 통치 아래 있다는 것을 아는 것은 참으로 복되다. 하나님의 허락이 없이는 우리의 머리카락 한 터럭도 건드릴 수 없다. 귀신 들린 사울은 다윗에게 창을 던졌다. 그러나 창을 던지는 것과 그를 죽이는 것은 별개의 일이다. 다니엘은 사자굴에 던져졌으나 그때는 그가 죽을 시기가 아니었다. 그래서 사자들의 입이 기적적으로 닫혀졌다. 세 사람의 히브리인이 불가마에 던져졌으나 여호와께서 보호하시는 그들에게는 불꽃도 아무 소용이 없었다!

"그들이 예수를 잡고자 하나 손을 대는 자가 없으니 이는 그의 때가 아직 이르지 아니하였음이러라." 이것은 하나님의 영원하신 작정이 무적임을 입증해 준다! "지혜로도 못하고, 명철로도 못하고 모략으로도 여호와를 당하지 못하느니라"(잠 21:30). 하나님께서는, 구세주로 하여금 가까운 친구에게 배반당하고 은 서른 냥에 팔리시도록 작정하셨다. 그렇다면 이 사람들이 어떻게 그를 잡을 수 있었겠는가? 그들은 태양이 빛나는 것을 막을 수 없듯이 그리스도를 붙잡을 수 없었다. "사람의 마음에는 많은 계획이 있어도 오직 여호와의 뜻만이 완전히 서리라"(잠 19:21). 우리가 지금 고찰하고 있는 이 사건은 위의 말씀을 예증해 준다!

"아무도 손을 대는 자가 없으니 **이는** 그의 때가 아직 이르지 아니하였음**이러라**" 다니엘서 9:24에 나타나 있는 바 육십 구 '이레'가 지나야 비로소 그들은 왕이신 메시야를 '죽일' 수 있었다. 사람들의 모든 증오, 사탄의 모든 악의라 할지라도 그것들은 그리스도의 정해진 죽음을 앞당길 수 없었다. 하나님의 정하신 때가 다가올 때까지, 그래서 성육신하신 아들이 아버지의 선하신 즐거움에 순복하실 때까지 그는 죽지 않으셨다. 그리고 하나님의 정하신 '때'가 우리를 천국으로 데려가려고 다가오기 전에는 죽음의 손이 **우리** 위에 **덮칠 수 없다**는 것을 확신하는 일이야말로 우리의 특권인바, 우리는 하나님께 찬양을 드려야 한다. 원수가 우리에게 대적하여 우리의 육체에 일격을 가할 수도 있다. 그러나 그는 욥의 생명을 단축시킬 수 없었던 것처럼 우리의 생명을 조금도 단축시킬 수 없다. 무서운 전염병이 내 이웃에 찾아올 수도 있다. 그러나 **하나님**께서 나로 하여금 감염되도록 고통을 허락하실 때까지 나는 감염되지 아니한다. **하나님의** 뜻이 **나로 하여금** 병들거나 죽게 하지 아니하는 한, 그 전염병이 제아무리 거세고, 주변에 있는 많은 사람들이 그 병에 희생물이 되어 쓰러진다 할지라도 그것은 나를 해칠 수 없다. "나는 여호와를 향하여 말하기를 그는 **나의** 피난처요 **나의** 요새요 내가 의뢰하는 하나님이라 하리니." 이에 하나님의 목소리가 이렇게 응답하신다. "너는 밤에 찾아오는 공포와 낮에 날아드는 화살과 어두울 때 퍼지는 전염병과 밝을 때 닥쳐오는 재앙을 두려워하지 아니하리로다 천 명이 네 왼쪽에서, 만 명이 네 오른쪽에서 엎드러지나 이 재앙이 **네게 가까이 하지 못하리로다**" (시 91:5-7). 필자가 지나치게 강경하게 말한다고 생각하는 사람이 있다면 본인은 다음 성경 말씀을 숙고해 보라고 요청하는 바이다. "이 땅에 사는 인생에게 힘든 노동이 있지 아니하겠느냐 그의 날이 품꾼의 날과 같지 아니하겠느냐"(욥 7:1). 그 때는 정확하게 헤아려져 있다. "그의 날을 **정하셨고** 그의 달 수도 주께 있으므로 그의 규례를 **정하여** 넘어가지 못하게 하셨사온즉, … 장정이라도 죽으면 어찌 다시 살리이까 나는 나의 모든 **고난의 날 동안을** 참으면서 풀려나기를 기다리겠나이다"(욥 14:5, 14)

"아무도 손을 대는 자가 없으니 이는 그의 때가 아직 이르지 아니하였음이라." 이것은 그리스도께서 그의 모든 고난을 **자발적으로** 겪으셨다는 사실을 알려 준다. 그는 피하실 수 없었기 때문에 십자가에 달린 것이 아니었다. 그는 죽음을 막을 수 없어서 죽으신 것이 아니었다. 결코 그렇지 않다. 그가 원하시기만 했더라면 그는 그의 입에서 나오는 단 한 마디로 이 사람들을 쳐부술 수 있으셨다. 그러나 그것은 필요치 않았다. 그들에게 한 마디도 말하지 아니하더라도 그들은 그리스도에게 손댈 수 없었다!

"**무리 중의 많은 사람이 예수를 믿고 말하되 그리스도께서 오실지라도 그 행하실 표적이 이 사람이 행한 것보다 더 많으랴 하니**"(7:31). 이것이 구원에 이르는 믿음인지 아닌지를 식별하기란 다소간 어렵다. 필자가 생각하기에는 그렇지 않다고 본다. 필자는 이 구절을 요한복음 2:23과 병행구로 생각한다. "유월절에 예수께서 예루살렘에 계시니 많은 사람이 그의 행하시는 표적을 보고 그의 이름을 믿었으나." 그들의 믿음이 구원에 이르는 믿음이 아님은 그 다음에 나오는 말을 읽어 볼 때 명백해진다.

"예수는 그의 몸을 **그들에게** 의탁하지 아니하셨으니 이는 친히 모든 사람을 아심이요." 그리고 여기 31절의 나머지 부분도 그것이 구원에 이르는 믿음이 아니라는 것을 증명하고 있는 듯하다. "그리스도께서 오실지라도"라는 말은 그들이 주 예수를 진정으로 메시야라고 간주한 것은 아니었음을 암시해 준다. 그들이 말한 것의 끝부분을 보면, 즉 "그 행하실 표적이 **이** 사람이 행한 것보다 더 많으랴"라는 말을 보면 그들이 성육신한 아들에 대하여 참으로 제대로 인식하지 못하고 있었음을 파악할 수 있다.

요한복음 7:32-53에 관한 다음 장에서는 다음의 질문들을 고찰해야 될 것이다.

1. 34절 말씀은 어떤 점에서 그리스도의 신성을 명백하게 제시해 주고 있는가?
2. 35절은 무엇을 입증해 주는가?
3. 38절은 **당신의** 영적 체험을 기술하고 있는가? 아니라면, 어째서 그러한가?
4. 41, 42절은 어떤 엄숙한 경고를 제시하고 있는가?
5. 50, 51절은 무엇을 보여주는가?
6. 52절의 바리새인들은 옳았는가?
7. 이 구절들 속의 어떤 점이 그리스도를 '말씀'으로 드러내 주고 있는가?

제27장

성전에서 가르치신 그리스도

❷

³²예수에 대하여 무리가 수군거리는 것이 바리새인들에게 들린지라 대제사장들과 바리새인들이 그를 잡으려고 아랫사람들을 보내니 ³³예수께서 이르시되 내가 너희와 함께 조금 더 있다가 나를 보내신 이에게로 돌아가겠노라 ³⁴너희가 나를 찾아도 만나지 못할 터이요 나 있는 곳에 오지도 못하리라 하시니 ³⁵이에 유대인들이 서로 묻되 이 사람이 어디로 가기에 우리가 그를 만나지 못하리요 헬라인 중에 흩어져 사는 자들에게로 가서 헬라인을 가르칠 터인가 ³⁶나를 찾아도 만나지 못할 터이요 나 있는 곳에 오지도 못하리라 한 이 말이 무슨 말이냐 하니라 ³⁷명절 끝날 곧 큰 날에 예수께서 서서 외쳐 이르시되 누구든지 목마르거든 내게로 와서 마시라 ³⁸나를 믿는 자는 성경에 이름과 같이 그 배에서 생수의 강이 흘러나오리라 하시니 ³⁹이는 그를 믿는 자들이 받을 성령을 가리켜 말씀하신 것이라 (예수께서 아직 영광을 받지 않으셨으므로 성령이 아직 그들에게 계시지 아니하시더라) ⁴⁰이 말씀을 들은 무리 중에서 어떤 사람은 이 사람이 참으로 그 선지자라 하며 ⁴¹어떤 사람은 그리스도라 하며 어떤 이들은 그리스도가 어찌 갈릴리에서 나오겠느냐 ⁴²성경에 이르기를 그리스도는 다윗의 씨로 또 다윗이 살던 마을 베들레헴에서 나오리라 하지 아니하였느냐 하며 ⁴³예수로 말미암아 무리 중에서 쟁론이 되니 ⁴⁴그 중에는 그를 잡고자 하는 자들도 있으나 손을 대는 자가 없었더라 ⁴⁵아랫사람들이 대제사장들과 바리새인들에게로 오니 그들이 묻되 어찌하여 잡아오지 아니하였느냐 ⁴⁶아랫사람들이 대답하되 그 사람이 말하는 것처럼 말한 사람은 이 때까지 없었나이다 하니 ⁴⁷바리새인들이 대답하되 너희도 미혹되었느냐 ⁴⁸당국자들이나 바리새인 중에 그를 믿는 자가 있느냐 ⁴⁹율법을 알지 못하는 이 무

리는 저주를 받은 자로다 ⁵⁰그 중의 한 사람 곧 전에 예수께 왔던 니고데모가 그들에게 말하되 ⁵¹우리 율법은 사람의 말을 듣고 그 행한 것을 알기 전에 심판하느냐 ⁵²그들이 대답하여 이르되 너도 갈릴리에서 왔느냐 찾아 보라 갈릴리에서는 선지자가 나지 못하느니라 하였더라 ⁵³[다 각각 집으로 돌아가고(요 7:32-53)

다음은 우리가 여기에서 고찰하게 될 구절에 대한 대략적인 윤곽이다.

1. 그리스도를 붙잡으려는 바리새인들의 시도(32절)
2. 바리새인의 아랫사람들에게 하신 그리스도의 말씀(33, 34절)
3. 유대인들이 어리둥절해함(35, 36절)
4. 명절 끝날의 그리스도의 말씀(37-39절)
5. 일반 사람들의 분분한 의견(40-44절)
6. 아랫사람들의 고백(45, 46절)
7. 니고데모에 의하여 산회한 바리새인들의 의회 (47-53절)

여기에서 우리가 고찰하게 될 구절들은 앞 장에서 고찰한 내용의 계속이며 그것의 완성이다. 이 구절을 통해 우리는 주님께서 계속 성전에 계셨음을 알 수 있으며, 또한 그의 절대적인 신성에 대한 증거를 볼 수 있다. 그것들은 또한 절망적인 인간의 사악함을 증명해 주는 훨씬 큰 증거를 제공한다. 여기에는 빛과 그림자가 기묘하게 뒤섞여 있다. 첫째로, 바리새인들이 그리스도를 잡으려고 아랫사람들을 보낸다. 그러나 우리는 이 사람들이 그들의 주인에게 돌아와서, 그와 같이 말하는 사람이 결코 없었다고 고백함을 발견한다. 한편 우리는 그리스도께서, 그에게 와서 마시는 목마른 자들에게 축복을 주심을 들을 수 있다. 다른 한편, 사람들 사이에 그리스도로 인하여 분쟁이 생긴 것을 알 수 있다. 산헤드린 공회가 그리스도를 심판하려고 개회되었으나 회원의 하나인 니고데모가 그들을 책망하는 것을 볼 수 있다.

요한복음 7장의 종결 구절에 대한 상세한 고찰에 들어가기 전에, 요한복음 5, 6장 및 7장에서 발견할 수 있는 진리의 의미심장한 배치 **순서**에 (간략하게나마) 주의해 보는 것이 좋을 듯하다. 우리는 이것을 두 가지 관점에서 바라볼 수 있다. 첫째는 그리스도 자신에 관해서요, 둘째는 그의 백성들에 관해서이다. 요한복음 5장에서 우리는 그리스도께서 자신의 신적 속성과 본질적인 완전성을 드러내신 것을 보았다. 요한복음 6장에서는 하늘에서 오신 자요 세상에게 "자기의 생명을 주시러" 오신 자로서 비하의 신분을 취하신 그를 본다. 그러나 여기 요한복음 7장에서 그는 이렇게 말씀하신다. "내가 너희와 함께 조금 더 있다가 나를 보내신 이에게로 **돌아가겠노라**"(33절). 그리고 그는 성령의 은사에 대하여 말씀하시는데 그것은 그가 영광받으신 후에 수반되는 일이었다(39절). 그와 마찬가지로 신자들에 관련된 진리에 대해서도 그와 똑같은 점진적인 전개 순서를 발견할 수 있다. 요한복음 5장에서 우리는 병자가 "다시 살아나는 것"을 보았다(21절). 요한복음 6장에서 우리는 그 결과를 본다. 그는 그리스도에게로 와서 구원을 받는다. 이제 요한복음 7장에서 우리는 그리스도를 근원으로 한 "생수의 강"에 대해 들을 수 있다!

　"예수에 대하여 무리가 수군거리는 것이 바리새인들에게 들린지라 대제사장들과 바리새인들이 그를 잡으려고 아랫사람들을 보내니"(7:32). 사건이 신속히 전개되기 시작했다. 우리가 지금 고찰하고 있는 시기와 그리스도께서 십자가에 못 박히시게 되는 시기에는 불과 6개월의 간격이 있을 뿐이다. 그림자가 그의 길 위로 좀 더 짙고 어둡게 드리워지기 시작했다. 원수들의 반대가 좀 더 단호하고 혹독해진다. 종교 지도자들은 격앙하였다. 그들의 판단력은 의심을 받았다(26절). 그리고 그들은 많은 사람들에 대한 그들의 지배력을 상실해 가고 있었다(31절). 이런 움직임이 바리새인과 대제사장들의 귀에 들어가자 그들은 구세주를 잡으러 아랫사람들을 보냈다.

　"예수께서 이르시되 내가 너희와 함께 조금 더 있다가 나를 보내신 이에게로 돌아가겠노라"(7:33). 이것은 다음과 같은 뜻이다. 즉 여기에서의 내 임재는 너희의 주인들을 곤란하게 하는 원인이다. 그러나 이것은 그리 오래 계속되지는 아니할 것이다. 우리 주님께서는 이 아랫사람들에게 **자신이** 바로 상황을 지배하는 완전하신 주인이심을 잊지 않고 상기시키셨다. 그의 직무가 완수되기까지는 아무도 그를 죽일 수 없었다. "내가 너희와 함께 조금 더 **있겠다**." 그것은 사실이었다. 그로부터 잠시 동안인 불과 6개월이 더 흘렀다. 그러나 그 기간이 다할 때까지 그는 그들과 함께 **계셨다**. 땅 위의 어떤 힘도 그것을 막을 수 없었다. 인간의 힘으로나 또는 마귀의 힘으로나 '조금'도 단축시킬 수 없었다. 그 잠시 동안이 다 끝났을 때 그는 '가셨다.' 그는 하늘의 아버지에게로 돌아가셨다. 그들은 마찬가지로 이 일도 막을 수 없었다. 그는 자신의 생명을 내던지셨고 그리고 그것을 되찾으셨다.

　"예수께서 이르시되 내가 너희와 함께 조금 더 있다가 나를 보내신 이에게로 돌아가겠노라." 이 말씀은 이 시대에도 지극히 엄숙하게 적용된다! 그리스도께서는 지금 성령의 위격을 입고 계신다. 그러나 성령께서는 세상에 영원히 머물러 계시지는 아니할 것이다. 모든 이방인들이 들어오면 그 때 성령께서는 그를 보내신 분께로 돌아가실 것이다. 그리고 그것이 그리 머지않은 일이라는 암시가 매우 많다! 우리가 죄인들에게, 성령께서 **'잠시 동안만'** '너희와 함께' 계시고 그 후로는 그를 보내신 '분께로 돌아가실' 것이라고 말해 주는 것은 진실로 옳은 일이다. 그러므로 더 이상 그에게 저항하지 말라. "오늘날 너희가 그의 음성을 듣거든 너희 마음을 완고하게 하지 말라."

"너희가 나를 찾아도 만나지 못할 터이요 나 있는 곳에 오지도 못하리라 하시니" (7:34). 이것은 우리 주님께서 죽은 자들 가운데서 다시 살아나신 직후에 성취되었다. '경비병들 중 일부'가 예루살렘에 와서 대제사장들에게, 그리스도가 다시 살아났으며 그의 무덤이 비었다고 알렸을 때, 그들은 분명코 그를 샅샅이 찾아보았음에 틀림없다. 그러나 그들 중 그 누구도 그를 다시 볼 수 없었다. 그들이 그를 다시 보게 될 때는 위대하신 흰 보좌에서 뵙게 될, 그 때일 것이다. 그가 가신 곳에 그들은 갈 수 없다. 왜냐하면 "사람이 거듭나지 아니하면 아무도 하나님의 나라에 들어갈 **수 없기**" 때문이다. 참으로 슬프게도 그리스도의 이 말씀은 모든 세기를 통해 전(全) 이스라엘 백성들과 관련하여 계속적으로 입증되고 있다. 유대인들은 그들의 메시야를 찾아왔지만 허사였다. 왜냐하면 그들은 그들의 성경을 읽을 때조차도 수건이 그들의 마음을 덮었기 때문이다(고후 3:15).

"너희가 나를 찾아도 만나지 못할 터이요 나 있는 곳에 오지도 못하리라 하시니" (7:34). 이 말씀은 오늘을 사는 구원받지 아니한 이방인들을 위한 엄숙한 메시지를 내포하고 있다. 우리는 이 앞 구절을 우리 시대에 적용시켰다. 그래서 "내가 너희와 함께 조금 더 있다가 나를 보내신 이에게로 돌아가겠노라"는 말씀이 그리스도가 성령의 모습으로 오늘 세상에 임재하신다는 점에서, 그러나 그 임재는 곧 사라질 것이라는 점에서 성취되었음을 지적하였다. 그리고 그가 일단 **가시면**, 그리스도의 성령께서 일단 하늘로 돌아가시면, 그를 찾아봐야 아무 소용이 없을 것이라는 점도 지적하였다. "너희가 나를 찾아도 만나지 못할 터이요"라는 말씀은 재림의 날에 지극히 엄숙하게 입증될 것이다. 이것은 잠언 1:24-28을 읽어보면 매우 분명하다. "내가 불렀으나 너희가 듣기 싫어하였고 내가 손을 폈으나 돌아보는 자가 없었고 도리어 나의 모든 교훈을 멸시하며 나의 책망을 받지 아니하였은즉 너희가 재앙을 만날 때에

내가 웃을 것이며 너희에게 두려움이 임할 때에 내가 비웃으리라 너희의 두려움이
광풍 같이 임하겠고 너희의 재앙이 폭풍 같이 이르겠고 너희에게 근심과 슬픔이 임
하리니 그 때에 너희가 나를 부르리라 **그래도 내가 대답하지 아니하겠고** 부지런히
나를 찾으리라 **그래도 나를 만나지 못하리니.**" 이 엄숙한 구절이 여기에만 있는 것은
아니다. "좁은 문으로 들어가기를 힘쓰라 내가 너희에게 이르노니 집 주인이 일어나
문을 한 번 닫은 후에는 들어가기를 구하여도 **못하는** 자가 많으리라"(눅 13:24, 25).
이 엄숙한 경고를 고려해 볼 때 구원받지 못한 독자는 즉시 이사야 55:6의 명령적인
말씀에 귀를 기울여야 한다. "너희는 여호와를 **만날 만한 때에** 찾으라 **가까이 계실**
때에 그를 부르라."

"너희가 나 있는 곳에 오지도 못하리라." 이것은 그리스도의 신성을 제시하고 있
다. 그가 '나 있을 곳에' 라거나 또는 '장차 내가 있을 곳에' 라고 말씀하시지 않고, 땅
위에 계시면서도 "나 **있는** 곳에 너희가 오지 못하리라"고 선포하신 점에 주목하라.
앞 구절에서 그는 "내가 나 보내신 이에게로 **돌아가겠노라**"고 말씀하셨었다. 이 두
진술은 각각 서로 다른 그의 본성을 나타낸다. "나 **있는** 곳" 이라는 말은 그의 신적
본성으로 말미암아 그가 하늘에 영원히 계심을 암시한다. 그러나 그가 그리로 **가시**
는 것은 그의 인간적인 본성에 바탕을 둔 일로서 장차 성취될 일이었던 것이다!

"이에 유대인들이 서로 묻되 이 사람이 어디로 가기에 우리가 그를 만나지 못하리
요 헬라인 중에 흩어져 사는 자들에게로 가서 헬라인을 가르칠 터인가"(7:35). "육에
속한 사람은 하나님의 성령의 일들을 받지 아니하나니 이는 그것들이 그에게는 어리
석게 보임이요, 또 그는 그것들을 알 수도 없나니 그러한 일은 영적으로 분별되기 때
문이라"(고전 2:14). 이것은 실로 참된 말씀이다. 이 유대인들은 영적 지각력이 조금
도 없었기 때문에 하늘로 돌아가겠다는 그리스도의 말씀을 이해할 수 없었다. 그들
이 "헬라인 중에 흩어져 사는 자들에게로 가시려 하는가?" 라고 물었을 때 그들은 팔
레스타인에서 멀리 떨어진 곳에 살던 유대인들을 지적하고 있었다. 헬라어는 '디아
스포라' 라고 되어 있는데 그것은 산포(散布)를 뜻한다. 이 말은 여기와 야고보서 1:1,
그리고 베드로전서 1:1에만 나타나 있다. 야고보서에는 "흩어져 있는 열두 지파" 라
되어 있는데 그것은 문자 그대로 '산포되어 있는' 이라는 의미이다. 베드로전서에는
"흩어진 나그네"라고 되어 있다. 이 유대인들은 심지어 "그가 그 헬라인들을 가르칠
터인가?" 라고 묻기까지 했다. 이것은, 불신하는 자는 하나님에 대하여 어떤 것도 생
각지 아니함을 여실히 증명해 주는 증거가 아니겠는가? 그들의 생각 속에 하나님이

들어 있지 않기 때문에, 주 예수께서 하늘에 계신 그의 아버지에 대해 언급하시는 것이라는 생각이 그들에게는 전혀 떠오르지 아니하였고, 그래서 그들의 마음은 산포되어 있는 유대인과 헬라인에 대하여 생각했던 것이다. 그리스도인이라 할지라도 그가 불신에 사로잡혀 있으면 그와 마찬가지 현상이 일어난다. 그러한 사람의 **하나님**에 대하여 생각지 않는 이 말씀은 우리 본성적인 인간의 부패를 지적하는 것으로서, 참으로 엄숙하고 우리를 겸손하게 하는 시사이다.

"**나를 찾아도 만나지 못할 터이요 나 있는 곳에 오지도 못하리라 한 이 말이 무슨 말이냐 하니라**"(7:36). 이 말에 주목하라. 즉 사람들은 깊이 생각하는 문맹한 자들이 아니라 교육과 종교적인 훈련을 받은 자들이다. 그러나 교회나 종교적인 교훈은 지성인들에게 영적 지각력을 부여해 줄 수 없다. 사람이 하나님의 일에 대해 의미와 가치를 인식할 수 있으려면 그는 먼저 신적인 빛을 받아야 한다. 그리스도에 대하여 지극히 무지한 어린 아이라 할지라도, 중생하지 않은 대학졸업생들이 갖지 못한 영적인 일들을 이해하는 능력을 가질 수 있음이 사실이다. 육적인 본능을 가진 자는 하나님의 가장 분명하고 단순한 말조차도 이해할 수 없다.

"**명절 끝날 곧 큰 날에 예수께서 서서 외쳐 이르시되 누구든지 목마르거든 내게로 와서 마시라**"(7:37). 초막절을 축하하는 기간이 거의 끝나가고 있었다. "끝날" 곧 여드레째 되는 날이었다. 여기에서 그 날은 "명절 끝날 곧 **큰** 날"이라 명명되어 있다. 요한복음 19:31의 "큰(high) 날"도 같은 것을 가리킨다. 이 끝날에 예배자들의 엄숙한 집회가 있기 때문에 그렇게 불리었다(레 23:36을 보라). 이 여드레째 날, 평상시와는 달리 대단히 많은 사람들이 성전 뜰에 빽빽이 모여 있었을 때, 예수께서 '서서 외치셨다.' 이것은 그와, 그를 미워하는 자들 사이의 큰 대조를 보여주고 있다. 그들은 그를 세상에서 없애려 하였다. 그러나 그는 결핍된 영혼들을 돌보려 하셨다.

"예수께서 서서 외쳐 이르시되 누구든지 목마르거든 내게로 와서 마시라." 여기 아주 짧은 문장 속에 복음이 들어 있다. 이 문장 속의 세 단어, 즉 '목마르다', '오다', 그리고 '마시다'가 특히 두드러지며 강조되어 있다. 그 첫 동사는 우리가 인식하는 결핍감에 대한 것이다. 굶주림처럼 목마름도 우리가 실제로 의식하는 것이다. 그것은 우리가 실제로 소유하고 있지 않은 것에 대한 갈망이다. 육체적인 갈증뿐만 아니라 영적인 갈증도 있다. 아주 많은 사람들이 그들의 갈증을 해소시켜 줄 수 없는 것을 갈망하고 있는 것이야말로 실로 애처로운 일이다. 그들의 갈망은 세상 것들에 대한 것이다. 즉 쾌락, 돈, 명예, 안락, 방종 등이 그것이다. 그리고 그리스도께서는 이 모든 것들에 대하여 불멸의 글로 이렇게 기록하여 두셨다. "이 물을 마시는 자는 누구든지 다시 목마를 것이다."

그러나 그리스도께서는 이 본문에서 무한히 숭고하고 위대한 어떤 것, 즉 자기 자신에 대한 갈망에 관해 언급하신다. 그는 오직 하나님의 성령만이 영혼 속에 만들어 낼 수 있는, 자기 자신에 대한 열렬한 갈망에 대해 말씀하신다. 비참한 죄인이 자기의 불결함을 깨닫고 깨끗해지기를 바란다면, 그가 의식할 수 있는 죄의 끔찍한 무게에 짓눌려 용서를 바란다면, 그가 자기의 연약함과 무력함을 전적으로 자각하고 힘과 구원을 갈망한다면, 그가 두려움과 불신, 그리고 평화와 안식에 대한 갈망으로 가득 차 있다면, 그리스도께서 그에게 이렇게 말씀해 주실 것이다. "내게로 오라." 그리스도를 너무나 갈망하여 "사슴이 시냇물을 찾기에 갈급함 같이 내 영혼이 주를 찾기에 갈급하니이다"(시 42:1)라고 말할 수 있는 자는 복되다.

"내게로 오라." '오다' 는 말은 영어에서 가장 단순한 단어이다. 그것은 우리가 어떤 대상이나 어떤 사람에게 **다가가는** 것을 뜻한다. 그것은 행동을 나타내며 의지가 작용하는 것을 의미한다. 그리스도에게 간다는 것은 당신 앞에 육신을 입고 서 계신 분께서 당신에게 '내게로 오라' 고 말씀하실 때, 당신의 마음과 의지로써 행하고자 하는 것을 행함을 뜻한다. 그것은 세상을 향해 등을 돌리는 것을 뜻하며, 당신 자신이 자신에 대해 믿던 그 신뢰를 모두 버리고 빈손이 되어 성육신하신 은혜요 진리이신 그분의 발아래 자신을 던지는 것을 뜻한다. 그러나 **그리스도**를 대신할 수 있는 것은 아무 것도 없음을 확고하게 인식하라. 성찬식에 오라든가, 세례의 물로 나오라든가, 사제나 목사에게로 오라든가, 또는 교회로 와서 결합하라고 하지 않고 **그리스도 자신**에게로, 다름 아닌 바로 그에게로 오라고 되어 있다.

"**마시라**." 아주 많은 사람이 실패하는 지점이 바로 여기이다. 깨어난 양심과 마음의 활동, 그리고 그리스도를 필요로 하는 자각의 행적을 나타내 보이는 사람들이 많이 있다. 계속 그리스도를 찾지만 거기에 미치지 못하는 사람들이 많이 있다. 그리스도께서 "내게로 오라"고 말씀하셨을 뿐만 아니라 와서 '**마시라**' 고 덧붙이셨음을 명심하라. 강물이 갈증으로 죽어가는 사람들이 사는 나라를 관통하여 흐른다 할지라도 그들이 그 물을 마시지 않는다면 그것은 아무 소용이 없을 것이다. 이스라엘 가정의 가장이 양의 피를 집 문에 **바르지** 않았을 때 그것은 그 집에 아무 유익도 주지 못했다. 그와 같이 그리스도께서는 믿음으로 그를 받아들이지 아니하는 자를 아무도 구원하시지 않는다. 여기에서의 "마시는 것"은 상징적인 표현이다. 그것은 **그리스도를**

당신 자신의 것으로 삼는 것을 뜻한다. 모든 시대의 하나님의 성도들은 자기의 심한 결핍감을 깨닫고 주님께 와서 은혜의 양식을 자기 것으로 삼았던 자들이었다.

"누구든지 목마르거든 내게로 와서 마시라." 그리스도께서 이 말씀을 최초로 하셨던 곳이 어디였는지 잊지 말라. 그는 교도소가 아니라 성전에 계셨었다. 그는 방탕한 무리들이 아닌 하나님이 제정하신 명절을 지키는 종교적인 무리들에게 말씀하셨다! 이것은 그의 모든 종들을 위한 적절한 본보기이다! 형제 설교자여, 하찮게 여기지 말라. 당신에게 설교하는 사람들이 존경할 만하고 실천적인 면에서 엄격한 사람들이라 해서 그들이 반드시 구원받았다고 생각지 말라. 주님께서 하신 말씀에 유의하라. 그래서 "모든 사람들에게 복음을 전파하라." 무지한 자뿐 아니라 교육을 받은 자에게도, 방탕한 자뿐 아니라 존경할 만한 자에게도, 경건치 아니한 자뿐 아니라 종교적인 자에게도.

"나를 믿는 자는 성경에 이름과 같이 그 배에서 생수의 강이 흘러나오리라 하시니"(7:38). 우리 주님께서 사용하신 말씀은 그가 어떤 명확한 성경 말씀을 염두에 두셨음을 암시해 준다. 필자는 그가 이사야 58:11의 말씀을 가리키셨다고 믿는다. "너는 물 댄 동산 같겠고 물이 끊어지지 아니하는 샘 같을 것이라." 우리 주님께서는 이 약속을 이 시대의 신자들에게 적용하신다. 믿는 자는 스폰지와 같아서는 안 된다(그것은 물을 흡수할 뿐 방출하지 않는다). 그들은 영원히 신선하게 솟아나는 샘물 같아야 한다. 그리스도께서는 앞에서 '물' 을 상징적으로 두 번 사용하셨었다. 그것이 점진적인 발전적 순서대로 사용되었음을 발견하는 것은 놀라운 일이다. 요한복음 3:5에서 그는 사람이 "물과 성령으로" 다시 나야 함을 말씀하셨었다. 여기에서의 '물' 은 하나님에게서 솟아나는 것이다. 3:3의 난외주를 보면 '위로부터 나다' 라고 되어 있다. 요한복음 4:14에서 그는 "내가 주는 물은 그 속에서 영생하도록 솟아나는 샘물이 되리라"고 말씀하셨다. 여기에서의 '물' 은 하나님을 향해 솟아나는 것이요, 그 물의 근원에게로 향해 흐른다. 여기 요한복음 7:38에서는 이렇게 말씀하신다. "그 배에서 생수의 강이 흘러나오리라." 여기에서의 '물' 은 사람들에게 축복을 주시는 하나님을 향하여 흐르는 물이다.

"나를 믿는 자는 성경에 이름과 같이 그 배에서 생수의 강이 흘러나오리라 하시니." 이 구절은 정상적인 그리스도인을 기술하고 있다. 그러나 이 구절이 실제로 구현되고 있다고 말할 수 있는 자가 우리 중에 얼마나 있을까? 우리의 가장 깊은 심중으로부터 "생수의 강" 이 흐르고 있다고 담대하게 확언할 사람이 우리 중에 얼마나 있을까? 우리가 정직하고 진실하다면, 내가 그러한 자라고 대답할 수 있는 자는 실로 거의 없을 것이다. 그렇다면 무엇이 잘못된 것일까? 이 구절을 좀 더 주의 깊게 연구해 보자.

"그 배에서 … 흘러나오리라." '배'는 무엇을 뜻하는가? 그것은 **항상** 채울 것을 **필요로 하는** 신체 부위이다. 그것은 인간이 타락해 있을 때 그의 본성적인 **신**의 기능을 하는 부분이다. 바울 사도는 "그들의 신은 배"(빌 3:19)라고 말하였다. 배가 가장 큰 관심과 돌봄을 받기 때문에 '신'이라고 일컬은 것이다. '배'는 결코 **만족하지** 아니하는 신체 부위이다. 왜냐하면 그것은 항상 그의 욕구를 해소시켜 줄 무엇인가를 갈망하고 있기 때문이다. 그런데 여기 놀라운 무엇, 실로 **복된** 무엇이 있다. 그것은 신자를 만족시켜 줄 뿐만 아니라 그 만족시켜 주는 **것이** 그에게 **흘러넘치고 있는** 것이다. 즉 그의 가장 깊은 곳으로부터 "생수가 흘러나오는 것이다." 이것은 실로 놀라운 말씀이다. 그것은 단순히 '그에게서' 흘러나오는 것이 아니라 "**그의 배에서** 흘러나오는 것이다." 다시 말해서, 본성적인 인간의 구조 중에서 결코 만족시켜 줄 수 없는 가장 깊은 부위로부터 영원히 넘치도록 흘러나오는 것이다.

그렇다면 신자는 **어떻게** 해야 만족할 수 있겠는가? 대답은 간단하다. 그리스도에게로 '와서' **마심**으로써이다. 마신다는 것은 그에게서 **받는 것을** 뜻한다. 그의 텅 빈 상태를 그리스도의 충만하심으로 채움으로써 만족하는 것이다. 그러나 이것은 **단 한 번의 행동**만을 뜻하는 것일까? 이것은 한 번만 행해야 할 무엇을 뜻하는 것일까? 일반적으로 사람들은 그렇게 생각하는 듯하다. 많은 사람들은 은혜란 하나님께서 씨앗처럼 영혼 속에 심으심으로써 자라나 성장하는 것이라고 생각하는 것 같다. 필자는 믿는 자가 성장한다는 것을 부인하는 것이 아니다. 믿는 자는 **은혜 안에서** 성장한다. 그러나 성장하는 것은 그 안에 있는 은혜가 아니다! 오, 사랑하는 독자여, 우리는 시작할 때처럼 **계속** 그렇게 해야 한다. 당신은 어디에서 안식과 평화를 발견했었는가? 그것은 그리스도 안에서였다. 당신은 그것들을 **어떻게** 얻었는가? 그것은 당신의 결핍감(갈망함)으로부터였으며, 그것을 채우려고 그리스도에게 와서 그의 것을 당신 것으로 삼음으로써 얻어졌다. 그러나 어째서 그 상태에서 멈추는가? 그것은 **매일의** 체험이어야 한다. **우리의** 영적인 상태가 요한복음 7:38 말씀대로가 아닌 이유는 우리가 바로 그 점에서 실패하기 때문이다.

그릇은 가득 차게 될 때까지는 **넘치지** 않고, 가득 채워져야 비로소 넘친다! 이 구절에서도 그리스도의 순서는 결단코 변치 않는다. 내 채워진 영혼으로부터 생수의 강이 흘러넘치기 **전**에 나는 우선 그에게로 가서 마셔야 한다. 주님께서 우리에게 가장 바라시는 것은 **용납함**이다. 다시 말해서, 받는 능력, 그로부터 받는 능력이다. 내가 그를 **위하여** 줄 수 있기 전에 나는 우선 **그로부터** 받아야**만 한다.** 사도들은 배고픈 군중에게 빵을 나누어 주기 전에 먼저 그리스도에게 와서 빵을 받았다. 여기에 모든 **참된** 봉사의 비결이 있다. 우리 자신의 '배' 가 채워졌을 때, 다시 말해서 우리 자신의 결핍된 마음이 그리스도로 인하여 **채워졌을** 때 그 때에야 노력할 필요 없이 내게로부터 "생수의 강"이 흘러**나올** 것이다. 하나님의 은혜가 매일 우리를 가르치셔서 우리로 그리스도를 **위해** 무엇을 시도하기 전에 먼저 **그에게로** 가게 해 주시기를 기원한다.

　"이는 그를 믿는 자들이 받을 성령을 가리켜 말씀하신 것이라 (예수께서 아직 영광을 받지 않으셨으므로 성령이 아직 그들에게 계시지 아니하시더라)"(7:39). 이것은 그리스도께서 명절의 '**끝**' 날, 다시 말해서 여드레째 날에 37절에 기록된 말씀을 하신 이유를 암시한다. 성경에서 팔(8)이라는 수는 **새로운 시작**을 가리킨다. 이 이유 때문에 삼(3)이라는 수처럼 팔(8)도 **부활**의 수이다. 그리스도께서는 여드레째 날에, 다시 말해서 "안식일이 다 지나고 안식 후 첫날이 되려는 새벽에" 다시 살아나셨다 (마 28:1). 교리적으로 생각해 볼 때 그리스도께서는 여기서 부활을 근거로 이 말씀을 하신 것이다. 그는 자신이 죽은 자들 가운데서 다시 살아나시기까지는 결코 성취될 수 없는 그 일을 지적하여 말씀하신 것이다. 요한이 "성령이 아직 계시지 아니하시다"라고 말했을 때, 그는 성령께서 아직 지상에 공공연하게 **나타나시지** 않았음을 뜻하였다. 성령의 나타나심은 그리스도께서 영광을 받으신 후에 수반되었다.

　"이 말씀을 들은 무리 중에서 어떤 사람은 이 사람이 참으로 그 선지자라 하며" (7:40). 이 구절과 이 다음 열두 구절에 함축되어 있는 주된 사상을 요약해 보면, 그것은 사람들이 진리로 시험받는 것, 그리고 그들이 진리를 받아들이는 데 실패했다고 할 수 있다. 그들 중 많은 사람들은 그리스도의 입에서 나온 고마우신 말씀에 깊은 인상을 받았다. 그들은 "이 사람이 참으로 그 선지자라"고 말했다. 그들의 말은 6:14에 기록된 이방인들의 말과 똑같다. 그러나 그들이 단순히 "이는 그 선지자라"고만 **말한** 점에 주목하라. 우리는 그들이 그를 선지자로 받아들였다는 말은 읽을 수 없다. 말은 값싼 것이며, 행동이 따르지 아니하면 무가치한 것이다. 그러나 요한이, 이 무리들의 말을 기록한 유일한 복음서 기자였다는 점은 의미심장하다. 왜냐하면 그들의 이 말은 요한복음의 특정적인 주제와 일치하기 때문이다. 요한복음의 첫 절이 암시하고 있는 것처럼 이 넷째 복음서는 그리스도를 '말씀'으로서, 즉 하나님의 말씀이요 하나님을 계시하시는 자로서 나타내고 있다. '선지자'는 하나님의 대변인이다!

"**어떤 사람은 그리스도라 하며 어떤 이들은 그리스도가 어찌 갈릴리에서 나오겠느냐 성경에 이르기를 그리스도는 다윗의 씨로 또 다윗이 살던 마을 베들레헴에서 나오리라 하지 아니하였느냐 하며**"(7:41, 42). 여기에, 말씀의 뜻을 알면서도 그것이 행동을 규제하는 데는 실패한 자들에 대한 또 하나의 예증이 있다. 이 사람들은 그리스도를 거부했으면서도 예언을 인용할 수 있었다! 그러므로 은혜가 마음속에 수반되지 아니하면 영적인 일에 대한 지식은 쓸모없는 것이다! 이 사람들은 그리스도께서 어디에서 태어나게 될지를 알고 있었다. 그들은 성경의 내용을 잘 알고 있는 것처럼 그것을 말했다. 그러나 그것이 그들의 지각을 밝혀 주지는 못하였다. 메시야께서 친히 그들 앞에 서 계셨다. 그러나 그들은 그를 알아보지 못했다. 여기에 우리를 위한 참으로 엄숙한 경고가 있다! 성경의 의미에 대한 지식을 무시해서는 안 된다. 그런 뜻이 아니다. 오늘날 주의 모든 백성은 이 유대인들처럼 아마도 말씀을 잘 알고 있을 것이다. 우리가 어린 시절부터 성경을 읽고 암송하도록 배웠다면 우리는 그 점에 깊이 감사드려야 한다. 우리는 성경의 의미를 아는 것을 중요하게 생각해야 하지만 그렇다고 그것을 과대평가해서는 안된다. 성경의 역사적인 사실들에 정통한 것으로는 충분하지 아니하며, 기독교의 교리를 지적으로 분명하게 이해하고 있다고 해도 충분하지 않다. 우리의 마음이 하나님의 말씀으로 감동되지 않는다면, 그리고 그 말씀이 우리의 생활 속에 살아 있지 않다면 우리는 요리책을 손에 든 굶주린 사람보다 더 나을 것이 없다.

"어떤 사람은 그리스도라 하며 어떤 이들은 그리스도가 어찌 갈릴리에서 나오겠느냐 성경에 이르기를 그리스도는 다윗의 씨로 또 다윗이 살던 마을 베들레헴에서 나오리라 하지 아니하였느냐 하며." 이 말씀은 우리를 가르치기 위해 기록된 것이다. 우리는 이 구절들 속에 우리를 위한 메시지가 함축되어 있지 않은 것처럼 성급하게 판단해서는 안 된다. 그것들은 우리 자신을 엄숙하고 진지하게 살펴보도록 이끌어 주어야 한다. 그 시대의 사람들처럼 성경을 쉽사리, 그리고 정확하게 인용할 수 있으면서도 거듭나지 않은 자들이 오늘날에도 참으로 많다. 필요한 것은 그리스도를 체험적으로 아는 것이다. 하나님의 진리를 마음으로 아는 것이 가장 중요한 일이며, 그것은 학교에서 얻을 수 있는 것이 아니다. 당신이 당신의 마음속에 있는 질병을 발견했다면, 당신이 당신 자신을 잃어버린 바 된 죄인으로 깨달았다면, 그래서 죄인의 구세주를 당신의 것으로 받아들였다면, 당신이 몸소 주님의 고마우심을 맛보았다면, 당신이 지금 말씀을 듣는 자일 뿐 아니라 말씀을 실천하는 자라면, 그것으로 당신은 당신을 그렇게 밝혀 주신 하나님께 감사해야 할 충분한 이유를 가진 것이다. 당신은 헬라어나 히브리어에 전혀 무지할지도 모른다. 그러나 당신이 **그를** 알기만 한다면, 우리가 아는 것이 영원한 생명인 바로 그를 알기만 한다면, 그리고 당신이 매일 **그**의 발 아래 앉아 그에게 가르쳐 주시기를 구한다면, 그렇다면 당신은 보석보다 더욱 값진 것을 갖고 있는 것이다. 그러나 사랑하는 독자여, 이 점을 확고하게 인식하라. 당신은 불확실성 속에 머물러 있어서는 안 된다. 하나님의 은혜로 당신이 "내가 아는 것은 전에는 눈멀었더니 이제 보게 되었다는 이것이라"고 말할 수 있을 때까지 결코 쉬지 말라. 그리고 당신의 눈이 열렸다면, 이제 하나님의 말씀에 대한 더 훌륭한 **마음의 지식**을 달라고 매일 기도드리라.

"예수로 말미암아 무리 중에서 쟁론이 되니"(7:43). 이것은 우리 주님의 예언이 성취된 것이다. 그의 공생애의 초기 무렵에 그는 이렇게 말씀하셨었다(마 10:34, 35 참고). "내가 세상에 화평을 주려고 온 줄로 아느냐 내가 너희에게 이르노니 아니라 도리어 **분쟁하게** 하려 함이로라 이 후부터 한 집에 다섯 사람이 있어 **분쟁하되** 셋이 둘과, 둘이 셋과 하리니"(눅 12:51, 52). 그것이 여기서 입증되었으며 그 이래로 여전히 입증되고 있다. 우리는 그 **이유**를 알지 못한다. 하나님의 방법은 우리의 방법과 항상 다르시다. 주 예수께서 아버지의 보좌를 떠나 공중으로 내려오실 때(재림) 세상 사람들 중에 또 한 번의 '**분쟁**'이 있을 것이다. 게다가 무덤 속에 있는 자들 중에도 '**분쟁**'이 있을 것이다. 그 때에는 "그리스도 안에서 죽은 자들"만이 다시 살아날 것이며, 그로 인하여 구원받은 살아 있는 자들이 "함께 모여 공중에서 주를 영접할 것이다." 그 나머지 사람들은 뒤에 남아 있게 될 것이다. 이것이 곧 그 '분쟁'이다! 사랑하는 독자여, 그리스도께서 오늘 오신다면 **당신은** 어느 편에 있게 될 것인가?

"예수로 말미암아 무리 중에서 쟁론이 되니." 그리스도께서 지상에 계실 때 이런 일이 일어났으니 그를 신실하게 섬기는 자들이 그가 계시지 아니하는 동안 '분쟁'을 야기시킨다 해도 그것에 놀라서는 안 된다. 성경에 이르기를 "**모든** 사람이 너를 칭찬할 때 두려워하라"고 되어 있다. 사도행전을 읽어 보고 사도들의 복음 전파가 '분쟁'을 일으켰다는 점에 주목하라. 또한 엄숙하면서도 명백한 말씀인 고린도전서 11:19에 주목하라. "너희 중에 **파당이 있어야** 너희 중에 옳다 인정함을 받은 자들이 나타나게 되리라." 그러므로 기독교의 일치에 대한 현대의 모든 의논은 무의미하다.

동료 설교자여, 당신이 하나님의 모든 계획을 신실하게 선포할 때 **당신으로** 인하여 '분쟁'이 일어난다 해도 놀라거나 실망하지 말라. 오히려 그런 일이 생기지 않는 것을 나쁜 징조로 간주하라.

"그 중에는 그를 잡고자 하는 자들도 있으나 손을 대는 자가 없었더라"(7:44). 이것은 앞 30절에서 고찰했던 것과 비슷하다. 요한복음에서는 이것을 거듭하여 지적하고 있다(5:16, 18; 7:1; 8:20; 10:39 등 참고). 그들은 하나님의 섭리 앞에서는 무력하였다. "그들 중에는 그를 잡고자 하는 자들도 **있었다**." 헬라어로는 그들이 그렇게 하고자 '마음먹었다'는 뜻이다. 그들은 그렇게 하려는 뜻을 가졌으나 그렇게 할 능력이 없었다. 인간은 자기의 의지력과 '자유의지'를 자랑할지도 모른다. 그러나 결국 그것은 무엇인가? 빌라도는 "내가 너를 놓을 **권한도 있고** 십자가에 못 박을 권한도 있는 줄 알지 못하느냐"라고 말하였다(요 19:10). 그는 그렇게 자부하였고 또 진정으로 그렇게 믿었다. 그러나 우리 주님께서 무어라 답변하셨는가? "예수께서 대답하시되 **위에서 주지 아니하셨더라면** 나를 해할 권한이 없었으리라." 그것은 여기에서도 마찬가지이다. 이 사람들은 그리스도를 붙잡고자 **마음먹었으나** 그들에게는 그렇게 할 권한이 주어지지 아니하였다. 우리는 진정 저 옛 선지자와 함께 이렇게 말해야 한다. "여호와여 내가 알거니와 사람의 길이 자신에게 있지 아니하니 걸음을 지도함이 걷는 자에게 있지 아니하니이다"(렘 10:23)

"아랫사람들이 대제사장들과 바리새인들에게로 오니 그들이 묻되 어찌하여 잡아오지 아니하였느냐"(7:45). 그들이 그렇게 물은 것은 당연하다. 왜냐하면 그들은 그에 대한 참된 답을 전혀 알지 못했기 때문이다. 바로가, "어째서 내가 히브리인들을 멸망시키는 데 실패하였을까?"라고 묻는 것도 당연하다. 또는 네로가, "어째서 내가 기독교인들을 모두 몰살시키는 데 실패하였을까?"라고 묻는 것이나, 스페인 왕이, "어째서 나의 무적 함대가 영국 항구에 당도하여 그 해군을 쳐부수는 데 실패했을까?"라고 묻는 것, 또는 독일 황제가, "어째서 나의 군단이 파리를 점령하는 데 성공하지 못했을까?"라고 묻는 것은 모두 매한가지의 이유 때문이다. 각각의 경우 그 대답은 하나뿐이다. 즉 그것은 **하나님께서** 그들에게 그렇게 하도록 허락지 아니하셨기 때문이다! 이 악명 높은 사람들처럼 바리새인들도 하나님 없이 계획을 꾸몄던 것이다. 그들은 그리스도를 붙잡아 오라고 그들의 아랫사람들을 보냈다. 그러나 그들은 아랫사람들에게 태양을 멈추게 하라고 명하는 것이 더 나았을 것이다. 땅과 지옥의 모든 군단을 동원하다 해도 하나님의 정하신 그 때가 오기 전에는 그를 잡을 수 없었을 것이다. 사랑하는 독자여, 성경의 하나님은 단지 명색뿐인 수령이 아니다. 그는 그 이름에 있어서 뿐 아니라 사실상으로도 최고의 존재이시다. **그가** 행동하려 하시면 아무도 막을 수 없다. 그가 준비를 **마치실** 때까지는 아무도 그를 앞지를 수 없다. 이것은 그의 원수들에게는 증오스러운 일이다. 그러나 그의 백성들에게는 위로가 되는 말씀이다. 독자여, 만일 당신이 하나님을 대항하여 싸우고 있다면, 위대하신 하나님께서는 당신의 어리석음을 비웃으시며, 머지않은 어느 날 당신을 그의 진노로 처리하실 것을 알라. 다른 한편 당신이 그의 주권적 은혜로 그의 자녀가 되었다면, 그는 당신을 **위하고** 계실 것이다. 그리고 **하나님께서 당신을 위하고 계신다면** 누가 당신을 대적할 수 있겠는가? 진정 그럴 수 있는 자는 아무도 없다.

　　"아랫사람들이 대답하되 그 사람이 말하는 것처럼 말한 사람은 이 때까지 없었나이다 하니"(7:46). 이것은 불신자들이 말한 증거이다! 아랫사람들이 그를 붙잡지 않고, 오히려 그들이 그에게 사로잡혔다. 이것은 그리스도를 다시 한 번 **'말씀'**으로 드러내 주고 있다! 그들을 깊이 매료시켰던 것은 그의 이적이 아니라 그의 말씀이었다. "그 사람의 말하는 것처럼 **말한** 사람은 이때까지 없었나이다." 그들의 증언은 실로 참되었다. 왜냐하면 말씀한 자는 '사람' **이상**의 존재였기 때문이다. 곧 그는 "말씀이신 하나님이었다!" 그리스도의 말씀하시는 것처럼 말한 사람은 아무도 없었다. 왜냐하면 **그의** 말씀은 영이요 생명이었기 때문이다(요 6:63). 독자여, **당신은** 그리스도에 대하여 무어라고 말하는가? 당신은 "그의 말하는 것처럼 말한 사람은 아무도 없었다"고 고백하는가? 그의 말은 다른 누구의 말도 그랬던 적이 없는 힘을 가지고 **당신에게** 다가왔는가? 그것들은 "영혼과 정신의 분열되어 있는 틈으로" 들어와 당신을 관통하였는가? 그것들은 당신의 영혼에 생명을, 당신의 가슴에 기쁨을, 당신의 양심에 안식을, 그리고 당신의 마음에 평화를 가져왔는가? **당신이** "수고하고 무거운 짐 진 자들아 다 내게로 오라 내가 너희를 쉬게 하리라"고 말씀하시는 **그를** 들었다면, 그리고 당신이 그의 음성에 응답했다면 그 때 당신은 진정으로 이렇게 말할 수 있을 것이다. "그 사람이 말하는 것처럼 말한 사람은 이 때까지 없었나이다."

　　"바리새인들이 대답하되 너희도 미혹되었느냐 당국자들이나 바리새인 중에 그를 믿는 자가 있느냐"(7:47, 48). '당국자들'은 관리직에 있는 자들이다. 그리고 '바리새인들'은 그 당시의 종교적인 형식주의자들이었다. '당국자들' 또는 높은 신분을 가진 자들, '서기관들' 또는 박식한 자들, '바리새인들' 또는 엄격한 도덕주의자들은 그의 제자 중에 거의 없었다. 그들은 자신들에 대하여 충분히 만족하고 있었기 때문에 구세주에 대한 필요를 전혀 깨닫지 못하였다. 이 바리새인들이 행한 경멸적인 비평은 모든 시대를 통하여 반복되어 왔으며, 그렇게 반복되고 **있는** 비평이야말로 하나님의 말씀이 참됨을 입증하는 또 하나의 증거가 된다. 사도 바울은 이렇게 말하였다. "형제들아 너희를 부르심을 보라 육체를 따라 지혜로운 자가 **많지 아니하며** 능한 자가 **많지 아니하며** 문벌 좋은 자가 **많지 아니하도다** 그러나 하나님께서 세상의 미련한 것들을 택하사 지혜 있는 자들을 부끄럽게 하려 하시고 세상의 약한 것들을 택하사 강한 것들을 부끄럽게 하려 하시며 하나님께서 세상의 천한 것들과 멸시 받는 것들과 없는 것들을 택하사 있는 것들을 폐하려 하시나니"(고전 1:26-28). 그렇다면 어째서 그렇게 하신 것일까? "이는 아무 육체라도 하나님 앞에서 **자랑하지** 못하게 하려 하심이라."

"율법을 알지 못하는 이 무리는 저주를 받은 자로다"(7:49). "이 무리"란 경멸적인 용어이다. 어떤 학자들은 그것을 "이 어중이떠중이들, 이 떼거리들, 이 쓰레기 같은 자들"이라고 표현하였다. 바리새인들은 천국의 밖에 남겨져 있는데 창녀와 세리들이 그곳에 들어가는 것을 보는 것이야말로 그들을 가장 굴욕스럽고 창피스럽게 한 일이었다.

"그 중의 한 사람 곧 전에 예수께 왔던 니고데모가 그들에게 말하되 우리 율법은 사람의 말을 듣고 그 행한 것을 알기 전에 심판하느냐"(7:50, 51). 그들은 바리새인 중에 그리스도를 믿는 자가 **누가** 있느냐고 물었다. 많지는 않으나 적어도 한 사람은 있었다. 니고데모가 그 증거이다. 여기에 어두운 국면을 비춰 주는 한 줄기 빛이 있다. 주권적 은혜로써 바로 이 바리새인들 중 하나를 택하여 그에게 용기를 주사 그로 하여금 불의한 동료들을 책망하게 하셨다. 여기에서 니고데모가 많은 말을 한 것은 아니었음이 분명하다. 그러나 그는 의회를 산회시키기에 족한 말을 하였다. 그는 아직은 주님의 편에 담대히 가담하지 아니하였다. 그러나 그는 더 이상 그의 원수가 아니었다. 은혜의 사역(事役)은 니고데모의 경우처럼 어떤 사람에게 있어서는 천천히 진행된다. 왜냐하면 이때는 요한복음 3장에 기록된 사건으로부터 18개월이 경과한 때이기 때문이다. 다른 사람들에게 있어서는, 다소의 사울의 예처럼 은혜의 사역이 아주 즉각적으로 이루어진다. 다른 모든 예에서처럼 여기에서도 하나님께서는 그의 주권적 기쁨에 따라 행동하신다. 나중에 주님께서 원하실 때에 니고데모는 다시 우리 앞에 나올 것인 바 그 때 우리는 이삭이 패어 완전히 익은 곡식을 보게 될 것이다. 요한복음은 니고데모의 영적 상태를 세 단계로 묘사하고 있다. 요한복음 3장에서의 그것은 한밤중이다. 여기 7장에서는 여명이다. 그리고 장차 19장에서의 그것은 그의 영혼의 한낮이다.

"**그들이 대답하여 이르되 너도 갈릴리에서 왔느냐 찾아 보라 갈릴리에서는 선지자가 나지 못하느니라 하였더라**"(7:52). 그러나 그들의 생각은 틀렸다. 그들의 성경이 그들을 논박한다. 요나는 '선지자'였다. 그러나 그는 **갈릴리**에서 났다(왕하 14:25). 그리고 한두 사람의 다른 선지자들이 거기에서 더 났을 가능성이 매우 크다. 그들이 니고데모에게 "너도 갈릴리에서 왔느냐?"고 물었을 때 그들은 분명히 이런 뜻으로 말한 것이다. 즉 너도 갈릴리 사람이냐? 다시 말해서, 너도 그의 일당이냐? 는 뜻이다.

"**다 각각 집으로 돌아가고**"(7:53). 여기에서의 "다 각각"이란 이 7장을 통하여 언급되었던 모든 사람들을 가리킨다. 이제 명절은 끝났다. 임시 '초막'은 거두어졌다. 그리고 이제 모든 사람은 각자 거주지로 돌아갔다. "다 각각 집으로 돌아갔다"는 말은 매우 엄숙하다. 그들은 그리스도를 **떠나**갔다. 그들은 그를 떠난 것이다! 그들은 더 이상 그와 함께 하고자 하지 아니하였다. 그래서 거기에서 커튼이 내려진 것이다.

다음 장에서는 요한복음 8:1-11 말씀을 고찰하겠는데 독자들을 위해 다음의 질문들을 제시하겠다.

1. 이 구절들은 어떤 점에서 이스라엘의 가공할 상태를 입증하는 증거를 제시하고 있는가?

2. "그가 **앉으사**"라는 말은 무엇을 강조하고 있으며 무슨 의미인가?(2절) 7:37의 "예수께서 **서서**"와 비교하라.

3. 어떤 점에 "시험"이 있었는가?(6절)

4. 그리스도께서 손가락으로 땅에 쓰신 것은 무슨 의미일까?(6절)

5. 그는 무엇 때문에 "다시" 땅에 쓰셨는가?(8절)

6. 그리스도께서는 11절에서 어떤 신적 속성에 따라 행동하셨는가?

7. "가서 다시는 죄를 범하지 말라"는 말씀은 무엇을 입증하는가? (11절)

제28장

간음한 여자와 그리스도

¹예수는 감람 산으로 가시니라 ²아침에 다시 성전으로 들어오시니 백성이 다 나아오는지라 앉으사 그들을 가르치시더니 ³서기관들과 바리새인들이 음행중에 잡힌 여자를 끌고 와서 가운데 세우고 ⁴예수께 말하되 선생이여 이 여자가 간음하다가 현장에서 잡혔나이다 ⁵모세는 율법에 이러한 여자를 돌로 치라 명하였거니와 선생은 어떻게 말하겠나이까 ⁶그들이 이렇게 말함은 고발할 조건을 얻고자 하여 예수를 시험함이러라 예수께서 몸을 굽히사 손가락으로 땅에 쓰시니 ⁷그들이 묻기를 마지 아니하는지라 이에 일어나 이르시되 너희 중에 죄 없는 자가 먼저 돌로 치라 하시고 ⁸다시 몸을 굽혀 손가락으로 땅에 쓰시니 ⁹그들이 이 말씀을 듣고 양심에 가책을 느껴 어른으로 시작하여 젊은이까지 하나씩 하나씩 나가고 오직 예수와 그 가운데 섰는 여자만 남았더라 ¹⁰예수께서 일어나사 여자 외에 아무도 없는 것을 보시고 이르시되 여자여 너를 고발하던 그들이 어디 있느냐 너를 정죄한 자가 없느냐 ¹¹대답하되 주여 없나이다 예수께서 이르시되 나도 너를 정죄하지 아니하노니 가서 다시는 죄를 범하지 말라 하시니라(요 8:1-11)

평상시대로 여기에서도 본문에 대한 분석으로 시작하겠다.

1. 예수께서 감람산으로 물러가시다(1절)
2. 성전에서 가르치신 예수(2절)
3. 바리새인들이 간음한 여자를 예수와 대면시키다(3-6절)
4. 그리스도께서 그들 위에 빛을 비추시다(6-8절)
5. 그 빛으로 인하여 패배한 바리새인들(9절)
6. 그리스도와 단 둘이 남게 된 여자(10절)

7. 경고를 받고 떠난 여자(11절)

요한복음 강해의 이 시리즈에서 필자는 의도적으로 기술적인 문제를 피하고 영혼에 양식을 주는 것을 취급하는 데 국한하였다. 그러나 여기의 강해는 예외를 범할 필요가 있겠다고 생각한다. 지금 우리가 고찰하려는 이 구절들은 오랫동안 논란의 대상이 되어 왔다. 경건한 사람들조차도 그 신빙성에 대하여 의문을 제기해 왔다. 가장 중요하게 여겨지는 많은 고대의 필사본들을 보면 요한복음 7:53~8:11 말씀까지는 기록에 포함되어 있지 않다. 개역성경은 이 구절들에 의문 부호를 표기해 놓았다. 필자 개인으로서는 이 구절들이 영감을 받아 기록된 하나님 말씀의 일부임을 조금도 의심하지 않는다. 그것은 다음과 같은 이유에서이다.

첫째로, 이 구절들이 가짜라면 우리는 7:52로부터 8:12로 곧장 건너뛰어야 한다. 독자들이 이를 시험해 보라. 그리고 그 결과에 주목해 보라. 그리고서 7:52 말씀으로 돌아가서 모든 구절을 거쳐 8:14까지 읽어 보라. 어느 편이 더 자연스러운가?

둘째로, 우리가 요한복음 8장의 첫 8개 구절을 생략하고 12절로부터 8장을 시작한다면 몇 가지 문제가 불가피하게 발생할 것이며 거기에 만족할 만하게 답변하기가 매우 곤란함을 알게 될 것이다. 예를 들어 "[**그 때**] 예수께서 이르시되"라는 말씀을 살펴보자. 그것은 언제인가? 요한복음 7장의 후반절에서 이 문제에 대한 단순하고 만족스러운 답변을 찾을 수 있겠는가? 그러나 요한복음 8:1-11 말씀을 지금 위치해 있는 자리에 그대로 두어 보라. 그러면 그 답변을 찾을 수 있는데 그것은 3절에 기록되어 있는 방해를 받은 직후를 가리킨다. "예수께서 또 [**그들에게**] 일러 이르시되." 여기에서 그는 누구에게 말씀하셨는가? 요한복음 7장의 후반절로 돌아가 보라. 그것은 이 질문에 대한 결정적인 답변을 제공하고 있는가? 그러나 8:2을 현재의 위치에 두면 모든 것은 단순하고 분명하다. 우리는 13절에서 "[그러므로] **바리새인들이** [그에게] 이르되"라는 말을 읽는다. 이것은 성전에서 있었던 일이다(20절). 그러나 바리새인들이 어떻게 거기에 왔는가? 7:45을 보면 그들이 다른 곳에 있음을 알 수 있다. 그러나 8:1-11을 현재의 위치에 두면 이 난점은 해결된다. 왜냐하면 8:2은 이때가 그 다음 날인 것을 알려 주기 때문이다.

셋째로, 요한복음 8:1-11의 내용은 이 복음서의 이 부분의 명백한 의도와 완전히 조화를 이룬다. 요한복음의 각 장에 따라 사용된 수단은 참으로 의미심장하다. 각각의 예에서 우리는 성령께서 주님의 생애 중 놀라운 사건을 기록하고 계심을 알 수 있다. 그리고 그 사건들은 그 다음에 나올 교훈을 도입하고 **예증하는** 데 도움이 된다. 요한복음 5장에서 그리스도께서는 병자를 다시 살리셨다. 그리고 그는 그 이적을 그 다음에 그가 가르치실 교훈의 주제로 삼으셨다. 6장에서 그는 배고픈 군중을 먹이시고, 그 직후에 생명의 떡으로서 자신에 대한 이야기를 하셨다. 요한복음 7장에서 그리스도께서는 명절에 드러내어 예루살렘으로 올라가셔서 공공연히 자기의 영광을 드러내기를 거절하셨는데, 그것은 믿는 자들을 통한 성령의 **장차의 드러나심**, 다시 말해서 믿는 자들에게서 "생수의 강"이 흘러나올 것이라는 저 놀라운 말씀의 배경을 이루고 있다. **그리고 여기 요한복음 8장에서도 그와 똑같은 원칙을 발견할 수 있다.** 8:12에서 그리스도께서는 "나는 세상의 빛이라"고 선포하신다. 그리고 그 앞 11개 구절은 그 '빛'의 **권능**에 대한 지극히 놀라운 예증이요 엄숙한 증거로서 제시되고 있다. 그러므로 요한복음 8:1-11에 기록되어 있는 사건과 그 후에 나오는 우리 주님의 가르치심 사이에는 뗄 수 없는 관계가 있음을 알 수 있다.

끝으로, 필자는 이 11개 구절을 연구하면서 그 구절들의 놀라운 심오성을 측량하고자 노력하는 바, 영감을 받지 아니한 펜으로는 그 안에 그려져 있는 그림을 결코 표현할 수 없음이 확실하다는 것을 필자의 영적 총명을 다하여 굳게 믿는다. 그리고 내적 증거와 영적 암시들이(그런데 하나님의 생각을 맛본 자들만이 그것들을 이해하고 깨달을 수 있다) 외적 증거들보다 훨씬 더 유력하다. 하나님의 성령에 의해 인도되고 가르침을 받는 자는, 성경의 이 부분이 진정으로 하나님 말씀의 일부인지 아닌지를 밝혀내기 위하여 고대의 필사본을 조사하느라고 귀중한 시간을 낭비할 필요가 없다.

이 구절들은 이스라엘의 타락한 상태를 다시 한 번 강조하고 있다. 성령께서는 그리스도께서 지상에 계실 당시에 이스라엘이 처해 있던 끔찍한 상태에 대하여 거듭 우리의 주의를 환기시키신다. 1장에서 우리는 주님의 선구자적 신분에 대한 유대인들의 무지(1:14)와 그들이 그들 가운데 계시는 하나님의 임재를 보지 못하는 것(1:26)을 알 수 있다. 2장에서 필자는 그 민족의 기쁨이 없는 상태를 예증하였으며, 그들이 아버지의 집을 더럽힌 것을 보여주었다. 3장에서 우리는, 죄와 허물 속에 죽어 있으므로 거듭날 필요가 있는 산헤드린 공회의 의원에 대해 읽었다(3:7). 그리고 유대인들이 정결예식에 대하여 요한의 제자들과 논쟁하는 것을 볼 수 있다(3:25). 4장에서는 이방인 이웃들에 대한 이스라엘의 냉담한 무관심을 발견한다. "유대인이 사마리아인과 상종하지 아니함이러라"(4:9). 5장에서 우리는 병자의 무리들을 통하여, 즉

"맹인과 다리 저는 사람, 그리고 혈기 마른 사람들"을 통해 하나님의 계약 백성들의 모습을 본다. 6장에서는 굶주린 자로서, 그러나 생명의 떡을 먹으려는 식욕이 없는 자로서 그들의 모습이 제시되었다. 7장에서는 유대의 지도자들이 그리스도를 붙잡기 위하여 아랫사람들을 보낸다. 그리고 이제 여기 8장에서 우리는 이스라엘이 여호와의 불충한 아내, 즉 '간음한 여자'로 제시되고 있음을 본다.

"예수는 감람 산으로 가시니라"(8:1). 이것은 앞 장 마지막 구절과 대조를 이루고 있다. 거기에서 우리는 "다 각각 집으로 돌아간" 것을 읽을 수 있다. 여기에는 "예수는 감람 산으로 가셨다"고 기록되어 있다. 필자는 이 대조점 속에 이 넷째 복음서의 특별한 특성과 조화를 이루는 것으로서 두 가지 측면이 들어 있다고 믿는다. 이 요한복음은 그리스도에 대한 두 가지 사항을 두드러지게 강조하고 있다. 즉 그의 본질적인 영광과 자발적인 굴욕이 그것이다. 여기에서 성령께서 그를 하나님의 영원하신 아들로서, 그러나 또한 육신을 입고 하늘로부터 내려오신 아들로서 제시하신다. 한편 우리는 그의 유일무이성과 그의 무한하신 탁월성을 바라보아야 한다. 다른 한편으로 우리는 그가 내려가신 굴욕의 심연도 보아야 한다. 이것들은 종종 나란히 배치되어 있다. 그 예로서 4장에서 우리는 그가 "길 가시다가 피곤하신" 것을 읽을 수 있다(6절). 그런데 그 다음에 나오는 구절에서는 그의 신적 영광이 빛나고 있다. 독자는 다른 예도 생각해 낼 수 있을 것이다. 여기 8장의 이 구절들에서도 동일한 예가 전개되어 있다. "예수께서 감람 **산**으로 가시다"(7:53 말씀의 다음에 그렇게 하신 것이다)는 말씀은 그리스도의 **고귀성**을 암시한다. 그러나 그것은 또한 그의 **굴욕**에 대해서도 암시하고 있음이 분명하다. 여우도 굴이 있고 공중의 새도 거처가 있으되 오직 인자는 머리 둘 곳이 없으셨다(마 8:20). 그러므로 "다 **각각** 집으로 돌아가자" "예수께서는 감람 산으로 가셨다." 왜냐하면 그는 이 땅에 집을 "가지고 있지" 않으셨기 때문이다. 부요하신 그가 우리를 위하여 가난하게 되셨다.

"아침에 다시 성전으로 들어오시니"(8:2). 성경에는 불필요한 것이 아무 것도 없다. 이 장면은 하늘의 예술가께서 그리신 것이다. 그러므로 우리는 제아무리 사소한 선일지라도 모든 것이 의미와 가치를 지니고 있음을 확신할 수 있다. 우리가 이 그림의 **주제**를 꾸준히 고찰한다면 우리는 그 다양한 암시들을 더 잘 이해할 수 있을 것이다. 이 8장의 주제는 생명의 빛께서 빛나시는 것이다. 그러므로 이 첫 구절은 참으로 적절한 말씀이다. **이른** '아침'은 대낮이 시작되는 시각이다!

"아침에 다시 성전으로 들어오시니." 이 말은 우리에게 중요한 교훈을 제시하고 있다. 왜냐하면 그리스도께서 여기에 우리로 그의 발자취를 따르도록 모범을 남겨 주셨기 때문이다. 신약성경에 기록된 우리 주님의 첫 설교에서 우리는 그가 "너희는 **먼저** 그의 나라와 그의 의를 구하라"(마 6:33)고 말씀하신 것을 발견한다. 그리고 **그 는** 자신이 설교하신 것을 실천하셨다. 우리 구속자께서 여기에서 예증하신 교훈은 우리가 하나님의 얼굴과 축복을 구함으로써 하루를 **시작해야** 한다는 그것이다! 하나 님의 약속에 "나를 **간절히**(early) 찾는 자가 나를 만날 것이니라"(잠 8:17)고 되어 있 다. 우리가 매일을 **진정으로** 하나님과 함께 시작한다면 우리의 삶은 전적으로 달라 질 것이다! 그렇게 해야만 우리는 그 뒤에 따르는 시간 동안 해야 할 의무와 투쟁에 필요한 힘을 주시는 은혜의 새로운 공급을 받을 수 있다.

"**백성이 다 나아오는지라**"(8:2). '다' 라는 말은 제한적인 의미로 해석해야 할 예이 다. 그 말은 절대적으로라기보다는 상대적인 의미로 거듭 사용되었다. 예를 들어 3:26에서는 요한의 제자들이 그들의 스승에게 와서 그리스도가 아주 많은 사람을 자 기에게로 이끌고 있다고 불평하는 것을 읽을 수 있다. 그 때 그들은 "사람이 **다** 그에 게로 가더이다" 라고 말했다. 다시 6:45에서 주 예수께서 "그들이 **다** 하나님의 가르치 심을 받으리라"고 선포하셨다. 그리고 여기에서도 "백성이 **다** 그에게 나아오는지 라" 라고 기록되어 있다. 이것들과 또 인용할 수 있는 다른 많은 구절들을 해석할 때 우리는 보편구원설의 잘못에 빠지지 않도록 해야 한다. 예를 들어, "내가 땅에서 들 리면 **모든** 사람을 내게로 이끌겠노라"(요 12:32)는 말씀은 예외 없이 모든 사람을 이 끌겠다는 뜻이 아니다. 모든 사람이 다 그리스도에게로 '이끌려 나오는' 것은 **아니 므로** 그것은 뻔한 일이다. 요한복음 12:32의 "모든 사람" 은 **차별 없는** 모든 사람을 뜻한다. 그리고 여기의 "백성이 **다** 나아오는지라"(8:2)에서도 성전에 있던 모든 사 람, 다시 말해서 모든 종류와 모든 신분의 사람들, 다양한 연령 및 다양한 사회적 지 위를 가진 사람들, 다양한 지파 출신의 사람들을 뜻한다.

"**앉으사 그들을 가르치시더니**"(8:2). '예수께서 **서서**' , '예수께서 **다니사**' , '예수 께서 **앉으사**' 라는 요한복음의 이 표현들은 각각 독특한 도덕적 진리를 나타내고 있 다. 예수께서 "서서" 라는 말은 그의 인격의 위험과 거룩함에 대하여 주의를 기울이 게 한다(이 표현이 나타나 있는 예들 중에서). 사람들이 그의 영광을 인식한 예는 하 나도 없었음에 주목하는 것은 매우 엄숙한 일이다(1:26; 7:37; 20;14, 19, 26; 21:4 참 고). 예수께서 "다니셨다"는 말은 그 자신에 대한 공공연한 나타내심을 가리킨다. 7:1에 대한 필자의 주석을 보라. 예수께서 "앉으사" 라는 말은 굴욕의 신분을 취하신

그의 겸손하고 온유함, 그리고 은혜를 가리킨다 (4:6; 6:3; 12:15 참고)

"서기관들과 바리새인들이 음행중에 잡힌 여자를 끌고 와서 가운데 세우고 예수께 말하되 선생이여 이 여자가 간음하다가 현장에서 잡혔나이다 모세는 율법에 이러한 여자를 돌로 치라 명하였거니와 선생은 어떻게 말하겠나이까 그들이 이렇게 말함은 고발할 조건을 얻고자 하여 예수를 시험함이러라" (8:3-6). 그 전날 그들의 계획이 실패하였기 때문에(즉 그리스도를 붙잡으러 아랫사람들을 보낸 것이 실패하였기 때문에; 7:45) 그의 원수들은 새로운 계획을 착상하였다. 그들은 그리스도를 진퇴유곡에 빠뜨리려 하였다. '사자'의 포효로는 실패하였다. 이제는 '뱀'의 간계를 사용하는 것을 본다.

원수들의 끔찍한 악의가 표면에 분명하게 드러난다. 그들이 간음한 여자를 그리스도에게 데려온 것은 그들이 그녀의 행동에 놀랐기 때문이 아니요, 그녀가 하나님의 거룩한 법을 깨뜨린 것을 슬퍼했기 때문은 더더욱 아니었다. 그들의 목적은 그들의 악한 계획을 달성하는 데 그녀의 죄를 미끼로 이용하는 것이었다. 그들은 냉담한 마음으로 야비하게 행동하였다. 그래서 그들의 포로의 죄를 이용하여 그리스도를 제거하려는 악한 목적을 달성하려 하였다. 그들의 동기는 오해의 여지가 없는 것이다. 그들은 백성들 앞에서 우리 주님의 평판을 떨어뜨리기를 열망하였다. 그들은 그들이 그와 사적으로 질문할 수 있을 때까지 기다리지 아니하고 백성들을 가르치시는 것을 방해하였다. 그들은 그들에게는 풀 수 없는 수수께끼로 보였음에 틀림없는 문제를 풀라고 무례하게 그에게 도전하였다.

그들이 무한하고 지혜이신 분에게 도전하고자 제기했던 문제는 이런 것이었다. 어떤 여자가 간음하다 그 현장에서 붙잡혀 왔다. 율법은 그녀를 돌로 쳐 죽이라고 되어 있었다. 이에 대해서는 의심할 여지가 없다 (레 20:10; 신 22:22 참고). 그들은 "선생은 어떻게 말하겠나이까?"라고 물었다. 그것은 실로 교활한 질문이다. 그가 "그녀를 보내라"고 말씀하셨더라면 그들은 그를 하나님의 법을 반대한 원수로 고소할 수 있었을 것이며, 또 그랬더라면 그 자신의 말, 즉 "내가 율법이나 선지자를 폐하러 온 줄로 생각하지 말라 폐하러 온 것이 아니요 완전하게 하려 함이라"(마 5:17)고 하신 그의 말씀이 거짓임을 입증했을 것이다. 그러나 그가 "그 여자를 돌로 치라"고 말씀하셨더라면 그들은 그가 "세리와 죄인의 친구"라는 사실을 조롱했을 것이다. 의심할 여지 없이 그들은 그를 진퇴유곡에 빠뜨렸다고 확신했다. 한편 그가 이 범죄한 여자에게 내릴 형벌을 무시한다면 그들은 그가 죄와 타협했다고 고소했을 것이다. 다른 한편 그가 그녀에게 형벌을 선고하면, "하나님이 그 아들을 세상에 보내신 것은 세상을 심판하려 하심이 아니요 그로 말미암아 세상이 구원을 받게 하려 하심이라"(요 3:17) 고 하신 주님 자신의 말씀은 어떻게 되겠는가? 그러므로 여기에 딜레마가 있다. 그리스도께서 그녀를 변호하신다면, 그가 하나님의 거룩하심과 그 법을 존중한다는 표시를 어디서 찾겠는가? 그러나 그가 그 여자를 정죄하신다면, "잃어버린 자를 찾아 구원하려"(눅 19:10) 오셨다는 그의 주장이 어떻게 되겠는가? 그러나 그들의 극악한 교활은 육체를 입으신 하나님 앞에서 아무 소용이 없었다!

계속하기 전에 이 사건은 사악한 자들이 그들의 악한 계획을 성취시키는 데 성경을 인용할 수 있음을 예증해 준다. "모세는 율법에 이러한 여자를 돌로 치라 명하였거니와." 그러나 그들은 법을 지켰는가? 그들은 성령의 '검'을 증오하는 자를 향해 겨누려 하였다. 그러나 그들은 곧 그 날카로운 칼날이 그들에게 겨누어져 있음을 알아야만 했다. 그러므로 우리는 성경을 인용하는 자라고 해서 반드시 하나님을 두려워하는 자라고 결론짓거나 미혹되지 않아야 한다. 다른 사람을 정죄하기 위하여 성경을 인용하는 자들이야말로 가장 큰 죄인일 수도 있다. 다른 사람 눈 속의 티끌을 가려내고자 열망하는 자들은 대개 자기 눈 속에 들보를 가지고 있는 자이다.

여기에는 얼른 볼 때 드러나는 그 이상의 무엇이 있다. 이 사건 전체는 로마인들에게 보낸 서신에 상세하게 설명되어 있는 지극히 놀라운 그림이다. 여기에서 하나님과 그의 백성의 원수의 가증한 특징이 숨어 있는 것을 분별하기란 어렵지 않다. 여자의 '씨'에 대항하는 뱀의 뿌리 깊은 악감은 이 서기관과 바리새인들의 증오를 더욱 부채질하였다. 이 주제는 지극히 신비스럽다. 그러나 성경은 사탄이 하나님의 성품에 **도전하도록** 허용받았다는 분명한 암시를 여러 번 제공하고 있다. 즉 욥기와 스가랴서 3장, 그리고 요한계시록 12:10이 그 증거이다. 주 하나님께서 이 고통을 겪으신 이유는 타락한 천사들을 가르쳐 주시기 위함임이 분명하다(엡 3:10).

그리스도의 원수들이 그에게 제시한 이 문제는 단순히 어떤 한 시대에만 적용되는 문제가 아니다. 그것은 이성을 가진 인간으로 하여금 하나님과 대결할 수 있게 했고, 또 대결할 수 있게 하는 가장 심오한 도덕적 문제이다. 그것은 정의와 자비를 어떻게 조화시킬 수 있는가의 문제이다. 의의 법은 그것을 범한 자에게 불가피하게 벌을 요구한다. 그 요구를 저버리는 일은 무정부적 통치를 시작하게 할 것이다. 게다가 하나님은 의로우실 뿐 아니라 거룩하시다. 그리고 거룩함은 악을 불태우며 그의 임재를 더럽히는 것을 허용할 수 없다. 그렇다면 비참한 죄인은 어떻게 되는 것일까? 그는 분명히 율법을 범한 자이다. 그것은 또한 그가 도덕적으로 더럽혀져 있음을 드러낸다. 그의 유일한 소망은 자비에 있다. 그의 구원은 은혜로만 가능하다. 그러나 정의의 검이 자비의 진로를 가로막을 때 어떻게 자비를 행할 수 있겠는가? 거룩함을 무시하지 아니하고 어떻게 은혜가 행사될 수 있겠는가? 인간의 지혜로는 그러한 질문에 대한 답변을 결코 발견할 수 없었다. 이 서기관과 바리새인들은 그에 대한 답변을 전혀 알지 못했음이 분명하다. 그리고 우리는 태초에 사탄도 이 위대한 문제에 대한 해결책을 전혀 알지 못했음을 전적으로 확신할 수 있다. 하나님의 이름을 찬양할지로다! 그는 내쫓긴 자들이 돌아올 수 있는 방책을 마련해 **두셨다**(삼하 14:13, 14). 우리는 그 방책이 무엇인지 이 구절의 나머지 부분에서 찾게 될 것이다.

이 문제에 대한 본질적인 요소들이 이 구절에 제시되어 있음에 주목하기로 하자. 우리는 그것들을 다음과 같이 요약할 수 있다. 첫째로, 우리는 여기에서 잃어버린 자들을 찾아 구하러 오신 복되신 이의 인격을 발견한다. 둘째로, 죄인, 범죄한 죄인, 스스로는 결코 깨끗해질 수 없는 죄인을 발견한다. 셋째로, 율법은 그녀를 책하였다. 그녀가 깨뜨린 율법, 그리고 그 율법이 선포하는 죄는 죽음이라는 것을 발견한다. 넷째로, 범죄한 죄인이 구세주 앞에 끌려 왔으며 구세주의 원수들이 그녀를 **고소하였다.** 여기에서 그리스도에게 제시된 문제는 이런 것이다. 은혜는 율법 앞에서 무력한 것일까? 그렇지 않다면 해결책은 무엇인가? 다음에 나오는 것에 신중하게 주목하자.

"**예수께서 몸을 굽히사 손가락으로 땅에 쓰시니**"(8:6). 이것은 예수께서 여기에서 행하신 최초의 행동이다. 그의 행동에 상징적인 의미가 있다는 것은 두말할 필요도 없다. 그리고 그것이 무엇인지를 추측에 맡길 일이 아니다. 성경은 스스로가 해석자이다. 이것은 주님께서 '손가락으로' 쓰신 최초의 사건이 아니다. 우리는 출애굽기 31:18에서 이런 말씀을 읽는다. "여호와께서 시내 산 위에서 모세에게 이르시기를 마치신 때에 증거판 둘을 모세에게 주시니 이는 돌판이요 **하나님이 친히 쓰신 것이** 더라" 그러므로 우리 주님께서 **땅에** 쓰셨을 때(그 '돌판'은 땅에서 난 것이었음이 분명하다) 그것은 이런 뜻이었을 것이다. 즉 너희는 나에게 율법을 상기시키는구나! 그런데 그 율법을 쓴 것은 바로 **내** 손가락이었다! 그는 이 바리새인들에게 그가 율법을 폐하기 위해서가 아니라 그것을 완성시키러 오셨음을 보여주셨다! 그러므로 그가 땅에 쓰신 것은 하나님의 의로운 법에 대한 (상징적인) **승인**이었다. 그러나 자칭 고소자들은 아주 심하게 눈멀어 있었기 때문에 주님의 행동의 의미를 식별할 수 없었다.

"**그들이 묻기를 마지 아니하는지라**"(8:7). 우리 주님의 원수들이 그의 침묵을 당황한 것으로 오인했음이 분명하다. 그들은, 벨사살이 이와 동일하신 손이 그의 궁전 벽에 쓰신 것을 이해하지 못하였듯 이 땅에 쓰신 우리 주님의 행위의 참뜻을 이해하지 못하였다. 그들은 주님의 침묵으로 득의양양해졌고, 그들이 그를 진퇴유곡에 빠뜨렸다고 확신하였기 때문에 계속 주님께 질문을 퍼부었다. 악행하는 자들의 이 완고함을 보라! 우리가 그들의 이 고집스런 태도처럼 좋은 것을 위해 인내하며 간구한다면 얻지 **못할 것**이 없을 것이다.

"그들이 묻기를 마지 아니하는지라 이에 일어나 이르시되 너희 중에 죄 없는 자가 먼저 돌로 치라 하시고"(8:7). 이 구절도 또한 표면에 나타나 있는 것보다 훨씬 더 심오한 의미를 함축하고 있다. 하나님의 율법은 거룩한 것이고 의로운 것이다. 그리고 우리는 여기에서, 입법자 자신께서 진정으로 그 율법을 존중하지 아니하는 이 사람들 위로 그 법의 흰 빛을 비추심을 발견한다. 그리스도께서는 여기에서 그들, 곧 그의 자칭 **고소자들**이 율법의 판결을 강요하기에 적합한 사람들이 되지 못함을 암시하고 계신다. 오직 거룩하신 손으로만 완전한 율법을 진행하실 수 있다. 원리적으로 볼 때 우리는 여기에서 대 악마요 고소자인 자가 **책망받고** 있는 것을 알 수 있다. 사탄이 여호와의 사자 앞에 서서 "대제사장"에 대적하고 있다(슥 3:1). 그러나 **그는** 도덕적으로 의의 옹호를 주장할 만한 자가 **결코 아니다.** 그리고 그리스도께서 바리새인들을 책망하신 것은 스가랴 3:2 말씀("사탄아 여호와께서 너를 **책망하노라**")을 어렴풋이 지적하신 것으로 우리는 그 점을 새삼 지적할 필요가 없을 것이다.

"다시 몸을 굽혀 손가락으로 땅에 쓰시니"(8:8). 이것은 지극히 의미심장하며 형언할 수 없이 복되다. 이 구절의 상징적인 의미는 "다시"라는 말 속에 암시되어 있다. 주님께서는 **재차** 땅에 쓰셨다. 그것은 무엇을 뜻할까? 우리는 그 답을 다시 한 번 구약성경에서 발견한다. 첫 돌판은 모세가 땅에 내던져 깨뜨렸다. 그래서 하나님께서는 **둘째** 돌판을 새겨 주셨다. 그러면 그 둘째 돌판은 어떻게 되었는가? 그들은 **그것들**을 궤 속에 넣고(출 40:20) 그 위를 속죄소로 덮었다. 그러므로 그리스도께서는 여기에서 그가 율법으로 말미암아 사망을 선고받은 자들을 **어떻게** 구원하실 것인지를 암시하셨을 뿐 아니라 그 이상의 의미도 암시하신 것이다. 율법을 저버려서는 안 된다. 결코 그렇게 해서는 안 된다. 그가 처음 허리를 굽혀 손가락으로 땅에 쓰신 것이 암시해 주는 것처럼 율법은 '**제정되어**' 있는 것이다. 그러나 그가 허리를 굽혀 **재차** 쓰셨을 때, 그는 무죄한 대속자의 흘린 피가 율법과 율법으로 정죄받은 자들 사이에 와야 함을 뜻하신 것이다!

"**그들이 이 말씀을 듣고 양심에 가책을 느껴 어른으로 시작하여 젊은이까지 하나씩 하나씩 나가고**"(8:9). 그것은 "강한 자를 결박한" 것이었다(마 12:29). 그리스도의 원수들은 모세의 율법으로 그를 함정에 빠뜨렸다고 생각했다. 그러나 오히려 그들은 자기들에게 돌려진 율법의 엄중한 빛을 받았다. 은혜가 율법에 도전한 것이 아니라 율법을 지지한 것이다! 성육신하신 거룩하신 자의 입에서 나온 단 한 마디가 그들 모두를 잠잠케 하였고 그들로 하여금 죄를 깨닫게 하였으며, 그리하여 모두를 떠나 버리게 하였다. 종종 독선적인 바리새인 같은 자가 자기의 금식과 자선과 기도를 자부하는지도 모른다. 그러나 하나님께서 사람의 마음에 빛을 비추시면 그의 도덕적 · 영적 부패성이 그 사람 자신에게까지 분명히 드러날 것이며, 그는 수치로 인하여 함구하게 될 것이다. 여기에서도 그와 마찬가지이다. 그리스도께서는 율법을 거스르는 말은 한 마디도 하지 않으셨다. 그는 그녀의 죄를 조금도 용서하지 아니하셨다. 바리새인들은 주님을 고소할 구실을 전혀 찾을 수 없었고, 그들의 악한 계획은 완전히 실패하였으며, 양심의 가책을 받았다. 그래서 그들은 슬금슬금 그 자리를 도망쳐 버렸다. "어른으로부터 시작해서." 왜냐하면 그들이야말로 가장 많은 죄와, 보존되어야 할 가장 높은 명예를 가지고 있기 때문이었다. 그리고 우리는 이들의 행동을 통하여 사악한 자들이 최후의 대심판 일에 어떻게 행동할 것인지에 대한 분명한 암시를 볼 수 있다. 그들이 지금은 자기들의 선량함을 주장하고 자신들은 벌을 받지 않으리라고 말하는지도 모른다. 그러나 그 때에는, 즉 하나님의 빛이 그들 위에 비춰서 그들의 죄와 부패가 완전히 폭로되면 그들은 이 바리새인들처럼 아무 말도 하지 못할 것이다.

"그들이 이 말씀을 듣고 양심에 가책을 느껴 … 나가고." 여기에 자기의 상태를 괴로워하는 죄인들을 위한 엄숙한 경고가 있다. 여기 "양심에 가책을 느끼는" 사람들이 있었다. 그러나 그 가책은 그들로 하여금 그리스도의 발 아래 엎드리게 하지 않고 그리스도를 **떠나도록** 하였다! 성령의 다시 살리심은 영혼이 주 예수와 구원에 이르는 교제를 하도록 이끄시는 데 조금도 부족함이 없으시다.

"그들이 이 말씀을 듣고 양심에 가책을 느껴 어른으로 시작하여 젊은이까지 하나씩 하나씩 나가고 **오직 예수와 그 가운데 섰는 여자만 남았더라**"(8:9). 이것은 지극히 놀랍다. 이 서기관과 바리새인들은 율법을 근거로 그리스도에게 도전했다. 그는 그들 자신이 내세운 것을 근거로 그들에게 대항하셨으며 율법으로 그들을 쓰러뜨리셨다. "**예수께서 일어나사 여자 외에 아무도 없는 것을 보시고 이르시되 여자여 너를**

고발하던 그들이 어디 있느냐 너를 정죄한 자가 없느냐 대답하되 주여 없나이다 예수께서 이르시되 나도 너를 정죄하지 아니하노니"(8:10, 11). 율법의 선고가 집행될 수 있으려면 율법상 두 증인이 필요하다(신 19:15). 그리고 그 증인들이 선고를 집행하는 데 조력해야만 한다(신 17:7). 여기에서는 단순히 고소당했을 뿐인 이 여자를 대하여 증언할 증인이 한 사람도 남아 있지 않았다. 그러므로 율법은 그녀에게 손댈 수 없었다. 그렇다면 남아 있는 일은 무엇인가? '은혜**와** 진리' 안에서 행동하시는 그리스도에게 있어서 그 방법은 분명했다.

"나도 너를 정죄하지 아니하노니 **가서 다시는 죄를 범하지 말라 하시니라**"(8:11). 분명히 독자들은 이런 의문을 느낄 것이다. 이 여자는 그리스도를 떠나던 그 때 구원되었는가? 필자 개인의 생각으로는 그녀는 그 때 구원되었다고 믿는다. 필자가 그렇게 믿는 이유는 이렇다. **그녀가** 그리스도를 떠날 기회가 있었는데 떠나지 아니하였기 때문이며, 또 예수께 '주님'이라 말했기 때문이며 (4절에서 바리새인들이 '선생'이라 칭한 것과 비교해 보라), 그리고 그리스도께서 "나도 너를 정죄하지 아니하노니"라고 말씀하셨기 때문이다. 그러나 다른 사람의 의견을 들어보자. "우리는 성경의 이 사건을 읽을 때 은혜란 우리가 그 이야기를 전부 이해할 때에야 오는 것이 아닌가 하고 물을 필요는 없다. 여기에서 우리는, 죄를 지었는데 그 죄를 끊어버리려고 온 죄인이 그리스도의 임재 앞에 드러나 있음을 아는 것으로 충분하다. 누구든지 이 여자의 처지에 있는 자는 정죄하지 아니한다는 말씀을 들을 것이다. 누가복음 15장에서 그리스도와 함께 먹은 세리와 죄인들도 이 말씀을 들었던 바, 누구든지 그 죄인과 그 잃어버린 바 된 자의 처지에 있는 자는 즉시로 받아들여질 것이라 말씀하셨다. 잃은 양이나 잃은 은전 한 닢의 경우도 마찬가지이다. 그들의 상태가 어떤지는 알 수 없다. 그러나 누구든지 그들의 처지에 있다면 그 이야기가 상징하고 있는 그 말을 듣게 될 것이다. 상황을 분명히 하기 위하여 우리는 이런 질문을 할 수는 있다. 즉 '당신은 이 여자처럼 그렇게 죄스러우며 그 양이나 잃은 은전 한 닢처럼 그렇게 심하게 잃어버린 바 된 자인가?'" (Malachi Taylor).

"그들이 이 말씀을 듣고 양심에 가책을 느껴 어른으로 시작하여 젊은이까지 하나씩 하나씩 나가고 오직 예수와 그 가운데 섰는 여자만 남았더라 예수께서 일어나사 여자 외에 아무도 없는 것을 보시고 이르시되 여자여 너를 고발하던 그들이 어디 있느냐 너를 정죄한 자가 없느냐 대답하되 주여 없나이다 예수께서 이르시되 나도 너를 정죄하지 아니하노니 가서 다시는 죄를 범하지 말라 하시니라." 이 이야기는 지극히 놀랍고 지극히 복되다. 그리스도께서 땅에 **재차**(그 전에가 아니었다) 쓰셨을 때 그 죄인의 '고소자들'은 다 떠나갔다! 그리고 마지막 한 사람까지 다 사라지자 주님 께서는 "나도 너를 정죄하지 아니하겠다"고 말씀하셨다. 이것은 참으로 완벽한 그림 이다! 그 그림을 완성시키기 위해 그리스도께서는 이렇게 덧붙이셨다. "가서 다시는 죄를 범하지 말라." 이것은 지금도 여전히 은혜로 구원받은 자들에게 들려주시는 그 의 말씀이다. 그리고 그 **땅**, 그가 "나도 너를 정죄하지 아니하겠다"는 법령을 포고하 신 그 **의로운** 땅은 잠시 후면 **그가** 그 여자를 대신하여 '정죄받으러' 가셔야 할 곳이 었다. 끝으로, 그를 '주님'이라 고백한(고전 12:3) 그녀에게 그리스도께서 하신 두 말 씀이 배치된 **순서**에 주목하라. 그 순서는 "가서 다시는 죄를 범하지 말라 **그러면** 내 가 너를 정죄하지 아니하겠다"라고 되어 있지 않다. 왜냐하면 그렇게 말씀하셨더라 면 그것은 그녀의 귀에 복음이라기보다는 오히려 죽음의 종소리로 들렸을 것이기 때 문이다. 그러나 구세주께서는 "나도 너를 정죄하지 아니하겠다"고 말씀하셨다. 그리 고 이 여자와 같은 처지에 있는 사람은 모두 이 말씀을 들은 것이다. 곧 "그러므로 이 제 그리스도 예수 안에 있는 자에게는 **결코 정죄함이 없나니**"(롬 8:1). "그리고 다시 는 죄를 범하지 말라"는 말을 그녀가 들었듯이 우리도 그의 사랑의 **강제** 아래 그 말 을 듣는 것이다.

이 사건은 국부적이고 덧없는 의미만을 가지고 있는 것이 아니라 좀 더 큰 중요성 을 내포하고 있다. 사실 이것은 다음과 같은 의문을 야기시킨다. 자비와 정의를 어떻 게 조화시킬 수 있는가? 거룩함을 손상시키지 않고서 어떻게 은혜가 행사될 수 있는 가? 필자는 여기에 제시되어 있는 장면에서, 교리에 대한 설명을 상세히 따짐으로써 가 아니라 상징적인 행위로 해석함으로써 이 문제는 하나님의 지혜로는 미해결의 문 제가 **아니라는** 것을 보여주었다. 여기 정죄받지 **아니하고** 그리스도의 면전을 떠난 죄인의 구체적인 사례가 있다. 그리고 그것은 율법을 무시했기 때문도 아니요 죄를 용서했기 때문도 아니었다. 율법의 요구는 엄격하게 지켜졌고 그녀의 죄도 공공연히 정죄되었다. "다시는 죄를 범하지 말라." 이 말이 곧 그것이다. 그러나 그녀 자신은 정죄 받지 아니하였다. 그녀는 "은혜**와** 진리"에 따라 처리되었다. 정의를 희생하지 아니하고도 자비가 행사되었다. 간단히 말해서, 이 한 마디가 곧 이 놀라운 이야기의 요점이다. 이것은 진정 사람으로서는 창안하지 못할 종류의 이야기이며, 영감을 받 은 펜이 아니고는 결코 기록할 수 없는 이야기이다.

이 복된 사건은 로마인들에게 보낸 서신을 예기하고 있을 뿐 아니라 또한 생생한 상징으로서 하나님의 은혜의 복음의 윤곽을 이루고 있는 것이기도 하다. 복음은 죄인들을 위한 구세주를 선포할 뿐만 아니라 하나님께서 자신의 성품이 요구하는 바에 모순되지 아니하도록 **어떻게** 그들을 구원하실 수 있는지를 **설명하고** 있다. 로마서 1:17이 우리에게 말해 주고 있듯이, 복음에는 "하나님의 **의**가 나타나 있다." 그리고 요한복음 8장에 제시된 것도 바로 그것이다.

이 사건 전체는 요한복음 1:17의 부연이요 예증이다. "율법은 모세로 말미암아 주어진 것이요 **은혜와 진리**는 예수 그리스도로 말미암아 온 것이라." 하나님의 은혜는 그의 법과 결코 모순되지 않는다. 그와 반대로 은혜는 율법의 권위를 지지해 준다. "이는 죄가 사망 안에서 왕 노릇 한 것 같이 은혜도 또한 **의로 말미암아** 왕 노릇 하여 우리 주 예수 그리스도로 말미암아 영생에 이르게 하려 함이라"(롬 5:21). 그러나 은혜가 "의로 말미암아" **어떻게** 왕 노릇 하는지는 하나님만이 푸실 수 있는 문제이다. 그러므로 여기에서 **그리스도**께서 그 문제를 푸신 것은 그가 곧 다름 아닌 "육신을 입으신 하나님" 이심을 입증해 준다. 이 사건이 이 넷째 복음서에 위치해 있는 것은 실로 복된 적절성이 있다. 왜냐하면 이것은 이 복음서의 특별한 목적인 주 예수의 신적 영광을 드러내 주는 것이기 때문이다.

어떤 사람들은 7절에 대하여 해결하기 곤란한 점이 있다고 생각하기 때문에 필자는 그 구절에 대해 몇 마디 부연할 필요를 느낀다. 그 문제는 이렇다. 그리스도의 이 말씀은 우리가 사용하기에 정당한 원칙을 선언하고 있는 것일까? 그렇다면 어떤 상황에서 사용해야 하는가? 그리스도께서 여기에서 심판자로서가 아니라 종의 신분을 취하신 자로서 말씀하고 계심은 우리가 기억해야 할 필수적인 요소이다. 여기에 내포되어 있는 원칙을 진술하면 다음과 같다. "우리는 죄인을 심판하거나 그들을 처형하는데 있어서 자기들의 공무를 이행하는 법관들에게, '남을 심판하기 전에 먼저 당신의 손을 깨끗이 하고 당신의 마음을 정결케 하도록 살피시오' 라고 말할 권리는 없다. 그러나 직무상이 아니라 쓸데없는 참견으로 다른 사람의 죄를 폭로하는 개인에게는, 그 사람이야말로 먼저 빼내야 할 들보를 가진 자임을 상기하도록 명령함으로써 그를 잠잠하게 만들 권리가 있다"(Dods).

간음한 여자를 그리스도에게 데려온 "서기관들과 바리새인들" 은 **그들 민족의 대표자들**이라고 간주해야 한다(요 3장에서의 니고데모와 5장에서의 병자가 그러하듯이). 그렇다면 그 당시의 이스라엘의 영적 상태는 어떠했는가? 이 유죄한 여자가 바로 그 상태를 정확히 표현하고 있다. 그리스도께서는 그들을 일컬어 "악하고 음란한 세대"(마 12:39)라고 칭하셨다. 그러나 그들은 독선으로 인하여 눈멀어 있었다. 그들은 그들의 끔찍한 상태를 인식하지 못했으며, 그들도 이방인들과 마찬가지로 우리의 조상 아담 이래로 모든 사람에게 내려진 저주 아래 있음을 알지 못했다. 게다가 그들은 이방인들보다 더 심한 죄에 빠져 있었다. 그들은 여호와와 맺은 그들의 계약을 깨뜨렸다는 죄가 더 있는 바 유죄 상태에 있었다. 사실 그들은 여호와의 불충한 아내요 음란한 아내였다(겔 16장과 호 2장 참고). 그렇다면 그런 경우 여호와의 율법이 요구하는 것은 무엇인가? 그 대답을 민수기 5장에서 찾을 수 있는데 그것은 "투기에 대한 율법"이며, 불충한 아내의 범죄를 판단하는 데 밟아야 할 하나님의 정하신 절차를 기술하고 있다.

필자는 민수기 5장 전체를 여기에 인용할 수 없기 때문에 독자들이 5:11-31 말씀을 읽어 주기를 당부하는 바이다. 다만 여기에서는 그 17, 24, 27절만 인용하겠다. "토기에 거룩한 물을 담고 성막 바닥의 티끌을 취하여 물에 넣고 … 여인에게 그 저주가 되게 하는 쓴 물을 마시게 할지니 그 저주가 되게 하는 물이 그의 속에 들어 가서 쓰리라 … 그 물을 마시게 한 후에 만일 여인이 몸을 더럽혀서 **그 남편에게 범죄하였으면** 그 저주가 되게 하는 물이 그의 속에 들어가서 쓰게 되어 그의 배가 부으며 그의 넓적다리가 마르리니 그 여인이 그 백성 중에서 저줏거리가 될 것이니라."

이 구절들은 여기 요한복음 8장에서 우리 주님께서 바리새인(그 민족의 대표자들)에게 대하신 태도에 빛을 비춰 준다. '물'은 말씀이신 분을 나타내는 유명한 상징이다(엡 5:26 참고). 여기에서의 이 물은 '**거룩하다**'고 명명되어 있다. 그것은 **흙으로 빚은** 그릇에 담겨져 있다(고후 4:7 참고). 이 물을 "성막 바닥에서 취한 티끌"과 혼합시켜야 한다. 그래서 그 물은 **쓴 물**이 되었고 그 여자는 그 물을 마셔야만 한다. 그 결과는 이렇다(그녀가 유죄인 경우에는). 그녀의 배(교만의 상징)가 붓고 넓적다리가 상하며 그녀의 힘이 쇠진해짐으로써 그녀의 범죄가 **겉으로 명백히 드러나게** 될 것이다. 이 개개의 항목을 결합시켜 보면 그것은 우리가 요한복음 8장의 이 사건에서 발견하게 되는 것과 아주 똑같다. 하나님의 아들이 성육신하셔서 "육체를 입으시고," "흙으로 빚은 그릇"이 되어 거기에 계신다. 그의 거룩하신 말씀 속에 "거룩한 물"이 들어 있다. "너희 중에 죄 없는 자가 먼저 돌로 치라." 그가 몸을 굽히시고 성전 바닥에 쓰셨을 때 그는 '먼지'를 거룩하신 말씀과 혼합시키셨다. 그가 이렇게 하셨을 때 그것은 교만한 바리새인들에게 '쓴' 물이 되었다. 그들이 양심의 가책을 받은 것 속에서 우리는 그것이 **참으로** '쓴' 물이었음을 알 수 있으며 부끄러움을 느끼고 하나씩 나가버린 것 속에서 우리는 그들의 힘이 쇠진해졌음을 알 수 있다! 그러므로 여호와의 불충한 아내의 유죄가 명백하게 드러난 것이다!

다음 장에서는 아래의 질문들을 염두에 두기 바란다.

1. 12절의 "세상"은 무엇을 뜻하는가? 결론으로 비약하지 말라.
2. "세상"이 좋아하는 빛은 어떤 종류의 "**빛**"인가?(12절)
3. "생명의 빛"이란 무엇인가?(12절)
4. 그리스도께서는 "아버지의 **어떤** 증언"을 가리키는 것일까?(18절)
5. "너희 죄 가운데서 죽겠고"(21절)라는 말은 속죄와 관련하여 무엇을 입증하는가?
6. 31절의 의미는 무엇인가?
7. 진리는 우리를 무엇**으로부터** 자유롭게 하는가?(32절)

제29장

세상의 빛이신 그리스도

❶

[12]예수께서 또 말씀하여 이르시되 나는 세상의 빛이니 나를 따르는 자는 어둠에 다니지 아니하고 생명의 빛을 얻으리라 [13]바리새인들이 이르되 네가 너를 위하여 증언하니 네 증언은 참되지 아니하도다 [14]예수께서 대답하여 이르시되 내가 나를 위하여 증언하여도 내 증언이 참되니 나는 내가 어디서 오며 어디로 가는 것을 알거니와 너희는 내가 어디서 오며 어디로 가는 것을 알지 못하느니라 [15]너희는 육체를 따라 판단하나 나는 아무도 판단하지 아니하노라 [16]만일 내가 판단하여도 내 판단이 참되니 이는 내가 혼자 있는 것이 아니요 나를 보내신 이가 나와 함께 계심이라 [17]너희 율법에도 두 사람의 증언이 참되다 기록되었으니 [18]내가 나를 위하여 증언하는 자가 되고 나를 보내신 아버지도 나를 위하여 증언하시느니라 [19]이에 그들이 묻되 네 아버지가 어디 있느냐 예수께서 대답하시되 너희는 나를 알지 못하고 내 아버지도 알지 못하는도다 나를 알았더라면 내 아버지도 알았으리라 [20]이 말씀은 성전에서 가르치실 때에 헌금함 앞에서 하셨으나 잡는 사람이 없으니 이는 그의 때가 아직 이르지 아니하였음이러라 [21]다시 이르시되 내가 가리니 너희가 나를 찾다가 너희 죄 가운데서 죽겠고 내가 가는 곳에는 너희가 오지 못하리라 [22]유대인들이 이르되 그가 말하기를 내가 가는 곳에는 너희가 오지 못하리라 하니 그가 자결하려는가 [23]예수께서 이르시되 너희는 아래에서 났고 나는 위에서 났으며 너희는 이 세상에 속하였고 나는 이 세상에 속하지 아니하였느니라 [24]그러므로 내가 너희에게 말하기를 너희가 너희 죄 가운데서 죽으리라 하였노라 너희가 만일 내가 그인 줄 믿지 아니하면 너희 죄 가운데서 죽으리라 [25]그들이 말하되 네가 누구냐 예수께서 이르시되 나는 처음부터 너희에게 말하여 온 자니

라 ²⁶내가 **너희**에게 대하여 말하고 판단할 것이 많으나 나를 보내신 이
가 참되시매 내가 그에게 들은 그것을 세상에 말하노라 하시되 ²⁷그들
은 아버지를 가리켜 말씀하신 줄을 깨닫지 못하더라 ²⁸이에 예수께서
이르시되 **너희**가 인자를 든 후에 내가 그인 줄을 알고 또 내가 스스로
아무 것도 하지 아니하고 오직 아버지께서 가르치신 대로 이런 것을
말하는 줄도 알리라 ²⁹나를 보내신 이가 나와 함께 하시도다 나는 항상
그가 기뻐하시는 일을 행하므로 나를 혼자 두지 아니하셨느니라 ³⁰이
말씀을 하시매 많은 사람이 믿더라 ³¹그러므로 예수께서 자기를 믿은
유대인들에게 이르시되 **너희**가 내 말에 거하면 참으로 내 제자가 되고
³²진리를 알지니 진리가 **너희**를 자유롭게 하리라(요 8:12-32)

이 장에서 살펴보게 될 구절들을 다음과 같이 요약해 본다.

1. 세상의 빛이신 그리스도(12절)

2. 바리새인들의 부인(13절)

3. 그리스도께서 자신의 절대적 신성을 강조하심(14-18절)

4. 바리새인들의 질문과 그리스도의 대답(19, 20절)

5. 바리새인들에게 하신 그리스도의 엄숙한 경고(21-24절)

6. 바리새인들의 질문과 그리스도의 대답(25-29절)

7. "믿은" 많은 사람과 그들에게 하신 그리스도의 경고(30-32절)

요한복음 8장의 첫 부분은 우리가 이 장에서 살펴보려는 본문의 첫 구절에 대한 아
주 적합한 도입부가 된다. 또 차례로, 이 구절은 이 요한복음 8장의 나머지 부분을 이
해하는데 있어서 중요한 실마리를 제공해 준다. 성령께서는 여기에 '훌륭하신 상담
자'의 보배로운 설교 가운데 하나를 기록해 놓으셨는데, 이 설교는 그의 원수들의 반
복된 훼방으로 자주 중단되었었다. 그리스도는 자신이 '세상의 빛'이심을 공표하고
계신데, 주님의 이 말씀이 있기 전에 먼저 이 말씀이 놀라운 설득력을 지닐 수 있게
해준 사건이 있었다.

우리가 앞 장에서 본 바와 같이, 요한복음 8장의 첫 열한 구절들은 바리새인들과
서기관들이 구세주께 가한 악독한 도전을 묘사하고 있다. 그들은 사람들 앞에서 주

님의 신망을 떨어뜨리려고 작정하고 노력하였다. 그들은 간음 중에 잡힌 여자를 끌고 와서 이 경우에 적용되는 모세의 율법에 따르는 형벌을 밝히고, 그리스도께 "[그러나] 선생은 어떻게 말하겠나이까?"라고 질문을 던졌다. 우리는 그들의 동기를 추측해 볼 필요도 없다. 성경이 "그들이 이렇게 말함은 **고발할** 조건을 얻고자 하여 예수를 시험함이러라"고 말해 주고 있기 때문이다. 이것을 생각해 보라. 그들은 율법을 주신 바로 그분께 고소를 성립시킬 수 있으리라고 생각하였다. 이 얼마나 악의적이고, 맹목적이며, 부패한 자들인가! 그러나 이 일은 더 좋은 것, 즉 '빛'을 나타내기위한 **어두운** 배경으로서의 역할을 담당하고 있다.

이 사건에 관한 구절들을 설명하면서, 필자는 그들이 그리스도께 제시하였던 것은 공의와 자비를 어떻게 조화시키는가 하는, 너무도 심오하여서 인간의 지혜로는 도저히 풀 수 없는 그러한 문제였음을 설명하였었다. 그 여자는 죄인이었다. 이 점에 대하여는 의심이 있을 수 없었다. 그리고 이 경우에 대한 율법의 선고도 분명하게 규정되어 있다. 그렇다면 그리스도께서는 "선생은 어떻게 말하겠나이까?"라는 공개적인 도전에 어떻게 대답하실 수 있었는가? 이 주제가 매우 매혹적인 것이긴 하지만, 우리는 앞 장에서 이미 말한 것을 되풀이할 필요는 없다고 본다. 상징적인 행동을 통해서, 주님은 공의를 희생하고 자비를 베푸는 것이 하나님의 뜻이 아님을 보여주셨다. 주님은 율법이 실행되어야 함을 암시하셨다. 그러나 **재차 다시** 땅에 쓰심으로써, 주님은 명시된 율법으로부터 피할 피난처가 계획되어 있다는 것과 피가 뿌려짐으로써 죄인을 고소로부터 보호할 것임을 자기를 고소하려던 자들에게 깨닫게 하셨다. 이렇게 하여 구원자께서는 하나님께서 죄인들을 구원하시는 방법을 통하여 그의 **의**를 나타낼 것이며, 그의 **거룩하심**이 한 점 흠이 없는 광채로써 빛날 것임을 시사해 주셨다. 그리고 '**빛**'은 바로 거룩과 의의 상징이지 않은가! 그러므로 이 사건은 주님께서 자신을 "세상의 **빛**"이라고 공표하신 일에 대한 적합한 서두가 된다.

그리고 주님의 원수들의 악의는 하나님의 빛을 더욱 선명하게 드러내 주는 어두운 배경을 제공해 주었을 뿐만 아니라, 또 그들의 공격으로 인하여 그리스도께서는 자신을 하나님의 거룩과 의의 변호자로서 나타내실 기회를 얻으신 것이다. 우리는 성령께서 이 사건을 요한복음 8장의 서두에서 묘사하고 계신 이유를 또 한 가지 발견할 수 있다. 주님은 땅에 쓰시는 상징적 행동을 하신 후에, 자기를 시험하는 자들에게 단 한 마디의 간단한 말씀을 하셨는데, 이 말씀은 그들을 완전히 참패시키기에 족한 것이었다. "너희 중에 죄 없는 자가 먼저 돌로 치라"고 주님은 말씀하셨다. 그리고 이 말씀의 효과는 놀라운 것이었다. 그들은 "양심에 가책을 느껴 어른으로 시작하여 젊은이까지 하나씩 하나씩 나가고 오직 예수와 그 가운데 섰는 여자만 남았다." 하나님의 거룩하신 '빛'은 죄로 인하여 어두워진 그들의 지각을 일깨우셨고, 그들이 그곳을 떠난 일은 그 빛의 **능력**을 증거한 것이다. 또한 간음한 여자에게 하신 그리스도의 말씀에도 주목해 보라. 그는 "평안히 가라"고 말씀하신 것이 **아니라** "가서 **다시는 죄를 범하지 말라**"고 하셨다. 이 말씀이 흠 하나 없는 '빛'의 **청결**을 증거하고 있지 않은가! 그래서 우리는 **문맥**을 연구하고 심사숙고하는 일이 아주 중요함을 다시 한 번 알게 된다. 왜냐하면 다른 곳에서와 마찬가지로 여기에서도 우리는 문맥을 살펴봄으로써 그 다음 내용의 의미를 잘 알 수 있기 때문이다.

"[그리고 나서] 예수께서 또 이르시되"(8:12). "그리고 나서"라는 말은 바리새인들이 떠난 후, 또 간음한 여자도 가버린 후를 의미한다. "[그리고 나서] 예수께서 또 [그들에게] 이르시되." 이 말씀으로 인하여 우리는 이 요한복음 8장의 둘째 구절을 상기하게 된다. 그 구절은 그리스도께서 아침 일찍 성전으로 들어오시고 백성이 다 그에게로 나왔을 때 그가 앉으사 그들을 가르치셨다고 말하고 있다. 이제 몇몇 서기관들과 바리새인들로부터의 무례한 방해가 있은 후에, 주님은 백성들에게 다시 가르침을 시작하시고 "또 그들에게" 말씀하셨다. 여기에서 우리는 신인(神人)의 완전하심을 다시 한 번 발견할 수 있다. 서기관과 바리새인들의 불쾌한 훼방에 의해서도 그는 전혀 침착함을 잃지 아니하셨다. 바리새인들의 악의에 찬 의도를 완전히 알고 계셨음에도 불구하고 그는 인내하셨다. 조금도 동요하는 기색이 없이, 또 그가 하시던 일을 멈추시지도 않고 주님은 백성을 가르치시는 일을 즉시 시작하셨다. 우리가 다른 사람들로부터 도전을 받았을 때의 행동과 참으로 다르지 않은가! 우리는 방해를 받게 되면 흔히 혼란에 빠진다. 그러나 우리가 우리의 삶 가운데 들어오는 **모든 것**이 하나님께서 명하신 것임을 깨닫고 또 이것을 따라 행동한다면, 우리는 침착함을 유지하고 아주 평온하게 행동할 수 있을 것이다. 그러나 이 지상에서는 오직 한 분만이 완전한 삶을 사셨다. 그리고 우리의 수많은 불완전함은 그의 완전한 삶의 **유일성**을 강조해 줄 뿐이다.

"예수께서 또 말씀하여 이르시되 나는 세상의 빛이니"(8:12). 이 말씀은 네 번째 복음서에서 그리스도께서 "나는 … 이다"라고 말씀하신 것 중 두 번째 경우이다. 우리는 이것을 아주 주의 깊게 숙고해 보아야 한다. 첫째로, 우리는 그리스도께서 하신 이 공표는 메시야에 관한 구약성경의 예언과 완전히 일치함을 관찰할 수 있다. 하나님은 오실 이에 관해서 이사야를 통하여 "나 여호와가 의로 너를 불렀은즉 내가 네 손을 잡아 너를 보호하며 너를 세워 백성의 언약과 이방의 **빛**이 되게 하리니"(42:6)라고 말씀하셨다. 또 "그가 이르시되 네가 나의 종이 되어 야곱의 지파들을 일으키며 이스라엘 중에 보전된 자를 돌아오게 할 것은 매우 쉬운 일이라 내가 또 너를 이방의 빛으로 삼아 나의 구원을 베풀어서 땅 끝까지 이르게 하리라"(49:6)고 기록되어 있다. 또한 그는 "치료하는 광선"을 비추며 떠오르는 "공의로운 **해**"라고 불려졌다(말 4:2).

"나는 세상의 빛이니." 둘째로, '빛'은 **하나님**을 지칭하는 세 가지 표현 중의 하나임을 알 수 있다. 요한복음 4:24에서는 "하나님은 **영**이시니"라고 말하고 있으며, 요한일서 1:5에서는 "하나님은 **빛**이시니"라고 말하고 있고, 요한일서 4:8에서는 "하나님은 **사랑**이심이라"고 말하고 있다. 이 표현들은 하나님의 **본성**, 즉 그가 본래 어떤 분이신가를 말해 주는 것들이다. 그러므로 그리스도께서 "나는 세상의 빛이니"라고 단언하셨을 때, 그는 자신의 절대적인 신성을 공표하신 것이다. 신자들은 **주 안에서 빛**"이라고 불리어지나(엡 5:8), 그리스도 그분은 곧 '빛' **이셨다.**

그러나 "나는 **세상의** 빛이니"라는 말씀은 무엇을 의미하는가? 이것은 그리스도께서 모든 인류, 모든 사람의 빛이 되신다는 뜻인가? 그렇다면 이 말씀은 보편구원설(Universalism)이 사실임을 증거해 주는가? 분명히 그렇지 않다. 우리가 살펴보고 있는 이 12절의 후반절은 보편구원설이 그릇된 것임을 증명해 준다. 즉 오직 그리스도를 '따르는' 자만이 '영생'을 얻는다. 그리스도를 '따르지' 않는 자는 어둠 가운데 다닌다. 요한복음 12:46에 기록되어 있는 그리스도의 말씀 또한 이 보편구원설을 반박해 준다. "나는 빛으로 세상에 왔나니 무릇 **나를 믿는** 자로 어둠에 거하지 않게 하려 함이로다." 그러나 "나는 세상의 빛이니"라는 말씀이 보편구원설을 가르쳐 주는 말씀이 아니라면, 이 말씀은 무엇을 의미하는가? 우리가 요한복음 1:4, 5, 9의 말씀은 무엇을 의미하는가? 우리가 요한복음 1:4, 5, 9의 말씀을 비교해 보는 것이, 이 구절에서의 주님의 의미를 알아보는 가장 훌륭한 방법이라고 생각한다. 앞에서 지적한 구절들에 대하여는 이미 제7장에서 설명하였으므로, 독자는 그 부분을 참조해 보기 바란다. 다만 여기에서는 앞의 구절들에서의 '빛'을 신자들이 누리는 영적 조명을 가리키는 것으로 제한해서는 안 되고, 그 표현의 가장 광범위한 의미에서 이해해야 한다는 것만을 말해 두기로 하자. 요한복음 1:4을 그 앞의 구절과 연결시켜 본다면(또 당연히 그렇게 해야 하는 것인데), 이 말씀이 가리키는 것은 **창조주**께서 떠받쳐 주고 계시는, 그와 '인간들'의 관계임을 알 수 있을 것이다. 세상에 태어난 모든 사람을 비추시는 '빛'은 그 인간으로 하여금 책임 있는 존재가 되게 한다. 이성을 가진 모든 피조물은 도덕적으로 비추임을 받는다. 그리스도는 가능한 한 가장 넓은 의미에서 세상의 빛이시다. 왜냐하면 모든 피조물의 지성과 모든 도덕적 지각은 그분으로부터 나오기 때문이다.

여기에서, 이 네 번째 복음서에 '세상'이라는 말이 이처럼 자주 언급된 이유는 도대체 무엇인가? 라는 질문이 당연히 제기될 것이다. 앞의 세 복음서에는 '세상'이라는 말이 모두 합해 15회 기록되어 있는 반면에, 요한복음에는 무려 77회나 기록되어 있다. 그 이유는 무엇인가? 이에 대한 대답은 그리 어렵지 않다. 즉 이 넷째 복음서는 다른 복음서에서처럼, 유대인들과 **특별한** 관계 안에 있는 그리스도가 어떤 존재이신가를 다루고 있는 것이 아니라, 그 자신의 인격 안에서 **본질적으로** 어떤 존재이신가를 제시하고 있다. 요한은 그리스도의 **신성**을 다루고 있다. 그리고 **하나님**으로서의 그리스도는 만물의 창조주이시며(1:3), 그러므로 그는 그의 피조물의 생명과 빛이 되신다(1:4). '세상'이라는 말이 아주 많은 경우에 있어서 제한적인 의미로 사용된다는 것은 사실이며, 어떤 경우에 그것이 적용되는지를 결정하기는 어려운 일이 아니다. 즉 문맥이나 병행구들을 통하여 우리는 이 표현을 제한적인 의미의 말로서 이해해야 하는 예로 결정할 수 있다. 우리 마음대로 해석할 수는 없다. '세상'이라는 말이 오직 구원받은 자에게만 해당되는 내용일 때는, 우리는 그때의 세상이라는 말은 **신자들의 세상**만을 가리키는 것으로 이해한다. 예를 들면, 그리스도께서 세상에서 생명(문맥을 통해 **영**생임을 알 수 있다)을 준다(제공한다가 아닌 ;요 6:33)고 하셨을 때, 이때의 세상이란 말은 이 경우에 해당한다. 그러나 '세상'이라는 말이 신자들에게 해당하는 내용이 아닐 때에는 "경건하지 아니한 자들의 세상"(벧후 2:5)을 가리키고 있는 것이다.

"나를 따르는 자는 어둠에 다니지 아니하고 생명의 빛을 얻으리라"(8:12). 언뜻 보기에, 이 말씀은 우리가 이 구절의 상반절에서 '빛'을 정의하였던 내용과 모순되는 것처럼 보일 것이다. "나는 세상의 빛이니"라는 말씀을 우리는 (요 1:4, 5, 9과 비교하여) '나는 모든 인간에게 지성과 도덕적 감각을 부여해 준 자이다'라는 의미로 이해하였었다. 그러나 이제 그리스도는 자기를 '따르지' 않는 자는 "**어둠**에 다닐" 것이라고 (함축하여) 말씀하신다. 그러나 이 12절의 하반절은 우리가 그 앞부분에 대하여 앞에서 말하였던 내용과 모순되기는커녕 그것을 확증해 줌을 알 수 있다. 주님은 "나를 따르는 자는 어둠[헬라어로는 '그 어둠']에 다니지 아니하고 … 할 것이라"고 말씀하셨다. 그러한 자는 "그 빛을 즐길 것"이라고 하셨는가? 아니다. "생명의 빛을 얻으리라"고 하셨다. 이 말씀은 한 가지 대조되는 점을 제시해 준다. 이 구절의 상반절에서는 주님께서 자신을 사람들의 **도덕적** 빛으로서 제시하셨지만, 하반절에서는 신자들만이 소유하는 **영적인** 빛으로서 언급하신다. 이것은 여기에 사용된 표현을 보아 분명히 알 수 있다. 즉 그는 신자들이 모든 이성을 가진 피조물이 소유하는 단순한 '빛'이 아니라 "**생명의** 빛을 얻으리라"고 말하고 있다. 즉 이 빛은 영적인 하나님의 빛으로서 오직 그리스도를 '따르는' 자만이 소유하는 것이다.

"나를 따르는 자는 어둠에 다니지 아니하고 생명의 빛을 얻으리라." 이 말씀을 통하여 그리스도는 자연인의 상태를 명확히 표현하셨다. 중생하지 못한 자에게도 '빛'은 있다. 즉 그들에게는 도덕적 문제들을 신중하게 고려할 수 있는 능력이 있으며, "그들을 고발하거나 변명해 줄"(롬 2:15) 양심이 있고, 또 위대하신 창조주께서 존재하신다는 것과 그의 본래의 속성들을 증언하는 수많은 증거들을 인식할 수 있는 능력도 있다(롬 1:19). 그러므로 "그들이 핑계하지 못할지니라"(롬 1:20). 그러나 그들에게는 **영적인** 빛이 없다. 그러므로 그들은 지성과 도덕적인 분별력을 부여받았다 할지라도, 영적으로는 "어둠 가운데" 있다. 바로 이런 이유 때문에 구세주께서는 "나를 따르는 자는 어둠에 다니지 아니하고 생명의 빛을 얻으리라"고 말씀하신 것이다. 이 말씀이 분명히 나타내고 있는 바는 세상은 영적인 어둠 **가운데 있다**는 사실이다. 이천 년 전의 세상이 그러하였다. 지혜를 가진 모든 헬라인이나 그들의 법률을 자랑하던 로마인들은 영적으로 어둠 가운데 있었다. 오늘날의 세상도 마찬가지이다. 과학의 모든 발견과 교육을 위한 모든 노력에도 불구하고, 유럽과 미국은 어둠 가운데 있다. 아주 많은 사람들이 하나님의 참 성품과 자신의 영혼의 가치와 내세의 실재성을 알지 못한다. **그리스도**만이 유일한 희망이시다. 그는 어두운 세상 가운데에서 생명과 빛, 구원과 평화를 퍼뜨리기 위해 해처럼 떠오르셨다.

"나를 따르는 자는 어둠에 다니지 아니하고 생명의 빛을 얻으리라." 그리스도를 '따른다'는 것은 무엇을 말하는가? 그것은 우리가 그를 교훈과 행동에 있어서 우리의 유일한 주님과 구세주로서 여기고 그에게 우리 자신을 거리낌 없이 맡기는 것을 말한다(1:37 참고; 10:5과 대조해 보라). (라일 주교에 따르면) 이에 대한 아름다운 실례를 이스라엘이 광야에서 구름기둥을 따라갔던 이야기에서 찾아볼 수 있다. 구름기둥이 애굽에서 가나안까지 이스라엘을 인도하였듯이, 주 예수께서는 이 세상에서 하늘나라까지 신자들을 인도하신다. 그리고 그리스도를 진정으로 따르는 자에게는 그가 다른 사람들처럼 어둠에 다니지 아니할 것이라고 약속되어 있다. 성경에서 때때로 '빛'은 참 지식, 참 거룩, 참 행복을 상징한다. 반면에 '어둠'은 무지와 잘못, 죄와 부패, 고난과 불행을 상징한다. 신자는 빛이신 분을 따르기 때문에, 의심과 불확실함 속에서 길을 더듬지 아니하고 그가 어디로 가고 있는가를 볼 뿐만 아니라 하나님의 얼굴의 빛을 누리기도 한다. 그러나 이것은 어디까지나 그가 진정으로 그리스도를 '따를' 경우에만 체험할 수 있는 것이다. 우리는 태양의 순환 여행을 끝까지 따라갈 수만 있다면 언제나 대낮 같은 밝음 속에 있을 수 있듯이, 그리스도를 실제로 따르고 있는 자는 어둠에 다니지 아니할 것이다.

"바리새인들이 이르되 네가 너를 위하여 증언하니 네 증언은 참되지 아니하도다" (8:13). 그리스도는 "나는 세상이 빛이니"라고 말씀하셨을 때 그의 신성을 완전하게 주장하셨으나 바리새인들은 그 말의 참뜻을 이해할 수 없었다. 여호와 엘로힘은 빛의 하나님을 가리키는 말인데, 이것은 구약성경에 나온 수많은 구절들을 통해 명백히 알 수 있다. 예수께서 이렇게 단언하셨을 때, 유대인들은 **그러므로** "네가 너를 위하여 증언하니 네 증언은 참되지 아니하도다"라고 말하였다. 그들이 그렇게 반대한 말은 다음과 같은 뜻을 지닌 것으로 생각된다. 즉 우리는 **하나님**께서 세상의 빛이시라는 것은 완전히 인정하지만, **네가** 이것을 너를 위하여 공언할 때에는 그것을 믿을 수 없다. 네가 말하는 것은 거짓이다.

"바리새인들이 이르되." 여기에서의 바리새인들은 간음한 여자를 데려 왔던 바리새인들과 다른 무리임이 분명하다. 그들은 그들의 동료가 참패를 당하자 분개하여, "네 증언은 참되지 아니하도다"라고 주님께 무례하게 말하였다. 그들은 빛을 회피하였다. 그들은 거룩하고 순결한 그 광선을 견딜 수 없었다. 그들은 그 빛을 소멸시키기만을 바랐다. 이것이 요한복음 1:5에 엄숙하게 설명되어 있다. "빛이 어둠에 비치되 어둠이 깨닫지 못하더라."

"예수께서 대답하여 이르시되 내가 나를 위하여 증언하여도 내 증언이 참되니 나는 내가 어디서 오며 어디로 가는 것을 알거니와 너희는 내가 어디서 오며 어디로 가는 것을 알지 못하느니라" (8:14). 여기에서 주님은 믿지 않는 바리새인들의 반대에 대하여 간결하게 대답하시고, 그가 방금 전에 말씀하신 것을 확증하신다. 즉 나의 하나님으로서의 영광이 지금은 감추어져 있고, 또 지금은 내가 나의 하나님으로서의 특권들을 행사하지 아니하며, 또 내가 너희 앞에 **종**의 모습으로 서 있다 할지라도, 그럼에도 불구하고, 내가 나를 세상의 빛이라고 확언하였을 때, 나는 진리를 말하였다. 내 증거는 참되다. 왜냐하면 "나는 내가 어디서 오며 어디로 가는 것을 알기" 때문이다. 그리고 이것은 다른 누구도 알지 못하는 지식이다. 그는 하늘에 계신 아버지로부터 오셨으며 그리로 돌아가실 것이다. 그러므로 아들로서 그는 거짓 증언을 하실 수 없었다. 그러나 그들은 그의 하늘의 본성과 성품에 대하여 완전히 무지했다. 그러므로 그들은 그의 말씀을 전혀 이해할 수 없었으며, 또한 판단할 수도 없었다.

"내가 나를 위하여 증언하여도 내 증언이 참 되니." 어떤 사람은 이 말씀과 5:31의 말씀을 조화시키는 일이 난해하다고 생각하였다. 5:31에서 주님은 "내가 만일 나를 위하여 증언하면 내 증언은 참되지 아니하되"라고 말씀하셨었다. 그러나 우리가 이 말씀을 각각 그 문맥에 엄밀히 일치시켜 해석한다면, 그 난해점은 사라질 것이다. 요한복음 5장에서 주님은 그가 하는 증언은 아버지와 **독립된** 것이 아니라 그와 완전히 일치함을 증명하고 계셨다. 아버지께서 친히(5:3), 그리고 아버지께서 영감을 받아 기록하신 성경(5:39) **또한** 그리스도의 절대적 신성을 증언하였다. 그러나 여기 요한복음 8장에서 주 예수께서는 그의 증언이 거짓되다고 말한 바리새인들에게 **직접** 대답하고 계신다. 주님은 그들의 이 주장을 부인하시고, 자신의 증언이 참됨을 주장하신다. 그리고 나서 즉시 주님은 아버지의 확증적인 증언에 다시 호소하신다(8:18).

"너희는 육체를 따라 판단하나 나는 아무도 판단하지 아니하노라"(8:15). 이 말씀에 대하여는 두 가지로 생각해 볼 수 있다. 그리스도께서 "너희는 육체를 따라 판단하나"라고 말씀하셨을 때, 우리는 첫째로 주님께서 다음과 같은 의미로 말씀하셨다고 생각한다. 너희는 너희가 보는 것에 따라 내 주장을 판단하고 있다. 즉 너희는 겉모습에 따라 판단한다. 내가 죄 있는 육의 모양을 하고 있기 때문에, 너희는 **내가** "세상의 빛"이 되는 일은 있을 수 없다고 생각한다. 그러나 겉모습은 속기 쉬운 것이다. 나는 이처럼 판단하지 않는다. 즉 나는 마음을 바라보며 사물을 실제 그대로의 모습으로 본다. 또한 둘째로, 그리스도께서 "너희는 육체를 따라 판단하나"라고 말씀하셨을 때, 이것은 그들은 그를 판단**할 수 없음**을 확언하신 것이었다고 생각할 수 있다. 그들은 세상의 원리들을 받아들이고 세속적인 논리에 따라 판단하였다. 이것 때문에 그들은 주님의 임무와 메시지의 신적 특성을 판단할 수 없었다.

"나는 아무도 판단하지 아니하노라"는 말씀은 여러 가지로 해석되어 왔다. 많은 사람들은 그리스도께서 여기에서 그를 비난하는 자들에게 그는 지금 그의 재판관으로서의 특권들을 행사하고 있지 않음을 깨닫게 하셨다는 뜻으로 이해하였다. 그래서 그들은 이 말씀이 요한복음 12:47의 끝부분의 말씀과 비슷하다고 생각하였다. 그러나 필자는 이 말씀은 생략구문으로서, 그리스도는 여기에서 '나는 **육체를 따라** 아무도 판단하지 **아니하노라** 내가 판단할 때 그것은 영적이고 신적인 원리를 따른 것이다' 라는 뜻으로 말씀하셨다고 이해하는 것이 훨씬 자연스럽고 문맥에 더욱 적합하다고 생각한다. 헬라어로는 '결정하다, 평가를 내리다, 결정에 이르다' 라는 뜻을 지녔는데, 여기에서는 판단이라는 표현 둘 다 이와 똑같은 의미로 쓰였다. 그리스도께서 이 바리새인들에게 "너희는 육체를 따라 **판단하나**"라고 말씀하셨을 때, 그는 재판상의 판결을 가리키신 것이 아니었다. 왜냐면 주님은 그때 산헤드린 공회의 공식적인 어떤 선언에 대하여 대답하고 계신 것이 아니었기 때문이다. 그런 것이 아니라, 주님은 '너희는 육체를 따라 나에 대해 **평가하였지만** 나는 그와 같은 방법으로 평가하지 않는다' 라는 뜻으로 말씀하셨다.

"만일 내가 판단하여도 내 판단이 참되니 이는 내가 혼자 있는 것이 아니요 나를 보내신 이가 나와 함께 계심이라" (8:16). 이 말씀은 우리가 앞 구절의 하반절에 대하여 방금 말하였던 내용을 확증해 준다. "만일 내가 판단하여도" 혹은 "내가 판단할 **때**"라는 표현이 더 훌륭한데, 그럴 때 **내** 판단은 참되다. **너희는** 세속적 원리들을 따라 결정한다. 그러나 나는 그렇게 하지 않는다. 나는 영적인 원리들을 따라 행동한다. 나는 외모가 아닌 실체를 따라 판단한다. 내 판단은 진리에 따른 것이다. 왜냐하면 그것은 **하나님의** 판단이기 때문이다. "내가 혼자 있는 것이 아니요 나를 보내신 이가 나와 함께 계심이라." 이 말씀은 신성을 완전히 주장한 것이었다. 또한 이것은 아들이 아버지와 절대적으로 하나이심을 확인한 것이다. 그리스도의 이 진술은 그가 좀 더 후에 "나와 아버지는 하나이니라" (요 10:30)라고 하신 말씀과 비슷하다. 그는 요한복음 8장 이곳에서 아버지와 아들에게 **공통된** 신적 지혜에 대하여 말씀하신다. 이와 같은데, 그의 판단이 어떻게 참이 아닐 수 있겠는가?

"너희 율법에도 두 사람의 증언이 참되다 기록되었으니 내가 나를 위하여 증언하는 자가 되고 나를 보내신 아버지도 나를 위하여 증언하시느니라" (8:17, 18). 여기에서 그리스도는 그가 방금 단언하셨던 것을 다른 방법으로 되풀이 말씀하신다. 그의 증언은 아무 지지도 받지 않는 것이 아니었다. 모세의 율법은 진리를 입증하는 데 두 증인을 요구하였다. 지금 이 경우는 이 율법이 엄밀히 적용될 수 있는 경우는 아니었다. 그러나 그 상황은 그것과 완전히 일치한다. 그리스도는 그의 신적 인격과 임무에 대하여 스스로 증언하셨고, 아버지 또한 그것을 증언하셨다. 아버지께서 **어떻게**

아들을 증언하셨는가는 이 복음서 5장에 제시되어 있다. 아버지는 구약성경의 예언들을 통하여 그를 증언하셨는데, 이 예언들은 지금 그의 성품과 가르침과 행동, 그리고 사람들이 그를 거부한 일을 통해서도 아주 영광스럽게 성취되었다. 아버지는 그의 종, 세례 요한의 증언을 통하여 아들을 증언하셨다(요 1장). 또 그가 세례를 받으실 때 요단 강에서 그를 증언하셨다. 그래서 이 바리새인들은 그들 자신의 율법의 원리들에 의해서 **정죄**받았다. 두 증인이 진리를 입증하였다. 그러나 여기 두 증인, 즉 아버지와 아들이 **있음**에도 불구하고 그들은 진리를 거부하고 말았다! 몇몇 주석가들이 생각하듯이, 그리스도는 자신을 입증하기 위하여 여기에서 율법에 **호소하고** 계신 것이 아니었다. 그의 명백한 목적은 그들을 **정죄하는** 것이었고, 바로 이 이유 때문에 그는 그냥 '율법'이라고 말씀하시지 않으시고 "**너희 율법**"이라고 말씀하신 것이다.

"**이에 그들이 묻되 네 아버지가 어디 있느냐 예수께서 대답하시되 너희는 나를 알지 못하고 내 아버지도 알지 못하는도다 나를 알았더라면 내 아버지도 알았으리라**" (8:19). 빛이 어둠에 감추인 일들을 잘 드러내고 있지 않은가! 그리스도는 아버지의 증언에 호소하셨으나 이 바리새인들은 너무도 우둔하여서 "네 아버지가 어디 있느냐?"라고 물었다. 주님이 그들에게 하신 대답을 통해서 우리는 오직 아들을 통하여 그리고 그에 의해서만 아버지를 알 수 있음을 다시 한 번 알게 된다. 주님께서 다른 경우에서 말씀하셨듯이, "아들과 또 아들의 소원대로 **계시를 받는 자** 외에는 아버지를 아는 자가 없느니라" (마 11:27)

"이 말씀은 성전에서 가르치실 때에 헌금함 앞에서 하셨으나 잡는 사람이 없으니 이는 그의 때가 아직 이르지 아니하였음이러라" (8:20). "헌금함은 성전의 여인의 뜰에 놓여 있었다. 이곳에는 사람들의 세금과 자유로이 내는 헌물을 받기 위한 놋으로 만든 상자가 열세 개 있었다. 여기에 헌금함이 언급된 사실은 간음 중에 잡힌 여자의 이야기가 사실임을 입증해 준다. 그녀가 주님 앞으로 끌려 왔던 장소가 바로 이 여인의 뜰이었다. 이 상자들 중에서 아홉 개는 예배자들이 바치는 율법이 정한 대로의 금액을 받기 위한 것이었고, 나머지 네 개는 사람들이 임의로 내는 헌물을 받기 위한 것이었다" (C. E. S. from Barclay's Talmud).

"잡는 사람이 없으니 이는 그의 때가 아직 이르지 아니하였음이러라." 이 말씀은 바리새인들이 그리스도의 말씀으로 인하여 격분하게 되었고, 할 수만 있다면 주님께 즉시 폭력을 가하려고 했음을 시사해 준다. 그러나 그런 일은 있을 수 없었고, 또 하나님께서 그의 억제하시는 손을 거두시지 않는 한, 그 일은 결코 있을 수 없었을 것이다. 그런데 정말 놀랍게도 우리는 이 네 번째 복음서에 이와 같은 상황이 되풀이 기록되어 있음을 볼 수 있다(7:30; 7:44; 8:59; 10:39 참고). 이 구절들은 하나님께서 허락하지 않으시면 사람들이 그들의 악한 계획을 실행할 수 없었음을 보여준다. 또 이 구절들은 하나님께서 모든 만물의 완전한 주인이심을 보여주고, 그리스도께서 당하신 고난은 그가 자발적으로 견디신 것임을 증언한다.

"다시 이르시되 내가 가리니 너희가 나를 찾다가 너희 죄 가운데서 죽겠고"(8:21). "다시"라는 말은 7:33, 34의 말씀을 생각나게 한다. 그곳에서 그리스도는 이와 비슷한 말씀을 하셨다. "내가 가리니"라는 말씀은 내가 곧 너희를 떠날 것이라는 뜻이다. 그리스도는 여기에서 이 바리새인들을 민족의 대표자로서 여기고 말씀하시며, 이 민족에게 곧 닥칠 모진 시련을 예기하고 계셨다. 불과 수년 뒤에 이스라엘은 그들이 이전에 겪었던 것보다 훨씬 괴로운 재난을 당할 것이다. 그리고 그 때가 되면, 그들은 약속된 메시야의 구원을 간절히 구할 것이었다. 그러나 그것은 아무 소용도 없을 것이었다. 빛을 거부하였으므로 그들은 어둠에 거할 것이었고, 구세주를 저버렸으므로 그들은 "그들의 죄 가운데서" 죽어야 했다. 하나님의 아들을 거부하였으므로 그들은 그가 간 곳으로 갈 수 없게 될 것이다.

"너희가 나를 찾다가 너희 죄 가운데서 죽겠고." 이 말씀이 오늘날에도 적용된다는 것은 이루 말할 수 없이 엄숙한 일이다. 구세주를 찾았다 해도 **찾은 것이 헛될** 수 있다는 것은 참으로 두려운 일이다! 우리는 그리스도에 대한 종교적 감정을 지닐 수도 있고, 심지어는 그의 십자가를 생각하고 울 수도 있다. 그러면서도 구원에 이르도록 알지 못하는 일이 있을 수 있는 것이다. 질병, 죽음에 대한 공포, 심각한 재정적 불행, 그리고 피조물로부터 어떤 위로도 받을 수 없는 일이 닥칠 때에는 흔히 깊은 종교적 감정이 유발되기도 한다. 약간만 고난을 받아도, 인간은 기도를 하고, 성경을 읽고, 교회 일에 더욱 적극적으로 나서고, 그리스도를 찾는다고 고백하고, 이전과는 상당히 달라진 사람이 되기도 할 것이다. 그러나 그런 사람은 약간 개혁되었을 뿐이지 결코 변화되지 않은 경우가 너무도 흔하다. 그리고 이러한 현상은 오늘날 이 세상에도 흔히 나타나는 일이다. 그 고난이 없어지고, 건강이 회복되고, 상황의 변화가 오게 되면 그토록 열심이던 신앙고백자가 그의 옛 생활로 되돌아가 버리는 일을 흔히 볼 수 있다. 이런 사람은 그리스도를 '구하였'으나 그 동기가 그릇되었고, 자신이 잃어버린 바 되었고 파멸하였다는 깊은 회오에서 구한 것이 아니었기 때문에 헛되이 구한 것이 된 것이다.

"너희가 나를 찾다가 너희 죄 가운데서 죽겠고." 크게 두려운 일이지만, 오늘날 이 말씀이 적용되는 사람들이 결코 적은 수가 아님은 엄숙한 사실이다. 현대의 복음주의적 모임의 피상적이고 일시적인 영향을 받아 그리스도를 찾는 일에 적극 뛰어드는 사람들이 많이 있다. 당분간 그들 중의 많은 사람들은 아주 열심을 낸다. 그러나 이후의 생활을 보면 그들이 헛되이 찾았음을 알게 된다. 그 이유는 무엇인가? 두 가지 대답을 할 수 있다. 첫째로, 그들 중의 어떤 이들은 사력을 다하여 열심을 내지 않았기 때문이다. 구약시대에 하나님은 "너희가 **온 마음으로** 나를 **구하면** 나를 찾을 것이요 나를 만나리라"(렘 29:13)고 말씀하셨다. 둘째로, 그 같은 중에서 앞의 경우보다 훨씬 더 많은 사람들이 **올바른 자리에서** 찾지 않기 때문이다. 일반적인 모임에서, 구하는 자들은 "제단에 모든 소유를 바치라"는 권유를 받으며, 또 그는 "기도를 통하여 응답" 받아야 한다는 말을 듣기도 한다. 그러나 이와 같은 수단들로써는 그리스도를 찾을 수 없다. 구세주 자신께서 "**성경을 연구하라**"고 말씀하셨으며, 그 이유는 "그것이 내게 대하여 증언하는 것"이기 때문이라고 하셨다. 두루마리 책에 그리스도에 관하여 그렇게 기록되어 있다. 성육신하신 말씀을 찾을 수 있는 곳은 바로 기록된 말씀 안에서이다.

"너희가 나를 찾다가 너희 죄 가운데서 죽겠고." 이 말씀은 앞으로 올 때, 즉 **너무 늦어서** 그리스도를 찾을 수 없는 때에도 적용될 것이다. 그때 문은 닫힐 것이다. 그때 죄인은 하나님께 부르짖겠으나 그는 대답하지 않으실 것이다. 그들은 주님을 찾을 것이나 그를 찾지 못할 것이다(잠 1:28 등).

"**내가 가는 곳에는 너희가 오지 못하리라**"(8:21). "너희가 오지 않을 것이다"가 아니라 "너희가 오지 **못하리라**"고 말씀하셨다. 그들이 이렇게 올 수 없는 것은 하나님은 **거룩**하시기 때문이다. 즉 타락하고 악한 자는 그와 함께 거할 수 없다. 빛과 어둠 사이에는 친교가 있을 수 없다. 또 하나님의 **의**로 인하여 그들은 그렇게 할 수 없다. 죄는 형벌 받아야 한다. 율법을 범한 형벌이 실행되어야 한다. 그리고 하나님께 버림을 받은 자에게는 "다시 속죄하는 제사가 없다." 또한 그들에게는 그리스도께서 가신 곳에 갈 만한 적합한 **성품이 없기** 때문에 그리로 갈 수 없다. 각 사람은 "**제 곳**"(행 1:25), 즉 그에게 적합한 곳으로 가야만 하는데 그것이 자연의 순리이다. 만일 어떤 사람이 은혜로 말미암아 하나님의 성품을 지니고 있다면, 그는 후에 계속하여 그와 함께 거하게 될 것이다(요 13:36). 그러나 어떤 사람이 "죄 가운데 **죽어**" 이 세상을 떠나게 되면, 그는 조만간 필연적으로 "둘째 사망"(계 20:14) 곧 불못에 던지우게 될 것이다. 만일 어떤 사람이 "그의 죄 가운데서" **죽으면**, 그는 하늘나라에 들어갈 수 **없다**. 그렇게 되면 "더 큰 소망"이 산산이 부서지는 것이다!

"**유대인들이 이르되 그가 말하기를 내가 가는 곳에는 너희가 오지 못하리라 하니 그가 자결하려는가**"(8:22). 바리새인들은 경솔하게 또 빈정대면서 대답하였다. 논쟁에서 참패당한 반대자는 흔히 이러한 방법에 의지한다. 즉 그는 확실한 논증을 반박할 수 없을 때 조롱하는 방법을 이용한다. 그러나 주님은 무한히 은혜롭게 그의 원수들을 참으신다.

"**예수께서 이르시되 너희는 아래에서 났고 나는 위에서 났으며 너희는 이 세상에 속하였고 나는 이 세상에 속하지 아니하였느니라**"(8:23). 이 말씀은 두 가지 의미를 지닌 것으로 생각된다. 첫째로, 그리스도는 그들이 그의 말씀을 이해하지 못하고 그의 증언을 받지 않는 원인을 지적하셨다. 그와 그들 사이에는 무한한 심연이 가로놓여 있다. 즉 그들은 아래에서 났고, 그는 위에서 나셨다. 둘째로, 그리스도는 그가 가는 곳으로 그들이 올 수 없는 **이유**를 설명하셨다. 그리스도와 그들은 서로 완전히 다른 세계에 속하였다. 즉 그들은 세상에 속하였고, 그는 세상에 속하지 아니하셨다. 세상과 친구가 되는 것은 하나님께는 원수가 된다. 그런데 이 세상에 있을 뿐만 아니라 **세상에 속해** 있는 자들이 어떻게 그리스도의 집인 하늘에 들어갈 수 있었겠는가?

"**그러므로 내가 너희에게 말하기를 너희가 너희 죄 가운데서 죽으리라 하였노라 너희가 만일 내가 그인 줄 믿지 아니하면 너희 죄 가운데서 죽으리라**"(8:24). 불신의 종말은 참으로 두렵지 아니한가! 그리스도를 거부하기를 고집하는 자는 그의 죄 가운데서 용서받지 못한 채로, 하늘에는 적합하지 못하며 하나님을 만날 준비가 안 된 상태에서 죽을 것이다! 이것은 참으로 엄숙한 주님의 말씀이다! 그러나 아주 많은 우리의 이웃들은 이 세상을 떠나 소망 없는 영원으로 들어갈 때, 그들에게 해당되는 "너희 죄 가운데서 죽으리라"는 이 두려운 말씀에 거의 주의를 기울이지 않는다. 불신자들의 미래의 운명에 대하여 이야기하는 것은 가혹하고 무자비한 행위라고 말하는 사람들이 있는데 참으로 슬프게도 그들은 오해한 것이다. 그리스도의 모범을 보고 우리는 배워야 한다. **주님은** 이 두려운 진리를 주저하지 않고 강조하셨다. 우리도 그렇게 해야 한다. 하나님의 말씀에 비추어 볼 때, 침묵을 지키는 것은 죄를 짓는 것이다. 필자의 판단으로는 이 진리야말로 다른 무엇보다도 오늘날 크게 강조해야 할 필요가 있는 것이다. 인간은 그들에게 임박한 진노의 위험을 인식할 때에야 비로소 그리스도께로 돌아설 것이다.

"너희가 너희 죄 가운데서 죽으리라." 이 말씀은 속죄에 관한 현대 상상의 그릇됨을 드러내 주는 많은 구절들 가운데 하나이다. 그리스도께서 십자가상에서 모든 인간들의 모든 죄를 지셨다고 가르치는 자들이 있다. 그들은 골고다에서 모든 죄 문제가 해결되었다고 주장한다. 그래서 어떤 사람이 지옥에 간다면 그것이 그가 그리스도를 거부하는 때**뿐**이라고 말한다. 그러나 이러한 가르침은 전적으로 비성경적이다. 그리스도는 **신자들의** 모든 죄를 지셨다. 그러나 불신자들의 죄를 위하여는 아무 속죄도 하지 **않으셨다.** 우리는 요한복음 8:24에서 이 사실에 대한 많은 증거를 찾아 볼 수 있다. 즉 주 예수께서 모든 사람들의 **모든** 죄를 속죄하셨다면, "너희가 너희 **죄** 가운데서 죽으리라"는 말씀을 하실 수 없었을 것이다.

"그들이 말하되 네가 누구냐 예수께서 이르시되 나는 처음부터 너희에게 말하여 온 자니라"(8:25). 이 말씀은 개역성경, 특히 그 난외주에 더욱 정확하게 기록되어 있다고 생각한다. 그곳에는 "그러므로 그들이 그에게 네가 누구냐고 묻자 예수께서 그들에게 **내가 또한 너희에게 그 모든 것을 말하였도다**고 말씀하셨다"라고 기록되어 있다. 이것은 주목할 만한 말씀이다. 바리새인들은 그리스도의 자신에 대한 증언이 참되지 않다고 반박하였다(13절). 주님께서는 자신의 증언이 참**되다**고 대답하시고 아버지의 확증적인 증언에 호소하심으로써 그것을 증언하셨다. 그러자 그들은 이제 "네가 누구냐?"라고 묻는다. 이에 대하여 성육신하신 하나님의 아들은 "나는 본질적으로 그리고 절대적으로 내가 내 자신이 어떠하다고 선포하여 온 바로 그 존재이다"라고 대답하셨다. 즉 "나는 빛에 대하여 말해 왔는데, **나는** 바로 그 빛**이다**. 또 나는 진리에 대하여 말해 왔는데, **나는** 바로 그 진리**이다**. 나는 그것들이 성육신하고 인격화되고 구현된 자이다." 이것은 참으로 놀라운 선포이다! 오직 주님만이 "나는 내가 너희에게 말하고 있는 바로 그다"라고 실제로 말씀하실 수 있었다. 하나님의 자녀는 진리를 말하고 진리 가운데서 행할 수 있을 수는 있으나, 그는 진리 그 자체는 아니다. 그리스도인은 그의 빛을 빛나게 할 수 있을 수는 있으나 그 빛 자체는 아니다. 그러나 그리스도는 바로 진리 그 자체이며, 빛 그 자체이셨다. 그리고 우리는 이 사실에서 그의 높아지신 유일성을 깨달을 수 있다. 요한일서 5:20의 말씀처럼, "[우리가] 아는 것은 하나님의 아들이 이르러 우리에게 지각을 주사 우리로 참된 자를 알게 하신 것이다." 즉 "진리를 가르치신 분"이 아니라 "진리 자체이신 분"을 알게 하신 것이다.

"내가 너희에게 대하여 말하고 판단할 것이 많으나 나를 보내신 이가 참되시매 내가 그에게 들은 그것을 세상에 말하노라 하시되"(8:26). 이 구절의 의미는 다음과 같다고 생각한다. '너희의 의심은 아주 괘씸하구나. 너희의 모욕적인 조롱은 엄중한 질책을 받아 마땅하다. 그러나 나는 참겠다'! 그리스도께서 그를 모욕하는 이 반대자들을 그들이 받아 마땅한 대로 다루셨더라면, 주님은 그들을 책망하셨을 뿐만 아니라 그들에게 즉시 정죄를 선고하셨을 것이다. 그러나 주님은 이렇게 하는 대신에, 그가 그를 위하여 한 증언은 아버지께서 말씀하신 것과 완전히 일치하기 때문에 참되다는 것을 다시 한 번 확언하시는 일로 만족하셨다. 우리를 위한 완전한 모범이 아닐 수 없다. 그리스도의 종은 그가 전하는 메시지로 인하여 비평을 받고 도전을 받을 때마다, 마음이 온유하고 겸손하신 그의 선생이신 분으로부터 배워야 한다. 당신을 비방하는 자들에게 비난을 퍼붓는 대신에, 당신이 그의 이름 안에서 말하는 그분의 영원한 진실성을 그들에게 강조하기만 하라.

"그들은 아버지를 가리켜 말씀하신 줄을 깨닫지 못하더라"(8:27). 참으로 두렵게도 눈멀게 하는 편견의 힘과 불신의 어둠이 여기에 나타나 있지 않은가! 이 말씀은 자연인이 처해 있는 저주스러운 상태를 참으로 엄숙하게 드러내 준다. 그들은 하나님의 아들께서 말씀하고 계실 때조차도 깨닫지 못하였었다! "사람이 거듭나지 아니하면 볼 **수 없다**." 그리고 이것은 **모든 인간**의 본래적 상태이다. 영적으로 중생하지 못한 미국인은 이교도들과 마찬가지로 똑같은 어둠 가운데 있다. 왜냐하면 둘 다 **죽음의 어둠** 가운데 있기 때문이다! 인간은 영원한 빛 이상의 것을 필요로 한다. 즉 그들은 **내적인** 조명을 필요로 한다. 우리는 지극히 건전한 복음의 사역을 받으면서 일생을 보내나, 결국은 복음을 전혀 들어 보지 못한 아프리카 사람처럼 그 **마음으로써는** 아무 것도 이해하지 못할 수도 있다. "그들은 **깨닫지 못하더라**"는 엄숙한 말씀을 충분히 숙고해 보도록 하자. 그들은 다른 사람도 아닌 바로 하나님의 아들께서 그들에게 말씀해 주시는 것을 이해하지 못하였다! 그러므로 자신이 구원받았음을 **아는** 모든 독자는 하나님을 열렬히 찬송함이 마땅하다. 왜냐하면 그가 "**우리에게 지각을 주사** 우리로 참된 자를 알게 하셨기"(요일 5:20) 때문이다.

"이에 예수께서 이르시되 너희가 인자를 든 후에 내가 그인 줄을 알고 또 내가 스스로 아무 것도 하지 아니하고 오직 아버지께서 가르치신 대로 이런 것을 말하는 줄도 알리라"(8:28). 그의 '들림'은 가까이 다가와 있는 그의 죽음과, 그가 어떤 방식으로 죽음을 당할 것인가를 가리키는 말이다(요 12:32, 33). "너희는 … 내가 그인 줄을 알고"라는 말씀은 십자가에 못 박힘이 있은 후에, 그의 진실됨이 완전히 입증되고 많은 사람들이 그가 참으로 메시야이셨으며, 그는 아버지께서 그에게 행하고 말하라고 위탁하신 것만을 행하고 말씀하셨음을 믿게 됨으로써, 그의 하나님으로서의 영광이 나타나리라는 것을 의미하는 말씀이다. 그리스도의 이 말씀은 오순절 날 아주 놀랍게 실증되었다! 그때 "그를 십자가에 못 박으라"고 부르짖었던 바로 그들 중 수천의 사람들이 그를 "주시요 그리스도"로 믿게 되었다.

"**나를 보내신 이가 나와 함께 하시도다 나는 항상 그가 기뻐하시는 일을 행하므로 나를 혼자 두지 아니하셨느니라**"(8:29). "사람들이 그의 교훈과 행동에 대하여 어떻게 생각하든지 간에, 주님은 자신이 말한 모든 것 안에서, 그리고 자신이 행한 모든 것 안에서, 자신은 아버지께서 떠받쳐 주시고 기뻐하신 그의 택하신 종, 즉 그가 크게 기뻐하신 그의 사랑하는 아들임을 알고 계셨다"(존 브라운). 사탄의 미혹을 받아 눈이 멀게 된 사람들은 그를 사기꾼과 신성모독자로 여길지도 모르지만, 주님은 아버지께서 자신을 인정하셨고, 조만간 자신의 진실됨을 완전히 입증하실 것임을 알고 계셨다. 주님께서 **언제나** 아버지를 기쁘시게 하는 일들을 행하시는데, 아버지께서 어찌 그렇게 하시지 않겠는가? 이것은 주님 외에는 다른 누구도 진실되이 말할 수 없는 주장이다.

"**이 말씀을 하시매 많은 사람이 믿더라**"(8:30). 이 말씀은 그들이 자신의 영혼을 구원하기에 이르도록 믿었다는 뜻이 아니다. 그들이 그렇게 하지 않았음은 이후의 구절들을 보아 알 수 있다. 이 말씀은 단지 주님께 대한 그들의 적개심이 잠시 누그러질 정도로 그들이 일시적으로만 감화를 받았을 뿐임을 의미한다. 많은 사람들은 그리스도의 태도, 즉 그의 원수들의 도전에 대해 보이신 그의 인내와, 그가 그처럼 거룩하고 침착하게 자신의 불명예스러운 죽음에 대해 말씀하신 것과, 아버지께서 그를 인정하셨음에 대한 그의 생각을 그처럼 분명하게 표현하신 것을 통하여 관찰할 수 있었던 것에 의해서 분명히 깊은 인상을 받았다. 그럼에도 불구하고 그 인상은 일시적인 것이어서 주님께 대한 그들의 믿음은 "그리스도께서 오실지라도 그 행하실 표적이 이 사람이 행한 것보다 더 많으랴"(요 7:31)라고 묻는 것 이상이 되지는 못하였다.

"**그러므로 예수께서 자기를 믿은 유대인들에게 이르시되 너희가 내 말에 거하면 참으로 내 제자가 되고**"(8:31). 주님은 여기에서 그의 **참** 제자의 특징을 묘사하신다. 그의 말씀 안에 거하는 것은 그의 제자가 되기 위한 조건이라기보다 그의 제자임을 **드러내 주는 것**이다. 참 제자와 단순한 신앙 고백자를 구별지어 주는 것은 다른 무엇보다도 바로 이것이다. 그리스도의 이 말씀은 우리에게 확실한 한 가지 시험을 제시해 준다. 그것은 우리가 어떻게 시작하는가가 아니라 우리가 어떻게 계속하여 결말을 짓는가 하는 것이다. 돌밭 같은 마음을 가진 청중과 좋은 땅 같은 마음을 가진 청중을 구별지어 주는 것은 바로 이것이다. 마태복음 13:20, 23을 보고 누가복음 8:15과 대조해 보라. 그리스도는 그의 사도들에게 "끝까지 견디는 자는 구원을 얻으리라" (마 10:22)고 말씀하셨다. 다시 말하지만, 나중까지 견디는 것은 구원의 **조건**이 아니다. 그것은 우리가 이미 사망에서 생명으로 옮기어졌음을 나타내는 표시 또는 **증거**이다. 그래서 사도 요한은 믿음을 버린 자들에 관하여 "그들이 우리에게서 나갔으나 우리에게 속하지 아니하였나니 만일 우리에게 속하였더라면 우리와 함께 **거하였으려니와**" (요일 2:19)라고 기록하였다.

"너희가 내 말에 거하면 참으로 내 제자가 되고." "참" 이라는 말은 '진실로, 정말로, 순전히' 등을 의미한다. 이 단어를 사용하심으로써 그리스도는 여기에서 앞 절에서 언급한 사람들, 즉 "그를 믿었다"고 기록된 사람들은 '참 제자' 가 **아니었음**을 시사하셨다. 참으로 구원된 사람은 타락하거나 잃어버린 바 되지 아니할 것이다. 그리고 타락하거나 잃어버린 바 되는 사람은 참으로 구원받았다고 결코 말할 수 없다. 그리스도의 말씀에 "거하는" 것은 "그의 말을 지키는"(계 3:8) 것이다. 그것은 그리스도께서 말씀하신 것은 무엇이든지 단단히 붙잡는 것이다. 그것은 우리가 고백한 믿음을 실제적으로 종국까지 인내하며 따르는 것이다.

"**진리를 알지니 진리가 너희를 자유롭게 하리라**"(8:32). "진리를 아는 것은 무엇이 참인지를 아는 것보다 더 제한적인 것이다. 그것은 성육신하신 아들의 중보로 말미암아 얻는 구원에 관하여 이해하는 것인데, 신약성경에서는 좀 더 고귀한 이름으로 그것을 '진리' 라고 부른다. 그 진리는 곧 진리 중의 진리, 모든 진리 가운데 가장 중요한 것, 그리스도 안에 충만한 진리, 모세가 전해준 율법처럼 그가 전해 주신 진리, 구약시대의 그림자들과 상징들에 반대되는 실체로서의 진리, 그리고 바울이 '복음진리의 말씀' (골 1:5)이라고 부른 것을 가리킨다"(존 브라운).

"진리가 너희를 자유롭게 하리라." 다음의 세 가지 말씀의 놀라운 관계에 주목해 보라. (1) "내 말에 거하라"(31절). (2) "진리를 알지니"(32절) (3) "진리가 너희를 자유롭게 하리라"(32절). 이 순서는 변할 수 없다. 진리는 영적인 자유를 준다. 그것은 사탄의 혼미하게 하는 권세(고후 4:4)로부터 자유롭게 해 준다. 그것은 영적인 죽음의 어둠(엡 4:18)으로부터 구원해 준다. 그것은 죄의 감옥으로부터 해방시켜 준다(사

61:1). 영적인 자유의 특성과 영역에 관하여는 36절을 다루게 될 때 상세하게 살펴볼 것이다.

관심 있는 독자는 먼저 다음 질문들에 대하여 공부해 보라.

1. 죄인은 어느 정도까지 죄의 "종"(노예)인가?(34절)

2. 36절은 자연인의 의지에 관하여 무엇을 가르쳐 주는가?

3. 아브라함의 "자손"(자녀, Children, 39절)과 그의 "자손"(Seed, 33절)의 차이는 무엇인가?

4. 43절의 의미는 무엇인가?

5. 47절에서 "하나님께 속한" 이란 말의 의미는 무엇인가?

6. 51절의 의미는 무엇인가?

7. 56절에서 그리스도는 무엇을 가리키는가?

제30장

세상의 빛이신 그리스도
❷

[33]그들이 대답하되 우리가 아브라함의 자손이라 남의 종이 된 적이 없거늘 어찌하여 우리가 자유롭게 되리라 하느냐 [34]예수께서 대답하시되 진실로 진실로 너희에게 이르노니 죄를 범하는 자마다 죄의 종이라 [35]종은 영원히 집에 거하지 못하되 아들은 영원히 거하나니 [36]그러므로 아들이 너희를 자유롭게 하면 너희가 참으로 자유로우리라 [37]나도 너희가 아브라함의 자손인 줄 아노라 그러나 내 말이 너희 안에 있을 곳이 없으므로 나를 죽이려 하는도다 [38]나는 내 아버지에게서 본 것을 말하고 너희는 너희 아비에게서 들은 것을 행하느니라 [39]대답하여 이르되 우리 아버지는 아브라함이라 하니 예수께서 이르시되 너희가 아브라함의 자손이면 아브라함이 행한 일들을 할 것이거늘 [40]지금 하나님께 들은 진리를 너희에게 말한 사람인 나를 죽이려 하는도다 아브라함은 이렇게 하지 아니하였느니라 [41]너희는 너희 아비가 행한 일들을 하는도다 대답하되 우리가 음란한 데서 나지 아니하였고 아버지는 한 분뿐이시니 곧 하나님이시로다 [42]예수께서 이르시되 하나님이 너희 아버지였으면 너희가 나를 사랑하였으리니 이는 내가 하나님께로부터 나와서 왔음이라 나는 스스로 온 것이 아니요 아버지께서 나를 보내신 것이니라 [43]어찌하여 내 말을 깨닫지 못하느냐 이는 내 말을 들을 줄 알지 못함이로다 [44]너희는 너희 아비 마귀에게서 났으니 너희 아비의 욕심대로 너희도 행하고자 하느니라 그는 처음부터 살인한 자요 진리가 그 속에 없으므로 진리에 서지 못하고 거짓을 말할 때마다 제 것으로 말하나니 이는 그가 거짓말쟁이요 거짓의 아비가 되었음이라 [45]내가 진리를 말하므로 너희가 나를 믿지 아니하는도다 [46]너희 중에 누가 나를 죄로 책잡겠느냐 내가 진리를 말하는데도 어찌하여 나를 믿지 아

니하느냐 ⁴⁷하나님께 속한 자는 하나님의 말씀을 듣나니 너희가 듣지 아니함은 하나님께 속하지 아니하였음이로다 ⁴⁸유대인들이 대답하여 이르되 우리가 너를 사마리아 사람이라 또는 귀신이 들렸다 하는 말이 옳지 아니하냐 ⁴⁹예수께서 대답하시되 나는 귀신 들린 것이 아니라 오직 내 아버지를 공경함이거늘 너희가 나를 무시하는도다 ⁵⁰나는 내 영광을 구하지 아니하나 구하고 판단하시는 이가 계시니라 ⁵¹진실로 진실로 너희에게 이르노니 사람이 내 말을 지키면 영원히 죽음을 보지 아니하리라 ⁵²유대인들이 이르되 지금 네가 귀신 들린 줄을 아노라 아브라함과 선지자들도 죽었거늘 네 말은 사람이 내 말을 지키면 영원히 죽음을 맛보지 아니하리라 하니 ⁵³너는 이미 죽은 우리 조상 아브라함보다 크냐 또 선지자들도 죽었거늘 너는 너를 누구라 하느냐 ⁵⁴예수께서 대답하시되 내가 내게 영광을 돌리면 내 영광이 아무 것도 아니거니와 내게 영광을 돌리시는 이는 내 아버지시니 곧 너희가 너희 하나님이라 칭하는 그이시라 ⁵⁵너희는 그를 알지 못하되 나는 아노니 만일 내가 알지 못한다 하면 나도 너희 같이 거짓말쟁이가 되리라 나는 그를 알고 또 그의 말씀을 지키노라 ⁵⁶너희 조상 아브라함은 나의 때 볼 것을 즐거워하다가 보고 기뻐하였느니라 ⁵⁷유대인들이 이르되 네가 아직 오십 세도 못되었는데 아브라함을 보았느냐 ⁵⁸예수께서 이르시되 진실로 진실로 너희에게 이르노니 아브라함이 나기 전부터 내가 있느니라 하시니 ⁵⁹그들이 돌을 들어 치려 하거늘 예수께서 숨어 성전에서 나가시니라(요 8:33-59)

우리가 지금 살펴보려는 구절은 앞 장에서 연구하였던 내용의 계속이자 그 종결 부분이다. 본문은 우리에게 숨은 어둠의 일들을 밝히 드러내시고, 신앙고백자들의 허식을 폭로하시며, 두려울 정도로 깊은 인간의 타락을 명백히 나타내 주시는 빛으로서의 그리스도를 보여준다. 만일 우리가 이 본문을 어느 하나로만 국한시켜, 주님과 이미 오래 전에 죽은 사람들 사이의 대화에 대한 기록으로만 생각한다면, 그것은 지극히 중요하고 가치 있는 내용을 놓쳐 버리는 일이 될 것이다. 우리는 하나님의 말씀이 사물을 현재의 있는 그대로 묘사해 주고, 세속적인 마음의 반대와 활동들을 나타나고 있는 그대로 설명해 주며, 우리 자신들에 관한 의견을 솔직하게 제시해 주는 **살아 있는** 말씀임을 끊임없이 상기할 필요가 있다. 요한복음 8장을 마무리하는 이 부분을 바로 이러한 관점에서 연구해 볼 것이다. 본문을 요약하면 다음과 같다.

1. 속박과 자유(33-36절)
2. 아브라함의 씨와 아브라함의 자녀(37-40절)
3. 마귀의 아들들과 하나님의 아들들(41-47절)
4. 사람들의 무시를 받으신 그리스도, 그리스도의 공경을 받으신 아버지(48-50절)
5. 생명과 죽음(51-55절)
6. 아브라함과 그리스도(56-58절)
7. 성전에서 나가시는 구세주(59절)

"그들이 대답하되 우리가 아브라함의 자손이라 남의 종이 된 적이 없거늘 어찌하여 우리가 자유롭게 되리라 하느냐"(8:33). 앞 구절에 기록되어 있는 주님의 말씀에 대하여 유대인들은 이렇게 대답하였다. 그곳에서 우리는 그의 참 제자의 근본적인 특성을 묘사하고 계신 주님을 보았었다. 즉 그의 참 제자는 그리스도의 말씀에 거하는 자이다(31절. 이 구절에 대한 필자의 논평을 다시 한 번 읽어보라). 말씀 안에 거하는 자는 진리를 알 것이고, 진리는 그를 자유롭게 할 것이다(32절). 그러나 자연인은 자유롭게 **되는** 것에 관한 이야기를 듣기 싫어한다. 이것이 분명히 시사해 주는 바는, 그가 진리를 알기 **전에는 속박된 상태**에 있었다는 것이다. 실상이 이러하나 사람들은 이 사실을 거의 깨닫거나 인식하지 못하고 있다. 중생하지 못한 자들에 관한 다음의 네 가지 사실은 참으로 굴욕적인 것이기 때문에 그들이 특히 싫어하는 것이다. 첫째로, 그들은 의롭지 못하고(사 64:6), 선하지 못하므로(롬 7:18) "부정하며"(사 64:6) "비천"하다(욥 40:4). 둘째로, 그들은 지혜롭지 못하므로(롬 3:11) "허사"와(시 39:5) "미련한 것"으로 가득 차 있다(잠 22:15). 셋째로, 그들에게는 "힘"(롬 5:6)과 "능력"(사 40:29)이 없으므로 그들 스스로에 대하여, 또는 그들 자신들로부터는 어떤 선한 일도 할 수 없다(요 15:5). 넷째로, 그들은 자유롭지 못하므로(사 61:1) 종의 상태에 있다(벧후 2:19).

자연인의 상태는 그가 상상하는 것보다, 그리고 일반 설교자나 교회 학교 선생들이 생각하는 것보다 훨씬 악한 상태에 있다. 인간은 타락한 피조물이며, 발바닥에서 머리까지 성한 곳이 없이(사 1:6) 완전히 부패하였다. 그는 완전히 죄의 지배 아래 있고(요 8:34) 여러 가지 정욕에 종 노릇하는 자이므로(딛 3:3) 그는 "범죄하기를 쉴 **수 없다**"(벧후 2:14). 더군다나 자연인은 완전히 죄의 지배를 받고 있다. 그는 그의 의지로써 마귀에게 사로잡힌 바 되었다(딤후 2:26). 그는 공중의 권세 잡은 자 곧 지금 불순종의 아들들 가운데서 **역사하는** 영을 따라 행하였다(엡 2:2). 그는 그의 아비 곧 마귀의 욕심을 충족시킨다(요 8:44). 그는 완전히 사탄의 권세의 지배를 받고 있다(골 1:13). 그리고 이런 노예 상태로부터는 오직 하나님의 진리만이 구원할 수 있다.

"우리가 자유롭게 되리라"(33절). 이미 말한 바와 같이, 이것은 자연인이 노예상태에 있다는 것을 의미한다. 그러나 자연인은 이 진리를 견딜 수 없다. 이 사실을 말하기만 해도 그는 증오심을 드러낸다. 죄인에게 선한 것이 **전혀 없다**고 말해 보라. 그러면 그는 당신의 말을 믿으려 하지 않을 것이다. 그러나 그에게 그는 완전히 죄의 노예이자 사탄의 포로이며, 스스로는 경건한 생각을 **할 수 없고**(고후 3:5), 하나님의 진리를 따를 **수 없으며**(고전 2:14), 믿을 **수도 없고**(요 12:39), 하나님을 기쁘시게 **할 수 없으며**(롬 8:8), 그리스도께 올 **수 없다**(요 6:44)고 말해 보라. 그러면 그는 화를 내며 당신의 주장을 부인할 것이다. 지금 이 구절에서도 마찬가지였다. 그리스도께서 "진리가 너희를 자유롭게 하리라"고 말씀하시자 유대인들은 "우리가 아브라함의 자손이라 남의 **종이 된 적이 없다**"고 대답하였다.

이 유대인들의 거만한 자랑은 전혀 근거가 없는 것이었다. 그것은 실제 사실과는 동떨어진 것이었다. 아브라함의 자손이 한 민족을 이룬 후의 모습에 대하여 성경이 첫 번째로 보여주고 있는 광경은 그들이 모질고도 잔인한 속박의 상태에 있는 모습이었다(출 2장). 사사기에는 하나님께서 가나안 사람들의 손에서 이스라엘을 구해내시거나 그들의 손에 넘겨주시는 광경이 일곱 번 이상 나온다. 70년 동안의 바벨론 유수 또한 이 유대인들의 말이 거짓임을 증명해 주며, 그들이 이 말을 한 당시조차도 로마인들이 그들을 지배하고 있었다. 그러므로 아브라함이 자손이 결코 종이 된 적이 없다는 그들의 단언은 지극히 부당하고 분명히 사실과는 동떨어진 것이었다. 오늘날 자연인의 자유에 대하여 큰소리로 수다를 떨며, 자신의 의지가 죄의 노예가 **되어 있다**는 것을 몹시 성을 내며 부인하는 오해자들의 단언들과 마찬가지로, 유대인들의 이 말은 지지를 얻을 수 없는 잘못된 것이었다. "어찌하여 우리가 자유롭게 되리라 하느냐." 오늘날 신앙계에 있는 수많은 사람들도 이와 똑같이 무지하다. 그들은 율법으로부터의 구원과 나쁜 습관들로부터의 해방에 대한 말은 들어 왔으나, 참된 영적 자유는 이해하지 못하고 있으며, 또 죄의 보편적인 속박에 대하여 무지한 상태에 있는 한 이것을 이해할 수도 없다.

"예수께서 대답하시되 진실로 진실로 너희에게 이르노니 **죄를 범하는 자마다 죄의 종이라**"(8:34). 그리스도는 " … 하는 **자마다** … 노예라"고 말씀하시면서, 유대인들이 아브라함의 혜택 받은 자손에 속하였다 할지라도 **그들도** 이 일반 규칙에서 예외가 될 수 없음을 시사해 주고 계신다. 그리스도는 그들보다 더욱 불법적인 어떤 특별한 부류의 사람들에 관하여 말씀하신 것이 아니라, 자연 상태에 있는 모든 사람들의 실상에 대하여 단언하고 계신다. "죄를 **범하는** 자마다"라는 말은, 사람들이 그 일상생활 가운데서 죄를 행하고 있음을 가리킨다. 그러나 그리스도인과 비그리스도인을 구별짓는 것이 한 가지 있다. 그리스도인은 죄를 짓는다. 그것도 매일 그렇게 한다. 그러나 비그리스도인은 죄만을 짓는다. 그리스도인은 죄를 짓지만, 그는 또한 회개한다. 더욱이 그는 선한 일을 행하기도 하며 성령의 열매를 맺기도 한다. 그러나 중생하지 않은 자의 생활은 끊임없이 죄를 짓는 과정이다. 필자는 법률상의 죄가 아니라 도덕적인 죄를 말하고 있다. 물은 스스로 그 수면을 높일 수 없다. 인간은 본질상 죄인이므로 실제 행위로써 죄인이 되며, 그 외의 다른 존재는 될 수 없다. 썩은 나무는 좋은 열매를 맺을 **수 없다**. 독이 섞인 샘은 단물을 낼 **수 없다**. 죄인은 자신 안에 영적 본성을 소유하고 있지 않으므로, 또 그는 전체가 타락하고 완전히 죄의 속박 가운데 있으므로, 또 그는 **하나님의** 영광을 위하여 아무 일도 하지 못하므로, 그의 모든 행동은 더럽혀져 있고, 그의 모든 행위는 거룩하신 분께 받아들여질 수 없다.

"죄를 범하는 자마다 죄의 종이라." 하나님의 생각은 우리의 생각과 참으로 다르지 않은가! 세상 사람은 그리스도인이 되는 것은 그의 자유를 버리는 것을 의미한다고 생각한다. 그는 그렇게 되면 자신의 자유를 폐기시키는 수많은 제한 조건들로써 속박되리라 생각한다. 그러나 바로 이런 추측들은 이 세상 신이 그의 마음을 **혼미하게** 하였다는 사실을 증언해 줄 뿐이다(고후 4:4). 실상은 그의 생각과는 정반대의 것이 사실이다. 노예 상태에, 즉 "불의에 매인 바"(행 8:23) 되어 있는 자는 그리스도 안에 있는 자가 아니라 그리스도 밖에 있는 자이다. 죄인은 아래로만 치닫는 그의 본성의 재촉을 받고 있고, 그가 자신의 악한 경향에 몰두하여 있으면서 스스로 행사하고 있다고 믿는 바로 그 자유는 그가 "죄의 종" **이라**는 사실을 다시 한 번 증언해 줄 뿐이다. 자기에 대한 사랑, 세상에 대한 사랑, 돈에 대한 사랑, 쾌락에 대한 사랑, 이것들은 전부 그리스도 밖에 있는 모든 자들을 지배하는 폭군들이다. 이러한 속박을 **깨닫고** 있는 자는 행복하다. 이 깨달음은 바로 자유를 향한 첫걸음이 되기 때문이다.

"**종은 영원히 집에 거하지 못하되 아들은 영원히 거하나니**"(8:35). 필자는 이 구절에 관하여는 의견 차이가 거의 없으리라고 생각하는데, 주석가들은 이 구절을 해석하는데 있어서 거의 의견의 일치를 보이고 있지 않다. 여기에서 '종'은 앞 절에서 언급하고 있는 사람이다. 즉 그는 끊임없이 죄 짓는 생활을 계속하는 자이다. 이러한 사람은 집에 영원히 거하지 못한다. 여기에서의 '집'(house)은 야곱의 집, 이스라엘의 집, 하나님의 집(히 3:5, 6)에서처럼 **가족**(family)을 의미한다. 우리는 주님께서 단순히 일반적인 원리를 선언하거나 또는 잘 알려진 사실, 즉 종은 어떤 가족 내에 **일시적으로**만 머물 뿐이라는 사실을 말씀하셨다고 생각한다. 유대인들은 그들이 아브라함의 자손이라고 주장하였다(33절). 즉 그들은 자신이 모든 언약과 약속들의 주인인 혜택받은 집에 속하였다고 주장하였다. 그러나 주님은 그들이 아브라함의 육적 후손들이라는 단순한 사실은 그들이 아브라함의 영적 자녀들에게 속하는 축복들을 얻을 자격이 있음을 말해 주지 않는다고 말씀하신다. 그들이 죄의 속박 아래 있는 한 그들은 이 자격을 얻을 수 없었다. 그들이 '자유롭게' 되지 않는다면, 그들은 일시적인 외적 특권들조차도 누리지 못하게 될 것이다.

"아들은 영원히 거하나니." 앞의 말과는 참으로 대조가 되는 말씀이다. 종의 자리는 불확실하며 기껏해야 일시적일 뿐이지만 집에 있어서의 아들의 자리는 영원하다. 또한 여기에서의 "거한다"는 말은 다른 곳에서와 마찬가지로 **친교**의 뜻도 내포하고 있음이 분명하다. 아브라함 가족의 역사가 이 사실을 잘 예시해 주었는데, 그리스도께서는 이 말씀을 하실 때 아마도 이스마엘과 이삭을 생각하고 계셨을 것이다. "아들은 영원히 거하나니." 이 말씀이 하나님의 집의 모든 가족에게 해당되는 어떤 일반적인 원리를 선언한 것이라 할지라도, 다음 절이 분명히 보여주듯이 이 말씀은 직접적으로 그리스도 자신에게 적용됨이 분명하다. 왜냐하면 36절의 "아들"이란 말은 분명히 주 예수만을 가리키는 말로 사용되었기 때문이다.

"**그러므로 아들이 너희를 자유롭게 하면 너희가 참으로 자유로우리라**"(8:36). 여기에서의 "그러므로"라는 말은 앞 절이 어디에 적용되느냐의 문제를 해결해 준다. "아들"은 바로 주 예수 그리스도 외의 어느 누구도 될 수 없다. 그리고 그는 아들이시기 때문에 죄의 종들을 자유롭게 하실 수 있다. 아들은 아버지의 집에서 종이 아니라, 그 뜻과 능력에 있어서 아버지와 하나이신 분이다. 그는 그와 완전한 친교 가운데 있다. **그러므로** 그에게는 죄의 압제와 사탄의 지배 아래 있는 자들을 자유롭게 해주실 능력이 넘친다. 자기 백성들을 "자유롭게" 하는 것이 바로 하나님이 성육신하신 중심 목적이었다. 그리스도께서 그의 공생애를 시작하시며 하신 첫 번째 말씀은, 주의 성령이 그에게 기름을 부으시고 "포로 된 자에게 자유를 전파하고 눌린 자" 혹은 속박된 자를 "자유롭게" 하라고 하셨다는 뜻의 말씀이었다(눅 4:18). 또는 인간은 완전히 죄의 속박 아래 있으며 또는 실제로는 빛보다는 어둠을 사랑하므로, 그들은 자유롭게 **되어야만** 한다.(시 23편의 "나를 **누이시며**"라고 수동의 뜻으로 쓰여진 표현과 비교해 보라)

"너희가 참으로 자유로우리라." **무엇으로부터** 자유로우리라는 것인가? 이 질문에 대한 답은 우리에게 그리스도인의 자유에 대한 진리를 가르쳐 준다. 이것은 지극히 중요한 주제이긴 하나 너무 광범위한 주제이므로 여기에서 상세히 다룰 수는 없다. 그러나 가장 간단한 말로 요약해 보자면, 우리는 그리스도의 자유, 즉 영적 자유는 다음과 같은 것으로 이루어졌다고 말할 수 있다. 첫째로, 죄의 정죄, 율법의 형벌, 하나님의 진노로부터의 구원(사 42:7; 60:1; 롬 8:1). 둘째로, 사탄의 권세로부터의 구원(행 26:18; 골 1:13; 히 2:14, 15). 셋째로, 죄의 속박으로부터의 구원(롬 6:14, 18). 넷째로, 사람의 권위로부터의 구원(갈 4:8, 9; 5:1; 갈 2:20-22). 지금까지는 부정적인 측면에 대하여 말했으므로 이제 긍정적인 측면에서 간단히 말해 보기로 하자.

그리스도인들은 하나님을 자유로이 **섬길** 수 있도록 방금 언급하였던 것들로부터 구원받는다. 신자는 "주께 속한 자유인"이다(고전 7:22). 즉 그리스도께 속한 자유인이 아니라 "주께 속한" 자유인임에 주목해 보라. 이것은 하나님의 권위에 대한 우리의 복종을 한층 강조해 주는 신성한 칭호이다. 죄인이 구원받을 때, 그는 그의 옛 본성이 좋아했던 것을 자유롭게 따를 수 없다. 왜냐하면 그런 행동은 불법적인 일이 될 것이기 때문이다. 영적 자유는 내가 좋아하는 대로 행할 수 있는 방종이 아니라, 내가 행해야 하는 것을 행할 수 있도록 죄와 사탄의 속박으로부터 해방되는 것을 말한다. 즉 "우리가 원수의 손에서 건지심을 받고 종신토록 주의 앞에서 성결과 의로 두려움이 없이 **섬기게 하리라**"(눅 1:74, 75)라고 기록되어 있다. 하나님께서는 로마서 6:16-18, 22에도 이 주제의 궁극적인 측면에 대해 요약해 놓으셨다. 독자는 그 구절들을 주의 깊고 기도하는 마음으로 연구해 보기 바란다.

"**나도 너희가 아브라함의 자손인 줄 아노라 그러나 내 말이 너희 안에 있을 곳이 없으므로 나를 죽이려 하는도다**"(8:37). 주님께서 이 말씀을 하신 목적은 분명하다. 주님은 이 유대인들이 아브라함의 자손이긴 하더라도, 그들은 분명코 하나님의 자녀는 아니라는 사실을 다시 한 번 강조하고 계신다. 이것이 사실이라는 것은 이 말씀을 들었을 때 그들의 마음 가운데 불러일으켜진 두려운 증오심으로써 증명되었다. 그들은 아들이신 분을 죽이려고 하였다(열렬히 원하였다). 그렇다면 그들은 **하나님의** 자녀가 아니었음이 분명하다. 더욱이 그들 안에는 주님의 말씀이 있을 곳이 없었다. "있을 곳이 없다"고 번역된 헬라어 원어는 '들어갈 곳이 없었다'는 뜻이다(살전 2:13과는 대조적으로). 그들은 주님의 말씀을 받지 아니하였다. 그들은 **길가에 뿌리운** 씨앗과 같은 청중들에 불과하였다. 구원받은 사람과 잃어버린 바 된 사람을 본질적으로 구별짓는 것은 바로 이것이다. 전자는 마음에 심어진 말씀을 온유함으로 **받는** 자이다(약 1:21). 그는 그 말씀을 그의 마음에 둔다(시 119:11). 신자는 그 말씀에 신뢰와 존경과 규칙과 사랑의 자리를 내어 준다. 그러나 세상 사람은, 그 말씀이 너무도 영적이고 거룩하고 마음을 파헤치는 것이기 때문에 그들의 마음속에 거할 자리를 내어 주지 않는다. 그는 자신의 관심사에만 주의를 기울이고, 또 너무 바쁘고 분주하므로 하나님의 말씀에 실제로 주의를 기울이지 않는다. 이와 같은 모든 사람들에 대하여, 그리스도는 참으로 두렵고도 이루 말할 수 없이 엄숙한 말씀을 하신다. "나를 저버리고 내 말을 받지 아니하는 자를 심판할 이가 있으니 곧 **내가 한 그 말**이 마지막 날에 그를 심판하리라"(요 12:48)

　"**나는 내 아버지에게서 본 것을 말하고 너희는 너희 아비에게서 들은 것을 행하느니라**"(8:38). 그리스도는 이 유대인들과 자신을 분리시켜 주는 깊은 심연을 다시 한 번 강조하신다. 앞 절에서 주님은 아브라함의 자손인 이 사람들이 분명히 하나님의 자녀가 아니라는 것을 한 번 더 증언하셨는데, 여기에서는 그들의 진짜 아비가 누구인지를 말씀하신다. 이 구절의 전반부에서 주님은 그가 가르치신 교훈은 그가 아버지로부터 받았던 것이며, 그 교훈의 성격과 경향 자체는 그의 아버지가 **누구**인지를 분명히 보여주었다고 주장하신다. 그 교훈의 영성은 그것이 바로 삼위일체 거룩한 하나님으로부터 나온 것임을 증언하였다. 즉 그 교훈의 비세속성은, 그것이 영이신 분으로부터 왔음을 증언하였고, 인자함에 대하여 가르치는 그 교훈은 그것이 사랑이신 분으로부터 왔음을 보여주었다. 바로 이런 분이 **그의** 아버지셨다.

　"너희는 너희 아비에게서 들은 것을 행하느니라', '내 교훈은 내 아버지가 누구인지를 말해 준다.' 여기 이 두 경우에 있어서의 '아버지'라는 말은 영적인 표본을 의미하는 것으로 생각된다. 즉 그것을 따라 성격이 형성되게 하고, 그것의 영향 아래 도덕적이고 영적인 틀이 만들어지게 되는 표본을 의미한다. 이러한 표현이 시사해 주는 바는, 인간의 감정과 행동은 만들어지는 것이며, 그것들은 또한 그것들을 형성해 주는 자의 특성을 표시해 준다는 것이다. 너희의 행동들, 즉 거짓과 악의가 그 특징을 이루는 행동들은 도덕적이고 영적인 견지에서 볼 때 너희의 아버지는 아브라함도, 아브라함의 하나님도 아님을 뚜렷하게 증언해 준다. 너희의 영적 특성을 형성해 준 자는 하늘에 있는 것이 아니라, 그 외의 다른 곳에서 발견할 수 있을 것이다"(존 브라운).

"**대답하여 이르되 우리 아버지는 아브라함이라 하니**"(8:39). 이 유대인들은 주님께서 앞 절에서 무엇을 지적하여 말씀하셨는지를 분명히 알아챘으나, 그들은 그것을 깨닫지 못한 듯 꾸미고서, 그를 아브라함을 비방하는 자로서 몰아붙이려 하였다. 그들은 "우리 아버지는 아브라함이라"고 하였으나, 이것은 자연인이 자기 의를 드러내고 있는 것에 불과하였다. 그들은 자신을 이방인들과 대조시키고 있었다. '이방인들은 종의 상태에 있다는 것을 우리는 인정한다. 그러나 지금 당신의 말을 듣고 있는 자들은 언약의 백성에 속한 자들이다. 즉 **우리들은** 유대 교회에 속해 있다.' 그들은 이와 같은 뜻으로 말하였다. 그리고 우리는 이것이 오늘날에도 흔히 관찰할 수 있는 일들을 참으로 잘 묘사해 주고 있음을 즉시 깨달을 수 있다. 하나님의 종이 이 나라의 교회에서 자연인의 황폐하고 잃어버린 바 된 상태에 대하여 설교를 하고, 또 그의 이 메시지를 교회에 참석한 자들에게 충실하게 적용하게 되면, 여기에서와 똑같은 결과를 맞게 될 것이다. 대다수의 신앙고백자들, 즉 경건의 모양은 있으나 아무 것도 알지 못하고 그 경건의 능력을 전혀 나타내지 못하는 자들은 그들이 밖에 있는 자들과 같은 부류로 취급되는 것에 대하여 맹렬한 분노를 터뜨릴 것이다. 그들은 당신에게 **우리는** 참 교회에 속하였고, **우리는** 불신자가 아니라 그리스도인들이라고 외칠 것이다.

"**예수께서 이르시되 너희가 아브라함의 자손이면 아브라함이 행한 일들을 할 것이거늘**"(8:39). 아주 간단하나 매우 엄중한 말씀이다. 그리스도는 그들이 아브라함의 '자손'이 된다는 것을 인정하셨으나(37절) 그들이 분명한 아브라함의 '아들들'이라고는 인정하지 않으셨다. 그들이 훌륭한 조상의 육적인 후손이 된다고 하더라도 이것으로 그들이 하나님의 집에 속하게 되는 것은 아니었다. 아브라함은 오직 "**믿는 자의 조상**"이 된다(롬 4:11). 로마서 9:7에서는 "또한 아브라함의 씨가 다 그 자녀가 아니다"라고 특별히 구별짓고 있다. 아브라함의 '아들들'이란 말은 **영적인** 관계를 가리키고, 아브라함의 '자손'이란 말은 육적인 연분만을 가리킨 것이다. 그리고 "육은 무익하다"(요 6:63).

"너희가 아브라함의 자손**이면** 아브라함이 행한 일들을 **할** 것이거늘." 여기에는 옛날이나 지금이나 결정적인 시험이 되는 한 가지가 제시되어 있다. 육적인 혈통은 아무 가치가 없다. 반드시 있어야만 하는 것은 바로 하나님과의 영적인 관계이다. 우리 입술로 한 고백은 우리의 생활로써 확증되지 않는 한 전혀 무익한 것이다. 말은 값싼 것이다. 우리가 실제로 어떤 존재**인가**를 증언하는 것은 바로 우리의 행사, 즉 우리가 행하는 것이다. 나무는 그 열매로 안다. "아브라함의 행한 일"은 믿음과 순종, 즉 하나님에 대한 믿음과 그의 말씀에 대한 복종의 행사였다. 그러나 주님의 말씀은 "**그들 속**에 있을 곳이 없었다." 그러므로 그들의 자랑은 다 무익한 것이었다. 오늘날 '주여, 주여'라고 말하면서도 그가 명하신 것들을 **행하지 않는** 수많은 사람들의 자랑도 이와 똑같이 헛된 것이다.

"**지금 하나님께 들은 진리를 너희에게 말한 사람인 나를 죽이려 하는도다 아브라함은 이렇게 하지 아니하였느니라**"(8:40). "아브라함은 이렇게 행하지 아니하였다. 너희가 만일 영적인 의미에 있어서의 아브라함의 자녀들이라면, 즉 너희가 그와 같은 성품을 지녔다면, 너희는 그의 행동을 본받았을 것이다. 그러나 너희는 그와 정반대로 행동한다. 너희는, 너희에게 결코 해를 끼치지 않았고, 죄가 있다면 단지 너희에게 중요하고 유익하나 너희 입에 맞지 않는 진리를 알려준 죄밖에 없는 자를 죽이기 원하고 또 죽이려고 하고 있다. 아브라함은 하늘로부터 그에게 전달된 것은 무엇이든지 즉시 받았었다. 그는 결코 어느 누구에게도 상해를 입히지 아니하였고, 특히 자기의 의무를 행하고 있을 뿐인 하나님의 사자에게 그러하였다. 절대로 그는 그렇게 하지 아니하였다. 아이가 그의 부모를 닮는 것이 사실이라면, 아브라함은 너희 아버지가 아니다. 너희가 그 행동을 본받아 행하는 자, 그가 바로 너희 아버지이다"(존 브라운).

"**너희는 너희 아비가 행한 일들을 하는도다 대답하되 우리가 음란한 데서 나지 아니하였고 아버지는 한 분뿐이시니 곧 하나님이시로다**"(8:41). 유대인들이 "우리가 음란한 데서 나지 아니하였고"라고 대답하였을 때, 그들이 "사마리아인들의 경우처럼 우리는 우상을 숭배하는 자들과의 결혼으로 그 피가 더러워진 사생아 유대인들이 아니다"라는 뜻으로 말하였다고 생각한다. 그들은 주님께서 35절에서 이스마엘을 완곡히 언급하고 있는 "종은 영원히 집에 거하지 못하되"라고 말씀하심으로 말미암아 이 말을 하게 된 것으로 보인다. 만일 그렇다면, 그들의 말은 '우리는 아브라함의 순수 혈통을 지닌 후손들이다. 우리는 첩에게서 난 자들이 아니라 부인에게서 난 자

너들이다' 라는 의미가 된다.

"아버지는 한 분뿐이시니 곧 하나님이시로다." 오늘날에도 이와 똑같은 주장을 수 없이 들을 수 있다. 대부분의 교회 회원들은, '먼 나라에 사는 자들은 이방인일지도 모르나 우리 미국은 기독교 국가다' 라는 생각을 품고 있다. 기독교계가 좋아하는 신조 가운데 하나는, 인간은 모두가 하나님을 아버지로 모시고 있으며 모두가 한 형제라는 것이다. 즉 "우리에게는 한 분 아버지 곧 하나님이 계시다" 는 것이 많은 신앙인들의 신념이며 자랑이다. 그러나 이것은 필자가 이 장의 서두에서 지적하였던 것, 즉 본문은 1900년 전에 있었던 한 대화에 그치는 것이 아니라 오늘날 존재하고 있는 그대로의 인간 본성을, 즉 그 당시와 똑같이 자기 의를 내세우는 마음을 드러내고, 그때와 똑같이 잘못된 근거를 지닌 신념에 의지하고 또 그때와 마찬가지로 하나님의 그리스도에 대한 증오심을 보이고 있는 인간 본성을 표현해 주고 있다는 필자의 논평이 타당한 것이었음을 잘 증언해 준다.

"**예수께서 이르시되 하나님이 너희 아버지였으면 너희가 나를 사랑하였으리니 이는 내가 하나님께로부터 나와서 왔음이라 나는 스스로 온 것이 아니요 아버지께서 나를 보내신 것이니라**"(8:42). 이 말씀은, 하나님이 그들의 아버지시라는 그들의 말을 간접적이긴 하나 분명히 부인하는 말씀이다. 그들이 만일 하나님의 자녀였다면, 그들은 그를 사랑하였을 것이고, 그들이 그를 사랑하였다면, 그들은 분명히 그의 독생자를 사랑하였을 것이다. 왜냐하면 "낳으신 이를 사랑하는 자마다 그에게서 난 자를 사랑" 하기 때문이다(요일 5:1). 그러나 그들은 그리스도를 사랑하지 아니하였다. 그가 보이지 아니하시는 하나님의 형상이시며, 그의 영광의 광채이시고, 그의 인격의 명백한 형상이셨음에도 불구하고, 그들은 그를 멸시하고 거부하였다. 그들은 죄의 종이었다(34절). 그리스도의 말씀은 그들 속에 있을 곳이 없었다(37절). 그들은 그를 죽이려 하였다(40절). 그러므로 그들의 자랑은 공허한 것이었고, 그들의 주장 또한 전혀 증거가 없는 것이었다.

"**어찌하여 내 말을 깨닫지 못하느냐 이는 내 말을 들을 줄 알지 못함이로다**"(8:43). 그리스도는 여기에서 그들의 양심에 대하여 말씀하고 계신다. 주님의 질문 ― 분명히 주님은 이에 대답하시기 전에 잠깐 동안의 사이를 두셨을 것이다 ― 으로 인하여 그들은 괴로워했어야 했다. **어찌하여** 내 말을 깨닫지 못하느냐? 너희는 내 아버지의 자녀라고 주장한다. 그런데 어찌하여 내 말이 너희에게는 모호하고 이상한 것으로 들리느냐? 내 말은 **아버지의 말**이니라 그렇다면 어딘가에 잘못이 있는 것이 분명하지 않은가? 이 질문은 오늘날 하나님의 말씀을 듣는 모든 사람들에게도 똑같이 적용된다. 그 말씀이 내게 알지 못할 말로서 들린다면, 그것은 내가 하나님을 **모르는 자**임을 말해 주는 것이다. 만일 내가 그의 말씀을 이해하지 못한다면 나는 그의 자녀가될 수 없다. 물론 이것은 내가 하나님의 놀라운 말씀의 무한한 깊이를 잴 수 있다는뜻이 아니다. 그러나 단적으로 말해 내가 그의 말씀, 즉 지성에가 아니라 마음을 향해 말해지는 하나님의 말씀을 이해하지 못한다면, 그렇다면 나는 반드시 이 원인을심각하게 조사해 보아야만 한다.

"이는 내 말을 들을 줄 알지 못함이로다." (히브리 고유어인) '듣는다' 는 말은 받아서 믿는다는 뜻이다(요 9:27; 10:3; 12:47; 행 3:22, 23 등과 비교). 그러면 이 유대인들이 그의 말씀을 "들을 줄 알지 못한" **이유**는 도대체 무엇인가? 그것은 그들이 진실이 없는 자녀이었기 때문이다(신 32:20). 또한 그들에게는 하나님을 향한 귀와, 하나님의 말씀을 향한 마음과, 하나님의 뜻을 배우려는 소원이 없었기 때문이다. 이것은그들이 죄와 허물 가운데 죽어 있으므로 하나님의 자녀가 **아니었다**는 확실한 증거였다. 이것은 참으로 엄숙한 말이다. 하나님의 말씀을 듣는 것은 마음의 태도이다. 우리는 지금 하나님 편에 대하여 말하고 있는 것이 아니다. 왜냐하면 하나님 자신께서마음을 준비시키고(잠 16:1) 듣는 귀를(잠 20:12) 주셔야 한다는 것은 사실이긴 하지만, 듣는 것에 완전히 책임이 있는 자는 인간이기 때문에 우리는 인간 편을 말하고있는 것이다. 그러나 인간은 이 세상의 사이렌의 노래가 그의 귀를 가득 채우고 있는한 하나님의 세미한 소리를 들을 **수 없다**. 그에게 **들을 소원**이 없다는 것은 그를 변명해 주는 것이 아니라 오히려 그를 더욱 정죄한다. 하나님께서는 필자와 독자가 매일 어린 사무엘처럼 "여호와여 말씀하옵소서 주의 종이 듣겠나이다"라고 말하는 태도를 지니기를 원하신다.

"너희는 너희 아비 마귀에게서 났으니 너희 아비의 욕심대로 너희도 행하고자 하느니라 그는 처음부터 살인한 자요 진리가 그 속에 없으므로 진리에 서지 못하고 거짓을 말할 때마다 제 것으로 말하나니 이는 그가 거짓말쟁이요 거짓의 아비가 되었음이라** (8:44). 주님께서 지금까지 이야기를 이끌어 오시며 말씀하시고자 하셨던 가장 중요한 요점은 바로 이것이었다. 첫째로, 주님은 그들이 아브라함의 자녀라고 주장하는 것을 부인하셨다. 둘째로, 주님은 하나님이 그들의 아버지가 아님을 논증하셨다. 이제 주님은 그들에게 그들의 진짜 아버지가 누구인지, 곧 마귀임을 명백히 말씀하신다. 그들의 성품은 하나님의 영향 아래에서가 아니라 마귀의 영향 아래 형성되어 온 것이다. 하나님의 대적과의 도덕적인 유사점이 그들에게 뚜렷하게 새겨져 있다. "너희가 진리에 대하여 고질적으로 반대하는 태도는 너희가 거짓의 아비인 자와 유사함을 보여주며, 너희가 나를 죽이려 하는 소망은 너희가 처음부터 살인자였던 자의 지배를 받고 있음을 증언해 준다."

"너희는 너희 아비 마귀에게서 났으니"라는 말은 중생하지 못한 모든 영혼에게 해당된다. 하나님께로의 의존을 거부하고, 그의 소유권을 부인하며, 빛보다는 어둠을 사랑하면서 그들은 어둠의 대왕에게 쉽사리 먹이가 된다. 그는 그들의 마음을 혼미하게 하며, 그들의 발걸음을 이끌고, 그의 악한 쾌락을 원하고 행하도록 그들 안에서 역사한다(엡 2:2). 하나님을 적대하는 죄인들은 이에 대한 비난을 그에게 돌릴 수 없다. 왜냐하면 그리스도께서 이곳에서 말씀하고 계신 바와 같이, **그들은** 그들의 아비의 욕심을 행하려 할 것이기 때문이다. 아니, 행하고자 **원한다**고 하는 것이 더욱 정확한 말이 될 것이다. 그들은 기꺼이 종이 된 자들이며, 자발적으로 노예가 된 자들이었다.

"**내가 진리를 말하므로 너희가 나를 믿지 아니하는도다**"(8:45). 인류는 이제 그가 처음에 뿌린 씨앗의 열매를 거두고 있다. 우리의 첫 부모는 하나님의 진리를 저버리고 마귀의 거짓말을 믿었는데, 그 이후로 인간은 완전히 거짓과 잘못의 권세 아래 눌려 지내 왔다. 그는 지극히 기괴하고 불합리한 것은 믿으려 하면서도 진짜임을 보증하는 수천 가지의 신임장을 가지고 그에게 다가오는 것은 의심의 눈초리로 바라본다. 어떤 사람은 죄와 사망과 같은 것들은 아예 존재하지도 않는다고 믿으려 하고, 어떤 사람은 그가 타락한 아담의 자손이 아니라 진화하는 원숭이의 후예라고 믿으려 한다. 또 어떤 사람은 자신에게는 영혼이 없으며 죽음이 모든 것을 끝낸다고 믿는다. 다른 사람들은 그들 자신의 선한 행실로써 하늘나라를 살 수 있다고 생각한다. 이 얼마나 맹목적이고 바보 같은 불신인가! 그들에게 진리를 제시해 보라. 사람들에게, 하나님께서는 그들이 잃어버린 바 되었으며 죄와 허물 가운데 죽어 있는 자라고 말씀하신다고 말해 보라. 또 영생은 선물이며, 그 선물을 거부하는 자의 몫은 영원한 고통임을 말해 보라. 그러면 그들은 믿지 않으려 할 것이다. 그들의 마음은 거짓 것을 사랑하기 때문에 그들은 하나님의 진리를 믿지 않는다. "악인은 … 나면서부터 곁길로 나아가 거짓을 말하는도다"(시 58:3). 그들은 "거짓을 즐겨한다"(시 62:4). 그들은 거짓으로 그들의 "피난처"를 삼는다(시 28:15). 그러므로 그들은 "그 귀를 진리에서 돌이킨다"(딤후 4:4). 그리고 항상 배우나 "끝내 진리의 지식에 이를 수 없다"(딤후

3:7). 그러므로 그리스도께서는 지금도 사람들에게 "내가 **진리를 말하므로** 너희가 나를 믿지 아니하는도다" 라고 말씀하신다.

"너희 중에 누가 나를 죄로 책잡겠느냐 내가 진리를 말하는데도 어찌하여 나를 믿지 아니하느냐" (8:46). 그리스도께서는 여기에서 유대인들의 반대를 예기하고 계셨다고 생각된다. 주님께서 그들에게 방금 하신 비난은 매우 엄중하고 마음을 찌르는 것이었으나, 주님은 그것을 반박해 보라고 드러내 놓고 그들에게 도전하신다. 너희가 내가 말한 것을 부인하고 또 내가 거짓을 말하였다고 비난한다면, 너희는 그 비난을 어떻게 증명하겠느냐? 너희 중에 어느 누가 내게 그러한 죄, 또는 다른 죄가 있다는 것을 공정하게 납득시킬 수 있느냐? 그러나 다른 한편으로, 내가 너희에게 진리를 말했다는 것이 분명하다면, 너희는 어찌하여 나를 믿지 않느냐? 간단히 말해, 주님께서는 바로 이런 의미로 말씀하셨다고 생각한다.

"하나님께 속한 자는 하나님의 말씀을 듣나니 너희가 듣지 아니함은 하나님께 속하지 아니하였음이로다" (8:47). 이 말씀의 의미는 다음과 같다고 생각한다. 하나님의 집에 속한 모든 가족은 성령에 의해서 그 집에 거한다. 그리고 이로 인하여 그들은 하늘의 아버지의 말씀을, 그것이 누구를 통하여 전해지든지 간에, 사랑과 존경과 순종하는 마음으로 받아들인다. 그러므로 너희가 내 말을 받지 않는 이유는 너희가 그의 자녀가 아니기 때문이다. "**하나님께 속한** 자" 라는 말에는 두 가지 뜻이 담겨 있다. 첫째로, 이 말은 영원한 택하심에 의해서 하나님께 속한 자를 의미한다. 이와 비슷한 뜻의 말로는 "너희가 내 양이 아니므로 믿지 아니하는도다" 라는 요한복음 10:26을 들 수 있다. 둘째로, "하나님께 속한 자" 라는 말은 하나님에게서 난 자, 즉 하나님의 집 안에 있는 자를 의미한다. 이와 유사한 뜻의 말로는 "무릇 **진리에 속한** 자는 내 음성을 듣느니라" 라고 말하는 요한복음 18:37을 들 수 있다.

"유대인들이 대답하여 이르되 우리가 너를 사마리아 사람이라 또는 귀신이 들렸다 하는 말이 옳지 아니하냐" (8:48). 이 말은 그들이 주님의 말씀에 대답할 수 없음을 명백히 시인해 주는 말이다. 주님과의 논쟁에서 완패당하였으므로 그들은 이제 저속하고도 모독적인 열변을 토할 수밖에 없었다. 그런데 이 유대인들은 **이** 때 왜 이와 같은 **특별한** 명칭들로써 그리스도를 불러야 했는가? 필자는 이에 대한 대답을 그리스도께서 그들에게 조금 전에 하신 말씀에서 찾아 볼 수 있다고 생각한다. 주님은 그들이 아브라함의 참 자녀가 아니라고 말씀하셨고(39절) 마귀가 그들의 아비라고 확언하셨다(44절). 이에 대한 대답으로 그들은 "너는 사마리아 사람이며 귀신이 들린 자이다"라고 응수한다. 이 명칭들이 일반적으로 무엇을 의미하였는지는 분명하다. 그들은 "사마리아 사람"이란 말로써 그들의 민족적 믿음에는 원수가 되는 자를 뜻하였으며, "귀신이 들렸다"라는 말로써는 거만하고 거짓말하는 영에 사로잡힌 자라는 것을 뜻하였다. 영광의 주님께서는 얼마나 지독한 모욕을 감수하셨는가!

 "예수께서 대답하시되 나는 귀신 들린 것이 아니라 오직 내 아버지를 공경함이거늘 너희가 나를 무시하는도다"(8:49). 그들의 첫 번째 비난에 대하여 주님은 아무 대답도 아니하셨다. 주님은 그 비난의 말에 대하여는 그것이 아무 주목할 가치가 없는 것이며, 아무 근거도 없는 악의가 홧김에 터진 것으로 보고 그냥 지나치셨다. 그러나 그들의 두 번째 비난의 말에 대하여는 단호하게 부인하시며 "나는 오직 내 아버지를 공경한다"고 덧붙여 말씀하셨다. 마귀의 지배를 받는 자는 거짓말쟁이이다. 그러나 그리스도는 그들에게 진리를 말씀하셨다. 마귀의 조롱을 받는 자는 사람들에게 아첨을 하지만, 그리스도는 지극히 겸손한 언어로 타락한 인간의 본성을 묘사하셨다. 마귀의 선동을 받는 자는 자만심으로 우쭐해하며 명예와 명성을 구하나 그리스도는 다른 이 곧 아버지의 영광만을 구하셨다. 주님은 참으로 신성한 태도로 침착하고 엄숙하며 위엄 있는 대답을 하셨다. 그리스도의 오래 참으심과 이와 같은 비방자들에게 보이신 인내와 그의 침착하고 조용한 태도는 그가 바로 하나님의 아들 이외의 다른 분이 될 수 없음을 잘 증언해 주었다.

 "나는 내 영광을 구하지 아니하나 구하고 판단하시는 이가 계시니라"(8:50). "내가 만일 내 영광을 구하였다면 나는 너희에게 진리를 말하지 아니하였을 것이다. 나를 높이는 것을 목적으로 삼았다면, 나는 다른 방법을 취하였을 것이다. 그리고 내가 너희로부터 '영광,' 즉 좋은 평판을 얻지 못한 것은 나를 전혀 실망시키지 않는다. 구하시는 분, 즉 내 영광을 구하시는 분이 계시다. 내 명성을 찾으실 분이 계시다. 거룩한 언약으로 나를 그의 장자로 삼으시고 이 땅의 왕들보다 높이시겠다고 맹세하신 분이 계시다. 그리고 내 영광을 구하시는 분이 판단하신다. 심판 때에 그가 너희를 심판하실 것이다." 주님은 이 말씀으로써 그들이 지고 있는 무서운 책임을 매우 인상적인 방법으로 암시해 주려 하셨음이 분명하다. 주님은 그의 아버지의 뜻을 행하고 계셨는데 그들은 그를 무례하게 대우하고 있었다. 아버지는 그의 충성스러운 종, 곧 그의 사랑하는 아들의 영광을 구하고 계셨다. 그리고 그가 기뻐하며 명예롭게 하셨던 신인(神人)이신 그분을 총력을 기울여서 모욕하였던 자들에 대한 그의 노여움은 참으로 두렵게 나타날 것이다.

"진실로 진실로 너희에게 이르노니 사람이 내 말을 지키면 영원히 죽음을 보지 아니하리라"(8:51). 그리스도는 조금 전에 그와 그의 말씀을 거절한 결과가 얼마나 두려운 것인지를, 즉 그들을 **판단**하실 분이 계시다는 것을 지적하셨다. 이것은 지역적으로는 하나님께서 A. D. 70년에 유대 민족에게 내린 두려운 재난을 가리킨 것이었다. 그러나 이것은 궁극적으로는 '두 번째 사망' 인 영원한 심판을 가리킨 것이다. 그런데 그리스도께서 이제 "사람이 내 말을 지키면 죽음을 영원히 보지 아니하리라" 고 하신 말씀은, 그 말씀이 그 속에 "있을 곳을 내주지 않은" 자들을 기다리고 있는 운명과 이 얼마나 날카롭고도 복된 대조를 이루고 있는가! 주님의 이 말씀은 그의 백성을 위한 참으로 복된 약속이었다. 그러나 여기에서는 인간의 책임이 강조되어 있음에 주목해 보라. 즉 오직 그리스도의 말씀을 **지키는** 자에게만 이 약속이 되어 있는 것이다. 말씀을 "지키는" 것은 그것을 마음에 두는 것이다(시 119:11). 그것은 또 그 말씀을 기억 속에 간직하는 것이고(고전 15:2), 그 말씀으로 우리의 매일의 생활을 지배하도록 하는 것이다(계 3:8). "죽음을 영원히 보지(알지, 체험하지) 아니하리라"는 말은 형벌의 죽음, 죄의 삯, 지옥의 고통 속에서 하나님으로부터의 영원한 분리를 가리키는 말이다. 신자에게 있어서 육체의 소멸은 죽음(분리)이 아니라 주와 함께 **있는** 것이다(고후 5:8).

"유대인들이 이르되 지금 네가 귀신 들린 줄을 아노라 아브라함과 선지자들도 죽었거늘 네 말은 사람이 내 말을 지키면 영원히 죽음을 맛보지 아니하리라 하니 너는 이미 죽은 우리 조상 아브라함보다 크냐 또 선지자들도 죽었거늘 너는 너를 누구라 하느냐"(8:52, 53). 유대인들의 이 말은 주님께서 43절에서 말씀하신 것, 즉 그들은 그의 말을 이해하지 못하였고 그의 말을 듣고도 알지 못하였다는 것을 잘 예시해 준다. 분별력이 없었으므로 그들은 주님이 말씀하신 것의 영적인 의미를 깨달을 수 없었다. 자연인의 상태는 이처럼 두렵다. 즉 그에게는 하나님의 일이 미련하게 보인다(고전 2:14). 그리스도 안에 있는 어린아이들에게는 나타낸 바 된 것이 그들 자신의 평가나 세상의 판단으로 지혜롭고 슬기로운 자들에게는 완전히 숨겨져 있다(마 11:25). 성경의 진리들을 아무리 단순하고 명백하게 설명한다 할지라도, 중생하지 못한 자는 그것을 이해할 수 없다. 그들이 이처럼 깨닫지 못하는 것은 그들의 관심이 다른 데 쏠려 있기 때문이며, 또 그들은 자신을 낮추고 하나님께서 빛을 비추어 주시기를 기도하지 않으려 하기 때문이다. 또한 그들의 마음이 하나님과는 멀리 떨어져 있기 때문이다. 그리스도인 독자여, **당신**에게 지각을 주신 것에 대하여 하나님께 감

사해야 할 이유가 참으로 많지 않은가!(요일 5:20)

"예수께서 대답하시되 내가 내게 영광을 돌리면 내 영광이 아무 것도 아니거니와 내게 영광을 돌리시는 이는 내 아버지시니 곧 너희가 너희 하나님이라 칭하는 그이 시라"(8:54). "내게 영광을 돌리시는 이는 내 아버지시니." 참으로 귀중한 말씀이며, 자세히 연구하고 명상해 볼 만한 말씀이다. "영광을 돌린다"는 말은 어떤 사람을 위하여 그에 대한 우리 자신의 존경을 나타낼 뿐만 아니라 다른 사람들 또한 그를 존경하도록 이끌 수 있는 것을 행하거나 말하는 것을 뜻한다. 아들을 다른 사람들의 사랑과 칭송을 받는 자로 만드시려는 아버지의 소망뿐만 아니라 그 아들에 대한 아버지의 사랑과 칭찬은 아버지가 아들을 존중하심을 증거해 준다. 하나님은 그가 태어나실 때 그가 주 예수 그리스도이심을 알리는 천사들을 보내심으로써 그를 영화롭게 하셨다. 그가 갓난아기였을 적에는 지혜자들이 동방으로부터 와서 그 어린 왕께 경배하도록 이끄심으로써 그에게 영광을 돌리셨고, 그가 세례를 받으실 때에는 그가 그의 사랑하는 아들이심을 선포하심으로써 그를 명예롭게 하셨다. 또 그가 죽으실 때에는 그의 몸이 썩지 않도록 하심으로써 영광을 주셨고, 그가 승천하실 때에는 그를 그의 오른편으로 높이심으로써 존귀케 하셨다. 또 마지막 심판 때에는, 모든 사람들로 하여금 그 앞에 꿇어 엎드려 그를 주시라 고백하게 하심으로써 그를 영화롭게 하실 것이다. 또한 영원토록, 그는 수많은 사람들 가운데서 그들의 영혼에 가장 아름다우신 분으로서 그를 공경할 구원받은 자들로 말미암아 영광을 받으실 것이다. 어린 양은 영광과 존귀를 받으시기에 무한히 합당하다. 그러므로 필자와 독자는 우리를 '형제'라 부르시어 크게 존귀케 해 주신 분께 매일의 생활을 통하여 영광을 돌리도록 하자.

"너희는 그를 알지 못하되 나는 아노니 만일 내가 알지 못한다 하면 나도 너희 같이 거짓말쟁이가 되리라 나는 그를 알고 또 그의 말씀을 지키노라"(8:55). 그들은 그에게 영광을 돌리시는 분을 알지 못하였다. 그러면서도 자신이 그의 자녀라고 공언했다. 그러나 다른 한편으로 주님께서 자신이 아버지를 알고 있다는 것을 부인한다면, 그것은 그들이 아비를 알고 있다고 속였던 것과 마찬가지로 주님도 거짓말하는 것이 될 것이다. 그러나 주님은 아버지를 부인하지 않으셨다. 오히려 그는 자기가 아버지의 말씀을 지킴으로써 그를 알고 있다는 것을 증언하려 하셨다. 주님께서 아버지의 말씀을 지킨다고 말씀하신 것은 그가 그에게 주어진 일을 완성하고 죽음, 곧 십자가의 죽음에 이르기까지 순종한다는 것을 의미한다. 우리의 양심을 찌르는 말씀이 아닐 수 없다. 우리가 정말로 아버지를 안다면, 우리는 그의 말씀에 복종함으로서 이를 증명해야 할 것이다.

　"너희 조상 아브라함은 나의 때 볼 것을 즐거워하다가 보고 기뻐하였느니라" (8:56). 헬라어 원문을 문자 그대로 옮기면 "너희 조상 아브라함은 나의 때 볼 것을 몹시 기뻐하며 열렬히 원하였다가 그것을 보고 기뻐하였다"가 된다. 이 말씀은 아브라함이 그가 바라는 것의 대상을 만나보기를 기쁨으로 고대하였고, 마침내 그것을 보고 크게 기뻐하였음을 암시해 준다. 그런데 아브라함이 "나의 때"를 보았다고 말씀하실 때 주님은 무엇을 가리키고 계셨는가? 헬라어 원문에는 "때"라는 말이 대명사 앞에 놓여 "때, 나의"로 강조되어 있다. 우리는 여기에서의 '때'라는 말이 시대를 가리키는 말로서 그리스도의 두 번의 강림 사이의 기간을 포함하는 그리스도의 시대 전체를 의미하는 것으로 이해해야 한다고 생각한다. 첫째로, 아브라함은 그리스도의 죽음으로 끝이 나는 그의 낮아지심을 보고 기뻐하였을 것이다. 아브라함은 그리스도의 그 죽음이 그의 모든 죄를 없애줄 것을 알았기 때문이다. 둘째로, 그는 그리스도의 명예가 확립되고 영화롭게 되심을 보고 기뻐하였을 것이다.

　그러나 아브라함은 **어떻게** 그리스도의 '때'를 보았는가? 여기에 대하여는 세 가지 대답을 할 수 있다고 생각한다. 첫째로, 아브라함은 하나님의 약속을 믿는 **믿음으로써** 그리스도의 때를 보았다(히 11:13). 또한 히브리서 11:10, 16이 분명히 시사해 주는 바와 같이, 하나님의 성령은 구약 성경에 기록되어 있지 않은 내용을 아브라함에게 알려 주셨다. 둘째로, 아브라함은 **상징적으로** 그리스도의 때를 보았다. 이삭을 제단에 바치고 또 **상징적으로** 죽은 자 가운데서 되돌려 받은 일을 통하여 그는 구세주의 죽음과 부활에 대한 놀라운 전조를 받았다. 셋째로, **특별 계시로써** 그는 그리스도의 때를 보았다. "여호와의 비밀"은 그를 경외하는 자에게 나타난 바 되며, 하나님께서는 그의 언약에 관하여 우리가 흔히 생각하는 것 이상으로 구약의 성도들에게 보여주시기를 기뻐하셨다(시 25:14).

　"너희 조상 아브라함은 나의 때 볼 것을 즐거워하다가 보고 기뻐하였느니라." 우리는 주님의 이 논평이 앞의 내용들과 관계가 있음을 쉽게 알 수 있다. 가깝게는, 이 말씀은 53절 끝부분에서 유대인들이 "너는 너를 누구랴 하느냐"라고 한 질문에 대한 주님의 대답이 된다. 멀리는, 이 말씀은 **그들이** 아브라함이 행한 일들을 하지 않았기 때문에(39절) 아브라함의 자녀가 아니라는 것을 보여주는 최종적 증거가 된다. 이 유대인들이 자신 앞에 그리스도께서 나타나신 것을 **기뻐하지 아니하였다**면, 그들은 조금도 아브라함을 닮지 않은 것이다.

"유대인들이 이르되 네가 아직 오십 세도 못되었는데 아브라함을 보았느냐" (8:57). 참으로 무지한 자들이 아닌가? 그들은 주님의 말씀을 전혀 이해할 수 없었다. 그리스도는 그가 아브라함을 본 것에 대하여 말씀하신 것이 아니라, 아브라함이 그의 '때'를 본 것에 대해 말씀하신 것이다. 이 둘 사이에는 큰 차이가 있으나 그들은 이것을 깨달을 수 없었다.

"예수께서 이르시되 진실로 진실로 너희에게 이르노니 아브라함이 나기 전부터 내가 있느니라 하시니" (8:58). 여기에서 주님의 영광이 완전히 밝혀진다. 즉 주님은 바로 영원하신 분임이 단언된다. 그들도 주님의 말씀을 이런 뜻으로 받아들였다는 것은 다음 구절을 보면 분명히 알 수 있다.

"그들이 돌을 들어 치려 하거늘 예수께서 숨어 성전에서 나가시니라" (8:59). "그분은 임마누엘이시다. 그러나 아무도 그에게 무릎을 꿇지 않고, 그에게 사랑이 넘치는 존경을 표하지도 않았다. 그들은 돌을 들어 그를 치려 하였으므로, 그는 잠시 동안 그들의 신성모독적인 폭력으로부터 자신을 숨기시고 성전에서 나가신다"(F. W. Grant).

"예수께서 숨어 성전에서 나가시니라." 이 말씀은 오늘날에도 적용되는 참으로 두렵고도 엄숙한 말씀이다. 이 장 전체의 주요 목적은 그리스도를 '빛'으로 나타내 보이고, 그 빛이 **무엇을** 비추어 주셨는가를 보여주려는 것이다. 우리는 죄가 이루어 놓은 완전한 황폐를 단순한 관찰만으로써는 발견할 수 없다. 사람이 어떠한 존재인가가 완전히 밝혀지는 것은 오직 빛이 비춰질 때뿐이다. 그리고 필자가 빛을 받아 여기에서 특별히 밝혀 놓은 것은 자연인의 신앙적인 허식은 전적으로 무익하다는 것이다.

신앙고백자들은 영적 분별력이 없으면서도 우리에게 그럴듯한 외양을 보인다. 그에게 명백히 나타나 보이는 진실함, 그의 세심하고 정밀함, 의심의 여지가 없는 열심, 열렬한 헌신, 그리고 그가 신봉하는 대의(大意)에 표하는 충성 등은 흔히 인간의 눈으로써는 꿰뚫지 못하는 가면이 된다. 이러한 신앙고백자들의 **본색**이 드러나게 되는 때는 **하나님의** 탐색하는 **빛**에 비추일 때뿐이다. 또 말씀이 그들에게 충실하게 적용될 때에야 비로소 그들이 얼마나 부패한 존재인가가 밝혀진다. 여기에서 돌을 들어 하나님의 아들에게 던지려는 자는, 그것도 다른 장소도 아닌 바로 성전에서 이렇게 하였던 자는, 방탕하여 내쫓긴 자들이 아니라 바로 정통 유대인들이었다. 이와 같은 상황은 조금도 개선되지 아니하였다. 오늘날에도 그리스도께서 종의 형태로 우리 가운데 계시고, 우리 교회에 들어오셔서 많은 신앙고백자들에게 **그들은** 죄의 종이며, **그들은** 그들의 아비 마귀에서 속하였고, 그들은 **그의** 욕심을 행하고자 한다고 말씀하신다면, 그들은 1900년 전의 그들의 동료가 했던 것과 똑같이 행동할 것이다. 그러므로 구세주께서 '**숨어**' 성전에서 나가셨다고 말하는 이 장의 마지막 말씀은 참으로 중요하다. 오늘날에도 마찬가지이다. 자기 의를 내세우고 자기만족에 빠져 있으나 눈이 먼 종교적 형식주의자들로부터 주님은 자신을 숨기신다. 또 자신이 죄의 종 노릇에서 풀려나야 할 필요가 있다는 것을 부인하는 사람들을 주님은 그들 멋대로 행하게 내버려 두신다. 그러나 "내가 높고 거룩한 곳에 있으며 또한 **통회하고 마음이 겸손한** 자와 함께 있나니"(사 57:15)라고 기록되어 있으니 하나님께 감사하지 않을 수 없다.

관심 있는 독자들에게 도움이 되기 위하여 요한복음 9:1-7을 다루게 될 다음 장에 대한 준비로서 다음 질문들을 제시해 보았다.

1. 본문의 위대한 교리적 가르침은 무엇인가?
2. 본문에는 어떤 상징적 그림이 담겨 있는가?
3. 본문이 "그리고"라는 말로 시작하는 이유는 무엇인가?(1절)
4. 4절에서 그리스도는 무엇을 가리켜 말씀하고 계시는가?
5. 그리스도께서 "내가 세상의 빛이로다"고 **다시** 한 번 말씀하신 이유는 무엇인가? (5절)
6. 6절과 7절의 상징적 의미는 무엇인가?
7. 7절의 "이에"라는 말에는 어떤 의미가 담겨 있는가?

제31장

그리스도와 눈먼 걸인

❶

¹예수께서 길을 가실 때에 날 때부터 맹인 된 사람을 보신지라 ²제자들이 물어 이르되 랍비여 이 사람이 맹인으로 난 것이 누구의 죄로 인함이니이까 자기니이까 그의 부모니이까 ³예수께서 대답하시되 이 사람이나 그 부모의 죄로 인한 것이 아니라 그에게서 하나님이 하시는 일을 나타내고자 하심이라 ⁴때가 아직 낮이매 나를 보내신 이의 일을 우리가 하여야 하리라 밤이 오리니 그 때는 아무도 일할 수 없느니라 ⁵내가 세상에 있는 동안에는 세상의 빛이로라 ⁶이 말씀을 하시고 땅에 침을 뱉어 진흙을 이겨 그의 눈에 바르시고 ⁷이르시되 실로암 못에 가서 씻으라 하시니 (실로암은 번역하면 보냄을 받았다는 뜻이라) 이에 가서 씻고 밝은 눈으로 왔더라(요 9:1-7)

우리가 살펴보게 될 본문을 다음과 같이 분석해 볼 수 있다.

1. 예수는 날 때부터 맹인된 사람을 보신다(1절)
2. 제자들의 질문(2절)
3. 그리스도의 대답(3-5절)
4. 그리스도가 진흙을 이겨 맹인의 눈에 바르신다(6절)
5. 그리스도는 그 사람을 못으로 보내신다(7절)
6. 그 사람은 이에 즉시 순종한다(7절)
7. 기적이 이루어진다(7절)

요한복음 8장과 9장이 서로 밀접하게 관련되어 있음은 9장이 시작되는 첫 단어를 보면 명백히 알 수 있다. 그리고 성령께서 이처럼 두 가지를 서로 연결시켜 놓으셨을 때에는 그것들을 서로 비교하고 대조해 보는 일에 주의를 집중시키는 것이 우리의 할 일이다. 요한복음을 시작하는 짧은 접속사는 매우 적절하게 쓰인 것이다. 왜냐하면 앞 절에서 우리는 예수께서 돌을 들어 자기에게 던지려던 자들로부터 자신을 **숨기고 계신** 장면을 본 데 반하여, 9:1에서는 그리스도께서 날 때부터 맹인 된 자를 보게 되기 때문이다. 또한 이 두 장이 서로 밀접하게 관련되어 있음을 8:12과 9:15을 비교해 봄으로써도 알 수 있다. 이 두 구절에서 그리스도는 특별히 "세상의 빛"으로서 계시되어 있다. 우리가 이 요한복음 9장을 시작하는 몇 구절들을 주의 깊게 읽고, 그것들을 요한복음 8장의 내용과 비교해 본다면, 우리는 이것들이 일련의 대조점을 제시해 주고 있음을 발견하게 될 것이다. 예를 들면, 요한복음 8장에서는 그리스도가 어둠을 폭로하시는 '빛'으로 나타나 있으나, 요한복음 9장에서 그리스도는 시력을 전달해 주고 계신다. 요한복음 8장에서는 빛이 멸시와 거절을 받으시나, 9장에서 그는 용납되고 섬김받는다. 또 요한복음 8장에서 유대인들은 돌을 집기 위해 구부리고 있으나, 9장에서는 그리스도가 진흙을 이기기 위해 구부리고 계신다. 또 요한복음 8장에서 그리스도는 유대인들로부터 자신을 숨기시나, 9장에서는 눈먼 걸인에게 자신을 나타내신다. 요한복음 8장에서 우리는 말씀이 그 속에 거할 곳이 없는 무리를 보았으나(37절), 요한복음 9장에는 그 말씀에 즉시 응답한 자를 본다(7절). 또 요한복음 8장에서 그리스도는 성전 안에 계시고, 귀신들린 자라 불리나(48절), 9장에서는 성전 밖에서 '주'시라는 고백을 들으신다(36절). 또 요한복음 8장의 중심 진리는 인간의 책임을 시험하는 빛이었으나, 9장에서는 인간의 책임이 실패한 **후에** 주권적 은혜 안에서 행동하시는 하나님이 중심 진리이다. 이 마지막 대조점이자 가장 중요한 내용을 자세히 살펴보기로 하자.

　요한복음 8장에는 슬프고도 부끄러운 장면이 나와 있었다. 그곳에서 그리스도는 '빛'으로 표현되어 있고, 그 빛이 비추는 대상은 비참한 상태에 있음이 드러나 있었다. 이것은 우리에게 하나님의 말씀의 바로 첫 부분에 제시되어 있는 장면을 상기시켜 준다. 창세기 1:2은 흑암이 그 위를 덮고 있는 황폐된 땅을 보여준다. 하나님께서 그곳에서 첫 번째로 하신 말씀은 바로 "빛이 있으라"는 말씀이었고, 그러자 "빛이 있었다"고 기록되어 있다. 그러면 그 빛은 **무엇을** 비추었는가? 그 빛은 무엇을 **나타내 주었는가?** 그것은 "혼돈하고 공허"한 땅을 비추어 주었고, 황폐함과 죽음의 장면을 드러내 주었다. 그곳에는 낮에 빛나는 해도, 밤에 빛나는 달도 없었다. 그곳에는 식물도 움직이는 생물도 생명도 없었다. 죽음의 장막만이 땅을 덮고 있었다. 오직 빛만

이 죄(여기에서는 사탄의 죄)가 이루어 놓은 무서운 파멸을 드러내 주었고, 하나님의 주권적 선하심과 전능의 능력이 간섭하여 생명을 빚어내고 기름진 땅으로 만드셔야 할 필요가 있음을 드러내었다.

요한복음 8장에서도 그러하였다. **세상의** 빛으로서 그리스도는 이스라엘의 상태뿐만 아니라 인간들에게서 흔히 볼 수 있는 불신앙을 밝히 드러내신다. 그는 죄의 종들을 자유롭게 하실 수 있는 자신의 능력을 확언하셨다(8:32). 그러나 그의 청중들은 그들이 종 노릇하고 있음을 부인하였다. 또 주님은 그의 아버지의 말씀을 말하셨으나(8:38) 그들은 그를 이해하지도 믿지도 아니하였다. 주님은, 마귀의 영향을 받아 그들의 성품이 형성되었고, 그들이 그렇게 되기를 원하고 있다고(8:44) 말씀하셨지만, 그들은 이에 대한 대답으로 주님이 귀신 들린 자라고 신성모독적인 비난을 하였다. 주님은 그가 아브라함의 마음을 기쁘게 하였던 분이라고 선포하셨으나(8:56), 그들은 그를 조롱하였다. 또 주님은 그가 크시고 영원하신 "스스로 계신 자"라고 말씀하셨으나(8:58), 그들은 돌을 들어 그에게 던지려 하였다. 이 모든 것은 이 세상에 있는 자연인의 특성에 대해 생생하고도 정확한 모습을 제시해 준다. 죄인은 하나님께 적의를 품고, 그리스도를 증오한다. 그는 매우 신앙적일 수 있고, 또 혼자 마음대로 행하도록 내버려 두어도 매우 경건하게 보일 수 있다. 그러나 하나님의 빛이 그에게 비추이도록 하고, 그의 자기 의라는 풍선을 터뜨려 버리고, 또 그의 어두운 부패함을 들추어내고, 그리스도의 요구들을 그에게 강조하게 되면, 그는 회의를 품을 뿐 아니라 벌컥 화를 낼 것이다.

그런데 이때 그리스도는 어떻게 반응하셨는가? 그가 모든 인류에게서 등을 돌리셨는가? 그가 이 세상이 그를 냉대하는 것을 보고 완전히 불쾌해져서 즉시 하늘로 돌아가셨는가? 아버지께서 바로 그때 그곳에서 그의 아들을 그가 떠나왔던 영광의 자리로 다시 불러올리셨더라도 그것은 당연한 일이었을 것이다. 그러나 하나님은 모든 은혜의 하나님이시며, 죄의 어두운 배경이 있기 때문에 은혜의 밝은 빛이 더욱 찬란하게 빛날 수 있는 것이다. 그러나 그 은혜가 모든 사람에게 비슷하게 보여진다면 사람들은 은혜를 오해할 수도, 그것을 감사히 여기지 않을 수도 있다. 왜냐하면 이런 경우 사람들은 그 은혜를 그들이 당연히 얻을 자격이 있는 권리로서, 즉 하나님께서 인류를 죄 가운데 떨어지게 허락하신 데 대한 당연한 보상으로 여길 것이기 때문이다. 참으로 어리석은 인간의 추론이다! 타락한 인간이 은혜에 대한 어떤 요구를 할 수 있다면, 은혜는 더 이상 은혜일 수가 없다. 하나님은 인간에게 아무 의무도 지고 있지 않으시다. 즉 하나님의 특별한 사랑을 받을 수 있는 모든 자격은 사람들이 그의 대표자(아담)의 인격 안에서 하나님께 거슬러 반역하였을 때 영원히 상실되었다. 그러므로 하나님은 "**내가** 긍휼히 여길 자를 긍휼히 여기고"라고 말씀하신다(롬 9:15). 이제 우리가 살펴보려는 본문은 바로 **이런** 측면에서의 진리를 아주 두드러지게 예시해 주고 있다.

요한복음 8장에는, 하나님의 선하심을 멸시하고 그리스도를 증오하는 자연인의 완전한 타락이 있다. 그런데 이 요한복음 9장에는 은혜 안에서 다루시고, 그의 주권적 인자하심을 따라서 행동하시는 주님이 나타나 있다. 바로 이 점이 이 두 장의 가장 중요한 대조점이다. 전자에서 우리는 인간의 책임을 시험하고 계신 주님을 보았으나, 후자에서는 인간의 책임이 실패했음이 드러난 후에 주권적 긍휼 안에서 행동하시는 빛을 본다. 또 전자에는 인간의 죄가 드러나 있으나, 후자에는 하나님의 은혜가 나타나 있다.

"**예수께서 길을 가실 때에 날 때부터 맹인 된 사람을 보신지라**"(9:1). 본문이 전하려는 주된 내용은 이미 이 첫 구절에 함축되어 있다. 여기에서의 주님의 행동과, 그의 사랑을 받은 자의 특성은 즉시 하나님의 은혜의 **주권성**을 예시해 준다. 구세주께서는 어떤 사람을 보셨다. 그런데 그 사람은 그를 보지 못하였다. 왜냐하면 그는 맹인이었으므로 그렇게 할 능력이 없었기 때문이었다. 또한 그 눈먼 사람은 자기에게 긍휼을 베풀어 달라고 그리스도께 요구하지도 아니하였다. 먼저 시작하신 분은 바로 주님이셨다. 주권적 은혜는 언제나 이와 같이 행동한다. 그러면 여기에 담겨진 장면을 하나하나 세심히 살펴보고 경탄하도록 하자.

"**예수께서 길을 가실 때에 … 사람을 보신지라.**" 참으로 복된 일이었다. 구세주께서는 다른 사람들의 슬픔은 젖혀 놓고 오직 자신의 슬픔에만 사로잡히지 아니하셨다. 그의 주위의 대부분의 사람들이 보인 몰이해와 증오로 인해서도 이 복되신 분은 아무 방해를 받지 않고 다른 사람들을 계속 섬기면서, 그 일을 중단하는 일이 결코 없으셨다. 사랑은 "오래 참고," "모든 것을 참는다"(고전 13장). 그리고 그리스도는 성육신하신 사랑이셨으므로 하나님의 선하심은 인간의 모든 악함에도 방해를 받지 아니하고 계속 흘렀다. 그리스도의 이 완전하심은 우리의 불완전과 이기심을 꾸짖고 있지 않은가!

"**날 때부터 맹인 된 사람을 보신지라.**" 참으로 불쌍한 사람이다. 팔이나 다리 하나를 잃는 것도 심각한 장애가 되지만, 시력을 상실하는 것은 이보다 더한 불행이다.

그런데 이 사람은 나면서부터 지금까지 **결코** 본 적이 없었다. 이리하여 그는 얼마나 많은 기쁨을 상실하였겠는가! 그는 이 고통으로 말미암아 아주 극히 좁은 세계밖에 느낄 수 없었다. 그리고 눈이 머는 것은 다른 모든 신체의 고통과 마찬가지로 죄의 결과들 중의 하나이다. 모든 사람이 당하는 고통의 직접적인 원인이 언제나 죄인 것은 아니지만, 그 근본적인 원인은 언제나 죄임을 알 수 있다. 즉 만일 아담이 그의 창조주에게 불순종하는 일을 결코 범하지 아니하였더라면, 인류는 질병과 고통을 겪지 않았을 것이다. 그러므로 우리의 모든 슬픔의 원인으로서의 **죄를** 경건한 증오심으로 **미워하도록** 하자. 그리고 어떤 사람이 고통당하고 있는 모습을 보았을 때에는 죄가 얼마나 두려운 것인지를 상기하도록 하자. 그러나 육체적으로 눈이 머는 것과 일시적으로 당하는 고통보다 무한히 두려운 것, 즉 영혼의 병과 눈먼 마음이 있다는 것 또한 상기하도록 하자.

"날 때부터 맹인 된 사람을 보신지라." 이 사람은 자연인의 두려운 상태를 지극히 명확하게 묘사해 주었다. 죄인은 영적으로 눈먼 자이다. 그의 총명은 어두워지고 그의 마음은 굳어졌다(엡 4:18). 이 때문에 그는 자신의 두려운 상태를 볼 수 없다. 즉 그는 자신에게 임박한 위험을 볼 수 없으며, 그가 구세주를 필요로 한다는 것을 알 수 없다. "사람이 거듭나지 아니하면 하나님의 나라를 **볼 수 없느니라**"(요 3:3). 이와 같은 사람은 빛 이상의 것을 필요로 한다. 그것은 그의 안경을 수선하는 일(개혁)이나 그의 시력을 교정하는 일(교육과 교양), 또는 안약을 바르는 일(신앙)이 아니다. 이러한 것들은 그 문제의 근원에까지 이르지 못하며, 이를 수도 없다. 자연인은 영적으로 **날 때부터 맹인** 된 자이며, 날 때부터 상실된 어떤 한 기능은 여타의 기능들을 연마시킴으로써 보충할 수 없다. "모태에서부터 패역한 자"(48:8), 즉 죄악 중에 출생하였고 죄 중에 잉태되었으므로, 인간은 그의 첫 숨을 내쉴 때부터 구세주를 필요로 한다. 하나님의 택함을 받은 자들이 중생하지 아니하였을 때는 "다른 이들과 같이 본질상 진노의 자녀"(엡 2:3)인 것이다.

"날 때부터 맹인 된 사람을 보신지라." 라일 주교는 복음서에는 다른 어떤 고통보다도 눈먼 것을 고친 경우가 훨씬 더 많이 기록되어 있다는 중요한 사실로 관심을 환기시켰다. 복음서에는 귀먹은 벙어리가 고침 받은 경우가 하나, 중풍 환자 하나, 열병을 앓은 자 하나, 그리고 나병이 고침받은 경우 둘, 다시 살리심을 받은 경우 셋이 나와 있으나, 맹인이 고침받은 경우는 다섯 번 기록되어 있다. 이것은 인간이 영적으로 어둠 가운데 있다는 사실을 한층 강조해 준다. 더욱이 우리가 지금 살펴보고 있는 사람은 걸인이었다(8절). 이것은 본문이 그려 주고 있는 그림에서, 우리의 본래 상태를 아주 정확히 묘사해 주는 한 선(線)이다. 불쌍한 죄인은 걸인이기도 하다. 즉 그는 아무 것도 가진 것이 없이 다른 사람들의 동정에나 의지할 수 있을 뿐이다. 눈먼 걸인, 궁핍하고 스스로 어떻게도 할 수 없는 존재이다. 게다가 날 때부터 눈이 멀었으니, 인간의 힘으로는 어쩔 도리가 없는 존재이다.

"제자들이 물어 이르되 랍비여 이 사람이 맹인으로 난 것이 누구의 죄로 인함이니이까 자기니이까 그의 부모니이까"(9:2). 이 제자들은 이 눈먼 걸인에게 아무 동정심도 품지 아니하고 주님의 은혜가 그에게 흘러넘치기를 바라지 못한 듯이 보인다. 그들은 겸손하고 신뢰하는 마음으로 그리스도께서 행하실 일을 보기를 기다리는 대신에 이 일을 철학적으로 해석해 보고자 하였다. 그들은 인간의 고통과 인간의 존재 상태에 있어서의 불평등이란 문제에 관해 사유하고 있었다. 이 문제는 모든 나라와 시대마다 인간의 관심을 끌어온 문제였고, 또 하나님의 말씀의 빛이 없이는 지금도 해결할 수 없는 문제이다. 이 세상에는 자기 주위에서 진행되는 일에 아무 영향도 받지 아니하고 떠돌아다니며 사는 사람들이 많이 있다. 어떤 사람은 안락하고 호사스런 환경 아래 태어나서 자라고 있는 반면, 어떤 사람은 더럽고 가난에 찌든 곳에서 태어난다는 것, 또 어떤 사람은 건강한 신체와 활기 있는 생명력과 함께 생명을 시작하지만, 반면에 다른 사람은 연약하거나 질병이 있기 때문에 크게 장애를 받는 기관을 가지고 태어나거나, 또 어떤 사람은 모태에서부터 불구가 된다는 것, 이것들은 각기 시대와 나라가 다른 수많은 사람들에게 각기 다른 방식으로 영향을 끼친 현상들이다. 이것에 관심을 가지지 않는 사람들이 많이 있기도 하다. 자신에게 아무런 문제가 없다면, 그들은 이웃의 고통에 대하여 전혀 생각지 아니한다. 그러나 다른 한편으로 이러한 문제들에 대하여 냉담할 수만은 없는 자들이 있으며 이들은 불가사의들에 대한 설명을 찾아 헤맨다. 그러면 어떤 사람이 날 때부터 맹인 되는 것은 도대체 무슨 이유에서인가? 우연한 사고로 이렇게 될 수는 없을 것이다. 죄에 대한 형벌로서 그렇게 되었다는 것이 가장 명백한 설명이다. 그러나 이것이 진짜 해답이라면, 이것은 **누구의** 죄에 대한 형벌이란 말인가?

"랍비여 이 사람이 맹인으로 난 것이 누구의 죄로 인함이니이까 자기니이까 그의 부모니이까." 그 당시에는 이 문제에 대하여 철학자들과 신학자들 사이에 세 가지 이론이 통용되고 있었다. 그 첫 번째 이론은 바빌로니아 사람들 가운데서는 약간, 그리고 페르시아인들과 그리스인들 상에서는 더욱 많이 주장된 것으로서 환생의 교리이다. 이것은 또한 에세네파와 영지주의자들의 견해이기도 하였다. 그들은 인간의 영혼은 되풀이하여 이 세상으로 돌아오며, 그 영혼이 이 세상에서 어떤 환경 아래 태어나는가는 인과응보의 법칙에 의해 결정된다고 주장하였다. 어떤 사람이 이전의 지상 생활에서 큰 죄를 지었다면, 그가 다음 번 지상에 머물 때에는 특별한 형벌이 할당된다. 철학자들은 이런 식으로 인간들 사이의 명백한 불평등의 문제를 설명하려고 했다. 지금 편안하고 부유한 상태에서 살고 있는 사람들은 그가 이전의 생(生)에서 행한 공적의 보답을 받고 있는 것이며, 지금 고통스럽고 가난한 생활을 하고 있는 자들은 이전의 생에서의 죄에 대한 형벌을 받고 있는 것이다. 유대인들 사이에서조차도 이 환생의 이론이 어느 정도 받아들여지고 있었다는 사실은 마태복음 16:13, 14로부터 분명히 알 수 있다. 그리스도께서 제자들에게 "사람들이 인자를 누구라 하느냐"라고 물으셨을 때 그들은 "더러는 세례 요한, 더러는 엘리야, 어떤 이는 예레미야나 선지자 중의 하나라 하나이다"라고 대답하였다. 그런데 그들의 이 대답은, 유대인들 중의 어떤 이들은 선지자들 중의 어떤 한 사람의 영이 지금 나사렛 예수의 몸 안에 환생하였다고 생각했음을 보여주는 것이다. 또 유대인들이 어느 정도 이 견해를 지지하였다는 사실은 외경에서 그 증거를 찾아볼 수 있다. 「솔로몬의 지혜서」 8:19, 20 에는 다음과 같이 기록되어 있다. "나는 좋은 기질을 타고난 어린이였으며 훌륭한 영혼을 받은 아이였다. 이렇게 **잘 태어난** 나는 육신마저도 깨끗하였다."

그러나 랍비들은 이 이론을 전혀 지지하지 않았다. 성경은 이 이론을 전혀 지지해 주지 않으며, 또 이것은 구약 성경의 가르침과는 명백히 모순되었으므로 그들은 이 이론을 완전히 거부하였다. 그렇다면 **그들은** 인간의 고통의 문제를 어떻게 설명할 수 있었는가? 대부분의 랍비들은 유전의 법칙으로 이 문제를 설명하였다. 그들은 출애굽기 20:5이 이 모든 문제에 대한 해결의 실마리를 제공해 준다고 생각하였다. 즉모든 고통은 부모의 죄 때문에 빚어진 것이라고 주장하였다. 그러나 그들은 이처럼 출애굽기 20:5의 말씀을 모든 경우에 전면적으로 적용하는 것을 구약 성경이 지지해 주지 않는다는 것을 알았어야 했다. 적어도 욥의 경우를 보면 이 견해가 수정되어야 함을 알 수 있다. 그리하여 어떤 랍비들은 이 견해를 수정하였고, 바리새인들 가운데에서는 이보다 훨씬 더 지지할 수 없는 세 번째 이론이 성립되었다. 어떤 이들은 어린 아이가 모태에서조차도 죄를 지을 수 있다고 주장하고, 이를 지지해 주는 말씀으로 창세기 25:22을 인용하였다.

제자들이 주님께 "랍비여 이 사람이 맹인으로 난 것이 누구의 죄로 인함이니이까 자기니이까 그의 부모니이까"라고 질문하셨던 것은 바로 이와 같이 서로 갈등을 빚으며 그 당시 통용되던 이론들과 철학적 설명들을 염두에 두고 있었기 때문이다. 그들은 주님께서 그 문제에 대하여 무어라 말씀하시는지 분명히 듣고 싶어했다. 그러나 오늘날의 우리에게는 이 구절을 어떻게 적용해 볼 수 있겠는가? 눈먼 걸인을 앞에 두고 한 제자들의 추론은 우리에게는 분명히 엄숙한 경고가 된다. 이것은 우리가 이웃의 궁핍함에 대하여는 냉담하면서 그 문제를 이론화하고 철학화하는 태도가 위험한 것임을 말해준다. 신학적 문제들에만 몰두하여서, 잃어버린 바 된 죄인들에게 복음을 전파하지 못하는 일이 없도록 조심하자.

"**예수께서 대답하시되 이 사람이나 그 부모의 죄로 인한 것이 아니라 그에게서 하나님이 하시는 일을 나타내고자 하심이라**"(9:3). 주님은 제자들의 질문에 이중의 대답을 하셨다. 이 대답의 부정적인 측면을 살펴보면, 이 사람은 죄 때문에 맹인으로 태어난 것이 아니었다. 그러나 "이 사람이나 **그 부모가** 죄를 범한 것이 **아니라**"를 문자 그대로 이해해서는 안 되며, 성경의 다른 많은 구절들처럼 그 말씀의 배경을 염두에 두고 그 속뜻을 이해해야 한다. 주님은 이 사람의 부모가 결코 죄를 지은 적이 없다는 뜻으로 말씀하신 것이 아니라, 그들의 아들이 맹인으로 태어난 **이유**는 그들의 죄 때문이 아니었다는 뜻으로 말씀하신 것이었다. 모든 고통의 근본적인 원인은 죄이다. 왜냐하면 죄가 이 세상에 들어오지 아니하였더라면, 인류 가운데에는 전혀 고통이 없었을 것이기 때문이다. 그러나 죄가 직접적인 원인이 되는 고통도 많이 있다. 주님은 여기에서 우리 모두가 흔히 빠지기 쉬운 마음 상태를 간접적으로 꾸짖고 계신다. 재판관의 역할을 하고 다른 사람들에게 어떤 판정을 내리기는 참으로 쉬운 일이다. 욥의 친구들은 바로 이런 죄를 범하였고, 이 일은 우리로 배우고 가르침을 받게 하기 위하여 기록되었다. 이와 똑같은 정신이 오늘날의 몇몇 '신앙요법' 파(Faith-healing sects) 가운데서도 나타나고 있다. 그들은, 우리가 생활하는 가운데 지은 어떤 죄로 말미암아 병이 생기는 것이며, 그 죄를 고백하지 않는다면 병이 낫지 않는다고 주장한다. 그러나 이것은 매우 조야하고 비판적인 생각이며 대부분의 경우는 잘못된 판단이다. 더욱이 이런 생각은 자만심을 더욱 크게 해주는 경향이 있다. 내가 만일 내 이웃보다 더 좋은 건강을 지니고 있다면, 그것은 내가 그들보다 죄인이 아니기 때문이라는 식의 추론이 성립된다. 주님은 이와 같이 괘씸한 바리새주의로부터 우리를 구원하신다.

"그에게서 하나님이 하시는 일을 나타내고자 하심이라." 여기에는 주님의 대답의 긍정적인 측면이 나와 있다. 이 말씀은 고통의 문제에 대하여 해결의 실마리를 제시해 준다. 하나님은 그 자신의 지혜로운 이유에서 병과 질병을 허락하셨다. 때로는 하나님은 그것으로 인해 영광을 받으신다. 나사로의 경우가 그러하였다(요 11:4). 베드로의 죽음과 관련해서도 그러하였다(요 21:19). 사도 바울의 고통도 그런 이유에서 당한 것이었다(고후 12:9). 이 눈먼 걸인에게도 마찬가지였다. 그가 날 때부터 맹인된 이유는 바로 그가 눈먼 것을 고치심으로써 하나님의 능력이 증거되게 하고, 그리스도께서 이로 인하여 영광을 받으시게 하기 위해서였다.

"그에게서 하나님이 하시는 일을 나타내고자 하심이라." 이 말씀을 오늘날의 고통받은 성도들에게 적용하도록 하자. 분명히 구세주의 이 말씀은 지금 그의 백성 가운데 있으면서 고통 받고 있는 자들에게 위로의 메시지가 될 것이다. 그들은 기적으로써 고침받기를 기대할 수는 없다 할지라도, 그들이 고통 받는 데에는 (그들이 아직 모르기는 하지만) 하나님의 지혜로우신 목적이 있으며, 그들의 고통으로써 어떤 식으로든 **하나님**께서 영광을 받으실 것이라는 것을 확신하고 위로를 받을 수 있을 것이다. 그가 어떤 식으로 하나님을 영화롭게 하는지는 즉시 드러나지 않을지도 모른다. 오랜 세월이 지나야 할지도 모른다. 이 사람의 경우에 있어서는 30년 이상이 흘러서야(23절) 비로소 하나님은 그가 **왜** 날 때부터 맹인 되었는지를 명백히 알려 주셨다. 우리가 고통 받는 하나님의 목적은 **무엇**인가, 그의 목적은 **어떻게** 이루어질 것인가, 그리고 **언제** 이루어질 것인가 하는 문제들은 우리가 관여할 것이 아니다. 우리가 해야 할 일은 겸손하게 그가 기뻐하시는 주권적 뜻에 온유하게 순종하는 것이며(삼상 3 :18), "그로 말미암아 연단 받는" 것이다(히 12:11). 우리는 우리 **안에서** 하나님의 영광에 조금이라도 보탬이 되는 것이 결국은 우리에게 축복을 가져올 것임을 확신할 수 있다. 그러므로 하나님의 사랑을 의심하지 말고 로마서 11:36과 8:28을 진실되이 믿고 쉼을 얻는 은혜를 구하도록 하자.

"**때가 아직 낮이매 나를 보내신 이의 일을 우리가 하여야 하리라**" (9:4). 이 일은 무엇을 가리키는가? 그것은 하나님의 완전하심을 드러내고 그의 피조물들의 필요를 공급해 주는 일이다. 아들은 이와 같은 '일' 을 행**해야 했다**. 왜냐하면 그와 아버지는 그 뜻과 그 본성에 있어서 **하나**이기 때문이다. 그러나 이 말씀에는 다른 의미도 담겨 있다. 그리스도를 보내신 "이의 일"은 하나님께 **기쁨**이 되는 일일 뿐만 아니라, 하나님께서 **예정**해 놓으신 일이기도 하다. 하나님께서 이 일을 영원히 정해 놓으셨기 때문에, 이 일은 행해져**야 했다**(4:4과 10:16의 '하여야 한다' 는 말과 비교해 보라).

"밤이 오리니 그 때는 아무도 일할 수 없느니라 내가 세상에 있는 동안에는 세상의 빛이로라"(9:4, 5). 이 말씀은 그리스도께서 하려고 하시는 일을 더욱 정확하게 가리켜 준다. 즉 그는 눈먼 걸인에게 시력을 찾게 해주시려 하신다. 이것은 6절을 시작하는 말, "이 말씀을 하시고"로 보아 분명히 알 수 있다. 그리스도께서 행하려 하시는 기적은, 이보다 더 큰 기적, 즉 하나님께서 택함받은 죄인에게 영적 시력을 회복해 주시는 기적을 훌륭하게 예시해 주는 것이었다. 이런 사람은 하나님의 영원한 경륜으로써 그렇게 결정되었기 때문에 빛의 비추임을 받아**야 한다**[행 4:12의 "구원을 얻을 만한"(must be saved)이란 말과 비교]. 죄인을 구원하는 일은 전적으로 하나님의 "일"일 뿐만 아니라 하나님께서 굉장히 기뻐하시는 일이다. 그리스도의 말씀이 여기에서 시사해 주는 것은 바로 이것이었다. 하나님의 모든 일 가운데서도 가장 영광스러운 일은 잃어버린 바 되고 지옥에 가야 마땅한 죄인들을 구원하시려는 일이라는 것과, 삼위일체의 각 위께서는 은혜를 베푸시는 일에 서로 협력하신다는 것을 아는 것은 참으로 복된 일이다.

"밤이 오리니 그때는 아무도 일할 수 없느니라." 그리스도께서는 여기에서 우리에게 우리가 현재의 기회를 최대한으로 선용하는 것이 중요하다는 것을 말씀과 본보기로써 가르쳐 주신다. 그의 공생애는 4년도 못 되어 끝났는데, 이 말씀을 하신 때는 거의 그 끝에 이른 시기였다. 그러므로 주님은 그때 그의 아버지의 일을 **해야만 했다**. 하나님의 강제하심이 그에게 임하였다. 이와 같이 절박함을 느끼고, 때가 악하므로 세월을 아끼도록 하자(엡 5:16). "밤이 오리니 그때는 아무도 일할 수 없느니라"는 말씀은 죄인들에게 참으로 엄숙한 말씀이 아닐 수 없다. 지금은 죄인에게 생명의 때이며, 그렇지 않으면 그 앞에는 영원히 흑암이 놓일 것이다(유 13절). 구원받지 못한 독자여, 당신의 '밤'이 서둘러 오고 있다. "**오늘날** 그의 음성을 듣거든 너희 마음을 강퍅하게 하지 말라." "보라 **지금은** 은혜 받을 만한 때요 보라 **지금은** 구원의 날이로다"(고후 6:2)

"내가 세상에 있는 동안에는 세상의 빛이로라." 그리스도께서는 조금 전에 그의 생명에 가해진 일을 가리키고 계신 것으로 생각된다(8:59). 그가 이 세상을 떠나기로 정해진 때가 곧 올 것이다. 그러나 그때가 이르기 전에, 사람은 그를 없앨 수 없다. 빛은 그것을 끄려는 인간의 온갖 노력에도 불구하고 **빛날 것**이다. 이 유대인들이 던지려 한 돌도 이분이 그에게 주어진 일을 끝마치지 못하도록 위협하거나 방해할 수 없었다. 주님은 그들의 악한 마음을 폭로하심으로써 자신이 "세상의 빛"이심을 방금 보여주셨었다. 그런데 이제는 이 불쌍하고 눈먼 걸인에게 시력과 구원을 전해 주심으로써 자신이 세상의 빛이심을 나타내신다.

　"이 말씀을 하시고 땅에 침을 뱉어 진흙을 이겨 그의 눈에 바르시고"(9:6). 이것은 주님께서 행동으로 보여주신 비유였고, 우리는 이를 세밀히 주의해 볼 만하다. 그리스도께서 여기서 취하신 절차와 방법은 아주 독특한 것이기는 하지만 굉장히 중요한 것이었다. 분명히 이것은 독특한 방법이었다. 왜냐하면 축축한 진흙을 눈에 바르는 것은 앞이 보이지 않게 만드는 가장 확실한 방법이 되기 때문이다. 그러나 주님께서는 이 눈먼 걸인에게 바로 이 일만을 해주셨다. 주님의 신비로운 행동에는 깊은 상징적 의미가 담겨 있다는 것 또한 확실하다. 이제 그 의미가 무엇인지를 살펴보기로 하자.

　"이 말씀을 하시고 땅에 침을 뱉어 진흙을 이겨 그의 눈에 바르시고." 우리가 맨 먼저 해야 할 일은 이 구절을 문맥에 비추어 주의 깊게 연구해 보는 일이다. 이 구절 앞에는 어떤 말씀이 기록되어 있는가? 즉 "세상의 빛"(8:12)이시며 "보내심을 받은 이"(8:18)이시며 "아들"(8:36)이신 분이 유대인들에게 멸시를 받으셨다는 것이다. 그러면 그 이유는 무엇이었는가? 그가 그들 앞에 아주 비천한 모습으로 나타나셨기 때문이다. 그들은 "육체를 따라" 그를 판단하였고(8:15), 그가 "진리를 그들에게 말한 **사람**"이었기 때문에(8:40) 그를 죽이려고 하였다. 그들에게는 그의 신적 영광을 분별할 눈이 없었고, 또 그가 그들 앞에 "사람의 모양"으로 서 계신다는 사실에 실족하였다.

　그런데 여기 이 요한복음 9장에는 어떤 광경이 나타나는가? 그것은 그리스도께서 자신은 "세상의 빛"이심을(9:5) 다시 한 번 확언하시고, 그 즉시 "이 말씀을 하시고 땅에 침을 뱉어 진흙을 이겨 그의 눈에 바르시는" 모습이 나와 있다. 이제 이것이 무엇을 의미하는지가 분명해졌다. "이것은 하나의 상징으로서, 인간들의 눈에는 낮아지고 비천한 모습으로 지상에 오셨으나 자신 안에 생명의 신적 효력을 지니고 계신 그리스도의 인성(humanity)을 가리켜 준다"(J. N. D). 그리스도는 유대인들 앞에 자신을 나타내 보이셨으나 그들은 영적 분별력이 없었으므로 그가 누구인지를 깨닫지 못하였다. 그러면 유대인들을 정확하게 대표하였던 이 눈먼 걸인은 그리스도께서 그의 눈에 진흙을 바르셨을 때 볼 수 있었는가? 그렇지 못하였다. 그는 전과 마찬가지로 눈이 멀었었다. 그리고 그가 전에 맹인이 아니었다 할지라도, 눈에 진흙을 바르고 있는 지금은 더욱 볼 수 없었을 것이다. 그리고 그는 어떻게 해야 하는가? 그는 그리스도께 **순종**해야 한다. 그러면 그리스도께서는 그에게 어떻게 하라고 하셨는가? 다음의 내용을 주의 깊게 살펴보라.

"이르시되 **실로암 못에 가서 씻으라 하시니 (실로암은 번역하면 보냄을 받았다는 뜻이라)**"(9:7). 이것 역시 행동으로 보여주는 설교였다. 눈먼 걸인이 필요로 하였던 것은 **물**이었다. **이것은** 무엇을 가리키는가? 이것은 분명히 기록된 말씀을 의미한다 (3:5에 대한 필자의 논평을 살펴보라. 그리고 에 5:26과 비교해 보라). 유대인들의 마음의 눈이 닫혀 있었던 것은 바로 그들이 말씀이라는 물을 사용하는 데 **실패했기** 때문이다. 요한복음 5장으로 돌아가 보라. 우리는 그곳에서 무엇을 발견하는가? 우리는 그곳에서 그리스도께서 자신을 하나님과 동등으로 삼으셨기 때문에(18절) 그를 죽이려 하고 있음을 본다. 그때 주님은 그들에게 무엇을 행하라고 말씀하셨는가? "성경을 연구해 보라"고 하셨다(5:39). 그런데 요한복음 10장에도 똑같은 일이 벌어진다. 유대인들은 다시 돌을 들어 그를 치려 하였다. 그때 주님은 그들이 왜 이같이 행동하는지를 물으셨다. 그러자 그들은 "네가 **사람이 되어** 자칭 하나님이라 함이로라"(33절)라고 대답하였다. 그때 그리스도께서는 "예수께서 이르시되 너희 율법에 **기록된 바** … "라고 대답하셨다. 주님께서는 이 눈먼 걸인에게 바로 이 일을 (상징적으로) 행하게 하신 것이다. 이 걸인은 그에게 무조건 순종하였고, 그 결과 그는 눈을 뜨게 되었다. 유대인들과 이 걸인의 차이점은 다음과 같은 것이었다. 즉 유대인들은 자신이 이미 볼 수 있는 자라고 생각하고, 기록된 말씀의 증거를 거부하였다. 반면에 이 걸인은 그가 눈이 멀었음을 알았으므로, 그리스도께서 그에게 가르쳐 주신 물을 사용하였다. 이것은 이 장에서 앞서 진행되었던 모든 일들을 요약해 주는 39절을 이해하는 열쇠가 된다. 39절에는 "예수께서 이르시되 내가 심판하러 이 세상에 왔으니 보지 못하는 자들은 보게 하고 보는 자들은 맹인이 되게 하려 함이라 하시니"라고 기록되어 있다.

이제 방금 살펴본 구절의 **교리적** 의미에 대해 알아보기로 하자. 여기에서 눈먼 걸인은 대표적 인물, 즉 하나님의 택함받은 자 각각을 대표하는 사람으로서 생각해야 한다. 날 때부터 맹인 되었으므로 아무도 그를 도울 수 없다. 아무 것도 지니지 못한 걸인인 그는 우리의 상태를 적합하게 묘사해 준다. 그는 단 한 번 부르짖지도 아니하고 또 호소하지도 아니하고 그리스도로부터 필요를 공급받았는데, 우리는 여기에서 우리가 중생하지 못한 상태에 있을 때 우리에게 다가오는 주권적 은혜의 활동이 아름답게 예시되어 있음을 본다. 주님께서 그를 다루신 방법은 원칙적으로 우리를 구원하기 위해 하나님의 긍휼로써 우리를 다루실 때의 방법과 똑같다.

"땅에 침을 뱉어 진흙을 이겨 그의 눈에 바르시고." 이 말씀은 이중의 의미를 지닌 것으로 생각된다. **경륜적인 의미로 볼 때에**, 이것은 이스라엘인의 눈앞에 육체를 입으시고 나타나신 그리스도를 상징한다. **교리적인 의미로 볼 때에**, 이것은 죄인에게 그의 잃어버린 바 된 상태와 그가 구세주를 필요로 함을 강조하고 계신 주님을 예시해 준다. 그의 눈에 진흙이 발라졌다는 것은 우리의 **눈먼 상태를 강조해 준다.** "이르시되 실로암 못에 가서 씻으라 하시니." 이것은 우리가 말씀에 의지하고 그것을 자신에게 **적용**해야 할 필요가 있음을 시사해 준다. 왜냐하면 하나님의 말씀을 열므로써만이 우둔한 자에게 빛을 비추어 깨닫게 하기 때문이다(시 119:130).

눈먼 걸인에게 가서 씻으라고 명하신 못의 이름은 중요하지 않은 것이 아니다. 이것은 성령께서 주의 깊게 그것을 해석해 주신 사실로 보아 알 수 있다. 성육신하신 하나님은 가난한 죄인이 바라보는 대상이다. 즉 그는 성령의 '**기름부음**'을 받은 분이시다(행 10:38). 그는 우리에게 **어떻게** 나타나시는가? 순수한 영이나 천사의 모습으로서가 아니라 "육체를 입으신" 모습으로 나타나신다. 그러면 그는 **어디에서** 이런 모습으로 발견되는가? 기록된 말씀 안에서이다. 우리가 그 말씀을 살펴볼 때, 우리는 인간이신 그리스도 예수께서는 바로 아버지의 "보내심을 받은 분"임을 알게 된다. 우리는 (성령의 가르침을 받는 것과 마찬가지로) 오직 말씀을 통해서만 하나님의 그리스도를 알 수 있게 된다.

"**이에 가서 씻고 밝은 눈으로 왔더라**"(9:7). 이 눈먼 걸인의 순전한 순종은 참으로 아름답다. 그는 그 이유를 생각하고 의문을 표하기 위하여 멈추지 아니하고, 즉시 들은 그대로 행하였다. 옛 청교도인 존 트랩(John Trapp)이 재미있게 표현하고 있듯이, "그는 그리스도께 맹목적으로 순종하였다. 그는 요단 강을 바라볼 때의 나아만처럼 시리아인의 눈으로서 실로암을 바라보지 않았다. 그는 그러한 방법으로 고침을 받을 수 있을까 의심하지 아니하고, 주저 없이 믿고 명령대로 행하였다." 관심 있는 독자는 이 본문을 **개인적으로** 적용해 보면서 이 장 전체를 주의 깊고 기도하는 마음으로 복습해 보라.

또 다음 질문들을 연구해 보라.

1. 8절과 9절은 새로 구원받은 영혼의 이야기에 어떻게 적용되는가?

2. 10절과 11절은 회심한 지 얼마 되지 아니한 자들에 관하여 무엇을 가르쳐 주는

가?

3. 12절을 그리스도 안에 있는 어린 아이에게 어떻게 알맞게 적용시킬 수 있겠는 가?

4. 이와 비슷한 관점에서 13-16절을 연구해 보라.

5. 17절에서의 걸인의 말은 무엇을 시사해 주는가? 4:19에 대한 필자의 논평을 참조해 보라.

6. 18절은 얼마 되지 아니한 신자들이 무엇을 기대해야 한다고 가르쳐 주는가?

7. 20-23절은 그리스도 안에 있는 어린 아이들이 무엇을 해야 한다고 가르쳐 주는 가?

제32장

그리스도와 눈먼 걸인

❷

⁸이웃 사람들과 전에 그가 걸인인 것을 보았던 사람들이 이르되 이는 앉아서 구걸하던 자가 아니냐 ⁹어떤 사람은 그 사람이라 하며 어떤 사람은 아니라 그와 비슷하다 하거늘 자기 말은 내가 그라 하니 ¹⁰그들이 묻되 그러면 네 눈이 어떻게 떠졌느냐 ¹¹대답하되 예수라 하는 그 사람이 진흙을 이겨 내 눈에 바르고 나더러 실로암에 가서 씻으라 하기에 가서 씻었더니 보게 되었노라 ¹²그들이 이르되 그가 어디 있느냐 이르되 알지 못하노라 하니라 ¹³그들이 전에 맹인이었던 사람을 데리고 바리새인들에게 갔더라 ¹⁴예수께서 진흙을 이겨 눈을 뜨게 하신 날은 안식일이라 ¹⁵그러므로 바리새인들도 그가 어떻게 보게 되었는지를 물으니 이르되 그 사람이 진흙을 내 눈에 바르매 내가 씻고 보나이다 하니 ¹⁶바리새인 중에 어떤 사람은 말하되 이 사람이 안식일을 지키지 아니하니 하나님께로부터 온 자가 아니라 하며 어떤 사람은 말하되 죄인으로서 어떻게 이러한 표적을 행하겠느냐 하여 그들 중에 분쟁이 있었더니 ¹⁷이에 맹인되었던 자에게 다시 묻되 그 사람이 네 눈을 뜨게 하였으니 너는 그를 어떠한 사람이라 하느냐 대답하되 선지자니이다 하니 ¹⁸유대인들이 그가 맹인으로 있다가 보게 된 것을 믿지 아니하고 그 부모를 불러 묻되 ¹⁹이는 너희 말에 맹인으로 났다 하는 너희 아들이냐 그러면 지금은 어떻게 해서 보느냐 ²⁰그 부모가 대답하여 이르되 이 사람이 우리 아들인 것과 맹인으로 난 것을 아나이다 ²¹그러나 지금 어떻게 해서 보는지 또는 누가 그 눈을 뜨게 하였는지 우리는 알지 못하나이다 그에게 물어 보소서 그가 장성하였으니 자기 일을 말하리이다 ²²그 부모가 이렇게 말한 것은 이미 유대인들이 누구든지 예수를 그리스도로 시인하는 자는 출교하기로 결의하였으므로 그들을 무서워함이러라

²³이러므로 그 부모가 말하기를 그가 장성하였으니 그에게 물어 보소서 하였더라(요 9:8-23)

다른 장에서와 마찬가지로 먼저 우리가 살펴보려는 구절들을 분석해 보기로 하자.

1. 반신반의하는 이웃 사람들(8, 9절)
2. 그들이 걸인에게 한 질문(10절)
3. 걸인의 대답(11, 12절)
4. 바리새인들과 안식일(13, 14절)
5. 바리새인들 앞에 선 걸인(15-17절)
6. 유대인들의 의심(18절)
7. 심문을 받는 걸인의 부모(19-23절)

우리는 앞 장에서 택함받은 죄인에게 넘쳐흐르는 주권적 은혜가 요한복음 9장의 서두에 아름답게 예시되어 있음을 지적하였었다. 그곳에 제시되어 있는 그림의 모든 세부사항들은 그 그림을 아름답고 정확하게 해주는 데 도움이 되었다. 유대인들의 그리스도에 대한 증오를 어두운 배경에 두고(8장), 우리는 이제 하나님의 택하심을 입은 각 사람의 영적인 상태를 엄밀하게 표현해 주고 있는 사람에게 그의 현저한 긍휼의 역사를 시작하시면서 그의 필요를 공급해 주시는 구세주를 보게 된다. 구원자의 동정을 입은 이 사람에 대하여는 다음의 일곱 가지 사항을 말할 수 있다.

첫째로, 그는 성전 **밖에서** 발견되었다. 이것은 그의 본래의 상태, 즉 죄인은 하나님과 멀리 떨어져 있다는 사실을 가르쳐 주는 것이다. 둘째로, 그는 맹인이었으므로 구세주께서 그에게 다가오셨을 때 그를 볼 수 없었다. 셋째로, 그는 날 때부터 맹인이었다. 죄인도 마찬가지이다. 즉 그는 "모태에서부터 멀어졌다"(시 58:3). 넷째로, 그러므로 그는 인간의 도움도 받을 수 없다. **하나님**께서 개입하시지 않는다면 그는 스스로도 어찌할 수 없는 절망적인 처지에 있게 될 것이다. 다섯째로, 그는 걸인이었으므로(8절), 설사 그의 눈을 고쳐 줄 약이 있었다 할지라도 그것을 살 수 없었다. 그는 사람들의 동정에 의지할 수밖에 없었다. 여섯째로, 그는 구세주께 호소하거나 긍휼을 베풀어 달라고 부르짖지도 못하였다. 하나님의 은혜가 우리 안에서 역사하시기 전의 상태가 바로 이렇다. 일곱째로, 이 걸인에 대한 제자들의 추론은(2절) 인간은 아무도 영적으로 비참한 상태에 있는 죄인을 동정하지 않는다는 슬픈 사실을 가르쳐 준다.

주님이 이 불쌍한 사람을 다루신 일은 오늘날 우리 안에서 일어나는 그의 은혜의 역사를 예시해 준다. 그리스도와 눈먼 걸인이라는 관점에서 다음의 일곱 가지 사항을 살펴보자. 첫째로, 그리스도는 자신의 병을 고쳐 주시는 그의 손길을 몹시 필요로 하는 자를 사랑에 넘치는 동정심을 품고 **바라보셨다**. 둘째로, 그는 이 사람은 그 안에서 하나님의 능력과 은혜가 나타나게 하기 위하여 **창조되었다**고 말씀하셨다. 셋째로, 그는 자신이 어떤 일을 행해야 할 **필연성**이 있음을 암시하셨다. 즉 하나님의 사랑의 택함을 받은 자 안에서 영원한 은혜의 계획이 성취 '되어야 했다.' 넷째로, 그는 자신이 어둠 가운데 있는 자들에게 **빛을 전해** 줄 수 있는 능력이 있는 분이라고 선포하셨다(5절). 다섯째로, 그는 걸인의 슬픈 처지를 강조하심으로써 그가 절망적인 궁핍에 처해 있음을 **알려 주셨다**(6절). 여섯째로, 그는 그에게 **축복의 수단**을 가르쳐 주고 그의 믿음을 시험하셨다(7절). 일곱째로, 그 걸인은 순종하였고, 순종함으로써 그에게 **긍휼의 기적**이 행해졌다는 증거를 받았다. 이 일곱 가지 사항은 각각 오늘날 우리 안에서 역사하는 은혜의 영역에 적용된다.

우리가 이 하나님의 이야기를 계속 읽으면서 이 눈먼 걸인이 눈을 뜬 **후**에 겪은 체험에 주목해 본다면, 우리는 그의 경험이 그리스도께 붙잡힌 바 된 자들의 영적인 역사와 닮았음을 계속 보여주는 것을 알게 될 것이다. 우리가 지금 살펴보고 있는 이 요한복음 9장의 이야기는 오랜 옛날에 일어났던 사건 이상의 것이다. 즉 이 이야기는 오늘날 우리 시대에서 일어나고 있는 일을 정확하게 표현해 주고 있는 것이다. 신자가 이 본문을 자신의 영적인 편력에 비추어 연구해 보면 볼수록, 그는 이 이야기가 **자신의** 체험을 참으로 완전하게 표현하고 있음을 더욱 잘 깨닫게 될 것이다.

"이웃 사람들과 전에 그가 걸인인 것을 보았던 사람들이 이르되 이는 앉아서 구걸하던 자가 아니냐"(9:8). 한 영혼 안에서 은혜의 참 역사가 이루어졌을 때, 그것을 이웃 사람들과 친지들의 눈에 숨길 수 없다. 처음에 그들은 그들끼리 수군거리면서 큰 호기심을 품고 무슨 일이 일어났는가 추측할 것이다. 구원받지 않은 자는 언제나 하나님의 기적을 의심한다. 그들의 이웃 가운데 한 사람이 구원받을 때, 그들은 어떤 급진적인 변화가 일어났다는 것은 부인할 수 없지만, 그 변화의 성격은 전혀 설명하지 못한다. 그들은 살리심을 받은 영혼의 외적인 생활에 그리스도께서 나타나신 것은 바로 그가 그 사람 안에 거하고 계시기 때문임을 알지 못한다. 그러나 중생은 실제로 일어나는 일임을 믿지 않는 세상조차도 간접적으로나마 그것을 인정하고 그에 주목해 보지 않을 수 없다. 사랑하는 독자여, 주 예수께서 그의 놀라우신 손을 당신에게 얹으셨다면, 당신과 매일 접촉하는 사람들은 그 사실을 깨닫게 될 것이다. 그들은 당신이 이전의 당신이 아니며, 당신에게 실제로 어떤 변화가 생겼으며, 한때 당신을 독재적으로 지배하던 기질과 갈망, 습관, 영향력 등이 이제는 더 이상 당신을 지배하지 못하며, 때로는 악이 표출되기도 하나 그것은 항상 당신을 지배하지 못하고, 또 그것이 당신 안에 존재하나 당신 위에 군림하지 못하며, 당신을 괴롭히나 당신을 지배하지 못한다는 것을 알게 될 것이다.

"**어떤 사람은 그 사람이라 하며 어떤 사람은 아니라 그와 비슷하다 하거늘 자기 말은 내가 그라 하니**"(9:9). 본문이 제시해 주는 그림 속에 그려진 이 선(線)은 놀라울 정도로 정확하다. 죄와 허물로 죽었던 사람이 생명의 새로움으로 살리심을 받으면 그는 그리스도 안에 있는 새로운 피조물이 되지만, 그의 옛 사람은 여전히 남아 있다. 그는 아직 이 죽음의 몸에서 구원받지 못하였다. 그렇게 되기 위해서는 주님의 재림을 기다려야 한다. 그러므로 거듭난 자 안에는 **두** 가지 본성이 있다. 즉 옛 본성이 파괴되지 아니하였으나, 새로운 본성이 이미 전달되었다. 우리가 지금 살펴보는 구절이 바로 이 사실을 명백하게 예시해 준다. 즉 어떤 사람은 이 사람이 눈뜨기 전부터 그들이 알아왔던 사람임을 깨달았다. 그러나 어떤 사람들은 그가 다른 사람이라고 생각하였다. 이 점은 바로 중생과 관련하여 사람들을 크게 당황하게 하는 문제이다. 그 사람은 전과 똑같은 사람이지만 새로운 원리와 요소가 그의 생활 가운데로 들어왔다.

"**그들이 묻되 그러면 네 눈이 어떻게 떠졌느냐**"(9:10). 이 말씀 또한 우리의 실생활을 정확하게 묘사해 준다. 하나님의 긍휼을 입은 자는 이제 시험을 받아야 했다. 즉 그의 믿음, 그의 충성심, 그의 용기를 시험받아야 했다. 살리심을 받은 영혼은 살리심을 받은지 오래지 않아 자신이 자신에게 적의를 품고 있는 세상에 살고 있음을 발견하게 된다. 하나님께서는 처음엔 세상으로 그에게 매우 공격적인 태세를 취하지 못하도록 하신다. 왜냐하면 하나님께서는 그의 집에 있는 갓난아이들을 매우 조심스럽게 다루시기 때문이다. 그러나 그들이 은혜 안에서 자라가고 하나님과 그의 큰 능력 안에서 강성하여 갈수록, 하나님께서는 그들이 더욱 모진 시험을 당하도록 허용하시며, 그들의 큰 원수로부터의 맹렬해지는 공격에서 그들을 더 이상 보호하지 않으신다. 그럼에도 불구하고 그들은 처음부터 시험을 받을 수밖에 없다. 왜냐하면 시험을 통하여 우리가 자신을 주님께 맡기고 그의 강성함 안에서 우리의 연약함을 완전케 함으로써만 믿음이 자라가기 때문이다.

"그들이 묻되 그러면 네 눈이 어떻게 떠졌느냐." 놀랍게도 눈을 뜨게 된 이 사람은 여기에서 그의 은혜로우신 은인을 증언할 기회를 부여받게 되었다. 새로이 구원받은 영혼이 행해야 할 첫 번째 의무는 바로 그리스도를 **고백**하는 것이고, 주께서 그를 위해 행해 주신 지극히 큰일들에 대해 말하는 것이다. 또 이런 자에게는 "누구든지 사람 앞에서 나를 시인하면 인자도 하나님의 사자들 앞에서 그를 시인할 것이요"(눅 12:8)라고 약속되어 있다. 그러나 세상은 이 약속을 고맙게 여기지도 아니하고 원하지도 않는다. 즉 모든 이름보다 뛰어난 복된 이름은 그들에게 걸림이 된다. 이 걸인의 이웃 사람들이 어떻게 질문하였는지 살펴보라. 놀랍게도 그들은 "**누가** 네 눈을 떠 주었느냐?"라고 묻지 아니하고 "네 눈이 어떻게 떠졌느냐?"라고 물었다. 그들은 호기심을 만족시키려 하였으나 그리스도에 관하여는 듣고 싶어하지 아니하였다.

"**대답하되 예수라 하는 그 사람이 진흙을 이겨 내 눈에 바르고 나더러 실로암에 가서 씻으라 하기에 가서 씻었더니 보게 되었노라**"(9:11). 이 사람의 증언은 단순하고 정직하였다. 그는 그때까지 많은 빛을 받지는 아니하였으나 그가 받은 빛을 충실히 증언하였다. 그리고 이것이 더 많은 빛을 받게 되는 방법이다. 그는 추측하거나 철학적으로 설명하려 하지 아니하고, 주님께서 그에게 행하신 일에 대해 솔직하게 이야기하였다. 이 사람의 고백 중에서 오늘날 새로이 구원받은 영혼의 증거를 예시해 주는 두 가지 사항에 주목해 보자. 첫째로, 그에게 강한 인상을 심어준 것은 그리스도의 **인격**보다도 그의 **행위**였다. 그의 증언이 강조되고 있는 것도 그리스도께서 **누구**였는가 하는 것보다는 그가 무슨 일을 **행하셨는가** 하는 것이었다. 우리도 이와 같이 행한다. 우리가 먼저 깨닫는 것은, 우리의 죄를 없애주신 주 예수의 십자가상에서의 일, 즉 그의 희생적 죽음에 대해서이다. 그 다음에 우리는 성령께서 말씀을 통하여 우리에게 계시해 주심에 따라 그의 인격의 무한한 가치를 깨닫는다. 둘째로, 이 사람은 그리스도의 인격에 관련해서는 그의 신성에 대해서가 아니라 그의 인성에 대해서 말하였다. 우리도 이와 같이 행하지 아니하는가? "예수라 하는 사람" ― 그리스도의 인격에 대하여 우리는 먼저 **이** 면을 바라보지 아니하는가! "예수라 불리는 사람." 이 표현은 그의 비천하심과 낮아지심을 말해 준다. 후에, 우리는 성경을 연구하고 주님을 아는 지식 안에서 자라감에 따라, 인간이신 그리스도 예수는 바로 하나님의 아들이심을 발견하게 된다.

"대답하되 예수라 하는 그 사람이 진흙을 이겨 내 눈에 바르고 나더러 실로암에 가서 씻으라 하기에 가서 씻었더니 보게 되었노라." '예수'라는 이 보배로운 이름은 이 유대인들이 다른 무엇보다도 미워하는 것이었다. 그러나 이 걸인은 그 이름을 담대하게 고백하였다. "그를 위해 행해진 일들에 관한 사실을 완곡하게 표현하였더라면, 이 불쌍한 사람은 분명히 세속적 이득을 얻었을 것이다. 그는 그리스도께서 행하신 일의 혜택을 누리면서, 세상의 적의를 받으면서 그의 이름을 증언하는 거친 길을 피할 수도 있었을 것이다. 그는 볼 수 있게 된 기쁨을 누리면서 동시에 사람들의 존경을 받는 신앙 고백의 울타리 안에 안주할 수도 있었을 것이다. 그는 그리스도께서 **행해 주신 일**의 열매를 수확하면서, 그의 **이름**을 고백함으로써 받게 될 질책을 모면할 수도 있었을 것이다.

"슬프게도, 이와 같은 일은 참으로 자주 일어난다. 예수께서 행하신 일에 대하여 듣는 일은 즐거워하면서도, 그리스도께 속한 비천한 자들과 같은 부류로 여겨지는 것을 싫어하고 그 이름을 저버리는 사람들이 수없이 많다. 달리 말하여 현대적이고 인기 있는 표현을 사용해 보자면, '그들은 양 편의 세계를 최대한 이용하려고 한다.' 그러나 이것은 그리스도를 진실한 마음으로 사랑하는 사람들이 혐오해야 할 생각이며, 또한 참 믿음을 가진 사람은 전혀 알지 못하는 생각이다. 우리 이야기의 주인공은 이와 같은 격언을 몰랐음이 분명하다. 주님께서 그의 눈을 뜨게 해주셨으므로 그는 그것에 관하여 말하지 않을 수 없었다. 또 누가 그 일을 행하였으며 어떻게 행하였는지를 말할 수밖에 없었다. 그는 정직한 사람이었다. 그에게는 복잡한 동기가 없었다. 사악하거나 그 밑에 깔린 목적이 전혀 없었다. 참으로 행복한 사람이다"(C.H.M.).

"대답하되 예수라 하는 그 사람이 진흙을 이겨 내 눈에 바르고 나더러 실로암에 가서 씻으라 하기에 가서 씻었더니 보게 되었노라." 여기에는 이 이야기가 진실됨을 두드러지게 증언해 주는 한 가지 세부사항이 있는데, 그것은 구세주께서 그에게 행해 주는 일에 관하여 묘사할 때 이 사람은 한 가지 작은 일을 **생략**하고 있다는 것이다. 즉 이 걸인은 그리스도께서 땅에 침을 뱉어 진흙을 이기신 일을 전혀 언급하지 않고 있음에 주목해 보라. 눈이 멀었었기 때문에, 그는 주님께서 그에게 무엇을 **발라 주신 것을 느낄** 수는 있었지만, 주님께서 어떻게 하셨는가는 **볼** 수 없었다. 이처럼 의도하지 아니하였던 작은 우연, 그리고 서투른 솜씨가 이 하나님이 기록하신 이야기의 진실됨을 더욱 분명하게 나타내 준다.

"그들이 이르되 그가 어디 있느냐 이르되 알지 못하노라"(9:12). 여기에 표현된 이 겸손 또한 훌륭한 것이었다. 그는 그가 받은 빛을 따라 행동하였고, 그 받은 빛의 범위를 넘어서지 아니하였다. 그는 지금 그가 받은 이상의 것을 알고 있다고 꾸미지 아니하였다. 우리도 이처럼 솔직하고 정직하도록 하자. 이웃 사람들이 "이는 앉아서 구걸하던 자가 아니냐?"라고 물었을 때, 그는 "내가 그라"고 대답하였다. 그리스도인들이 자신이 중생하지 못하였던 때의 죄를 떠벌리는 것은 있을 수 없는 일이겠지만, 또 명백히 질문을 받았는데도 그가 지난날 어떤 사람이었는지를 부인하는 것은 나쁜 일이다. 걸인의 이웃 사람들은 또 "네 눈이 어떻게 떠졌느냐?"라고 질문했는데, 그는 그의 은인의 이름을 담대하게 고백하면서 주저하지 않고 대답하였다. 이제 그들은 "그가 어디 있느냐?"라고 묻고 있다. 이에 대하여 그는 "알지 못하노라"라고 솔직하게 대답하였다. 그리스도 안에 있는 어린 아이들은 **정직**하며, 자신이 많은 것을 모르고 있다는 사실을 주저하지 않고 인정한다. 그러나 자만심이 들어와 흔히 이 단순함과 정직함을 파괴하는 일은 참으로 슬픈 일이다. 그리스도인 독자여, 특히 그리스도 안에 있는 어린 아이들이여, 당신의 무지를 인정하기를 주저하지 말라. 당신이 대답할 수 없는 질문을 받고 있을 때에는 "나는 알지 못한다"라고 정직하게 대답하라. 당신이 알고 있지 못한 것을 아는 듯이 꾸미지 말며, 추측하지 말라.

"그들이 전에 맹인이었던 사람을 데리고 바리새인들에게 갔더라"(9:13). "전에는 맹인이었던 걸인은 이제 바리새인들의 특별한 주목을 받게 되었다. 그들 중의 많은 사람들은 전에는 그에게 아무 주의를 기울이지 않았을 것이다. 눈먼 거지라니! 그들 중의 어느 누가, 그들이 죄 가운데 태어났음을 보여주고 있는 사람에 대하여 조금이라도 생각해 보았겠는가? 그러나 그 걸인은 이제 눈이 멀지 아니하였으므로 문제가 달라진 것이다. 그렇다면 그들은 그의 은인에게 영광을 돌리기 위하여 그가 받았던 은혜에 대하여 알기를 원하였는가? 아니면 이제는 자기들에게도 그의 사랑을 베풀어 달라고 간청하려 하였는가? 절대로 그렇지 않았다. 그들은 이 기적이 하나님의 보내심을 받은 자가 이룬 것임을 믿지 않으려고 노력하였다. 성전 뜰에서 자신이 하나님임을 방금 전에 확언하셨던 분이 이제 그 사람의 눈을 뜨게 해준 것이다. 유대인들이 생각하기로는, 그가 자신의 신성을 주장함으로써 하나님의 위엄에 모욕을 가한 일이 있은 후에, 성전 주변에 있는 걸인을 대상으로 한 이 기적이 행해진 것이었다. 그들은 주님의 평판을 나쁘게 하려고 하였다. 그들은 주님이 안식일을 지키지 아니하셨다고 말하였다. 그러므로 그 기적은 전능한 능력과 인자하심이 나타난 것이 아니라고 말하였다"(C. E. Stuart).

"그들이 전에 맹인이었던 사람을 데리고 바리새인들에게 갔더라." 이것은 그가 조금 전에 그의 이웃 사람들이 제시하여 겪게 된 것보다 훨씬 더 어려운 시험이었다. 이것은 그의 믿음을 정말로 시험해 보는 것이었다. 바리새인들이 주님을 적대한다는 것과 그를 죽이려 한다는 것은 잘 알려진 사실이었다. 그리고 그를 그리스도로 시인하는 자들은 누구든지 출교하기로 그들이 결의하였다는 것도 잘 알려져 있었다(22절). 그러므로 이들과 정면으로 부딪치는 것은 정말로 큰 시련이었다. 슬프게도 이러한 현상은 오늘날에도 되풀이되고 있다. 이 일은 분명히 되풀이되고 있다. 왜냐하면 초신자들을 구박하는 사람들은 공개적인 불신자나 무신론자들이 아니라 큰 소리로 신앙을 고백하는 자들이기 때문이다. 오늘날에도 이 바리새인 같은 자들이 많이 있다. 이 족속은 멸절되기는커녕, 옛 시대의 그들의 조상처럼 지금도 신앙의 지도자의 지위를 차지하고 있음을 발견할 수 있다.

"**예수께서 진흙을 이겨 눈을 뜨게 하신 날은 안식일이라**"(9:14). 우리는 이 구절에 관하여 다음의 두 가지 내용을 관찰해 볼 수 있다. 첫째로, 주님은 여기에서 "그 날[안식일]에는 **아무** 일도 하지 말라"는 제4계명을 문자 그대로, 즉 아무 수정도 가하지 않고 이해해서는 안 된다는 것을 가르쳐 주신다. 주님께서는 친히 그 자신이 모범이 되어, 필수적인 일들과 자비를 베푸는 일들은 안식일에도 행할 수 있음을 보여주셨다. 그러므로 이 14절은 그리스도의 영광을 나타내 준다. 그 날은 안식일이었다. 그런데 그는 이 날을 어떻게 보내셨는가? 다음의 순서에 유의해 보라. 첫째로, 그는 성전에 가셨고 그곳에서 하나님의 말씀을 전파하셨다. 둘째로, 이제 그는 곤경에 처해 있는 자에게 긍휼을 베풀어 주고 계신다. 주님은 우리에게 완벽한 모범을 남겨 주셨다.

다음으로는, 주님께서는 안식일에 이 기적을 행하시는 일이 그의 원수들에게 걸림이 되리라는 것을 일찍이 알고 계셨다는 사실에 주의를 기울여 보자. 주님은 이것을 알고 계셨음에도 불구하고 그 일을 행하셨다. 우리는 마가복음 7:2에도 똑같은 행동 원리가 예시되었음을 본다. 그곳에는 "그의 제자 중 몇 사람이 부정한 손 곧 씻지 아니한 손으로 떡 먹는 것을 보았더라"라고 기록되어 있다. 그리스도께서는 하나님의 율법에는 모두 완전히 순종하셨을지라도 인간이 만든 계율은 존중하지 않으셨다. 여기에서도 역시 주님은 우리에게 완전한 모범을 남겨 주셨다. 신자들은 종교적인 율법사들이 만든 규칙들과 규정들이 성경의 지지를 받지 못할 때에는, 그들의 명령에 따름으로써 빚어지는 속박 상태에 빠지지 않도록 조심해야 한다.

"그러므로 바리새인들도 그가 어떻게 보게 되었는지를 물으니 이르되 그 사람이 진흙을 내 눈에 바르매 내가 씻고 보나이다 하니" (9:15). 바리새인들은 그들도 얼마 전에 그 말씀을 들었었고, 또 이제는 그의 능력을 이처럼 두드러지게 나타내신 이 복되신 분의 가르침에 대해 조사해 보려고 그들 나름대로는 이렇듯 정직하게 노력하였다. 그들은 혹은 적어도 그들 가운데에서 영향력을 끼치는 자들은(우리가 이렇게 말하는 것은 이 요한복음에 '유대인들' 이라고 표현된 사람들은 언제나 종교 지도자들, 또는 그들의 대행자를 가리키고 있기 때문이다) 예수를 그리스도로 시인하는 자들은 누구든지 출교하기로 이미 결의하였었다(22절). 그들은 이렇게 진리에 대하여 고의적으로 그들의 눈을 감아 버렸으므로, 편견으로 눈이 멀었던 때와 마찬가지로 이제 그 진리를 분별할 수 없었다. 그들이 여기에서 걸인에게 질문하였던 목적은 두 가지였다. 즉 하나는 그 기적을 깎아내리려는 것이었고, 다른 하나는 그 기적의 대상을 위협하기 위한 것이었다. 그들이 어떻게 질문하였는가 주목해 보라. 그들 역시 **누가** 그처럼 그에게 은혜롭게 복을 내려주셨는지를 묻지 아니하고, 그가 **어떻게** 보게 되었는가를 물었다.

"이르되 그 사람이 진흙을 내 눈에 바르매 내가 씻고 보나이다 하니." 빛을 받은 이 걸인은 겁내지 아니하였다. 그는 이웃 사람들의 질문에 솔직하게 대답하였고, 이제 그리스도의 공공연한 원수들 앞에서도 정직하고 담대하였다. 여기에서 그가 충실하게 증언한 일은 우리에게 중요한 교훈을 가르쳐 준다. 우리는 그에게 질문한 이 사람들로부터 영혼들의 대적을 쉽게 간파할 수 있다. 자기의 도구로써 신앙고백자들을 사용하고 있다 할지라도 번쩍이는 창을 던지는 자는 바로 사탄이다. 그러나 이 도구들은 믿음의 방패 앞에서는 무력하게 될 것이다. 이 구절은 바로 이 점을 가르쳐 주고 있다. 그리스도 안에 있는 지극히 어린 아이라 할지라도, 하나님께서 그에게 주신 빛을 따라 걷는 한, 마귀는 그에게 아무 해도 입힐 수 없다. 우리가 무력해져서 원수의 먹이가 되고 마는 것은 바로 우리가 그 불을 끄거나, 그리스도께 충실하지 못하는 때이다. 그러나 이 걸인은 그가 받은 빛을 따라 행동하였고, 그리하여 사자의 울부짖음도 그에게는 무익하였다.

"바리새인 중에 어떤 사람은 말하되 이 사람이 안식일을 지키지 아니하니 하나님께로부터 온 자가 아니라 하며" (9:16). 우리가 방금 살펴보았던 것과는 현저한 대조를 보이는 내용이다. 이 바리새인들은 빛에 대하여 등을 돌려 버렸으므로 그들의 어둠은 이제 훨씬 더 깊어지게 되었다. 영적인 분별력이 없었으므로 그들은 안식일을 어떻게 사용하는 것이 올바르고 합법적인 것인지를 전혀 결정할 수 없었다. 그들은 "안식일은 사람을 위하여 있는 것"(막 2:27)임을, 즉 인간의 영혼의 유익과 그의 몸의 유익을 위하여 있는 것임을 이해하지 못하였다. 사실 하나님께서 태초에 축복하셨던 이 날은 거룩하게 지켜져야 한다. 그러나 이 날이 필수적인 일들과 자비를 행하는 일들을 결코 금하는 것은 아님을 그들은 구약성경을 통해 알았어야 했다. 그리스도께서 안식일에 이 눈먼 걸인의 눈을 뜨게 해주셨기 때문에 그를 비난하였지만, 이 바리새인들은 그들의 무지와 영적인 눈먼 상태를 드러내 보여주었을 뿐이다.

"**어떤 사람은 말하되 죄인으로서 어떻게 이러한 표적을 행하겠느냐 하여 그들 중에 분쟁이 있었더니**"(9:16). 우리는 이와 같이 말한 자 가운데에는 니고데모도 있지 않았을까 하고 생각한다. 여기에 기록되어 있는 논증은 요한복음 3:1, 2에 나와 있는 "이스라엘 선생"의 말과 아주 비슷하다. 이 말 다음에는 "분쟁이 있었더니"라고 기록되어 있는데, 이 말은 두 번째 말을 한 사람들이 그들의 생각을 굽히지 않고, 주님께 드러내 놓고 적대한 자들에게 찬성하지 않았음을 보여준다. 이 구절에 대하여 청교도인 불링거(Bullinger)는 "모든 **이견**이 반드시 악한 것만이 아니고, 또한 모든 일치와 조화가 반드시 선한 것만도 아니다"라고 논평하였다.

"**이에 맹인되었던 자에게 다시 묻되 그 사람이 네 눈을 뜨게 하였으니 너는 그를 어떠한 사람이라 하느냐**"(9:17). 마귀는 그리스도의 양을 이기려고 노력하였으나 소용이 없었다. 그리스도의 원수는 몇몇 바리새인들이 그리스도에 대하여 예기치 못하였던 지지를 보내자, 잠시 주춤하여 이 걸인에게 다시 주의를 돌렸다. "이에 맹인 된 자에게 **다시** 묻되." 이 구절에 나와 있는 이 말이 15, 17, 24, 26절 등에 자주 쓰여져 있음에 주목해 보라. 마귀도 이처럼 인내하는데, 우리가 자주 불안정한 모습을 보이는 것은 부끄러운 일이 아닐 수 없다.

"그 사람이 네 눈을 뜨게 하였으니 너는 그를 어떠한 사람이라 하느냐." 이것은 엄중한 질문이었다. 이제 이 걸인의 믿음은 공개적으로 도전을 받았다. 그는 이제 그의 은인을 믿는다고 고백하거나, 그렇지 않으면 부인해야만 했다. 그러나 그는 겁을 내거나 숨기지 아니하였다. 그는 담대하게 "선지자니이다"라고 대답하였다. 하나님의 은혜는 필요한 때에 그를 저버리지 아니하고, 그로 하여금 굳게 서서 훌륭한 신앙고백을 할 수 있게 해주었다. 그의 이름을 찬송할지어다, 하나님의 은혜는 가장 성숙하고 확실한 사람에게와 같이 가장 어리고 연약한 자에게도 **충분**하다.

"**대답하되 선지자니이다 하니**" (9:17). 여기에는 그 걸인이 전보다 분명히 진보하였음이 나타나 있다. 이웃 사람들의 질문에 대답할 때에 그는 그리스도를 단순히 "예수라 하는 그 사람" (11절)이라고 언급하였었다. 그러나 이제 그는 그를 **하나님**의 말씀을 하시는 분이라고 고백한다. 왜냐하면 여기에서의 '선지자' 라는 말은 하나님의 대변자를 가리키고 있기 때문이다. 그것은 참으로 복된 진보였다. 처음에 그는 그리스도께서 행하신 일에만 주의를 기울였으나, 이제 그는 그의 **인격**의 영광을 분별하기 시작한다. 그의 지식이 커진 것이다. 하나님께서는 결코 이 지식을 마음대로 주시지 않는다. 신자가 그가 받은 빛을 따라 충성되이 걸어갈 때, 더 많은 빛이 주어지는 것이다. 여기 이 경우에서도 그러하였고, 오늘날에도 그러하다. 많은 사람들이 그 의미를 몰라 당혹하였던 구절, 즉 "그러므로 너희가 어떻게 들을까 스스로 삼가라 누구든지 있는 자는 받겠고 없는 자는 그 있는 줄로 아는 것까지도 빼앗기리라" (눅 8:18)는 말씀의 의미는 바로 이것이다. 앞에 인용되어 있는 구절은 **빛**이 사용되는 것과 사용되지 않는 것을 가리키고 있다. 16절과 연결되는 "그러므로"라는 말에 주의를 기울이라. 마태는 이에 대하여 "무릇 있는 자는 받아 넉넉하게 되되 없는 자는 그 있는 것도 빼앗기리라"고 기록한다. 이에 대한 실례가 요한복음 9장에 두드러지게 나타나 있다. 걸인은 그 때 빛을 받았다. 그리고 그 빛이 비치게 하였다. 그 결과, 그는 **더욱 많은** 빛을 보았다. 후에, 우리는 이 걸인에게 그 빛이 얼마나 '넉넉하게' 주어졌는지 보게 될 것이다.

"**대답하되 선지자**니이다 하니." 그리스도께서 이 요한복음에서 '선지자' 라고 고백된 것은 이번이 처음이 아니었다. 4:19에서 사마리아 여자가 우물가에 계신 구세주께 "주여 내가 보니 **선지자**로소이다" 라고 말하였다. 6:14에는 "그 사람들이 예수께서 행하신 이 표적을 보고 말하되 이는 참으로 세상에 오실 **그 선지자**라 하더라"고 기록되어 있다. 또 7:40에는 "이 말씀을 들은 무리 중에서 어떤 사람은 이 사람이 참으로 그 **선지자**라 하며"라고 기록되어 있다. 여기에 이렇게 여러 군데 이 표현이 언급되어 있는 것은 이 네 번째 복음서의 특성과 주제에 일치함을 알 수 있다. 선지자는 하나님의 **대변자**이다. 그리고 요한복음의 큰 목적은 그 서두에 시사되어 있듯이, 주 예수를 '말씀' 으로서 제시해 보이는 것이었다.

"**유대인들이 그가 맹인으로 있다가 보게 된 것을 믿지 아니하고 그 부모를 불러 묻되**" (9:18). 중생하지 못한 자는 아주 의심이 많다. 성경은 그를 "**진실이 없는 자녀**"

(신 32:20)라고 부른다. 놀라운 기적이 행해졌으나 이 유대인들은 그것을 믿지 않기로 결심하였다. 이 기적을 이루어 받은 사람의 단순하나 명확한 증거도 그들에게는 아무 소용이 없었다. 이것은 이제 갓 회심한 자에게 한 가지 교훈을 가르쳐 준다. 그는 구세주께서 그를 위하여, 그의 안에 은혜로이 행해 주신 것에 놀라서, 또 다른 사람에게 바로 그 자신들을 위하여 구세주를 알게 하고 싶어서, 그는 그의 은혜와 능력을 계속 증언하였다. 열심과 희망으로 가득 차서, 그는 다른 사람들에게 주님께서 그를 위하여 행해 주신 일의 실재를 확신하게 하여 주기란 쉬운 일일 것이라고 생각하였다. 그러나 그의 이 밝은 기대는 곧 실망을 맛보게 될 것이다. 그는 구원받지 못한 그의 이웃 사람들의 마음을 채우고 있는 무섭고도 뿌리 깊은 불신에 대하여 그 무엇인가를 곧 알게 될 것이다. 그는 자신에게는 그들을 확신시킬 힘이 없음을 알게 될 것이다. 오직 긍휼의 기적만이, 하나님 자신으로부터 나오는 정복할 수 없는 능력만이 세속적 마음의 증오를 정복하기에 충분하다.

"**이는 너희 말에 맹인으로 났다 하는 너희 아들이냐 그러면 지금은 어떻게 해서 보느냐**"(9:19). 이것은 필사적인 시도였다. 그들은 그리스도께서 지극히 은혜로이 다루어 주신 이 사람을 위협할 수 없었다. 그들은 그리스도께 좀 더 우호적 감정을 품고 있는 몇몇 바리새인들이 내세운 논증에 맞설 수 없었다. 그래서 그들은 이제 그 걸인의 부모를 소환하기로 결정하였다. 이것이 그들의 마지막 희망이었다. 그들이 만일 그 부모로 하여금 그들의 아들이 나면서부터 맹인 되었다는 것을 부인할 수 있게만 할 수 있다면, 그 기적은 믿을 수 없게 될 것이다. 이러한 목적으로 그들은 그의 부모를 심문하였다. 그리고 사탄은 지금도 어린 그리스도인들의 친척들로 하여금 그와는 반대되는 증거를 하게 함으로써 그의 증거를 믿을 수 없는 것으로 만들려고 애쓴다. 이것은 사탄이 가끔 사용하는 수단이다. 우리에게 가까운 사람들이 우리의 신앙고백을 비난할 정당한 근거를 갖지 못하도록 우리가 가정에서 올바르게 행할 수 있기를 날마다 하나님께 은혜를 구하자.

"**그 부모가 대답하여 이르되 이 사람이 우리 아들인 것과 맹인으로 난 것을 아나이다 그러나 지금 어떻게 해서 보는지 또는 누가 그 눈을 뜨게 하였는지 우리는 알지 못하나이다 그에게 물어 보소서 그가 장성하였으니 자기 일을 말하리이다**"(9:20, 21). 이 구절들은 우리가 주위에서 가끔 듣는 사람들의 소망이 어리석음을 드러내 주는 데 도움이 된다. 사람들은 "아, 내가 주님의 공생애 기간 동안에 팔레스타인에서 살았더라면 얼마나 좋았을까. 나는 훨씬 쉽게 그를 믿게 되었을 텐데!"라고 말한다.

그들은 주님의 놀라운 기적 몇 가지를 직접 목격하기만 하였다면, 믿지 않는다는 일은 결코 있을 수 없었을 것이라고 생각한다. 이런 사람들은 불신의 실제 성격과 그 위치에 대하여 확실히 모르고 있다. 그리고 그들은 사복음서에 대하여 거의 알지 못하고 있음이 분명하다. 이 복음서들은, 지극히 놀라운 결과들을 보이시면서 주 예수께서는 그의 초자연적인 능력을 자꾸 발휘하시지만, 그 곁에 서 있던 대부분의 사람들은 일시적으로만 감동을 받았을 뿐이었다는 사실을 분명하게 기록하고 있다(이 사실을 숨기려 하거나 변명하려고는 전혀 하고 있지 않다). 우리가 지금 살펴보고 있는 구절에서도 마찬가지였다. 맹인으로 태어난 이 사람의 부모조차도 그리스도를 믿지 않았다. 그들은 심문관들을 두려워하였음이 분명하다. 그러나 그들의 대답은 바리새인들을 당혹하게 하였다.

"그 부모가 이렇게 말한 것은 … 그들을 무서워함이러라"(9:22). 그들은 오늘날 우리 주위에 있는 수많은 신앙고백자들을 대표하였다. 지성을 갖추지 아니한 사람들은 종교적 지도자들과 권위자들의 이러한 속박 가운데 있다. "사람을 두려워하면 올무에 걸리게 된다"는 말은 참으로 맞는 말이다. 사람을 두려워하지 않는 사람들만이 하나님을 참으로 **두려워**하는 것이다. 우리가 날마다 필요로 하는 것 중의 하나는 우리가 **그를** '두려워' 하게 해 달라고 주님께 열심히 부르짖는 일이다.

"그 부모가 이렇게 말한 것은 이미 유대인들이 누구든지 예수를 그리스도로 시인하는 자는 출교하기로 결의하였으므로 그들을 무서워함이러라"(9:22). 여기에서 편견이 인간을 어디까지 몰고 가는지를 주목해 보라. 그들은 믿지 않기로 결의하였다. 그들은 그 어떤 증거로도 그들의 생각을 절대 바꾸지 않기로 마음먹었다. 또 어떤 증거도 중요하지 않게 여기고자 결심하였다. 이것은 사도행전 7장에 기록되어 있는 내용을 상기시켜 준다. 스데반의 말이 끝날 즈음에 그의 원수들은 "큰 소리를 지르며 귀를 막고 일제히 그에게 달려들었다"(57절). 본문의 바리새인들도 이와 똑같이 행하였고, 오늘날에도 많은 사람들이 이같이 행하고 있다. 그리고 이것은 죄인이 취할 수 있는 가장 위험한 태도이다. 어떤 사람이 정직하고 솔직하기만 하다면, 그가 아무리 무지하고 악하다 할지라도 그에게는 희망이 있다. 그러나 어떤 사람이 진리에 대하여 일부러 등을 돌리고 그 증거의 영향 받기를 거절한다면, 그러한 사람이 빛 가운데로 옮겨지는 일은 거의 있을 수 없다.

"이러므로 그 부모가 말하기를 그가 장성하였으니 그에게 물어 보소서 하였더라"(9:23). 상징적으로, 이 말씀은 신자가 된 지 얼마 안된 사람과 또 시험당한 신자는 인간에게서 도움을 구하지 않아야 한다는 것을 가르쳐 준다. 그가 사용할 수 있는 자원은 오직 하나님 안에만 있다. 이 걸인은, 그의 부모가 아들의 눈이 열린 것에 크게 감사하고, 하나님께서 그 아들에게 어떻게 긍휼의 기적을 이루어 주셨는지 깨닫고, 이 적의를 내뿜고 있는 법정에서 아들 곁에 기꺼이 서서 그의 증언을 확증해 주리라고 기대하였을지도 모른다. 그러나 그는 그의 부모로부터 아무 도움도 받지 못하였다. 그에게는 무거운 짐이 지워져 있었다. 그리고 이 사실은 중요한 교훈을 가르쳐 준다. 새로운 신자는 그의 사랑하는 사람들이 그 안에서 일어난 복된 변화를 보고 감사하게 여기거나 기뻐하리라고 생각할지도 모른다. 그러나 그들은, 흔히 그에게 적대심을 공공연히 드러내지는 않는다 할지라도, 상당히 냉담한 태도를 취한다. 오늘날 우리 그리스도인들도 그러하다. 우리가 진퇴유곡에 빠져서 **그들**에게 도움을 구할 때, 그들은 일반적으로 우리를 실망시킨다. 그러나 그렇게 되는 것이 잘된 일인지도 모른다. 우리로 하여금 정말로 자신을 하나님께 맡기게 만드는 것은 그 무엇이든지, 그 당시에는 감추어져 있고, 또 재난처럼 보일지라도 모두 축복이 된다. 그러므로 "육체를 신뢰하지 말고"(빌 3:3), 우리를 실망시키지 아니하시는 주님만을 바라도록 하자.

관심 있는 독자들은 다음 질문들에 대하여 숙고해 보라.

1. "영광을 하나님께 돌리라"(24절)는 말은 무엇을 의미하는가?
   여호수아 7:19을 참조하라.
2. 33절과 모순되지 않게 25절의 상반절을 설명하라.
3. 29절의 하반절은 요한복음의 다른 어떤 구절을 상기시켜 주는가?
4. 31절과 그 앞의 내용은 어떤 관계가 있는가?
5. 걸인이 "쫓아냄"을 받은 후에야(34절), 그리스도께서 자신을 그에게 하나님의 아들로서 나타내신(35절) 이유는 무엇인가?
6. 38절 이후에는 걸인에 대한 이야기가 기록되어 있지 않은 이유는 무엇인가?
7. 39절의 의미는 무엇인가? 3:17과 대조해 보라.

제33장

그리스도와 눈먼 걸인

❸

²⁴이에 그들이 맹인이었던 사람을 두 번째 불러 이르되 너는 하나님께 영광을 돌리라 우리는 이 사람이 죄인인 줄 아노라 ²⁵대답하되 그가 죄인인지 내가 알지 못하나 한 가지 아는 것은 내가 맹인으로 있다가 지금 보는 그것이니이다 ²⁶그들이 이르되 그 사람이 네게 무엇을 하였느냐 어떻게 네 눈을 뜨게 하였느냐 ²⁷대답하되 내가 이미 일렀어도 듣지 아니하고 어찌하여 다시 듣고자 하나이까 당신들도 그의 제자가 되려 하나이까 ²⁸그들이 욕하여 이르되 너는 그의 제자이나 우리는 모세의 제자라 ²⁹하나님이 모세에게는 말씀하신 줄을 우리가 알거니와 이 사람은 어디서 왔는지 알지 못하노라 ³⁰그 사람이 대답하여 이르되 이상하다 이 사람이 내 눈을 뜨게 하였으되 당신들은 그가 어디서 왔는지 알지 못하는도다 ³¹하나님이 죄인의 말을 듣지 아니하시고 경건하여 그의 뜻대로 행하는 자의 말은 들으시는 줄을 우리가 아나이다 ³²창세 이후로 맹인으로 난 자의 눈을 뜨게 하였다 함을 듣지 못하였으니 ³³이 사람이 하나님께로부터 오지 아니하였으면 아무 일도 할 수 없으리이다 ³⁴그들이 대답하여 이르되 네가 온전히 죄 가운데서 나서 우리를 가르치느냐 하고 이에 쫓아내어 보내니라 ³⁵예수께서 그들이 그 사람을 쫓아냈다 하는 말을 들으셨더니 그를 만나사 이르시되 네가 인자를 믿느냐 ³⁶대답하여 이르되 주여 그가 누구시오니이까 내가 믿고자 하나이다 ³⁷예수께서 이르시되 네가 그를 보았거니와 지금 너와 말하는 자가 그이니라 ³⁸이르되 주여 내가 믿나이다 하고 절하는지라 ³⁹예수께서 이르시되 내가 심판하러 이 세상에 왔으니 보지 못하는 자들은 보게 하고 보는 자들은 맹인이 되게 하려 함이라 하시니 ⁴⁰바리새인 중에 예수와 함께 있던 자들이 이 말씀을 듣고 이르되 우리도 맹인인가 ⁴¹예수

께서 이르시되 너희가 맹인이 되었더라면 죄가 없으려니와 본다고 하
니 너희 죄가 그대로 있느니라(요 9:24-41)

우리가 살펴보려는 본문은 다음과 같이 분석할 수 있다.

1. 걸인이 도전을 받고 그에 대답함(24, 25절)
2. 걸인이 호된 추궁을 받고 그에 반응함(26, 27절)
3. 걸인이 욕을 들음(28, 29절)
4. 걸인이 재판장들을 패배시킴(30-33절)
5. 걸인이 바리새인들로부터 내쫓기나 그리스도께서 그를 찾으심(34, 35절)
6. 걸인이 그리스도를 하나님의 아들로 믿고 절함(36-38절)
7. 그리스도께서 바리새인들을 정죄하심(39-41절)

우리는 이제 그리스도께서 맹인인 걸인과 관계하신 일과 이로 인한 바리새인들의
적의에 대해 기록된, 영감으로 가득 찬 이야기의 종결 부분에 이르게 되었다. 이 이
야기 가운데는 비난할 만한 것도 많이 있지만, 칭찬할 만한 것 또한 많이 있다. 즉 세
속적 마음의 적의가 되풀이 제시되고 있지만, 반면에 우리가 찬미해야 할 하나님이
은혜의 복된 열매 또한 나타나 있다. 바리새인들의 사악함은 이 걸인을 출교시킴으
로써 그 절정에 이르고, 그(걸인)의 마음속에서 역사하는 은혜 또한 그를 헌신적인
예배자로서 구세주의 발 앞에 엎드리게 함으로써 그 절정에 이르고 있다.

본문은 바리새인들이 눈을 뜨게 된 이 걸인의 증거를 깨뜨리려고 끈질기게 노력하
고 있음에 대해 기록하고 있다. 그들의 눈멂, 가장 확실한 증거에 설득당하지 않으려
는 태도, 걸인의 은인에 대한 적의, 그리고 이 걸인에 대한 그들의 부당하고 잔인한
대우 등은 주님 자신께서 곧 그들로부터 받으실 대접이 어떠한 것인지를 생생하게
예시해 준다. 다른 한편으로, 걸인의 충성, 권위 있는 자들의 위협에 굽히지 않는 태
도, 하나님께서 주셔서 재판장들을 당황하게 할 수 있던 그의 능력, 그가 유대교에서
쫓겨난 것, 그리고 **바깥에서** 하나님의 아들을 예배하는 자로서의 그의 위치 등은 주
님께서 붙잡히신 후의 제자들의 편력을 통해 되풀이 나타나야 할 것을 예기하게 해
준다.

"이에 그들이 맹인이었던 사람을 두 번째 불러 이르되 너는 하나님께 영광을 돌리

라 우리는 이 사람이 죄인인 줄 아노라"(9:24). 신비하게 그 시력을 전해 받은 이 사람은 그 부모가 심문을 받고 있는 동안 산헤드린 공회의 법정에서 물러나 있었다. 그러나 그는 다시 재판관들 앞에 서게 되었다. 그의 부모를 심문하였으나, 그들은 그 부모와 아들 사이의 진술에 모순이 생기게 할 수 없었고, 또한 그리스도를 의심하게 할 만한 사실을 찾아낼 수도 없었다. 그리하여 이 사람 자신의 증거가 거짓됨을 밝히려고 그들은 최후의 노력을 기울였다.

"이에 그들이 맹인이었던 사람을 두 번째 불러 이르되 너는 하나님께 영광을 돌리라 우리는 이 사람이 죄인인 줄 아노라." 부끄러워할 줄도 모르는 이 심문관들은, 걸인이 그 자리에 없었던 동안에 주 예수를 완전히 불신임할 수 있는 그 무엇을 발견하여 낸 듯이 말하고 있다. 그들은 주님이 흔히 볼 수 있는 악인보다도 훨씬 더 악한 자임을 증거해 주는 어떤 것들이 밝혀졌다는 듯이 꾸몄다. 여기에서 '죄인' 이라고 표현된 말의 헬라어의 의미는 이러하였다(눅 7:34, 37, 39; 15:2; 19:7 등에서 이 단어가 쓰여진 의미를 참조하라). 산헤드린은 그들이, 그의 은인은 하나님의 인도를 받아 그를 고쳐 주신 분이 될 수 없다는 사실을 밝혀내었음을 이 걸인으로 하여금 믿게 하려 했음이 분명하다. 그러므로 그들은 여호수아가 아간을 심문할 때와 똑같은 공식적인 말을 그에게 던졌다(수 7:19). 그들은 그에게 살아 계신 하나님을 걸고 모든 사실을 말하라고 엄명하였다. 그들은 그에게 거짓 맹세를 하고, 그들과 함께 그리스도께 모욕이 되는 어떤 형식적인 말을 하라고 요구하였다. 그들은 이처럼 그를 위협하려고 필사적이고 신성모독적인 노력을 하였다.

"대답하되 그가 죄인인지 내가 알지 못하나 한 가지 아는 것은 내가 맹인으로 있다가 지금 보는 그것이니이다"(9:25). 잠시 동안 바리새인들의 불신과 적의로부터 눈을 돌려 그리스도 안에 있는 이 어린 아이의 단순함과 정직함에 주목해 보는 일은 참으로 상쾌한 일이 아닐 수 없다. 라틴어 성경(The Latin Vulgate)은 이 구절의 상반절을 "그가 죄인인지 아닌지 나는 알지 못한다"라고 번역하고 있다. 이 말의 의미는 다음과 같은 것이었으리라고 생각한다. '나는 그가 죄인이라는 것을 믿지 않는다. 나는 그가 그러한 사람이라고 고소하지 않을 것이다. 나는 너희와 함께 그가 그러한 사람이라고 말하지 않겠다.' 분명히 우리는 이 구절의 내용을 설명할 때에, 걸인이 그리스도를 하나님께로부터 오신 이라고 인정하고 있는 33절의 내용과 모순되게 해서는 안될 것이다. 이 구절을 설명할 때에는 그 앞의 구절에 비추어 보는 것이 옳은 방법이다. 그곳에서 바리새인들은 그에게 그리스도를 죄인으로 비난하라고 엄명하고 있다. 그러나 걸인은 이렇게 하기를 단호히 거절하였고, 그가 거절을 표한 말은 그가 그리스도의 인격, 즉 그가 어떠한 사람인가에 관하여 재판장들과 논쟁하고 싶어하지 않음을 보여주었다.

"대답하되 그가 죄인인지 내가 알지 못하나 한 가지 아는 것은 내가 맹인으로 있다가 지금 보는 그것이니이다." 이 말은 다음과 같이 말하는 것과 진배없을 것이다. '그리스도의 인격에 대한 너희의 고소는 문제의 요점을 벗어나 있다. 너희는 그리스도께서 나를 **위하여 행해** 주신 일과 관련하여 나를 조사하고 있다. 그러므로 나는 이것에서 벗어나 그의 **인격**에 관하여 토론하고 싶지 않다.' 바리새인들은 논쟁점을 바꾸려 하였으나 걸인은 원래의 쟁점에서 벗어나지 않으려 했다. 그는 긍휼의 기적이 자신에게 이루어졌다는 명백한 사실을 그들에게 말하였다. 그의 눈이 열리게 되었다는 것은 부정할 수 없는 사실이었다. 그러므로 바리새인들의 모든 논증과 공격은 그를 흔들리게 할 수 없었다. 두려워할 줄 모르고 정직한 그를 칭찬할 뿐만 아니라, 그를 본받는 은혜도 구하도록 하자.

"한 가지 아는 것은 내가 맹인으로 있다가 지금 보는 그것이니이다." 이것은 거듭난 모든 사람들이 자신에게 적용해 볼 수 있는 말이다. 이제 막 믿게 된 사람에게는 모르는 일들이 많이 있다. 즉 그에게 빛이 비추어지지 않은 여러 가지 신학과 예언에 관한 문제들이 있다. 그러나 "한 가지" 아는 것이 있다. 즉 그는 자신의 이해의 눈이 열렸다는 것을 알고 있다. 그가 이것을 아는 까닭은 그는 전에 자신이 잃어버린 바 된 죄인임을 알고 있었고, 또 자신에게 임박한 위험과 다가올 진노에서 피하라고 하나님께서 정해 주신 피난처와 그리스도께서는 자신을 구원하시기에 충분하심을 알고 있었기 때문이다. 어떤 사람이 회개를 하면서도 자신이 회개하고 있음을 알지 못하는 일이 과연 있을 수 있겠는가? 어떤 사람이 자신의 영혼의 구원을 위하여 주 예수 그리스도를 믿으면서 그 사실을 알지 못하는 일이 있을 수 있겠는가? 또한 사망에서 생명으로 옮겨지고, 어둠의 권세로부터 구원되어 하나님의 사랑하는 아들의 나라로 옮겨지면서, 그 사실을 모르는 일이 있을 수 있겠는가? 우리는 이러한 일은 있을 수 없다고 믿는다. 하나님의 성도들은 "아는" 백성이다. 그들은 그들이 믿는 자를 **안다**(딤후 1:12). 그들은 그들의 대속자가 살아 계심을 **안다**(욥 19:25). 그들은 그들이 사망에서 옮겨 생명으로 들어간 줄을 **안다**(요일 3:14). 그들은 모든 것이 합력하여 그들에게 선을 이룸을 **안다**(롬 8:28). 그들은 주 예수께서 나타내심이 되면 그들이 그와 같을 줄을 **안다**(요일 3:2). 기독교는 이론들과 가정들을 다루는 것이 아니라, 확실한 사실과 실재하는 일을 다룬다. 사랑하는 독자여, **당신이** "한 가지 **아는** 것은 내가 맹인으로 있다가 지금 보는 그것이니이다"라고 말할 수 있을 때까지 쉬지 말라.

"그들이 이르되 그 사람이 네게 무엇을 하였느냐 어떻게 네 눈을 뜨게 하였느냐" (9:26). 이 사람으로 하여금 그에게 이루어진 기적을 부인하도록 할 수 없었고, 또 그로 하여금 그리스도에 대하여 나쁜 생각을 품도록 할 수 없었기 때문에, 재판장들은 그가 고침을 받은 **방법**에 대하여 다시 한 번 질문하였다. 그들의 이 질문은 그들이 앞서 하였던 것을 똑같이 되풀이한 것에 지나지 않았다(15절). 그들이 이 질문을 되풀이한 목적은 그가 전과 다른 설명을 하여서 그들이 그의 증거를 부인할 수 있는 근거를 얻고자 하는 데 있었음이 분명하다. 그들은 "그의 증거를 흔들리게" 하려고 애썼다. 그들은 그가 자기모순에 빠지기를 바랐다.

"그들이 이르되 그 사람이 네게 무엇을 하였느냐 어떻게 네 눈을 뜨게 하였느냐." 이 질문은 그들이 그 일의 결과 자체보다도 그 절차에 대하여 불신하고 있음을 다시 한 번 예시해 준다. 그러나 그리스도께로 **어떻게** 데려가졌는가, 그 때 당신은 어디에 있었는가, 하나님께서 사용하신 도구는 무엇인가 하는 것 등은 조금도 중요하지 않은 문제이다. 중요한 한 가지는 주님께서 죄로 눈이 먼 당신의 마음의 눈을 열어주**셨**는가, 그렇지 않은가 하는 문제이다. 당신이 들에 있었는가 아니면 교회에 있었는가, 또 당신이 '참회석'에서 무릎을 꿇고 있었는가 아니면 침상에 누워 있었는가 하는 것은 전혀 중요하지 않은 사항들이다. 믿음은, 당신이 하나님의 선물을 받기 위하여 당신의 손을 내민 방법에 관심을 두지 않고 오직 그리스도 자신에게만 관심을 둔다. 그러나 불신은 그 '대상'(whom)보다도 그 '방법'(how)에 관심을 둔다.

"대답하되 내가 이미 일렀어도 듣지 아니하고 어찌하여 다시 듣고자 하나이까 당신들도 그의 제자가 되려 하나이까" (9:27). 그는 그리스도에 대하여 이처럼 함부로 말하는 심문관들에게 정직하게 분개하며 항변하면서, 그가 그들에게 이미 솔직하고 분명하게 말하였던 것을 다시 말함으로써 시간을 낭비하고 싶지 않음을 밝혔다. 그 마음이 이미 그리스도께 대하여 닫혀져 있음이 분명한 자들과 하나님의 일들에 관하여 토론하는 것은 쓸데없는 일이다. 이러한 사람들이 계속하여 자신의 경솔하거나 신성모독적인 질문들을 강조할 때에는 오직 한 가지 방법이 있는데, 그것은 "미련한 자에게는 그의 어리석음을 따라 대답하라 두렵건대 그가 스스로 지혜롭게 여길까 하노라"(잠 26:5)라는 것이다. 하나님의 이 교훈은 많은 사람들을 당혹하게 하였는데, 그 이유는 이 말씀 앞 절에 "미련한 자의 어리석은 것을 따라 대답하지 말라. 두렵건대 너도 그와 같을까 하노라"고 기록되어 있기 때문이다. 그러나 언뜻 보기에 서로 모순되는 듯한 이 말씀들은 쉽게 설명될 수 있다. 하나님께서 "미련한 자의 어리석은 것을 따라 대답하지 말라 두렵건대 그가 스스로 지혜롭게 여길까 하노라"라고 말씀 하실 때, 이 말씀은 '너는 미련한 자에게 **어리석은 방법으로** 대답해서는 안 된다. 왜 냐하면 이것이 너로 그의 어리석음을 함께 나누는 자가 되게 하기 때문이다' 라는 의 미이다. 그러나 하나님께서 "미련한 자의 어리석은 것을 따라 그에게 **대답하라** 두렵 건대 그가 스스로 지혜롭게 여길까 하노라"고 말씀하실 때, 이 말씀은 그가 아무도 답변할 수 없는 질문을 제기하는 데 성공하였다고 믿지 못하도록, '너는 **그의 어리석 음을 드러내는** 방법으로 그에게 대답해야 한다' 는 의미이다. 걸인은 여기에서 바로 이렇게 하였다. 즉 그는 재판장들의 어리석음과 불신을 명백하게 나타내 주는 방법 으로 대답하였다.

　"그들이 욕하여 이르되 너는 그의 제자이나 우리는 모세의 제자라"(9:28). "욕하 다"는 말은 헬라 원어의 의미를 충분히 전달해 주지 못하고 있다. 이 말의 헬라어는 바리새인들이 그를 저주할 놈이라고 선포함으로써 그를 파문시켰음을 의미한다. 이 얼마나 사실적인 묘사인가! 바리새인들은 걸인의 도전에 잘 대처할 수 없었고, 또 그 들의 행동을 정당화할 수 없었으므로 이제 욕설에 의지하였다. 악담을 퍼붓는 일은 언제나 참패당한 반대자가 의지하게 되는 마지막 수단이다. 어떤 사람이 그의 적수 에게 입에 담기도 어려운 말들을 퍼부을 때, 그것은 바로 그의 주장이 참패당하였음 을 보여주는 확실한 표시이다.

　"그들이 욕하여 이르되 너는 **그의** 제자이나." 세상 사람들은 그리스도의 참 '제 자' 를 찾아내는 데 아무 어려움도 겪지 않는다. 이 걸인은 자신이 그러한 존재라고 정식으로 공언하지 아니하였지만, 바리새인들은 아주 쉽게 그가 그러한 자라고 결정 하였다. 그의 전체적인 태도는 그들이 아랫사람들로부터 익히 보아온 굽실거리는 비 굴함과는 아주 달랐고, 또 그가 그들의 모든 질문에 대답하며 보인 지혜는 그가 하나 님이자 인간이신 분으로부터 **배운** 자임을 명백히 증거하였다. 오늘날에도 마찬가지 이다. 참 그리스도인들은 그의 이웃 사람들에게 자신이 주 예수께 속한 자임을 알리 기 위하여 옷깃에 뱃지를 달 필요가 없다. 만일 내가 빛의 자녀로서 살아간다면 사람 들은 곧 "너는 **그의** 제자라"고 외칠 것이다. 주님께서는 이 걸인이 하였던 것처럼, 필자와 독자가 우리의 생활 가운데에서 분명하고 널리 울려 퍼지는 증거를 할 수 있 게 해주실 수 있다.

"우리는 모세의 제자라." 이것은 오만한 자랑이었고 그 오만함만큼 근거가 없는 것이었다. 주님께서는 그들에게 이미 "모세를 믿었더라면 또 나를 믿었으리니 이는 그가 내게 대하여 기록하였음이라"(5:46)라고 말씀하셨었다. 이들의 말을 역시 오늘날에도 적용해 볼 수 있다. 많은 사람들이 고귀한 주장들과 존경받는 이름 뒤에 숨으려 하고 있다. 자신을 칼빈주의자라고 부르는 사람들이 많이 있으나 칼빈은 이들을 인정하기를 부끄러워할 것이다. 또 자신을 루터주의자라고 부르지만, 그 위대한 개혁자의 행실을 본받거나 그 믿음을 드러내려고도 하지 않는 자들도 많이 있다. 또 자신을 침례교도라고 주장하지만, 주님의 선구자였던 세례 요한이 지금 이 지상에 있었더라면 그로부터 "임박한 진노를 피하라"는 말을 들을 자들도 많이 있다. 또 셀 수도 없이 많은 사람들이 그 뜻도 알지 못하면서 자신을 프로테스탄트라고 주장한다. "우리는 누구 누구의 제자이다"라고 말하는 것과, 그것을 실제로 나타내 보이는 것은 별개의 일이다.

"**하나님이 모세에게는 말씀하신 줄을 우리가 알거니와**"(9:29). 이러한 지식은 순전히 지적인 것으로서, 그들은 이것을 조상으로부터 계승된 신앙의 유전으로서 존경하였다. 그러나 이 지식은 그들의 마음을 움직이지도, 그들의 삶에 영향을 끼치지도 못하였다. 그리고 이 점은 어떤 사람이 정통파에 속하는지 그렇지 않은지를 실제로 시험해 준다. 정통적인 신조라도 그것을 고백하는 자의 생활이 이에 일치하지 못하고 지적으로만 이해한다면, 그것은 아무 소용도 없는 것이다. 나는 성경이 영감을 받은 절대 무오한 하나님의 말씀이라고 주장할 수 있다. 정말 믿음의 기본이 되는 이 사실을 변호할 준비도 되어 있다. 나는 비평가들의 불신적인 말에 주의를 기울이지 않으며, 여기에서의 바리새인들처럼 건전한 교리를 알고 있다고 자랑할 수도 있다. 그러나 바로 이 말씀에 **떤다**는 것이 무엇을 의미하는지를 내가 알지 못하고, 또 그 말씀의 훈계를 받고도 내 행실이 그에 따르지 않는다면, 무슨 소용이 있겠는가? 전혀 소용이 없다! 오히려 그러한 지적인 빛은 나를 더욱 정죄할 뿐이다.

"**이 사람은 어디서 왔는지 알지 못하노라**"(9:29). 걸인의 증거는 그들에게 아무 소용이 없었다. 이 사람의 증언과 그의 부모의 증언이 이 바리새인들 앞에 펼쳐졌으나 그들은 믿지 않았다. 믿음은 이런 식으로 얻어지지 않는다. 내가 먹은 저녁 식사에 대해 설명하는 것을 들음으로써, 배고픈 사람이 배부르게 되지 않는 것과 마찬가지로, 하나님의 성도들의 증거를 듣는 것만으로는 잃어버린 바 된 죄인들을 중생시킬 수 없다. 필자가 '간증모임'을 좋아하지 않는 이유 중의 하나가 바로 이것이다. 또한 가지 이유는 성경에 이러한 선례가 나와 있지 않기 때문이다. 그러나 이 걸인은 믿음을 **가졌었다**. 그리고 그의 이 믿음은 그가 하나님의 능력의 작용의 개인적인 대상이 된 결과로 생긴 것이었다. 이것이 없이는 아무 소용이 없다. 죄인들은 바로처럼 기적들을 목격할 수 있다. 그들은 자연계의 지진과 같은 것을 보고 두려워할 수도 있다. 그러나 그것들 중 어느 것도 단 한 사람의 죄인도 그리스도를 믿게 하지 못할 것이다. "믿음은 들음에서 나며 들음은 그리스도의 말씀으로 말미암았느니라"(롬 10:17). 즉 믿음은 성령의 전능의 능력 안에서 사용되는 말씀으로 말미암는다.

"이 사람은 어디서 왔는지 알지 못하노라." 불신하는 이들은 앞뒤가 맞지 않는다는 말을 하고 있지 않은가! 이 복음서의 7장에서 우리는, 유대인들이 주님께서 어디로부터 오셨는지를 **안다**고 말하면서 그를 그리스도로 믿지 않으려는 것을 볼 수 있다. "그러나 우리는 이 사람이 어디서 왔는지 아노라 그리스도께서 오실 때에는 어디서 오시는지 아는 자가 없으리라"(7:27)고 말하고 있음을 들어 보라. 그러나 이제 이 바리새인들은 그리스도께 대하여 "이 사람은 어디서 왔는지 알지 못하노라"라고 적대하여 말한다. 이처럼 하나님의 진리를 저버리는 사람들은 자기모순에 빠진다.

"그 사람이 대답하여 이르되 이상하다 이 사람이 내 눈을 뜨게 하였으되 당신들은 그가 어디서 왔는지 알지 못하는도다"(9:30). 그리스도께서 어디서 오셨는지 알지 못한다고 인정하고 있음을 재빨리 포착하여 걸인은 그들을 공격하였다. 그가 아주 온순하게 말하였을지라도, 그 말은 신랄한 의미를 담고 있었음이 분명하다. 그는 다음과 같은 뜻으로 말하였을 것이다. "모든 점에 있어서 백성들을 인도할 자격이 충분히 있다고 주장하는 당신들이지만 이와 같은 문제에 있어서는 어둠 가운데 있지 않은가!" 그는 불쌍한 걸인이었을지라도, 그리하여 그들이 누릴 수 있었던 많은 이익을 갖지 못하였을지라도, **그는** 그들이 알지 못하는 것을 알고 있었다. 즉 그는 그리스도께서 "하나님께로부터 오셨음"(33절)을 알고 있었다. 하나님께서 지혜롭고 슬기 있는 자들에게는 숨기신 것을 그리스도 안에 있는 어린 아이들에게는 나타내심이 정말 사실이지 않은가! 그들에게 숨기신 것은 그들이 스스로 생각하기를 "지혜롭다"고 여겼기 때문이다. 편견과 자만심만큼 하나님의 빛을 막는 것은 없다. 자기본위주의만큼 마음의 눈을 멀게 하는 것은 없다. "너희 중에 누구든지 이 세상에서 지혜 있는 줄로 생각하거든 어리석은 자가 되라 그리하여야 **지혜로운 자가 되리라**"(고전 3:18). "교만하여 아무 것도 알지 못한다"(딤전 6:4).

"하나님이 죄인의 말을 듣지 아니하시고 경건하여 그의 뜻대로 행하는 자의 말은 들으시는 줄을 우리가 아나이다"(9:31). 다른 많은 구절들과 마찬가지로 이 절도 그 문맥과 분리하여 생각할 수 없다. 이 말을 글자 그대로 받아들인다면, "하나님이 죄 인의 말을 듣지 아니하시고"라는 말씀은 사실이 아니다. 하나님께서는 이스마엘의 소리를 "들으셨고"(창 21:17), 이스라엘의 자녀들을 구원하시기 오래 전에 애굽에서 그들의 고통소리를 "들으셨다"(출 2:24). 또 하나님은 사악한 므낫세의 기도를 "들으 시고" 응답해 주셨다(대하 33:10-13). 그러나 이 구절을 그 문맥에 비추어 살펴본다 면, 이 말이 어떤 의미를 지녔는지 금방 알 수 있다. 즉 바리새인들은 그리스도에 대 하여 "우리는 이 사람이 **죄인**인 줄 아노라"(24절)고 말하였었다. 그런데 이 걸인은 지금 "하나님이 **죄인의 말**을 듣지 아니하시는 줄을 우리가 아나이다"라고 그들이 좋 아하는 교리들 중의 하나를 말하고 있다. 이렇게 하여, 심문을 받고 있는 이 걸인은 다시 한 번 재판장들의 말을 그들 자신에게 들이대어 공격하였다. 그리스도께서 그 들이 공언한 대로 사기꾼이었다면, 하나님께서 그가 이 기적을 행하시는 것을 도우 신 것은 어찌된 영문이란 말인가?

"창세 이후로 맹인으로 난 자의 눈을 뜨게 하였다 함을 듣지 못하였으니"(9:32). 바 리새인들이 자신은 모세의 제자라고 말한 데 대하여 그는 이렇게 대답하였다. 그는 모세 시대는 말할 것도 없고, 창세 이래로도 그에게 이루어진 것과 같은 기적은 없었 다는 것을 그들에게 상기시켜 주었다. 모세가 많은 기적을 행하였지만 그가 맹인의 눈을 뜨게 해 준 적은 결코 없으며, 또한 선지자 가운데에도 날 때부터 맹인된 사람 의 눈을 뜨게 해 준 사람은 없었다는 것은 중요한 사실이다. **그것은** 그리스도만이 행 하셨던 일이다.

"이 사람이 하나님께로부터 오지 아니하였으면 아무 일도 할 수 없으리이다." 이 걸인은 이제 학식 있는 이 바리새인들도 알지 못하는 지혜를 부여받았다. 이와 똑같 은 원리가 성경에는 자주 나와 있다. 애굽의 지혜 있는 사람들이 아닌, 감옥에 갇혀 있던 한 히브리 청년이 바로의 꿈을 해석하였으며, 바벨론의 박사들이 아닌 다니엘 이 벨사살의 왕궁 벽에 쓰인 이상한 글자를 해석하였다. 서기관들이 아닌, 학문이 없 는 어부들이 구세주의 비밀을 알게 되었다. 여기에서도 마찬가지로, 그리스도 안에 있는 이 어린 아이에게 산헤드린의 박사들이 저항할 수 없는 입과 지혜가 주어졌다.

"이 사람이 하나님께로부터 오지 아니하였으면 아무 일도 할 수 없으리이다." 이 구절은 "의인의 길은 돋는 햇살 같아서 **크게** 빛나 한낮의 광명에 이르거니와"라고 한 잠언 4:18의 말씀을 참으로 아름답게 예시해 준다. 첫째로, 이 걸인은 그의 은인을

"예수라 하는 그 사람"(11절)이라고 말하였었다. 둘째로, 그는 그를 "선지자"(17절)라고 말하였었다. 그리고 이제 그리스도가 "하나님께로부터 온" 사람이라고 말한다. 여기에는 우리에게 교훈을 주는 한 가지 내용이 담겨 있다. 즉 우리가 받은 빛을 따라 행하여 간다면 하나님께서는 우리에게 더 많은 빛을 주실 것이다. 하나님의 자녀 중 아주 많은 사람들이 하나님의 진리에 관하여 어둠 가운데 있는 이유가 바로 여기에 있다. 즉 그들은 그들이 받은 빛에 충실하지 않기 때문이다. 하나님께서 이 일에 관해 필자와 독자 모두를 염려하게 만드시고, 그로 인하여 우리가 그에게서 받은 모든 것에 충실하고 진실되기 위하여 몹시 필요로 하는 은혜를 구하게 해주시기를 기도하자.

　　"그들이 대답하여 이르되 네가 온전히 죄 가운데서 나서 우리를 가르치느냐 하고" (9:34). 슬프게도 역사는 이 비극적인 일을 되풀이한다. 이 사람들은 너무도 오만하여서 이 불쌍한 걸인으로부터는 그 무엇도 받을 수 없었다. 그들은 사람들의 존경을 받는 학교를 나왔으므로, 이 비천한 그리스도의 제자에게서 그 무엇을 배운다는 것은 그들의 품위가 크게 손상되는 일이었다. 오늘날에도 자신이 우월하다고 생각하면서, 때로 그의 회중 가운데 있는 어느 한 사람이 그에게 줄 수 있는 도움을 멸시하는 설교자들이 많이 있다. 신학교에서 교육을 받았음을 자랑하면서, 그들은 한 무지한 평신도가 성경에 관하여 **그들이** 소유하지 못한 빛을 받았다고는 결코 생각하지 못한다. 성령의 가르침을 받은 한 평신도로 하여금 일반 설교자에게 "하나님의 길을 더욱 완전하게" 보여주게 해 보라. 그 때 그는, 그 설교자가 많은 말은 하지 않을지라도 그의 태도와 행동으로써 **'네가 우리를 가르치느냐?'**라고 말한다 할지라도, 놀라서는 안 된다. 이천년 전에 기록된 이 책의 말씀이 오늘날에도 놀랍게 적용됨을 보라!

　　"이에 쫓아내어 보내니라"(9:34). "참으로 행복한 사람이 아니가! 그는 단순하고 진실하게 그 빛을 따랐다. 그는 진리에 대하여 정직하게 증거하였다. 그의 눈은 보기 위해 열렸고, 그의 입술은 증거하기 위해 열렸다. 바르지 못하거나 사악한 음행에 관한 일이 아니라, 단순한 진리 바로 이것 때문에 그들은 그를 쫓아내었다. 그가 눈이 멀어 구걸하며 살던 때에는 그들을 괴롭힌 적이 없었다. 그들 중의 어떤 이들은 그의 곁을 지날 때, 자랑스럽고 뽐내는 듯이 몇 푼의 돈을 던지고 이로써 인자한 자라는 평판을 얻었을지도 모른다. 그러나 이제 이 눈먼 걸인은 강력한 증인이 된 것이다. 이제 그의 입술에서는 진리의 말씀, 너무도 강력하여 그들이 견딜 수 없는 진리의 말씀이 흘러나오므로, 그들은 '그를 밀어내었다.' 참으로, 참으로 행복한 사람이다! 또한 이 때는 그의 생애에서 가장 밝은 순간이었을 것이다. 이 사람들은 스스로는 알지 못하였지만, 그에게 한 가지 봉사를 해 주었다. 즉 그들은 그를 멸시받고 저버림을 받은 분이신 예수 그리스도와 동일시되는 가장 영예로운 자리로 밀어낸 것이다"(C. H. M.).

"**이에 쫓아내어 보내니라.**" 이처럼 신앙고백자들은 하나님의 참 백성들을 참으로 잔인하고 부당하게 대우할 것이 아닌가! 이 바리새인들은 이 사람을 위협하지 못하게 되자 그를 유대 교회로부터 출교시켰다. 이스라엘 사람에게 있어서 출교의 두려움이란 것은 죽음에 대한 두려움에 버금가는 것이었다. 교회에서 내쫓김으로 말미암아 그는 이스라엘 민족의 모든 외적 특권들을 더 이상 받지 못하게 되고 조롱과 멸시의 대상이 된다. 그러나 역사상 그리스도의 충실한 몇몇 증인들은 이와 비슷하거나 또는 이보다 훨씬 악한 대접을 받아 왔다. 출교, 핍박, 투옥, 고문, 죽음 등은 교회의 폭군들이 좋아하는 무기들이다. 발도파도 이처럼 대접받았다. 루터, 번연, 리들리, 그리고 위그노파도 마찬가지의 대접을 받았다. 앞으로도 그러할 것이다.

"**이에 쫓아내어 보내니라.**" 그리스도인 독자여, **당신이** 만일 이 사람처럼 행한다면 당신은 그의 경험에 대해 조금은 알 수 있게 될 것이다. 당신이 입술과 생활로써 **그리스도**를 위하여 충실히 증거한다면, 또 세상과 짝하여 걷기를 거절하고 이 세상에서 나그네와 순례자로서 산다면, 또 큰 신앙의 무리의 습관을 따르지 아니하고 말씀을 규칙으로 삼고 행하여 간다면, **당신은** 사람들의 인기를 거의 얻지 못할 것이다. 아마도 이것은 당신이 가장 두려워하는 일일 지도 모른다. 당신은 이전의 친구들과는 더 이상 교제를 나누지 못하는, 원하지 않는 일을 당하게 될 것이다. 이것은 당신의 행로가 그들의 행위를 정죄하기 때문이다. 정말로, 당신이 하나님의 말씀에 충실하다면, 당신은 당신의 교회에서 이단자 또는 분쟁을 일으키는 자로서 내쫓길지도 모른다.

"**예수께서 그들이 그 사람을 쫓아냈다 하는 말을 들으셨더니 그를 만나사 이르시되 네가 인자를 믿느냐**"(9:35). 참으로 귀한 말씀이다. 산헤드린 공회가 이 걸인을 쫓아내자마자 구세주께서 그를 찾으셨다. 하나님께 영광을 돌리는 사람들을 하나님께서 존귀케 하여 주신다는 것은 참으로 맞는 말이 아닌가. 이 사람은 그가 받은 빛을 따라 충실히 행하였으므로 이제 그에게는 더 많은 빛이 주어지게 되었다. 그리스도께서는 크게 동정해 주신다. 그는 새로이 태어난 이 영혼에게 닥친 시련이 얼마나 무거운 것이었는지를 완전히 아시고, 자신은 "환난 중에 만날 큰 도움"이 되심을 증거하셨다. 주님은 은혜로운 말씀으로써 이 사람을 기쁘게 해 주셨다. 주님은 간음하였던 사마리아 여인을 제외하고는 다른 어느 누구에게보다도 그에게 자신을 더욱 많이 나타내 보이셨다. 그는 자신의 신성을 분명히 인정하셨다. 주님은 자신을 그의 지극히 높은 영광 가운데 계신 "하나님의 아들(인자: KJV에는, 하나님의 아들)"로서 나타내셨다.

"예수께서 그들이 그 사람을 쫓아냈다 하는 말을 들으셨더니 그를 만나사 이르시되 네가 인자를 믿느냐." 이 구절과 앞 구절 사이의 관계를 주의 깊게 살펴보아야 한다. 즉 이 걸인은 그리스도께서 하나님의 아들임을 알기 **전에** 쫓겨났다. 온 민족이 이 진리를 부인하였고, 조직화한 유대교의 **바깥**에 있는 멸시받는 소수의 사람들에게만 이 진리가 계시되었다. 여기에는 하나님의 진리의 많은 부분이 부인되는 곳, 즉 인간이 만든 제도 안에 있는 오늘날의 수많은 주님의 백성들에게 크게 필요한 메시지가 담겨 있다. 사실, 그들이 주님의 백성이라면 그들은 구원받는다. 그러나 그들이 그리스도를 욕되게 하는 일을 계속 한다면, 그는 그들에게 **자신을 나타내지 아니하**실 것이다. 그리스도의 일들을 맡아서 그것들을 우리에게 보여주는 것은 바로 성령께서 하시는 일이다. 그러나 우리가 그를 **슬프게 하는** 것과 같은 편이 되고 또 그것을 지지한다면, 그는 우리의 구세주의 탁월하심을 계시해 주심으로써 우리의 영혼을 기쁘게 하려 하지 않으실 것이다. 성경 어디에서도 하나님은 그를 **욕되게** 하는 자들을 존귀하게 하시겠다고 약속하지 않으셨다. 하나님께서는 그의 아들의 명예에 크게 신경을 쓰고 계시며, 그를 모욕하는 것들과 친밀히 지내는 자들에게는 많은 영적 축복들을 보류하신다. 그리스도를 알지도 못하는 세속적 신앙고백자들과 함께 안에 있는 것보다는 **그리스도와 함께** 바깥에 있는 것이 무한히 바람직한 일이다. 하나님의 많은 백성들이 이 두 가지 중에서 하나를 선택해야 할 때가 이미 이르렀다. 그리스도께 충실하였기 때문에 쫓겨나는 것, 또는 다른 사람들이 그리스도께 불충실하기 때문에 그들에게서 "나오는 것"(고후 6:17)이, 그리스도께서 "토하여 버리실"(계 3:16) 라오디게아 교회 안에 머물러 있는 것보다 훨씬 더 좋다. 비성경적이고 세속적인 교회를 떠남으로써 어떤 손해를 입을지라도, 그것을 주님께서 그보다 많이 보상해 주실 것이다. 이 걸인에게도 그러하였다.

"대답하여 이르되 주여 그가 누구시오니이까 내가 믿고자 하나이다" (9:36). 그리스도 앞에서의 이 사람의 마음이 어떠하였는지를 주목해 보는 것은 즐거운 일이다. 산헤드린 공회 앞에서 그는 사자처럼 담대하였으나 인자 앞에서는 온유하고 겸손했다. 여기에서 그는 주님을 "주여"라고 말하고 있음을 본다. 겉으로는 서로 모순되는 듯이 보이는 이 두 은혜는 언제나 함께 한다. 즉 사람 앞에서 굽히지 않는 담대함이 나타나는 곳마다 하나님 앞에서의 겸손이 있다. 하나님의 원수들 앞에서 두려워하지 않는 사람은 바로 하나님을 두려워하는 사람이다.

"예수께서 이르시되 네가 그를 보았거니와 지금 너와 말하는 자가 그이니라" (9:37). 이것은 요한복음에서 주 예수께서 자신이 하나님의 아들이심을 분명하게 선 포하신 네 경우 가운데 하나이다. 5:25에서 주님은 "죽은 자들이 **하나님의 아들**의 음 성을 들을 때가 오나니 곧 이때라 듣는 자는 살아나리라"라고 예언하셨고, 여기에서 는 "네가 **인자**(하나님의 아들:KJV)를 믿느냐? … 지금 너와 말하는 자가 그이니라"라 고 말씀하신다. 10:36에서는 "아버지께서 거룩하게 하사 세상에 보내신 자가 나는 **하나님의 아들**이라 하는 것으로 너희가 어찌 신성모독이라 하느냐"라고 물으셨고, 11:4에서는 그의 제자들에게 "이 병은 죽을 병이 아니라 하나님의 영광을 위함이요 **하나님의 아들**이 이로 말미암아 영광을 받게 하려 함이라"라고 말씀하셨다. 다른 복 음서 어디에서도 주님은 그가 하나님의 아들이심을 명백하게 확언하지 않으셨다. 요 한이 구세주의 이 네 말씀을 기록한 것은 이 복음서의 특별한 주제, 그리고 그 의도 와 훌륭하게 일치한다.

"이르되 주여 내가 믿나이다 하고 절하는지라"(9:38). 이 눈먼 걸인의 영적 이야기 에서 이 얼마나 사랑스러운 절정인가! 이 구절은 하나님께서 선하신 어떤 일을 시작 하시면 그는 그 일을 계속하시고 완성시키신다는 것을 훌륭히 예시해 주지 않는가! 여기 이 거룩한 이야기를 통하여, 이 사람의 경험은 은혜로써 구원받은 각 영혼의 역 사(history)를 예시해 준다. 처음에는, 비참하고 아무 도움도 받지 못하는 상태에 있 었고, 주님의 찾으심을 받고, 말씀이 의미하는 곳으로 가라는 지시를 받고, 하나님의 초자연적인 작용의 대상이 되었으며, 마침내는 그에게 시력이 전해졌다. 그러고 나 서 이제는 그에게 행해졌던 긍휼의 역사에 대하여 그가 아는 바를 증언할 기회가 주 어졌다. 주님의 원수들로부터 모진 시험을 받았으나 그럼에도 불구하고 그는 훌륭한 고백을 하였다. 그의 부모로부터의 지지도 받지 못하였으므로, 그는 더욱 하나님께 의지하게 되었다. 종교 권위자들의 심문을 받았을 때, 그가 받은 빛에 따라 그들에게 담대하게 대답하였으므로 그에게는 더 많은 빛이 주어졌다. 그의 반대자들을 혼란시 켰으므로 그는 그들로부터 욕을 들었다. 그리스도를 하나님께로부터 오신 이라고 고 백하였으므로, 그는 당시의 종교제도로부터 쫓겨났다. 이제 그는 구세주의 찾아냄을 받아, 그의 인격의 탁월함을 배우고, 그 결과로 그는 하나님의 아들의 발 아래 헌신적인 예배자로서의 자리를 차지하였다. 그리고 여기에서, 지극히 적절하게 성령께서는 그를 남겨 두신다. 왜냐하면 그를 바로 **그 곳에서**, 즉 그에게 그처럼 많은 일을 행하여 주신 분의 **임재 안에서** 영원히 예배자가 될 것이기 때문이다. 진실로 하나님의 지혜만이 이 역사상의 이야기가 택함받은 영혼들의 경험을 대표하는 정확한 묘사가 될 수 있게 할 수 있었다.

"예수께서 이르시되 내가 심판하러 이 세상에 왔으니 보지 못하는 자들은 보게 하고 보는 자들은 맹인이 되게 하려 함이라 하시니"(9:39). 참으로 엄숙한 말씀이다! "내가 심판하러 이 세상에 왔으니." 이 말은 어찌된 영문인가? 주님은 잃어버린 바 된 자들을 찾고 구원하시기 위하여 오시지 아니하였던가? 주님 자신께서 그러기 위하여 오셨다고 우리에게 말씀해 주시지 않았던가? (눅 19:10) 그런데 왜 '심판'에 대하여 말씀하시는가? 그 의미는 간단하다. 즉 주님의 사역의 **목적**은 구원이다. 그리고 그의 삶의 **도덕적 효과**는 심판이라는 것이다. 주님은 아무도 판단하지 아니하셨지만, 그럼에도 불구하고 모든 사람을 심판하셨다.

그리스도의 성품과 여기 이 지상에서 그의 삶이 끼친 이 효과를 주목해 보는 일이 좋을 것이다. 주님은 이 세상의 빛이셨는데 이 빛은 두 가지 방식으로 행하였다. 즉 그 빛은 죄를 깨닫게 하고 회심시켰으며, 심판하고 구원하셨다. 더욱이 그 빛은 하늘의 밝은 광채로써 스스로 본다고 생각하는 자들을 눈이 부시게 하였고, 이와 동시에 다른 한편으로는, 자신이 도덕적이고 영적인 맹인된 자임을 진실로 깨닫고 있는 자들에게는 빛을 비추어 주었다. 주님은 심판하기 위해서가 아니라 구원하기 위해 오셨다. 그러나 그가 오실 때에는 그는 모든 사람을 심판하셨고, 모든 사람을 시험하셨다. 그는 어둠 가운데 있는 빛처럼, 그의 주변에 있는 사람들과는 달랐다. 그럼에도 불구하고 그는 심판을 받아들이고 자신의 참 위치를 아는 모든 자를 구원하셨다.

"우리 주 예수 그리스도의 십자가에 대하여 명상할 때에도 우리는 똑같은 일을 관찰할 수 있다. '십자가의 도가 멸망하는 자들에게는 미련한 것이요 구원을 받는 우리에게는 하나님의 능력이라 … 우리는 십자가에 못 박힌 그리스도를 전하니 유대인에게는 거리끼는 것이요 이방인에게는 미련한 것이로되 오직 부르심을 받은 자들에게는 유대인이나 헬라인이나 그리스도는 하나님의 능력이요 하나님의 지혜니라' (고전 1:18, 23, 24). 인간적인 관점에서 볼 때, 십자가는 연약함과 어리석음을 제시해 주지만 하나님의 관점에서 볼 때 그것은 능력과 지혜가 나타난 것이다. 전통적인 신앙이라는 흐릿한 매체를 통하여 십자가를 바라본 '유대인들'은 그 십자가에 걸려 넘어졌고, 스스로 생각하기에 고귀하게 보이는 철학의 관점에서 십자가를 바라본 '헬라인들'은 그것을 경멸하였다. 그러나 자신의 죄와 궁핍을 깊이 깨닫고 십자가를 바라본 불쌍한 죄인의 믿음은 그 십자가 안에서 모든 질문에 대한 하나님의 대답과 모든 필요에 대한 하나님의 공급을 발견하였다. 그리스도의 죽음은 그의 지상에서의 생활과 마찬가지로 모든 사람을 심판하였다. 그럼에도 불구하고 그것은 그 심판을 받아들이고 하나님 앞에서 자신의 마땅한 자리를 차지하는 모든 사람들을 구원한다"(C. H. M.). 이것은 모두 그리스도가 태어나실 때부터 알려진 바 되었었다. "시므온이 그들에게 축복하고 그의 어머니 마리아에게 말하여 이르되 보라 이는 이스라엘 중 많은 사람을 패하거나 흥하게 하며 비방을 받는 표적이 되기 위하여 세움을 받았고"(눅 2:34)

"바리새인 중에 예수와 함께 있던 자들이 이 말씀을 듣고 이르되 우리도 맹인인가 예수께서 이르시되 너희가 맹인이 되었더라면 죄가 없으려니와 본다고 하니 너희 죄가 그대로 있느니라"(9:40, 41). 이 말씀은 요한복음 15:22-24의 말씀으로 설명이 된다. "내가 와서 그들에게 말하지 아니하였더라면 죄가 없었으려니와 지금은 그 죄를 핑계할 수 없느니라 나를 미워하는 자는 또 내 아버지를 미워하느니라 내가 아무도 못한 일을 그들 중에서 하지 아니하였더라면 그들에게 죄가 없었으려니와 지금은 그들이 나와 내 아버지를 보았고 또 미워하였도다." 그러므로 바리새인들에게 하신 그리스도의 이 말씀의 의미를 다음과 같이 설명해 볼 수 있을 것이다. "너희가 만일 너희의 맹인됨을 깨닫고 진실로 빛을 원하였다면, 또 너희가 내 앞에서 자리를 취하려 하였다면, 너희는 구원을 얻었을 것이며 너희는 아무 정죄도 받지 아니하였을 것이다. 그러나 너희의 자만심과 스스로 충분해하는 태도 때문에, 또 너희가 너희의 파멸 상태를 인정하려 하지 않기 때문에 너희 죄가 그대로 있느니라." 이 말씀은 6절과 그 이후의 말씀에 대한 필자의 해석이 올바른 것이었음을 잘 확증해 준다. 눈을 뜨게 된 맹인은 인간의 잃어버린 바 된 상태에 대한 하나님의 판결을 받아들이는 사람들을 예시해 준다. 그리고 자기 의에 가득 찬 바리새인들, 즉 그들은 "벌써 심판을 받은"(3:18) 자라는 주님의 판결에 굴복하기를 거절한 바리새인들은 계속하여 맹인 된 상태와 죄 가운데 있었다.

관심 있는 독자들은 요한복음 10:1-10에 관한 다음 질문들에 대하여 주의 깊게 숙고해 보기 바란다.

1. 1절의 "우리"는 무엇인가?

2. 목자가 우리로 들어가는 "문"은 무엇인가?(2절)

3. 3절의 "문지기"는 누구인가?

4. **무엇** "으로부터" 양을 인도하여 내는가?(3절)

5. "나는 양의 문이라"는 말의 의미는 무엇인가?(7절)

6. 9절의 "내가 문이니"라는 말씀은 우리에게 이전과는 완전히 다른 그 어떤 생각을 제시해 주는가?

7. 10절의 "도둑"은 누구인가?

제34장

문이신 그리스도

¹내가 진실로 진실로 너희에게 이르노니 문을 통하여 양의 우리에 들어가지 아니하고 다른 데로 넘어가는 자는 절도며 강도요 ²문으로 들어가는 이는 양의 목자라 ³문지기는 그를 위하여 문을 열고 양은 그의 음성을 듣나니 그가 자기 양의 이름을 각각 불러 인도하여 내느니라 ⁴자기 양을 다 내놓은 후에 앞서 가면 양들이 그의 음성을 아는 고로 따라오되 ⁵타인의 음성은 알지 못하는 고로 타인을 따르지 아니하고 도리어 도망하느니라 ⁶예수께서 이 비유로 그들에게 말씀하셨으나 그들은 그가 하신 말씀이 무엇인지 알지 못하니라 ⁷그러므로 예수께서 다시 이르시되 내가 진실로 진실로 너희에게 말하노니 나는 양의 문이라 ⁸나보다 먼저 온 자는 다 절도요 강도니 양들이 듣지 아니하였느니라 ⁹내가 문이니 누구든지 나로 말미암아 들어가면 구원을 받고 또는 들어가며 나오며 꼴을 얻으리라 ¹⁰도둑이 오는 것은 도둑질하고 죽이고 멸망시키려는 것뿐이요 내가 온 것은 양으로 생명을 얻게 하고 더 풍성히 얻게 하려는 것이라(요 10:1-10)

우리는 본문에 대하여 다음과 같이 분석해 볼 수 있다.

1. 양의 우리에 들어감 : 여기에는 법적인 것과 불법적인 것이 있음(1, 2절)
2. 목자에게는 문지기가 문을 열어줌(3절)
3. 목자는 우리에서 그의 양을 인도함(3, 4절)
4. 양이 타인에게 보이는 태도(5절)
5. 그리스도의 비유는 이해받지 못함(6절)
6. 참 목자와 거짓 목자들이 대조되어 나타남(7-9절)
7. 적그리스도와 그리스도가 대조됨(10절)

본문을 연구하는 데 있어서 개인적인 필요에 쓰고자 필자는 몇 가지 질문들의 일람표를 작성하였는데, 다음이 그 본보기들이다: 주님은 누구에게 말씀하고 계시는가? 주님께서 이 말씀을 하신 직접적인 이유는 무엇인가? 주님은 왜 "양의 우리"를 언급하셨는가? "다른 데로 넘어가는 것"은 무엇을 의미하는가? "문"은 무엇을 의미하는가? 여기에서는 **어떤** "양의 우리"를 말하고 있는가? 이 우리는 절도와 강도가 넘어갈 수 있는 우리이며, 목자가 들어가는 우리이기도 하고, 목자가 그의 양을 그것으로부터 인도하여 내는 우리이기도 하다는 것에 주목해 보라. "문지기"는 누구를 가리키는가? 이와 같은 질문들을 통하여 우리는 생각을 한 군데로 집중하고 본문에 어느 정도 제한을 두고 접근할 수 있을 것이다.

본문은 "내가 진실로 진실로 너희에게 이르노니"라는 말씀으로 시작한다. 여기에서의 **너희**는 앞 장의 바리새인들을 가리킨다. 주님께서 이 말씀을 하신 것은 이 바리새인들이 걸인을 출교하였기 때문이었다(9:34). 여기에 "양의 우리"라는 말이 언급되어 있음으로 해서 우리는 즉시 이 바리새인들을 목축적인 관점에서 바라보게 된다. 또 다른 데로 넘어가는 '절도와 강도'에 대해 언급하고 있는데, 이것은 바리새인들을 **거짓** 목자들로 고발하고 그들의 불법적인 행동을 비난하는 것이다. 이 '비유' 또는 '이야기'를 하시면서, 주님은 자신을 바리새인들과 대조시켜 참 목자라고 하신다. 이러한 사실들은 밝히 드러나 있는 것들로서, 몇몇 주석가들의 혼동은 그들이 이와 같은 간단한 세부 사항들에 주의를 기울이지 못했기 때문에 빚어진 것이라고밖에 풀이할 수 없겠다.

본문에 담겨 있는 주님의 가르침을 이해하기에 많은 사람들이 곤란을 겪는 데에는 다음과 같은 두 가지 주된 이유가 있다. 첫째로, 주님이 이 비유를 가르치실 때의 상황을 숙고해 보지 못했기 때문이요. 둘째로는, 본문에서 말하고 있는 **세 가지** '문'을 구별하여 살펴보지 못했기 때문이다. 본문에는 "양의 우리의 문"(1절)과 "양의 문"(7절)과 구원의 "문"(9절)이 나와 있다. 앞 장에서 우리는 주님께서 날 때부터 맹인된 자의 눈을 뜨게 해 주셨음을 보았다. 이 일은 바리새인들의 투기심으로 불러일으켰고, 걸인이 그의 눈을 뜨게 해주신 분은 바로 예수이심을 충실히 고백하자, 그들은 그를 회당에서 쫓아내었다. 그리스도께서는 이 일에 관하여 들으시고 그 즉시 그를 만나서서 자신은 하나님의 아들임을 알려 주셨다. 이로 인해 그는 "주여 내가 믿나이다"라고 고백하였다. 이렇게 하여 그는 자신이 목자의 음성을 듣고 그에 대답하는 '양'의 하나님을 증거하였다. 그리고 나서 주님은 "내가 심판하러 이 세상에 왔으니

보지 못하는 자들은 보게 하고 보는 자들은 맹인이 되게 하려 함이라 하시니"(9:39)
라고 말씀하셨다. 어떤 바리새인들은 이 말씀을 듣고 **"우리도 맹인인가"**라고 질문하
였다. 이에 대하여 구세주께서는 "너희가 맹인 되었더라면 죄가 없으려니와 본다고
하니 너희 죄가 그대로 있느니라"라고 대답하셨다. 이 바리새인들의 자기 과신과 자
기만족의 태도는 바로 그들이 맹인된 자이며, 그러므로 그들이 죄 가운데 있는 자임
을 증거해 주었다. 이러한 상황 아래에서 그리스도께서는 그들에게 목자와 그의 양
에 관한 이 기억할 만하고 마음을 찌르는 비유를 말씀해 주신 것이었다.

먼저, 동방에 많이 있던 "양의 우리"의 특성에 대해 간략히 살펴보면 독자에게 도
움이 될 것이다. 팔레스타인에서는 목축을 하는 지역에 들짐승들이 출몰하였기 때문
에 마을마다 커다란 양의 우리를 지었고, 이것은 그 마을 사람들의 공동 소유물이었
다. 이 양의 우리는 3미터 정도의 높이의 벽으로 둘러쳐져 있었다. 밤이 되면, 많은
목자들이 그들의 양 떼를 이 우리의 문까지 이끌고 와서, 그 문을 통하여 우리로 들
여보내고 문지기의 보호 아래 두고 각기 집이나 잠 잘 곳으로 갔다. 문지기는 문에서
절도나, 강도, 또는 들짐승들이 담을 넘어와서 양을 가져가지 못하도록 밤새도록 보
초를 섰다. 아침이 되면 여러 목자들이 왔고, 문지기는 목자로 한 사람씩 문을 통하
여 들어가서 자기의 양 떼에 속한 양들의 이름을 부르게 하였다. 그러면 양은 그의
음성을 듣고, 그를 따라 목초지로 인도되었다. 본문에서 주님은 바로 **이를** 비유로 그
의 하시고자 하는 말씀을 표현하신다.

"내가 진실로 진실로 너희에게 이르노니 문을 통하여 양의 우리에 들어가지 아니
하고 다른 데로 넘어가는 자는 절도며 강도요 문으로 들어가는 이는 양의 목자라"
(10:1, 2). 여기에서의 "양의 우리"는 하늘이 아니다. 왜냐하면 절도와 강도는 그곳으
로 넘어가지 못하기 때문이다. 또한 그것은 몇몇 사람들이 생각하듯이, '교회'를 가
리키지도 않는다. 왜냐하면 목자는, 3절에서처럼, 그곳에서 그의 양을 인도해 내지
않기 때문이다. 여기에서의 "양의 우리"란 이와 같은 것들이 아니라 당시 하나님의
택함을 받은 자 중의 일부가 그 안에 있었던 **유대교**를 가리키고 있음이 분명하다. 그
러므로 요한복음 10장의 서두가 되는 이 구절들에는 참 목자와 거짓 목자들, 즉 그리
스도와 바리새인들 사이의 대조점이 제시되어 있다. 이 구절에 나온 '문'을 9절의
'문'과 혼동하지 말아야 한다. 여기 1절에서는 단순히 **"다른** 데로 넘어가는 것"과 대
조되어 쓰였을 뿐이다. 그러므로 이것은 목자께서 당시 유대교 안에 있었던 그의 양
에게로 들어가는 합법적인 '방법'을 가리키는 것이다.

"문으로 들어가는 이는 양의 목자라." 이 말씀의 의미는 간단하다. 즉 그리스도께서는 이스라엘에게 합법적인 방법으로 자신을 나타내셨다는 것, 다시 말하면 성경과 정확하게 일치하여 나타내셨다는 것이다. "주님은 집을 세우신 분이 정하신 모든 조건에 복종하셨다. 그리스도는 메시야에 관하여 기록된 모든 것에 응하셨고, 그를 백성들에게 나타내실 때 하나님께서 원하셨던 방법대로 하셨다"(Mr. Darby). 주님은 동정녀에게서 나셨고, 언약 백성에 속하셨으며, 유다의 혈통을 지니셨고 왕의 고을 베들레헴에서 나셨다. 그는 하나님께서 한 이스라엘 사람에게 요구하신 모든 것에 순응하셨다. 그는 "율법 아래에 나셨고"(갈 4:4), 팔일에 할례를 받으셨으며(눅 2:21), 그 후 정결예식의 날에 그는 성전에서 하나님께 드려졌다(눅 2:22).

"문지기는 그를 위하여 문을 열고"(3절). "문지기"는 문을 지키는 사람이다. 이 말이 요한복음에서는 이 구절 외에 18:16, 17에만 쓰였는데, 이 말이 쓰여진 이 두 경우는 다시 한 번 대조의 법칙을 아주 두드러지게 예시해 준다. "베드로는 문 밖에 서 있는지라 대제사장을 아는 그 다른 제자가 나가서 문 지키는 여자에게 말하여 베드로를 데리고 들어오니 문 지키는 여종이 베드로에게 말하되 너도 이 사람의 제자 중 하나가 아니냐 하니 그가 가로되 나는 아니라 하고." 요한복음 10장에서의 "문지기"는 궁극적으로는 성령을 가리킨다. 반면에 요한복음 18장에서의 문지기는 그리스도께 아무 동정심도 품지 아니하였음이 분명한 여자이다. 또 요한복음 10장에서의 문지기는 목자로 양에게 가게 하기 위하여 문을 열어 주지만, 요한복음 18장에서는 양이 목자에게 가까이 갈 수 있도록 문이 열렸다. 또 요한복음 10장에서의 양은 목자에게로 달려가지만, 반면에 요한복음 18장에서의 양은 이리 가운데 있음이 보인다. 또 요한복음 10장에서의 양은 목자를 따르지만, 요한복음 18장에서는 양 가운데 하나가 목자를 부인한다.

"문지기는 그를 위하여 문을 열고." "문지기"는 목자를 보증하고 그를 양에게 소개시켜 주는 사람이었다. 이 비유에서 "문지기"가 누구인가 하는 것에는 의심이 있을 수 없다. 직접적으로는 "주의 길을 예비한" 세례 요한을 가리키는 말일 것이다. 이스라엘에게 목자를 공식적으로 소개한 사람은 요한이었다. "내가 와서 물로 세례를 베푸는 것은 그를 이스라엘에 **나타내려** 함이라"(1:31)라고 그는 고백하였었다. 그러나 좀 더 광범위하게 적용해 볼 때, 여기에서의 "문지기"는 그 직책상 메시야의 신임장을 보증하셨고, 지금은 하나님의 택함을 받은 사람 각자에게 구세주를 소개해 주시는 성령을 상징하였다.

"문지기는 그를 위하여 문을 열고 양은 그의 음성을 듣나니 그가 자기 양의 이름을 각각 불러 인도하여 내느니라"(10:3). 다음의 세 가지로 참 목자를 알아볼 수 있다. 첫째로, 그는 '문'을 통해 양 떼에게 들어가면 절도와 강도처럼 담을 넘지 않는다. 둘째로, 그는 '문지기'가 그를 위하여 열어 주는 문으로 들어간다. 셋째로, 그는 그의 음성을 듣고 그에 응답하는 '양'으로써 자신을 증거한다. 그러므로 그리스도께서 이스라엘에 대한 그의 관계에 있어서, 이 세 가지 요구 사항들을 참으로 완전하고 완벽하게 이루셨으며 그렇게 함으로써 그가 참 목자이심을 증거하셨음에 주목해 보라.

우리가 앞에서 살펴본 바와 같이, '문'은 양 떼에게로 가는 합법적이고 정해진 입구이며, 이 비유는 메시야가 구약성경이 사전에 예언으로써 설계해 놓은 길을 따라 오셨음을 의미한다. '문지기'는 양에게 목자를 소개해 준다. 선지자들이 그리스도에 대하여 증언하였을 뿐만 아니라, 그가 오셨을 때에는 그의 선구자가 그를 백성들에게 소개하면서 그를 알렸다. 이 뿐만 아니라, 이스라엘의 참 목자가 나타나실 때에는 양이 그의 음성을 알아들었다. 참 양은 그에게 알려진 바 되었다. 왜냐하면 그는 자기 양의 이름을 각각 부르셨기 때문이다. 그 부름은 그를 따르라는 것이었고, 그를 **따른다**는 것은 멸시받고 저버림받은 분과 함께 유대교의 **바깥에** 자리잡는 것을 말한다. 우리는 이것이 요한복음 9장에서 우리가 살펴본 내용과 참으로 아름답게 연결됨을 쉽게 깨달을 수 있다.

요한복음 9장에서, 그리스도께서는 그가 하나님의 일을 행하기 위하여 왔다고 말씀하시면서(9:4), 그가 양의 우리의 문으로 들어오셨음을 보여주셨다. 그리하여 그는 자신이 양 떼의 주인의 신뢰를 받고 있으며, 그러므로 그는 양 떼의 공인된 목자임을 보여주셨다. 이와는 반대로 바리새인들은 그에게 저항하면서 양들을 공격하고 있었다. 그러므로 그들은 "절도요 강도"로 생각될 수 있다. 눈먼 걸인은 양 떼의 한 견본이었다. 왜냐하면 그는 타인의 음성 듣기를 거절하면서, 목자의 음성을 알아듣고 그에게로 인도되어 구원과 안전과 양식을 발견하였기 때문이다.

요한복음 9장에 두드러지게 나타났던 이 모든 내용이 요한복음 10장에서 부연하여 해석되고 있다. 왜냐하면 이 10장은 출교당한 자의 상태에 대하여 복된 해설을 하고 있기 때문이다. 바리새인들은 이 걸인이 안전과 축복의 자리에 있지 못하게 될 것이라고 상상하였으나, 주님께서는 그 걸인이 참 축복의 자리로 실제로 들어간 것은 오직 그 때였음을 보여주셨다. 그가 유대교 안에 그대로 머물러 있었더라면, 그는 항상 '절도와 강도'의 습격을 받았을 것이다. 그러나 이제 그는 그를 죽이기는커녕 오히려 그를 위하여 죽기까지 하실 참 목자, 선한 목자의 보호 가운데 있게 되었다. 10:3과 9:34을 비교해 보는 것은 즐거운 일이다. 바리새인들이 불쌍한 걸인을 '쫓아 낸 것'은 실제로는 목자께서 **그를** 유대교라는 황무지에서 기독교의 푸른 초장으로 **인도하신 것**이었다. 이것은 인간의 도구 **뒤에는** 언제나 주님 자신이 계심을 보여주는 것이다. 이것은 하나님께서 가끔 그의 원수들까지도 그의 백성들에게 좋은 전환점을 이루게 해주는 도구로 사용하신다는 것을 보여주는 훌륭한 실례이다.

"문지기는 그를 위하여 문을 열고 양은 그의 음성을 듣나니 그가 자기 양의 이름을 각각 불러 인도하여 내느니라." 여기에는 조건이 있음에 주목하라. 그가 양의 이름을 각각 부른다고 기록되어 있지 않고 "그가 **자기 양**의 이름을 각각 부른다"라고 말하고 있다. 그 "자신의 양"은 영원 전에 아버지께서 그에게 주셨던 자들이다. 그리고 그가 부르실 때, 이 '양'들은 모두 그에게로 **와야 한다**. 왜냐하면 "아버지께서 내게 주시는 자는 **다** 내게로 **올** 것이요"(요 6:37)라고 기록되어 있기 때문이다. 그렇다면 이 '양들'은 하나님께서 이스라엘 가운데서 택하신 자들이었다. 그리스도의 실제 사역의 대상은 유대 민족 전체가 아니었다. 그보다 그는 "이스라엘의 집**의** 잃은 양"에게 오셨다. 이 "잃은 양"이 유대 민족 전체가 아니었음은 26절의 말씀으로 보아 분명히 알 수 있는데, 그 곳에서 목자께서는 믿지 않는 이스라엘 사람들에게 **너희가** 내 양이 **아니므로** 믿지 아니하는도다"라고 말씀하신다. 그러므로 그리스도께서 그의 공생애 기간 동안에 양이라고 '부르신' 자들은, 그가 유대교로부터 인도해 낸 자들로서 이들은 하나님께서 택하신 자들이었다. 이것은 구약에서도 놀랍게 예시되었다. 모세는 이스라엘 백성과 멀리 떨어져 있었을 때 "하나님의 산"(출 3:1) 가까이에 있는 다른 초장에서 그의 장인의 양을 쳤다.

"**자기 양을 다 내놓은 후에 앞서 가면 양들이 그의 음성을 아는 고로 따라오되**" (10:4). 그리스도는 유대교의 우리 **안에서** 그의 사역을 시작하셨다. 왜냐하면 그의 유대 양들과 다른 양들이 섞여 있었을지라도 바로 그 곳에서 찾아져야 했기 때문이다. 즉 참 목자가 나타나실 때 그들은 이 양들로부터 분리될 필요가 있었다. 그러므로 이스라엘의 집의 잃은 양들을 부르는 그의 음성이 들렸다. 그들이 이에 응답할 때, 우리 밖으로 인도되어 그를 따른다.

"양들이 그의 음성을 아는 고로 따라오되." 이 말씀을 앞 절의 끝 부분과 연결해 보라. "그가 자기 양의 이름을 각각 부르면 … 양들이 그의 음성을 아는 고로 따라온다." 이것에 대한 복된 실례들이 복음서 여러 곳에 많이 기록되어 있다. "예수께서 그 곳을 떠나 지나가시다가 마태라 하는 사람이 세관에 앉아 있는 것을 보시고 이르시되 나를 따르라 하시니 일어나 따르니라"(마 9:9). 그리스도께 속한 한 외로운 양이 여기 있었다. 목자께서 그를 부르시자, 그는 그의 음성을 알아듣고 즉시 그를 **따라갔다.**

"예수께서 그 곳에 이르사 쳐다 보시고 이르시되 삭개오야 속히 내려오라 내가 오늘 네 집에 유하여야 하겠다 하시니"(눅 19:5). 여기에 그 이름을 불리운 양이 하나 있었다. 그는 이에 즉시 응답하였다고 기록되어 있다. "급히 **내려와** 즐거워하며 영접하거늘"(눅 19:6)

"이튿날 예수께서 갈릴리로 나가려 하시다가 빌립을 만나 이르시되 나를 따르라 하시니"(요 1:43). 이 말씀은 목자가 그의 양을 부르시기 전부터 그를 **찾고 계심**을 보여준다.

요한복음 11장은 목자께서 자기 양을 부르실 때, 양을 이끌어 내는 그의 음성의 능력에 관해 훨씬 놀라운 실례를 보여준다. 그곳에는 나사로에 대하여 기록되어 있는데, 그는 무덤 안에 있었으나 그리스도께서 "나사로야 나오라"고 그의 **이름**을 부르시자, 그 양은 즉시 응답하였다.

또 요한복음 20장에는 목자의 음성을 **아는** 양에 관한 감동스러운 실례가 나와 있다. 막달라 마리아는 이른 아침 구세주의 무덤을 찾아갔다. 그녀는 돌이 무덤에서 옮겨진 것과 주님의 시체가 없어진 것을 발견하였다. 그녀는 슬픔에 잠겨 그곳에서 울고 있었다. 갑자기 그녀는 그녀 곁에 서 계신 주 예수를 보았으나 "예수이신 줄 알지 못하였다." 주님이 그녀에게 말씀하셨으나 그녀는 그가 동산지기인 줄 알았다. 잠시 후에 그녀는 주님을 알아보고 "랍오니여"라고 하였다. 그러면 그 사이에 어떤 일이 있었는가? 그녀는 어떻게 그를 알아 볼 수 있었는가? 그것은 주님의 단 한 마디 말씀 때문이었다. 주님은 "마리아야"라고 그녀를 부르셨다. 주님께서 **그의 양의 이름을 부르신** 순간, 그녀는 "그의 음성을 **알았다.**"

하나님의 택하심을 받은 자들에게는 어느 시대나 그러하였다. 오늘날에도 마찬가지이다. 적은 자만이 택하심을 받으나 "많은 자들이 부름을 받기" 때문에(마 20:16), 복음을 듣는 모든 사람에게 들리는 일반적인 '부름'이 있다. 그러나 그리스도의 '양'은 각각 특별한 부르심을 받는다. 이 부르심은 내적이고 불가항력적인 것이므로 효과적이다. 이에 대한 증거를 로마서 8:30과 다른 많은 성경 구절에서 찾아볼 수 있다. 그곳에는 "부르신 **그들을 또한** 의롭다 하시고"라고 기록되어 있다. 그러나 모든 사람이 의롭게 되는 것은 아니다. 그러므로 모든 사람이 '부름받은' 것은 **아니다**. 그러면 '부름받은 사람' 은 누구인가? 로마서 8:30의 상반절이 말해 준다. "또 **미리 정하신** 그들을 **또한** 부르시고." 그러면 "미리 정함받은" 사람들은 누구인가? 그들은 하나님께서 "미리 아신" 자들이다(8:29). 그러면 그들은 누구인가? 그 앞 절이 이에 대해 대답해 준다. 그들은 "그 뜻대로 부르심을 입은" 자들이다. 그들 안에 장차 있을 것이나, 또는 지금 있는 그 어떤 것 때문에서가 아니라, 오직 하나님 자신의 주권적 뜻, 또는 목적에 의해 부르심을 받는다.

하나님으로부터의 이 효과적인 부르심은 그의 '양' 각각에게 들린다. 왜냐하면 그들에게는 "들을 귀"가 주어지기 때문이다. "듣는 귀와 보는 눈은 다 여호와께서 지으신 것이니라"(잠 20:12). 이 효과적인 부르심은 오직 양에게만 들린다. '염소' 는 그것을 듣지 못한다. "너희가 내 양이 아니**므로** 믿지 아니하는도다."

이 구절들을 오늘날 그리스도께 속한 목자들에게도 적용할 수 있음이 분명하다. 그리고 이렇게 살펴봄으로써, 우리는 그들을 확실히 알아볼 수 있게 해주는 몇 가지 중요한 원리를 배울 수 있다. 첫째로, 그리스도께 속한 참 목자는 하나님께서 정해주신 방법으로 양에게 접근하는 자이다. 바리새인들과는 달리, 그는 이 거룩한 직분을 억지로 맡지 아니하고 하나님의 부르심을 받아 그 일을 수행한다. 둘째로, 그는 이 말의 참 의미대로 양의 **목자**이다. 그는 양들의 복지를 생각하고 그들의 이익에 대해 항상 관심을 가진다. 셋째로, 이러한 사람을 위하여 "문지기는 문을 열어 준다." 성령께서는 그의 성직 수행과 봉사를 위해 "문을 활짝 열어" 주신다. 넷째로, 양은 그의 음성을 듣는다. 즉 하나님의 택하심을 받은 자는 그가 하나님께서 정해 주신 목자임을 알아본다. 다섯째로, 그는 자기 양의 이름을 각각 부른다. 즉 하나님께서 그를 감독자로 세워 주신 양 떼를 그는 개인적으로 안다. 참 목자의 마음을 품고 그는 집에서 그들을 만나고 개인적으로 교제를 나눈다. 여섯째로, 그는 "그들을 인도하여 내어" 먹을 것과 쉴 곳이 있는 하나님의 말씀의 푸른 초장으로 이끈다. 일곱째로, "그는 그들을 앞서 간다." 그는 그들에게 경건한 모범을 보여주고, 그가 행하지 않는 것들은 그들도 행하지 말라고 한다. 그는 "오직 말과 행실과 사랑과 믿음과 정절에 있어서 믿는 자에게 본" 이 되려고 노력한다(딤전 4:12). 주님께서 그의 은혜로 이처럼 충성스러운 목자들을 더욱 많게 해 주시기를 기도하자. 독자, 그 중에서 특히 설교자들은 다음의 말씀들을 참조해 보라. 사도행전 20:28; 데살로니가후서 3:9; 베드로전서 5:2-4.

"**타인의 음성은 알지 못하는 고로 타인을 따르지 아니하고 도리어 도망하느니라**" (10:5). 이것은 매우 중요한 말씀이다. 왜냐하면 이 말씀은 그리스도의 모든 양에게서 발견되는 한 가지 특징을 묘사하고 있기 때문이다. 그들은 낯선 목자에게 귀를 기울이지 않을 것이다. 이 말씀은 그들이 거짓 목자들의 부름에 **결코** 응답하지 않을 것이라는 뜻이 아니라, 그리스도의 구원받은 자들은 거짓 선생에게 무조건적으로, 거리낌 없이, 완전히 자신을 넘겨주지는 않을 것이라는 뜻이다. 오히려 그들은 단적으로 말해, 그러한 자들로부터 도망할 것이다. 택하신 자들을 미혹할 수 없을 것이다 (마 24:24). 세상 사람에게, 진리를 말하는 한 사람과 잘못을 말하는 다른 한 사람, 즉 두 설교자의 말을 들어 보게 하라. 그는 이 두 사람 사이의 차이를 분별할 수 없을 것이다. 그러나 하나님의 자녀는 그렇지 않다. 그는 신학적인 논쟁에서 서투른, 그리스도 안에 있는 어린 아이에 지나지 않을지 모르나, 그는 치명적인 이설을 듣자마자 본능적으로 그것을 간파할 것이다. 그러면, 그에게 이것이 가능한 이유는 무엇인가? 그것은 그 안에 성령께서 거하시고 그는 거룩하신 자에게서 기름부음을 받았기 때문이다(요일 2:20). 참으로 감사한 일이 아닌가. 우리에게 하찮은 것과 보배로운 것을 구분할 수 있는 능력을 주신 주님은 참으로 은혜로우시다.

"**예수께서 이 비유로 그들에게 말씀하셨으나 그들은 그가 하신 말씀이 무엇인지 알지 못하니라**" (10:6). 이 말씀은 앞 절의 광경과는 대조되는 광경을 보여준다. 앞 절에서 우리는 그리스도의 모든 양이 소유하고 있는 분별의 영에 대해 배웠으나, 여기에서는 그의 양이 아닌 자들은 진리가 그들에게 명백히 제시되는 때조차도 그것을 전혀 이해할 수 없음이 예시되어 있다. 이 바리새인들은 참으로 눈이 멀었으므로 주님께서 하신 말씀의 의미를 전혀 깨달을 수 없었다. 이와 마찬가지로, 오늘날의 구원받지 못한 자도 눈이 멀어 있다. 좋은 교육을 받고, 신학적으로 훈련되었을지라도, 거듭나지 아니한 자들에게는 하나님의 말씀은 수수께끼 책에 지나지 않는다.

"**그러므로 예수께서 다시 이르시되 내가 진실로 진실로 너희에게 말하노니 나는 양의 문이라**" (10:7). "양의 문"은 1절의 "우리의 문"과 구별되어야 한다. 후자는, (억지를 써서 직분을 맡았음을 행동으로 명백하게 증거하는 이스라엘의 거짓 목자들과는 대조적으로) 그리스도께서 유대교에 들어가셨던 방법, 즉 하나님께서 정하신 방법을 가리킨 것이었다. 그러나 "양의 문"은 그리스도 자신을 가리키는 것으로서, 이스라엘의 택함받은 자들은 이것에 의해서 유대교에서 나왔다. 주님께서는 유대교를 부활시키기 위해서가 아니라, 자기 것을 그에게로 이끌어 내기 위해서 오셨다. 이것에 대한 놀라운 실례가 출애굽기 33장에 나와 있다. 그 당시 유대인들은 하나님께 거역하는 상태에 있었다. 따라서, 이스라엘 목자인 모세는 "장막을 취하여 진 **밖에** 쳐서 진과 멀리 떠나게 하고 회막이라 이름하니 여호와를 앙모하는 자는 다 진 바깥 회막**으로 나아가며**"(7절). 진실로 여호와를 앙모하는 자는 '진'을 **떠나서** 바깥에 있는 목자에게로 나아가야 했다. 그 뒤의 아름다운 광경에 주목해 보라. "모세가 회막에 들어갈 때에 구름 기둥이 내려 회막 문에 서며 여호와께서 모세와 말씀하시니"(9절). 하나님은 진 밖에 있는 그의 목자와 **함께** 계셨던 것이다! 여기 요한복음 10장에서도 그러하다. 모세의 원형(原型)인 그리스도는(신 18:18) 유대교 바깥에 장막을 치시며, 그 마음으로 주님을 앙모하는 자들은 그에게로 나아간다. 역사는 되풀이되어 왔다. 하나님은 잘 조직화된 기독교 제도들과는 더 이상 함께 하지 않으시며, 마음으로 **그를** 단단히 붙잡고 있는 그의 백성들은 그와 친밀한 교제를 나누려면 '진 바깥으로' 나아가야 한다. 그러므로 여기에서의 '문'은 들어가는 것에 관해서가 아니라 **나오는 것**에 관해 말해 준다.

　"**나보다 먼저 온 자는 다 절도요 강도니 양들이 듣지 아니하였느니라**"(10:8). 우리는 "다"라는 말을 글자 그대로 받아들일 수 없다는 실례를 여기서 다시 한 번 보게 되었음이 분명하다. 주님은 **목자들**, 이스라엘의 목자들에 대해 말씀하셨다. 그러나 그들이 **다** '절도요 강도'는 아니었다. 모세, 여호수아, 다윗, 선지자들, 느헤미야, 그리고 여러 목자들은 분명 이 부류에 속할 수 없었다. 여기에서의 "다"라는 말은 성경에서 흔히 있는 경우처럼, 그 의미를 제한해서 생각해야 한다. 그러면 누구를 가리키는 것으로 제한해야 하는가? 분명히, 여기에서 주님의 말씀을 듣고 있었던 서기관들과 바리새인들을 가리키는 것으로 생각해야 할 것이다. 라일 주교는 이 구절에 관하여 유익한 논평을 하였다. 그는 다음과 같이 말한다. "이와 같이 강렬한 호칭은, 호되게 질책할 때가 올바른 경우도 있음을 분명히 보여줌에 주목해 보라. 모든 사람에게 아첨을 하고, 열심이 있고 열렬한 모든 선생들에게 그들이 지켜야 할 믿음 안에서의 건전함에 대하여는 아무 언급도 하지 않고 칭찬만 하는 태도는 성경에 따른 것이 아니다. 신앙의 거짓 선생, 거짓 선지자 또는 거짓 목자만큼 그리스도께 불쾌한 존재는 없다. 교회 안에서는 아무 것도 두려워해서는 안 되며, 필요하다면 아주 분명하게 질책하고 반대하고 폭로할 수도 있다. 그러나 로마교 선생들에 반대하여 기록하면서 종교개혁자가 사용한 강경한 말은 흔히 마땅히 받아야 할 것보다 더 많은 비난을 받는다."

성경에서 찾아볼 수 있는 가장 비난의 말이 거의 거짓 선생들에게 돌려진 것임은 주목할 사실이다. 그리스도의 이 두려운 말씀을 들어보라. "화 있을진저 외식하는 서기관들과 바리새인들이여 … 맹인 된 인도자여 하루살이는 걸러 내고 낙타는 삼키는도다 … 뱀들아 독사의 새끼들아 너희가 어떻게 지옥의 판결을 피하겠느냐"(마 23:13, 24, 33). 주님의 선구자의 말도 그러하였다. "독사의 자식들아 누가 너희를 가르쳐 임박한 진노를 피하라 하더냐"(마 3:7). 사도 바울의 말도 그러하였다. "그런 사람들은 거짓 사도요 속이는 일꾼이니 자기를 그리스도의 사도로 가장하는 자들이니라"(고후 11:13). 베드로의 말도 그러하였다. "이 사람들은 물 없는 샘이요 광풍에 밀려 가는 안개니 그들을 위하여 캄캄한 어둠이 예비되어 있나니"(벧후 2:17). 유다의 말도 그러하였다. "그들은 바람에 불려가는 물 없는 구름이요 죽고 또 죽어 뿌리까지 뽑힌 열매 없는 가을 나무요 자기 수치의 거품을 뿜는 바다의 거친 물결이요 영원히 예비된 캄캄한 흑암으로 돌아갈 유리하는 별들이라"(12, 13절). 이것은 이루 말할 수 없이 엄숙한 말씀이다. 이 경보의 말씀을 오늘날에도 울려서, 자신이 담당하고 있는 직분을 소홀히 하는 자들에게 조심하게 해야 할 것이다.

그러나 주님께서 바리새인들을 '절도요 강도'라고 부르셔야 했던 **이유**는 무엇인가? 이러한 호칭의 타당성은 어디에 있는가? 필자는 누가복음 11:52과 같은 성경 말씀에 비추어 이 질문에 답해 볼 수 있다고 생각한다. "화 있을진저 너희 율법교사여 너희가 지식의 열쇠를 가져가서 너희도 들어가지 않고 또 들어가고자 하는 자도 막았느니라." 이 말씀과 마태복음 23:13의 병행구는 서로 비교해서 살펴보아야 한다. 바리새인들을 **절도**라고 부를 수 있는 것은, 그들은 그들이 차지할 권리도 없는 자리를 차지하고, 그들에게 정당하게 속하지도 아니한 권위를 행사하며, 그들도 타당한 근거를 전혀 내세울 수 없는 복종과 순종을 불법적으로 요구하였기 때문이다.

그러면 "'절도'와 '강도'의 차이는 무엇인가?"라고 물을 수 있겠다. '절도'에 해당하는 말은 '클레프테스'로서 어떤 일을 몰래 하는 사람을 가리킨다. '강도'에 해당하는 말은 '레스테스'인데, 마태복음 21:13; 누가복음 10:30, 36 등의 말씀에서는 '도둑'이라고 잘못 번역되어 있다(한글개역에는, 강도). 이 말은 폭력을 사용하는 사람을 가리킨다. 신약성경은 거의 모든 경우에 있어서 이 두 단어를 구별하여 사용하는데, 여기 요한복음 10:10에서만은 예외이다. 여기에서 주님은 '클레프테스'라는 말에 서로 다른 이 두 가지 의미를 **혼합하여** 사용하시는 듯하다. 왜냐하면 여기에서 '도둑'은 '도둑질'할 뿐만 아니라 "죽이고 멸망시키려 한다"고 하기 때문이다.

"내가 문이니 누구든지 나로 말미암아 들어가면 구원을 받고"(10:9). 그리스도께서 여기에서 좀 더 광범위한 용어를 사용하심에 주의 깊게 주목해 보라. 주님은 7절에서처럼 "나는 양의 문이라"고 더 이상 말씀하지 않으시고 "나는 문이니"라고 하신다. 그리고 주님은 그 즉시 **누구든지** 나로 말미암아 들어가면 구원을 받고"라고 말씀하신다. 왜 이러한 용어 변화가 생겼는가? 그 이유는, 주님께서는 지금까지 그가 유대교로부터 인도하여 내는 택함받은 이스라엘에 대해서만 언급하셨기 때문이다. 그러나 이제 주님의 마음은 이방인 가운데 있는 택하신 자에게로 향하신다. 왜냐하면 주님은 "하나님의 진실하심을 위하여 할례의 추종자가 되셨으니 이는 조상들에게 주신 약속들을 견고하게 하시고" 뿐만 아니라, "이방인들도 그 긍휼하심으로 말미암아 하나님께 영광을 돌리게 하려 하심"이기 때문이다(롬 15:8, 9). 1절의 "문"은 목자가 유대교로 들어가기 위해 하나님께서 정해 주신 길이고, 7절에서의 "문"은 분리되어 있는 하나님의 택하신 자들을 그에게로 인도하시는, 그리스도에 의해서 유대교로부터 나오는 길이었다. 여기 이 9절에서의 "문"은 택함받은 유대인과 이방인 모두를 위한 구원과 관계가 있다.

"내가 문이니 누구든지 나로 말미암아 들어가면 구원을 받고." 이것은 하나님의 임재 가운데로 가는 '문'이다. 본래 우리는 하나님으로부터 분리되어, 또는 "멀리 떨어져" 있다. 죄가 방해물로서 그 사이에 들어와, 우리로 하나님의 거룩하신 임재 가운데 있지 못하게 막는다. 이것은 뉘우치는 영혼이 가장 먼저 깨닫게 되는 것이다. 나는 추하고 정죄받았다. 나는 어떻게 하나님께 가까이 갈 수 있는가? 나는 빛이신 분과 죄로 인하여 멀리 떨어져 있음을 깨닫게 되었다. 나는 어떻게 그와 화해할 수 있는가? 그런데 나는 하나님의 말씀으로부터 이 엄숙한 질문들에 대한 하늘의 대답을 배운다. 주 예수께서 하나님으로부터 나를 분리시킨 그 두려운 간격에 다리를 놓으셨다. 그는 내 자리를 취하시고 나를 대신하여 저주가 되심으로써 다리를 놓으셨다. 그리고 괴로워하는 영혼이 하나님의 정죄의 선고에 굴복하고, 그의 은혜가 마련해 놓으신 놀라운 것을 믿음으로써 받을 때, 나는 다른 모든 신자들처럼 "이제는 전에 멀리 있던 너희가 그리스도 예수 안에서 그리스도의 피로 가까워졌느니라"(엡 2:13)는 것을 배운다.

"내가 문이니 누구든지 나로 말미암아 들어가면 구원을 받고." 이 말씀은 명상해 볼 만한 가치가 있는 그리스도의 보배로운 말씀 중 하나이다. '문'은 쉽게 들어갈 수 있음을 말해 주며, 그 문을 두고 둘러쳐진 높은 담과 대조를 이룬다. 또 근심하는 죄인이 하나님께 가까이 갈 수 있기 위하여 그 전에 넘어야만 할 어려운 담들도 없다. 그리스도는 그가 그의 임재 가운데로 들어가는 '문'이다. 또한 '문'은 길고 지루하고 돌아가는 길과 대조를 이룬다. 즉 단 한 발자국이면, 바깥에 있는 자들이 곧 안에 있게 된다. 그리스도 **한 분으로만** 말미암는 구원의 진리에 대한 하나님의 증언을 믿는 영혼은 즉시 하나님의 임재 안으로 들어간다. 그러나 수식어가 붙어 있음에 주목해 보라. "내가 [그] 문이니." 노아와 그의 가족이 홍수를 피하기 위하여 지은 방주에는 문이 단 하나 있었다. 또한 여호와께서 거하시는 곳이었던 장막에도 문이 하나뿐이었다. 마찬가지로, 아버지의 임재 안으로 들어가는 '문'도 하나밖에 없다. "다른 이로써는 구원을 받을 수 없나니 천하 사람 중에 구원을 받을 만한 **다른 이름**을 우리에게 주신 일이 **없음**이라"(행 4:12). 또 그리스도는 "내가 [그] 길이요"라고 말씀하셨다. "**나로 말미암지 않고는** 아버지께로 올 자가 없느니라"(요 14:6). 사랑하는 독자여, 당신은 이 '문'을 통해 들어갔는가? 문은 바라보고 칭찬하기 위해서가 아니라 사용하기 위해 있는 것임을 기억하라. 당신은 또한 문을 두드릴 필요가 없다. 그 문은 열려 있다. 들어가려는 "사람 누구에게나" 열려 있다. 그러나 곧 그 문이 닫힐 것이다(눅 13:25). 왜냐하면 지금의 구원의 날(고후 6:2) 뒤에는 진노의 큰 날(계 6:17)이 따를 것이기 때문이다. 그러므로 시간이 있을 때 들어가라.

이와 같은 것들이 '문'이란 비유가 제시해 준 가장 간단한 몇 가지 생각들이었다. 다음은 자신을 'J. B. Jr'이라고 서명한 한 무명작가에게서 인용한 것이다. "문은 들어가는 수단이 되는 거처하는 곳을 생각하게 해 준다. 그곳 안에서, 우리는 권리로 말미암아 그 문을 통하여 들어갈 수 있는 사람들의 소유물과 그 몫을 발견한다. 그러므로 그곳은 그 소유자들로 하여금 바깥에 있는 모든 사람들과 분리시켜 주는 곳이다. 이런 식으로, 우리는 그곳을 성소라고 말할 수 있다. 우리는 문, 즉 단 하나의 정당한 입구로서의 문과 관련하여 이러한 것들을 생각할 수 있다."

"내가 문이니 누구든지 나로 말미암아 들어가면 구원을 받고." 그리스도께서는 "내가 문이니 누구든지 들어가면 구원을 받고"라고 말씀하시지 아니하고, "누구든지 **나로 말미암아** 들어가면"이라고 말씀하셨음에 주목해 보라. 인간은 스스로 들어갈 수 없다. 왜냐하면 인간은 본질상 "죄와 허물로 죽었기" 때문에 어쩔 도리가 없는 존재이다. 어느 누가 구원될 수 있는 방법은 오직 하나님의 도우심을 받아, 우리에게 초자연적인 능력이 전해짐으로써만 가능하다. 그리스도가 없이 우리는 **아무 것도** 할 수 없다(요 15:5). 빌립보 사람들에게 편지를 쓰면서 사도는 "그리스도를 위하여 너회에게 은혜를 주신 것은 다만 그를 믿을 뿐 아니라 또한 그를 위하여 고난도 받게 하려 하심이라"(1:29)라고 말했다. 아버지께서 이끌지 아니하면 아무라도 그리스도 께 올 수 없다는 것만이 사실인 것이 아니라(요 6:44), 그리스도께서 능력을 주시지 아니하면 아무도 아버지께로 올 수 없다는 것 또한 사실이다. 이것은 요한복음 10:16 의 말씀으로 보아 분명히 알 수 있다. "또 이 우리에 들지 아니한 다른 양들이 내게 있어 내가 **인도**하여야 할 터이니." 그리스도께서 그들을 '인도' 하시기 때문에 '양' 은 문을 통하여 하나님의 임재 안으로 들어간다. 이것은 누가복음 15:5, 6에 아름답 게 표현되어 있다. "(잃은 양을) 찾아낸즉 즐거워 **어깨에 메고** 집에 와서 그 벗과 이 웃을 불러 모으고 말하되 나와 함께 즐기자 나의 잃은 양을 찾아내었노라 하리라."

　"내가 문이니 누구든지 나로 말미암아 들어가면 구원을 받고 또는 들어가며 나오 며 꼴을 얻으리라." "들어가며 나오며"라는 말은 완전한 자유를 비유적으로 표현한 것이다. 이것은 모세의 율법 아래에서 구원받은 이스라엘 사람들의 체험과는 아주 다른 것이다. 의식법의 주요 목적 가운데 하나는 이스라엘 사람들을 다른 모든 국가 들과 분리시키는 의식들로써 그들을 속박시키는 것이었다. 그러나 그리스도께서는 이것을 종식시키셨다. 왜냐하면 그의 죽음으로 말미암아 중간에 막힌 담이 허물어졌 기 때문이다. 그래서 그의 양은 완전히 자유롭게 "들어가며 나올" 수 있다. 느헤미야 3장에 언급되어 있는 열 개의 문 가운데에서 오직 **양**문에 대하여만 "자물쇠와 빗장" 을 말하고 있지 않음은 놀라운 일이다. 이 장은 바벨론 유수 후에 **남은 자**에 관하여 말하고 있다. 그러므로 이 장은 그리스도께서 이곳에서 가르치시는 진리를 놀라운 방법으로 예시하고 있음이 분명하다. "이 자유의 완성은 다른 성도들과의 교제와 (의식) 법의 멍에(행 15:10)로부터의 구원이라는 점이 점차적으로 이해되었다. 베드 로가 욥바에 있는 집 지붕에서 가르침을 받은 교훈은(행 10장) 이 자유를 **깨닫는데** 있어서 실제로 그 첫발을 내디딘 것이었다"(Mr. C. E. Stuart).

　"**꼴을 얻으리라**"는 이 말씀은 양에게 줄 먹이가 마련되어 있음을 말해준다. 우리 는 즉시 성도들의 기쁜 증거를 기록하고 있는 비할 데 없이 아름다운 시편 구절을 떠 올릴 수 있다. "여호와는 나의 목자시니 내게 부족함이 없으리로다 그가 나를 푸른 풀밭에 누이시며 쉴 만한 물 가로 인도하시는도다." 그러므로 '초장' 은 음식뿐만 아 니라 **휴식** 또한 말하고 있다. 이것 또한 그리스도 안에 있는 우리들에게 주어진 놀라 운 몫의 일부분이다. 이것에 대한 아름다운 상징을 민수기 10:33에서 찾아볼 수 있 다. "그들이 여호와의 산에서 떠나 삼 일 길을 갈 때에 여호와의 언약궤가 그 삼 일

길에 앞서 가며 그들의 **쉴 곳**을 찾았고 그들이 진영을 떠날 때에 낮에는 여호와의 구름이 그 위에 덮였었더라." 구약성경 전체를 통하여 '언약궤'는 구세주 바로 그분에 대한 아름다운 상징이다. 그리고 이분은 여기에서 구약의 이스라엘을 위하여 그의 백성들의 쉴 곳(초장)을 찾고 계시다.

"내가 문이니 누구든지 나로 말미암아 들어가면 구원을 받고 또 들어가며 나오며 꼴을 얻으리라." 이 귀중한 구절에는 일곱 가지 내용이 열거되어 있다. 첫째로, "내가 문이니": 그리스도는 하나님께로 가는 유일한 길이다. 둘째로, "누구든지 **나로 말미암아** 들어가면": 그리스도는 들어갈 능력을 전해 주시는 분이다. 셋째로, "**누구든지** … 들어가면": 그리스도는 유대인과 이방인 모두를 위한 구세주이시다. 넷째로, "누구든지 … **들어가면**": 그리스도는 믿음이라는 이 한 행위로써 **붙잡는다**. 다섯째로, "구원을 받고": 그리스도는 죄의 형벌과 권세와 현존으로부터 구원해 주시는 분이시다. 여섯째로, "또는 들어가며 나오며": 그리스도는 모든 속박으로부터 해방시켜 주시는 분이시다. 일곱째로, "꼴을 얻으리라": 그리스도는 그의 백성을 떠받쳐 주시는 분이다.

마지막으로, 이 귀중한 구절의 내용이 우리에게 그리스도를 모세의 예언적 기도를 성취하신 분으로 제시해 준다는 것에 주목해 보는 일은 복된 일이다. "모세가 여호와께 여짜와 이르되 여호와, 모든 육체의 생명의 하나님이시여 원하건대 **한 사람**을 이 회중 위에 세워서 그로 그들 앞에 **출입**하며 **그들을 인도하여 출입하게 하사** 여호와의 회중이 목자 없는 양과 같이 되지 않게 하옵소서"(민 27:15-17).

"**도둑이 오는 것은 도둑질하고 죽이고 멸망시키려는 것뿐이요**"(10:10). 그리스도께서 여기서 단수를 사용하심에 주목해 보라. 8절에서 주님은 그보다 먼저 온 자들을 언급할 때 "절도요 강도[들]"이라고 말씀하셨으나, 여기 10절에서는 어떤 특별한 개인, 즉 "**그 도둑**"을 생각하고 계신다. 또 주님은 이 특별한 '도둑'을 말씀하시면서 절도와 강도의 서로 다른 두 특성을 **혼합**하여 말씀하심에 주목해야 한다. 8절에 관하여 논평할 때 살펴보았듯이, 전자는 **몰래 하는** 자라는 의미가 담겨 있고, 후자는 **폭력**을 사용하는 자라는 의미가 담겨 있는 말이다. 여기에서의 "[그] 도둑"은 도둑질하고 죽이고 멸망시키려고 온다. 그러면 주님은 누구를 가리켜 말씀하시는 것인가? 분명히 이 도둑은 이스라엘의 최후의 거짓 목자, "못된 목자", 적그리스도를 가리키며, 이 도둑에 관하여는 다음과 같이 기록되어 있다. "보라 내가 한 목자를 이 땅에 일으키리니 그가 없어진 자를 마음에 두지 아니하며 흩어진 자를 찾지 아니하며 상한 자를 고치지 아니하며 강건한 자를 먹이지 아니하고 오히려 살진 자의 고기를 먹으며 또 그 굽을 찢으리라 화 있을진저 양 떼를 버린 못된 목자여 칼이 그의 팔과 오른쪽 눈에 내리리니 그의 팔이 아주 마르고 그의 오른쪽 눈이 아주 멀어 버릴 것이라 하시니라"(슥 11:16, 17).

"내가 온 것은 양으로 생명을 얻게 하고 더 풍성히 얻게 하려는 것이라"(10:10). "누구든지 나로 말미암아 들어가면 **구원을 받고**"라고 이미 말씀하신 **후에** 이 말씀을 하시는 이유는 무엇인가? 이 말씀은 주님이 '도둑'을 언급하신 후에 하신 것임에 주목해 보라. 여기에서 주님은 이스라엘과 관계가 있는 그의 재림의 날을 고대하고 계신 것처럼 보인다. 그때는 진실로 **풍성한** 생명이 그들의 것이 되는 때일 것이다. 로마서 11:15에 기록되어 있는 것처럼, "그들을 버리는 것이 세상의 화목이 되거든 그 받아들이는 것이 죽은 자 가운데서 살아나는 것이 아니면 무엇이리요." 또한 이것은, 주님께서 "나는 문이니"(9절)라고 하신 말씀은 이 요한복음에서 그가 "나는 … 라"고 말씀하신 세 번째 경우 ─ 이 숫자는 **부활**을 뜻한다 ─ 라는 사실과 놀랍게도 일치한다. 이 말씀 직후에 우리는 그리스도께서 "나는 선한 목자라"고 말씀하심을 본다(11절). 이것은 주님이 "나는 … 라"고 말씀하신 **네 번째** 경우인데, 이 숫자는 **땅**을 뜻한다.

다음 장에 대한 준비로서, 관심 있는 독자들은 다음 사항을 주의 깊게 명상해 보기를 바란다.

1. 구약시대의 상징적인 "목자들"을 연구하라.
2. 11절의 "위하여"라는 말은 정확히 무슨 뜻인가?
3. 목자께서는 "양" 외에 다른 것을 위하여 목숨을 버리셨는가?
4. "목자"로서의 그리스도께 붙여진 수식어는 "선한"이라는 말 외에 어떤 것이 있는가?
5. "삯꾼"(12절)은 누구를 가리키는 말인가?
6. 16절의 "다른 양들"은 누구인가?
7. 18절의 상반절에 대한 증거를 복음서에서 찾아보라.

제35장

선한 목자이신 그리스도

¹¹나는 선한 목자라 선한 목자는 양들을 위하여 목숨을 버리거니와 ¹²삯꾼은 목자가 아니요 양도 제 양이 아니라 이리가 오는 것을 보면 양을 버리고 달아나나니 이리가 양을 물어 가고 또 헤치느니라 ¹³달아나는 것은 그가 삯꾼인 까닭에 양을 돌보지 아니함이나 ¹⁴나는 선한 목자라 나는 내 양을 알고 양도 나를 아는 것이 ¹⁵아버지께서 나를 아시고 내가 아버지를 아는 것 같으니 나는 양을 위하여 목숨을 버리노라 ¹⁶또 이 우리에 들지 아니한 다른 양들이 내게 있어 내가 인도하여야 할 터이니 그들도 내 음성을 듣고 한 무리가 되어 한 목자에게 있으리라 ¹⁷내가 내 목숨을 버리는 것은 그것을 내가 다시 얻기 위함이니 이로 말미암아 아버지께서 나를 사랑하시느니라 ¹⁸이를 내게서 빼앗는 자가 있는 것이 아니라 내가 스스로 버리노라 나는 버릴 권세도 있고 다시 얻을 권세도 있으니 이 계명은 내 아버지에게서 받았노라 하시니라 ¹⁹이 말씀으로 말미암아 유대인 중에 다시 분쟁이 일어나니 ²⁰그 중에 많은 사람이 말하되 그가 귀신 들려 미쳤거늘 어찌하여 그 말을 듣느냐 하며 ²¹어떤 사람은 말하되 이 말은 귀신 들린 자의 말이 아니라 귀신이 맹인의 눈을 뜨게 할 수 있느냐 하더라(요 10:11-21)

우리는 본문을 다음과 같이 분석해 볼 수 있다.

1. 선한 목자는 자기 양을 위하여 죽는다(11절)

2. 삯꾼의 성격과 행동(12, 13절)

3. 목자와 양 사이의 친밀함(14절)

4. 아버지와 아들 사이의 친밀함(15절)

5. 목자의 구원을 받는 이방의 양(16절)

6. 목자와 아버지의 관계(17, 18절)

7. 유대인들 사이의 분쟁(19-21절)

본문은, 바리새인들이 주님으로 인해 눈을 뜨게 된 걸인을 출교시킨 일이 있은 후, 주님께서 그들에게 하신 말씀의 종결 부분이다. 이 이야기를 통해 그리스도는 두 가지 일을 하셨다. 첫째로, 그는 그들의 충실하지 못함에 대해 생생하게 묘사하였다. 둘째로, 그는 자신의 충성됨과 선하심을 대조시키셨다. 그들은 백성들의 신앙 지도자들이었으나 "타인"(5절), "절도요 강도"(8절), "삯꾼"(12, 13절)으로 묘사되었다. 그러나 주님은 "문"(9, 11절), "선한 목자"(11절)로 계시되었다.

바리새인들은 이스라엘의 목자였다. 그들은 날 때부터 맹인 되었던 사람, 곧 이 불쌍한 양이 옳은 일을 하고 그른 일을 행하기를 거절하였으므로 그를 회당에서 쫓아내었는데, 이 일은 그들이 어떤 성품을 소유한 자들인지 보여주었다. 그리고 이것은 그들에게는 익숙한 압력과 폭력이 잠깐 나타난 한 예에 불과하다. 이 때 그들에게는 에스겔의 예언이 성취되었다. 에스겔의 예언은 이 하나님의 백성의 목자들이 절도와 강도를 닮았음을 증언하였다. 에스겔 34장은(다른 모든 예언들과 마찬가지로 **이중으로** 성취되는데) 서기관들과 바리새인들의 이기적이고 잔인한 행위에 대해 슬픈 논평을 하고 있다. 이 장 전체를 읽어야 하겠으나, 여기에 그 일부만을 인용해 보자. "여호와의 말씀이 내게 임하여 이르시되 인자야 너는 이스라엘 목자들에게 예언하라 그들 곧 목자들에게 예언하여 이르기를 주 여호와께서 이같이 말씀하시되 자기만 먹는 이스라엘 목자들은 화 있을진저 목자들이 양 떼를 먹이는 것이 마땅하지 아니하냐 너희가 살진 양을 잡아 그 기름을 먹으며 그 털을 입되 양 떼는 먹이지 아니하는도다 너희가 그 연약한 자를 강하게 아니하며 병든 자를 고치지 아니하며 상한 자를 싸매 주지 아니하며 쫓기는 자를 돌아오게 하지 아니하며 잃어버린 자를 찾지 아니하고 다만 포악으로 그것들을 다스렸도다"(1-4절).

에스겔의 이 예언은 계속하여 이스라엘의 참 목자, 곧 선한 목자를 제시한다. "주 여호와께서 이같이 말씀하셨느니라 나 곧 내가 내 양을 찾고 찾되 목자가 양 가운데에 있는 날에 양이 흩어졌으면 그 떼를 찾는 것 같이 내가 내 양을 찾아서 흐리고 캄캄한 날에 그 흩어진 모든 곳에서 그것들을 건져낼지라 … 내가 친히 내 양의 목자가 되어 그것들을 누워 있게 할지라 그 잃어버린 자를 내가 찾으며 쫓기는 자를 내가 돌아오게 하며 상한 자를 내가 싸매 주며 병든 자를 내가 강하게 하려니와 … 내가 한 목자를 그들 위에 세워 먹이게 하리니 그는 내 종 다윗이라 그가 그들을 먹이고 그들의 목자가 될지라 … 그들이 내가 여호와 그들의 하나님이며 그들과 함께 있는 줄을 알고 그들 곧 이스라엘 족속이 내 백성인 줄 알리라 주 여호와의 말씀이라 내 양 곧 내 초장의 양 너희는 사람이요 나는 너희 하나님이라 주 여호와의 말씀이니라"(11, 12, 15, 16, 23, 30, 31절).

구세주를 '목자'에 비유하여 나타낸 구약의 선지자는 에스겔만이 아니었다. 구약성경은 자주 그를 이렇게 묘사했다. 야곱은 죽어가면서 예언하기를, "(야곱의 전능하신 하나님)로부터 이스라엘의 반석인 **목자**가 나도다"(창 49:24)라고 말하였다. 시편 기자는 "여호와는 나의 **목자**시니"(시 23:1)라고 말하였다. 이사야에게는 "보라 주 여호와께서 장차 강한 자로 임하실 것이요 친히 그의 팔로 다스리실 것이라 보라 상급이 그에게 있고 보응이 그의 앞에 있으며 그는 목자 같이 양 떼를 먹이시며 어린 양을 그 팔로 모아 품에 안으시며 젖먹이는 암컷들을 온순히 인도하시리로다"(40:10, 11)라고 계시되었다. 스가랴에는 다음과 같은 주목할 만한 말씀이 기록되어 있다. "만군의 여호와가 말하노라 칼아 깨어서 내 **목자**, 내 짝 된 자를 치라 **목자**를 치면 양이 흩어지려니와 작은 자들 위에는 내가 내 손을 드리우리라"(13:7)

이러한 예언들과 더불어, 구약성경에는 그리스도의 '목자'로서의 성격을 예시해 주는 **상징들**이 특히 많이 있다. 우리가 그것을 추적해 보면, 각기 그리스도를 가리켰던 목자가 다섯 사람 있는데, 이들은 모두 상징적 그림의 독특한 선(線)을 제시해 준다. 첫째로, **아벨**이 있다. 창세기 4:2은 "아벨은 양 치는 자였고"라고 말하고 있다. 그가 예시해 주는 상징적 진리의 독특한 면은 바로 목자의 **죽음**, 즉 악한 손에 의해 죽임을 당하고, 육을 따른 그의 형제에 의해 죽임을 당한 면이다. 둘째로는 **야곱**이 있는데, 목자로서의 그와 관련되어 두드러지게 나타나는 면은 양에 대한 그의 **돌봄**이다(창 30:31; 31:38-40; 특히 33:13, 14 참고). 셋째로는 **요셉**이 있다. 성경은 야곱의 특별한 사랑을 받았던 이 아들에 관하여 그는 양을 쳤다(**먹였다**)는 사실을 맨 먼저 기록하고 있다(창 37:2). 넷째로는 **모세**가 있다. 그에 관하여는 세 가지 내용, 즉 그는 양에게 물을 **먹였고 지켰고 인도하였다**고 기록되어 있다. "미디안 제사장에게 일곱 딸이 있었더니 그들이 와서 물을 길어 구유에 채우고 그들의 아버지의 양 떼에게 먹이려 하는데 목자들이 와서 그들을 쫓는지라 모세가 일어나 그들을 도와 그 양 떼에게 **먹이니라** … 모세가 그의 장인 미디안 제사장 이드로의 양 떼를 **치더니** 그 떼를 광야 서쪽으로 **인도하여** 하나님의 산 호렙에 이르매"(출 2:16, 17; 3:1). 다섯째로는

다윗이 있다. 그는 자기 양을 위하여 **자기의 생명을 위태롭게**까지 하는 자로 묘사된다. "다윗이 사울에게 말하되 주의 종이 아버지의 양을 지킬 때에 사자나 곰이 와서 양 떼에서 새끼를 물어가면 내가 따라가서 그것을 치고 그 입에서 새끼를 건져내었고 그것이 일어나 나를 해하고자 하면 내가 그 수염을 잡고 그것을 쳐죽였나이다"(삼상 17:34-35). 구약성경에는 또 다른 '목자'가 언급되었는데, 그것은 "못된 목자"(슥 11:16, 17)로서 적그리스도를 말한다. **그가 여섯 번째** 목자로서 언급되었음은 얼마나 중요한가! 성경이 언급하는 또 다른 '목자'는 주 예수이시며, 그는 **일곱 번째** 목자가 되신다. 일곱은 완전의 숫자이며, 우리는 그리스도 곧 선한 목자께 나올 때 비로소 완전해진다.

"나는 **선한** 목자라." "선한"이라는 말은 매우 포괄적인 말로서, 이 말에 담긴 모든 뜻을 간략하게 정의하기는 불가능할 것이다. 헬라어로는 '칼로스'인데, 이 말은 '선한'이라는 뜻으로 76회 번역되었다. 또한 이 말은 '좋은', '마땅한', '가치 있는' 등의 말로 번역되기도 한다. 이 말의 가장 중요한 의미를 찾기 위해서는, 이 말이 맨 처음 언급된 경우를 고찰해 보지 않을 수 없다. 성경에 나온 어떤 단어나 표현을 조사하고자 할 때에는, 언제나 그 말이 처음 언급된 경우에 주의를 기울이는 것이 유익하다. "선한"이라는 말은 신약성경에서는 마태복음 3:10에서 처음 쓰였는데, 그곳에는 "이미 도끼가 나무 뿌리에 놓였으니 **좋은**(영어로는 똑같이 'good'으로 번역되었음) 열매를 맺지 아니하는 나무마다 찍혀 불에 던져지리라"고 기록되어 있다. 여기에서 "나무"라는 말은 비유적으로 사용되었다. 즉 이 말은 중생하지 못한 사람들을 가리킨다. **불신자**는 누구도 "좋은 열매"를 맺을 수 없다. 그러므로 "좋은 열매"는 그리스도인 안에서, 또 그를 통하여 맺어지는 것이다. 그러면 그리스도인이 맺는 '열매'는 어떤 **종류**의 열매인가? 그것은 **하나님**의 열매, **영적인** 열매이다. 그것은 새로운 본성의 산물이다. 그것은 인간적인 것과는 대조되는 신적인 것이며, 육적인 것과 대조되는 영적인 것이다. 그러므로 "선한"이라는 말이 처음 쓰여진 이 경우에 비추어, 그리스도께서 "나는 **선한** 목자라"라고 말씀하셨을 때, 그는 "나는 **신적**이고 **영적인** 목자이다"라는 뜻으로 말씀하신 것을 알 수 있다. 다른 모든 목자는 인간이다. 그러나 그는 하나님의 아들이셨다. 주님께서 이곳에서 자신과 대조시키고 계신 '목자들'은 바리새인들이었다. 그들은 세속적이었으나, 그는 **영적**이었다.

또한 요한복음에서 "선한"이라는 이 말이 **처음** 쓰여진 경우도 주의 깊게 살펴보는 것이 유익할 것이다. 이 말은 2:10에 처음 나온다. 주 예수께서 기적적으로 물을 포도주로 바꾸셨을 때, 하인들은 그것을 연회장에게 가져갔고 그는 그것을 맛보고 "사람마다 먼저 **좋은** 포도주를 내고 취한 후에 낮은 것을 내거늘 그대는 지금까지 **좋은 포도주**를 두었도다"라고 말하였다. 여기에서의 "좋은"이라는 말의 의미는 **특산품** 또는 **뛰어난**, 정말로 특출나게 뛰어난 것을 뜻한다. 왜냐하면 여기에서 "좋은 포도주"는 낮은 것과 대조되고 있기 때문이다. '칼로스'라는 말이 이처럼 쓰여진 것을 통하여, 우리는 요한복음 10:11에서의 이 형용사의 의미를 파악하는 데 큰 도움을 얻는다. 그리스도가 "나는 **선한** 목자라"라고 말씀하셨을 때, 그는 그가 **특출나게 뛰어난** 목자이심을 시사하셨다. 즉 그보다 앞서 온 모든 사람들보다 무한히 높으신 분임을 의미한다.

"나는 선한 **목자**라." 이것은 그의 절대적 신성을 명백하게 확언한 말씀이었다. 주님은 여기서 이스라엘 사람들에게 말씀하고 계셨는데, 이스라엘의 '목자'는 바로 여호와이셨다(시 23:1; 80:1). 그러므로 구주께서 "나는 선한 목자**이다**"라고 말씀하실 때, 그는 자신이 구약의 여호와와 동일하심을 명백하게 단언하신 것이다.

"나는 선한 목자라." 이 말씀은, 주님을 부르는 다른 모든 명칭과 마찬가지로, **독특한 관계**에 있는 그를 제시하여 준다. 존 길(John Gill)에 의하면, 예수는 그의 아버지의 정하심과 부르심과 본심을 받은 목자, 그의 모든 양 또는 택함받은 이들을 돌보는 일을 위탁받은 분, 아버지께서 그들을 지키는 목자로서 세우시고 그들을 맡겨주신 분, 그들을 먹이도록 부름을 받고 그 일을 담당하신 분이셨다.

"나는 선한 목자라 선한 목자는 양들을 위하여 목숨을 버리거니와"(11절). 여기에서 "양들을 위하여"라는 말은 '그것들의 이익을 위하여'라는 뜻이다. "버린다"는 말은 '내던지다'는 뜻이다. 선한 목자는 그의 백성으로 사망에서 구원되고 영생을 얻게 하기 위하여, 그들을 대신하여 그들을 위한 속죄값으로서 자기의 생명을 거리낌 없이, 자발적으로 버리셨다. 이디오피아 역본은 "선한 목자는 양을 **구속**하기 위하여 자기의 생명을 버린다"라고 기록하고 있다.

"선한 목자는 양들을 위하여 목숨을 버리거니와." 이 말씀은 속죄의 성격과 그 정도를 분명하고 명확하게 규정해 준다. 구세주는 진리를 위한 순교자, 또는 자기희생의 도덕적 모범으로서가 아니라 **백성**을 위하여 "자기의 생명을 버린다." 그는 그들로 살게 하기 위하여 죽으셨다. 본질상 그의 백성은 죄와 허물로 죽어 있으며, 하나님께서 정하여 주시고 또 하나님께서 준비해 주신 대리인이 그들을 위해 죽으시지 않으셨더라면, 그들에게는 영적이고 영원한 생명이 없었을 것이다. 또한 이 구절은 그리스도께서 그의 생명을 버리시기까지 **위하신 자들**에 관해서 분명히 말해 준다. 그는 타락한 천사가 아니라 죄 지은 인간을 위하여 그의 생명을 버리셨다. 또 일반적인 인간을 위해서가 아니라 그의 특별한 백성을 위해서, '염소들'이 아닌 '양들'을 위해서 그의 목숨을 버리셨다. 하나님께서 선지자들을 통하여 선포하신 것도 바로 이것이었다. "그가 살아 있는 자들의 땅에서 끊어짐은 마땅히 형벌 받을 **내 백성**의 허물 때문이라"(사 53:8). 천사는 마리아에게 "이름을 예수라 하라 이는 그가 **자기 백성**을 그들의 죄에서 구원할 자이심이라"(마 1:21)라고 말하였다. 또 천사는 목자들에게 "보라 내가 온 **백성**에게 미칠 큰 기쁨의 좋은 소식을 너희에게 전하노라"(눅 2:10)라고 말했다. 그리스도께서 최후의 만찬 때 하신 말씀에도 앞에서와 똑같은 제한을 두고 살펴보아야 한다. "이것은 죄 사함을 얻게 하려고 **많은 사람**을 위하여 흘리는 바 나의 피 곧 언약의 피니라"(마 26:28). (행 20:28; 딛 2:14; 히 2:17 등 참조)

"**삯꾼은 목자가 아니요 양도 제 양이 아니라 이리가 오는 것을 보면 양을 버리고 달아나나니 이리가 양을 물어 가고 또 헤치느니라**"(10:12). 주님께서는 여기에서 한 번 더 바리새인들, 즉 이스라엘의 불충실한 목자들을 가리키고 계심이 분명하다. 삯꾼 목자는 양의 **주인**이 아니다. "양도 제 양이 **아니라**"는 말에 주목해 보라. 즉 그는 그 양에 대한 소유권도 없으며, 그 양에 대한 사랑도 없다. 삯꾼은 양을 지킨 데 대한 **보수**를 받으며, 이러한 자들은 자신의 것만을 생각하고 하나님의 것은 돌보지 아니한다. 그러나 우리는 "일꾼이 그 삯을 받는 것이 마땅하니라"는 누가복음 10:7의 말씀과 그 밖의 여러 성경 말씀을 염두에 둠으로써, 이 구절에 쓰인 비유를 그 문맥에서 벗어나 해석하지 않도록 조심해야 한다. "어떤 사람이 삯꾼이라는 것을 보여주는 것은, 그가 분명히 삯을 받는다는 것이 아니라(주님께서는 복음을 전파하는 자는 복음으로 살리라고 정하셨다), 그가 삯을 사랑하는 것, 일보다 삯을 더 사랑하는 것, 삯을 얻기 위하여 일하는 것 등이 그가 삯꾼임을 나타내 준다. 삯을 받지 못한다면 일하려 하지 않는 사람, 바로 그가 삯꾼이다"(존 웨슬리). "삯꾼"은 한 마디로, 어떤 지위가 세속적인 혜택들을 제공해 준다는 단순한 이유만으로 그 자리를 차지하는, 자칭 하나님의 종을 말한다. 삯꾼은 돈을 목적으로 일하는 사람이다. 즉 그에게는 이득을 얻으려는 욕심 외에 다른 동기가 없다.

"삯꾼은 목자가 아니요 양도 제 양이 아니라 이리가 오는 것을 보면 양을 버리고 달아나나니 이리가 양을 물어 가고 또 헤치느니라." 필자는 여기에서의 "이리"는 직접적으로 사탄을 가리키는 말이 아니라고 생각한다. 왜냐하면 거짓 목자들은 그가 다가올 때에 도망하지 않기 때문이다. 그보다 여기에서의 "이리"는 양을 공격하려고 접근하는 '양'의 원수를 가리킨다고 생각한다. 그리스도께서 여기에서 단어를 선택하는 데 신중을 기하고 계심을 주목해 보라. 주님은 "이리가 양을 물어 가고 또 헤치느니라"고 말씀하신다. 즉 이리가 양을 **삼켜 버린다**고 말씀하지 않으셨다. 그것은 그리스도의 '양'은 결코 멸망하지 않기 때문이다.

　"**달아나는 것은 그가 삯꾼인 까닭에 양을 돌보지 아니함이나**"(10:13). 언뜻 보면, 주님의 이 말씀은 매우 진부한 말씀처럼 들리지만 조금 더 숙고해 본다면, 이 말씀이 심오한 원리를 선포하고 있음을 알 수 있다. 그 원리란, 사람은 그 사람 됨됨이대로 행한다는 것이다. 성격과 행동 사이에는 언제나 상관관계가 있다. 주정뱅이는 그가 주정뱅이이기 때문에 술을 마신다. 그러나 그는 술을 과하게 마시기 **전부터** 주정뱅이였다. 거짓말쟁이는 그가 거짓말쟁이이기 때문에 거짓말을 하지만, 그는 거짓말을 **하기** 전부터 거짓말쟁이였다. 도둑은 그가 도둑이기 때문에 도둑질한다. 시험의 때가 오면 각 사람은 그가 행하는 일로써 그가 어떤 사람인지를 드러낸다.

　이 원리는 그 반대의 경우에도 훌륭히 적용된다. 그리스도인은 그가 그리스도인이기 때문에 그리스도인답게 행동한다. 그러나 사람이 그리스도인의 생활을 할 수 있으려면 그 **전에** 먼저 그리스도인이 되어야 한다. 그리스도인이라는 **신앙고백**은 적합한 시험이 아니다. 정통 **교리**도 마찬가지이다. 마귀들에게도 신조가 있다. 그리고 이 신조는 그들을 떨게도 하지만, 이것은 그들을 지옥에서 구원하는 데 아무 소용이 없다. 우리가 어떠한 자인가를 알리는 것은 바로 우리의 **열매**이며, 마음을 드러내는 것은 바로 **행위**이다.

　"달아나는 것은 그가 삯꾼인 까닭에." 우리의 성격은 삶의 **위기** 가운데서 우리의 행동으로 나타난다. 삯꾼이 도망하는 때는 언제인가? 그가 "이리가 오는 것을" 보는 때이다. 삯꾼의 본색을 드러내 주는 것은 바로 이리이다. 이리가 오지 않았더라면 그의 정체를 결코 알지 못했을지도 모른다. 이 비유는 그 시사해 주는 바가 크다. 이 말은 우리의 일상 회화에까지 깊이 침투하여, 우리는 아주 곤궁하여 굶어 죽을 지경에 이른 상태를 "이리가 문에 와 있다"라고 말한다. 이 비유적 표현, 즉 이리라는 말은 시련의 위기, 또는 두려운 시험을 뜻한다. 바울은 에베소의 장로들에게 말할 때 이 비유를 사용하고 있다. "내가 떠난 후에 사나운 **이리**가 여러분에게 들어와서 그 양 떼를 아끼지 아니하며"(행 20:29). 이것은 참으로 엄중한 말씀이다. '이리'가 오는 것을 볼 때 **당신은** 어떻게 행동하는가? 공포에 떠는가? 아니면, 위험이나 시험 또는 시련이 닥쳐올 때 더욱 주님께 의지하는가?

"나는 선한 목자라 나는 내 양을 알고 양도 나를 아는 것이" (10:14). 주 예수께 적용된 "목자"라는 이 비유는 다음의 세 가지 내용을 시사해 준다고 생각한다. 첫째로, 이 표현은 그의 **중보적** 직분을 가리킨다. 목자는 양 떼의 주인이 아니라, 그 양 떼를 돌보는 일을 위탁받은 자이다. 이와 마찬가지로, 중보자로서의 그리스도는 아버지께서 목자로서 행하도록 정하신 분이며, 그에게는 택함받은 자의 구원이 맡겨져 있는 것이다. 주님을 상징하였던 사람들, 요셉과 모세와 다윗은 자신의 양 떼가 아닌 그들의 **아버지들의** 양 떼를 돌보았다. 둘째로, 이 표현은 친교, 즉 구세주께서 자기의 백성과 **함께 계심**을 말해준다. 목자는 자기 양 떼를 결코 떠나지 않는다. 그러나 단 한 가지 예외가 있는데, 그것은 목자가 양 떼를 '문지기'에게 맡기는 때이다. 그리고 그 때는 밤이 되는 때이다. 이 얼마나 깊은 뜻을 담고 있는가! 그리스도께서 계시지 않는 **밤** 동안에는 성령께서 하나님의 택하신 자들을 맡아 주신다. 마지막으로, 목자로서의 특성은 그리스도의 자기 백성에 대한 돌보심, 신실하심, 염려하심을 말해 준다.

신약성경에서 그리스도를 "목자"로 표현하고 있는 곳이 두 군데인데, 각각 다른 형용사를 쓰고 있다. 히브리서 13:20에는 "양들의 **큰** 목자이신 우리 주 예수를 영원한 언약의 피로 죽은 자 가운데서 이끌어 내신 평강의 하나님이"라고 기록되어 있고, 베드로전서 5:4에는 "그리하면 목자**장**이 나타나실 때에 시들지 아니하는 영광의 관을 얻으리라"고 기록되어 있다. 신약성경은 주님을 세 번 '목자'로 부르고 있는데, 이 명칭이 기록된 순서에 주의를 기울여 살펴볼 만하다. 여기 요한복음 10장에서는 분명히 십자가를 가리킨다. 이 때의 주님은 양을 위하여 자기의 목숨을 버리는, **죽음 가운데** 있는 '선한' 목자이시다. 히브리서 13장에서는 빈 무덤을 가리킨다. 그러므로 주님은 부활 가운데 계신 '큰' 목자이시다. 반면에 베드로전서 5:4에서는 그의 영광스러운 재림을 가리킨다. 그러므로 주님은 목자 '장'으로 나타나실 것이다.

"나는 선한 목자라 나는 내 양을 알고." 주님께서 그의 백성을 '양'의 비유로 표현하신 이유는 무엇인가? 이 비유는 매우 시사적이고 완전하다. 우리는 이것에 대하여 철저히 살펴보기보다는 간단히 살펴보기로 하자. 모세의 율법에서는 양은 **깨끗한** 짐승이었다. 즉 그 자체로서 양은, 모든 죄로부터 깨끗해진 하나님의 백성을 상징한다. 양은 **순진한** 짐승이다. 즉 아이들도 두려움 없이 양에게 접근할 수 있다. 그러므로 하나님의 백성은 "뱀 같이 지혜롭고 비둘기 같이 **순결하라**" (마 10:16)는 권고를 받는다. 양은 또 **아무 힘이 없다**. 그들은 공격하거나 방어하기 위한 무기를 갖고 태어나지 않는다. 마찬가지로 신자도 그 스스로는 아무 힘이 없다. 그리스도께서는 "내가 없이는 **너희가 아무 일도** 할 수 **없다**"고 말씀하신다. 또한 양은 **온순하다**. 양만큼 온 순한 짐승도 없을 것이다! 이것은 그리스도를 따르는 자들을 구별해 주는 은혜이다. "**관용하고** 양순하며 긍휼과 선한 열매가 가득하고"(약 3:17). 양은 목자에게 완전히 **의존한다**. 이것은 동방에서 흔히 볼 수 있는 일이다. 양은 들짐승들로부터 보호받기 위하여 목자에게 의지해야 할 뿐만 아니라, **목자는** 그들을 초장으로 인도해야 한다. 우리가 하나님께 더욱더 의지할 수 있기를 기도하자. 또한 양의 두드러진 특성은 **흩 어지기 쉽다**는 것이다. 둘레에 울타리가 쳐졌을 때조차도, 그 어딘가에 틈새만 있으 면 양은 재빨리 빠져 나간다. 슬프게도, 이것은 우리에게도 적용되는 사실이다. "시 험에 들지 **않도록** 깨어 기도하라"는 훈계에 우리 모두 주의를 기울일 필요가 절박하 다. 양은 또 **유익한** 짐승이다. 해마다 우리는 양털을 얻는다. 이 점 또한 그리스도인 들을 예시해 준다. 신자는 날마다 "주여, 내가 무슨 일을 하리이까?"라는 태도를 취 해야 한다.

"나는 선한 목자라 나는 내 양을 **알고**." 참으로 복된 말씀이다. 주 예수께서는 아 버지가 그에게 주신 자들 모두를 시인하시고 사랑하시고 친밀하신 특별한 지식으로 써 알고 계신다. 세상에는 모른 바 되었을지라도 — "세상이 **우리를 알지 못한다**"(요 일 3:1) — 우리는 **그에게** 알려진 바 되었다. 그리고 그리스도만이 그의 양을 **모두** 아 신다. 때때로 우리는 미혹을 받는다. 우리가 '양'이라고 생각한 사람이 실제로는 '염소'이며, 또 우리가 그리스도의 양 떼 바깥에 있다고 생각한 사람이, 생각과는 반 대로 양 떼에 속해 있기도 하다. 신약성경이 우리에게 말해 주지 않았다면, 누구나 **롯**을 '의인'이라고 결론지었을 것이다. 그리스도께서 열두 제자 중 하나인 유다를 보내셨을 때 누가 그를 마귀라고 생각할 수 있었겠는가! "나는 내 양을 알고." "내가 너희를 도무지 알지 못하니"라는 마태복음 7:23의 말씀은 이 말씀과 대조되는 얼마 나 두렵고 엄숙한 말씀인가!

"양도 나를 **아는 것이**"(10:14). 양은 그리스도를 체험적으로, 개인적으로 안다. 거 듭난 각 영혼은 욥처럼 "내가 주께 대하여 귀로 듣기만 하였사오나 이제는 눈으로 주 를 뵈옵나이다"(욥 42:5)라고 말할 수 있다. 신자는 그리스도를 단순히 역사상의 뛰 어난 인물로서가 아니라 그의 영혼의 구세주로서 안다. 그는 마음으로 그를 안다. 그 는 그가 안식을 주시는 분, 형제보다 친한 친구, 자기 양을 언제나 돌보시는 선한 목 자이심을 안다.

"아버지께서 나를 아시고 내가 아버지를 아는 것 같으니"(10:15). 성경에 자주 나와 있는 '안다'는 말이 여기에서는 '시인한다'는 의미의 지식을 뜻한다. 이것은 **사랑한다**는 말과 똑같은 뜻이다. 이 구절의 첫 부분은 앞 절의 마지막 부분, 즉 "나는 내 양을 알고 양도 나를 아는 것"이라는 그리스도의 말씀과 연결되는 말씀으로 보아야 한다. 이 두 말씀은 이렇게 하나의 완전한 문장, 그것도 주목할 만한 문장을 이룬다. 그리스도와 그의 양이 서로 아는 지식은 아버지와 아들이 서로 아는 지식과 닮았다. 그것은 지식, 사랑이다. 그것도 아주 심오하고 영적이고 하늘에 속한 것이고, 친밀하고 복된 것이어서 다른 어떤 이유로는 그 관계를 올바르게 표현할 수 없다. 아버지가 아들을 알고, 또 아들이 아버지를 알듯이, 그리스도는 그의 양을 알고, 또 양은 그를 안다.

"나는 양을 위하여 목숨을 버리노라"(10:15). "위하여"라는 말의 정확한 의미는, 여기에서와 똑같은 헬라어('휘페르')가 쓰여진 로마서 5:6-8에 명료하게 정의되어 있다. "우리가 아직 연약할 때에 기약대로 그리스도께서 경건하지 않은 자를 **위하여** 죽으셨도다 의인을 **위하여** 죽는 자가 쉽지 않고 선인을 **위하여** 용감히 죽는 자가 혹 있거니와 우리가 아직 죄인 되었을 때에 그리스도께서 우리를 **위하여** 죽으심으로 하나님께서 우리에 대한 자기의 사랑을 확증하셨느니라." 여기에서의 "위하여"라는 말은 단순히 '~의 이익을 위하여'라는 뜻만이 아니라 '~를 **대신하여**'라는 뜻도 지닌다. "'누구를 위하여 죽는다'라는 헬라어는 자신을 희생하여 다른 사람의 생명을 구한다는 뜻이다"(Parkhurst의 헬라어 사전).

"또 이 우리에 들지 아니한 다른 양들이 내게 있어 내가 인도하여야 할 터이니 그들도 내 음성을 듣고"(10:16). 주님께서는 여기에서 이방인들 가운데 있는 그의 택함받은 자들을 생각하심이 분명하다. 주님은 택하신 유대인들뿐만 아니라 "흩어진 하나님의 자녀"(요 11:52)를 위해서도 "자기의 목숨을 버린다." 그러나 그리스도께서는 여기에서 "다른 양들이 내게 **있을 것이다**"라고 말씀하지 아니하시고 "다른 양들이 내게 **있어**"라고 말씀하심에 주목하라. 그들은 이미 주님의 것이었다. 왜냐하면 그들을 아버지께서 영원 전에 그에게 주셨기 때문이다. 이와 병행되는 구절을 사도행전 18장에서 찾을 수 있다. 바울 사도가 고린도에 막 이르렀을 때, 주님은 밤에 환상 가운데 그에게 "두려워하지 말며 침묵하지 말고 말하라 내가 너와 함께 있으매 어떤 사람도 너를 대적하여 해롭게 할 자가 없을 것이니 이는 이 성중에 내 백성이 많음이라"고 말씀하셨다(9, 10절). 참으로 분명하고 명백하고 명료한 말씀이 아닌가!

모든 것이 하나님의 영원한 경륜에서 결정됨을 보여주는 말씀이 아닌가!

"또 이 우리에 들지 아니한 다른 양들이 내게 있어 내가 인도**하여야** 할 터이니 그들도 내 음성을 **듣고**"(10:16). 이것 또한 명백한 말씀이다. 불확실하거나 우연적인 것을 말씀한 것이 아니다. "그들이 **기꺼이** 들으려 **한다면**"이라고 기록되어 있지 않다. 참으로 가련하게도 인간은 하나님의 진리를 왜곡시키며, 참으로 사악하게도 그 진리를 **부인**한다. 우리는 그 이유를 쉽게 알 수 있다. 그것은 성경이 분명하게 가르치는 말씀을 믿는 믿음이 부족하기 때문이다. 그리스도는 이 "다른 양"을 인도**하여야** 했다. 왜냐하면 그에게는 그렇게 해야만 할 필연성이 있었기 때문이다. 그는 그들을 구원하기로 아버지와 언약을 맺으셨다. 그리고 그에게는 실패가 있을 수 **없기** 때문에 그들은 인도를 **받을** 것이고, 그의 목소리를 **들을** 것이다. 아버지께서 아들에게 행하게 하신 일은 완전하게 수행되고 성공적으로 성취되었다. 인간의 강팍함이나 마귀의 궤계도 그를 방해할 수 없다. 아버지께서 그리스도께 주신 그 사랑받는 무리 중 단 하나도 멸망하지 아니한다. 이들 각각은 그의 음성을 **들을** 것이다. 왜냐하면 그들은 그렇게 행하기로 예정되었기 때문이다. 또 성경에는 "영생을 주시기로 작정**된 자**는 다 믿더라"(행 13:48)고 기록되어 있다. "그들도 내 음성을 듣고"라는 말씀은 약속이자 예언이다.

"또 이 우리에 들지 아니한 다른 양들이 내게 있어 내가 인도하여야 할 터이니 그들도 내 음성을 듣고." 이 구절에 대하여 청교도인 트랩(Trapp)은 그의 주석서에서 매우 시사해 주는 바가 많은 논평을 하고 있다. 이 주석서는 필자가 아는 바로는 이백 년 이상 절판되었다. '다른 양 곧 택함받은 이방인들이 그리스도께로 회심할 것이라는 것은 다른 상징들을 통하여 레위기 19:23-25의 말씀에 분명하게 예언되었다. '너희가 그 땅에 들어가 각종 과목을 심거든 그 열매는 아직 할례 받지 못한 것으로 여기되 곧 삼 년 동안 너희는 그것을 할례 받지 못한 것으로 여겨 먹지 말 것이요 넷째 해에는 그 모든 과실이 거룩하니 여호와께 드려 찬송할 것이며 다섯째 해에는 그 열매를 먹을지니 그리하면 너희에게 그 소산이 풍성하리라 나는 너희의 하나님 여호와이니라' **가나안에서** 처음 3년 동안은 나무의 열매를 할례 받지 **못한** 것으로 여기고 먹지 말아야 했다. 따라서 구세주께서는 그의 공생애의 처음 '삼 년' 동안 그 땅에 복음을 심으셨다. 그러나 할례 받지 못한 것은 버려야 했다. 즉 할례 받지 못한 이방인들에게는 복음이 전파되지 아니하였다. 제4년의 열매는 하나님께 드려졌다. 즉 그리스도께서는 그가 세례를 받으신 제4년에 자기 양을 위하여 목숨을 버리셨고 부활하시고 승천하시셔서, 그의 성령을 보내셨다. 이로 말미암아 그의 사도들과 다른 사람들은 약속된 땅의 첫 열매로 드려졌다. 그러나 제5년에, 그리스도께서 심으신 복음의 열매는 모두 먹을 수 있기 시작하였다. 왜냐하면 복음은 더 이상 유대교라는 좁은 울타리 안에만 갇혀 있지 아니하고, 믿음의 순종을 위하여 온 나라에 전파되기 시작했기 때문이다." 독자는 이 논평을 주의 깊게 다시 읽어보기 바란다.

"**한 무리가 되어 한 목자에게 있으리라**"(10:16). "무리"로 번역되어 있는 이 말이 흠정역 성경에는 "우리"(fold)로 번역되었다. 그런데 이 말의 헬라 원어는 신약성경 다른 곳에서 "무리"(flock)로 번역되어 있다. 이곳에서도 이렇게 번역되었어야 옳을 것이다. 개역 성경에도 이렇게 번역되어 있다. 이 구절의 첫 부분에 쓰인 "우리"라는 말의 헬라 원어는 그 뒷부분의 "무리"라는 말의 헬라 원어와는 전적으로 다른 말이다. 그러나 흠정역 성경에는 같은 "우리"(fold)라는 말로서 번역되어 있다(그러나 개역 성경을 번역한 우리 한글 성경은 헬라 원어의 뜻에 맞게 번역되어 있다 — 역주). 그러므로 이 구절의 첫 부분에는 "이 우리에 속하지 아니한 다른 양이 내게 있다"로 옳게 번역된 것이다. 여기서의 "**이** 우리"는 유대교를 가리킨다. 그리고 택함받은 이방인들은 그 우리 **바깥**에 있었다. 이들에 대하여는 에베소서 2:11, 12에 "너희는 그 때에 육체로는 이방인이요 손으로 육체에 행한 할례를 받은 무리라 칭하는 자들로부터 할례를 받지 않은 무리라 칭함을 받는 자들이라 그 때에 너희는 그리스도 밖에 있었고 이스라엘 나라 **밖의 사람**이라 약속의 언약들에 대하여는 **외인**이요 세상에서 소망이 없고 하나님도 없는 자이더니"라고 기록하고 있다. 그러나 이제 주님은 우리에게 "한 무리가 **되어** 한 목자에게 있으리라"고 말씀하신다. 이 일은 이미 성취되었다. 그러나 아직 완전히 나타낸 바 되지 아니하였다. "그는 우리의 화평이신지라 둘(믿는 유대인들과 이방인들)로 하나를 만드사 원수 된 것 곧 중간에 막힌 담을 자기 육체로 **허시고**"(엡 2:14). "한 무리"는 하나님의 온 **집**, 즉 이스라엘이라는 나라가 있기 전에 이루어진 신자들, 곧 믿는 이스라엘 사람들, 믿는 이방인들 그리고 구원받게 될 사람들을 다 포함한다고 생각한다. "한 무리"는 **여러** "우리들"로부터 모아질 것이다.

"**내가 내 목숨을 버리는 것은 그것을 내가 다시 얻기 위함이니 이로 말미암아 아버지께서 나를 사랑하시느니라**"(10:17). 그리스도는 여기에서 중보자 곧 육체가 되신 말씀으로서 말씀하신다. 신성하신 분으로서, 아버지는 그를 영원 전부터 사랑하셨다. 이 사실은 잠언 8:30에 아름답게 표현되어 있다 "내가 그 곁에 있어서 창조자가 되어 날마다 그 **기뻐하신 바**가 되었으며 항상 그 앞에서 즐거워하였으며." 여기서 가리키는 분은 바로 '지혜'로서 인격화된 아들이심을 그 앞 구절들이 명백히 보여준다. 그러나 아버지는 성육신하신 모습의 그리스도도 사랑하셨다. 주님께서 세례를 받으실 때, 즉 그의 중보의 사역을 시작하실 때, 하나님은 "이는 내 **사랑하는** 아들이요 내 기뻐하는 자라"고 선포하셨다. 그런데 아들은 여기에서 "내가 내 목숨을 버리는 것은 그것을 내가 다시 얻기 위함이니 이로 말미암아 아버지께서 나를 사랑하시느니라"고 선포하신다. 왜냐하면 그가 자기의 목숨을 버리는 것은 그가 아버지께 헌신함을 보여주는 최고의 예이기 때문이다. 다음 구절을 보면, 그가 자기의 생명을 버린 것은, 바로 아버지께 **순종**하였기 때문임을 알 수 있다.

　　"이를 내게서 빼앗는 자가 있는 것이 아니라 내가 스스로 버리노라"(10:18). 그리스도는 죽으실 때, 그 자신의 자발적인 의지로써 그렇게 하셨다. 이 점은 지극히 중요하다. 우리는, 주 예수께서 힘이 없으셨기 때문에 고통을 받으셨고, 그의 원수들의 손에서 그와 같은 모욕과 잔인한 대우를 받으셨을 때, 그것들을 피하실 수 없기 때문에 그대로 당하신 것이라는 모독적인 생각을 결코 해서는 안 된다. 그것은 전혀 사실이 아니다. 유다의 배신, 동산에서 붙잡히심, 가야바 앞에서의 심문, 군병들로부터 받은 모욕, 빌라도 앞에서의 재판, 부당한 선고에의 복종, 골고다로의 여정, 잔인한 나무에 못 박히심, 주님은 이 모든 것을 **자발적으로** 견디셨다. 주님 자신의 동의가 없다면, 그 누구도 주님의 머리털 하나도 해할 수 없었다. 이것에 대한 아름다운 상징이 창세기 22:13에 나와 있다. 이삭의 대리물로서 제단에 놓여졌던 숫양은 "**뿔**이 수풀에 걸렸더라." "뿔"은 힘과 능력을 말한다(히 3:4). 이것은 구세주께서 연약하셨기 때문에 죽음에 복종하신 것이 아니라, 힘이 넘치는 그의 능력 안에서 그의 생명을 버리신 것임을 상징적으로 말해 준다. 주님이 십자가를 받아들이신 것은 못 때문이 아니라, 아버지와 택하신 자들에 대한 그의 사랑의 힘 때문이었다.

　　그리스도의 탁월하심은 그의 십자가에서 완전히 나타났다. 태어나실 때도 주님은 독특하셨고, 그의 일생도 그러하셨고, 그의 죽음도 그러하셨다. 구세주께서 십자가 상에서 무력하게 그의 원수들의 희생물이 되었다고 생각한다면, 그것은 우리가 그의 죽음에 관한, 영감으로 쓰여진 이야기를 올바르게 읽지 못했다는 증거가 된다. 모든 점에서 주님은, 사람이 그의 생명을 빼앗아간 것이 아니라, 그가 스스로 목숨을 버리셨음을 증언하셨다. 주님을 잡으러 동산에 간 자들을 보라. 그들은 모두 그 앞에 엎드려 있지 아니한가!(요 18:6) 주님께서는 그렇게 하시려고만 하였다면, 아무 방해도 받지 않고 아주 쉽게 그 곳을 벗어나실 수도 있었을 것이다. 주님이 빌라도 앞에서 하시는 말씀을 들어 보라. 그는 로마 총독에게 "위에서 주지 아니하셨더라면 나를 해할 권한이 없었으리니"(요 19:11)라고 상기시켜 주셨다. 십자가상의 주님을 보라. 주님은 그의 고통을 능히 이기실 수 있었으므로 행악자들을 위하여 기도하셨고, 죽어가는 강도를 구원하셨으며, 과부가 된 그의 모친을 위하여 집을 마련해 주셨다. 그가 **큰** 소리로 부르짖었음을 보라(마 27:46, 50). 고통으로 기진맥진한 사람은 이렇게 할 수 없었을 것이다! 주님께서 승리를 거두시며 "영혼이 **떠나가신**(영어에는 자발적인 행위임이 나타나 있음)" 광경을 보라(요 19:30). 진실로 "**아무도**" 그의 목숨을 그에게서 **빼앗지** 못하였다. 주님이 죽는 그 순간에도 승리하셨음이 분명하므로, 로마 군병은 "**이는** 진실로 하나님의 아들이었도다"(마 27:54)라고 외치지 않을 수 없었다.

"**나는 버릴 권세도 있고 다시 얻을 권세도 있으니**"(10:18). 여기에서 주님은 그가 자신의 권세로 부활하실 것임을 말씀하신다. 주님은 전에도, 즉 성전을 깨끗이 하신 후에 바리새인들이 그에게 표적을 구하였을 때에도 이와 똑같은 뜻의 말씀을 하셨다. 즉 그는 "너희가 이 성전을 헐라 내가 사흘 동안에 일으**키리라**"(요 2:19)라고 대답하셨다. 로마서 6:4에는 그리스도께서 "**아버지**의 영광으로 말미암아 죽은 자 가운데서 살리심"을 받았다고 기록되어 있다. 로마서 8:11에는 "예수를 죽은 자 가운데서 살리신 이의 **영이** 너희 안에 거하시면 그리스도 예수를 죽은 자 가운데서 살리신 이가 너희 안에 거하시는 그의 영으로 말미암아 너희 죽을 몸도 살리시리라"고 기록되어 있다. 이 구절들은 서로 모순되는 것이 아니라 서로 보완해 준다. 이 구절들은 서로 보충해 주며, 각 구절들은 이 영광스러운 사건에 관하여 각자 빛을 던져 주어 우리의 이해를 도와준다. 이 구절들을 종합하여, 우리는 구세주의 부활은 삼위일체의 세 위께서 각각 다 협력하신 행위임을 배운다.

"**이 계명은 내 아버지에게서 받았노라 하시니라**"(10:18). 이 말씀은 빌립보서 2:8의 말씀과 비슷하다. "사람의 모양으로 나타나사 자기를 낮추시고 죽기까지 **복종하셨으니** 곧 십자가에 죽으심이라." 주님은 요한복음 6:38에서도 바로 이 점을 언급하셨다. "내가 하늘에서 내려온 것은 내 뜻을 행하려 함이 아니요 나를 보내신 이의 뜻을 행하려 함이니라"

"**이 말씀으로 말미암아 유대인 중에 다시 분쟁이 일어나니**"(10:19). 이것은 이미 구약에 예언되어 있었다. "그가 성소가 되시리라 그러나 이스라엘의 두 집에는 **걸림** 돌과 **걸려 넘어지는** 반석이 되실 것이며 예루살렘 주민에게는 **함정**과 **올무**가 되시리니"(사 8:14). 마찬가지로, 구세주께서 하나님께 드려질 때, 시므온은 성전에서 "보라 이는 이스라엘 중 많은 사람을 **패하거나** 흥하게 하며 비방을 받는 표적이 되기 위하여 세움을 받았고"라고 선포하였다(눅 2:34). 또 구세주 자신이 그렇게 선포하셨다. "내가 세상에 화평을 주러 온 줄로 생각하지 말라 화평이 아니요 검을 주러 왔노라" (마 10:34). 이것은 우리에게 있어서 하나님의 심오한 신비이다. 하나님께는 인간들의 마음속에 있는 증오심을 다 진압하시고, 그들을 모두 그리스도의 발 앞에 엎드려 예배하는 자로 만드시는 일은 쉬운 일이었을 것이다. 그러나 그렇게 하는 대신에, 하나님은 그의 아들을 많은 사람들의 멸시와 저버림을 당하게 하셨다. 그리고 하나님께서 이 일을 허락하신 것은 바로 그가 영원 전부터 그렇게 하기로 정하셨기 때문이다(행 2:23; 벧전 2:8).

 "그 중에 많은 사람이 말하되 그가 귀신 들려 미쳤거늘 어찌하여 그 말을 듣느냐 하며"(10:20). 이 사람들의 상태는 참으로 두렵다. 하나님의 아들을 귀신 들린 자라 부르고, 성육신하신 진리를 미쳤다 하다니 이 얼마나 어처구니없는 일인가! 한 청교도는 "호랑이들은 달콤한 향기에 미쳐 날뛴다. 이 괴물들도 구세주의 향기로운 말씀을 듣고 그와 마찬가지로 행하였다"라고 말한다. 이와 똑같이 부패한 마음이 우리 각자 안에 있으니, 이 얼마나 부끄러운 일인가! 모든 그리스도인 안에 있는 이 같은 죄악을 이길 수 있는 은혜를 우리는 날마다 필요로 한다. 우리가 영광에 이를 때에야 비로소 우리는, 자신이 하나님의 놀라우신 은혜에 얼마나 큰 빚을 진 자인지 완전히 알게 될 것이다.

 "어떤 사람은 말하되 이 말은 귀신 들린 자의 말이 아니라 귀신이 맹인의 눈을 뜨게 할 수 있느냐 하더라"(10:21). 그리스도를 미친 사람이라 여긴 '많은 사람'이 있었음에 주목하라. 그러나 바리새인 가운데서도 그 때 빛을 받아, 구세주께서 귀신 들린 자처럼 말하거나 행하지 아니하셨음을 깨달은 자들이 **약간** ─ '혹은' ─ 있었다. 이 소수의 사람들은 분명히 니고데모와 아리마대 요셉과 같은 사람들로 이루어졌을 것이다. 그들이 주님의 기적적인 행위보다도 그의 '말씀'에 더욱 깊은 인상을 받았음은 중요한 사실이다.

 요한복음 10장의 나머지 부분을 설명하는 다음 장에 대한 준비로서, 관심 있는 독자는 다음 사항들을 공부해 보기 바란다.
 1. "때는 겨울이라"(22절)는 말씀은 그 다음 내용에 비추어 볼 때 어떤 의미를 지니

는가?

2. 10:23과 사도행전 3:11, 5:12 사이의 대조점에 주목해 보라.

3. 요한복음 8장에서 여기 10:26과 비슷한 구절은 어떤 것들인가?

4. 27-29절에서 찾아볼 수 있는 신자의 안전함에 대한 일곱 가지 증거들을 열거해
   보라.

5. 요한복음 10장에서 "양"에 관해 말하고 있는 일곱 가지를 찾아보라.

6. "목자"에 대하여 말하고 있는 일곱 가지 내용을 찾아보라.

7. 36절의 "거룩하게 하사"의 의미는 무엇인가?

제36장

아버지와 하나이신 그리스도

²²예루살렘에 수전절이 이르니 때는 겨울이라 ²³예수께서 성전 안 솔로몬 행각에서 거니시니 ²⁴유대인들이 에워싸고 이르되 당신이 언제까지나 우리 마음을 의혹하게 하려 하나이까 그리스도이면 밝히 말씀하소서 하니 ²⁵예수께서 대답하시되 내가 너희에게 말하였으되 믿지 아니하는도다 내가 내 아버지의 이름으로 행하는 일들이 나를 증거하는 것이거늘 ²⁶너희가 내 양이 아니므로 믿지 아니하는도다 ²⁷내 양은 내 음성을 들으며 나는 그들을 알며 그들은 나를 따르느니라 ²⁸내가 그들에게 영생을 주노니 영원히 멸망하지 아니할 것이요 또 그들을 내 손에서 빼앗을 자가 없느니라 ²⁹그들을 주신 내 아버지는 만물보다 크시매 아무도 아버지 손에서 빼앗을 수 없느니라 ³⁰나와 아버지는 하나이니라 하신대 ³¹유대인들이 다시 돌을 들어 치려 하거늘 ³²예수께서 대답하시되 내가 아버지로 말미암아 여러 가지 선한 일로 너희에게 보였거늘 그 중에 어떤 일로 나를 돌로 치려 하느냐 ³³유대인들이 대답하되 선한 일로 말미암아 우리가 너를 돌로 치려는 것이 아니라 신성모독으로 인함이니 네가 사람이 되어 자칭 하나님이라 함이로라 ³⁴예수께서 이르시되 너희 율법에 기록된 바 내가 너희를 신이라 하였노라 하지 아니하였느냐 ³⁵성경은 폐하지 못하나니 하나님의 말씀을 받은 사람들을 신이라 하셨거든 ³⁶하물며 아버지께서 거룩하게 하사 세상에 보내신 자가 나는 하나님의 아들이라 하는 것으로 너희가 어찌 신성모독이라 하느냐 ³⁷만일 내가 내 아버지의 일을 행하지 아니하거든 나를 믿지 말려니와 ³⁸내가 행하거든 나를 믿지 아니할지라도 그 일은 믿으라 그러면 너희가 아버지께서 내 안에 계시고 내가 아버지 안에 있음을 깨달아 알리라 하시니 ³⁹그들이 다시 예수를 잡고자 하였으나 그 손에서 벗어나 나가시니라 ⁴⁰다시 요단 강 저편 요한이 처음으로 세례 베풀던 곳

에 가사 거기 거하시니 ⁴¹많은 사람이 왔다가 말하되 요한은 아무 표적
도 행하지 아니하였으나 요한이 이 사람을 가리켜 말한 것은 다 참이
라 하더라 ⁴²그리하여 거기서 많은 사람이 예수를 믿으니라(요 10:22-
42)

요한복음 10장의 후반부를 분석·요약하는 일은 결코 간단한 일이 아니다. 22
절부터 이 내용이 시작된다는 것은 분명한 사실이지만, 그 다음 내용은 그 앞의 내용
과 밀접히 관련되어 있다는 것 또한 사실이다. 주님은 이제 더 이상 '바리새인들'에
게 말씀하시지 않고 '유대인들'에게 말씀하신다. 그럼에도 불구하고 여기에서도 주
님의, 자기 백성과 관련된 목자로서의 특성이 제시되고 있다. 그러나 요한복음 10장
의 첫 부분과 뒷부분 사이에는 공통점이 있는가 하면, 둘 사이에는 주목할 만한 차이
점이 있기도 하다. 전자에는 그리스도의 중보자 되심이 나타나 있지만, 후자에는 이
보다 훨씬 훌륭한 그의 본질적 영광들이 제시되어 있다.

요한복음 10장의 전반부에서 주는 종의 모양을 하고 계시나, 여기서는 주권적 권
리를 부여받으신 분으로 자신을 나타내신다. 또 전능의 능력을 소유하셨으므로 아무
도 그들을 그의 손에서 빼앗을 자가 없는 분으로서(28절), 또 아버지와 **하나**이신 분
으로서(30절), 그리고 "하나님의 아들"로서(36절) 나타내신다. 그러므로 본문의 중
심 목적은 하나님이자 인간이신 분의 인격의 **본질적인** 영광을 나타내려 하는 것임이
분명해진다. 여기에서 중심적으로 밝히고 있는 것은 그리스도의 신성이라기보다는
인간이 되시기까지 자신을 낮추신 **분의** 신성에 대해서이다.

요한복음 10장의 후반부에 기록되어 있는 내용은, 그 전반부에 기록된 내용에 대
한 비극적이긴 하지만 아주 적절한 **결론**을 나타내 준다. 때는 **겨울**이었다(22절). 즉
이제 수확의 계절은 끝나고, "의의 해"는 그의 직무상의 순회를 끝마치셨고, 이제 따
뜻한 여름은 혹한의 계절에게 자리를 내주었다. 유대인들은 성전의 정화를 기념하는
수전절(修殿節, the feast of the dedication)을 축하하고 있었다. 그러나 그들은 성전
이 가리켜 주는 분, 곧 참 성전, 그들 가운데 거하고 계신 하나님에 대하여는 생각지
아니하였다. 주 예수께서 성전 안을 걷고 계신 모습이 보이지만, 그가 "솔로몬 행각
안에"(23절) 계심을 주의 깊게 주목해 보아야 한다. 이것은 주님께서 거룩한 경내의
바깥에 계셨으며, 이스라엘의 '집'은 황폐한 채로 남겨졌음을 의미한다(마 13:1 참

조). 그런데 여기 이 행각에서 "유대인들"(종교 지도자들)은 그리스도께로 와서 "당신이 언제까지나 우리 마음을 의혹하게 하려 하나이까?" 라고 말하면서 그가 "그리스도"(24절)인지 아닌지를 밝히 말해 달라고 요구한다. 이것은 그처럼 늦은 때에 말해진 불신의 말이었고, 그들의 절망적인 상태를 알려 주는 말이었다. 유대인들과 그리스도의 이런 만남이 있은 후에, 그들은 그를 잡고자 하였으나 실패하였고, 주님은 **요단 강 저편** "요한이 처음으로 세례 베풀던 곳에"(40절) 가셨다. 이렇게 이스라엘의 메시야는 그가 공식적으로 그의 사명에 자신을 바치셨던(dedicated) 곳으로 돌아가셨다. 이제 본문을 해설해 가면서 좀 더 상세하게 살펴보기로 하자. 본문은 다음과 같이 분석해 볼 수 있다.

1. 수전절 동안 예수는 솔로몬의 행각에서 거니심(22, 23절)
2. 유대인들은 그의 메시야 되심에 대해 밝히 말하기를 요구함(24절)
3. 주님은 그들의 요구를 들어 주는 일이 무익한 것임을 설명하심(25, 26절)
4. 그의 양의 영원한 안전(27-30절)
5. 유대인들은 주님이 하신 신성의 공언으로 인해 돌을 들어 주님을 치려 함(31-33절)
6. 그의 신성에 대한 그리스도의 변호(34-38절)
7. 그리스도는 예루살렘을 떠나 요단 강 저편으로 가시고, 거기서 많은 사람이 그를 믿음(39, 42절)

"**예루살렘에 수전절이 이르니 때는 겨울이라**" (10:22). 수전절은 성전이 안티오코스 에피파네스의 우상 숭배로 말미암아 더럽혀진 후, 성전 정화를 기념하기 위하여 예루살렘에서 지켜졌다. 이에 대한 증거는 여기에서 그 때가 '겨울' 이라고 말한 사실에서 찾을 수 있다. 그러므로 여기에서 언급하고 있는 절기는 솔로몬의 성전 봉헌을 기념한 것이 될 수 없다. 왜냐하면 이 성전은 추수기에 봉헌되었기 때문이다(왕상 8:2). 또한 이 절기는 느헤미야의 성전 건축을 기념하기 위한 것이 아니었다. 왜냐하면 이 성전은 봄에 봉헌되었기 때문이다(스 6:15, 16). 그러므로 여기서 언급하고 있는 '절기' 는 안티오코스에 의해 성전이 더럽혀진 후, 유다 마카베오가 기원 전 165년 경에 성전을 정화하면서 제정되었던 것임이 분명하다. 이 '절기' 는 해마다 12월에 8일 동안 기념되었고(마카베오전서 4:52, 59), 요세푸스도 이것을 언급하고 있다 (*Antiq.* 12:7 등). 그러므로 우리는 "때는 겨울이라" 는 말씀을 통하여 이 절기가 어느 절기였는지를 알 수 있다.

"예루살렘에 수전절이 이르니 때는 겨울이라." 여기에는, 성경에서 언제나 그러하듯이, 단순한 역사상의 사실 이상의 깊은 의미가 담겨 있다. 여기에 '겨울'이 언급된 것은 아주 중요하고 엄숙하기까지 하다. 이 요한복음 10장은 이 네 번째 복음서의 첫 번째 요지의 종결부분이다. 이 시점을 기준하여 그 이후로는 주 예수께서 종교 지도자들 앞에서 더 이상 말씀하지 않으신다. 주님의 공생애는 거의 끝났다. 유대인들은 그들에게 주어진 "은총의 때"를 알지 못하였다. 그러므로 "평화에 관한" 일은 그들의 눈에 숨기었다(눅 19:42). 그들에 관한 한, 예레미야의 말은 직접적이고 엄숙한 뜻을 지니고 적용된다. "추수할 때가 지나고 **여름이 다하였으나** 우리는 구원을 얻지 못한다"(8:20). 그들에게는 끝없는 '**겨울**'만이 남아 있었다. 그러므로 다음 내용을 살펴보기 전에 그 서두에서, 이렇게 차갑고 황량한 계절에 대하여 주목해 보는 일은 참으로 중요하고 적절한 일이다.

여기에 언급된 '겨울'의 실질적인 의미와 관련하여 지적한 내용을 통하여, 우리는 여기서 '수전절'이 보여주는 심층적 의미를 찾아보는 데 도움을 받는다. 이 특별한 절기는 이곳 외에 성경 다른 곳에는 전혀 언급되어 있지 않다. 이런 이유 때문에, 우리는 여기에서 그 의미를 조사하는 데 더욱 어려움을 겪는다. 필자는 성령께서 이것을 알리신 데에는 어떤 분명한 이유가 **있다**는 것과, 그 전후 관계에서 생각해 볼 때 이것이 언급된 데에는 적절하고 심오한 뜻이 **있음을** 확신한다. 그러면 그 뜻은 무엇인가? 이미 지적한 바와 같이, 요한복음 10장의 후반 부분에서, 이 요한복음에서 중요한 그 첫 부분이 끝나게 된다. 즉 요한복음 10장까지는 그리스도의 **공생애**와 관계 있는 부분이다. 이 요한복음의 두 번째 부분은 그리스도의 죽음과 부활로써 종결되는 그의 **사적인** 사역을 기록하고 있다. 이 두 부분의 독특한 특성은 주님께서 성육신하신 두 가지 주요 목적과 정확하게 일치한다. 즉 그 한 가지 목적은 이스라엘에게 자신을 그들의 약속된 메시야로서 나타내는 것이었고, 다른 한 가지 목적은 자신을 죄를 위한 희생제물로서 드리는 것이었다. 그러면 이제 무엇이 남았는가? 주님의 죽음과 부활로써 성취되어야 할 훨씬 더 중요한 일만이 남았다. 주님은 자신을 이스라엘에게 나타내 보이셨다. 이제 곧 주님은 자신을 희생제물로서 하나님께 드릴 것이다. 그러므로 여기서 '수전절'이 가리키고 있는 것은 바로 이것이다.

사복음서 중에서 오직 이 요한복음에서만 주 예수께서 "하나님의 어린 **양**"으로 불리고 있는데, 출애굽기 12장을 보면, '어린 양'을 죽이기 전에 그 양은 그 떼로부터 며칠 동안 **분리되어야** 했음을 알 수 있다(3, 5, 6절). 이 사실과 일치하게도, 주님께서는 본문에서(다른 구절에는 기록되어 있지 않다) 자신을 "아버지께서 거룩하게 하신" 분이라고 말씀하심(36절)에 주목해 보라. 또 이 장의 끝부분에서는 주님이 예루살렘을 떠나사 "요단 강 저편으로"(40절) 가셨음도 주목해 보라. 성령께서 여기에서 '수전절'을 언급하시면서, 구세주와 유대인들 사이의 이 마지막 대화를 언급하신 사실은, 그리스도께서 지금까지는 이스라엘에게 자신을 나타내시는 일에 몰두해 오시다가 이제 이후로는 십자가에 자신을 바친다는 사실과 아름답고 놀라운 일치를 보인다.

위에서 제시하였던 해석은 신약성경의 다른 두 구절을 통하여 입증된다. 신약성경에는, 여기에서 '수전'(dedication)으로 번역된 헬라어가 이 외의 다른 곳에는 나오지 않지만, 동사 형태로는 두 번 기록되어 있다. 히브리서 9:18에는 "이러므로 첫 언약도 피 없이 **세운**(dedicated) 것이 아니니"라고 기록되어 있다. 히브리서 10:19, 20에는 "그러므로 형제들아 우리가 예수의 피를 힘입어 성소에 들어갈 담력을 얻었나니 그 길은 우리를 위하여 휘장 가운데로 열어 놓으신(consecrated [dedicated]) 새로운 살 길이요 휘장은 곧 그의 육체니라"고 기록되어 있다. 이 두 경우에 있어서 'dedication'은 모두 **피 홀림**과 관계가 있다. 그리고 이것은 주 예수께서 (자기 민족에게 배척을 받으신 후에) 희생된(dedicated) 것, 즉 그의 보배피를 흘리신 것을 의미한다. 또한 필자의 해석을 더욱 확증해 주는 것은, 요한복음 10:22이 가리키고 있는 것은 역사상의 **성전** 봉헌이고, 요한복음 2:19에서 구세주께서는 "너희가 이 **성전**을 헐라 내가 사흘 동안에 일으키리라"고 말씀하시면서 자신을 "이 성전"으로 언급하셨다는 사실이다. 성전 봉헌의 원형(原型)은 구세주께서 자신을 하나님께 드리는 것이었다. 그러므로 성령께서 이곳에서, 즉 주님이 자기 목숨을 "버리는 것"에 관하여 세 번 언급하신 직후에 성전의 상징적 봉헌을 언급하신 것은 아주 적합한 일이 아닐 수 없다!(15, 17, 18절)

"예수께서 성전 안 솔로몬 행각에서 거니시니"(10:23). 요세푸스는 솔로몬이 성전을 지을 때 시온 산 가까이 있는 계곡의 일부를 메꾸고 그 위에 동쪽을 향한 행각을 지었다고 말한다 (*Antiq.* 8:3). 이것은 400규빗 되는 높이의 담으로 지탱되고 아주 거대한 돌로써 만들어진 장대한 구조물이었다. 이것은 그리스도께서 죽으신 몇 년 뒤 아그리파 왕 때까지 남아 있었다. 신약성경에는 이 구절 말고도 "솔로몬의 행각"이란 말이 두 번 더 나오는데, 그 구절들과 이 요한복음에 나온 상황은 매우 날카롭게 대조된다. 먼저, 사도행전 3:11에는 베드로와 요한이 앉은뱅이를 고친 후에 "모든 백성이 크게 놀라며 달려 나아가 솔로몬의 행각이라 불리우는 행각에 모이거늘"이라고 기록되어 있다. 그러나 여기 요한복음 10:23에서는 주님께서 눈먼 걸인을 고치신 후에 사람들이 놀랐음을 알려 주는 암시가 전혀 없다. 또 사도행전 5:12에는 "믿는 사람이 다 **마음을 같이하여** 솔로몬 행각에 모이고"라고 기록되어 있다. 그러나 여기에서는, 주님께서 솔로몬의 행각에서 다니셨음이 언급된 직후에 기록된 내용은 "유대인들이 에워싸고 이르되 당신이 언제까지나 우리 마음을 의혹하게 하려 하나이까"라는 것이다. **그들은** 분명히 주님과 **마음을 같이하지 아니하였다.** 그들은 주님을 적대하였고 먹이를 찾는 짐승들처럼 주님의 생명만을 구하였다. 그러므로 우리는 성경과 성경을 서로 비교하는 일이 중요하고 가치 있는 것임을 다시 한 번 배운다. 이렇게 "솔로몬의 행각"을 언급하고 있는 세 구절들을 함께 연결시켜 봄으로써, 우리는 이제 이 본문의 목적이 신인(神人)이신 분을 "사람들의 멸시와 저버림을 당하신 분"으로서 나타내는 것임을 더욱 분명히 깨닫게 되었다.

"**유대인들이 에워싸고 이르되 당신이 언제까지나 우리 마음을 의혹하게 하려 하나이까 그리스도이면 밝히 말씀하소서 하니**"(10:24). 이제 독자는 요한복음 10장의 끝부분에 기록된 이 사건의 적절함과 너무도 정직하지 못한 유대인들이 한 요구의 의미를 알아야 한다. 이 요한복음의 주요 첫 부분, 즉 이스라엘 앞에서의 그리스도의 **공생애**를 다루고 있는 부분의 끝에 기록된, 종교 지도자들의 이 요구는 메시야께서 그 민족 전체에게 더 이상 구애하는 것이 아무 소용 없음과 이제는 그가 그들을 그들이 빛보다도 좋아한 어둠 가운데 버려둠이 옳다는 것을 명백하게 나타내 준다. 지금까지, 종교 지도자들이 "그를 받지 아니하였다"는 것이 명백히 밝혀졌으며, 그가 메시야인지 아닌지를 '분명하게' 또는 '밝히' 말하라는 그들의 이 요구는, 분명히 다른 어떤 목적보다도 주님을 로마 정부에 대한 반역자로 체포할 증거를 얻기 위한 것이었다. 그러나 그들이 이런 악한 목적을 품고 있다면, 그들은 주님을 고소하려는 그들의 소원을 이루는 데 필요한 증거를 아직 가지고 있지 아니하였는가? 그 대답은 갖고 있지 않았다는 것이다. 아직 고소하기에 충분한 명백한 증거는 없었다.

"당신이 언제까지나 우리 마음을 의혹하게 하려 하나이까 그리스도이면 밝히 말씀하소서 하니." 주 예수께서 아직 자기가 메시야**이심**을 공중 앞에서 분명하고 공개적으로 말씀**하지 않으셨음**은 중요한 일이다. 주님은 그가 메시야 되심을 그의 제자들에게(1:41, 49), 사마리아 사람들에게(4:42), 그리고 눈먼 걸인에게 공언하셨다

(9:37). 그러나 종교 지도자들이나 수많은 사람들 앞에서는 그렇게 하지 않으셨다. 주님께서 이렇게 일부러 말씀하지 않으심으로써 두 가지 목적이 이루어졌다. 첫째로, 권세자들은 하나님께서 정하신 때가 오기 전에는 그를 합법적으로 붙잡을 수 없었다. 그리고 또 하나는 이것으로 말미암아 유대 민족 일반의 **책임**이 더 커졌다는 것이다. 주 예수께서 선지자들이 오시리라고 선포한 바로 그분**이셨다**는 것은 그의 인격과 생활과 행사가 풍부하게 증거해 주었었다. 그러나 주님께서 이 사실을 사람들 앞에서 공적으로 선포하지 않으신 것은 그 백성에게는 놀라운 **시험**이 되었다. 요한복음에서는 언제나 '표적'이라고 불리는 그리스도의 기적의 행사는, 마음이 열린 자에게는 그가 메시야이심을 증거하기에 충분하였을 것이다. 그러나 편견에 사로잡힌 자들에게는 그들의 생각들을 버리게 할 만큼 충분한 것으로 여겨지지 아니하였다. 하나님께서는 인간을 다루실 때 언제나 이렇게 하신다. 거룩한 창조주께서 존재하심의 증거는 모든 사람이 "핑계하지 못할" 정도로 수없이 많다. 그러나 이러한 증거들은 이 땅에서 무신론을 추방하지 못한다. 또 성경이 영감을 받은 하나님의 말씀임을 증언하는 증거가 수없이 많지만, 그것들을 믿지 않는 사람도 수없이 많다. 주 예수께서 구세주이심을 날마다 증거하는 더할 나위 없이 훌륭한 증인들이 아주 많지만, 대부분의 사람들은 그들의 죄 가운데에서 계속 행한다.

이 구절에 대한 논의를 마치기 전에, 이 유대인들의 비열함에 대하여 한 마디 덧붙여 보기로 하자. "당신이 언제까지나 우리 마음을 의혹하게 하려 하나이까"라고 물은 것은 그들의 변명할 수 없는 사악함이 나타난 것이다. 그들은 주님께 자신의 불신에 대한 책임을 전가하려 하고 있다. 그들은 그들의 비합리적이고 하나님을 모욕하는 의심에 대한 책임이 **주님께** 있다고 주장하였다. 중생하지 못한 자는 언제나 이렇게 행한다. 하나님께서 아담을 심문하셨을 때, 이 범죄자는 "**하나님이** 주셔서 나와 함께 있게 하신 여자 **그가** 그 나무 열매를 내게 주므로 내가 먹었나이다"(창 3:12)라고 대답하였다. 오늘날도 이와 마찬가지이다. 불신의 원인을 자신의 악한 마음에서 찾지 아니하고, 죄인은 하나님께서 확신하게 해주는 증거를 충분히 주지 않으셨다고 주님께 책임을 돌린다.

"**예수께서 대답하시되 내가 너희에게 말하였으되 믿지 아니하는도다 내가 내 아버지의 이름으로 행하는 일들이 나를 증거하는 것이거늘**"(10:25). 주님은 그들에게 그가 "하나님의 아들"이시라는 것과, 또 그를 인하여 아버지께서 "심판하는 권한을 주셨느니라"(5:27)고 말씀하셨었다. 또 주님은 자신은 모세가 그에 대하여 기록하였던 분이라고 말씀하셨었다(5:46). 또 주님은 그들에게 자신은 하늘로서 내려온 "살아 있는 떡"(6:51)이라고 말씀하셨었다. 또 아브라함은 그의 때 볼 것을 즐거워하였다고 말씀하셨었다(8:56). 이 모든 말씀은 그가 구약성경의 약속된 분이심을 분명하게 시사해 주는 말씀이었다.

주님께서 그 자신의 인격에 관하여 가르쳐 주신 내용뿐만 아니라, 그의 '행사' 또한 그의 메시야적인 임무에 대하여 결정적인 증거를 보여준다. 주님의 '행사'는 그의 중요한 신임장이었고, 이는 누가복음 7:19-23로 보아 분명하게 알 수 있다. "요한이 그 제자 중 둘을 불러 주께 보내어 이르되 오실 그이가 당신이오니이까 우리가 다른 이를 기다리오리이까 하라 하매 … 예수께서 대답하여 이르시되 너희가 가서 보고 들은 것을 요한에게 알리되 맹인이 보며 못 걷는 사람이 걸으며 나병환자가 깨끗함을 받으며 귀먹은 사람이 들으며 죽은 자가 살아나며 가난한 자에게 복음이 전파된다 하라 누구든지 나로 말미암아 실족하지 아니하는 자는 복이 있도다 하시니라." 이 일은, 메시야께서 나타나실 때 일어나야 할 일들에 대하여 정확하게 입증해 주었다. 이사야 35:3, 6과 비교해 보라.

"너희가 내 양이 아니므로 믿지 아니하는도다[너희가 믿지 아니하는 것은 너희가 내 양이 아니기 때문이다]"(10:26). 이루 말할 수 없이 엄숙한 말씀이다. 그들은 하나님께 버림받은 자였고, 그들의 성격이 완전하게 드러났으므로, 주님은 그들에게 그렇게 말씀하기를 주저하지 않으셨다. 불신하는 인간은 이 두려운 말씀의 의미를 모호하게 하려고 최선을 다하였지만, 그 의미는 분명하고 명백하다. 대부분의 주석가들은 이 구절의 순서가 뒤바뀐 것으로 말하고 있다. 그들은 그리스도께서는 이곳에서 이 유대인들에게 그들은 믿지 **않는** 자라는 사실만을 말씀하신다고 설명한다. 그러나 주님은 그 이상의 말씀을 하셨다는 것이 올바른 설명이다. 주석가들은 '양'은 거듭나고 의로워진 사람을 나타내는 말과 다름없다고 이해하지만, 사실 이 말은 이 장의 16절이 분명히 보여주듯이, 하나님의 택함받은 자들을 가리킨다. 주님은 "너희가 내 양이 아니므로 믿지 아니하는도다"라고 말씀하신 것이 아니라 "너희가 믿지 아니하는 것은 너희가 내 양이 아니기 때문이다"라고 말씀하셨다. 인간은 언제나 하나님의 일들을 거꾸로 만든다. 그는 특별히 그의 구미에 맞지 않는 하나님의 말씀에 접할 때에는, 그것이 **하나님**께서 하시는 말씀이므로 그것에 온유하게 순종하고 단순한 믿음으로 받아들이는 대신에, 상상할 수 있는 모든 수단을 다 동원하여 그 말씀이 다른 의미를 지니도록 만들어 버린다. 여기에서 그리스도는 이 유대인들의 불신을 비난하실 뿐만 아니라, 그들에게 믿음이 주어지지 않는 이유를 설명하신다. 즉 **그들은** "그의 양이" **아니며**, 그들은 하나님께서 택하신 사랑받는 무리 가운데 끼지 아니하였다고 설명하신다. 이런 해석이 올바른 것임을 보여주는 또 다른 증거가 필요하다면 필자는 다음을 들 수 있겠다. 즉 사람은 그리스도의 '양'이 되기 위하여 믿을 필요가 없다. 그는 그냥 '믿는다.' 왜냐하면 **그는** 그리스도의 양 중에 하나**이기 때문이다.**

"[내가 너희에게 말하였던 것같이] 너희가 내 양이 아니므로 믿지 아니하는도다." 주님은 무엇을 가르치고 계시는가? 그가 이 유대인들은 하나님께서 택하신 자들이 아니라고 전에 공언하신 때는 언제인가? 주님은 언제 이들을 하나님께 버림받은 자의 부류에 속한 자들이라고 말씀하셨는가? 우리는 이 질문에 대한 답을 이 요한복음 8장에서 찾아볼 수 있다. 그곳에서 우리는 여기에서와 똑같은 무리, 즉 "유대인들"(48절)이 주님께 반대하자, 주님께서는 그들에게 "어찌하여 내 말을 깨닫지 못하느냐 이는 내 말을 들을 줄 알지 못함이로다"(43절)라고 말씀하고 계심을 본다. 이것은 10:26의 "너희가 믿지 아니하는도다"라는 말씀과 정확하게 일치하는 말씀이다. 그 후, 요한복음 8장에서 주님은 곧 그들이 "그의 말을 들을" 수 없는 **이유**를 설명하신다. 즉 그것은 **그들이** "그들의 아비 마귀에게서 났기" 때문이었다(44절). 또 8장 47절에서 주님은 유대인들에게 "하나님께 속한 자는 하나님의 말씀을 듣나니 너희가 듣지 아니함은 **하나님께 속하지 아니하였음이로다**"라고 말씀하신다. 이 또한 10:26의 말씀과 정확히 일치한다. 그들은 "듣지 않는다." 왜냐하면 그들은 하나님**께 속하지** 아니하였기 **때문**이다. 그들은 '믿지 않는다." 왜냐하면 그들은 그의 **양에 속하지** 아니하였기 **때문**이다. 앞에서 예로 제시한 각 경우에 있어서 주님은 그들이 그를 받지 아니한 이유로서, 그들은 하나님께서 택하신 자들에 속하지 아니하였다는 엄숙한 사실을 제시하신다. 즉 그들은 하나님께 버림받은 자 가운데 속하였기 때문에 주님을 받지 아니하였다.

"내 양은 내 음성을 들으며 나는 그들을 알며 그들은 나를 따르느니라"(10:27). 여기에서 주님은 택함받은 자와 택함받지 않은 자를 대조시키신다. 하나님의 택하신 자들은 아들의 음성을 듣는다. 즉 **그들은** 그의 양에 속하였기 때문에 목자의 음성을 듣는다. 그들이 '듣는' 것은 주관적 하나님께서 **그들에게 듣는** 능력을 전해 주시기 때문이다. 왜냐하면 "듣는 귀와 보는 눈은 다 여호와께서 지으신 것이기"(잠 20:12) 때문이다. 무덤 속에 있는 나사로가 그리스도께서 그를 부르실 때 들었듯이, 각각의 양은 저항할 수 없는 부르심이 그들에게 들릴 때 "듣는다."

"나는 그들을 알며 그들은 나를 따르느니라"(10:27). 그리스도는 각각의 양을 **특별한** 지식, 곧 그들을 시인(승인)하시는 지식으로써 알고 계신다. 그리스도는 그들을 귀중히 여기신다. 왜냐하면 아버지께서 그에게 그들을 맡기셨기 때문이다. 아버지의 사랑의 선물로서는 그는 그들을 소중히 여기신다. 그는 택함받지 아니한 큰 무리를 시인(승인)의 지식으로써는 **도무지 알지 못하신다**(마 7:23). 그러나 택함받은 각 사람은 사랑에 넘치게, 개인적으로, 영원히 그에게 알려진 바 되었다. "그들은 나를 따르느니라." 그들은 주님께서 그들에게 남겨 주신 모범을 "따른다." 그들은 그의 계명을 거룩한 순종으로 따른다. 그들은 사랑으로 그의 탁월한 인격에 매혹되어 따른다. 그들은 그를 더욱 잘 알기 위하여 계속 따른다.

"**내가 그들에게 영생을 주노니 영원히 멸망하지 아니할 것이요 또 그들을 내 손에서 빼앗을 자가 없느니라**"(10:28). 이 구절과 앞 구절 사이의 문맥관계를 놓쳐서는 안 된다. 그리스도는 임박한 그의 죽음과 그가 양을 위하여 목숨을 버리신다는 것에 관해 말씀해 오셨다(15절 등). 그러면 이 일은 양을 **위태롭게** 할 것인가? 아니다. 오히려 그 반대였다. 그는 **그들에게** 생명이 전해지게 하기 위하여 자기의 생명을 버리실 것이다. 이 '생명,' 곧 신적이고 영적인 생명은 팔거나 교환되지 아니하고 그들에게 **주어질** 것이다. 영생은 삯으로서 얻어지는 것도 아니며, 상으로서 주어질 만한 것도 아니며, 면류관으로서 손에 넣을 수 있는 것도 아니다. 그것은 주권적으로 주시는 값없는 선물이다. 그러나 흠잡기 좋아하는 반대자는, 이 모든 것이 사실일지는 모르나, 이 귀중한 선물을 **보유**하기 위해서는 어떤 **조건들**을 만족시켜야만 하며, 만약 이 조건들에 따르지 아니하면, 그 선물은 상실될 것이며 그 선물을 받은 사람도 잃어버린 바 될 것이라고 말한다. 이 율법주의적인 회의론자들에게 주님은 "**그들이** 영원히 멸망하지 아니할 것이요"라고 말씀하신다. 그 선물은 '영원히' 주어질 뿐만 아니라, 그 귀중한 선물을 부여받은 자는 **결코** 멸망하지 아니할 것이다. 그들이 다시 죄에 빠져들 수 있을지도 모르나, 목자가 살아 계시는 한, 그들은 '멸망' 하는 일이 없을 것이다. 절대로 그렇게 되지 아니하며 그렇게 될 수도 없다. 성경에는 다시 죄에 빠져든 사람들에 관하여 많은 경우를 기록하고 있으나, **참** 성도는 그 중 하나도 절대로 배교하지 아니하였다. 신자도 넘어지기는 하나 아주 엎드러지지는 아니한다(시 37:24).

"또 그들을 내 손에서 빼앗을 자가 없느니라." 여기에서 주님은 사람들로부터 또 다른 반대가 있을 것을 예기하시고 이 말씀을 하셨음이 분명하다. 왜냐하면 상상력이 풍부한 불신이라는 마음은, 하나님의 자녀의 영원한 안전에 대한 복된 진리를 반대하는 데 있어서 다른 어느 때보다도 그 재간을 발휘하기 때문이다. 이 진리에 대한 반대자는, 이 구절이 양에게 주어진 생명은 '영원' 하며 그 생명을 받은 자는 "영원히 멸망하지 아니할" 것을 가르쳐 준다는 것을 인정하지 않을 수 없는 궁지에 몰리면, 다음과 같이 대답하면서 둘러대려고 할 것이다. 사실, 신자는 자신을 파괴하지 않을 것이지만, 그의 많은 원수들, 특히 삼켜 버릴 자를 찾아다니며 울부짖는 사자처럼 돌아다니는 사탄은 어떠한가? 신자가 마귀의 올가미에 걸려든다고 생각해 보라. 그 다음에는 무슨 일이 생기겠는가? 그러나 주님은 이와 같은 일이 결코 일어날 수 없다고 확신시켜 주신다. 신자는 그리스도의 손 안에 있다. 그리고 아무도 그의 것을 그 손에서 빼앗아갈 수 없다. 마귀는 그를 괴롭히고 애태우게 할 수 있을지 모르나, 신자를 움켜잡을 수는 없다. 이 얼마나 복되고 위로가 가득하며 우리를 안심시켜 주는 진리인가! 양 스스로는 연약하고 아무 힘이 없을지라도, 목자의 손 안에서 그는 안전하다.

　"그들을 주신 내 아버지는 만물보다 크시매 아무도 아버지 손에서 빼앗을 수 없느니라" (10:29). 여기에서 주님은 또 다른 반대를 예기하신다. 마귀는 우리를 그리스도의 손에서 빼앗을 수 없다. 그러나 우리는 "자유로이 행할 수 있는 자" 이다. 그러므로 우리는 마음만 먹으면 그 손 **밖으로 뛰어나갈** 수 있다고 구차스럽게 변명하는 자가 있을 것을 주님은 잘 알고 계셨다. 그러므로 주님은 이제 이와 같이 형편없이 진리를 왜곡하지 못하도록 하신다. 주님은, 양은 멸망할 **수 없다**고, 설사 그 양이 그렇게 하려고 원해도 ─ 이것은 언제나 있는 일이지만 ─ 그렇게 될 수 없음을 보여주신다. "그리스도의 손"(28절)은 우리 아래 있고, 아버지의 "손"은 우리 위에 있다. 그러므로 꽉 잡은 전능의 두 손 안에 있는 우리는 안전하다.

　하나님의 모든 자녀의 절대적인 안전을 이처럼 보장해 주는 성구는 성경 어디에서도 찾아볼 수 없다. 그들을 하나님께 묶어 주는 일곱 가닥의 밧줄을 주목해 보라. 첫째로, 그들은 그리스도의 **양**이며 자기의 양 떼를 하나하나 돌보는 것은 목자의 의무이다. 그리스도의 양 중에서 어느 하나라도 잃어버린 바 될 수 있다고 생각하는 것은 목자에 대한 모독이다. 둘째로, "그들은" 그리스도를 **"따른다"**고 말하고 있으며 이것에는 예외가 없다. 주님은 그들이 그렇게 **해야 한다**고 말씀하지 않으시고, 그들은 그렇게 **한다**고 말씀하신다. 그래서 그 양이 그리스도를 "따른다" 면, 그들은 **반드시** 하늘에 이른다. 왜냐하면 그곳은 바로 목자가 가신 곳이기 때문이다. 셋째로, 양에게는 "**영생**"이 전달된다. 영생이 있으므로, 그들에게 종국이 있다고 말하는 것은 말 자체가 모순이다. 넷째로, 이 영생은 그들에게 "**주어진다.**" 그들은 그것을 받을 만한 일을 행하지 아니하였다. 그러므로 그들이 그것을 받지 **못할** 만한 일을 행한다 할지라도 그것이 주어지지 아니하는 것은 아니다. 다섯째로, 주님 자신이 그의 양은 "**영원히 멸망하지 아니할 것이요**"라고 선포하신다. 따라서 하나님의 자녀가 지옥에 갈 수도 **있다**고 말하는 사람은 하나님을 거짓말쟁이로 만드는 자이다. 여섯째로, **목자의** 손에서 아무도 그들을 빼앗을 수 없다. 그러므로 마귀는 그들 중의 단 하나라도 파멸시킬 **수 없다**. 일곱째로, 그들 위에는 **아버지의** 손이 있다. 그러므로 그들이 그리스도의 손에서 빠져 나오려고 시도해도 그들은 그렇게 할 수 없다. 그리스도께 맡겨진 한 영혼이 천국에서 행방불명된다면, 그곳에는 빈 자리 하나, 사용하지 않은 면류관 하나, 가락을 울리지 않는 하프 하나가 있게 될 것이며, 이것은 온 하늘을 슬프게 하고 하나님을 낙담하게 할 것이다. 그러나 이와 같은 일은 결코 있을 수 없다.

"**나와 [내] 아버지는 하나이니라 하신대**"(10:30). 개역성경은 이 구절을 "나와 아버지는 하나이니라"라고 올바르게 번역하고 있다. 흠정역 성경과의 차이는 매우 중요하다. 주 예수께서 "내 아버지"(KJV)라고 말씀하실 때에는 언제나 주님은 **중보자로서** 말씀하고 계시지만, 그가 "아버지"(RV)라고 언급하실 때에는 언제나 주님은 그의 **절대적** 신성의 관점에서 말씀하시는 것이다. 그래서 "[내] 아버지는 나보다 크심이니라"고 말씀하실 때 그는 낮은 **위치**에서 말씀하신 것이다. "나와 아버지는 하나이니라"는 말씀은 본성이나 본질에 있어서 그들이 하나임을, 즉 모든 신적 완전성에 있어서 하나님을 확언해 주는 말씀이다.

"나와 아버지는 하나이니라 하신대." 아버지와 아들 사이의 이 하나이심을 뜻과 의도에 있어서의 하나이심을 의미한다고 제한시키려는 자들이 있다. 유니테리언 교도들은 이 구절을 이렇게 해석한다. 그러나 존 브라운(John Brown)은 이 견해의 잘못을 아주 훌륭하고 알기 쉽게 논박하였으므로 여기에 그의 설명을 인용해 보겠다. "여기에서 말하고 있는 것은 뜻과 의도에 있어서의 일치가 아니라, 능력과 작용에 있어서의 일치이다. 주님은 먼저 자신에 대하여 '내가 그들에게 영생을 주노니 그들을 내 손에서 빼앗을 자가 없느니라'고 말씀하시고, 그리고 나서 아버지에 대하여 '아무도 아버지 손에서 빼앗을 수 없느니라'라고 똑같은 내용을 말씀하신다. 그러므로 주님은 그가 아버지께 돌린 것과 똑같은 것을 자신에게도 돌린다. 즉 똑같은 의지가 아니라 똑같은 행위를, 다시 말하면 능력의 똑같은 행위, 그러므로 똑같은 능력을 말하고 계신 것이다. 그는 아무도 아버지의 손에서 그들을 빼앗을 수 없는 **이유**를 언급하신다. 즉 하나님은 전능하신 분이므로 피조물의 능력은 그 어느 것도 그에게 저항할 수 없기 때문이다. 여기서 말하고 있는 것은 **능력, 저항할 수 없는** 능력이다. 그리고 아무도 그의 손에서 그들을 빼앗을 수 없음을 증언하기 위하여 그는 '나와 아버지는 하나이니라' 라고 덧붙여 말씀하신다. 그러면 어떤 점에서 하나인가? 물을 필요도 없이, 그가 그의 양을 보호하고 그들이 그의 손에서 빼앗기지 않도록 하게 하는 능력의 행위 안에서 하나라는 뜻이다. 아버지의 어떠하심과 같이 아들도 그러하다. 아버지께서 행하시는 일의 어떠함과 같이, 아들이 행하시는 일도 그러하다. 아버지께서 전능하신 것과 같이, 아들도 그러하다. 아무 것도 아버지께 저항할 수 없듯이, 아들에게도 그러하다. 아버지께서 소유하신 것은 무엇이든지 아들도 소유한다. 아버지는 아들 안에 있고, 아들은 아버지 안에 있다. 이 둘은 그 본성과 완전하심과 영광에 있어서 하나이다."

"나와 아버지는 하나이니라 하신대." 이 선언과 그 앞 내용 사이의 관계를 주목하는 것은 복된 일이다. 목자가 양을 위해 부지런히 돌보시고 사랑의 헌신을 하시는 이 모든 일은 그 양 떼를 향한 **주인**의 생각과 마음을 표현해 줄 뿐이다. 목자와 주인은 **하나이다**. 즉 양 떼에 대한 그들의 관계와 태도에 있어서 하나이며, 양을 위한 능력과 사랑의 돌보심에 있어서 하나이다. 그러므로 신자는 이루 말할 수 없이 안전하다. 이 귀중한 진리를 붙잡음으로 말미암아 우리 믿음의 조상들은 다음과 같이 노래하였다.

> 주의 성도들아
> 그의 귀하신 말씀은
> 너희 믿음을 위한
> 참으로 굳건한 반석이라
> 피난처를 찾아
> 예수께로 피해 간 너희에게
> 무엇 더 말할 것이 있으랴
> 그가 이미 말씀해 주신 것 이외에 .

"**[그때]** 유대인들이 다시 돌을 들어 치려 하거늘" (10:31). 이 말씀은 앞 구절의 의미를 충분히 설명해 준다. 이 유대인들은 주님께서 그들에게 방금 전에 하신 말씀의 의미를 깨닫는 데 아무 어려움이 없었다. 그들은 주님께서 아버지와의 절대적인 동등을 주장하셨음을 금방 깨달았다. 그리고 그들의 귀에 이것은 신성모독의 말로 들렸다. 그러나 주님은 그들의 잘못된 생각에도 불구하고 그 잘못을 고쳐 주는 어떤 말씀을 하는 대신에, 자기의 주장을 확증해 주는 말씀을 계속하셨다.

"유대인들이 다시 돌을 들어 치려 하거늘." 참으로 두렵고 사악한 행위가 아닌가! 어느 누가, 이 말씀을 하시는 분에 대항하여 이분을 죽이려는 도구들로 무장한 잔인한 손, 비열한 마음을 가질 수 있다고 상상이나 할 수 있는가! 그러나 우리는 이 유대인들이 바로 이 같은 일을, 그것도 성전의 거룩한 경내에서 하고 있음을 본다. 이것은 인간의 부패함을 두렵게 나타내 주는 광경이다. 그리스도는 이 유대인들에게 나쁜 일을 하나도 행하지 않으셨다. 그들은 **아무 이유 없이** 그를 미워하였다. 그들은 그의 거룩함 때문에, 그리고 그들의 죄성 때문에 그를 미워하였다. 가인은 왜 아벨을 미워하였는가? "자기의 행위는 악하고 그의 아우의 행위는 의로움이라"(요일 3:12). 유대인들은 왜 그리스도를 미워하였는가? "세상이 너희를 미워하지 아니하되 나를 미워하나니 이는 내가 세상의 일들을 악하다고 증언함이라"(요 7:7). 그리고 신자가 그리스도를 닮는 만큼, 그들은 불신자로부터 그만큼 미움을 받게 될 것이다. "세상이 너희를 미워하면 너희보다 먼저 나를 미워한 줄을 알라"(요 15:18)

"**예수께서 대답하시되 내가 아버지로 말미암아 여러 가지 선한 일로 너희에게 보였거늘 그 중에 어떤 일로 나를 돌로 치려 하느냐**"(10:32). 여기에 쓰인 "일"이란 말은 가장 넓은 의미에서 이해해야 한다. 주님은 그의 공생애의 전 과정을 말씀하신 것이다. 즉 그의 완전하신 삶, 다른 사람들의 필요를 공급하여 주신 그의 은혜로운 행위, 그리고 사람으로서는 결코 말할 수 없는 방식으로 말씀하신 그의 놀라운 말씀을 가리키는 것이다. 주님께서 이 일들을 "아버지께로 말미암은" 것들이라고 말씀하실 때, 주님은 이 일들은 아버지의 완전한 승인을 받았을 뿐만 아니라 아버지의 권위와 명령으로써 행해진 것들임을 의미하셨다. "**아버지께서** 내게 하라고 주신 일을 내가 이루었다"(요 17:4).

"**유대인들이 대답하되 선한 일로 말미암아 우리가 너를 돌로 치려는 것이 아니라 신성모독으로 인함이니 네가 사람이 되어 자칭 하나님이라 함이로라**"(10:33). 이것이 이 **요한복음**에 기록된 것은 아주 알맞은 일이다. 왜냐하면 이 요한복음은 구세주의 **신성**을 제시하는 것을 큰 목적으로 삼고 있기 때문이다. 세속적 마음은 "**하나님께**

적의"를 품고 있는데, 이것은 성육신하신 하나님께서 인간들 가운데 나타나셨을 때 가장 완전히 증명되었다. 주님께서 아주 어린 아이였을 때, 그를 죽이려는 노력이 조직화되었다(마 2장). 메시야에 관하여 말하는 시편은, 그리스도께서 나사렛에서 숨어 지내시던 때에도 그를 죽이려는 시도가 여러 번 있었음을 분명하게 말해 준다. "내가 **어릴 적부터 고난을 당하여** 죽게 되었사오며"(시 88:15). 주님께서 그의 공생애를 시작하셔서 나사렛 회당에서 처음 말씀하신 후에도 그를 죽이고자 하는 시도가 있었다(눅 4:29). 그때로부터 십자가에 이르시기까지, 주님의 뒤에는 언제나 그의 피를 갈망하는 무자비한 적들이 따라다녔다. 그의 아들이 이와 같은 반역자의 세상에 머무신 것을 참으신 하나님의 은혜는 이해할 수 없을 정도로 놀랍다. 그리스도께서 "자신에 대한 죄인들의 항변"을 견디게 하신 무한한 인내는 하나님이신 분만이 보이실 수 있는 것이다. 우리는 그 같은 희생을 치르고서 우리를 구원하신 사랑에 대하여 깊고 열렬하고 끊임없는 찬송을 드려야 한다.

"예수께서 이르시되 너희 율법에 기록된 바 내가 너희를 신이라 하였노라 하지 아니하였느냐 성경은 폐하지 못하나니 하나님의 말씀을 받은 사람들을 신이라 하셨거든 하물며 아버지께서 거룩하게 하사 세상에 보내신 자가 나는 하나님의 아들이라 하는 것으로 너희가 어찌 신성모독이라 하느냐 만일 내가 내 아버지의 일을 행하지 아니하거든 나를 믿지 말려니와 내가 행하거든 나를 믿지 아니할지라도 그 일은 믿으라 그러면 너희가 아버지께서 내 안에 계시고 내가 아버지 안에 있음을 깨달아 알리라 하시니"(10:34-38). 이 구절들에 대하여는 존 브라운의 훌륭한 논평을 인용하는 것이 가장 좋을 것이다.

"주님의 대답은 두 부분으로 이루어져 있다. 그 첫 번째 부분에서, 주님은 그가 자신을 하나님의 아들이라고 부르신 것을 근거로 유대인들이 그가 참람죄를 지었다고 고소한 것은, 설사 그가 자신에 대하여 '아버지께서 거룩하게 하사 보내신' 자라는 말밖에 할 수 없었다 할지라도, 그것(유대인들의 고소)은 경솔한 것이었음을 보여주신다. 그리고 그 두 번째 부분에서는, 그들이 그가 자신에 관하여, 즉 그와 아버지의 친밀한 관계에 대하여 말씀하신 것을 모두 이상한 것으로 여긴다 할지라도, 그가 행한 기적만큼은 믿을 만한 것임을 보여주신다.

"이 대답의 첫 번째 부분에 나타나 있는 주님의 논증은 시편 82:6의 말씀을 근거로 한 것이다. '내가 말하기를 너희는 신들이며 다 지존자의 아들들이라 하였으나.' 이 말씀은 여호와께서 그의 백성에게 법을 집행하는 일에 있어서, 그의 대리인으로서 행하도록 위임하신 유대의 방백들에게 한 말씀이었음이 분명하다. 즉 이들은 하나님을 대신해 심판하였고, 이들이 율법에 동의하여 내린 선고는 하나님의 선고가 되었고, 이들의 심판은 하나님의 심판이 되었으며, 이들에게 반역하는 자는 하나님께 반역하는 자로 여겨졌다.

"주님이 이 말씀을 논증으로 제시하신 의미와 능력은 분명하다. 즉 너희가 하나님의 권위가 나타나 있고, 그 모든 표현은 아무 흠이 없이 완전하다고 인정하고 있는 책 안에서, 하나님의 백성들에게 법을 집행하라는 하나님의 통지를 받은 사람들이 '신들'과 지존자의 아들들이라 불리고 있다면, 그들보다 더 고귀한 위탁을 받으신 분(아버지께서 거룩하게 하사 보내신 분), 그리고 그가 위탁받았음을 나타내는 증거를 그들보다 훨씬 많이 제시하신 분께 대하여 그가 자신을 '하나님의 아들'이라고 부르기 때문에 참람죄로 고소하는 것은 부당하지 아니한가? 너희는 시편 기자에 대하여 감히 참람죄로 고소하지 않을 것이다. 그런데 너희는 어찌하여 나를 고소하느냐? … 주님은 유대인들과 논의하실 때 바로 그들 자신의 원칙에 입각해서 하셨다. 너희가 기대한 대로의 메시야가 아니라고 하여, 자기의 메시야됨을 주장하시는 분이 자기를 하나님의 아들이라 부르시는 것을 근거로 그를 신성모독이라고 고소하는 것은 분명 엄청난 모순이다. 너희 방백들이 하나님의 아들들이라 불리고 있는데, 너희 메시야가 똑같은 칭호로 불릴 것을 주장할 수 없느냐?

"주님의 대답의 두 번째 부분은 37절과 38절에 포함되어 있다. '내가 아버지와 하나이다'라고 선포한 것은 그 능력과 작용에 있어서 하나라는 뜻이다. 나는 너희가 단순히 내 증언 때문에 이것을 믿기를 요구하는 것이 아니라, 나는 너희가 내가 행한 기적들, 즉 하나님의 능력만이 성취할 수 있는 일들로써 **입증되는** 내 증언을 믿기를 요구하는 것이다. 이러한 일들은 하나님의 음성이며, 그 발음은 뚜렷하다. 그것은 모호한 것들을 말하지 아니하고, 명백하게 말한다. 너희가, 나와 아버지는 하나이다, 즉 아버지는 내 안에 계시고, 나는 그 안에 있다는 교리를 받아들이기를 거부한다면, 그것은 **그의** 증언을 반대하는 것이고 **그를** 거짓말쟁이라 부르는 것이다"(존 브라운).

이 장의 결론 부분을 다루기 전에 먼저 이 구절들에 대한 한두 가지 세부사항에 주의를 기울이자. 어떤 사람들은 그리스도께서 여기에 인용하신 시편 82편의 "신들"이라는 말을 난해하다고 생각하였다. 이스라엘 방백들은 그들의 **권위**와 **권세** 때문에, 즉 그들은 다스리는 일에 있어서의 하나님의 위엄을 대표하였기 때문에 그렇게 불리었다.

35절에서 구세주께서 "성경은 폐하지 못하나니"라고 말씀하심을 주목해 보라. 여기에서 주님은 기록된 말씀에 대하여 참으로 높은 명예를 주고 계시지 아니한가! 주님께서 시편에서 이 구절을 인용하여 그의 원수들에게 내미셨을 때, 그의 논증의 모든 요점은 "신들"이라는 **단 한 마디의 말에** 있고, 또 이 말이 하나님의 영감을 받은 책에 기록되어 있다는 사실에 있다. 성경은 우리가 최후로 의지할 것이며, 여기서 주님은 성경의 절대적 권위와 그 말씀의 절대무오함을 주장하신다.

그리스도께서 36절에 "거룩하게 하사"라는 말을 인용하신 것은 현대의 많은 이단자들을 반박해 줌을 주목해 보라. 거룩하게 되는 것은 세속적 마음을 없애는 것이라고 가르치는 자들이 있다. 그들은 성화가 도덕적 정화라고 주장한다. 그러나 주님께서 여기서 말씀하신 것에 비추어 볼 때, 이와 같은 정의는 전혀 지지받을 수 없다. 주님은 **그가** "거룩하게 하심"을 받았다고 말씀하신다. 분명 이 말씀은 그가 죄로부터 깨끗해졌다는 뜻이 될 수 없다. 왜냐하면 그는 거룩하신 분이시기 때문이다. 여기에서는 성경 모든 곳에서와 마찬가지로, '거룩하게 되다'라는 용어는 **'따로 떼어놓다'**라는 뜻일 뿐이다. 다음의 순서에 주목해 보라. 그리스도는 먼저 거룩하게 하심을 받고, 그 다음에 세상으로 보냄을 받았다. 이것은 아버지께서 아들을 중보자로서 영원 전에 정하신 것을 가리킨다.

"그들이 다시 예수를 잡고자 하였으나 그 손에서 벗어나 나가시니라"(10:39). 이 말씀은 이 유대인들이 주 예수를 붙잡아서 산헤드린 공회 앞에 그를 데리고 가려고 하였다는 뜻이다. 그러나 그들은 이 악한 생각을 이룰 수 없었다. 곧 주님은 그들의 손에 자신을 넘겨 주실 것이지만, 그 정한 때가 이르기 전에 그들이 전능자를 붙잡으려 하는 것은 바람에게 마구(馬具)를 채우려고 애쓰는 것과 같다.

"다시 요단 강 저편 요한이 처음으로 세례 베풀던 곳에 가사 거기 거하시니 많은 사람이 왔다가 말하되 요한은 아무 표적도 행하지 아니하였으나 요한이 이 사람을 가리켜 말한 것은 다 참이라 하더라 그리하여 거기서 많은 사람이 예수를 믿으니라"(10:40-42). 우리는 이미 그리스도의 이 움직임의 의미를 지적하였었다. 예루살렘을 떠나 ─ 주님은 그의 죽음의 때로 정해진 '시간'이 이르기 전까지는 이곳으로 돌아오지 않으셨다 ─ 그의 선구자가 있었던 요단 강 **저편**으로 가시는 일을 통하여, 주님은 그의 **공**생애가 이제 끝났음을 분명히 시사하셨다. 유대 민족은 이제 그들의 죄악에 대한 대가를 감당해야 했다. 다음의 말씀은 우리에게 지금 이 시대에 대하여 아름답게 예시해 준다. 즉 그리스도는 이제 "영문(진) **밖에**" 계신다. 그러나 이곳에서는 멸시와 저버림을 당하신 그분께 많은 사람들이 의지한다. 하나님은 조직화된 유대교가 그의 사랑하는 아들에게 등을 돌렸다 할지라도, 그로 하여금 전세계적인 감사를 받게 하신다. 주님은 이제 이곳 요단 강 저편에서 (오늘날과 마찬가지로) 공적 기적을 행하지 않으신다. 그러나 많은 사람들은 요한이 **말한** 것을 인하여 그를 믿었다. 지금도 그러하다. 하나님께서 죄인들을 이끌어 구세주를 믿게 하시는 일에 사용하시는 수단은 바로 **말씀**이다. **자신에게 주어진** 은혜의 때를 알고, 그리스도의 짧은 방문을 활용하는 자는 행복하다.

관심 있는 독자는 요한복음 11장의 첫 부분에 관한 다음 질문들을 연구해 보기 바란다.

1. 누이들이 병든 자의 이름을 말하지 않은 이유는 무엇인가?(3절)
2. "이에"란 말의 의미는 무엇인가?(3절)
3. 그리스도께서 즉시 베다니로 서둘러 가시지 아니한 이유는 무엇인가?(6절)
4. 제자들이 "베다니로"라고 말하지 아니하고 "유대로"라고 말한 이유는 무엇인가?(7절)
5. 그리스도께서 "낮이 열두 시"를 언급하신 이유는 무엇인가?(9절)
6. 9절 하반절의 의미는 무엇인가?
7. "밤에 다니면"의 의미는 무엇인가?(10절)

제37장

나사로를 살리신 그리스도

❶

¹어떤 병자가 있으니 이는 마리아와 그 자매 마르다의 마을 베다니에 사는 나사로라 ²이 마리아는 향유를 주께 붓고 머리털로 주의 발을 닦던 자요 병든 나사로는 그의 오라버니더라 ³이에 그 누이들이 예수께 사람을 보내어 이르되 주여 보시옵소서 사랑하시는 자가 병들었나이다 하니 ⁴예수께서 들으시고 이르시되 이 병은 죽을 병이 아니라 하나님의 영광을 위함이요 하나님의 아들이 이로 말미암아 영광을 받게 하려 함이라 하시더라 ⁵예수께서 본래 마르다와 그 동생과 나사로를 사랑하시더니 ⁶나사로가 병들었다 함을 들으시고 그 계시던 곳에 이틀을 더 유하시고 ⁷그 후에 제자들에게 이르시되 유대로 다시 가자 하시니 ⁸제자들이 말하되 랍비여 방금도 유대인들이 돌로 치려 하였는데 또 그리로 가시려 하나이까 ⁹예수께서 대답하시되 낮이 열두 시간이 아니냐 사람이 낮에 다니면 이 세상의 빛을 보므로 실족하지 아니하고 ¹⁰밤에 다니면 빛이 그 사람 안에 없는 고로 실족하느니라(요 11:1-10)

요한복음 11장의 처음 열 구절을 다음과 같이 분석해 보기로 하자.

  1. 나사로와 그의 누이들(1, 2절)
  2. 주님을 향한 그들의 호소(3절)
  3. 나사로의 병을 통한 하나님의 계획(4절)
  4. 사랑 베푸시기를 지연하심(5, 6절)
  5. 제자들을 시험하시는 그리스도(7절)
  6. 제자들의 불안(8절)
  7. 제자들을 안심시키는 주님(9, 10절)

본문을 상세히 살펴보기 전에, 먼저 요한복음 11장과 12장의 원리적인 의도와 특성에 관해 몇 마디 덧붙여 볼 필요가 있다. 필자는 앞의 여러 장을 통하여 그리스도의 원수들이 그에 대해 점차적으로 더욱 적개심을 드러냄을 증거하였다. 그리고 이 적개심은 그리스도를 십자가에 못 박은 일에서 절정을 이룬다. 그러나 하나님께서는 그의 사랑하시는 아들로 죽임을 당하게 하시기 전에, 그에게 가장 복되고 명백한 증언을 해주심으로써 그로 하여금 영광을 얻게 하셨다. "우리는 요한복음 전체를 통하여 사탄의 권세가 그리스도의 위격이 드러나는 것을 전혀 방해할 수 없었음을 보았다. 그는 끊임없이 적대와 그칠 줄 모르는 증오를 받으셨으나, 오히려 그 결과는 영광에서 영광에 이르렀고, 하나님께서는 예수 안에서 자신을 완전하게 드러내셨다. 바로 이것이 하나님의 **목적**이었는데, 이 목적이 성취되는 것을 어느 **누가** 감히 막을 수 있었겠는가? '어찌하여 열방이 분노하며 족속들이 허사를 경영하는가?' 그리스도께 대한 인간의 분노는 그의 영광이 나타나게 되는 계기가 될 뿐이다. 여기 요한복음 11장에서 하나님의 아들은 영광을 받으시며, 그것은 앞의 여러 장에서 그리스도의 위격을 거역하는 것에 상응하는 하나님의 영광이다"(R. Evans의 「요한복음 강해」).

앞의 여러 장은 세 가지 면에서 사람들의 **버림을 받으신** 그리스도를 제시해 준다는 것과, 하나님은 세 가지 면에서 그리스도를 **영화롭게 하심**으로써 이에 대응하고 계심은 참으로 주목할 만한 사실이다. 그러나 사람들은 이 사실에 거의 주의를 기울이지 않았었다. 5:16에는 "그러므로 안식일에 이러한 일을 행하신다 하여 유대인들이 예수를 박해하게 된지라 [그리고 **그를 죽이려고 하였다**]"라고 기록되어 있는데, 이것은 그의 **행위** 때문이었다. 8:58에는 "예수께서 이르시되 진실로 진실로 너희에게 이르노니 아브라함이 나기 전부터 내가 있느니라 하시니"라고 기록되어 있고, 그 뒤에 바로 "[그때] 그들이 돌을 들어 **치려 하거늘**"이라고 기록되어 있다. 이것은 그의 **말씀** 때문이었다. 한편 10:30에서 주님은 "나와 아버지는 하나이니라"고 단언하셨는데, 이 말씀 다음에는 "[그때] 유대인들이 다시 **돌을** 들어 치려 하거늘"이라고 기록되어 있다. 이것은 주님께서 그의 위격에 관해 하신 **주장** 때문이었다.

요한복음 11장과 12장에서 하나님께서 그리스도의 영광이 나타나게 하신 세 가지 면에서의 증거는 비록 역순서이기는 하지만, 앞에서의 세 가지 면에서의 그리스도에 대한 거역과 완전한 조화를 이룬다. 요한복음 10:31에서 버림받으신 분은 성자 하나님으로서 그의 절대적 신성 안에 계신 그리스도이셨는데, 여기 요한복음 11장에서는 그의 **신적** 영광이 나사로를 살리신 일 안에서 가장 명백하게 빛나고 있다. 또 요한복음 8장에서 그리스도는 "**아브라함**이 나기 전부터 내가 있느니라"라고 선포하셨기 때문에 사람들의 배척을 받으셨다. 이때의 예수는 그의 **메시야적인** 특성 때문에 멸시를 받으신 것이다. 그런데 이와 상응하여 요한복음 12:12-15에는 "이스라엘의 왕"으로서 예루살렘에 입성하시면서 완전한 메시야적 영광 가운데 계신 그리스도가 나타나 있다. 또 요한복음 5장에서 그의 중보적 특성 안에 계신, 즉 '인자'로서 성육신 하신 그리스도가 제시되어 있다. 5:27을 주목해 보라. 그런데 이와 상응하여 요한복음 12장의 세 번째 단락에서는 **이방인들이** 주 예수를 뵙고자 하는 것과 이들에게 주님께서 "**인자가 영광을 얻을** 때가 왔도다"(12:23)라고 대답하신 광경이 나타나 있다.

여기에는 인간 **본래의 모습이** 적나라하게 드러나 있다. 빛이 어둠을 비추었으나 어둠이 깨닫지 못하였다. 인간의 깊은 죄는 그가 아버지께서 보내신 자를 거부함으로써 드러났고, 그가 죄와 허물로 죽어 있다는 것은 그때 그들 가운데 거하고 계신 영원한 **말씀**에 조금도 응답하지 않음으로써 증명되었다. 그들은 그리스도와 그의 아버지를 보고도 미워하였다(15:24). 이제 그리스도의 공생애는 거의 끝나가고 있었다. 그러나 그가 십자가로 가시기 전에, 하나님께서는 그의 사랑하는 자의 영광에 대하여 최종적으로 증거하셨다. 아버지께서 그의 아들이 공적 행위의 무대를 떠나시기 전에 이처럼 세 가지 면에서 그의 명예를 그토록 열심히 지켜 주시는 것은 참으로 아름다운 광경이다. 그리고 이스라엘에게는, 그들이 거역하고 이제 십자가에 못 박으려고 하는 분이 바로 **누구**이신지 이처럼 분명하고 완전하게 드러났다는 것은 참으로 엄숙한 일이었다.

밤이 어두우면 어두울수록, 그 밤을 비추는 빛은 더욱 밝게 나타난다. 이스라엘의 부패함과 증오가 드러나면 드러날수록, 하나님께서 그의 아들의 영광을 나타나게 하신 증거는 더욱 밝히 드러났다. 공생애의 끝이 가까워졌으므로 주님은 이제 자신의 생명을 버리신, 모든 기적 중의 기적을 제외하고는, 그가 행하신 모든 것 중 가장 큰 역사를 행하셨다. 주님은 이미 여섯 가지의 기적을(또는 요한이 부르는 바로는 '표적'을) 행하셨다. 그러나 주님은 베다니에서 그의 신적 능력을 그 무엇과도 비길 수 없는 최고의 방법으로 보여주는 기적을 행하신다. 앞에서 우리는 주님이 물을 포도주로 변화시키신 것과, 왕의 신하의 아들의 병을 고쳐 주신 것, 불구인 사람을 회복시켜 주신 것, 떡과 물고기를 많게 하신 것, 바다 위를 걸으신 것, 그리고 맹인의 눈을 뜨게 해주신 것을 보았었다. 그러나 여기에서 주님은 죽은 자를 살리신다. 문자 그대로, 나흘 동안이나 무덤에 누워 있던 자에게 생명을 되찾게 해주신다. 이것은 적절한 클라이맥스였으며, 아주 적합하게도 이것은 요한복음에 **일곱 번째**로 기록되어 있는 '표적'이다.

그리스도께서 전에도 죽은 자를 살리셨다는 것은 사실이다. 그러나 여기에서는 더욱 극적인 장면이 전개된다. 마가는 주님께서 야이로의 딸을 살리신 일을 기록하고 있으나, 그 일은 그녀가 죽은 직후에 행해진 것이었다. 누가 또한 나인 성의 과부의 아들이 살리심을 받은 일을 말하고 있으나, 그때 그 아들은 장사되지 않은 상태에 있었다. 그러나 여기 나사로의 경우에 있어서는, 그가 죽어 무덤에 놓여 있었을 뿐만 아니라 이미 그 시체가 부패하고 있었다. 그의 길은 돋는 햇살 같아서 "크게 빛나 한낮의 광명에 이르는"(잠 4:18) **의로운 이**(행 3:14)는 그와 같이 부활하실 것이다.

또한 요한복음의 '표적들'이 상징적으로 표현하고 있는 **자연인의 상태**의 관계에서도 똑같은 클라이맥스적인 순서가 나타나 있음을 알 수 있다. "그들에게 포도주가 없다"(2:3)는 말씀은 죄인은 신적 기쁨을 전혀 모르는 자임을 말해 준다(삿 9:13). "병들었다"(4:46)는 말씀은 죄인의 영혼의 상태를 말해 준다. 왜냐하면 죄는 인간에게서 원래의 건강을 빼앗아 간 질병이기 때문이다. "병자"(불구인 사람, 5:7)는 우리에게 불쌍한 죄인은 "연약하며"(롬 5:6), 완전히 무력하고, 자신의 처지를 개선시키기 위하여 아무 일도 할 수 없음을 보여준다. 또 아무 먹을 것도 가지지 못하였던 무리(6:5)는 그들에게 힘을 전해 주는 것이 결핍되었다는 사실을 나타내 준다. 구세주께서 그들에게 오시기 전에, 폭풍우에 뒤흔들리는 바다 위에 있었던 제자들은(6:18) 죄인이 처해 있는 위험한 처지, 즉 이미 **멸망**으로 인도하는 "넓은 길" 위에 있는 상태를 묘사해 준다. 또 날 때부터 맹인된 자는(9:1) 죄인은 자신의 비참하고 위험한 상태를 전혀 깨달을 수 없을 뿐만 아니라 자신을 구원해 주실 수 있는 유일한 분도 알 수 없다는 사실을 증거한다. 그러나 요한복음 11장에서 우리는 이것들보다 훨씬 엄숙하고 두려운 것을 본다. 즉 여기에서 우리는 자연인은 영적으로 **죽어 있다**는 것, 즉 "죄와 허물로 죽어 있다"는 것을 배운다. 이보다 더한 일은 생각할 수 없다. 이보다 더 절망적인 상황은 있을 수 없다. 죽음 앞에서는 인간들 중에서 가장 지혜로운 자도, 가장 부유한 자도, 가장 능력이 많은 자도 자신의 무력함을 고백하지 않을 수 없다. 바로 이것이 요한복음 11장이 우리에게 제시해 주는 상황이다. 이것은 그리스도께서 자신을 "부활이요 생명"으로서 나타내시기에 가장 알맞은 배경이다. 그리고 이것은 이 넷째 복음서에 기록되어 있는 '표적들' 가운데서 그리스도의 능력과 자연인의 상태, 둘 다를 보여주고 있는 가장 주목할 만한 클라이맥스이다.

"**어떤 병자가 있으니 이는 마리아와 그 자매 마르다의 마을 베다니에 사는 나사로라**"(11:1). 주님의 부활의 능력의 대상이 된 자가 먼저 우리 눈앞에 제시되어 있다. 그의 이름은 나사로였다. 우리는 또 다른 '나사로'가 나와 있는 누가복음 16장을 떠올리지 않을 수 없다. 그러나 여기에서의 나사로와 누가복음에서의 나사로는 참으로 주목할 만한 대조를 이루고 있다. 이것은 성령께서 의도하신 대조임이 분명하다. 신약성경에서 이 이름이 언급된 곳은 두 군데뿐이다. 우리는 여기에서 '비교와 대조의 법칙'이 우리에게 도움이 됨을 다시 한 번 깨닫는다. 누가복음 16장의 나사로는 거지였다. 반면에 성경이 제시해 주는 바로는 요한복음 11장의 나사로는 부자였음을 알 수 있다(12:2, 3 참조). 누가복음 16장의 나사로는 돌봄을 받지 못하였다. 왜냐하면 심지어 개들이 와서 그 헌 데를 핥았다고 기록되어 있기 때문이다. 그러나 요한복음 11장의 나사로는 그의 누이들의 사랑에 넘치는 시중을 받는 기쁨을 누렸다. 누가복음 16장의 나사로는 다른 사람의 상**에서** 떨어지는 '부스러기'로 배불리려 하였으나, 베다니의 나사로는 요한복음 12장을 보면, 부활한 후에 주 예수와 함께 '잔칫상'**에** 앉아 있는 모습이 나와 있다. 또 누가복음 16장의 나사로는 죽어 무덤 속에 남아 있었으나, 요한복음 11장의 나사로는 죽은 자 가운데에서 살리심을 받았다.

성령께서는 신중하게도 요한복음 11장의 나사로가 **베다니**에 살고 있는 자임을 확인시켜 주었다. 베다니라는 말에는 두 가지 의미가 담겨 있는 것으로 생각된다. 즉 이 말은 '무화과의 집', '고통의 집'이란 뜻을 지니고 있다. 베다니는 마리아와 그녀의 언니 마르다가 사는 '촌'(더욱 정확히는 '마을')이었다. 요한이 이 요한복음 11장 이전에서는 언급하고 있지 않다 할지라도, 이 자매들의 이야기가 복음서에 기록되어 있는 것은 이번이 처음은 아니다. 이들의 이야기는 누가복음 10장의 끝부분에도 기록되어 있는데, 그곳에 이들에 관하여 기록된 내용은 지금 이곳 요한복음 11장에 기록된 세부적인 내용을 이해하는 데 적지 않은 도움을 준다.

"마르다라 이름하는 한 여자가 **자기** 집으로 영접하더라"(눅 10:38)고 기록되어 있는 것으로 보아 마르다가 언니였음이 분명하다. 마르다가 주님을 영접한 일은 참으로 복된 일이 아닐 수 없다. 당시 주 예수께 문을 열어 드린 집은 거의 없었다. 그는 "사람들의 멸시와 저버림을 받으셨다." 말하자면 사람들은 그에게서 얼굴을 숨기었으며 "그를 존경하지 않았다." 주님은 사람들의 감사와 환영을 받지 못하였을 뿐만 아니라 그들에게 미움을 받으셨다. 그러나 여기에 먼저 마음속으로, 그리고 집으로 그를 영접한 사람이 있었다. 여기까지는 참 좋은 일이었다. 그런데 그녀의 동생에 관하여는 "그에게 마리아라 하는 동생이 있어 주의 발치에 앉아 그의 말씀을 듣더니"(눅 10:39)라고 기록되어 있다. 복음서에 마리아라는 이름이 언급되어 있을 때마다, 그녀는 언제나 그리스도의 **발치에** 앉아 있는 모습으로 나타나 있음은 주목해 볼 만한 사실이다. 그녀는 그의 인격의 영광에 대하여 언니보다 더욱 깊이 이해하고 있었고, 그와 가장 친밀히 지내는 기쁨을 누린 자이기도 하였다. 그녀는 또한 더욱 날카로운 영적 분별력을 소유하고 있었다. 우리는 이것이 요한복음 11장과 12장에서 아주 강력하게 확증됨을 곧 볼 수 있을 것이다.

앞에서 살펴본 다음 말씀에는, "마르다는 준비하는 일이 많아 마음이 분주한지라 [마음이 괴로운지라] 예수께 나아가 이르되 주여 내 동생이 나 혼자 일하게 두는 것을 생각하지 아니하시나이까 그를 명하사 나를 도와 주라 하소서"(눅 10:40)라고 기록되어 있다. "마음이 괴로운지라"는 말은 '마음에 부담이 된다'는 뜻이다. 그녀는 "준비하는 일이 **많아**" 마음에 짐을 지고 있었다. 슬프게도, 오늘날 주의 백성 가운데에도 그녀와 같은 사람이 아주 많다. 그것은 주로 '그리스도인의 봉사'를 지나치게 강조하기 때문에 빚어진 일이다. 그러나 두렵게도, 그리스도인의 대부분의 봉사는 육체의 뜨거운 열심에서 나온 것이다. 봉사 자체가 나쁘다는 것은 아니다. 그러나 이것으로 인하여 예배와 자신의 영적 생활의 함양이 소홀히 된다면 그것은 올무와 악이 될 뿐이다. 디모데전서 4:16의 말씀에 나타난 순서에 주목해 보라. "네 자신**과** 가르침을 살피라."

"주께서 대답하여 이르시되 마르다야 마르다야 네가 많은 일로 염려하고 근심하나"(눅 10:41). 참으로 엄숙한 말씀이다. 주님은 마르다에게 "준비하는 일이 많다"고 하여 그녀를 칭찬하신 것이 아니라, 오히려 그녀를 꾸짖으셨다. 주님은 그녀가 "**많은 일**"에 주의를 쏟았기 때문에 마음이 괴롭고 염려하고 있다고 말씀하신다. 그녀는 하나님께서 그녀에게 행하게 하신 것보다 많은 일을 하려 하고 있었다. 이 사실은 그 앞 절로 보아 분명히 알 수 있다. 마르다는 그녀에게 지워진 짐이 너무 무거워서 혼자서는 그것을 다 수행할 수 없다고 느꼈다. 그래서 그녀는 "그를 명하사 **나를** 도와 주라 하소서"라고 말하였다. 이것은 그녀가 보냄을 받지 않고 일하였다는 것, 달리 말하면 하나님께서 명하신 것보다 많은 일을 행하려 했음을 보여주는 확실한 표시이다. 어떤 그리스도인이 만일 여기에서의 마르다처럼 마음에 부담을 느끼고 있다면, 그는 주님께서 정해 주신 것보다 자신이 더 많은 일을 감당하려 하였음을 알게 될 것이다.

"몇 가지만 하든지 혹은 한 가지만이라도 족하니라 마리아는 이 좋은 편을 택하였으니 빼앗기지 아니하리라 하시니라"(눅 10:42). 주님은 마르다를 꾸짖으셨지만 마리아는 칭찬하셨다. "족한 한 가지 일"은 바로 마리아가 택한 "좋은 편"이고, 그것은 그리스도로부터 **받는** 것이다. 마리아는 그의 발치에 앉아 "그의 말씀을 들었다." 그녀는 자신에게 제일 필요한 것이 무엇인지를 깨닫고, 그것을 제공받기 위하여 그에게로 왔다. 후에, 우리는 그녀가 어떻게 그리스도를 섬겼는지, 즉 마음으로부터 그리스도의 칭찬을 받을 정도로 그를 섬겼다는 것을 보게 될 것이다. 그러나 여기에서 우리에게 가르쳐 주고 있는 큰 교훈은, **우리는** 다른 사람들에게 무엇을 줄 만한 자격을 갖출 수 있으려면 먼저 받아야 한다는 것이다. 우리는 나누어 줄 수 있기 위해 먼저 **받는 자**가 되어야 한다. 그릇은 먼저 채워져야만 넘쳐흐를 수 있다. 그러므로 마르다와 마리아 사이의 차이점은 바로 다음과 같은 점이다. 즉 마르다는 그리스도**에게** 제공하였지만 마리아는 **그로부터** 받았다는 점이다. 그리고 이 마리아에 대하여 주님은 "마리아는 이 좋은 편을 택하였으니 빼앗기지 아니하리라"고 말씀하셨다. 이처럼 누가복음 10장을 간략히 살펴보고, 나사로의 두 누이의 성격에 관하여 알게 됨으로 말미암아, 우리는 요한복음 11장에 나타난 그들 각자의 행동과 말을 더욱 잘 이해할 수 있게 되었다.

"이 마리아는 향유를 주께 붓고 머리털로 주의 발을 닦던 자요 병든 나사로는 그의 오라버니더라"(11:2). 이 구절은 앞 절에서 마리아를 먼저 언급한 이유를 설명해 준다. 성경에서 그녀의 이름이 먼저 언급된 것은 이것이 유일한 경우였다. 주석가들은 이에 대하여 다양한 추측을 해 왔으나, 그 이유는 명백하다. 요한복음은 앞의 세 복음서가 기록되고 수년 후에 기록된 것이다. 그리고 여기 이 구절들은 이 사실을 증거해 주는 것 중의 하나이다. 이 요한복음 11장의 첫 구절은 독자가 앞의 복음서들의 내용을 잘 알고 있음을 가정하고 있음이 분명하다. 베다니는 "마리아와 그 형제 마르다의 촌(마을)"이었다. 누가복음 10:38은 이미 이 사실을 말하였었다. 그러나 이에 덧붙여, 마태와 마가는 그 역시 베다니에 살던 문둥병자 시몬의 집에서 마리아가 값비싼 향유로 어떻게 주님께 "기름을 부어"드렸는지 기록하고 있다. 마태와 마가가 그녀의 이름을 밝히고 있지 않음은 사실이지만[1] 틀림없이 그녀의 이름은 사람들에

---

1) 마리아의 이름을 밝힌 것은 요한답다. 왜냐하면 그는 그리스도의 육체를 입으신 하나님으로 표현

게 알려졌을 것이다. 그렇지 않고서는 "내가 진실로 너희에게 이르노니 온 천하에 어디서든지 복음이 전파되는 곳에는 이 여자가 행한 일도 말하여 그를 기억하리라"(막 14:9)고 하신 주님의 말씀이 이루어질 수 없었을 것이기 때문이다. 요한복음 11:1에 왜 마리아가 먼저 언급되어 있는가를 설명해 주는 것은 바로 이것, 즉 그녀가 잘 알려진 인물이었다는 사실이다.

나사로가 그의 누이들과 살았던 곳은 바로 베다니였다. 베다니는 마을에 불과하였지만, 하나님의 영원한 경륜 안에서는 그리스도의 신성에 대해 가장 크고 또 가장 공적인 기적적인 증거의 장소로 계획되었었다. "하나님의 택하신 자녀들이 그곳에 있다는 사실이, 어떤 도시나 나라들을 하나님 보시기에 유명하게 만드는 한 가지 요소임에 주목해 보라. 마르다와 마리아의 촌은 알려져 있지만, 반면에 멤피스와 테베는 신약성경에 언급되어 있지도 않다. 은혜가 있는 오두막이 은혜가 없는 궁전보다 하나님 보시기에 훨씬 유쾌한 곳이다"(라일 주교). 이제 **자신을** 죽음과 무덤에 넘겨주려는 분이 다름 아닌 부활과 생명이심을 보여주는 최종적이고 가장 결정적인 증거가 나타나야 할 곳은 바로 이 베다니였다. 베다니는 유대교의 본부인 예루살렘에서 3km도 못 되는 곳에 있었다(11:18). 그러므로 나사로가 살아났다는 소식이 곧 온 유대에 퍼지게 된 것이다.

"**이에 그 누이들이 예수께 사람을 보내어 이르되 주여 보시옵소서 사랑하시는 자가 병들었나이다 하니**"(11:3). 우리는 이것을 주님께 항의하는 것으로 생각해서는 안 된다. 마르다와 마리아는 그리스도께서 사랑하는 자를 병들도록 내버려 두셨다고 하여 불평하고 있는 것이 아니다. 그들은 단지 그들이 절대적으로 신뢰하고 있는 분께 마음을 호소하고 있는 것이다. 이 자매가 보낸 이 간단한 소식을 세밀히 조사해 보면 조사해 볼수록, 우리는 이들이 참으로 알맞은 겸손을 표하고 있음을 더욱 분명하게 알 수 있을 것이다. 그들은 오라비 병을 고칠 처방을 그리스도께 구하는 대신에, 단지 주님께 그의 절망적인 상태를 알렸다. 그들은 주님께서 즉시 서둘러 베다니로 오실 것을 요구하지도 않았고, 그가 전에 왕의 신하의 아들의 병을 낫게 해주셨던 것처럼(요한복음 4장), 멀리서 단 한 마디의 말씀으로써 오라비의 병을 고쳐 달라고 구하지도 않았다. 그 대신 그들은 어떤 일을 해야 하는지 주님께서 결정하시도록 했다.

하고 있으며, 또한 모든 일은 빛 가운데 밝히 드러나기 때문이다. 요한만이 구세주께서 그 귀를 고쳐주신 제사장의 종의 이름을 기록하고 있다는 사실도 참고해 보라(요 18:10)

"주여 보시옵소서 사랑하시는 자가 병들었나이다." 마르다와 마리아가 전한 이 슬픈 소식에 대한 말들은 하나하나 주의하여 살펴볼 만한 가치가 있다. "주여" 라는 말은 신자들의 말이었다. 왜냐하면 불신자는 결코 사람들의 멸시를 받는 나사렛 사람을 이렇게 부른 적이 없었기 때문이다. "주여" 라는 말은 그의 신성을 고백하고, 그의 권위를 인정하며, 말하는 사람의 겸손을 표현해 주는 말이다. "주여 보시옵소서." 이것은 주의를 사로잡고, 관심을 집중시키며, 말하는 자의 열심을 표현해 주는 말이다. "사랑하시는 자가." 이것은 크게 칭찬할 만한 일이다. 그들은 "당신을 사랑하는 자가" 라고 말하지 않았다. 우리가 항상 마음 가운데 굳게 새겨 두어야 할 것은, 그리스도의 우리를 위한 측량할 길 없는 사랑이지 결코 그를 위한 우리의 연약한 사랑이 아니다. 우리의 사랑은 변한다. 그러나 그의 사랑은 변치 않는다. 이 자매가 나사로를 말하는 방법은 참으로 주목할 만하다. 그들은 그를 비난하지 않았다! 그들은 '우리의 오라비' 또는 '당신의 제자' 라는 말조차 사용하지 않고, 단순히 "사랑하시는 자가 병들었나이다" 라고 말하였다. 그들은 **사랑**보다 상대방의 상태를 빨리 파악하는 것은 아무 것도 없음을 알았다. 그래서 그들은 그리스도의 전지하신 사랑에 호소하였다. "사랑하시는 자가 **병들었나이다.**" 헬라어에는 질병을 표시하는 두 가지 단어가 있다. 그 중 하나는 질병 자체를 가리키는 말이고, 다른 하나는 그것의 효과, 즉 쇠약함이나 극도의 피로 등을 가리키는 말이다. 여기에서 사용된 단어는 후자의 것이다. 이는 신약에서 개인의 질병들을 가리키는 말로서, 여기에서도 사용된 단어는 죽음에 이를 정도로 병든 것을 뜻한다. 사도행전 9:37과 빌립보서 2:26, 27에 쓰여진 이 단어의 의미에 주목해 보라. 요한복음 5:3, 7에는 'impotent' (무기력한)(한글성경에는 '병자' 로 번역되어 있음)로 번역되어 있다. 마르다와 마리아는 오빠의 생명이 위태로운 지경에 있지 않았더라면, 그처럼 먼 거리에서 그리스도께 소식을 전하지 않았을 것이다. 그러므로 그들이 전한 소식은 "사랑하시는 자가 **쇠약해지고 있습니다**" 란 뜻이다.

우리가 지금 살펴본 구절을 통해 우리는 신자의 질병은 그에 대한 주님의 **사랑**과 모순되는 것이 아님을 분명히 배울 수 있다. 성도의 질병은 주님께서 그를 불쾌하게 여기신 확실한 증거라고 가르치는 자들이 있다. 우리는 나사로의 경우를 들어 그러한 잘못된 가르침을 영원히 침묵하게 해야 한다. 그리스도의 택함받은 친구들조차 병들어 죽는다. 그러므로 우리의 일시적인 상태나 환경으로써 우리를 향한 하나님의 사랑을 측량할 수는 없는 것이다. "사랑을 받을는지 미움을 받을는지 사람이 알지 못하는 것은 모두 그들의 미래의 일들임이니라"(전 9:1). 그러면 이 말씀 안에 담긴 실제 교훈은 무엇인가? 바로 이것이다. "그러므로 때가 이르기 전 곧 주께서 오시기까지 아무 것도 판단하지 말라"(고전 4:5). 주님께서는 그리스도인들이 건강할 때뿐만 아니라 병들었을 때에도 진실로 사랑하신다.

마르다와 마리아가 위급한 상태에 있었을 때 어떻게 행동하였는지를 주목해 보는 것은 즐거운 일이다. 그들은 주님을 찾고 그에게 그들의 마음의 짐을 쏟아 놓았다. 우리도 언제나 이와 같이 행동하는가? "하나님은 우리의 피난처시요 힘이시니 환난 **중에 만날** 큰 도움이시라"(시 46:1)고 기록되어 있다. 그러나 부끄럽게도 우리는 그가 그런 분이심을 거의 **알지 못하는** 듯이 행한다. 백성이 모세를 대하여 원망하였을 때, 그는 "여호와께 부르짖었다"(출 15:25)고 기록되어 있다. 히스기야는 랍사게로부터 위협적인 편지를 받았을 때, "그 글을 여호와 앞에 펴 놓았다"(사 37:14). 세례 요한이 목 베임을 당했을 때, 그의 제자들은 "와서 예수께 아뢰었다"(마 14:12). 우리를 위한 훌륭한 모범들이 아닐 수 없다! 우리에게 계신 대제사장은 우리의 약함을 체휼하실 수 없는 분이 아니라 동정심이 가득하신 분이다. 왜냐하면 그 역시 지상에서 "질고를 아는" 분이셨기 때문이다. 그는 고통 받는 그의 백성들을 깊이 동정하시고 그들에게 마음의 고뇌를 그 앞에 쏟아 놓으라고 권유하신다. 우리는 요한복음 20장에서 이에 대한 복된 증거를 찾아볼 수 있다. 주님은 그가 부활하신 아침에 슬픔으로 눈물을 흘리는 마리아를 만나셨을 때, "여자여 어찌하여 울며 누구를 찾느냐"(20:15)라고 물으셨다. 주님은 왜 여기서 이와 같은 질문을 하셨는가? 그는 그녀가 슬퍼하는 이유를 알지 못하셨는가? 주님은 분명히 그 이유를 알고 계셨다. 그렇다면 그것은 꾸중하시는 말씀이었는가? 그렇다고는 생각되지 않는다. 그것보다도 주님은 그녀가 그 앞에 마음의 짐을 풀어 놓기를 원하신 것이다! "너의 짐을 주께 맡기라"고 주님은 언제나 말씀하신다. 마르다와 마리아는 이같이 행하였다. 주님은 이 글을 읽는 독자들 가운데 시련과 괴로움을 겪고 있는 이들도 이와 같이 와서 행하기를 원하신다.

이 자매의 행동과 그들이 주님께 호소한 태도는 우리가 주님께 **어떻게** 청원해야 하는가에 관하여 주목할 만한 모범을 보여준다. 기도라는 주제에 관한 오늘날의 많은 가르침은 하나님께 엄청난 모욕을 가하고 있다. 지존자께서는 **우리의** 의지에 복종해야 할 우리의 종이 아니시다. 기도가 **우리를** 보좌 위에 올려놓기 위한 것이 되어서는 안 되며, 오히려 그 앞에 우리의 무릎을 꿇게 하는 것이 되어야 한다. 피조물은 창조주께 결코 명령하실 수 없다. 감사함으로 자신의 요구사항들을 알리는 것은 그리스도인의 행복한 특권**이다**. 그러나 '요구'는 명령이 아니다. 청원하는 것은 명령하는 것과는 다른 문제이다. 그러나 우리는 자신이 마치 **하나님과** 동등인 것처럼, 또 하나님께 무엇을 명령할 권리라도 있는 자처럼 여기며 하나님께 말하는 것을 본다. '담대'하게 은혜의 보좌로 나아가는 것은 경건하지 못한 뻔뻔스러움으로 나아간다는 뜻이 아니다. 헬라어로는 '언어의 자유'를 뜻한다. 이것은 우리가 하나님의 자녀**로서** 우리의 마음을 다 털어 놓되, 그가 우리의 **아버지**이심을 결코 잊지 말아야 함을 의미한다.

나사로의 누이들은 주님께 오라비의 절망적인 상태를 알리고, 그의 사랑에 호소하였다. 그리고 나서 **그가** 가장 좋다고 보는 대로 처리하시도록 하기 위해 그의 손 안에 모든 일을 맡기었다. 그들은 그에게 **무엇을** 행하여 달라고 말하는 불손한 태도를 보이지 아니하였다. 이 점에 있어서 그들은 기도하는 모든 영혼들이 따라야 할 지혜롭고 가치 있는 모범을 남겨 주었다. "너희 길을 여호와께 **맡기라**." 이것은 우리의 책임이다. "또한 그를 신뢰하라." 이것은 우리의 행복한 특권이다. "또한 그를 **의지하라**." 즉 그에게 명령하지 말며, 그에게 요구하지 말라. 사람들은 하나님께 그들의 요구를 말한다. 그러나 우리는 **은혜**를 '요구할' 수 없다. **모든 것이** 은혜인 것이다. 우리가 가까이 가는 '보좌', 바로 이것도 **은혜**에 속한 것이다. 그러므로 **이와 같은** 보좌 위에 앉으신 분께 무엇인가를 '요구'할 수 있다고 말하는 것은 전혀 있을 수 없는 일이다. "네 길을 여호와께 맡기라 그를 의지하면 그가 이루시고." 그러나 하나님은 **자신의** 주권적 방법대로, 그리고 **자신이** 정하신 때에 "이루실 것"임을 항상 명심해 두어야 한다. 그리고 때때로, 아니 거의 언제나, **그의** 방법과 때는 우리의 것과는 다를 것이다. 그는 마르다와 마리아가 기대하였을지도 모를 시간과 방법은 아니었을지라도 그것을 **이루어** 주셨다. 바울 사도는 로마에서 복음을 전파하기를 갈망하였지만, 그의 이 소망은 참으로 더디 이루어졌으며, 그가 그곳에 간 방법 또한 전혀 예기치 못한 방법이 아니었던가!

"예수께서 들으시고 이르시되 이 병은 죽을 병이 아니라 하나님의 영광을 위함이요"(11:4). 주님께서 이 말씀을 제자들이 듣는 중에 하셨을지라도, 이것은 그가 제자들에게 하신 사적인 말씀이라기보다는 소식을 전해온 사람에게 하신 대답이라고 생각한다. 그리고 이것은 정말 신비스러운 대답이 아닐 수 없다! 이 얼마나 이상하고 비밀스러운 말씀인가! 그렇다면 주님은 무슨 뜻으로 말씀하셨는가? 표면상 분명히 알 수 있는 한 가지는, 주님께서는 마르다와 마리아에게 그가 나사로의 병과 그것의 결과를 완전히 알고 계시다는 사실을 확신하게 해주셨다는 것이다. 이것이 **요한복음**에 기록된 것은 참으로 알맞은 일이다. 이것은 요한복음 전체적인 흐름과 참으로 완전히 일치한다!

"이 병은 죽을 병이 아니라." 이것은 9:3의 말씀과 비슷한 유형의 말씀이다. "이 사람이나 그 부모가 죄를 범한 것이 아니라 그에게서 하나님의 하시는 일을 나타내고자 하심이니라." 이 말씀에 대한 설명을 참조해 보라. 나사로의 병은 일반적인 의미에서 말하자면 "죽을 병이 아니었다." 좀 더 정확히 말하자면 죽음에 이르는 병이 아니었다. 이렇게 표현한 것은 죽음이 이 '병'의 **종국**은 아니라는 뜻이다. 그러나 주님은 왜 이 번민하는 자매에게 그들의 오라비는 죽을 것이며, 그가 그를 죽은 자 가운데서 살리실 것임을 분명하게 말씀해 주지 않는가? 그것은 하나님께서 행하시는 방법이 아니기 때문이다. 그는 우리로 하여금 **믿음**을 계속 행사하게 하시고, 우리로 더욱 **인내**하게 하실 것이며, 우리로 항상 무릎 꿇게 만드는 일을 명하실 것이다! 주님은 이 경우에 마르다와 마리아가 소망을 품기에 족한 말씀을 하셨지만, 그렇다고 해서 그들이 하나님의 도우심을 구하는 일을 그만두어도 좋을 정도의 말씀을 하신 것은 아니다! 라일 주교는 아직 성취되지 않은 많은 예언들과 관련하여 우리가 똑같은 원리와 난점에 부딪치게 된다는 것을 다음과 같이 지적하였다. "예언 가운데에는 우리가 믿음으로 의지하고 소망을 품어야 할 것도 있지만, 또한 우리가 하나님께 빛을 비추어 달라고 부르짖어야 할 것도 있다."

"이 병은 죽을병이 아니라 **하나님의 영광을 위함이요.**" 이것은 도대체 무슨 말씀인가! 이 두 자매가 그들의 오라비의 병에 관하여 과연 이와 같은 생각을 할 수나 있었을까 의심스럽다. 그러나 이제 그들은 그것이 하나님께서 정하신 것이었음을 알게 되었다. 그리고 우리는 그 이후의 일들을 통해서 나사로의 병과 그의 죽음, 그리고 그리스도께서 베다니에 계시지 않은 것, 그리고 복된 결과는 **모든** 일을 잘 행하시는 분께서 결정하신 것이었음을 알게 된다. 이것을 통하여 우리는 하나님께서 우리의 일상생활 가운데에서 일어나는 **모든** 세세한 일에도 목적을 두고 계심을 배운다. 성경에는 이것을 보여주는 말씀이 많이 있다. 맹인으로 난 사람의 경우는 나사로의 병과 죽음의 경우와 유사하다. 제자들이 그가 맹인으로 난 이유를 물었을 때, 구세주는 "그에게서 하나님의 하시는 일을 나타내고자 하심이니라"고 대답하셨다. 이것을 통하여 우리는 우리의 삶 가운데 드러난 슬픔이나 시련을 바라보지 아니하고, 그것들을 보내신 하나님의 목적을 바라보아야 함을 배운다.

"이 병은 죽을 병이 아니라 하나님의 영광을 위함이요 하나님의 아들이 이로 말미암아 영광을 받게 하려 함이라." 이 말씀은 하나님의 영광은 아들의 영광과 하나임을 잘 보여주고 있다! 이 둘은 분리할 수 없다. 요한복음 2:11과 11:40을 비교해 본다면, 우리는 이 사실을 다시 한 번 확인할 수 있다. 2:11에는 "예수께서 이 처음 표적을 갈릴리 가나에서 행하여 그 영광을 나타내시매"라고 기록되어 있다. 그런데 11:40에서 주님은 나사로를 살리려 하시면서 마르다에게 "내 말이 네가 믿으면 **하나님의** 영광을 보리라 하지 아니하였느냐"라고 말씀하심을 본다. 14:13 또한 같은 진리를 가르치고 있다. "너희가 내 이름으로 무엇을 구하든지 내가 행하리니 이는 **아버지로** 하여금 **아들로 말미암아** 영광을 받으시게 하려 함이라." 그러면 우리를 위한 교훈은 무엇인가? 바로 이것이다. "모든 사람으로 아버지를 공경하는 것 같이 아들을 공경하게 하려 하심이라"(5:23)

"**예수께서 본래 마르다와 그 동생과 나사로를 사랑하시더니**"(11:5). 여기에 이름이 기록된 순서는 1절의 경우와 반대이다. 이제 마르다가 먼저 언급되었다. 이 이유에 대하여 많은 추측이 있어 왔다. 필자는 이 이야기의 서두에는 마리아를 먼저 언급하는 것이 더욱 자연스럽다고 생각한다. 왜냐하면 복음서의 독자들에게는 그녀가 더 잘 알려져 있었을 것이기 때문이다. 그러나 11:5에서 그리고 그 이후에서는, 마르다가 언니임을 생각해 볼 때 그녀의 이름을 먼저 언급하는 것이 알맞다고 본다. 그러나 이에 덧붙여서 생각해 볼 것은, 성령께서는 이 자매가 구세주께는 모두 **똑같이** 소중한 존재임을 가르쳐 주시려고 하신 것이 아닌가 하는 것이다. 마리아가 좋은 편을 택하였고, 반면에 마르다는 선의에서 빚어진 쓸데없는 걱정에 시달렸었다. 그러나 이 자매의 성격들은 서로 크게 다르다 할지라도, 이들은 그리스도 안에서는 똑같은 존재인 것이다! 그들의 기질이 달랐다 할지라도, 그들은 모두 똑같이 영원하고 변함없는 사랑을 받았다!

"예수께서 본래 마르다와 그 동생과 나사로를 사랑하시더니." 이 말씀이 전체 이야기 가운데에서 정확히 어떤 위치에 놓여져 있는가 주목해 보지 않는다면, 우리는 여기서 아주 소중한 교훈을 잃어버리고 말 것이다. 이 말씀은 이 장의 처음에 기록되지 않고, 주 예수께서 "그 계시던 곳에 이틀을 더 유하셨다"고 말하는 6절 바로 앞에 기록되어 있다. 그와 같은 상황에서 그와 같이 지체하신 것이 우리로서는 이상하게만 여겨진다. 그러나 앞으로 알게 되겠지만, 그렇게 지체하심은 그리스도의 완전하심, 즉 아버지의 뜻에 대한 그의 절대적인 **복종**을 밝히 드러내 주었을 뿐이다. 이뿐 아니라, 그가 지체하신 것은 마르다와 마리아를 위한 그의 **사랑**과 완전히 일치함을 보게 되는 것이다. 다른 무엇보다도, 예수 그리스도는 죽음의 쓰라림을 견디도록 내버려 두심으로써 이 자매의 믿음을 강화하고, 그로 인하여 더 큰 기쁨을 맛보게 하려 하셨다. "그들이 고통을 받은 후에 그들을 더욱 영광스럽게 위로하기 위하여, 그는 사랑 베푸시기를 일부러 지연하신다"(Stier). 그러므로 하나님께서 우리를 **기다리게** 하실 때에 그것은 그가 우리에게 **복 주려** 하신다는 것, 그러나 그 자신의 방법으로 그렇게 하신다는 것을 배우자. 그런데 이 방법은 대개 **우리가** 바라고 예기했던 것과는 아주 다르다. 이사야 30:18의 말씀이 이것을 아주 잘 말해 준다. "그러나 여호와께서 **기다리시나니** 이는 너희에게 **은혜를 베풀려** 하심이요 일어나시리니 이는 너희를 긍휼히 여기려 하심이라 대저 여호와는 정의의 하나님이심이라 그를 **기다리는** 자마다 복이 있도다."

　"나사로가 병들었다 함을 들으시고 그 계시던 곳에 이틀을 더 유하시고"(11:6). 주님은 그의 고통 받는 백성을 구원해야 할 때를 가장 잘 아신다(이후의 결과가 분명하게 보여주듯이). 시련을 겪고 있는 이 자매에 대한 주님의 사랑에는 전혀 냉정함이 없었다. 단지 그가 행동하셔야 할 올바른 때가 아직 이르지 아니하였을 뿐이다. 더욱 슬픈 일이 닥치도록 허용되었다. 즉 병든 자가 죽었다. 그런데도 주님은 여전히 지체하셨다. 그가 간섭하시기 전에 베다니에서는 사태가 더욱 악화되었다. 때때로 하나님은 우리를 구하시기 전에 먼저 우리를 최악의 궁지로 몰아넣으신다. "사람의 곤경은 하나님께는 기회가 된다"는 속담은 참 맞는 말이다. 주님은 자주 이와 같이 행하신다. 그러나 살과 피를 가진 인간에게는 이 얼마나 괴로운 것인가! 우리는 가끔 제자들처럼 "선생님이여 우리의 죽게 된 것을 돌아보지 아니하시나이까"라고 묻는다. 그러나 그의 사랑에 넘치는 동정에 의문을 표하는 것은 얼마나 두려운 일인가! 또 이 제자들의 질문은 얼마나 어리석은가! **그리스도**께서 배 안에 함께 계시니 그들은 '죽을' 수 없는 것이다! 그들과 같이 우리 또한 부끄러워해야 마땅하지 않은가! "우리 주위의 환경이 어둡게 보일 때, 우리의 마음은 그것이 우리에게 닥치도록 내버려 두신 분의 사랑을 의심하기 시작한다. 아, 그러나 당신께 이 중요한 진리를 말하게 해 달라. 우리는 **아버지의 손이 하시는 일을 언제나 그의 마음에 비추어서 바라보아야 한다.** 이 진리를 단단히 붙잡으라. 겉으로 나타난 것들로써 사랑을 해석하려 하지 말라. 아버지께서는 자주 우리에게 채찍과 슬픔과 사랑하는 사람과의 사별과 압력 등을 보내시지 않는가! 그러나 그는 우리를 이 모든 것에서 단 한순간에 빼어내실 수 있다. 그에게는 그럴 능력이 있으시다. 그러나 그는 우리로 그곳에 있게 하신다. 그러한 때에 환경으로써 그의 사랑을 읽으려 하지 말고, 그것이 어떤 것이 될지라도 그의 마음의 사랑을 통하여 바라봄으로써, 우리로 인내하며 그를 신뢰할 수 있도록 도와주시기를 기도하자. 이렇게 하면, 즉 그의 사랑의 마음을 알면서 그의 손이 하시는 일을 의심하지 아니하면, 우리 안에 놀라운 힘이 솟는다"(C. H. M.).

그러나 그리스도는 그가 계신 곳에서 **왜** 이틀이나 더 머무셨는가? 자매의 믿음을 시험하고, 그들로 더욱 인내하게 하고, 그 행복한 결과로 인하여 그들로 더욱 기뻐하게 하시기 위해서였다. 이것은 모두 사실이다. 그러나 주님께서 그렇게 하신 데에는 이보다 더 깊은 이유가 있다. 그것은 그리스도가 종의 모습을 취하셨으므로, 아버지께 완전히 복종하여 **그**로부터의 명령을 기다리시기 때문이었다. 주님은 "내가 하늘에서 내려온 것은 내 뜻을 행하려 함이 아니요 나를 보내신 이의 뜻을 행하려 함이니라"(6:38)고 말씀하셨다. 여기에 이것이 아주 아름답게 예시되어 있다. 마르다와 마리아에 대한 그의 사랑조차도 아버지의 때가 이르기 전에 그가 행동할 수 있게 하지는 못하였다. 은혜롭게도 이것은 레위기 2장에 나타난 아주 놀라운 모형 안에 있는 한 가지 세부사항의 원형적(原型的) 성취를 보여준다. 소제물(素祭物)은 분명히 성육신하신 하나님의 아들을 예시하였었다. 그것은 그의 신인적(神人的) 인격의 완전함을 보여준다. 이 소제물에는 두 가지의 것을 넣지 말라고 엄격히 명령되었었다. "너희가 여호와께 드리는 모든 소제물에는 누룩을 넣지 말지니 너희가 **누룩이나 꿀을** 여호와께 화제로 드려 사르지 **못할지니라**"(레 2:11). 누룩은 악의 상징이다. '꿀'은 사람들이 '인간적인 호의'라고 부르는 것, 즉 육적인 감정의 달콤함을 의미한다. 그리고 이것은 여기에 아주 놀랍게 드러나 있다.

그리스도는 우리의 생각과는 아주 다르게 행하셨다! 만일 우리의 사랑하는 자가 병들어 거의 죽을 지경에 있다는 소식을 들었다면 우리는 지체 없이 서둘러 그의 곁으로 달려가려 하지 않겠는가? 우리가 그렇게 하려고 하는 **이유**는 무엇이겠는가? **하나님의 영광**을 구하기 위해서인가? 아니면 우리의 육적인 애정이 그렇게 하도록 재촉하기 때문인가? 다른 모든 일에 있어서처럼 이 점에 있어서도 우리는 주 예수의 유일성을 본다. 아들의 마음에는 언제나 아버지의 영광이 가장 소중하였다. 여기에서 우리는 "그러므로"(한글 성경에는 번역되어 있지 않음)라는 말의 의미를 알 수 있다. "**그러므로** 그는 나사로가 병들었다 함을 들으셨을 때, **그런데도** 그는 그가 계시던 곳에 이틀을 더 유하셨다"(Bagster's *Interlinear*, 문자 그대로의 번역). "그러므로"와

"그런데도"라는 말은 4절의 "이 병은 ··· 하나님의 영광을 위함이요"라는 말씀과 연결된다. 그리고 이 두 구절 사이에 기록된 내용은 다음의 사실을 강조하는 데 도움을 준다. 즉 자기 백성에 대한 그리스도의 사랑은 그의 아버지에 대한 의존성과 서로 대립되지 않는다는 것이다. 복음서에 기록되어 있는 그의 첫 번째 말씀은 이와 똑같은 원리를 보여준다. 즉 주님은 마리아와 요셉에게 "내가 **내 아버지의** 일을 하여야 할 줄을 알지 못하셨나이까" (한글성경에는 "내가 내 아버지 집에 있어야 될 줄을 알지 못하셨나이까?'라고 번역되어 있다)라고 말씀하셨다. 그에게는 항상 아버지의 요구가 최상의 것이었다.

　　"**그 후에 제자들에게 이르시되 [우리가] 유대로 다시 가자 하시니**" (11:7). 주님께서 그의 생각하시는 바를 표현하는 방법에 주목해 보라. 주님은 나사로에게로, 또는 베다니로 가자고 말씀하지 않으셨다. 그렇게 말씀하지 않으신 이유는 무엇인가? 여기에서의 주님의 생각을 알 수 있는 열쇠는 "다시"라는 말에 담겨 있다고 생각한다. 이 다음 구절에서 제자들도 똑같은 말을 사용하고 있음에 주의하라. 말하자면 주님은 제자들을 **시험**하고 계셨던 것이다. "**[우리가]** 유대로 다시 가자." 요한복음 10장의 끝부분을 좀 더 살펴본다면, 이 말씀이 뜻하는 바가 더욱 분명해질 것이다. 10:39에서는, 유대에 있는 주님의 원수들이 "다시 예수를 잡고자 하였다"고 말하고 있다. 그러므로 당시 유대는 주님을 적대하므로 그에게는 위험한 곳이었다. 그래서 주님이 "[우리가] **유대**로 다시 가자"고 말씀하셨을 때, 이것은 **시험**하는 말씀이었음이 분명하다. 그리고 이것은 주님께서 우리를 다루시는 방법의 일반적인 원리를 예시해 준다. 즉 주님께서 우리를 위하여 택해 주시는 것은 순조롭고 평탄한 길이 아니다. 우리가 주님의 인도를 받을 때, 대개는 시험과 시련의 장소, 육체는 언제나 회피하려고 하는 장소로 인도받는다.

　　"**제자들이 말하되 랍비여 방금도 유대인들이 돌로 치려 하였는데 또 그리로 가시려 하나이까**" (11:8). 이 구절의 헬라어는 흠정역 성경보다 더욱 분명하고 명확하다. 제자들은 "랍비여 **방금도** 유대인들이 돌로 치려 하였는데 또 그리로 가시려 하나이까"라는 뜻으로 말하였다. 그리스도의 원수들이 그를 돌로 치려 한 일은, 제자들이 베다바라에 잠시 머물러 있었음에도 불구하고 그들의 눈앞에 선하게 떠올라 **있었다**. 제자들은 그 일의 필요성도, 그렇게 처리하시는 주님의 신중성도 깨닫지 못했다. 주님이 행하시는 방법은 근시안을 가진 그의 백성들에게는 참으로 이상하게 보이며, 우리의 육적인 지성은 그것을 이해할 수도 없다! 그리고 이것은 소위 '상식'이라는 것의 인도를 받고 있는 신자들의 어리석음을 드러내 준다. 우리 모두 다음의 말씀에 항상 귀 기울일 필요가 있다. "너는 마음을 다하여 여호와를 신뢰하고 네 명철을 의지하지 말라 너는 범사에 그를 인정하라 그리하면 네 길을 지도하시리라"(잠 3:5, 6). 하나님은 때로 그의 백성을 당혹스럽고 이유를 알 수 없는 곳, 그리고 그의 목적과 뜻을 전혀 이해할 수 없는 곳으로 인도하신다. 오늘날 그리스도의 종들은 흔히 그들이 육적으로는 회피하고 싶은 자리, 그리고 그들이 자신을 위하여는 결코 택하지 않을 자리로 부름받는다. 우리의 주이시며 선생이신 분은 우리 자신보다도 우리가 걸어야 할 가장 좋은 길을 훨씬 더 무한히 잘 알고 계시다는 사실을 항상 기억하도록 하자.

"**예수께서 대답하시되 낮이 열두 시간이 아니냐 사람이 낮에 다니면 이 세상의 빛을 보므로 실족하지 아니하고**"(11:9). 많은 사람들은 이 구절을 수수께끼 같은 말씀이라고 여겼으나, 필자는 이 말씀의 의미를 분명하게 파악할 수 있다고 생각한다. 우선 명심해 두어야 할 것은, 주 예수께서는 여기에서 제자들의 겁과 불신에 대하여 대답하고 계시다는 것이다. 그들은 걱정에 사로잡혀 있었다. 그들은 유대로 돌아가는 것이 분명 죽음을 초래하는 일이라고 생각하였다(11:16 참조). 그러므로 그리스도께서 이 말씀을 하신 직접적인 의도는 그들의 두려움을 꾸짖으려 하신 것이었다. "낮이 열두 시간이 아니냐." 즉 "'낮'이란 때로서 분명히 **할당된** 시간이 있지 않느냐?"라는 뜻이다. 낮이란 시간의 길이가 **측정**되었고, 그 측정된 만큼의 시간이 다 가기 전에, 그 낮은 끝나지 않는다. 낮으로서 지정된 시간이 다 지나야 비로소 밤이 온다. 우리는 이 잘 알려진 상식을 이 때의 주님의 상황에도 분명히 적용할 수 있다.

아버지께서 그에게 하라고 주신 일이 있었는데(눅 2:49), 그는 그 일을 **이룰 것**이었다(요 17:4). 그러므로 그 일이 이루어지기 전에 그의 원수들은 그의 생명을 취할 수 없었다. 요한복음 10:39에는 그의 원수들이 "다시 예수를 잡고자 하였다"고 기록되어 있다. 그러나 흠정역 성경이 표현하는 바대로 그는 단순히 그들을 '회피'하신 것이 아니라, "그들의 손에서 벗어나 **나가셨다.**" 주님께서 여기에서 제자들에게 확신시켜 주시는 것은 아버지께서 **정하신** 때가 이르기 전에는 그의 죽음이 있을 수 없다는 것이다. 주님은 그 전에도 이와 똑같은 내용을 분명히 확언하셨었다. "곧 그 때에 어떤 바리새인들이 나와서 이르되 나가서 여기를 떠나소서 헤롯이 당신을 죽이고자 하나이다." 이에 대하여 그는 어떻게 대답하셨는가? "가서 저 여우에게 이르되 오늘과 내일은 내가 귀신을 쫓아내며 병을 고치다가 제삼일에는 완전하여지리라 하라"

고 말씀하셨다(눅 13:32). "여행자에게는 그가 낮 동안에 여행하기 위하여 열두 시간이 있듯이, 내게는 나의 할 일을 위해 정해진 일정한 양의 시간이 있다"(Hess). 여기 요한복음 11:9이 나타나는 내용은 9:4의 예수님의 말씀과 유사하다. "때가 아직 낮이매 나를 보내신 이의 일을 우리가 **하여야** 하리라." 즉 그가 **해야만 한다**고 아버지께서 정하셨기 때문에 "해야" 한다.

제자들에게 하신 그리스도의 이 말씀은 이곳에서만 의미를 지니는 것이 아니다. 이 말씀은 더 널리 일반적으로 적용되는 원리를 선포하고 있다. 우리가 여기에서 이것에 관하여 상세히 논할 필요는 없다고 본다. 왜냐하면 우리는 7:30에 관해 논평하면서 이미 이 점에 대해 살펴보았기 때문이다. 하나님은 각 사람에게 일생의 일을 행할 시간을 할당해 주셨다. 그리고 어떤 재난도, 사고도 그 시간을 단축시킬 수 없다. 어느 누가 해를 한 시간 일찍 지게 할 수 있는가? 아무도 자신의 수명을 단 한 시간이라도 단축시킬 수 없다.

9절의 하반절에서 주님은 사람들이 주님의 생명을 단축시킬 수 없는 다른 한 가지 이유를 말씀하셨다. "사람이 낮에 다니면 이 세상의 빛을 보므로 실족하지 아니하고." 낮에 다니는 것은 태양의 빛 가운데 다니는 것이고, 그렇게 하는 자는 실족하지 않는다. 왜냐하면 그는 그의 가는 길에 놓인 장애물을 볼 수 있고 그것들을 피해 갈 수 있기 때문이다. 이 말씀의 영적인 의미는, 하나님과 동행하는 자는 타락할 수 없다는 것이다. "낮에 다니는" 것은 빛이신 분의 임재 가운데 다닌다는 뜻이며(요일 1:5), 그와 친교하는 가운데 다닌다는 뜻이고, 그의 뜻에 순종하는 가운데 다닌다는 뜻이다. 그러한 자는 아무도 실족**할 수** 없다. 왜냐하면 **그분의** 말씀은 우리의 발걸음을 지켜 주는 등불이며, 우리가 가는 길을 비추어 주는 빛이기 때문이다. 이것이 주 예수께도 적용되는 것은 멋진 일이다. 주님은 나사로가 병들었다는 소식을 들었을 때 즉시 베다니로 출발하지 않으셨다. 그 대신, 그는 **아버지**께서 그로 하여금 가게 하실 때가 올 때까지 계시던 곳에 머무르셨다. 그는 구름의 움직임을 예의주시하는 이스라엘 사람처럼 그를 인도해 줄 '빛' 을 **기다리셨다**. 그리스도는 언제나 하나님의 뜻이 알려진, 완전한 빛 가운데서 다니셨다. 그래서 그는 '실족' 하실 수가 없었다.

"**밤에 다니면 빛이 그 사람 안에 없는 고로 실족하느니라**"(11:10). 이것은 제자들에게 즉시 적용되는 매우 엄숙한 말씀이다. 이것은 그들이 그리스도와 동반하기를 거절한 것에 대한 **경고**였다. 그리스도는 참 빛이시므로 그들이 그와 함께 계속하지 않는다면, 그들은 어둠 가운데 있게 될 것이고, 그렇게 되면 '실족' 하는 일이 불가피하게 될 것이다. 이 구절이 제시해 주는 생각은 9:4의 끝부분이 의미하는 바와 다르다. 그곳에서 그리스도는 아무도 '일' 할 수(can) 없는 '밤'에 대하여 말씀하신다. 그러나 여기에서는 신자가 '다녀' 서는(Should) 안 되는 '밤'에 대해 말씀하신다. 이 두 구절이 우리에게 가르쳐 주는 큰 교훈은, 위험을 두려워해서(또는 불쾌한 결과를 싫어해서) 우리의 의무를 수행하지 못해서는 안 된다는 것이다. 하나님의 뜻이 어떤 방향을 분명히 가리킨다면, 우리의 책임은 그 방향으로 주저 없이 움직이는 것이다. 그러면 우리는 하나님께서 정해 주신 과제가 수행될 때까지 원수의 권능은 우리의 생명을 단축시킬 수 없다는 것과, 장애물로 인하여 우리로 '실족' 하지 않도록 빛이 주어질 것이라는 두 가지 확신을 품고 갈 수 있을 것이다. 이와 같은 복된 확신에 대하여 우리는 무슨 말을 할 수 있을까? 유다의 말밖에 할 수 없다. "능히 **너희를 보호하사 거침이 없게 하시고** 너희로 그 영광 앞에 흠이 없이 기쁨으로 서게 하실 이 곧 우리 구주 홀로 하나이신 하나님께 우리 주 예수 그리스도로 말미암아 영광과 위엄과 권력과 권세가 영원 전부터 이제와 영원토록 있을지어다 아멘"(24, 25절)

관심 있는 독자들 다음 장을 위하여 다음의 질문들을 숙고해 보라.

1. 11절에서 죽음은 "잠"에 비유되고 있다. 이 비유로써 우리는 어떤 생각을 할 수 있는가?
2. 제자들이 그리스도의 말씀을 이해하지 못한 이유는 무엇인가?(13절)
3. 그리스도께서 제자들을 위하여 "기뻐" 하신 이유는 무엇인가?(15절)
4. "나흘"이 가리키는 의미는 무엇인가?(17절)
5. 베다니가 예루살렘에 가깝다고 말한 이유는 무엇인가?(18절)
6. 25절에서 "생명"이란 말 앞에 "부활"을 말한 이유는 무엇인가?
7. "영원히 죽지 아니하리니" 라는 말씀의 의미는 무엇인가?(26절)

제38장

나사로를 살리신 그리스도
❷

¹¹이 말씀을 하신 후에 또 이르시되 우리 친구 나사로가 잠들었도다 그러나 내가 깨우러 가노라 ¹²제자들이 이르되 주여 잠들었으면 낫겠나이다 하더라 ¹³예수는 그의 죽음을 가리켜 말씀하신 것이나 그들은 잠들어 쉬는 것을 가리켜 말씀하심인 줄 생각하는지라 ¹⁴이에 예수께서 밝히 이르시되 나사로가 죽었느니라 ¹⁵내가 거기 있지 아니한 것을 너희를 위하여 기뻐하노니 이는 너희로 믿게 하려 함이라 그러나 그에게로 가자 하시니 ¹⁶디두모라고도 하는 도마가 다른 제자들에게 말하되 우리도 주와 함께 죽으러 가자 하니라 ¹⁷예수께서 와서 보시니 나사로가 무덤에 있은 지 이미 나흘이라 ¹⁸베다니는 예루살렘에서 가깝기가 한 오리쯤 되매 ¹⁹많은 유대인이 마르다와 마리아에게 그 오라비의 일로 위문하러 왔더니 ²⁰마르다는 예수께서 오신다는 말을 듣고 곧 나가 맞이하되 마리아는 집에 앉았더라 ²¹마르다가 예수께 여짜오되 주께서 여기 계셨더라면 내 오라버니가 죽지 아니하였겠나이다 ²²그러나 나는 이제라도 주께서 무엇이든지 하나님께 구하시는 것을 하나님이 주실 줄을 아나이다 ²³예수께서 이르시되 네 오라비가 다시 살아나리라 ²⁴마르다가 이르되 마지막 날 부활 때에는 다시 살아날 줄을 내가 아나이다 ²⁵예수께서 이르시되 나는 부활이요 생명이니 나를 믿는 자는 죽어도 살겠고 ²⁶무릇 살아서 나를 믿는 자는 영원히 죽지 아니하리니 이것을 네가 믿느냐 ²⁷이르되 주여 그러하외다 주는 그리스도시요 세상에 오시는 하나님의 아들이신 줄 내가 믿나이다(요 11:11-27)

먼저 우리가 살펴볼 구절에 대하여 다음과 같이 분석해 보자.

1. 그리스도는 나사로가 죽었음을 말씀하시나 제자들은 그의 말씀을 이해하지 못함(11-13절)

2. 그리스도는 자신이 베다니에 있지 아니한 것을 제자들을 위하여 기뻐하심(14, 15절)

3. 우리를 슬프게 하는 도마의 말(16절)

4. 나사로가 무덤에 있은 지 나흘이 지남(17절)

5. 예루살렘에서 가까이 있는 베다니(18절)

6. 많은 유대인들이 자매를 위문하러 옴(19절)

7. 그리스도와 마르다의 대화(20-27절)

앞 장에서 우리는 주 예수께서 나사로가 죽어가고 있다는 슬픈 소식을 받으셨음을 보았다. 이제 본문에서는 그가 베다니로 향하고 계신 것과, 그 사이에 나사로가 죽어 장사되는 광경을 본다. 요한복음 11장의 중심 목적은 부활이요 생명이신 그리스도를 알리는 것이며, 그 안에 담겨진 모든 내용은 대조적으로 이 사실을 복되게 계시하기 위한 보조적인 역할을 하고 있다. 부활은 죽음이 들어온 곳에서만 나타날 수 있다. 그러므로 여기에서는 죽음이 가져온 황폐함과 그 죽음 앞에서의 인간의 무력함이 강조되어 있다. 본문에는 먼저, 나사로가 죽었다는 내용이 나온다. 그 다음에 도마는 제자들에게 주와 함께 죽으러 베다니로 가자고 말한다(11:16). 그 후 마르다에 대한 이야기가 나오고, 그녀는 그리스도 앞에 있으면서도 오라비의 죽음 외에는 다른 아무 것도 생각하지 못하였음이 기록되어 있다(11:21). 마리아도 마찬가지였다(11:32). 마지막으로는, 오라비를 잃은 누이들을 위문하러 온 유대인들이 "울고" 있는 모습이 나오고(11:33), 주님께서 무덤 앞에 서 계실 때조차도 그들은 그가 무덤의 희생물이 된 자를 풀어 주려 하신다는 것을 전혀 생각하지 못한다(11:37). 이 모든 내용은 그리스도께서 그의 놀라운 영광을 나타내시기에 참으로 적합한 배경이 되었다!

여기에서 우리는 이 어두운 그림자 뒤에 감추인 더욱 엄숙하고 비극적인 사실을 쉽게 간파할 수 있다. 즉 육체적 죽음은 이보다 무한히 더 두려운 또 다른 죽음을 상징하는 비유일 뿐만 아니라 그것의 결과이기도 하다는 것이다. 자연인은 죄와 허물로 죽어 있다. 죄의 삯은 사망이며, 첫 사람이 죄를 지었을 때 그는 그 삯을 받았다. 아담은 금지된 열매를 먹던 날 **죽었다**. 즉 그는 그의 행동에 대한 형벌로서 영적으로 죽었다. 그리고 아담이 영적으로 죽었을 때, 그는 사적인 개인으로서 뿐만 아니라 인류의 머리이자 공적인 대표자로 죽은 것이다. 나무의 몸통을 그 뿌리로부터 잘라냈을 때 나무의 큰 가지와 잔가지, 그리고 나뭇잎까지 모두 곧 죽어 버리듯이, 아담의 타락은 모든 인류를 그와 함께 끌어내린 것을 의미한다. 모든 사람이 "하나님의 생명에서 떠난"(엡 4:18) 상태로 이 세상에 태어나는 것은 바로 이 이유 때문이다.

그렇다. 이 세상에 있는 모든 자연인은 영적으로 **죽어** 있다. 그는 세상을 향하여, 자신을 향하여, 죄를 향하여는 살아 있으나 하나님을 향하여는 죽어 있다. 그에게는 주의 깊은 수양이나 종교적 훈련으로써 활활 타오를 수 있는 생명의 불꽃이 없다. 그는 거듭날 필요가 있다. 그가 하나님의 나라에 들어가기 위해서는 그가 본래부터 소유하고 있는 것 외에 전적으로 새로운 생명이 그에게 전해져야 한다. 죄인은 그가 생각하는 것보다, 그리고 대부분의 **신학자**들이 추측하는 것보다 훨씬 악한 상태에 있다. **죽은** 자에게 '처방'이 무슨 소용 있겠는가? 그럼에도 불구하고 복음에 대하여 생각하며 이야기하면서도 이런 방향에서 생각하는 자들은 극히 적은 것 같다. 죽은 시체와 이야기하고 논쟁을 하는 것이 무슨 소용 있겠는가? 그러나 하나님께서 보실 때에 죄인은 바로 그와 같은 존재이다. "그렇다면 죄인들에게 **말씀**을 전파하는 이유가 도대체 무엇이요? 그들은 들을 수도 없지 않소?"라는 질문이 자연스럽게 제기될 것이다. 그러나 이처럼 늦은 때에 이와 같은 질문이 제기되었다는 것은 너무나 슬픈 일이다. 왜냐하면 이 질문은 하나님을 모욕하는 무지를 드러내 주기 때문이다.

하나님께서 에스겔에게 "너는 이 **모든 뼈**에게 대언하여 이르기를 너희 마른 뼈들아 여호와의 말씀을 들을지어다"(겔 37:4)라고 하라 하셨을 때, 에스겔은 그 뼈들이 **그의** 메시지에 응답할 것이라고 생각했던 것처럼, 하나님의 지성적인 종들은, 죄인들의 뜻과 마음이 그 말씀에 응답할 수 있다고 생각하기 때문에 **말씀**을 전파하는 것이 아니다. "그렇다면 그는 왜 말씀을 전파하는가?" 첫째로, 하나님께서 우리에게 그렇게 하라고 **명령**하셨기 때문이며, 어느 누가 **그의** 지혜에 대해 의문을 제기할 수 있겠는가? 둘째로, 우리가 전파하도록 명령 받은 말씀은 바로 "영이요 생명"(요 6:63)이기 때문이다. 우리가 "밝혀"야 할 말씀은 바로 **생명의 말씀**이다(빌 2:16). 신생은 "혈통으로나(육적인 혈통), 육정으로나(그 자신의 의지), 사람의 뜻으로(설교자의 설득) 나지 **아니하고 오직 하나님께로부터** 난다"(요 1:13). 그리고 하나님께서 우리로 신생하도록 하기 위해 사용하시는 씨는 바로 그의 말씀이다(약 1:18).

여기 요한복음 11장에서 아주 두드러지게 그리고 완전하게 예시해 주고 있는 점도 바로 이것이다. 나사로는 죽었다. 그리고 그가 이미 **죽었다**는 것은 그의 시체가 이미 부패했다는 사실로써 분명하게 증거되었다. 이와 마찬가지로, 자연인이 영적으로 죽어 있다는 것은 그의 마음과 생활의 부패로써 분명하게 드러난다. 필자는, 여기 요한복음 11장은 죽음 앞에서의 인간의 절대적 무력감을 강조하고 있음을 이 장의 서두에서 지적하였었다. 그리고 하나님의 좋은 말씀을 전파할 때 이 사실을 절대로 잊지 말고 영적으로 적용할 필요가 있다. 단지 죄인이 어리석기 때문이라면, **우리는** 진리를 합리적으로 명백하게 진술함으로써 **그 문제를** 극복할 수 있다. 또 죄인의 구원을 가로막고 있는 것이 단지 완고한 의지 때문이라면, 우리는 **우리의** 설득력에 의지할 수도 있다. 또 죄인의 영혼이 단지 병들어 있을 뿐이라면, **우리는** 그에게 권유하여 '처방'을 받아들이게 할 수도 있다. 그러나 **죽음** 앞에서 우리는 아무 힘도 쓸 수 없다.

"아주 절망적인 이야기로군" 하고 독자는 말할지도 모른다. 그러나 이로 인하여 우리가 하나님을 대면할 수 있게 된다면 이 일은 낙담만 할 일이 아니다. 자기만족에 빠지지 않는 것보다 더 유익한 것은 없다. 우리가 이 사실을 일찍 깨달으면 깨달을수록 더 좋은 것이다. 바울은 "육체를 **신뢰하지 아니하는** 우리"(빌 3:3)라고 말하였다. 우리가 자신의 무력함을 더욱 빨리 깨달을수록, 우리는 하나님께 더욱 도움을 구하게 된다. "육은 **무익하다**"(요 6:63)는 것을 일찍 인식할수록, 우리는 더욱 하나님의 은혜를 구하게 될 것이다. 우리는 자신에게 의존하기를 그칠 때에야 비로소 하나님께 의지하기 시작한다. "사람으로는 할 수 없으나 하나님으로서는 다 하실 수 있느니라"(마 19:26). 그리고 이 말씀은 **"누가** 구원을 얻을 수 있으리이까?"라고 제자들이 질문하였을 때, 그리스도께서 그에 대한 대답으로 하신 것임을 잊지 말아야 한다.

빛이 들어오는 곳은 바로 여기에서이다. "하나님의 영광"(요 11:4)이 빛나는 곳은 바로 여기에서이다. **인간**은 죽음 앞에서 무력하나 하나님은 그렇지 않다. 나사로는 자신을 살릴 수 없었다. 또한 그의 사랑하는 누이들과 슬퍼하는 친구들도 그를 무덤에서 되찾을 수 없었다. 그러나 그 자신이 "부활이요 생명"이신 분이 무대에 오르시자, 모든 것이 바뀌었다. 그러면 그는 **무슨** 일을 행하시는가? 그는 그를 바라보는 모든 사람들에게 아주 이상하게 보였을지도 모를 일을 행하셨다. 즉 그는 죽은 자에게 "나오라"고 부르셨다. 그러나 **그렇게** 하는 것이 무슨 소용 있었겠는가? 나사로에게 나올 힘이 있었단 말인가? 분명히 그렇지 않다. 마리아나 마르다, 또는 사도들 중의 어떤 이가 "나사로야 나오라"라고 부르짖었다면, **그 사실이** 분명히 증명되었을 것이다. 인간의 음성은 무덤의 심연을 꿰뚫을 수 없다. 그러나 나사로에게 그렇게 말씀하신 분은 인간 이상이신 분이셨다. 그리고 그가 "나오라"고 말씀하셨을 때 그것은 나사로가 그렇게 할 수 있었기 때문이어서가 아니라, 그의 음성이 **생명을 주는** 음성이었기 때문이었다. 단지 입술의 명령만으로써 세상을 지으신 바로 그 전능의 입술이 이제는 무덤에게 그 사로잡은 자를 내 놓으라고 명령하신다. 무덤의 어두운 문을 꿰뚫었던 것은 바로 그 **능력의 말씀**이었다. 그리고 사랑하는 독자여, 여기에 우리 그리스도인 사역자들에게 위로와 영감과 만족을 주는 진리가 있다. 우리는 잃어버린 바 되고 죽어 있는 죄인들에게 **말씀**을 전파하라고 보냄받았다. 그리고 그 이유는, 성령의 주권적 적용 아래에서 그 **말씀**은 "**생명의 말씀**"이 되기 때문이다. 그러므로 우리가 해야 할 일은 하나님께서 우리가 말씀을 전한 자 중 다만 몇몇에게만이라도 그 말씀이 생명의 말씀이 되게 해주시기를 날마다 힘차게 구하는 것이다.

요한복음 11장은 나사로를 실제로 살리신 일을 이루기 전에 먼저 그 중심 특징을 더욱 아름답게 나타내 주는데 도움을 주는 흥미 있고 교훈적인 내용들을 많이 기록하고 있다. 주 예수께서는 서두르지 아니하시고, 신적 위엄 가운데에서, 그러나 베다니에 있는 슬픔을 당한 집에 대한 인간적 동정 또한 잃지 않으시고 완전히 침착하게 행하셨다. 우리는 본문에 기록된 상세한 모든 내용을 통하여 인간의 불완전함과 그리스도의 완전함, 이 두 가지가 두드러지게 나타났음을 알 수 있다.

"이 말씀을 하신 후에 또 이르시되 우리 친구 나사로가 잠들었도다"(11:11). 여기에서의 "이 말씀"이란 것은, 주님께서 나사로의 병은 하나님의 영광을 위함이요 하나님의 아들이 이를 인하여 영광을 얻게 하시기 위한 것이라고 앞에서 말씀하신 것과(11:4), 그가 유대로 돌아갈 뜻을 밝히신 것(11:7), 그리고 그가 자신은 언제나 아버지의 얼굴의 밝은 빛 가운데 다니므로 '실족' 할 수 없다는 것을 공언하며 보증하신 것(11:9)을 가리킨다. 이 세 가지 내용을 통하여 우리는 그리스도의 생애를 이끌었던 위대한 원리들, 즉 겸손과 하나님께의 의존과 순종을 배운다. 주님은 이제 나사로가 더 이상 산 자의 땅에 있지 않음을 말씀하시면서 '잠' 이라는 비유 아래 그의 죽음을 언급하신다. 이 비유는 매우 아름다운 것으로서, 우리에게 여러 가지 복된 생각들을 시사해 준다. 이것은 구약성경과 신약성경 모두 다에 빈번히 사용된 비유이다. 구약성경에서 이것은 구원받은 자와 구원받지 못한 자 모두에게 적용되고 있으나, 신약성경에서는 오직 주님의 백성에 관하여만 사용되어 있다(이에 대한 한 가지 분명한 예외는 야이로의 딸의 경우이다). 신약성경에서는 다음과 같이 잘 알려진 구절에 사용되고 있다. "이제 그리스도께서 죽은 자 가운데서 다시 살아나사 **잠자는** 자들의 첫 열매가 되셨도다 … 보라 내가 너희에게 비밀을 말하노니 우리가 다 **잠 잘** 것이 아니요 마지막 나팔에 순식간에 홀연히 다 변화되리니"(고전 15:20, 51). "우리가 예수께서 죽으셨다가 다시 살아나심을 믿을진대 이와 같이 예수 안에서 **자는** 자들도 하나님이 그와 함께 데리고 오시리라 … 예수께서 우리를 위하여 죽으사 우리로 하여금 깨어 있든지 자든지 자기와 함께 살게 하려 하셨느니라"(살전 4:14; 5:10). 이제 이 비유가 시사해 주는 몇 가지 주요한 생각들을 살펴보기로 하자.

첫째로, 잠은 우리에게 아무 해가 없다. 잠은 우리를 두렵게 하는 것이 아니라 오히려 감사하게 하는 것이다. 그것은 원수가 아니라 친구이다. 그리스도인에게 죽음은 바로 이와 같은 것이다. 다윗은 "내가 사망의 음침한 골짜기로 다닐지라도 해를 두려워하지 **않을** 것이다"고 말하였다. 하나님의 모든 자녀는 이와 같은 승리의 말을 해야 한다. 사망의 "쏘는 것"이 뽑혀졌으므로(고전 15:56, 57) 이것은 침이 뽑힌 말벌처럼, 그리스도의 구원받은 자 누구에게도 더 이상 해할 수 없다.

둘째로, 잠은 하루의 슬픔과 수고가 다 끝난 후에 찾아오는 고마운 휴식이다. 지혜자가 말하였듯이 "노동자는 잠을 **달게** 잔다"(전 5:12). 신자에게 있어서 죽음은 그가 이 죄와 혼란으로 가득 찬 무대를 떠나 기쁨의 낙원으로 들어가는 문에 지나지 않는다. 고린도전서 3:22의 말씀처럼, '사망'은 **우리의 것**이다. 잠은 자비롭게도 우리를 위해 준비된 것이다. 그러나 우리는 이에 마땅한 감사를 드리지 아니한다. 필자는 몇 년 전에 한 친구가 일주일 이상을 잠 못 이루며 크게 고통 받는 것을 보고 이 교훈을 배운 적이 있다. 또한 죽음은 준비되어 있는 자에게는 고마운 것이다. 다윗이 지금까지 3000년 이상을 살았다고 상상해 보라! 죄와 고통으로 가득 찬 이 세상에 그처럼 오랫동안 살았더라면 그는 아마도 오래 전에 미쳐 버리고 말았을 것이다. 노아의 홍수 이전 사람들처럼 우리의 수명이 길지 않은 데 대해 고마움을 느끼지 않을 수 없다!

셋째로, 우리는 다시 일어나기 위하여 잠자리에 든다. 우리가 잠자는 시간은 아주 짧다. 즉 우리가 활동하는 시간에서 겨우 몇 시간 쪼개 내어 잠자고, 새 날이 오면 우리는 다시 일어난다. 이와 마찬가지로 죽음도 잠에 불과하고 그 후에는 부활, 즉 깨어남이 있다. "땅의 티끌 가운데에서 **자는** 자 중에서 많은 사람이 **깨어나** 영생을 받는 자도 있겠고 수치를 당하여서 영원히 부끄러움을 당할 자도 있을 것이며"(단 12:2). 그리스도 안에서 죽는 자는 영광스러운 부활 날 아침에 깨어나서 더 이상 잠자지 아니하고, 하나님의 완전한 날 내내 영원히 살 것이다.

넷째로, 잠자는 시간은 쉬는 시간이다. 하루의 노동이 달콤한 휴식으로 바뀐다. 그리스도인에게 죽음은 바로 이 휴식을 의미한다. "지금 이후로 주 안에서 죽는 자들은 복이 있도다 하시매 성령이 이르시되 그러하다 그들이 수고를 그치고 쉬리니 … 하시더라"(계 14:13). 이 휴식은 중간 상태, 즉 사망과 부활 사이에만 적용된다. 우리가 우리의 영화로운 몸을 받을 때 우리에게는 새 일이 주어질 것이다. 왜냐하면 "그의 종들이 그를 **섬기며**"(계 22:3)라고 기록되어 있기 때문이다.

다섯째로, 잠은 우리가 생활하며 느끼는 슬픔을 쫓아낸다. 자비롭게도, 우리는 잠들었을 때에는 하루 종일 우리를 괴롭혔던 일을 의식하지 못한다. 밤의 수면은 우리로 하여금 낮에 우리를 괴롭게 했던 일들로부터 휴식을 취하게 해준다. 죽음도 마찬가지이다. 이 땅에 있는 신자가 아닌, 낙원에 있는 자들은 그가 이 땅에서 흘린 눈물에 대하여 전혀 알지 못한다. 그러나 그들이 이 지상에서 일어나는 일들에 관하여 아는, 단 한 가지 예외가 있음을 성경은 가르쳐 준다. 즉 죄인이 구원된 소식은 하늘나라에 알려진다(눅 15:7, 10).

여섯째로, 죽음이 잠에 비유되는 한 가지 이유는 아마도 주께서 우리를 아주 **쉽게** 살리실 수 있다는 것을 강조하기 위해서일 것이다. 죽은 자를 살리는 일은(회의주의자에게는 불가능한 일처럼 보이겠지만) 주님께는 잠든 자를 깨우는 것보다 더욱 간단한 일이 될 것이다. 목소리를 발하여 그토록 쉽게 사람을 살리실 수 있는 일이야말로 주님만이 하실 수 있는 일이다. 그러므로 "무덤 속에 있는 자가 다 그의 **음성**을 들을 때가 오나니"(요 5:28)라고 기록되어 있다.

일곱째로, 잠은 우리의 몸이 다음 날 해야 할 일을 위해 준비하는 시간이다. 잠들었다가 깨어 일어날 때 우리는 새 힘을 얻고 활력이 넘치며 우리 앞에 놓인 일들을 행할 준비가 되어 있다. 이와 마찬가지로 부활한 신자는 새 힘을 부여받을 것이다. 그는 죽은 몸으로 인해 더 이상 제한받지 아니할 것이다. 연약한 것으로 뿌려진 것이 이제는 능력으로 부활하게 될 것이다.

그러나 자기 죄 가운데 죽는 자에게는 이와 엄청나게 다른 일들이 닥칠 것이다. 그의 운명은 우리가 앞에서 말하였던 것과는 정반대가 될 것이다. 죽음은 그를 금생(今生)의 슬픔에서 구원하기는커녕, 오히려 그를 울부짖음과 비탄과 이를 가는 소리가 가득한 두려운 곳으로 데려갈 것이다. 죄인 역시 죽은 자 가운데서 살리심을 받지만 그것은 '심판의 부활'이 될 것이다. 그 부활은 그들이 불못의 영원한 고통을 훨씬 더 예민하게 느낄 몸을 받기 위한 것이다. 그러한 자들 모두에게 죽음은 가장 무서운 악몽보다도 훨씬 더 나쁜 것이 될 것이다. 구원받지 못한 독자여, 당신과 죽음 사이에는 겨우 **한 발** 차이밖에 없을 뿐이다. 당신의 목숨은 어느 순간에 딱 하고 끊어질 수도 있는 아주 가느다란 실에 매달려 있다. 그러므로 너무 늦기 전에 경고를 받으라. 지금 당장이라도 다가올 진노에서 피하라. 주를 찾을 수 있을 때에 찾으라. 왜냐하면 죽은 후에는 아무 소용이 **없기** 때문이다.

"**이 말씀을 하신 후에 또 이르시되 우리 친구 나사로가 잠들었도다 그러나 내가 깨우러 가노라**"(11:11). 영광의 주님께서 불쌍한 흙 버러지를 그의 '친구'라고 부르시니 이 얼마나 놀라운 겸손인가! 그러나 주님께서 "**우리** 친구"라고 하셨음에 주목해 보라. 이것은 두려움과 의심에 싸인 그의 제자들에게 하신 꾸중의 말씀이라고 생각한다. 우리 친구, 즉 나의 친구일 뿐만 아니라 너희 친구이기도 하다는 뜻이다. 그 역시 **너희에게** 친절을 베풀어 주지 아니하였던가. 너희는 그를 사랑한다고 고백하지 아니하였던가. 그런데 너희는 그가 쇠약해지는 것을 보고만 있을 것인가? 그의 누이들이 슬퍼하고 있다. 그런데 너희는 그들이 곤경에 처한 것을 보고도 무시해 버릴 것인가? 주님께서 7절과 15절에서 "[우리가] 가자"라고 말씀하신 것과는 대조적으로, 여기에서 "내가 가노라"라고 말씀하시는 것은 바로 이런 이유에서이다. **우리** 친구에게로 **내가 가노라**. 아주 큰 위험에 처해 있는 자에게로 나는 간다. **나는** 갈 준비가 되어 있다. 이 말씀은 질책의 말씀이면서 또한 호소의 말이기도 했다. 주님은 그들에게 나사로가 병든 것은 하나님의 아들이 이로 인하여 영광을 얻게 하기 위함이라는 것을 말씀하셨었다(11:4). 그런데도 그들은 그 영광이 **어떻게** 나타날 것인가에 대하여 아무 관심도 표하려 하지 않았다!

"내가 깨우러 가노라." 이 말은 죽음을 무릅쓰고서라도 가겠다는 뜻이다. 그는 자기를 기쁘게 하지 않으셨다. 그는 사적인 애정을 인하여 서두르지 아니하셨듯이, 자신의 개인적 안전을 생각함으로써 지체하지도 아니하셨다. 그는 오직 아버지의 영광만을 염두에 두셨고, 사적인 결과들을 고려함으로써 그가 아버지의 일을 행하지 못하게 되는 일이 생기게 하지도 않으셨다. 아들을 통하여 아버지의 영광이 나타날 때가 왔다. 그러므로 그가 "내가 가노라"고 하신 말씀은 11:6의 "이틀을 더 유하시고"라는 말씀과 크게 대조를 이룬다. 그는 나사로를 깨우려고 하셨다. "나사로를 지으신 분만이 그를 **이** 잠에서 깨울 수 있다. 이것 외의 다른 잠에서는 쥐나 모기도 우리를 깨울 수 있다. 그러나 오직 전능하신 능력만이 우리를 이 잠에서 깨울 수 있다"(R. Hall).

"**제자들이 이르되 주여 잠들었으면 낫겠나이다 하더라 예수는 그의 죽음을 가리켜 말씀하신 것이나 그들은 잠들어 쉬는 것을 가리켜 말씀하심인 줄 생각하는지라**" (11:12, 13). 제자들이 주님의 말씀을 이해하지 못했다는 것은 그들의 말을 보아 분명히 알 수 있다. 즉 그들은 주님께서 나사로가 회복되고 있다고 말씀하신 것으로 받아들였다. 그러나 주님께서는 애매한 비유를 사용하신 것이 아니었다. 그들은 구약 성경을 통하여 이것을 익히 알고 있어야 했다. 그렇다면 주님이 말씀하신 뜻을 그들이 깨닫지 못한 이유는 무엇인가? 그 이유는 간단하다. 즉 그들은 여전히 유대로 돌아가는 것을 두려워하며 주저하고 있었기 때문이다. 그러나 이것이 왜 그들의 지성을 어둡게 하였는가? 그것은 그들이 일시적인 환경만을 생각하였기 때문이다. 그들이 염려하였던 것은 "돌로 치는 일", 즉 유대인들이 그들의 사랑하는 주님을 돌로 치지나 않을까 하는 것이었다. 그들은 주님이 돌에 맞는다면 그들이 그 상황을 벗어날 가능성은 거의 없을 것으로 생각하였다. 이렇듯 우리가 일시적인 것들에만 생각을 집중시킨다면, 또는 이기적인 동기가 우리를 지배한다면, 우리의 영적 시야는 어두워지고 말 것이다. 우리의 온 몸이 빛으로 밝아지는 것은 오직 우리의 눈이 (하나님의 영광을 향하여) 고정되어 있을 때뿐이다.

"**이에 예수께서 밝히 이르시되 나사로가 죽었느니라**" (11:14). 이것은 그리스도의 전지하심을 잘 증거해 주는 말씀이다. 제자들은 나사로가 병에서 회복되고 있는 것으로 생각하였으나 주님은 그가 이미 죽었음을 **아셨다**. 베다니에서는, 마르다와 마리아는 주님께 오라비가 죽었음을 알리는 두 번째 소식을 전하지 아니하였었다. 그렇게 할 자도 필요하지 않았다. 종의 모습을 하고 인간의 모양을 하셨지만 그리스도는 다름 아닌 전능의 하나님이셨으며, 그는 여기에서 이것을 명백히 증거하셨다. 우리 구세주께서 바로 임마누엘이심을 아는 것은 참으로 복된 일이 아닐 수 없다!

"**내가 거기 있지 아니한 것을 너희를 위하여 기뻐하노니 이는 너희로 믿게 하려 함이라 그러나 그에게로 가자 하시니**" (11:15). 그러나 그리스도께서 나사로의 생명이 꺼져 가고 있었을 때, 그가 베다니에 계시지 않았던 것을 제자들을 위해 기뻐해야 하셨던 이유는 무엇인가? 그것은 주님께서 나사로가 병들었을 때 베다니에 계셨을 경우보다도 그렇게 하지 않으심으로 제자들이 그의 영광이 **더욱 고귀하게** 드러나는 것을 목격할 수 있을 것이기 때문이다. 그러나 그리스도께서 그곳에 계셨더라면 어떤 차이가 생겼을까? 다음과 같을 것이다. 즉 주 예수께서 그곳에 계셨더라면 나사로가 죽지 아니하였을 것임이 분명하다. 주님께서 제자들에게 하신 말씀이 이것을 분명히 시사해 줄 뿐만 아니라, 성경도 이 점에 대하여 이렇게 가르치고 있다. 주님이 시사하신 바는 분명하다. 즉 주님께서는 여기에서 그의 임재 가운데서는 어느 누구도 죽을 수 없다는 것을 분명히 의미하셨다. 성경에 생명의 주(행 3:15)의 임재 가운데 죽은 자가 있다는 기록이 없는 것은 아주 주목할 만하다. 더욱이 복음서의 기록은 그리스도께서 죽음과 대면하게 되셨을 때마다, 죽음이 즉시 그 앞에서 도망하였음을 보여준다! 그리스도의 임재 가운데서는 아무도 죽을 수 없다는 것에 관한 예를 우리는 겟세마네 동산에서 찾아 볼 수 있다. 즉 아랫사람들이 구세주를 잡으러 왔을 때, 베드로는 칼을 빼어 대제사장의 종을 죽이려는 생각으로 그를 쳤다. 그러나 그는 실패하였다. 그는 그의 머리를 쪼갠 것이 아니라 그의 귀를 잘랐을 뿐이었다. 그리스도와 함께 십자가에 못 박혔던 두 강도의 경우는 이보다 훨씬 더 주목할 만하다. 즉 **그들은 주님의** 영혼이 돌아가신 **후에야** 죽었다. 또한 나인 성의 과부의 아들의 경우에서, 그리스도께서 접근하시자 죽음이 도망가는 아주 주목할 만한 예를 찾아 볼 수 있다. 이 예는 야이로의 딸이나 마르다와 마리아의 오라비의 경우와는 다르다. 즉 후자 둘의 경우는 모두 주님께 호소하였으나, 이 경우는 그렇지 아니하였다. 한 청년을 장사지내기 위한 행렬이 묘지로 가고 있었다. 그때 주 예수께서 접근하시고 **그 관에 손을 대시면서** 그 청년에게 "일어나라"고 말씀하시자, 즉시 "죽었던 자가 일어나 앉고 말도 하였다"(눅 7:14, 15)

"**내가 거기 있지 아니한 것을 너희를 위하여 기뻐하노니 이는 너희로 믿게 하려 함이라**"(11:15). 하나님의 길은 참으로 완전하다! 만일 마르다와 마리아의 소망이 받아들여졌다면, **그들은**(나사로도 역시) 훨씬 더 큰 축복을 받지 못하였을 뿐만 아니라, 제자들도 그들의 믿음을 강화해 주었을 것을 놓쳐 버리고 말았을 것이다. 그리스도 역시 그가 죽기 전에 그의 능력을 가장 강력하게 나타낼 수 있는 기회를 얻지 못하셨을 것이다. 그리고 온 교회 또한 손해를 입게 되었을 것이다! 이것은 하나님께서 우리의 것보다 무한히 더 훌륭하신 당신의 뜻을 행하시기 위해, **우리의** 소망을 꺾으시는 지혜와 선하심을 참으로 잘 보여준다.

또한 우리는 이 구절을 통하여 주님께서 그의 백성의 믿음을 성장시키는 **방법**에 대해 아주 중요한 교훈을 배운다. 즉 그것은 제자들의 마음은 **점진적으로** 교훈을 받고 비추임을 받았다는 것이다. 그들에게는 갑작스럽고도 난폭한 행동이 가해지지 않았다. 그들은 한꺼번에 은혜의 분량에 이르지 못하였다. 그들의 눈은 서서히 열려 그리스도께서 누구이시며 어떤 분이신지를 깨달았다. 주님의 신적 능력과 인간적 동정이 되풀이 나타났을 때에야 비로소 그들은 주님께서 그들이 예상하였던 것보다 훨씬 더 높은 질서의 메시야이심을 깨닫게 되었다. 요한복음 2:11의 말씀이 이 같은 원리를 예시해 준다. "예수께서 이 첫 표적을 갈릴리 가나에서 행하여 그의 영광을 나타내시매 **제자들이** 그를 **믿으니라.**" 그리고 하나님은 우리를 이와 같은 방법으로 다루신다. 우리의 믿음이 자라가는 과정에는 먼저 싹이 있고 그 다음에 이삭이, 그리고 마지막으로, 이삭에 달린 알곡이 있다. 아브라함의 믿음은 하나님께서 그에게 겪게 하셨던 시련, 그것도 갈수록 모질어지는 시련을 통하여 성장하였음을 참고로 생각해 보라.

"그러나 그에게로 가자"(11:15). 나사로는 **죽었다.** 그럼에도 불구하고 주님은 **그**에게로 가자고 말씀하신다. "아, 죽음보다 더 강한 사랑이여! 무덤은 그리스도에게서 그의 친구들을 떼어낼 수 없다. 다른 친구들은 무덤에까지 우리를 따라오나, 그러고는 곧 제 갈 길로 간다. 그러나 '생명이나 사망이나 그 무엇도 우리를 그리스도의 사랑에서 끊을 수 없다'"(Burkitt). 나사로는 그리스도께 올 수 없었지만 그리스도께서 그에게로 가려 하셨다.

"디두모라고도 하는 도마가 다른 제자들에게 말하되 우리도 주와 함께 죽으러 가자 하니라"(11:16). 도마가 이 말을 주님께 한 것이라기보다는 그의 동료인 주님의 제자들에게 하셨음이 분명하다. 그의 이 말은 우리를 슬프게 한다. 도마는 어두운 측면만을 바라본 자였다. 나사로가 죽었고, 그리스도도 죽으러 가려 하신다. 그러므로 우리도 역시 가서 죽자! 주님께서 "내가 깨우러 가노라"(11:11)고 말씀하셨는데도 그는 이렇게 말하였다. 인간이 하나님의 생각을 조금이라도 이해하기는 참 어려운 일이다! 그리스도께서는 생명을 주시려고 베다니로 가려 하신 것이다. 그런데 도마는 죽는 것만을 말하고 있다. 그는 그리스도께서 11:9에서 하신 말씀을 거의 깨닫지 못하였음이 분명하다. 신자에게조차도 불신이 자리 잡고 있다! 그러나 우리는 도마의 말이 표현해 준 헌신의 마음을 간과해서는 안 된다. 도마는 구세주와 떨어지기보다는 차라리 그와 함께 죽기를 원하였다. 그에게 지성은 부족하였을지라도 그는 주 예수의 인격을 깊이 사랑하였다.

"우리도 주와 함께 죽으러 가자"(11:16). "이것은 상황의 어두운 면밖에는 바라볼 수 없는 절망적이고도 낙심한 마음을 나타내는 말이다. 후에 그의 선생께서 부활하신 소식이 너무 기뻐 사실일 수 없다고 생각하고 그것을 믿을 수 없었던 사람은, 여기 이 열두 제자 중에서 그들이 유대로 돌아가면 모두 죽고 말 것이라고 생각하였던 바로 이 사람이었다! 이와 같은 일들은 아주 교훈적인 것으로서 우리로 하여금 가르침을 받도록 하기 위하여 기록되었음이 분명하다. 또한 이것들은 하나님의 은혜가 우리를 회심시키실 때, 우리의 본래의 성격을 완전히 고쳐 우리를 재형성하지 않는다는 것을 보여준다. 사망에서 생명으로 옮겨지고 참 그리스도인이 되었다 할지라도, 낙관론자는 여전히 낙관적인 생각을 하고, 우울한 자는 여전히 우울한 생각을 한다. 이것은 또한 우리가 그리스도인 개개인을 판단할 때에 그들의 본래의 기질을 많이 참작해야 함을 보여준다. 우리는 하나님의 모든 자녀가 한 사람처럼 똑같기를 바라서는 안 된다. 숲을 이루는 나무들은 그 모양이나 성장 상태가 각기 특징을 지니고 있으나, 멀리서 보면 하나의 푸르름의 덩어리로 보인다. 그리스도의 몸의 각 지체도 각기 다른 기질을 지니고 있으나, 전체적으로는 모두 한 분의 성령의 인도하심을 받고 모두 한 분의 주님을 사랑한다. 마르다와 마리아, 이 두 자매와 베드로, 요한, 도마 등의 사도들도 여러 가지 점에서는 서로 닮지 않았음이 분명하나, 한 가지 점에서는 그들 모두 공통된다. 즉 그들은 그리스도를 사랑하였고 그의 친구였다"(라일 주교).

   "예수께서 와서 보시니 나사로가 무덤에 있은 지 이미 나흘이라"(11:17). 그리스도께서는 도마의 잘못된 생각을 바로잡아 주지 아니하시고, 때가 되면 자연히 진실이 밝혀지도록 아무 말씀도 아니하셨다. 여기에 "나흘"이란 말이 분명히 가르쳐 주는 것은, 이 요한복음 11장에는 이스라엘 민족의 영적 상태를 나타내 주는 상징적 그림 이상의 것이 담겨져 있다는 점이다. 즉 교리적인 관점에서 보면, 무덤에 있는 나사로의 상태는 죄와 허물, 곧 부패 덩어리 가운데 죽어 있는 자연인의 상태를 정확하게 표현해 준다. 나사로가 유대인이었음은 사실이다. 그러나 "물에 비치면 … 사람의 마음도 서로 비치느니라"(잠 27:19). 로마서 3장은 이스라엘의 상태가 이방인의 상태이기도 함을 보여준다. 이 요한복음에서 흔히 그러하듯이, 여기에서도 '하루'는 (좀 더 깊은 의미에서는) 천 년을 의미한다. "나흘" 동안 인간은 죽음의 자리, 즉 하나님과 떨어져 있는 상태에 있었다. 왜냐하면 아담의 타락으로부터 그리스도께서 오실 때까지 정확히 사천 년이 걸렸기 때문이다. 하나님께서는 그리스도를 이 땅에 보내시기 전에 먼저 인간의 두려운 상태를 완전히 드러나게 하셨다.

   "예수께서 와서 보시니 나사로가 [그가] 무덤에 있은 지 이미 나흘이라" (영어 성경에는 대명사로 기록되어 있음). 이 구절은 "예수께서 **베다니**로 와서 보시니 **나사로**가 무덤에 있은 지 이미 나흘이라"고 기록되어 있지 않고, 단순히 "예수께서 와서 보시니 그가 무덤에 있은 지 이미 나흘이라"고 기록되어 있음에 주목해 보라. 성령께서

이 구절을 이처럼 불명확하게 기록하신 데에는 이유가 있다. 필자는 그 이유를 이미 앞에서 설명했다고 생각한다. 즉 "예수께서" 이 땅에 "오셨을 때", "그는"(타락한 인간) "무덤에"(죽음의 자리) 있은 지 "이미 나흘"(사천 년)이 되었다는 뜻이다. 성경이 이처럼 상세하고도 정확하게 기록된 데 대해 그저 놀랄 따름이다!

"베다니는 예루살렘에서 가깝기가 한 오 리쯤 되매"(11:18). 여기에서 이처럼 지리상의 지적을 한 데에는 두 가지 이유가 있는 것으로 생각된다. 첫째로, 이것은 "많은 유대인"이 마르다와 마리아를 위문하러 베다니에 올 수 있었던 이유를 설명해 준다 (11:19). 둘째로, 이것은 나사로를 살리신 곳이 예루살렘과 아주 가까이 있었음을 보여준다. 베다니는 유대교의 본부에서 3km도 못 되는 곳에, 걸어서도 올 수 있는, 거의 성전이 보이는 곳에 있었다. 그러므로 유대민족의 지도자들은 그리스도의 인격의 정체를 알지 못한다고 변명할 수가 없게 되었다. 그리스도는 그의 마지막이자 가장 위대한 표적을 많은 목격자들 앞에서, 그리고 거의 산헤드린의 입구라고 해도 좋을 만한 곳에서 보여주셨다. 이처럼 겉으로 보기에는 별로 중요하지 않은 것 같은 이러한 세세한 내용을 통하여 성령께서는, 그리스도를 저버린데 대하여 가장 큰 책임이 있는 자들의 깊은 죄를 강조하셨다.

"많은 유대인이 마르다와 마리아에게 그 오라비의 일로 위문하러 왔더니"(11:19). 가련하게도 이 유대인들은 그들에게 참 위로자가 되지 못하였다. 11:37도 그들에 관하여 말하고 있다. 그들은 주 예수께서 나사로의 무덤 곁에서 우시는 것을 보자 "맹인의 눈을 뜨게 한 이 사람이 그 사람은 죽지 않게 할 수 없었더냐"라고 말하였다. 그들은 분명 그리스도께서 기적을 행하시는 분임을 알고 있었으면서도, 그의 인격의 영광에 대하여는 깨닫지 못하였음이 분명하다. "이 사람"이라는 말이 그것을 보여준다. 더욱이, 그들은 주님께서 죽은 자를 살리실 수 있다는 것을 전혀 생각지 못하였던 것으로 보인다. 그런데 어떻게 그들이 이 슬픔에 빠진 자매를 '위문'할 수 있었겠는가? 불신자는 하나님의 자녀에게 참 위로를 줄 수 없다. 하나님만이 깨어진 마음을 하나로 모아 주실 수 있다. 오직 하늘의 위로자만이 고통 받는 영혼들에게 평화를 주실 수 있다. 예수님을 알지 못하고는, 즉 구원받지 못한 자들은 다른 사람에게 위로와 평안의 유일한 근원을 가르쳐 줄 수 없다.

"많은 유대인이 마르다와 마리아에게 그 오라비의 일로 위문하러 왔더니." 여기에서 사태를 역전시키는 하나님의 지혜에 주목하라. 나사로를 살리시기 전에 나흘을 기다림으로써, 그렇지 않았을 경우보다 훨씬 더 많은 목격자들이 나사로의 부활을 목격하게 되었고, 이로써 그리스도의 기적은 더욱 확고하게 증명되었다. 왜냐하면 이로써 그리스도의 기적이 더욱 널리 알려지게 되었기 때문이다. 모든 일들을 지배하시는 **손**이 이 일을 이렇게 계획하셨으므로, 산헤드린은 이스라엘의 메시야께서 행하신 이 마지막 위대한 '표적'을 부인할 수 없었다. 그러므로 우리는 여기서 11:6에 "그러므로"란 말이 기록된 또 한 가지 훌륭한 이유를 알 수 있다. 하나님께서는 한 가지 훌륭한 이유 때문에 지체하실 뿐만 아니라, 그가 그렇게 하시는 데에는 일반적으로 많은 이유가 있다. **그의** 단 한 가지 행위로써 여러 가지 많은 목적이 이루어진다. 그러므로 그의 행하시는 길을 비난하는 것은 악할 뿐만 아니라 아주 어리석은 짓이다.

"**마르다는 예수께서 오신다는 말을 듣고 곧 나가 맞이하되**"(11:20). 이것은 마르다의 성격을 완전히 드러내 주는 행동이다. 주 예수께서 아직 마을로 들어오시지 않았음에도 불구하고(11:30), 그녀는 그를 마중하러 나갔다. 이 다음 말씀이 이때의 그녀의 마음 상태를 엿볼 수 있게 해 준다. "마리아는 집에 앉았더라." 우리는 여기에서 이 자매 각자의 특징적인 기질을 쉽게 알아 볼 수 있다. 적극적이고 흥분하기 쉬우며, 분주하고 감정을 잘 드러내는 마르다는 예수를 기다릴 수 없었으므로 그를 맞으러 곧장 달려간다. 그러나 조용하고 온화하며 사색적이고 명상적이며 온유한 마리아는 소극적으로 집에 앉아 있다"(라일 주교). 이러한 세세한 내용들은 이 이야기의 진실성을 잘 나타내 주지 않는가! 영감을 주어 누가복음 10장을 기록하게 하셨던 바로 그분께서 여기에서도 요한을 감동시켜 이 자매의 성격을 나타내 주는 이 작은 사실을 기록하게 하셨음이 분명하다!

"**마르다가 예수께 여짜오되 주께서 여기 계셨더라면 내 오라버니가 죽지 아니하였겠나이다**"(11:21). 어떤 사람들은 마르다가 화가 나서 이 말을 하였다고, 즉 그녀는 주님께서 베다바라에 계셨을 때 그에게 전해진 소식을 듣고도 더욱 빨리 오시지 않으신 데 대해 비난하고 있다고 생각한다. 그러나 필자는 그러한 생각은 잘못된 것이라고 본다. 그보다 필자는 마르다의 말은 슬픔에 가득 찬 탄식, 즉 그녀의 슬픔을 다 쏟아 놓는 말이라고 생각한다. 마르다의 말은 이 자매에게 고통스러웠던 나흘 동안 그들을 사로잡고 있던 생각이 무엇이었는지를 분명하게 보여준다. 마리아도 그리스도를 만났을 때 거의 비슷한 말을 하고 있음에 주목해 보라(11:32). 마르다의 이 말 속에는 육적인 것과 영적인 것, 또는 믿음과 불신이 이상하게 섞여 있다. 그녀는 그리스도를 신뢰하였지만, 그의 능력을 제한시켜 생각하였다. 그녀는 그녀의 오라비가 아무리 쇠약하였을지라도 주님께서 계시기만 하셨다면 그가 죽지 않을 것이라고 믿었다. 그러나 그녀는 나사로가 죽은 바로 그때에도 주님께서 그를 살리실 수 있다는 것을 전혀 생각하지 못하였던 듯하다. 이때에는 오히려 "주여 내가 **믿나이다** 나의 **믿음 없는 것**을 도와주소서"라는 말이 그녀의 처지에 적합하였을 것이다. 또한 이것은 흔히 우리의 처지에도 적합한 말씀이다! 우리도 언제나 이와 같이 말해야 한다. 그리스도인은 이상하고 모순된 존재이다. 그에게는 실제로 두 가지 인격이 존재한다.

"마르다가 예수께 여짜오되 주께서 여기 계셨더라면 내 오라비가 죽지 아니하였겠나이다." 마르다의 이 말에서 비난받을 만한 점은, 그녀가 그리스도의 능력은 멀리 떨어진 곳에서는 행사될 수 없다고 생각하여 그 능력을 제한하고 있다는 점이다. **우리** 또한 흔히 이와 같은 죄를 짓고 있지 않은가? 우리는 가끔 **말씀**이 거하셨던 동안에 팔레스타인에 살았던 사람들을 부러워하지 않았던가? 그러나 슬프게도 그는 이제 이곳에 계시지 않으며, 하늘은 아주 멀리 떨어져 있는 것처럼 보인다! 그러나 그렇지 않다. 스데반이 하늘을 바라보았을 때 그것은 그렇게 먼 곳에 있지 않았었다! 그러나 설사 하늘이 먼 곳에 있다고 생각하더라도 그게 무슨 상관인가? 구세주께서는 우리에게 "볼지어다 내가 세상 끝날까지 **너희와** 항상 **함께** 있으리라"고 보배로운 약속을 하시지 않았는가? 그러나 독자는 그리스도께서 **육체로** 이곳에 계시지 아니한다고 말할지도 모른다. 사실이다. 그리고 바로 이 점이 마르다를 괴롭게 하였던 것이다. 그러나 우리는 그렇게 생각해서는 안 된다. 주님께서는 **먼 곳에서도** 그의 말씀만으로 백부장의 하인과 왕의 신하의 아들을 낫게 해주시지 않았던가! 그렇게 해주셨었다. 그러나 마르다는 시련과 고통 속에서 그 사실을 기억하지 못하였다. 슬프게도 우리 또한 흔히 이와 같이 행한다.

"그러나 나는 이제라도 주께서 무엇이든지 하나님께 구하시는 것을 하나님이 주실 줄을 아나이다"(11:22). 이 말은 11:21의 마르다의 말과 11:32의 마리아의 말에 차이가 있음을 보여준다. 마르다는 분명 별 뜻 없이 이 말을 하였을 것이다. 그녀는 그녀의 충동적인 성격대로 그녀에게 맨 먼저 떠오른 생각을 말하였을 것이다. 그러나 우리는 그녀가 그리스도를 성자 하나님으로서 인식하였다면 이와 같은 말은 할 수 없었으리라 생각한다. 우리는 그녀가 "하나님께 **구하시는**"이라고 말한 것으로 보아, 그녀가 그리스도께서는 그분 안에 신성의 모든 충만함이 육체로 거하시는 분임을 깨닫지 못하였음을 알 수 있다. 헬라어 신약 성경에는 '구하다'는 뜻을 나타내는 두 가지 말이 있다. 첫 번째의 것은 '아이테오' 라는 말로서 이것은 일반적인 구함을 의미한다. 두 번째의 것은 '에로테오' 라는 말로서 이것은 간곡한 청원을 의미한다. 전자는 피조물이 창조주께 은혜를 구할 때 사용하는 말이며, 후자는 아들이 아버지께 구하는 것을 표현해 주는 말이다. 아버지께 구하는 그리스도에 대하여 전자의 말이 사용된 경우는 마르다가 여기에서 사용한 것을 제외하고는 전혀 없다. 마르다의 이 말은 그리스도를 선지자의 수준으로 끌어내리는 것이다. 마르다의 이 같은 잘못은 그녀가 그리스도의 발치에 앉아 그의 말씀을 거의 듣지 아니하였던 당연한 결과였다.

"**예수께서 이르시되 네 오라비가 다시 살아나리라**"(11:23). 이것은 주 예수께서 베다니 가까이 이르시어 처음으로 하신 말씀이었다. 그는 "화관을 주어 그 재를 대신하며 기쁨의 기름으로 그 슬픔을 대신하며 찬송의 옷으로 그 근심을 대신"(사 61:3) 하게 하려 하셨다. 그러나 그는 그의 은혜로운 목적을 정확하게 말씀하지 않으셨다. 그 대신 그는 먼저, "네 오라비가 다시 살리라"라고만 말씀하심으로써 언제 어떻게 그렇게 되리라는 것은 말씀하지 않으시고, 광범위하고도 일반적인 약속만을 해주셨다. 주님께서는 그의 백성의 마음속에 그의 은혜를 점진적으로 드러내시는 방법을 취하신다. 그는 소망을 불러일으키고 믿음을 강화시키기는 하시지만, 마음의 괴로움을 완전히 떨어내 주지는 않으신다. 생명의 큰 신비들을 밝혀 주는 빛은 우리에게 서서히 비추어진다. "여기에서 **조금** 그리고 저기에서 **조금**" 씩 비추어진다. 믿음은 훈련받아야 하고, 지식은 우리의 마음이 그것을 받을 수 있을 때에만 전달된다. "내가 아직도 너희에게 이를 것이 많으나 **지금은** 너희가 감당하지 못하리라"(요 16:12)는 말씀은 지금도 적용된다. 바울은 고린도인들에게 "형제들아 내가 신령한 자들을 대함과 같이 너희에게 말할 수 없어서 육신에 속한 자 곧 그리스도 안에서 어린 아이들을 대함과 같이 하노라 내가 너희를 젖으로 먹이고 밥으로 아니하였노니 이는 너희가 감당하지 못하였음이거니와 지금도 못하리라"(고전 3:1, 2)라고 말하지 않을 수 없었다. 슬프게도 **우리는** 하나님의 일에 있어서 아주 우둔하며 더디 진보한다.

"**마르다가 이르되 마지막 날 부활 때에는 다시 살아날 줄을 내가 아나이다**"(11:24). 마르다는 그녀가 "하나님께 구해" 달라고 주님께 넌지시 부탁한 것을, 그가 정중하게 거절하시면서 그녀에게 현재와는 멀리 떨어진 장래의 소망을 가리켜 주시는 것으로 생각하였다. 불쌍한 마르다! 아직까지도 그녀는 주 예수로부터 아무 것도 배우지 못하였다. 그녀에게는 유대인들의 일반적인 소망, 즉 "마지막 날" 의 죽은 자들의 부활에 관한 소망만이 있었다. 이것은 성령께서 11:18에서 "베다니는 예루살렘에 가깝다"고, 즉 3km도 못 되는 곳에 있다고 말씀해 주신 또 다른 이유를 시사해 준다. 즉 마르다는 아직도 유대교의 영향을 받고 있었다! 그러나 그녀의 이 말은 우리에게 경고가 되기도 한다. 마르다는, 우물가의 여인처럼 은혜가 **가까이 있음**을 깨닫지 못하였다. 이 두 여인의 경우에 있어서 그들은 낙심하여 그 은혜를 장래의 일로 돌려 버렸다. 그리스도께서 사마리아 여자에게 "참되게 예배하는 자들은 영과 진리로 예배할 때가 오나니 곧 이 때라 아버지께서는 자기에게 이렇게 예배하는 자들을 찾으시느니라"고 말씀하시자, 그녀는 이에 대하여 "메시야 곧 그리스도라 하는 이가 오실 줄을 내가 아노니 **그가 오시면** 모든 것을 우리에게 알려 주시리이다"라고 대답하였다. 또 주님이 마르다에게 "네 오라비가 다시 살아나리라"고 말씀하시자, 그녀는 "**마지막 날** 부활 때에는 다시 살아날 줄을 내가 아나이다"라고 대답하였다. 이 둘은 모두 장래의 최종적인 유익에 대하여 실제로 아무 효력을 끼치지 못하는 생각을 품고 있었을 뿐이었다. 그러나 주님은 이들에게 **현재의** 축복을 말씀하신 것이다. 우리가 시련을 당한 지금 우리에게 공급되어지는 위로와 힘을 바로 당장 받아들이는 것보다 (우리의 마음을 괴롭게 하지 않는) 멀리 떨어진 장래의 일들을 믿는 것이 훨씬 쉬운 일이다. "오직 여호와를 앙망하는 자는 새 힘을 얻으리니"라는 격려의 말씀을 지금 확신하여 의지하는 것보다, 장차 우리의 몸이 영화로워질 것을 믿는 것이 믿음을 덜 요구하는 일이다.

"**예수께서 이르시되 나는 부활이요 생명이니**"(11:25). 이 말씀은 주님께서 우물가의 여자에게 하신 말씀과 비슷하다. 그녀가 그녀의 말로써 축복을 **지연**시켰을 때, 주님은 즉시 "네게 말하는 내가 그라"고 대답하셨다. 이와 마찬가지로 여기에서도 주님은 마르다에게 "나는 부활이요 생명이니"라고 말씀하신다. 여기에 우리 영혼에 대한 아주 중요한 내용이 담겨 있다. 주님은 이 여자들에게 먼 장래가 아닌 바로 지금을 바라보게 하심으로써 그들의 시력을 교정시켜 주셨을 뿐만 아니라, 그들의 눈을 바로 자신에게 고정시키신다! 우리가 가장 주의를 기울일 것은 미래의 **사건들**이 아니라 우리와 항상 함께 계시는 주님의 **인격**이다. 우리가 그리스도 그분께 몰두해 있는 한, 우리는 힘과 축복과 위로를 공급받는다.

"나는 부활이요 생명이니." "주님께서 어떻게 그녀에게 가르쳐 주시며, 그녀의 기운을 북돋아 주시는지 보라. 참으로 은혜롭게도 주님은 그녀의 지나친 불평을 참으신다. 또한 그는 밖으로 드러나 있는 상처를 참으로 부드럽게 만져 주신다. 주님은 그녀를 오라비에 대한 슬픔에서 이끌어 내어 그녀의 구세주를 더욱 완전하게 믿게 하신다. 주님은 또한 죽은 나사로만 생각하는 그녀를 일으키사 생명의 주이신 자신을 절대적으로 의지하게 하신다. 주님은 그녀로 하여금 멀리 떨어진 일반적인 부활에 대한 생각에서 벗어나 지금 이 순간에도 부활이요 생명이신 자신을 신뢰하게 하신다"(Dr. G. Brown). 이와 같이 주님은 우리의 무지를 없애시고 우리의 불신을 도우시며 우리의 투정을 참으신다. 놀라운 겸손이요, 비할 데 없는 인내이며, 헤아릴 수 없는 은혜가 아닐 수 없다! 우리가 이것들을 깨닫고 겸손하여져서 부끄러움으로 얼굴을 붉혀야 함이 마땅하다! "주여, 우리에게 [당신에 대한] 믿음을 더하소서."

"나는 부활이요 생명이니." 그 자신의 비할 데 없는 인격 안에서의 그리스도는 바로 이런 존재**이시다**. 주님께서는 여기에서 마르다에게 모든 능력이 자신 안에 있음을 강조하려 하셨다. 그녀는 곧 이 능력이 나타나는 것을 목격하게 될 것이지만, 주님은 우선 그녀로 하여금 그가 본래 어떤 존재이신지, 아니 그가 **누구**이신지만을 알게 하려 하셨다. 우리를 떠받쳐 주고 만족하게 하는 이 진리를 붙잡는 영혼은 참으로 복되다. 주시는 자의 선물보다도 주시는 자 바로 그분에게 주의를 기울이는 것이 우리에게 무한한 유익인 것이다.

그러나 주님께서는 왜 부활이요 [그리고] 생명이라는 순서로 말씀하셨는가? 이에 대하여는 적어도 세 가지 이유를 생각해 볼 수 있다. 첫째로, **교리적** 순서가 그러하다. 우리의 **영적인** 체험으로 보면, 그리스도는 우리에게 생명이 되시기보다도 먼저 부활이 되신다. 죄인은 죄와 허물 가운데, 죽음의 무덤 속에 하나님과 떨어져서 죽어 있다. 그는 "무덤 사이에" 거처한다(막 5:3). 그에게 가장 필요한 것은 그를 이 두려운 장소에서 옮기는 것이다. 그리고 이 일은 그가 중생할 때 일어난다. 신생은 사망에서 생명으로 옮기운 것이다(요 5:24). 즉 그것은 부활의 땅으로 옮겨지는 것이다. 이와 같이, 사망의 자리를 떠나 부활의 생명을 받는다는 이 이중적 개념은 5:25의 말씀에도 나타나 있다. **"죽은 자들**이 하나님의 아들의 음성을 들을 때가 오나니 곧 이 때라 듣는 자는 **살아나리라.**" 무덤에 있던 나사로가 그리스도의 말씀으로 인하여 생명으로 살리심 받은 사실은 하나님께서 그의 택하신 자들의 마음속에 행하시는 능력의 은혜의 사역을 나타내 주는 실례가 된다.

둘째로, **시대적** 순서도 그러하였다. 구약 시대의 성도들은 '생명' 이신 분께서 이 지상에 오셨을 때 모두 무덤 속에 있었다. 그러므로 **그들은 부활**의 능력 안에서 그리스도를 알게 될 것이다. 그러나 영원한 **말씀**께서 인간들 사이에 거하시던 당시, 팔레스타인에 살던 신자들은 그가 살아 계신 분, 곧 육체를 입으신 하나님이심을 알았었다. 그러나 그들은 주님께서 십자가에서 돌아가신 이후에야 비로소 그가 문자 그대로 그러한 분(즉 생명)이심을 알게 되었다. 그리고 주님은 그가 부활하신 후에야 비로소 제자들에게 숨을 내쉬어 "성령을 받으라"(20:22)고 말씀하셨다. 또 신자들이 남에게 양도할 수 없는 영원한 소유물로서 지금 소유하고 있는 것은 바로 부활하시고 결코 죽지 아니하시는 구세주의 생명이다. 그리스도께서는 생명이시기 **때문에** 부활**이시다**. 그리고 그는 부활이시기 **때문에** 생명**이시다**.

셋째로, **예언적** 순서도 그러할 것이다. 주 예수께서 그의 아버지의 보좌를 떠나 공중으로 강림하실 때, 그의 백성은 두 개의 큰 무리 가운데 있게 될 것이다. 그리고 그 중 훨씬 큰 무리는 무덤 속에 (그들의 몸이) 잠들어 있는 자들일 것이며, 다른 무리는 지상에 살아 있는 자가 될 것이다. 그러나 '살과 피'는 하나님의 나라를 상속받을 수 없다. 그러므로 잠들어 있는 성도들이 부활할 필요가 있는 것처럼, 살아 있는 성도들은 '변화할' 필요가 있다. 그러므로 그리스도는 한 무리에게는 부활이 되시며, 다른 한 무리에게는 생명이 되실 것이다. 데살로니가전서 4:16은 이 두 무리의 신자들을 명백하게 구별하고 있다. "그리스도 안에서 죽은 자들이 먼저 일어나고 그 후에 우리 살아 남은 자들도 그들과 함께 구름 속으로 끌어 올려 공중에서 주를 영접하게 하시리니." 고린도전서 15:51은 살아 있는 신자들의 '변화'에 대해 언급하고 있다. 로마서 8:11도 아직 무덤에 들어가지 아니한 신자들의 이러한 '변화'에 대해 언급하고 있다. "예수를 죽은 자 가운데서 살리신 이의 영이 너희 안에 거하시면 그리스도 예수를 죽은 자 가운데서 살리신 이가 너희 안에 거하시는 그의 영으로 말미암아 너희 **죽을 몸도 살리시리라**(생명을 주시리라)."

"나는 부활이요 생명이니"라고 하신 그리스도의 이 말씀은 놀랍도록 완전하다.

나를 믿는 자는 죽어도 살겠고"(11:25). 이것은 그리스도께서 방금 하신 말씀이 모든 사람에게 공통적으로 적용되는 것이 아니라 선택적으로 적용되는 것임을 보여주기 위한 말씀이다. 주님은 그의 백성에게 특유한 어떤 것을 가리키신 것이다. "믿는 자"라는 첫 부분의 말씀은 하나님의 택하신 자를 가리키는 **제한적인** 말씀이다. 불신자들의 부활, 즉 '생명'으로의 부활이 아니라, 그들이 영원히 고통을 의식하며 **존재**하게 될 두 번째 사망으로의 부활에 관하여는 다니엘서 12:2; 요한복음 5:29; 계시록 20장에 언급되어 있다.

"나를 믿는 자는 죽어도 살겠고." 이 구절에 대한 헬라어는 매우 명확하고 인상적이다. "죽어도"라는 말씀의 동사는 과거시제이며, 이것은 "살겠고"라는 말씀의 **현재**

분사와 연결되어 있다. 즉 계속 살 것이라는 뜻이다. 그러나 이것은 믿는 자에게만 해당되는 말씀임을 주목해야 한다. 그리스도의 이 말씀은 믿음의 불변성, 즉 믿음의 언제나 살아 있고 결코 죽지 않는 특징을 잘 설명해 준다. 이것은 마르다에게 주는 위로의 말씀이다. 이것은 주님께서 그녀에게 11:23에서 하신 말씀보다 더 깊은 의미를 지닌다. 주님은 먼저 "네 오라비가 다시 살아나리라"고 말씀하셨고, 그 후에는 자신을 "부활이요 생명"이라고 말씀하심으로써 그에게 주목하게 하셨고, 이제는 나사로가 죽었을지라도 그는 신자였으므로 살게 될 것을 시사해 주신다. "이는 내가 살아 있고 너희도 살아 있겠음이라"(14:19)는 말씀 또한 이것과 비슷한 약속이라 생각된다.

"무릇 살아서 나를 믿는 자는 영원히 죽지 아니하리니"(11:26). 앞 구절의 마지막 부분에서 그리스도는 육체적 부활, 즉 육체적 생명을 언급하셨으나, 여기에서는 궁극적 의미에서의 죽음에 대해 말씀하신다. 계시록 20:6은 같은 복된 진리를 되풀이하고 있다. "이 첫째 부활에 참여하는 자들은 복이 있고 거룩하도다 둘째 사망이 그들을 다스리는 권세가 없고." 앞 구절의 끝부분에서 주 예수께서는 잠든 신자들에 관하여 그들이 살리라고 말씀하셨다. 그러나 여기에서는 살아 있는 신자들에 대하여 그들이 결코 죽지 아니하리라고 말씀하신다. 주님은 전에도 이와 똑같이 단언하셨었다. "사람이 내 말을 지키면, **영원히** 죽음을 맛보지 아니하리라."

"이것을 네가 믿느냐"(11:26). 하나님께서 전달해 주시는 모든 것은 그것을 받는 자에게 도전이 된다. 여기에서 그리스도께서 말씀하신 "이것"은 그가 11:25, 26에서 하신 모든 말씀을 포함한다고 생각한다. "이것을 네가 **믿느냐**." 너는 정말로 그것을 붙잡았느냐? 우리는 우리에게 제공된 것들을 거의 붙잡지 못한다. 또한 **마음**을 다하지 아니하고 막연하게 믿고 있는 것에 대하여는 거의 관심을 두지 아니한다! 이후의 이야기를 보면(11:39), 마르다는 그리스도께서 여기에서 그녀에게 하신 말씀을 **실제로** "믿지" 아니하였음을 분명히 알 수 있다. 이것은 우리에게 아주 엄중한 경고가 된다. 우리에게 시험이 닥칠 때에야 비로소 우리는 우리가 붙잡았다고 **생각하였던** 대부분이 실제로는 우리에게 아무 영향도 끼치지 못함을 알게 된다.

"이르되 주여 그러하외다 주는 그리스도시요 세상에 오시는 하나님의 아들이신 줄 내가 믿나이다"(11:27). 대부분의 주석가들은 여기에서 크게 잘못 생각한다. 그들은 이것을 마르다의 의심이 이제 다 사라지고 마침내 그녀의 믿음이 밝히 드러났음을 보여주는 증거라고 생각한다. 그러나 11:39에 기록된 그녀의 말로 보아 우리는 이러한 견해가 분명히 잘못된 것임을 알 수 있다. 그러므로 우리는 그녀가 나사로의 무덤 앞에서 마지막으로 한 말과 일치되게 이 구절을 해석해야 한다. 그러면 우리는 이 11:27의 말씀을 어떻게 이해해야 하는가? 앞 구절에서 주님이 그녀에게 엄중한 질문을 하시자, 곤란해진 그녀는 주 예수께서 약속된 메시야이심을 믿는 그녀의 믿음을 확인시켜 주는 일반적인 대답을 한 것으로 생각된다. 그녀는 주님께서 그런 분이시라고 고백한 후에 즉시 돌아갔다. 그녀는 주님의 말씀 속에 그녀가 거의 헤아릴 수 없는 깊은 의미가 담겨 있음을 느꼈기 때문이다. 이제 여기에서 이 장을 마무리하기로 하자.

관심 있는 독자는 다음 장을 위하여 다음의 질문들을 숙고해 보라.

1. 마르다는 왜 그리스도를 떠나 그녀의 동생을 찾았는가?(28절)
2. 30절은 그리스도에 관하여 우리에게 무엇을 알려 주는가?
3. 예수께서는 왜 우셨는가?(35절)
4. "이에"란 말의 의미는 무엇인가?(38절)
5. **그들은** 왜 돌을 옮겨 놓으라는 명령을 받았는가?(39절)
6. 44절의 영적인 의미는 무엇인가?

제39장

나사로를 살리신 그리스도
(결론)

²⁸이 말을 하고 돌아가서 가만히 그 자매 마리아를 불러 말하되 선생님이 오셔서 너를 부르신다 하니 ²⁹마리아가 이 말을 듣고 급히 일어나 예수께 나아가매 ³⁰예수는 아직 마을로 들어오지 아니하시고 마르다가 맞이했던 곳에 그대로 계시더라 ³¹마리아와 함께 집에 있어 위로하던 유대인들은 그가 급히 일어나 나가는 것을 보고 곡하러 무덤에 가는 줄로 생각하고 따라가더니 ³²마리아가 예수 계신 곳에 가서 뵈옵고 그 발 앞에 엎드리어 이르되 주께서 여기 계셨더라면 내 오라버니가 죽지 아니하였겠나이다 하더라 ³³예수께서 그가 우는 것과 또 함께 온 유대인들이 우는 것을 보시고 심령에 비통히 여기시고 불쌍히 여기사 ³⁴이르시되 그를 어디 두었느냐 이르되 주여 와서 보옵소서 하니 ³⁵예수께서 눈물을 흘리시더라 ³⁶이에 유대인들이 말하되 보라 그를 얼마나 사랑하셨는가 하며 ³⁷그 중 어떤 이는 말하되 맹인의 눈을 뜨게 한 이 사람이 그 사람은 죽지 않게 할 수 없었더냐 하더라 ³⁸이에 예수께서 다시 속으로 비통히 여기시며 무덤에 가시니 무덤이 굴이라 돌로 막았거늘 ³⁹예수께서 이르시되 돌을 옮겨 놓으라 하시니 그 죽은 자의 누이 마르다가 이르되 주여 죽은 지가 나흘이 되었으매 벌써 냄새가 나나이다 ⁴⁰예수께서 이르시되 내 말이 네가 믿으면 하나님의 영광을 보리라 하지 아니하였느냐 하시니 ⁴¹돌을 옮겨 놓으니 예수께서 눈을 들어 우러러 보시고 이르시되 아버지여 내 말을 들으신 것을 감사하나이다 ⁴²항상 내 말을 들으시는 줄을 내가 알았나이다 그러나 이 말씀 하옵는 것은 둘러선 무리를 위함이니 곧 아버지께서 나를 보내신 것을 그들로 믿게 하려 함이니이다 ⁴³이 말씀을 하시고 큰 소리로 나사로야 나오라 부르시니 ⁴⁴죽은 자가 수족을 베로 동인 채로 나오는데 그 얼굴은 수건

에 싸였더라 예수께서 이르시되 풀어 놓아 다니게 하라 하시니라(요
11:28-44)

이 장에서 살펴볼 구절들을 다음과 같이 분석해 보자.

1. 마리아가 예수를 맞으러 감(28-30, 32절)
2. 유대인들이 그녀를 따라감(31절)
3. 예수께서 비통히 여기시고 우심(33-35절)
4. 유대인들이 이것을 보고 그들의 생각을 말함(36-38절)
5. 마르다의 불신과 그리스도의 꾸중(39, 40절)
6. 예수께서 아버지께 기도하고 찬미하심(41, 42절)
7. 나사로를 살리심(43, 44절)

요한복음의 중심 목적은 그리스도께서 육체를 입으신 **영원하신 말씀**인 동시에 인간의 모양을 하신 **영광의 주님**이심을 나타내려는 것이다. 요한복음 전체는 그리스도의 신적 위엄과 그의 인간적 완전함 바로 이 두 가지를 두드러지게 나타내고 있다. 신인(神人) 안에는 이 두 가지가 아주 놀랍도록 완전하게 혼합되어 있다. 그래서 그분 안에 있는 모든 것은 우리에게 그를 흠모하는 사랑의 마음과 경건한 예배의 마음이 솟아나게 한다. 우리는 여기에서 그의 힘찬 능력뿐만 아니라 그의 은혜로운 사랑을 본다. 또 우리는 여기에서 그의 절대적 권위뿐만 아니라 아버지께 대한 그의 전적인 의존성도 본다. 또한 하늘에서 이 땅에 내려오신, 거룩하신 삼위일체의 한 분으로서의 그리스도뿐만 아니라 죄를 제외하고는 인간의 조건과 상황 속으로 완전히 들어오신 분으로서의 그리스도도 본다. 우리는 특히 요한복음 11장에서 진리의 이 두 선(線)이 교차하고 있음을 쉽게 알 수 있다. 이 장은 주님의 가장 큰 능력의 '표적'을 기록하고 있으면서 동시에 그의 생활을 이끌었던 원리, 즉 복종과 아버지께의 의존성과 순종도 나타내고 있다. 죽은 자를 생명으로 다시 부르시는 그의 전능하신 목소리뿐만 아니라 그가 비통히 여기시고 우신 것 또한 기록하고 있다. 이처럼 놀랍고 독특한 인격을 지니신 분은 오직 그리스도뿐이시다.

우리는 이 넷째 복음서 곳곳에서 그리스도의 **신적** 영광과 **인간적** 완전함이 혼합되어 있음을 볼 수 있다. 네 복음서 저자들 중에서 요한만이 우리에게, 그리스도께서

하나님과 함께 계신 분이면서 동시에 그 자신이 하나님이신, 태초부터 존재하셨던 분, 곧 모든 만물의 창조주이심을 보여주면서, 그의 성육신 이전의 위엄을 설명하고 있고, 또한 그만이 그리스도께서 "스스로 계신" 크신 분, 곧 하나님과 동등이신 분에 대해 숙고하고 있다. 그러면서 동시에 그는 우리가 공관복음서 저자들에게서는 찾아볼 수 없는 점, 즉 그리스도의 인간성에 관하여 상세한 내용을 설명해 주고 있다. 요한만이 그리스도께서 "길 가시다가 **피곤**하신" 것과(4:6) 자기 백성의 눈물을 보시고 **비통히** 여기신 것, 그리고 십자가에 매달리셨을 때 **갈증**을 느끼신 것을 기록하고 있다. 그리스도께서는 문자 그대로 인간이 되셨다. 그리스도를 육체를 입으신 하나님으로서 제시하고 있는 요한복음은 다른 어느 복음서보다도 그의 인간적 동정과 완전하심을 가장 은혜롭게 나타내고 있다.

또한 성육신하신 하나님의 아들을 분명히 가리키고 있는 휘장의 원형(原型)이 아주 두드러지게 나타난 곳도 요한복음이다. "너는 청색 자색 홍색 실과 가늘게 꼰 베실로 짜서 휘장을 만들고"(출 26:31). "청색 자색 홍색"이란 말은 그 순서가 결코 바뀌지 않은 채 출애굽기에 20회 이상 기록되어 있다. 장막의 천을 짤 때에 청색과 홍색은 결코 나란히 놓이지 아니하였다. 이 사실 하나만으로도 우리는 성령께서 여기에 그리스도의 인격과 관련된 한 가지 중요한 진리를 암시하고 계심을 충분히 알 수 있다. '청색'은 하늘을 나타내는 색깔이며 하나님의 아들로서의 그리스도를 나타낸다. '홍색'은 희생과 인간적 영광을 나타내는 색깔이다. '자색'은 청색과 홍색을 섞었을 때의 색깔이다. 자색이 없었더라면 청색과 홍색은 우리의 눈에 너무도 강렬한 대조를 이루었을 것이다. 그러나 이 두 색 사이에 자색이 놓임으로써 양극단의 색깔이 서로 조화되었다.

이러한 색깔들의 원형은 바로 성육신하신 그리스도 안에서 발견된다. 그는 하나님이시자 인간이셨다. 그러나 그의 이 두 가지 서로 다른 본성은 하나의 완전한 인격 안에서 연합된다. 그러므로 '청색'과 '홍색' 사이에 놓인 '자색'은 그리스도의 두 본성의 완전한 **혼합** 또는 연합을 가리킨다. 그리스도 안에 신성의 모든 충만함과, 죄를 제외한 인간적 감정 그리고 성정이 서로 **혼합**되어 있는 것은 바로 그의 독특한 인격의 (신비일 뿐만 아니라) 경이이기도 하다. 요한복음은 바로 이것을 아주 아름답게 나타내고 있고, 그 중에서도 특히 요한복음 11장은 이를 두드러지게 나타내고 있다. 나사로의 누이들이 그리스도께 그들의 오라비가 죽어가고 있음을 전했을 때, 그는 즉시 떠나지 아니하시고, 계셨던 곳에 이틀을 더 유하셨다. 이것은 주님께서 인간적 감정을 느끼지 못하셨음을 뜻하는가? 그렇지 않다. 주님은 하나님의 영광을 나타내고자 그렇게 하신 것이다. 그러나 그 후를 주목해 보라. 주님께서 베다니에 이르러, 슬픔에 빠진 자매를 보셨을 때, 그의 마음은 깊이 움직이셨다. 주님은 죽은 나사로를 살리시기 직전 그의 무덤 곁에서 눈물을 흘리셨다. 신인(神人)이 아니고서 어느 누가 이렇게 하였겠는가! 여기에서 우리는 휘장의 세 가지 색을 분명히 볼 수 있다. '청색'은 죽은 자를 살리신 신적 능력 안에, 그리고 '홍색'은 그가 비통히 여기시고 눈물을 흘리신 일에 나타나 있다. 그러면 '자색'은 어디에 나타나 있는가? 나사로는 수족을 베로 동인 채로 무덤에서 나왔다. 그때 **구경꾼들**은 너무도 놀라고 두렵고 당황하여, 그것을 풀어줄 생각을 전혀 하지 못하였다. 그러나 그때 **그리스도**께서는 "그를 풀어주라"고 말씀하셨다. 신인(神人)이 아니고서는 아무도 이처럼 세세한 데까지 신경을 쓰실 수 없었을 것이다. 우리는 십자가 상에서도 다시 한 번 이와 같은 일을 볼 수 있다. "다 이루었다"는 말씀에는 '청색'이, "내가 목마르다"는 말씀에는 '홍색'이 나타나 있다. 그리고 주님께서 홀로 되신 그의 모친을 사랑하는 제자 요한에게 맡기시며 그녀에 대한 따뜻한 배려를 잊지 않으신 일에는 '자색'이 나타나 있다.

우리는 앞의 두 장에서 요한복음 11장의 첫 단락에 대해 살펴보았었다. 그리고 그곳에서 우리는 주님께서 제자들과 함께 베다바라에 계셨다가 그 후에 베다니 지경에 이르신 것, 급한 성격의 마르다가 주님을 맞으러 그곳으로 달려간 것을 보았었다. 또한 우리는 그녀가 마음속에 떠오른 생각을 그 즉시 말로 표현하는 성격을 지닌 것으로 생각하였다. 또한 그녀는 그리스도께서 하신 대답을 이해하지 못하였고 그가 "이것을 네가 믿느냐"라고 엄중히 질문하시자 "세상에 오시는 하나님의 아들이신 줄 내가 믿나이다"라고 대답하였음을 보았다. 이 말씀 다음에는 "이 말을 하고 돌아가서 가만히 그 자매 마리아를 불러 말하되 선생님이 오셔서 너를 부르신다 하니"(11:28)라고 기록되어 있다.

마음의 충동대로 주님을 맞으러 급하게 달려간 마르다는(11:20) 잠시 동생을 잊고 있었다. 그러나 이제 그녀는 마리아를 부르러 간다. 이 이야기 가운데에는 그리스도께서 마리아를 **찾으셨음**을 보여주는 내용이 없다. 만일 주님께서 그렇게 하셨더라면, 요한이 이것을 분명히 기록하였을 것이다. 그러면 마르다가 거짓말을 하였는가? 그렇다고는 생각할 수 없다. 그보다 그녀는 그리스도의 심오한 말씀이 그녀보다는 오히려 동생에게 더 적합하다고 생각하였기 때문에, 그렇게 하였다고 생각한다. 그리스도께서 "나는 부활이요 생명이니 나를 믿는 자는 죽어도 살겠고 무릇 살아서 나를 믿는 자는 영원히 죽지 아니하리니"라고 말씀하셨을 때, 그녀는 **마리아**가 그 말씀을 들어야 하고, **그녀**라면 그것을 이해할 수 있으리라고 생각하였다.

   "**이 말을 하고 돌아가서 가만히 그 자매 마리아를 불러 말하되 선생님이 오셔서 너를 부르신다 하니**"(11:28). 마르다는 그녀가 이해할 수 없었던 그리스도의 말씀을, 자신보다 더 영적인 마리아를 "부르는 소리"라고 생각하였다. 이렇게 함으로써 그녀는 그녀가 이전에 비난하였던 마리아의 분별력에 대해 칭찬을 표하고 있는 것이다! 그녀는 마리아와 함께 집에 있던 많은 유대인들이(11:19) 눈치채지 못하게 그녀를 "가만히" 불렀다. 이 유대인들은 예루살렘에서 온 자들이었는데, 마르다는 대부분의 예루살렘 사람들이 구세주를 적대한다는 것을 알고 있었다. "기독교는 우리가 신중과 정직한 정책을 사용하는 것을 금하지 않는다. 오히려 그것은 우리가 비둘기처럼 순결할 뿐만 아니라 뱀처럼 지혜로울 것도 요구한다"(R. Hall). 그래서 마르다 역시 마리아가 사람들의 방해를 받지 않고 조용히 그리스도를 만나는 것이 좋으리라고 생각하였을 것이다. 마르다가 그리스도를 '주님'으로 부르지 아니하고 '선생님'으로 부르고 있음에 주목해 보라.

   "**마리아가 이 말을 듣고 급히 일어나**"(11:29). 조용하고 침착한 성격을 지닌 마리아는 집에 앉아 있었다. 그러나 이제 그녀는 그가 그 발치에 앉아 있기를 기뻐하였던 분이 가까이 와 계시다는 말을 듣자 즉시 일어나 "급히" 그를 마중하러 간다. **그가** 그녀를 "부르신다"는 것을 알자, 그녀는 나는 듯이 달려갔다. '선생님'이 **누구**인지 물어보며 지체할 필요가 없었다. 그녀에게는 다른 선생님이 없었다. 그 말 하나만으로도, 그가 그녀의 영혼에 있어 가장 아름다우신 분임을 의미한다는 것을 충분히 알 수 있었다.

   "**예수는 아직 마을로 들어오지 아니하시고 마르다가 맞이했던 곳에 그대로 계시더라**"(11:30). 이것은 매우 주목할 만한 말씀이다. 주님은 마르다와 이야기하셨던 곳에 그대로 계셨다. 그동안 마르다는 베다니로 돌아가서, 집에 들어가 동생에게 말하였고, 마리아는 마르다가 왔던 길로 그녀의 영혼이 기뻐하는 분을 맞으러 갔다. 그 거리가 얼마나 되는지 알 수 없지만, 그녀는 그 길을 다 갔을 때, 사랑하는 분께서 그녀를 기다리고 계심을 보았다. 이것은 그리스도의 침착성을 잘 나타내 준다. 주님은 서둘러서 기적을 행하려 하지 않으셨다! 그리고 이것은 은혜롭게도 그리스도께서 그를 찾는 영혼에게 결코 그의 얼굴을 숨기지 아니하심을 보여준다. 그녀가 "급히 일어나" 그에게로 갔을 때, 주님은 그녀가 도착할 때까지 인내하며 기다리셨다!

"마리아와 함께 집에 있어 위로하던 유대인들은 그가 급히 일어나 나가는 것을 보고 곡하러 무덤에 가는 줄로 생각하고 따라가더니"(11:31). 이것 역시 주목할 만한 말씀이다. 계획하는 자는 인간이나, 그것을 적절히 처리하는 분은 바로 하나님이시다. 마르다가 마리아를 은밀히 부른 것은 소용없게 되었다. 하나님께서는 이스라엘의 메시야가 많은 목격자들 앞에서 그의 마지막이자 가장 큰 '기적'을 행하시도록 계획하셨다. 유대인들은 마리아가 **혼자** 곡하러 무덤에 가는 줄로 생각하고 따라갔다. 그러나 자기의 뜻에 따라 모든 것을 행하시는 분께서는 그들을 그곳으로 이끌어서, 나사로를 살리시는 기적이 **공적으로** 행해지게 하셨다. 그들이 그녀를 따라간 것은 그녀를 위로하기 위해서였음이 분명하다. 그리고 하나님은 그들의 이 친절에 보답해 주신다. 하나님께서는 우리에게 "누구든지 제자의 이름으로 이 작은 자 중 하나에게 냉수 한 그릇이라도 주는 자는 내가 진실로 너희에게 이르노니 그 사람이 결단코 상을 잃지 아니하리라"(마 10:42)고 말씀해 주셨다. 그리고 이것은 여기에 아름답게 증명되어 있다.

이 유대인들은 오라비를 잃은 마르다와 마리아를 동정하고, 온 마음으로 그들을 위로하기 위해 예루살렘에서 베다니까지 왔다. 이렇게 함으로써 그들은 전혀 예상하지 못했던 훌륭한 보답을 받았다. 즉 그들은 그리스도께서 행하신 가장 큰 기적을 목격하게 되었고, 그 결과 많은 사람들이 그를 믿었다(11:45). "이것은 분명히 우리에게 교훈을 주기 위해 기록되었다. 슬퍼하는 자에게 동정과 친절을 베푸는 것은 우리의 영혼에게 유익한 일이다. 그리고 고통 중에 있는 고아와 과부들을 방문하는 것, 우는 자와 함께 울어 주는 것, 서로의 짐을 나누어지고, 서로의 염려를 덜어 주는 것, 이 모두가 우리의 죄를 속죄해 주지 못하고, 우리를 하늘나라로 인도하지는 못할지라도 우리의 마음에 유익한 일이며 우리가 경멸해서도 안 되는 일이다. 사람들은 우리가 비참하게 되는 한 가지 비결이 우리 자신만을 위해 사는 것이며, 또 행복해지는 한 가지 비결이 타인을 행복하게 해주는 것임을 거의 깨닫지 못한다. 이기주의와 방종이 팽배한 이 시대에, 이것을 명심해 두자"(라일 주교). 마르다가 집을 떠날 때에 이 유대인들이 따라가지 않았다는 것은 중요한 사실이다!

"마리아가 예수 계신 곳에 가서 뵈옵고 그 발 앞에 엎드리어 이르되 주께서 여기 계셨더라면 내 오라버니가 죽지 아니하였겠나이다 하더라"(11:32). 이것은 당혹과 슬픔을 나타내는 말이다. 마르다처럼 마리아도 과거에 일어**났을지도 모를** 일에 대해 생각하고 있었다. 우리는 ' … 했더라면'이란 말과 함께 과거를 되돌아보는 일이 흔히 있다! 또 모진 시련을 당하였을 때에는 흔히 '만약 … 이라면' 이라고 생각하며 자신을 비난하기도 한다. 그러나 이것이 우리를 위로해 주지는 못한다! 우리는 흔히 "… 할 수 있었겠도다"(막 14:5)라고 말하면서 불평을 한다. 휘티어(Whittier)의 말처럼, "혀나 펜이 표현하는 모든 슬픈 말 중에서 가장 슬픈 것은 ' … 했더라면' 이라는 말이다." 그러나 이 말은 흔히 슬픔에 빠진 자의 뿌리 깊은 슬픔을 표현해 줄 뿐이다. 그리고 이것은 흔히 주님을 망각함으로서 하게 되는 말이다. 주님께서 우리에게 그 일이 닥친 것을 허락하셨으니, 그 일은 우리에게 최고의 유익이 될 것이 분명하다. 우리의 희미한 눈에는 그렇게 보이지 않을 수도 있지만, 그것은 분명히 그렇게 될 것이다. 마르다와 마리아에게도 마찬가지이다. 그들은 이제 곧 그것을 보게 될 것이다.

"마리아가 예수 계신 곳에 가서 뵈옵고 그 발 앞에 엎드리어 이르되 주께서 여기 계셨더라면 내 오라버니가 죽지 아니하였겠나이다 하더라." 이것은 슬픔과 당혹함을 나타내는 말이기는 하지만, 그녀가 그리스도의 발 앞에 엎드린 일이 분명히 보여 주듯이, 불평과 비난의 뜻을 담은 말이 아니었다. 또한 마리아는 그녀의 언니처럼(11:22) 여기에 대하여 변명의 말을 덧붙이고 있지 않다. 그녀는 마르다와 비슷한 말을 하였으나 그 의미는 상당히 달랐다. 우리가 이 둘의 말이 비슷하다고 한 것은 그들의 말이 똑같지 않기 때문이다. 헬라어 원문을 참조하면 이것을 분명히 알 수 있다. 그들은 비슷한 단어를 사용하였으나 그것들이 사용된 **순서**는 서로 다르다. 그리고 우리는 이것을 통하여 그들 각자가 가장 우선적으로 생각했던 것이 무엇인지 알 수 있다. 흠정역 성경은 마르다의 말에 대하여 헬라어 성경을 문자 그대로 번역하고 있다(11:21). 그러나 헬라어 원문을 보면 마리아는 "주께서 여기 계셨더라면 죽지 아니하였겠나이다. 내 오라비가"라는 순서로 말하였음을 알 수 있다. 그러므로 마르다가 가장 염두에 두었던 것은 바로 그녀의 오라비의 죽음이었으며, 마리아는 그리스도의 임재 가운데서는 아무도 **죽을 수** 없다는 사실을 깨닫고 있었음을 알 수 있다. 그러므로 그녀가 그리스도의 발 앞에 엎드린 행동은 그녀가 그를 흠모하고 존경하는 뜻을 나타내 주듯이, 여기에서의 그녀의 말은 일종의 예배의 표현이었다.

"마리아가 예수 계신 곳에 가서 뵈옵고 그 발 앞에 엎드리어." **그녀는** 언제나 주님의 발 앞에 자리하였다. 신약 성경에서 마리아가 언급되어 있을 때마다 그녀는 언제나 "예수의 발 앞에" 있는 모습으로 나오는데 이것은 정말 아름다운 모습이다. 이것은 주님을 예배하는 그녀의 마음을 잘 나타내 준다. 그녀의 이런 모습이 단순히 반복되어 있는 것만은 아니다. 누가복음 10장에서 그리스도의 발 앞에서 그의 말씀을 들고 있는 마리아는(39절) 그가 **선지자**이심을 고백하고 있는 것이며, 여기 요한복음 11 장에서는 **제사장**으로서의 그리스도께 나아가고 있는 것이다. 즉 "우리 연약함을 동 정"하실 수 있으며, 우리의 슬픔을 함께 나누시고, 필요한 때마다 은혜를 공급해 주 시는 위대한 대제사장께 나아가고 있는 것이다. 그리고 요한복음 12:3에서는, 그리 스도의 발에 기름을 부음으로써 그가 '왕' 이심을 고백하고 있다. 그리고 이것은 그 녀가 유대인들의 저버림을 받으신 왕의 '머리' 에**도** 기름을 부었음을 말해 주는 마태 복음 16:7을 참조해 보아도 분명히 알 수 있다.

　　"예수께서 그가 우는 것과 또 함께 온 유대인들이 우는 것을 보시고 심령에 비통히 여기시고 불쌍히 여기사" (11:33). "비통히 여기시고"에 해당하는 헬라 원어는 깊은 감정, 즉 때로는 슬픔의 감정을, 그보다 자주는 분노의 감정을 표현해 주는 말이다. 성령께서는 이 경우에 그리스도께서 비통히 여기신 이유를 기록해 주셨다. 즉 그것 은 주님께서 마리아와 그녀를 위문하러 온 자들이 우는 것을 보셨기 때문이었다. 주 님이 지상에 계셨을 때 그는 **죄**가 이 세상에 들어온 것으로 인하여 탄식하며 신음하 고 괴로워하는 피조물 가운데 계신 것이다. 그리고 주님은 이것을 통렬히 느끼셨다. 헬라 원어는 주님께서 극도로 괴로워하셨음을 시사해 준다. 즉 주님께서는 죄가 잉 태한 두려운 결과에 대하여 거룩한 분노와 슬픔을 느끼셨고, 이 세상에서 악이 역사 한 것에 대한 의로운 증오심으로 흥분하셨다. "불쌍히 여기사"라는 말은 "그가 스스 로 괴로워하셨다"라고 해야 더욱 원문에 가까울 것이다. 즉 주님께서는 다른 사람들 을 울며 통곡하게 만든 것을 보고 스스로 괴로워하셨다. 그리고 주님께서 이처럼 "비 통히 여기시고" "불쌍히 여기셨다"는 것은 성육신하신 아들의 완전함을 잘 드러내 준다! 주님은 그가 친히 사망의 두려움과 엄숙성을 느끼신 후에야 비로소 나사로를 살리려 하셨다. 마가복음 8:12은 주님이 **친히 무엇인가 그 대가를 치르고** 기적을 행 하심을 암시해 준다. 마태복음 8:17은 이것을 더욱 분명하게 증거한다. "우리의 연약 한 것을 친히 담당하시고 병을 짊어지셨도다." 주님은 병의 **짐**을 느끼신 후에야 그것 을 제거해 주셨다.

　　"이르시되 그를 어디 두었느냐 이르되 주여 와서 보옵소서 하니" (11:34). 이것은 이 이야기가 진실됨을 증명하는 표시이다. 이 이야기가 거짓 꾸며진 것이라면, 이와 같은 장면에 이처럼 사소한 일이 기록되었을 리가 없다! 그러나 이것은 복음서가 그 리스도에 관하여 기록된 다른 모든 내용과도 완전히 일치하고 있다. 주님께는 허식 이 없었다. 그는 자신의 전지하심을 결코 과시하지 않으시고 무덤으로 안내받기를 원하셨다.

"**예수께서 눈물을 흘리시더라**"(11:35). 이것은 성경에서 가장 짧은 구절이다. 그러나 참으로 많은 내용을 담고 있다. 하나님의 아들께서 울고 계시다. 그것도 죽은 자를 살리시기 직전에 울고 계시다! 어느 누가 이것을 헤아릴 수 있겠는가? 신약 성경에는 주 예수께서 우신 모습이 세 번 기록되어 있다. 한 번은 여기에서, 또 한 번은 예루살렘을 보시고(눅 19:41), 그리고 또 한 번은 겟세마네 동산에서(히 5:7) 우셨다. 주님께서 눈물을 흘리신 경우는 모두 죄의 효과나 결과와 관련되어 있다. 나사로의 무덤 곁에서 흘리신 이 눈물은 그가 깊이 슬퍼하셨음을 보여준다. 이렇게 눈물을 흘리심으로써 주님은 그의 완전하신 사랑과 크신 동정을 나타내셨다. 그는 간고를 많이 겪었으며 "질고를 아는 자"이셨다. 그러나 그가 눈물을 흘리신 인간적 동정 이상이 나타나 있다. 그곳에 죽음의 어두운 그림자에 짓눌린 영혼들이 있었다. 그리고 그들은 바로 주님께서 사랑하신 영혼들이었다. 주님은 바로 이것을 **느끼신** 것이다.

"예수께서 눈물을 흘리시더라." "주님은 자신 안에 부활의 효력이 있다는 것과 또 자신이 베다니에 있는 집을 생명을 되찾은 기쁨으로 가득 채우려 한다는 것을 알고 계셨다. 그러나 이로 인하여 그들에 대한 그의 본래적인 사랑이 멈춰진 것은 아니었다. '예수께서 눈물을 흘리시더라.' 주님은 여전히 슬픔도, 사망의 고통도 느끼실 수 있었다. 이 극적인 장면 내내 주님께서 침착을 유지하신 것은 그가 **냉담**하신 분이어서가 아니라 초월적인 분이시기 때문이다. 그의 영혼은 나사로의 무덤 너머 멀리에 있는 죽음이 없는 땅의 햇빛 가운데 있었으나, 그는 이 눈물의 골짜기를 찾아오셔서 우는 자들과 함께 우실 수 있었다"(J. G. Bellet).

"**이에 유대인들이 말하되 보라 그를 얼마나 사랑하셨는가 하며**"(11:36). "예수께서 흘리신 이 눈물은 그가 슬픔과 시련을 당한 우리를 깊이 동정하시며 함께 하신다는 것과 그들의 슬픔을 함께 느끼신다는 것을 잘 나타내 준다. 이 자매들이 예수께서 그들을 사랑하신다는 것과 그들의 슬픔을 함께 느끼신다는 것을 잠시라도 의심하였다면, 그들은 주님께서 비통히 여기시며 눈물 흘리신 것을 보고 부끄러워해야 할 것이다! '예수께서 눈물을 흘리시더라.' 참으로 사랑에 넘치는 동정과 은혜이다! 그는 조금도 변하지 않으셨다. 그때와 지금의 환경이 다른 것은 사실이다. 그러나 그의 마음은 동일하시다. '예수 그리스도는 어제나 오늘이나 영원토록 동일하시니라.' 그가 '눈물을 흘리셨다.' 이것은 그가 실제로 인간의 본성을 지니셨음을 보여준다! 그렇다. 그는 완전한 인간의 마음을 지니셨다. 그는 죄가 이 세상에 들여온 슬픔과 황폐함 때문에 우셨다. 그리고 그는 다른 어느 누구도 할 수 없는 방법으로 이 세상에 들어오셨다. 그가 비통히 여기시며 눈물을 흘리신 것이다! 이것은 보배로우신 우리 주 예수의 마음을 다 말해 주지 않는가! 주님은 시련을 당한 이들을 진실로 사랑하셨다. 그의 눈물이 이것을 증거한다. 우리가 바로 이 주님, 곧 사랑이 넘치고 은혜로우시며 동정이 가득하신 분을 신뢰한다면, 그는 우리를 위해서도 그렇게 해주실 것이다"(C. H. M).

"그 중 어떤 이는 말하되 맹인의 눈을 뜨게 한 이 사람이 그 사람은 죽지 않게 할 수 없었더냐 하더라"(11:37). 이것은 우리 주님에 대해 좋은 것은 전혀 믿으려 하지 않고 또 가능하다면 그가 행하신 것은 무엇이든지 흠을 잡으려고 결심한 자들의 말처럼 들린다. 그들의 이 말 속에는 빈정대는 뜻이 담겨 있다. 어떤 사람들은, 흠잡기 좋아하는 이들이 주님께서 야이로의 딸이나 과부의 아들을 살리신 일을 언급하지 않는 데 대하여 이상스럽게 생각하였다. 그러나 우리는 이 두 기적은 갈릴리에서 행해진 것임을 기억해야 한다. 그리고 예루살렘에서 맹인의 눈을 뜨게 해주신 일은 그보다 훨씬 더 나중에 있었던 일이다. 그들은 나사로가 죽었지만 주님께서 그를 도울 수 있으리라고 생각하지 못했음이 분명하다. 그래서 그들은 그를 죽도록 내버려 두신 데 대하여 드러내 놓고 그리스도를 비난한다. 흔히 인간들은 성급하게도 불신하는 마음에서, 특히 장례식 같은 때에는 '도대체 왜 전능자께서 우리에게 이 일을 당하게 하셨는가? 라고 의문을 제기한다. 그러나 그들은 "하나님께서 사람의 말에 대답하지 않으신다"(욥 33:13)는 것을 망각하였다. 믿음이 있는 자라면 "내가 하는 것을 네가 지금은 알지 못하나 이 후에는 알리라"(요 13:7)는 말씀을 충분히 말할 수 있다.

"이에 예수께서 다시 속으로 비통히 여기시며 무덤에 가시니 무덤이 굴이라 돌로 막았거늘"(11:38). "이에"라는 말이 가리켜 주듯이 여기에서 주님이 비통히 여기신 이유는 유대인들이 주님의 흠을 잡으려 불신하였기 때문이다. 그리스도는 다만 여기에서 "죄인들이 이같이 자기에게 거역한 일을 참으셨다"(히 12:3). 이것은 그리스도를 알지 못하는 자들의 그에 대한 적개심을 주님께서 실제로 **느끼셨음**을 보여준다. 금욕주의자처럼 주님은 이것을 보고 아무 것도 느끼지 못하신 것이 아니었다. 그의 본성에 거슬리는 것은 모두 그의 마음을 깊이 움직였다. "우리 곧 성령의 처음 익은 열매를 받은 우리까지도 속으로 탄식하여 양자 될 것 곧 우리 몸의 속량을 기다릴" 때에는(롬 8:23), 이 사실을 기억하는 것은 참으로 복된 일이다. 우리의 구원자께서도 우리 안에 있는 새로운 본성이 느끼는 것과 똑같은 것을 느끼셨음은 우리에게 큰 위로가 된다. 주님은 오히려 그것을 우리보다 천 배나 더 예민하게 느끼셨다. 그는 아무 이유 없이 "간고를 많이 겪은 자"(사 53:3)라고 불리신 것이 아니다. 우리 안에는 언제나 갈등이 있다. 즉 우리의 한 본성은 이 세상의 것들을 양식으로 삼으며, 다른 본성은 그것에 저항한다. 그러나 하나님의 거룩하신 분에게는 그가 날마다 악과 부패와 접촉함으로써 그의 영혼이 느끼는 고통을 중화시키거나 완화시켜 주는 것이 전혀 없다. 히브리서가 우리에게 말해 주듯이 "그는 시험을 받아 **고난을 당하셨다.**" 그분 안에 사탄이 유혹할 수 있는 점이 전혀 없었음은 사실이다. 그러므로 그가 굴복할 가능성도 없었다. 그러나 그럼에도 불구하고 유혹은 두려운 실체였다. 주님께서 "사탄아 물러가라"고 하신 말씀이 분명히 시사해 주듯이 그의 거룩한 본성은 **악한 자**가 나타나는 것을 혐오하셨다. 그의 흠 없는 정결은 시험자의 사악한 유혹에 구역질이 났다. 그렇다. 주님께서는 우리로서는 겪지도 못하고 겪을 수도 없는 **고난을 당하셨다.** 주님은 사탄의 시험으로부터 고통을 당하셨을 뿐만 아니라 사방에서 그를 둘러싸고 있는 악으로 인해 괴로워하셨다. 성령께서 여기에서 그리스도께서 "비통히 여기셨다"고 기록하신 것을 통하여 우리는 아주 깊이 "질고를 아시는" 복된 분의 영혼이 항상 무엇을 느끼셨을 것인지를 조금 엿볼 수 있다.

　"예수께서 이르시되 돌을 옮겨 놓으라 하시니"(11:39). "이처럼 크게 흥분된 상태에 있으셨으면서도 이 얼마나 위엄 있고 **침착하신가!**'(Stier). 마음속으로 비통히 여기시고 바깥으로는 눈물을 흘리고 계셨음에도 불구하고 주 예수께서는 자신을 완전히 자제하실 수 있었다. 그의 행동과 말씀은 조용하고 위엄 있다. 하나님께서는 아주 타당하게도 불필요한 기적은 행하지 아니한다. 우리는 하나님께서 능력의 역사를 행하실 때 흔히 신적 능력을 불필요한 곳에 소비하지 않으심을 본다. 인간이 **할 수 있**는 일은 그에게 행하게 하신다. "하나님은 스스로 돕는 자를 돕는다"고 말하는 옛 속담은 거의 쓸모가 없다. 왜냐하면 하나님은 흔히 스스로를 도울 **수 없는** 자를 도우시기 때문이다. 그러나 다른 한편으로, 하나님께서는 일반적으로 우리에게 책임이 있고 또 우리가 할 수 있는 일은 이루어 주지 않으신다는 것은 지금도 맞는 말이다. 하나님은 우리가 가까이 있는 수단들을 사용할 때 그것을 기뻐하시며 복을 내려 주신다. 만일 내가 농부이면서 밭을 갈고 씨를 뿌리고 돌보는 일을 하지 않는다면, 나는 아무 수확도 거둘 수 없을 것이다. 이 복음서에 첫 번째로 기록된 기적을 행하실 때, 그리스도께서 하인들에게 항아리를 물로 채우라고 명하셨듯이, 여기에서는 사람들에게 돌을 굴려 놓으라고 명령하셨다.

"예수께서 이르시되 돌을 옮겨 놓으라 하시니." 여기에서 우리는 또 하나의 교훈을 배울 수 있다. 주님께서는 돌이 저절로 굴러가도록 명하실 수도 있었을 것이며, 또한 나사로에게 돌이란 방해물을 뚫고서 나오라고 명령하실 수도 있었을 것이다. 그러나 주님은 구경꾼들을 시켜 그것을 옮겨 놓게 하셨다. 그리스도는 겸손하게 모든 허식을 피하시고, 가장 단순한 상태에서 가장 경이롭게 그의 능력을 나타내셨다. 주님은 **우리에게** 모든 허식을 버리라고 이처럼 몸소 모범을 보여주셨다!

"**그 죽은 자의 누이 마르다가 이르되 주여 죽은 지가 나흘이 되었으매 벌써 냄새가 나나이다**"(11:39). 이것은 "많은 일에 신경을 쓰고", 항상 그가 처한 환경을 염려하는 자의 성격을 잘 나타내 주는 말이다. 마르다는 그리스도께서 시체를 보려고 하실 뿐이라고 생각했는가? 그런 것 같다. 그러나 이것은 그녀의 불신을 표현해 준 참으로 슬픈 말이다. 바로 나사로의 누이가 그리스도의 영광이 나타나는 것을 막으려 할 뻔하였다! 그녀는 돌을 옮겨 보았자 아무 소용이 없으리라고 생각하였다. 이것은 우리에게 육적 사랑은 하나님의 생각을 이해할 수 없다는 것과, 하나님께서 우리가 가장 사랑하는 자에게 **축복**을 주시려고 할 때, 우리는 흔히 그것을 방해하기도 한다는 참으로 엄숙한 경고를 해준다! 남편이나 아내, 또는 부모들은 흔히 그들이 사랑하는 자 안에 또는 그들 위에 하나님의 말씀이나 섭리가 작용하고 있을 때 그에게 저항한다. 그러므로 마르다의 슬픈 거부를 명심해 두자.

"**예수께서 이르시되 내 말이 네가 믿으면 하나님의 영광을 보리라 하지 아니하였느냐 하시니**"(11:40). "내 말이 … 하지 아니하였느냐"라고 말씀하셨을 때 그가 무엇을 가리키신 것인가에 관하여는 의견 차이가 많다. 많은 사람들은 주님께서 그가 전에 그녀에게 해주신 말, 즉 그녀 혼자 주님을 만났을 때 하셨지만 여기에는 기록되지 않은 말씀을 상기시켜 주신다고 생각한다. 이것은 단순한 추측에 불과하며 이 말씀에 대하여는 부적당한 설명이라고 생각한다. 오히려, 이것은 그리스도께서 베다바라에 계실 때 그녀가 전한 소식을 듣고 주님께서 "이 병은 죽을 병이 아니라 하나님의 영광을 위함이요 하나님의 아들이 이로 말미암아 영광을 받게 하려 함이라"(11:4)고 대답하신 것을 가리킨 것으로 생각함이 훨씬 자연스럽다. 다른 사람들은 이것은 주님께서 "마르다야, 너는 내가 네게 항상 가르쳐 준 믿음의 교훈을 잊고 있구나. 너는 내가 믿는 자에게는 능치 못할 일이 없다고 말하는 것을 자주 들었지 않느냐"라는 뜻으로 말씀하신 것으로 생각된다.

"예수께서 이르시되 내 말이 네가 믿으면 하나님의 영광을 보리라 하지 아니하였느냐 하시니." 이것은 심오한 말씀이다. 하나님의 영광! 우리가 보고 알았을 때 우리의 영혼이 기뻐하는 것, 그것이 없으면 우리가 영원히 만족하지 못하고 축복받지 못하는 것, 그것과 비교한다면 보이는 모든 것이 다 무익해지는 것, 그것은 바로 "하나님의 영광"이다. 모세가 보기를 기도하였던 것도 바로 이것이었다. "원하건대 주의 영광을 내게 보이소서"(출 33:18). 하나님의 영광은 그의 탁월하심이 계시된 것이고, 우리 눈에 보이지 않는 그의 완전하심이 우리 눈에 보이도록 나타난 것이다. 그리스도께서 지상에 오셔서 나타내려 하셨던 것은 바로 하나님의 영광이었다. 왜냐하면 그는 하나님의 광채(히 1:3)이시기 때문이다. 그러나 주님은 여기에서 특별히 죽음에서 생명을 가져오는 자로서의 자신의 영광을 나타내고 계신다. 그는 바로 이것을 그 자신의 인격 안에서(즉 죽고 다시 부활하심으로써), 그리고 그의 손의 행위 안에서(여기에서는 나사로를 살리신 일 안에서) 나타내기 위해 오셨다. 죄의 삯을 제거하고, 죄가 이루어 놓은 일들을 원상태로 회복시키고, 사망 권세를 소유한 자를 정복하고, 승리하여 죽음을 삼켜 버리는 것, 이것은 정말 영광을 특별히 나타내는 것이다.

"어두운 데에 빛이 비치라 말씀하셨던 그 하나님께서 예수 그리스도의 얼굴에 있는 하나님의 영광을 아는 빛을 우리 마음에 비추셨느니라"(고후 4:6). 우리로 하나님의 영광을 바라보는 것을 방해하는 것은 바로 불신이다. 즉 장애물은 바로 우리의 무가치함, 무지함, 연약함이 아니라 바로 불신이다. 왜냐하면 마르다뿐만 아니라 우리에게도 믿음보다 불신이 훨씬 더 많이 있기 때문이다. "내 말이 네가 … "라는 주님의 엄중한 질문은 필자와 독자 모두에게 적용된다. 주님은 마르다에게, 그녀가 전에 들었으나 "믿음을 가지지" 아니한 말씀을 상기시키고 계신다. 슬프게도, 우리의 마음은 흔히 주님의 말씀에 아무 반응도 보이지 않음으로써 그것이 우리의 마음 밭에 무익하게 떨어지게 한다. 주님의 말씀에 나타난 두 동사의 순서에 주목하라. 즉 "믿으면"이라는 말이 "보리라"는 말 앞에 나온다. 6:69에 대한 이 책의 설명을 참조해 보라.

"돌을 옮겨 놓으니"(11:41). 앞에서 지적하였던 것처럼, 이 요한복음 11장 전체에 두드러지게 나타나 있는 것은 바로 그리스도의 영광과 인간들의 실패이다. 달리 말하면, 그리스도의 완전하심과 그들의 불완전함이 도처에 제시되어 있다. 그리스도는 구경꾼들에게 "돌을 옮겨 놓으라"고 명령하셨다. 분명 이 돌은 옮기려면 몇 사람이 필요한 무거운 돌이었음이 분명하다(마 27:6). 그러나 그들은 주님의 명령에 응하지 아니하였다. 그들은 마르다의 반대하는 말을 듣기 위하여 멈추었다. 그들은 그리스도께서 그녀에게 대답해 주신 후에야, 그리고 그가 하나님의 영광을 보리라고 말씀하신 후에야 비로소 그에게 순종하셨다. "[그 후에] 돌을 옮겨 놓으니." 인간은 **하나님의 말씀**에 참으로 더디 순종한다! 아주 사소한 것조차 인간의 순종을 방해한다!

"**예수께서 눈을 들어 우러러 보시고 이르시되 아버지여 내 말을 들으신 것을 감사하나이다**"(11:41). 이것은 참으로 아름다운 말씀이다. 이것은 그리스도께서 아버지께 의존하시는 분임을 나타내 준다. 주님은 잠언 3:5, 6의 말씀을 완벽하게 성취하셨다. "너는 마음을 다하여 여호와를 신뢰하라 … 그리하면 네 길을 지도하시리라." 그러나 한 가지 더 생각해 볼 것은, 아들은 여기에서 그가 행하려 하는 기적을 인하여 아버지께 영광을 돌리고 계신다. 그는 사람들의 관심을 그에게서 하늘에 계신 분께로 돌리셨다. 그가 "나는 마음이 온유하고 겸손하니 … 내게 배우라"(마 11:29)고 말씀하시는 것은 당연하다. 또한 한 가지 더 살펴볼 것은, 다음 구절에 기록된 그리스도의 말씀이 분명히 말해 주듯이, 주님은 그의 주위에 둘러 서 있던 사람들을 위하여 눈을 드셨다. 사람들은 그의 기적을 신성모독적으로 사탄과 지옥에게로 돌려 버렸었다. 그러나 이제 주님은 여기에서 그 기적들의 참 근원을 보이려고 하신다. "예수께서 눈을 **들어**." 또한 주님께서 "아버지여 … **감사하나이다**"라고 말씀하셨음에도 주목해 보라. 주님은 **먼저** 이 말씀을 하신 후에 다른 말씀을 **시작**하셨다. 그리스도는 우리가 열렬히 기도해야 할 뿐만 아니라 감사해야 한다는 것에 대하여 완전한 모범을 남겨 주셨다. 우리는 감사하기보다는 언제나 구하기를 먼저 한다. 그러나 빌립보서 4:6의 말씀을 보라.

"**예수께서 눈을 들어 우러러 보시고 이르시되 아버지여 내 말을 들으신 것을 감사하나이다**." 우리는 이제 숨 막힐 정도로 흥분된 순간에 이르렀다. 동굴 입구를 막았던 돌이 옮겨지고, 주님께서 무덤 입구에 서 계시며, 그 둘레에 선 무리는 그 다음에 무엇이 일어날까 열렬히 기다리고 있다. 무덤에서는 이 순간에는 생명의 표시가 없다. 그러나 사람들이 모두 열심히 바라보며 귀 기울이고 있는 동안, 주님은 그의 눈을 들고 주위 사람들에게 들릴 수 있게 하늘에 계신 그의 아버지에게 아주 엄숙하게 말씀하신다. 그리고 다음 구절에 그 이유를 설명하신다. 이제 마지막으로, 가장 큰 능력의 기적을 행하시기 직전 주님은 그가 하늘에 계신 그의 아버지와 분리되어서 행하신 일이 없으며, 이 기적과 그의 모든 행위 안에서, 그와 아버지는 신비스럽고 친밀하게 연합되어 있음을 다시 한 번 더 공개 선포하신다.

"**항상 내 말을 들으시는 줄을 내가 알았나이다**"(11:42). 여기 지상에서 종의 모습으로 계신 이 분은 참으로 완전히 아버지를 신뢰하셨다! 그런데 그가 이렇게 신뢰하신 근거는 무엇인가? 주님 자신이 요한복음 8:29에 말씀해 주셨다. "나를 보내신 이가 나와 함께 하시도다 나는 **항상** 그가 **기뻐하시는** 일을 행하**므로** 나를 혼자 두지 아니하셨느니라." 주 예수께서는 아버지의 뜻에 어긋나는 생각을 전혀 하지 않으셨으며, 그의 아버지의 말씀에서 조금이라도 벗어나는 것을 결코 행하지 아니하셨다. 그는 **항상** 아버지를 기쁘시게 하는 일들을 행하셨다(시 16:8). 그러므로 아버지는 항상 그의 말을 들으셨다. 이것은 왜 우리의 기도가 응답받지 **못**하는지를 알 수 있게 해준다. 우리의 행동과 우리가 간구한 것에 대한 응답은 아주 밀접한 관계가 있다. "내가 나의 마음에 죄악을 품었더라면 주께서 듣지 아니하시리라"(시 66:18). 신약 성경도 분명히 이것을 밝히고 있다. "무엇이든지 구하는 바를 그에게서 받나니 이는 우리가 그의 계명을 지키고 그 앞에서 **기뻐하시는** 것을 행함 [**때문**]이라"(요일 3:22). 이것은 매우 엄중한 말씀이다. 사람들의 말처럼 이것은 율법주의 냄새가 나는 것이 아니라, 아버지께서는 거룩한 요구들을 옹호하시기 때문이다. 하나님께서, 그의 영광에 조금도 관심을 두지 아니하고 또 그의 계명들을 존중하지도 않는 자들의 기도에 응답해 주신다면, 그것은 죄를 더욱 장려하는 것이 될 것이다.

"항상 내 말을 들으시는 줄을 내가 알았나이다." 이것은 매우 복된 말씀이다. 또한 이 말씀을 의지하는 자에게 이루 말할 수 없는 위로를 주는 말씀이다. 그리스도께서는 이 지상을 떠나시면서도 기도하셨다. 그리고 그는 지금도 우리를 위해, 그의 백성을 위해 기도하신다. "그러므로 자기를 힘입어 하나님께 나아가는 자들을 온전히 구원하실 수 있으니 이는 그가 항상 살아 계셔서 그들을 위하여 간구하심이라"(히 7:25). 우리는 영원이 되어서야 비로소, 우리가 그의 중보하심에 참으로 큰 은혜를 입고 있음을, 즉 우리가 지금 깨닫고 있는 것보다 훨씬 더 많은 은혜를 입었음을 알게 될 것이다. 요한복음 17장을 다 읽어 보고, 그가 우리를 위하여 아버지께 서로 다른 어떠한 것들을 구하셨는지(그리고 지금도 여전히 구하시는지)를 주목해 보라. 주님은 그의 기쁨이 우리 안에 충만히 있게 하기를 구하셨고(13절), 우리로 세상에서 악에 빠지지 않기를 구하셨고(15절), 우리로 진리로 거룩하게 되기를 구하셨고(17절), 우리로 다 하나가 되기를 구하셨고(21절), 우리로 온전함을 이루어 하나가 되기를 구하셨고(24절), 우리로 그의 영광을 보게 되기를 구하셨다(24절). 이 중 그 어느 것도 아직 우리의 완전한 소유가 되지 못하였다. 그러나 우리가 이 **모든** 것을 가지게 **될** 때가 오고 있음을 **아는** 것은 이루 말할 수 없이 복된 일이다. 아버지께서는 '항상'

그리스도의 말씀을 들으신다. 그러므로 이것들은 우리에게 **반드시** 이루어질 것이다. **"그러나 이 말씀 하옵는 것은 둘러선 무리를 위함이니 곧 아버지께서 나를 보내신 것을 그들로 믿게 하려 함이니이다"**(11:42). 이 말씀은 우리에게 갈멜 산의 엘리야를 연상하게 한다! "선지자 엘리야가 나아가서 말하되 아브라함과 이삭과 이스라엘의 하나님 여호와여 주께서 이스라엘 중에서 하나님이신 것과 **내가 주의 종인 것**과 내가 주의 말씀대로 이 모든 일을 행하는 것을 오늘 알게 하옵소서 여호와여 내게 응답하옵소서 **이 백성에게 주 여호와는 하나님이신 것**과 주는 그들의 마음을 되돌이키심을 **알게 하옵소서**"(왕상 18:36, 37). 이 말씀은 주님께서 나사로의 무덤 곁에서 하신 말씀의 의미를 이해하게 해주는 열쇠이다. 엘리야처럼, 그리스도는 이스라엘에게 보내심을 받으셨다. 또 엘리야처럼, 그리스도는 여기에서 그가 보내심을 받았다는 것을 하나님께서 확증해 주시기를 기도하셨다. **아버지께서** 그를 보내지 않으셨다면, 그는 그의 말씀을 아무 것도 듣지 아니하실 것이다. 그러므로 아버지께서 나사로의 무덤 곁에서 주님의 말씀을 들으신 것은, 그가 **하나님의** 보내심을 받은 분임을 나타내는 분명하고 완전한 증거였다.

"이 말씀을 하시고 큰 소리로 나사로야 나오라 부르시니"(11:43). 주님께서 이처럼 "큰 소리"로 말씀하신 것 또한 사람들을 위해서, 즉 모든 사람이 들을 수 있게 하기 위해서였다. 나사로라는 개인적인 이름이 불린 것은 사람들이 익히 주목해 온 바처럼, 그리스도께서 그냥 '나오라'고만 하셨다면, 무덤에 거하는 모든 자들이 죽은 자 가운데서 다 부활하여 지옥이 텅 비게 되었을 것이기 때문이다. 우리는 여기에서 축소된 형태에서나마 부활 날 아침 어떤 일이 일어날 것인가를 볼 수 있다. "주께서 **호령** … 으로 친히 하늘로부터 강림하시리니 그리스도 안에서 죽은 자들이 먼저 일어나고"(살전 4:16, 17). 그때에는 죽어 있던 악한 자들도 부활할 것이다. "이를 놀랍게 여기지 말라 무덤 속에 있는 자가 **다** 그의 음성을 들을 때가 오나니"(요 5:28). 그리스도께서 여기에서 "나사로야 나오라"는 말씀 외에 다른 아무 말도 하지 않으신 것은 주목할 만하다. 이것은 그리스도께서 성육신하신 **말씀**임을 드러내 주는 마지막이자 가장 큰 공적 증거였다. 그리고 이것은 하나님께서 우리를 중생시키실 때 사용하시는 수단이 무엇인지를 완전하게 예시해 준다. 즉 우리는 오직 기록된 **말씀**으로써만 영적으로 살아나며, 사망에서 생명으로 옮겨진다. 섭리와 개인적인 증거들과, 사랑하는 자와의 사별 등은 때로 육적인 인간인 우리를 깊이 자극시키기도 한다. 그러나 이것들은 **결코** 우리의 영혼을 생명의 새로움으로 '소생' 시키지 못한다. 우리가 거듭난 것은 "썩어질 씨로 된 것이 아니요 썩지 아니할 씨로 된 것이니 살아 있고 항상 있는 **하나님의 말씀**으로 되었느니라"(벧전 1:23). "나사로야 나오라 부르시니 죽은 자가 … 나오는데"(11:44). 그 **음성**이 들리자 공포의 왕은 즉시 그가 정당히 사로잡았던 자를 내놓았고, 탐욕스러운 무덤은 그것의 먹이를 포기하였다. 사로잡는 자가 사로잡히게 되었고, 그리스도께서는 죄와 사망과 사탄의 정복자로서 서 계셨다. 그러므로 여기에서는 주님께서 종의 모습을 하고 계셨음에도 불구하고 그의 손에는 "사망과 음부의 열쇠"가 쥐어져 있음이 증명되었다. 주 예수께서는 물질적인 세계와 영적인 세계 모두에 대하여 절대적인 능력을 소유하고 계심이 공적으로 증거되었다. 지상의 집을 떠났던 영혼은 주님의 명하심을 듣고 그 보이지 않는 세계에서 다시 한 번 육체에 거하기 위해 돌아왔다. 이것은 이처럼 놀라운 기적들을 행하실 수 있었던 분이 다름 아닌 "만물 위에 계셔서 세세에 찬양을 받으실 하나님"(롬 9:5)이심을 잘 증명해 준다. 권능의 구세주를 우리에게 보내신 하나님께 감사하자. **그와 같은** 손 안에 있으니, 그의 것인 양(羊)을 어느 누가 멸망시킬 수 있겠는가!

"죽은 자가 … 나오는데"(11:44). "이것은 악의 에너지, 그것도 최대의 에너지가, 주께서 사랑하시는 자에게 무엇을 행사할 수 있는지를 보여준다. 그러나 이것은 또한 우리에게 주 예수께서 그의 능력의 에너지와 힘으로써 그것을 어떻게 물리치시는지도 보여준다. 우리는 여기에서 사탄의 권세가 가져오는 최대의 결과를 본다. 그러나 주님께서 그 권세에 대하여 완전히 승리하심도 본다. 사망은 사탄의 권세의 결과이다. 그는 죄를 들여옴으로써 '죄의 삯'인 사망도 들여왔다. 이것이 바로 사탄의 권세가 가져올 수 있는 최대의 결과이다. 그는 처음부터 이것을(곧 사망) 들여왔고 그것도 속임수로써 그렇게 하였다. 왜냐하면 '그는 처음부터 살인한 자요 진리에 서지 못한 자'이기 때문이다. 그는 그 이후로도 언제나 그러하였다. 그는 옛 뱀, 미혹자라고 불린다. 그는 미혹하였으므로 첫째 아담의 살인자가 되었고, 어떤 의미에서는 마지막 아담의 살인자도 되었다. 그는 옛날이나 지금이나 거짓말쟁이이다. 이것이 그의 특성이며, 이것은 진리이신 그리스도와 정반대가 된다. 이와 마찬가지로 여러 가지로 변형된 그의 모든 특성도 그리스도의 것과 반대가 된다. 즉 그는 생명을 파괴하는 자이나 그리스도는 생명을 주시는 자이며, 그는 형제를 고소하는 자이나 그리스도는 그들을 위해 중보하시는 분이다. 그리고 그리스도는 하나님의 진리이시나 사탄은 거짓의 아비이다. 이것이 그의 가장 두드러진 특징이다. 하나님의 진리와 특성을 거짓 설명함으로써, 그는 사람들의 영혼을 살인하였고, 사망을 들여왔다. 이것이 바로 그의 권세이다. 그러나 그리스도는 사망의 권세를 지닌 자, 곧 마귀를 파멸시키러 오셨다. 하나님의 아들은 영혼들을 사탄의 권세에서 살아 계신 하나님의 능력 가운데로 옮기심으로써 마귀가 이루어 놓은 일을 파괴하러 오셨다. 요한복음 11장은 바로 이 점을 아주 두드러지게 예시해 준다"(Mr. J. N. Darby).

주 예수께서는 다음의 두 가지 방법으로써 그의 백성의 부활과 생명이 되셨다.

첫째로, 죄의 삯으로부터 그의 백성의 구속을 구입하시면서, 주님은 그들의 허물에 대하여 하나님의 공의가 요구하였던 값을 다 치르심으로써, 그들의 부활과 생명이 되셨다. 주님은 그 자신이 자발적으로 우리를 대신하여 고난을 받으심으로써, 즉 우리를 위해 저주가 되심으로써 값을 치르셨다. 둘째로, 주님은 우리를 모든 존재의 생명 바로 그것이신 자신과 하나가 되게 하심으로써 우리의 부활과 생명이 되셨다. "주와 합하는 자는 한 영이니라"(고전 6:17). 주님께서 요한복음 17장에서도 바로 이것을 위해 기도하셨다. "아버지께서 내 안에, 내가 아버지 안에 있는 것 같이 그들도 다 **하나가 되어 우리 안에 있게** 하사"(21절). 이 일을 이루시는 것은 바로 성령이시다. "누구든지 그리스도 안에 있으면 새로운 피조물이라"(고후 5:17). 신자는 아버지의 영원한 선택에 의해서(엡 1:4), 그리고 그가 우리의 연합적 머리가 되심으로써(고전 15:22), 뿐만 아니라 **생명적 연합**에 의해서도 "그리스도 안에" 있는 것이다. 이와 같이 앞에서 설명한 이 두 가지 방법으로써 그리스도는 우리에게 "부활이요 생명"이 되신다. 그래서 그는 사망의 권세를 **지녔던**(이제는 더 이상 '지니지' 못하는) 자(마귀)에 대하여 완전히 승리하셨다. 이것이 가장 두드러지게 비유적으로 나타나 있는 것이 나사로의 경우이다. 죽어서 무덤 속에 있었던 나사로는 이미 그 시체가 썩어 가고 있었다. 그러나 그리스도의 전능의 음성이 들리자 "죽은 자가 나왔다." 하나님의 자녀는 부활의 자녀이다. 그리스도께서 영혼의 생명이 되시는 곳에는 **그리스도의 생명 안에 있는** 영원한 생명에로의 부활이 확실하다. 즉 **그의** 생명이 우리에게 전달될 때에, 우리는 우리 안에 사탄의 권세가 지배할 수 없는 것을 소유하게 된다. 구약 성경의 욥의 경우가 이것을 희미하나 아름답게 예시하고 있다. 사탄은 욥을 괴롭게 할 수도 있었고, 그의 소유물을 파괴할 수도 있는 허락을 받았다. 그러나 그는 그의 **생명**만은 해칠 수 없었다.

여기 요합복음 11장에 제시되어 있는 그림은 절묘할 정도로 완벽하다. 사망이 나사로에게 그 권세를 행사할 수 있었던 것은 그리스도께서 육체로 베다니에 계시지 아니하셨던 동안이다. 이것은 지금의 우리에게도 마찬가지이다. 요한복음 11장에는 한 개인의 모습뿐만 아니라 한 **가족**, 즉 주께서 사랑하시는 가족의 모습이 나와 있다. 여기에는 지금 이 지상에 있는 하나님의 가족의 모습도 아주 분명하게 예시(豫示)되어 있다! 그리스도께서 육체로 베다니에 계시지 아니하셨던 동안에는 사망의 권세가 뚜렷이 나타났고 슬픔과 고통이 들어왔다. 그러나 눈물은 기쁨으로 바뀌었다. 그리스도께서는 계시던 곳에서 '이틀'을 더 유하신 후에, 고통당한 집으로 오셨다. 그리고 그곳에 주께서 임재하시자 생명의 능력이 나타났다. 그러므로 그리스도께서 그의 백성을 위하여 돌아오실 때 그는 이와 같은 두 가지 특성 안에서, 즉 부활과 생명으로 오실 것이다. 그때 그는 그의 백성의 슬픔을 씻어주실 뿐만 아니라 그 슬픔의 **원인**까지도 없애실 것이다. 그동안 (그가 나사로를 살리시기 **전에**) 흘리신 '눈물'을 통하여 우리는 그가 우리를 깊이 동정하심을 확신할 수 있다.

　"죽은 자가 수족을 베로 동인 채로 나오는데 그 얼굴은 수건에 싸였더라"(11:44). 이 말씀은 이 이야기가 제시해 주는 그림의 정확성을 전혀 손상시키지 아니하고 오히려 더욱 정확한 그림이 되게 해준다. 주님께서 나사로를 살리신 일을 죄인들의 중생을 나타내는 비유로 생각하든, 혹은 신자들이 영화로워지는 것을 나타내는 비유로 생각하든, 여기에 제시되어 있는 '베'(수의)와 그것들을 **제거**한 것은 모두 중요한 의미를 지닌다. 죄인이 거듭날 때 그의 영혼 안에 이루어진 하나님의 은혜의 역사는 완전한 것이 아니라, 오히려 그 역사는 시작에 불과하다. 옛 본성이 아직도 남아 있으며, 무덤의 흔적이 아직 그에게 남아 있다. '새 사람'의 움직임을 방해하는 것이 아직 많이 있다. 그리고 그는 이것들로부터 놓일 필요가 있다. 그리고 그가 영적으로 부활하였다고 하여 저절로 그렇게 되는 것은 아니다. 사도 바울은 이러한 상태에 놓인 영혼의 말을 다음과 같이 표현하였다. "원함은 내게 있으나 선을 행하는 것은 없노라 … 내 속사람으로는 하나님의 법을 즐거워하되 내 지체 속에서 한 다른 법이 내 마음의 법과 싸워 내 지체 속에 있는 죄의 법으로 나를 사로잡는 것을 보는도다"(롬 7:18, 22, 23). 여기, 주님께서 무덤에서 불러내셨을 때의 나사로도 그러하였다. 즉 그는 그를 방해하는 수의를 벗어 버리지 못하고 "수족을 동인 채로" 나왔다.

　"예수께서 이르시되 풀어 놓아 다니게 하라 하시니라"(11:44). 이것은 그리스도의 도덕적 영광을 잘 나타내 준다. 주님께서 구경꾼들에게, 부활한 이 사람을 자유롭게 해주라고 **요구**하셔야만 했다는 사실을 통하여 우리는 이들이 모두 놀라움과 두려움에 압도되어 있었음을 알 수 있다. 주님만이 조용하게 침착함을 유지하셨다. 주께서 (수의가 나사로에게서 저절로 떨어지게 하는 기적을 행하시지 아니하고) **그들**에게

"그를 풀어 놓으라"고 권유하신 것을 통하여 우리는 아름다운 교훈을 배울 수 있다. 영광의 주님께서는 은혜롭고 겸손하시게도, 우리를 도구로 사용하시어 그가 지금 이 세상에서 행하시는 일에 우리도 동참하게 하신다. 우리는 이것을 요한복음 곳곳에서 찾아볼 수 있다. 주님은 혼인 잔치에서 물을 포도주로 변화시킬 때 하인들을 사용하셨다. 굶주린 무리를 먹이실 때에도 제자들의 도움을 받으셨다. 또 그가 이 마지막 기적을 행하실 때에는 구경꾼들을 시켜 무덤에서 돌을 옮겨 놓게 하셨다. 그리고 이제는 그들에게 나사로의 수족을 동인 베를 '풀어', 그를 자유롭게 해주라고 하신다. 주님은 지금도 이와 같이 은혜롭게 행하신다. 주님만이 죽은 죄인들을 소생시키는 말씀을 하실 수 있다. 그러나 그는 우리로 하여금 그 말씀을 그들에게 **전하게** 하신다. 이것은 더없이 귀중한 특권이요 천사들도 얻지 못한 명예이다! 이것을 더욱 소중히 여기도록 하자. 하늘의 이 편, 즉 이 땅에서는 우리가 무덤을 막은 돌을 치워 버리고 수의를 벗겨 주는 일을 함으로써 주님의 도구로 쓰임받는 것보다 더 높은 특권은 없다.

"예수께서 이르시되 풀어 놓아 다니게 하라 하시니라." 그러나 여기에는 앞에서 살펴본 것보다 훨씬 심오하고 더욱 복된 진리가 담겨 있다. 주님께서 나사로를 살리신 일이 궁극적으로 가리키는 일은, 우리가 앞에서 살펴본 바와 같이 그리스도께서 슬퍼하는 그의 '가족'에게로 돌아오실 때에는 그가 부활과 생명이심이 완전히 드러난다는 것이다. 하나님께서 주권적 은혜로 행하신 놀라운 일은 그때에야 완전하게 될 것이다. 우리는 더 이상 탄식하는 피조물 가운데 있지 아니하고 그리스도께서 거하시는 높은 곳으로 옮겨질 것이다. 더 이상 이 진흙의 장막에 감금되지 아니할 것이다. 왜냐하면 우리는 "썩을 것의 속박으로부터 구원되어" "하나님의 자녀의 영광스러운 **자유**" 속으로 들어간 것이기 때문이다. 우리의 얼굴은 더 이상 우리를 "거울로 보는 것 같이 희미하게" 하는 "수건으로 가리우지" 아니하고, 그 기쁜 날에는 "얼굴과 얼굴을 대하여" 볼 것이다(고전 13:12). 그때 이 썩어질 것은 썩지 않음을 입을 것이고 죽을 것은 "생명에 삼킨 바" 될 것이다(고후 5:4). "그를 풀어 놓으라"는 말씀은 바로 **이것을** 가리킨다. 우리는 더 이상 사망의 옷을 입지 아니하고, 그때 우리는 우리를 영원히 풀어 주어 생명의 새로움 안에서 그와 동행하게 하시는 분을 기뻐할 것이다. 그때, 바로 그때에 우리는 기쁨과 즐거움을 맛볼 것이며, 슬픔과 탄식은 사라질 것이다.

"그를 풀어 놓아." 이 말씀은 구경꾼들에게 그들이 눈속임을 받지 아니하였음을 납득시키기 위한 것이었다. 그들은 그들의 손으로 나사로의 몸을 만질 수 있게 되었다. 그리스도의 이 마지막 '표적'은 그들의 세 가지 감각, 즉 코와 눈과 손에 결정적 증거를 주었음은 매우 주목할 만하다. 무덤에서 돌을 치웠을 때 사람들은 '냄새'를 맡을 수 있었다. 그들은 그들의 손으로, 나사로의 몸에 손을 대고 **만질** 수 있도록 허용되었다. 그러므로 속임수가 있을 수 없었다.

"다니게 하라[그를 가게 하라]." 구경꾼들은 그들의 헛된 호기심을 만족시킬 수 없었다. 주님께서는 나사로로 하여금 사람들을 떠나서 집으로 가게 하신다. 그가 부활한 기적을 목격한 사람들은 그에게 무덤의 비밀을 꼬치꼬치 캐묻거나 그 밖의 그들의 호기심어린 질문을 할 수 없었다. "그를 가게 하라"고 그리스도는 권위 있게 명하신다. 그리고 여기서 막이 내린다. 그렇게 하는 것이 마땅하다. 주 예수께서 하늘에 있는 그의 아버지의 보좌를 떠나 공중에 강림하실 때, 그때 우리도 역시 이 죄와 고통의 무대를 떠나 "주님과 영원히 함께" 있기 위해 **갈** 것이다. 영광스러운 전망이요, 복된 절정이며 행복한 목적지이다! 하나님이여! 우리로 꾸준히 이것을 바라보고 인내로써 우리 앞에 당한 경주를 경주하며, "그 앞에 있는 기쁨을 위하여 십자가를 참으사 부끄러움을 개의치 아니하시더니 하나님 보좌 우편에 앉으신" (히 12:2) 분에게서 눈을 떼지 않게 하소서.

요한복음 11장의 종결 부분을 공부하려는 독자들은 다음 질문들을 숙고해 보라.

1. 구경꾼들의 서로 다른 행동을 어떻게 설명할 것인가?(45, 46절)
2. 50절이 설명하고 있는 중요한 진리는 무엇인가?
3. "이 말은 스스로 함이 아니요"라는 말은 무엇을 의미하는가?(51절)
4. 51, 52절은 예수님의 속죄에 대하여 무엇을 가르쳐 주는가?
5. 어떤 **하나**가 되게 "모은다"는 것인가?(52절)
6. 예수께서 **다시 유대인 가운데 드러나게 다니지 아니하신** 이유는 무엇인가?(54절)
7. "자기를 성결하게 하기 위하여"라는 말씀은 무엇을 의미하는가?(55절)

제40장

그리스도를 두려워한 산헤드린 공회

⁴⁵마리아에게 와서 예수께서 하신 일을 본 많은 유대인이 그를 믿었으나 ⁴⁶그 중에 어떤 자는 바리새인들에게 가서 예수께서 하신 일을 알리니라 ⁴⁷이에 대제사장들과 바리새인들이 공회를 모으고 이르되 이 사람이 많은 표적을 행하니 우리가 어떻게 하겠느냐 ⁴⁸만일 그를 이대로 두면 모든 사람이 그를 믿을 것이요 그리고 로마인들이 와서 우리 땅과 민족을 빼앗아 가리라 하니 ⁴⁹그 중의 한 사람 그 해의 대제사장인 가야바가 그들에게 말하되 너희가 아무 것도 알지 못하는도다 ⁵⁰한 사람이 백성을 위하여 죽어서 온 민족이 망하지 않게 되는 것이 너희에게 유익한 줄을 생각하지 아니하는도다 하였으니 ⁵¹이 말은 스스로 함이 아니요 그 해의 대제사장이므로 예수께서 그 민족을 위하시고 ⁵²또 그 민족만 위할 뿐 아니라 흩어진 하나님의 자녀를 모아 하나가 되게 하기 위하여 죽으실 것을 미리 말함이러라 ⁵³이 날부터는 그들이 예수를 죽이려고 모의하니라 ⁵⁴그러므로 예수께서 다시 유대인 가운데 드러나게 다니지 아니하시고 거기를 떠나 빈 들 가까운 곳인 에브라임이라는 동네에 가서 제자들과 함께 거기 머무르시니라 ⁵⁵유대인의 유월절이 가까우매 많은 사람이 자기를 성결하게 하기 위하여 유월절 전에 시골에서 예루살렘으로 올라갔더니 ⁵⁶그들이 예수를 찾으며 성전에 서서 서로 말하되 너희 생각에는 어떠하냐 그가 명절에 오지 아니하겠느냐 하니 ⁵⁷이는 대제사장들과 바리새인들이 누구든지 예수 있는 곳을 알거든 신고하여 잡게 하라 명령하였음이러라(요 11:45-57)

우리가 여기에서 고찰하게 될 구절들을 아래와 같이 분석해 보자.

1. 그리스도의 큰 이적의 효과(45, 46절)
2. 산헤드린 공회와 그들의 논의(47, 48절)
3. 가야바와 그의 충고(49, 50절)
4. 가야바의 말에 대한 성령의 해석(51, 52절)
5. 공회의 결정과 그리스도의 대처(53, 54절)
6. 유월절과 유대인들의 성결례(55, 56절)
7. 공회의 명령(57절)

우리는 요한복음 11장의 종결부에서 그 도입부에 기록된 경외스러운 이적의 **효과**를 읽을 수 있다. 그리고 여기에 무엇인가 **생략된** 내용이 있음을 보고 곧 놀라게 된다. 성령께서는 나사로의 다시 살아난 것을 목격한 "많은 유대인들"이 받은 다양한 인상에 대해 말씀해 주셨다. 그러나 나사로나 그의 누이들이 어떤 감정을 느꼈는지에 대해서는 전혀 언급하지 않으셨다. 그 점에 대해 몇 가지 이유를 제시할 수 있다. 첫째로, 성경은 쓸모없는 호기심을 충족시키려고 기록된 책이 아니다. 나사로가 보이지 아니하는 사람들에 속했다가 이 세상으로 돌아왔을 때 어떤 기억을 간직하게 되었는지 아는 것은 하나님께서 바라신 것이 아니었음에 틀림없다. 하나님께서는 복음서 저자들로 하여금 그 휘장 뒤에 있는 것을 들여다보게 하지 않으신다. 둘째로, 마르다와 마리아의 감정을 우리에게 감추신 데에는 아름다운 **섬세함**이 있다. 사랑하는 사람이 그들에게 돌아온 후에 그 가정에 어떤 일이 일어났는지를 알려고 우리가 강제로 뛰어들어서는 안 되는 것이다. 셋째로, 그 자매들의 기쁨이 너무도 컸기 때문에 말로 다 표현할 수 없었다고 볼 수 있다. 이 이야기를 사기꾼이 고안해 냈더라면 아마 그는 **이** 사항을 가장 눈에 띄게 강조했을 것이다. 왜냐하면 바로 이 점이 이 이야기의 절정을 이루고 있다고 생각했을 것이기 때문이다. 그러나 영적인 마음을 가진 사람은, 이 사항을 생략했다는 점이 바로 영감을 받아 기록된 이 이야기의 신적 완전성을 입증해 주는 증거임을 식별할 수 있을 것이다.

"마리아에게 와서 예수께서 하신 일을 본 많은 유대인이 그를 믿었으나"(11:45). 요한은 나사로가 다시 살아난 것이 베다니에 사는 그 가족들에게 어떤 영향을 끼쳤는지에 대해서는 전혀 언급하지 않았다. 그럼에도 불구하고 성령께서 여기에서 그의 목적의 통일성을 유지하고 계심을 관찰할 수 있는데 그것은 주목할 만한 일이다. 이 복음서 전체를 통하여 성령께서는 유대인들의 증대해 가는 증오를 보여주고 있다. 그리고 그 증오는 이제 대단히 신속하게 증대해 가서 영광의 주님을 십자가에 못 박으려는 최악의 순간에까지 달하게 되었다. 또한 이제 그는 메시야께서 방금 행하신 큰 '표적'으로부터 어떤 교훈을 가르쳐 주시는 것이 아니라 그에 대해 단 한 마디의 설명만 하심으로써 유대인들이 그 일을 어떻게 받아들였는지 우리에게 즉시 알려 주신다. 이제까지 그랬던 것처럼 그들은 주 예수에 관해 서로 의견이 **달랐다**. 나뉘었다 (7:43; 9:16; 10:19 참고). 나사로가 무덤에서 나오는 것을 목격한 자들 중 아주 많은 사람들이 "예수를 믿었다." 그들의 믿음을 분석해 보지 않더라도 우리는 분명하게 이렇게 말할 수 있다. 즉 그들은 일시적으로만 **그들의** 증오를 누그러뜨렸고 **그들의** 적의를 버렸던 것이다.

"마리아에게 와서 예수께서 하신 일을 본 많은 유대인이 그를 믿었으나." 이 복음서 저자가 그들이 **마리아**에게 왔다고 언급한 점은 주목할 만하다. 그들의 **그녀**에 대한 관심은, 그들로 하여금 그녀가 지극히 사랑하는 **그에게** 관심을 갖도록 이끌었다. 아마 그들은 그녀와 함께 그리스도에 대해 대화를 나누었을 것이다. 그리고 그녀는 그에 대해 증언하였을 것이며, 그래서 그들은 그에게 호의적인 인상을 가지게 되었을 것이다. 그것은 곧 그들에게 그리스도를 믿도록 준비시켜 준 것이었다(존 브라운). 이 45절의 어법은 지극히 의미심장하다. 그것은 "그 때 많은 유대인들이 마리아에게 왔다. **그리고 그들이** 예수께서 행하신 일을 보고서 예수를 믿었다"라고 기록되어 있지 않고 "마리아에게 와서, **그리고** 예수께서 행하신 일을 본 유대인 중 많은 사람들이 예수를 믿었다"라고 기록되어 있다. 이 두 가지 일이 함께 결합되어 있다. 즉 그들이 '예수를 믿은' **이유**를 설명해 주는 것으로서 마리아에게 와서 **그리고** 예수께서 행하신 것을 본 것이라는 두 사실이 결합되어 있는 것이다. 그것은 4:39, 41, 42에 기록된 말씀을 상기시켜 준다. "여자의 말이 내가 행한 모든 것을 그가 내게 말하였다 증언하므로 그 동네 중에 많은 사마리아인이 예수를 믿는지라 … **예수의 말씀으로** 말미암아 믿는 자가 더욱 많아 그 여자에게 말하되 이제 우리가 믿는 것은 네 말로 인함이 아니니 이는 우리가 친히 듣고 그가 참으로 세상의 구주신 줄 앎이라 하였더라."

"**[그러나] 그 중에 어떤 자는 바리새인들에게 가서 예수께서 하신 일을 알리니라**" (11:46). "그러나" — 이것은 불길한 징조의 말이다. 여기에서 우리는 매우 엄숙한 대조를 볼 수 있다. 이적을 목격한 자들 중 일부는 즉시 바리새인들에게 가서 그리스도께서 행하신 일을 그들에게 말하였다. 아마 그들은 바리새인들의 첩자였을 것이다. 그들이 원수들에게 그 일을 보고한 동기는 오해의 여지 없이 분명하다. 그들은 원수들의 분노를 누그러뜨리기 위해서가 아니라 더욱 자극시키러 갔던 것이다. 이것은 어쩔 도리 없는 인간의 완악성을 보여주는 본보기이다! 슬프게도 이것이 우리 인간의 모습이다! **이적들**조차도 "사망으로 좇아 사망에 이르는 냄새"였을 뿐이다.

"이에 대제사장들과 바리새인들이 공회를 모으고"(11:47). "대제사장들"이란 분명히 사두개인들일 가능성이 매우 크다. 우리는 사두개인이 대제사장이었음을 사도행전 5:17 말씀을 통해 알 수 있다. "바리새인들"은 그들의 신학적인 반대자들이었다. 이 두 적대 분파는 서로를 극도로 증오했다. 그러나 주 예수를 핍박하는 악한 일에 있어서 그들은 서로의 차이점을 감추고 합심하여 죄를 범하였다. 헤롯과 빌라도에 관련해서도 우리는 똑같은 사실을 볼 수 있다. "헤롯이 그 군인들과 함께 예수를 업신여기며 희롱하고 빛난 옷을 입혀 빌라도에게 도로 보내니 헤롯과 빌라도가 **전에** 는 원수였으나 **당일에** 서로 친구가 되니라"(눅 23:11, 12). 이 두 예는 각각 오래 전 성령께서 다윗을 통하여 주신 예언이 성취된 것이다. "세상의 군왕들이 나서며 관원들이 **서로** 꾀하여 여호와와 그의 기름 부음 받은 자를 대적하며"(시 2:2).

"이에 대제사장들과 바리새인들이 공회를 모으고 이르되 이 사람이 많은 표적을 행하니 우리가 어떻게 하겠느냐"(11:47). "공회"는 그들 앞에 제시된 증거에 의해 심각하게 자극받았다. 예수께서는 자신이 그리스도임을 분명하게 입증하셨다. 그러니 그들은 즉시 그를 인정해야만 했다. 그러나 그들은 그렇게 하는 대신에, 그를 체포하여 잠잠케 만들지 아니하고 꾸물거리고 있는 자신들을 자책하였다. 그들은 "우리가 어떻게 하겠느냐"라고 자문했다. 우리는 어째서 이렇게 꾸물거리고 있는가? 앞에서 바로 이들은 그리스도를 체포하려고 아랫사람들을 파견했었다(7:32). 그러나 아랫사람들은 그를 체포해 오지 않고 주인에게 돌아와 이렇게 말했었다. "그 사람이 말하는 것처럼 말한 사람은 이때까지 없었나이다." 그리고 하나님의 섭리로 니고데모가 그들에게 반대를 제기하였다. "우리 율법은 사람의 말을 듣고 그 행한 것을 알기 전에 심판하느냐"(7:51). 그의 이 말은 공회를 해산시켰다. 그러나 이제 사태는 절정에 달했다. 그들은 그가 무엇을 하고 있는지 알고 **있었다**. "이 사람은 많은 표적을 행하니." 그들은 이 사실을 부인할 수 없었다. 그것은 매우 엄숙한 일이다. 그들은 그의 이적이 진짜임을 **인정하였다**. 그러나 그들의 양심은 달라지지 아니하였다. 이것은 오늘날 행해지고 있는 많은 이적들이 무익함을 입증해 준다. 어떤 사람들은 지성인들에게 그리스도의 이적의 **진실성**을 입증하기만 하면 자기들이 아주 많은 것을 성취했다고 생각한다. 필자는 그러한 사람들이 인간의 본성이 **전적으로** 부패한 것임을 진정으로 믿고 있는지 의아스럽다. 그러한 수단으로는 영혼을 하나님 앞으로 데려오지 못하며 또 구원받게 하지도 못한다. 이 세상의 **지혜는** 하나님을 아는 데에는 우둔한 것에 지나지 않는다. 오직 전능하시고 주권적인 은혜만이 잃어버린 바 된 자들에게 소용이 있는 것이다. 하나님께서 죽은 자를 다시 살리시는 데 사용하시는 **유일한** 것은 바로 그의 말씀이다. 진정으로 사망에서 생명으로 옮겨진 자는 믿기 위하여 소위 '기독교의 증거' 라는 것들을 끌어들일 **필요가 없다**. 허물과 죄 속에 죽어 있는 자에게는 그것들을 인식할 **능력이 없다**. 말씀을 전파하라. 성경의 이적들에 대해 논쟁하거나 따지지 말라. 우리의 해야 할 일이란 말씀을 전파하는 것이다!

　"**만일 그를 이대로 두면 모든 사람이 그를 믿을 것이요**" (11:48). 이 말은 그들의 가공할 악의를 폭로하고 있다. 요한복음 11장 도입부에서 우리는 이 11장과 누가복음 16장 사이의 관련성에 대해 살펴본 바 있다. 각각의 예에는 '나사로' 가 등장한다. 다시 살리셨던 자의 **이름**은 그들로 하여금 누가복음 16장의 그리스도의 말씀을 상기하게 하였을 것이다. 그리스도께서 이렇게 말씀하신 것은 참으로 당연한 일이다. "모세와 선지자들에게 듣지 아니하면 비록 죽은 자 가운데서 살아나는 자가 있을지라도 **권함을 받지 아니하리라** 하였다" (31절). 이것은 이적을 목격한다 해도 그것이 죽어 있는 죄인들로 하여금 그리스도에게 오지 못하게 함을 입증하는 증거이다! "우리는 우리 주위에서 수없이 많은 불신을 본다 해도 놀라서는 안 된다. 우리에게는 대단히 명백하게 보이는 진리를 많은 사람들이 보지 못하고 있는 것을 볼 때, 그리고 참으로 받아들일 가치가 있는 복음을 받아들이지 아니하는 것을 볼 때, 납득하기 힘든 일같이 생각된다. 그러나 진상은 명백하다. 인간의 불신은 일반적으로 생각하고 있는 것보다 훨씬 더 뿌리 깊은 질병이다. 논리적인 사실도, 이론을 따지는 것도, 그리고 도덕적인 권고도 그 질병 앞에서는 소용이 없다. 오직 하나님의 은혜만이 그것을 용해시킬 수 있다. 우리가 믿는 사람이라면 우리는 제아무리 감사해도 부족할 것이다. 그러나 우리는 우리 동료들 중 많은 사람이 유대인들처럼 완악하고 믿지 아니하는 사람들인 것을 볼 때 그것을 이상한 일로 여겨서는 안 된다" (라일 주교).

　"**만일 그를 이대로 두면 모든 사람이 그를 믿을 것이요 그리고 로마인들이 와서 우리 땅과 민족을 빼앗아 가리라 하니**" (11:48). 우리는 나사로의 부활이 파도와 같이 대중의 흥분을 일으켰으리라고 예상할 수 있다. 지도자들은 일반 백성들 사이에 어떤 자극적인 움직임이 일어난다면 그것은 위험스러운 것이라고 생각했다. 그때는 특히 유월절이 가까운 무렵이었으므로 예루살렘은 이스라엘 백성들로 넘쳐 붐비고 있었고, 그래서 그들 사이에 조그마한 자극의 불꽃이라도 떨어진다면 그것은 곧 큰 불로 번지게 되리라는 것을 알았기 때문이다(12:12, 13 참고). 그러므로 공회는 곧 발생하게 될 열광을 저지시키기 위해 즉시 어떤 방책을 협의하는 것이 현명하리라고 생각했다. 어떤 방책이든지 마련해야만 했다. 그러나 그들은 **어떻게** 해야 할지 알 수가 없었다. 그들은 혼란이 일어나서 로마의 가혹한 손길이 그들에게 뻗쳐와 그때까지 그들에게 남아 있던 어떤 민족적인 생활마저 앗아가게 될까 두려워하였다. 그러나 그들의 두려움은 하나님의 영광을 위한 염려에서 나온 것이 아니었으며 또한 애국적인 본능에 기인한 것도 아니었다. 그것은 야비한 사리사욕 때문이었다. "그들이 와서 **우리** 땅을 빼앗아 가리라." 여기에서의 우리 땅이란 성전을 의미한다(행 6:13, 14; 21:28, 29에서 읽을 수 있는 헬라어 '호포스' 는 분명히 성전을 가리키는 것이다). 성전은 그들의 영향력과 권력의 중심지요 근원이었다. 그들은 무엇이 하나님께 속하는지를 자기중심적으로 주장하였다. 그들이 보기에는 자기들의 특별한 소유물이 곧 거룩한 것이었다.

팔레스타인은 로마제국의 영지로 합병되었다. 그리고 피정복민에게는 관례적으로 어느 정도의 차이를 허용해 주듯이 로마인들도 그들에게 그렇게 대우해 주었다. 그들은 유대인들이 계속 성전 예배에 참석하는 것과 교회 재판을 행하는 것을 허용하였다. 여기에서 그리스도를 반대한 주도적인 세력은 권력을 장악하고 있던 바로 그 사람들이었다. 그들은 그를 내버려 두면 그를 추종하는 자들이 불어나 그 백성들이 그를 왕으로 세우게 되리라고 생각하였다. 그가 "내 나라는 이 세상에 속한 것이 **아니니라**"고 가르치신 것은 안중에 없었다(18:36). 그들은 무리들이 와서 예수를 억지로 잡아 임금 **삼으려고 했을 때** 그가 떠나셨던 사실을 간과하였다(6:15). 그들에게는 그의 주장이 그들의 세속적인 재산과 자기 확대의 구조를 방해할 정도로 위협적이라고 생각하는 것만으로 충분하였다.

이 사람들의 전적인 맹목성은 실로 주목할 만하다. 그들은 그들이 그리스도의 생명을 즉시 종결시키면 자기들을 로마인들로부터 보호할 수 있으리라고 생각하였다. 그러나 그들이 두려워했던 바로 그 일은 닥쳐왔다. 그들은 그리스도를 십자가에 못 박았다. 그러나 그 결과는 어떠하였는가? 그 후 40년이 채 지나기도 전에 로마군단이 **밀어닥쳤고** 예루살렘을 정복하였다. 그리고 성전을 불태웠으며, 모든 백성은 포로로 붙잡혀 가게 되었다. 어떤 신중한 작가는 이 점에 대하여 다음과 같이 지적하였다. "박식한 그리스도인이라면 그리스도 교회의 역사상 이와 같은 많은 일이 있었다는 것을 충분히 상기할 수 있을 것이다. 로마 황제들은 첫 3세기 동안 그리스도인들을 박해하였다. 그리고 그들은 그리스도인들을 가만두지 않는 것을 그들의 절대적인 의무로 생각하였다. 그러나 그들이 그리스도인들을 심하게 박해하면 박해할수록 그리스도인들은 더욱더 증가하였다. 순교자들의 피가 교회의 씨가 되었다. 그와 마찬가지로 메리 여왕 시대의 영국의 가톨릭교도들은 프로테스탄트를 박해하면서 그들이 프로테스탄트를 내버려 둔다면 진리가 위험해지리라고 생각하였다. 그러나 그들이 우리 프로테스탄트 선조들을 불에 태워 죽이면 죽일수록 그들은 개혁 교회의 교리를 굳게 믿는 것이 옳다는 것을 더욱더 강하게 확신하였다. 요컨대 시편 2편의 말씀은 계속하여 이 세상에서 증명되고 있다. 세상의 군왕들이 나서며 관원들이 서로 꾀하여 여호와를 대적하고 있다. 그러나 '하늘에 계신 이가 웃으심이여 주께서 그들을 비웃으시리로다.' 하나님께서는 원수들의 계획으로 그의 백성들의 유익을 위해 쓰이도록 삼으실 수 있다. 그리고 인간의 분노로 그를 칭송하도록 만드실 수 있다. 고난과 비난 그리고 신성모독을 가해 올 때라 하더라도 신자들은 참을성 있게 주를 의지해야 한다. 한때는 믿는 자들을 해치는 것 같이 보이는 바로 그 일들이 마침내는 그들의 유익이었음이 밝혀질 것이다."

　　"**그 중의 한 사람 그 해의 대제사장인 가야바가 그들에게 말하되 너희가 아무 것도 알지 못하는도다 한 사람이 백성을 위하여 죽어서 온 민족이 망하지 않게 되는 것이 너희에게 유익한 줄을 생각하지 아니하는도다 하였으니**"(11:49, 50). 공회는 혼란에 빠졌다. 그들은 그들이 생각했던 바 그대로, 그리스도가 그들의 이익에 위험이 된다는 것을 알고 있었다. 그러나 어떤 방책을 써야 할지는 알 수 없었다. 그 때까지 그들은 단순히 서로에게 묻고만 있었다. 대제사장은 제사장들과 바리새인들의 우유부단함을 참지 못하고 "너희가 아무 것도 알지 못하는도다"라고 말함으로써 그들의 신중한 토의를 퉁명스럽고 경멸적으로 일소에 붙였다. "우리가 지켜야 할 유일한 것은 우리의 이익이다. 그 점을 분명하게 이해하라. 우리는 전에 무엇이 **우리에게** 유익한 방편인지를 물은 적이 있다. 그 대답은 의심할 여지가 없는 것이다. 이 사람을 죽여야 한다! 그의 이적이나 그의 가르침, 그의 인품의 아름다움 등에는 마음 쓸 것이 없다. 그가 살아 있는 한 그것은 **우리의** 특권에 계속적인 위험이 될 것이다. 나는 그를 죽이는 데 찬성한다." 요한복음 11:53에서 볼 수 있듯이 가야바의 악한 제안은 받아들여졌다. 공회는 그것이 그들의 어려움을 해결하는 현명한 방책이라고 간주하였다. "이 인기 있는 나사렛 사람을 죽인다면 우리는 의심을 벗어 버리게 될 뿐 아니라 로마제국에 대한 우리의 충성심도 여지 없이 입증될 것이다. 예수를 처형한다면 그것은 우리가 로마에 저항할 의사가 없음을 보여줄 뿐만 아니라, 독립 국가를 세우려는 이 사람을 죽인다면 그것은 우리가 가이사의 충실한 신하로 남아 있으려는 우리의 의도를 분명하게 입증해 줄 것이다. 이와 같이 로마제국의 존엄성에 대한 우리의 방심치 않는 열심은 질투심 많은 로마 당국의 신임과 칭찬을 얻게 해줄 것이다!' 가야바는 자기 패거리의 이익을 위해 의와 진리를 희생해 버리는 무도한 정치가와 같이 발언했다. 그와 마찬가지로 공회도 그의 정책을 받아들임으로써 정치적인 신중을 기하려면 로마인들을 자극하는 것보다는 그의 충고를 받아들일 필요가 있다고 확신한 것이다.

그들이 염려했던 것은 바로 '**우리** 땅'이었다. 주께서는 정확하게 그 점을 예언하셨다. "농부들이 그를 보고 서로 의논하여 이르되 이는 상속자니 죽이고 그 유산을 **우리의 것으로** 만들자 하고"(눅 20:14). 그들의 마음이 바랐던 것은 하나님의 사랑보다는 가이사의 호의였다. "아브라함과는 달리 그들은 멜기세덱의 축복보다는 소돔의 왕이 제공하는 제물을 받아들였다. 그들은 하나님의 아들의 부활의 권능을 아는 것보다는 로마의 후원을 선택하였다"(Bellet). 이것은 우리가 편의주의보다 더 차원 높은 원칙을 따라야 한다는 엄숙한 경고이다.

"**이 말은 스스로 함이 아니요 그 해의 대제사장이므로 예수께서 그 민족을 위하시고 … 것을 미리 말함이러라**"(11:51). "사람의 마음에는 많은 계획이 있어도 오직 여호와의 뜻만이 완전히 서리라"(잠 19:21). 이 말씀이 예증된 것은 주목할 만하다. 가야바는 정치적인 편의주의에 따라 행동하였다. 즉 예수는 국가를 위한 희생제물이 되어야 한다는 것이다. 그는 자기가 한 말의 심오한 의미를 알지 못하였다. 즉 "한 사람이 백성을 위하여 죽어서 … 너희에게 유익하리라"한 말의 참 뜻을 알지 못하였다. 그는 하나님의 움직이심에 따라, 그가 저버린 분을 위하여 예언을 했다는 것을 깨닫지 못하였다. 우리는 이 구절과 그 다음 구절을 통하여 성령께서 대제사장의 이 말을 삽입적으로 설명하고 부연하신 것을 알 수 있다. 가야바는 그 사실을 전혀 의식하지 못하는 가운데 "예언한 것이다." 그리고 베드로후서 1:20, 21에서 우리는 그와 같은 말씀을 읽을 수 있다. "먼저 알 것은 성경의 모든 예언은 사사로이 풀 것이 아니니 예언은 언제든지 사람의 뜻으로 낸 것이 아니요." 바로 이 예는 구약의 발람의 경우와 같은 것이다. 발람도 또한 자기의 뜻과는 **반대로** "예언하였다."

이 주제는 실로 심오한 것이다. 그리고 모든 시대를 통하여 인간의 지혜로는 막힘 없이 다루어 낸 적이 없는 그런 주제이다. 그럼에도 불구하고 이 점에 대한 성경의 가르침은 대단히 분명하다. 즉 **모든 것**은 결국 하나님께로 귀속한다. 주 예수께서 사악한 자들에게 받으신 대우와 관련하여 이 해답보다 더 명백한 것은 아무 것도 없다. 공회의 (다른 것들 중에서도) 바로 이 결정에 관하여 우리는 사도행전 4:26-28을 통하여 다음과 같은 기록을 읽을 수 있다. "세상의 군왕들이 나서며 관리들이 함께 모여 주와 그의 그리스도를 대적하도다 하신 이로소이다 과연 헤롯과 본디오 빌라도는 이방인과 이스라엘 백성과 합세하여 하나님께서 기름 부으신 거룩한 종 예수를 거슬러 **하나님의 권능과 뜻대로 이루려고 예정하신 그것을** 행하려고 이 성에 모였나이다." 그리스도가 죽으셔야 한다는 것, 그것도 이스라엘 백성을 위하여 죽으셔야 한다는 것은 하나님의 영원한 경륜으로 정해져 있었다. 그리고 가야바가 그의 제안을 제출했을 때, 그는 그 명령이 실행되도록 이끈 사슬 중 한 개의 고리 역할을 한 데 지나지 않았다. 물론 이것은 **그의** 의도는 아니었다. **그의** 동기는 단지 악하였을 따름이다. 그리고 그 점에 있어서 그는 당연히 유죄이다. 우리가 여기에서 보고 있는 그림은 수세기 전에 이미 전조로 나타난 바 있는 일의 원형이다. 요셉의 형제들은 그들의 잔인한 계획으로 하나님의 목적을 패배시키고자 하였다. 그러나 하나님께서는 그들이 장차 그들의 어린 동생에게 경의를 표해야만 한다는 것을 밝혀 두셨었다. 그들이 그를 이스마엘 족속에게 넘겨주었을 때 그들의 의도는 다만 악했을 따름이었다. 그럼에도 불구하고 그들은 하나님의 목적이 실행되게 한 데 지나지 않았다. 이와 같이 가야바는 예수가 그 백성들을 위하여 죽어야 하리라고 예언함으로써 그리스도에 관한 하나님의 계획을 수포로 돌아가게 하고자 하였으나 실은 바로 그 계획을 성취시켰던 것이다. 요셉이 그의 형제들에게 다음과 같이 말했던 것처럼 그리스도께서 가야바에게 말씀하신 것은 참으로 당연한 것이었다. "**당신들은** 나를 **해하려** 하였으나 **하나님은** 그것을 **선으로** 바꾸사 오늘과 같이 많은 백성의 생명을 **구원하게** 하시려 하셨나니" (창 50:20).

"**이 말은 스스로 함이 아니요 그 해의 대제사장이므로 예수께서 그 민족을 위하시고 … 위하여 죽으실 것을 미리 말함이러라**" (11:51). 이것은 그리스도의 죽음의 **본질**을 이해하는 데 빛을 비춰 준다. 이 구절은 그 본성의 두 측면을 제시하고 있다. 인간

편에 관하여 고찰해 보면 그것은 정치적인 목적을 위한 잔인한 살인이었다. 즉 가야바와 대제사장들은 자기들의 특권을 위협하는 평판이 나쁜 폭동을 피하기 위해 그를 살해하였다. 빌라도는 그 제의를 거절할 때 자기의 인기가 떨어지게 될 것을 피하기 위해 그의 죽음에 동의하였다. 그러나 하나님 편으로 볼 때 그리스도의 죽음은 죄인들을 위해 대신하는 속죄였다. 인간의 분노를 하나님에 대한 찬양으로 만드시는 분은 바로 하나님이시다. "지금까지 세상에서 행해진 가장 큰 범죄는 이 세상에 주어진 가장 큰 축복이 되었다. 산호충이 물이 들어오는 것을 막아 주는 산호꽃을 맹목적으로 형성하는 것처럼, 또는 거칠지만 무기력하게 노도하는 파도가 육지를 삼켜 버리려 하지만 결국 그 파도를 막고 그 분노를 꺾는 방벽인 해안에 부딪치고 마는 것처럼, 인간의 죄는 하나님의 가장 숭고한 목적을 성취시킬 따름이다"(맥클라렌).

"**또 그 민족만 위할 뿐 아니라 흩어진 하나님의 자녀를 모아 하나가 되게 하기 위하여 죽으실 것을 미리 말함이러라**"(11:52). 앞 구절이 가야바의 말에 대한 성령님의 설명이었다면 이 구절은 그 부연이다. 즉, 51절은 그리스도의 죽으심의 **본성**에 관하여 알려 주고 있고, 52절은 그 죽음의 **권능**과 그 권능이 미치는 **범위**에 관해 말해 주고 있다. 그 위대한 희생은 되는 대로 하나님께 바쳐진 것이 아니다. 십자가에서 치러진 구속의 대가는 명확한 계획이 없이 바쳐진 것이 아니다. 그리스도께서는 구원을 **가능하게** 하기 위하여 죽으셨을 뿐만 아니라 구원을 **확실하게** 하기 위하여 죽으신 것이다. 속죄가 치러진 대상에 관하여 이보다 더 강조적이고 명백한 진술은 성경의 어디에도 없다. 그리스도께서 누구를 위하여 죽으셨는가 하는 문제에 관해 오늘날 기독교계에서는 슬프게도 아주 모호한 견해가 만연해 있는데(필자는 그것을 **비**성경적이라 생각한다), 그러한 견해는 실로 변명할 여지가 없는 것이다. 그리스도께서 전 인류를 위하여 죽으셨다고 말하는 것은, 분명한 성경 말씀을 정면으로 반대하는 것일 뿐 아니라 그리스도의 희생을 심히 모욕하는 것이다. 인류의 대다수가 **구원받지 못한 채** 죽는다. 그리스도께서 **그들을** 위하여 죽으셨다면, 그의 죽으심은 대규모로 무익한 것이 되어 버린 셈이다. 이것은 하나님의 모든 일 중 **가장 위대한 일이** 비교적 실패한 것이라는 뜻이다. 이 얼마나 끔찍한 결론인가! 하나님의 성품이 다 그러한 것이라니 있을 수 있는 일이겠는가! 인간은 자기들이 세운 전제가 그들을 이끌어 가는 대로, 멈추지 않고 조사해 나갈 것이다. 그러나 인간의 곡해로부터 돌이켜 **진리** 그 자체로 향하는 것이야말로 참으로 복된 일이다. 성경은 우리에게 그리스도께서 "자기 영혼의 수고한 것을 보고 **만족히 여기시리라**"고 알려 주신다. 어떤 궤변도 이 말씀이 절대적인 확신, 즉 그리스도께서 위하여 죽으신 자는 누구든지 틀림없이 구원되리라는 절대적인 확신을 제공하고 있다는 사실을 부인할 수 없을 것이다.

그리스도께서는 죄인들을 위하여 죽으셨다. 그러나 모든 것은 그 전제의 의미에 달려 있다. "그리스도께서 죄인들을 **위하여** 죽으셨다"는 것은 무슨 뜻인가? 그리스도께서는 하나님이 그리스도를 통하여 그에게 오는 죄인들을 의롭게 받아들이시는 것을 가능하게 하기 위하여 죽으셨다고 대답하는 것은 많은 소지니주의자들이 단언해 오고 있는 말일 뿐이다. 속죄에 대한 이 중대한 진리에 대하여 인간이 세운 정설을 시험하는 데는 이보다 명확한 무엇인가가 필요하다. 속죄의 구원에 이르는 효력은 그리스도의 죽음의 그 **대속적** 본질에 있다. 즉 그가 **어떤 사람들을** 대표한다는 데에, 그가 **그들의** 죄를 짊어지셨다는 데에, 그가 **그들을** 위해 저주로 삼아지셨다는 데에, 그가 그들을, 즉 그들의 영과 혼과 몸을 **사셨다는** 데에 있다. "온 세상이 그리스도를 믿는다면, 그리스도의 속죄에는 온 세상을 구원하기에 **족할** 정도의 충족성이 있다"고 말한다 해도 위의 진리를 회피할 수 없다. 성경은 항상 죄인의 구원이 어떤 **추상적인** '충족성'이 아니라 그 **대신하는 특성**에, 곧 그리스도의 죽음의 그 **대리적인** 특성에 속하는 것이라고 말한다. 그러므로 주 예수께서 구체적인 어떤 사람을 **위하여** 죽으신 것이 아니라면, 속죄는 그를 위해 어떤 의미로도 전혀 소용이 없을 것이다. "하나님이 **우리를** 세우심은 노하심에 이르게 하심이 아니요 오직 우리 주 예수 그리스도로 말미암아 구원을 받게 하심이라 **예수께서 우리를 위하여 죽으사** … "(살전 5:9, 10). "이 모든 인간을 위해 '족하다'는 말의 본질을 엄밀히 조사해 보면 다음과 같은 사실을 알 수 있다. 그것은 아르미니우스주의자들이 그들의 보편적 구속에 부여하는 특성인 **조건적** '충족성'일 뿐 그 이상은 아닐 듯하다. 그 조건이란 이런 것이다. 즉 온 세상이 그를 **믿기만** 한다면 그의 속죄는 온 세상을 위해 족하다는 것이다. 그러나 그 조건은 그렇게 쉽사리 이행되는 것이 아니다. 많은 신앙 고백자들은 그리스도를 믿는 것이 비교적 쉬운 일인 것처럼, 마치 죄인의 능력으로 가능한 일이라는 듯이 말한다. 그러나 성경이 가르쳐 주시는 바는 그와 전혀 다르다. 성경은 인간이란 본래 영적으로 사슬에 속박되어 있다고, 즉 어둠에, 감옥에 감금되어 있다고 표현하고 있다. 그렇다면 그들이 자랑하는 속죄의 '충족성'이란 어떤 특수한 상황 하에서는 전혀 효력이 없는 것이 된다. 그리고 그러한 속죄는 너무나 미약한 것이라서 잃어버린 바 된 죄인의 절망적인 상태를 충족시켜 줄 수가 없다"(Wm. Rushton).

성경은 구속의 충족성에 관하여 언급할 때마다 항상 구속의 **확실한 효력**에 그 충족성이 있다고 말한다. 그리스도의 속죄는 그것이 절대적으로 유효하기 때문에, 그리고 그것은 **위하여 바쳐진 모든 사람의** 구원을 가져오기 때문에 충족스러운 것이다. 그 충족성은 인간에게 구원의 **가능성을** 제공하는데 있는 것이 아니라 인간의 구원을 무적의 능력으로 **성취시키는** 데 있다. 그러므로 하나님의 말씀은 속죄의 충족성을 그 속죄의 계획보다 더 광범위하게 적용되는 것으로 표현하고 있지는 않다. 하나님의 구원은 우리가 일반적으로 기꺼이 받아들이고 있는 개념과는 아주 다르다! "또 **너로** 말할진대 네 언약의 피로 말미암아 내가 **네 갇힌 자들을** 물 없는 구덩이에서 놓았나니"(슥 9:11). 그리스도께서는 자신의 죽음으로 대속물을 치르고 죄의 노예들을 그의 것으로 삼으셨다. 그에게는 그가 위하여 그 대속물을 치르신 모든 사람들에 대한 **법적 권리가** 있으시다. 그러므로 하나님의 오른팔로 그들을 친히 낳으신 것이다.

그리스도께서는 **누구를 위하여** 죽으셨는가? "그가 끊어짐은 마땅히 형벌 받을 **내 백성**의 허물 때문이라"(사 53:8), "이름을 **예수라** 하라 **이는 그가 자기 백성을** 그들의 죄에서 구원할 자이심이라"(마 1:21), "인자가 온 것은 섬김을 받으려 함이 아니라 도리어 섬기려 하고 자기 목숨을 **많은 사람**의 대속물로 주려 함이니라"(마 20:28), "선한 목자는 **양들을 위하여** 목숨을 버리거니와"(요 10:11), "그리스도께서 **교회를** 사랑하시고 그 교회를 **위하여** 자신을 주심 같이 하라"(엡 5:25), "그가 우리를 대신하여 자신을 주심은 모든 불법에서 **우리를 속량하시고** 우리를 깨끗하게 하사 선한 일을 열심히 하는 **자기 백성**이 되게 하려 하심이라"(딛 2:14), "**백성**의 죄를 속량하려 하심이라"(히 2:17). 여기에 제시된 일곱 구절들은 우리의 질문에 대한 분명하고 단순한 답변이다. 이 증거들은, 별개로도 또한 전체적으로도, 그리스도의 죽음이 죄를 위한 추상적인 속죄가 아니라, 또는 하나님의 불법을 노여워하심에 대한 단순한 표현에 지나는 것이 아니라, 또 하나님의 공의의 막연한 만족을 위함이 아니라, 어떤 죄인들의 영원한 구속을 위하여 치러진 대속물이요, 또 **그들의** 개별적인 죄들을 위한 충분한 속죄라는 것을 명백하게 선포하고 있다. 구속의 영광은 하나님을 **달랠 수 있게** 하고 인간을 **용서받을 수** 있게 해주는 것이 아니라, 죄인들을 하나님과 화해시키고 그들의 죄들을 없애 주며 또 그들을 하나님의 지체로서 영원히 완성시켜 준다.

"**이 말은 … 예수께서 그 민족을 위하시고 … 죽으실 것을 미리 말함이러라**"(11:51). 그리스도의 죽음의 **본성**은 여기의 '위하여' 라는 말 속에 암시되어 있다. 그것은 다른 사람들을 **대신하는** 것이었다. 그리스도께서는 "**그** 민족"을 위하여 죽으셨다(벧전 2:9의 "거룩한 나라"와 비교). 여기에서 성경의 놀라운 정확성에 주목해야 한다. 가야바는 그리스도가 "**이** 민족"을 위하여(즉 유대 민족) 죽어야 한다고 말한 것이 아니라 "**그** 민족"을 위하여 죽어야 한다고 말했다. 이사야 54장의 도입부를 보면 분명히 알 수 있듯이 이사야 53장은 그 "거룩한 백성"에 대한 진술이다. 그리고 그 백성에 관하여 이렇게 기록되어 있다. "네 백성이 **다** 의롭게 되어 영원히 땅을 차지하리니 그들은 내가 심은 가지요 내가 손으로 만든 것으로서 나의 영광을 나타낼 것인즉"(사 60:21).

"**또 그 민족만 위할 뿐 아니라 흩어진 하나님의 자녀를 모아 하나가 되게 하기 위하여 죽으실 것을 미리 말함이러라**"(11:52). 여기에서 성령께서는 그리스도의 죽음의 **범위가 이방인** 중 하나님의 택하심을 받은 자들도 포함한다는 것을 알려 주고 계신다. 이 앞의 **예**에서 구주께서도 그것을 공표하셨다. "나는 [이] 양을 위하여 목숨을 버리노라 또 **이** 우리에 들지 아니한 **다른** 양들이 내게 있어 내가 인도하여야 할 터이니 그들도 내 음성을 듣고 **한** 무리가 되어 한 목자에게 있으리라"(요 10:15, 16). 그러므로 여기의 "다른 양들"이란 온 세상에 흩어져 있는 하나님의 택함받은 자들을 가리킨다. 여기에서는 그들을 "하나님의 자녀"라고 부르고 있다. 왜냐하면 그들은 하나님의 영원한 경륜 안에서 그의 자녀로 택해져 **있기** 때문이다. 그리스도께서 "다른 양들이 내게 **있어**"라고 말씀하신 것처럼, 또 하나님께서 사도 바울에게 "이 성중에 내 백성이 **많음**이라"(행 18:10)고 말씀하신 것처럼, 여기의 이들은 그리스도께서 죽으셨을 당시에는 비록 "흩어져 있었을"지라도 하나님의 마음속에서 이미 그 **자녀들이었던** 것이다. 요한복음 11:51, 52과 요한일서 2:2 사이에는 매우 주목할 만한 일치점이 있다. 전자는 후자를 설명해 준다. 그것들 사이에는 세 가지 유사점이 있는데 그 점에 신중하게 주목해 보라. 그리스도께서는 명확한 목적을 고려하시며 죽으셨다. 그리고 아버지께서는 그의 아들을 죽음에로 내놓으셨을 때 분명한 목적이 있으셨다. 전자의 목적과 후자의 목적은 다같이 '이스라엘'로 하여금 구속되게 하려 함이며, 흩어져 있는 "하나님의 자녀"를 모아 하나가 되게 하려 함이다[여기에서 "한 몸"이 **아닌** 점에 주목하라. 왜냐하면 요한의 기록에서는 (육체적인 유형의) 교회를 전혀 고려하고 있지 않기 때문이다. 여기에서 하나란 **한** 가족을 뜻한다]. 그리스도께서 무익하게 죽으신 것이 아님이 장차 완전하게 입증될 것이다. 우리의 대제사장의 기도는 완전하게 응답될 것이다. "내가 비옵는 것은 이 사람들만 위함이 아니요 또 그들의 말로 말미암아 나를 믿는 사람들도 위함이니 그들도 **하나가** 되게 하려 함이니이다"(요 17:20, 22). 그때 그는 "자기 영혼의 수고한 것을 보고 **만족하게** 여길 것이라"(사 53:11)

"**이 날부터는 그들이 예수를 죽이려고 모의하니라**"(11:53). 이것은 이제까지 진행되어 온 모든 일의 가공할 절정이다! 필자는 유대인들의 완고한 사악함을 거듭 지적해 왔다. 그의 백성들은 그를 '받아들이지' 아니하였을 뿐만 아니라 그를 저버리기까지 하였다. 사람들은 그를 무시하고 거부하였을 뿐만 아니라 그의 피 보기를 갈망하였다. 그 민족의 종교적인 우두머리인 대제사장은 그의 죽음에 동의하였고, 공회는 그의 동의를 통과시켜 비준(批准)하였다. 이제는 그들의 가공할 결정을 실제로 집행하는 일만 남아 있을 뿐이었다. 이제 그들이 숙고해야 할 유일한 문제는 백성들의 폭동을 야기시키지 않고 어떻게 그의 죽음을 성취시킬 수 있겠느냐 하는 것이었다. 의심할 여지 없이 그들은 나사로의 부활로 인하여 주의 제자들이 상당히 증가하게 되었다고 판단하고 있었다. 그러므로 그들은 그들의 살해 계획을 실행하는데 신중을 기하는 것이 현명하다고 생각하였다.

"**그러므로 예수께서 다시 유대인 가운데 드러나게 다니지 아니하시고**"(11:54). 성령께서는 요란한 표현을 전혀 쓰지 아니하시고 아주 조용하게 주목할 만한 사항을 성경에 소개하고 계신다! "그러므로"라는 말 속에는 아주 많은 의미가 내포되어 있다. 이것은 하나님께서 우리로 하여금 그의 비할 바 없는 말씀을 일점일획이라도 놓치지 않고 **숙고하게** 하신다는 것을 보여준다. 여기에서 "그러므로"라는 말의 참 뜻은 이런 것이다. 즉 주 예수께서는 공회가 내린 결정을 **알고 계셨다**. 그는 그들이 그를 죽이기로 정했다는 것을 **알고 계셨다**. 이것은 이 복음서 전반에 걸쳐 산포되어 있는 그의 신성에 대한 눈에 띄지 아니하는 증거들 중의 하나이다. 그것은 그의 전지하심을 입증해 주고 있다. 성령께서는 **그가** 공회에서 발생한 일을 알고 계셨음을 우리에게 나타내어 주신다. 그리고 이제 그리스도께서는 **그도** 또한 그것을 알고 계셨음을 여기에서 그의 행동으로써 보여주신다. 필자는 '다시 … 아니하시다'에 해당하는 말이 '아직 … 아니하신다' 또는 '현재로서는 다시 … 아니하시다'라는 의미라는 것과, '드러나게'라는 말은 '공공연하게'라는 의미임을 덧붙여 설명하는 바이다.

"**그러므로 예수께서 다시 유대인 가운데 드러나게 다니지 아니하시고 거기를 떠나 빈 들 가까운 곳인 에브라임이라는 동네에 가서 제자들과 함께 거기 머무르시니라**"(11:54). 그의 '때'가 가까이 왔지만 그러나 아직 오지는 아니하였다. 그러므로 그리스도께서는 전혀 알려지지 않은 장소로 물러가셔서 거기에서 그의 제자들과 조용히 친교를 나누신다. "이 앞에 나온, 그가 물러가신 모든 예가 그렇듯이 여기의 이 장소도 의미심장하다. 에브라임은 '열매가 없음'을 뜻한다. 그것은 배교한 지파들에게 주어진 이름이다. 그리고 선지자들은 그들이 반역하고 파멸해 있을 때조차도 하나님의 마음속에는 그들에 관한 생각이 있으셨음을 **예언하였다**. 하나님의 자비를 능가할 것이 과연 어디 있겠는가? 또한 인간의 부패성과 완고함만이 그 자비를 거슬러 행동하며, 그리고 그 자비의 부요하심과 놀라우심을 입기에 적합한 원인과 이유가 되는 것이 아니겠는가! 그 자비로 하나님에 의해 족함을 입은 자들은 자비의 영광 안에 거하시는 그를 뵈올 수 있으며, 그들의 모든 슬픈 실패를 통하여 그 자비를 알게 되었을 때 그들은 자비의 영광 안에 거하시는 그를 알 수 있다. 이와 같이 요한복음 10장은 교회가 하나님의 아들에게로 모아져야 함을 기록하고 있는 바, 그들은 (예상된) 이스라엘 백성인 것이다. 그러나 그는 이 일을 위하여 죽으셔야만 한다"(Malachi Taylor).

"유대인의 유월절이 가까우매 많은 사람이 자기를 성결하게 하기 위하여 유월절 전에 시골에서 예루살렘으로 올라갔더니"(11:55). 여기에서는 인간의 종교적인 태도를 알 수 있다. 그들은 의식적(儀式的)인 정결에는 엄밀하지만 내적인 정결을 갖추는 마음은 전혀 없다. 의식에 아주 신중하게 주의를 기울이던 바로 그 자들이 며칠이 지나면 무죄한 피를 흘리게 하고자 할 것이다! 이것은 인간의 본성을 명백하게 보여주는 논평이다! 모세의 율법에 따르면 의식적(儀式的)으로 부정한 이스라엘 백성은 정기에 유월절을 지킬 수 없다. 그리고 그들은 한 달이 지난 후에 유월절을 지키도록 되어 있다(민 9:10, 11). 많은 유대인들이 유월절 **전**에 예루살렘에 올라와 자기를 '성결하게' 하는 것은 바로 이러한 지연을 피하고 정기인 니산달, 곧 정월에 유월절을 지킬 자격을 갖추기 위함이다.

"그들이 예수를 찾으며 성전에 서서 서로 말하되 너희 생각에는 어떠하냐 그가 명절에 오지 아니하겠느냐 하니"(11:56). 팔레스타인 각처에서 예루살렘으로 올라온 사람들이 제기한 이 질문에서 우리는 두 가지 사실을 알 수 있다. 이전의 2년 동안 그리스도께서는 해마다 명절에 예루살렘으로 **올라오셨었다**. 우리는 요한복음 2:13에서 다음의 기록을 읽을 수 있다. "유대인의 유월절이 가까운지라 **예수께서** 예루살렘으로 **올라가셨더니**." 주께서 아버지 집의 영광을 위한 변호자로서 자기 자신을 나타내신 것은 바로 이 때였으며 그것을 목격한 자들이 깊은 인상을 받았던 것도 바로 이 때였다. 1년 후 같은 명절기간 중에 그는 산에서 배고픈 군중을 먹이셨다. 이것은 사람들을 크게 흥분시켰고, 그래서 그들은 강제로 그를 임금 삼고자 했었다(요 6:14, 15). 그러나 이제 그 민족의 지도자들은 그에게 몹시 성을 내고 있다. 그들은 예수를 죽여야 한다고 결정했으며 이제 그들의 결정은 공공연히 알려졌다. 그러므로 자기가 메시야일 뿐 아니라 하나님의 아들이라고 주장하는 이 이적을 행하는 자가 위험지대에 올 것인지, 아니면 자기를 나타내기를 두려워할 것인지 하는 문제야말로 예루살렘에 모인 유대 군중의 유일한 화젯거리였다.

"이는 대제사장들과 바리새인들이 누구든지 예수 있는 곳을 알거든 신고하여 잡게 하라 명령하였음이러라"(11:57). 우리는 공회의 칙령 배후에 여자의 씨에 대항하는 뱀의 증오를 발견할 수 있다. 이 구절은 이 11장의 절정인 바, 나사로를 살렸을 때 입증된 하나님의 증거에 대한 완전한 효과를 보여주고 있다. 하나님의 아들의 부활의 권능은 죽음의 능력을 가진 자의 증오를 일으켰다. 그리스도께서는 다른 경우들에서 죽은 자들을 살리신 사실이 있다. 그러나 여기에서의 그는 다름 아닌 예루살렘 근처에서 그 위대한 능력을 공공연하게 드러내신 것이다. 그리고 **이것은** 사탄과 그의 세상적인 수단을 향한 공개적인 모욕이 되었다. 주 예수의 영광이 너무나도 밝히 빛나고 있기 때문에 그것은 "이 세상 임금"의 지배를 심각하게 위협하였다. 그리고 결과적으로 사탄은 종교계를 움직여, 예수는 죽어야 한다고 결정하게 한 그 결의를 더 이상 감추지 않게 되었다. 그러나 마귀의 바로 그 증오는 하나님께서 그의 영원하신 목적을 성취하시기 위해 조정하신 대로 사용된 것임을 알아야 하는 바 그것은 참으로 복된 일이다!

독자들은 요한복음 12:1-11에 관한 고찰에서 다음 질문에 신중한 주의를 기울이기 바란다.

1. "잔치"는 누구의 집에서 열렸는가?(2절)
2. 2, 3절은 영원한 나라에 관하여 무엇을 암시해 주는가?
3. 마리아가 그녀의 "머리털"로 그리스도의 발을 닦은 것은 무엇을 암시하는가?(3절)
4. 3절의 종결구는 어떠한 영적 진리를 제시하는가?
5. 마리아와 유다 사이에는 얼마나 많은 대조점이 있는가?
6. "그를 가만 두라"는 말씀은 어떤 복된 진리를 제시하고 있는가?(7절)
7. "대제사장들"은 어째서 나사로를 없애려고 그토록 열망하였는가?(10절)

제41장

베다니에서 그리스도께 향유를 부음

¹유월절 엿새 전에 예수께서 베다니에 이르시니 이 곳은 예수께서 죽은 자 가운데서 살리신 나사로가 있는 곳이라 ²거기서 예수를 위하여 잔치할새 마르다는 일을 하고 나사로는 예수와 함께 앉은 자 중에 있더라 ³마리아는 지극히 비싼 향유 곧 순전한 나드 한 근을 가져다가 예수의 발에 붓고 자기 머리털로 그의 발을 닦으니 향유 냄새가 집에 가득하더라 ⁴제자 중 하나로서 예수를 잡아 줄 가룟 유다가 말하되 ⁵이 향유를 어찌하여 삼백 데나리온에 팔아 가난한 자들에게 주지 아니하였느냐 하니 ⁶이렇게 말함은 가난한 자들을 생각함이 아니요 그는 도둑이라 돈궤를 맡고 거기 넣는 것을 훔쳐 감이러라 ⁷예수께서 이르시되 그를 가만 두어 나의 장례할 날을 위하여 그것을 간직하게 하라 ⁸가난한 자들은 항상 너희와 함께 있거니와 나는 항상 있지 아니하리라 하시니라 ⁹유대인의 큰 무리가 예수께서 여기 계신 줄을 알고 오니 이는 예수만 보기 위함이 아니요 죽은 자 가운데서 살리신 나사로도 보려 함이러라 ¹⁰대제사장들이 나사로까지 죽이려고 모의하니 ¹¹나사로 때문에 많은 유대인이 가서 예수를 믿음이러라 (요 12:1-11)

여기에서 고찰하게 될 구절들을 아래와 같이 분석해 보자.

1. 베다니에 다시 가신 예수(1절)

2. 예수를 위한 잔치(2절)

3. 마리아의 사랑(3절)

4. 유다의 비난(4-6절)

5. 그리스도께서 마리아를 변호하심(7, 8절)
6. 호기심으로 모여든 군중(9절)
7. 대제사장들의 악의(10, 11절)

요한복음 12장에는 주님께서 죽으시기 전의 마지막 주간에 발생한 일이 기록되어 있다. 여기에는 대개 그의 공생애의 '결과'라고 일컬어지는 일들이 수록되어 있다. 3년 동안, 복되신 그의 인격의 변함없고 다양한 완전성이 공적으로, 그리고 사적으로 밝히 드러났다. 여기에서는 그에 대한 두 가지 사실을 강조하고 있다. 첫째는 그의 제자들의 그에 대한 인식이 좀 더 심화되었다는 것, 그리고 둘째는 그의 원수들의 불신이 더욱더 완고해졌다는 것이다. 전자의 사실을 예증해 주는 대단히 주목할 만한 세 가지 사건이 여기 12장에 기록되어 있다. 첫째로, 우리는 그리스도께서 그의 가장 친밀한 친구들의 사랑을 받으시면서 그들 가운데 계심을 본다. 그들은 변함없는 사랑으로 그를 영원히 기억하고 있었다. 둘째로, 비록 일시적인 것이었긴 하지만 우리는 그의 공생애가 대중들의 마음에 놀라운 영향을 끼친 것을 본다. 군중은 그를 '왕'이라 외치며 환호하였다. 셋째로 그가 끼친 영향을 유대교의 영역에만 국한되지 아니하고 좀 더 광범위하게 작용하였다는 암시를 찾아볼 수 있다. '헬라인들'이 그를 찾아와 "**우리가** 예수를 뵙고자 하나이다"라고 말한 것이 그것을 예증한다. 그러나 다른 한편으로 우리는 또한 여기 12장에서 원수들의 끔찍한 악의가 전개되는 것을 볼 수 있는데 그것은 예수께서 죽임을 당하시기까지 그치지 않고 계속되었다. 그리스도의 원수들의 증오는 그의 택함받은 사도들에게까지 깊숙이 침투하였다. 그들 중한 사람이 그의 인격을 전적으로 알아보지 못하고, 마리아가 그의 주님께 바친 사랑의 표시에 반대하여 공공연히 화를 냈는데 그것이 곧 증거이다. 그리고 이 12장의 첫부분 종결부에서 우리는 이런 말을 읽을 수 있다. "대제사장들이 나사로까지 죽이려고 모의하니." "이때에는 예수께서 사람들의 마음에 심으신 사랑이 성숙해 있었고, 또한 그의 종말이 그리 멀지 않았음의 전조인 원수들의 그를 멀리함도 극에 달해 있었다"(Dods).

요한복음 12장에는 대단히 주목할 만한 방식으로, 그리고 많은 세부사항에 있어서 서로 대조를 이루는 점이 아주 많다. 12장의 첫 장면은 참으로 복된 그림으로서 그 절묘함이 비길 데 없다. 여기에는 사랑하는 사람을 위하여 잔치를 준비하는 제자들의 사랑이 전개되어 있다. 자기 앞에 모신 주님을 위해 일하는 마르다, 완전히 평정을 되찾고서 자기를 다시 살려주신 분과 즐거이 친교를 나누며 앉아있는 나사로, 주님의 발치에 앉아 많은 것을 배웠던 마리아가 바로 그 발에 지극히 비싼 나드 향을 부음으로써 자기의 사랑을 마음껏 발로시키는 광경, 이는 참으로 형언할 수 없는 복된 그림이다! 그러나 바로 이 장면 위로 죽음의 그림자가 드리워져 있으니 이 또한 비길 데 없이 엄숙한 광경이 아닌가? 주님께서 친히 이렇게 말씀하신다. "그를 가만 두어 **나의 장례할** 날을 위하여 그것을 간직하게 하라." 그리고 곧이어 저 심금을 울리는 말씀을 토로하신다. "지금 내 마음이 괴로우니 …"(12:27). 그가 마리아와 함께 나사로의 무덤에 걸어가셨을 때도 그의 심중은 의심할 여지 없이 자신의 죽음을 여실히 헤아리고 계셨다. 우리가 요한복음 11장에서 보았던 것처럼 한때는 지극히 아름다웠던, 자신의 손으로 지으신 저 피조물들의 신음하며 괴로워하는 모습을 보고 그는 깊이 슬퍼하셨다. 이러한 황폐와 죽음을 초래한 것은 바로 죄였다. 그리고 그는 곧 '죄로 삼아지실' 것이었으며, 그 죄에 합당한 대가인 하나님의 진노를 고뇌의 무한한 심연 가운데서 견뎌 내셔야 했다. 그는 하나님의 영광을 위하여 자기 자신을 죽음에로 내던지려 하신다(12:27, 28). 왜냐하면 하나님의 영원한 경륜의 성취를 위한 토대는 오로지 십자가에만 놓여 있었기 때문이다.

그리스도는 줄곧 하나님의 즐거움의 대상이셨다. "그가 땅의 기초를 정하실 **때에** 내가 그 곁에 있어서 창조자가 되어 날마다 그의 기뻐하신 바가 되었으며 …"(잠 8:29, 30). 그의 공생애의 초기에도 그와 마찬가지였다. 그 때 아버지께서는 "이는 내 사랑하는 아들이요 내 기뻐하는 자라"(마 3:17)고 선포하셨다. 그러나 이제 그는 아버지께 기쁨을 위한 **새로운** 근거를 제공하려 하신다. "내가 내 목숨을 버리는 것은 그것을 내가 다시 얻기 위함이니 이로 말미암아 아버지께서 나를 사랑하시느니라"(요 10:17). 여기에 그의 영광의 심오한 특성이 있다. 그리고 아버지께서는 이 사실에 대한 적절한 증거를 마련해 두셨다. 그는 그의 은혜로 한 사람을 예비하시어 그리스도가 팔리시기 전날 밤 있었던 일을 어느 정도는 이해할 수 있게 해두셨다. 마리아의 미음은, 그가 그 일을 말씀으로써 표현하시기 전에(요 13:31) 그의 마음속 깊은 곳에 들어 있던 생각을 예감하고 있었다. 그녀는 그가 죽으실 것을 알았을 뿐만 아니라 그 죽음의 가치를 인식하고 있었다. 그리고 그의 몸에 향을 부음으로써 '그 장례'를 미리 준비한 것이야말로 그 사실을 지극히 적절하게 나타내고 있다.

요한복음 11장과 12장은 서로 중대한 관계가 있다. 11장에서 우리는 하나님의 택함받은 자들 중 한 사람이 상징적으로 사망에서 생명으로 옮겨간 예를 보았다. 여기에서는 우리가 거듭남으로서 어떠한 상태에 들어가게 될지를 알려 주고 있다. 나사로가 주 예수와 더불어 음식을 먹으며 앉아 있는 모습이 바로 그것이다. "이제는 전에 멀리 있던 너희가 그리스도 예수 안에서 그리스도의 피로 **가까워졌느니라**"(엡 2:13). 이것은 은혜의 신비이다. 구속으로 인하여서 죄인은 주님의 임재 앞으로 나가게 된다. 그것도 두려워 떠는 범죄자로서가 아니라 주님의 임재 안에 완전한 평안을 누리는 자로서, 기쁨에 넘치는 예배자로서 나가게 되는 것이다. 그리스도와 바로 '식탁'에 **앉아 있는** 나사로야말로 바로 이 사실을 예시하고 있다. 그러나 요한복음의 첫 장면은 그보다 훨씬 더 복된 무엇인가를 예상하게 한다.

요한복음 12장의 도입절을 통해 우리는 앞 장의 중심적 내용의 **결과**를 보게 된다. **여기 12장에서** 우리는 부활의 땅 위에 있다. 베다니에서의 이 행복한 모임은, 신자들을 기다리고 있는 것은 영광 안에 거하는 것임의 전조이다. 그것은 그리스도께서 부활이요 생명으로서 완전히 나타나신 후에 있게 될 일이다. 여기에서 우리는 우리의 영광을 얻은 상태와 장차 행할 활동에 대한 세 가지 측면을 알 수 있다. 첫째로, 그리스도와 함께 식탁에 앉아 있는 나사로 안에서 우리는 장차 우리의 있을 곳과 우리의 차지할 몫이 무엇인지 알 수 있다. 그리스도가 계신 곳에 있는 것, 그 곳이 곧 우리가 있게 될 장소이다. "**나** 있는 곳에 **너희**도 있게 하리라"(요 14:3). 그리스도께서 물려받으신 상급을 우리도 공유하는 것, 그것이 곧 우리가 받을 몫이다. 이것은 지극히 복되게도 여기에 이렇게 나타나 있다. "**예수**를 위하여 잔치할새 … 나사로는 **예수와 함께** 앉은 자 중에 있더라." 그것은 예수께서 이렇게 말씀하셨을 때 성취되었다. "**내게** 주신 영광을 내가 **그들에게** 주었사오니"(요 17:22). "마르다는 일을 보고." 다가올 영원한 세대에서 우리가 하게 될 일에 대해서는 성경이 거의 아무 것도 언급하고 있지 않지만 우리는 그것을 알 수 있다. "그의 종들이 그를 **섬기리라**"(계 22:3). 끝으로, 우리는 마리아의 봉헌을 통하여, 우리를 찾으시고 인도하셔서 그에게로 이끄셨던 그분께 장차 올 날에 바치게 될 아낌없는 예배의 전형을 볼 수 있다.

"**유월절 엿새 전에 예수께서 베다니에 이르시니 이 곳은 예수께서 죽은 자 가운데서 살리신 나사로가 있는 곳이라**"(12:1). 주석가들은 이 구절을 해석하는 데 줄곧 곤란을 느껴 왔다. 몇몇 사람은 이의를 제기하지만 그러나 모든 시대의 대다수의 주석가들은 마태(26장)와 마가(14장)가 요한복음 12장의 이것과 똑같은 사건을 기록하고 있다고 생각한다. 그러나 마태와 마가는 유월절 '**이틀**' 전에 발생했던 일을 간략히 언급하면서 베다니에서의 향유를 부은 이야기를 소개하고 있다. 그렇기 때문에 요한은 그 일이 유월절 '**엿새**' 전에 발생했다고 말한다(마 26:2; 막 14:1; 요 12:1 비교). 그러나 여기에는 분명히 해결하기 어려운 점이 있다. 몇몇 사람들은 그리스도의 생애의 마지막 주간 동안 베다니에서 두 여자가 각기 다르게 **두 번** 값비싼 향유를 그리스도에게 부었다고 생각하는데, 사실 그렇게 생각할 필요는 조금도 없다. 사건을 기록한 그 **순서**를 제외하고는 공관복음서 저자들이 기록한 것과 요한이 우리에게 들려주고 있는 내용 사이에는 서로 모순되는 점이 조금도 없다. 성령께서 각개의 이야기의 모든 **언어**마다 영감을 주셔서 그것들이 기록되었는데 어떻게 그런 일이 있을 수 있겠는가? 마태와 마가는 산헤드린 공회가 그리스도를 죽이기로 결정한 것을 먼저 이야기한 후 베다니에서 그에게 향유를 부은 이야기를 나중에 기록하고 있다. 마태는 유월절 '이틀' 전에 있은 공회의 결정을 먼저 기록하였다. 그리고 그 다음 내용을 기록할 때 그는 그의 특징적인 용어인 "그 후에"(Then)라는 말을 사용하지 않았다. 즉 "**그 후에** 예수께서 베다니에 계실 때에 … 향유를 … 부으니 …"라고 말한 것이 아니었다. 그 점은 특별히 신중하게 주목해야 할 사실이다. 또한 마가 역시 그가 평소에 사용하는 순서를 나타내는 말인 "그 후에"(immediately)라는 말을 사용하지 않았다. 즉 "**그 후에** 또는 **그 직후에** 향유를 부으니"라는 식으로 기록되어 있지 않다. 그렇다면 마태와 마가가 기술한 "향유를 부은" 이야기를 어떻게 설명해야 **시간적인 순서로** 볼 때 모순이 없을까?

필자는 다음과 같이 생각한다. 마태와 마가는 이스라엘 지도자들의 주 예수를 잡으려는 음모를 먼저 기록하고 그 후에 "향유를 부은" 이야기를 **회고식으로** 간략하게 기록하고 있다. 왜냐하면 베다니에서 발생한 일이 **그들에게** 그들의 악한 계획을 실행할 수 있는 **매개체를 제공했기** 때문이다. 대제사장들의 음모는 **유다**에 의하여 성공적으로 실행되었다. 그리고 유다가 배반 행위를 한 것은 마리아가 그녀의 사랑을 표현한 **직후**였다는 것을 알 수 있다. 유다는 마리아의 낭비를 비난하였다. 그리고 주님께서 그를 **책망하셨다.** 배반자가 대제사장들에게 가서 끔찍한 거래를 한 것은 바로 그 일 **직후**였다. 마태와 마가는 이 점을 매우 명확하게 서술하고 있다. 마태는, 예수께서 답변의 말씀을 하신 직후에 "**그 때에** 열둘 중의 하나인 가룟 유다라 하는 자가 대제사장들에게 가서 말하되"(마 26:14)라고 기록하고 있다. 마가는 그리스도의 책망과 배반자의 배반 행위 사이에 어떤 간격을 두지 않고 "또"(14:10)라는 말로 곧장 연결시키고 있다. 요한은 베다니에서의 '잔치'를 시간적인 순서대로 이야기하고 있고, 마태와 마가는 그 잔치**에서 야기된 사건**을 중심으로 기록하고 있다. 즉 그것은 그리스도의 비난이 유다의 마음에 사무쳤기 때문에 그로 하여금 대제사장들에게 즉시 가서 거래를 하게 만들었음을 보여준다. 그러나 각개의 이야기 사이에 존재하는 상위점을 어떻게 설명할 수 있을까? 필자는 거기에는 아무런 상위점도 없다고 생각하는 바이다. 다양성은 있으나 서로 모순되는 점은 없다. 전자는 후자를 보충해 주며 서로 모순되지 않는다. 요한은 공관복음서 저자들이 기록한 사건을 서술할 때 그에 앞서서 기록한 기자들이 상술한 상황과 세부 사항에 대해서는 거의 반복 기록하지 않았다. 그는 오히려 그들이 언급하지 않은 다른 특징들을 상술하고 있다. 그러한 사실은 많은 예에서 찾아 볼 수 있다. 마태와 마가는 향유를 부은 일이 나병환자 시몬의 집에서 발생했다고 기록한다. 그렇기 때문에 요한은 그 점에 대해서는 언급하지 않았다. 이것으로서 그에 대한 답변은 충분할 것이다. 시몬의 집에서 잔치가 열렸다는 사실은, 요한이 나사로가 "예수와 함께 [식탁에] 앉았다"고 기록한 이유를 설명해 준다. 즉 그 잔치가 나사로의 집에서 열렸더라면 그렇게 지적할 필요가 없었을 것이다. 그러므로 이렇듯이 복음서의 이야기들 사이에 감추어진 조화가 있다는 사실을 찬미하도록 하자.

"유월절 엿새 전에 예수께서 베다니에 이르시니"(12:1). 개역 성경은 좀 더 정확하게 표현하고 있다. "**그러므로** 예수께서 유월절 엿새 전에 베다니에 이르시니." 그러나 "그러므로"라는 말은 무엇을 뜻하는 것일까? 그리고 그 말은 어떤 문맥과 관련이 있는 것일까? 필자는 요한복음 11:51에 그 답이 내포되어 있다고 믿는다. 거기에서 가야바는 "예수가 그 민족을 위하여 죽으리라"고 예언하였었다. **그러므로** 예수께서 **유월절** 엿새 전에 베다니에 오신 것이다. 그는 자기 백성들을 **위하여 희생될** 참된 유월절 양이었다. **그러므로** 그는 베다니에 오신 것이다. 베다니는 예수께서 죽임을 당하실 예루살렘에서 걸어서 쉽게 당도할 수 있는 거리였다. 예수의 피를 지독히 탐욕스럽게 갈망하던 자들이 "민란이 날까 하노니 명절에는 하지 **말자**"고 말했던 점에 주목해야 한다(마 26:5; 막 14:2에서도 이것을 반복 지적하고 있다). 그러나 하나님의 계획을 방해할 수 있는 것은 아무 것도 없다. 그래서 바로 그 때에 어린 양은 죽임을 당했으며 참된 유월절 양도 희생되었다. 그러면 그는 어째서 "유월절 **엿새** 전"에 오셨을까? 아마도 하나님께서는 이 기간 중에 인간의 본연의 모습을 완전히 드러내고자 하신 것으로 생각된다.

"유월절 엿새 전에 예수께서 **베다니에 이르시니**." 베다니에서의 일은 주 예수를 사랑하는 모든 사람들의 마음에 깊은 감동을 주지 않을 수 없다. **그의** 피로써 산 백성들은 그의 복되신 이름과 관련이 있는 것은 무엇이든지 상세히 설명하는 것을 기쁘게 여긴다. 베다니를 그토록 매력적이게 만드는 것은 그가 그의 고된 행로 중에서 거기에 있는 적은 무리 가운데서 안식처를 찾으신 듯하기 때문이다. 사막 가운데 오아시스가 하나 있었다는 것, "그에게 대항하는 죄인들의 반대를 견디셔야 했던" 분께서 그의 원수들의 증오와 적대를 피해 물러나 머무실 수 있는 작은 장소가 있었음을 아는 것은 복된 일이다. 구세주께서 예루살렘으로 가는 그의 최후의 여정 중에 지금 당도해 계신 이곳은 저 광야에서의 '엘림'과 같은 곳이다(출 15:27).

"이 곳은 예수께서 죽은 자 가운데서 살리신 나사로가 있는 곳이라"(12:1). 이것은 다음에 있을 일의 도입부로서 지극히 복된 구절이다. 주 예수께서는 마리아의 봉헌을 "그의 **장례할** 날을 위하여 이를 두게 하라"고 말씀하셨다(12:7). 아버지께서는 그리스도께서 죽은 자 가운데서 살리신 나사로가 있는 베다니의 이 집에서, 그 때 향유를 바르도록 정하셨다. 그것은 **그 자신의** 부활의 능력을 입증한다!

"**거기서 예수를 위하여 잔치할새**"(12:2). 이 날 밤 잔치는 마르다의 집에서가 아니라 베다니에 살던 시몬의 집에서 개최되었다는 것을 우리는 다른 복음서 기록으로 알 수 있다. 그는 '나병환자'라 불리었는데(그것은 마태가 예수께서 그를 마태라 부르신 **후로** 계속하여 '세리'라고 불리는 것과 마찬가지이다) 그것은 아마 주님께서 그를 고쳐 주셨던 그 끔찍한 병을 기념하여 붙여진 이름일 것이다. 시몬은 아마 마르다와 마리아의 친척이든가 또는 아주 친한 친구였을 것이다. 왜냐하면 손위 누이인 마르다가 시몬의 손님들을 그녀의 손님인양 돌보며 잔치를 지휘하는 것을 볼 수 있기 때문이다. 우리는 헬라어 원전의 단어가 함축하고 있는 의미를 통해 이것을 알 수 있다. 가나의 혼인 잔치에서의 예수의 어머니의 행동과 비교해 보라(요 2장). 이 '잔치'가 나사로를 위해서가 아니라 **그리스도를 위하여** 마련되었다는 점에 주목하는 것은 복된 일이다!

"거기서 [그들이] 예수를 위하여 잔치할새." 복수 대명사가 사용된 점에 주목하라. 이 잔치가 '나병환자 시몬'의 집에서 개최되었다 할지라도 마르다와 마리아는 그것을 준비하는 데 있어서 결코 사소한 역할을 한 것이 아님에 분명하다. 전체 문맥과 관련지어 볼 때 우리는 이런 결론을 내릴 수 있다. 즉 여기서의 잔치는 나사로를 살리신 것에 대한 깊은 감사와 찬미를 표시하는 것으로서 마련된 것이었다. 그리스도께서는 그들의 행복을 함께 나누시기 위하여 거기에 계셨다. 앞 장에서 우리는 그가 우는 자들과 함께 우신 것을 보았다. 여기에서는 그가 기뻐하는 자들과 함께 기뻐하시는 것을 볼 수 있다! 그가 야이로의 딸을 살리셨을 때 그는 아이를 그녀의 부모에게 돌려주시고 물러가셨다. 나인에서 과부의 아들을 살리셨을 때도 그는 그 아들을 어머니에게 돌려주시고 물러가셨다. 그러면 어째서 그러셨을까? 기록을 통해 우리가 알 수 있는 한 그는 그들에게 **이방인**이었기 때문이다. 그러나 여기에서 그는 나사로를 살리신 후에 베다니로 **되돌아오셔서** 그들의 사랑 넘치는 환대를 받아들이셨다. **그들의** 기쁨을 보는 것, 그리고 죽음이 끊어 놓은 생명의 사슬을 회복시킴으로써 당연히 생기게 된 그들의 기쁨을 공유하는 것, 그것은 곧 **그의** 기쁨이었다. **그것이** 곧 그의 '보상'이었다. 즉 그의 백성들의 기쁨 속에서 기뻐하는 것, 그것이 곧 그가 받는 보상이었다. 또 다른 대조 사항에 주목하라. 그가 야이로의 딸을 살리셨을 때 그는 "**딸에게 먹을 것을 주라**"고 말씀하셨다. 그런데 여기서는 나사로를 살리신 후에 그들이 **그에게 먹을 것을** 드렸다!

"거기서 예수를 위하여 잔치할새." 이것은 요한복음 12장의 이 구절들 안에 무수히 담겨져 있는 대조점 중 하나를 제시하고 있다. 주 예수의 공생애의 최초의 시기에, 그가 그의 **첫** 공적 '표적'을 수행하시기 직전에, 우리는 그가 혼인 잔치에 초대되신 것을 볼 수 있다. 여기서는 그의 공생애의 최후의 시기에, 그가 그의 **최후의** 공적 '표적'을 수행하신 직후에, 그를 위해 잔치가 마련된 것을 볼 수 있다. 그 두드러진 대조점에 주목해 보라! 가나에서 그는 물을 생명의 기쁨을 상징하는 포도주로 변화시키셨다. 여기 베다니에서는 그의 장례를 위하여 그에게 향유가 부어진 것을 볼 수 있다!

"**마르다는 일을 하고**"(12:2). 이것은 지극히 복된 구절이다. 이것은 그녀의 사랑을 나타내는 특징적인 방법이다. 그 전의 예에서 주님께서는 그녀가 "일이 많아 분주한 것"을 부드럽게 나무라셨었다. 그녀는 많은 일을 맡아 걱정하며 고생하고 있었기 때문이다. 그러나 그녀는 섬기는 일을 전혀 그만두지 아니하였다. 그녀는 여전히 일하였다. 조금도 마음 씀을 소홀히 하지 아니하고 오히려 훨씬 더 빈틈없이 일하였다. 사랑은 비이기적인 것이다. 우리는 다른 사람이 괴로워하는데 우리 **자신의** 축복을 위해 잔치를 벌여서는 안 된다. 오히려 우리는 우리 주변에 있는 사람들을 향해 축복의 통로가 되어야만 한다(요 7:38, 39). 그러나 여기에서 마르다의 일이 **주님과** 관계가 있다는 점에 주목하라. "그들이 **예수를** 위하여 잔치할새 [**그래서**] 마르다는 일을 하고." 이것만이 참된 봉사이다. 우리는 다른 사람을 모방하려 해서는 안 된다. 그리고 명성을 쌓기 위하여 열심히 일해서는 더더욱 안 된다. 우리는 그리스도를 향하여 그리고 그리스도를 위하여 일해야만 한다. "항상 주의 일에 더욱 힘쓰라"(고전 15:58).

"마르다는 일을 하고." 그녀는 이 앞의 예에서처럼 그리스도의 임재하심 안에서 **벗어나지** 아니한다. 누가복음 10:40에서의 그녀는 "일만 했던" 점에 주목하라. "여기에서, '일' 하는 마르다에게서 우리는 그녀가 더 이상 '분주하지' 아니하고 용납될 수 있는 무엇인가를 행하고 있음을 발견한다. 그것은 부활이요 새 생명의 기쁨 안에서 행해진 일로서, 그것을 주신 그분께 드리는 것이었다. 우리가 그에게서 모든 것을 **받았을** 때 드리는 봉사야말로 참된 의미의 봉사이며, 그에게서 받은 것에 대한 기쁨으로 기꺼이 그를 섬길 때의 봉사가 바로 참된 봉사이다"(Malachi Taylor).

"나사로는 예수와 함께 앉은 자 중에 있더라"(12:2). 이것은 참된 그리스도인이 취할 **자세**를 예증해 준다. 나사로는 죽었었다. 그러나 이제 죽은 자 가운데서 살아났다. 그리고 그는 구세주의 동료들 가운데 **앉아** 있다. 그 자세 면으로 볼 때 신자의 경우에도 그와 마찬가지이다. "허물로 죽은 우리를 그리스도와 함께 살리셨고 … 또 함께 일으키사 그리스도 예수 안에서 함께 하늘에 **앉히시니**"(엡 2:5, 6). 우리는 "빛 가운데서 성도의 기업의 부분을 얻기에 합당하게" 되었다(골 1:12). 그것이 곧 우리가 하나님 앞에서 차지하게 될 완전한 신분이다. 그리고 그것을 믿음으로 붙잡을 때까지 마음의 평화란 있을 수 없다. "나사로는 예수와 함께 앉은 자 중에 있더라." 이것은 우리가 부활했을 때의 상태에 대하여 희미하기는 하지만 좀 더 신비성 있는 암시를 제공해 준다. 오늘날과 같은 합리주의 시대에 있어서 우리는 이 주제에 관한 한 지극히 희미한 모습이라 할지라도 그것을 귀중하게 받아들여야만 한다. 많은 사람들은 그리스도인들이 영원의 세계에서 육체가 없는 영에 지나지 않으리라고 상상하는 듯하다. 그리고 그것을 뒷받침해 주는 많은 사실을 제시한다. 즉 성경에 "혈과 육은 하나님의 나라를 받지 못하리라"고 기록되어 있다는 것, 또는 '영적인 몸'이라는 표현은 환영(幻影)에 지나지 않는 무엇이라는 것, 이것이 그들의 주장이다. 의심할 여지 없이 성경은 그 주제에 관하여 아무 말도 기록하고 있지 **않다**. 그러나 우리가 장래에 취할 몸의 본질에 대하여 성경에 적잖이 계시되어 있다. 성도의 몸은 부활하신 그리스도의 영광의 몸의 "형체와 같이" 변하게 될 것이다(빌 3:21). 그러므로 그것은 육체가 **없는** 몸이 아니라 **영광의** 몸일 것이다. 그리스도께서 죽은 자 가운데서 살아나신 후에 그의 몸에는 피가 없었다. 그러나 그는 "살과 **뼈**"를 갖고 계셨다(눅 24:39). 우리의 몸이 현재와 같은 한계에 지배당하지 않으리라는 것은 사실이다. 그것들은 연약함에 뿌리를 두지 아니하고 **"능력**으로 다시 살게"될 것이다. 필자는 "영광의 몸"이란 (부분적으로는) 영에 **의하여 통제되는** 몸을 뜻한다고 생각한다. 영은 우리 존재의 가장 숭고한 부분이다. 우리는 각자 영광의 몸을 입고 **먹을** 것이다. 야이로의 딸은 생명을 회복한 후에 음식을 필요로 하였다. 여기에서 우리는 나사로가 식탁에 앉아 있는 것을 본다. 주 예수께서는 죽은 자 가운데서 다시 사신 후에 음식을 드셨다.

"나사로는 예수와 함께 앉은 자 중에 있더라." "그것은 행복한 모임이었음에 틀림없다. 왜냐하면 이 앞에서 주님이 시몬을 낫게 하셨으므로 그의 마음이 자비를 베풀어 주신 데 대하여 기쁨으로 충만하였을 것이 틀림없기 때문이다. 그리고 나사로 또한 죽은 자 가운데서 다시 살아났으니, 주님의 권능과 선하심이 나타난 이 두 사건이야말로 그 모임이 행복하였으리라는 증거가 아니고 무엇이겠는가? 하나님만이 나병환자를 낫게 하실 수 있다. 하나님만이 죽은 자를 살리실 수 있다. 나병환자가 치유되었고, 죽었던 자가 살아났다. 그리고 나병환자를 고치시고 죽은 자를 살리신 하나님의 아들께서 또한 여기 식탁에 앉아 계신다. 그러한 상황이었으니 마땅히 잔치가 열렸어야만 했다는 것을 필자는 주저하지 않고 말할 수 있다"(C. E. Stuart).

"마리아는 지극히 비싼 향유 곧 순전한 나드 한 근을 가져다가 예수의 발에 붓고" (12:3). 마리아는 예수께서 하시는 은혜로운 말씀을 종종 들었다. 영광의 주님께서 베다니의 그들이 베푸는 초라한 식사를 드시며 앉아 계셨다. 그리고 그녀는 그의 발치에 앉아 가르침을 들었다. 그는 그녀가 가장 큰 슬픔에 빠져 있을 때 그녀와 함께 우셨다. 그리고 그는 그들에게 사랑이 넘치는 친절과 온유한 자비를 베푸셔서 그녀의 오빠를 죽은 자 가운데서 구해 주셨다. 그러므로 그렇게 그녀를 사랑해 주신 그분께 어떻게 사랑의 표시를 나타내지 않을 수 있었겠는가? 그녀는 값비싼 향유가 든 옥합을 보관해 왔다. 그것은 그녀 자신을 위해 사용하기에는 너무 값비싼 것이었으나 주님을 위해 사용하기에는 오히려 비싼 것이 아니었다. 그녀는 그것을 가져다가 깨뜨려 그녀의 깊은 사랑의 증거로서, 그녀의 형언할 수 없는 사모의 증거로서, 그녀의 경건한 헌신의 증거로서 주님에게 부어 드렸다. 우리는 요한복음 12:5를 통해 그 향유의 값이 노동자의 **일 년 간의 임금**과 맞먹는다는 사실을 알 수 있다(마 20:2)! 그리고 마리아의 이 봉헌은 갑작스런 충동에서 야기된 것이 아닌 점에 신중히 주목해야 한다. 그것은 "그의 장례할 날을 위하여 그녀가 **간직해 두었던**"것이었다 (12:7). 그 말은 요한복음 17:12, 15에서처럼 "성실하게 보전하다"는 의미이다!

"마리아는 지극히 비싼 향유 곧 순전한 나드 한 근을 가져다가 예수의 발에 붓고." 마리아의 행동은 이 기쁜 장면의 중심적인 위치를 차지하고 있다. 그 향유는 "지극히 비싼" 것이었다. 그러나 제아무리 비싸더라도 하나님의 아들을 위해 아낌없이 사용되는 것을 어찌 막을 수 있었겠는가! 마리아는 여기에서 자신의 사랑을 표현했을 뿐만 아니라 그리스도의 이루 다 헤아릴 수 없는 가치를 증거한 것이다. 그녀는 그에게 행해지려는 것과 그에 의하여 행해지려는 것을 이해하였다. 즉 그 여자는 그의 장례를 위하여 향유를 부은 것이다. 그는 사람들에게 거부당하셨다. 그리고 그들은 지극히 굴욕스러운 죽음으로 그를 죽이려 하고 있었다. 그러나 원수의 손이 그를 손대기 전에 먼저 사랑의 손이 그에게 향유를 부어 드렸던 것이다! 이와 같이 여기에는 또 하나의 주목할 만하고 아름다운 대조가 제시된다.

"마리아는 지극히 비싼 향유 곧 순전한 나드 한 근을 가져다가 예수의 발에 붓고." 마가는 마리아가 구세주께서 향유를 붓기 전에 '옥합을 깨뜨렸다'고 말하고 있다. 이것은 상징적으로 그의 육체가 파괴되는 것을 의미한다. 그리고 성찬식에서 떡을 떼는 것은 그것에 대한 영구적인 기념이다. 마태와 마가는 마리아가 그리스도의 **머리**에 향유를 부었다고 말한다. 이것은 모순되는 사실이 아니다. 분명히 마리아는 그의 머리와 발 **둘 다**에 향유를 부은 것이다. 그러나 지극히 적절하게도 요한은 후자에만 우리의 주의를 기울이게 하였다. 왜냐하면 이 제자(마리아)는 하나님의 아들로서의 그분 앞에서 먼지와 같은 비천한 신분을 취하는 것이 합당한 일이었기 때문이다.

"자기 머리털로 그의 발을 닦으니"(12:3). 성령께서는 그리스도에 대한 사랑으로, 그리고 그리스도의 영광을 위해 행한 일을 기록함을 참으로 기뻐하신다! 성령께서는 마리아의 봉헌에 관련된 지극히 많은 일을 우리를 위해 간직해 두셨다. 그는 우리에게 그 향유의 종류와 그것이 들어 있던 옥합과 그 무게, 그리고 그 가격에 관해 말씀해 주셨다. 그리고 이제 그는 지극히 복되게도 마리아가 그리스도의 영광을 인식하고 있음을 나타내는 어떤 사실을 알려 주신다. **그녀는** 그리스도에게 어떤 것이 합당한지를 인식하였다. 그래서 그에게 향유를 부은 후에 그녀는 자기의 "머리털"로, 곧 **그녀의** "영광"으로(고전 11:15) 그의 발을 닦은 것이다! 그녀의 말 없는 행동은 무한히 귀중한 분이신 그리스도의 이름이 전파된 곳에 동시에 전파되었다. 유다의 **배반**이 있기 전에 그리스도께서는 마리아의 **사랑**의 증거를 받으셨다. 곧 배반당하시게 될 분에게 지극히 깊은 사랑의 헌신으로 인치신 분은 바로 아버지이셨다.

"향유 냄새가 집에 가득하더라"(12:3). 이것은 공관복음에는 기록되지 않고 요한복음에만 기록된 지극히 중대한 사실이다. 마태와 마가는 그리스도께서의 "천하에 어디서든지 복음이 전파되는 곳에는 이 여자가 행한 일도 말하여 그를 기억하리라" (막 14:9)고 하신 명령을 기록하고 있다. 그런데 요한은 그것을 생략하였다. 그 대신 그는 "향유 냄새가 집에 가득 하더라"고 기록하고 있다. 다른 복음서에는 '기념'이 라는 말이 나타나 있다. 그러나 여기에서는 그리스도의 인격의 향기가 "그 **집**"에 가득 찼다고 말하고 있다. 여기에는 많은 것이 함축되어 있다. 향유가 부어진 그리스도 의 인격의 감미로운 향기가 단순히 '방'이 아니라 '집'에 가득 차 있었다. 조만간 모든 사람이 주님에게 행해진 일이 무엇인지를 알게 될 것이다. 우리는 땅에 있는 집에 서 바쳤던 향기로운 그것이 무엇이었는지를 하늘의 집에서 알게 될 것이다. 그리고 위에 있는 천사들도 아래에 있는 우리가 지금 그리스도께 표한 것이 무엇인지를 알 지 못한다!(고전 11:10 등 참고)

"거기에는 스승 중의 스승이 계셨었다. 그러나 마리아는 그 때 그에게서 설교를 들 으러 온 것이 아니었다. 그의 발치에 앉아 그의 말씀을 듣는 것, 적절한 시기에 그렇 게 하는 것은 지극히 복된 일이다. 하지만 그것은 지금의 그녀가 하려는 일이 아니었 다. 그녀는 그에게 그녀의 요청을 알려 드리러 온 것이 아니었다. 그녀가 그의 뜻에 지극한 충심으로 순종하면서 그의 발 앞에 엎드려 '주께서 여기 계셨다면 내 오라비 가 죽지 아니하였겠나이다'라고 말씀드렸던 때가 있었다. 그러나 지금 그녀가 생각 하고 있는 것은 그녀의 유일한 근원이신 그분께 그녀의 간청을 토로하는 것이 아니 었다. 왜냐하면 그녀의 오빠가 식탁에 앉아 있었기 때문이다. 그녀는 소중한 성도들 이 거기에 있었을지라도 그들을 만나러 온 것이 아니었다. '예수께서는 마르다와 마 리아와 나사로를 사랑하셨다'라고 기록된 것으로 보아 알 수 있다. 그들과 친교를 나 누는 것은 물론 복된 일이었으며 또 그런 일은 종종 있었었다. 그러나 지금 그녀가 목적하는 바는 그 친교가 아니었다. 또한 그녀는 세상일과 일주일 간의 싸움을 하고 서 지치고 피로해져서 그에게 새 힘을 얻으러 온 것이 아니었다. 물론 그녀는 모든 성도들처럼 광야의 시험을 알고 있었음에 틀림없다. 그리고 그리스도 안에 새 힘을 주시는 복의 근원이 있음도 분명히 알고 있었다. 그러나 지금은 그것 때문에 온 것이 아니었다. 그녀는 세상이 그에게 가장 극심한 증오를 나타내고 있던 그 때에, 그녀가 오랫동안 소중히 간직해 온 것을, 그리고 그녀에게는 가장 값진 것이었고 이 지상에 서 그녀가 가진 것의 전부였던 그것을, 그녀의 마음을 포로로 만드신 그분께, 그리고 그녀의 사랑을 온통 차지하신 바로 그분께 부어 드리기 위하여 온 것이다. 그녀는 나병환자 시몬 따위는 염두에 두지도 않았다. 그녀는 그의 제자들인, 그녀의 육정에 따르는 오빠와 언니를 지나쳐 갔다. 그녀의 관심은 온통 주님께만 쏠려 있었다. '오직 예수' 만이 그녀의 영혼을 가득 채우고 있었다. 그녀의 눈은 오직 그만을 보고 있었다. 그녀는 오직 '모든 것 중의 모든 것' 인 그분을 위해 찬양과 존경, 숭배와 찬미만을 생각하고 있었던 것이다. 그리고 그러한 예배야말로 그에게 참으로 새 힘을 주는 것이었음이 분명하다" (Simple Testimony).

"**제자 중 하나로서 예수를 잡아 줄 가룻 유다가 말하되 이 향유를 어찌하여 삼백 데나리온에 팔아 가난한 자들에게 주지 아니하였느냐 하니**" (12:4, 5). 이 말은 마리아의 사랑에 넘치는 존경과 참으로 큰 대조를 이룬다! 그러나 그리스도를 위한 마음이 없는 자가 어떻게 그녀의 봉헌을 이해할 수 있었겠는가! 여기에는 두 사람 사이의 주목할 만한 일련의 대조점이 함축되어 있다. 그녀는 **삼백** 데나리온 어치나 되는 것을 아낌없이 **바쳤다.** 그 직후에 유다는 그리스도를 은 **삼십**에 **팔았다.** 그녀는 시몬의 집에 있었다. 유다는 "시몬의 아들" 이었다. 그녀는 "옥합" 을 가졌다(막 14:3). 그는 "돈궤" 를 가졌다(요 12:6). 그녀는 예배자였다. 그는 도둑이었다. 마리아는 모든 사람의 관심을 그리스도를 **향하게** 하였다. 유다는 모든 사람의 생각을 그리스도**에게로 부터** 유리시켜 "가난한 자들" 에게 돌리게 하였다. 바로 그 때 사탄은 유다의 마음을 부추기어 그리스도에게 **대적하는** 최악의 일을 행하게 하였다. 그와 반대로 성령께서는 맹렬하게 마리아의 마음을 감동시키셔서 그를 **위한** 그녀의 사랑을 발출하게 만드셨다. 마리아의 헌신은 복음을 받아들이는 모든 사람의 마음속에 간직되게 되었다. 그러나 유다는 그의 배반 행위로 인하여 '제 처소' 인 지옥으로 갔다!

이 요한복음서에서는 모든 일을 그 근원까지 조사해 볼 수 있다. 마태는 우리에게 이렇게 알려 준다. "제자들이 그것을[마리아의 사랑의 표시를] 보고 분개하여 이르되 무슨 의도로 이것을 허비하느냐" (마 26:8). 그러나 요한은 제자들의 마음속에 해독(害毒)을 불어넣은 자가 누구인지를 알려 주고 있다. **유다**가 곧 반항자였다. 그리고 그의 악한 본보기가 다른 사도들에게 영향을 끼쳤다. 이것은 악한 대화가 선한 행실을 더럽힌다는 것을 보여주는 엄숙한 본보기이다(고전 15:33)! 여기에서는 모든 것이 밝게 드러나 있다. 요한만이 주님께 향유를 부은 여자의 이름을 우리에게 알려 주었듯이 또한 그만이 마리아를 비난했던 자가 누구인지 밝히고 있다.

요한복음 12:3에서 우리는 어떤 신자도 능가해 본 적이 없는 믿음과 사랑을 목격할 수 있다. 그러나 장미 덤불 뒤에 뱀이 도사리고 있었다. 그것은 우리에게 시편 23:5을 상기시켜 준다. "주께서 내 원수의 **목전**에서 내게 **상**을 차려 주시고 **기름을** 내 머리에 **부으셨으니.**" 마리아가 예배 행위를 한 직후에 유다가 불평을 한 것은 대단히 의미심장하다. 그리스도에 대한 참된 평가는 항상 사탄에 속한 무리들의 증오를 동반한다. 그리스도께서 태어나셨을 때 동방박사로부터 경배를 받자마자 헤롯이 그를 죽이고자 하였었다. 아버지께서 그를 "사랑하는 아들"이라고 선포하신 직후에 마귀가 그를 사십 일간 공격하였다. 사도들은 붙잡혀서 감옥에 갇혀 있었다. 왜냐하면 이스라엘의 지도자들이 사도들의 "예수 안에 죽은 자의 부활이 있다고 백성을 가르치고 전함을" 싫어하였기 때문이었다(행 4:2). 그러므로 다가올 날에 많은 자들이 "**예수를** 증언함 때문에" 목 베임을 받을 것이다(계 20:4).

"**이 향유를 어찌하여 삼백 데나리온에 팔아 가난한 자들에게 주지 아니하였느냐하니**"(12:5). 이는 물질을 탐내는 자의 비난이었다. 그의 사고의 범위는 얼마나 보잘 것 없는 것이었는가! 그의 생각은 얼마나 야비한 것이었는가! 그는 그리스도께 아낌없이 쏟아 부은 그 값비싼 향유를 팔았어야 했다고 주장하였다. 그는 그것을 허비하였다고 생각하였다(막 14:4). 그가 '허비'라고 생각한 것은 극도로 야비하고 물질적인 태도였다. 사랑은 결코 '허비되는' 것이 아니다. 온유함은 결코 '허비되는' 것이 아니다. 희생은 결코 '허비되는' 것이 아니다. 사랑은 주님께 드리는 것을 아무 것도 아까워 하지 아니한다. 사랑은 가장 값비싼 나드 향마저도 **그의** 가치에 비해서는 보잘것없는 것이라고 평가하게 만든다. 사랑은 그에게 아무리 많이 주어도 오히려 부족하다고 느끼게 한다. 그리고 그리스도에 대한 사랑으로 무엇인가를 드리는 곳에서는 그의 백성들과 그의 종들을 위해 아무리 많은 것을 주어도 오히려 부족하다고 느끼게 된다. 이것은 빌립보서 4:18에 지극히 아름답게 표현되어 있다. "에바브로디도 편에 너희가 준 것을 받으므로 내가 풍족하니 이는 받으실 만한 **향기로운** 제물이요 하나님을 기쁘시게 한 것이라." 유다에게는 그리스도를 위한 사랑이 없었다. 그래서 그는 그리스도를 위해 행해진 일을 이해할 수가 없었다. 이것은 참으로 엄숙하다. 그는 구속하시는 분과 삼 년 동안 가장 친밀한 교제를 나누었었다. 그러나 그의 마음은 항상 돈에 대한 사랑에 지배당하고 있었다. 그리스도에 대한 냉담한 마음과 그의 대의에 대한 빈정댐은 항상 동반적인 관계가 있다. "사함을 받은 일이 적은 자는 적게 사랑하느니라"(눅 7:47). 오늘날에도 유다와 같은 정신을 가지고서 신앙고백을 하는 그리스도인들이 많이 있다. 그들은 주님을 향한 참된 열정과 열심을 이해할 수 없다. 그들은 그것을 지나친 열광주의라고 간주한다. 무엇보다 나쁜 것은 그러한 사람들이 가난한 사람들을 사랑한다고 가장하며 그리스도인에게 반대를 제기함으로써 자기들의 주님께 대한 인색함을 감추려 한다는 데 있다. "자선은 가정에서 시작된다"는 말은 똑같은 정신을 나타내고 있다. 사실은 가난한 사람들을 위하여 가장 많은 일을 행한 사람들이 그리스도의 대의를 뒷받침하는 데 가장 인색하지 않은 사람들이다. 그리고 그것은 모든 시대를 통하여 수없이 입증되어 왔다. 그리스도인들은 우리의 바람직한 행동을 이해하지 못하는 자들로부터 가혹한 비평을 듣는다 해서 선한 일을 하는 인내심 있는 마음에 동요를 받아서는 안 된다. 신앙고백자들이 그리스도**에게** 빚진 마음을 가지고 있지 않다면 우리는 그들이 그리스도를 **위하여** 어떤 일을 하리라고 기대해서는 안 된다.

"이 향유를 어찌하여 삼백 데나리온에 팔아 가난한 자들에게 주지 아니하였느냐 하니." 이것은 성경에 기록된 유다의 **최초의** 말이다. 그리고 이 말은 유다의 마음을 여실히 드러내고 있다! 그는 그의 비천한 탐욕을 자선이라는 가면 아래 숨기려 하였다. 그는 실제로는 물욕에 마음이 사로잡혀 있었으면서도 가난한 사람들의 친구인 양 처신하였다. 그것은 우리에게 그의 저 위선적인 '키스'를 상기시켜 준다. 그것은 그의 최후의 말과 엄숙한 대조를 이루고 있다. "내가 무죄한 피를 팔고 죄를 범하였도다"(마 27:4).

"이렇게 말함은 가난한 자들을 생각함이 아니요 그는 도둑이라 돈궤를 맡고 거기 넣는 것을 훔쳐 감이러라"(12:6). 가난한 사람들을 돌보는 것은 선한 일이다. 그러나 바로 그 때 하나님의 마음은 그의 아들의 인격과 그의 일에만 쏠려 있으셨다. 그것은 하나님께서 마리아를 감동시키시어 구세주 장례를 위하여 그에게 향유를 붓게 하신 것을 보아 분명하다. 그들에게는 가난한 사람들을 구제할 수 있는 기회가 항상 있었다. 그리고 그렇게 하는 것이 옳다. 그러나 바로 그때에 가난한 사람들을 주 예수와 비교시킨다는 것은 부적절한 처사이며, 또한 지극히 귀중하신 분을 망각한 행동이었다.

유다는 분명히 주님과 그의 제자들이 받은 물품을 관리하면서 사도의 무리들을 위해 출납원 구실을 했다(13:29; 눅 8:2, 3 참고). 그러나 성령께서는 그를 '도둑'이라고 알려 주신다. 필자는 이 말이 그가 "불의의 삯으로"(또는 "악한 행실의 삯으로") 샀던(행 1:18) '밭'(또는 '토지')이 '돈궤'에서 훔친 돈으로 구입한 것이었음을 가리킨다고 믿는다. 대개 이 '밭'은 유다가 그의 주님을 배반한 값으로 받은 은 삼십을 주고 산 '밭'이라고 생각한다. 그러나 **그** 돈은 그가 대제사장들과 장로들에게 **돌려주**

었다. 그리고 **그들이** 그 돈으로 "토기장이의 밭을 사서 나그네의 묘지를 삼았다"(마 27:3, 5, 7).

"**예수께서 이르시되 그를 가만 두어**"(12:7). 이것은 실로 복된 말씀이다! 그리스도 께서는 항상 그의 제자를 변호하신다. 그는 늑대로부터 자기의 양을 보호하시는 선 한 목자이시다. 유다는 마리아를 꾸짖었다. 그리고 다른 사도들도 그의 비평에 감염 되었다. 그러나 주님께서는 그녀의 선물을 승인하셨다. 아마 다른 손님들도 그녀의 행동을 오해했을 것이다. 그것은 허비인 것처럼, 그리고 궁핍한 자들에 대한 의무를 소홀히 하는 것처럼 보였을 것이다. 그러나 그리스도께서는 그녀의 동기를 알고 계 셨고, 그래서 그녀의 행동을 칭찬하셨다. 이와 같이 장차 올 날에 그는 그의 이름으 로 베푼 물 한 잔까지 상을 주실 것이다. "그를 가만 두어라." 이것은 하나님 앞에서 밤낮으로 형제들을 참소하는 저 원수의 공격을 격퇴하시는 우리의 변호자이신 그가 높은 데에서 하시는 일을 예시하는 것이 아니겠는가?(계 12:10)

"**나의 장례할 날을 위하여 그것을 간직하게 하라**"(12:7). 이것은 또 하나의 대조적 인 사항을 지적한다. 다른 여자들은 예수께서 죽으신 **後**에 "바르기 위하여 향품을 사 다 두었다"(막 16:1). 마리아는 "예수의 장례를 **위하여**" 그가 죽으시기 엿새 전에 향 유를 부었다(마 26:12). 그녀의 믿음은 그가 **곧** 죽으시리라는 사실을 확실히 알고 있 었다. 그러나 사도들은 이 사실을 믿지 아니하였다(눅 24:21). 그녀는 그의 발치에 앉 아 많은 것을 배웠다! 우리는 바로 이 점에서 우리의 부주의로 많은 것을 놓친다!

마태와 마가는 여기에서 적절하게도 요한이 생략한 다른 말을 덧붙여 기록하고 있 다. "내가 진실로 너희에게 이르노니 온 천하에 어디든지 복음이 전파되는 곳에는 이 여자가 행한 일도 말하여 그를 기억하리라 하시니라"(막 14:9). 그의 이름이 "쏟은 향기름 같은"(아 1:3) 분께서는 "왕이 침상에 앉았을 때에 나의 나도 기름이 향기를 뿜어냈구나"(아 1:12)라고 기록된 예언을 전혀 무의식적으로 성취시킨 그녀를 칭찬 하셨다. 그녀는 그에게 향유를 부음으로써 자기 자신을 향기롭게 한 것이다. 그녀의 사랑은, 그 위에 그녀의 이름과 행동이 새겨져 있는 대리석 조각이 되었다. 또 하나 의 대조 사항에 주목하라. 마리아는 그리스도를 순간적으로 향기롭게 해드렸다. 그 리스도께서는 그의 칭찬의 감미로운 향기 속에 그녀로 영원히 기억되도록 간직해 두 셨다. 이것은 그리스도께서 전심으로, 그의 이름으로, 또 그를 위하여 행한 일이라면 그것이 사소한 것일지라도 결코 그 행동을 잊지 아니하신다는 것을 입증한다!

"여기서는 우리가 주목해야 할 사항이 있다. 이 말은 유다의 탐욕이 단순한 탐욕에 지나지 않음을 밝혀 주는 것으로서 유다의 죄를 조금도 경감시켜 주지 못한다. 그러나 그의 비열한 충고가 아니었더라면 우리는 그녀의 사랑을 표시한 이 아낌없는 바침을 이해할 수 없었을 것이다. 우리는 유다의 반대 덕택에 마리아에 대한 칭찬을 듣게 되었을지도 모른다. 그리고 그의 악한 눈이 아니었더라면 우리는 그녀의 아낌없이 쏟은 손길에 담겨 있는 완전한 교훈을 배우지 못했을 것이다. 하나님께서는 분명히 인간의 분노로써 그에게 칭송을 삼으신다"(존 브라운).

"가난한 자들은 항상 너희와 함께 있거니와 나는 항상 있지 아니하리라 하시니라"(12:8). 헬라어 원전의 이 구절에서 우리는 사소하지만 매우 중대한 사항을 지적할 수 있는데, 그것은 성경에 세밀한 정확성을 부여해 준다. 앞 구절에서의 "**그를 가만 두라**"는 말에는 단수 대명사가 사용되었다. 그런데 여기에서는 "가난한 자들은 항상 **너희**와 함께 있거니와"라고 복수 대명사가 사용되었다. 그를 가만 두라는 말씀은 먼저 마리아를 책망했던 유다에 대한 그리스도의 꾸짖음이시다. 그런데 여기 8절에서는 주님께서 배반자의 말에 감염된 열한 사도에게 말씀하신 것이다. 이것은 이 사건을 기록한 복음의 이야기들이 서로 완전한 일치를 이루며 서로에게 보충적이라는 사실을 보여주고 있다. 성경의 **무언의 조화**를 찬양할지어다!

"가난한 자들은 항상 너희와 함께 있거니와 나는 항상 있지 아니하리라 하시니라"(12:8). 이 말씀에는 **우리의** 마음을 위한 매우 엄중한 메시지가 들어 있다. 마리아는 그의 고난에 **동참**하였다. 그리고 그렇게 할 수 있는 **기회**는 곧 지나가는 것이었다. 마리아가 그 때 그리스도의 귀중함을 증거하는 사랑을 표시할 기회를 붙잡지 않았더라면 그녀는 그 기회를 다시 얻지 못했을 것이다. 사람들이 그리스도를 악한의 십자가에 처형하는 것이 마땅하다고 생각했을 때에 마리아는 하나님 앞에서 그리스도의 죽음을 향기롭게 하였는데 그 증거는 참으로 시의적절한 것이었다. 그녀는 "그의 장례를 위하여" 미리 그에게 향유를 부으러 왔다. 그러나 그러한 기회는 곧 지나가 버리는 것이다! 그와 마찬가지로 우리는 오늘날 그리스도를 거부하는 이 세상에서 그를 증언하도록 특권을 부여받은 사람들이다. 또한 우리는 그의 **고난**에 **동참**하도록 허락받은 사람들이다. 그러나 이 기회는 우리에게서 곧 지나가 버릴 것이다! 그리스도께서 마리아에게 하신 이 말씀의 참된 의미는 바로 이것이다. "나는 너희와 항상 있지 아니하리라"는 말씀은 우리에게 적용된다. 우리는 곧 그의 **영광**에 동참하게 될 것이다. 우리가 더 깊은 열심을 바쳐 그의 무한하신 가치를 좀 더 충실히 증언하도록, 그리고 오늘날 그를 거부하는 이 세상에서 좀 더 완전하게 그의 고난에 함께 할 수 있도록 그의 사랑이 우리를 강권하시기를 기원한다.

"가난한 자들은 항상 너희와 함께 있거니와 나는 항상 있지 아니하리라 하시니라." 이 구절에 대한 고찰을 마치기 전에 지적해야 할 사항이 또 하나 있다. 우리 주님의 "나는 너희와 **항상 있지 아니하리라**"는 말씀은 로마교도들이 꾸며낸 화체설을 전적으로 무너뜨린다. 그리스도의 이 명백한 진술에 어떤 의미가 함축되어 있다면 그것은 다음과 같다. 즉 그것은 그가 성찬식에서 빵과 포도주의 형태로 '임재하신다'고 주장하는 교리를 절대적으로 반박하는 의미인 것이다. 구세주의 명백한 이 말씀과 신성모독적인 로마교도들의 교리는 서로 조화를 이룰 수 없다. 마찬가지로 "가난한 자들은 **항상** 너희와 있다"는 말은 사회주의의 이상이 쓸모없는 것임을 입증한다.

"유대인의 큰 무리가 예수께서 여기 계신 줄을 알고 오니 이는 예수만 보기 위함이 아니요 죽은 자 가운데서 살리신 나사로도 보려 함이러라"(12:9). "이 구절은 인간의 본성을 여실히 드러내 준다. 호기심은 인간성 속에 들어 있는 가장 흔히 볼 수 있는 강력한 동기들 중 하나이다. 세상을 놀라게 하고 일상적이 아닌 어떤 일을 보는 것을 좋아하는 마음은 거의 보편적인 감정이다. 사람들은 이적의 대상과 그 이적을 행하신 분을 동시에 볼 수 있었으므로 베다니로 몰려갔는데 우리는 그것을 보고 조금도 놀랄 필요가 없다"(라일 주교).

"대제사장들이 나사로까지 죽이려고 모의하니 나사로 때문에 많은 유대인이 가서 예수를 믿음이러라"(12:10, 11). "나사로는 이 사건 전체에 걸쳐 관련되어 있다. 그는 결국 주님을 죽이고 마는 유대인들의 증오를 전개시키는 데 구성 요소가 되고 있다. 그 전개 과정과 절정에 주목해 보라. 그는 1절에서 단순히 연결적인 기능을 하는 이야기 속에 언급되어 있다. 그리고 9절에서의 그는 유대인들이 베다니로 몰려들게 하는 원인이 되고 있다. 또 10절에서의 그는 예수와 더불어 대제사장들의 적의의 공동 표적이 되고 있다"(Alford). "**나사로**까지 죽이려고 모의한" 것이 바리새인들이 아니라 사두개인으로 이루어진 "대제사장들"이었다는 점에 주목하라(행 5:17 참고). 그들은 가능하기만 했다면 나사로를 죽였을 것이다. 왜냐하면 그들이 부활의 진리를 부인한다 할지라도 나사로가 곧 그들을 **반증하는** 명백한 증거였기 때문이다. 그들의 마음 상태는 참으로 끔찍하였다. 그들은 자기들의 잘못됨을 인정하기보다는 차라리 살인을 하였을 것이기 때문이다.

심사숙고하는 독자들은 다음 장에서 아래의 질문을 신중하게 고찰하기 바란다.

1. 13절은 우리에게 예언에 관하여 어떤 것을 가르쳐 주는가?

2. 어째서 "어린 나귀"를 타서야 했을까?(14절)

3. 15절과 스가랴 9:9을 비교하라. 여기에서는 어째서 구약의 말씀 중의 일부가 생략되었는가?

4. 그리스도께서는 그 때 어떤 의미에서의 **왕**으로 "오셨는가?"(15절)

5. 제자들은 어째서 그 일을 "깨닫지 못하였는가?"(16절)

6. 17절은 어째서 여기에 위치해 있는가?

제42장

예루살렘에 입성하신 그리스도

¹²그 이튿날에는 명절에 온 큰 무리가 예수께서 예루살렘으로 오신다는 것을 듣고 ¹³종려나무 가지를 가지고 맞으러 나가 외치되 호산나 찬송하리로다 주의 이름으로 오시는 이 곧 이스라엘의 왕이시여 하더라 ¹⁴예수는 한 어린 나귀를 보고 타시니 ¹⁵이는 기록된 바 시온 딸아 두려워하지 말라 보라 너의 왕이 나귀 새끼를 타고 오신다 함과 같더라 ¹⁶제자들은 처음에 이 일을 깨닫지 못하였다가 예수께서 영광을 얻으신 후에야 이것이 예수께 대하여 기록된 것임과 사람들이 예수께 이같이 한 것임이 생각났더라 ¹⁷나사로를 무덤에서 불러내어 죽은 자 가운데서 살리실 때에 함께 있던 무리가 증언한지라 ¹⁸이에 무리가 예수를 맞음은 이 표적 행하심을 들었음이러라 ¹⁹바리새인들이 서로 말하되 볼지어다 너희 하는 일이 쓸 데 없다 보라 온 세상이 그를 따르는도다 하니라 (요 12:12-19)

여기에서 우리가 고찰하게 될 구절들을 다음과 같이 분석해 보자

1. 군중이 예수를 맞으러 나옴(12절)
2. 백성들의 기쁨에 넘치는 환호(13절)
3. 구세주께서 나귀를 타심(14절)
4. 이스라엘에게 스스로를 왕으로 제시하심(15절)
5. 제자들의 우둔함(16절)
6. 백성들이 예수를 찾은 이유(17, 18절)
7. 바리새인들의 통분함(19절)

우리가 여기에서 고찰하게 될 구절들은 주님의 지상에서의 생애에서 가장 주목할 만한 사건 중의 하나이다. 사복음서 저자들이 동시에 이 사건을 기록하고 있음은 여기에 무엇인가 중요한 것이 함축되어 있음을 암시한다. 여기에서 다루고 있는 사건은 그 **유다른** 특성 때문에 주목할 만하다. 그것은 사복음서에서 주 예수에 관해 기록한 그 어떤 내용과도 전혀 같지 않다. 지금까지 우리는 그가 가능한 한 군중의 관심을 피해 물러가시는 모습을 보았다. 그는 광야로 물러가기도 하셨고 눈에 띌 기미가 있는 것이면 무엇이나 피하셨다. 그는 관심을 끌고자 하지 않으셨다. 그는 "다투지도 아니하며 들레지도 아니하리니 아무도 길에서 그 소리를 듣지 못하리라"(마 12:19). 그는 그의 제자들에게 "자기가 그리스도인 것을 아무에게도 이르지 말라"고 경계하셨다(마 16:20). 그가 야이로의 딸을 살리셨을 때 그는 "이 일을 아무도 알지 못하게 하라"(막 5:43). 또한 변화 산에서 내려오셨을 때도 그는 제자들에게 "인자가 죽은 자 가운데서 살아날 때까지는 본 것을 아무에게도 이르지 말라"고 명령하셨다(막 9:9).

필자는 그리스도께서 예루살렘에 입성하실 때 취하셨던 **독특한** 행동을 강조하고 싶다. 왜냐하면 우리가 이 주제에 대하여 많은 관심을 기울일수록 우리는 그로 하여금 그렇게 하시도록 만든 동기를 더 이해하게 될 것이기 때문이다. "그러므로 예수께서 그들이(그가 먹이신 군중) 와서 자기를 억지로 붙들어 **임금**으로 삼으려는 줄 아시고 다시 혼자 산으로 **떠나 가시니라**"(요 6:15). 그의 형제들이 그에게 "자신을 세상에 나타내소서"라고 주장했을 때 그는 "내 때는 아직 이르지 아니하였다"고 대답하셨다(요 7:4, 6). 그러나 여기에서는 그와 반대로 바리새인들조차도 "보라 온 세상이 그를 따르는도다"라고 말할 정도로 아주 많은 사람들에게 둘러싸여 예루살렘에 공공연하게 입성하시는 그를 본다. 그리고 여기의 모든 사건에서 그리스도께서 친히 그렇게 **선수를 치셨다**는 점에 신중하게 주목해야 한다. 그에게 호화로운 의상을 갖춰 입힌 동물을 데려온 것은 군중이 아니었다. 나귀를 데려와 타시도록 청한 것도 제자들이 아니었다. 주님께서 친히 두 제자를 벳바게 입구로 보내시어 나귀를 데려오도록 시키셨으며, 또 주님께서 친히 그 나귀의 임자를 **움직이시어** 그것을 내어놓게 하셨다(눅 19:33). 그리고 어떤 바리새인들이 그에게 제자들을 책망하시라고 요청했을 때 그는 이렇게 대답하셨다. "내가 너희에게 말하노니 만일 이 사람들이 침묵하면 돌들이 소리지르리라"(눅 19:40). 그렇다면 우리는 그리스도의 이 태도의 변화를 어떻게 설명할 수 있겠는가? 그가 그렇게 행동하신 것은 진정 무엇 때문이었을까? 이 문제에 답할 때 사람들은 너무나 광범위한 추측에 빠지게 되는데 대부분은 주님을 실로 모독하고 있다. 가장 훌륭한 주석가들조차도 기쁨에 넘치는 군중의 환호를 그리스도의 **권능**을 입증하는 것이라고 본다. 그가 그들을 **움직이시어** 그를 '왕'으로 고백하게 하셨다는 것이다. 그들은 그가 여기에서 **왜** 그렇게 하셨는지에 대해서는 전혀 밝히지 못하고 있으며, 또 그들의 마음을 움직이신 것이 어째서 그렇게 **일시적인** 효과밖에 낳지 못했는지에 대해서도(왜냐하면 나흘 후에는 바로 그 군중이 "그를 십자가에 못 박으라"고 소리쳤기 때문에 그렇게 말할 수 있다) 전혀 설명하지 못하고 있다. 그러므로 필자는 이 사건에 대한 열쇠를 다른 곳에서 찾지 않을 수 없다.

필자는 다른 곳에서와 마찬가지로 여기에서도 주 예수의 완전성이 드러나고 있다는 사실을 굳이 말할 필요가 없으리라 여긴다. 두 가지 사실은 논쟁할 여지 없이 명백하다. 주 예수께서는 이제까지 그 앞에 계신 아버지의 **영광**과 더불어 행동해 오셨으며, 또 아버지의 **말씀**에 완전히 일치하는 가운데 걸어오셨다. "두루마리 책에" 그에 관하여 기록되어 있다. 그리고 그가 성육신하셨을 때 그는 "아버지여 제가 **당신의** 뜻을 이루러 왔나이다"라고 선포하셨다. 우리가 여기에서 부딪치고 있는 난점을 해결하기 위하여 우리는 이 중요한 사실들을 명심해야만 한다. 그리고 우리는 아버지의 계획이 항상 **아들의 영광**을 고려하는 것이었음을 상기할 필요가 있다. 이 기본적인 원칙들을 저 주목할 만한 예루살렘 입성기에 적용시킴으로써 우리는 그 사건을 해석하는 데 빛을 얻을 수 있을 것이다.

그러면 예수께서는 어째서 나귀를 데려오라 하셔서 그 위에 타시고 왕의 도시로 입성하셨을까? 그는 어째서 군중이 '호산나'라고 외치며 환호하는 것을 책망하지 아니하시고 내버려 두셨을까? 일주일도 채 지나지 않아서 죄를 위하여 생명을 내어 놓으실 것이면서, 그는 어째서 그들로 그들의 왕이라고 외치도록 허락하셨을까? 그 대답은 한 마디로 말할 수 있다. 그것이 **성경이 그렇게 하도록 요구했기 때문이다**! 지금까지 그랬던 것처럼 여기에서도 그를 이끌어간 원동력은 그의 아버지의 말씀에 대한 순종이었다. 그를 보내신 분에 대한 사랑에 넘치는 순종이야말로 항상 그의 행동의 원천이었다. 그가 성전을 정화하신 것은 시편 69:9의 말씀을 성취시킨 것이었다. 그가 자기 자신에 대해 증언한 것은 구약 성경에 공표된 것과 동일한 것이었다(요 5:39). 무자비한 십자가 상에서 그가 "목마르다"고 외치셨을 때 그것은 그의 고통을 경감시키고자 한 것이 아니라 "성경을 응하게 하려 함"이었다(요 19:28). 그리고 여기에서도 마찬가지이다. 그가 예루살렘에 입성하신 그 방법은 성경을 성취시키고자 그렇게 하신 것이었다.

그러면 성경의 **어떤** 말씀으로 응하게 한 것일까? 이 질문에 답변하려면 우선 우리는 야곱이 임종시에 말한 예언, "마지막 날"에 그의 후손들에게 무슨 일이 닥칠 것인지에 관한 예언으로 되돌아가야 한다. 그 말씀은 메시야의 시대에 관해 말하고 있다. 즉 그의 처음 오실 때의 내용으로 시작하여 재림시의 내용으로 종결지어져 있다. 이 나이든 야곱은 그의 신적 선언을 발표하는 중에 이렇게 선포하였다. "규가 유다를 떠나지 아니하며 통치자의 지팡이가 그 발 사이에서 떠나지 아니하기를 실로가 오시기까지 이르리니 그에게 모든 백성이 **복종하리로다** 그의 나귀를 포도나무에 매며 그의 암나귀 새끼를 아름다운 포도나무에 맬 것이며 … " (창 49:10, 11). 여기서의 "규"라는 말은 **종족의 권장**(權杖:권세의 지팡이)을 의미한다. 유다는 메시야가 오실 때까지 종족의 별개의 독립을 보존하게 될 운명이었다. 우리는 복음서를 통해 이것이 성취된 것을 볼 수 있다. 열 지파는 오래지 않아 포로로 잡혀가서 결코 돌아오지 못한다. 그러나 유다(곧 '유대인들')지파는 하나님의 아들이 성육신하시어 사람들 중에 거하시던 때에 여전히 팔레스타인에 살고 있었다. 야곱은 그의 예언을 계속하면서 이렇게 공표한다. "그에게(실로, 곧 **중보자**를 가리킨다. 눅 19:42의 '네 평화'라는 말과 비교하라) **모든** 백성이 **복종하리로다.**" 이것은 그리스도께서 예루살렘에 공식적으로 입성하셨을 때 처음으로 성취되었다. 그러나 그 다음 말씀에 주목하라. "그의 나귀를 포도나무에 매며 그의 암나귀 새끼를 아름다운 포도나무에 맬 것이며." 그 "포도나무"는 이스라엘 백성이다(사 5장). "아름다운 포도나무"는 그리스도 자신을 가리킨다(요 15:1). 그런데 여기에는 예언적으로 공표된 **사실이** 그대로 나타나 있다. 그러나 이것은 우리의 질문에 대해 성경적으로 답변할 수 없다는 뜻이 아니다.

다음으로 다니엘을 통해 주어진 "일흔 이레"에 관한 예언을 고찰해 보자. 우리는 이 예언을 다니엘 9:24-27에서 발견할 수 있다. 필자는 여기에서 그 구절에 대한 상세한 설명을 전개시킬 수는 없다. 물론 그것은 필요한 일이기는 하다. 이 예언은 이스라엘 백성이 바벨론에 포로가 되어 갇혀 있었을 때 주어졌다. 거기에서 하나님께서는 그 때로부터 이스라엘 백성의 죄가 다 벗겨지고 영원한 의를 입게 되기까지 어느 정도의 시간이 지나야 하는지 알려 주셨다. 그 기간이 '일흔 이레'라고 되어 있다. 여기에서의 '이레'라는 말에 해당하는 히브리어는 'hebdomads'(일주일 간)이다. 그리고 그 말은 **칠 년 간**이라는 의미이다. 그러므로 우리는 '일흔 이레'가 의미하는 기간이 정확히 얼마인지 알 수 있다. 'hebdomad' 하나는 7년에 해당한다. 그러므로

'칠십 이레'란 490년을 나타낸다. '일흔 이레'는 세 부분으로 나뉘었는데 그 나누어진 기간은 일정치 않다. 우선 예루살렘을 재건하기까지 일흔 '이레'가 흘러야 한다. 에스라와 느헤미야서에서 우리는 이것이 성취되었음을 읽을 수 있다. 예루살렘이 **회복된** 후로 "기름 부음 받은 자, 곧 왕"이 오시기까지는, 62 '이레'가 더 지나야 한다. 우리는 다니엘서에서 이런 예언을 읽을 수 있다. "예순두 이레 후에 (여기에 앞서 나온 일곱 '이레'를 더하면 도합 69이레가 된다) 기름 부음 받은 자가 끊어져 없어질 것이며"(단 9:26). 그러므로 여기에는 정확한 수치와 메시야에 관한 주목할 만하고 또 대단히 중요한 예언이 있다. "기름 부음받은 자 곧 **왕**"께서는(계 1:5 참고), 하나님께서 그의 사랑하시는 종에게 이 예언을 주신 이후로 69 '이레', 좀 더 정확하고 상세하게 말해서 483년이 만기될 때에 예루살렘에(단 9:24의 "네 거룩한 성"이라는 말에 주목하라) 자기 자신을 나타내실 예정이셨다.

여기 요한복음 12장에서 우리에게 제시된 구절을 통해 성취된 것은 바로 **이** 예언이며, 또 이 구절들을 해결하는 데 열쇠가 되는 것도 바로 **이** 예언이다. 그와 같이 경사스러운 예수의 예루살렘 입성은 메시야께서 **형식적으로, 그리고 공식적으로 자신을 이스라엘 '왕'으로서 제시하신 것**을 나타낸다. 고(故) 로버트 앤더슨 경은 그의 「장차 오실 왕」이라는 저서에서, 우리 구세주께서 다니엘 9장에 예언된 69 '이레'(hebdomad, 즉 7년)가 완료된 **바로 그 날** 예루살렘에 입성하셨음을 입증해 주는 결정적인 증거를 제시하고 있다. 필자는 여기에서 그의 저서 일부를 간략하게 인용하고자 한다.

"복음서에 기록된 이야기를 읽는 독자는 누구든지 우리 주님의 예루살렘에서의 최후의 방문이, 사실상 그 목적한 바대로, 그의 공생애의 절정이라는 것과 또 그의 공생애는 바로 이 목표 지점을 향해 인도되어 왔다는 것을 알 수 있을 것이다. 이스라엘 민족이 그의 메시야로서의 주장을 **거부**하리라는 예언의 첫 징표가 나타난 이후로 그는 공적으로 사람들의 시선을 받는 것을 모두 피하셨다. 그러나 이제 여기에서 그의 말씀과 행동에 대한 두 가지 증거가 완전하게 나타난다. 그가 거룩한 성에 입성하신 것은, 그가 메시야이심을 선언하는 일이요, 또한 그가 그의 운명을 받아들인다는 것을 뜻하는 일이다. 그의 사도들조차도 그가 누구이신지를 알려서는 **안 된다**고 거듭하여 경고를 받아 왔었다. 그러나 이제 그는 '제자들의 큰 무리'가 외치는 환호를 받아들이셨으며, 분개한 바리새인들의 항의를 잠잠케 하셨다. 누가복음에 기록된 이야기를 보면 그가 입성하신 다음에 하신 말씀이 있는데 그것은 매우 중요하다. 그런데 그것은 누가복음 본문에 대수롭지 않게 삽입되어 있는 구절이기 때문에 그 중요성을 알아 볼 수가 없다. 그의 제자들이 '호산나 찬송하리로다 주의 이름으로 오시는 이 곧 이스라엘의 왕이시여'라고 외쳤을 때 주께서는 거룩한 성을 바라보시며 이렇게 부르짖으셨다. '너도 **오늘** 평화에 관한 일을 알았더라면 좋을 뻔하였거니와 지금 네 눈에 숨겨졌도다'(눅 19:42). 예루살렘을 방문하실 때가 왔다. 그런데 예루살렘은 그것을 알지 못했다. 이 일이 있기 전 그 민족은 그를 거부하였다. 그러나 이것은 예정된 날이었으며 그 민족이 이미 선택한 몫은 돌이킬 수 없었다."

우리가 고찰해야 할 또 하나의 예언이 남아 있는데 어떤 면으로 볼 때 이것은 세 예언 중 가장 놀라운 것이다. 하나님께서는 야곱을 통하여 모든 백성이 그 중보자 앞에 복종하리라는 명백한 사실을 공표하셨다. 그리고 다니엘을 통해서는 이스라엘의 메시야가 그들의 왕으로서 자기 자신을 공식적으로 나타내실 그 해와 날짜를 알려 주셨다. 이제 하나님께서는 스가랴를 통하여 메시야께서 예루살렘에 입성하실 **방법**을 알려 주셨다. 우리는 스가랴 9:9에서 이런 말씀을 읽는다. "시온의 딸아 크게 기뻐할지어다 예루살렘의 딸아 즐거이 부를지어다 보라 네 왕이 네게 임하시나니 그는 공의로우시며 구원을 베푸시며 겸손하여서 나귀를 타시나니 나귀의 작은 것 곧 나귀새끼니라." 우리는 이 예언 중 어떤 부분은 요한복음에는 인용되지 않았음을 보게 될 것이다. 그러므로 이 예언은 (다른 모든 예언이 그런 것처럼) **또 한 번** 성취될 것이다. 즉 주 예수께서 이 땅에 다시 오실 때 그것은 완전히 성취될 것이다.

필자는 상세한 주석을 시작하기 전에 우리가 지금까지 살펴본 내용 전반에 관하여 간단한 설명을 제시하고자 한다. 이 세 예언은 적어도 그리스도께서 공식적으로 예루살렘에 입성하셨을 때 그에 의해 성취되었다. 그것들은 수백 년 전에 주어진 예언이며, 그 내용이 너무나 상세하게 제시되어 있기 때문에 그에 대해 단 하나의 설명밖에는 할 수 없다. 곧 그것들을 주신 이는 바로 **하나님 자신**이시라고 밖에는 설명할 수 없다. 이것은 성경이 **하나님의 영감을 받아 기록되었다**는 것을 입증하는 모든 증거들 중에서 가장 명백하고 결정적인 증거이다. 처음부터 마지막까지 알고 계신 분만이 여러 세대가 지난 후에 일어날 일에 대하여 정확하게 예언하실 수 있다. 이 예언들이 (다른 많은 예언들과 더불어) 성취되었다는 기록은 곧 그것들이 미래에도 여전히 성취되리라는 것을 **보증해 준다**!

"그 이튿날에는 명절에 온 큰 무리가 예수께서 예루살렘으로 오신다는 것을 듣고 종려나무 가지를 가지고 맞으러 나가 외치되 호산나 찬송하리로다 주의 이름으로 오

시는 이 곧 이스라엘의 왕이시여 하더라"(12:12, 13). 이 인용문의 도입부에 주목하는 것이 중요하다. 그것들은 요한복음 12장 첫 절에 따르는 결과이다. "유월절 엿새 전에 예수께서 베다니에 이르시니." 유월절이 되기 전 주간 동안 예루살렘은 팔레스타인의 사방에서 무리를 지어온 유대인들로 붐비고 있었다. 그들은 명절에 참여할 수 있을 만한 의식(儀式)적인 준비를 갖추기 위하여 일찍 왔던 것이다(11:15). 우리는, 이 때 성전에 모여 있던 사람들의 주된 화젯거리가 **예수**께서 명절에 올라오실 것인지 아닌지에 관한 것이었음을 이미 읽은 바 있다(11:56). 그런데 이제 그가 예루살렘으로 오시는 중이라는 소식이 전달되었고, 그러자 그들은 즉시 그를 맞으러 나갔던 것이다.

필자는 11:57에서 읽은 내용을 고려해 볼 때 어떤 사람들은 여기에서 어려움에 부딪히게 되리라 생각한다. "이는 대제사장들과 바리새인들이 누구든지 예수 있는 곳을 알거든 신고하여 잡게 하라 명령하였음이러라." 그러면 우리가 방금 읽은 내용, 즉 "**큰** 무리가 종려나무 가지를 가지고 그를 맞으러 나가 … "라는 말을 어떻게 받아들여야 할까? 우리가 성령께서 말씀하신 내용에 세심하게 주의를 기울이기만 한다면 그 어려움은 곧 해결될 것이다. 첫째로 11:57에서 "명령**하였다**"라고 과거시제로 되어 있음에 주목하라. 이것은 주 예수께서 에브라임으로 떠나시기 전에 내린 명령이었다(11:54). 둘째로, 11:55 말씀에 주목하라. "많은 사람이 … **시골에서** 예루살렘으로 올라갔더니." 그러므로 지금 종려나무 가지를 들고 주님을 맞으러 나온 사람 중 많은 무리는(전부는 아니라 할지라도) **갈릴리** 사람인 순례자요, 그들은 그가 대부분의 위대한 이적을 행하셨던 장소로부터 예루살렘으로 올라온 자들이라는 것이 확실하다. 이 앞의 예에서 그를 '왕'으로 삼으려 했던 것도 바로 이 **갈릴리인들**이었다(요 6:1, 15 참고). 그들은 유대에 사는 사람들보다 그에 대한 편견이 훨씬 적었을 뿐만 아니라 예루살렘의 대제사장들과 바리새인들의 영향도 훨씬 적게 받았다. 성경은 신비스럽게도 정확하다. 우리가 성경을 더 상세하게 조사할수록 우리는 성경의 흠 없는 완벽성을 더 많이 발견하게 될 것이다. 이 예는, 우리가 말씀에 대해 느끼는 '어려움'이 성경이 기록하고 있는 내용에 주목하지 않는 우리의 소홀한 태도에 원인이 있다는 것과, 또 성경은 거기에 제시하고 있는 모든 주제에 관하여 **모든 내용**을 기록하고 있다는 사실을 다시 한 번 입증하고 있다.

"**종려나무 가지를 가지고 맞으러 나가**"(13절). 이것은 기쁨의 표시요, 명절의 징표이다. 초막절에 관하여 하나님께서는 모세에게 이르시기를 이스라엘 백성들에게 다음과 같이 알리라고 하셨다. 즉 "첫 날에는 너희가 아름다운 나무 실과와 종려나무 **가지와** … 취하여 너희 하나님 여호와 앞에서 … **즐거워**할 것이라"(레 23:40). 우리는 요한계시록 7:9에서 이런 말씀을 읽는다. 즉 우리는 "능히 셀 수 없는 큰 무리가 … 보좌 앞과 어린 양 앞에 서" 있는 것을 볼 수 있는 바 그들은 "손에 **종려나무** 가지를" 들고 있다.

"외치되 호산나 찬송하리로다 주의 이름으로 오시는 이 곧 이스라엘의 왕시여 하더라." "호산나"라는 말은 '지금 구하소서!'라는 의미이다. 그것은 간청이 아니라 승리의 외침이다. 이 사람들이 여기에서 그들이 하고 있는 말의 의미를 도대체 어떻게 이해하고 있었는지에 관해서는 논할 문제가 아니라 생각한다. 그 일련의 내용을 보건대 그들은 그 순간 흥분에 들떠 말하고 있음을 알 수 있다. 그러나 그들의 지적 능력이 어느 정도인가 하는 문제를 떠나 모든 것을 지배하셔서 자기에게로 이끄시는 분께 관심을 돌리면 우리는 여기에서 아들의 영광을 공적으로 증거하게 하시는 아버지를 발견할 수 있다. 아들이 탄생하실 때 그는 그의 천사들을 베들레헴의 목자들에게 보내시어 "오늘 다윗의 동네에 너희를 위하여 구주가 나셨으니 곧 그리스도 주시니라"고 이르게 하셨다. 그리고 이제 그는 이 군중이 그를 '주의 이름으로 오시는 복되신 이'라고 부르며 환호하도록 내버려 두신다. 그리스도의 공생애가 시작되기 전에 그는 동방박사들을 예루살렘으로 인도하셔서 유대인의 **왕**이 태어나셨음을 공표하게 하셨다. 그리고 이제 그의 공생애가 끝날 무렵 그는 그가 "이스라엘의 **왕**"이심을 다시 한 번 증거하셨다.

"**예수는 한 어린 나귀를 보고 타시니 이는 기록된 바**"(12:14). 이것은 다른 복음서 저자들이 기록한 내용의 결과를 간결하게 요약해 놓은 진술이다. 요한은 우리가 그 내용을 당연히 잘 알고 있으리라고 생각하고 그렇게 한 것이다. 누가는 어린 나귀를 **구한** 내용에 대해 가장 상세하게 기록하고 있다. 그 일이 어떻게 발생했었는지에 주목하는 것은 매우 중요한 일이다(눅 19:29-35). 그가 한 이야기와 여기에서 요한이 제시하고 있는 가장 짧은 진술은 서로 모순되는 점이 없다. "예수는 한 어린 나귀를 만나서 타시니." 그가 제자들에게 그 나귀를 **어디서** 만날 수 있을지를 가르쳐 주셨기 때문에 **그가** 그 나귀를 "만나셨다"고 기록한 것이다! 이것은 그리스도의 **신성**을 암시하는 또 하나의 예이다. 왜냐하면 이것은 절대 명백한 방식으로 그의 전지하심을 입증하고 있기 때문이다. 그는 나귀가 어디에 매여 있는지 그 정확한 장소를 알고 계셨다.

"시온 딸아 두려워하지 말라 보라 너의 왕이 나귀 새끼를 타고 오신다 함과 같더라"(12:15). 우리는 여기에서 그리스도께서 타신 나귀의 연령이 특히 강조되어 있음에 주목해야 한다. 그것은 '어린' 나귀였다. 누가는 "아직 아무도 타 보지 않은" 나귀 새끼라고 말하고 있다(눅 19:30). 여기에는 물론 심오한 의미가 함축되어 있다. 모세의 시대에는 멍에를 메지 아니한 짐승들만이 희생제물용으로 사용될 수 있었다(민 19:2; 신 21:3). 이것은 매우 주목할 만한 사실이다. 그는 **동정녀**에게서 탄생하셨다. 그는 "아직 사람을 장사한 일이 없는" 새 무덤에 장사되었다(요 19:41). 그리고 여기, 그가 왕과 같은 존재로 간주되었던 바로 이 때에도 그는 전에 아무도 탄 적이 없는 어린 나귀를 택하셨다. 이것은 지극히 복되게도 그의 인격의 존엄성과 유일성을 암시하는 것으로서 필자는 새삼 그것을 상세히 설명할 필요가 없을 것이다. "타시니 **이는 기록된 바 …** ." 이것은 필자가 서두에서 말한 것이 옳음을 증명해 준다. 주 예수께서 여기에서 이렇게 행하신 것은 성경으로 응하게 하려 함이었다. 지금까지 그를 통제하고 이끌어 온 것은 곧 '기록된' 모든 말씀이었다. 그는 주의 입에서 나온 **모든** 말씀으로 사셨다. 성육신하신 말씀과 기록된 말씀은 결코 모순되지 아니한다. 그러므로 그가 "나는 **항상** 여호와를 기쁘시게 하는 일들을 행하노라"고 말씀하신 것도 바로 여기에 그 근거를 두고 있다. **우리가 그의** 성령을 더욱 많이 갖게 되기를 기원한다!

"시온 딸아 두려워하지 말라 보라 너의 왕이 나귀 새끼를 타고 오신다." 이 때는 중대한 시기였다. 이스라엘의 참된 왕이며 다윗의 자손이요 주님이신 자가 지금 그 민족에게 공식적으로 자기 자신을 드러내신다. 이것을 해석하는 데 주석가들은 다양한 견해를 제시해 왔다. 예언의 진리를 연구하는 사람들 사이에서 가장 압도적으로 받아들여지고 있는 견해를 보면 그것에 대하여 이렇게 말하고 있다. 즉 여기에서 그리스도께서는 이스라엘 백성에게 천년 왕국을 **제시하고** 있으며 이스라엘 백성이 그를 받아들였더라면 그 천년 왕국의 시대가 즉시 열렸으리라는 것을 의미한다는 것이다. **만일** '이스라엘 민족이 그 때 행했던 것과 다르게 행동했더라면 무슨 일이 생겼을까' 라는 문제를 상상하는 것은 무익할 뿐만 아니라 나아가 옳지 않은 일이기도 하다. 왜냐하면 "감추어진 일은 하나님 여호와께 속하기" 때문이다. 우리의 의무는 "나타난 [있는] 일"(신 29:29)을 부지런히 상고하고 기도하는 마음으로 연구하는 일이며, 그래서 어떤 난점이 제기된다 하더라도, 이스라엘 백성이 주 예수를 거부한 것과 그를 십자가에 못 박은 것은 하나님의 권능과 뜻대로 "이루려고 **예정하신**" 그의 손길과 계획에 따라 이루어진 것이었음을 아는 일이다(행 4:28). 그러면 그리스도께서 자기 자신을 이스라엘 백성의 왕으로서 그들에게 제시하신 목적은 무엇일까? 그 직접적인 답은 하나님의 예언의 말씀으로 응하게 하려 함이었다고 말할 수 있다. 그러나 이것은 우리로 하여금 또 하나의 질문을 하게 하는 답변이다. 이스라엘의 메시야로 하여금 이 때 그렇게 행동하게 하신 **하나님의 의도**는 무엇이었을까? 우리는 이 문제의 해답을 찾기 위해 그 배경에 신중한 관심을 기울여야 한다. 그 문맥을 살펴볼 때 우리는 거기에서 명백하게 드러나는 한 가지 사실, 즉 그리스도의 **죽음**이 슬프도록 생생하게 암시되어 있음을 확실히 파악할 수 있다. 우리는 요한복음 11장 종결 부분에서 이스라엘의 지도자들이 "예수를 죽이려고 모의하였다"는 것과, 공회가 "누구든지 예수 있는 곳을 알거든 신고하여 잡게 하라"는 법령을 포고한 것을 볼 수 있다(11:53, 57). 요한복음 12장은 이제 유월절까지 불과 엿새밖에 남지 않았다는 엄숙한 암시로 시작된다. 참된 어린 양이 죽임을 당할 중대한 '시각'이 가까웠다. 그러므로 마리아가 그리스도께 향유를 부어드렸으며 구세주께서는 그녀의 행동을 "나의 **장례**할 날을 위하여 그것을 간직하게 하라"고 명령하신 것이다.

그러므로 다른 예에서처럼 열쇠는 그분 바로 위에 걸려 있다. 영광의 주님께서 그의 생명을 내어 놓으려 하신다. 그러나 그렇게 하시기 전에 우선 그의 인격의 존엄성이 공공연하게 드러나야 했다. 게다가 사악한 자들이 그에게 손대려 하고 있었다. 그러므로 이스라엘 백성으로, 그들이 곧 십자가에 못 박게 될 분이 **누구**신지를 알게 함으로써 그들의 죄가 더욱 변명할 여지가 없는 것임을 확고히 해야만 했다. 그래서 주님께서는 자기 자신을 그 민족의 눈(eye) 속에 두드러지게 나타내 보이심으로써 군중의 관심을 의도적으로 그에게 쏠리게 하신 것이다. 우리가 여기에서 알 수 있는 사실은 그리스도께서 유대인들의 **책임**을 강조하셨다는 점이다. 이제 그들이 그가 누구신지 몰랐다고 변명할 수 있는 사람은 아무도 없을 것이다. 이 앞의 예에서 그들은 그에게 이렇게 말했었다. "당신이 언제까지나 우리 마음을 의혹하게 하려 하나이까 그리스도이면 밝히 말씀하소서"(10:24). 그러나 이제 무지를 변명해 준 근거는 모두 없어졌다. 야곱과 다니엘과 스가랴의 예언을 성취하심으로써, 주 예수께서는 **자신**이 다름 아닌 이스라엘의 참된 왕이심을 입증하셨다. 그것은 그가 이스라엘 백성에게 주신 최후의 공적 증거였다! 그는 그들의 '왕' **이셨다.** 그리고 그들의 성경에 명백히 선포되어 있는 것을 성취하시어 그는 여기에서 그들 앞에 자신을 나타내신 것이다. 복음서 저자들은 스가랴의 예언을 전체적으로 인용하고 있지 않다. 그리고 각 복음서 저자들이 생략한 것이 서로 다른 부분인 점에 주목하는 것이 매우 중요하다.

첫째로, 도입부의 말씀인 "시온의 딸아 크게 기뻐할지어다 예루살렘의 딸아 즐거이 부를지어다"라는 구절을 인용한 저자는 아무도 없다. 그 이유는 명백하다. 이스라엘이 그들의 왕을 **거부하고** 있는 동안에 그들은 '기뻐하도록' 불림받을 수 없었다! 그 예언의 이 부분은 장차 올 날에 성취될 것이다. 우선 이스라엘이 독생자를 위해 애통하듯이 그를 보고 "**애통해야**"만(슥 12:10), 이스라엘이 "그 죄를 뉘우쳐야만"(호 5:15), 그들이 "회개해야만"(행 3:19), 그들이 "오라 우리가 여호와께로 **돌아가자** 여호와께서 우리를 찢으셨으나 도로 낫게 하실 것이요 우리를 치셨으나 싸매어 주실 것임이라"(호 6:1)고 말하게 되어야만, 그렇게 되어야만 비로소 그들은 기뻐하도록 불릴 것이다. 요컨대, 그들의 죄가 벗겨져야 비로소 기쁨과 즐거움의 영이 그들에게 주어질 것이다.

둘째로, 각 복음서에는 "공의로우며 구원을 베풀며"라는 말이 생략되어 있다. 이것도 역시 주목할 만하며, 성경의 모든 **언어**는 영감을 받아 기록되었음을 입증하는 놀라운 증거이다. 주 예수께서 이스라엘로 처음 오셨을 때 그는 **공의**가 아닌 **자비**로 오셨다. 그는 "잃어버린 바 된 자를 찾아 구하시려" 오셨다. 그는 "스스로를 희생하심으로써 죄를 없애려" 오셨다. 그러나 그가 재림하실 때는 예레미야를 통해 하신 하나님의 말씀이 성취될 것이다. "여호와의 말씀이니라 보라 때가 이르리니 내가 다윗에게 한 **의로운** 가지를 일으킬 것이라 그가 왕이 되어 지혜롭게 다스리며 세상에서 **정의와 공의**를 행할 것이며"(렘 23:5). 그러나 "구원을 베풀며"라는 말은 어째서 생략되었을까? 그것은 민족으로서의 이스라엘의 구원을 얻고자 하지 아니하였기 때문이다. 그는 몇 번이나 그 자녀를 모으려 하였다. 그러나 그들이 "원치 아니하였다."

우리가 고찰해야 할 또 하나의 생략 부분이 남아 있다. 그것은 가장 적은 부분이지만 그 중요성은 매우 크다. 스가랴는 이스라엘의 왕이 "**겸손하셔서**(lowly) 나귀를 타나니"라고 예언하였다. 마태도 그리스도의 그 겸손하심에 대하여 언급하고 있다. 흠정역 성경을 보면 "겸손하여"(meek)라고 표현되어 있다(마 21:5). 그러나 **요한은** 이 말을 **생략**하였다. 그러면 어째서 그랬을까? 그것은 이 요한복음의 중심적인 의도가 그리스도의 **영광**을 드러내는 것이기 때문이다(1:14; 2:11; 11:4).

"시온 딸아 두려워하지 말라 보라 너의 왕이 나귀 새끼를 타고 오신다." 주 예수께서 '나귀'를 타셨다는 사실은 그의 인간으로서의 영광을 제시하고 있다. 그는 육정으로 다윗의 아들로 "율법 아래에 나셨다"(갈 4:4). 그리고 그는 그것을 모든 면에서 완전하게 이행하셨다. 하나님의 특별한 백성으로서 이스라엘을 특징지어 주는 사실이 있는데, 그것은 그들 중에 **말**을 두지 않는다는 점이다. 소는 밭을 가는 데 사용되었고 나귀는 사람이 타거나 짐을 실어 나르는 데 사용되었다. 그러나 왕 된 자는 말을 증식시키지 말라는 분명한 명령이 내려져 있었다. "그는 병마를 많이 두지 **말 것이요 병마**를 많이 얻으려고 그 백성을 애굽으로 돌아가게 하지 말 것이니"(신 17:16). 이와 같이 택함받은 백성의 왕은 이방인의 군주들과 분명하게 구별되어 있었다. 바로 왕(출 14:23; 15:1), 가나안 왕(수 11:4), 나아만(왕하 5:9), 그리고 앗수르 왕(사 37:8)은 아주 많은 말과 마차를 소유한 자로 언급된다. 그러나 참된 이스라엘 백성은 이렇게 말할 수 있다. "어떤 사람은 병거, 어떤 사람은 말을 의지하나 [그러나] **우리는** 여호와 우리 하나님의 이름을 자랑하리로다"(시 20:7). 최초로 기록된 솔로몬의 죄가 바로 이 문제와 관련이 있다는 것은 주목할 사실이다. "솔로몬의 병거의 말 외양간이 사만이요 마병이 만 이천 명이며"(왕상 4:26). 그러므로 그리스도께서 의도적으로 '나귀'를 택하신 것은 그가 곧 율법에 **순종하는** 분이셨기 때문이다!

"시온 딸아 두려워하지 말라 보라 너의 왕이 나귀 새끼를 타고 오신다 함과 같더라." 그리스도께서는 자신의 영광을 돌보지 않으신 것이 분명하다(요 17:5). 하나님의 모양을 입으셨으나 그러면서도 하나님과 동등 되기를 취하지 아니하신 분께서는 스스로의 '명예'를 위하지 '아니하시고' **종**의 신분을 취하셨다. 놀라우신 우리 구주의 이 행동은 모세의 율법에 대한 완전한 순종을 보여줄 뿐만 아니라 그의 은혜로우신 겸손을 드러내 준다. 그가 공식적으로 자기 자신을 이스라엘 왕으로서 제시하셨을 때 그는 힘찬 말들이 끄는 황금 병거를 타신 것이 아니라 나귀 새끼를 타고 오셨다. 고작해야 제자들이 그 위에 겉옷을 벗어 깔아드린 것이 그 나귀에게 입힌 가장 훌륭한 장식이었다. 그리고 그 나귀조차도 그의 소유가 아니라 빌린 것이었다! "사람 앞에 높임을 받는" 그런 일은 진실로 "하나님 앞에 미움을 받는 것이니라"(눅 16:15). "예루살렘을 수비하는 병사들은 자기의 초소에 서 있거나 또는 막사의 창가에 앉아 있다가 주님께서 나귀를 타고 오시는 것을 보았을 것이다. 그러나 그들 중 아무도, 그가 로마인의 수중에서 유대의 왕국을 탈환하러 오는 자같이 보인다고, 또는 본디오 빌라도와 그의 군단을 안토니아의 요새에서 몰아내고 무력으로 유대인의 독립을 성취하러 오는 자같이 보인다고 그들의 대장에게 보고한 자는 없었다"(라일 주교). **그의** 왕국은 "이 세상에 속하는 것이 아님"이 분명했다! 이것은 우리가 "이 세대를 본받지 않아야 함"을 보여주는 좋은 본보기이다(롬 12:2)!

아마 어떤 사람은 이런 이의를 제기할 수도 있을 것이다. 즉 '하지만 요한계시록 19:11은 우리가 방금 고찰한 내용과 **모순되는** 것이 아니요?'라고. 그러나 전혀 그렇지 않다. 거기에는 사실 이렇게 기록되어 있다. "또 내가 하늘이 열린 것을 보니 보라 **백마와 탄 자**가 있으니 그 이름은 충신과 진실이라." 이 "백마"를 탄자는 다름 아닌 바로 주 예수 그리스도이심에 의심할 여지가 없다. 그러나 그가 이와 같은 모습으로 나타나실 때는 그의 **재림**에서이다. 그 때는 모든 것이 달라질 것이다. 전에는 비하와 수치를 입고 오셨던 분께서 장차는 권능과 위엄을 입고 오실 것이다. 전에는 머리 둘곳이 없으셨던 분이시나 장차는 그의 **영광**의 보좌에 앉으실 것이다(마 25:31). 전에는 악한의 십자가에 못 박혀 죽으셨던 분이시나 그 날에는 절대적인 주권의 홀을 휘두르실 것이다. 자신의 영광을 돌보지 않으셨던 분께 '나귀'가 아주 적절하셨듯이, 요한계시록 19장의 "백마"는 이제 "영광과 영예로 왕관을 쓰고" 오실 그분께 어울리는 것이다.

"**제자들은 처음에 이 일을 깨닫지 못하였다가**"(12:16). 이것은 그 제자 중 한 사람이 밝힌 것으로서 그의 솔직함을 여실히 드러내준다! 그가 사기꾼이었더라면 이와 같이 자신에게 불리한 말은 하지 않았을 것이다. 우리는 그와 같이 정직한 저자의 말이 진실임을 확신을 가지고 믿어도 된다! 우리들과 마찬가지로 사도들도 하나님의 일을 이해하는 데 아주 둔했다. 우리들처럼 그들도 우리 주시요 구세주 예수 그리스도의 은혜와 지식 안에서 **자라야**만 했다. 그러나 "그의 제자들이 이 일을 **믿지 아니하였다**"라고 기록되지 않은 점에 주목하라. 하나님께서 말씀하신 **모든** 것을 믿는 것, 우리가 그것을 '이해할 수 있든' 그렇지 아니하든 간에, 그것을 믿는 것은 우리에게 부과된 의무일 뿐만 아니라 특권이기도 하다. 우리가 더 분명하게 믿으면 믿을수록 하나님께서는 즐거이 우리에게 이해력을 주심으로써 우리의 믿음을 영예롭게 하실 것이다(히 11:3).

"**예수께서 영광을 얻으신 후에야 이것이 예수께 대하여 기록된 것임과 사람들이 예수께 이같이 한 것임이 생각났더라**"(12:16). 여기에 복수가 두 번 사용되었다는 사실(이것), 그리고 요한복음 2:22에 이와 똑같은 진술이 기록되었다는 사실로부터, 우리는 주님의 예루살렘 입성에 관한 사건 전체는 거기에 수반된 모든 사실들을 설명해 주고 있다고 믿는다. 아마 제자들을 가장 당혹하게 했던 것이 무엇인지는 누가가 기록한 이야기로부터 알 수 있다. "예수께서 가까이 오사 성을 보시고 **우시며**"(눅 19:41). 이 구절을 고려해 볼 때 우리 주님께서는 **승리에 찬** 예루살렘 입성이라기보다는 **눈물어리게** 입성하셨다고 말하는 것이 좀 더 정확할 것이다. 그리스도께서는 백성들의 열렬한 외침에 속지 않으셨다. 그는 자신의 대관식이 아니라 십자가에 못 박히실 시기가 가까이 왔음을 알고 계셨다. 그는 '호산나' 라고 외치던 군중들이 불과 며칠만 지나면 '그를 죽이시오!' 라고 외치는 사람들로 변하게 되리라는 것을 알고 계셨다. 그는 그 민족이 머지않아 곧 그에게 다윗의 보좌가 아니라 죄인의 교수대를 씌우는 그 극에 다다르게 될 것을 알고 계셨다.

그러나 제자들은 **어째서** 그렇게 혼란에 빠져 '이 일' 을 이해할 수 없었던 것일까? 그것은 그들이 그렇게 위대한 이적을 행하실 능력을 가지신 분께서 치욕스러운 죽음을 당하시리라고는 생각지 않았기 때문이다. 최후의 순간까지 그들은 그가 왕국을 회복하셔서 예루살렘에 그의 보좌를 세우시리라고 기대했었다. 왕국의 영광은 그들을 매혹시켰으나 십자가의 치욕은 그들에게 혐오감을 주었다. 부활의 아침에 그가 두 제자들에게 다음과 같이 말씀하셨던 것도 바로 이 때문이다. "미련하고 선지자들이 말한 모든 것을 마음에 더디 믿는 자들이여 그리스도가 이런 고난을 받고 자기의 영광에 들어가야 할 것이 아니냐" (눅 24:25, 26). 그렇다. 영광이 있기 **전에** 먼저 고난이 있어야 하며, 왕관이 있기 전에 십자가가 있어야 한다(벧전 1:11 참고). 그러나 예수께서 "영광을 얻으셨을" 때, 다시 말해서 그가 하늘에 오르시고 성령께서 그들을 모든 진리에로 이끄시도록 보내지셨을 때, 바로 **그 때** "그들은 이것이 예수께 대하여 기록**된 것**" 이었음을 상기했던 것이다.

"**나사로를 무덤에서 불러내어 죽은 자 가운데서 살리실 때에 함께 있던 무리가 중 언한지라 이에 무리가 예수를 맞음은 이 표적 행하심을 들었음이러라**" (12:17, 18). 이 그림에 들어 있는 이 선은 오직 요한만이 제공한 것이며 또 아주 적절한 것이다. 왜냐하면 **하나님의 아들**의 영광이 나타난 것은 나사로를 다시 살리신 데 있었기 때문이다(요 11:4). 저 놀라운 이적을 목격했던 사람들이 예루살렘에서 그 일을 보도하였다. 그리고 죽은 자를 살리시는 능력을 가지신 분께서 수도에 가까이 와 계심이 알려졌고, 그래서 많은 사람들이 그를 보러 나왔다. 여기에 이 사실이 기록된 이유는 분명하다. 그것은 나무랄 데 없는 신임장을 가지신 분을 거부한 그 민족의 죄를 강조하기 위함이다.

"**바리새인들이 서로 말하되 볼지어다 너희 하는 일이 쓸 데 없다 보라 온 세상이 그를 따르는도다 하니라**" (12:19). 이것은 이 사건이 공동으로 기록되었으며 또 그것들이 진실하다는 것을 입증해 주는 증거들이다. 누가는 이렇게 말한다. "무리 중 어떤 바리새인들이 말하되 선생이여 당신의 제자들을 책망하소서 하거늘"(19:39). 그러자 주께서 그들에게 이렇게 대답하신다. "내가 너희에게 말하노니 만일 이 사람들이 침묵하면 돌들이 소리 지르리라 하시니라." 여기에서 우리는 그들의 분노를 볼 수 있다. 그들은 그의 인기를 시기하였다. 그들은 백성들에 대한 그들의 지배력을 잃게 될까 두려워하였다.

그러나 우리는 여기에서 어려움에 부딪히게 된다. 그리고 우리는 그 문제를 해결하고자 진정한 노력을 하지 않았다고 본다. 대다수의 주석가들은, 주 예수께서 그 때 군중에게서 받으신 기쁨에 넘치는 환호성이 그가 사람들의 마음을 자기에게 이끄시려고 신적 능력을 행사하신 결과였다고 생각한다. 그렇다면 그것이 그들에게 **일시적인** 효과밖에 없었다는 사실에 대해서는 어떻게 설명하겠는가? 호산나라고 외쳤던 군중이 채 일주일도 지나지 않아서 "그를 십자가에 못 박으라"고 외친 사실에 대해서는 어떻게 설명하겠는가? 이것은 인간의 본성의 **변덕스러움**을 예증해 주는 것이라고 단언할 수 있는 바, 슬프게도 부인할 수 없는 사실이다. 그러나 그들의 **두** 외침이 다 '인간의 본성'을 나타내는 것일 뿐이라면 그들이 신적 능력의 영향을 받았다는 증거를 어디에서 찾아볼 수 있겠는가? 필자는 첫 외침의 동기를 그릇되게 해석함으로서 자연히 그런 어려움이 생기게 되었다고 믿는다.

이 두 외침은 하나님께서 인간을 다루시는 데 사용하시는 방법을 매우 분명하게 드러내고 있다. 즉 그것은 그의 **강제하시는** 능력과 **저지시키시는** 능력을 드러내고 있다. 전자에 대한 예증으로서 다음과 같은 예를 들 수 있다. 요셉에게 간수장의 눈에 띄도록 은혜를 베푸신 것도 바로 하나님이셨다(창 39:22). 발람이 이스라엘 백성을 저주하도록 고용되었을 때 그를 움직이시어 그들을 축복하게 하신 것도 바로 하나님이셨다(민 23:30). 고레스 왕의 마음을 자극하시어 그로 하여금 유대인들에게 팔레스타인으로 돌아갈 권리를 선언하도록 한 것도 곧 하나님이셨다(스 1:1, 2). 후자의 능력에 관한 예증으로서는 다음의 경우를 들 수 있다. 아비멜렉으로 하여금 범죄를 '피하게' 해주신 것은 곧 하나님이셨다(창 20:6). 요셉의 형제들이 "그를 보고 그를 **죽이기를** 꾀하게" 하신 것도 하나님이셨다. 그러나 하나님께서는 그들로 그 악한 계획을 실행하도록 허락지는 아니하셨다(창 37:18).

이제 이와 동일한 두 가지 일이 주 예수와 관련하여 복음서의 중요한 부분에 제시되어 있다. 그가 명령하시자 나병환자는 깨끗해졌고 맹인이 보게 되었으며 죽은 자가 다시 살아났다. 그가 말씀하시자 제자들은 그물을 버리고 그를 따랐고, 마태는 세리직을 떠났으며, 삭개오는 높은 나뭇가지에서 내려와 그를 자기 집으로 영접하였다. 그가 명령하시자 사도들은 돈도 빵도 없이 복음을 전하러 나갔다(눅 9:3). 그리고 눈에 보이는 것이라고는 다섯 개의 작은 보리떡과 생선 두 마리뿐이었는데도 그가 명령하시자 그들은 배고픈 군중을 먹이려고 자리에 앉혔었다. 그렇다. 그는 그의 위대한 **강제하시는** 능력을 행사하신 것이다. 그러나 그렇게 분명한 것은 아니지만 이때 그는 그의 **저지시키시는** 능력도 또한 행사하신 것이다. 나사렛에서 그를 거부하는 자들이 "그를 낭떠러지까지 끌고 가서 밀쳐 떨어뜨리고자 하되 예수께서 그들 **가운데로 지나서**" 가셨었다(눅 4:29, 30). 요한복음 10:39에서도 우리는 "그들이 다시 예수를 잡고자 하였으나 **그 손에서 벗어나 나가시니라**"는 말씀을 읽을 수 있다. 아랫사람들이 동산으로 그를 붙잡으러 왔을 때 그는 "내가 그니라"고 말씀하셨었다! 그러자 그들은 "물러가서 땅에 엎드러졌다"(요 18:6).

그러나 그리스도의 **저지시키는** 능력은 위의 예 외에 또 다른 방식으로 행사되었다. 그는 또한, 그를 로마인의 압제로부터 해방시켜주는 자로서 환영하려는 사람들의 육체에 따르는 영광을 **저지시키**셨다. 그들이 "와서 자기를 억지로 붙들어 임금으로 삼으려는 줄 아시고 다시 혼자 산으로 **떠나 가시니라**"(6:15). 그의 공생애 기간 전체를 통하여 그는 사람들이 표하려 하는 영광의 모든 공적 표시를 단념시키셨다. 그것은(인간적으로 말해서) 그의 원수들의 시기가 그의 복음전도를 적절치 않은 때에 종결시켜 버리지 않도록 하려 함이었다. 그러나 이제 그의 공생애가 끝났다. 그러므로 그는 **저지시키는 힘을 거두시고** 군중으로 하여금 기쁨에 찬 환호성으로 그를 맞도록 허락하신 것이다. 그리고 이것은 그가 그때 화려한 행렬을 바라셨기 때문이 아니라 성경을 응하게 하려 함이었다. 갈릴리인들의 그 기쁨의 도취는 그가 그때, 그리고 거기에 현세적인 왕국을 세우시리라고 상상한 데서 기인한 것이었다. 그러므로 **그들의** 희망이 좌절되자 그들의 도취는 분노로 변했다. 그리고 **그들은** "그를 십자가에 못 박으라"고 외치는 자들에게 가담한 것이다!

다음 장을 위해 예비한 아래 질문들을 숙고해 보라.

1. 헬라인들은 어째서 빌립을 찾아왔는가?(21절)
2. 빌립은 어째서 그리스도께 말씀드리지 않고 먼저 안드레에게 말하였는가?(22절)
3. "영광을 얻다"는 말은 무슨 뜻인가?(23절)

4. 그리스도께서는 어째서 그 때 24절의 말씀을 하셨는가?

5. 31절은 무슨 의미인가?

6. "이끌겠다"는 말은 무슨 뜻인가?(32절)

7. 예수께서는 어째서 "숨으셨는가?" (36절)

제43장

이방인들이 그리스도를 찾음

²⁰명절에 예배하러 올라온 사람 중에 헬라인 몇이 있는데 ²¹그들이 갈릴리 벳새다 사람 빌립에게 가서 청하여 이르되 선생이여 우리가 예수를 뵈옵고자 하나이다 하니 ²²빌립이 안드레에게 가서 말하고 안드레와 빌립이 예수께 가서 여쭈니 ²³예수께서 대답하여 이르시되 인자가 영광을 얻을 때가 왔도다 ²⁴내가 진실로 진실로 너희에게 이르노니 한 알의 밀이 땅에 떨어져 죽지 아니하면 한 알 그대로 있고 죽으면 많은 열매를 맺느니라 ²⁵자기의 생명을 사랑하는 자는 잃어버릴 것이요 이 세상에서 자기의 생명을 미워하는 자는 영생하도록 보전하리라 ²⁶사람이 나를 섬기려면 나를 따르라 나 있는 곳에 나를 섬기는 자도 거기 있으리니 사람이 나를 섬기면 내 아버지께서 그를 귀히 여기시리라 ²⁷지금 내 마음이 괴로우니 무슨 말을 하리요 아버지여 나를 구원하여 이 때를 면하게 하여 주옵소서 그러나 내가 이를 위하여 이 때에 왔나이다 ²⁸아버지여, 아버지의 이름을 영광스럽게 하옵소서 하시니 이에 하늘에서 소리가 나서 이르되 내가 이미 영광스럽게 하였고 또다시 영광스럽게 하리라 하시니 ²⁹곁에 서서 들은 무리는 천둥이 울었다고도 하며 또 어떤 이들은 천사가 그에게 말하였다고도 하니 ³⁰예수께서 대답하여 이르시되 이 소리가 난 것은 나를 위한 것이 아니요 너희를 위한 것이니라 ³¹이제 이 세상에 대한 심판이 이르렀으니 이 세상의 임금이 쫓겨나리라 ³²내가 땅에서 들리면 모든 사람을 내게로 이끌겠노라 하시니 ³³이렇게 말씀하심은 자기가 어떠한 죽음으로 죽을 것을 보이심이러라 ³⁴이에 무리가 대답하되 우리는 율법에서 그리스도가 영원히 계신다 함을 들었거늘 너는 어찌하여 인자가 들려야 하리라 하느냐 이 인자는 누구냐 ³⁵예수께서 이르시되 아직 잠시 동안 빛이 너희 중에 있으니 빛이 있을 동안에 다녀 어둠에 붙잡히지 않게 하라 어둠에 다니는 자는

그 가는 곳을 알지 못하느니라 [36]너희에게 아직 빛이 있을 동안에 빛을 믿으라 그리하면 빛의 아들이 되리라 예수께서 이 말씀을 하시고 그들을 떠나가서 숨으시니라(요 12:20-36)

우리가 여기에서 고찰하게 될 구절들을 다음과 같이 분석해 보자.

1. 예수를 만나고자 하는 헬라인들의 바람(20-23절)

2. 그리스도의 답변(24-26절)

3. 그리스도의 기도와 아버지의 응답(27, 28절)

4. 무리의 우둔함(29, 30절)

5. 그리스도의 예언(31-33절)

6. 사람들의 의문(34절)

7. 그리스도의 경고(35, 36절)

우리 주님의 공생애가 거의 끝나가고 있다. 그가 십자가에 못 박히시기까지는 이제 일주일도 채 남지 않았다. 그러나 그는 자신의 생명을 버리시기 전에 자신의 영광을 여러 가지로 드러내야만 하셨다. 요한복음 11장에서 우리는 그가 **하나님의 아들**이라는 놀라운 증거를 보았다. 그가 나사로를 다시 살리신 것이 곧 그것을 증명해 준다. 이제 우리는 그가 **다윗의 아들**이라는 표시를 보게 된다. 예수께서 예루살렘으로 입성하실 때 군중이 외친 호산나라는 환호성은 그가 이스라엘의 왕임을 증명하였다. 이제 이 구절에 제시된 것은 특히 **인자**로서의 그에게 초점이 맞추어진 내용이다. 그는 다윗의 아들로서 이스라엘과 관계가 있으나 인자라는 칭호는 좀 더 광범위한 관계를 함축한다. 그가 옛적부터 항상 계신 자에게 인도되신 것도 바로 '인자'의 자격으로였으며, 그러한 자격으로서의 "그에게 권세와 영광과 나라를 주고 **모든** 백성과 나라들과 다른 언어를 말하는 모든 자들이 그를 섬기게 하였던" 것이다(단 7:14). 이 구절들에 나타나 있는 바 이방인들이 찾아와 '우리'가, '그리스도'가 아니라 '**예수**'를 '보러 왔다'고 말한 것도 실은 위 사실과 일치를 이룬다. 그래서 아버지께서는 그의 복되신 아들이 십자가의 치욕을 겪으시기 전에 이 세 가지 증거를 받으시도록 조처하셨다.

내용별로 구별지을 수 있는, 한 단락과 다른 단락을 연결시켜 주고 있는 **관련성**을 추적하는 것은 교훈적이고 또 복된 일이다. 요한복음 12장의 이 세 번째 부분과 그 앞부분 사이에는 밀접한 관계가 있다. 이 강해를 진행시키는 동안 필자는 이 복음서 속의 진리가 **점진적인 단계로 전개되어 있는 점**에 거듭 주의를 환기시켜 왔다. 그리고 여기에서도 우리는 그리스도께서 자신의 죽음과 부활에 대하여 언급하실 때 점진적인 전개 방식에 따라 놀라운 **순서**를 지키신 것을 본다. 요한복음 10장에서의 주 예수께서는 유대교로부터 선택된 하나님의 택함받은 자들을 이끌고 그들을 자유로운 땅으로 데려가시는 목자로 나타나 있다. 그리고 그는 이 양들을 차지하기 위하여 **자기의 생명을 내놓으신다**(11, 15, 17, 18절). 요한복음 11장에서의 그는 부활이요 생명으로서, 자기 양 떼를 다시 살리는 권능을 가지고 계신 **죽음의 정복자로**서 나타난다. 그리고 이것은 앞 장의 주제에서 분명히 한 단계 전진한 것이다. 그러나 요한복음 12장에서 그는 자기 자신을 '많은 열매' 를 맺기 위하여 땅에 떨어져 죽어야 할 '밀알' 이라고 말씀하셨다. 이것은 12장의 첫 부분에서 예증된 **일체와 연합을** 가리키고 있다. 거기에는 그리스도와 함께 **저녁을 먹는** 무리가 베다니에 행복하게 모여 있는 광경이 나타나 있다.

주 예수께서 다른 사람들에게 '부활' 이요 '생명' 이시라면 이제 우리는 이 사실이 **그를 위해서도** 적용된다는 것을 알아야 한다. 그는 많은 형제 중에 장자가 되심으로써 영광을 받으셔야만 한다. 그러나 어떻게 영광을 받으실 것인가? 죽음으로 말미암아서이다. "한 알의 밀이 땅에 떨어져 **죽지** 아니하면 **한 알 그대로** 있고 죽으면 많은 열매를 맺느니라"(12:24). 그의 죽음으로 말미암지 아니하고 생명이 우리에게 올 수 없다. 즉 죽음으로부터의 부활 생명은 성취되지 못한다. 사람이 거듭나지 **아니하고는** 하나님의 나라에 들어갈 수 없다. 그리고 그리스도가 죽지 **아니하시고는** 아무도 거듭날 수 없다. 거듭남은 새 생명을 부여받은 것이다. 그 생명은 다름 아닌 부활하신 구세주의 생명이요, 죽음을 통과한 생명이며, 그러므로 영원히 심판이 미치지 **못하는** 생명이다. "하나님의 은사는 그리스도 예수 우리 주 **안에 있는** 영생이니라"(롬 6:23).

어떤 사람은 여기에서 한 난점에 부딪힐 것이다. 신자 안에 있는 거룩하신 생명이 **부활하신** 그리스도의 생명이라면 구약 시대의 성도들의 생명은 어떤 것일까? 그러나 이 의문은 실제로 어려운 것이라기보다는 생각하기에 어렵게 여겨지는 문제일 뿐이다. 위대하신 희생제물이 하나님께 봉헌되기 전까지는 어떤 사람에게도 **구원이** 있을 수 **없으며** 죄가 없어질 수도 없다. 그러나 이 사실을 근거로 십자가 사건 이전에는 아무도 구원되지 **못했다고**[과거 시제인 점에 주목하라] 단정할 수는 없다. 생명과 구원은 십자가로부터, 그리고 텅 빈 무덤으로부터 시작하여 그 사건이 있은 이 후로 흐를 뿐만 아니라 **그 이전으로도** 흐른다. 그러나 구약 성경에서 신자들이 '영생'을 가졌다고 기록된 곳이 전혀 없는데 그것은 의미심장한 일이다. 그리고 그에 대한 이유는 디모데후서 1:10에서 나와 있다. "이제는 우리 구주 그리스도 예수의 나타나심으로 말미암아 나타났으니 그는 사망을 폐하시고 복음으로써 **생명과 썩지 아니할 것**을 드러내신지라."

우리 주님께서는 여기에서 **이방인들**이 그를 찾아올 때까지 그와 신자들 간의 연합에 대해 말씀하지 않으셨는데 그것은 놀라운 일이다. 그것은 그가 이제까지 이스라엘에게 말씀하신 그 어느 것보다 더 숭고한 진리이다. 그의 메시야 직분은 육체적인 관계, 즉 '다윗의 자손' 이라는 점에 기인하며, 그가 그의 조상 다윗의 위에 앉아 "야곱의 집을 왕으로 다스리실 것"(눅 1:32, 33)도 바로 이 관계에 근거를 두고 있다. 그러나 이것은 그가 이 세상에 처음 오셨을 때 성취하려 한 목표가 아니었다. 그의 백성들을 그가 계신 처소로 이끌어 영광 안에 거하게 하는 것 ─ 그것이 곧 그의 마음에 품으신 목적이었다(요 14:2, 3). 그러나 하늘의 백성은 육체적인 관계보다 훨씬 더 숭고한 어떤 것에 의해 그와 관계를 맺어야만 한다. 그들은 그와 영적으로 결합되어야 하는데, 이것은 죽음을 통과한 부활이라는 관점으로만 가능한 일이다. 기록되기를, "그러므로 우리가 이제부터는 어떤 사람도 육신을 따라 알지 아니하노라 비록 우리가 그리스도도 **육신을 따라** 알았으나 이제부터는 그같이 알지 아니하노라"(고후 5:16). 이제 **모든** 사람(유대인뿐만 아니라 택함받은 이방인들도)을 그에게로 이끄는 것은 (이 땅의 **위로**) '들려진' 바로 그분이시다.

"**명절에 예배하러 올라온 사람 중에 헬라인 몇이 있는데 그들이 갈릴리 벳새다 사람 빌립에게 가서 청하여 이르되 선생이여 우리가 예수를 뵈옵고자 하나이다 하니**"(12:20, 21). 이 구절은 참으로 놀랍다. 이스라엘이 그리스도를 저버린 것은 그들이 그를 로마인들에게 넘겨주는 행동으로써 공공연히 입증될 것이다. 수세기 전에 다니엘이 선언했던 것처럼 예순아홉 이레 후에 "기름 부음을 받은 자가 끊어져 없어질 것이다"(단 9:26). 유대인들이 그리스도를 저버린 후에 하나님께서는 이방인들을 방문하셔서 "그들 중에서 자기 이름을 위할 백성을 취하고자" 하셨다(행 15:14). 여기에서 '헬라인들' 이 그리스도께 간청한 일은 바로 위 사건을 예시(豫示)하고 있다. 이 두 사건의 **관계**는 매우 주목할 만하다. 19절에서 우리는 시기하는 바리새인들이 "온

세상이 그를 따르는도다"라고 말하는 것을 발견한다. 여기에서는 "[그리고] **헬라인** 몇이 있는데 우리가 예수를 뵈옵고자 하나이다 하니"라는 말을 읽을 수 있다. 말하자면 그것은 곧 있게 될 추수의 '첫 열매'였다. 그것은 "흩어진 하나님의 자녀를 모아 하나가 되게 한 것"의 증거이다(11:52). 그것은 "희어져 추수하게 된" 밭의 또 다른 증거이며(4:35), 이 '헬라인들'은 선한 목자께서 이끄셔야 할 또 다른 '양'을 가리킨다. 이방인들(동방 박사들)이 그리스도께서 탄생하신 직후에 그를 찾아왔던 것처럼 이제 여기에서도 이 '헬라인들'이 그가 죽으시기 직전에 그를 찾아왔는데 이 점 또한 의미심장하다.

이 '헬라인들'이 정확하게 누구였는지 필자로서는 확실히 말할 수 없다. 그러나 두 가지를 근거로 필자는 그들이 아마 수로보니게 사람일 가능성이 크다고 생각한다. 첫째로, 우리는 마가복음 7:26에서 귀신들린 딸을 위해 그리스도에게 왔던 여자가 "**헬라인**이요 수로보니게 족속이라"고 불린 것을 읽을 수 있다. 둘째로, 이들이 빌립을 찾아온 것이 그 근거이다. 왜냐하면 빌립은 "갈릴리의 벳새다 사람"으로 기록되었으며, 그 도시는 수로보니게와 접경 지역에 있기 때문이다. 빌립이 **안드레**에게 조언을 구하러 찾아갔다는 사실이 이 근거가 타당한 것임을 입증해 준다. 왜냐하면 안드레도 갈릴리의 벳새다 출신이었으며(1:44), 그러므로 그는 벳새다의 이웃 주민인 이들을 가장 잘 알고 있는 사람일 것으로 추측할 수 있기 때문이다. 이 '헬라인들'이 우상을 숭배하는 이교도가 아니었다는 것은 그들이 "명절에 **예배하러** 올라왔다"는 사실로 증명되며, 그 동사는 그들이 늘 그렇게 하곤 했음을 보여준다!

이 '헬라인들'은 겸손한 태도를 취했다. 그들은 빌립에게 '청하였다' 이 말에 해당하는 헬라어는 '요청하다' '찾다' '간청하다' 등으로 다양하게 표현된다. 그들은 빌립에게 먼저 그들의 소망을 알렸다. 그리고 그들은 그 간청이 이루어질 수 있을 것인지를 물었다. 그들은 "선생이여 우리가 예수를 뵙고자 하나이다." 또는 좀 더 문자 그대로 "우리가 예수를 뵈옵고자 하나이다"라고 말하였다. 그 무렵에 이스라엘의 지도자들은 그를 **죽이려고** 하였는데 이 헬라인들은 그를 **뵙고자** 하였다. 이것은 예수가 유대인뿐만 아니라 이방인들의 구세주도 되심을 암시하는 것으로서 유대인이 아닌, 외부 세계의 깨달은 의식을 가진 자가 말한 것 중 최초의 것이다. 구약 성경에 기록되어 있기를 "모든 나라의 보배가 이르리니"(학 2:7)라고 하였다. 이 헬라인들을 찾아오게 한 것이 쓸데없는 호기심 이상의 것이었음을 우리는 의심할 수 없다. 왜냐하면 그들이 바라는 것이 단순히 예수를 육체의 눈으로 보고자 함이라면, 그것은 그들이 빌립에게 면담을 요청하지 않고도 예수께서 성전으로 들어가실 때, 또는 예루살렘 거리를 다니실 때 쉽사리 그 호기심을 성취할 수 있었을 것이기 때문이다. 그들이 갈망했던 것은 예수와의 **개인적이고 밀접한** 친교였다. 그들이 요청을 제시한 형태는 예언적으로 의미심장하다. 그것은 "우리가 그의 말을 **듣고자** 하나이다"라거나 또는 "우리가 그의 놀라운 이적 중의 하나를 목격하고자 하나이다"라고 되어 있지 않고 "우리가 **예수를 뵈옵고자** 하나이다"라고 되어 있다. 그것은 오늘날에도 마찬가지이다. 그는 더 이상 여기에 육체로 계시지 않는다. 우리는 그를 더 이상 만지거나 그에게서 들을 수 없다. 그러나 우리는 그를 **볼 수** 있는데, 바로 믿음의 눈으로 볼 수 있는 것이다!

"**빌립이 안드레에게 가서 말하고**"(12:22). 얼핏 볼 때 이것은 매우 이상하게 생각된다. 빌립은 어째서 구세주께 즉시 가서 헬라인들의 요청을 전하지 아니하였을까? 이 지체함은 그에게 그들을 사랑하는 마음이 부족했기 때문이었을까? 필자는 그렇게 생각지 않는다. 요한복음이 그에 대해 최초로 언급한 것을 보면 그는 복음적 열심이 넘치는 사람이다. 빌립은 그리스도의 제자가 되자마자 "나다나엘을 **찾아** 이르되 모세가 율법에 기록하였고 여러 선지자가 기록한 그이를 우리가 만났으니 요셉의 아들 나사렛 예수니라"(1:45)고 말하였다. 그렇다면 그가 주님을 찾지 않고 안드레를 찾아간 일을 어떻게 설명해야 할까? 우리는 마태복음 10:5에서 그 답을 찾을 수 있을 것이다. 그리스도께서 열두 제자로 하여금 첫 전도 여행을 떠나보내실 때 그는 그들에게 분명히 이렇게 명하셨다. "**이방인의** 길로도 가지 **말고** 사마리아인의 고을에도 들어가지 말라." 그리고 제자들은, 그가 가나안 여자에게 "나는 이스라엘 집의 잃어버린 양 외에는 다른 데로 보내심을 받지 아니하였노라"(마 15:24)고 말씀하시는 것을 들었다. 빌립이 여기에서 안드레를 찾아가 그의 조언을 구했던 이유는 아마 그가 이와 같은 분명한 말씀을 기억하고 있었기 때문일 것이다.

"**안드레와 빌립이 예수께 가서 여쭈니**"(12:22). 우리가 방금 고찰해 온 사실에 비추어 볼 때 우리는 두 제자의 행동을 어떻게 설명할 수 있을까? 그들은 어째서 '헬라인들'에게 가서 그들의 요청이 수락될 수 없다고 정중하게 말하지 않았을까? 그들은 어째서 예수는 이스라엘의 메시야요 그러니 이방인들과는 상종치 아니하신다고 분명하게 말하지 않은 것일까? 필자는 이전에 일어났던 일로 인하여 사도들이 깊은 인상을 받았기 때문이었으리라고 믿는다. 구세주께서 나귀에 오르신 것, 그가 아무런 저항 없이 받아들이신 군중의 환호, 그의 경사스러운 예루살렘 입성, 그 직후에 행하신 그의 성전 정화(마 21:12, 13), 이 모든 일들로 인하여 사도들의 희망은 극에 달하였음이 분명하다. 그가 열렬히 바라시던 들어올려짐의 시각이 진정 가까이 온 것이 아닐까? "온 **세상**" 이 실제로 지금 그를 따르고 있지 않은가(요 12:19)? '헬라인들' 의 이 요청은 그가 곧 왕국을 차지하시고, 또 "그의 백성 이스라엘의 영광" 이실 뿐만 아니라 "이방인을 비추시는 빛" 이 되신다는 것을 더 확실히 암시하는 것이 아닌가? 안드레와 빌립이 예수께 가서 말씀드릴 때 아마도 그들이 품고 있던 생각은 바로 **이런 것**이었을 것이다.

"예수께서 대답하여 이르시되 인자가 영광을 얻을 때가 왔도다"(12:23). 주님께서 자신의 '때' 가 왔다고 선포하신 것은 여기가 처음이다. 가나에서 그는 그의 어머니에게 "내 때가 아직 이르지 아니하였나이다"(2:4)라고 말씀하셨다. 그리고 그의 공생애의 중반기 무렵에도 우리는 "손을 대는 자가 없으니 이는 그의 때가 아직 이르지 아니하였음이러라"(7:30)는 말씀을 읽을 수 있다. 그러나 여기에서 그는 그의 때가 **왔다**고, 그가 인자로서 "영광을 얻을" 때가 왔다고 선언하셨다. 그러나 여기의 그가 "영광을 얻으신다"는 것은 무슨 의미일까? 필자는 그것이 두 가지 사실을 가리킨다고 생각한다. 주 예수께서 이 말씀을 하셨던 상황과의 관계를 고려해 볼 때 이 말의 의미는 분명히 이런 것이다. 즉 이방인들의 존귀한 존경을 받음으로써 인자가 영광을 얻으셔야 할 때가 왔다. 그는 아브라함의 씨로 말미암아 지상의 모든 가족이 축복을 받을 때가 무르익었다는 것을 암시하셨다. 그러나 이 구절을 바로 다음 구절과 연결시켜 볼 때 예수께서는 다가오는 자신의 죽음을 가리키신 것이 분명하다. 예수의 제자들에게는 십자가가 가장 비천한 굴욕의 심연으로 보였음에 틀림없다. 그러나 구세주께서는 그것을(그 굴욕도 또한) 그를 영광스럽게 하는 것으로 여기셨다. 요한복음 13:30, 31은 이 사실을 충분히 입증해 준다. "유다가 그 조각을 받고 곧 나가니 밤이러라 [그러므로] 그가 나간 후에 예수께서 이르시되 **지금** 인자가 **영광을 받았고 하나님도 인자로 말미암아 영광을 받으셨도다**." 이 두 사실은 밀접하게 연관되어 있다. 구원은 그리스도의 죽음으로 말미암지 않고는 이방인들에게 올 수 없었다.

"예수께서 대답하여 이르시되 인자가 영광을 얻을 때가 왔도다"(12:23). 그리스도께서 누구에게 이 말씀을 하셨는지를 파악하기는 전혀 어렵지 않다. 필자는 제자들에게 그 말씀을 하신 것이라고 생각한다. 주님께서 여기에서 '이 헬라인들' 에게 면담을 허락하셨는지 아닌지는 기록에 들어 있지 않다. 다시 말해서, 그 때 그는 이방인들은 들어오지 못하게 되어 있는 성전 구내에 있었는데 그 요청을 들어 주시기 위해 그곳을 떠나 바깥 이방인의 뜰로 나가셨는지 아닌지에 대해서는 기록되어 있지 않다. 필자 개인으로서는 모든 것을 고려해 볼 때 예수께서는 그를 만나려 한 그들의 청을 들어주시고자 그러한 수고를 하신 것 같지는 않다고 본다. 이 '헬라인들'의 요청이 수락되지 않았다면 그것은 그들에게 구원이란 그의 완벽한 삶이나 그의 놀라운 이적에 의해서가 아니라 **십자가에 못 박히신** 자에게서, 그를 믿음으로써만 온다는 사실을 가르쳐 주시는 것이다. 그들은 그가 이스라엘의 메시야가 아니라 "세상의 죄를 없애시는 하나님의 어린 양"이신 것을 알아야 했다.

"내가 진실로 진실로 너희에게 이르노니 한 알의 밀이 땅에 떨어져 죽지 아니하면 한 알 그대로 있고 죽으면 많은 열매를 맺느니라"(12:24). 그리스도의 생각은 그 때 제자들의 마음을 채우고 있던 생각과는 전혀 달랐다. 그는 분명히 먼 장래도 내다보셨지만 가까운 장래도 생각하고 계셨다. 죽음이 그의 길 위에 놓여 있었다. 그리고 그의 제자들은 지극히 큰 기쁨과 희망에 들떠 있었지만 그 때 그가 염두에 두고 있던 것은 바로 그 죽음이었다. 영광이 있기 전에 반드시 고난이 있어야만 했다. 면류관이 있기 전에 십자가가 먼저 있어야 했다. 그 때 그의 지상적인 영광을 위해 외견상으로 모든 것이 준비된 듯했다. 군중은 그를 왕이라 외쳤다. 로마인들은 잠잠하였으며(이것은 가장 놀라운 일이다) 아무런 반대도 하지 않았다. 그리고 헬라인들이 그를 찾아 왔다. 그러나 구세주께서는 그가 그의 왕국을 세우시기 전에 먼저 하나님의 일을 성취하셔야 한다는 것을 알고 계셨다. 그가 죽으시지 아니하면 아무도 그와 함께 영광 안에 거할 수 없었다.

"한 알의 밀이 땅에 떨어져 죽지 아니하면 한 알 그대로 있고 죽으면 많은 열매를 맺느니라." 여기에서는 자연계의 특징인 증대(增大)의 법칙을 보여주기 위하여 자연의 일이 도입되었다. 그리고 주님께서 겪으셔야 할 죽음의 필연성을 뒷받침하는 논거로서 창조의 법칙이 제시되어 있다. 이와 같은 방법으로 자연계의 비유를 드러내고 사용한 것은 실로 숭고한 일이다! 그리고 여기에 우리가 자연을 해석해야 하는 한 방법이 제시되어 있다! 그것은 소위 '자연신학'이 무시하고 있는 그리스도야말로 자연계를 해석하는 참된 열쇠라는 것과 그 위에 십자가가 지워질 수 없게 찍혀 있다는 것을 보여준다. 그러므로 자연은 원시적인 선지자의 역할을 하고 있으며, 하나님이시요 만물의 창조주이신 **말씀**께서는 성경의 말씀이 되셨을 뿐 아니라 오늘날 우리 눈앞에 분명하게 전개된 사실이 되셨다.

"한 알의 밀이 땅에 떨어져 죽는다. 그것은 그 안에 생명을 가지고 있다. 그래서 죽음을 거쳐 그 생명이 나온다. 밀알이 겪는 죽음은 그 생명을 위한 것이며 그 생명은 그 씨가 껍질로부터, 즉 자기를 둘러싸고 있는 장벽으로부터 벗어나서 주변의 물질을 붙잡고 그것들을 흡수할 때 싹트게 된다. 그리고 그렇게 함으로써 밀알은 그 부활인 식물로 자라나고 마침내 부활의 열매인 많은 결실을 내게 된다. 여기 우리 주님의 처지와 자연계의 현상 사이에는 유사성이 있는데 주님께서 이 예를 택하신 것은 결코 우연한 일이 아니다. 그것은 구약 시대의 선지자가 말한 것과 마찬가지로 참된 예언이다. 소출을 거두려고 땅에 심는 모든 씨는, 생명을 주시는 자가 죽어야만 한다는 절대 명백한 예언을 나타내고 있다. 물론 그리스도와 인간의 연합은 필수적으로 성육신이 단계를 거쳐야 이루어지지만, 성육신하심 안에서 이루어지는 것은 아니다. 세상에 오신 복되신 분께서는 새로운 사람, 둘째 사람이셨으므로 그는 옛 사람과의 연합을 이루실 수 없었다. 그리고 그 생명은 인간의 빛이셨다. 그러나 그것이 전부였더라면 역사는 다음과 같은 말로 요약될 수 있을 것이다. '빛이 어둠을 비추고 있었으나 어둠은 그 빛을 알아보지 못하였다. 그가 세상에 있었다. 그런데 세상은 그를 알아보지 못하였다.' 죽은 자들에게 보는 눈이 생기려면 생명이 주어져야 한다. 인간은 하나님의 가족으로 다시 날 수 있다. 그런데 인간으로의 하나님의 아들이 그 가족의 첫 조상이시다. 그러나 **생명**께서 단순히 생명을 주실 수는 없다. 주위에 영원한 의(義)의 군단(band)이 있는데, 그 군단은 죄인들에게 정죄를 선포하며 형벌을 받음으로써 의가 만족되어야만 사라질 수 있다. 죽음만이 ― 예수께서 견디신 것과 같은 그 죽음만이 ― 그를 이 제한으로부터 해방시킬 수 있다. 그는 '그것이 성취될 때까지는 **고난을 겪으실** 것이다.' 그는 부활하심으로써 방면(放免)되시며 새 피조물의 머리가 되신다. 그리고 '누구든지 그리스도 안에 있으면 새로운 피조물이다' (고후 5:17). 그의 피로 구속된 자들 안에서 생명나무는 그 값진 소출을 낸다" (*Numerical Bible*).

  "**자기의 생명을 사랑하는 자는 잃어버릴 것이요 이 세상에서 자기의 생명을 미워하는 자는 영생하도록 보전하리라**" (12:25). 무엇보다도 이것은 그의 사랑하시는 제자들을 위한 경고의 말씀이다. 그들은 그가 가시는 길에서 사람들이 승리의 종려나무를 흔드는 것을 방금 목격하였다. 그러나 그들은 곧 배반자들로 둘러싸인 그를 보아야만 한다. 사람들의 외치는 '호산나' 소리의 반향이 아직도 그들의 귓전에 울리고 있었다. 그러나 불과 나흘이 지난 후에 그들은 바로 그 사람들이 "예수를 못 박으시오"라고 외치는 소리를 들어야만 한다. 그러면 그들은 그의 고난에 동참하게 될 것이다. 그러나 이 사실들 때문에 그들의 마음이 변하게 되어서는 안 되었다. 그들은 그리스도께서 그렇게 하신 것처럼 자기의 생명을 소중하게 여겨서는 안 되었다. 그는 그들에게 이기심에 대하여, 비겁함에 대하여, 순교의 십자가를 회피하는 것에 대하여 경고하신다. 그러나 이 원칙은 좀 더 광범위하게 적용된다.

자연인(natural man)과 하나님 사이에는 아무런 연결 고리가 없다. 사람이신 그리스도 예수 안에는 하나님과 완전한 일체를 이루고 있는 생명이 **있었다.** 그러나 그가 구하러 오신 자들의 상태로 인하여 그는 그 생명을 내려놓으셔야 했다. 그리고 그는 우리에게 우리도 그의 발자취를 따라야 한다는 모범을 남겨 주셨다. 우리가 우리의 본성적인 생명을 구하고자 한다면 우리는 그것을 내어놓아야만 한다. 이 세상에서 자기 생명을 사랑하는 자는 반드시 그것을 잃어버려야 한다. 왜냐하면 그것은 하나님에게서 "유리되어 있기" 때문이다. 그러나 하나님의 은혜로, 어떤 사람이 하나님과 원수인 것으로부터 **진정으로 떠나** 있다면(약 4:4), 또 그의 능력을 하나님께 바친다면, 그는 영원한 나라에서 그것을 다시 갖게 될 것이다.

"사람이 나를 섬기려면 나를 따르라 나 있는 곳에 나를 섬기는 자도 거기 있으리니 사람이 나를 섬기면 내 아버지께서 그를 귀히 여기시리라"(12:26). 앞 구절이 제자들을 위한 **경고**였다면 이것은 그들을 **격려**하시기 위한 말씀이다. "본가지에 달려 있는 밀알은 저마다 반드시 그 자연의 법칙에 따라 그것을 낳아준 어미 밀곡의 모범을 따라야 한다. 그의 백성도 또한 그가 가신 자취대로 그를 따라가도록 각오해야만 한다. 여기에 섬김의 규칙이 있으며, 섬김의 보상이 있다. 그리스도가 계시는 곳에 그와 함께 있는 것, 그것이 곧 사랑이 얻고자 하는 보상이며, 사랑이 넘치는 그러한 봉사에 아버지께서 씌워 주시는 영광의 면류관이 바로 보상이다. 그것을 얻는 방법은 그가 걸으신 길을 따라 걷는 데 있다. 그 길의 전체적인 특성으로 볼 때 그것이 무엇인지는 오해의 여지 없이 분명하다"(F. W. Grant).

"지금 내 마음이 괴로우니 무슨 말을 하리요"(12:27). 이것은 새로운 피조물이 태어날 수 있기 전에 먼저 구세주께서 겪으셔야 할 고통의 시작이다. 그는 그가 방금 말씀하셨던 그 죽음의 불안에 사로잡히셨다. 그 다가올 '시각'에 대한 공포로 인하여 그의 거룩하신 영혼은 심연까지 동요되었다. 그것은 겟세마네의 서곡이었다. 그것은 그의 내적 고통을 드러내고 있다. 그의 고뇌는 극에 다다랐다. 그의 마음은 고뇌로 시달리고 있었다. 공포, 비판, 낙담, 이 모든 것이 "민망하다"는 말 속에 내포되어 있다. 그러면 무엇 때문에 이것을 느끼게 되셨을까? 그가 사람들에게서 받으시게 될 모욕과 고통 때문이었을까? 뱀에 물릴 그의 발꿈치의 상처 때문이었을까? 진정 그런 것 때문이 아니었다. 그것은 "우리를 위하여 **저주**로 삼아지시리라"는, 다시 말해서 죄를 미워하시는 하나님의 의로운 진노를 견뎌 내어야 하리라는 것을 예상하셨기 때문이었다. 그는 "내가 무엇을 **택하리요**"가 **아니라** "내가 무슨 말을 하리요"라고 물으셨다. 거기에는 의도적인 망설임이나 우유부단함이 들어 있지 않다. 그의 거룩하신 본성으로는 "죄로 삼아지는" 것을 회피하셨다 할지라도, **그** 잔이 그에게서 지나가게 해 달라고 요청하신 것은 그의 완벽성을 두드러지게 드러내 주었을 따름이다. 그러나 그는 주저하지 않으시고 아버지의 뜻에 굴복하셨으며 이렇게 말씀하셨다. "내가 이를 위하여 이 때에 왔나이다." 그는 쓴 잔을 받아들이셨다.

"**아버지여, 아버지의 이름을 영광스럽게 하옵소서**"(12:28). 그리스도께서는 죄의 대가로서의 죽음을 방금 내다보셨으며 그것은 지극히 공포스럽고 아주 분명한 것이었다. 그리고 그는 그것에 순종하셨다. 그것은 아버지께서 영광을 받으시게 하고자 함이었다. 그 앞에 있었던 지금까지의 일도 바로 그것을 위해서였다. 아버지의 응답이 즉시로 주어졌다. "이에 하늘에서 소리가 나서 이르되 내가 이미 영광스럽게 하였고 또다시 영광스럽게 하리라 하시니"(12:28). 하나님의 아들께서는 나사로의 무덤에서 죽은 자를 다시 살리시는 자로서 영광을 얻으셨다. 그리고 이제 여기서 그는 하늘로부터 나는 음성을 통하여 인자로서 영광을 얻으셨다. 그러나 여기에는 그 이상의 의미가 들어 있다. 아버지께서는 미래시제를 사용하셨다. "내가 다시 영광스럽게 **하리라**." 그는 양 떼의 위대한 목자이신 우리 주 예수를 죽은 자들 가운데서 다시 살리심으로 이 일을 이루셨다. "아버지의 **영광**으로 말미암아 그리스도를 죽은 자 가운데서 살리심과 같이 …"(롬 6:4).

"**곁에 서서 들은 무리는 천둥이 울었다고도 하며 또 어떤 이들은 천사가 그에게 말하였다고도 하니**"(12:29). 이것은 본성적인 인간은 하나님의 일을 이해할 수 없음을 입증하는 증거이다. 우리는 다소의 사울이 회심할 때 하늘로부터 주님의 음성이 들려왔던 경우에서 이와 똑같은 예를 본다. 사도행전 9:4에서 우리는 한 음성이 그에게 이르러서 "사울아 사울아 네가 어찌하여 나를 박해하느냐"는 기록을 읽을 수 있다. 사도행전 22:9에서 바울은 이렇게 말한다. "나와 함께 있는 사람들이 빛은 보면서도 나에게 말씀하시는 이의 소리는 듣지 못하더라." 그들은 그가 말씀하시는 것을 듣지 못하였다. 구세주께서는 이 앞에서 이렇게 선언하셨었다. "어찌하여 내 말을 깨닫지 못하느냐 이는 내 말을 들을 줄 알지 못함이로다"(8:43). 이 유대인들이 아버지의 음성을 듣지 못한 것은 십자가가 절대적으로 필요함을 강조해 준다!

"**예수께서 대답하여 이르시되 이 소리가 난 것은 나를 위한 것이 아니요 너희를 위한 것이니라**"(12:30). 아버지께서 아들에게 들을 수 있게 말씀하신 것은 세 번이었다. 그것은 각각 그의 메시야로서의 생애의 초기와 중기, 그리고 말기에 있었으며, 각각의 경우에 그것은 그의 **죽음**을 암시하는 것이었다. 요단 강가에서의 그리스도는 상징적으로 죽음의 처소로 내려가신 것이었다. 거룩한 산에서 모세와 엘리야는 그와 더불어 "그의 죽음"에 대해 이야기를 나누었다(눅 9:31). 그리고 여기에서는 그리스도께서 자신의 '때'가 가까이 왔음을 방금 선언하셨었다. 아버지의 음성이 최초로 들렸을 때 그리스도께서는 그의 **선지자적** 직무를 수임하셨음에 주목해야만 한다. 두 번째 경우에서의 그 음성은 다가오는 죽음과 관계가 있었다. 그것은 그의 **제사장적** 직무, 즉 죄를 위하여 희생 제물로서 자신을 바치게 되리라는 것과 관계가 있다. 여기에서의 음성은 그가 **왕**으로서 환호를 받은 직후에 들려왔다. 그리고 그 때는 그가 왕으로서의 모든 표지를(비록 조롱 가운데에서이긴 하였지만) 받으신 때였다. 또 그의 십자가 위에도 "유대인의 **왕**"이라는 칭호가 달렸었다. 우리는 아버지께서 들을 수 있도록 말씀하신 세 번의 음성이 **점진적인 공개성을 띠고 있음**에 주목해야 한다. 최초의 음성은 세례 요한에게만 들렸다. 두 번째는 그의 세 제자들에게 들렸다. 그리고 여기 세 번째에서는 성전에 모여 있던 사람들에게 들렸다. "너희를 위하여." 그것은 '제자들의 믿음을 강하게 해주시기 위하여 불신자들의 모든 변명을 제거하신다'는 의미이다.

"**이제 이 세상에 대한 심판이 이르렀으니**"(12:31). 이것은 그가 행하려 하시는 큰 일의 중요성과 가치를 제시하고 있다! 여기와 그 다음 구절에는 그의 죽음의 세 가지 결과가 진술되어 있다. 첫째로, 세상이 "심판받는다." 세상의 위기가 왔다. 그 유예 기간은 끝났다. 하나님의 아들을 저버림으로써 세상의 운명은 결정되었다. 이제부터는 하나님께서 세상**으로부터** 그의 백성을 구하실 것이다. 둘째로, 세상의 임금이, 비록 그 완전한 판결은 장차 행해지겠으나 여기에서 그의 형을 선고받는다. 셋째로, 하나님의 택하심을 받은 자들이 저항할 수 없는 권능으로 말미암아, 세상이 거부한 분께로 이끌려 오게 될 것이다.

"**이 세상의 임금이 쫓겨나리라**"(12:31). 여기에서의 동사의 시제는 사탄의 '쫓겨남'이 이 다음 구절 '이끄심'처럼 **점진적인** 것임을 암시한다. 여기에서 주님께서는 그의 승리를 예상하시며 승리가 성취될 방법을 가리키신다. 그것은 인간의 마음으로는 결코 이해하지 못하는 방법이다. 왜냐하면 그것은 치욕과 고통과 죽음으로써 얻어져야 하기 때문이다. 그것은 원수에게 실제적인 승리를 안겨준 것**처럼 보이는** 방법이다. 생명은 죽음으로부터 나오는 것일 뿐 아니라 승리도 외견상의 패배로부터 나온다. **실로** 십자가에 못 박히신 구세주는 영광을 얻으신 구세주이시다!

"이 세상의 임금이 쫓겨나리라." 위에서 지적했듯이 사탄은 점진적으로 쫓겨날 것이다. 이 구절 및 다른 구절들(예를 들면, 히 2:14, 15 등)에 비추어 볼 때 필자는 이 세상에 대한 사탄의 속박은 십자가 사건 때 깨어졌다고 믿는다. 바울 사도는 우리에게 그리스도께서 "통치자들과 권세들을 무력화하여 드러내어 구경거리로 삼으시고 십자가로 그들을 이기셨느니라"(골 2:15)고 말한다. 그리고 이 진술은 그의 십자가와 관련이 있음을 주목해야 한다! 그러므로 필자는 사탄이 '쫓겨난' 첫 단계를 십자가 사건에서 일어났다고 믿으며, 그 다음은 그가 하늘에서 땅으로 '**쫓겨날**' 때 일어날 것이다(계 12:10). 그 다음은, 그가 "무저갱에 **던지울**" 때요(계 20:3), "유황 못에 **던져지는**" 때일 것이다(계 20:10).

"**내가 땅에서 들리면 모든 사람을 내게로 이끌겠노라 하시니 이렇게 말씀하심은 자기가 어떠한 죽음으로 죽을 것을 보이심이러라**"(12:32, 33). 이것은 참으로 놀랍고 귀한 말씀이다. 이것은 자신의 죽음과 부활에 대해 그리스도가 친히 하신 선언이다. "내가 땅에서 들리면"이라는 말은 그의 십자가에 못 박히심을 가리킨다. 그러나 "모든 사람을 내게로 이끌**겠노라**"는 말씀은 십자가의 부활을 가리킨다. 왜냐하면 **죽으신** 구세주는 아무도 '이끌' 수 없기 때문이다. 그러나 이 두 사실은 서로 밀접한 연관이 있다. 그것은 단순히 그리스도가 자석이라는 의미가 아니다. 그것은 십자가에 못 박히신 그리스도이시다. "사람을 이끄는 권능을 그에게 부여해 준 것은 바로 십자가에 못 박히심이다. 그것은 생명을 부여하시는 권능을 그에게 준 것이 죽음인 것과 마찬가지이다. 십자가가 없으면 그리스도가 아니다. 또한 그리스도가 없으면 십자가가 아니다. 그들은 서로 결합되어 있다"(H. Bonar). 그러면 어떤 점에 그 매력이 있는가? "그것은 **십자가가 구현하고 있는 사랑 때문이다.** 여기에 사랑이 있다. 지식을 초월하는 사랑이 있다! 사랑처럼 그렇게 강한 자력을 가진 것이 어디 있겠는가? 그것은 **십자가가 나타내고 있는 의 때문이다.** 그것은 의의 십자가이다. 그것은 율법과 심판에 결합된 의이다. 이와 같은 의가 얼마나 매력적인가! 그것은 **십자가가 선언하고 있는 진리 때문이다.** 하나님의 모든 진리는 십자가와 관련이 있다. 하나님의 지혜는 거기에 밀집되어 있다. 그러니 그것이 어떻게 자력이 강하지 않을 수 있겠는가? 그것은 **십자가가 공표하고 있는 화해 때문이다.** 그것은 죄인에게 평화를 선언한다. 왜냐하면 그것이 평화를 만들었기 때문이다. 여기가 하나님과 인간이 만나는 지점이다" (H. Bonar).

"내가 이끌겠노라"는 말씀은 무슨 의미인가? 그 문장이 거기에서 끝나지 않은 점에 주목하라. "내가 모든 사람을 **내게로** 이끌겠노라." '사람' 이라는 말은 헬라어 원전에는 없다. "모든 사람"이란 분명히 **하나님의 택함 받은** 사람들을 가리킨다. 여기의 "모든 사람"이 가리키는 범위는 6:45의 그것과 정확히 똑같다. "그들이 **다** 하나님의 가르치심을 받으리라." 그것은 아버지께서 그리스도께 주신 모든 자로서의 "모든" 사람이다(6:37). "'내가 모든 사람을 내게로 이끌겠노라' 라는 약속은, 우리 주님께서 십자가에 못 박혀 죽으신 후에 모든 민족과 모든 종족과 각 방언을 쓰는 모든 사람들을 그에게로 이끌어 그를 믿고 그의 제자가 되게 하리라는 것을 뜻한다고 생각한다. 일단 그가 십자가에서 죽으신 후로 그는 관심의 큰 중심이 되실 것이며, 모든 사람을 그에게 이끄실 것이다. 아주 많은 백성과 국가들이 사탄의 강탈한 권세로부터 해방되어 그의 종이요 그의 제자가 될 것이다. 이때까지는 온 세상이 눈이 멀어 사탄을 좇아 허둥거리며 따라다녔다. 그리스도께서 십자가에 죽으신 후에는 아주 많은 사람들이 사탄의 권세로부터 달아나 그리스도인이 되었다"(라일 주교). 그리스도의 의도는 그의 은혜가 이스라엘에게만 국한되지 않는다는 것을 보여주시려는 것이었다.

"이끌다"에 해당하는 헬라어는 아주 특이한 말이다. 그것은 요한복음 6:44에 처음 나타난다. "나를 보내신 아버지께서 **이끌지** 아니하시면 아무도 내게 올 수 없으니." 여기에서 육적인 마음의 원한(적의)을 이기는 것은 바로 하나님의 권능이다. 그것은 18:10에 다시 나타나 있다. "시몬 베드로가 칼을 가졌는데 그것을 **빼어** 대제사장의 종을 쳐서 오른편 귀를 베어버리니." 여기서의 그 말은 베드로가 그의 검을 **단단히 쥐고서** 그것을 칼집에서 **뽑았다**는 것을 뜻한다. 우리는 21:6, 11에서 다시 그 말을 찾을 수 있다. "시몬 베드로가 올라가서 그물을 육지에 **끌어 올리니** 가득히 찬 큰 물고기가 … ." 여기서의 그 말은 생명이 없는 무거운 물체를 **끌어 올리기** 위하여 힘을 쓴다는 것을 뜻한다. 그 말은 (다소간 그 의미가 다르기는 하지만) 야고보서 2:6에서 나타나 있다. "부자는 너희를 억압하며 법정으로 **끌고 가지** 아니하느냐." 여기에서의 이 말은 **싫어하는 자에게 강제로 시킨다는** 것을 뜻한다. 그러므로 신약에 들어 있는 그 말의 용도로 미루어 볼 때 우리는 그리스도께서 여기에서, 그가 십자가에서 죽으신 후에는 하나님의 택함받은 모든 사람들, 즉 그의 전지하신 예지로써 그 당시의 이방인들 사이에 흩어져 있는 것을 아셨던 그들을, 효과적으로 자기 자신에게 이끄시기 위하여 무적의 권능을 사용하시리라는 것을 암시하신 것이라고 이해하지 않을 수 없다. 하나님의 이끄시는 권능이 나타나 있는 놀라운 예를 우리는 사사기 4:7에서 발견한다. "**내가** 야빈의 군대 장관 시스라와 그의 병거들과 그의 무리를 기손 강으로 **이끌어** 네게 이르게 하고 그를 네 손에 넘겨 주리라." 그와 동일한 방식으로 그리스도께서는 우리를 자신에게로 이끄신다.

"이와 같이 구원하시는 주체는 바로 그리스도의 마음이시다. 하나님의 영광, 악(惡)의 전복, 인간의 구속과 화해 ― 이것은 십자가에 의해서만 성취될 수 있다. 그리고 그 대가는 그로써 아주 넉넉하다. 그는 (구매) 값으로 자기를 지불하고 얻어지는 것을 계산하셨으며, 그 계산에 만족하셨다"(Grant).

"**이에 무리가 대답하되 우리는 율법에서 그리스도가 영원히 계신다 함을 들었거늘 너는 어찌하여 인자가 들려야 하리라 하느냐 이 인자는 누구냐**"(12:34). 구약 성경을 잘 아는 자들이 그들의 메시야께서 자신이 죽어야 하리라고 선언하셨을 때 혼란에 빠졌다는 것은 지극히 이상하게 보인다. 이사야 53장, 메시야가 "끊어져 없어질" 것이라 한 다니엘의 예언(9:26), 그리고 스가랴를 통해 선언된 저 엄숙한 말씀, 즉 "만군의 여호와가 말하노라 칼아 깨어서 내 목자, 내 짝 된 자를 치라"(13:7). 이 모든 말씀은 그들에게 그가 고난을 받으신 후에야만 들리는 일이 있으리라는 것을 알려 주었던 것이다.

"**예수께서 이르시되 아직 잠시 동안 빛이 너희 중에 있으니 빛이 있을 동안에 다녀 어둠에 붙잡히지 않게 하라 어둠에 다니는 자는 그 가는 곳을 알지 못하느니라**"(12:35). 질문자들은 아마도 악랄한 자부심에 가득 차서 그들이 주님을 완전히 당혹하게 만들었다고 우쭐했을 것이다. 그러나 주님께서는 바로 이어서 마치 그가 그들의 트집을 듣지 못하신 것처럼 말씀하셨다. 그들은 진리를 찾고 있지 않았다. 그리고 주님께서는 그들에게 직접적으로 답변하시지 않고 엄숙한 경고를 대신 해주셨다. 그것은 그들에게 그들이 오직 잠시 동안만 더 그들의 소유였던 당시의 큰 특권을 누릴 것임을 상기시켜 주었으며, 또한 그들이 계속하여 그것을 무시한다면 어떤 결과가 올 것인지를 진술하는 것이었다.

"**너희에게 아직 빛이 있을 동안에 빛을 믿으라 그리하면 빛의 아들이 되리라**"(12:36). "그리스도께서 말씀하셨다. 그는 요한복음의 서두에서 사람들의 빛으로 소개되셨는데(1:4), 그 자신도 자기를 세상의 빛이라 선언하셨으며, 그러므로 그를 따르는 자는 누구든지 어둠 속을 걷지 아니하고 생명의 빛을 걸을 것이라고 선포하셨다(8:12). 그는 또한 이렇게 말씀하셨다. 즉 내가 세상에 있는 동안에는 세상의 빛이로라(9:5). 그 빛은 곧 사라질 것이다. 그의 죽음이 가까이 왔기 때문이다. 그렇다면 요한복음 12:35, 36의 이 몇 마디 말씀 속에서 두려울 정도로 엄숙한 무엇인가가 내포되어 있는 것이 아닐까? 그는 그들에게 복음을 전파하셨다. 그는 그들에게 이적을 행하셨다. 그는 또한 그의 직무를 수행하시는 동안에 하나님께서 아브라함에게 약속하셨던 땅에만 머무르셨다. 그는 그 경계 밖에서는 결코 임무를 수행하지 아니하셨다. 그 땅 안에 있는 백성들은 다른 아무에게도 부여되지 아니한 기회를 누렸다. 그런데 이제 그의 공생애가 거의 끝나가고 있는 이때에 그 결과는 어떠한가? '예수께서 떠나가서 숨으시니라.' 그들 중에 그가 떠나신 것을 슬퍼한 자가 있었는가? 또는 그가 어디 계신지 찾은 자가 있었는가?'(C. E. Stuart).

다음 장에서는 아래의 질문들을 연구해 보라.

1. 이 구절들이 뜻하는 주요한 의도는 무엇인가? (37-50절)
2. 여기에서 어째서 이사야 53장이 인용되었는가?(38절)
3. "그들이 능히 믿지 못한 것"은 어째서인가?(39절)
4. 41절에서는 누구의 "영광"을 가리키고 있는가?
5. 42절에 언급되어 있는 자들은 **구원에 이르는** 믿음을 가지고 있는가?
6. 예수께서는 44-50절의 말씀을 언제, 어디서 하셨는가?
7. 49, 50절의 "명령"은 무엇인가?

제44장

그리스도의 공생애에 대한 회고적 개괄

[37]이렇게 많은 표적을 그들 앞에서 행하셨으나 그를 믿지 아니하니 [38]이는 선지자 이사야의 말씀을 이루려 하심이라 이르되 주여 우리에게서 들은 바를 누가 믿었으며 주의 팔이 누구에게 나타났나이까 하였더라 [39]그들이 능히 믿지 못한 것은 이 때문이니 곧 이사야가 다시 일렀으되 [40]그들의 눈을 멀게 하시고 그들의 마음을 완고하게 하셨으니 이는 그들로 하여금 눈으로 보고 마음으로 깨닫고 돌이켜 내게 고침을 받지 못하게 하려 함이라 하였음이더라 [41]이사야가 이렇게 말한 것은 주의 영광을 보고 주를 가리켜 말한 것이라 [42]그러나 관리 중에도 그를 믿는 자가 많되 바리새인들 때문에 드러나게 말하지 못하니 이는 출교를 당할까 두려워함이라 [43]그들은 사람의 영광을 하나님의 영광보다 더 사랑하였더라 [44]예수께서 외쳐 이르시되 나를 믿는 자는 나를 믿는 것이 아니요 나를 보내신 이를 믿는 것이며 [45]나를 보는 자는 나를 보내신 이를 보는 것이니라 [46]나는 빛으로 세상에 왔나니 무릇 나를 믿는 자로 어둠에 거하지 않게 하려 함이로라 [47]사람이 내 말을 듣고 지키지 아니할지라도 내가 그를 심판하지 아니하노라 내가 온 것은 세상을 심판하려 함이 아니요 세상을 구원하려 함이로라 [48]나를 저버리고 내 말을 받지 아니하는 자를 심판할 이가 있으니 곧 내가 한 그 말이 마지막 날에 그를 심판하리라 [49]내가 내 자의로 말한 것이 아니요 나를 보내신 아버지께서 내가 말할 것과 이를 것을 친히 명령하여 주셨으니 [50]나는 그의 명령이 영생인 줄 아노라 그러므로 내가 이르는 것은 내 아버지께서 내게 말씀하신 그대로니라 하시니라(요 12:37-50)

요한복음의 12장의 마지막 부분을 아래와 같이 분석해 보자.

1. 그리스도의 사역에 대한 유대 민족의 반응(37절)
2. 이사야의 이스라엘 민족의 불신에 대한 예언(38-41절)
3. 그리스도에게 깊은 인상을 받았던 자들의 상태(42, 43절)
4. 그와 아버지 사이의 관계에 대한 가르침(44, 45절)
5. 그리스도를 보내신 하나님의 목적에 관한 가르침(46, 47절)
6. 그리스도를 저버린 모든 사람들의 운명에 대한 가르침(48, 49절)
7. 생명의 길에 관한 가르침(50절)

우리가 여기에서 고찰하게 될 구절들은 결코 이해하기 쉬운 것이 아니다. 이 앞 부분은 다음과 같이 종결지어졌다. "예수께서 이 말씀을 하시고 그들을 **떠나가서 숨으시니라**"(12:36). 이 구절에 대하여 많은 사람들은 다음과 같이 생각하고 있는데 필자도 그렇게 생각한다. 즉, 그리스도께서 **공공연하게** 사역을 수행하시는 것이 요한복음에서는 이 진술을 경계로 끝난다. 13장을 읽어 보면 우리는 거기에서 새로운 내용이 시작되고 있음을 알 수 있다. 왜냐하면 13~17장까지 주님께서는 그의 사도들하고 **만** 계시기 때문이다. 그리고 18장은 그가 심판을 받는 장면이다. 그러나 12:36이 그리스도의 공생애의 마지막을 표시하는 것이라면 우리는 12장 나머지 구절들을 어떻게 이해해야 하는가? 특히 44절의 "예수께서 외쳐 이르시되"라는 말씀을 고려해 볼 때 그것은 사소한 문제가 아님을 알 수 있다.

필자는 이 문제에 대하여 존 브라운이 훌륭하게 답변하고 있다고 믿는다. "이 단락(요 12:37-50)은 그 구조와 특징이 특이한 것인데 나로서는 그것이 거의 유일무이하다고 말하고 싶다. 주님의 공생애의 이야기는 끝났다. 그것은 바로 앞 구절에서 종결지어졌다. 그의 수난 직전에, 친구들과의 사적인 대화가 시작되고 있다. 그것은 13장 첫 절부터 시작된다. 많은 사건을 다룬 이야기는 끝났다. 그리고 또 다른 장면이 전개되고 있다. 말하자면, 예수의 공적인 행동을 상연한 영화의 막이 내리고 있다. 그래서 이 복음서 저자는 우리의 관심을 신실한 제자들에게로 쏠리게 하고, 사랑이 넘치는 구속자께서 최후의 떠나심을 맞기 전에 그 제자들과 나누신 숭고하고 위로가 되는 대화에 귀를 기울이게 한다. 그러나 그는 이렇게 하기 전에 이 이야기에 잠시 휴지부를 두고 있다. 말하자면, 그는 회고하고 있다. 우리가 여기에서 고찰하려는 이 구절들은 길지 않은 것이지만, 우리 주님께서 그의 공생애 기간 동안 가르치고 행하신 모든 것에 대하여, 그리고 그의 이야기와 그 백성들에게 끼친 결과에 대하여 간략하지만 포괄적인 개관을 제시하고 있다."

요한은 여기에서 그리스도의 이적을 언급하고 그의 가르침을 개괄함으로써 그의 공생애를 요약하고 있다. 요한복음 12장 종결 구절들은 12:36에서 종결지어진, 우리 주님의 생애를 다룬 이야기 전체에 대한 에필로그이다. 그리스도께서 말씀을 통해 수행하신 공생애의 임무 중 주목할 만한 위치를 차지하는 네 개의 중요한 진리가 있는데 그것을 요약하면 다음과 같다: 그를 보내신 아버지에 관한 그의 호소(12:44, 45, 47), 세상의 빛이신 분(12:46), 불신이 초래하는 위험(12:47-49), 믿음의 목적(12:50) 등이다. 필자는 성령께서 요한으로 하여금 이 부분을 쓰게 하신 목적은 최소한 두 가지라고 생각한다.

첫째로, 그리스도의 공생애의 외견상의 실패를 설명하기 위함이요, 둘째로 변명할 여지 없는 불신의 죄가 이스라엘 민족에게 만연해 있음을 보여주기 위해서이다.

"그리스도의 동족이 예수 그리스도를 거부한 것은 얼핏 볼 때, 하나님의 보내심을 받은 자라는 그의 주장의 위대성을 의심하게 한다. 왜냐하면 그 주장을 뒷받침하려고 제시한 증거가 그 목적을 달성하는데 도움이 되지 못했기 때문이다. 그 주장을 최초로 들은 사람들, 그리고 어떤 점으로 볼 때 그 주장의 타당성을 바르게 평가하기에 유리한 환경에 처해 있던 사람들이 그것을 거부했던 것이다. 사람들은 이렇게 생각할 수도 있다. 즉 그가 하나님의 보내심을 받은 자요 메시야의 직무를 수행하시는 분임을 입증해 주는 증거들이 기독교의 지지자들이 제시하는 증거들처럼 그렇게 강력하고 놀라운 것이었더라면 유대인들의 편견이 제아무리 강력한 것이라 할지라도 그것들을 꺾었을 것임에 틀림없다. 그리고 그의 교리를 믿는 자가 그의 이적을 본 자들의 수만큼 되었을 것임에 틀림없다고. 그러나 그러한 가정이 비록 그럴듯한 것이기는 하지만, 그것은 그것을 지지하는 자들도 인간의 구조상 지적으로, 그리고 도덕적으로 불완전하고 부정확한 견해를 가지고 있음을 보여주고 있다"(존 브라운). 다시 말해서, 그것은 인간의 **전적인 부패성**을 간과한 가정이다!

이제 요한복음 12장의 종결 구절에서 성령께서는 지극히 효과적으로 이 반대를 처리하신다. 그는 구약의 예언에 우리의 관심을 환기시킴으로써 그 일을 하셨다. 거기에는 메시야께서 유대인들로부터 어떠한 영접을 받으실지 기록되어 있다. 첫째로, 성령께서는 이사야 53장을 지적하신다. 왜냐하면 거기에는 그가 "사람들로부터 무시당하고 거부당하리라"고 예언되어 있기 때문이다. 다음으로 이사야 6장을 인용하신다. 그 구절들은 하나님께서 그의 백성들의 뿌리 깊은 완고함으로 인하여 공평하시게도 그들을 눈멀게 하셨다고 기록하고 있다. 그러므로 기독교에 반하여 제기된 바로 그 반대야말로 기독교를 옹호해 주는 결정적인 논거가 된다. 주 예수께서 그의 동족에게 죽임을 당하신 바로 그 사실은 그가 그들의 메시야**이심**을 입증해 준다! 그러므로 하나님께서는 다시 한 번 "인간의 노로 주를 찬송하게 하셨다."

"**이렇게 많은 표적을 그들 앞에서 행하셨으나 그를 믿지 아니하니**"(12:37). 이것은 인간의 부패성을 입증하는 가공할 증거이다. 그리스도의 행하신 표적은 수적으로도 적지 아니하였고, 그 특성상 인상 깊은 것이었다. 주 예수께서는 거의 모든 가능한 종류의 이적을 행하셨다. 그는 병자를 고치셨고, 마귀를 쫓아내셨으며, 바람을 잠잠케 하시고, 바다 위를 걸으셨다. 그는 또 물로 포도주를 만드셨으며 인간의 은밀한 생각을 폭로하셨고, 죽은 자를 다시 살리셨다. 그의 이적은 밝은 대낮에 수많은 증인들이 보는 앞에서 공공연히 행해졌다. 그럼에도 불구하고 그들은(대다수의 백성들) "그를 믿지 아니하였다." 그들의 마음의 완악함은 전혀 변명할 여지가 없다. 그의 가르침을 듣고 그의 이적을 본 자들은 모두 다 의심 없이 그를 하나님께서 보내신 그들의 메시야요 구세주로 영접했어야만 했다. 그러나 그의 동족 중 대다수가 그의 주장을 인정하지 아니하였다.

"우리는 오늘날의 불신과 무관심의 만연함에 놀라서는 안 된다. 그것은 저 위대한 근본 원리, 즉 인간의 부패성과 타락을 입증해 주는 증거들 중 하나일 따름이다. 우리는 그 원칙을 참으로 거의 이해하지도 인식하지도 못하는데 그것은 우리의 신뢰할 만하지 못함을 입증해 준다. 성경을 좀 더 주의 깊게 읽고, 그 내용을 좀 더 신중하게 상고해 보라. 그리스도께서 이적을 행하시고 설교하셨을 때조차도 여전히 전혀 마음을 움직이지 않는 자들이 그의 청중들 중에 아주 많이 있었다. 하물며 현대의 설교를 듣는 청중들이 여전히 믿지 아니하는 경우가 허다하다 해서 우리가 놀라야 하겠는가? '제자는 그 주인보다 결코 더 크지 못하다.' 그리스도의 청중들이 믿지 아니하였거늘 하물며 그의 사역자들의 청중 중에 믿지 아니하는 자가 훨씬 더 많을 것임을 예상해야 하지 않겠는가? 진리를 말하고 증언해 보라. 사람들은 믿지 아니할 것이다. 인간의 완악한 불신은 성경이 참되다는 간접적인 증거들 중의 하나이다"(라일 주교).

"**이는 선지자 이사야의 말씀을 이루려 하심이라 이르되 주여 우리에게서 들은 바**

를 누가 믿었으며 주의 팔이 누구에게 나타났나이까" (12:38). 이것은 유대인들이 구약성경의 예언을 성취시키려는 의식적인 의도로 계속 믿지 아니했다는 뜻이 아니다. 즉 성령께서 여기에서, 하나님이 이사야의 예언이 성취됨에 실패가 없도록 하기 위하여 유대인의 마음에 은밀한 영향력을 끼쳐서 그들로 하여금 믿지 못하게 하셨다는 뜻으로 말씀하신 것이 아니다. 유대인들은 이사야의 예언을 성취**시켰다**. 그러나 그것은 알지 못하는 사이에 이루어진 것이다. 한 능력 있는 저자는 그 점을 잘 설명하고 있다. "이 구절을 바르게 해석하는 열쇠는 다음 사실에 있다. 즉 That이라고 표현된 말은 '… 하기 **위하여**' 라는 의미인데 그것은 인간관계가 아니라 선례와 그 결과, 예언과 성취를 가리키는 That이다. 예를 들면, 제자들이 '이 사람이 맹인으로 **난 것** (That)은 이 사람의 죄이니이까 그의 부모의 죄이니이까' 라고 물었을 때 여기에 있는 That의 의미는 '이 사람이 눈먼 것은 그의 부모의 죄의 **결과**이니이까? 어떤 선재 상태에서 그 자신의 죄의 결과이니이까? 라는 것이 된다." 필자는 다음과 같이 되었더라면 더 정확했을 것이라고 믿는다. 즉 "그들은 믿지 아니하였다. **그 결과로** 이사야의 말씀이 성취되었다." 하나님께서는 죄인으로 하여금 믿지 **못하게** 하실 목적으로 어떤 권능을 사용하실 필요는 없다. 하나님께서 그를 내버려 두시면 그는 결코 믿지 않을 것이기 때문이다.

이사야서 53장이 기록되어 있는 바대로 시작된다는 것은 지극히 의미심장하다. 그 놀라운 53장 말씀은 구세주께서 이 세상에 처음 오셨을 때 이스라엘로부터 어떤 영접을 받으실지를 기록하고 있다. 잘 알려진 것처럼 유대인들은 그것을 메시야에 관한 예언으로 인정하지 아니하였다. 그들 중 일부는 그것을 예레미야에게, 또 일부는 그 민족에게 적용시키려 하였다. 그러므로 삼위일체의 하나님께서 이 53장을 "우리가 전한 것을 누가 **믿었느냐?**" 라는 질문으로 시작하신 것은 주목할 만하다. 요한은 참으로 적절하게도 그것을 그 당시의 믿지 아니하는 민족에게 적용시킨다. "여호와의 팔이 누구에게 나타났느냐." "여호와의 팔" 은 메시야께서 드러내셨던 하나님의 **능력**을 의미한다. 그러므로 여기에 두 가지 지적해야 할 사항이 있다. "누가 우리가 **전한 것을** 믿었느냐" 라는 말은 그리스도의 **말씀**을 통한 복음 전도를 가리킨다. "누구에게 여호와의 **팔**이 나타났느냐" 는 그의 **이적**을 가리킨다.

"**그들이 능히 믿지 못한 것은 이 때문이니 곧 이사야가 다시 일렀으되**" (12:39). 이것은 지극히 엄숙하다. 다음 구절에 잘 설명되어 있다. 그 민족이 그리스도를 거부한 결과로, 공평하게도 그들은 하나님을 알아보는 눈이 없게 되었다. 다시 말해서, 그들은 자신의 악한 마음이 어둠과 완악함 속에 **버려져** 있었다. 그러나 이 두 진술이 배치되어 있는 **순서**에 주목하는 것이 매우 중요하다. 12:37에서 그들은 믿지 **아니하였다.** 여기 12:39에서 그들은 믿을 **수 없었다.** 그들은 가장 매력적인 호소를 들었으며 가장 의심할 여지가 없는 증거를 제공받았다. 그러나 그들은 구속자를 저버리고 거부하였다. 그들은 믿으**려 하지 않았다.** 그 결과로 하나님께서는 그들을 단념하셨다. 그래서 이제 그들은 믿을 **수 없게** 되었다. 추수 때가 되었고 여름은 갔다. 그리고 그들은 구원되지 못하였다. 그러나 잘못은 전적으로 그들 편에 있었다. 그래서 이제 그들은 그들의 사악함의 결과로 고통 받아야만 한다.

"**그들의 눈을 멀게 하시고 그들의 마음을 완고하게 하셨으니 이는 그들로 하여금 눈으로 보고 마음으로 깨닫고 돌이켜 내게 고침을 받지 못하게 하려 함이라 하였음이더라**" (12:40). 이것은 이스라엘이 하나님의 사랑하시는 아들에게 행한 사악한 대우에 대한 그의 응답이다. 그들은 빛을 거부하였다. 이제 그들의 끔찍한 몫은 어둠이 될 것이다. 그들은 진리를 거부하였다. 이제 악을 사랑한 마음은 그 끔찍한 수확을 거둘 것이다. 이때까지 이스라엘은 눈이 멀고 마음이 완악했다. 19세기 동안 계속되고 있는 불신에 대해서도 우리는 그렇게 설명할 수 있을 뿐이다. 우리는 오늘날의 이스라엘의 그리스도에 대한 태도도 그렇게 설명할 수 있다.

"요한복음에 나타난 그리스도의 공생애 전반을 통해 볼 때 주님께서는 '아버지의 아들'로서 그리고 '세상의 빛'으로서 은혜로서 행동해 오셨다. 그의 임재는 이스라엘 땅의 **낮의 기간**이었다. 만일 어둠이 그를 이해하였더라면 그는 이스라엘 땅에서 계속하여 빛나셨을 것이다. 그리고 여기 그의 생애의 말기에서도(12:35, 36) 우리는 그가 여전히 빛으로서 이스라엘 땅과 그 백성들 위로 그의 최후의 광선을 비추실 수밖에 없었다. 그가 거기에 계시는 동안에는 계속하여 낮이다. 그가 가실 때까지는 밤이 올 수 없다. '내가 세상에 있는 동안에는 세상의 빛이니라!' 그러나 그는 여기에서 '그들을 **떠나가서 숨으셨다**' (12:36). 그리고 그 후로 하나님께서는 그의 선지자로 하여금 그 땅 위에 밤을 내리게 하셨다(12:40)" (J. G. Bellett).

하나님께서 머지않아 믿지 아니하는 기독교국 전체에 여기 이스라엘에게 행하신 것처럼 행하실 때가 오리라는 것을 기억하는 일은 두려울 정도로 엄숙하다. "이러므로 **하나님**이 미혹의 역사를 **그들에게 보내사** 거짓 것을 믿게 하심은 진리를 믿지 않고 불의를 좋아하는 모든 자들로 하여금 심판을 받게 하려 하심이라" (살후 2:11, 12). 니므롯의 시대에 하나님께서 그가 이방인들에게 보내신 계시를 그들이 저버리는고로 그들 모두를 "버리셨듯이"(롬 1장), 그리고 이스라엘이 하나님의 아들을 거부함으로 말미암아 그들을 그들의 불신 중에 버려 두신 것처럼, 이제 장차 올 날에, 그는 불충한 기독교국이 "진리의 사랑을 받지 아니하여 구원함을 받지 못하였기" 때문에 (살후 2:10) 그들로 하여금 적그리스도를 받아들이게 하실 것이다. 사랑하는 독자여, 이것은 우리를 위한 경고이다. 하나님의 은혜의 제의를 소홀히 다루는 것은 심각한 일이다. 성경에 "**우리가** 이같이 큰 구원을 등한히 여기면 어찌 그 보응을 **피하리요**" 라고 기록되어 있다(히 2:3). 그리고 "너희는 **여호와를 만날 만한 때에** 찾으라 **가까이 계실 때에** 그를 부르라"(사 55:6)라고 기록되어 있다.

"**이사야가 이렇게 말한 것은 주의 영광을 보고 주를 가리켜 말한 것이라**"(12:41). 이것은 그리스도의 절대적인 신성에 대한 증거이다. 이 앞에서 인용된 예언은 이사야 6장에 기록되어 있다. 이사야 6장의 첫 절에서 그 선지자는 이렇게 말한다. "주께서 높이 들린 보좌에 앉으셨는데 그의 옷자락은 성전에 가득하였고." 그 보좌 위에는 얼굴을 가린 스랍이 서서 "거룩하다 거룩하다 만군의 여호와여"라고 외치고 있었다. 이사야는 이 광경을 보고 견딜 수 없어서 이렇게 외쳤다. "화로다 나여 망하게 되었도다." 그때 불붙은 숯 하나를 [스랍이] 제단에서 취하여 그의 입술에 대니 그 죄가 사하여졌다. 그리고 그는 하나님의 사자로 위임 받았다. 성령께서는 여기 요한복음 12장에서 우리에게 이렇게 알려 주신다. "이사야가 이렇게 말한 것은 **주의** 영광을 보고 주를 가리켜 말한 것이라." 문맥을 살펴볼 때 이 말이 주 예수를 가리키는 것임은 의심할 여지가 없다. 이것은 구약성경 전체에서 발견할 수 있는 바 신성에 대한 가장 숭고한 기술인데 그것은 여기에서 주 예수에게 적용되고 있다. 베들레헴의 외양간에서 태어나신 분은 스랍이 모서 섰는 보좌에 앉으신 바로 그분이시다.

"**그러나 관리 중에도 그를 믿는 자가 많되 바리새인들 때문에 드러나게 말하지 못하니 이는 출교를 당할까 두려워함이라**"(12:42). 이 구절은 요한복음 2:23; 7:31; 8:30; 10:42; 11:45; 12:11 말씀을 해석하는 데 도움이 된다. 이 구절들 각각을 읽어보면 주 예수를 '믿는' 자는 **많이** 있는데 그들에 관한 한 그들이 구원에 이르는 믿음을 가졌다는 표를 보이는 것은 아무 것도 없다. 이 구절로 비추어 볼 때 요한은 이 복음서 전반을 통하여 불신하는 자의 무리를 **두** 부류로 나누고 있는 듯하다. 즉 그리스도의 놀라운 이적에도 전혀 마음을 움직이지 아니하는 완악한 무리와, 일시적으로 깊은 인상은 받으나 사람이 두려워서, 그리고 사람의 칭찬을 사랑하기 때문에 주저하면서, 그들의 마음을 내놓고 구세주의 포로가 되지 못하는 적지 않은 무리들로 나누고 있다. 그리고 우리는 오늘날의 기독교계에서도 이와 동일한 두 부류를 발견한다. 복음의 소리를 듣는 자 중 아주 많은 사람들이 여전히 회심하지 않고 있으며, 그 절대적인 권위에도 귀를 기울이지 아니하고 그 복된 소식에도 전혀 감동하지 아니한다. 그들은 모든 호소에 무감각하다. 그러나 또 다른 부류가 있는데 우리는 아마 어떤 집회에서든지 그 대표자들을 발견할 수 있을 것이다. 즉 그들은 십자가의 말씀에 어느 정도 감명 **받는** 부류이다. 그들은 그 내용을 무시하지 않는다. 그러나 그 내용에 그들의 **마음**이 굴복되지를 아니한다. 한편으로 그들은 공개적으로 반대하지는 않는다. 그러나 다른 한 편 그들은 분명한 그리스도인도 아니다.

"그러나 관리 중에도 그를 믿는 자가 많되 바리새인들 때문에 드러나게 말하지 못하니 이는 출교를 당할까 두려워함이라." 이것은 **필자가** 위에서 언급한 부류에게 주는 경고이다. 그리스도를 믿는다고 **고백하지 않는** 믿음은 **구원에 이르는** 믿음이 아니다. 신약 성경은 이 점을 명백하게 밝히고 있다. 주 예수께서는 이렇게 말씀하셨다. "누구든지 사람 앞에서 **나를 시인하면** 인자도 하나님의 사자들 앞에서 그를 시인할 것이요 사람 앞에서 **나를 부인하는** 자는 하나님의 사자들 앞에서 부인을 당하리라"(눅 12:8, 9). 그리고 로마서에는 이렇게 기록되어 있다. "네가 만일 네 입으로 예수를 주로 **시인하며** 또 하나님께서 그를 죽은 자 가운데서 살리신 것을 네 마음에 믿으면 구원을 받으리라"(롬 10:9). 여기 요한복음 12장에 언급된 이 유대인들은 그리스도가 사기꾼도 아니요 광신자도 아니라고 믿는 것으로 만족했으나, 그러나 모든 것을 버리고 그를 따를 각오는 아니하였다. 그들은 그 길을 따를 때 올 결과를 두려워하였다. 왜냐하면 유대인들이 이미 "누구든지 예수를 그리스도로 **시인하는** 자는 출교하기로 결의하였기" 때문이다(9:22). 그러므로 이 사람들은 그들의 믿음을 감추고, 메시야께서 그들이 메시야의 제자라고 공언하는 것이 안전하고 이롭게 될 만한 신분이 되실 때까지 기다리는 것이 가장 현명하다고 생각했다. 그들은 **자기 이익**에 따라 행동하였다. 지금도 그들의 후계자가 아주 많다. 주 예수를 구세주라고 생명을 다하여 공공연히 고백하는 것이 두려워서 **은밀한** 제자로 남아 있으려는 사람은 누구든지 이 글이 자기를 위한 경고임을 알아야 한다. 요한계시록 21:8에서 유황으로 타는 못에 던져질 여덟 부류의 사람 중 그 **첫** 부류가 바로 "**두려워하는 자들**"임을 명심하라.

"**그들은 사람의 영광을 하나님의 영광보다 더 사랑하였더라**"(12:43). 정신으로는 확신하면서도 마음은 여전히 회심되지 않은 이 사람들은 종교 당국자들을 **두려워했**

올 뿐 아니라 동료들의 칭찬을 **바랐다.** 그들은 불안한 양심을 대가로 치르더라도 올바른 판단대로 따르는 것을 보류해 두기로 결정했다. 그들은 하나님의 칭찬보다는 죄인들의 사랑을 더 좋아했다. 이 가련한 자들의 근시안적인 어리석음을 보라! 그들의 가련한 선택의 미친 짓을 보라! 그들에게 죽음이 닥쳐왔을 때 바리새인들의 호의 따위가 무슨 소용 있겠는가? 그들이 하나님의 심판대 앞에 설 때 그것이 그들을 위해 무엇을 대신해 주겠는가? "사람이 만일 온 천하를 얻고도 제 목숨을 잃으면 무엇이 유익하리요." 우리는 우리 구세주의 말씀을 상기해야 한다. "너희가 서로 영광을 취하고 유일하신 하나님께로부터 오는 영광은 구하지 아니하니 어찌 나를 믿을 수 있느냐"(요 5:44). 우리는 죄인들의 사랑과 하나님의 사랑을 동시에 취할 수 없음을 명심해야 한다. "세상과 벗된 것이 하나님과 원수 됨을 알지 못하느냐 그런즉 누구든지 세상과 벗이 되고자 하는 자는 스스로 하나님과 원수 되는 것이니라"(약 4:4)

"예수께서 외쳐 이르시되 나를 믿는 자는 나를 믿는 것이 아니요 나를 보내신 이를 믿는 것이며"(12:44). 구세주께서 언제, 어디에서 이 말씀을 하셨는지는 전혀 기록되지 않았음에 주목하라. 필자는 요한이 여전히 그의 에필로그를 계속하고 있으며, 그래서 우리에게 12:44-50을 통해 그리스도의 가르침을 제시하고 있다고 믿는다. 그가 여기에서 말하고자 하는 내용은 다음과 같은 사실을 암시하고 있다. "예수의 이 말씀(이야기라고 우리가 추측하고 있는)은 전에는 그런 적이 없으신 것으로서 이미 말씀하신 것에 대한 단순한 **반복**이며, 게다가 우리가 이 앞에서 이미 읽은 내용의 말씀으로 구성되어 있는데 이것은 매우 이상한 점이다. 주님께서는 전에도 이런 식으로 **요점을 반복**하신 적이 있었던가? 즉 새로운 사상과 별개의 내용이 없는 아주 긴 이야기를 그것도 문맥과 연관을 유지하며 말씀하신 적이 있었는가? 그러나 요한은 **자기의** 말을 주님의 말씀으로 옮긴 것처럼 보이는(비록 그렇게 보이는 것일 뿐이기는 하지만) 이 요약적인 반복을 전개하면서 우리에게 교훈적인 본보기를 제시해 주고 있는 바 그것은 그가 자기 임의의 것을 감히 전혀 덧붙이지 않았다는 점이다! 진실로 이 모든 것은 주께서 **말씀하셨던** 것이며 그것도 상황에 따라 적절하게 말씀하셨던 것이다. 그러나 요한은 그것들을 회고의 형태로 모두 한데 모아 놓았다"(Stier). "예수께서 **외쳐 이르시되**"의 동사의 시제는, 스티어와 알포드가 지적한 것처럼, 그리스도께서 **곧잘** 그러셨다는 것, 그것은 그의 반복적인 행동의 습관적인 경향이었음을 뜻한다.

"나를 보는 자는 나를 보내신 이를 보는 것이니라"(12:45). 요한은 이 구절들을 통하여 그리스도의 가르침을 개괄하고 있는데, 그것은 이것들을 요한복음의 이 앞 진술들과 비교해 볼 때 확실해진다. 예를 들어 12:44과 5:24 말씀을 비교해 보라. "**나를 믿는 자는 나를 믿는 것이 아니요 나를 보내신 이를 믿는 것이며**"(12:44), "**내 말을 듣고 또 나 보내신 이를 믿는 자는 …**"(5:24). 또 12:45과 8:19 및 10:38과 비교해 보라. "**나를 보는 자는 나를 보내신 이를 보는 것이니라**"(12:45), "**나를 알았더라면 내 아버지도 알았으리라**"(8:19), "**너희가 아버지께서 내 안에 계시고 내가 아버지 안에 있음을 깨달아 알리라**"(10:38). 이것은 우리 주님의 가르치심 중에서 가장 중요한 진리 중의 하나이다. 본래 하나님을 본 사람이 아무도 없으되 아버지의 사랑하시는 독생자만이 **하나님을** '나타내시려' 여기에 오신 것이다(1:18). 우리는 여기 12:45 말씀이 그리스도께서 자주 언급하셨던 그와 아버지 사이의 신비스럽고 또 신적인 일체를 가리키는 것임을 알 수 있다.

"**나는 빛으로 세상에 왔나니 무릇 나를 믿는 자로 어둠에 거하지 않게 하려 함이로라**"(12:46). 이 구절은 분명히 8:12 및 9:5과 병행구이다. "나는 세상의 빛이니 나를 따르는 자는 어둠에 다니지 아니하고 생명의 빛을 얻으리라." "내가 세상에 있는 동안에는 세상의 빛이로라." 존 브라운은 이 구절에 대하여 다음과 같이 설명하였다. "첫째로 태양이 동편 언덕을 떠오르기 전에도 존재하는 것처럼, 이것은 그리스도도 성육신하시기 **전에** 존재하셨음을 입증한다. 둘째로, 태양이 **하나뿐**이듯이 이것은 그가 세상의 **유일하신** 구세주이심을 암시한다. 셋째로, 태양이 하늘 한 끝에서 다른 한 끝까지 원을 그리며 돌듯이, 그래서 그 열로부터 피할 수 있는 것이 아무 것도 없듯이, 이것은 그가 이스라엘 한 민족만을 위하여가 아니라 **모든** 민족을 위하여 오셨음을 암시한다." 이 구절은 하나님의 보내심을 받으신 자로서의 그리스도의 특성과 경향에 관한 그의 일반적인 가르침에 대하여 요한이 계속적으로 개괄하고 있는 내용이다. 그는 (하나님을 계시하고 인간을 드러내는) **빛**으로서 이 세상에 오셨다. 그리고 이는 그를 믿는 자를 누구나 **어둠**으로부터, 다시 말해서 사탄의 권세와(골 1:13) 죄의 패망으로부터 구해 내고자 함이다.

"**사람이 내 말을 듣고 지키지 아니할지라도 내가 그를 심판하지 아니하노라 내가 온 것은 세상을 심판하려 함이 아니요 세상을 구원하려 함이로라**"(12:47). 여기에서 요한은 우리 주님의 가르침 중 중대한 위치를 차지하고 있는 또 다른 진리에 주의를 환기시킨다. 그것은 주님의 사명과 사역의 특성과 목적에 관한 내용이다. 그것은 우리 주님이 취하셨던 비천한 신분과, 그가 이 땅에 거하는 동안 보여주신 은혜에 관해

알려 준다. 그것은 그의 두 번 오심의 각기의 목적과 성질 사이에 존재하는 뚜렷한
대조를 보여주고 있다. 그가 다시 오실 때는 처음 오셨을 때 해당되었던 것과는 아주
다른 특성과 목적을 나타내게 될 것이다. 처음에 그는 비천한 종의 신분을 취하셨다.
그러나 재림하실 때는 고귀한 주권자로 나타나실 것이다. 앞에서의 그는 사람을 두
려워하게 하고 또 그들을 얻으시러 오셨다. 그러나 재림하실 때는 쇠로 된 회초리로
그들을 다스리실 것이다.

"사람이 내 말을 듣고 지키지 아니할지라도 내가 그를 심판하지 아니하노라." 이
구절을 5:45과 비교해 보라. "**내가** 너희를 아버지께 고발할까 생각하지 말라." "내가
온 것은 세상을 심판하려 함이 아니요 세상을 구원하려 함이로라." 이 구절을 3:17과
비교해 보라. "하나님이 그 아들을 세상에 보내신 것은 세상을 심판하려 하심이 아니
요 그로 말미암아 세상이 구원을 받게 하려 하심이라." 그리고 필자의 3:17에 대한
주석을 보라.

"**나를 저버리고 내 말을 받지 아니하는 자를 심판할 이가 있으니 곧 내가 한 그 말
이 마지막 날에 그를 심판하리라**"(12:48). 그리스도의 이 엄숙한 말씀은, 복음을 고
려해 볼 때 중생하지 않은 자에게는 책임이 없다고 잘못된 결론을 내리는 일부 칼빈
주의자들의 생각을 바로잡아 준다. 그들은, 본성적인 인간은 영적 생명이 없는고로
믿을 수 없다고 주장한다. 즉 **죽은** 자는 그리스도를 영접**할 수 없다고** 말한다. 그러
나 이에 대하여 우리는 이렇게 반박할 수 있다. 즉 **죽은** 자는 그리스도를 **저버릴** 수
도 없다! 그런데도 많은 사람들이 그렇게 하고 있다! 죽은 자가 믿을 수 없는 것은 사
실이다. 그러나 그는 믿어**야 한다.** 그의 무능은 필요한 능력이 결여된 데 있지 않
고, 자기의 능력을 고집스럽게 오용하는 데 있다! 아담이 영적으로 죽었을 때 그 속
에 있는 아무 것도 소멸되지 아니하였다. 대신에 그는 "하나님의 생명에서 **떠나 있도
다**"(엡 4:18). 복음을 들은 사람은 누구나 그리스도를 믿어**야 한다.** 그리고 믿지 아
니하는 자들은 이 불신 때문에 형벌을 받을 것이다(살후 1:8). 여기에서 그리스도께
서 가르치신 것처럼 그를 저버리는 자는 그 죄로 심판받게 될 것이다. 이 글을 읽는
구원받지 못한 사람은 누구나 주 예수의 엄숙한 말씀을 숙고해야 한다.

"나를 저버리고 내 말을 받지 아니하는 자를 심판할 이가 있으니." 이 구절의 전반
부는 3:18과 거의 똑같다. "믿지 아니하는 자는 하나님의 독생자의 이름을 믿지 아니
하므로 벌써 심판을 받은 것이니라." "내가 한 그 말이 마지막 날에 그를 심판하리
라." 이 말은 신명기 18:19을 상기시켜 준다. 하나님께서 이스라엘에게 일으켜 주시

겠다고 약속하셨던 저 대선지자에 관해 이렇게 기록하고 있다. "누구든지 내 이름으로 전하는 내 말을 듣지 아니하는 **자는** 내게 **벌을 받을 것이요.**"

"내가 한 그 말이 마지막 날에 그를 심판하리라." 이것은 실로 엄숙한 말이다. 왜냐하면 그것은 복음을 들은 **모든** 사람에게 적용되기 때문이다. 그것은 우리에게 세 가지 사항을 알려 준다.

첫째로, "마지막 날"이 올 것이다. 이 세상이 영원히 지속되지는 않을 것이다. 이 세상의 역사의 한계와 그 존속 기간은 하나님께서 정해 두셨다. 그리고 그 정해진 한계가 다 되면 "주의 날이 도둑 같이 오리니 그 날에는 하늘이 큰 소리로 떠나가고 물질이 뜨거운 불에 풀어지고 땅과 그 중에 있는 모든 일이 드러나리로다"(벧후 3:10).

둘째로, 이 마지막 날은 **심판**날이 될 것이다. "이는 정하신 사람으로 하여금 천하를 공의로 심판할 날을 작정하셨음이라"(행 17:31). 그때는 감추어진 일들이 빛에 드러날 것이요, 의로운 자들은 옹호되고 불의한 자들은 벌 받을 것이다. 그때는 하나님의 깨어진 율법이 크게 될 것이며, 그의 거룩하신 공의가 영예를 받을 것이다. 그때는 그의 모든 원수가 복종할 것이며, 하나님께서 자신이 **하나님이심**을 증명하실 것이다. 그때는 모든 교만한 반항자들이 모든 이름 위에 뛰어나신 그 이름 앞에 엎드려 복종할 것이며, 또 예수가 아버지 하나님의 영광의 주이심을 고백하게 될 것이다.

셋째로, **그리스도의 말씀**이 그 날 죄인들을 심판할 것이다. 그의 말씀은 **참** 말씀이요 **하나님**의 말씀이며 인간에게 **적절한** 말씀이다. 그러나 인간은 그것을 등한히 하고 공격했으며 부인하였고 신성모독적인 조롱거리로 삼았다. 그러나 이 마지막 날에 그 말씀이 그들을 **심판할** 것이다. 죽은 자들 앞에 펼쳐져 거기에 기록된 대로 죄인들을 '심판하게' 될 책 중의 책(계 20:12)은 바로 기록된 하나님의 말씀이다. "**나의 복음에 이른 바와 같이** 하나님이 예수 그리스도로 말미암아 사람들의 은밀한 것을 심판하시는 그 날이라"(롬 2:16).

"**내가 내 자의로 말한 것이 아니요 나를 보내신 아버지께서 내가 말할 것과 이를 것을 친히 명령하여 주셨으니**"(12:49). 이것은 그리스도께서 반복적으로 단언하신 내용이다(요 5:30; 7:16; 8:26-28). 그것은 아버지와 자신 사이에 존재하는 밀접하고 신비한 연합을 설명한다. 그가 이 말씀을 하신 목적은 유대인들이 **그의** 말씀을 거부할 때 그들의 죄가 얼마나 두려운 것인지를 그들에게 깊이 새겨 주고자 함이었다. 그렇게 할 때 그들은 **아버지 자신**을 모욕하는 것이다. 왜냐하면 아들이 그들에게 하신 바로 그 말씀이 곧 **아버지의** 말씀이기 때문이다. 오늘날에도 그와 마찬가지이다.

"하나님의 아들을 믿는 자는 자기 안에 증거가 있고 하나님을 믿지 아니하는 자는 하나님을 거짓말하는 자로 만드나니 이는 하나님께서 **그 아들에 대하여** 증언하신 증거를 믿지 아니하였음이라"(요일 5:10). 그러므로 그리스도의 증언을 부인하는 죄는 참으로 두려운 것이다!

  "**나는 그의 명령이 영생인 줄 아노라 그러므로 내가 이르는 것은 내 아버지께서 내게 말씀하신 그대로니라 하시니라**"(12:50). 이것은 3:11, 5:32, 그리고 8:55의 요약이다. 그것은 성육신하신 아들의 완전성을 다시 한 번 제시한다. 그는 독자적으로 행동하신 것이 아니라, 마음과 생각과 뜻에 있어서 아버지와 완전한 일체를 이룬 가운데 행동하셨다. 유대인들이 그것들을 믿었든 믿지 않았든, 그리스도께서 전하신 메시지는 신적으로 참되었으며, 그것들은 단순한 믿음으로 그것들을 받아들이는 모든 사람에게 생명의 말씀이 되었다. 그리스도의 가르치심을 요약한 이 종결 구절은 매우 포괄적이다. 그가 말씀하신 " … 이른 것은 **무엇이든지**"라는 말은, 그가 아버지에게서 받으신 모든 것을 뜻한다. 그러므로 유대인들이 그리스도의 가르치심에 귀 기울이지 아니하였을 때, 그들은 조상들의 하나님, 즉 아브라함의 하나님, 이삭의 하나님, 야곱의 하나님을 저버린 것이다.

  "나는 그의 명령이 영생인 줄 아노라 그러므로 내가 이르는 것은 내 아버지께서 내게 말씀하신 그대로니라 하시니라"(12:50). 이 구절은 제한적으로 적용되는 것이 아님을 다시 한 번 밝히고자 한다. 이 구절은 오늘날 복음의 소리를 들은 모든 사람에게 낭랑히 울려 퍼지고 있다. 하나님께서는 **자기들의** 즐거움에 따라 행동하는 사람들을 위해 '초대'를 하신 것이 아니라, '**명령**'을 내리셨는데 그들은 지극히 위험스럽게도 그것에 순종하지 아니하였다. 그 명령이란 "그 아들 예수 그리스도의 이름을 믿는" 그것이다(요일 3:23). 바울이 로마인들에게 보내는 서신에서 그는 이렇게 말한다. "그로 말미암아 우리가 은혜와 사도의 직분을 받아 그의 이름을 위하여 모든 이방인 중에서 믿어 **순종하게** 하나니"(1:5). 이 명령은, 믿음의 순종으로 그것을 받아들이는 모든 사람에게 "영생"이 된다. 아담은 하나님의 명령에 불순종함으로 인하여 죽음을 초래하였다. 우리는 하나님의 명령에 순종함으로써 생명을 얻는다. 그러므로 "**너희는** 삼가 말씀하신 이를 **거역하지 말라** 땅에서 경고하신 이를 거역한 그들이 피하지 못하였거든 하물며 하늘로부터 경고하신 이를 배반하는 우리일까보냐"(히 12:25).

다음 장에서는 아래의 질문들을 연구해 보라.

1. 1절의 종반절은 무슨 뜻인가?

2. 3절의 "저녁"은 무엇을 가리키는가? 3. 4절의 그리스도의 행동은 어떠한 상징적 의미를 띠고 있는가?

4. 제자들의 발을 씻기신 것은 무엇을 뜻하는가?(5절)

5. 6-9절의 베드로는 어째서 그렇게 두드러진 행동을 했는가?

6. "나와 상관이 없다"는 말은 무엇을 뜻하는가?(8절)

7. 10절의 의미는 무엇인가?

제45장

제자들의 발을 씻어 주신 그리스도

[1]유월절 전에 예수께서 자기가 세상을 떠나 아버지께로 돌아가실 때가 이른 줄 아시고 세상에 있는 자기 사람들을 사랑하시되 끝까지 사랑하시니라 [2]마귀가 벌써 시몬의 아들 가룟 유다의 마음에 예수를 팔려는 생각을 넣었더라 [3]저녁 먹는 중 예수는 아버지께서 모든 것을 자기 손에 맡기신 것과 또 자기가 하나님께로부터 오셨다가 하나님께로 돌아가실 것을 아시고 [4]저녁 잡수시던 자리에서 일어나 겉옷을 벗고 수건을 가져다가 허리에 두르시고 [5]이에 대야에 물을 떠서 제자들의 발을 씻으시고 그 두르신 수건으로 닦기를 시작하여 [6]시몬 베드로에게 이르시니 베드로가 이르되 주여 주께서 내 발을 씻으시나이까 [7]예수께서 대답하여 이르시되 내가 하는 것을 네가 지금은 알지 못하나 이 후에는 알리라 [8]베드로가 이르되 내 발을 절대로 씻지 못하시리이다 예수께서 대답하시되 내가 너를 씻어 주지 아니하면 네가 나와 상관이 없느니라 [9]시몬 베드로가 이르되 주여 내 발뿐 아니라 손과 머리도 씻어 주옵소서 [10]예수께서 이르시되 이미 목욕한 자는 발밖에 씻을 필요가 없느니라 온 몸이 깨끗하니라 너희가 깨끗하나 다는 아니니라 하시니 [11]이는 자기를 팔 자가 누구인지 아심이라 그러므로 다는 깨끗하지 아니하다 하시니라(요 13:1-11)

우리가 여기에서 고찰하게 될 구절들을 분석해 보면 아래와 같다.

1. 그리스도의 변치 않으시는 사랑(1절)
2. 유다의 뿌리 깊은 증오(2절)
3. 그리스도의 아버지께로의 귀환(3절)
4. 그리스도께서 종이 하는 일을 수행하심(4, 5절)

5. 베드로의 우둔한 죄(6-9절)

6. 목욕하는 것과 깨끗해지는 것(10절)

7. 배반자를 예상하심(11절)

우리는 이제 모든 시대의 많은 신자들이 요한복음의 가장 중요한 부분이라고 간주해 온 내용이자, 나아가서 하나님의 말씀 중에서 가장 복된 내용으로 간주되어 온 구절을 고찰하게 될 것이다. 요한복음 13장에서는 새로운 내용이 시작된다. 이것은 이 앞의 내용들과는 명백하게 구별되는 내용이다. 이 복음서의 도입부에는 그리스도께서 하나님의 보내심을 받은 자라는 것과 그 사명의 **결과**에 관련된 두 가지 사항이 진술되어 있다. 첫째로, 그 민족은 '그를' 하나님의 보내심을 받으신 자로 "받아들이지 **아니하였다**." 이 사실은 특히 5~12장 사이에 상세히 설명되어 있다. 둘째로, '그를 **받아들인**' 사람들은 하나님의 자녀가 되었다. 요한복음 13~17장에서 우리는 그리스도께서 세상으로부터 물러나 그의 제자들과 계시면서 그들에게 그들이 받을 특별한 몫과 특권에 관해 말씀해 주심을 볼 수 있다.

그리스도의 공생애 말기에서 우리는 다음과 같은 사실을 알 수 있다. 예수께서 그들을, 다시 말해서 그 민족을 "떠나가서 **숨으시니라**"(12:36). 요한복음 13~17장에서 우리는, 구주께서 그의 제자들과 지극히 친밀한 교제를 나누시며 그들에게 그들이 그의 사랑 안에서 가하게 될 놀라운 처소와, 그가 지금 그들을 떠나 아버지께로 가려 하지만 그들을 위하여 그 사랑이 어떻게 계속적으로 행사될 것인지를 **드러내 주는** 것을 발견한다. 그는 그들에게 이렇게 말씀하셨다. "인자가 온 것은 섬김을 받으려 함이 아니라 도리어 **섬기려 하고** 자기 목숨을 많은 사람의 대속물로 주려 함이니라"(마 20:28). 그리스도께서는 그의 전 생애를 통하여 그의 제자들을 '돌보아' **오셨다**. 그러나 이제 그의 공생애는 끝났으며, 높은 데 그의 처소를 차지하게 될 그분을 따를 사람들을 위해 자기의 생명을 대속물로 내놓으시려는 전날 밤에 이르렀다. 그러므로 제자들이, 구주의 그들에 대한 '사역 **도 끝났다고** 결론을 내린 것은 당연한 일이었다. 하지만 실상은 그렇지 않았다. 그 사역은 계속될 것이다. 그리고 요한복음의 **이** 복된 내용이 우리에게 우선적으로 보여주고자 하는 것은 바로 **이 점**에 관해서이다. 그는 제자들을(그리고 우리들을) 십자가 상에서 사랑하셨을 뿐만 아니라 '**끝까지**' 사랑하신다. 구주의 아버지께로의 귀환은 제자들에 대한 그의 사랑의 활동을 종결짓는 것도, 감소시키는 것도 아니다. 즉 그는 그의 백성들의 유익을 위하여 하늘에서 여전히 전념하고 계신다.

그리스도의 '유월절 설교'의 중심적 의도는 그의 제자들에게 영적 지각력을 주셔서 그들로 하여금 그들이 유대교에 속해 있을 때 차지했던 몫이나 신분과는 다른 것을 누리게 되었음을, 즉 그들은 이제 아버지께서 계시는 **새** 처소와 세상에서의 **새로운** 신분을 누리게 되었음을 깨닫게 하고자 하신 것이었다. 요한복음 13~17장의 기록은 다른 공관복음서 저자들이 기록한 감람산에서의 긴 설교와 같은 것이다. 여기에서 그는 그 산에 계시지 않고 제자들을 영적으로 하늘나라로 데려가서서 그 지성소의 영광과 복됨, 그리고 거룩함을 보여주신다. 그는 자신이 겪으실 환난의 두려움에 대해 말씀하시는 대신 하나님의 가족들에게 그들이 광야를 여행하는 동안 겪어야 할 슬픔과 기쁨을 말씀해 주시며, 대제사장이신 자신이 그들을 위해 활동하시리라는 것을 알려 주신다.

요한복음 12장의 종결부와 13장의 도입부는 서로 대조를 이루고 있는 반면, 이 놀라운 복음서에서 점진적으로 전개되고 있는 진리를 더욱 발전시켜 주는 연결 관계가 있음도 발견할 수 있다. 12장에서 그리스도께서는 자신을 "많은 열매"를 내기 위해 죽어야 할 "밀알"이라고 말씀하셨다. 우리가 살펴본 바와 같이 이것은 **연합과 친교**를 가리키는 말씀이었다. 그리고 그것은 첫 장면, 즉 베다니에서의 '잔치' 장면에 예증되어 있다. 그러나 여기 13장과 그 이후의 기록에서 그는 믿는 자들을 **지키기** 위하여 그가 지극히 은혜로운 활동을 행하고 계심을 그의 제자들에게 알려 주신다. 우리는 그의 완전성에 관한 지극히 복되고 증거가 되는 두 가지 사항에 주목해야 한다. 첫째로, 그의 눈은 하늘의 지성소를 바라보고 계신다(13:1). 둘째로, 그의 눈은 그의 제자들을 보고 계신다(13:4). 그는 하나님의 거룩하신 요구를 **지키신다**. 그리고 그의 백성들을 **돌보시며 보살피신다**. 우리는 여기 이 세상에 남아 있다. 그리고 우리는 이 세상의 먼지로 인해 더럽혀져 있고 또 지성소에 들어가기에 부적합하다. 우리는 여기 요한복음 13장에서 그리스도께서 우리를 그 처소에 적합하도록 만드시는 것을 본다. 그리스도께서 우리의 발을 씻어 주실 때 마음에 품고 계셨던 생각은 바로 **하나님의** 유익을 위한 것이었던 바, 우리가 그 점을 인식하는 것이 중요한다. 우리는 여기에서 그리스도가 놋제단과 회막(성소) 사이에 놓여 있는 **물두멍**(대야)이신 것을 본다. 그런데 그 회막은 놋제단에서 해야 할 일을 완수한 후에야 가까이 갈 수 있는 곳이다.

요한복음 12장과 13장 사이에는 좀 더 깊은 관계가 있는데 여기서 그것들이 대조를 이루고 있음을 발견한 필자는 연구자를 위해 이 사실을 준비해 두었다. 요한복음 12장의 도입부에서 우리는 주님의 **발**을 본다. 여기 13장에서는 제자들의 **발**을 보게 된다. 그리스도의 발에는 **향유가 부어졌으나** 제자들의 발은 **물로 씻겨졌다.** 구주께서는 이 죄악된 세상을 지나가시는 동안 더러움이 묻지 않으셨다. 그는 세상에 오시던 때처럼 세상을 떠나셨다. 즉 "거룩하고 악의 없고 더러움이 없이" 오셨다가 가신 것이다. "발"이란 **걷는 것**을 가리킨다. 그리스도의 발에 향기로운 나드**향이 부어졌다**는 사실은 그에게서 아버지께로 감미로운 향기가 올라갔음을 가리킨다. 이것은 그가 걸으신 걸음마다 아버지를 영광스럽게 해드렸던 것처럼 이제 아버지를 완전하게 영광스럽게 해드린 것을 뜻한다. 그러나 그의 제자들이 걷는 것은 그리스도와는 큰 대조를 이루는 것으로서 더러움이 **묻는** 일이며, 그러므로 그 더러움을 없애야만 한다. 또한 제자들의 발이 물로 씻겨지기 **전에** 먼저 그리스도의 발에 향유가 부어졌다는 사실에 주목하라. 그는 모든 일에 있어서 '으뜸'이 되신다(골 1:18)!

주께서 제자들의 발을 씻어 주시는 장면은 요한복음 13장에서부터 전개되며 '유월절 설교'의 도입부를 이루고 있다. 우리는 그들을 깨끗하게 하는 데 피가 아닌 **물**이 사용되었음에 주목해야 한다. 왜냐하면 주님의 백성들조차도 그 중 많은 사람들이 그 차이를 전혀 모르는 듯하기 때문이다. 그들은 그들이 죄를 범했을 때, 죄와 부정함을 씻어 주는 '샘'으로 가까이 나와 씻고, 또 피로 **다시** 씻어야 한다고 말한다. 그런데 슬프게도, 그들의 이 말은 그들이 위에서 언급한 차이점을 모르고 있다는 사실을 입증해 준다. 신약 성경의 어디에도 피로써 다시 씻어야 한다는 말은 없다. 또는 죄지은 그리스도인들은 피로써 다시 씻어야 할 필요가 있다는 언급은 없다. 그렇게 말하는 것은 유효한 십자가의 희생을 심히 **모독하는** 일이다. 하나님의 아들 예수 그리스도의 피는 우리를 **모든** 죄에서 깨끗하게 하신다(요일 1:7). "그가 거룩하게 된 자들을 한 번의 제사로 **영원히 온전하게** 하셨느니라"(히 10:14). 우리는 이렇게 물을 수 있다: 이것이 사실이라면, 그리스도인들이 행로 중에 지은 부정함을 없애려면 무엇을 준비해야 하는가? 대답은 분명하다. 그것은 '물'이다. 우리가 신중하게 연구해 보면 다음과 같은 사실을 알 수 있다. 신약과 구약을 보면 부정함을 실제로 없애기 위하여 피와 물을 다 같이 필요로 하는데 '피'는 **하나님을 향한 것이요** '물'은 **성도를 향한 것이다.** 전자는 우리의 신분에 영향을 끼치며, 후자는 우리의 상태에 영향을 준다. 전자는 **법적인** 정결을 위한 것이요, 후자는 **실제적인** 성결을 위한 것이다. 레위기 16장은 상징적으로 속죄를 하는데 필요한, 하나님께서 제정하신 필요물을 알려 주고 있다. 민수기 19장은 이스라엘 백성이 광야를 여행하는 동안 그 길에서 입게 된 부정함을 위해서 하나님께서 마련하신 준비물을 알려 주고 있다. 후자는 피에 의해서가 아니라 '물' 에 의해서 씻겨졌다. 주 예수 그리스도 안에 있는 모든 신자는 모든 범죄로부터 법적으로 정결케 되어야 하는데 이것은 그들을 위해 다른 사람이 대신해 줄 수 없는 것이다. 하나님과의 교제를 더럽히고 방해하는 모든 것으로부터 마음과 태도를 도덕적으로, 그리고 실제적으로 정화하는 것은 바로 **물**에 의해서, 다시 말하여 성령께서 그의 능력으로 우리에게 적용시키는 **말씀**에 의해서이다.

"유월절 전에 예수께서 자기가 세상을 떠나 아버지께로 돌아가실 때가 이른 줄 아시고 세상에 있는 자기 사람들을 사랑하시되 끝까지 사랑하시니라"(13:1). 이 도입절은 다음에 나오는 내용을 예측하도록 실마리를 제공하고 있다. 우리는 이 구절을 읽을 때 그리스도께서 아버지께로의 **귀환**을 염두에 두고 계심을 **예기하게** 된다. 그는 고마우시게도 그가 하늘에서 우리를 위해 **현재도** 봉사하고 계심을 상징적으로 표현해 주셨다. 그는 높으신 **위엄**의 우편에 앉아 계신다. 그러나 그는 **우리의 유익**을 위해 거기에 계신다. 즉 우리의 변호자로서 우리를 위해 중보하시며 아버지와 함께 거기에 살고 계시고, 그와 같은 방식으로 우리를 견지하시며 구원하신다.

"유월절 전에." 그것은 유월절 직전이었다. 왜냐하면 그리스도께서는 다음 날 참된 어린 양으로서 죽으실 것이기 때문이다. 유월절의 어린 양은 니산 달, 곧 정월 **십사 일**이 끝날 무렵에 먹는다(출 12:6, 8). 그러나 칠 일 간 계속되는 '명절' 은 **열다섯째** 날에 시작된다(민 28:17). 그러므로 우리는 여기서 이 때가 그리스도의 죽음 전 날 밤임을 알 수 있다.

"예수께서 자기 때가 이른 줄 아시고." 그리스도께서는 결코 놀라지 않으셨다. 그는 아버지의 임재 안에서 모든 것을 알고 모든 것을 느끼셨다. "자기가 이 세상을 떠나야 하는 줄." '세상' 이 아니라 **"이 세상"**이라 표현된 점에 주목하라. 이 용어는 그의 생애 말기에 빈번하게 사용되었음을 알 수 있는데 그것은 주목할 만하다. "예수께서 이르시되 내가 심판하러 **이 세상**에 왔으니"(9:39). **"이 세상**에서 자기의 생명을 미워하는 자는 영생하도록 보전하리라"(12:25). "이제 **이 세상**에 대한 심판이 이르렀으니 **이 세상**의 임금이 쫓겨나리라"(12:31). **"이 세상"**은 주님께서 생각하시기에 분명히 끔찍한 장소였다! 그는 여기에 머무실 수 없었다. **그는 그** 세상을 만드셨다(1:10). 그러나 **죄가** 오늘날의 **이** 세상을 만들었다. "자기가 세상을 떠나 **아버지께로** 돌아가실 때가 … ." 여기에서 '**하늘로**' 라고 되어 있지 않은 점에 주목하라! 이것은 얼마나 복된 일인가! 그의 마음이 바라신 것은 바로 **아버지의** 임재하심이었다.

"세상에 있는 자기 사람들을 사랑하시되 끝까지 사랑하시니라." "**자기 사람들.**" 이전에 있었던 믿지 아니하는 세상과의 모든 충돌을 겪으신 후에, 또 이스라엘 백성을 향해 쓸모없는 호소를 하시고 난 후에, 이제 그리스도께서는 그를 거부하지 않은 소수의 제자들에게 자신의 사랑을 아낌없이 베푸심으로써 그의 마음에 위로를 삼으신다. "**자기 사람들.**" 이 말은 얼마나 복된 표현인가! "**너희는 너희 자신의 것이 아니라**"(고전 6:19). 우리는 그리스도께 속해 있다. 우리는 모두 어떤 것을 **우리의 소유**라고 부를 수 있을 때 오는 기쁨을 알고 있다. 이러한 만족감을 주는 것은 우리가 소유하고 있는 것의 가치라기보다는 '그것은 **나의 것**' 이라는 단순한 의식에서 오는 것이다. 여기에서 사랑이라는 용어로 구주의 마음을 선포하는 것은 바로 성령이시다. 성령께서는 우리로 하여금 구주를 높이 평가하게 함으로써 우리의 마음을 구주께 전념케 하신 것이 아니며, 우리의 비참한 모습을 깨닫게 함으로써 그렇게 하신 것이 더욱 아니다. 그는 **그리스도의** 우리에 대한 생각이 어떠하신가를 알려 주심으로써 우리의 마음을 사로잡으신다! 우리는 세 가지 면으로 주 예수께 속한다. 첫째로, **아버지의 영원하신 택하심으로** 말미암아서이다. 우리는 아들에게 주어진 아버지의 사랑의 선물이다. 즉 "창세 전부터 그리스도 안에서 택함 받은" 것이다. 둘째로, 우리는 **그리스도 자신의 구속하신 권리로** 말미암아서 그의 것이 된다. 그는 대속물을 치르셨다. 그는 몸소 우리를 사셨다. "그리스도께서는 교회를 사랑하시고 또 교회를 **위하여** 자기를 내주셨다." 셋째로, 우리는 **성령의 유효한 부르심으로** 말미암아 그의 것이 된다. 어떤 사람이 그리스도 안에 있다면 그는 새로운 피조물이다. 그리고 우리는 성삼위의 셋째 위(位)로 말미암아 새롭게 창조되었다. 즉 "성령으로 거듭난" 것이다.

"예수께서 자기 사람들을 끝까지 사랑하시니라." 이것은 양들을 향한 선한 목자의 돌보심을 나타내고 있다. 그는 **무엇의** '끝' 까지 사랑하시는 것일까? 그것을 명확하게 규정할 수 있는 사람은 없을 것이다. 첫째로, 우리의 지상의 순례를 끝마칠 때까지이다. 우리는 이 광야를 통과하는 동안 그의 사랑의 확증을 **필요로 한다.** 우리가 그를 마주보고 그가 우리를 알고 계시듯 우리도 그를 알게 될 그 때에 우리는 그 사랑의 확증을 필요로 하지 **않을** 것이다. 그러나 지금은 우리에게 사랑의 충분한 **확증이 필요하다.** 그리고 그것은 이 세상 삶의 온갖 풍파 가운데 있는 비참한 마음을 위한 안식처이다. 구주의 품이야말로 그 안식처인 것이다! 요한이 의지했던 곳은 바로 이 구주의 품이었으며, 복되게도 우리도 또한 영적으로 그 품에 가까이 갈 수 있다

(요 13:23). 주 예수께서 이후 16장 끝까지에 이르는 긴 설교를 시작하시기 **전**에 제자들의 발을 씻어 주신 것은 우리가 장차 거할 처소에서 영원한 기쁨을 누리게 될 것을 보여주심으로써 우리를 지탱해 주시기 위함이었다. 그리스도께서는 그의 사랑으로 인하여 그 **사랑의 대상들에 대한 생각**에 사로잡혀 있었다. 그리고 여기에 기록된 것은 바로 그것을 보여준다. 하나님은 "빛"이시다(요일 1:5). 하나님은 "사랑"이시다(요일 4:16). 요한복음 1~12장까지 읽어 보면 그리스도는 아버지를 드러내고 인간을 폭로하시는 **빛**이심을 발견한다(1:17; 3:19; 8:12; 9:5). 그러나 이제 우리는 ("**자기 사람들**"과 함께 계시는) **사랑**이신 그를 본다(13:34; 14:12; 15:9; 17:26 참고). 그러나 이 점에 주목하라. 그것은 **거룩한** 사랑이다. 하나님의 사랑은 부정한 것을 허용할 수 없다. 그러므로 그리스도의 사랑은 제자들의 발에서 부정함을 씻어내심으로서 **시작된다**! 이것은 지극히 복된 일이다. 우리는 우리를 위하여 자기 생명을 바치게 한 그 사랑을 생각할 때 기쁨에 넘친다. 그러나 우리는 그 사랑이 **지금도 여전히** 활동하고 계심을 간과해서는 안 된다.

"예수께서 자기 사람들을 끝까지 사랑하시니라." 그는 끝까지 사랑하실 뿐만 아니라 그들이 필요로 하는 **최대한도까지**, 그리고 그의 은혜의 **최대한도로** 사랑하신다. 그는 빌립이 그를 오해하고 있다는 것을, 그가 기도하시며 괴로워하시는 동안 세 제자들은 잠들어 있다는 것을, 베드로가 그를 부인하리라는 것을, 도마가 그를 의심하리라는 것을, 그리고 **모든** 제자들이 "그를 버리리라는" 것을 알고 계셨다. 그럼에도 불구하고 그는 "**그들을**" 끝까지 사랑하셨다! 그리고 그리스도인 독자여, 그것은 우리에게도 마찬가지이다. "자기 사람들"이 곧 그의 사랑의 대상이다. "끝까지"라는 말은 그의 사랑의 **한계**를 표시한다. 그는 우리의 비참한 실패의 '끝까지', 우리의 방황과 배반의 '끝까지', 우리의 무가치함의 '끝까지', 그리고 우리의 절실한 필요의 '끝까지' 우리를 사랑하신다. "주의 사랑 무한하여 측량할 길 없도다 영원한 원천에서 나오는 그 사랑 한결같고 변함없이 영원토록 흐르네."

요한복음 13:1의 첫 부분은 그 당시의 주 예수에 관한 두 가지 사실을 암시한다. 온갖 두려움에 가득 찬 십자가가 그 앞에 있었다. 또한 온갖 축복으로 넘치는 아버지께로의 귀환의 기쁨이 그 앞에 있었다. 그러나 고뇌스러운 끔찍한 전망이나 형언할 수 없는 안식과 기쁨에 대한 희망마저도 그의 제자들에 대한 사랑을 흔들 수가 없었다. 그는 어제도 오늘도, 그리고 영원히 **동일하시다**. 그러므로 그의 사랑도 결코 변치 않으신다. **그는 영원하시다**. 그러므로 그는 **영원하신** 사랑으로 우리를 사랑하신다. 그는 **하나님이시다**. 그러므로 그의 사랑은 다른 모든 사랑과 다르며 인간의 지식을 초월하는 것이다.

　"마귀가 벌써 시몬의 아들 가룻 유다의 마음에 예수를 팔려는 생각을 넣었더라"(13:2). 이 얼마나 끔찍한 대조인가! 사랑과 증오, 구주와 사탄, 그리고 "자기 사람들"과 배반자의 대조를 보라! 여기에 유다를 언급한 것은 다음에 나올 내용의 아름다움을 더 돋보이게 하기 위함인 듯하다. 마귀는 배반자의 마음을 완전히 지배하고 있었다. 이와 같이 **상징적으로** 십자가가 선고되었다. 사탄이 그의 계획을 달성한 것이다. "저녁 먹는 중 예수는 아버지께서 모든 것을 자기 손에 맡기신 것과 또 자기가 하나님께로부터 오셨다가 하나님께로 돌아가실 것을 아시고"(13:3). "그리스도의 신적 출생과 권위, 그리고 다가올 영광에 대한 이 진술은, 자기를 낮추어서 노예의 직분을 이행하신 그의 놀라운 겸손을 강조하기 위한 것이다"(*Companion Bible*).

　"저녁 먹는 중 예수는 아버지께서 모든 것을 자기 손에 맡기신 것과 또 자기가 하나님께로부터 오셨다가 하나님께로 돌아가실 것을 아시고 저녁 잡수시던 자리에서 일어나 겉옷을 벗고 수건을 가져다가 허리에 두르시고"(13:3, 4). "그리스도께서 이 비천한 일을 행하셨을 때 그는 자신의 신적 출생을 망각하신 것이 아니라 그것을 완전하게 알고 계셨다. 그리스도께서 처음에 '하나님의 형상'을 벗으셨던 것처럼, 즉 안정된 신성에 수반되는 외적 영광을 버리고 '종의 형상'을 취하셨던 것처럼 이제 여기에서 그는 겉옷을 벗으시고 허리를 동여매신다. 즉 가사를 돌보는 노예의 모습을 취하신 것이다. 한 어부가 다른 어부의 발에 물을 부어 씻어 주는 것은 겸손이 아니다. 그러나 그가, 곧 모든 인간사를 자기 수중에 갖고 계시며 아버지와 가장 가까운 관계를 맺고 계신 그가 이와 같은 겸손을 취하셨다는 것은 비길 데 없이 중대한 일이다. 이것은 자신이 하나님이신 것을 알고 계시는 분에게 **어울리는** 행동이다. 이 행동의 아름다움은 예수의 위엄을 크게 입증해 줄 뿐만 아니라 하나님의 성품에 대한 새로운 빛을 비춰 준다"(Dods).

　그가 이 때에 제자들의 발을 씻어주신 **이유로서** 여기에 세 가지 사실이 나타나 있음에 주목해야 한다. 첫째로, 그는 자신이 이 세상을 떠나가실 때가 왔음을 알고 계셨기 때문이다(13:1). 둘째로, 그는 그의 제자들을 끝까지 사랑하셨기 때문이다(13:1). 셋째로, 모든 것이 자기 손에 맡겨져 있었고, 또 하나님께로부터 오신 그가 하나님께로 돌아가실 것이기 때문이었다. 이 이유들 때문에 그는 식탁에서 일어나셔서 수건으로 허리를 동여매신 것이다. 우리가 곧 보게 되겠지만 이 모든 것은 베드로에게 하신 주님의 말씀 속에 설명되어 있다.

"내가 너를 씻어 주지 아니하면 네가 **나와 상관이 없느니라**"(13:8). 삼년 동안 제자들은 그의 '일부'**였다.** 그러나 이제 그는 그들을 떠나려 하신다. 그러므로 그는 떠나시기 전에 그가 아버지께로 돌아가신 후에도 그의 놀라우신 사랑은 감소되지 않고 또 변함없이 계속되리라는 것을 그들에게 (그리고 우리에게) 확신시켜 주고자 하셨다. 그리스도께서는 영광 안에서 봉사를 시작하셨다. 그리고 그 봉사는 또 다른 방식으로 영원히 계속될 것이다. 그가 지금 전념하고 계신 봉사는 우리를 그와 '상관'이 있도록 **유지하기** 위한 것이다.

요한복음 13장의 여기에 언급된 '저녁'이 **어떤** 것인지에 관해 많은 논쟁이 제기되어 왔다. 대부분이 확신하기는 그것은 '최후의 만찬'이 **아니라**는 것이다. 왜냐하면 우리는 요한복음 13:26에서 그리스도께서 유다에게 '한 조각'의 빵을 주시는 것을 볼 수 있으며, 또 공관복음서 기자들이 이것은 **유월절** 저녁 식사인 것을 밝히고 있기 때문이다. 이 넷째 복음서에는 최후의 만찬에 관한 언급이 없다. 이 사실에 관하여 라일(Ryle) 주교가 말한 것은 주목할 만하다. "필자는 이 사실에 대해 다음과 같이 생각한다. 즉 이것은 그리스도인들의 성찬에 대한 우상 숭배적 경향을 반대하는 증거인 것이다. 처음부터 교회에는 마음의 종교보다는 형식과 의식의 종교를 더 중요시하고, 또 하나님께서 외적 의식에 결코 부여하지 않으신 높은 위치를 부여하는 경향이 있었던 것 같다. 복음서 저자 요한은 이 가르침에 반증을 제기하도록 사용되었다. 요한이 그의 복음서에서 최후의 만찬을 전적으로 기록하지 않았다는 사실, 그리고 그것에 대해 명령조차 하지 않았다는 이 단순한 사실을 고려해 볼 때, 우리는 여기에서 많은 사람들이 그렇게 생각하는 것처럼, 성찬식은 기독교에 있어서 가장 우선적이고 중심적이며 중요한 것이 아니라는 증거를 찾아볼 수 있다. 요한이 최후의 만찬에 대하여 전혀 언급하지 않은 점으로 볼 때 저들의 성찬식에 대한 이론과 이 구절은 서로 조화될 수가 없다. 그것은 대단히 명백한 의미를 내포하고 있는 침묵이다. 요한이 그것에 대해서 침묵한 이유는 단 하나뿐이라고 생각한다. 그것은 성찬식이 그리스도교에서 가장 근본적인 것이 아니라 부차적인 것이기 때문이다."

"그가 저녁 잡수시던 자리에서 일어나." 사건의 순서상 이것은 요한복음 13:1의 바로 다음에 일어난 일이다. 거기에서의 시간 표시는 여기에서의 그리스도의 행동과 관련이 있다. 주 예수께서 유월절 음식을 차려 놓은 식탁에서 일어나신 것은 분명히 그 식사를 시작하기 직전이었다. 요한의 이야기를 보면 이 구절로부터 14:31에 이르기까지, 그리고 18:1까지 계속해서, 이 관계에 대해 분명히 알 수 있는 모든 것을 기록하고 있는데 우리는 그 점에 주목해야 한다. 그러므로 이 '저녁 식사'와 그리스도의 제자들에게 하신 설교 후에 곧 겟세마네 동산으로 가신 사건이 뒤따라 일어났음을 알 수 있다. 만일 유월절 만찬이 이미 끝났다면 13:24의 베드로의 질문은 납득이 가지 않는다(그런데 아주 많은 사람들은 만찬이 끝났었다고 주장한다). 왜냐하면 공관복음서 저자들은 우리 주님께서 이 식사 중에 배반자의 이름을 말씀하셨다고 밝히고 있기 때문이다. 대부분의 어려움은 13:3의 첫 부분 때문에 발생한다. 그런데 그것은 '저녁이 차려졌을 때', 다시 말해서 저녁이 준비되었을 때라고 표현되었어야 했다. 우리는 13:12에서 그리스도께서 자신의 식탁으로 **다시 돌아오셨음**을 알 수 있는데 이 점에 주목해야 한다.

　"저녁 잡수시던 자리에서 일어나 겉옷을 벗고 수건을 가져다가 허리에 두르시고" (13:4). 우리는 여기에 들어 있는 모든 것은 상징적인 의미를 함축하고 있음을 의심할 수 없다. '저녁'은 유월절 저녁이다. 그리고 그것은 분명히 그리스도의 죽음을 가리키고 있다. 식탁에서 **일어나신 것**과 겉옷을 **벗으신 것**은 주님의 무덤에서의 부활하신 모습을 나타내고 있다. 그가 허리를 동여매신 것은 **봉사**를 뜻한다. 즉 그가 지금도 그의 백성들을 위하여 전념하고 계시는 **하늘의** 봉사를 뜻한다. 우리 주님께서 결코 **종의** 신분을 그만 두지 않으신 것은 놀라운 일이다. 그것은 소위 성찬제라고 하는 것에 대한 오늘날의 변호자들이 결코 극복하거나 교묘히 변명할 수 없는 일이다. 성찬식이 기독교에 있어서 진정으로 우선적이고 주요한 일이라면 어째서 요한이 우리에게 그 점에 대해 아무 말도 하지 않았겠는가? 그 문제에 대한 답변은 분명하다. 그는 영광의 나라로 귀환하신 후에도 여전히 우리를 돌보고 계신다. 출애굽기 21장의 히브리 종과 관련된 옛 이야기는 이 이야기의 아름다운 전형이다. "네가 히브리 종을 사면 그는 여섯 해 동안 섬길 것이요 일곱째 해에는 몸값을 물지 않고 나가 자유인이 될 것이며 … 종이 분명히 말하기를 내가 상전과 내 처자를 사랑하니 나가서 자유인이 되지 **않겠노라** 하면 상전이 그를 데리고 재판장에게로 갈 것이요 또 그를 문이나 문설주 앞으로 데리고 가서 그것에다가 송곳으로 그의 귀를 뚫을 것이라 그는 종신토록 그 상전을 섬기리라"(21:2-5, 6). 필자는 본인의 저서 「출애굽기 강해」에서 이에 대해 상세하게 설명하였다. 여기에서는 이 구절이 완전하신 종의 지극히 복된 전조를 제공하고 있음을 말하는 것으로 만족하기로 하자. **그리스도께서는** "영영히 섬기셨다." 그는 오늘도 우리를 섬기고 계시며 (성령으로 말미암아) 그 말씀을 우리의 실제적인 상태에 적용시키고 있고, 높은 곳에 계신 그와의 교제를 부적합하게 하는 모든 것을 처리하고 계신다. 누가복음 12:37은 그의 **장차의** 섬김에 대하여 귀중한 말씀을 전하고 있다. "주인이 와서 깨어 있는 것을 보면 그 종들은 복이 있으리로다 내가 진실로 너희에게 이르노니 주인이 **띠를 띠고** 그 종들을 자리에 앉히고 나아와 **수종들리라.**" 그러면 그는 우리를 **어떻게** '섬기실' 것인가? '그의 손님' 으로서, 우리의 행복과 즐거움을 돌보심으로써 그렇게 하실 것이다.

"이에 대야에 물을 떠서" (13:5). 여기의 모든 것은 신적으로 완전하다. 구주께서는 **일곱** 가지의 별개의 행동을 취하셨다. "예수께서, 1) 저녁 잡수시던 자리에서 일어나, 2) 겉옷을 벗고, 3) 수건을 가져다가, 4) 허리에 두르셨다. 그 후로 그는, 5) 대야에 물을 담아, 6) 제자들의 발을 씻으시고, 7) 그 두르신 수건으로 닦기를 시작하셨다." 예수께서 여기에서 씻기 시작하신 것은 바로 제자들의 발이었다. **그들의 몸은** 이미 깨끗했다. 그들은 유대교로부터 나와, 하늘의 몫은 이미 그들의 것이었다. 즉 그들의 처소는 이미 아버지 집에 있었다. 그러나 그들의 행동도 그 집에 적합하게 되어야 했다. 그들의 걸음은 그들을 부르시는 하늘의 부르심에 일치해야만 한다. 그들은 그들이 길을 가는 동안 정하게 지켜져야만 한다.

구주께서 먼지 묻은 제자들의 발을 깨끗하게 하시는 데 사용하신 물은 말씀을 상징한다. "청년이 무엇으로 그의 **행실**을 **깨끗하게** 하리이까 주의 **말씀**만 지킬 따름이니이다" (시 119:9). 에베소서 5:25, 26 말씀은 이것을 완전하고 복되게 표현하고 있다. "그리스도께서 교회를 사랑하시고 그 교회를 위하여 자신을 주심 같이 하라 이는 곧 물로 씻어 말씀으로 깨끗하게 하사 거룩하게 하시고" (엡 5:25, 26). "요한복음 13장은 에베소서의 내용을 내포하고 있다. 그는 그들을, 곧 교회를 '사랑하셨다.' 그는 그들을 위하여 '자기를 내어놓으셨다.' 그리고 '저녁' 은 그와 분리되게 될 그들을 '거룩하게 하시기' 위해 차려졌다. 이와 같이 그들은 '그의 사람들' 이 되었다. 그리고 말씀의 물로 씻으심으로써 그들을 '깨끗하게 하셨다.' 그것은 완전하다. 그는 우리를 계속하여 깨끗하게 지키시기 위하여 항구적이고 완전한 준비를 마련해 두신 것이다" (Malachi Taylor). 주께서 이 일을 미완성하신 채, 또는 하다 마신 채 두지 아니하셨음에 특별히 주목해야 한다. 우리 주님께서는 완벽한 종처럼 그들의 발을 '씻어 주셨을' 뿐만 아니라 그 발을 '닦아 주기' 도 하셨다!

"시몬 베드로에게 이르시니 베드로가 이르되 주여 주께서 내 발을 씻으시나이까" (13:6). 시몬은 여전히 우둔하였다. 그의 잘못과 실패는 우리를 가르치기 위하여 기

록된 것이다. "하나님의 일에 있어서 제아무리 지혜 있는 신자라도 그리스도께 복종
하고 그를 믿어야 한다. 우리는 그가 행하시는 것을 감사에 넘치는 마음으로 받아들
이도록 요청받고 있다. 그리고 마리아가 혼인 잔치에서 종들에게 말했던 것처럼, '우
리에게 무슨 말씀을 하시든지 그대로 하여야 한다.' 시몬 베드로는 그렇게 하지 않았
다. 왜냐하면 주님께서 노예의 형상을 취하시고 그에게 다가오셨을 때 그는 항의하
였기 때문이다. 그러면 베드로의 마음에는 '사랑으로 역사하는' 믿음이 없었는가?
분명히 그 행동 속에는 믿음이 없었으며 인간적인 질서 의식에서 빚어진 감정으로
휩싸여 있었다. 그렇지 않았더라면 그는 주님께서 과연 적합한 일을 행하고 계시는
가를 묻지 않았을 것이다. 엎드려 굴복했을 것이며, 그와 그의 동료에게는 그들의 주
님에게서 그와 같이 비천하지만 필수적인 봉사를 받을 필요가 있음을 가르쳐 주셨을
때 기꺼이 그것을 배우고자 했을 것이다 … . 베드로는 너무 자만했고 또 그 자신과
주변의 더러운 환경에 대해 너무나 무지했다. 뿐만 아니라 그리스도의 사랑의 깊이
와 항구성을 깨닫지 못하였기 때문에 그는 주님께 '주여 주께서 내 발을 씻으시나이
까' 라고 말했다. 베드로는 아직 드러나지 않은 일을 알 수 없었을 것이다. 그러나 그
것을 인정한다 할지라도 그는 주님께서 무엇을 하고자 하셨는지 물었어야 하지 않았
겠는가? 그는 주님의 손으로 그와 같이 비천한 봉사를 하시는 것을 거절하는 것이 자
기에게는 도리에 맞고 주님께는 영광이 된다고 생각했을 것이다. 그러나 베드로는,
예수께서 하나님께 합당한 것과 아버지를 나타내는 것이 아니고는 단 한 마디도 말
씀하지 않으셨던 것처럼, 그런 것이 아닌 행동도 결코 하지 아니하셨음을 망각해서
는 안 되었던 것이다. 그의 말씀과 행동은 지금까지보다도 더 하나님의 은혜를 드러
내는 것이었다. 왜냐하면 인간의 악이 사탄으로 말미암아 선동을 받아서 외부에서
뿐만 아니라 그의 제자들의 무리 속에서까지도 점점 뚜렷하고 강렬하게 나타났기 때
문이다. 우리는 하나님께로부터 우리가 **어떻게** 그를 영광스럽게 해드릴 수 있는지,
그리고 우리가 어떻게 **그의 마음에 따라서** 그를 사랑할 수 있는지를 배울 필요가 있
다. 그리고 어떤 사람이 그런 것을 안다고 생각한다면 그는 마땅히 알 바를 아무 것
도 모르고 있는 것이다. 바로 이것이 베드로의 잘못이었다. 그는 자기의 생각을 의심
했어야만 했다. 그리고 전적으로 복종하는 가운데 '모든 것을 온당하게 행하시는'
분을(많은 사람들은 알고 있다고 고백하지만 실은 잘 모르고 있다), 그리고 그가 말
씀하시는 것 그 자체이신 분, 즉 변함없으신 복된 그 인격 안에 내포된 진리와 사랑
자체이신 분을 섬겼어야 했다. 하나님의 생각은 우리의 생각과 결코 같지 않다. 그리

고 하나님께서 성도들에게 주요한 것뿐 아니라 상세한 것까지도 믿음으로 가르쳐 주시지 아니하시면 그들은 인간적인 생각에 빠지게 된다. 왜냐하면 우리는 어떤 것에 대해서도 우리 자신을 믿을 수 없고, 또 믿어서도 안 되기 때문이다. 하나님 아버지께서는 아들을 영광스럽게 해주실 것이다. 그리고 우리가 그의 겸손을 믿고 따를 때 그는 지극히 크게 영광을 받으시는 것이다. 주님께서 그의 고난과 죽음에 관하여 말씀하셨을 때 베드로는 감히 주님을 말렸는데 그것은 베드로가 잘못을 범한 것이었다. 그와 마찬가지로 그가 '주여 주께서 내 발을 씻으시나이까' 라고 말했을 때도 그는 잘못을 범한 것이다" (*Bible Treasury*).

  "**예수께서 대답하여 이르시되 내가 하는 것을 네가 지금은 알지 못하나 이 후에는 알리라**" (13:7). 필자는 이 구절의 참뜻을 간략히 설명하면 다음과 같다고 생각한다. '베드로야, 이것은 내가 아버지께 돌아갔을 때 내 백성을 위해 내가 수행할 일에 대한 그림이요 본보기이다. 너는 지금은 그 일의 중요성을 알지 못하나 나중에, 곧 성령께서 오셨을 때는 알게 **되리라**.' 이것은 진정 책망이었다. 그러나 온화하게 하신 책망이었다. 베드로는 주님의 신비한 행동 속에 아버지에 대한 그의 복종과 그의 제자들에 대한 사랑의 표현을 나타내 주는 의미와 목적이 분명히 들어 있다는 사실을 알았어야만 했다. 그러나 베드로는 우리들처럼 그것을 식별하는 데 우둔하여 아주 천천히 깨달았다. 그는 노예와 같은 봉사를 수행하시는 지극히 존귀하신 주권자께 즐거이 순종하는 대신에 설상가상으로 더 심한 잘못에 빠진 것이다. 즉 "베드로가 이르되 내 발을 절대로 씻지 못하시리이다" 라고 말한 것이다. 베드로가 그렇게 말한 것은 바로 무지 때문이었다. 그리고 나아가 사랑 때문이었다. 하지만 그렇다고 해서 그런 이유가 그를 변명해 주지는 못한다. 베드로는 그토록 우둔한 우리를 참아 주시고 은혜로써 우리의 잘못을 바로잡아 주시는 분과 함께 해야 했는데, 그리고 우리도 지금 그렇게 해야 하는데 그것은 실로 복된 일이다.

  "**베드로가 이르되 내 발을 절대로 씻지 못하시리이다**" (13:8). 베드로가 주님의 뜻을 알았을 때 즉시 그 뜻에 동의하지 않았다 해서 우리는 모두 그를 비난하려고 한다. 그러나 **우리는** 우리가 그 사도를 비난하는 것보다 더욱 변명할 여지가 없는 어떤 죄를 범할 수 있는데 그 점을 경계해야 한다. 베드로는 복종하지 않겠다고 말했다. 그러나 그는 **복종하였다**. 그것도 아주 즉시 그렇게 했다. 우리는 종종 복종하겠다고 말한다. 그러나 완고하게도 순종하지 아니하는데, 슬프게도 그것이 우리의 모습이 아닌가? 또 다른 경우도 귀 기울일 가치가 있다. 즉 우리는 베드로처럼 감히 복종하지 아니하겠다는 말은 **사용하지** 않는다. 그러나 우리는 복종하지 아니하는 **행동을 한다.** 그렇다면 우리와 베드로는 무슨 차이가 있는가? 비유에 나오는 두 아들의 경우와 같지 않은가? 한 아들은 '가겠다고 말하고는 가지 않았다.' 다른 아들은 '가지 않겠다고 말했지만 나중에 후회하고 갔다.' 그렇다면 어느 아들이 아버지의 뜻을 행하였는가? 비난받아 마땅한 쪽은 베드로처럼 말로만 고집을 피운 사람이겠는가? 그렇지 않으면 우리처럼 순종하지 아니한 쪽이겠는가?

"**예수께서 대답하시되 내가 너를 씻어 주지 아니하면 네가 나와 상관이 없느니라**" (13:8). "**내가** 너를 씻어 주지 아니하면." 우리는 우리 자신의 발을 씻을 수 없다. 우리는 우리 영혼을 구원하는 것뿐만 아니라 우리의 더러운 행실을 씻어내는 데 있어서도 전혀 그렇게 할 능력이 없다. 그의 말씀이라 하더라도 **살아 계신 그의 임재로부터 유리된** 것이라면 아무 효력이 없다. 우리의 발은 **그의** 손 안에 있어야만 한다. 다시 말해서, 우리는 전적으로 그에게 **복종해야만** 한다. 그렇게 한다는 것은 **우리가** 단순히 말씀을 이해한 대로만, 그리고 말씀의 요구대로만 우리의 행실을 판단하는 데 있지 않고 **그가** 말씀을 해석하고 적용하는 데 있다. 그리고 이를 위하여 우리는 그의 임재 안에 있어야**만 한다.**

"나와 상관이 없다"는 말은 무슨 뜻인가? 이 사건의 핵심은 바로 여기에 있다. '상관'이라는 말은 **친교**를 가리킨다. 우리는 마르다의 여동생에 대한 주님의 말씀에서 그 말을 찾아볼 수 있다. "마리아는 이 **좋은 편**을 택하였으니"(눅 10:42). '상관'이라는 이 말의 의미는 고린도후서 6:15에서 다시 한 번 명확히 규정되고 있다. "그리스도와 벨리알이 어찌 조화되며 믿는 자와 믿지 않는 자가 어찌 **상관**하겠느냐"

"씻어 주다"는 말은 무슨 뜻인가? "내가 너를 **씻어** 주지 아니하면 네가 나와 상관이 없느니라." 그것은 **모든** 신자들이 필요로 하는 것이다. 필자는 "신자들"이라고 말하였다. 왜냐하면 신자라는 모든 사람이 그리스도 **안에** 어떤 몫을 차지하고 있다 할지라도 그들은 그와 **함께** 그들의 '몫'(상관)을 누리는 데는 실패하기 때문이다. 이 "씻는 것"은 죄를 고백하는 것과 그 결과로 얻는 용서 이상의 것이다. 이것은 하나님의 **임재** 안에서 나를 악으로 이끌었던 것을 말씀으로써 엄중히 살피는 것을 뜻한다. 그것은 죄라는 열매를 맺게 된 그 **뿌리**를 심판하는 것이다. 그러나 이 "씻는 것"을 우리의 타락과 실패를 위한 하나님의 치료약이라는 식으로 **제한시켜서는** 안 된다. 그보다 우리는 그것을 우리의 매일의 필요를 위한 하나님의 은혜로우신 준비물이라고, 즉 외적인 실패에 대한 **보호책**이요 **방비책**이라고 간주해야만 한다. 우리는 매일 주님과 있어야 할 필요가 있다. 그래서 꽃이 태양을 향해 자기를 열듯 우리의 마음을 그 빛을 향해 열 필요가 있다. 그러나 슬프게도 우리는 이것이 우리에게 절실히 요구됨을 거의 의식하지 않고 있다. 그리고 하나님 앞에 나아가 자기의 행실을 살피는 일이 거의 없다. 그리스도의 복되신 손으로 씻어 주시도록 우리의 발을 진정으로 맡긴다는 것은 다윗과 같은 태도로 그 앞에 나아가는 것이다. "하나님이여 나를 살피사 내 마음을 아시며 나를 시험하사 내 뜻을 아옵소서 내게 무슨 악한 행위가 있나 보시고 나를 영원한 길로 인도하소서" (시 139:23. 24). 우리가 이 세상에서 그렇게 불결한 장소에 있는 동안 **그와 상관이 있으려면** 이것은 절대적으로 필요하다.

"시몬 베드로가 이르되 주여 내 발뿐 아니라 손과 머리도 씻어 주옵소서" (13:9). 베드로는 그 특유의 충동적인 격정에 빠져 극단으로 치닫는다. 주님께서 그를 씻어 주지 **아니하시면** 그가 그리스도와 아무 상관 없게 된다는 말을 듣자 그는 이제 온 몸을 씻어 달라고 청한다. 그것은 비록 우둔하기는 하지만 따뜻한 마음을 가진 제자의 외침이었다. 그럼에도 불구하고 그의 무지는 또 다른 잘못을 초래하였다. 그는 이제 온몸을 씻을 필요는 없었다. 죄인은 온 몸을 씻어야 한다. 그러나 성도는 그럴 필요가 없다. 씻을 필요가 있는 것은 우리의 **행실**뿐이다.

"예수께서 이르시되 이미 목욕한 자는 발밖에 씻을 필요가 없느니라 온 몸이 깨끗하니라" (13:10). 주님께서 여기에서 구별하신 것은 지극히 중대하다. 여기에서는 'washed' 보다 'bathed' , 다시 말해서 온 몸을 깨끗이 씻는 것이라 했더라면 더 좋았을 것이다. "발밖에 씻을 필요가 없느니라." 발만 씻으면 그는 주님과 교제하기에 전적으로 적합하게 된다. 믿는 자들이 그리스도 안에서 씻어지면 그것은 두 번 다시 반복될 필요가 없다. 그 안에서 깨끗해짐을 받은 자는 결코 잃어버린 바 되지 아니한다. "그가 거룩하게 된 자들을 한 번의 제사로 **영원히 온전하게** 하셨느니라" (히 10:14). 믿는 자는 **모든** 죄를 씻음받았다. 그래서 빛 가운데서 성도의 기업의 부분을 얻기에 **합당하게 되었다**(골 1:12). **이** 씻음은 반복될 필요가 없다. 그리스도인이 이 기본적인 진리에 의거하여 깨끗하게 되어야 한다는 것은 가장 중요한 일이다. 그리스도께서 믿는 자에게 부여해 주신 은혜는 결코 소환(철회)되는 것이 아니다. 그의 보혈의 효력은 영원히 그 위에 머물러 지속된다. 성령으로 말미암아 이끌린 죄인은 그리스도께로 나오는 그 순간, 완전하게 그리고 최종적으로 깨끗해진다. 그가 이것을 이해하고 있다면 그것은 그에게 그의 발이 의지하기에 안전한 확고한 바위 위에서 있음을 깨닫게 해줄 것이다. 그것은 나에게 나의 소망이 견고한 것임을 확신시켜 준다. 그리고 하나님 앞에 있는 나의 신분이 확고부동한 것임을 확신시켜 준다. 내가 그리스도 안에서 발견한 은혜가 결코 소환(철회)되는 것이 아니라는 것을 깨달으면 그것은 마음과 생각에 영속적인 평화를 가져온다. 나는 심판에서 영원한 용납의 상태에 위치하게 된다. 그리스도께서 '목욕' 한 자는 다시 씻을 필요가 없다고 선포하셨을 때 그 말은 바로 이 모든 것을, 그리고 그 이상의 것을 내포하고 있었다. 나는 구주의 아름다우심과 완전하심 안에서 하나님이 보시기에 찬란히 빛나며 서 있다. 하나님께서는 믿는 자를 용서받은 자로 보실 뿐 아니라 **의로운** 자로 보신다. 그리스도께서 우리를 위하여 "죄로 삼아지신" 것이 사실인 것처럼 우리는 "그리스도 안에서 하나님의 의를 입은" 자가 되었다.

그리스도 안에서 **목욕하면** 그것을 되풀이할 필요가 없고 또 되풀이할 수도 없다는 이 복된 진리와 함께 대단히 중요한 또 다른 진리를 발견할 수 있다. "이미 목욕한 자는 **발**밖에 **씻을** 필요가 없느니라 온 몸이 깨끗하니라." 신자들도 여전히 **부분적으로 씻을** 필요가 있다. 즉 이 세상의 더러운 영향을 없애기 위하여 매일 씻을 필요가 있다. 우리는 우리 주위에 만연해 있는 악과 매일 부딪히기 때문에 더러운 먼지가 우리에게 달라붙게 된다. 그래서 우리 양심의 거울이 흐려지고 마음의 영적인 사랑이 무디어진다. 우리는 사물의 참된 본질에 대해 알기 위하여 그리스도의 임재 안에서 새로워질 필요가 있다. 그것을 위해 우리는 모든 일에 있어서 그의 판단에 복종하고 그의 깨끗하게 하시는 말씀에 따라야 한다. 그리고 단 하루 동안만이라도 죄 **없이** 사는 자가 누가 있겠는가? "우리 죄를 사하여 주옵소서"라고 매일 기도할 필요가 없는 사람이 누가 있겠는가? 오직 한 분만이 이 세상의 먼지에 더럽혀지지 않고 이 세상을 사셨다. 그는 점 없고 흠 없이 오셨다가 점 없고 흠 없이 가셨다. 그러나 매일의 행실 속에서 부끄러움으로 얼굴을 붉히는 일 없이 사는 자가 그의 백성 중에 누가 있겠는가? 우리는 모두 뉘우쳐야 할 불신앙을 참으로 많이 가지고 있다! 우리는 우리의 행실을 **그리스도의 행실**과 비교할 수 있을 뿐이다. 그리고 사탄에 의하여 기만당하거나 미혹되지 아니한다면, 우리는 우리가 그에게 전혀 미치지 못한다는 것을 즉시 알게 될 것이다. 그가 비록 "그리스도의 발자취를 따라간다" 할지라도(많은 사람들은 이렇게 인용하는데 "그리스도의 발자취 안에서 살아간다"라고 해야 올바른 것이다), 그것은 그에게서 "멀리 떨어져 있는" 것이다. 우리의 행동은 그 특성상 **비그리스도**인적인 때가 아주 많다. 그리고 우리의 성향과 행실에는 '육적' 인 표징이 찍혀 있는 때가 참으로 많다. 악이 공공연한 형태로 드러나지 않을 때라 하더라도 우리는 **감추**

어진, 생각 중의 죄의 잘못과 악한 욕망의 잘못을 갖고 있는 것이다. 그러므로 우리는 그와의 교제를 방해하는 모든 것을 제거하기 위하여 참으로 절실하게, 매일같이 우리의 발을 그리스도의 손에 맡길 필요가 있다. 그리하면 그가 우리에게 이렇게 말씀하실 것이다. "너희는 **깨끗하니라!**"

요한복음 13장에는 제자들의 **손**에 대해서 전혀 언급되어 있지 않은데 그것은 지극히 의미심장하다. 그것은 모세의 시대와 그리스도의 시대의 중요한 차이를 가리키고 있는 것이 아니겠는가? 율법 아래에서는, 꼭 행위에 관한 규정이 참으로 많았던 때에 제사장들이 그들의 손과 발을 다 씻을 필요가 있었다(출 30:19). 그러나 은혜 아래에서는 모든 것이 우리를 위해 이루어져 있다. 그리고 **행실**이 올바르면 그 **행위**는 용납될 수 있을 것이다!

"**너희가 깨끗하나 다는 아니니라 하시니 이는 자기를 팔 자가 누구인지 아심이라 그러므로 다는 깨끗하지 아니하다 하시니라**"(13:10, 11). 여기에서 그리스도께서는 배반자의 이름까지는 말씀하지 아니하셨지만 유다에 관하여 언급하신다. 유다는 그리스도께서 무엇을 말씀하시는지를 알았어야만 했다. 그러나 그의 양심은 빨갛게 달군 쇠처럼 그을려 있었고, 마음은 지옥의 연자맷돌보다 더욱더 냉혹하였다. 그리스도의 제자들을 향한 겸손하신 사랑과 은혜가 감동적으로 드러났음에도 불구하고 그는 아무런 감명도 받지 못하였다. 그의 경우에 있어서 그것은 그가 영적 생명을 **상실한** 것이 아니라 그에게는 결코 그것이 있었던 적이 없었다는 사실을 **드러낸다**. 그리스도의 양은 부정하게 되지 않는다. 토한 것을 다시 먹는 것은 개다. 이것은 얼마 동안 **외적으로** 경건한 모습을 유지하지만 내적 능력에 있어서는 이방인인 자들을 위해 제시된 경고이다.

아래 질문들은 다음 장을 준비하는 독자들에게 도움이 될 것이다.
1. 12절의 상징적인 교훈은 무엇인가?
2. 13절에는 경의에 관한 중대한 교훈이 들어 있는데 그것은 무엇인가?
3. 우리는 어떻게 순종해야 하는가?(14, 15절)
4. 14, 15절 바로 다음에 제시된 16절의 사상은 무엇인가?
5. 우리는 17절로부터 어떤 교훈을 배울 수 있는가?
6. 19절의 의미는 무엇인가?
7. 20절에는 어떤 복된 진리가 나타나 있는가?

제46장

그리스도께서 보여주신 모범

[12]그들의 발을 씻으신 후에 옷을 입으시고 다시 앉아 그들에게 이르시되 내가 너희에게 행한 것을 너희가 아느냐 [13]너희가 나를 선생이라 또는 주라 하니 너희 말이 옳도다 내가 그러하다 [14]내가 주와 또는 선생이 되어 너희 발을 씻었으니 너희도 서로 발을 씻어 주는 것이 옳으니라 [15]내가 너희에게 행한 것 같이 너희도 행하게 하려 하여 본을 보였노라 [16]내가 진실로 진실로 너희에게 이르노니 종이 주인보다 크지 못하고 보냄을 받은 자가 보낸 자보다 크지 못하나니 [17]너희가 이것을 알고 행하면 복이 있으리라 [18]내가 너희 모두를 가리켜 말하는 것이 아니니라 나는 내가 택한 자들이 누구인지 앎이라 그러나 내 떡을 먹는 자가 내게 발꿈치를 들었다 한 성경을 응하게 하려는 것이니라 [19]지금부터 일이 일어나기 전에 미리 너희에게 일러 둠은 일이 일어날 때에 내가 그인 줄 너희가 믿게 하려 함이로라 [20]내가 진실로 진실로 너희에게 이르노니 내가 보낸 자를 영접하는 자는 나를 영접하는 것이요 나를 영접하는 자는 나를 보내신 이를 영접하는 것이니라(요 13:12-20)

요한복음 13장의 두 번째 부분을 아래와 같이 분석해 보자.

1. 그리스도의 엄중한 질문(12절)
2. 그리스도의 위엄과 권위(13절)
3. 우리가 따라야 할 그리스도의 모범(14, 15절)
4. 교만에 대한 그리스도의 경고(16절)
5. 실천적인 경건에 대한 그리스도의 승인(17절)
6. 배반자에 대한 그리스도의 말씀(18, 19절)
7. 그의 종들에게 주신 격려(20절)

요한복음 13장 첫 부분에는 이 세상을 여행하는 중에 우리가 겪을 실패를 위해 하나님의 사랑으로 마련해 두신 준비물과, 우리로 하여금 그리스도와의 친교를 유지하게 하는 데 사용되는 수단이 나타나 있다. 이 부분의 중심적인 의도는 주께서 베드로에게 하신 말씀 속에 진술되어 있다. 즉 "내가 너를 씻어 주지 아니하면 네가 나와 상관이 없느니라." 하나님과 친교를 누리려면 우리의 발을 씻는 일이 필수적으로 시행되어야 한다. 우리는 '은혜'로 말미암아 **그리스도 안에** 거할 처소를 얻게 되었다. 이제 '진리'의 활동으로 인하여 우리는 **그리스도와 함께** 할 수 있도록 지지를 받는다. 이 직무의 효과는 10절에 진술되어 있다. "이미 목욕한 자는 발밖에 씻을 필요가 없느니라 **온 몸이** 깨끗하니라."

믿는 자에게는 **이중으로** 씻을 일이 있다. 하나는 온 몸을 씻는 일이요, 또 하나는 발을 씻는 일이다. 전자는 한 번만 행하면 되는 일이지만, 후자는 매일 반복할 필요가 있는 일이다. 두 예에 있어서 '씻는 일'은 **말씀으로** 말미암아 행해진다. 우리는 전자에 관하여 이런 기록을 읽을 수 있다. "도적이나 탐욕을 부리는 자나 술 취하는 자나 모욕하는 자나 속여 **빼앗는** 자들은 하나님의 나라를 유업으로 받지 못하리라 너희 중에 이와 같은 자들이 있더니 주 예수 그리스도의 이름과 우리 하나님의 성령 안에서 **씻음**과 거룩함과 의롭다 하심을 받았느니라"(고전 6:10, 11). 그리고 이런 기록도 읽을 수 있다. "우리를 구원하시되 우리가 행한 바 의로운 행위로 말미암지 아니하고 오직 그의 긍휼하심을 따라 중생의 **씻음**과 성령의 새롭게 하심으로 하셨나니"(딛 3:5). "중생의 씻음"은 피로 말미암는 구속과 관계가 있지만, 그것은 피로 말미암은 것은 아니다. 그러나 전자도 후자도 되풀이되는 것은 아니다. 전자에 관하여 우리는 이런 기록을 읽을 수 있다. "그리스도께서 교회를 사랑하시고 그 교회를 위하여 자신을 주심 같이 하라 이는 곧 **물로 씻어 말씀으로** 깨끗하게 하사 거룩하게 하시고 자기 앞에 영광스러운 교회로 세우사 티나 주름 잡힌 것이나 이런 것들이 없이 거룩하고 흠이 없게 하려 하심이라"(엡 5:25-27). 구약성경에도 이와 동일한 구별이 분명하게 기록되어 있다. 아론과 그의 아들들이 제사장 직분을 위임받을 때 그들은 온 몸을 씻었다(출 29:4; 레 8:6). 그러나 그들은 '물두멍'에서 손과 발만을 매일 씻었다(출 30:19, 21).

필자는 앞 장에서 '피'는 **하나님을 향하는** 것이요, '물'은 **성도를 향하는** 것이라고 지적한 바 있다. 전자는 법적인 속죄를 위함이요, 후자는 도덕적인 정결을 위함이다. "목욕"(딛 3:5)과 성도들의 발을 '씻음'은 '말씀의 물'로 행하는 것인 반면, 피로 말미암아 행해져야 하는 '깨끗하게 함'이 **있다.** "그 아들 예수의 피가 우리를 모든 죄에서 깨끗하게 하실 것이요"(요일 1:7). 그러나 **이** "깨끗하게 하심"은 체험적인 것이 아니라 **법적인** 것이다. 보혈은 내 **마음**에 적용되는 것이 아니라 내 **죄**를 말소시켜 준다. 그것은 과거의 나에 대하여 높은 곳에 기록되어 있던 두껍고 검은 계산서를 **말끔히 말소시켜** 준다. 하나님 앞에 있는 '기념책'에 여호와를 경외하는 자와 그 이름을 존중히 여기는 자를 위하여 기록되어 있다(말 3:16). 그러나 거기에는 신자들을 고발하는 죄에 대한 기록은 하나도 남아 있지 않다. 축축한 스폰지를 석판 위로 문지르면 그 위에 기록된 모든 분필 자국이 다 지워지는 것처럼 그리스도의 피는 과거의 내 위에 찍혀진 모든 죄를 **없애** 준다. 그러므로 로마 병사가 죽으신 구주의 옆구리를 창으로 찔렀을 때 "곧 **피와** 물이 나오더라"(요 19:34)고 기록된 말을 지극히 의미심장하다! 그 피는 형벌을 필요로 하는 속죄를 위한 것이요 그 물은 도덕적인 정결을 위한 것이다. 그러나 그 **순서**에 주목하라. 먼저 거룩하신 **하나님**의 요구를 충족시켜 주는 '피'가 나오고, 다음으로 그의 부정한 **백성들**의 필요를 충족시켜 주는 '물'이 나온다!

고대의 목욕하는 관습은 온 몸을 씻는 것과 발을 씻는 것 사이의 차이를 적절하게 예증하고 있다. 공중목욕탕에서 돌아오는 사람은 물론 깨끗하며 다시 씻을 필요가 없다. 그러나 샌들을 신었기 때문에 그는 목욕하고 집으로 오는 길에 묻은 먼지를 씻어내기 위해 곧 발을 씻을 필요가 있다. 오늘날 바다에서 해수욕하는 사람들을 보면, 우리는 그들이 발에 묻은 흙을 씻으려고 한 동이의 물을 들고 탈의실로 가는 것을 종종 볼 수 있다. 우리는 이것을 영적 생명에 대한 비유라고 간주할 수 있다. 믿는 자들은 목욕하였다. 그래서 완전히 깨끗해져서 신생하게 되었다. '탈의실'은 천국이다. 그리고 우리는 거기에서 영광의 눈부신 흰 옷을 입게 될 것이다. 그러나 오늘의 우리는 매일의 행로에서 묻은 먼지를 씻어 내기 위하여 한 동이의 물을 사용할 필요가 있다.

요한복음 13장의 두 번째 부분에는 주 예수께서 제자들을 위하여 방금 행하셨던 것을 실천적으로 적용시킨 내용이다. 그는 제자들의 발을 씻으신 데에서 영적 의미가 있다는 것을 분명하게 암시하신다. "내가 너희에게 행한 것을 너희가 아느냐." 그는 **그들이** 서로 발을 씻어 주어야 한다는 것을 분명하게 말씀해 주셨다. 그들이 그러한 비천한 봉사를 피한다면 다름 아닌 그가, 그들의 주님이시요 주이신 그가 그들을 위하여 그와 같은 비천한 일을 행하셨던 것을 기억해야만 함을 상기시키신다. 그는 그들에게 그들이 이 일에 대하여 신학적인 지식을 가졌다 하더라도 그것이 그들로 하여금 실제적인 행동으로 실천하게 이끌지 않으면 아무 소용이 없다는 사실을 경고하신다. "너희가 이것을 알고 **행하면** 복이 있으리라." 그 때 그는 그들의 동료 중 하나가 제외되어야 한다는 사실을 다시 한 번 상기시키신다. 배반자의 모습은 그에게 그림자를 던져준 듯하다. 그러나 그는 성경이 그의 배반을 예언하였음을 그들에게 미리 말씀해 주신다. 그것은 배반자가 주님을 원수들의 손에 팔아 넘겼을 때 다른 제자들의 믿음이 꺾이지 않게 하기 위함이었다. 끝으로, 그는 누구든지 그의 종을 받아들이는 자는 그를 받아들인 것이요, 나아가 그를 보내신 분을 받아들인 것이라고 확증해 주심으로써 그들을 격려해 주신다. 또한 그것은 그들이 부르심받았음에 지극히 큰 위엄을 부여해 준다!

"그들의 발을 씻으신 후에 옷을 입으시고 다시 앉아 그들에게 이르시되 내가 너희에게 행한 것을 너희가 아느냐"(13:12). 주께서 제자들의 발을 씻으시려고 띠를 두르시고 일어서신 것은 바로 '저녁' 먹는 중이었다. 그리고 그는 저녁 식탁으로 되돌아오셨다. 그 점은 우리가 주목해야 할 중요한 사실이다. 모형적으로 해석해 볼 때, "그것은 그리스도께서 친교의 장소를 떠나신 것이다. 그래서 그가 그들을 위해 필요한 일을 끝마침으로써 그것을 다시 한 번 새롭게 하시게 될 때까지 그 친교는 중단되었던 것 같다. 그러므로 그는 저녁 먹는 중에 자리에서 일어나셔서 새로운 봉사를 하시려고 허리에 띠를 두르신 것이다. 그의 희생은 끝났다. 피를 흘리는 것은 더 이상 필요하지 않다. 다만 물로 씻기는 일만 필요했다. 그리고 여기에서의 그것은 '중생의 씻음'(딛 3:5)이 아니다. 주께서 베드로에게 말씀하신 것처럼 단순히 발을 씻는 것일 뿐이다. 여기에서 문제가 되는 것은 바로 걸을 때 묻은 더러움이다. 그래서 주께서는 친히 몸을 굽히시고 제자들의 발을 씻기신 것이다. 구약 시대에 여호와께서 이스라엘 백성들에게 '네 죄짐으로 나를 수고롭게 하는구나'(사 43:24)라고 말씀하셨던 것처럼 이제 그는 여전히 우리에게 그렇게 말씀하신다. 그러나 그의 변함없으신 사랑은 사랑의 요구들만큼 동일하게 크시다. **모든** 제자들은 주님께 그들의 발을 맡기는 일이 필요했다. 그와 마찬가지로 그는 오늘날에도 **우리의** 발을 계속 그의 손에 맡기도록 우리를 초대하신다. 그것은 **그가** 보시기에 참된 정결인 것을 기준으로 하여 우리를 깨끗하게 하시기 위함이다. 그리고 오직 그분만이 자신이 친히 빛이신 성소의 완전한 기준대로 그것을 판단하실 수 있기 때문이다"(*Numerical Bible*).

"그들의 발을 씻으신 후에 옷을 입으시고 다시 앉아 그들에게 이르시되 내가 너희에게 행한 것을 너희가 아느냐." 이것은 13:4에서 읽은 내용에 이어진 결과이다. 거기에서 그는 겉옷을 **벗으셨다.** 여기에서는 그것들을 **다시 입으신다.** 필자는 전자의 행동에 **이중의** 상징적 의미가 있다고 믿는다. 첫째로, 우리는 "저녁 잡수시던 자리에서 일어나셨다"는 말을 읽을 수 있다. 그러나 **어떤** 저녁 식사였는지는 상술되어 있지 않다. '저녁 먹다'는 말은 **친교**를 뜻한다. 그러므로 "저녁 잡수시던 자리**에서** 일어나 [**그리고**] 겉옷을 벗고 수건을 가져다가 허리에 두르시고"라는 구절의 가장 깊은 뜻은 다음과 같다고 생각한다. 즉, 그는 그가 곧 영원 전부터 아버지의 기쁨이셨던 곳, 그리고 그가 아버지와 함께 아들로서 완전한 친교를 누리셨던 곳인 높은 데의 그의 처소를 떠나셨다. 그런데 이제 여기에서 그는 자기의 외적 영광을 버리시고 종의 **형상**을 입으셨다. 그러나 '저녁'은 또한 그의 죽음을 기념하는 것이다. 그러므로 저녁 잡수시던 자리에서 **일어나신 것**과 겉옷을 벗으신 것은 그의 부활을 부가적으로 암시하는 것이라 할 수 있다. 필자는 여기 13:12에서의 주님의 행동이 위에서 지적한 **최초의** 행동(즉 13:4)과 관련이 있으며, 또 그 행동의 연속적인 결과라고 생각하는 바이다. 그가 **겉옷을 입으시고 다시 식탁에 앉으신 것**은 그의 아버지께로의 귀환, 그의 본래의 영광의 회복(요 17:5), 그리고 높은 데에서의 그의 안식을 상징하는 것이다.

주님께서는 그가 제자들에게 방금 행하신 것에 대하여 (부분적이긴 하지만) 설명하시고, 그들에게 그와 같이 할 것을 요구하시고자 했다. 그가 말씀하신 것을 고찰하기 전에 우리는 그의 행동을 특징짓고 있는 평온함과 신중함에 먼저 찬양드려야 한다. 그는 선생이요 주님이신 그의 신분에 어울리는 의자 내지는 방석에 좌정하시기 전에 먼저 그의 겉옷을 조용히 입으셨다(사도들이 그를 도와드렸다는 암시는 전혀 없다). 이와 같이 하심으로써 그는 제자들에게 놀라움을 진정시키고 생각을 수습하여 그가 지금부터 말씀하시려는 것을 들을 준비할 시간을 주신 것이다. 이것은 그의 태도에 함축되어 있는 부가적인 의미라고 할 수 있다. 그가 '산상 설교'를 하시기 전에 먼저 **좌정하셨던** 것에 주목하라(마 5:1). 하늘나라에 관하여 일곱 가지 비유를 말씀하셨던 배 안에서도 그는 그와 같이 **좌정**하셨었다(마 13:2). 그리고 그는 "감람산 위에 **앉으셔서**" 그의 가장 긴 예언적 공표를 하셨었다(마 24:3). 또한 여기에서도 그 위대한 유월절 설교를 하시기 전에 그는 먼저 **좌정하신** 것이다. 누가복음 5:3 말씀, "예수께서 **앉으사** 무리를 **가르치셨다**"는 말씀과 위의 사실들을 비교해 보면 그 참뜻을 알 수 있다. 요한복음에 들어 있는 예수께서 '서서'와 예수께서 '다니사'라는 구절들을 연구해 보라(요 7:1과 그것에 대한 필자의 주석 참고).

"그들의 발을 씻으신 후에." 다시 말해서 열 두 사도의 발을 씻기신 것이다. "우리는 여기에서 회중 가운데 있는 범죄자를 다루는 방법에 관하여 중대한 교훈을 배울 수 있다. 주님께서는 유다에 관한 모든 것과 그가 행하고 있는 모든 일을 다 알고 계셨다. 그러나 그는 유다가 스스로 정체를 폭로하게 될 때까지 그를 사도로 대우해 주셨다. 우리는 어떤 사람에 대하여 의심을 품게 될 때가 있다. 그에 관한 한 모든 것이 옳은 것은 아니라고 생각된다. 그러나 단순한 의심만으로는 행동으로 옮길 충분한 근거가 되지 못한다. 어떤 문제가 올바르게 처리되려면 사전에 그 문제가 명백하게 드러나야만 한다. 우리가 이것을 기억한다면 공평한 판단의 결여로 인하여 회중 가운데 곤란을 일으키는 대신에, 선입견이 없는 모든 사람에게 훈계의 사례들이 분명하게 밝혀질 것이다. 그리고 그 회중의 판단은 올바른 것으로 받아들여질 것이다. 그러나 그와 정반대인 경우가 흔히 있었던 것이 아닐까?"(C. E. Stuart)

"그들에게 이르시되 내가 너희에게 행한 것을 너희가 아느냐." 이것은 매우 엄중한 말씀이다. 그가 제자들의 발을 씻어 주셨을 때 그것은 그들의 마음에 깊이 새겨 주고자 하신 그의 놀라우신 겸손을 드러내신 것이었을 뿐 아니라 거룩하신 사랑으로 그들을 돌보신 것이었다. 그는 그들을 구원하셨을 뿐만 아니라 그들로 그와의 친교를 누리도록 돌보신 것이다. 그리고 바로 이 이유 때문에 우리는 우리의 걸음에 신중한 관심을 기울여야 한다. 왜냐하면 발을 씻었으므로 이 세상의 먼지가 없어졌기 때문이다. 주님께서는 그의 질문에서 그가 취하시는 방식이 어떤 것인지를 예증하셨다. 그는 우리를 위하여 **이미** 선을 행하신 **후에야** 우리에게 그것을 가르쳐 주신다. 우리는 그 안에서 그리고 그의 진리 안에서 자라감에 따라 처음에는 희미하게 밖에 이해할 수 없었던 것을 더 깊이 이해할 수 있게 되며, 또 더 깊이 감사하게 된다. 우리의 구원을 가져다주신 바로 그 은혜가 우리를 **가르쳐 주신다.** "우리를 양육하시되 경건하지 않은 것과 이 세상 정욕을 다 버리고 신중함과 의로움과 경건함으로 이 세상에 살고 복스러운 소망과 우리의 크신 하나님 구주 예수 그리스도의 영광이 나타나심을 기다리게 하셨으니"(딛 2:12-13). "우리는 우리를 위해 **행해져 온** 사랑과 은혜를 거의 알지 못한다. 그리고 그것을 발견하는 것은 우리를 지극히 겸손하게 한다"(존 브라운).

"너희가 나를 선생이라 또는 주라 하니 너희 말이 옳도다 내가 그러하다"(13:13). 아름답게도 이 구절은 주 예수께서 "은혜**와** 진리로 충만하시다"는 사실을 제공한다. 그는 그의 제자들을 위해 노예와 같은 비천한 일을 수행하셨음에도 불구하고 권위와 주권을 가지신 신분을 버리지 아니하셨다. 그는 그가 여전히 그들의 "선생이요 주님"이신 것을, 그것도 그들이 스스로 그렇게 고백한 것을 들어 상기시켜 주신다. 왜냐하면 여기서의 ' … 라 하다'는 말은 '**칭하다**'는 것을 뜻하기 때문이다. "너희가 나를 선생이라 또는 주라 칭하도다." 그들이 성육신하신 하나님의 아들을 **이와 같이** 칭했을 때 그들은 "잘한 것이다." 슬프게도 오늘날 그의 제자라고 고백하는 많은 사람들이 여기에서 주님이 열두 사도들에게 권하신 것과 같은 명칭보다 훨씬 **더** 존경심이 **적은** 명칭으로 그를 대하고 있다. 슬프게도 시간적인 것이나 또 영원에 있어서나 자기의 모든 것을 "육신을 입으신 **하나님**"이신 분께 은혜를 입고 있는 많은 사람들이 주님을 단순히 '예수'라고 부르고 있다. 예수님은 영광의 주님이시다. 우리가 단순히 그를 지칭하는데 있어서도 우리는 그 점을 **인식하고 고백해야**만 하는데, 그것이 곧 그의 인격의 위엄과 존엄에 합당한 일이기 때문이다. 필자는 그를 무시하고 거부하는 자들이 그를 일러 단지 '나사렛 사람'이나 '예수'라고 부르는 것을 알고 있는 바 그들이 그보다 더 고귀한 명칭으로 주님을 부르리라고 기대하지는 않는다. 그러나 놀라우신 은혜로 말미암아 "우리에게 지각을 주사 우리로 참된 자를 알게 해주심" (요일 5:20)을 받은 자들은 그를 '주 예수 그리스도'라고 기꺼이 고백해야만 한다!

"너희가 나를 선생이라 또는 주라 하니 너희 말이 옳도다 내가 그러하다." 겸손한 마음을 가진 그리스도인이라면 이 말씀만으로 족함을 알 것이다. 복되신 우리 구속자께서 우리가 그를 "선생이요 주님"이라 불렀을 때 "**옳다**"고 말씀하셨다면 우리가 어떻게 그의 승인이 찍히지 **않은** 다른 말로 그를 부를 수 있겠는가? 우리는 그가 지상에 계시는 동안 사도들이 그를 '예수'라 부른 예를 단 한 번도 찾아볼 수 없다. 그가 제자들에게 추수할 일꾼들을 더 청하도록 권하셨을 때 그는 이렇게 말씀하셨다. "그러므로 추수하는 **주인**에게 청하여 … " (마 9:38). 그는 예루살렘에 입성하실 때 타실 나귀를 데리러 제자들을 보내셨을 때도 이렇게 말하라고 명하셨다. "**주**가 쓰시겠다 하라" (눅 19:31). 그가 다락방을 쓰고자 하셨을 때도 이렇게 기록되어 있다. "**선생님** 말씀이 내 때가 가까이 왔으니 내 제자들과 함께 유월절을 네 집에서 지키겠다 하시더라 하라" (마 26:18).

지금까지 필자는 사도들이 주님을 단순히 '예수'라고만 부른 적이 한 번도 없었음을 지적하였다. 이제 **그들이** 복되신 분을 **어떻게 불렀는지** 주목해 보라. "베드로가 대답하여 이르되 **주여** 만일 주님이시거든 나를 명하사 물 위로 오라 하소서" (마 14:28). "제자 야고보와 요한이 이를 보고 이르되 **주여** 우리가 불을 명하여 하늘로부터 내려 저들을 멸하라 하기를 원하시나이까" (눅 9:54). "그들이 몹시 근심하여 각각 여짜오되 **주여** 나는 아니지요" (마 26:22). "곧 그 때로 일어나 예루살렘에 돌아가 보니 열한 제자 및 그들과 함께 한 자들이 모여 있어 말하기를 **주께서** 과연 살아나시고"

(눅 24:33, 34), "도마가 이르되 **주여** 주께서 어디로 가시는지 우리가 알지 못하거늘" (요 14:5). "예수께서 사랑하시는 그 제자가 베드로에게 이르되 **주님이시라** 하니"(요 21:7).

복음서 이야기에서 흔히 주님을 '예수' 라고 언급하고 있다는 이의가 제기될 것이다. 성령의 이끄심을 받아 광야로 가사 마귀의 시험을 받으신 예에서는 **예수**라고 기록되어 있다. 인간의 고통과 슬픔을 보시고 긍휼히 여기셨을 때도 **예수**라고 기록되어 있다. 또 **예수**께서 무리를 가르치셨다고 기록되어 있다. 이것은 사실이다. 그리고 그것에 대한 설명을 어디에서도 찾아 볼 수 없다. 복음서 기자들의 펜을 움직이시어 이와 같이 그를 예수라 언급하게 하신 것은 바로 **하나님의 성령**이셨다. 그리고 이것은 아주 다른 문제이다. 조지 왕의 한 신하가 이렇게 말했다고 해보자. 즉 "나는 오늘 아침 조지가 도시를 지나가는 것을 보았다." **그의** 신하가 영국의 국왕을 이와 같이 부른다는 것은 지극히 어울리지 않는 일일 것이다. 그와 마찬가지로 **왕 중의 왕**이신 분을 그저 '예수' 라고만 부른다는 것은 참으로 부적절한 일이다! 그러나 조지 왕의 **아내**가 자기 남편을 일러 '조지' 라고 일컫는다면 그것은 적절한 일이다. 이와 같이 **성령**께서 복음 이야기 중에 우리 주님을 그의 고유한 이름으로 부르신 것은 참으로 적절하다. 현대의 찬송가를 보면 그 "아름다운 이름" (약 2:7)을 일반적으로 불명예스럽게 칭하고 있는데 그 모욕에 대해서는 찬송가의 큰 책임을 면할 수 없다. 그리고 필자는 '찬송가' 나 종교적인 '노래' 라는 이름의 가면을 쓰고 있는 수많은 쓰레기 같은 표현에 대하여(그것은 실로 쓰레기와 같은 것이다) 목소리를 높여 분개하며 항의하지 않을 수 없다. 그리스도인들이 "겸손하신 예수와 같은 친구는 없네"라고 노래 부르는 것을 들을 때 본인은 실로 슬프고 크게 놀라게 된다. 오늘날 "겸손하신 예수" 는 계시지 **않는다**. 한때 비할 데 없는 비하의 신분을 취하시고 오셨던 분께서는 이제 "주와 그리스도가 되신" 것이다(행 2:36). 그리고 이제 그는 높으신 위엄의 우편에 앉아 계신다. 성실한 독자는 사복음서로 돌아가 하나님의 아들이 **아주** 다른 명칭으로 불리어진 것을 발견하게 될 것이다. 그리스도의 **원수들**은 항상 그를 예수라 일컬었다(마 26:71 등). 그리고 **마귀들**도 그와 같이 불렀다(막 1:23, 24). 하나님께서 우리로 그의 복되신 아들을 무례하고 부주의하며 불경한 태도로 부르지 않게 지켜 주시도록 기도하자. 우리 구주께서 세상에게 거부당하고 계신 이 때에 우리는 기꺼이 그를 '주님' 이라고 고백하기로 하자. 그가 친히 하신 말씀을 기억하라. "이는 모든 사람으로 아버지를 공경하는 것 **같이** 아들을 공경하게 하려 하심이라 아들을 공경하지 아니하는 자는 그를 보내신 아버지도 공경하지 아니하느니라"(요 5:23). 이것은 사소하거나 하찮은 문제가 아니다. 왜냐하면 이렇게 기록되어 있기 때문이다. "네 **말로 의롭다 함**을 받고 네 **말로 정죄함**을 받으리라"(마 12:37).

"**내가 주와 또는 선생이 되어 너희 발을 씻었으니**"(13:14). 'master' 란 **선생**을 뜻한다. 우리는 '선생님'을 **믿는다**. 그리고 '주인'에게는 **복종한다**. 여기에서 그리스도께서는 그가 그들에게 방금 행하신 것을 강조하시며 적용시키신다. 그것은 그 앞에 나온 것뿐 아니라 다음에 나오는 내용과도 관계가 있음이 분명하다. 가장 크신 이께서 가장 작은 이를 섬길 수 있다면 하물며 더 작은 자들이 자기 동료들을 섬기는 것이야 얼마나 더 지당한 일이겠는가! 높으신 분께서 낮은 자들을 섬기셨다면 하물며 낮은 자들이 자기 동료들을 섬기지 못할 것이 무엇이겠는가! 그가 이 결론을 이끌어 내신 전제에 주목하라. 그는 "나는 너희의 선생이요 또는 주이다"라고 말씀하시지 않고 "너희는 나를 선생이라 또는 **주라** 하니"라고 말씀하셨다. 그가 여기에서 그들에게 가르치신 교훈의 전제는 그들이 자기 입으로 고백한 말이었다. 이 명칭이 배치되어 있는 순서는 의미심장하다. 우선, 이 제자들은 그리스도를 '선생'으로 알고 귀를 기울였다. 그러나 나중에 그들은 그가 그들의 '주님'이신 것을 알게 되었다. 그러나 여기에서 그리스도께서는 그 순서를 **역으로 바꾸신다**. "내가 주와 또는 선생이 되어…." 그러면 그 이유는 무엇인가? **이것은** 이제 체험으로 알게 된 순서이기 때문이다. 우리는 '주님'으로서의 그에게 복종해야 한다. 우리는 그가 **우리에게 가르쳐 주시기 전에** 그의 권위에 복종하고 그의 명예에 순종해야 한다.

"**너희도 서로 발을 씻어 주는 것이 옳으니라**"(13:14). 이 말씀을 우리 자신에게도 적용시켜 숙고해 보자. "우리는 우리 형제의 발에 묻어 있는 어떤 얼룩을 발견했을 때 그것을 못 본 척해서는 안 된다. 또는 악을 선이라 부름으로써 그것을 피해서도 안 된다. 우리가 우리 자신에 관하여 정직하고 충실하기를 바란다면 우리는 마찬가지로, 다른 사람에 관해서도 정직하고 진실해야 한다. 다른 한편 우리는 우리 형제의 죄와 실패를 바리새인적인 자기만족과 냉담한 무관심으로 바라보지 않도록 조심해야 한다. 다른 사람들의 불법을 살피고 그것을 발견했을 때 폭로하고 드러내는 데에서 기쁨을 느끼는 사람의 상태보다 더 끔찍한 것이 어디 있겠는가? 그러한 사람은 진정 다음의 경고를 기억해야 할 필요가 있다. 즉 누구든지 그가 비판하는 그 비판으로 그도 비판을 받을 것이요, 그의 헤아리는 그 헤아림으로 그도 헤아림을 받을 것이다. 우리는 은혜로우신 주님께서 우리를 향해 베푸시는 그 사랑을 우리의 형제들에게도 마찬가지로 베풀고 계시다는 사실과, 우리의 특권 중의 하나는 우리가 그 사랑에 호소할 자격을 가지고 있다는 것과 또 형제들을 위하여 중재할 수 있는 자격을 가지고 있다는 것, 그러므로 가장 극악한 죄라 할지라도 없애지도록 간청할 수 있으며, 그리하면 마땅히 받아야 할 징벌과 슬픔을 피할 수 있게 된다는 사실을 끊임없이 우리 자신에게 상기시켜야 한다. 우리는 '서로를 물고 뜯는' 자들처럼 되어서는 안 된다. 우리는 '서로의 발을 씻어 주는 자들'이 되어야 한다"(B. W. Newton).

이것은 우리 모두에게 필요한 말이다. 우리는 형제의 치맛자락을 치켜들고서 "네 발이 얼마나 더러우냐?"고 기꺼이 말해야 한다. 그러나 이와 같이 겸손한 일을 하기 위해서는 우리는 그만큼 많이 우리의 영혼을 성찰하고 판단할 필요가 있다. 내가 형제의 발을 씻기려면 나는 그 발까지 **아래로 굽혀야만** 한다! 그것은 내 안에 있는 '육체'를 복종시켜야만 한다는 뜻이다. 갈라디아서 6:1, 2을 잊지 않도록 하자. "형제들아 사람이 만일 무슨 범죄한 일이 드러나거든 신령한 너희는 **온유한 심령으로** 그러한 자를 바로잡고 너 자신을 살펴보아 너도 시험을 받을까 두려워하라 너희가 짐을 서로 지라 그리하여 그리스도의 법을 성취하라." 내가 '길에서 벗어난' 자를 바로잡을 수 있으려면 먼저 내게서 자기 우월감을 **모두** 비워야만 한다. 내가 그리스도께서 위하여 죽으신 자들을 도울 수 있기를 바랄 때 그런 나를 강제하셔야 하는 것은 바로 **그리스도의 사랑**이다. 우리는 "**사랑을 받는 자녀 같이** 너희는 하나님을 본받는 자"가 되도록 부르심 받았다(엡 5:1). 여기에서 우리에게 제시된 것은 지극히 놀랍고 복되다. 주님께서 하늘에서의 **그의** 방식을 나타내 주는 것으로서 이 땅에 한 증거를 지정하셨을 때 그는 우리에게 서로의 발을 씻어 주라고 말씀하셨다(13:14). 우리는 형제의 잘못을 인내로 참아 주고, 그의 특별한 경우에 해당하는 말씀을 충실하지만 온유하게 적용해야 하며, 또 그를 위해 성실하게 그리고 날마다 중재해야만 한다. '씻어 주는 것'의 상징 속에 내포된 주된 것은 바로 이런 일들이다. 그러나 우리는 '씻어 주는 것'에 그쳐서는 안 된다. 왜냐하면 '말리는 것'도 필요하기 때문이다! 일단 행해진 봉사는 **과거의** 봉사, 즉 이미 지나간 것으로 간주되어야 한다. 우리의 봉사를 필요로 했던 그 실패는 이미 제거되었다. 그러므로 이제 그것은 망각의 심연에 묻어 버려야 한다. 미래의 그에게 그 실패를 다시 뒤집어 씌워서는 안 된다.

"**내가 너희에게 행한 것 같이 너희도 행하게 하려 하여 본을 보였노라**"(13:15). 적지 않은 사람들이 이것을 그리스도께서 하신 명령이라고, 즉 그의 제자들이 **글자 그대로** 발을 씻어 주는 일을 실행해야 한다는 명령으로 간주하며, 심지어는 그것을 '교회의 의식'으로까지 높이는데, 그것은 잘 알려져 있는 일이다. 필자는 오늘날과 같이 방종과 자기만족이 만연한 시대에 그와 같이 그리스도께 **순종하려는** 그들의 소망을 존경하며 찬탄해 마지않는다. 그러나 필자는, 그들이 여기에서의 주님의 의미를 오해하고 있다는 것을 전적으로 확신하는 바이다. 이 구절을 근거로 하여 글자 그대로 발을 씻어 주는 일을 해야 한다고 주장한다면 그것은 이 전체 구절의 정신뿐만 아니라 그 의미도 놓친 소치이다. 주님께서는 글자 그대로의 물로 우리에게 서로의 발을 씻어 주라고 하신 것이 **아니다**(그것은 요 3:5; 4:14; 7:38에서의 물이 글자 그대로의 '물'이 아닌 것과 마찬가지다). 그가 동료들의 발을 씻어 주라고 하신 것은 바로 말씀으로 그렇게 하라는 의미이다('물'은 말씀의 상징이다). 이것은 논쟁할 필요가 없는 문제이다. 그러나 주님께서 오늘날 그렇게 실행하도록 의식으로서 제정하셨다고 생각하는 사람들을 위하여 필자는 다음과 같은 사실을 신중하게 숙고하도록 요청하는 바이다.

주 예수께서 여기에서 그의 제자들에게 행하신 것은 글자 그대로 실행하라는 의미가 아니라 상징적인 의미라고 볼 수 있는데 그것은 다음과 같은 사실을 볼 때 명백해진다. 첫째로, 주님께서 베드로에게 하신 말씀을 보라. "내가 하는 것을 네가 지금은 **알지 못하나**"(13:7). 베드로는 분명히 주님께서 글자 그대로 그의 발을 씻어 주신 것을 알았다! 둘째로, 그리스도께서 베드로에게 하신 더 심한 말을 보라. "내가 너를 씻어 주지 아니하면 네가 나와 **상관이 없느니라**"(13:8). 의식으로서의 발 씻음을 받지 않은 자들 중에도 그리스도와 상관이 **있는** 많은 그리스도인이 있다. 셋째로, "너희가 깨끗하나 다는 아니니라"(13:10)고 하신 그의 말씀을 보라. 여기에서의 의미가 글자 그대로 발 씻는 것만을 뜻하는 것이라면, 유다가 **이와 같이** 제외될 수는 없을 것이다. 넷째로, "내가 너희에게 행한 것을 너희가 아느냐"고 하신 그의 질문은 분명히 제자들의 발을 씻으신 주님의 행동 속에 심오한 **영적** 의미가 있음을 암시하고 있다. 다섯째로, 여기 요한복음 13:15에서 주님께서 "너희는 내가 너희에게 행한 **것을** 행해야 한다"고 말씀하지 **않고** "내가 너희에게 행한 것 **같이**" 행해야 한다고 말씀하신 점에 주목하라. 그리고 이 모든 사항에 덧붙여 이 사건이 **요한**복음에 기록되어 있음을 참고하라. 요한복음은 다양한 **상징**을 통해 **영적** 관계를 다룬 가장 탁월한 복음서이다. 떡, 물, 목자와 양, 포도나무와 그 가지 등이 그 상징이다. 이 모든 점을 고려해 보면 모든 어려움은 분명히 사라질 것이다.

"내가 너희에게 행한 것 같이 너희도 행하게 하려 하여 본을 보였노라." 필자는 그리스도의 이 말씀의 참뜻이 다음과 같다고 생각한다. 나는 방금 너희에게 영적 사랑이 어떻게 **활동하는지** 보여주었다. 그것은 그 대상의 유익을 구한다. 그리고 그것은 제아무리 비천한 봉사라 할지라도 사랑의 대상에게 유익이 되는 것이라면 서슴없이 행하도록 만든다. 그것은 주께서 착한 사마리아의 비유를 제시하신 후에 우리에게 하신 말씀을 상기하게 한다. 착한 사마리아인은 다친 여행자를 보고 연민을 느꼈다. 그래서 말에서 내려와 그의 상처에 기름과 포도주를 바르고서 그것을 싸맨 뒤 그를 **자기의** 짐승에 태워 주막으로 데리고 가 돌보아 주었다. 이 예를 드신 후 주께서는 이렇게 말씀하셨다. "가서 너도 이와 같이 하라"(눅 10:33-37). 참된 사랑이 움직일 때 그것으로 인하여 우리는 어렵고 혐오스럽기조차 한 일이더라도 기꺼이 수행하게 된다. 발을 씻어 주는 것보다 훨씬 더 비천하고 불쾌한 일이 있더라도 사랑의 **봉사**가 그 일을 행하도록 우리에게 요청한다. 샌들을 신는 동방에 사는 그리스도인들은 단순한 예의를 차리기 위해서가 아니라 사랑의 봉사로써 피곤한 형제의 발을 **글자 그대로** 기꺼이 씻어 주어**야만 하는데** 그 사실을 여기에 군이 덧붙여 말할 필요는 없을 것이다.

"내가 너희에게 행한 것 같이 너희도 행하려 하게 하여 본을 보였노라." 필자는 비교어 '같이' 라는 말 속에 한 가지 주목할 사실이 내포되어 있다고 본다. 그것은 일반적으로 간과해 버리는 13:4에 들어 있는 세부 사항을 상기시켜 준다. 그리스도께서는 **수건을 가져다가 허리에 두르시고서** 제자들의 발을 씻어 주셨다. 그리고 우리는 '수건' 이 뜻하는 바를 **우리에게 적용할 수 있다.** '수건' 은 그리스도께서 **허리에 두르신** 물건이다. 그것은 노예의 태도를 가리킨다. 그리고 주께서는 허리에 두르신 그 수건으로 제자들의 발을 닦는 데 **사용하셨다.** 상징적으로 볼 때 이것은 주님의 특징인 **겸손을 그들에게 적용시키신** 것이다. 다비(Darby)가 말한 바에 의하면, 그 때 사용된 수건은 **세마포**였다고 한다. 그리고 신약성경에서의 '세마포' 는 "성도들의 **옳은 행실**" 을 뜻한다(계 19:8). 그의 점 없는 사랑으로 말미암아 그는 제자들에게 가까이 가서서 말씀을 그들에게 적용시킬 수 있으셨다. 이 모든 것은 우리에게 해당되는, 참으로 엄중한 일이다! 우리가 이와 같은 사랑의 수고를 하신 그를 본받고자 한다면, 우리는 겸손으로 옷 입어야만 하며, 단지 말씀만을 사용해야 하고, 발을 닦아 주는 데 실천적인 의의 세마포 수건을 사용해야만 한다.

"**내가 진실로 진실로 너희에게 이르노니 종이 주인보다 크지 못하고 보냄을 받은 자가 보낸 자보다 크지 못하나니**"(13:16). 주님께서는 친히 자기 자신의 해석자로서 행동하신다. 그는 여기에서 그의 상징적인 행동의 의미를 명백하게 암시해 주신다. 그는 그가 방금 그들에게 행하신 행동으로부터 중대한 교훈, 나아가서 이제 그가 그들을 떠나가려 하시기 때문에 더 절실하게 필요해진 교훈을 이끌어 내신다. 그들의 지도자가 자기 백성들 중에 논쟁을 일으키고 서로를 멸망시키게 하였다면 그것은 그 백성들에게 불행한 일일 것이다. 그들은 유대교와 이교 사상에 둘러싸여 있었다. 그러나 늑대들 중에 있는 양들은 그들의 겸손과 도움에 크게 의지하였다. 모든 그리스도인들, 그리고 특히 기독교 사역에 종사하고 있는 사람들에게 크게 필요한 것은 그리스도의 다음과 같은 말씀이다. "나는 마음이 온유하고 겸손하니 나의 멍에를 메고 내게 배우라 그러면 너희 마음이 쉼을 얻으리니."

"내가 진실로 진실로 너희에게 이르노니 종이 주인보다 크지 못하고 보냄을 받은 자가 보낸 자보다 크지 못하나니." 주님께서 이 구절의 서두에서 엄숙하고 강조적인 "진실로 진실로"라는 말을 사용하신 것으로 볼 때, 이 구절에 중대한 의미가 들어 있음이 분명하다. 게다가 다음의 예에서 주님께서 사도들에게 이와 똑같은 말씀을 하신 사실을 보라. "내가 너희에게 종이 주인보다 더 크지 못하다 한 말을 **기억하라**"(15:20). 이 사실은 이것이 그의 대사들에게 특히 필요한 말씀임을 보여준다. 그리스도의 사역자들이 이 충고에 주의를 기울였더라면 '교회사'를 차지하고 있는 수많은 어두운 페이지는 아마 기록되지 않았을 것이다! 하나님의 백성들 위에 군림해 온 자들의 자부심은 이 엄중한 말씀에 비추어볼 때 참으로 헛된 것임이 드러날 것이다! 모든 세대에 니골라당이 나타나고 있었다는 사실은 참으로 슬픈 일이다. 사도들 중에서 이 세상을 마지막으로 떠난 요한은 떠나기 전에 이렇게 말해야만 했다. "내가 두어 자를 교회에 썼으나 그들 중에 으뜸 되기를 좋아하는 디오드레베가 우리를 맞아들이지 아니하니"(요삼 9절). 그리고 오늘날에도 이와 동일한 정신이 결코 없어지지 않고 있다.

"**너희가 이것을 알고 행하면 복이 있으리라**"(13:17). **무엇을** 안다면 복이 있다는 말일까? 첫째로, **우리의** 발을 그리스도의 손에 맡겨 씻어야 한다는 중대한 필요성을 알아야 한다는 말이다(13:8). 둘째로, 그리스도를 "선생이요 또 주님"이라고 고백해야 함을 알아야 한다는 말이다(13:13). 셋째로, 서로의 발을 씻어 줄 필요가 있음을 알아야 한다는 말이다(13:14). 넷째로, 그리스도께서 이 일을 수행하신 것처럼 겸손한 사랑으로 그 직무를 수행해야 함을 알아야 한다는 말이다(13:15). 그리고 이제 우리 구주께서는 그렇게 말씀하신다. 너희가 '이것을' **알고 행하면** 복이 있으리라고. 그러한 일을 단순히 지식으로만 알고 있는 것은 아무 쓸모가 없다. 그것들을 생활에서 구현시키지 않고 지적으로만 알고 있는 것은 쓸모없을 뿐 아니라 나아가 악하기까지 하다. 주님께서 반석 위에 집을 짓는 지혜로운 자를 일컬으실 때 사용하신 말씀에 주목하라. "그러므로 누구든지 나의 이 말을 듣고 **행하는** 자는 … " (마 7:24). 마귀는 가장 많은 진리를 **알고 있다**. 그러나 가장 악하게 행한다!

"너희가 이것을 알고 행하면 복이 있으리라." "우리 주님께서 '이 일이 너희에게 **행해지면** 너희가 복이 있으리라' 고 말씀하시지 않고 '너희가 이 일을 **행하면** 복이 있으리라' 고 말씀하셨는데 그 점을 지적하는 것이 바람직할 것이다. 우리는 사람들이 **우리를** 사랑하고 언제든지 **우리를** 섬겨야 우리가 복이 있으리라고 생각하는 경향이 있다. 그러나 그리스도께서 판단하시기에는, 우리의 마음이 그의 마음과 같이 모든 형제들에 대한 사랑으로 충만한 것이, 그리고 우리의 손이 그의 손과 같이 가장 보잘것없는 임무라 할지라도 형제에게 기꺼이 수행해 줄 준비가 되어 있는 것이 곧 우리의 행복에 더 크게 이바지하는 것이다. 우리는 우리가 스스로 받을 자격이 있다고 생각한 대로의 존경과 친절을 받지 못한다고 생각함으로 말미암아 스스로를 불행하게 하는 경우가 있다. 우리가 진정으로 행복하려면 우리는 다른 사람을 더 중요하게 여기고, 자기를 덜 중요하게 생각해야 한다. 참된 행복은 내면에 있다. 그리고 행복의 주요한 요소들 중의 하나는 사심 없는 자기희생적 사랑인 바, 그 사랑은 예수님의 품을 항구적인 행복이 거하는 장소라고 여긴다" (존 브라운).

"**내가 너희 모두를 가리켜 말하는 것이 아니니라 나는 내가 택한 자들이 누구인지 앎이라**" (13:18). 이것은 주님께서 앞 절에서 말씀하신 것과 직접적인 관련이 있다. 13:10에서 그는 열두 사도에게 "너희가 깨끗하니라"고 말씀하시고, 곧이어 "그러나 다는 아니니라"고 덧붙이셨다. 그리고 여기에서도 그는 "너희가 이것을 행하면 복이 있으리라"고 말씀하신 직후에 곧 "내가 너희 모두를 가리켜 말하는 것이 아니니라"고 덧붙이신다. 그는 충실하시기 때문에 제외시키는 말씀을 하셔야만 했다. 유다에게는 복이 없었다. 그 앞에는 "영원한 암흑의 어둠이" 놓여 있었다. 그리스도께서 "내가 나의 택한 자들이 누구인지 앎이라"고 말씀하셨을 때 그는 택하심이 곧 구원에 이르는 것이라는 의미가 아니라 사도직으로 부르신 것이라는 의미로 말씀하신 것임이 분명하다. **영원한 택하심**에 관한 한 성경은 언제나 그 주권을 아버지 하나님께 귀속시키고 있다. 그러나 신약성경 중의 사역이 직분이나 봉사의 직무에 관련된 문제에 있어서는 그 택하심과 부르심이 항상 주 예수로부터 시작되고 있다(마 9:30; 20:1; 28:18-20; 행 1:24; 26:16; 엡 4:11 등 참고). 여기 13:18의 그의 말씀은 6:70의 말씀과 병행구이다. "내가 너희 열둘을 택하지 아니하였느냐 그러나 너희 중의 한 사람은 마귀니라."

"**그러나 내 떡을 먹는 자가 내게 발꿈치를 들었다 한 성경을 응하게 하려는 것이니**

라"(13:18). 주 예수께서 **어째서** 유다를 열두 사도의 하나로 택하셨는가에 관해서는 필자의 6:70, 71에 대한 주석을 보기 바란다. 여기에서의 이 진술은 그 문맥에 비추어 볼 때 매우 주목할 만하다. 그리스도께서는 그를 향해 자기 발꿈치를 든 바로 그 자의 발을 씻어 주신 것이다! 하나님의 아들께서는 기꺼이 그토록 낮은 겸손의 태도를 취하신 것이다! 그는 여기에서 유다의 배반을 예언하신다. 그리고 이것은 예언의 말씀을 응하게 하려 함이라고 공표하셨다. 그것은 시편 41편과 관련이 있다. 거기에는 배반자의 끔찍한 특성이 드러나 있다. 그리고 시편 109편에는 그의 배반의 결과가 나타나 있다. 그러므로 그리스도께서는 성경을 응하게 하시기 위하여 그 배반자를 그와 더불어 머물게 하셨던 것이다. 그러나 그에게 '조각'을 주신 직후에 그리스도 께서는 이렇게 말씀하셨다. "네가 하는 일을 속히 하라"(13:27). "처음부터 모든 것을 알고 계셨으면서도 배반자를 피하고 싶어하는 내색이나 찡그림 한 번 보이지 아니하시고 끝까지 참으신 그 놀라운 인내를 보라! 그러나 영광의 주님이시요 인간에게 증오와 저버림을 받으신 바로 그의 입술에서 심판의 선고가 내려졌을 때 그것은 그만큼 더 두려운 것이었다"(W. Kelly).

"내 떡을 먹는 자가 내게 발꿈치를 들었다." 시편 41편은 부분적으로는 다윗이 아히도벨의 손에서 고난을 받은 것을 가리킨다. 그러나 그것은 구주께서 유다에게 고난받으실 것에 대한 전조요 상징이었다. 주 예수께서는 이 예언적인 시편을 인용하심으로써 그 앞에 일어날 모든 일을 그가 알고 계셨음을 입증하셨으며, 또 성경의 다 헤아릴 수 없는 가치를 증거하셨다. 성경의 예언들이 정확하게 글자 그대로 성취된 것이야말로 그 말씀들이 하나님에게서 나온 것임을 입증해 주는 증거가 된다. 예언들은 수백 년이 지난 후에야, 그리고 어떤 경우에는 수천 년이, 또는 몇 년이 지난 후에야 일어날 사건들을 미리 말한 것이다. 그리고 그 사건들의 세부사항까지도 언급되어 있다. 그 예언들이 구체적으로 성취된 것에 대해서는 단 하나의 설명만이 가능하다. 즉 처음부터 끝까지 알고 계시는 분만이 그 예언을 하신 장본인이시다.

유다에 관한 이 예언의 용어들은 매우 주목할 만하다. "**그의** 발꿈치라는 말을 보라! 그것이 곧 가장 경멸스러운 저버림을 자행한 것이다. 그것이 곧 영광의 주님을 노예의 값으로 판 바로 그것이다. 그것은 마치 **그가** 그리스도에게 저 예언된 뱀의 상처를 입힌 것처럼 보인다!"(창 3:15)(F. W. Grant).

"**지금부터 일이 일어나기 전에 미리 너희에게 일러 둠은 일이 일어날 때에 내가 그인 줄 너희가 믿게 하려 함이로라**"(13:19). 그가 그의 제자들을 위해 보여주신 배려를 보라! 이것은 그가 그들을 '끝까지' 사랑하셨음을 입증하는 증거이다! 그리스도께서 여기에서 그의 제자들에게, 그에게 닥친 모든 일과 믿음을 흔들리게 하는 일들조차도 다만 오래 전에 기록된 성경을 응하게 하기 위함임을 확증해 주신다. 그는 구약성경을 통해 상징되고 예언된 분이었다. 그리고 이제 그는, 유다가 그를 제사장들에게 팔러 가기 **전에,** 사도들에게 유다의 배반을 확언해 주신다. 그것은 그들에게, **주께서** 유다를 믿지 **아니하셨으며,** 다윗이 아히도벨에게 미혹되지 아니하였듯이 주께서도 유다에게 미혹되지 아니하셨음을 알게 하고자 하심이었다. 이와 같이 사도들 중 하나가 배반한 것으로 인하여 그들은 흔들리지 않았다. 그리고 그들이 그날 밤 목격한 것은 오래 전에 하나님의 기록된 말씀에서 이미 공표되었던 것이라는 것을 알고, 그들의 하나님의 모든 기록된 말씀에 대한 믿음은 더 강화되었다. 게다가 그것은 그리스도에 대한 그들의 믿음도 강화시켜 주었다. 그리스도께서는 시편 41편이 성취된 사실에 제자들의 주의를 환기시킴으로써, **그가** 곧 거기에 기록된 바로 그분이심을 그들에게 보여주셨다. 그리고 다윗의 예언이 성취되기 전에 그것이 확실히 성취되리라는 것을 공표하심으로써 **그가** 곧 참된 선지자이심을 보여주셨다. 또한 **그가** 곧 "인간의 마음을 살피시고 인간을 지배하시는" 바로 그분이시며, 그러므로 인간의 은밀한 생각과 가장 신중하게 감추어 둔 계획까지도 완전하게 알고 계신다는 것을 보여주신 것이다.

"내가 진실로 진실로 너희에게 이르노니 내가 보낸 자를 영접하는 자는 나를 영접하는 것이요 나를 영접하는 자는 나를 보내신 이를 영접하는 것이니라"(13:20). 얼핏 보기에 이 구절과 앞 구절은 서로 무관한 듯하다. 그러나 조금만 생각해 보면 연관성이 있음을 발견하게 될 것이다. 주님께서는 그가 제자들에게 보여주신 모범을 따르라고 그들에게 권고하시며, 또 그들이 그렇게 행한다면 행복하리라고 확언해 주셨다. 그리고서 그는 유다의 배반을 공표하셨다. 이제 그는 그들에게 유다의 배반 때문에 **그들의** 부르심 받음이 전혀 영향을 받지 않음을 알려 주신다. "유다의 배반으로 인하여 모든 사도들의 결속이 와해된 것처럼 보였다. 그러므로 주님께서는 자기의 택하심 받은 것에 대하여 충실한 자들에게 그들이 **옳음을 확증해 주신다.** 그것도 그들 모두가 의지해 온 저 앞에서의 약속을(마 10:42) 반복해 주심으로써 지극히 적절하게 그렇게 해주신 것이다"(Stier). 자기 제자들을 **위로해** 주시고, 또 지극히 고맙게도 그들의 마음을 배반자로부터 주님께로 향하도록 **안정시켜** 주신 것은 바로 주님이셨다. 그분은 아버지께서 그러하신 것처럼 영원히 동일하신 분이시다.

유다는 주님께서 복음을 전하고 그의 이름으로 표적을 행하도록 파견하신 열 두 제자의 하나였다(마 10장). 그렇다면 그의 본성이 드러났을 때 그가 사도로서 행해 왔던 **모든** 것은 믿을 수 없는 것으로 되는 것일까? 이 중대한 문제에 대한 답변을 우리는 우리 주님에게서 얻을 수 있다. "내가 보낸 자를 영접하는 자는 [**누구든지**] 나를 영접하는 것이요." 주님께서는 사역자가 무가치하다고 판명될 경우 그가 행해 온 일들을 무시한다는 인간의 경향을 알고 계셨다. 그러므로 그는 그 도구를 넘어서서 저편에 있는 그를 보내신 분을 보도록 우리를 가르치신 것이다. 주께서는 그가 기뻐하시는 자를 지정하실 권리가 있으시다. 그때 그 **메시지**가 하나님의 말씀으로부터 온 것이라면, 그것을 전한 사자가 사기꾼임이 드러났다 할지라도 그것을 거부해서는 안된다. 우편배달부가 내게 올바른 편지를 전해 주기만 한다면, 그가 흑인이든 백인이든 또는 유쾌하든 불쾌하든 그것이 나에게 무슨 상관이 있겠는가? "내가 보낸 자를 영접하는 자는 나를 영접하는 것이요 나를 영접하는 자는 나를 보내신 이를 영접하는 것이니라." 여기에는 또 하나의 중대한 원칙이 있다. 사도들은 주님의 **대사들**이었다. 그리고 주권자께서는 그 대사의 인격 안에서 영접되든가 그렇지 않으면 무시되든가 하셨다. 그의 종들은 모두 다 각기 **그의** 대사들로서 참으로 주의 깊게 행동해야 한다! 그리고 교회는, **그의** 대사들로서의 그들을 영접하는데 있어서 참으로 예의 바르고 존경스럽게 대해야 한다! **그(그리스도)가 아버지**께로부터 보내심을 받은 것 같이 **그(제자)들도 그**(그리스도)로부터 보냄을 받은 것이다. 이 은혜로우신 비유로써 그는 그들에게 권위를 부여해 주시며, 또 그들에게 용기를 북돋아 주신다. 이와 같이 주님께서는 그들을 자기 자신과 완전히 **동일시하신** 것이다.

아래의 질문들은 다음 장을 고찰하는 데 도움이 될 것이다.

1. 22절에 분명하게 암시되어 있는 세 가지 사실은 무엇인가?
2. 어째서 베드로는 주님께 직접 여쭈어 보지 아니하였는가?(24절)
3. 예수께서는 어째서 유다에게 말씀하셨는가?(27절)
4. 인자는 얼마나 많은 점에서 십자가상에서 영광을 얻으셨는가?
5. 십자가상에서 하나님의 어떤 속성이 영광을 얻으셨는가?(31절)
6. 그것은 어떤 의미에서 "새 계명"인가?(34절)
7. 36절의 의미는 무엇인가?

제47장

그리스도의 경고들

²¹예수께서 이 말씀을 하시고 심령이 괴로워 증언하여 이르시되 내가 진실로 진실로 너희에게 이르노니 너희 중 하나가 나를 팔리라 하시니 ²²제자들이 서로 보며 누구에게 대하여 말씀하시는지 의심하더라 ²³예수의 제자 중 하나 곧 그가 사랑하시는 자가 예수의 품에 의지하여 누웠는지라 ²⁴시몬 베드로가 머릿짓을 하여 말하되 말씀하신 자가 누구인지 말하라 하니 ²⁵그가 예수의 가슴에 그대로 의지하여 말하되 주여 누구니이까 ²⁶예수께서 대답하시되 내가 떡 한 조각을 적셔다 주는 자가 그니라 하시고 곧 한 조각을 적셔서 가룟 시몬의 아들 유다에게 주시니 ²⁷조각을 받은 후 곧 사탄이 그 속에 들어간지라 이에 예수께서 유다에게 이르시되 네가 하는 일을 속히 하라 하시니 ²⁸이 말씀을 무슨 뜻으로 하셨는지 그 앉은 자 중에 아는 자가 없고 ²⁹어떤 이들은 유다가 돈궤를 맡았으므로 명절에 우리가 쓸 물건을 사라 하시는지 혹은 가난한 자들에게 무엇을 주라 하시는 줄로 생각하더라 ³⁰유다가 그 조각을 받고 곧 나가니 밤이러라 ³¹그가 나간 후에 예수께서 이르시되 지금 인자가 영광을 받았고 하나님도 인자로 말미암아 영광을 받으셨도다 ³²만일 하나님이 그로 말미암아 영광을 받으셨으면 하나님도 자기로 말미암아 그에게 영광을 주시리니 곧 주시리라 ³³작은 자들아 내가 아직 잠시 너희와 함께 있겠노라 너희가 나를 찾을 것이나 일찍이 내가 유대인들에게 너희는 내가 가는 곳에 올 수 없다고 말한 것과 같이 지금 너희에게도 이르노라 ³⁴새 계명을 너희에게 주노니 서로 사랑하라 내가 너희를 사랑한 것 같이 너희도 서로 사랑하라 ³⁵너희가 서로 사랑하면 이로써 모든 사람이 너희가 내 제자인 줄 알리라 ³⁶시몬 베드로가 이르되 주여 어디로 가시나이까 예수께서 대답하시되 내가 가는 곳에 네가 지금은 따라올 수 없으나 후에는 따라오리라 ³⁷베드로가 이르되

주여 내가 지금은 어찌하여 따라갈 수 없나이까 주를 위하여 내 목숨을 버리겠나이다 ³⁸예수께서 대답하시되 네가 나를 위하여 네 목숨을 버리겠느냐 내가 진실로 진실로 네게 이르노니 닭 울기 전에 네가 세 번 나를 부인하리라(요 13:21-38)

우리가 여기에서 고찰하게 될 구절들을 분석해 보자.

1. 배반자와 그의 신원(21-26절)
2. 유다가 그리스도를 팔러 떠남, 열한 제자들의 생각(27-30절)
3. 세 가지 영광(31, 32절)
4. 세 계명(34절)
5. 그리스도의 제자라는 표시(35절)
6. 베드로의 질문들(36, 37절)
7. 그리스도의 경고적인 예언(38절)

필자는 이 장의 제목을 '그리스도의 경고들'이라고 칭하였다. 그러나 이 구절이 다 그의 경고로 되어 있는 것은 아니다. 다만 여기에서 가장 두드러진 요소가 그의 경고들임이 분명하다. 이 구절의 처음에는, 그리스도께서 유다에게 경고하신다. 그리고 끝부분에서는 베드로에게 경고하신다. 그 중간부에서는 사랑하는 제자들을 위한 온화한 교훈이 들어 있다. 그것들 또한 대부분 **경고**의 특성을 띠고 있다. 그는 제자들에게 자기의 죽음에 대하여 오해하지 않도록 경고하신다(13:31, 32). 그는 곧 자신이 떠날 것에 대해 그들에게 경고하신다(13:33). 그는 "서로 사랑해야" 할 새 **계명**이 그들에게 필요함을 경고하신다(13:34). 그는 서로 **사랑**해야만 그들이 그의 제자로 드러나게 될 것이라고 경고하신다(13:35).

이 구절들은 예수께서 배반자의 신원을 밝히는 엄숙한 말로 시작된다. 이 배반자는 구약에 분명하게 예언된 자였다. "내 떡을 나눠 먹던 나의 가까운 친구도 나를 대적하여 그의 발꿈치를 들었나이다"(시 41:9). 주님께서도 이렇게 말씀하셨다. "사람의 **원수**가 자기 집안 식구리라"(마 10:36). 그리고 끔찍하게도 이것은 주님의 경우에 사실로 입증되었다. "가까운 친구"가 **가까운 악마**가 되었다. 이것은, 타락한 사람에게 필요한 것이 **모범**과 **교훈**뿐이라고 생각하는 사람들이 잘못임을 드러내 준다. 유다는 두 가지를 다 누렸다. 그런데도 그의 악한 마음은 변하지 않았다. 그는 삼 년 동안 구주와 가장 친밀한 교제를 나누어 왔었다. 그는 열두 사도라는 가장 친밀한 무리에 속하는 유리한 지위를 차지해 왔었으며, 그리스도께서 무리들을 가르치실 때 그의 복음 전도를 들었을 뿐만 아니라 최소한 그의 놀라운 이적들을 목격하였다. 또한 그는 그리스도의 사생활을 통해 그의 완전성을 들여다본 사람이기도 했다. 그러나 이 모든 것에도 불구하고 유다는 전혀 감동되지 않았고 마음이 변화되지도 않았다. 이 사실이야말로 주님의 말씀을 가장 강력하게 입증해 주는 증거이다. "사람이 **거듭 나지** 아니하고는 하늘나라를 볼 **수 없느니라**!" 그는 그리스도에게 아주 가까이 있었다. 그럼에도 불구하고 구원되지 못하였다! 이것은 우리 모두에게 제기되는 엄숙한 도전이다! 베드로의 예는 그 특성상 유다와는 아주 다르지만 마찬가지로 매우 엄숙한 경고를 제시해 준다. 유다는 겉으로는 그리스도의 제자처럼 **처신했다**. 그런데 시몬은 내적으로 그를 믿는 자**였다**. 전자는 위선과 어리석음을 드러냈다. 후자는 자만의 위험과 그 슬픈 결과들을 드러냈다. 주님께서 "마음 (즉 새로운 본성)에는 원이로 되 육신(즉 타고난 본성)이 약하도다"라고 말씀하신 것은 바로 베드로에게였다. 그러나 이것은 결코 **구실**로 삼아서는 안 되는 말이다. 우리는 실패하고 타락했을 때 이 말을 피난처로 삼아서는 안 된다. 이 말은 "육체는 신뢰할 것이 없다"(빌 3:3)는 변함없는 경고로 주어진.것이다. 성령께서는 충실하시게도 특히 아끼셨던 제자의 슬픈 타락을 기록하셨다. 이것은 그를 따르는 모든 그리스도인들로 하여금 베드로가 빠졌던 함정을 피하게 해 달라고 하나님께 은혜를 구하게 하려고 기록된 것이다.

　인간적인 관점으로 볼 때 베드로는 그의 **장점**에서 실패하였다. 본래 그는 용감하고 용기가 있었다. 사도들 중에서 베드로만큼 용감한 자는 아마 없었을 것이다. 그는 변화산에서 그 놀라운 광경을 보기 전까지는 움츠러든 적이 없었다. 파도를 건너 그리스도께 걸어온 사람도 바로 그였다. 그리고 겟세마네 동산에서 검을 뽑아 주님을 체포하러 온 대제사장의 하속의 귀를 자른 것도 바로 그였다. 베드로는 결코 겁쟁이가 아니었다. 그럼에도 불구하고 그런 **그가** 하녀 앞에서 두려워 떨었고, 또 그리스도의 제자가 아니냐는 견책을 받자 맹세까지 하면서 아니라고 부인한 것이다! 우리는 이것을 어떻게 설명할 수 있겠는가? 오직 하나의 이유만이 가능할 뿐이다. 그것은, 우리를 멋대로 두면 장점이 곧 물과 같이 연약하게 된다는 지극히 중대한 교훈을 가르쳐 주기 위해 기록된 것이다. 우리가 **강할** 때란 곧 우리가 약할 그 때이다(고후 12:10). 베드로는 **모든** 사람이 다 주를 버릴지라도 **그만**은 버리지 않을 것임을 완전하게 확신하였다(막 14:29). 그리고 그는 전혀 의심 하나 없이 그가 말한 그대로라고 완전히 믿었다. 그러나 그는 **자기 자신을 알지** 못했다. 그는 인간의 마음의 극한 기만성을 배운 적이 없었다. 그는 주님이 떠받쳐 주시는 능력과 유지시켜 주시는 은혜가 없으면 **아무 것도** 할 수 없음을 아직 모르고 있었던 것이다(요 15:5). 우리가 그에게서 교훈을 배울 수 있기를 기원한다.

"우리는 종종 베드로가 그랬던 것처럼, **우리**라면 절대 할 리가 없는 그런 일이 있다고 생각한다. 우리는 타락한 다른 사람들을 연민에 가득 찬 눈길로 바라본다. 그리고 적어도 **우리**라면 그렇게 하지는 않았을 것이라고 생각하며 자만에 빠진다. 우리는 전혀 아무 것도 알지 못하고 있다. 우리가 새롭게 되었을 때조차도 **모든** 죄의 씨앗들이 우리 마음속에 숨어 있다. 그리고 그 씨앗들은 자기의 열매를 풍성하게 내려고 기회를 노리며 우리가 부주의하고 하나님께로부터 멀어지는 순간만을 엿본다. 우리는 베드로와 같이 우리가 그리스도를 위하여 놀라운 일을 행할 수 있다고 생각한다. 그리고 베드로와 마찬가지로 우리는 쓰라린 체험을 통하여 우리에게 전혀 능력과 힘이 없다는 것을 배운다. 우리의 내적인 연약함을 겸손하게 깨닫는 것, 힘을 얻기 위해 강하신 분께 끝까지 의지하는 것, 우리는 스스로를 유지할 수 없으므로 우리를 받쳐 주시기를 매일 기도하는 것, 이런 일들이 곧 안전의 참된 비결이다"(라일 주교). 베드로의 타락으로부터 우리가 배울 수 있는 분명한 교훈은 바로 이것이다. 즉 "그런즉 선 줄로 생각하는 자는 넘어질까 조심하라"(고전 10:12)

"**예수께서 이 말씀을 하시고 심령이 괴로워 증언하여 이르시되 내가 진실로 진실로 너희에게 이르노니 너희 중 하나가 나를 팔리라 하시니**"(13:21). 주님께서는 그의 제자들을 가르치시고 위로하시며 그들을 돌보아 오셨다. 그리고 그들의 장래에 관해 말씀해 주셨다. 그런데 이 예언을 하시는 중에 어두운 그림자가 그에게 덮쳐와 그를 괴롭게 하였다. 그는 이미 그것을 암시하신 바 있었다. 그리고 이제 그는 열두 제자 중에 배반자가 있음을 더욱 분명하게 증거하신다. 주님께서는 "심령이 괴로우셨다." 육체를 입으신 하나님으로서의 주 예수를 보여주는 것이 특별한 의도였던 복음서 기자 요한은 아주 빈번하게 이 사실을 언급하였는데, 이 점은 주목할 만하다(11:33, 38; 12:27 참고). 이 진술은 그가 육체뿐만 아니라 참된 영혼을 지니셨음을 보여줌으로써 그의 인간성이 참된 것임을 입증하고 있다. 그것들은 또한 그에게는 악의 존재에 의하여 **괴로움을 받는** 연약함이나 불완전함이 없었음을 입증해 준다. 그리스도께서는 금욕주의자가 아니셨다. 그는 하나님께 거스르는 모든 것들을 통렬하게 느끼셨다.

그리스도야말로 가장 진실하고 가장 완전하게 감각적인 분이셨다. 그는 질고를 아는 자셨다. 그가 **"우리의 연약한 감정"**을 동정하실 수 있는 것은 그가 몸소 이 세상을 사셨기 때문이다.

"예수께서 이 말씀을 하시고 심령이 괴로워 증언하여 이르시되 내가 진실로 진실로 너희에게 이르노니 너희 중 하나가 나를 팔리라 하시니." 주 예수께서 십자가 상에서 견디신 것이야말로 그의 고난의 절정이요 완성이었다는 것을 상기해야만 한다. 그의 생애를 통하여 그는 사탄의 손에서, 그의 원수들에게 그리고 그의 친구들에게서 고통을 받으셨다. 그는 바리새인들이나 서기관들의 불신과 증오를 통렬하게 느끼셨다. 그의 예루살렘을 향한 눈물이 넘치는 비탄은 이스라엘 백성들의 거부로부터 그가 받으신 고뇌가 얼마나 깊은 것이었는지를 입증해 준다. 여기에는 사도들 중의 하나가 고의적으로 배반자가 되는 것을 보셔야 하는 쓰라린 슬픔이 나타나 있다. 배반보다 더 깊은 상처는 없다. 그것도 삼 년 동안이나 그와 계속하여 교제해 온 사람이 이제 그를 향하여 발꿈치를 든다는 것은 실로 쓰라린 시험이었다. 유다가 변하지 아니하는 한 주님도 변하시지 않을 것이다. 그는 여러 해 동안 그리스도와 가장 친밀한 교제를 하면서 모든 것들을 듣고 보았음에도 불구하고 그리스도 안에서 아름다움을 전혀 발견하지 못하였으며, 죄인들을 향한 그의 놀라우신 은혜에 의해서도 전혀 감동되지 않았다. 그래서 그는 오로지 무익한 돈벌이만을 생각했으며 자기 자신만을 위해서 행동하였고, 시몬의 집에서 받은 책망을 마음에 깊이 새겨 마침내 그의 주님에게 등을 돌리고 그를 그의 원수들에게 팔기로 작정했던 것이다. 주님께서 그와 같은 기만과 배반 그리고 탐욕을 아시고 **"민망히"** 여기셨음은 조금도 이상할 것이 없다. 예수께서 "너희가 깨끗하나 다는 **아니니라**"고 말씀하셨으나 유다는 여전히 자기 자리에 남아 있었으며, 물러가려는 표시를 전혀 나타내지 않고 있었다.

"내가 진실로 진실로 너희에게 이르노니 너희 중 하나가 나를 팔리라." 그것은 슬픈 어조를 띤 것이다. 즉 나와 함께 식탁에 앉아 있는 **너희** 중의 하나가, 내가 방금 발을 씻겨 주었던 바로 **너희** 중의 하나가, 나의 첫 대사들로 존귀한 영예를 가진 바로 **너희** 중의 하나가, 나와의 친밀함과 나의 가는 길을 아는 것을 이용하여 내가 물러나 있는 곳으로 원수를 안내하고 내 목숨을 노리는 자들의 손에 나를 넘겨 줄 것이다라는 것이다. 그는 범죄의 극악무도함으로 인하여 "괴로우셨다." 그리고 의심할 여지 없이 그는 유다 앞에 놓여 있는 끔찍한 운명 때문에도 "괴로우셨던" 것이다.

구주께서 얼마나 심히 "괴로워" 하셨는지에 대해서는 시편 55편에 기록되어 있는 그의 말씀을 통해 알 수 있다. "악독이 그 중에 있고 압박과 속임수가 그 거리를 떠나지 아니하도다 나를 책망하는 자는 원수가 아니라 원수일진대 내가 참았으리라 나를 대하여 자기를 높이는 자는 나를 미워하는 자가 아니라 미워하는 자일진대 내가 그를 피하여 숨었으리라 그는 곧 너로다 나의 동료, 나의 친구요 나의 가까운 친우로다 우리가 같이 재미있게 의논하며 무리와 함께 하여 하나님의 집 안에서 다녔도다"(시 55:11-14). 이것은 그리스도께서 **질고**를 "잘 알고 계셨다는 것"을 우리에게 아주 생생하게 제시해 준다! 그의 거룩하신 영혼은 참으로 깊이 상하셨다. 우리는 그것을 시편 109편의 비열한 배은망덕자에게 내리신 엄숙하지만 의로운 저주를 통해 분명하게 알 수 있다. "그의 연수를 짧게 하시며 그의 직분을 타인이 빼앗게 하시며 그의 자녀는 고아가 되고 그의 아내는 과부가 되며"(8, 9절)

"제자들이 서로 보며 누구에게 대하여 말씀하시는지 의심하더라"(13:22). 이 구절로부터 세 가지 분명한 사실을 알 수 있다. 하나는 제자들에 관해서요, 또 하나는 유다에 관해서요, 그리고 나머지 하나는 주님 자신에 관해서이다. 첫째로, 그리스도께서 13:18에서 하셨던 말씀은 열한 사도에게 아무런 인상도 주지 못했음이 분명하다. 그리고 이것은 지극히 당연하다. 의심할 여지 없이 그들은 구주께서 그들을 위해 방금 행하신 일에 온통 마음을 빼앗기고 있었기 때문에 그 놀라움을 채 수습하지 못하고 있었다. 그들은 그의 놀라우신 겸손에 너무 깊은 인상을 받았기 때문에 주님의 "내 떡을 먹는 자가 내게 발꿈치를 들었다"는 말씀에 아무런 주의를 기울이지 않던 것이다. 그러나 이제 그는 좀 더 분명하고 직접적으로 말씀하신다. 그래서 그들은 서로 당혹한 시선을 교환하며 과연 그들 중의 누가 그 사람인지 의심하였다.

둘째로, "제자들이 서로 보며 누구에게 대하여 말씀하시는지 의심하더라"는 사실을 고려해 볼 때, 그것은 유다가 그의 간악함을 동료들에게 성공적으로 숨겨 왔다는 절대적인 증거가 된다. 그의 외적인 행동은 다른 사도들에게 그를 의심할 여지를 전혀 주지 않았다. 그의 위선이 어느 정도 간악한지를 보라! 마태는 그리스도께서 열두 제자 중 하나가 그를 배반하리라는 것을 그들에게 공표하셨을 때의 제자들의 반응에 대하여 이렇게 기록하고 있다. "그들이 몹시 근심하여 각각 여짜오되 주여 나는 아니지요"(마 26:22). 매튜 헨리는 이 점에 대하여 이렇게 지적한 바 있다. "그들은 서로에게보다는 자기 자신에게 더 크게 마음을 썼는데, 바로 그 점 때문에 그들은 서로 사랑하라는 훈계를 들어야만 했다. 우리는 우리 형제들보다 우리 자신의 악에 대하여 분명히 더 많이 알고 있기 때문에 실제로 우리가 형제들보다 더 악하다고 예상하는 것이 올바르다. 그러나 사랑은 최후까지 희망을 잃지 않는 것이다. 그들은 그리스도께서 말씀하신 것에 복종하는 법을 배우기 위해서도 훈계를 들어야만 했다. 그들은 우리가 흔히 그렇듯이 그들의 마음보다는 말에 더 큰 기대를 두었다. 그래서 그들은 '그게 저는 아니지요, 저일 리가 없죠'라고 말하지 않고, '주여, 저입니까?'라고 한 것이다. 그 말은 이런 뜻이다. '주여, 제 안에 그렇게 지독한 악함이 있는지, 그렇게 지독한 괴로움의 뿌리가 있는지 보옵소서. 그리고 있다면 그것을 제게 알려 주소서 그리하면 제가 그 뿌리를 뽑아 버리고 그 진로를 막아 버리겠나이다.'" 유다는 그의 표리부동한 역할을 과감히 최후까지 이행하면서 이렇게 말한다. **"랍비여 나는 아니지요**"(마 26:25)? 그러나 그것은 **그가** 구원받지 못했다는 명백한 증거이다. 왜냐하면 성령으로 아니하고는 누구든지 예수를 **주**시라고 말할 수 없기 때문이다"(고전 12:3).

셋째로, 사도들이 당황해서 주님이 누구를 가리켜 하시는 말씀인지 의아해했다는 사실은, 지극히 복되게도 멸망의 아들을 참아 주신 그리스도의 무한한 인내를 보여 주고 있다. 예수께서는 그의 생애를 통하여 열한 사도에게와 마찬가지로 유다에게도 동일하게 겸손하신 은혜와 온유와 친절로써 대해 주셨음에 틀림없다. 그는 유다에 대하여 어떤 반감을 드러내시지 아니하였다. 그렇지 않았더라면 다른 사람이 그것을 알아차렸을 것이며, 그래서 그가 지금 말씀하시는 자가 누구인지 알았을 것이다. 이 것은 우리 구주의 지극히 완전하심을 알려 준다! 그러나 그의 친절은 악하게 보상받으셨다. 그의 사랑은 전혀 보답을 받지 못했다. 그의 거룩하신 영혼은 그에게 그토록 가까이 있는 악을 혐오하셨음에도 불구하고 그는 아버지의 주권적 뜻과 권위 있는 말씀에 복종하셨다. 그래서 이 시험을 견디신 것이다.

"예수의 제자 중 하나 곧 그가 사랑하시는 자가 예수의 품에 의지하여 누웠는지라"(13:23). 여기에는 이 복음서에 가득 차 있는 주목할 만한 대조들 중의 하나가 나타나 있다. 그리고 그것은 지극히 복된 대조이다. 그것은 우리가 잠시 동안 주의를 기울였던 유다의 비열한 배반과 끔찍한 증오로부터 우리의 시선을, 그리스도께서 그 마음을 사로잡으신 자, 그리스도의 아름다움으로 인하여 온통 자기 마음을 빼앗긴 자, 그리고 이제는 사랑에 넘치는 마음으로 구주의 품에 의지하고 누워 있는 자에게로 돌리게 한다. 여기에서 요한이 자기 자신에 대하여 언급하고 있는 방식은 지극히 복되며, 또 그것은 성령께서 인도하셨음을 입증하는 명백한 표시이다. 이 구절은 "예수를 사랑한 자"라고 되어 있지 않고(물론 그는 예수를 진심으로 사랑하였다), "예수의 제자 중 하나 곧 그가 사랑하시는 자"라고 되어 있다. 그는 자기의 이름을 언급하지 않았다. 사랑은 결코 자기선전을 하지 않기 때문이다.

"시몬 베드로가 머릿짓을 하여 말하되 말씀하신 자가 누구인지 말하라 하니" (13:24). 이것은 베드로가 사도직의 절대수위권을 가졌다고 주장하는 로마 가톨릭의 교리를 효과적으로 해결해 주는 신약 성경 중의 많은 진술들 가운데 하나이다. 오래 전에 프로테스탄트 작가 한 분도 적절하게 다음과 같이 말한 바 있다. "베드로는 사도들 중에서 결코 수위직에 있지 않았다. 그래서 그는 여기에서 요한의 중재를 사용한 것이다. 베드로가 직접 묻지 않고 요한을 거쳐 질문한 데에는 분명히 도덕적인 이유가 있었다. 베드로의 영혼의 상태는 하나님 앞에서 전적으로 올바른 것만은 아니었는데 그것은 13:6, 8, 37을 보면 분명해진다. 그리고 그날 밤의 그의 끔찍한 타락이야말로 그것에 대한 신빙성 있는 증거를 제시해 주는 것이 아니겠는가? 마태는 구주께서 잡히신 후에 베드로가 '**멀찍이** 예수를 따라 대제사장의 집 뜰에까지 갔다' (마 26:58)고 기록하고 있다. 이러한 **거리감**은 베드로의 영혼에 그 영향을 끼치기 시작했다. 즉 그와 주님 사이에 어느 정도의 장벽이 있었던 것이다.

"그가 예수의 가슴에 그대로 의지하여 말하되 주여 누구니이까" (13:25). 여기에서의 요한과 베드로의 대조는 주목할 만하다. 요한은 주님 곁에 가까이 있었다. 그것은 사랑이 그를 거기로 이끌었기 때문이다. 그는 그리스도께 아주 가까이 있었고, 그의 영혼은 지극히 맑았다. 그래서 그는 구주의 얼굴을 올려다보며 어떤 질문이든지 할 수 있었던 것이다. 이것은 모든 그리스도인들의 복된 몫이요 특권이다. 그러나 슬프게도 여기에서의 베드로와 같은 사람들이 아주 많다. 그들은 주님 자신께 의지하기보다는 **형제**에게 의지한다. 평범한 그리스도인들이 말씀을 읽는 중에 어려움에 부딪히거나 또는 그의 영적 생활에서 어떤 문제에 부딪히게 되면, 그들은 "나는 형제에게 이러이러한 것을 묻겠다. 또는 편지를 쓰겠다"라고 말한다. 그러면 그들은 어째서 그런 것일까? 그들은 주 예수께 **직접** 말씀드리는 그 복된 특권을 어째서 누리지 아니하는 것일까? 그것은 주님과의 친교의 문제이다. 그리고 그것은 매우 엄중한 문제이다. 베드로의 경우처럼 우리에게 조금이라도 자만심이 있다면, 또는 우리의 영적 생활에 어떤 방해되는 것이 있다면 도덕적인 거리감을 느끼게 될 것이다. 그러나 결국 베드로도 요한이 차지하고 있는 것과 동일한 장소로 나아간 것을 볼 수 있는데 그것은 지극히 복된 일이다.

"베드로가 근심하여 이르되 주님 모든 것을 아시오매 내가 주님을 사랑하는 줄을 주님께서 아시나이다"(21:17). 그는 자기의 마음을 활짝 열었다. 그것은 주여, 제가 주님께 질문하지 못했던 때가 있었나이다. 그러나 이제 당신을 초대하여 제 마음을 살피시도록 할 수 있나이다!라는 의미가 아니겠는가? 그러므로 이제 우리도 그 앞에 나아가 우리 마음을 살피시라고 그분께 말씀드리자. 그리고 우리로 하여금 그에게 다가가는 것을 방해하는 것은 무엇이든지 그의 손 위에 올려놓자. 우리가 주님과의 친밀함보다 어떤 형제와의 친밀함에 더 크게 즐기고 있지나 않은지 살펴보도록 하자.

"예수께서 대답하시되 내가 떡 한 조각을 적셔다 주는 자가 그니라 하시고" (13:26). 그리스도는 이 말씀을 요한에게만 속삭이신 것이 분명하다. 또는 다른 제자들은 들을 수 없을 정도로 아주 낮은 음성으로 말씀하셨던 것이 분명하다. 우리는 그 사실을 다음에 나오는 내용으로 분명하게 알 수 있다. 주님께서는 마침내 배반자의 신원을 밝히신다. 배반자는 위선의 가면을 쓰고서 사도들을 철저하게 속였다. 그러나 "모든 일을 드러내시고 밝히시는" 분을 속일 수는 없었다. 인간은 외적인 모습을 보는 반면 그는 마음을 보신다. 그러므로 그는 이제 거짓 제자의 가면을 벗기고 그에게 이런 사실을 알려 주신다. 즉 그가 배반자라는 것을 아무도 의심조차 하지 않았지만, **주님께서는** 아시고 있었다는 사실을 보여주신 것이다.

"곧 한 조각을 적셔서 가룟 시몬의 아들 유다에게 주시니"(13:26). 그리스도께서 배반자의 정체를 밝히시기 위해 취하신 행동은 암시적이고 엄숙하다. "주인이 손님 중의 하나에게 음식 한 쪽을 떼 주는 것은 존경의 표시였다. 주님께서는 13:21에서 유다의 **양심**에 호소하셨다. 이제 여기에서는 그의 **마음**에 호소하신다"(Companion Bible). 그 "조각"은 누룩이 들어 있지 않은 빵이었을 것이며, 유월절 양을 먹으려고 준비해 둔 양념에 방금 적셨을 것이다. 유다가 그것을 받았다는 것은, 그가 생각할 수조차 없을 정도로 가증하게 위선을 부렸음을 보여준다. 그는 극악무도한 배반을 자행하기로 결정하였다. 그럼에도 불구하고 그는 그 조각을 받아먹음으로써 우정의 맹세를 새롭게 한 것이다. 그것은 우리에게, 그가 주님을 그의 원수들에게 팔아넘길 때 취한 태도, 즉 "랍비여, 안녕하십니까"라는 인사와 그 "입맞춤"을 상기시켜 준다. 그러나 우리 주님의 온유하심은 참으로 놀랍고 복되다. 분명히 그분만이 이와 같이 **행동하실 수 있었다.** 그는 완벽한 자제심을 발휘하셔서 이미 대제사장들과 거래를 끝낸 자에게 전혀 악의를 나타내시지 않고 그 조각을 주신 것이다. 이것은 이미 언급된 바 있는 예언적 선포와 지극히 동일하게 일치하는 것이다. "내 떡을 **먹는** 자가 내게 발꿈치를 들었다.”

　“조각을 받은 후 곧 사탄이 그 속에 들어간지라”(13:27). 우정의 표시인 그 조각을 받아먹은 것은 그에게 회개의 고뇌를 불러일으켰어야만 했다. 그러나 그렇지 못하였다. 그는 히브리서 6:8에 언급된 자들과 같은 사람이었다. 즉 땅이 내리는 비를 흡수하여 채소를 내는 대신에 가시와 엉겅퀴를 낸다면 마지막에는 불사름을 당할 것이다. 우리는 이제야 비로소 사탄이 유다에게 들어갔다고 기록된 것에 주목해야 한다. 유다가 그 “조각”을 **받자**마자 원수가 더없이 자발적인 그의 희생제물을 완전히 점유했는데 그 점 또한 마찬가지로 주목할 만하다.

　“이에 예수께서 유다에게 이르시되 네가 하는 일을 속히 하라 하시니”(13:27). 이것은 두려운 말씀이다. 이제 회개할 기회는 영원히 지나갔다. 그의 운명은 결정되었다. 그러나 그리스도의 이 말씀의 이면에는 무엇이 함축되어 있다. 필자는 그것이 구세주께서 아버지의 뜻에 복종하신다는 형식적인 공표라고 생각한다. 그는 이렇게 말씀하신 듯하다. 즉 ‘나는 죽임을 당할 어린 양으로 끌려갈 **준비가 되어 있다**. 유다여, 가라. 가서 네가 그토록 하고자 하는 그 일을 행하라 **나는** 너에게 저항하지 않겠다!’ 그러나 다른 한편, 그리스도의 이 말씀은 그가 저 광야의 유혹이 끝날 무렵 마귀에게 하셨던 말씀과 동일한 것이라 하겠다. 그가 마귀에게 사십 일 동안 시험을 받으셔야 했던 것은 꼭 필요한 일이었다. 그러나 그 필요한 일이 완전히 성취되었을 때, 그는 “사탄아, [**이제**] 물러가라”(마 4:10)고 말씀하셨다. 그와 마찬가지로, 유다는 그리스도와 함께 먹기 위하여 사도직에 택함받아 거기에 있을 필요가 있었던 바, 그것은 성경으로 응하게 하기 위함이었다. 그러나 이제 그 예언이 성취되었고, 배반자가 그의 주님을 향하여 그 발꿈치를 들었다. 그러므로 그리스도께서 “가라”고 말씀하신 것이다! 게다가 이것은 유다가 주님의 사역으로부터 공식적으로 떠난 것을 나타냄이 아니겠는가? 그리스도께서는 그를 **부르셔서** 사도직에 임명하셨다. 그리고 그는 삼년 동안 유다를 사용하셨다. 이제 그는 유다의 해임을 공포하신다. 이후에는 다른 사람이 “**그의 사도직**을 차지하게” 될 것이다. 끝으로, 필자는 주님께서 그의 “만찬”을 자신에 대한 최후의 기념으로 제정하신 것이 바로 이 일 직후였다고 믿는데, 그것은 다른 복음서를 볼 때 아주 분명하다. 그러나 그것을 제정하시기 전에 그는 우선 배반자를 내보내셔야 했다. 왜냐하면 그 “만찬”은 그의 제자들만을 위한 것이기 때문이다.

　“이 말씀을 무슨 뜻으로 하셨는지 그 앉은 자 중에 아는 자가 없고”(13:28). 바로 이 때, 적어도 요한과 베드로만은 그들의 사랑하는 주님을 배반할 자가 누구인지를 알았을 것이다. 그러나 이 구절로 미루어 볼 때 그 배반 행위가 머지않아 곧 자행되리라는 사실을 안 사람은 그들 중 아무도 없었던 것이 분명하다. 그 때 닥쳐오고 있던 사건의 끔찍함을 알았던 사람은 그들 중 아무도 없었다.

"**어떤 이들은 유다가 돈궤를 맡았으므로 명절에 우리가 쓸 물건을 사라 하시는지 혹은 가난한 자들에게 무엇을 주라 하시는 줄로 생각하더라**"(13:29). 제자들의 생각은 틀린 것이었다. 그러나 그것을 그들이 수치스러워할 필요는 없다. 그들에게는 변명할 여지가 있으며, 심지어 칭찬받을 만하기까지 하다. 그들은 그 말씀을 듣고 자선의 행위를 염두에 두었다. 그들은 그 말과 행동을 악한 것으로 해석하지 않고 그들이 합리적으로 인정할 수 있는 한 가장 호의적인 의미로 해석한 것이다. 사랑이라고 오인하는 것이 비판적인 추측보다(비록 그 추측이 나중에 사실이라고 판명될 경우일지라도) 더 현명하고 좋은 것이다. 유다는 언제나 악한 자였었다. 그러나 그는 여기에서도 그의 동료 제자들이 그의 부정직한 성격을 의심하게 할 만한 증거를 전혀 노출시키지 아니한다. 그들은 그가 이 무리의 회계원이요 청지기임을 알고 있었기 때문에 주님의 말씀이 유다에게 빨리 가서 일주일간 계속되는 유월절에 필요한 물품을 구하라 하신 것이거나, 아니면 가난한 사람들에게 자선을 베풀라고 하신 것이라고 생각했던 것이다.

"이 말씀을 고려해 볼 때 우리는 주님과 그 제자들이 특히 대명절 무렵에 그들의 부족한 수입을 떼어 그들보다 더 가난한 자들에게 나누어 주곤 했다는 것을 알 수 있다. 그들의 '절대적인 가난에도 불구하고 그들에게는 관대하게 베푸는 풍요가 넘친 것이다.' 그리고 그는 자신의 모범을 통하여 우리에게 이것을 가르쳐 주셨다. 즉 저축할 것이 거의 없는 자라 하더라도 그들보다 더 가진 것이 없는 자들에게 그들의 적은 소유나마 나누어 주는 것은 우리의 의무라는 것이다. 뿐만 아니라, 종교적인 관례도 자비나 구제의 행동과 관련이 있다. 그는 그의 가르침에서 뿐만 아니라 그의 행동에 있어서도 겸손과 경건을 결합시키신 것이다. 그리고 이 점에 있어서 그는 우리가 따라야 할 모범을 남겨 주신 것이다"(존 브라운). 필자는 이 논평에 다음과 같은 사항을 덧붙이고자 한다. 즉 제자들이 유다가 "명절"에 필요한 물건을 **구입하러** 갔다고 생각했던 것을 미루어 볼 때, 주님께서는 자기 자신과 그의 제자들의 필요한 음식을 위해서는 기적을 행하지 않으셨던 것이 분명하다. 그것은 또한 그들이 **구걸하지** 아니하고 근검과 절약으로 일상생활을 해결해 갔음을 보여준다(4:8 참고). 그러나 유다의 비열한 의도는 사도들이 관대하게 생각했던 것과는 정반대였다. "유다의 의도는 필요한 물품을 사는 것이 아니라 주시요 스승이신 분을 **팔려는** 것이었다. 그것은 명절을 준비하려는 것이 아니라 지금까지 진행되어 온 음모를 실행하려는 것이었다. 그러나 그것은 하나님의 마음과 목적을 성취시켰다. 그것은 유대인들이 무법한 자들의 손을 빌려 그들의 메시야를 못 박았지만, 실은 그들이 하나님의 뜻을 성취시켰던 것이나 마찬가지이다. 가난한 자들에게 무엇을 준 것은 유다가 아니라 **그리스도이셨다.** 그는 부요하셨으나 우리를 위하여 가난하게 되셨다. 이는 우리로 하여금 그의 가난으로 말미암아 부요하게 하려 하심이었다" (*Bible Treasury*).

 "유다가 그 조각을 받고 곧 나가니 밤이러라" (13:30). 이것은 하루의 때를 가리키지만 실은 그 이상의 깊은 어떤 의미를 내포하고 있다. 유다가 그의 비열한 목적을 실행하러 나갔던 바로 그 때에 **어둠**의 권세의 "시각"이 시작된 것이다(눅 22:53). 그러나 실은 하나님께서 바로 그 때에 그의 원수들로 하여금 생명의 **빛**을 없애도록 내버려 두신 것이다. 그리고 그것은 유다의 영혼에 있어서도 '밤'이었다. 왜냐하면 그가 **'빛'**으로부터 등을 돌렸기 때문이다. 가인처럼 그도 "여호와의 앞"에서 떠나간 것이다. 또 바알처럼 그는 "불의의 삯"을 사랑한 것이다. 그리고 아히도벨처럼 그는 그의 "가까운 친구"를 배반하러 간 것이다. 그것은 **밤**이었다. "사람들이 자기 행위가 **악하므로** 빛보다 어둠을 더 사랑한 것이니라." 그러므로 그것은 멸망의 아들이 그의 어두운 행위를 자행하기에 적합한 때였다! 그는 **"즉시"** 갔다. **그의** 발은 "피 흘리는 데 빨랐다."

 "그가 나간 후에 예수께서 이르시되 지금 인자가 영광을 받았고" (13:31). 이것은 대단히 주목할 만한 말이다. 주 예수께서는 그의 **죽음**에 관하여 언급하셨다. 그러나 그는 그것을 순교라거나 수치라고 생각지 않았다. 다른 복음서에서는 이와 같은 말이 전혀 없다. 언제나 그렇듯이 여기에서도 요한은 상황을 가장 숭고한 관점으로, 즉 **하나님의** 관점으로 설명하고 있다. 구주께서 치욕의 나무 위에서 맞으실 그의 죽음을 그의 **영광**으로 간주하셨다. "예수께서 이런 상황에서 '지금 인자가 영광을 받았다' 고 말씀하신 것은 아주 이상하게 들린다. 만일 그가 요단 강가에서 세례 받으셨을 때 일어났던 일, 즉 신비로운 비둘기 모양이 그에게 내려와 거하고 하늘이 열리며 영원하신 분의 음성이 '이는 내 사랑하는 아들이요 내 기뻐하는 자라' 고 들려왔을 때 이렇게 말씀하셨더라면 이상할 것이 없을 것이다. 또는 변화산에서 '그 얼굴이 해같이 빛나며 옷이 빛과 같이 희어졌을 때' 모세와 엘리야가 나타나 영광 안에서 그리스도와 더불어 머물며 말씀하시는데 홀연히 영광의 구름 속에서 한 음성이 '이는 내 사랑하는 아들이요 내 기뻐하는 자니 너희는 그의 말을 들으라'고 하였을 때 이 말씀, 곧 '지금 인자가 영광을 얻었다'고 하셨더라면 이상하지 않았을 것이다. 그러나 이 말씀을 하셨을 때 구속자 앞에 놓여 있었던 것은 무엇이었는가? 가장 비천한 굴욕과 가장 지독한 고통이 아니었는가? 즉 심한 비난, 유죄 선고, 모욕, 불명예, 강도들과의 교제, 죽음의 고뇌, 그리고 외로운 무덤, 이런 것들이 바로 그 앞에 있었다! 그는 이러한 상황 속에서 '지금 인자가 영광을 받았다'고 말씀하셨던 것이다"(존 브라운).

　그리스도의 십자가 위의 죽음의 **어디에** 그의 **영광이 있었는가?** 우선 그가 하신 말씀, 즉 '지금 **인자가** 영광을 얻었다'고 하신 말씀에 주목하라. 십자가 상에서 "영광을 얻으신" 것은 바로 **성육신하신** 하나님의 아들이셨다. 그러나 어떻게, 어떤 점에서 영광을 얻으셨는가? 첫째로, 그가 거기에서 온 우주의 모든 역사가 지켜보았고 또 앞으로도 지켜보게 될 가장 위대한 일을 수행하셨다는 점에서 그는 영광을 받으셨다. 인류는 수세기 동안 그것을 기다려 왔다. 그리고 앞으로도 수세기 동안 그 일을 회고할 것이다. 둘째로, 그는 거기에서 첫 사람의 행동과 반대되는 행동을 하셨다는 점에서 영광을 받으셨다. 첫째 아담은 **불순종하여** 죽었으나, 둘째 아담은 **순종하여** 죽으셨다. 그것도 십자가 상에서 죽으신 것이다. 인간의 영광은 하나님을 영광스럽게 해 드리는 데 있다. 그리고 성육신하신 아들이 그의 명령에 순종하여 자기 생명을 내놓으셨을 때야말로 하나님을 가장 영광스럽게 해드린 것이었다(10:18). 또한 인자가 이와 같이 하나님을 영광스럽게 해드렸을 때야말로 인간의 본성은 가장 큰 영광을 얻은 것이었다. 셋째로, 그는 죽음으로써 죽음의 권세를 갖고 있는 자, 곧 마귀를 멸망시키셨다는 점에서 영광을 받으셨다(히 2:14). 이것은 참으로 주목할 만한 성취였다. 그것은 죄의 육체를 입으신 분께서 하나님과 인간의 대원수를 완전하게 패배시키신 성취였다! 넷째로, 그는 십자가 상에서 하나님의 택하심을 받은 모든 사람을 위하여 자기 자신을 대속물로 치르셨다는 점에서 영광을 받으셨다. 이것은 인자에게 부여된 참으로 큰 영광이었다. 왜냐하면 모든 피조물 중에 아무도 그가 행하신 것과 같은 일, 즉 "수많은 자녀에게 영광을 가져온" 일을(그것도 이루 다 헤아릴 수 없는 수난과 수치를 통하여) 행한 적이 없기 때문이다. 그가 이 일을 수행하신 방식 또한 그를 영광스럽게 하였다. 그는 자발적으로 수난을 받으신 분이었다. 그는 그 대가를 즐거이 치르셨다. 그는 죽임을 당할 어린 양으로 억지를 끌려가신 것이 아니라 자진하여 가신 것이다. 그는 십자가를 견디시며 수치를 개의치 아니하셨다. 공의가 완전히 위반되고 율법이 완전하게 파괴되었을 때에야 비로소 그는 "다 이루었다"고 외치신 것이다. 끝으로, 그는 그의 십자가의 공로로 중재자로서 영광을 받으셨다. 영광을 얻으신 인자께서는 지금 하나님의 우편에 계신다(요 17:22). **"이러므로** 하나님이 그를 지극히 높여 모든 이름 위에 뛰어난 이름을 주사"(빌 2:9).

"하나님도 인자로 말미암아 영광을 받으셨도다"(13:31). 이것은 놀라운 주제이다! 그것은 인간으로서는 도저히 공정하게 다룰 수 없는 주제이다. 그리스도의 십자가의 공로는 우리 구원의 근원이요 인자의 영광일 뿐만 아니라 **하나님의** 영광을 가장 찬란하게 드러낸 것이다. 신성의 모든 속성은 골고다에서 가장 완벽하게 드러났다.

하나님의 **능력**이 십자가 상에서 크게 영광을 받으셨다. 세상의 임금들과 통치자들이 하나님과 그리스도께 반대하여 함께 모의하고 있었다. 육적인 마음의 끔찍한 증오와 인간의 절망적인 사악함이 제멋대로 횡행하고 있었고, 사탄의 격렬한 악의가 극에 달해 있었다. 그러나 하나님께서는 **능력 있는** 자에게 힘을 주셨다(시 89:19). 아무도 구주의 생명을 앗아갈 수 없었다(10:18). 인간과 사탄이 제멋대로 행동한 후에도 여전히 주 예수께서는 자기 자신의 완전한 주인이셨다. 그리고 **그가** 적합하다고 보셨을 때에야 비로소 그는 자신의 생명을 **내어 주신** 것이다. 이것이야말로 하나님의 능력을 가장 뛰어나게 드러낸 일이다. 그리스도께서는 원수들에게 저항하지 아니하시고 "연약함으로" 십자가에 못 박히셨다(고후 12:9). 그러나 이렇게 기록되어 있다. "하나님의 약하심이 사람보다 **강하니라**"(고전 1:25). 그리고 이것은 그리스도께서 하나님의 넘치는 진노를 견디셨을 때 하나님께서 그의 인간성을 떠받쳐 주심으로써 십자가 상에서 영광스럽게 입증되었다.

하나님의 **공의**가 십자가 상에서 크게 영광을 받으셨다. 구약 시대에 그는 이렇게 선포하셨다. "여호와께서 형벌받을 자는 결단코 벌을 면제하지는 아니하고"(출 34:7). 복되신 우리 대속자께서는 하나님이 그에게 "우리 모두의 죄악"을 지우셨을 때, 그 형벌받을 자로서 거기에 매달리셨던 것이다. 그리고 하나님께서는 지극히 엄격하고 불변하게 공의로우시기 때문에 그의 아들을 조금도 용서하지 아니하셨다. 그는 의가 요구하는 그 빚 중 단 한 푼도 감해 주지 아니하셨다. 율법을 깨뜨린 형벌로서 비록 그의 지극히 사랑하시는 아들을 죽여야 한다 할지라도 그는 그 형벌을 강제하셨다. 그러므로 이렇게 외쳐야 했던 것이다. "만군의 여호와가 말하노라 칼아 깨어서 내 목자, 내 짝 된 자를 치라 목자를 **치면** … "(슥 13:7). 하나님의 공의는 주 예수께서 바치신 화목제로 인하여 가장 찬란하게 영광을 얻으셨다. 모든 인간이 지옥에서 영원히 고통을 받는다 할지라도 주 예수의 십자가 상의 고난보다 하나님의 공의를 더 영광스럽게 해드릴 수는 없을 것이다.

하나님의 **거룩하심**이 십자가 상에서 크게 영광을 받으셨다. "주께서는 눈이 정결하시므로 악을 차마 보지 못하시며 패역을 차마 보지 못하신다"(합 1:13). 그리고 그리스도께서 "우리를 위하여 저주를 받은 바 되셨을" 때(갈 3:13) 성삼위의 셋째 위격께서도 그에게서 떠나셨었다. 바로 이 때문에 구주께서는 고뇌에 차서 "나의 하나님, 나의 하나님, 어찌하여 나를 **버리셨나이까?**"라고 외치셨던 것이다. 하나님께서는 그의 독생자의 수난과 죽음을 통하여 죄에 대한 그의 증오를 가장 분명하게 드러내셨다. 바로 거기에서 그는, 그를 대항하여 반항하는 머리를 쳐든 자와 결코 평화로이 지낼 수 없다는 것을 보여주셨다. 하나님의 거룩하심(죄는 그것을 극도로 싫어한다)의 모든 요구를 완전하게 충족시키기 위하여 그리스도께서 자신을 바치신 것과 비교해 볼 때, 거룩한 모든 천사들이 드리는 하나님의 거룩하심에 합당한 온갖 영예나, 지금까지 존재해 왔고 또 존재할 모든 거룩한, 인간이 바치는 온갖 자발적인 순종과 인내심 있는 수난은 실로 아무 것도 아닌 것이다.

하나님의 **충실하심**이 십자가 상에서 크게 영광을 받으셨다. 하나님께서는 "죄를 범한 영혼은 반드시 죽으리라"고 맹세하셨다. 그리고 무죄한 분께서 죄의 완전하고도 두려운 삯을 감당하기 위하여 자기를 바치셨을 때 하나님께서는 온 세상에 이렇게 선포하셨다. 즉 말씀을 단 일점일획이라도 이행하지 아니하는 것보다는 차라리 그의 사랑하시는 자의 피를 흘리게 하는 것이 낫다고. 그는 성경에 그의 아들이 어린 양으로서 죽임을 당해야 하며, 그의 손발이 못 박힐 것이고, 그는 죄인들과 함께 취급되어야 하며, 우리의 범죄로 인하여 상해야 한다는 것을 밝혀 두셨다. 이것들과 함께 다른 많은 예언들이 골고다에서 아주 정확하게 성취되었다. 그리고 골고다에서의 그 성취들이야말로 하나님이 거짓말하시지 않는 분이심을 입증하는 가장 큰 증거이다.

하나님의 **사랑**이 십자가 상에서 크게 영광을 받으셨다. "하나님이 세상을 이처럼 사랑하사 독생자를 주셨으니"(요 3:16). "사랑은 여기 있으니 우리가 하나님을 사랑한 것이 아니요 하나님이 우리를 사랑하사 우리 죄를 속하기 위하여 화목 제물로 그 아들을 보내셨음이라"(요일 4:10). "태양의 빛은 언제나 일정하나 한낮에 가장 밝게 빛난다. 그리스도의 십자가는 영원하신 사랑의 정오요, 영원하신 자비의 절정이다. 이와 동일한 사랑이 전에도 수없이 밝히 나타났었다. 그러나 그것들은 아침 햇빛이었고, 정오가 됨에 따라 그 빛이 더욱 밝게 빛나게 된 것이다. 그리스도께서 십자가에 달려 있었을 때, 그리고 어둠이 온 세상을 뒤덮었을 때, 그 때가 곧 정오였다"

(McLaurin).

> 오, 반항하는 인간을 구하시려는
> 하나님의 장엄한 계획을 보니,
> 지극히 숭고한 형상으로
> 원한과 긍휼이 결합되어 있도다!
>
> 경건한 외경에 사로잡혀
> 우리 그저 사랑을 드리며 찬양할 뿐,
> 하나님의 이 같은 숭고하심을
> 천사장조차도 이전에 본 적이 없도다!
>
> 여기 하나님의 완전하심 모두 결합되어 있어
> 공의로 또는 은혜로
> 그 영광 지극히 밝히 빛나니
> 우리 그 극치를 측량할 길 없도다

"만일 하나님이 그로 말미암아 영광을 받으셨으면 하나님도 자기로 말미암아 그에게 영광을 주시리니 곧 주시리라"(13:32). "이 구절은 다음과 같이 풀어서 해석할 수 있다. '하나님 아버지께서 나의 죽음으로 말미암아 그의 모든 속성에 영광을 얻으셨다면, 그도 또한 나의 개인적인 일을 위하여 내게 즉시 특별한 영광을 주실 것이다. 그것도, 나를 죽은 자 가운데서 다시 살리심으로써, 그리하여 나를 그의 우편에 앉히심으로써 지체하지 않고 그렇게 해주실 것이다.' 필자는 17장에서 이와 동일한 사상을 좀 더 상세하게 설명하겠다. '내가 아버지를 이 세상에서 영화롭게 하였사오니 아버지여, 지금도 아버지와 함께 나를 영화롭게 하옵소서'"(라일 주교).

"작은 자들아 내가 아직 잠시 너희와 함께 있겠노라 너희가 나를 찾을 것이나 일찍이 내가 유대인들에게 너희는 내가 가는 곳에 올 수 없다고 말한 것과 같이 지금 너희에게도 이르노라"(13:33). 주 예수께서는 여기에서 처음으로 "작은 자들(little children)"이라는 사랑이 넘치는 특별한 용어로 그의 제자들을 부르셨다. 주님께서 유다가 나갈 **때**까지 기다리셨다가 그 말을 사용하신 것은 주목할 만한 점이다. 그것은 **불신자들은 하나님의** "자녀들"이라고 불릴 수 없다는 것을 가르쳐 준다! "너희가 나를 찾을 것이나"라는 말은 "작은 자들"이 예수의 제자들에 대한 사랑의 표현인 것과 마찬가지로 주님에 대한 제자들의 사랑을 뜻한다. "너희는 내가 가는 곳에 올 수 없다"는 말은 7:33에서 불신하는 유대인들에게 말씀하셨던 그 말과 아주 다른 의미를 갖고 있는 듯하다. 그는 그들에게 이렇게 선포하셨었다. "나는 나를 보내신 이에게로 돌아가겠노라 … 너희가 나 있는 곳에 오지 못하리라." 그것은 8:21과도 관련이 있다. 그러나 여기에서는 그가 아버지께로 돌아가시겠다는 것이 아니라 십자가로 가시겠다는 의미로 말씀하신 것이다. 그러므로 "그들은" **그리로** 올 수 없었다. 그는 위대하신 구속 사역에 있어서 혼자셨다. "그(대제사장)가 … 속죄하고 나오기까지는 **누구든지** 회막에 있지 **못할** 것이며"(레 16:17). 모형에서 이와 같이 그가 혼자여야 했듯이 원형에서도 그는 혼자여야 했다.

  "**새 계명을 너희에게 주노니 서로 사랑하라 내가 너희를 사랑한 것 같이 너희도 서로 사랑하라**"(13:34). "여기에서 제자들에게 강조된 그리스도인의 사랑이야말로 그 사랑의 무한한 중요성을 가장 두드러지게 드러내고 있다. 우리 주님께서는 지금 세상을 떠나려 하시면서 그의 최후의 말씀으로 제자들에게 최후의 의무를 부여하신다. 여기에서 그가 택하시고 그들에게 강조하시는 **가장 우선적인** 주제는 서로 사랑하라는 위대한 의무이다. 그것도 평범한 사랑이 아니라, 그가 그들을 사랑하신 것과 같이 인내롭고 온유하며 지치지 않는 동일한 방식으로 사랑하라는 의무였다. 사랑은 매우 귀하고 중요한 은혜이다! 어떤 사람에게 사랑이 결핍되었다면 그것은 그 사람이 그리스도의 참된 제자가 아니라는 명백한 증거이다. 그리스도인의 사랑은 한계가 없이 무한히 광대해야만 한다"(라일 주교).

  "새 계명을 너희에게 주노니 서로 사랑하라 내가 너희를 사랑한 것 같이 너희도 서로 사랑하라." 이제 유대 민족은 사라졌다. 이제 자기 이웃을 사랑하는 것이 문제가 아니라, 그리스도의 제자들과 그들이 그의 사랑을 본받아 서로 사랑하는 것이 문제이다. 여기에서의 사랑은 죄인들을 찾는 열성적인 행동을 가리키는 것이 아니다. 물론 그것은 지극히 복된 일이기는 하다. 그러나 여기에서는 지극히 겸손한 마음에서 비이기적으로 성도들의 선(善)을 구하는 그런 사랑을 가리킨다. 율법은 자기 이웃을 사랑하라고 요구한다. 그 사랑은 **육적인** 관계였다. 그러나 그리스도께서는 **우리 형제들**에 대한 사랑을 명하신다. 그리고 그것은 **영적인** 관계이다. 이 "계명"이 **새** 계명이라는데 가상 우선적인 의미는 바로 이것이다. 그러나 여기에는 좀 더 중대한 의미가 있는데, 그것을 요한은 그의 서신서에서 이렇게 밝히고 있다. "다시 내가 너희에게 새 계명을 쓰노니 **그에게**와 너희에게도 참된 것이라"(요일 2:8). 여기에서는 **사랑**이 이전의 어느 경우보다도 더 명백히 드러나고 있다. 심지어 인격화되어 있기까지하다. 그리스도께서는 그 대상의 잘못까지도 초월하시는 차원 높은 사랑을 드러내셨다. 결코 변치 아니하는 사랑, 제아무리 큰 희생이더라도 개의치 아니하는 그런 사랑을 드러내신 것이다. 스코트(Scott)는 이 새 계명에 대하여 적절하게 논평했다. "이제 우리는 새로운 명료함을 가지고 사랑을 설명해야 한다. 새로운 동기와 의무가 사랑을 요구하고 있으며 새로운 모범이 그것을 예증하고 있다. 그리고 우리는 새로운 방식으로 사랑의 의무를 지켜야 한다."

"**너희가 서로 사랑하면 이로써 모든 사람이 너희가 내 제자인 줄 알리라**"(13:35). 사랑은 그리스도의 제자라는 **표시**이다. 주 예수의 제자라는 신분을 밝혀 주는 것은 지식이나, 정통 교리, 또는 육체적인 활동이 아니라 바로 (최상의) **사랑**이다. 바리새파 제자라는 표시는 성구함이었다. 요한의 제자라는 표시는 그들의 세례였다. 모든 유파마다 각각의 독특한 제자의 표시가 있었듯이 참된 그리스도인의 표시는 **사랑**이다. 그것도 말이 아닌 행동에 있어서의 순수하고 적극적인 사랑이다. 고린도전서 13장은 이 구절을 상세하게 설명해 주고 있다.

"**시몬 베드로가 이르되 주여 어디로 가시나이까 예수께서 대답하시되 내가 가는 곳에 네가 지금은 따라올 수 없으나 후에는 따라오리라**"(13:36). 열한 사도들조차도 그들의 사랑하는 주님께서 그들을 떠나려 하신다는 사실은 이해하지 못했던 것이 분명하다! 주께서는 그의 죽음에 대하여 그들에게 참으로 자주 말씀하셨었다. 그러나 그 말씀들은 그들에게 지속적인 인상을 주지 못했던 것 같다. 이것은 사람들이 종교적인 교훈은 많이 듣지만 그것을 아주 경시하며, 특히 그것이 그들의 선입견과 충돌하는 경우에는 더욱 그렇다는 사실을 예증해 준다. 그런 까닭에 그리스도인 교사에게는 많은 인내심이 필요하다. 그가 그의 일에 기대를 적게 할수록 그는 실망하는 일이 더욱 적어질 것이다. 여기에서의 "내가 가는 곳"이라는 그리스도의 말씀은 13:33의 그것과는 다른 의미를 갖고 있다. 33절에서의 그 말은 그가 혼자서 죽음을 겪으셔야 한다는 뜻이었다. 그러나 여기에서의 이 말은 그가 아버지께로 돌아가신다는 것을 뜻한다. 그는 이렇게 덧붙이신 것이다. "네가 후에는 [나를] 따라 **오리라**."

"**베드로가 이르되 주여 내가 지금은 어찌하여 따라갈 수 없나이까 주를 위하여 내 목숨을 버리겠나이다**"(13:37). 베드로는 주님을 알고 있었고 또 진정으로 사랑하였다. 그러나 그는 자기 자신은 거의 알지 못하였다! 주님의 부재를 유감스럽게 여기는 것은 당연했다. 그러나 그는 주님께서 가시는 곳에 지금은 따라갈 수 없다 하신, 즉 온유하지만 엄숙한 주님의 경고에 좀 더 주의를 기울였어야만 했다. 그리고 그가 나중에는 주를 따라갈 수 있으리라 하신 위로에 넘치는 확언을 더 귀중하게 여겼어야만 했다. 슬프게도 우리는 그리스도의 말씀에 담긴 심오한 진리에 마음을 기울이지 **아니함**으로 말미암아 지금 아주 많은 것을 잃어버리고 있으며, 또 나중에는 아주 많은 고통을 받게 될 것이다! 우리는 베드로의 비통한 결과를 곧 보게 될 것이다. 그러나 또한 우리는, 이 복음서의 끝부분에 우리 주님이 하신 장래에 대한 말씀으로 미루어, 베드로가 여기에서 경고 받고 있는 원인인 자만으로 인하여 잃어버렸던 은혜를 나중에 다시 확보하게 되는 것을 알 수 있다. 우리는 그것이 지극히 큰 은혜인 것을 잊어서는 안 된다.

　"우리는 여기에서의 베드로처럼 하나님 앞에서 우리 자신이 어떠한 존재인지 거의 알지 못한 채, 또 그런 자신을 판단하지도 못하고서, 우리 자신이나 우리의 사랑, 지혜, 도덕적인 용기, 그리고 우리의 다른 모든 선한 자질에 대해서 이미 높이 평가하는 경향이 있다. 베드로는 이미 주신 그 암시를 용납지 못하고서 자만이 가득 차 이렇게 질문하였다. '주여, 내가 지금은 어찌하여 따를 수 없나이까? 주를 위하여 내 목숨을 버리겠나이다.' 그러므로 베드로는 우리들처럼, 믿음으로써 주님의 말씀에 진심으로 복종하였더라면 그의 말을 더 잘 이해할 수 있었을 것이라는 교훈을 고통스러운 체험을 통하여 배워야만 했다. 주께서 우리에게 경고하실 때 거기에 대하여 의문을 갖는 것은 경솔하고 그릇된 태도이다. 그리고 사실 경솔함은 타락의 전조일 따름이다. 우리도 그와 같이 되지 아니하려면 베드로의 예를 통해 교훈을 얻어야 한다" (*Bible Treasury*).

　"예수께서 대답하시되 네가 나를 위하여 네 목숨을 버리겠느냐 내가 진실로 진실로 네게 이르노니 닭 울기 전에 네가 세 번 나를 부인하리라" (13:38). 주님께서는 이때 그의 제자 중 한 사람의 타락을 예언하심으로써 그의 전지하심을 다시 한 번 드러내신다. 참된 신자라면 자기 주님을 부인하지 않을 것이다. 그런 일은 실로 있을 수 없을 뿐만 아니라 그 부인에 이어 즉시 더 심한 부인을 덧붙이지는 않을 것이다. 그리스도께 그토록 열렬히 전념했던 사람이, 그토록 형언 할 수 없는 특권을 누렸던 사람이, "깨어 유혹에 빠지지 **않도록** 기도해야 한다"는 경고를 분명하게 들었던 사람이 그처럼 하잘것없는 사람으로 드러난다는 것은 있을 수 없는 일처럼 보인다. 그러나 주님께서는 그 모든 것을 예견하셨으며, 또 베드로의 가공할 죄를 여기에서 명확하게 공표하고 계신다. 그는 베드로가 자기 목숨을 내어놓기는커녕 그 날 밤 그가 주님의 제자라는 것을 비겁하게 부인함으로써 자기 목숨을 구하려 할 것임을 알고 계셨다. 그럼에도 불구하고 그는 베드로를 버리지 아니하셨다. 그는 베드로조차도 "끝까지" 사랑하셨다. 그리고 부활하신 후에 그를 찾으셔서 다시 우정을 회복시켜 주셨다. 그러한 사랑은 진정 지식을 초월하는 것이다. 우리가 그 사랑에 전적으로 전념하게 되어서 그 사랑을 슬프게 하는 부끄러운 일은 그 어떤 일도 행하지 않기를 기원한다.

다음에서는 요한복음 14장의 첫 부분을 고찰한 것이다. 아래 질문들은 다음의 연구를 준비하는 독자들에게 도움이 될 것이다.

1. "또 나를 **믿으라**" 는 말씀은 무슨 뜻인가?(1절)
2. "아버지 집" 이란 무슨 뜻인가?(2절)
3. 그리스도께서는 "우리가 있을 곳" 을 어떻게 "준비하시는가?" (3절)
4. "길" 이란 무슨 뜻인가?(4절)
5. 빌립의 말은 무슨 뜻인가?(8절)
6. 제자들은 어떻게 그리스도 안에서 아버지를 보았는가?(9절)
7. 그리스도의 11절 말씀은 어떤 "일" 을 가리키는가?

제 48 장

제자들을 위로하시는 그리스도

❶

¹너희는 마음에 근심하지 말라 하나님을 믿으니 또 나를 믿으라 ²내 아버지 집에 거할 곳이 많도다 그렇지 않으면 너희에게 일렀으리라 내가 너희를 위하여 거처를 예비하러 가노니 ³가서 너희를 위하여 거처를 예비하면 내가 다시 와서 너희를 내게로 영접하여 나 있는 곳에 너희도 있게 하리라 ⁴내가 어디로 가는지 그 길을 너희가 아느니라 ⁵도마가 이르되 주여 주께서 어디로 가시는지 우리가 알지 못하거늘 그 길을 어찌 알겠사옵나이까 ⁶예수께서 이르시되 내가 곧 길이요 진리요 생명이니 나로 말미암지 않고는 아버지께로 올 자가 없느니라 ⁷너희가 나를 알았더라면 내 아버지도 알았으리로다 이제부터는 너희가 그를 알았고 또 보았느니라 ⁸빌립이 이르되 주여 아버지를 우리에게 보여 주옵소서 그리하면 족하겠나이다 ⁹예수께서 이르시되 빌립아 내가 이렇게 오래 너희와 함께 있으되 네가 나를 알지 못하느냐 나를 본 자는 아버지를 보았거늘 어찌하여 아버지를 보이라 하느냐 ¹⁰내가 아버지 안에 거하고 아버지는 내 안에 계신 것을 네가 믿지 아니하느냐 내가 너희에게 이르는 말은 스스로 하는 것이 아니라 아버지께서 내 안에 계셔서 그의 일을 하시는 것이라 ¹¹내가 아버지 안에 거하고 아버지께서 내 안에 계심을 믿으라 그렇지 못하겠거든 행하는 그 일로 말미암아 나를 믿으라(요 14:1-11)

여기에서 고찰하게 될 구절들을 분석하면 아래와 같다.

1. 그리스도께서 자신을 믿으라고 요청하심(1절)
2. 천국에 대한 그리스도의 가르침(2절)

3. 그리스도의 귀중한 약속(3, 4절)

4. 도마의 질문(5절)

5. 우리에게 모든 것이신 그리스도(6, 7절)

6. 빌립의 무지(8절)

7. 그리스도의 책망(9-11절)

주 예수의 실제적인 유월절 설교는 요한복음 14장에서부터 시작된다. 이 설교는 그 온화함과 심오함, 그리고 그 포괄성에 있어서 모든 성경을 능가한다. 우리는 이 설교가 행해지던 상황을 마음에 새겨둘 필요가 있다. 그리스도께서는 그가 죽으시기 전 마지막 날 밤에 열한 사도들에게 심금을 울리는 이 설교를 하셨다. 이 설교는 "번개와 천둥과 폭풍을 가득 품고 지평선을 향해 떠 있는 검은 구름에 둘러 싸여 점점 어두워가는 지는 해의 찬란한 광채" 와도 같은 그리스도를 밝히 드러내 주는 것이다.

여기에서의 그의 말씀은 지극히 복되게도 신인(神人)의 완전성을 제시하고 있다. 제아무리 정신력이 뛰어나고 탁월하게 친절한 마음을 가진 자라 할지라도 여기에서의 우리 주님과 같은 처지에 놓이게 된다면 누구든지 억제할 수 없는 마음에 동요를 받게 될 것이다. 그래서 자기 자신의 수난과 근심에 온통 마음을 빼앗겨 버린 나머지 다른 사람들의 슬픔을 이해하거나 위로하기는커녕 그렇게 할 엄두조차 내지 못할 것이다. 그러나 그리스도께서는 그를 기다리고 있는 것이 무엇인지를 완전히 아셨으면서도, 그의 끔찍한 짐의 무게를 체감하시면서도, 그가 마셔야 할 쓴 잔을 맛보시면서도, 이 모든 것에도 불구하고 그는 완전한 평정을 유지하셨을 뿐만 아니라 마치 자신이 고난받는 자가 아닌 것처럼 사도들의 공포와 슬픔에 지극히 큰 관심을 보이신 것이다. 그는 자기 앞에 놓여 있는 일에 마음을 빼앗기는 대신에 제자들을 위로하시는 일에 마음을 쓰신 것이다. 그는 "그들을 끝까지 사랑하셨다."

그리스도의 공생애 동안, 그리고 그들과 나누신 사적 대화들을 통하여 사도들은 주님으로부터, 다가오고 있는 그의 수난과 죽음에 대한 진술들을 거듭하여 들어 왔다. 우리는 그 말씀들을 명백하게 이해할 수 있다. 그러나 그것들은 제자들을 당황하고 놀라게 하였다. 우리는 제자들이 다가오는 그의 수난에 대한 말씀들을 문자 그대로 해석해서는 안 되는 **비유들**로 간주했으리라 짐작할 수 있는데 그들이 그렇게 생각한 것도 무리는 아니다. 심지어 그들은 그가 말씀하시는 바의 의미가 곧 회복하시게 될 이스라엘 왕국에 관한 것과 모순되는 어떤 것일 리가 없다고 생각했을 것이다.

그들은 **그가** 메시야라는 것과 이 빛나는 **정복자**시요 번영하는 왕이신 분의 사상이야 말로 그들이 생각하고 있는 메시야관과 일치하는 것이라고 완전하게 확신했었다. 그러므로 그들은 주님께서 말씀하신 것 중에 알아들을 수 없는 것은 무엇이든지 이 원칙에 비추어 이해하였을 것임에 틀림없다. 또한 그들은 기쁨에 넘쳐 환호하며 그를 다윗의 왕이라 부르는 군중들 가운데를 지나 예루살렘에 입성하시는 그를 보았을 때, 그 어느 때보다도 큰 희망을 품게 되었을 것이다.

그러나 그가 예루살렘에 입성하신 직후에 그들은 자기 자신을 땅에 떨어져 죽어야 하는 "밀알"이라고 일컬으시는 것을 들었다. 그리고 이것은 그들에게 어두운 예감을 불러일으켰음에 틀림없다. 또한 유월절 만찬 중에 행하신 그의 행동과 말씀들, 그리고 그 뒤에 일어난 상황들은 그들을 지극히 혼란스럽고 괴롭게 하였을 것임이 분명하다. "지금 내 마음이 괴로우니 무슨 말을 하리요 아버지여 나를 구원하여 이 때를 면하게 하여 주옵소서"(요 12:27)라고 하신 말씀은 제자들의 마음을 고통스러운 불안에 넘치게 하였을 것임에 틀림없다. 그는 또 이렇게 말씀하셨다. "내가 아직 **잠시** 너희와 함께 있겠노라 너희가 나를 찾을 것이나 일찍이 내가 유대인들에게 **너희는** 내가 가는 곳에 올 수 없다고 말한 것과 같이 지금 너희에게도 이르노라"(요 13:33). 이 말씀은 실로 제자들의 마음의 근심과 슬픔을 넘치게 하기에 족한 것이었다. 그들은 그를 지극히 사랑하였다. 그러므로 그들은 그가 죽으시리라는 것, 그와 헤어지리라는 것을 생각만 해도 견딜 수 없었다. 게다가 그들은 분명히 이렇게 자문했을 것이다. '그는 메시야이신데 어떻게 **이런 일**이 일어날 수 있단 말인가? 결국 우리는 이 분만이 이스라엘을 구속하실 분이라는 우리의 희망을 버려야 한단 말인가? 그렇다면 우리는 어떻게 될 것인가! 우리는 모든 것을 버리고 그를 따랐다. 그런데 이제 그가 우리를 버리려 하신다니! 이제 그는 늑대들 가운데 남겨진 양처럼 우리를 원수들 가운데 두어 원수들의 승리에 찬 맹렬한 악의를 견디게 하려 하시고 있다!

"우리 주님께서는 사람의 마음속에 있는 것을 다 알고 계셨다. 그래서 그 때 제자들의 마음속에 일고 있는 생각들도 분명히 다 아셨다. 그는 그들이 무척이나 괴로워하고 있다는 것을 알고 계셨다. 그리고 그들의 마음속에 일고 있던 근심스럽고 낙담스러우며 절망에 찬 생각들도 다 아셨다. 그래서 그는 그들의 연약함을 동정해 주시지 않을 수 없었다. 그의 마음은 이 세상의 어느 누구와도 더불어 견뎌 줄 수 없는 고뇌의 무게로 짓눌리고 있었다. **그는** 그 고뇌를 조금이나마 경감시켜 줄 수 있는 동정을 전혀 받을 수 없었다. 그는 혼자서 술틀을 밟아야만 했다. 제자들은 **그의** 감정을 이해할 수 없었다. 그러나 무한히 관대하신 그는 **그들의** 감정을 이해하셨다. 그는 자기 자신의 슬픔뿐만 아니라 **그들의** 슬픔도 공감할 수 있는 넓은 마음을 가지고 계셨기 때문이다. 그는 그들의 슬픔을 자기의 슬픔처럼 느끼셨다. 그리고 그는 머지않아 그들이 가장 극심한 고통을 겪을 그를 버리리라는 것을 다 아셨으면서도 친절하게 그런 그들을 위로하신다! '그는 그들의 모든 환난에 동참하셨다.' 그리고 그는 그들에게 해주신 설교에서 이 같은 사실을 보여주신다. 즉 '내게 기름을 부으사 모든 슬픈 자를 위로하게 하셨고' 마음 상한 자를 고치게 하신 '여호와께서' '학자들의 혀를 내게 주사 나로 곤고한 자를 말로 어떻게 도와 줄 줄을 알게 하시도다.' "(사 61:1; 50:4)(존 브라운)

"**너희는 마음에 근심하지 말라**"(14:1). 사랑의 위대한 마음을 가지신 분께서는 여기에서 제자들의 슬픔을 염려하고 계신다. 그들은 "근심하였다." 그것도 극심하게 근심하였다. 그들은 그들 동료 중의 하나가 그를 배반하리라는 말을 듣고 근심하였다(13:21). 그들은 그들의 주님이 "심령이 괴로워 하시는" 것을 보고 근심하였다(13:21). 그들은 이제 그가 그들과 함께 "잠시" 밖에 머무실 수 없음으로 인하여 근심하였다(13:33). 그들은 그가 베드로에게 하신 경고, 즉 베드로가 주님을 세 번 부인하리라는 경고를 듣고 근심하였다. 이와 같이 이 적은 신자들의 무리는 동요하고 낙담하였다. 그러므로 구주께서는 그들을 위로하신 것이다.

"**하나님을 믿으니 또 나를 믿으라**"(14:1). 이 말씀의 정확한 의미에 관해서는 주석가들 간에 그 견해차가 크게 난다. 그 어려움은 헬라어에 기인한다. 헬라어로는 두 동사가 똑같고, 다같이 (정확하게) 명령법이든가 또는 직설법으로 번역될 수 있다. 그러므로 양자가 다 타당한 의미를 갖고 있다. 그리고 우리는 양자의 의미를 깊이 새겨야 한다. 개역 성경은 이렇게 되어 있다. "하나님을 믿으라 또 나를 믿으라." 이와 같이 번역한다면, 그것은 **이중의 권고**이다. 이 말의 참된 뜻은 다음과 같다. 너희의 마음이 불안한 것은 하나님께서 나의 수난과 그 뒤에 반드시 따라올 내 영광에 대하여 선지자들을 통해 말씀하신 것을 너희가 믿지 **않았기** 때문이다. 하나님께서는 내가 사람들에게 **반드시** 저버림 **받고** 거부당하리라고, 그리고 너희의 범죄로 내가 상처를 입고 너희의 불법으로 내가 상하게 되리라고 명백히 말씀하신 바 있다. 이것들은 여호와께서 친히 하신 말씀이다. 그러니 그것들을 의심하지 **말아라**. "또한 나도 믿어라." 나도 또한 무슨 일이 닥칠지 너희에게 경고한 바 있다. 나는 내가 대제사장들과 서기관들과 바리새인들의 손에서 많은 고통을 받고 죽임을 당하리라는 것을 너희에게 말한 바 있다. 이 일들은 **틀림없이** 그대로 이루어질 것이다. 너희가 처음에 확고하게 믿었던 것을 끝까지 굳게 지켜라. 내가 비록 죄인의 십자가에 못 박힌다 할지라도 내게는 결코 "범죄한" 것이 없다.

주님께서는 여기에서 열한 사도들에게 뿐만 아니라 **우리에게도** 말씀하시고 계심을 기억해야 한다. 그뿐만 아니라 위의 해석을 통하여 우리는 항구적으로 필요로 하는 교훈을 배워야 한다. 그리스도인이여, "하나님을 믿으라." 당신의 마음에 근심하지 말라. **왜냐하면** 당신의 아버지께서는 무한하신 능력과 지혜와 선함을 가지고 계시기 때문이다. 그는 당신에게 가장 좋은 것이 무엇인지 알고 계신다. 그리고 그는 모든 일이 당신의 유익을 위해 작동하도록 하신다. **그는** 보좌에 앉아 계신다. 그리고 거기에서 하늘의 군대와 땅의 인간들을 통치하신다. 그러므로 아무도 그의 손을 막을 수 없다. 그렇다면 내 영혼아, 네가 어찌하여 낙담하는가? 하나님은 우리의 피난처요 힘이시며 환난 중에 현존하시는 도움이시다. 그러므로 땅이 없어지고 산들이 들리어 바다 가운데로 빠질지라도, 그리고 그로 인하여 바닷물이 포효하고 요동칠지라도, 그리하여 그 파도를 맞고 산들이 뒤흔들릴지라도 우리는 두려워하지 말자. 시험이 힘들고 끊임없다면 어떻게 할 것인가? 내가 오해받고 감사의 보답을 받지 못한다면 어찌할 것인가? 사탄이 내게 격노하고 사납게 달려든다면 어찌할 것인가? "하나님이 우리를 지켜 주시니 누가 우리를 해하리요?" **하나님을 믿으라.** 그의 절대적인 주권을, 그의 무한하신 지혜를, 그의 변함없으신 충실성을, 그의 놀라우신 사랑을 믿으라. "또한 나도 믿으라." 나는 너희의 죄를 위하여 죽었다가 너희의 칭의를 위하여 다시 살아난 바로 그다. 나는 너희를 위하여 중재하며 살아 있는 바로 그다. 나는 어제도 오늘도 그리고 영원히 **동일하다.** 나는 다시 와서 너희를 내게로 받아들일 바로 그다. 그래서 너희는 영원히 나와 함께 있을 것이다. 그렇다. "**또 나를 믿으라.**"

헬라어로 볼 때 위의 해석이 정당한 것이라 할지라도, 또 열한 사도에게나 오늘날의 우리에게나 그 이중의 권고가 진정으로 필요하다 할지라도, 그리고 많은 유능한 주석가들이 그렇게 주장하고 있다 할지라도 필자는 흠정역 성경이 여기에서 우리 주님의 말씀을 더 참되게 표현하고 있다고 생각지 않을 수 없다. 흠정역 성경에서는 첫 동사는 직설법으로, 둘째 동사는 명령법으로 표현하고 있다. "또 나를 믿으라." 그렇다면 그리스도께서는 무슨 의미로 그렇게 말씀하신 것일까? 사도들은 하나님의 깨우쳐 주심으로 인하여 그가 그리스도이시라는 것, 그리고 살아 계신 하나님의 아들이시라는 것을 이미 인식하고 **있었다.** 그러므로 그가 여기에서 제자들의 믿음에 도전하는 것이 아님은 분명하다. 필자는 그것에 대해 다음과 같이 생각한다. 사도들은 이미 그를 메시야로서 그리고 구세주로서 믿고 있었다. 그러나 그들의 믿음은 그들 중에 육체로 거하시는 모습 속에, 즉 매일의 친교를 나누는 감각적인 관계 속에서 그들에게로 오셨다가 가시는 모습에 있는 것이었다. 그러나 그는 이제 그들에게 **떠나가려** 하신다. 그리고 그들의 눈으로 보고 그들의 손으로 만질 수 있었던 그를 이제부터는 육적인 눈으로 **볼 수 없게** 될 것이다(요일 1:1). 그래서 그는 이렇게 말씀하시는 것이다. "너희는" 눈으로 **볼 수 없는** "하나님을 믿는다." 너희는 그의 형상을 결코 본 적이 없음에도 불구하고 그의 사랑을 믿는다. 너희는 너희를 인도하시고 보호하시는 그의 손을 결코 만진 적이 없음에도 불구하고 그의 돌보심을 알고 있다. "또 **나를** 믿으라." 다시 말하자면, 너희가 보이지 아니하는 하나님을 믿듯이 이제 내가 더 이상 눈에 보이지 아니한다 할지라도 나의 존재함과 사랑과 돌봄을 완전하게 믿어야만 한다. **이것은 우리를** 위해 남겨진 위로이다. 우리는 이제 바로 이 믿음 안에서 살아야 한다. "예수를 너희가 보지 못하였으나 사랑하는도다 이제도 보지 못하나 믿고 말할 수 없는 영광스러운 즐거움으로 기뻐하니"(벧전 1:8).

"또 나를 믿으라." 여기에 "또"라는 말은 그리스도의 신성을 지극히 명백하게 제시해 준다. "여기에서 우리는 그리스도께서 자신이 전능하신 하나님과 동일하시다는 것을 친히 증거하시는 것을 분명하게 알 수 있다. 그러므로 우리는 하나님을 믿는 것과 같이 그를 믿어야만 한다. 그가 아버지와 참 하나님이 아니시라면 이 믿음은 거짓되고 우상 숭배적인 것이다"(마르틴 루터).

"내 아버지 집에 거할 곳이 많도다"(14:2). 아버지 "집"은 그의 거처이다. 주 예수는 일찍이 "아버지 집"에 관하여 언급하신 유일한 분이시다. 그리고 그는 그것을 세 번 언급하셨다. 이 점은 주목할 만하다. 첫째로, 그는 예루살렘에서 성전에 관하여 이렇게 말씀하셨다. "내 아버지의 **집**으로 장사하는 집을 만들지 말라"(2:16). 다음으로, 그는 "방탕한 아들"과 그 형에 관한 비유에서 "맏아들은 밭에 있다가 돌아와 (아버지의) **집**에 가까이 왔을 때에 풍악과 춤추는 소리를 듣고"라고 하셨다. 여기에서의 아버지의 집은 기쁨과 즐거움의 장소로 제시되어 있다. 그리고 요한복음 14장에서는 아버지의 집을 성도들이 거할 최후의 거처라고 말씀하신다.

신약성경에서는 다양한 표현으로 하늘나라의 영광과 복됨을 제시하고 있다. 천국은 "나라(country)"로 불리었다(눅 19:12; 히 11:16). 이 말은 천국의 광대함을 가리킨다. 그것은 "성"이라고 불리기도 했다(히 11:10; 계 21:2). 이것은 그 거주자가 아주 많음을 암시한다. 그것은 또한 "왕국(Kingdom)"이라고 불리어졌다(벧후 1:11). 이것은 천국의 질서정연함을 암시한다. 그것은 "낙원"이라고도 불리어졌다(눅 23:43; 계 2:7). 이것은 천국의 기쁨을 강조하고 있다. 그것은 "아버지 집"이라 불리어졌다. 그것은 천국의 영원함을 가리킨다.

우리는 예루살렘 성전을 아버지 "집"이라 일컬어 왔다. 왜냐하면 아버지의 임재의 상징이 거기에 있기 때문이며, 우리가 거기에서 아버지를 예배하기 때문이다. 또한 그의 백성들이 그와 교제하는 곳이 바로 그곳이기 때문이다. 그러나 주 예수께서는 그의 공생애를 끝마치시기 전에 그 전(殿)을 부인하셨다. "보라 너희 집이 황폐하여 버려진 바 되리라"(마 23:38). 그러므로 이제 구주께서는 그 말을 바꾸어, 높은 데에 있는 아버지 집이라고 일컬으신다. 그리고 거기에서 그는 그가 구속하신 자들에게 자기 자신을 더욱 영광스럽게 나타내 보이실 것이며, 또한 그들도 거기에서 방해받지 않고 경건한 아름다움 가운데 그를 예배할 것이다.

대부분의 그리스도인들은 천국이라는 말 대신에 "아버지 집"이라는 말을 즐겨 사용하고 있다. 그것은 **본향**, 곧 하나님과 그의 백성들의 집을 가리킨다. 그러나 오늘날과 같은 악한 시대에서는 많은 귀한 단어들이 그 아름다운 의미를 상실해 버렸는데, 슬프게도 이 말도 그 중의 하나이다. 우리 선조들은 "집과 같은 곳은 없도다"라고 노래하곤 했다. 오늘날 보통 사람들의 "집"은 단지 숙식을 하는 장소, 곧 하숙집에 지나지 않는다. 그러나 "집"은 그런 곳이 아니다. 그리고 아직도 몇몇 소수의 사람들은 그 의미를 제대로 알고 있다. 그것은 우리 자신을 위하여 우리가 사랑받는 곳이며, 우리가 항상 환영받는 곳이고, 세상 중의 투쟁으로부터 물러나 안식과 평화를 누릴 수 있는 장소이며, 사랑하는 사람들끼리 함께 할 수 있는 그런 장소이다. 천국은 그러한 곳이다. 믿는 자들은 지금 낯선 나라에 있다. 심하게 말하면 원수의 나라에 있는 것이다. 그러나 그들은 장차 **본향**에서 생활하게 될 것이다!

"내 아버지 집에 **거할 곳이 많도다**." 성전에 있는 많은 방은 이것을 상징하고 있다(왕상 6:5, 6; 렘 35:1-4 등 참고). "거할 곳"이라는 말은 "살 곳"을 뜻한다. 그것은 지극히 위로에 넘치는 말이며, 이 세상을 순례하는 동안 사는 곳인 "장막"과는 대조적으로 장래의 집의 **영구성**을 확증해 주는 말이다. "많다"는 말 또한 지극히 복되다. 거기에는 과거와 현재, 그리고 미래의 구속된 자들을 위한 충분한 방이 있을 뿐 아니라 타락하지 않은 천사들을 위한 방까지 넉넉히 있다.

"**그렇지 않으면 너희에게 일렀으리라**"(14:2). 만약 아버지 집에 신자들이 거할 방이 많지 않다면 그리스도께서는 그렇다고 말씀하셨을 것이다. 그는 결코 그들을 속이지 않으신다. 진리는 그가 행하신 유일한 목표이다. "내가 이를 위하여 태어났으며 이를 위하여 세상에 왔나니 곧 진리에 대하여 증언하려 함이로라"(요 18:37). 그가 그들에게 그토록 큰 소망을 주시며 격려하실 수 있었던 것은, 그들의 완전하고 영원한 행복을 위한 충분한 준비가 갖추어져 있었기 때문이었다. 그 행복이 여기에서 끝나는 것이라면 그는 결코 그들을 데려다 그토록 가까운 친교를 나누게 하시지 아니하셨을 것이다.

　"**내가 너희를 위하여 거처를 예비하러 가노니**"(14:2). "그는 아버지의 집에 있는 그 거처를 어떻게 준비하실지에 관해서는 설명하시지 않고 있다. 아마 그들은 아직 그것을 이해할 수 없었을 것이다. 우리는 히브리인들에게 보내는 서신에서 그것과 관련된 다음과 같은 사실을 알 수 있다. 즉 하늘의 거처는 그가 바치셔야 했던 더 좋은 제물로 인하여 정결케 되어야만 했다. 왜냐하면 율법이 요구하던 모든 제물들이 그 제물을 통하여 원형이 성취되었기 때문이다. 그와 마찬가지로 에베소서에는 '그 얻으신 것을 구속하셨다'고 기록되어 있고, 골로새서에는 '하늘에 있는 것들을 화목하게 하셨다'고 기록되어 있다(히 9:23; 엡 1:14; 골 1:20). 많은 그리스도인들이 오늘날까지도 그러한 사상을 생소하게 느낀다. 왜냐하면 우리는 죄가 입힌 상해의 한계를 깨닫는 데 아주 둔하기 때문이다. 또한 마찬가지로 그리스도의 사역이 적용되는 범위가 얼마나 광대한지를 잘 깨닫지 못하고 있기 때문이다. 필자는 여기에서 그 사실에 관하여 상세하게 설명할 수는 없다. 그러나 어디에서든지 죄 때문에 하나님에 대한 의심이 야기되고 있다는 것을 이해하기는 어렵지 않다. 그리고 우리가 다 알다시피 천국에 대해서도 그런 의심이 야기되고 있다. 그 의심을 야기시켜 온 것에 관해 생각해 볼 때, 사랑과 의라는 그리스도의 전체적인 성품을 통해 나타난 그의 사역으로 인하여, 그는 그 존재의 모든 본질과 완전히 일치되도록, 악으로 더러워진 것들 속에 들어와 그것을 회복시키실 수 있으셨던 것이다. 이와 같이 우리 대제사장께서는, 사도가 이스라엘 시대의 속죄는 그 모형이었다고 표현했던 것처럼, 그 제물로서 거룩한 거처의 원형과 화해를 이루시고 지성소인 천국에 들어가셨으며, 그로 인하여 우리도 그 거룩한 곳에 이를 수 있게 하셨다"(*Numerical Bible*).

　"**가서 너희를 위하여 거처를 예비하면.**" 우리는 또한 이 말이 다음과 같은 뜻이라고 이해할 수 있다. 즉 주 예수께서는 그의 십자가의 죽음으로써 모든 믿는 신자들이 천국에 들어갈 수 있는 **권리**를 획득하신 것이다. 그는 우리의 대표자로서 천국에 들어가서서 그의 백성들을 위하여 거처를 "예비하신" 것이다. 그는 우리의 선구자로서 사로잡힌 자들을 이끌고 그곳으로 행진해 들어가서서 거기 영광의 땅에 그의 깃발을 세우신 것이다. 그는 우리의 이름을 지니고서 우리의 대제사장으로서 높은 데의 "지성소"에 들어가심으로써 그곳에 우리를 위한 거처를 "예비해" 두신 것이다. 그리스도께서는 그의 백성들을 위하여, 즉 그들의 하늘에서 환영받을 특권과 영원한 거처를 확보하시기 위하여 필요한 모든 일을 행하셨다. 제아무리 확실한 그 어떤 것이라도 이것을 능가할 수는 없다. 그리스도께서 우리를 위하여 **"거처를 예비해 두겠다"**라고 약속하신 그 사실로 미루어 볼 때, 그곳이 여기에 있는 그 어떤 곳보다도 훨씬 뛰어남을 확실히 알 수 있다. 그리고 그것은 천국을 만질 수 없는 구름과 같은 막연한 곳으로 격하시키는 자들의 모호하고 환상적인 생각을 반박하고 있다.

"가서 너희를 위하여 거처를 예비하면." 하나님께서는 자기 백성들을, 그들을 위해 예비되지 **않은** 장소로 데려가신 적이 없으며, 또 앞으로도 그럴 것이다. 하나님께서는 먼저 에덴에 "동산을 지으셨다." 그리고 아담을 거기에 두셨다. 이스라엘 백성이 가나안에 들어갔을 때도 마찬가지였다. "네 하나님 여호와께서 네 조상 아브라함과 이삭과 야곱을 향하여 네게 주리라 맹세하신 땅으로 너를 들어가게 하시고 **네가** 건축하지 아니한 크고 아름다운 성읍을 얻게 하시며 **네가** 채우지 아니한 아름다운 물건이 가득한 집을 얻게 하시며 **네가** 파지 아니한 우물을 차지하게 하시며 **네가** 심지 아니한 포도원과 감람나무를 차지하게 하사 네게 배불리 먹게 하실 때에"(신 6:10, 11). 그리고 영광의 주님께서 우리를 위하여 거처를 예비하러 가신다고 말씀하심으로써 드러내신 그 은혜도 이와 같다고 말할 수 있지 않겠는가? 그는 그러한 일을 천사들에게 맡기지 아니하실 것이다. 이것은 진실로 그가 우리를 "끝까지 사랑하신다"는 명백한 증거이다. "가서 너희를 위하여 거처를 예비하면." "다시 사신 그리스도 안에서 땅으로부터 데려와진 특별한 백성들은 틀림없이 특별한 거처를 차지할 것이다. 새로운 일, 즉 **인간을 천국으로 데려가는** 일이 발생할 것이다! 인간은 천국이 아니라 땅에 맞도록 지어졌기 때문에 그는 땅에 두어졌으며 그곳에서 살게 된 것이다. 그러나 인간은 죄를 지음으로써 땅을 잃어버렸고, 땅은 그의 멸망을 나누어 가졌다. 이러한 인간의 죄지음으로 말미암아 하늘에 계신 하나님의 아들이 이곳으로 내려오게 되었다. 그리고 그는 그의 내려오심으로써 그리스도를 믿고 그 안에 거하는 자들을 위한 적합한 거처로서 하늘을 열어 놓으신 것이다"(Malachi Taylor).

"내가 다시 와서"(14:3). 주님께서는 우리를 아버지 집으로 이끄시기 위해 **부르러**

누구를 보내시는 것이 아니라 친히 오실 것이다. 우리는 그에게 있어서 그토록 귀중한 존재임이 분명하다! "주께서 호령과 천사장의 소리와 하나님의 나팔 소리로 **친히** 하늘로부터 강림하시리니 그리스도 안에서 죽은 자들이 먼저 일어나고 그 후에 우리 살아 남은 자들도 그들과 함께 구름 속으로 끌어 올려 공중에서 주를 영접하게 하시리니"(살전 4:16, 17).

"**너희를 내게로 영접하여**"(14:3). "데려가다"가 아니라 **영접하다**라고 되어 있다는 점에서 주목하라. 우리에게 구주가 계시지 않는 동안에는 성령께서 우리를 돌보셨다. 그러나 그리스도의 신비한 몸이 완성되고 여기에서 그의 임무가 완수되면, 그 때 성령은 우리를 위하여 죽으신 분께로 우리를 넘겨주실 것이다. 그리고 "그가 우리를 **그에게로** 영접하실 것이다." 우리로 하여금 그와 함께 있게 하시는 것이 그의 진정한 소망이시다. 그는 죽어가는 강도에게 "오늘 네가 **나와 함께** 낙원에 있으리라"고 말씀하셨고, 교회에게는 이렇게 약속하셨다. 우리가 "항상 **주와 함께** 있으리라"(살전 4:17).

"**나 있는 곳에 너희도 있게 하리라**"(14:3). 은혜로 그 **자녀들**에게 주신 곳이야말로 **아들**이 계시기에 합당한 곳이다. 이 구절은 요한복음 13장과 연결되는 복된 결과이다. 거기에서 그리스도께서는 "내가 너를 씻어 주지 아니하면 네가 나와 상관이 없느니라"고 말씀하셨다. 그리고 이 땅 위의 그의 제자들로 하여금 그와 교제하도록 유지해 주시는 것도 바로 구주이셨다. 여기에서 그는, 적절한 때가 되면 우리가 영원히 깨어지지 않는 친교를 누리며 그와 함께 있게 되리라고 말씀하신다. 이것은 전에도 **약속하신** 바 있다. "사람이 나를 섬기려면 나를 따르라 **나 있는 곳에** 나를 섬기는 **자도** 거기 있으리니"(요 12:26). 그리고 여기에서는 그것을 공식적으로 **선포하신다**. 요한복음 17:24에서는 그것을 **위해서 기도하시고** 있다. "아버지여 내게 주신 자도 나 있는 곳에 **나와 함께** 있어." 여기에 마음의 괴로움을 위한 하나님의 특효약이 있다. 죄악된 세상에서 신음하는 자를 위한 귀중한 위로가 여기에 있다. 첫째로, 주 예수 그리스도 안에 있는 믿음이 그것이다. 둘째로, 높은 데에 있는 아버지 집이 곧 우리의 영원한 본향이 되리라는 보증이 그것이다. 셋째로, 구주께서 우리로 본향에서 환영받고 영접받기에 적합하도록 하는 데 필요한 모든 일을 행하셨고, 또 지금도 행하고 계시다는 깨달음이 그것이다. 넷째로, 그가 그에게로 우리를 영접하시려 친히 강림하시리라는 복된 소망이 그것이다. 끝으로, 우리가 그와 더불어 영원히 있게 되리라는 귀한 약속이 그것이다.

그러나 우리는, 이 귀중한 말씀으로 인하여 받은 위로와 격려가 구주가 계시지 않음으로 인하여 **받게 될 우리**의 고난과 비례할 뿐임을 명심하는 것이 바람직할 것이다! 우리가 봉사와 수난의 길을 가면서 이생에서 겪는 낙담과 불안을 위해 준비된 위로의 견고한 터전과 결정적인 논거가 여기 있으니, 곧 구주께서는 우리를 위하여 사시며 우리를 사랑하고 돌보신다는 사실이다. 그는 우리의 유익을 위하여 활동하시며 그것을 촉진시키신다. 그리고 하나님의 때가 오면 그가 강림하셔서 우리를 그에게로 영접하실 것이다.

"내가 어디로 가는지 그 길을 너희가 아느니라" (14:4). 이 구절을 이해하기 위하여 우리는 그 전후 관계를 고려할 필요가 있다. 아주 잠시 전에 베드로가 그에게 "주여, **어디로** 가시나이까?" 라고 물었다. 그때 그는 이렇게 대답하셨다. "내가 가는 곳에 네가 지금은 따라올 수 없으나 후에는 따라오리라." 그러자 베드로는 이렇게 되물었다. "주여, 내가 지금은 어찌하여 따를 수 없나이까?" 베드로의 이 두 질문은 모든 사도들의 생각을 나타낸 것이었다고 볼 수 있다. 우리 주님께서는 그 질문에 대하여 바로 이 구절로 답하신 것이다.

"그가 말씀하신 뜻은 이러한 것 같다. 너희는 내가 어디로 가는지 모르기 때문에 심령에 근심하고 있다. 그리고 내가 너희는 나를 따라 올 수 없다고 말하였기 때문에 근심하고 있다. 그러나 나는 아버지께로, 있을 곳이 많은 아버지 집으로 간다. 그러므로 나를 근심하여 너희가 낙담하지 말라. 그리고 너희가 나를 따라오는 것에 관해서, 즉 너희가 지금은 나를 따라올 수 없는 이유와 그러나 이후에는 너희가 나를 따라올 수 있는 길에 관해서 알고 싶다면, 말하노니 나는 내가 가려는 곳에 너희가 올 수 있도록 준비를 하러 가는 것이니 그 준비가 틀림없음을 명심하라. 그 준비가 완성되면 내가 와서 너희를 그리로 데려가리라. 그곳이 내가 가려 하는 곳이다. 그것이 너희가 지금은 나와 함께 갈 수 없는 또는 따라올 수 없는 이유이다. 그것이 곧 내가 가려는 곳에 너희가 나중에 올 수 **있는** 길이다. **이와 같이** 내가 너희에게 '나의 가는 곳' 과 내가 가려는 곳으로 너희가 올 수 있는 '길' 에 관하여 분명하게 일렀으니 '너희는 그것을 알 것이다' " (존 브라운). 그 가는 '곳' 은 **아버지께로**였다. 그 '길' 은 그들이 거기에 도착하는 **과정**이다. 그것은 단순히 목표 지점이 아니라 그리로 이르는 **경로**이다. 그러므로 그리스도께서 그들에게 방금 드러내신 것은 그 **장소**가 아니라 그 **방법**이다.

"도마가 이르되 주여 주께서 어디로 가시는지 우리가 알지 못하거늘 그 길을 어찌

알겠사옵나이까"(14:5). 우리 주님께서는 방금 분명하고 명백하게 말씀해 주셨으나 도마는 잘못 이해하였다. 그리스도께서 가시는 곳은 아버지께로이며 아버지의 집이요, 있을 곳이 많은 곳이었다. 그는 그 거처와 그가 강림하셔서 그의 백성들을 그에게로 영접하시리라는 약속을 예비하시려 그곳에 가시는 것이며, 우리로 그와 함께 그곳을 누리게 하기 위하여 가시는 것이었다. 그러나 물질적이고 합리적인 도마의 입장에서는 이 일들은 희미하고 비실제적이었다. 그의 마음은 세상의 일에 전념하고 있었다. "아버지 집"이란 팔레스타인 밖에 있는 어떤 궁전을 뜻하는 것일까? 그리스도께서 "멀리 가신다는 것"은 그가 그 궁전으로 떠나신다는 것을 뜻하는 것일까? 그는 확신하지 못하였다. 그러나 주님께서는 그렇게 말씀하셨다. 우리는 **우리의** 어려움을 주께 가져가는 것이 당연하다. 그러나 진리의 성령께서 "장차 올 일들"을 **보여 주시기** 위하여 그때에 아직 제자들에게 보내지지 않았다는 사실을 망각하지 말라(요 16:13). 우리에게는 성령이 보내져 **있다**. 그러므로 우리가 그것에 무지하다면 더욱더 변명할 여지가 없을 것이다.

 "**예수께서 이르시되 내가 곧 길이요 진리요 생명이니**"(14:6). 죄가 세상에 들어오기 전에 아담은 하나님과 관련된 세 가지 특권을 누렸었다. 그는 그의 창조주와 교제를 나누었다. 그는 창조주를 알고 있었고 영적 생명을 갖고 있었다. 그러나 그가 불순종하고 타락했을 때 이 세 가지 관계는 모두 끊어졌다. 그는 하나님으로부터 떨어져 있게 되었다. 그것은 그가 자기를 숨긴 것으로써 분명하게 입증되었다. 그는 마귀의 거짓말을 믿었기 때문에 더 이상 진리를 인식할 수 없었다. 그것은 그가 무화과 잎으로 앞을 가린 것으로 볼 때 분명하게 입증된다. 그리고 그는 더 이상 하나님의 영적 생명을 가지고 있지 못했다. 왜냐하면 하나님께서 "네가 그 열매를 먹는 **날에는 반드시 죽으리라**"고 말씀하셨으므로 그 말씀은 엄격하게 지켜져야 했기 때문이다. 아담의 모든 후손들은 이와 동일한 끔찍한 상태로 이 세상에 들어왔다. 왜냐하면 "육에서 난 것은 육이기" 때문이다. 즉 타락한 부모는 타락한 자녀를 낳을 뿐이기 때문이다. 그러므로 모든 죄인에게는 필요한 것이 세 가지 있다. 화해와 깨우쳐 주심(조명)과 중생이다. 이 세 가지는 구주에 의해서 완전하게 충족되었다. 그는 아버지께로 이르는 **길**이요, 그는 성육신하신 **진리**이시다. 그는 또한 그를 믿는 모든 사람에게 **생명**이시다. 이 세 가지에 대하여 각각 간략하게 고찰해 보기로 하자.

 "나는 길이요." 그리스도는 하나님과 죄인 사이를 연결시키는 다리 역할을 하신다. 그러나 인간은 자기 자신이 손수 사다리를 지으려 할 것이다. 그리고 결심과 개심, 기도와 눈물로써 하나님께로 올라가려 할 것이다. 하지만 그것은 불가능하다. 그것은 인간에게는 **올바른 것처럼 보이는** 길이나 필경에는 죽음에 이르는 길이다(잠 14:12). 노력하는 죄인으로 하여금 스스로 하나님께로의 여행을 계속하게 강제하는 것은 바로 **사탄**이다. 우리가 굳게 붙잡을 필요가 있는 믿음이란 이런 것이다. 즉, 그리스도께서 죄인들에게 줄곧 내려오고 계시다는 영광스러운 진리가 곧 그것이다. 죄인이 하나님께로 들어갈 수는 없다. 성자(聖子) 하나님께서 죄인들에게로 내려오고 계시다. 그는 **길**이시다. 아버지께로 이르는 길이요, 천국으로 이르는 길이며, 영원한 복됨으로 이르는 길이시다.

"나는 진리요." 그리스도는 하나님의 완전하고 궁극적인 계시이다. 아담은 마귀의 거짓말을 믿었다. 그리고 그 때 이래로 인간은 무지와 잘못 가운데 길을 잃고 있다. "악인의 길은 어둠 같아서 그가 걸려 넘어져도 그것이 무엇인지 깨닫지 못하느니라" (잠 14:19). "그들의 총명이 어두워지고 그들 가운데 있는 **무지함**과 그들의 마음이 **굳어짐**으로 말미암아 하나님의 생명에서 떠나 있도다"(엡 4:18). 인간의 마음은 수많은 제도를 고안하였다. "하나님은 사람을 정직하게 지으셨으나 사람이 **많은** 꾀들을 낸 것이니라"(전 7:29). "깨닫는 자도 없도다"(롬 3:11). 빌라도가 "진리가 무엇이냐?" 물었을 때(요 18:38) 그것은 군중의 혼란함을 말로써 나타낸 것이었다. 진리는 철학의 체계에서가 아니라 그리스도의 인격 안에서 발견될 수 있다. 즉, 그리스도가 "진리"이시다. 그는 하나님을 드러내시고 인간을 폭로하신다. 그 안에 "지혜와 지식의 모든 보화가 감추어져 있느니라"(골 2:3). 그를 무시하는 것은 참으로 커다란 어리석음이다! 친애하는 독자여, 당신이 인간의 모든 과학에 통달했다 할지라도, 당신이 역사의 모든 사건을 잘 알고 있다 할지라도, 당신이 인간의 모든 언어에 정통해 있다 할지라도, 그리고 당신이 당대의 정치를 철저하게 알고 있다 할지라도, 당신이 지옥에 있다면 그 모든 것이 무슨 소용이 있겠는가? 오, 그러므로 당신은 신문보다도 성경을 더욱 많이 읽어야 하지 않겠는가? 우리는 우리가 습득한 모든 지식을 동원하여 그가 주시는 지각을 얻어야 한다. 우리의 모든 학식을 다하여 **진리**이신 그 앞에 경배했어야만 한다!

"나는 생명이니." 그리스도는 죽음에서 **해방되신 자**이다. 모든 성경은 본성적인 인간에게는 영적으로 생명이 없다는 사실을 엄숙하게 증거하고 있다. 자연인은 이 세상의 행로를 따라 걷는다. 그에게는 하나님의 일에 대한 사랑이 없다. 그에게는 하나님을 두려워함이 없다. 그는 하나님의 영광을 조금도 돌보지 않는다. 오직 **자기 자**

신만이 그 존재의 중심이요 환경이다. 그는 세상의 일에 대해서는 살아 있으나 하늘의 일에 대해서는 **죽어 있다**. 그리스도에게서 벗어난 자는 존재하되 영적 생명은 없다. 방탕한 아들이 먼 나라에서 돌아왔을 때, 그 아버지는 "이 내 아들은 **죽었다가** 다시 살아났으며 내가 잃었다가 다시 얻었노라"고 말하였다(눅 15:24). 그리스도를 믿는 자는 사망에서 생명으로 옮겨졌다(요 5:24). "아들을 믿는 자에게는 영생이 있다"(요 3:36). 그러므로 **생명**이신 그분께 의지하자.

"나는 길이요." 그리스도가 없으면 인간은 가인과 같은 자들, 즉 **방랑자들**일 것이다. "그들은 다 [길에서] 치우쳐"(롬 3:12). 그리스도는 인간에게 그들이 걸어야 할 길을 보여주기 위한 단순한 안내자로서 오신 것만은 아니시다. 그는 자신이 곧 아버지께로 이르는 **길**이시다. "나는 진리요." 그리스도가 없으면 인간은 거짓의 아비인 **마귀의 수중에** 있게 될 것이다. 그리스도는 인간에게 하나님에 관한 교리를 계시해 주시기 위하여 오신 단순한 스승만은 아니다. 그는 자신이 곧 하나님에 관한 **진리**이시다. "나를 본 자는 아버지를 본 것이니라." "나는 생명이다." 그리스도가 없으면 인간은 허물과 죄 속에 **죽어 있을** 것이다. 그리스도는, 옛 본성을 고무시키고 그 야비함을 세련되게 하며 그 결함을 고쳐주기 위해서 오신 단순한 의사는 아니다. 그는 이렇게 말씀하셨다. "내가 온 것은 양으로 **생명**을 얻게 하고 더 풍성히 얻게 하려는 것이라"(요 10:10).

"**나로 말미암지 않고는 아버지께로 올 자가 없느니라**"(14:6). 그리스도는 하나님께 이르는 **유일한** 길이시다. 우리 자신의 노력으로 하나님의 은혜를 얻는다는 것은 전혀 불가능하다. "이 닦아 둔 것 외에 능히 다른 터를 닦아 둘 자가 없으니 이 터는 곧 예수 그리스도라"(고전 3:11). "다른 이로써는 구원을 받을 수 없나니 천하 사람 중에 구원을 받을 만한 다른 이름을 우리에게 주신 일이 없음이라"(행 4:12). "하나님은 한 분이시요 또 하나님과 사람 사이에 중보자도 한 분이시니 곧 사람이신 그리스도 예수라"(딤전 2:5). 그리스도인 독자여, 하나님이 형언할 수 없는 선물을 주셨으니 그를 찬양하라. "그러므로 형제들아 우리가 예수의 피를 힘입어 성소에 들어갈 담력을 얻었나니 그 길은 우리를 위하여 휘장 가운데로 열어 놓으신 새로운 살 길이요 휘장은 곧 그의 육체니라 또 하나님의 집 다스리는 큰 제사장이 계시매 우리가 … 참 마음과 온전한 믿음으로 하나님께 나아가자"(히 10:19-22)

"**너희가 나를 알았더라면 내 아버지도 알았으리로다 이제부터는 너희가 그를 알았고 또 보았느니라**"(14:7). 이 구절은 문맥과 직접적인 관련이 있다. 사도들이 주님의 말씀, 즉 아버지와 아버지 집, 그리고 주님과 그들이 거기로 가는 길에 대하여 하신 주님의 말씀을 이해하기 어렵다고 생각한 이유는, 주님에 대한 그들의 관점이 불충분하고 결함이 있었기 때문이었다. 우리는 아버지에 대한 참 지식을 아들에 대한 참 지식으로써만 얻을 수 있다. 그러므로 우리가 아들을 진정으로 알고 있다면 우리는 하나님도 알고 있는 것이다. 우리는 아들을 아는 그만큼만 아버지를 알 뿐이며 그보다 더 알 수는 없다. 그리스도는 **하나님의** 현현 그 이상이셨다. 그는 "육신으로 나타나신 하나님" **이셨다.** 그는 하나님을 완전하게 선포하신 독생자이셨다.

"이제부터는 너희가 그를 알았고 또 보았느니라." "우리 주님의 이 말씀은 예언이었다. 그리고 다른 예언들이 그런 것처럼 이것도 현재 시제로 되어 있다. 왜냐하면 그 일이 마치 이미 발생했던 것처럼 확실할 뿐만 아니라, 영감을 받은 충동에 의하여 미래에 대해 온통 마음을 빼앗긴 그 선지자의 생각으로는 이미 성취된 일처럼 보였기 때문이다. 그것은 '그러나 잠시 후면 너희가 그를 알리라 라는 말에서, 그를 아주 분명하게 알기 때문에 너희가 그를 **보리라**라고 말할 수 있는 경우' 와 똑같은 것이다. 그 예언은 오순절에 성취되었다. 주께서 이 말씀을 하신 이후로 연달아서 일련의 사건들이 발생하였다. 수난, 죽음, 그리고 우리 주 예수의 영광스러운 부활을 통하여 아버지 하나님의 성품이 영광스럽게 나타났다. 그러나 제자들은 부활이 일어난 후까지도 여호와께서 숨어 계시는 구름의 어두운 측면만 보았던 것이다. 그리고 '성령이 위로부터 기름 붓듯 부어졌을' 때조차도 그들은 이 사건들을 단지 희미하게만 이해했을 뿐이었다. 이제 '어둠이 지나가고 참 빛이 비친 것이다.' 성령께서 그리스도의 일을 통해 제자들에게 보여주신 것이었다" (존 브라운).

"빌립이 이르되 주여 아버지를 우리에게 보여 주옵소서 그리하면 족하겠나이다" (14:8). 빌립은 주님께서 방금 도마에게 하신 말씀을 완전히 이해할 수 없었다. 인간은 이상하게도 문제의 가장 중요하고 핵심적인 점을 간과하고서 자기가 몰두하고 있는 방향으로만 이해하려 드는 성향을 가졌다. 그래서 제자들은 **어떻게** 아버지를 볼 수 있는지가 아니라 아버지를 "보는 것"만을 생각한 것이다. 아마 빌립은 시내 산에서의 모세의 경험을 **회상했을**지도 모른다. 모세는 거기에서 그의 열렬한 기도에 응답받을 때 바위틈에 있었으며, 여호와께서 지나가실 때 그의 물러가는 영광만을 볼 수 있도록 허락되었다. 아니면 빌립은 모세와 아론과 나답과 아비후와 이스라엘 장로 칠십 인이 본 것을 증거하도록 허용받았던 것을 상기했을지도 모른다. "이스라엘의 하나님을 보니 그의 발 아래에는 청옥을 편 듯하고 하늘 같이 청명하더라" (출

24:10). 또는 빌립은 "여호와의 영광이 나타나고 모든 육체가 **그것을** 함께 **보리라**"(사 40:5)라는 예언을 생각했을는지도 모른다.

"예수께서 이르시되 빌립아 내가 이렇게 오래 너희와 함께 있으되 네가 나를 알지 못하느냐 나를 본 자는 아버지를 보았거늘 어찌하여 아버지를 보이라 하느냐"(14:9). 이것은 책망이셨다. 그리고 빌립에게 개인적으로 한 책망이므로 더 강력한 의미를 띠고 있다. 그는 "**우리에게** 아버지를 보여주소서"라고 말했다. 그리스도께서는 "빌립아 **네가** 나를 알지 못하느냐"고 되물으셨다. 이 말의 참뜻은 이런 것이다: 너는 **아직 내가 누구인지** 이해하지 못하고 있느냐? 빌립이 바라던 것과 같은 하나님의 육체적 현현(나타내심)은 불필요했다. 신성의 훨씬 더 영광스러운 현현이 이미 바로 그 앞에 계셨기 때문이다. 육신을 입으신 **말씀께서** 사람들 중에 거하고 계셨다. 그리고 **그의** 영광은 "아버지의 독생자의 영광"이었다. 그는 보이지 아니하는 하나님의 상(像)이셨다. 그는 "하나님의 영광의 광채시요, 그 본체의 형상이셨다." 그 안에서는 신성의 모든 충만이 육체로 거하고 있었다.

"내가 아버지 안에 거하고 아버지는 내 안에 계신 것을 네가 믿지 아니하느냐 내가 너희에게 이르는 말은 스스로 하는 것이 아니라 아버지께서 내 안에 계셔서 그의 일을 하시는 것이라"(14:10). 그리스도는 아버지 안에 계셨고, 아버지는 그리스도 안에 계셨다. 그들은 지극히 완전하고 친밀한 일체를 이루고 있었다. 그리스도의 말씀과 그의 일들은 신성에 대한 완전한 계시였다. 여기에서 아들께서 **그의** "말씀"을 **아버지**의 "일"이라고 언급하셨는데, 그것은 주목할 만한 사실이다. **그의** 말씀은 일이었다. 왜냐하면 그의 말씀은 능력의 말씀이었기 때문이다. "그가 **말씀하시자 이루어졌고** 그가 명령하시자 실시되었다!" 그가 "나사로야, 나오라"고 **말씀하시자** 죽어 있던 그가 나왔다.

"내가 아버지 안에 거하고 아버지께서 내 안에 계심을 믿으라 그렇지 못하겠거든 행하는 그 일로 말미암아 나를 믿으라"(14:11). 그것은 엄숙하다. 주님께서 그의 원수들에게 "내가 행하거든 나를 믿지 아니할지라도 그 일은 믿으라 그러면 너희가 아버지께서 내 안에 계시고 내가 아버지 안에 있음을 깨달아 알리라"(요 10:38)고 말씀하셨을 때 그는 겸손을 취하셔야만 했다. 그와 마찬가지로 그는 여기에서 빌립에게 이렇게 말씀하신다. '네가 나와 나의 아버지가 하나라는 사실을 공공연한 말로써는 믿지 못하겠을지라도 적어도 내 일 속에 나타나 있는 증거만은 인정하여라.' 제자들에게는 그토록 어두웠던 일을 우리에게 명백하게 밝혀 주시기 위하여 우리에게 성령이 보내지셨다는 사실에 대해 우리는 지극히 감사해야 한다. "하나님의 아들이 이르러 우리에게 지각을 주사 우리로 참된 자를 알게 하셨으니"(요일 5:20). 하나님을 찬양하자.

흥미있는 독자들은 아래 질문들을 신중하게 숙고하기 바란다.

1. 12절의 약속은 누구를 위해 주어진 것인가?
2. 그리스도께서 하신 것보다 "더 큰" 일을 한 사람이 있었는가?(12절)
3. 그리스도의 "이름으로" 구한다는 것은 무슨 뜻인가?(13절)
4. 우리는 14절을 어떻게 제한시켜 해석해야 하는가?
5. 하나님의 계명들을 지키는 것은 "율법주의"인가?(15절)
6. 어째서 "세상"은 성령을 받을 수 없는가?(17절)
7. 20절의 의미는 무엇인가?

제49장

제자들을 위로하시는 그리스도
❷

¹²내가 진실로 진실로 너희에게 이르노니 나를 믿는 자는 내가 하는 일을 그도 할 것이요 또한 그보다 큰 일도 하리니 이는 내가 아버지께로 감이라 ¹³너희가 내 이름으로 무엇을 구하든지 내가 행하리니 이는 아버지로 하여금 아들로 말미암아 영광을 받으시게 하려 함이라 ¹⁴내 이름으로 무엇이든지 내게 구하면 내가 행하리라 ¹⁵너희가 나를 사랑하면 나의 계명을 지키리라 ¹⁶내가 아버지께 구하겠으니 그가 또 다른 보혜사를 너희에게 주사 영원토록 너희와 함께 있게 하리니 ¹⁷그는 진리의 영이라 세상은 능히 그를 받지 못하나니 이는 그를 보지도 못하고 알지도 못함이라 그러나 너희는 그를 아나니 그는 너희와 함께 거하심이요 또 너희 속에 계시겠음이라 ¹⁸내가 너희를 고아와 같이 버려두지 아니하고 너희에게로 오리라 ¹⁹조금 있으면 세상은 다시 나를 보지 못할 것이로되 너희는 나를 보리니 이는 내가 살아 있고 너희도 살아 있겠음이라 ²⁰그 날에는 내가 아버지 안에, 너희가 내 안에, 내가 너희 안에 있는 것을 너희가 알리라(요 14:12-20)

우리가 여기에서 고찰하게 될 구절들을 분석해 보면 아래와 같다.

1. 그리스도께서 아버지께로 돌아가심으로 그의 대의(大義)가 진전됨(12절)
2. 그리스도의 이름으로 기도함(13, 14절)
3. 순종함으로써 입증되는 사랑(15절)
4. 보혜사의 오심(16, 17절)
5. 그리스도인들은 고아처럼 버려지지 아니할 것임(18절)
6. 그리스도의 생명으로 말미암아 안전하게 된 우리의 생명(19절)

7. 믿는 자들 안에 하나님의 생명이 있음을 아는 일(20절)

본문은 얼핏 볼 때, 그 구절들 사이에 직접적인 관련성이 없어 일관성이 결여되어 있는 것처럼 생각된다. 그러나 좀 더 주의 깊게 읽어보면 14:13과 14:16이 다같이 "and(그리고)"라는 말로 시작되고 있음을 발견하게 된다. 그 때 우리는 우리가 처음 내린 성급한 판단을 바로 잡을 필요가 있음을 즉시 깨닫게 된다. 우리가 그리스도의 이 유월절 설교를 좀 더 면밀하게 연구하면 할수록 우리는 그 구절들 사이에 존재하는 밀접한 관계를 더욱더 잘 알게 될 것이다. 그리고 그 사실을 통해 우리가 구절과 구절 간의 **관계**에 주목한다면 중요한 교훈을 많이 배우게 된다는 것을 또한 알게 된다.

본문의 첫 구절은 그리스도의 사도들이 주님이 행하셨던 것보다 더 큰 일들을 행하리라는 주목할 만한 약속으로 시작되고 있다. 그리고 그 다음 두 구절은 기도와 관련이 있는 말씀이다. 그런데 이 각 구절들이 "and(그리고)"라는 말로 시작되어 있다는 사실을 통해 우리는 이 일들을 행하는 것과 하나님께 간구하는 것 사이에는 밀접한 관련이 있다는 것을 알 수 있다. 요한복음 14장 첫째 부분의 주제를 회상해 본다면 우리는 좀 더 놀라운 사실을 발견하게 될 것이다. 14장의 첫 절은 그리스도를 믿는 믿음에로의 부르심이며, 그 마지막 절(11절)은 그 주제를 반복한 것이다. 기도를 주제로 한 말씀을 하신 후, 주님께서는 "너희가 나를 사랑하면 나의 계명을 지키리라"(14:15)고 말씀하셨다. 우리는 여기에서 다시 한 번 문맥의 실마리를 잃어버린 듯한 생각을 하게 된다. 왜냐하면 새로운 주제가 불쑥 튀어나온 것 같기 때문이다. 그러나 그것은 **겉으로만** 그렇게 보일 뿐이다. 왜냐하면 사실은 바로 여기에서 사상이 **진전된** 것을 발견할 수 있기 때문이다. **믿음**과 **기도**(이것들은 그 "더 큰 일들"을 행하기 위한 필수 전제 조건들이다)는 이미 존재하고 있는 **사랑**에 그 뿌리를 두고 있다. 그런데 사랑은 그 사랑의 대상을 기쁘게 해드림으로써 입증된다. 그 다음에 나오는 내용은 어떤 것인가? 그것은 "또 다른 보혜사"에 대한 약속이다. 분명히 이것은 매우 암시적이다. 성령께서 오셔야만 사도들의 그리스도를 믿는 믿음이 확고해질 것이며, 그들이 큰 일들을 행하는 데 필요한 능력을 부여받게 될 것이다. 또한 성령께서 사도들에게 오셔야만 그들의 사랑이 순수해지고 깊어지게 될 것이다. 이와 같이 우리는 여기에서 어떤 본문과 다른 본문 사이의 관계를 면밀하게 연구하는 것과, 어떤 구절과 다른 구절 간의 관련성에 주목하는 것이 대단히 중요하고 가치 있는 일이라는 괄목할 만한 본보기를 발견할 수 있다. 본문의 구절들 사이에 어떤 관련성이 있는지에 관해서는 이미 언급한 바 있으므로 여기에서는 이 본문과 요한복음 14장 첫 부분 사이의 관련성에 대하여 간략하게 살펴보기로 하자. 주님께서는 "너희는 마음에 근심하지 말라"는 말씀으로 14장을 시작하셨다. 그 다음에 나오는 내용들은 모두 주님께서 곧 떠나시리라는 전망 때문에 지나치게 불안해해서는 안 되는 다양한 **이유들**을 사도들에게 제시하신 것이다. 그는 사도들에게 안심해도 좋은 주된 근거들을 세 가지 제시하심으로써 그 이유를 설명하신다. 그 첫 번째 근거로, **그는** 있을 곳이 많은 **아버지의 집**으로 가시려 하기 때문이다. 둘째로, 그는 **그들을 위한** 거처를 예비하시기 위하여 그리로 가실 것이기 때문이다. 마지막으로, 그 예비가 완성되면 **그들을 위하여** 그가 그들에게 친히 강림하셔서 그들을 천국으로 인도하실 것이기 때문이다. 그것은 그의 거처로 하여금 그들의 영원히 거할 거처가 되게 하기 위함이다. 거기까지 말씀하신 후, 그는 도마의 질문과 빌립의 요구로 인하여 말씀을 중단하시게 된다. 그리고 그는 자신의 위격과 자신은 하나님의 보내심을 받은 자라는 것에 대한 진리를 명백하게 말씀해 주심으로써 그에 답변하신다. 이제 본문에서 그는 슬퍼하는 제자들에게 마음에 근심해서는 안되는 더 **확고한** 이유들을 제시하신다. 이 강해가 진행되는 동안 안심해도 좋은 부가적인 근거들이 나타나게 될 것이다.

우리 주님이 이 설교의 둘째 부분에서 말하시고 있는 것은 첫 부분의 계속이다. 그러나 여기에는 주목할 만한 **진전**이 있음을 간과해서는 안 된다. 요한복음 14장의 서두에서 그리스도께서는 사도들이 아들이 세상에서 아버지를 완전하게 선포했다는 것, 그리고 이것으로 미루어 그들은 그가 어디로 가시려 하는지를 반드시 이해했어야만 했다는 것을 말씀하신 바 있다. 그들은 비록 그 중요성을 인식하지는 못했다 할지라도 이 사실을 알고 있었다(14:4). 그러나 주님께서는 그들에게 성령이 보내지실 때에야 비로소 그들이 그것을 이해할 수 있게 된다는 것을 밝혀 주신다. 보혜사께서 강림하셔야만 비로소 그들은 모든 진리로 인도되게 되어 있었다. 그리스도께서는 성령의 모습으로 그들에게 오실 것이다(14:18). 그들은 성령으로 말미암아 그리스도가 아버지 안에 계시고, 그들이 그리스도 안에 있으며, 그도 또한 그들 안에 계시다는 것을 알게 될 것이다. 주님께서는 제자들에게 성령께서 오시기 전이었던 그 때에 이 일들을 이해했어야만 했다고 말씀하신 것이 아니다. 왜냐하면 그들은 오순절에야 비로소 이해하게 되어 있었기 때문이다.

"내가 진실로 진실로 너희에게 이르노니 나를 믿는 자는 내가 하는 일을 그도 할

것이요"(14:12). 그리스도께서 여기에서 말씀하신 "일"이란 그의 **이적**의 역사들을 가리키며, 이 앞의 두 구절에서 언급하신 그것과 동일한 것이다. 거기에서 그는 그의 신적 위격과 자신이 하나님의 보내심을 받았다는 증거로서 그 일들을 들어 호소하신 바 있다. 그리스도께서는 "그를 믿는 자"에게 이 약속을 해주셨다. 혹자는 이것이 그리스도의 **모든** 참된 제자들을 가리키는 말이라고 생각한다. 그러나 이것은 잘못된 것임이 분명하다. 왜냐하면 오늘날 이 세상에는 그리스도께서 행하신 이적들, 즉 나병환자를 깨끗하게 하신 일, 맹인을 눈뜨게 하신 일, 죽은 자를 다시 살리신 일들을 행할 수 있는 그리스도인들이 **없기** 때문이다. 그리스도인들이 어째서 그 일들을 할 수 없는지는 답하기 어려운 문제인데, 사람들은 그리스도인의 믿음이 부족하기 때문이라고 대답해 왔다. 그러나 이것은 이 문제의 요점을 회피하는 것에 지나지 않는다. 우리 주님께서는 "나를 믿는 자는 내가 행한 일을 행할 수도 있으리라"고 말씀하시지 않고 " … 내가 행한 일을 행하리라"고 말씀하신 것이다. 그렇다면 그리스도께서는 누구를 가리켜 그렇게 말씀하신 것일까?

필자는 여기에서 "나를 믿는 자"란 표적이 따르리라고 되어 있는 마가복음 16:17의 "믿는 자들"이라는 표현과 똑같은 것으로서 어떤 **특별한** 부류의 사람들을 가리킨다고 생각하며, 또한 이 두 표현은 그 말이 가리키고 있는 것과 그 말이 나오게 된 배경에 따라 제한적으로 적용되어야 한다고 믿는다. 각각의 경우 이 약속은 우리 주님의 이 말씀을 직접 들은 대상들에게 관련되어 있는 것으로 제한할 수 있다.

"이 설교와 복음서들의 다른 많은 이야기들을 해석하는 데 있어 안전한 방법은 그것들이 **사도들에게** 말씀해 주신 것들임을 상기하는 일이다. 복음서 안에 있는 모든 것들은 사도들과 직접적인 관련이 있다. 물론 사도들에 관하여 말씀하신 것과 그들에게 말씀해 주신 많은 것들은 또한 모든 그리스도인 사역자들 및 모든 그리스도인들에게 관한 말씀이며, 그리고 그들에게 해주신 말씀이라고도 볼 수 있다. 그러나 사도들에 관하여 말씀하신 것과 사도들에게 말씀해 주신 것들 중 많은 것이 그렇다고는 볼 수 없다. 또한 사도들에게 적용시킬 수 있는 것들을 그들에게도 적용시킬 때에는 이 설교에서 발견할 수 있는 것과는 다른 토대에 근거를 두어야 그 타당성이 있을 것이다. 특별히 기적의 능력과 관련되어 있는 믿음이 있다는 것은 신약성경을 읽어 보면 분명히 알 수 있다. 그것은 그리스도는 전능하시다는 것, 그리고 그는 나를 도구로 하여 기적이 행해질 때 그의 전능하심을 나타내고자 하신다는 믿음이다. 그러나 다른 모든 믿음과 마찬가지로 이 믿음은 **개인에게 주어진 하나님의 계시에 근거**

를 둔 것이어야 한다. 그렇지 않을 경우 그것은 공상이나 추정일 수는 있으나 믿음은
결코 아니다. 그리스도께서는 '내가 **너희에게** 뱀과 전갈을 밟으며 원수의 모든 능력
을 제어할 **권능**을 주었으니 **너희를** 해칠 자가 결코 없으리라'(눅 10:19)고 말씀하실
때, 사도들과 칠십 인의 제자들에게 바로 그러한 계시를 주신 것이다. 그 계시가 주
어지지 않은 사람은 아무도 그러한 이적들을 행할 수 **없다.** 그리고 그러한 계시가 주
어진 자들에게 있어서조차도 어떤 특별한 경우에 효과적으로 이적이 발생하게 하려
면, 그 계시에 대한 확고한 믿음과 함께 그것을 주신 분의 권세와 충실성에 의지함이
필요한 것으로 보인다. 이 의심할 여지 없는 사실을 고려해 볼 때 여기의 그리스도의
말씀을 해석하는 데에는 어려울 것이 별로 없다. 제자들은 주님의 이적을 행하시는
능력으로부터 여러 가지 큰 유익을 얻은 바 있었다. 그들은 그가 **그들을 떠나신다**면
그의 탁월하신 능력으로부터 얻어 온 유익을 박탈당할 뿐만 아니라 그에게 전적으로
의지해 온 그들의 능력도 또한 거두어지리라는 것을 잘 알고 있었다. 이제 우리 주님
께서는 단언의 형식인 '내가 진실로 진실로 너희에게 이르노니' 라는 말씀을 반복하
심으로써 매우 강조적인 어조로 그들에게 이렇게 확언해 주신다. 즉 그의 기적의 능
력은 그들을 매개체로 하여 **계속적으로** 행사되리라는 것, 그리고 지금처럼 이후로도
능력이 행사되게 하는 것은 그들 편에 달려 있는데, 그를 믿는 믿음이 바로 그 필수
적이고 효과적인 요소라는 사실을 확언해 주신 것이다. 그는 사도들의 동요하는 생
각을 다시 바로잡아 주시고 그들의 슬퍼하는 마음을 위로해 주시고자 그러한 말씀을
하신 것임이 분명하다. 그리고 우리는 그 선포가 글자 그대로 성취된 것임을 발견한
다. 그를 믿는 사람들은 그가 행하신 일을 **행하셨다.** 우리는 그들이 그들의 주님과
마찬가지로 병자를 고치고 마귀를 쫓아내며 죽은 자를 다시 살리는 것을 볼 수 있다"
(존 브라운).

히브리서 2:4에는 그리스도의 이 약속이 성취된 것에 대하여 이렇게 기록되어 있
다. "하나님도 표적들과 기사들과 여러 가지 능력과 및 자기의 뜻을 따라 성령이 나
누어 주신 것으로써 그들과 함께 증언하셨느니라."

"또한 그보다 큰 일도 하리니"(14:12). 12절 후반의 "일"(works)이라는 말은 헬라
어 원전에는 **없는데** 이 점에 주목하는 것이 중요하다. 필자는 그리스도께서 여기에
서 이적이라는 용어를 기술적인 의미로 사용하신 것이 아니라, 위대성과 중요성에
있어서 자신이나 사도들이 행한 이적을 능가하는 어떤 일을 가리켜 말씀하신 것이라
고 생각한다. 이것은 "더 큰 일들" 이라 되었더라면 더 좋았을 것이다. 어떤 일이 더

큰 일인지를 결정하기는 어렵지 않다. 다시 살아나서서 높아지신 구세주를 전파하는 것, "모든 피조물"에게 복음을 선포하는 것, 영혼으로 하여금 어둠에서 빛으로 향하게 하고 사탄의 권세에서 놓여나 살아 계신 하나님을 섬기게 하는 것, 이교도들로 하여금 자기 손으로 우상의 신전을 부수게 하는 것, 그리고 그리스도가 그 토대이며 모퉁잇돌이신 살아 있는 돌들로 된 전이요, 또 예루살렘 전(殿)을 훨씬 능가하는 전을 짓는 것, 바로 이 일들이야말로 자연 법칙의 과정에 개입하는 그 어떤 일보다도 더 큰 일인 것이다. 이와 같이 아버지께서는 성령께서 제자들을 통하여 이루신 더 큰 이적들로 말미암아 아들이 행하셨던 완전한 일을 인정하시고 그를 영광스럽게 해주셨다.

　"이는 내가 아버지께로 감이라"(14:12). 여기의 "이는 … 이라"(because)라는 말 속에서 우리는 주 예수께서 그의 약속이 어떻게 이행될 것인지를 설명하시고 있음을 알 수 있는데 그 점에 주목하는 것이 중요하다. 어떤 사람들은 이 설명이 12절의 마지막에서 완전히 종결지어진다고 주장한다. 그럴 경우 우리는 많은 것을 잃게 된다. 그러나 13절과 연결시켜 읽어 보면 구세주의 설명은 좀 더 분명해진다. "그보다 큰 일도 하리니 **이는** 내가 아버지께로 감**이라** [그래서] 너희가 내 이름으로 무엇을 구하든지 내가 행하리니." 이제부터는 그리스도께서 높은 데에서 그들의 기도에 능력을 부여해 주실 것이다. 그러므로 **그는** 그들 안에서, 그리고 그들을 통하여, **그들이** 행한 것을 행하시는 것이다. 이와 같이 여호와의 기쁨이 그의 "씨"로 말미암아 커지게 되었다(사 53:10). 그러나 12절의 마지막에서 그 설명이 완전히 끝난다고 끝끝내 주장한다면 그 뜻은 이런 것이 된다. 즉 제자들은 주님을 대신해서 훨씬 더 큰 일들을 계속 행해야만 하는데, **그것은 주께서 더 이상 이 세상에 계시지 아니하기 때문이다!** 그러나 이 설명은 분명히 틀린 것이다. 그가 그들을 떠나셨던 것은 사실이다. 그러나 그는 또한 그들 안에 다시 사시기 위하여 돌아오셨다(14:18). 그리고 그는 이런 방식으로 자신이 뿌린 씨를 **수확**하시는 것이다. "그런즉 한 사람이 심고 다른 사람이 거둔다 하는 말이 옳도다 내가 너희로 노력하지 아니한 것을 거두러 보내었노니"(4:37, 38). 13절이 12절 및 모든 구절과 연관성이 있음은 분명하고 명백한 사실이다. 그리고 이와 같이 관련지어 볼 때 우리는 다음의 사실을 알게 된다. 즉 사도들이 행한 더 큰 일은 그리스도 자신이 친히 행하신 일이다! 마가복음 16:20에는 이렇게 기록되어 있다. "제자들이 나가 두루 전파할새 **주께서** 함께 역사하사 … ." 그러나 그가 행하신 것들은 그들이 드린 믿음에 넘치는 기도의 응답이있다!

"너희가 내 이름으로 무엇을 구하든지 내가 행하리니 이는 아버지로 하여금 아들로 말미암아 영광을 받으시게 하려 함이라"(14:13). 이 구절과 전체적인 문맥 사이의 관계는 매우 중요하다. 그리스도께서 여기에서 그가 떠나신다는 말을 듣고 근심하는 **제자들을 위로**하고 계시다는 것, 그리고 그들에게 그를 **더욱 굳게 믿기**를 요청하고 계시다는 것이 바로 이 구절이 내포하고 있는 것들인 바, 우리는 그 사실을 확실하게 기억해야 한다. 앞 구절에서 그는 자신이 아버지께로 돌아가심으로 그의 대의가 깨뜨려지는 것이 아니라는 사실을 제자들에게 확신시켜 주셨다. 왜냐하면 그의 영광의 증거로서 더 큰 일들이 그들을 통하여, 그리고 그들에 의하여 행해질 것이기 때문이다. 이제 여기에서 그는 그의 육체적인 부재로 인하여 사도들이 영적으로 더 친밀하고 효과적으로 그와 연합되리라는 것을 이들에게 상기시켜 주신다. 물론 그는 하늘에 계시고 그들은 땅에 있는 것이 사실이다. 그럼에도 불구하고 그들은 **기도로써** 거리감을 전적으로 없앨 수 있으며, 어느 때든지 그의 앞으로 나갈 수 있다. 이처럼 그들이 이 "더 큰" 일들을 행할 수 있으려면 기도는 절대 필수적이다. 그리고 그가 친히 그 완전한 본보기를 그들에게 제공하시지 않았던가? 그가 행하신 큰 일들과 그가 아버지께 드린 기도들 사이에 긴밀한 관계가 있다는 것을 그가 친히 그들에게 **보여주시지** 아니하였던가? 그들은 그가 아버지께 거듭하여 "간구하시는" 것을 듣지 아니하였던가?(6:11; 11:41; 12:28 참고) 그러므로 그들도 그와 똑같이 행해야 한다. 그는 이 유월절 설교의 서두에서 하신 "또 나를 믿으라"는 자신의 말씀을 해석해 주시고 있다. **그의 인격**을 믿는 믿음은 이제 **그의 이름으로** 드리는 기도로써 밝히 드러나야 한다!

"내 이름으로 무엇이든지 내게 구하면 내가 행하리라"(14:14). 이것은 지극히 복된 말씀이다. 제자들은 올바르게 구하기만 하면 실패할 리가 없는 능력에 의지하도록 초대되었다. 그리스도께서는 이 세상을 떠나셨기 때문에 여기에서 행하셨던 일들을 어쩔 수 없이 중단해야 하는 그런 분이 아니셨다. 비록 부재하신다 할지라도 그는 제자들의 기도를 들어주심으로 말하는 것 이상의 그의 신성을 밝히 드러내실 것이다. 그들이 구하는 것이면 무엇이든 **그가** 행하실 것이다. 아버지께서는 **모든** 심판을 아들에게 맡기셨다(5:22). 그리고 그는 이 능력을 행하시는 데 있어 그의 제자들에게 그들이 필요로 하는 것은 무엇이든지 다 주신다.

"내 이름으로 무엇이든지 내게 구하면 내가 행하리라." **그리스도의 이름으로** 구한다는 것은 무슨 뜻인가? 분명히 그것은 우리의 기도 끝에 그의 이름을 붙인다든가,

또는 기도 끝에 단순히 "예수님을 위하여 이 기도를 들어주소서"라고 말하는 것 이상의 중대한 의미를 내포하고 있다. 첫째로, 그것은 우리가 **그의 인격 안에서** 기도드리는 것, 다시 말해서 우리가 그리스도라는 그의 지위에 있는 것처럼 그와 완전하게 일체가 되어 기도드리는 것, 우리가 그와의 완전한 연합의 힘으로 구하는 것을 뜻한다. 우리가 진정으로 그리스도의 이름으로 기도드릴 때 **그는** 참된 간구자가 되신다. 그러므로 둘째로, 그것은 우리가 하나님 앞에서 그의 복되신 **아들의 공로를 근거로** 내세우는 것이다. 우리가 자신의 연구방법의 권위나 호소의 근거로서 다른 사람의 이름을 사용할 때, 그 요청을 받은 사람은 그것을 제시한 사람을 넘어서 이름을 사용하도록 허락해 준 그 사람을 고려하는 것이다. 그러므로 우리는 이렇게 말할 수 있다. 즉 우리가 그리스도의 이름으로 진정으로 구할 때 아버지께서는 우리를 넘어서 참 간구자이신 아들을 보시는 것이다. 셋째로, 그것은 우리가 **그리스도의** 완전성에 따른 것만을 위해, 그리고 그의 영광이 되는 것만을 기도한다는 의미이다. 우리가 다른 사람의 이름으로 어떤 것을 행할 때 우리는 바로 그를 **위하여** 그것을 행하는 것이다. 우리가 어떤 단체의 이름으로 재산을 소유하고 있다면, 그것은 개인적인 유익을 위한 것이 아니라 그 단체의 유익을 위한 것이다. 관리가 정부의 이름으로 세금을 징수하는 행위는 자기의 호주머니를 채우기 위한 것이 결코 아니다. 그러나 우리는 용납될 수 있는 기도의 조건이 되는 이 원칙을 항상 간과하고 있다! 그리스도의 이름으로 기도하는 것이란 그가 구하시는 것을 구하는 것이요, 그가 마음에 품고 계시는 것이 진전되게 하는 것이다.

"내 이름으로 무엇이든지 내게 구하면 내가 행하리라." 그리스도께서는 그의 제자들에게 '백지 수표'를 건네주시며(어떤 사람들은 그것을 이렇게 말한다) **그들로 하여금** 원하는 대로 거기에 기입하라고, 그리고 거기에 하나님의 아들의 서명이 있기 때문에 하나님께서 존중해 주시리라고 확신시켜 주신 것이 결코 아니다. 필자가 위에서 언급한 사실들을 통해 이 점을 잘 알았으리라 생각한다. 또한 그리스도인은 그가 구하는 것을 얻기 위하여 하나님께서 그의 기도를 들으**시리라는** 기대 하에 열심히 일만 하면 된다고 생각하는 것도 위의 경우와 마찬가지로 육적인 망상이다. 하나님께 그리스도의 이름으로 어떤 것을 간청할 때 그것은 그리스도께서 바라는 것과 **일치해야** 한다. 그러므로 그리스도의 이름으로 구한다는 것은 자기의 뜻을 제쳐 두고 하나님의 완전하신 뜻에 순종하는 것이다. 우리가 이것을 좀 더 잘 깨닫기만 한다면, 그것은 우리의 빈번한 성급하고 무사려한 요구들을 기입한 그런 **수표가** 되시는 않을 것이다! 우리는 우리의 기도 중에 잠시 멈추어서, 나는 모든 이름 위에 뛰어난 **그 이름으로 이것을** 제시해도 괜찮을까? 라고 스스로에게 묻는다면 많은 것을 구하지 않게 될 것이다.

> 오, 주여 은혜를 베푸사
> 당신의 소원을 내게 채워주소서,
> 제가 원할지라도 악한 것은 물리치시고
> 구하지 않더라도 선한 것으로 채우소서
>
> — 윌리엄 쿠퍼 William Cowper

　"너희가 나를 사랑하면 나의 계명을 지키리라"(14:15). 여기에서 갑작스럽게 주제가 바뀐 것처럼 보인다. 그래서 많은 사람들이 그 맥락을 발견하는 데 크게 고심해 왔다. 우선 이 14장의 첫 구절로 되돌아가 보아야 한다. 사도들은 장차 주님이 떠나시리라는 전망 때문에 상심하고 있었다. 이것은 그들이 그에게 입증해 준다. 여기에서 그는 온정에 넘치는 충실한 마음으로 제자들의 그 사랑을 지적하신다. 즉 '나에 대한 너희의 사랑을 슬픔에 잠긴 후회로서가 아니라 내 계명에 대한 기쁘고 신속한 순종으로 밝히 입증해야 한다'고 하신다. 이것은 분명한 사실이다. 그러나 이 구절과 바로 앞 구절 사이에는 어떤 관계가 있을까? 우리는 이 대답을 찾기 위하여 "이 문맥의 **중심 주제는 무엇인가?**"라는 질문을 해야 할 필요가 있다. 필자는 이것을 이미 말한 바 있다. 이것은 승천하신 그리스도를 믿는 **믿음**에로의 부르심이다. 앞 구절에서는 그의 이름으로 기도함으로써 믿음이 입증된다는 사실을 알려 주고 있다. 이제 그는 "너희가 나를 사랑하면 나의 계명을 지키리라"고 말씀하신다. 그렇다면 그 답은 분명하다. **사랑**은 참된 **믿음**의 **원천**이요 참된 **기도**의 **목표**이다. "내 이름으로 무엇이든지 내게 구하면 내가 행하리라." 그는 방금 이렇게 말씀하셨다. 그리고 이것은 아버지로 아들을 인하여 영광을 얻으시게 하려 함이다. 우리는 그렇다면 **무엇을 구해야 하는가?**라는 질문을 당연히 제기하게 된다. 그것에 대한 우리 주님의 답변이 여기 있다. 우리는 사랑의 이익(내 자신에게 있어서, 그리고 그리스도의 제자인 모든 사람들에게 있어서)을 구해야 한다. 그런데 사랑은 그의 뜻을 **행함으로써** 스스로를 입증할 것이다. 바로 이것이 우리 마음의 가장 우선적인 바람이 되지 않는다면 다른 모든 간구는 응답받지 못할 것이다. "무엇이든지 구하는 바를 그에게서 받나니 이는

우리가 그의 계명을 지키고 그 앞에서 기뻐하시는 것을 행함이라"(요일 3:22)

"사랑에 대한 감상적인 토론과 노래는 모두 쓸데없는 것들이다. 우리가 은혜로 말미암아서 참된 순종을 보이지 않는다면 사랑한다고 고백하는 것은 가장하는 것보다도 나쁘다. 그것은 우리가 생각하는 것보다 더 큰 위선이다 사랑은 실천적인 것이다. 그렇지 않다면 그것은 전혀 사랑이 아니다"(P. W. Heward).

"너희가 나를 사랑하면 나의 계명을 지키리라." 이 구절은 오늘날 점중해 가고 있는 반(反)율법주의를 책망하고 있다! 어떤 교계에서는 "계명"이라는 말을 사용하기만 하면 "율법주의자"로 받아들여 눈살을 찌푸린다. 그들은 많은 사람들에게 율법은 은혜의 원수요, 시내 산의 하나님은 엄격하고 금지하시는 신이므로 그의 피조물들에게 무거운 멍에를 지우시는 분이라고 가르치고 있다. 그것은 진리를 서투르게 왜곡시킨 끔찍한 모습이다. 돌판 위에 계명을 쓰신 분은 다름 아닌 십자가에서 죽으신 바로 그분이다. 그리고 여기에서 "너희가 **나를 사랑하면 나의 계명을 지키리라**"고 말씀하신 분 또한 시내 산에서 "**나를 사랑하고 또 나의 계명을 지키는**" 자들에게 자비를 나타내리라고 말씀하셨던 분이시다. 여기에서 슬퍼하는 제자들을 위로하시는 온유하신 구세주께서 또한 자기의 신적 위엄을 유지하시고 자신의 신적 권위를 인정하도록 주장하신 것은 진정 주목할 만한 사실이다. 여기에서 그의 신성을 나타낸 방법에 주목하라. "**나의** 계명을 지켜라"라고 되어 있다. 우리는 모세나 또는 그 어떤 선지자도 나의 계명이라고 말한 것을 읽어 본 적이 없다!

"너희가 나를 사랑하면 나의 계명을 지키리라." 그리스도의 계명은 어떤 것들인가? 필자는 이에 대해 다른 사람의 답변을 제시하겠다. "성경에 내포되어 있는 하나님의 뜻(내가 믿고 느끼고 행하고, 그리고 견뎌내야 할 것들에 대한 하나님의 뜻)을 제시한 모든 것은 그리스도의 법이다. 그리스도에 대한 책인 구약과 신약 성경은 그리스도의 성령의 작품이다. 그의 첫째가는 큰 계명은 '네 마음을 다하고 목숨을 다하고 뜻을 다하고 힘을 다하여 주 너의 하나님을 사랑하라'는 것이다. 둘째가는 큰 계명도 첫째 계명과 견줄 만한 그러한 것이다. '네 이웃을 네 자신 같이 사랑하라.' 그리스도의 계명이란 선한 것과 하나님께서 우리에게 요구하시는 것은 무엇이든지 다 포함한다"(존 브라운). 이스라엘 백성을 애굽에서 데려 내오신 분, 그들로 하여금 광야를 건너게 하신 분, 그리고 그들에게 율법을 주신 분, 그분은 바로 그리스도 자신이셨다. 그것은 고린도전서 10:9을 보면 확실해진다. "그들 가운데 어떤 사람들이 주를 시험하다가 뱀에게 멸망하였나니 우리는 그들과 같이 [**그리스도를**] 시험하지 말자"

(참고. 고전 10:4).

"그리스도의 계명에 순종하는 것은 그에 대한 사랑을 입증하는 시험이다. 그리고 우리가 이 문제를 공정하게 해결하려는 정직한 소망을 가지고 있다면, 그 시험을 적용하는 데 별 어려움이 없을 것이다. 왜냐하면 거기에는 훌륭한 특성이 있는데, 그것은 우리가 그리스도를 사랑하는 모든 사람에게서 발견할 수 있으나 그 밖의 다른 사람에게서는 발견할 수 없는 그러한 순종이기 때문이다. 그리고 우리의 성품이 어떠한지를 알고자 한다면 우리는 그리스도를 사랑하는 바로 이 사람들에게 주의를 기울여야 한다. 그리스도를 사랑하는 모든 사람은 그의 계명을 **절대적으로** 지킨다. 다시 말해서, 그는 그리스도께서 명하셨기 때문에 그것을 행하는 것이다. 어떤 경우에는 그리스도께서 명하신 것을 행하는 일이 나의 성향에 합치하거나 또는 나의 이익에 유리한 것일 수도 있다. 그런데 바로 **그** 이유를 근거로 하여 내가 그것을 행한다면, 나는 주 예수 그리스도를 섬기는 것이 아니라 자기 자신을 섬기는 것이다. 또는 우리는 그것을 내가 그 권위를 인정하고 그 은혜를 안전하게 확보하고자 하는 분께서 명하신 것이라고 생각할 수도 있다. 그러나 그 이유를 근거로 하여 그것을 행한다면, 나는 **그리스도의** 계명이 아니라 인간의 계명을 지키는 것이다. 그리스도께서 내게 명하셨기 **때문에** 내가 그 명하신 것을 행할 그때에만 그의 계명을 지키는 것이라 할 수 있다. 내가 그리스도를 사랑한다면 나는 그의 계명을 **편벽되지 않게** 지킬 것이다. 그리스도께서 내게 어떤 것을 행하라 명하셨기 **때문에** 그것을 행한다면 나는 그가 명하신 것은 **무엇이든지 다** 행할 것이다. 나는 '골라서 선택하지는' 않을 것이다. 내가 그리스도를 사랑한다면 나는 **그의** 법에 순종하는 것을 특권으로 여길 것이다. 그 계명들을 내가 사랑하는 분께서 명하신 것이라고 생각한다면, 그의 탁월성과 친절하심 때문에 나는 그의 법을 사랑하게 될 것이다. 왜냐하면 그 계명은 그의 계명인 고로 탁월한 것임이 분명하기 때문이며, 또한 그와 동일한 이유로 그것은 나의 행복을 증진시키기에 적합한 것임이 분명하기 때문이다. 내가 그리스도를 사랑한다면 나는 그의 계명을 **끈기 있게** 지킬 것이다. 내가 그를 진정으로 사랑한다면 나는 그를 변함 없이 사랑할 것이다. 그리고 내가 변함없이 사랑한다면 나는 그에게 변함없이 순종할 것이다"(존 브라운의 저서에서 요약한 것임).

"내가 아버지께 구하겠으니 그가 또 다른 보혜사를 너희에게 주사 영원토록 너희와 함께 있게 하리니"(14:16). 이 구절은 "그리고"(and)로 시작되어 있는데 그 점에 주목해야 한다. 앞 구절에서 주께서는 순종하는 행동으로 특징지어지는 그에 대한 제자들의 사랑에 대하여 말씀하셨다. 여기에서는 그들에게 대한 그의 사랑을 드러내신다. 그런데 그 사랑은 그가, 하나님의 사랑을 그들의 마음에 부어 주신 분(롬 5:5), 그래서 그들로 하여금 그의 계명을 지킬 수 있도록 능력을 주신 분께 간청하심으로써 입증되고 있다. 지금까지 그리스도께서는 그들의 보혜사이셨다. 그러나 이제 그들을 떠나시려 하고 있다. 그러므로 그는 또 다른 보혜사를 그들에게 보내 주실 것을 아버지께 간청하신다. 우리는 여기에서 제자들을 "끝까지" 사랑하시는 구세주를 다시 한 번 볼 수 있다! 이 구절과 13, 14절 사이에도 또한 복된 관련성이 있다. 거기에서 그리스도께서는 **그들에게** "그의 이름으로 구하라"고 가르쳤다. 그리고 누가복음 11:13에서 그는 그들이 "아버지께 구하면" 아버지께서 성령을 주시리라고 말씀하신 바 있다. 여기에서 그리스도께서는 그들에게 먼저 모범을 보이신다. **그가** 그들에 앞서 먼저 기도하신 것이다. 그는 그들에게 보혜사를 보내주실 것을 아버지께 간구하셨다.

여기에서 "보혜사"(Comforter)라고 번역된 헬라어의 정확한 의미에 대해서는 아주 많은 학문적인 용어들이 있다. 필자의 개인적인 생각으로는 영어로 된 이 말의 원래의 의미를 잘 생각하기만 한다면 "보혜사"라는 말보다 더 좋은 표현은 없다고 본다. 보혜사란 말은 위로를 주는 자라는 뜻 이상의 심오한 의미를 함축하고 있다. 그것은 " … 와 나란히"라는 의미의 com과 "강한"이라는 의미의 fortis가 결합된 말이다. 보혜사란 그를 필요로 하는 사람의 곁에 서서 그 사람을 강하게 해주는 자이다. 물론 여기에서는 성령을 가리킨다. 그리고 그리스도께서 "**또 다른** 보혜사"라 일컬으신 것은 성령께서 그리스도를 대신하여, 그리스도께서 지상에서 제자들과 함께 하신 동안에 그들을 위해 행하셨던 모든 것을 행하시리라는 것을 뜻한다. 단지 차이가 있다면 그리스도께서는 그들 밖에서, 성령께서는 그들 안에서 그들을 섬기신다는 사실 뿐이다. 성령께서는 다양한 국면으로 위로해 주셨고 강하게 해주셨다. 즉 그들이 낙담해 있을 때는 위로를, 연약하거나 소심해졌을 때에는 은혜를, 그리고 혼란에 빠져 있을 때는 인도해 주신 것이다. 주님이 여기에서 성령을 "**또 다른** 보혜사"라고 칭하신 사실은 성령이 한 **위격**이시라는 것, 그것도 **신적** 위격이시라는 것을 입증해 주고 있다. 이 구절에는 복되신 삼위의 세 위격이 모두 언급되어 있는데 그 점은 주목할 만하다. "**내가 아버지께** 구하겠으니 그가 **또 다른** 보혜사"에 관해 설명을 첨부한다면, 믿는 자는 **두** 보혜사, 곧 도와주시고 강하게 해주시는 분을 갖고 있다. 즉 땅 위에는 성령이 계시며, 하늘에는 그리스도가 계신다. 왜냐하면 여기에서 "보혜사"라고

번역된 헬라어를 요한일서 2:1에서도 찾아볼 수 있는데, 거기에서는 "대언자"라고
번역되어 있기 때문이다. "대언자"란 자기의 변호 의뢰인을 도와주는 사람, 즉 그를
변호해 주는 사람이다. 그리스도께서는 높은 곳에서 우리를 위하여 "간구하신다"(히
7:25). 다른 한편 성령께서는 우리 안에서 우리를 위하여 간구하신다(롬 8:26)! 그리
고 이 또 다른 "보혜사"는 제자들이 그를 슬프게 해드리지 않는 한에서만 그들과 함
께 거하시는 것이 아니라 그들과 "영원히" 함께 거하신다. 우리는 그 점에 주목해야
한다. 이와 같이 모든 믿는 신자들의 궁극적 구원을 하나님께서 보장하신 것이다.

　　**"그는 진리의 영이라 세상은 능히 그를 받지 못하나니 이는 그를 보지도 못하고 알
지도 못함이라"**(14:17). 주님께서는 사도들에게 "또 다른 보혜사", 다시 말해서 주님
자신과 똑같으실 뿐만 아니라 그보다 더 위로가 되시는 분을 보내 주실 것을 방금 약
속해 주셨다. 그러나 여기에서 그는 **눈에 보이는** 분으로서 기대해서는 안 된다고 경
고하신다. 오시게 될 분은 "성령"이시다. 우리는 그에게 부여된 명칭을 통하여, 즉
"진리의 영", 또는 (좀 더 문자 그대로 표현해서) "**그** 진리의 영"이라는 명칭을 통하
여 두 가지 생각을 할 수 있다. "진리"라는 말은 성육신하신 **말씀**과 기록된 **말씀**을
일컬을 때 사용된다. 그리스도께서는 제자들에게 "**내가 곧** 길이요 **진리요** 생명이
니"라고 말씀하신 바 있다. 그리고 잠시 후면 그가 제자들이 듣는 데에서 아버지께
"**아버지의 말씀**은 진리니이다"(17:17)고 말씀하시는 것을 볼 수 있다. 그러므로 성령
은 그리스도의 영이시다. 왜냐하면 그는 그리스도로 말미암아 보내지셨고, 또한 이
세상에서 그리스도를 영광스럽게 해드리기 때문이다(16:7; 16:14). 성령은 또한 **기록
된 말씀**의 영이시다. 왜냐하면 그가 사람을 감동시켜 그것을 기록하게 했기 때문이
며(벧후 1:21), 또한 그가 이제 그것을 해석해 주시기 때문이다(16:13). 지금까지 그
들의 스승은 그리스도이셨다. 그런데 이후로는 성령께서 그를 대신하실 것이다
(14:26). 성령께서는 기록된 말씀과 무관하게 독자적으로 일하시는 것이 아니라 기록
된 말씀을 통하여, 그리고 그것을 수단으로 하여 일하신다.

　　"세상은 능히 그를 받지 못하나니." 이것은 지극히 엄숙하신 말씀이다. 그것은 "받
지 아니하리라"라고 되어 있지 않고 "**능히** 받을 **수 없느니라**"고 되어 있다. "세상"은
성령을 받을 수 없기 때문에 자기의 본래 특성, 즉 아버지께 반대되는 그의 특성을
드러내고 있다(요일 2:16). 온 세상은 악한 자 안에 처해 있다(요일 5:19). 그래서 그
것은 애초부터 거짓말쟁이이다. 그러니 어떻게 세상이 "진리의 영"을 받을 수 있겠
는가? 우리 주님께서는 또 다른 이유로서 "이는 그를 보지도 못하고 알지도 못함이

라"고 덧붙여 말씀하신다. 주님의 이 말씀은 무슨 뜻일까? 눈에 보이지 아니하는 성령을 어떻게 볼 수 있단 말인가? 우리는 고린도전서 2:14에서 그 답변을 읽을 수 있다. "육에 속한 사람은 하나님의 성령의 일들을 받지 아니하나니 이는 그것들이 그에게는 어리석게 보임이요, 또 그는 그것들을 알 수도 없나니 그러한 일은 **영적으로** 분별되기 때문이라." 여기에서 의미하는 바는 요한복음 6:40에서와 마찬가지로 **영적으로** "보는 것"이다. 그러면 "세상"에 속한 자들은 **어째서** 성령을 볼 수 없을까? 그것은 그들이 다시 나지 않았기 때문이다. "사람이 거듭나지 아니하면 하나님 나라를 **볼 수 없느니라.**" 그런데 주님께서는 **어째서** 이 말씀을 **여기에서** 하신 것일까? 그것은 분명히 제자들을 **위로**하기 위함이셨다. 그는 "또 다른 보혜사"를 그들에게 약속해 주셨다. 그는 그들과 영원히 거하실 분이시며 진리의 영이시기까지 하다. 그들은 이제 그리스도를 위하여 참으로 영광스러운 정복을 하리라고 예상했었을 것이다! 그러나 주님께서는 슬프게도 실제로는 어떤 일이 발생할 것인지를 경고해 주신다. 즉 "세상"은 그를 받아들이려 하지도 않을 것이며 또 받아들일 수도 없으리라고 경고하신 것이다.

"그러나 너희는 그를 아나니 그는 너희와 함께 거하심이요 또 너희 속에 계시겠음이라"(14:17). "그러나"라는 말은 대조를 함축하고 있다. 그것은 또한 성령의 일이 그리스도의 백성을 세상으로부터 분리시키는 것이라는 사실을 동시에 암시하고 있다. "그는 너희와 **함께** 거하심이요." 과거에도 그는 그렇게 하셨다. 왜냐하면 그리스도께서는 성령의 충만하심을 입으셨기 때문이다(눅 4:1; 요 3:34). "또 너희 **속에** 계시겠음이라." 이것은 미래의 일이다. 주 예수께서는 여기에서 성삼위의 셋째 위격께서 믿는 자들 속에 그의 거처를 정하시고 그들의 몸을 그의 전으로 삼으시리라고 약속해 주셨다. 이것은 놀라우신 은혜이다. 그러나 성령께서는 **무엇을 근거로 하여** 그리스도인들에게 들어오셔서 그 속에 사시는 것일까? 그것이 그가 거기에서 어떤 개인적인 적절성을 발견하셨기 때문이 아니다. 왜냐하면 믿는 자 속에는 과거의 악한 본성이 여전히 남아 있기 때문이다. 그렇다면 **성령**께서 여전히 죄가 존재하는 곳에 들어와 사신다는 것이 과연 가능한 일이겠는가? 우리는 이 질문에 대한 올바른 대답을 찾아야만 한다. 그것은 지극히 중대한 문제이기 때문이다. 그런데 많은 사람들이 그 점에 대하여 혼란을 겪고 있다. 그러나 이 잘못에 대해서는 변명할 여지가 없다. 성령은 지극히 분명하게 그 점을 가르쳐 주시고 있다. 구약 시대의 여호와께서는 이스라엘 백성이 완고하며 마음으로 이방인이 되어 있을 때에도 그들 중에 거하셨다.

그는 **속죄하는 피를 근거로 하여** 그렇게 하신 것이다(레 16:16 참고). 그와 마찬가지로 성령께서는 이제 믿는 자들 안에 거하시는 바 그것은 "그들을 영원히 온전하게 하신" 그리스도라는 한 제물(히 10:14)의 탁월성과 충족성에 대한 증거이다. 놀랍게도 이것은 모형으로 암시된 바 있다. "기름"(성령의 상징)이 피 위에 발라졌던 것이다. 레위기 8:24, 30; 14:14, 17 등을 참고하라.

"**내가 너희를 고아와 같이 버려두지 아니하고 너희에게로 오리라**"(14:18). 이 구절은 난외주의 표현이 더 훌륭하다. "나는 너희를 **고아들**(orphans)처럼 버려두지 아니할 것이다." 이 말은 13:33을 회고케 한다. 거기에서 주님은 제자들을 "작은 자들"이라고 부르셨다. 그들은 목자 없는 양처럼 악한 세상에 남겨진 신자들이 되지는 않을 것이다. 그들은 보호자도 없이 스스로 아무 것도 채울 능력이 없는 고아들처럼 버려져 낯선 사람들의 손에 맡겨지지는 아니할 것이다. "내가 너희에게로 오리라." 이것은 얼마나 귀중한 말씀인가! 우리가 그와 함께 있기 위하여 그가 계신 곳으로 가기 전에(14:2, 3) 그가 먼저 우리와 함께 계시기 위하여 오시는 것이다! 그러나 "**내가 너희에게로 오리라**"는 말씀은 무슨 뜻인가? 필자는 이 말을 넓은 의미로 이해하여야 한다고 생각한다. 그는 부활하신 직후에 **육체를 취하시고** 그들에게 오셨다. 그리고 승천하신 후에는 **영적으로** 그들에게 오셨다. 그리고 재림시에는 **영광을 입고** 오실 것이다. 이 약속을 현재의 믿는 자들에게 적용시키면 우리는 성령의 선물을 통하여 그 약속이 성취된 것을 발견하게 된다. 즉 성령께서는 우리 안에 개별적으로 내재하시며, 집회 중에는 집단 안에 임재하신다. 그러나 우리는 그리스도께서 그의 자녀들에게 오신다 함을 성령의 임재하심으로 제한시켜서는 안 된다. 우리의 유한한 이해력으로는 성 삼위일체의 신비를 전혀 파악할 수 없다. 그러나 신약성경을 통하여 분명히 알 수 있는 바로는, 신성의 통일성 안에서 성령의 강림하심은 또한 그리스도의 강림하심이 되므로 눈에 보이지 않게 그의 제자들과 참으로 함께 계시는 것이 된다. "볼지어다 **내가** 세상 끝날까지 너희와 항상 함께 있으리라"(마 28:20). 사도 바울은 "내 안에 **그리스도**께서 사시는 것이라"(갈 2:20)라고 말하였다. "너희 안에 계신 **그리스도**시니 곧 영광의 소망이니라"(골 1:27). 이것은 형언할 수 없는 복된 말씀이다! 친구들, 친척들, 심지어 그리스도를 믿는다고 고백하는 그리스도인들조차도 우리에게 반대할 것이다. 그러나 그는 이렇게 약속해 주셨다. "**내가 결코** 너희를 버리지 아니하고 너희를 떠나지 **아니하리라**"(히 13:5).

"**조금 있으면 세상은 다시 나를 보지 못할 것이로되**"(14:19). "세상"이 영광의 주님을 마지막으로 본 것은 그가 치욕의 십자가에 달리셨을 때였다. 부활하신 후에 주님께서는 그의 제자들에게만 보이셨다. "세상은 다시 나를 보지 못할 것이다"라는 번역은 정확한 것이 아니며 또 사실도 아니다. "세상"은 그를 다시 볼 **것이다**. "조금 있으면 세상은 **다시** 나를 보지 **못할** 것이로되"라는 말의 원뜻은 "**각** 사람의 눈이 그를 보겠고"(계 1:7)라는 말과 같다. 그렇다면 언제 본다는 말일까? 그것은 그가 크고 흰 보좌에 앉아 사악한 자들을 심판하실 그때이다. 그때에 그들은 "주의 얼굴과 그의 힘의 영광을 떠나 영원한 멸망의 형벌을 받으리로다"(살후 1:9).

"[그러나] **너희는 나를 보리니**"(14:19). 제자들은 그리스도께서 그들에게 말씀하시고 계시는 동안 그를 보았다. 그들은 그가 죽은 자들 가운데서 다시 살아나신 후에도 그를 보았다. 그들은 그가 하늘로 오르실 때 구름이 그를 가려 보이지 않게 될 때까지 그를 보았다. 그들은 그가 하나님의 우편에 앉으신 후로는 믿음으로 그를 보았다. 왜냐하면 "오직 우리가 천사들보다 잠시 동안 못하게 하심을 입은 자 곧 죽음의 고난 받으심으로 말미암아 영광과 존귀로 관을 쓰신 예수를 **본다**"라고 기록되어 있기 때문이다(히 2:9). 사도들은 이제 그를 보고 있다. 왜냐하면 그들은 **주와 함께 있기** 때문이다. 그들은 그가 재림하실 때 그를 볼 것이다. "그가 나타나시면 우리가 그와 같을 줄을 아는 것은 그의 참모습 그대로 볼 것이기 때문이니"(요일 3:2). 그들은 완전한 통치의 시기 내내 그를 영원히 보게 될 것이다. 왜냐하면 이렇게 기록되어 있기 때문이다. "그의 얼굴을 **볼** 터이요 그의 이름도 그들의 이마에 있으리라"(계 22:4).

"**이는 내가 살아 있고 너희도 살아 있겠음이라**"(14:19). "너희의 현재의 영적 생명, 그리고 이후로의 영원한 생명은 나의 생명으로 말미암아 둘 다 안전하게 보장되어 있다. 나는 살았고 내 안에 생명을 가지고 있으며 내 원수들이 내 생명을 결코 파괴할 수 없다. 그러므로 나는 영원토록 살 것이다. 그러니 너희도 또한 살게 되리라. 너희의 생명은 영원히 안전하게 보장되어 있으며, 결코 파괴당할 수 없을 것이다. 너희는 이제 영원한 생명을 가지고 있으며 이후로는 영원한 영광을 얻을 것이다"(라일 주교). 그리스도께서 여기에서 말씀하신 복된 진리는 서신서들에 충분히 설명되어 있다. 거기에서 성령께서는 우리에게 이렇게 알려 주신다. 즉 믿는 자들은 그리스도와 절대적으로 하나로 연합되어 있기 때문에, 예수께서 다시 살아나셔서 아버지의 보좌에 앉으셨을 때 취하사 완전하게 누리기 시작하신 거룩하고 복된 생명을 그와 함께 나누게 될 것이다.

"**그 날에는 내가 아버지 안에, 너희가 내 안에, 내가 너희 안에 있는 것을 너희가**

알리라" (14:20). "그 날" 은 우선 그리스도께서 영적으로 제자들에게 오셨을 때인, 즉 그들을 단순히 방문하러 오신 것이 아니라 그들과 함께 그들 안에 거하시기 위해 오신 오순절을 가리킨다. 그 때 그들은 그들의 생명이 그와 하나라는 것을 알게 되었다. 그러나 "그 날" 이 궁극적으로 가리키고 있는 바는 의심할 여지 없이 그가 영광스럽게 현현하실 그 날을 가리킨다. 그 때 우리는 그가 우리를 알고 계시듯 그를 알게 될 것이다.

요한복음 14장의 종반부를 위하여 아래의 질문들을 제시하는 바이다.

1. 그리스도께서는 자신을 어떻게 우리에게 "나타내시는가" (21절)
2. 21절의 "계명" 과 23절의 "말" 은 서로 어떻게 다른가?
3. 27절의 두 가지 "평안" 은 어떤 것인가?
4. 아버지는 그리스도보다 어떻게 "더 크신가?" (18절)
5. 29절에서는 무엇을 "믿게" 하려 함인가?
6. 30절은 무슨 뜻인가?
7. 31절 마지막 문장의 영적 의미는 무엇인가?

제50장

제자들을 위로하시는 그리스도

❸

²¹나의 계명을 지키는 자라야 나를 사랑하는 자니 나를 사랑하는 자는 내 아버지께 사랑을 받을 것이요 나도 그를 사랑하여 그에게 나를 나타내리라 ²²가룟인 아닌 유다가 이르되 주여 어찌하여 자기를 우리에게는 나타내시고 세상에는 아니하려 하시나이까 ²³예수께서 대답하여 이르시되 사람이 나를 사랑하면 내 말을 지키리니 내 아버지께서 그를 사랑하실 것이요 우리가 그에게 가서 거처를 그와 함께 하리라 ²⁴나를 사랑하지 아니하는 자는 내 말을 지키지 아니하나니 너희가 듣는 말은 내 말이 아니요 나를 보내신 아버지의 말씀이니라²⁵내가 아직 너희와 함께 있어서 이 말을 너희에게 하였거니와 ²⁶보혜사 곧 아버지께서 내 이름으로 보내실 성령 그가 너희에게 모든 것을 가르치고 내가 너희에게 말한 모든 것을 생각나게 하리라 ²⁷평안을 너희에게 끼치노니 곧 나의 평안을 너희에게 주노라 내가 너희에게 주는 것은 세상이 주는 것과 같지 아니하니라 너희는 마음에 근심하지도 말고 두려워하지도 말라 ²⁸내가 갔다가 너희에게로 온다 하는 말을 너희가 들었나니 나를 사랑하였더라면 내가 아버지께로 감을 기뻐하였으리라 아버지는 나보다 크심이라 ²⁹이제 일이 일어나기 전에 너희에게 말한 것은 일이 일어날 때에 너희로 믿게 하려 함이라 ³⁰이 후에는 내가 너희와 말을 많이 하지 아니하리니 이 세상의 임금이 오겠음이라 그러나 그는 내게 관계할 것이 없으니 ³¹오직 내가 아버지를 사랑하는 것과 아버지께서 명하신 대로 행하는 것을 세상이 알게 하려 함이로라 일어나라 여기를 떠나자 하시니라(요 14:21-31)

요한복음 14장의 마지막 부분을 아래와 같이 분석해 본다.

1. 그리스도께서 믿는 자에게 자기를 나타내실 것임(21절)

2. 당혹한 유다(22절)

3. 그리스도의 설명(23-25절)

4. 성령의 임무(26절)

5. 그리스도께서 주시는 선물인 평안(27절)

6. 제자들의 그리스도에 대한 사랑의 실패(28, 29절)

7. 이 세상 임금과의 투쟁이 다가오고 있음(30, 31절)

이 유월절 설교의 첫 부분에서 그리스도께서 행하고자 하신 중심적인 목적은 슬퍼하는 제자들을 **위로**하시는 것이었다. 그리고 요한복음 14장 마지막에 이르기까지 그 내용이 계속되고 있다. 우리는 이 사실을 27절을 통해 분명히 알 수 있다. "너희는 마음에 근심도 말고 … ." 여기에서 주님은 그가 첫 구절에서 말씀하셨던 것을 반복하시며 거기에 이렇게 덧붙이신다. "너희는 두려워하지도 말라." 유월절 설교의 전반부는 14장 마지막에서 끝나고 있다. 그것은 그 마지막 말씀을 보면 분명히 알 수 있다. "일어나라 여기를 떠나자." 주님께서 사도들에게 제시하신 위로의 근거들은 아주 많고 다양하다. 첫 번째로, 그는 그들에게 그가 아버지 집으로 가시려 한다고 확언해 주셨다. 두 번째로, 그는 거기에서 그들이 올 데를 예비해 두리라고 확언해 주셨다. 세 번째로, 필요한 준비가 완성될 때 그가 강림하셔서서 그들을 그리로 데려가겠다고 확언해 주셨다. 네 번째로, 그는 그들을 위하여 길을 열어 두셨고 그들로 하여금 그 길을 알게 하셨으며, 그들에게 그 길을 따라가는 데 필요한 힘을 주시겠다고 확언해 주셨다. 다섯 번째로, 그는 그들에게 부여해 주었던 기적의 능력을 그들에게서 거두어 가지 않으시고 오히려 훨씬 더 큰 일들을 행할 수 있게 해주리라고 확언해 주셨다. 여섯 번째로, 그가 그들에게 행하라고 요청하신 일을 수행하는 데 있어서 그들이 필요로 하는 것은 무엇이든지 그의 이름으로 구하는 즉시 얻게 되리라고 확언해 주셨다. 일곱 번째로, 또 다른 신적 위격께서 그를 대신하여 보내지셔서서 그들을 가르치고 인도하시고 보호하시며 위로하시는 자로서 일하시리라고 확언해 주셨다. 여덟 번째로, 그들을 "고아들처럼 버리시는" 것이 아니라 그가 영원한 생명을 가지고 그들에게로 돌아오셔서서 그들과 그 생명을 함께 누리게 되리라고 확언해 주셨다. 아홉 번째로, 곧 다가오는 날에는 그들이 아버지와 아들과 그 자녀들이 누리는 생명이 하나라는 것을 알게 되리라고 확언해 주셨다.

그리고 우리가 지금 고찰하려는 구절들에서 주님께서 위로의 근거 등을 덧붙여 말씀하시는 것을 발견할 수 있다. 열 번째로, 그는 계명을 지키는 자들에게 자신을 나타내실 것이다. 열한 번째로, 그의 말을 지키는 자는 아버지의 사랑을 받을 것이다. 열두 번째로, 성령께서 그리스도가 그들에게 말씀해 주셨던 모든 것을 기억나게 해 주실 것이다. 열세 번째로, 그리스도께서 그들에게 평안을 주셨다. 열네 번째로, 그가 그의 평안을 그들에게 주셨다. 그리스도께서 "너희는 마음에 근심도 **말고** 두려워하지도 말라"고 말씀하신 것은 조금도 이상할 것이 없다!

"나의 계명을 지키는 자라야 나를 사랑하는 자니 나를 사랑하는 자는 내 아버지께 사랑을 받을 것이요 나도 그를 사랑하여 그에게 나를 나타내리라"(14:21). 우리는 보통 한 구절 안의 여러 개의 문장들을 설명할 때 배열되어 있는 순서대로 다룬다. 그러나 우리는 이 예를 설명할 때에는 그러한 통례적인 방법을 피해야 한다. 여기에서는 다소 주제별로 다루어야 한다. 이 구절에서 가장 중요한 문장은 마지막 것이다. 거기에서 구주께서는 순종하는 신자에게 자기 자신을 나타내리라고 약속하셨다. 이제 참된 그리스도인이 가장 크게 소망해야 할 것은 바로 주 예수께서 개인적으로 나타내 주심을 보는 것이다. 이것과 비교할 때 그 밖의 모든 축복은 부차적인 것에 지나지 않는다. 이것을 단순하게 이해하기 위해 다음의 질문에 답하도록 해보자. 구세주께서는 이제 자신을 어떻게 "나타내시는가?" 그러한 나타내 주심의 "효과"는 무엇인가? 그것을 위해 내가 충족시켜야 할 조건은 무엇인가?

주 예수께서는 이제 어떤 방법으로 자기를 나타내시는가? 그것이 **육체적으로가** 아님은 새삼 언급할 필요가 없을 것이다. 그것은 육체를 입고 인간들 사이에 거하시는 **말씀**이 더 이상 아니다. 그는 도마에게 "네 손가락을 이리 내밀어 내 손을 보고 네 손을 내밀어 내 옆구리에 넣어 보라"고 말씀하셨거니와. 그러나 이제는 더 이상 그렇게 말씀하지 않으신다(요 20:27). 그는 더 이상 우리의 육체적인 눈에는 보이지 아니할 것이다(요일 1:1). 우리가 지금 고찰하고 있는 그리스도의 약속은 **환영**을 통해서 실행되는 것이 아니다. 우리는 야곱이 벧엘에서 본 환영을 상기할 수 있다. 그 때 사다리가 땅에서 하늘까지 놓이고 그 위를 하나님의 사자들이 오르내리고 있었다. 또 우리는 이사야에게 보여주신 놀라운 환영을 상기할 수 있다. 그 때 그는 주께서 보좌에 앉아 계시고 그 앞에서 그룹들이 "거룩하시다, 거룩하시다, 거룩하시다"라고 외치고 있는 것을 보았다. 그러나 주께서 그의 백성에게 오시리라고 약속하신 것은 환영이나 꿈을 통해 실행되는 것이 아니다. 그렇다면 어떻게 이루어질 것인가? 그것은 우리에게 자신을 **영적으로** 현현(顯現)해 주심으로써 이루어진다. 그것은 구주의 존재하심과 가까이 계심을 생생하게 깨닫는 것이며, 좀 더 심오하고 변함없는 의미로 말하자면, 그의 은혜와 사랑을 눈으로 보듯 깨닫는 것이다. "성령의 힘으로 말미암아 그리스도께서는 그의 말씀을 매우 명료하게 만드신다. 그래서 우리가 그것을 읽을 때 우리로 하여금 그가 가까이 계시는 것처럼 느끼게 해준다. 예수의 일대기는 이런 방식으로써 귀중한 실재가 된다. 우리는 그의 형상을 보며 또 **그의** 말씀을 듣는다." 성육신하신 **말씀**께서 마음에 자기 자신을 "나타내 주시는" 것은 바로 기록된 말씀을 통해서이다!

그리스도의 그러한 현현은 영혼에 어떤 **영향**을 끼치는가? 무엇보다도 그는 친히 우리에게 복되고 영광스러운 실재가 되신다. 그러므로 그러한 경험을 하도록 허락받은 자는 욥처럼 이렇게 말할 수 있다. "내가 주께 대하여 귀로 **듣기만 하였사오나 이제는** 눈으로 **주를 뵈옵나이다**"(욥 42:5). 그러한 사람은 이제 그의 인격의 뛰어난 아름다움과 영광을 알아본다. 그리고 "왕은 인생보다 더 아름다우시다"라고 외칠 것이다. 그리스도의 이 같은 현현을 통해 우리는 그의 **은혜**를 **확신**하게 된다. 이제 우리는 그가 (성경을 통하여) "아버지께서 나를 사랑하신 것처럼 나도 **너희**를 사랑하였다"고 말씀하시는 것을 들을 수 있다. 그리고 우리는 "나의 사랑하는 분은 나의 것이요 나는 그의 것이라"고 응답할 수 있다. 그리스도의 이러한 현현은 또한 우리가 시험에 처했을 때 "**위로**와 **지지**를 해주시는 것이다. 특히 그 특성으로 인하여 인간의 동정과 사랑이 미치지 못하는 그러한 시험에서, 예를 들면, 예수께서 그토록 통렬하게 겪으셨던 저버림과 외로움 같은 시험에서 위로와 지지를 해주는 것이다. 마음의 시험, 가정 내의 시험, 너무나 은밀해서 다른 사람에게는 차마 말할 수 없는 사적인 슬픔들, 이 모든 시험들에 처했을 때 우리를 지탱해 줄 수 있는 것은 그분의 임재가 부여해 주는 동정 외에는 아무 것도 없다." 하나님의 아들이 불타는 용광로에 던져진 세 사람의 신실한 히브리인들에게 자기를 나타내 주셨던 것처럼 이제 그는 시험과 고통에 처한 자들에게 와 주신다. 그와 마찬가지로 우리는 구주께서 오시기 전에 최후의 큰 시련을 통과해야만 한다. 그러면 우리는 더 이상 이 세상의 친구에게 의지하지 않을 것이다. 반대로 우리는 다윗처럼 이렇게 말할 것이다. "내가 사망의 음침한 골짜기로 다닐지라도 해를 두려워하지 않을 것은 주께서 나와 함께 하심이라."

구주께서는 어떤 **조건**에서 이와 같이 우리에게 가까이 오시는지 살펴보자. 분명히 모든 그리스도인 독자는 그처럼 숭고하고 복된 체험에 이르는 비결을 확보하기를 갈망한다. 이제 구주의 말씀에 귀 기울여 보자. "나의 계명을 지키는 자라야 나를 사랑하는 자니 나를 사랑하는 자는 내 아버지께 사랑을 받을 것이요 나도 그를 사랑하여 그에게 나를 나타내리라"(14:21). 우리를 구원에 이르게 하는 것은 믿음이라 할지라도 우리는 순종해야 할 필요가 있다. "믿음은 순종이라는 아름다운 꽃과 열매를 내는 뿌리이다. 복음의 지극히 숭고한 약속이 성취되는 것은 믿음이 순종을 낳을 그 때뿐이다. 즉 어떤 희생에도 불구하고 머뭇거리지 아니하고 그 길이 제아무리 거칠고 어둡다 할지라도 그만두지 않는 그러한 순종을 낳을 때, 그리고 십자가의 수치를 기꺼이 견디는 그러한 순종을 낳을 그때에만 복음의 이 지극히 숭고한 약속이 성취되는 것이다. 구주에 대한 사랑으로 인해 우리가 그의 거룩한 말씀을 지키게 될 때, 즉 그 사랑이 우리로 하여금 즉시로 거리낌 없이 주저하지 아니하고 순종하게 할 때, 그래서 전적인 자기 포기와 희생의 정신으로 '내 뜻이 아니라 당신의 뜻이 이루어지이다'라고 말하게 될 때, 그 때에 곧 회의와 어둠이, 외로움과 슬픔이 끝나게 되는 것이다! 그 때 우리는 더 이상 **부재하시는** 주님에 대해 슬퍼하지 않게 될 것이다. 그 때 우리는 보이지 아니하는 그를 보면서 모든 두려움을 뛰어넘고 모든 원수들을 이기며 걷게 될 것이다"(Inglis).

그리스도의 이러한 현현은 그를 진실로 사랑하는 자에게만 주어진다. 그리고 그를 사랑한다는 증거는 감정적인 표현으로써가 아니라 그의 뜻에 복종함으로써 나타낸다. 감정과 실천적인 사실 사이에는 큰 차이가 있다. 주님은 **불순종**의 길을 가는 자들에게는 자신을 직접적으로 그리고 특별하게 나타내 주지 않으신다. "나의 계명을 **가지고 있는 자**"란 그 계명들을 마음에 새기고 있는 자라는 뜻이다. "그리고 그 계명을 **지킨다**"는 말은 참된 시험이다. 우리는 **듣는다**. 그러나 진정으로 **주의를 기울이고 있는가?** 우리는 **알고 있다**. 그러나 진정으로 그의 뜻을 **행하고 있는가?** "자녀들아 우리가 말과 혀로만 사랑하지 말고 **행함과 진실함**으로 하자!"(요일 3:18)

"나를 사랑하는 자는 내 아버지께 사랑을 받을 것이요." 그리스도인들은 세 가지 의미에서 아버지와 아들의 사랑이 넘치는 은혜의 대상이 된다. 첫째로, 그들은 주권적 은혜로써 영생에 이르도록 **택함 받은** 사람들이다. 둘째로, 그들은 믿음으로 말미암아 그리스도와 실제로 **연합되어 있는** 사람들이다. 그리고 끝으로, 그들은 성령의 거룩하게 하시는 사역으로 말미암아 **변화된** 사람들이다. 그리스도께서 여기에서 말쓸하신 것은 바로 마지막 의미에 해당된다. 아버지께서는 아들의 순종으로 인하여 그를 사랑하신다고 기록되어 있다(요 10:17, 18). 또한 그것과 동일한 이유로 인하여 그는 믿는 자를 사랑하신다고 기록되어 있다. 그것은 긍휼에 바탕을 둔 사랑과는 구별되는 것으로서 바로 만족에 기인하는 사랑인 것이다. 아버지께서는 그의 성육신하신 아들을 크게 기뻐하셨다. 그리고 그는 우리가 아들의 계명에 순종함으로써 아들을 영예스럽고 영광스럽게 해드릴 때 우리를 크게 기뻐하신다.

"**가룟인 아닌 유다가 이르되 주여 어찌하여 자기를 우리에게는 나타내시고 세상에는 아니하려 하시나이까**"(14:22). 이 질문은 주님께서 조금 전에 "세상은 다시 나를 보지 못할 것이로되"(14:19)라고 하셨으나, 그의 계명을 지키는 자에게 자기를 "나타내시리라"고 하셨던 말씀으로 인하여 제기된 것이다. 이것은 메시야와 그의 왕국에 관한 유대인들의 생각과 대단히 모순되는 것이었다. 그러나 유다는 하나님의 **진리**가 그것을 받아들이는 자와 거부하는 자를 **갈라놓을** 것이므로 **그의** 왕국은 "이 세상에 속하지" **않는다는** 것을(18:36) 이해하지 못하였다. 유다는 어째서 이것을 이해하지 못한 것일까? 우리는 고린도전서 2:10, 11에서 그 답변을 듣는다. 그것은 성령께서 아직 보내시지 아니하였기 때문이다.

"가룟인 아닌 유다가 이르되." "이 짤막한 삽입구 속에는 지극히 감동적인 것이 있다. 그것은 요한이 삽입시킨 짧으면서도 슬픈 구절이다. '가룟인 아닌 유다.' 우리는 가룟인 유다와 이 질문을 한 유다, 즉 배반자와 참된 사도를 잠시도 혼동해서는 안 된다. 똑같은 이름을 가졌음에도 불구하고 그들은 서로 얼마나 크게 다른가! 단지 이름만 똑같을 뿐인 사람들이 아주 많이 있다"(존 브라운)! 이 질문을 한 유다는 알패오의 아들, 야곱의 형제인 유다이다(눅 6:16).

"주여 어찌하여 자기를 우리에게는 나타내시고 세상에게는 아니하려 하시나이까." 그리스도의 제자들에게만 해당하는 그의 가르침을 입법(立法)과 사회적인 개선을 통하여 세상에게 강조하고자 하는 사람들이 오늘날 아주 많다! 유다는 육정으로 난 그리스도의 믿지 않는 형제들보다 나을 바가 조금도 없었다. 그들은 "자신을 세상에 나타내소서"라고 말하였었다(7:4). 그러나 유다는 세상과 그들 간에 이와 같은 간격이 있음에 크게 당황하였다. 유다는 실로 우둔하였다. 주께서 방금 전에 "그는 진리의 영이라 세상은 능히 그를 받지 못하나니 이는 그를 보지도 못하고 알지도 못함이라"(14:17)고 말씀하셨었다. 그런데도 유다는 알아듣지 못했던 것이다.

"예수께서 대답하여 이르시되 사람이 나를 사랑하면 내 말을 지키리니 내 아버지께서 그를 사랑하실 것이요 우리가 그에게 가서 거처를 그와 함께 하리라"(14:23). "유다가 이 세상이 어떤 것인지, 그리고 모든 인간의 마음이 본래 어떤 것인지를 알았더라면 그는 주께서 세상에게 보이지 아니하시리라는 말을 듣고 당황하는 대신, 그가 어떤 사람에게 자신을 나타내 주실 것인지를 궁금하게 여겼을 것이다"(Stier). 주께서는 여기에서 하나님은 마음으로 그를 **영접하고** 사랑하며, 그의 말에 복종함으로써 그의 사랑을 나타내는 자들하고만 친교를 나누신다는 사실을 반복하여 말씀하시고 있다. **그러면** 그는 그 보답으로 그들을 사랑해 주신다. 구약성경은 이와 동일한 것을 가르쳐 주었다. "나를 사랑하는 자들이 나의 사랑을 입으며"(잠 8:17). "사람이 나를 사랑하면 내 말을 **지키느니라**." 신생한(거듭난) 영혼들은 그들이 "지켜야 할" 한계를 지나치게 세밀하게 규정하려고 함으로써 스스로를 괴롭혀서는 안 된다. 그렇게 하도록 유혹받고 있는 자들은 요한복음 17:6을 숙고해 보기 바란다. "세상 중에서 내게 주신 사람들에게 내가 아버지의 이름을 나타내었나이다 그들은 아버지의 것이었는데 내게 주셨으며 그들은 아버지의 말씀을 **지키었나이다**." 구주께서는 제자들의 모든 연약함과 실패를 완전히 아시고서 이 말씀을 하셨다는 것과 오순절이 되기 전에 말씀하셨다는 점에 주목하라!

하나님의 계명을 "지키는 것"은 그 계명을 순종하는 것이다. 그리고 순종에 있어서 가장 근본적이고 중요한 것은 바로 **마음의 원함**인 바 하나님께서는 지금까지 마음을 가장 중히 여기셨다. 다음의 두 가지 사실은 모든 그리스도인들에게 해당한다. 첫 번째, 모든 그리스도인의 마음속 깊은 곳에는 하나님을 기쁘시게 해드리고 그의 뜻을 행하여 그의 말씀대로 충실하게 따라 걷고자 하는 강렬하고 확고한 열망과 염원이 있다. 그러나 이 열망은 어떤 사람에게서는 다른 사람보다 강하게 나타날 **수도 있다**. 그리고 우리들 각자의 경우에도 그 열망이 다른 때보다 더 강력하게 나타나는 어떤 때가 있다. 그럼에도 불구하고 열망은 마음에 있다! 그러나 두 번째, 참된 그리스도인이라 할지라도 이 열망을 완전하게 **실현시키지는** 못한다는 점이다. 모든 참된 그리스도인은 사도 바울처럼 이렇게 말해야 한다. "내가 이미 얻었다 함도 **아니요** 온전히 이루었다 함도 아니라 오직 내가 그리스도 예수께 잡힌 바 된 그것을 잡으려고 달려가노라"(빌 3:12).

필자는 그리스도께서 여기에서 말씀하신 것은 바로 이 **마음**의 순종, 그의 뜻에 완전하게 일치하려는 이 **내적인** 열망이라고 생각한다. "사람이 나를 사랑하면 내 말을 지키느니라." 모든 참된 신자는 그리스도를 사랑한다. 그러므로 모든 참된 신자는 그의 말을 "지킨다." 그것도 이와 같이 규정된 의미에 있어서의 그의 말을 지키는 것이다. 하나님께서는 마음을 보신다. 그와 반대로 우리는 항상 **외양**에 전념한다. 이 점에 대해 거듭 귀 기울여야 한다.

우리의 **행동**을 엄격히 조사해 볼 때, 우리는 정직하다면, 우리가 "그의 말을" 매우 불완전하게 "지킨다"는 것을 인정해야만 한다. 그렇다, 필자가 보기에 우리에게는 그의 말을 완전하게 "지켜" 왔다고 말할 자격이 없다고 생각된다. 그러나 주께서는 그 행동의 **이면**을 보시며 우리 속에 있는 그 열망을 알고 계신다. 요한복음 21장의 베드로의 경우가 아주 적절한 예이다. 그리스도께서는 그에게 "네가 나를 사랑하느냐?"고 세 번 물으셨다. 그 때 그 제자는 "주님 **모든 것을** 아시오매 내가 주님을 사랑하는 줄을 **주님께서** 아시나이다"(21:17)라고 대답하였다. 즉 '나의 수치스러운 **행동**과 나의 사랑은 모순된 것이었나이다. 나의 동료 제자들이 나를 의심하는 것도 당연합니다. 그러나 마음을 살피시는 주께서 더 잘 아시고 계십니다'는 의미일 것이다. 어떤 면으로 볼 때 모든 것을 밝히시고 드러내시는 분께 **아무 것도** 숨길 수 없다는 것을 기억하는 것은 지극히 엄숙하고 엄중한 일이다. 그러나 다른 면으로 볼 때 그는 종종 나의 행동을 스스로도 알 수 없을 때, 그리고 나의 동료 신자들도 그것을 알 수 없을 때 내 마음속에서 그에 대한 참 사랑과 그를 기쁘고 영광스럽게 해드리려는 참된 열망을 보실 수 있다는 것을 깨닫는 것은 지극히 복되고 위로가 되는 일이다.

독자들은 필자가 여기에서 반(反)율법주의자의 방종에 빠져들고 있다거나 또는 외적인 생활 따위는 전혀 중요시하지 않는다고 성급한 결론을 내려서는 안 된다. 또 다른 주제를 다루고 있는 말씀을 들어보면, "마음에 **원하던 것과 같이 완성하되** 있는 대로 하라"(고후 8:11). 사도 바울은 자기가 "이미 얻은" 것이 아니라는 것을 인정하였음에도 불구하고 계속하여 "좇았다." 그리스도에 대한 사랑이 있다면 우리가 그를 슬프게 해드렸다는 것을 알 때 (베드로가 그랬던 것처럼) 비통한 슬픔에 빠지지 않을 수 없다. 뿐만 아니라 우리는 우리 죄를 진실하게 고백할 것이며, 은혜로써 우리로 하여금 그가 명하신 바를 행할 수 있게 해달라고 열렬하게 간구하게 될 것이다. 그럼에도 불구하고 **진리**이신 분께서 절대적으로 그리고 아무런 제한도 가하지 아니하고 "사람이 나를 사랑하면 내 계명을 지키느니라"고 선포하신 것을 아는 일은 지극히 복되다. 그리고 요한복음 17:6에 비추어 볼 때, 이 말은, 가장 우선적이고 절대적으로는 그의 마음에 원함이 있어야 하고, 이차적이고 상대적으로는 그의 행동이 따라야 한다는 뜻이다.

주님께서 14:21에서 사용하신 것과 다른 용어로 여기에서 말씀하시고 있음에 주목해야 한다. 그것은 사소하지만 대단히 중요한 변화이다. 14:21에서 그는 "나의 **계명**을 지키는 자"라고 말씀하셨다. 그런데 여기에서는 "사람이 나를 사랑하면 내 **말**을 지키느니라"고 말씀하신다. 이것은 헬라어에서는 단수로 표현되어 있다. "이 차이는 매우 아름다우며 실제적으로 대단히 중요하다. 그것은 우리가 주의를 기울이는 정도와 밀접한 관계가 있다. 표면적으로 볼 때 비교적 순종하고 자의(自意)나 또는 세속성을 나타내지 않는 사람일지라도 그의 말을 실행하는 데에는 어떤 계명이 항상 불가피하게 필요하다. 사람들은 '내가 이것을 **행해야만 하는가?** 거기에 어떤 해로움이 있지 않을까?' 라고 묻는다. 그러한 사람들에게는 주님의 뜻은 단지 계명의 문제일 뿐이다. 이제 그들에게는 주님의 권위의 표현인 계명들이 주어진다. 그것들은 가혹한 것은 아니다. 그러나 그와 달리 마음으로 주님을 깊이 사랑하는 자들에게는 그의 '말씀'이 그의 뜻을 충분히 나타내 준다. 일반적인 부모와 자식 간의 경우에서도 그것을 볼 수 있다. 우리가 익히 알고 있는 것처럼, 순종하는 자녀는 어머니가 한 마디도 안하여도 그 어머니의 소망을 파악한다. 그와 마찬가지로 주를 깊이 사랑하는 자는 예수의 말씀이 어떤 것이라 할지라도 그것에 귀 기울이며 마음과 생활로 그것에 순종한다"(W. Kelly).

"그리스도께서 그들에게 단언하시고 있는 것처럼 우리는 모든 참된 그리스도인들에게서 두 종류의 사랑의 특성 중 어떤 것을 발견하게 된다. 그들은 대제사장 집 마당에서의 베드로처럼 대단히 모순된 영향력에 짓눌리기 때문에 모든 것을 다 아시는 그분만이 거짓된 것 아래 감추인 참된 제자를 알아내실 수 있다. 우리들 모두에게는 참된 것뿐만 아니라 거짓된 것이 들어 있다. 슬프게도 많은 사람들에게는 거짓된 것이 극에 다다라 있다. 그 결과는 아주 분명하다. 주님께서 말씀하신 축복은 그가 여기에서 그것을 연관시켜 두신 것, 즉 그의 말을 지키는 것에 따라 부여된다. 우리는 우리가 그 특성에 응하는 것에 비례하여 축복을 받는다는 것을 발견한다. 이렇게 생각해 볼 때 우리는 별 어려움 없이, 단지 '계명'을 지키는 사랑과 비교하여 그리스도의 '말'을 지키는 사랑이 좀 더 심오하다는 것을 알 수 있다. 절대적인 명령을 지키지 않는 것은 분명하고 지독한 거역일 뿐 그 외의 아무 것도 아니다. 마음과 양심으로 사랑의 호소에 기꺼이 응답하지 않는 자들에게는 그의 말이 절대적인 권위를 가진 것이 아니다. 그러나 그렇다 할지라도 그의 '말'은 [그의 계명보다] 좀 더 광범위한 것이다"(*Numerical Bible*). 나는 **친구에게** 명령하지는 않는다. **그는** 나의 **말로** 내 마음을 안다. 그리고 그것에 따라 행동한다. 친구에게 하는 말 한 마디가 거리감이 있는 사람에게 하는 백 마디의 명령보다 더욱 중요하다! **하인**은 내 명령을 받고 그 명령에 복종한다. 그러나 그는 내 마음을 알지 못한다. 반면에 나의 **친구**는 나의 가장 깊은 생각까지도 다 알고 나와 함께 동행한다. 우리도 이와 같은 경우가 아니겠는가? 우리는 우리를 종이 아니라 **친구**로 부르시는 분과 함께 걷고 있지 아니한가? 요한복음 15:15을 보라!

　"내 아버지께서 그를 사랑하실 것이요 우리가 그에게 가서 거처를 그와 함께 하리라"(14:23). 14:21의 그의 "계명"과 14:23의 그의 "말" 사이에는 현저한 차이가 있다. 그와 마찬가지로 전자를 지키는 것과 후자를 지키는 것에 상대적으로 부여되는 축복 사이에도 큰 차이가 있다. 전자에게 그는 자기 자신을 그들의 마음에 **나타내 주시리라**고 약속해 주셨다. 후자에게는 아버지와 그가 오셔서 그러한 영혼과 **거처를** 함께 하시리라고 말씀하신다. "거한다"는 것은 요한의 기록 전체를 통하여 **사귐**을 의미한다. **우리의** 사귐은 아버지와 및 아들과 함께 하는 것일 뿐만 아니라(요일 1:3), **말씀**에 진실하게 귀 기울이는 자를 향하는 것이기도 하다. **그들은**[아버지와 아들] 그에게로 오셔서 그와 친교를 나누실 것이다. 이것이 곧 사랑이 넘치는 순종의 보상이다. 그 "결과는 '하나님께 속한 자'에게 성경이 권능 있음을 밝히 드러내 줄 것인 바 성경은 성경이 그들에게만 적절하리라고, 즉 '그들만이 모든 선한 일을 철저하게 행할 수 있으리라'고 약속하고 있다. 철저하게 하나님을 위하는 자 이외에 누가 하나님께 속한 자이겠는가? 그리고 자기의 지식을 주신 분 앞에서 정직하게 그것을 사용하고자 하는 자 이외에 누가 이런 식으로 그것을 받게 되리라 기대할 수 있겠는가? 필자가 여기에서 인용한 바로 그 구절들을 통해 우리는 그 유익을 어디에서 발견할 수 있는지를 상기하게 된다. '모든 성경은 교훈과 책망과 바르게 함과 의로 교육하기에 유익하다.' 책망과 바로잡음을 받아들이려 하지 않는다면 그 나머지 것들에 대해 말하는 것이 무슨 소용이 있겠는가?"(*Numerical Bible*)

　"나를 사랑하지 아니하는 자는 내 말을 지키지 아니하나니"(14:24). 이것은 유다에게 하신 마지막 말씀이다. "세상"과 "그리스도의 제자들"은 "나를 **사랑하는** 자"와 "나를 사랑하지 **아니하는** 자"라는 말을 통해 분명하게 구분되어 있다. 지극히 아름다우신 분을 사랑하지 아니하는 것은 **증오** 때문이다. 그 밖에 다른 대안이 없다. 구약 시대에 여호와께서는 그를 **증오한** 선조들의 불법을 인하여 그 후손의 삼사 대에 이르기까지 저주를 내리셨다. 그러나 그를 **사랑하고** 그의 계명을 지킨 자들에게는 그 후손의 수천 대에 이르기까지 자비를 보이시리라고 선포하신 바 있다(출 20:5, 6). **무관심**인 듯이 보이는 것은 실제로 **증오**이다. 그리스도와 **함께** 하지 아니하는 자는 모두 그를 **반대하는** 자이다(눅 11:23).

"나를 사랑하지 아니하는 자는 내 말을 지키지 아니하나니." 용어의 변화에 주목하라. 앞 구절에서는 그리스도를 사랑하는 자는 그의 말(Word)을 지킨다고 되어 있다. 여기에서는 그를 사랑하지 아니하는 자는 그의 말(saying, 또는 words)을 지키지 아니한다고 되어 있다. 어째서 이런 변화가 생긴 것일까? 왜냐하면 불신은 개별적인 **말씀들을 통일성 있게** 결합시키는 것이 아니라 그것들을 해산시켜서 처리하기 때문이다. 참된 신자는 하나님의 모든 말씀들 중에서도 하나의 **말씀**에, 즉 말씀이신 그분께 귀를 기울인다. 그러나 불신자들은 귀를 기울이지 아니한다! 어떤 불신자는 그리스도의 말씀들 중 **일부**를 정책과 사려 분별의 문제로 받아들여 지키기도 한다. 왜냐하면 그 말씀들이 자기가 판단하기에 좋은 인상을 주기 때문이다. 그러나 그에게 거슬리거나 비실제적이거나 가혹해 보이는 다른 말씀들은 귀중하게 여기지 않는다. 그가 그리스도를 사랑한다면 그는 그의 말씀 전체를 귀중하게 여길 것이다. 그러나 그는 그리스도를 사랑하지 않는다. 그러므로 그는 그의 말씀들을 지키지 않는 것이다.

"너희가 듣는 말은 내 말이 아니요 나를 보내신 아버지의 말씀이니라"(14:24). 이와 같이 주님께서는 **말씀**을 확대시킴으로써 이 주제의 결론을 맺으신다. 이것이 "어찌하여 자기를 우리에게는 나타내시고 **세상에게는 아니하려** 하시나이까?"라는 질문에 대한 최종적인 답변이라는 점을 다시 한 번 지적하는 바이다. 세상은 **나를** 믿는가? 세상은 **나를** 사랑하는가? 세상은 **내** 계명을 지키는가? "주님께서는 이렇게 해서 제자들을 방해하는 세 개의 걸림돌을 처리하셨다. 즉 모든 것을 자기의 본성적 이해력으로만 알려고 한 도마의 잘못, 외적인 감각으로 볼 수 있는 현현을 열망한 빌립의 잘못, 그리고 온 세상을 너무나 쉽게 하나님의 나라로 받아들이려 한 유다의 잘못 — 이것이 그 세 가지 걸림돌이었다"(랑게).

"내가 … 너희에게 하였거니와"(14:25). 이 바로 앞 구절에 비추어 볼 때 우리는 이 구절의 의미를 다음과 같이 이해할 수 있다. 나는 내가 곧 떠나리라는 것을 말하였다. 내가 너희와 함께 있기 때문에 너희는 이것들을 듣고도 거의 아무런 인상도 받지 아니하였다. 그러나 성령께서 오시면 너희는 그 말의 의미와 복됨을 더 잘 이해하게 될 것이다.

"보혜사 곧 아버지께서 내 이름으로 보내실 성령 그가 너희에게 모든 것을 가르치고 ”(14:26). 이것은 성령의 신적 위격에 대한 명백한 증거를 내포하고 있는 많은 구절들 중의 하나이다. 단순한 추상적인 힘은 **가르칠** 수 없다. 게다가 “**그가** 너희에게 모든 것을 가르치시리라”는 말에는 남성대명사가 사용되어 있는 바, 그 말은 실제 **사람** 이외에는 어느 것에도 사용할 수 없는 것이다. 보혜사는 아버지에 의해 보내지신다. 그러나 **그리스도의 이름으로** 보내지신다. 우리는 이 말을 요한복음 5:43과 관련지을 때 그 의미를 가장 잘 이해할 수 있다. 구주께서 **아버지의 이름으로** 보내지신 것처럼 성령께서는 아들의 이름으로 보내지신 것이다. 다시 말해서, 성령께서는 아들 대신에, 아들을 위하여 아들의 권능을 입고 보내지신 것이다. 아들이 **그** 아버지를 **알았던** 것처럼 성령께서도 그리스도의 일을 이해하시고, 그것들을 그의 백성들에게 보여주신다. 아들이 아버지를 **영광스럽게** 해드렸던 것처럼 성령께서는 그리스도를 영광스럽게 하신다. 지금까지 구주께서 그의 백성의 모든 필요를 채워 주셨던 것처럼 이제부터는 보혜사께서 그들을 위해 완전하게 채워 주실 것이다.

“그가 너희에게 모든 것을 가르치시고.” 성경의 말씀들을 절대적인 의미로 해석해서는 **안될** 때가 있는데, 이것이 그 한 예이다. 사도들이 아무런 제한 없이 모든 일을 배운다면 그들은 전능할 것이다. 그리스도께서는 성령께서 유한한 피조물이 **알 수 있는** 모든 것을 그들에게 가르쳐 주시리라는 의미로 말씀하신 것이 아니다. 그는 미래의 비밀이나 또는 자연의 불가사의한 일들을 그들에게 알려 주시지 않을 것이다. 그보다는 오히려 그들의 영적 행복을 위하여 알아야 할 필요가 있는 모든 것을 그들에게 가르쳐 주실 것이며, 특히 그리스도께서 그들에게 완전하게 또는 비유의 형태로 가르쳐 주신 것과 관련된 것을 가르쳐 주실 것이라는 의미이다. 성령께서는 주님의 말씀 중 그들이 아직은 이해할 수 없는 것들을 그들에게 밝히 알려 주실 것이다.

“**그가 너희에게 모든 것을 가르치고 내가 너희에게 말한 모든 것을 생각나게 하리라**”(14:26). 이 구절에 대한 놀라운 두 개의 예가 바로 이 요한복음에 기록되어 있다. 우리는 2:22에서 “예수께서 죽은 자 가운데서 살아나신 후에는 제자들이 이 말씀하신 것을 **기억하였더라**”는 기록을 읽을 수 있다. 또 12:16에는 이렇게 기록되어 있다. “제자들은 처음에 이 일을 깨닫지 못하였다가 예수께서 영광을 얻으신 후에야 이것이 예수께 대하여 기록된 것임과 … **생각났더라**.” 그리스도의 이 약속은 의심할 여지 없이 일반적으로는 모든 참된 그리스도인들에게 해당한다. 필자는 설교단에 오르기 직전에 성령께서 본인의 기억을 강화시켜 주셔서 내가 성경 말씀들을 인용할 때 그것들을 정확하게 기억할 수 있게 해주시기를 하나님께 수없이 기도드렸다. 그리고 고마우시게도 그는 기도에 응답해 주셨다. 필자는 동료 신자들에게 주일학교 공과를 가르치러 가기 전뿐만 아니라 잠 못 이루는 밤이나 또는 병상에 누워 있을 때에도 이 구절을 하나님 앞에 호소하며, 그의 위로를 주는 약속을 생각나게 해주시도록 간청하라고 확신하며 권하는 바이다. 또는 우리가 시험을 당할 때에도 그의 약속이 우리에게 번쩍 떠오르게 해 주시기를 간청하라고 권고하는 바이다.

　　"**평안을 너희에게 끼치노니 곧 나의 평안을 너희에게 주노라**"(14:27). 필자는 여기에 언급되어 있는 "평안"은 **두 종류**라고 믿는데, 그것은 독단적인 것이 아니라고 생각한다. 그 중 하나는 **끼친** 평안이요 또 하나는 **주어진** 평안이다. 신약 성경에 나오는 "평안"은 두 가지의 의미로 사용되어 있다. 하나는 유리(遊離)되어 있음과 비교되는 화해를 뜻하는 평안이요, 또 하나는 소요(騷擾)의 상태와 비교되는 고요의 상태를 뜻하는 평안이다. 전자는 객관적이요 후자는 주관적이다. 전자는 로마서 5:1에 언급되어 있다. "그러므로 우리가 믿음으로 의롭다 하심을 받았으니 … 하나님과 화평을 누리자" 우리에 대한 그의 거룩하신 진노와 그에 대한 우리의 사악한 반대는 영원히 끝났다. 후자의 평안은 빌립보서 4:7에 언급되어 있다. "그리하면 모든 지각에 뛰어난 하나님의 평강이 그리스도 예수 안에서 너희 마음과 생각을 지키시리라." 은혜의 보좌 앞에 자기의 마음을 완전하게 열어 놓는 자는 내적인 안식을 누린다. 그러므로 전자는 법적이요 후자는 체험적이다. "내가 너희에게 끼치는 평안"은 속죄의 결과이다. "내가 너희에게 주는 평안"은 내재하시는 성령으로 말미암아 누릴 수 있다. 전자는 양심을 위한 것이요 후자는 마음을 위한 것이다.

　　"나의 평안을 너희에게 주노니." 여기에서의 "평안"은 그리스도께서 이 세상에서 누리셨던 개인적인 평안이다. 그는 결코 환경에 의해 동요를 일으키지 아니하셨으며 아버지의 뜻을 결코 거역하지 아니하셨다. 그는 항상 하나님과 지극히 완전한 친목을 유지하셨다. 그가 여기에서 제자들에게 약속하신 평안은 그가 이루고 계신 결과로 그의 마음을 충만히 채웠던 그 평안이다. "우리는 뜻이 불안하기 때문에 평안이 깨어진다. 이것은 아버지의 뜻과의 투쟁과 그런 방식으로 얻은 듯해 보이는 모든 소유에 뒤따르는 영혼의 불만을 뜻한다. 우리가 **그의** 뜻만을 행한다면 그 결과에 관한 한 특별한 의심이 있을 수 없다"(*Numerical Bible*).

　　"**내가 너희에게 주는 것은 세상이 주는 것과 같지 아니하니라**"(14:27). 세상이 갖고 있는 평안은 천박하고 불안정하며 불만스럽고 거짓된 것이다. 세상은 평안에 대하여 **많은** 말을 한다. 그러나 평안 그 자체에 대해서는 거의 **알지** 못한다. 우리는 평화협회들, 평화 프로그램들, 평화의 궁전 그리고 평화를 도모하기 위한 국제 연맹 등을 가지고 있다. 그럼에도 불구하고 모든 열강들은 빈틈없이 무장하고 있다! "그들이 평안하다, 안전하다 할 그 때에 … 멸망이 갑자기 그들에게 이르리니"(살전 5:3). 세상의 평안은 괴물이다. 그것은 시험에서 실패한다. 세상은 평안을 주되 그가 증오하는 경건한 자들에게가 아니라 불경건한 자들에게 준다. 세상은 평안을 주되 더 이상 누리지 못하게 가져간다. 그러나 그리스도께서는 우리를 영원히 그의 것으로 삼으심으로써 평안을 주신다. 그리스도께서는 주시되 영원히 주시며, 결코 거두어가지 아니하신다.

"**너희는 마음에 근심하지도 말고 두려워하지도 말라**"(14:27). 주님께서는 슬퍼하는 제자들을 위로하는 그의 설교를 여기에서 끝마치신다. 그는 그들에게 아주 많은 위로의 근거를 제시해 주셨다. 그들의 마음은 이제 완전한 평안을 찾았어야만 했으며 그들의 생각은 계속 하나님께 향하고 있어야 한다. 이 구절은 그 설교의 첫 부분을 종결짓고 있다. 그러나 그것은 주님께서 이미 말씀하신 것을 적용시키시게 될 다음 구절들과 밀접한 관계가 있다.

"**내가 갔다가 너희에게로 온다 하는 말을 너희가 들었나니 나를 사랑하였더라면 내가 아버지께로 감을 기뻐하였으리라 아버지는 나보다 크심이라**"(14:28). 이 구절을 바로 앞 구절과 관련시킨다면 우리 주님의 참뜻은 이런 것이다. 너희가 내가 너희에게 말해 온 것을 믿기만 한다면 너희의 근심과 두려움은 사라지고 기쁨이 슬픔을 대신할 것이다. 그러나 주님께서는 "**너희가** 나를 사랑하였더라면"이라 하셨는데 그 말은 무슨 뜻일까? 그는 그들의 사랑을 순전하게 하시기 위하여 **사랑을 가르치시고 인도하시고** 있는 것이 아닐까? 그는 그들이 그를 사랑한다는 것을 알고 계셨다. 우리는 그 사실을 14:15, 21, 23에서 그가 말씀하신 것을 통해 추측할 수 있다. 그러나 그들의 사랑은 아직 완전하게 **무사무욕한** 것이 아니었다. 그들은 구속자께서 이제 곧 누리기 시작하실 하늘의 기쁨이 아니라 그들 자신의 사별(死別)에만 지나치게 마음을 쏟고 있었다. 그들이 순수한 사랑으로 그를 사랑하였더라면 그들은 그의 승천을 기뻐한 나머지 자기 자신을 망각하였을 것이다.

"아버지는 나보다 크심이라." 이것은 유일신론자들이 좋아하는 구절이다. 그들은 그리스도의 신성과 그가 아버지와 완전히 동일하시다는 것을 부인한다. 그러나 성경의 많은 구절들은 분명히 그 진리를 가르쳐 주고 있다. 자기들이 신성모독적인 이단론을 지지하기 위하여 우리 주님의 이 말씀을 사용하는 자들이 이 말씀을 그 문맥에서 따로 떼어내 왜곡시킨다. 그리고 그 구절들과 관련되어 있는 문맥을 완전히 무시한다. 구주께서는 방금 사도들에게 그가 아버지께로 가려하시는고로 그들이 기뻐해야만 한다고 말씀하셨다. 그리고 그 이유를 "아버지는 나보다 크심이니라"라고 제시하신다. 우리가 이 사실을 명확하게 기억한다면 모든 어려움이 사라질 것이다. 아버지가 그리스도보다 크시다는 것은 제자들이, 주님이 아버지께로의 가심을 기뻐해야 하는 **이유**로서 제시된 것이다. 이것은 또한 "더 크다"는 논란을 일으켜 온 말의 의미를 분명하게 규정지어 준다. 그리고 여기에서 그 말이 어떤 의미로 사용되었는지를 보여준다. 구주께서 아버지와 자기 자신을 대조시킨 것은 **본성**에 관해서가 **아니라** 그 직무의 특성과 신분에 관해서이다.

그리스도께서는 그 본질적 존재에 있어서의 자기 자신을 언급하신 것이 아니라. "하나님과 **동등하기**"를 고집하지 아니하신 분께서는 종의 형상을 취하셨다. 그뿐만 아니라 인간과 같은 모습을 취하셨다. 이 두 가지 의미에 있어서, 다시 말하면, 그의 직무적 신분(중보자로서의)과 그가 인간 본성을 취하신 점에 있어서 그는 아버지보다 못하셨다. 이 설교 전체와 다음에 나오는 17장의 기도에서 주 예수께서는 자신을 아버지의 종이라고 표현하신다. 그는 아버지께로부터 직무를 위임받으셨고, 그에게 그 결과 보고를 하셔야 하기 때문이다. 그리고 그는 아버지의 영광을 위하여 일하셨고 아버지의 권능으로 말씀하셨기 때문이다. 그러나 아들이 아버지보다 못하신 좀 더 적절한 다른 의미가 있다. 그는 성육신하셔서 인간 사이에 거하셨을 때 자신을 낮추어 가장 고통스러운 형태의 수치와 수난을 택하심으로써 지극히 크게 겸손을 취하셨다. 그는 이제 머리 둘 곳조차 없는 인자이다. 그는 부요하셨으나 우리를 위하여 가난하게 되셨다. 그는 **질고를 아는 자**, 즉 슬픔을 익히 아시는 자였다. 이 관점에서 그리스도께서는 하늘의 지성소에 계신 아버지의 상태와 자신의 **상태**를 비교하신 것이다. 아버지께서는 가장 높은 위엄의 보좌에 앉아 계신다. 그의 영광의 광채는 결코 가리워지지 아니한다. 그는 끊임없는 찬양으로 그를 예배하는 거룩한 존재들에 둘러싸여 계신다. 그것은 성육신하신 아들의 상태와는 아주 다른 것이다. 성육신하신 아들은 인간에게 저버림받고 거부당하셨으며, 무자비한 원수들에게 둘러싸여 있었고, 머지않아 죄인의 십자가에 못 박히게 될 실정이었다. **이** 의미에서도 아들은 아버지보다 못하셨다. 이제 아들이 아버지께로 가면 그는 크게 개선된 상태를 누리실 것이다. 그것은 형언할 수 없이 증진된 상태이다. 이와 같이 아들의 비하를 취하신 현재의 상태와 장차 아버지께로 올라가신 후의 상태는 대조적인 것이다! 그러므로 그를 진정으로 사랑하는 자는 그가 아버지께로 가시**리라는** 소식을 듣고 기뻐했어야만 했다. 왜냐하면 아버지는 아들보다 크시기 때문이다. 즉 그 직무적인 신분과 주변 환경에 있어서 더 크시기 때문이다. 그리스도께서는 자기의 신분을 종이라 **자인하시고** 그를 보내신 분을 **확대시킨** 것이다.

"**이제 일이 일어나기 전에 너희에게 말한 것은 일이 일어날 때에 너희로 믿게 하려 함이라**" (14:29). "무엇을 믿게 하려 함일까? 우리는 당연히 그렇게 묻지 않을 수 없다. 이 질문에 대한 답변은 유다의 배반과 관련된 병행구에서 발견된다. '지금부터 일이 일어나기 전에 미리 너희에게 일러둠은 … 믿게 하려 함이로라' (13:19). 즉 내가 메시야인 줄, 하나님의 기름부음을 받은 자요, 자격을 받고 약속되었으며, 인정된 구주인 줄 믿게 하려 함이다. 그리고 물론 내가 너희에게 가르친 **모든** 것이 의심할 여지 없이 진실이며, 내가 약속한 모든 것이 절대적으로 확실한 것인 줄 믿게 하려 함이다. 제자들은 진정 이것을 믿었다. 그러나 그들의 믿음은 연약하였다. 그래서 그 것이 옳음을 입증할 필요가 있었다. 그래서 그들의 믿음은 가혹한 시련에 맡겨져야만 했으며 뒷받침받을 필요가 있었다. 이 사건들이 일어나기 전에 그가 그것들을 선포하신 것은 그들의 믿음에 필요한 확증과 뒷받침을 제공하는데 가장 적절한 것이었다" (존 브라운).

"**이 후에는 내가 너희와 말을 많이 하지 아니하리니**" (14:30). 잠시 후에 그는 그들로부터 떠나실 것이다. 그래서 모든 일 중에서도 가장 큰 일을 수행하실 것이다. 그가 그들과 많은 말을 할 수 없으리라고 상기시키심은 그가 지금까지 말한 것과 이제 곧 말하게 될 것을 그들이 거듭하여 숙고하는 것이 매우 중요하다는 암시이셨다. 이 것은 그가 비하를 취하신 신분으로 말씀하신 마지막 설교였다. 그리고 불과 몇 시간 후에 그들은 용기를 잃지 아니하려면 이 귀중한 약속의 지지와 위로를 주는 힘을 전적으로 필요로 하게 될 것이었다.

"**이 세상의 임금이 오겠음이라 그러나 그는 내게 관계할 것이 없으니**" (14:30). 이제 **뱀**이 여자의 **씨**에게 그 끔찍한 증오를 완전히 터뜨릴 것이다. 그는 구주의 발꿈치를 상하게 하도록 허용 받았기 때문이다. 우리로서는 이 구절이 뜻하는 바를 모두 다 이해할 수 없다. 사탄은 동산에서 그의 공격을 시작해서 빌라도를 시켜 무덤을 봉하고 그 주위에 경비를 세우게 할 때까지 그 공격을 멈추지 않은 것 같다. "그는 내게 관계할 것이 없다"는 말은 그의 타고난 거룩함을 가리킨다. 그는 무죄한 자이기 때문에 마귀가 호소할 것이 그 속에 아무 것도 없다. 이것은 우리와 참으로 크게 다르다!

불이 켜진 성냥을 화약통에 던져 보라. 그러면 맹렬하게 폭발할 것이다. 그러나 그 성냥을 물통에 넣어 보라. 그러면 즉시 꺼져 버릴 것이다! "이 세상 임금이 오겠음이라 그러나 그는 내게 관계할 것이 없으니." 이 구절도 사도들을 위로하시기 위한 말씀이다. 구주께서는 다가오는 일의 결과를 보고 그들이 회의(의심)에 잠기지 아니하도록 미리 그들에게 확신시켜 주고자 하신 것이다. 그에게는 사탄이 발견할 만한 약점이 없다. 그러므로 그는 이기고도 남는 자이시다. 사탄은 노아나 아브라함, 다윗, 베드로에게서는 어떤 흠을 발견할 수 있었을 것이다. 그러나 그리스도는 "흠 **없는**" 어린 양이셨다.

"오직 내가 아버지를 사랑하는 것과 아버지께서 명하신 대로 행하는 것을 세상이 알게 하려 함이로라 일어나라 여기를 떠나자 하시니라"(14:31). 이것은 지극히 복되다. 이 구절의 마지막 문장은 이 앞 구절의 마지막 말을 상기시켜 준다. 이 세상 임금이 왔다. 그러나 **나는** 그가 나를 반대하러 오도록 내버려 둔다. 그리고 나는 그와 맞서러 간다. 그리스도께서는 뱀이 그를 붙잡도록 기꺼이 허용하심으로써 아버지에 대한 그의 사랑을 입증하셨다. 그는 사탄과 맞서러 나가셨다. 그것은 그렇게 하도록 아버지께 "명"을 받으셨기 때문이다. 이것은 그리스도께서 아버지에 대한 그의 사랑을 **언급하신 유일한** 때였다. 우리는 그 점에 주목해야 한다. 그는 여기에서 그의 아버지에 대한 사랑을 입증하는 최상의 증거를 제공하신다. 이것은 **자기의** 주님을 향한 사랑을 늘 이야기하고 노래하는 자들을 책망하고 있다! "일어나라 여기를 떠나자"라는 말을 볼 때 주님께서는 만찬 식탁에서 일어나신 것임이 분명하다. 그리고 사도들을 데리고 바깥방으로 가신 것이 분명하며, 그들은 겟세마네 동산으로 떠날 때까지 거기에 머물렀던 것 같다(18:1 참고).

요한복음 15장 첫 부분을 연구하는 독자들을 돕기 위하여 아래의 질문들을 제시하는 바이다.

1. "참 포도나무"란 무슨 뜻인가? (1절)
2. 아버지는 어떤 의미에서 그 농부이신가?(1절)
3. "아버지께서 그것을 제거해 버리시다"는 말은 무슨 뜻인가?(2절)
4. "깨끗하게 하시다"는 말은 무슨 뜻인가?(2절)
5. "내 안에 거하라"는 말은 무슨 뜻인가?(4절)
6. 5절의 마지막 문장은 무슨 뜻인가?
7. 6질에 언급된 자는 누구를 가리키는가?

제51장

참포도나무이신 그리스도

❶

¹나는 참포도나무요 내 아버지는 농부라 ²무릇 내게 붙어 있어 열매를 맺지 아니하는 가지는 아버지께서 그것을 제거해 버리시고 무릇 열매를 맺는 가지는 더 열매를 맺게 하려 하여 그것을 깨끗하게 하시느니라 ³너희는 내가 일러준 말로 이미 깨끗하여졌으니 ⁴내 안에 거하라 나도 너희 안에 거하리라 가지가 포도나무에 붙어 있지 아니하면 스스로 열매를 맺을 수 없음 같이 너희도 내 안에 있지 아니하면 그러하리라 ⁵나는 포도나무요 너희는 가지라 그가 내 안에, 내가 그 안에 거하면 사람이 열매를 많이 맺나니 나를 떠나서는 너희가 아무 것도 할 수 없음이라 ⁶사람이 내 안에 거하지 아니하면 가지처럼 밖에 버려져 마르나니 사람들이 그것을 모아다가 불에 던져 사르느니라(요 15:1-6)

우리가 여기에서 고찰하게 될 구절들을 분석해 보면 아래와 같다.

1. 포도나무와 그 농부(1절)
2. 열매를 못 맺는 가지를 제거하심(2절)
3. 열매를 맺는 가지들을 깨끗하게 하심(2절)
4. **말씀**으로 말미암아 깨끗하게 됨(3절)
5. 열매를 맺기 위한 조건(4절)
6. 그리스도인들의 절대적인 의존(5절)
7. 사귐이 끊어질 때의 결과(6절)

우리가 여기에서 고찰하게 될 구절들은 아마 모든 독자들이 익히 알고 있는 것들일 것이다. 이것들은 신약성경의 다른 구절들 못지않게 자주 읽힌다. 그러나 우리는 그 교훈을 실제로 어느 정도나 이해하고 있는가? 그리스도께서는 여기에서 어째서 자기 자신을 "포도나무"에 비유하시는가? 그 상징이 제시하고 있는 주된 사상은 어떤 것인가? 그리스도께서 "무릇 내게 있어 열매를 맺지 아니하는 가지는 아버지께서 이를 제해 버리시리라"고 말씀하신 것은 무슨 뜻인가? 여기의 "열매"란 무엇을 가리키는가? "사람이 내 안에 거하지 아니하면 가지처럼 밖에 버려져 마르나니 사람들이 그것을 모아다가 불에 던져 사르느니라"라는 말씀의 참뜻은 무엇인가? 우리는 성경의 어떤 부분을 연구하기 위해 그것에 접근할 때 몇 가지 기본적이지만 중요한 원칙을 기억해야 한다. 즉 그것들은 **누구에게** 말씀하신 것인가? **어떤** 문맥에서 그 말씀들을 하셨는가? 그 말씀의 **중심적** 주제는 무엇인가? 하는 예비적인 질문들을 먼저 해결한 후에야 비로소 그 구절들의 세부 사항을 고찰할 준비가 된 것이라 할 수 있다.

요한복음 15장에서 이 말씀의 대상은 열한 사도들이었다. 여기에서 그리스도께서 말씀하신 대상은 구원받지 못한 사람들이나 혼합된 청중이 아니라 믿는 자들이었다. 이것과 관련이 있는 문맥을 멀리서 찾아보면 13:1로 돌아가게 된다. 요한복음 13장과 14장에서 우리는 **그리스도께서** 멀리 계시는 동안에도 우리를 위하여 일하신다는 것, 즉 우리가 그와 친교를 유지하도록 해주시는 것, 즉 우리를 위하여 거처를 예비하시는 것, 성령을 통하여 우리의 모든 필요를 채워 주시는 것 등을 배운 바 있다. 요한복음 15장에서는 진리의 다른 측면이 제시되어 있다. 여기에서 우리는, 그가 계시지 아니하는 동안에도 우리가 그를 향해야만 하고, 또 그를 위하여 일해야만 한다는 것을 배운다. 13장과 14장에 들어 있는 진리는 하나님의 은혜의 값없이 주심과 그 충만하심이다. 15장에서의 그것은 열매를 맺어야 할 우리의 책임에 관한 것이다.

15장과 관련이 있는 문맥을 가까이서 찾아보면 14장의 마지막 문장, 즉 "일어나라 여기를 떠나자"이다. 그리스도께서는 조금 전에 "평안을 너희에게 끼치노니 곧 나의 평안을 너희에게 주노라"라고 말씀하셨다. 그는 만찬 식탁에 앉아 계실 동안에 이 말씀을 하셨다. 거기에서는 그의 죽음(우리의 평안의 **기초**)에 대한 상징들이 전개되어 있다. 이제 그는 식탁에서 일어나신다. 그것은 그의 죽은 자 가운데서의 부활의 전조이다. 그리고 그 직후에 그는 "나는 참 포도나무이다"라고 말씀하신다. 요한복음 14장의 마지막에서 그리스도께서는 부활에 근거를 둔 상징적인 행동을 하셨다. 그리고 여기 15장에는 그것과 완전하게 일치하는 내용이 나온다. 부활의 열매를 맺기 전에 먼저 부활 생명이 있어야만 한다. 그러므로 중심적 주제는, 어떻게 하면 구원을 얻을 수 있을까, 또는 어떻게 하면 구원을 잃게 되는가 라는 구원에 관한 것이 **아니다**. 여기에서의 중요한 주제는 열매를 맺는 것, 그리고 그 산출력의 조건들에 관한 것이다. 이 15장에는 "열매" 라는 말이 **여덟** 번 나온다. 그리고 성경에서의 8은 **부활**의 숫자이다. 그것은 새로운 시작과 관련이 있다. 그것은 **새로운 피조물**의 숫자이다. 우리가 이 사실들을 기억한다면 이 구절들의 일반적인 의미를 파악하는 데 거의 어려움이 없을 것이다.

구주께서 이 때 사용하신 상징은 사도들이 이미 아주 잘 알고 있었던 것임에 틀림 없다. 구약성경에서 이스라엘 백성은 거듭하여 "포도나무" 에 비유되었다. 포도나무의 가치는 그 열매에 있다. 그것은 실제로 그 외에 다른 목적이 없다. 포도나무는 땅에 속하는 것이다. 그리고 요한복음 15장에서의 포도나무는 **그리스도의 백성들이 땅에 있는 동안**에 그리스도와 맺고 있는 관계를 제시하기 위하여 사용되었다. 열매 맺는 가지를 가진 포도나무는 **살아 있는** 것이다. 그러므로 여기에서 구주께서는 그와 살아 있는 관계를 맺고 있는 자들을 염두에 두신 것이다. 요한복음 15장에서의 포도나무와 그 가지는 "눈에 보이는 교회" 라 일컬어지는 것을 나타내는 것이 **아니요**, 또한 그리스도인이라고 고백하는 전 영역을 포함하는 것도 아니다. 여기에서는 사망에서 **생명**으로 옮아간 자들인 **참된** 신자들만을 고려한 말이다. 2절과 6절은 이 설명과 전혀 모순되지 아니한다. 필자는 이 강해를 진행시키면서 그 사실을 밝히고자 한다.

요한복음 15장에서 "거하다" 라는 말이 매우 자주 나타나고 있다. 그것은 10절까지 열다섯 번 나온다. 여기에서의 "거한다는 것" 은 항상 사귐을 가리킨다. 그리고 거듭난 자들만이 아버지와 및 그의 아들과 사귐을 나눌 수 있다. 포도나무와 그 가지는 **일체성**, 즉 그들 모두가 함께 소유하고 있는 공동의 생명을 나타낸다. 그 가지는 나무에 전적으로 의존해야만 열매를 맺을 수 있기 때문이다. 여기에서 묘사하고 있는 관계를 살펴보면, **이 세상은** 그 영역을, 그리고 **이 생명은** 그 시기를 나타내고 있는 것을 발견한다. 우리가 많은 열매를 맺음으로써 아버지를 영광스럽게 해드려야 하는 것은 바로 여기, 그리고 바로 지금이다. 여기에 언급되어 있는 그 어떤 것도, 우리의 구원, 우리의 그리스도와의 본질적인 연합, 하나님 앞에서의 우리의 신분, 그리고 우리의 거룩한 부르심 등을 고려하고 있지 않다. 어떤 주석가들은 이 구절들에 어려운 점이 있다고 생각하는데, 그것은 그들이 이 구절과는 **관계가 없는** 위의 진리들을 끄집어 내기 때문이다.

요한복음 15장의 첫 부분이 우리 주님의 유월절 설교에서 어떤 위치를 차지하고 있는지에 관해 몇 마디 지적해야만 하겠다. 우리는 앞 장에서 주님이 떠나가신다는 말을 듣고 근심하는 제자들을 보았다. 주님은 두려워하고 슬퍼하는 제자들을 돌보시면서, 그가 떠나가신다 해도 그의 이 세상에서의 대의는 파괴되지 아니한다는 것을 그들에게 확신시켜 주셨다. 그는 결국에는 그들에게로 돌아오실 것이며, 그 기간 동안에 자신을 그들에게 나타내 주실 것이고, 또한 그와 그의 아버지께서 그들 속에 거하시리라고 약속해 주셨다. 이제 그는 나아가서 그들에게 이렇게 확신시켜 주신다. 즉 그들과 그의 **관계와** 그들 서로 간의 관계는 분리되지 아니할 것이다. 그러나 그들을 결합시켜 온 **외적인** 유대는 끊어질 것이다. **뱀**이 덮쳐옴으로 인해 양들이 흩어질 것이기 때문이다(슥 13:7). 그러나 그들과 주님 사이에, 그리고 그들 스스로 간에는 더 깊고 밀접한 유대인 **영적** 유대가 있다. 그리고 이 관계가 유지되는 한 점점 더 많은 열매를 내게 될 것이다.

이 유월절 설교의 첫 두 주요 부분은 서로 관련성이 있는데, 그리스도께서는 거기에서 우선 그의 제자들을 위로하시고, 다음으로 그들을 가르치시며 경고하신다. 우리는 그 사실을 요한복음 14장의 종결 구절들을 통하여 알 수 있다. 거기에서 그는 이렇게 말씀하셨다. "이 후에는 내가 너희와 말을 많이 하지 아니하리니 이 세상의 임금이 오겠음이라 그러나 그는 내게 관계할 것이 없으니 오직 내가 아버지를 사랑하는 것과 아버지의 명하신 대로 행하는 것을 세상이 알게 하려 함이로라." 이 구절에 비추어 볼 때 요한복음 15장은 이런 뜻을 암시하고 있다. 즉 내 아버지로 하여금 이제 나를 그의 뜻대로 처리하시게 하라(이 세상 임금이 왔으나 그는 아버지의 통치하시는 수중에 맡겨져 있는 도구일 뿐이다). 그것은 아버지를 영광스럽게 해드리는 결과를 초래할 따름이다. 밀알이 죽으면 그것은 "많은 열매"(12:24)를 낼 것이기 때문이다. 아버지의 "명하심"과 아들의 순종은 결국 열매를 냄이 목적이다. 이와 같은 추론은 자연스럽고 논리적이다.

"나는 참 포도나무요"(15:1). "참"이라는 이 말은 주 예수를 지정하고 묘사하는 다른 여러 구절에서도 발견된다. 그는 **"참 빛"**이시다(1:9). 그는 **"참 떡"**이시다(6:32). 그는 "성소와 **참** 장막에서 섬기는 이"이시다(히 8:2). 방금 인용한 구절들에서 이 형용사가 사용된 용법은 그 말의 참뜻을 결정하는 데 도움을 준다. 그것은 거짓된 것과 반대되는 참이 아니다. 그리스도는 완전하고 본질적이며 영속하시는 실재이시다. 다른 빛들은 다만 희미한 반사광에 지나지 아니한다. 다른 떡과 다른 장막들은 다만 상징과 그림자에 지나지 않는다. 특히 그리스도는 그의 선구자인 요한과 비교할 때 "**참 빛**"이시다. 요한은 "등불"(요 5:35), 또는 빛을 운반하는 자에 지나지 않았다. 그리스도는 "만나"와 비교할 때 "**참 떡**"이시다. 선조들은 광야에서 만나를 먹었으나 죽었다. 그는 모세가 지은 것과 비교할 때 "**참 장막**"에서 섬기는 이이시다. 모세의 장막은 "하늘에 있는 것의 모형과 그림자라"(히 8:5).

구약성경에 지정된 이 상징들 외에도 우리는 자연에서 상징들을 찾을 수 있다. 우리 주님께서는 "포도나무"의 상징을 일반적인 교사가 자기의 주제에 대한 예증을 끌어내듯, 많은 대상들 중에서 임의로 그것을 택하신 것이 아니다. 포도나무는 있는 그대로 그리스도와 그의 백성들이 하나님을 향해 열매를 내는 것을 나타내 주는 적절한 상징이 된다. "여기에는 이중적인 상징이 들어 있다. 그것은 우리가 '떡'에서 이중적인 상징을 발견하는 것과 마찬가지이다. 하나는 광야에서의 만나와 관련된 떡이요, 또 하나는 그 배후에 숨어 있는 일반적인 떡, 인간의 일상 음식으로서의 떡과 관련되어 있다. 포도나무 그 자체는 영적 진리를 나타내는 이 세상의 모형이다. 그러나 그 자체는 주님께서 우리에게 상세하게 제시해 주신 완전한 실재에 대한 모형이다. 우리는 이스라엘 백성을 가리켜 말씀하신 그와 관련된 구절들을 시편과 예언서에서 찾아볼 수 있다"(*Waymarks in the Wilderness*).

시편 80:8, 9에는 이렇게 기록되어 있다. "주께서 한 포도나무를 애굽에서 가져다가 민족들을 쫓아내시고 그것을 심으셨나이다 주께서 그 앞서 가꾸셨으므로 그 뿌리가 깊이 박혀서 땅에 가득하며." 또 이사야에서는 다음과 같이 기록되어 있다. "나는 내가 사랑하는 자를 위하여 노래하되 내가 사랑하는 자의 **포도원**을 노래하리라 내가 사랑하는 자에게 포도원이 있음이여 심히 기름진 산에로다 땅을 파서 돌을 제하고 극상품 **포도나무**를 심었도다 그 중에 망대를 세웠고 또 그 안에 술틀을 팠도다 좋은 포도 맺기를 바랐더니 들포도를 맺었도다 … 무릇 만군의 여호와의 포도원은 **이스라엘 족속**이요 그가 기뻐하시는 나무는 유다 사람이라"(사 5:1, 2, 7). 구약성경의 이 구절들은 그리스도께서 "**나는 참 포도나무**"라 하신 선포에 빛을 비추어 준다. 모형으로서 이스라엘 백성은 실패작임이 드러났다. "내가 너를 순전한 참 종자 곧 **귀한 포도나무**로 심었거늘 내게 대하여 **이방 포도나무**의 악한 가지가 됨은 어찌 됨이냐"(렘 2:21). "이스라엘은 열매 맺는 무성한 포도나무라"(호 10:1). 모형인 백성의 실패와 타락에 비교하여 그리스도께서는 "나는 **참** 포도나무라"고 말씀하신다. 그는 하늘의 농부와 모든 기대를 성취시키신 원형이시다. 이 상징이 제시하고 있는 사상은 많다.

그러나 그것들을 언급하는 것만으로 족해야 한다. 포도나무의 아름다움; 그 풍성한 산출; 그 의존성 ─ 즉 버팀목에 의지하고 감고 올라가 자라는 것; 그 무성한 가지들; 그 아름다운 열매; 하나님의 마음과 인간을 기쁘게 만들어 주는 그 즙(汁)(삿 9:13; 시 104:15) ─ 이것들이 모두 하나님의 성육신하신 아들에게서 예증되었다.

"**내 아버지는 농부라**"(15:1). 구약성경에서의 아버지는 그 포도나무의 **소유자**로 나타나 있다. 그러나 여기에서의 아버지는 그 농부, 즉 **경작자요** 그것을 돌보는 자로 일컬어져 있다. 그 상징은 그리스도와 그의 백성들에 대한 사랑을 나타낸다. 물론 이 때의 그리스도는 종의 형상을 입으시고 종의 신분을 취하신 분으로서의 그리스도이다. 아버지께서는 "**연한 순** 같고 마른 땅에서 나온 뿌리 같은"(사 53:2) 그를 빈틈없이 돌보셨다! 그가 태어나기 전에 아버지께서는 요셉으로 하여금 그의 아내와 이혼하지 못하도록 하셨다(마 1:18-20). 그가 태어난 직후 아버지께서는 요셉에게 애굽으로 피신하라고 명하셨다. 헤롯이 자기를 멸망시키게 될 어린 **아기**를 찾고 있었기 때문이다(마 2:13). 이것들은 모두 **농부**가 참 **포도나무**를 빈틈없이 **돌보신다는** 증거들이다.

"내 아버지는 농부라." 아버지께서는 포도나무의 "**가지들**"에 대한 사랑에 넘치는 염려를 품고 계신다. 그것에 대하여 세 가지 주요한 사상을 제시할 수 있는데, 첫째로, 그의 **보호하시는 돌봄**이다. 그의 눈과 마음은 가장 연약한 덩굴과 가장 연한 순을 향하고 계신다. 둘째로, 그의 **방심치 아니하심**이다. 아무 것도 그의 눈을 피할 수 없다. 정원사는 틈만 있으면 포도나무에 물을 주고 가지를 바로잡거나 쳐줌으로써 (剪枝) 매일 그 상태를 점검한다. 그와 마찬가지로 거룩하신 **농부**께서는 그리스도에게 결합되어 있는 자들의 필요와 행복을 끊임없이 돌보고 계신다. 셋째로, 그의 **충실하심**을 들 수 있다. 못쓰게 되는 가지는 전혀 없다. 왜냐하면 그는 아낌없이 물을 주시며 가지를 쳐주시기 때문이다. 어떤 가지가 열매를 내지 못할 때 그는 그것을 돌보신다. 그것이 열매를 맺으면 더 많은 열매를 내게 하기 위하여 가지를 깨끗하게 해주신다. "**내 아버지는 농부라**." 이것은 지극히 복되도다. 그는 포도나무와 그 가지를 돌보는 일을 다른 사람들에게 맡기지 아니하신다. 이 사실을 통해 우리는 그가 가지를 가장 빈틈없이 부드럽게 그리고 충실하게 돌보신다는 것을 확신하게 된다. 그러나 이 구절은 위로하고 확신시켜 주는 어조를 띠고 있음에도 불구하고 이미 지적한 것처럼 매우 엄중하기도 하다.

"**무릇 내게 붙어 있어 열매를 맺지 아니하는 가지는 아버지께서 그것을 제거해 버**

리시고 "(15:2). 아르미니우스주의자들은 참된 그리스도인도 멸망할 가능성이 있다는 그들의 견해를 뒷받침하기 위해 이 구절에 호소한다. 그들은 "제거해 버리다"는 말이 영원한 멸망을 뜻한다고 주장하는 바, 이것이 그 견해를 주장하는 근거이다. 그러나 이것은 분명히 틀린 것이다. 왜냐하면 그러한 해석은 우리가 요한복음 4:14; 10:28; 18:9; 로마서 5:9-10; 8:35-39 등에서 발견할 수 있는 명백하고 절대적인 선포들과 전적으로 모순되기 때문이다. 필자는 본서 51장의 첫 단락에서 말했던 것을 반복하고자 한다. 그리스도께서는 여기에서 참된 신자들과 단순한 신앙 고백자들이 섞여 있는 청중에게 말씀하신 것이 아니다. 그는 열두 제자들에게 말씀하신 것도 아니다. 유다는 이미 밖으로 나갔기 때문이다! 그리스도께서 이 말씀을 하실 때 유다가 거기 있었다면 그가 유다를 고려하셨다고 생각할 만한 타당성이 있다. 그러나 주님께서는 열한 제자들에게, 다시 말해서 **신자들**에게만 말씀하신 것이다! 이 구절의 의미를 파악하는 우선적인 실마리는 바로 **이것**이다.

우리는 어떤 메시지를 참되게 해석하려면 그것이 누구에게 말해진 것인가에 유의해야 한다는 것을 빈번하게 발견하게 된다. 우리는 누가복음 15장에서 이에 관한 주목할 만한 예를 찾아볼 수 있다. 그것은 여기 요한복음 15장 첫 부분과 반대되는 경우이다. 거기에서 주님은 잃어버린 양과 잃어버린 동전을 다시 찾은 이야기 및 제멋대로인 아들이 아버지께로 돌아오는 예화를 말씀하신다. 많은 사람들은 이 이야기들이 주님께서 **배반한 신자들**이 되돌아오는 것을 (비유로) 말씀하신 것이라고 생각한다. 그러나 주님께서는 그의 제자들에게 말씀하신 것이 **아니며**, 또한 그들이 하나님과의 교제로부터 벗어날 때 닥치게 될 위험을 경고하신 것도 아니다. 그는 그가 **죄인들**을 받아들이셨다는 이유로 그를 비난한 그의 원수들에게(눅 15:2) 말씀하신 것이다. 그러므로 그는 그 다음 구절들에서 죄인이 **어떻게** 구원받게 되는지를 먼저 하나님 편의 관점에서, 그리고 다음에 인간 편의 관점에서 설명해 주시고 있다. 여기는 경우가 다르다. 주님께서는 단순한 신앙고백자들에게 말씀하시는 것이 아니다. 또한 하나님께서 그들에게 내적인 진실을 요구하신다는 것을 경고하시는 것도 아니다. 그는 참된 신자들에게 말씀하고 계시며, 그들을 가르치시고 훈계하시고 경고하신 것이다.

"무릇 내게 붙어 있어 열매를 맺지 아니하는 가지는 아버지께서 그것을 제거해 버리시고." 많은 칼빈주의자들은 위와 반대되는 주장으로 극단으로 치닫는 잘못을 저지르고 있다. 필자는 그들의 이 원칙이 이 구절을 그 배경에 비추어서 신중하게 연구하는 것이 아니라 그들의 신학적인 반대자들을 전복시키고자 하는 데 목적이 있는 것이 아닌가 심히 우려하는 바이다. 그들은 그리스도께서 참된 신자에게 언급하신 것이 전혀 아니라고 주장한다. 그들은 "열매를 맺지 아니하다"는 말이 "눈에 보이는 교회" 안에 있으나 그리스도와 생명의 원천을 이루는 교제를 하지 않는 자를 묘사한 것이라고 고집한다. 그러나 필자는 이것도 또한 틀린 것임을 굳게 확신한다. 사실 우리는 모든 것을 우리의 구원이라는 관점으로만 생각하는 데 익숙해 있고, 구원받은 자들에게 주어진 **하나님의 영광**이라는 관점으로 생각하는 데에는 거의 익숙해 있지 않기 때문에 성경에서 발견되는 지극히 명백한 많은 책망들과 경고들을(그런데 성경은 "의(義)의 교훈" 뿐만 아니라 "**책망과 바로잡아 주는데 유익한**" 것을 선포하고 있다) **구원받지 못한 자**들에게 주어진 것으로 적용시키는 경향이 있다. 우리는 그렇게 해서 그 말씀들이 우리에게 끼치는 유익한 효과를 잃어버리는 것이다.

필자는 이 구절들을 **적용**시킨 것은 (전체적으로나 그 세부 사항에 있어서나) 달리 선택할 여지가 없는 바, 그 결론이 어떠한 것이 되든지 간에 우리는 그것을 주님의 말씀을 통해 확실히 알 수 있다. 주님께서 "**너희**는 가지라"(15:5)고 말씀하셨을 때 그것은 **믿는 자들**을 가리키는 말임을 부인할 사람은 아무도 없을 것이다. 그러면 15:2의 "무릇 내게 붙어 있어 열매를 맺지 아니하는 **가지는**"이라는 이 필수불가결한 말씀에서도 그가 **동일한** 용어를 사용하신 점에 주목해야 한다. 그는 그가 누구를 가리켜 하신 말씀인지를 이중적으로 명백하게 하시고자 "무릇 **내게 있어** 과실을 맺지 아니하는 가지는"이라고 덧붙이신 것이다. **변함없이** 그리고 예외 없이 좀 더 강조적이고 명백하게 **신자**를 암시하는 데 사용하는 하나의 표현 형식이 있다. 그것은 바로 "내게 있어", "그에게 있어", "그리스도 안에 있어"라는 말이다. 이 표현들은 아무렇게나 사용되지 아니한다. 이것들은 단지 하나님의 자녀들을 가리키는 데만 사용된다. "**누구든지** 그리스도 안에 있으면 (그는) 새로운 피조물이라"(고후 5:17)

"무릇 내게 붙어 있어 열매를 맺지 아니하는 가지는 아버지께서 그것을 제거해 버리시고." 여기에서 고려하고 있는 것은 바로 참된 신자들이다. 그리고 "제거해 버리다"는 말이 멸망시키는 것을 가리키는 것이 아니라면 이 말씀의 참된 의미는 무엇일까? 우선 그 첫 동사의 시제에 주목하라. "무릇 내게 있어 열매를 **맺지**(bearing) 아니하는 가지는 아버지께서 이를 제거해 버리시고." 이것은 문자 그대로 번역한 것이다. 주님께서 여기에서 언급하시고 있는 것은 **결코** 열매를 맺은 **적이 없는** 가지가 아니라 **더 이상** 열매를 맺지 아니하는 가지이다. 일반적으로 포도나무 가지들이 열매를 맺지 못하게 **되는** 데는 세 가지 이유가 있다. 잎이 마르거나, 병에 걸리거나(해충에게 먹히거나), 오래 될 때(노쇠해질 때) 그 가지들은 시들어 죽게 된다. 영적인 경우에도 그와 동일한 것이 적용된다. 베드로후서 1:8에서 이렇게 기록되어 있다. "이런 것이 너희에게 있어 **흡족한**즉 너희로 우리 주 예수 그리스도를 알기에 게으르지 않고 열매 없는 자가 되지 않게 하려니와." 우리는 이 구절에서 불가피한 추론을 이끌어 낼 수 있다. 즉 "이런 것" (베드로후서 1:5-7에 언급되어 있는)이 우리 안에 흡족하지 아니하면 우리는 "게으르고 열매를 맺지 못하게" **될 것이다**(딛 3:14과 비교). 그러한 경우에 우리는 이파리들 외에는 아무 것도 내지 못한다. 즉 그것은 육체의 일일 뿐이다. 이것은 형언할 수 없이 엄숙하다. 그토록 무한히 큰 값을 주고 산 바 된 자가, 그토록 놀라우신 은혜로 구원받은 자가 이 세상에서 쓸모없고 열매를 맺지 못하는 상태에 빠지게 되어 하나님을 영광스럽게 하는 데 실패할 수도 있는 것이다.

"아버지께서(He) 이를 제거해 버리시고." 누가 제거해 버리시는가? 그것은 그 "농부" 인 **아버지**이시다. 이것은 이 구절이 중생하지 않은 죄인을 고려한 것이 아니라는 결정적인 증거이다. "**아버지께서** 아무도 심판하지 아니하시고 심판을 **다** 아들에게 맡기셨으니"(5:22). "내게서 떠나가라" 고 말씀하실 분은 바로 **그리스도**이시다(마 25장). 크고 흰 보좌에 앉아 사악한 자들을 심판하실 분은 바로 **그리스도**이시다(계 20장). 그러므로 여기에서 고려되고 있는 자들, 곧 심판에 맡겨질 자들은 단순한 신앙 고백자들이 아니다. 이것은 헬라어 동사를 영역할 때 불가피하게 빚어지는 어려움의 또 다른 예이다. 흠정역 성경은 헬라어 "아이로"라는 말을 "lifted up" 이라 번역한 경우가 많다. 예를 들어 보자. "그들이 소리를 높여" (lifted up) (눅 17:13; 행 4:24). "예수께서 눈을 들어" (lifted up)(요 11:41). "그의 손을 들고" (lifted up)(계 10:5) 등. 이 예들 중 그 동사를 "taken away" (즉 제거해 버리다)라고 번역한 곳은 전혀 없다. 그러므로 필자는 "무릇 내 안에 있어 열매를 맺지 아니하는 가지는 아버지께서 **들어올리신다**(lifteth up)"고 번역하는 것이 "믿음의 유비(類比)" 에 좀 더 어울리고 정확한 표현이라고 확신한다. 그 말은 땅에 늘어져 있는 가지를 들어올리는 것이다. 다니엘 7:4과 비교해 보라. "내가 보는 중에 그 날개가 뽑혔고 또 땅에서 **들려서** 사람처럼 두 발로 서게 함을 받았으며 … ."

"무릇 열매를 맺는 가지는 더 열매를 맺게 하려 하여 그것을 깨끗하게 하시느니라" (15:2). "내 안에 있는 가지" 라는 말이 무엇을 뜻하는지는 분명히 알 수 있으나 그 것은 헬라어 원전에는 **나타나 있지 않다.** 그것은 글자 그대로는 "열매를 맺는 모든 사람", 즉 앞 구절에 언급된 종류의 모든 사람들을 뜻한다. 이것은 이 구절에서 열매를 맺는 가지가 **신자들**을 뜻한다면 이 앞 구절의 그 말도 틀림없이 신자들을 가리키는 말이라는 결론이 옳음을 입증해 준다. 농부께서 사용하시는 돌봄의 방법은 "그가 이를 깨끗하게 하신다"는 말로 표현되어 있다. 대다수의 사람들은 여기의 "깨끗하게 한다"는 말이 "가지를 쳐주다"는 말과 동일한 것이라고 생각하며, 환난과 징계 및 고된 훈련과 관계가 있다고 이해한다. 그러나 여기의 "깨끗하게 하다"(purgeth)는 말은 "가지를 쳐주다"는 뜻이 아니다. 그것은 다음 구절에 되어 있는 것처럼 "Cleanseth"(깨끗하게 한다)라고 표현되었어야 더 좋았을 것이다. 어떤 사람에게는 포도나무 가지를 **깨끗하게 해준다**(Cleansing)는 말이 다소 어울리지 않게 생각될 것이다. 그러나 우리가 팔레스타인의 포도원을 알게 되면 그렇지 않음을 발견하게 된다. 그것은 곤충이나 이끼, 그리고 식물에 끼는 다른 기생물들이 퇴적되어 있는 것을 씻어내 주는 것을 가리킨다. 여기에서 농부께서 가지를 씻어 주는 데 사용하시는 "물"은 15:3에 기록되어 있는 것처럼 바로 **말씀**이다. 그러므로 그것은 가지를 통한 포도나무의 생명의 흐름과 그 번성을 방해하는 것을 말씀으로써 제거하는 것을 뜻한다. 이 "깨끗하게 하다"라는 말은 신자를 천국에 적합하도록 만들기 위함이 **아니라** (그것은 믿음으로 주 예수 그리스도의 속죄 제물에 의지하던 첫 순간에, 단번에 성취되었다) 우리가 여기 이 세상에 있는 동안 더 많은 열매를 내게 하기 위함이다.

"무릇 열매를 맺는 가지는 더 열매를 맺게 하려 하여 그것을 깨끗하게 하시느니라." "아버지께서는 바로 그 행동[깨끗하게 하시는 것]으로써 신자가 좀 더 완전하게 '신속하고 능력 있는' 말씀의 작용을 받도록 이끄신다. 말씀은 신자가 그것에 의하여 부정함(不淨)이 없는 신생으로 태어나는 수단이 되는 것이다(벧전 1:23). 그러나 신자는 중생함으로써 '깨끗하며' 그리고 그 전의 상태에 관련하여 '깨끗하게 되었다' 할지라도 여전히 더러움에 노출되어 있으며, 그래서 결과적으로 '깨끗하게' **되어야** 할 필요가 있다고 볼 수 있다. 그리고 말씀이 성령의 힘으로 말미암아 전적으로 깨끗하게 하는데 있어서 효과적이듯이, 도상에서 묻은 더러움에 관해서, 그리고 농부의 열매를 더 많이 얻기 위한 깨끗하게 함에 관해서 말하자면 그 깨끗하게 함의 근저에 말씀의 작용이 있음을 추적할 수 있다(시 119:9; 고후 7:1). 우리는 다른 많은 수단들을 사용할 수도 있다. 그러나 그것들이 무엇이든 간에 그것들은 '진리'의 활동에 종속되는 것이며, 진리의 깨끗하게 하는 과정임이 분명하다. 따라서 우리가 고통을 그 과정의 일부라 간주할 때, 그것은 영혼이 말씀에 대하여 복종하고 순종하게 하기 위한 목적의 수단으로서 일 뿐이다. 그래서 다윗은 이렇게 말하였다. '고난 당하기 전에는 내가 그릇 행하였더니 이제는 주의 말씀을 지키나이다 … 고난 당한 것이 내게 유익이라 이로 말미암아 내가 주의 율례들을 배우게 되었나이다' (시 119:67, 71). 우리는 하나님께서 그의 지혜로 말씀에 대해 실제로 순종하게 하기 위하여 사용하시는 모든 수단들을, 우리로 하여금 더 많은 열매를 내게 하시려 '깨끗하게 하시는' 과정이라고 간주해야 하는 바, 필자는 그것이 분명한 사실이라고 생각한다."

    "우리를 깨끗하게 하시는 과정을 조사해 보는 것은 흥미 있는 일이다. 그러나 여기에서는 제약이 있는데, 광범위한 논평을 하지 않고 다만 한두 구절을 인용함으로써 그 사실을 알 수 있는 바 그것으로 충분하다는 점을 지적하고자 한다. **농부**의 손이 하시는 일이 우리가 **인내하지 못함**을 꾸짖는, 사랑이 넘치는 책망을 제시하고 있는 구절을 여기에 인용해 본다. '그러므로 너희가 이제 여러 가지 시험으로 말미암아 잠깐 근심하게 **되지 않을 수 없으나** … ' (벧전 1:6). 그리고 야고보서의 한 구절을 인용할 수 있는데, 그것은 아버지의 진실하신 깨끗하게 하심을 받고 **기뻐하도록** 요청하고 있다. '내 형제들아 너희가 여러 가지 시험을 당하거든 온전히 기쁘게 여기라 이는 너희 믿음의 시련이 인내를 만들어 내는 줄 너희가 앎이라 인내를 온전히 이루라 이는 너희로 온전하고 구비하여 조금도 부족함이 없게 하려 함이라' (약 1:2-4). 필자는 그리스도인에게 기쁨을 요청하는 또 하나의 말씀을 예로 들 수 있다. 그것은 우리를 깨끗하게 하는 모든 과정과 그 열매에 있어서 우리와 하나님의 사귐을 선포하고 있다. '다만 이뿐 아니라 우리가 환난 중에도 즐거워하나니 이는 환난은 인내를, 인내는 연단을, 연단은 소망을 이루는 줄 앎이로다 소망이 우리를 부끄럽게 하지 아니함은 우리에게 주신 성령으로 말미암아 하나님의 사랑이 우리 마음에 부은 바 됨이니' (롬 5:3-5). 우리가 우리에게 그리고 우리 안에 주어진 아버지의 일에 대한 이 계시들로부터 고요하고 즐거이 인내하는 것을, 그리고 그가 그의 뜻의 모든 선한 기쁨을 우리 안에서 성취하시기를, 우리가 모든 선한 일에서 열매 맺게 되기를 오로지 소망하면서 우리에게 부닥친 모든 일을 올바르게 해석하는 것을 배우게 되길 기원한다" (C. Campbell).

    "**너희는 내가 일러준 말로 이미 깨끗하여졌으니**" (15:3). 앞 구절에 언급된 깨끗하게 하다는 말은 신자의 **상태**를 가리킨다. 그러나 여기에서의 깨끗함은 하나님 앞에서의 그의 **신분**을 가리킨다. 전자는 점진적인 것이고, 후자는 절대적인 것이다. 이 두 가지는 모든 면에서 신중하게 구별된다. 우리는 성령으로 말미암아 진리에 순종함으로써 우리 영혼을 깨끗하게 **하였다**(벧전 1:22). 그러나 우리는 그리스도께서 깨끗하신 것같이 우리 자신을 **깨끗하게 해야 할** 필요가 있다(요일 3:3). 우리는 "씻음을 **얻었다**"(고전 6:11). 그러나 처음에 우리를 우리 죄로부터 씻어주신 분께서 날마다 우리의 발을 씻어 주셔야 할 항구적인 필요성이 있다(요 13:10). 주님께서는 여기에서 계속해서 진행되어야 할 깨끗하게 함에 대하여 말씀하셨기 때문에 제자들이 **이미** 깨끗해**졌다고** 확신시켜 주지는 아니하신다. 그는 "너희", 즉 구절들에서 언급된 가지들에 대하여 예외를 두지 아니하셨다. 우리는 그 점에 주목해야 한다. 만일 주님께서 15:2처럼 전혀 다른 두 종류의 사람들을 염두에 두셨더라면(거의 모든 훌륭한 주석가들은 그렇다고 주장한다), 즉 2절 전반부에 형식적인 신앙고백자들과 2절 후반부에 참된 신자들을 가리켜 하신 말씀이라면 그는 여기에서 그의 말씀에 반드시 제한을 두셨을 것이다. 13:10의 "너희가 깨끗하나 **다는 아니니라**" 하신 말씀과 비교해 본다면 그 사실은 좀 더 확고해질 것이다. 깨끗함에 관해 좀 더 상세한 설명을 보고 싶은 독자는 요한복음 13:10에 관한 필자의 주석을 보기 바란다.

"**내 안에 거하라**"(15:4). 우리는 앞 구절의 "너희는 이미 **깨끗하였으니**"라는 말씀을 확고한 믿음이 아니면 그 참뜻을 알 수 없다. 그리스도 안에 있는 형제들이여, 그가 아는 것을 말씀하시고 그가 본 것을 증거하시는 분께서 우리에게 "온 몸이 깨끗하다"고 선포하신다. 그렇다. 그리고 그는, 우리에게 우리 발을 씻어야 할 필요가 있다고 단언하신 그 순간, 열매를 맺는 것을 촉진시키기 위하여 우리를 깨끗하게 해야 할 필요가 있음을 나타내 주신 바로 그 순간, 동시에 그와 같이 증거하신 것이다. 그는 우리가 순례자로서 우리의 행로에서 접촉하는 더러움과 가지들로서 접촉하는 부정(不淨)함이, 그 안에 있는 우리의 절대적인 점 없는 깨끗함에 전혀 영향을 끼치지 못한다고 단언해 주신다.

"말씀을 연구하는 데 있어서, 우리가 그리스도와 실제로 하나라는 것과 그의 말씀으로 우리가 그 안에서 깨끗하다는 것을 인정하는 것이 그 출발점이 되어야 한다. 우리가 '온 몸'이 **깨끗하게** 된 것을 **알** 때에야 비로소 그는 '우리의 발을 씻어 주실 수' 있음에 우리는 주목해야 한다. 그리고 우리는 우선 '너희가 이미 깨끗하였으니'라는 말씀 안에서 마시지 아니한다면, 열매를 맺는 데 무엇이 필요한지를 그에게서 계속하여 배울 수 없다. 우리는 그의 사랑에 대한 최초의 교훈, 즉 우리가 그 안에서 완전하다는 그 교훈을 제대로 배우고, 계속하여서 견고하게 붙잡고 있을 때에만, 그의 더 주시는 교훈을 받을 수 있다"(C. Campbell).

주께서 "온 몸이 깨끗하다" 하시니
어찌 우리 의심을 품으리이까?
당신의 말씀은 진실하고
당신의 사역은 완전하시니이다.

"**내 안에 거하라.**" **그리스도 안에** "있는 것"과 그 안에 "거하는 것"은 서로 다른 일이다. 우리는 그것들을 혼동해서는 안 된다. 우리는 "그 안에 거할 수" 있기 전에 먼저 "그 **안에**" 있어야만 한다. 전자는[그 안에 있는 것] 하나님의 창조하시는 능력으로 인한 연합을 가리킨다. 그리고 그것은 결코 해체될 수도 중단될 수도 없다. 신자들은 "그리스도 안에" **있도록** 결코 권고받지 아니한다. **그들은** 신생으로 말미암아 **그 안에 있다**(고후 5:7; 엡 2:10). 그러나 그리스도인들은 그리스도 안에 거하라고 자주 권고 받는다. 왜냐하면 이 특권과 체험은 방해될 **수도 있기** 때문이다. "그리스도 안에 '거하다', '계속 있다', '살다', '머물다'는 것은(이 모든 용어들은 한 단어를 번역한 것들이다) 항상 그리스도 안에서 하나님과 사귐을 유지한다는 것을 가리키고 있다. '거하다'라는 말은 항상 우리의 그리스도와의 연합에 대한 **체험적** 인식이 끊어지지 아니하도록 방심하지 아니하는 경계의 태도를 요청하고 있다. 그러므로 그 안에 거한다는 것은 그와 의식적(意識的)인 교제를 유지하고 있음을 뜻한다"(Campbell). 그리스도 안에 거한다는 것은 그에게 마음을 항상 전념한다는 것을 뜻한다. 즉 그것은 가지가 포도나무에 붙어 있어야 하듯이, 그리고 그 가지 안에서 포도나무의 생명의 순환이 이루어지고 번성해야 하듯이, 그리스도를 믿는 매일의 활동적인 믿음을 가리키는 것이다. 이 구절은 우리 주님께서 요한복음 6:56에서 사용하신 상징적 표현과 병행구이다. "내 살을 먹고 내 피를 마시는 자는 내 안에 **거하고** 나도 그의 안에 거하나니." 이것은 생명과 그 생명의 자양물이 유래하는, 십자가에 못 박히시고 살아 계신 구세주를 믿는 믿음이 계속적으로 활동해야 한다는 것을 주장하는 또 다른 방식일 뿐이다. 그에게 "오는 것"이 그를 믿는 믿음의 최초의 행위를 설명하는 말인 것처럼("내게 **오는** 자는 결코 주리지 아니할 터이요 나를 **믿는** 자는 영원히 목마르지 아니하리라", 6:35), "그 안에 **거하는** 것"은 믿음의 **계속적인** 활동을 설명하는 말이다.

"**내 안에 거하라 나도 너희 안에 거하리라**"(15:4). 이 두 가지 일은 서로 밀접한 관련이 있음에도 불구하고 전혀 다른 일이다. 우리가 "그리스도 안에 **있는** 것"과 "그 안에 **거하는** 것"이 별개인 것처럼, 그가 우리 안에 **계시는** 것과 그가 우리 안에 **거하**

시는 것은 아주 다른 일이다. 전자는 그의 은혜의 문제요, 후자는 우리의 책임의 문제이다. 전자는 영속하는 것이요, 후자는 끊어질 수도 있는 것이다. 우리와 그의 연합이라는 복되고 의식적(意識的)인 사귐은, 우리가 그는 우리에게 어떤 분이신가를 분별하면서 그 안에 **거함**으로써 이루어진다. 그와 마찬가지로 그의 임재에 대한 복되고 의식적(意識的)인 인식, 그의 선하심과 자비하심, 능력에 대한 확신, 즉 모든 일에 있어서 **우리 영혼의 의지이신 그 자신**에 대한 인식은 그가 우리 안에 **거하심으로**써 이루어진다.

"**가지가 포도나무에 붙어 있지 아니하면 스스로 열매를 맺을 수 없음 같이 너희도 내 안에 있지 아니하면 그러하리라**"(15:4). 이와 같이 우리 주님께서는 친교를 유지해야 할 필요성을 강조하신다. 그는 모든 열매의 원천이실 뿐만 아니라, 우리에게 그리고 우리 안에 그분의 본질에 대한 개인적인 적합성이 있는 한 그의 힘을 행사하시기도 한다. 그리고 우리가 그것을 받아들인다면 우리는 그것을 통해 우리 자신과 우리의 봉사에 대한 올바른 판단을 내리게 될 것이다. 우리 형제들이 보기에 그리고 우리가 스스로 평가하기에 우리는 열매 맺는 가지처럼 그럴 듯한 외양을 유지하고 있을 수도 있다. 그러나 또는 다른 사람들이 어떻게 판단하든지 간에 그 **외양들**이 '내적 교제와 친교'에 근거를 둔 것이 아니라면, 참 **포도나무**께서 그것을 **그의** 열매라고 인정하시지 아니할 것이다.

"게다가 우리는 그의 축복하심으로 말미암아 이 모든 것을 통해 우리가 불완전하고 적은 열매를 맺는 **원인**을 깨닫게 될 것이다. 수많은 그리스도인들이 무기력함을 불평하고 있다. 그러나 그것은 그들이 자기들의 무기력성의 올바른 원인, 즉 그들과 그리스도의 친교가 빈약하다는 것을 파악하는데 실패한 까닭이다. 결과적으로 그들은 행위에 있어서의 열매와, 자신 안에서 의(義)를 찾는다. 그러나 그가 인정하지 아니하시는 한 그것들은 아무 열매도 맺을 수 없다. 그러한 상태에서 그들은 차라리 '우리의 메마름을 돌보소서! 우리의 메마름을 돌보소서!'라고 외치는 것이 낫다. 그리고 그들은 그들이 그리스도 안에 **거하고** 그가 그들 안에 거하서서 '영혼을 자양물과 그 비옥함으로 가득 채우는' 것만이 그 메마름을 치유할 수 있다는 것을 알아야 한다. '여호와의 집에 심겼음이여('그 안에 거하는 것'을 구약에서 그렇게 표현한 것이다) 우리 하나님의 궁정에서 흥왕하리로다 늙어도 결실하며 진액이 풍족하고 빛이 청청하니'(시 92:13, 14). 필자는 분명히 이렇게 말할 수 있다. 친교에 주의를 기울이라. 그리하면 열매가 나리로다"(C. Campbell).

"나는 포도나무요 너희는 가지라 그가 내 안에, 내가 그 안에 거하면 사람이 열매를 많이 맺나니"(15:5). 여기에 이 구절이 나오는 것은 지극히 복되다. 이것은 확신의 말씀이다. 우리가 구약 시대의 하나님의 포도나무였던 이스라엘 백성의 실패를 생각할 때, 그리고 우리 자신의 과거의 결심들과 시도를 돌이켜 볼 때 우리는 실망하고 낙담한다. 그러나 이 낙담은 **"나는 포도나무요** 너희는 가지니"라고 선포된 말씀으로써 충족된다. 그것은 **당신이** 충족시켜야 하느냐 아니냐의 문제가 아니다. 그렇다. 당신의 불충분함을 인정하라. 그러면 단번에 그것이 해결될 것이다. 당신의 자아 속에 있을 때 당신은 포도나무에서 **떨어진** 가지, 마르고 죽은 가지나 다름없다. 그러나 "그가 내 안에, 내가 그 안에 있으면 이 사람이 열매를 많이 맺을 것이다." 이 상징은 신자가 열매를 맺기 위하여 그리스도께 전적으로 의지해야 함을 가장 강력하게 표현하고 있다. 가지가 포도나무에 붙어 있지 아니하면 어떤 가지라 할지라도 저절로 열매를 낼 수 없다. 가지는 그에게 생명을 공급하는 포도나무와 결합되어 있다 할지라도 그 자체 내에 열매를 낼 자원이 **없다.** 이것은 정확하게 신자의 상태를 나타내준다. '그리스도께서 내 안에 사신다.' 가지는 포도송이를 달고 **있다.** 그러나 포도송이를 **생산해 내지는** 아니한다. 가지는 **포도나무가** 생산해 내는 것을 달고 있는 것이다. 사도 바울이 그 결과를 잘 표현하고 있다. '내게 있어 사는 것은 그리스도시라.' 바로 이 점에 있어서, 하나님 앞에서의 의(義)의 문제와 마찬가지로 우리는 온갖 헛된 노력과 투쟁을 하는 **자아에 종지부를 찍어야**만 한다. 그리고 그것은 중요한 일이다. 그런 후에야 다른 사람[즉, 그리스도] 안에 있는 틀림없는 자원(資源)에 대한 확신이 우리에게 온다"(*Waymarks in the Wilderness*).

"나를 떠나서는 너희가 아무 것도 할 수 없음이라"(15:5). 분명히 이것은 그리스도와 신자 사이에 존재하는 생명의 연합을 가리키는 것이 아니다. 그 연합은 신자의 자의(自意)에 의해서든 하나님의 뜻에 의해서든 영원 전부터 결코 깨어지지 않게 되어 있다(롬 8:38, 39). 여기에서는 바로 앞에서 언급된 그리스도와의 사귐과 그에 대한 의존이 깨어지는 것을 가리킨다. 이 엄중한 말씀이 여기에 도입된 것은 이 앞 구절에서 말씀하시고 이 구절의 서두에서도 반복하신 내용에 우리가 주의를 기울이도록 **강조하시기** 위함이다.

"나를 떠나서는 너희가 아무 것도 할 수 없음이라." 이것을 일반적인 방식으로는 믿으나 세부적으로 적용시키지 아니하는 사람들이 많다. 그들은 그리스도의 도우심이 없이는 중요한 일들을 할 수 없다는 것을 알고 있다. 그러나 우리는 참으로 많은

사소한 일들을 **우리 자신의** 힘으로 시도한다! 우리가 그렇게 빈번하게 실패하는 데는 조금도 이상할 바가 없다. "나를 떠나서는 너희가 아무 것도 할 수 없음이라." "영적으로 선한 것은 아무 것도 할 수 없다. 그렇다. 적든 크든, 쉽든 어렵든, 그 어떤 일도 수행할 수 없다. 선한 생각도 할 수 없고 선한 말도 할 수 없으며 선한 행동도 할 수 없다. 선한 것을 시작할 수도 없다. 혹 시작했다 하더라도 그것을 완성할 수가 없다"(John Gill). 그러나 주님께서는 "너희가 없이는 **내가** 아무 것도 할 수 없느니라"고 말씀하신 것이 아님에 주목해야 한다. 그는 그의 택하신 자들을 모으셔서 그의 교회를 세우실 때 인간을 도구로 사용하신다. 그러나 그것은 그에게 있어서 필수적인 문제가 아니라 선택의 문제이다. 그는 인간을 도구로 하여 그렇게 하실 수 있을 뿐만 아니라 인간 없이도 그렇게 "하실" 수 있으시다.

"나를 떠나서는 너희가 아무 것도 할 수 없음이라." 우리에게는 이 경고가 절박하게 필요하다. 우리가 이미 알려져 있는 어떤 죄를 허용할 때 그것은 우리와 그의 사귐을 깨뜨린다. 뿐만 아니라 우리가 **그리스도 자신** 이외의 다른 어떤 것에든지 마음을 쓴다면 그것도 또한 그 사귐을 깨뜨린다. 사탄은 매우 간교하다. 우리로 하여금 우리 자신과 우리의 열매, 또는 우리의 열매 맺는 일에 전념케 만들기만 한다면, 그는 목적을 달성하는 것이다. 믿음은 그 **대상**과 유리되면 아무 것도 아니다. 그리고 그 믿음이 그 자체에만 전념할 때 그것은 더 이상 활동적이 아니다. 사람도 그와 마찬가지이다. 그것은 그 사랑받는 대상에게 전념하는 한에서만 활동적이다. "사람들은 그리스도를 증거하고 그 체험을 이야기한다는 구실 아래 자기 자신의 달성, 즉 그들의 사랑, 기쁨, 평화, 봉사에 대한 정열, 그리고 갈등에서의 승리 등을 열거하고자 하는 유혹을 받는데 거기에는 위험스러운 망상이 깃들어 있다. 그리스도인들로 하여금 인자의 살을 먹고 피를 마시는 대신 자기들 자신의 열매로 축제를 벌이도록 사주하는 것은, 영혼을 그리스도에게서 떼어 놓고 하나님의 영광을 향해 열매를 맺는 것을 저지하는 데에 사탄의 가장 효과적인 방법이다. 그러면 우리는 그리스도를 증언해서는 안 되는 것일까? 진실로 그것은 행해져야 한다. 그러나 당신의 증언이 당신에 관한 것이 아니라 **그리스도에 관한** 것이 되게 해야 한다"(*Waymarks in Wilderness*).

"**사람이 내 안에 거하지 아니하면 가지처럼 밖에 버려져 마르나니 사람들이 그것을 모아다가 불에 던져 사르느니라**"(15:6). 이것은 잘 이해되지 못했던 구절 중의 하나이다. 수많은 유능한 주석가들이 그 의미를 전적으로 놓치고 있는데 그 사실은 놀라운 일이다. 거의 예외 없이 칼빈주의 주석가들은 이렇게 생각한다. 그리스도께서는 여기에서 이 앞 세 구절들을 통해 말씀해 오신 대상들과는 다른 종류의 사람들을 언급하셨다는 것이다. 그리스도께서 "**가지가** 내 안에 거하지 아니하면 버리우리라" 고 말씀하시지 않고 "**사람이** 내 안에 거하지 아니하면" 이라고 말씀하신 사실에 주의를 기울여야 한다. 그러나 '사람' 이라는 단어는 원어에는 없다. 문자적으로, "누군가 내 안에 거하지 아니하면 버리우리라" 이다. 그리스도의 이 말씀의 단순한 의미는 이것이다: 아무 가지, 아무 신자라도 나와 교제 가운데 있지 않으면, 그는 버리우리라. 그것은, 그리스도에게 나아와 그 안에 거하지 아니하는 사람에 대해 하신 말씀이 아니다. 그것은 이 구절 자체 내에 들어 있는 제한을 통해 좀 더 명확해진다. " … 그는 **가지처럼** 밖에 버리우리라." 여기에서 주님께서 사용하신 상징은 이 세상에서의 우리의 체류(滯留)를 가리키신 것이며, 또 아버지의 영광을 향한 열매를 내는 것을 가리키신 것이다. "밖에 버리는 일" 은 **농부**께서 행하신다. 그리고 그것은 신자가 이용하지 못한 은사와 기회를 그에게로부터 앗아가신다는 것을 뜻함이 분명하다. 그것은 "맛을 잃은" 소금과 똑같다(마 5:13). 그것은 다음의 누가복음 8:18과 병행구이다. "누구든지 있는 자는 받겠고 없는 자는 그 있는 줄로 아는 것까지도 빼앗기리라 하시니라"(요 9:17에 대한 필자의 주석을 참고하라). 그것은 요한이서 8절과도 유사하다. "너희는 스스로 삼가 우리가 일한 것을 **잃지 말고** 오직 온전한 상을 받으라."

　"사람들이 그것(들)을 모아다가 불에 던져 사르느니라" 는 구절은 무슨 뜻일까? 우선 복수대명사들에 주목하라. 그것은 "사람들이 **그를** 모아다가 불에 던지면 **그가** 살라지리로다" 라고 되어 있지 않다. 그것이 불신자, 단순한 신앙고백자를 가리킨 것이었다면 아마 그렇게 표현되었을 것이다. 여기에서 그 수가 변화한 것은 놀라운 사실이며, 또 성경의 상세한 정확성을 다시 한 번 입증해 주는 증거이다. "그것들을"과 "그들은" 이 가리키는 것은 **가지처럼** 버리워진 자에게서 **나온** 것들이다. 그러한 자에게서 나오는 것은 무엇인가? 곧 **죽은 것들**뿐이다. "마른 나무요 건초요 그루터기" 가 그것들이요, 그리고 그러한 자들이 낳은 "죽은 일들" 에게 발생하는 것도 곧 그러한 현상이다. 고린도전서 3:15에는 이렇게 기록되어 있다. "누구든지 그 공적이 **불타면**(이것은 요 15:6에 사용된 것과 똑같은 말이다!) 해를 받으리니 그러나 자신은 구원을 받되 **불** 가운데서 받은 것 같으리라." **롯**이 그 적절한 예이다. 그는 주님과의 교제에서 벗어났다. 그는 하나님의 영광을 위한 열매 맺기를 멈추었다. 그리고 그의 죽은 공력은 소돔에서 모두 불탔다. 그러나 그 자신은 구원되었다!

　또 다른 세부사항이 하나 있다. 그 점에도 주목해야 한다. 원전에는 "사람들이 그것들을 모아다가"가 아니라 "**그들이** 그것들을 모아다가"라고 되어 있다. 마태복음 13:41, 42은 이 사실에 빛을 비추어 준다. "인자가 그 **천사들을** 보내리니 **그들이** 그 나라에서 모든 넘어지게 하는 것과 또 불법을 행하는 자들을 **거두어 내어** 풀무 불에 던져 넣으리니 거기서 울며 이를 갈게 되리라." 여기서 두 가지 사항에 주목하라. 천사들이 "모든 **넘어지게 하는 것들**"과 "**불법**을 행하는 **자들**"을 거두어 낸다. 요한복음 15:6에 비추어 볼 때, 이 행동 중 전자는 그리스도의 심판대 앞에서 성취될 것이다 (고후 5:10). 또한 후자는 그리스도께서 세상에 다시 오실 때 이루어질 것이다.

그러므로 여기에는 모든 그리스도인을 위한 엄숙한 경고와 엄중한 전망이 내포되어 있다. 그리스도와의 끊임없는 교제의 결과로 하나님의 영광을 향한 열매를 낼 때 당신의 생명과 나의 생명은 남게 될 열매이다. 그러나 그리스도와의 교제를 소홀히 함으로 우리는 이 세상에서 그의 증인이 되지 못하고 버리울 큰 위험에 처해 있으며, 또한 다가올 날에 불에 타버릴 것들만을 내고 있다. 성령께서 주 예수의 말씀을 우리들 각자의 양심과 마음에 적용시켜 주시기를 기원한다.

아래의 문제들을 연구한다면 다음 장을 배우는 데 도움이 될 것이다.

1. 7절은 문맥과 어떤 관련이 있는가?
2. "무엇이든지 [너희가] 원하는 대로 구하라"는 7절의 말씀을 어떻게 제한시켜 해석해야 하는가?
3. "너희는 내 제자가 되리라"는 말은 무슨 뜻인가?(8절)
4. 9-12절 말씀과 열매를 맺는 일은 서로 어떤 관계가 있는가?
5. 무엇이 그리스도의 "기쁨"이 되는가?(11절)
6. 13-15절 말씀의 "친구"는 무엇을 암시하는가?
7. 그리스도께서는 어째서 우리를 택하여 세우시는 것일까?(16절)

제 5 2 장

참포도나무이신 그리스도

❷

[7]너희가 내 안에 거하고 내 말이 너희 안에 거하면 무엇이든지 원하는 대로 구하라 그리하면 이루리라 [8]너희가 열매를 많이 맺으면 내 아버지께서 영광을 받으실 것이요 너희는 내 제자가 되리라 [9]아버지께서 나를 사랑하신 것 같이 나도 너희를 사랑하였으니 나의 사랑 안에 거하라 [10]내가 아버지의 계명을 지켜 그의 사랑 안에 거하는 것 같이 너희도 내 계명을 지키면 내 사랑 안에 거하리라 [11]내가 이것을 너희에게 이름은 내 기쁨이 너희 안에 있어 너희 기쁨을 충만하게 하려 함이라 [12]내 계명은 곧 내가 너희를 사랑한 것 같이 너희도 서로 사랑하라 하는 이것이니라 [13]사람이 친구를 위하여 자기 목숨을 버리면 이보다 더 큰 사랑이 없나니 [14]너희는 내가 명하는 대로 행하면 곧 나의 친구라 [15]이제부터는 너희를 종이라 하지 아니하리니 종은 주인이 하는 것을 알지 못함이라 너희를 친구라 하였노니 내가 내 아버지께 들은 것을 다 너희에게 알게 하였음이라 [16]너희가 나를 택한 것이 아니요 내가 너희를 택하여 세웠나니 이는 너희로 가서 열매를 맺게 하고 또 너희 열매가 항상 있게 하여 내 이름으로 아버지께 무엇을 구하든지 다 받게 하려 함이라(요 15:7-16)

요한복음 15장의 둘째 부분을 분석해 보면 아래와 같다.

1. 사귐과 기도(7절)
2. 풍성한 열매로 말미암아 영광을 받으시는 아버지(8절)
3. 사랑 안에서 발견되는 열매(9, 10절)
4. 기쁨 안에서 발견되는 열매(11절)

5. 평화 안에서 발견되는 열매(12절)
6. 그리스도의 사랑의 증거들(13-15절)
7. 그리스도의 택하심의 목적(16절)

    요한복음 15장 둘째 부분인 본문의 주제는 첫 부분과 동일하다. 8절 및 16절을 읽어보면 그 사실을 알 수 있다. 이 두 구절 모두에는 "열매"라는 말이 들어 있으며, 이 두 구절 사이에 있는 모든 구절들은 이것들과 밀접한 관계가 있다. 이 둘째 부분에 대한 고찰을 시작하기 전에 먼저 앞 장에서 연구한 것들을 요약해 보기로 하겠다.

    포도나무와 그 가지들은, "몸"과 그 머리라는 비유와는 달리, 그리스도와 그의 백성들 사이의 절대 필요 불가분의 연합을 나타내고 있지 않다. 물론 그것은 분명히 전제되어야 할 사실이지만 15장 첫째 부분의 주제는 아니다. 그것은 그들이 땅에 있는 동안 그와 그들 사이에 존재하는 끊어질 수도 있는 관계를 다루고 있다. 거기에서 눈에 띄는 것은 열매를 맺는 것과 산출력의 조건들이다. 필자는 이미 그 세 가지 조건을 제시한 바 있다. 첫째로, 열매를 맺는 포도나무 가지가 되기 위해서 우리는 **그리스도 안에** 있어야 한다. 둘째로, 아버지께서 **말씀**의 깨끗하게 하시는 활동으로 우리를 **깨끗하게 하셔야** 한다. 셋째로, 우리는 그리스도 안에 **거하여야** 한다. 첫째와 둘째의 조건은 전적으로 하나님의 은혜에 속한다. 그것들은 하나님의 활동이시다. 그러나 셋째 조건은 그리스도인의 책임 문제다. 그리고 그것은 요한복음 15장 전체를 통해서 강조되어 있다.

    앞 장의 서언에서 지적했듯이 요한복음 14장과 15장 사이에는 큰 차이가 있다. 14장에는 하나님의 **은혜**가 전개되어 있고, 15장에는 그리스도인의 **책임**이 강조되어 있다. 그 차이는 두 개의 대명사가 빈번하게 반복된 것을 볼 때 더욱 분명해진다. 요한복음 14장에서 우리는 "나"라는 말이 강조되어 있는 것을 발견한다. 15장에는 "너희"라는 말이 강조되어 있음을 본다. 요한복음 14장을 살펴보면 " … 믿으니 또 **나를** 믿으라"(1절)고 되어 있다. "**나로** 말미암지 않고는 아버지께로 올 자가 없느니라"(6절). "너희가 **나를** 알았더라면 내 아버지도 알았으리로다"(7절). "빌립아 내가 이렇게 오래 너희와 함께 있으되 네가 **나를** 알지 못하느냐"(9절). 반면에 요한복음 15장은 이렇게 되어 있다. "**너희는** … 깨끗하여졌으니"(3절). "**너희가** 열매를 많이 맺으면 내 아버지께서 영광을 받으실 것이요"(8절). "**너희를** … 나의 사랑 안에 거하라"(9절). "**너희는** … 하면 곧 나의 친구라"(14절). 이 요한복음 15장에는 "너희"라는 말이 무려 스무 번이나 언급되고 있다.

그리스도인에게 참으로 중요한 것이 바로 셋째 조건이라고 위에서 지적한 바 있다. 그래서 우리 주님께서는 그것을 거듭 강조하신 것이다. 15:4에 "거하다"라는 말이 세 번이나 나타나 있는 점에 주목하라. 15:5에도 그와 똑같은 진리가 반복되어 있다. 15:6은 그리스도 안에 "거하지" 못할 때의 결과를 엄숙하게 설명하고 있는데 그점에도 주목해야 한다. 또한 "거하다"라는 말이 15:7, 9, 10, 11, 그리고 16절에 다시 언급된 점도 간과해서는 안 된다. 죄인에게 "내게로 오라"는 그리스도의 명령이 필요하고 그것이 절대 불가피하듯이, 성도에게는 "그리스도 안에 거하라"라는 명령이 절대 필수불가결하다. 그러므로 **그리스도 안에 거한다**는 이 주제는 지극히 중요하기 때문에 필자는 이제 이것에 관해 앞에서 지적한 것들을 보충하여 언급하려는 것이다.

첫째로, 그리스도 안에 거하는 것이란 그의 완전한 희생의 가치와 보혈의 효력을 기쁨에 넘쳐 인식하는 가운데 머무르는 것이다. 그러나 우리가 우리의 개인적인 구원과 하나님의 용납하심을 의심하고 있는 한 그 말의 완전한 의미로서의 주 예수와의 사귐이란 있을 수 없다. 바로 이 문제로 인해 괴로워하고 있는 사람이 이 글을 읽고 있다면, 필자는 그에게 불확신으로 괴로워하는 것을 피할 수 있는 유일한 길은 눈을 자아로부터 **구세주께로** 돌리는 것이라고 강조하고 싶다. 여기에 그리스도께서 친히 하신 복된 말씀이 있다. "내 살을 먹고 내 피를 마시는 자는 내 안에 **거하고** 나도 그의 안에 거하나니"(요 6:56). 이것은 하나님을 완전하게 충족시켜드린 고마우신 구세주의 그 희생을 내가 먹고 만족한다는 뜻이다.

둘째로, 그리스도 안에 거하는 것이란 그에게 전적으로 **의지**하는 정신과 태도를 지니는 것이다. 그것은 나의 무력함에 대한 의식(意識)이다. 그것은 "그에게서 떨어지면 나는 아무 것도 할 수 없다"는 인식이다. 주님께서 여기에서 사용하신 상징은 이 사실을 강하게 강조하고 있다. 포도나무의 가지들은 무력하고 기어오르며 붙어 있는 것일 뿐 그 외에 아무 것도 아니다. 그 가지들은 혼자서 설 수 없다. 그러므로 지지받을 필요가 있다. 그것들은 도움을 받을 필요가 있다. 우리가 자만심을 품고 있는 한 그리스도 안에 거하는 일은 있을 수 없다. 육체에 신뢰를 두지 않고 우리 자신의 능력을 부인하고, 우리 자신의 이해력을 의지하지 않게 돼야 우리는 그리스도께로 향하게 된다. 즉 나는 그의 충만하심에로 향해야 하는데, 그의 충만하심에로 향하기 전에 먼저 나의 무가치함에 대한 인식이 있어야 한다는 것이다. "가지가 포도나무 안에 거하지 않으면 **저절로** 열매를 맺을 수 없음과 같이 **너희도** 내 안에 거하지 아니하면 **더 이상 열매를 맺을 수 없다.**" 가지는 자기 자신 안에 그 자원이 전혀 없으므로 포도나무와의 연합 안에서만 생명으로 충만된다.

셋째로, 그리스도 안에 거하는 것은 **그의 충만하심에로 향하는 것이다.** 그것은 혐오스러운 나 자신으로부터 돌아서는 것만으로는 충분하지 않다. 기쁨에 넘쳐 그리스도께로 향해야만 한다. 그의 임재를 **구해야만** 하며, 그의 탁월하심에 전념해야만 한다. 그와 교제해야만 한다. 그것은 더 이상 나의 충족성이나 나의 힘, 또는 나의 어떤 것의 문제가 아니라 전적으로 **그리스도의** 충족성의 문제이다. 가지는 아름다운 포도송이를 내는 수액이 흐르는 도관(導管)에 불과할 뿐이다. 가지는 포도송이를 내는 것이 아니라 단지 그것들을 **달고 있기만** 하는 것임을 명심하라! 포도송이를 내는 것은 바로 **포도나무**이다. 그러나 포도나무 안에 거하는 가지에 의하여, 즉 가지를 통하여 열매를 낸다. 신자들이 어디를 간다 할지라도 **자기 자신**의 열매를 내려 한다면 그리스도 안에서의 안식과 공급의 처소를 발견하지 못한다. 이것은 자기들의 자만심과 자기를 영광스럽게 하는 체험들을 항상 이야기하곤 하는 자들이 저지르는 슬픈 잘못이다. 이런 일들은 그들의 영혼이 그리스도가 아니라 자기들 자신에게 전념하고 있음을 나타내 준다. **그리스도는** 하나님 앞에서의 우리의 신분과 우리의 궁극적인 완전성에 대해서 뿐만 아니라, 아버지의 영광을 위한 우리의 **현재** 생활에 있어서도 "모든 것이며, 또 모든 것 안에" 계신다. 그리고 이 사실은 지극히 중요한 실제적인 교훈이다.

"너희가 내 안에 거하고 내 말이 너희 안에 거하면 무엇이든지 원하는 대로 구하라 그리하면 이루리라"(15:7). 이 구절과 이 앞 구절들과의 관계는 다음과 같다. 15:4, 5에서 주님께서는 제자들에게 그 안에 거하라고 권고하셨다. 그리고 6절에서는 그들이 그렇게 하지 않을 때 그 결과가 어떻게 될 것인지를 경고해 주셨다. 이제 그는 그들이 그의 권고에 따를 때 오는 위로에 넘치고 복된 결과에 대하여 말씀해 주신다. 그 세 가지 복된 결과를 제시해 본다. 첫째로, 그들이 하나님께 드리는 기도는 무엇이든지 응답된다. 둘째로, 아버지께서 그로 인하여 영광을 얻으신다. 끝으로, **그들이** 그의 제자라는 사실이다. 이것은 그들 자신과 다른 이들에 대한 명백한 증거이다. 그리스도께서는 지극히 고마우시게도 이렇게 우리를 격려해 주고자 하셨다.

"너희가 내 안에 거하고 내 말이 너희 안에 거하면 무엇이든지 원하는 대로 구하라 그리하면 이루리라." 사람들은 이 말씀으로부터 참으로 많은 잘못된 결론들을 이끌어 냈으며 이 구절을 근거로 기도에 대한 헛된 견해들을 종종 정당화해 왔다. 그들은 일반적으로 이 구절을 다음과 같이 해석한다. 즉 그리스도인이 은혜의 보좌 앞에서 이 약속에 끈덕지게 호소하기만 하면, 그가 원하는 것을 하나님께 구하기만 하면 전능하신 분께서 그를 부인하시지 아니할 것이다(어떤 사람은 심지어 그가 부인하실 수 없으시다고까지 말하기도 한다)라고. 그들은 그리스도께서 우리에게 백지수표를 주시며 거기에 사인을 하시고서 우리로 하여금 **우리가** 원하는 대로 그것을 채워 넣도록 하신 것이라고 말한다. 그러나 우리는 요한일서 5:14에서 그러한 육적인 생각을 명백하게 반박하는 말씀을 들을 수 있다. "그를 향하여 우리가 가진 바 담대함이 이것이니 **그의 뜻대로** 무엇을 구하면 들으심이라." 그러므로 우리의 뜻이 하나님의 뜻에 복종하지 않으며 그것에 일치하지 아니한다면, 우리가 구하는 것은 이루어지지 않을 것이다.

그렇다면 우리 주님의 이 약속의 의미는 무엇인가? 그것은 분명히 기도하는 영혼에게 백지 위임장을 주신다는 것이 아니다. 하나님께서 우리가 요구하는 모든 것에서 우리를 영광스럽게 해주신다면 그것은 하나님 자신에게 모욕이 될 뿐만 아니라 종종 우리에게도 지극히 해롭다. 더욱이 은혜의 보좌로 자주 나아가는 많은 사람들을 유의해 보면 그러한 망상은 사라지게 된다. 어떤 사람들은 완전한 기대 하에 매우 열렬하게 간구한다. 그리고 매우 끈질기게 구한다. 그러나 그들의 간구는 이루어지지 않는다. 그러면 이것은 우리 주님의 약속이 거짓임을 드러내는 것일까? 결코 그렇지 않다! **그가** 말씀하신 모든 것은 하나님의 의심할 여지 없는 진리이다. 그렇다면 어떻게 된 일일까? 우리는 **하나님께서** 응답하실 **때가** 아직 오지 않았으나 그가 곧 우리에게 마음의 소망을 이루어 주시리라는 희망에 의지해야 할 것인가? 그러나 그러한 희망은 실현될 수도 있고 실현되지 않을 수도 있다. 이 모든 것은 요한복음 15:7의 약속을 지배하고 있는 **조건들**이 충족되어 있느냐 그렇지 않느냐에 달려 있는 것이다. 그것들이 충족되어 있지 않으면 우리는 이런 말씀을 듣게 될 것이다. "구하여도 받지 못함은 정욕으로 쓰려고 **잘못 구하기 때문이라**"(약 4:3).

여기에서 두 개의 조건들이 그 약속을 제한하고 있다. "너희가 내 안에 거하면." 그리스도 안에 **거한다는 것**은 그리스도와 마음의 교제를 **유지하는 것**을 뜻한다. "**그리고** 내 말이 너희 안에 거하면." 우리의 마음을 그리스도께 전념하고 있어야 할 뿐만 아니라 우리의 생활을 성경에 의해 조정해야만 한다는 뜻이다. 여기에서 "내 말"(단수)이 아니라 "내 말들"(복수)로 되어 있는 점에 주목해야 한다. 이것은 전체로서의 말씀이 아니라 구체적인 것으로서의 말씀이다. 이것은 우리에게 개인적으로 적합하게 적용되고, 우리가 믿음으로 지탱하며, 우리 마음속에 감추어져 있는 성경의 교훈들과 약속들이다. 또한 "사람이 떡으로만 (매일을) 살 것이 아니요 하나님의 입으로부터 나오는 모든 말씀으로 살 것이라"는 권고에 실천적으로 주의를 기울이는 것이다. 그리고 그것이 우리 안에 **거하는** 그리스도의 말씀들이라는 점에 주목하라. 그것은 단속적(斷續的)이거나 산발적이 아니며, 우연적인 실행과 체험이 아니라, 그 내용이 우리의 내적 존재의 본질이 될 때까지 말씀을 통해 하나님과 계속적으로 끊임없이 교제하는 것이다.

"무엇이든지 너희가 원하는 대로 구하라." 그러나 그러한 사람이 무엇 때문에 구하여야 하는가? 그가 **그리스도**와의 교제 안에 계속하여 머문다면, 그리고 그의 말씀이 그 안에 머문다면 그의 **생각은** 말씀에 의해 **조정되고,** 그의 **소망은** 말씀에 의해 **형성될** 것이다. 그러한 사람은 육체의 욕망을 초월하게 될 것이며, "모든 생각을 사로잡아 그리스도에게 복종하게" 할 것이다(고후 10:5). 그래서 "하나님의 선하시고 기뻐하시고 온전하신 뜻이 무엇인지를" 입증하게 될 것이다(롬 12:2). 결과적으로 그러한 사람은 "**그의 뜻대로**"만(요일 5:14) 구할 것이다. 그렇게 함으로써 그는 "그것이 너희에게 이루어지리라" 하신 주님의 약속을 입증할 것이다.

기도에 대한 그러한 견해는 하나님께는 영광스럽고 인간에게는 만족스러운 것이다. 구세주와 교제하고 그 안에 그의 말씀이 "풍성하게" 거하는 자에게는 탄원이란 단지 하나님께 붙잡힌 바 된 마음의 맥박일 뿐이다. 신자가 주님과의 교제 안에 있고 그의 말씀에 의해 내면으로부터 통치를 받고 있는 한 그는 "잘못된" 것들을 구하지는 **않을** 것이다. 그는 육체의 힘으로 기도하지 아니하고(그러나 슬프게도 우리 모두는 종종 그렇게 기도하고 있다) "성령으로"(유 20절) 기도할 것이다. "우리의 시대에는 어째서 이와 같이 기도의 능력이 거의 없게 되었는가? 그 대답은 간단하다. 그것은 그리스도와의 교제가 거의 없기 때문이다. 그리고 그의 말씀에 대한 진정한 순종이 거의 없기 때문이다. 사람들은 '그리스도 안에 거하지' 아니한다. 그러므로 헛되게 기도한다. 그리스도의 말이 그들의 실천 표준으로서 그들 안에 거하지 아니한다. 그러므로 그들의 기도는 응답받지 못하는 것이다. 이 교훈을 우리 마음속 깊숙이 새겨 두자. 자기의 기도가 응답받기를 원하는 자는 그리스도의 가르치심을 신중하게 기억해야 한다. 우리의 간구가 허락되기를 바란다면 우리는 하늘의 대언자와 밀접한 친교를 유지해야만 한다"(라일 주교).

"너희가 열매를 많이 맺으면 내 아버지께서 영광을 받으실 것이요"(15:8). 이것은 우리 마음을 향한 호소이다. 그리스도께서 이제까지 지켜 오신 것은 바로 아버지의 "영광"이었다. 그리고 그는 여기에서 우리에게 그것을 강조하신다. 그는 우리의 생활이 아버지를 영예스럽게 하고 그를 높이고 있는지, 또는 아버지께 비난이 되게 하는 것인지에 대하여 우리로 하여금 관심을 기울이도록 하신다. 열매를 못 맺는 가지는 하나님께 **모욕**이 된다. 이것은 진정 우리가 "그리스도 안에 거해야 한다"는 훈계이다!

이제 우리는 그리스도께서 여기에서 말씀하신 "열매"의 본질, 또는 그 특성에 대하여 조사해 보아야 한다. 아버지께서 그것으로 인해 영광을 얻으신다는 그 "열매", 그 풍성한 열매는 무엇인가? 열매는 가지에 붙어 있는, 그리고 외부로부터 달라붙어 있는 어떤 것이 아니라, 그 내적 생명의 유기적 산물이요 그 증거이다. 우리는 **외적인** 봉사와 활동들, 또는 봉사의 **결과**가 여기에서 말하는 "열매"인 것인 양 종종 그런 것에 주의를 기울여 왔다. 필자는 이 열매가 자주 외적으로 드러난다는 것을 부인하지는 않는다. 그리고 그것이 또한 외적인 일로 표현된 것을 발견하게 되는데 15:5을 보면 그것을 분명히 알 수 있다. "나를 떠나서는 너희가 아무 것도 **할 수 없음이라.**" 그러나 우리가 이 말에 주의를 기울이는 데 있어서 조심할 것이 두 가지 있다. 첫째로, 그것은 육체의 뜻과 힘으로 많은 일을 행하는 자들에게 있어서 **미혹의 원인**이 된다는 것이다. 그것들은 죽은 나무에서 발견되는 죽은 것들이다. 둘째로, 그것은 병이나 노령, 또는 역경 때문에 그러한 활동에 몰두할 수 없는, 그래서 **자기들은** 쓸모없고 무익하다고 믿는 하나님의 자녀들에게 **낙담의 원인**이 된다.

"우리는 그 가지들이 맺는 열매는 **포도나무가** 내는 것이라고 분명하게 규정할 수 있다. 그것이 어떤 것인지 가장 잘 이해하려면 우리는 세상에서의 하나님의 증인이었던 그를 바라보면 된다. **그리스도적인** 사랑, 기질, 은혜 등은 그것들이 드러나 있는 일들과 마찬가지로 그의 열매이다. 우리는 믿음의 일과 사랑의 수고를 과소평가할 수 없다. 그러나 '성령의 열매는 사랑과 희락과 화평과 오래 참음과 자비와 양선과 충성과 온유와 절제라'는 말씀을 기억해야 한다. 그런데 기독교 사역에 종사하지 않는 사람들이 성령의 열매를 잘 맺는 경우가 흔히 있다"(*Waymarks in the Wilderness*).

우리는 그 "열매"가 우리와 그리스도의 연합의 산물이라는 것을 깨닫는 것이 매우 중요하다. 왜냐하면 그렇게 보아야만 그 열매의 참된 근원과 원천이 밝혀지기 때문이다. 또한 그 때에 우리는 우리의 열매가 우리에게 행사하시는 그리스도의 능력에 의해서 산출된다는 것을 알 뿐만 아니라 그것은 포도나무 자신의 열매와 같다는 것을 알게 될 것이다. 이와 같이 해서 모든 가지 안에서 그의 말이 글자 그대로 입증된다. "네가 나로 말미암아 열매를 얻으리라"(호 14:8). 그러므로 모든 가지는 "내가 아니라 하나님의 은혜이옵니다"라고 말해야 한다. 이것은 우리의 열매는 그리스도의 열매라고 말하는 것과 마찬가지이다. 왜냐하면 하나님의 은혜의 역사(役事)하심은 예수 그리스도 안에서, 예수 그리스도로 말미암아서 일어나기 때문이다. 따라서 성도들은 "**예수 그리스도로 말미암아** 의의 열매가 가득하여 하나님의 영광과 찬송이 되기를 원하는" 것이다(빌 1:11). 사랑이 있다면 그것은 "그리스도의 사랑이다"(고후 5:14). 기쁨이 있다면 그것은 "**그리스도의 기쁨이다**"(요 15:11). 평화가 있다면 그것은 우리에게 주어진 "**그리스도의** 평화이다"(요 14:27). 온유와 관용이 있다면 그것은 "**그리스도의** 온유와 관용이다"(고후 10:1). 사도 바울은 이것을 철저하게 깨달았다. 그에게 있어서 그것은 그리스도의 가지들로 말미암아 열매를 내는 포도나무의 가장 상징적인 예로 주어진 것이었다. 다음과 같은 말로 그것을 알 수 있다. "**그리스도께서** 나를 통하여 역사하신 것 외에는 내가 감히 말하지 아니하노라"(롬 15:18). "**그리스도께서** 내 안에서 말씀하시는 … "(고후 13:3). "**그리스도께서** 베드로에게 역사하사 … 또한 **내게** 역사하사"(갈 2:8). "내 안에 **그리스도께서** 사시는 것이라"(갈 2:20). "내게 능력 주시는 자(그리스도) 안에서 내가 모든 것을 할 수 있느니라"(빌 4:13). 이렇게 할 때만이 우리는 자기에의 모든 의존과 자기를 영광스럽게 하는 것을 배제하고, 그리스도가 만물 중의 으뜸이 되신다는 것을 깨닫게 된다.

"너희가 열매를 많이 맺으면 내 아버지께서 영광을 받으실 것이요." 여기에는 우리가 구별해야 할 네 가지 관계가 있다. 그리스도 **안에서의** 삶은 곧 구원이다. 그리스도와 **함께 하는** 삶은 곧 사귐이다. 그리스도로 **말미암는** 생활은 곧 열매 맺는 것이다. 그리스도를 **위한** 삶은 곧 봉사이다. 그 "열매"는 우리를 통해 드러나신 그리스도이다. 그러나 그 단계에 주목하라. 15:2에서의 앞 부분의 그 열매는 그저 "열매"이고, 다음은 "**좀 더 많은** 열매"이며, 여기에서는 "**많은** 열매"이다. 이것은 "삼십 배와 육십 배와 백 배의 결실을 하는 자니라"는 말씀을 상기시킨다(막 4:20).

"**너희는 내 제자가 되리라**"(15:8). 이것을 요한복음 8:31 말씀과 비교해 보자. "너희가 내 말에 **거하면 참** 내 제자가 되고." 말씀 안에 거하는 것은 제자의 **조건이** 아니라 제자라는 **증거이**다. 여기에서도 그와 마찬가지이다. 많은 열매를 내는 것이 우리가 그의 제자라는 것을 명백하게 입증해 줄 것이다. 나무에 열린 좋은 열매는 그 나무를 좋은 나무로 만들어 주는 것이 아니라 그것이 좋은 나무라는 것을 나타내 주는 표시이다. 그와 마찬가지로 우리는 그리스도와 같은 특성을 나타내 보임으로써 우리가 그리스도의 제자임을 입증하는 것이다.

"**아버지께서 나를 사랑하신 것 같이 나도 너희를 사랑하였으니**" (15:9). 여기에서는 주제의 또 다른 면이 제시되었을 뿐 그것이 바뀐 것은 아니다. 이 앞의 두 구절에서 주님께서는 열매를 많이 내기 위하여 그 안에 거할 때 생기는 세 가지 **결과**를 설명하신 바 있다. 그리고 여기와 그 다음 세 구절에서는 그 열매의 세 **종류**를 명명하신다. 그 종류들은 앞의 세 결과의 순서와 일치성이 있으며, "성령의 열매"를 규정하고 있는 갈라디아 5:22에 열거되어 있는 것들과 동일한 순서로 제시되어 있는데 그 사실은 주목할 만하다. 여기 15:9에서 그것은 **사랑**이며, 15:11에서는 **기쁨**이다. 한편 15:12에서는 **평화**이다. 그리고 이것은 형제들이 서로 사랑하는 복된 결과인 것이다.

"아버지께서 나를 사랑하신 것 같이 나도 너희를 사랑하였으니." "아버지께서는 그를 영원 전부터 사랑하셨으므로 그도 그와 마찬가지로 그들을 그렇게 사랑하셨다. 그의 아버지께서는 만족과 기쁨이 넘치는 사랑으로 그를 사랑하셨으므로 아버지께서는 특별하고 개별적인 사랑으로, 불변하며 끊임없는 사랑으로, 영속하는 사랑으로 그를 사랑하셨다. 그와 마찬가지로 그리스도께서도 그의 백성들을 그렇게 사랑하신다. 그리고 이 사랑으로 그는 다음과 같은 훈계를 내리신 것이다" (John Gill).

"**아버지께서 나를 사랑하신 것 같이 나도 너희를 사랑하였으니 나의 사랑 안에 거하라**" (15:9). 그리스도의 우리를 향한 사랑은 우리의 변덕스러움에 영향을 받지 아니한다. 그러나 우리가 그의 사랑을 **누리는 것**은 우리가 그 안에 **거하는 것**에 달려 있다. 그의 사랑 안에 머무름으로써, 또는 그의 사랑 안에 거함으로써 우리는 실제로 그 사랑을 적극적으로 확신하게 되며, 그 안에서 쉬게 된다. 우리는 그의 통치가 아무리 신비스럽다 할지라도, 또 그가 우리로 겪게 하시는 시험이 아무리 가혹하다 할지라도 우리를 위한 그리고 우리를 향한 그의 사랑을 결코 의심해서는 안 된다. 우리를 향한 그의 사랑의 무한성은 십자가 상에서 밝히 드러났다. 그리고 그는 어제와 마찬가지로 오늘도 그와 동일한 분이시기 때문에, 우리를 위해 생명을 내놓으셨던 때처럼 지금도 매순간 우리를 극진히 사랑하시고 있다. 그러므로 그의 사랑 안에 "거한다는 것"은 그 사랑에 전념하는 것이요, 그 사랑에 의지하는 것이며, 아무 것도 우리를 그 사랑에서 결코 떼어 놓을 수 없으리라는 것을 확신하는 것이다. 그를 위한 우리의 보잘것없고 변덕스러운 사랑에 대해 설명하자면 우리는 비참해질 것이다. 그러나 그의 놀라우신 사랑, '지식을 초월하는' 그 사랑에 우리의 마음을 고정시킬 때 우리는 찬양과 감사로 넘치게 될 것이다. 이것은 지극히 복된 사실이다. 그러나 엄중한 사실이다. 그리스도 안에 "거하는" 것은 그의 사랑 안에 거하는 것이다. 우리는 사랑으로부터 출발하여 사랑을 향해 나아간다.

"너희도 내 계명을 지키면 내 사랑 안에 거하리라"(15:10). 이것은 훨씬 더 엄중한 말씀이다. 뜻으로 참되게 순종하지 않는 곳에는 아버지를 위한 열매가 있을 수 없으며, 그리스도의 사랑 안에 거하는 것도 있을 수 없다. 그리스도와 우리의 교제는 오직 우리가 순종할 때만 가능하다. 그런데 슬프게도 많은 사람들이 이 점에서 잘못을 범하고 있다. 우리는 무법(無法)이 판치고 있는 시대에 살고 있다. 불순종이 도처에서 성행되고 있다. 많은 지역에서 그리스도인이라 고백하는 자들조차도 "계명"이라는 말은 용납하지 아니하려든다. 주님께의 순종의 의무를 주장하는 자들은 그리스도인들에게 속박의 굴레를 씌우려 하는 믿음의 원수로 간주되고 있다. 사탄은 매우 교묘하다. 그러나 우리는 그의 계략을 모르지 않는다. 사탄은 죄인들에게 구원받기 위해서는 하나님의 계명을 **지켜야만 한다**고 설득하려 한다. 그는 성도들에게는 하나님의 계명을 **지켜서는 안 되며**, 만일 지킨다면 메기에 심히 무거운 멍에인 "율법 아래"로 자신을 속박시키는 것이 된다고 믿게 하려고 애쓴다. 그러나 우리는 사탄의 이 교묘한 거짓말을 성경을 근거로 해 살펴보면 그 거짓됨을 즉시 알게 될 것이다. 고린도전서 9:21에는 **우리가** "그리스도의 율법 아래" **있어야만** 한다고 기록되어 있다. 로마서 13:10 말씀은 "사랑은 율법의 완성이니라"고 확언하고 있다. 사랑은 율법을 폐하는 것이거나 그것을 대신하는 것이 아니라 율법의 **완성된** 모습인 것이다. 사도 바울은 "내 속사람으로는 하나님의 법을 즐거워하되 … 마음으로는 하나님의 법을 **섬긴다**"고 선포하였다(롬 7:22-25). 그리고 여기 요한복음 15장에서 주님께서는 그의 제자들에게 **"너희도 내 계명을 지키면** 내 사랑 안에 거하리라"고 말씀하셨다. 오, 그리스도인 형제들이여, 인간의 궤변(그가 제아무리 유능한 성경 교사로 여겨진다 할지라도)이나 사탄의 미혹하는 계교가 당신에게서 구세주의 이 말씀을 빼앗지 않기를 바란다. 신적이고 인간적인 온갖 권위가 더욱 범람하고 있는 이 때에 우리 모두에게 가장 필요한 것은 바로 구세주의 이 말씀인 것이다. 그리스도께서 그의 계명에 대하여 언급하시고, 그의 백성들에게 그것들을 지킬 의무를 **강조하신** 것은 이곳이 처음이 아니다. 요한복음 13:34; 14:15; 15:10; 마태복음 28:20 등을 참고하라.

"**내가 아버지의 계명을 지켜 그의 사랑 안에 거하는 것 같이**" (15:10). 이것은 경건한 순종을 "율법주의"라고 비방하는 자들에게 주어진 결정적인 말씀이다. 성육신하신 아들께서는 그의 아버지의 계명에 따르셨다. 그는 "자기를 기쁘게 하지 아니하셨다" (롬 15:3). 그가 원하신 것은 그를 보내신 분의 뜻을 행하는 것이었다. 그리고 그는 우리에게 그의 걸음을 따라야 한다는 모범을 남겨 주었다. "그의 안에 산다고 하는 자는 그가 행하시는 대로 자기도 행할지니라" (요일 2:6). 하나님의 계명을 무시하는 자는 그리스도께서 행하신 대로 행하지 **아니한다**. 그는 세상이 행하는 대로 행한다. **그리스도**의 "계명"은 **아버지**의 계명과 반대된다느니 또는 다르다느니 하는 쓸데없는 말에 귀를 기울이지 말라. 그리스도와 아버지는 하나이시다. 본성으로도 하나시요, 특성으로도 하나이시며, 권위에 있어서도 하나이시다. "그리스도의 계명은, 이미 지나가 버린 구약 초기 시대의 통치에 대해 언급한 의식(儀式)적이고 정치적인 법령을 제외하고는, 성경의 모든 교훈적인 내용을 다 포함하고 있다" (존 브라운). 다시한 번 말하거니와 그리스도인이 그리스도의 계명을 **지키지** 아니한다면 그는 그의 사랑 안에 거할 수 없다!

"내가 아버지의 계명을 지켜 그의 사랑 안에 거하는 것 같이." " … 같이"라는 말은 그리스도의 아버지에 대한 순종의 **성격**을 나타내고 있다. "그리스도의 순종은 **사랑의** 순종이었다. 우리의 순종도 그런 것이어야 한다. 그의 순종은 사랑의 표현이었을 뿐이었다. 그러므로 하나님의 계명을 지키는 외적 순종이 사랑의 표현이 아니라면 그것은 주님이 보시기에 전혀 무가치한 것이다. 왜냐하면 그는 있는 그대로의 그것으로, 즉 사악한 위선이요 단지 이기심일 뿐인 것으로 보시기 때문이다. 그러한 순종으로는 아무도 그의 사랑 안에 거하지 못할 것이다. 그의 순종은 사랑의 결과인고로 **즐거운** 것이었다. 그는 아버지의 뜻을 행하기를 기뻐하셨다. 아버지의 뜻을 행하는 것은 그의 양식이셨다. **우리의** 그에 대한 순종도 그러한 것이어야 한다. 우리는 열린 마음으로 그의 계명의 길을 따라 달려가야 한다. 우리는 계명을 지키되 지켜야만 하기 때문에라기보다는 우리가 그것들을 지키기로 택하였기 때문에 지켜야 한다. 또는 우리가 우리에게 부과된 계명을 지킬 필요성을 느낀다면, 그것은 율법에 대한 완전한 승인과 율법을 주신 분께 대한 지극한 사랑에 기인하는 즐거운 것이어야만 한다. 그리스도의 아버지께 대한 순종은 **보편적**이었다. 그것은 율법의 모든 요구에 응하신 것이었다. 율법의 요구를 생략하거나 위반하시지 않으셨다. 우리의 구세주에 대한 순종에 있어서도 유보가 있어서는 안 된다. 우리는 그의 계명이 만물 안에서 있는 그대로 옳다고 간주해야 한다. 그리고 우리는 모든 사악한 길을 거부해야 한다. 그리스도의 아버지에 대한 순종은 **끈기 있는** 것이었다. 그는 죽기까지 충실하셨다. 우리도 그와 같아야만 한다. 그의 약속을 들어 보자. '이기는 그에게는 내가 내 보좌에 함께 앉게 하여 주기를 내가 이기고 아버지 보좌에 함께 앉은 것과 같이 하리라' (계 3:21). 이와 같이 함으로써만이, 즉 그가 아버지의 계명을 지킨 것처럼 우리가 주님의 계명을 지킴으로써만이, 우리는 그가 아버지의 사랑 안에 거하신 것처럼 그의 사랑 안에 거하게 될 것이다"(존 브라운).

"내가 이것을 너희에게 이름은 내 기쁨이 너희 안에 있어 … 하려 함이라"(15:11). 여기의 "이것"이란 앞의 열 구절 전체를 가리킨다. 성령의 열매(갈 5:22)는 "사랑과 희락과 화평"이다. 그리스도께서는 앞 절에서 사랑에 관해 언급하셨기 때문에 이제 계속해서 기쁨에 관해 말씀하신다. 요한복음 14:27의 화평은 이중의 "화평"이었다. 그와 마찬가지로 여기의 기쁨도 이중의 기쁨이다. 첫째로, 그리스도 자신의 기쁨이 있다. 이 기쁨은 그가 지상에 머무르실 동안 그의 것이었던 기쁨이다. 그는 요한복음 17장의 기도에서 이 기쁨을 언급하신다. "내가 세상에서 이 말을 하옵는 것은 그들로 **내 기쁨**을 그들 안에 충만히 가지게 하려 함이니이다"(13절). 이것은 우리에게 구세주의 내적 생명을 드러내 준다! 그는 아버지의 사랑 안에 거하셨기 때문에 그의 원수뿐 아니라 그의 친구들조차도 "질고를 아는 자"에게 있으리라고는 생각지 못했던 기쁨을 가지고 계셨다. 그리스도의 기쁨은 아버지를 기쁘시게 하는 데, 그의 뜻을 행하고 그의 이름을 영광스럽게 하는데 있으셨다. 다음으로 그는 그 앞에 놓여 있는 전망을 기뻐하셨다. "믿음의 주요 또 온전하게 하시는 이인 예수를 바라보자 그는 **그 앞에 있는 기쁨을** 위하여 십자가를 참으사 … "(히 12:2). 성육신하신 아들들의 이 이중적 기쁨은 시편 16편에 언급되어 있다. 예언의 성령께서 미리 구세주의 말씀을 기록해 두셨다. "내가 여호와를 항상 내 앞에 모심이여 그가 나의 오른쪽에 계시므로 내가 흔들리지 아니하리로다 이러므로 나의 마음이 **기쁘고** 나의 영도 **즐거워하며** … "(8, 9절). 이것은 친교와 순종의 기쁨이었다. "주께서 생명의 길을 내게 보이시리니 주의 앞에는 충만한 기쁨이 있고 주의 오른쪽에는 영원한 즐거움이 있나이다"(11절). 이것은 '그 앞에 있는' 기쁨이었다.

"내가 이것을 너희에게 이름은 내 기쁨이 너희 안에 있어 너희 기쁨을 충만하게 하려 함이라." 여기의 "이것"이란 좀 더 특별하게는 그리스도와의 교제를 유지하는 것과 그것을 실현시키기 위한 조건들을 가리킨다. 주 예수와의 교제가 깨어질 때 기쁨은 사라진다. 이것은 다윗의 경험을 통해 예증된 바 있다. 다윗은 여호와께 죄를 지었기 때문에 그 결과로 주 앞에서 더 이상의 위로를 누리지 못하였다. 그의 영혼은 비참하였다. 그래서 죄를 열렬하게 고백한 후에 그는 "주의 구원의 **즐거움**을 내게 회복시켜 주소서"라고 부르짖었다(시 51:12). 그는 구원을 잃어버린 것이 아니라 구원의 즐거움을 잃어버린 것이다. 그것은 베드로의 경우에도 마찬가지였다. 그는 "밖에 나가서 **심히 통곡하니라**"(눅 22:62). 하나님의 자녀라면 그리스도로부터 떨어질 때 비참해질 수밖에 없다. 우리가 영원을 위해 그리스도를 필요로 하는 것처럼 **매일의 생활을** 위해서도 그가 필요하다. 또 우리가 천국에 들어갈 수 있는 자격을 얻기 위해 그를 필요로 하는 것처럼 우리는 아버지께서 우리에게 기대하시는 열매를 위해서도 그를 필요로 한다. 이것을 깨닫는 것은 중요한 일이다.

"너희 기쁨을 충만하게 하려 함이라." 그리스도인들의 기쁨의 근거는 그 자신에게 있지 않고 그리스도에게 있다. "주 안에서 항상 기뻐하라"(빌 4:4). 그러나 우리가 이것을 체험하는 한계는 우리 주님과의 매일의 교제에 따라 결정된다. "우리의 사귐은 아버지와 그의 아들 예수 그리스도와 더불어 누림이라 [그리고] 우리가 이것을 씀은 우리의 **기쁨**이 충만하게 하려 함이라"(요일 1:3, 4). 우리의 기쁨은 변덕스럽고 산발적인 것이 아니라 한결같고 항구적인 것이어야 한다. "주 안에서 **항상** 기뻐하라 내가 다시 말하노니 기뻐하라"(빌 4:4). 여기서의 기쁨이란 세상이 말하는 "행복"이 아니다. 그것은 더 심오한 것이다. 세상 사람들은 그의 행복을 상황과 주위 환경에서 발견한다. 그러나 그리스도인은 그것들에는 전혀 의지하지 아니한다. 바울과 실라는 빌립보의 감옥에 갇혔을 때 등에 피를 흘리면서도 "하나님을 찬송하였다"(행 16:25). 이것은 환경을 극복한 복된 승리였다! 감옥의 벽조차도 그들을 그리스도에게서 떼어 놓지 못하였다. 그러나 우리는 이것을 읽으면서 부끄러움을 느끼게 된다. 우리가 참으로 자주 우둔해지고 낙심하게 되고 불안해하고 불만족해하는 이유는, 주의 얼굴의 빛에 의지하여 걷지 아니하기 때문이다. 우리의 기쁨이 "충만"하도록 주님께서 "우리에게 말씀하신" 일들에 주의를 기울이는 은혜를 열렬히 구하게 되기를 기원한다.

"내 계명은 곧 내가 너희를 사랑한 것 같이 너희도 서로 사랑하라 하는 이것이니라"(15:12). "사랑이란 자비로운 온정이요 그 온정을 적절히 표명하는 것이다. 사랑이라는 말을 지극히 일반적인 의미로 볼 때는 '율법의 완성이다.' 박식한 지적 인간에게 있어서 이 원칙을 최고로 실행하는 것은 모든 의무를 수행하는 것임에 틀림없다. 사랑은 이기심과 악의, 죄의 원인들과는 공존할 수 없다. 사랑이 우세한 정도에 따라 그것들은 파괴된다. '사랑은 악을 행하지 아니한다' (롬 13:10). 또 행할 리도 없다. 사랑은 모든 실천적인 선을 행한다. 또 행해야만 한다. 악이 행해지고 선이 행해지지 아니한다면 그것은 거기에 사랑이 충분히 있지 않기 때문이다" (존 브라운).

우리는 사랑과 자비심(선의:benevolence)을 구분해야 한다. 그것은 중요한 일이다. 그리스도의 자비심은 그의 백성 중 아무에게도 제한을 두시지 않는 것이었다. 아버지께서 악한 자에게나 선한 자에게나 다 태양을 비춰 주시듯이, 또 의로운 자에게나 불의한 자에게나 비를 내려 주시듯이, 그리스도께서도 그의 백성들이 그 안에 거하거나 거하지 않거나 간에 그들의 모든 필요를 돌보시고 채워 주신다. 그러나 그리스도께서 그 안에 거하는 자들에게만 거하시는 것처럼, 그리고 그의 계명을 지키는 자 안에서만 즐거움을 발견하시는 것처럼(14:21), 그리스도인도 그렇게 자기의 행동을 조정하고 자기의 사랑을 **밝히 드러내야** 한다. "그리스도인으로서의 나는 그리스도 안의 형제로 입증되는 모든 사람에게 사랑을 간직하고 실행해야 한다. 이 특성 안에서만 그는 나의 형제애를 요구하는 것이다. 그것은 나의 호의에 속하는 문제가 아니다. 왜냐하면 어떠한 경우에라도 그것은 한계가 없기 때문이다. 그런데 그리스도인 형제에 대한 나의 평가와 그를 즐거워하는 정도는 그가 그리스도의 특질을 여러 가지로 탁월하게 나타내 보이는 것에 비례한다. 그가 선량하면 선량할수록, 그리고 그가 자신을 선량하게 보여주면 보여줄수록 나는 그를 더욱더 사랑한다. 그러나 나의 사랑은 그리스도의 사랑의 원리에 따라 조정되어야 한다. 그리스도의 **자비심**은 그의 백성 중 아무에게도 **한계를 두지 않지만**, 그러나 그들에 대한 **존중**과 **즐거움**은 항상 거룩한 원리들과 그의 백성의 행실에 비례한다" (존 브라운).

"**사람이 친구를 위하여 자기 목숨을 버리면 이보다 더 큰 사랑이 없나니**" (15:13). 그리스도께서 "**내가 너희를 사랑한 것같이** 서로 사랑하라"고 말씀하신 직후에 이 말씀을 하셨다는 점에 주목해야 한다. 이것을 고려할 때 요한복음 15:13-16 말씀은 그리스도의 사랑의 수많은 증거를 제시한 것이며, 그 증거들 각각은 사랑의 다른 특성을 드러내 준다. 그리고 여기에서의 이 말은 우리에게 서로 사랑하는 **방법**을 가르쳐 주기 위해 제시된 것이다. 주님께서는 우선 그의 사랑의 **가장 숭고한** 증거를 제시한다. 즉, **그는** 그의 백성을 위해 그의 목숨을 내어 놓으신 것이다. 이 구절의 "사람"이라는 말은 헬라어 원전에는 없는 것인데 그 점에 주목해야 한다. 이 구절을 글자 그대로 표현하자면 "자기의 친구를 위하여 자기의 생명을 버리는 자, 그보다 더 큰 사랑을 한 자가 없느니라"고 할 수 있다. 그리스도께서는 그와 같이 절박한 때에, 그의 죽음이 순전히 **자발적인** 것이라는 위대한 사실을 다시 한 번 강조하신 것이다. 그는 그의 생명을 '버리셨다.' 아무도 그에게서 그의 생명을 빼앗아가지 않았다. 이 생명은 그가 그의 친구들을 위해 내놓은 것이며, 이와 같이 그들을 대신하여 그들을 위해 죽으심으로써 그는 그들을 향한, 그리고 그들을 위한 그의 사랑의 최고 증거를 제공하신 것이다. 로마서 5:6-10 말씀은 이와 동일한 진리를 강조하고 있다. 다만 그 관점이 다를 뿐이다. 거기에서 그리스도께서 속죄의 희생제물로 바쳐진 대상들이 어떻게 설명되어 있는지 살펴보면, 하나님의 **'공의'** 라는 관점에서 그들을 보았다는 것을 알수 있다. 그들은 본래, 그리고 실제로 불경건한 죄인이요 원수들이라고 조명되어 있다. 그러나 여기 요한복음 15장에서는 구세주께서 하나님의 **사랑**이라는 관점에서 그들을 언급하신다. 그리고 그들은 택하심과 중생에 의해 그의 "친구들"인 것으로 조명되어 있다.

"사람이 친구를 위하여 자기 목숨을 버리면 이보다 더 큰 사랑이 없나니." 이 구절에서 주님께서는 그의 비이기적이고 희생적이며 무한한 사랑에 관해 말씀하시고 있다. 그뿐만 아니라 그는 우리에게 동기와 모범을 제공해 주시려는 명백한 목적으로 이 말씀을 하신 것이다. 그는 우리에게 "서로 사랑하라"는 계명을 주셨으며, **그가** 그의 형제들을 사랑하신 것처럼 우리도 우리 형제들을 사랑하라는 계명을 주신 것이다.

우리의 사랑에 한계가 있어서는 안 된다. 상황이 요구한다면 우리는 다른 사람을 위해 기꺼이 우리 목숨을 버려야 한다. 요한일서에서 우리는 이와 동일한 진리를 발견할 수 있다. "그가 우리를 위하여 목숨을 버리셨으니 우리가 이로써 사랑을 알고 우리도 형제들을 위하여 목숨을 버리는 것이 마땅하니라"(3:16). "여기에 사랑이 있다. 그러나 우리가 하나님을 사랑한 것이 아니라 하나님께서 우리를 사랑하신 것이다. 사랑하는 자여, 하나님께서 우리를 그처럼 사랑하셨으니 우리도 또한 서로 사랑해야만 한다." 이 성경 말씀은 우리를 심히 책망하고 있다! 슬프게도 우리가 하나님의 자녀의 평범하고 일상적인 필요와 고통을 돌보는 데 그렇게 실패하고 있다면, 우리가 말씀에 순종하여 우리 형제들을 위해 우리 목숨을 버릴 각오를 해야 한다는 이론을 알고 있다 한들 무슨 소용이 있겠는가? "자녀들아 우리가 말과 혀로만 사랑하지 말고 **행함**과 **진실함**으로 하자"(요일 3:18)

"너희는 내가 명하는 대로 행하면 곧 나의 친구라"(15:14). 여기에 그리스도의 그의 제자들을 위한 사랑의 두 번째 증거가 있다. 그는 그들을 전적으로 친밀하게 대하시며, 그들을 이방인으로 대우하지 아니하셨다. 또한 그는 그들과 아주 친밀한 교제를 가지셨다. 그는 사람들이 흔히 아는 사람들에게 취하는 방식처럼 행동하지 아니하셨다. 대신에 무한한 겸손을 취하셔서 그들에게 그의 친구가 되는 형언할 수 없는 특권을 부여해 주셨다. 그러나 그가 그들에게, 명하신 것을 그들이 행하는 한에 있어서만 그러한 신분에 거할 것이다. 왜냐하면 주님께서는 순종의 길에서 벗어난 자와는 친밀하게 교제하지 않으시기 때문이다. 이것은 랍비들이 그의 제자들에게 취했던 태도보다 훨씬 더 숭고한 것이며, 주인이 그의 종을 향해 품고 있는 감정보다 훨씬 더 고차적인 것이었다. 영광의 주님께서는 그의 제자들과 종들을 그의 **친구**로 대우하셨던 것이다!

"너희가 나의 명하는 대로 행하면 곧 나의 친구라." 그리스도께서 여기에서 "나는 너희의 친구다"라고 말씀하지 않으신 점에 신중하게 주목해야 한다. "예수를 **우리** 친구로 노래하는 상당한 인기 있는 찬송가들이 많이 있다. 그러나 우리를 **그의** 친구로 삼아 주신, 우리 주님의 소원에 감사하는 찬송가는 거의 없다! 이 차이는 매우 실제적이다. 한 국가의 최고 지위에 오른 사람이 노동 계급의 사람을 보고 자기의 친구라 한다면 그것은 겸손이다. 왜냐하면 그렇게 함으로써 그는 무명인을 자기의 수준으로 높인 것이기 때문이다. 그러나 중요 인사가 아닌 사람이 유명인을 두고 '그는 나의 친구'라고 말한다면 그것은 그 유명인을 높인 것이 결코 아니다. 사실 그것은 주제넘음이요 뻔뻔스러움으로 간주될 것이다. 예수를 **우리의 친구**라고 부르는 이 친밀성 때문에 우리는 그가 그 이상의 어떤 분이라는 사실을 희미하게 잊어버리게 된다. 그는 우리의 구세주이신 것이다! 그는 우리의 주님이신 것이다! 그는 진정으로 그의 필연적인 본성상 우리의 하나님이신 것이다"(C. H. Bright). 성육신하신 하나님의 아들을 자기들의 맏형이라 부르는 자들도 마찬가지로 비난받아야 한다. 그는 놀라우신 은혜로 "**우리를** 형제들이라 부르시기를 부끄러워하지 아니하셨다." 그것은 분명 사실이다. 그러나 우리가 그를 **우리의** "맏형"이라 부르는 것은 그 은혜를 악으로 갚는 것이다. 우리는 그가 친히 하신 말씀을 상기해야만 한다. "너희가 나를 **선생**이라 또는 **주**라 하니 너희 말이 **옳도다** 내가 그러하다"(요 13:13).

"이제부터는 너희를 종이라 하지 아니하리니 종은 주인이 하는 것을 알지 못함이라 너희를 친구라 하였노니 내가 내 아버지께 들은 것을 다 너희에게 알게 하였음이라"(15:15). 여기에 그리스도의 그의 제자들을 위한 사랑의 세 번째 증거가 있다. 그는 그의 제자들을 친구로 **대우하셨을** 뿐만 아니라 그들을 그의 친구로 **인정하시고**

그의 비밀을 털어놓으셨다. 우리는 즉시 아브라함을 생각하게 될 것이다. 그는 "하나님의 **벗**"이라고 일컬어져 있기 때문이다(약 2:23). 의심할 여지 없이 이 말은 창세기 18:17과 관련이 있다. 하나님께서는 소돔을 멸망시키려 하셨다. 롯은 이것을 전혀 알지 못하고 있었다. 왜냐하면 그는 하나님에게서 도덕적으로 아주 멀리 떨어져 있었기 때문이다. 그러나 주님께서는 "내가 하려는 것을 아브라함에게 숨기겠느냐"고 말씀하셨다. 하나님께서는 아브라함에게서 기쁨을 발견하셨다. 그러므로 그는 그에게 자신의 계획을 털어놓으셨다. 아브라함은 직접적으로 하나님의 벗이라 불린 구약시대의 **유일한** 성도인데 그 점은 주목할 만하다(사 41:8 참고). 아브라함은 "모든 믿는 이의 조상"이다. 그런데 주님께서는 여기에서 그의 믿는 자녀들을 그의 "벗들"이라 부르셨다. 그 용어는 신뢰와 친밀성을 나타내고 있다. 그러나 그것은 우리의 하나님에 대한 신뢰와 하나님과의 친밀성이 아니라, 하나님의 우리에 대한 신뢰와 우리와의 친밀성을 가리킨다. 주님께서는 우리가 그의 종들임에도 불구하고 더 이상 "종들"이라 부르지 아니하신다. 오히려 그와 반대로 우리를 그의 벗들로 삼으셨다. 그는 그가 아버지와 함께 나누고 계신 거룩한 친교와 자유를 제자들에게 주심으로써 아버지의 생각을 드러내 주셨다. 그가 그들에게 부여해 주신 지위는 참으로 놀라운 것이다! 그들이 이 친교를 받기에 적합하지 아니하다면 그는 아버지의 비밀을 드러내실 것이다. 우리에게 필요한 적합성을 부여해 주는 것은 바로 **새로운 본성**이다.

"내가 너희를 친구라 하였노니." 우리는 이것을 열한 사도에게만 제한시켜서는 안 된다. 이것은 그의 피로 사신 모든 백성에게도 적용된다. 왕 중의 왕이시요 주(主) 중의 주이신 분께서는 그를 믿는 모든 사람을 불쌍히 여기시고 구원하신다. 그리고 그는 그들을 실제로 **벗들**이라고 부르신다! 그러한 말을 고려해 볼 때 우리는 사도 바울이 "그리스도의 사랑은 지식을 초월한다"라고 한 말에 놀랄 필요가 없다. 이는 우리로 하여금 기도를 통해 우리 마음을 그에게 토로하도록 **격려**해 주시는 것이다. 그러나 우리를 "벗"이라 부르신 분께 우리 마음을 열어 보이기를 어째서 주저하는 것인가! 우리를 "벗들"이라 부르심은 환난 중에 있는 우리에게 **위로**를 준다. 그가 자비와 은혜로 그의 "벗들"을 돌보지 아니하시겠는가? 여기에는 최종적 결과를 의심하는 자에게 주는 **확신**이 있다. 우리 모두는 본래 연약하고 무가치하다. 그러나 그리스도께서는 그의 "벗들"을 결코 버리지 아니하실 것이다!

"**내가 내 아버지께 들은 것을 다 너희에게 알게 하였음이라**"(15:15). 여기에서의 "모든 것"은 그의 중재자 직무와 관계가 있는 모든 것을 가리킨다. 마가복음 4장을 보면, 우리는 주님께서 그의 제자들을 어떻게 그의 특별한 친구로 삼으셨는지 알 수 있다. 다음은 그 사실의 주목할 만한 예증이다. "이르시되 하나님 나라의 비밀을 **너희에게는** 주었으나 외인에게는 모든 것을 비유로 하나니 … 비유가 아니면 [군중에게] 말씀하지 아니하시고 다만 혼자 계실 때에 **그 제자들에게** 모든 것을 해석하시더라"(11, 34절). 그리고 그 복음서에서 우리는 구세주께서 그 외 사랑과 동일한 표시로써 그의 제자들을 구분하신다는 기록을 읽을 수 있다. 그는 오직 그들에게만 사악한 자들의 손으로 행해질 다가오는 배반을 알려 주셨다. 그는 그들에게만 아버지 집에서의 그의 거처가 그들의 것이 되리라는 것을 선포하셨다. 또한 그들에게만 보혜사가 오시리라는 것을 알려 주셨다.

그리스도께서 그와 같은 방식으로 그의 말씀 안에서 많은 것들을 우리에게 드러내 주셨다. 그러나 이 세상의 현명한 자라 하는 이들은 그것에 대해 아무 것도 알지 못한다. "주의 날이 밤에 도둑 같이 이를 줄을 너희 자신이 자세히 알기 때문이라 그들이 평안하다, 안전하다 할 그 때에 임신한 여자에게 해산의 고통이 이름과 같이 멸망이 갑자기 그들에게 이르리니 결코 피하지 못하리라 형제들아 **너희는 어둠에 있지 아니하매** 그 날이 도둑 같이 너희에게 임하지 못하리니"(살전 5:2-4). 우리는 그러한 비밀을 매우 귀중하게 여겨야 한다. 우리가 그의 계명에 좀 더 부지런히 유의하기만 한다면, 지금은 감추어져 있는 아주 많은 것들을 우리에게 드러내 주실 것이다. "여호와의 비밀이 **그를 두려워하는 자들에게** 함께 있나니"라는 말을 항상 기억하라! 다음 구절로 가기 전에, 주님께서 여기에서 우리를 위한 그의 사랑에 대한 증거들을 언급하시고 있을 뿐만 아니라, 우리의 사랑을 다른 사람에게 밝히 증명해야 한다는 사실을 알려 주시고 있다는 점을 다시 한 번 지적하고자 한다. "어떤 친구는 형제보다 **친밀하니라**"(잠 18:24). 그러므로 우리 형제의 영적 자유를 침해하지 말자. 형제의 믿음의 통제력을 빼앗지 말자. 우리 형제를 종으로 대우하지 말자. 그를 **벗으로** 대하자!

"너희가 나를 택한 것이 아니요 내가 너희를 택하여 세웠나니 이는 너희로 가서 열매를 맺게 하고 또 너희 열매가 항상 있게 하여 내 이름으로 아버지께 무엇을 구하든지 다 받게 하려 함이라"(15:16). "바로 이 사랑이 그들을 위한 모든 것의 **토대**에 있었다. 그들은 이 사랑의 은혜를 입었다. 그리고 우리도 은혜를 입고 있다. 그 택하심은 우리에게가 아니라 그의 편에 달려 있다. 그는 '너희가 나를 택한 것이 아니요 내가 너희를 택하여 세웠나니' 라고 말씀하신다. 따라서 우리의 약함을 의식할 때 하나님의 강하심이 우리와 함께 있다. 우리가 잃어버린 바 되었을 때, 그의 긍휼을 불러 일으키는 우리의 비참함 외에 아무 것도 없을 때, 그가 우리를 찾으셨다. 그와 마찬가지로 우리는 우리가 무력하다 할지라도 그가 시작하신 일을 완성하시도록 확신을 가지고 그에게 의지해야 한다. '내가 너희를 택하여 세웠다' 하신 왕의 일(사역) 속에 우리를 위한 지극한 위로가 있다!

우리는 은혜로 말미암아 하나님의 본성의 거룩함에 의해 필수적으로 부과된 조건들을 이행할 수 있다. 그리고 이 조건들은 버려질 수 없다. 그러므로 다음과 같이 결론을 내릴 수 있다. 그 조건들은 우리가 지금까지 읽어 온 다른 조건들과 일치한다. 다만 그 조건들은 다소 다른 방식으로 강조되어 있을 뿐이다. **오래 달려 있는(거하는)** 열매만이 하나님을 만족시켜 드린다. 겉으로 좋게 보이는 많은 열매들이 영속하는 특질을 가지고 있는 것은 아니다. 하나님께 속한 것처럼 보이는 많은 열매들이 부패함으로써 그 본색을 드러낸다. 이 '오래 지속한다는 것' 은 요한복음에서는 하나님께서 사물을 보시는 측면을 가리키는 말이다"(*Numerical Bible*).

다음 장을 공부하려는 독자들을 돕기 위해서 아래의 질문들을 제시해 본다.

1. 17-27절 말씀은 문맥과 어떤 관계가 있는가?
2. 이 부분에서의 우리 주님의 중심 의도는 무엇인가?(17-27절)
3. 인간의 부패성은 어떤 점에서 드러나게 되는가?
4. 그리스도께서는 왜 17절에서 12절 말씀을 반복하셨는가?
5. 19절의 의미는 무엇인가?
6. "죄가 없었으려니와" 라는 말의 참뜻은 무엇인가?(22-24절)
7. 26절과 27절의 증거는 어디에 있는가?

제53장

제자들을 격려하시는 그리스도

[17]내가 이것을 너희에게 명함은 너희로 서로 사랑하게 하려 함이라 [18]세상이 너희를 미워하면 너희보다 먼저 나를 미워한 줄을 알라 [19]너희가 세상에 속하였으면 세상이 자기의 것을 사랑할 것이나 너희는 세상에 속한 자가 아니요 도리어 내가 너희를 세상에서 택하였기 때문에 세상이 너희를 미워하느니라 [20]내가 너희에게 종이 주인보다 더 크지 못하다 한 말을 기억하라 사람들이 나를 박해하였은즉 너희도 박해할 것이요 내 말을 지켰은즉 너희 말도 지킬 것이라 [21]그러나 사람들이 내 이름으로 말미암아 이 모든 일을 너희에게 하리니 이는 나를 보내신 이를 알지 못함이라 [22]내가 와서 그들에게 말하지 아니하였더라면 죄가 없었으려니와 지금은 그 죄를 핑계할 수 없느니라 [23]나를 미워하는 자는 또 내 아버지를 미워하느니라 [24]내가 아무도 못한 일을 그들 중에서 하지 아니하였더라면 그들에게 죄가 없었으려니와 지금은 그들이 나와 내 아버지를 보았고 또 미워하였도다 [25]그러나 이는 그들의 율법에 기록된 바 그들이 이유 없이 나를 미워하였다 한 말을 응하게 하려 함이라 [26]내가 아버지께로부터 너희에게 보낼 보혜사 곧 아버지께로부터 나오시는 진리의 성령이 오실 때에 그가 나를 증언하실 것이요 [27]너희도 처음부터 나와 함께 있었으므로 증언하느니라 (요 15:17-27)

요한복음 15장의 종결 부분인 본문을 다음과 같이 분석해 볼 수 있다.

1. 그리스도인들은 서로 사랑하라는 명령을 받음(17절)
2. 그리스도인들은 세상이 그들을 미워하리라는 경고를 받음(18절)
3. 세상이 그들을 미워하는 원인들(19-21절)
4. 세상의 죄가 큼(22-24절)

5. 하나님의 말씀이 성취됨(25절)

6. 성령의 증언(26절)

7. 그리스도인들의 증언(27절)

우리가 지금 살펴보려고 하는 구절들은 그리스도와 그의 백성에 대한 세상의 적의(적개심)를 주요 주제로 삼고 있다. 여기에는 세상의 **미움**이란 말이 일곱 번 언급되어 있는데, 이것은 두렵게도, 온 세상의 미움과 그것의 뿌리 깊음을 엄숙하게 증언해 준다. 본문과 그 앞 단락은 아주 자연스럽고도 평이하게 연결되어 있다. 주님께서는 앞에서 "**자기 백성들**"에게, 그리고 그들에 관하여 말씀해 오셨다. 그런데 여기에서는 "**세상**"에 대하여 생각하신다. 또한 주님은 앞에서 그의 제자들을 그의 **친구**라고 말씀하셨는데, 이제는 그들에게 세상의 **미움**에 대하여 경고해 주신다. 앞 단락의 마지막 구절과 우리가 이 장에서 살펴보려고 하는 본문의 첫 구절 사이의 문맥 관계는 아주 중요하다. "내가 이것을 너희에게 명함은 너희로 서로 사랑하게 하려 함이라." 그들이 서로 사랑해야 하는 여러 가지 **동기들**이 앞에서 제시되었는데, 그 중 가장 중요한 것은 그들이 주님의 놀라운 사랑을 모범적으로 실천해야 한다는 것이었다. 그런데 이제 전적으로 새롭고 다른 이유가 제시된다. 즉 그리스도인들의 공통 원수인 세상이 그들을 미워하기 **때문에** 그들은 형제 사랑이라는 끈으로써 함께 결합해야 할 필요가 있다는 것이다.

사랑하는 마음은 어디에서든지 그 사랑을 나타내거나 일으키려고 한다. 이러한 소망이 이루어지지 못할 경우, 더 나아가 미움을 받을 경우, 그것은 괴롭고도 견디기 힘든 것이며 모든 고통 중에서도 가장 쓰라린 것일 것이다. 그러므로 주님께서는 신실하시게도 여기에서 제자들로 그런 경험을 겪을 것에 대비하게 해주심으로써 그들이 세상의 적의에 놀라거나, 그것으로 말미암아 실족하지 않게 하셨다. "형제들아 세상이 너희를 미워하여도 이상히 여기지 말라"(요일 3:13). 은혜롭게도, 구세주께서는 그가 떠나신 후에 곧 제자들에게 박해의 폭풍우가 닥쳐오리라는 것을 잘 알고 계셨고, 그것에 대비하여 그들을 격려해 주기 시작하셨다. 사도들은 그들이 맡은 임무와 그들이 선포하는 메시지와 부여받은 자비로운 이적의 능력으로 말미암아 온 세상이 곧 그리스도께 돌아오게 될 것이라고 단순하게 생각하였다. 그러나 그들은 겪게 될 실망에 대비하지 않으면 안 되었다. 그러므로 그리스도께서는 그들이 반드시 부딪치게 될 격심한 악의와 반대에 압도당하지 않도록 미리 대비시키셨던 것이다.

복음서에서는 주님께서 사도들과 함께 계셨을 때 그들이 박해를 받았음을 암시해 주는 내용이 전혀 없다. 칠십 인이 보냄을 받은 후 "기뻐하며 돌아와 이르되 주여 주의 이름이면 귀신들도 우리에게 항복하더이다"(눅 10:17)라고 말했다고 기록되어 있다. 서기관과 바리새인들은 제자들이 손을 씻지 않고 먹음으로써 장로들의 유전을 범하였기 때문에 화가 났음에도 불구하고 주님의 제자들을 직접 공격하는 대신 주 예수께 불평하였다(마 15:2). 구세주께서는 동산에서 붙잡히셨을 때, 그는 아랫사람들에게 "이 사람들(사도들)이 가는 것은 용납하라"(요 18:8)고 말씀하셨다. 주께서 십자가 못 박히신 직후에도, 제자들은 아무 방해도 받지 않고 본래 하던 고기잡이로 돌아갈 수 있었다(요 21:23). 그러나 주께서 아버지께로 돌아가신 후에는, 그들도 역시 세상의 악의를 겪게 될 것이었다. 그러므로 주님께서는 그들이 경건하지 못한 자들로부터 어떤 대우를 받게 될 것인지, 그리고 어떤 대우를 기대해야 하는지에 대하여 미리 경고해 주셨다.

주 예수께서 사도들에게 해주신 경고는 오늘날의 초신자들에게도 매우 필요한 것이다. 그리스도인으로서의 경험이 많지 않은 자는 세상이 그를 미워하는 것을 하나의 질책으로 받아들인다. 그래서 그는 그렇게 된 것을 자신의 잘못이라고 생각한다. 그래서 그가 좀 더 친절하고 관대하고 겸손하고, 좀 더 그리스도를 닮아간다면 그에 대한 불신자들의 미움은 사라지리라고 상상한다. 그러나 이것은 큰 오해이다. 실상은, 우리가 사람들로부터 더욱더 적대와 따돌림을 당할 것이다. 이에 대한 가장 결정적인 증거는, 우리의 복되신 구세주께서 이 세상에 계셨을 때 어떤 대접을 받으셨는 지를 보면 가장 잘 알 수 있다. 즉 **그는** "사람들의 멸시와 저버림을 받으셨다." 지상에 나타났던 가장 순수한 사랑이시며 성육신하신 선(善)께서 대부분의 사람들로부터 미움을 받으셨다면, 그리고 그의 사랑이 밝게 빛나면 빛날수록 그에 대한 반응으로 더욱 맹렬한 증오를 받으셨다면, **우리가** 어찌 세상의 칭송과 존경을 감히 기대할 수 있겠는가? 또한 인간이 하나님 아들의 이 사려분별을 능가할 수 있으리라는 건방진 생각을 품는 자는 분명 아무도 없을 것이다.

이 모든 설명은 신앙을 고백하는 그리스도인들 가운데 아주 많은 사람들, 그것도 그리스도의 종이라고 공언하는 많은 사람들이 누리는 **인기**를 꾸짖고 있지 않은가! 우리는 "간음한 여인들아 세상과 벗된 것이 하나님과 원수 됨을 알지 못하느냐 그런 즉 누구든지 세상과 벗이 되고자 하는 자는 스스로 하나님과 원수 되는 것이니라"(약 4:4)는 엄중한 질책을 잊었단 말인가! 여기 참으로 엄숙한 단어가 사용되고 있다.

간음하는 여인들이란 **부정한** 사랑을 구하고 즐기는 자들이다. 이와 마찬가지로, 신앙을 고백하는 그리스도인, 즉 그리스도를 사랑한다고 주장하는 자가 세상에서 기쁨을 구하고 또 경건하지 않은 자와 벗이 되는 것은 **영적인 간음죄**를 짓는 것이다. "이 세상이나 세상에 있는 것들을 **사랑하지 말라** 누구든지 세상을 사랑하면 아버지의 사랑이 그 안에 있지 아니하니"(요일 2:15). "너희는 이 세대를 **본받지 말고** 오직 마음을 새롭게 함으로 변화를 받아"(롬 12:2).

 "내가 이것을 너희에게 명함은 너희로 서로 사랑하게 하려 함이라"(15:17). 이 말씀에는 특별히 우리로 하여금 우리의 마음을 살피게 하고 양심의 가책을 느끼게 하는 내용이 담겨 있다. 그리스도께서 우리에게 서로 사랑하라고 **명령**하셔서야만 했던 것을 볼 때 우리는 겸손해지지 않을 수 없다! 또한 주님께서 13:34에서 제자들에게 똑같은 명령을 이미 하셨음에도 불구하고 여기에서 다시 **되풀이**하고 계신 것을 볼 때 우리는 겸손해지지 않을 수 없다. 더욱 "내 계명은 곧 내가 너희를 사랑한 것 같이 너희도 서로 사랑하라 하는 이것이니라"(15:12)고 방금 전에 말씀하셨음에도 불구하고 여기에서 그것을 **다시** 말씀하시는 것을 볼 때에 우리는 겸손해지지 않을 수 없는 것이다. 주님께서 이렇게 명하셔서야만 했던 것은 그의 백성들 가운데 그리스도인의 사랑이 **거의** 실천되지 **않을 것을** 미리 아셨기 때문이 아니었겠는가? 우리 각자에게 **사랑스럽지 않은** 요소가 아주 많다는 것을 아셨기 때문이 아니었겠는가? 또 마귀가 그리스도를 따르는 자들로 하여금 서로 물어뜯고 삼키게 하기 위해 그들 가운데 원한과 분쟁을 일으킬 것임을 미리 아셨기 때문이 아니었겠는가? 주님께서 무슨 이유로 그렇게 하셨든지 간에 부인할 수 없는 한 가지 사실은, 그리스도께서는 분명히 그의 백성들에게 서로 사랑하라고 명령하셨다는 것이다.

 "내가 이것을 너희에게 명함은 너희로 서로 사랑하게 하려 함이라" 주님께서 이 세상에 대해 이처럼 되풀이하여 강조하셨다는 사실에는, 모든 그리스도인들이 진지하게 마음에 새겨 두어야 할 어떤 것이 있다는 것을 암시해 준다. 뿐만 아니라, 이 점에 대하여 서신서들이 많은 지면을 할애하고 있다는 사실 또한 이것을 강력하게 확증하여 준다. 사도들을 통하여 성령께서 명하여 주신 다음 계명들은 여기에서 우리에게 해주신 훈계의 반복과 부연한 것에 지나지 않는다. "형제를 사랑하여 서로 우애하고"(롬 12:10). "사랑 가운데서 서로 용납하고"(엡 4:2). "평안의 매는 줄로 성령이 하나 되게 하신 것을 힘써 지키라"(엡 4:3). "서로 친절하게 하며 불쌍히 여기며 서로 용서하기를"(엡 4:32). "누가 누구에게 불만이 있거든 서로 용납하여 피차 용서하되 주께서 너희를 용서하신 것 같이 너희도 그리하고"(골 3:13). "마음으로 뜨겁게 서로 사랑하라"(벧전 1:22). "형제를 사랑하며"(벧전 2:17). "마지막으로 말하노니 너희가 다 마음을 같이하여 동정하며 형제를 사랑하며 불쌍히 여기며 겸손하며"(벧전 3:8). "무엇보다도 뜨겁게 서로 사랑할지니"(벧전 4:8). 형제 가운데서의 질투와 악의와 적의와 악담은 바로 이 형제 사랑 **부족함**을 여실히 증거해 준다.

"**세상이 너희를 미워하면 너희보다 먼저 나를 미워한 줄을 알라**"(15:18). 여기에서 주님은 '세상의 미움'이라는 주제를 시작하신다. 그리고 먼저 제자들에게 **그들이** 겪게 될 것은 그가 이미 그들보다 먼저 겪으셨던 것임을 지적하신다. 그러므로 그들은 적의를 품고 있는 사람들 가운데 자신이 처해 있음을 깨닫더라도 놀라서는 안 되며, 그들이 해야 할 일은 다만 온유하고 관대하고, 또 할 수 있는 한 모든 사람과 평화롭게 지내는 것이다. 그들은 세상의 미움을 자극하거나 정당화해 주는 악의(惡意) 있는 일들을 해서는 안 된다. 그리고 그들이 주님께 충실하기만 한다면 그들은 **주님**께서 받으셨던 것과 똑같은 악한 대우를 받을 각오가 되어 있어야 한다.

"세상이 너희를 미워하면 너희보다 먼저 나를 미워한 줄을 알라." 여기에서의 "먼저"라는 말은 시간을 가리킨다기보다는 경험을 가리킨다. 그리스도는 그들이 따라가야 할 그 길을 그 또한 밟으셨음을 확신시켜 주신다. 주님께서 그들보다 먼저 그 길을 걸으신 것이다. "자기 양을 다 내놓은 후에 앞서 가면"(요 10:4). 이것은 우리에게 한없는 위로를 주는 말씀이 아닌가! 제자들을 자신과 동일시하고 계신 분은 다름 아닌 그리스도이시다. 우리가 주 예수께 속해 있다는 사실만으로도 세상의 증오를 불러일으키기에 충분하다. 그러나 세상이 우리를 미워하는 것은 우리 자신 때문이 아니라 바로 주님 때문이라는 것을 아는 것은 아주 복된 일이다! 세상의 미움은 하나님께 속한 것에 대한 인간 본성의 반발을 나타낼 뿐이다. 그리고 순수하고 사랑스럽고 선하고 거룩한 것에 대한 인간의 미움이야말로 타락한 인간의 두려운 부패성을 가장 잘 증거해 준다.

"**너희가 세상에 속하였으면 세상이 자기의 것을 사랑할 것이나 너희는 세상에 속한 자가 아니요 도리어 내가 너희를 세상에서 택하였기 때문에 세상이 너희를 미워하느니라**"(15:19). 여기에서 주님은 세상 미움의 여러 가지 **원인들**을 말씀하신다. 이 구절에는 두 가지 이유가 제시되어 있다. 첫째로, 그의 백성은 더 이상 "세상에 속하지" 아니했다는 것과, 둘째로, 그리스도께서 "그들을 세상에서 택하여 내셨다"는 것이다. 이 두 가지는 실제 하나로 표현될 수 있다. 즉 우리가 세상에 더 이상 속하지 아니한 것은 바로 그리스도께서 우리를 세상에서 택하여 내셨기 때문이다. 우리는 더 이상 세상의 영에 참여하지 아니하고, 더 이상 세상의 목적에 따라 행동하지 아니하며, 이제는 세상 원리의 지배를 받지 아니한다. 주님께서 이것을 아주 명백하게 강조하고 계심에 주목해 보라. 즉 주님은 이 한 구절에서만 "세상"이란 말을 다섯 번 언급하셨다! 주님께서 마치 우리들에게 '너희는 사람들의 미소를 원하느냐, 그들의 호의를 얻고 싶으냐?'라고 묻는 듯하다. 그렇다면 그것은 참으로 비극적인 일일 것이다. 그것은 우리도 역시 세상에 속하였음을 증거해 주기 때문이다. 8:23에서 그리스도는 자신에 대하여 "너희는 아래에서 났고 나는 위에서 났으며 너희는 이 세상에 속하였고 나는 이 세상에 속하지 아니하였느니라"고 말씀하셨다. 이제 처음으로 주님은 그의 제자들에 관하여도 똑같은 말씀을 하신다. 주님께서 이렇게 말씀하신 것은 14:31 이후, 즉 그리스도께서 (비유적으로) 자기의 위치를 **부활**하신 후의 위치로 놓으시고 그 자리에 있는 자신과 제자들을 동일시하신 후였다는 것은 주목할 만한 사실이다. 우리가 "세상"에서 (위치적으로) 택하여 **냄**을 받는 것은 부활하신 그리스도께 연합되는 때뿐이다.

"도리어 내가 너희를 세상에서 택하였기 때문에 세상이 너희를 미워하느니라." 그리스도께서 여기에서 세상이 신자들을 미워하는 **첫 번째 이유**를 그들이 **택함**을 받았기 때문이라고 지적하신 것은 주목할 만한 사실이다. "세상은 하나님의 주권과 그에게 선택하시는 사랑이 있다는 것을 감히 생각할 수도 없다"(F. W. Grant). 세상은 그리스도인들이 하나님께서 택하시고 사랑하시는 자라는 생각만으로도 격노하지 않을 수 없다. 이 사실은 주님께서 공생애를 시작하실 무렵에 두드러지게 나타났다. 주님께서는 이사야 61:1, 2의 예언이 그의 사역(Mission)을 통해서 성취되었다고 공표하신 후에 계속하여, 하늘이 삼 년 육 개월간 닫히어 온 땅에 큰 흉년이 들었을 때에 이스라엘에 많은 과부가 있었지만 하나님께서는 그의 주권적 은혜로써 **오직** 사르밧의 과부에게만 엘리야를 보내셨다는 것과, 또 엘리사 때에 이스라엘에 **많은** 나병환자가 있었지만 하나님께서는 그의 주권적 자비로써 오직 수리아 사람 나아만만을 고쳐 주셨다는 사실을 말씀하셨다. 주님의 이 말씀에 대한 반응은 매우 충격적이었다. "회당에 있는 자들이 **이것을** 듣고 다 크게 화가 나서 일어나 동네 밖으로 쫓아내어 그 동네가 건설된 산 낭떠러지까지 끌고 가서 밀쳐 떨어뜨리고자 하되"(눅 4:28, 29).

오늘날에도 이와 마찬가지이다. 하나님의 절대적인 주권, 즉 어떤 이는 선택하고 어떤 이는 간과한다는 것에 대한 말씀보다 세속적인 마음의(육적인 생각의) 증오를 불러일으키는 것은 없다. 그렇다면 오늘날 신앙을 고백하는 많은 그리스도인들 가운데에도 참으로 많은 세속성이 자리 잡고 있음이 분명하다! 우리는 앞에서 인용한 예에서 그리스도께 대하여 그처럼 분을 품은 자들이 바로 **종교계**에 속한 자들이었다는 사실을 주목해 보아야 할 것이다. 즉 하나님께서 그가 기뻐하시는 자에게 긍휼을 베푸신다는 사실을 말했을 때 구세주를 죽이려고 했던 자들은 바로 회당에서 예배하던 자들이었다. 이와 같은 일들은 오늘날에도 조금도 개선되지 않았다. 오늘날 하나님의 종으로 하여금 하나님의 택하심과 예정하심에 관한 진리들을 설명하게 해보라. 그러면 그는 하나님의 백성임을 주장하는 자들로부터 아주 맹렬한 공격을 받을 것이다. 이는 일반적인 신자들에게도 마찬가지이다. 그들의 생활이 하나님으로부터 부름받은 자들임을 증거하고, 또 그들의 행위가 "세상에서 택하여 냄을" 받았기 때문에 "세상에 속하지" **아니하였다**는 사실을 드러내게 된다면, 경건하지 못한 자들은 이에 자극을 받아 실제로 격심한 증오를 드러낼 것이다. 그러나 이것에 낙심하지 말고, 오히려 불신자들의 적개심 속에서 한 가지 귀중한 증거, 즉 그것은 우리가 세상이 저버린 그분과 하나라는 사실을 증거하는 것임을 깨닫도록 하자.

"세상이 **너희를** 미워하느니라." 세상은 신앙고백자에 불과한 자들은 미워하지 않을 것이다. 이 세상에 순응하는 남자, 세상의 정치에 참여하는 남자, 세상의 쾌락을 공유하는 남자, 세상의 원리들을 따라 행동하는 남자는 그리스도의 이름을 지니고 있다 할지라도 세상의 배척과 핍박을 받지 아니할 것이다. 이 세상에 순응하는 여자, 또는 세상의 유행을 따르고, 세상의 사교 모임을 즐기며, 세상을 개혁시키기 위해 애쓰는 여자는 세상으로부터 외면받지 아니할 것이다. 세상은 자기의 것을 사랑한다. 그러나 세상과는 떨어져서 일하는 자들(그런데 이러한 자는 **매우 적다**), 그리고 세상의 저버림을 받으신 그리스도를 따르는 자들은 "그[의] 고난에 참여함"(빌 3:10)이 무엇을 의미하는지 조금은 알게 될 것이다. 하나님께서는 "무릇 그리스도 예수 안에서 경건하게 살고자 하는 자는 박해를 받으**리라**"(딤후 3:12)고 말씀하셨다. 그러나 그러한 자들은 구세주의 다음 말씀을 회상하고 기뻐해야 한다. "의를 위하여 박해를 받은 **자는 복이 있나니** 천국이 그들의 것이라 나로 말미암아 너희를 욕하고 박해하고 거짓으로 너희를 거슬러 모든 악한 말을 할 때에는 **너희에게 복이 있나니** 기뻐하고 즐거워하라 하늘에서 너희의 상이 큼이라 너희 전에 있던 선지자들도 이같이 박해하였느니라"(마 5:10-12)

"**내가 너희에게 종이 주인보다 더 크지 못하다 한 말을 기억하라**"(15:20). 이것은 참으로 감동적인 말씀이다. 그리스도께서는 우리로 하여금 그가 하신 말씀을 결코 잊지 않게 하려 하셨다. 주님은 여기에서 제자들에게 그가 다른 문맥에서이긴 하나 조금 전에 하셨던 말씀을 상기시켜 주시면서, 그의 말씀은 다양하게 적용될 수 있는 아주 완전한 말씀임을 보여주신다. 주님께서는 여기에서, 우리가 세상의 미움에 맞 부딪침으로써 우리의 선생의 체험을 함께 나누는 것이 바로 우리가 그의 참 제자 됨을 보여주는 표시임을 강조해 주시고자 하셨다. "사람들이 나를 박해하였은즉 너희도 박해할 것이요 내 말을 지켰은즉 너희 말도 지킬 것이라"(15:20). 여기에서의 " … 은즉"(if)이라는 말은 15:18과 19절의 서두에 쓰인 단어(" … 면", if)와 같은 말이다. 너희가 만일 **나의** 제자, **나의** 친구라면 너희는 내 고난에 참여해야 한다. 세상 사람들은 주님을 박해하였다. 그리고 그들이 이와 같이 살며 행동하는 한, 그의 종들도 박해할 것이다. 세상은 그의 관대한 원리를 자랑하면서 한동안 미온적인 기독교인을 용납할지도 모른다. 그러나 하나님의 백성으로 하여금 더욱더 하나님을 구하게 해보라. 그러면 세상 사람들의 마음속에 숨겨졌던 증오가 곧 그 모습을 드러낼 것이다. "세상에서 나의 택함을 입은" 것이 **실제** 사실이 될 때, 세상은 격노하고 그에 대한 반대를 드러낼 것이다. 그러나 그리스도의 사랑에 비교해 볼 때 이러한 세상의 미움이란 얼마나 보잘것없는 것이겠는가! 그러나 혹자가 말했듯이, "참 그리스도인들이 끊임없이 잊고 있으나 끊임없이 상기해야 할 필요가 있는 것이 있다면, 그것은 회심하지 않은 자들이 그리스도인에 대해 실제로 품고 있는 감정과 또 그리스도인들이 그들로부터 받기를 기대해야 하는 대우, 바로 그것이다"(라일 주교).

　"사람들이 나를 박해하였은즉 너희도 박해할 것이요 내 말을 지켰은즉 너희 말도 지킬 것이라." 여기에는 빈정되는 뜻이 담겨 있는 것 같다. 주님은 오직 하나님의 순전한 진리만을 말씀해 오셨으나 세상은 그의 말씀을 지키지 아니하였다. 그렇다면 그 이유는 무엇인가? 그것은 그의 말씀이 그들을 **정죄**하였기 때문이다. "악을 행하는 자마다 빛을 미워하여 빛으로 오지 아니하나니 이는 그 행위가 드러날까 함이요"(요 3:20). "세상이 너희를(주님의 믿지 않는 형제들) 미워하지 아니하되 나를 미워하나니 이는 내가 세상의 일들을 악하다고 증언함이라"(요 7:7). 그리고 우리가 하나님의 진리를 선포하는 한, 사람들은 일반적으로 우리의 메시지를 거부할 것이다! "그들은 세상에 속한 고로 세상에 속한 말을 하매 세상이 그들의 말을 듣느니라 우리는 하나님께 속하였으니 하나님을 아는 자는 우리의 말을 듣고 하나님께 속하지 아니한 자는 우리의 말을 듣지 아니하나니"(요일 4:5, 6).

"그러나 사람들이 내 이름으로 말미암아 이 모든 일을 너희에게 하리니 이는 나를 보내신 이를 알지 못함이라"(15:21). 여기에서 주님은 세상이 그의 제자들을 미워하는 가장 깊은 이유를 말씀해 주신다. "내 이름으로 말미암아"라는 말은 물론 그것 때문이라는 뜻이다. 즉 그들이 주님의 대사(大使)로서 행동하면서 그를 대표할 것이기 때문에 세상이 그들을 핍박할 것이다. 그리스도는 그의 백성들에게 그의 고난에 참여하는 높은 특권을 주실 것이다. "너희가 그리스도의 이름으로 치욕을 당하면 복 있는 자로다 영광의 영 곧 하나님의 영이 너희 위에 계심이라"(벧전 4:14). **그리스도의 이름**을 고백함으로 말미암아 타락한 마음은 증오심을 일으킨다. 주님, 우리도 모세처럼 "그리스도를 위하여 받는 수모를 애굽의 [세상의] 모든 보화보다 더 큰 재물로 여기게"(히 11:26) 해주소서. "이는 나를 보내신 이를 알지 못함이라." 그들의 이 무지는 변명이 되기는커녕, 고의적인 것이기 때문에 용서받을 수 없는 것이다.

"**내가 와서 그들에게 말하지 아니하였더라면 죄가 없었으려니와 지금은 그 죄를 핑계할 수 없느니라**"(15:22). 이것은 우리가 성경 말씀을 문자 그대로, 즉 절대적인 의미로 해석해서는 안 되는 예가 된다. 주님께서 여기에서 유대인들에 관하여, 그가 만일 성육신하여 그들에게 말씀하지 않으셨더라면 "그들에게 죄가 없었을 것이다"라고 말씀하셨는데, 그것은 모든 의미에서 그들에게 전혀 죄가 없었을 것이라는 뜻으로 말씀하신 것이 아니었다. 로마서 1장에서 3장까지의 주된 목적은 온 세상, 즉 유대인이나 이방인이나 모두 같이 "하나님 앞에서는 죄인"이라는 사실을 입증하려는 것이었다. 그러므로 그리스도께서는 여기에서 **상대적인** 의미로 말씀하신 것이었다. 즉 그들이 영광의 주님을 저버린 이루 말할 수 없는 큰 죄에 비교해 본다면, 그들이 지은 개인적인 죄는 아무 것도 아니라는 뜻이다. 성경에는 이처럼 절대적인 문자로 표현되었으나 상대적인 뜻을 담고 있는 경우가 자주 있다. 그 예로 다음의 구절들을 들 수 있다. "그의 앞에는 모든 열방이 **아무 것도** 아니라 그는 그들을 없는 것 같이, 빈 것 같이 여기시느니라"(사 40:17). "그런즉 심는 이나 물 주는 이는 **아무 것도** 아니로되 오직 자라게 하시는 이는 하나님뿐이니라"(고전 3:7).

인류 역사상에는 언제나 죄가 있었다. 그리고 하나님께서 그것을 고려하여 주셨음은 그가 인간들을 다스리시며 다루어 오신 과정에 잘 나타나 있다. 그러나 인간이 인류 역사를 통하여 언제나 자신의 악함을 드러내 왔지만 그리스도께서 이 지상에 오심으로 말미암아 인간의 죄는 그 절정에 이르게 되었다. 그리하여 그 이전에 행해진 모든 죄는 성육신하신 사랑에 거슬러 행한 거대한 악과 비교되어 말해질 때에는 상대적으로 아주 사소한 것에 지나지 않게 되었다. 이것은 죄를 무엇을 기준으로 판단(measure)하느냐에 따른 문제이다. 성경에는 잃어버린 바 된 자들에게 주어질 **형벌**에도 여러 **정도**가 있을 것임을 분명히 가르쳐 주는 구절들이 많이 있다. 예를 들면 마태복음 11:22; 히브리서 10:28, 29 등의 말씀이 그것이다. 그리고 이러한 형벌의 정도는 그가 지은 죄의 **가중스러움**의 정도에 따라 결정될 것이며, 또 그가 죄를 범하여 거스른 **빛의 정도**에 따라 결정될 것이다. 인간을 능가하시는 분께서 세상에 오셔서 나타내신 그의 인격의 신적 위엄과 사랑, 그리고 빛으로 말미암아 죄를 판단하는 **새로운 기준**이 생기게 되었다. 그리스도께서는 여기에서 그의 인격의 영광과 부합하는 말씀을 하고 계신다. 심판 날에는 두로와 시돈이 가버나움보다 견디기 쉬울 것이다. 그 이유는 무엇인가? 가버나움은 만왕의 왕이요 만주의 주이신 분께 등을 돌려 버렸기 때문이다.

구세주께서 여기에서 선언하신 원리는 매우 엄숙하게 적용되는 것이며, 우리 모두 명심해 두어야 할 것이다. 영적 특권을 받은 자에게는 무거운 책임이 뒤따른다. "무릇 많이 받은 자에게는 많이 요구할 것이요"(눅 12:48). 우리는 마음대로 성경을 볼 수 있고 복음이 전파되는 나라에 살고 있다는 사실로 말미암아 그리스도에 관하여 전혀 듣지 못한 미개인들과는 매우 다른 입장에 처하게 된다. 우리는 우리가 받아 누린 빛에 따라 심판받을 것이다. 진리의 길은 **알았으나** 그 길을 걷지 아니하였다는 사실은 그의 죄를 더욱 가중시킬 뿐이다. 또 하나님의 교훈을 받고서도 그것을 이용하지 않는 것은, 그리스도께서 여기에서 명백히 말씀하시듯이, 죄에 대한 핑계(또는 "변명")가 될 수 **없다**.

"나를 미워하는 자는 또 내 아버지를 미워하느니라"(15:23). 주님께서는 여기에서 그를 멸시하는 자에게는 비할 데 없이 큰 죄가 수반된다는 증거를 제공해 주신다. 그리스도의 말씀은 그 자신의 말씀일 뿐만 아니라 아버지의 말씀이기도 하다. 그와 아버지는 하나이시다. 아버지의 아들을 배척하면서 아버지를 예배하는 일이 받아들여질 수 있다는 생각은 인간의 타락한 마음이 꾸며낸 속임수이며 사탄의 거짓말이다. "유대인들은 그들이 하나님을 사랑한다고 주장하였다. 그리고 그 사랑을 근거로 내세워 그리스도를 미워하였다. 그러나 그들이 사랑한 하나님은 참 하나님이 아니라 그들이 하나님이라고 부르는 유령에 불과하였다. 그들이 그리스도의 영과 진리의 모든 말씀을 들었음에도 불구하고 그를 저버린 사실은 그들이 아버지의 원수임을 보여 준다"(헹스텐베르크).

"나를 미워하는 자는 또 내 아버지를 미워하느니라." 이것은 매우 엄숙한 말씀이다. 앞의 여러 구절을 통하여, 주님은 세상이 그의 제자들을 미워하게 될 주요 원인은 그들이 그와 하나이기 때문임을 보여주셨었다. 이제 주님은 세상이 그를 미워한 이유가 **그가 아버지와** 하나이기 때문임을 보여주신다. 그리스도는 아버지를 나타내셨다. 그는 그의 본체의 형상이셨으며 그리스도 안에는 신성의 모든 충만함이 육체로 거하셨다. 그러므로 그를 본 자는 아버지를 또한 본 것이다. 그의 교훈은 하나님의 진리였으며, 그의 삶은 하나님의 완전함들을 계시하였다. 그의 법은 하나님의 뜻을 표현한 것이었다. 그러므로 **그를** 싫어하는 것은 **하나님을** 미워한다는 것을 보여주는 명백한 증거이다. 본래의 인간은 "하나님께서 미워하시는 자"(롬 1:30)이며, 그의 마음은 "하나님과 원수"(롬 8:7)가 됨은 매우 두렵지만 성경에 아주 명백하게 계시된 사실이다. 사람들로 하여금 그리스도를 저버리고 또 그리스도인들을 싫어하게 만드는 것은 바로 이 하나님에 대한 미움이다. 바꾸어 말해, 인간들이 그리스도를 저버리는 일은 하나님에 대한 그들의 미움을 **증명해 준다.** **그리스도는** 모든 인간의 마음 상태를 시험하는 시금석이다. "당신은 그리스도를 어떻게 생각하느냐?"라는 질문에 대한 솔직한 대답이, 우리가 그의 친구인지 아니면 원수인지를 알게 해 준다. 이 우주에는 우리 주 예수 그리스도의 아버지이신 하나님 외에는 다른 신(神)이 없다. 그리고 우리가 아들을 믿고 사랑하고 예배하고 섬기지 않는다면, 그것은 아버지를 **미워하는** 것이다. 믿음이 사랑을 낳듯이, 불신은 미움을 낳는다.

"**내가 아무도 못한 일을 그들 중에서 하지 아니하였더라면 그들에게 죄가 없었으려니와 지금은 그들이 나와 내 아버지를 보았고 또 미워하였도다**"(15:24). 주 예수께서는 그보다 먼저 왔었던 하나님의 다른 사자들보다도 아주 단호하게 자신을 **우위**에 두셨다! "그들에게 죄가 없었으려니와"라는 말씀은 15:22에서처럼 여기에서도 같은 의미를 지니고 있다. 만일 이스라엘이 그러한 **특권들**을 누리지 아니하였더라면, 그들은 **그와 같은 죄**를 짓지 않았을 것이다. 그들이 아무도 못한 그의 말을 듣지 않았더라면, 또 아무도 행하지 못한 그의 일을 보지 않았더라면, 하나님 보시기에 그들의 죄는 훨씬 더 가벼운 것이 되었을 것이다. 그리하여 지금의 듣고 **보았**으나 믿지 아니한 죄와 비교해 볼 때 그들의 죄는 아무 것도 아닌 것 같이 되었을 것이다. 또한 여기에서 우리가 주목해 볼 것은 그리스도께서는 그가 그들에게 **말씀**하신 것을 **먼저** 언급하신 것인데(15:22), 그들은 그가 그들 중에 **행하신** 일을 언급하였다는 점이다.

"내가 아무도 못한 일을 그들 중에서 하지 아니하였더라면 그들에게 죄가 없었으러니와 지금은 그들이 나와 내 아버지를 보았고 또 미워하였도다.” 하나님의 아들의 임재하심과 그의 증거는 지극히 엄중한 결과를 초래하였다. 그것은 그 자체로서 무한한 축복이자 하나님의 영광을 위한 것이었다. 그러나 그것으로 말미암아 인간, 특히 이스라엘은 하나님의 버림을 받게 되었다. 율법은 율법주의에 근거를 둔 모든 자들을 저주 아래 있게 한 것처럼 인간의 악함과 죄를 드러내었다. 그리하여 의인도 없고 하나님을 찾는 자도 없고 선을 행하는 자도 없나니 하나도 없었다. 이방인들이 분명히 사악하였고, 유대인들도 그러했음을 율법의 선고가 명백하게 증거하였다. 그래서 모든 입은 할 말을 잃었고 세상은 하나님 보시기에 가증하였다. 그러나 그리스도께서 임재하심으로 말미암아 율법의 의무를 온전히 행할 수 없다는 것과 완전한 은혜 가운데에의 인간에게 미치는 **하나님의 선하심에 대한 인간들의 증오**가 드러나게 되었다. 인간 중 아무도 말한 적이 없을 뿐만 아니라 하나님께서도 이전에 결코 말씀하신 적이 없는 그러한 말씀을 하시는 하나님의 아들을 저버린 더없이 큰 죄로 말미암아 이전의, 또는 이외의 다른 죄는 거의 무시해도 좋을 정도가 되었다.

　“그러나 이는 그들의 율법에 기록된 바 그들이 이유 없이 나를 미워하였다 한 말을 응하게 하려 함이라”(15:25). 이것은 이스라엘을 고발하는 무서운 말씀이다. “그리스도 안에는 도덕적으로 올바르지 못하고 타락한 마음을 불러일으킬 만한 것이 전혀 없다. 그의 성품에는 점이나 흠이 없으며, 그의 교훈 또한 모두 참되다. 그의 법 안에도 그러한 점이 없으며 모두 거룩하고 올바르며 선하다. 그는 결코 세상에 해를 입히지 아니하였다. 그는 오히려 인간들에게 은혜를 베풀면서 사셨다. 그런데 왜 그들은 그를 미워하였으며, 왜 그를 박해하였고, 왜 그를 죽게 하였는가? 그들이 그를 미워한 것은 그의 아버지를 미워하였기 때문이었다”(존 브라운).

　“그러나 이는 그들의 율법에 기록된 바 그들이 이유 없이 나를 미워하였다 한 말을 응하게 하려 함이라.” 여기에서 주님은 세상 미움의 참 근원을 추적하고 계신다. **그는** 그들이 그렇게 할 만한 연고를 제공하지 않으셨다. 그러므로 그 미움은 그들의 지독히 사악한 마음에 원인이 있음이 분명하다. 주님께서는 그의 제자들이 더욱 강건해지도록 격려하고 계신다. 그들은 경건하지 않은 자들의 빈정댐이나 악으로 인해서 놀라거나 실족해서는 안 되었다. **그는** 온화하고 자비롭게 행하셨으나 세상은 그를 미워하였다. **우리도** 사람들이 우리를 미워할 “이유”를 제공하지 않도록 조심하자. 우리가 그리스도와 나누는 친교로 인해서만 그들이 우리에게 적의를 품게 만들자. “제자가 그 선생 같고 종이 그 상전 같으면 족하도다 집 주인을 바알세불이라 하였거든 하물며 그 집 사람들이랴"(마 10:25).

"그러나 이는 그들의 율법에 기록된 바 그들이 이유 없이 나를 미워하였다 한 말을 응하게 하려 함이라." 그리스도께서는 여기에서 다음과 같은 반대를 예상하였음이 분명하다. 어떻게 그와 같은 미움이 있을 수 있는가? 하나님께서는 왜 그것을 허용하시는가? 이에 대하여 주님은 다음의 말씀으로 대답하신다. 즉 세상의 미움은 하나님 **말씀**의 성취, 다시 말하면 하나님의 신비로운 계획의 성취에 불과하다는 것이다. 사악한 자들은 그들의 악의로써 아무 영향도 끼치지 못하고 오직 성경을 성취시킬 뿐이다. 그러면서 다른 성경 구절이 말하고 있는 심판을 자신에게 초래할 뿐이다. 그리스도께서는 여기의 말씀에서 "그들의 율법"을 인용하시면서, 기록된 **말씀**이 이스라엘에게 **불리하게** 증거됨을 보여주셨다.

"**내가 아버지께로부터 너희에게 보낼 보혜사 곧 아버지께로부터 나오시는 진리의 성령이 오실 때에 그가 나를 증언하실 것이요**"(15:26). 여기에서의 문맥 관계가 어떠한가는 분명히 알 수 있다. 주님은 지금까지 제자들에게, 사탄이 "권세잡은 자"가 되어 다스리는 왕국에서 그들이 부딪치게 될 반대에 대하여 경고해 오셨다. 그러나 이것은 이미 슬픔에 젖은 그들의 마음을 더욱 슬프게 할 뿐이었다. 그래서 사랑이 넘치시는 그들의 선생께서는 그의 본래의 약속이자 이 유월절의 대화 가운데 가장 자주 되풀이되어 온 유일한 약속, 즉 신적 보혜사께서 오셔서 그들을 위로해 주시리라는 약속을 다시 상기시켜 주셨다. 그의 제자들이 자기의 **말**로 인하여 자신처럼 미움을 받으리라는 것은 15:20, 21에 전제되어 있다. 주님께서는 그의 **증거자**로서의 그들의 운명을 예언하셨다. 그러나 그들은, '우리처럼 불쌍하고 연약한 자들이 어떻게 끊질기게 증언을 계속할 수 있으며 더구나 주님께서 예언하여 주신 그와 같은 미움에 직면해서 어떻게 증언을 할 수 있겠나이까? 라고 생각하였음이 분명하다. 그래서 주님은 그들에게 그들의 소명을 확증해 주시면서, 그들이 장차 이같이 분명하게 그를 증언할 것임을 예언해 주신다(15:27). "그러나 그들 스스로 그리고 그들 자신의 인간적 인격 안에서가 아니라 변호자(보혜사)께서 대의(大義)를 집행하실 것이다. 그때 주님께서는 그들이 이것에 실족하지 않도록 분명한 확신으로써 그들을 위로해 주신다. 즉 나는 이제 세상의 미움에 대비하여 한 증인으로서 성령께서 오실 것과, 동시에 그의 증거에도 불구하고 그 미움이 계속되리라는 것을 **너희에게** (이전 어느 때보다도 더욱 분명하게) **예언**하였다"(Stier).

"내가 아버지께로부터 너희에게 보낼 보혜사 곧 아버지께로부터 나오시는 진리의 성령이 오실 때에 그가 나를 증언하실 것이요." 여기에서는 성령께서 "아버지께로부터 나오신다"라고 말하고 있는데(이것은 희랍의 교회를 로마 교회로부터 분리시킨 진술이다. 필자는 이 둘의 차이점에 대해 여기에서는 고찰하지 않겠다), 이것은 주님께서 14:26에서 말씀하신 것에 대한 **보충**이다. 주님은 그곳에서 보혜사께서 그리스도의 이름으로 보냄을 받으실 것이라고 말씀하셨는데, 여기에서는 그가 아버지께로부터 나오신다고 말씀하신다. 이 두 구절의 말씀을 나란히 놓고 보면 **신성**의 연합이 나타나고 있음을 알 수 있다. 여기에 기록된 부가적인 말씀은 14:26을 통하여 혹자가 주장하였듯이, 성령께서는 오직 그리스도께만 종속되어 있지 않음을 보여주기도 한다. "그가 나를 증언하실 것이요"라는 말씀은 주님께서 이미 앞서 14:16에서 말씀하신 "**다른** 보혜사"가 어떤 분이신지 부연해 준다. 성령께서는 그리스도의 이익을 촉진시키실 것이며, 제자들에게는 그리스도께서 지상에 남아 계셨더라면 그들에게 되어 주셨을 바로 그런 (그러나 그 방법이 다른) 존재가 되실 것이다.

"내가 아버지께로부터 너희에게 보낼 보혜사 곧 아버지께로부터 나오시는 진리의 성령이 오실 때에 그가 나를 증언하실 것이요." "여기에서 보혜사는 승천하신 그리스도께서 아버지께로부터 보내시는 분으로서, 그리고 결과적으로는 그의 **하늘의** 영광을 나타내는 증거로서 생각되고 있다. 이것은 그리스도께서 **구하시면**, 아버지께서 보혜사를 그의 아들의 이름으로 보내시면, 그가 그들과 함께 영원히 있도록 해주신다는 앞 장의 내용에서 일보 진전한 것이다. 여기에서는 물론 아버지께로부터이긴 하지만 아들 자신이 **보내신다**. 그래서 진리의 성령은 하늘에 계신 분으로서의 그리스도를 나타내 주는 적합한 증거이다"(*The Bible Treasury*). "**내가 보낼**"이라는 말씀은 존귀하게 되신 구세주의 영광을 아주 두드러진 방법으로 나타내 준다.

"**너희도 처음부터 나와 함께 있었으므로 증언하느니라**"(15:27). 여기에서 주님은 제자들에게 성령께서 **어떻게** 증언하실 것인가와 그 증언이 **어떤** 것이 될 것인가를 설명하신다. 성령께서는 아들이 그러셨던 것처럼 자신을 육체로 나타내지 아니하시고, 제자들 안에서 그리고 그들을 통하여 증언하실 것이다. 그는 그들이 이미 주님 안에서 보았던 것, 그리고 그로부터 이미 들었던 것을 증언하실 것이다. 그 외에 본질적으로 다르거나 새로운 것은 전혀 없다. 그러므로 15:26과 27절의 두 "증언들"은 별개의 독립된 것이 아니라 자연스럽고 조화된 것임이 드러날 것이다.

"너희도 … 증언하느니라." 이것은 놀라운 은혜가 아닐 수 없다. 적의도 미움도 그리스도의 긍휼을 막지 못하였다. 세상은 그를 쫓아내려 하였지만, 그의 자비는 여전히 그 위에 머무르려 하셨다. 세상에 궁극적인 **심판**이 내리기 전에 **그**에 대한 증언이 세상에 더 주어져야 한다. 그리고 이 증언은 이미 19세기 이상을 지속되어 온 것이다! 주님, 하나님의 능력으로 말미암아 모든 참 그리스도인들로 이 땅에 계시지 않은 주님을 위하여 충실하고 끊임없이 증언할 수 있게 하소서. 우리의 입술과 생활을 통하여 우리가 때를 얻든지 못 얻든지, 주님의 탁월하심과 주님이 우리의 모든 것이 되신 분임을 증언하게 하소서.

다음 질문들은 요한복음 16장의 서두 부분을 공부하려는 독자들에게 도움을 주기 위한 것들이다.

1. 1-11절까지의 중심 주제는 무엇인가?

2. 1절의 의미는 무엇인가?

3. 2절의 하반절은 무엇을 증거하는가?

4. "기억" 함으로써 사도들은 어떤 축복을 받는가?(4절)

5. 사도들은 왜 "주여 어디로 가시나이까?" 라고 물어야 했는가?(5절)

6. 그리스도께서 떠나가는 것이 왜 "유익" 한가?(7절)

7. 성령께서는 어떤 것에 대하여 "세상을 책망" 하시는가?(8절)

제54장

그리스도를 변호하시는 성령

¹내가 이것을 너희에게 이름은 너희로 실족하지 않게 하려 함이니 ²사람들이 너희를 출교할 뿐 아니라 때가 이르면 무릇 너희를 죽이는 자가 생각하기를 이것이 하나님을 섬기는 일이라 하리라 ³그들이 이런 일을 할 것은 아버지와 나를 알지 못함이라 ⁴오직 너희에게 이 말을 한 것은 너희로 그 때를 당하면 내가 너희에게 말한 이것을 기억나게 하려 함이요 처음부터 이 말을 하지 아니한 것은 내가 너희와 함께 있었음이라 ⁵지금 내가 나를 보내신 이에게로 가는데 너희 중에서 나더러 어디로 가는지 묻는 자가 없고 ⁶도리어 내가 이 말을 하므로 너희 마음에 근심이 가득하였도다 ⁷그러나 내가 너희에게 실상을 말하노니 내가 떠나가는 것이 너희에게 유익이라 내가 떠나가지 아니하면 보혜사가 너희에게로 오시지 아니할 것이요 가면 내가 그를 너희에게로 보내리니 ⁸그가 와서 죄에 대하여, 의에 대하여, 심판에 대하여 세상을 책망하시리라 ⁹죄에 대하여라 함은 그들이 나를 믿지 아니함이요 ¹⁰의에 대하여라 함은 내가 아버지께로 가니 너희가 다시 나를 보지 못함이요 ¹¹심판에 대하여라 함은 이 세상 임금이 심판을 받았음이라(요 16:1-11)

먼저 여기에서 살펴볼 구절들을 다음과 같이 분석해 보기로 하자.

1. 그리스도께서 제자들에게 경고하여 주신 이유(1절)
2. 그들이 당하게 될 고난에 대한 자세한 내용(2절)
3. 세상이 적개심을 품는 원인(3절)
4. 제자들에 대한 그리스도의 사랑에 넘치는 배려(4절)
5. 자신의 일만을 생각하는 제자들(5, 6절)
6. 성령께서 오시리라는 약속(7절)

7. 그리스도를 변호하시는 성령(8, 11절)

요한복음 15장과 16장을 이렇게 구분한 것은 결코 적절한 방법이라고는 할 수 없다. 이보다 더 좋은 방법을 찾아내기가 쉬운 일은 아니지만, 이렇게 16:12에서 나누는 것이 훨씬 더 적합할 것이다. 왜냐하면 12절부터 새로운 단락이 시작됨이 분명하기 때문이다. 지금 우리가 살펴보려고 하는 본문에서도 주님은 15장의 끝부분에서 그의 관심을 끌었던 주제를 계속하고 계신다. 그곳에서 주님은 아버지와 그 자신과 그리고 그의 제자들을 적대하는 세상의 **미움**에 대하여 말씀해 오셨다. 그때 주님은 그들에게 성령을 보내서서 그로 하여금 그의 대의(大義)를 집행하게 하실 것임을 확신시켜 주셨다. 그리스도께서는 신성의 제3위의 **특성**을 들어 그가 "보혜사"이심을 말씀하셨으므로 사도들의 두려움과 슬픔은 진정되었을 것이다. 이제 그리스도께서는 세상의 미움이란 주제로 다시 돌아오셔서 이에 대해 더욱 자세하게 말씀하신다. 앞에서 주님은 세상의 적개심에 대하여 일반적으로 말씀하셨으나, 이제는 기독교의 미래 운명의 윤곽을 그리시면서, 또 기독교 역사의 첫 장을 기술하시면서 더욱 상세히 말씀하신다.

구세주께서는 그의 제자들에게 그들이 원수들로부터 받을 대우에 대하여 아주 충실하게 경고해 주셨다. 존 브라운은 여기에서의 주님의 행동에 대하여 다음과 같이 훌륭하게 논평하였다. "거짓 종교의 설립자들은 언제나 그들의 요구를 받아들이고 그들이 이끄는 대로 복종하는 자가 **당장** 얻게 될 이익을 밝히 드러내려고 애쓴다. 아라비아의 사기꾼은 그 나라 사람들에게 당장 누릴 수 있는 관능적 쾌락이라는 미끼를 던졌다. 그리고 그가 그들의 우두머리가 되어 그의 속임수를 유지하기 위한 전쟁을 일으켰을 때에는, 정복당한 자에게 개종을 하면 정복자와 모든 이익을 함께 나눌 것이며, 개종하지 않으면 노예로 만들거나 죽이겠다는 조건을 제시하였다. 모든 사기꾼들은 그들이 어떤 유형에 속하는지 간에 실지로 다음과 같은 정책을 사용해 왔다. 즉 그들은 그들의 술책에 잘 속는 얼뜨기들에게는 그들의 계획의 **불리한 점**은 무엇이든지 숨기고, 그들의 **계획**을 받아들이는 자가 얻을지도 모를 모든 이익과 그것을 거부하는 자에게 초래될 모든 **손해**를 두드러지게 대조시켜 나타냄으로써 그들에게 희망과 공포가 교묘하게 작용하도록 만든다. 즉 성공의 가능성과 그로 인하여 얻게 될 이익의 가치에 대해서는 과장해서 나타내는 반면, 그들이 내세운 계획에 참여함으로써 감수해야 할 궁핍과 계속해야 할 수고와 치러야 할 희생과 견뎌내야 할 고

통과 또 그로 인하여 초래될지도 모를 파멸 등을 감추기 위해 큰 공을 들인다.

그러나 예수 그리스도의 행동은 얼마나 다른가! 그는 분명히 그를 따르는 자들에게 마음껏 누릴 수 있는 충분하고 다양하며, 그들의 불멸의 영혼처럼 지속하는 행복을 약속해 주셨다. 그러나 그는 또한 이 행복이 **영적인** 성질의 것이며 **장차의** 세상에서만 완전히 누릴 수 있는 것임을 명백하게 밝히셨다. 그는 그들에게, 그를 따르면 모두 한 왕국을 상속받게 될 것이라고 확신시켜 주셨다. 그러나 또한 그 왕국은 이 세상에 속한 것이 아니며, 그 나라에 들어가려 하는 자는 '모든 것을 버리고' '자기 십자가를 져야' 한다는 말씀 또한 분명히 하셨다. 주님 자신이 가난하고 멸시를 받고 '간고를 많이 겪었으며 질고를 아는 자' 이셨다. 그는 그를 따르는 자에게 '그가 이 세상에서 사셨던 **그대로** 이 세상을' 살아야 한다고 분명하게 밝히셨다."

그리스도의 제자들은 세상의 미움을 받아야 했다! 여기에서 우리에게 매우 중요한 것은 "세상"이 무엇을 가리키는지에 대하여 너무 편협된 견해를 갖지 않도록 하는 것이다. 사탄은 "세상에 **속한**" 자와 "세상에 속하지 아니한" 자 사이를 구분하는 선(線)을 없애려고 몹시 노력해 왔다. 그리고 그는 이 점에 있어서 상당한 성공을 거두었다. 믿는다고 고백하는 '교회'는 세상을 회심시키겠다고 자랑하였다. 그리고 이 목적을 성취하기 위하여 '신앙'을 대중화시키려고 하였다. 경건하지 못한 자들을 끌어들이기 위하여 수많은 장치들이 ― 그 중 많은 것들은 타당성조차 무시된 채 ― 사용되었다. 그로 인하여 오히려 세상이 "믿는다고 고백하는 교회"를 회심시켜 버린 결과가 초래되었다. 그러나 이런 사실에도 불구하고 "세상"이 하나님의 어린 양의 참 제자들을 **미워한다**는 것은 지금도 변함없는 진리이다. 그리고 이것은 다른 어느 곳에서보다도 소위 **종교계**라고 불리는 곳에 속한 자들에게 가장 잘 나타나 있다. 이 것은 필자가 앞으로 본문을 설명해 가는 가운데 밝혀질 것이다.

우리가 여기에서 살펴보려고 하는 본문의 마지막 몇 구절은 "세상"과 **성령**의 관계를 말해 주고 있는데, 바로 이 점이 16장의 첫 단락과 15장의 마지막 단락을 **구별지어 주는** 것이라고 생각된다. 15장의 끝 구절들을 통하여 주님은 세상의 미움에 대하여 말씀하셨는데, 16장의 처음 몇 구절에서도 주님은 여전히 이 주제에 관심을 가지고 계신다. 그러나 16:7에서 주님은 다시 한 번 성령을 언급하시고, 8-11절에서는 성령을 그의 변호자로서 나타내신다. 바로 이 때문에 필자는 이 장의 제목을 '그리스도를 변호하시는 성령'이라고 결정한 것이다. 그리고 이 제목이 적절한가 그렇지 않은가 하는 것은 본문에 대한 해석을 해가는 동안 밝혀지리라고 본다.

"내가 이것을 너희에게 이름은 너희로 실족하지 않게 하려 함이니"(16:1). 주님은 세상의 적개심이 어떤 식으로 드러날 것인가에 대하여 상세히 설명하시기 전에 먼저 그가 제자들에게 이것을 이르는 **이유**를 말씀하셨다. 첫째로, 그들이 "실족"하거나 "걸려 넘어지"거나 또는 문자 그대로 "놀라지" 않도록 하기 위해서였다. 미리 경고를 받으면 그에 대하여 대비할 수 있다. 그리스도께서는 그의 백성들에게 그들이 무엇을 기대해야 하는지를 분명하게 말씀해 주심으로써 그것에 대하여 미리 대비하도록 하셨다. 주님은 그들에게 그들 가운데 누가 가장 큰 자가 되어야 하는가 하는 문제로 서로 싸우는 대신에, 그가 마셨던 잔을 마시고 또 그가 받으셨던 세례로써 세례받아야 할 것에 대하여 마음의 준비를 하고 있으라고 명령하셨다. 주님은 그들을 낙심시키려 하는 것이 아니었다. 주님은 그들에게 닥칠 일로 인하여 그들이 꺾이지 않도록 그들을 강하게 해주려고 하신 것이다. 그리고 이것은 그들의 선생께서 그들에 대한 사랑에 넘치는 배려를 하고 계심을 잘 증거해 주지 않는가! 또 주님께서 "그들을 사랑하시되 끝까지 사랑하셨음"을 다시 한 번 나타내 준다. 우리에게 이렇게까지 경고해 주시는 주님은 참으로 은혜로우시다! 주님께서 우리가 무엇을 기대해야 하는지에 관하여 미리 말씀해 주지 않으셨다면 우리는 자주 **실족**하지 않았겠는가?

"내가 이것을 너희에게 이름은 너희로 실족하지 않게 하려 함이니." 주님께서 이와 같이 경고해 주실 **필요**가 있었음이 분명하다. 제자들은 이미 "보소서 우리가 모든 것을 버리고 주를 따랐사온대 그런즉 **우리가 무엇을 얻으리이까**"(마 19:27)라고 질문하였다. 더욱이 주님 때문에 모든 이들이 "실족"하게 **될** 바로 그 밤이 왔다. "그 때에 예수께서 제자들에게 이르시되 오늘 밤에 너희가 다 나를 버리리라 기록된 바 내가 목자를 치리니 양의 떼가 흩어지리라 하였느니라"(마 26:31). 그러면 '그리스도께서 제자들이 실족**하리라**는 것을 분명히 알고 계시면서 왜 여기에서 이렇게 미리 경고해 주시는가? 라는 질문이 있을 수 있겠다. 또 주님은 베드로가 그를 세 번 부인**하리라**는 것을 이미 예언하셨으면서 왜 그에게 "시험에 들지 않게 깨어 있어 기도하라"(막 14:38)고 말씀하셨는가? 또 주님은 대부분의 사람들이 복음을 믿으려 **하지 않을 것**임을 미리 아셨으면서 왜 모든 피조물에게 복음을 전파하라고 명령하셨는가? 주님께서 그렇게 하신 것은 모두 인간의 책임을 **강화**하기 위해서였다.

"사람들이 너희를 출교할 뿐 아니라 때가 이르면 무릇 너희를 죽이는 자가 생각하기를 이것이 하나님을 섬기는 일이라 하리라"(16:2). 제자들이 받지 않으면 안되는 고통 가운데에서, 주님은 그 예로 두 가지를 말씀하셨다. 마음에 가해지는 극심한 고

통과 육체에 가해지는 최종적인 고통(즉 죽음)이 바로 그것이다. 그리스도의 백성들에게 이러한 핍박을 가하는 자들이 바로 **종교계**에 속한 자들이라는 것은 참으로 엄숙한 사실이다. 주님이 여기에서 말씀하신 첫 번째 예언을 성취한 자들은 바로 하나님의 백성이라고 자칭하였던 유대인들이었다. 그러나 그리스도께서는 그들을 **세상**과 동일하게 여기셨다. 그들이 세상 풍조를 따르고 또 그들이 그러함을 나타내 보임으로 말미암아 그들이 어디에 속한 자들인지 분명히 드러났다. 오늘날에도 마찬가지이다. 신앙 고백이 진실하지 못하면 그리스도의 이름을 지니고 있는 자라 할지라도 "세상"에 속한 것이며, 오히려 그런 자들이 선두에 서서 그리스도를 **따르는** 자들을 핍박한다. 그리스도인의 행실이 세상적인 신앙 고백자의 행실을 정죄할 때, 또 주님께 충실한 자가 그 충실함으로 인해 세상이 행하는 많은 일들을 행하지 않을 때, 그리고 그가 말씀에 순종함으로 인해 세상이 싫어하는 많은 일들을 행할 때, 세상은 즉시 그를 미워하고 핍박한다. 그리고 이 핍박은 그 **형태**는 변했을지라도 지금도 역시 그때와 마찬가지로 쓰라리고 실제적인 것이다.

"'출교'를 당하는 것은 더 이상 공공 예배 장소에 참여할 수 없게 되는 것 이상을 의미한다. 출교를 당한 사람은 백성이 누리는 특권들과 그가 이전에 알고 지냈던 동료들의 모임으로부터 절연된다. 그것은 일종의 도덕적 추방이었고, 이러한 불명예는 그 고통을 받는 자가 죽은 후까지도 그를 따라다녔다. 이러한 금지 아래 있는 것은 살과 피를 가진 인간으로서는 거의 견딜 수 없는 것이다. 그런 표적을 지닌 사람은 모든 사람들로부터 따돌림을 받았다. 그는 문자 그대로 추방자였다. 즉 그는 평생을 치욕과 영원한 위험 가운데 지내야 했다. 중세 암흑기의 역사나 또는 인도 사람들에게 사회적 지위(Caste)를 상실하는 것이 어떤 영향을 끼치는가에 대하여 잘 알고 있는 사람이라면 그러한 제도가 사람들에게 얼마나 두려운 것인지를 깨달을 수 있을 것이다"(Geo. Brown).

출교를 당한 후에 때로는 죽음이 따르기도 하였다. 사도행전은 이러한 몇 가지 경우를 기록하고 있다. 그 중에 "열심당원"이라고 불리던 한 도당이 언급되어 있는데, 그들은 그리스도인들의 피에 목 말라하던 맹렬하고도 광신적인 무리였다. "날이 새매 유대인들이 당을 지어 맹세하되 바울을 **죽이기** 전에는 먹지도 아니하고 마시지도 아니하겠다 하고 이같이 동맹한 자가 사십여 명이더라"(행 23:12, 13). 그러한 자들이 하층 계급 사람들로만 이루어진 것이 아니었음은 중생하지 못했던 자신의 지난 날에 대하여 다음과 같이 말하고 있는 다소의 사울의 경우를 보아 알 수 있다. "나도 나사렛 예수의 이름을 대적하여 많은 일을 행하여야 될 줄 스스로 생각하고 예루살렘에서 이런 일을 행하여 대제사장들에게서 권한을 받아 가지고 많은 성도를 옥에 가두며 또 죽일 때에 내가 찬성 투표를 하였고"(행 26:9, 10).

이러한 일들은 인간의 마음이 지독히 부패하였음을 아주 두렵게 나타내 준다! 그러나 인간의 이런 마음은 어느 시대나 변함이 없다. 즉 선(善)은 언제나 미움의 적대를 받았다. "가인 같이 하지 말라 그는 악한 자에게 속하여 그 아우를 죽였으니 어떤 이유로 죽였느냐 자기의 행위는 악하고 그의 아우의 행위는 의로움이라"(요일 3:12). "바르게 행하는 자는 악인에게 미움을 받느니라"(잠 29:27). "무리가 성문에서 책망하는 자를 **미워하며** 정직히 말하는 자를 싫어하는도다"(암 5:10). 이것은 오늘날에도 마찬가지이다. 그리스도께 충실한 자는 신앙인임을 자칭하는 자의 증오심을 불러일으킬 것이다. 오늘날 세상은 그의 관대함을 자랑하지만 그럼에도 불구하고 사람들은 여전히 아량을 베풀지 못하며, 또 그들이 할 수 있는 한도 내에서는 감히 증오심을 드러내기도 한다.

"그들이 이런 일을 할 것은 아버지와 나를 알지 못함이라"(16:3). 여기에서 주님은 세상이 품고 있는 그칠 줄 모르는 악의의 참된 근원을 다시 한 번 추적하신다. 즉 그것은 그들이 아버지와 아들을 알지 못하기 때문이다. 하나님의 자녀들이 받는 미움과 핍박은 그들의 원수들이 지닌 영적인 무지로 말미암아 빚어진 결과이기도 하고 그 무지를 나타내는 증거이기도 하다. 유대인들이 만일 그들이 그처럼 헛되이 자랑한 아버지를 진실로 알았더라면, 그가 그들에게 보내신 분도 인정하였을 것이다. 그리고 그를 인정했다면 그를 따르는 자들을 잘못 대우하지도 않았을 것이다. 이것은 오늘날에도 마찬가지이다! "예수께서 그리스도이심을 믿는 자마다 하나님께로부터 난 자니 또한 낳으신 **이를** 사랑하는 자마다 그에게서 난 **자를** 사랑하느니라"(요일 5:1).

"오직 너희에게 이 말을 한 것은 너희로 그 때를 당하면 내가 너희에게 말한 이것을 기억나게 하려 함이요"(16:4). 주님께서는 그가 이것들을 제자들에게 이르신 **이유**를 이미 한 가지 말씀하셨는데(16:1), 이제 한 가지를 더 말씀하신다. 즉 주님은 그가 예언하신 것을 확증해 주는 사건들이 일어날 때마다 그에 대한 그들의 **믿음**이 더욱 증가할 수 있게 하기 위하여 이것들을 계시하신 것이다. 이 예언이 성취됨으로 말미암아 그들은 주님이 전지하신 하나님이심을 더욱 확신하게 될 것이고, 또 그렇게 되면 그들은 그의 **약속들**의 **진실됨**을 더욱 믿게 될 것이다. 만일 주님께서 예언하셨던 나쁜 일들이 일어난다면, 그때에는 주님께서 그들에게 보장하여 주셨던 좋은 일들도 일어나리라는 것을 믿을 수 있음이 분명하다.

"**처음부터 이 말을 하지 아니한 것은 내가 너희와 함께 있었음이라**"(16:4). "주님은 그가 그들에게 **처음부터** 말씀하지 아니한 이유도 밝히신다. 그것은 그들의 연약한 마음으로는 주님의 완전한 계시를 감당할 수 없었기 때문이었다. 주님께서 완전히 계시해 주셨더라면 그들은 동요하였을 것이다. 그들은 그것에 대하여 서서히 가르침을 받아야 했다. 주님은 단번에 모든 것이 아니라, 그들이 받아들일 수 있는 만큼만 조금씩 그의 십자가에 대해 그리고 그들의 의무와 위험 등에 관한 계획을 밝혀 주셨다. 주님은 어린 아이들에게는 젖을, 그리고 장성한 자들에게는 밥을 먹이신다. 그러나 아직까지는 그럴 필요가 없었다. 왜냐하면 주님 자신이 그들과 함께 계셨기 때문에, 그 어린 자들을 장성한 자로 준비시키실 수 있었기 때문이다. 주님은 어린 아이들을 돌보는 유모처럼, 즉 그들이 더욱 장성하여지고 더욱 많은 은혜와 그리스도인으로서의 미덕을 지닐 수 있도록 이끌기 위해서 그들과 함께 계셨다. 그러나 이제 주님은 그들에게서 떠나 그들 스스로 행하게 하려 하셨고, 또 그가 그동안 그들을 훈련시키심으로써 대비할 수 있게 하셨던 싸움에서 그들이 어떻게 처신하는지를 알기 위해서 주님은 그들에게 그들의 장래에 대하여 더욱 분명하고 완전하게 밝히셔야 할 필요가 있었다. 그런데 이것은 처음에는 필요하지 않았던 일이다. '한 날의 괴로움은 그 날로 족하니라.' 그리고 주님은 아직 그들과 함께 계시면서 서서히 그것을 밝히실 수 있었다. 그리고 아직 시간이 있었다. 그러나 시간이 갈수록, 우리는 주님께서 제자들의 열린 마음에 그의 신비스러운 섭리의 책을 한 장씩 넘겨주시는 모습을 본다. 그리하여 마침내 여기에서처럼 주님은 그들에게 닥칠 극단적인 시련에 대해서까지 명백하고 완전하게 말씀하신다"(Geo. Brown).

"처음부터 이 **말을 하지** 아니한 것은 내가 너희와 함께 있었음이라." 그러나 우리는 이것을 어떻게 마태복음 5:10, 12; 10:21, 28 등의 말씀과 조화시킬 수 있는가? 위에서 제시하였던 해결책, 즉 그리스도께서는 이것들을 사도들에게 **서서히** 밝히셨다는 것 외에 우리는 다음을 지적할 수 있다. 첫째, 전에 주님은 **세상이** 그들에게 그러한 일들을 행하리라는 것을 말씀하지 않으셨다. 즉 주님은 그들이 **모든** 사람들로부터 미움을 받으리라는 것을 지금까지 밝히지 않으셨다. 둘째, 전에 주님은 세상이 품는 이 미움의 원인이 세상 사람들이 아버지와 아들을 **알지 못하기** 때문이라는 것을 말씀하지 않으셨다. 셋째, 전에 주님은 그와 같은 핍박은 자신이 하나님께 좋은 일을 하고 있다고 상상하는 행악자들의 망상에서 빚어진 것임을 미리 말씀해 주지 않으셨다.

"**지금 내가 나를 보내신 이에게로 가는데**" (16:5). 이 구절의 상반절을 16:4의 끝과 연결시켜 다음과 같은 의미로 생각하는 사람들이 있다. 즉 그들은 주님이 "처음부터 이 말을 하지 아니한 것은 내가 너희와 함께 있었음이라. 그러나 이제 나는 나를 보내신 이에게로 간다"라고 말씀하신 후 잠깐 쉬었다가 "너희 중에서 나더러 어디로 가는지 묻는 자가 없고 도리어 내가 이 말을 하므로 너희 마음에 근심이 가득하였도다"라고 말씀하셨다고 생각한다. 이것은 상당히 그럴 듯하고 또 자연스러우며 아름다운 연결이라고 생각된다.

"**너희 중에서 나더러 어디로 가는지 묻는 자가 없고**" (16:5). 우리는 13:36에서 베드로가 그리스도께 "주여 어디로 가시나이까"라고 묻는 것을 본다. 그러나 이 질문은 상황을 잘 이해하지 못하고 주제넘게 나선 것이었다. 왜냐하면 그는 분명히 주님께서 다른 어느 지방으로 여행을 떠나시려는 것으로 생각하고 이런 질문을 하였기 때문이다(7:5 참고). 또 14:5에서는 도마가 "주께서 어디로 가시는지 우리가 알지 못하거늘"이라고 말하였는데, 이것은 주님의 말씀에 대하여 반대의 뜻을 나타내는 말이었다. 그러나 주님께서는 제자들이 그가 하신 말씀에 대하여 이해하고 공감하고 마음을 다하여 반응하여 주기를 원하신 것이었다. 그러나 사도들은 너무도 슬픔에 잠겨서 그들을 가린 구름 너머를 바라보지 못하였다. 그들은 당면한 불행만을 생각함으로써 그 불행으로 인하여 그들에게 내릴 축복에 대하여는 생각지 못하였다. 그들은 그들의 선생께서 떠나실 것을 생각하고 우울해했다. 그러나 그들이 그에게 **어디로** 가시는지 묻기만 하였더라면 그들은 그를 위해 기뻐하였을 것이다. 왜냐하면 그가 떠나시는 것이 그들에게는 손실일지라도 그것은 분명 그분께는 득이 되기 때문이다. 즉 그는 떠나심으로 말미암아 그의 아버지와 함께 있는 기쁨과 하늘에 앉아 휴식하는 것과, 또 그가 창세 전에 누리셨던 영광으로 다시 들어가는 행복을 얻으시기 때문이다. 그러므로 주님은 이 구절에서 그들을 자기 생각에만 몰두한 데 대하여 나무라신 것이며, 그것도 참으로 온화한 말씀으로 그렇게 하신 것이다.

"**도리어 내가 이 말을 하므로 너희 마음에 근심이 가득하였도다**" (16:6). 우리도 자주 이렇지 않은가! 우리는 자신의 고통을 과장하고, 그 고통이 가져올 축복은 생각하지 못한다. 하늘에 어두운 구름이 가득하고 폭풍우가 몰아칠 때 우리는 그로 인하여 타는 듯한 땅에 내릴 유익한 효과와 또 그렇게 됨으로써 우리가 맛볼 수 있는 열매가 빚어진다는 것을 잊고 슬픔과 우울에 잠긴다. 우리는 언제나 우리 주변의 상황이 봄이기만을 바라며, 겨울이 먼저 오지 않고서는 봄이 있을 수 없다는 것을 생각하지 못한다. 주님의 제자들도 그러하였다. 그들은 그들의 선생과 함께 있을 수 있는 적은 시간을 최대한으로 활용하여 그가 거할 거처와 또 하늘에서 그가 하실 일에 관하여 더 물어보는 대신, 오직 그가 떠나신다는 것만을 생각하였다. 이것은 우리가 너무 지나치게 슬픔에 삼킨 바 되지 않도록 하라는 경고가 아닐 수 없다! 우리는 우리로 하여금 슬픔을 통제할 수 있게 하시는 은혜를 구할 필요가 있다.

"도리어 내가 이 말을 하므로 너희 마음에 근심이 가득하였도다." 제자들이 이와 같은 슬픔의 상태에 오래 있지 않았다는 것은 다행스러운 일이다. 구세주께서 부활하신 후에 그들은 이때와는 매우 다른 기분을 느꼈다. 이것은 누가복음 마지막 구절들에 두드러지게 나타나 있다. "예수께서 그들을 데리고 베다니 앞까지 나가사 손을 들어 그들에게 축복하시더니 축복하실 때에 그들을 떠나 [하늘로 올려지시니] 그들이 [그에게 경배하고] **큰 기쁨으로** 예루살렘에 돌아가 늘 성전에서 하나님을 찬송하니라." 주님께서 무덤에서 승리하신 후 그와 사십일의 친교를 나눔으로 말미암아 제자들의 두려움은 사라지고, 그들의 영혼은 이루 말할 수 없는 기쁨으로 가득하게 되었다.

"그러나 내가 너희에게 실상을 말하노니 내가 떠나가는 것이 너희에게 유익이라 내가 떠나가지 아니하면 보혜사가 너희에게로 오시지 아니할 것이요"(16:7). 주님의 태도는 제자들의 태도와 복된 대조를 이룬다. 제자들은 당시 주님을 위한 생각을 하지 못하였지만, 주님은 그들에 대해 생각하시고, 그들이 그를 잠시 잃을지라도 그것은 오히려 그들에게 유익이 되리라고 확신시켜 주셨다. 그들은 주님께 무엇을 물을 생각을 하지 못했는데도, 동정이 넘치시는 그들의 선생께서는 대답해 주셨다. 주님은 우리가 기도하는 것보다 항상 더 많은 것을 들을 준비가 되어 있으시고 또 우리가 바라는 것보다 더 많은 것을 주기를 원하신다. 주님은 그들에게 당면한 걱정거리를 고려해 주실 준비가 되어 있으시며, 또 언제나 주님 자신의 괴로움보다도 다른 사람들의 괴로움에 대하여 더 많이 생각하시고, 그에게 닥칠 고통보다도 그가 떠난 후 남을 사람들의 고통에 대하여 더욱 생각하시면서, 그들이 요구하기 전에 먼저, 그들이 주님께 마땅히 질문했어야 하는 것에 대하여 대답해 주신다. 즉 그가 떠나는 것이 그들에게 유익이 된다는 것을 말씀해 주셨다.

"그러나"라는 말은 반의어(反意語)이다. 나는 내가 떠난다는 것을 생각하고 너희가 슬퍼함을 알고 있다. **그러나** 너희에게는 내가 떠나는 것이 필요하다. "**내가** 너희에게 실상을 말하노니." 여기에서 "내가"라고 하는 인칭대명사의 헬라 원어는 강조의 뜻을 담고 있다. 즉 너희를 사랑하는 나, 너희를 위하여 목숨을 버리려고 하는 나이다. 그러므로 너희는 내가 말하는 것을 믿어야 한다. 나는 너희에게 **실상**을 말한다. 마음의 염려로 말미암아 너희의 이해력이 어두워졌으므로 너희는 사태를 오해하였다. 너희는 내가 너희와 함께 남아 있는다면, 내가 너희에게 말해 주었던 모든 악한 일들이 일어나지 않으리라고 생각한다. 그러나 슬프게도, 너희는 무엇이 너희에게 가장 좋은 것인지를 알지 못한다. "내가 떠나가는 것이 너희에게 유익이라." 즉 이것이 너희에게 득이 되며 이익이 된다는 뜻의 말씀이다. 주님께서 여기에서 사용하신 "유익"이란 말은 11:50에서 가야바가 사용한 것과 똑같은 단어이지만, 서로 대조가 된다는 점에 주목해 볼 만하다!

그러나 주님께서는 무슨 뜻으로 이렇게 말씀하신 것인가? 그가 떠나는 것이 **어떻게** 그들에게 **유익**이 될 수 있는가? 필자는 이 질문에 이중의 대답을 할 수 있다고 믿는다. 왜냐하면 여기에서의 그리스도의 말씀이 이중의 의미를 지니고 있다고 이해하기 때문이다. 주님은 16:5에서 말씀하셨던 것처럼 "내가 나를 보내신 **이**에게로 가는 것이 너희에게 유익이라"고 말씀하지 않으셨다는 점에 주목해 보라. 주님은 단순히 "내가 **떠나가는** 것이 너희에게 유익이라"고 말씀하셨을 뿐이다. 필자는 그리스도께서 일부러 이렇게 난해하게 표현하셨다고 믿는다. 이 말씀을 하셨을 때 주님은 **어디로** "가고" **계셨는가?** 궁극적으로는 아버지께로 가고 계셨다. 그러나 그렇게 하시기 **전에** 먼저 **십자가**로 가셔야 했다. 그러므로 주님은 먼저 그에게 임박한 죽음을 가리키고 계셨던 것이 아니었겠는가? 그리고 주 예수께서 골고다의 고난으로, 그리고 그 고난을 통과해 가셔**야 했다**는 것은 제자들과 우리 모두에게 크게 **유익**하지 아니하였는가? "내가 떠나가지 아니하면 보혜사가 너희에게로 오시지 아니할 것이요." "성령의 구원하시는 효과와 필연적으로 관련되어 있는 이러한 영적 축복들을 인간들에게 내려주는 것이, 인간들에 대한 신적 통치와 서로 조화되게 하기 위해서는 그리스도의 속죄의 죽음이 반드시 필요하였다. 그러한 모든 축복들은 창세부터 속죄와 관련되어 인간에게 주어졌다. 그리고 이러한 축복들은 속죄가 이루어졌을 때에야 비로소 가장 풍부하게 주어졌다는 것은 적합한 일이었다"(존 브라운). "내가 떠나가지 아니하면,' 즉, 내가 죽지 아니하면, 아무 것도 이루어지지 않을 것이다. 다시 말하면, 너희는 지금의 모습 그대로를 지속할 것이며, 모든 것이 그 옛 상태대로 있을 것이다. 모세의 율법 아래 있는 유대인들과 눈 먼 상태에 있는 이방인 모두 죄와 사망 아래 있을 것이다. 그러면 성경 말씀은 전혀 이루어지지 아니할 것이고 나는 헛되이 온 것이 될 것이다라는 뜻이다"(마르틴 루터).

그러나 주님께서 "내가 떠나가지 아니하면" 이라고 말씀하실 때 먼저 그의 죽음을 가리키신 것이라 이해했을지라도, 주님의 이 말씀을 이것으로만 제한시키려 해서는 안 된다. 주님은 이 말씀을 하실 때 아버지께로 돌아가는 것도 생각하고 계셨음이 분명하다. 이것 또한 그의 제자들에게 유익이 되었다. "그들은 육체로 존재하시는 주님을 아주 좋아하게 되었으므로 그가 그들의 눈에서 사라지는 것을 견딜 수 없었다. 주님이 육체를 입으시고 존재하시는 것만이 그들을 안심시킬 수 있었다. 누군가가, 마치 주님이 존재하시지 않았던 것처럼 '주여, 당신께서 여기에 계셨더라면' 이라고 말한다고 한다면 그것은 주님께서 육체로 계실 때 행하시던 일을 그의 성령으로는 행하실 수 없다는 말이 된다. 그래서 제자들은 주님을 여전히 지상에 머무르게 하기 위하여 장막을 지어드리려 했을 것이다. 그리고 때때로 그들은 지상의 왕국과, 그들의 최고의 완성된 상태가 육체에 있다는 듯이, 그 왕국에서의 높은 자리를 꿈꾸었다. 그러므로 영적인 존재가 생기기 위해서는 육적인 존재가 사라져야 했다"(앤드루스 주교).

또 다른 면에서, 구세주께서 하늘에 그가 거할 곳을 마련하시는 것은 제자들에게도 "유익" 하였다. 성령께서는 **영광을 입으신** 그리스도에 대하여 증언하시고, **그렇게** 하시기 위해서는 구세주께서 "떠나셔야" 했다. 더욱이 그리스도께서 지상에 남아 계셨더라면, 육체를 입으신 그로서는 어느 한 지방에만 **국한되어** 머무를 수밖에 없으셨을 것이다. 그러나 이와는 반대로, 주님은 이제 성령으로 편재하실 수 있게 되었다. 제자 두세 사람이 그의 이름으로 모인 곳에는 **그도** 그들 **중에** 계신다. 또, 주 예수께서 지상에 머물러 계셨더라면, 그의 백성들에게는 믿음을 행사할 여지나 기회가 없었을 것이다. 더구나 부인할 수 없는 한 가지 사실은, 그리스도께서 승천하시고 성령께서 내려오신 후에, 사도들은 새 사람이 되었다는 것이다. 그들은 주님이 육체를 입으시고 그들과 함께 계셨을 때보다도, 그가 안계셨을 때 그를 위해 훨씬 더 많은 일을 하였다.

"가면 내가 그를 너희에게로 보내리니"(16:7). "이 구절을 번역할 때에는 '아펠토' 와 '포레우토' 사이의 차이점을 잘 살려야 하는데, 영어 성경은 이 점에 충분히 주의를 기울이지 않고 '떠나가다' (going away)와 '가다' (depart)로 번역하고 있다. 그러나 '떠나가다' (depart)와 '가다' (go)로 번역하는 것이 더 좋을 것이다. 그런데 첫 번째 헬라어는 단순히 **그들을** 떠나는 것을 의미하고, 두 번째 헬라어는 아버지께로 **올라가는 것**을 표현하고 있다" (Dean Alford). 주님께서 이처럼 세밀히 의미에 차이를 두어 말씀하신 것은(아직까지 이 견해를 지지해 주는 주석가는 없었지만), 필자가 앞에서 주님이 "내가 떠나가지 아니하면" 이라고 하신 말씀을 두 가지 의미로 해석한 것이 옳음을 확증해 준다고 생각한다.

   "**그가 와서 죄에 대하여, 의에 대하여, 심판에 대하여 세상을 책망하시리라**" (16:8). 이 요한복음에서 방금 인용한 이 구절만큼 사람들로부터 널리 오해를 받는 말씀은 거의 없다고 생각된다. 사람들은 예외 없이 이 구절이 복음을 듣는 사람들 가운데에서의 성령의 자비로운 활동을 가리키고 있다고 이해하고 있다. 즉 이 구절은 성령께서 사람들을 회심시키기 전에 그들의 양심에 행하시는 그의 역사(役事)를 밝히 말해 준다고 생각한다. 또 이 구절은 죄인들로 하여금 그에게 구세주가 필요하다는 것을 알게 하시는 성령의 은혜로운 작용을 기술한 것으로 생각한다. 이러한 견해는 주님의 백성들의 마음속에까지 아주 확고하게 뿌리를 내리고 있기 때문에, 그들에게 이 구절을 그 앞의 내용들에 비추어 그리고 그 뒤에 부연된 내용에 비추어 연구하고, 또 이 구절에 사용된 용어들이 다른 구절에서는 어떻게 쓰였나 비교하면서 연구해 보게 하기란 어려운 일이다. 그러나 주의를 기울여 공정하게 연구해 본다면, 이 구절에 대한 일반적인 견해가 얼마나 지지할 수 없는 것인지 많은 사람이 발견하게 될 것이다.

   그러나 매우 분명한 한 가지 사실은 이 구절에 대한 해석이 14:17에서 그리스도께서 "그는 진리의 영이라 세상은 능히 그를 받지 **못하나니**" 라고 말씀하신 명백한 진술과 모순되어서는 안 된다는 것이다. 그러면 여기 본 구절이 말하고 있는 "책망"은 어떤 특징을 지니고 있는가? 그것은 마음속에 일어나는 복음적인 양심의 가책을 말하는가, 아니면 전적으로 외적인 어떤 것을 말하는가? 옛날 주석가일수록 거의 대부분이 여기에서의 책망은 전자를 가리킨다고 생각하였다. 그러나 현대에 가까이 올수록 많은 주석가들이, 그리고 필자도, 여기에서의 책망은 후자를 가리킨다고 생각한다. 20세기의 훌륭한 헬라어 사전 중의 하나는 엘렌코란 말의 의미를 다음과 같이 설명하고 있다. 즉 "죄를 드러내다; 어떤 사람이 그릇되다는 것을 증명함으로써 창피를 주다; 정죄하거나 심판할 목적으로 유죄를 입증하다. 그러나 반드시 그것을 납득시킬 필요는 없다; 죄를 범한 자로 하여금 죄를 고백하거나 죄를 느끼게 하지 않고서 죄를 밝히다."

신약 성경에서 이 단어가 쓰인 일반적인 용법은 이 사전의 정의를 결정적으로 확증해 준다. 이 단어는 요한복음 3:20에 쓰여 있다. "악을 행하는 자마다 빛을 미워하여 빛으로 오지 아니하나니 이는 그 행위가 드러날까(reproved) 함이요." 이 말씀은, '자기 행위의 악성(惡性)이 빛으로 말미암아 드러나서 죄의 경감을 위한 변명을 할 수 없게 되지나 않을까 함이요' 라는 뜻임이 분명하다. 또한 이 단어는 "너희 중에 누가 나를 죄로 책잡겠느냐(convince)?" 라고 번역된 요한복음 8:46에도 나타나 있다. 그리스도께서는 분명히 '너희 중에 누가 나로 하여금 내가 죄를 지었다는 것을 **납득하게** 또는 **깨닫게** 할 수 있느냐' 라는 뜻으로 말씀하신 것이 아니라, 오히려, '너희 중에 누가 입증할 수 있느냐? 너희 중에 누가 내가 죄를 지었다는 **증거를 댈** 수 있느냐?' 라는 뜻으로 말씀하신 것이다. 또한 누가복음 3:19에는 '죄를 느끼게 되다' 라는 뜻이 아닌 "비난을 받다"는 의미를 지닌 "책망을 받다(reproved)"로 번역되어 있다. 에베소서 5:11과 디모데후서 4:2에서도 그렇게 되어 있다.

그래서 앞에서 인용한 각 구절들에서 "엘렌코"라는 말은 죄에 대한 주관적인 **깨달음**이 **아닌** 객관적인 유죄 판결을 가리킨다. 디모데전서 5:20에서는 "꾸짖어"(rebuke)로 번역되어 있는데, 디도서 1:13; 2:15; 히브리서 12:5; 요한계시록 3:19에서도 그렇게 되어 있다. 그런데, 이 단어의 의미는 야고보서 2:9에 훨씬 더 분명히 나타나 있다고 할 수 있겠다. "만일 너희가 사람을 차별하여 대하면 죄를 짓는 것이니 율법이 너희를 범법자로 **정죄하리라**(convict)." 라일 주교는 요한복음 16:8에 대하여 논평하면서 다음과 같이 올바르게 지적하였다. " '책망' 으로 번역된 말은 분명히 내적인 죄의 자각(양심의 가책)을 의미하지 않는다. 그 말은 오히려 증거들로써 논박하는 것, 반박할 수 없는 논증들을 변호자로 내세워, 즉 변호자의 역할을 하게 하여 유죄를 입증하는 것을 의미한다."

다음으로 살펴보아야 할 점은 '성령께서 **어떻게** 죄에 대하여 … 세상을 책망' 하시는가? 하는 점이다. 이 질문에 정확히 대답하기 위해 지적해야 할 필요가 있는 것은, 주님은 여기 여러 구절들을 통하여 성령의 **임무**, 즉 그가 이 땅에 오셔서 수행하실 특별한 일을 기술하고 계신 것이 아니라는 점이다. 언뜻 보기에 **"그가 책망하시리라"**는 말씀은 그의 실제적인 활동을 기술하고 있는 것**처럼** 보일 것이다. 그러나 본문에 나타난 모든 내용을 주의 깊게 연구해 보면 그렇지 않다는 사실이 드러날 것이다. 우리가 살펴보고 있는 본 구절은 그 의도와 특징에 있어서 마태복음 10:34과 비슷하다고 생각된다. 즉 "나는 화평이 아니요 검을 주러 왔노라" 는 말씀에서의 "검" 을 주는 것이 그리스도의 임무의 특성이 아니다. 그러나 주님이 이 지상에 계셨던 일은, 타락한 인간 본성이 지닌 심술 때문에 그가 세상에 검을 주러 온 **결과**가 된 것이다. 주님은 누가복음 12:49에서도 "내가 불을 땅에 던지러 왔노니"라고 말씀하셨다. 이와 마찬가지로, 성령께서 이 지상에 계시는 것 바로 그 자체가 세상 자신은 깨닫지 못할지라도 세상을 책망 또는 정죄하는 것이다.

성령은 이 지상에 계셔서는 안 될 분이다. 이것은 깜짝 놀랄 만한 진술이긴 하지만, 필자는 깊이 생각하고 이것을 말쓸하는 바이다. 세상이 생각할 때에는, 그리스도야말로 이 지상에 계셔**야** 할 분이시다. 아버지께서 그를 세상에 보내셨다. 그런데 왜 그는 이곳에 계시지 않는가? 그것은 세상이 그를 받아들이려 하지 않기 때문이다. 세상은 그를 미워하였고 그를 쫓아내었다. 그러나 그리스도께서는 그의 것, 즉 그의 백성들을 "고아"와 같이 버려두지 아니하려 하셨다(요 14:18, 난외주). 주님은 은혜롭게도 성령을 그들에게, 즉 천사들과 그의 성도들에게 보내셨다. 그래서 성령의 **임재** 자체가 "세상"을 "책망"하거나 또는 죄를 드러내는 것이다. 성령께서는 (그의 제자들에게) 이곳에 **안 계신** 그리스도를 대신하시기 위해 여기, 이곳에 계시다. 그래서 세상이 **죄를 범하였음**이 증명되는 것이다.

지금까지 지적해 온 내용을 확실히 하려면, 여기에서 신성의 제3위의 **특징** 중 어떤 면이 숙고되고 있는지를 특별히 주목해 보면 된다. "**그가 … 책망하시리라.**" **누가** 그렇게 하실 것인가? 그 앞 구절이 "보혜사"라고 알려준다. 헬라어로는 "파라클레토스"인데 요한일서 2:1에 "대언자"라고 바르게 번역되어 있다. 그런데 "대언자"는 악행자로 하여금 자신의 죄를 깨닫게 하거나 느끼게 함으로써가 아니라, 법정 앞에 악행자가 죄를 범**하였다**는 증거를 제출함으로써 '유죄를 입증'한다. 달리 말하자면, 그는 주관적으로가 **아니라** 객관적으로 '책망한다.' 우리가 지금 살펴보는 몇 구절은 바로 이와 같은 의미를 나타내고 있다. 즉 "세상을" **객관적으로** 책망하고, 꾸짖고, 그것의 유죄를 입증하는 것이 바로 성령의 실제적인 임재이다.

"여기에서는 성령께서 개인들을 다루시는 일, 즉 그가 그들을 중생시키시고 그들이 믿는 때의 일을 말하고 있는 것이 아니라, 그가 세상을 죄로 말미암아 단죄(斷罪)하는 것에 대하여 말하고 있다. 성령께서 여기 지상에 계신다는 것 자체가 세상, 곧 성령 밖에 있는 것을 단죄한다. 그곳에 믿음이 있었더라면, 그는 그들 가운데 계셨을 것이다. 그러나 세상은 믿지 않는다. 그러므로 그리스도께서는 요한복음의 다른 곳에서와 같이 사람들의 상태를 판단하는 표준이 되신다"(W. Kelly).

"그러나 이 구절이 복음적인 양심의 가책(죄의 자각)이라는 주관적인 일을 다루고 있는 것이 아니라면, 성령께서는 도대체 왜 세상을 '책망' 하시는가? 세상이 그것을 알지 못한다면 그것이 무슨 소용이 있는가?'라고 필자의 견해에 반대를 제기하는 사람도 있을 것이다. 그러나 그러한 질문은 이 구절을 전적으로 오해한 데서 비롯된 것이다. 다시 한 번 말하거니와, 이 구절들은 성령께서 **행하시는** 일을 다루고 있는 것이 아니라 그가 지상에 계시는 **결과**를 언급하고 있는 것이다. 요한복음 9:39의 말씀을 필자의 견해와 거의 유사하다. "예수께서 이르시되 내가 심판하러 이 세상에 왔으니 보지 못하는 자들은 보게 하고 보는 자들은 맹인이 되게 하려 함이라 하시니." 그런데 요한복음 3:17은 "하나님이 그 아들을 세상에 보내신 것은 세상을 심판하려 하심이 아니요"라고 말하고 있다. 그렇다면 어떻게 이 두 구절이 조화를 이룰 수 있겠는가? 요한복음 3:17은 하나님께서 그의 아들을 보내실 때 그에게 맡기신 **임무**를 말해주는 반면, 요한복음 9:39은 그가 이 땅에 계심으로 인하여 비롯되는 **결과들** 중의 하나를 말하고 있을 뿐이라고 대답할 수 있다. 주님이 존재하신 것 바로 그 자체가 하나님께 반대되는 모든 것을 심판하신 것이었다. 이와 마찬가지로, 성령께서 지상에 존재하시는 것 자체가 세상을 심판하고, 그리스도께서 그곳에 안 계신 데 대하여 세상을 정죄한다.

"**죄에 대하여라 함은 그들이 나를 믿지 아니함이요**"(16:9). 신적 변호자께서 지상에 계신다는 사실은 "세상"에 대하여 세 가지를 고발한다. 첫째로는 "죄에 대하여"이다. "그가 세상에 계셨으며 세상은 그로 말미암아 지은 바 되었으되 세상이 그를 알지 못하였고"(1:10). 여기에서 "알지 못하였고"라는 말은 '무엇을 인식하다' 또는 '익히 알다'는 뜻 그 이상을 의미한다. 그것은 세상이 주님을 **사랑하지** 않았다는 뜻이다. 그리고 요한복음 10:4, 5, 14, 15 등의 구절에 "알다"라는 말은 이런 뜻으로 사용되어 왔다. 이와 마찬가지로, 불신은 판단의 잘못 또는 지성(mind)의 반대 그 이상을 의미한다. 즉 그것은 **감정**(heart)의 반감을 말한다. 그리고 이런 "세상"은 조금도 변하지 아니하였다. 세상은 그 통치자들이(고전 2:8) 그리스도를 십자가에 못 박았을 때와 마찬가지로 그를 사랑하지 않는다. 그러므로 여기에서 "그들이 나를 믿지 아니함이요"라고 현재시제로 표현된 것이다.

"**의에 대하여라 함은 내가 아버지께로 가니 너희가 다시 나를 보지 못함이요**"(16:10). 여기에서 "내가"라는 인칭대명사는 16:7과 관련되는 말인데 그 구절의 마지막에 기록된 "**내가** 그를 너희에게로 보내리니"라는 말씀을 주의 깊이 주목해 보아야 한다. **변호자**(Paraclete)께서는 여기 이 지상에서 **그리스도의** "대언자"로서 계신다. 그런데 "대언자"의 직무와 임무는 그의 소송 의뢰인이 청해 올 때 그를 위하여 변호하는 것이다. 즉 그의 적을 침묵하게 할 증거를 댐으로써 그렇게 한다. 바로 **이런** 특징적인 면에서 성령은 "세상"과 관계가 있다. 성령께서는 세상을 개선시키고 또 그 곳을 좀 더 살기 좋은 곳으로 만들기 위해서가 아니라 세상의 죄에 대한 증거를 제공하기 위해 이곳에 계신다. 그리고 **그렇게 함으로써** 그는 세상이 내쫓은 복되신 분을 **변호한다.**

만일 여기에서 나타내고자 한 것이 개인적인 영혼들 안에서의 성령의 주관적인 역사였다면, 반드시 "그가 불의에 대하여 … 세상의 유죄를 선언하리라"라고 기록되었어야 할 것이다. 왜냐하면 세상에는 의가 결핍되어 있기 때문이다. 그러나 이것은 여기에서 나타내고자 한 뜻이 전혀 아니다. 그리스도의 "의"를 입증하는 것은 성령께서 지상에 계신다는 사실이고, 그 증거는 바로 그가 아버지께로 가셨다는 것이다. 종교계에 속한 자들이 그리스도를 내쫓으며 주장했던 것처럼 그가 사기꾼이었다면, 아버지께서는 그를 받아들이지 않으셨을 것이다. 그러나 아버지께서 그를 자신의 오른편에 앉히심으로써 존귀케 하셨다는 사실은 세상이 그에게 씌운 죄과에 대하여 그가 완전히 결백함을 증명한다. 그리고 아버지께서 그를 받아들이**셨**다는 증거는 바로 성령께서 지금 지상에 계신다는 사실이다. 왜냐하면 성령은 그리스도께서 아버지로부터 "보내신" 분이기 때문이다. 그리스도를 내쫓은 세상은 의롭지 못하지만 그를 영화롭게 하신 아버지는 의로우시다. 그리고 성령께서 이곳에 계신다는 사실이 바로 이것을 입증해 주었다.

"심판에 대하여라 함은 이 세상 임금이 심판을 받았음이라"(16:11). 필자가 살펴보고 있는 구절들이 사람들을 회심하게 하시는 성령의 역사(役事)를 기술한 것이라면, **이** 순서는 거꾸로 되어서 "심판"에 대한 말씀이 (불)"의"에 대한 말씀보다 먼저 나왔어야 할 것이다. 이러한 세부적인 면에 대해 주의 깊게 생각해 보기로 하자. 성령께서 "죄"에 대하여 꾸짖으신다는 말씀이 그가 죄인들로 하여금 자신의 잃어버린 바된 상태를 깨닫게 하시는 것을 의미하고, 또 그가 "의"에 대하여 책망하신다는 말씀은 그로 하여금 죄인들 자신에게 그리스도의 의가 필요하다는 것을 느끼게 하는 것을 의미한다면, 그에게 "심판"에 대하여 납득할 수 있도록 더 깨우칠 필요가 **어디** 있겠는가? 이 질문에 대하여 만족스러운 대답은 어려운 것 같다. 그러나 이 몇 구절 전제가 성령께서 지상에 계심으로 인한 객관적인 결과들을 다루고 있는 것으로 이해를 한다면, 16:11은 이에 대한 알맞은 결론 부분이 된다.

"심판에 대하여라 함은 이 세상 임금이 심판을 받았음이라." 이 구절은 말씀의 논리적 흐름상 절정을 이룬다. 세상은 그리스도 믿기를 거절한 죄를 지은 상태에 있다. 즉 세상이 유죄 판결을 받았다는 것은 그리스도의 의로써 증명되었다. 그리고 그리스도께서 의로우시다는 것은 그가 아버지께로 갈 것에 나타나 있다. 그러므로 심판만이 세상을 기다린다. 성령께서 여기 이 지상에 계신 것은 이 세상의 임금이 심판을 받았다는 증거가 된다. 즉 주님께서 떠나실 때 세상과 사탄 모두에게 판결이 집행되었다. "그러므로 이것은 세상에 대한 성령의 증거이다. 그것은 그리스도에 대한 세상의 대접에 대한 하늘의 보복이다. 그것은 세상이 그의 아들에게 행한 것에 대한 의로우신 아버지의 응답으로, 복음으로 말미암은 양심의 가책으로 해석되어서는 안 된다" [장래의 일(*Thing to come*), Vol. 5, P. 142].

다음 질문들은 다음 장을 공부하는 독자들에게 도움을 주기 위한 것들이다.

1. 그리스도께서는 무슨 뜻으로 "지금은 너희가 감당하지 못하리라"라고 말씀하셨는가?(12절)
2. 주님은 "많은 것"들을 말씀하셨는가?(12절)
3. "인도하시리니"라는 말씀은 무슨 뜻을 함축하고 있는가?(13절) 그에 대하여 명상해 보라.
4. "그가 스스로 말하지 않고"라는 말씀은 무슨 뜻인가?(13절)
5. 성령께서는 어디에서 우리에게 "장래 일"을 보여주셨는가?(13절)
6. 16절에서 그리스도는 누구를 가리키고 계시는가?
7. 제자들의 "기쁨"에 대하여 기록하고 있는 구절을 찾아보라(22절).

제55장

그리스도를 영화롭게 하시는 성령

¹²내가 아직도 너희에게 이를 것이 많으나 지금은 너희가 감당하지 못하리라 ¹³그러나 진리의 성령이 오시면 그가 너희를 모든 진리 가운데로 인도하시리니 그가 스스로 말하지 않고 오직 들은 것을 말하며 장래 일을 너희에게 알리시리라 ¹⁴그가 내 영광을 나타내리니 내 것을 가지고 너희에게 알리시겠음이라 ¹⁵무릇 아버지께 있는 것은 다 내 것이라 그러므로 내가 말하기를 그가 내 것을 가지고 너희에게 알리시리라 하였노라 ¹⁶조금 있으면 너희가 나를 보지 못하겠고 또 조금 있으면 나를 보리라 하시니 ¹⁷제자 중에서 서로 말하되 우리에게 말씀하신 바 조금 있으면 나를 보지 못하겠고 또 조금 있으면 나를 보리라 하시며 또 내가 아버지께로 감이라 하신 것이 무슨 말씀이냐 하고 ¹⁸또 말하되 조금 있으면이라 하신 말씀이 무슨 말씀이냐 무엇을 말씀하시는지 알지 못하노라 하거늘 ¹⁹예수께서 그 묻고자 함을 아시고 이르시되 내 말이 조금 있으면 나를 보지 못하겠고 또 조금 있으면 나를 보리라 하므로 서로 문의하느냐 ²⁰내가 진실로 진실로 너희에게 이르노니 너희는 곡하고 애통하겠으나 세상은 기뻐하리라 너희는 근심하겠으나 너희 근심이 도리어 기쁨이 되리라 ²¹여자가 해산하게 되면 그 때가 이르렀으므로 근심하나 아기를 낳으면 세상에 사람 난 기쁨으로 말미암아 그 고통을 다시 기억하지 아니하느니라 ²²지금은 너희가 근심하나 내가 다시 너희를 보리니 너희 마음이 기쁠 것이요 너희 기쁨을 빼앗을 자가 없으리라(요 16:12-22)

여기서 살펴볼 구절들을 다음과 같이 분석해 보기로 하자.

1. 성령께서 오셔야 될 필요성(12절)

2. 성령께서 오시는 목적(13절)

3. 성령께서 오심으로써 성취되는 일(14절)

4. 성령의 종속성(15절)

5. 성령께서 오심으로 인한 결과(16절)

6. 어리둥절해 하는 제자들(17-19절)

7. 주님의 심오한 예언(20-22절)

요한복음 16장의 두 번째 단락이 되는 본문은 주 예수의 영광을 나타내시는 성령을 중심 주제로 삼고 있다. 본문을 자세히 연구해보면 볼수록, 바로 **이것이** 본문의 요지가 된다는 것을 더욱 잘 알게 될 것이다. 언뜻 보기에 이 부분에는 어떤 **통일성**이 없는 것처럼 느껴진다. 즉 16:12에서 주님은 그가 사도들에게 이를 것이 많이 있으나 그들이 그것을 감당할 수 없다고 말씀하고 계시며, 16:13-15에서 그리스도께서는 성령을 직접 언급하시고 또 그가 신자들을 위해 그리고 그들 안에서 행하실 일에 대하여도 직접 언급하셨다. 16:16에서 구세주께서는 비유적인 말씀을 하셨는데 (16:25 참고), 이로 말미암아 제자들은 어리둥절해하며 주님께서 무슨 뜻으로 그 말씀을 하셨는지 서로 묻기에 이르렀다. 한편 본문의 마지막 세 구절에서 주님은 그가 떠나신 후 제자들에게 찾아올 슬픔과 기쁨에 대하여 언급하신다. 이처럼 각 구절들은 서로 다양한 주제를 지니고 있는 것처럼 보인다. 그러나 자세히 살펴보면, 각 구절들이 서로 밀접하게 연결되어져 있고, 또 16장의 서두를 이루는 구절들의 내용으로부터 논리적으로 전개되어 온 것임을 알 수 있을 것이다.

주님께서는 다른 어느 곳에서도 여기에서처럼 성령의 복되신 인격과 그의 사역에 관하여 이처럼 완전히 말씀해 주신 적이 없다. 여기에서는 성령에 관하여 **일곱** 가지를 말씀하고 계신다. 그는 "진리의 성령"으로서 행동하실 것이고, 그는 신자들을 모든 진리 가운데로 인도하실 것이며, 그는 스스로 말하지 아니하실 것이고, 그는 그가 들은 것을 말씀하실 것이며, 그는 신자들에게 장래 일을 알릴 것이고, 그는 그리스도의 영광을 나타내실 것이며, 그는 그리스도의 일들을 가지고 그것들을 그의 백성들에게 알리실 것이다. 그렇다면 필자는 왜 이 장의 제목을 그리스도인들과 함께하고 또 그들 안에서 하시는 성령의 역사라고 붙이지 않는가? 라는 질문이 있을 수 있겠다. 그러나 그렇게 하지 않은 이유는 여기의 성령에 대하여 기록된 내용은 그리스도와 특별하고도 직접적인 관계가 있기 때문이다. 여기에서는 바로 주 예수의 **영광을 나타내시는** 성령, 즉 신자들 앞에서 그리스도를 **크게 나타내 보임**으로써 그의 영광을 나타내시는 성령에 대하여 기록하고 있다. 이것은 16:14에 명백히 확언되어 있을 뿐만 아니라 성령께서 행동하시는 **특성**이 이를 더욱 증거해 준다.

16:7에서 구세주께서는 "그러나 내가 너희에게 **실상**을 말하노니 내가 떠나가는 것이 너희에게 유익이라 내가 떠나가지 아니하면 보혜사(Paraclete)가 너희에게로 오시지 아니할 것이요"라고 말씀하셨다. 그리고 16:13에서 주님은 "그러나 진리의 성령[헬라어 원문에는 정관사가 있다]이 오시면 그가 너희를 모든 진리 가운데로 인도하시리니"라고 말씀하신다. 그렇다면 주님은 여기에서 바로 **그리스도의** 성령을 염두에 두고 계신 것이다. 이 점은 16:14에 훨씬 더 강조되어 있다. "그가 내 영광을 나타내리니 **내 것**을 가지고 너희에게 알리시겠음이라." 이 말씀은 16:15에도 반복되어 있다. 그러므로 본문의 중심적이고 두드러진 주제가 되는 것은 그리스도의 영광을 나타내시는 성령이라고 할 수 있음이 분명하다. 그리고 이것이 본문의 마지막 구절에까지 어떻게 적용되는가 하는 것은 본문을 설명해 가는 도중에 드러날 것이다.

성령께서 이 땅에 존재하시는 것은 그리스도께서 하늘로 떠나시는 것에 달려 있으며, 그가 떠나시는 것은 결과적으로 성도들로 하여금 기독교의 새로운 진리들과 일, 특성, 소망들에 적합하게 순응할 수 있게 해주는 것이라는 것은 반복되어 알려져 온 사실인데, 이것은 특히 이 장에 가장 분명하게 나타나 있다. 제자들은 메시야의 통치가 시작되기 위해서는 성령이 주어져야 한다는 약속에 대하여 모르는 바 아니었다. 그들은 선택된 백성들이 '성령이 높은 곳에서 우리에게 부은 바 되고, 광야가 기름진 땅이 되며, 기름진 땅은 숲이 될 때까지' 그 아래 거해야 하는 심판을 알고 있었다. 하나님께서 그의 아들의 왕국을 위해 그의 능력을 발휘하실 때 그 변화는 외적으로나 내적으로나 엄청날 것이다. 그들은 그가 그의 성령을 모든 육체 위에 부어주실 것임을 알고 있다. 즉 이스라엘의 아들들과 딸들 그리고 늙은이와 젊은이들이 현세적인 모든 축복을 능가하는 복을 누릴 뿐만 아니라, 종들과 하녀들도 그 복을 누릴 수 있다. 다시 말해 유대인들뿐만 아니라 모든 육체가 그 복을 누리게 된다는 말이다.

"위대한 대제사장께서 마지막 날, 회개한 이스라엘을 구원하고 그들을 기쁘게 하기 위해 성소에서 나오실 때 뿐만 아니라 그가 여호와를 섬기러 성소에 들어가실 때에도 방울소리가 들린다(출 28:35). 주 예수께서 하늘로 가실 때 성령이 보내어진다. 그 목적을 위해서 주님은 하늘로 가시는 것이다. 유대인들이 그리스도를 받아들이느냐 거절하느냐에 대한 하나님의 증거 중 가장 두드러진 특징의 하나인 이 일에 대해 그들은 전혀 준비가 되어 있지 않았다. 성령을 보내신 목적은 당시의 제자들로서는 감당할 수 없었던 것들을 감당하게 하시기 위해서였다"(*Bible Treasury*).

우리는 성령이라는 선물을 받은 데 대해서 아무리 감사한다 해도 충분하지 못할 것이다. 우리의 복되신 구세주께서 하늘에 계실지라도 우리에게는 지상에 우리와 함께 계신 **신적 인격**이 있으시다. 그는 우리를 살리시고(요 3:6), 우리 안에 거하시며(고전 6:19), 우리를 사랑하시고(롬 15:13), 우리를 인도하시며(롬 8:14), 우리가 하나님의 자녀인 것을 우리에게 확신시켜 주시고(롬 8:16), 우리를 위하여 간구하심으로써 우리의 연약함을 도우시며(롬 8:26), 구원의 날까지 우리를 인치는 분이시다(엡 4:30). 주님, 우리에게 성령님을 슬프게 하지 않게 하소서. 그분이 우리 안에 거하시는 것을 깨닫고 이에 따라 행동하게 하소서. 우리에게 그의 신적 충만함과 능력을 활용할 수 있게 하소서.

"내가 아직도 너희에게 이를 것이 많으나 지금은 너희가 감당하지 못하리라" (16:12). 16:8에서 11절까지의 내용은 삽입구적인 특징을 지니고 있다. 즉 16:1-17까지 그리스도께서는 그의 제자들에 관하여 그들에게 말씀하고 계셨는데, 그가 앞서 "세상"에 대하여 말씀하셨던 내용을 종결짓기 위하여 8-11절까지 잠시 본 주제를 벗어나신 것이 된다. 이제 주님은 그의 것, 즉 그의 백성에 관한 화제로 다시 돌아오셔서, 그들에게 성령을 보내시는 것과 관련하여 말씀하신다. 주님은 세상 사람들이 그를 저버리는 때에 그를 따랐던 자들에게 이를 말이 많이 있었다. 그것들은 그들이 알아야 할 매우 중요한 것이었지만 당시의 그들로서는 받을 수 없는 것들이었다. "지금은 너희가 감당하지 못하리라." 여기에서 "감당하다"라는 말의 헬라 원어는 신약 성경에서 두 가지 의미로, 즉 문자 그대로의 의미와 비유적인 의미로서 사용되고 있다. 요한복음 10:31에서는 "유대인들이 다시 돌을 **들어** 치려하거늘." 즉 그들이 돌을 **잡았다**고 번역되어 있다. 누가복음 10:4에서는 "전대나 배낭이나 신발을 **가지지** 말며"라고 번역되어 있다. 그런데 마태복음 20:12에서는 비유적으로 사용되고 있다. "그들을 종일 수고하며 더위를 **견딘** 우리와 같게 하였나이다." 요한계시록 2:2에서도 마찬가지이다. 그곳에는 "내가 네 행위와 수고와 네 인내를 알고 또 악한 자들을 용납하지 아니한 것과"라고 기록되어 있다. 이러한 구절들을 참고해 볼 때, 주님께서는 사도들이 그 때 그가 그들에게 말씀하여 주셨을지도 모를 것을 붙잡거나 또는 보유할 수 없었다는 것을 의미하신 것으로 생각된다. 즉 그들이 그러한 계시들을 견딜 수 없었기 때문에 그렇게 할 수 없었다.

"내가 아직도 너희에게 이를 것이 많으나 지금은 너희가 감당하지 못하리라." 열한 사도들이 구세주께서 더 계시하시는 것을 받을 수 없는 상태에 있었고 그것들을 감당할 수 없었다는 사실은 그들에게 성령께서 오셔서 그들을 모든 진리 가운데로 인도하셔야 할 필요가 있음을 나타내 준다. 이것은 요한복음 16장의 이 새로운 단락을 시작하기에 적합한 상황이 아닐 수 없다! 더욱이, 이것은 그때 그리스도께서 염두에 두셨던 "많은 것들"이 어떤 **성격**의 것인가를 강하게 암시해 준다. 사도들은 한쪽으로 치우친 생각을 품고 있었다. 그것은 메시야의 왕국 설립이었다. 그리스도께서 그들을 떠나 아버지께로 돌아가신다는 것은 그들에게 있어서는 생각할 수도 없는 일이었다. 그러나 주 예수께서는 그때 다윗의 보좌 위에 오르실 수 없었다. 이스라엘은 **그를 저버렸고**, 그 결과 이방인들에게는 자비로운 일이 된다 할지라도, 이스라엘에게는 더없이 쓰라린 것이 될 것이었다. 그러므로 여기서 주님은 하나님께서 이스라엘을 저버리고 이방인에게로 돌아서시는 일, 옛 언약이 취소되고 새 것이 도입되는 것, 의식적 율법이 폐지되고 다른 질서의 제사장직이 들어오는 것, 그의 교회를 다스리기 위한 가르침, 장래에 대한 예언들 등을 염두에 두고 계셨다고 생각한다.

"내가 아직도 너희에게 이를 것이 많으나 지금은 너희가 감당하지 못하리라." 이것은 복되면서도 엄중한 말씀이다. 복되다고 한 것은 이 말씀이 제자들에 대한 주님의 넘치는 사랑의 배려를 보여주기 때문이다. 즉 주님은 그들이 그 무엇을 받을 만한 상태에 있지 않을 때 그것을 그들에게 강요하지 않으신다. 이해할 수 없는 것을 듣는 것보다 더 우리를 초조하게 만드는 것은 없을 것이다. 이것은 교사들이 본받아야 할 모범이 아닐 수 없다! 가르치는 자가 "알맞은 때에" **말씀**을 제공하기 위해서는 깊은 분별력과 지혜가 필요하다. 또한 듣는 자의 영적 상태에 적합한 말씀을 전파해야 하는데, 그러한 지혜는 오직 하나님을 열렬히 기다리는 데에서만이 얻을 수 있다. 그러나 그리스도의 이 말씀에는 엄중하고 엄숙한 의미도 담겨져 있다. 주님께서는 **우리에게** 참으로 많은 소식을 보내려고 하시나 우리가 그것을 "감당"할 수 없는 것이다! 바울은 육체에 한 가시를 보냄받았는데, 그것은 그가 낙원으로 데려감을 받아 그곳에서 받은 "아주 많은 계시들"로 인하여 너무 교만해지지 않게 하기 위한 것이었다. 이 경우를 생각해 볼 때, 그리스도께서 염두에 두셨던 "많은 것들" 가운데는 낙원, 천국에 관한 계시도 포함되어 있었을 것이라 생각된다. 이 생각은 "지금 내가 나를 보내신 이에게로 가는데 너희 중에서 나더러 어디로 가느냐 묻는 자가 없고"라고 한

16:5의 말씀을 생각해 볼 때에 더욱 그러하다. 그러나 그들의 마음에 "근심"이 가득하였으므로(16:6), 더 높은 세계에 관하여 좀 더 충분한 계시를 받기에는 **적합하지 못한** 상태에 있었다.

"**그러나 진리의 성령이 오시면 그가 너희를 모든 진리 가운데로 인도하시리니**" (16:13). 이 말씀은 앞 구절을 살펴보는 동안 많은 사람들에게 떠올랐을지도 모를 질문, 즉 '이 사도들은 기회를 잃어버린 데 대하여 슬퍼하고만 있었는가?' 라는 데에 대한 답이 된다. 그들은 그렇게 하지 않았다. 은혜롭게도 주님은 그러한 상황이 되지 않도록 예비해 주셨다. "그러나." 그렇다 하더라도, 즉 그들이 **그때**에는 그런 것들을 감당할 수 없었을지라도 성령께서 오셔서, 그들을 **모든** 진리 가운데로 인도**하셔야** 했다! 그들을 위해 이러한 일을 맡으실 분은 "진리의 성령"이라고 불린다. 이 칭호는 그가 "진리"**의**(그리스도의) 성령이시라는 것을 확언해 줄 뿐 아니라, 그가 그러한 임무를 맡기에 적합하다는 것과 구세주의 증인이 되기에 적격이시라는 것을 강조해 주기도 한다. 성령께서는 "**진리의 성령**" **이시므로**, 즉 그는 진리에 대해 완전히 아시기 때문에, 진리를 무한히 사랑하시기 때문에, 또 그에게는 절대로 거짓이 있을 수 없기 때문에, 완전한 자격이 있으시다. 성경은 "**미혹의 영**"(요일 4:6)에 대하여도 말하고 있다. 이는 맹인을 다스리고, 맹인을 **인도**하는 거짓말하는 영으로서 결과적으로 "둘 다 구덩이에 빠진다."

신성의 제삼위께서 이런 칭호로 불리우심으로 말미암아 우리는 그와 **기록된** 말씀의 관계에 대하여 생각해 볼 수 있다. 이것은 성육신하신 말씀과 마찬가지로 "진리"로 불린다. "그들을 진리로 거룩하게 하옵소서 아버지의 말씀은 **진리니이다**"(요 17:17). 성경이 영감되었다는 말은 성령께서 역사하셨다는 뜻이다. 즉 하나님의 거룩한[구별된] 사람들은 성령**으로써** 감동하심을 입어 말하였다(벧후 1:21). 성경의 해석도 역시 성령의 특별한 역사이다. "하나님이 자기를 사랑하는 자들을 위하여 예비하신 모든 것은 눈으로 보지 못하고 귀로도 듣지 못하고 사람의 마음으로도 생각지 못하였다 함과 같으니라 오직 하나님이 **성령으로** 이것을 우리에게 보이셨으니 성령은 **모든** 것 곧 하나님의 깊은 것까지도 통달하시느니라 사람의 일을 사람의 속에 있는 영[으로] 외에 누가 알리요 이와 같이 하나님의 일도 **하나님의 영**[으로] 외에는 아무도 알지 못하느니라"(고전 2:9-11). 인간의 사물을 볼 수 있으려면 먼저 시력과 빛을 지녀야 한다. 눈이 있다 하더라도 어둠 속에서는 볼 수 없으며, 빛이 비친다 하더라도 맹인에게는 아무 것도 보이지 않는다. 진리에 관해서도 마찬가지로 보는 눈**과** 비치는 빛이 있어야 한다. 우리에게는 성경을 해석해 줄 신뢰할 만한 안내자이자 절대로 확실한 선생이 필요하다. 그리고 그 눈과 빛을 '교회', '전통의 소리', '직관력', 또는 '이성(理性)'으로써가 아니라 하나님의 성령 안에서 찾아야 한다. 바로 이분이 우리를 살리시고, 빛을 비추어 주시고, 해석해 주시는데, 그가 사용하시는 **유일한** 도구는 바로 **기록된** 말씀이다. 그러므로 그는 "**진리**의 성령"이라고 불리는 것이다.

"그가 너희를 **인도**하시리니." "인도"를 받을 필요가 있는 사람들로서 세 부류가 있다. 즉 눈먼 사람과, 너무 연약하여 혼자서는 걸을 수 없는 사람, 또는 낯선 나라를 여행하는 사람이 바로 그런 사람들이다. 각각의 의미에 있어서 성령은 하나님의 택함받은 자들을 인도하신다. 본래 우리는 영적으로 맹인된 자인데, 그는 우리를 "진리"의 도(道)로(벧후 2:2) 인도하셨으며 그리스도 안에 있는 "어린 아이들"인 우리들에게 걷는 법을 가르쳐야 했다(롬 8:14). 또 그는 이 거친 광야를 지나는 여행자처럼, 우리가 천상의 나라로 여행할 때에 "생명으로 인도하는 협착한 길"을 가리켜 주신다. "그가 너희를 모든 진리 가운데로 **인도**하시리니"라는 말씀에 주의 깊게 주목해 보라. 그는 "너희를 데리고 가시리니"라고 말씀하고 있지 **않다**. 다시 말하면, 우리 편의 **복종**, 성령의 이끄심에 상응하는 **순종**이 있어야 한다! 성령께서 우리의 발걸음을 "인도하신다"는 말씀에는 우리가 **그와 함께** 걷고 있다는 것, 그가 이끄는 방향으로 열심히 **따라가고 있다**는 뜻을 함축하고 있다. 또한 이 말은 우리가 질서 있고, 서서히 그리고 진보하며 나아가고 있다는 것을 시사해 주기도 한다. 즉 우리는 "은혜" 안에서 뿐만 아니라 "지식" 안에서도 **자란다**(벧후 3:18).

"그가 너희를 모든 진리 가운데로 인도하시리니." 모든 **진리들** 가운데로가 아니라 "모든 진리" 가운데로 인도하실 것이라고 기록되어 있다. 하나님의 진리는 서로 연결되어 있고 조화를 이루며 분리할 수 없는 하나의 전체이다(7:6에 관한 이 책의 설명을 참고하라). 여기에서 "모든 진리"라는 말은 모두 **계시된** 진리를 의미하며, 이것은 말씀 안에 기록되어 있다. 맨 마지막 성경인 요한계시록의 종결부분이 되는 구절은 우리 손에 "**모든** 진리"가 쥐어져 있다는 것을 분명하게 나타낸다. "만일 누구든지 이것들 외에 **더하면** 하나님이 이 두루마리에 기록된 재앙들을 그에게 더하실 것이요"(계 22:18).

"**그가 스스로 말하지 않고.**" 이것은 혹자의 생각대로 성령께서 자신에 **관하여** 말씀하지 않으셨다는 그런 뜻이 아니다. 성령께서는 성경 여러 곳에서 자신에 관하여 말씀해 주셨다. 그러나 그는 독자적으로, 즉 아버지 그리고 아들과 **무관하게** 말씀하지 않으셨다. 아들이 아버지로부터 독립하여 행동하러 오심이 아니라 그의 아버지를 섬기기 위해 오셨듯이, 성령도 아들을 섬기기 위해 여기 계신다. 이 구절은 성령의 사역상의 위치를 가리키고 있는 것이다.

"내가 아무 것도 스스로 할 수 없노라 듣는 대로 심판하노니 나는 나의 뜻대로 하려 하지 않고 나를 보내신 이의 뜻대로 하려 하므로 내 심판은 의로우니라"(요 5:30). "내가 너희에게 대하여 말하고 판단할 것이 많으나 나를 보내신 이가 참되시매 내가 그에게 들은 그것을 세상에 말하노라"(요 8:26). "인간의 구원이라는 위대한 계획 안에서의 아들과 성령의 경륜적 종속관계에 대한 교리를 알지 못하는 사람 모두에게, 아들과 성령에 관한 이러한 말씀들은 그들이 지닌 최고의 신성과 모순되는 것처럼 보일 것이다. **본질적으로** 아들과 성령은 아버지와 동등하다. 왜냐하면 그들은 그와 하나이기 때문이다. 그런데 **경륜적으로**는 아버지가 아들과 성령보다 크시다. 그가 그들을 **보내시기** 때문이다. 그리고 아들은 성령보다 크시다. 그가 성령을 보내시기 때문이다. 이러한 차이점을 이해하지 못하면, 우리는 성경을 해석할 수도 없고 구원의 도에 대해서도 명확한 개념을 지닐 수 없다. 성령은 아들처럼 그를 임명하신 분께 충실하실 것이다. 성령은 사도들에게 말하면서 그리고 그들의 마음에 정보를 전달하면서, 그가 전하라고 명령받은 것을 더하지도, 덜하지도, 변형시키지도 않고 그대로 전달하실 것이다"(존 브라운).

"**오직 들은 것을 말하며**"(16:13). 이것은 "내가 내 아버지께 들은 것을 다 너희에게 알게 하였다"고 한 15:15의 말씀과 유사하다. 이것은 모든 선생들에게 참으로 엄중한 말씀이 아닐 수 없다! "성령께서 스스로 말하지 아니하고 오직 그가 아버지와 아들로부터 들은 것만을 말씀하신다면, 설교자들이여! 당신들이 어떻게 당신 자신에게서, 당신의 머리에서 또는 당신의 마음속에서 끄집어 낸 것으로 설교를 할 수 있겠는가?"(Gossner)

"**장래 일을 너희에게 알리시리라**"(16:13). 요한복음에 나타난 이 부분과 함께 성령의 역사에 관하여 말하고 있는 몇몇 구절들로써 성령의 점진적인 순서를 주목해 보라. 14:26에서 주님은 성령께서 사도들에게 **과거**를 생각나게 하시리라고 말씀하셨다. "보혜사 곧 아버지께서 내 이름으로 보내실 성령 그가 너희에게 모든 것을 가르치시고 **내가 너희에게 말한 모든 것을 생각나게 하시리라.**" 15:26을 통해서는 성령께서 그리스도의 **현재의** 영광을 증언하시리라고 하셨다. 그리고 여기 16:13에서는 성령께서 그들에게 **장래** 일을 알리시리라고 약속하고 계신다. 서신서에는 성령께서 해주신 예언들이 우리가 보통 생각하는 것보다 훨씬 많이 기록되어 있다. 그러나 여기에서의 그리스도의 말씀이 주로 계시록을 가리키고 있음이 분명하다. 계시록의 서두에는 "예수 그리스도의 계시라 이는 하나님이 그에게 주사 반드시 속히 될 일을 그 종들에게 보이시려고"라고 기록되어 있다. 그것은 **예수 그리스도의** 계시이다. 이는 그가 그 계시의 주요 주제이자 그 대상이 되기 때문이다. 그러나 그 계시는 성령께서 해 **주시는** 것이므로 말씀에 "귀 있는 자는 **성령이** 교회들에게 **하시는 말씀**을 들을 지어다"라고 일곱 번이나 반복되어 있다. 그러므로 그것이 과거 일이든 현재 일이든 또는 장래 일이든 성령의 증언의 큰 중심이 되는 것은 바로 그리스도이시다.

"그가 내 영광을 나타내리니 내 것을 가지고 너희에게 알리시겠음이라"(16:14). 이것이 바로 성령께서 이루실 가장 중요한 목적이다. 즉 그것이 진리를 계시하는 것이든, 그가 들은 것을 말하는 것이든 혹은 장래 일을 알리는 것이든 그가 이루실 가장 큰 목적은 **그리스도의 영광을 나타내는 것**이다. 신적 진리의 중심이자 주춧돌이 되는 것은 바로 예수 그리스도의 얼굴에 있는 하나님의 영광을 아는 빛(고후 4:6)이다. 바로 **이것이** 성령의 자리를 넘보는 모든 거짓말하는 영을 시험할 수 있는 극히 중요한 것이 된다. 즉 합리주의, 의식주의, 광신, 철학, 그리고 과학이라고 잘못 불리는 것, 이 모두는 그리스도를 **모욕**하지만 성령께서는 언제나 그를 **크게 나타내** 보이신다(필자가 깨닫고 있는 바로는). 성령께서 서신서들을 통하여 **아버지**에 관한 것을 우리에게 말씀해 주신 것은 모두 주 예수께서 이미 그 스스로 혹은 성령을 통하여 계시하셨던 것인 반면, 성령께서 아들에 관해 우리에게 말씀하셨던 많은 것들은 예수께서 그가 낮아지셨던 때에 말씀하지 않으셨던 것으로 주목해 볼 만한 것이다.

"그가 내 영광을 나타내리니 내 것을 가지고 너희에게 알리시겠음이라." 신자들에게 하나님의 귀중한 일들을 계시하시는 성령의 복된 역사는 고린도전서 2장에 두드러지게 나타나 있다. "하나님이 자기를 사랑하는 자들을 위하여 예비하신 모든 것은 눈으로 보지 못하고 귀로 듣지 못하고 사람의 마음으로 생각하지도 못하였다"(9절). 이 말씀은 이사야 64장의 말씀을 인용한 것인데, 대부분의 그리스도인들이 이 말씀만을 인용하는 데 그치고 있다. 그러나 바로 그 다음 구절에도 주의를 기울여 보아야 한다. "오직 하나님이 **성령으로** 이것을 우리에게 **보이셨으니** 성령은 모든 것 곧 하나님의 깊은 것까지도 통달하시느니라."

"무릇 아버지께 있는 것은 다 내 것이라"(16:15). 이것은 참으로 복된 말씀이다. 즉 주 예수께서는 **아버지**의 영광을 생각지 아니하고 자신의 영광만을 말씀하시고자 하지 않았다. 이것은 "내 것은 다 아버지의 것이요 아버지의 것은 내 것이온데"라고 한 17:10의 말씀과도 매우 비슷하다. "그래서 여기서 우리는 신성의 세 위격이 하나 되심의 토대 안에서 주고받는 복된 사랑의 끈을 엿볼 수 있다. 아버지께서는 영원 전부터 아들에게 생명과 만물이 그 안에 있도록 해주셨다. 이렇듯 아버지께 부성이 있듯이, 아버지를 계시하는 분은 언제나 아들이시다. 그리고 아들은 다시 만물을 아버지께 드리며, 자기 백성 가운데에서 영화로워지심으로 아버지를 영예롭고 영화롭게 하신다. 이것은 성령을 통해서도 그렇게 된다. 성령은 이 연합 안에서 동등한 권리를 갖고 아버지와 아들의 충만하심으로부터 그가 그의 말씀 속에서 생생하게 제공하시는 모든 것을 취하신다"(Stier). "내 것을 가지고"(take)라는 말씀은 앞 구절에서처럼 "내 것을 가지고"(받아서, receive)라고 해야 한다. 그렇지 않으면 이 구절의 "그러므로"라는 말이 아무 의미가 없게 될 것이다. 헬라어로는 이 두 구절에 똑같은 단어가 사용되어 있음을 볼 수 있다.

"**조금 있으면 너희가 나를 보지 못하겠고 또 조금 있으면 나를 보리라 [내가 아버지께로 가기 때문이라]** 하시니"(16:16). 앞의 여러 구절을 통하여 그리스도께서는 고상한 주제를 다루셨으나 이제는 사도들에게 필요한 수준으로 내려서 말씀하신다. 주님은 괴로워하는 제자들의 마음에 위로의 말씀을 하심으로써 그들의 연약함을 살피셨다. 이렇듯 신성의 삼위 중의 한 분으로서 그 높은 곳에서, 주님은 그의 제자들의 슬픔과 기쁨을 살피시기까지 낮아지셨다. "조금 있으면 너희가 나를 보지 못하겠고 또 조금 있으면 나를 보리라." 그러면 구세주께서는 어떤 뜻으로 이 말씀을 하신 것인가? 주님의 이 비밀스런 말씀은 다음 구절로 보아 알 수 있듯이 이 말을 먼저 들은 자들을 어리둥절하게 하였을 뿐이다. 우리는 이 말씀을 해석할 때에 그리스도 자신이 이 말씀을 **비유로** 한 것이라고 말씀하셨다는(16:25) 이 점을 기억해 두어야 한다. 그러면 주님께서 여기서 하신 말씀의 의미를 살펴보기 전에 먼저 그가 이렇게 수수께끼처럼 말씀하신 목적에 대하여 생각해 보기로 하자.

주님은 제자들에게 앞서 "지금 인자가 영광을 받았고 하나님도 인자로 말미암아 영광을 받으셨도다 … 작은 자들아 내가 아직 **잠시** 너희와 함께 있겠노라 너희가 나를 찾을 것이나 일찍이 내가 유대인들에게 너희는 내가 가는 곳에 올 수 없다고 말한 것과 같이 지금 너희에게도 이르노라"(13:31, 33)고 말씀하셨었다. 그러나 그들은 주님의 말씀을 이해하지 못하였음이 분명하다. "시몬 베드로가 이르되 주여 **어디로** 가시나이까"(13:36). 주님은 "내가 너희를 위하여 거처를 예비하러 가노니 … 내가 어디로 가는지 그 길을 너희가 아느니라"(14:2, 4)고 말씀하셨다. 그러나 도마는 "주여 주께서 **어디로 가시는지 우리가 알지 못하거늘** 그 길을 어찌 알겠사옵나이까"(14:5) 라고 대답하였다. 이에 주님은 "조금 있으면 세상은 다시 나를 보지 못할 것이로되" (14:19)라고 말씀하셨다. 그러나 그들은 이 말씀에 아무런 반응도 보이지 않았다. 그 래서 주님은 다시 "지금 내가 나를 보내신 이에게로 가는데 너희 중에서 나더러 어디 로 가는지 묻는 자가 없고"(16:5)라고 말씀하셨다. 이제 주님은 제자들이 슬픔으로 마비되어 있는 상태에서 **깨어나게** 하고 그들의 마음에 한층 더 깊은 인상을 심어주 기 위해서, 그가 이전에 말씀하셨던 것을 비유의 형태로 되풀이하신다. 다음 구절을 보면 주님의 이러한 생각이 적중하였음을 알 수 있다. 그러나 주님이 이 말씀을 하신 데에는 더욱 깊은 이유가 있었다고 생각한다. 즉 주님은 그들이 장차 시련을 겪을 때 이 말씀이 그들에게 위로가 되기를 바라신 것이었다. 후에 그들이 이 말씀을 기억할 때, 그들은 이 말씀의 첫 부분이 이루어졌다는 것을 깨닫게 될 것이다. 다시 말해, 주 님의 이 말씀 후 "조금"이 지나 그들은 그를 보지 못하였다는 것을 깨닫게 될 것이 다. 그리고 그들은 또 "조금"이 지나면 그를 다시 보게 **되리라**는 확실한 소망을 품고 기뻐할 수 있을 것이다.

"조금 있으면 너희가 나를 보지 못하겠고 또 조금 있으면 나를 보리라." 두 시간도 못되어 주님은 동산에서 붙잡히셨고, 그곳으로부터 사도들은 그들의 선생을 보지 못 하게 되었다. 베드로와 요한도 주님을 겨우 조금 더 보았을 뿐이다. 그들은 주님을 실제 시야에서 보지 못하였을 뿐만 아니라, **영적으로도** 주님을 보지 못하게 된 것이 다. 그들은 믿음을 잃어버렸다. 엠마오로 가는 두 제자들의 이야기는 당시 주님을 따 르던 자들이 공통적으로 어떤 생각을 품고 있었는가를 알 수 있게 한다. "우리는 이 사람이 이스라엘을 속량할 자라고 바랐노라"(눅 24:21). 그들이 주님의 부활 소식을 처음 들었을 때 믿지 아니하였다는 사실은(막 16:11, 13) 그들의 마음 상태를 나타내 준다. 그들은 의심이라는 어둠 가운데 있었으므로 믿음의 눈으로 **그리스도를** 볼 수 없었다. 그러나 그들이 실제 눈으로 그리고 영적으로 주님을 보지 못했던 상태는 오 래 지속되지 않았다. "조금" 지난 후, 곧 겨우 사흘 만에, 주님이 그들에게 다시 나타 나셨고, 다시 "조금"이 지나 주님은 그들의 눈앞에서 사라지셨다. 그러나 그 이후 그 들에게는 그들의 주님이자 하나님이신 분을 영적으로 보지 못하게 되는 일은 결코 없었다.

앞에서 설명한 내용이 주님의 말씀이 가리키는 우선적인 내용이긴 하지만, 여기에

는 더욱 깊은 의미, 즉 그리스도인들 전체에서 적용되는 의미가 담겨 있으리라는데
에는 의심할 여지가 없다. "그리스도 자신에게는 사망에서 생명에로의 뚫고 지나감
이 있었듯이, 제자들에게는 그들을 깊이 잠기게 하는 **슬픔에서 기쁨에로의 근본적인
변화**가 있었다. 이것은 단순히 인간의 자녀들이 겪는, 경험의 변화에 따라 겪게 되는
슬픔과 기쁨이 결코 아니다. 이것은 성령께서 그들에게 완성하신 본질적이고 내적인
과정의 중간적인 표현이다. 그러나 이것은 만물의 종말에까지 변함없이 진행되는 과
정인 것이다. 이처럼 주님의 십자가에 못 박히심과 그의 부활 사이에, **제자들이 겪는
슬픔에서 기쁨에로의 행로**가 그들에게 이미 하나의 예비적이요 상징(모형)적인 일
이 되었듯이, 우리에게도 하나의 **상징**(모형)이 된다. 그것은 **장차 주님의 제자가 되
는 모든 이들**도 역시 겪어야 할 것, 즉 그들을 세상과 완전히 구별지어 주는 경건한
슬픔으로부터 그리스도 예수 안에 있는 믿음과 생명의 기쁨에로의 경험의 변화를 나
타내 주는 상징이 된다"(Stier).

　"조금 있으면 너희가 나를 보지 못하겠고 또 조금 있으면 나를 보리라." "또"라는
말 다음에 쉼표를 넣는 것은 잘못이라고 생각된다. 왜냐하면 여기에서 두 번 나오는
"조금 있으면"이라는 말 사이에는 분명한 단절이 있는 것으로 생각되기 때문이다.
"조금 있으면 너희가 나를 보지 못하겠고"라는 말씀은 첫째로, 주님의 죽음과 부활
사이의 시간을 가리키고 "**또** 조금 있으면 나를 보리라"는 말씀은 우선, 주님이 부활
하신 후 성취된다. 그러나 이 말씀은 좀 더 깊은 의미에서 '너희가 나를 더욱 친밀하
고 **영적인** 의미에서 보리라'는 뜻을 지닌다. 주님이 승천하신 후 겨우 열흘이 지나
서, 그들은 성령의 도우심으로, 이전보다도 새롭고, 깊고, 완전한 방법으로 주님을 **보
았다.** 이 말씀에는 더욱 광범위하게 적용되는 한층 더 깊은 의미가 또한 담겨 있다.
"또 조금 있으면." 이 말씀을 히브리서 10:37의 말씀과 비교해 보라. "잠시 잠깐 후면
오실 이가 오시리니 지체하지 아니하시리라." 그리스도께서 지금 하나님의 우편에
앉아 계신 기간이 지난 후에 신자들은 있는 그대로의 그를 **보고** 그와 영원히 함께 있
을 것이다.

　"내가 아버지께로 가기 때문이라." 주님은 제자들이 "조금 있으면" 그를 보게 되
는 이유로서 이 말씀을 하신 것이다. 주님이 아버지께로 가실 때에는 **특별한** 자격으
로 가신다는 것을 기억해야 한다. 주님은 그에게 주어진 일을 영광스럽게 완성하신
분으로서, 그러므로 그는 풍성한 상급을 받을 자격이 있는 자로서 아버지께로 가는
것이다. 이 상급은 그에게 개인적으로 주어질 뿐만 아니라 그가 자신을 주고 사신 백

성들에게도 주어진다. 그러므로 그가 아버지께로 간다는 사실은 그 백성들에게 성령을 보내실 것임을 보장해 주는 것이다(행 2:33). 또한 그 백성들은 성령으로 말미암아 그를 "볼" 수 있게 되는 것이며(히 2:9), 주님이 영광을 입으셔야 그가 자신을 우리에게 **영적으로** 나타내실 수 있는 수단이 제공되는 것이다. 더욱이 주님이 이러한 자격으로 아버지께로 가셨기 때문에 곧 다시 오셔서 우리를 그에게로 영접하실 것이다(요 14:23). 그리고 그때 우리는 더 이상 그를 거울을 통하여 보는 것처럼 희미하게 보지 않을 것이다. **그가** 아버지께로 간다는 것은 그가 **우리를** 아버지의 집으로 인도해 가실 만한 자격이 있다는 사실과 그에 적합한 분이심을 나타내준다!

"제자 중에서 서로 말하되 우리에게 말씀하신 바 조금 있으면 나를 보지 못하겠고 또 조금 있으면 나를 보리라 하시며 또 내가 아버지께로 감이라 하신 것이 무슨 말씀이냐 하고"(16:17). 주님의 말씀은 제자들에게 이상하게 들렸고, 그들 중의 몇 사람은 외관상 역설처럼 보이는, 그가 그들을 보리라는 것과 또 그를 보지 못하리라는 이 말씀에 대하여 서로 묻기 시작하였다. 이것은 말 자체로서도 서로 모순되게 들렸을 것이다. 그리고 주님이 아버지께로 가리라고 하신 말씀조차 그들로서는 분명히 이해할 수 없는 것이었다. 그들은 메시야가 지상에 **머무르실 것으로** 생각하였다(12:34). 그렇기 때문에 그들로서는 주님이 그들을 떠나 아버지께로 돌아간다는 것을 생각할 수 없었던 것이다. 그러나 그들은 그렇게 생각**했어야** 했다. 시편 68:8; 110:1의 말씀을 보라. 그들은 성경 말씀을 몰랐기 때문에 이처럼 잘못 생각한 것이다. 그 결과 그들은 여기에서처럼 당황하게 된 것이다. 또한 이것은, 우리가 성경을 읽을 때 발견하게 되는 **난해점**들이 우리 스스로 만들어 낸 것이라는, 우리의 선입견과 편견 때문에 빚어진 것이라는 사실을 아주 강력하게 뒷받침해 준다.

"또 말하되 조금 있으면이라 하신 말씀이 무슨 말씀이냐 무엇을 말씀하시는지 알지 못하노라 하거늘"(16:18). 이것은 주님께서 방금 전에 말씀하신 것에 대해 조용히 토론하고 있었던 (앞 구절에서 언급한) 제자 몇 사람에게 다른 제자들이 대답한 것임이 분명하다. 첫 번째 무리는 주님의 말씀으로 인하여 완전히 당황하고 있었는데 반하여, 두 번째 무리는 주로 "조금 있으면" 이라는 말의 뜻을 알려 하고 있었다. 그들은 16:9에 나타난 바대로 그리스도께 묻고 "싶어했다." 그러나 그렇게 하기를 꺼렸다. 때때로, **우리도 이처럼 빛을 구하는** 일에 있어서 아주 능장을 부리지 않는가! "너희가 얻지 못함은 **구하지** 아니하기 때문이요"(약 4:2). 하나님은 우리가 빨리 읽거나 별로 주의를 기울이지 않고 읽으면 의미를 알 수 없는 말씀을 일부러 많이 기록해 놓으셨다. 하나님께서 그렇게 하신 것은 우리를 훈련시키시고, 무릎을 꿇고 "내 눈을 열어서 주의 율법에서 놀라운 것을 보게 하소서"(시 119:18)라고 부르짖으며, "내가 깨닫지 못하는 것을 내게 가르치소서"(욥 34:32)라고 기도하게 하시기 위함이다.

"예수께서 그 묻고자 함을 아시고 이르시되 내 말이 조금 있으면 나를 보지 못하겠고 또 조금 있으면 나를 보리라 하므로 서로 문의하느냐"(16:19). "제자들의 묻고 싶어하는 궁금증이 직접 주님께 질문함으로써 해소되지 못한 것은 이상하게 생각될 수 있다. 왜냐하면 분명히 그들은 주님과 아주 오랫동안 함께 지냈고 또 그들은 주님이 '온유하고 마음이 겸손' 하시며, 그들이 알고자 하는 것보다 언제나 더 많은 교훈을 주려고 하시는 분임을 충분히 알고 있었을 것이다. 그러나 실상, 이 경우에 있어서 그들은 그들이 얻고자 하는 정보를 주님께 구하기를 부끄러워했고 또 두려워했던 것으로 보인다. 그들이 부끄러워했다는 것은 그들의 선생이 그처럼 자주 그들에게 말씀하신 문제에 대하여 그들이 무지하다는 것을 인정하기가 부끄러웠다는 뜻이고, 또 두려워했다는 것은, 그렇게 질문함으로써 주님으로부터 충실하나 온화한 책망을 받지나 않을까 하는 두려움이 있었다는 뜻이다. 이전에 주님께서 하신 말씀에 대하여 '제자들은 이 말씀을 깨닫지 못하고 묻기도 두려워하더라'(막 9:32)고 한 상황이 지금 제자들을 당혹하게 한 이 경우에도 적용되는 것 같다"(존 브라운).

"주님께서 그들이 묻고 싶어했던 질문에 대하여 직접적으로 대답해 주시지 않았다는 사실에 주목해야 한다. 주님은 그들이 궁금해하는 점에 관하여 더 말씀해 주지 않으셨다. 제자들을 어리둥절하게 하였던 점은 주님이 빨리 돌아오시겠다고 약속하신 말씀이었다. 그들은 주님을 잃게 될 것에 대하여 어느 정도 마음의 준비를 하고 있었으며, 분명하지 못하고 모호하게라도 주님에 대하여 그들이 두려워하였던 이러한 최악의 상황이 벌어지려 하고 있다는 눈치를 채고 있었다. 그러나 정말 그 일이 일어난다면 주님께서 빨리 돌아오시겠다고 이렇게 말씀하시는 것은 도대체 무슨 뜻이란 말인가? 주님이 분명 죽으신다면 어떻게 조금 있으면 이라고 말할 수 있단 말인가? 그들은 죽은 자 가운데서 살아난다는 것이 무엇을 의미하는지 그에 관한 성경 말씀을 알지 못하였다. 그들의 머리는 혼돈에 빠졌고 그들의 마음은 슬픔으로 가득했다. 그래서 주님은 그들이 묻고 싶어한 질문에 직접적인 대답은 아니하시면서, 그들이 궁금해했던 시간문제를 강조하셨다. 주님은 이제 그들의 궁금증을 풀어주기보다는 오히려 그들에게 다가올 밝은 날에 대한 일반적인 전망을 보여주고자 하신다. 즉 그들의 슬픔은 **기쁨**으로 바뀔 것이며, 슬픔의 기간은 짧고, 기쁨은 지속되리라는 것이다. **전자**는 잠깐이지만 **후자**는 영원하다는 것을 말씀해 주셨다" (George Brown).

주님은 우리가 그에게 기도하려 할 때 우리에게 무엇이 필요한지를 먼저 아신다. 그분 앞에서는 모든 것이, 우리의 마음까지도 다 드러나 있다! 주님은 그의 제자들이 구하면서 반신반의하지 않도록 확실히 말씀해 주신다. "그들이 부르기 전에 내가 응답하겠고 그들이 말을 마치기 전에 내가 들을 것이며" (사 65:24). 예수께서 여기에서 그가 조금 전에 말씀하신 것을 **되풀이** 말씀하신 데에는 매우 인상적인 의미가 있다. 주님은 이 말씀이 그들의 마음 가운데 깊이 새겨지기를 분명히 원하신 것이다. "조금 있으면" 이라는 말이 여기 네 구절에 **일곱** 번이나 언급되어 있다. 성령께서는 우리의 지상에서의 순례가 얼마나 **짧은** 것인가를 우리에게 알게 하여 주실 것이다! 그리고 주님께서는 여기에서 우리가 그가 돌아오시기를 날마다, 매시간 **고대**해야 한다는 복된 진리를 강조해 주신다.

"**내가 진실로 진실로 너희에게 이르노니 너희는 곡하고 애통하겠으나 세상은 기뻐하리라 너희는 근심하겠으나 너희 근심이 도리어 기쁨이 되리라**" (16:20). 혹자가 생각하듯이, 여기서 주제의 변화가 있는 것이 아니라, 주님은 제자들이 그를 보지 못**하였다가** 그를 다시 보게 되는 **결과**를 말씀하신 것이다. 여기에서는 주님이 16:16에서 하신 말씀의 **이중적** 의미, 즉 그 말씀이 사도들에게 직접 적용되는 것이고, 더 넓게는 모든 그리스도인들에게 적용되는 것임을 염두에 두어야 한다. 주님의 말씀에 제자들이 걱정을 하므로 그리스도께서 그의 죽으심으로 인해 그들이 먼저 애통해하리라는 것을 알려 주셨다. 그들은 언제나 위로하시던 분께서 돌아가심으로 말미암아 깊이 슬퍼하게 될 뿐만 아니라, 그 슬픔은, 세상이 겉으로 보기에 자신이 승리를 거두고 그가 참패당한 것으로 생각하고 기뻐함으로 더욱 깊어질 것이다. 그러나 잠시 후, 그들의 슬픔은 기쁨으로 바뀔 것이다.

이 예언은 훌륭하게 성취되었다. 구세주께서 무덤에서 승리를 거두신 소식을 전하러 막달라 마리아가 사도들에게 왔을 때, 그녀는 그들의 슬퍼하며 울고 있는 모습을 보았다 (막 16:10). 그리스도께서 엠마오로 가고 있는 두 제자들에게 가까이 가셔서 "너희가 길 가면서 서로 주고받고 하는 이야기가 무엇이냐?" 라고 물으셨을 때 "두 사람이 **슬픈** 빛을 띠고 머물러 섰다" (눅 24:17). 그들은 "너희는 곡하고 애통하리라" 하신 주님의 말씀을 그 사흘 동안 수없이 기억하였을 것이다. 이렇게 주님의 사랑하는 제자들이 깊은 슬픔에 빠져있을 때, 그들의 원수들은 기뻐하였다. 이것은 메시야의 예언적 탄식에도 엄숙하게 나타나 있다. "부당하게 나의 원수된 자가 나로 말미암아 기뻐하지 못하게 하시며 까닭 없이 나를 미워하는 자들이 서로 눈짓하지 못하게 하소서"(시 35:19). 그러나 본 구절에 나타난 그리스도의 말씀은 지상에 있는 그의 **모든** 백성에게도 직접적으로 적용된다. "슬픔"은 그들의 몫이기도 하다. 그렇지 않다면 이 땅에서 사람들로부터 저버림을 당하며 질고를 아는 분과 어찌 이들이 **같게 여겨질** 수 있겠는가! 사람들이 하나님께 품은 두려운 적개심, 세상의 그의 사랑하는 아들을 대우하는 변함없는 방법, 주님을 모욕하는 많은 거짓 선지자들, 구세주 그분이 이 땅에 계시지 않다는 것, 그리고 우리와 같은 피조물들의 파멸을 향하여 경솔히 줄달음치는 광경, 이러한 것들은 그리스도인들이 "곡하고 애통"해하기에 족한 것들이다. 우리 자신의 실패 그리고 이에 덧붙여 우리 눈에 쉽게 띄는 우리 형제들의 실패를 생각하면, 우리는 "우리까지도 속으로 **탄식하여** 양자 될 것 곧 우리 몸의 속량을 기다리느니라"(롬 8:23)는 사도 바울의 말이 무슨 뜻인지 즉시 깨달을 수 있을 것이다.

"너희 근심이 도리어 기쁨이 되리라"(16:20). 부활하신 구세주를 본 여자들은 "무서움**과 큰 기쁨**으로" 무덤을 떠나 제자들에게 기쁜 소식을 알리려고 달음질하였다(마 28:8). 주님 자신이 그들에게 나타나셨을 때에는 "제자들이 주를 보고 **기뻐**하더라"(요 20:20)고 기록되어 있다. 또 주님이 하늘로 승천하실 때에는 "그들이 [그에게] 경배하고 **큰 기쁨**으로 예루살렘에 돌아갔다"(눅 24:52). 그러나 여기에서 주님이 단어를 아주 세심하게 구별하여 사용하고 계심에 주목해 보라. 주님은 그들의 슬픔이 기쁨에게 **자리를 내어줄** 뿐 아니라 슬픔이 "기쁨이 되리라"고 말씀하셨다. 그들의 슬픔이 이제는 기쁨이 된 것이다! 그들을 슬프게 하였던 **원인**인 그리스도의 죽음은 이제 그들을 기쁘게 하는 **근거**와 **이유**가 된다! 슬픔은 기쁨으로 대치되었을 뿐만 아니라 물이 포도주로 변한 것처럼 기쁨으로 변화하였다! 그리스도의 십자가는 그의 백성들에게 영원한 위로를 줌으로써 영화롭게 되었다. 그러면 이렇게 만드는 것은 **누구**인가? 다름 아닌 성령이시다. 그가 우리에게 구세주의 죽음을 그렇게 해석해 주셨으므로 이제 우리는 "내게는 우리 주 예수 그리스도의 십자가 외에 결코 자랑할 것이 없으니"(갈 6:14)라고 부르짖게 되었다. 그러므로 필자가 이 장의 제목을 '그리스도를 영화롭게 하시는 성령'이라 붙인 것은 여기에서도 적절하게 적용됨을 알 수 있다.

"너희 근심이 도리어 기쁨이 되리라"는 그리스도의 심오하고 완전하신 말씀은 그리스도께서 우리를 그에게로 영접하시기 위해 오실 때, 최종적으로 그의 온 백성들에게 성취될 것이다. 이것이 이 말씀이 지니는 궁극적인 의미이다. 저녁에는 울음이 기숙할지라도 아침이면 기쁨이 찾아올 것이다. 그리고 이 경우에 있어서 **우리의** "**근심**"이 "**기쁨이 되리라**"는 주님의 말씀이 얼마나 정확한지를 알 수 있다. 지금의 우리의 탄식은 우리로 하여금 장차의 기쁨을 더해 줄 뿐이다. "우리가 잠시 받는 환난의 경한 것이 지극히 크고 영원한 영광의 중한 것을 우리에게 이루게 함이니"(고후 4:17). 그러나 불신자들의 경우는 이것과 아주 두려운 대조를 이룬다. "화 있을진저 너희 지금 **웃는** 자여 너희가 애통하며 **울리로다**"(눅 6:25)

　"**여자가 해산하게 되면 그 때가 이르렀으므로 근심하나 아기를 낳으면 세상에 사람 난 기쁨으로 말미암아 그 고통을 다시 기억하지 아니하느니라**"(16:21). 이 구절은 분명하고 단순한 것처럼 보이지만, 실상은 아무도 완전히 이해하지 못한 깊고 풍부한 뜻이 담겨 있다고 생각된다. 무엇보다도, 이것과 다음의 몇 구절의 말씀이 이중으로 대구를 이루고 있음을 확실히 알 수 있다. 즉 "조금 있으면 너희가 나를 보지 못하겠고"(16:16), "너희는 곡하고 애통하겠으나 세상은 기뻐하리라 너희는 근심하겠으나"(16:20), "여자가 해산하게 되면 그 때가 이르렀으므로 근심하나"(16:21). 이것들은 모두 똑같은 일, 똑같은 기간의 시간, 똑같은 체험을 가리키고 있다. "또 조금 있으면 나를 보리라"(16:16), "너희 근심이 도리어 기쁨이 되리라"(16:20), "아기를 낳으면 세상에 사람 난 기쁨으로 말미암아 그 고통을 다시 기억하지 아니하느니라"(16:21) 등의 말씀도 마찬가지이다. 여기 21절의 말씀은 그리스도께서 앞의 구절들에서 말씀하신 것을 **반복**한 것이기는 하지만 **비유적인** 말로써 표현된 것이다. 주님은 슬픔이 기쁨으로 되는 여러 실례 가운데에서 우리들에게 가장 익숙한 것을 **예로 들어** 설명하신다. 우리의 고통을 묘사하기 위하여 여기서 사용된 비유의 의미를 생각해 보면, 우리의 고통이 필연적이라는 것, 그것이 가혹하다는 것, 그것이 잠시 동안 지속된다는 것, 그리고 그것은 기쁨보다 앞서며, 그것의 결과로 기쁨이 온다는 것을 알 수 있다. 이 말씀의 표면적인 의미는 대단히 명백한 것처럼 보인다. 그러나 구세주께서 여기서 사용하신 비유는 그가 앞 절에서 문자로만 표현한 것보다 훨씬 깊은 의미를 내포하고 있다.

　우리는 볼 수 있는 눈과 받아들일 수 있는 마음만 있다면 자연계로부터도 상징적인 많은 내용을 배울 수 있다. 하나님께서는 지혜롭고 은혜롭게도 어머니의 고통을 그 고통의 열매에 대한 기쁨으로 보상받게 하셨다. 그리고 이것은 창조주께서 그의 손으로 자연계에 기록하신 상징적인 예언으로서 새로운 사람으로서의 탄생을 나타내 준다. 이 탄생에도 역시 성령과, 그가 낳아주시는 자 모두에게 고통이 먼저 있어야 한다. 그러나 여기에서 진통은 기쁨으로 바뀐다. 그리스도인의 생활에 있어서도 이와 똑같은 과정이 반복되며, 당하는 고통은 부활의 기쁨의 전조가 된다. 우리에게도 역시 면류관을 얻으려면 **십자가**가 먼저 있어야 한다. 우리가 그리스도의 영광을 함께 나누려면 먼저 그의 고통에 **참여**해야 한다(롬 8:17). 이것은 주님이 여기서 "**그때**가 이르렀으므로"라고 하신 말씀에 분명히 함축되어 있다. 이 말씀은 주님이, 그 **자신**이 받으실 "고통"과 관련하여 자주 말씀하셨던 것과 똑같은 표현이다. 성령께서도 이 현재의 삶이 미래의 삶의 예표가 되는 관계를 설명하기 위하여, 이 진통을 겪는 여자에 관한 비유를 사용하셨다. 로마서 8:12, 19, 22, 23을 보라.

그리스도의 이 말씀은 믿기 어려울 정도로 완전하다. 이 말씀은 사도들의 경험을 통하여 그리고 우리가 중생했을 때 성취되었을 뿐만 아니라, 우리가 그리스도인으로서의 생활을 해가는 중에도 성취될 것이다.

"**지금은 너희가 근심하나 내가 다시 너희를 보리니 너희 마음이 기쁠 것이요 너희 기쁨을 빼앗을 자가 없으리라**"(16:22). 이 구절에 대하여 길게 설명할 필요는 거의 없다고 생각된다. 이 구절에서 주님은 그가 16:15 이후 말씀해 오신 모든 내용을 간략히 요약하신다. 앞의 구절들과 마찬가지로 이 구절 또한 여러모로 적용된다. 직접적으로 사도들의 경우에 적용된다. 그들은 잠깐 동안 그들의 선생이 죽으시고 그들 중에 계시지 않음으로 말미암아 슬퍼하였다. 그러나 이 슬픔은 그의 부활과 승천으로 말미암아 기쁨으로 변하였다. 또한 "빼앗을 자가 없으리라"는 말씀이 보여주듯이, 그들의 기쁨이 **영원**하다는 것이 성령이 오심으로써 보장되었다. 이러한 주님의 말씀은 그의 백성 전체에게도 적용되는 것이다. 그러므로 혹자가 말하였듯이 "수난과 오순절 사이의 주님의 첫 제자들의 상태는, 그가 아버지께로 떠나셔서 마지막으로 돌아오실 때까지의 그 전체적인 시간에서의 주님의 교회의 상태를 상징해 준다"(Stier).

다음 질문들은 요한복음 16장의 종결 부분을 공부하려는 독자들에게 도움을 주기 위한 것들이다.

1. 어떤 "날"을 말하는가?(23절)
2. "아무 것도 구하지 아니하였다"라는 말씀은 무엇을 의미하는가?(23절)
3. 24절 상반절의 의미는 무엇인가?

4. 그리스도께서 그들에게 "밝히" 이르신 것은 언제인가?(25절)

5. 26절의 의미는 무엇인가?

6. 제자들은 지금 그리스도를 정말로 이해하였는가?(29절)

7. 그리스도께서는 어떤 의미에서 "세상을 이기"셨는가?(33절)

제56장

그리스도의 마지막 위로

²³그 날에는 너희가 아무 것도 내게 묻지 아니하리라 내가 진실로 진실로 너희에게 이르노니 너희가 무엇이든지 아버지께 구하는 것을 내 이름으로 주시리라 ²⁴지금까지는 너희가 내 이름으로 아무 것도 구하지 아니하였으나 구하라 그리하면 받으리니 너희 기쁨이 충만하리라 [내가 세상을 이기었다] ²⁵이것을 비유로 너희에게 일렀거니와 때가 이르면 다시는 비유로 너희에게 이르지 않고 아버지에 대한 것을 밝히 이르리라 ²⁶그 날에 너희가 내 이름으로 구할 것이요 내가 너희를 위하여 아버지께 구하겠다 하는 말이 아니니 ²⁷이는 너희가 나를 사랑하고 또 내가 하나님께로부터 온 줄 믿었으므로 아버지께서 친히 너희를 사랑하심이라 ²⁸내가 아버지에게서 나와 세상에 왔고 다시 세상을 떠나 아버지께로 가노라 하시니 ²⁹제자들이 말하되 지금은 밝히 말씀하시고 아무 비유로도 하지 아니하시니 ³⁰우리가 지금에야 주께서 모든 것을 아시고 또 사람의 물음을 기다리시지 않는 줄 아나이다 이로써 하나님께로부터 나오심을 우리가 믿사옵나이다 ³¹예수께서 대답하시되 이제는 너희가 믿느냐 ³²보라 너희가 다 각각 제 곳으로 흩어지고 나를 혼자 둘 때가 오나니 벌써 왔도다 그러나 내가 혼자 있는 것이 아니라 아버지께서 나와 함께 계시느니라 ³³이것을 너희에게 이르는 것은 너희로 내 안에서 평안을 누리게 하려 함이라 세상에서는 너희가 환난을 당하나 담대하라 내가 세상을 이기었노라(요 16:23-33)

요한복음 16장의 마지막 부분을 분석해 보면 아래와 같다.

1. 그리스도의 이름으로 아버지께 구하는 것(23, 24절)
2. 아버지에 대한 것을 밝히 알려 주시리라는 그리스도의 약속(25절)

3. 아버지께서 그들을 사랑하신다는 것을 알려 주심(26-28절)

4. 사도들의 신앙 고백(29, 30절)

5. 사도들의 믿음에 대한 그리스도의 도전(31절)

6. 그리스도의 엄숙한 예언(32절)

7. 그리스도의 위로에 넘치는 확신(33절)

본문은 우리 주님의 유월절 설교의 종결 부분이다. 이 강해를 진행시켜 오는 동안 필자가 각 장(章)에서, 또 각 구절에서 느낀 경이감을 독자들도 공감하였으리라고 믿는 바이다. 그리스도의 이 설교는 진정 놀라운 것이다. 그것은 독보적인 것이다. 왜냐하면 사복음서 중 이와 같은 설교는 하나도 없기 때문이다. 여기에서 구세주께서는 제자들하고만 계신다. 그리고 지극히 복되게도 그는 그들에 대한 온유하신 사랑을 드러내 주신다. 여기에서 그는 자기들의 희망을 유대교에서 실현시키고자 하는 자들에게 말씀하지 아니하신다. 그는 **그리스도인의** 지위와 분깃, 특권과 책임에 대하여 말씀하시고 있는데 그것은 서신서들에서 더 상세하게 다루실 것을 미리 말씀해 주신 것이다. 그의 말씀에는 우리가 제아무리 연구해도 다 섭렵할 수 없는 충만성과, 이 세상에서는 결코 완전하게 측정해 낼 수 없는 심오성이 깃들어 있다. 이제 각 구절을 지극히 성실하게 또 오랜 시간에 걸쳐 상세하게 연구해 보도록 하자.

요한복음 16장 마지막 구절들을 보면 주 예수께서는 그가 하늘로 가심으로써 얻게 되는 축복과 특권에 대하여 더 상세하게 제시하시고 있다. 또한 거기에서 그는 아버지께서 아들에게 주신 자들에 대한 아버지의 사랑을 선포하시고 있다. 첫째로, 그는 믿는 자들에게 그들이 아들의 존경스러운 이름으로 아버지께 구하는 것은 무엇이든지 아버지께서 들어 주시리라는 것을 보장해 주신다. 둘째로, 그는 그들에게 그들이 그렇게 구할 때 그들의 기쁨이 충만하리라고 말씀해 주신다. 셋째로, 그는 그가 더 이상 비유로 말씀하지 않으시고 아버지에 대한 것을 밝히 이를 때가 왔다고 선포하신다. 이것은 그들이 아들을 사랑한고로 아버지께서 그들을 사랑하시리라고 선포하신 후에 말씀하신 것이다. 그 다음으로, 그는 그들에게 자신이 아버지께로부터 이 세상에 오셨기 때문에 이제 이 세상을 떠나 아버지께로 돌아가리라는 것을 다시 한 번 상기시키신다. 이 말씀을 하신 후에 제자들은 그에 대한 그들의 믿음을 확고하게 고백하는데, 그것으로 인하여 잠시 그의 말씀이 중단된다. 여기에서 그는 그럼에도 불구하고 그들이 그를 버리리라는 엄숙한 경고를 하신다. 그 다음으로, 그는 "담대하라

내가 세상을 이기었노라"는 저 결코 잊어서는 안 되는 말씀으로 그의 이야기를 종결
지으신다. 우리가 본문을 고찰해 가는 동안 진리의 성령께서 꼭 필요한 인도를 해 주
시기를 기원한다.

   "그 날에는 너희가 아무 것도 내게 묻지 아니하리라"(16:23). 많은 주석가들은 이
짧은 문장에 대해서 풀리지 않는 어려움을 느껴 왔다. 여기에서 언급하고 있는 그
"날"이 언제인지와, "너희가 **아무 것도** 내게 **묻지 아니하리라**"는 말이 무슨 뜻인지
에 대해서는 견해의 차이가 크다. 그리스도께서는 여기에서 장래를 생각하시고 있는
데 그 점에 대해서는 논쟁의 여지가 없다. 그러나 얼마나 먼 장래를 염두에 두신 것
인지를 결정하는데 있어서가 많은 사람들이 어려움을 느끼고 있는 것이다. 그는 잠
시 동안 헤어졌다가 다시 만나게 될, 그가 부활하시는 날을 뜻하신 것일까? 그렇지
않으면 성령께서 그들에게 강림하셔서 능력을 부여해 주실 오순절을 의미하신 것일
까? 또는 기독교의 전 기간, 즉 "구원의 날"을 뜻하신 것일까? 아니면 많은 구약의 예
언서에서(사 2:11; 5:2; 11:10 등) 언급되고 있는 것과 같이 그의 공적인 현현의 날을
뜻하는 의미로 이 용어를 사용하신 것일까? 그렇지 않으면 이 세상 역사의 경계 너머
영원히 계속되는 완전한 "날", 즉 영광의 그 날을 내다보신 것일까? 유능한 주석가들
은 이 중 몇 개의 의미를 각각 옹호해 왔다. 그런데 우리 주님의 말씀의 심오한 충만
성을 감안해 볼 때, 우리는 이 대안들 중 어떤 하나만을 가리키신 것으로 제한하기에
는 주저되는 바가 있다. 아마 이들 중 몇 개를 결합시켜 말씀하신 것으로 보아야 타
당하리라 여겨진다.

   "그 날에는 너희가 아무 것도 내게 묻지 아니하리라." 그리스도께서의 이 말씀은
여기에서 처음 하신 것은 아니다. 14:20에서 우리는 그가 "그 날에는 내가 아버지 안
에, 너희가 내 안에, 내가 너희 안에 있는 것을 너희가 알리라"고 말씀하신 것을 발견
한다. 그러나 거기에서도 그는 어떤 특정한 한 가지를 가리켜 말씀을 하신 것이 아니
다. 독자가 그 구절에 대한 필자의 주석을 다시 본다면 그 날에 대하여 다음과 같은
의미로 설명해 놓은 것을 발견하게 될 것이다. 첫째로, 그것은 믿는 자들을 모든 진
리로 인도하시기 위하여 성령이 보내지실 그 날이다. 둘째로, 궁극적으로는 영광
의 그 날, 즉 그가 우리를 알고 계시듯 우리가 그를 알게 될 그 날이다. 우리는 여기
16:23의 "그 날"에 대해서도 이와 같이 해석해야 한다. 즉 좀 더 좁은 의미와 좀 더 넓
은 의미로, 그리고 좀 더 가까운 날과 좀 더 멀리에 있는 날로 적용시켜 해석해야 한
다.

"방금 지적한 내용과 직접 관련시켜 볼 때 우리는 현저하게 눈에 띄는 '그 날에는' 이라는 말에 지극히 큰 약속이 관련되어 있음을 발견하게 된다. 그래서 이 말의 의미에 신중하게 주목할 필요가 있다. 그것은 어떤 단독적인 **하루**를 가리키는 것이 아님이 분명하다. 그리고 그 말이 의미하는 때는 **부활의 날에 시작된다**는 것을 알 수 있다. 왜냐하면 우리 주님께서는 14:3 이래로 계속하여 항상 미래를 염두에 두고 계셨던 바, 그 미래는 그가 수난을 받으시고 죽으신 날 밤 이후, 부활의 아침부터 시작되었는데 부활하신 날은 바로 그 미래로 진입하는 중대한 전환점이었기 때문이다. 우리가 그 점을 올바르게 이해했다면 우리는 그 때가 부활의 날에 시작된다는 결론을 내리지 않을 수 없다. 그러나 우리가 16:20-22에 교회의 미래에 대한 포괄적인 관점이 들어 있다고 본 것이 틀림없는 것처럼 그것과 관계는 있으나 차원이 높아진 이 결론에 의거하여 우리는 주님의 그 말에 가장 광범위한 의미를 부여해야 한다. '그 날에는' 이라는 말을 가장 좁은 의미로 보자면 주님께서는 이런 뜻으로 말씀하신 것이다. 우선적으로 그것은 그가 처음 돌아오셔서 그들을 다시 보셨을 때 이미 상징적으로 시작되었던 성령의 시대의 전 기간을 가리킨다. 다음으로, 분명히 이 시대의 목적, 즉 그의 제자들 안에 성령의 충만하심이 완성되는 것을 가리킨다. 이 시대는 성령께서 그리스도의 것인 모든 것을 그의 백성들에게 드러내고 나누어 주실 때로서, 그 말이 가리키는 것은 바로 이것이었다. 이 말과 관련되어 있는 약속의 위대성을 감안해 볼 때 더욱 분명해진다. 그리고 그 약속의 목적이 실현될 때에야 비로소 그 약속은 완전히 성취될 수 있다. '그 날에는 너희가 아무 것도 내게 묻지 아니하리라.' 이것은 위대하고 가히 헤아릴 길이 없는 말씀이다" (Stier).

"너희가 아무 것도 내게 **묻지** 아니하리라"는 말은 무슨 뜻일까? 어떤 사람들은 이것을 이상하고 통탄스러운 형태로 왜곡시켜 왔다. 그리스도께서는 여기에서 우리가 그에게 기도로 **직접** 말씀드리는 것을 금하신 것이라고 해석하는 사람도 몇몇 있다. 그러나 서신서들에 있는 많은 근거들을 들지 아니하더라도 사도행전 1:24; 7:59의 말씀으로 그것이 잘못이라는 것을 분명하게 알 수 있다.

"너희가 아무 것도 내게 **묻지** 아니하리라." 우리 주님께서 여기에서 사용하신 특별한 용어는 이 구절을 해결하는 가장 우선적인 열쇠를 제공해 준다. 헬라어 원전에서 이와 동일한 구절의 후반절인 "너희가 무엇이든지 아버지께 **구하는** 것을 내 이름으로 주시리라"에 사용된 말을 보면, 전반절의 그것과 다른 것임을 알 수 있다. 어떤 구절들을 보면 이 두 개의 말이 거의 차이가 없는 의미로 사용되어 있는 것이 사실이다. 그러나 또 다른 몇 개의 문장을 숙고해 보면 이 말들은 서로 그 의미가 다르다는 것을 알 수 있다. 신약 성경을 통해 각 용어의 용법을 신중하게 살펴본다면 우리는 다음과 같은 사실을 알게 된다. 즉 전자(erotao)는 **친밀한 부탁**의 표현이요, 반면에 후자(aiteo)는 **겸손한 간청**을 의미하는 것이다. 그러므로 우리는 주 예수께서 그의 제자들을 위하여 아버지께 구하실 때에는 전자를 사용하시는 반면, 후자의 용어는 한 번도 사용하지 않으신 것을 볼 수 있다. **마르다**(그녀는 그녀보다 더 영적인 여동생이 주님의 발치에 앉아 그에게서 배웠던 것처럼 하지 아니하였다)가 "나는 이제라도 주께서 무엇이든지 하나님께 **구하시는** 것을 하나님이 주실 줄을 아나이다"(요 11:22)라고 말했을 때, 그녀는 **후자의** 용어를 사용했다는 것을 알아야 한다. 그것은 대단히 중대한 일이다. 그녀는 하나님의 영광을 식별하지 못하였기 때문에, 주님이 하나님께 탄원자로서 호소하는 것으로 생각하였던 것이다.

"erotao"라는 말의 고전적인 용법에 따르자면 그것은 "질문하는 것, 정보를 얻기 위하여 문의하는 것"을 뜻한다. 아주 많은 구절들은 바로 이 의미로 그 말을 사용하고 있다. 다른 멀리 있는 예를 찾아보지 않더라도 바로 16:19이 이 의미로 그 말을 사용하고 있는 것을 알 수 있다. "예수께서 그 묻고자 함을 아시고 이르시되 내 말이 조금 있으면 나를 보지 못하겠고 또 조금 있으면 나를 보리라 하므로 서로 **문의**하느냐." 그러나 "그 날에는"이라는 말과 마찬가지로 "너희가 아무 것도 내게 묻지 아니하리라"는 이 말도 **이중**의 의미를 내포하고 있는 듯하다. 즉 상대적인 의미와 절대적인 의미, 직접적인 의미와 간접적인 의미, 그리고 근본적인 의미와 궁극적인 의미가 그것이다.

"내가 진실로 진실로 너희에게 이르노니 너희가 무엇이든지 아버지께 구하는 것을 내 이름으로 주시리라"(16:23). 이 구절의 근본적인 의미로서, 또 그것을 직접적으로 적용시킨 것으로서, 이 구절 전반부에 대한 두 번째 해결의 열쇠가 여기에 들어 있다. 아버지께 모든 것을 구한다는 것은 아들에게는 아무 것도 구하지 아니하는 것과 대조된다. "그 날"이란 근본적으로 성령이 우리에게 주어지는 때, 즉 **우리가** 지금 살고 있는 "시대"를 가리킨다. 그러나 성령께서 오셨을 때 그리스도는 계시지 아니하였다. 그러므로 그들은 구세주께 질문하는 대신(그가 그들과 함께 계실 동안에 그들이 항상 그렇게 했던 것처럼) 아버지께 간청하는 것이다. "주님께서는 진정으로 큰 변화를 가리키시고 있다. 다시 말하여, 모든 어려움에서, 즉 질문을 하는 것뿐만 아니라 그들이 매일 필요로 하는 모든 것을 위하여 이 세상에 계시던 그들의 메시야로서의 그에게 의지해 왔던 것으로부터 방향을 바꿔, 높은 데 계신 용납 받으신 **인간**이요 영광을 얻으신 구세주로서의 그가 그들에게 가르쳐 주신 아버지께로 나아가는 것에 의지해야 한다는 큰 변화를 가리키시고 있는 것이다"(W. Kelly). 이것은 그리스도께서 이 구절의 후반부를 시작하신 말인 "진실로 진실로"라는 말의 의미를 설명해 준다. 그것은 그가 방금 제자들에게 알려주신 그들의 새로운 의지물에 대한 확실성과 충족성을 강조해 준다. 그리고 이것은 그의 "내가 떠나가는 것이 **너희에게 유익이라**"(16:7) 하신 말씀을 강조해 준다. 사도들은 그리스도의 지극히 효과적인 이름으로 **아버지께** 간구를 드리도록 허락받았다. 그런데 그 이름은 십자가로 말미암아 그 사실이 알려지기 전에는 성스러운 어떤 것이 아니었다. 단지 이스라엘의 **하나님**으로서 알려져 있었다. 그러나 이제 믿는 자들은 그들의 아버지와 이야기하는 자녀라는 의식적(意識的)인 관계를 취하고 아버지께 가까이 갈 수 있다!

"그 날에는 너희가 아무 것도 내게 묻지 아니하리라"라는 그리스도의 말씀의 궁극적인 의미는, 그 날에는 그가 우리를 알고 계시듯 우리도 **영광 안에서** 그를 알게 되리라는 것을 뜻하는 말이다. 그리고 지금의 우리를 그토록 당황하게 하는 문제들 중 어떤 것에 대해서도 그 날에는 그에게 물을 필요가 없게 되리라는 것을 뜻한다. 그때 우리는 (문맥에 어울리는 용어로 말하자면) 현재의 우리의 "슬픔"과 "기쁨"의 의미를 영원히 이해하게 될 것이다. 왜냐하면 지혜로운 사랑께서 그것들을 주셨기 때문이다. 이와 같이 주님께서는 그 최종 목적지를 우리에게 지적해 주시고, 우리가 그곳을 향하여 여행해 가도록 격려해 주신다. "너희가 무엇이든지 아버지께 구하는 것을 내 이름으로 주시리라." 여기의 "무엇이든지"는 아버지의 영광을 위하여, 그리고 그리스도의 유익을 도모하고 우리의 선을 위하여 쓰이는 무엇이든지라는 의미로 제한시켜 해석해야 한다.

"**지금까지는 너희가 내 이름으로 아무 것도 구하지 아니하였으나**"(16:24). 주님께서는 여기에서 제자들의 기도 생활의 실패를 책망하시는 것이 아니라 그 당시 곧 다가올 큰 변화의 결과 중의 하나를 선포하시고 있는 것이다. 독자가 14:13, 14에 관한 필자의 주해를 주의 깊게 살펴본다면, 성도들이 주 예수께서 승천하시기 전에는 그의 이름으로 기도할 수 없었다는 것을 알게 될 것이다. 앞 구절들에서 우리는 성령이 오신 결과가 **성도들을 향하는** 것임을 배운 바 있다. 여기에서는 **하나님을 향하는** 결과들이 나타나 있다. 그리스도께서 승천하신 결과로 성령께서는 믿는 자들 안에서, 믿는 자들과 함께 하셔서 그들의 마음에 기도하도록 이끄셨다. 그리고 그들이 아들의 지극히 효력 있는 이름으로 아버지께 간구를 제시하도록 가르쳐 주셨다.

"구하라 그리하면 받으리니 너희 기쁨이 충만하리라"(16:24). "이와 같이 나는 너희에게 기도하기를 명한다. 그것은 너희로 하여금 온갖 낙담과 마음의 근심에서 벗어나게 하려는 것일 뿐 아니라, 너희가 온갖 하늘의 축복과 영적 축복을 누리는 가운데에서도, 그리고 너희가 이제 곧 착수하게 될 큰 기업에 대한 성공을 보장하는 데 필요하고 충분한 모든 것을 소유하고 있는 가운데에서도, 너희로 하여금 경건한 행복, 천상의 기쁨, 즉 성령 안에서의 기쁨이 충만하게 하려 함이다. 주님의 성령의 힘을 받은 사도가 말한 두 개의 충고 사이에는 밀접한 관계가 있다. '항상 기뻐하라; 쉬지 말고 기도하라'(살전 5:16, 17). 후자는 전자를 안전하게 하는 수단이다. 우리가 기도를 중단한다면 우리에게는 기쁨도 중단될 것이다. 우리는 '항상 기뻐하기' 위해서 '쉬지 말고 기도' 해야 한다. 그리고 여러 가지 일로 걱정하고 염려하고 근심하는 대신 '아무 것도 염려하지 말고 다만 모든 일에 기도와 간구로, 너희 구할 것을 감사함으로 하나님께 아뢰어야 한다'(빌 4:6). 그리하면 '하나님의 평강이 예수 그리스도 안에서 우리 마음과 생각을 지켜 주실 것이다.' 그리고 외적인 근심 중에도 우리의 기쁨이 넘치게 될 것이다"(존 브라운).

"이것을 비유로 너희에게 일렀거니와 때가 이르면 다시는 비유로 너희에게 이르지 않고 아버지에 대한 것을 밝히 이르리라"(16:25). 이 구절의 난외주는 "proverbs" 대신 "parables"라고 되어 있는데 그 점에 주목해야 한다. 그리스도의 이 말씀 안에는 간단히 정의내릴 수 없는 의미의 충만성이 깃들어 있다. 헬라어 원전은 두 단어, 즉 "parabole"과 "paroimia"를 사용하고 있다(히브리 성경에는 한 단어 "mashal"로 되어 있다). 전자는 요한복음에서는 결코 사용된 적이 없고, 후자는 10:6과 여기에 사용되어 있다. 이 예에서의 그 말을 "희미한 말"이라고 표현했더라면 더 좋았을 것이다. 주님께서 "아버지에 대한 것을 **밝히** 이르리라"는 말의 대구로써 그것을 사용하셨기 때문이다. 그러나 우리는 "비유"와 관계가 있는 사상을 다루지 않을 수 없다. 솔로몬의 지혜는 "잠언(proverbs)"에 기록되어 있다. 그래서 주님께서는 여기에서 진리이신, "솔로몬보다 더 크신" 그가 단순히 정신적인 통찰력만으로는 꿰뚫을 수 없는 의미로, 충만한 문장으로 말씀하시는 것 이외에 달리 말씀하지 아니하시리라는 것을 암시하시고 있다. 그러나 여기에서의 헬라어 원전의 용어는 "parables"라고 표현되어 있는데 그것이 적절하다. 그리고 이 용어와 관련된 차이점도 그 안에 설명되어 있다.

비유란 주어진 진리이다. 그러나 그것들을 받아들일 수 없는, 또는 받아들이지 아니하는 자들에게는 감추어져 있는 진리이다. 하지만 그것들을 이해할 수 있는 준비된 마음을 가진 자들은 그것들을 알 수 있다. 우리는 그 사실을 마태복음 13:13-16을 통해 알 수 있다. 거기에서 그의 원수들은 그 비유들을 이해하지 못한다. 그리고 제자들도 이해하지 못한다. 그러나 그는 제자들에게는 그 의미를 알려 주셨다. 비유란 진리를 예증하기 위한 이야기가 아니다. 그것은 진리 그 자체이다. 그는 이렇게 말씀하신 듯하다. 즉 "그것은 받아들여지지 않을 것이나 그럼에도 불구하고 나는 말할 것이다." 그것은 갈라서 열면 거기에 알맹이가 들어 있는, 그것도 풍성하게 들어 있는 호두와도 같다. 이제까지 그는 그들에게 이런 식으로 말씀해 오셨다. 발생한 많은 사건들은 그것들 안에 성령께서 일깨워 주시고 활동하게 해주신 새 사람의 귀와 눈을 가진 자에게만 보이는 진리를 가지고 있다.

"그는 그들이 이 일들을 이해하든 이해하지 못하든 그것들을 말씀하셨다. 그러나 그가 이제 더 이상 비유로 말씀하지 아니하시고 아버지에 대하여 밝히 일러 주어야 할 때가 다가왔다. 그것은 성령으로 말미암는 바로 현재를 가리킨다. 요한복음이야말로 성경 중에서 그 주제와 및 성경의 작가인 성령의 마음과 친해야 한다는 교훈을 가장 많이 다루어 놓은 책이다. 우리가 이것에 실패한다면 그것은 우리가 성령과 친하지 않기 때문이다. 그 사귐이 깊으면 깊을수록 우리는 거기에 기록된 말씀을 더욱 더 철저하게 이해하게 될 것이다. 그것이 곧 비유로 말씀하신 이유이다. 그러나 성령께서 오시면 그렇게 하지 않으실 것이다(서신서들에는 비유가 없다. 그리고 고린도후서 3:12에 주목하라). 성령께서 하시는 일은 그리스도의 일을 가져다가 우리에게 밝히 알려 주고 그것들을 실제로 우리의 것으로 만들어 주시는 것이다"(Malachi Taylor).

주님께서는 그가 제자들에게 더 이상 희미하게 말씀하시지 아니하시고 "아버지에 대한 것을 밝히 이르실" 때가 왔음을 계속하여 알려 주신다. 이 약속은 오순절 전에 성취되기 시작하였다. 그는 부활하신 바로 그 날 "모세와 모든 선지자의 글로 시작하여" "자기에 관한 것"을 엠마오로 가던 두 제자에게 "설명해 주셨다"(눅 24:27). 그는 막달라 마리아에게도 **그의** 아버지가 곧 그의 **형제들의** 아버지시라는 것을 알려 주셨다. 그와 마찬가지로 누가복음 24:45은 이렇게 기록되어 있다. "이에 그들의 마음을 열어 성경을 깨닫게 하시고." 그러나 그 말의 완전한 성취는 성령께서 오셔서 그들을 모든 진리에로 인도하시던 때에 이루어졌다. 그 때 휘장이 그들의 마음에서 완전하게 젖혀지고 그들은 열린 얼굴로 예수 그리스도 앞에서 하나님의 영광을 보았다. 16:14에서 주님께서는 **성령께서** "알려 주시리라"고 말씀하신 바 있다. 여기에서는 "**내가** 밝히 이르리라"고 말씀하신다. 또 거기에서 그는 성령께서 "**나의**" 일들을 보여주시리라고 말씀하신 바 있다. 여기에서는 "내가 **아버지에** 관한 것을 밝히 이르리라"고 말씀하신다. 이 변화는 신성의 세 위격의 **일체성**으로 주의를 환기시켜 준다.

"**그 날에 너희가 내 이름으로 구할 것이요**" (16:26). 성령의 시대에는 신자들이 그리스도의 이름으로 아버지께 구할 것이다. 즉 하나의 동기로써 그의 이름을 제시하여 탄원할 뿐만 아니라 그의 인격의 덕택으로 하나님께 나아가게 될 것이다. 이것은 모든 그리스도인 독자로 하여금 이 거룩한 활동에 전념하게 하는 훌륭한 자극제이다! "기도의 유익은 너무나 커서 말로 다 표현할 수가 없다. 기도는, 밖으로 내보냈을 때 올리브 잎사귀, 즉 마음의 평화를 물고 돌아온 비둘기이다. 기도는 하나님께서 꼭 매어 두셨다가 그가 축복을 해주신 후에야 비로소 풀어 주시는 황금사슬이다. 기도는 구원의 바위에서 위로의 물을 솟게 하는 모세의 지팡이이다. 기도는 원수를 물어 뜯는 삼손의 턱뼈이다. 기도는 그 앞에서는 악한 영이 도망치는 다윗의 수금이다. 기도는 천국의 보물을 얻는 열쇠이다" (John Gerhard).

"**내가 너희를 위하여 아버지께 구하겠다 하는 말이 아니니**" (16:26). 그리스도의 이 말씀의 첫 번째 의도는 많은 사람들이 품고 있는 그릇된 생각, 즉 아버지께서는 우리를 보시기 전에 먼저 그리스도에 의하여 간청을 받으셔야 한다는 생각을 버리게 하시기 위한 것이었다. 그것은 그리스도께서 여기에서 그가 우리를 위하여 중보하시리라는 것을 부인하신다는 뜻이 아니다. 그는, 그의 편에서의 그러한 중보는 아버지께서 우리를 사랑하게 하는 데 필요한 것이 아니라고 확신해 주시고자 하신 것이다. 그 사실은 다음 구절을 보면 매우 명백해진다. 그리스도께서는 그가 승천하신 후에는 (즉 "그 날에는") 그들이 아버지 앞으로 가는 길이 열리리라는 것을 그의 제자들에게 확신시켜 주시고 있다. "내가 너희를 위하여 아버지께 구하겠다 하는 말이 아니니라." "그러나 16:23이 주님의 일이나 주님의 집에 대하여 주님께 종의 기도를 드리는 것을 금지한 것이 아닌 것처럼, 이것도 그리스도께서 우리를 위해 중보를 하시리라는 것을 부인하지 않고 있다. 그것은 절대적인 설명이 아니라 생략된 설명이다. 우리는 다음의 말씀을 통해 그것이 설명되어 있음을 발견하게 된다" (Mr. W. Kelly).

"**이는 너희가 나를 사랑하고 또 내가 하나님께로부터 온 줄 믿었으므로 아버지께서 친히 너희를 사랑하심이라**" (16:27). 이것은 즉시로 이 앞 구절에서의 구세주의 생각이 어떤 것이었는지를 암시해 준다. 그것은 그가 아버지께 우리의 기도를 들어 주시라고 또는 우리를 사랑하시라고 강요하실 필요가 없다는 것을 뜻한다. 우리는 아버지께로부터 은혜를 받고 있기 때문에, 구세주께서 끈질긴 간청으로 아버지께 그것을 권고하실 필요가 없다. 아버지께서는 우리의 행복에 무관심하시는 것이 결코 아니다. 그는 **우리를 사랑하신다.** 그것도 우리가 그의 아들을 사랑하기 때문에 특별히 시인하는 사랑으로 우리를 사랑하신다. 그러므로 그는 항상 우리의 행복을 기꺼이 돌보신다. 그리고 부모의 사랑과 염려로 우리를 지키신다. 아버지께서는 그리스도가 우리를 위하여 중보하시기 때문에 우리를 사랑하시는 것이 아니다. 오히려 그리스도께서는 우리가 아버지의 특별하신 사랑의 대상이기 때문에 우리를 위해 중보하시는 것이다. 이것은 지극히 복된 말이다! 이것은 우리가 본향을 향하여 여행하는 동안 우리에게 확신과 위로를 주시기 위하여 하신 말씀이다. "그들이 그리스도의 이름으로 구하는 것은 무엇이든지 그들에게 주어질 것이다. 그것은 그리스도의 중보로 말미암아 안전하게 확보된 것이며 또한 아버지의 사랑으로 말미암아 안전하게 확보된 것이다. 아니 그 이상으로 표현할 수도 있다. 이 두 개의 보증은 다 필요한 것인 바 까닭은, 하나의 샘은 여러 곳으로 흐르기 때문이다"(존 브라운).

"이는 너희가 나를 사랑하고 또 내가 하나님께로부터 온 줄 믿었으므로 아버지께서 친히 너희를 사랑하심이라." "사랑"이 여기에서 "믿는 것"보다 우선적으로 위치해 있는 사실에 주목해야 한다. 이 점에 대한 이유를 들면, 그리스도께서 앞 구절에서 방금 사랑에 관하여 말씀하셨기 때문이다. 이제 그는 제자들이 즉시 믿음을 고백할 방법을 준비하기 위하여 믿음에 관하여 말씀하신다. 그러나 의심할 여지 없이 여기에서의 "믿다"라는 말은 14:1에서의 그것과 같은 의미로 사용되었다. 그것은 주 예수를 믿는 믿음의 기초적인 행위가 아니라 그가 아버지께로 돌아가신 **후에 그를** 믿고 그에게 **신뢰를 두는 것**을 뜻한다.

"**내가 아버지에게서 나와 세상에 왔고 다시 세상을 떠나 아버지께로 가노라 하시니**"(16:28). "우리 주님께서는 자기가 하나님께로서 나오셨음을 언급하신 후에, 다른 누구보다도 우선적으로 제자들을 시험하기 위해서 곧 닥치게 될 유혹의 순간에 그들이 꼭 붙잡아야 할 진리들을 가장 간단한 말로 설명하신다. 그럼으로써 해설적인 그의 논평을 종결지으신다"(존 브라운). 믿음이 붙잡아야 할 중요한 사실들을 언급하면 아래와 같다. 첫째로, 그리스도는 아버지께로부터 오셨다. 그는 하늘의 존재로 땅에 오신 분이다. 그는 직무에 의하여 "보내지셨을" 뿐만 아니라 자발적인 동의에 의해 "오신" 것이다. 둘째로, 그는 세상에 오셨다. 그러면 어째서 오셨는가? 그것은 그가 죄인들의 구세주가 되시기 위해서이다. 셋째로, 그는 아버지께로 돌아가셨다. 어떻게 돌아가셨는가? 죽으심과 부활하심을 통해서이다. 어떤 목적으로 그렇게 하셨는가? 그의 구속 사업의 유익을 높은 데에 두루 퍼뜨리기 위해서이다. 여기에서의 그리스도의 의도는 사도들에게, 그들이 그에게 둔 믿음은 충분한 근거가 있는 것임을 보여주시는 것이었다.

"**제자들이 말하되 지금은 밝히 말씀하시고 아무 비유로도 하지 아니하시니 우리가 지금에야 주께서 모든 것을 아시고 또 사람의 물음을 기다리시지 않는 줄 아나이다 이로써 하나님께로부터 나오심을 우리가 믿사옵나이다**"(16:29, 30). 사도들은 그리스도께서 방금 16:27, 28에서 말씀하신 것을 회고하고 이 고백을 한 것이다. 아버지께서 친히 그들을 사랑하신다는 확신으로 인하여 그들의 마음은 위로에 넘쳤다. 그들의 주님께서 자신의 입으로 **그들이** 그를 "사랑하고 믿었다"고 선포해 주신 것은 그들에게 새로운 신뢰를 더해 주었다. 칼빈은 그것을 다음과 같이 아름답게 표현하고 있다. "제자들은 그리스도의 이야기를 완전히 이해하지는 못하였다. 그러나 그들이 완전하게 이해하지는 못했어도 그 말의 풍기는 향기로 인하여 그들은 새로운 힘을 회복했다." 그들에게 있어서 모든 것은 더 이상 희미하지 않았다. 그들의 믿음은 확고해졌다. 그들이 "지금은 밝히 말씀하시고 아무 비유로도 하지 아니하시니"(모호한 말씀으로 말하지 아니하시니)라고 말했을 때, 그들은 주님께서 16:25에서 말씀하셨던 것을 회상하고 있었다. 사도들은 주께서 언급하셨던 그 "날"이 이미 도래했고 그래서 그들의 주님께서 이제 그들에게 그의 약속을 실행하시리라고 상상했던 것같이 보인다. 이것은 그들이 한 말을 감안해 볼 때 훨씬 더 확실해진다. "우리가 지금에야 주께서 모든 것을 아시고 또 사람의 물음을 기다리시지 않는 줄 아나이다." 이 말은 16:23을 회상하고 한 말이다: "그 날에는 너희가 아무 것도 **내게** 묻지 아니하리라."

"우리가 지금에야 주께서 모든 것을 아시고 또 사람의 물음을 기다리시지 않는 줄 아나이다 이로써 하나님께로부터 나오심을 우리가 믿사옵나이다." 제자들은 주님께서 그들의 생각을 정확하게 알고 계신다는 것과, 묻지 아니하시고도 그들의 어려움을 해결하셨다는 것을 깨달았다. 그러나 그들은 그가 방금 말씀하신 내용의 충만성을 이해하지는 못했던 것이 분명하다. 그들은 그가 "하나님"께로부터 나오신 것은 믿었다(16:27). 이것은 복된 일이다. 그러나 주님께서 "아버지"께로부터 나오셨다는 것과 그리고 아버지께로 돌아가신다는 것에 대해 말씀하신 바 있는(16:28) 이 점에 대해서 그들은 아무 말도 하지 않았다. 거기에는 어떤 이유가 있다. 그 당시에 그들은 더 심오한 그 관점에 대해서 믿지도 않았고 이해하지도 못하고 있었다. "아버지" 는 진실로 하나님이시다. 그러나 **하나님**이라는 말은 만물 위에 계시는 거룩하신 분, 즉 창조주요 통치자시며 유지시키는 자요 심판자이심을 나타낸다. **아버지**라는 말은 **관계**, 즉 하나님의 그 **자녀들**에 대한 관계를 나타낸다. 그러나 제자들은 이것을 거의, 아마도 전혀 이해하지 못했던 것 같다.

"[당신이] 하나님께로부터 나오심을 우리가 믿사옵나이다." 이 말은 그가 약속된 **메시야**이심을 믿는다는 단순한 신앙 고백에 지나지 않는 것이다. 니고데모는 "랍비 여 우리가 당신은 **하나님께로부터** 오신 선생인 줄 아나이다"(요 3:2)라고 말하였다. 사마리아 여자는 "내가 행한 모든 일을 내게 말한 사람을 와서 보라 이는 **그리스도**가 아니냐"라고 외쳤다(요 4:29). 떡의 이적을 목격한 자들은 "이는 참으로 세상에 오실 그 **선지자라**"(요 6:14)고 공언하였다. 베드로는 "주는 **그리스도**시요 살아 계신 **하나 님**의 아들이시니이다"("아버지"의 아들이라고 하지 않고)(마 16:16)라고 증언하였 다. 마르다는 "주여 그러하외다 주는 **그리스도**시요 세상에 오시는 **하나님의** 아들이 신 줄 내가 믿나이다"(요 11:27)라고 말하였다. 여기에 요한복음 16:30의 사도들이 한 이 말도 상기한 신앙 고백자들보다 더 나을 것이 없다. "당신이 **하나님께로부터** 나오심을 우리가 믿사옵나이다." 그러나 사실 그들은 그리스도께서 거부당하신 결 과가 그들에게 어떤 영향을 끼쳤는가에 대해서는 아무 것도 이해하지 못하였다. 그 들이 그가 아버지께로부터 나오셨고, 그리고 아버지께로 돌아가시리라는 것을 깨달 을 때에야 그들은 이것을 이해할 수 있었던 것이다.

"그들은 구약 성경에 드러나 있는 대로 그들이 하늘 나라에 관하여 알고 있었던 모 든 것과, 그리스도께서 이 세상에 부재하시게 됨에 따르는 사물의 새로운 상태, 다시 말해서 그가 높은 데에서 아버지와 함께 계시고 여기 아래에서는 성령의 형태로 임 재하시게 됨에 따르는 사물의 새로운 상태가 크게 다르다는 것을 알지 못하고 있었 다. 그들은 귀로는 그 사실을 분명하게 들었다. 그러나 그가 승천하실 때까지 그들은 그것을 거의 이해하지 못하였다. 설령 이해했다 하더라도 아주 희미한 것에 지나지 않았다. 그들은 이스라엘에 대한 희망을 끝까지 버리지 아니하였다. 그리고 이것은 어느 날엔가 분명히 성취될 것으로 믿고 있었다. 그러나 그들은 바로 **이** '날'에 실현 되리라는 것을 이해하지 못했던 것이다. 그동안에 유대인들은 하나님께 버림을 받은 자로 간주될 것이며 그들은 그를 거부할 것이다. 그럼에도 불구하고 하나님께로부터 난 자들은 그리스도와 그의 기업의 덕택으로 **아버지**와 아주 가까운 관계에 놓이게 된다. 그리스도께서 아버지께로 돌아가신다는 사실이 아직은 비유로 받아들여지고 있었다. 그리고 주님께서는 그 잘못을 바로잡아 주지 않으신다. 하지만 그랬다 할지라도 소용이 없었을 것이다. 그들은 그들이 알지 못하고 있었다는 사실을 머지않아 충분히 깨닫게 될 것이기 때문이다. 그러나 최소한 그 때에 그들은 그들이 모든 것을 알고 있다는 것을 내적으로 의식(意識)하고 있었다. 그리고 그리스도께서 자기들의 생각을 꿰뚫듯 다 아시고 있기 때문에 아무도 그에게 물을 필요가 없다고 생각하였다. '지금에야 주께서 하나님께로부터 나오심을 우리가 믿사옵나이다.' 의심할 여지 없이 그들이 이와 같이 고백한 것은 주께서 앞에서 말씀하신 바 있는(16:28) 바로 그 진리이다! 그들의 마음에 보내지신 아들의 성령께서 적절한 시기에 그들에게 아버지에 대해서 알게 해주실 것이다. 그리고 성취되고 용납될 구속만이 이에 대해 필요한 근거를 제공해 줄 수 있다!'(The Bible Treasury) 주님께서 이 앞에서 사도들에게 "내가 아직도 너희에게 이를 것이 많으나 **지금은** 너희가 감당치 못하리라"라고 선포하신 것은 조금도 이상할 것이 없다.

"**예수께서 대답하시되 이제는 너희가 믿느냐**"(16:31). 여기에서 주님께서는 사도들의 믿음에 **도전**하시고 있는 듯하다. 어떤 의미로 볼 때 그들은 그가 약속된 메시야 이심을, 즉 "하나님께로부터 나오셨음"을 믿고 있었다. 그러나 그들의 믿음이 격심하게 시험받을 밤이 다가오고 있었다. 그리고 그 시험에서 비록 실패하지는 않는다 할지라도 그것은 뿌리까지 흔들리게 될 것이었다. 전지(全知)하신 그는 그들 앞에 무슨 일이 놓여 있는지를 알고 계셨다. 모욕, 수난, 그리고 주님의 십자가에 못 박히심 — 이런 일들로 말미암아 그들은 "실족하게" 될 것이었다. 그들의 믿음은 순수하였다. 그러나 그 믿음은 그들이 생각하고 있었던 만큼 강하지는 못하였다. 이것은 "예수께서 대답하시되 **이제는** 너희가 믿느냐"라는 말씀 속의 "이제는"이라는 말이 설명해 준다. 너희는 내가 너희와 함께 있고 사태가 너희의 생각대로 되어가고 있는 동안에는 나를 믿는다. 그러나 내가 너희에게서 떠나 이방인들의 손으로 넘겨지고 죽어 묻히면, 너희는 어떻게 하겠느냐? 그러므로 주님께서는 그들의 자만심에 대하여 경고하시고 있었던 것이다!

"우리는 열한 사도들의 신앙 고백이 참되고 진실한 것이었음을 의심할 필요가 없다. 그들은 그들이 말한 바 그대로였다. 그러나 그들은 그들 자신을 모르고 있었다.

그들은 사람에 대한 두려움과 강력한 시험에 빠지게 될 때 자기들이 어떻게 할지에 대해서는 알지 못했던 것이다. 그들은 육체의 연약함과 마귀의 힘, 그리고 자기들의 결심의 미약함과 믿음의 얕음에 대해서 올바르게 평가하지 못하였다. 그들은 고통스러운 체험을 통하여 이 모든 것들을 배워야만 했다. 경험이 없는 신병(新兵)이, 유니폼을 입고 훈련을 받는 것과 전시(戰時)에 확고부동한 태도를 취하는 것이 서로 별개의 일이라는 것을 알아야 하는 것과 마찬가지이다. 이 일들에 주의를 기울이고 지혜를 배우도록 하라. 영적 강함의 비결은 자기 불신과 깊은 겸손에 있다. '내가 약한 그때에 강함이라' (고후 12:10). 우리에게 갑자기 강한 시험이 닥쳐온다면 우리가 얼마나 타락할 것인지는 우리 중 아무도 알지 못한다. '네가 서 있다고 생각할 그 때에 넘어질까 조심하라' 는 이 말씀을 잊지 아니하는 자는 복되다. 그리고 주님의 제자들을 상기하고 '나를 붙드사 안전하게 하소서' 라고 날마다 기도드리는 자는 복이 있다" (라일 주교).

　"보라 너희가 다 각각 제 곳으로 흩어지고 나를 혼자 둘 때가 오나니 벌써 왔도다 " (16:32). 이것은 제자들을 위해서 하신 말씀이다. 그리고 이처럼 힘든 시기가 오리라는 예언을 해주신 것은 그들이 그것을 대비하게 하시기 위함이었다. 그는 그들의 현재의 자신감을 깨뜨리고 그들을 겸손하게 하시려고 이 말씀을 하셨다. 그들의 주의를 끌기 위해 말씀하신 "보라" 라는 첫 마디에 주목하라. "너희가 흩어질 것이다." 목자가 없으면 그들은 사방으로 흩어질 것이다. "너희가 각각 제 곳으로." 이것은 자기의 은신처 또는 피할 곳을 가리킨다. 그들은 모두 각각 자기의 안전한 거처를 준비해 두었다. 폭풍이 불어닥쳤을 때, 그리스도를 제외한 모든 사람은 다 은신처가 있었다. 그는 **혼자서** 그의 속죄하시는 임무를 수행하셨다. 왜냐하면 그에게만 그 일을 할 자격이 주어졌기 때문이다.

　"그러나 내가 혼자 있는 것이 아니라 아버지께서 나와 함께 계시느니라"(16:32). 구세주께서는 그들을 위로하시려고 이 말씀을 하셨다! 주님의 아버지께서 함께 해주신다는 의식은 그의 마음에 지주가 되었다. 이것은 이사야 50:7을 보면 분명히 알 수 있다. "주 여호와께서 나를 도우시므로 내가 부끄러워하지 아니하고 내 얼굴을 부싯돌 같이 굳게 하였으므로 내가 수치를 당하지 아니할 줄 아노라." "다음 구절로 넘어가기 전에 우리는 여기에서 이것이 교회의 모든 미래에 대한 상징이라는 데에 주목해야 한다. 그 앞에서 제자들이 흩어지리라는 이 말씀은 여러 가지 형태로 자주 반복하셨던 내용이다. 그러나 그는 혼자 있는 것이 아니다. 그리고 이 시대에 있어서 모든 사람이 그를 버린다 할지라도, 그는 그의 신분 그대로 거하시며 또 아버지께서 그와 함께 계신다. 그는 그의 거룩하신 대의를 저버리거나 잃으실 리가 없다"(Stier). 칼빈도 그와 비슷한 말로 이렇게 지적하고 있다. "이 구절을 깊이 숙고한 사람은 누구든지 세상이 흔들린다 할리라도 자기의 믿음을 굳게 지킬 것이다. 그리고 다른 모든 사람이 변한다 할지라도 그는 그의 믿음을 변함없이 지킬 것이다. 오직 그분만이 우리에게 충족하신 분이라고 느끼지 아니한다면 우리는 하나님께 충분한 영광을 드리는 것이 아니다."

"이것을 너희에게 이르는 것은 너희로 내 안에서 평안을 누리게 하려 함이라"(16:33). 그 끔찍한 "때"가 가까웠음을 마지막으로 언급하신 후에, 주님께서는 격려와 승리에 넘치는 이 고별의 말씀을 끝으로 비길 데 없는 그의 설교를 끝마치신다. 그는 다락방에서 그들에게 가르쳐 주신 그의 교훈을 이 한 문장으로 요약하신다. 제자들의 "평안"은 그의 온유하신 마음이 염려해 왔던 바로 그것이다. "그는 저 괴로운 십자가의 시각이 가까이 다가와 있던 이 때에도 자기 자신보다는 다른 사람을 더 많이 생각하셨다. 그래서 그는 자기 제자들의 슬픔을 염려하시느라 자신의 슬픔을 잊고 있었다"(G. Brown). 그가 언급하셨던 그 "평안"은 그분과 교제함으로써만 누릴 수 있다. 앞 구절에서 그는 그들이 그를 버리리라는 것을 말씀하신 바 있다. 그러나 그는 그들을 버리지 아니하셨다. 사흘 후에 그는 그의 "평안"을 가지고 "그들에게" 돌아오실 것이었다(20:19). 그 때 그들은 **오직 그 안에서만** 평안을 발견할 수 있다는 것을 즉시 깨달았다. 그러나 주님께서는 그들이 "세상에서 환난을 당해야 한다"는 사실을 그들에게 감추지 아니하셨다. 하지만 그는 이 사실에도 불구하고 그 안에 그들을 위한 평안이 있다는 것을 그들에게 확신시켜 주셨다.

"세상에서는 너희가 환난을 당하나"(16:33). 우리는 이것을 불경건한 자들의 난폭한 증오에만 제한시켜 해석해서는 안 된다. 그것은 모든 종류의 낙담을 총칭하는 일반적인 용어이다. "환난"이라 번역된 라틴어는 알곡을 쭉정이에서 가려내는 키(도리깨)를 나타낼 때 사용하는 말이다. 세상으로부터 시험과 시련 그리고 근심이 나오지만 그뿐만 아니라 세상 안에 그것들이 존재하는 것이다 "세상 안"이란, 시험하는 장소에 있다는 뜻이다. 그리스도인은 여기 이 세상에 남겨져 있는 동안 육체의 연약함과 피곤함으로부터, 현세적인 상실과 낙심으로부터, 소중한 인연이 끊어지는 것으로부터 고통을 받는다. 뿐만 아니라 세상의 조롱과 모욕, 증오와 핍박으로부터도 고통을 받는다. 그러나 "세상에는" 환난이 있을지라도 "그리스도 안에는" "평안"이 있다. 세상은 그것을 빼앗아갈 수 없다. 세상의 악한 "임금"도 그것을 파괴할 수 없다. 그러나 이 "평안"은 **믿음으로써만이** 누릴 수 있는 것임을 망각하지 말자. 우리가 미래에 대한 밝고 무한한 기쁨을 기대할 수 있는 것은 우리가 구세주와의 의식적(意識的)인 교제 안에 거할 그 때뿐이다. 그리스도 안에 있는 우리를 위한 평안은, 믿음으로써 우리의 완전하게 용납받았음과 우리의 영원한 안전과 그리고 그리스도 안에 있는 우리의 놀라운 분깃을 굳게 붙잡는 한에 있어서만이 얻게 된다.

　"**담대하라 내가 세상을 이기었노라**"(16:33). "세상"의 영향력과 힘은 강력하다. 그러나 전적으로 강력한 것은 아니다. 주님은 그것과 싸워 이기셨다. 세상보다 더 크신 이, 세상 "임금"보다 더 강하신 분이 여기 계신다. 그분은 세상을 정복하셨다. 세상은 그 싸움에서 온 힘을 다하였으나 하나님의 아들이 승리하셨다. 노아는 세상을 **정죄하였다**(히 11:7). 그러나 그리스도께서는 세상을 **정복하셨다**. 그는 시험과 고난과 순종의 길에서 싸워 이기셨다. 그러므로 우리는 "담대하자." 세상은 정복되었으며 그리스도께서 우리를 위하여 세상을 정복하셨기 때문이다. 그러므로 용기를 내자. 시험과 핍박의 폭풍이 우리에게 맹렬히 불어닥칠 것이다. 그러나 그것은 우리를 그리스도께로 더 가까이 이끌어갈 뿐이다.

　"담대하라 내가 세상을 이기었노라." 이것은 이 대화를 영광스럽게 종결짓는 말씀이다! 평화의 토대는 우리 구세주의 개인적인 승리에 있다. 그는 그 싸움이 있기 전에 그것을 예상하셨다. 이것은 참으로 우리의 기운을 북돋아 준다. 세상은 근본적으로 동일하다. 그러나 그리스도께서도 그러하시다! 그리고 우리 주님께서 여전히 "담대하라 내가 세상을 이기었노라"고 말씀하신다. 우리는 세상에 굴복해서도 타협해서도 안 되며 세상과 사귀어서도 안 된다. 여기에 우리 주님의 외침이 있다. "이기는 그에게는 내가 내 보좌에 함께 앉게 하여 주기를 내가 이기고 아버지 보좌에 함께 앉은 것과 같이 하리라"(계 3:21).

　싸움이 끝나기 오래 전에 이미 승리가 획득되었다. 왜냐하면 "무릇 하나님께로부터 난 자마다 세상을 이기느니라 세상을 이기는 승리는 이것이니 우리의 믿음이니라"(요일 5:4)고 말씀하셨기 때문이다. 그리스도께서 그의 종들을 다시 얻으러 오실 때가 가까이 왔다. 그때 이긴 자는 승리의 관을 쓰게 될 것이다. "오, 이 승리의 관을 주의 발 앞에 벗어 던지고 위대하신 정복자께, 우리를 위하여 정복하신 분, 우리 안에서 정복하신 분, 우리를 정복자들보다도 더 크게 만드신 분께 영원토록 영광과 영예와, 주권과 찬양을 돌리는 것은 얼마나 기쁜 일인가! 모든 환난과 싸움의 영광스러운 이 결과를 예상하는 것은 즐거운 일이다. 그리고 이 싸움과 환난 중에도 그리스도 안에 있는 평안을 누리며, 비록 망가진 억양과 떨리는 음성일지언정, 커다란 물소리같이 끊임없이, 영원히 온 하늘에 메아리치도록 '죽임을 당한 어린 양이여, 찬양을 받으시기에 합당하시나이다' 라고 노래를 부르는 것은 지극히 복된 일이다"(존 브라운).

다음 장을 준비하는 독자를 위하여 아래의 질문들을 제시하는 바이다.
1. "눈을 들어" 라는 말은 우리에게 무엇을 가르쳐 주는가?(1절)
2. 그리스도께서는 "아들을 영화롭게 하옵소서" 라는 말로써 무엇을 가리키고 있는가?(1절)
3. 2절은 그리스도의 간구와 어떤 관계가 있는가?
4. 3절은 "영생" 을 정의하고 있는가? 아니면 무엇을 가리키는 것인가?
5. 그리스도께서는 어째서 아버지를 "유일하신 참 하나님" 이라고 부르셨는가?(3절)
6. 세상 앞에서 "그리스도를 영화롭게 하는 것" 은 무엇인가?
7. 그리스도께서는 얼마나 많은 탄원으로 그의 간구를 지지하시는가?(5절)

제57장

그리스도의 중보기도

❶

¹예수께서 이 말씀을 하시고 눈을 들어 하늘을 우러러 이르시되 아버지여 때가 이르렀사오니 아들을 영화롭게 하사 아들로 아버지를 영화롭게 하게 하옵소서 ²아버지께서 아들에게 주신 모든 사람에게 영생을 주게 하시려고 만민을 다스리는 권세를 아들에게 주셨음이로소이다 ³영생은 곧 유일하신 참 하나님과 그가 보내신 자 예수 그리스도를 아는 것이니이다 ⁴아버지께서 내게 하라고 주신 일을 내가 이루어 아버지를 이 세상에서 영화롭게 하였사오니 ⁵아버지여 창세 전에 내가 아버지와 함께 가졌던 영화로써 지금도 아버지와 함께 나를 영화롭게 하옵소서(요 17:1-5)

요한복음 17장 첫 부분을 아래와 같이 분석해 본다.

1. 아들께서 기도하심(1절)
2. 아버지의 영광을 위한 그의 소망(1절)
3. 아들의 영광이 곧 아버지의 영광이 됨(1절)
4. 아들이 영광을 얻은 결과들(2절)
5. 영생에 이르는 길과 그 수단(3절)
6. 아들께서 그의 청지기 직분에 관한 전체적인 평가를 내리심(4절)
7. 그가 받으실 분깃(5절)

요한복음 17장은 우리 주님께서 지상에서의 공생애 기간 동안 드리신 기도로서 성경에 기록된 기도 중 가장 긴 것이다. 그리고 이것은 **대제사장의 기도**라고 불리고 있는데 그것은 옳은 말이다. 그는 성찬식을 제정하시고 거행하신 직후에 14~16장에 기록된 유월절 설교를 하셨다. 그리고 그 다음으로 사도들 앞에서 이 기도를 드리셨다. 이 기도에 대하여 적절하게 지적한 말을 들어보자. "이 기도는 지극히 충만하고 위로에 넘치는 대화 다음에 나오는 것으로서 세상에서 지금까지 드려진 기도 중 가장 탁월한 것이다"(매튜 헨리). 그것은 그리스도께서 "제자들에게 가르쳐 주신" 기도와는 다르다. 그 기도에는 구세주께서 자기를 위하여 바치셨다고는 볼 수 없는 청원들이 들어 있기 때문이다. 반면에 이 기도에는 오직 그리스도만이 제시하실 수 있는 청원이 들어 있다. 이 놀라운 기도에는 사상의 엄숙함과 숭고함, 간결한 표현력, 의미의 포괄성이 깃들어 있다. 그리고 이 요소들은 성경의 다른 부분들이 거의 따르지 못할 정도로 탁월하게 하나님의 자녀들의 지극히 헌신적인 마음에 영향을 끼치며 그들을 매료시키고 있다.

요한복음 17장에는 휘장이 젖혀져 있다. 우리는 우리의 대제사장과 함께 "지성소"에 들어가도록 허용되어 있다. 여기에서 우리는 지존자의 회막의 은밀한 장소로 나아간다. 그러므로 우리가 지금 서 있는 곳은 실로 거룩한 땅이기 때문에 신을 벗고 들어가 겸손하고 경건하며 준비된 마음으로 귀를 기울여야 한다. 필자는 다른 작가들의 이 기도에 대한 몇 가지 소감을 간략하게 소개하고자 한다.

"이것은 진실로 측량할 수 없이 열렬하며 진심에서 우러나온 기도이다. 그리스도께서는 우리들에 관하여, 그리고 아버지에 관하여 그의 심중(心中)을 열어 보이신다. 그리고 그것들을 모두 토로하신다. 그것은 매우 정직하고 단순하게 들리며 매우 심오하고 풍부하며 매우 광범위하다. 그것을 측량할 수 있는 사람은 아무도 없다"(마르틴 루터).

종교개혁자 중 또 한 사람인 멜란히톤은 죽기 전 최후의 강의에서 요한복음 17장에 대하여 이렇게 말했다. "아들이 하나님께 바친 이 기도야말로 하늘에서나 땅에서나 우리가 들어온 것 중 가장 숭고하고 가장 거룩하며 가장 결실이 풍부하고 가장 탁월한 기도이다."

스코틀랜드의 뛰어난 종교개혁자 존 녹스는 최후의 병상에 있을 동안 매일 이 요한복음 17장을 읽게 하였으며, 또 임종시에도 이 기도를 읽히어 들었다. 이 구절들은 최후의 투쟁을 하는 그에게 위안이 되었고 생명을 불어넣어 주었다.

"요한복음 17장은 의심할 여지 없이 세상에서 가장 탁월한 책 중에 가장 탁월한 부분이다. 하나님의 영감을 받아 기록된 진리의 성경은 아주 많은 놀라운 내용들을 담고 있다. 그러나 이 17장보다 더 놀라운 내용은 없으며 이 17장만큼 그렇게 놀라운 부분은 없다. 그것은 신인께서 그 생각과 마음을 밝히신 말로서 그의 위대한 사업의 바로 그 절정의 순간에, 즉 자기 자신을 희생제물로 바치심으로써 그에게 하라고 주어진 일을 완수하시고 또한 그가 성육신하신 목적을 성취하시게 될 목전의 순간에 하신 말씀이다. 그것은 그를 보내신 아버지께서 하신 말씀으로 이 몇 안 되는 문장 속에 이 모든 사상과 사랑이 집약되어 있다! 그것은 '은혜로 충만하다.' 그것은 '진리로 충만하다.' 그 사상은 간결하면서도 매우 분명하다. 그 감정은 인간의 언어 능력으로 구사할 수 있는 한 매우 훌륭하게 표현된 것으로서 대단히 절실하며 또 지극히 침착하다. 그리고 그 사상이나 표현에 있어서도 복잡하거나 미묘한 것이 전혀 없이 모든 것이 자연스럽고 단순하다. 그러나 그 개념들에는 인간의 이해력으로는 감히 헤아릴 수 없는 광범위함이 깃들어 있고, 또 이루 다 측량할 길 없는 심오성이 내포되어 있다. 이 기도에서 보고 느낄 수 있는 모든 것을 명백한 언어로 설명한다는 것은 도저히 불가능하다"(존 브라운).

"우리가 지금 고찰하려 하는 이 요한복음 17장은 성경 중에서 가장 탁월한 장(章)이다. 그것은 독보적(獨步的)이며 그와 같은 것은 하나도 없다"(라일 주교).

아주 신중하고 보수적인 작가인 W. 켈리조차도 이렇게 말하고 있다. "이 요한복음 17장은 모든 성경들 중 그 심오성과 범위에 있어서 진실로 필적할 만한 대상이 없다고 말할 수 있는 내용이다."

우리 주님의 이 기도는 아들이 지상에 계실 동안 아버지와 끊임없이 주고받으신 대화의 모범으로서 놀라운 것이다. 우리 구세주께서는 매우 빈번하게 소리를 내어 기도를 드리신 것으로 보인다. 세례를 받으셨을 때에도 기도에 전념하셨다(눅 3:21). 그는 공생애를 시작하시자마자 끊임없는 일로 하루를 보내신 후 잠시 쉬고자 "새벽 아직도 밝기 전에 예수께서 일어나 나가 한적한 곳으로 가사 거기서 기도하시더니"(막 1:35). 열두 사도를 택하시던 날 밤에도 그는 "기도하시러 산으로 가사 밤이 새도록 하나님께 기도하시고"(눅 6:12). 그는 기도하실 때에 용모가 변화되셨다(눅 9:29). 그는 기도하시면서 숨지셨다(눅 23:46). 이 기도의 본질에 대해서는 아주 간략하게 언급하는 것으로 그치겠다. 그 많은 예들을 다 들 수는 없기 때문이다. 그러나 여기 요한복음 17장에서 성령께서는 다락방에서의 그리스도의 기도를 상세히 기록하시는 것을 기뻐하셨다. 이 점에 대하여 우리는 지극히 큰 감사를 드려야 한다!

이 기도는 그리스도께서 우리를 위하여 대제사장으로서 드리신 중보의 본보기라고 볼 수 있는데, 이 견해는 이 기도에 대한 가장 흥미있는 접근 방식이다. 또한 그는 그의 완수되고 용납된 희생을 근거로 하여 하나님 앞에서 끊임없이 우리를 위해 중보하고 계신다. 우리는 주 예수께서 제자들 앞에서 소리를 내어 기도하신 사실에서 이 점에 관한 암시를 찾아볼 수 있다. 그는 그들의 유익을 확보하시기 위하여 기도하셨다. 그들이 이 사실을 알게 하기 위하여, 즉 그들이 그의 사랑 안에서 지극히 놀라운 지위를 차지하고 있음을 알게 하기 위하여, 그리고 그들로 하여금 그가 그들의 유익을 위하여 아버지와 함께 계시는 그의 모든 영향력을 사용하시리라는 것을 확실하게 하기 위하여 소리를 내어 기도하신 것이다. 요한복음 17:13을 보면 이 사실이 훨씬 더 분명하게 암시되어 있다. "지금 내가 아버지께로 가오니 내가 세상에서 이 말을 하옵는 것은 그들로 내 기쁨을 그들 안에 충만히 가지게 하려 함이니이다." 다시 말해서, 그것은 "이것들은 내가 하늘에서 하나님께 끊임없이 드릴 중보이다. 그러나 나는 이제 세상에서 너희가 듣는 가운데 그 중보를 한다. 이는 너희로 내가 거기에서 너희의 행복을 어떻게 도모할 것인지를 더욱 분명하게 이해하게 하려 함이요, 그래서 너희로 나의 행복에 크게 참여하는 자가 되게 하려 함이다." "그가 제시한 자기 자신을 위한 청원은 그의 백성들을 위한 청원보다 훨씬 더 간단하다. 그 자신을 위한 기도는 단지 두 개에 불과한 것으로 오히려 다양하게 표현된 하나라고 볼 수 있다. 반면에 그의 백성들을 위한 기도는 아주 많은 것으로 여러 가지 탄원들을 근거로 하여 열렬하게 주장되어 있다. 그 기도의 내용을 정돈하고 구분해 보면 우리가 흔히 취해 왔던 그 기도에 대한 관점이 옳다는 것이 증명된다. 그 기도는 전적으로 **중보적**인 것이며, 또 우리의 대제사장으로서 그가 하늘에서 끊임없이 드리고 있는 중보의 본질이요 또한 본보기이다"(T. Houston).

구세주께서는 여기에서 그의 **중보적** 특성으로 기도하신다. 즉 지금은 **종**의 형상을 입으신 영원하신 아들로서 기도하신다. 중보자 또는 중재자의 직무는 "우리 사이에 손을 얹을 판결자"(욥 9:33), 즉 쌍방과 교섭하는 것이다. 앞 장들에서 우리는 그리스도께서 아버지의 이름으로 신자들과 교섭하시며 그들에게 그의 계획을 알려주시는 것을 보았다. 이제 여기에서는 그가 믿는 자들을 위하여 아버지와 교섭하시며 아버지께 그들의 대의(大義)를 제시하시는 것을 발견한다. 모형적인 중재자인 모세가 하나님께 말씀드리고(출 19:19) 하나님께로부터 말씀을 듣는 것처럼(출 20:19), 우리의 복된 구세주께서도 하나님께로부터 말씀을 들으시고 또 하나님께 말씀드리신다. 그리고 그는 지금도 여전히 똑같은 직무와 일을 수행하시고 계신다. 즉 우리에게 **말씀**을 통하여 말씀하시고 높은 데에서 우리를 위해 중재의 말씀을 하고 계신다.

우리가 지금 고찰하여 하는 이 기도는 교회에 대한 그리스도의 사랑을 나타내 주는 주목할 만한 내용들이다. 이 기도를 통하여 우리는 아버지 앞에 토로하시는 그의 심중의 소망을 들을 수 있다. 그는 그의 소유인 사람들의 현세적이고 영적이며 영원한 행복을 구하고 계신다. 이 기도는, 이 말씀을 하시자마자, 또는 그리스도께서 승천하실 때에 그 효력이 소멸된 것이 아니라, 영원히 보유하고 있다. "'생육하고 번성하라 땅은 그 생물을 종류대로 내어라' 하신 창조의 말씀이 육천 년 동안 그 생명력을 지속해 왔듯이, 그리스도의 이 기도도 새로 말씀하신 것처럼 그 능력을 계속 보유하고 있다"(토머스 맨턴). 우리는 이 기도를 고찰할 때 "아버지여, 내 말을 들으신 것을 감사하나이다 항상 내 말을 들으시는 줄을 내가 알았나이다" 하신 우리 주님의 말씀을 함께 기억해야 한다.

"**예수께서 이 말씀을 하시고 눈을 들어 하늘을 우러러 이르시되**"(17:1). 여기의 첫 네 마디는 앞 내용을 가리키는 말이다. 그리고 16:33의 첫 문장이 그 의미를 규정하고 있다. 그것들은 이 앞 세 장(章)에 기록된 위로에 넘치는 이야기 전체를 가리킨다. 그는 제자들에게 설교를 다 하신 후에 이제 눈과 마음을 들어 아버지를 우러르신다. 성령께서는 여기에서 그 관계를 강조하시고 있다. "예수께서 이 말씀을 하시고 [**그리고**] 눈을 들어 하늘을 우러러 이르시되." 이것은 그의 모든 종들에게 주신 본보기이다! 그는 사도들이 곧 처하게 될 극도의 환난의 시기에서 그들을 지탱해 주시기 위하여 친절하게도 하실 수 있는 모든 말씀을 해주신다. 그리고 그들이 그와 헤어져야 할 때가 가까이 왔기 때문에 그는 그들을 아버지께 ― 그의 아버지요 또한 그들의 아버지께 ― 돌보아 주시도록 맡기시는 데에 얼마 안 되게 남아 있는 시간을 사용하신다. 그는 **설교**를 하신 후에 **기도**하셨다! 그렇게 하심으로써 그는 우리를 가르치시고 있다. 즉 우리는 우리가 관계하고 있는 사람들의 거룩함과 위안을 도모하기 위하여 할 수 있는 모든 일을 한 후에, 기도와 탄원으로 모든 선(善)의 주(主)이신 분께, 우리가 염려하는 대상과 우리가 그들의 행복을 꾀하기 위하여 사용한 수단에 축복해 주시기를 구해야 한다. "교리는 위로부터 그 효력이 부여되지 아니하면 아무런 힘이 없다. 그리스도께서는 그들을 가르쳐 주시기 위하여 본보기를 제시하신다. 즉 말씀을 전파하는 데에만 전념하지 말고 거기에 기도를 합함으로써, 하나님의 축복으로 그들의 수고에 풍성한 열매가 맺히도록 하나님의 도움을 간청해야 한다는 본보기를 제시하신 것이다"(존 칼빈).

"**눈을 들어 하늘을 우러러.**" 이 앞 장들에 기록된 이야기를 하시는 동안 주님의 눈은 분명히 온유한 근심에 넘친 채 제자들에게 고정되어 있었다. 그러나 이제 그는 기도를 시작하시려 한다는 표시로써 눈을 들어 하늘을 우러러 보신다. "이것은 기도와 하나님을 예배하는 데 있어서 신체적인 자세를 무의미한 것으로 간주해서는 안 된다는 사실을 보여준다"(라일 주교). 그 자세는 세상적인 일에 대한 생각과 애착을 끊고 깊은 존경과 경건한 신뢰를 바친다는 것을 표시한다. 그것은 **마음**을 하나님께로 향하여 **들어 올린다**는 것을 함축하고 있다. 다윗은 "여호와여 나의 영혼이 주를 **우러러 보나이다**"라고 말하였다(시 25:1). 참된 기도에서는 하나님을 향한 사랑이 넘친다. 우리 주님의 행위는 또한 우리가 하나님께 마땅히 드려야 할 **영적인 공경**에 대해서 가르쳐 주시고 있다. 하늘은 하나님의 거처이다. 그러므로 눈을 들어 그의 보좌를 향하신 것은 하나님의 위엄과 탁월하심을 인식한 것을 표시한다. "하늘에 계시는 주여 내가 **눈을 들어** 주께 향하나이다"(시 123:1). 또 하나 지적할 것은, 그러한 자세가 **하나님**께 대한 **신뢰**를 뜻한다는 것이다. 모든 피조물에 의지하던 태도를 버리지 아니하고는 참된 기도를 드릴 수 없다. "내가 산을 향하여 눈을 **들리라** 나의 도움이 어디서 올까 나의 도움은 천지를 지으신 여호와에게서로다"(시 121:1, 2). 믿는 자는 주위를 둘러본다. 그러나 도움 받을 곳을 찾지 못한다. 그의 구원은 위에 계신 하나님에게서만 오는 것이다.

"**이르시되 아버지여.**" 중보자께서는 여기에서 **아버지이신** 하나님께 말씀하신다. 하나님은 세 가지 의미에서 그의 "아버지"가 되신다. 첫째로, 기적으로 태어난 그의 인간적 본성에 의하여 하나님은 아버지이시다. 하나님께서는 그를 위하여 그의 몸을 "예비하셨다"(히 10:5). 인간 세상에서도 아이를 낳은 자가 그 아버지인 것처럼 그리스도의 몸을 만드신 분은 그의 인성의 아버지가 되셨다. "천사가 대답하여 이르되 성령이 네게 임하시고 지극히 높으신 이의 능력이 너를 덮으시리니 이러므로 나실 바 거룩한 이는 **하나님의 아들**이라 일컬어지리라"(눅 1:35). 이와 같이 **인간**이신 예수 그리스도는 특별한 의미에 있어서 하나님의 아들이시다. 하나님께서 그의 형상과 모양대로 지으신 아담도 또한 "하나님의 아들"(눅 3:38)로서 불린다. 둘째로, 우리 주님은, 사람들 중에 택함받아 구원된 자들로 된 교회의 **머리요 대표자**이시기 때문에 하나님과 "아버지" 관계에 있으시다. 이와 같이 그는 "많은 형제 중에서 맏아들"이시다(롬 8:29). 사도 바울이 "나는 그에게 **아버지**가 되고 그는 내게 아들이 되리라"(히 1:5) 한 구약의 말씀을 주 예수께 적용시켰을 때 그는 바로 이 하나님과 예수님의 관계를 가리켜 그렇게 말한 것이다. 셋째로, 우리 구세주께서 성삼위 중 첫째 위격에 부여하신 "아버지"라는 호칭은 근본적으로 그리고 일반적으로 신성의 제1 위격과 제2 위격 사이에 영원 전부터 존재해 온 **본질적인** 관계를 가리키는 말이다. 그 용어가 내포하고 있는 주요한 사상은 바로 **본성의 동일성**이다. 로마서 8:32에서 그리스도를 하나님의 "자기 아들"이라고 말하고 있다. 그것은 어떤 의미로 볼 때 그가 하나님께만 절대적으로 속하는 특별한 아들임을 암시해 준다.

"**이르시되 아버지여.**" 이 말은 두 가지 사실을 나타내고 있다. 첫째로, **관계**, 즉 아들이라는 관계를 나타낸다. 이것은 그가 말씀하신 그의 주장이었다. 그는 이렇게 말씀하신 것이다. "오, 나는 본질적이고 완전하며 즐거운 일체성 안에서 영원 전부터 당신과 함께 존재해 왔나이다. 그리고 당신의 뜻과 역사하심에 의하여 나는 기적으로 인간의 본성을 입었고, 또 예정된 모든 구원받은 자들의 머리가 되었나이다. 이제 나는 은혜의 당신 보좌 앞으로 나아갑니다." 둘째로, 그것은 **사랑**을 암시한다. 그것은 사랑과 존경, 신뢰와 순종을 표시한다. 아들이 아버지를 신뢰하지 아니한다면 누구를 신뢰하겠는가? 그는 이렇게 말씀하신 것이다. "나는 당신의 능력을 믿나이다. 나는 당신의 지혜를, 당신의 자비를, 당신의 신실하심을 믿나이다. 당신의 손에 나를 맡기나이다. 당신은 내 아버지이시므로 당신께서 내 기도를 들으시는 줄을 내가 아나이다!" 그리스도께서는 기도를 하라고 명하셨다. 그리고 여기에서는 친히 제자들 앞에서 기도하시는 복되신 본보기를 보여주심으로써 우리에게 이 거룩한 것을 실행하도록 권하신 것이다.

"**때가 이르렀사오니.**" 이것은 주 예수께서 지극히 중대한 이 "때"에 관하여 언급하신 것 중 일곱 번째로서 마지막에 해당하는 것이다. 요한복음 2:4에 관한 필자의 주석을 보라. 이것은 시간이 시작된 이래로 가장 중대한 "때"였다. 왜냐하면 이 때는 영구적인 결과를 배태하고 있는 지극히 중대한 때였기 때문이다. 그것은 하나님의 아들께서 그의 소중한 생명보다도 훨씬 더 중대하고 빛나는 죽음으로 그 생명을 종결지으려 하신 때였다. 그것은 영광의 주님께서 그의 백성을 위하여 죄로 여긴 바 되어 죄를 미워하시는 하나님의 거룩한 진노를 참고 받으시려 하시던 때였다. 그것은 수백, 수천 년 동안 지향하여 진행되어 온 아주 많은 예언들과 상징들 그리고 모형들을 완성하고 성취하시려는 때였다. 또한 온 세상의 역사 중 그에 필적할 바가 없는 사건이 발생하려 하던 때였다. 그것은 **뱀**이 여자의 **씨**의 발꿈치를 상하게 하도록 허용된 때였으며, 하나님의 공의의 칼이 여호와의 **벗**을 찌른 때였다. 그것은 땅의 지축이 뒤흔들리던 때였다. 그러나 그것은 택함받은 자들이 구원을 받고 하늘이 기뻐하며 "지극히 높은 곳에 계신 하나님께 영광"을 가져왔고, 또 영원히 그 영광을 가져올 그러한 때였다.

우리 구세주께서는 어째서 이 "때"를 지적하심으로써 그의 기도를 시작하신 것일까? 그 이유는 그것이 그가 제시하시려는 청원들을 지지해 줄 **구실**이었기 때문이다. "우리 주님께서 자신을 위하여 드린 기도에는 청원뿐만 아니라 변론도 들어 있다. 기도란, 은혜를 필요로 하는 사람이 그가 생각하기에 그것을 부여해 줄 수 있고 또 그것을 처리할 것으로 아는 분에게 구하는 소망의 표현이다. 그러므로 요청 또는 청원이 곧 기도의 주요소이다. 어떤 사람이 다른 사람에게 소망을 말할 때 그 소망을 가지게 된 이유와, 그 요청을 제시하는 이유를 진술하는 것은 당연하다. 그리고 그 소원의 근거와 그 소망이 승낙되어야 하는 근거들을 밝히는 것도 당연한 일이다. 이와 같이 청원들과 변론은 인간에게 있어서도 인간끼리의 구하는 것과 관련이 있다. 그와 마찬가지로 인간이 하나님께 기도드릴 때에도 그것들은 필수적인 요소이다. 성경에 기록된 하나님의 성령의 영향을 받아 인도된 경건한 사람들이 드린 기도들을 신중하게 읽는 사람은 누구든지 청원과 변론이 결합되어 있으면서도 그 구분이 명백한 것에 놀라게 될 것이다. 그들이 '하나님께 가까이 나아가게' 될 때, 다시 말해서 욥이 말한 것처럼 그들이 '하나님을 발견하고 그의 처소에 나아갈' 때 어떻게 '그 앞에서 호소하며 변론할 말을 입에 채웠는가'(욥 23:3, 4). 예레미야가 말한 것처럼 그들은 주와 '변론한' 것이다(렘 12:1)"(존 브라운).

그리스도의 최초의 청원의 근거는 그가 예배의 대상과 맺고 있는 친밀하고 사랑에 넘치는 관계였다. "**아버지여 … 아들을** 영화롭게 하사." 이 말씀의 한 마디 한 마디에는 강력한 변론이 들어 있다. 그의 두 번째 청원의 근거는 "때가 이르렀다"는 것, 즉 이 청원이 승낙될 **지정된** 때가 이르렀다는 것이다. 요한복음 종결부에 있는 아주 많은 주님의 말씀들이 그렇듯이 여기에서의 "때"라는 말에도 **이중의** 의미가 들어 있는 듯하다. 그것은 그의 고난의 때를 가리키는 것일 뿐만 아니라 십자가의 부활의 측면을 내다본 것이기도 하다. 요한복음 13:31에 대한 필자의 주석을 참고하라. "아들의 고난 안에서, 아들의 고난으로 말미암아, 아들의 고난을 위하여, 다시 말해서 아들이 고난을 받는 중에, 그리고 고난을 받은 후에 아버지께서 아들에게 뛰어난 영광을 주실 것인데 이것이 곧 그 지정한 때이다. '때가 왔다. 그렇다. 정해진 때가 왔다.' 그리고 때가 오면 사건이 발생하지 않겠는가? 그것은 하나님의 목전에 관한 문제이다. 그런데 그 때에는 하나님의 목적이 어그러진 것처럼 보였다. 그것은 하나님의 약속에 관한 문제인데 그 때에는 하나님의 약속이 실패한 것처럼 보였다"(존 브라운).

"아들을 영화롭게 하사 아들로 아버지를 영화롭게 하게 하옵소서"(17:1). 이것은 그 다음 두 구절과 대단히 밀접한 관계가 있기 때문에 그것들을 따로 분리시켜 다루기란 어려운 일이다. 요한복음 17:2과 3절에서 그리스도께서는 그의 마음을 차지하고 있던 아버지를 영화스럽게 해드릴 특별한 방식과, 그가 여기에서 구하여 기도하고 있는 자기 자신의 영광이 되는 측면, 다시 말해서 모든 인간을 다스릴 권세를 주시고 아버지께서 그에게 주신 자들 모두에게 영생을 주게 해달라는 내용을 기술하시고 있다. 그 소망에는 **이중의** 목적이 있고 그 기도에는 **이중의** 주제가 들어 있다. 즉 택함 받은 자들에게 영생을 주시는 데 있어서의 아버지의 영화와 그것을 성취하는 데 있어서의 필수적이고 효과적인 아들의 영화가 그것이다. 이와 같이 우리는 그리스도의 완전한 **무사무욕하심**을 볼 수 있다. 그는 자기 자신을 위해서가 아니라 **우리의** 구원을 통하여 **아버지를** 영화롭게 하시려고 자신을 영화롭게 해주시기를 기도하셨다! 우리는 그가 우리를 "끝까지" 사랑하시는 것을 여기에서 다시 한 번 볼 수 있다!

"아들을 영화롭게 하사." 이것은 구세주께서 십자가 상에서 자기를 지탱해 주실 것과, 그 후에 그를 무덤에서 살리셔서 그에게 행하라고 부여하신 일을 성공리에 완성하여 아버지의 우편에 앉혀 주시기를 요청하신 것이다. 그리고 이것은 아버지의 영광스러운 속성들, 즉 그의 공의, 거룩하심, 자비 그리고 신실하심이 드러나고 확대되게 하기 위함이다. 왜냐하면 하나님께서는 성품의 탁월하심이 그의 피조물들에게 밝히 드러나고 그들에 의하여 인정될 때 가장 크게 "영광을 얻으시기" 때문이다. 여기의 "때"가 뜻하는 이중의 의미와 부합하여 아들이 영화를 얻으시는 것도 이중의 의미가 있다. 즉 그것은, 나의 고난 **중에** 나를 영화롭게 하옵소서, 그리고 나의 고난 **후에** 나를 영화롭게 하옵소서라는 의미이다. 그의 기도는 이 두 가지 측면에서 응답되었다. 동산에서 그를 강하게 하시려고 천사를 보내신 일, "나는 그에게서 죄를 찾지 못하였노라"고 말한 빌라도의 증거, 구세주께서 십자가 상에 달려 계실 때 죽어가는 강도를 그에게로 이끄신 일, 성전의 휘장이 찢어진 일, "이는 진실로 하나님의 아들이로다"라고 말한 백부장의 고백, 이 모든 것들은 아버지께서 이 청원에 응하신 답변이셨다. 그가 부활하신 것, 그리고 하늘의 지극히 높은 보좌에로 오르신 것은 그가 고난받으신 후에 얻으신 영광이었다.

여기에 우리가 더 연구할 내용이 있는데, 첫째로, 다음 내용의 연관성에 주목하라.

"때가 되었으니 아들을 영화롭게 하소서"(17:1)라는 구절과 "고난에 대한 진정한 치료책은 다가올 영광을 바라보는 것이며, 현재의 시점에서 소망을 가지고 미래의 위험을 균형감 있게 생각하는 것이다. 이것은 저 슬픔의 시간에 대비하는 위안의 길이다. 우리의 여정도 그렇게 되어야 할 것이다. 보이는 것을 바라보지 말고 보이지 않는 것을 바라보아야 한다(고후 4:17). 즉 믿음으로 육적 감각을 패배시켜야 한다. 마음이 천국에 있으면 육체가 지상에서 느끼는 고통에 대항하는 강력한 무기가 된다." (토머스 맨턴-청교도)

둘째로, 그리스도께서 추구하시는 것이 무엇인가를 살펴보라. 주님이 추구하는 것은 사람들에 의하여 부요하게 되거나 세상으로 말미암아 영예롭게 되는 것이 아니라 아버지에 의해서 "영화롭게" 되는 것이었다. 우리도 이것을 열망해야 한다. 그리스도께서는 하나님으로부터 오는 영광을 추구하는 대신에 사람들에게서 영광을 받으려고 하는 자들을 책망하셨다(요 5:44). 그들은 사람의 영광을 하나님의 영광보다 더 사랑하였기 때문이다(요 12:43). 우리는 은혜뿐 아니라 영광도 구해야 한다.

셋째로, 그리스도께서는 자기가 무엇을 받게 될 것인가를 알고 그것을 요청하였다. 아버지께서 "내가 이미 영광스럽게 하였고 또다시 영광스럽게 하리라"고 말씀하셨다(요12:28). 하나님의 약속도 없고 하나님의 뜻에 부합하지 않는 기도는 무의미하고 헛되다.

넷째로, 그리스도께서는 아버지를 영광스럽게 하려고 이 영광을 구하였다. 여기에서도 주님은 우리에게 모범을 보이신다. 우리는 무슨 일을 하든지 하나님의 영광을 위하여 해야 한다. 하나님의 영광을 위한 것이 아니면 주님은 아무것도 구하지 않으셨다.

"아버지께서 아들에게 주신 모든 사람에게 영생을 주게 하시려고 만민을 다스리는 권세를 아들에게 주셨음이로소이다"(요 17:2). "아버지는 무엇보다도 먼저 신인(神人, God-man)의 인성 안에서 영광을 받으신다. 그는 그 마지막 때까지 자신의 인성을 드러내시고 있다. 그리하여 그를 통하여 제자들로 말미암아 하나님은 영광을 받으신다. 이렇게 이 첫 번째 단어 안에는 상호 영광을 받으시는 관련성이 드러나 있다. 다음에 따라오는 17:10에도 이것과 관련한 내용이 나타난다. 17:2에서는 아버지의 이 영광이 어떻게 타락한 인류에게까지 나타나고, 그들로 말미암아 어떻게 아버지의 영광이 드러나는가를 구체적으로 전개시키면서 설명하고 있다(Stier). 이 논지의 순서를 따라서 그 구절을 살펴보기로 하자.

2절에는 구주께서 아버지께 드리는 세 번째 간구가 있다. 아들을 영화롭게 하는 것은 아버지께서 아들에게 겪도록 정하신 장소와, 아들에게 수행하도록 명하신 임무와 연관이 있다. 아들의 영광은 그 장소를 겪어야 하고, 그 임무를 수행할 필요가 있었다. 하나님께서 그로 하여금 겪도록 정하신 그 장소는 전 인류를 다스리고 인류에게 일어나는 모든 사건을 완전하게 통제하는 정당한 권리를 부여하기 위함이었다(요 5:22,: 엡 1:19-21). 그에게 부여된 임무는 택하신 모든 자들에게 영생을 주는 것이다. 그러나 이 목적의 성취를 위하여 아들은 반드시 이 고난 안에서, 이 고난에 의하여, 그리고 이 고난을 위하여 영광을 받으셔야 했다. 그는 십자가에서 속죄하시고, 죽은 자 가운데서 부활하시고, 하나님의 우편에 앉으심으로 영광을 받으셔야 했다. 이렇게 하여 그는 이 권위와 권세를 실제적으로 소유하신 것이다. 그 때 주님의 그 간구야말로 참으로 정곡을 찌르는 것이었다. 아버지께서 그를 영화롭게 하지 않았다면 그는 중보자의 임무를 완수하지 못했을 것이다.

아버지는 영원 전의 회의에서 인류를 구원하는 사명을 아들에게 부여하셨다. 그 목적은 육체 안에서 멸망해가고 있는 많은 아들들을 인도하여 하나님께 영광을 돌리게 하는 것이다. 이 사람들은 구원받도록 그리스도께 주어진 자들이다. 그들은 나면서부터 "허물과 죄로 죽은"(엡 2:1) 자들이다. 이들은 죄를 범하고 타락하고 영적 생명이 없어서, 지극히 거룩하시고 영원히 찬송 받으실 자와의 친교를 생각하고, 느끼고, 선택하고, 행동하고, 즐기는 일을 전혀 할 수 없는 상태에 있는 자들이다. 그들이 구원을 받으려면 구주께서 그들에게 부여하시는 영적 생명이 있어야 한다. 그리고 주께서 이 한량 없는 은혜를 주기 위하여 최고 통치의 자리에 오르셔야 했다. 그래서 여기에 구주의 탄원이 있는 것이다. 이것은 아버지께서 영광 가운데 계획하신 일이었다.

2절에는 아들 안에서 그리고 아들로 말미암아 아버지께서 영광을 받으시는 방법이 서술되어 있다. 아버지께서 아들에게 부여하신 임무를 "따라" 영혼들을 구원함으로 아들이 아버지께 영광을 돌리게 하소서. 2절에서 "주셨음이로소이다"는 주신 바 약속을 의미함이 분명하다 — 시 89:27; 단 7:14 등등. 만민을 다스리는 이 "권세" 또는 권위를 그리스도께서 주셨다는 사실은 또한 그가 중보자임을 드러내는 특성이기도 하다. 그리스도께서 이 "선물"을 받았다는 것은 그 값없이 주시는 은혜가 전혀 비천한 것이 아님을 우리에게 가르쳐준다. 신인(God-man)께서도 아버지가 주신 선물을 기꺼이 받으셨는데 오만한 죄인들이 하나님의 사랑을 경멸하다니!

"만물을 다스리는 권세"라는 말은 첫째로, 모든 인류를 다스리는 통치권을 의미한다. 또한 그것은 모든 피조물을 다스리는 권위이기도 하다. 이는 그리스도께서 "하늘에 오르사 하나님 우편에 계시니 천사들과 권세들과 능력들이 그에게 복종"(벧전 3:22)하셨기 때문이다. "하늘과 땅의 모든 권세"가 그에게 주어졌다(마 28:18). 그는 "남자의 머리"(고전 11:3)일 뿐 아니라 "모든 통치자와 권세의 머리"(골 2:10)이시다.

"아버지께서 아들에게 주신 모든 사람에게 영생을 주게 하시려고 만민을 다스리는 권세를 아들에게 주셨음이로소이다"(요 17:2). 우리는 그리스도의 우주적 권위와 그의 좁은 의미의 책임을 구분해야 한다. 만민을 다스리는 권위가 그에게 주어졌다. 그러나 여기의 '만민'은 선택된 무리 또는 그에게 책임지워진 자들이라는 의미이다. 구약 성경의 요셉은 그 모형이 되고 있다. 온 애굽을 다스리는 권위가 왕으로부터 그에게 주어졌다. 그러나 그의 형제들은 그의 사랑에 대하여 특별한 권리를 가지고 있었다. "천국의 열쇠가 그의 손안에 있다. 즉, 모든 인간의 영혼의 구원은 그의 처분에 달려 있다"(라일 주교). 이 이중적 진리 — 그가 우주의 통치자라는 사실과 자기 백성에게 보이시는 사랑 — 안에서 안식을 누린다는 것은 참으로 복된 일이다! 만물이 구주의 손 안에 있다. 그러므로 마귀는 그의 승낙이 없이는 한 발짝도 움직일 수 없다. 이 우주적 통치권은 하나님의 택하신 자들에게 영생을 주게 "하시려고" 주어진 것이다. 택함을 받은 자들은 보상(사 53:10-12)으로 그리스도께 주어진 것이며, 보수로(요 6:37; 18:9) 주어진 것이다.

"영생은 곧 유일하신 참 하나님과 그가 보내신 자 예수 그리스도를 아는 것이니이다"(요 17:3) "영생은 곧 …"이라는 말씀에 대해 적지않은 의견의 차이가 있다. "영생은 곧 …"에 대하여 "This is life eternal"이 정확하다 혹은 좀 더 문자적으로는 "this is the eternal life—that"가 정확하다 등등. 여기에서는 여러 가지 해석을 다 살펴보려는 것이 아니고 주님이 말씀하신 의미가 무엇인지 살펴보기로 하자. 이와 유사한 표현 양식이 3:19에 나온다. "그 정죄는 이것이니 곧" 등등. 3:19 다음에 이어지는 말씀 속에는 정죄의 근거와 방법이 묘사되어 있다. "빛이 세상에 왔으되 사람들이 자기 행위가 악하므로 빛보다 어둠을 더 사랑한 것이니라." 이것은 우리가 여기에서 첫 번째 의미를 이해하는데 도움을 준다. "영생은 곧 … 아는 것이니이다." 이것이 그 말씀을 이해하는 방법이다. 또 12:50에는 "그의 명령이 영생인 줄 아노라"고 기록되어 있다. 이것이 그 말씀의 표면적인 의미이다. 또 요한일서 5:20에는 "그는 참 하나님이시요 영생이시라"고 기록되어 있다. 이것은 그리스도께서 영생의 창조자라는 의미이다.

이 말씀만 가지고 생각하면 "영생"이라는 말의 특성과 그 표현의 의미를 기록된 그대로 이해할 수 있을 것이다. 그러나 문맥에서는 그런 의미가 아니다. 그리스도께서는 여기에서 앞 절의 간구를 확대시키고 있다. 그 내용은 다음과 같다. 내가 영광을 받지 않으면 나는 영생을 줄 수 없다. 내가 승천하지 않으면 성령께서 오시지 않을 것이다. 그리고 성령으로 하지 않고는 아버지와 그의 아들을 알 수 없게 된다. 그러면 결과적으로 영생은 없다. "하나님을 아는 것"과 "영생"은 불가분리의 관계이기 때문이다. 이제 "영생은 곧 … 아는 것이니이다"는 말씀의 의미가 명백해졌다. 이것이 영생의 의미를 이해하는 방법이다. 다시 말하면, 영생은 예수 그리스도께서 가르쳐주신 하나님을 아는 지식에 의하여 얻는 것이다.

"영생은 곧 … 아는 것이니이다"(문자적 직역). 여기에서 말하는 지식이란 사변적(思辨的)이 아니고 실천적이고, 이론적이 아니라 체험적이며, 지적인 것이 아니고 영적이며, 소극적이 아니고 구원을 얻게 하는 지식을 가리킨다. 여기에서 말하고 있는 구원에 이르는 지식은 이중적인 대상 즉 하나님과 그리스도로부터 온 것이 분명하다. 그리스도 안에서 하나님을 아는 자는 하나님을 그리스도 안에서 화목하신 자로 알고 그 안에서 안식하는 것이다. "주의 이름을 아는 자는 주를 의지하오리니"(시 9:10). 이 지식은 거기에 조화를 이루며 살아가며 그 지식에 의하여 생성되어진 삶을 살아가게 될 것을 추정한다. "우리가 그의 계명을 지키면 이로써 우리가 그를 아는 줄로 알 것이요"(요일 2:3). 이 기도의 내용은 자기의 필요를 위한 말씀이 거의 없는 주님의 간구를 한층 더 강화시킨다. 아들이 영생을 준 사람들이 하나님을 아는 것(신뢰하고, 사랑하고, 예배하고)보다 더 하나님을 "영광스럽게" 하는 것이 무엇이겠는가! '영생'은 모든 축복의 진수를 다 포함하고 있다. "그가 우리에게 약속하신 것은 이것이니 곧 영원한 생명이니라"(요일 2:25). 영적인 생명 또는 영생은 한 중보자를 통하여 삼위일체 하나님을 알고, 하나님으로 말미암아 살고, 하나님과 교제하면서, 한없는 즐거움을 누리는 것이다.

"유일하신 참 하나님을 알고." 이 말씀에서 단일신론자들은 삼위일체의 제2위와 제3위의 신성을 논박하려고 무서운 노력을 하였다. 우리가 다른 많은 구절을 통해서 잘 알고 있는 바와 같이 그리스도께서는 여기에서 자신과 성령의 신성을 부인하고 있는 것이 아니다. 그러면 그가 여기에서 아버지는 "유일하신 참 하나님"이라고 단언하신 것은 무슨 의미인가? 대답은 두 가지다.

첫째로, 그리스도께서는 여기에서 이방의 우상들 즉 거짓 신들(살전 1:9 참조)을 배제하고, 아버지 안에 있는 신성만이 유일하고 참되다는 것을 나타낸다. 아들과 성령은 배제하지 않고 있는데 그 이유는 그들이 아버지와 똑같은 속성을 가지고 계시기 때문이다. 아들과 성령은 아버지 밖에서가 아닌 아버지 안에서 "참 하나님"이시다. "나와 아버지는 하나이니라"(요 10:30). "아버지께서 내 안에 계시고 내가 아버지 안에 있다"(요 10:38). 그 속성이 나누어진 것이 아니고 그 위격이 구분되어진 것이다. 요한일서 5:20에는 아들 자신을 "참 하나님"이라고 지칭한다. 그것은 요한복음 17:3에서 아들을 배제하지 않은 것과 똑같이 아버지를 배제하지 않은 것이다. 성경에는 이렇게 배제하는 내용이 있는 성구들이 많이 있다. 그런데 그것은 믿음에 대한 비유로 설명된 말씀임이 분명하다. 예를 들면 "아들과 또 아들의 소원대로 계시를 받는 자 외에는 아버지를 아는 자가 없느니라"(마 11:27). 그러나 이 말씀은 성령을 배제한 것이 아니다. 성령은 "하나님의 깊은 것까지도 통달하시느니라"(고전 2:10)고 하셨기 때문이다. 삼위일체의 한 위격은 다른 위격을 배제하지 않는다. 성경에서 한 분 외에는 하나님이 없다고 주장하는 것은 단지 "신이라 불리는" 다른 모든 신들을 부인하기 위한 것이다.

둘째로, 그리스도께서 여기에서 말씀하고 있는 내용은 구원의 순서와 경륜에 관한 것이다. 방금 '영생'을 주시는 것을 언급하신 것을 보면 알 수 있다. 구원의 경륜에서 아버지는 언제나 신격의 왕적 위엄이 있는 최고의 통치자로 나타난다. 아들은 중보자의 직책을 가지고 계시면서 이 품성 가운데에서 그는 "아버지는 나보다 크심이라"(요 14:28)고 말씀하신 것이다. 마찬가지로 현재 하나님의 통치하시는 기간 내내 성령은 하나님의 종이다(눅 4:17-23을 보라. 요 16:13 참조. 우리의 논지도 거기에 근거를 둠). 구원의 순서에서 아버지는 전체 신성을 대표하시는 주역이시다. 그 이유는 그가 신성의 창시자요 근본이시기 때문이다.

"[그리고] **그가 보내신 자 예수 그리스도를.**" 연결어 "그리고"라는 말은 "예수 그리스도"를 별개로 여기고서는 "유일하신 참 하나님"이신 아버지를 알 수 없다는 사실을 경고하고 있다! 이방인들이 그들의 헛된 것들 때문에 "유일하신 참 하나님"을 반대한 것처럼 유대인들은 그들의 맹목성 때문에 "아버지의 보내신 자 예수 그리스도"를 반대하였다. "보내지다"는 말은 세 가지 암시와 의미를 가지고 있다. 첫째, 그것은 그의 신성을 가리킨다: **"하나님께로부터 나오심을 우리가 믿사옵나이다"**(16:30). 둘째로, 그의 성육신하심을 가리킨다: "때가 차매 하나님이 그 아들을 보내사 여자에게서 **나게 하시고**"(갈 4:4). 그것은 또한 중보자요 구속자로서의 그의 직분을 가리킨다. 바로 이 이유 때문에 그는 "우리가 믿는 도리의 사도이시며 대제사장"(히 3:1)이시라고 불리어졌다. 그리고 "사도"란 **보냄을 받은** 자라는 뜻이다. 예수 그리스도는 하나님께서 우리와 교섭하게 하려고 보내신 **대사**이시다.

우리 주님께서 자신을 "예수 그리스도"라고 칭하신 것은 신약 성경 중 여기가 유일한 곳이다. 그 점은 주목할 만하다. 그렇게 칭하심으로써 그는 인자인 **예수**요, 하나님의 아들인 그가 유일한 **그리스도**(메시야)이심을 확언하셨다. 그렇게 하심으로써, 그는 앞 구절에서 모든 거짓 신을 배제하신 것처럼 여기에서 메시야에 대한 그릇된 개념을 모두 반박하신 것이다. 요한일서 5:1은 "**예수께서 그리스도이심**을 믿는 자마다 하나님께로부터 난 자니"라고 기록하고 있다. 반면에 5:5은 "**예수께서 하나님의 아들이심**을 믿는 자가 아니면 세상을 이기는 자가 누구냐"라고 되어 있다. 이 두 구절은 주목할 만하다. 사랑하는 독자여, 당신은 아버지와 아들을 알고 있는가? 즉 예수 그리스도 안에서, 예수 그리스도로 말미암아 드러나신 아버지를 알고 있는가? 만일 알고 있지 아니하면 당신은 영생을 가지고 있지 않은 것이다.

"**아버지를 이 세상에서 영화롭게 하였사오니**"(17:4). 이것은 구세주의 그 다음 청원의 근거이다. 나는 아버지를 영화롭게 하였나이다. 이제 아버지께서 나를 영화롭게 하옵소서. 하나님은 피조물 안에서(시 19:1), 그리고 그의 섭리에 의하여(출 15:6, 7) 영광을 얻으셨다. 그러나 그는 아들로 말미암아서 최상으로, 또 아주 독특한 방식으로 영광을 얻으셨다. 그리스도께서는 그 본체 안에서 아버지를 영광스럽게 하셨다(히 1:3). 그는 그의 기적들로써 그를 영광스럽게 하셨고 항상 아버지께 모든 찬양을 돌리셨다(마 11:25 등). 그러나 무엇보다도 그는 자기의 거룩하신 생애로써 아버지를 영광스럽게 해드렸다. 구세주께서는 그의 백성의 대표자로서, 그들이 범한 그 율법에 순종하도록 이 세상에 보내지셨다(갈 4:4). 그리고 그는 생각과 말과 행위에 있어서 이 의무를 완전하게 이행하셨다. 그의 제자들은 그 안에서(은혜와 진리로 충만하신 그 안에서), 아버지의 품안에 거하는 그분만이 소유하고 계신 도덕적인 영광을 보았다. "내가 아버지를 **이 세상에서** 영화롭게 하였나이다." 그가 그토록 극심한 모욕을 당하셨던 곳인 세상에서 그는 아버지를 영화롭게 하신 것이다.

아들께서는 그가 아버지를 이 세상에서 영화롭게 해드렸음을 염두에 두시고서 "아버지여 나를 영화롭게 하옵소서"라고 말씀하셨다. "우리가 요한복음을 더 많이 연구하면 연구할수록 우리는 그가 아버지와 일체이신 신적 위격의 신분으로 말씀하시고 행동하신다는 것을 더욱더 잘 알게 될 것이다. 그는 혼자서도 그렇게 하실 수

있으셨다. 그러나 그는 종의 신분을 취하신 자로서, 그리고 아버지에게서 **받는** 것이
아니고는 아무 것도 자기를 위해 **취하지** 아니하는 자로서 말씀하시고 행동하셨다.
'내가 아버지를 영화롭게 하였나이다.' '이제 나를 영화롭게 하옵소서.' 이것은 본
성과 사랑에 관한 동등성을 가리키는 말이다. 그는 '이제 내가 나를 영화롭게 하겠
다' 고 말씀하지 아니하셨다. 그는 세상이 있기 전부터 아버지와 함께 영광을 누리셨
음에도 불구하고 모든 것을 받는 인간의 신분을 취하셨다. 이것은 지극히 아름다운
일이다. 여기에 덧붙여 말하고 싶은 사실은 광야에서 헛되이 그를 유혹했던 원수는
바로 이런 신분의 그를 유혹했던 것이다"(Darby).

　　"**아버지께서 내게 하라고 주신 일을 내가 이루어**"(17:4). 이것은 구세주께서 자기
의 영화를 위하여 드리신 **마지막** 탄원이다. 그가 이 세상에 오셨을 때 그는 "하나님
이여 보시옵소서 … 하나님의 뜻을 행하러 왔나이다"(히 10:7)라고 확언하셨다. 열두
살 때 그는 "내가 내 아버지 집에 있어야 될 줄을 알지 못하셨나이까"(눅 2:49)라고
선언하셨다. 요한복음 4:34에서 그는 "나의 양식은 나를 보내신 이의 뜻을 행하며 **그
의 일을 온전히 이루는** 이것이니라"고 선포하셨다. 이제 그는 이렇게 말씀하신다.
"아버지께서 내게 하라고 주신 일을 내가 **이루었나이다.**" 그는 또한 몇 시간 후에 십
자가 상에서 "다 이루었다"(19:30)라고 외치실 것도 예상하셨다. 구세주께서는 지상
에서의 그의 일에 대하여 그가 마치 하늘에 오르신 것처럼 말씀하셨다. 그의 기도 전
체를 통하여 명백히 입증되고 있는 사실은, 이것이 **하늘에서의** 그의 **중보**를 나타내
고 있다는 점이다. "나는 세상에 더 있지 아니하오나"(17:11)

　　"아버지께서 내게 하라고 주신 일을 내가 이루어." 영원하신 아들로서 그는 신실
한 종의 신분을 취하셔서 다른 아무도 할 수 없는 일을 행하셨다. 그는 아버지의 뜻
을 수행하셨다. 그는 아버지의 메시지를 전하셨으며 진리를 가르치셨을 뿐만 아니라
그것을 예증하시기로 했다. 그는 "허물이 그치며 … 영원한 의(義)가 드러나며"(단
9:24). 그는 자신을 희생 제물로 바치심으로써 죄를 없이하셨다. 그는 "그가 빼앗지
아니한 것도 물어 주셨다"(시 69:4). 이와 같이 그는 이 세상에서 아버지를 영화롭게
하셨으며 그에게 하라고 주신 일을 온전히 이루셨다. 그러므로 그는 "영화를 얻으셔
야 할" 전적인 이유가 있으신 것이다. 신성의 모든 도덕적 속성은 그것을 요구하였
다. 그는 십자가를 지셨기 때문에 "그 앞에 놓여 있는 기쁨"을 누리실 자격을 완전하
게 얻으신 것이며, 자기 영혼을 버려 사망에 이르게 하였기 때문에 "존귀한 자와 함
께 그 몫을 받으셔야 했다"(사 53:12). 구세주께서 이 세상에서 하나님을 영화롭게

하셨기 때문에 하늘에서의 영화를 받으셔야 한다는 사실은 합당한 일이었다.

"아버지여 창세 전에 내가 아버지와 함께 가졌던 영화로써 지금도 아버지와 함께 나를 영화롭게 하옵소서" (17:5). 아들께서는 그의 영화를 위한 다양한 청원의 근거들을 제시하신 후 이제는 청원으로 되돌아가신다. 이 구절은 가히 측량할 길 없는 숭고한 경지로 우리를 이끌어 간다. 우리가 할 수 있는 모든 것은 문맥과 병행구들의 빛에 의지하여 그 말씀을 겸손하게 숙고하는 것일 뿐이다. 구세주께서 "아버지여 나를 영화롭게 하옵소서"라고 말씀하셨을 때 그는 **중보자**로서, 즉 "예수 그리스도"로서 말씀하신 것이다(17:3). 예수 그리스도로서 그는 비하의 신분을 취하셨다. 그러므로 이제는 예수 그리스도로서의 영광을 받으셔야 한다. 사도행전 2장을 보면 이에 대한 아버지의 응답을 알 수 있다. **"이 예수를** 하나님이 살리신지라 … 그런즉 이스라엘 온 집은 확실히 알지니 너희가 십자가에 못 박은 **이 예수를** 하나님이 주와 그리스도가 되게 하셨느니라"** (32, 36절). 빌립보서 2:9-11과도 비교해 보라. 그러나 여기에서의 그의 영광을 그의 **인성**에만 국한시켜서는 안 된다. 우리는 그 사실을 이 구절의 나머지 부분을 통해 알 수 있다. **영원하신 아들**로서 그는 비하의 신분을 취하셨다(빌 2:6). 그러므로 **아들**로서의 그가 높아지시고 크게 되신 것이다(시 21:1-6; 110:1; 엡 1:17-23; 계 5:11-14 참고).

그리스도께서 자기를 "영화롭게" 해주시기를 **구하신** 것은 그의 완전성을 입증해준다. 그의 영화는 약속된 것이며 그가 친히 얻으신 것이다. 이 사실에 덧붙여 그가 그것을 간청하신 세 가지 **이유**는 첫째로, 그의 굴욕을 보고 괴로워한 그의 제자들을 **위로**하시기 위해서였다. 둘째로, 우리의 **교훈**을 위해서였다. 즉 하나님을 위하여 고난을 받는 것은 영광에 이르는 길임을 가르쳐 주시기 위해서였다. 셋째로, 교회의 **유익**을 위해서였다. 교회가 번창하기 전에 그리스도께서 먼저 영광을 얻으셔야 했다. 여기에서 보여주신 구세주의 본보기는 우리에게 다음과 같은 사실을 알게 해준다. 즉 우리는 아버지께서 우리가 사람들로 하여금 하나님을 알게 하도록 우리에게 힘을 주시고, 우리를 사용하심으로써 우리가 하나님께 즐거이 영광을 드리도록 기도드려야 한다. 그리고 우리가 피조물이란 한도 내에서 우리가 이 세상에서 그를 영화롭게 해드릴 수 있고, 우리에게 하라고 주신 일을 온전히 이룰 수 있도록 기도드려야 한다.

요한복음 17장의 다음 부분을 연구하는 독자들을 돕기 위하여 아래의 질문들을 제시하는 바이다.

1. 그리스도께서는 그의 제자들을 위하여 여기에서 몇 가지 청원의 근거들을 제시
   하고 계시는가?(6-12절)

2. 그리스도께서는 6절에서 누구를 가리키신 것일까?

3. 택함 받은 자들은 어떤 의미에서 그리스도께 "주어졌는가?" (6절)

4. 8절에 들어있는 [그리고라는 말들은 어떤 중대한 진리를 가리키고 있는가?

5. 9절과 누가복음 23:24은 어떻게 조화를 이루고 있는가?

6. 어째서 "거룩하신" 아버지이신가?(11절)

7. 12절의 일체는 어떤 것인가?

제58장

그리스도의 중보기도

❷

⁶세상 중에서 내게 주신 사람들에게 내가 아버지의 이름을 나타내었나이다 그들은 아버지의 것이었는데 내게 주셨으며 그들은 아버지의 말씀을 지키었나이다 ⁷지금 그들은 아버지께서 내게 주신 것이 다 아버지로부터 온 것인 줄 알았나이다 ⁸나는 아버지께서 내게 주신 말씀들을 그들에게 주었사오며 그들은 이것을 받고 내가 아버지께로부터 나온 줄을 참으로 아오며 아버지께서 나를 보내신 줄도 믿었사옵나이다 ⁹내가 그들을 위하여 비옵나니 내가 비옵는 것은 세상을 위함이 아니요 내게 주신 자들을 위함이니이다 그들은 아버지의 것이로소이다 ¹⁰내 것은 다 아버지의 것이요 아버지의 것은 내 것이온데 내가 그들로 말미암아 영광을 받았나이다 ¹¹나는 세상에 더 있지 아니하오나 그들은 세상에 있사옵고 나는 아버지께로 가옵나니 거룩하신 아버지여 내게 주신 아버지의 이름으로 그들을 보전하사 우리와 같이 그들도 하나가 되게 하옵소서 ¹²내가 그들과 함께 있을 때에 내게 주신 아버지의 이름으로 그들을 보전하고 지키었나이다 그 중의 하나도 멸망하지 않고 다만 멸망의 자식뿐이오니 이는 성경을 응하게 함이니이다(요 17:6-12)

요한복음 17장의 둘째 부분을 분석해 보면 아래와 같다.

1. 하나님의 택함받은 자들을 위해 그리스도께서 행하신 일(6절)
2. 택함 받은 자들의 응답(6, 7절)
3. 택함 받은 자들에 대한 궁극적인 보장(8절)
4. 중보자께서 택함 받은 자들만을 위하여 기도하심(9절)
5. 그리스도께서 택함 받은 자들을 위하여 기도하시는 이유(9-11절)

6. 그리스도께서 그들의 보전과 하나됨을 위하여 기도하심(11절)
7. 그리스도께서 청원의 근거를 추가하심(12절)

요한복음 17장은 13장의 속편이다. 각 장에는 우리 대제사장의 사역들이 나타나 있다. 그러나 각 장에 나타나 있는 그의 봉사는 서로 다르다. 하지만 이 두 장은 공히 높은 데에 계시는 우리 대언자를 완전하게 표현해 주고 있다. "말하자면, 13장에서 우리 대언자께서는 한 손을 그의 성도들의 더러운 발 위에 얹으셨고, 여기에서는 다른 한 손을 아버지의 보좌 위에 얹으시고 놀라우신 솜씨로 하나님과 죄인 사이를 이어 주는 고리를 만들고 계신다. 13장에서 그는 허리를 동여매시고 우리의 발을 향해 몸을 굽히셨다. 17장에서는 눈을 들어 아버지의 얼굴을 바라보고 계신다(17:1). 하나님의 깨끗하신 보좌와 우리의 더러운 발 사이에 놓여 있는 전적인 거리감을 완전히 없애시는 분께서 우리를 위하여 간청하시는 것이 거절될 리가 있겠는가? 모든 것은 틀림없이 허락될 것이다. 하나님께서는 그러한 분께서 청하시는 것을 항상 들어주신다. 이와 같이 우리 대언자의 기도는 완전하게 받아들여진다"(Mr. T. G. Bellet).

구세주께서 여기에서 그의 청원들을 제시하고 있는 **순서**와 그가 그것들을 주장하시는 **구실들**에 대해서 우리는 매우 상세하게 주목해야 한다. 그 기도는 세 부분으로 나눌 수 있다. 17:1-5에서 그는 **자기 자신을 위해서** 기도하신다. 17:6-19에서는 그 때 살아 있던 **제자들을 위하여** 기도하신다. 17:20-26에서는 **믿는 자들**을 위하여 기도하신다. 자기 자신을 위해서 그는 자신을 영화롭게 해주시기를 기도하는데 그것은 바로 **아버지**의 영광을 위해서이다. 17:1에서 그는 "아들을 영화롭게 하사 아들로 아버지를 영화롭게 하게 하옵소서"라고 말씀하셨다. 그리고 17:5에서 그는 "내가 **아버지와 함께 가졌던 영화로써** 지금도 나를 영화롭게 하옵소서"라고 덧붙이신다. 그는 그의 백성들을 위하여 단 한 가지 일을 간청하시기 전에 이것을 말씀하셨는데 우리는 그 점에 주목해야 한다. 그가 제자들에게 가르쳐 주신 기도에 보면 "하늘에 계신 우리 아버지여 이름이 거룩히 여김을 받으시오며"라는 간구가 **서두**에 나온다. 그와 마찬가지로 여기의 "주님의 기도"에서도 아버지를 위한 일이 제일 먼저 나온다는 것이다. 아버지의 영광과 아들의 영광, 이 두 가지는 서로 불가분의 관계가 있다. 그의 백성들을 위한 것보다 자기 자신을 위한 기도를 먼저 드리신 일을 통해 그는 자신이 **만물의** 으뜸이시라는 것을 우리에게 보여주시고 있다(골 1:18).

그가 자기를 영화롭게 해 달라는 청원의 근거를 제시하신 것을 연구해 보면, 우리

는 그 다양한 청원의 근거들이 일곱 가지임을 발견하게 된다. 그리고 지금까지 우리
는 이 기도 전반에 들어 있는 그 일곱 가지 주목할 만한 청원의 근거들 중 첫 부분을
고찰해 왔다. 그 다양한 청원의 근거들은 다음과 같다. 첫째로, 그가 하나님과 맺고
있는 아들로서의 관계 때문이다. 즉 17:1에 나타나 있는 것처럼 "아버지"라는 관계
때문이다. 둘째로, 그 일을 위해 정해진 때가 왔기 때문이다. "때가 이르렀사오니"
(17:1). 셋째로, 하나님의 정하심과 약속을 통해 만민을 다스리는 권세가 아들에게
주어졌기 때문이다(17:2). 넷째로, 하나님께서 택하신 자들에게 그가 영생을 주어야
한다고 그에게 약속해 주셨기 때문이다(17:2). 다섯째로, 택함받은 자들에게 영생을
주는데 있어서 그가 그들로 하여금 아버지를 알게 해주셨기 때문이다(17:3). 여섯째
로, 그가 이 세상에서 아버지를 영화롭게 해드렸기 때문이다(17:4). 일곱째로, 아버
지께서 아들에게 하라고 주신 일을 아들이 다 이루었기 때문이다(17:4). 바로 이 이
유들 때문에 그는 그의 청원을 들어 주실 것을 간청하신 것이다.

　이 기도의 첫 부분에 대한 고찰을 끝마치기 전에, 아들이 아버지의 영광을 지키신
아름다운 방식에 대하여 주목해 보는 것이 합당하다. 첫째로, 그는 "아버지여, [**아버
지의**] 아들을("**그 아들**"이 아니다) 영화롭게 하사 … (17:1)라고 말씀하셨다. 그는 아
버지로부터 유리된 자기 자신을 위한 영광을 바라지 아니하셨다! 둘째로, 그는 "아들
로 아버지를 영화롭게 하게 하옵소서"(17:1)라고 말씀하셨다. 그는 영광에 있어서 개
별적이 아니라 완전히 하나가 되기를 바라셨다. 셋째로, "**아버지께서** … 만민을 다스
리는 권세를 아들에게 주셨음이로소이다"(17:2)라고 말씀하셨다. 여기에서 우리는
아들이 아버지께 부여해 드린 위치를 깨달아야 하는데 그것은 복된 일이다. 넷째로,
" … 모든 사람에게 영생을 주게 하시려고"(17:2)라고 말씀하셨다. 그런데 아들이 자
기의 피로 구속한 모든 사람에게라고 되어 있는가? 그렇지 않다. "아버지께서 아들
에게 주신 모든 사람에게"라고 되어 있다. 다시 한 번 말하거니와 그는 모든 일을 아
버지께 연관시키고 있다. 다섯째로, "영생은 곧 **나를** 아는 것이니이다"라고 말씀하
셨는가? 그렇지 않다. 그는 "영생은 곧 유일하신 참 **하나님**과 **그가** 보내신 자 예수 그
리스도를 아는 것이니이다"(17:3)라고 말씀하셨다! 여섯째로, "**아버지께서** 내게 하
라고 주신 일을 내가 이루어"(17:4)라고 말씀하셨다. 그는 스스로는 아무 것도 행하
지 아니하셨다. 그는 그 일을 일으키시고 그 일을 지정하신 아버지께 영광을 돌렸다!
끝으로, 그가 영화롭게 해주시기를 기도드렸을 때 그것을 제출하신 방법에 주목해
보면 우리는 매우 감동하게 될 것이다. "아버지여 창세 전에 내가 아버지와 함께 가

졌던 영화로써 지금도 아버지와 함께 나를 영화롭게 하옵소서." 그는 "아버지여 창세 전에 내가 가졌던 영화"라고 말씀하시지 않고 "아버지와 **함께** 가졌던 영화로써"라고 말씀하셨다. 그는 단 한 순간도 자신의 영광을 아버지와 유리시켜 생각하지 아니하셨다! 진실로 이 아름다우신 분께서는 "모든 인생보다 더 아름다우시다."

이제 우리는 요한복음 17장의 첫 부분인 1-5절의 말씀에 대한 고찰을 끝마쳤다. 거기에서 그리스도께서는 자기 자신을 위하여 기도하시고 있다. 요한복음 17:6-19까지로 이루어진 둘째 부분에서 그리스도께서는 **남아 있는 제자들을** 위하여 기도하신다. 이 둘째 부분을 다시 한 번 두 부분으로 세분할 수 있다. 그러나 그것들을 분류하기는 쉬운 일이 아니다. 6-12절에는 구세주께서 세상을 위해서가 아니라 그의 제자들을 위해서 기도드리시는 근본적인 **이유**가 제시되어 있다. 그것은 그들이 그와 맺고 있는 **관계** 때문이다. 모든 중재의 본질인 그들의 **보전**을 위한 간구도 바로 그 관계에 조건을 두고 있다. 13-19절에서 주님께서는 여기 이 세상에 남겨져 있는 그의 제자들을 위해 기도하시며, 그들이 그와 맺고 있는 그 관계를 근거로 하여 그들에게 필요한 몇 가지 사실들을 제시하시고 있다. 이제 세분한 두 부분 중 첫째 부분을 고찰해 보기로 하자.

이 기도는 세 부분으로 분해해 볼 수 있다. 그러나 거기에는 매우 주목할 만한 외적인 **통일성**이 깃들어 있다. 그리스도께서 자기 자신을 위하여 드리신 기도의 본질은 이런 것이다. 즉 저로 하여금 인간을 구원하는데 있어서 아버지를 영화롭게 해 드릴 수 있는 환경에 놓이게 해주옵소서. 그리고 그가 제자들을 위하여 드리신 기도의 본질은 이런 것이다. 즉 나의 도구로서 행하는 자들인 그들에게 내가 요청한 일을 그들이 행함으로써, 그들로 하여금 인간의 구원을 진전시키는데 있어서 아버지를 영화롭게 하기에 적합하게 하옵소서. 또한 그가 구속받은 모든 무리들을 위하여 드리신 기도의 본질은 이런 것이다. 즉 그들로 하여금 마음과 뜻에 있어서 그리고 즐거움에 넘쳐 아버지께 전적으로 일치하게 하옵소서. 이는 그들이 최대한으로 구원받음으로 말미암아 아버지께서 최대한으로 영광을 얻으시게 하려 함이옵니다. 이와 같이 주님의 기도는 처음부터 끝까지 아버지의 영광이 주를 이루며 고려되어 있다. 이 기도의 세부 사항을 상세하게 연구해 보면 우리는 이 사실을 확실하게 알게 될 것이다. 그러나 그리스도께서 모든 일을 하나님의 영광에 종속시키셨음에도 불구하고 거기에는 직접적으로는 아버지의 영광이 관련되어 있고 또한 아들의 영광이 관련되어 있는(왜냐하면 아버지께서는 아들 안에서 그리고 아들로 말미암아 영광을 받으셔야 하기 때문이다), 사도들과 모든 구속받은 무리들을 위해 간구하신 축복이 나타나 있다. 그는 그들을 축복해 달라는 청원의 근거로써 "내가 그들로 말미암아 영광을 받았나이다"(17:10)라고 말씀하신다. 그리고 그 궁극적인 목적은 "내게 주신 나의 영광을 그들로 보게 하시기를 원함"이라고 제시하신다(17:24).

"우리 주님께서 사도들을 위하여 드리신 기도는 자기 자신을 위하여 드리신 기도와 마찬가지로 청원과 그 근거들로 이루어져 있다. 그는 그들을 축복해 주시기를 간청하신다. 그리고 그가 그들을 축복해 주시기를 간청하는 이유들을 제시하신다. 아주 명확하게 규정되어 있는 것은 아니라 할지라도 6절 서두의 설명은 20절의 설명과 비슷한 것이다. 20절에서 그는 '내가 비옵는 것은 이 사람들만', 즉 사도들만을 '위함이 아니요'(오히려 그 당시의 모든 제자들을 위함이었다), '또 그들의 말로 말미암아 나를 믿는 사람들도 위함이니'라고 말씀하신다. 결과적으로 여기 6절에서 그는 이렇게 기도하신 것이 된다. 즉 '내가 비옵는 것은 나만을 위함이 아니요 또한 내가 아버지의 이름을 나타내 준 자들을 위함이니이다.'"

"우리 주님께서 사도들을 위하여 간청하신 큰 축복의 내용은, 아버지와 아들이 하나인 것같이 그들도 **하나가** 되게 해달라는 것이다. 다시 말해서, 인간을 구원하시는, 아버지를 영화롭게 하는 큰 일에 있어서 마음과 뜻으로써, 그리고 목적과 활동으로써 그들이 그들과[즉 아버지와 및 아들과] 하나가 되게 해달라는 것이다. 그것이 바로 사도들과 관련된 그의 소망의 궁극적인 목적이다. 다른 청원들은 이 목적을 위하여 필요한 것이다. 이 축복을 얻는데 필요한 간청들은 두 가지이다. 첫째로, **보전**이다. 즉 '아버지의 이름으로 말미암아서, 또는 아버지의 이름 안에서, 또는 아버지의 이름과 관련하여 그들을 지켜주옵소서.' '세상에 있는 악한 자로부터, 또는 악한 것으로부터 그들을 지켜주옵소서. 이는 우리가 하나인 것같이 그들을 하나가 되게 하려 함이니이다.' 둘째로, **거룩해지는 것**이다. '아버지의 이름으로 말미암아 또는 아버지의 이름과 관련하여 그들을 거룩하게 하여 주옵소서.' 그 나머지는 모두 다 청원들, 지극히 강력하고 매우 적절한 청원들로 이루어져 있다"(존 브라운).

요한복음 17:6-19에서 주님께서는 직접적이고 긴급하게 사도들을 위하여 기도하시고 있는데 그것은 사실이다. 그리고 여기에서의 사도들은 앞 장에서와 마찬가지로 **대표적인** 성격을 띠고 있음이 분명하다. 이것이 그 경우가 아니라면, 이 기도 전체를 통해서 그 당시에 믿고 있던 다른 모든 제자들을 위해 드렸다는 기도의 내용은 찾아볼 수 없다. 왜냐하면 17:20 말씀은 나중에 믿게 될 자들만을 위하여 기도하신 것이기 때문이다. 주의 깊은 독자는 그리스도께서 **모든** 신자들에게 공통으로 해당하는 용어를 사용하여 그가 여기에서 중재하시고 있는 대표적인 자들을 매우 상세하게 서술하고 계시는 것을 발견하게 될 것이다. 이제 이 사실을 감안하고서 본 강해를 진행시켜 나가기로 하자.

"세상 중에서 내게 주신 사람들에게 내가 아버지의 이름을 나타내었나이다 그들은 아버지의 것이었는데 내게 주셨으며 그들은 아버지의 말씀을 지키었나이다" (17:6). 우리는 이 구절과 그 다음 구절들에서 네 가지 사실들을 주의 깊게 주목해야 한다. 첫째, 그리스도께서 중재하시고 있는 **사람들**, 둘째, 그들에 대하여 제시해 놓은 그들의 **성격들**, 셋째, 그들을 위해 드려진 **청원들**, 넷째, 각각의 청원을 제시하게 된 **개별적인 해명들**이다. 주님께서 그의 제자들을 축복해 주시기를 간청하심으로써 시작하시지 아니하고 우선적으로 그가 위하여 기도하시려 하는 자들에 관하여 **기술**하시는 것으로써 시작하신 사실에 주목해야 한다. 17:6-10에는 그들에 대한 **소개**가 나온다. 17:11, 12에는 **청원**이 나온다. 구세주께서는 여기에서 중재자로서 아버지 앞에 나오셨기 때문에 자기 자신과 함께 나란히 "자기의 제자들"을 소개하시고 있는데, 그 사실을 아는 것은 복된 일이다. 그것은 저 구약 시대에 예언된 말을 표현한 그의 말씀을 상기시켜 준다. "볼지어다 나와 및 하나님께서 내게 주신 자녀라"(히 2:13에 인용된 사 8:18 말씀). 그것은 이스라엘 대제사장이 전조로 나타냈던 것이 성취된 것이다. "아론이 성소에 **들어갈 때에는 이스라엘 아들들**의 이름을 기록한 이 판결 흉패를 가슴에 붙여 여호와 앞에 영원한 기념을 삼을 것이니라"(출 28:29). 여기에서도 그와 마찬가지이다. **우리** 대제사장께서 아버지 앞에 나가실 때에는 **그의** 가슴에 우리의 이름을 붙이고 나아가시는 것이다! 이것은 그 자신이 얻으신 영화로 인하여 가능하게 되었으며 또한 그가 "이루신 일"의 결과이다(17:4, 5).

"세상 중에서 내게 주신 **사람들에게** 내가 아버지의 이름을 나타내었나이다." 주님께서 열한 사도들 이외의 다른 사람들을 염두에 두셨다는 첫 번째 증거가 여기에 나온다. 그는 엄밀히 말해서 그 당시의 모든 믿는 사람들에게 적용될 수 있는 언어를 의도적으로 사용하신 것이다. 그는 지상에서 사시는 동안 열한 사도 외에 더 많은 사람들에게 아버지의 이름을 나타내셨다. 고린도전서 15:6을 보면 부활하신 구세주께서 "오백여 형제에게 일시에" 보이셨다고 기록되어 있다. 그와 마찬가지로 세상 중에서 **그리스도께 주어진** 사람들은 열한 사도 이외에 더 많은 사람들이 있었다. 다시 말해, 사도들 외에 더 많은 사람들이 "아버지의 말씀을 지켰다." 그리스도께서는 여기에서 이 청원의 대상들을 아버지께 추천하시면서 세 가지 사실을 언급하셨다. 첫째, 그들은 아버지의 이름을 익히 잘 알고 있다는 것, 둘째, 그들은 아버지의 택하심을 입은 은혜의 주체들이라는 것, 셋째, 그들은 아버지의 뜻에 순종했다는 것이다. 이와 같이 주 예수께서는 그가 행하신 것과 아버지께서 행하신 것, 그리고 제자들이 행한 것에 관하여 말씀하신 것이다.

"세상 중에서 내게 주신 사람들에게 **내가 아버지의 이름을 나타내었나이다**." 이 점에서 그리스도께서는 다음의 예언을 성취시키신 것이다. "내가 **주의 이름을** 형제에게 **선포하고** 회중 가운데에서 주를 찬송하리이다"(시 22:22). 아버지의 이름을 나타낸다는 것은 아버지를 계시하는 것, 아버지를 밝히 드러내는 것, 그의 완전성을 나타낸다는 것을 뜻한다. 우리는 이 복음서의 서두에서 다음과 같은 말씀을 읽을 수 있다. "본래 하나님을 본 사람이 없으되 아버지 품 속에 있는 독생하신 하나님이 **나타내셨느니라**." 그 아들만이 오로지 이 일을 하실 수 있었다. 그리스도께서는 그의 완전하신 삶과 놀라운 기적들과 그리고 숭고한 가르치심을 통해서 아버지의 완전성들을 밝히 드러내셨다. 그러나 아버지께서 그리스도께 주신 자들만이 이 나타내심을 받을 수 있었다. 그리스도께서는 **모든** 택함 받은 자들에게 아버지를 알려 주셨다. "**아비들아** 내가 너희에게 쓰는 것은 너희가 태초부터 계신 이를 알았음이요"(요일 2:13). 그리스도께서는 이 임무를 지극히 완전하게 수행하셨기 때문에 "나를 본 자는 **아버지를** 보았거늘"(요 14:9)고 말씀하실 수 있었다.

"그들은 아버지의 것이었는데 내게 주셨으며." 모든 피조물은 창조로 말미암아 아버지의 것이다(히 12:9). 그러나 여기에서는 그 사실을 가리키고 있는 것이 아니라 그리스도께서는 그에게 주어진 **특별한** 무리들을 가리켜 말씀을 하시고 있다. 그러므로 이것은 하나님의 주권적인 택하심을 가리킨다. 그리고 그것에 의하여 하나님께서는 일정한 수의 사람들을 택하셔서 그의 "특별한 백성"이 되게 하셨다. 즉 특별한 방식으로 그의 백성을 삼으신 것이다. 이 사람들은 **영원히** 그의 것이다. "창세 전에 그리스도 안에서 우리를 택하사"(엡 1:4). 또 후회하심이 없는 하나님의 은사로 말미암아서(롬 11:29) 그들은 **항상** 그의 것이다. 그리스도께서는 다음에 나오는 그의 청원을 들어 주시기를 촉구하시기 위해서 뿐만 아니라 제자들을 **위로**하시기 위해서 이 청원의 근거를 아버지께 제시하신 것이다. 그들은 이스라엘에게 멸시받았고 일반적으로 사람들에게 증오를 받았다. 그래서 그들은 사탄의 증오의 특별한 대상이 되었다. 그러나 그들은 하나님께서 특별히 좋아하시는 사람들이었다. 다시 말해, 그리스도의 이 청원은 우리에게 기도에 있어서의 **교훈**을 제시해 주고 있다. 우리가 우리 안에서 아버지의 의(義)를 더 많이 분별하면 분별할수록, 기도로 아버지께 나아갈 때 더욱더 하나님께 대한 신뢰를 갖게 될 것이다. 우리가 은혜의 보좌 앞에 나아갈 때 만물이 생기기 전부터 아버지께서 그의 마음을 우리에게 향하고 계셨었다는 것을 깨닫는다면 우리의 확신은 얼마나 클 것인가!

"[아버지께서 그들을] 내게 주셨으며." 그들은 예정에 의하여 아버지의 것이며 특별한 증여로 인하여 나의 것이 되었나이다. "삼위 중의 세 위격의 활동하심은 균형이 잡혀 있다. 또 그 영역과 범위가 동일하다. 아버지께서 택하시고, 아들께서 구속하시며, 성령께서 소생케 하신다. 아버지께서는 그리스도께 주어진 자들만을 사랑하신다. 그리고 그리스도께서는 아버지께 사랑을 받는 자들만을 돌보신다. 당신이 택함 받았다는 것은 당신의 그리스도에로의 관심을 근거로 하여 알게 된다. 그리고 당신의 그리스도에로의 관심은 성령의 중생시켜 주심을 근거로 하여 알게 된다. 하나님의 모든 자녀는 그리스도의 수중에 맡겨져 있다. 그리고 그는 그들을 성령의 돌보심에 맡기셨다. 그들은 '하나님 아버지의 미리 아심을 따라 성령이 거룩하게 하심으로 순종함과 예수 그리스도의 피 뿌림을 얻기 위하여 택하심을 받은 자들이다' (벧전 1:2). 여기 구원의 사슬이 있다. 구원의 근원은 아버지께로부터 나온다. 그리고 아들을 통하여 경영되며, 성령께서 이를 적용시킨다. 모든 것은 아버지께로부터 나온다. 그리고 그리스도를 통하여 성령에 의해 우리에게 주어진다" (토머스 맨턴).

"[아버지께서 그들을] 내게 주셨으며." 택함받은 자들은, 첫째, **상**으로 그리스도께 주어졌다. "여호와께서 … 그의 영혼을 속건제물로 드리기에 이르면 그가 씨를 보게 되며 … 그가 자기 영혼의 수고한 것을 보고 만족하게 여길 것이라 나의 의로운 종이 자기 지식으로 많은 사람을 의롭게 하며 또 그들의 죄악을 친히 담당하리로다 **그러므로** 내가 그에게 존귀한 자와 함께 몫을 받게 하며 강한 자와 함께 탈취한 것을 나누게 하리니" (사 53:10-12). **내게 구하라** 내가 이방 나라를 네 유업으로 주리니 네 소유가 땅 끝까지 이르리로다" (시 2:8). 택함받은 자들은, 둘째로, **돌보라고** 그리스도께 주어졌다. "아버지께서 내게 주시는 자는 다 내게로 올 것이요 내게 오는 자는 내가 결코 내쫓지 아니하리라 … 나를 보내신 이의 뜻은 내게 주신 자 중에 내가 하나도 잃어버리지 아니하고 마지막 날에 다시 살리는 이것이니라" (요 6:37, 39). 이렇게 택함받은 자들은 돌보라고 그리스도께 맡겨졌다. 이와 같이 그리스도께서는 우리를 위하여 아버지께 전적으로 **신실하시다.** 하나님의 택하신 자들 중 단 하나라도 멸망한다면 완전하신 **종**의 영광은 영원히 손상될 것이다. 그러므로 우리의 안전은 지극히 절대적으로 보장되어 있는 것이다!

"그들은 아버지의 말씀을 지키었나이다." 의심할 여지 없이 이 마지막 문장은 그리스도를 통하여 공포된 하나님의 **부르심**을 가리키고 있다. 이 제자들은 명령의 말씀을 듣고, 일어나 모든 것을 버리고서 그를 따랐다. 그리고 그들은 그와 함께 계속하여 머물렀다. 많은 사람들이 "떠나가고 다시 그와 함께 다니지 않게" 되었을 때 구세주께서는 열두 사도에게 "너희도 가려느냐?"고 물으셨다. 베드로를 통해 말한 그들의 답변은 신속하고 확고하였다. "주여 영생의 말씀이 주께 있사오니 우리가 누구에게로 가오리이까"(요 6:66-68). 5:38과 비교해 보라. 주님께서는 여기에서 절대적으로 그들의 믿음에 입각하여 말씀하시고 그들이 그 **말씀**을 이해하지 못한 점에는 주의를 기울이지 아니하셨다. 제자들의 믿음의 연약함과 빈번한 불신에도 불구하고 우리는 **그의 사랑**, "악한 것을 생각하지 아니하시는"(고전 13:5) 그 사랑의 완전성에 따라, 아버지 앞에 제자들을 제시하시는 우리의 대제사장을 볼 수 있다. 그것은 지극히 아름다우며 복된 일이다. 그들은 아버지의 말을 지켰다. 그러나 매우 불완전하게 지켰다. 그러나 구세주께서는 사랑으로 인하여 그들의 결함을 보지 아니하시고 그들의 믿음과 순종, 그리고 복종만을 강조하신 것이다. 사탄은 고소자이다. 그는 믿는 자들을 비방하기까지 한다. 그러나 우리의 대언자이신 그리스도께서는 우리 편이시다. 그리고 항상 우리를 좋게 말씀하신다. "그들은 아버지의 말씀을 지키었나이다" 하신 이 말씀은 그리스도께서 그의 백성들에게 주실 수 있는 가장 좋은 칭찬이다.

"**지금 그들은 아버지께서 내게 주신 것이 다 아버지로부터 온 것인 줄 알았나이다**"(17:7). 주님께서는 계속하여 그의 제자들을 칭찬하는 말씀을 하시고 있다. "이런 말을 들은 열한 사도의 성품을 고려해 볼 때 이것은 놀라운 말씀이다. 그들의 믿음은 참으로 연약하였다! 그들의 지식은 참으로 빈약하였다! 그들의 영적인 경지는 참으로 천박하였다! 위험에 처했을 때 그들의 마음은 참으로 나약하였다! 예수께서 이 말씀을 하신 지 얼마 지나지 않아 그들은 모두 그를 버리고 달아났다. 심지어 그들 중의 하나는 맹세까지 하면서 그를 부인하였다. 요컨대 사복음서를 주의 깊게 읽은 사람이라면 누구든지 예수께서 열한 사도들을 두신 것처럼 그렇게 연약한 종을 둔 주인이 없다는 것을 알게 될 것이다. 그러나 교회의 고마우신 **머리**께서는 여기에서 바로 이 종들을 숭고하고 영예로운 말로 소개해 주신 것이다. 본 구절은 위로와 교훈으로 가득 차 있다. 주님께서는 믿는 자들이 자기 자신 안에서 보는 것보다, 또는 다른 사람들이 그들 안에서 보는 것보다 훨씬 더 많은 것을 보신 것임에 틀림없다. 제아무리 미소한 믿음일지라도 그가 보시기에는 매우 소중한 것이다. 그것이 비록 겨자씨한 알만한 것에 불과한 것일지라도 자라서 하늘에까지 이르는 나무가 되게 하신다. 그래서 믿음을 가진 자와 세상에 속한 자들 간에는 무한한 차이가 있는 것이다. 열한 사도들은 물처럼 연약하고 동요하였다. 그러나 그들은 수많은 사람들이 주님을 거부했을 때 그를 믿고 사랑하였다. 그리고 냉수 한 잔이라도 제자의 이름으로 준 것은 반드시 보상을 받으리라고 선포하신 분의 말씀이 그들의 항구성(constancy)을 결코 잊지 아니하시리라는 것을 분명하게 밝히고 있다"(라일 주교).

그리스도께서 아버지께 제자들에 관하여 소개하시고 있는 **성품**에 주목하는 것은 복된 일이다. "우리 주님께서는 다음과 같은 사실, 즉 그들은 아버지에 관한 아들의 증거를 받아들였고 또 아버지의 사랑을 확실하게 믿었다는 사실을 근거로 하여 성도들을 위한 이 영광스러운 소망들을 제시하셨는데, 그 점을 발견하는 것은 지극히 위로에 넘치는 일이다. 우리가 그 사랑을 믿었다고 아버지 앞에 소개되는 사실을 아는 것은 지극히 복된 일이다! 그것은 하나님의 즐거움이 다음과 같은 것임을 확실하게 알려 준다. 즉 우리가 사랑 안에서 그를 아는 것, 그를 아버지이신 것으로 아는 것, 그리고 아버지의 품에 계시다가 오신 분의 말씀대로 그를 아는 것, 이것이 곧 하나님의 즐거움이시다. 이것은 기쁨이요 자유이다. 그리고 사랑 안에서 하나님을 볼 때에만, 예수 안에서 아버지를 보고 아버지를 들을 때에만이 우리는 가족이 되는 것이다. 우리를 가족으로 만드는 것은 우리에게 부여된 은혜나 또는 우리가 바치는 봉사가 아니라 바로 우리가 **아버지를 아는** 그것이다. 바로 이것이 성도를 세상으로부터 구별해 주며, 성도에게 이 세상에서와 마찬가지로 아버지 앞에서도 그의 지위를 부여해 주는 것이다"(Mr. J. G. Bellet).

"나는 아버지께서 내게 주신 말씀들을 그들에게 주었사오며 그들은 이것을 받고 내가 아버지께로부터 나온 줄을 참으로 아오며 아버지께서 나를 보내신 줄도 믿었사옵나이다"(17:8). 여기에서 이 구절의 도입부에 나오는 "for(…사오며)"라는 접속사는 앞 구절의 모든 일들을 설명해 준다. 제자들은 은혜로 말미암아 세상이 전적으로 무지했던 것, 즉 아버지는 아들에게 주어진 모든 것의 근원이시라는 것을 이해하고 있었다. 어떤 사람들은 그의 말과 그의 하신 일들을 보고 "기이하게 여겼다." 다른 사람들은 증오를 품고 불경스럽게도 그런 일들이 사탄이 한 것으로 돌렸다. 그러나 제자들은 그가 아버지께로부터 나오셨다는 것을 알았을 뿐만 아니라 그들을 그러한 축복으로 이끌어 준 **수단**(즉 "말씀들")도 아버지께 속한 것임을 인식하고 있었다. 구세주께서는 그들을 "벗"으로 대우하셔서, 아버지께서 그에게 주신 은혜로운 저 친밀한 의사소통을 그들도 할 수 있도록 해주셨다. 이것은 헛되지 아니하였다. 사실 그들은 마음이 우둔하였으나(슬프게도 우리들도 그와 똑같다!), 그럼에도 불구하고 그들은 진리를 **받아들였다**. 그리고 진리를 받아들임으로 그들은 그분이 아버지의 사랑하시는 아들이심을 알았다. 이와 같이 구세주께서는 우리가 아버지께 그토록 가까이 갈 수 있게 해주신 것이다.

여기에서 말씀의 배열된 **순서**에 주목하는 것은 교훈적이다. "나는 아버지께서 내게 주신 말씀들을 그들에게 주었사오며 [그리고] 그들은 이것을 받고 [그리고] 내가 아버지께로부터 나온 줄을 참으로 아오며 [그리고] 아버지께서 나를 보내신 줄도 믿었사옵나이다." 이것은 "믿음은 들음에서 나며 들음은 그리스도의 말씀으로 말미암았느니라"(롬 10:17)는 사실을 명백하게 입증해 준다. 여기에서 우리에게 제시된 교훈은 참으로 확실하다! 우리의 믿음이 강해지고 깊어지고 성장하게 되려면 하나님의 말씀에 부지런히 귀를 기울이고 그 말씀을 기도하는 자세로 묵상하며 또 그 말씀을 개인적으로 적용시킴으로써 가능하게 된다. **지식**도 또한 그와 마찬가지이다. 영적인 지식 — 분별력과 이해력 — 은 하나님의 말씀을 "받아들인" 열매이다. 먼저 "받아들이는 것"이 지식에 우선한다는 사실에 주목해야 한다. 주 예수께서 믿음이란 그의 인격을 지적(知的)으로 아는 데 그 기초가 있다고 확실히 인정하셨음에도 불구하고(롬 10:13 참고) 여기에서는 "믿는 것"이 받아들이는 것보다 나중에 나오고 있다.

"**내가 그들을 위하여 비옵나니 내가 비옵는 것은 세상을 위함이 아니요 내게 주신 자들을 위함이니이다 그들은 아버지의 것이로소이다**"(17:9). 여기에서의 세상이라 함은 타락한 상태에 있는 인류를 총칭하는 일반적인 명칭이다. 세상은 "이 세상의 외형"(고전 7:31), 즉 사람들의 성품이 그에 따라 형성되는 일반적인 틀이 있다. "생명으로 인도하는 '좁은 길'을 가는 자들을 제외한 모든 사람들이 따라 걷는 '이 세상의 풍속'이 있다(엡 2:2). '마음을 새롭게 함으로 변화를 받지' 아니하는 자들은 당연히 모두 '이 세상을 본받는' 자들이다(롬 12:2). 그리스도께서는 이러한 믿지 아니하는 자들을 위하여 기도하신 것이 아니다. 그는 믿는 자들의 **속죄자**시요 대언자이시다. 그는 그들을 위하여 죽으시고 중보하신다. 그리스도께서는 영적으로 구원에 이르는 길에 있지 아니하는 다른 사람들을 위해서는 그 일을 하지 아니하신다"(존 길).

"내가 비옵는 것은 세상을 위함이 아니요." 그러나 이것은 구세주께서 십자가 상에 계실 때 그의 원수들을 위하여 기도하신 것 — "아버지, 저들을 사하여 주옵소서 자기들이 하는 것을 알지 못함이니이다" — 과 조화를 이루고 있다. 우리는 그리스도께서 완전한 **인간**으로서 드리신 기도와 **중보자**로서 드리신 기도의 차이를 구별해야 하는데 그것은 중요한 일이다. 시편을 보면 주 예수께서 그의 원수들을 위하여 기도하신 것을 명백하게 암시해 주는 구절이 몇 개 있다. 그러나 이것은 자기 이웃을 자기 자신처럼 서로 사랑하라는 거룩한 법에 복종하는 완전한 **인간**으로서의 그는 복수심을 품지 아니하신다는 것을 보여주려는 것이다. 그는 인간적인 의무에 따라 경건치 아니한 자들을 위해 기도하신 것일 뿐 중보자로서의 직무를 이행하시려 기도하신 것이 아니다. 그는 "너희 원수를 사랑하며 너희를 미워하는 자를 선대하며 너희를 저주하는 자를 위하여 축복하며 너희를 모욕하는 자를 위하여 기도하라"(눅 6:27, 28)는 말씀을 제자들에게 가르쳐 주신 바 있다. 그러나 여기 요한복음 17장에서의 그리스도는 대제사장으로서 나타나신 것이며, 그러므로 그는 "그의 제자들"만을 위하여 기도하신 것이다.

"내게 주신 자들을 위함이니이다." 이것은 우리로 하여금 흠모에 넘치는 예배로 마음을 조아리게 한다! 그것은 지극히 큰 감사를 요청하고 있다. 우리가 **그리스도의** 중보의 대상 중의 하나라는 것은 이루 다 헤아릴 수 없는 특권이다! 수많은 사람들이 그리스도의 기도를 받지 못한 채 죽었다. 그러나 "적은 무리"(눅 12:32)에 속하는 자들은 은혜의 보좌 앞에서 그리스도의 지지를 받게 된다. 제자들 중의 하나가 그에게 이렇게 물었다. "주여 어찌하여 자기를 우리에게는 나타내시고 세상에는 아니하려 하시나이까"(요 14:22). 그러므로 우리는 이렇게 물을 수 있다. "주여, 어찌하여 우리를 위해서는 기도하시고 세상을 위해서는 아니하려 하시나이까?" 우리보다 더 즐거운 마음으로 많은 것을 성취함으로써 매일 우리를 부끄럽게 만드는 다른 사람들은 무시되고 우리 같이 이러한 사람이 받아들여지다니, 이 얼마나 이상하게 보이는 일인가! 한정된 생각으로는, 심지어 새로워진 마음으로도 그 대답을 찾을 수는 없을 것이다. 우리가 말할 수 있는 모든 것은, 그것은 그 선별하시는 사랑의 대상으로 우리를 택하여 주신 하나님의 **주권적인 은혜**라 하는 이것뿐이다. 세상은 자기 마음대로 그것을 우리의 **이기심**이라 부를 것이다. 그러나 우리는 하나님을 찬양하며 가장 깊은 감사를 드려야 한다. 그리고 그의 택함받은 자가 된 대로 살려고 노력해야 한다. 우리는 또한 그리스도께서 여기에서 보여주신 모범대로 따라야 한다. 그래서 세상으로부터 택함받은 자들에게 **우리의** 가장 큰 사랑을 나타내야 한다. "그러므로 우리는 기회 있는 대로 모든 이에게 착한 일을 하되 더욱 믿음의 가정들에게 할지니라"(갈 6:10). 그러면 요한복음 17:9의 그리스도의 말씀은 우리로 하여금 사악한 자들을 위해 기도하지 못하도록 금하고 있는 것일까? 결코 그렇지 않다. 대제사장으로서의 그리스도의 행동은 우리가 따를 수 없는 기준이시다. 그러나 완전하신 인간으로서 사신 점에서의 그는 우리에게 "본보기"를 남겨 주셨다. 십자가 상에서의 **그는** 그의 **원수들**을 위하여 기도하셨다. 그러므로 우리는 우리 원수들을 위하여 기도하도록 권고받고 있다. 그리고 모든 사람들을 위하여 기도하는 것은 우리의 의무이다. 로마서 10:1과 디모데전서 2:1을 보라.

"그들은 아버지의 것이로소이다." 앞 구절에서 구세주께서는 그가 중재하시려 하는 자들의 **성품을 기술**하셨다. 이제 여기에서는 그가 그들을 위하여 기도하는 **이유들을 제시**하신다. 그 첫째 이유는 "그들이 아버지의 것이기" 때문이다. 허락하심으로 중보자에게 주어졌다 할지라도 — 상으로서 그리고 돌보라는 책임으로서 — 그들은 여전히 아버지의 것이다. 다시 말해서, 아버지는 그들에 대한 권리와 소유권을 양도하지 아니하셨다. 자기 딸을 다른 사람에게 혼인시킨 아버지가 그의 아버지로서의 타당성을 잃지 아니하는 것처럼, 그리스도에게 주어진 자들도 여전히 아버지의 것이다. "그들은 ('세상'과 뚜렷하게 대조를 이루는) 아버지의 것이로소이다"라는 말은 17:6의 "그들은 아버지의 것이었나이다"라는 말의 의미를 규정지어 준다. 저희는 창조에 의해서가 아니라 **택하심**에 의해서 아버지의 것이다. 그리고 "세상"도 또한 창조에 의하여 아버지의 것이다! 이것은 참으로 강력한 청원의 근거 중의 하나이다. 그리스도께서 위하여 기도하시려 하는 자들은 **아버지의 것**이다. 그러므로 그에게 속한 자들에 대한 사랑 때문에, 그리고 그 자신의 영광을 위하여 그는 그들을 지키실 것이다.

"내 것은 다 아버지의 것이요 아버지의 것은 내 것이온데"(17:10). 이것은 그리스도께서 그의 청원을 제시하시는 두 번째 근거이다. 아버지와 아들의 권익은 서로 분리될 수 없다. 아버지께 속하는 것은 아들에게도 속한다. 이것은 그의 절대적인 신성에 대한 의심의 여지 없는 증거이다! 택한 자들이 무한한 권리와 권익을 가지고 있는 이유는 바로 구세주께서 아버지와 하나이시기 때문이다. 여기에는 성령님이 언급되어 있지 않다. 그러나 분명히 성령이 배제되어 있는 것이 아니다. 맨턴은 적절하게도 이렇게 지적한다. "그들은 아버지의 자녀이며 그리스도의 지체들이고 또 성령님의 전(殿)들이다."

"내가 그들로 말미암아 영광을 받았나이다"(17:10). 이것은 그리스도의 세 번째 청원의 근거이다. 아들은 아버지의 사랑의 최고의 대상이셨다. 그러므로 이것은 구세주께서 그들로 말미암아 영광을 받으신 자들을 보전해 달라고 청하실 수 있는 또 다른 이유가 된다. 이것은 우리에게도 해당되는 신분이다! 우리도 아버지와 및 아들의 상호적인 사랑의 주체가 되는 것이다! 세상은 그를 알지 못하였고 이스라엘은 그를 영접하지 아니하였다. 그러나 이 제자들은 그들의 믿음과 사랑 그리고 순종으로써 그를 영광스럽게 해드렸다. 그러므로 그는 그들을 위하여 특별히 중재하신 것이다. 이것은 우리를 위해서도 참으로 실제적인 것이다! 우리가 그리스도를 영광스럽게 해드리면 해드릴수록 우리는 우리를 위한 그의 중재를 더욱더 크게 신뢰하게 될 것이다. "누구든지 사람 앞에서 나를 시인하면 나도 하늘에 계신 내 아버지 앞에서 그를 시인할 것이요"(마 10:32).

"나는 세상에 더 있지 아니하오나 그들은 세상에 있사옵고 나는 아버지께로 가옵나니 거룩하신 아버지여 내게 주신 아버지의 이름으로 그들을 보전하사 우리와 같이 그들도 하나가 되게 하옵소서"(17:11). 이것은 참으로 감동적인 청원이다! 구세주께서는 아버지께 제자들이 지금 누리고 있는 그의 개인적인 돌봄을 더 이상 받지 못하리라는 것과 이로 인하여 그들이 세상에 더 많이 노출되게 되리라는 점을 상기시키신다. 그는 그들의 길잡이요 안내자이셨으며, 언제나 계시고 전적으로 충족하신 벗이셨다. 그리고 그는 그들의 연약함을 참아 주셨고, 나약한 그들을 지탱해 주셨으며, 그들을 악으로부터 지켜 주셨다! 그러나 이제 그는 그들을 떠나 아버지께로 가시려 하고 있다. 그래서 이제 그는 그의 책임을 **아버지의** 손에 맡기시는 것이다.

"그들은 세상에 있사옵고." 하나님께서는 원하시기만 한다면 성도 개개인이 믿는 바로 그 날 그들을 천국으로 데려가실 수도 있다(죽어가는 강도를 그렇게 해주신 것처럼). 그러나 그는 어떤 이유로 인하여 어떤 자는 좀 더 짧게, 어떤 혹자는 좀 더 오랫동안 이 세상에 남겨 두신다. 이것은 어떤 지혜로운 목적으로 그렇게 하신다. "내가 비옵는 것은 그들을 세상에서 데려가시기를 위함이 아니요 다만 악에 빠지지 않게 보전하시기를 위함이니이다"(17:15). 하나님께서는 우리를 여기에 남겨 두심으로써 더 많은 영광을 얻으신다. 어떤 고대 작가는 멋스럽게 이렇게 표현하였다. "등경 안에서보다 물동이 속에서 촛불이 탈 때 더욱더 놀랍다." 하나님의 능력은 우리가 약할 때 온전해지신다(고후 12:9). 하나님께서는 바로 왕을 지배하시는 그의 크신 능력을 야곱의 후손들에게 드러내시려고 야곱과 그 가족을 애굽으로 보내셨다. 우리는 시험을 받도록 여기에 남겨져 있다. "게으르지 아니하고 **믿음과 오래 참음**으로 말미암아 약속들을 기업으로 받는 자들을 본받는 자 되게 하려는 것이니라"(히 6:12). 우리가 당해야 할 환난이 정해져 있다(살전 3:3). 그래서 우리들 각자는 자기 몫을 받아야 한다. 우리가 이 세상에 남겨져야 하는 또 다른 이유는 우리로 하여금 다가오는 영광을 더욱더 감사하게 하기 위함이다. 우리의 순례의 노정이 거칠기 때문에 우리는 안식을 갈망하게 된다. 우리가 여기에서 이방인이라는 사실은 우리로 하여금 본향에 있게 되기를 더욱더 절실히 바라게 한다.

"거룩하신 아버지여 내게 주신 아버지의 이름으로 그들을 보전하사." 여기에서의 "거룩하다"는 용어는 특성을 기술하는 것이다. 그 말의 본래의 의미는 **분리**를 뜻한다. 그리고 그것을 하나님께 적용시키면 그것은 하나님이 악에서 아주 멀리 떨어져 계신다는 뜻이다. 그러나 이것은 부정적인 면만을 본 것이다. 하나님께서는 모든 부정(不淨)함 위에 뛰어나게 고결하실 뿐만 아니라 그 자신이 절대적이고 본질적으로 순결하시다. 하나님이 **거룩하시다**는 것은 그는 모든 유한한 피조물들보다 뛰어나게 높으시다는 것을 뜻한다. "주여 누가 주의 이름을 두려워하지 아니하며 영화롭게 하지 아니하오리이까"(계 15:4).

성경에 나타나 있는 하나님에 대한 명칭은 그에게 제시된 요청들을 받으시기에 적합한 것이다. "**평강**의 주께서 친히 … 너희에게 **평강**을 주시기를 원하노라"(살후 3:16). "이제 **인내**와 **위로**의 하나님이 너희로 그리스도 예수를 본받아 서로 뜻이 같게 하여 주사"(롬 15:5). 여기에서는 사도들이 성도들 사이의 형제 됨을 위한 인내를 구하는 기도를 하고 있다. 구세주께서 여기에서 "거룩하신 아버지"라고 말한 그 **관계**는 주목할 만하다. 그는 제자들의 보전과 하나 됨을 간청하시고 있다. 그리고 그는 아버지께 그의 거룩하신 본성대로 그들을 위하여 이 일을 해주시기를 요청하시고 있다. 주님께서는 우리로 하여금 우리와 관계된 분을 알게 해주셨다. 그리고 그는 우리가 항상 죄를 아주 멀리하도록 해 달라고 기도하게 해주셨다. "여호와를 사랑하는 너희여 악을 미워하라"(시 97:10).

"내게 주신 아버지의 이름으로 그들을 보전하사." 이것은 그리스도께서 우리에게 부여하고 계신 **가치**와 우리에게 품고 계시는 깊은 **관심**을 나타내 주고 있다! 그는 높은 데에 계신 아버지께로 돌아가시려 하면서 아버지께서 그가 마음속 깊이 사랑하고 계신 그들을, 그가 위하여 피 흘리고 죽으신 그들을 보전해 주시기를 간구하시고 있다. 그는 애초에 그에게 주셨던 그들을 바로 그분의 돌보심에 맡기신 것이다. 그는 이렇게 말씀하신 듯하다. 즉, 나는 **아버지의** 마음을 알고 있나이다! 아버지께서는 그들을 돌보실 것이니이다! 우리가 그리스도께 그토록 귀중하게 여김을 받은 것은, 그리고 지금도 귀중하게 여김받고 있는 이유는 무엇일까? 우리 안에 내적으로 어떤 탁월함이 있기 때문이 절대로 아니다. 그 답은 이런 것이다. 즉 우리는 **아들께 주어진 아버지의 사랑의 선물**이기 때문이다. 여기 17장에서 그리스도께서 아버지가 그에게 "주신" 자들에 관하여 **일곱** 번이나 말씀하시고 있는 것을 발견하게 되는데 그것은 주목할 만한 일이다. 2, 6(여기에 두 번), 9, 11, 12, 24절을 보라. 우리는 요한복음 3:16에서 아버지의 **우리에 대한** 사랑을 알았다. 여기 요한복음 17장에서는 아버지의 **그리스도에 대한** 사랑을 보게 된다. 하나님께서는 세상을 극진히 사랑하셨기 때문에 그의 독생자를 주셨다. 그리고 그는 그의 아들을 지극히 사랑하셨기 때문에, 영원히 그에게 찬양을 드릴 그의 형상대로 지어진 백성들을 아들에게 주셨다. 이것은 놀라운 사실이다! 우리는 아들에게 주어진 아버지의 사랑의 선물이다. 그러므로 그리스도께서 우리에게 두고 계시는 그 가치를 누가 감히 헤아릴 수 있겠는가! 선물의 **가치**는 그것을 준 사람에 따라 좌우된다. 그 고유의 가치는 하찮은 것일 수도 있다. 그러나 그것이 사랑하는 사람에게서 받은 것일 때 그것은 **그 사람 때문에** 귀중하게 평가된다. 그와 마찬가지로 우리는 그 자체로는 극도로 무가치하지만 우리를 그리스도께 주신 분의 그 사랑으로 인하여 그리스도께 무한히 귀중하게 여겨지는 것이다! 이와 같이 우리 대제사장의 눈은 사랑과 기쁨에 넘쳐 우리를 바라보고 계신다. 바로 이 때문에 우리는 그에게 진심으로 사랑을 느껴야 한다!

그러므로 우리에게 지금까지 제시된 사실을 감안해 볼 때, 구세주께서 아버지가 그들에게 주신 자들을 위하여 간청하신 **가장 우선적인 것**이 그들의 **보전**이었다는 것을 조금도 이상하게 여길 필요가 없다. 그는 그들을 적개심에 가득 찬 세상에 남겨 두려 하신다. "그는 그들이 악으로부터, 유혹에 빠지는 것으로부터, 핍박으로 짓이겨지는 것으로부터, 그리고 마귀의 모든 계략과 공격으로부터 지켜지기를 간청하신다"(라일 주교). 그러나 어떤 사람들은 여기에서 한 어려움을 발견한다. 그리스도께서는 **어째서** 그들이 은혜 안에 거하도록 기도하셔야 했을까? 그러한 요청은 무의미하고 쓸모없는 것이 아닐까? 그는 그의 양들이 하나도 멸망하지 아니하리라고 확언하시지 아니하셨는가? 그러나 유한한 사고력으로는 영적이고 거룩한 일들에 대하여 판단을 내릴 수 없다! 성경은 그리스도의 이 외견상 불필요하게 보이는 간구에 대하여 어떤 빛을 비추어 주고 있는가? 그렇다. 성경은 하나님의 **작정**(decrees)이 있다 할지라도 그 작정은 알기 위해 **수단**을 사용해야 한다는 것을 도처에서 보여주고 있다. 하나님의 많은 작정은 도구적인 매개체를 사용함으로써 성취되었다. 이 주된 수단들 중의 하나가 **기도**이다! 그리스도의 중재를 필요하게 만드는 것도 그리스도인 안에 여전히 남아 있는 바로 그 옛 본성 때문이다!

"우리와 같이 그들도 **하나**가 되게 하옵소서." 이것은 교회의 하나됨을 계시하신 것을 가리키는 것이 아니다. 그보다는 차라리 아버지와 아들에 대한 개인적인 지식 및 그들과의 교제에 있어서의 하나됨, 그러므로 영과 사랑과 목적에 있어서의 하나됨을 가리키는 것이다. 그것은 인간적인 동의나 또는 인간적인 노력의 산물인 하나됨이 아니라, 각 개인을 모두 "하나님의 **본성**에 참여하는 자"가 되게 하심으로 말미암는 하나님의 능력의 산물인 하나됨을 가리킨다. 구세주의 이 요청은 허락되었는가? 그렇다. 사도행전 4:32에 이렇게 기록되어 있다. "믿는 무리가 한마음과 **한** 뜻이 되어." 그리고 하나님의 **참된** 백성에게는 그들의 작은 차이점들에도 불구하고, 여전히 참되고 근본적이며 복된 근원적인 일체성이 있다는 것이 사실이 아니겠는가? 그들은 모두 하나님의 말씀이 영감을 받은 것이고, 무오하며 궁극적인 권위가 있다는 것을 믿고 있다. 그들은 **모두** 주 예수 그리스도의 영광스러운 인격을 믿으며, 그의 충족하신 희생에 의지하고 있다. 그들은 **모두** 하나님의 영광을 목적으로 삼고 있다. 그들은 **모두** 그들이 영원히 주와 함께 있게 될 때를 갈망하고 있다. "**우리와 같이 그들도**"라는 말은 여기에서 빌고 있는 그 하나됨이 신적이고 영적이고 친밀하고 보이지 아니하며 깨뜨려질 수 없는 것임을 나타내고 있다!

"**내가 그들과 함께 있을 때에 내게 주신 아버지의 이름으로 그들을 보전하고 지키었나이다 그 중의 하나도 멸망하지 않고 다만 멸망의 자식뿐이오니 이는 성경을 응하게 함이니이다**"(17:12). "그러므로 주님께서는, 여기에 계시는 동안 그가 아버지의 이름으로 보전하신 자들을 아버지께 맡기시면서, 멸망할 운명을 가진 그 한 사람을 제외하고는 그들을 보전했다는 것을 말씀하신다. 이것은 두려운 교훈이다! 성령께서 진리를 양심에 새겨 주시지 아니하신 곳에서는 그리스도께서 항구적으로 임재하셨다 할지라도 실패하신 것이다! 이것은 성경을 약화시키는가? 그와 반대로 성경이 응하게 되었다. 요한복음 13장에서는 유다를 언급하고 있다. 그것은 유다의 직무의 그러한 종말을 보고 아무도 걸려 넘어지지 않게 하기 위함이었다. 여기에서는 그리스도의 돌보심을 아무도 의심치 않게 하려고 이 말씀을 하신 것이다. 유다는 사도로 불림을 받았다 할지라도 아버지께서 그리스도께 주신 자들 중의 하나가 아니었다. 그리스도께서는 그에게 주어진 자들을 하나도 잃지 않으셨다. 유다는 겉으로는 예외적인 한 사람인 것 같았지만 실제로는 예외된 사람이 아니었다. 왜냐하면 그는 하나님의 자녀가 아니라 멸망의 자식이었기 때문이다. 그토록 진심이 없는 행로를 간 자의 끔찍한 종말을 볼 때, 우리는 그리스도께서 세상을 떠나 아버지께로 가신다 할지라도 우리로 하여금 아버지 앞에서 그와 교제를 나누게 해주시리라는 그의 은혜의 사역에 더 굳게 의지하게 된다"(*Bible Treasury*).

"내가 그들과 함께 있을 때에 내게 주신 아버지의 이름으로 그들을 보전하고 지키었나이다." 오직 신적 위격만이 그들을 "지키실" 수 있다. 그는 세상과 육체와 마귀의 책략들로부터 그들을 보전하셨다. 아무도 변절하지 아니하였다. 모두가 다 그의 시험 중에 그와 함께 **거하였다**(눅 22:28).

"그 중에 하나도 멸망하지 않고 다만 멸망의 자식뿐이오니." 그가 "멸망의 자식을 **제외하고**"라고 말씀하시지 않고 "멸망의 자식뿐"이라고 말씀하신 점에 신중하게 주목해야 한다. 그는 "그들" 중에, 다시 말해서 아버지께서 아들에게 주신 자들 중에 속하지 아니하였다. 성경에서 자주 그렇듯이 여기에서는 서로 **다른** 부류에 속하는 자들을 **대조**시키기 위하여 분리 분사를 사용하고 있다. 마태복음 12:4; 사도행전 27:22; 그리고 요한계시록 21:27과 **비교해 보라**. 그리스도께 주어진 자들은 하나도 잃어버린 바 될 수 없다. 또는 잃어버린 바 되지 않을 것이다. "아버지여 내게 주신 자도 나 있는 곳에 나와 함께 있어 … 그들로 보게 하시기를 **원하옵나이다**."

"이는 성경을 응하게 함이니이다." 이것은 시편 41편과 109편을 가리키는 것이다. 사도들 중에 배반자가 있었다는 것은 주 예수가 메시야라는 많은 증거들 중의 하나이다. 여기에서 그리스도께서 유다에 관하여 언급하신 이유는 네 가지라 할 수 있다. 첫째로, 아버지께서 그에게 위임하신 책임을 이행하는 데 실패가 없었음을 나타내기 위해서였다. 둘째로, 제자들의 믿음이 동요되지 않도록 그들에게 이 일을 확실하게 알려 주시기 위해서였다. 셋째로, 그리스도께서 유다에게 속지 않으셨다는 것을 입증하시기 위해서였다. 넷째로, 그 안에 깃들어 있는 아버지의 손길과 계획을 선포하기 위해서였다. 이것이 곧 "성경을 응하게 한 것이었다."

다음 장을 준비하는 독자들을 돕기 위하여 아래의 질문을 제시하는 바이다.
1. "내 기쁨을 그들 안에 충만히 가지게 하다"는 말은 무슨 뜻인가?(13절)
2. "그들도 세상에 속하지 아니하였나이다"라는 말은 무슨 뜻인가?(14절)

3. 믿는 자들은 어째서 여기 이 세상에 남겨져 있는가?(15절)

4. 16절에서는 어째서 14절을 반복하고 있는가?

5. 17절의 "거룩하게 하다"라는 말은 무엇을 가리키는가?

6. 18절의 의미는 무엇인가?

7. 그리스도께서는 어떻게 "자기 자신을 거룩하게 하시는가?"(19절)

제59장

그리스도의 중보기도

❸

¹³지금 내가 아버지께로 가오니 내가 세상에서 이 말을 하옵는 것은 그들로 내 기쁨을 그들 안에 충만히 가지게 하려 함이니이다 ¹⁴내가 아버지의 말씀을 그들에게 주었사오매 세상이 그들을 미워하였사오니 이는 내가 세상에 속하지 아니함 같이 그들도 세상에 속하지 아니함으로 인함이니이다 ¹⁵내가 비옵는 것은 그들을 세상에서 데려가시기를 위함이 아니요 다만 악에 빠지지 않게 보전하시기를 위함이니이다 ¹⁶내가 세상에 속하지 아니함 같이 그들도 세상에 속하지 아니하였사옵나이다 ¹⁷그들을 진리로 거룩하게 하옵소서 아버지의 말씀은 진리니이다 ¹⁸아버지께서 나를 세상에 보내신 것 같이 나도 그들을 세상에 보내었고 ¹⁹또 그들을 위하여 내가 나를 거룩하게 하오니 이는 그들도 진리로 거룩함을 얻게 하려 함이니이다(요 17:13-19)

우리가 여기에서 고찰하게 될 구절들을 분석해 보면 아래와 같다.

1. 제자들의 기쁨을 바라시는 그리스도의 소망(13절)
2. 세상에서 미움을 받는 제자들(14절)
3. 제자들의 보전을 위한 그리스도의 기도(15절)
4. 제자들은 그리스도와 마찬가지로 세상에 속하지 아니하였음(16절)
5. 제자들을 거룩하게 해달라는 그리스도의 기도(17절)
6. 그리스도께서 세상에 보낸 것 같이 제자들도 세상에 보냄받음(18절)
7. 그리스도께서 제자들의 성화를 위하여 준비하심(19절)

요한복음 17장에 기록된 놀라운 기도를 주 예수께서 그의 사도들이 들을 수 있도록 하신 주된 이유는, 그렇게 하심으로써 그들을 **가르치시고 위로하시기** 위함이었다. 그리고 그것은 사도들뿐만 아니라 후대의 그의 모든 백성들을 위한 것이기도 하다. 이것은 13절을 보면 분명하게 알 수 있다: "지금 내가 아버지께로 가오니 내가 세상에서 이 말을 하옵는 것은 그들로 내 기쁨을 그들 안에 충만히 가지게 하려 함이니이다." "그는 아버지와 함께 영광을 누리기 위하여 세상을 떠나가신 후에 자기 자신의 자리를 차지하고, 또 아버지와 세상에 관련하여 제자들 — 곧 그의 백성들 — 에게도 그들의 자리를 부여해 주시기 위해서 아버지께 말씀하시고 있다. 이 17장 전체는 본질적으로 제자들로 하여금 그리스도 자신의 지위를 차지하게 하려는 내용이다. 그런데 우선적으로 그 근거가 설정되어 있는 바, 그리스도께서 아버지를 영광스럽게 해드린 것과 그가 하신 일이 곧 그것이다. 종결구들을 제외하고 그것은 세상에서의 그의 지위에 관한 것이다. 그가 하늘에서는 하나님과 같았고 땅에서는 거룩하시고 신성하신 성품을 나타내셨던 것처럼, 이번에는 — 그가 인간으로서 하늘에서 영광을 얻으셨으므로 — 그리스도와 연합된 그들이 그와 동일한 성품을 나타내야 했다. 그러므로 우리는 그리스도께서 개인적으로 차지하시고 있는 지위를 우선적으로 누리고 있으며, 또 그들에게 그렇게 할 자격을 부여해 준 그 **사역**을 행하고 있는 것이다" (Mr. J. N. Darby).

우리는 위에서의 인용문을 신중하게 숙고해야 한다. 구세주께서 영광을 얻게 해달라고 간청하신 그 궁극적인 근거는 그의 개인적인 완전성들이나, 그의 아버지와의 본질적인 일체성이 아니라, 그가 여기 이 세상에서 완수하실 **일**에 두고 있다는 것에 우리는 주목해야 한다. 여기에서 그는 우리가 그와 똑같은 신성한 축복 안에서 그와 연합할 수 있는 유효하고 확실한 자격을 제시하고 있다. 또한 그는 여기 이 세상에서 우리가 그의 지위를 차지할 수 있는 근거를 마련하셨다. 17장은 전반을 통하여 이 점을 강조하고 있는 바 그 사실에 주목해야 한다. 첫째로, "나는 아버지께서 **내게** 주신 말씀들을 **그들에게** 주었사오며"(17:8). 둘째로, "**그들로** 내 기쁨을 그들 안에 충만히 가지게 하려 함이니이다"(17:13). 셋째로, "**내가** 세상에 속하지 아니함 **같이 그들도** 세상에 속하지 아니하였사옵나이다"(17:16). 넷째로, "아버지께서 **나를** 세상에 **보내신** 것 같이 나도 **그들을** 세상에 **보내었고**"(17:18). 다섯째로, "그들을 위하여 내가 **나를** 거룩하게 하오니 이는 **그들도** … 거룩함을 얻게 하려 함이니이다"(17:19). 여섯째로, "**내게** 주신 영광을 내가 **그들에게** 주었사오니"(17:22). 일곱째로, "이는 **나를** 사랑하신 사랑이 **그들 안에** … 있게 하려 함이니이다"(17:26). 이것은 참으로 놀라운 신분이다! 참으로 놀라운 특권이다! 참으로 놀라운 영예이다! 그것을 부여해 주신 은혜와 사랑은 참으로 놀라운 것이다.

우리가 차지하고 있는 지위, 우리의 것이 된 그 신분, 다시 말해서 그리스도께서 이 세상에 계실 때 누리셨던 것과 동일한 그 축복된 신분은 놀라운 것이다. 우리가 그리스도로 말미암아 축복을 받았다는 것은 사실이다. 그러나 그것이 전부는 아니다. 또한 그것이 진리의 가장 주목할 만한 요점도 아니다. 우리는 또한 그리스도와 **더불어** 축복을 받고 있는 것이다. 그 축복과 함께 아버지께서 아들을 사랑하신 그 사랑이 제자들 안에 있어야 한다. 그들은 그 사랑을 의식하고 있어야 한다. 그리고 그와 같이 함으로써 **그의** 기쁨이 그들 안에 충만하게 될 것이다. 우리도 바로 그렇게 하도록 요청받고 있다. 다시 말해서, 그리스도께서 여기 세상에서 알고 계셨던 사랑, 곧 그의 아버지의 사랑을 우리도 이 세상에서 누리도록 요청받고 있다. **그의** 기쁨은 무엇이었는가? 그것은 세상으로부터 왔는가? 분명히 그렇지 않다. 그는 세상 **안에** 계셨다. 그러나 결코 세상에 속하지는 아니하셨다. 그의 기쁨은 아버지께로부터 왔으며 아버지 안에 있었다. 그리고 그는 이 기쁨을 얻는 데 도움이 되는 **수단**을 부여해 주셨다: "나는 아버지께서 내게 주신 말씀들을 그들에게 주었사오며"(17:8).

위의 진리는 요한복음 17장에서 주 예수께서 우리를 자기 자신과 **동일시**하신 **일곱** 가지 면을 통하여 훨씬 더 확실하다. 첫째로, **친교**에 있어서의 동일성이다: "아버지께서 아들에게 주신 모든 자에게 영생, 곧 자기 자신(요일 1:1 참고)을 주시려고 만민을 다스리는 권세를 아들에게 주셨음이로소이다"(17:2). 둘째로, **영(靈)과 목적**에 있어서의 동일성이다: "우리와 같이 그들도 하나가 되게 하옵소서"(17:11). 셋째로, 세상과 **분리**된 점에 있어서의 동일성이다: "이는 내가 세상에 속하지 아니함 같이 그들도 세상에 속하지 아니함으로 인함이니이다"(17:14). 넷째로, **직무**에 있어서의 동일성이다: "아버지께서 나를 세상에 보내신 것 같이 나도 그들을 세상에 보내었고"(17:18). 다섯째로, **하나됨**에 있어서의 동일성이다: "아버지께서 내 안에, 내가 아버지 안에 있는 것 같이 그들도 다 하나가 되어 우리 안에 있게 하사"(17:21). 여섯째로, 부여받은 **영광**에 있어서의 동일성이다: "내게 주신 영광을 내가 그들에게 주었사오니"(17:22). 일곱째로, **사랑**에 있어서의 동일성이다: "아버지께서 나를 보내신 것과 또 나를 사랑하심 같이 그들도 사랑하신 것을 세상으로 알게 하려 함이로소이다"(17:23).

우리가 주목해야 할 또 하나의 복된 사실이 있다. 이 기도에서 주 예수께서는 그가 하신 일에 대하여 아버지께 **결산 보고**를 하시고 있다. 이것을 **일곱** 항목으로 볼 수 있다. 첫째로, 그는 이 세상에서 아버지를 영화롭게 해드렸다(17:4). 둘째로, 그는 아버지께서 그에게 하라고 주신 일을 이루셨다(17:4). 셋째로, 그는 그의 제자들에게 아버지의 이름을 나타내셨다(17:6). 넷째로, 그는 그들에게 아버지의 말씀들을 주셨다(17:8, 14). 다섯째로, 그는 목자가 자기의 양 떼를 지키듯 그들을 지키셨다(17:12). 여섯째로, 그는 그들을 세상으로 보내셨다(17:18). 일곱째로, 그는 아버지께서 그에게 주신 영광을 그들에게 주셨다(17:22). 각 구절에 "I have(나는 … 하였나이다)"라는 말이 들어 있는 점에 주목하라. 사도들에게 하신 그의 일을 보면 모든 것이 **아버지와** 관련되어 있는데 그 점도 매우 주목할 만하다. 그리스도께서 영화롭게 해드린 것은 바로 **아버지**이셨다. 그가 나타내신 것도 바로 아버지의 이름이셨다.

우리가 여기에서 고찰하게 될 내용은 이 기도의 둘째 부분을 다시 둘로 세분한 것 중 그 후반부이다. 이 기도의 첫 부분인 17:1-5에서 구세주께서는 자기 자신을 위하여 기도하신다. 그 둘째 부분인 17:6-19에서는 제자들을 위하여 기도하신다. 17:6-12에서는 주로 그가 위하여 중보하시려 하는 자들의 성품에 대하여 아버지께 말씀드리고 있다. 그리고 그 중간 중간에 보전과 하나됨을 위한 간구들을 삽입시키시고 있다. 17:13-19에서 그는 제자들을 위한 청원의 근거들을 계속 제시하시고 있다. 그리고 이 13절은 17장의 둘째 부분을 둘로 세분하는 분기점을 이루고 있다.

"지금 내가 아버지께로 가오니 내가 세상에서 이 말을 하옵는 것은 그들로 내 기쁨을 그들 안에 충만히 가지게 하려 함이니이다"(17:13). 이 구절과 이 전후의 구절 사이에 있는 관계를 추적하는 것은 결코 쉬운 일이 아니다. 그럼에도 불구하고 그 내용의 의미는 명백하며 또 복된 것이다. 구세주께서는 그의 백성들을 영원히 안전하게 하고자 하실 뿐만 아니라 그들이 여기에서, 그리고 지금 행복하기를 바라시고 있다. 즉 그는 그들에게 그의 기쁨을 누리게 하고자 하셨다. 그가 이 세상에 계실 동안 이 기도를 하신 것은 바로 그 이유 때문이었다. 이것은 우리의 대제사장의 크신 사랑을 드러내 준다! 그는 아버지께 소리를 내지 않고 이 기도를 드리셨을 수도 있다. 만약 그랬더라면 우리는 고마우시고 위로에 넘치는 이 기도의 세부 사항을 전혀 알지 못했을 것이다. 그러나 그것은 주님이 원치 않으신 방법이었다. 그는 사도들에게 그의 말을 듣게 하시려고, 그리고 그것이 기록되게 하시려고, 우리에 대한 그의 깊으신 관심을 알게 하시려고 들을 수 있도록 기도하신 것이다. 그러므로 우리는 우리의 평안과 교훈, 그리고 우리의 행복을 위해 여기에 기록된 내용들을 자주 읽고, 그리고 깊이 묵상해야만 한다!

"지금 내가 아버지께로 가오니." 이 말씀이 뜻하는 바에 대해서 주석가들의 의견은 양분되고 있다. 그것은, 지금 **내가** 기도로 아버지께 **말씀드리오니**라는 의미와 지금 내가 세상을 떠나 아버지께로 **돌아가려** 하오니라는 해석들이다. 필자의 생각으로는 이 두 개의 의미를 결합시켜야 타당할 것 같다. 이 기도 전체는 그가 곧 이 세상을 떠나시리라는 것과 하늘로 승천하시리라는 사실을 고려한 것이다. 그러나 이것이 전부는 아니다. 요한복음 17장 첫 부분(1-5절)을 고찰할 때 그 도입부에서 언급한 바 있는 것처럼, 여기에는 중보자께서 지금 하나님의 우편에서 하시고 있는 중재의 **모형**, 그 중재의 **본보기**가 제시되어 있는 것이다. 이 기도는 우선적으로 이 세상에서 드려진 것이다. 그러므로 "지금 내가 아버지께로 가오니"라는 말은 나는 아버지의 은혜의 보좌 앞에 간청하나이다라는 뜻이라 할 수 있다. 이 기도는 지금도 하늘에서 반복되고 있다(들을 수 있게 기도하시고 있는지 그렇지 않은지에 대해서는 우리로서는 알 수 없다). 그리고 그 때문에 그리스도께서는 아버지께로 돌아가셔야 했다. 그러므로 "지금 내가 아버지께로 가오니"라는 말은 이와 관련된 의미로도 해석되어야 한다. 곧 지금 내가 이 세상을 떠나 아버지께로 가려 하나이다라는 뜻이다.

이 구절에는 선포와 간청이 내포되어 있다. 구세주께서는 아버지께서 그에게 주신 자들을 위하여 거듭거듭 청원하시고 있다. 그가 떠나시리라는 것과 그들이 이 세상에 남겨지게 될 처지를 감안하시고서, 그는 그들을 위해 열렬하게 기도드리신 것이다. 나는 그들을 떠나려 하옵니다. 그러므로 그들을 위해서 준비를 해두어야만 하나이다. 나는 그들을 위하여 아버지께로 나아갑니다. 나는 그들을 위하여 큰 소리로 말씀드리나이다. 나는 내가 창세 전부터 아버지와 함께 누렸던 그 영광을 회복하게 되리라는 것을 그들로 하여금 알게 하였나이다. 나는 그들이 아버지의 선별하시는 은혜의 대상이라는 것과, 그들은 아버지께서 내게 주신 사랑의 선물이라는 것을 그들에게 확신시켜 주었나이다. 나는 내가 그들의 보전과 하나됨을 참으로 깊이 염려하고 있다는 것을 그들로 하여금 알게 하였나이다. 그리고 이 모든 것은 "그들로 내 기쁨을 그들 안에 충만히 가지게 하려 함이니이다."

"내가 세상에서 이 말을 하옵는 것은 그들로 내 기쁨을 그들 안에 충만히 가지게 하려 함이니이다." 이 말을 사도들에게 직접적으로 적용시켜 볼 때, 우리는 주님께서 다음과 같은 뜻으로 이 말씀을 하셨다고 생각할 수 있다. 즉 '나는 사도들이 깊이 낙담하는 것을 보고서, 나의 아버지요 그들의 아버지이신 당신께 그들과 그들의 대의 (大義)에 대하여 칭찬하는 나의 말을 그들로 하여금 신뢰하는 마음으로 즐거이 듣게 함으로써 그들의 슬픔을 기쁨으로 바꾸고자 하나이다.' 그러나 이것은 여기에서 주님이 말씀하시고자 하는 전부가 결코 아니다. 주님께서는 좀 더 특별한 어떤 것, 즉 그의 **모든** 백성들을 위안하시고 가르치시고자 하시는 어떤 것을 염두에 두셨던 것이다.

"그들로 **내 기쁨**을 그들 안에 충만히 가지게 하려 함이니이다." 그것은 어떤 기쁨일까? 그가 그 때 가지고 계시던 기쁨, 그가 사람들 중에 거하시던 33년 동안 그의 마음을 차지하고 있던 기쁨, 바로 그 기쁨이다. 그것은 **아버지와의 사귐**에서 오는 기쁨이다. 오래 전 구약 시대에 성령의 힘으로 예언한, 그가 다음과 같이 말씀하셨을 때 그 앞에 있던 기쁨도 바로 이것이었다. "여호와는 나의 산업과 나의 잔의 소득이시니 나의 분깃을 지키시나이다 내게 줄로 재어 준 구역은 아름다운 곳에 있음이여 나의 기업이 실로 아름답도다 나를 훈계하신 여호와를 송축할지라 밤마다 내 양심이 나를 교훈하도다 내가 여호와를 항상 내 앞에 모심이여 그가 나의 오른쪽에 계시므로 내가 흔들리지 아니하리로다 이러므로 나의 마음이 **기쁘고** 나의 영도 **즐거워하며**"(시 16:5-9). 그는 질고를 아시는 자요 슬픔을 익히 겪으셨음에도 불구하고 "여호와를 기뻐하는 것"이 그의 "힘"이었다(느 8:10). 그가 제자들에게 "내게는 너희가 알지 못하는 먹을 양식(**충족스러운 분깃**)이 있느니라"(요 4:32)고 말씀하셨을 때도 그는 바로 이 기쁨을 가리키신 것이다.

"그들로 **내 기쁨**을 그들 안에 충만히 가지게 하려 함이니이다." 바로 이것이 구세주께서 그의 백성들을 위하여 진심으로 갈망하시던 것이었다. 그리고 그는 이것을 위해 충분히 준비해 두셨다. 이 기도에서 그리스도께서는 우리도 아버지 앞에서 그가 차지하시고 있는 것과 동일한 신분을 갖게 되었다는 것을 알려 주신다. 그리고 우리가 그 기쁨을 의식적(意識的)으로 누리는 양에 비례하여 **그의** 기쁨이 우리 안에 충만하게 되리라는 것을 알려 주신다. 그가 이루신 일의 결과로 모든 장벽은 없어졌고 휘장이 걷혀졌으며, "새롭고 산 길"이 우리를 위하여 열리게 되었다. 그러므로 우리는 "성소"에 들어갈 수 있게 되었고, "참 마음과 온전한 믿음으로 하나님께 나아가도록" 초대된 것이다(히 10:19-22). **그의** 아버지는 곧 **우리** 아버지이시다. 그의 하나님과의 **관계** — 아들이라는 관계 — 는 곧 우리들과의 관계이기도 하다. 왜냐하면 "너희가 아들이므로 하나님이 그 아들의 영을 우리 마음 가운데 보내사 아빠 아버지라 부르게 하셨"(갈 4:6)기 때문이다. 그러므로 성령께서는 우리에게 이렇게 말씀하신 다. **"우리의 사귐**은 아버지와 그의 아들 예수 그리스도와 더불어 누림이라 우리가 이 것을 씀은 **우리의 기쁨이 충만하게 하려 함이라**"(요일 1:3, 4).

구세주께서 자기 백성들의 행복을 지극히 염려하셨다는 점에 주목하는 것은 복된 일이다. 그는 이 세상을 떠나실 때 성령을 그들의 보혜사로 보내셨다. 유월절 설교에 서 그는 이렇게 말씀하셨다. "내가 이것을 너희에게 이름은 내 기쁨이 너희 안에 있 어 **너희 기쁨**을 충만하게 하려 함이라"(요 15:11). 그는 그들에게 교훈을 주실 때 이 렇게 말씀하셨다. "구하라 그리하면 받으리니 **너희 기쁨**이 충만하리라"(요 16:24). 그러므로 비참한 그리스도인이 있다면 그것은 자기모순이다. 그리스도인이 기쁨이 없다면 그는 아버지와 교제하지 아니하는 자이기 때문이다. 그는 마음에 다른 목적 들을 품었으며 그 결과로 아버지의 얼굴의 빛을 따라 걷지 않는 것이다. 그 치유책은 무엇일까? 우리 죄들을 하나님께 고백하는 것이다. 아버지와의 교제를 방해하는 모 든 것을 우리에게서 없애는 일이다. 고마우시게도 그가 우리의 기쁨을 유지시키기 위해 마련해 두신 수단들을 규칙적으로 사용하는 일이다. 즉 말씀 · 기도 · 묵상, 그 리스도께 매일 마음을 전념하는 것, 우리를 기다리고 있는 영광스러운 미래에 항구 적으로 거하는 것, 그리고 그리스도의 신비스러운 부요하심을 다른 사람들에게 선포 하는 것, 이것들이다.

"내가 아버지의 말씀을 그들에게 주었사오매 세상이 그들을 미워하였사오니" (17:14). 이 구절과 이 앞 구절 사이의 관계를 파악하기는 쉽다. 17:8에서 주님께서는 이렇게 말씀하셨다. "나는 아버지께서 내게 주신 **말씀들**을 그들에게 주었사오며." 이것은 그가 그들에게 구약 성경을 설명해 주신 것 이상의 의미를 가지고 있다. 필자 는 이 말씀이 이사야 50:4를 가리키고 있다고 믿는다: "주 여호와께서 학자들의 혀를 내게 주사 나로 곤고한 자를 말로 어떻게 도와 줄 줄을 알게 하시고 아침마다 깨우치 시되 나의 귀를 깨우치사 학자들 같이 알아듣게 하시도다." 완전하신 **종**께서는 매일 아침 아버지께 귀 기울여 아버지의 메시지를 받으셨다. 또는 매일 필요한 메시지들 을 받으셨다. 그리고 그 메시지들을 신실하게 전달하셨다. 그는 여기에서 "내가 아 버지의 **말씀**을 그들에게 주었다"라고 말씀하신다. 그것은 아버지의 본질에 대한 증 언이었다. 즉 **그것이** 바로 그의 기쁨의 원천이었다. 그리고 이제 그것은 그들의 기쁨 이기도 하다. "[그래서] 세상이 그들을 미워하였사오니." "사도들이 하나님 안에서 그들의 기쁨을 누리는 데에 비례하여 그들은 세상이 아버지와 얼마나 멀리 떨어져 있는지를 깨닫게 될 것이다. 그리고 세상은 그들이 자기에게 속해 있지 않기 때문에 그들을 미워할 것이다. 빛은 그림자들을 동반한다. 그러므로 그들은 슬픔과 기쁨에 있어서 주님과 동일하게 될 것이다"(*Numerical Bible*).

"**세상이 그들을 미워하였사오니 이는 … 그들도 세상에 속하지 아니함으로 인함이니이다**"(17:14). 이 세상에 거하는 자들은 완전히 세상 "임금"의 지배를 받는다. 그리고 세상 임금에게 이끌리기 때문에 시간과 감각적인 일들, 즉 "아버지께 속하지 아니하는"(요일 2:16) 모든 것들에게 전적으로 전념하게 된다. 그러므로 세상에 속한 자들은 그리스도와 그의 백성들을 마음속 깊이 증오한다. 그것은 "그들이 세상에 속하지 아니하였기 때문이다." 그리스도인들이 일단 "세상에 속하게" 되면 그들은 세상의 "방침"을 따르게 될 것이며, 세상의 정책들과 원칙들, 그리고 세상의 목적들에 전적으로 "부합하게" 될 것이다. 그러나 은혜로 말미암아서 그들은 "이 악한 세대"(갈 1:4)에서 건져내졌으며, 그들은 이제 새로운 사랑, 새로운 관심들 그리고 새로운 주인을 가지게 된 것이다. 그들은 세상과 분리되어졌으며, 그리스도를 따르는 데에 비례하여 그들의 생활은 세상을 **심판**하게 된다(히 11:7). 그러므로 세상이 그들을 증오하는 것이다. 다시 말해서, 세상은 그들에게 대항하여 은밀하게 음모를 꾸미고 속으로 그들을 저주하며 온갖 악한 방법으로 비방하고 반대한다. 그리고 그들에게 어떤 악한 일이 일어날 때 기뻐하는 것이다.

"**내가 세상에 속하지 아니함같이.**" "첫 사람은 땅에서 났으니 흙에 속한 자이거니와 둘째 사람은 하늘에서 나셨느니라"(고전 15:47). 그리스도께서는 결코 세상에 속하지 아니하셨다. 그는 "거룩하고 악이 없고 더러움이 없고 죄인에게서 **떠나** 계시다"(히 7:26), 그래서 그는 유대인들에게 이렇게 선포하셨다. "너희는 아래에서 났고 나는 위에서 났으며 너희는 이 세상에 속하였고 나는 이 세상에 속하지 아니하였느니라"(요 8:23). 그러나 그의 백성들에게, "세상에 속하지 아니하였다"는 말이 어떻게 그들에게도 해당되는 것일까? 그것은 "누구든지 그리스도 안에 있으면 새로운 피조물"(고후 5:17)이기 때문이다. 이 때문에 그는 "하늘의 부르심을 받은 거룩한 형제"(히 3:1)요, 그의 "시민권은 하늘에 있는"(빌 3:20) 것이다. 또한 이것으로 인해 그는 하늘의 유업을 잇게 된 것이다(벧전 1:3-5). 이것을 고려해 볼 때 그는 높은 데의 본향을 향해 여행해 가는 "이방인이요 순례자"에 지나지 않는다.

"**내가 아버지의 말씀을 그들에게 주었사오매 세상이 그들을 미워하였사오니 이는 내가 세상에 속하지 아니함 같이 그들도 세상에 속하지 아니함으로 인함이니이다.**"

이것은 구세주께서 그들의 보전을 위한 간구를 제시하시는 또 하나의 근거이다. 다시 말해서, 그들의 **위험**이 곧 그 청원의 근거이다. 그들은 적개심이 가득 차 있는 세상에 남겨지게 될 것이므로 보호가 절실하게 필요하다. 그들은 더 이상 세상과 공통점이 없으며, 세상과 교제할 수 없다. 그들은 세상의 예배에 가담할 수 없으며, 세상의 계획들을 진전시킬 수 없다. 그러므로 그들은 배척당하며 무시와 박해를 받게 될 것이다. "또 악으로 선을 대신하는 자들이 내가 선을 따른다는 것 때문에 나를 대적하나이다"(시 38:20). "헤롯이 요한을 의롭고 **거룩한** 사람으로 알고 두려워하여 보호하며"(막 6:20). "형제들아 세상이 너희를 미워하여도 이상히 여기지 말라"(요일 3:13). 그리스도는 세상이 변하지 아니하리라는 것을 아셨다. 그래서 여기에 남겨 두시는 자들을 위하여 아버지께 간청하신 것이다.

 "내가 비옵는 것은 그들을 세상에서 데려가시기를 위함이 아니요 다만 악에 빠지지 않게 보전하시기를 위함이니이다"(17:15). "그는 이 기도를 듣는 자들에게 교훈을 주시기 위하여 이 말씀을 하신 것임이 분명하다. 이와 같이 그는 그의 간청의 타당성들을 제시하고 계신 것이다. 한편으로 기도는 제자들에게 유익하고 바람직한 것으로 보였음에 틀림없다. 다른 한편으로 최후의 순간이 가까워지고 있었으므로 그러한 기도는 앞으로 역경이 있게 되리라는 것을 암시해 준다. 그리고 그 기도는 장래의 모든 신자들이 갖게 될 절실한 소망과도 다른 것이다. 그러나 그들의 소망은 낙담에 짓눌린 엘리야가 품었던 소망과 비교되어서는 안 되며, 무기력함에서 나온 소망으로 간주되어서도 안 된다. 오히려 그것은 빌립보서 1:23에 나타나 있는 사도들의 욕망과 같은 것이다. 그들이 회심하여 최초의 기쁨에 넘쳤을 때 그들 중 거의 대부분은 즉시로 주님과 함께 위에 거하게 되었으면 하는 소망을 품었다. 종종 우리들도 다른 사람들에 관하여 그들이 지금 죽는 것이 좋으리라고 생각한다. 왜냐하면 그들은 천국에서 안전하게 있게 될 터이므로! 그러나 주님께서 더 잘 알고 계신다. 우리는 여기에서 하신 주님의 말씀으로부터 **그는** 이것을 간청하지 아니하셨다는 더 좋은 교훈을 배워야 한다. 그러므로 당신도 당신 자신을 위해서나 또는 다른 사람들을 위해서나 그것을 구하지 말라! 세상을 떠나고자 하는 당신의 욕구에도 불구하고 그 욕구를 이겨내라. 그것이 **더 좋다**. 왜냐하면 육체 안에, 그리고 세상 안에 머물러 있는 것이 더 필요하기 때문이다. 당신이 당신의 모든 일을 완수할 때까지는 당신의 **보전**을 위해 기도하는 것으로 만족하라"(Stier). 라일 주교는 이렇게 지적한 바 있다. "성경에 기록된 성도들의 기도 중 오직 세 번만 들어 주시지 아니하였다. '세상으로부터 데려가 주시라는' 모세의 기도, 엘리야의 기도, 그리고 요나의 기도가 바로 그것이다." 이것은 참으로 주목할 만한 사실이다!

"내가 비옵는 것은 그들을 세상에서 데려가시기를 위함이 아니요 다만 악에 빠지지 않게 보전하시기를 위함이니이다." 17:11에서 그리스도께서는 "거룩하신 아버지여 내게 주신 아버지의 이름으로 그들을 보전하사"라고 말씀하였다. 그러나 본절에서는 제자들을 위하여 이렇게 부연하신다. "그들을 **악에 빠지지 않게** 보전하옵소서." "악"에 해당하는 헬라어는 "악한 자" 또는 "악한 일"이라고 번역될 수도 있다. 아마 두 가지가 다 포함되는 말일 것이다. "그들이 그들의 행로를 다 갈 때까지 악의 괴수로부터, 악 자체로부터, 마귀의 세력과 그 책략들로부터, 그리고 파멸로부터 그들을 보전하옵소서. 사탄은 그 괴수이옵니다. 세상은 미끼이며 죄가 그 올무이옵니다. 그들이 마귀의 지배를 받지 않도록 그들을 지키시옵소서. 그들이 세상의 유혹에 미혹되지 아니하도록 그들을 세상으로부터 지키시옵소서"(토머스 맨턴). 그러므로 악에 대하여 영적으로 승리하는 것이 악으로부터 전적으로 면제되는 것보다 훨씬 더 좋다. 이와 같이 주님께서는 여기에서 어떻게 기도해야 할지를 다시 한 번 가르쳐 주시고 있다. 즉 세상으로부터 데려가기를 기도하는 것이 아니라 악에 빠지지 않게 해 주시기를 기도해야 한다. 그리스도께서 아버지께 "우리를 보전하옵소서"라고 간청하신 사실은 우리 자신에게는 스스로를 지킬 힘이 없다는 것을 나타내 준다. "너희는 말세에 나타내기로 예비하신 구원을 얻기 위하여 믿음으로 말미암아 **하나님의 능력으로** 보호하심을 받았느니라"(벧전 1:5).

하나님께서는 여러 가지 방법으로 우리를 지키신다. 우리는 그 방법을 두 가지로 요약할 수 있다. 그의 성령으로 말미암는 것과 그의 섭리로 말미암는 것이다. 성령의 능력으로 말미암아 우리 안에 있는 악은 제거된다. "너를 **막아** 내게 범죄하지 아니하게 하였나니"(창 20:6). 성령으로 말미암아 우리에게 은혜가 부여된다. "나를 경외함을 그들의 마음에 두어 나를 떠나지 않게 하고"(렘 32:40). 하나님께서는 그의 섭리하심으로 말미암아 죄의 기회들과 죄의 대상들을 제거하신다. "악인의 규가 의인들의 땅에서는 그 권세를 누리지 못하리니 이는 의인들로 하여금 죄악에 손을 대지 아니하게 함이로다"(시 125:3). "하나님은 미쁘사 너희가 감당하지 못할 시험 당함을 허락하지 아니하시고 시험 당할 즈음에 또한 피할 길을 내사 너희로 능히 감당하게 하시느니라"(고전 10:13).

우리가 우리 자신을 지킬 수 없다는 사실을 감안해 볼 때 우리 안에서 하나님께 의지하는 마음을 일으켜야만 한다. 우리는 매일 이렇게 고백해야 한다. "우리 하나님이여 그들을 징벌하지 아니하시나이까 우리를 치러 오는 이 큰 무리를 우리가 대적할 능력이 없고 어떻게 할 줄도 알지 못하옵고 오직 주만 바라보나이다"(대하 20:12). 또한 매일 이렇게 기도드려야 한다. "우리를 시험에 **들게 하지 마시옵고** 다만 악에서 **구하시옵소서.**" 하나님께서 우리를 지키실 수 있고 또 기꺼이 지켜 주신다는 사실은 하나님께 대한 신뢰감을 불러일으켜 주며 확신을 깊게 해주고 찬양으로 넘치게 해준다. "내가 믿는 자를 내가 알고 또한 내가 의탁한 것을 그 날까지 그가 능히 지키실 줄을 확신함이라." 잠수복을 입은 잠수부가 물 속에 있을 때 물로부터 보호를 받듯이, 이 악한 세상에 살고 있는 믿는 자도 하나님의 크신 능력을 인하여, 우리를 에워싸고 있는 하나님의 팔로 인하여 보전을 받는다.

　　"내가 세상에 속하지 아니함 같이 그들도 세상에 속하지 아니하였사옵나이다" (17:16). 17:14에 이와 동일한 말씀이 있다. 그러나 그 문맥 관계는 다르다. 14절에서는 세상이 그들을 미워하는 주된 이유를 설명하시고 있고, 여기에서는 그들을 악에 빠지지 않게 해달라고 아버지께 간청하는 이유를 제시하시고 있다. 그 이유는 "그들이 세상에 속하지 아니하였기 때문이다." 이 구절에 내포되어 있는 진리는 일곱 가지 측면으로 적용시킬 수 있다. 첫째로, 그리스도인들은 세상에 속해 있는 자들과는 다른 **신분**을 가지고 있다. 그들의 신분은 아담 안에 있으나 우리의 신분은 그리스도 안에 있다. 그들은 심판 아래 있으나 우리는 "사랑받는 자들 안에 용납되어 있다." 둘째로, 다른 **본성**을 가지고 있다. 그들은 육에 속해 있으나 우리는 "영에 속해" 있다. 그들의 본성은 악하며 부패해 있으나 우리의 본성은 거룩하고 신성하다. 셋째로, 우리는 그들과 다른 **주인**을 섬긴다. 그들은 그들의 조상 마귀에게 속해 있고 그들이 섬기는 아비의 욕망들을 가지고 있다. 그러나 우리는 주 그리스도를 섬긴다. 넷째로, 우리는 그들과는 다른 **목적**을 가지고 있다. 그들의 목적은 자기 자신을 즐겁게 하는 것이나 우리의 목적은 하나님을 영광스럽게 해드리는 것이다. 다섯째로 우리는 그들과 다른 **시민권**을 가지고 있다. 그들의 시민권은 땅에 있으나 우리의 시민권은 하늘에 있다. 여섯째로, 우리는 그들과 다른 **생활**을 한다. 그리스도인들이 행해야 할 표준에 훨씬 못 미치는 삶을 살고 있는 것만은 사실이다. 그러나 그들 중에는 세상에 속한 자들이 행하는 것과 같이 극도의 죄에 빠져 사는 자는 하나도 없다(그들의 행동의 일반적인 경향을 놓고 볼 때). 일곱째로, 우리는 그들과 다른 **운명**을 가지고 있다. 그들은 불못에 던지울 것이다. 그러나 우리는 높은 데의 아버지의 집에 있게 될 것이다. "세상"은 하나님으로부터 떨어져 세워진 체계이다. 우리는 세상에서 데려와졌으며 그것으로부터 구함 받았고 그것과 분리되어 있다. 주께서는 우리가 이것을 매일의 삶에서 밝히 드러내게 하기 위하여 우리 모두에게 필요한 은혜를 주신다.

"내가 세상에 속하지 아니함 같이 그들도 세상에 속하지 아니하였사옵나이다." "이것은 하나의 사실이요 의무는 아니다. 그러나 이 말은 우리가 세상에 속해서는 안 된다는 가장 확고한 근거를 제공하고 있다. 그들은 세상에 속하지 아니하였다. 뿐만 아니라 세상에 속해서도 안 된다. 그들이 세상에 속하지 않았는데도 세상에 속한 것처럼 보이는 것은 통탄스러운 모순이다. 그것은 우리의 경우에 있어서도 잘못된 것이다. 왜냐하면 우리는 아버지의 것이며 세상을 참아 견디시고 배척받으신 아들에게 주어진 자들이기 때문이다. 그리고 이것이 바로 여기 세상에서의 영원하고 신성한 관계를 가져오는 것이라고 일컬어진다 해도 그것은 과언이 아니다. 이것이 바로 기독교가 근본적으로, 그리고 실제로 뜻하는 바이다. 그것은 배척하는 아랫 세상에서 신자를 분리시켜 신자로 그에게 증언하는 신분을 주셨을 뿐만 아니라 하늘에서의 관계와 용납받음에 있어서도 자신이 가지신 신분을 부여해 주신 그리스도를 소유하고 있는 믿음이다. 그리고 신자는 주님을 기다리면서 말과 행실로, 그리고 영과 대화로 그 믿음을 실행해야 한다 … 세상이 그리스도와 그의 제자들을 위하여 개선되었다고 말하는 것은 육체가 개선될 수 있다고 말하는 것과 마찬가지로 잘못된 것이다. 그것은 어둠을 빛이라 하는 것이 된다. 본성적인 인간은 겉으로 파렴치한 일을 하지 않고 종교적인 가면을 쓸 정도로 매우 영리하다. 그리고 세상은 본래 하나님께 속한 일들에 전념한다고 고백한다. 그러나 세상의 실제의 모습을 보면 봉사와 예배를 하는데 있어서 상식만으로 해결하는 데 그치며 그리스도의 마음은 전혀 적용시키지 아니한다. 이것은 실로 원수의 승리이다! 우리가 기독교계에서 보고 있는 것도 바로 그것이다. 그리고 행동하고 예배하는데 있어서, 또는 봉사하는데 있어서, 그러한 경향이야말로 가장 참을 수 없는 태도이다."

"당신이 큰 소리로 공공연히 세상을 비난하고 세상에 항의한다 해도 그것은 중요하지 않다. 당신이 세상에 가담해 있으면 그들은 당신의 말에는 마음을 쓰지 않을 것이다. 그리고 그 때 당신은 그리스도께 대한 믿음이 없는 것이다. 당신이 은혜와 인내를 제아무리 많이 나타낸다 해도 그것은 중요하지 않다. 당신이 세상에 속하지 아니하고 떨어져 있으면 당신은 악의와 증오와 멸시를 받게 된다. 제자는 그의 스승보다 낫지 못하다. 그러나 완전해진 사람은 모두 다 그의 스승처럼 될 것이다. 세상에 속하지 않은 자로서 행동하면 세상의 가장 강력한 비난을 받게 될 것이다. 그리고 온유나 사랑은 세상을 기쁘게 할 수 없다. 하나님께서는 세상에 속하지 아니하는 것을 그의 아들에 대한 증거의 일부로 간주하시기 때문에 세상이 온유나 사랑을 반기게끔 만들지 아니하셨다. 그리고 세상은 아버지의 말씀을 받아들이지도 아니하고 이해하지도 못한다. 그러므로 세상은 그 **말씀**을 가지고 그 말씀에 따라 행하는 자들을 미워한다"(*Bible Treasury*).

"**그들을 진리로 거룩하게 하옵소서 아버지의 말씀은 진리니이다**"(17:17). 이 17장의 기도 중에서 이 구절이야말로 가장 큰 견해차를 빚어온 내용이다. 17:6-19은 우리 주님께서 사도들만을 위하여 중보하신 것이라고 간주하는 사람들이 있는데(그들 중에는 몇몇 탁월한 주석가들뿐만 아니라 존 브라운도 포함되어 있다), 그들은 이 구절의 의미를 이렇게 보고 있다. "그들을(구약 시대의 이스라엘의 제사장들이 그랬던 것처럼) 그들이 수행해야 할 중대한 직무에 알맞게, 예를 들면 성령으로 기름부음으로써 신성하게 해주옵소서." 그러나 필자가 판단하기에 도저히 반박할 수 없는 이와 반대되는 견해들이 있다. 그러므로 필자의 생각으로 여기에서 구세주께서는 그의 **모든** 백성을 위해서 기도하신 것이 매우 분명할 뿐만 아니라, 이 구절에 사용된 전치사를 보아서도 그렇게 생각지 않을 수 없다고 믿는 바이다. 그것은 "그들을 진리**로**(Through 또는 by) 거룩하게 하옵소서"라고 되어 있다. 그것이 사역의 직무를 가리키는 것이 아니었다면 그것은 "진리를 위하여 그들을 거룩하게 하옵소서"라고 되었을 것이다.

성화(聖化)는 지극히 중대한 주제이다. 사람들은 그 주제에 대해서 매우 무지하다. 그래서 우리는 그 문제를 회피하거나 아주 상세하게 토론하고 싶은 충동을 받는다. 그러나 이 문제는 필자가 여기에서 다룰 수 있는 영역이 아니다. 그러므로 대략적인 윤곽을 제시하는 것으로 만족하기로 하자. 무엇보다도, "거룩하게 하다"는 말은 성경 전반에 걸쳐 획일적인 의미, 즉 **구별해 두다**라는 의미로 사용되고 있다. 그것은 항상 그런 것은 아니지만 대개는 하나님께서 손수 쓰시기 위하여 구별해 둔 어떤 사람 또는 어떤 것을 가리킨다. 그 말은 내적으로 정결하게 됨을 가리키는 것이 아니며 육적인 본성을 근절시킴을 뜻하는 것은 더더욱 아니다. 17:19에 사용된 그 말을 보라. "그들을 위하여 내가 **나를 거룩하게 하오니**." 이것은 단지 이런 의미일 뿐이다. 즉 "그들을 위하여 내가 나 자신을 구별해 두오니"라는 의미이다.

우리는 유다서 1절에서 "하나님 **아버지** 안에서 사랑을 얻은"[하나님 아버지께서 거룩하게 하신] 자들에 관한 기록을 읽을 수 있다. 거기에서의 그 말은 하나님께서 우리 멸망해야 할 종족으로부터 그리스도 안에서 그들을 구별해 두셨을 때 정하신, 택함 받은 자들에 대한 영원한 예정을 가리킨다. 히브리서 10:10(히 13:12 참고)에는 "**예수 그리스도의** 몸을 단번에 드리심으로 말미암아" 거룩함을 얻은 자들에 대하여 기록되어 있다. 거기에서의 그 말은 사탄의 노예로부터 속전을 치르고 우리를 구별해 두신 것을 가리킨다. 데살로니가후서 2:13과 베드로전서 1:2에서 우리는 "**성령의 거룩하게 하심**"에 관한 기록을 읽을 수 있다. 거기에서의 그 말은 성령께서 허물과 죄 속에 죽어 있는 자들로부터 우리를 구별해 두셨을 때 이루어진 신생을 가리킨다. 여기 요한복음 17:17에서의 성화는 "**진리**로 말미암는" 것, 즉 기록된 **말씀**으로 말미암는 것이다. 아버지의 거룩하게 하심, 예수 그리스도의 거룩하게 하심, 그리고 성령의 거룩하게 하심은 각기 **지위**에 관한 것과, 정도를 허용하지 아니하는 **절대적인** 것, 즉 점진적인 단계에 관련된 것이 아니라 완전하고 궁극적인 것과 관계가 있다. 그러나 "진리로 거룩하게 하는 것"은 **실천적**이고 **점진적**인 것이다. 내가 하나님의 말씀에 따라 걷고 있는 한 나는 악에서 떨어져 있을 것이다. 따라서 우리는 그리스도께서 제자들을 위하여 드리신 두 간구 사이에 매우 밀접한 관계가 있음을 발견하게 된다. "그들을 … 악에 빠지지 않게 보전하소서"(17:15). "그들을 진리로 거룩하게 하옵소서"(17:17). 전자는 후자에 의하여 보장된다. 또한 우리는 17:17과 16절도 서로 밀접한 관계가 있음을 발견하게 된다. "내가 세상에 속하지 아니함 같이 그들도 세상에 속하지 아니하였사옵나이다." 그러므로 이제 "그들을 진리로 거룩하게 하옵소서." 그들은 세상에 속하지 않기 때문에 세상과 떨어져서 걸을 수 있는 것이다.

"아버지의 말씀은 진리니이다." 기록된 **말씀**은 순전한 진리**이다**(내포하고 있는 것이 아니라). 이는 그것을 기록한 분께서 거짓말을 하실 리 없기 때문이다. 말씀 안에는 잘못이 없다. **말씀**은 하나님의 진리이기 때문에 궁극적인 권위가 있다. 모든 것은 말씀에 의거하여 시험되어야 한다. 우리는 말씀에 의거하여 생각해야 하며 또 말씀에 의거하여 행동을 조정해야 한다. 하나님의 **말씀**은 **진리**이기 때문에 그것은 그 말씀에 순종하는 자들을 **거룩하게** 해준다. " … 것은 하나님이 택하신 자들의 믿음과 **경건함에 속한** 진리의 지식과"(딛 1:1). 그러므로 **말씀**이 곧 진리라면 우리는 그 말씀에 무한한 가치를 부여해야 한다. 우리가 진리로 거룩하게 된다면 우리는 그것을 지극히 귀중하게 여겨야 한다. 그 반대도 또한 매우 엄숙하다. 진리가 악으로부터 **구별**되게 하는 것이라면 거짓은 악으로 **인도**하는 것이다. 그것은 태초에도 마찬가지였다. 우리 선조들이 죄에 빠져 사망에 이르게 된 것은 바로 마귀의 거짓말을 믿었기 때문이다! 그러므로 거짓을 조심하라! 거짓이 영혼에 미치는 영향은 독이 신체에 미치는 영향과 같다. 치명적인 역병을 피하듯이 하나님의 진리를 조금이라도 **부인**하는 자들을 피하라. "너희가 **무엇을** 듣는가 스스로 삼가라"(막 4:24).

"**아버지께서 나를 세상에 보내신 것 같이 나도 그들을 세상에 보내었고**"(17:18). 이것은 참으로 놀라운 말씀이다. 그리고 20:21에서 하실 말씀, 곧 "아버지께서 나를 보내신 것 같이 나도 너희를 보내노라"는 말씀을 여기에서 미리 하신 것이다. 이것은 그리스도께서 우리에게 **자기의** 신분, 즉 높은 데에서는 용납받으시고 여기 아래에서는 [아버지에 관한 것을] 증거하신 그의 지위를 부여해 주셨음을 입증해 준다! 그러나 여기 아래에서 증거하는 자들은 특별한 성품을 가지고 있다. 즉 우리는 **하늘**에 속한 자들로서 세상에서 증거할 소명이 있다. 그리스도는 세상에 속하지 아니하셨다. 그는 이 세상에 내려오신 하늘의 존재이셨다. 그러므로 그와 동일하게 여겨지며, 하늘의 부르심을 입은 자들인 우리는 이제 여기 아래에서 그를 대표하도록 위임받고 있다. 이것은 우리가 "세상에 속하지" **아니한다**는 확실한 증거이다! 우리가 "세상으로부터 택하심을 받은" 바로 그 첫 순간에 우리는 "세상에 보내진" 것이다. 이것은 사도들에게만 해당하는 것이 아니다. 우리는 그 사실을 요한일서 4:17 말씀을 통해 확실히 알 수 있다. "주의 그러하심과 같이 우리도 이 세상에서 그러하니라." 이것은 **모든** 신자들을 가리키는 말이다.

"아버지께서 나를 세상에 보내신 것 같이 나도 그들을 세상에 보내었고." 그리스도께서는 아버지를 계시하고 그의 영광을 드러내라고 여기에 보내지셨다. 그러므로 우리도 그리스도의 영광을 드러내라고 세상에 보내진 것이다. 그의 영광은 아버지의 영광이기 때문이다. 그리스도께서는 잃어버린 바 된 자들을 찾아 구하라는 자비로운 부르심을 받고 여기에 보내지셨다. 그러므로 우리도 그의 대리인이요 도구로서 그의 복음을 전파하고, 죄로 죽어 있는 세상에게 구원하실 능력이 있으신 분에 대하여 말해야 한다. 그리스도께서는 여기 세상에서 "은혜와 진리로 충만"하셨다. 그러므로 우리는 은혜롭고 신실한 생활로써 우리 주님을 기리어야(讚)한다. 또한 그리스도께서는 거룩하신 자로서 여기 부패한 세상 가운데로 오셨다. 그러므로 우리도 "세상의 소금"이 되어야 한다. 그리스도께서는 빛으로 여기에 오셨다. 그러므로 우리도 빛으로서 이 어두운 세상을 비추어야 한다. 그리스도께서는 성령을 받으셨다. 성령께서는 그에게 기름을 부어 주시고 그를 충만하게 하셨으며 인도해 주셨다. 그러므로 우리도 기름부어 주시고 충만하게 하시며 인도해 주시는 성령을 받아야 한다. 그리스도께서는 항상 아버지의 일에 전념하셨다. 그는 자신을 기쁘게 아니하시고 이 세상에서의 짧은 생애를 최대한으로 이용하셨다. 그러므로 우리는 시간을 충실히 이용해야 하며, 항상 수많은 주님의 일들을 좋을 때나 궂을 때나 신속하게 돌보아야 한다. 그렇게 함으로 그리스도께서 우리 안에서 "영광을 받으시는" 것이다(17:20). 이것은 우리의 소명에 큰 위엄을 부여해 준다.

"아버지께서 나를 세상에 보내신 것 같이 나도 그들을 세상에 보내었고." 이 구절과 앞 구절 사이의 관계는 지극히 중요하다. 앞 구절에서 구세주께서는 아버지께 그가 이 세상에 남겨 두려는 자들을 진리로 거룩하게 해주시기를 기도하셨다. 여기에서 그는 그가 그들을 세상에 보내었다고 덧붙이신다. 이것은 그의 간구를 뒷받침해 주는 하나의 탄원으로 이렇게 말씀하시는 것 같다. "아버지여, 내가 **아버지의** 대표자인 것처럼 내가 지금 중보하고 있는 자들은 여기 아래에서의 나의 대표자들이옵니다. 그러므로 그들을 이 악한 세상에 물들지 않게 하시고, 경건의 영으로 채워 주소서. 그래서 그들이 거룩한 생활의 본보기가 되게 하소서." 그리스도께서 열 두 사도들을 맨 처음 세상에 보내시던 때를 주목해야 한다. 그 때 그는 그들에게 이렇게 가르치셨다. "이방인의 길로도 가지 말고 사마리아인의 고을에도 들어가지 말고 오히려 이스라엘 집의 잃어버린 양에게로 가라"(마 10:5, 6). 그러나 이제 그는 만민에게 복음을 전하도록 그들을 "세상"에 보내신다. 택하심 받은 이스라엘 민족은 이 시대에 있어서 그 탁월한 축복의 지위를 차지하지 못하고 있다. 기독교는 유대인뿐만 아니라 이방인에게도 다같이 복음을 증거하고 있다.

"**또 그들을 위하여 내가 나를 거룩하게 하오니 이는 그들도 진리로 거룩함을 얻게 하려 함이니이다**"(17:19). "이것은 그리스도께서 17:17의 간구를 뒷받침하시기 위하여 제시하신 두 번째 탄원이다. 그는 그들의 임무를 강조하셨다. 이제는 자기 자신의 공로를 강조하신다. 공의가 가로막으며 이렇게 말할지도 모른다. '그들은 무가치하오.' 그러나 그리스도께서는 '나는 그들을 위하여 나를 거룩하게 한다' 고 말씀하신다. 그는 아버지와 간청으로 교섭하셨을 뿐만 아니라 공로로도 교섭하셨다. 그리고 그는 아버지의 사랑하시는 자로서 아버지의 자비에 의지하셨을 뿐만 아니라 속죄를 위하여 자기 목숨을 기꺼이 버리신 자로서 그의 공의에도 의지하신 것이다"(토머스 맨턴).

"또 그들을 위하여 내가 나를 거룩하게 하오니." "때"(17:1)와 "내가 아버지께로

가오니"(17:13)라는 말에 **이중의** 의미가 있었던 것처럼 "내가 나를 거룩하게 하오니"라는 말에도 이중의 의미가 내포되어 있다. 우선적이고 가장 명백한 의미로서 그것은 **십자가**를 가리킨다. 대제사장인 나는 나의 백성들을 위하여 나를 거룩하게 하나이다. 나는 그들을 위하여 죽임당해야 할 하나님의 어린 양으로서 나를 바칩니다. 히브리서 10:14을 보라. 그는 **그들이** "진리로 거룩하게 되도록" 이 일을 행하신다고 말씀하셨을 때, 그의 직무상의 성화가 곧 그들이 실제로 거룩하게 되어야 할 근거가 되는 가치 있는 원인이라는 것을 단언하신 것이다. 주 예수께서 자기를 거룩하게 하셨다고 선포하셨을 때 그는 그가 **기꺼이** 그리고 **자발적으로** 자기의 희생제사를 바치셨다는 점에 주의를 환기시키셨다. 거기에 필연성이나 강제성은 없었다. 그는 스스로 자기 목숨을 버리셨고(요 10:18), "**그들을 위해서**", 즉 하나님의 택하신 모든 무리를 위해서 이렇게 하셨다. 이것은 그가 이 기도 전반을 통하여 그의 **모든** 백성을 염두에 두셨다는 또 하나의 증거이기도 하다! "그리스도께서 **교회를** 사랑하시고 그 교회를 위하여 자신을 주심 같이 하라 이는 곧 물로 씻어 말씀으로 깨끗하게 하사 **거룩하게 하시고**"(엡 5:25, 26). "그러므로 예수도 자기 피로써 백성을 거룩하게 하려고 성문 밖에서 고난을 받으셨느니라"(히 13:12)

"또 그들을 위하여 내가 나를 거룩하게 하오니 이는 그들도 진리로 거룩함을 얻게 하려 함이니이다." 그리스도의 이 말씀의 좀 더 심오하고 궁극적인 의미는 그가 영광을 얻으신 인간으로서, 또 그의 백성의 사랑과 묵상과 예배의 대상으로서 높은 데에서 거룩하게 되신 것을 가리킨다. "그리스도께서는 하늘들 위에 계신 하늘의 사람으로서, 영광 안에서 영광을 얻으신 사람으로서 자기 자신을 거룩하게 하셨다. 이는 진리가 아버지의 영광으로 말미암아 죽은 자들 가운데에서 다시 살아나신 그 안에서, 그의 인격 안에서 빛나게 하기 위함이다. 그리고 그렇게 해서(즉 다시 살아나심으로써) 아버지의 본질의 모든 것이 그 안에서 드러난 것이다. 다시 말해서, 그것은 거룩하신 의(義)의 증거요 거룩하신 사랑과 거룩하신 능력의 증거이며, 인간이 하나님의 계획에 따라 움직인 결과의 완전한 본보기이다. 또한 그것은 하나님의 능력의 도덕적이고 영광스러운 표현이다. 그것은 보이지 아니하는 하나님의 형상, 곧 아들의 형상이요 영광 가운데 있는 형상이다. 예수께서는 여기에서 제자들에게 그의 과거의 모습이 어떠했는가를 알려 주심으로써, 그들이 거룩함을 얻게 하시려고 자신을 구별하셨다. 왜냐하면 이 말씀이 곧 진리이고 그 진리는 말씀이 나타나시는 형상으로서 그들을 창조하시기 때문이다. 그러므로 그리스도께서 세상에서 나타내신 것은 바로 아버지의 영광이며, 그가 인간으로서 승천하신 것도 바로 이 영광 안에로였다. 이것이 곧 완전한 결과, 즉 그가 하나님을 위하여 뿐만 아니라 그의 백성들을 위하여 자기를 거룩하게 하신 방법의 영광스러운 예증이기 때문이다. 이와 같이 우리가 하나님을 향하여 우리를 도덕적으로 거룩하게 할 때, 말씀으로 말미암아 우리의 사상이 형성되며, 또 그 말씀이 우리의 사상을 지배하게 된다. 그 뿐만 아니라 우리의 마음이 은혜 안에서 그리스도와 관계를 맺고 있을 때, 우리가 그의 인격 안에 있는 이 진리를 가지게 되며 거기에서 복된 사랑이 흘러나오는 것이다"(Mr. J. N. Darby).

독자가 요한복음 17장 종결 부분을 연구하는 것을 돕기 위하여 아래의 질문들을 제시하는 바이다.

1. 독자는 요한복음 17장에서 일곱 개로 설명되는 주제들을 몇 개나 발견할 수 있는가?
2. 21절에서 기도드리고 있는 일체성은 어떤 것인가?
3. 22절의 "영광"은 어떤 것인가?
4. 23절의 일체성은 어떤 것인가?
5. 24절은 무엇과 관계가 있는가?
6. 어째서 "의로우신" 아버지라고 불렀는가?(25절)
7. 26절은 무슨 뜻인가?

제60장

그리스도의 중보기도

❹

²⁰내가 비옵는 것은 이 사람들만 위함이 아니요 또 그들의 말로 말미암아 나를 믿는 사람들도 위함이니 ²¹아버지여, 아버지께서 내 안에, 내가 아버지 안에 있는 것 같이 그들도 다 하나가 되어 우리 안에 있게 하사 세상으로 아버지께서 나를 보내신 것을 믿게 하옵소서 ²²내게 주신 영광을 내가 그들에게 주었사오니 이는 우리가 하나가 된 것 같이 그들도 하나가 되게 하려 함이니이다 ²³곧 내가 그들 안에 있고 아버지께서 내 안에 계시어 그들로 온전함을 이루어 하나가 되게 하려 함은 아버지께서 나를 보내신 것과 또 나를 사랑하심 같이 그들도 사랑하신 것을 세상으로 알게 하려 함이로소이다 ²⁴아버지여 내게 주신 자도 나 있는 곳에 나와 함께 있어 아버지께서 창세 전부터 나를 사랑하시므로 내게 주신 나의 영광을 그들로 보게 하시기를 원하옵나이다 ²⁵의로우신 아버지여 세상이 아버지를 알지 못하여도 나는 아버지를 알았사옵고 그들도 아버지께서 나를 보내신 줄 알았사옵나이다 ²⁶내가 아버지의 이름을 그들에게 알게 하였고 또 알게 하리니 이는 나를 사랑하신 사랑이 그들 안에 있고 나도 그들 안에 있게 하려 함이니이다(요 17:20-26)

요한복음 17장 종결 부분을 분석해 보면 아래와 같다.

1. 그리스도께서 모든 구속된 자들을 포함하여 말씀하심(20절)
2. 그리스도께서 그들이 하나 되게 해달라고 기도하심(21절)
3. 그리스도께서 그들에게 자신의 영광을 부여해 주심(22절)
4. 그리스도와 그의 성도들이 영광 안에서 세상에 나타내짐(23절)

5. 그리스도께서 우리가 그와 함께 있게 되기를 열망하심(24절)

6. 그리스도께서 세상과 그의 백성들을 대조시키심(25절)

7. 그리스도께서 우리에게 아버지의 사랑을 확신시켜 주심(26절)

우리는 이제 이 놀라운 기도의 종결 부분에 달하게 되었다. 이 부분은 지금까지 고찰해 온 모든 내용의 영광스러운 절정이다. 이 부분에서 우리 주님께서는 그가 지금 사도들이나, 또는 자신이 세상에 계실 동안 그를 따랐던 사람들만이 아니라 모든 그의 백성들을 위하여 기도하고 계신다는 고마우신 보증을 해주신다. "내가 비옵는 것은 이 사람들만 위함이 아니요 또 그들의 말로 말미암아 **나를 믿는 사람들**도 위함이니"(17:20). 구세주께서는 지금 이 앞 구절들에서 위하여 기도하신 자들 이외에 **또 다른** 무리를 위하여 **별개의** 청원들을 제시하시는 것이 아니다. 그는 모든 세대를 통하여 그를 믿고 따르게 될 모든 사람들을 위하여 기도하고 계신다. 그리고 여기에는 최초의 그리스도인들과도 **관련이 있다.**

그리스도께서는 구속받은 모든 무리를 위하여 아버지께 **일곱** 가지 사항을 요구하셨다. 첫째로, 그는 그들의 **보전**을 위하여 기도하셨다: "거룩하신 아버지여 내게 주신 아버지의 이름으로 그들을 **보전**하사"(17:11). 둘째로, 그들의 **기쁨**을 위하여 기도하셨다: "그들로 내 **기쁨**을 그들 안에 충만히 가지게 하려 함이니이다"(17:13). 셋째로, 그들이 악으로부터의 **떠남**을 위하여 기도하셨다: "그들을 **악에 빠지지 않게** 보전하시기를 위함이니이다"(17:15). 넷째로, 그들의 **성화**를 위하여 기도하셨다: "그들을 진리로 거룩하게 하옵소서"(17:17). 다섯째로, 그들의 **하나 됨**을 위하여 기도하셨다: "그들도 다 **하나**가 되어"(17:21). 여섯째로, 그들의 그와의 **연합**을 위하여 기도하셨다: "아버지여 내게 주신 자도 나 있는 곳에 **나와 함께 있어**"(17:24). 일곱째로, 그들의 **만족**을 위하여 기도하셨다: "**나의 영광**을 그들로 보게 하시기를 원하옵나이다"(17:24).

이 기도를 신중하게 분석해 보면 다음과 같은 사실이 드러난다. 주님께서 **일곱** 개의 변론을 들어 자기를 위한 하나의 청원을 강조하신 것처럼, 그는 **일곱** 개의 변론을 들어 자기 백성을 위한 **일곱** 개의 청원을 뒷받침하신다. 첫째로, 그는 아버지께 그의 백성들을 보전해 주시고 거룩하게 해주시며 영광스럽게 해주시기를 간청하셨는데, 그것은 그들이 아들에게 주어진 아버지의 선물이기 때문이었다(17:9 참고). 이것은 **그**에 대한 아버지의 사랑에의 호소였다. 둘째로, 그것은 그들에 대한 아버지의 개인

적인 관심 때문이었다(17:9, 10 참고). "그들은 아버지의 것이로소이다." 이것은 참
으로 강력한 변론이다. 그들은 아버지의 택하신 자들이요 아버지의 자녀들이옵니다.
그러므로 그들을 돌보아 주옵소서! 셋째로, 그것은 그의 영광이 그들과 관련이 있기
때문이었다(17:10 참고). 나의 영예와 영광은 아버지께 무한히 값진 것이옵니다. 그
리고 나의 구속받은 자들에게서 오는 영광 이외에 내가 이 세상에서 받을 영광이 달
리 또 있겠나이까? 이들은 여기 아래에서 나의 영광을 나타낼 자들이옵니다! 그들이
멸망한다면, 그들이 신앙을 버린다면 나의 영예는 어디에 있겠나이까? 구세주께서
이 점을 17:21의 끝 부분과 23절에서 다시 한 번 강조하신 점에 주목하라. 넷째로, 그
가 그들을 떠나가시기 때문이었다. 그는 그들의 외로움을 변호하시며 아버지께 또
다른 방법으로 그것을 보충해 주시기를 요구하신다. 다섯째로, 그가 그들을 "세상
에" 남겨 두시기 때문이었다(17:11, 15 참고). 아버지여, 내가 그들을 남겨 두는 것이
어떤 곳인지 생각해 보옵소서. 그곳은 사악하고 오염된 곳이옵니다. 그러므로 나를
위하여 그들을 보호하옵소서. 여섯째로 세상이 그들을 증오하기 때문이었다(17:14
참고). 그들은 잔인한 원수들에게 둘러싸여 있나이다. 그러므로 아버지의 보호하심
이 절실하게 필요하옵나이다. 일곱째로, 그가 그들을 위하여 자기를 거룩하게 하시
기(즉, 죽으시기) 때문이었다(17:19 참고). 그러하오니 나의 값비싼 희생을 헛되게 하
지 마옵소서!

이 기도에는 신자들이 세상과 맺고 있는 관계가 **일곱** 가지 측면에서 고찰되어 있
는데 그 점에도 주목해야 한다. 첫째로, 그들은 세상으로부터 그리스도께로 주어졌
다(17:6). 둘째로, 그들은 세상에 남겨져 있다(17:11). 셋째로, 그들은 세상에 속해 있
지 않다(17:14). 넷째로, 그들은 세상의 증오를 받는다(17:14). 다섯째로, 그들은 세상
의 악으로부터 보존되어 있다(17:15). 여섯째로, 그들은 세상에 보냄을 받았다
(17:18). 일곱째로, 그들은 영광스러운 하나됨 안에서 세상 앞에 나타내어질 것이다
(17:23).

요한복음 17장에는 **일곱** 개의 "선물"이 언급되어 있다. 그 중 네 개는 중보자께 주
어진 것이고, 나머지 세 개는 그의 백성들에게 주어진 것이다. 첫째로, 그리스도에게
는 우주적인 "능력", 또는 통치권이 주어졌다(2절). 둘째로, 그에게는 하실 "일"이 주
어졌다(4절). 셋째로, 그에게는 구원해야 할 "백성"이 주어졌다(6절). 넷째로, 그에게
는 귀중한 가치가 있는 "영광"이 주어졌다(22절). 다섯째로 우리에게는 "영생"이 주
어졌다(2절). 여섯째로, 우리에게는 아버지의 "말씀"이 주어졌다(8절). 일곱째로, 우

리에게는 아버지께서 아들에게 주신 "영광"이 주어졌다(22절)

20-26절 말씀은 요한복음 17장 중 별개의 부분을 이루고 있는 것이 분명하다. 그럼에도 불구하고 이 구절들은 그 앞 부분들과 아주 밀접한 관련을 맺고 있기 때문에 이 17장 전체의 완전한 통일성을 분명하게 드러내 준다. 이 종결 구절들 속에 들어 있는 **독특한** 요소는 그리스도의 백성들의 **영광**에 관한 것이다. 주님께서는 복된 종말을 예상하고 계시는데 지금까지 그는 그 종말에 이르는 몇 단계들을 추적하여 설명해 오신 바 있다. 그 종말이 머리이신 자신에 관한 것이었던 것처럼 이제 그것은 그의 지체들에 관한 것이다. 즉, 그의 경우에 있어서 그의 임박한 고통들은 그의 영광으로 바뀌어졌었다(17:1, 4). 그와 마찬가지로 그는 그의 백성들이 이 세상에 있는 동안 받아야 할 고난들에 관하여 말씀하신 후(17:14-19), 이제 그들의 영광에 관하여 다루고 계신다(17:22, 24). 이와 같이 해서 그는 "내가 그들로 말미암아 영광을 받았나이다"(17:10)라는 그의 말씀을 완성하셨다. 그들이 많은 환난을 통하여 하나님의 나라에 들어가게 된다는 사실에 대하여 이것보다 더 잘 설명한 말은 없다.

요한복음 17:20-26이 이 기도에서 차지하고 있는 위치를 통하여 우리는 이 구절들을 해석하는 열쇠를 발견하게 된다. 그것들이 이 기도의 **끝**에 위치해 있다는 것을 통하여 이 기도의 내용의 범위를 충분히 파악할 수 있다. 이 앞 부분들에서 주 예수께서는 그의 백성들을 위하여 기도하셨는데 그는 그들이 여기 **세상에** 있는 동안 필요로 하는 것들을 구하셨다. 그러나 이제 그는 그들이 더 이상 세상에 있지 않게 될 때, 즉 그들이 그가 지금 계시는 곳에 있게 될 때를 내다보신다. 그러므로 그들이 하나가 되고 영광스럽게 되며, 그리고 만족스럽게 되게 해달라고 기도하시고 있다. 우리는 이 강해를 진행시켜 가는 동안 이것을 상세하게 고찰하게 될 것이다.

"내가 비옵는 것은 이 사람들만 위함이 아니요 또 그들의 말로 말미암아 나를 믿는 사람들도 위함이니"(17:20). 지금까지 주님께서는 그 당시 살아 있던 제자들의 무리에 관해서만 상세하게 언급하셨다. 그러나 이제 여기에서 **모든** 그리스도인들을 위하여 기도하고 계신다는 것을 우리에게 알려 주신다. "내가 비옵는 것은 이 사람들만 위함이 아니요"라는 말은 17:6-19에 들어 있는 **모든** 청원들과 변론들을 포함하고 있다. "또 … 사람들도 위함이니"라는 말은, 그렇게 하심으로써 그가 그 당시에 살아 있던 제자들에 관하여 말씀하신 것과 그들을 위하여 요청하신 것을 미래의 모든 제자들에게 전용(轉用)시키셨을 뿐만 아니라, 그 다음에 나오는 모든 말씀도 우리들과 미래의 사람들을 포함한다는 것을 암시해 준다. 주님께서는 여기에서 신자들 개개인에게 놀라운 영예를 부여해 주셨다. 즉 그들의 이름이 그리스도의 유언, 또는 약속 안에 들어 있다. 그리고 그들은 사도들과 더불어 똑같이 생명단으로 묶여져 있다. 다윗이 임종시에 그의 후계자인 솔로몬뿐만 아니라 모든 백성을 위하여 기도했던 것처럼 그리스도께서도 그가 떠나신 후 교회를 통치하도록 위임받은 사도들뿐만 아니라 세상 끝날까지의 모든 신자들을 위하여 기도하셨다.

"내가 비옵는 것은 이 사람들만 위함이 아니요." 이것은 그리스도의 **우리**를 위한 사랑을 나타내고 계시다! 그는 우리가 존재하기 전부터 우리에 대하여 생각하고 계셨다. 즉 그는 우리가 태어나기 전부터 우리를 위하여 준비해 두셨다! 부모들이 자녀가 태어나기 전부터 자녀들을 위하여 준비하였듯이, 즉 예수께서도 최초의 신자들뿐만 아니라 **미래의** 믿는 자들을 기억하고 계셨다. 그리스도께서는 세상의 증오에도 불구하고 복음이 전파되리라는 것과 그 지체들이 자기를 포기하고 믿음의 순종을 하리라는 것을 예견하셨다. 그러므로 그는 **그들이** 그의 심중에 기억되고 있다는 것을 보여주시기 위하여 그의 이 약속에서 그들을 지명하신다. 에서가 너무 늦게 와 야곱이 이미 복을 받아갔다는 것을 알았을 때, 그는 "내 아버지여, 아버지가 빌 복이 이하나 뿐이리이까?"라고 불평했었다. 그러나 **우리는** 제아무리 늦게 태어난다 해도 그리스도의 기도의 복을 받을 수 있으며, 그는 우리에게 주의를 기울이신다. 그러므로 거듭난 영혼은 저마다 "그는 **나를** 위하여 기도하셨다!"라고 말할 수 있다. "구원받은 자들의 수를 누가 셀 수 있겠는가? 그리스도의 증거가 그 정해진 정점에 달하기 전에 신자들의 수가 증대되도록 얼마나 더 많은 사람들이 데려와질지 누가 알 수 있겠는가? 그때까지 주께서 위하여 기도하신 자들에 관한 모든 이야기는 밝혀지지 아니할 것이다"(Mr. C. E. Stuart). 이 놀라운 기도는 그 효력의 경계가 영원까지 미치기 때문에 영원을 통해서만 그것을 완전하게 이해 할 수 있다.

"또 그들의 말로 말미암아 나를 믿는 사람들도 위함이니." 다음의 세 가지 사실에 주목하라. 그것은 기도의 대상자들; 그들의 신원을 밝혀 주는 표시, 곧 그리스도에 대한 믿음; 그리고 그들의 믿음의 근거와 보증, 곧 **말씀**이다. 주님께서는 다시 한 번 신자들, 오직 신자들만이 그의 중보적인 중재의 권리를 갖고 있다는 것을 알려 주신다(17:9 참고). 그리스도께서는 여전히 자기 자신을 택함받은 자들에게만 국한시키신다! 그는 믿든지 믿지 않든지를 불문하고 모든 사람들을 위하여 기도하신 것이 아니다. "그가 세상에서 드린 기도들은 그의 희생의 가치와 범위를 설명해 줄 따름이다. 그는 그가 값을 주고 사신 자들을 청구하여 얻으셨다. 그리고 하늘에서의 그의 중재는 그의 공로의 표시일 뿐이다. 그런데 이 두 가지는 똑같은 직분에 근거를 둔 행위이다. 또 한편으로 그의 기도들이 실패할 수 없는 것은 그리스도의 영에 때문이다. '항상 내 말을 들으시는 줄을 내가 알았나이다' (요 11:42). 하나님의 사랑하시는 아들께서 헛되이 간청하실 리가 있겠는가? 그리고 그의 공로를 내세우셨는데 성공하지 못하시겠는가? 만일 그렇다면 우리는 위로의 확실하고 확고한 기반을 잃게 될 것이다. 그리스도께서 믿지 아니하는 자들을 위하여 기도하신다면 그의 기도들은 실패로 끝날 것이다"(토머스 맨턴).

여기에서는 그리스도의 중재에 대해 권리를 가지고 있는 자들에 대하여 기술하고 있는데 그를 믿는 그들의 **믿음**이 그 주요 표지이다. **이것은** 그들의 신분을 확인해 주는 기본적인 표시이다. 그는 그들의 사랑이나 순종, 또는 그들의 확고부동함에 대해서가 아니라(이것들은 그들의 신분에 필수적인 것임에도 불구하고) 그들의 믿음에 대해서 언급하신 것이다. 우리가 그리스도의 죽으심과 부활하심의 은혜에 참여해야 한다는 사실이 언급되어 있는 곳을 보면 언제든지 **믿음**이라는 항목이 제기되어 있다. 어째서 그런 것일까? 그것은 이것이 바로 우리로 하여금 자기 자신을 넘어 **그리스도를** 바라보게 해주는 은혜이기 때문이다! 믿음은 중요한 본질적인 요소이다. 왜냐하면 믿음은 순종과 다른 은혜들의 어머니이기 때문이다. 그러나 그것은 막연하고 확실치 않은 믿음이 아니라 "**나를**[곧 그리스도를] 믿는 믿음"이다. 그리스도를 믿는다는 것은 그를 신뢰하고 그에게 의지하는 것이다. 그에게 맡기고, 그에게 기대어 쉬는 것이다.

우리의 믿음의 **근거**와 **보증**이 되는 것은 "그들의 말", 다시 말해서 사도들의 말이다. "사도들은 죽기 전에, 성령의 인도 아래 신약 성경에 들어 있는 교리와 그 증거를 구현(具現)하였으며, 그들이 가르친 것들과 그들이 하나님에게서 가르침받았다는 것을 입증해 주는 기적들에 대해서 이야기해 주었다. 이 기록에서도 그들은 **여전히** 아들을 증거하고 있다. 엄격한 의미로 말하자면, 사도들만이 '**하나님의 대사들**'이다. 그들만이 '그리스도를 대신하는' 자들이다(고후 5:20). 그들은 그들에게만 특별히 적용시킬 수 있는 의미의 '그리스도의 마음'을 가지고 있었다. 그리고 그 마음은 **그들의 기록들** 안에 들어 있다. '그 소리가 온 땅에 퍼졌고 그 말씀이 땅 끝까지 이르렀도다' (롬 10:18)"(존 브라운). 우리는 말씀으로 말미암아서만이 그리스도를 믿게 된다(롬 10:14, 17).

"내가 비옵는 것은 이 사람들만 위함이 아니요 또 그들의 말로 말미암아 나를 믿는 사람들도 위함이니." 그리스도께서 이 말씀을 하신 상황을 고려해 볼 때 이것은 더욱 더 복된 말임을 알게 된다. 그리스도의 공생애는 이제 끝났다. 그리고 그를 믿는 자들은 믿지 아니하는 자들에 비해 그 수가 실로 극히 적었다. 이제 그는 죄인으로서의 죽음을 맞고자 하고 있다. 그리고 이미 심한 시험을 받은 바 있는 제자들의 믿음은 흔들리어 그 균형을 잃으려 하고 있었다. 그러므로 그의 이 말은 그들에게 참으로 복되게 들렸음에 틀림없다. 그는 낙담하지 아니하였다. 그는 밀알이 땅에 떨어져 죽어야 많은 열매를 내리라는 것을 알고 계셨던 것이다. 구약 시대의 아브라함처럼 그는 하나님의 약속(하나님께서 아브라함을 만족시키실 '씨'를 가지고 계시다는 약속)을 의심하지 아니하셨다. 반대로 그는 굳건하게 믿었고 그래서 하나님께 영광을 드렸다. 그는 미래를 보았다. 그리고 그의 "적은 무리들"의 수를 늘리게 될 그들을 내다보신 것이다. "이것이 곧 '그 앞에 있는 기쁨'이었다(히 12:2). 그리고 '그가 이 세상에서', 즉 사도들 앞에서 '이 말을 하는 것은' '그들로 그의 기쁨을 그들 안에 충만히 가지게 하려 함이었다' (17:13). 마음을 밝게 해주는 그의 신뢰는 쇠약해 가는 그들의 기운을 북돋아 주기에, 다시 말해서 거의 소멸해 가는 그들의 희망을 소생시켜 주기에 참으로 적합한 것이었다! 그는 '그의 성도들, 곧 제사로 그와 언약한 그들을 그 앞에 모으는데' (시 50:5) 그들을 성공적으로 사용하셨던 바, 그들은 고통스럽지만 즐거운 수고를 하는 동안 이 기도를 회상하고서 기쁨에 넘쳤을 것임에 틀림없다" (존 브라운).

"아버지께서 내 안에, 내가 아버지 안에 있는 것 같이 그들도 다 하나가 되어 우리 안에 있게 하사 세상으로 아버지께서 나를 보내신 것을 믿게 하옵소서" (17:21). 필자가 이 구절에 대하여 의견을 제시하는 데에는 다소 주저되는 바가 있다. 그리스도께서 여기에서 기도하신 **하나됨**의 **본질**에 대하여 확실하게 알 수 없기 때문이다. 17:11에서 그는 그 당시 세상에 있던 그의 모든 백성들이 하나가 되게 해달라고 요청하신 바 있다. 여기에서는 그 사람들에다가 그 후에 믿게 될 사람들을 첨가하신다. 즉 "그들이 **모두** 하나가 되게 하옵소서"라고 기도하신다. 17:11에서 그는 그의 백성이 "우리와 **같이** 하나가 되게" 해달라고 요청하신 바 있다. 여기에서는 "아버지께서 내 **안**에, 내가 아버지 **안**에 있는 것 같이 그들도 다 하나가 되어 우리 **안**에 있게" 해달라고 요청하신다. 여기에서는 **신비한** 연합을 고려하고 있는 듯하다. 그러나 아버지께서 아들 **안**에, 아들이 아버지 **안**에 있는 그 **방식**을 규정할 수 있는 사람이 누가 있겠는가! 의심할 여지 없이 구세주께서 이 기도에서 그의 백성들의 **하나됨**에 관하여 아주 빈번하게 언급하신 이유는 단 하나이다(17:11, 21, 22, 23). 그것은 아주 오랫동안 유대인들을 이방인들과 분리시켜 온 중간의 막힌 담이 곧 헐리게 되리라는 것과 그가 "이 둘로 자기 안에서 **한 새 사람**을 지으시리라"는 것을 암시하기 위함이었다(엡 2:15).

"세상으로 아버지께서 나를 보내신 것을 믿게 하옵소서." 이것은 필자에게 참으로 어렵게 느껴지는 문장이다. 이 구절의 앞 부분은 신자들을 모두 하나로 묶는 **신비한** 연합에 관하여 언급하고 있다. 그러나 이 구절의 마지막 문장은 세상에게 강력한 영향을 끼치게 해달라는 내용으로 되어 있다. 그러므로 여기에서 그리스도께서 구하고 계신 연합은 세상에 **나타내 보이기 위한** 것임이 분명하다. 그러나 이 나타내어짐은 또한 **미래**에 있을 것인데 이 점도 명백한 것이다. 왜냐하면 그리스도께서 여기에서 그를 믿게 될 사람들에 관하여 말씀하시고 있기 때문이며, 또 "그들도 다 하나가 되게" 해달라고 간청하시고 있기 때문이다.

"세상으로 아버지께서 나를 보내신 것을 믿게 하옵소서." 그리스도께서 여기에서 자기 백성들의 하나됨이 나타낼 결과로서 "세상으로 **나를 믿게**" 해달라고 구하지 아니하시고 "세상으로 아버지께서 **나를 보내신** 것을 믿게" 해달라고 구하신 점에 신중하게 주목해야 한다. 이 두 가지는 크게 다르다. 여기에 언급된 "세상"은 불경한 자들의 세상을 뜻한다. 중생하지 아니한 자들은 하나님의 능력과 선하심을 나타내는 어떠한 **외적 표시들**을 본다 해도 그리스도를 믿게 되지 못한다. 그리스도께서 행하신 자비로운 기적들이 이 사실을 명백하게 입증해 준다. **성령께서 적용시키시는 말씀**만이 죄인들을 새 생명으로 다시 살리신다.

"내게 주신 영광을 내가 그들에게 주었사오니"(17:22). 그리스도께서는 여기에서 아버지께서 그에게 주신 "영광"에 대하여 언급하신다. 이것은 그가 영원하신 아들로서, 곧 아버지와 동등하신 자로서 소유하고 있던 그의 **본질적인** 영광을 가리키는 것이 아니다. 그는 그 영광을 결코 포기하신 적이 없으시다. 이것은 그가 종의 형체를 취하셨을 때(빌 2:6, 7), 곧 "부요하신" 그가 우리를 위하여 "가난하게" 되셨을 때 내어놓으신 눈에 보이는 외적 영광을 가리키는 것도 아니다. 그는 그러한 영광을 그에게 다시 회복시켜 주시기를 이미 간청하신 바 있다(17:5). 여기에서 그것은 그가 성육신하신 자로서 **얻으신** "영광", 곧 여기 세상에서 이루신 그의 완전한 일에 대한 상으로 얻으신 "영광"을 가리킨다. 이사야가 "그러므로 내가 그에게 존귀한 자와 함께 몫을 받게 하며 강한 자와 함께 탈취한 것을 나누게 하리니 이는 그가 자기 영혼을 버려 사망에 이르게 하며"(53:12)라고 말했을 때도 바로 이 영광을 가리켰던 것이다. 상속이 그에게 주어졌다(히 1:2). 그리고 그는 이것을 그의 백성들과 공유하셨다. 왜 냐하면 놀라우신 은혜로 말미암아 우리는 그리스도와 함께 "상속자"이기 때문이다(롬 8:17).

"[아버지께서] 내게 주신 영광을 내가 그들에게 주었사오니"라는 말은 무슨 뜻일까? 주님께서는 신적 권위로 선포하고 계신 것이다. 그리고 그는 "없는 것을 있는 것으로 부르시는" 분이시다(롬 4:17). 그것은 로마서 8:30과 병행구이다. "그들을 또한 의롭다 하시고 의롭다 하신 그들을 또한 영화롭게 하셨느니라." 우리의 장래의 영화는 절대적으로 확실하다. 그러므로 그것은 이미 성취된 것으로 언급되어 있다. 그 영광이 실제로 부여되는 것은 미래에나 있을 일이다. 그러나 그렇다 할지라도 그것은 우리가 확고하게 붙잡고 지금도 누려야 할 믿음으로 제시되어 있다. 왜냐하면 "믿음은 바라는 것들의 실상이요 보이지 않는 것들의 증거"이기 때문이다(히 11:1).

"이는 우리가 하나가 된 것 같이 그들도 하나가 되게 하려 함이니이다"(17:22). 22절은 "그리고(and)"라는 말로 시작되어 있다. 그리고 그 다음의 말은 주님께서 앞 구절에서 말씀하신 것을 설명해 준다. 여기에 언급된 연합은 우리에게 "주어진 영광"의 **결과**이다. 즉 "아버지께서 내게 주신 영광을 내가 그들에게 주었사오니 이는 우리가 하나가 된 것 같이 그들도 하나가 되게 하려 함이니이다!" 우리의 영적 연합은 이미 시작되었다. 그러나 그것은 장차 다가올 삶에서야 비로소 완전하게 성취될 것이다. 이 하나됨은 그리스도께서 그가 얻으신 영광을 우리에게 부여해 주신 **결과**인 바, 그 사실은 그것이 인간적인 하나됨이 아니라는 것을 입증해 준다. 그렇기 때문에 오늘날 우리는 하나됨에 관하여 아주 많은 이야기를 들으면서도 그 증거는 거의 보지 못하고 있는 것이다!

"곧 내가 그들 안에 있고 아버지께서 내 안에 계시어 그들로 온전함을 이루어 하나가 되게 하려 함은 아버지께서 나를 보내신 것과 또 나를 사랑하심 같이 그들도 사랑하신 것을 세상으로 알게 하려 함이로소이다"(17:23). 여기에는 우리 주님께서 17:21에서 구하여 기도하신 하나됨이 **미래에** 나타내어질 하나됨이라는 것을 입증해 주는 확실한 증거가 들어 있다. 왜냐하면 17:22과 23절의 문맥이 서로 연결되어 있기 때문이다. "하나로 온전함을 이루는 것"은 그리스도께서 성도들을 위하여 다시 오실 때 성취될 것이다. "우리가 다 하나님의 아들을 **믿는 것**과 아는 일에 **하나**가 되어 **온전한** 사람을 이루어 그리스도의 장성한 분량이 충만한 데까지 이르리니"(엡 4:13). "이는 하나님이 우리(신약 시대의 성도들)를 위하여 더 좋은 것을 예비하셨은즉 우리가 아니면 그들(구약 시대의 성도들)로 **온전함을 이루지** 못하게 하려 하심이라"(히 11:40). 그리스도께서 "자기 앞에 영광스러운 교회로 세우사 … 거룩하고 흠이 없게"(엡 5:27) 하시는 것도 바로 그 때이다. 그 때에는 믿음과 지식과 사랑과 거룩함과, 그리고 영광에 있어서 온전한 하나가 될 것이다.

"아버지께서 나를 보내신 것과 또 나를 사랑하심 같이 그들도 사랑하신 것을 세상으로 알게 하려 함이로소이다." 하나님의 택하신 자들이 모두 하나로 모아질 때, 그리고 그들이 하나로 온전함을 이루었을 때, 바로 그 때 세상은 하나님의 능력과 그의 백성들에 대한 은혜 및 사랑이 명백하게 나타나는 것을 보게 될 것이다. 또한 이 영광스러운 연합을 가능하게 하기 위하여 죽으신 분은 하나님의 보내심을 받은 분이시라는 것과, 아버지께서 아들을 사랑하신 것같이 그들도 아버지의 사랑을 받았다는 것을 **알게** 될 것이다. 왜냐하면 "우리 생명이신 그리스도께서 나타나실 그 때에 너희도 그와 함께 영광 중에 나타날"(골 3:4) 것이기 때문이다. "그 날에 그가 강림하사 그의 성도들에게서 영광을 받으시고 모든 믿는 자들에게서 놀랍게 여김을 얻으실"(살후 1:10) 것이기 때문이다.

"아버지께서 나를 사랑하심 같이 그들도 사랑하신 것을." 어떤 작가가 적절하게 지적한 것처럼, "하나님께서 그리스도를 사랑하신 것 같이 성도들을 사랑하신다는 이 말은 엄청난 말이다." 맨턴(Manton)은 이렇게 지적하고 있다. "' … 같이(as)' 라는 말은 유사성뿐만 아니라 인과관계를 나타내는 말이다. 하나님께서는 그리스도를 사랑하시기 **때문에** 우리를 사랑하신다. 그러므로 성경에 '그가 그의 사랑하시는 자 안에서 우리에게 거저 주시는 바'(엡 1:6)라고 기록되어 있는 것이다. 하나님께서 우리를 향해 품고 계신 모든 사랑의 근거는 그리스도에게 있다. 우리는 택하심 받은 자들의 머리이신 그리스도 안에서 택하여졌다(엡 1:4). 그리고 그 안에서, 또 그로 말미암아서 용서받았고 거룩해졌으며 영광을 받은 것이다. 하나님의 사랑의 이 모든 은혜들과 열매들은 그리스도의 공로로 말미암아 획득된 것이다. 그의 공로로 인하여 세 가지 주요한 목적이 성취되었다. 첫째로, 그것은 그들에게 매우 귀중한 것, 즉 **값 없이 주시는 은혜**를 마련해 주었다. 그렇기 때문에 그가 우리를 사랑하시는 이유를 우리의 밖에서 찾아야 한다. 둘째로, 그것은 **그리스도 자신의 영광**을 마련해 주었다. 하나님께서 그의 지혜로 말미암아 그리스도 안에서 우리를 사랑하는 방법을 발견하지 못하셨다면 그는 자신에게 영예가 되도록 우리를 사랑하실 수 없었을 것이다.

그랬더라면 두 개의 반대된 편견이 우리에게 제기됐을 것이다. 즉, 그의 거룩하심으로 인하여 우리의 부패한 본성은 혐오를 받았을 것이다. 그리고 우리의 허물들이 그의 공의에 부딪혀 불화의 원인이 되었을 것이다. 셋째로, 그것은 우리에게 **위로**를 준다. 왜냐하면 하나님께서 우리들을 보아서 사랑하신다면, 우리가 가진 은혜들이 매우 빈약하고 우리가 한 봉사들이 매우 더러운 것이므로, 그 사랑은 대단히 불완전한 사랑이 될 것이기 때문이다."

" … 같이(as)"라는 분사는 또한 유사성을 뜻한다. 첫째로, 그 사랑의 **근거들**에 있어서 유사성이 있다. 아버지께서는 아들로서의 그리스도를 사랑하셨다. 그러므로 그는 우리를 그의 **자녀들**로서 사랑하신다(요일 3:1). 다시 말해서, 아버지께서는 그의 **형상**으로서의 그리스도, 즉 "하나님의 영광의 광채시요 그 본체의 형상"(히 1:3)이신 그리스도를 사랑하셨다. 그러므로 그는 은혜로 말미암아 그의 형상을 따라 새로워진(골 3:10) 성도들을 사랑하신다. 둘째로, 사랑의 **속성**에 있어서의 유사성이다. 아버지께서는 그리스도를 **온유하게** 사랑하신다. 그러므로 그는 우리들을 그렇게, 즉 "**사랑을 입은** 자녀같이"(엡 5:1) 사랑하신다. 그는 그리스도를 **영원히** 사랑하신다. 그러므로 우리를 그렇게 사랑하신다. "내가 **영원한** 사랑으로 너를 사랑하기에"(렘 31:3). 또한 그는 그리스도를 **변함없이** 사랑하신다. 그러므로 우리를 그렇게 사랑하신다(말라기 3:6을 보라). 셋째로, 사랑의 **열매들**에 있어서의 유사성이다. 교제의 친밀함에 있어서의 유사성(요 5:30과 15:15을 참고하라). 영적 선물들에 있어서의 유사성(요 3:35과 고전 3:22, 23을 참고하라), 그 분깃에 있어서의 유사성이 있다(시 2:7, 8과 계 2:26을 참고하라). 이것은 우리의 보잘것없는 마음에 참으로 큰 지주가 된다! 우리가 세상의 증오를 받을 때 아버지께서 아들을 사랑하심**같이** 우리를 사랑하신다는 것을 안다면 실로 큰 위안이 될 것이다! 이것은 우리가 매일 묵상해야 할 지극히 영광스러운 주제이다! 또한 흠모하는 예배를 드려야 할 합당한 이유이다!

"아버지여 내게 주신 자도 나 있는 곳에 나와 함께 있어 아버지께서 창세 전부터 나를 사랑하시므로 내게 주신 나의 영광을 그들로 보게 하시기를 원하옵나이다" (17:24). 우리는 이 심오한 장(章)의 다른 구절들을 고찰하면서 시편의 말씀들을 이미 여러 번 상기한 바 있다. "이 지식이 내게 너무 기이하니 높아서 내가 능히 미치지 못하나이다"(시 139:6). 이것은 지금 우리가 도달해 있는 높은 경지에 매우 적절하게 적용되는 말이다! 그러므로 이 24절의 말씀이 놀라운 기도의 **절정**이라고 간주되는 것도 당연한 일이다. 구속자께서는 다시 한 번 "아버지여"라고 말씀하신다. 왜냐하면 그는 지금 그의 백성 개개인을 위하여 자녀로서의 각자의 몫을 간청하시고 있기 때문이다. 그것은 종이 그 주인에게서 받는 것과 같은 임금(삯)이 아니라 자녀들이 부모에게서 받는 것과 같은 상속물이다. 그리고 구세주께서 지금 계시는 곳인 아버지의 집이 바로 그 상속물이다. 그리스도께서는 이 기도 중 여기에서 처음으로 "나는 … 원하옵나이다"라고 말씀하신다. 그것은 인간이실 뿐 아니라 하나님이신 그에게 어울리는 권위 있는 말이다. 그가 이렇게 말씀하신 것은 그의 권리인 바 그 권리는 그가 지불하신 **대가**와, 아들에게 주어진 자들에 관한 아버지와 아들 사이의 **계약**에 근거를 둔 것이다. "나는 … 원하옵나이다"라는 말은 아버지께서 만민을 다스리라고 아들에게 주신 **권세**와(17:2) 그가 받으신 **영광**(17:5, 22)에 어울리는 말이다. 또한 그리스도께서 죽으시기 직전에 말씀하신 이 "나는 … 원하옵나이다"라는 말은 그의 "유언"으로 간주될 수도 있다. 그가 우리에게 남겨 주신 유산은 이런 것이다. 즉 천국은 우리의 것이며 그리스도께서 우리에게 남겨 주신 상속물이다!

"아버지여, 내게 주신 자도 나 있는 곳에 나와 함께 있어." 여기에 큰 **위로**가 있다! 그리스도의 이 말씀보다 **묵상**하기에 더 즐거운 말이 어디에 또 있겠는가? 이 말씀은 **보증**을 제공해 준다. 즉 택하심 받은 자들은 천국에 들어가는 데 아무도 실패하지 않을 것이다! 여기에 큰 **즐거움**이 있다: "주의 앞에는 충만한 기쁨이 있고 주의 오른쪽에는 영원한 즐거움이 있나이다"(시 16:11). 스바의 여왕은 이렇게 말하였다. "복되도다 당신의 사람들이여 복되도다 당신의 이 신하들이여 항상 당신 앞에 서서 당신의 지혜를 들음이로다"(왕상 10:8). 주 앞에 서서 **그의** 영광을 볼 자들은 훨씬 더 복이 있다. 이것은 우리에게 구세주의 마음을 드러내 준다. 즉 그는 그의 피로 사신 모든 사람들을 그 앞에 모으실 때에야, 다시 말해 "주와 함께 영원히 있게" 하실 때에야 비로소 만족하실 것이다. 그는 이것을 위하여 우리를 데리러 친히 강림하실 것이다. "내가 다시 와서 너희를 내게로 영접하여 나 있는 곳에 너희도 있게 하리라"(요 14:3)

"아버지께서 내게 주신 나의 영광을 그들로 보게 하시기를 원하옵나이다." "이 영광은 인간의 이해력이 미치지 못하는 영원토록 개인적인 그런 것은 아니다. 즉, 자기를 드러내시지 아니하는 아버지 외에 아무도 알지 못하고 또 알 수도 없는 아들 안에 있는 영광이 아니다. 또한 이것은 그 날(마지막 날)에 세상에게까지 나타내어질 복되신 주님께 주어진 영광, 그래서 우리도 그와 더불어 그 영광 안에서 나타내어질 영광도 아니다. 여기의 영광은 높은 데에 계신 그에게 고유한 영광이다. 우리가 그의 완전한 사랑 안에 있어, 그 영광을 바라볼 때에, 아버지께서 그에게 주시는 그런 영광이다. 그것은 우리가 줄곧 공유해 온 어떤 영광보다도 훨씬 더 고귀한 것이다. 그리고 주님께서 우리 안에 거룩하게 형성되어 있는 사심 없는 사랑을 믿으시는 고로 우리가 우리 안에 부여된 어떤 것보다도 그리스도에게 더 귀한 가치를 부여하기를 기대하시는 그런 영광이다. 그것은 전적으로 세상 밖에서 또 세상을 초월해서 사는 우리들만을 위한 즐거움이다. 그리고 그것은 아버지께서 창세 전부터 아들을 사랑하셨기 때문에 주어진 것이다. 오직 영원하신 분만이 이와 같이 영광을 얻으실 수 있다. 그것은 모든 사람들이 그 안에서 그를 보는 공적인 영광이 아니라 그의 백성만이 볼 수 있도록 허용된 은밀한 영광이다. 이것은 그들이 세상으로부터 받는 수욕과 수치에 대한 복된 응답이다. 그보다 못한 어떤 것도 우리를 위한 그의 소망을 충족시킬 수 없다. 지금 이 순간에도 우리는 주님, 그분이야말로 영광을 받으시기에 합당한 분이라고 말할 수 있다"(*Bible Treasury*).

"아버지께서 창세 전부터 나를 사랑하시므로." 이것은 아버지께서 그에게 이 영광을 주신 이유로 제시되어 있다. 그리고 그 양을 재는 표준을 제공하고 있다. 즉 복되신 우리 구세주께 부여된 영광은 아버지께서 아들을 위해 가지고 계신 영원한 사랑에 상응한다! 그것은 분명히 놀라운 영광이다! 그리고 그것을 보는 것은 특권이요 영예이며 축복이다! 이것은 우리로 하여금 우리가 그의 빛나는 영광을 응시하게 될 때를 열망하게 해준다!

"**의로우신 아버지여 세상이 아버지를 알지 못하여도 나는 아버지를 알았사옵고**" (17:25). 요한복음 17장의 마지막 두 구절이 그 앞 구절들과 맺고 있는 관계를 정확하게 규정하기란 쉽지 않다. 그 말들을 주의 깊게 고찰해 보면, 우리는 그것들이 소망을 표현한 것도 아니요 축복을 간청한 것도 아니며, 또 그 앞에 제시된 청원들을 강조하기 위한 변론들을 담고 있는 것도 아니라는 것을 알게 된다. 필자는 맨턴에 동의하여 이렇게 생각한다. "그것은 그리스도의 간청의 일부이다. 그는 유언을 하셨었다. 그리고 이제 그 정당성을 주장하고 계신다." 그러므로 필자는 여기의 "**의로우신 아버지여**"라는 말이 이중의 의미를 지녔다고 생각한다. 첫째로, 하나님은 택하신 자들을 영화롭게 하는데 있어서 자비로우실 뿐만 아니라 공의로우시기도 하다. 왜냐하면 그의 은혜는 의로 말미암아 왕 노릇 하기 때문이다(롬 5:21). 그것은 아버지께서 모든 일을 타당하게 처리하시리라는 그의 **공의**에 대한 구세주의 신뢰를 나타내고 있다. "그는 영원한 계약의 규정에 따라 그가 권리를 얻으신 것을 요구하시고 있다. **공의**대로 하자면 그의 요청들은 허락되어야만 한다"(존 브라운).

"의로우신 아버지여"라는 말은 그 다음에 나오는 말, 곧 "세상이 아버지를 알지 못하여도"라는 말과도 관련이 있다. 이것은 매우 엄숙한 말이다. 그리스도께서는 세상을 위해서 중재하지 않으셨을 뿐만 아니라 세상을 아버지의 공의에 맡기셨다. 하나님의 **의**로 말미암아 택하심 받은 자들에게는 거룩한 영광이 부여된다. 그러나 동시에 하나님의 **의**로 인하여 믿지 아니하는 세상에게는 영광이 부여되지 아니한다. "세상은 아버지를 알지 못하였다." 여기에 세상의 죄책이 있다. "이는 하나님을 알 만한 것이 그들 속에 보임이라 하나님께서 이를 그들에게 보이셨느니라 창세로부터 그의 보이지 아니하는 것들 곧 그의 영원하신 능력과 신성이 그가 만드신 만물에 분명히 보여 알려졌나니 그러므로 그들이 **핑계하지 못할지니라**"(롬 1:19, 20).

"의로우신 아버지여 세상이 아버지를 알지 못하여도 나는 아버지를 알았사옵고 그들도 아버지께서 나를 보내신 줄 알았사옵나이다." "주님께서는 세상과 그의 백성 사이에 명확하게 경계선을 긋고 계신다. 그리고 그 경계선을 결정하시되 그를 거부한 데 따르지 아니하고 그의 아버지를 알지 못한 데에 따르셨다. 그러므로 은혜에 의지하여 제아무리 탄원한다 할지라도 결국 그것은 심판에 맡겨질 문제이다. 그렇기 때문에 그는 17:11에서 그가 그들과 함께 있는 동안 그들을 보전하신 것처럼 이제 아버지께서 아버지의 이름으로 그들을 보전하시라고 간청한 것과 달리 '거룩하신 아버지여'라고 하지 아니하고 '의로우신 아버지여'라고 말씀하신 것이다. 여기에서 그는 세상의 불법을 제시하지 아니하시며 그 자신이나 제자들에 대한 세상의 증오를 제시하지도 아니하신다. 또한 복음에 계시된 은혜와 진리에 대한 세상의 증오나, 또는 모든 것을 보시는 하나님의 눈앞에 숨김없이 드러나 있는 기독교와 교회의 부패에 대한 세상의 증오를 제시하신 것도 아니다. 그는 한편으로 세상이 아버지를 알지 못한 것을 제시하시며, 다른 한편으로는 아버지께서 아들을 보내신 것을 제자들이 알았던 것처럼 아들도 아버지를 알았다는 것을 제시하신다. 이것은 단순하고 간략한 말이다. 그러나 여기에서 주님께서 우리들을 자기 자신과 연관시킨 데에는 엄숙함이 깃들어 있다. 나는 이 일들의 성격과 결말을 알고 있나이다'"(*Bible Treasury*). "알았사옵나이다." 알고 있었다는 것을 아는 것은 대단히 복된 일이다!

"내가 아버지의 이름을 그들에게 알게 하였고 또 알게 하리니 이는 나를 사랑하신 사랑이 그들 안에 있고 나도 그들 안에 있게 하려 함이니이다"(17:26). 여기에서 주님께서는 그가 제자들을 위하여 행하셨고 또 여전히 행하실 일, 곧 그들에게 아버지를 알게 한 일에 대하여 간략하게 요약하신다. 그는 마지막 구절에서 그가 처음에 말씀하셨던 내용으로 돌아오신다. 6절을 보라. 우리는 내가 "아버지의 이름을 알게 **하리니**"라는 말을 제한적으로 해석해서는 안 된다. 사실 그리스도께서는 지금 성령으로 아버지를 계시하고 계시다. 그러나 그는 영원토록 계속하여 그렇게 하실 것이다. 다음으로 그는 자기가 어째서 아버지의 이름을 선포하셔야 하는지를 설명하신다. "**이는** 나를 사랑하신 사랑이 그들 안에 있고 나도 그들 안에 있게 하려 함이니이다." "그리스도를 아버지의 보내심을 받은 자로 알고 있는 성도들에게는 그리스도께서 오실 때에 그들이 기다리고 있는 것이 주어질 뿐만 아니라 또한 지금도 지극히 심오한 축복과 지극히 고귀한 특권들이 주어진다. 어떤 한 사람이 다른 한 사람을 평가할 수 있다면 아버지와 아들의 관계야말로 바로 그렇게 할 수 있는 적절한 예일 것이다. 그리고 그의 본질의 표현인 그의 이름은 그가 우리에게 알려 주신 것과 동등한 능력을 가지고 있다. 그는 세상에서 제자들에게 그 능력을 행하셨다. 그리고 지금 가시려 하는 하늘에서도 그렇게 하실 것이다. 그가 이렇게 하시는 것은 여기 아래에서 그와 밀접한 의존관계에 있던 아버지의 사랑이 변함없다는 것을 그들과 우리들에게 알려 주시기 위함이다. 그는 제자들의 천성적인 망설임을 없애시려고 그의 사랑이 그들 안에, 곧 그들의 생명 안에 있다는 복된 보증을 덧붙이신 듯하다. 왜냐하면 그들이 그의 생명에 속하여 산다면, 그리고 그가 아버지 앞에 있는 것처럼 그들이 조금이라도 아버지 앞에 있다면 아버지께서 그를 사랑하시듯이 그들도 사랑하시리라는 것을 이해할 수 있었기 때문이다. 그가 그들을 그와 동일시하심으로써, 또는 '내가 그들 안에 있게'라고 말씀하셨을 때 부여하고 보장해 주신 것은 바로 이것이었다. 그리스도는 모든 것이요 또 모든 것 안에 계신다"(*Bible Treasury*).

"내가 아버지의 이름을 그들에게 알게 하였고 또 알게 하리니 이는 나를 사랑하신 사랑이 그들 안에 있고 나도 그들 안에 있게 하려 함이니이다." 여기에 마지막으로 나온 말은 영생이나 믿음, 또는 심지어 영광도 아닌 바로 **사랑**이다. 우리는 그 점에 주목해야 한다. "그런즉 믿음, 소망, 사랑, 이 세 가지는 항상 있을 것인데 그 중의 제일은 사랑이라"(고전 13:13). 그러나 아버지의 사랑은 아들의 중보로 말미암아서만 우리 안에 거한다는 사실에, 곧 그 마지막 말씀인 "내가 그들 안에 있다"는 사실에 특히 주목해야 한다(17:23 참고). 또 하나 여기에서 우리는 지극히 복된 연결 관계에 주목해야 한다. 즉 **성령**의 능력으로 말미암아 그리스도가 우리 안에 계시고 아버지의 사랑이 우리 안에 계시는 것이다. "**성령으로 말미암아** 하나님의 사랑이 우리 마음에 부은 바 됨이니"(롬 5:5). 이것은 기도의 적절한 끝맺음이다. 이 내용은 "예수께서 …

세상에 있는 자기 사람들을 사랑하시되 끝까지 **사랑하시니라**"(요 13:1)는 말씀에서 시작되어 그것은 "이는 나를 사랑하신 **사랑**이 그늘 안에 있고 나도 그들 안에 있게 하려 함이니이다"라는 말씀으로 종결지어져 있다. 우리는 영원토록 그 사랑의 온전함과 영광스러운 광채를 쪼이게 될 것이다.

다음 과를 준비하는 독자들을 위하여 아래의 질문들을 제시하는 바이다.
1. 1절에서는 어떤 상징이 성취되었는가?
2. "동산"은 무엇을 암시하는가?(1절)
3. 여기에는 어째서 그리스도의 고난에 관한 언급이 없을까?
4. 그들을 땅에 엎드러지게 한 것은 무엇이었을까?(6절)
5. 그리스도께서는 어째서 그의 질문을 반복하셨는가?(7절)
6. 그리스도께서는 어떤 신분으로 8절의 마지막 부분을 말씀하셨는가?
7. 11절에는 어떤 중대한 실천적인 진리가 예증되어 있는가?

제61장

겟세마네 동산에서의 그리스도

[1]예수께서 이 말씀을 하시고 제자들과 함께 기드론 시내 건너편으로 나가시니 그 곳에 동산이 있는데 제자들과 함께 들어가시니라 [2]그 곳은 가끔 예수께서 제자들과 모이시는 곳이므로 예수를 파는 유다도 그 곳을 알더라 [3]유다가 군대와 대제사장들과 바리새인들에게서 얻은 아랫사람들을 데리고 등과 횃불과 무기를 가지고 그리로 오는지라 [4]예수께서 그 당할 일을 다 아시고 나아가 이르시되 너희가 누구를 찾느냐 [5]대답하되 나사렛 예수라 하거늘 이르시되 내가 그니라 하시니라 그를 파는 유다도 그들과 함께 섰더라 [6]예수께서 그들에게 내가 그니라 하실 때에 그들이 물러가서 땅에 엎드러지는지라 [7]이에 다시 누구를 찾느냐고 물으신대 그들이 말하되 나사렛 예수라 하거늘 [8]예수께서 대답하시되 너희에게 내가 그니라 하였으니 나를 찾거든 이 사람들이 가는 것은 용납하라 하시니 [9]이는 아버지께서 내게 주신 자 중에서 하나도 잃지 아니하였사옵나이다 하신 말씀을 응하게 하려 함이러라 [10]이에 시몬 베드로가 칼을 가졌는데 그것을 빼어 대제사장의 종을 쳐서 오른편 귀를 베어버리니 그 종의 이름은 말고라 [11]예수께서 베드로더러 이르시되 칼을 칼집에 꽂으라 아버지께서 주신 잔을 내가 마시지 아니하겠느냐 하시니라(요 18:1-11)

우리는 본문을 다음과 같이 분석할 수 있다.
1. 기드론 시내를 건너시는 예수와 그의 제자들(1절)
2. 예수 일행이 가는 장소를 아는 유다(2절)
3. 주님의 원수들을 그곳으로 안내하는 유다(3절)
4. 그리스도의 도전과 그들의 반응(4, 4절)

5. 그리스도의 능력과, 그들에게 식별력이 없음이 드러남(6, 7절)

6. 자기 제자들을 보호하시는 그리스도(8, 9절)

7. 베드로의 경솔함과 그리스도의 책망(10, 11절)

18장부터는 요한복음의 새로운 단락이 시작된다. 요한복음 1장은 도입부적인 성격을 띠고 있으며, 2~12장까지는 이 세상에서의 주님의 사역을 기록하고 있다. 13~17장까지는 주님께서 제자들하고만 계시면서 그들에게 그가 떠날 것에 대해 대비하게 해주시는 모습이 나타나 있다. 그리고 18~21장까지는 결론 부분으로서, 주님의 죽음과 부활에 관계된 내용을 말하고 있다. 이 부분의 모든 내용도 역시 그리스도를 묘사하는 요한의 독특한 특징과 완전히 일치하고 있다. 여기에서의 주된 내용은 공관복음서 끝부분의 주된 내용과는 아주 다르다. 즉 넷째 복음서의 끝부분은 구세주의 **수난**에 대해서가 아니라 신인(神人)의 고상한 **위엄**과 신적 **영광**에 대한 내용을 두드러지게 나타내고 있다.

"바로 이 앞 부분(13~17장)은 그의 죽음과 관련되는 부분으로서 꼭 필요하다. 그는 그를 보내신 분께, 즉 일어나야 할 일들을 예정하시고 또 선지자들을 통하여 그리스도께서 해 받으실 일을 미리 보여주신 분께(행 2:23; 3:18; 4:28) 보고하셨다. 그리고 이제 그것은 이 모든 내용을 사실화시키는 것이어야 한다. 그러므로 이 두 장(18, 19)이 없었더라면, 앞의 여러 장에서 우리의 마음을 감동시켰던 보배로운 일들은 그 어느 것도 불가능하였을 것이며, 더 나아가, 그리스도께서 그가 어떤 분이 되시며 또 어떤 일을 하실 것인가에 관하여 하신 말씀, 그리고 영생을 주시는 것, 세상에서 그의 백성을 택하여 내는 것, 그들을 위하여 다시 오는 것, 성령을 보내는 것, 그들을 위한 거처를 마련하는 것, 그들이 그와 함께 영광 가운데 있는 것, 또는 그러한 영광을 누리는 것에 관하여 스스로 단언하신 모든 것이 불가능하게 되는 것이다. 그렇다면 하나님의 총회도, 이스라엘의 부활도, 열방이 모여드는 것도, 천년 왕국도, 새 하늘과 새 땅도, 그리고 그리스도께서 시작이 되시는 '하나님의 피조물'의 의(義) 안에서 새롭게 되는 것도 없을 것이다. 또한 은혜도 나타나지 않을 것이고, 구원도 없을 것이며, 아버지도 계시되지 않을 것이다. 즉 이 모든 것과 그 외의 훨씬 많은 일들이 그리스도의 죽음과 부활에 달려 있었다. 이것이 없다면, 이 책에 기록된 모든 일들은 사라지고, 빈 공간, 곧 어둠의 암흑만이 남게 된다"(Mr. M. Taylor).

요한복음 18장은 구세주와 그의 제자들이 동산으로 들어가는 이야기로 시작된다.

그러나 이 동산에서 일어난 일을 기록하는데 있어서, 이곳만큼 성령의 주관하시는 손이 분명히 드러난 곳도 없다고 본다. 여기에는 주님께서 베드로와 야고보와 요한을 동산 깊숙한 곳으로 데리고 가서서 "그와 함께 깨어 있으라"고 말씀하신 사실이 기록되어 있지 않다. 또한 주님께서 그곳에서 아버지께 기도하신 것, 그가 땅에 엎드린 것, 그가 깊이 번민하신 것, 그가 피땀을 흘리신 것, 천사가 그에게 나타나 힘을 돋운 것 등에 대하여는 말하고 있지 않다. 다른 복음서에는 이것들이 아주 적절하게 기록되어 있는데, 요한이 그리도록 영감을 받은 이 그림에는 부적합하다는 듯이 생략되어 있다. 그 대신 공관복음서에서는 찾아볼 수 없는 다른 세부적인 내용이 기록되어 있다. 요한복음의 이것들은 아주 적절하고도 주목할 만한 것들이다.

"주님은 자주 찾아가셨던 그 거룩한 동산으로 열한 제자들과 함께 가셨다. 그리고 그곳에서 주님은 깊이 **고민**하셨다. 공관복음서에는 이것이 기록되어 있지만 요한은 이것을 생략하고 있다. **요한은** 그리스도께서 제자들 가운데에서 뽑아내어 그와 함께 깨어 있으라고 부탁하셨던 세 제자 중의 하나로서 그때 주님과 아주 가까이 있었다. 나머지 제자들은 그들의 선생과 조금 떨어진 곳에 앉아 있었다. 그러므로 그 엄숙한 때에 관하여 권위 있게 기록할 수 있었던 복음서 저자 가운데 **요한**이야말로 그 일에 가장 적합한 사람이었을 것이다. 그러나 그 모든 내용을 생략한 사람은 다름 아닌 바로 그였다! 다른 복음서 저자가 기록한 내용으로 충분하다고 생각할 수도 있을 것이다. 그러면 그는 주님이 붙잡히신 일과 관련된 상황을 왜 그처럼 상세하게 묘사하였단 말인가! 그가 이 복음서를 기록한 특별한 경향, 즉 주님을 신적 인격으로서 표현하고자 하는 그의 의도만이 이것을 설명해 줄 것이다. 요한은 주님을 고난받으신 인간의 아들로서가 아니라 성육신하신 하나님의 아들로서 나타낸다. 그래서 우리는 요한을 통하여, 다른 어느 누구도, 곧 주님과 함께 있었던 마태까지도 언급하지 못하였던 것, 즉 주님의 개인적인 현존이 먼저 유다를, 그리고 그 배신자와 함께 온 무리를 어떻게 위압하였는지를 알 수 있다"(Mr. C. E. Stuart).

공관복음서를 보면 구세주께서는 지상에서의 생활이 거의 끝나감에 따라, 그가 사람들의 손에 고난을 받아야 할 것과 사람들이 그를 조롱하고 그에게 침을 뱉을 것, 그리고 그가 유대인과 이방인 모두로부터 치욕적인 대우를 받을 것, 그리고 이것은 그가 십자가에 못 박히고 장사되었다가 부활함으로써 끝나리라는 것을 거듭 말씀하고 계심을 알 수 있다. 그러나 여기 요한복음에서 주님은 그가 죽으실 때가 다가옴에 따라 그가 **아버지께로 돌아가는 것**에 대하여 주로 생각하고 계신 듯하다(13:1; 14:2;

16:5; 17:5 참고). 그리고 모든 내용이 이것과 완전히 일치하고 있다. 여기 동산에서는, 아버지 앞에 엎드리는 그리스도의 모습 대신, 구세주를 잡으러 온 자들이 그 앞에 엎드러지는 광경이 나온다! 주 예수의 완전한 우월하심이 이보다 더 영광스럽게 나타난 곳은 없다. 즉 군병들에게까지 주님은 **명령**을 내리시고 이로써 제자들은 아무 방해를 받지 않고 갈 수 있었다.

"**예수께서 이 말씀을 하시고 제자들과 함께 기드론 시내 건너편으로 나가시니**" (18:1). 여기에서의 "이 말씀"은 앞의 여러 장에서 우리의 관심을 끌었던 주님의 유월절 대화와 대제사장으로서의 기도를 가리킨다. 주님은 그의 **예언적** 메시지를 전달하시고서 이제는 그의 **제사장으로서의** 사역을 행하실 준비를 하신다. 여기에서는 성령께서 의미심장하게도 "동산"의 그 이름을 생략하셨지만, 이것은 다른 복음서에 언급되어 있는 것과 똑같은 동산, 즉 겟세마네 동산이다. 이 동산의 이름을 말하는 대신 성령께서는 "기드론 시내"를 말씀하시는데 이것은 "어두운 시내"라는 뜻이다. 즉 이것은 주님이 이제 건너서야 할 어두운 시내를 상징한다. 이 기드론 시내는 이 도시의 동쪽에 있었는데 예루살렘과 감람산 사이를 흐르고 있었다(요세푸스). 주님이 십자가에 못 박히신 곳은 이 도시의 서쪽에 있었다. 이렇게 하여 의의 아들께서는 그의 속죄를 끝마치신 것이다!

그런데 주님께서 이때 "동산"으로 들어가신 의도와 목적은 무엇이었는가? 라는 질문이 있을 수 있다. 첫째로, 그것은 속죄일에 대한 대표적인 가르침과 일치한다. 즉 속죄제물은 (번제와 달리) "진영 **바깥**"에서 죽임을 당했다(레 4:12, 21; 16:27 참고). 마찬가지로 주 예수께서도 예루살렘 **바깥**에서 자신을 속죄제물로 드렸다. "그러므로 예수도 자기 피로써 백성을 거룩하게 하려고 성문 **밖에서** 고난을 받으셨느니라" (히 13:12). 그러므로 주님의 속죄를 위한 고난이 여기에서 시작되었으므로, 주님은 예루살렘에 계시지 아니하고 성문 밖의 동산을 찾으셨다.

둘째로, 주님이 그의 제자들과 함께 기드론 시내를 건너신 일을 통하여, 구약 성경의 다른 한 예표가 아주 훌륭하게 성취되었다. 사무엘하 15장을 보면(특히 23, 30, 31절을 주목해 보라), 다윗이 그의 절친한 친구 아히도벨로부터 배신을 당했을 때 충성스럽게 그를 따르는 자들과 함께 눈물을 흘리며 바로 이 시내를 건넜음을 알 수 있다. 이와 마찬가지로, 다윗의 아들이자 그의 주님이 되시는 분께서도 유다가 그의 원수들에게 그를 팔고 있었을 때 기드론을 건너셨다.

셋째로, 주님은 기드론 시내를 건너 동산으로 가심으로써 그의 원수들에게 그들이 아무 방해 없이 그를 붙잡을 수 있는 기회를 주고자 하셨다. 이스라엘의 지도자들은 전에도 몇 번 그를 붙잡으려 계획하였으나 일반 백성을 두려워하여 그 일을 성취하지 못하였다. 그러므로 이 장애물이 제거될 수 있도록 구세주께서는 예루살렘 성을 떠나 동산으로 가셨고, 그곳에서 그들이 그를 붙잡아 밤에 조용하고 은밀히 데려갈 수 있는 완전한 기회를 갖게 하셨다. 이러한 이유들 외에도, 주님이 거친 동산에서 붙잡히심으로 말미암아 그의 제자들의 탈출이 더욱 용이해졌으리라고 생각해 볼 수 있다.

그리스도께서 동산으로 들어가신 일은 에덴 동산을 상기시켜 준다. 이 두 동산 사이의 차이점은 참으로 주목할 만하다. 즉 에덴 동산에서는 모든 것이 즐거웠다. 그런데 겟세마네에서는 모든 것이 두려웠다. 에덴에서 아담과 하와는 사탄과 화평 교섭을 맺었었으나 겟세마네에서 마지막 아담은 그의 아버지의 얼굴을 구하였다. 에덴에서 아담은 죄를 지었으나, 겟세마네에서 구세주께서는 고난을 받으셨다. 에덴에서 아담은 타락하였으나, 겟세마네에서 구속자께서는 승리하셨다. 에덴에서의 싸움은 낮에 일어났었으나, 겟세마네에서의 싸움은 밤에 일어났다. 에덴에서 아담은 사탄 앞에 엎드렸으나, 겟세마네에서는 군병들이 그리스도 앞에 엎드렸다. 에덴에서 인류는 잃어버린 바 되었으나, 겟세마네에서 그리스도께서는 "아버지께서 내게 주신 자 중에서 하나도 잃지 아니하였사옵나이다"라고 말씀하셨다(요 18:9). 에덴에서 아담은 하와의 손에서 열매를 취했으나, 겟세마네에서 그리스도는 그의 아버지의 손에서 잔을 받으셨다. 에덴에서 아담은 자신을 숨겼으나, 겟세마네에서 그리스도는 담대하게 자신을 나타내셨다. 에덴에서는 하나님이 아담을 찾으셨으나, 겟세마네에서는 마지막 아담이 하나님을 찾았다! 에덴으로부터 아담은 "쫓겨" 났으나, 겟세마네에서 그리스도는 "스스로 나오셨다." 에덴에서는 "칼"이 뽑혀졌으나(창 3:24), 겟세마네에서는 "칼"이 칼집에 꽂혀졌다(요 18:11).

"그 곳에 동산이 있는데 제자들과 함께 들어가시니라"(18:1). 그리스도께서는 사도들이 예루살렘의 다락방을 떠날 때 그대로 흩어지게 하지 아니하시고 그와 함께 겟세마네에 가게 하셨다. 주님은 그가 무력한 희생자로서 붙잡히는 것이 아니라 그가 원수들의 손에 자신을 자발적으로 넘겨준다는 사실을 그들에게 목격하게 하고자 하셨다. 이렇게 직접 모범을 보이심으로써 주님은 우리가 우리의 원수들에게 저항하기보다는 하나님의 뜻에 온유하게 따르는 것이 그리스도인의 의무라는 것을 가르쳐 주시고자 하셨다. 주님은 또한 아주 위험한 상황이라 할지라도 자기 백성을 보호하시는 그의 능력을 그들에게 보여주려 하셨다.

"예수를 파는 유다도 그 곳을 알더라"(18:2). "우리 주, 곧 구세주께서는 유다로 인하여 붙잡히시리라는 것과, 그곳이 그의 아버지께서 그가 붙잡힐 장소로 정하신 곳임을 알고 계셨다. 왜냐하면 4절을 보면 '예수께서 그 당할 일을 다 아시고' 라고 기록되어 있기 때문이다. 주님은 유다가 그날 밤 그곳에 오리라는 것을 아셨다. 그래서 용감한 승리자처럼 주님은 그의 원수보다 먼저 그곳으로 가신다. 주님은 그리로 가기를 택하시고 또 일부러 그 장소를 선택하신다"(Mr. Thomas Goodwin).

"그 곳은 가끔 예수께서 제자들과 모이시는 곳이므로"(18:2). 이곳은 구세주께서 지난 주 내내 기도하셨던 곳이다. 그리고 그가 사도들과 함께 가서 쉬시던 조용한 장소였다. 누가복음 21:37에는 "예수께서 낮에는 성전에서 가르치시고 밤에는 나가 감람원이라 하는 산에서 쉬시니"라고 기록되어 있다. 또 누가복음 22:39에는 "예수께서 나가사 **습관을 따라** 감람 산에 가시매 제자들**도** 따라갔더니"라고 기록되어 있다. 이곳은 그리스도께서 기도하시던 장소였고, 또 그와 제자들이 소중한 많은 이야기를 나눈 곳이기도 하다. 여기에 이 말이 기록된 것은 이 배신자의 마음이 얼마나 완악한지를 보여주기 위해서이다. 또 그가 이 장소를 알고 있었다는 사실은 그의 죄를 가중시켰다.

구세주께서는 이 불충한 배신자가 거룩한 교제를 나눴던 이곳을 잘 알고 있다는 사실도 잘 알고 계셨으나 그럼에도 불구하고 그곳으로 가셨다. 이전의 여러 경우에 있어서 주님은 그의 원수들을 **피하셨다.** "그들이 돌을 들어 치려 하거늘 예수께서 **숨어** 성전에서 나가시니라"(요 8:59). "예수께서 이 말씀을 하시고 그들을 떠나가서 **숨으시니라**"(요 12:36). 그러나 이제 "때"가 왔다. 그러므로 주님은 유다가 그의 원수들을 이끌고 오리라고 알고 계신 바로 그곳으로 나아가셨다.

"유다가 군대와 대제사장들과 바리새인들에게서 얻은 아랫사람들을 데리고 등과 횃불과 무기를 가지고 그리로 오는지라"(18:3). 유다가 "얻은" "군대"(band)는 빌라도가 이 일을 위해 허락해 준 로마 군병의 분견대(detachment)를 의미함이 분명하다. 이 말의 헬라 원어는 한 군단(legion)의 십분의 일을 의미하므로 여기에서의 군대는 사백 내지 오백 명의 병사로 이루어졌음이 분명하다. 여기에 의문을 표하는 사람들도 있겠으나 마태복음 26:47의 "큰 무리"라는 말씀이 이 사실을 강력하게 확증해 준다고 생각한다. "대제사장들과 바리새인들에게서 얻은 아랫사람들"은 이스라엘의 지도자들의 종들을 가리킨다. 누가복음 22:52의 말씀, 즉 "예수께서 그 잡으러 온 대제사장들과 성전의 경비대장들과 장로들에게 이르시되 너희가 강도를 잡는 것 같이 검과 몽치를 가지고 나왔느냐"라는 말씀을 보면, 이 민족의 우두머리들 자신이 주님을 잡으러 온 무리 가운데 있었음을 알 수 있다. 그리스도께서 죄인들, 곧 유대인과 이방인 모두를 위해 죽으셔야 한 것처럼 하나님께서는 **이방인들**(로마 군병들)과 **유대인들** 모두 주님을 잡아 십자가에 못 박는 일에 가담하게 만드셨다!

"등과 횃불과 무기를 가지고 그리로 오는지라." 이 얼마나 이상한 일인가! 세상의 빛을 등과 횃불로써 찾아내려 하다니! 선한 목자께 '무기'를 가지고 다가가다니! **그가** 마치 자신을 숨기려 한다는 듯이, 또 칼과 창으로 **그를** 붙잡을 수나 있다는 듯이! 그들은 주님이 도살장으로 끌려가는 어린 양처럼 따라가리라는 것을 전혀 알지 못했다. 여기에 상징적으로 나타나 있는 일반적인 원리는 너무도 중요하다. 즉 사람들은 인위적인 등과 세상적인 무기로써 **진리**에 공격을 가한다는 것이다! 인간은 언제나 그래 왔다. 인간이 의지하는 것은 바로 "이성의 빛"이다. 그리고 이것으로써도 실패할 때에는, 여기에서 '무기'가 가리키는 것, 즉 폭력에 의지해 왔다. 그러나 주님께서는 이것들이 하나님의 아들에 대하여 사용될 때에는 얼마나 무력한 것인지를 그후의 일을 통하여 분명히 보여주셨다.

"**예수께서 그 당할 일을 다 아시고**"(18:4). 이 말씀을 이것과 아주 두드러지게 비교되고 대조되는 13:3의 말씀과 비교해 보아야 한다. "아버지께서 **모든 것을** 자기 손에 맡기신 … 것을 **아시고**." 여기에서 비교가 되는 것은 바로 이 두 말씀에 언급된 주님의 전지함이고, 또 각 경우에 있어서 주님이 무엇을 알고 계시는가 하는 점은 서로 대조가 된다. 즉 13:3에서 그리스도께서는 그의 손에 **맡겨진** "모든 것"에 대하여 말씀하셨는데, 여기 18:4에서는 그가 "끊어져 없어질"(단 9:26) 때, 그가 "모든 것"을 **잃을** 때를 예기하고 계신다. 주님의 예지(선견)는 완전하였다. 그래서 주님은 어떠한 일에도 놀라지 않으셨다. 주님은 아버지의 손에서 "모든 것"을 **받는 것**뿐만 아니라 그가 끊어지심으로써 "모든 것"을 **잃을 것**도 알고 계셨다. 요한복음 13장에서 주님은 **영광**을 생각하고 계시지만 여기에서는 **고난**을 생각하고 계시며, 주님은 절대적 완전함으로 말미암은 불변의 기쁨 가운데 영광에서 고난에 이르는 길을 통과하셨다.

"예수께서 그 당할 일을 다 아시고." 그 일들은 하나님께서 정하셨고, 또 은혜의 영원한 언약 안에서 아들이 동의하고, 구약 성경에 예언되어 있으며 또 주님 자신이 거듭거듭 예언하셨던 "모든 것"들이었다. 즉 주님의 고난과 죽음에 관한 부수적인 모든 상황을 가리킨다.

"예수께서 그 당할 일을 다 아시고 **나아가**." 18:26의 말씀이 분명히 보여주듯이, 이것은 동산에서 나가셨음을 말하는 것이 아니라, 주님이 혼자 기도하셨던 동산 깊은 곳에서 나오셨음을 말한다. "나아가", 즉 첫째로, 잠자고 있던 세 제자들 깨우고 (마 26:46), 그 다음에 주님이 동산 변두리에 있게 하셨던 여덟 제자와 다시 합류하고 (마 26:36), 그리고 이제 유다와 그가 데리고 온 무리를 만나기 위해 나오셨다. 이 "나아가"라는 말씀은 요한과 공관복음서 저자들이 이 점에 있어서는 완전히 일치하고 있음을 보여준다.

"**이르시되 너희가 누구를 찾느냐**"(18:4). 먼저 말씀하신 분은 바로 주님이었다. 주님은 그들이 질문하기를 기다리지 아니하셨다. 주님이 이 질문을 하신 이유는 상반절의 "그러므로"라는 말씀을 보면 알 수 있다. "[그러므로] 예수께서 그 당할 일을 다 아시고 **나아가** 이르시되 너희가 누구를 찾느냐?" 성령께서는 여기에서 그리스도께서 **기꺼이** 고난을 받으려 하신다는 것과 그가 십자가로 나아갈 마음의 **준비가** 되어 있다는 것을 강조하고자 하셨다. 주님은 이 사람들이 아주 무서운 목적을 가지고 그곳에 왔음을 잘 알고 계셨다. 그러나 주님은 그들에게 자신을 엄숙하고 공적으로 넘겨주기 위해 그렇게 질문하신 것이다. 전에 그들이 주님을 억지로 잡아 왕으로 삼으려 했을 때 주님은 그들을 떠나셨었다(요 6:15). 그러나 이제 주님은 조롱을 받고 십자가에 못 박히셔야 하는데도 담대하게 그들을 맞으러 나가셨다. 이것은 죄를 범한 후 에덴 동산 나무들 사이에 몸을 **숨긴** 첫 번째 아담과는 아주 큰 대조를 이룬다. 또한 여기에서의 그리스도의 행동과 질문은 그들이 지닌 "등과 횃불과 무기"가 무익함과 어리석은 것임을 증거하였다.

"**대답하되 나사렛 예수라 하거늘 이르시되 내가 그니라 하시니라**"(18:5). 그들은 왜 "바로 당신이요!"라고 대답하지 아니하였는가! 나사렛 예수가 그들 앞에 서 있었지만 그들은 "우리가 잡으러 온 자는 바로 당신이요"라고 말하지 아니하였다. 이것으로 보아 그들은 주님을 알아보지 못하였음이 분명하다. 또한 여기에 "그들과 함께 섰더라"고 분명히 말하고 있는 유다도 그렇게 하지 못했음이 분명하다. 그들에게 "등과 횃불"이 있었음에도 불구하고 그들의 눈은 보지 못하였다. 또한 이것은 우리가 18:3의 마지막 말씀에 대하여 생각해 보았던 내용을 확증하여 주지 않는가! 즉 성령께서는 우리가 신인(神人)의 인격을 발견하고 알아보기 위해서는 자연이 제공하는 빛 이상의 그 어떤 것이 필요하다는 것을 의도적으로 암시해 주신 것이다. 이것은 구세주와 3년 동안 아주 가까이 지냈던 유다의 경우가 잘 강조해 주지 않는가! 이 얼마나 엄숙한 교훈인가! 이것은 또한 "만일 우리의 복음이 가리었으면 망하는 자들에게 가리어진 것이라 그 중에 이 세상의 신이 믿지 아니하는 자들의 마음을 혼미하게 하여"라는 고린도후서 4:3, 4의 말씀을 아주 강력하게 예증해 준다. 배신자까지도 주님을 알아보지 못하였다. 그 역시 시계(視界)가 흐려졌다. 자연인은 영적으로 눈이 먼 자들이다. 빛이 어둠에 비취되 어둠이 깨닫지 못하였다(요 1:5). 예수 그리스도의 얼굴에 있는 하나님의 영광을 볼 수 있는 지식이 우리에게 주어지는 것은 오직 하나님의 빛이 우리의 마음에 비칠 때뿐이다!(고후 4:6)

"그를 파는 유다도 그들과 함께 섰더라"(18:5). 불과 몇 시간 전만 하더라도 그는 그리스도와 열한 사도들과 함께 앉아 있었는데, 이제 그는 주님의 원수 편에 가담하여 그들의 안내자가 되어 있다. 요한의 이야기와 공관복음서의 내용 사이에 서로 일치하지 않는 점이 있다고 주장하는 사람들이 있다. 후자에는 유다가 군병들에게 신호를 하기로, 즉 그가 주님께 입맞춤을 함으로써 군병들이 붙잡아야 할 자를 알려 주기로 약속을 하였다고 기록되어 있다. 유다는 그렇게 했고, 그래서 그들은 주님을 붙잡았다. 그러나 여기 요한복음 18장에는 유다가 구세주를 알아보지 못한 것으로 나와 있는데 이것은 공관복음서와는 전혀 모순되지 않는다. 요한은 마태와 다른 저자들이 기록한 내용을 말하지는 아니하였지만, 그대신 그들이 빠뜨렸던 내용을 자세히 기록하고 있다. 요한은 배신자가 비열한 신호를 보내기 **전에** 동산에서 있었던 일을 말해 준다. 만일 독자가 누가의 이야기와 비교해 본다면 유다가 입맞춤을 하였던 일은 요한복음 18장 9절과 10절 사이에 있었던 일임을 알 수 있다.

"예수께서 그들에게 내가 그니라 하실 때에 그들이 물러가서 땅에 엎드러지는지라"(18:6). 앞 구절의 끝 부분에 유다에 관한 말이 기록된 다른 한 가지 이유는, 그도 역시 땅에 엎드러졌음을 알려 주기 위해서이다. "그들이 **물러가서**"라는 말씀에 주목해 보라. 그들은 주님을 붙잡으러 그곳에 왔다. 그러나 그들은 주님을 붙잡으러 앞으로 나서는 대신에 뒤로 물러선 것이다! 그들 중에는 오백 명의 로마 군병들도 있었지만 그들은 "내가 그니라" 하는 주님의 단 한 마디 말씀 앞에 물러서고 말았다. 그들은 예배하기 위해 앞으로 나선 것이 아니라 당황하여 엎드러졌다! 주님은 단지 "내가 그니라"고 말씀하셨을 뿐이다. 그러나 이것만으로도 그들을 위압하고 압도하기에 충분하였다. 그 말씀은 그가 떨기나무 불꽃 가운데서 모세에게 자신을 나타내셨던 바, 바로 그 말로써 표현할 수 없는 하나님의 이름을 공표한 것이었다(출 3:14). 또한 이것으로서 주님의 신적 위엄이 나타났고, 그의 신적 능력이 조용히 드러났으며,

그가 바로 "말씀"(요 1:1)이시라는 사실이 훌륭하게 밝혀진 것이다! 주님은 그들을 손으로 치지 아니하셨다. 그럴 필요도 없었다. 주님은 두 개의 단음절(I am)을 말씀하셨을 뿐인데 그들은 완전히 압도되었다.

그러나 주님은 이때 왜 이렇게 행동하셔야 했는가? 라는 질문이 있을 수 있다. 첫째로, 그것은 주님이 "나사렛 예수" **이상**이신 분, 즉 그가 "육체를 입으신 **하나님**"이시라는 사실이 분명히 나타나게 하기 위해서였다. 그리고 이것을 이보다 더 명백하게 나타낼 수는 없었을 것이다. 둘째로, 주님께서는 그들의 손에 자신을 **자의로** 넘겨주신다는 것, 즉 그들이 그를 붙잡는 것이 아니라, 주님이 그들에게 순종하였다는 사실이 아주 명백하게 드러나게 하기 위해서였다. 주님은 사로잡힌 것이 아니다. 왜냐하면 그는 단순히 (수동적으로) **고난**을 당하시는 것이 아니라 (능동적으로) 자신을 희생제물로 하나님께 **드렸기** 때문이다. 여기에서 "그를 파는 유다도 그들과 함께 섰더라"는 말씀이 기록된 궁극적인 이유를 알 수 있다. 즉 자신을 사망**에게 내어 주고** 또 곧 사망에게 복종하실 분께서는 그 배신자의 배반은 불필요한 것이었고, 그를 잡으러 온 자들의 무기도 아무 소용이 없었다. 아무도 그에게서 그의 생명을 빼앗을 수 없고(요 10:18, 19), 아무도 그를 붙잡을 능력이 없다.

주님은 여기에서 그들에게 그리고 우리에게도, **그들이** 전적으로 **그의** 자비를 입고 있다는 것, 즉 지상에서 무력한 존재라는 것과, 그가 그들의 손에 달려 있지 않다는 것을 보여주셨다. 그때 주님께서는 아주 쉽게 아무 방해도 받지 아니하고 조용히 걸어 나가실 수도 있었지 아니한가! 왜냐하면 첫째로, 그들은 주님을 알아보지 못하였다. 그리고 지금은 그 앞에 엎드려 있다. 그렇다면 주님께서 그렇게 하지 않으신 것은 무엇 때문이었는가? 그것은 바로 그것이 아버지의 뜻이었기 때문이다. 주님은 그 뜻에 유순하게 복종하신 것이다. 이렇게 함으로써 주님은 그가 자신을 죄를 위한 희생제물로서 기꺼이 바치려 하심을 증거하셨다. 셋째로, 이로써 그들은 **핑계할 수 없게** 되었다. 주님의 수난에 관련된 모든 세부 사항은 하나님의 계획으로서 결정된 것이었으나, 하나님께서는 그 일에 가담한 사람들을 단순한 기계로서가 아니라 책임 있는 도덕적 존재로서 다루셨다. 빌라도가 그리스도께 사형을 언도하기 전에, 하나님께서는 먼저 그의 아내의 꿈을 통하여 경고하심으로써 그 앞에 서 있는 자는 **무죄한** 사람이라는 분명한 암시를 해주셨다(마 27:19). 그리고 그리스도를 이전에 결코 본 적이 없었을 이 로마 군병들에게도 마찬가지였다. 그들은 자신들이 그의 인격의 영광에 대하여 무지하였다고 심판 날에 변론할 수 없다. 즉 그들은 주님의 기적적인 능력을 결코 목격한 적이 없으며 또 주님을 믿을 기회를 갖지 못하였었다고 말할 수 없다. 주님의 위엄이 이처럼 나타났음에도 불구하고 그들이 후에 주님을 체포한 사실은 그들에 대한 정죄를 **공정**하게 해준다!

주 예수께서 이전의 여러 경우에도 이와 똑같은 말씀을 하셨으나 여기에서와 매우 다른 효과를 가져왔음은 주목할 만한 사실이다. 우물가의 여인에게 주님은 "내가 그라"(요 4:26)고 말씀하셨다. 그러자 그녀는 즉시 그가 그리스도이심을 깨달았다(요 4:29). 또 폭풍우가 몰아치는 바다 위의 제자들에게 주님은 "내니라"(요 6:20, 헬라 원어를 보라)고 말씀하셨다. 그러자 "그들은 기뻐서 그를 배로 영접하였다." 그러나 여기에서는 주님의 메시야 됨에 대한 깨달음도 없고 그를 기꺼이 맞아들임도 없다. 그 대신 그들은 두려워하였고 땅에 엎드렸다. **똑같은** 말씀이 어떤 이에게는 "생명으로부터 생명에 이르는 냄새"가 되는 데 반하여 다른 이에게는 "사망으로부터 사망에 이르는 냄새"가 된다는 것이 아주 놀랍게 나타나 있지 않은가! 또 주님이 배에 있는 제자들에게 신적인 "내니라"는 말씀을 하신 후에 "두려워하지 말라"(요 6:20)고 말씀하셨다는 것에도 주목해 보라. 그러나 여기에서는 이 말씀을 하시지 않은 것은 얼마나 엄숙한 일인가!

이것은 죄인들이 심판 날 하나님과 그리스도 앞에서 얼마나 무력하게 될 것인지에 관하여 아주 생생하게 경고해 주지 않는가! "주님 자신이 심판을 받게 된 이때에 이 일을 행하셨다면 그가 심판하시게 될 때에는 어떤 일을 행하실 것인가? 주님께서 죽음에 이르러서도 이와 같은 능력을 지니셨다면 그가 다스리시게 될 때에는 어떤 능력을 보이실 것인가?"(아우구스티누스) 정말로 주님께서 사악한 자들에게 심판을 내리실 때 그 목소리는 어떤 효과를 끼칠 것인가!

"예수께서 그들에게 내가 그니라 하실 때에 그들이 물러가서 땅에 엎드러지는지라." 이 말씀은 천 년 전에 주어진 구약의 예언이 훌륭하게 성취되었음을 보여준다. 그 예언이 시편 27편에 기록되어 있는데 그 내용 거의 전부가 구세주께서 예루살렘의 다락방에서 나와 기드론 시내를 건너시고 동산에 들어가실 때 조용히 말씀하신 것으로 생각된다. "여호와는 나의 빛이요 나의 구원이시니 내가 누구를 두려워하리요 여호와는 내 생명의 능력이시니 내가 누구를 무서워하리요 악인들이 내 살을 먹으려고 내게로 왔으나 나의 대적들, 나의 원수들인 그들은 실족하여 넘어졌도다"(1, 2절). 독자는 잠깐 멈추어서 이 시편의 나머지 부분을 명상해 보도록 하라. 이 괴로운 때에 구세주의 마음을 위로하고 격려해 준 것이 **무엇**이었는지를 아는 것은 즐거운 일이다. 시편 27편은 그리스도께서 이때 무엇을 생각하고 계셨는지, 즉 **하나님을 향한** 그의 생각을 알 수 있게 해준다. 그런데 시편 35편은 그의 원수들, 즉 인간들을 향한 주님의 기도를 기록하고 있다. "내 생명을 찾는 자들이 부끄러워 수치를 당하게 하시며 나를 상해하려 하는 자들이 **물러가 낭패를 당하게** 하소서"(4절). 이것과 관련하여 또 다른 시편, 즉 40편을 읽어 보아야 한다. 이 시편이 메시야적인 것임을 7, 8절을 보아 분명히 알 수 있다. 11-17절까지는 겟세마네 동산에서 주님이 드린 기도의 일부분이라고 생각되는데, 그 구절에서 주님은 "내 생명을 찾아 멸하려 하는 자는 다 수치와 낭패를 당하게 하시며 나의 해를 기뻐하는 자는 다 **물러가 욕을 당하게** 하소서"(14절)라고 구하셨다. 주님의 원수들이 여기에서 이렇게 압도당한 일을 통하여 메시야의 예언이 성취되었고 그의 기도가 응답되었다고 생각한다.

"**이에 다시 누구를 찾느냐고 물으신대**"(18:7). 이 두 번째 질문은 주님께서 마치, '나는 너희에게 내가 그니라고 말하였다. 나는 그것을 너희에게 분명히 말하였다. 그렇지 않느냐? 너희는 너희가 크게 두려워하여 내 앞에 모두 엎드린 이 일로 말미암아 내가 **누구**인지 알게 되지 아니하였느냐!' 라고 말씀하시는 것과 같은 뜻을 담고 있으므로 아주 큰 설득력을 지니고 그들의 양심을 찔리게 하였다. 그들은 주님이 그의 숨으로써 바람을 내어 그들이 모두 땅에 엎드러지게 하셨을 때 그 슬픈 체험을 통하여 그가 누구신지를 알았을 것이다. 그리고 하나님께서 그들의 겉 사람에게 이 일을 행하셨듯이, 그들의 마음을 치셨다면, 그들의 이 슬픈 체험은 복된 체험으로 바뀌었을 것이다"(Mr. Thomas Goodwin).

"**그들이 말하되 나사렛 예수라 하거늘**"(18:7). 그들은 주님이 **그리스도**이심을 인정하려 하지 않고 여전히 그가 낮아지신 때의 이름 곧 "나사렛 예수"라고 그를 불렀다. 우리가 18:6에서 살펴본 일이 있은 후에도 그들이 이렇게 하고 있다는 것은 얼마나 놀랍고 엄숙한가. 그처럼 신적 위엄과 능력이 나타났음에도 불구하고 그들의 마음은 여전히 무감동한 상태에 있었다! 외적인 수단들은 그 어느 것으로도 사악하기로 결심하고 있는 자들의 마음을 부드럽게 하지 못할 것이다. 어떤 기적이라도, 그것이 아무리 두려운 것이라 할지라도 인간의 적의를 녹이지 못할 것이다. **오직** 하나님의 말씀과 성령으로 인한 **직접적인** 하나님의 역사만이 그렇게 할 수 있을 것이다. 인간의 마음이 얼마나 완악한가를 보여주는 또 다른 주목할 만한 증거는 구세주의 무덤을 지키라는 명령을 받았던 자들의 경우에서 찾아볼 수 있다. 그들이 무덤을 지키고 있을 때, 하나님은 지진을 일으키고, 전사를 보내어 무덤을 막고 있는 돌을 굴려 치워버리게 하셨다. 이 일들이 아주 두려웠으므로 그들은 "죽은 자와 같이 되었다." 그럼에도 불구하고 그들은 그들의 주인께 이 사실을 알리고, 또 그들이 잠자고 있는 동안 그리스도의 제자들이 와서 그의 시체를 훔쳐갔다는 말을 퍼뜨리도록 뇌물을 받았을 때, 그들은 기꺼이 그런 거짓말을 하는 편이 되었다. 이 얼마나 완악한 인간의 마음인가. "심히 사악"하지 아니한가! 하나님의 심판조차도 그 마음을 진압하지 못한다. 장차 그 어느 날 하나님은 이 땅에 그의 진노의 대접을 부으실 것이다. 그때 인간들의 반응은 어떠할 것인가? 바로 이것이다. "사람들이 아파서 자기 혀를 깨물고 아픈 것과 종기로 말미암아 하늘의 하나님을 **비방하고** 그들의 행위를 **회개하지 아니하더라**"(계 16:10, 11). 주권적 은혜의 기적만이 그리고 전능의 능력의 발휘만이 불경스러운 반역자를 어둠에서 하나님의 놀라운 빛 가운데로 이끌어 낼 수 있다. 이 동산에 있는 이 사람들처럼 많은 영혼이 두려워하였으나, 그럼에도 불구하고 그들은 여전히 하나님과 떨어진 상태에서 그들의 길을 가고 있다.

"**예수께서 대답하시되 너희에게 내가 그니라 하였으니**"(18:8). 주님의 위엄과 침착함이 여기에 아주 주목할 만하게 나타나 있다. 주님은 그가 당하실 모든 모욕과 냉대를 잘 알고 계셨으면서도 앞에서의 "내가 그니라"는 말씀을 반복하신다. 그리고 주님은 "나를 찾거든 이 사람들이 가는 것은 용납하라"는 말씀을 덧붙이신다. "그리스도께서는 그들을 위하여 고난을 받으셔야 했다. 그러므로 그들이 고난을 받는 것은 부당한 일이다. 그리고 그와 **함께** 고난을 받는 것 또한 적절하지 못하다. 왜냐하면 그들이 고난을 받음으로써 그것을 구속의 값의 일부분으로 여겨져서는 안 되기 때문이다. 주님의 이 말씀은 하나님의 택함을 입은 자들을 대신하고 평화의 계획과 언약 안에서 그들을 위해 담당하시면서, 그들을 위해 하나님께 가까이 나아가서 그들의 빚을 청산할 임무를 지신 그리스도께서 보증계약(surety-engagements)을 하시고 계신다는 것이다. 또한 이 말씀은 그 계약을 실행하심으로 말미암아 그들이 얻은 면책을 나타내는 상징 또는 증거로 생각할 수 있다. 이제, 그들에게는 영원에 대한 책임이 면제되었고, 또 그들에게는 죄가 전가되지 않고, **신비스럽게** 그리스도의 보증계약에 의거하게 된 것처럼 이제 그들은 모두 원수들의 손에 잡히는 것과 고난, 그리고 주님의 죽음과 부활 등에 대해 공공연하게 책임을 면하게 되었다"(존 길).

"**나를 찾거든 이 사람들이 가는 것은 용납하라 하시니**"(18:8). 13:1에 그리스도께서는 "세상에 있는 자기 사람들을 사랑하시되 **끝까지** 사랑하시니라"고 말하고 있는데 바로 이것이 여기에 아주 복되게 나타나 있다. 그리스도께서는 그 자신과 그가 당하실 일에 대해서가 아니라 그의 제자들에 대해 우선적으로 생각하셨다. 그는 바로 자기 양을 보호하시는 목자이셨다. "자기 백성을 향한 우리의 위대한 대제사장의 사랑에 넘치는 동정과 배려는 여기에 아주 아름답게 나타나 있다. 이 열한 사도들은 오랜 후에 이것을 분명히 기억할 것이다. 그들은 주님께서 붙잡히시던 마지막 순간까지도 그들과 그들의 안전에 대하여 생각하였음을 기억할 것이다"(라일 주교).

그리고 여기에 구세주의 위엄이 다시 잘 드러난다! 즉 주님은 포로가 되셔야 했으나 그는 무력한 포로로서가 아니라 마치 왕처럼 행동하신다. "이 사람들이 가는 것은 용납하라"는 말씀은 명령이다. 즉 내가 여기 있으니 나를 데려가라. 그러나 너희에게 명하노니 그들을 간섭하지 말라. 기름 부음받은 내 백성에게는 손대지 말라! 주님은 승리자처럼 말씀하신다. 그는 바로 그런 분이셨다. 왜냐하면 주님은 단 한 마디의 말로써 그들을 땅에 엎드러지게 하셨기 때문이다. 그들은 주님의 손을 결박하려 하였으나 그들이 그렇게 하기 전에 주님께서 먼저 그들의 손을 묶으셨다!

"나를 찾거든 이 사람들이 가는 것은 용납하라 하시니." 여기에는 우리가 배울 내용이 많이 있다. 첫째로, 이 말씀에서 우리는 주님께서 원하시기만 하셨다면 자신을 아주 쉽게 구하실 수 있었다는 다른 한 가지 증거를 찾을 수 있다. 즉 다른 사람들을 구원하셨던 주님은 자신도 구원하실 수 있었을 것이고, 이 사람들이 가는 것을 용납하라고 그들에게 명하실 권위를 지니신 주님은 그가 가는 것도 용납하라고 그들에게 명하실 권위도 지니신 분이다. 둘째로, 그리스도만이 고난을 받으셔야 했다. 그분 앞에 놓인 그 위대한 일에 있어서는 어느 누구도 그를 좇을 수 없었다. "그가 지성소에 속죄하러 들어가서 자기와 그의 집안과 이스라엘 온 회중을 위하여 속죄하고 나오기까지는 **누구든지** 회막에 있지 **못할** 것이며"(레 16:17). 주님 혼자만이 포도즙 틀을 밟으셔야 했다. 셋째로, 그리스도께서 그들에게 행해야 할 다른 일이 남아 있었다. 그리고 그 일이 행해질 때까지 그들의 원수는 그들에게 손을 댈 수 없었다. 하나님께서 그의 종들에게 어떤 일을 행하게 하시는 동안에는 마귀가 그들을 잡을 수 없다. 그리스도께서는 헤롯이 그를 죽이려 한다는 경고를 받으셨을 때 "가서 저 여우에게 이르되 오늘과 내일은 내가 귀신을 좇아내며 병을 고치다가 제 삼일에는 완전하여지리라 하라"(눅 13:32)고 말씀하셨다. 즉 나는 그가 그렇게 하려 한다 해도 그 일들을 행할 것이다. 그는 나를 막을 수 없다는 뜻의 말씀이다. 넷째로, 우리는 앞 구절에서 그의 신적 **능력**이 나타난 것을 보았듯이, 여기에서는 그처럼 완전하게 "아버지를 선포하신"(18절) 바로 이 분의 **은혜**를 베푸심을 본다. 다섯째로, 그리스도께서는 이렇게 하여 그들을 지극히 큰 위험 가운데에서도 보호하실 큰 능력이 그에게 있음을 제자들에게 보여주시고자 하셨다. 여기에서 로마 군대와 유대 아랫사람들은 사도들도 붙잡으려 하였음이 분명하다(마가복음 14:51, 52의 말씀이 이것을 분명히 가르쳐 준다). 그러나 "이 사람들이 가는 것은 용납하라"는 이 능력의 말씀이 나오자 그들은 안전하게 되었다. **우리가** 위험 가운데 있었을 때 우리는 알지 못하였지만, 바로 이 능력의 말씀이 아주 여러 번 발하여졌음이 심판 날에 분명하게 드러날 것이다.

"**이는 아버지께서 내게 주신 자 중에서 하나도 잃지 아니하였사옵나이다 하신 말씀을 응하게 하려 함이러라**"(18:9). 여기에서의 "말씀"은 구약 성경의 예언을 가리키는 것이 아니라 17:12에 기록된 주님의 기도의 일부분, 즉 "내가 그들과 함께 있을 때에 내게 주신 아버지의 이름으로 그들을 보전하고 지키었나이다 그 중의 하나도 멸망하지 않고"라는 말씀을 가리킨다. 이 말씀은 사도들과 특별한 관계가 있긴 하지만, 그리스도께 주어진 사람, 곧 하나님의 택함을 받은 모든 사람에게도 해당하는 말씀이다. 그들은 아무도, 즉 그들의 영혼뿐만 아니라 그들의 육체도 잃어버린 바 되지 아니할 것이다. 왜냐하면 그리스도께서는 그들의 육체와 영혼을 돌보시기 때문이다. 둘 다 주님께 주어졌고, 둘 다 그로 인하여 구원될 것이다. 즉 주님은 영원한 사망으로부터 그들의 영혼을 구원하시고 육체의 사망으로부터 그들의 육체를 일으키실 것이다. 그러므로 주님께서 제자들의 영원한 행복뿐만 아니라 세상에서의 삶에 관련하여서도 그들을 돌보신다는 사실이 드러날 수 있도록, 주님은 그를 잡으러 온 자들과 그들이 가는 것을 용납하라는 이 협정을 맺으셨다. 아니, 그들에게 이 명령을 내리셨다. 그리고 그들이 이대로 행하였다는 것은 매우 주목할 만한 사실이다. 그들은 제자들 중 그 누구도 붙잡지 아니하였고, 심지어 베드로가 칼을 빼어 그들 중의 한 사람의 귀를 베었음에도 불구하고 그렇게 하였다. 이로써 그리스도께서는 제자들을 붙잡으려던 자들을 지배하는 그의 능력을 또 다른 면에서 두드러지게 나타내셨고, 이로써 그의 신성이 다시 한 번 드러났다.

"**이에 시몬 베드로가 칼을 가졌는데 그것을 빼어 대제사장의 종을 쳐서 오른편 귀를 베어버리니 그 종의 이름은 말고라**"(18:10). 베드로는 지식으로써 절제하지 않은 열정을 나타냈다. 그것은 자기를 과신하는 육체의 힘을 경솔하고 성급하게 행한 일이었다. 그것은 베드로가 "시험에 들지 않게 깨어 있어 기도하라"는 그리스도의 말씀에 귀 기울이지 못한 데서 비롯된 불가피한 결과였다. 우리가 자주 시험에 빠지게 되는 것도 바로 기도하지 못한 때문이다! 베드로가 만일 그의 선생께서 행하시는 것을 지켜보고 그의 말씀에 귀 기울였더라면 주님께서 우리를 불러 싸우게 하신 싸움에서는 그러한 세상적 무기가 아무 쓸모 없다는 것을 알게 되었을 것이다. 또 수님께서 자기 백성들의 안전을 위하여 방금 전에 나타내 보이셨던 놀라운 **은혜**에 그가 주목해 보았더라면 그는 그때가 칼로 칠 때가 아님을 알았을 것이다. 이것은 성령 안에서 행해야 할 필요가 있는 모든 그리스도인들에게 얼마나 두려운 경고가 되는가!

신자에게는 여전히 육체가 남아 있다. 그러나 육체의 욕심대로 행해서는 안 된다. 그리고 이에 대한 실지 교훈은 베드로의 비참한 이야기에서 찾아볼 수 있다. 즉 그는 잠잠히 있어야 했을 때 경솔하면서도 용감하게 나섰으나, 그리스도에 대하여 훌륭한 신앙고백을 했어야 할 때에는 겁을 먹고 비열한 태도를 취하였다. 그러나 베드로가 은혜를 따라 행하지 못하였을지라도 그를 향한 하나님의 은혜가 두드러지게 나타났다. 즉 베드로는 누구보다도 먼저 구세주를 붙잡으려 했으리라고 생각되는 말고를 죽이려고 했음이 분명하다. 그러나 보이지 않는 어떤 **능력**이 그 칼의 일격을 비끼게 하여, 대제사장의 종은 그 목이 잘리는 대신 귀 하나만을 잃었다. 그리고 이로써 주 예수께서는 그의 사랑에 넘치는 자비와 권능의 능력을 나타내 보이실 기회가 주어졌다. 또 우리는 그리스도께서 그곳에 계시는 한 말고의 **생명**이 안전하였으리라는 사실을 덧붙여 말할 수 있다. 왜냐하면 그의 임재 가운데에서는 어느 누구도 죽지 아니하였기 때문이다!

"이에 시몬 베드로가 칼을 가졌는데 그것을 빼어 대제사장의 종을 쳐서 오른편 귀를 베어버리니." 이 다음에 벌어진 일이 누가복음에 기록되어 있다. "예수께서 … 그 귀를 만져 낫게 하시더라"(22:51). 이것은 정말 주목할 만한 일이다. 이로써 주님을 체포했던 자들의 행위는 더욱 변명할 수가 없게 되었고 그들의 죄는 더욱 악화되고 심화되었다. 그리스도께서는 그들이 그를 붙잡기 **전에** 그의 능력과 그의 은혜 둘 다를 나타내셨다. 말고의 귀를 고쳐주신 이 행위는 구세주께서 자기 목숨을 버리시기 전에 마지막으로 행하신 기적이었다. 주님은 먼저 그들의 양심에 호소하셨고 이제는 그들의 마음에 호소하셨다. 그러나 일단 그들이 그를 포로로 붙잡자, 주님은 그들이 자신의 악한 욕심대로 행하게 내버려 두셨다.

"**예수께서 베드로더러 이르시되 칼을 칼집에 꽂으라**"(18:11). 이것은 온화하였으나 책망하는 말씀이었다. 베드로는 "이 사람들이 가는 것은 용납하라"는 주님의 명령을 수포로 만들 뻔하였다. 그는 칼과 창으로 무장한 이 무리들을 크게 자극한 셈이다. 즉 그는 권위에 저항하고, 무력에 의존하며, 또 하나님의 아들께 그의 도움이 필요하다는 듯이 생각하는 그릇된 행동을 하였다. "칼을 칼집에 꽂으라." 그리스도인이 언제나 정당하게 사용할 수 있는 **유일한** "칼"은 바로 성령의 검, 곧 하나님의 말씀이다.

"아버지께서 주신 잔을 내가 마시지 아니하겠느냐 하시니라"(18:11). 이 사건 전체는 그리스도의 여러 가지 영광을, 즉 그의 완전한 우월성과 완전한 복종을 아주 복되게 드러내 준다. 주님께서 "내가 그니라"고 하시자 그의 원수들은 땅에 엎드러졌고, 그가 명령의 말씀을 하시자 주님의 제자들은 아무 방해도 받지 아니하고 그곳을 떠날 수 있었다. 그런데 이제 주님은 아버지의 뜻 앞에 복종하여 아무 불평 없이 아버지의 손에서 고통과 슬픔의 두려운 잔을 받으신다. 다른 어느 누구에서도 이와 같은 완전함은 결코 찾아볼 수 없다. 오직 주권자이시자 종이시며, 사자이시자 어린 양이신 주님께만 이와 같은 완전함이 있다!

하나님의 섭리는 흔히 사람들에게 마시라고 주어지는 잔으로 표현된다. 성경은 세 가지의 "잔"을 말하고 있다. 첫째로 **구원의 잔**이 있다. "내가 구원의 잔을 들고 여호와의 이름을 부르며"(시 116:13). 둘째로, **위로의 잔**이 있다. "그 죽은 자로 말미암아 슬퍼하는 자와 떡을 떼며 위로하는 자가 없을 것이며 그들의 아버지나 어머니의 상사를 위하여 위로의 잔을 그들에게 마시게 할 자가 없으리라"(렘 16:7). 이것을 가리켜 시편 기자는 "내 잔이 넘치나이다"(23:5)라고 말하였다. 주님께서도 이전에 "아버지여 만일 할 만하시거든 이 잔을 내게서 지나가게 하옵소서"(마 26:39)라고 말씀하실 때 이 비유를 사용하셨다. 그것은 주님께서 마셔야 할 두려운 잔이었다. 이 셋째의 잔은 바로 **고난의 잔**이다. "악인에게 그물을 던지시리니 불과 유황과 태우는 바람이 그들의 잔의 소득이 되리로다"(시 11:6). 그래서 예레미야 선지자는 "너는 내 손에서 이 진노의 술잔을 받아가지고 내가 너를 보내는 바 그 모든 나라로 하여금 마시게 하라"(25:15; 시 75:8 참고)는 명령을 받는다.

"아버지께서 주신 잔을 내가 마시지 아니하겠느냐 하시니라." "주님은 나는 필연적으로 이 잔을 마셔야 한다고 말씀하지 않으신다. 그는 단순히 내 아버지께서 나에게 그것을 마시라고 명령하셨다라고 말씀하지 않으시고 '내가 마시지 아니하겠느냐? 라고 하신다. 이것은 주님께서는 그의 아버지께 순종하는 것 이외에 달리 행할 것을 알지 못하셨다는 것, 즉 그는 그 일을 행하지 않고는 견딜 수 없는 본능을 지니셨음을 암시해 주는 말씀이다. 요셉이 '내가 어찌 이 큰 악을 행하여 하나님께 죄를 지으리이까'(창 39:9)라고 말하였듯이, 그리스도께서는 여기에서 '내가 그것을 마시지 아니하겠느냐? 라고 말씀하신다. 이것은 그가 할 수 있는 한 최대한도로 기꺼이 그렇게 하겠다는 것을 나타낸다"(Mr. Thomas Goodwin).

"아버지께서 주신 잔을 내가 마시지 아니하겠느냐 하시니라." 그리스도께서는 여기에서 우리에게 중요한 교훈을 가르쳐 주신다. 뱀은 주님의 발꿈치를 상하게 하려 하였고, 이방인들은 그를 조롱하고 멸시하려 했으며, 유대인들은 그를 없이하소서라고 외쳤다. 그러나 구세주께서는 모든 부차적인 원인 너머에 있는 분, 곧 만물이 그에게서 나오고 그로 말미암고 그에게로 돌아가는(롬 11:36) 분을 직접 바라보았다. 베드로의 눈은 인간적인 원수들을 향해 있었으나, 주님은 베드로에게 그 일에는 높으신 손이 관계하고 있다고 말씀해 주셨다. 더욱이, 주님은 "온 세상의 **심판자**께서 내게 주신" 잔이라고 말씀하지 아니하고 "내 아버지"께서, 즉 나를 지극히 사랑하시는 분께서 주신 잔이라고 말씀하셨다! 만일 우리가 우리의 쓴 잔을 **아버지의** 손에서 받은 것임을 안다면 우리는 그것을 얼마나 달콤하게 느끼게 될 것인가! 우리는 모든 일 가운데에서 **그의** 손을 볼 수 있을 때에야 비로소 마음의 완전한 평화를 얻게 된다.

다음 질문들은 다음 장을 준비하는 독자들에게 도움을 주기 위한 것들이다.

1. "결박하다"라는 말은 어떤 상징과 교리적 진리들을 암시해 주는가?(12절)
2. 14절이 여기에 삽입된 이유는 무엇인가?
3. 성령께서 베드로에 대하여 이처럼 많이 말씀하신 이유는 무엇인가?
4. "그의 제자들과 그의 교훈"에 대하여 물은 이유는 무엇인가?(19절)
5. 그리스도께서 그의 제자들에 관하여 아무 말씀도 하지 아니한 이유는 무엇인가?(20 절)
6. 그리스도께서 21절의 말씀을 하신 이유는 무엇인가?
7. 24절의 의미는 무엇인가?

제62장

안나스 앞에서의 그리스도

¹²이에 군대와 천부장과 유대인의 아랫사람들이 예수를 잡아 결박하여 ¹³먼저 안나스에게로 끌고 가니 안나스는 그 해의 대제사장인 가야바의 장인이라 ¹⁴가야바는 유대인들에게 한 사람이 백성을 위하여 죽는 것이 유익하다고 권고하던 자러라 ¹⁵시몬 베드로와 또 다른 제자 한 사람이 예수를 따르니 이 제자는 대제사장과 아는 사람이라 예수와 함께 대제 사장의 집 뜰에 들어가고 ¹⁶베드로는 문 밖에 서 있는지라 대제사장을 아는 그 다른 제자가 나가서 문 지키는 여자에게 말하여 베드로를 데 리고 들어오니 ¹⁷문 지키는 여종이 베드로에게 말하되 너도 이 사람의 제자 중 하나가 아니냐 하니 그가 말하되 나는 아니라 하고 ¹⁸그 때가 추운 고로 종과 아랫사람들이 불을 피우고 서서 쬐니 베드로도 함께 서서 쬐더라 ¹⁹대제사장이 예수에게 그의 제자들과 그의 교훈에 대하여 물으니 ²⁰예수께서 대답하시되 내가 드러내 놓고 세상에 말하였노라 모든 유대인들이 모이는 회당과 성전에서 항상 가르쳤고 은밀하게는 아무 것도 말하지 아니하였거늘 ²¹어찌하여 내게 묻느냐 내가 무슨 말 을 하였는지 들은 자들에게 물어 보라 그들이 내가 하던 말을 아느니 라 ²²이 말씀을 하시매 곁에 섰던 아랫사람 하나가 손으로 예수를 쳐 이 르되 네가 대제사장에게 이같이 대답하느냐 하니 ²³예수께서 대답하시 되 내가 말을 잘못하였으면 그 잘못한 것을 증언하라 바른 말을 하였 으면 네가 어찌하여 나를 치느냐 하시더라 ²⁴안나스가 예수를 결박한 그대로 대제사장 가야바에게 보내니라 ²⁵시몬 베드로가 서서 불을 쬐 더니 사람들이 묻되 너도 그 제자 중 하나가 아니냐 베드로가 부인하 여 이르되 나는 아니라 하니 ²⁶대제사장의 종 하나는 베드로에게 귀를 잘린 사람의 친척이라 이르되 네가 그 사람과 함께 동산에 있는 것을 내가 보지 아니하였느냐 ²⁷이에 베드로가 또 부인하니 곧 닭이 울더라

(요 18:12-27)

요한복음 18장의 두 번째 단락을 다음과 같이 분석할 수 있다.

1. 그리스도는 결박을 당하여 안나스에게로 끌려감(12-14절)

2. 베드로는 멀찍이 주님을 좇아 대제사장의 집으로 들어감(15, 16절)

3. 그리스도에 대한 베드로의 첫 번째 부인(17, 18절)

4. 안나스는 그리스도께 질문하고, 주님은 그에게 대답함(19-21절)

5. 그리스도를 친 아랫사람과 그에 대한 그리스도의 질책(22, 23절)

6. 안나스는 그리스도를 가야바에게 보냄(24절)

7. 베드로의 두 번째, 세 번째 부인(25-27절)

본문에서도 역시 요한은 다른 복음서 저자들이 기록하지 않은 세부적인 내용을 말하고 있다. 공관복음서 저자들은 주님께서 가야바 앞에 서셨을 때를 기술하고 있으나, 이 넷째 복음서에서는 이 이야기가 생략되어 있고, 그 대신 주님께서 안나스 앞에서 심문을 받는 광경이 기록되어 있다. 겟세마네 동산에서처럼 대제사장의 집에서도, 구세주의 두 가지 완전하심이 두드러지게 나타나 있다. 즉 주님의 겸손과 위엄이다. 그리고 그의 친구든 원수이든 그를 둘러싸고 있는 모든 사람들보다 무한히 우월하심과, 인간적 권좌에 있는 자 앞에서의 그의 완전한 복종이 나타나 있다. 우리는 주님께서 하나님의 아들로서 그와 접하게 되는 모든 사람의 사악함을 드러내시는 광경을 본다. 또한 사람의 아들로서는 인간이라기보다 마귀에 더욱 가깝게 행동하는 자들 앞에서의 겸손한 태도를 취하고 계심을 본다.

본문의 구조는 상당히 복잡하다. 즉 성령께서는 그리스도께서 안나스에게로 인도된 광경을 기술하신 후에, 화제를 돌려 베드로가 주님의 뒤를 따라 대제사장의 집에 들어가고 있는 모습에 주목하신다. 또 베드로의 첫 번째 부인을 기록하신 후에는 그가 불 곁에서 몸을 녹이고 있는 모습을 그리시며, 그 후에 안나스와 그리스도 사이에 있었던 일에 관하여 간략히 설명하신다. 안나스가 예수를 결박하여 가야바에게로 보냈다는 말씀을 하신 후, 성령께서는 다시 베드로에게 주의를 돌려 그의 두 번째, 세 번째 부인에 대하여 기록하신다. 그리스도께서 안나스 앞에 나타나시고, 또 그 후에는 빌라도 앞에 서신 일이 본문의 중심이 되는 것은 분명한 사실이지만 사도의 두려운 타락에 대하여 말하기 위하여 본 이야기가 자꾸 **중단**이 되고 있다. 이 사실은 우리에게 한 가지 엄숙한 교훈을 아주 생생하게 가르쳐 준다. 하나님께서는 혼란을 야기하시는 분이 아니다. **혼란**을 가져오고 또 성령께서 **그리스도**의 것(일)들을 취하여 우리에게 보여주시지 못하도록 방해하는 것은 바로 죄인 것이다! 요한복음 18장 전체에 바로 **이것이** 기록되어 있다는 것을 그 구조와 이야기가 진행되는 순서에 주의를 기울여 보면 잘 알 수 있다.

그러나 성령께서 다른 곳도 아닌 바로 이 부분에 시몬의 죄를 두드러지게 나타내신 이유는 도대체 무엇인가? 왜 그의 주님에 대한 세 번의 부인을 언급하심으로써 구세주께 일어났던 일들을 이야기하는 데 중단이 있게 하셨는가? 특히, 공관복음서 각각에 이와 똑같은 이야기가 이미 기록되어 있는데도 성령께서 그렇게 하신 이유는 무엇인가? 성령께서 우리에게 그리스도께서 위하여 죽은 자들의 **특성**을 보여주심으로써 그의 속죄의 죽음이 얼마나 **필요**한 것인지를 강조하시기 위함이 아니겠는가! 또 성령께서 놀랍도록 풍성한 **은혜**를 묘사하시기 전에, 죄가 얼마나 두렵도록 "충만"하여 있는지를 보여주려 하였기 때문이 아니겠는가! 그리고 성령께서 먼저 **어두운** 배경을 그리심으로써 거룩하신 분의 **완전함들**을 더욱 두드러지게 나타내는 것이 적합하지 않겠는가! 요한복음 전체에 그리고 이 마지막 사건 속에 가장 두드러지게, 명백히 나타나 있는 것은 바로 죄가 **완전**하고도 **보편적인** 파멸을 가져온 이 무대에서 아버지를 영화롭게 하시는 그리스도의 모습이다.

"이에 군대와 천부장과 유대인의 아랫사람들이 예수를 잡아 결박하여"(18:12). 여기에 회심하지 않은 자들의 놀랍도록 완악한 마음이 나타나 있음을 보라. 구세주를 붙잡았던 무리는 서로 분명히 구분되는 사람들로 이루어져 있었다. 그들은 이방인과 유대인, 군병들, 그리고 제사장과 바리새인들의 종, 즉 이교도와 여호와의 언약의 백성에 속한 자들로 이루어져 있었다. 그러나 한 가지 사실에 있어서 그들은 모두 닮았다. 즉 그들은 모두 그들이 붙잡았던 분의 영광에 대해 **눈 먼** 자들이었다는 것이다. 두 무리 모두 주님께서 단 한 마디의 말씀으로 그들을 모두 땅에 꿇어 엎드리게 하시는, 주님의 능력이 훌륭하게 드러나는 것을 목격하였었다. 또 주님께서 그를 맨 먼저 난폭하게 붙잡으려 하였던 자의 찢어진 귀를 고쳐 주심을 보았고, 그들은 주님의 사랑에 넘치는 자비를 목격하였던 것이다. 그러나 두 무리 모두 무감각하고 무감동한 상태에 있었고, 이제는 성육신하신 하나님의 아들을 결박하는 가증한 일을 냉혹하게 실행하였다. 자연인은 정말로 두려운 상태에 있다. 그러므로 오늘날 우리는 도처에서 불신과 마음의 완악함을 목격하게 되더라도 이상히 여기지 말자. 이런 것들은 구세주의 존전에서도 나타났던 것이며 그가 심판하러 오실 때까지 이 상태는 계속될 것이다.

"우리 주 예수 그리스도께서 놀랄 정도로 **낮아지셨음**에 주목해 보라. 우리는 하나님의 아들께서 사로잡혀 결박을 당한 채 행악자처럼 끌려가시고, 사악하고 불의한 재판관 앞에서 심문을 받으시며 멸시와 조롱을 받으심을 본다. 그러나 아무 저항도 하지 않은 이 죄수께서 자신을 구원하려고만 하셨다면 그는 즉시 자유로워질 수 있었을 것이다. 그가 만일 그의 원수들에게 혼란에 빠지도록 명하기만 하셨다면 그들은 즉시 혼란에 빠지게 되었을 것이다. 무엇보다도 주님은 안나스와 가야바와 그들과 함께 한 온 무리가 언젠가는 그가 앉으신 심판의 자리 앞에 서서 영원한 선고를 받을 것임을 잘 알고 계신 분이셨다. 이렇듯 주님은 이 모든 것을 알고 계셨지만, 아무 저항도 하지 아니하고 행악자로서의 대우를 받기까지 자신을 낮추셨다. 그러나 한 가지 매우 분명한 사실이 있다. 그것은 죄인들에 대한 그리스도의 사랑은 '지식에 넘치는 사랑'이라는 것이다. 우리에게 저항할 힘이 없을 때 (사람들의) 학대에 묵묵히 복종하는 것은 이롭고 지혜로운 복종이기도 하다. 그러나 우리에게 저항할 힘이 있음에도 불구하고 자발적으로 고난을 받는 것, 그리고 믿지 아니하고 경건하지 못한 죄인들의 세상을 위해, 그들이 요구하지도 아니하고 또 감사치도 아니하는 고난을 받는 것, 이것은 인간으로서는 이해할 수 없는 행동이다. 그러나 우리는 그리스도의 십자가와 수난에 관한 놀라운 말씀을 읽을 때에는 바로 **이것이** 그의 고난이 지닌 독특한 아름다움이라는 것을 결코 잊지 말아야 한다. 주님께서 사로잡혀 대제사장의 법정으로 끌려가신 것은 그가 자신을 구할 수 없었기 때문이어서가 아니다. 그의 마음이, 그들의 죄를 지고, 죄인으로서의 대접을 받으며 또 그들을 대신하여 형벌을 받으심으로써 죄인들을 구원하시는 일에 쏠려 있었기 때문이었다"(라일 주교).

"이에 군대와 천부장과 유대인의 아랫사람들이 예수를 잡아 결박하여." 이 구절에서의 첫 단어는 "이에"가 아니라 "그러므로"라고 번역되어야 한다. 앞 구절의 말씀을 살펴보면 이 단어의 의미를 알 수 있다. "예수께서 베드로더러 이르시되 칼을 칼집에 꽂으라 아버지께서 주신 잔을 내가 마시지 아니하겠느냐 하시니라." 즉 베드로가 저항을 한 것에 대하여 꾸중을 하신 후 주님은 아버지의 뜻에 순종하셨다. "**그러므로**" 그들은 "예수를 잡아 결박하였다." 그들은 잔인한 짐승처럼 그들의 먹이에 덤벼들었다. 우리는 구세주께서 예언의 영으로써 말씀하시면서 "많은 황소가 나를 에 위싸며 바산의 힘센 소들이 나를 둘러쌌으며 내게 그 입을 벌림이 찢으며 부르짖는 사자 같으니이다 … 개들이 나를 에워쌌으며 악한 무리가 나를 둘러 내 수족을 찔렀나이다"라고 선포하셨을 때 바로 이것을 가리켜 말씀하신 것이라고 생각한다. 또한 그들이 주님을 무거운 쇠사슬로 묶었으리라는 데에는 의심이 있을 수 없다. 왜냐하면 아마도 그리스도에 대한 가장 완전한 상징이 되는 요셉에 대하여 "요셉이 종으로 팔렸도다 그의 발은 차꼬를 차고 그의 몸은 쇠사슬에 매였으니"(시 105:17, 18)라고 기록되어 있기 때문이다. 또한 이것에 대한 원형(原型)은 주님의 "찔림은 우리의 허물 때문이요 그가 상함은 우리의 죄악 때문이라"고 말하고 있는 이사야 53:5의 말씀에 가장 잘 암시되어 있지 않은가! 이때가 바로 그들이 수갑과 차꼬로써 주님의 손목과 발목을 "결박"하였던 때가 아니었겠는가!

그들은 **왜** 주님을 "결박"하였는가? 다음의 네 가지 사실적인 이유를 들 수 있다. 즉 유다가 그들에게 주님을 단단히 잡으라고 명령하였기 때문이다(마 26:48). 그런데 유다가 그렇게 한 것은 누가복음 4:29, 30; 요한복음 8:59 등에 기록되어 있는 내용을 기억하였기 때문이다. 또 그들은 주님이 마치 범법자인 것처럼 다룸으로써 그를 모욕하려고 했기 때문이다. 또 그들은 주님이 마땅히 죽어야 할 인물이라고 생각하고 그렇게 하여 그에게 불리한 선고가 내려지게 하려고 했기 때문이다. 그러나 이러한 이유들 외에 우리는 **상징적인** 이유를 생각해 볼 수 있다. 즉 하나님께서 그 일이 성취되도록 하셨기 때문이다. 그리스도께 일어날 **모든 일**은 그에 대하여 이 전에 약속된 상징들과 예언들을 성취해야 했다. 고난을 받으시는 그리스도를 나타내는 가장 훌륭한 상징은 이삭이다. 아브라함이 그를 제물로 바치려 하였을 때 가장 **먼저** 한 일은 그를 **붙잡아 결박**한 것이었다(창 22:9). 제물로 드릴 짐승들의 경우도 마찬가지였다. "밧줄로 절기 제물을 제단 뿔에 **맬지어다**"(시 118:27). 그러나 여기에서 구세주를 결박한 데에는 이보다 훨씬 **심오한** 의미가 있다. 즉 우리는 죄의 포로들이었으므로 주님께서 그들에게 결박당하신 것이다! 우리의 죄가 바로 주님이 결박당하신 **원인**이었다. 그러므로 주님은 우리의 대리인으로서 "수많은 재앙이 **나를 둘러싸고** 나의 죄악이(즉 우리의 죄악이 주님의 죄악이 되었다) **나를 덮치므로**"(시 40:12)라고 외치셨다! **주님이** 결박당하신 것은 **우리로** 하여금 자유로워지게 하기 위함이다. "우리에게 일어났어야 했을 일, 그에 상당하는 어떤 일이 그리스도께 일어났었다는 것은 확실한 법칙이다. 그리고 주님의 인격이 끼치는 효력은 아주 크므로, 그 일이 주님의 육체에 일어났을지라도, 그 일로 말미암아 우리의 영혼은 우리가 마땅히 치러야 할 그 일로부터 자유를 얻게 되었다. 그리고 주님은 이렇게 결박을 당하여 끌려가심으로써, 후에 승천하실 때에는 주님 자신이 **사로잡힌 자를 사로잡으셨다**"(Mr. Thomas Goodwin). 그러므로 우리는 그리스도를 위하여 기꺼이 결박당할 마음의 준비가 되어 있어야 하며(히브리서 13:3에서는 주님을 위하여 받는 고난을 "갇힌 것"이라고 말하고 있다) 우리를 핍박하는 자들이 아무리 비열하다 할지라도 우리는 주님을 기억하고 그것에 동요되어서는 안 된다!

"**먼저 안나스에게로 끌고 가니**"(18:13). 구세주께서는 "쫓기거나" "질질 끌려" 가신 것이 아니라 **끌려**(led) 가셨다. 이 표현을 통하여 성령께서는 주님께서 **자발적으로 복종**하신 것임을 다시 한 번 알려 주신다. 주님은 아무 저항도 하지 않으셨다. 주님은 구약 시대의 삼손과 비교할 수 없을 정도로 아주 쉽게 "불에 닿는 실처럼" 그의 결박을 풀 수 있으셨다. 그러나 예언의 말씀처럼 "그는 도수장으로 끌려가는 **어린 양**처럼" 유순하고 온순하게 따라가셨다(led). 여기에서 주님은 예언뿐만 아니라 상징(모형)도 성취시키신 것이다. 즉 희생제물로 드릴 각 짐승은 먼저 제사장에게로 끌려갔었다(레 17:5). 이와 마찬가지로 그리스도도 먼저 안나스에게로 인도되었다. 주님께서 동산에서 나와 대제사장의 집으로 가신 길도 중요한 의미를 갖는다. 겟세마네 동산은 예루살렘 동편, 기드론 시내 건너, 감람산 기슭에 있었다. 이곳을 나와 예루살렘 성으로 들어갈 때 통과하는 문이 바로 "**양문**"이다(느 3:1, 32; 12:39; 요 5:2, 이 구절에 대한 이 책의 설명을 참고하라). "양문"은 성전 가까이 있었는데 희생제물이 될 짐승은 먼저 기드론 가까이 있는 초장에서 풀을 뜯은 후 바로 이 문을 통하여 들어갔다. **어린 양**도 이때 이와 같이 가셨다! 여기에서 한 가지 대조되는 사실에 주목해 보라. 즉 아담은 동산에서 **쫓겨났으나**(창 3:24), 그리스도께서는 스스로 나오셨다!

"**먼저 안나스에게로 끌고 가니 안나스는 그 해의 대제사장인 가야바의 장인이라**"(18:13). 요한만이 유일하게 구세주께서 안나스 앞에 인도되어 오신 일을 기록하고 있다. 공관복음서 저자들은 그리스도께서 가야바 앞에 서신 일을 기술하고 있다. 안나스와 가야바 둘 다 "대제사장"이라고 불린다. 대제사장이 **둘**이 있다는 사실은 그 당시의 혼란 상태를 보여주는 것이기도 하다. 이 문제에 관하여 많은 사람들이 자신의 생각을 기술하였으나 어떤 실제적인 정보나 교훈은 제공해 주지 못하였다. 그러나 필자의 생각으로는 팔레스타인에 대한 로마의 통치가 어떠했는가를 살펴보면 해결의 실마리를 찾을 수 있다고 본다. 11:49의 말씀을 참고해 볼 때 로마인들은 이스라엘을 위해 해마다 한 명의 대제사장을 선출한 듯하다(행 4:6과 비교해 보라. 그곳에는 그 직분을 담당한 적이 있으며, 모두 살아 있는 네 명의 대제사장이 언급되어 있다). 그러나 누가복음 3:1에 비추어 보면, 그들이 재선되는 때도 있었음이 분명하다. 하나님의 율법을 따르면, 대제사장은 그가 죽을 때까지 그 직분을 보유하였다(출 40:15; 민 35:25 등). 그러므로 **유대인들**에게는 가야바가 아닌 안나스가 진짜 대제사장인 것이다. 즉 가야바는 행정적인 일에 있어서 공식적으로 승인된 자였지만, 안나스는 종교적인 일에 있어서 가야바보다 우위에 있는 자였다. 바로 이 이유 때문에 구세주께서 안나스에게 **먼저** 인도되신 것이라고 생각한다.

  "**가야바는 유대인들에게 한 사람이 백성을 위하여 죽는 것이 유익하다고 권고하던 자라**"(18:14). 이 말씀은 11:49-52에 기록된 내용을 가리킨다. 가야바는 분명히 그리스도를 죽이자는 제안을 맨 먼저 한 자이다. 그는 로마인들의 환심을 사려는 분명한 목적을 가지고 정치적인 이유를 내세웠다. 그가 "한 사람이 백성을 위하여 죽는 것이 **우리에게** 유익이라"고 생각한 점에 그의 냉혹한 이기심이 분명히 드러나 있다. 즉 그는 이 말을 유대교의 최고 법정인 산헤드린 공회에서 하고 있었는데, 그는 이때 "**그들**에게"라는 말 대신 "우리에게"라고 말하면서, 그가 민족보다는 자신의 직분에 더욱 관심을 갖고 있다는 것을 드러냈다.

  "가야바는 유대인들에게 한 사람이 백성을 위하여 죽는 것이 유익하다고 권고하던 자라." 이 말씀이 여기에 언급된 이유는 무엇인가? 우리 구세주께서 십자가에 못 박히신 것이 (인간적인 측면에서) **어떤** 이유에서였는지를 보여주기 위해서이다. 그것은 정치적인 심사숙고, 그것도 "로마인들이 우리의 땅과 민족을 빼앗아" 가지나 않을까 하는 상상에서 비롯된 것이었다. 성령께서는 그리스도께서 다른 모든 고난도 받으실 것임을 이 말씀을 통하여 미리 밝혀 놓으셨는데, 이것은 그들이 주님께 취하는 모든 절차로부터 **공정**을 기대할 수 **없으리라는 것**을 우리에게 보여주시기 위해서였다. 그들은 주님을 잡기 **전**부터 그를 죽이기로 이미 결정하였었다. 그래서 그때의 상황은 그들이 주님께서 무죄이든 그렇지 않든, 그리고 그들이 주님의 유죄를 입증할 수 있든 없든지 관계없이 그들의 결정에 의해서 이루어진다는 것을 알 수 있다. 재판관은 재판이 있기도 **전**에 이미 판결을 내리고 어떤 선고를 내릴 것인지를 결정하였었다! 바로 여기서 우리는 성령께서 가야바의 이 말을 언급하신 이유들 중 하나를 찾아볼 수 있다. 즉 성령께서는 이후의 내용을 통하여 우리는 주 예수께 어떤 호의가 베풀어질 것을 기대해서는 안 된다는 것과, 또 주님의 재판이 단순히 어릿광대극, 명약관화한 의의 흉내에 지나지 않다 하더라도 놀라서는 안 된다는 것을 가르쳐 주시고자 하신 것이다. 이 이유 외에도, 하나님께서는 이 민족의 **법적 우두머리**가 하나님의 아들의 죽음의 목적과 특성에 대한 명백한 증거를 하게 하신 것임을 생각해 볼 수 있다. 즉 가야바의 말대로 주님은 "**백성을 위하여**" 죽으신 것이다.

"시몬 베드로 … 가 예수를 따르니"(18:15). 마태는 베드로가 "멀찍이 예수를 따랐다"(26:58)고 말하고 있다. 이때 베드로는 육체의 힘으로써 그리스도를 따랐음이 분명하다. 왜냐하면 제자들에 대한 그리스도의 뜻은 "이 사람들이 가는 것은 용납하라"(18:8)는 말씀 속에 분명히 표현되어 있기 때문이다. "주님을 사랑하였기에 그에게 무슨 일이 일어날까 몹시 궁금하였으면서도, 그의 제자 됨을 드러내며 그의 곁에서 갈 만큼 담대하지도 않았던 베드로, 우리는 이 불행한 베드로가 그때 매우 뒤얽힌 감정을 가졌으리라는 것을 쉽게 알 수 있다. 즉 그는 주님을 사랑했기 때문에 달아나 자신을 숨기는 일을 부끄럽게 여겼으며, 다른 한 편으로 그는 주님 곁에 바짝 다가섬으로써 자신이 그의 제자임을 밝히는 일을 두려워한 겁쟁이였다. 그래서 그는 그 둘의 중간, 즉 그가 택할 수 있었던 최악의 길을 택하였다"(라일 주교).

"**시몬 베드로와 또 다른 제자 한 사람이 예수를 따르니 이 제자는 대제사장과 아는 사람이라 예수와 함께 대제사장의 집 뜰에 들어가고**"(18:15). 이 "다른 제자"가 누구인가에 관하여 많은 토론과 사색이 있었다. 소수의 옛 주석가들과 대부분의 현대 주석가들은 그가 이 복음서의 저자, 즉 요한이라고 생각한다. 그러나 그가 다른 누구이든지 간에 그가 요한이 **아닌** 것만은 거의 확실하다. 첫째로, 요한은 예루살렘과 멀리 떨어진 갈릴리의 가난한 어부였다. 그러므로 그가 대제사장의 집에 들어갈 수 있을 정도로 그와 친분을 나눌 수도 없었을 것이며, 문지기에 명하여 베드로를 들이게 할 정도의 권위를 끼칠 수도 없었을 것이다. 둘째로, 요한은 갈릴리 사람이었으므로 베드로의 경우처럼(마 26:69, 73), 사람들이 그를 알아보았을 것이다. 그래서 그는 그들로부터 도전을 받았을 것이다. 셋째로, 요한은 이 복음서에서 자신을 언급할 때마다 언제나 "**예수의 사랑하시는** 제자"(13:23; 19:26; 20:2; 21:7, 20)라고 하였다. 마지막으로, 사도행전 4:13의 말씀을 보면 대제사장이 베드로나 요한 둘 다 개인적으로 알지 못하였음을 분명히 알 수 있다! 그렇다면 이 "다른 제자"는 도대체 누구인가? 우리는 알지 못한다가 그 대답이다. 그는 니고데모 또는 아리마대 요셉일 수도 있다. 그러나 우리는 이것을 확신할 수 없다.

"**베드로는 문 밖에 서 있는지라**"(18:16). 문이 닫혔다는 것, 이것은 간단하고 세부적인 내용이나 아주 중요하고 암시하는 바가 크다! 이때 문이 닫힌 것은 바로 **하나님의 섭리**에 의한 것이 아니었을까? 베드로는 그대로 문 밖에 있었더라면 좋았을 것이다. 주님은 분명히 그에게 "시험에 들지 않게 깨어 있어 기도하라"고 경고하셨었다. 그러나 베드로는 주님의 훈계를 무시하고 안으로 들어가기 위해 문을 두드렸다. 그리고 그가 이렇게 하지 않았다면 다른 제자가 나올 필요가 있었겠는가? 바로 여기에 **우리를** 위한 실제적인 교훈이 있다. 자비로우신 하나님께서는 베드로가 죄를 짓게 되는 상황으로 계속 **나아가지 못하도록** 그 앞에 장애물을 놓으신 것이다. 하나님은 가끔 우리에게도 이와 같이 행하신다. 그러므로 하나님께서 우리가 가는 길에 그의 섭리로써 어떤 장애물을 놓으신 것을 발견할 때에는, 잠시 멈추고 걷고 있는 길로 계속 나아가기 전에 지금 우리가 어디에 있는가를 잘 조사해 볼 필요가 있다. 만일 우리의 행로가 **말씀으로써** 보증을 받고 또 우리가 행할 의무에 대하여 양심의 가책을 느끼지 않는다면, 그러한 장애물들은 단지 우리의 믿음과 인내에 대한 **시험**으로써만 생각할 수 있다. 그러나 그렇지 않다면 그것들은 하나님께서 보내신 **경고**인 것이다.

  "**베드로는 문 밖에 서 있는지라 대제사장을 아는 그 다른 제자가 나가서 문 지키는 여자에게 말하여 베드로를 데리고 들어오니**"(18:16). 다음과 같이 말하는 독자도 있을 것이다. **이 말씀은** 우리가 방금 이 구절의 상반절에 대하여 설명한 것과 모순되지 않는가? 다른 제자가 나온 것(베드로가 요청하지도 않았는데), 그가 문지기에게 말하고 베드로를 들여온 것 등은 하나님께서 베드로가 대제사장의 집에 들어오는 것에 들어오는 것을 **지지하는** 쪽으로 섭리하고 계신 것을 보여주지 않는가? 마치 **하나님께서** 베드로더러 들어오라고 하고 계신 듯하지 않은가? 이것은 정말 난해한 문제처럼 보인다. 그러나 이것은 간단히 해결할 수 있는 것이다. 베드로는 하나님께서 닫힌 문으로써 나타내신 경고를 **무시**하였다. 그는 **자기의** 길을 고집하여, 안으로 들어가기 위해 문을 두드렸다. 그러자 하나님께서는 그의 섭리로써 베드로 앞에 놓아 두셨던 장애물을 **제거**하신다. 이것은 우리에게 아주 엄숙한 교훈을 준다. 주님, 우리 각자에게 들을 귀를 주소서. 우리가 하나님의 말씀과 그의 경고의 섭리를 **무시**하였을 때에는, 하나님께서 우리에게 올무를 놓으시더라도 놀라서는 안 된다. 우리가 **자신의** 길을 **고집**할 때에는, 하나님께서는 우리가 자신의 마음을 탐욕대로 행하도록 내버려 두신다는 것을 기억해야 한다(시 81:12). 요나는 하나님의 **말씀**이 자신의 마음에 맞지 않자 니느웨로 가지 않고 다시스에 마음을 두었다. 그러자 그는 이미 그를 태우고 항해할 준비를 하고 있는 배를 발견하게 되었던 것이다! 여기 이 사실이 가르쳐 주는 지극히 중요한 실제 교훈이 또 하나 있다. 즉 우리가 **하나님의 말씀**과 그의 경고들을 거부하였을 때에는, 겉으로 하나님의 섭리처럼 보이는 것을 우리의 안내자로 생각해서는 안 된다는 것이다.

"**문 지키는 여종이 베드로에게 말하되 너도 이 사람의 제자 중 하나가 아니냐 하니 그가 말하되 나는 아니라 하고**"(18:17). 하인이 아닌 하녀가 문지기였다는 사실은 하나님의 섭리로써 그렇게 된 것임이 분명하다. 즉 하나님께서는 이렇게 하여 베드로의 자만심을 꺾으려 하셨다. 그리하여 그 후 자만심이 들 때마다 그가 자신의 약함을 항상 기억하고 조심하게 하려 하셨다. 사도는 로마 군병도, 유대 아랫사람도 아닌, 어린 하녀로부터 처음 도전을 받았다! 그녀가 **왜** 그에게 그런 질문을 하였는지 우리는 알 수 없다. 무익한 호기심에서였는지, 아니면 그가 갈릴리 사람이라는 것을 간파해서였는지, 아니면 그의 얼굴에 홍분과 두려운 기색이 나타나 있음을 느껴서였는지, 아니면 베드로가 그 **역시** 그리스도를 따르는 자였던 "다른 제자"의 친구라는 사실로부터 추론해냈는지(그래도 이것이 가장 그럴 듯한 이유 같다) 우리는 알 수 없다. 그녀가 아주 **부드럽게** 질문하였음에 주목해 보라. 즉 그녀는 베드로에게 당신은 이 반란자, 이 유대교의 원수, 하나님을 모독하는 자를 따르는 자가 아니냐 라고 하지 않고 단순히 "이 사람"이라고 하였다! 그러나 베드로에게 질문한 자가 여자였든 남자였든, 그리고 그것이 아무리 부드러운 질문이라 할지라도, 베드로는 분명히 거짓을 말하였다. 그는 "나는 아니다"라고 말하였다. "유다의 배신은 베드로의 부인보다 더 무서운 것이기는 하지만 우리를 더 놀라게 하지는 않는다. 우리는 전자의 탐심보다도 후자의 비겁함을 받아들일 준비가 되어 있지 않다. 그가 그처럼 비겁하게 행했다는 것은 유다가 배신자였다는 사실보다 자연스럽지 못하다. 즉 그것은 우리가 결코 예측할 수 없었던 일이다. '그런즉 선 줄로 생각하는 자는 넘어질까 조심하라'"(Mr. Geo Brown).

"**그 때가 추운 고로 종과 아랫사람들이 불을 피우고 서서 쬐니 베드로도 함께 서서 쬐더라**"(18:18). 이것은 18:25-27에 기록된 베드로의 두 번째, 세 번째 부인으로 이끄는 도입부적인 내용이라 할 수 있다. 이 얼마나 심오하고 엄숙하며 의미심장한가! 그리스도를 "멀찍이" 따르는 그리스도인들은 영적으로 곧 추위를 느낄 것이다. 그렇게 되면 따뜻함과 위로를 얻기 위해서 육적인 강장제에 의지할 수밖에 없게 될 것이다. 그리고 그리스도의 원수들, 곧 세상과 육체, 마귀는 그들이 지닌 "불", 곧 그들 나름대로의 기쁨을 누릴 수 있는 장소와 수단들을 제공할 것이다.

"베드로도 함께 서서." 이것은 불길한 말씀이다. 예수를 판 자에 대해서도 "그를 파는 유다도 **그들과 함께 섰더라**"고 말하고 있다. 그런데 이제 시몬이 바로 그 악한 무리 가운데 있는 것이다! "그의 사랑하는 선생은 멀리 떨어진 관정에서 추위에 떨며 사로잡혀 있는데, 사도는 자신의 육체적 안락 외에는 아무 것도 생각지 않는다는 듯이, 그의 선생의 원수들 가운데 서서 자신이 마치 그들 중의 하나인 것처럼 불을 쬐었다. 베드로가 비참하게도 비겁하여져서 그리스도를 미워하였던 무리 가운데 끼여 그들이 하는 대로 하면서 자신의 정체성을 숨기려 하였다는 사실을 어느 누가 부인할 수 있겠는가? 또 손을 녹이고 있으면서, 그의 영혼은 추위와, 비참함과, 불안함을 느꼈으리라는 것을 어느 누가 의심할 수 있겠는가?"(라일 주교) "마음이 굽은 자는 **자기 행위로** 보응이 가득하겠고"(잠 14:14)라는 말씀은 참으로 맞는 말이다! 성령께서 여기에 "추운 고로"라고 말씀하신 것은 그리스도께서 바로 조금 전에 흘리셨던 피**땀**을 강조하시기 위함이었다고 지적하는 사람도 있다.

"**대제사장이 예수에게 그의 제자들과 그의 교훈에 대하여 물으니**"(18:19). 이러한 절차를 취하는 것이 대단히 불의하다는 것은 명약관화한 일이다. 안나스는 구세주를 고소하고 그것을 **증언**하기 위한 증인들을 소환하는 대신 그 앞에 있는 분을 함정에 빠뜨리려고 질문을 하는 심문의 양식을 따라 행하였다. 바로 이 자는 이스라엘의 종교적 **지도자**였는데, 전적으로 율법을 거슬러서 그리고 율법이 없이 행동하고 있는 것이다. 즉 고발장이 전혀 작성되지 아니하였고 그것을 지지해 주는 증거가 제시되지도 아니하였다. 오직 **죄수**에게 불리하게 적용할 수 있는 그 무엇을 얻기 위하여 그를 위협함으로써 압도하려는 비겁한 태도만이 있었다.

"대제사장이 예수에게 그의 제자들과 그의 교훈에 대하여 물으니." 안나스가 여기서 주님의 "제자들"을 말한 사실을 통해 우리는 그의 이러한 질문에 담긴 악의 섞인 의도를 즉시 알 수 있다. 그는 주님을 버리고 달아난 자들을 비꼬는 뜻에서 그들을 언급한 것이다! 대제사장이 "예수에게 그의 제자들에 대하여 물었다." 너는 네 주위에 무슨 목적으로 그들을 모아들였느냐? 그들은 지금 어디 있느냐? 실제로 지금 너를 따르는 자들이 얼마나 있느냐? 그는 그들에 **대하여** 묻기만 하고 그들을 데려오지 않았다. 다시 말하면, 그들 중 어느 누구도 그를 위하여 증언할 수 없게 한 것이다!

"그의 교훈에 대하여." 교훈을 받기 위해서가 아니라, 그 교훈이 주님 자신이 가르친 새로운 가르침인가 아닌가를 살펴보고, 그것을 가지고 그를 고소할 수 있게 하기 위하여 이렇게 질문한 것이다. 이때 그들은 주님을 고소하기 위해 애쓰고 있었음이 분명하다. "**제자들은** 주님의 시종, 추종자, 그와 함께한 무리, 그의 절친한 친구로 언급되어 있다. 그리고 그의 **교훈**은 새로운 것, 이단, 사람들을 오도하는 위험하고 잘못된 사상으로 생각되어 조사를 받는다. 그런데 이것은 둘 다 훗날에 강제로 부과된 두 가지 죄목을 가리키고 있다. 즉 로마 권력에 대한 반란과 유대인에 대하여 지은 잘못 또는 모독을 가리킨다"(Stier).

"**예수께서 대답하시되 내가 드러내 놓고 세상에 말하였노라**"(18:20). 세상 앞에서가 아니라 "**세상**"에게 말하였다. 주님은 여기서 왜 "**무리에게**"라고 말씀하지 아니하시고 "**세상에게**"라고 말씀하셨는가? 이것은 주님의 메시지가 지닌 **보편성**을 알게 해 주는 첫 번째 암시이다. 이 구절의 뒷부분에서 "유대인들"이 **개별적으로** 언급되어 있음에 주목해 보라! "내가 **드러내 놓고** 세상에 말하였노라." 즉 진리는 담대하고 빛을 두려워하지 않는다. 가루 속에 누룩을 **숨기는** 자는 바로 사탄의 사자들이다(마 13:33). "**골방**"(secret chambers) (마 24:26)에 나타나는 자는 바로 어둠의 임금의 종들이다. 주님은 자신이 세상에 **드러내어 놓고** 말하였다고 말씀하시면서, 안나스와 그의 공모자들이 공개 법정에서 주님을 재판하지 않은 불의를 간접적으로 질책하고 계신 것이다.

"**모든 유대인들이 모이는 회당과 성전에서 항상 가르쳤고**"(18:20). 원문의 "회당"이라는 말 앞에는 관사가 없다. 주님은 자신이 공적 예배를 드리는 확인된 장소에서 가르쳤다는 사실을 말씀하시면서, 자신이 불법적인 분리주의자, 그리고 은밀히 개종시키는 자가 아니라 하나님의 기관들을 존중하며 자신이 그의 적합한 선지자로서 행동한다는 사실을 증거하신 것이다.

"**모든 유대인들이 모이는**." "주님은 자신의 대의와 교훈이 민족적인 것임을, 즉 모든 유대인들을 위한 것이라고 말씀하신다. 질문과 대답으로 이루어진 이 배경 속에서, 우리는 주님께서 자신의 말씀 속에 직접적으로는 표현하지 않으셨지만, 주님은 자신의 가르침의 요점이 **메시야**로서의 자신을 증거하는 것임을 암시하고 계심을 알 수 있다. 그래서 유대인으로서의 모든 유대인들이 민족적 신앙으로 하나님께 예배하기 위해 모이는 곳, 바로 그곳에서 나는 **모든** 유대인들에게 적용되는 것, 즉 그들은 모두 '내 제자들'이 **되어야 하고** 나를 인정하고 나와 함께 **해야 한다**는 것을 증거하였다!"(Stier)

"**은밀하게는 아무 것도 말하지 아니하였거늘**"(18:20). 이것은 주님이 제자들을 은밀히 가르치신 적이 전혀 없다는 뜻이 아니다. 그런 뜻이 아니라 주님은 여기서 자신의 공적 사역에 대하여 일반적인 말씀을 하신 것이다. 더욱이 주님이 제자들과 은밀히 대화를 나누신 것은 그가 드러내어 놓고 말씀하신 내용에 대한 설명이나 부연에 지나지 않는다. 주님은 두 가지 교훈, 즉 많은 무리들을 위한 평범한 교훈과 그와 친밀한 친구들을 위한 다른 비법의 교훈을 가르치신 것이 아니다. 주님은 은밀히는 아무 것도 말하지 아니하셨다. 이와 마찬가지로, 주님의 사자들을 확인해 볼 수 있는 한 가지 상징은 "속임으로 행하지 아니하며 하나님의 말씀을 혼잡하게 하지 아니하고 오직 진리를 나타냄으로 하나님 앞에서 각 사람의 양심에 대하여 스스로 추천하는 것" 임을 고린도후서 4:2을 보면 알 수 있다. "내가 은밀히는 아무 것도 말하지 아니하였다" 라고 말씀하시면서 구세주께서는 구약 시대 여호와께서 하신 말씀을 자신에게도 주저 없이 적용시키신다. "**나는 감추어진 곳과 캄캄한 땅에서 말하지 아니하였으며** 야곱 자손에게 너희가 나를 혼돈 중에서 찾으라고 이르지 아니하였노라 나 여호와는 의를 말하고 정직한 것을 알리느니라"(사 45:19). 또한 그리스도께서 여기에서 그의 "교훈" 에 대하여 안나스에게 간략하나 충분한 대답을 하신 반면 그의 "제자들" 에 관하여는 한 마디도 언급하지 않으신 것은 참으로 복된 일이다. 주님은 목자로서 자기 양을 **보호**하신 것이다! 주님 혼자 고난을 받으셔야 했다. 그러므로 주님 혼자 모든 책임을 지신 것이다!

"**어찌하여 내게 묻느냐**"(18:21). 고요하나 위엄에 찬 그리스도의 모습에 주목해 보라. 위협을 느끼기는커녕 주님은 재판관에게 돌아서서 그에게 도전하셨다. "어찌하여" 또는 "**무엇 때문에 내게 묻느냐?**" 이것은 안나스의 마음을 찌르는 분명한 질문이다. 어찌하여 너, 대제사장은 일반 백성이 다 아는 것을 모르는 체 하느냐! 너 스스로도 내 말을 들을 기회가 많이 있었다! 그런데 너는 나를 믿는 자들을 회당에서 내쫓았다. 그런데도 이런 질문을 하는 이유가 도대체 무엇이냐! 이분은 바로 "숨은 부끄러움의 일" 을 밝히 드러내는 **빛**이시다. 이분은 죄수 스스로 죄에 빠지게 하고 그에게 불리하게 적용되는 증거를 제시하려고 애쓰는 대제사장을 정죄하시는 **거룩한 분**이시다.

"**내가 무슨 말을 하였는지 들은 자들에게 물어 보라 그들이 내가 하던 말을 아느니라**"(18:21). 이렇게 그의 말씀을 들은 자들을 가리켜 말씀하심으로써, 주님은 백성들을 두려워하여 밤에 그를 붙잡은 자들의 악이 섞인 은밀한 생각을 한층 더 엄중히 질책하신 것이다. 그리스도께서 안나스에게 말씀하신 방식은 매우 주목할 만하다. 주님은 내가 낫게 하여 주었던 귀먹은 자, 절름발이, 눈먼 자들을 데려오라고 말씀하지 않으셨다. 또 베다니에 사는 나사로를 데려와서 그에게 물어보라고도 하지 않으셨다! 그 대신 "**들은** 자들에게 물어보라"고 하셨다. 이분은 바로 그들에게 도전하고 계신 "**말씀**"이시다! "이 대답에 나타난 위엄, 명료함, 온화함, 최고의 올바름과 지혜에 주목해 보라! 주님은 자신이 심문을 받을 만한 어떤 분파의 설립자가 아님을 철저히 의식하시고서, **내가 드러내어 놓고** 라는 말씀으로 시작하여, **내가**라는 말씀으로 계속하신다. 그리고 자신이 **누구**인지를 깊이 느끼시면서도 그것을 표현하지 않고 다만 '내가 하던 말'이란 말씀으로 마치신다. 그러나 이것은 체포되어 고소를 받으신 분, 안나스와 그의 어리석은 질문보다도 훨씬 의로우신 분의 지극히 적절한 판단에서 나온 것이다. 나의 생활과 교훈이 네 앞에 드러나 있으므로 나는 나 자신을 위하여 증언하거나 나 자신을 변호하고 싶지 않으며 또 그렇게 하지도 않을 것이다. 모든 것을 조사해 보라! 모든 이의 증언으로 증언하게 하라!"(Stier)

"**이 말씀을 하시매 곁에 섰던 아랫사람 하나가 손으로**[난외주에는 '채찍'으로 되어 있다] **예수를 쳐 이르되 네가 대제사장에게 이같이 대답하느냐 하니**"(18:22). 이것은 하나님, 곧 여기 육체를 입으신 하나님께 대한 자연인의 적개심을 참으로 두렵게 보여주고 있다! 주님은 대답할 필요도 없는 질문에 온유하고 겸손하게 응답하셨으나, 이에 대하여 주님이 받으신 것은 잔인하고도 비겁한 대우가 전부였다. 안나스가 그것을 제지하였다는 것은 암시되어 있지 않다. 그리고 또 그가 그렇게 했으리라고는 생각할 수도 없다. 결박을 당한 죄수를 이런 식으로 대우하게 한 **재판관**에 대하여 우리가 어떤 생각을 할 수 있겠는가! 자신의 죄를 깨닫게 하고 정죄하는 진리를 감당할 수 없을 때에는 폭력에 의지하게 된다. 이것은 정의를 부수려고 하는 무력이다. 우리 구세주께서는, 그의 거룩한 몸이 처음으로 죄인들의 **손**에 의해 침을 당하셨다. 더구나 그렇게 한 것은 로마 군병 가운데 있는 자가 아닌 **유대인**이었던 것이다! 헬라 원문은 "얼굴을 쳤다"는 뜻을 담고 있는데, 그것이 손에 의해서였는지 아니면 막대기에 의해서였는지 확실치 않다. 그러나 필자 개인적으로 후자였다고 생각한다. 왜냐하면 이로써 미가서 5:1의 말씀이 성취되기 때문이다. "막대기로 이스라엘 재판자의 뺨을 치리로다."

"**예수께서 대답하시되 내가 말을 잘못하였으면 그 잘못한 것을 증언하라 바른 말을 하였으면 네가 어찌하여 나를 치느냐 하시더라**"(18:23). 여기에는 육체의 뜨거운 감정의 격동, 분노에 찬 반박, 노여운 감정이 전혀 담겨 있지 않다. 모든 상황에서도 주 예수께서는 그의 완전하심을 나타내셨다. 그러나 그는 "죄가 없으실" 뿐이다. 사도행전 23장의 사도 바울을 대조해 보라. 대제사장 아나니아가 바울 곁에 선 사람들에게 그의 입을 치라고 명령하였을 때, 바울은 "회칠한 담이여 하나님이 너를 치시리로다"라고 말하였다. 그러나 그에게 있는 은혜가 육체를 이겨 승리한 것은 참으로 아름답다. 즉 그들이 바울에게 "하나님의 대제사장을 네가 욕하느냐?"라고 묻자, 그는 "나는 그가 대제사장인 줄 알지 못하였노라 기록하였으되 너의 백성의 관리를 비방하지 말라 하였느니라"(23:2-5)라고 대답한 것이다. 그러나 인간의 자녀들보다 훨씬 공정하신 분께서는 단 한 마디의 말씀도 취소할 필요가 전혀 없으셨다! 오 하나님, 우리도 마음이 온유하고 겸손한 그분에게서 이것을 배우게 하소서.

"바른 말을 하였으면 네가 어찌하여 나를 치느냐." 구세주께서는 여전히 하나님의 아들로서 행동하신다. 즉 그는 그에게 질문한 자에게 질문하셨다! 그는 그처럼 불의하게 그를 정죄한 자를 심판하셨다. 주님은 친 자가 조금이라도 공정함에 대해 생각했다면 그는 주님의 조용한 질책을 마음 아프게 받아들였을 것이다.

"안나스가 예수를 결박한 그대로 대제사장 가야바에게 보내니라"(18:24). 여기에서 "보내니라"(영어에는 과거완료로 표기되어 있다)라고 된 것은 잘못된 것이며, 헬라 원문도 보증해 주지 않는 것이다. 그리스도께서 가야바에게 넘기워지신 것은 18:19-23에 기록된 내용 **다음**에 있는 일이다. 안나스는 주님으로부터 충분한 말씀을 들었다. 그는 승산이 없는 싸움을 지속하는 것은 그의 죄수보다도 오히려 자신에게 손해가 되리라는 것을 알았다. 그래서 양심을 찌르는 그리스도의 질문과 아랫사람이 주님을 친 것과 그에 대한 주님의 질책을 다 무시하고, 주님을 결박한 그대로 그의 사위에게 보낸다. 허울 좋은 재판은 최대한도로 신중하게 진행될지 모르지만, "내가('행동을'이 아니라) **말**을 잘못하였으면 그 잘못한 것을 **증언하라**"는 말씀이 그의 귀를 떠나지 않았을 것이다.

"시몬 베드로가 서서 불을 쬐더니 [그러므로] 사람들이 묻되 너도 그 제자 중 하나가 아니냐 베드로가 부인하여 이르되 나는 아니라 하니"(18:25). 이 구절의 처음 말씀은 이야기를 연결시키기 위하여 18:18의 말씀을 반복한 것이다. 이 구절의 "그러므로"라는 단어는 이 사람들이 베드로에게 도전한 **이유가 무엇이었는지**를 알려 준다. 베드로는 마치 그들 중의 하나인 것처럼 "그들과 **함께**" 서 있었다(18:18). 그리고 바로 이 '불' 빛이 베드로의 얼굴을 비추어 그들이 그를 알아볼 수 있게 된 것임이 분명하다. 그는 몸을 녹이고 있었다. 즉 자신의 영혼보다도 자신의 육체에 더욱 관심을 쏟고 있었다. 그는 자기의 선생에 대한 그들의 모욕적인 말을 들으면서도 너무 겁에

질려 주님을 위하여 큰 소리로 말하고 그를 위해 증언할 수가 없었다. 성경에는 "속지 말라 악한 동무들은 선한 행실을 더럽히나니"(고전 15:33)라고 기록되어 있는데, 바로 이 말씀이 여기에서 증명된 것이다. 왜냐하면 이 사람들이 사도에게 그가 그리스도의 제자 중의 하나인지 아닌지를 물었을 때, 그는 그것을 부인하였기 때문이다. 그리고 이것은 "그러므로"라는 단어가 지닌 또 다른 의미를 설명해 준다. 즉 베드로는 주님의 원수들로 이루어진 무리 가운데 있었기 때문에 도전을 받게 되었고, 또 이것으로 말미암아 그는 큰 죄를 짓게 된 것이다! 이것은 경건치 못한 자들과 한 무리가 되지 말아야 한다는 엄숙한 경고가 아닐 수 없다! "믿지 않는 자와 멍에를 함께 메지 말라"는 명령에 귀 기울일 필요가 절실하다! 그러나 베드로는 예수께서 그리스도이시며 하나님의 아들이시고 죄인들의 구세주시라는 것은 부인하지 **않고** — 성령께서 내재하시지 않는 자는 어느 누구도 이렇게 할 수 없다고 생각한다 — 단지 **그가** 그의 "제자들" 중의 하나라는 것만을 부인하였다는 사실에 주의를 기울여 보라!

"대제사장의 종 하나는 베드로에게 귀를 잘린 사람의 친척이라 이르되 네가 그 사람과 함께 동산에 있는 것을 내가 보지 아니하였느냐"(18:26). 이 얼마나 엄중한 비난인가! 베드로는 "**그들과 함께**" 서 있었다(18:18). 그런데 이제 누군가가 그에게 겨우 얼마 전에 "**그와 함께**" 서 있었음을 상기시켜 준다. 이 말이 그의 양심을 찔렀으리라는 것은 분명하다. 그리고 이 말로 인하여 베드로는 그가 지금 어떤 자리에 처해 있는지를 볼 수 있어야 했다. 그러나 가련한 베드로는 전에 "다 버릴지라도 나는 그리하지 않겠나이다 … 주를 부인하지 않겠나이다"(막 14:29, 31)라고 자만하였었다. 그래서 하나님께서는 전능하신 은혜가 우리를 떠받쳐 주지 않는다면, 우리는 분명 타락하고 만다는 것을 그와 우리에게 보여주시기 위하여 그로 하여금 혼자 서 있게 하셨다. 슬프게도 인간은 바로 이런 존재이다. 우리가 자랑하던 힘은 연약함에 지나지 않으며, 우리 스스로 행하게 된다면, 우리의 굳은 결심도 햇볕에 녹아내리는 눈처럼 무너지고 만다.

"이에 베드로가 또 부인하니 곧 닭이 울더라"(18:27). 그의 동료들 가운데 아무에게나 베드로의 가장 약한 면이 무엇이냐고 질문을 하면, 그들 가운데 누구도 그가 용기가 부족하여 타락할 것이라고는 말하지 않았을 것이다. 그뿐 아니라, 베드로는 겨우 몇 시간 전에 그리스도를 부인하게 될 것에 대하여 아주 단단히 경고를 받았으므로, 적어도 이날 밤만큼은 굳게 서 있으리라는 기대를 할 수 있었을 것이다. 바로 이 경고가 베드로를 배신하였던 듯하다. 베드로는 겟세마네 동산에서 말고의 귀를 베었을 때, 그는 주님의 예언이 틀렸음을 입증하였다고 생각하였을지도 모른다. 그리고 자신이 대제사장의 집까지 주님을 따른 용기를 지닌 유일한 사람임을 알고서 그의 약점인 자만심이 그로서는 너무 약하여 감당할 수 없는 상황으로 그를 이끌었다. 그는 그가 **예상**하고 있던 시험, 즉 그의 용기를 시험하는 것에는 충분히 감당할 수 있었지만 그가 예상하지 **못했던** 상황에서 다른 종류의 시험을 받았을 때에는 용기를 발휘하는 데 전적으로 실패하고 말았다.

"베드로는 그가 그의 선생과 함께 결박을 당하여 대제사장 앞에 끌려가리라고 생각하였을지도 모른다. 그가 만일 그렇게 되었더라면 그는 믿음을 충실히 지켰을 것이다. 그러나 그를 채에 걸러내는 마귀는 그가 빠져나갈 수 없는 아주 미세한 채를 가지고 있었다. 그는 베드로가 특별히 노력하여 단단히 준비를 할 수 있었던 공적인 시험의 자리로 데려가지 않았다. 모든 시험은 베드로가 자신이 시험을 받고 있다는 사실을 알기도 전에 끝나고 말았다. 실제로 우리가 겪는 대부분의 시험도 이러하다. 우리는 하루 일과 중 다른 사람과의 사업 거래에서, 그리고 몇몇 친구들과의 이야기 또는 저녁 시간의 대화를 통하여, 우리가 그리스도의 진실한 친구로서 그를 잊을 수 없는지 아니면 우리가 그의 것이라는 사실을 숨기는지 하는 사실을 알게 된다. 우리가 직면해야 할 이 모든 싸움에서, 우리는 자신의 입장과 병기를 선택할 만한 시간이 주어지는 공적인 도전을 받는 것이 아니라, 갑작스런 타격으로 시험은 우리를 찾아온다. 이 상황에서 우리가 구원을 받을 수 있는 것은 오직 언제나 그 타격을 막기에 충분한 갑옷을 입는 것이다. 그리고 우리는 이 갑옷을 언제나 지니고 있을 수 있다"(Mr. M. Dods).

우리는 베드로의 이 슬픈 타락을 통하여 많은 교훈을 배워야 한다. 첫째로, 신자 그 스스로는 물처럼 연약하다. 겨우 두 시간 전에, 베드로는 주님의 만찬에 참석하여 인간의 귀로 들을 수 있는 가장 감동스러운 말씀과 기도를 듣고 앞으로 있을지도 모를 일에 대하여 명백한 경고를 받았었다. 그런데도 그는 타락하고 말았다. 둘째로, 이것은 자기 과신의 위험성을 보여준다. "이것은 다른 이들이 난파당하지 않도록 성경 가운데 자비롭게 세워진 등대이다." 셋째로, 이것은 기도하지 않은 결과가 어떻다는 것을 경고해 준다. 주님이 그에게 명하셨을 때 그가 깨어 기도하였더라면, 그는 필요한 때에 도움을 주는 은혜를 얻었을 것이다. 넷째로, 이것은 사악한 자와 함께함이 얼마나 위험한지를 드러내 준다. 다섯째로, "사람을 두려워하면 올무에 걸리게 되거니와"(잠 29:25)라는 말씀처럼, 이것은 사람을 두려워하는 것, 즉 우리가 볼 수 없는 하나님의 눈보다도 우리가 볼 수 있는 자들의 얼굴을 더 두려워하게 되는 것이 얼마나 비참한 영향을 끼치는지를 보여준다. 여섯째로, 이것은 **우리의** 친밀한 친구가 중요한 시기에 우리를 실망시키더라도 놀라지 않을 수 있게 해준다. 하나님께서는 우리로 하여금 더욱 그에게 의지하게 하기 위하여 가끔 이렇게 하신다. 일곱째로, 베드로가 열한 사도들 중의 어느 누구보다도 더욱 슬픈 죄를 짓도록 허락하시지 않았던가! 이것은 하나님께서 후에 사람들이 **베드로와**, 자칭 그의 "계승자들"을 크게 존경할 것을 미리 알고 계셨기 때문이다.

"우리에게는 우리의 연약함을 동정하실 수 있고 상한 갈대도 꺾지 않으실 자비롭고 충실하신 대제사장이 있다는 위로에 넘치는 생각을 하면서 본문을 마치도록 하자. 베드로는 부끄럽게도 분명히 타락하였고, 가슴 깊이 회개하고 비통한 눈물을 흘린 후 다시 일어설 수 있었다. 그는 다시 일어났다. 그리고 영원히 버림받지 아니하였다. 베드로가 바다 위에서 믿음을 행사하지 못하고 빠져가고 있을 때 그를 구원하신 동정의 **손**이, 그가 대제사장의 집에서 타락하였을 때에도 그를 일으키기 위하여 다시 한 번 펼쳐졌다. 그 후 그가 좀 더 지혜롭고 훌륭한 사람이 되었으리라는 것을 누가 의심할 수 있겠는가? 베드로의 타락을 통해서 그리스도인들이 자신의 큰 연약함과 그리스도의 큰 자비를 분명히 볼 수 있다면, 베드로의 타락은 헛되이 기록되지 아니하였다"(라일 주교).

다음 질문들은 요한복음 18장의 마지막 단락을 공부하려는 독자들에게 도움이 되기 위한 것들이다.

1. 그리스도께서 빌라도 앞에 나타나시기 전에 있었던 일을 공관복음서와 비교해 보라.
2. 30절은 무엇을 증명하는가?
3. 31절의 하반절은 무엇을 보여주는가?
4. 36절의 그리스도의 말씀은 무슨 뜻인가?
5. 37절 마지막 말씀의 의미는 무엇인가?
6. 하나님께서 빌라도에게 39절을 말하게 하신 이유가 무엇인가?
7. 40절의 깊은 의미는 무엇인가?

제63장

빌라도 앞에서의 그리스도

❶

²⁸그들이 예수를 가야바에게서 관정으로 끌고 가니 새벽이라 그들은 더럽힘을 받지 아니하고 유월절 잔치를 먹고자 하여 관정에 들어가지 아니하더라 ²⁹그러므로 빌라도가 밖으로 나가서 그들에게 말하되 너희가 무슨 일로 이 사람을 고발하느냐 ³⁰대답하여 이르되 이 사람이 행악자가 아니었더라면 우리가 당신에게 넘기지 아니하였겠나이다 ³¹빌라도가 이르되 너희가 그를 데려다가 너희 법대로 재판하라 유대인들이 이르되 우리에게는 사람을 죽이는 권한이 없나이다 하니 ³²이는 예수께서 자기가 어떠한 죽음으로 죽을 것을 가리켜 하신 말씀을 응하게 하려 함이러라 ³³이에 빌라도가 다시 관정에 들어가 예수를 불러 이르되 네가 유대인의 왕이냐 ³⁴예수께서 대답하시되 이는 네가 스스로 하는 말이냐 다른 사람들이 나에 대하여 네게 한 말이냐 ³⁵빌라도가 대답하되 내가 유대인이냐 네 나라 사람과 대제사장들이 너를 내게 넘겼으니 네가 무엇을 하였느냐 ³⁶예수께서 대답하시되 내 나라는 이 세상에 속한 것이 아니니라 만일 내 나라가 이 세상에 속한 것이었더라면 내 종들이 싸워 나로 유대인들에게 넘겨지지 않게 하였으리라 이제 내 나라는 여기에 속한 것이 아니니라 ³⁷빌라도가 이르되 그러면 네가 왕이 아니냐 예수께서 대답하시되 네 말과 같이 내가 왕이니라 내가 이를 위하여 태어났으며 이를 위하여 세상에 왔나니 곧 진리에 대하여 증언하려 함이로라 무릇 진리에 속한 자는 내 음성을 듣느니라 하신대 ³⁸빌라도가 이르되 진리가 무엇이냐 하더라 이 말을 하고 다시 유대인들에게 나가서 이르되 나는 그에게서 아무 죄도 찾지 못하였노라 ³⁹유월절이면 내가 너희에게 한 사람을 놓아 주는 전례가 있으니 그러면 너희는 내가 유대인의 왕을 너희에게 놓아 주기를 원하느냐 하니 ⁴⁰그들이

또 소리 질러 이르되 이 사람이 아니라 바라바라 하니 바라바는 강도
였더라(요 18:28-40)

요한복음 18장의 종결 부분이 되는 본문을 다음과 같이 분석할 수 있다.

1. 빌라도의 관정으로 끌려오신 그리스도(28절)

2. 공식적인 고소장을 요구하는 빌라도(29, 30절)

3. 책임을 회피하고자 애쓰는 빌라도(31, 32절)

4. 그리스도를 조사하는 빌라도(33-37절)

5. 그리스도의 무죄를 확언하는 빌라도(38절)

6. 타협을 시도하는 빌라도(39절)

7. 실패하고 만 빌라도의 시도(39절)

앞 장에서 우리는 이스라엘의 실제적인 대제사장 안나스 앞에 서신 주 예수에 대
하여 생각해 보았는데, 지금 여기서 살펴보려고 하는 성경 말씀에서는 빌라도 앞에
서 심문을 받고 계신 구세주를 보게 된다. 이 두 사건 사이에는 많은 일이 있었으나
요한은 이것을 생략하고 있다. 즉 18:24에는 "안나스가 예수를 결박한 그대로 대제
사장 가야바에게 보내니라"고 기록되어 있고, 그 다음에 베드로의 두 번째, 세 번째
부인에 대한 이야기가 나오며, 그 다음에는 "그들이 예수를 가야바에게서 관정으로
끌고 가니"(18:28)라고 기록되어 있다. 그러므로 이 넷째 복음서는 주님이, 로마가
정해 준 이스라엘의 **법적** 대제사장인 가야바 앞에 나타나셨을 때 있었던 일에 관해
서는 아무 것도 언급하지 않고 있다. 이를 위해서는 마태복음 26:57-68; 27:1; 마가복
음 14:53~15:2; 누가복음 23:54~24:1을 참고해 보아야 한다. 이 여러 말씀의 내용을
간략히 요약해 보기로 하자.

앞 장에서 지적하였던 것처럼, 그리스도께서는 그가 재판을 받기 **전에** 이미 사형 선
고가 내려져 있었다(18:14). 그러므로 가야바 앞에서의 심문은 아주 가증한 연극에
지나지 않았다. 구세주께서는 지상에서 가장 거룩한 재판정이었어야 할 곳에서 재판
을 받으셨다. 그러나 실제적으로 그 재판은 역사상 가장 정의를 왜곡시키고 재판의
형식을 남용한 상태에서 선고를 내린 재판이 되어버린 것이다. 여기에 나타난 놀라
운 대조점들을 통해 우리는 지극히 큰 안타까움을 느끼게 된다. 죄인들의 **친구**께서

수갑과 차꼬를 차게 되셨다. 온 세상의 재판장께서 아담의 타락한 자손 앞에서 심문을 받으셨다. 영광의 주님께서 지독히 악하고 경멸스런 대우를 받으셨다. **거룩하신 분께서** 참람자라는 정죄를 받으셨다. 거짓말쟁이들은 진실에 거스르는 증언을 하였다. 부활이요 생명이신 분께서 사형 선고를 받으셨다.

가야바와 함께 "서기관과 장로들"이 모여 있었다(마 26:57). 이 결정적인 위기의 순간에, 즉 이스라엘이 최종적이고도 공식적인 형식을 취하여 그들의 메시야를 거부하였을 때, 그 민족의 모든 지도자들이 엄숙하게 모여들었다. 그들이 취한 첫 번째 조치는 주님께 **불리한** 증인들을 소환하는 것이었는데, 그들이 "예수를 칠 **거짓** 증거를 **찾았다**"(마 26:59)는 데에 이들의 파렴치함과 지극히 불의함이 명백하게 나타나 있다. 산헤드린에게는 사형을 집행할 권위가 없었으므로, 그들이 주님을 빌라도 앞에 데려오려면, 그에게 불리한 고소를 해야 했다. 그래서 그들은 거짓 증거들을 찾은 것이다. 그런데 주님께서 행하신 기적들이 진실된 것임을 증언할 수 있는 자들이 수없이 많이 있었으며, 또 그들 자신이 보낸 아랫사람들조차도 지금까지 주님처럼 **말한** 자가 결코 없었다는 것을 인정하였었다. 그러나 이러한 것들은 그들이 원하는 증거가 아니었다. 주님을 사형에 처할 것을 극성스럽게 요구하는 데 정당하게 보이는 어떤 증거가 고안되어야 했다.

그들의 이러한 사악한 시도는 한동안 아무 소용이 없는 듯하였다. 즉 "거짓 증인이 많이 왔으나 그들이 원하는 증인을 얻지 못하였다." 즉 그들이 원하는 것을 아무도 제공해 주지 못하였다. 그러나 "후에 두 사람이 왔다." 이 두 사람은, 이세벨이 나봇에 대하여 거짓 증언한 두 증인을 얻었던 것과 마찬가지로(왕상 18:10), 모세의 율법이 증인으로서 요구하는 최소한의 숫자였다. 그들은 그리스도께서 "내가 하나님의 성전을 헐고 사흘에 지을 수 있다"라고 말씀하셨음을 확언하였다. 구세주께서는 이 거짓의 아비의 자녀들이 거짓 증언하는 말을 들으면서도, 그의 아버지의 말씀에 순종하여 잠잠히 서 계셨다. 대제사장은 그들의 고소가 분명 충분히 근거를 갖지 못하고 있음을 알고 못마땅하게 여기고, 또 그리스도의 조용하고도 위엄 있는 모습에 불안해져서 일어나 "예수께 묻되 아무 대답도 없느냐? 이 사람들의 너를 치는 증언이 어떠하냐?"라고 하였다. 그러나 예수는 아무 말씀도 하지 않으셨다. 그들은 죄수의 위엄 있는 태도에 놀랐고, 그리고 그의 그러한 모습이 공회에 참석한 몇몇 사람의 마음을 움직이지나 않을까 두려워하여 가야바는 "내가 너로 살아 계신 하나님께 맹세하게 하노니 네가 하나님의 아들 그리스도인지 우리에게 말하라"(마 26:63)고 말하였다. "이것이 바로 이스라엘 사람들이 맹세를 하고 또 그것을 받아들이는 방법이었다. 한편에서 하나님께 대한 호소(그리고 여기에서는 말하고 있지 않지만, 그 맹세가 거짓일 경우의 형벌로써 저주가 말해지는 것)가 있었고, 그 맹세를 받는 자 편에 필수적인 것으로 여겨지는 맹세의 반복이 없이 그에 대한 대답이 받아들여졌다. 나는 **살아 계신** 하나님으로(즉 그의 직무를 내가 대행하고 있고, 또 우리 모두 그 권능 아래 있으며, 또한 네 앞에 서 계시며 진리를 아시고, 우리와 네 사이를 판단하실 그분으로) 우리, 곧 지금 이곳에 있는 이 거룩한 공회에 네가 마치 하나님 앞에 있는 것처럼 진리를 말해 주기를 간청한다. 가야바는 이처럼 하나님의 이름을 지극히 두렵게 오용하며 주님을 칠 증거를 하면서 자신은 이 하나님께서 조롱을 받지 않으실 **살아 계신** 하나님이심을 **안다**고 공언한다! 가야바는 거짓말을 하여 승리를 얻으려고 하고 있는데 주님은 그의 진리를 증거하신다. 또 그(가야바)가 그의 적수를 궁지에까지 몰고 있는데도 주님은 그의 능력과 위엄을 증거하신다!"(Stier)

이제, 처음으로 그리스도께서는 가야바 앞에서 말씀하신다. 주님은 가야바가 질문한 의도를 꿰뚫어 보시고, 또 그가 확언하심으로써 야기될 모든 결과들을 깨닫고 계셨지만, 대답하기를 주저하지 않으셨다. 지도층의 엄명에 따르는 것은 이스라엘 사람으로서 순종해야 하는 주님의 의무였다(레 5:1; 왕상 22:16). "율법 아래" 나셨으므로 주님은 그 율법이 자기에게 악용될 때조차도 그 율법에 끝까지 복종하셨다. 구세주께서는 그를 재판하는 자에게 대답하셨을 뿐만 아니라 끝까지 위엄을 잃지 않으시고 "이 후에 인자가 권능의 우편에 앉아 있는 것과 하늘 구름을 타고 오는 것을 너희가 보리라"는 말씀도 하셨다. 즉 지금 네가 나를 심판하며 앉아 있을 때 내가 네 앞에 서 있는 것과 대조적으로 "앉아서", 지금의 연약한(즉 자기의 능력을 행사하기를 거부하는) 중에 있는 것과는 대조적으로 "권능"으로, 또 지금의 십자가로 **가고 있는** 것과는 대조적으로 "하늘 구름을 타고 **오는** 것"을 보리라! 이에 대한 반응으로 가야바는 위대하신 대제사장의 위엄 앞에 그의 관복을 벗어버리는 것이 아니라, 그 옷을 찢어버리고 말았다. 바로 이 행위를 통하여 가야바 자신은 깨닫지 못하였지만 그는 **하나님**께서 아론계의 제사장직을 산산이 찢으셨음을 시사한 것이었다! 주인이 더 사용할 필요가 없다고 생각하는 의복은 찢겨질 뿐이다.

가야바는 자기 옷을 찢은 후 "그가 신성 모독 하는 말을 하였으니 어찌 더 증인을 요구하리요 보라 너희가 지금 이 신성 모독 하는 말을 들었도다 너희 생각은 어떠하냐?"라고 말하였다. 즉 **그는** 신성 모독 하는 자이다. 그러니 "어찌 더 승인을 요구하리요?" 이 말을 함으로써 그는 자기의 불편한 양심을 드러낸 것이다. "보라 너희가 지금 이 신성 모독 하는 말을 들었도다"라는 말은 가야바가 주재한 모의 재판이 끝났음을 알리는 것이었다. 즉 이렇게 하여 그는 그가 원한 대답, 즉 "그는 사형에 해당하니라"는 말을 즉시 얻을 수 있었다. 그들은 자신들의 생각대로 승리했다고 잘못 이해하고 의기양양해져서 "이에 예수의 얼굴에 침 뱉으며 주먹으로 치고 어떤 사람은 손바닥으로 때리며 이르되 그리스도야 우리에게 선지자 노릇을 하라 너를 친 자가 누구냐 하더라." 이처럼 이스라엘은 그들의 메시야를 정죄하였다. 즉 반역한 인간이 그의 하나님을 정죄한 것이다.

"새벽에 모든 대제사장과 백성의 장로들이 예수를 죽이려고 함께 의논하고 결박하여 끌고 가서 총독 빌라도에게 넘겨 주니라"(마 27:1, 2). 이렇게 하여 다음의 주님의 예언이 성취된 것이다. "인자가 대제사장들과 서기관들에게 넘겨지매 그들이 죽이기로 결의하고 이방인들에게 넘겨 주겠고 그들은 능욕하며 침 뱉으며 채찍질하고"(마 10:33, 34). 이 점이 요한이 다루고 있는 첫 번째 사항이다. 이제 그가 기록하고 있는 말씀에 대하여 살펴보기로 하자.

"[그 때] 그들이 예수를 가야바에게서 관정으로 끌고 가니 새벽이라"(18:28). "그 때." 즉 마태복음 27:1에 기록되어 있는 공회의 결정이 있은 후에, "관정으로", 즉 빌라도의 관정으로 "그들이 끌고 가니" 주님은 여전히 아무 저항도 하지 않고 도수장으로 끌려가는 양처럼 그렇게 가셨다. 마가는 그들이 주님을 "결박"하였다고 말하고 있다(15:1). "새벽이라." 제자들은 주님과 **함께** 한 시간도 깨어 있을 수 없었다. 그러나 주님의 원수들은 밤새도록 그를 **칠** 궁리를 하였다! 슬프게도 인간은 선한 일보다도 악한 일에 대하여 더 많은 열정과 힘을 쏟고 있는데, 그것은 그들의 마음이 그것에 더 기울어져 있기 때문이다. 정치적인 토론에는 반나절이나 지치지도 않은 채 귀를 기울이고 있거나 또는 오페라를 구경 갔을 때에는 세 시간 동안이나 꿈쩍도 하지 않고 앉아 있는 바로 그런 사람들이 한 시간 여 동안 하나님의 말씀을 들을 때에는 설교자의 이야기가 길다고 불평을 한다. "새벽이라." 이제 유대인들의 한 가지 목적은 빌라도로 하여금 한시라도 빨리 주님께 사형을 확정하게 하는 것이었다.

"그들은 더럽힘을 받지 아니하고 유월절 잔치를 먹고자 하여 관정에 들어가지 아니하더라"(18:28). 관정은 이방인의 영역에 속하는 곳이었으므로, 그곳에 들어가게 되면 유대인들은 의식적으로 더럽혀지는 것이 되었다. 그런데 이때는 유월절이 가까웠으므로 이를 범하였을 경우 깨끗하게 할 충분한 시간이 없었다. 그리고 그들은 유월절에 몹시 참여하고 싶었으므로 관정으로 더 이상 들어가지 않았다. 그들은 빌라도를 이용하여 그들의 악한 계획을 성취하려 하였음에도 불구하고 그들이 관정으로 들어가는 일은 삼갔다! 이것은 마음에 아무 영향도 끼치지 아니하는 신앙은 아무 가치도 없다는 것을 아주 잘 증거해 준다. 그들이 다음과 같은 그리스도의 두려운 말씀을 듣게 된 것도 당연하다. "화 있을진저 외식하는 서기관들과 바리새인들이여 회칠한 무덤 같으니 겉으로는 아름답게 보이나 그 안에는 죽은 사람의 뼈와 모든 더러운 것이 가득하도다 이와 같이 너희도 겉으로는 사람에게 옳게 보이되 안으로는 외식과 불법이 가득하도다"(마 23:27, 28).

바로 이 사람들이 지상에서 계획되었던 가장 사악한 행위에 가담한 것이다. 그럼에도 불구하고 그들은 "더럽힐까" 염려하는 것이다! 그들은 주저하지 않고 메시야를 이방인들에게 넘겨주었다. 그리고 자신들은 유월절에 참여할 자격을 잃지 않으려고 빈틈없는 주의를 기울였다. 이와 마찬가지로 오늘날에도 자신의 영적인 생활 태도보다도 세례를 어떻게 베풀어야 옳은 것인가 하는 형식의 문제나 또는 아버지께 영광이 되는 열매 맺는 생활 태도보다도 성만찬을 준수하는 일에 더 많은 관심을 기울이는 자들이 있다. 우리도 역시 "하루살이는 걸러 내고 낙타는 삼키지" 않도록 조심하자. "이 '유대인들의 통치자들'과 그들을 따른 수많은 무리들은 모두 철저한 **의식주의자들**이었다. 그들의 마음 가운데 있던 바로 이 의식주의가 하나님의 아들을 십자가에 못 박도록 끊임없이 그들을 재촉하였던 것이다. 그리스도와 의식주의는 빛과 어둠처럼 서로 반대된다. 바울이 찬미한 참 **십자가**와 현대의 의식주의자들이 찬미하는 십자가는 서로 조금도 닮지 않았다. **십자가**와 십자가에 못 박힌 예수상(像)은 서로 일치하지 않는다. 즉 의식주의는 그리스도를 배제하며, 또 그리스도는 의식주의를 배제한다"(Mr. H. Bonar).

"그러므로 빌라도가 밖으로 나가서"(18:29). 산헤드린의 온 공회가(막 15:1, 2) 큰 무리와 함께(눅 23:1), 그와 같은 때(유월절)에 그를 찾아왔다는 것만으로도 빌라도는 그가 간섭해야 할 어떤 중요한 일이 생겼다는 것을 충분히 알 수 있었을 것이다. 그래서 그때가 매우 이른 아침이었음에도 불구하고 그는 밖으로 나가 그들을 만났다. 그러나 그는 그리 놀라지 않았으리라고 생각된다. 왜냐하면 바로 그 전 날 그들은 로마 군병들을 확보하였었는데, 이것은 빌라도의 허락이 없이는 있을 수 없는 일이었기 때문이다. 그러므로 그는 유대인들이 명절이 시작되기 전에 사형시키려고 하는 몇몇 범죄자들이 그곳에 와 있다는 것을 알았을 것이다.

"그들에게 말하되 너희가 무슨 일로 이 사람을 고발하느냐"(18:29). 빌라도의 이 질문은 우리가 앞에서 방금 말하였던 내용을 확증해 준다. 그는 그들이 그를 찾아온 목적이 무엇인지를 묻지 않고 단순히 그들이 붙잡아 온 자에 대하여 무슨 일로 고소를 하는지를 물었다. 그의 이런 태도는 다음의 세 가지의 것을 요구하는 로마의 법과 일치한다. 즉 특별한 고소의 제기, 피고 앞에 고소자들을 데려오는 것, 그리고 피고로 하여금 자신을 변호할 기회를 주는 것(행 25:16). 그러므로 여기에서 빌라도는 유대인들이 주 예수께서 범하였다고 고소한 죄의 성격에 대하여 알기를 요구하는 훌륭한 태도를 취하였다. 이렇게 하여 하나님께서는 주님의 원수들 자신의 입으로 그들을 정죄받게 하신 것이다.

"대답하여 이르되 이 사람이 행악자가 아니었더라면 우리가 당신에게 넘기지 아니하였겠나이다"(18:30) 유대인들은 빌라도의 질문에 감정이 상하였다. 그들은 그들의 고소가 합당한 것임을 확증할 증거가 없다는 것을 잘 알고 있었으므로 주님을 고소하려고 급급해하지는 않았다. 그들은 빌라도가 **그들의** 말을 그러한 증거로써 받아들이고 — 특히 그들이 빌라도에게서 아주 쉽게 군병을 얻었던 것처럼 — 죄수의 말을 듣지 아니하고 그를 정죄하기를 바랐음이 분명하다. 그래서 그들은 빌라도의 이러한 질문에 감정이 상하였다는 듯이 그들 특유의 위선적인 태도를 취했다. 즉 그들은 자신들이 의롭다는 듯한 태도를 취하였다. 이렇게 함으로써 그들은 빌라도로 하여금 **그들이** 결코 **무죄한** 사람을 붙잡은 것이 아님을 믿게 하려 하였다. "이 사람이 행악자가 아니었더라면 우리가 당신에게 넘기지 아니하였겠나이다"라는 그들의 말은 다음과 같은 뜻의 말이다. "당신 앞에 있는 사람을 보시오. 우리들은 바로 거룩한 산헤드린 공회원들이오. 우리는 이미 진상을 조사해 보았는데, 우리의 판단엔 잘못이 없소. 그러니 그를 사형에 처하는 데 필요한 로마의 허락만을 내려 주시오." 빌라도의 이 질문으로 인하여 어쩔 수 없이 그들은 누가가 기록하고 있는 다음의 말을 하지 않을 수 없었다. "고발하여 이르되 우리가 이 사람을 보매 우리 백성을 미혹하고 가이사에게 세금 바치는 것을 금하며 자칭 왕 그리스도라 하더이다 하니"(23:2)

"빌라도가 이르되 너희가 그를 데려다가 너희 법대로 재판하라"(18:31). 이제 빌라도에게 모든 책임이 지워졌다. 그러나 그는 유대인들이, 산헤드린은 그들을 로마의 멍에에서 벗어나게 해줄 자를 증오하고 박해하려 한다는 것을 그로 하여금 믿게 하려 한다는 것을 너무도 잘 알고 있었다. 그들이 훌륭한 로마 시민인 체 가장한 것은 너무도 천박하여 그를 속일 수 없었다. 그러나 그는 자기 앞에 놓인 과제에 즐겨 뛰어들지 아니하고 그것을 회피하려 하였다. 여기에서 이 사람의 본성이, 즉 소심하고 우유부단하고 기회주의적이고 주관이 없는 성격임이 명백히 드러난다. 빌라도는 그 일에 관여하고 싶지 않았다. 그는 유대인들이 그리스도의 죽음에 대하여 완전히 책임지기를 바랐다. 불쾌한 상황을 벗어날 수만 있다면, 정의가 어떻게 되든지 간에 그에게는 아무 상관이 없는 것이다! 그러나 다른 한편으로 그는 유대인들의 감정을 건드리고 싶지도 않았다. 그래서 그는 "너희 법대로 재판하라"(그를 사형에 처하라)고 말하였다.

"**유대인들이 이르되 우리에게는 사람을 죽이는 권한이 없나이다 하니**"(18:31). 주님을 재판하는 필연적인 일에서 피하고자 하였던 비참한 빌라도의 시도는 이 대답으로 인하여 완전히 실패하고 말았다. 유대인들은 그들에게 사형을 선고하는 법적 권위가 없으므로 그들로서는 그가 원하는 대로 할 수 없다는 것을 이 로마 통치자에게 강조하였다. 여기서 그들은 그리스도를 죽이는 일 외의 어떤 것도 그들을 만족시킬 수 없다는 뜻을 빌라도에게 분명히 비친 것이다. 그러나 **높으신 권능**께서는 그가 원하시는 대로 사태를 뒤집어 엎으실 수 있다. "과연 헤롯과 본디오 빌라도는 이방인과 이스라엘 백성과 합세하여 하나님께서 기름 부으신 거룩한 종 예수를 거슬러 **하나님의** 권능과 뜻대로 이루려고 예정하신 그것을 행하려고 이 성에 모였나이다"(행 4:27, 28).

"유대인들이 이르되 우리에게는 사람을 죽이는 권한이 없나이다 하니." 그들이 한 이 말은 그들 자신은 깨닫지도 못하였을지라도 주목할 만한 고백이었다. 이것은 창세기 49:10의 말씀이 성취되었음을 **그들 자신**이 고백한 것이다. "규가 유다를 떠나지 아니하며 통치자의 지팡이가 그 발 사이에서 떠나지 아니하기를 실로가 오시기까지 이르리니." 이스라엘의 지도자들은 여기서 그들이 더 이상 그 민족의 지도자들이 아니며 이제는 이방 권력의 지배 아래 있음을 인정하였다. 죄를 지은 자에게 사형을 선고할 수 있는 권력을 지닌 자가 그 나라의 통치자가 된다. "권한이 없나이다"라고 그들은 말하였다. 즉 로마 총독인 당신만이 그 일을 할 수 있다는 뜻의 말이다. 그들 자신의 동의로써 이제는 그들의 혈통을 지닌 자가 그들의 우두머리가 될 수 없었다. 그러므로 이것은 "규"가 이미 떠난 것을 의미한다. 그리고 이것은 실로(메시야)가 **이미 오셨다는** 명백한 증거이다! 사악한 자들은 그들 자신이 예언을 성취할 때조차도 그것을 깨닫지 못한다!

"**이는 예수께서 자기가 어떠한 죽음으로 죽을 것을 가리켜 하신 말씀을 응하게 하**

려 함이러라"(18:32). 여기에서도 역시 그들은 의식하지 못하였지만 한 가지 예언이 성취되고 있다. 빌라도가 허락하였는데도 이스라엘이 이 일을 그들 스스로 처리하기를 거절하였던 일은 오히려 "이방인들에게 넘겨 주어 그를 조롱하며 채찍질하며 십자가에 못 박게 할 것이나"(마 20:19)라고 하신 그리스도의 말씀을 이루어지게 하였을 뿐이다. 더욱이 유대인들이 주 예수께 주장한 것과 같은 죄에 대하여 치명적인 형벌을 가할 수 있는 권위를 그 때까지도 지니고 있었더라면, 사형을 집행하는 양식은 돌로 치는 것이 되었을 것이다. 그러나 주님을 빌라도에게 넘겨줌으로써 그것은 로마식의 형벌, 즉 십자가에 못 박는 양식이 되었고, 이로써 다음의 그리스도의 말씀이 이루어진 것이다. "모세가 광야에서 뱀을 든 것 같이 인자도 **들려야** 하리니"(요 3:14). "내가 땅에서 들리면 모든 사람을 내게로 이끌겠노라 하시니 이렇게 말씀하심은 자기가 **어떠한** 죽음으로 죽을 것을 보이심이러라"(요 12:32, 33).

"이에 빌라도가 다시 관정에 들어가 예수를 불러 이르되 네가 유대인의 왕이냐"(18:33). 우리는 여기에서도 역시 구세주께 행한 엄청난 불의가 명백히 나타나 있음을 본다. 처음에는 안나스가, 그 다음에는 가야바가, 그리고 이제는 빌라도가 하나님, 곧 지상에 육체를 입고 나타나신 하나님께 대한 육적인 마음에 품고 있는 두려운 증오심을 드러내었다. 로마의 법에 따르면 피고와 원고들이 서로 대면하고 피고는 그에 대하여 제기된 고소에 답할 기회를 얻어야 했다(행 23:28). 그러나 빌라도는 이 일을 그리스도께 허용하지 않았다. 더구나 그는 그리스도를 **가이사**의 원수로만 여기고 조사하였고 **유대인들**만을 그의 원고로서 생각하였다! 그러나 주 예수께서 정말로 황제의 권위와 권력에 적대하셨다면 어째서 로마 정권이 이 일을 주도하지 않았단 말인가? 로마의 아랫사람들은 그들의 주인, 곧 황제의 권익에 아무 관심이 없었단 말인가! 빌라도는 산헤드린 공회가 그리스도를 그에게 넘긴 것은 **시기심** 때문이었음을 (마 27:18) 알았다. 그는 구세주께서 전혀 행악자가 아님을 잘 알고 있었다. 그가 주님의 공생애, 즉 그의 자비의 행적과, 은혜와 진리의 말씀에 대하여 모를 리가 없었다. 그러나 그는 주님께 대하여 공정한 재판을 하지 않았다. 유대인들의 주장에 대하여 반대하던 빌라도가(18:31) 그처럼 쉽게 물러서고 말았다는 사실은 그가 슬플 정도로 약한 성격의 소유자임을 나타낸다. 빌라도는 이 유대인들의 총독으로서 보냄을 받은 자이면서도 그들의 노예, 즉 그들의 분노를 대신 집행하여 주는 자가 되고 말았다.

"이에 빌라도가 다시 관정에 들어가 예수를 불러 이르되 네가 유대인의 왕이냐?"

이 질문을 할 때의 빌라도의 마음 상태는 어떠하였을까? 우리는 "대체로, 이 질문에는 호기심과 경멸의 뜻이 섞여 있는 것 같다"는 라일(Ryle) 주교의 말에 동의한다. 주님의 누추한 옷차림새와 비천한 외양은 총독의 마음에 강한 인상을 주었을 것이다. 세상 사람들이 흔히 한 왕국의 소유자로서 연상하는 자와 전혀 같지 않은 모습은 그를 어리둥절하게 하였을 것이다. 그러나 그는 주님이 며칠 전 예루살렘에 "승리의 입성"을 하신 소식을 분명히 들었을 것이다. 그렇다면 수많은 무리를 매혹시키고 지도자들로부터는 미움을 받는 이 이상한 인물은 과연 누구란 말인가? 병자를 고칠 권능은 있으나 자기의 머리 둘 곳도 없는 이 자는 누구란 말인가? 또 죽은 자를 살릴 수 있으면서도, 여기 이 빌라도 앞에 결박된 채 서 있는 이 자는 누구란 말인가?

"**예수께서 대답하시되 이는 네가 스스로 하는 말이냐 다른 사람들이 나에 대하여 네게 한 말이냐**"(18:34). 주님은 여기에서 빌라도의 양심에 말씀하고 계신 것이다. 너는 정말로 올바르게 행하고 싶으냐? 너는 정보를 얻고자 하는 것이 아니냐? 그렇지 않으면 너는 나를 네게 넘겨 준 자들의 도구가 되려 하느냐? 주님은 그가 주님을 의심했을 경우의 불의함에 대하여 생각해 보게 하려 하셨다. 만일 네가 **나를** 문자 그대로 "**왕**" 이라고 생각할 만한 이유가 있다면, 이를 증언할 로마인 증인들은 어디 있느냐? 또 네가 만일 산헤드린으로부터 들은 말만으로 판단하고 있다면, 나의 원수들임이 명백한 그들의 말에 조심하도록 하라. 그리스도께서는 그에게 어떤 명확한 유죄 판결을 내릴 경우의 빌라도의 개인적인 책임에 대하여 생각해 보게 하신 것이다. 그러나 주님은 왜, 그렇다 아니면 아니다 하고 분명히 대답하지 아니하셨는가? 그러한 상황에서는 그렇게 할 수 없으셨기 때문이었는가? 빌라도는 "왕" 이라는 말을 가이사의 **경쟁자**, 로마에 대한 **반역자**라는 의미로 사용하였다. 그래서 '그렇다' 라고 대답하면 빌라도가 오해하였을 것이며, 무조건 '아니다' 라고 대답하면 그것은 "이스라엘의 소망" 을 저버리는 것이 될 것이었기 때문이다. 그러므로 주님은 빌라도에게 이 애매한 용어가 정확히 무슨 뜻인지를 물으신 것이다. 주님의 이 놀라운 지혜를 찬송하자.

"이는 네가 스스로 하는 말이냐 다른 사람들이 나에 대하여 네게 한 말이냐?" "주님은 이 질문을 통하여 유대인들의 왕이라는 그의 주장에 대한 그의 도전이 유대 지방에서의 황제의 권리에 대한 보호자로서의 우려 때문인지, 아니면 단순히 유대인들의 고소에 근거로 한 것인지를 알고자 하셨다. 필자는 바로 여기에 이 중대한 시기의 모든 점이 좌우된다고 생각하는 바이다. 그리고 이런 식으로 질문을 하신 주님의 지혜와 의도는 명백하다. 빌라도가 만일 로마의 이권을 염려하여 그런 말을 하였다면 주님은 즉시 그에게 그의 생애와 사역의 전 과정을 설명해 주셨을 것이며, 또 그것을 증언하면 왕에 관한 문제에 있어서의 그의 무죄함이 알려졌을 것이다. 주님은 가이사의 것은 가이사에게 줄 것을 가르치셨다. 또 수많은 무리가 와서 주님을 억지로 붙들어 임금으로 삼으려는 줄을 아시고 혼자 산으로 떠나 가셨었다(6:15). 주님은 로마와 논쟁을 벌이고 계신 것이 아니었다 … . 빌라도의 질문이 로마 권력의 대표자로서의 염려 때문이었다면 그는 주님으로부터 이 모든 것에 일치하는 대답을 들었을 것이다. 그러나 실상은 그렇게 되지 아니하였다"(Mr. J. G. Bellet).

"빌라도가 대답하되 내가 유대인이냐 네 나라 사람과 대제사장들이 너를 내게 넘겼으니 네가 무엇을 하였느냐"(18:35). 이렇게 하여 빌라도는 그의 위선을 드러내었다. 그는 양심을 찌르는 그리스도의 질문을 회피하고, 그 문제에 아무 사적인 관계가 없다는 듯이 말하였다. **나는** 유대인이 아니다. 즉 나는 **종교적인** 논쟁에는 관심이 없다. "네가 무엇을 **하였느냐?**" 즉 이제 **실제적인** 문제를 다뤄 보자는 뜻이다. 빌라도는 그의 첫 번째 질문을 빈정대는 뜻으로 말하였음이 분명하다. 내가 **유대인이냐!** 너는 나, 곧 이 고귀한 로마인이 환상과 꿈이란 것은 믿지 못하는 자임을 잊었단 말이냐. 이것은 사무적인 일에 능한 인간의 거만하고도 상대방을 경멸하는 투의 말이었다. "네 나라 사람과 대제사장들"은 형식적인 의식과 난해한 예언들에 관심을 가진 자들인데 바로 **이들이** "너를 내게 넘겼다!" 그들이 네게 이렇게 하는 이유는 도대체 무엇이냐? 여기서 빌라도는 재판관으로서 말하고 있다. 즉 이제 실제적인 일을 다뤄 보자는 뜻의 말을 하고 있는 것이다.

"빌라도가 대답하되 내가 유대인이냐 네 나라 사람과 대제사장들이 너를 내게 넘겼으니 네가 무엇을 하였느냐." "빌라도의 이 질문은 **이스라엘의 죄**를 완전히 증거해 준다. 당시의 세계의 권력을 대표하였던 자의 입을 통하여, 이스라엘이 그들의 왕을 거부하고 다른 사람의 손에 자신을 팔아 넘겼다는 사실이 입증되었다. 당시로서 예수께는 이것이 전부였다. 즉 이것으로 인하여 즉시 주님은 이 땅을 떠나시게 되었다. 이스라엘은 주님을 저버렸다. 그러므로 그의 왕국은 '세상에 속하지 아니하였다. 왜냐하면 온 땅의 왕께서 앉아 다스리실 곳으로 정해진 곳은 바로 시온이기 때문이다.' 그리고 시온의 딸의 불신으로 인하여 이 땅의 왕은 떠나셔야만 했다. 그러므로 주님은 사람들의 저버림을 당하신 왕으로서 이 로마인의 입에서 나오는 이 증거에 귀 기울이시면서, 현재로서는 그의 보좌가 상실되었음을 깨달을 수 있으셨다"

(Mr. Bellet). 그래서 그리스도께서는 다음과 같이 말씀하신 것이다.

 "내 나라는 이 세상에 속한 것이 아니니라"(18:36). 첫째로, 주님이 "내 나라는 이 세상에 **있지 않다**"(not in this world)라고 말씀하지 아니하시고 "내 나라는 이 세상에 **속하지** 아니하였다"(not of this world)라고 말씀하신 것에 주목해 보라. 신자들은 이 세상에 "속하지" 아니하였지만(17:16), 그 "안에" **있는** 것이다! 둘째도, 주님께서 이 구절 끝 부분에 조건적이긴 하지만 부연적인 말씀을 하셨음에 주목해 보라. "이제 내 나라는 여기에 속한 것이 아니니라." "이제"라는 말은 앞 구절에 나온 빌라도의 말로써 설명할 수 있다. 그 부분에 대한 Bellet의 주석을 다시 읽어 보라. 그리스도께서는 **이스라엘이** 그를 최종적이고도 공식적으로 **거부**했을 때에야 비로소 이 말씀을 하신 것이다! 셋째로, "만일 내 나라가 이 세상에 속한 것이었다면 [그러면] 내 종들이 싸워" 그들의 왕을 구원하였을 것이라는 주님의 설명에 주목해 보라. 주님은 은혜롭게도 그가 관장하게 될 나라의 성격에 대하여 빌라도에게 설명해주신다. 내 나라는 기왕의 모든 나라들과는 달리 사람에게서 시작된 것이 아니라 하나님께로부터 받게 될 것이다(단 7:13, 14; 눅 19:12). 세상의 권력에 의존해 온, 인간의 나라들과는 달리 **내 나라**는 절대적인 신정(神政)이 될 것이다. 세상의 무기로써 확장될 그들의 나라와는 달리, **내 나라**는 하늘의 원리들로써 규제를 받게 될 것이다. 불의와 학정으로 점철된 그들의 나라와는 달리 내 나라에는 의와 평화가 두드러지게 나타날 것이다.

 우리의 복되신 주님께서 빌라도의 질문에 답하실 때 보여주신 놀라운 은혜와 인내에 대하여 찬송하지 않을 수 없다. "내가 유대인이냐?"라는 빌라도의 경멸적인 언사만으로도 그는 주님께 무엇을 더 알아 볼 권리를 잃게 되었을 것이고, 또 그의 "네가 무엇을 하였느냐?"라는 말은 주님께 침묵을 지킬 만한 충분한 권리를 갖게 했을 것이다. 그러나 그리스도께서는 그러한 모욕을 무시하시고 계속하여 그의 양심에 말씀하신다. "내 나라는 **이** 세상에 속한 것이 아니니라"는 주님의 말씀을 듣고 빌라도는 주님께서 속하신 **다른** 세상이 있음을 느꼈을 것이다! "싸움"으로써 얻을 수 없는 "**내 나라**"라는 말을 듣고 그는 당시 온 땅을 지배하던 로마가 뽐내던 힘보다 훨씬 **우월한** 권능이 있음을 깨달아야 했다. "이제 내 나라는 **여기에 속한 것이** 아니니라"는 말씀은 주님의 나라는, 폭력과 불의가 항상 난무하며 결국 의와 진리의 모양은 있으나 실제로는 없는 지금의 나라들과는 아주 다른 어떤 것임을 암시해 준다. 그래서 주님은 "네가 무엇을 하였느냐?"라는 빌라도의 질문에 분명한 대답을 하지 않으시고 부정적이기는 하지만, **그(주님)**에게는 정치적인 악을 행한 죄가 없으며 가이사에게 반역하는 일도 하지 않았음을 명백히 보여주는 대답을 하셨다.

빌라도가 주님께 "네가 무엇을 하였느냐"고 물었을 때, 그리스도께서 자신의 놀랍고도 자비로운 긍휼의 역사를 왜 말씀하지 않으셨는지 의아하게 생각하는 사람들이 있다. 그러나 그러한 일들은 주님이 메시야이심을 증거하는 신용장과 같은 것들이었으므로(마 11:3-5, 등등) **오직** 이스라엘에게만 해당되는 것이었다. 또 주님께서 "내 종들이 싸워"라고 말씀하셨을 때 동산에서 말고를 친 일을 빌라도가 왜 언급하지 않았는지 궁금하게 여기는 사람들이 있다. 산헤드린은 왜 빌라도에게 베드로의 만용에 대하여 알려 주지 않았는가? 말고는 대제사장의 종이었으므로 그가 피를 요구하는 것은 아주 자연스러운 일이었을 것이다. 그러나 이러한 의문점들은 누가복음 22:51 의 말씀을 참조해 보면 금방 풀릴 수 있다. 그곳에는 구세주께서 "그 귀를 만져 **낫게** 하시더라"고 기록되어 있다. "그들이 왜 주님을 고소하지 않았는가 하는 것은 주님의 기적을 생각해 보면 된다. 즉 그들이 만일, 주님의 죄목을 들어 고소하였더라면 자연히 진상 규명이 있게 될 것이고, 그렇게 되면 그들이 이루려고 하였던 사악한 목적이 오히려 실패로 끝나게 될 것이다. 왜냐하면 너무도 많은 것이 밝혀져서 오히려 주님의 동정적인 성품이나 율법에 대한 그의 순종, 그리고 그의 비범한 능력 등이 드러나게 될 것이기 때문이다"(Mr. J. Blout).

"빌라도가 이르되 그러면 네가 왕이 아니냐"(18:37). 이 로마 총독은 어리둥절하게 되었다. 그 앞에 있는 분의 조용하고 위엄 있는 태도와 그의 나라에 대한 세 가지의 설명, 그리고 그 나라는 이 세상에 속하지 아니하였다는 선언, 그리고 결박당하였을 지라도 **그**에게는 "종들"이 있다는 조용한 주장, 여기에 덧붙여 칼로써 이루어지지 않는 그의 통치가 곧 실현될 것이라는 강한 암시 등은 모두 빌라도로서는 이해할 수 없는 것들이었다. 빌라도가 18:33에서 "네가 유대인의 왕이냐"라고 말을 한 것과 여기에서 "그러면 네가 왕이 아니냐"라고 말을 한 것 사이에 나타난 변화는 그가 정치적으로 두려워할 만한 것은 아무 것도 없다는 데에 만족하였음을 암시해 준다. 그러나 그리스도께서는 그가 이해할 수 없는 주장을 하셨다. 빌라도는 이제 빈정대는 말투를 버리고 이 마지막 질문의 반쯤은 열심히 나머지 반쯤은 호기심에 의해서 물었다고 생각된다. 주님은 그가 하신 말씀이 어떤 대가를 치르게 될 것인가를 분명히 아셨으면서도 자신이 "왕"이심을 부인하지 않으시고, 더 나아가 "내가 이를 위하여 났다"라고 담대하게 밝히셨다. 성령께서 "본디오 빌라도를 향하여 선한 증언을 하신 그리스도 예수"(딤전 6:13)라 하신 것은 바로 이것을 가리켜 말씀하신 것이다. 이스라엘은 주님을 받아들이지 아니하였을지라도, 주님은 그들의 왕**이셨다**(마 2:2). 농부들이 그를 죽이려고 하였을지라도, 그는 포도원의 상속자**이셨다**. 또 그의 나라의 시민들이 그의 통치를 거부하였을지라도, 그는 **이미** 시온에 있는 보좌에 앉을 자로서 기름부음을 **받으신** 분이었다.

"내가 이를 위하여 태어났으며 이를 위하여 세상에 왔나니 곧 진리에 대하여 증언하려 함이로라 " (18:37). 여기에서 구세주께서 그의 나라와 진리에 대한 그의 증언을 어떻게 결합시키고 있는지에 주목해 보라. **진리**는 권위가 있으며, 지고하고, 장엄하다. 만일 빌라도에게 받아들일 마음만 있었다면 이 말 역시 그의 양심을 찔렀을 것이다. 그리스도께서는 그에게 다윗의 보좌보다도 더 높은 영광, 곧 신성이 있음을 빌라도에게 알리고자 하셨다. 왜냐하면 주님께서 "은혜와 진리"가 충만하신 것은 바로 그가 아버지의 독생자이시기 때문이며, 그가 "세상에 **오셨다**"는 것은 상반절의 그가 "태어났다"고 하신 것과는 달리, **그가 하늘**로부터 오셨음을 직접 암시해 준다! 더욱이 주님은 그의 사역에는 실패가 없음을 알려 주고자 하셨다. 주님께서 처음 지상에 오셨을 때의 큰 목적은 왕의 규를 휘두르기 위한 것이 아니라 진리를 증언하기 위한 것이었다. 주님은 지금까지 충실하게 이 일을 하셨으며, 바로 지금 이 순간도 그렇게 하고 계신다. **이것이** 바로 "네가 무엇을 하였느냐" (18:33)라는 빌라도의 질문에 대한 주님의 대답이다. 나는 단순히 "진리"가 아니라 "그 진리"를 증거하였다. 주님은 "말씀"으로서 다시 말씀하신 것이다.

"무릇 진리에 속한 자는 내 음성을 듣느니라" (18:37). "진리에 속한" 자라는 말은 먼저 참되고 정직하고 진실한 자를 의미한다. 그리고 더 나아가 하나님께 속한 자를 의미한다. 8:47을 참조해 보라. 진리를 향한 마음을 가진 자만이 진실로 그리스도의 목소리를 듣는다. 왜냐하면 진리를 지으신 분은 진리의 선생이자 해석자가 되기 때문이다. 이 얼마나 빌라도의 양심을 찌르는 말이었겠는가! 네가 만일 진실로 진리, 곧 내가 이 세상에 와서 증언하는 진리를 정말로 구하려 하는 자이면 너는 내 말을 들을 것이다! " '진리에 속하는' 것을 어떻게 알 수 있느냐라고 묻는 **사람**이 있는가? **거룩한 말씀**은 아무도 의심하지 않도록 분명한 대답을 해주신다. '우리가 말과 혀로만 사랑하지 말고 행함과 진실함으로 하자 **이로써** 우리가 진리에 속한 줄을 알고' (요일 3:18, 19). 자신이 신적 성품에 참여하는 자임을 나타내는 자마다, 행함과 진실함으로 사랑함을 증거했으며, 진리에 속하여 있고, 그리스도의 목소리를 들으며, 또 주님께서 지상에 있는 배교한 권세를 심판하러 오실 때에는 하늘의 군대 가운데 있는 그의 수행원의 일원임을 알게 될 것이다"(Mr. C. E. Stuart).

"빌라도가 이르되 진리가 무엇이냐 하더라 이 말을 하고 다시 유대인들에게 나가 서 이르되"(18:38). 빌라도가 어떤 마음으로 이 질문을 하였는가에 관하여는 상당한 의견 차이가 있다. 이 질문은 열심 있는 마음으로 한 것이 아님이 분명하다. 왜냐하 면 그는 질문에 대한 답을 기다리지 아니하고 그리스도를 떠났기 때문이다. 오직 각 성된 양심만이 진정으로 **무엇**이 진리인지를 알고 싶어한다. 또 이 질문이 절망의 울 부짖음이었다고 생각하는 사람도 많이 있다. 즉 진리가 도대체 **무엇**이란 말이냐? "나는 많은 제도를 연구해 보고 여러 철학자들을 조사해 보았으나 그들에게는 만족 을 얻을 수가 없었다." 그러나 지금까지 밝혀진 빌라도의 성격으로는 이 질문은 열심 히 그리고 꾸준히 빛을 찾아 구하는 일과 모순될 뿐이다. 그는 오히려 "진리! 진리라 는 것은 **없다!**" 빌라도의 마음은 바로 이런 상태에 있었지 않았을까? 필자 개인적으 로 여기에서의 빌라도의 말은 경멸을 나타내고 있으며, 물음표로 끝나는 것이 아니 라 감탄의 말, 곧 그 중 두 번째 말 "도대체 **진리가** 무엇이냐!"라는 말을 강조하고 있 다고 생각한다. 이것은 비양심적인 정치가의 확신을 표현한 말이다. "진리"라니! 너 는 바로 **이것을** 위하여 네 목숨을 희생하려고 하느냐? 18:39에 나타난 빌라도의 말이 이것을 지지해 준다고 생각된다.

"이 말을 하고 다시 유대인들에게 나가서 이르되 나는 그에게서 아무 죄도 찾지 못 하였노라"(18:38). 빌라도는 마음이 불안하였다. 그리스도의 말씀은 그가 인정하고 싶은 것보다 더욱 그에게 깊은 영향을 주었다. 그리스도의 무죄함이 분명하였다. 그 래서 이제 빌라도가 엄청난 불의의 죄를 짓게 되었음이 명백하다. 만일 이 로마 총독 이 그리스도에게서 "아무 죄"도 찾지 못하였다면 그는 속히 그를 풀어 주었어야 했 다. 그러나 그는 양심의 소리를 듣지 아니하고 구세주의 피에 목말라하는 자들과 의 논하러 나갔다. 요한은 이때 있었던 일을 많이 생략하고 있으나 우리는 공관복음서 에서 그것을 알아볼 수 있다. 대제사장들이 이의를 말한 것과(막 15:3-12), 빌라도가 주님을 헤롯에게 보낸 일, 그리고 주님이 그의 군병들로부터 받으신 잔인한 대우, 그 리고 그 후 헤롯이 주님을 빌라도에게 되돌려 보낸 일 등이 있었다(눅 23:5-18).

"유월절이면 내가 너희에게 한 사람을 놓아 주는 전례가 있으니 그러면 너희는 내 가 유대인의 왕을 너희에게 놓아 주기를 원하느냐 하니"(18:39). 이러한 제안이 어떤 성격의 것인가를 살펴보면 그 제안은 한 사람의 면밀하지 못한 성격임을 즉시 알 수 있다. 빌라도는 유대인들이 분노할까 두려워하여(즉 그러한 때 반란이라도 일어난다면 다른 곳에서 분주히 일하고 있는 가이사로부터 미움을 받게 될 것이기 때문에), 그들을 만족시키면서 또 주 예수를 풀어 줄 수도 있는 임시방편을 강구하였다. 당시 유월절이 되면 죄수 하나를 놓아주던 관습 ― 유월절과 은혜, 구원을 결합시킨 아주 훌륭한 관습이다! ― 을 기억하고, 그는 그리스도를 놓아 주자고 제안하였다. 그는 마치 이렇게 말하는 듯하다: 예수에게 죄가 있다고 생각하자. 그리고 그를 풀어만 준 다면 나는 기꺼이 그가 사형을 받을 만하다고 선포하겠다. 누가는 빌라도가 심지어 주님을 "때려서" 놓아 주기를 제안하였다고 말하고 있다(23:16). 그는 그가 상대하고 있는 자들이 어떤 자들인지를 거의 알지 못하였고, 또 모든 일을 인도하시는, 위에 계 신 분에 대해서는 더욱 알지 못하였다.

"**그들이 또 소리 질러 이르되 이 사람이 아니라 바라바라 하니 바라바는 강도였더 라**"(18:40). 유대인들은 그들이 빌라도보다 악한 자임을 드러내고 빌라도가 가장 원 하지 않았던 것을 요구하였다. 그들은 그들에게 사로잡힌 자의 피에 목말라하며, 빌 라도가 그들의 먹이를 넘겨주기까지 기다리지 못하고 모두 "이 사람이 아니라 바라 바라고 소리질렀다"(헬라어로 '외쳤다'라는 뜻이다). 타협하려 하였던 빌라도의 태 도는 **그가** "진리에 속하지" **아니한** 자임을 분명히 보여줄 뿐만 아니라 유대인들이 어느 정도의 증오심을 품고 있는지를 드러내 주었다. "바라바는 강도더라." 바라바 는 "강도"보다 더한 자, 곧 폭력을 사용하는 자였다. 누가는 그가 살인한 자였다고 말하고 있다. 유대인들이 바라바를 **선택하고**, 그 이후로 그들이 줄곧 약탈자와 피 흘 리는 자들의 지배를 받아온 것은 참으로 놀라운 일이다! 어느 나라 역사에도 이와 같 은 일은 없었을 것이다.

"우리는 다른 곳에서 이 바라바, 곧 '아버지의 아들'이라는 뜻을 가진 이름이 이곳 에 쓰인 것이 참으로 이상하고도 중요함을 주목해 보았었다. 그들이 지금 저버리고 있는 분은 바로 이 이름처럼 **아버지의 아들**이셨다. 그러나 이 불법한 자는 **어떤** 아버 지의 아들인가? 이것은 그들이 자기 자신의 이름으로 오는 자(적그리스도), 곧 반역 자요 '처음부터 살인한 자'의 진짜 아들을 맞게 될 때 있을 두려운 배교에 대한 그림 자임이 분명하다. 그러나 이것에는 복음적인 측면도 나타나 있다. '구세주 또는 죄 인 중 누가 고통을 받을까?'라는 질문이 있으며, 율법 아래에서는 부정한 짐승이 어 린 양으로 대속을 받을 수 있지만(출 13:13), 어린 양은 대속받을 수 없다는 것을 기 억하는 것이 얼마나 좋은가. 구세주께서는 이런 식으로 풀려날 수 없으셨다. 그러나 그 죄인에게는 가능하였다"(Mr. F. W. Grant).

다음은 요한복음 19:1-11까지 공부하려는 독자에게 도움을 주기 위한 질문들이다.

1. 하나님께서 "가시관"을 쓰게 하신 이유는 무엇인가?(2절)

2. "자색 옷"을 입으신 이유는 무엇인가?(2절)

3. 사복음서에는 "내가 아무 죄도 찾지 못하였노라"는 말이 몇 번 나오는가?(4절)

4. 빌라도가 "보라 이 사람이로다"라고 한 목적은 무엇인가?(5절)

5. 18:31에 비추어 볼 때 6절의 의미는 무엇인가?

6. 빌라도를 "더욱 두려워"하게 한 것은 무엇인가?(8절)

7. 예수는 왜 대답을 아니하셨는가?(9절)

제64장

빌라도 앞에서의 그리스도
❷

¹이에 빌라도가 예수를 데려다가 채찍질하더라 ²군인들이 가시나무로 관을 엮어 그의 머리에 씌우고 자색 옷을 입히고 ³앞에 가서 이르되 유대인의 왕이여 평안할지어다 하며 손으로 때리더라 ⁴빌라도가 다시 밖에 나가 말하되 보라 이 사람을 데리고 너희에게 나오나니 이는 내가 그에게서 아무 죄도 찾지 못한 것을 너희로 알게 하려 함이로라 하더라 ⁵이에 예수께서 가시관을 쓰고 자색 옷을 입고 나오시니 빌라도가 그들에게 말하되 보라 이 사람이로다 하매 ⁶대제사장들과 아랫사람들이 예수를 보고 소리 질러 이르되 십자가에 못 박으소서 십자가에 못 박으소서 하는지라 빌라도가 이르되 너희가 친히 데려다가 십자가에 못 박으라 나는 그에게서 죄를 찾지 못하였노라 ⁷유대인들이 대답하되 우리에게 법이 있으니 그 법대로 하면 그가 당연히 죽을 것은 그가 자기를 하나님의 아들이라 함이니이다 ⁸빌라도가 이 말을 듣고 더욱 두려워하여 ⁹다시 관정에 들어가서 예수께 말하되 너는 어디로부터냐 하되 예수께서 대답하여 주지 아니하시는지라 ¹⁰빌라도가 이르되 내게 말하지 아니하느냐 내가 너를 놓을 권한도 있고 십자가에 못 박을 권한도 있는 줄 알지 못하느냐 ¹¹예수께서 대답하시되 위에서 주지 아니하셨더라면 나를 해할 권한이 없었으리니 그러므로 나를 네게 넘겨 준 자의 죄는 더 크다 하시니라(요 19:1-11)

본문을 분석해 보면 아래와 같다.

1. 그리스도께서 매를 맞고 조롱을 당하심(1-3절)
2. 빌라도가 자기의 무죄를 재차 단언함(4절)

3. 빌라도가 유대인들의 동정심에 호소함(5절)

4. 유대인들의 반응(6, 7절)

5. 빌라도가 두려워함(8, 9절)

6. 빌라도가 자기의 권세를 자랑함(10절)

7. 그리스도의 견책(11절)

빌라도가 주 예수를 심문하는 이야기는 모든 성경 중에서 하나님의 주권을 가장 두드러지고 생생하게 나타내 주는 이야기이다. 첫째로, 빌라도는 "내가 그에게서 아무 죄도 찾지 못하였다"라고 일곱 번이나 인정함으로써 자기의 무죄를 **확언**하였다. 둘째로, 빌라도는 예수를 방면**하고자** 했다. "빌라도는 예수를 놓**고자** 하여"(눅 23:20), "빌라도가 예수를 놓으**려고 힘썼으나**"(요 19:12), "빌라도가 놓아 주기로 **결의한 것을**"(행 3:13). 이 구절들은 모두 그리스도를 방면하고자 한 빌라도의 의사를 명백하게 입증하고 있다. 셋째로 빌라도는 다름 아닌 자기 아내에게서 예수를 **재판하지 말라**는 아주 강력한 권고를 받았었다(마 27:19). 넷째로, 빌라도는 실제로 예수를 방면하려고 **힘썼다**. 그는 유대인들에게 그들 스스로 그리스도를 심판하라고 명령했다(18:31). 그는 그리스도를 헤롯에게 보냈으나 헤롯이 그를 빌라도에게 되돌려 보냈다(눅 23:7). 그는 유대인들에게 그리스도 대신에 바라바를 처형하고자 설득하려고 했다(요 18:39). 그러나 이 모든 사실에도 불구하고 빌라도는 그리스도를 십자가에 못 박으라는 판결을 선고하고 말았다!

인간의 뜻이 하나님의 뜻에 반하여 움직일 때 결국 인간의 뜻은 어떻게 되는가? 전혀 아무 것도 아니다. 유대의 로마인 총독인 빌라도, 그는 구세주를 방면하려고 **결정**했었다. 그럼에도 불구하고 그는 그렇게 하지 못하였다. 하나님께서 빌라도로 하여금 그의 아들에게 사형 선고를 내리도록 영원 전부터 정해 두신 것이다. 그리고 온 세상과 지옥이 합심한다 해도 전능하신 분의 목적을 전복시킬 수는 없다. 그들이 그렇게 할 수 있다면 그는 전능하시지 아니하다! 그리스도는 "하나님께서 정하신 뜻과 미리 아신 대로 내준 바 되었다"(행 2:23). 하나님의 종은 대담하게도 이렇게 선포하였다. "과연 헤롯과 본디오 빌라도는 이방인과 이스라엘 백성과 합세하여 하나님께서 기름 부으신 거룩한 종 예수를 거슬러 하나님의 권능과 뜻**대로** 이루려고 **예정하신** 그것을 행하려고 이 성에 모였나이다"(행 4:27, 28). 이것은 단순한 "칼빈주의"가 아니다. 그것은 성경의 명백한 선포이다. 그러므로 이것을 부인하는 자에게 화가 미칠진저! 그리스도께서는 하나님의 영원하신 계획으로 그렇게 예정된 바 되었기 때문에 빌라도에게 형을 선고받으셔야 했다. 그리고 그는 유대인 죄인들과 이방인 죄인들을 위하여 죽으시는 것이므로 지혜로우신 하나님께서는 적절하게도 유대인들과 이방인들이 다 함께 그의 죽음에 직접 관여하게 하신 것이다.

그러나 즉시 이런 반론이 제기될 것이다. 그렇다면 빌라도는 단순한 기계에 불과하지 아니한가? 필자는 우선 이렇게 답하겠다. 그것이 어떻단 말인가? 살아 계신 하나님의 말씀을 부인하는 것보다 빌라도를 보잘것없는 자로 만드는 것이 훨씬 더 낫지 않겠는가! 이유를 따지는 일은 그만두라. 우리의 최초의 의무이자 항구적인 의무는 성경의 가르침에 절대적으로 복종하는 것이다. 필자는 두 번째로 이렇게 답변하겠다. 즉 반대자가 제기한 추론은 분명히 잘못된 것이다. 정직한 사람이라면 복음의 기록들을 보고 빌라도가 **책임 있는 행위자**로 제시되어 있음을 인정하지 않을 수 없을 것이다. 그리스도께서는 빌라도의 양심에 대고 이렇게 말씀하셨다. "무릇 진리에 속한 자는 내 음성을 듣느니라"(18:37). 그리고 하나님께서 신실하시게도 그리스도는 **옳은** 사람이니 아무 상관도 말라고 빌라도에게 경고해 주신 바 있다(마 27:19).

혹자는 이렇게 물을 것이다. 하나님께서는 빌라도로 하여금 그리스도에게 사형을 선고하도록 정해두셨으면서 어떻게 그에게 **모순된** 경고를 하신 수 있단 말인가? 필자는 그 물음에 이렇게 대답하겠다. 하나님의 명령은 그의 주권적 계획들의 일부이다. 그렇기 때문에 그는 빌라도의 책임을 묻는 경고를 하신 것이다. 그러므로 빌라도는 그것을 무시한 데 대하여 책임을 지는 것이 공정할 것이다. 그리스도께서는 베드로가 그를 부인하리라고 선포하셨다. 그리고 잠시 후에 또 이렇게 말씀하셨다. "시험에 **들지 않게** 깨어 있어 기도하라!" 끝으로, 구세주께서는 친히 빌라도에게 자기를 붙잡아 둔 데에 **죄가 있다**고 말씀하셨다. "나를 네게 넘겨 준 자의 죄는 더 크다"(19:11). 그러므로 빌라도가 그리스도를 놓아 주지 못한 것은 **큰 죄**가 된다!

"이에 빌라도가 예수를 데려다가 채찍질하더라"(19:1). 필자는 로마인 총독의 이 가공할 행동에 대한 참된 설명이 4절에 암시되어 있다고 생각한다. "[그러므로] 빌라도가 다시 밖에 나가 말하되 보라 이 사람을 데리고 너희에게 나오나니 이는 내가 그에게서 아무 죄도 찾지 못한 것을 너희로 알게 하려 함이로라 하더라." 그것은 그의 올바른 판단에 반하여 취해진 절망적인 행동이었음이 분명하다. 그것은 타협하고자 하는 그의 세 번째이자 마지막 노력이었다. 첫 번째로, 그는 유대인들에게 그들 스스로 그리스도를 심판하라고 요구하였다(18:31). 두 번째로, 그는 그리스도를 유명한 무법자인 바라바와 대립시키고서 유대인들로 하여금 선택하게 하였다. 그 일이 실패한 후 그는 행하기를 두려워한 일을 피하려는 최종적인 노력을 하였다. 그는 결정적인 말을 하기를 주저하였다. 그래서 그 대신 주 예수를 심하게 매질하였으며 군병들이 그를 잔인하게 학대하도록 내버려 둔 것이다. 필자가 생각하기로 빌라도는 유대인들 앞에 그들의 고통스러워하고 피 흘리는 왕을 내놓았을 때 그들의 분노가 가라앉게 되기를 바랐던 것 같다. 누가복음 23:16이 이 사실을 입증하고 있다. "그러므로 [내가 그를] 때려서 [**그리고**] 놓겠노라." 우리는 앞으로 이 사악한 책략이 전적으로 실패했다는 것을 보게 될 것이다.

"이에 빌라도가 예수를 데려다가 채찍질하더라." "이 구절에서 우리 주님의 신체에 가해진 잔인한 상해는 독자가 생각하는 것보다 훨씬 더 지독한 것이었다. 그것은 일반적으로 로마인들에게서 볼 수 있던 풍습으로서 십자가에 못 박기 전에 가해지는 형벌이었다. 그것은 너무나 고통스러워서 수난자가 때때로 그 형벌을 받는 중에 죽기도 하였다. 그것은 화가와 조각가가 표현하는 것과는 달리 언제나 밧줄로 치는 매질이 아니었으며 채찍으로 치는 매질인 경우도 흔히 있었다. 유대인 역사가 요세푸스는 그의 저서 「고대의 풍습」(*Antiquities*)에서 특히 이렇게 말하고 있다. 즉 범인은 처형되기 전에 채찍질을 당하고 온갖 방법으로 고통을 받는다는 것이다. 스미스의 성경 사전에는 이렇게 기록되어 있다. 로마의 채찍질하는 방법을 보면 '범인은 옷을 벗기우고 밧줄이나 가죽 끈으로 형틀에 붙들어 매인 다음 채찍으로 맞는다'"(라일 주교).

"**군인들이 가시나무로 관을 엮어 그의 머리에 씌우고 자색 옷을 입히고 앞에 가서 이르되 유대인의 왕이여 평안할지어다 하며 손으로 때리더라**"(19:2, 3). "독자는 이 글을 읽고 의문을 제기하게 될 것이다. 어떻게 그럴 수 있단 말인가! 재판관이 '나는 그에게서 아무 죄도 찾지 못하였노라' 고 말한 속박된 죄수를 이렇게 매질하다니 그 칭송이 드높은 로마의 정의는 어디로 갔단 말인가! 어째서 무죄한 죄인을 잔인한 로마의 군병들에게 내주어 그들 마음대로 모욕하고 때리게 한단 말인가? 조금 전까지만 해도 불의를 행할까 염려하여 행동하기를 거절했던 빌라도의 냉정한 심판은 어디로 갔는가? 예수께서는 어째서 (우리가 아는 한) 전혀 유례가 없는 방식으로 다루어지신 것일까? 그 모든 일을 밝혀 줄 해결의 열쇠는 무엇인가?"(Mr. M. Taylor) 아무런 도움 없이 이 문제들에 대답하기란 대단히 어렵다. 그러나 혹은 불가능하다 할지라도, 성경의 빛에 의지한다면 모든 어려움은 사라질 것이다.

첫째로, 그토록 잔인하고 그토록 부당하게 취급당하신 이 분은 **누구**셨는가? 그는 임마누엘, 곧 "육체로 나타나신 하나님"이셨다. 그리고 타락한 인간은 하나님을 **증오한다.** "만물보다 거짓되고 심히 부패한 것은 마음이라"(렘 17:9). "육신의 생각은 하나님과 원수가 되나니"(롬 8:7). "그들의 목구멍은 열린 무덤이요 그 혀로는 속임을 일삼으며 그 입술에는 독사의 독이 있고 그 입에는 저주와 악독이 가득하고 그 발은 피 흘리는 데 빠른지라 파멸과 고생이 그 길에 있어"(롬 3:13-16). 이 가공할 사실들은 전무후무하게 예증이 되었다. 하나님의 아들이 **"사람들의 손에 넘겨진"**(막 9:31) 그 때야말로 인간의 마음의 지독한 사악함과 육신의 생각의 끔찍한 증오와 죄의 행사들의 형언할 수 없는 야비함이 가장 명백하게 입증되었다. 하나님께서 그의 모든 제지(制止)를 거두어 들이셨다. 그리고 인간들로 하여금 그 끔찍한 타락상을 숨김없이 드러내게 하셨다.

둘째로, 이 때는 **사탄의 때**였다. 구세주께서는 동산으로 그를 잡으러 온 자들에게 **"이제는** 너희 때요 [또] 어둠의 권세로다"(눅 22:53)라고 말씀하셨다. 죄가 세상에 들어오던 날 여호와께서는 뱀으로 여자와 원수가 되게 하고 뱀의 후손도 여자의 후손과 원수가 되게 하시리라고 선포하신 바 있다(창 3:15). 그 증오는 그리스도께서 성육신하셨을 때 나타났다. 우리는 성경에 기록된 것으로 보아 그것을 알 수 있다. "용이 해산하려는 여자 앞에서 그가 해산하면 그 아이를 삼키고자 하더니"(계 12:4). 그러므로 헤롯을 시켜 베들레헴의 어린 아기들을 모두 죽이게 한 것은 바로 그 용이었다. 그러나 하나님께서 개입하셨고, 그래서 용은 실패하였다. 그런데 이제는 하나님께서 더 이상 방해하지 아니하신다. 뱀이 구세주의 발꿈치를 상하게 하고 그의 기회를 완전히 이용하게 될 때가 온 것이다. 유대인들과 이방인들은 다같이 "그들의 아비, 마귀에게 속하였다." 그리고 이제 그의 욕망들을 열렬하게 실행하였다.

셋째로, 그리스도께서는 **죄**를 위하여 속죄하시려 하고 있었다. 그러므로 죄가 온갖 범죄 행위를 통해 드러나야만 한다. 죄는 **무법**(無法)함이다. 그러므로 빌라도가 무죄하신 분을 채찍질한 것이다. 죄는 **위법**이다. 그러므로 빌라도가 로마법의 모든 원칙들과 법령들을 버린 것이다. 죄는 **불법**(불의)이다. 그러므로 이 군병들이 인간에게 결코 해를 끼친 적이 없으신 그분을 때린 것이다. 죄는 **하나님에 대한 반역**이다. 그러므로 유대인들과 이방인들이 다같이 하나님의 아들을 학대한 것이다. 죄는 **위반**이다. 그러므로 그들이 양심의 명령과 정당성을 모두 어긴 것이다. 죄는 **하나님의 영광에 미치지 못하는** 것이다. 그러므로 그들이 그의 아들에게 치욕을 산더미처럼 덮어씌운 것이다. 죄는 **디러움**, 곧 부정(不淨)함이다. 그러므로 그들이 그의 얼굴을 더러운 침으로 온통 뒤덮은 것이다.

넷째로, 그리스도께서는 죄인들을 **대신하여** 죽으신 것이었다. 그러므로 그들이 받아 마땅한 것이 어떠한 것인지를 나타내야 한다. 율법은 "눈에는 눈, 이에는 이"로써 갚기를 요구한다. 모든 죄는 하나님에 대한 반역이요 하나님께 오만하게 대하는 것이며 그를 실제로 때리는 것이다. 그러므로 그리스도께서 죄인들에게 **매를 맞으신** 것이다. 그리고 인간이 죄인이 되었을 때 성삼위의 의로운 저주가 그에게 내린 바 있다. 그러므로 그리스도께서는 사악한 자들에게 이렇게 말씀하실 것이다. "땅은 너로 말미암아 **저주를 받고** … 땅이 네게 **가시덤불**과 엉겅퀴를 낼 것이라"(창 3:17, 18)라고 말씀하셨었다. 그러므로 저주로부터 구원된 자들의 머리이신 둘째 아담께서 **가시관을 쓰신** 것이다. 우리는 본래 그리고 실제로 부정(不淨)하다. 우리의 불법들, 곧 "주홍" 같고 "진홍" 같은 죄들(사 1:18)이 우리를 온통 뒤덮고 있다. 그러므로 구세주에게 **"자색 옷"**이 입혀진 것이다. 마태는 실제로 "홍포"라고 기록하고 있고(27:28), 마가는 "군인들이 예수에게 **자색** 옷을 입히고"라고 말한다(15:17). 끝으로, 그들은 그를 "유대인의 **왕**"이라 부르며 조롱하였다. 왜냐하면 "죄가 사망 안에서 왕 노릇 하기"(롬 5:21) 때문이다. 그러므로 우리를 구원에 이르게 하는 복음이 여기 있다. 즉 구세주께서는 매를 맞으셨다. 이것은 우리를 자유롭게 하기 위함이었다. 그는 가시관을 쓰셨다. 이것은 우리로 축복과 영광의 면류관을 쓰게 하기 위함이었다. 그는 치욕의 옷을 입으셨다. 이것은 우리로 의(義)의 옷을 입게 하기 위함이었다. 그는 왕으로서 배척당하셨다. 이는 우리로 하나님의 왕과 제사장이 되게 하기 위함이었다.

"[그러므로] 빌라도가 다시 밖에 나가 말하되 보라 이 사람을 데리고 너희에게 나오나니 이는 내가 그에게서 아무 죄도 찾지 못한 것을 너희로 알게 하려 함이로라 하더라"(19:4). 빌라도는 그리스도와 사적인 면담을 한 후 마침내 그리스도가 사형을 받을 만한 일을 아무 것도 하지 않았음을 확신하게 되었다. 그래서 그는 유대인들에게 되돌아와서 그리스도의 무죄함을 재차 단언한 것이다. "[그러므로]"라는 말은 19:1-3에 기록된 내용을 가리킨다. 빌라도는 그의 의사를 충분히 밝히기 위하여 그렇게 한 것이다. "이 사람을 데리고 **너희에게** 나오나니." 즉 내가 하고 싶은 것은 더 이상 아무 것도 없다는 뜻이다. "내가 그에게서 아무 죄도 찾지 못하였노라." 잠시 후면 그리스도에게 사형을 선고할 사람인 그가 어린 양이 "흠이 없다"고 거듭하여 증언한 것은 매우 놀라운 일이다. 주 예수께서 죄인으로 붙잡혀서 십자가에 못 박히셨던 바로 그 때에 하나님께서 사람들을 시켜 차례로 그의 무죄함을 증거하게 하신 것은 더욱더 놀라운 일이다. 구약의 예언자는 이렇게 물었었다. "그 세대 중에 **누가** 생각하기를 그가 살아 있는 자들의 땅에서 끊어짐은 마땅히 형벌 받을 내 백성의 허물 때문이라 **하였으리요**"(사 53:8). 복음서들을 통해 **일곱** 개의 답변이 제시되어 있다.

첫째로, 유다가 "내가 **무죄한** 피를 팔고 죄를 범하였도다"(마 27:4)라고 하였다. 둘째로, 빌라도가 "내가 그에게서 **아무 죄도** 찾지 못하였다"(요 19:4)라고 하였다. 셋째로, 빌라도가 헤롯에 관하여 한 말에서 "헤롯이 또한 그렇게 하여 그를 우리에게 도로 보내었도다 보라 그가 행한 일에는 죽일 일이 **없느니라**"(눅 23:15)고 하였다. 넷째로, 빌라도의 아내가 간청하기를 "저 **옳은** 사람에게 아무 상관도 하지 마옵소서 오늘 꿈에 내가 **그 사람으로 인하여** 애를 많이 태웠나이다"(마 27:19)라고 하였다. 다섯째로, 죽어가는 강도가 말하기를 "우리는 우리가 행한 일에 상당한 보응을 받는 것이니 이에 당연하거니와 이 사람이 행한 것은 **옳지 않은 것이 없느니라**"(눅 23:41)고 하였다. 여섯째로, 하나님을 영광스럽게 해드린 로마인 백부장이 "이 사람은 정녕 **의인이었도다**"(눅 23:47)라고 하였다. 일곱째로, 그 백부장과 함께 서 있던 자들이 인정하기를 "이는 진실로 **하나님의 아들**이었도다"(마 27:54)라고 하였다.

"**이에 예수께서 가시관을 쓰고 자색 옷을 입고 나오시니**"(19:5). "영원한 말씀이신 복되신 우리 주님께서 이런 모습을 하고, 즉 어깨에 낡은 자색 옷을 걸치고 머리에는 가시관을 쓰신 모습을 하셨다. 그리고 등에는 채찍에 맞은 피를, 머리에는 가시에 찔린 피를 흘리시며 구경거리요 멸시의 대상으로 순순히 끌려 나오시며, 비웃고 아우성치며 피에 주린 군중의 눈을 만족시키다니! 이것은 실로 놀라운 일이 아닐 수 없다. 그러한 사랑은 '지식을 초월하는' 사랑이다"(라일 주교).

"**빌라도가 그들에게 말하되 보라 이 사람이로다 하매**"(19:5). 필자는 여기에서 빌라도가 유대인들의 동정심에 호소하고 있다고 굳게 믿는 바이다. 그는 이렇게 말했다. 보라, 그가 이미 충분히 고통 받았지 않았는가! 그는 더 이상 말할 필요가 없었다. 그들에게 들을 귀가 있었다면 그들은 그 수치와 피 흘린 상처가 빌라도의 말하고자 하는 뜻을 대변하고 있음을 충분히 알았을 것이다. 빌라도는 그가 이미 충분히 형벌을 받았으므로 그들의 분노가 이제 가라앉기를 바랐다. 빌라도는 "**이 사람**(this man)을 보라"고 하지 않고 "**그 사람**(the man)을 보라"고 말했는데 그것은 분명히 주목할 만한 일이다. 그것은 편견이 없는 증인의 마음속에서 우러나온 증거였다. 그는 이전에 심판대 앞에 서서 이 사람처럼 행동하는 사람을 결코 본 적이 없었다. 그는 그토록 침착한 위엄과 두려움을 모르는 용기와 기품 있는 권위를 본 적이 없었다. 그는 깊이 감동하였다. 그에서 주님과 같은 유(類)가 없음을 공언한 것이다!

　"대제사장들과 아랫사람들이 예수를 보고 소리 질러 이르되 십자가에 못 박으소서 십자가에 못 박으소서 하는지라" (19:6). 빌라도가 이 앞에서 주님을 정죄하기를 피하고자 했던 시도들이 실패했었듯이 여기에서의 그의 계획도 완전히 실패하였다. 그를 죽일 만한 죄를 찾지 못했다는 그의 말은 유대인들을 만족시키지 못하였다. 구세주의 피 흘리는 가엾은 모습을 보고도 그들은 조금도 누그러지지 않았다. 피를 맛본 맹수들이 그러한 것처럼 그들은 더욱더 피에 목말라했다. 이교도들에 의해 가시관을 쓰신 메시야의 굴욕스러운 모습을 보고 그들은 겸손해지는 대신 오히려 더욱 격노했을 뿐이었다. 그들은 "감정이 없는" 자들이었다. **대제사장들**이 앞장서서 그리스도를 못 박으라고 요구한 것은 실로 엄숙한 일이다. "아랫사람들"은 제사장들의 사적인 종복들이었다. 그러므로 그들은 당연히 자기 주인들의 외침에 가담했던 것이다. "부르짖다"라는 말은 몹시 시끄러운 외침을 뜻한다. 이 신약 시대 전반을 통하여 하나님의 성도들을 가장 잔인하고 가혹하고 흉악하게 박해한 자들은 바로 종교 지도자들, 즉 로마 교회의 "주교들"(?)과 "추기경들"인 경우가 허다했다. 그것은 고통스러운 사실이다. 오늘날에도 박해의 형태는 달라졌다 할지라도 그 사실은 달라지지 않았다. 그리스도의 종이라고 고백하는 자들이 가하는 반대야말로 하나님의 자녀들이 견디기에 가장 잔혹하고 잔인한 것이다. 그들이 **"그를** 십자가에 못 박으시오"라고 부르짖는 것이 아니라 "십자가에 못 박으시오, 십자가에 못 박으시오"라고 부르짖는다는 점에 주목해야 한다. 그것은 그분이 빌라도가 말한 **"그 사람"**임을 **부인**하는 말이었다. 그리스도를 박해하여 죽이려 했던 자들도 언제나 이스라엘 백성들이었다. 그런데도 하나님께서 그들에게 자비를 베푸실 것이라는 사실은 실로 놀라운 일이다.

　"빌라도가 이르되 너희가 친히 데려다가 십자가에 못 박으라 나는 그에게서 죄를 찾지 못하였노라" (19:6). 빌라도는 그들의 불법적인 외침에 넌더리가 났고, 그의 결정에 도전하는 데에 분개하였으며, 그들의 고집에 화가 났다. **너희가** 그리하고 싶다면 "그를 데려가라." 그리고 할 수 있거든 "십자가에 못 박아 보라." 그들은 뻔뻔스럽게도 빌라도의 법정이 내린 판결에 반대를 외쳤다. 그래서 빌라도는 유대인의 법정의 무능함에 관해 조롱한 것이다. 왜냐하면 그들이 인정한 대로 그들에게는 권세가 없었기 때문이다(18:31). 유대인들은 빌라도에게 법적인 살인(곧 사형선고)을 범하라고 주장하였다. 그래서 그는 그들에게 도전하여 로마의 법에 반항하지 말라고 요구한 것이다. 유대인들은 빌라도의 "나는 그에게서 죄를 찾지 못하였노라"는 도전 장 때문에 계속해서 가이사의 권세에 반대했던 것이다.

"유대인들이 대답하되 우리에게 법이 있으니 그 법대로 하면 그가 당연히 죽을 것은 그가 자기를 하나님의 아들이라 함이니이다"(19:7). 여기에서 그들이 이렇게 말한 것으로 보아 그들은 빌라도의 제안 속에 빈정거림이 내포되어 있음을 알았던 것이 분명하다. 빌라도가 진정으로 그들에게 그리스도를 십자가에 못 박는 것을 허용했었다면 그들은 즉시 행동에 옮겼을 것이다. 그들은 그가 진지하게 말하지 않고 신랄하게 비꼬고 있음을 느꼈다. 그리고 그들이 그의 빈정거림에 감정이 상해서 자기들의 난폭한 행동을 다소 변호하려고 하였다. 그들은 "우리에게 법이 **있다**"고 주장한다. 즉, 우리가 불법적으로 행동하지 못하는 것을 네가 조롱할 수 있는 것은 바로 우리에게 법이 있다는 증거이다. **우리는** 너희와 마찬가지로 법을 가지고 있다! "그 법대로 하면 그가 당연히 죽을 것은 그가 자기를 하나님 아들이라 함이니이다." 이것은 레위기 24:16을 가리키는 말이다. 빌라도가 분노를 폭발시키는 것을 보고도 그들은 움츠러들지 아니하고 계속해서 자기들의 요구를 강력히 주장하였다. 우리는 당신의 죄수가 우리의 법을 위반하였기 때문에 그에게 사형을 선고합니다. 그들의 목적은 그리스도가 유대의 종교와 로마의 법에 동시에 반대되는 선동적인 인물일 뿐 아니라 위험한 사기꾼임을 밝혀내는 것이었다. 빌라도는 그들에게 도전했었다. 그러나 이제 그들이 빌라도에게 도전한다. 당신은 우리로 하여금 로마법을 무시하게 하였나이다. 그러므로 이제 우리가 당신으로 하여금 유대의 법을 무시하게 하는 것이니이다.

"우리에게 법이 있으니 그 법대로 하면 그가 당연히 죽을 것은 그가 자기를 하나님 아들이라 함이니이다." 빌라도가 "보라 이 **사람**이로다"라고 말하자마자 그들이 곧 "그가 자기를 하나님 아들이라 하였다"고 말하며 그를 책망하고 있다. 그것은 실로 주목할 만한 일이다. **그들의** 동기는 악한 것이었다. 그러나 그보다 더 강력한 힘이 지배하고 있었음이 분명하다! 그들은 그를 선동죄로 고발하는 데 실패하였다. 그래서 빌라도를 설득하여 그에게 사형을 선고하라고 할 수가 없었다. 그러자 이제 그들은 그리스도를 신성 모독죄로 고소한 것이다. 그러나 그것은 그들의 위선을 드러내 준 것이었으며, 자기들의 "법"에 호소하였지만 그 법을 존중하지는 아니하였다. **그들의** 법대로 하자면 신성 모독죄에 대한 형은 십자가에 못 박는 것이 아니라 **돌로 쳐서** 죽이게 되어 있기 때문이다! 복음서들을 신중하게 비교해 보면 우리는 유대인들이 그리스도에 대하여 일곱 가지 고발을 제시한 사실을 알 수 있다. 첫째로, 그들은 그가 성전을 파괴하려 했다고 고발하였다(마 26:61). 둘째로, 그가 "행악자"라고 고발하였다(요 18:30). 셋째로, 그가 "백성을 미혹했다"고 고발하였다(눅 23:2). 넷째로, "가이사에게 세금 바치는 것을 금했다"고 고발하였다(눅 23:2). 다섯째로, 백성을 미혹했다고 고발하였다(눅 23:5). 여섯째로, 자칭 "왕"이라 했다고 고발하였다(눅 23:2). 일곱째로, 그가 자기를 하나님의 아들이라고 했다고 고발하였다(요 19:7). 이 일곱 가지의 고발은 그들이 그를 **철저하게** 배척했다는 것을 입증해 준다!

"빌라도가 이 말을 듣고 더욱 두려워하여"(19:8). 이 말의 의미는 명백하다. 그런데 이상하게도 많은 주석가들은 그 의미를 찾지 못하고 있다. 어떤 사람들은 이것이 유대인들에 대한 두려움이라고 생각한다. 또 다른 사람들은 빌라도가 그리스도를 구하는 것이 불가능하다고 입증될까봐 두려워했다고 생각한다. 또 어떤 사람들은 빌라도 자신이 잘못된 조처를 취하게 될까 염려한 것이라고 생각한다. 그러나 접속사 "therefore"(그러므로)라는 말로 미루어 볼 때 이 견해들이 모두 틀린 것임을 분명히 알 수 있다. 로마인 총독을 두려워하게 한 것은 바로 그리스도께서 "자기를 하나님 아들이라" 하셨다는 선포였다. 그리고 "그가 **더욱** 두려워하였다"는 말을 고려해 볼 때 그가 이 감정을 느낀 것은 이 때가 처음이 아니었다는 것을 알 수 있게 한다. 그에게 두려움을 일으킨 것은 바로 주 예수의 **인격**이었다. 필자가 보기에 그의 영혼 속에는 처음부터 의식적(意識的)인 불안함이 자리잡고 있었으며, 주 예수의 증거와 말씀을 듣고 생긴 두려움으로 인하여 그 불안이 더욱 깊어졌던 것 같다. 그는 유죄, 무죄의 아주 많은 범인들을 보아왔다. 그러나 이와 같은 자는 결코 본 적이 없었다. 빌라도가 "보라 이 사람이로다"(19:5)라고 한 말은 그가 그리스도에 대해 어떻게 평가했는지를 입증해 준다. 그의 아내에게서 받은 경고는 그에게 깊은 인상을 주었음에 틀림없다. 그리고 그 죄수가 자기를 하나님 아들이라 하였다는 말을 듣고 그 경고를 상기하였다. 그래서 그는 더욱 두려워한 것이었다.

"다시 관정에 들어가서 예수께 말하되 너는 어디로부터냐 하되 예수께서 대답하여 주지 아니하시는지라"(19:9). 이것은 빌라도가 그리스도께 물은 여섯 번째 질문이다. 그리고 그가 그 질문들을 제시해 감에 따라 그 분위기가 변화하는데 그것을 추적해 보는 것은 대단히 흥미 있는 일이다. 첫 번째로, 그는 "네가 유대인의 왕이냐"(18:33)라고 물었다. 이것은 빈정거리는 어조로 물은 것이었다. 두 번째로, "내가 유대인이냐"(18:35)라고 물었다. 이것은 오만하게 경멸하는 어조였다. 세 번째로, "네가 무엇을 하였느냐"(18:35)라고 물었다. 이것은 그의 권세를 거만하게 과시하는 어조였다. 네 번째로, "그러면 네가 왕이 아니냐"(18:37)라고 물었다. 이것은 그의 점증해 가는 당황함을 나타내고 있다. 다섯 번째로, "진리가 무엇이냐"(18:38)라고 물었다. 이것은 경멸적인 동정심을 담은 어조였다. 여섯 번째로, 본절에서 "너는 어디로부터냐"라고 물었다. 그는 어떤 어조로 **이** 질문을 하였을까? 올바른 대답 여하에 따라 많은 것이 결정된다. 그 올바른 대답을 찾지 못한다면 우리는 주님께서 대답하지 않으신 이유를 이해하는 데 혼란을 겪게 될 것이기 때문이다.

"너는 어디로부터냐." 그는 "너는 누구냐?"라든지 또는 "그러면 네가 하나님 아들이냐?"라고 묻지 않고 "너는 어디로부터냐"라고 물었다. 빌라도가 그리스도의 인간적 출생에 대하여 묻는 것이 아니라는 점은 명백하다. 왜냐하면 그가 그리스도를 헤롯에게 보낼 때 이미 "갈릴리 사람"이라고 말한 바 있기 때문이다(눅 23:6). 그렇다면 단순히 쓸데없는 호기심에서 그렇게 물은 것일까? 그렇지 않다. 앞 구절의 "더욱 두려워하였다"는 말이 그것을 입증해 준다. 그러면 빌라도는 지금 깊이 반성하며 열렬하게 빛을 찾고자 하여 그렇게 물은 것일까? 그렇지 않다. 그 다음 구절에서 그가 드러낸 경멸적인 교만심을 볼 때 이 견해가 옳지 않음을 발견하게 된다. 그렇다면 그 질문은 무슨 뜻일까? 첫째로, 필자는 빌라도가 진정으로 당황하고 혼란에 빠졌기 때문에 그렇게 물었다고 생각한다. 빌라도는 그리스도가 독특한 사람임을 명백하게 인식하였다. 그렇다 해도 그가 인간 **이상의** 존재일 리가 있을까? 그의 양심에 두려움이 깊어졌으며 그래서 불안해진 것이다. 이 사람이 하늘로부터 왔다니! 그는 생각이 여기까지 미치자 혼란에 빠진 것이라고 필자는 생각한다. 그리고 이것이 그가 그렇게 질문하게 된 두 번째 동기로 이끈다. 빌라도는 그가 부딪혀 있는 어려움에서 빠져나올 방도가 있기를 기대하며 이 질문을 한 것이다. 그리스도가 정말 하늘로부터 왔다면 어떻게 그를 십자가에 못 박으려고 생각할 수 있겠는가! 그래서 그는 그리스도를 재판정으로 다시 데리고 나와 이렇게 말했다: 내게 너의 진짜 출생과 내력을 은밀하게 말하라. 그래서 나에게 너의 원수들을 견디어 낼 방책을 알게 해 다오. "필자가 생각하기에 빌라도는 은밀한 소망을 품고 예수로 하여금 자기 자신에 대하여 중요한 어떤 것을 그에게 말하게 하려고 했다. 그래서 그것을 토대로 확고한 입장에 서서 그가 예수를 유대인들에게서 방면시킬 수 있게 되기를 바랐다. 그러나 그는 이 희망으로부터 실망하도록 정해져 있었다"(라일 주교).

"그러나 예수께서 대답하여 주지 아니하시는지라." "그러나"라는 말은 불길한 징조를 내포하고 있다. 그리고 이것은 당혹스러운 침묵이다. 예수께서는 지금까지 빌라도의 질문들에 다 대답하셨었다. 그런데 이제는 답변하기를 거절하신 것이다. 우리는 주님의 침묵에 대해서 처음에는 놀라고 당황하게 된다. 그러나 잘 숙고해 보면 그가 그 외에 달리 행동하실 수 없었다는 것을 알게 된다. 첫째로, 우리는 19:11에서 그리스도께서 빌라도에게 말씀하시는 것을 발견할 수 있는데 그 사실은 여기 19:9에서의 그의 침묵이 더 이상 말씀하지 않으시려고 의도적으로 결정하신 데에서 나온 침묵이 아님을 보여준다. "우리들에 관한 한, 우리가 참을성 있게 침묵을 지키려면 어느 정도는 의식적으로 노력해야 한다. 또는 좀 더 선의적으로 해석하자면, 우리는 말을 하지 않으면서 오랫동안 견딜 수 없다. 왜냐하면 우리는 침묵에 적합한 마음가짐을 유지하기 위하여 우리의 정신을 가다듬기에는 내면적으로 너무 큰 힘이 들기 때문이다. 그러나 그리스도께서는 그의 지극히 심원하신 인간성에 있어서 인간의 불완전함을 초월하는 고귀함이 있으셨다. 그가 십자가 상에서 말씀하신 것을 통해 알 수 있듯이 그의 입술은 하나님의 말씀을 못하도록 속박된 적이 없다"(Stier). 둘째로, 그리스도의 이 침묵은 빌라도가 어떤 심정으로 그 질문을 했는지를 명백하게 보여준다. 그것은 진실하게 빛을 찾는 열렬한 영혼의 외침이 아니었다. 왜냐하면 우리 주님께서는 그러한 외침에 결코 문을 닫으신 적이 없으시기 때문이다! 셋째로, 빌라도는 대답을 들을 자격이 없었다. 그는 자신이 무죄한 자라고 선포한 분을 방면하지 않았을 때 참으로 지독한 불의를 행하였다. 그는 그의 아내를 통해 주신 하나님의 경고를 무시하였다. 그는 "진리가 무엇이냐"라고 물은 자신의 질문에 대한 답변을 기다리지 아니하였다. 그리고 그는 자기의 양심을 거슬러 구세주를 채찍질하였으며, 군병들이 그를 조롱하고 학대하도록 내버려 두었다. 무엇 때문에 그리스도께서 그러한 **그에게** 자기 인격의 신비를 나타내 주시겠는가!

"빌라도는 그의 죄수에 대하여 더 이상의 계시를 들을 권리를 박탈당하였다. 그는 주님의 왕국의 본질과 주님께서 세상에 오신 목적에 대하여 분명하게 들은 바 있다. 그러므로 그에게는 주님의 무죄를 공공연하게 인정해야 할 의무가 있다. 그럼에도 불구하고, 즉 이 모든 빛과 지식에도 불구하고 그는 주님을 매우 불의하게 대우하였으며, 마음속으로는 줄곧 그가 무죄한 사람임을 알고 있었으면서도 군병들이 그를 지독히 모욕적으로 다루도록 내버려 두었다. 요컨대, 그는 죄를 지음으로써 대답을 들을 기회를 잃었으며, 자기의 복을 저버렸고, 양심의 부르짖음에 귀를 막아 버렸던 것이다."

"예수께서 대답하여 주지 아니하시는지라." "빌라도처럼 대부분의 사람들은 은혜로운 시기와, 자기들 앞에 열려 있는 문을 가지고 있다. 그러나 그들이 그리로 들어

가기를 거절하고 죄된 길을 택하면 그 문은 종종 닫혀 버리고 다시는 열리지 아니한다. 그리스도께서 사람들에게 말씀을 건네신 '초청의 날'과 같은 그러한 일이 있다. 그들이 그의 음성을 듣고 마음의 문을 열지 아니하면 그들은 종종 내버려져서 하나님께 버림받은 자가 된다. 그리고 자기들이 뿌린 죄의 열매를 거두게 된다. 바로 왕과 사울, 그리고 아합의 예가 그러했으며 빌라도의 경우도 마찬가지였다. 그는 기회를 가졌었다. 그러나 그것을 사용하기를 택하지 아니하고 자기 양심을 대가로 지불하며 유대인들을 기쁘게 하기를 더 좋아했다. 또한 잘못인 줄을 알고 있었던 것을 행하기를 더 좋아하였다. 우리는 그 결과를 잘 알고 있다. '예수께서 대답하여 주지 아니하시는지라'"(라일 주교).

위에서 지적한 것에 덧붙여서 우리는 이렇게 말할 수 있다. 즉 그리스도께서는 자기 백성의 죄를 위하여 수난을 받으시도록, 그리고 그것을 방해하게 될 만한 것은 어떤 것도 말하지 아니하시도록 하나님에 의하여 정해져 있었다! 사실 빌라도는 도덕적으로 진리를 받을 능력이 없었다. 그에게 명확한 대답을 해주었다 해도 돼지에게 진주를 던진 격이 되었을 것이다. 그래서 구세주께서는 그렇게 하지 않으신 것이다. 그가 자기의 신성을 확언했었다면 그것은 빌라도가 그를 방면하기 위하여 찾았던 바로 그 실마리를 제공해 주었을 것이다. 그러므로 필자는 라일 주교가 다음과 같이 말한 것처럼 생각하는 바이다. "우리 주님의 침묵은 올바르며 또 아주 당연한 것이었다. 그러나 그것은 우리의 구원에 관한 하나님의 계획들 중의 일부였다." 끝으로, 우리는 여기에서 주님께서 보여주신 본보기를 통해, "말해야 할 때"가 있는 것처럼 "침묵해야 할 때"가 있다는 것을 배울 수 있다(전 3:7)!

"빌라도가 이르되 내게 말하지 아니하느냐 내가 너를 놓을 권한도 있고 십자가에 못 박을 권한도 있는 줄 알지 못하느냐"(19:10). 여기에는 로마인들의 오만하고 흉포하며 전제적인 기질이 나타나 있다. 즉 '나'라는 말이 권위 그 자체를 단언하고 있다. 필자는 인칭 대명사들이 전적으로 역설되어 있다고 확신하는 바이다: 네가 유대인들이나 군병들 그리고 헤롯 앞에서는 침묵을 지켜도 좋다. 그러나 **내** 앞에서도 침묵을 지킨단 말이냐? 이것은 존경심이 결여되어 있음을 나타내고 있으며, 그것은 관직에 있는 정치가의 오만한 권위를 드러내고 있다. 너는 네가 누구 앞에 서 있는지 알지 못하느냐! 너는 명색뿐인 우두머리에 불과한 안나스나 가야바 앞에 있는 것이 아니다. 나는 가이사 아구스도의 대표자인 유대의 총독이다. "네가 내게 말하지 아니하느냐?" 그것은 빌라도가 우리 주님께 물은 일곱 번째이자 마지막 질문이었다.

그것은 빈정거림과 분노가 뒤섞인 어조로 물은 것이었다. 빌라도는, 그에게 매달려 그의 은혜를 구하기 위해서라면 어떤 것이라도 기꺼이 행하려 하는 죄수들을 보는 데 익숙해졌기 때문에 우리 주님의 침묵을 이해할 수가 없었다. 그는 당황하기도 하고 화가 나기도 했다. 그의 관료적인 자부심이 손상되었기 때문이다.

"내가 너를 놓을 권도 있고 십자가에 못 박을 권도 있는 줄 알지 못하느냐?" 그는 자기 자신을 정죄한 것이다. 그는 자기의 참 모습을 드러낸 것이다. 그는 자기 권좌에 앉아 법적인 살인을 할(즉 사형 선고를 내릴) 권세가 자기에게 있음을 말했다. 그는 자기 죄수의 무죄를 거듭하여 단언하였으며, 그리고 이제는 자기에게 그를 방면할 권세가 있음을 인정하였다. 그러면서도 그는 잠시 후에 그에게 사형선고를 내린 것이다. 이것은 고위직에 있는 자가 말한 것이다. 그리고 그는 치우침 없는 공의를 자랑으로 여기는 국가에 속한 자였다! 그의 전적인 어리석음에 주목하라. 그는 자기가 중요한 인물이라는 인식으로 득의양양해지고, 또 자기에게 절대적인 자유의지가 있다는 생각에 사로잡힌 나머지 뻔뻔스럽게도 하나님의 아들이 전적으로 **자기의** 수중에 맡겨져 있다고 말한 것이다! 그의 이러한 극도의 모순에도 주목하라. 그는 자기의 법적인 권위를 자랑하였다. 그러나 주님이 무죄하시다면 그에게는 주님을 "십자가에 못 박을" 법적인 권세가 없는 것이다. 또 주님이 유죄라면 그에게는 주님을 방면할 법적인 권세가 없는 것이다. 그는 자기 입으로 정죄한 것이다. 그의 말을 신중하게 분석해 보면 이런 뜻이다: **나는** 법보다 더 높다. 나는 네가 유죄이든 무죄이든 내 마음대로 너를 처리할 수 있다.

"절대적인 권세에 대한 이 고압적인 주장은 불경스러운 위인들이 하기 좋아하는 것이다. 느부갓네살에 대하여 이렇게 기록되어 있다. '**그는** 임의로 죽이며 임의로 살리며 임의로 높이며 임의로 낮추었더니' (단 5:19). 그러나 그러한 자들이 권세를 자랑한다 할지라도 그들은 빌라도처럼 단지 노예에 불과하며, 또 대중의 의견을 거스르기를 두려워한다. 빌라도는 '방면해 줄 권세' 가 있다고 말했다. 그러나 그는 그가 두려워한다는 것과 또 그렇게 행할 수 없으리라는 것을 마음속으로 알고 있었다." (라일 주교).

"예수께서 대답하시되 위에서 주지 아니하셨더라면 나를 해할 권한이 없었으리니" (19:11). 주님께서는 아버지의 영광을 위하여 그리고 빌라도를 책망하기 위하여 다시 한 번 말문을 여시며 십자가에 못 박히시기 전에 마지막 증언을 하신다. 지금 그의 입에서 나온 은혜와 진리의 말씀을 신중하게 주목하는 것은 복된 일이다. 그가 그러한 신성모독의 말을 한 혀를 마비시켜 버림으로써 빌라도의 자만이 허위임을 증명하시기란 아주 쉬운 일이었을 것이다! 그가 동산에서 그렇게 하셨던 것처럼 오만한 이교도 앞에서 자기의 권세를 나타내시기란 아주 쉬운 일이었을 것이다. 그러나 그는 그렇게 하지 아니하시고 자기의 영광을 나타내 주는 침착하고 신중한 답변을 하신 것이다. 여기에서 하신 그의 말씀을 신중하게 숙고해 보면 그가 자발적으로 비하의 신분을 취하셨다는 것과 거기에 그의 신성한 위엄이 드러날 것이다. 이 두 가지가 간단한 한 개의 문장에 결합되어 있다는 것은 참으로 놀라운 일이다.

"예수께서 대답하시되 위에서 주지 아니하셨더라면 나를 해할 권한이 없었으리니." 주님께서는 빌라도가 "권세"를 가졌음을 인정하셨다. 그러나 그것은 빌라도 자신이 생각하는 것과는 아주 다른 종류의 권세이며, 그 원천도 아주 다르고 그 한계도 아주 다른 그런 권세였다. 빌라도는 자기의 임의적인 재량과 자기의 주권적 선택, 그리고 자기 마음대로 행할 수 있는 무법적인 권리를 자랑하였다. 그리스도께서는 그에게 위로부터 와서 인간에게 위임된 권세, 그리고 그것을 부여해 주신 분의 즐거움을 따라 제한되는 권세에 대하여 알려 주신다. 그러므로 그리스도께서는, 첫째로, 빌라도가 그를 자기 마음대로 처리할 "권세"가 있다고 말한 것을 **부인하셨다**. 둘째로, 그는 자신만이 절대적인 주권자이심을 주장하심으로써 아버지의 영광을 지키셨다. 아주 온건한 작가인 라일 주교조차도 이 구절에 대하여 이렇게 말한 바 있다. "너는 권세에 관하여 말하였다. 그러나 너는 너와 유대인들이 둘 다 하나님의 수중에 있는 도구들에 불과하다는 것을 알지 못하고 있다. 너희는 둘 다 하나님의 뜻에 따라 무의식적으로 움직이는 도구에 불과한 것이다!"

"**예수께서 대답하시되 위에서 주지 아니하셨더라면 나를 해할 권한이 없었으리니 그러므로 나를 네게 넘겨 준 자의 죄는 더 크다 하시니라**"(19:11). 우리 주님께서는 빌라도에게 권세가 있음을 인정하셨다. 즉 그는 인간의 법정의 권위를 인정하신 것이다. 그리스도께서는 끝까지 법을 존중하셨다. 그리고 그는 유대인들을 지배하는 로마인들의 권세를 논박하지 아니하셨다. 그러나 그는 빌라도의 권세가 위로부터 온 것이라고 주장하셨다. 왜냐하면 "권세는 하나님으로부터 나지 않음이 없나니 모든 권세는 다 하나님께서 정하신 바이기"(롬 13:1) 때문이다. 잠언 8:15, 16과 비교하라. 그리스도께서는 빌라도의 권세가 자기 자신에게 미치는 것을 인정하셨다. "아니하셨다면 **나를** 해할 권한이 없었으리니." 그는 자기를 위하여 전혀 명성을 구하지 아니하셨다. 그러나 구세주께서 그 권세에 복종하신 것은 사적인 것이든 공적인 것이든 빌라도의 "권세"가 "위로부터 온" 것이기 때문이었다.

"나를 네게 넘겨 준 자의 죄는 더 크다 하시니라." 이 말씀을 통하여 주님께서는 눅 22:22에서 말씀하신 것과 같이 하나님의 계획으로 인하여 그 일들을 집행한 자들의 **죄**가 폐해지지 아니하리라는 것을 보여주신다. 그리고 여기에서 말씀하신 것에 주목해야 한다. 빌라도의 (하나님께서 주신) 권세에 유순하게 복종하신 바로 그분이 친히 인간의 **심판자**로 나타나셔서 빌라도와 유대인들의 죄를 상대적으로 할당하신 것이기 때문이다. 이와 같이 그는 자기의 신적 위엄을 끝까지 유지하신 것이다. 그러므로 "네가 알지 못하느냐?"라고 물은 빌라도에 대한 우리 주님의 답변은 다음과 같다. 첫째로, **나**는 네게 있는 모든 권세가 위로부터 왔다는 것을 알고 있다. 둘째로, 나는 너와, 나를 네게 넘겨 준 자의 죄가 얼마 만큼인지 그 정확한 양을 알고 있다! 필자는 다소 어려운 감이 있는 "therefore(그러므로)"의 참뜻이 바로 그러한 것이라고 생각한다. 주님께서는 빌라도의 공식적인 신분에 대한 존경심 때문에 "나를 네게 넘겨 준 자의 죄는 **네 죄보다** 더 크다"고 말씀하신 것이 아닌 점에(물론 그런 의미가 함축되어 있다 할지라도) 주목해야 한다. 누가복음 12:47, 48에서처럼 여기에서도 그리스도께서는 죄와 죄책에는 **정도**가 있으며, 그러므로 장래의 형벌에도 정도가 있다는 것을 가르쳐 주고 있다. "나를 네게 넘겨준 **자**"란 유다를 가리키는 것이 아니라(**유다의 죄**는 "가장 큰 죄"이다) 유대 민족의 대표자로서 행동한 가야바를 가리키는 말이다. 끝으로, 빌라도가 그리스도에게서 직접 들은 최후의 말은 **죄**라는 말이었다는 점에 주목하라. 그 다음 말은 그의 영원한 운명을 선고하는 것임이 분명하다.

다음 과를 준비하는 독자를 위하여 아래의 질문들을 제시하는 바이다.

1. 어째서 "대제사장들"이 앞장서서 외쳤는가?(15절)
2. 그리스도께서는 어째서 "그들에게 넘겨지셨는가"?(16절)
3. 어째서 "히브리말로" 표현해 놓았는가?(17절)
4. 어째서 두 명의 다른 사람들이 그리스도와 함께 십자가에 못 박혔는가?(18절)
5. 어째서 죄패에 유대인의 왕이라고 기록되었는가?(19절)
6. 어째서 3개 국어로 기록하였는가?(20절)
7. 23절은 무슨 뜻인가?

제65장

사형선고를 받으신 그리스도

¹²이러하므로 빌라도가 예수를 놓으려고 힘썼으나 유대인들이 소리 질러 이르되 이 사람을 놓으면 가이사의 충신이 아니니이다 무릇 자기를 왕이라 하는 자는 가이사를 반역하는 것이니이다 ¹³빌라도가 이 말을 듣고 예수를 끌고 나가서 돌을 깐 뜰(히브리 말로 가바다)에 있는 재판석에 앉아 있더라 ¹⁴이 날은 유월절의 준비일이요 때는 제육시라 빌라도가 유대인들에게 이르되 보라 너희 왕이로다 ¹⁵그들이 소리 지르되 없이 하소서 없이 하소서 그를 십자가에 못 박게 하소서 빌라도가 이르되 내가 너희 왕을 십자가에 못 박으랴 대제사장들이 대답하되 가이사 외에는 우리에게 왕이 없나이다 하니 ¹⁶이에 예수를 십자가에 못 박도록 그들에게 넘겨 주니라 ¹⁷그들이 예수를 맡으매 예수께서 자기의 십자가를 지시고 해골(히브리 말로 골고다)이라 하는 곳에 나가시니 ¹⁸그들이 거기서 예수를 십자가에 못 박을새 다른 두 사람도 그와 함께 좌우편에 못 박으니 예수는 가운데 있더라 ¹⁹빌라도가 패를 써서 십자가 위에 붙이니 나사렛 예수 유대인의 왕이라 기록되었더라 ²⁰예수께서 못 박히신 곳이 성에서 가까운 고로 많은 유대인이 이 패를 읽는데 히브리와 로마와 헬라 말로 기록되었더라 ²¹유대인의 대제사장들이 빌라도에게 이르되 유대인의 왕이라 쓰지 말고 자칭 유대인의 왕이라 쓰라 하니 ²²빌라도가 대답하되 내가 쓸 것을 썼다 하니라 ²³군인들이 예수를 십자가에 못 박고 그의 옷을 취하여 네 깃에 나눠 각각 한 깃씩 얻고 속옷도 취하니 이 속옷은 호지 아니하고 위에서부터 통으로 짠 것이라 ²⁴군인들이 서로 말하되 이것을 찢지 말고 누가 얻나 제비 뽑자 하니 이는 성경에 그들이 내 옷을 나누고 내 옷을 제비 뽑나이다 한 것을 응하게 하려 함이러라 군인들은 이런 일을 하고(요 19:12-24)

우리가 여기에서 고찰하게 될 구절들을 분석해 보면 아래와 같다.

1. 그리스도를 놓아 주려는 빌라도의 노력이 허사가 됨(12절)
2. 재판석에 앉은 빌라도(13절)
3. 유대인들이 자기들의 메시야를 배척함(15절)
4. 유대인들에게 넘겨지신 그리스도(16절)
5. 십자가에 못 박히신 그리스도(17, 18절)
6. 십자가 위에 패를 붙임(19-22절)
7. 군인들과 그리스도의 옷(23, 24절)

우리는 그리스도의 죽으심을 주로 다섯 가지 견지에서 고찰해 볼 수 있다. **하나님**의 입장에서 볼 때 십자가는 **화목제**였다(롬 3:25, 26). 거기에서 하나님의 거룩하심과 공의가 완전하게 보상을 받으셨기 때문이다. **구세주**의 입장에서 볼 때 그것은 **희생제물**이요(엡 5:2), **봉헌**이었으며(히 9:14) **순종**의 행위였다(빌 2:8). **신자들**의 입장에서 볼 때 그것은 의로우신 자가 불의한 자들을 위하여 겪으신 **대속**이었다(벧전 3:18). **사탄**의 입장에서 볼 때 그것은 **승리**이자 또한 **패배**였다. 즉 그가 여자의 후손의 발꿈치를 상하게 한 점으로 볼 때는 그의 승리이나(창 3:15), 그리스도께서 자기의 죽음을 통하여 죽음의 세력을 잡은 자, 곧 마귀를 멸망시키신 것으로 볼 때는 패배인 것이다(히 2:14). **세상**의 입장에서 볼 때 그것은 잔인한 **살인**이었다(행 3:15). 본문은 주로 그리스도의 죽음에 관하여 언급된 양상을 다루고 있다.

(인간적인 측면으로 볼 때) 하나님의 어린 양을 죽이는 데 **솔선**한 자들은 유대인들이었다. 그러나 **사법적으로** 책임이 있는 자는 빌라도였다. 필자는 이 앞 64장의 서두에서 두 가지 사실을 지적한 바 있다. 첫째로, 하나님께서 빌라도로 하여금 자기 아들에게 형을 언도하도록 정해 두셨다는 것. 둘째로, 그럼에도 불구하고 빌라도는 그렇게 행한 점에 있어서 도덕적으로 유죄라는 것이다. 필자는 빌라도의 마지막 행동들에 관하여 이미 고찰한 것들을 재검토하지는 않겠다. 그러나 앞에서 지적한 것들을 간략하게 보충하고자 한다.

유대인들이 빌라도에게 자기들의 메시야에게 형을 언도하라고 하며 취한 행동을 감안해 볼 때, 빌라도는 그들이 그에게 행해 주기를 바라고 또 요구한 역할에 대하여 흥미가 없었다는 것이 분명해진다. 빌라도가 그리스도에 대하여 스스로 많이 알면 알수록 그의 주저함은 더욱더 증가하였다. 이것은 그가 재판정을 불안스럽게 들락날락하며 왕래한 것을 볼 때 분명해진다. 그가 그리스도의 무죄를 반복하여 단언한 것이 이것을 입증해 주며, 또 그가 유대인들에게 제시한 타협들과 호소들도 이것을 입증해 준다. 그는 사형을 선고하기를 꺼려하였다. 그렇다면 이 로마인 총독이 설득되어 마침내 사형을 선고하게 된 것은 무엇 때문이었을까? 이 질문에 대한 답을 찾는 데 있어서 필자는 사건의 인간적인 측면에만 제한시켜 고찰하려고 한다.

첫째로, 유대인들은 그리스도가 백성을 미혹하고 선동하였으며 가이사에게 세를 바치지 못하게 가르치고 또 자칭 유대인의 왕이라 했다고 고발하였다(눅 23:2-5). 이것들은 빌라도가 무시할 수 없는 고발들이었다. 그러한 고발들을 제시하는 것과 그것들을 입증하는 것은 서로 별개의 일이다. 그러나 통치자들은 증거를 만들고 거짓 증인들을 세우는 것이 아주 쉽다는 것쯤은 충분히 알고 있는 자들이다. 둘째로, 빌라도는 어떤 갈릴리 사람들의 피를 제물에 섞음으로써 유대인들의 증오를 초래한 바 있다(눅 13:1). 그것은 도덕적으로 그릇될 뿐만 아니라 법적으로도 비난할 만한 일이다. 셋째로, 빌라도가 우유부단한 표시를 보였을 때 유대인들은 그가 만약 예수를 놓아 주면 **그는** 가이사의 충신이 아니라고 말하였다(요 19:12). 빌라도는 그가 그 죄수를 놓아 주면 황제에게 그에 대한 고소가 즉시 제기될 것이며, 그래서 그는 음모와 반역죄로 총독의 직위를 잃어버리게 될 뿐만 아니라 생명도 잃게 되리라는 것을 곧 감지하였다.

그러므로 빌라도가 내린 결론의 이유는 이런 것들이었다. 한편으로 그는 그리스도가 무죄하며 독특한 사람이라는 것, 나아가서 아마 인간 이상의 존재라는 것을 알고 있었다. 다른 한편으로 그는 산헤드린에게서, 자기가 행한 것을 가이사에게 폭로당하게 될 위험을 받고 있었다. 요컨대 빌라도는 **그리스도와 세상** 중 하나를 선택해야만 했다. 그 결과가 분명하게 규정되자 그는 주저하지 않았다. 그는 유대인들의 그리스도에 대한 기왕의 흉포한 증오를 증가시키고, 또 가이사에게 스스로 반역하기보다는 백성들을 기쁘게 하고 그들의 칭찬을 얻는 쪽을 택하였다. "우리는 빌라도의 망설임이 가져올 결과를 예상할 수 있다. 사람이 자기 양심과 타협하고 죄를 소홀히 다루기 시작할 때 ― 그것이 칭찬을 좋아하는 것이든, 인간에 대한 두려움이든, 또는 건전한 교리와 명백한 도덕에 반대되는 것이라면 무엇이든 ― 그 결과가 어떻게 될지를 예상하기란 쉬운 일이다. 죄란 처음에는 작은 불꽃과 같다. 그것을 즉시 밟아 꺼버려라. 그것이 우리의 의무이다. 그러나 죄에 빠져들고 죄를 조장하며 죄와 놀아나면 그 불꽃이 타올라 퍼져서 끔찍한 불길이 되어 영혼의 성전을 태워 황폐하게 할 것이다. 이 불행한 빌라도가 바로 그러하였다. 그는 하나님께서 영원히 떼어놓으신 것, 즉 그의 육적인 경향과 그의 임무를 함께 결합시키려고 애썼다. 그는 헛되게도 공정과 불의를 조화시키고자 하였으며, 밖에 있는 사악한 자들의 목소리에 응하면서 동시에 그 안에 있는 하나님의 음성을 위반하지 않기를 바랐다. 그는 두 주인, 즉 하나님과 재물을 섬기려고 생각하였다. 그것은 참으로 비참하고 불가능한 타협이었다"(Mr. Geo. Brown).

"**이러하므로 빌라도가 예수를 놓으려고 힘썼으나**"(19:12). 여기에서의 시간 표시는 중요한 것이다. 유대인들이 그리스도가 "자기를 하나님의 아들이라 함이니이다"(19:7)라고 고발한 후에 빌라도는 대단히 불안해져서 법정 안으로 물러가 구세주께 "너는 어디로부터냐"(19:9)라고 물었다. 그러나 주님께서는 대답하여 주지 아니하셨다. 그러자 빌라도는 "내게 말하지 아니하느냐 내가 너를 놓을 권한도 있고 십자가에 못 박을 권한도 있는 줄 알지 못하느냐?'라고 말하였다. 그러자 그리스도께서는 이렇게 대답하셨다. "위에서 주지 아니하셨더라면 나를 해할 권한이 없었으리니 그러므로 나를 네게 넘겨 준 자의 죄는 더 크다." 우리는 빌라도가 그 죄수의 행동과 말로 인하여 깊은 인상을 받았다는 것을 의심할 수 없다. 앞에서 그는 무죄한 자를 정죄하기를 꺼려 했었다. 그러나 이제는 그를 구하려고 진정으로 노력하고자 결심하였다. 빌라도는 그리스도를 법정 뒤에 남겨둔 채 유대인들에게 다시 한 번 돌아왔다. 여기서 빌라도가 유대인들에게 무어라 말했는지에 대하여 요한은 우리에게 아무 것도 알려 주지 않았다. 우리가 알 수 있는 것은, 그는 (비록 그들이 분명히 거부할 터이지만) 구세주의 원수들에게 열렬하게 호소했어야만 했다는 사실이다.

"**유대인들이 소리 질러 이르되 이 사람을 놓으면 가이사의 충신이 아니니이다 무릇 자기를 왕이라 하는 자는 가이사를 반역하는 것이니이다**"(19:12). 유대인들은 그들의 상대자(즉 빌라도)를 잘 알고 있었다. 왜냐하면 위선자들은 다른 사람들 속에 있는 위선을 가장 재빠르게 간파할 수 있기 때문이다. 그들은 가장 강력한 방책을 최후까지 유보해 두었다. 즉 그들은 악마적인 교활함을 띠고서, 그 총독의 개인적인 감정이 어떻든지, 또는 그가 그들을 기쁘게 해주기를 제아무리 꺼린다 할지라도 황제를 불쾌하게 할 수는 없을 것이라고 넌지시 암시한 것이다. 그에게 있어서 이것은 결정적인 논거였다. 이때부터 불유쾌한 처지를 피하려 했던 그의 소망들은 좌절되었다. 다음의 두 가지 중에서 어느 쪽이 더 야비한지를 결정하기란 어려울 것이다. 즉 가이사의 권리를 염려하는 채 한 유대인들의 표리부동함과, 부정한 살인을 묵인한 빌라도의 비겁함과 사악함 중 어느 편이 더 비열한지를 가릴 수는 없을 것이다.

우리는 한편으로 모든 백성 중에서 가장 큰 은혜를 받은 백성인 아브라함의 후손들이, 약속된 메시야가 도래하기를 열렬히 기다리고 있다고 고백하면서도 이제 그 메시야를 십자가에 못 박으라고 외치고 있는 것을 본다. 다른 한편으로 우리는 로마 의 고귀한 법정의 재판관이 양심을 무시하고 공의를 짓밟는 것을 본다. 우리는 인간 의 본성이 그토록 경멸스럽게 노출된 것을 본 적이 없으며 죄가 그토록 숨김없이 드 러난 것을 본 적이 없다.

　　"빌라도가 이 말을 듣고 예수를 끌고 나가서 돌을 깐 뜰(히브리 말로 가바다)에 있 는 재판석에 앉아 있더라"(19:13). "주석가 랑게는 이렇게 말한다. '빌라도가 상황을 조정하던 때는 지나갔다. 이제 상황이 그를 조정하게 된 것이다.' 앞에서 그는 **진리 가** 무엇이냐고(**묻지** 아니하고) 말하였다! 이제 황제의 총애를 삶의 최상의 법으로 여 겨 온 그가 두려워하여 **공의**가 무엇이냐고 말하고 있다! 그러므로 그는 그의 재판석 에 앉아 비웃음과 무력한 마지막 호소의 중간에 해당하는 어조로 유대인들에게 '보 라, 너희의 왕이로다' 라고 말하고 있다"(Numerical Bible). 빌라도는 유대인들의 잔 인무도한 요구에 감히 더 이상 반대하지 못한다. 이제 그에게는 공공연하게 재판석 에 앉아 형을 언도하는 일만이 남아 있을 뿐이다. 그리스도께서는 빌라도 앞에서 **일 곱** 단계에 걸쳐 심문을 받으셨는데 그 점은 주목할 만하다. 우리는 그 다음의 성경 구절들, 즉 빌라도가 법정을 들락날락하며 취한 행동에 관하여 언급하고 있는 내용 을 신중하게 주목해 보면 그 사실을 알 수 있다. 첫 심문은 밖에서 있었다(18:28-32). 두 번째 심문은 안에서 있었다(18:33-37). 세 번째는 밖에서(18:38-40), 네 번째는 안 에서(19:1-3), 다섯 번째는 밖에서(19:4-7), 여섯 번째는 안에서(19:8-11), 그리고 일곱 번째는 밖에서(19:12-16) 행해졌다.

　　"빌라도가 이 말을 듣고 예수를 끌고 나가서 돌을 깐 뜰(히브리 말로 가바다)에 있 는 재판석에 앉아 있더라." 성경의 다른 모든 곳에서처럼 여기에서도 고유 명사에 심 오한 의미가 함축되어 있다. 보는 눈을 가진 자들은 그것을 볼 수 있을 것이다. "돌을 깐 뜰" 이라는 말은 신약 성경의 어디에서도 찾아 볼 수 없다. 그러나 그 말에 해당하 는 히브리어를 구약 성경에서 꼭 한 번 찾아볼 수 있다. 성령께서는 우리가 이 두 개 의 본문을 연관지어 생각하기를 바라신 것이 분명하다. 열왕기하 16:17에 다음과 같 은 기록이 있다. "아하스 왕이 물두멍 받침의 옆판을 떼어내고 물두멍을 그 자리에서 옮기고 또 놋바다를 놋소(牛) 위에서 내려다가 돌**판**(pavement, 곧 박석이라는 뜻) 위 에 그것을 두며." 아하스의 경우에 있어서 그의 이런 행동은 그가 비열한 배교를 하 고 말았다는 결정적인 표시였다. 여기에서 변절한 유대인들의 수준으로 타락한 빌라도의 경우도 그와 마찬가지이다. 전자의 경우에 있어서 배교한 것은 이방인 우상숭배자에게 지배당한 유대인 통치자였다. 그러나 후자의 경우에서 변절한 것은 자기들의 메시야를 배척한 유대인들에게 지배당한 이방인 우상숭배자였다!

"이 날은 유월절의 준비일이요"(19:14). 이 말에 관해서는 끝없는 논쟁이 계속되어 왔다. 주님과 제자들은 그 전 날 밤 유월절 만찬을 먹은 바 있다(눅 22:15). 그럼에도 불구하고 우리는 여기에서 "유월절의 준비일"이라는 말을 읽게 된다. 앤더슨 경은 적절하게도 이 문제를 해결하는 데 도움이 되도록 많은 것을 지적한 바 있다. 그러나 여기에서는 간략하게 인용할 수밖에 없음을 밝힌다. "이 저자들은 모두 다 유월절 만찬과 그 다음 날에 해당하는 유월절을 혼동하고 있으며 또 유월절이라는 말이 유월절 만찬이라는 말에서 따온 것임을 혼동하고 있다. 유월절 만찬은 이스라엘 백성이 출애굽을 하기 **전** 날 밤 그 장자들이 구원된 것을 기념하기 위해 먹은 식사였다. 그리고 유월절은 그들이 노예 상태로부터 실제로 해방된 것을 기념하는 날이다. 유월절 만찬은 유월절의 일부가 아니다. 초막절이 그 명절에 선행하는 속죄일에 속죄제에 토대를 둔 것인 것처럼 유월절도 유월절 만찬에 토대를 둔 것이다. 그러나 칠칠절이 일반적으로 오순절이라고 명명되고 있는 것처럼 그와 마찬가지로 무교절도 대개 유월절이라고 불리고 있다(눅 22:1). **그** 명칭은 유월절 만찬**과** 유월절에 공동으로 해당하며 그 두 가지를 다 포함하고 있다. 그러나 지적인 유대인들은 그 두 가지를 결코 혼동하지 않는다. 모세오경의 율법을 마지막으로 선포하는 데에 제시하고 있는 말들이 이 차이를 가장 분명하게 나타내 주고 있다. '첫째 달 열넷째 날은 여호와를 위하여 지킬 유월절이며 또 그 달 열다섯째 날부터는 명절이니'(민 28:16, 17)."

"유월절의 **준비일**"이란 무엇을 가리키고 있을까? "유대인들 사이에서 '준비일'이란 **안식일** 전 날에 붙였던 일반적인 명칭이었다. 그리고 그 명칭은 사복음서 저자들이 모두 사용하고 있는 말이다. 이것을 기억하고서 요한복음 19:14을 31-41절과 비교해 보라. 그러면 문제의 그 말이 '유월절 금요일이었다'는 것을 나타내고 있음을 쉽게 알게 될 것이다"(Sir Robert Anderson). 마가복음 15:42과도 비교해 보라. 그러면 훨씬 더 확실해질 것이다.

"**때는 제육시라**"(19:14). 이 말도 주석가들에게 있어 많은 어려움을 야기시켜 왔다. 그것은 마가복음 15:25의 기록과 상충되는 것처럼 여겨진다. 거기에는 "때가 제**삼시**가 되어 십자가에 못 박으니라"고 기록되어 있다. 그러나 여기에는 상위점이 전혀 없다. 마가는 우리 주님께서 십자가에 못 박히신 시각을 제시하고 있는 것이다.

요한은 유월절 금요일, 다시 말해서 안식일에 아무도 요리할 필요가 없도록 그 날(이 날은 금요일 해질 녘부터 시작된다)을 위하여 음식들을 준비하는 준비일에 관해서 말하고 있는 것이다. 그때는 **이** "준비"가 시작된 후 제육시 경이었다. 아우구스티누스와 라이트푸트 박사는 위 견해를 취하고 있다. 필자는 성령께서 비교와 대조를 나타내기 위하여 이 세부 사항을 기록하신 것이라고 생각한다. 유대인들은 다가오는 안식일을 준비하기 위하여 여섯 시간 동안 일해 왔다. 그리고 그리스도께서는 안식일이 상징하고 있는 영원한 안식을 자기의 백성들에게 가져다 줄 위대한 일을 그 **다음** "여섯 시간" 동안 완수하신 것이다! (막 15:25 및 33-37절과 비교하라)

"빌라도가 유대인들에게 이르되 보라 너희 왕이로다"(19:14). 그는 분명히 조소하고 경멸하는 어조로 이 말을 했다.

"그들이 소리 지르되 없이 하소서 없이 하소서 그를 십자가에 못 박게 하소서"(19:15). 이 앞에서 빌라도가 유대인들에게 사적으로 호소했던 것들이 실패했었던 것처럼 그의 이 최종적이고 공적인 호소도 아무 효과가 없었다. 그들은 다시 한 번 격렬하고 무자비하게 소리치며 그 죄수를 십자가에 못 박아 죽이라고 요구하였다. 그들을 만족시킬 수 있는 것은 오직 그의 피뿐이었다. 그는 죽어야만 한다. 하나님께서 그렇게 작정해 두셨기 때문이다. 그래서 그들은 그렇게 요구한 것이다. 하나님의 작정은 사랑에 기인한 것이었다. 그러나 그들의 주장은 증오에 기인한 것이었다. 하나님의 계획은 가엾은 죄인들에게 자비를 베푸시는 것이었다. 그러나 그들의 의도는 죄 없는 분에게 야만적인 잔인무도함을 자행하는 것이었다. 이스라엘 백성의 자기들의 메시야에 대한 이러한 배척은 두 예언을 성취시켰다. "그는 … 사람들이 그에게서 얼굴을 가리는 것 같이 멸시를 당하였고 우리도 그를 귀히 여기지 아니하였도다"(사 53:3). "이스라엘의 구속자 이스라엘의 거룩한 이이신 여호와께서 사람에게 멸시를 당하는 자, **백성**에게 미움을 받는 자, … 에게 이같이 이르시되"(사 49:7).

"빌라도가 이르되 내가 너희 왕을 십자가에 못 박으랴"(19:15). 어떤 작가가 지적한 것처럼 "빌라도는 여기에서 연민스러운 감정과 조롱이 뒤섞인 어조로 말하고 있다." 로마인 지도자는 유대인들에게 최종적으로 단호한 질문을 제기했다. 그래서 그는 (필자의 생각으로는) '십자가에 못 박다' 라는 말을 역설하면서 그들에게 증오를 누그러뜨릴 마지막 기회를 준 것이다. 그것은 노예들과 가장 버림받은 죄수들을 위하여 준비된 끔찍한 사형 집행 양식이었다.

"대제사장들이 대답하되 가이사 외에는 우리에게 왕이 없나이다"(19:15). "그들에게는 전혀 믿음이 없었다. 그래서 가이사 이외에 다른 사람에게 바친 충성을 모두 내던져 버리고 자기들에게는 다른 왕이 없다고 외친 것이다. 그것은 오로지 유대 백성들의 전국민적 행위였다. 왜냐하면 **그들은** 로마의 총독이 놓아 주려고 한 분께 가장 잔인무도한 사형을 부여했기 때문이다. 이것이 곧 **인간의 종교**이다. 그리고 그 종교는 종국에는 '완악한 자'를 왕좌에 앉히고 그의 형상에 경배할 것이다"(계 13장).(Mr. M. Taylor)

"대제사장들이 대답하되 가이사 외에는 우리에게 왕이 없나이다." 하나님께서는 그들을 그들이 말한 대로 받아들이셨다. 그래서 그들은 줄곧 자기들이 내린 결정의 지배를 받고 있는 것이다. 역사는 되풀이된다. 비록 비극적인 사실이 첨가된다 할지라도 사무엘 시대에 이스라엘 백성은 "모든 나라와 같이 우리에게 왕을 세워 우리를 다스리게 하소서"(삼상 8:5)라고 말하였다. 여호와께서는 이렇게 대답하셨다. "백성이 네게 한 말을 다 들으라 이는 그들이 너를 버림이 아니요 **나를 버려** 자기들의 **왕이** 되지 못하게 함이니라." 여기에서 반역적인 후손들이 왕이신 그리스도를 버렸을 때의 경우도 마찬가지였다. 이스라엘 백성의 이러한 치명적인 선택의 결과로 그들은 "많은 날 동안 **왕도 없고** 지도자도 없고 제사도 없이"(호 3:4) 살고 있는 것이다. 또한 그 결과는 실로 비통하였다. 요담의 비유가 적극적으로 성취되었다. "가시나무가 나무들에게 이르되 만일 너희가 참으로 내게 기름을 부어 너희 위에 왕으로 삼겠거든 와서 내 그늘에 피하라 그리하지 아니하면 불이 가시나무에서 나와서 **레바논의 백향목을 사를 것이니라** 하였느니라"(삿 9:15, 그리고 7-16절을 보라).

"대제사장들이 대답하되 가이사 외에는 우리에게 왕이 없나이다." "그것은 그 유대인들만의 의견이 아니었다. 그리고 그들만이 고난을 겪고 있는 것도 아니었다. 온 세상이 무거운 멍에 아래 짓눌리고 있었다. 그들이 그리스도의 가벼운 멍에보다 그것을 더 좋아하였기 때문이다. 그들은 가이사에게 매우 넌더리가 나 있었다. 그것은 사실이었다. 그리고 그들의 단속적인(斷續的) 운동을 보아 알 수 있듯이, 그들은 때때로 그를 제거하려고 하였다. 그들은 항상 '우리에게 더 나은 통치를 해주시오'라고 외치곤 했다. 그러나 그들이 의심스러운 개선을 함으로써 할 수 있는 일이란 고작해야 그 정부를 수많은 소(小) 가이사로 분할시키는 것뿐이다. 그들이 그 편을 더 낫다고 생각한다 할지라도 그런 정부는 더 약하고 이익이 분할되기 때문에 힘의 균형이 잡혀야 공의가 확보된다. 혹자는 그것이 여전히 하나의 실험이라고 생각한다. 그러나 이 만성적인 전쟁은 결코 평화가 아니며 또 평화가 될 수도 없다. 그 이유는 인간이 평화의 왕을 거부했기 때문이다. 그 이유를 마음대로 수정하고 개작하고 또 숨겨보라. 가이사의 통치가 유일한 대안일 뿐이다"(*Numerical Bible*).

"이에 예수를 십자가에 못 박도록 그들에게 넘겨 주니라"(19:16). 요한복음 19:15과 16절 사이에는 마태복음 27:24, 25에 기록된 내용이 들어 있다. 빌라도는 유대인들이 그들의 목적을 바꾸지 않는 것을 보고 그들을 무시해버릴 수가 없었다. 그래서 물을 가져오라 하여 그들 앞에서 손을 씻으며(신 21:1-6; 시 26:6 참고) 이렇게 말하였다. "이 사람의 피에 대하여 나는 무죄하니 너희가 당하라." 이와 같이 세상을 사랑한 한 로마인은 그의 책임을 비겁하게 저버렸다. 빌라도의 이름만큼 온 세상의 경멸을 받은 이름은 이제껏 없었다. 그는 그렇게 행동함으로써 전적인 책임을 유대인들에게 전가시키고자 하였다. 그러므로 우리는 이렇게 기록된 것을 읽을 수 있다. "이에 빌라도가 **그들이** 구하는 대로 하기를 언도하고 … 예수는 넘겨 주어 **그들의** 뜻대로 하게 하니라"(눅 23:24, 25). 이와 같이 해서 우리 주님의 형의 집행은 유대인들의 손에 맡겨졌다. 그리고 백부장과 그 군병들은 대제사장들의 결정을 실행한 것뿐이었다.

"이에 예수를 십자가에 못 박도록 그들에게 **넘겨 주니라.**" 우리 주님께서 빌라도의 행위를 어떻게 평가하셨는지에 대해서는 예언의 성령께서 다윗을 통하여 기록하신 바 있다. "율례를 빙자하고 재난을 꾸미는 **악한 재판장**이 어찌 주와 어울리리이까 그들이 모여 의인의 영혼을 치려 하며 무죄한 자를 정죄하여 피를 흘리려 하나"(시 94:20, 21). 그러나 주 예수를 유대인들에게 **넘겨 준** 유대의 통치자 위에는 **우주의 통치자**가 계시며 그는 "자기 아들을 아끼지 아니하시고 우리 모든 사람을 위하여 **내주신 이**"(롬 8:32)라는 것을 잊어서는 안 된다. "예수는 우리가 범죄한 것 때문에 **내줌**이 되셨기"(롬 4:25) 때문이다. 즉 그리스도께서는 우리를 죽음에서 구하시기 위하여 죽음에 내어 줌이 되신 것이다.

"**그들이** 예수를 맡으매 [예수를 데려가니라]"(19:17). "데려가다(led)"는 말에 주목하라. 성령께서는 그 말을 자주 반복하셨다! 그리스도께서는 반항하지 아니하셨기 때문에 억지로 떠밀려 가시거나 끌려가지 아니하셨다. 오래 전의 구약 시대에 예언된 바 있는 것처럼 "그는 마치 도수장으로 끌려 가는(led, 곧 데려가지다) 어린 양과 같으셨다"(사 53:7).

"예수께서 자기의 십자가를 지시고 해골(히브리 말로 골고다)이라 하는 곳에 나가시니"(19:17). 유대인들은 시간을 지체하지 아니하였다. 그들은 그리스도를 곧장 가바다에서 골고다로 끌고 갔다. 다시 말해서, 그는 심판을 받으신 후 곧바로 사형 집행을 당하신 것이다. 구세주께서 "십자가를 지신 것"은 "아브라함이 번제 **나무**를 가져다가 그 아들 이삭에게 **지웠을**"(창 22:6) 때 신비스럽게 전조로 나타난 바 있다. "예수께서 자기의 십자가를 지시고 … 나오시니." 그것은 **예루살렘으로부터** 나왔다는 뜻이다. 또는 히브리서 13:12에 기록되어 있는 것처럼 "예수도 자기 피로써 백성을 거룩하게 하려고 성문 **밖에서** 고난을 받으신" 것이다. 이것도 또한 구약의 상징이 성취된 것이다. 그리고 그리스도의 수난의 모든 세부 사항은 이미 예언된 것이거나 상징이 성취된 것들이다. 레위기 16:27에서 우리는 이런 기록을 읽을 수 있다. "속죄제 수송아지와 속죄제 염소의 피를 성소로 들여다가 속죄하였은즉 그 가죽과 고기와 똥을 **밖으로** 내다가." "맹목적인 유대인들은 예수를 성문 **밖에서** 십자가에 못 박으라고 로마인들에게 미친듯이 소리질렀다. 그때 그들은 자기들이 무의식적으로 모든 속죄제 중 가장 위대한 속죄제를 지낸다는 사실을 거의 모르고 있었다"(라일 주교).

다른 복음서들을 보면, 이 지점에서 어떤 이유에서인지 요한이 생략한 세부 사항이 보충되어 있다. 마태복음 27:32에는 이렇게 기록되어 있다. "나가다가 시몬이란 구레네 사람을 만나매 그에게 예수의 십자가를 억지로 지워 가게 하였더라." 고금을 통하여 거의 모든 주석가들은 구세주께서 십자가의 무게로 인하여 비틀거리고 쓰러지셨기 **때문에** 시몬이 억지로 십자가를 진 것이라고 결론짓는다. 그러나 신약 성경에는 그러한 추측을 지지해 줄 만한 말이 한 마디도 없다. 그리고 그리스도께서 십자가에 못 박히신 후 그에 관하여 기록된 것을 보면 모두 다 그 추측과 명백하게 상충되는 내용이다. 시몬이 "**억지로**" 예수의 십자가를 졌다는 사실은 군중 중에서 예수를 위하여 십자가를 져주겠다고 자진하여 나설 만한 연민과 용기를 가진 자가 없었다는 것을 보여준다!

"해골(히브리 말로 골고다)이라 하는 곳에 나가시니." "해골이라 하는 곳, 다시 말해서 **죽음**의 왕국이라 하는 곳, 이것은 분명히 죄로 물든 **세상의 본모습**이다. 죽음은 하나님의 통치로 말미암아 세상에 찍힌 인(印)이다. 이 인 때문에 주님이 죽으신 것이다. 그리고 이것 때문에 그에게 인간에 대한 사랑이 생긴 것이다. 오직 주님만이 그들에게서 이 짐을 제거해 줄 수 있으며, 또 그러기 위해서 그는 그 짐을 맡으셔야만 했다"(*Numerical Bible*).

"(히브리 **말로** 골고다)." 이 표현은 구세주의 십자가에 못 박힌 사건과 관련하여 두 번 사용되었으며(19:13, 17), 그 밖의 예로서는 요한복음 5:2에서 유일하게 발견된다. "예루살렘에 있는 양문 곁에 **히브리 말로** 베데스다라 하는 못이 있는데." 여기에서 우리는 좋은 대조를 발견하게 된다. 5:2의 베데스다에서 우리는 **주님의** 자비를 본다. 그러나 여기의 골고다에서는 그들의 **잔인무도함을** 본다! 누가는 이방인의 명칭인 "갈보리(해골)"(23:33)라고 기록하고 있다. 반면에 히브리인인 요한은 구세주께서 십자가에 못 박히신 장소를 "골고다"라고 기록하고 있다. 빌라도의 재판석이 있는 곳에 관한 **두 개의** 이름도 비교해 보라(19:13). "이중의 명칭으로 표현된 이 예들을 볼 때, 하나님께서는 그가 자기 백성들과 함께 사용하신 말씀에 자신의 의미를 부여하고 계시며, 인간은 세상의 말로 자기의 의미를 부여하고 있는 것이 아닐까 생각된다. 그리고 이 죽음은 유대인들과 이방인들을 위한 것이었다! 성령께서 기록하신 모든 말씀에는 그 이유가 있다"(Mr. M. Taylor).

"그들이 거기서 예수를 십자가에 못 박을새 다른 두 사람도 그와 함께 좌우편에 못 박으니 예수는 가운데 있더라"(19:18). 이 한 구절은 최소한 구약의 세 개의 예언을 성취시키고 있다. 첫째로, 구세주께서 죽으신 **방식이** 분명하게 전조된 바 있다. 이 일이 있기 수천 년 전에 그는 예언의 성령을 통하여 "악한 무리가 나를 둘러 내 수족을 **찔렀나이다**"(시 22:16)라고 부르짖으셨었다. 이것은 실로 지극히 주목될 만한 일이다. 유대의 주요한 형벌의 양식은 **돌을 던져 죽이는 것**이었다. 그러나 하나님의 말씀은 어긋날 리가 없다. 그러므로 빌라도는 그리스도를 **십자가에 못 박으라고** 명령하였다. 그리고 그것은 가장 수치스러운 죄인들에게만 행하는 로마의 사형 집행 양식이었다. 둘째로, 이사야가 "그는 범죄자 중 하나로 **헤아림을 받았음이니라**"(53:12)라고 선포한 바 있다. 유대인들의 목적은 주님께 최종적인 모욕과 무례를 가하는 것이었다. 그리고 그것은 그를 단지 세상의 찌꺼기 같이 여긴다는 공공연한 선포였다. 그들은 그들의 악의를 드러낸 이 표현이 메시야의 예언을 성취시키기 위한 수단에 불과했다는 것을 거의 깨닫지 못하였다. 셋째로, 그는 "죽으실 때 **악한 자들과 함께** 되었어야" 했다고 기록되어 있다(사 53:9, 글자 그대로 번역한 것임).

그러나 하나님께서는 어째서 그의 사랑하시는 자가 그토록 포학하게 다루어지도록 허용하신 것일까? 그것은 그의 아들이 취하신 신분을 **우리에게 보여주기** 위함이었다. 그것은 우리 죄로 인하여 **마땅히 우리가 받아야 할** 신분이었다. 즉 수치와 정죄와 형벌의 신분이었다. 그리고 주님께서는 두 행악자들 사이에서 십자가에 못 박히셨다. 그것은 그가 자기 목숨을 버리기 전에 다시 한 번 기적, 즉 주권적 은혜의 기적을 행하시도록 그에게 기회가 부여된 것이다. 독자는 여기에서 누가복음 23:39-43을 신중하게 숙고하기 바란다. 그러면 거기에서 다음의 사실을 발견하게 될 것이다.

즉 가운데 십자가에 계신 분께서는 위난(危難)으로부터 한 사람을 구원하심으로써, 즉 바로 이 행악자 중의 하나를 자기의 충족한 희생에 의한 피로써 지옥으로부터 천국에로 옮겨 놓으심으로써 자신이 구세주이심을 분명하게 나타내신 것이다.

"빌라도가 패를 써서 십자가 위에 붙이니 나사렛 예수 유대인의 왕이라 기록되었더라" (19:19). "이와 같이 그는 왕으로서, 진정한 '유대인의 왕' 으로서 죽으셨다. 그러나 그 말의 완전한 의미를 숙고해 볼 때 거기에는 훨씬 더 많은 것이 함축되어 있음을 알게 된다. 그 패는 유대인, 헬라인, 그리고 로마인을 향하여 각자에게, 각자의 언어로, 각각에게 해당하는 의미를 확실하게 단언해 주고 있었다. 그의 원수들은 그 말을 못 본 척하려고 무진 애를 썼으나 그것은 공연한 짓이었다. 여기에 실로 독특한 방식으로 단언된 진정한 하나님의 왕, 살아서와 마찬가지로 죽어서도 왕이신 하나님의 왕이 있다. 왜냐하면 이 후로부터 그의 십자가가 그의 권세와, 그리고 그들이 숭배에 넘치는 존경을 바쳐 복종해야 할 왕권의 바로 그 표지가 될 것이기 때문이다"(*Numerical Bible*).

빌라도가 우리 주님의 십자가 위에 그러한 패를 붙인 이유가 무엇인지 결정하기란 쉽지 않다. 아마 그는 화가 나서, 그리고 유대인들을 괴롭히고 모욕할 목적으로 그렇게 써 붙였을 것이다. 그러나 그 동기가 무엇이었든 간에 그것은 분명히 하나님께서 섭리하신 일이었다. 사복음서 저자들이 이 명칭을 기록한 것이 서로 다르다는 사실은 잘 알려져 있다. 진리의 원수들은 이것을 "모순" 이라고 지적해왔다. 그러나 빌라도가 세 언어로 그 패를 기록했다는 것을 기억한다면(아마 그것들은 똑같은 말로 쓰지는 않았을 것이다) 모든 어려움은 사라질 것이다. 성령께서는 마태를 움직여 그 중 한 언어(아마 히브리어)로 옮기게 하셨다. 그리고 누가만이 요한이 우리에게 제시한 내용(아마 이것은 라틴어로 되어 있을 것이다) 중 일부를 인용하고 있다. 그러므로 여기에는 모순이 전혀 없다. 그리고 편견이 없는 독자를 걸려 넘어지게 할 것이란 아무것도 없다.

"예수께서 못 박히신 곳이 성에서 가까운 고로 많은 유대인이 이 패를 읽는데" (19:20). 가운데 십자가에 누가 달려 있는지 모를 사람은 아무도 없었다. 하나님께서는 죽음에서조차 아들의 영광을 지키시는 데 주의를 기울이셨다. 그가 태어나시기 전에는 천사가 마리아에게 그의 "왕국"을 고지(告知)한 바 있다(눅 1:32, 33). 그가 갓 태어났을 때는 동방 박사들이 그가 "왕"이신 것을 예고하였다(마 2:2). 그리스도의 수난이 시작되었을 때는 군중들이 "찬송하리로다 주의 이름으로 오시는 이 곧 이스라엘의 왕이시여" (요 12:13)라고 외쳤었다. 빌라도 앞에서의 그는 자기의 "왕국"

에 대하여 친히 증거하셨다(18:36, 37). 그리고 이제는 그의 왕의 직함이 바로 그의 교수대 위에 부착되어 있다.

"**히브리와 로마와 헬라 말로 기록되었더라**"(19:20). 성령께서 "히브리 말"을 선두에 위치시키신 점에 주목하라. 히브리어는 유대인의 언어이다. 헬라어는 교육받은 자들의 언어이다. 라틴어는 로마인의 언어이다. 그러므로 십자가 둘레에 모여 있던 모든 사람들은 각기 제 말로 그 명칭을 읽을 수 있었다. **언어가 혼란**케 된 것은 바벨탑의 저주의 표지임을 상기하라(창 11장). 우리가 여기에서 그것을 상기해야 하는 것은 그때 그리스도께서 우리를 위하여 저주로 삼아지셨기 때문이다! 히브리어는 **종교**어이며, 헬라어는 **과학**과 **문화**와 **철학**의 언어이다. 또한 라틴어는 **법률**어이다. 그 개개의 영역에서 그리스도가 "왕"이신 것이다. 종교계에 있어서 그는 참 하나님의 궁극적인 계시이시며(히 1:2; 요 14:9), 과학에 있어서 그는 만물의 이면에 숨어 있는 **힘**이시다. "만물이 다 그로 말미암고"(골 1:16). "그의 능력의 말씀으로 만물을 붙드시며"(히 1:3). 또한 그 안에는 "지혜와 지식의 모든 보화가 감추어져 있느니라"(골 2:3). 법률에 있어서는 그는 최고자이시다. 그는 율법을 주신 자요 또한 율법을 집행하는 자이시다(고전 9:21).

"**유대인의 대제사장들이 빌라도에게 이르되 유대인의 왕이라 쓰지 말고 자칭 유대인의 왕이라 쓰라 하니**"(19:21). 이것은 그들이 "**유대인의** 대제사장들"이라고 명명된 것 중 최초이자 유일한 것으로 여기에 주목할 만한 가치가 있다. 성령께서는 그렇게 하심으로써 하나님께서 더 이상 그들을 **자기의** 제사장으로 인정하지 아니하셨음을 암시해 주신다. 또 그들이 메시야를 배척하였다는 것, 유대교가 저버림받았다는 것, 그러므로 유대교의 공식적인 지도자들은 여호와가 아니라 유대인을 섬긴 것으로 간주된다는 것을 암시하고 있다. 여기의 제사장들의 말은 그들이 빌라도의 모욕에 화가 났다는 것을 보여준다. 십자가에 못 박힌 이 죄수가 **자기들의** "왕"으로 공공연하게 지칭된 것은 그들의 자부심을 매우 손상시켰다. 그들은 빌라도가 그 패의 표현을 바꿈으로써 그리스도가 공허하게 떠벌이는 사기꾼에 불과하다는 것을 나타내 주기를 바랐다.

"**빌라도가 대답하되 내가 쓸 것을 썼다 하니라**"(19:22). 빌라도는 상황이 그에게 적합하기만 하면 확고부동하였다. 그 로마인의 오만하고 전제적인 성품이 여기에서 분명하게 드러난 것이다. 그의 단호한 대답은 유대인들에 대한 그의 경멸을 입증해 준다. 나를 더 이상 괴롭히지 말라. **내가** 쓴 것은 그대로 있어야만 한다. 나는 너희를 기쁘게 하려고 그것을 바꾸지는 않을 것이다. "그러므로 그것은 영원히 기록되어 있다. 유대인의 대표자인 가야바는 주님이 세상의 구세주라고 선포하였다. 빌라도는 유대인들에게 그들의 왕으로서 나사렛 사람이라는 명칭을 부여하고 있다" (*Companion Bible*). 그러나 실상은 하나님께서 빌라도에게 그가 쓴 것을 바꾸지 못하게 하신 것이었다. 빌라도는 몰랐지만 그는 천국의 서기 역할을 하였다. 이것은 하나님의 **말씀**, 곧 성경들과 기록들의 일부였다. 그리고 그 말씀은 일점 일획이라도 없어지지 않을 것이다. 빌라도가 기록한 것이 하나님의 말씀**이었다**는 사실은 놀랍게도 바로 그 날 밝히 입증되었다. 이것은 진리의 성령께서 회개한 행악자의 중생과 개심을 일으키시려고 사용하신 바로 그 본문이 되었다. 그가 "예수여, 당신의 나라에 임하실 때에 나를 기억하소서"라고 말한 것은 그의 믿음이 로마인 총독이 기록하여 십자가 위에 붙인 그 패와, 그의 영적으로 열린 눈이 그것을 읽고 믿은 것에 의존하고 있다는 것을 보여준다!

"**군인들이 예수를 십자가에 못 박고 그의 옷을 취하여 네 깃에 나눠 각각 한 깃씩 얻고**" (19:23). "군인들은 자기들의 잔인무도한 일을 다 끝마쳤기 때문에, 즉 주님을 십자가에 못 박고 그의 머리 위에 패를 붙여 십자가를 세웠기 때문에 이제 그들이 늘 했던 일, 곧 죄수의 옷을 자기들끼리 나누어 갖는 일을 하고 있다. 대부분의 국가에서 법으로 사형을 당하는 자의 옷은 사형 집행인의 몫으로 주어진다. 우리 주님의 옷도 그러하였다. 그들은 우리 주님의 손발을 십자가에 못 박기 전에 아마 옷을 다 벗겼을 것이다. 그리고 그들이 자기의 일을 다 끝마칠 때까지 그것을 한 쪽에 치워 두었을 것이다. 그들은 이제 그 옷 쪽으로 와서 그러한 경우에 늘 했던 대로 그것들을 나누어 가졌다"(라일 주교). 거기에는 네 명의 군인이 있었다. 혹자는 이것이 네 종류의 이방인계를 상징한다고 생각한다. 그들은 그 옷들을 똑같이 나누어 가지기 위하여 그 중 어떤 옷은 찢었을 것임이 분명하다. 이것은 하나님의 아들이 얼마나 비천한 모습으로 자기를 낮추셨는지를 다시 한 번 명백하게 나타내 준다!

"**속옷도 취하니 이 속옷은 호지 아니하고 위에서부터 통으로 짠 것이라 군인들이 서로 말하되 이것을 찢지 말고 누가 얻나 제비 뽑자 하니**" (19:23, 24). 이것이 대단히 중요한 의미를 함축하고 있음을 알아보기란 어렵지 않다. 성경에서의 옷은 성품을 나타내 주는 것으로서 **품행**을 가리킨다. 시편 109:18; 베드로전서 5:5을 참고하라. 구세주의 이 "옷"은 [솔기가 없는] 원피스로 되어 있었다. 그것은 그의 행실의 일관성과 깨어짐 없는 완전성을 암시하고 있다. 기껏해야 누덕누덕 기운 자국투성이인 **우**

리의 "옷들"과는 달리 **그의** 옷은 "호지 **아니한**" 것이다. 그리고 그것은 "**위에서부터 통으로 짠 것이었다.**" 이것은 그의 마음이 그의 **모든** 행동을 통제했음을 암시한다! 이 옷은 **값비싼** 것이었다. 군인들조차도 그것을 알고 있었다. 왜냐하면 그들이 **그 옷**을 찢고 싶어하지 않았기 때문이다. 그것은 그리스도의 의(義), "공의의 겉옷"(사 61:10), 아버지께서 모든 방탕한 아들 각자에게 입히시는 "제일 좋은 겉옷"(눅 15장)을 나타내고 있다. 군인들은 이 "옷"을 놓고 **제비를 뽑았다.** 그리고 우리는 잠언 16:33에 이렇게 기록되어 있는 것을 읽을 수 있다. "제비는 사람이 뽑으나 모든 일을 **작정하기는 여호와께 있느니라.**" 그러므로 이 군인들의 행동은 "가장 좋은 옷"이 인간의 변덕스러운 뜻에 맡겨져 있는 것이 **아니라** 그 옷을 **누가** 얻을지 주님께서 결정해 두셨다는 것을 선포하고 있다! 또 하나의 대조점에 주목하라. 죄스러운 첫째 아담은 하나님에 의하여 옷 입힘을 받았다. 그러나 무죄한 둘째 아담께서는 사악한 자들에 의하여 옷 벗김을 당하셨다.

"**이는 성경에 그들이 내 옷을 나누고 내 옷을 제비 뽑나이다 한 것을 응하게 하려 함이러라 [그러므로] 군인들은 이런 일을 하고**"(19:24). 여기에서는 세 가지 사실이 명백하게 나타나 있다. 첫째로, 하나님께서 이 모든 상황의 주인이시라는 것과 그래서 그가 그의 영원한 계획들을 완성시키고자 모든 일을 일일이 조정하셨다는 사실이다. 둘째로, 하나님의 말씀은 한 마디도 어긋날 리가 없다는 사실이다. 이미 수천 년 전에 이 군인들이 구세주의 옷을 저희끼리 나누어 갖고 또 그의 속옷을 놓고 제비를 뽑도록 예언되어 있었던 것이다. 이것은 글자 그대로 한 획도 어긋나지 않고 성취되었다. 셋째로, 그 십자가에 달려 계신 분은 의심할 여지 없이 **이스라엘의 메시야**시요 모든 선지자들이 관하여 기록한 바 있는 분이시라는 사실이다.

요한복음 19장 종결 부분을 연구하는 독자들을 위해 마련한 질문들은 아래와 같다.

1. 어째서 "여자여"라고 부르셨는가?(26절)
2. 28절에는 그리스도의 어떠한 완전성이 나타나 있는가?
3. 무엇을 "다 이루었다"는 것일까?(30절)
4. 어째서 "머리를 숙이셨는가"?(30절)
5. "피와 물"은 어떠한 영적 의미가 있는가?(34절)
6. 38절에서는 어떤 예언이 성취되었는가?
7. 41, 42절에서는 어떤 예표가 실현되었는가?

제66장

목숨을 버리신 그리스도

[25]예수의 십자가 곁에는 그 어머니와 이모와 글로바의 아내 마리아와 막달라 마리아가 섰는지라 [26]예수께서 자기의 어머니와 사랑하시는 제자가 곁에 서 있는 것을 보시고 자기 어머니께 말씀하시되 여자여 보소서 아들이니이다 하시고 [27]또 그 제자에게 이르시되 보라 네 어머니라 하신대 그 때부터 그 제자가 자기 집에 모시니라 [28]그 후에 예수께서 모든 일이 이미 이루어진 줄 아시고 성경을 응하게 하려 하사 이르시되 내가 목마르다 하시니 [29]거기 신 포도주가 가득히 담긴 그릇이 있는지라 사람들이 신 포도주를 적신 해면을 우슬초에 매어 예수의 입에 대니 [30]예수께서 신 포도주를 받으신 후에 이르시되 다 이루었다 하시고 머리를 숙이니 영혼이 떠나가시니라 [31]이 날은 준비일이라 유대인들은 그 안식일이 큰 날이므로 그 안식일에 시체들을 십자가에 두지 아니하려 하여 빌라도에게 그들의 다리를 꺾어 시체를 치워 달라 하니 [32]군인들이 가서 예수와 함께 못 박힌 첫째 사람과 또 그 다른 사람의 다리를 꺾고 [33]예수께 이르러서는 이미 죽으신 것을 보고 다리를 꺾지 아니하고 [34]그 중 한 군인이 창으로 옆구리를 찌르니 곧 피와 물이 나오더라 [35]이를 본 자가 증언하였으니 그 증언이 참이라 그가 자기의 말하는 것이 참인 줄 알고 너희로 믿게 하려 함이니라 [36]이 일이 일어난 것은 그 뼈가 하나도 꺾이지 아니하리라 한 성경을 응하게 하려 함이라 [37]또 다른 성경에 그들이 그 찌른 자를 보리라 하였느니라 [38]아리마대 사람 요셉은 예수의 제자이나 유대인이 두려워 그것을 숨기더니 이 일 후에 빌라도에게 예수의 시체를 가져가기를 구하매 빌라도가 허락하는지라 이에 가서 예수의 시체를 가져가니라 [39]일찍이 예수께 밤에 찾아왔던 니고데모도 몰약과 침향 섞은 것을 백 리트라쯤 가지고 온지라 [40]이에 예수의 시체를 가져다가 유대인의 장례 법대로 그 향품과 함께

세마포로 쌌더라 [41]예수께서 십자가에 못 박히신 곳에 동산이 있고 동산 안에 아직 사람을 장사한 일이 없는 새 무덤이 있는지라 [42]이 날은 유대인의 준비일이요 또 무덤이 가까운 고로 예수를 거기 두니라 (요 19:25-42)

요한복음 19장의 종결 부분을 분석해 보면 아래와 같다.

1. 예수의 어머니와 그의 사랑하는 제자(25-27절)
2. 목말라 하신 구세주(28, 29절)
3. 승리의 죽음을 죽으신 구세주(30절)
4. 하나님께서 구세주의 시체를 보호하심(31-33절)
5. 옆구리를 찔리신 구세주(34-37절)
6. 요셉과 니고데모의 담대함(38, 39절)
7. 묻히신 구세주(40-42절)

복음서 저자들은 우리 주님의 죽으심에 관한 세부 사항을 제각기 상세하게 다루고 있다. 그리스도의 탄생, 세례, 그리고 그의 시험받으심은 단지 두 복음서에만 기술되어 있다. 그의 기적들과 이야기들 중 몇 개는 오직 하나의 복음서에서만 발견된다. 그런데 구세주의 수난은 사복음서에 다같이 기록되어 있다. 이것은 그 기사가 지극히 중요하다는 것을 암시한다. 복음서 저자들이 그리스도의 최후의 순간들에 관한 사건을 기술하는 데 저마다 적지 않은 지면을 할애하고 있음에도 불구하고 그들의 몇몇 이야기들 사이에는 주목할 만한 차이가 있다. 성령께서는 복음서 저자들 각자를 인도하셔서 어떤 것은 기록하고 어떤 것은 생략하게 하셨는데 바로 이 점에서 성령의 손길이 가장 명백하게 드러나고 있다. 그들 모두는 분명히 성령의 감동을 받아서 각자의 독특한 목적에 엄밀하게 합당한 내용들만을 소개하였다.

사복음서는 그리스도의 네 개의 자서전이 아니다. 또한 사복음서가 결합하여 하나의 자서전을 제공하는 것도 아니다. 사복음서를 조화시켜 보면 그리스도의 생애에 커다란 공백기가 나타난다. 그것은 사복음서가 "그리스도의 일대기"를 제공하고 있다는 이론이 전적으로 모순된다는 사실을 드러내 준다. 그의 탄생과 유아시기에 관해서는 지극히 간략하게 언급되어 있다. 그리고 열두 살 이전의 그에 관해서는 기록된 것이 **전혀 없다**. 그의 소년 시절에 관한 약간의 이야기를 읽고 나면 우리는 그리스도께서 삼십 세가 되실 때까지의 모습에 관해서는 아무런 기록도 읽을 수 없다. 그의 공생애에 관해서조차도 완전에 가까운 어떤 것을 얻을 수 없다. 여기저기를 여행하신 것, 거기에서 기적을 행하시고 이야기를 하신 것, 그것이 우리가 얻을 수 있는 전부이다. 그렇다면 사복음서는 무엇이며, 그것들 각각에 기록할 내용을 결정하는 데에는 어떠한 **선택의 원리**가 적용되었을까?

사복음서에는 네 가지 독특한 특성에 따라 주 예수를 서술하고 있다. 이들 각각의 특성을 설명하고 예증하는 데 도움이 되는 내용들만 기록하는 것, 이것이 바로 그 선택의 원리이다. **마태**는 그리스도를 이스라엘의 왕인 **다윗의 아들**로서 제시하고 있다. 그래서 그의 복음서 안의 모든 것은 이 주제에 도움을 주고 있다. **마가**는 그리스도를 하나님의 **종**으로서 묘사하고 있다. 그래서 그의 복음서 안의 모든 것은 그 종과 그의 봉사에 대하여 직접적으로 증거하고 있다. **누가**는 그를 **인자**(人子)로 기술하고 있다. 그러므로 그는 바로 그의 인간적 완전성들과 연민들, 그리고 인간적 관계들을 강조하고 있다. **요한**은 그를 성육신하신 하나님의 아들, 육체를 취하시고 인간 속에 거하시는 **말씀**으로 나타내고 있다. 그러므로 이 복음서에서 가장 두드러지는 요소는 바로 그의 **신적** 영광들과 그의 인격의 신성과 위엄들이다. 요한이 그의 복음서에 구속자의 수난에 관하여 기록한 것과 생략한 것을 보면 거기에서도 이런 특성이 발견되는데 그것은 주목할 만하다.

요한은 겟세마네에서의 구세주의 고난에 대해서는 아무 것도 언급하지 아니하셨다. 그러나 오직 그만이, 구세주를 붙잡으러 온 자들이 땅에 엎드린 이야기를 언급하고 있다. 요한은 우리 주님께서 가야바 앞에 서셨을 때 일어난 사건에 대해서는 모두 생략하였으나 안나스 앞에서의 심문은 기록하고 있다. 이 넷째 복음서만이 우리 주님께서 빌라도에게 그의 왕국에 관하여 말씀하신 것과(18:36), 그는 진리를 증거하러 이 세상에 오셨음을 말씀하신 것(18:37), 그리고 하나님께서 주지 아니하셨다면 빌라도에게는 그를 십자가에 못 박을 권세가 없었으리라고 말씀하신 것(19:11)을 기록하고 있다. 요한만이 구세주의 호지 아니한 옷(19:23)과 그의 부러지지 아니한 다리(19:33), 그리고 그의 찔린 옆구리에서 나온 피와 물에 관하여 언급하고 있다(19:34). 요한은 "나의 하나님, 어찌하여 나를 버리시나이까?"라는 끔찍한 외침을 모두 생략하고, 대신에 "다 이루었다"는 승리의 말씀을 기록하였다. 요한은 그가 허물 있는 자들과 함께 헤아림을 입은 것에 대해서는 전혀 말하지 않고 그가 죽으실 때에 낙원에 함께 하리라는 것에 대하여 말하고 있다. 요한만이 니고데모가 구세주의 시체에 기름을 바르려고 가져온 값비싼 향품에 관하여 언급하고 있다. 성경이 자구(字句)마다 영감을 받아 기록되었다는 사실을 입증해 주는 증거가 이 이상 더 필요하겠는가!

구세주께서는 십자가 상에 계실 동안 **일곱 번 말씀하셨다**. 그렇게 하여 그는 살아 있을 때와 같이 죽으실 때에도 **말씀**으로써 그의 **완전성들**을 드러내신 것이다. 첫째로, 원수들을 위하여 **용서**의 말씀을 하셨다(눅 23:34). 둘째로, 죽어가는 행악자에게 **구원**의 말씀을 하셨다(눅 23:42, 43). 셋째로, 그의 어머니를 향하여, 그리고 그의 어머니를 위하여 **사랑**의 말씀을 하셨다(마 요 19:25, 26). 넷째로, 하나님을 향하여 **고뇌**의 말씀을 하셨다(마 27:46). 다섯째로, 구경꾼들을 향하여 **고통**의 말씀을 하셨다(요 19:28). 여섯째로, 그의 백성들을 향하여 **승리**의 말씀을 하셨다(요 19:30). 일곱째로, 하나님 아버지를 향하여 **만족**의 말씀을 하셨다(눅 23:46). 요한은 이 십자가 상의 말씀들 중 세 번째, 다섯 번째 그리고 여섯 번째의 내용을 기록하고 있다. 본문을 고찰해 나가는 동안 우리는 그것들을 보게 될 것이다.

"예수의 십자가 곁에는 그 어머니와 이모와 글로바의 아내 마리아와 막달라 마리아가 섰는지라"(19:25). 유대인들은 그의 죽는 것을 보려는 잔인한 욕망으로 십자가 사건에 참석하였다. 로마의 군인들은 의무를 행해야 하기 때문에 거기에 있었다. 그러나 성령님의 주목을 받고 있는 일단의 무리가 거기 있었으니, 그들은 가운데 계신 수난자에 대한 사랑에 넘치는 헌신으로 인하여 십자가 주위로 이끌려온 자들이다. 그들은 멀리 서서 바라보지 아니하였으며 거기 참여해 있는 불건전한 군중들과도 섞여 있지 아니하였다. 그들은 "십자가 곁에" 서 있었다. 이 가엾은 적은 무리는 모두 다섯 명이었다. 그러나 그것은 대단히 의미심장한 숫자이다. 왜냐하면 그 다섯이란 수는 **은혜**의 숫자이며, 이 다섯 명은 인간의 타락과 악의를 드러내고 있는 군중들과 대조를 이루기 때문이다. 이들은 하나님 은혜의 전승 기념물이다.

이 적은 무리는 네 명의 여자와 한 명의 남자로 되어 있었다. 그 첫째는 구세주의 어머니 마리아였다. 그녀는 그 때에 삼십여 년 전에 시몬이라는 노인이 "칼이 네 마음을 찌르듯 하리니"(눅 2:35)라고 말한 예언의 완전한 의미를 깨달았다. 그 둘째는 글로바의 아내 마리아였다. 우리는 그녀에 관한 기록을 거의 읽을 수 없다. 그러나 그 소수의 기록에는 그녀의 놀라운 사랑이 나타나 있다. 우리는 여기 십자가 곁에서와 마태복음 28:1의 무덤에서 그녀를 볼 수 있는데, 여기에서는 "그의 이모"라고 불리어져 있다. 그녀는 요셉의 누이 동생으로서 예수의 어머니 마리아의 시누이였음이 분명하다. 왜냐하면 그녀가 예수의 어머니 마리아의 친여동생이었다면 마리아라는 **동일한** 이름을 가졌을 리가 없기 때문이다. 그 셋째는 막달라 마리아였다. 그녀는 그리스도께서 일곱 귀신을 쫓아내 주신 여자이며, 또 주님께서 죽은 자 가운데서 살아나셔서 처음으로 자기를 나타내 보여주신 바로 그 사람이다. 그들이 모두 "마리아"라는 이름을 가진 것은 참으로 의미심장하다. 그 말은 "비통함"을 뜻하기 때문이다! 죽어가는 어린 양을 바라보면서 그들의 고뇌는 과연 어떠했겠는가! 또 한 사람의 마리아(나사로의 누이 마리아)는 여기에 없었는데 그 점 역시 중요하다. 여기에 언급되어 있지는 않으나 네 번째 여자가 거기 있었다(마 27:56). 그녀는 요한의 어머니였다. 그 다섯 번째 사람은 "예수께서 사랑하시는 제자"였는데 필자가 아는 한 그는 열 한 사도 중 거기에 참석해 있던 유일한 사람이었다.

"예수의 십자가 곁에는 그 어머니와 … 섰는지라." "그녀의 신변의 위험도, 그 광경의 애통함도, 그리고 군중의 모욕도 그녀로 하여금 십자가 상의 자기의 거룩한 아들에게 바치는 마지막 의무와 애정을 저지할 수 없었다"(Mr. Doddridge). 그리스도의 유아기와 어린 시절에 관한 기록 이후로 우리는 마리아에 관한 내용을 거의 볼 수도 들을 수도 없다. 그의 공생애 기간 동안에도 그녀의 생애는 표면에 나타나 있지 아니하다. 그러나 이제 아들의 고뇌가 극한에 이르러 있을 때, 그리고 세상이 그녀가 낳은 **아들**을 버렸을 때, 그녀는 거기 십자가 곁에 서 있었다! 그녀는 아마 유례없는 그 광경을 보고 비탄에 빠졌을 것이며, 그의 고통을 보고 온 몸이 마비되어 버렸을 것이다. 그러나 죽어가는 그에 대한 사랑의 황금 사슬에 속박되어 그녀는 거기 서 있었다. 그의 제자들은 그를 저버렸고, 그의 친구들은 그를 떠나갔으며, 그의 백성들은 그를 멸시하였다. 그러나 그의 어머니는 거기, 모든 사람이 볼 수 있는 그곳에 서 있었다. 그가 태어나실 때 그랬던 것처럼, 그녀는 그가 죽으실 때에도 그의 곁에 계셨다. 어느 누가 그 어머니의 마음을 충분히 헤아릴 수 있겠는가!

마리아의 인내는 기적적인 것이었다. 그녀는 광란적이거나 격정적인 슬픔을 보이지 아니하였다. 그녀는 제어할 수 없는 고뇌로 거칠게 울부짖지도 아니하였으며 기절하여 넘어지지도 아니하였다. 사복음서의 기록을 보면 우리는 그때 그녀가 한 마디도 말하지 아니하였음을 발견한다. 분명히 그녀는 완전한 침묵을 지켰다. 군중들은 야유하였으며 강도들은 조롱하고 있었다. 군인들은 무정하게도 그의 옷들을 나누어 갖고 있었으며, 그 가운데서 구세주께서는 피를 흘리고 계셨다. 그런데 그의 어머니는 그 모든 광경을 바라보고 있는 것이다! 그녀가 그러한 광경을 차마 보지 못하고 고개를 돌렸다 해도 그것은 전혀 무리가 아니었을 것이다. 그녀가 그러한 장면을 차마 보지 못하고 달아났다 해도 그것은 조금도 이상하지 않았을 것이다. 그러나 그녀는 그렇게 하지 않았다! 그녀는 괴로움에 몸을 웅크리지도 않았고 기절하지도 아니하였다. 그녀는 십자가 곁에 **서 있었다.** 이것은 얼마나 엄청난 용기인가! 얼마나 큰 사랑인가! 구세주에 대한 얼마나 큰 존경인가!

"**예수께서 자기의 어머니와 사랑하시는 제자가 곁에 서 있는 것을 보시고 자기 어머니께 말씀하시되 여자여 보소서 아들이니이다 하시고**"(19:26). 그는 세상에서 뿐 아니라 온 우주에서 지금까지 행해져 온 것 중 가장 엄청난 일을 하고 계신다. 그가 단순한 피조물이었다면 견디지 못했을 무거운 짐을 지시고 그 끔찍한 잔을 마시면서 그를 하나님에게서 떼어놓은 세 시간 동안 사탄의 가장 격심한 악의의 표적이 되셨다. 그러한 때였음에도 불구하고 주 예수께서는 자연적인 인연을 무시하지 아니하셨다. 그는 끝까지 하나님의 완전한 아들이요, 완전한 인자로서 자신을 나타내셨다. 소년 시절에 그는 그의 부모를 "공경"하신 바 있었다(눅 2:51). 이제 십자가 상에서도 그는 부모를 공경하신다. 그는 이 세상을 떠나시며 우선적으로 과부이신 그의 어머니께 가정을 마련해 주신다. 그는 맨 먼저 원수들을 위하여 기도하시고, 다음으로는 회개한 강도에게 구원의 확신의 말씀을 해주셨다. 그리고 그는 그의 어머니께 말씀하신다.

"자기 어머니께 말씀하시되 여자여 보소서 아들이니이다 하시고." 우리는 주님께서 마리아를 "여자"라고 부르시는 것을 두 번 볼 수 있다. 가나의 혼인 잔치(2:4)에서와 여기에서이다. 이 두 가지가 그의 **신성**을 주로 다루고 있는 **요한복음**에서 발견된다는 데에 그 주목할 만한 가치가 있다. 즉 공관복음 저자들은 그를 인간적인 관계에 관련시켜 제시하고 있으나 요한은 무엇보다도 그를 하나님의 아들로서 묘사하고 있다. 그러므로 그리스도께서 여기에서 그의 어머니를 "여자"라고 부르신 것은 아주 적절하다. 이 용어는 거칠거나 무례한 것이 아닌데 그것은 20:13과 비교해 보면 더욱 명백해진다. 그러나 그가 그녀를 더 이상 "어머니"라고 부르지 아니하신 데에는 또 다른 이유가 있다(그가 전에는 그녀를 어머니라 부르신 적이 매우 많았음은 의심할 여지가 없다). 십자가의 죽음으로 그의 **자연적인** 인연은 모두 끝났다.

"그러므로 우리가 이제부터는 어떤 사람도 육신을 따라 알지 아니하노라 비록 우리가 그리스도도 육신을 따라 알았으나 **이제부터는** 그같이 알지 아니하노라"(고후 5:16). 이제부터 신자들은 더 긴밀한 유대로써, 즉 **영적** 관계로써 그리스도와 결합될 것이다. 이것이야말로 지금 구세주께서 그의 모친과 사랑하는 제자에게 가르쳐 주시고자 하신 바로 그것이다. "보소서, 당신의 **아들**이니이다!" **나는** 더 이상 당신의 "아들"이 아니니이다. 이것은 여기에서 마리아가 그리스도의 부활과 관련하여 언급된 것이 아니라는 주목할 만한 증거이다. 신약 성경에서 그녀가 언급된 것은 사도행전 1:14에서 뿐이다. 거기에서 우리는 그녀가 기도하러 모인 신자들 가운데(그들보다 높은 데가 아니라) 앉아 있는 것을 볼 수 있다.

"여기에서 우리 주님께서는 그의 인간적인 사랑을 버리신다. 그는 십자가 곁에 서 있는 그의 모친과 사랑하는 제자를 보신다. 그러나 그것은 어머니를 제자에게 맡기시기 위함일 뿐이다. 그렇게 해서 그는 그가 전에 그들 가운데서 차지하고 있던 위치로부터 자기 자신을 **분리**시키신 것이다. 우리는 그가 사랑에 귀를 기울일 수 있는 한 최후의 순간까지 그 사랑을 신실하게 간직하신 것을 볼 수 있는데 그것은 실로 아름다운 일이다. 자기 자신의 슬픔조차도 그로 하여금 그 사랑을 망각하게 할 수 없었다! 그렇다고 해서 그가 항상 그 사랑에 집착해 있었던 것은 아니다. '부활의 자녀들'은 결혼하지 아니하며 또한 결혼 상태에 들어가는 것도 아니다. 그는 이제 다른 개념으로 그들에게 자기에 대한 지식을 가르쳐 주셔야 했다. 왜냐하면 그들은 이후로부터는 '한 영'으로 그와 결합되어야 하기 때문이다. 또한 그러한 것이 바로 그의 복되신 방법이기 때문이다. 그가 우리로부터 멀리 떠나가시되 우리를 '육체대로' 알지 아니하시는 것은 우리로 하여금 좀 더 친밀한 사랑과 좀 더 밀접한 관심 안에서 그와 결합되게 하기 위함일 따름이다"(Mr. J. G. Bellet).

"**또 그 제자에게 이르시되**"(19:27). 그것은 "자기가 사랑하는" 분의 곁에 서 있는 그 제자였다. 우리는 마태복음 26:56에서 열한 사도들에 관하여 "그들이 **다** 예수를 버리고 도망했다"는 기록을 읽을 수 있다. 이것은 주님께서 친히 하신 예언, 즉 "오늘 밤에 너희가 다 나를 **버리리라**"(마 26:31) 하신 말씀이 응해진 것이었다. 이 말에 해당하는 헬라어는 "수치스럽게 여기다"라는 뜻이다. 그들은 주님의 일행으로 발각되는 것을 부끄러워했다. 그러나 그가 죽으시기 전에 한 사도가 그의 곁으로 돌아왔음을 아는 것은 매우 복된 일이다. 그러면 그는 어떤 사도였을까? 그 적은 무리 중의 어떤 사도가 최상의 사랑을 나타내었을까? 이 기록자가 그 정체를 은밀하게 감추고 있음에도 불구하고 우리는 그가 누구인지 어렵지 않게 알 수 있다. 성경은 그것이 이 넷째 복음서의 저자임을 알려 주고 있는데, 그 사실은 성경이 하나님의 영감으로 기록되었다는 것이 숨겨져 있지만 명백하다는 많은 증거들 중의 하나이다.

"**여자여 보소서 아들이니이다 하시고 또 그 제자에게 이르시되 보라 네 어머니라 하신대**" (19:27). 그는 우선 그의 어머니에게 말씀하신다. 보소서, 이제 이 사람이 당신을 돌볼 것이니이다. 그는 당신 곁에 있어 왔으며 또 여기에 당신 혼자 서 있게 하지 아니할 사람이니이다. 다음으로 요한에게 말씀하신다. 보라, 네 어머니라! 이제부터 지극히 온화한 사랑으로 그녀를 돌보라. 그녀는 네게 주는 나의 살아 있는 유산이니라! 이와 같이 구속자께서는 그의 가슴에 기대었던 사도에게 그가 한때 의지했었던 분을 맡기신 것이다! 그러므로 그는 요한에게 그가 차지하고 있던 지위, 그가 베드로에게 주신 것보다 더 높은 지위를 부여해 주신 것이다! 이 말씀하신 순서는 참으로 주목할 만하다. 그리스도께서는 요한에게 마리아를 돌보라고 명하시기 전에 마리아에게 요한을 보라고 명하셨다. 즉 마리아가 요한의 지주(支柱)가 된 것이 아니라 요한이 마리아의 지주가 되어야 했던 것이다!

"**그 때부터 그 제자가 자기 집에 모시니라**" (19:27). 첫째로 구세주의 행동은 자녀가 그 부모를 공경해야 한다는 영원한 모범을 제시하고 있다. 자녀들은 어렸을 때뿐만 아니라 끝까지 부모를 공경해야 한다. 둘째로, 그것은 그의 사랑이 넘치는 연민을 나타내고 있다. 그는 고마우시게도 그의 어머니에게 최악의 고통을 덜어 드리고자 하셨다. 즉 그가 죽으실 때에 그녀가 거기 계시지 아니하도록, 그래서 그녀가 끔찍한 어둠을 보지 않고, 또 그의 고뇌의 부르짖음을 듣지 아니하시도록 준비하셨던 것이다. 셋째로, 그것은 하나님의 아들이시요, 그의 백성들의 **보호자**이시며 **공급자**이신 그를 나타내 주신 것이다. 그것은 그가 세상에 남겨 두신 **모든** 사람들에 대한 그의 사랑이 변함없으리라는 서약이었다. 우리가 여기 세상에 있는 동안 그는 우리의 "모든 필요"를 채워 주실 것이다. 넷째로, 그는 여기 십자가 그늘 아래에서 사랑의 법을 확실히 하셨다. 그는 그를 사랑하는 사람들과 그가 사랑하시는 사람들을 한데 결합시키셨다. 거기에 명령은 없었다. 사랑은 아무 명령도 필요로 하지 않기 때문이다. 사랑은 단 하나의 동작, 단 한 번의 눈길에도 응답하기 때문이다. 그 사랑하는 제자는 주님의 마음을 즉시 이해하였다. 다섯째로, 그는 그의 백성들을 **위한** 준비를 하는 데 있어서 그의 백성들을 **도구로 하여** 그렇게 하신다는 것을 암시하셨다. 마리아에게 친절을 베푼 것은 바로 **요한**이었다.

그리스도께서는 여전히 우리에게 이렇게 말씀하신다. "보소서 아들이니이다 … 보라 네 어머니라!" 마태복음 25:40과 비교해 보라. 매우 신비스럽게도 여기에는 그리스도의 신적 완전성들과 인간적 완전성들이 혼합되어 있다. 인간으로서의 그는 어머니를 공경하셨다. 성(聖) 가정의 머리이신 하나님으로서의 그는 그의 자녀들을 위하여 준비하셨다!

"그 때부터 그 제자가 [마리아를] 자기 집에 모시니라." 주 예수께서 신중하게 행동하시리라는 것은 구약 성경에 예언된 바 있다. "보라 내 종이 형통하리니**신중하게 처리하리니**"(사 52:13). 구세주께서는 그의 모친을 사랑하는 제자에게 돌보도록 맡기실 때 그녀의 장래의 보호자를 선택하심으로써 그의 지혜를 나타내셨다. 그의 모친만큼 그를 그렇게 잘 이해한 사람은 아무도 없었을 것이다. 그리고 요한만큼 그의 사랑을 깊이 이해한 사람은 아무도 없었음이 분명하다. 그러므로 우리는 그들이 서로에게 매우 적합한 동료가 되리라는 것과, 영적 사랑의 친밀한 유대로 인하여 그들이 하나로 결합될 것이며 또한 그리스도와도 결합되리라는 것을 알 수 있다. 마리아를 돌보기에 그렇게 적합한 사람은 아무도 없었다. 그녀도 그토록 마음이 맞는 동료를 발견하지 못했을 것이다. 또한 그의 우정보다 더 고마운 우정을 발견하지도 못했을 것이다.

"그 때부터 그 제자가 [마리아를] 자기 집에 모시니라." 언제나 그렇듯이 여기에서도 로마 가톨릭교도들은 잘못을 범하고 있다. 그들은 "성경도 알지 못하고 하나님의 능력도 알지 못한다." 그들은 여기의 구절을 근거로 마리아에게는 **다른** 자녀들이 **없었다.** 그렇지 않다면 그리스도께서 과부인 그녀를 요한에게 맡기지 않으셨을 것이라고 주장한다. 그러나 하나님의 **말씀**은 그녀에게 다른 자녀가 **있었다**는 것을 분명하게 선포하고 있다. "그 어머니는 마리아, 그 형제들은 야고보, 요셉, 시몬, 유다라 하지 않느냐 그 누이들은 다 우리와 함께 있지 아니하냐"(마 13:55, 56). 똑같은 하나님의 말씀이 우리에게 보여주고 있는 바 **그들은** 그 당시 마리아의 동료와 보호자가 되기에 부적합했었다는 것을 발견할 수 있다. "내가 나의 형제에게는 객이 되고 나의 어머니의 자녀에게는 **낯선 사람**이 되었나이다"(시 69:8). 이것은 구세주께서 친히 하신 말씀이다. 그러므로 어떻게 그들이 구세주의 자리에 대신 앉을 수 있겠으며, 구세주께서 마리아에게 해드렸던 역할을 할 수 있겠는가?

"우리는 예수의 어머니 마리아에게 신으로서의 영광을 드려서는 결코 안 된다. 또한 우리는 그녀를 죄인들의 친구요 후원자로 여겨 그녀에게 기도해서도 안된다. 또는 그녀에게 예배하거나 그녀를 믿어서도 안된다. 여기에는 이 사실에 대한 가장 강력한 증거가 들어 있다"(라일 주교). 이 사건은 영적인 유대가 자연적인 인연보다 더 가치가 있다는 것을 다시 한 번 예증하고 있다. 그리고 여기에서 그가 마리아와 요한에게 하신 말씀은 그의 믿지 아니하는 "형제들"에 대한 심중을 꿰뚫는 책망이었다 (요 7:5).

"그 후에 예수께서 모든 일이 이미 이루어진 줄 아시고 성경을 응하게 하려 하사 이르시되 내가 목마르다 하시니" (19:28). 이 놀라운 광경을 보라. 천지의 창조주께서 타는 듯한 입술을 하고 계시다니! 영광의 주님께서 물 한 모금이 없으시다니! 아버지의 사랑하시는 자가 "내가 목마르다"라고 외치신다니! 무엇보다도, 그것은 그의 **인간성**을 입증하고 있다. 주 예수는 신성한 인간도 아니셨고 인간다우신 하나님도 아니셨다. 그는 신인(神人)이셨다. 그는 영원한 하나님이시요 그리고 영원한 인간이시다. 영원한 **말씀**이 성육신하셨을 때 그는 여전히 하나님이셨으며, 또한 하나님의 속성들 중 어떤 것도 버리지 아니하셨다. 그러나 그는 육체를 취하셨다. 그는 모든 면에서 그의 형제들과 같이 되셨던 것이다. 그는 "지혜와 키가 자라셨다"(눅 2:52). 그는 몸이 "피곤하셨다"(요 4:6). 그는 "배고프셨다"(마 4:2). 그는 "잠을 자셨다"(막 4:38). 그는 "이상히 여기셨다"(막 6:6). 그는 "눈물을 흘리셨다"(요 11:35). 그는 "기도하셨다"(막 1:35). 그는 "기뻐하셨다"(눅 10:21). 그는 "비통히 여기셨다"(요 11:33). 그리고 여기에서 그는 "목마르셨다." **하나님은** 목마르지 아니하시다(필자가 아는 한). 천사들이 목마른 적이 있었다는 암시는 전혀 없다. 그리고 우리도 **영광** 안에서 목마르지 아니할 것이다(계 7:16). 그러나 인간이신 그리스도께서는 가장 심한 수치를 겪으시며 목말라하셨다.

구세주의 "내가 목마르다"라는 십자가 상의 다섯 번째 발언은, 세 시간 동안 어둠이 깔렸던 직후에 하신 것이다. 그동안 하나님의 얼굴빛이 죄를 짊어지신(負) 분에게서 거두어져 있었다. 복되신 구세주께서 거룩하신 하나님의 진노가 가장 맹렬하게 쏟아지는 것을 참으신 것이 바로 그동안이었다. 그가 "내 진액이 빠져서 여름 가뭄에 **마름** 같이 되었나이다"(시 32:4)라고 외치신 것도 바로 그때였다. 그러므로 이 외침은 그가 받으신 고통의 **강도**와 그가 방금 겪으신 투쟁의 끔찍한 **격렬성**을 나타내 준다. 그는 "여호와께서 … 황폐하게 하셨도다"(애 1:12, 13)라고 외치셨다.

그러나 그의 고통이 비할 데 없이 격심했고 그의 갈증이 제아무리 심했다 할지라도 그가 여기에서 입을 열어 말씀하신 것은 자기 육신을 구원하고자 해서가 아니었다. 그를 자극시킨 동기는 그보다 훨씬 더 숭고하였다. 이 동기는 19:28의 전반부에 분명하게 나타나 있다. 성령께서는 신중하게도 구세주의 영광을 보호해 주셨으며, 그의 독특한 완전성들을 즐거이 우리 앞에 제시해 주셨다. 무엇보다도, 그가 그때에

"목마르셨다"는 바로 그 사실은 그의 완전한 순종을 입증해 준다. 광야에서 이스라엘 백성에게 원기를 회복시켜 주시고자 갈라진 바위틈으로 물을 흐르게 하셨던 분이 시므로 여기 십자가 상에 계신다 할지라도 그에게는 마음대로 처리하실 수 있는 그와 동일한 자원이 있었다. 또한 그는 단 한 마디로써 물을 포도주가 되게 하셨다. 그러므로 여기에서도 그와 똑같은 능력의 말씀을 하셔서 즉시로 자신의 필요를 충족시킬 수 있으셨을 것이다. 그러나 그는 어째서 메마른 입술을 하시고 거기에 매달려 계셨던 것일까? 그것은 하나님의 뜻이 나타나 있는 두루마리 책에 **그가** 목마르셔야 한다고 기록되어 있기 때문이다! 그는 하나님의 뜻을 **행하러** 여기에 오셨다. 그리고 그는 그 뜻을 완전하게 수행하셨다.

살아서와 마찬가지로 죽으실 때에도 주 예수께 있어서 성경은 살아 계신 하나님의 권위 있는 **말씀**이었다. 그는 광야에서 시험받으셨을 때, 그가 의지하여 살아가고 있는 말씀에 명시되어 있지 않은, 자신의 필요에 관해서는 충족시키기를 거절하신 바 있다. 그런데 여기에서는 자신의 필요를 알려 주신다. 그러나 그것은 구함 받고자 함이 아니라 "성경을 응하게 하려 함이었다!" 그가 자력으로 그것을 응하게 하려 하지 않으신 점에 주목하라. 그에게 그것을 돌보시도록 하나님께서 맡기셨다. 그는 성경이 성취될 기회를 마련하시려고 그의 고통을 입 밖으로 내신 것이다. "끔찍한 갈증이 십자가에 못 박힌 그에게 덮쳐 왔다. 그러나 그것이 제아무리 심했다 할지라도 그는 그것 때문에 메마른 입술을 여신 것이 아니었다. 그는 '내가 목말랐을 때 그들이 내게 신포도주를 주어 마시게 했나이다' 라고 기록되어 있기 때문에 그 말을 하신 것이다"(Mr. F. W. Grant). 항상 그러하신 것처럼 여기에서도 그는 그가 성취하러 오신 하나님의 뜻에 능동적으로 순종하시는 자신을 나타내 주신다. 그는 단지 "내가 목마르다"라고만 말씀하셨다. 그리고 신포도주가 제공되었고 이로써 성경이 성취된 것이다. 이것은 아버지의 뜻에 대한 참으로 완벽한 순종이다!

그의 **신성한** 완전성들이 여기에 나타나 있는데 그 점에 주목하라. "예수께서 모든 일이 이미 이루어진 줄 **아시고.**" 구세주께서는 참으로 철저하게 침착하셨다! 그는 여섯 시간 동안 그 십자가에 매달려 비할 데 없는 고통을 겪으셨다. 그럼에도 불구하고 그의 정신은 아주 명료하였고 기억력은 전혀 손상되지 아니하였다. 그에게는 하나님의 전체적인 진리가 아주 뚜렷하게 제시되어 있었다. 그는 즉시 메시야의 예언적 전반적인 범위를 돌아보셨다. 그는 아직 성취되지 아니한 성경의 예언이 하나 남아 있음을 상기하셨다. 그는 아무 것도 간과하지 아니하셨다. 이것은 그가 모든 상황을 신적으로 초월하신다는 것을 입증하는 것이다! 여기의 끝의, 놀라운 은혜에 주목하라. **그는** 십자가 상에서 목말라하셨다. 그것은 우리로 하여금 생명의 물을 마시고 영원토록 목마르지 않게 하려 함이었다!

"**거기 신 포도주가 가득히 담긴 그릇이 있는지라 사람들이 신 포도주를 적신 해면을 우슬초에 매어 예수의 입에 대니**" (19:29). 우리는 여기에 기록되어 있는 것은, 마태복음 27:48에 기록된 것과 동일한 것인데 이것을 마태복음 27:34에 언급되어 있는 것과 신중하게 구별해야 한다. 주 예수께서는 쓸개 탄 포도주(이것은 죄수들의 고통을 둔화시키려고 제공되는 것이었다)를 처음 받으셨을 때에는 그것을 마시지 아니하셨다. 그런데 여기에서는 그 신포도주를 받으셨다. 그것은 아버지의 뜻에 순종하기 위함이었다. 신 포도주가 적셔진 해면을 그에게 준 자들은 아마도 로마 군인이었을 것이다. 그들이 십자가 사건을 일일이 집행하였기 때문이다. 그들은 자기들이 하나님의 계획들을 집행하고 있다는 것을 조금도 알지 못하였다! 마태복음 27장을 고려해 볼 때 필자는 이 로마인들이 십자가에서 하신 구세주의 말씀들과 특히 세 시간 동안의 그 신비한 어둠으로 인하여 깊은 인상을 받았을 것이라고 생각한다. 그리고 그들은 연민이나 또는 존경심으로 그렇게 행동했을 것이다.

"**예수께서 신 포도주를 받으신 후에 이르시되 다 이루었다 하시고**" (19:30). "**다 이루었다**"(It is finished) — 원전에는 한 단어로 되어 있다. 그것은 십자가 상의 일곱 가지 발언 중 가장 간략하면서도 가장 완전한 말이다. 영원은 그 안에 담겨 있는 모든 것을 나타내 볼 필요가 있다. 하나님의 율법이 요구하는 모든 것들이 행해졌다. 예언으로 예언된 모든 것들이 확증되었다. 상징으로 전조되었던 모든 일들이 일어나게 되었다. 아버지께서 그에게 하라고 주신 모든 일들이 성취되었다. 우리의 구속을 위하여 필요한 모든 일들이 수행되었다. 부족한 것은 아무 것도 남지 않았다. 값비싼 속전(贖錢)이 지불되었다. 커다란 싸움이 끝났다. 죄의 삯이 처러졌다. 그리고 하나님의 공의가 충족되었다. 사실 그는 여기에서 이 말씀을 하신 후 즉시 그의 영혼을 아버지의 손에 맡기셨다. 이제는 그의 부활과 승천, 그리고 높은 데에서의 생활이 있을 것이다. 이런 것들은 그가 완수하신 그 일의 열매요 상이다. 이제 그가 해야 할 일은 더 이상 아무 것도 남지 않았다. 응해지기를 기다릴 아무 것도 남지 않았다. 지상에서의 그의 일은 완성된 것이다.

"다 이루었다." 이것은 무력한 순교자의 절망적인 외침이 아니었다. 그것은 고통이 다 끝났다는 안도의 표현도 아니었다. 그것은 기진맥진한 생명의 최후의 헐떡임도 아니었다. 그것은 바로 신성하신 구속자로서 하신 선포였다. 즉 그가 하늘로부터 땅으로 행하러 온 모든 일이 이루어졌다는 선포, 하나님의 영광스러운 성품을 나타내는 데 필요한 모든 일이 성취되었다는 선포이다. 또한 백성들의 죄를 없애어 그들에게 하나님 앞에서의 완전한 신분을 제공하고, 또 그들을 위하여 영원한 유산을 확보해서 그들로 하여금 그것을 받기에 적합하게 하는 데 필요한 모든 일이 다 이루어졌다는 선포이다.

"다 이루었다." 이 말에 해당하는 헬라어 어근은 "teleo" 인데 신약 성경에는 다양한 말로 번역되어 있다. 그 말이 다른 성경 본문에서 저마다 다르게 표현되어 있는 것들을 참고한다면 우리는 구세주께서 여기에서 사용하신 그 용어의 풍부하고 궁극적인 의미를 더 잘 파악할 수 있을 것이다. 마태복음 11:1에서의 "teleo" 는 다음과 같이 번역되어 있다. "예수께서 열두 제자에게 명하기를 **마치시고**." 또한 17:24에서의 그 말은 "반 세겔 받는 자들이 베드로에게 나아와 이르되 너의 선생은 반 세겔을 **내지** 아니하느냐" 라고 되어 있다. 누가복음 2:39에서는 "[그들이] 주의 율법을 따라 모든 일을 **마치고**" 라고 번역되어 있다. 또 같은 복음서 18:31에 "선지자들을 통하여 기록된 모든 것이 인자에게 **응하리라**" 고 되어 있다. 이 말들을 정리해 보면 우리는 그리스도의 십자가 상의 여섯 번째 발언의 범위를 알 수 있다. "다 이루었다." 그는 이렇게 외치신 것이다. "다 마쳐졌다." "다 내었다." "다 필하였다." "다 응하였다." 무엇이 "다 마쳐졌는가?" 우리의 죄, 우리의 죄책이 다 마쳐졌다. 무엇이 "내어졌는가?" 우리 구속의 **대가**가 내어졌다. 무엇이 "다 필하여졌는가?" 하나님의 율법이 요구하는 필요 조건들이 최대한으로 필하여졌다. 무엇이 "응해졌는가?" 아버지께서 그에게 하라고 주신 일이 응해졌다. 무엇이 "다 이루어졌는가?" 속죄가 다 이루어졌다.

"**머리를 숙이니 영혼이 떠나가시니라**" (19:30). 이 동작의 **순서**는 구세주의 독특성을 입증하고 있다. 우리에게 있어서는 영혼이 먼저 떠나고 다음에 머리가 숙여진다. 그런데 그의 경우에는 그 반대였다! 이 동작들은 각각 그의 신성을 드러내고 있다. 우선 그는 "머리를 숙이셨다." 이것은 그가 그 때까지 머리를 **똑바로 들고** 있었다는 것을 암시한다. 그것은 기절한 채 매달려 있는 허약한 수난자가 아니었음을 나타낸다. 그랬더라면 그는 머리를 가슴 위에 힘없이 축 늘어뜨리고 있었을 것이다. 그러면 다시 머리를 "숙일" 일이 없었을 것이다. 여기에서 동사를 잘 살펴보라. 그의 머리가 "앞으로 뚝 떨어졌다" 고 되어 있지 않고 의식적(意識的)으로, 고요하게 그리고 경건하게 **숙이셨다**고 되어 있다. 그의 몸가짐은 "십자가" 상에서조차도 대단히 숭고하였다! 그는 아주 훌륭한 침착성을 나타내셨다! 백부장으로 하여금 "이는 진실로 하나님의 아들이었도다"(마 27:54)라고 외치게 한 것도 바로 **그의** 십자가 상에서의 이러한 **위엄 있는 태도**가 아니었겠는가?

"영혼이 떠나가시니라." 아무도 이렇게 한 사람이 없었다. 아무도 그렇게 죽은 사람이 없다. 이 말은 10:17, 18에서 주님 자신이 하신 선포를 예증해 준다. "내가 내 목숨을 버리는 것은 그것을 내가 다시 얻기 위함이니 이를 내게서 빼앗는 자가 있는 것이 아니라 내가 **스스로** 버리노라 나는 버릴 권세도 있고 다시 얻을 권세도 있으니." 이 주님의 말씀과 스데반의 말을 대조시켜 보면 우리는 여기에서의 그리스도의 행동이 독특하다는 것을 알게 된다. 최초의 기독교 순교자는 죽으면서 "주 예수여 내 영혼을 **받으시옵소서**"(행 7:59)라고 기도하였다. 그리스도께서는 자기 "영혼을 버리셨다." 그것은 스데반의 경우와 뚜렷이 대조가 된다. 스데반의 영혼은 그에게서 **데려가졌다.** 그러나 구세주의 영혼은 그렇지 않았다.

"**이 날은 준비일이라 유대인들은 그 안식일이 큰 날이므로 그 안식일에 시체들을 십자가에 두지 아니하려 하여 빌라도에게 그들의 다리를 꺾어 시체를 치워 달라 하니**"(19:31). 구세주께서 십자가에 못 박히신 날은 "큰 날"이었다. 그 날은 정규적인 안식일 전날이었으며 또한 무교절 바로 전날이기도 했다. 유대인들은 그 날부터 칠 주간 후를 오순절로 지내고 있었다. 또 그 날은 새로운 곡물들을 내어 제물로 바치도록 정해진 날이었다. 그러므로 그 날은 삼중의 엄숙성을 가진 날이었다. 그러므로 유대인들이 이렇게 절박해한 것은 당연하였다. 그들은 서둘러 죽게 하고 또 그 죽음을 확실하게 하기 위하여 다리를 부러뜨렸다. 우리는 율법을 열성적으로 지키는 "유대인들"(신 21:22, 23)의 동기와 행동의 이면에서 다시 한 번 하나님의 지배하시는 손길을 찾아볼 수 있다. 빌라도는 그리스도께서 죽으신 후 며칠 동안 그 시체를 십자가에 매달아 놓게 할 수도 있다. 그러나 주 예수께서는 자신이 "묻힐" 것이며 그리고 **사흘간** 그 무덤에 있을 것이라고 선포하셨었다. 이것이 성취되기 위하여 그는 죽으신 바로 그 날 묻히셔야 했다. 하나님께서는 그의 말이 하나도 어긋나지 않도록 조처하셨다. 주 예수의 원수들은 다시 한 번 하나님의 계획들을 무의식적으로 집행한 것이다.

"**군인들이 가서 예수와 함께 못 박힌 첫째 사람과 또 그 다른 사람의 다리를 꺾고**"(19:32). 군인들은 어째서 두 행악자들에게 먼저 주의를 기울였을까? 확신할 수는 없지만 그들은 이미 그리스도가 죽었음을 알았기 때문에 그렇게 했을 것이다. "꺾다"

는 말의 헬라 원어는 "산산조각으로 부수다"라는 뜻이다. 여기에는 무거운 나무 막대기나 쇠막대기가 사용되었다. 라일 주교는 이 구절에 대하여 이렇게 말한다. "그 회개한 행악자는 개심한 후에도 천국에 들어가기 전에 많은 고통을 겪어야 했다. 하나님의 은혜와 죄의 용서가 있었다 할지라도 그에게서 다리가 꺾이는 고통을 덜어 주지는 못하였다. 그리스도께서는 우리 영혼을 구하기 위하여 일하시되 육체적인 고통과 최후의 원수(곧 죽음)와의 투쟁을 없애는 일을 맡고 계시지는 않는다. 회개한 자도 회개하지 아니한 자와 마찬가지로 (구세주께서 다시 오실 때까지는) 죽음을 맛보아야 한다." 이 로마 군인들은 그리스도의 "**오늘** 네가 나와 함께 낙원에 있으리라" 하신 약속을 성취시킨 무의식적인 대행자였는데 그것을 아는 것은 복된 일이다.

"예수께 이르러서는 이미 죽으신 것을 보고 다리를 꺾지 아니하고"(19:33). 이것은 그리스도의 죽음이 **독특**하다는 것을 더 확고하게 입증해 준다. 주 예수와 두 행악자는 동시에 십자가에 못 박혔었다. 또한 그들은 같은 시간 동안 각자의 십자가에 달려 있었다. 그러나 저녁 무렵까지 그 두 행악자는 여전히 살아 있었다. 잘 알듯이 십자가형은 지독히 고통스러우면서 일반적으로 수난자를 서서히 죽게 하는 것이 보통이다. 생명이 있는 육체는 금방 죽지 아니한다. 때때로 수난자의 생명이 다 소진(消盡)되기까지는 이삼 일이 걸린다. 그러므로 그리스도께서 십자가에 달린 지 여섯 시간 후에 죽으신 것은 보통 있는 일이 아니었다. "**빌라도는** 예수께서 **벌써** 죽었을까 하고 이상히 여겼다"(막 15:44). 유대인들이 빌라도에게 한 요구를 볼 때 그들은 그 세 사람을 서둘러 죽이지 아니하면 그들이 빨리 죽지 않을 것이라고 예상했었음을 알 수 있다. 군인들이 왔을 때 두 행악자는 여전히 살아 있는데 구세주께서는 이미 죽어 있었다. 우리는 그 사실을 통해 그의 생명이 "그에게서 데려가진" 것이 **아니라** "스스로 목숨을 버리셨다"는 더 확고한 증거를 발견하게 된다.

"군인들이 예수께 이르러서는 이미 죽으신 것을 보고 다리를 꺾지 아니하고." 이것은 하나님의 아들이 참으로 죽으셨다는 최초의 증거이다. 이 로마 군인들은 노련한 사형 집행자들이기 때문에 그들이 이런 문제에서 실수하리라고는 생각조차 할 수 없다. 빌라도는 그 세 사람의 다리를 꺾으라고 **명령**하셨다. 그러므로 그리스도가 "이미 죽었다"는 것을 분명히 확신하지 않고 그들은 감히 빌라도의 명을 거역할 수 없었을 것이다. 불신자들은 그리스도가 죽은 것이 아니라 단지 기절해 있었을 뿐이라고 주장하는데 그것은 극도의 어리석음을 그들 스스로 폭로하고 있는 것이다. 로마 군인들이 그들의 의견을 반증해 주는 증인들이다.

"그 중 한 군인이 창으로 옆구리를 찌르니 곧 피와 물이 나오더라"(19:34). "금방 죽은 자에게서 피가 나왔다는 것, 그리고 피와 물이 분리되어 함께 나왔다는 것, 이것은 분명 하나의 기적이다. 물과 피는 하나님께서 우리에게 영생을 주셨다는, 그리고 이 영생은 그의 아들 안에 있다는 것을 증거하기 위하여 나온 것이다(요일 5:8-12). 이 복음서에는 백부장의 '이 사람은 진실로 하나님의 아들이었도다' 라는 고백 따위는 없다. 빌라도의 아내의 증언도 없으며, 그리스도를 증언한 유다의 고백도 없다. 예수께서는 여기에서 사람이 아니라 하나님의 증언을 받으신 것이다. 물과 피는 그의 아들에 대한, 그리고 죄인들이 그 안에서 찾아야 하는 생명에 대한 **하나님의** 증언들이다. 그를 찌른 것은 바로 **죄**였다. 군인들의 행동은 인간의 **증오**의 표본이었다. 그것은 전쟁 후에 패배한 원수가 겨눈 음울한 겨냥이었다. 그것은 하나님과 그리스도에 대한, 인간의 마음속에 깊이 자리잡고 있는 증오를 좀 더 큰 소리로 외친 것이었다. 그러나 그것은 그것과 맞선, 그리고 그 위에 풍부하게 내려 있는 **은혜**의 풍요함을 돋보이게 해줄 뿐이다. 군인의 창끝은 **피**가 묻었다! 진홍 피는 진홍 같은 죄를 없애려고 나온 것이다"(Mr. Bellet).

"그 중 한 군인이 창으로 옆구리를 찌르니 곧 피와 물이 나오더라." 이것은 우리 주님께서 **참으로** 죽으셨다는 두 번째 증거이다. 군인들 중의 하나는 일을 확실하게 하려고, 미심쩍은 것을 남겨 두지 않으려고 결심하였다. 아마도 그는 창을 구주의 가슴을 향해 겨누었을 것이다. **구세주**께서는 죽어가는 행악자들 가운데서 죽어 있었지만 다른 자들과 구별되었다. "**그는** 여기에서조차도 오직 그에게만 속하는 신분을 가지고 있으시다"(Mr. W. Kelley). "잠들어 있는 둘째 아담을 보라. 그리고 그의 옆구리에서 복음을 전하는 하와가 나오고 있음을 보라. 쪼개진 바위와 거기에서 생명수가 흘러나오는 것을 보라. 죄와 부정(不淨)함을 위하여 열린 **분수**를 보라"(아우구스티누스). "피와 물은 모든 신자가 그리스도로 말미암아 참여하게 된 두 가지의 은혜, 즉 칭의와 성화를 뜻하고 있다. 피는 용서를, 물은 중생을 나타낸다. 피는 속죄를, 물은 정화를 나타낸다. 이 둘은 항상 함께 다녀야 한다"(매튜 헨리).

"이를 본 자가 증언하였으니 그 증언이 참이라 그가 자기의 말하는 것이 참인 줄 알고 너희로 믿게 하려 함이니라"(19:35). 이것은 그 앞 구절에 기록된 것과 관련되어 있다. 요한은 창에 찔린 구세주의 옆구리에서 나온 피와 물에 대하여 목격자로서 증언하고 있다. 그는 마리아를 자기 집에 모셔다 놓은 후에 십자가가 있는 곳으로 다시 돌아온 것이 분명하다. 그리고 거기에 끝까지 남아 있었음이 틀림없다. 여기에서의 요한의 엄숙한 단언은 그 앞 구절에 기록된 것이 주목할 만한 기적이라는 것을 암시하고 있다. 필자는 요한의 "증거"가 여기에서와 또 그의 첫번째 서신에 포함되어 있다고 생각한다. "이는 물과 피로 임하신[다시 말해서 나타내어진] 이시니"(요일 5:6). 요한복음에는 하나님을 충족시켜드린 것으로서 피가 먼저 언급되어 있고 우리에게 적용되는 "물"이 다음에 나온다. 그러나 서신에서는 그 순서가 **경험적**인 것이다. 즉 우리는 피를 믿기 **전에** 중생해야만 한다!

"이 일이 일어난 것은 그 **뼈**가 하나도 꺾이지 아니하리라 한 성경을 응하게 하려 **함이라**"(19:36). 성령께서는 시편 34:20을 인용하고 있다. "그의 모든 뼈를 보호하심이여 그 중에서 하나도 꺾이지 아니하도다." 이것은 기적으로 성취되었다. 하나님께서는 성육신하신 아들의 뼈를 모두 **보호하셨다**. 빌라도의 명령에도 불구하고 군인들은 그의 다리를 꺾지 아니하였다. 그것은 그들에게도 위로부터 주어지지 아니하면 "권세가 없었던" 것이다! 그리스도의 뼈가 보존된 것은 구약 시대의 유월절 어린 양이라는 상징이 성취된 것이다. "뼈도 꺾지 말지며"(출 12:46). 이스라엘 백성은 천오백 년 동안 유월절 의식의 이 조항을 엄격하게 준수해 왔다. 그러나 (필자가 아는 한) 그 의미를 알았던 사람은 아무도 없었다. 이제 성령께서 그것을 설명해 주신다.

"또 다른 성경에 그들이 그 찌른 자를 보리라 하였느니라"(19:37). 구세주의 옆구리가 찔린 것은 대단히 주목할 만한 방식으로 하나님의 **주권**을, 즉 모든 피조물과 그들의 모든 행동에 대한 하나님의 절대적인 통제력을 나타내고 있다. 군인들은 그리스도의 다리를 꺾으라는 지시를 받았다. 그러나 그는 그렇게 **하지 않았다**. 만약 그렇게 했더라면 성경이 파기되었을 것이다! 그 군병은 구주의 옆구리를 찌르라는 명령은 받지 않았다. 그런데 그렇게 하였다! 그가 그렇게 하지 않았다면 예언이 성취되지 못했을 것이다! 이것은 스가랴 12:10에서 인용된 것이다. 그리고 이스라엘 백성들이 그들이 찌른(비록 그 행동은 로마인이 했을지라도 그를 찌른 것은 바로 이스라엘 백성이다) 구세주를 바라보게 될 때가 도래할 것이다. 이 구절은 바로 그 날을 가리키고 있다. 여기에서 우리는 성경의 정확성에 주목해야 한다. 19:36에서는 적절하게도 "응하다"는 말이 사용되었다. 그러나 여기 37절에서는 의미심장하게도 그 말이 **빠져** 있다. 어째서 그런 것일까? 그것은 스가랴 12:10이 미래에 **완전하게** 성취될 것이기 때문이다. 그러므로 "다른 성경에 … **하였느니라**"고 말한 것이다.

"아리마대 사람 요셉은 예수의 제자이나 유대인이 두려워 그것을 숨기더니 이 일후에 빌라도에게 예수의 시체를 가져가기를 구하매 빌라도가 허락하는지라 이에 가서 **예수의 시체를 가져가니라**"(19:38). 이것도 예언이 성취된 것이다. "그의 무덤이 악인들과 함께 있었으며 그가 죽은 후에 부자와 함께 있었도다"(사 53:9). 성령께서는 여기에서 주님의 귀하신 시체에 대한 사랑의 마지막 직무에 요셉을 관련시키시는데 이것은 복된 일이다. 그는 이사야의 예언이 성취되는데 있어서 특별한 역할을 하도록 허락받았다. 인간이 작정하나 하나님께서 이루신다는 말이 참으로 사실인 것을 알 수 있다! 사악한 자들은 십자가 상의 세 시체를 묻으려고 세 개의 무덤을 준비하였다. 그러나 그들이 준비한 무덤 중 하나는 비어 있게 되었다. 하나님께서 그리스도의 뼈가 꺾이지 않게 지키셨던 것처럼 그는 그의 시체를 악한 자의 무덤에 두지 아니하시고 주님을 사랑하는 자가 준비한 무덤에 두게 하셨다. 요셉은 지금까지는 은밀한 제자로 행동해 왔었다. 그러나 구세주께서 살아 계실 때에는 유대인들이 두려워 그를 구주로 인정하기를 두려워했지만 그가 죽으시자 그는 "**담대히**" 나서서(막 15:43) 그의 시체를 가져가고자 했다. 이것은 구속자의 죽으심의 권능을 입증해 주는 증거이다!

"**일찍이 예수께 밤에 찾아왔던 니고데모도 몰약과 침향 섞은 것을 백 리트라쯤 가지고 온지라**"(19:39). 이것도 또한 그리스도의 죽으심의 권능을 입증하고 있다. 요셉처럼 니고데모도 아주 느리기는 했으나 빛으로 인도되었다. 본래 소심했었지만 은혜에 압도된 니고데모야말로 주님을 묻는 거룩한 일을 하는, 요셉을 감히 도우러 나선 유일한 사람이었다. 이것은 요한복음 3장에서 그가 취했던 태도와는 큰 대조를 이룬다. 거기에서 그는 밤을 틈타 주님이 묵고 계시는 곳에 은밀하게 왔었다. 그런데 여기에서는 십자가에 못 박힌 구세주를 사랑하는 자로 공공연하게 드러나는 것을 부끄러워하지 않았다! 그가 가져온 선물의 가치가 곧 그의 사랑의 크기를 입증하고 있다. "요셉과 니고데모는 그들이 할 수 있는 것을 모두 행했다. 그리스도를 위하여 행한 봉사는 결코 헛되지 아니한다. 이 두 사람의 이름은 영감을 받은 이 책에 영구히 보존되어 있다. 그리고 니고데모가 가져온 향품의 양도 마찬가지로 기록되어 있다. 그리스도에게, 또는 그리스도의 이름으로 행해진 봉사는 하나님께서 결코 잊지 아니하신다"(Mr. C. E. Stuart).

"**이에 예수의 시체를 가져다가 유대인의 장례 법대로 그 향품과 함께 세마포로 쌌더라**"(19:40). "그들은 향품으로 그 부패하지 않을 시체를 감쌌다. 왜냐하면 그것은 유례없는 죽음으로서 그의 모든 백성들에게 영원히 향기로워야 하기 때문이다"(F. W. Grant). 여기에서도 또한 아름다운 상징이 성취되었다. 역대하 16:14에 이렇게 기록되어 있다. "다윗 성에 자기를 위하여 파 두었던 묘실에 무리가 장사하되 그의 시체를 법대로 만든 각양 **향 재료**를 가득히 채운 상에 두고 또 그것을 위하여 많이 **분향**하였더라."

"예수께서 십자가에 못 박히신 곳에 동산이 있고 동산 안에 아직 사람을 장사한 일이 없는 새 무덤이 있는지라" (19:41). "동산"이라는 말과 관련된 것은 아름다움을 내포하고 있다. 첫째 아담은 바로 "동산"에서 죽음을 낳는 씨를 뿌렸었다. 여기에서도 마찬가지로 불멸의 생명 안에서 많은 열매를 낼 씨가 뿌려진 것은 바로 "동산"에서였다. "아직 사람을 장사한 일이 없는 새 무덤"이라는 말은 또 하나의 상징을 성취시키고 있다. "이에 정결(淨)한 자가 암송아지의 재를 거두어 진영 밖 정(淨)한 곳에 둘지니" (민 19:9).

"이 날은 유대인의 준비일이요 또 무덤이 가까운 고로 예수를 거기 두니라" (19:42). 이것은 주 예수가 실제로 죽으셨다는 세 번째 결정적인 증거이다. 즉 그는 **묻히신** 것이다. 동정녀를 어머니로 하여 태어나신 그는 더럽혀지지 않은 무덤에 누우셨다. 그리고 위대하신 **승리자**로서 나오시기까지 거기에 사흘 동안 누워 계셨다.

다음 과의 연구를 위하여 아래의 질문들을 제시해 본다.

1. 어째서 "돌"이 옮겨졌는가?(1절)
2. 마리아의 말은 무엇을 나타내고 있는가?(2절)
3. 그녀는 어째서 그 두 제자를 찾아갔는가?(2절)
4. 요한은 어째서 들어가지 아니하였는가?(5절)
5. 7절은 어떤 의미를 내포하고 있는가?
6. 요한으로 하여금 "믿게" 한 것은 그가 무엇을 "보았기" 때문인가?(8절)
7. 그들은 어째서 "집으로" 갔는가?(10절)

제67장

부활하신 그리스도

¹안식 후 첫날 일찍이 아직 어두울 때에 막달라 마리아가 무덤에 와서 돌이 무덤에서 옮겨진 것을 보고 ²시몬 베드로와 예수께서 사랑하시던 그 다른 제자에게 달려가서 말하되 사람들이 주님을 무덤에서 가져다가 어디 두었는지 우리가 알지 못하겠다 하니 ³베드로와 그 다른 제자가 나가서 무덤으로 갈새 ⁴둘이 같이 달음질하더니 그 다른 제자가 베드로보다 더 빨리 달려가서 먼저 무덤에 이르러 ⁵구부려 세마포 놓인 것을 보았으나 들어가지는 아니하였더니 ⁶시몬 베드로는 따라와서 무덤에 들어가 보니 세마포가 놓였고 ⁷또 머리를 쌌던 수건은 세마포와 함께 놓이지 않고 딴 곳에 쌌던 대로 놓여 있더라 ⁸그 때에야 무덤에 먼저 갔던 그 다른 제자도 들어가 보고 믿더라 ⁹(그들은 성경에 그가 죽은 자 가운데서 다시 살아나야 하리라 하신 말씀을 아직 알지 못하더라) ¹⁰이에 두 제자가 자기들의 집으로 돌아가니라(요 20:1-10)

요한복음 20장 첫 부분을 아래와 같이 분석해 본다.

1. 무덤을 막았던 돌이 옮겨짐(1절)
2. 막달라 마리아가 두 제자에게 그 사실을 알림(2절)
3. 제자들이 사랑에 넘쳐 무덤으로 달려감(3, 4절)
4. 요한의 망설임과 베드로의 담대함(5, 6절)
5. 요한이 세마포를 보고 내린 결론(7, 8절)
6. 우둔한 제자들(9절)
7. 그들이 집으로 돌아옴(10절)

그리스도의 부활은 하나님의 최초의 약속과 예언에 분명히 암시되어 있다(창

3:15). 원수가 그리스도의 발꿈치를 상하게 한 **후** 그리스도께서 뱀의 머리를 상하게 하시려면 그는 죽은 자 가운데서 다시 살아나셔야 했다. 노아의 방주가 심판의 홍수를 견디고 깨끗해진 땅에 이른 것은 위와 같은 대사건을 전조한 것이다(벧전 3:21). 이삭이 죽음에 넘겨진 후 사흘 만에 제단에서 구원된 것(창 22:4)에 대하여 성령께서는 그를 죽은 자 가운데서 도로 받은 것이라고(히 11:19) 비유하여 해석하신다. 또한 이스라엘 백성들이 유월절 양을 죽인 후 사흘 만에 갈라진 홍해의 마른 땅을 밟고 건넌 것은 그리스도인들이 그리스도와 더불어 다시 살아나리라는 것을 상징한다. 요나가 삼 주야(晝夜) 만에 물고기의 뱃속에서 탈출한 것은 구세주께서 사흘 만에 무덤에서 구출되신 것을 예표한다. 이렇게 그 사실은 예언을 통해 명백하게 제시되어 있다. "이러므로 나의 마음이 기쁘고 나의 영도 즐거워하며 내 육체도 안전히 살리니 이는 주께서 내 영혼을 스올에 버리지 아니하시며 주의 거룩한 자를 멸망시키지 않으실 것임이니이다 주께서 생명의 길을 내게 보이시리니 주의 앞에는 충만한 기쁨이 있고 주의 오른쪽에는 영원한 즐거움이 있나이다"(시 16:9-11).

우리가 그리스도의 죽으심을 아무리 강조한다 해도 그것은 지나친 일이 아니다. 그러나 우리는 그의 부활하심을 너무 소홀히 여겨서는 안 된다. 또한 우리가 십자가를 아무리 자주 묵상한다 해도 그것은 지나친 일이 아니다. 그러나 구세주의 수난을 묵상함에 있어서 우리는 그 수난 뒤에 온 영광을 망각해서는 안 된다. 골고다 사건으로 인하여 복음의 메시지가 다 끝난 것은 아니다. 그리스도인의 복음이란, 곧 그리스도께서 우리 죄를 위하여 죽으셨다는 그것이며, 뿐만 아니라 우리를 의롭다 하시기 위하여 성경대로 다시 살아나셨다는 이것이다(고전 15:1-4). 그리스도께서는 우리가 범죄한 것 때문에 내줌이 되고 또한 우리를 의롭다 하시기 위하여 살아나셨다(롬 4:25). 그리스도께서 무덤에 머물러 계셨다면 우리의 모든 소망도 무덤에 묻혀 있었을 것이다. 사도는 "그리스도께서 만일 다시 살아나지 못하셨으면 우리가 전파하는 것도 헛것이요 또 너희 믿음도 헛것이라"(고전 15:14)고 말하였다. 그리스도의 부활하심의 증인이 된다는 것은 사도의 기본적 자격 요건이었다(행 1:22). 하나님께서 유대인들이 십자가에 못 박은 자를 살리신 것이, 곧 베드로가 오순절 설교에서 강조한 중심적인 진리였다(행 2:24-36). 또한 사도들도 솔로몬 행각과(행 3:15) 산헤드린 앞에서(행 4:10; 5:30) 똑같은 사실을 재강조하였다. 이 근본적인 진리는 이방인들에게도 선포되었다(행 10:40; 13:34). 서신서들에도 이 진리가 두드러지게 강조되어 있는데 이것은 특별히 인용하지 않더라도 잘 알려져 있는 사실이다.

요한복음 20장에는 구세주께서 죽은 자 가운데서 살아나신 후 제자들에게 자기를 나타내 주신 일이 기록되어 있다. 여기에서 살아나신 "후"라는 말에 주목해야 한다. 그들 중 부활하시는 것을 실제로 본 자는 아무도 없었기 때문에 그렇게 표현된 것이다. 십자가에 내포되어 있는 지극히 심오한 의미를 본 자는 하나님 외에 아무도 없었던 것처럼 주님께서 죽은 자 가운데서 살아나신 것을 본 자도 오직 하나님뿐이셨다. 이는 당연한 일이었다. 그리스도께서 우리를 위하여 속죄하시어 자기를 내어 놓으셨을 때 어둠이 그를 가렸기 때문이다. 인간은 그리스도의 죽음에 깃들어 있는 무한한 업적을 보지 못하였다. 그러나 그의 죽음은 하나님을 영화롭게 해드리기 위한 것이었을 뿐 아니라 우리 죄를 공정하게 없애기 위한 것이었다.

우리는 그리스도를 십자가에 못 박을 때 세상 사람들이 취한 행동, 특히 유대인들이 취한 행동을 알고 있다. 신분이 높은 자이든 낮은 자이든, 종교적인 자이든 불경한 자이든 모든 사람들은 그리스도를 십자가에 못 박는 데 일익을 담당하였다. 어떤 사도는 그리스도를 부인하였고, 또 어떤 사도는 흉악한 제사장들과 장로들에게 그를 팔아 넘겼다. 그러나 우리 모두의 범죄를 그리스도께 지우신 분은 바로 **여호와**이셨다. 즉 **여호와께서** 그를 상하게 하시고 슬픔에 빠지게 하셨으며, **여호와께서** 그리스도의 영혼을 죄를 위한 제물로 삼으셨다. 이것은 **하나님을 향한** 것이었으므로 인간의 눈에는 보이지 아니하였다. 그리고 오직 하나님만이 거기에서 얻어진 구속을 보실 수 있었던 바, 그 구속은 하나님께서 그리스도를 통하여 이루고자 하신 것이었으며, 그 구속으로 인하여 신적 사랑이 이 잃어버린 바 된 불경건한 세상에서조차도 자유로이 활동하게 된 것이다.

"그리스도의 부활도 그와 마찬가지이다. 그리스도께서는 성부의 영광으로 말미암아 죽은 자 가운데서 살아나셨다. 하나님께서는 유대인들이 죽여 나무에 매달은 예수를 살리셨다. 그리스도께서는 자기의 목숨을 다시 얻기 위하여 내놓으셨고, 사흘 만에 그들이 파괴한 그의 육체의 전(殿)을 다시 세우셨다. 그러나 그가 죽은 자 가운데서 다시 살아나시는 것을 본 자가 아무도 없으므로, 그의 속죄하시는 죽음이 온 세상에 증명되었던 것처럼 그 사실도 또한 온 세상에 입증되어야 했다. 그러므로 그리스도의 부활에 관해 말하지 아니하는 자는 부활의 힘찬 증거와 부활의 성격에 관한 기쁜 소식을 왜곡시키며 신자들의 자유와 새로운 피조물로의 태어남을 방해하는 자이다. 그는 주님의 영광을 가리는 자이다. 그리고 부활하심을 부인함으로써 실제로 하나님의 증거들을 거짓이라고 비난하며 믿음을 헛되게 만들기까지 하는 자이다"

(*The Bible Treasury*).

　그리스도의 부활하심은 성삼위께서 함께 역사하여 이루어졌다. 그리스도께서 성육신하실 때 삼위께서 공동으로 역사하셨던 것처럼(성부의 역사하심은 히 10:5을, 성자의 역사하심은 빌 2:7을, 성령의 역사하심은 눅 1:35을 각각 참고하라), 그리고 그리스도께서 속죄하실 때 삼위께서 함께 활동하셨던 것처럼(성부의 활동은 사 53:6을, 성자의 활동은 엡 5:2을, 성령의 활동은 히 9:14을 참고하라), 부활의 아침에도 세 분의 신성께서 다 함께 역사하셨다. "**아버지**의 영광으로 말미암아 그리스도를 죽은 자 가운데서 살리셨다"(롬 6:4). "내가 내 목숨을 버리는 것은 그것을 내가 다시 얻기 위함이니"(요 10:17). "예수를 죽은 자 가운데서 살리신 이의 **영**이 너희 안에 거하시면 … "(롬 8:11).

　"**안식 후 첫날**"(20:1). 하나님의 모든 방법은 완전하신 지혜를 나타낸다. 그리고 성경에 기록된 모든 것은 우리를 가르치기 위한 것이다. 주 예수께서 **새로운** 피조물의 머리로서 안식 후 바로 **첫날**에 죽은 자 가운데서 살아나신 것이야말로 참으로 적절한 일이다. 그것은 새로운 시작이 열렸음을 암시한다. 도덕법의 요구들이 완전히 충족되었으며 의식(儀式)의 그림자들이 모두 성취되었다. 육체를 가진 인간과 관련된 옛 체계가 종식되었으며 새롭고 영적인 시대가 시작되었다. 예언의 성령께서 다윗을 감동시켜 다음과 같이 기록하게 하셨을 때 염두에 두신 것은 바로 이 "안식 후 첫날"이었다. "건축자가 버린 돌이 집 모퉁이의 머릿돌이 되었나니 이는 여호와께서 행하신 것이요 우리 눈에 기이한 바로다 **이 날은** 여호와께서 정하신 것이라 이 날에 우리가 즐거워하고 기뻐하리로다"(시 118:22-24). 주님의 백성들이 일요일을 안식과 예배의 날로 정하고 의무적으로 지키는 이유가 바로 여기에 있다. 구약 시대의 안식일은 하나님께서 옛 창조의 일을 마치신 것을 기념하는 것이었다(창 2:3; 출 20:11). 그러나 신약 시대의 안식일은 그리스도께서 새로운 창조의 근원이 되는 일을 마치신 것을 기념한다. [필자의 「기독교인 안식일」(*The Christian Sabbath*) 참고]

　"**안식 후 첫날 일찍이 아직 어두울 때에 막달라 마리아가 무덤에 와서**"(20:1). 마가는 막달라 마리아가 야고보의 어머니 마리아 및 살로메와 무덤에 함께 왔다고 기록하고 있다(16:1, 2). 그러나 요한은 그들을 언급하지 않고 있다. 이 넷째 복음서의 특징 중 하나는 사람을 **개별적으로** 다루는 데 있다. 그리스도와 함께 혼자 있던 니고데모, 우물가의 사마리아 여인, 9장의 눈먼 거지 등이 그 유명한 예이다. 요한복음의 또 하나의 두드러진 특징은 **사랑**을 가진 마음, 즉 만족스러운 **대상**을 발견한 영혼에 관하여 다룬 점이다. 주님을 처음 만난 바로 그날부터 주님과 함께 거하는 두 제자 (1:39), 그들이 다른 사람들을 구세주께 데려와서 그를 직접 뵙게 한 것(1:41, 45), 베드로의 말(6:68), 나사로의 누이들의 호소(11:3), 그리고 마리아의 헌신(12:3) 등이 그 예이다. 막달라 마리아가 여기에서 생생하게 예증된 것도 바로 이 점이다. 많은 죄를 사함 받은 자가 많이 사랑한다(눅 7:47). 그리고 이 여자에게는 구세주를 사랑할 만한 충분한 이유가 있었다. 왜냐하면 구세주께서 그녀로부터 일곱 귀신을 쫓아내 주셨기 때문이다(눅 8:2).

마리아가 무덤으로 간 때는 "매우 이른 아침"이었다(막 16:2). 요한은 "[이른 아침] 아직 어두울 때"라고 기록하고 있다. 막달라 마리아는 무덤에서 로마 경비병들을 보게 되리라는 것을 알았음에도 불구하고(마 27:66), "큰 지진"이 났었음에도 불구하고(마 28:2), 그녀와 동반해 주는 남자 제자들이 아무도 없었음에도 불구하고, 그리고 유월절 축제 중이라 수많은 낯선 사람들이 성전 벽 근처의 허름한 오막집에서 잠을 자고 있었을 것임에도 불구하고, 그녀는 사랑으로 인하여 구세주의 시체가 놓여 있던 장소로 이끌려 갔다. 그녀의 이런 헌신이야말로 영적인 일에 대한 지식을 더 많이 가졌으면서도 그리스도에 대한 사랑을 훨씬 적게 나타내는 우리들을 심히 부끄럽게 한다!

구속자께서 이 여인만큼 깊은 사랑을 보인 사람은 거의 없다. 구세주의 고마우신 손으로부터 그녀만큼 많은 것을 받은 자도 거의 없다. 그러므로 그녀의 감사는 한량없는 것이었다. 이것에 비추어 볼 때 우리의 냉담함과 열의 없음의 이유를 잘 알 수 있다. 그리스도께 빚진 것을 느끼지 못하는 사람은 그리스도에 대한 사랑을 느끼지 못한다. 자기의 죄스러움과 부패함 그리고 전적인 무가치함에 대하여 대수롭지 않게 생각하는 자는 감사와 찬양을 나타내지 않을 것이다. 자신이 지옥에 가야 마땅함을 분명하게 깨달은 자들, 자기를 불구덩이에서 건져 내신 놀라운 은혜에 깊이 감동된 자들, 이들이 바로 그리스도의 백성 가운데서 가장 열렬한 마음을 보이는 자들이다. 그러므로 하나님께 매일 이렇게 기도드리자: 우리로 자신의 죄 된 것을 좀 더 깊이 깨닫고, 성자의 빼어나신 귀중함을 좀 더 깊이 인식하게 하시어 점점 더 열심히, 그리고 신실하게 하나님께 봉사하고 하나님을 영광스럽게 해드리게 하소서.

"돌이 무덤에서 옮겨진 것을 보고"(20:1). 마태는 "큰 지진이 나며 주의 천사가 하늘로부터 내려와 돌을 굴려 내고 그 위에 앉았다"(28:2)라고 기록하고 있다. 존 길 (John Gill)은 이 점에 관하여 이렇게 말한다. "이 돌은 천사가 치웠다. 왜냐하면 그리스도께서 친히 돌을 쉽게 치우실 수 있었음에도 불구하고, 그를 죽음의 포로로 거기에 누워 있게 하신 신적 공의의 질서에 따라 하늘에서 온 사자가 그 일을 함이 가장 적절했기 때문이다." 나사로의 무덤에서 돌을 치운 것은 인간의 손이었다(11:39). 그리스도의 무덤에서 돌을 치운 것은 천사의 손이었다. 그러므로 **모든** 일에 있어서 그는 탁월하셨다! 하나님께서 천사를 보내시어 돌을 옮기게 하신 주된 목적은 이 신자들로 하여금 무덤이 비어 있음을 직접 보게 하고자 하심이었다고 생각된다. 돌 위에 앉아 있던(그리고 나중에는 무덤 안에 앉아 있던) 천사의 존재는 하나님께서 친히 개입하셨음을 입증해 준다. 마리아는 무덤 입구가 열린 것을 본 첫 사람이었음이 분명하다.

　"시몬 베드로와 예수께서 사랑하시던 그 다른 제자에게 달려가서 말하되 사람들이 주님을 무덤에서 가져다가 어디 두었는지 우리가 알지 못하겠다 하니"(20:2). 이 진술과 마태의 기록을 일치시키는 데 있어서 다음과 같은 점들에 유념한다면 문제점이 없을 것이다. 첫째로, 마리아는 함께 무덤에 간 여자들의 선두에 있었을 것이다. 그렇지 않으면 그녀의 시각이 다른 여자들보다 더 예민했을 것이다. 하여튼 그녀는 돌이 옮겨진 것을 본 첫 사람이었던 것 같다. 둘째로, 그녀는 이 사실에 너무 흥분하여 같이 간 여자들과 무덤에 들어가는 대신 사도들에게 알리러 곧 달려갔다. 그래서 그녀는 천사를 보지 못한 것이다. 셋째로, 마리아가 서둘러 떠난 후 나머지 여자들은 어떻게 해야 할지 그리고 무슨 일이 일어날지 모르는 채 무덤 가까이로 다가갔다. 넷째로, 아마 마리아는 다른 여자들이 무덤을 떠나기 전에 요한의 거처를 향하여 먼 길을 달려갔을 것이다.

　마리아가 왜 베드로와 요한을 찾아갔는지에 대해서는 여러 가지 이유가 제시되어 왔다. 이 두 사도는 다른 사도들보다 구세주와 더 친밀하게 지냈던 것 같다. 그리스도의 변용을 목격한 큰 은총을 입은 세 사람 중 두 사람이 바로 그들이었다. 그리고 그리스도께서는 겟세마네 동산에서 그들을 다른 사도들보다 더 멀리까지 데리고 들어가셨다(마 26:37). 이 두 사도는 그리스도께 붙잡히신 후에도 그리스도께 가까이 붙어 있었으며 그를 따라가 대제사장의 관정에까지 들어갔다. 그리고 다른 저자가 말한 바와 같이 "모든 사도들 중 요한은 베드로의 슬픈 타락을 목격했으며 그 후 그가 비통하게 우는 것을 본 사람이다. 요한은 금요일 저녁부터 일요일 아침까지 형제의 상한 마음을 사랑으로 위로하면서 주님의 마지막 말씀을 그 형제에게 들려주고 있었을 것이다. 그리고 막달라 마리아가 놀라운 소식을 가지고 갑자기 그들에게 달려온 바로 그날 아침 그들은 주님에 관하여 열심히 이야기하고 있었음이 분명하다."

마리아는 제자들 중에서 **베드로와 요한**만이 (그렇게 이른 시각에) 그녀의 영혼을 가득 채우고 있는 걱정스러운 의구심에 답변해 줄 사람들이라고 생각하고서 그들을 찾아간 것이다. 이 두 제자가 그때 함께 있었던 것은 실로 아름다운 모습이다. "요한의 온화한 성품과 사랑은 그리스도를 부인한, 그런 베드로에게 사랑을 보여주는 데에서 지극히 아름답게 나타난다 … . 요한은 그의 곁을 떠나지 않고 그를 자기 집(그 집이 어디에 있었든지 그것은 문제가 되지 않는다)에 있게 했다. 유다가 타락했을 때 그에게는 다시 일으켜 주고 격려해 줄 친구가 없었다. 그러나 베드로가 타락했을 때 그에게는 그를 배척하지 아니하고 '역경을 함께 한 형제'가 있었다"(라일 주교).

"[제자들에게] 말하되 사람들이 주님을 무덤에서 가져다가 어디 두었는지 우리가 알지 못하겠다 하니." 이 구절을 통해서 **사랑**은 **믿음**으로 조정되어야 함을 알 수 있다. 마리아의 구세주에 대한 사랑은 의심할 여지가 없는 것이었으며, 그리고 지극히 복된 것이었다. 그러나 그녀에게는 믿음이 행사되지 아니하였다. 그녀는 육안(肉眼)으로만 판단하였다. 돌이 옮겨져 있음을 보자 그녀는 즉시 누군가가 거기에 있다가 구세주의 시체를 "가져갔다"고 결론을 내렸다. 그녀에게는 구세주께서 지금 살아 있다는 생각이 결코 떠오르지 않았음이 분명하다. 그녀는 그가 아직도 죽음의 세력 아래 있다고 생각하였다. 구세주께서 친히 사흘 만에 다시 살아나리라고 거듭 선포하셨음에도 불구하고 그녀는 그 말을 조금도 기억하지 못하였다. "슬프게도 우리 중 가장 뛰어난 자라 할지라도 그리스도의 가르침을 거의 이해하지 못한다. 또한 우리는 가르침을 듣고 무심코 지나치는 경우가 허다하다!" 우리는 여기에서 이상하게도 영적 지식과 영적 무지가 혼합되어 있음을 볼 수 있다. "**사람이 주를** 가져갔나이다!" 우리는 우리 자신과 다른 사람들이 이와 같은 혼란을 겪는 것을 자주 볼 수 있다! "사람들이 주님을 무덤에서 가져다가 어디 두었는지 **우리가** 알지 못하겠다 하니"라고 말한 점에 주목하라. 그것은 다른 여자들이 막달라 마리아와 함께 무덤에 갔다고 말한 마태의 설명과 일치한다.

"베드로와 그 다른 제자가 나가서 무덤으로 갈새"(20:3). 마리아가 그들에게 알린 소식은 너무 놀라운 것이어서 두 제자는 즉시 일어나 마리아의 무덤에서 돌이 옮겨졌다는 말이 도대체 어찌된 것인지 알아보려고 출발하였다. 그들은 아마 처음에 마리아에게 시체가 없어진 것을 확실히 보았느냐고 물었을 것이다. 그리고 그녀는 입구에 돌이 없다는 말밖에 할 수 없었을 것이다. 마리아가 무덤 안을 실제로 들여다본 것이 아님을 알고 그들은 직접 가서 살펴보는 것이 좋겠다고 생각했다. 놀랍게도 우리는 여기에서 하나님의 지배하시는 섭리를 발견할 수 있다. 모세의 법에 따르면 여자는 증언을 할 수 없다(고린도전서 15장에 여자들에 대한 언급이 없음에 주목하라!). 그리고 진실은 최소한 **두** 명의 증인이 있어야 확정될 수 있었다. 그러므로 여기에는 빈 무덤과 구세주께서 벗어 두신 세마포가 가지런히 개어져 있는 광경에 대한 증인으로서 베드로와 요한 두 사람이 나타나 있다.

"**둘이 같이 달음질하더니 그 다른 제자가 베드로보다 더 빨리 달려가서 먼저 무덤에 이르러**"(20:4). 그들이 **달려갔다는** 사실은 그들의 흥분이 대단하였고 걱정이 컸음을 입증해 준다. "우리는 마리아가 가져온 갑작스러운 소식이 그들을 완전히 압도하여 어떻게 생각해야 할지 혼란에 빠지게 했으리라고 추측할 수 있다. 그들은 달려가면서 주님께서 자신이 부활하시리라고 반복하여 예언하셨던 것을 떠올렸을지도 모른다. 그들은 '그것이 정말 사실일까? 깊은 슬픔이 모두 기쁨으로 바뀌게 되리라던 말씀이 과연 사실이 될 수 있을까?'라고 자문했을지도 모른다. 물론 이것들은 모두 필자의 추측이다. 그러나 아주 짧은 동안이었지만 매우 위급한 순간이었으므로 그들의 마음속에는 온갖 생각이 스쳤을 것이다(라일 주교).

요한이 베드로보다 앞질러 갈 만한 **신체적인** 이유가 특별히 있었는지는 확실히 알 수 없다. 다만 요한이 이 사건 이후로 60여 년을 더 산 것으로 보아 그가 베드로보다 젊었기 때문에 앞질러 달려간 것이라고 생각하는 통념이 옳은 것 같다. 다른 한편 **영적** 이유에 관하여 생각해 볼 때, 혹자는 베드로가 양심의 가책을 받아서 구세주를 만나게 될까 두려워했기 때문에 요한보다 늦게 갔다고 말하는데 그것은 분명 잘못된 생각이다. 이것이 사실이라면 베드로는 무덤을 향해 떠나지도 않았을 것이며 더욱이 달려가는 행동을 취하지 않았을 것이다! 그리고 그가 지체하지 않고 무덤에 들어간 사실을 볼 때 그 견해는 전혀 지지할 수 없다. 그러나 성령께서 우리를 가르치시기 위해 기록하신 이 세부 사항에 **도덕적**인 의미가 있음은 의심할 나위가 없다. 베드로는 구세주와의 친교를 아직 회복하지 못하고 있었다. 그리고 요한은 주님과 가장 친밀하게 지낸 열한 사도 중 하나였다. 이것으로써 **요한**이 무덤을 향한 사랑의 경주에서 이긴 이유는 충분히 설명된다.

"**구부려 세마포 놓인 것을 보았으나 들어가지는 아니하였더니**"(20:5). 우리는 여기에서 다시 한 번 추측을 해야 한다. 여기에는 명백한 사실이 기록되어 있다. 그러나 요한이 왜 무덤에 들어가지 않았는지는 제시되어 있지 않다. 혹자는 그가 의식적

(意識的)으로 부정(不淨)했기 때문에 들어가지 않았다고 말한다. 하지만 그것은 너무 부자연스러운 해석이라고 생각된다. 또 다른 이들은 구세주께서 누워 계시던 장소에 대한 존경심 때문에 그랬다고 생각한다. 이 해석은 좀 더 그럴 듯해 보이지만 그가 잠시 후에 곧 무덤으로 들어간 것을 보아 인정하기 어려운 주장이다(20:8). 일반적인 견해는 요한이 무덤을 들여다보고 그 안이 비어 있음을 발견한 후 베드로가 와서 먼저 들어가도록 기다리느라 그랬다고 보는 것인데 이것이 가장 타당한 해석인 듯하다. 즉 요한이 베드로보다 어렸기 때문에 그렇게 함이 지극히 아름다운 처사였으리라고 생각되고 있다. 요한을 그렇게 하게 한 동기가 무엇이었든지 간에 우리는 여기에서 다시 한 번 하나님의 지배하시는 손길을 볼 수 있다. 즉 **두** 사람을 참석하게 하여 무덤 안의 상태를 목격시킴으로써 사실을 확인하게 하신 것이다.

"구부려 세마포 놓인 것을 보았으나." 여기의 요한의 행동에는 어떤 교훈적인 의미가 들어 있을까? 그것은 분명 다음과 같다. 즉 요한은 "구부려" 무덤 안을 들여다본다고 해서 결코 부활하신 그리스도를 보는 것이 아니라는 것이다! 오늘날 요한이 행동했던 것처럼 행동하는 자들이 대단히 많다! 그들은 그들이 진정한 그리스도인인지 아닌지 알고 싶어한다. 그런데 그들은 어떤 방법을 사용하는가? 그들은 그 의문을 어떻게 해결해 나가는가? 자기반성이나 자기 분석을 함으로써 그리고 자기의 내면을 들여다봄으로써 그 의문을 해결한다! 그들은 그들의 마음 안에서 그들이 하나님을 신뢰하고 있다는 증거를 발견하고자 한다. 그러나 그것은 닻을 배 안에 던져 배를 고정시키려 하는 것과 같은 일이다. 닻은 배 **밖으로** 던져져 파도 밑으로 가라앉은 후 대양의 진흙이나 모래를 뚫고 들어가 바위에 단단히 걸려야 한다. 그리스도를 믿고 있는지 아닌지를 발견하는 가장 확실한 방법은 내게 믿음이 있는지 보려고 나의 내부를 들여다보는데 있지 아니하고 믿음의 대상을 향해 시선을 돌림으로써 믿음을 **행사**하는 데 있다. 믿음은 영혼의 눈이다. 그리고 눈은 눈 자체를 보지 못한다. 내가 나의 내면을 들여다본다면, 아마 나는 요한이 본 것, 즉 **죽음**의 표시만을 보게 될 것이다! "눈을 돌려 **예수**를 바라보라." 이것이 바로 **말씀**께서 말씀하시는 것이다.

"시몬 베드로는 따라와서 무덤에 들어가 보니 세마포가 놓였고"(20:6). "이것은 신자들의 기질에 큰 차이가 있음을 예증해 준다. 두 제자가 다 무덤으로 달려갔다. 둘 중 좀 더 온화하고 조용하며 신중하고 감정을 쉽게 표현하지 않는 사람인 요한은 몸을 구부렸으나 들어가지는 아니하였다. 그러나 요한보다 격하고 열정적, 충동적이며 열렬하고 성급한 자인 베드로는 무덤에 들어가 실제로 확인하지 않고는 만족할 수 없었다. 두 사람이 주님을 깊이 사랑했다는 점에 대해서는 의심할 여지가 없다. 이 위급한 순간에 두 사람의 마음은 희망과 공포, 불안과 기대, 그리고 그 모든 것이 혼합된 감정에 휩싸여 있었다. 그러나 두 사람은 각자의 특성대로 행동하였다!

이 예를 통하여 우리는 신자들의 개인적인 성품이 아주 다양하다는 사실을 허용해야 함을 배우게 된다. 그렇게 할 때 우리는 삶의 여정에서 부딪히는 많은 난관을 이길 수 있고, 무자비한 사고방식에 빠지는 것을 방지할 수 있다. 사물을 보고 느끼는 방식이 우리와 다른 형제들을 볼 때 가혹하게 심판하여 경멸하지 않도록 하자. 주의 정원에 있는 꽃들은 모두 한 성령에 의해 지배되지만 모두가 같은 색, 같은 향기를 내는 것은 아니다. 그리스도 왕궁의 백성들은 모두 똑같은 구세주를 사랑하고 똑같은 생명책에 이름이 기록되어 있으면서도 모두가 다 똑같은 말씨, 똑같은 기질을 가지고 있는 것은 아니다. 교회에는 그 성격상 베드로와 같은 이도 있고 요한과 같은 이도 있다. 그러나 그들 모두는 같은 장소에 거하고 있고, 그들이 하는 일 또한 동일한 일이다. 그리스도를 진정으로 사랑하는 이들을 사랑하자. 그리고 그들이 그리스도를 사랑함에 대하여 하나님께 감사드리자(라일 주교).

"시몬 베드로는 따라와서 무덤에 들어가 보니 세마포가 놓였고 또 머리를 쌌던 수건은 세마포와 함께 놓이지 않고 딴 곳에 쌌던 대로 놓여 있더라"(20:6, 7). 헬라어 원전에는 "보니"에 해당하는 말과 "보았으나"에 해당하는 말이 서로 다르게 되어 있다. 요한과 관련이 있는 5절의 보았으나에 해당하는 말은 '힐끗 보다'라는 뜻이다. 그러나 베드로와 관련이 있는 6절의 보니에 해당하는 말은 '집중하여 보다' '정밀하게 조사하다'라는 뜻이다. 6절에서 그런 단어를 사용하신 성령의 의도는 명백하다. 성령께서는 빈 무덤 안의 상태가 신중하고 침착하게 처리되었다는 명백한 증거들을 베드로가 발견했음을 알려 주시고자 하여 그 말을 사용한 것이다. 거기에는 서둘렀다거나 두려워한 기색이 조금도 없었다. 그 일이 "품위 있고 가지런하게" 행해져 있는 것으로 보아 도둑이나 친구의 짓은 아니었다.

"그들은 거기에서 그들이 찾는 **대상**을 본 것이 아니라 죽음의 권세를 이기신 분의 승리의 전리품을 보았다. 거기에서 그들은 황동의 문들과 철제 빗장들이 분쇄되어 있음을 보았다. 세마포와, 마치 주님이 죽음의 포로이기나 하듯이 그의 머리를 감쌌던 수건이, 죽음을 **정복하신 자가** 지나가신 흔적이 남아 있는 것이 보였다. 힘이 센 장사는 집에서 그의 갑옷을 자랑한다. 그와 같이 이 장면은 죽음을 이기신 힘이시요 지옥을 파괴하시는 분께서 거기에서 영광스러운 일을 하고 계셨음을 큰 소리로 알려 주고 있다"(J. G. Bellet).

"그 때에야 무덤에 먼저 갔던 그 다른 제자도 들어가 보고 믿더라"(20:8). 이 구절의 의미에 대해서는 견해차가 크다. 요한이 "보고 믿었다"는 말은 무슨 뜻일까? 많은 사람들은 요한이 무덤이 **빈** 것을 보고서 **마리아**가 말한 것, 즉 "사람이 주를 가져갔다"는 말을 믿었다고 생각한다. 그러나 요한은 이미 무덤 안을 들여다보고 세마포를 보았었다(20:5). 그러므로 20:8에는 분명히 다른 뜻이 들어 있다. 그렇다면 그 의미는 무엇일까? 해답은 분명히 이렇다. 요한은 그때 그리스도께서 죽은 자 가운데서 살아나셨음을 믿은 것이다. 그러나 그렇다면 다음 구절, 즉 "그들은 성경에 그가 죽은 자 가운데서 다시 살아나야 하리라 하신 말씀을 아직 알지 못하더라"를 어떻게 이해해야 할까? 이 구절은 요한이 그리스도가 살아 계심을 **그때** 믿었다는 해석과 상충되지 아니하는가? 그러나 필자는 그렇다고 보지 않는다. 20:8과 9절은 믿는 것과 믿지 않은 것 사이의 대조가 아니라 믿음의 **근거** 사이의 대조를 나타내고 있다.

필자는 "보고"라는 말이 이 구절을 해석하는 열쇠라고 본다. 이 말의 헬라 원어는 20:5, 6에 사용된 말과 다르다. 8절의 그 말에는 "이해력을 가지고 파악하다"라는 뜻이 들어 있다. 그러나 여기에서 요한이 "본" 것은 **무엇**일까? 밖에서 무덤 안을 들여다보았을 때의(5절) 그는 "세마포가 놓여 있는" 것을 (얼핏) 본 것이다. 그러나 안에 들어와서는 "세마포와 함께 놓이지 않고 딴 곳에 쌌던 대로 놓여 있는 머리를 쌌던 수건"도 본 것이다. 고(故) 피어슨 씨는 이 점에 관하여 이렇게 말했다. " '쌌던 대로 놓여 있다'라는 말은 정확한 표현이 아니다. 그 말의 헬라 원어는 **둘둘 감겨져 있다**는 뜻으로서, 세마포가 주님의 몸에 단단하게 감겼던 **원래의 나선형의 모습** 그대로 놓여 있었음을 암시한다. 19:40을 보면 세마포가 시체에 어떻게 감겨져 있었는지를 알 수 있다. 즉 기적의 힘이 나사로의 시체를 살려 생명을 준 뒤에도 그를 **풀어 주어야** 할 만큼 그렇게 단단하고 촘촘하게 감겨져 있었다(11:44). 우리는 이 사실에 비추어 '요한이 **보고 믿었다**'는 20:8을 이해할 수 있다. 무덤이 비어 있는 사실만으로는 기적의 부활이 일어났다고 믿을 수가 없다. 그러나 요한은 주님의 몸과 머리를 단단하게 감았던 긴 세마포가 흐트러지지 않은 채 원래의 나선형 모습 그대로 무덤 바닥에 놓여 있는 것을 보았을 때, 기적이 아니고는 그러한 일이 일어날 수 없음을 알았던 것이다."

요한은 "**보고**서야 믿었다." 또는 보고서야 이해했다. 그것은 그가 직접 본 증거를 근거로 하여 내린 반대할 수 없는 논리적 결론이었다. 몸은 무덤에서 없어지고 세마포가 남아 있다. 그리고 세마포가 놓인 상태로 미루어 보건대 그리스도께서는 그것을 **풀지 않고** 그대로 거기서 빠져나가신 것이다. **친구들**이 시체를 옮겨간 것이라면 세마포를 풀지 않고 그냥 가져가야 하지 않았을까? **원수들**이 그랬다면 세마포를 풀어 가지런하게 해놓고 가야 할 이유가 무엇이란 말인가? 모든 것으로 미루어 보아 그것은 신중하고 계획적인 일이었음을 알 수 있다. 따라서 요한은 유일한 결론, 즉 그리스도께서 살아나셨다는 결론에 이를 수밖에 없었다. 복되신 주님께서는 그들이 입혀드린 수의[세마포]를 남겨 두셨다. 그는 신적 권능으로 살아나신 것이 분명하다. 필자의 생각으로는 일반적으로 천사가 여자들에게 "그가 여기 계시지 않고 그가 말씀하시던 대로 살아나셨느니라 와서 그가 누우셨던 곳을 보라"(마 28:6)고 한 말보다 여기에 훨씬 더 깊은 의미가 내포되어 있다. **세마포** 자체는 그리스도께서 누워 계시던 장소를 나타내 주고 있다. 세마포를 통해 그리스도께서 누워 계시던 지점에 남아 있던 그의 형적, 즉 몸, 팔, 머리 등이 위치해 있던 자취를 조금은 알아 볼 수 있기 때문이다. 그러므로 이것은 전능하신 **승리자**께서 죽음의 잠에서 일어나셨다는 최초의 증거이다.

그리스도께서 수의를 남겨 두신 데에서 구약 시대의 상징이 분명하게 성취되었다. **요셉**은 자신이 범한 잘못이 없는데도 정죄의 장소인 감옥에 갇혔다. 감옥에 있는 동안 그는 두 범죄자와 함께 헤아림을 당했다. 이것은 그리스도께서 두 행악자 사이에서 십자가에 못 박히실 때 그 두 범죄자와 함께 헤아림을 받은 것의 상징이다. 또한 요셉은 한 사람에게는 축복의 수단이 되었고 다른 한 사람에게는 심판을 선언하는 자가 되었다. 이 모든 것은 아주 명백하므로 더 설명할 필요가 없을 것이다. 그러나 그리스도께서 무덤에 영원히 갇혀 있지 않으셨던 것처럼 요셉도 감옥에 계속 갇혀 있지는 않았다. 수치와 수모를 당했던 요셉의 처지는 위엄과 영광을 가진 신분으로 바뀌었다. 그러나 그는 감옥을 떠나기 전에 "수염을 깎고 그의 **옷을 갈아 입었다**"(창 41:14). 그러므로 구세주께서도 죽음의 옷을 벗어 두고 불멸하고 영광스러운 옷을 입고 나오신 것이다. 이것은 그리스도께서 재림하실 때 그의 백성들도 옛 창조와 관련이 있는 모든 것을 영원히 벗어 버리게 되리라는 약속이다. "그는 … **우리의** 낮은 몸을 자기 영광의 몸의 형체와 같이 변하게 하시리라"(빌 3:21).

"그들은 성경에 그가 죽은 자 가운데서 다시 살아나야 하리라 하신 말씀을 아직 알지 못하더라"(20:9). 이것은 매우 엄중하며 우리를 겸손하게 해주는 말씀이다. 이 두 사도는 삼 년 동안이나 주께서 부활에 관해 말씀하신 것을 들어 왔다. 그럼에도 불구하고 그들은 그리스도의 말씀을 이해하지 못하였다. 그의 **원수들**은 그가 말씀하신 것을 기억하였으나(마 27:63 참고) 그의 벗들은 잊어버린 것이다! "그가 … 그가 말씀하시던 대로 살아나셨느니라"(마 28:6). 한 천사의 이 말은 통렬한 책망이다. "어찌하여 살아 있는 자를 죽은 자 가운데서 찾느냐 여기 계시지 않고 살아나셨느니라 갈릴리에 계실 때에 너희에게 어떻게 말씀하셨는지를 **기억하라** 이르시기를 인자가 죄인의 손에 넘겨져 십자가에 못 박히고 제삼일에 다시 살아나야 하리라 하셨느니라"(눅 24:5-7). 이 말도 또한 책망이다. 부주의한 사도들은 그리스도의 말을 무심코 흘려들었던 것이다. 그리고 사도들은 어렸을 때부터 구약 성경을 벗하며 살아 왔다. 그러므로 시편 16:9-11과 같은 구절들을 읽었다면 그리스도의 부활을 알고 있었어야 했다. 그러나 우리 또한 어린 시절에 잘못 배운 교훈과 잘못 받아들인 전통으로 인하여(요 12:34) 편견을 갖게 되며 하나님의 말씀을 잘못 알아듣게 된다. 요한의 이 말은 증인으로서의 그의 **신뢰성**을 다시 한 번 보여주고 있다. "그러므로 이 말은 그들이 남을 속이지 아니할 **정직한** 사람일 뿐 아니라 미혹되지 않을 만한 **신중한** 사람이기도 함을 나타내고 있다"(매튜 헨리).

"저희는 성경에 그가 죽은 자 가운데서 다시 살아나야 하리라 하신 말씀을 아직 알지 못하더라." 성령께서는 여기에서 하나님의 말씀에 근거를 둔 믿음과 단순히 외적 증거만으로부터 얻는 지적 확신을 비교하시고 있다. 기독교의 변증가들은 "증거"를 중요시한다. 그러나 "증거"를 과대 평가해서는 안 된다. 피조물은 곧 창조주를 입증해 주고 있다. 그러나 창조주의 손길에 대한 외적 증거들은 **마음**을 움직이지 못하며 그와 교제하게 해주지도 못한다. 오직 성령으로 말미암아 기록된 말씀만이 그 일을 하신다!

"역사적 사실들은 대단히 흥미 있고 실제로 중요한 것이다. 이스라엘 백성들이 역사적 사실들, 즉 하나님께서 아브라함을 부르신 것, 택함받은 백성을 애굽에서 탈출시키고 광야를 건너 가나안에 이르게 하신 것 등을 믿음의 근거로서 제시할 수 있는 것처럼, 그리스도인들은 그보다 더 심오하고 영속적인 사실들, 즉 하나님의 아들의 강생하심과 죽으심, 부활하심과 승천하심, 그리고 그 결과로 하늘로부터 성령이 내려오신 것들을 제시할 수 있다. 그러나 **도덕적인** 가치가 있고 양심을 깨우치며 마음을 정결하게 해주는 **믿음**이란 역사적 사실들을 그 합리적 근거로써 온전하고 명백하게 받아들이는 데 있는 것이 아니라 하나님의 말씀에 기록되어 있는 하나님의 증거를 마음으로 영접하는 데 있다. 이것이 바로 모든 것보다 뛰어난 영혼의 시금석이다.

이는 영적 지식이 하나님의 말씀이 계시하신 모든 것을 점점 더 깊이 이해하고 즐거워함으로써 그리스도를 향해 성장해 가는 데 있기 때문이며, 그 지식이 바로 성도로 하여금 자기 자신과 세상의 심판에 따르지 않고 하나님과 하나님의 뜻을 실천하게 해주기 때문이다.

"그러므로 '보고 믿는 것'은 하나님의 역사하심이 전혀 미치지 못한 상태이다. 오늘날의 기독교에서 볼 수 있는 전통적인 믿음이나 증거가 곧 그 예이다. 그것은 인간적인 것이며 따라서 양심을 깨끗하게 하거나 마음의 교제를 이루어 주지 못한다. 우리는 하나님에게서 나지 아니한 자 안에서 그런 믿음을 발견할 수 있으나(요 2:23-25) 이 구절에서와 같이 신자 안에서도 발견할 수도 있다. 그러나 그런 믿음은 성령께서 인치셔서 현세적인 것들로부터 구해낸 것이 아니다. 하나님께서 여기에서 우리에게 가르쳐 주시고자 하신 바는 바로 이런 것인 듯하다. 즉 가치 있고 힘이 있는 믿음이란 시작이나 추론에 근거를 둔 것이 아니라 성경에 근거를 둔 것이라는 점이다. 제자들이 주께서 죽은 자 가운데서 다시 살아나신 후에야 비로소 그가 말씀하신 것을 기억했던 것처럼, 그들은 믿게 된 후에야 비로소 기록된 말씀의 힘과 그것이 적용되었음을 깨닫게 되었다. 즉 믿은 후에야 비로소 그들은 위에서 오는 축복을 받게 되었고 그 축복을 더 크게 받을 수 있게 되었다. 베드로가 그의 첫번째 서신에서 말한 것처럼(1:8), 그것은 그리스도를 보지 않고도 그를 사랑하는 그리스도인의 믿음이다. 그리고 보지 않고도 믿기 때문에 그런 사람은 형용할 수 없는 기쁨과 영광으로 충만하게 된다. 증거에 근거를 둔 믿음은 이신론이나 범신론, 또는 무신론에 부딪칠 때 깨지지 않을지는 모른다. 그러나 그런 믿음은 죄사함을 이루지 못하며, 하나님을 아바 아버지라 부르도록 인도되지 못하고, 하나님의 영원한 **만족**이시요 **기쁨**이신 자의 은혜와 영광으로 마음이 충만하게 되지 못한다"(*The Bible Treasury*).

"**이에 두 제자가 자기들의 집으로 돌아가니라**"(20:10). "여기에서 우리는 그런 믿음(요한의 '믿음')의 무기력함을 드러내 주는 더욱 명백한 증거를 발견하게 된다. 그들은 논박할 여지 없는 증거가 제시되어 있는 사실을 보았다. 그러나 하나님의 말씀에 기록되어 있는 바와 같이 그들은 완전하게 깨달은 것이 아니었다. 그래서 그들은 동료들이 있는 곳으로 돌아간 것이다"(*The Bible Treasury*). 성령께서는 이 사실을 알려 주시기 위하여 이야기를 자세히 기록해 주신 것이다. 그러나 우리는 이 구절을 19:27, 즉 "그때부터 그 제자가 그 모친을 **자기 집**에 모시니라"는 말씀과 관련시켜 생각해야 한다. 여기에서의 베드로와 요한은 구세주께서 죽은 자 가운데서 살아나신 것을 그의 모친께 알려드리기 위하여 서두른 것이 아니겠는가?

다음 장의 본문을 위해 아래와 같은 질문을 제시해 본다.
1. 11-23절은 어떤 상징적인 그림을 제시하고 있는가?
2. 마리아는 왜 그리스도를 알아보지 못했는가?(15절)
3. 그녀는 16절에서 그를 알아보았는데 그 이유는 무엇일까?
4. 왜 "나를 붙들지 말라"고 말씀하셨을까?(17절)
5. 17절에서 왜 승천에 대하여 언급하신 것일까?
6. 19절의 마지막 말씀은 무엇을 입증하고 있는가?
7. 21절에서 19절 말씀을 반복한 이유는 무엇인가?

제68장

제자들에게 나타나신 그리스도

¹¹마리아는 무덤 밖에 서서 울고 있더니 울면서 구부려 무덤 안을 들여다보니 ¹²흰 옷 입은 두 천사가 예수의 시체 뉘었던 곳에 하나는 머리 편에, 하나는 발 편에 앉았더라 ¹³천사들이 이르되 여자여 어찌하여 우느냐 이르되 사람들이 내 주님을 옮겨다가 어디 두었는지 내가 알지 못함이니이다 ¹⁴이 말을 하고 뒤로 돌이켜 예수께서 서 계신 것을 보았으나 예수이신 줄은 알지 못하더라 ¹⁵예수께서 이르시되 여자여 어찌하여 울며 누구를 찾느냐 하시니 마리아는 그가 동산지기인 줄 알고 이르되 주여 당신이 옮겼거든 어디 두었는지 내게 이르소서 그리하면 내가 가져가리이다 ¹⁶예수께서 마리아야 하시거늘 마리아가 돌이켜 히브리 말로 랍오니 하니(이는 선생님이라는 말이라) ¹⁷예수께서 이르시되 나를 붙들지 말라 내가 아직 아버지께로 올라가지 아니하였노라 너는 내 형제들에게 가서 이르되 내가 내 아버지 곧 너희 아버지, 내 하나님 곧 너희 하나님께로 올라간다 하라 하시니 ¹⁸막달라 마리아가 가서 제자들에게 내가 주를 보았다 하고 또 주께서 자기에게 이렇게 말씀하셨다 이르니라 ¹⁹이 날 곧 안식 후 첫날 저녁 때에 제자들이 유대인들을 두려워하여 모인 곳의 문들을 닫았더니 예수께서 오사 가운데 서서 이르시되 너희에게 평강이 있을지어다 ²⁰이 말씀을 하시고 손과 옆구리를 보이시니 제자들이 주를 보고 기뻐하더라 ²¹예수께서 또 이르시되 너희에게 평강이 있을지어다 아버지께서 나를 보내신 것 같이 나도 너희를 보내노라 ²²이 말씀을 하시고 그들을 향하사 숨을 내쉬며 이르시되 성령을 받으라 ²³너희가 누구의 죄든지 사하면 사하여질 것이요 누구의 죄든지 그대로 두면 그대로 있으리라 하시니라(요 20:11-23)

본문을 분석해 보면 아래와 같다.

1. 무덤에서 천사를 만난 마리아(11-13절)

2. 그리스도께서 마리아에게 나타나심(14-16절)

3. 그리스도께서 마리아에게 하신 분부(17, 18절)

4. 다락방에 모여 있는 사도들(19절)

5. 그리스도께서 사도들에게 나타나심(20절)

6. 그리스도께서 사도들에게 임무를 맡기심(21절)

7. 그리스도께서 사도들에게 능력을 부여하심(22, 23절)

우리 주님께서는 "말씀하시던 대로" 죽음을 이기셨다. 십자가에 못 박히신지 사흘 되던 날의 해가 뜨기 전에 의로우신 성자께서는 이미 살아나셨다. 신랑이 그의 방에서 나오신 것이다(시 19편). 뱀에게 발꿈치를 상하게 되신 분께서 죽음을 이기시고 그 권세를 가진 자를 파괴하는 분이 되셨다. 그의 몸이 실제로 부활하시는 것, 즉 살아나서 무덤에서 나오시는 것을 본 자는 아무도 없다. 그리스도께서 **살아 나신** 것은 돌이 옮겨진 것과 무덤이 비어 있는 것, 그리고 뒤에 남겨 두신 수의[세마포]의 상태로 미루어 보아 아주 명백한 사실이었으며, 또한 천사들의 증언으로도 확증되었다. 그리고 이제 그가 제자들에게 친히 나타나신 것이다. 그 나타나신 방법은 매우 주목할 만하다. "아마 그리스도께서는 아직 죽음의 슬픔에 잠겨 있는 제자들의 무리에게 즉시 달려가고 싶은 사랑에 넘치는 충동을 억제할 수 없으셨을 것이다. 그러나 그는 제자들이 그의 영광스러운 모습을 보고 넋이 나갈 만큼 놀라는 것을 바라지 않으셨으므로 자기를 억제하시고, 지극히 지혜로운 사랑으로 그 충동을 조절하시어 점차적으로 모습을 나타내 주셨다. 그들은 각자의 기질과 필요에 따라 점진적으로 마음의 준비를 받았다"(Stier).

지금까지 밝혀져 온 바에 따르면 구세주께서는 부활하시어 승천하시기까지 모두 **열한 번** 나타내 주셨다. 첫 번째, 막달라 마리아 혼자에게(요 20:14). 두 번째, 무덤에 다녀오던 여자들에게(마 28:9, 10). 세 번째, 시몬 베드로에게(눅 24:34). 네 번째, 엠마오로 가고 있던 두 제자에게(눅 24:13). 다섯 번째, 다락방에 있던 열 제자에게(요 20:19). 여섯 번째, 다락방에 있던 열한 제자에게(요 20:26-29). 일곱 번째, 디베랴 호숫가에서 고기를 잡고 있던 일곱 제자에게(요 21장). 여덟 번째, 열한 사도 및 그들과 함께 있던 다른 제자들에게(마 28:16). 아홉 번째, 오백 명의 형제들에게 일시에(고전

15:7). 열 번째 야고보에게(고전 15:7). 열한 번째, 그가 승천하실 때 감람산상에 있던 열한 사도와 다른 제자들에게(행 1장). 그가 승천하신 후 스데반에게 나타내 주신 것이 열두 번째이며(행 7장), 다메섹으로 가던 사울에게가 열세 번째요(행 9장), 열네 번째로는 밧모 섬에 갇혀 있던 요한에게였다(계1장). 그리고 요한에게 나타내 주신 그것이 마지막이었다.

이 사실은 실로 의미심장하다. 그의 나타나심은 **열네 번**이었다! 십사의 인수(因數)는 칠(七)과 이(二)이다. 칠은 **완전**의 수요, 이는 **증인**의 수이다. 그러므로 우리는 여기에서 죽음을 이기신 승리에 대한 **완전한 증거**를 엿볼 수 있다! 그 다음 나타나심은 그가 호령과 나팔소리 중에 공중으로 강림하시어 그와 영원히 함께 있도록 우리를 끌어올리실 때 그의 피로 사신 모든 성도들에게 있을 것이다(살전 4:16). 이것이 곧 그의 **열다섯 번째** 나타나심이 될 것이다. 십오의 인수는 삼과 오이다. 삼은 **완전한 현현**의 수요, 오는 **은혜**의 수이다. 그러므로 그가 우리를 위하여 다시 오실 때 그의 은혜가, 놀라우신 그의 은혜가 **완전하게 나타날** 것이다!

본문은 다시 살아나신 구세주의 첫 번째와 다섯 번째 나타나심에 관하여 다루고 있다. 그리고 여기에서도 그 숫자의 의미는 유효하다. 일(一)은 본질적인 **유일성**을 나타내는 하나님의 숫자이다. 그것은 하나님의 절대적인 주권을 나타낸다. 하나님의 주권은 승리하신 구속자를 맨 처음 보도록 큰 영광을 입은 **택함받은 자의 성품** 속에서 지극히 생생하고 복되게 드러나 있다. 그리스도께서 자기를 **최초로** 나타내 주신 것은 열한 사도에게가 아니요 또한 요한에게도 아니었다. 그는 한 여자에게 최초로 나타나셨다. 그녀는 그가 일곱 귀신을 쫓아내 주신 여자, 즉 사탄의 완전한 노예였던 자였다. 그리고 그가 **성자이신 하나님**으로서의 자기를 최초로 드러내 주신 것도 바로 그녀에게였다(17절 참고). 그의 **다섯 번째** 나타나심은 누구에게 있었는가? 그의 어머니에게였는가? 그렇지 않다. 아리마대 사람 요셉과 니고데모에게였는가? 아니다. 그것은 **믿지 아니하는 사도들**, 즉 그를 본 여자들의 말을 허무맹랑한 이야기로 취급한 사도들에게였다. 그의 **다섯 번째** 나타나심은 그를 보리라고 기대할 만한 이유가 전혀 없는 자들, 믿음이 지극히 연약한 자들에게 있었다. 이것이야말로 실로 놀라운 **은혜**가 아닌가!

"**마리아는 무덤 밖에 서서 울고 있더니**"(20:11). 이것은 그 앞부분과 연결되는 장면이다. 우리는 요한복음 20장 서두에서 이와 관련된 장면을 읽을 수 있다. "안식 후 첫날 일찍이 아직 어두울 때에 막달라 마리아가 무덤에 와서 돌이 무덤에서 옮겨진 것을 보고 시몬 베드로와 예수께서 사랑하시던 그 다른 제자에게 달려가서 말하되 사람들이 주님을 무덤에서 가져다가 어디 두었는지 우리가 알지 못하겠다" 하였다. 그 사이에 두 사도는 무덤에 가서 내부에 있는 세마포를 살펴본 후 집으로 돌아가 구세주의 모친께 그가 죽은 자 가운데서 살아나셨다는 사실을 알렸다. 다른 한편 마리아는 이 사실을 모른 채 외롭고 슬픔에 가득 차 무덤으로 돌아왔다. 그러나 그녀의 슬픔은 곧 기쁨으로 바뀔 것이었다. 다시 말해서, 잠시 후면 그녀의 마음과 생각을 온통 사로잡고 있던 분께서 그녀에게 나타나실 것이었다. 이것은 잠언 8:17을 예증하고 있다. "나를 사랑하는 자들이 나의 사랑을 입으며 나를 **간절히** 찾는 자가 나를 만날 것이니라." 마리아와 다른 여자들은 부활하신 아침에 무덤에 **찾아온 첫 사람들**이었다. 그리고 바로 **그들이** 죽음을 이기신 자의 최초의 나타내 주심을 입었다(마 28:9). 슬프게도 아주 많은 사람들이 최후의 순간까지 그리스도를 찾는 일을 미루다가 최후의 순간에야 비로소 그를 뵙는다!

"마리아는 무덤 밖에 서서 울고 있더니." 여기에서 성령께서는 **사랑**이 **믿음**으로 조정되어야 함을 다시 한 번 가르쳐 주신다. 그녀가 운 것은 바로 그리스도에 대한 사랑 때문이었다. 다시 말해서, 그녀는 무덤이 비어 있었기 때문에 울고 있었다. 그러나 **그것**은 실상 그녀가 기뻐해야 할 일이었다. 주님의 시체가 무덤에 그대로 있었더라면 그녀는 정말 울어야 했을 것이다. 그랬더라면 주님의 약속이 실현되지 못했을 것이며 십자가 상의 공로도 헛되었을 것이고, 따라서 그녀는(그리고 다른 모든 사람도) 자기의 죄 가운데 그대로 남아 있었을 것이기 때문이다. 그녀의 울음은 사랑을 나타내 준다. 그러나 다른 한편 그것은 불신의 표시이기도 하다.

성도들이 공연히 두려워하고 슬퍼하는 경우가 매우 잦다. 마리아는 무덤 밖에 서서 울고 있었다. 그것도 아무 것도 그녀를 위로할 수 없는 것처럼 울고 있었다. 그녀는 천사들이 그녀에게 말을 건넸을 때도 울고 있었다. 천사들은 "여자여 어찌하여 우느냐?"라고 말했다. 그녀는 주님께서 "여자여 어찌하여 우느냐?"라고 말씀을 건네오셨을 때도 여전히 울고 있었다. 그녀의 우는 이유는 한결같았다. "사람들이 내 주님을 옮겨다가 어디 두었는지 내가 알지 못함이니이다!" 그러나 그녀가 찾는 주님은 줄곧 그녀의 곁에 계셨었다! 그녀의 눈물은 공연한 것이었다. 광야에서의 하갈의 경우처럼(창 21:19), 마리아의 바로 곁에는 우물이 있었으나 그녀에게는 그것을 볼 눈이 없었던 것이다!

"사려 깊은 그리스도인이면서도 이 그림이 많은 신자들의 체험을 나타내 주는 신실한 그림이라는 것을 깨닫지 못하는 경우가 있다. 우리가 찾는 것을 손 안에 쥐고 있으면서, 그것도 바로 오른손 안에 쥐고 있으면서 우리는 그것이 없다고 슬퍼하는 경우가 허다하다! 우리가 인생에서 두려워하는 일 중 대개는 발생하지 아니하며, 우리의 눈물 중 대부분이 낭비요 공연히 흘리는 것이다. 좀 더 깊이 신뢰하고 좀 더 많이 참을 수 있도록 기도드리자. 그리고 하나님의 목적이 진전되도록 좀 더 기다리는 법을 배우자. 당시에는 비통할 뿐 아무 희망이 없어 보일지라도 그 모든 일들이 합하여 우리에게 평안과 기쁨을 이루어 준다는 것을 믿도록 하자. 늙은 야곱은 한때 '모든 일이 다 나를 해롭게 함이로다' (창 42:36)라고 말했었다. 그러나 그는 살아서, 부유하고 번창한 요셉을 다시 만났으며 과거의 모든 일들에 대해 하나님께 감사를 드리게 되었다" (라일 주교).

"[마리아가] 울면서 구부려 무덤 안을 들여다보니" (20:11). 억제할 수 없는 슬픔에 사로잡히면 항상 이런 결과를 낳는다. 우리가 희망이 없는 사람들처럼 슬퍼할 때, 믿음이 아니라 육안에 의지하여 걸을 때, 그리고 영이 아니라 육에 따라 움직일 때, 우리는 구부리게 되며 아래 것들에만 전념하게 된다. 그러나 신자의 태도는 항상 "하늘에 계시는 주여 내가 눈을 들어 주께 향하나이다" (시 123:1)라고 했던 다윗과 같아야 한다. 마리아는 우리에게 적절한 경고를 제시하고 있다. 우리는 "사람들이 세상에 임할 일을 생각하고 무서워하므로 기절하는" (눅 21:26) 시대에 살고 있다. 그리고 우리가 주위의 악한 것들에 전념하면 할수록 우리의 마음은 더욱더 좌절하게 될 것이다. 그러므로 구세주의 이 경고에 귀를 기울이라. "이런 일이 되기를 시작하거든 **일어나 머리를 들라** 너희 속량이 가까웠느니라" (눅 21:28). 마리아처럼 아래를 내려다보지 말고 다윗처럼 이렇게 말하자. "내가 산을 향하여 **눈을 들리라** 나의 도움이 어디서 올까 나의 도움은 천지를 지으신 여호와에게서로다" (시 121:1, 2).

"**흰 옷 입은 두 천사가 예수의 시체 뉘었던 곳에 하나는 머리 편에, 하나는 발 편에 앉았더라**" (20:12). 우리 하나님께서는 진정 인내심이 많으시다! 그는 우리의 우둔함을 참으로 견디어 주신다! **진정**으로 그리스도께 전념하기만 하면 믿음이 연약하고 지식이 적을지라도 하나님께서는 우리를 참아 주신다. 하늘로서 온 두 천사는 신속하게 마리아를 안심시켜 주었다! 무덤에 천사들이 있었다는 것은 하나님께서 악한 자들이 그 몸을 가져가게 두지 아니하셨다는 절대적인 증거이다. 그들이 취하고 있던 **자세**는 모든 일이 잘 되어 있다는 것을 암시해 준다. 그 천사들의 **수**는 높은 데에서 증인이 보내졌음을 암시한다. 그러므로 이 슬퍼하는 여자가 볼 눈과 들을 귀만 있었더라면 그것을 발견했을 것이다.

"흰 옷 입은 두 천사가 앉았더라." 무덤은 생각과는 달리 그렇게 황폐하지는 않았다. 누가는 두 천사가 이보다 좀 일찍 다른 여자들에게 나타났다고 기록하고 있다. 여기에는 몇 가지 차이점이 있는데 거기에 주목해 보면 많은 것을 배우게 될 것이다. "[무덤에 들어가니] 시체가 보이지 아니하더라 이로 인하여 근심할 때에 문득 찬란한 옷을 입은 두 사람이 곁에 섰는지라"(24:4). 누가는 그들을 "두 사람[남자를 뜻함]"이라 칭하고 있다. 아마 그들의 외모로 보아 그렇게 칭한 것으로 생각된다. 요한의 표현은 좀 더 분명한 것이다. 그는 "두 천사"라 하였다. 다른 여자들이 두 천사를 보았을 때 그 천사들은 무덤 밖에 있었다. 그러나 마리아가 보았을 때의 천사들은 안에 있었다. 누가복음 24장에는 그들이 "서 있었다"라고 되어 있다. 여기 요한복음 20장에서는 "앉아 있었다"라고 되어 있다! 두 천사의 이름이 제시되어 있지는 않지만 우리는 그들이 미가엘과 가브리엘이리라고 추측할 수 있다. 그것은 우리 주님의 부활하심과 같은 지극히 중대한 사건에는 **가장 높은** 서열의 천사들이 사용되어야 함이 마땅하기 때문이다. 그리스도께서 승천하실 때 제자들에게 나타났던 두 천사도 아마 이들이었을 것이다(행 1:10).

"흰 옷 입은 두 천사가 예수의 시체 뉘었던 곳에 하나는 머리 편에, 하나는 발 편에 앉았더라." 이것은 천사들이 **앉아 있는** 것을 찾아볼 수 있는 성경상의 유일한 예이다. 그들이 "예수의 시체 뉘었던" 곳에 앉아 있었다는 사실은 주 예수의 마치신 일로 인하여 이루어지고 보장된 **안식**을 입증해 주는 하나님의 증거이다. 이 아름다운 사건을 네 복음서 저자 중 요한이 기록하게 된 것은 이 사복음서의 특성과 놀라운 조화를 이룬다. 성령께서 이 구절을 출애굽기 25:17-19과 관련시켜 생각하기를 바라셨음은 의심할 나위가 없다. "순금으로 속죄소를 만들되 … 금으로 그룹 **둘**을 속죄소 **두 끝**에 쳐서 만들되." 여호와께서 모세에게 속죄소에 관하여 하신 마지막 말씀은 더욱 의미심장하다. "**거기서** 내가 **너와 만나고** 속죄소 위 곧 증거궤 위에 있는 두 그룹 사이에서 내가 이스라엘 자손을 위하여 네게 명령할 모든 일을 네게 이르리라"(출 25:22). 그러므로 우리는 **요한복음**의 바로 이곳에서 그리스도야말로 하나님과 인간이 **만나는** 참된 **장소임**을 다시 한 번 배울 수 있다.

베드로와 요한은 무덤에 들어갔을 때 왜 천사를 만나지 못했을까 라는 의문이 종종 제기되어 왔다. 천사들은 그때도 거기에 있었으나 다만 보이지 않았었던 것으로 봄이 정확할 것 같다. 시편 91:11로 미루어 보건대 천사들은 거룩하신 시체가 무덤에 안치되어 처음부터 거기에 있었음이 확실하다. "그가 **너를 위하여** 그의 천사들을 **명령하사** 네 **모든** 길에서 너를 지키게 하심이라." 이 말씀은 **그리스도**께 주신 하나님의 약속이었다. 성경을 통해 일반적으로 알 수 있는 바, 하나님의 천사들은 하나님의 명하심에 따라 보이기도 하고 보이지 않기도 하며, 즉각적이고 초자연적으로 나타나기도 하고 사라지기도 한다. 우리가 천사들의 임재를 자각하지 못한다 할지라도 그들은 모든 신자들 각자의 곁에 현존하고 있다(히 1:14). 그러나 천사들이 인간보다 더 높은 서열의 존재라 할지라도 우리는 그들에게 예배해서는 안 된다. 왜냐하면 천사들도 우리 인간과 마찬가지로 하나님의 **피조물**에 불과하기 때문이다.

천사들이 "흰 옷"을 입고 있었다는 것은 부정(不淨)으로부터의 해방과 순결을 나타낸다. 그리고 그것은 하늘의 모든 거주자들의 특징이다. 우리 주님께서 변용하셨을 때의 옷도 흰 빛깔이었다. 그것은 천사들이 나타날 때 항상 취하는 빛깔이다. 영광을 입은 우리의 옷 빛깔도 흰 색일 것이다(계 3:4). 고(故) 앤드루스 주교는 무덤에서 천사가 위치해 있는 상태를 통해 적절한 교훈을 이끌어 냈다. "천사들 사이에는 자리다툼이 전혀 없었다. 발 편에 앉은 천사는 머리 편에 앉은 천사와 마찬가지로 자기의 위치에 만족하였다. 우리는 그들이 보인 모범을 본받아야 한다. 우리가 그 천사였다면 우리는 모두 **머리 편**에 앉으려 하고 **발** 편에는 앉지 않으려 했을 것이다! 즉 우리들이 그 입장에 처한다면 아무도 발 편에 있으려 하지 않을 것이며 모두 **머리** 편의 천사가 되려 할 것임이 분명하다!"

"**천사들이 이르되 여자여 어찌하여 우느냐 [하니]**"(20:13). 천사들이 마리아가 애통해하는 이유를 모를 리가 없었다. 그러므로 천사들의 그 말은 마리아의 마음을 일깨우려 한 온화한 질문이라고 보아야 한다. 너는 **어찌하여** 우느냐? 눈물을 흘리는 이유가 무엇이냐? 네 마음을 살펴보아라! 그리스도께서 여기 계시지 않음은 기뻐해야 할 일이 아니냐? 천사들이 여기에서 사용한 말은 구세주께서 20:15에서 하신 말씀과 똑같다. 그 점에 주목해야 한다. 그것은 **천사들의** 말이 항상 하나님의 명에 따르는 것임을 암시해 준다. 그리스도께서 승천하실 때 천사들이 제자들에게 한 말도 "**어찌하여**"라는 말로 시작되는 점에 주목해야 한다. 우리의 불신과 두려움, 불평, 그리고 순종과 열심의 결핍이야말로 이 타락하지 않은 존재들(천사)을 크게 놀라게 하는 이유이다!

"**이르되 사람들이 내 주님을 옮겨다가 어디 두었는지 내가 알지 못함이니이다**"(20:13). 천사들이 "주님은 여기 계시지 않는다. 그는 말씀하시던 대로 살아나셨다"

라고 위로에 넘치는 보증의 말을 할 틈을 주지 않고 마리아는 자기가 그토록 상심한 **이유**를 설명한다. 주님께서 여기 계시지 않고 또 사람들이 주님의 시체를 옮겨다가 어디 두었는지 알 수 없으니 제가 어떻게 울지 않겠나이까! 여기에는 믿음과 불신, 지식과 무지, 사랑과 두려움이 교묘하게 혼합되어 있다. 그녀는 나사렛의 예수를 "주님"이라 고백하였다. 그럼에도 불구하고 누군가가 주님을 가져갔다고 생각하였다! 그녀가 천사들에게 신속하고 자연스럽게 대답한 것은 실로 주목할 만하다! 그녀는 천사들의 모습에 놀라기는커녕 마치 그들이 사람이기나 한 듯이 대답한 것이다. 그녀는 너무 큰 슬픔에 빠져 있었기 때문에, 그리고 그리스도에 대한 생각에 너무 깊이 몰두해 있었기 때문에 울음을 그치고 하늘에서의 방문객들을 바라볼 엄두도 내지 않았다. 그녀의 언어에 변화가 생긴 점에 주목하라. 그녀가 베드로와 요한에게 말할 때에는 적절하게도 "사람이 **주님**을 가져갔다"고 하였다. 그러나 그녀 혼자서 천사들에게 말할 때는 "**내 주님**"이라 하였다. 이것은 그녀의 사랑의 심도를 나타낸다. 신자들이 저마다 주님을 "**내 주님**"이라 말한다면 참으로 복된 일일 것이다. 다윗은 "여호와는 나의 목자시라"(시 23:1) 하였다. "이는 내 사랑하는 자요 나의 친구로다"(아 5:16). 사도 바울은 "**나를** 사랑하사 **나를** 위하여 자기 자신을 버리신 자"(갈 2:20)라고 말하였다.

　"**이 말을 하고 뒤로 돌이켜**"(20:14). 이것은 매우 감명 깊은 말씀이다. 그리스도는 마리아에게 너무도 귀중한 분이셨다. 그러므로 그녀는 천사들로부터 등을 돌리고 그리스도의 몸을 찾은 것이다! **그리스도**는 그녀의 뜨거운 사랑의 **대상**이셨다. 그러므로 이 천사들조차도 그녀의 관심을 끌지 못한 것이다! 이는 참으로 엄중한 말씀이다. 그리스도가 진정으로 우리 마음의 임금이시라면 이 세상의 하찮은 것들은 우리에게 아무 호소력이 없을 것이다. 시간적이고 감각적인 것들을 그렇게 크게 중요시하는 것은 우리가 그리스도께 전념하지 않기 때문이며, 따라서 영혼을 만족시키시는 그의 완전하심을 알지 못하기 때문이다. 필자와 독자가 다윗처럼 말할 수 있기를, 점점 더 열렬하고 진실하게 그와 같이 말할 수 있기를 기원한다. "하늘에서는 주 외에 누가 내게 있으리요 땅에서는 주 밖에 내가 사모할 이 없나이다."

　"**이 말을 하고 뒤로 돌이켜 예수께서 서 계신 것을 보았으나**"(20:14). 마리아의 그러한 헌신은 상을 받지 아니할 수 없다. 구세주께서는 그를 지극히 사랑한 바로 그녀에게 최초로 나타나셨다. "그리스도를 제일 부지런히 그리고 인내로 사랑하는 자들이 곧 그에게서 가장 많은 특권을 받은 자들이다. 베드로와 요한이 집으로 돌아간 후에도 마리아가 무덤에서 떠나지 않았다는 사실은 감동적이며, 또한 신중하게 주목해야 할 일이다. 고마우신 주님에 대한 사랑 때문에 그녀는 주께서 누워 있던 장소를 떠날 수가 없었다. 그가 어디 계신지 알 길이 없었지만 그녀는 사랑으로 인하여 무덤 주위에 머물지 않을 수 없었다. 또한 사랑으로 인하여 그녀는 그의 귀하신 몸을 마지막으로 보았던 장소에 존경을 표하고 있었다. 그리고 이 사랑은 여기에서 곧 큰 상을 받았다. **그녀는** 베드로와 요한이 보지 못했던 천사들을 보았다. **그녀는** 천사들이 말하는 것을 들었다. **그녀는** 주님께서 죽은 자 가운데서 살아나신 후 그 주님을 보고 그 목소리를 들은 첫 사람이었다. 이 사실이 우리를 가르치기 위하여 기록되었음을 의심할 사람은 아무도 없을 것이다. 이 세상에 복음이 전파되는 곳이면 어디에서든지, 그리스도를 영광스럽게 해드린 자는 그리스도에 의해 영광 받으리라는 것이 이 작은 사건을 통하여 입증될 것이다"(라일 주교).

"예수께서 서 계신 것을 보았으나." 이는 매우 복된 말씀이다. 구세주께서는 **왜** 거기 자신의 무덤 곁에 서 계셨던 것일까? 그것은 분명 그를 사랑한 자에게 주신 마음의 **응답**이셨을 것이다. 그는 전적으로 상한 영혼을 위로하고 충족시켜 주시려 거기에 계셨던 것이다!

"**예수께서 서 계신 것을 보았으나 예수이신 줄은 알지 못하더라**"(20:14). 주석가들이 이 구절을 잘못 해석하는 경우가 많은데 필자는 그 이유를 이해할 수가 없다. 마리아는 눈물로 눈이 침침해져서 그리스도를 알아보지 못했다고 생각하는 사람이 많다. 그러나 마리아가 무덤에 들어왔을 때 두 천사들과 그들이 떨어져 앉아 있음을 **보았는데** 이는 어떻게 설명할 수 있겠는가? 그러므로 필자는 이렇게 생각한다. 엠마오로 가고 있던 두 제자의 경우처럼, 그때 마리아는 초자연적으로 시력이 "마비되어" 자기 앞에 계신 분이 주님이신 줄을 알아보지 못했던 것이다. 부활하신 몸의 상태는 십자가에 못 박히시기 전의 상태와 크게 달라지셨다. 그리고 우리는 이제 더 이상 그를 "육신을 따라" 알지 아니하고(고후 5:16), 새로운 피조물의 머리로 알게 되었다. 그러나 혹자들이 지적한 바 있듯이, 이 작은 사건은 많은 그리스도인들이 겪는 영적 체험의 주목할 만한 상징이다. "내가 너를 떠나지 아니하며 너를 버리지도 아니하리라"고 약속하셨다. 그런데도 우리는 그가 우리와 함께 계심을 자각하지 **못하는** 경우가 허다하다!

"**예수께서 이르시되 여자여 어찌하여 울며 누구를 찾느냐**"(20:15). 이는 살아나신 구세주의 최초의 말씀이다. 그리고 주님다우신 말씀이다! 그는 마음이 상한 자를 고

치러 여기 오셨다(사 61:1). 그리고 마침내는 그의 모든 백성의 얼굴에서 눈물을 씻어 주실 것이다(사 25:8; 계 21:4). 그가 여기에서 이 말씀을 하신 의도는 명백하다. 그는 슬픔으로 망연자실해진 그녀를 일깨우고자 그렇게 말씀하신 것이다. 그의 첫 질문은 부드러운 책망이었다: 너는 불평하는 대신 기뻐해야 하지 않겠느냐? 두 번째 질문은 훨씬 더 엄중하다: 네가 죽은 자 가운데서 찾고 있는 그는 누구시냐? 너는 십자가에 못 박히신 분이 생명의 주이심을, 부활이요 생명이심을, 그리고 목숨을 다시 얻기 위해 목숨을 내버리신 이임을 잊었다는 말이냐? 그녀는 참으로 열렬하고 사랑이 깊었음에도 불구하고 그토록 자주 들어온 그의 말씀을 잊었던 것이다. "너는 **누구**를 찾느냐?" 흘러넘치는 슬픔의 근원은 오직 **그리스도를** 진실로 발견할 때에야 비로소 진정될 수 있다.

"**마리아는 그가 동산지기인 줄 알고 이르되 주여 당신이 옮겼거든 어디 두었는지 내게 이르소서 그리하면 내가 가져가리이다**"(20:15). 우선 마리아의 꾸밈없는 단순성에 주목하자. 그녀는 구체적인 이름을 밝힐 생각은 꿈에도 하지 않고 거듭하여 "그"라고만 칭하고 있다. 그녀는 그리스도에 대한 생각에 너무 골몰해 있는 나머지 자기가 찾고 있는 이를 어느 누구든지 다 알고 있을 것이라 생각하고 있었다. 이는 술람미 여자가 파수꾼에게 "내 마음으로 사랑하는 자를 너희가 보았느냐"(아 3:3)라고 외친 것과 같았다. 그녀가 "**내가** [그를] 가져가리이다"라고 한 말에 주목하라. 그리스도는 **그녀의 것**이었다. 이는 사랑의 심도를 나타내는 말이다. 그녀에게는 그를 그렇게 부를 **자격**이 있었다. 그러나 열렬한 신자에게도 큰 무지가 있을 수 있음에 주목하라. 그녀는 그를 "동산지기"인 줄로 알았다! 그런데 혹자는 이렇게 말한다. "경건한 마리아는 그리 큰 실수를 범한 것이 아니다. 에덴동산을 돌보는 것이 아담의 일이었듯이 교회라는 동산을 돌봄은 둘째 아담의 일이었기 때문이다. 그는 합당한 고통을 도구로 하여 땅을 파신다. 그리고 거기에 은혜의 씨를 심으시고 그의 말씀으로 물을 주신다"(Bishop Hall).

"**예수께서 마리아야 하시거늘**"(20:16). 이는 살아나신 그리스도께서 그의 사랑하시는 영혼에게 하신 두 번째 말씀이다. 그리고 이 두 번째 말씀에 내포되어 있는 의미에 주목해야 한다. 그리스도께서는 이름으로 그녀를 부르시기 **전에** 먼저 "여자여"라고 부르셨다. 그가 "여자"라고 부르셨을 때에는 **하나님으로서** 그의 피조물에게 말씀하신 것이다. 그녀를 "마리아"라고 부르셨을 때에는 **구세주로서** 그가 구속하신 자 중 하나에게 말씀하신 것이다. 전자는 그가 모든 인간적 관계를 초월하여 높이 들려지셨음을 알려 준 것이고, 후자는 자기 제자 중 하나에 대한 그의 사랑을 암시하는 것이다. 여호와께서는 시내 산에서 모세에게 "나는 이름으로도 너를 알고 너도 내 앞에 은총을 입었다"(출 33:12)라고 말씀하셨다. 그러므로 여기 성육신하신 여호와께서도 이 여자를 이름으로 알고 계신다. 왜냐하면 그녀도 또한 그 앞에서 "은총을 입었기" 때문이다. 그리스도께서 마리아를 이름으로 부르셨음은 요한복음 10:3에 아름답게 예증되었다. "그가 자기 양의 **이름**을 각각 불러내리라." 이는 **구속됨의 표지**이다. "야곱아 너를 창조하신 여호와께서 지금 말씀하시느니라 이스라엘아 너를 지으신 이가 말씀하시느니라 너는 두려워하지 말라 내가 너를 **구속하였고** 내가 너를 **지명하여** 불렀나니 너는 내 것이라"(사 43:1).

"마리아가 돌이켜 히브리 말로 랍오니 하니 (이는 선생님이라는 말이라)"(20:16). 이는 마리아가 그제야 그리스도를 알아 보았음을 나타내준다. "양들이 **그의 음성을 아는** 고로 따라오되"(요 10:4). 여기에서 양들 중 하나가 **착한 목자**의 부르심에 응답하고 있다. 그는 단 한 마디 "마리아야"라고만 말씀하셨다. 그러나 우는 자를 예배하는 자로 바꾸기에는 그것으로 족하였다. 이는 **말씀**의 권능을 다시 한 번 보여준다! 그녀는 그의 발 아래 엎디며 "랍오니"라고 외쳤다. 그 말에 해당하는 히브리어는 "**나의 선생님**"이라는 뜻이다. 마리아의 헌신과 신실함 그리고 인내로움은 큰 상을 받았다. 이제 그녀는 온갖 것 중 그녀에게 있어 가장 아름다우신 분께서 죽음을 이기셨음을 알게 되었다. 그래서 그녀의 슬픔이 끝나고 기쁨의 잔이 넘치게 되었다. 이 그림에는 지극히 아름다운 작은 장면이 있는데 대개는 그 점을 파악하지 못하고 있다. 그리스도께서 그녀를 이름으로 부르시자마자 그녀는 "몸을 돌이키고" "랍오니"라고 말하였다. 그가 처음 말씀하셨을 때에 그녀는 동산지기인 줄 알고 그에게서 돌이켜 무덤을 향하고 있었다. 그러나 그가 이름으로 그녀를 부르시자 그녀는 무덤을 등지고 그의 발 아래 엎디었다. 우리가 진정으로 죽음의 권세에서 해방되는 것은 바로 그를 **알게** 될 그 때이다!

"예수께서 이르시되 나를 붙들지 말라 내가 아직 아버지께로 올라가지 아니하였노라"(20:17). 필자는 이 말씀이 **이중의** 의미를 가졌으며 이중으로 적용될 수 있다고 생각한다. 우선 "나를 붙들지 말라"는 말씀의 **직접적인** 의미는 그리스도께서 친히 설명해 주신 그것이다. "내가 아직 아버지께로 올라가지 아니하였노라." 마리아는 주의 발 아래 엎드려 술람미 여자의 말을 기억하면서 그를 붙잡으려 한 것 같다. "마음에 사랑하는 자를 만나서 그를 **붙잡고** … 놓지 아니하였노라"(아 3:4). 그러나 주께서는 즉시 그녀를 저지시키시고 "나를 붙들지 말라 내가 아직 아버지께로 올라가지 아니하였노라"고 말씀하셨다. "안식일 다음 바로 이날 아침, 대제사장들은 여호와 앞에서 열매의 첫 잔을 흔들어 바치고 있었다. 그러나 죽은 자 가운데서 다시 사신 첫 열매인 그리스도께서는 아버지 앞에 자기를 바치심으로써 그 상징을 성취시키고 있었다"(*Companion Bible*). 이것은 마리아에게 하신 주의 말씀의 첫째 의미를 밝혀 주는 열쇠임이 분명하다. 왜냐하면 상징들을 매우 주의 깊게 기억하시는 주님께서 레위기 23:10, 11에 지시된 바 있는 이 상징을 소홀히 여기셨을 리가 없기 때문이다. 그러나 여기에서 그리스도께서 하신 말씀의 범위는 이것이 전부가 아니다. 이 복음서에 기록된 주님의 모든 말씀 속에는 우리가 능히 다 헤아릴 수 없는 풍부한 의미가 내포되어 있다. 그 말씀들은 직접 들은 자들에게 먼저 적용되지만 또한 항상 그보다 더 광범위하게 적용된다. 여기의 이 말씀도 그 경우에 해당한다.

"나를 붙들지 말라." 다른 공관복음서에는 이 말이 없다. 따라서 여기에는 심오한 의미가 들어 있으며 그 적용 범위도 광범위함을 미루어 알 수 있다. 마태복음 28:9에는 "예수께서 그들을 만나 이르시되 평안하냐 하시거늘 여자들이 나아가 **그 발을 붙잡고** 경배하니"라고 기록되어 있다. 이것은 요한복음의 기록과 뚜렷한 대조를 이루고 있다. 복음서들은 각기의 고유한 범위를 철저하게 유지하고 있다. 마태는 그리스도를 유대인의 계보를 따라 다윗의 아들로 제시하고 있다. 그러나 요한은 자녀들과 관련이 있는 하나님의 아들로서, 즉 그를 "육신을 따라" 알지 아니하는 지체들로 이루어진 새 피조물의 머리로서(고후 5:16) 제시하고 있다. 그러므로 마리아에게 "나를 붙들지 말라" 하셨을 때, 그는 그리스도인들이 높은 데서 성부와 함께 계신 자이신 그를 **영으로써**만 알 수 있으리라는 것을 분명하게 암시해 주신 것이다. 그가 "내가 아직 아버지께 **올라가지** 못하였노라"고 말씀하신 것은 바로 그 때문이다. "나를 붙들지 말라"는 말씀은 우리와 그리스도 사이의 **새로운** 관계에 대한 **최초의** 암시이다. 다시 말해서, 그 말씀은 그리스도의 부활하심으로 우리에게 이루어진 새로운 관계, 즉 아버지 집에 계시는 하나님의 아들로서 우리를 자기 자신과 연결시켜 주신 사실을 충분히 설명해 준다. 이 말씀이 마리아에게 하신 **세 번째** 말씀이라는 사실은 의미심장하다. 왜냐하면 제삼(三)이라는 수는 **부활**을 뜻하기 때문이다.

"**너는 내 형제들에게 가서 이르되 내가 내 아버지 곧 너희 아버지, 내 하나님 곧 너희 하나님께로 올라간다[**'내가 곧 **올라가리라**' 는 표현이 더 적절한 표현이다] **하라 하시니**"(20:17). 마리아는 그리스도의 부활하심에 대한 **최초의** 증인이 되었다. 이것은 실천적인 면에서 중요하게 여겨지는 진리를 예증하고 있다. 그리스도의 장례를 위하여 그에게 기름을 바른 것은(요 12장) 바로 **여자**였다(그녀는 열두 사도들보다 더 사랑이 깊었던 것 같다). 그리고 부활의 영광을 입으신 그리스도께서 자기를 처음으로 나타내 주신 것도 바로 **여자**에게였다. 이 사실을 통하여 우리는 하나님의 진리를 이해하도록 지성을 인도하는 것은 바로 **마음임**을 알 수 있다. 남자들은 빈 무덤이 뜻하는 바를 **지적으로** 더 빨리 파악하였다. 그러나 더 깊은 **사랑을** 보인 것은 마리아였다. 그리고 그리스도께서는 바로 그런 마음에 상을 주셨다. 마리아는 마음으로 그리스도를 찾으나 지적으로는 훌륭하지 않은 자들의 경우를 예증하고 있다. 하나님께서 보시는 것은 언제나 **마음**이다. 우리는 지적으로 많은 진리를 알고 있을 수 있다. 그러나 마음으로 그리스도께 전념하지 아니한다면 그는 그러한 사람에게는 사랑과 교제의 친밀함을 통하여 자기를 나타내 주지 않으실 것이다.

"너는 내 형제들에게 가서 이르되 … 내가 … 올라간다 하라 하시니." 주 예수께서 제자들을 "형제들"이라 부르신 것은 이것이 **처음**이다. 이는 참으로 복된 일이다! 우리가 그리스도와 **그와 같은** 관계를 누림은 바로 그의 부활하심 때문이다. "한 알의 밀이 땅에 떨어져 죽지 아니하면 한 알 그대로 있을 것이라"(12:24). 그러나 이제 그가 무덤에서 나오셨으니 그는 "많은 형제 중에서 맏아들이 되셨다"(롬 8:29). 구약 성경에서 예언의 성령께서는 메시야의 말씀을 이렇게 표현하셨다. "내가 주의 이름을 **형제**에게 선포하리이다"(시 22:22). 감옥에서 풀려나 위엄과 영예의 신분에 오른 요셉이 그랬던 것처럼 그리스도께서도 "우리를 형제라 부르시기를 부끄러워하지 아니하신다"(히 2:11). 이 복된 말씀은 20:17의 끝 부분에 충분히 예증되어 있다. "내가 내 아버지 곧 너희 아버지, 내 하나님 **곧** 너희 하나님께로 올라간다." 마리아에게 "**나를 붙들지**[이 말에 해당하는 헬라어는 '붙잡다'는 뜻이다] **말라**"고 하셨을 때 주님께서는 바로 그 사실, 즉 우리는 온갖 세상적인 접촉으로 인하여 그리스도와 **떨어져 있으므로** 그 대신 믿음으로, 곧 영으로 높은 데의 그리스도와 교제해야 한다는 사실을 염두에 두셨던 것이다.

"너는 내 형제들에게 가서 이르되 내가 내 아버지 곧 너희 아버지, 내 하나님 곧 너희 하나님께로 올라간다 하라." 우리는 그리스도께서 형제들에게 전하라고 주신 메시지에 사용하신 용어를 자세히 살펴볼 필요가 있다. 그는 마리아에게 분부하시기를 "내가 **살아났다**"고 전하라 하지 않고 "내가 **올라간다**" 하라 하셨다. 살아나심은 승천하심을 위한 필수 전제 조건이다. 그러나 구세주께서 사랑하는 제자들에게 강조하고자 하신 바는, 자신이 여기 지상에서 제자들과 함께 **머무르기** 위하여 무덤에서 나오신 것이 아니라 그들의 대표자요 선구자로서 하늘로 올라가시기 위해 나오신 것이라는 사실이었다. "내가 내 아버지 곧 **너희** 아버지, **내** 하나님 곧 **너희** 하나님께로 올라간다 하라"라고 말씀하셨을 때 그는 제자들에게 위로의 메시지를 전해주신 것이다. 그는 내 아버지요 내 하나님이심같이 또한 **너희** 아버지요 **너희** 하나님이시다. 그는 머리인 내게 모든 것이 되시므로 또한 지체인 너희에게도 모든 것이 되신다. 그러나 그의 표현이 정확한 점에 주목하라. 그는 "**우리** 아버지요 **우리** 하나님"이라 말씀하신 것이 아니다. 그는 그의 모든 것 위에 탁월하심과 유일하심을 항상 유지하신다. 왜냐하면 하나님은 형용할 수 없는 독특한 방식으로 **그의** 아버지요 그의 하나님이시기 때문이다.

끝으로, 마리아에게 하신 분부와 다른 여자들에게 하신 분부(마 28:10)를 비교해 보자. 마태복음에서 다른 여자들에게 주신 분부는 그를 만나기 위해 제자들에게 **갈릴리로** 가라 하는 것이었다. 그리고 그들은 그 분부대로 그렇게 하였다. 그러나 여기에서는 지상의 장소에 대해서 언급한 것이 아니라 그가 하늘로 가시리라는 것, 그리고 거기 아버지 앞에서 영으로 그들을 만나시리라는 것을 말씀하셨다.

"**막달라 마리아가 가서 제자들에게 내가 주를 보았다 하고 또 주께서 자기에게 이렇게 말씀하셨다 이르니라**"(20:18). "죽음의 첫 소식이 여자를 통해 왔듯이 죽은 자 가운데서의 부활의 첫 소식도 여자를 통해 왔다. 그리고 장소 또한 서로 일치한다. 그들은 둘 다 동산에 왔었다"(Bishop Andrews). 마리아가 제자들에게 "**예수**"가 아니라 "**주를 보았다**"라고 말한 점에 주목하라. 마가는 제자들이 그 소식을 듣고 처음에 보인 반응을 이렇게 기록하고 있다. "마리아가 가서 예수와 함께 하던 사람들이 슬퍼하며 울고 있는 중에 이 일을 알리매 그들은 예수께서 살아나셨다는 것과 마리아에게 보이셨다는 것을 듣고도 믿지 아니하니라"(16:10, 11). 이것은 그리스도의 복음을 전하는 자가 일반적으로 겪게 될 반응에 대한 슬픈 전조이다! 그가 전하는 기쁜 소식을 신속하게 영접하는 자는 매우 드물다. 그리고 복음을 기꺼이 영접한 듯이 보이는 자들이 바로 가장 분명하게 불신을 나타내는 자들인 경우가 허다하다.

"**이 날 곧 안식 후 첫날 저녁 때에 제자들이 유대인들을 두려워하여 모인 곳의 문들을 닫았더니 예수께서 오사 가운데 서서 이르시되**"(20:19). 우선, 성령께서 여기에서 이것이 **첫째 날**의 광경이라는 사실을 강조하신 점에 주목하라. 이날, 곧 그리스도인의 첫 안식일에 "제자들은" 세상과 떨어져서 "**모여** 있었다." 그리고 이때부터 신약 시대가 끝날 때까지 주(週) 중 첫날은 그러한 날로 지켜진 것이다. 즉 이때부터 토요일이 아니라 일요일이 세상적인 일과 관심사들로부터 떠나 **안식**하며 하나님의 일에 전념하는 날이 된 것이다. 다음으로, 처음부터 비그리스도인들은 이런 거룩한 행위를 반대하고 증오를 나타낸 점에 주목하라. 여기에서 함께 모여 있는 자들은 "사도들"이 아니라 "제자들"이라고 칭해져 있음에도 주목해야 한다. 요한복음에서는 그런 목적으로 모인 자들을 "사도들"이라 부른 예를 찾아볼 수 없다. 그 이유는 명백하다. "사도"라는 말은 "보냄을 받은 자"라는 뜻이기 때문이다. 그러나 여기에서 제자라는 말을 사용한 것은 그들이 그리스도와 함께 있는 가족임을 나타내는 말이기 때문이다.

"**이 날 곧 안식 후 첫날 저녁 때에 제자들이 유대인들을 두려워하여 모인 곳의 문들을 닫았더니 예수께서 오사 가운데 서서 이르시되 너희에게 평강이 있을지어다**" (20:19). 이것은 대단히 주목할 만한 말씀이다. 문들을 "닫아" 둔 것을 언급한 저자는 요한이 유일하다("닫다"는 말에 해당하는 헬라어는 "**빗장을 지르다**"는 뜻이다). 그러나 문이 닫혀 있을지라도 죽음을 **정복한 자를** 들어오지 못하게 할 수는 없었다. 그는 허락을 얻기 위해 문을 두드릴 필요가 없으셨다. 또한 베드로의 경우와 달리(행 12:10) 그에게는 천사들이 문을 열어 드려야 할 필요가 없으셨다. 필자는 여기에서 글자 그대로의 기적이 일어난 것이라고 생각지는 않는다. 우리의 부활한 몸은 한계를 가진 인간의 육체와는 다른 것이다. 이는 욕된 것으로 심고 영광스러운 것으로 다시 살 것이기 때문이다(고전 15:43). 우리에게 주님께서 열 사도에게(도마는 거기에 없었다) 하신 인사를 숙고할 때 우리는 큰 기쁨을 얻을 것이다. 주님의 고마우신 인사는 참으로 감동적이며 우리를 겸손하게 한다. 베드로는 그를 부인했었고 다른 사도들은 그를 버렸었다. 그런데 그는 그들에게 어떻게 오셨는가? 그들에게 그렇게 했던 행동에 대해 변명하라고 하셨는가? 아니면 모든 것이 끝났으니 이제부터는 그렇게 불충한 제자들과 아무 관련도 없을 것이라고 말씀하셨는가? 결코 그렇지 않았다. "너희는 **부끄러운** 줄 알라"고 말씀하셨을 법도 하다. 그러나 그는 "너희에게 **평강이** 있을지어다"라고 말씀하셨다. 그는 그의 갑작스럽고 예고 없는 출현이 일으켰을 모든 두려움을 그들에게서 없애 주고자 하셨다. 그는 제자들의 각자의 불안한 양심을 진정시켜 주고자 하셨다. 그들의 죄를 없애 주셨으므로 이제 그는 두려움도 없애 주실 수 있으셨다: 두려워 말라. 나는 너희의 배반과 불신을 헤아릴 심판자로 온 것이 아니며, 또한 나는 너희에게 상함을 입은 자로 너희를 책망하러 온 것도 아님이니라.

오히려 나는 비난과는 전혀 다른 것을 주러 무덤에서 나온 것이다.

"**너희에게 평강이 있을지어다**"라는 이 인사는 평화의 임금께서 하신 복된 인사이다. 그리고 다름 아닌 그분만이 누구에게라도 평화를 주실 수 있다. 주님께서 탄생하시던 날 밤 천사들이 부른 축가의 주제도 바로 "평화"였다. 그러므로 주께서 죽은 자 가운데서 살아나셔서 제자들에게 최초로 선포하신 것도 바로 "평화"였다. 또한 **우리가**, 개인적으로나 공동적으로 온갖 비참한 실패를 범한 우리가, 작위적이거나 부작위적으로 온갖 죄를 범한 우리가, 온갖 극렬한 논쟁과 통탄할 분열을 일으킨 우리가 얼굴을 맞대고 그를 뵙는 그날에도 그는 "평화"를 가장 먼저 선포해 주실 것이다. 그날의 그의 인사는 "부끄러워할지어다. 부끄러워할지어다"가 아니라 "평강이 있을지어다. 평강이 있을지어다"가 될 것이다. 어떻게 그러리라는 것을 알 수 있는가? 그는 "어제도 오늘도 그리고 영원히 **같으신 분이기**" 때문이다. 또한 **이것은** "영원"이 시작될 때 그가 우리에게 하실 말씀이 곧 "평화"가 되리라는 언약이다.

"**이 말씀을 하시고 손과 옆구리를 보이시니**"(20:20). 우선 이것은 놀란 제자들에게 그들 앞에 서 있는 이가 정말 그들의 구세주임을 확인시켜 주시기 위한 것이었다. 그는 자신이 실제로 물질로 된 몸을 가지셨으며, 그들에게 나타난 존재가 유령이 아님을 그들의 눈으로 직접 보도록 하셨다. 그는 그들이 십자가에 못 박히시기 전에 알고 있던 그분과 똑같은 분이심을, 그리고 부패하지 않고 인간의 몸을 취하고 살아나신 분이심을 그들로 하여금 알게 하고자 하신 것이다. 여기에는 생략된 사실이 있는데 그것은 의미심장한 일이다. 누가는 "내 손과 발을 보고 나인 줄 알라 또 나를 **만져** 보라"(24:39)고 기록하고 있다. 이 말이 셋째 복음서에 기록되었음은 매우 적절한 일이다. 누가복음은 **인자**이신 그리스도를 나타내고 있기 때문이다. 반면에 요한복음에는 그런 세밀한 사항이 생략되어 있는데 이 또한 매우 적합한 일이다. 요한복음서는 그리스도의 신적 위엄과 영광을 나타내고 있기 때문이다. 이 넷째 복음서에 "그가 손과 **옆구리**를 보이셨다"고 기록되었음에 주목하라. 누가는 "손과 **발**"을 보이셨다고 말하고 있다. 이 차이 또한 의미심장하다. 여기에서의 요한의 기록은 "발"을 전제로 하고 있다. 왜냐하면 발도 손과 함께 못 박혔었기 때문이다. 여기에서 "**옆구리**"에 관하여 언급한 데에는 특별한 이유가 있다(19:34 참고). 그의 찔린 옆구리를 통하여 사랑의 보좌가 있는 **가슴**에 이르는 길이 열렸기 때문이다! 요한복음을 통하여 우리는 그가 하나님의 아들이심을, 그리고 하나님은 **사랑**이심을 알 수 있다.

"[그리고] 이 말씀을 하시고 손과 옆구리를 보이시니." "그리고"라는 말은 그리스도의 이 **행동**과 앞 구절 끝 부분의 그의 **말씀** 사이에 밀접한 연관성이 있음을 암시해 준다. 그의 손과 옆구리에 나 있는 표지(標識)는 그의 정체를 확인시키기 위하여, 그리고 승리를 거둔 싸움의 증거로써 제자들에게 제시된 것이다. 뿐만 아니라 그 표지는 그가 이루신 "평화", 그리고 그가 우리에게 주시는 "평화"의 토대가 바로 십자가 상의 그의 죽음이라는 사실을 제자들과 우리들에게 가르쳐 주시려는 것이었다. "너희에게 평강이 있을지어다"라고 말씀하셨을 때 그는 증오가 제거되었고 하나님과 화해가 이루어졌음을 선포하신 것이다. 그는 십자가의 표지를 가리키심으로써 이 일들이 성취되었음을 보여주신 것이다. 이 표지는 그의 거룩하신 몸에 **여전히** 남아 있다(계 5:6 참고). 우리 대제사장께서 중보하실 때에도 그는 하나님께 이 표지들을 제시하실 것이다. 장차 이스라엘 백성은 이 표지로 인하여 회개하게 될 것이다(슥 12:10). 그리고 이 표지들은 심판날에 원수들을 대면하여 그들을 정죄할 것이다.

  "**제자들이 주를 보고 기뻐하더라**"(20:20). 그들은 분명히 큰 기쁨을 느꼈을 것이다! 두려움은 사라지고 소망이 성취되었다. 그리고 마음이 충만하게 되었다. 주님께서 이제 약속을 지키신 것이다. "지금은 너희가 근심하나 내가 다시 너희를 보리니 너희 마음이 **기뻐**할 것이요"(16:22). 그러나 여기에 나타나 있는 중대한 차이점에 주목하라. 첫째로, 그리스도께서는 "너희에게 **평강**이 있을지어다 [그리고] 이 말씀을 하신 후 손과 옆구리를 **보이셨다**." 둘째로, "[그러므로] 제자들이 주를 **보고 기뻐하였다**." 평화는 그의 완전하게 이루신 **일**을 통해 온다. 그리고 기쁨이란 그의 복되신 **인격**에 전념함으로써 오는 결과이다. 이것은 우리 마음을 위해 유용하고 귀중한 비밀이다. 많은 그리스도인들은 **슬픈 처지**에 있는 한 기뻐할 수 **없다**고 생각한다. 이는 잘못된 생각이다! 여기에서 그리스도께서 제자들의 처지를 변화시켜 주시지 않은 점에 주목하라. 그들은 "여전히 유대인들을 두려워하여 문들을 닫아 두었다." 그러나 그리스도께서는 그들의 마음을 자기에게로 향하게 하시고 그들로 하여금 그 처지를 **초월하게** 해주셨다. 베드로전서 1장에 이와 동일한 원리가 예증되어 있다. 거기에서 우리는 환난의 큰 싸움을 견디고 있는 하나님의 성도들에 대하여 읽을 수 있다. 그들은 핍박받고 흩어졌으며 고향을 잃었다. 그러나 그들의 영적 상태는 어떠하였는가? "그러므로 너희가 이제 여러 가지 시험으로 말미암아 잠깐 근심하게 되지 않을 수 없으나 오히려 크게 **기뻐하는도다**"(6절). 그리고 그 사도는 구세주의 인격에 대하여 언급한 후 다시 한 번 이렇게 덧붙인다. "예수를 너희가 보지 못하였으나 사랑하는도다 이제도 보지 못하나 믿고 말할 수 없는 영광스러운 즐거움으로 **기뻐하니**"(8절). 그들의 처지는 변하지 아니하였다. 그러나 그들은 마음으로 그 처지를 초월하게 되었다. 그러므로 **기쁨**의 큰 비결은 그리스도께 전념하고 그와 교제를 나누는 이것이다.

"예수께서 또 이르시되 너희에게 평강이 있을지어다 아버지께서 나를 보내신 것 같이 나도 너희를 보내노라"(20:21). 이 말씀은 단순한 반복에 불과한 것이 아니다. "너희에게 평강이 있을지어다"라고 하신 첫 인사의 의미를 바로 다음에 취하신 주님의 행동으로 미루어 해석할 수 있듯이, 두 번째 "평강"의 인사도 다음의 말씀으로 미루어 그 의미를 파악할 수 있다. 첫 번째 평강의 인사는 양심을 위한 것이요, 두 번째 인사는 **마음**을 위한 것이다. 첫 평강의 인사는 하나님 앞에서의 그들의 **신분**에 관계가 있는 것이요, 두 번째 인사는 세상에서의 **상태**와 관계가 있는 것이다. 전자는 "하나님과 **더불어 누리는** 평강"(롬 5:1)이요, 후자는 "하나님의 평강"(빌 4:7)이다. 전자는 속죄하심의 결과요, 후자는 교제를 유지함에서 오는 것이다. 이 제자들은 그리스도와 함께 하늘로 가게 될 운명이 아니라 악의에 가득 찬 세상에, 평화를 주지 못하는 세상에 남아 있게 될 운명이었다. 그러므로 그리스도께서는 그들에게 평화의 비결, 즉 세상으로부터 유리되어 아버지와 교제를 유지하는 데서 오는 평화의 비결을 알려 주신 것이다.

"아버지께서 나를 보내신 것같이 나도 너희를 보내노라." 그리스도께서는 아버지께 저 놀라운 기도를 드리실 때 생각하셨던 바를 이제 공식적으로 행동에 옮기신다. "아버지께서 나를 세상에 보내신 것 같이 나도 그들을 세상에 보내었나이다"(17:18). 그가 "내가 비옵는 것은 이 사람들만 위함이 아니요 또 그들의 말로 말미암아 나를 [장차] 믿는 사람들도 위함이니"(17:20)라고 말씀하신 것도 이 말씀과 직접적인 관계가 있음을 기억해야 한다. 그가 17:18에서 선포하신 파견은 그때 그 말을 직접 들은 무리에게만 해당하는 것이 아니다. 그것은 그를 배척한 바로 이 세상에 있는 그의 **모든** 백성들에게 해당하는 파견이기도 했다. 그리고 그리스도께서 여기 아래에서 아버지를 나타내셨던 것같이 우리도 우리 주님을 나타내는 것, 이것이야말로 우리에게 주어진 놀라운 임무이다. 또한 우리의 생활 속에서 그리고 우리의 말을 통하여 그리스도께서 말씀하시고 행하셨던 대로 드러내는 것, 이것이야말로 우리에게 부여된 놀라운 위임이다. **이것이** 바로 실천적인 거룩함의 표현인 것이다. 이에 미치지 못하는 어떤 것도 그 표준이 될 수 없다. "그의 안에 산다고 하는 자는 **그가 행하시는 대로** 자기도 행할지니라"(요일 2:6). 그러나 주님께서는 **먼저** "너희에게 평강이 있을지어다"라고 **하신 다음** "나도 너희를 보낸다"라고 말씀하셨는데 이는 지극히 복된 일이다. 우리는 항상 열심히 봉사한 보상으로 평화를 구하려고 한다. 그러나 그렇게 하여 얻는 평화는 참으로 하잘것없고 무가치한 것이다! 그러한 "평화"는 단지 일시적인 자기만족에 지나지 않으며, 자기를 속이는 위선자 외에는 아무도 미혹시킬 수 없는 그러한 것일 뿐이다. 실상은 평화란 봉사하기 위한 **준비물**이다. "여호와로 인하여 기뻐하는 것이 너희의 힘이니라"(느 8:10). 요한복음 20:21 말씀의 순서는 대단히 의미심장하다. "평강이 있을지어다 … 나도 너희를 보내노라." "평화의 **자녀들**은 스스로 평화를 보유하고 있는 것이 아니다. 실상은 그들이 지닌 그 평화로 인하여 평화의 **사자**가 되는 것이다"(Stier). **성자**께서는 성부와 똑같은 권능을 가지고 "보내시는 자"가 되심에 주목해야 한다. "내 아버지께서 나를 보내신 것같이 나**도** 너희를 보내노라." 그리스도께서는 아버지를 나타내시기 위해, 그리고 이 죄된 세상에 은혜의 메시지를 전하시도록 보내지셨다. 우리도 또한 성자를 나타내기 위해, 그리고 그와 동일한 메시지를 전하도록 보내졌다. 그러나 그리스도께서 자기의 영광을 신중하게 유지하신 점에 주목해야 한다. 여기의 "보내다"에 해당하는 헬라어는 서로 **다른** 말이 사용되었다. 그리스도는 하나님이시고 우리는 인간이다. 그는 속죄하시기 위하여 보내지셨고, 우리는 그의 속죄하심을 선포하기 위하여 보내졌다. 그는 그 일을 완전하게 수행하셨으나 우리는 우리 일을 불완전하게 수행한다.

　"이 말씀을 하시고 그들을 향하사 숨을 내쉬며 이르시되 성령을 받으라"(20:22). "성령을 받으라"는 이 말씀을 해결하는 열쇠는 "[그리고] 이 말씀", 곧 "나도 너희를 보낸다"는 말씀을 "하시고"에서 찾아볼 수 있다. 그리스도께서는 성령으로 기름부음을 받은 후 그의 임무를 수행하기 시작하셨다. 그러므로 사도들도 그들의 임무에 착수하기 전에 성령으로 기름부음을 받아야 했다. **이것은** " … 한 것같이 … 하다"(as … so)를 사용하여 표현한 유비 중 마지막에 해당하는 예이다. 그 말씀의 두 번째 열쇠는 "예수께서 그들을 향하여 **숨을 내쉬며** 이르시되 성령을 받으라" 하신 말씀에서 찾아볼 수 있다. 이 말에 해당하는 헬라어는 신약 성경 중 다른 곳에서는 단 한 번도 사용되어 있지 않다. 다만 70인역 성경의 창세기 2:7에 그 말이 사용되어 있는 것을 발견할 수 있다. "여호와 하나님이 땅의 흙으로 사람을 지으시고 생기를 그 코에 **불어넣으시니** 사람이 생령이 되니라." 사람의 창조는 하나님의 이 행위를 통하여 완성되었음을 알 수 있다. 그러므로 요한복음 20장의 이 구절에서 구세주의 부활하신 날에 새로운 창조가 시작되었음을, 다시 말해서 새로운 피조물의 머리 되신 분에 의하여 새로운 창조가 시작되었음을 알 수 있으며, 둘째 아담께서 그 "살려 주는 영"

(고전 15:45)으로 역사하셨음을 알 수 있다. 제자들에게 성령이 부여된 것은 성령이 성부로부터 나오실 뿐 아니라 성자로부터도 나오신다는 사실을 입증하는 동시에, 즉 구세주의 신성을 입증하는 놀라운 증거인 동시에, 부활하심이 낳은 "첫 열매"이기도 했다. 창세기 2:7을 통하여 우리는 여호와께서 아담을 향하여 "숨을 내쉬신 것"을 알 수 있다. 그와 같이 요한복음 20:22에서는 구세주께서 사도들에게 "숨을 내쉬었고", 에스겔 37:9에서는 성령께서 이스라엘 백성에게 "숨을 내쉬셨다." 끝으로, 이 말씀을 이사야 11:4과 비교해 보자. "**입술의 기운으로** 악인을 죽일 것이며."

"성령을 받으라." 이 말씀은 "가서 내 형제들에게 이르라" 하신 말씀을 보충해 준다. 그들은 성령을 받기 전에 먼저 위로부터 난 바 되었었다. 그들이 상속자가 되어 모든 것의 주인이 되었음에도 불구하고 그때까지 그들은 어린 아이에 불과했으므로 종과 다를 바가 없었다. 그러나 이제 하나님께서 기름 부으실 때가 왔다. 율법 아래 있던 그들을 구속하시기 위하여 오신 분께서, 다시 말하여 그들을 양자 되게 하시기 위하여 오신 분께서 그 일을 성취하셨다. 그들은 이제 더 이상 종이 아닌 자녀들이 되었다. 그러나 그들이 자녀 됨을 깨닫게 되는 것은, 또는 자녀 됨을 누리게 되는 것은 오로지 성령으로 말미암아서 이루어진다. 이때부터 성령께서 그들 안에 **거하셨다.** 우리는 흔히 사도들 안에 명백한 변화가 일어난 것은 오순절 날이었다고 생각한다. 그러나 사실 큰 변화는 그 **이전에** 발생했었다. 각 복음서 끝 부분과 사도행전 1장을 읽어 보라. 거기에서 확고한 증거들을 발견할 수 있다. 구세주께서 그들이 보는 앞에서 구름 속으로 승천하셨을 때 그들은 놀라 흩어져 달아나지 아니하고 "그에게 경배하고 큰 기쁨으로 예루살렘에 돌아갔다"(눅 24:52). 이것이 곧 "성령 안에 있는 희락"(롬 14:17)이었다. 그리고 그들은 "마음을 같이하여 오로지 기도에 힘쓰기"(행 1:14)를 계속하였다. 이것이 곧 "평안의 매는 줄로 성령이 하나 되게 하신"(엡 4:3) 것이다. 베드로는 구약 성경의 예언을 분명하게 깨닫게 되었다(행 1:20). 이것이 곧 성령께서 진리 가운데로 인도하심이다(요 16:13). 그리고 **이 일들은 오순절 전에** 발생하였다. 오순절에 발생했던 일은 성령께서 그들 안에 거하시기 위하여 오신 것이 아니라 능력으로 세례를 받은 것이었다.

"**너희가 누구의 죄든지 사하면 사하여질 것이요 누구의 죄든지 그대로 두면 그대로 있으리라 하시니라**"(20:23). 이 구절은 다분히 논쟁의 여지가 있는 구절이다. 필자는 여기에서 라일 주교의 말을 인용하기로 하겠다. "이 구절에서 주님께서는 죽은 자 가운데서 살아나신 후 **사도들**에게 부여하신 사역자 직분을 가진 자로서 수행해야 할 임무에 대하여 규정하시고 있다. 공적인 선생으로서의 그의 일은 이제 끝났다. 이후로는 사도들이 그 일을 수행하게 될 것이다. 이 임무는 매우 특수하며 따라서 주의 깊게 고찰할 필요가 있다. 이 구절의 의미는 다음과 같이 풀어서 해석할 수 있다. '나는 누구의 죄가 사하여졌고 누구의 죄가 사해지지 않았는지 권능을 가지고 **선언하고 선포할** 능력을 너희에게 부여한다. 유대인의 대제사장이 문둥병에 걸린 자 중 누가 깨끗해졌고 누가 깨끗해지지 아니했는지를 선고하였던 것과 같이, 나는 너희에게 누가 용서되었고 누가 용서되지 않았는지를 선고할 임무를 부여한다.'"

필자는 이 말씀의 범위가 단지 **선포할 권한**에만 해당될 뿐이라고 생각한다. 혹자는 주님께서 **사도들**이나 또는 다른 사람들에게 죄를 **절대적으로** 용서하고 용서하지 않을 권한, 또는 어떤 영혼을 사하고 사하지 않을 권한을 주신 것이라고 생각하는데 본인으로서는 그런 견해를 지지할 수 없다. 그 이유는 다음과 같다.

첫째로, 성경에 죄를 용서하는 권능은 항상 하나님만의 고유한 특권이라고 되어 있다. 유대인들도 "오직 하나님 한 분 외에는 누가 능히 죄를 사하겠느냐"(막 2:7)라고 말했을 때 그 사실을 인정하였다. 우리 주님께서 제자들에게 임무를 부여하실 때 그 큰 원칙을 전복시키고 변질시키셨다고 보는 것은 실로 터무니없는 일이다.

둘째로, 구약 성경을 보면 선지자들이 어떤 일들을 행하리라고 **선포**할 때 그들은 위임받아 그것들을 행하는 것으로 되어 있다. 그러므로 예레미야에게 임무가 주어지는 것을 보면 다음과 같은 말로 되어 있다. "보라 내가 오늘 너를 여러 나라와 여러 왕국 위에 세워 네가 그것들을 뽑고 파괴하며 파멸하고 넘어뜨리며 건설하고 심게 하였느니라"(1:10). 이것은 그가 뽑고 파괴하는 등 그 일들을 **선포**할 뿐임을 뜻한다. 에스겔 또한 "내가 … 성읍을 멸하러 올 때"라고 말하였다(43:3)

셋째로, 사도행전이나 **사도들**의 서신들 중 그들이 직접 누구를 사면하거나 용서해 주는 일을 행하는 예는 하나도 찾아볼 수 없다. 베드로가 고넬료에게 "그를 믿는 사람들이 다 그의 이름을 힘입어 죄 사함을 받는다 하였느니라"(행 10:43)고 말했을 때나, 바울이 "이 사람을 힘입어 죄 사함을 너희에게 전한다"(행 13:38)라고 말했을 때 그들은 그리스도**만**이 유일하게 죄를 사하시는 자가 되심을 일컬은 것이다.

칼빈은 이렇게 말하였다. "그리스도께서 사도들에게 죄를 용서하도록 분부하셨을 때 그는 자신만의 고유한 권한을 그들에게 부여하신 것이 아니다. 죄를 용서하는 것은 그리스도께만 속하는 일이다. 그러므로 그가 사도들에게 내리신 분부는 죄가 용서되었음을 그의 이름으로 **선포하라**는 임무였다."

여기에 덧붙여 다음과 같은 사실을 제시하는 바 이것들은 사도들이 받은 임무의 성격을 아는 데 도움이 될 것이다. 즉 베드로와 요한이 빌립을 통하여 행해진 일을 조사하고 공인하도록 사마리아로 파견된 일(행 8:14), 베드로가 시몬에게 "내가 **보니** 너는 악독이 가득하며 불의에 매인 바 되었도다"(행 8:23)라고 말한 것, 그리고 바울이 "너희가 무슨 일에든지 누구를 용서하면 나도 그리하고 내가 만일 용서한 일이 있으면 용서한 그것은 너희를 위하여 **그리스도 앞에서** 한 것이니라"(고후 2:10)라고 편지를 쓴 일 등은 사도들이 받은 권한과 권능의 **독특한** 성격을 명백하게 예증해 준다.

혹자는 이런 질문을 제기한다. 그리스도께서 사도들에게 부여하신 사역자의 직분과 임무가 다른 사람들에게 전달되어질 수 있는 것인가? 다시 한 번 라일 주교의 말을 인용해 보자. "엄격하게 말해서 사도들에게 부여된 임무는 다른 사람들에게 전달될 수 없으며 그들과 바울에게만 국한되는 임무이다." 혹자는 사도들이 그들만의 고유한 어떤 사역자의 권한을 가지고 있으며, 그들은 그것을 다른 사람에게 전할 수 없고 또 전하지도 않았다는 사실을 부인하는데, 필자로서는 그런 견해에 동의할 수 없다. 그 이유는 첫째로, 그들은 복음을 오류 없이 그리고 아무도 흉내낼 수 없을 만큼 정확하게 선포할 권한을 가졌다. 둘째로, 그들은 기적으로 자기들의 가르침을 확증하였다. 셋째로, 그들은 영을 분별하는 권능을 가졌다. 엄격하게 말해서, 사도직의 계승과 같은 일은 있을 수 없다.

본문에 내포되어 있는 아름다운 상징적인 그림에 찬양을 드리며 이 고찰을 끝마치기로 하자. 본문은 **기독교 신앙**의 본질적인 요소들을 제시하고 있다. 첫째, 우리는 높은 데의 그리스도를 "육신을 따라"가 아니라, **새로운 방법으로**, 즉 영으로 알 수 있다. "나를 붙들지 말라 … 올라가지 아니하였노라"(20:17). 둘째, 신자들은 **새로운 자격**, 즉 "형제들"이라는 자격을 부여받았다(20:17). 셋째, 신자들은 **새로운 신분**, 즉 하나님 앞에서의 그리스도의 신분과 같은 신분을 부여받았다(20:17). 넷째, 신자들은 **새로운 위치**에, 즉 세상으로부터 유리된 위치에 놓여졌다(20:19). 다섯째, 신자들은 **새로운 축복**을 보증받았다. 즉 "평화"가 이루어지고 그들에게 부여되었다(20:19, 21). 여섯째, 신자들은 **새로운 특권**, 즉 주 예수께서 그들 가운데 계시는 특권을 부여받았다(20:19). 일곱째, 신자들은 **새로운 기쁨**, 즉 살아나신 주님을 뵙는 기쁨을 누리게 되었다(20:20). 여덟째, 신자들은 **새로운 임무**를 위임받았다. 즉 아버지께서 그리스도를 보내신 것처럼 그들은 그리스도에 의하여 세상에 보내졌다(20:21). 아홉째, 신자들은 **새로운 내재자**(內在者), 즉 성령을 받게 되었다(20:22). 이 모든 것은 "주

(週) 중의 첫날"에 이루어진 것으로서 신적인 면을 드러내고 있다. 다시 말해서, 이것은 **새로운 시작**, 즉 기독교가 유대교를 대신하기 시작한 것을 암시한다.

요한복음 20장 마지막 부분을 고찰하는 독자를 돕기 위하여 아래의 질문을 제시하는 바이다.

1. 도마의 부재로부터 우리는 무엇을 배울 수 있는가?(24절)
2. 25절의 도마의 말은 무엇을 입증하는가?
3. 26절의 "평강"과 19, 21절의 "평강"은 어떻게 다른가?
4. 19절과 26절은 서로 어떤 유사성을 가지고 있는가?
5. 28절에서는 어떠한 실천적 교훈을 배울 수 있는가?
6. 29절은 무슨 뜻인가?

제69장

그리스도와 도마

²⁴열두 제자 중의 하나로서 디두모라 불리는 도마는 예수께서 오셨을 때에 함께 있지 아니한지라 ²⁵다른 제자들이 그에게 이르되 우리가 주를 보았노라 하니 도마가 이르되 내가 그의 손의 못 자국을 보며 내 손가락을 그 못 자국에 넣으며 내 손을 그 옆구리에 넣어 보지 않고는 믿지 아니하겠노라 하니라 ²⁶여드레를 지나서 제자들이 다시 집 안에 있을 때에 도마도 함께 있고 문들이 닫혔는데 예수께서 오사 가운데 서서 이르시되 너희에게 평강이 있을지어다 하시고 ²⁷도마에게 이르시되 네 손가락을 이리 내밀어 내 손을 보고 네 손을 내밀어 내 옆구리에 넣어 보라 그리하여 믿음 없는 자가 되지 말고 믿는 자가 되라 ²⁸도마가 대답하여 이르되 나의 주님이시요 나의 하나님이시니이다 ²⁹예수께서 이르시되 너는 나를 본 고로 믿느냐 보지 못하고 믿는 자들은 복되도다 하시니라 ³⁰예수께서 제자들 앞에서 이 책에 기록되지 아니한 다른 표적도 많이 행하셨으나 ³¹오직 이것을 기록함은 너희로 예수께서 하나님의 아들 그리스도이심을 믿게 하려 함이요 또 너희로 믿고 그 이름을 힘입어 생명을 얻게 하려 함이니라(요 20:24-31)

본문을 다음과 같이 분석해 보기로 한다.

1. 도마의 부재(24절)

2. 도마의 의심(25절)

3. 그리스도께서 도마에게 나타나심(26, 27절)

4. 도마의 고백(28절)

5. 그리스도께서 최후로 말씀하신 복(29절)

6. 예수의 표적(30절)

7. 이 복음서의 목적(31절)

우리는 앞 장에서 사도들이 어떤 방에 모여 있을 때 주님께서 그들에게 나타나셨던 일에 대해서 생각해 보았다. 아마도 그 방은 주님께서 성찬식을 제정하였던 그 "다락방"이었을 것이다. 그런데 그때 열한 사도 중의 하나인 도마는 그 곳에 없었다. 우리는 그가 왜 형제들과 있지 않았는지 정확한 **이유**는 알 수 없다. 그러나 다른 구절에서 그가 한 말, 즉 주님을 보았다는 열 사도들에게 한 그의 말과 그리스도께서 열한 사도에게 나타나서 도마에게 하신 말씀을 통하여 볼 때 그의 불참의 원인이 **불신** 때문이었다라고 할 수 있다. 이 복음서에는 도마에 대해 세 번 언급되어 있는데 그 모든 경우가 다 그의 우울한 기질을 잘 드러내 주고 있다. 그는 사물의 어두운 면을 보았던 것이다. 즉 그는 현재와 미래에 대해 부정적이었다. 그러나 그는 용기가 부족했던 것이 아니었으며, 또한 주님께 대한 충성과 헌신이 부족했던 것이 아니었다.

도마가 맨 처음 등장하는 곳은 11장에서이다. 10장 종결 부분에는 그리스도의 적들이 "다시 예수를 잡고자 하였으나 그 손에서 벗어나 … 요단 강 저편"으로 가셨다라고 기록되어 있다. 거기에 머무르시는 동안 나사로의 여동생들은 오빠가 앓고 있음을 알리려고 예수께 전갈을 보냈다. 이틀이나 더 머문 후에 구주께서는 그의 제자들에게 "유대로 가자"고 말씀하셨다. 그때 제자들은 즉시 예수께 그곳의 유대인들이 방금도 예수를 돌로 치려고 찾고 있었음을 상기시키면서 "또 그리로 가시려 하나이까?" 하고 물었다. 그러나 그들과 말씀하신 후에 예수께서는 "가자"고 하셨다. 그 다음에는 "디두모라고도 하는 도마가 다른 제자들에게 말하되 우리도 주와 함께 죽으러 가자 하니라"(11:16)고 기록되어 있는 것을 본다. 이 기록은 그들에게 말한 것으로 도마의 성격을 이해하는 데 많은 도움을 준다. 첫째로, 이 말은 도마가 불건전한 감정의 소유자라는 것을 나타낸다. 즉 그가 보고 있는 것은 죽음뿐이었다. 둘째로, 그가 "가자"고 한 말로 미루어 볼 때 그는 열정적인 성격의 소유자임을 알 수 있다. 셋째로, 그 말은 그가 용기 있는 자임을 나타내 주고 있다. 즉 죽을 준비까지도 되어 있었던 것이다. 넷째로 **주와 함께** 죽으러 가자"고 한 말은 그리스도에 대한 그의 사랑을 나타내고 있다.

그 다음으로 도마가 우리의 주의를 끄는 것은 14장에서이다. 주님은 사도들에게 잠시 후면 그들을 떠나실 것이고, 그가 가시는 곳에 그들이 올 수 없다고 말씀하셨다. 또 주님께서는 슬픔에 잠긴 그들을 보고 "너희는 마음에 근심하지 말라"고 말씀하시고 덧붙여, 내가 아버지의 집으로 가서 너희를 위하여 거처를 예비하고 내가 다시 와서 너희를 내게로 영접하리라고 하셨다. 그 후 "내가 어디로 가는지 그 길을 너희가 아느니라"라는 말로써 위로의 확신을 주셨다. 그때 도마가 맨 처음으로 대답했는데 그의 우울한 대답은 "주께서 어디로 가시는지 우리가 알지 못하거늘 그 길을 어찌 알겠사옵나이까?"였다. 구세주의 귀중한 약속을 모르는 도마는 주님께서 떠난다는 것을 듣고 오직 희망이 사라지는 것만을 느꼈다. 여기에서 우리는 그의 우울한 성격과 또한 그의 마음의 회의적인 면을 다시 한 번 볼 수 있다. 도마는 우리에게 존 번연의「천로역정」에 나오는 "공포" "낙담" "큰 두려움"을 상기시킨다. 이것들은 의심하는 도마의 후계자인 대다수의 기독교인들에게 나타나는 유형들이다.

앞에서의 내용과 연관지어 생각해 볼 때 이것은 별로 이상할 것이 없다. "주님이 실제로 죽게 되리라는 가능성만을 가지고도 도마의 사랑하는 마음이 우울하다 못해 낙심하게 되었다면 그 죽음이 실제로 일어났을 때 그가 느낀 절망은 얼마나 더했겠는가! 그가 자기의 선생의 죽음을 어떻게 생각하고 있었는가는 그가 못 자국과 옆구리의 상처를 생각하는 것으로 보아 알 수 있다. 도마가 그의 주님을 알아보게 된 것은 주님의 모습의 특징에 의해서가 아니라 바로 이 못 자국과 상처에 의해서였다. 그의 마음은 십자가에서 죽어 버린 시체만을 생각하고 있었기 때문에 예수님의 친구들을 보는 것과 그와 희망을 같이 하던 자들과 함께 지낸다는 것이 견딜 수 없었다. 그리하여 그는 조용히 혼자서 실망과 슬픔을 삼켜야만 했다. 이리하여 슬픔에 잠긴 다른 많은 사람들처럼 그는 그의 모든 의심을 효과적으로 없애 버릴 수 있는 기회를 놓치게 된 것이다"(Mr. Dods).

"[그러나] **열두 제자 중의 하나로서 디두모라 불리는 도마는 예수께서 오셨을 때에 함께 있지 아니한지라**"(20:24). 여기서 "그러나"라는 단어는 도마의 입장을 변명한다는 것이 어리석은 시도임을 나타내 주고 있다. 제자들은 매우 어려운 상황 아래서 주일의 첫날 저녁에 함께 모여 있었다. 다른 제자들 중에는 구주께서 부활하셨다는 사실을 의심하는 자들도 있었지만 최소한 요한만은 확신하고 있었다. 그들은 바로 그날 아침 여인들이 주님을 보았다고 한 보고를 믿지 않았기 때문이다. 아무튼 사도들이 불안과 흥분이 뒤섞인 감정으로 모여 있었다는 것은 의심할 여지가 없다. 도마가 불참했다는 것은 오로지 그의 우울하고 회의적인 성격을 나타내는 것임을 다른 구절을 통해 알 수 있다. 여기에서 성령께서 "디두모라 하는 도마"라고 표현한 것에 주목해 보라. 이것은 11:16과 의도적으로 연결하고 있음이 분명하다. 주님께서 부활하신 날에 **그는** 여인들의 소식을 전혀 믿지 않고 완고한 불신 속에서 홀로 죽음을 슬퍼하고 있었다. 이 완고성이 그 다음 구절(20:25)에 나타나고 있다.

도마의 마음의 상태는 그 잊을 수 없는 밤에 그가 부재하였던 사실과 일치하고 있다. 그는 부활의 축복을 거부했고, 주님의 임재의 기쁨을 서로 나눈 그의 형제들과 함께 하지 않았다. 믿기를 더디하였던 그는 꼬박 한 주간을 암흑과 침울 속에 머물러 있었다. 여기에서 우리가 배울 수 있는 하나의 중요한 교훈은 그리스도인들과의 교제를 소홀히 함으로써 참으로 많은 것을 잃게 된다는 것이다. 성경은 "모이기를 폐하는 어떤 사람들의 습관과 같이 하지 말라"(히 10:25)고 권면한다. 이 명령을 불순종하는 일에 대해 그리스도의 부활과 관련하여 두 가지로 경고하고 있다. 누가복음 24:13에는 "그 날에 그들 중 둘이 **예루살렘에서** 이십오 리 되는 엠마오라 하는 마을로 가면서"라고 기록되어 있다. 여기에서 고딕체로 된 부분을 주의해 보라. 이 두 제자들은 예루살렘에 있는 그들의 동료들을 저버리고 가고 있었다. 부활하신 그리스도께서 친히 그들 곁에 다가 오셨을 때 "그들의 눈이 가리어져서 그인 줄 알아보지 못"했던 것도 무리는 아니다(16절). 그럼에도 불구하고 주님께서는 그들에게 자신을 알아보도록 하심으로써 그의 오래 참으시는 자비를 나타내셨다(31절). 그 결과 그들에게 무슨 일이 일어났는가? 그 결과는 다음과 같다. 즉 "곧 그 때로 일어나 예루살렘에 돌아가 보니 열한 제자 및 그들과 함께 한 자들이 모여 있어"(33절)라고 기록된 것을 볼 수 있다. 그리스도인들이 그리스도와 교제가 있을 때 그들은 주님의 백성들과 교제하기를 원하며 또한 그것을 추구한다. 그와는 반대로 그들이 주님과 교제를 나누지 않고 있을 때에 그들은 신자들과의 교제를 소홀히 하거나 원하지 않는다. 도마가 바로 이런 경우이다. 불신으로 말미암아 그리스도와의 교제를 하지 않았던 그는 모이기를 거부했었다. 그리하여 참으로 많은 것을 잃게 되었던 것이다. 그는 하나님의 축복과 그리스도의 임재, 성령의 능력, 마음의 기쁨을 잃었고, 그 외에도 꼬박 한 주간을 낙심 속에서 보내야만 했다. 이것은 우리에게 참으로 놀라운 경고이다.

"다른 제자들이 그에게 이르되 우리가 주를 보았노라"(20:25). 이것은 대단히 복된 일이다. 그 열 사도는 잘못을 저지르고 있는 형제의 행복에 대해 냉담하고 무관심하지 않았다. 그들은 이런 식으로 말하지 않았다. 즉 "우리는 그를 걱정할 필요가 없다. 그는 실패자이다. 만일 그가 제자리를 지켰다면 그도 또한 구주를 보았을 것이고 '너희에게 평강이 있을지어다' 라고 축복하신 말씀을 듣게 되었을 것이며 성령을 받았을 것이다. 그러나 그는 여기 있지 않았다. 그래서 그는 그의 태만에 대해 응분의 대가를 치러야 한다. 그를 내버려 두자." 이기적인 세상 사람들은 이런 식으로 생각하고 행동할지 모른다. 그러나 주님의 사랑의 강권하심을 받는 자들은 그렇게 행동하지 않는다. 우리가 주님을 사랑하면 할수록 그의 백성을 사랑하게 된다. 여기 제자들의 경우도 바로 그와 같다. 열 명의 사도들은 부활하신 구속자의 은혜로운 방문을 접하자마자 도마를 찾아 나섰고, 그 기쁜 소식을 그에게 전했다. 이 일을 통하여 우리는 스스로 반성하지 않으면 안 된다. 우리가 그리스도와 깊은 교제를 하면 할수록 우리는 주님의 말씀을 순종하지 않고 방황하는 양들에게 더 깊은 관심을 가지게 될 것이다. "범죄한 자"를 바로잡기 위하여 권면하는 자가 곧 "신령한" 자이다(갈 6:1).

"도마가 이르되 내가 그의 손의 못 자국을 보며 내 손가락을 그 못 자국에 넣으며 내 손을 그 옆구리에 넣어 보지 않고는 믿지 아니하겠노라 하니라"(20:25). 이것은 서글프게도 20:18에서 볼 수 있는 것과 똑같은 원리가 나타난 사건이다. 그리스도를 아는 자들은 다른 사람들에게 그를 증언하게 될 것이다. 그러나 그들은 그들의 말을 듣는 자들의 불신을 각오해야만 한다. 열 명의 제자가 도마에게 말했으나 그는 그들의 말을 믿지 않았다. 이것은 아무리 훌륭한 사람이라도 불신의 노예가 될 수 있다는 것을 보여준다. 도마는 나사로의 부활을 목격했고 주님께서 3일 만에 다시 살아날 것이라고 하신 약속을 들은 바 있었으나 주님께서 부활하신 사실을 믿지 않는다. "얽매이기 쉬운 죄(불신)"를 벗어 버리라고 권하고 있는 히브리서 12:1의 경고가 바로 이 경우와 어쩌면 그렇게 흡사한가! 도마는 그들의 눈으로 그리스도를 보았다고 한 열 명의 목격자, 즉 그의 친구이며 형제들이고, 또한 그를 배반하려는 의도를 전혀 가지고 있지 않은 그들의 증언을 믿지 않았다. 오히려 그는 친히 주님의 몸을 만지고 보지 않는 한 믿지 않을 것이라고 완고하게 선언한다. 도마는 그가 기쁜 소식을 받아들이기 위해서는 갖추어야 할 조건들이 있다고 생각하고 있다. 도마는 여전히 의심했다. 아마도 그는 동료에게 다음과 같이 물었을 것이다: 왜 그리스도께서 너희와 함께 계시지 않느냐? 그는 지금 어디에 계시냐? 왜 주께서 친히 나에게 모습을 나타내시지 않느냐? 그가 직접 말하지는 않았지만 그의 말은 동료들이 망상에 시달리고 있는 것으로 여기고 있다. 그러면 그들은 정말 믿을 만한가? 그들이 도마에게 "우리는 주님을 보았다"라고 말했으나 그들은 주님의 입술로부터 들었던 자비롭고 놀라운 말씀에 대해서는 한 마디도 하지 않았다. 여기에서 우리는 하나의 교훈을 볼 수 있지 않은가! 그렇다. 우리가 선포해야 하는 것은 우리의 경험이 아니라 주님의 말씀이다.

"내가 그의 손의 못 자국을 보며 내 손가락을 그 못 자국에 넣으며 내 손을 그 옆구리에 넣어 보지 않고는 믿지 아니하겠노라 하니라." 구세주의 손과 발을 찔렀던 '못'이 실제로 언급되어 있는 곳은 신약 성경에서 뿐이다. 로마인들은 죄수를 십자가에 못 박을 때 언제나 못을 사용한 것만은 아니었다. 때때로 그들은 죄수의 손과 발을 십자가 위에다 튼튼한 끈으로 묶었다. 구세주와 관련하여 '못' 이라는 단어가 사용되었다는 사실과 도마가 그것을 여기에서 언급하고 있는 것은 시편 22:16에서 "개들이 … 내 수족을 찔렀나이다" 라는 예언이 문자 그대로 성취된 일의 실제 증인임을 나타낸다.

"**여드레를 지나서 제자들이 다시 집 안에 있을 때에 도마도 함께 있고 문들이 닫혔는데 예수께서 오사 가운데 서서 이르시되 너희에게 평강이 있을지어다 하시고**" (20:26). "여드레를 지나서" 라는 말은 유대인들이 시간을 계산하는 방법에 따른 표현인데(그들은 하루 중 단 한 시간만 포함되어 있어도 하루로 여긴다) 이것은 한 주일 후라는 뜻이다. 그러므로 그 열한 사도가 함께 모였던 날은 바로 기독교의 두 번째 안식일로서 이때 도마도 함께 있었다. 성령께서 문이 닫혀 있다는 것을 다시 한 번 언급한 것을 주목하라. 이것은 부활하신 주님의 육체의 초자연적 성격을 강조하기 위함이다. 이 구절과 20:19이 아주 흡사한 것으로 보아 주님께서 이번에 나타나신 것은 특별히 도마를 위한 것이었다는 사실을 명백히 알 수 있다. 그런데 여기에는 중요한 내용이 생략되어 있다는 것을 주목하라. 즉 "그들이 유대인들을 두려워하였다" 는 말이 여기에는 없다. "너희에게 평강이 있을지어다" 라는 말씀이 그들의 마음을 평안하게 하였고 사람들에 대한 두려움을 제거하고 있었다. 이것은 **말씀**의 능력에 대한 또 하나의 증거이다.

"도마도 함께 있고 문들이 닫혔는데 예수께서 오사 가운데 서서 이르시되 너희에게 평강이 있을지어다 하시고." 이것이야말로 참으로 놀라운 은혜가 아닌가! 앞에서 말한 바와 같이 그리스도께서 사도들 앞에 나타나신 이 두 번째 방문은 특별히 도마를 위한 것임이 분명하다. 구주께서는 지난번과 같이 문들이 닫혀 있었음에도 불구하고 신비스럽게 나타나셨으며 똑같은 위로의 인사말을 해주셨다. 우리는 여기에서 많은 교훈을 배울 수 있다. 주님께서는 우둔하고 더디 믿는 신자들에게도 참으로 인내심 많으시고 친절하시다는 사실이다. 그리스도께서는 신앙심 없는 그의 제자를 축출하지 않으시고, 그가 이전에 열 명의 제자들에게 인사했던 것처럼 "평강" 의 말로 그에게 말을 건넸다. 주께서는 참으로 자비롭게 그의 백성의 결점과 변덕스러움을 인내하신다. 라일 주교는 여기에서 우리에게 참으로 적절한 교훈을 남기고 있다. "우리가 주님의 정신과 그의 모범을 본받고 있는가를 주의 깊게 살펴보자. 어떤 자들의 믿음이 약하고 그들의 사랑의 감정이 냉담하다고 해서 사람들을 무자비하고 불경건한 태도로 괄시하지 말자. 도마의 경우를 생각하고 동정과 자비를 베풀자. 우리 주님의 가족 중에는 연약한 아이들이 많고, 그의 학교에는 우둔한 제자들이 많고, 그의 군대에는 미숙한 군인들이 많으며, 그의 양 떼 중에는 절름발이 양들이 많다. 그러나 주님께서는 그들 모두를 인내하시고 단 한 사람도 축출하지 않으신다. 자기 형제를 이와 같이 대우할 줄 아는 그리스도인은 행복한 자다. 주님 안에는 도마와 같이 우둔하고 더딘 자들이 많이 있다. 그럼에도 불구하고 도마처럼 그들도 역시 참된 신자들이다."

"이르시되 너희에게 평강이 있을지어다." 이것은 구주께서 이 장에서 말씀하신 세 번째 경우이다. 그런데 각각의 경우 그 말씀은 각기 다른 의도로 하셨다. 첫 번째 (20:19) 말씀은 **주님의 구속 사업의 영광스러운 결과**에 대해 말씀하신 것이다. 즉 평강은 하나님께서 마련하신 것인데 이제 그 평강이 죄 씻음을 받은 자들에게 부여된 것이다. 두 번째(20:21) 말씀은 가장 넓은 범위에서 사용된 것으로서 **사역을 위해 주님께서 준비하신 평강**이다. 그 평강은 우리가 행동할 수 있는 능력을 공급해 준다. 그리고 그 범위는 하나님의 평강이 우리의 행로의 장애물과 육체의 저항을 극복할 수 있도록 우리 마음을 지배하시는 데까지이다. 그런데 세 번째 말씀은 **회복의 의미**가 있다. 이것은 그 다음 구절에 잘 드러나 있다. "도마에게 이르시되 네 손가락을 이리 내밀어 **내 손을 보고**"(20:27)라는 말씀과 "너희에게 평강이 있을지어다 이 말씀을 하시고 손과 옆구리를 보이시니"(20:19, 20)라는 말씀과 비교해 보라.

"도마에게 이르시되 네 손가락을 이리 내밀어 내 손을 보고 네 손을 내밀어 내 옆구리에 넣어 보라 그리하여 믿음 없는 자가 되지 말고 믿는 자가 되라"(20:27). 이와 같이 주님께서는 도마에게도 열 제자에게 하였던 그 일을 행하셨다. 즉 주님께서는 진정한 평강이 깃들고 있는 그 토대를 기억해야 한다고 지적하셨다. 주님은 이 잘못하고 있는 제자에게 첫 번째 원리를 상기시켰다. 도마는 주님의 찔린 손과 옆구리를 보고서 그 사실을 상기해야 할 필요가 있었다. 그래서 주님께서는 그의 방황하는 영혼이 회복하도록 필요한 일을 행하셨다. 이것은 우리를 위해서도 참으로 훌륭한 교훈이다. 우리가 타락하게 될 때 우리를 회복시키는 것은 무엇인가? 그것은 예언의 난해성이나 — 이 문제가 차지하고 있는 중요함과 귀중함의 — 교리적 문제로서가 아니라 그리스도의 속죄의 위대한 사실에 기초한다. 도마의 모든 의심이 사라지고 그의 고집이 꺾어지고 찬양하는 경배자로서 그리스도의 발 앞에 꿇어 엎드리게 된 것은 그가 구주의 **상처**를 보게 됨으로써였다. 우리도 역시 그러하다. 우리가 냉담하고 세속적으로 되면 될수록 우리는 주 예수와의 친교에서 멀어지게 된다. 그러나 그는 그가 맨 처음 우리의 마음을 사로잡았던 것과 똑같은 귀중한 진리로써 우리를 그 자신에게로 회복시키신다. 우리를 압도하는 것은 바로 이것이다.

> "변찮고 사랑하는 주님 모습에
> 부끄러워 나는 머리 숙이네"

바로 이 이유 때문에 주님께서는 성만찬에 빵과 잔을 정했던 것이 아닌가! 그것은 우리 마음을 감동시키고 영을 소생시키고 혼을 전율케 하는 그의 찢기신 몸과 흘리신 피의 상징이다. 또한 그것은 우리가 맨 처음 믿음으로 그의 손과 옆구리를 바라볼 때 맛보았던 기쁨을 다시 불붙게 한다. 그러므로 우리는 이 사실을 20:27과 바로 그 앞의 내용을 **연관**지어서 믿는 것이다. 이것은 우리를 위한 참으로 훌륭한 교훈이다. 즉 타락한 자를 다루는 가장 효과적인 방법은 주 예수의 죽기까지 사랑하신 그 사랑을 그들에게 친절하게 상기시키는 것이다.

"도마에게 이르시되 네 손가락을 이리 내밀어 내 손을 보고 네 손을 내밀어 내 옆구리에 넣어 보라 그리하여 믿음 없는 자가 되지 말고 믿는 자가 되라." 이 말씀과 이 앞 절의 연관성은 말할 수 없이 축복스러운 반면에 그것의 실제적 의미는 대단히 철저하고 엄숙하다. 구주께서 여기에서 사용하신 말씀은 그가 그의 제자들에게 하는 도마의 변덕스럽고 회의적인 말을 들었다는 명확한 증거가 된다(20:25 참고). 도마가 그의 의심을 말했을 때까지 주님을 눈으로 똑똑히 본 사람을 아무도 없었다. 아무도 그리스도께 도마의 말을 알리지 않았다. 그러나 주님께서는 그 모든 말을 다 알고 계셨다. 주님께서는 그의 제자가 한 말을 이미 들으셨고 이제 도마에게 그 사실을 알리신다. 이것은 그의 전지하심에 대한 참으로 놀라운 경고이다. 골고다 십자가 위에서 죽으셨던 그분은 "육신으로 나타나신 하나님"이셨고, 또한 그는 하나님이시기 때문에 우리가 행하는 모든 행동을 보실 뿐 아니라 우리가 하는 모든 말을 들으신다. 하나님의 거룩하신 눈이 언제나 우리를 바라보시고, 하나님의 편재하신 귀로 늘 우리가 말하는 모든 말을 듣고 계시며, 여전히 일곱 금 촛대 사이에 계신다는 사실을 우리는 시간이 갈수록 좀 더 명확하게 깨달아야 하지 않겠는가! 이것을 깨달으려면 "하나님을 경외하는 가운데에서" 행해야 한다.

"네 손을 내밀어 내 옆구리에 넣어 보라." 이 말씀은 19:34에 나타나 있는 말씀에 대해 참으로 엄숙한 빛을 비추어 주고 있다. 주님께서 도마에게 그의 **손**을 넣어 보라고 말씀하신 것은 바로 주님의 **커다란 상처**를 가리키는 것이었다. 구주께서는 우리를 위하여 참으로 큰 고통을 당하신 것이다! 또한 그리스도의 이 상처는 부활하신 몸의 특성을 잘 나타내 주고 있지 않은가. 이 상처들이야말로 우리의 개인적인 특성들이 부활한 후에도 그대로 있게 될 것을 강력히 시사하고 있다. 땅 속에서 자고 있는 사람의 몸은 재창조되는 것이 아니라 부활한다는 사실을 우리는 명심할 필요가 있다. 그리고 우리의 죽어야 할 몸으로부터 변화한다는 것이 위대하고 영광스러운 일일 뿐만 아니라 다른 곳의 성경 구절로 보아 우리의 개인적 특성이 보존되어 식별이 가능하며 확실하게 알 수 있다.

"믿음 없는 자가 되지 말고 믿는 자가 되라." "이 말씀은 책망이자 동시에 훈계의 말씀이다. 이것은 특별히 의심하는 도마를 책망하는 말씀일 뿐 아니라 후대의 신자들을 위한 절박한 충고인 것이다. '누구나 모두 걱정하고, 따지고, 의심하는 습성을 버리라. 그대의 회의하는 성질을 버리라. 그리고 좀 더 자진해서 믿고 신뢰하는 자가 되라.' 이 충고의 근본 목적은 동료에게 회의적인 말을 한 도마의 잘못을 지적하고 책망하기 위한 것임에 틀림없다. 그러나 필자는 주님께서 도마의 모든 성격을 수정하고, 그에게 늘 붙어 다니는 죄에 대해 주목하도록 가르쳐 주시려는 좀 더 놀라운 목적을 가지고 계셨다고 믿는다. 우리들 가운데에도 주님의 말씀으로 자신을 살펴보아야 할 사람이 참으로 많다. 우리는 얼마나 자주 불성실하고 믿기를 더디하는가"(라일 주교).

"**도마가 대답하여 이르되 나의 주님이시요 나의 하나님이시니이다**"(20:28). 이 얼마나 축복스러운 광경인가. 그 의심하던 자는 순식간에 경배자로 바뀌었다. 바울처럼(행 26:19) 도마도 "하늘에서 보이신 것을 거스르지 아니하였다." 이제 도마에게는 "못 자국에" 그의 손가락을 넣고 그의 손을 "그 옆구리"(20:25)에 넣어 보는 것이 필요없다. 그리스도께서 다음 구절인 "너는 나를 본 고로 믿느냐"라는 말씀은 도마가 자랑스러운 일을 행하지 못하였다는 것을 분명히 나타내 준다. 이제 그가 그리스도를 만질 필요가 없었다. 즉 그의 **지적인** 의심이 사라진 것은 그의 **마음**이 확신했기 때문이다. 여기에서의 도마의 말은 그리스도께 대한 믿음과 주님에 대한 복종, 그리고 주님에 대한 애정의 증거를 보여준다.

"도마가 대답하여 이르되 나의 주님이시요 나의 하나님이시니이다." 이 말은 복음서 중에서 그리스도를 "하나님"으로 고백했던 유일한 순간이다. 그리고 이 복스러운 증거를 하게 한 것은 무엇이었을까? 본문의 내용이 우리에게 그 사실을 가르쳐 준다. 그리스도께서 도마가 했던 그 말을 알고 계셨다는 사실은 도마에게 임마누엘께서 그의 앞에 계셨다는 것을 확신시켰다. 그리하여 그는 이와 같이 신앙심이 깊은 고백을 하게 된 것이다. 그리고 우리가 장차 공중에서 주님을 만날 때, 그의 찔리신 손과 옆구리를 통해 흐르는 영광을 볼 때('광선이 그의 손에서 나오니' — 합 3:4), 또한 우리가 그의 "평강이 있을지어다" 하시는 말씀을 들을 때, 주님께서 우리의 모든 것에 관해 아신다는 것을 터득할 때, 우리 또한 "나의 주님이시요 나의 하나님이시니이다"라고 소리치게 될 것이다.

하나님의 은혜는 참으로 놀라운 방법으로 나타나고 있다. 의혹을 품고 있는 도마는 일찍이 인간의 입술에서 흘러나왔던 구세주의 절대적인 신성에 대한 가장 강력하고 결정적인 증거를 주었던 사람이었다. 십자가 상에서 그리스도가 자기의 주 되심을 고백하던 그 조롱하던 행악자처럼, 구세주 죽은 몸을 영광스럽게 했던 소심한 요셉과 니고데모처럼, 무덤에 찾아갔던 그 대담한 여인들처럼, 그리스도께서 "내 양을 먹이라"고 명령하셨던 그 충성스럽지 못했던 베드로처럼, 이방인의 사도가 되었던 초대 교회의 최고의 박해자처럼, 의심 많고 물질주의적인 도마도 "나의 주님이시요 나의 하나님이시니이다"라고 말한 사람이 되었다. 참으로 죄가 많았던 곳에 은혜 또한 더욱 풍성하였음을 본다.

"도마가 대답하여 이르되 나의 주님이시요 나의 하나님이시니이다." "이르되"라는 말에 주목하라. 그것은 단순한 부르짖음이 아니었다. 도마는 여기서 성부에게나 성부에 대해서 말한 것이 아니라, 성자에게 그리고 성자에 대하여 말한 것이었다. 도마가 '나의 주님'이라고 그에게 말한 사실은 그가 지금 "성령을 받으라"(20:22)는 말씀을 받았다는 것을 입증해 준다. 왜냐하면 "성령으로 아니하고는 누구든지 예수를 주시라 할 수 없기"(고전 12:3) 때문이다. 이것은 열왕기상 18:39에 나와 있는 내용과 아주 두드러지게 대조가 되고 있다. 엘리야가 갈멜 산에서 바알의 선지자들을 만났을 때 여호와께서 그의 믿음과 기도에 응답하여 하늘로부터 불을 내려 제물을 태우고 또 물을 핥아 그에게 나타내 주셨다. 곧 모든 백성이 "여호와 그는 하나님이시로다 여호와 그는 하나님이시로다"라고 부르짖었다. 그러나 여기에서 도마가 한 고백은 이것보다 훨씬 더 차원이 높다. 즉 그는 나사렛의 예수가 주시며 하나님이신 것을 인정할 뿐 아니라 그는 "**나의** 주님이시요 **나의** 하나님이시니이다"라고 그에게 고백했다. 그리고 도마가 세 번째로 주목한 사실과 복음서 안에서 부활하신 그리스도께서 세 번째 나타내신 모습과 관련하여 기록된 이 내용은 참으로 괄목할 만하다. 곧 그것은 죽은 자들로부터 부활하신 주 예수만이 우리 주님이시요 하나님이시라는 것이다.

"도마가 대답하여 이르되 나의 주님이시요 나의 하나님이시니이다." 도마의 이 훌륭한 고백에 하나의 의미가 있다. 그것은 우리 주님의 신성에 대한 하나의 복된 증거였다. 또한 그것은 그가, 인간일 뿐 아니라 하나님이신 그를 보았을 때 그를 믿었던 분명하고 명백한 고백이었다. 그리고 무엇보다도 우리 주님께서는 그 고백을 받아들였고, 또한 금하지 않으셨으며, 비난하는 말 한 마디 하시지 않으셨다. 고넬료가 베드로 발 앞에 엎드리어 절했을 때 사도는 "일어서라 나도 사람이라"(행 10:26)는 말로써 즉시 이러한 영광을 거절했다. 루스드라에서 한 무리가 바울과 바나바에게 제사를 하고자 했을 때 "바나바와 바울이 듣고 옷을 찢고 무리 가운데 뛰어 들어가서 소리 질러 이르되 여러분이여 어찌하여 이러한 일을 하느냐 우리도 여러분과 같은 성정을 가진 사람이라"(행 14:15)고 하였다. 또한 사도 요한이 천사의 발 앞에 경배하려고 엎드렸더니 저가 그에게 "그리하지 말라"고 말했다(계 22:8, 9). 그러나 도마가 예수께 "나의 주님이시요 나의 하나님이시니이다"라는 말을 했을 때 우리의 거룩하시고 진리를 사랑하시는 주님께서는 한 마디의 비난도 하지 않으셨다. 바로 이것은 우리를 가르치기 위하여 기록된 것이 아니겠는가?

"그리스도의 신성이 기독교의 큰 토대가 되는 진리 중의 하나라는 것을 우리들 마음속에 명심하자. 그리고 우리는 그 진리를 부인하기보다는 확고하게 붙잡도록 하자. 우리 주 예수께서 하나님이 아니시라면 그의 중보도, 그의 속죄도, 그의 제사장직분도, 그의 구속의 모든 사역도 무위로 돌아가고 말 것이다. 그리스도께서 하나님이 아니시라면 이 교리들은 무익하고 하나님을 모독하는 것이 된다. 우리는 성경 어느 곳에서나 우리 주님의 신성을 가르쳐 주셨던 하나님을 영원히 찬미하자. 그리고 이 사실은 결코 폐지할 수 없는 증거가 된다. 무엇보다도 우리는 매일매일 우리의 죄많은 자아를 확실한 신뢰와 함께, 완전한 인간인 동시에 완전한 하나님이신 그리스도께 의지하자. 그는 인간이시기 때문에 우리의 연약함을 동정하실 수 있다. 그는 하나님이시기 때문에 그로 말미암아 하나님 앞으로 나오는 자들을 최대한도로 구원하실 수 있다. 그리스도인은 믿음으로 예수를 바라볼 수 있기에 두려워할 이유가 없으며 도마처럼 '나의 주님이시요 나의 하나님이시니이다' 라고 말하게 된다"(라일 주교).

"예수께서 이르시되 너는 나를 본 고로 믿느냐 보지 못하고 믿는 자들은 복되도다 하시니라"(20:29). 그리스도께서는 도마의 고백을 받아들이셨으나 그의 고백의 표면적인 표적, 즉 그의 눈으로 봄으로써 생겨났다는 것을 그에게 일깨워 주셨다. "표적"을 갈망하는 현대인에게 참으로 놀라운 경고이다. 즉 이 "표적"은 사탄이 지금도 많은 방면에서 사용하는 것이다. 그리고 이 말씀은 참으로, 그들의 육체의 감각으로 시험해 볼 수 없는 것은 믿을 수 없다고 말하는 물질주의자들을 정죄한다. 도마는 부활하신 그리스도를 **보겠다**고 고집했었고, 주님은 자비롭게도 그의 간청을 들어 주셨다. 그 결과 그는 믿게 되었다. 그러나 주님께서는 보지 못하고 믿는 자들에게 더 큰 축복이 있다고 그의 제자들에게 말씀하셨다. 이것은 후대에 사는 우리들뿐만 아니라 구약 시대의 성도들을 가리켜서 하신 말씀이다. 이것이 우리 주님께서 최후로 말씀하신 축복이었다.

"보지 못하고 믿는 자들은 복되도다." 이것은 우리들이 명심해야 할 참으로 귀중한 말씀이다. 우리는 결코 육체로 계신 주님을 볼 수 없다. 이 점에서, 이것은 우리를 위한 하나의 약속이다. 다음과 같은 질문을 해보아야 할 것이다. 즉, 당신은 배척받으신 그분이 지금 영광 가운데 계신다는 것을 어떻게 알 수 있습니까? 그 대답은, 그가 그의 백성에게 성령을 보내기 위해 거기에 가신다는 그 자신의 말씀으로 알 수 있다. 그러므로 지금 우리가 누리고 있는 하나님 안에서의 모든 기쁨과 그리스도에 대한 모든 갈망이 우리의 영혼 안에 성령께서 임재하여 계심을 나타내 준다. 그리고 이것은 그리스도께서 지금도 하늘에 계신다는 사실에 대한 귀중한 증거이다. **이곳에서**의 성령의 현현은 **저곳에** 그리스도께서 계신다는 증거이다. 이것은 대제사장이 속죄의 날에 지성소에 들어갔을 때 그의 옷에 달린 "방울 소리"가 바로 성령을 상징하고 있는 것과 같다(출 28:33-35). 밖에 있는 백성들은 지성소 안의 방울소리를 들으면서 그들을 대표하는 자가 움직이고 있다는 것을 보지 않고도 알게 된다. 이와 같이 우리는 방울소리에 의해서 우리의 대제사장 되시는 주님이 임재해 계신다는 사실을 알게 된다. 그 방울소리란 바로 성령께서 지금 우리에게 나타내 주시는 아름다운 증거이다. 그런데 왜 육체로 계시는 그리스도를 보는 자보다도 지금의 우리를 더 복되다고 선언하셨는가? 그것은 육체로 계시지 않는 주님께서 배척을 당하시는 지금에도 우리는 주님을 소유하였기 때문이다. 그러므로 주님께서는 우리의 그러한 믿음으로 말미암아 더욱더 영광스럽게 되시는 것이다. 그것은 그리스도 안에 있는 믿음이요, 말씀 속에 거하는 믿음이다. 그래서 그리스도께서는 그 믿음을 "복되다"고 선언하신 것이다.

"예수께서 제자들 앞에서 이 책에 기록되지 아니한 다른 표적도 많이 행하셨으나" (20:30). 이 말씀과 다음에 오는 구절은 삽입구가 된다. 20장 전체는 부활하신 그리스도께서 자기 제자들에게 나타나신 일에 관한 자세한 이야기가 기술되어 있다. 그리고 이것은 21장에서도 계속되는데 21:1을 보아 알 수 있다. 필자는 본 구절의 "다른 표적들"이란 말은 주님의 공생애 기간 동안에 행하신 표적을 가리키는 것이 아니고 부활하신 후에 그의 사도들에게 보여준 표적들을 가리키는 것으로 본다. 이것은 "예수께서 제자들 앞에서 다른 표적도 많이 행하셨으나"라는 말씀으로 확인할 수 있다. 그러나 주님의 공생애 기간에 행하신 표적의 대부분은 일반 백성들 앞에서 하신 것이다. 구세주께서 죽은 자들로부터 부활하셨다는 증거로 열한 사도들에게 보여준 그 밖의 다른 표적들도 있었다. 그러나 성령은 요한에게 그 내용을 다 기록하도록 감동시키지 않았다. 여기에 기록되지 않은 몇몇 표적들이 공관복음서에 기록되어 있다. 예를 들면, 엠마오로 가는 두 제자 앞에 나타나신 일(눅 24:15), 열한 사도 앞에서 먹으신 일(눅 24:43), 그가 그들의 마음을 열어 성경을 깨닫게 하신 일(눅 24:14), 갈릴리에서 그들에게 나타나신 일(마 28:16), 하늘과 땅의 모든 권세를 그에게 주셨다는 그의 선언(마 28:18), 모든 족속으로 제자를 삼아 삼위 하나님의 이름으로 세례를 베풀라고 그들에게 명령하신 일(마 28:19, 20) 등이다. 그 밖의 다른 '표적'은 사도행전 1장과 고린도전서 15장 등에 기록되어 있다. 요한이 이 책[네 번째 복음서]에 기록되지 않은, 예수께서 행하신 "다른 표적"에 대해 말할 때 그것이 다른 책에는 기록되어 있다는 뜻으로 말하고 있는 것이다. 이 사실에 대해 혹자는 흥미롭게 말하고 있다. "요한은 자기가 쓴 책 외에도 다른 여러 책이 있다는 사실을 관대히 인정하고 있으며, 그리스도인들이 꼭 이 복음서만을 읽어야 한다는 생각을 부인하고 있다. 어떤 저자가 '나의 책은 그 주제에 관한 모든 것을 다 다루고 있지는 않다. 그 주제를 다룬 다른 책들도 있다. 그러므로 그것들을 읽어 보기 바란다'라고 겸손하게 말할 수 있다는 것은 아름다운 일이다.

"오직 이것을 기록함은 너희로 예수께서 하나님의 아들 그리스도이심을 믿게 하려 함이요 또 너희로 믿고 그 이름을 힘입어 생명을 얻게 하려 함이니라" (20:31). 바로 여기에서 성령께서는 요한이 이 복음서에서 왜 그리스도의 부활하신 표적을 기록하였는가에 대한 이유를 말하게 하고 있다. 이것들은 주 예수에 관한 역사적인 지식을 우리에게 제공해 줄 뿐 아니라 우리가 그를 믿을 수 있도록 하기 위해 기록된 것이다. 이것들은 그가 "그리스도", 곧 구약의 선지자들이 가리켰던 메시야, 다시 말해 기름부음을 받은 자라는 사실을 우리에게 믿을 수 있도록 하기 위해 기록된 것이다. 이것들은 예수께서 "하나님의 아들"이시며, 신성의 제2위로서 성육신하신 분이고, 그의 신적인 영광이 성경에 좀 더 구체적으로 나타나 있다는 사실을 우리가 믿을 수 있도록 기록된 것이다. 그리고 이것들은 우리에게 "그 이름을 힘입어 생명"을 얻을 수 있도록 그를 믿게 하기 위해 기록된 것이다. 그 **믿음**은, 하나님께서 "생명"을 주신 자기 아들에 관해 말씀하신 것을 **기록한** 계시를 믿는 일이다. 그리고 그 말씀 안에는 모든 것이 내포되어 있다. 즉, 구원과 영생과 영원한 영광 등이 모두 그 말씀 속에 있다. 독자여, 당신은 믿는가? 그리스도에 **관해서**가 아니라 바로 그리스도를 믿는가? 당신은 그를 당신의 주, 곧 구세주로 받아들이는가? 그렇다면 당신에게는 하늘의 축복이 있다. 그렇지 않다면 당신은 지금 "정죄" 아래 있다. 또한 당신이 그 악한 불신의 상태에 계속 머물러 있다면 당신을 기다리고 있는 것은 오직 "영원히 예비된 캄캄한 흑암"뿐이다.

다음의 질문은 요한복음 21:1-14을 공부하는 데 도움이 될 것이다.

1. 왜 제자들은 그리스도를 알아보지 못했는가?(4절)
2. 왜 그리스도께서는 5절의 내용과 같은 질문을 하셨는가?
3. 베드로의 행동은 무엇을 나타내는가?(7절)
4. "숯불"이 기록된 이유는 무엇인가?(9절)
5. 왜 그물이 찢어지지 않았는가?(11절)
6. 12, 13절의 영적인 의미는 무엇인가?

제70장

디베랴 바닷가에서의 그리스도

[1]그 후에 예수께서 디베랴 호수에서 또 제자들에게 자기를 나타내셨으니 나타내신 일은 이러하니라 [2]시몬 베드로와 디두모라 하는 도마와 갈릴리 가나 사람 나다나엘과 세베대의 아들들과 또 다른 제자 둘이 함께 있더니 [3]시몬 베드로가 나는 물고기 잡으러 가노라 하니 그들이 우리도 함께 가겠다 하고 나가서 배에 올랐으나 그 날 밤에 아무 것도 잡지 못하였더니 [4]날이 새어갈 때에 예수께서 바닷가에 서셨으나 제자들이 예수이신 줄 알지 못하는지라 [5]예수께서 이르시되 애들아 너희에게 고기가 있느냐 대답하되 없나이다 [6]이르시되 그물을 배 오른편에 던지라 그리하면 잡으리라 하시니 이에 던졌더니 물고기가 많아 그물을 들 수 없더라 [7]예수께서 사랑하시는 그 제자가 베드로에게 이르되 주님이시라 하니 시몬 베드로가 벗고 있다가 주님이라 하는 말을 듣고 겉옷을 두른 후에 바다로 뛰어 내리더라 [8]다른 제자들은 육지에서 거리가 불과 한 오십 간쯤 되므로 작은 배를 타고 물고기 든 그물을 끌고 와서 [9]육지에 올라보니 숯불이 있는데 그 위에 생선이 놓였고 떡도 있더라 [10]예수께서 이르시되 지금 잡은 생선을 좀 가져오라 하시니 [11]시몬 베드로가 올라가서 그물을 육지에 끌어 올리니 가득히 찬 큰 물고기가 백쉰세 마리라 이같이 많으나 그물이 찢어지지 아니하였더라 [12]예수께서 이르시되 와서 조반을 먹으라 하시니 제자들이 주님이신 줄 아는 고로 당신이 누구냐 감히 묻는 자가 없더라 [13]예수께서 가셔서 떡을 가져다가 그들에게 주시고 생선도 그와 같이 하시니라 [14]이것은 예수께서 죽은 자 가운데서 살아나신 후에 세 번째로 제자들에게 나타나신 것이라(요 21:1-14)

본문 말씀을 다음과 같이 분석해 볼 수 있다.

1. 그리스도께서 제자들에게 세 번째로 나타나심(1, 14절)
2. 바다에 있었던 일곱 제자들(2, 3절)
3. 그들의 둔감함과 헛된 수고(4, 5절)
4. 물고기의 기적(6절)
5. 요한의 깨달음과 베드로의 반응(7절)
6. 육지에 오른 여섯 제자(8, 9절)
7. 그리스도께서 맞으심(10-13절)

이 복음서가 시작되는 도입 구절들은 프롤로그의 성격을 지니고 있었다. 그리고 이 복음서를 마무리짓는 마지막 장은 에필로그에 상당한다고 할 수 있다. 전자에서, 성령께서는 아버지로부터 이 땅으로 오시기 **이전**의 그리스도에 대해 말씀하신다. 그리고 후자에서는 그리스도께서 아버지께로 되돌아가신 **후에** 어떻게 세상을 다스리시는지를 신비한 방식으로 보여주시고 있다. "프롤로그는 그리스도께서 세상에 오시기 전의 그의 생명이 어떤 형태로 존재했었는가를 보여주려는 의도를 지니고 있다. 에필로그는 그리스도께서 이 땅을 떠나신 후에 계속되어질 세상에 대한 그의 영적인 지배를 보여주려는 의도를 지니고 있다고 할 수 있다"(주석가 랑게). 이 말씀에는 깊은 의미가 담겨 있다. 제자들은 바다에 있었다. 주님은 더 이상 그들과 한자리에 더불어 있지 않으시며 바닷가에서 지시하신다. 그는 외롭게 보이는 그들의 노역에 함께 참여하심으로써 그분의 능력을 드러내시며, 그들에게 먹을 것을 제공하심으로써 그분의 사랑을 보여주신다. 그리고 나서 그들에게 주신 임무는 "내 양을 먹이라"는 것이며, 그의 마지막 말씀은 그가 다시 오실 것이라 하신 것이다.

이 21장 말씀의 여러 상세한 설명들은 **사역**에 대해 진정 가르침 받을 만한, 놀랍게 완벽한 교훈을 제시하고 있다. 앞 장에서 우리는 구주께서 "평강"에 대한 말씀으로 제자들의 마음에 확증을 주신 것을 보았었다. 주님은 그들에게 성령을 주시고, 그 다음에 그들로 하여금 죄 사함을 선포하도록 위임하셨다. 우리는 여기에서 사도들이 실제로 사역해야 할 일에 대한 하나의 상징적인 사건을 본다. 그 **명령**은 대단히 시사적이다. 우리가 주 예수로부터 받은 것은 곧 다른 사람의 유익을 위하여 사용되어져야 하는 것들이다. 우리는 거저 받았으므로 거저 주어야 한다. 여기에 묘사된 장면의 실제적인 의미를 파악하는 열쇠는 사도들이 처음 사역의 부르심을 받았던 바로 그 때와 거의 똑같은 상황에서 발견된다. 누가복음 5장을 보라.

이 21장 전체 말씀을 분석해 보면, **사역**에 대한 가르침이라는 관점에서 일곱 부분으로 나누어진다. 첫째로, 우리는 육신의 힘으로 일하는 사람들을 볼 수 있다(21:2, 3). 베드로는 "나는 물고기 잡으러 가노라"고 말하고 있다. 그는 그와 같이 하라는 하나님으로부터 어떠한 부르심도 받은 일이 없다. 그의 행동은 자기 의지를 드러내고 있으며, 다른 여섯 사람의 반응은 인간적인 지도에 따르는 행위임을 보여준다. 둘째로, 우리는 그러한 수고가 아무런 소득도 없음을 보게 된다(21:3-5). 그들은 밤새도록 수고하였으나 아무 것도 잡지 못하였다. 그리고 주께서 그들에게 고기가 있느냐고 물으셨을 때 그들은 없다고 대답할 수밖에 없었다. 셋째로, 그때 주님은 어디에 그물 칠 것인가에 대해 말씀해 주시면서 그들이 힘을 헛되이 소모하지 않도록 지시해 주신다(21:6). 그 결과 물고기가 그물에 가득하였다. 넷째로, 우리는 그의 종들을 위한 주님의 은혜로운 예비하심에 대해 알게 된다(21:12, 13). 그는 그들을 위하여 음식을 예비하셨으며, 먹도록 그들을 청하셨다. 다섯째로, 우리가 받아들여야 할 유일한 사역의 동기가 무엇인지를 배우게 된다. 곧 그리스도에 대한 사랑이다(21:15, 17). 여섯째로, 주님은 그의 종들이 어떻게 죽을지 그 죽음의 방법과 시간을 이미 정하셨다는 사실을 알게 하셨다(21:18, 19). 일곱째로, 주님은 그가 다시 오실 것을 그들에게 예시하심으로써 말씀을 마치셨다. 즉, 그들은 죽음을 기다려야 하는 것이 아니라 그분을 기다려야 하는 것이다(21:20-24).

요한복음 21장에서 기적은 한 번 나타나고 있다. 그것은 그리스도께서 부활한 후에 행하신 것으로 유일하게 기록된 기적으로 이 복음서의 마무리 부분에 아주 적절한 이야기이다. 이들 제자들 가운데 몇 사람이 겪은 바 있는 첫 번째 기적과 놀랍게 유사한 이 사건은 그들로 하여금 그리스도께서 어부라는 직업을 버리고 사람을 낚는 어부가 되게 하리라며 부르셨던 바로 그 상황을 기억하게 했음이 분명하다. 그렇게 하여 그들은 이번에 일어난 "표적"을 지난번 사건에 의해 해석하도록 이끌림 받은 것이라고 할 수 있다. 그리고 이 표적 안에서 자신의 사람을 낚는 임무에 대한 **새로워진 소명**을 깨달으며, 아울러 주 안에서 행하는 그들의 수고가 헛되지 아니하리라는 새로운 확증을 얻게 되었을 것이다. 그것은 그들이 목격한 바, 주의 손 안에서 일어난 마지막 기적으로서 적절한 것이었다. 왜냐하면 그 기적은 주를 계속하여 섬기도록 그들에게 힘을 주고, 아울러서 주를 위해 사역하는 동안 지속될 하나의 상징을 제시하고 있기 때문이다. 그 기적은 그가 육신으로 그들과 함께 거하셨던 동안에 그들의 수고에 열매 맺게 하였던 것과 마찬가지로, 또한 그들에게서 떨어져 있을 때에도 그의 인도와 능력, 그리고 축복을 그들이 받게 된다는 것을 확증해 주기 위한 것이었다.

구주의 **마지막** 기적은 갈릴리에서 행하여졌다. 그의 **첫 번째** 기적(물로 포도주를 만드신)도 역시 그곳에서였다. 그것은 분명히 성령께서 우리에게 비교의 법칙, 동시에 대조의 법칙을 사용하려 하셨던 것으로 생각된다.「성경요람」(The Companion Bible)의 저자는 두 기적 사이에 있는 상당한 부분에 달하는 놀랄 만한 유사성에 주의를 기울이고 있다. 필자는 관심 있는 독자들로 하여금 스스로 그 상응점을 찾아보도록 여지를 남기면서 몇 가지 점만 언급해 보기로 한다. 두 기적 모두가 주목할 만한 배경을 지니고 있다. 그 하나는 나다나엘의 고백이요(1:49), 다른 하나는 도마의 고백이다(20:28). 첫 번째 기적은 "사흘째 되던 날"에 일어났다(2:1). 마지막 기적은 주께서 죽은 자 가운데서 살아나신 후에 "세 번째로" 제자들에게 나타나셨을 때 행하신 것이었다(21:14). 한 기적은 포도주를 가지지 못한 자들로 말미암아 일어났다(2:3). 다른 기적은 물고기를 갖지 못한 자들로 인해 행해졌다(21:3, 5). 두 기적 모두에서 주님은 명령을 하셨었다. "항아리에 물을 채우라"(2:7). "그물을 배 오른편에 던지라"(21:6). 이 두 기적에서 그리스도는 또한 풍성한 양을 제공하셨다. 항아리는 "아귀까지 채워졌고"(2:7), 그물은 큰 고기로 "가득히 **찼다**"(21:11). 두 기적 모두에 수가 언급되고 있다. 즉, "항아리 여섯"(2:6)과 "큰 고기가 백쉰세 마리"(21:11)이다. 두 기적에서 그리스도는 그의 신성을 나타내셨다(2:11; 21:12, 14). 우리는 말씀을 주의 깊게 **대조하여** 읽지 않음으로써 얼마나 많은 것들을 놓치곤 했는가!

"**그 후에 예수께서 디베랴 호수에서 또 제자들에게 자기를 나타내셨으니 나타내신 일은 이러하니라**"(21:1). "그 후에"란 말은 요한이 기록한 말씀들에서 항상 명백한 구분을 나타낸다. 이보다 앞서 있었던, 부활하신 구세주의 나타나심은 제자들의 그 당시의 상황과 필요를 고려하여, 그들의 믿음을 굳게 하고 그들의 마음에 확증을 주기 위한 것이었다. 그러나 여기에서 주께서 행하시고 말씀하신 것은, 주님의 그들의 미래의 관계를 예시하시고 묘사하신, 예언적인 의미를 지닌 것이었다.

"예수께서 … 자기를 나타내셨으니." 스스로를 나타내 보이신 것이 아니라, 자신의 존재, 능력, 영광을 **드러내 보이셨다**. 그것은 단순히 제자들이 그를 **본** 것이 아니라, 그가 자신을 **드러낸** 것이었다. "부활하신 후의 그의 몸은 그의 뜻에 대한 분명한 행위에 의해서만 보여질 수 있었다. 그때부터는 이전과 같이 제자들이 예수를 본 것이 아니라, 그가 제자들에게 **나타내셨다.** 까닭 없이 전달의 수단이 바뀌어진 것이 아니다. 이후로 그는 육신에 의해 인지되어지는 것이 아니라, 영으로써 인지되어진 것이다. 인간의 기능에 의해서가 아니라 신성한 지각에 의해 인식되어지게 된 것이다. 그의 제자들은 눈으로 봄으로써가 아니라 믿음으로 행하게 된 것이다"(크리소스톰). 우리는 사도행전 1:3에서 주 예수께서 "사십 일 동안 그들에게 보이셨다"는 말씀을 읽을 수 있다. 그것은 주님이 이 기간 동안 육신적 존재로서 그들에게 나타나셨다는 의미가 아니다. 또한 이 기간을 통하여 매일 그들이 주님을 볼 수 있었다는 뜻도 아니다. 그는 그 자신의 뜻에 따라 이 모습으로, 혹은 다른 모습으로 볼 수 있게, 혹은 보이지 않게 나타나신 것이다.

"디베랴 바다에서." 6:1에서 우리는 "갈릴리 바다 곧 디베랴 바다"라는 말을 읽을 수 있다. 이 "디베랴 바다"는 "갈릴리 바다"의 로마식 명칭이다. 마태복음 28:10에서 부활하신 구세주는 무덤에 온 여인들에게 이렇게 말씀하셨다. "가서 내 형제들에게 갈릴리로 가라 하라 **거기서** 나를 보리라." 이 말씀은 일곱 제자들이 여기 갈릴리 바다에 있는 것을 설명해 준다. 그리고 다른 네 제자들은 어디에 있었는지, 왜 그들은 아직 도착하지 못했는지 우리는 알지 못한다. 그러나 이들 일곱 제자들이 바다에서 할 일이 없었다는 것은 자명하게 여겨진다. 왜냐하면 마태복음 28:16 말씀에 명백하게 이같이 기록되어 있기 때문이다. "열한 제자가 갈릴리에 가서 예수께서 **지시하신 산**에 이르러." 이때 베드로는 매우 침착하지 못했던 것으로 보여진다. 다른 제자들이 오기를 기다리는 동안 그는 "나는 물고기 잡으러 가노라"고 말했을 것이다. 마지막까지 우리는 일에 있어서 정력적이고 활동적인 그의 성격을 볼 수 있다. 다른 사람들은 그들이 물고기 잡으러 간 이유가 먹을 끼니를 얻어야 했기 때문이었으며, 그리고 아마도 이것이 다음의 부가적인 사건(21:12 참조)을 가능하게 했다는 의견을 제시하고 있다.

"시몬 베드로와 디두모라 하는 도마와 갈릴리 가나 사람 나다나엘과 세베대의 아들들과 또 다른 제자 둘이 함께 있더니"(21:2). 베드로가 맨 앞에 언급된 것은 여기에 열거된 제자들의 순서가 **은혜**의 순서임을 암시한다. "도마"가 두 번째로 열거된 것 역시 이 사실을 좀 더 확증하고 있다. 그의 의심이 제거됨으로써 열한 제자는 일치된 믿음의 관계로 회복되었으며 다시 상호간에 교제를 나눌 수 있게 되었다. "시몬 베드로와 디두모라 하는 도마와 … 함께 있더니" 이것은 20:24과 아름다운 대조를 이루는 말씀이다. "도마는 예수 오셨을 때에 **함께 있지 아니한지라**." 도마는 마치 예전보다 제자들의 모임에서 더욱 긴밀한 관계를 유지하고 있는 양 이제 베드로 바로 다음에 이름이 열거되고 있다. "만일 우리의 간과로 말미암은 손실이 후에 우리를 좀 더 주의 깊게 만든다면 그 기회를 놓치지 않는 것이 좋다"(매튜 헨리). 나다나엘에 대해서 우리는 단지 1:45-51에서만 볼 수 있을 뿐이다. 아마도 그는 마태복음 10:3에 나오는 바돌로매일 것이다. 그 다음에 나오는 "세베대의 아들들"은 그들의 **어부**의 성격이 강조되고 있다. 이것은 요한이 자기 자신을 "예수의 사랑하시는 제자"로 표현하지 **않은** 유일한 부분이다. 여기에서 그 표현이 사용되지 않은 것은, 앞에서 열거된 이름들이 **은혜**의 순서라는 사실과 완전히 일치된다. 그 다음의 두 제자들이 누구인지에 대해서는 알려지지 않았다.

"**시몬 베드로가 나는 물고기 잡으러 가노라 하니 그들이 우리도 함께 가겠다 하고 나가서 배에 올랐으나 그 날 밤에 아무 것도 잡지 못하였더니**"(21:3). 베드로가 여기에서 주도적인 자리에 있는 것으로 보여지는 것은 우리가 다른 곳에서도 읽을 수 있거니와 그의 격렬하고 충동적인 성격과 완전히 일치된다. 대부분의 주석가들은 제자들이 이때 행한 행동은 전적으로 올바른 것이었다고 간주한다. 그러나 주님은 그들에게 물고기를 낚으라는 어떠한 명령도 내리신 바 없으며 오직 **사람**을 낚으라고 말씀하셨다. 그러므로 그들은 본성에 따른 행동을 하였다고 할 수 있겠다. 또한 그때가 **밤**이었다는 사실은 그들이 빛의 자녀로서 행하지 않았음을 암시해 준다. 주님은 그 밤 동안 그들에게 나타나시지 않으셨다. 그들은 저희들끼리만 남겨져 있었다! 더 나아가서 그들이 "아무 것도 잡지 못했다"는 사실은 주의 종들이 자신들이 수고할 때와 장소를 스스로 정하였을 때, 그리고 보내심 받지 않고서 나갔을 때, 그들은 주님의 축복을 기대할 수 없다는 것을 암시해 주는 경고이다. 이 사랑하는 제자들은, 우리 모두도 마찬가지이거니와 그들 자신의 경험에 있어, 주께서 죽으시기 직전에 말씀하신 그 진리를 깨달아야만 했다. "나를 떠나서는 너희가 아무 것도 할 수 없음이라"(15:5). 조금도가 아니다. **아무 것도** 할 수 없다! 나아가서 베드로가 "나는 물고기 잡으러 가노라"고 말한 후 그들은 먼저 하나님의 인도를 구하거나 베드로가 말한 것에 대해 깊이 생각해 봄이 없이 "나가서 [**즉시**] 배에 올랐다." 이 사실은 그 모인 무리가 육신의 정욕대로 행동했다는 또 다른 증거를 제공해 준다. 하나님의 종들 각각에 대한 엄숙한 경고는 인간적인 지도자에게서 가르침을 받는 대신에 주께서 그들을 가르쳐 주시기를 기다려야 한다는 것이다!

"[그런데] 날이 새어갈 때에 예수께서 바닷가에 서셨으나 제자들이 예수이신 줄 알지 못하는지라"(21:4). 여기에 있는 "그런데"라는 말은 우리가 21:3에 대해 말한 바를 더욱 확증해 준다. 이들 제자들이 구주를 알아보지 못했다는 것은 그들의 **영적**인 능력이 그때 발휘되지 못하였다는 것을 가리킨다. 그들은 그를 예기치 못하였음이 분명하다. 우리 역시 주님이 얼마나 우리 가까이 계심을 알지 못하는가! 또한 우리의 육신의 정욕으로 행하는, 그리고 인간적인 지도자를 따르는 행위는 얼마나 이 같은 일의 요인이 되고 있는가! 헬라어에서 이 절의 마지막 말은 20:14의 마지막 부분에서 볼 수 있는 말과 동일하다. "[마리아가] 예수이신 줄은 알지 못하더라." 그녀는 슬픔에 잠겨 있었고 죽음에 대한 생각에 사로잡혀 있었다. 그리하여 구세주를 깨닫지 못하였었다. 이 제자들은 그들의 세상적인 욕구를 따르고 있었다. 그들의 육신적인 필요에 대해 열중해 있었으므로 그분을 알아보지 못하였다. 이것은 **우리의** 교훈을 위하여 쓰여진 것이 분명하다!

"**예수께서 이르시되 애들아 너희에게 고기가 있느냐 대답하되 없나이다**"(21:5). 여기에서 주님의 물음은 마음을 살피게 하는 암시적인 것이다. 그는 13:33에서처럼 "작은 자들아"라고 부르며 애정어린 어조로 말씀하신 것이 아니었다. 그는 좀 더 일반적인 형태의 인사말을 사용하셨다. 이 표현은 보통 "선생님"이라는 말로 답해진다. 그는 절친한 사랑으로가 아니라 거리를 두고 말씀하셨다. 이것은 21:2, 3의 말씀을 어떻게 해석하여야 하는가에 대해서 성령께서 주시는 또 하나의 힌트라고 하겠다. 그런데 그는 왜 "너희에게 고기가 있느냐"라고 물으셨는가? 그는 그들에게 고기가 없다는 것을 물론 잘 알고 계셨다. 그렇다면, 그의 이 물음의 의도는 무엇이었는가! 그것은 그가 그들의 필요를 채워 주시기에 앞서 그들이 자신들의 실패를 고백하게끔 유도한 것이 아니었는가? 그리고 이것은 그가 일찍이 사용하신 방법이 아니었겠는가? 그가 충분한 양으로 채워 주시기 이전에 우리는 먼저 우리의 비어 있음을 깨달아야 한다. 그가 힘을 주시기 이전에 우리는 우리의 연약함을 느껴야만 한다. 고통스럽지만 서서히, 우리는 이 교훈을 배워야 한다. 그리고 여전히 더욱 서서히, 전능하신 분 앞에서 우리는 아무 것도 가지지 않음을 **인정하고** 무력한 자리에 서야만 한다. 바다에 있었던 제자들은 여기 이 세상에 있는 **우리**를 묘사하고 있다. 바닷가(우리는 반드시 그곳으로 나아가야 한다)에 서 계신 구세주는 하늘에 계신 그리스도를 묘사한다. 그렇다면 낮은 곳에 있는 우리에게 열중하시는, 그리고 "바닷가"로부터 우리에게 **말씀하시는** 그를 본다는 것은 너무도 복된 일이다! 제자들이 주님께 말을 건넨 것이 아니었다. 주님이 그들에게 말씀하신 것이다!

　"**이르시되 그물을 배 오른편에 던지라 그리하면 잡으리라 하시니**" (21:6). 이 말씀은 여기에서 이 제자들에게 말씀하시고 있는 분의 신성을 참으로 여실히 증명해 준다! 그는 배의 어느 편에 그물을 던져야 하는지를 알고 계셨다. 그러나 그보다도 그가 바다를 다스리신다는 사실이 그들에게, 그리고 우리에게 보여지지 않았는가? 이 제자들은 평생을 물고기 잡으며 보낸 사람들이었다. 그렇지만 그들은 온 밤이 새도록 수고했으나 아무 것도 잡지 못하였다. 그런데 여기에서 주님은 그들에게 그물을 한 번 던져 보라고 말씀하시며 그렇게 하면 고기를 얻게 **될 것**이라고 확증하신다. 물고기들을 그물에 잡히도록 **이끄신** 것은 그가 아니라 그의 보이지 않는 능력이 아니었는가! 그리고 이 사실은 그리스도인의 **사역**에 대한 참으로 놀라운 측면을 나타내 보여준다. 그는 그들의 사역에 있어서의 성공이 그들의 웅변으로 말미암은 것도 아니요, 그들의 설득력 덕분도 아니요, 그들의 어떠한 다른 힘 때문이 아니라 단지 그분의 주권적인 이끄는 힘으로라는 것을 종들에게 보여주시고 있다. 가장 복된 예시는 구세주께서 여기에서, 그들의 노력을 그에게 두게끔 하나님의 축복을 제자들에게 허락하셨다는 것이다. 이와 완전하고 놀랍게 일치되는 사실은 주께서 "그물을 배 **오른편**에 던지라"고 저희에게 명하셨다는 것이다. 마태복음 25:34를 참고하라. "그 때에 임금이 그 **오른편**에 있는 자들에게 이르시되 내 아버지께 복 받을 자들이여 나아와 **창세로부터** 너희를 위하여 예비된 나라를 상속받으라"

　"**이에 던졌더니 물고기가 많아 그물을 들 수 없더라**" (21:6). 아주 놀라운 말씀이다. 주님은 그들로부터 오십 칸이나 떨어진 곳에 계셨다(21:8). 그런데도 그들은 그가 말씀하신 것을 분명하게 들었다. 또한 그때에 그들은 그가 누구인지 전혀 깨닫지 못하고 있었으며, 그는 그들에게 완전히 낯선 사람이었다. 더군다나 그들이 온 밤이 새도록 노력하였으나 아무 것도 잡지 못하였다는, 그리고 더 이상 노력하는 것은 헛수고이기 때문에 그물을 이미 배에 끌어올렸다는 사실에도 불구하고, 그들은 즉각 그물을 바다로 다시 던졌다는 것이다. 이 사실은 **말씀**의 능력을 다시 한 번 놀랍게 예증해 주었다. 즉, 그들로 하여금 그의 음성을 듣게 하였으며, 그들이 가졌을지도 모를 어떠한 망설임도 극복하게 하였으며, 복종하도록 그들의 마음을 움직였다. 참으로 "하늘과 땅에 있는 모든 권세"가 그의 것이다. 끌어올린 풍부한 분량으로써 제자들은 "여호와의 법도를 지킴으로 상이 크니이다" (시 19:11)라는 말씀에 대해 가르침 받은 것이다. 그리고 이것은 그를 섬기고자 하는 자들을 위한 교훈이다. 즉 명령하는 것은 그의 일이요, 불평 없이, 의심 없이, 즉각적으로 순종하는 것은 우리의 일이다.

"**예수께서 사랑하시는 그 제자가 베드로에게 이르되 주님이시라 하니**"(21:7) 이것은 우리가 요한에 대해 다른 곳에서 보는 바와 완전히 일치한다. 제자들 가운데 가장 깊은 애정을 가진 자, 그는 영적인 분별력을 가장 많이 소유하였다. 그는 최후의 만찬 때 주님의 품에 의지하여 누워 있던 자였으며, 그에게 주님은 배반자가 누구인가의 비밀을 알려 주셨었다(13:23-26). 그는 십자가에 가장 가까이 서 있던 자였으며, 구주께서는 그에게 자신의 어머니를 돌보아 주도록 위탁하셨다(19:26, 27). 열한 제자들 중 주께서 죽은 자 가운데서 살아나신 것을 맨 처음 본 사람도 바로 그였다(20:8). 그리고 여기에서도 그는 바닷가에 서 계신 분이 누구인가 하는 것을 일곱 제자들 가운데서 가장 먼저 알아차린다. 성경은 참으로 완벽한 조화를 이룬다. "가장 깊은 사랑은 그 사랑하는 대상을 보자마자 확신 있는 직관을 갖는다"(Stier). 그리고 여기에는 주의 종들을 위한 또 다른 교훈이 있다. 즉, 그분이 우리의 수고에 성공을 거두게 하셨을 때, 우리 손안에 쥐어진 복음의 그물에 고기가 가득하게 되었을 때 우리는 그렇게 하신 분이 "주님이시라!"고 인정하는 것을 잊지 말아야 한다. 이 원리는 참으로 많은 경우에 적용될 수 있으며 또한 적용되어져야 한다. 우리가 자연의 아름다움을 찬양할 때, 자연의 법칙이 질서정연함을 보게 될 때, 그리고 이루 헤아릴 수 없는 자비와 축복을 매일매일 받을 때, 우리는 "주님이시라!"고 말해야 한다. 또한 마찬가지로 우리의 계획이 실패로 돌아갔을 때, 낙담과 고통과 박해에 처했을 때도 여전히 우리는 "주님이시라!"고 인정해야 할 것이다. 우리의 삶을 지배하는 것은 우연이 아니라 우리를 위하여 십자가에 못 박혀 돌아가신 분인 것이다.

"**시몬 베드로가 벗고 있다가 주님이라 하는 말을 듣고 겉옷을 두른 후에 바다로 뛰어 내리더라**"(21:7). 이 말씀은 베드로의 성격을 완연히 드러내 준다. 요한이 처음으로 그리스도를 알아본 자였다면, 베드로는 처음으로 행동에 옮긴 자였다! 우리는 베드로로 하여금 그렇게 하게 한 것이 단순히 충동이었다고 생각해서는 안 된다. 왜냐하면 먼저 겉옷을 몸에 걸친 그의 침착함이 그러한 피상적인 결론을 단호히 부인하기 때문이다. 베드로 역시 참으로 깊이 그리스도께 헌신했었다. 그리고 여기에서 배가 그리스도께 다다를 때까지 그로 하여금 기다리지 못하게 한 것은 바로 **사랑**이었다. 베드로의 행동에서 우리는 구세주께서 제자들이 타고 있던 배를 향하여 파도 위를 걸어오셨던 저 폭풍우치던 밤을 기억하게 된다. 그때, 주님께 "나를 명하사 물 위

로 오라 하소서"(마 14:28)라고 말했던 자가 바로 베드로였다. 왜냐하면 그는 그의
사랑하는 분이 자기에게 당도하기까지 기다리고만 있을 수 없었기 때문이다. 이제
베드로에 대해 더 이상 마음속으로 미심쩍어할 이유가 없게 되었다. 마태복음 14장
과 요한복음 21장 사이에서 그는 비열하게 주를 부인하였다. 그러나 또한 그 사이에,
그 부인 후에 그는 주님의 "너희에게 평강이 있을지어다"라는 말씀을 들었다. 그리
고 명백히 다시 확증해 주시는 이 말씀은 그의 마음에 소중히 새겨졌음에 틀림없다.
물동이를 버려 두고 떠났던 사마리아 여인처럼, 베드로가 그리스도를 위하여 물고기
가 가득한 그물을 버려 둔 것을 주목해 보라. 그가 겉옷을 둘렀다는 것은 구주에 대
해 지니고 있던 깊은 존경심을 반증해 주는 것이다!

　**"다른 제자들은 육지에서 거리가 불과 한 오십 칸쯤 되므로 작은 배를 타고 물고기
든 그물을 끌고 와서"**(21:8). 사랑은 한결같이 획일적인 행동을 유발하지 않는다. 그
것은 다양한 기질들을 통하여 각각 다르게 표현된다. 요한 역시 베드로에 못지않게
주님께 헌신적이었으나 배에서 뛰어내리지는 않았다. 다른 다섯 제자들 역시 마찬가
지였다. 여섯 제자들은 고기가 가득한 그물을 육지로 안전하게 끌어올리기 위하여,
보통 큰 고깃배에 딸린 노 젓는 작은 배이거나 삿대로 젓는 너벅선에 남아 있었다.
이는 충실한 복음 전도자들은 자신의 설교를 듣고 구원에 이르는 자들을 버려 두지
않으며, 그들과 더불어 애쓰고 그들을 돌보며, 아울러 그들이 바닷가에 무사히 당도
하도록 온 힘을 다한다는 사실을 예증해 준다. 여기의 "육지에서 거리가 불과 한 오
십 칸쯤 되므로"라는 말씀은 이 물고기를 잡은 사건이 지니는 기적적인 성격을 강조
하기 위한 것으로 보여진다. 또한 우리에게 그리스도께로의 회심이 때때로 **전혀 있
을 것 같지 않은** 곳에서 발견된다는 사실을 가르쳐 주기 위한 것으로 생각된다. 그물
은 해변에서 그렇게 가까운 곳에 던져졌던 것이다!

　"육지에 올라보니 숯불이 있는데 그 위에 생선이 놓였고 떡도 있더라"(21:9). 참으
로 복된 말씀이다. 이 말씀은 예수 그리스도는 "어제나 오늘이나 영원토록 동일하시
다"는 귀한 진리를 다시 한 번 예증해 주고 있다. 부활의 영광 가운데 계실 때에조차
주님은 그들의 육신적인 필요를 모른 체하지 않으셨다. 구주는 여기에서 자기 백성
들을 위하여 한층 더 사려깊게, 더욱 깊은 연민으로 힘써 수고한 제자들에게, 그가 그
들의 영혼뿐만 아니라 그들의 육신 또한 돌보아 주심을 나타내 주셨다. "이는 그가
우리의 체질을 아시며 우리가 단지 먼지뿐임을 기억하심이로다"(시 103:14). 우리는
그의 이 모든 예비하심이 기적으로 이루어진 것임을 의심하지 않는다. 다시 말해서,

그 숯불, 그 위에 놓여진 생선과 곁에 있는 떡들은 어떤 것이든지 뜻하기만 하면 이루실 수 있는 그의 창조였다. 그리스도께서 여기에서 제자들을 위하여 준비하신 음식이 그가 일찍이 같은 바닷가에서 배고픈 수많은 무리들을 먹이셨던 음식과 같은 종류라는 사실은 의미 깊은 것이다. 그 **물고기**와 **떡**은 의심할 여지 없이 제자들에게 이전의 기적을 연상시켰을 것이다.

"숯불이 있는데 그 위에 생선이 놓였고 떡도 있더라." 이 말씀이 지니는 좀 더 깊은 의미는 무엇인가? 첫째로, 그것은 우리에게 종들을 위한 주님의 보살핌을 말해 준다. 그리고 동시에 그것은 그가 그들의 모든 필요를 **공급해 주시리라**는 구체적인 약속이다. 둘째로, 주님은 우리에게 마땅히 따라야 할 **모범**을 남기셨다. 다시 말해서, 만일 하나님의 아들이 온 밤을 수고한 자녀들을 위하여 기꺼이 자신을 낮추사 음식을 차려 주신 것은, 우리가 그분의 종들의 물질적인 필요를 위해 제공할 기회를 가질 때마다 사랑으로 배려해 주는 것이 자기 자신을 낮추는 것으로 우려해서는 안 된다는 것이다. 그의 이름으로 주어진 물 한 그릇이라도 반드시 보상받으리라 하셨다. 셋째로, 그것은 다른 사람을 위하여 수고하는 중에 있는 **우리 자신**의 영혼들 역시 따뜻함과 먹을 것을 필요로 한다는 사실을 암시하고 있다. 이는 하나님의 많은 종들이 흔히 유의하지 않는 교훈이다. 넷째로, 제자들이 물고기가 가득한 그물을 육지로 끌어올리기 **전에** 이미 불 위에 생선이 있었다는 사실은 주님이 그의 종들의 수고에 제한받으시지 않으며, 그는 인간의 도구와는 별개로 영혼들을 구원하실 수 있고, 또한 구원하신다는 것을 암시한다. 이것이 **인간**이란 존재가 그렇게도 강조되어 중시되고 있는 오늘날에 있어서 우리가 마음에 새겨둘 필요가 있는 또 다른 사항이다. 끝으로, 그리스도의 이 은혜로운 예비하심은 이 세상의 풍파 가운데서 우리의 수고가 끝날 때, 그리하여 우리가 하늘의 바닷가에 무사히 이를 때 우리에게 주어질 위안과 안락을 예시해 준다.

"**예수께서 이르시되 지금 잡은 생선을 좀 가져오라 하시니**"(21:10). "이 말씀에서 주님은 제자들에게 증거물을 가져오도록 요구하신다. 즉, 그의 명령대로 그물을 던짐으로써 그들이 헛되이 수고하지 않았다는 증거이다. 우리는 기억해야 한다: 이것은 그가 이 사건에 대해 제자들에게 하신 두 번째 말씀이었다. 첫 번째 말씀은 "그물을 배 오른편에 던지라 그리하면 잡으리라"는 것이었다. 여기의 두 번째 말씀에서 '지금'이라는 말이 강하게 강조되고 있다. 주님의 목적은 제자들에게 성공의 비결이 그의 명령을 따라 행하고 그의 말씀을 절대적으로 복종하는 것임을 보여주시려는 것이었다고 생각된다. 그는 이렇게 말씀하시는 듯하다. '그물을 끌어 올려라. 그리고 내가 말한 대로 행하는 것이 얼마나 유익한지 너희 스스로 확인해 보아라.' 그들은 지금 먹기 위한 물고기를 준비할 필요가 없었다. 왜냐하면 그것은 이미 그들을 위해 마련되어 있기 때문이다. 그리스도의 축복의 능력에 대한 증거, 그리고 그분 아래서 일하는 사실의 중요성이 바로 가르침 받아야 할 교훈이다. 그물을 끌어 올렸을 때 그들은 그것을 배웠을 것이다"(라일 주교). 그리고 또한 이것은 요한복음의 이 마지막 장의 **실제적인** 가르침이 바로 **사역**에 대한 것이라는 사실과 완전히 일치한다.

"지금 잡은 생선을 좀 가져오라." 이 말씀에는 또한 어떤 **영적인** 암시가 있지 않을까? "생선"은 주께서 그의 종들로 하여금 모으게 하실 수 있는 영혼들을 상징한다. 그들에게 생선을 **그에게로** 가져오라고 명령하심에 있어 그는 자신의 수고함에 있어서 뿐만 아니라 그 거두어들인 결실을 기뻐함에 있어서도 함께 동료애를 나눌 것을 암시하셨다. 4:36에 있는 그의 말씀을 상기해 볼 수 있다. "거두는 자가 이미 삯도 받고 영생에 이르는 열매를 모으나니 이는 뿌리는 자와 거두는 자가 **함께 즐거워하게** 하려 함이라." 주님은 자신의 기쁨을 우리와 함께 **나누는** 것을 기뻐하신다. 이 복된 사실은 누가복음 15:6에서도 또한 볼 수 있다. "집에 와서 그 벗과 이웃을 불러 모으고 말하되 **나와 함께 즐기자** 나의 잃은 양을 찾아내었노라 하리라." 여기에서 제자들에게 하신 말씀은 참으로 놀라운 은혜이다. "지금 잡은 생선을 좀 가져오라!"

"**시몬 베드로가 올라가서 그물을 육지에 끌어 올리니 가득히 찬 큰 물고기가 백쉰세 마리라 이같이 많으나 그물이 찢어지지 아니하였더라**"(21:11). 베드로가 그물을 육지로 끌어올렸다. 21:6에서 이미 말한 것으로 볼 때 이는 참으로 주목할 만한 사실이다. "고기가 많아 그물을 들 수 없더라." 여기에는 **사역**에 관련된 다른 중요한 교훈이 제시되고 있음이 틀림없다. 여섯 사람이 그들의 힘을 합하여 할 수 없었던 일을 한 사람이 그리스도의 발 앞에 있다가 일하러 나온 지금 해낸 것이다! 주님으로부터 멀리 떨어져 있었을 때 베드로는 거미줄보다도 연약하였다. 그러나 주님 안에 있을 때 일곱 갑절의 능력이 그에게 임하였다! 이와 비슷한 예를 사사기 6:14에서 찾아볼 수 있다. "여호와께서 기드온를 향하여 이르시되 너는 가서 이 너의 힘으로 이스라엘을 미디안의 손에서 구원하라." 힘이 나오는 곳은 역시 구주의 발 아래서이다. 그리고 우리가 그와 나누는 의식 있는 교제의 정도, 아울러 그의 충만하고 무한한 능력을 끌어내는 정도와 정확하게 비례하여 힘이 전가되어질 것이다. "피곤한 자에게는 능력을 주시며 무능한 자에게는 힘을 더하시나니 소년이라도 피곤하며 곤비하며 장정이라도 넘어지며 쓰러지되 오직 여호와를 앙망하는 자는 새 힘을 얻으리니 독수리가 날개치며 올라감 같을 것이요 달음박질하여도 곤비하지 아니하겠고 걸어가도 피곤하지 아니하리로다"(사 40:29-31). 참으로 많은 사람들, 우리 각자가 이 말씀에 유념해야 한다. "너는 여호와를 기다릴지어다 강하고 담대하며 여호와를 기다릴지어다"(시 27:14). 그분 안에서 발견되어지는, 결단코 실패하지 않는 그 힘, 가장 연약한 자도 단순한 믿음과 간절한 탄원으로 그를 기대할 때 찾을 수 있는 그 힘을 우리 자신들이 사용하는 일에, 참으로 슬퍼하지 않을 수 없을 만큼, 비참할 정도로 게으른 것이 사실이다.

"시몬 베드로가 올라가서 그물을 육지에 끌어 올리니 가득히 찬 큰 물고기가 백쉰세 마리라 이같이 많으나 그물이 찢어지지 아니하였더라." 여기에는 많은 사람들이 자신의 현명한 재간을 자유로이 시험 또는 발휘해 보고자 했던 두 가지 사항이 있다. 즉 물고기의 수와 찢어지지 않은 그물이다. 그들은 베드로가 기적으로 많은 물고기를 잡아 그물이 찢어졌던 지난 번의 사건(눅 5장)을 상기하게 되었으리라는 것은 의심할 여지가 없다. 그 때에는 기적 후에 주께서 베드로에게 다음과 같이 말씀하셨었다. "이제 후로는 네가 **사람**을 취하리라." 거기에서 고려된 것은 복음 전도자의 일이었다. 그러므로 수에 대한 아무런 언급도 **없었다.** 왜냐하면 그가 복음의 메시지로 말미암아 구원된 사람의 수를 세는 일은 불가능하기 때문이다. 이 두 번째 물고기의 기적 후에는 주님은 시몬에게 "내 **양**을 먹이라"고 말씀하신다. 여기에서 고려되는 것은 **목사** 또는 **교사**의 일이다. 따라서 거기에는 수(數)가 **있다.** 왜냐하면 그는 누가 양이고 누가 염소인지를 분별할 수 있어야 하기 때문이다. 이전의 기적에서는 그물이 찢어졌었다. 비록 많은 사람들이 복음을 믿는다고 고백하긴 하지만 그들의 영혼이 구원받을 정도로 진정으로 그렇게 고백하는 자는 매우 드물기 때문이다. 그러나 두 번째 기적에서는 그물이 찢어지지 않았다. 택함받은(배의 "오른" 편에 있었던) 자 가운데 한 영혼도 멸망받지 않을 것이기 때문이다. 여기에 나와 있는 물고기의 수가 뜻하는 **영적인** 의미에 관해서는, 그 물고기들이 **목적지에 도달하기까지** 세어지지 않았다는 사실에 주목해야 한다. 그들은 21:6에서가 아니라 11절에서 세어졌다. 즉 배에 있는 동안이 아니라 "육지"에 도착한 **후에** 세어졌다! 다시 말하여, 우리가 하늘 나라에 도달하기 전에 우리는 하나님의 택함받은 자들의 수를 알 수 없는 것이다!

"**예수께서 이르시되 와서 조반을 먹으라 하시니**"(21:12). 이 말씀은 그가 겸손히 자신을 낮춘 모습으로 사시던 때와 마찬가지로 여전히 사랑 많으시며 은혜로우시고 겸허하신 분이라는 사실을 참으로 여실히 증명해 준다. 제자들은 멀리 떨어져 있는 상태로 계속하여 서 있지 않았다. 그들은 가까이 와서, 그분이 불쌍히 여겨 준비하신 것들을 취하도록 청함받았다. 마찬가지로 그는 그가 두드리는 소리에 응답하는 자에게 여전히 말씀하고 계신다. "내가 그에게로 들어가 그와 더불어 먹고 그는 나와 더불어 먹으리라"(계 3:20). 여기에서 우리는 마지막으로 그의 복되면서도 친숙한 말씀 "오라"는 음성을 듣는다. "가라"고 말씀하신 것이 아니라 "오라"고 하셨다. 그는 그들을 멀리 보내신 것이 아니라 그에게 오도록 청하셨다.

"**제자들이 주님이신 줄 아는 고로 당신이 누구냐 감히 묻는 자가 없더라**"(21:12). 이 말씀을 결코 어떤 의심을 내포하고 있는 것으로 이해해서는 안 된다. 그것은 그가 그리스도 바로 그분이었다는 완전한 설득력을 지닌 말씀이다. 그렇지만 우리는 이 구절로부터 부활 후에 **그리스도께** 어떤 변화가 발생했다는 것, 그리고 경외심이 **그들을** 사로잡았다는 것을 추측할 수 있다. 그는 동일한 분이신 동시에 동일한 분이 아니셨다. "그의 모습에는 의심을 제어할 정도로 이전의 형상이 많이 남아 있었으며, 또한 모든 호기심과 세속적인 의문을 저지시킬 만큼의 많은 변화가 있었다. 그들은 기이히 여기면서, 동시에 다른 한편으로는 그가 바로 그들의 선생임을 익히 인지하면서 묵묵히 음식을 들기 위해 앉아 있었다"(Mr. G. Brown). 그들의 의문을 압도한 것은 그에 대한 경외심이었다.

"**예수께서 가셔서 떡을 가져다가 그들에게 주시고 생선도 그와 같이 하시니라**" (21:13). 만찬의 주인으로서, 가족의 장으로서 그는 이제 자비를 베푸셨다. 그러나 우리는 주님이 이제는 예전에 공식적으로 하셨던 것처럼(6:11) 그의 객들과 함께 음식을 앞에 놓고 축사하지 않으심을 알 수 있다. 이전에 그가 그들 모두 앞에서, 그들을 위하여 하나님께 감사의 기도를 했던 것은 완전한 인간, 사역하는 종으로서였다. 왜냐하면 하나님께서 그들에게 주신 것이었기 때문이다. 그러나 이제는 하나님으로서 그 자신이 주시며, 그들에게 자기 자신이 바로 주임을 깨닫게 하신다. 이전에는 그의 인성이 더 두드러졌었다. 그러나 지금은 그의 신성이 더 두드러진다. 그렇지만 이제 "영광과 존귀로 관 쓰신" 분이 여전히 그들을 보살펴 주는 **그들의** 목자이심을 보게 되는 것은 참으로 이루 말할 수 없이 복된 일이다. 이것은 현재에 우리의 말로 표현할 수 없이 복된 특권인 그리스도와 함께 즐기는 저 영적인 교제의 상징일 뿐만 아니라, 또한 계속되어질 미래의 관계에 대한 서약이기도 하다. 장차 다가올 날에조차 그는 "띠를 띠고 그 종들을 자리에 앉히고 나아와 **수종**"(눅 12:37)들 것이다. 그는 또한 우리에게 "생명 나무의 열매를 주어 먹게"(계 2:7) 할 것이다. 그리고 "감추었던 만나"(계 2:17)를 줄 것이다.

"이것은 예수께서 죽은 자 가운데서 살아나신 후에 세 번째로 제자들에게 나타나신 것이라"(21:14). 이것은 주께서 전부 합하여 단지 세 번 형상을 나타내셨다는 뜻이 아니라 요한이 기록하도록 이끌림 받은 것이 세 번이라는 의미이다. 그가 언급한 다른 두 번은 20장 말씀에서 찾아볼 수 있다. 그의 부활과 승천 사이의 일이 언급된 사도행전 1장의 "사십 일 동안"에서, 그리스도는 예전처럼 제자들과 교제를 나누신 것이 아니라 단지 때때로 그들에게 모습을 나타내신 것임을 유념해야 한다.

이 요한복음 21장에서의 물고기의 기적을 누가복음 5장에 기록된 물고기의 기적과 비교해 보는 일은 참으로 흥미롭다. 상당한 비교점과 대조점을 거기에서 찾아볼 수 있다. 둘 다 갈릴리 바다에서 일어났으며, 온 밤에 걸친 헛된 수고 후에 발생한 일이었다. 두 기적 모두에서 그리스도의 초자연적인 능력이 증명되었으며 베드로에게 임무가 주어졌다. 그러나 전자에서 주님은 배 안에 계셨고, 이번의 경우에는 바닷가에 계셨다. 이전의 기적에서는 그물이 찢어졌으며, 후자의 기적에서는 찢어지지 않았다. 전자는 그리스도의 공생애가 시작된 무렵이었으며, 후자는 그가 부활하신 후였다. 전자에서 베드로에게 주어진 임무는 "사람"을 낚는 것이었으나, 후자에서는 그리스도의 "양"을 먹이는 것이었다. 전자에서는 물고기의 수가 언급되지 않았으나, 후자에서는 기록되었다.

다음 질문들은 요한복음의 마지막 부분을 공부하는 데 도움이 될 것이다.

1. 왜 그리스도는 "그들이 조반 먹은 후에" 말씀하셨는가?(15절)
2. 왜 그리스도는 베드로에게 물어 보셨는가?(15절)
3. 베드로에게 주어진 세 임무 사이의 차이점은 무엇인가?(15, 16, 17절)
4. "근심하여"라는 말이 의미하는 바는 무엇인가?(17절)
5. 베드로가 돌아다본 것은 어떠한 이유에서였는가?(20절)
6. 그리스도의 책망이 우리에게 교훈하는 바는 무엇인가?(20절)
7. 25절 말씀의 의미는 무엇인가?

제71장

그리스도와 베드로

¹⁵그들이 조반 먹은 후에 예수께서 시몬 베드로에게 이르시되 요한의 아들 시몬아 네가 이 사람들보다 나를 더 사랑하느냐 하시니 이르되 주님 그러하나이다 내가 주님을 사랑하는 줄 주님께서 아시나이다 이르시되 내 어린 양을 먹이라 하시고 ¹⁶또 두 번째 이르시되 요한의 아들 시몬아 네가 나를 사랑하느냐 하시니 이르되 주님 그러하나이다 내가 주님을 사랑하는 줄 주님께서 아시나이다 이르시되 내 양을 치라 하시고 ¹⁷세 번째 이르시되 요한의 아들 시몬아 네가 나를 사랑하느냐 하시니 주께서 세 번째 네가 나를 사랑하느냐 하시므로 베드로가 근심하여 이르되 주님 모든 것을 아시오매 내가 주님을 사랑하는 줄을 주님께서 아시나이다 예수께서 이르시되 내 양을 먹이라 ¹⁸내가 진실로 진실로 네게 이르노니 네가 젊어서는 스스로 띠 띠고 원하는 곳으로 다녔거니와 늙어서는 네 팔을 벌리리니 남이 네게 띠 띠우고 원하지 아니하는 곳으로 데려가리라 ¹⁹이 말씀을 하심은 베드로가 어떠한 죽음으로 하나님께 영광을 돌릴 것을 가리키심이러라 이 말씀을 하시고 베드로에게 이르시되 나를 따르라 하시니 ²⁰베드로가 돌이켜 예수께서 사랑하시는 그 제자가 따르는 것을 보니 그는 만찬석에서 예수의 품에 의지하여 주님 주님을 파는 자가 누구오니이까 묻던 자더라 ²¹이에 베드로가 그를 보고 예수께 여짜오되 주님 이 사람은 어떻게 되겠사옵나이까 ²²예수께서 이르시되 내가 올 때까지 그를 머물게 하고자 할지라도 네게 무슨 상관이냐 너는 나를 따르라 하시더라 ²³이 말씀이 형제들에게 나가서 그 제자는 죽지 아니하겠다 하였으나 예수의 말씀은 그가 죽지 않겠다 하신 것이 아니라 내가 올 때까지 그를 머물게 하고자 할지라도 네게 무슨 상관이냐 하신 것이러라 ²⁴이 일들을 증언하고 이 일들을 기록한 제자가 이 사람이라 우리는 그의 증언이 참된 줄 아노라 ²⁵예수

께서 행하신 일이 이 외에도 많으니 만일 낱낱이 기록된다면 이 세상 이라도 이 기록된 책을 두기에 부족할 줄 아노라(요 21:15-25)

요한복음의 마지막 부분을 다음과 같이 분석해 볼 수 있다.

1. 세 번 거듭된 물음(15-17절)
2. 세 번의 대답(15-17절)
3. 세 번의 위임(15-17절)
4. 베드로의 죽음에 관한 그리스도의 예언(18, 19절)
5. 요한에 관한 베드로의 질문(20, 21절)
6. 그리스도의 응답(22, 23절)
7. 요한의 마지막 증언(24, 25절)

이 참으로 놀랍고 복된 복음의 마지막 부분은 우리의 변하기 쉽고 연약한 마음에 너무도 필요한 가르침을 담고 있다. 이 말씀에 있어서 중심인물은 주님과 시몬 베드로이다. 우리가 여기에서 보게 되는 것은 이 복음서 13장에서 이미 제시된 바 있는 사건의 귀결이라고 할 수 있다. 거기에서도 마찬가지로 베드로는 다른 사람들보다 앞서 나타났었다. 그것은 그가 전형적인 신자의 태도를 지니고 있기 때문이다. 즉, 그의 변절과 변절의 요인, 그의 회복과 그 회복에 사용된 수단은 그리스도인들의 체험과 그들을 위해 예비된 하나님의 은혜로우신 섭리를 예증해 준다. 이 말씀을 상세히 해설해 나가기에 앞서 먼저 한 가지 말해 둘 사항이 있다. 요한복음 21장의 앞부분이 사람을 낚는 어부가 되도록 제자들을 부르신 것에 대한 확증을 상징적으로 나타냈다면 이 뒷부분은 하늘나라의 열쇠를 위임받은 자에 대한 종국적인 확인이라고 할 수 있다.

베드로의 변절에 대한 최초의 언급은 그 사건이 일어나기 전에 그에게 직접 하신 주님의 말씀이다. "시몬아, 시몬아, 보라 사탄이 너희를 밀 까부르듯 하려고 요구하였으나 그러나 내가 너를 위하여 네 믿음이 떨어지지 않기를 기도하였으니 너는 돌이킨 후에 네 형제를 굳게 하라"(눅 22:31, 32). 참으로 엄중하면서도 복된 말씀이다. 주께서 베드로가 믿음을 버리지 않도록 기도하셨다는 말씀을 읽을 때 숙연해지지 않을 수 없다. 그의 제자로 하여금 변절을 겪게 함에 있어서 주님의 인자하심은 참으로 두드러지게 나타난다. 왜냐하면 그 변절은 자신의 마음의 상태를 베드로 스스로에게 드러내 보여주기 위하여, 또한 그의 자신감이 얼마나 무가치한 것인가를 깨닫게 하기 위하여, 그의 자만을 낮추기 위하여 필요한 것이었기 때문이다. 사탄이 "밀 까부르듯" 하는 일이 필요했다는 것은 주님의 말씀에 대한 베드로의 대답에서 즉각 증명된다. "그가 말하되 주여 내가 주와 함께 옥에도, 죽는 데에도 가기를 각오하였나이다"(눅 22:33). 이것은 단지 변절을 시사할 뿐 아니라 변절 그 자체가 유일한 치료책임을 보여주는 상태이다. 우리는 우리가 약한 그 때에 곧 강하다는 것, 즉 그리스도의 힘은 우리의 연약함 가운데서 온전해진다는 것을 배워야 한다. 베드로의 경우가 그 전형적인 예이다. 그리고 이 예는 우리에게 참으로 가치 있는 것이다.

"이와 같은 경우에 있어서 주님은, 베드로가 변절하지 않기를 기도할 수는 없다(**도덕상으로** 그렇다). 대신에 베드로가 잠시 동안만이라도 변절함으로 말미암아 '돌이킬' 수 있기를, 그리하여 위험한 자신감을 버리고 스스로를 확신하는 것이 얼마나 무력한지 깨달을 수 있기를 기도하실 수 있는 것이다. 바로 여기에서 사탄은 허를 찔리며 그가 싫어하고 적대하는 바로 그 은총이 목적하는 봉사를 하게 된다. 사탄은 이 자신감 넘치는 베드로에게 역사할 수는 있다. 그렇지만 그것은 단지 그를 그의 전능하신 주의 도우심 안에 던져 넣을 뿐이다. 사도 바울은 그에게 주어진 '사탄의 사자'(고후 12:7)로 인해 사탄은 자신이 전혀 바라지 않던 것을 위해 일할 뿐이었다. 그리하여 그것은 그의 안에 일어나기 쉬운 자만심을 억제하며, 셋째 하늘에 이끌려 올라가는 일을 촉진하는 데 이바지하게 된 것이다. 거기에서 변절이란 있지 않았던 것이다. 그리고 모든 것은 충만한 은총의 권세 아래 다스려졌다. 다른 한편으로 베드로의 경우에 있어서 사탄의 시도는 변절한 제자로 하여금 용서받기에는 너무도 큰 죄를 생각나게 함으로써, 아니 적어도 그가 그곳으로부터 떨어졌다는 것을 기억하게 하고 그 전의 탁월한 위치에로의 회복을 생각하게 함으로써 그를 공격하려는 것이었다. 이러한 것에 직면하여 베드로에게 필요했던 것은 **믿음**이었다. 그렇기 때문에 주님은 이와 같은 것이 그를 넘어뜨리지 못하도록 기도하셨다."

"그는 비천한 인간에게 그렇게도 필요한 실제적인 확신을 불러일으켜 주고 아울러 강하게 하셨다. 그에게 돌이킨 후에 '네 형제를 굳게 하라'는 권면의 말씀이 주어지기 **이전에** 이미 그에 관한 모든 것을 알게 한 것 ― 그를 위한 기도로써 ― 은 그의 상처 입은 영혼에 진정 아름다운 향기가 되었을 것이다. 그러나 동정심 많은 주님은 이것만으로 만족하지 않으셨다. 그의 부활에 관한 첫 메시지는 특별히 '베드로에게'

(막 16:7) 알려져야만 했다. 그래서 주님은 열두 제자에게 보이시기에 앞서 그, 곧 '게바'에게 먼저 나타나셨다(고전 15:5). 그리하여 그는 주님이 그들 모두 앞에 나타나셨을 때 움츠러들지 않을 것이다. 우리는 디베랴의 바닷가에서 일어났던 일에 관해 읽을 때 그 모든 일이 되어진 과정을 쉽게 알 수 있다. 바닷가에 서 계신 분이 주님이시라는 것을 듣자 그는 겉옷을 걸치고 주님을 뵙기 위해 성급히 바다로 뛰어들었다. 그러나 그는 마음이 확신으로 가득 찼을 이제야 비로소 그의 양심으로 해야만 하는 일을 할 준비가 되어 있다"(*Numerical Bible*).

구주께서 베드로의 발을 씻기시면서 그는 이렇게 말씀하셨었다. "내가 하는 것을 네가 지금은 알지 못하나 이 후에는 알리라"(13:7). 우리가 알거니와 이 깨끗하게 씻김은 그리스도와 "상관있는" 관계를 **유지**하는 것으로써 행해져야 할 일이었다 (13:8). 이것은 주님과 교제가 끊어진, 더럽혀지고 있는 영혼을 회복시키는 일에 있어서 주님의 은혜로우신 역사에 대해 말해 준다. 즉, 그가 사용하신 수단으로 비유되어진 "물"은 곧 말씀이다. 결론적으로 말하여, 주님이 발을 씻기셨던 그때에 베드로는 변절자가 아니었다. 그렇기 때문에 그는 그러한 구세주의 (예시적인) 행동의 의미를 깨닫지 못하였다. 하지만 이제 그는 그리스도의 거룩한 요구를 그의 양심 깊숙이 깨닫게 되었으며, 말씀이 지니는 바 정결하게 하는 힘과 우리의 거룩한 제사장의 회복시켜 주시는 은혜를 체득하게 되었다.

21:9 말씀에서 우리는 사도 베드로가 바닷가에서 주님을 만났을 때 맨 처음 보게 된 것이 "숯불"이었다는 사실을 알게 된다. 이것은 단지 요한복음 18:8에서만 또 한 번 찾아볼 수 있는 표현이다. 대제사장의 집 뜰에 "숯불"이 있었다는 것을 우리는 읽을 수 있으며, 그곳에서 베드로는 자신의 몸을 위해 "불을 쬐며" 옆에 그리스도의 원수들과 함께 서 있었다. 그가 자신의 선생을 부인했던 곳이 바로 **그곳**이었다. 이 디베랴 바닷가의 "숯불"이 얼마나 그의 양심을 찔렀겠는가! 무언의 설교, 그러나 더할 수 없이 힘 있는 설교! 그리스도께서는 그것에 관해 아무런 지적도 하지 않으셨으며 한 마디 말씀도 아니하셨다. 그러한 것은 불필요하였다. 그 다음 말씀에서, 구주께서 주신 음식을 나누고 있는 일곱 제자들에 대해 읽으면서 베드로에 관한 주님의 태도가 변하지 않았음을 보게 된다. 식사가 끝나자 주님은 시몬 베드로를 향하여 말씀하셨다. 주님은 바로 그곳, "숯불" 옆에서 그와 이 대화를 시작하셨다. 이것은 사도 베드로로 하여금 그 자신을 **심판**하도록 하는 것이었다. "불"은 곧 심판을 말하기 때문이다.

"그들이 조반 먹은 후에 예수께서 시몬 베드로에게 이르시되 요한의 아들 시몬아 네가 이 사람들보다 나를 더 사랑하느냐 하시니"(21:15). 주님이 어떻게 말씀을 시작하셨는지를 주의 깊게 살펴보자. 질책의 말씀은 물론 아니었으며 또한 비난의 말씀도 아니었다. 더욱 "왜 너는 나를 부인했었느냐"라고 묻지 않으셨다. 오히려 "네가 이 사람들보다 나를 더 **사랑하느냐?**"라고 하셨다. 그렇지만 주님이 그를 "베드로야"라고 부르지 않으시고 "요한의 아들 시몬아"라고 부르셨음을 주목하여 보라. 이것은 무의미한 호칭이 아니다. "시몬"은 그의 본 이름이었다. 그리고 이것은 주님이 그에게 주었던 새로운 이름과 대조된다. "예수께서 보시고 이르시되 네가 요한의 아들 시몬이니 장차 게바라 하리라 하시니라 (게바는 번역하면 베드로[반석]라)"(1:42). 주님이 그의 제자에게 말씀을 시작하신 방식은 의도적으로 "베드로"라는 이름에 의문을 불러일으키신 것이었다. 누가복음 22:31에서는 어떻게 말씀하셨는지 주목해 보라. "**시몬아, 시몬아**, 보라 사탄이 너희를 밀 까부르듯 하려고 요구하였으나." 그리스도는 여기에서 그로 하여금 **자연인**으로 지냈던 그의 과거를 상기시키고자 하셨다. 주님이 '바요나 시몬'으로 그에게 말씀하신 유일한 또 다른 경우는 마태복음 16:17에서이다. "예수께서 대답하여 이르시되 바요나 시몬아 네가 복이 있도다 이를 네게 알게 한 이는 혈육이 아니요 하늘에 계신 내 아버지시니라." 그렇지만 또한 주님이 곧바로 다음과 같이 덧붙여 말씀하셨음에 주의해야 한다. "또 내가 네게 이르노니 **너는 베드로라** 내가 이 반석 위에 내 교회를 세우리니 음부의 권세가 이기지 못하리라 내가 천국 열쇠를 네게 주리니." 따라서 주님이 요한복음 21:15에서 그의 제자에게 하신 이 처음 말씀은 그로 하여금 그의 영광스러운 그때의 **고백**을 날카롭게 기억하게끔 의도되어진 것이다. 그리고 그것은 그로 하여금 자신이 후에 하였던 끔찍한 **부인**을 좀 더 민감하게 느끼게 했을 것이다.

"네가 이 사람들보다 나를 더 사랑하느냐?" 이 물음은 그리스도께서 제자의 이름을 부름으로써 하셨던 것보다 더욱 마음을 탐색하게 하는 것이다. 그는 베드로의 상처를 조금씩 치유시켜 주려 하지 않으셨다. 오히려 완벽한 치료를 원하셨다. 그러므로 그는 말 그대로 그 상처를 새로이 다시 열어 젖히셨다. 구세주는 그로 하여금 그의 변절의 교훈을 잊게 하려는 것도, 또한 용서로써 그의 죄를 잊게 하려는 것도 아니었다. 결과적으로 주님은 그가 주님을 부인했던 저 서글픈 추억으로 세심하게 그를 다시 되돌아가게 하신다. 아니 오히려 각성시키는 질문에 의해서 그 사건을 제자의 양심 앞에 가져다 놓으신다. 베드로는 일찍이 이렇게 장담했었다. "모두 주를 버릴지라도 나는 결코 버리지 않겠나이다." 그는 자기 자신의 충성심을 믿었을 뿐만 아니라 또한 다른 제자들을 능가하는, 그리스도에 대한 자신의 사랑을 기뻐하였었다. 그러므로 주님은 이제 물으셨다. "네가 이 사람들보다 나를 **더** 사랑하느냐?" 즉 이 사도들이 나를 사랑하는 것보다 더 나를 사랑하느냐?

"이르되 주님 그러하나이다 내가 주님을 사랑하는 줄 주님께서 아시나이다" (21:15). 그의 이전의 공언을 철회할 수 있는 기회가 은혜롭게도 베드로에게 주어졌다. 그리고 그는 기꺼이 그 기회를 이용하였다. 첫째로, 그는 솔직한 충심어린 고백으로 답하였다. **"주님께서 아시나이다."** 그는 마음을 살피시는 분께 판정을 맡겼다. 그는 자신의 방법으로 호소할 수 없었다. 왜냐하면 그 방법은 이미 그의 사랑을 드러낸 바 있기 때문이다. 이제 더 이상 자신의 마음을 신뢰하지 않을 것이었다. 그래서 그리스도께서 친히 판정하시도록 의뢰하였다. 그러나 다시 한 번 주의하여 살펴보라. 그는 "내가 주를 **사랑하는지, 그렇지 않은지** 주께서 아시나이다"라고 말하지 않았다. "내가 주님을 사랑하는 **줄** 주님께서 아시나이다"라고 대답하였다. 그는 자신의 사랑을 주께서 알고 계신다고 믿었다. 따라서 거기에는 겸손과 자신감이 복합되어져 있다. "그는 마치 다음과 같이 말하였다. 당신은 처음부터 요한의 아들로서의 나를 알고 있었습니다. 나를 당신에게 이끄셨고 나의 영혼에 자비로운 사랑을 부으셨고 나를 베드로라 불러 주셨습니다. 당신은 나의 눈먼 것에 대해 경고해 주셨고, 내 믿음을 위해 기도해 주셨습니다. 그리고 그 후에 나를 용서하셨습니다. 당신은 죽으시기 전에나 후에나 은혜로우신 시선으로 내 마음을 살피셨습니다. 그러므로 **당신은** 모든 것을 아십니다! 내가 나의 사랑에 관해 느끼는 바는 이렇습니다. 즉, 나의 사랑은 내가 마땅히 해야 할 만큼, 그리고 당신께서 사랑받으셔야 할 만큼에 도저히 미치지 못한다는 것입니다. 그렇지만 오 주님, 당신께서는 나의 그 무서운 변절에도 불구하고, 그리고 나의 현재의 연약함과 결함들에도 불구하고 내가 당신을 **사랑하고 있음**을 아십니다"(Stier).

"이르시되 내 어린 양을 먹이라 하시고"(21:15). 이 얼마나 놀라운 은혜인가! 주님은 그의 전지하심에 의지한 베드로를 받아들이셨을 뿐만 아니라 또한 그 자리에서 복된 위임을 맡기셨다. 그리스도께서는 "진실로 내가 아나니"라는 말로 확인하지 않으실 정도로 베드로의 답변에 만족하셨다. 그렇게 확인하시는 대신에 주님은 베드로의 사랑을 명예롭게 하시고 보상하심으로써 응답하셨다. 그리스도는 이 세상을 떠나시려 하고 계셨다. 그래서 그는 그의 백성에 대한 사역을 다른 사람에게 맡기신다.

"내 어린 양을 먹이라." 여기에서 고기 잡는 것에서 양치는 것으로 비유가 바뀌어졌음은 주목할 만한 일이다. 다시 말하여, 고기 잡는 비유는 복음 전도자를 암시하며 양치는 비유는 목사와 교사를 암시한다. 그 순서는 더욱 교훈적이다. 구원받은 사람들은 보살핌을 필요로 한다. 즉 돌보아지고, 먹여지며, 지켜져야 한다. 그리스도께서 여기의 첫 말씀에서 베드로에게 위임하신 것은 "양"이 아니라 "어린 양"이었다. 즉, 연약하고 미약한 무리들이다. 그리고 이들이 바로 우리에게 맡겨진 자들인 것이다! 그리스도께서 그들을 "내 어린 양"이라고 부르셨음에 주목하라. 이는 대리(代理) 목자들을 위임하심에 있어 그의 권위를 암시하고 있다.

  "또 두 번째 이르시되 요한의 아들 시몬아 네가 나를 사랑하느냐 하시니"(21:16). 주님은 이제 "이 사람들보다"라는 비교를 생략하신다. 그리고 사랑 그 자체에 자기 자신을 제한시키신다. 이 물음은 주님께서 그를 믿는다고 고백하는 모든 사람들 각자에게 아직도 묻고 계시는 말씀이다. "네가 나를 사랑하느냐?"라는 말씀은 실제에 있어 대단히 마음을 탐색하는 물음이다. 우리는 우리의 종교에 대해 많은 것을 알 수 있다. 그리고 많은 것을 하고, 이야기할 수 있으며, 많은 것을 주고, 아울러 많은 것을 경험하며, 많은 것을 보여줄 수 있다. 그렇지만 하나님 앞에서는 사랑의 결핍으로 인하여 여전히 죽은 자로서 마침내는 지옥 구덩이로 내려가게 된다. 우리가 그리스도를 **사랑하는가?** 그것은 참으로 중대한 물음이다. 이것이 없다면 우리의 기독교 정신에는 아무런 생명력도 없는 것이다. 우리는 색칠한 밀랍 인형보다 나을 것이 없다. 다시 말하여 사랑이 없는 곳에는 생명도 없다"(라일 주교).

  "이르되 주님 그러하나이다 내가 주님을 사랑하는 줄 주님께서 아시나이다"(21:16). 이 구절의 "사랑"이라는 말은 한 단어로 번역되어지지만 헬라어로는 구분되는 두 가지 단어로 쓰여진다. 여기에서 그 의미를 좇는 것은 매우 교훈적이다. 한 단어는 다른 단어보다 상당히 강한 뜻을 지니고 있다. 차이를 나타내면 하나는 "사랑"으로 번역되어져야 하며, 다른 하나는 "애정" 혹은 "애착"으로 번역되어야 옳을 것이다. 주께서 21:15과 16절에서 베드로에게 "네가 나를 **사랑하느냐?**"라고 물으셨을 때 그는 더 강한 의미의 용어를 사용하신 것이다. 그렇지만 베드로의 대답, 곧 그의 실제적인 말은 매번 "내가 주께 **애정을 가지고 있는** 줄 당신께서 아시나이다"였다. 그는 이제 자신의 사랑의 우월성을 공언하던 태도와 이렇듯 멀어진 것이다. 그는 자신의 사랑을 가장 깊은 종류의 사랑으로 인정하려 하지 않은 것이다! 여기에서 베드로는 다시 한 번 주님의 은혜로우신 답변을 받고 있다. **"이르시되 내 양을 치라 하시**

고"(21:16). 이 말씀에서 "치라"는 말은 앞 절에서 주께서 사용하셨던 것보다 더욱 포
괄적인 것이다. 이 말은 근본적으로 규율과 훈련을 암시하고 있다. 여기에서 주님이
또다시 "**녀의 양**"이 아니라 "**나의 양**"이라고 부르셨음을 주목하라. 교황의 과도한
권리를 예기하는 동시에 반박하고 있지 않은가!

　"**세 번째 이르시되 요한의 아들 시몬아 네가 나를 사랑하느냐 하시니**"(21:17). 이
말씀에서는 주님 스스로 좀 더 약한 의미의 용어를 사용하시고 있다. 즉 "네가 나에
게 **애정**을 가지고 있느냐?"라고 묻고 계신다. "은혜도 또한 **의로 말미암아** 왕 노릇
하여"(롬 5:21). 베드로는 세 번 그의 선생을 부인했다. 그렇다. 그리고 주님은 세 번
그의 사랑에 **물음을 제기하셨다**. 이는 "의"에 따른 것이었다. 그렇지만 베드로에게
물으심에 있어 주님은 이제 세 번 자신에게 **고백하는** 기회를 주셨다. 이것은 "은혜"
에 따른 것이었다. 그의 첫 번째 물음에서 주님은 베드로가 **어떠한 사랑**을 가지고 있
는지에 대해 물으셨다. 여기, 세 번째 물음에서 주님은 이제 그의 **애정**에 대해서까지
의문을 제기하신다! 마음의 탐색이 이러한 정도로까지 이루어졌다! 그렇지만 그것은
바람직한 결과로 이끌어졌다. 주님은 오직 치유하실 만하게 상처를 입히신다.

　"**주께서 세 번째 네가 나를 사랑하느냐 하시므로 베드로가 근심하여**"(21:17). 여기
에서 우리는 다시 한 번 **말씀**의 힘을 보게 된다. 이것은 실로 요한복음 13장의 귀결
이라고 할 수 있다. 베드로가 "근심하였다"라는 것은 주님이 물음을 되풀이하셨기
때문에 주님에 대해 마음이 상했다는 의미가 아니다. 그것은 그가 자신의 **세 번 거듭**
되었던 부인을 상기하였기 때문에 마음이 찔리도록 아팠으며 깊이 슬퍼하였다는 뜻
이다. 곧 누가복음 22:62에서 볼 수 있듯이 그가 "**심히 통곡했던**" 것에 상응하는 것
이다. 이 "근심하였다"는 말은 그의 완벽한 **회개**를 증거한다. 그렇지만 만일 주의 제
자가 이와 같이 마음이 살펴진 바 되고 그의 서글픈 변절을 기억하도록 불러일으켜
진 것이 근심스러웠다면 주님 자신이 부인받으셔야 했던 것은 얼마나 더욱 근심스러
운 일이었을까?

　"**이르되 주님 모든 것을 아시오매 내가 주님을 사랑하는 줄을 주님께서 아시나이**
다"(21:17). 이 말씀에서 하나님의 은혜의 변화시키는 효과를 보는 것은 참으로 복되
다. 그는 이제 **자신의 사랑**이 다른 사람들의 사랑보다 더 탁월하다고 공언하려 하지
않는다. 그는 자신이 **어떠한** 사랑을 가지고 있다는 것을 허용하려고 하지 않는다. 뿐
만 아니라 그는 마침내 자신의 애정조차도 공언하기를 사양하는 정도에까지 이르렀
다. 그러므로 그는 자기 자신을 그리스도의 전지하심에 맡긴다. 그는 이렇게 말한다.

"주여 당신이 **모든 것을** 아십니다. 제가 당신을 부인했었을 때 사람들은 어떠한 사랑이나 애정의 표지도 볼 수 없었습니다. 그렇지만 당신께서는 바로 저의 그 마음을 읽으실 수 있습니다. 그러므로 저는 모든 것을 보시는 당신의 눈에 의뢰합니다." 그리스도께서 **모든 것을** 아신다는 사실이 이 제자를 위로하였다. 우리에게도 마찬가지이다. 베드로는 주님께서 모든 것의 외면뿐만 아니라 내면도 알고 계신다는 것을, 그리고 그렇기 때문에 그분은 그의 가련한 종이 **입술로** 범죄했을지라도 그 **마음에** 있는 것을 보신다는 사실을 깨닫고 있었다. 그러기에 그는 다시 한 번 구세주의 절대적인 신성을 깨닫고 있었다. 그러기에 그는 다시 한 번 구세주의 절대적인 신성을 인정한 것이다. 따라서 그는 이제 그리스도에 대한 **자신의** 사랑을 이야기하고 노래하려는 자들을 책망하였던 것이다! "그의 자기 판단은 완벽하다. 하나님의 눈 아래 살펴진 바 되어 그는 자기 자신을 깨달았고 인정하였다. 다른 사람들보다 낫지도 모자라지도 않는, 있는 그대로의 자기 자신을 그렇게 비워서, 그는 자신의 사랑의 자질을 주장할 수 없게 되었다. 바람직한 단계에 이제 도달한 것이다. 연약하게 되어진 강한 사람은 이제 그의 형제를 강하게 하기에 적합하다. 그리고 베드로가 한 계단 한 계단 겸손의 사다리를 내려옴에 따라 주님도 한 단계 한 단계 그가 수행하도록 정해진 일을 확증해 주시면서 그를 뒤따르신다"(*Numerical Bible*).

"**예수께서 이르시되 내 양을 먹이라**"(21:17). 결국 이것은 교황의 과도한 권리를 보증해 주고 옹호해 주는 것이 아닌가? 절대로 그렇지 않다. "복음 전도자는 어떠한 방식으로 베드로가 변절의 자리에서 영예로운 위치로 회복되었는가를 이야기한다. 공식적으로 기록되어진 배반의 부인은 의심할 여지 없이 그를 사도로서 자격 없는 자로 만든다. 그러한 자가 어떻게 신앙적으로 다른 사람을 교훈할 수 있겠는가? 그는 비굴하게 신앙을 저버린 자가 아닌가? 그는 사도로서 부름받았었다. 그렇지만 비겁자로서 행동한 그때로부터 그는 사도 직분의 명예를 박탈당했다. 그러므로 이제, 그가 자신의 잘못으로 말미암아 잃은 가르치는 권위와 더불어 지위 또한 회복되어진다. 그의 변절의 불명예가 방해가 되어서는 안 된다. 그러므로 그리스도께서 그것을 지우시며 잘못된 것을 완전히 회복시키신다. 그러한 회복은 베드로에게나, 그가 전하는 말씀을 경청하는 자들 모두에게 필요하였다. 왜냐하면 더 담대하게 활동해야만 하는 베드로에게 있어서는, 그리스도께서 그에게 다시 위임하신 소명을 확신하게 하며, 말씀의 경청자들에게 있어서는 그에게 붙은 허물이 복음을 경시하는 기회가 되어서는 안 되기 때문이다"(존 칼빈). 덧붙여서 우리는 그리스도와 베드로 사이의 이

심중을 탐색하는 대화가 다른 여섯 사도들 앞에서 이루어졌다는 사실을 언급할 수 있다. 그의 죄는 공공연한 것이었다. 죄와의 절연 또한 마찬가지였음에 틀림없다! 사도행전 20:28에서 모든 "장로들"이 양 떼를 치도록 권면받고 있음을 주목해 보라!

"예수께서 이르시되 내 양을 먹이라." 만일 네가 나를 사랑한다면, **여기에** 그것을 증명할 한 가지 방법이 있다. 그리스도의 양 무리를 치기에 적합한 자는 오로지 그를 진실로 **사랑하는** 자들이다. 그 일은 그처럼 힘들고 종종 너무도 미미하게 인정받으며, 참으로 용기를 꺾는 반응과 거친 비판뿐만 아니라 참으로 무서운 사탄의 공격을 받게 된다. 그리하여 오로지 "그리스도의 사랑" — 우리에 대한 그의 사랑과 그에 대한 우리의 사랑 — 만이 그와 같은 일을 "부득이 하지 않을 수 없게" 만든다. "돈 받고 일하는 삯꾼 목자들"은 **염소**를 먹일 것이다. 그렇지만 그리스도를 사랑하는 자는 그의 양을 먹인다. 이제 이 일에 대하여 주님은 베드로를 부르신다. 그리스도께서는 이 제자의 **영혼**을 소생시키셨을 뿐만 아니라(시 23:3) 또한 그의 공적인 **사역**도 회복시키셨다. 다른 제자는 그의 직분을 취하지 못하였다. 유다를 보라!(행 1:20)

"예수께서 이르시되 내 양을 먹이라." 참으로 놀라우신 은혜이다. 베드로는 은혜로써 값없이 시험받았을 뿐 아니라 그의 사도 직분을 완전히 되찾았으며, 또한 주께서는 이 땅에서 그분의 가장 사랑스러운 것 — 그분의 **양** — 을 그에게(단지 그 혼자에게만은 아니지만) 맡기셨다! 이 세상에서 그가 자신의 귀중한 피를, 위하여 흘리셨던 자들보다 그리스도의 마음에 더 가까운 것은 없다. 그렇기 때문에 주님은 자신의 놀라운 사랑의 가장 가까운 대상들을 베드로의 보살핌 아래 위임하는 것보다 더 자신의 확신에 대한 감동적인 증거를 보여줄 수 없었던 것이다! 주님이 21:15에서 사용하셨던 "먹이라"는 같은 말을 여기에서 되풀이하셨음에 주목해야 한다. 어떤 규율과 훈련의 방식을 필요로 할 수도 있다(21:16에서의 "치라"의 의미). 그렇지만 첫 번째(21:15)와 마지막(21:17) 말씀에서 목자로 위임받은 자의 의무는 양을 **먹이는** 것이다. 다시 말해, 그 외의 어떠한 다른 것도 그리스도의 백성을 영적으로 먹이는 사역의 자리를 대신할 수는 없다!

베드로가 본래의 직분을 회복한 것과 관련하여 다음과 같은 사항을 주목해 볼 때 놀라지 않을 수 없다. 즉, 바로 앞 장에서 주님이 제자들에게 세 번 되풀이하여 "너희에게 평강이 있을지어다"라고 인사하신 것과 정확히 상응하는 세 번의 위임을 그가 받았다는 것이다. " 내 어린 양을 먹이라"(21:15)는 말씀은 20:19의 첫 번째 축복의 말씀에 대응한다. 그것은 아직 성숙하지 않은 성도를 구속의 진리라는 기반 위에 서게 함에 있어 필요한 복음의 제시이다. 내 양을 "치라"(21:16)는 말씀은 20:21의 "너희에게 평강이 있을지어다"라는 두 번째 축복에 대응된다. 이는 곧 저희를 보살피고 저희와 동행하며 행하여 나아가는 것을 말한다. "내 양을 먹이라"(21:17)는 말씀은 20:26에서 볼 수 있는 바 세 번째의 "너희에게 평강이 있을지어다"라는 말에 상응한다. 이것은 특별히 도마를 위하여 하신 말씀이며, 길 잃은 자를 회복시키는 것과 관련되어진다. 또한 사도 요한이 세 번 거듭하여 쓴 다음의 말과 비교하여 보라. "아비들"에게, "청년들"에게, 그리고 "아이들"에게이다(요일 2:15).

　　"**내가 진실로 진실로 네게 이르노니 네가 젊어서는 스스로 띠 띠고 원하는 곳으로 다녔거니와 늙어서는 네 팔을 벌리리니 남이 네게 띠 띠우고 원하지 아니하는 곳으로 데려가리라**"(21:18). 여기에서도 역시 그리스도의 은혜가 참으로 복되게 비추어진다. 베드로는 용서받고, 회복되고, 위임받았을 뿐만 아니라, 이제 주님은 그를 그가 일찍이 육신의 정욕으로 하였던 열의에 찬 맹세로 되돌아가게 하신다. "주여 내가 주와 함께 옥에도, 죽는 데에도 가기를 각오하였나이다"(눅 22:33). 그리고 모든 것 가운데 가장 높은 이 영예가 그에게 주어질 것임에 **틀림없음**을 보증하신다. "베드로는 저 뼈아픈 순간에 그리스도를 인정하는 기회를 놓쳤던 것에 대해 여전히 슬퍼하고 있었음에 틀림없다. 예수께서는 만일 베드로가 그 자신의 의지로 그와 같은 일을 하는 데 실패하였다면 이제 하나님의 뜻에 의해서 그 일을 하도록 허락되어짐을 확증해 주신다. 즉, 그가 일찍이 자신의 힘으로 할 준비가 되어 있다고 공공연히 언명하였던 대로 주님을 위하여 죽을 기회가 그에게 주어지는 것이다"(Mr. J. N. Darby).

　　"내가 진실로 진실로 네게 이르노니 네가 젊어서는 스스로 띠 띠고 원하는 곳으로 다녔거니와 늙어서는 네 팔을 벌리리니 남이 네게 띠 띠우고 원하지 아니하는 곳으로 데려가리라." 이 절과 바로 앞 절 말씀은 다음과 같이 연관되어진다. 즉, 주님은 여기에서 베드로에게 주님에 대한 그의 사랑이 격심하게 시험되리라는 것, 그리고 그의 양 떼를 보살피는 일은 궁극적으로 순교의 죽음까지 감당해야 하는 일이라는 것을 경고해 주시고 있다. 이것으로 우리는 여기에서의 주님의 말씀을 이해할 수 있고, 좀 더 직접적인 관련을 베드로가 바로 앞에서 한 말에서 찾아볼 수 있다. "주님 **모든 것**을 아시오매." 즉, 그리스도께서는 지금도 자신이 실제로 **그러하다**는 증거를 보여주고 계신 것이다. 그는 아직 일어나지 않은 미래의 일, 오로지 하나님만이 아실 수 있는 일에 대해 확실하게, 그리고 상세하게 말씀하시고 있다. 그리하여 주님의 사랑을 받은 이 제자는 또다시 그리스도를 부인하는 것과 인정하는 것, 그 둘 중의 하나를 선택해야만 하는 자리에 놓이게 될 것이다. 그때에 그가 한 훌륭한 고백의 보상으로서, 그리고 또한 미래에 대해 용기를 주기 위하여 주님은 그가 죽음에 이르기까지 주를 **인정할 것임**을 그에게 보증해 주신다.

   "이 말씀을 하심은 베드로가 어떠한 죽음으로 하나님께 영광을 돌릴 것을 가리키심이러라"(21:19). 이 절은 앞 절에 나타난 주님의 말씀이 무슨 뜻인지 해석하는데 있어 실마리를 제공하려는 목적으로, 사도 요한이 삽입적으로 언급한 것이다. 그리스도께서 "젊어서는 네가 스스로 띠 띠고 원하는 곳으로 다녔거니와"라고 말씀하셨을 때, 그는 베드로가 젊은 날에 자연인으로서 자유를 누렸음을 암시하신 것이다. "늙어서는 네 팔을 벌리리니"라는 말씀은 베드로가 다른 사람의 명령 아래 그렇게 하게 되리라는 것을 의미하신 것이다. "남이 네게 띠 띠우고"라고 덧붙이신 말씀은 베드로가 결박당한 죄수처럼 되리라는 의미이다. 사도행전 21:11을 참고해 보라. 거기에서 아가보는 사도 바울이 "이방인의 손에 넘겨지게" 되리라는 사실을 암시하기 위하여 바울의 띠를 가져다가 자기 수족을 잡아매었다.

   주님께서 끝으로 하신 "원하지 아니하는 곳으로 데려가리라"는 말씀은 베드로가 저항하거나 항의하지 않으리라는("베드로가 어떠한 죽음으로 하나님께 **영광을 돌릴 것**"이라는 말이 이 사실을 증명한다) 것을 뜻한다. 그가 맞이할 죽음의 방법은 자연적인 것과 반대되며, 육신의 고통이 있을 것이라는 의미이다. 베드로는 십자가 형으로, 폭력의 방법에 의한 죽음을 당해야 했다. 나아가서 주님은 "원하지 아니하는"이라는 표현으로써, 그분이 자신의 백성들이 육체적으로 고통받는 것을 불평 없이 견뎌 내야 한다고 말씀하시지만 그것을 즐기기를 원하시지는 않는다는 사실을 암시하였다. "그럼에도 교황(그에게 사도 베드로는 내가 그리스도를 따른 것처럼 나를 따르라고 헛되이 말하고 있다)은 그와 반대이다. 그가 나이가 들면 들수록 그는 더욱 전횡적으로 띠를 띨 것이며 **자신이** 원하는 쪽으로 다른 사람들을 이끌 것이다"(Stier).

   "이 말씀을 하심은 베드로가 어떠한 죽음으로 하나님께 영광을 돌릴 것을 가리키심이러라." 성도들이 하나님께 영광을 돌리는 것은 단지 행위로써 뿐만이 아니라 기꺼이 박해받음으로써이다. 주께서 사울에 관하여 아나니아에게 어떻게 말씀하시는지를 주목해 보라. "그가 내 이름을 위하여 **얼마나 고난을 받아야 할 것**('얼마나 일하여야 할 것'이 아니라)을 내가 그에게 보이리라"(행 9:16)! 또한 바울이 사도된 후에 동요하는 히브리인들을 어떻게 강하게 하고자 했는지를 주목해 보라. 그들에게 그들의 일에 대해 상기시켜 주는 대신에 그는 다음과 같이 말하였다. "전날에 너희가 빛을 받은 후에 고난의 큰 싸움을 견디어 낸 것을 생각하라"(히 10:32). 그렇지만 우리의 전 미래가 그리스도(곧, 너무도 지혜로우셔서 잘못을 범하지 않으시며 너무도 사랑이 많으셔서 자비롭지 않으실 수 없는 그분)에 의해 이미 정해져 있음을 깨닫는 것은 참으로 흐뭇한 위로이다.

"이 말씀을 하심은 베드로가 어떠한 죽음으로 하나님께 영광을 돌릴 것을 가리키심이러라." 이 말씀에 우리를 위한 어떤 교훈이 담겨져 있는가. 진정 우리가 바라고 기다리는 것은 죽음이 아니라 주께서 다시 오시는 바로 그것이다. 그럼에도 불구하고 우리보다 앞서왔던 모든 사람들은 죽어 갔으며, 우리도 아마 구세주께서 다시 오시기 이전에 죽어 갈 것이다. 그렇지만 여기에서 기억해 두자. 우리는 삶에서와 마찬가지로 **죽음**에 있어서도 하나님께 "영광을 돌릴" 수 있다. 우리는 활동적으로 사역하고 봉사하는 자인 동시에 인내심 있게 박해받은 자가 될 수 있다. 시몬과 같이, 우리는 자신들이 삶에서 했던 것보다도 죽음에 있어서 더욱 하나님을 위해 무엇인가를 할 수 있다. 순교자로서의 죽음은 그들이 살았던 생애보다도 사람들에게 많은 감화를 끼치곤 하였다. "우리는 죽음이 다가왔을 때 준비되어짐으로써 죽음에 있어서 하나님을 영화롭게 해드릴 수 있다 … 그 고통을 인내심 있게 견딤으로써 … 그리스도의 은혜 안에서 우리가 발견하는 위로와 격려를 다른 사람들에게 증거하면서"(라일 주교). 피할 수 없는 죽음의 운명을 지닌 인간이 다윗과 같이 말할 수 있는 것은 참으로 복된 일이다. "내가 사망의 음침한 골짜기로 다닐지라도 해를 두려워하지 않을 것은 주께서 나와 함께 하심이라"(시 23:4).

"**이 말씀을 하시고 베드로에게 이르시되 나를 따르라 하시니**"(21:19). 변절하였던, 그리고 이제 다시 회복된 제자에게 마지막으로 주시는 은혜로운 말씀이 베드로가 자신의 연약함을 깨달은 지금, 자신의 그때의 실패가 어디로부터 연유되었던가를 알게 된 지금, 그리고 그가 심령에 있어서, 양심에 있어서, 받은 바 위임에 있어서 완전히 회복된 지금, 주님은 이렇게 말씀하신다. "나를 따르라." 이것은 주께서 베드로에게 그가 그렇게 할 수 없으리라고 하셨을 때(눅 22:33, 34) 베드로가 마치 자신이 실제로 그렇게 할 수 있는 양 행동했던 바로 그것이다(18:15). 그렇지만 이제는 그리스도께서 말씀하신다. 너는 그렇게 해도 좋다. 할 수 있다. 하게 될 것이다. "따르라"는 말에서 그리스도께서는 "자신을 부인하고" "십자가를 지라"는 것을 의미하신다. 다시 말해, "죽기까지 따르라"는 뜻이다. 이는 **영적으로** 그러하다는 것이며, 베드로의 경우에 있어서는 육신적인 체험도 해당된다. 그리스도의 이 말씀은 또다시 13장에서 볼 수 있었던 것과의 연관성을 제공한다. 거기에서 구주는 베드로에게 이렇게 말씀하셨다. "내가 가는 곳에 네가 지금은 따라올 수 없으나 후에는 따라오리라"(13:36). 바로 이 말씀에 대한 귀결이라고 할 수 있다. "죽음을 통하여 아버지의 집에 이르기까지 주를 따르라는 것은 그에게 주어진 소명이었다. 그에게 이 말씀을 하시고 그들과 함께 앉아 먹었던 자리에서 일어나신다. 그리고 이와 같은 명을 받은 베드로는 그를 따르기 위해 일어선다"(Mr Bellett). 주님은 앞장서서 가시는 상징적인 행동을 취하심으로써 이 마지막 말씀을 명백하게 수행하셨다.

　　"베드로가 돌이켜 예수께서 사랑하시는 그 제자가 따르는 것을 보니 그는 만찬석에서 예수의 품에 의지하여 주님 주님을 파는 자가 누구오니이까 묻던 자더라" (21:20). 이 말씀은 참으로 한 장면의 그림과 같지 아니한가! 그리고 진정 인생의 실제 그대로가 아닌가! 얼마나 겸손하게 하는 말씀인가! 여기에 한 신자가 있다. 그는 주님과 교제를 나누도록 온전히 회복되었고, 그리스도와 함께 있으며, 그분을 따르도록 명령을 받았다. 그렇지만 우리는 여기에서 그가 그리스도에게서 시선을 옮겨 요한을 쳐다보고자 고개를 돌린 것을 보게 된다. 이에 대한 단 한 가지 해석이 있다. 즉 이 신자에게 **육신**이 여전히 남아 있으며 영에 대항하는 **영원한** 욕망이 여전히 자리 잡고 있다는 것이다. 비록 완전히 회복되었을지라도 옛 인간 시몬은 아직도 남아 있었다. 그리스도께서는 그에게 "따르라"고 말씀하셨으며, 돌아보지 않으셨다. 스티어가 말한 "다른 사람과 비교해 보고자 하여 다시 한 번 곁눈질" 하는 행동이 있다고는 거의 생각하기 어려우며, 오히려 그리스도로부터 다른 곳으로 눈길을 돌리는 옛 기질이 나타났던 것으로 보인다. 베드로의 육신적으로 방향을 돌린 것과 아름답게 대조를 이루는 것은 요한의 영적으로 "따르는" 바로 그 행동이다. 그리스도께서는 요한에게 그렇게 하도록 명하지 않으셨으며, 직접 그에게 말을 건네지도 않으셨다. 그러나 참된 사랑은 항상 그 대상을 사로잡는다. 그리하여 사랑의 사도는 그리스도를 따르는 것 이외의 다른 행동을 할 수가 없었다. 성령께서 이 말씀에서 그에 대하여 어떻게 언급하고 계시는가를 주목하여 보는 것은 복된 일이다. 단지 "예수의 사랑하시는 그 제자"라고 묘사하는 것에 그치지 않고 "그 만찬석에서 예수의 품에 의지하였던" 자라고 기록하고 있다. 이 복음서 첫머리에서 **그리스도**는 아버지의 품속에 있는 것으로 나타나고 있다(1:18). 그리고 여기 복음서의 마지막 부분에서 구속된 죄인은 구세주의 품에 의지한 자로서 묘사하고 있다!

"이에 베드로가 그를 보고 예수께 여짜오되 주님 이 사람은 어떻게 되겠사옵나이까"(21:21). 이 구절 역시 베드로 안에 육적인 것이 남아 있음을 증거한다. 그리스도께서 베드로에게 그를 기다리고 있는 일들에 대해 말씀해 주신 지금, 그는 요한 — 가장 친밀하고 그들 사이에 가장 밀접한 유대 관계가 있었던 자 — 의 운명이 어떻게 될 것인지에 대해 몹시도 알고 싶어한다. 똑같은 호기심으로 베드로는 요한으로 하여금 그리스도를 배반할 자가 누구인지 **물어 보라고** 그에게 머릿짓을 한 적이 있었다(13:24). 그 호기심이 이제 그로 하여금 "이 사람이 어떻게 되겠삽나이까?"라고 묻게 하고 있다. "베드로는 자기 자신에 대해서보다도 다른 사람들에게 더 관심을 가지고 있었던 것처럼 보여진다. 우리에게는 외부 일에 대해서는 밝고 예민한 눈으로, 그러나 내부의 일에 대해서는 흐릿한 시선으로, 다른 사람들의 문제에 관해서는 그토록 열심히 관심을 갖고 자기 자신의 영혼의 관심사에 대해서는 무관심하려는 경향이 있다. 우리가 자기 자신의 일에 대해서는 무관심하려 할 때 흔히 우리는 다른 사람들을 판단하며 그들이 무슨 말을 할 것인가를 예측하려 한다. 베드로는 주어진 임무보다는 사건에 대해 더 관심을 가졌던 것 같다"(매튜 헨리).

"예수께서 이르시되 내가 올 때까지 그를 머물게 하고자 할지라도 네게 무슨 상관이냐 너는 나를 따르라 하시더라"(21:22). 주님은 베드로가 요한에 대해 가진 호기심을 책망하시면서 그에게 자신의 의무를 다할 것을 강조하신다. 사랑은 우선 육친으로부터 시작한다는 옛 속담이 있는데 이는 상당한 진실이다. 우리는 본래부터 극단적인 피조물로서 조화를 유지하기란 참으로 어렵다. 우리는, 한편으로는 다른 사람들에 대해 무관심하게 되는 사랑 없는 이기심이 있으며, 다른 한편으로는 자기 자신의 영혼을 돌보는 일에조차 관심을 갖지 않을 정도로 이타주의를 발휘한다. 이 두 가지 모두 잘못이다. 다른 사람들에게 잘 대해 주는 일에 있어서 싫증을 내거나 피곤해하지 않아야 한다. 그렇지만 또한 사도 바울이 디모데에게 한 말에 주의해야 한다. "네 자신 … 을 살펴라"(딤전 4:16). 불행하게도 변명할 이유를 가진 사람이 너무 많다. "내 어머니의 아들들이 나에게 노하여 포도원지기로 삼았음이라 나의 포도원을 내가 지키지 못하였구나"(아 1:6). 주께서 말씀하신 것은 바로 베드로에게 있는 이러한 경향을 바로잡기 위함이었다. 그의 할 일은 그 자신이 맡은 임무에 관심을 가지며, 그 자신의 길을 달려가며, 다른 사람의 장래에 관해서는 하나님께 맡겨 두는 것이었다(눅 13:23, 24 참고). 요한이 오래 살 것인가 아니면 이내 죽을 것인가, 폭력에 의한 죽임을 당할 것인가 아니면 자연사할 것인가와 같은 일을 아는 것이 베드로에게 무슨 유익이 있겠는가?(단 12:8, 9 참고) 이것은 바로 다른 사람들에 관한 하나님의 예정하심에 대해 호기심을 갖지 말라는 우리에게 주어진 경고이다(신 29:29 참고). "나를 따르라"는 그의 말씀 역시 **우리에게** 주어진 것이다. 우리는 자기 백성의 인도 자이시고 자기 양 떼의 목자이시며, 그의 성도들에게 있어 모범이신, 그리고 모든 것 의 주인이신 그를 따라야 한다.

　"이 말씀이 형제들에게 나가서 그 제자는 죽지 아니하겠다 하였으나 예수의 말씀 은 그가 죽지 않겠다 하신 것이 아니라 내가 올 때까지 그를 머물게 하고자 할지라도 네게 무슨 상관이냐 하신 것이러라"(21:23). 여기의 주께서 다시 오신다 함은 그의 백성의 죽음을 뜻하는 것이 아님을 보여주는 참으로 명백한 증거가 있다. 누군가 주 님이 오시는 것이 모두의 죽음을 뜻한다고 생각해야만 했다는 것은 얼마나 이상한 일인가! 죽음이란 신자가 그리스도와 함께 있기 위하여 가는 것이다. 주님이 다시 오 심은 우리와 함께 있기 위하여 그가 오시는 것이다. 그렇지만 참으로 기묘하게도 시 초부터 주께서 요한과 연관하여 "내가 올 때"라고 하신 말씀은 잘못 이해되고 왜곡 되어졌었다. 그리스도의 이 말씀을 자명하게 만든 또 다른 사항은 그의 다시 오심이 임박한 사건이라는 것이다. 즉, 어느 때이든지 일어날 **가능성이 있는**, 그리고 우리가 계속하여 기대하여야 하는 사건이라는 것이다. "내가 올 때까지 그를 머물게 하고자 할지라도"라고 말씀하셨음에 주의해야 한다. 이는 그리스도께서 곧 인간의 생명의 결정자이시라는 장엄한 선언이었다. 그는 "하나님께서 그를 머물게 하고자 할지라 도" 혹은 "아버지께서 그를 머물게 하고자 할지라도"라고 말씀하셨다. 이 구절이 우 리가 **인간적인 전통**을 따르려 하는 것에 대하여 어떻게 경고해 주는지 주목해 보라. 비록 그 전통들이 "형제들"에게서 나왔다 해도 마찬가지이다. 기록되어진 하나님의 말씀, 그 그릇될 수 없는 기준치를 갖는 것은 참으로 복된 일이다!

　"내가 올 때까지 그를 머물게 하고자 할지라도." 그리스도의 이 말씀에 담겨진 좀 더 깊은 의미는 무엇인가? 우선, 베드로와 요한을 이 세대의 초기와 마지막 때에 있 어서 교회의 **대표자**로 보도록 의도되어진 것이 아닌가? 폭력에 의하여 죽은 베드로 는 초기 시대를 가리킨다. 그때 순교는 신자들에게 있어서 거의 일반적인 경험이었 다. 주님이 다시 오실 때까지 살 수 있다는(비록 **분명히 살 것**이라고 약속되어지지는 않았지만) 희망이 주어진 요한은 이 마지막 시대를 가리킨다. 이 시대는 주님이 다시 오신다는 진리가 그의 백성들 가운데 널리 알려진 때인 것이다! 하지만 이것만이 전 부가 아니다. 요한의 맡은 바 직분은 실제로 끝날까지 이르렀다. 왜냐하면, 계시록에서 그는 주님의 지상으로의 재림, 그리고 나아가 새 하늘과 새 땅에 대한 사항들을 상당한 길이로 다루고 있기 때문이다!

주님의 **승천하심**에 대하여 이 복음서가 아무 것도 언급하지 않고 있음을 알게 될 때 참으로 복되다. 이것은 이 복음서에 대한 성령의 가장 완벽한 계획에 상응한다고 할 수 있다. 그리스도께서 떠나셨을 때 제자들은 지상에 남겨졌었다. 그러나 여기에 묘사된 것은 **아무런** 분리도 없는 ― 현재에는 영적으로, 미래에는 몸으로도 ― 가족이다. 우리가 요한복음에서 구주를 보게 되는 마지막 장면은 제자들이 그분과 **함께 있는** 장면이다. 그리하여 우리도 "영원히 주와 함께" 있을 것이다.

"이 일들을 증언하고 이 일들을 기록한 제자가 이 사람이라 우리는 그의 증언이 참 된 줄 아노라 예수께서 행하신 일이 이 외에도 많으니 만일 낱낱이 기록된다면 이 세 상이라도 이 기록된 책을 두기에 부족할 줄 아노라" (21:24, 25). 이 구절들은 별로 설명을 필요로 하지 않는다. 이 복음서는 개인적인 인증서약과 저자의 증언으로 끝을 맺는다. 자기 이름을 언급함이 없이 요한은 그가 기록한 것의 진실성을 보증하며, 그런 후 그의 복음서의 중심인물이신 분의 무한한 영광을 온전히 말하는 것이 불가능하다는 사실을 강조하고자 거기에 과장된 어구를 덧붙이고 있다(마 11:3; 히 11:12 등 참고). 복음서의 끝 부분마다 찾아볼 수 있는 마지막의 "[아멘]"은 성령의 인가이다.

"사도는 그가 지금까지 말해 온 분의 영광을 알리는 일이 모든 인간의 언어로써는 부적절하다는 주의로써 복음서를 마친다. 만일 모든 것을 말하고자 시도하였다면, 이 세상은 기록된 책들을 다 둘 수도 없을 것이다. 그것은 좀 더 명확한 이해에 도움이 되기보다는 오히려 어떻게 다룰 수 없는 짐이 될 것이다. 우리는 이와 같이 적절한 범주 내에서 우리에게 실제적인 복이 될 사항들로 압축되어진 그 절제에 참으로 감사드려야 할 것이다! 그렇지만 우리 모두가 알아 두어야 할 것은 그 압축된 것은 우리가 수용할 수 있는 한 얼마만한 크기로든지 확장되어진다는 것이다. 그러므로 우리의 성경은 동일하며, 그 누군가에 의해서 눈에 띄지 않게 은밀하게 제시되어질 수 있다. 다른 한편으로, 우리는 좀 더 알기를 열망하지 않는가? 우리의 적은 믿음이나 부족한 마음이 편승할 수 있는 바를 제외하고는 어떠한 제한 없이 나아갈 수 있다. 하나님께서 우리를 일깨워 주사 우리 자신들의 마음이 성경이 지니고 있는 넓게 팽창되는 힘을 시험해 보게 하시기를, 그리고 우리가 어느 곳에서 제한이라는 것을 찾아 볼 수 있는지 없는지 알아보도록 하시기를 기원한다! 하늘의 이루 상상할 수 없는 광대함과 마찬가지로 비전의 힘은 영원히 계속하여 증가되어지기 때문에 우리가 나아가면 나아갈수록 무한한 사고(思考)가 우리에게 일어나게 됨을 깨달을 수 있다. 그러나 이 무한은 무한하신 존재로 채워져 있다. 그렇다. 모든 나뭇잎들마다, 모든 원자들마다, 그의 모든 작업들 자체를 초월하는 그분의 무한한 존재로 채워져 있다. 그리고 '우리에게는 오직 한 분 하나님만이 계신다. 즉 아버지이시다. 모든 것은 그의 것이며 우리는 그를 위하여 있다. 그리고 한 분 주님, 예수 그리스도가 계신다. 모든 것은 그에 의하여 있으며 우리는 그로 말미암아 있다"(*Numerical Bible*).

제72장

결론

이제 즐거웠던 임무는 끝을 맺었다. 진정 애석한 마음으로 여기에서 추가로 몇 마디 덧붙이고자 펜을 든다. 필자는 이 주해서를 쓰기 전에 10년이란 기간을 요한복음에 대한 특별한 연구에 몰두하였었다. 목사의 직분을 맡고 있으면서 이 복음서를 세 번 강해하였고, 그 후에도 다른 성경 공부 모임에서 이것을 가르쳐 오고 있다. 지난 6년 동안에 걸쳐서 필자는 매달 한 장을 할애하여 이를 준비하는 일에 열심히 노력해왔다. 40권 이상의 주석들과 강해서들을 철저히 읽었으며, 각 절에 대한 그들의 해석을 신중히 고찰해 보곤 하였다. 그리고 그것들 가운데서 좀 더 유익하다고 여겨지는 사항들을 발췌하여 필자 자신의 탐색의 결과를 보충하고자 노력하여 왔다.

많은 수고와 시간을 요하는 중에, 은혜로우신 하나님께서는 필자로 하여금 이 요한복음 강해서를 계속하여 완수할 수 있게 하셨다. 여기에서 그분께 대한 진정한 감사로써 이 마무리 짓는 맺음말을 시작하고 싶다. 각 장을 준비하는 동안에 개인적으로 받아온 가르침과 도움, 그리고 축복은 필자가 이 일에 쏟은 시간과 기도 그리고 노력에 대한 충분한 보상이라고 할 수 있다. 성경의 틀림없는 진실성과 완전성에 대한 필자의 믿음은 더욱 강해지게 되었고, 말씀의 각 구절은 시작할 때부터 가졌던 영적인 부의 풍부한 광산이라는 확신이 거듭 굳어졌다. 필자의 이 결실이, 비록 충분히 의식하고 있는 바 완벽함과는 아주 거리가 멀다 해도, 그러나 있는 그대로 이것을 주님 앞에 드린다. 그리고 그의 사랑하는 많은 백성들에게 이것을 사용해 주시고, 인정해 주시고, 축복해 주시기를 그분께 간구한다.

이 작업을 수행함에 있어서 필자의 목적들 중 하나는 말씀을 개인적으로 **공부**해 보도록 다른 사람들을 자극하는 것이었다. 성경은 경건하게 읽어야 할 책일 뿐만 아니라 또한 캐내어져야 할 영적인 부의 광산인 것이다(잠 2:1-5). 그리고 그 숨겨진 보물을 좀 더 부지런히 구하면 구할수록 우리는 더욱더 많은 것을 얻게 된다. 하나님께서는 게으름에 대해서는 어떠한 보상도 주시지 않는다. 그가 원하시는 것은 "너는 진

리의 말씀을 옳게 분별하며 부끄러울 것이 없는 일꾼으로 인정된 자로 자신을 하나
님 앞에 드리기를 힘쓰라"(딤후 2:15)는 것이다. 그러나 슬프게도, 그의 백성의 대다
수는 **어떻게** 공부할 것인지 그 방법을 배우지 못하였다. 이 작업에 있어서 필자는 개
인적으로 가장 유익하다고 발견한 한 방법, 즉 **질문하는** 방법을 제시하고자 하였다.
다시 말하여, 성경 말씀에 대해 질문을 제기하고, 그것을 주의 깊게 조사해 보기 위한
준비 과정으로서 각 구절들에 대해 한 항목을 이끌어 내는 것이다.

참으로 많은 성경 독자들이 대부분 실패하곤 하는 것은 **집중도**에 있어서이다. 그
들의 에너지가 뿔뿔이 분산되어지는 것이다. 일천 에이커의 경작지를 물려받은 어떤
사람이 있다고 가정해 보자. 그런데 그는 일할 사람을 고용하는 일이 불가능함을 알
게 되었다. 그가 만일 전 경작지를 농사지으려 시도한다면 그것은 아마도 무익한 일
일 것이다. 그러나 만일 그가 다섯 에이커쯤을 구분하여 이 작은 땅을 돌보기 위해
헌신적으로 일한다면, 그것만을 **집중적으로** 철저하게 농사짓는다면, 그는 훨씬 더
성공할 수 있을 것이다. 성경도 이와 같다. 모든 그리스도인들이 성경을 매일 세 장,
혹은 네 장씩을 읽으면 일 년에 한 번 완독할 수가 있다. 그렇지만 생활의 짧은 시간
동안에 그 전부를 실제로 **공부**한다는 것은 불가능하다. 포괄적으로 읽는 것과 아울
러서, **집중적인 공부**가 있어야만 한다. 당신이 어떤 부분을 선택해야 할 것인지 인도
해 주시도록 기도하라. 그런 다음 성경 가운데 한 권, 혹은 한 장을 집중적으로 읽으
라. 만일 그리스도인 독자가 일 년 동안 매일 어느 한 장에 대해 — 가령, 출애굽기 15
장, 마태복음 13장, 요한복음 17장, 로마서 8장, 혹은 에베소서 1장 등 — 15분씩을 할
애한다면 아마도 그는 충실한 결과에 놀라게 될 것이다. **집중**의 필요성과 중요성, 그
리고 그 값을 헤아릴 수 없이 귀중한 결실로 깨달은 사람은 오직 극소수에 불과하다.

만일 66명의 성령의 가르침을 받은 성경 강해자들이 있다면 그들은 각각 성경의
각 권에 자신을 집중시켰을 것이다. 그리고 십 년 동안 자신들의 특별한 연구 자체를
그 맡은 바 각 권에 할애하였을 것이다. 그리하여 결국에는(주님께서 다시 오시기 전
이어야 한다) 하나님의 백성의 큰 무리가 측량할 수 없을 정도로 풍요하게 되었을 것
이다. 어떠한 사람도 성경 전체에 대해 쓸 만큼 충분히 유능하지는 못하다. 바로 그
것이 성경 전체에 대해 요약된 주석들이 기대에 못 미치고 상대적으로 무가치한 이
유이다. 사랑하는 친구여, 지나친 야심을 품지 말라. 양보다는 질에 목적을 두어라.
철저하게 **연구되어진** 말씀 한 장은, 연구되어지지 않고 단순히 읽혀지기만 한 일백
장보다 더욱 당신의 영혼에 많은 것을 줄 것이다.

또한, 성경을 공부하는 어떤 사람들은 **인내심**의 결여로 말미암아 실패하곤 한다. 그들이 어떤 구절을 첫 번째, 혹은 두 번째 읽었을 때 그 말씀을 파악할 수 없다 하여 그들은 낙심해 버린다. 하나님께서는 종종 우리가 얼마나 열심인지 시험하시곤 한다. 우리를 풍요하게 만드는 것은 지체하는 행동이 아니라 **부지런한** 영혼이다(잠 13:4). "여호와 앞에 잠잠하고 **참고 기다리라**"(시 37:7)는 말씀은 지도자에게 뿐만 아니라 또한 성경을 공부하는 일에도 적용된다. 규칙적인, 꾸준한 달라붙기(스펄전의 말을 사용하자면)는 무시되지 않을 것이다. 좋은 땅에 있는 경청자들의 특징 중의 하나가 무엇인지 주목해 보라. 그들은 "착하고 좋은 마음으로 말씀을 듣고 지키어 **인내로** 결실하는 자"(눅 8:15)이다. 당신이 첫 번에 성공하지 못하면, 다시 또다시 시도해 보라.

여호와께서 광야에 있는 이스라엘 백성에게 음식을 주셨을 때, 그는 이미 만들어진 떡을 주지 아니하셨다. 그 대신에 그는 "작고 둥글며 서리 같이 가는"(출 16:14) 만나를 주셨다. 그리하여 매일의 양식을 충당할 만큼의 양을 모으려면 많은 시간과 수고가 필요하였으며, 모은 후에도 그것을 빻고 구워야만 했다. 이것은 행위에 있어서의 비유적인 이야기이며, 오늘날의 우리를 위한 음성이다. 우리들 대부분이 배워야 하는 방법은 "경계에 경계를 더하며 경계에 경계를 더하며 교훈에 교훈을 더하며 교훈에 교훈을 더하되 여기서도 **조금**, 저기서도 **조금** 하는"(사 28:10) 것이다. 그러므로 만일 당신이 성경에 쏟은 수고에 비하여 적은 결실을 거둔다고 여겨질지라도 낙심하지 말아야 한다. 기도하면서 말씀을 공부하는 데 쏟은 어떠한 시간도 실제로 잃어버려진 바 되지 않는다. 당신 자신을 말씀과 친밀하게 하는 것은 중요하며, 후에 (만일 당신이 지속한다면) 유익을 거두게 될 것이다.

하나님의 영으로 훌륭하게 교훈 받은 성경학자로 하여금 그의 보배로운 새로운 것들, 혹은 옛 보화들을 세상에 출판해 내놓게 하셨을 때, 종종 대부분의 그리스도인들은 낙담하곤 한다. 그들은 이렇게 말한다. "나는 이 구절을 읽고 또 읽었습니다. 그렇지만 그 학자가 지적한 것과 같은 그러한 아름다움 내지는 그가 말한 것과 같은 그러한 경이로움은 결코 볼 수 없었습니다." 진정 당신은 그 학자가 그 구절에 대한 특별한 연구로 지난 몇 년을 보냈다는 사실, 그가 그 구절을 몇 번이고 거듭 검토하였으며 당신과 마찬가지로 그 안에서 별다른 것을 발견하지 못했었다는 사실, 그러나 마침내 하나님께서 그의 인내에 보답해 주셨고, 그는 "많은 탈취물을 얻은"(시 119:162) 자처럼 기뻐할 수 있었다는 사실을 깨닫지 못한 것이다.

하지만 집중과 인내 이상의 어떤 것이 또한 필요하다. 우리는 우리의 주의를 집중시킬 수 있으며, 매우 부지런하고 인내할 수 있다. 그렇지만 성령께서 우리의 이해력을 밝혀 주시지 않으면 말씀이 지니고 있는 경이로움과 아름다움은 우리에게 여전히 감추어진 채 남아 있게 될 것이다. 성경은 지성에게 말한다기보다는 오히려 감성에 와 닿는다. **기도**는 필수적인 것이다. 성경을 펴기 전에 매번 우리는 먼저 무릎을 꿇고 겸손히 그리스도의 이름으로 하나님께 "내 눈을 열어서 주의 율법에서 놀라운 것을 보게" (시 119:18) 해주시기를 구해야 한다. 은혜의 신비는 지혜로운 자와 총명한 자에게는 감추어지며 "어린 아이들", 즉 단순하고 겸손하며 의뢰하는 자들에게 나타난다. "온유한 자를 정의로 지도하심이여 **온유한** 자에게 그의 도를 가르치시리로다" (시 25:9)라고 기록되어 있는 그대로이다. 당신 자신의 능력에 대해 어떠한 자신감도 가지지 말라. "만일 하늘에서 주신 바 아니면 사람이 아무 것도 받을 수 없느니라" (요 3:27)고 하신 것을 기억하라. 그렇지만 하나님께서는 믿음으로 구하는 자에게는 언제나 주실 준비를 하고 계신다.

당신이 **공부**할 어떤 장을 골랐을 때, 다음과 같이 자문함으로써 시작하라. "**내 자신의 영혼**을 위한 무엇이 여기에 있는가? 어떤 경고의 말씀, 어떤 용기를 북돋아 주는 말씀, 어떤 권면, 어떤 약속이 여기에 있는가?" 무엇보다도 당신 자신의 개인적인 필요에 따른 관점에서, **실제적인 견지**에서 그것을 검토하라. 말씀이 당신 자신의 영혼에게 말하게 해주시기를, 당신에게 듣는 귀를 허락해 주시기를 하나님께 구하라. 그 다음에, 이와 밀접하게 관련하여 당신의 첫 번째 질문에 대한 하나님의 정답을 실제로 찾으면서 물어 보라. **그리스도에 관한** 무엇이 여기에 있는가? 내가 그에 대해 배울 수 있는 무엇이 여기에 있으며, 어떠한 모범을 그는 여기에서 나에게 남겨 주시고 있는가? 그의 어떠한 완전성이 나타나 있으며 그의 어떠한 전형적인 모습을 발견할 수 있는가? 그런 후에 그 복음적인 메시지, 거기에 담겨진 복음적인 의미로 넘어가라. 이 장은 나에게 죄에 관해 무엇을 가르쳐 주는가, 인간의 타락과 하나님의 은혜에 관하여, 구원의 길과 구속된 자에게 주어지는 축복에 관하여 무엇을 가르쳐 주는가를 물으라. 성경의 각 장은 궁극적으로 골고다로 이끌어진다. 그 다음에 당신은 그 **교리적인** 의미와 신학적인 교훈에 대해 생각해 볼 수 있다. 여기에서 당신은 병행구절들로부터 난외의 언급들을 찾아내야 할 것이다. 하나님의 주권, 혹은 인간의 책임에 관하여 무엇을 말해 주고 있는가? 그 중요한 칭의, 성화, 화목, 보전, 영화의 진리에 관한 무엇이 나타나 있는가 물어 보라. 그리고 이 일은 당신이 공부하고 있는 장의 어디에 위치하였는가, 즉 앞 장과 뒷 장과 갖는 관계, 서신서의 다른 장들과의 관련에 대해 주의해야 할 것이다.

이상은 단지 힌트에 불과하지만 만일 주목한다면, 성경 공부는 더 이상 지루한 의무가 아니라 유익한 기쁨이 될 것이다. 필자가 요한복음의 각 장을 세밀히 검토해 온 것은 바로 이와 같은 방법으로부터였으며, 하나님 아래서의 이러한 방법이야말로 가장 커다란 수확을 거둘 수 있음을 깨닫게 되었다. 이상에서 언급한 성경 공부에 있어서의 일반적인 원칙들에 덧붙여 필자는 또한 성경의 해석을 규정하는 어떤 법칙들에 대해 주의를 기울여 왔다. 하나님은 질서의 하나님이시고, 창조의 하나님이시며, 기록된 계시 속에 나타난 하나님은 한 분이신 동시에 언제나 동일하시다. 우리가 "자연의 법칙"을 식별할 수 있는 것과 마찬가지로, "성경의 법칙"이 또한 있다. 이 법칙들 중의 어떤 것들은 이 강해의 과정 중에서 지적되어진 바 있다. 즉, 처음에 언급의 법칙, 그리고 점진적인 전개의 법칙, 비교와 대조의 법칙, 병행의 법칙, 그리고 수의 법칙 등이다.

성경의 영적인 산술과 연관하여, 필자는 요한복음에 나타나 있는 바 계속적으로 상기되는 **칠**이라는 숫자에 깊은 인상을 받았다. 그리고 이 복음서가 스물한 장, 즉 3x7의 수로 이루어져 있다는 것은 무의미한 일이 아니다. 각 장들의 구분은 인간적인 기원에서 발단되었다는 것, 그리고 인간은 어느 것에도 완전하지 못하다는 것은 사실이다. 그렇지만 우리는 "주의 말씀을 주의 모든 이름보다 높게 하신"(시 138:2) 그분의 섭리에 있어서, 그가 말씀의 경전에 있는 서로 다른 책들의 배치를 관리하셨을 뿐만 아니라, 또한 그것이 장으로 구분되어지는 단계의 대부분을 인도, 혹은 적어도 감독하셨다는 것을 믿는다. 복음서에 관하여서는 이것은 참으로 명백하게 나타나며, 우리는 이것을 온전히 확신할 수 있다.

마태복음은 스물여덟 장, 즉 4x7의 수로 구성되어 있다. 여기에서 4는 지상의 수이며 7은 완전수이다. 하나님의 땅에 있는 백성들, 그리고 그리스도의 지상 왕국에 대하여 매우 직접적으로 다루고 있는 복음서가 이와 같이 **나누어져야 하는** 것은 참으로 적절하다. 왜냐하면 지상에 있는 어떠한 완전성도 인자가 되돌아오셔서 그 위에 그의 보좌를 두기까지는 입증되지 않을 것이기 때문이다.

마가복음은 열여섯 장, 즉 2x8의 수로 되어 있다. 2는 증언의 수이며 8은 새로운 시작의 수이다. 이 복음서가 이 숫자로 이루어진 것은 참으로 적절하다. 왜냐하면 이 두 번째 복음서에서 그리스도는 새로운 창조의 기반을 닦는 충실하고 참된 증언자,

하나님의 완전한 종으로 묘사되고 있기 때문이다.

누가복음은 스물네 장, 곧 6x4 혹은 2x12의 수로 이루어져 있다. 24를 어떠한 방법으로 나누든지 그 결과는 이 셋째 복음서의 주제와 놀랄 만큼 일치된다. 누가복음에서 그리스도는 인자, 최후의 아담으로 제시되고 있다. 따라서 6x4는 **땅**과 연관된 **인간**에 대해 말하는 것이 되며, 2x12는 "둘째 사람"(고전 15:47)이 이 땅으로 되돌아 오시기를 기다리는 **완전한 통치**에 대해 말하는 것이 된다.

요한복음은 스물한 장, 곧 7x3의 수로 구성되어 있다. 이것은 참으로 놀라운 일이다! 7은 **완전성**을, 그리고 3은 **신성**을 말한다. 따라서 이 넷째 복음서에 나타난 장의 수 자체는 여기에 **하나님의 완전성**이 계시되고 있음을 암시하는 것이다! 이것은 바로 장에서 장으로 나아갈 때마다 우리를 사로잡았던 점이다.

성경의 모든 것은 가장 세밀한 묘사에 이르기까지, 심오한 의미를 담고 있다. 이는 당연한 사실이다. 그 저자가 바로 하나님이시기 때문이다. 우리 육신의 각 지체 ― 가령, 눈, 혹은 손 ― 의 형성과 적용에 대해 그토록 많은 주의를 기울이신 바로 그 하나님께서 영원히 남아야 할 말씀에 대해서 그보다 덜 배려하셨겠는가. 성경에서 하나님은 **그분 자신에게 합당한** 책을 쓰셨다. 만일 이 사실을 명확하게 파악한다면, 충실하게 성경을 공부하는 사람은 각 절마다에서 거기에 담겨진, 오로지 가장 지혜로운 분만이 만들어 낼 수 있었을 그러한 깊이, 경이, 아름다움을 찾고자 **기대할** 것이다. 그렇지만 영감을 주시는 성령만이 오직 우리에게 그것을 해석해 주실 수 있음을 잊지 말아야 한다.

하나님 안에서, 이 강해의 도움을 받아 온 독자, 이 강해를 통하여 축복받은 독자에게 말하고 싶다. 이 강해를 다른 사람들에게 알려지게 하는 일에 있어서 당신의 전력을 다하라. 당신의 동료 그리스도인들도 역시 그렇게 되게 할 책임이 당신에게 있다. 왜 그들 가운데 많은 자들이 가르침 받지 못하고 기쁨을 얻지 못해야 하는가? 이 책은 상업적인 목적으로 출판되어지는 것이 아니다. 문학적인 성격도 지극히 적다. 출판자가 그저 인쇄하고 제본하는 데 충분한 경비를 모으려면 오 년 내지 십 년이 걸린다. 이익을 거둘 만큼 많이 광고가 되는 것도 아니다. 기대할 수 있는 것은 **개인적으로** 전하는 것이다. 만일 당신이 양심적으로, 그리고 진지하게 할 수만 있다면 이 책을 당신의 그리스도인 친구들에게나, 목사에게, 주일학교 교사들과 다른 기독교 사역자들에게 말로나 편지로 추천하라. 친구에게 선물을 주고자 할 때 이 책을 기억하라. 다른 사람에게 흥미를 유발시키는 또 다른 좋은 방법은 당신 자신의 책을 **빌려**

주는 것이다. 그렇게 하여 다른 사람들이 이 책을 사고자 하는 마음을 갖게 할 수 있다.

이제 사랑하는 독자여, 이 주석을 펴내는 나의 일과 그것을 읽는 (최소한 첫 번째) 당신의 일은 끝났다. 그러나 아직도 책을 펴낸 나에게나 읽은 당신에게나 **개선**되어져야 할 사항들이 남아 있으며, 하나님 앞에서 **세신** 바 되어져야 하는 일도 남아 있다. 그분은 "이미 지난 것을 다시 찾으시기"(전 3:15) 때문이다. 하나님 앞에서 셈해지는 일을 위하여 준비해야 할 것은 개선점들을 유의하여 수행하는 것이다. 필자는 단순히 종교적인 즐거움을 제공하고자 하는 목적으로 이 책을 쓴 것이 아니며, 당신이 단순히 몇 시간 여가를 보내고자 하는 것 이상의 어떤 동기로 읽어 왔을 것으로 믿는다. 우리 각자의 마음이 좀 더 **따뜻한 사랑**, 좀 더 **깊은 헌신**, 성경의 각 페이지마다에 광휘를 주는 갖가지 영광을 지니신 분에 대한 좀 더 **순수한 경배심**을 지니도록 이끌림받지 않았다면, 다시 말하여 요한복음에 대한 공부가 필자와 독자 모두를 육신을 입은 말씀에 대한 좀 더 명백한 **시각**, 좀 더 충심에서 우러나온 **복종**으로 인도하지 않았다면, 우리의 수고는 헛된 것이라고 할 수 있다.

● **독자 여러분들께 알립니다!**

'**CH북스**'는 기존 '**크리스천다이제스트**'의 영문명 앞 2글자와
도서를 의미하는 '**북스**'를 결합한 출판사의 새로운 이름입니다.

아더 핑크 클래식 1

아더 핑크 요한복음 강해

1판 1쇄 발행 2010년 7월 15일
2판 1쇄 발행 2015년 6월 1일
2판 3쇄 발행 2021년 6월 30일

발행인 박명곤　**CEO** 박지성
기획편집 채대광, 김준원, 박일귀, 이은빈, 백지선, 김수연
디자인 구경표, 한승주
마케팅 박연주, 유진선, 이호, 김수연
재무 김영은
펴낸곳 CH북스
출판등록 제406-1999-000038호
전화 070-4917-2074　**팩스** 031-944-9820
주소 경기도 파주시 회동길 37-20
홈페이지 www.hdjisung.com　**이메일** main@hdjisung.com
제작처 영신사 월드페이퍼